Wörterbuch

Englisch - Deutsch
Deutsch - Englisch

Dictionary

English - German
German - English

Copyright by
Lechner Publishing Ltd. Limassol 1988
Alle Rechte vorbehalten
Printed in the European Union 11/1998
ISBN 3-85049-812-3

ERSTER TEIL
FIRST PART

ENGLISCH- DEUTSCH
ENGLISH- GERMAN

A

A, a [eɪ] *n.*, *pl.* As or A's a) (letter) A, a, *n.*; b) a, an(article) ein(e)
aback [əˈbæk] *adv.* **be taken ~** erstaunt sein
abandon [əˈbændən] 1. *v. t.* jmdn./ etw. aufgeben
abate [əˈbeɪt] *v. i.* vermindern, mindern
abbey [ˈæbɪ] *n.* Abtei, *f.*
abbot [ˈæbət] *n.* Abt, *m.*
abbreviate [əˈbriːvɪeɪt] *v. t.* abkürzen (Wort oder Begriff)
abbreviation [əbriːvɪˈeɪʃn] *n.* Abkürzung, *f.*
abdicate [ˈæbdɪkeɪt] *v. t.* abdanken (König)
abdication [æbdɪˈkeɪʃn] *n.* Abdankung, *f.*
abdomen [ˈæbdəmɪn] *n.* (Anat.) Bauch, *m.*; Unterleib, *m.*
abhor [əbˈhɔːr] *v. t.* hassen; verabscheuen
abhorrent [əbˈhɒrənt] *adj.* widerlich, abscheulich
abide [əˈbaɪd] 1. *v. i.*, **abode** [əˈbəʊd] or **~d** (usu. ~d) verabscheuen. **to abide something or somebody** jmdn. oder etw. verabscheuen
ability [əˈbɪlɪtɪ] *n.* Fähigkeit, *f.*; **to have the ~ to do sth.** die Fähigkeit besitzen, etwas zu tun
abjure [əbˈdʒʊər] *v. t.* abschwören (+ Dat.)
able [ˈeɪbl] *adj.* **be ~ to do sth.** etw. können
abnormal [æbˈnɔːml] *adj.* abnormal, anomal (Interesse, Verhalten)
abnormally [æbˈnɔːməlɪ] *adv.* ungewöhnlich
aboard [əˈbɔːd] 1. *adv.* an Bord **all ~!:** alle Mann an Bord!; alles einsteigen!
abode [əˈbəʊd] *n.* Wohnsitz, *m.*

abolish [əˈbɒlɪʃ] *v. t.* abschaffen
abolition [æbəˈlɪʃn] *n.* Abschaffung, *f.*
abominable [əˈbɒmɪnəbl] *adj.* scheußlich, widerwärtig
aborigine [æbəˈrɪdʒɪnɪ] *n.* Ureinwohner, *m.*; **Aborigine**: australischer Ureinwohner, *m*
abortion [əˈbɔːʃn] *n.* Abtreibung, *f.*; **have/get an ~** abtreiben (Kind)
abound [əˈbaʊnd] *v. i.* im Überfluss vorhanden sein; **to ~ in sth.** etw. im Überfluss haben
about [əˈbaʊt] 1. *adv.* a) ringsherum; b) **to be ~** dasein; c) ungefähr, etwa; **it will take about ten minutes**: es wird etwa zehn Minuten dauern; d) **to be about to do sth.** im Begriff sein, etwas zu tun
above [əˈbʌv] 1. *adv.* a) oben; oberhalb; **from~** von oben; b) **see above** siehe oben
abreast [əˈbrest] *adv.* nebeneinander; **to walk abreast** Seite an Seitegehen
abridge [əˈbrɪdʒ] *v. t.* abkürzen
abroad [əˈbrɔːd] ins Ausland, **to go abroad** ins Ausland gehen
abrupt [əˈbrʌpt] *adj.* abrupt, plötzlich jäh
absence [ˈæbsəns] *n.* Abwesenheit, *f.*
absent 1. [ˈæbsənt] *adj.* a) abwesend (körperlich); **be ~** nicht da sein; b) (geistig) nicht da
absolute [ˈæbsəluːt] *adj.* absolut; ~ **majority** absolute Mehrheit
absolutely [ˈæbsəluːtlɪ] *adv.* absolut; völlig; ausgesprochen; **you are ~**

wrong! du hast vollkommen unrecht!
absolution [æbsəˈluːʃn] *n.* *(Religion)* Absolution **pronounce ~** Absolution erteilen
absolve [əbˈzɒlv] *v. t.* **~ from** entbinden von (Pflichten); lossprechen von (Schuld, Sünde); *(Religion)* Absolution erteilen
absorb [əbˈsɔːb, əbˈzɔːb] *v. t.* a) aufsaugen (Flüssigkeit); b) *(bildlich)* in sich *(Akk.)* aufnehmen (Wissen)
absorbent [əbˈsɔːbənt, əbˈzɔːbənt] *adj.* saugfähig
abstain [əbˈsteɪn] *v. i.* a) Abstand halten/ nehmen von etwas **he abstained from going abroad**: er nahm Abstand davon, ins Ausland zu gehen b) abstinent sein
abstinence [ˈæbstɪnəns] *n.* Abstinenz, *f.*
abstinent [ˈæbstɪnənt] *adj.***to be abstinent from sth.** abstinent sein von etw. (meist Alkohol oder Drogen)
abstract 1. [ˈæbstrækt] 1. *adj.* abstrakt; 2. *n.* Zusammenfassung, *f.*
abstruse [æbˈstruːs] *adj.* abstrus
absurd [əbˈsɜːd] *adj.* absurd, seltsam
absurdity [əbˈsɜːdɪtɪ] *n.* Absurdität, *f.*
abundance [əˈbændəns] *n.* [an] ~ **of sth.** eine Fülle von/ ein Übermaß an
abundant [əˈbʌndənt] *adj.* reich (in an + Dat.); **an ~ supply of** ein äußerst großer Vorrat an
abuse 1. [əˈbjuːz] *v. t.* a) missbrauchen (Macht, Recht, Vertrauen); quälen; b) beschimpfen. 2. *n.* a)

5

Missbrauch, *m.*; b) Beschimpfung *Pl.*
abyss [ə'bɪs] *n.* Abgrund, *m.*, Tiefe, *f.*
acacia [ə'keɪʃə] *n.* (Bot.) Akazie, *f.*
academic [ækə'demɪk] 1. *adj.* akademisch; wissenschaftlich; 2. *n.* Wissenschaftler, Gelehrter, *m./f.*
academically [əkə'demɪkəlɪ] *adv.* wissenschaftlich
academy [ə'kædəmɪ] *n.* Akademie, *f.*
accelerate [ək'seləreɪt] 1. *v. t.* beschleunigen. 2. *v. i.* beschleunigen
acceleration [əkselə'reɪʃn] *n.* Beschleunigung, *f.*
accelerator [ək'seləreɪtər] *n.* Gaspedal, *n.*
accent 1. ['æksənt] *n.* Akzent, *m.*
accentuate [ək'sentjueɪt] *v. t.* betonen
accept [ək'sept] *v. t.* annehmen; aufnehmen (Mitglied); jmdn. od. etw. akzeptieren
acceptability [əkseptə'bɪlɪtɪ] *n., no pl.* Akzeptabilität, *f.*
acceptable [ək'septəbl] *adj.* akzeptabel/ annehmbar sein
access ['ækses] *n.* a) *no pl., no art.*, Zugang, Eingang, *m.* b) **to have access to** Zutritt/ Zugang haben zu; **No access!** *pl.* Kein Zutritt!
accession [ək'seʃn] *n.* Amtsantritt, *m.*; **~ to the throne** Thronbesteigung, *f.*
access road *n.* Zufahrtsstraße, *f.*
accident ['æksɪdənt] *n.* a) Unfall, *m.*; **to have an ~** einen Unfall haben; b) Zufall, *m.*; Versehen, *m.*; **by ~** zufällig; versehentlich
accidental [æksɪ'dentl] *adj.* zufällig; unbeabsichtigt
acclamation [æklə'meɪʃn] *n., no pl.* Beifall, *m.*
acclimatization [əklaɪmətaɪ'zeɪʃn] *n.* Gewöhnung, *f.*; Akklimatisierung, *f.*
accommodate [ə'kɒmədeɪt] *v. t.* a) jmdn. unterbringen; **the tourists were accomodated in one of the best hotels in town:** die Touristen wurden in einem der besten Hotels in der Stadt untergebracht.
accommodating [ə'kɒmədeɪtɪŋ] *adj.* zuvorkommend
accommodation [əkɒmə'deɪʃn] *n., no pl.* Unterkunft, *f.*
accompany [ə'kʌmpənɪ] *v. t.* (auch Musik) begleiten
accomplice [ə'kʌmplɪs] *n.* Komplize, *m./*Komplizin, *f.*
accomplish [ə'kʌmplɪʃ] *v. t.* vollbringen
accomplished [ə'kʌmplɪʃt] *adj.* fähig, vollendet; **he is an ~ singer** er ist ein vollendeter Sänger
accomplishment [ə'kʌmplɪʃmənt] *n.* a) *no pl.* Vollendung, *f.*; Leistung, *f.*
according [ə'kɔːdɪŋ] *adv.* a) **~ to** nach, gemäß; **~ to him;** seiner Aussage nach; **~ to circumstances** den Umständen entsprechend
accordingly [ə'kɔːdɪŋlɪ] *adv.* dementsprechend; gemäß
account [ə'kaʊnt] *n.* a) Rechnung *f.*; **on ~** auf Rechnung; b) Konto, *n.*; c) **take sth. into ~** etw. berücksichtigen; d) **of little/no ~** von geringer Bedeutung; e) **an ~** ein Bericht; **give a full ~ of sth.** ausführlich darlegen/ berichten
accountability [əkaʊntə'bɪlɪtɪ] *n., no pl.* Zuverlässigkeit, *f.*
account number *n.* Kontonummer, *f.*
accumulate [ə'kjuː mjuleɪt] 1. *v. t.* anhäufen; akkumulieren (Vermögen); 2. *v. i.* (Menge) sich ansammeln; (Vermögen) sich anhäufen
accumulation [əkjuːmju'leɪʃn] *n.* Häufung, *f.*; Menge, *f.*
accumulator [ə'kjuːmjuleɪtər] *n.* (Elektrotechnik) Akkumulator, *m.*; Akku, *m.*
accuracy ['ækjʊrəsɪ] *n.* Genauigkeit, *f.*
accurate ['ækjʊrət] *adj.* genau sein; richtig
accusation [ækjuː'zeɪʃn] *n.* Beschuldigung, *f.* (of gegen); Anklage, *f.* (*Rechtsw.*)
accuse [ə'kjuːz] *v. t.* beschuldigen; anklagen; **~ sb. of having done sth.** jmdn. beschuldigen, etw. getan zu haben; **~ sb. of murder** jmdn. eines Mordes beschuldigen
accused *n.* der Angeklagte, *m./*die Angeklagte, *f.*
accustom [ə'kʌstəm] *v. t.*~ **sb. to sth.** jmdn. an etw. *(Akk.)* gewöhnen; **be ~ed to sth.** an etw. *(Akk.)* gewöhnt sein
ace [eɪs] *n.* As, *n.*; **~ of cards** Trumpfkarten, *n.*
ache [eɪk] 1. *v. i.* schmerzen; weh tun; **my head is ~ing** mein Kopf tut mir weh. 2. *n.* Schmerz, *m.*
achieve [ə'tʃiːv] *v. t.* zustande bringen; erreichen; erzielen (Leistung, Erfolg); erfüllen (Zweck)
achievement [ə'tʃiːvmənt] *n. no pl.* Leistung, *f.*; Errungenschaft, *f.*
acid ['æsɪd] *n.* Säure, *f.*
acidrain *n.* saurer Regen, *m.*
acknowledge [ək'nɒlɪdʒ] *v. t.* zugeben, eingestehen, anerkennen, **an ~d expert** ein anerkannter Fachmann; **~ sb./sth.** sth. jmdn./etw. anerkennen
acknowledgment [ək'nɒlɪdʒmənt] *n. n.*Anerkennung, *f.*

acne [ˈækni] *n. (Medizin)* Akne, *f.*
acorn [ˈeɪkɔːn] *n.* Eichel, *f.*
acoustic [əˈkuːstɪk] *adj.* akustisch
acoustics [əˈkuːstɪks] *n. pl.* Akustik, *f.*
acquaint [əˈkweɪnt] *v. t.* ~ **sb. to sth.** jmdn. mit etw. bekannt machen; **become~ed with sb.** mit jmdm. bekannt werden
acquaintance [əˈkweɪntəns] *n.* Bekanntschaft; **make the ~ of sb.** jmds. Bekanntschaft machen
acquire [əˈkwaɪər] *v. t.* erlangen *(Wissen)*
acquisition [ækwɪˈzɪʃn] *n.* Erwerb, *m.*; *(Wissen)* Aneignung, *f.*
across [əˈkrɒs] 1. *adv.* darüber; hinüber
act [ækt] 1. *n.* a) Tat, *f.*; Akt, *m.*; **caught in the ~** auf frischer Tat ertappt; b) Akt, *m.*; Dramenaufzug, *m.*; Gesetz, *n.*; 2. *v. t.* spielen (Schauspiel)
action [ˈækʃn] *n.* a) Handlung *f.*, **put something into ~:** etwas in Gang setzen; **out of ~:** außer Betrieb; b) Handlung *f.*; Geschehen *n.*; c) **he was wounded in ~** er ist im Kampf verwundet worden
active [ˈæktɪv] *adj.* aktiv, rege
activity [ækˈtɪvɪti] *n. no pl.* Aktivität *f.*
actor [ˈæktər] *n.* Schauspieler *m.*
actress [ˈæktrɪs] *n.* Schauspielerin *f.*
actual [ˈæktʃuəl] *adj.* tatsächlich, wirklich
actually [ˈɒktʃuəli] *adv.* eigentlich; ~, **I do not want to go there:** eigentlich möchte ich nicht dort hingehen
acupuncture [ˈækjupʌŋktʃər] *n. (Medizin)* Akupunktur, *f.*

acute [əˈkjuːt] *adj.*, ~**r** [əˈkjuːtər], ~**st** [əˈkjuːtɪst] a)*(Medizin)* akut (Krankheit); b) akut (Gefahr, Situation, Mangel)
ad [æd] *n. (sl.)* Zeitungsannonce, *f.*
adapt [əˈdæpt] 1. *v. t.* a) etwas anpassen (to Dat.); b) anpassen, bearbeiten (Literatur). 2. *v. i.* a) (Sinne, Verhalten) **to adapt oneself to sth.** sich an etwas anpassen (to an + Akk.)
adaptation [ædæpˈteɪʃn] *n.* a) *no pl.* Anpassung *f.*; b) Adaption *f.*, Bearbeitung *f.*
adapter, adaptor [əˈdæptər] *n.* Adapter *m.*
add [æd] *v. t.* hinzufügen
addict 1. [əˈdɪkt] *v. t.* **be ~ed** süchtig sein
addition [əˈdɪʃn] *n. no pl.* Hinzufügung *f.*; Addition, *f.*; **in ~** außerdem; **in ~ to** überdies, hinzu kommend, dass...
additional [əˈdɪʃənl] *adj.* zusätzlich; ~ **information** weitere Informationen
address [əˈdres] 1. *v. t.* a) ~ sth. to sb./sth. etw. an jmdn./etw. adressieren (to jmdn.); anreden (Person)
adequate [ˈædɪkwət] *adj.* angemessen, adäquat (to Dat.)
adhere [ədˈhɪər] *v. i.* haften, kleben (to an + Dat.)
adhesive [ədˈhiːsɪv] *adj.* klebrig; selbstklebend
adjective [ˈædʒɪktɪv] *n.* (Sprachw.) Adjektiv, *n.*
adjust [əˈdʒʌst] *v. t.* richtig anordnen; regeln
adjustable [əˈdʒʌstəbl] *adj.* einstellbar (to auf + Akk.); regulierbar
administer [ədˈmɪnɪstər] *v. t.* verwalten
administration [ədmɪnɪˈstreɪʃn] *n.* Verwaltung *f.*
administrative [ədˈmɪnɪstrətɪv] *adj.* zur Verwaltung gehörend

advocate

administrator [ədˈmɪnɪstreɪtər] *n.* Verwalter *m.*
admirable [ˈædmərəbl] *adj.* bewundernswert
admiral [ˈædmərəl] *n.* Admiral, *m.*
admiration [ædməˈreɪʃn] *n., no pl.* Bewunderung, *f.*
admire [ədˈmaɪər] *v. t.* bewundern (for wegen)
admission [ədˈmɪʃn] *n.* Eintrittsgeld, *n.*
admit [ədˈmɪt] *v. t.*, **-tt-:** hineinlassen; **dogs are not ~ted** kein Zutritt für Hunde
admittance [ədˈmɪtəns] *n.* Zutritt *m.*; **no ~** Zutritt verboten
adolescent [ædəˈlesnt] *n.* junger Erwachsener, *m./f.*
adoption [əˈdɒpʃn] *n.* Adoption, *f.*
adoration [ædəˈreɪʃn] *n.* a) Verehrung, *f.*; b) *(Religion)* Anbetung, *f.*
adore [əˈdɔːr] *v. t.* anbeten, verehren
adulation [ædjuˈleɪʃn] *n., no pl.* Beweihräucherung, *f.*; Vergötterung, *f.*
adult [ˈædʌlt, əˈdʌlt] *adj.* erwachsen; ausgewachsen
advance [ədˈvɑːns] *v. t.* vorrücken
advanced [ədˈvɑːnst] *adj.* fortgeschritten
advantage [ədˈvɑːntɪdʒ] *n.* Vorteil, *m.*
adventure [ədˈventʃər] *n.* Abenteuer, *n-*
adversary [ˈædvəsəri] *n.* Gegner, *m./*Gegnerin, *f.*
advertise [ˈædvətaɪz] *v. t.* werben für
advertisement [ədˈvɜːtɪsmənt] *n.* Werbeanzeige *f.*; **TV ~:** Fernsehwerbespot, *m.*
advice [ədˈvaɪs] *n., no pl., no indef. art.* Ratschlag, *m.*
advisable [ədˈvaɪzəbl] *adj.* ratsam
advocate 1. [ədˈvəkət] *n.* Rechtsanwalt, *m./*Rechtsanwältin, *f.*

7

aeroplane n. Flugzeug, n.
aerosol ['eərəsɒl] n. Spray, n.
afar [ə'fɑ] adv. weit entfernt
affection [ə'fekʃn] n. Zuneigung f.
affectionately [ə'fekʃənətlɪ] adv. liebevoll
affirm [ə'fɜːm] v. t. bekräftigen, versichern
affliction [ə'flɪkʃn] n. no pl. Leiden, n.; Not, f.
affluence ['æfluəns] n., no pl. a) Wohlstand, m.; (Finanzen) Reichtum, m.; b) Überfluss, m.
afraid [ə'freɪd] pred. adj. [not] **be ~** sich ängstigen; **be ~ to do sth.** Angst davor haben, etw. zu tun
Africa ['æfrɪkə] pr. n. Afrika, n.
after ['ɑːftər] adv. später, danach
aftermath ['ɑːftəmæθ, 'ɑːftəmɑθ] n., n. pl. Nachwirkungen, f.
afternoon [ɑːftə'nuːn] n. Nachmittag, m.
afterwards ['ɑːftəwədz] (Amer.); **afterward** ['ɑːftəwəd]) adv. später, danach
again [ə'gen, ə'geɪn] adv. wieder; **~ and ~** immer wieder
against [ə'genst, ə'geɪnst] prep. gegen
age [eɪdʒ] 1. v. i. altern 2. n. a) Alter, n. b) Zeitalter, n.
aged adj. [eɪdʒd] alt, betagt
agent ['eɪdʒənt] n. Vertreter, m.
aggression [ə'greʃn] n. a) no pl. Aggression, f.; b) Angriff, m.
aggressive [ə'gresɪv] adj. aggressiv
ago [ə'gəʊ] adv. vor (zeitlich) **a month ~** vor einem Monat
agony ['ægənɪ] n. Qual, f.
agree [ə'griː] v. i. **to agree with** einverstanden sein mit
agreement [ə'griːmənt] n. Vereinbarung f.

agriculture ['ægrɪkʌltʃər] n. Landwirtschaft, f.
ahead [ə'hed] adv. voraus
aid no pl. Hilfe. f.
aim [eɪm] 1. v. t. ausrichten (Technik) 2. n. Ziel, n.
air [eər] n. Luft, f.
aisle [aɪl] n. Gang, m.
ajar [ə'dʒɑr] pred. adj. halboffen stehen (Tür)
alarm [ə'lɑm] 1. n. Alarm, m.
alarm clock n. Wecker, m.
alcohol ['ælkəhɒl] n. Alkohol, m.
alcoholic [ælkə'hɒlɪk] 1. adj. alkoholisch; 2. n. Alkoholiker/Alkoholikerin m./f.
alert [ə'lɜːt] adj. aufmerksam, wachsam; **be ~** auf der Hut sein
alibi ['ælɪbaɪ] n. Alibi, n.
alien ['eɪlɪən] 1. adj. a) außerirdisch. 2. n. a) Außerirdischer m./f.
alike [ə'laɪk] 1. pred. adj. gleich, ähnlich; 2. adv. genauso, in gleicher Weise
alive [ə'laɪv] pred. adj. lebendig; lebend; **stay ~** am Leben bleiben
all [ɔːl] 1. attrib. adj. a) alles, ganz; b) (numerisch) alle
alleged [ə'ledʒd] adj., **allegedly** [ə'ledʒɪdlɪ] adv. angeblich, behauptet
allergy ['ælədʒɪ] n. (Medizin) Allergie, f.
alley ['ælɪ] n. Gasse, f.
alliance [ə'laɪəns] n. Bündnis, n.; Allianz ,f.
allow [ə'laʊ] 1. v. t. **~ sth.** etw. erlauben oder gestatten; **~ sb. to do sth.** jmdm. erlauben, etw. zu tun; **be ~ed to do sth.** etw. tun dürfen
allowance [ə'laʊəns] n. a) Zuteilung f.; b) **make ~s for sth./sb.** etw./jmdn. berücksichtigen
allude [ə'ljuːd, ə'luːd] v. i. **~ to** anspielen auf (+ Akk.)
almighty [ɔːl'maɪtɪ] 1. adj. a) allmächtig; **the A~** der

Allmächtige (= der Herrgott); b) allmächtig
almond ['ɑmənd] n. Mandel, f-
almost ['ɔːlməʊst] adv. fast; beinahe
alms [ɑmz] n., no pl. Almosen, n-
alone [ə'ləʊn] pred. adj. allein; alleine
along [ə'lɒŋ] prep. entlang
aloud [ə'laʊd] adv. laut; **read ~** (laut) vorlesen
alphabet ['ælfəbet] n. Alphabet, n.
alphabetical [ælfə'betɪkl] adj. alphabetisch
already [ɔːl'redɪ] adv. schon; bereits
also ['ɔːlsəʊ] adv. auch; außerdem
altar ['ɔːltər, 'ɒltər] n. Altar, m.
alter ['ɔːltər, 'ɒltər] v. t. ändern
alternation [ɔːltə'reɪʃn, ɒltə'reɪʃn] n. Veränderung, f.
alternate [ɔːl'tɜːnət, ɒl'tɜːnət] 1. adj. abwechselnd; 2. abwechseln
alternately [ɔːl'tɜːnətlɪ, ɒl'tɜːnətlɪ] adv. abwechselnd
alternative [ɔːl'tɜːnətɪv, ɒl'tɜːnətɪv] adj. alternativ
although [ɔːl'ðəʊ] conj. obwohl
altitude ['æltɪtjuːd] n. Höhe, f.
altogether [ɔːltə'geðər] adv. völlig, insgesamt
always ['ɔːlweɪz, 'ɔːlwɪz] adv. immer; ständig
a.m. [eɪ'em] lat. ante meridian, adv. vormittags
amateur ['æmətər] n. a) Amateur m.; b) Nichtsnutz
amaze [ə'meɪz] v. t. verblüffen; verwundern; **be ~d** verblüfft sein
amazement [ə'meɪzmənt] n., no pl. Verblüffung, f.; Verwunderung, f.
amazing [ə'meɪzɪŋ] adj. er-

ambassador [æmˈbæsədər] n. Botschafter/Botschafterin, m./f.
ambiguity [æmbɪˈgjuːɪtɪ] n. Doppeldeutigkeit, f.
ambiguous [æmˈbɪgjʊəs] adj., **ambiguously** [æmˈbɪgjʊəslɪ] adv. doppeldeutig; mehrdeutig
ambition [æmˈbɪʃn] n. Ehrgeiz, m.
ambitious [æmˈbɪʃəs] adj. ehrgeizig
ambulance [ˈæmbjʊləns] n. Krankenwagen, m.
ambush [ˈæmbʊʃ] n. Hinterhalt m.; **lie in ~** :(literarisch) im Hinterhalt liegen
amelioration [əmiːlɪəˈreɪʃn] n. Verbesserung, f.
amen [aˈmen, eɪˈmen] Amen
amend [əˈmend] v. t. ergänzen, hinzufügen
amendment [əˈmendmənt] n. Ergänzung, f. (Verfassung, Gesetz)
amends [əˈmendz] n. pl. **make ~** etw. bei jmdm. wiedergutmachen
America [əˈmerɪkə] pr. n. Amerika, n.
American [əˈmerɪkən] adj. amerikanisch; **sb. is ~** jmd. ist Amerikaner/Amerikanerin; 2. n. (Person) Amerikaner/Amerikanerin, m./f.
amiable [ˈeɪmɪəbl] adj. umgänglich; liebenswert (Person)
amid(st) [əˈmɪd] prep. inmitten; mitten unter
ammunition [æmjuˈnɪʃn] n., no pl., no indef. art. Munition, f.
amnesia [æmˈniːzɪə] n. (Medizin) Gedächtnisschwund, m.
amnesty [ˈæmnɪstɪ] n. Amnestie, f.
amok [əˈmɒk] adv. **to run ~** Amok laufen
among [əˈmʌŋ] prep. unter (+ Dat.; manchmal + Akk.);

~ us unter uns
amount [əˈmaʊnt] n. Betrag, m.; Summe, f.; Menge, f.
ample [ˈæmpl] adj., **~r** [ˈæmplər], **~st** [ˈæmplɪst] weitläufig, geräumig
amputation [æmpjuˈteɪʃn] n. (Medizin) Amputation, f.
amuse [əˈmjuːz] v. t. a) unterhalten b) belustigen; amüsieren; **be ~d by or at sth.** sich über etw. (Akk.) amüsieren, freuen
amusement [əˈmjuːzmənt] n. Belustigung f.; Vergnügen, n.
amusing [əˈmjuːzɪŋ] adj. amusingly [əˈmjuːzɪŋlɪ] adv. unterhaltsam
anaesthesia [ænɪsˈθiːzɪə] n. (Medizin) Narkose, f.
analogy [əˈnælədʒɪ] n. (Sprachw.) Analogie, f.
analyse [ˈænəlaɪz] v. t. analysieren
analysis [əˈnælɪsɪs] n., pl. analyses [əˈnælɪsiːz] Analyse, f.
anarchy [ˈænəkɪ] n., no pl. (Politik) Anarchie, f.
anatomy [əˈnætəmɪ] n., no pl. (Medizin) Anatomie, f.
ancestor [ˈænsestər] n. Vorfahr, m.; Ahne, m.
ancestral [ænˈsestrəl] adj. angestammt (Herkunft, Land)
anchor [ˈæŋkər] 1. v. t. a) verankern b) vor Anker legen 2. v. i. ankern 3. n. Anker m.;**lie at ~** vor Anker liegen; **drop ~** vor Anker gehen
ancient [ˈeɪnʃənt] adj. antik; altzeitlich
and [ənd] und
anecdote [ˈænɪkdəʊt] n. Anekdote, f.
angel [ˈeɪndʒl] n. Engel, m.
anger [ˈæŋgər] 1. n., no pl. Ärger, m.; Zorn, m. (at über+ Akk.); Wut, f. (at über+ Akk.); **be filled with ~** zornig/wütend sein; 2. v. t. verärgern; erzürnen/wütend

machen
angle [ˈæŋgl] 1. n. a) (Geometrie) Winkel, m.; b) Blickwinkel, m.
Anglican [ˈæŋglɪkən] 1. adj. anglikanisch. 2. n. Anglikaner/Anglikanerin, m./f.
angling [ˈæŋglɪŋ] n. Angeln, n.
angry [ˈæŋgrɪ] adj. böse; verärgert
anguish [ˈæŋgwɪʃ] n., no pl. Qualen, Pl. f.
animal [ˈænɪməl] 1. n. a) Tier n.; Vierbeiner, m.; Lebewesen, n.
animated [ˈænɪmeɪtɪd] adj. lebhaft (Gespräch, Gestik)
animation [ænɪˈmeɪʃn] n. a) no pl. Lebhaftigkeit, f.; b) Trickanimation, f.
animosity [ænɪˈmɒsɪtɪ] n. Feindseligkeit, f. (against/towards)gegen
ankle [ˈæŋkl] n. (Anatomie) Fußgelenk, n.
annihilation [ənaɪəˈleɪʃn] n. a) Vernichtung f.; Zerstörung f.; b) (bildlich) Verderben, m.; Untergang, m.
anniversary [ænɪˈvɜːsərɪ] n. Jahrestag, m.
annotate [ˈænəteɪt] v. t. kommentieren; anmerken
announce [əˈnaʊns] v. t. bekanntgeben, ansagen; durchsagen; anzeigen
announcement [əˈnaʊnsmənt] n. Bekanntgabe, f.; Ankündigung, f.
annoy [əˈnɔɪ] v. t. ärgern; verärgern
annoyance [əˈnɔɪəns] n. Verärgerung, f.
annoyed [əˈnɔɪd] adj. **be ~** verärgert sein
annually [ˈænjʊəlɪ] adv. jährlich; alljährlich
anomalous [əˈnɒmələs] adj. anomal, abnorm
anomaly [əˈnɒməlɪ] n. Anomalie, f.
anonymity [ænəˈnɪmɪtɪ] n. Anonymität, f.

anonymous [əˈnɒnɪməs] *adj.* anonym
anorexia [ænəˈreksɪə] *n. (Medizin)* Magersucht, *f.*
another [əˈnʌðər] 1. *pron.* ein weiterer; **take** ~ nimm dir noch einen; 2. *adj.* noch einer; 3. ein anderer
answerable [ˈɑːnsərəbl] *adj.* **to be ~ to sb.** jmdm. gegenüber verantwortlich sein
answering machine *n.* Anrufbeantworter, *m.*
ant [ænt] *n.* Ameise, *f.*
antagonistic [æntægəˈnɪstɪk] *adj.* feindlich (Politik, Interessen); antagonistisch, gegensätzlich
antarctic [æntˈɑːktɪk] 1. *adj.* antarktisch; *pr. n.* **the A~** die Antarktis, *f.*
antenna [ænˈtenə] *n. pl.* ~e [ænˈteniː] (Natur) Fühler, *m.*; Antenne, *f. (Technik)*
anthem [ˈænθəm] *n.* Nationalhymne, *f.*
anthology [ænˈθɒlədʒɪ] *n.* Anthologie, *f.*; Auswahl (an Texten), *f.*
anthracite [ˈænθrəsaɪt] *n.* Anthrazit, *m.*
anthropology [ænθrəˈpɒlədʒɪ] *n., no pl.* Anthropologie, *f.*
anti [ˈæntɪ] *prep.* gegen
antibiotic [æntɪbaɪˈɒtɪk] *n. (Medizin)* Antibiotikum, *n.*
antibody *n. (Medizin)* Antikörper, *m.*
anticipate [ænˈtɪsɪpeɪt] *v. t.* a) erwarten; voraussehen; b) vorwegnehmen; antizipieren
anticipation [æntɪsɪˈpeɪʃn] *n., no pl.* Erwartung, *f.*; **in ~ of sth.** in Erwartung von etwas (Gen.)
anticlockwise 1. *adv.* gegen den Uhrzeigersinn. 2. *adj.* **in an ~ direction** entgegen dem Uhrzeigersinn
antidote [ˈæntɪdəʊt] *n.* Gegengift, *n.*
antifreeze *n. (Technik)* Frostschutzmittel, *n.*
anti-block 'braking system *n. (Technik)* Antiblockiersystem (ABS), *n.*
antipathy [ænˈtɪpəθɪ] *n.* Antipathie, *f.*; Abneigung, *f.*; **~ to or for sb./sth.** Abneigung gegen jmdn./etw.
antipodes [ænˈtɪpədiːz] *n. pl.* entgegengesetzte Erdteile
antiquated [ˈæntɪkweɪtɪd] *adj.* antiquiert; veraltet
antique [ænˈtiːk] 1. *adj.* antik; 2. *n.* Antiquität, *f.*; ~ **shop** Antiquitätenladen, *m.*
antiquity [ænˈtɪkwɪtɪ] *n., no pl.* a) Alter, *n.*; b) *no art.* Antike, *f.*
anti-Semitism [æntɪˈsemɪtɪzm] *n., no pl.* Antisemitismus, *m.*
anti'social *adj.* a) asozial; b) ungesellig (Verhalten)
anus [ˈeɪnəs] *n. (Anat.)* After, *m.*
anvil [ˈænvɪl] *n.* Amboss, *m.*
anxiety [æŋˈzaɪətɪ] *n.* a) (Gefühl) Angst, *f.*; Sorge, *f.*; **anxieties** Sorgen, *f.*
anxious [ˈæŋkʃəs] *adj.* a) besorgt (sein); **be ~ about sth./sb.** um etw./jmdn. besorgt sein
anxiously [ˈæŋkʃəslɪ] *adv.* a) besorgt; b) sehnsüchtig
any [ˈenɪ] 1. *adj.* a)irgendein; irgendwelche **in case you have ~ difficulties:** wenn du irgendwelche Schwierigkeiten hast; **not ~** kein/keine
anybody *n. & pron.* a) jeder; b) irgendjemand; **how could ~ be so stupid?**: wie kann man nur so dumm sein?
anyhow *adv.* a) siehe **anyway**; b) irgendwie
anyone a) siehe **anybody**; b) irgendeiner, irgendjemand; **not anyone** niemand
anything *n. & pron.* a) irgendetwas; alles; **anything but** alles andere als
anywhere 1. *adv.* a) überall; b) irgendwo; irgendwohin
apart [əˈpɑːt] *adv.* a) auseinander; b)weg (Entfernung) **they live only a few houses ~**: sie wohnen nur einige Häuser voneinander entfernt
apartheid [əˈpɑːtheɪt] *n., no pl., no art.* Rassentrennung, *f.*, Apartheid, *f.*
apartment [əˈpɑːtmənt] *n.* (Miet)wohnung, *f.*
apathy [ˈæpəθɪ] *n., no pl.* Apathie, *f.* Abneigung, *f.*
ape [eɪp] 1. *n.* Affe, *m.*
apologize [əˈpɒlədʒaɪz] *v. i.* sich entschuldigen
apology [əˈpɒlədʒɪ] *n.* a) Entschuldigung, *f.*; **make an ~ for sth.** sich für etw. entschuldigen
apostle [əˈpɒsl] *n.* (Religion oder bildlich) Apostel, *m.*
appal (Amer.: **appall**) [əˈpɔːl] *v. t.* entsetzen
appalling [əˈpɔːlɪŋ] *adj.* schrecklich; entsetzlich
apparent [əˈpærənt] *adj.* offenbar; offensichtlich; b) scheinbar
apparently [əˈpærəntlɪ] *adv.* a) offenbar; offensichtlich; b) scheinbar
apparition [æpəˈrɪʃn] *n.* Erscheinung, *f.*
appear [əˈpɪər] *v. i.* erscheinen
appease [əˈpiːz] *v. t.* a) lindern (Schmerz); b) beschwichtigen; beruhigen
appeasement [əˈpiːzmənt] *n.* Beschwichtigung, *f.*; Linderung, *f.*
appendix [əˈpendɪks] *n., pl.* **appendices** [əˈpendɪsiːz] oder **~es** a) Anhang, *m.* (Buch); b) Blinddarm, *m.*
appetite [ˈæpɪtaɪt] *n.* Appetit, *m.* (**for** auf+ Akk b) *(bildlich)* Verlangen, *n.*
applaud [əˈplɔːd] *v. i.* ap-

plaudieren; klatschen
applause [əˈplɔːz] *n.*, *no pl.* Applaus, *m.*
apple [[ˈæpl] *n.* Apfel, *m.*
application æplɪˈkeɪʃn] *n.* a) Bewerbung, Beruf, Karriere) (for um); b)Anwendung, *f.*
apply [əˈplaɪ] 1. *v. t.* a) anwenden; b) auftragen (Creme, Farbe) (to auf+ Akk.); 2. *v. i.*
a) ~ **for sth.** um etw. bitten oder ersuchen; etw. beantragen; sich um etw. bewerben
appointment [əˈpɔɪntmənt] *n.* a) Festlegung, *f.*; b) Ernennung, *f.*; c) Termin, *m.* **appreciate** [əˈpriːʃɪeɪt, əˈpriːsɪeɪt] 1. *v. t.* a) (dankbar) anerkennen; schätzen; b) einschätzen; verstehen (Verhalten, Person)
apprehension [æprɪˈhenʃn] *n.* a) Auffassung, *f.*; Ansicht, *f.* (of über+ Akk.); Verständnis, *n.*; b)Festnahme, *f.*; Verhaftung, *f.*; c) Besorgnis, *f.*
apprehensive [æprɪˈhensɪv] *adj.* besorgt (for um+ Akk.)
apprentice [əˈprentɪs] 1. *n.* Auszubildender, *m.* (to bei); Anfänger, *m.* 2. *v. t.* **be ~d** in der Ausbildung sein oder in der Ausbildung stehen
apprenticeship [əˈprentɪsʃɪp] *n.* Ausbildung, *f.*
approach [əˈprəʊtʃ] 1. *v. i.* sich nähern; näher kommen; 2. *n.* a) Herannahen, *n.*
appropriate 1. [əˈprəʊprɪət] *adj.* geeignet (to, for für)
appropriately [əˈprəʊprɪətlɪ] *adv.* angemessen
approval [əˈpruːvl] *n.* a) Genehmigung, *f.*; Einwilligung, *f.* Billigung, *f.*; Zustimmung, *f.*
approve [əˈpruːv] 1. *v. t.* genehmigen (Plan, Projekt);

billigen (Vorschlag, Reform); **~d** empfohlen
approvingly [əˈpruːvɪŋlɪ] *adv.* siehe **approving** zustimmend; anerkennend
approximately [əˈprɒksɪmətlɪ] *adv.* rund, etwa, circa, ungefähr; (almost) fast
approximation [əprɒksɪˈmeɪʃn] *n.* Annäherung, *f.*
apricot [ˈeɪprɪkɒt] *n.* Aprikose, *f.*
April [ˈeɪprəl] *n.* April, *m.*
apt [æpt] *adj.* a) passend angemessen b) **be ~ to do sth.** dazu neigen, etw. zu tun
aquarium [əˈkweərɪəm] *n.*, *pl.* **~s** oder **aquaria** [əˈkweərɪə] Aquarium, *n.*
Arabia [əˈreɪbɪə] *pr. n.* Arabien *n.*
arbitrarily [ˈabɪtrərɪlɪ] *adv.* willkürlich
arbitrary [ˈabɪtrərɪ] *adj.* willkürlich; launisch
arch [atʃ] 1. *v. i.* sich wölben 2. *n.* Bogen, *m.*
arch- *Präfix* Erz-; **~-bishop** Erzbischof, *m.*
archaeology [akɪˈɒlədʒɪ] *n.* Archäologie, *f.*
archetype [ˈakɪtaɪp] *n.* Archetyp, *m.*
architect [ˈaːkɪtekt] *n.* Architekt, *m.*/Architektin, *f.*
architectural [akɪˈtektʃərl] *adj.* architektonisch
architecture [ˈakɪtektʃər] *n.* Architektur, *f.*
archive [ˈakaɪv] 1. *v. t.* archivieren; 2. *n.*, *usu. in pl.* Archiv, *n.*
arctic [ˈaktɪk] 1. *adj.* (literarisch oder bildlich) arktisch
ardent [ˈadənt] *adj.* begeistert; inbrünstig (Hoffnung, Liebe); brennend (Wunsch); leidenschaftlich (Liebe, Gedicht, Anbetung)
ardour (Brit.; Amer.: ardor) [ˈadər] *n.* Inbrunst, *f.*; Eifer, *m.*
arduous [ˈadjʊəs] *adj.* schwer, anstrengend (Auf-

gabe, Arbeit); hart (Arbeit)
arduously [ˈadjʊəslɪ] *adv.* beschwerlich
area [ˈeərɪə] *n.* a) Fläche, *f.*, Ausdehnung, *f.*; b) Landschaft, *f.*; Gelände, *n.*; Gebiet, *n.*; c) Bereich, *m.*; **parking** ~ Parkplatz, *m.*; **no-smoking** ~ Nichtraucherzone, *f.*; d) Raum, *m.*
arena [əˈriːnə] *n.* Arena, *f.*; *(bildlich)* Bühne, *f.*
aren't [ant] *(ugs.)* = are not; siehe **are**
Argentina [ɒdʒənˈtiːnə] *pr. n.* Argentinien *n.*
arguable [ˈagjʊəbl] *adj.* a) fragwürdig (Angelegenheit, Verhalten); **it is ~ whether..** es ist fraglich, ob...; b) **it is ~ that...** man kann der Meinung sein, dass
arguably [ˈagjʊəblɪ] *adv.* möglicherweise, eingestandenermaßen
argue [ˈagjuː] 1. *v. t.* 1. *v. i.* ~ **with sb.** sich mit jmdm. streiten; ~ **against sb.** jmdm. widersprechen; ~ **about sth.** sich über etw. streiten ~ **that...**: die Meinung vertreten
argument [ˈagjʊmənt] *n.* a) Begründung, *f.*; **~s for/against sth.** Argumente für/gegen etw.; b) *no pl.* Argumentation, *f.*; Diskussion, *f.*; (im Sinne von Meinung) Auseinandersetzung, *f.*
argumentation [agjʊmenˈteɪʃn] *n.* Argumentieren, *n.*
argumentative [agjʊˈmentətɪv] *adj.* widerspruchsfreudig sein
arise [əˈraɪz] *v. i.*, **arose** [əˈrəʊz], **arisen** [əˈrɪzn] a) (Wetter) aufsteigen; b) (Wetter, Naturgewalten) anschwellen; c) auferstehen d) entstehen; e) auftreten; (Möglichkeit, Chance) sich bieten; *f)* ~ **from or out of sth.** auf etw. *(Akk.)* zurückzuführen sein auf

aristocracy [ærɪˈstɒkrəsɪ] n. Aristokratie, f.
aristocrat [ˈærɪstəkræt] n. Aristokrat, m./Aristokratin, f.
aristocratic [ærɪstəˈkrætɪk] adj. a) aristokratisch; adelig; b) vornehm
arm [am] n. a) Arm, m.; **take sb. in one's ~s** jmdn. in die Arme nehmen; **with open ~s** mit offenen Armen; **arm in arm** Arm in Arm;b) Ärmel, m.; c) Armlehne, f.
arm [am] 1. v. t. a) sich bewaffnen; mit Waffen ausstatten b) ~ **oneself with sth.** sich mit etw. bewaffnen 2. n. a) usu. in pl. Waffe, f.; **lay down one's ~s** die Waffen niederlegen; **take up ~s** zu den Waffen greifen b) in pl. Wappen, n.
armada [aˈmadə] n. Flotte, f.; Armada, f.
armistice [ˈamɪstɪs] n. Waffenstillstand, m.
armour [ˈamər] n. a) no pl. (Mittelalter) Rüstung, f.
armoured [ˈaməd] adj. ~ **car** Panzerwagen, m.; gepanzertes Fahrzeug, n.; ~ **division** Panzerdivision, f.; ~ **glass** Panzerglas, n.
army [ˈamɪ] n. a) Armee, f., Heer, n.; b) no pl., no indef. art. Militär, n.; **be in the ~** beim Militär sein; **join the ~** zum Militär gehen c) (Menge) Heer, n.; **an ~ of people** ein Heer von Menschen
aroma [əˈrəʊmə] n. Duft, m.; Geruch, m.
aromatic [ærəˈmætɪk] adj. aromatisch; duftend (Natur)
around [əˈraʊnd] 1. adv. a) um herum; **come ~ to sb.** bei jmdm. vorbeikommen; **show sb. ~** jmdn. herumführen; **look ~** sich umsehen; 2. prep. a) ungefähr; b) **the boys strolled ~** die Jungs zogen umher c) ~ **7 o'clock** gegen 7 Uhr
arousal [əˈraʊzl] n. siehe
arouse: Aufwachen, n, Erweckung, f.
arouse [əˈraʊz] v. t. a) aufwecken; b) (er)wecken (Interesse); erregen (Gefühle, Leidenschaft)
arrange [əˈreɪndʒ] 1. v. t. a) anordnen; b) ausmachen (Termin); c) planen (Vorhaben); aufstellen (Plan); d) bearbeiten; 2. ~ **with sb. about sth.** sich mit jmdm. über etw. (Akk.) einigen
arrangement [əˈreɪndʒmənt] n. a) Anordnung, f.; Arrangement, n.; b) in pl. Vorkehrungen, f.; **make ~s Vorkehrungen treffen**; c) Vereinbarung, f.; **make an ~ to do sth.** vereinbaren, etw. zu tun; d) Einigung, f.
arrest [əˈrest] 1. v. t. a) aufhalten; b) verhaften, festnehmen (Person)2. n. a) Stillstand, m.; b) Verhaftung, f.; Festnahme, f.
arrival [əˈraɪvl] n. a) Ankunft, f.; b) Ankömmling, m.; Lieferung, f.
arrive [əˈraɪv] v. i. a) ankommen; eintreffen; b) ~ **at an agreement** zu einer Einigung kommen
arrogance [ˈærəgəns] n., no pl. Arroganz, f.
arrogant [ˈærəgənt] adj. arrogant
arrogantly [ˈærəgəntlɪ] adv. arrogant
arrow [ˈærəʊ] n. Pfeil, m.
arsenal [ˈasənl] n. Arsenal, n.
arson [ˈasn] n. Brandstiftung, f.
arsonist [ˈasənɪst] n. Brandstifter, m./Brandstifterin, f.
art [at] n. a) Kunst, f.; **works of ~** Kunstwerke pl.; **~s and crafts** Kunstgewerbe, n.; Kunsthandwerk, n.
artfully [ˈatfəlɪ] adv. listenreich; schlau
art gallery n. Kunstgalerie, f.

arthritis [aˈθraɪtɪs] n. (Medizin) Arthritis, f.
article [ˈatɪkl] 1. n. a) (Sprache) Artikel, m.; **definite/indefinite ~** bestimmter/unbestimmter Artikel; b) (Verfassung, Gesetz) Artikel, m.; Vertragspunkt, m.; Paragraf, m.; c) ~ **of faith** (bildlich) Glaubensbekenntnis, n.; d) (Journalismus) Artikel, m.; e) Artikel, m.; **an ~ of value** ein Wertgegenstand, m.
articulate 1. [aˈtɪkjulət] adj. a) verständlich; b) redegewandt; **be ~** sich gut ausdrücken. 2. [aˈtɪkjuleɪt] v. t. usu. in pass. durch Gelenke/ein Gelenk verbinden; 3. v. i. deutlich sprechen
articulately [aˈtɪkjulətlɪ] adv. klar
articulation [atɪkjuˈleɪʃn] n. a) Artikulation, f.; b) deutliche Aussprache
artifice [ˈatɪfɪs] n. List, f.
artificial [atɪˈfɪʃl] adj. a) künstlich; imitiert; ~ **sweetener** Süßstoff, m.; b) gekünstelt
artificial adj. künstlich; ~ **intelligence** n. künstliche Intelligenz f. ~ **insemination** n. künstliche Befruchtung, f.
artificiality [atɪfɪʃɪˈælɪtɪ] n., no pl. : Künstlichkeit, f. Affektiertheit, f.
artificially [atɪˈfɪʃəlɪ] adv. künstlich
artillery [aˈtɪlərɪ] n. Artillerie, f.
artisan [ˈatɪzn, atɪˈzæn] n. Kunsthandwerker, m.
artist [ˈatɪst] n. a) Künstler, m./Künstlerin, f.; b) (Zirkus, Varieté) Artist, m./Artistin, f.
artistic [aˈtɪstɪk] adj. a) (of art) Kunst-; künstlerisch; b) Künstler-; künstlerisch c) kunstvoll d) künstlerisch begabt
artistically [aˈtɪstɪkəlɪ] adv. a) künstlerisch; b) (geschmückt) kunstvoll

artless ['ɑtlɪs] *adj.* schlicht
as [əz, stressed æz] 1. *prep.* a) als b) (Vergleich) wie 2. (Relativpronomen) **the same as...** der/die/dasselbe wie...; **such as** wie zum Beispiel; 3. **as far as** soweit wie; **as for...** was... angeht; **as it is** wie es aussieht; **as yet** bis jetzt; **as to...** um... zu
ascend [ə'send] 1. *v. i.* a) hinaufgehen oder -steigen, heraufkommen; b) (Hügel, Straße) ansteigen; **the street ~s** die Straße hat eine Steigung c) aufsteigen; *(Technik)* 2. *v. t.* a) hinaufsteigen, hinaufgehen (Treppe, Leiter); b) **~ the throne** den Thron besteigen
ascendancy [ə'sendənsɪ] *n., no pl.* Vorherrschaft, *f.*
ascendant [ə'sendənt] *n.* aufsteigend
ascent [ə'sent] *n. (bildlich)* Aufstieg, *m.*
ascertain [æsə'teɪn] *v. t.* feststellen; ermitteln
ascertainable [æsə'teɪnəbl] *adj.* feststellbar; ermittelnd
ascetic [ə'setɪk] 1. *adj.* asketisch. 2. *n.* Asket, *m.*/Asketin, *f.*
asceticism [ə'setɪsɪzm] *n., no pl.* Askese, *f.*
ascribe [ə'skraɪb] *v. t.* a) zuschreiben (to Dat.); b) zurückführen (to auf + Akk.)
aseptic [eɪ'septɪk] *adj.* steril
ash [æʃ] *n.* a) (Baum) Esche, *f.*; b) Eschenholz, *n.*
ash *n. in sing. or pl.* Asche, *f.*
ashtray *n.* Aschenbecher, *m.*
ashamed [ə'ʃeɪmd] *adj.* beschämt; **be ~** sich schämen; **be ~ of sb./sth.** sich wegen jmdm./einer Sache schämen
ashen ['æʃn] *adj.* aschfarben; aschfahl; **~ grey** aschgrau
ashore [ə'ʃɔ:r] *adv.* ans Land; ans Ufer; an Land; am Ufer
Asia ['eɪʃə] *pr. n.* Asien, *n.*
Asian ['eɪʃn, 'eɪʒən] 1. *adj.* asiatisch. 2. *n.* Asiat, *m.*/Asiatin, *f.*
aside [ə'saɪd] *adv.* beiseite; zur Seite; **take sb. ~** jmdn. beiseite nehmen
ask [ask] 1. *v. t.* a) fragen; **~ a question** eine Frage stellen; **~ sb.'s name** jmdn. nach seinem Namen fragen; **~ sb.** jmdn. fragen; **~ sb. about sth.** jmdn. nach etw. fragen; **if you ~ me** *(ugs.)* wenn Sie mich fragen; b); **~ sb. to do sth.** jmdn. bitten, etw. zu tun
asparagus [ə'spærəgəs] *n.* Spargel, *m.*
aspect ['æspekt] *n.* a) Aspekt, *m.*; b) Perspektive, *f.*
aspen ['æspən] *n.* Espe, *f.*
aspersion [ə'spɜ:ʃn] *n.* Verunglimpfung, *f.*
asphalt ['æsfælt] 1. *v. t.* asphaltieren; 2. *n.* Asphalt, *m.*
aspirant [ə'spaɪərənt, 'æspərənt] *adj.* aufstrebend
aspiration [æspə'reɪʃn] *n.* Streben, *n.*; **have ~s to sth.** nach etw. streben
aspire [ə'spaɪər] *v. i.* **~ to sth.** nach etw. streben
aspirin ['æspərɪn] *n. (Medizin)* Kopfschmerztablette, *f,* Aspirin, *n.*
aspiring [ə'spaɪərɪŋ] *adj.* aufstrebend
ass [æs] *n. (bildlich)* Arsch *m.* (derogativ, sexuell)
assail [ə'seɪl] *v. t.* angreifen
assailant [ə'seɪlənt] *n.* Angreifer, *m.*/Angreiferin, *f.*
assassin [ə'sæsɪn] *n.* Attentäter, *m.*/Attentäterin, *f.*; Mörder, *m.*/Mörderin, *f.*
assassinate [ə'sæsɪneɪt] *v. t.* Attentat verüben; ermorden; **be ~d** einem Attentat zum Opfer fallen
assassination [əsæsɪ'neɪʃn] *n.* Attentat, *n.*; Mord, *m.* (of an + Dat.)
assault [ə'sɔ:lt] 1. *n.* Angriff, *m.*; *(bildlich)* Anschlag, *m.*; **verbal ~s** verbale Angriffe
assemblage [ə'semblɪdʒ] *n.* a) (Personen, Dinge) Ansammlung, *f.*; b) Zusammentragen, *n.*
assemble [ə'sembl] 1. *v. t.* a) (Material, Technik) zusammenbauen; b) zusammentragen (Dinge, Material); zusammenrufen (Personen); 2. *v. i.* sich versammeln
assembly [ə'semblɪ] *n.* a) (Menschen) Versammlung, *f.*; **national assembly** Nationalversammlung; b) (Technik, Material) Zusammenbau, *m.*; Montage, *f.*
assembly line *n.* Fließband, *n.*
assent [ə'sent] 1. *v. i.* zustimmen; **~ to sth.** einer Sache (Dat.) zustimmen. 2. *n.* Zustimmung, *f.*
assert [ə'sɜ:t] *v. t.* a) behaupten; beteuern; b) geltend machen; **~ oneself** sich durchsetzen
assertion [ə'sɜ:ʃn] *n.* Behauptung, *f.*; Geltendmachen, *n.*
assertive [ə'sɜ:tɪv] *adj.* fest, energisch (Person); bestimmt (Erscheinen, Verhalten)
assess [ə'ses] *v. t.* a) einschätzen; auswerten; beurteilen; b) schätzen c) festsetzen
assessment [ə'sesmənt] *n.* a) Auswertung, *f.*; Einschätzung, *f.*; Beurteilung, *f.*; b) Schätzung, *f.*; Festsetzung, *f.*; c) Steuerbescheid, *m.*
asset ['æset] *n.* a) Stütze, *f.*; Hilfe, *f.*; b) Vermögenswert, *m.*

assiduous [əˈsɪdjuəs] *adj.* a) gewissenhaft; eifrig; b) beflissen
assign [əˈsaɪn] *v. t.* a) zuteilen b) ~ **sth. to sb**. jmdm. etw. zuweisen
assignment [əˈsaɪnmənt] *n.* a) Zuteilung, *f.*; Übereignung, *f.*; b) Aufgabe, *f.*; Arbeit, *f.*
assimilate [əˈsɪmɪleɪt] *v. t.* a) einfügen; angleichen; ~ **sth. to sth**. etw. an etw. *(Akk.)* angleichen; b) *(bildlich)* aufnehmen (Informationen, Verhalten)
assimilation [əsɪmɪˈleɪʃn] *n.* a) Anpassung, *f.*; Angleichung, *f.* (to, with an + Akk.); b) *(bildlich)* Aufnahme, *f.*
assist [əˈsɪst] 1. *v. i.* a) helfen; ~ **in doing sth**. helfen, etw. zu tun; b) mitarbeiten ~ **sb. with sth**. jmdm. bei etw. helfen
assistance [əˈsɪstəns] *n.*, *no pl.* Hilfe, *f.*; Unterstützung, *f.*; **give ~ to sb**. jmdm. behilflich sein; **be of ~** behilflich sein
assistant [əˈsɪstənt] 1. *n.* Assistent, *m.*/Assistentin, *f.*; Helfer, *m.*/Helferin, *f.*; Mitarbeiter, *m.*/Mitarbeiterin, *f.*; Verkäufer, *m.*/Verkäuferin, *f.*; 2. *attrib. adj.* ~ **manager** stellvertretender Geschäftsführer
associate 1. [əˈsəʊʃɪeɪt, əˈsəʊsɪet] *v. t.* a) in Verbindung bringen; **be ~d** in Verbindung stehen; b) in Verbindung bringen, (Psychologie.) assoziieren (mit with); c) ~ **oneself with sth**. sich einer Sache (Dat.) anschließen. 4. *v. i.* ~ **with sb**. mit jmdm. Umgang haben, *f.*; 2. *adj.* beigeordnet 3. *n.* a) Partner, *m.*/Partnerin, *f.*; Kollege, *m.*/Kollegin, *f.*; Komplize, *m.*/Komplizin *f.*
association [əsəʊsɪˈeɪʃn] *n.* a) Organisation, *f.*; Verband, *m.*; Vereinigung b) (Gedanken) Assoziation, *f.*
assorted [əˈsɔːtɪd] *adj.* gemischt (Angebot)
assortment [əˈsɔːtmənt] *n.* Sortiment, *n.*
assume [əˈsjuːm] *v. t.* a) (sicher) annehmen; voraussetzen; ausgehen von; **assuming that...**: vorausgesetzt, dass b) annehmen (Namen, Rolle) c) übernehmen (Aufgaben, Pflichten)
assumption [əˈsʌmpʃn] *n.* a) Annahme, *f.* b) Übernahme, *f.*
assurance [əˈʃʊərəns] *n.* a) Zusicherung, *f.* b) *no pl.* Selbstsicherheit, *f.*; c) *no pl.* (Amer.) Versicherung, *f.*
assure [əˈʃʊə] *v. t.* a) versichern (+ Dat.); ~ **sb. of sth**. jmdn. einer Sache (Gen.) versichern (geh.); b) gewährleisten; c) ~ **oneself** sich überzeugen
assured [əˈʃʊəd] *adj.* gesichert (Tatsache); gewährleistet: **be ~ of sth**. sich einer Sache (Gen.) sicher sein
asteroid [ˈæstərɔɪd] *n.* (Astronomie) Asteroid, *m.*
asthma [ˈæsmə] *n.* (Medizin) Asthma, *n.*
asthmatic [æsˈmætɪk] (Medizin) 1. *adj.* asthmatisch. 2. *n.* Asthmatiker, *m.*/Asthmatikerin, *f.*
astir [əˈstɜːr] *pred. adj.* in Bewegung sein
astonish [əˈstɒnɪʃ] *v. t.* erstaunen
astonishing [əˈstɒnɪʃɪŋ] *adj.*, **astonishingly** [əˈstɒnɪʃɪŋlɪ] *adv.* erstaunlich
astonishment [əˈstɒnɪʃmənt] *n.*, *no pl.* Erstaunen, *n.*
astound [əˈstaʊnd] *v. t.* überraschen; verblüffen
astounding [əˈstaʊndɪŋ] *adj.* erstaunlich
astray [əˈstreɪ] 1. *adv.* **to go astray**: sich verirren; **sth. goes ~** etw. wird verlegt; **lead ~** irreführen 2. *pred. adj.* **be ~**: sich verirrt haben; *(bildlich)* sich irren
astrologer [əˈstrɒlədʒər] *n.* Astrologe, *m.*/Astrologin, *f.*
astrological [æstrəˈlɒdʒɪkl] *adj.* astrologisch
astrology [əˈstrɒlədʒɪ] *n.*, *no pl.* Astrologie, *f.*
astronaut [ˈæstrənɔːt] *n.* Astronaut, *m.*/Astronautin, *f.*
astronautical [æstrəˈnɔːtɪkl] *adj.* astronautisch
astronautics [æstrəˈnɔːtɪks] *n.*, *no pl.* Raumfahrt, *f.*
astronomer [əˈstrɒnəmər] *n.* Astronom, *m.*/Astronomin, *f.*
astronomical [æstrəˈnɒmɪkl] *adj.*, **astronomically** [æstrəˈnɒmɪkɪlɪ] *adv.* astronomisch
astronomy [əˈstrɒnəmɪ] *n.*, *no pl.* Astronomie, *f.*
astrophysics [æstrəʊˈfɪzɪks] *n.*, *no pl.* Astrophysik, *f.*
astute [əˈstjuːt] *adj.* scharfsinnig
asylum [əˈsaɪləm] *n.* Asyl, *n.*; **grant sb. ~**: jmdm. Asyl gewähren; **political ~** politisches Asyl
at [ət] *prep.* a) (bei Ortsangabe) (+ Dat.); **at the greengrocer's** beim Gemüsehändler; **at the zoo** im Zoo; b) (Preise) **it's at 1 pound** es kostet ein Pfund; c) **he's still at it** er ist immer noch dabei; d) (Zeitangabe) **at Christmas** an Weihnachten; **at one o'clock** um zwei Uhr
ate siehe **eat**
atheism [ˈeɪθɪɪzm] *n.*, *no pl.* Atheismus, *m.*
atheist [ˈeɪθɪɪst] *n.* Atheist, *m.*/Atheistin, *f.*
Athenian [əˈθiːnɪən] 1. *adj.* athenisch. 2. *n.* Athener, *m.*/Athenerin, *f.*
Athens [ˈæθɪnz] *pr. n.*

Athen, n.
athlete [ˈæθliːt] n. Athlet, m./Athletin, f.; Sportler, m./Sportlerin, f.
athletic [æθˈletɪk] adj. sportlich
athletics [æθˈletɪks] n., no pl. a) Leichtathletik, f.; b) (Amer.) Sport, m.
Atlantic [ətˈlæntɪk] 1. adj. atlantisch; ~ **Ocean** Atlantischer Ozean. 2. pr. n. Atlantik, m.
atlas [ˈætləs] Atlas, m.
atmosphere [ˈætməsfɪər] n. a) (bildlich) Atmosphäre, f.; b) Luft, f.
atmospheric [ætməˈsferɪk] adj. a) (bildlich) atmosphärisch; b) (bildlich) stimmungsvoll
atom [ˈætəm] n. Atom, n.
atomic bomb n. Atombombe, f.
atomic energy n., no pl. Atomenergie, f.
atomize [ˈætəmaɪz] v. t. atomisieren
atone [əˈtəʊn] v. i. es wiedergutmachen
atonement [əˈtəʊnmənt] n. (atoning) Buße, f.; Wiedergutmachung, f.
atrocious [əˈtrəʊʃəs] adj. scheußlich; grauenhaft; (Verhalten, Klima)
atrociously [əˈtrəʊʃəslɪ] adv. scheußlich; grauenhaft; (Verhalten)
atrocity [əˈtrɒsɪtɪ] n. a) no pl. Grausamkeit, f.; Grauenhaftigkeit, f.; b) Gräueltat, f.
attach [əˈtætʃ] befestigen (to an + Dat.); anhängen; **please find ~ed...** beigeheftet ist...;
attaché [əˈtæʃeɪ] n. Attaché, m. (Diplomatie)
attached [əˈtætʃt] adj. **be ~ to sb.** an jmdm. hängen; **become ~ to sb./sth.** jmdn./etw. liebgewinnen
attachment [əˈtætʃmənt] n. a) Befestigung, f.; b) Anhänglichkeit, f. (to an + Akk.)

attack [əˈtæk] 1. v. t. a) angreifen; überfallen; (Kritik) attackieren; b) (Krankheit) befallen; c) in Angriff nehmen; d) angreifen (Chemie). 2. v. i. angreifen. 3. n. a) Angriff, m.; Überfall, m.; **be under ~**: angegriffen werden
attacking [əˈtækɪŋ] adj. offensiv (Spielweise, Verhalten)
attainable [əˈteɪnəbl] adj. realisierbar; erreichbar (Ziel)
attainment [əˈteɪnmənt] n. a) no pl. Verwirklichung, f.; b) Leistung, f.
attempt [əˈtempt] 1. v. t. a) versuchen; ~ **to do sth.** versuchen, etw. zu tun; b) sich versuchen an (+ Dat.); 2. n. Versuch, m.; **make an ~ to do sth.** den Versuch unternehmen, etw. zu tun
attend [əˈtend] 1. v. t. a) teilnehmen an (+ Dat.); besuchen; b) sich ergeben aus 2. v. i. a) anwesend sein; b) aufpassen; ~ **to sth.** auf etw. (Akk.) achten
attendance [əˈtendəns] n. Anwesenheit, f.; Besuch, m. (at Gen)
attendant [əˈtendənt] 1. adj. begleitend; 2. n. Begleiter, m./Begleiterin, f.
attention [əˈtenʃn] n. a) no pl. Aufmerksamkeit, f.; **pay ~ to sb./sth.** jmdn./etw.Beachtung schenken; **pay ~!**: gib acht!; **catch sb.'s ~**: jmds. Aufmerksamkeit erregen; b) no pl. **give sth. one's personal ~**: sich einer Sache (Gen.) persönlich annehmen
attentiveness [əˈtentɪvnɪs] n., no pl. Aufmerksamkeit, f.
attest [əˈtest] 1. v. i. ~ **to sth.** etw. bezeugen; 2. v. t. bestätigen; beglaubigen
attic [ˈætɪk] n. Dachgeschoss, n.; Dachkammer, f.; Dachboden, m.
attire [əˈtaɪər] n., no pl.

Kleidung, f.
attitude [ˈætɪtjuːd] n. a) (Geistes)haltung, f.; b) Einstellung, f.
attorney [əˈtɜːnɪ]) Rechtsanwalt, m./Rechtsanwältin, f.
attract [əˈtrækt] v. t. (Person, Verhalten) anziehen; auf sich (Akk.) ziehen (Interesse)
attraction [əˈtrækʃn] n. a) Anziehung, f. (bildlich) Anziehung, f.; b) (bildlich) Verlockung, f.; Reiz, m.; Attraktion, f.
attractive [əˈtræktɪv] adj. a) (bildlich) attraktiv; reizvoll; b) (Vorschlag, Idee) anziehend
attractiveness [əˈtræktɪvnɪs] n., no pl. Attraktivität, f.
attribute 1. [ˈætrɪbjuːt] n. a) Eigenschaft, f.; b) Attribut, n.; 2. [əˈtrɪbjuːt] v. t. zuschreiben (to Dat.); zurückführen (to auf+ Akk.)
attune [əˈtjuːn] v. t. sich/etwas einstellen auf; gewöhnen (to an + Akk.)
auburn [ˈɔːbən] adj. rötlichbraun
auction [ˈɔːkʃn] n. Versteigerung, f.; **be put up for ~** versteigert werden
auctioneer [ɔːkʃəˈnɪər] n. Auktionator, m./Auktionatorin, f.
audacious [ɔːˈdeɪʃəs] adj. verwegen; wagemutig
audacity [ɔːˈdæsɪtɪ] n., no pl. a) Kühnheit, f.; Verwegenheit, f.; b) Dreistigkeit, f.
audibility [ɔːdɪˈbɪlɪtɪ] n. Hörbarkeit, f.
audible [ˈɔːdɪbl] adj. hörbar
audience [ˈɔːdɪəns] n. Publikum, n.
auditorium [ɔːdɪˈtɔːrɪəm] n., pl. ~s Zuschauerraum, m.
augment [ɔːgˈment] v. t. verstärken (Energie, Kraft); verbessern
August [ˈɔːgəst] n. August,

m.; **in** ~ im August
aunt [ant] *n.* Tante, *f.*
auspicious [ɔːˈspɪʃəs] *adj.* verheißungsvoll; vielversprechend
austere [ɒˈstɪər, ɔːˈstɪər] *adj.* streng; unbeugsam
austerity [ɒˈsterɪtɪ, ɔːˈsterɪtɪ] *n.* a) *no pl.* (Moral, Verhalten) Strenge, *f.*; b) *no pl.* Einfachheit, *f.*; Kargheit, *f.*; c) in *pl.* Entbehrungen, *f.*
Australia [ɒˈstreɪlɪə, ɔːˈstreɪlɪə] *pr. n.* Australien, *n.*
Austria [ˈɒstrɪə, ˈɔːstrɪə] *pr. n.* Österreich, *n.*
authentic [ɔːˈθentɪk] *adj.* echt; authentisch; unverfälscht
authenticity [ɔːθenˈtɪsɪtɪ] *n., no pl.* Echtheit, *f.*; Authentität, *f.*; Zuverlässigkeit, *f.*
author [ˈɔːθər] 1. *v. t.* verfassen *n.* a) (generell) Autor, *m.*/Autorin, *f.* Schriftsteller, *m.*/Schriftstellerin, *f.*
authoritative [ɔːˈθɒrɪtətɪv] *adj.* a) maßgebend; zuverlässig (Information); offiziell; amtlich; b) respekteinflößend
authority [ɔːˈθɒrɪtɪ] *n.* a) *no pl.* Autorität, *f.*; Befugnis, *f.*; **have the ~ to do sth.** befugt sein, etw. zu tun
authorization [ɔːθəraɪˈzeɪʃn] *n.* Genehmigung, *f.*; **obtain ~** die Genehmigung erhalten
authorize [ˈɔːθəraɪz] *v. t.* a) genehmigen; b) ermächtigen; bevollmächtigen; autorisieren
autobiographical *adj.* autobiografisch
autobiʼography *n.* Autobiografie, *f.*
autograph [ˈɔːtəgrɑːf] 1. *v. t.* signieren *n.* a) Autogramm, *n.*
automat [ˈɔːtəmæt] *n.* (Amer.) Automat, *m.*
automate [ˈɔːtəmeɪt] *v. t.* automatisieren

automatic [ɔːtəˈmætɪk] 1. *adj.* automatisch; 2. *n.* automatische Waffe, *f.*
automatically [ɔːtəˈmætɪkəlɪ] *adv.* automatisch
automation [ɔːtəˈmeɪʃn] *n., no pl.* Automation, *f.*; (Technik) Automatisierung, *f.*
automobile [ˈɔːtəməbiːl] *n.* (Amer.) Auto, *n.*; Fahrzeug, *n.*
autonomous [ɔːˈtɒnəməs] *adj.* eigenständig, unabhängig
autonomy [ɔːˈtɒnəmɪ] *n., no pl.* Eigenständigkeit, *f.*; Unabhängigkeit, *f.*
autopsy [ˈɔːtɒpsɪ, ɔːˈtɒpsɪ] *n.* Autopsie, *f.*
autumn [ˈɔːtəm] *n.* (Natur) Herbst, *m.*; **in ~** im Herbst
auxiliary [ɔːgˈzɪlɪərɪ] 1. *adj.* a) Hilfs-; **be ~ to sb.**: jmdn. unterstützen; b) zusätzlich; Zusatz-; c) (Sprache) ~ **verb** Hilfsverb, *n.*
availability [əveɪləˈbɪlɪtɪ] *n., no pl.* Vorhandensein, *n.*; **the ~ of sth.** das Vorhandensein v. etw.
available [əˈveɪləbl] *adj.* a) verfügbar; **be ~** zur Verfügung stehen; b) erhältlich; lieferbar (Wirtschaft); verfügbar (Zimmer, Daten); c) **have sth. ~** etw. zur Verfügung haben, gültig (Angaben, Angebot)
avalanche [ˈævəlɑːnʃ] *n.* (auch bildlich) Lawine, *f.*
avant-garde [ævɒnˈgɑːd] 1. *adj.* avantgardistisch. 2. *n.* Avantgarde, *f.*; Vorreiter, *f.*
avarice [ˈævərɪs] *n., no pl.* Habsucht, *f.*; Geldgier, *f.*
avaricious [ævəˈrɪʃəs] *adj.* habgierig; geldgierig
Ave. *die* Avenue (Abk.)
avenue [ˈævənjuː] *n.* Boulevard, *m.*; Allee, *f.*
average [ˈævərɪdʒ] 1. *v. t.* a) den Durchschnitt ermitteln von; b) durchschnittlich 2. *adj.* a) durchschnittlich;

she is of ~ height beauty sie ist durchschnittlich groß; b) (Mittelmaß) durchschnittlich; 3. *n.* a) Durchschnitt, *m.*; b) *no pl.* im Durchschnitt; durchschnittlich; **above/below ~**: über/unter dem Durchschnitt
aversion [əˈvɜːʃn] *n.* a) *no pl.* Aversion, *f.*; Abneigung, *f.*; **have an ~ to sth.** eine Abneigung oder Aversion gegen etw. haben
avert [əˈvɜːt] *v. t.* abwenden (Blick, Gesicht); b) abwenden (Schaden, Katastrophe); verhüten
aviation [eɪvɪˈeɪʃn] *n., no pl., no art.* Luftfahrt, *f.*
aviator [ˈeɪvɪeɪtər] *n.* Flieger, *m.*/Fliegerin, *f.*
avid [ˈævɪd] *adj.* begeistert; **be ~ for sth** sein begierig auf etw. (Akk.) sein
avoid [əˈvɔɪd] *v. t.* a) meiden (Person, Ort); b) vermeiden
avoidable [əˈvɔɪdəbl] *adj.* vermeidbar
avoidance [əˈvɔɪdəns] *n., no pl.* Vermeidung, *f.*
await [əˈweɪt] *v. t.* erwarten
awake [əˈweɪk] 1. *v. t.*, **awoke, awoken** (literarisch oder bildlich) wecken; 2. *v. i.*, **awoke** [əˈwəʊk], **awoken** [əˈwəʊkn] (literarisch oder bildlich) erwachen; **be ~ to sth.** *(bildlich)* sich einer Sache (Gen.) bewusst sein
awakening [əˈweɪknɪŋ] *n.* Erwachen, *n.*
award [əˈwɔːd] 1. *v. t.* zusprechen (Jura); gewähren (Finanzen); **~ sb. sth.** jmdm. etw. verleihen/zusprechen/gewähren; **he was ~ed the title** der Titel wurde ihr zuerkannt; verleihen, zuerkennen (Preis, Auszeichnung). 2. *n.* a) Auszeichnung, *f.*; Preis, *m.*
aware [əˈweər] *adj. & pred.* **be ~ of sth.**: sich (Dat.) einer Sache (Gen.) bewusst

sein
awareness [əˈweənɪs] *n.*, *no pl.* Bewusstsein, *n.*
away [əˈweɪ] 1. *adv.* a) entfernt; b) (Entfernung) weg; fort; **throw sth. ~** etw. wegwerfen c) **fade ~**: verhallen, verdampfen; 2. *adj.* auswärts; Auswärts
awe [ɔː] 1. *v. t.* Ehrfurcht einflößen; beeindruckend (+ Dat.); **be ~d by sth.** sich von etw. beeindrucken oder einschüchtern lassen
awesome [ˈɔːsəm] *adj.* eindrucksvoll; überwältigend
awe: **~-struck** *adj.*; ergriffen; ehrfurchtsvoll (Ausdruck, Verhalten)

awful [ˈɔːfl] *adj. (ugs.)* furchtbar; fürchterlich
awfully [ˈɔːfəlɪ, ˈɔːflɪ] *adv. (ugs.)* furchtbar
awkward [ˈɔːkwəd] *adj.* a) ungünstig; b) unbeholfen; c) peinlich; **feel ~** sich unbehaglich fühlen; d) schwierig, unangenehm (Person); ungünstig (Zeitpunkt); schwierig, peinlich (Lage, Dilemma)
awkwardly [ˈɔːkwədlɪ] *adv.* a) ungünstig (geformt, angebracht); b) ungeschickt, unbeholfen; ungeschickt, unglücklich (fallen, sich ausdrücken); c) peinlicherweise; d) ungünstig (gelegen)

awkwardness [ˈɔːkwədnɪs] *n.*, *no pl.* see awkward: a) Unhandlichkeit, *f.*; b) Unbeholfenheit, *f.*; c) Peinlichkeit, *f.*
awoke, awoken siehe **awake**
axe (Amer.: ax) [æks] 1. *n.* Axt, *f.*; Beil, *n.*
axle [ˈæksl] *n.* Achse, *f.*
azalea [əˈzeɪlɪə] *n.* (Bot.) Azalee, *f.*
Aztec [ˈæztek] 1. *adj.* aztekisch. 2. *n.* Azteke, *m.*/Aztekin, *f.*
azure [ˈæʒjər, ˈeɪʒjər] 1. *adj.* azurblau; 2. *n.* Azurblau, *n.*

B

B, b [biː] *n., pl.* Bs or B's a) (letter) B, b, *n.*
BA *Abk.* (akademisch) Bachelor of Art
babble ['bæbl] 1. *v. i.* a) (Baby, Dummkopf) stammeln; b) schwatzen; 2. *n.* a) Gestammel, *n.*; Gelalle, *n.*; b) (Wasser) Geplätscher, *n.*
baboon [bə'buːn] *n.* Pavian, *m.*
baby ['beɪbɪ] *n.* a) Baby, *n.*; **have a ~** ein Kind bekommen; **she has a ~** sie hat ein Baby; **a ~ boy/girl** ein kleiner Junge/ein kleines Mädchen; **~ clothes** *n. pl.* Babykleidung, *f.*; **~ food** *n.* Babynahrung, *f.*
babyish ['beɪbɪɪʃ] *adj.* kindlich (Verhalten, Aussehen); kindisch
bachelor ['bætʃələr] *n.* a) Single, *m.*; Junggeselle, *m.*; b) (akademisch) **B~ of Arts/Science** Bakkalaureus (Titel)
bacillus [bə'sɪləs] *n., pl.*(Biologie, Medizin) Bazillus, *m.*
back [bæk] 1. *v. t.* a) helfen (+ Dat.); unterstützen (Person, Sache); b) zurücksetzen (Fahrzeug) 2. *adv.* a) zurück; **step ~** zurücktreten; b) zurückbekommen; **the way ~** Rückweg 3. *n.* a) (Körper) Rücken, *m.*; **stand ~ to ~** Rücken an Rücken stehen; **get off my ~**:(bildlich ugs.) lass mich in Ruhe b) Buchrücken, *m.*; c) (Möbel) Lehne, *f.*
back: **~ache** *n., no pl.* Rückenschmerzen **~-bencher** [bæk'bentʃər] *n.* (Politik) Abgeordneter/ Abgeordnete; Hinterbänkler, *m.* **~bone** *n.* Wirbelsäule, *f.*; Rückgrat, *n.*; **~ door** *n.* Hintertür, *f.* (auch bildlich); (Anstrengung); **~date** *v. t.* zurückdatieren (to auf+ Akk.)
backfire *v. i.* knallen; *(bildlich)* fehlschlagen; **it ~fired on me** der Schuss ging nach hinten los *(ugs.)*
back: **~ground** *n.* a) (literarisch oder bildlich) Hintergrund, *m.*; (sozial) Herkunft, *f.*; **against this ~ground:** vor diesem Hintergrund; b) **~ground** (Journalismus) Hintergrundinformation, *f.*
backing ['bækɪŋ] *n.* a) Rückenstärkung, *f.*; b) (Hilfe) Unterstützung, *f.*
backlash *n.* Rückstoß, *m.*; *(bildlich)* Gegenreaktion, *f.*
backless ['bæklɪs] *adj.* rückenfrei (Kleidung)
back: *n.* **~pack** Rucksack, *m.*; **~rest** *n.* Rückenlehne, *f.*; **~-seat** Rücksitz, *f.* **~side** *n.* Hinterteil, *n. (ugs.)*; Hintern, *m.* **~stage** Bereich hinter der Bühne *(bildlich)* hinter den Kulissen; **~stairs** *n. pl.* Hintertreppe, *f.* **~ street** *n.* kleine Seitenstraße
backward ['bækwəd] 1. *adv.* siehe backwards. 2. *adj.* a) rückwärts gerichtet; b) (Psychologie, Verhalten) zurückgeblieben; rückständig, unterentwickelt (Land, Kultur); **~ in sth.** in etw. (Dat.) zurückgeblieben
backwardness ['bækwədnɪs] *n., no pl.* a) Zurückhaltung, *f.*; b) (Psychologie, Verhalten) Zurückgebliebenheit, *f.*, (Land, Kultur) Rückständigkeit, *f.*
backwards ['bækwədz] *adv.* a) nach hinten; **the woman stepped ~ into the room** die Frau ging rückwärts in den Raum b) (Geschichte, Zeit) **look ~** an die Vergangenheit denken
back: ~ **'yard** *n.* Hinterhof, *m.*
bacon ['beɪkn] *n.* Speck, *m.*; **~ and eggs** Eier mit Speck
bacterial [bæk'tɪərɪəl] *adj.* bakteriell
bacteriological [bæktɪərɪə'lɒdʒɪkl] *adj.* bakteriologisch
bacteriology [bæktɪərɪ'bləʒɪ] *n.* Bakteriologie, *f.*
bacterium [bæk'tɪərɪəm] *n., pl.* **bacteria** [bæk'tɪərɪə] Bakterie, *f.*
bad [bæd] 1. *adj.*, worse [wɜːs], worst [wɜːst] a) schlecht; verdorben (Verhalten, Nahrung); **~ news** schlechte Nachrichten; **to catch a ~ moment:** einen schlechten Zeitpunkt erwischen; **go ~** schlecht werden; **not ~** *(ugs.)* nicht schlecht; b) (Moral, Charakter) verdorben, schlecht; (Kind) ungezogen; c) schlecht; schädlich; d) (Körper, Gesundheit, Verfassung) **to be ~** schlecht gehen; **I have a ~ toothache** ich habe schlimme Zahnschmerzen; e) **a ~ conscience** ein schlechtes Gewissen; **to feel ~ about sb.** ein schlechtes Gewissen wegen jmdm. haben; *f)* (serious) schlimm, böse (Unfall, Notfall); schwer (Fehler, Erschütterung); hoch (Fieber); schrecklich (Naturkatastrophe)
bade siehe bid
badge [bædʒ] *n.* a) Abzeichen, *n.*; Plakette, *f.*; b) Symbol, *n.*
badger ['bædʒər] 1. *v. t.* **~ sb.** jmdm. keine Ruhe lassen 2. *n.* Dachs, *m.*
badly ['bædlɪ] *adv.* worse [wɜːs], worst [wɜːst] a) schlecht; b) schwer (ver-

letzt, beschädigt); c) dringend; **want sth.** ~ sich (Dat.) etw. sehr wünschen
bad-tempered [bæd'tempəd] *adj.* schlecht gelaunt
baffle ['bæfl] *v. t.* ~ **sb.** jmdm. unverständlich sein
baffled ['bæfld] *adj.* verwirrt
bafflement ['bæflmənt] *n.* Rätsel, *n.*; Verwirrung, *f.*
baffling ['bæflɪŋ] *adj.* rätselhaft; verwirrend
bag [bæg] 1. *v. t.*, -gg-: a) in Säcke/ Taschen/Tüten füllen; 2. *n.* a) Tasche, *f.*, Sack, *m.*; **hand~** [hand]Handtasche, *f.*; (*sl.*) ~**s of** jede Menge (*ugs.*)
baggage ['bægɪdʒ] *n.* Gepäck, *n.*
baggage: ~ **car** *n.* (Amer.) Gepäckwagen, *m.*
bagginess ['bægɪnɪs] *n.*, *no pl.* Schlaffheit, *f.*
baggy ['bægɪ] *adj.* weit (aus)geschnitten (Kleidung); ausgebeult (Hose)
bag: ~**pipe** [s] *n.* Dudelsack, *m.*; ~**piper** *n.* Dudelsackspieler, *m.*
bail [beɪl] 1. *v. t.* a) gegen Kaution freilassen; b) bürgen für 2. *n.* a) Kaution, *f.*; **release sb. on** ~: jmdn. gegen Kaution freilassen; Bürgschaft, *f.*
bail *n.* Kricketschläger, *m.*
bail *v. t.* ~ out *v. i.* (Pilot) aussteigen (Notfall, Schleudersitz); abspringen, (Fliegersprache)
bailey ['beɪlɪ] *n.* Festungsmauer, *f.*; Burghof, *m.*
bake [beɪk] 1. *v. t.* a) backen; (Amer.) ~**d beans** gebackene Bohnen; b) brennen (Bau, Keramik). 2. *v. i.* backen; gebacken werden
bakehouse *n.* Backstube, *f.*
baker ['beɪkər] *n.* Bäcker, *m.*; **at the** ~**'s** beim Bäcker; in der Bäckerei

bakery ['beɪkərɪ] *n.* Bäckerei, *f.*
baking: ~**dish** *n.*; Backblech, *n.*; ~-**tin** *n.* Backform, *f.*; ~-**tray** *n.* Kuchenblech, *n.*; ~-**powder** *n.* Backpulver, *n.*
balance ['bæləns] 1. *v. t.* a) ausgleichen; (aus)balancieren; auswuchten *(Technik)*; ~ **sth. with or by or against sth. else** etw. gegen etw. anderes abwägen; b) (Wirtschaft, Finanzen) bilanzieren; 2. *v. i.* a) balancieren; b) **keep/lose one's** ~ das Gleichgewicht halten/verlieren
balanced ['bælənst] *adj.* ausgewogen; ausgeglichen (Person, Charakter)
balcony ['bælkənɪ] *n.* Balkon, *m.*
bald [bɔːld] *adj.* a) kahl (Kopf, Federkleid); kahlköpfig, glatzköpfig (Person); **he is** ~ er hat eine Glatze; b) simpel; einfach
bald-headed [bɔːld'hedɪd] *adj.* glatzköpfig, kahlköpfig
baldly ['bɔːldlɪ] *adv.* offen; knapp; unverhüllt
baldness ['bɔːldnɪs] *n.*, *no pl.*, siehe auch **bald**; Kahlheit, *f.*; Einfachheit, *f.*
bale [beɪl] 1. *v. t.* zu Ballen binden (Stroh, Heu) 2. Ballen, *m.*
baleful ['beɪlfl] *adj.* unheilvoll; böse
balk [bɔːk, bɔːlk] 1. *v. t.* behindern 2. *n.* (Holz) Balken, *m.*
Balkan ['bɔːlkn] 1. *adj.* Balkan-. 2. *n. pl.* **the B~s** Balkan, *m.*
ball [bɔːl] 1. *n.* a) Kugel, *f.*;b) (Sport); **play** ~ Ball spielen; mitmachen; c) (Waffen) Kugel, *n.*; d) Knäuel (Wolle) *n.*; e) *(Anat.)* Ballen, *n.*; 2. *v. t.* zusammenballen; ballen (Faust)
ball *n.* (Tanz, Gesellschaft) Ball, *m.*

ballad ['bæləd] *n.* Ballade, *f.*
ballast ['bæləst] *n.* a) Ballast, *m.*; b) Schotter, *m.*
ball: (Tennis) ~**boy** *n.* Balljunge, *m.* ~ **game** *n.* a) Ballspiel, *n.*; b) (Amer.) Baseballspiel, *m.*
ballerina [bælə'riːnə] *n.* Ballerina, *f.*; **prima** ~ Primaballerina, *f.*
ballet ['bæleɪ] *n.* Ballett, *n.*; ~ **dancer** Balletttänzer, *m.*/-tänzerin, *f.*
ballistic [bə'lɪstɪk] *adj.* (Militär) ballistisch
balistics [bə'lɪstɪks] *n.*, *no pl.* Ballistik, *f.*
balloon [bə'luːn] 1. *v. i.* sich blähen; 2. *n.* a) Ballon, *m.*; **hot-air** ~ Heißluftballon, *m.*; b) Luftballon, *m.*; c) (Comic) Sprechblase, *f.*
ballot ['bælət] 1. *v. i.* abstimmen; 2. *n.* a) Abstimmung, *f.*; **secret** ~ geheime Wahl; b) (Wahlstimme) Stimme, *f.*; c) Stimmzettel, *m.*
ballot: ~-**box** *n.* Wahlurne, *f.*; ~-**paper** *n.* Stimmzettel, *m.*
ball: ~**room** *n.* Tanzsaal, *m.*; ~**room dancing** *n.* Gesellschaftstanz, *m.*
balsam ['bɔːlsəm, 'bɒlsəm] *n.* (literarisch oder bildlich) Balsam, *m.* *(bildlich)* Balsam, *m.*; **balsam for my soul** Balsam für meine Seele
balmy ['baːmɪ] *adj.* mild
Balt [bɔːlt, bɒlt] *n.* Balte, *m.*/Baltin, *f.*
Baltic ['bɔːltɪk, 'bɒltɪk] 1. *pr. n.* Ostsee, *f.*; 2. *adj.* baltisch; Ostsee; **the** ~ **States** das Baltikum; ~ **coast** Ostseeküste, *f.*; **the** ~ **Sea** die Ostsee, *f.*
ban [bæn] 1. *v. t.* verbannen; verbieten; ~ **sb. from a place** jmdn. verbannen; ~ **sb. from doing sth.** jmdm. verbieten, etw. zu tun; 2. *n.*

banal

Verbot, *n.*; **place a ~ on sth.** etw. mit einem Verbot belegen
banal [bəˈnaːl, bəˈnæl] *adj.* banal
banality [bəˈnælɪtɪ] *n.* Banalität, *f.*
banana [bəˈnɑːnə] *n.* Banane, *f.*
banana: ~ **skin** *n.* Bananenschale, *f.*; ~ **republic** *n.*; Bananenrepublik, *f.*
band [bænd] 1. *v. t.* ~ **sth.** ein Band um etw. binden; 2. *v. i.* ~ **together** sich zusammenschließen; 2. *n.* a) Band, *n.*; b) Bandbreite, *f.* *(bildlich);* c) (Rundfunk) **long/medium** ~ Langwellen-/Mittelwellenband, *n.*; d) Bande, *f.*; Gruppe, *f.*; e) (**dance ~**) Tanzkapelle, *f.*; Musikband, *f.*
bandage [ˈbændɪdʒ] 1. *v. t.* verbinden (Medizin; Wunde) bandagieren (Körper, Medizin) 2. *n.* (Körper, Medizin) Verband, *m.*; Bandage, *f.*
bandbox *n.* Hutschachtel, *f.*
bandit [ˈbændɪt] *n.* Bandit, *m.*; Gauner, *m.*
banditry [ˈbændɪtrɪ] *n.* Banditerie, *f.*
band: **~master** Kapellmeister, *m.*
bandsman [ˈbændzmən] *n., pl.* bandsmen [ˈbændzmən] Mitglied einer Musikgruppe
bandy [ˈbændɪ] *v. t.* a) wechseln, etwas untereinander austauschen; b) herumerzählen *(ugs.)* (Witze, Ereignisse, Geschichte)
bandy *adj.* krumm; ~ **legs** O-Beine *(ugs.)*
bane [beɪn] *n.* Ruin, *m.*
bang [bæŋ] 1. *v. i. a)* schlagen; dröhnen; zuschlagen; knallen; 2. *v. t.* a) knallen *(ugs.)*; schlagen; zuknallen *(ugs.)*, zuschlagen (Tür, Fenster); ~ **one's head on the door**: sich den Kopf an der Tür stoßen 3. *adv.* a) krachen; 4. *n.* a) Schlag, *m.*; b) (Lärm) Knall, *m.*
banger [ˈbæŋər] *n. (sl.)* a) Würstchen, *n.*; b) Donnerblitz, *m. (ugs.)*
Bangladesh [bæŋɡləˈdeʃ] *pr. n.* Bangladesch, *n.*
bangle [ˈbæŋɡl] *n.* Armreif, *m.*
banish [ˈbænɪʃ] *v. t.* verbannen (from aus)
banishment [ˈbænɪʃmənt] *n.* Verbannung, *f.*
banister [ˈbænɪstər] *n.* a) Geländer, *n.*; b) *usu. in pl.* Geländerpfosten, *m.*
banjo [ˈbændʒəʊ] *n., pl.* ~**s** or ~**es** Banjo, *n.* (Musik)
bank [bæŋk] 1. *v. t.* a) ~ up aufschichten; b) in die Kurve legen (Fahrzeug). 2. *v. i.* sich in die Kurve legen; 3. *n.* a) Böschung, *f.*; b) Ufer, *n.*; c) Flussbank, *f.*; d) **a ~ of clouds** eine Wolkenbank
bank 1. *v. t.* zur Bank bringen; 2. *n.* (Wirtschaft, Finanzen) Bank, *f.*
bank: ~ **account** *n.* Bankkonto, *n.*; ~ **balance** *n.* Kontostand, *m.* ~ **card** *n.* Scheckkarte, *f.*; ~ **charges** *n. pl.* Bankgebühren; ~ **clerk** *n.* Bankangestellter, *m.* /Bank angestellte, *f.*
banker [ˈbæŋkər] *n.* (Wirtschaft, Finanzen) Bankier, *m.*; Banker, *m. (ugs.)*
~ **order** *n.* Bankanweisung, *f.*
bank holiday *n.* nationaler Feiertag, *m.*
banking [ˈbæŋkɪŋ] *n.* Bankwesen, *n.*
bank: ~**note** *n.* Banknote, *f.*; Geldschein, *m.*; ~ **raid** *n.* Banküberfall, *m.*; ~~**robber** *n.* Bankräuber, *m.*
bankrupt [ˈbæŋkrʌpt] 1. *v. t.* bankrott machen; 2. *adj.* bankrott gehen; **go** ~ in Konkurs gehen; Bankrott machen. 3. *n.* a) (Finanzen) Schuldner, *m.*; b) Bankrotteur, *m.*
bankruptcy [ˈbæŋkrʌptsɪ] *n.* Konkurs, *m.*; Bankrott, *m.*
banner [ˈbænər] 1. *n.* a) (auch bildlich) Banner, *n.*; b) Spruchband, *n.*; Transparent, *n.*
banquet [ˈbæŋkwɪt] 1. *n.* Bankett, *n.* 2. **~ting-hall** Bankettsaal, *m.*
bap [bæp] *n.* Brötchen, *n.*
baptism [ˈbæptɪzm] *n.* Taufe, *f.* (auch bildlich)
Baptist [ˈbæptɪst] 1. *adj.* **the ~ Church** Baptistenkirche; 2. Baptist, *m.*/Baptistin, *f.*
baptize [bæpˈtaɪz] *v. t.* taufen
bar [bɑr] 1. *n.* a) Stange, *f.*; Stab, *m.*; **a ~ of soap** ein Stück Seife; **a ~ of chocolate** ein Riegel Schokolade; b) Zierstreifen, *m.*; c) Stange; Gitterstab **behind ~**: hinter Gittern; d) Theke, *f.*; e) Barriere, *f.*
barb [bɑb] *n.* Widerhaken, *m.*
barbarian [bɑˈbeərɪən] 1. *adj.* (literarisch oder bildlich) barbarisch *n.* (literarisch oder bildlich). 2. Barbar, *m.*
barbaric [bɑˈbærɪk] *adj.*, **barbarically** [bɑˈbærɪkəlɪ] *adv.* barbarisch
barbarism [ˈbɑbərɪzm] *n.*, *no pl.* Barbarei, *f.*
barbarous [ˈbɑbərəs] *adj.* barbarisch
barbecue [ˈbɑbɪkjuː] 1. *v. t.* grillen. 2. *n.* a) Grillparty, *f.*; b) (Essen) Grillgericht, *n.*; c) Grill, *m.*
barbed wire [bɑbd ˈwaɪər] *n.* Stacheldraht, *m.*
barber [ˈbɑbər] *n.* Friseur, *m.*/Friseurin, *f.*
barbiturate [bɑˈbɪtjʊrət] *n.* (Chemie) Schlafmittel, *n.*
bar: ~ **code** *n.* Strichcode, *m.*
bard [bɑd] *n.* Barde, *m.*; Volkssänger, *m.*
bare [beər] 1. *v. t.* ent-

blößen (Körper); bloßlegen *(Technik)*; blecken (Zähne). 2. *adj.* a) nackt; ~ **feet** barfuß; b) (Bäume im Herbst) kahl; c) **with ~ hands** mit bloßen Händen

barely [ˈbeəlɪ] *adv.* a) kaum; knapp b) karg

bargain [ˈbɑgɪn] 1. *v. i.* a) (aus)handeln; ~ **for sth.** um etw. handeln; 2. *n.* a) günstiger Kauf, *m.*; **a good ~** ein guter Kauf; b) Sonderangebot

bark 1. *v. i.* a) bellen; b) brüllen. 2. *v. t.* a) bellen

barley [ˈbɑlɪ] *n.* Gerste, *f.*

bar: **~maid** *n.* (Brit.) Bardame, *f.*; **~man** [ˈbɑmən] *n.*, *pl.* **~men** [ˈbɑmən] Barkeeper, *m.*

barn [bɑn] *n.* Scheune, *f.*

barometer [bəˈrɒmɪtər] *n.* Barometer, *n.*

baron [ˈbærn] *n.* (Titel) Baron, *m.*

baroness [ˈbærənɪs] *n.* Baronin, *f.*

baroque [bəˈrɒk] 1. *adj.* barock; Barock-2. *n.* Barock, *n.*

barrack [ˈbærək] *n.* Kaserne, *f.*

barrage [ˈbærɑʒ] *n.* a) (Militär) Sperrfeuer, *n.* b) (Damm) Talsperre, *f.*

barrel [ˈbærl] *n.* a) Fass, *n.*; b) (Waffe) Lauf, *m.*; (Kanonen)rohr, *n.*

barren [ˈbærn] *adj.* a) (Landwirtschaft, Boden) unfruchtbar; b) nutzlos (Verhalten, Arbeit); fruchtlos (Debatte) mager (Ernte, Ergebnis); unfruchtbar (Zeit, Beziehung)

barricade [bærɪˈkeɪd] 1. *v. t.* verbarrikadieren. 2. *n.* Barrikade, *f.*

barrier [ˈbærɪər] *n.* a) (Zaun) Barriere, *f.*; (Eisenbahn)schranke, *f.*

barrister [ˈbærɪstər] *n.* a) (Brit.) Rechtsanwalt/-anwältin vor höheren Gerichten, *m.*

barrow [ˈbærəʊ] *n.* a) Karre, *f.*; Karren, *m.*; b) Schubkarre, *f.*

bartender *n.* Barkeeper, *m.*

basalt [ˈbæsɔːlt] *n.* Basalt, *m.*

base [beɪs] 1. *v. t.* a) gründen (on auf+ Akk.); **be ~d on sth.** sich auf etw. *(Akk.)* gründen; ~ **one's hopes on sth.** seine Hoffnung auf etw. *(Akk.)* gründen; 2. *adj.* a) feige; b) niederträchtig 3. *n.* a) Fuß, *m.*; Sockel, *m.*; Basis, *f.*; Hauptbestandteil, *m.*; Grundlage, *f.*; b) (Militär) Basis, *f.*; Stützpunkt, *m.*

baseball [ˈbeɪsbɔːl] *n.* Baseball, *m.*

baseless [ˈbeɪslɪs] *adj.* unbegründet

baseline *n.* (Sport, Tennis) Grundlinie, *f.*

basement [ˈbeɪsmənt] *n.* Keller, *m.*; Untergeschoss, *n.*

baseness [ˈbeɪsnɪs] *n.*, *no pl.* siehe base a: Niederträchtigkeit, *f.*; (Stand, Moral) Niedrigkeit, *f.*

bash [bæʃ] *v. t.* [heftig] schlagen, stoßen; 2. *n.* a) heftiger Schlag; b) Versuch, *m.*

bashful [ˈbæʃfl] *adj.* zurückhaltend; schüchtern

basic [ˈbeɪsɪk] *adj.* grundlegend; (Grundstruktur, -prinzip, -bestandteil, -wortschatz, -lohn) Hauptproblem, -grund, -sache, **have a ~ knowledge of sth.** Grundkenntnisse in etwas haben

basically [ˈbeɪsɪkəlɪ] *adv.* im Grunde; grundsätzlich (Diskussion, Meinung); im Wesentlichen; hauptsächlich

basics [ˈbeɪsɪks] *n.* *pl.* Grundlagen, *f.*; **get down to ~** das Wichtigste betrachten

basil [ˈbæzɪl] *n.* (Bot.) Basilikum, *n.*

basilica [bəˈzɪlɪkə] *n.* (Architektur) Basilika, *f.*

basin [ˈbeɪsn] *n.* Becken, *n.*; **wash-~** Waschbecken, *n.*; Schüssel, *f.*

basis [ˈbeɪsɪs] *n.*, *pl.* **bases** [ˈbeɪsiːz] a) Grund,- Hauptbestandteil, *m.*; b) Basis, *f.*; Grundlage; Basis, *f.*

basket [ˈbɑːskɪt] *n.* a) Korb, *m.*; Körbchen, *n.*

basketball *n.* Basketball, *m.*

basketry [ˈbɑːskɪtrɪ] Korb(flecht)kunst, *f.*

basket: **~work** *n.*; Korbflechten, *n.*

bass [bæs] *n.*, *pl.* (Natur) Barsch, *m.*

bass [beɪs] (Musik) 1. *adj.* Bass; 2. *n.* a) Bass, *m.*; Bassstimme, *f.*; b) ~ **guitar** Bassgitarre, *f.*; Kontrabass, *m.*

bastard [ˈbɑːstəd] 1. *adj.* a) falsch; verfälscht; b) unehelich; c) (Natur) Bastard; 2. *n.* a) (ugs.) Idiot, *m.*; Scheißkerl, *m.*; b) uneheliches Kind

bastion [ˈbæstɪən] *n.* (literarisch oder bildlich) Bastei, *f.*, Festung, *f.*

bat [bæt] *n.* (Natur) Fledermaus, *f.*

bat 1. *v. t. & i.* -tt- schlagen; 2. *n.*, *pl.* a) Schlag, *m.*; b) (Sport) Schlagholz, *n.*; Schläger, *m.*

batch [bætʃ] *n.* a) Schub, *m.*; b) (Menschen) Ansammlung, *f.*; Gruppe, *f.*; (Menge von Dingen) Stapel, *m.*

bate [beɪt] *v. t.* verringern, heruntersetzen (Preis); **with ~d breath** mit angehaltenem Atem

bath [bɑθ] 1. *v. t. & i.* baden; 2. *n.*, *pl.* **~s** [bɑːz] a) Bad, *n.*; **have a ~** ein Bad nehmen; b) Bad, *n.*; **~s** Schwimmbad, *n.*; c) **~-tub** Badewanne, *f.*

bathe [beɪð] 1. *v. t.* a) baden; b) baden (Körperteil);

bathing

2. *v. i.* baden; **go bathing**: baden gehen.
bathing: ~ **beach** *n.* Badestrand, *m.*; ~**-cap** *n.* Badekappe, *f.*; ~**-suit** *n.* Bikini, *m.*/Badeanzug, *m.*
bath: ~**room** *n.* Badezimmer, *n.*; ~**-towel** *n.* Badetuch, *n.*; ~**-water** *n.* Badewasser, *n.*
batik [bəˈtiːk] *n.* Batik, *f.*
batsman [ˈbætsmən] *n.*, *pl.* batsmen [ˈbætsmən] (Sport, Amer. Baseball) Schlagmann, *m.*
battalion [bəˈtæljən] *n.* (literarisch oder bildlich) (Militär) Bataillon, *n.*
batter [ˈbætər] 1. *v. t.* a) (ein)schlagen auf (+ Akk.); ~ **down** einschlagen; ~ **sth. to pieces** etw. in Stücke schlagen, zertrümmern; b) (Sachen, Schaden anrichten) übel zurichten; misshandeln (Menschen); 2. *v. i.* heftig klopfen; **he ~s against the window** er hämmert gegen das Fenster
batter *n.* (Küche, Nahrung) Backteig, *m.*; Pfannkuchenteig, *m.*
battery [ˈbætəri] *n.* (Militär, Elektrotechnik) Batterie, *f.*
battery: ~**-charger** *n.* Batterieladegerät, *n.*
battle [ˈbætl] 1. *v. i.* sich auseinandersetzen mit; kämpfen, **battle with/ against/for** mit/ gegen/ für etwas kämpfen; 2. *n.* a) (Militär) Schlacht, *f.*; **the ~ at Waterloo** die Schlacht von Waterloo; b) *(bildlich)* Auseinandersetzung, *f.*; Kampf, *m.*
battle: ~**axe** *n.* Streitaxt, *f.*; ~**field** *n.* Schlachtfeld, *n.*
battleship *n.* Schlachtschiff, *n.*
batty [ˈbæti] *adj.* (*sl.*, *ugs.*, derogativ) blöd; bekloppt
Bavaria [bəˈveərɪə] *pr. n.* Bayern, *n.*

Bavarian [bəˈveərɪən] 1. *adj.* bayrisch; 2. *n.* a) Bayer, *m.*/Bayerin, *f.*; b) Bayrisch, *n.*
bawl [bɔːl] 1. *v. t.* brüllen; ~ **sth. at sb.**: jmdm. etw. zubrüllen; ~ **sb. out** *(ugs.)* jmdn. zusammenschreien
bay [beɪ] *n.* (Geografie) Bucht, *f.*; Golf, *m.*
bay *n.* a) **loading-~**: Ladeplatz, *m.*; (Parken) ~: Stellplatz, *m.*; **sick-~** Schiffshospital, *n.*
bay-leaf *n.* (Nahrung, Küche) Lorbeerblatt, *n.*
bayonet [ˈbeɪənɪt] 1.(Militär) *v. t.* mit dem Bajonett angreifen oder aufspießen; 2. *n.* Bajonett, *n.*
bazaar [bəˈzɑːr] *n.* Basar, *m.*; Wohltätigkeitsbasar, *m.*
be [biː] *v.*, *pres. t.* I am [əm, stressed æm], *neg.* I am not [eɪnt], he is [ɪz], *neg.* (*ugs.*) isn't [ˈɪznt]; we are [ər, stressed ɑr], *neg.* (*ugs.*) aren't [ɑnt]; *p. t.* I was [wəz, stressed wɒz], *neg.* (*ugs.*) wasn't [ˈwɒznt], we were [wər, stressed wɜːr, weər], *neg.* (*ugs.*) weren't [wɜːnt, weənt]; *pres. p.* being [ˈbiːɪŋ]; *p.p.* been [bɪn, stressed biːn] 1. a) sein; **she is a doctor**: sie ist Ärztin; b) (Zustandsbeschreibung, Gefühl, Ausdruck) sein; sich fühlen; **I am tired**: ich bin müde; c) (Beruf, Selbstbeschreibung, Vorstellung) **to be a writer** ein Schriftsteller sein; d) (Angaben, Fakten, Informationen) **it is ten o' clock**: es ist zehn Uhr d) (Geografie) ist; bilden; **Irland is not on the continent**: Irland ist nicht auf dem Festland, *f.*; (Existenz) sein; existieren; **there are wonderful paintings in the museum**: im Museum gibt es wunderbare Gemälde, *f.* d) (Fortbewegung, Reisen, Aufenthalt)

sein; **have you ever been to London?** bist du jemals in London gewesen? e) geschehen; sein; **There will be a big party in Tom's house.**: Bei Tom zuhause wird eine große Party stattfinden. 3. *v. aux.* a) (Passivformen) werden; **the car was made in Japan**: das Auto wurde in Japan gebaut; b) (in der Verlaufsform) **she is running to the bus**: sie läuft zum Bus
beach [biːtʃ] 1. *n.* Strand, *m.*; **on the ~** am Strand
beacon [ˈbiːkn] *n.* a) Leucht-, Signalfeuer, *n.*; b) *(Technik)* Signalleuchte, *f.*
bead [biːd] *n.* a) Perle, *f.*; ~s Perlen *pl.*; Perlenkette, *f.*
beady [ˈbiːdɪ] *adj.* ~ **eyes** Knopfaugen, *n.*
beak [biːk] *n.* (Tier) Schnabel, *m.*, Hakennase, *f.*
beam [biːm] 1. (Menschen, Erscheinung) *v. t.* ausstrahlen. 2. *v. i.* a) glänzen, strahlen; 3. *n.* a) (Holz) Balken, *m.*; b) *(Technik)* Schiffsbreite; *f.*) Lichtstrahl, *m.*
beaming [ˈbiːmɪŋ] *adj.* strahlend
bean [biːn] *n.* Bohne, *f.*; **baked ~s** gebackene Bohnen
bean: ~ **pole** *n.* (literarisch oder bildlich) Bohnenstange, *f.*, ~**sprout** *n.* Sojabohnenkeim, *m.*;
bear [beər] *n.* Bär, *m.*/Bärin, *f.*
bear 1. *v. t.*, bore [bɔːr], borne [bɔːn] a) tragen (Wappen, Inschrift, Unterschrift); aufweisen, zeigen (Erscheinen, Stil, Merkmal, Spuren, Ähnlichkeit); ~ **a resemblance to sb.** Ähnlichkeit mit jmdm. haben; b) tragen (Waffe); tragen *(bildlich)* (Last, Sorge, Beschwerdnis); c) ertragen, aushalten (Leid, Schmerz, Kummer); tragen, führen (Namen, Ti-

tel); d) auf sich *(Akk.)* nehmen; tragen, aushalten (Gewicht); e) ~ **fruit** *(bildlich)* Früchte trage*n*.) *f)* gebären, zur Welt bringen (Baby) ~ **a'way** *v. t.* wegtragen; davontragen (Preis usw.) ~ **'out** *v. t. (bildlich)* bestätigen (Bericht, Eindruck, Auffassung); ~ **sb. out** jmdm. zustimmen ~ **up** *v. i.* durchhalten ~ **upon** *v. t.* in bezug auf; sich beziehen auf (+ Akk.) ~ **with** *v. t.* Nachsicht haben mit
bearable ['beərəbl] *adj.* ertragbar; erträglich (Leid, Situation, Beruf)
beard [bɪəd] 1. *n.* Bart, *m.*; **full** ~ Vollbart, *m.*
bearded ['bɪədɪd] *adj.* bärtig; **be** ~ einen Bart tragen
bearer ['beərər] *n.* Träger, *m.*/Trägerin, *f.* (Titel, Urkunde, Pokal, Auszeichnung, Botschaft, Nachricht) Überbringer, *m.*/Überbringerin, *f.*
bearing ['beərɪŋ] *n.* a) Verhalten, *n.*; Körperhaltung, *f.*; b) (Kompass, Himmelsrichtung, Richtung) Position, *f.*; **to lose one's ~s** (literarisch oder bildlich) die Orientierung verlieren; c) (Beziehungen jeder Art) Zusammenhang, *m.*; Bezug, *m.*; **That has no bearing ~ on our lives.**: Das ist nicht ausschlaggebend für unser Leben.
bear: ~**skin** *n.* a) Bärenfell, *n.*
beast [biːst] *n.* Tier, *n.*; Bestie, *f.*; *(bildlich)* brutale Person
beastly ['biːstlɪ] *adj., adv. (ugs.)* ekelhaft; scheußlich
beat [biːt] 1. *v. t.*, beat, beaten ['biːtn] a) schlagen (Trommel, Rhythmus); hämmern; b) besiegen; niederschlagen (Gegner, Aufstand); c) überbieten; übertreffen (Leistung) **Manche-**

ster United is not to ~: Manchester United ist nicht zu schlagen; schlagen; verprügeln; d) vermeiden; umgehen (Gesetze); e) überwältigen; besiegen (Gegner, Problem, Krise); *f) p.p.* beat: **he's ~ en**: er ist erledigt *(ugs.)*. 2. *v. i.*, beat, beaten a) (Körperfunktionen, Herz) schlagen, klopfen b) ~ **about the bush** um den heißen Brei herumreden (ugs) 3. *n.* a) Schlag, *m.*; b) (Musik) Taktschlag, *m.*
~ **'back** *v. t.* zurückschlagen, sich rächen
~ **'in** *v. t.* einschlagen
~ **'off** *v. t.* abwehren; sich wehren
~ **'out** *v. t.* hämmern (Rhythmus); (aus)hämmern (Metall)
~ **'up** *v. t.* zusammenschlagen (Gewalt); schlagen (Küche, Nahrung, Teig)
beaten ['biːtn] 1. siehe beat 1, 2. *adj.* geschlagen
beater ['biːtər] *n.* (Küche) Schneebesen, *m.*
beatify [bɪˈætɪfaɪ] *v. t.* seligsprechen
beating ['biːtɪŋ] *n.* Schläge *pl.*; Prügel *pl.*; Niederlage, *f.*
beautiful ['bjuːtɪfl] *adj.* schön; gut aussehend (Menschen, Aussicht)
beauty ['bjuːtɪ] *n.* a) *no pl.* Schönheit, *f.*; Eleganz, *f.*; **Marylin Monroe was a real ~!**: Marylin Monroe war eine echte Schönheit!; b) Schöne, *n.*
beauty: ~ **competition** Schönheitswettbewerb, *m.*
~ **queen** *n.* Schönheitskönigin, *f.*; ~ **salon** *n.* Kosmetiksalon, *m.*
beaver ['biːvər] 1. *v. i.* (Brit.) angestrengt oder übereifrig arbeiten (at an + Dat.). 2. *n.* a) *pl.* Biber, *m.*; b) (Fell) Biberpelz, *m.*
became siehe **become**
because [bɪˈkɒz] 1. *conj.*

weil; daher 2. *adv.* ~ **of** wegen
beckon ['bekn] 1. *v. t.* a) winken; herüberwinken; b) anlocken. 2. *v. i.* ~ **to sb.** jmdm. winken
become [bɪˈkʌm] 1. **became**, **become** werden; **Her son wants to ~ an engine - driver**: Ihr Sohn möchte Lokomotivführer werde; 2. *v. i.*, became, become werden; **What has become of Tomas?**: Was ist nur aus Tomas geworden?
becoming [bɪˈkʌmɪŋ] *adj.* a) (Aussehen, Stil, Kleidung, Verhalten) passend; b) vorteilhaft (Kleidung)
bed [bed] 1. *v. t.*, -dd-: a) ins Bett bringen; b) (bildlich ugs.) schlafen mit (Sexualität), Person); 2. *n.* a) Bett, *n.*; Lager, *n.*; **in** ~ im Bett; **go to** ~ schlafen gehen; **put sb. to** ~ jmdn. ins Bett bringen; ~ **and breakfast** Zimmer mit Frühstück; b) (Blumen, Garten) Beet, *n.*
~ **'out** *v. t.* auspflanzen (Pflanze)
bed: ~**clothes** *n. pl.* Bettzeug, *n.*
bedding ['bedɪŋ] *n.*, *no pl.*, *no indef. art.* Matratze, *f.*, Bettzeug, *n.*
bed: ~**fellow** *n.* Bettgenosse, *m.*/-genossin, *f.*
bed-linen *n.* Bettwäsche, *f.* **bed:** ~**post** *n.* Bettpfosten, *m.*
bedraggled [bɪˈdrægəld] *adj.* verschmutzt; schmutzig
bed: ~**room** *n.* Schlafzimmer, *n.*; ~**side** *n.* Seite des Bettes, *f.*; ~**stead** ['bedsted] *n.* Bettgestell, *n.*; ~**time** *n.* Schlafenszeit, *f.*
beduin ['beduːɪn] *n.* Beduine, *m.*/Beduinin, *f.*
bed-wetting *n.* Bettnässen, *n.*
bee [biː] *n.* Biene, *f.*; **The new waitress is as busy as a bee**: Die neue Kellne-

rin ist so fleißig wie eine Biene.
beech [bi:tʃ] *n.* a) (Baum) Buche, *f.*; b) (Handwerk) Buchenholz, *n.*
beech: ~-**nut** *n.* Buchecker, *f.*
beef [bi:f] *n. no pl.* Rindfleisch, *n.*
beef: ~**eater** *n.* (Brit.) Beefeater, *m.*; ~**steak** *n.* Beefsteak, *n.*
bee: ~**hive** *n.* Bienenstock, *m.*; Bienenkorb, *m.*; *(bildlich)*; ~-**keeper** *n.* Imker, *m.*/Imkerin, *f.*; ~-**keeping** *n.* Imkerei, *f.*
been siehe **be**
beep [bi:p] 1. *v. i.* piepsen; hupen; 2. *n.* Piepston, *m.*
beer [bɪər] *n.* Bier, *n.*
beer: ~-**barrel** *n.* Bierfass, *n.*; ~ **belly** *n.* (ugs.) Bierbauch, *m.* (ugs.); ~-**bottle** *n.* Bierflasche, *f.*; ~-**can** *n.* Bierdose, *f.* ~-**crate** *n.* Bierkasten, *m.*; ~-**drinker** *n.* Biertrinker, *m.*; ~-**glass** *n.* Bierglas, *n.*; ~-**mug** *n.* Bierkrug, *m.*
beeswax [ˈbiːzwæks] *n.* Bienenwachs, *n.*
beetle [ˈbiːtl] *n.* Käfer, *m.*
befall [bɪˈfɔːl] 1. *v. i.* sich begeben; passieren; geschehen. 2. *v. t.* ereilen; widerfahren (+ Dat.)
befit [bɪˈfɪt] *v. t.*, -**tt**- passen
befitting [bɪˈfɪtɪŋ] *adj.* passend; angemessen
before [bɪˈfɔːr] 1. *adv.* a) (Zeit) vorher; zuvor; **the day** ~ am Tag zuvor; **long** ~ lange bevor; b) (Vorteil, Position) voraus; voran. 2. *prep.* a) (Zeit) vor (+ Dat.); **the day** ~ **yesterday**: vorgestern; ~ **long**: bald; b) (Ortsangabe) vor (+ Dat.); oder vor (+ Akk.)
beforehand [bɪˈfɔːhænd] *adv.* vorher; (in Erwartung) im voraus (+ Gen.)
beg [beg] *v. t.*, -**gg**- a) betteln, erbetteln; b) flehen; c) mit Nachdruck um etwas bitten
began siehe **begin**
beggar [ˈbegər] *n.* a) Bettler, *m.*/Bettlerin, *f.*
begin [bɪˈgɪn] 1. *v. t.*, -nn-, **began** [bɪˈgæn], **begun** [bɪˈgʌn] ~ **sth.** etw. anfangen
beginner [bɪˈgɪnər] *n.* Anfänger, *m.*/Anfängerin, *f.*
beginning [bɪˈgɪnɪŋ] *n.* Anfang, *m.*; Beginn, *m.*; **at the** ~ am Anfang
begrudge [bɪˈgrʌdʒ] *v. t.* a) ~ **sb. sth.** jmdm. etw. missgönnen
beguile [bɪˈgaɪl] *v. t.* verführen, betören
begun siehe **begin**
behalf [bɪˈhɑːf] *n.*, *pl.* **behalves** [bɪˈhɑːvz] **on** or (Amer.) **in** ~ **of sb.** im Namen von jmdm.
behave [bɪˈheɪv] 1. *v. i.* sich benehmen b) **to** ~ **well** brav sein; sich benehmen; 2. *v. refl.* sich benehmen; ~ **yourself!** benimm dich!
behavior (Amer.) siehe **behaviour**
behaviour [bɪˈheɪvjər] *n.* Benehmen, *n.*; Verhalten, *n.*
behead [bɪˈhed] *v. t.* köpfen
beheld siehe **behold**
behind [bɪˈhaɪnd] 1. *adv.* a) hinten; **from** ~ von hinten; b) (Verlassen) **leave sth.** ~ etw. hinter sich lassen, etwas vergessen sein; **fall** ~ zurückbleiben; 2. *prep.* a) hinter (+ Dat.); ~ **the house** hinter dem Haus; **he came from** ~ : er kam von hinten; **he did it** ~ **my back**: er tat es hinter meinem Rücken. b) hinter (+ Akk c) hinter (+ Dat.); **they were far** ~ **us**: sie waren weit hinter uns
behold [bɪˈhəʊld] *v. t.*, **beheld** [bɪˈheld] (arch./literar.) erblicken
beige [beɪʒ] 1. *adj.* beige. 2. *n.* Beige, *n.*
being [ˈbiːɪŋ] 1. pres. part. of **be**. 2. *n. no pl.*, *no art.* Dasein, *n.*; Existenz, *f.*; Leben, *n.*
belated [bɪˈleɪtɪd] *adj.* verspätet; zu spät
belch [beltʃ] 1. *v. i.* rülpsen; aufstoßen *(ugs.)*. 2. *n.* Rülpser, *m.* (ugs.)
Belgian [ˈbeldʒən] 1. *adj.* belgisch; 2. *n.* Belgier, *m.*/Belgierin, *f.*
Belgium [ˈbeldʒəm] *pr. n.* Belgien, *n.*
Belgrade [belˈgreɪd] *pr. n.* Belgrad, *n.*
belie [bɪˈlaɪ] *v. t.*, **belying** [bɪˈlaɪɪŋ] täuschen; enttäuschen
belief [bɪˈliːf] *n.* (Religion, Meinung) Glaube, *m.*; ~ **in sth.** Glaube an etw. (Akk)
believable [bɪˈliːvəbl] *adj.* glaubhaft; glaubwürdig
believe [bɪˈliːv] 1. *v. t.* a) (Religion, Meinung) ~ **in sth.** an etw. (Dat.) glauben; b) *(Religion)* glauben (in an + Akk.); 2. *v. t.* a) ~ **sth.** etw. glauben **make** ~ jmd etwas glauben machen
believer [bɪˈliːvər] *n.* Gläubiger *m.*, Gläubige *f.*
bell [bel] *n.* a) Glocke, *f.*; b) Türklingel, *f.*
belligerent [bɪˈlɪdʒərənt] 1. *adj.* a) aggressiv; kriegerisch (Atmosphäre; Nation); feindselig
bellow [ˈbeləʊ] *v. i.* brüllen
bellows [ˈbeləʊz] *n. pl.* Blasebalg, *m.*; Glockenturm, *m.*
belly [ˈbelɪ] *n.* Bauch, *m.*; Magen, *m.*
belly: ~**ache** 1. *n.* Bauchschmerzen *pl.*; ~-**button** *n.* (ugs.) Bauchnabel, *m.*; ~-**dance** *n.* Bauchtanz, *m.*; ~-**dancer** *n.* Bauchtänzerin, *f.*
belong [bɪˈlɒŋ] *v. i.* a) ~ **to sb./sth.** jmdm./zu etw. gehören; b) (hin)gehören
belongings [bɪˈlɒŋɪŋz] *n. pl.* Besitz, *m.*; Habe, *f.*; Sachen *pl.*; **personal** ~ per-

bid

sönlicher Besitz, *m.*
beloved [bɪˈlʌvɪd] 1. *adj.* geliebt; wertvoll; kostbar (Person, Tier, Sache 2. *n.* Geliebte, *m./f.*
below [bɪˈləʊ] 1. *adv.* a) (Position, Standort, Perspektive) unten; darunter; unterhalb; **from** ~ von unten; b) (Richtung) nach unten; hinunter; hinab c) **see** ~ siehe unten 2. *prep.* a) (Position, Lage, Perspektive) unter (+ Dat.); unterhalb (+ Ge*n.*); unterhalb (+ Ge*n.*); b) (Richtung) unter (+ Akk.)
belt [belt] 1. *n.* a) (Kleidung) Gürtel, *m.*; Gurt, *m.*; (Verhalten, Sprache)
bemoan [bɪˈməʊn] *v. t.* beklagen
bench [bentʃ] *n.* (Sitz) Bank, *f.*
bend [bend] 1. *v. t.*, bent [bent] a) biegen; verbiegen; ~ **sth. back** etw. nach hinten biegen; 2. *v. i.*, sich biegen; sich krümmen; ~ '**down** *v. i.* sich bücken 3. *n.* a) Kurve, *f.*
beneath [bɪˈniːθ] *prep.* unter (+ Dat.)
benediction [benɪˈdɪkʃn] *n.* (Religion) Segnung, *f.*
benefactor [ˈbenɪfæktər] *n.* Wohltäter, *m.*
beneficial [benɪˈfɪʃl] *adj.* nützlich; vorteilhaft; **be** ~ **to sth./sb.** etw./jmdm. nutzen
beneficiary [benɪˈfɪʃəri] *n.* Nutznießer, *m.*/Nutznießerin, *f.*
benefit [ˈbenɪfɪt] 1. *v. t.* nutzen, guttun. 2. *v. i.* ~ **by sth.** von etw. profitieren
benevolence [bɪˈnevələns] *n.*, *no pl.* Freundlichkeit, Wohlwollen, *n.*
benevolent [bɪˈnevələnt] *adj.* a) wohlwollend; gütig; b) *attrib.* wohltätig
benign [bɪˈnaɪn] *adj.* a) gütig (Person, Verhalten); wohlwollend (Person, Verhalten); b) *(Medizin)* gutartig

berry [ˈberi] *n.* Beere, *f.*
berserk [bəˈsɜːk, bəˈzɜːk] *adj.* rasend; **go** ~ durchdrehen *(sl., ugs.)*
beseech [bɪˈsiːtʃ] *v. t.*, **besought** [bɪˈsɔːt] or ~**ed** (literarisch) (an)flehen; ~ **sb. to do sth** jmdn. anflehen, etw. zu tun
beside [bɪˈsaɪd] *prep.* a) nahe; neben (position:+ Dat.: direction:+ Akk.); b) (Vergleich) neben (+ Dat.)
besides [bɪˈsaɪdz] 1. *adv.* außerdem; überdies; 2. *prep.* außer
besiege [bɪˈsiːdʒ] (Militär) *v. t.* belagern
besought siehe **beseech**
best [best] 1. *adv.* superl. of well am besten; 2. *adj.* superl. of good; **the best tennis player** der beste Tennisspieler, *m.*; 3. *n.* a) **the** ~ der/die/das Beste
bestial [ˈbestɪəl] *adj.* bestialisch; brutal
best: ~**-known** *attrib. adj.* bekanntest
bestow [bɪˈstəʊ] *v. t.* verleihen; schenken
best: ~ '**seller** *n.* Bestseller, *m.*; ~**-selling** *attrib. adj.* meistverkauft (Medien, Bücher)
bet [bet] 1. *v. t.*, -tt-, ~ or ~ted wetten; 2. *n.* bet, Wetteinsatz, *m.*
betoken [bɪˈtəʊkn] *v. t.* ankündigen
betray [bɪˈtreɪ] *v. t.* verraten (to an + Akk.); betrügen
betrayal [bɪˈtreɪəl] *n.* Verrat, *m.*
better [ˈbetər] 1. *v. t.* a) übertreffen; b) (Fähigkeiten, Können) verbessern; 2. *adv.* well; 3. *adj.* compar. of good 1 besser; 4. *n.* a) Bessere, *n.*
betting [ˈbetɪŋ] 1. *n.* Wetten, *n* 2. *attrib. adj.* Wett**betting**: ~ **office**, Wettbüro, *n.*
between [bɪˈtwiːn] 1. (Zeit,

Raum, Örtlichkeit) *adv.* dazwischen; zwischendurch; 2. *prep.* a) zwischen (position:+ Dat., direction:+ Akk.); b) unter (+ Dat.)
beverage [ˈbevərɪdʒ] *n.* Getränk, *n.*
beware [bɪˈweər] *v. t. & i.* ~ **of** sb./sth.:sich vor jmdm./etw. in Acht nehmen; ~ **of doing sth.**: sich davor hüten, etw. zu tun; '~ **of the dog**' Vorsicht vor dem Hunde
bewilder [bɪˈwɪldər] *v. t.* verwirren; **be** ~**ed by sth.** durch etw. verwirrt sein
bewildering [bɪˈwɪldərɪŋ] *adj.* verwirrend
bewilderment [bɪˈwɪldəmənt] *n.*, *no pl.* Verwirrung, *f.*
bewitch [bɪˈwɪtʃ] *v. t.* verzaubern; *(bildlich)* bezaubern; verhexen
beyond [bɪˈjɒnd] 1. *adv.* a) hinter 2. *prep.* jenseits (+ Ge*n.*)
bias [ˈbaɪəs] 1. *v. t.*, -s- or -ss- beeinflussen; **to be** ~**ed** beeinflusst; 2. *n.* a) Neigung, *f.*
Bible [ˈbaɪbl] *n.* (Religion) Bibel, *f.*
biblical [ˈbɪblɪkl] *adj.* (Religion) biblisch; Bibel. *f.*
bicentenary [baɪsenˈtiːnəri, baɪsenˈtenəri], **bicentennial** [baɪsenˈtenɪəl] 1. *adj.* Zweihundertjahr-. 2. *ns.* Zweihundertjahrfeier, *f.* 3. (Amer.) Zweihundertjahrfeier der amerikanischen Unabhängigkeitserklärung (1976)
biceps [ˈbaɪseps] *n.* (Körper) Bizeps, *m.*
bicycle [ˈbaɪsɪkl] 1. *v. i.* radfahre*n.* 2. *n.* a) Fahrrad, *n.*; **ride a** ~ mit dem Fahrrad fahren; radfahren
bid [bɪd] 1. *v. t.* a) bid bieten; b) bade [bæd] or bid, bidden [ˈbɪdn] or bid: ~ **sb. welcome** jmdn. willkom-

big

men heißen; ~ **sb. goodbye** sich von jmdm. verabschieden; 2. *v. i.*, **bid** (Kunstauktion) bieten; 3. *n.* a) (Kunstauktion) Gebot, *n.*
big [bɪg] 1. *adj.* (Größe, Ausmaß) groß; schwer (Unglück); **he is ~** er ist dick; **earn ~ money** das große Geld verdienen; b) (Bedeutung) groß; wichtig; f) (Ungewöhnliches) groß (Möglichkeit); g) *(ugs.)* **be ~** (Star) berühmt sein
bigamist [ˈbɪgəmɪst] *n.* Bigamist/in *m./f.*
bigamy [ˈbɪgəmɪ] *n.* Bigamie, *f.*
big: ~ **'bang** *n.* Urknall, *m.*
bike [baɪk] *(ugs.)* 1. *v. i.* radfahren; mit dem Fahrrad fahren; auch: Motorrad fahren; 2. *n.* Fahrrad, *m.*; Motorrad, *n.*
bikini [bɪˈkiːnɪ] *n.* Bikini, *m.*
bilateral [baɪˈlætərl] *adj.* bilateral
bilingual [baɪˈlɪŋwəl] *adj.* zweisprachig
bill 1. *v. t.* a) ankündigen; b) eine Rechnung ausstellen (+ Dat 2. *n.* a) (Politik, Parlament) Gesetzentwurf/vorlage, *m./f.*; b) (Amer.) Geldschein, *m.*; d) Rechnung, *f.*
billboard *n.* Reklametafel, *f.*
billiard [ˈbɪljəd]: Billard; ~**ball** *n.* Billardkugel, *f.*
billion [ˈbɪljən] *n.* eine Milliarde, *f.*
bin [bɪn] *n.* Mülltonne, *f.*; Abfalleimer, *m.*
bind [baɪnd] 1. *v. t.*, **bound** [baʊnd] a) fesseln (Person, Tier); wickeln, binden (Körper); verbinden (Körper, Verletzung) (with mit); b) (fest) zusammenbinden; *(bildlich)* verbinden; c) (Buchherstellung) binden; 2. *v. i.*, a) binden; (Lehm, Ton) fest oder hart werden; (Zement, Farbe) abbinden; b) blockieren
binder [ˈbaɪndər] *n.* a) Bin-demittel, *n.*; b) **book binder** Buchbinder, *m./*-binderin, *f.*
bingo [ˈbɪŋgəʊ] *n., no pl.* Bingospiel, *n.*; *attrib.* ~ **hall** Bingohalle, *f.*
binoculars [bɪˈnɒkjʊləz] *n., pl.* Fernglas, *n.*; Feldstecher, *m.*
bio'chemical [ˈbaɪəʊˈkemɪkl] *adj.* biochemisch
bio'chemistry *n.* Biochemie, *f.*
biographer [baɪˈɒgrəfər] *n.* Biograf, *m./*Biografin, *f.*
biographic [baɪəˈgræfɪk], **biographical** [baɪəˈgræfɪkl] *adj.* biografisch
biography [baɪˈɒgrəfɪ] *n.* Biografie, *f.*
biological [baɪəˈlɒdʒɪkl] *adj.* biologisch
biologist [baɪˈɒlədʒɪst] *n.* Biologe, *m./*Biologin, *f.*
biology [baɪˈɒlədʒɪ] *n.* Biologie, *f.*
birch [bɜːtʃ] *n.* (Baum) Birke, *f.*
bird [bɜːd] *n.* a) Vogel, *m.*; **kill two ~s with one stone**: *(bildlich)* zwei Fliegen mit einer Klappe schlagen
bird: ~**cage** *n.* Vogelkäfig, *m.*; Vogelbauer, *m.*
birth [bɜːθ] *n.* Geburt, *f.*; **place of ~**: Geburtsort; **give ~** (Körper) entbinden
birth: ~ **certificate** *n.* Geburtsurkunde, *f.*; ~**day** *n.* Geburtstag, *m.*
biscuit [ˈbɪskɪt] *n.* Keks, *m.*
bisexual [baɪˈseksjʊəl] 1. *adj.* bisexuell; 2. *n.* Bisexuelle, *m./f.*
bishop [ˈbɪʃəp] *n.* (Kirche, Religion) Bischof, *m.*
bison [ˈbaɪsn] *n.* (Tiere) a) Bison, *m.*; b) Wisent, *m.*
bit [bɪt] *n.* a) (Tiere) Gebiss, *n.*; Gebissstange, *f.*; b) *(Technik)* Bohreinsatz, *m.*; Bohrer, *m.*
bit *n.* a) (Dinge) Stück, *n.*; Stückchen, *n.*; **a little ~** ein bisschen; **a ~ of** ein bisschen von; ~**s and pieces** Verschiedenes
bitch [bɪtʃ] *n.* a) (Tiere) Hündin, *f.*; b) *(sl.,* stark derogativ) Weibsstück, *f.*
bite [baɪt] 1. *v. t.*, bit [bɪt], **bitten** [ˈbɪtn] beißen; (Insektenstiche) stechen; ~ **the dust** *(bildlich)* ins Gras beißen (Tod) *(ugs.)* 2. *v. t.* abbeißen; 3. *v. i.*, bit, bitten a) beißen; 4. *n.* a) Biss, *m.*; Bisswunde, *f.*; (Insekten) Stich, *m.*; Bissen, *m.*
bitter [ˈbɪtər] *adj.* bitter; **lemon** Bitter lemon, *n.*; **to the ~ end** bis zum bitteren Ende; 2. *n.* Malzbier, *n.*
bitterly [ˈbɪtəlɪ] *adv.* bitter; erbittert (kämpfen, widersetzen, beklagen); **~ cold**: bitterkalt
bitterness [ˈbɪtənɪs] *n., no pl.* siehe bitter 1: Bitterkeit, *f.*; Schärfe, *f.*; bittere Kälte, *f.*; Verbitterung, *f.*
bizarre [bɪˈzɑːr] *adj.* merkwürdig; exzentrisch
black [blæk] 1. *v. t.* a) (Farbe) (ein)schwärzen; 2. *adj.* a) schwarz; dunkel; b) schwarz (Stil, Humor, Ansichten); c) **B~ man** Schwarzer, *m.* 3. *n.* a) (Farbe) Schwarz, *m.*; b) ~ (Person) Schwarze, *m./f.*
black: to beat sb. ~ and 'blue *pred. adj.* jmdn. grün und blau schlagen
black: ~ **'eye** *n.* blaues Auge *(bildlich)*
B~ 'Forest *pr. n.* Schwarzwald, *m.*; ~ **'market** *n.* schwarzer Markt, *m.*
black: ~**-out** *n.* a) *(Medizin)* **to have a ~-out** das Bewusstsein verlieren; ~**smith** *n.* Schmied; *m.*; ~ **'widow** *n.*; (Tiere) Schwarze Witwe, *f.*
blade [bleɪd] *n.* a) (Waffe, Geräte, Instrumente) Klinge, *f.*; Schneide, *f.*; b) Schwert, *n.*
blame [bleɪm] 1. *v. t.* a) ~ **sb.** jmdm. an etwas die

Schuld geben; 2. *n.* Schuld, *f.*
blameless [ˈbleɪmlɪs] *adj.* schuldlos; untadelig
blank [blæŋk] 1. *adj.* a) leer; kahl; 2. *n.* a) Leere, *f.*; Lücke, *f.*; (Gedächtnis, Amnesie)
blanket [ˈblæŋkɪt] *n.* Decke, *f.*
blasphemy [ˈblæsfəmɪ] *(Religion) n.* Blasphemie, Gotteslästerung, *f.*
blast [blɑːst] 1. *v. t.* sprengen; *(ugs.)* donnern; 2. *n.* Windstoß, *m.*
blaze [bleɪz] 1. *v. i.* a) brennen, lodern; **a blazing fire**: ein loderndes Feuer; 2. *n.* Feuer, *n.*; Brand, *m.*
blazer [ˈbleɪzər] (Kleidung) *n.* Blazer, *m.*
bleach [bliːtʃ] 1. *v. t.* bleichen (Wäsche, Haar). 2. *v. i.* bleichen. 3. *n.* Bleichmittel, *n.*
bleak [bliːk] *adj.* a) karg, öde (Landschaft, Aussicht, Erscheinen); karg (Einrichtung); b) kalt (Wetter); c) (Aussichten) düster
bled siehe **bleed**
bleed [bliːd] *v. i.*, **bled** [bled], **bled** bluten
blend [blend] 1. *v. t.* a) mischen (Flüssigkeiten, Getränke) b) vermischen; 2. *n.* Mischung, *f.*
blender [ˈblendər] *n.* (Küche) Mixgerät, *n.*
bless [bles] *v. t.*, **blessed** [blest] or (poet.) [ˈblesɪd]
blest [blest] segnen; **God ~ you!** Gott segne dich!
blessed *adj.* [ˈblesɪd, pred. blest] a) gesegnet; **he is ~ with great intelligence**: er ist mit großer Intelligenz gesegnet; b) heilig (Gott, Mutter Maria); selig
blew siehe **blow**
blind [blaɪnd] 1. *v. t.* (literarisch oder bildlich) blenden; **be ~ed** geblendet sein; 2. *adj.* a) **blind** (Person); **a ~ man/woman** ein Blinder, *m.*/eine Blinde, *f.*
~ 'date *n.* Verabredung mit einem/einer Unbekannten
blinding [ˈblaɪndɪŋ] *adj.* blendend (Licht, Energie, Strahlen); grell
blindness [ˈblaɪndnɪs] *n.*, *no pl.* Blindheit, *f.*
blink [blɪŋk] 1. *v. i.* a) blinzeln; b) (auf)blinken. 2. *v. t.* **~ one's eyes** mit den Augen zwinkern. 3. *n.* Blinzeln, *n.*
blinker [ˈblɪŋkər] 1. *n.* Scheuklappe, *f.*; 2. *v. t.* Scheuklappen anlegen (+ Dat.)
bliss [blɪs] *n.* Glück, *n.*; Glückseligkeit, *f.*
blissful [ˈblɪsfl] *adj.* glücklich, glückselig
blister [ˈblɪstər] 1. *v. t.* Blasen hervorrufen auf (+ Dat.) (Körper, Metall). 2. *v. i.* (Haut) Blasen bekommen; (Metall) Blasen werfen. 3. *n.* (Körper, Haut, Metall) Blase, *f.*
blitz [blɪts] *(ugs.)* 1. *v. t.* *(bildlich)* angreifen; bombardieren. 2. *n.* (Militär) Blitzkrieg, *m.* (on auf+ Akk.)
blizzard [ˈblɪzəd] (Amer.) *n.* Schneesturm, *m.*
bloated [ˈbləʊtɪd] *adj.* (Körper, Nahrung) aufgedunsen
block [blɒk] 1. *v. t.* a) (obstruct) blockieren, versperren (Tür, Straße, Durchgang, Sicht); 2. *n.* a) Klotz; Felsblock, *m.*

~ 'out *v. t.* ausschließen (Licht, Lärm)

block: ~-buster *n.* (Film)hit, *m.* *(ugs.)*; **~head** *n.* Dummkopf, *m.* (derogativ); **~ 'letters** *n. pl.* Blockschrift, *f.*
blood [blʌd] *n.* a) Blut, *n.*
blood: ~ cell *n.* Blutkörperchen, *n.*; **~ group** *n.* Blutgruppe, *f*; **~ hound** *n.* Bluthund, *m.*
bloodless [ˈblʌdlɪs] *adj.* a) unblutig; b) blutleer (Verhalten, Person)
blood: ~-poisoning *n.* Blutvergiftung, *f.*; **~ pressure** *n.* Blutdruck, *m.*; **~shed** *n.* Blutvergießen, *n.*; **~ stain** *n.* Blutfleck, *m.*; **~ transfusion** *n.* Bluttransfusion/übertragung, *f.*; **~-vessel** *n.* Blutgefäß, *n.*
bloody [ˈblʌdɪ] 1. *adv.* a) (*sl.*) verdammt *(ugs.)*; 2. *adj.* a) blutig; blutend
bloom [bluːm] 1. *v. i.* (Natur) blühen; *(bildlich)* in Blüte stehen. 2. *n.* a) (Natur) Blüte, *f.*
blossom [ˈblɒsəm] 1. *v. i.* blühen; aufblühen 2. *n.* Blüte, *f.*
blotter [ˈblɒtər] *n.* Schreibunterlage, *f.*
blotting-paper *n.* Löschpapier, *n.*
blouse [blaʊz] *n.* Bluse, *f.*
blow [bləʊ] 1. *v. i.*, **blew** [bluː], **blown** [bləʊn] a) (Wind) wehen; b) blasen; c) ertönen; d) (Sicherung, Glühbirne) durchbrennen; 2. *v. t.*, blew, blown: a) blasen, ausstoßen (Luft, Rauch); b) **~ one's nose** sich (Dat.) die Nase putzen

~ 'off 1. *v. t.* wegblasen

~ 'out 1. *v. t.* ausblasen (Feuer, Licht)

~ 'up 1. *v. t.* a) sprengen; b) aufblasen (Luftballon); aufpumpen (Reifen); 2. *v. i.* a) explodieren; b) vor Wut explodieren *(ugs.)*

blow *n.* Schlag, *m.*; Stoß, *m.*
blown siehe **1blow**
blue [bluː] 1. *adj.* a) blau; b) (Gemütszustand) **be ~** niedergeschlagen sein; 2. *n.* a) (Farbe) Blau, *n.*; b) Himmelblau, *n.*; **out of the ~** *(bildlich)* aus heiterem Himmel *(ugs.)*
blue: ~-collar worker Arbeiter, *m.*/Arbeiterin, *f.*; **~print** *n.* Blaupause, *f.*
bluff [blʌf] 1. *n.* Täuschung,

f.; **Bluff**, *m. (ugs.)*; 2. *v. i. & t.* bluffen, täuschen *(ugs.)*
bluish [ˈbluːɪʃ] *adj.* bläulich
blunt [blʌnt] 1. *v. t.* dämpfen (Begeisterung); lindern; mildern (Trauer, Enttäuschung); 2. *adj.* direkt; unverblümt
bluntness [ˈblʌntnɪs] 1. *n., no pl.* siehe blunt 2: Direktheit, *f.*; Unverblümtheit, *f.*
blur [blɜːr] *v. t.* a) verwischen, verschmieren (Farbe, Tinte im Heft, Schrift, Seite); b) trüben (Sicht, Sinneswahrnehmung)
blush [blʌʃ] 1. *v. i.* a) rot werden; b) sich schämen (for für); 2. *n.* Erröten, *n.*
bluster [ˈblʌstər] *v. i.* a) (Wetter, Naturgewalt) tosen, brausen; b) (Verhalten) sich aufplustern *(ugs.)*
boar [bɔːr] *n.* a) (Natur, Tierwelt) Eber, *m.*; b) Keiler, *m.*
board [bɔːd] 1. *v. t.* (go on ~) **~ a ship** an Bord eines Schiffes gehen; 2. *v. i.* wohnen (with bei); 3. *n.* a) Brett, b) (**black~**) Tafel, *f.*; c) (**notice~**) Schwarzes Brett; d) Spielbrett, *n.*
boarder [ˈbɔːdər] *n.* a) Gast, *m.*; b) Internatsschüler, *m.*/-schülerin, *f.*
'**board-game** *n.* Brettspiel, *n.*
boarding: ~-**house** *n.* Pension, *f.*; ~-**school** *n.* Internat, *n.*
boast [bəʊst] 1. *v. i.* prahlen (of, about mit). 2. *v. t.* prahlen mit; sich rühmen über (+ Gen.). 3. *n.* Prahlerei, *f.*
boastful [ˈbəʊstfl] *adj.* prahlerisch
boat [bəʊt] *n.* 1. *v. i.* **go ~ing** eine Fahrt mit dem Boot machen. 2. *n.* a) Boot, *n.*; b) Schiff, *n.*
boat: ~-**house** *n.* Bootshaus, *n.*; ~ **race** *n.* Regatta, *f.*

bobble [ˈbɒbl] *n.* Bommel, *f.*
bobby [ˈbɒbɪ] *n.* (Brit. ugs.) (Polizist) Bobby, *m.*
bodice [ˈbɒdɪs] *n.* Mieder, *n.*
bodily [ˈbɒdɪlɪ] 1. *adj.* körperlich; ~ **needs** leibliche Bedürfnisse, *f.*
body [ˈbɒdɪ] *n.* a) (allgemein) Körper, *m.*; Leib, *m.* Tierkörper, *m.*; b) Mensch, *m.*; c) Leiche, *f.*
body: ~-**building** *n.* Krafttraining, *n.*; ~**guard** *n.* Leibwächter, *m.*; ~ **odour** *n.* Körpergeruch, *m.*
boggle [ˈbɒgl] *v. i.* sprachlos sein
boggy [ˈbɒgɪ] *adj.* sumpfig, morastig
Bohemia [bəʊˈhiːmɪə] *pr. n.* Böhmen, *n.*
Bohemian [bəʊˈhiːmɪən] 1. *adj.* a) (Sozialstatus, Ansehen, Verhalten) unbürgerlich; künstlerisch; **a ~ person** ein Bohemien; b) (Geografie) böhmisch; 2. *n.* a) Bohemien, *m.*; b) (geogr. Herkunft) Böhme, *m.*/Böhmin, *f.*
boil [bɔɪl] 1. *v. i.* a) kochen; sieden; **the water is ~ing** das Wasser kocht; b) *(bildlich)* (Wasser) brodeln; schäumen; 2. *v. t.* kochen; ~ **sth.** etw. kochen; ~**ed potatoes** Salzkartoffeln; ~ '**down**. 1. *v. i.* einkochen; ~ **down to sth.** *(bildlich)* auf etw. (Akk.) hinauslaufen; 2. *v. t.* einkochen ~ '**over** *v. i.* überkochen
~ '**up** 1. *v. t.* kochen; 2. *v. i.* kochen; *(bildlich)* sich zuspitzen
boiler [ˈbɔɪlər] *n.* a) (Koch)kessel, *m.*; b) *(Technik)* Heißwasserboiler, *m.*
'**boiling-point** *n.* Siedepunkt, *m.*
boisterous [ˈbɔɪstərəs] *adj.* ausgelassen
boisterously [ˈbɔɪstərəslɪ]

adv. ausgelassen
bold [bəʊld] *adj.* a) mutig; kühn; b) auffallend, kühn (Stil, Kleidung, Aussehen); c) fett (Druckbuchstaben)
boldness [ˈbəʊldnɪs] *n., no pl.* a) Wagemut, *m.*; Kühnheit, *f.*; b) Dreistigkeit, *f.*
Bolivia [bəˈlɪvɪə] *pr. n.* Bolivien, *n.*
Bolivian [bəˈlɪvɪən] 1. *adj.* bolivianisch; 2. *n.* Bolivianer, *m.*/Bolivianerin, *f.*
Bolshevik [ˈbɒlʃɪvɪk] *n.* a) Bolschewik, *m.*; b) Bolschewist, *m.*/Bolschewistin, *f.*
bolt [bəʊlt] 1. *v. i.* davonlaufen; (Tier) durchgehen; 2. *v. t.* a) **fasten with ~s** verriegeln; 3. *n.* Riegel, *m.*; Verschluss, *m.*
'**bolt-hole** *n.* (literarisch oder bildlich) Schlupfloch, *n.*
bomb [bɒm] 1. *v. t.* bombardieren 2. *n.* a) Bombe, *f.*
bombard [bɒmˈbaːd] (Militär) *v. t.* beschießen; *(bildlich)* bombardieren
bombardment [bɒmˈbaːdmənt] (Militär) *n.* Beschuss, *m.*; *(bildlich)* Bombardement, *n.*
bombastic [bɒmˈbæstɪk] *adj.* bombastisch; großartig
bomber [ˈbɒmər] *n.* a) (Militär) Bombenflugzeug, *n. (ugs.)*; b) Bombenattentäter, *m.*/-attentäterin, *f.*; Bombenleger, *m.*/-legerin, *f. (ugs.)*
bombing [ˈbɒmɪŋ] *n.* Bombardement, *n.*
bonanza [bəˈnænzə] *n.* a) (Finanzen) Goldgrube, *f.*; *(bildlich)* b) (unerwartet) gute (Aus)beute, *f.*
bond [bɒnd] 1. *v. t.* a) kleben (to an + Akk.); b) anheften; ankleben; sicher befestigen; 2. *n.* a) Band, *n.*; b) in *pl.* (literarisch oder bildlich) Fesseln; c) Band, *n.*; d) Verbindung, *f.*; e) (Wirtschaft) Anleihe, *f.*; Schuldverschreibung, *f.*

bondage ['bɒndɪdʒ] *n.*, *no pl.* (literarisch oder bildlich) Sklaverei, *f.*
bonded ['bɒndɪd] *adj.* unter Zollverschluss
bone [bəʊn] 1. *v. t. n.* die Knochen ab,-herauslösen aus, ausbeinen (Geflügel); entgräten (Fisch); 2. *n.* Knochen, *m.*; (Fisch) Gräte, *f.*; **~s** *(bildlich)* sterbliche Überreste, *f.*; Gebeine *Pl.*;
bonfire ['bɒnfaɪər] *n.* a) Freudenfeuer, *n.*; b) *(bildlich)* Fegefeuer, *n.*; c) Feuer, *n.*
bonnet ['bɒnɪt] *n.* a) Haube, *f.*; Häubchen, *n.*; b) Motorad, *n.*; Kühlerhaube, *f.*
bonny ['bɒnɪ] *adj.* (Person, Aussehen) prächtig; gesund
bonus ['bəʊnəs] *n.* a) zusätzliche Leistung; b) (Wirtschaft; Finanzen) Bonus, *m.*
bony ['bəʊnɪ] *adj.* a) knöchern; Knochen-; knochenartig; b) (Gesicht, Körperbau) grobknochig; c) grätig (Fisch); (Fleisch) mit viel Knochen; d) spindeldürr
boo [buː] 1. *v. t.* a) ausbuhen *(ugs.)*, 2. *v. i.* buhen *(ugs.)*; 3. (Ausruf) Ach herrje!; 4. *n.* Buh, *n. (ugs.)*
book [bʊk] 1. *v. t.* a) buchen (Reise, Reservierung) (vor)bestellen (Eintrittskarte, Tisch, Hotel); b) eintragen; aufschreiben *(ugs.)* c) (Reservierung); 2.*v. i.* buchen; vorbestellen; 3. *n.* a) Buch, *n.*; b) (Finanzen, Buchhaltung) in *pl.* Bücher
book: **~case** *n.* Bücherschrank, *m.*; **~ club** *n.* Buchklub, *m.*; **~-ends** *n. pl.* Buchstützen, *f.*
bookie ['bʊkɪ] *n. (ugs.)* Buchmacher, *m.*
booking ['bʊkɪŋ] *n.* a) Buchung, *f.*; Bestellung, *f.*; Reservierung, *f.*; Vorbestellung, *f.*; **make a ~:** buchen; **~-office** *n.* Fahrkartenschalter, *m.*; Vorverkaufsstelle, *f.*
book: **~keeper** *n.* Buchhalter, *m.*/-halterin, *f.*; **~keeping** *n.* Buchhaltung, *f.*
booklet ['bʊklɪt] *n.* Broschüre, *f.*
book: **~maker** *n.* (Wettgeschäft) Buchmacher, *m.*; **~mark**, *n.* Lesezeichen, *n*; **~seller** *n.* Buchhändler, *m.*/-händlerin, *f.*; **~shelf** *n.* Bücherregal, *n.*
boom 1. *v. i.* a) dröhnen; donnern; b) (Wirtschaft, Finanzen, allgemeine Entwicklung) sich plötzlich, sprunghaft entwickeln; 2. *n.* a) (Finanzen, Wirtschaft, Politik, Krise) Aufschwung
boomerang ['buːməræŋ] 1. *n.* (auch bildlich) Bumerang, *m.*; 2. *v. i. (bildlich)* sich als Bumerang erweisen
boon [buːn] *n. (Religion)* Segen, *m.*; Wohltat, *f.*
boost [buːst] 1. *v. t.* steigern; ankurbeln (Finanzen, Wirtschaft); 2. *n.* Auftrieb, *m.*
booster ['buːstər] *n.* a) (Medizin, Körper) Nachimpfung, *f.*; b) *(Technik)* Feststoffrakete, *f.*
boot [buːt] 1. *v. t.* a) *(ugs.)* treten; kicken *(ugs.)* (Ball); b) (Computer) ~ laden; 2. *n.* Stiefel, *m.*
booth [buːð] *n.* a) Häuschen, *n.*; Bude, *f.*; b) **telephone ~** Telefonzelle, *f.*; c) **polling~~** Wahlkabine, *f.*
bootleg *adj.* geschmuggelt; schwarz *(ugs.)*, illegal verkauft/gebrannt
bop [bɒp] *(ugs.)* 1. *v. i.* tanzen. 2. *n.* Tanz, *m.*
border ['bɔːdər] 1. *v. t.* a) angrenzen an (+ Akk.); b) umranden; einfassen; c) (Ähnlichkeit, Vergleich) grenzen an (+ Akk.); 2. *attrib. adj.* Grenz(stadt, -gebiet, -streit); 3. *n.* a) Grenze, *f.*; b) Rand, *m.*
borderline *n.* Grenzlinie, *f.*; *(bildlich)* Grenze, *f.*
bore [bɔː] *v. t.* (sich) langweilen; **to be ~d with sth.:** durch etw. langweilt jmdn.; **I'm ~d** ich langweile mich
bore [bɔː] 1. *v. t.* bohren; 2. *v. i.* bohren (for nach); 3. *n.* Bohrung, *f.*
boredom ['bɔːdəm] *n.*, *no pl.* Langeweile, *f.*
borehole *n.* Bohrloch, *n.*
boring ['bɔːrɪŋ] *adj.* langweilig
born [bɔːn] 1. **be ~** geboren werden
borough ['bʌrə] *n.* a) (Brit.) (Stadt)bezirk, b) Verwaltungsbezirk
borrow ['bɒrəʊ] 1. *v. t.* a) ausleihen, borgen; entleihen, ausleihen (Dinge); leihen (Finanzen, Bank, Geld); leihen, borgen (Geld); b) *(bildlich)* übernehmen (Idee, Ansicht); entlehnen (Wort); 2. *v. i.* borgen; (Bank) Kredit aufnehmen
borrower ['bɒrəʊər] *n.* Schuldner, *m.*; Kreditnehmer, *m.*; Entleiher, *m.*
borrowing ['bɒrəʊɪŋ] *n.* (Finanzen, Bank, Geld) Kreditaufnahme, *f.*
bosom ['bʊzm] *n.* a) (Körper) Brust, *f.*; Busen, *m.*; b) *(bildlich)* Schoß, *m.* (geh.)
boss [bɒs] *(ugs.)* 1. *n.* Chef, *m.*; 2. *v. t.* **~ sb.** jmdn. herumkommandieren *(ugs.)*
botanical [bəˈtænɪkl] *adj.* botanisch; **garden** botanischer Garten
botanist ['bɒtənɪst] *n.* Botaniker, *m.*/Botanikerin, *f.*
botany ['bɒtənɪ] *n.*, *no pl.* Botanik, *f.*; Pflanzenkunde, *f.*
both [bəʊð] 1. *adj.* beide; 2. *pron.* beide; **~ are very kind** beide sind sehr nett
bother [bəðər] 1. v.i. a) lä-

bottle

stig sein (+ Dat.); (Lärm, Licht) stören; (Schmerz, Wunde); **I don't want to bother you** ich möchte sie nicht stören; b) Sorgen machen (+ Dat.); (Problem, Gedanke) beschäftigen; 2. n. Verdruss, m.; Ärger, m; 3. int. (ugs.) Wie ärgerlich!
bottle ['bɒtl] 1. n. a) Flasche, f.; **a beer-** ~ eine Bierflasche; 2. v. t. a) **put into ~s** in Flaschen abfüllen
bottle: ~-neck n. (bildlich) Flaschenhals, m. (ugs.); **~-opener** n. Flaschenöffner, m.
bottom ['bɒtəm] 1. adj. unterst...; unter...; 2. n. a) unteres Ende; Boden, m.; Sohle, f.; Fuß, m.
bottomless ['bɒtəmlɪs] adj. bodenlos; unerschöpflich
bough [baʊ] n. Ast, m.
bought siehe **buy**
boulder ['bəʊldər] n. Felsbrocken, m.
bounce [baʊns] 1. v. i. springen; 2. v. t. aufspringen lassen; 3. n. Aufprall, m.
~ **'back** v. i. zurückprallen
~ **'off** v. i. abprallen
bouncer ['baʊnsər] n. (ugs.) Rausschmeißer, m. (ugs.)
bouncing ['baʊnsɪŋ] adj. kräftig, stramm (Körper)
bound [baʊnd] 1. v. t., (meist in Passivform) begrenzen; 2. n. a) usu. in pl. Grenze, f.; **within the ~s of sth.** innerhalb der Grenzen von etwas; **to go beyond the ~s** Grenzen überschreiten; verboten; **keep within the ~s of** innerhalb vernünftiger Grenzen bleiben; b) (Nation, Land, Eigentum) Grenze, f.
bound 1. v. i. hüpfen; springen; 2. n. Satz, m.; **with one ~** mit einem Satz
bound pred. adj. **homeward ~** auf dem Weg nach Hause

boundary ['baʊndərɪ] n. Grenze, f.
boundless ['baʊndlɪs] adj. grenzenlos
bounty ['baʊntɪ] n. Kopfgeld, n.; Prämie, f.
bouquet [buˈkeɪ, bəʊˈkeɪ, ˈbuːkeɪ] n. a) Bukett, n.; (Blumen)strauß, m.; b) Bukett, n.; Blume, f.
bourbon ['bɜːbən, 'bʊəbən] n. (Amer.) ~ whiskey Bourbon, m. (Alkohol)
bourgeois ['bʊəʒwɑː] 1. n., pl. same a) Bürger, m./Bürgerin, f.; b) Spießbürger, m. (derogativ); Spießer, m./Spießerin, f. (derogativ); 2. adj. a) bürgerlich; b) spießbürgerlich (derogativ)
bourgeoisie [bʊəʒwɑːˈziː] n. a) Bürgertum, n.; b) Bourgeoisie, f.
bout [baʊt] n. a) Wettkampf, m.; b) Abfall, m.
boutique [buːˈtiːk] n. Boutique, f.
bow [bəʊ] a) (Waffe, Musik) Bogen, m.; b) (Kleidung) Schleife, f.
bow [baʊ] 1. v. i. a) sich beugen (to Dat.); b) ~ **down before sb.** sich vor jmdm. verbeugen; 2. v. t. beugen; 3. n. Verbeugung, f.
bow [baʊ] n. usu. in pl. (Schiff) Bug, m.
bowl [bəʊl] n. a) Schüssel, f.
bowl 1. v. i. kegeln; bowlen; 2. v. t. rollen lassen; 3. n. Kugel, f.; Kegelkugel, f.; Bowlingkugel, f.
bowler n. ~ **hat** Bowler, m.
bowling ['bəʊlɪŋ] n. Kegeln, n.; Bowling, n.; **go ~** kegeln/bowlen gehen
bowling: ~-alley n.; Kegelbahn, f.
bow [bəʊ]: **~-tie** n. Fliege, f.; (Kleidung) Schleife, f.
box [bɒks] n. Kasten, m.; Kiste, f.; Schachtel, f.
box 1. v. t. a) schlagen; b) ~ **sb.** jmdn. boxen; 2. v. i.

boxen (with, against gegen); 3. n. Schlag, m.
boxer ['bɒksər] n. a) Boxer, m.; b) (Hunderasse) Boxer, m.
boxer shorts n. pl. Boxershorts Pl.
boxing ['bɒksɪŋ] n. Boxen, n.
boxing: ~-glove n. Boxhandschuh, m.; **~-match** n. Boxkampf, m.; **~-ring** n. Boxring, m.
box: ~-room n. Abstellraum, m.
boy [bɔɪ] n. Junge, m.; **a ~'s name** ein Jungenname; **~s will be ~s:** so sind Jungs nun mal
boycott ['bɔɪkɒt] 1. v. t. boykottieren; 2. n. Boykott, m.
boy-friend n. (männlicher) (Liebe, Sexualität) Freund, m.
boyish ['bɔɪɪʃ] adj. jungenhaft; pubertär
bra [brɑː] n. (Amer.) Büstenhalter, m. (ugs.)
brace [breɪs] 1. v. t. a) befestigen; spannen; anspannen; stützen; b) stützen; 2. n. a) (Kleidung) Schnalle, f.; Klammer, f.
bracelet ['breɪslɪt] n. Armband, n.; Armreif, m.
bracing ['breɪsɪŋ] adj. belebend
bracken ['brækn] n. (Pflanzen) Farn, m.
bracket ['brækɪt] 1. v. t. einklammern; 2. n. Klammer, f.
brag [bræg] 1. v. i., angeben; prahlen (about mit). 2. v. t. prahlen
braggart ['brægət] n. Prahler, m./Prahlerin, f.
braid [breɪd] 1. v. t. a) flechten; b) zusammenbinden (Haare); 2. n. Zopf, m.; Haarknoten, m.
brain [breɪn] n. Gehirn, n.; Verstand, m.
brainless ['breɪnlɪs] adj.

bescheuert *(ugs.)*; hirnlos
brain: ~ **surgeon** *n.* Gehirnchirurg, *m.*; ~ **tumour** *n.* Gehirntumor, *m.*; ~**wash** *n.* Gehirnwäsche, *f.*
brainy ['breɪnɪ] *adj.* intelligent
braise [breɪz] *v. t.* (Küche, Nahrung) schmoren
brake [breɪk] 1. *v. t. & i.* bremsen; 2. *n.* (Technik) Bremse, *f.*
brake: (Technik, Verkehr) ~-**block** *n.*; Bremsklotz, *m.*; ~-**drum** *n.* Bremstrommel, *f.*; ~ **fluid** *n.* Bremsflüssigkeit, *f.*; ~-**light** *n.* Bremslicht, *n.*; ~-**pad** *n.* Bremsbelag, *m.*
braking ['breɪkɪŋ] *n.* (Verkehr) Bremsen, *f.*; ~ **distance** Bremsweg, *m.*
bramble ['bræmbl] *n.* a) Brombeerstrauch, *m.*; b) Brombeere, *f.*
branch [brɑːnʃ] 1. *v. i.* sich verzweigen; 2. *n.* a) Ast, *m.*; b) (Körper) Ast, *m.*; (Fluss) Seitenarm, *m.*; Zweigstelle, *f.*
brand [brænd] *n.* Markenname, *m.*; Markenzeichen, *n.*
brandish ['brændɪʃ] *v. t.* schwenken; schwingen (Waffe)
brand: ~ **name** *n.* Markenname, *m.*; ~-'**new** *adj.* nagelneu *(ugs.)*
brandy ['brændɪ] *n.* Weinbrand, *m.*
brash [bræʃ] *adj.* *(derogativ)* selbstbewusst; dreist; auffällig
brass [brɑːs] 1. *n.* a) Messing, *n.*; b) Grabplatte aus Messing; c) ~**es** Messinggeschirr, *n.*; 2. *attrib. adj.* Messing-; ~ **player** (Musik) Blechbläser, *m.*
brass band *n.* Blechbläser-Orchester, *n.*; Blaskapelle, *f.*
brass: ~ '**plate** *n.* Messingschild, *n.*
brat [bræt] *n.* Balg, *n.* oder *m.* (*ugs.*, *derogativ*); Flegel, *m.*
brave [breɪv] *adj.* tapfer; mutig
bravely ['breɪvlɪ] *adv.* mutig; (showing endurance) tapfer
bravery ['breɪvərɪ] *n.*, *no pl.* Mut, *m.*; (endurance) Tapferkeit, *f.*
bravo [brɑːˈvəʊ] *int.* bravo
brawl [brɔːl] 1. *v. i.* sich schlagen; 2. *n.* Schlägerei, *f.*
brawn [brɔːn] *n.* Muskel, *m.*; Muskeln, *f.*
brawny ['brɔːnɪ] *adj.* muskulös
bray [breɪ] 1. *n.* Iah, *n.*; 2. *v. i.* (Esel) iahen, schreien
brazen ['breɪzn] *adj.* dreist; schamlos
Brazil [brəˈzɪl] *n. pr. n.* Brasilien, *n.*
Brazilian [brəˈzɪlɪən] 1. *adj.* brasilianisch; 2. *n.* Brasilianer, *m.*/Brasilianerin, *f.*
breach [briːtʃ] *n.* a) Verstoß, *m.* (of gegen); ~ **of contract** Vertragsbruch, *m.*; ~ **of promise** Wortbruch, *m.*; b) Bruch, *m.*
bread [bred] 1. *n.* Brot, *n*; 2. *v. t.* panieren
bread: ~-**bin** *n.* Brotkasten, *m.*; ~**crumb** *n.* Brotkrume, *f.*; ~**crumbs** Paniermehl, *n.*; ~-**knife** *n.* Brotmesser, *n.*; ~**line** *n.* Armutsgrenze, *f.*; **live on the** ~**line** (bildlich) an der Armutsgrenze leben
breadth [bredθ] *n.* a) Breite, *f.*; b) Weite, *n.*
bread-winner *n.* Ernährer, *m.*/Ernährerin, *f.*
break [breɪk] 1. *v. t.*, **broke** [brəʊk], **broken** ['brəʊkn] a) brechen; (so as to damage) zerbrechen; kaputtmachen *(ugs.)*; unterbrechen; brechen (Bann, Zauber, Schweigen); ~ **sb.'s heart:** jmdm. das Herz brechen; 2. *v. i.*, broke, broken kaputtgehen *(ugs.)*; entzweigehen; 3. *n.* a) Bruch,
m.; Reißen, *n.*; Pause, *f.*
~ **a'way** v.i. ausbrechen
~ '**down** 1. *v. i.* a) zusammenbrechen; (Verhandlungen) scheitern; b) (Auto) eine Panne haben
~ '**in** *v. i.* einbrechen
~ '**out** *v. i.* (escape, appear) ausbrechen
~ '**up** 1. *v. t.* zerbrechen; 2. *v. i.* aufbrechen; (Eis) brechen
breakable ['breɪkəbl] *adj.* zerbrechlich
break: ~**away** *n.* Ausbrechen, *n.*
breaker ['breɪkər] *n.* Brecher, *m.*
breakfast ['brekfəst] 1. *n.* Frühstück, *n.*; **to have** ~ frühstücken; 2. *v. i.* frühstücken
breakfast: ~ **cereal** *n.* Frühstücksflocken *Pl.*; ~-**time** *n.* Frühstückszeit, *f.*
break-in *n.* Einbruch, *m.*; **there has been a** ~ **at my best friends house** in das Haus meines besten Freundes ist eingebrochen worden
break: ~-**out** *n.* Ausbruch, *m.*; ~**through** *n.* Durchbruch, *m.*
breast [brest] *n.* (literarisch oder bildlich) Brust, *f.*
breast: ~-**bone** *n.* Brustbein, *n.*; ~ **cancer** *n.* Brustkrebs, *m.*
breath [breθ] *n.* a) Atem, *m.*; **have bad** ~ Mundgeruch haben; **he caught his** ~ ihm stockte der Atem; **hold one's** ~ den Atem anhalten; **be out of** ~ außer Atem oder atemlos sein; **take sb.'s** ~ **away** (bildlich) jmdm. den Atem verschlagen; b) Atemzug, *m.*
breathe [briːð] *v. i.* (literarisch oder bildlich) atmen; ~ **in** einatmen; ~ **out** ausatmen
breather ['briːðər] *n.* Verschnaufpause, *f.*

breathing ['briːðɪŋ] *n.* Atmen, *n.*
breathless ['breθlɪs] *adj.* atemlos (with vor+ Dat.)
breathlessness ['breθlɪsnɪs] *n., no pl.* Atemlosigkeit, *f.*; Kurzatmigkeit, *f.*
breath: ~-**taking** *adj.* atemberaubend; ~ **test** *n.* Alkoholtest, *m.*
bred siehe **breed**
breeches ['brɪtʃɪz] *n. pl.* Kniebundhose, *f.*; Reithose, *f.*
breed [briːd] 1. *v. t.*, **bred** [bred] a) erzeugen; hervorrufen; b) züchten (Tiere, Pflanzen); c) erziehen; 2. *v. i.*, **bred** sich vermehren; (Vogel) brüten; 3. *n.* Art, *f.*; Rasse, *f.*
breeder ['briːdər] *n.* Züchter, *m.*; **dog**~: Hundezüchter, *m.*
breeding ['briːdɪŋ] *n.* Erziehung, *f.*; gute Erziehung
breeze [briːz] 1. *n.* (gentle wind) Brise, *f.*; 2. *v. i.* (ugs.) ~ **along** dahinschledern; ~ **in** hereingeschneit kommen (ugs.)
breezy ['briːzɪ] *adj.* windig
brevity ['brevətɪ] *n.* Kürze, *f.*
brew [bruː] 1. *v. t.* a) brauen (Bier); keltern (Wein); ~ kochen (Kaffee, Tee, Kakao usw.); ~ **up** Tee kochen; b) *(bildlich)* ~ up (zusammen)brauen *(ugs.)* (Mischung); ausbrüten *(ugs.)* (Plan usw.); 2. *v. i.* a) (Bier, Apfelwein) gären; (Kaffee, Tee) ziehen; b) sich zusammenbrauen; drohen; 3. *n.* Gebräu, *n.*
brewer ['bruːər] *n.* a) (person) Brauer, *m.*; b) (firm) Brauerei, *f.*
brewery ['bruərɪ] *n.* Brauerei, *f.*
bribe [braɪb] 1. *n.* Bestechung, *f.*; **to pay a** ~ ein Bestechungsgeld zahlen; **take a** ~ sich bestechen lassen; 2. *v. t.* bestechen; ~ **sb. to do sth.** jmdn. bestechen, damit er etw. tut
bribery ['braɪbərɪ] *n.* Bestechung, *f.*
brick [brɪk] 1. *n.* Ziegelstein, *m.*; Backstein, *m.* Bauklötzchen, *n.*; 2. *adj.* Ziegelstein-; Backstein-
brick: ~**layer** *n.* Maurer, *m.*; ~**laying** *n.* Mauern, *n.*; ~ **red** *adj.* ziegelrot; ~ '**wall** *n.* Backsteinmauer
bridal ['braɪdl] *adj.* Braut-; Hochzeits-; ~ **couple** Brautpaar, *n.*
bride [braɪd] *n.* Braut, *f.*
'**bridegroom** ['braɪdgrum] *n.* Bräutigam, *m.*
bridesmaid ['braɪdzmeɪd] *n.* Brautjungfer, *f.*
bridge [brɪdʒ] 1. *n.* a) (literarisch oder bildlich) Brücke, *f.*; b) (Naut.) (Kommando)brücke, *f.*; c) (of nose) Nasenbein, *n.*; Sattel, *m.*; d) Steg, *m.*; e) (Zahn)brücke, *f.*; 2. *v. t.* eine Brücke bauen
bridle ['braɪdl] 1. *n.* Zaumzeug, *n.*; Zaum, *m.*; 2. *v. t.* a) aufzäumen (Pferd); b) *(bildlich)* zügeln (Zunge); im Zaum halten (Leidenschaft)
brief [briːf] *adj.* a) kurz; gering; b) knapp; **to be** ~ kurz gesagt; **be** ~ sich kurz fassen
brief 1. *n.* a) Schriftsatz, *m.*; b) Mandat, *n.*; c) Instruktionen *Pl.*: Anweisungen *Pl.*; 2. *v. t.* a) mit der Vertretung eines Falles betrauen; b) Anweisungen oder Instruktionen geben (+ Dat.)
brief-case *n.* Aktentasche, *f.*
briefly ['briːflɪ] *adv.* a) kurz; b) knapp; kurz
brier [braɪər] *n.* (Bot.: rose) Wilde Rose
brig [brɪg] *n.* (Naut.) Brigg, *f.*
brigade [brɪ'geɪd] *n.* (Mil.) Brigade, *f.*; **the old** ~ *(bildlich)* die alte Garde, *f.*
brigadier *n.* (Mil.) Brigadegeneral, *m.*
bright [braɪt] 1. *adj.* a) hell (Licht, Stern, Fleck); grell (Scheinwerfer); Sonnenlicht); strahlend (Sonnenschein, Stern, Augen); glänzend (Metall, Augen); leuchtend; lebhaft (Farbe, Blume); **a** ~ **day** ein heiterer Tag; **look on the** ~ **side** *(bildlich)* die Sache positiv sehen; b) fröhlich, heiter (Person, Charakter, Stimmung); strahlend (Lächeln); freundlich (Zimmer, Farbe); 2. *adv.* hell
brighten ['braɪtn] *v. t.* ~ aufhellen, aufheitern (Zimmer)
brightly ['braɪtlɪ] *adv.* a) hell (scheinen, glänzen); glänzend (poliert); b) (Menschen, Aussehen) gutgelaunt
brightness ['braɪtnɪs] *n., no pl.* siehe **bright** 1: a) Helligkeit, *f.*; Grelle, *f.*: Strahlen, *n.*; Glanz, *m*; b) Fröhlichkeit, *f.*; Heiterkeit, *f.*
brilliance ['brɪljəns] *n., no pl.* siehe brilliant: a) Helligkeit, *f.*; Funkeln, *n.*; Leuchten, *n.*; b) Genialität, *f.*; c) Glanz, *m.*
brilliant ['brɪljənt] *adj.* a) hell (Licht); strahlend (Sonne); funkelnd (Schmuck, Stern); leuchtend (Farbe); b) glänzend (Geist, Kopf, Vorstellung, Idee); bestechend (Theorie, Idee); c) glänzend (Karriere, Erfolg, Sieg)
brilliantly ['brɪljəntlɪ] *adv.* a) hell (scheinen, funkeln, schimmern); b) toll; brillant; c) hervorragend; glänzend
brim [brɪm] 1. *v. i.* **be** ~**ming with sth.** randvoll mit etw. sein; *(bildlich)*; strotzen vor etw. (Dat.). 2. *n.* a) Rand, *m.*; **full to the** ~ randvoll
~ '**over** *v. i.* überlaufen

bring [brɪŋ] *v. t.*, **brought** [brɔːt] bringen; (Geschenk) mitbringen
~ a'bout *v. t.* herbeiführen
~ a'long *v. t.* mitbringen
~ 'back *v. t.* a) zurückbringen; (Souvenir, Geschenk) mitbringen; b) sich etw. in Erinnerung rufen; **~ back memories** Erinnerungen wachrufen; c) wiedereinführen (Mensch); **~ sb. back to life** jmdn. wiederbeleben
~ 'down *v. t.* a) herunterbringen; b) abschießen *(ugs.)*; c) (Flugzeug) herunterbringen; d) erlegen (Tier); e) zu Fall bringen
~ 'forward *v. t.* a) nach vorne bringen; b) vortragen, vorlegen (Bericht, Beweise); c) vorbringen (Argument); zur Sprache bringen (Problem, Frage)
~ 'in *v. t.* a) hereinbringen; auftragen (Essen); einbringen (Ernte); b) einbringen (Verdienst, Summe)
~ 'off *v. t.* retten; in Sicherheit bringen
~ 'on *v. t.* a) verursachen; b) wachsen lassen (Saatgut, Natur); weiterbringen; fördern (Schüler, Sportler); c) (Sport) sich einsetzen
~ 'out *v. t.* a) herausbringen; b) hervorheben, verdeutlichen (Bedeutung); c) einführen (Produkt); herausbringen (Verlagswesen)
~ 'up *v. t.* a) heraufbringen; b) erziehen; c) aufziehen; großziehen; d) zur Sprache bringen (in der Diskussion, Thema, Problem)
brink [brɪŋk] *n.* (literarisch oder bildlich) Rand, *m.*; **be on the ~ of doing sth.** nahe daran sein, etw. zu tun
brisk [brɪsk] *adj.* forsch; flott (Verhalten, Stil, Mensch, Charakter, Gang); frisch (Wetter); *(bildlich)* lebhaft; rege
briskly [ˈbrɪsklɪ] *adv.* frisch; flott
bristle [ˈbrɪsl̩] 1. *v. i.* a) ~ (Haare) sich sträuben; 2. *n.* a) Borste, *f.*; b) **~s** Bartstoppeln
bristly [ˈbrɪslɪ] *adj.* borstig; stoppelig
Britain [ˈbrɪtn̩] *pr. n.* Großbritannien, *n.*
British [ˈbrɪtɪʃ] 1. *adj.* britisch; **he/she is ~** er ist Brite/sie ist Britin; 2. *n. pl.* **the ~** die Briten
British 'Isles *pr. n. pl.* Britische Inseln
Briton [ˈbrɪtn̩] *n.* Brite, *m.*/Britin, *f.*
Brittany [ˈbrɪtənɪ] *pr. n.* Bretagne, *f.*
brittle [ˈbrɪtl̩] *adj.* spröde; zerbrechlich (Glas); brüchig; schwach (Knochen)
broach [brəʊtʃ] *v. t.* anzapfen; anstechen (Bier,- Weinfass)
broad [brɔːd] *adj.* breit; weit (Landschaft); ausgedehnt (Ebene, Fläche)
broadcast [ˈbrɔːdkɑːst] 1. *v. t.*, broadcast a) (Medien) senden; übertragen (Livesendung); b) verbreiten (Nachricht). 2. *adj.* (Medien) im Rundfunk/Fernsehen gesendet; Rundfunk-/Fernseh-; 3. *n.* (Medien) Sendung, *f.*; TV-, Radioübertragung, *f.*
broadcasting [ˈbrɔːdkɑːstɪŋ] *n., no pl.* (Medien) Senden, *n.*; (live) übertragen
broaden [ˈbrɔːdn̩] 1. *v. t.* a) verbreitern; b) *(bildlich)* ausweiten (Diskussion); **~ one's mind** seinen Horizont erweitern; 2. *v. i.* breiter werden; sich verbreitern; *(bildlich)* sich erweitern
broadly [ˈbrɔːdlɪ] *adv.* a) deutlich (hinweisen); breit (grinsen); b) allgemein (beschreiben)
broad: ~'minded *adj.* tolerant; **~sheet** *n.* Flugblatt, *n.*
brocade [brəˈkeɪd] *n.* Brokat, *m.*
broccoli [ˈbrɒkəlɪ] (Natur) *n.* Brokkoli, *m.*
brochure [ˈbrəʊʃər] *n.* Prospekt, *m.*
broil [brɔɪl] *v. t.* braten; grillen
broiler [ˈbrɔɪlər] *n.* a) Brathähnchen, *n.* b) Bratrost, *m.*
broke [brəʊk] 1. siehe **break;** 2. *pred. adj.* *(ugs.)* pleite *(ugs.)*; **go ~** pleite gehen
broken [ˈbrəʊkn̩] 1. siehe **break;** 2. *adj.* a) zerbrochen; gebrochen (Knochen); verletzt (Körper, Haut); abgebrochen (Zahn); gerissen; kaputt *(ugs.)* (Uhr, Fernsehen, Fenster); **~ glass** Glasscherben; **get ~** zerbrechen, kaputtgehen, brechen (auch Knochen) **when Tim fell from the horse, he broke his arm.** als Tim vom Pferd fiel, brach er sich den Arm.
broken: ~-down *adj.* baufällig (Gebäude); kaputt *(ugs.)*
broker [ˈbrəʊkər] *n.* (Wirtschaft, Finanzen, Börse) Makler, *m.*
bronchial [ˈbrɒŋkɪəl] *adj.* (Körper, Medizin) bronchial; Bronchial-; **~ tubes** Bronchien, *f.*
bronchitis [brɒŋˈkaɪtɪs] *n., no pl.* (Medizin) Bronchitis, *f.*
bronze [brɒnz] 1. *n.* a) (Metall(arbeit)) Bronze, *f.*; **the B~ Age** die Bronzezeit; b) Bronzefarbe, *f.*; 2. *attrib. adj.* Bronze-; (coloured like ~) bronzefarben; 3. *v. t.* bräunen (Gesichtsfarbe); 4. *v. i.* braun werden
bronzed [brɒnzd] *adj.* sonnengebräunt
brooch [brəʊtʃ] *n.* Brosche, *f.*
brood [bruːd] 1. *v. i.* a) brüten; **~ over sth.** über etw. *(Akk.)* angestrengt nachden-

broody

ken; b) (Vogel) brüten; 2. *n.* a) Brut, *f.*; (Tierwelt) Küken *Pl.*; b) Kinderschar, *f.*
broody *adj.* brütend; ~ **hen** Glucke, *f.*
brook [brʊk] *v. t.* dulden
brook [brʊk] *n.* Bach, *m.*
broom [bru:m] *n.* a) Besen, *m.*; b) (Natur) Ginster, *m.*
broom: ~**stick** *n.* Besenstiel, *m.*
broth [brɒθ] *n.* Gemüsesuppe, *f.*; Bouillon, *f.*
brothel [ˈbrɒθl] *n.* Bordell, *n.*
brother [ˈbrʌðər] *n.* a) Bruder, *m.*; ~**s and sisters** Geschwister; b) Freund, *m.*; Kollege, *m.*
brotherhood [ˈbrʌðəhʊd] *n.* a) *no pl.* Bruderschaft, *f.*; brüderliches Verhältnis; b) Bruderschaft, *f.*
'brother-in-law *n.*, *pl.* **brothers-in-law** Schwager, *m.*
brotherly [ˈbrʌðəlɪ] *adj.* brüderlich
brought siehe **bring**
brow [braʊ] *n.* a) (Körper) (**eye**~) Braue, *f.*; b) Stirn, *f.*
brown [braʊn] 1. *v. t.* a) bräunen (Gesichtsfarbe, Körper); b) (Küche) (an)bräunen; anbraten (Fleisch) c) (Brit. sl.); 2. *v. i.* a) (Haut) bräunen; b) (Fleisch) braun werden. 3. (Farbe) *adj.* braun; 4. *n.* Braun, *n.*
brown: ~ **'ale** *n.* Stark/Malzbier; ~ **'bear** *n.* Braunbär, *m.*; ~ **'bread** *n.* Mischbrot, *n.*; Vollkornbrot, *n.*
brownie [ˈbraʊnɪ] *n.* (Amer.) Schokoladenkuchen, *m.*
brownish [ˈbraʊnɪʃ] *adj.* bräunlich
brown: ~ **'paper** *n.* Packpapier, *n.*; ~ **'rice** *n.* Naturreis, *m.*; ~ **'sugar** *n.* brauner Zucker, *m.*
bruise [bru:z] 1. *v. t.* quetschen; 2. *v. i.* (Körper) blaue Flecken bekommen; 3. *n.* a) (Medizin, Körper) blauer Fleck; b) Druckstelle, *f.*
brunette [bruːˈnet] 1. *n.* (Frau) Brünette, *f.*; 2. *adj.* brünett
brush [brʌʃ] 1. *n.* a) Bürste, *f.*; Handfeger, *m.*; Pinsel, *m.*; b) Zusammenstoß, *m.*; **have a ~ with sb.:** eine Auseinandersetzung mit jemandem haben; 2. *v. t.* kehren; fegen; abbürsten; ~ **one's teeth/hair** sich (Dat.) die Zähne putzen/die Haare bürsten; 3. *v. i.* ~ **by sth.** :etw. streifen
~ **a'way** *v. t.* abbürsten (Schmutz, Dreck); ab-, wegwischen
~ **'down** *v. t.* abbürsten (Kleidungsstück)
~ **'off** *v. t.* abbürsten
~ **up** *v. t.* a) zusammenfegen (Krümel); b) auffrischen (Wissen, Kenntnisse)
brusque [bru:sk] *adj.* schroff
brutal [ˈbru:tl] *adj.* brutal; *(bildlich)* brutal, schonungslos
brutality [bruːˈtælətɪ] *n.* Brutalität, *f.*
brutally [ˈbru:təlɪ] *adv.* brutal
brute [bru:t] 1. *n.* a) (Tier) Bestie, *f.*; b) (Mensch) Rohling, *m.*; 2. *attrib. adj.* irre, völlig unvernünftig; irrational; **by** ~ **force** mit roher Gewalt
brutish [ˈbru:tɪʃ] *adj.* brutal (Mensch); tierisch
bubble [ˈbʌbl] 1. *v. i.* (form ~s) (Wasser,) Blasen bilden; (Wasser, Flüssigkeiten) brodeln; (Bach); 2. *n.* Blase, *f.*;Seifenblase, *f.*; **blow ~s** Seifenblasen machen
bubble: ~ **bath** *n.* Schaumbad, *n.*; ~ **gum** *n.* Kaugummi, *m.*
Bucharest [bju:kəˈrest] *pr. n.* Bukarest, *n.*

buck [bʌk] 1. *v. i.* (Tier, Verhalten) bocken; 2. *v. t.* ~ (Reiter vom Pferd) abwerfen; 3. *n.* Bock, *m.*; Rammler, *m.*
buck *n.* (Amer. sl.: dollar) Dollar, *m.*
bucket [ˈbʌkɪt] *n.* Eimer, *m.*; **kick the** ~ (bildlich sl.) sterben
buckle [ˈbʌkl] 1. *n.* Gurt, *m.*; Schnalle, *f.*; 2. *v. t.* a) an, -zuschnallen; b) verbiegen (Metallstange); 3. *v. i.* (Metallstange, Technik, Mechanismus) sich verbiegen
~ **'down** *v. i.* sich dahinterklemmen
bud [bʌd] 1. *n.* Knospe, *f.*; 2. (Natur) *v. i.* knospen; Knospen treiben; (Pflanze) ausschlagen
Buddhism [ˈbʊdɪzəm] *n.* Buddhismus, *m.*
Buddhist [ˈbʊdɪst] 1. *n.* Buddhist, *m.*/Buddhistin, *f.*; 2. *adj.* buddhistisch
buddy [ˈbʌdɪ] *n.* (ugs.) Kumpel, *m.* (ugs.)
budget [ˈbʌdʒɪt] 1. *v. i.* planen; ~ **for sth.** etw. einplanen; 2. *n.* (Wirtschaft, Finanzen) Haushalt, *m.*; Budget, *n.*; Etat, *m.*; ~ **meal** preisgünstige Mahlzeit
buffalo [ˈbʌfələʊ] (Tierwelt) *n.*, *pl.* ~**es**; Büffel *m.*
buffer [ˈbʌfər] *n.* Prellbock, *m.*; Puffer, *m.*
buffet [ˈbʊfeɪ] *n.* (Brit.) (Essen) Büfett, *n.*; b) Imbiss, *m.*; **a cold** ~ ein kaltes Büfett
bug [bʌg] 1. *n.* (Tierwelt) Insekt, *n.*; Käfer, *m.*; b) *(ugs.)* Bazillus, *m.*; c) Infektion, *f.*; Krankheit, *f.*; **catch a** ~ sich (Dat.) infizieren; d) *(ugs.)* (Geheimdienst, Mikrofon) Wanze, *f. (ugs.)*; e) *(ugs.)* (Person, Verhalten) Macke, *f.*; 2. *v. t.* *(ugs.)*; abhören (Gespräch)
bugger [ˈbʌgər] 1. *v. t.* (als Fluch) ~ **you** du kannst

mich mal; ~ **it!** ach du Scheiße!; 2. *v. i.* Scheiße bauen; rumblödeln *(ugs.)*; 3. *n.* Kerl, *m.*; Typ, *m.*; Bursche, *m. (ugs.)*

buggy [ˈbagɪ] *n.* Geländeoder Sportwagen, *m.*

build [bɪld] 1. *v. t.* built [bɪlt] a) bauen; errichten; zusammenbauen oder -setzen (Fahrzeug); b) *(bildlich)* aufbauen (Abstrakt); begründen; schaffen *(bildlich)*; 2. *v. i.* built a) bauen; b) *(bildlich)* ~ **on sb. or sth.** auf jmdn. etw. bauen; 3. *n.* Körperbau, *m.*

~ **'in** *v. t.* einbauen

~ **into** *v. t.* ~ **sth. into sth.** etw. in etw. *(Akk.)* einbauen

~ **on** *v. t.* aufbauen auf (+ Dat.); bebauen (Grundstück, Gelände)

~ **'up** 1. *v. t.* a) bebauen (Land, Grundstück); b) anhäufen (Finanzen); c) stärken (Gesundheit, Widerstandskraft); kräftigen; 2. *v. i.* a) (Spannung, Krise, Problem) zunehmen, anschwellen, ansteigen (Lärm); b) (Schlange) sich bilden; (Verkehr) sich stauen

builder [ˈbɪldər] *n.* Erbauer, *m.*

building [ˈbɪldɪŋ] *n.* a) *no pl.* Bau, *m.*; b) Gebäude, *n.*; (generell) Haus, *n.*

built siehe **build**

built: ~**-in** *adj.* eingebaut

bulb [balb] *n.* a) (Natur) Zwiebel, *f.*; b) *(Technik)* Glühbirne, *f.*

Bulgaria [balˈgeərɪə] *pr. n.* Bulgarien *n.*

Bulgarian [balˈgeərɪən] 1. *adj.* bulgarisch; **he/she is** ~ er ist Bulgare/sie ist Bulgarin; 2. *n.* a) Bulgare, *m.*/Bulgarin, *f.*; b) (Sprache) Bulgarisch, *n.*

bulk [balk] *n.* **in** ~ in großen Mengen

bull [bʊl] *n.* a) (Tierwelt, Rindvieh) Bulle, *m.*; (for ~fight) Stier, *m.*; **like a** ~ **in a china shop** *(bildlich)* wie ein Elefant im Porzellanladen; **take the** ~ **by the horns** *(bildlich)* den Stier bei den Hörnern packen; b) (Tierwelt generell) Bulle, *m.*

bull (Hund); ~**dog** *n.* Bulldogge, *f.*; ~**doze** *v. t.* a) planieren (Boden); mit der Planierraupe plattwalzen (Bau); b) *(bildlich)* ~**dozer** Planierraupe, *f.*

bullet [ˈbʊlɪt] *n.* (Waffe) Kugel, *f.*

bullet-hole *n.* Einschuss (loch), *n.*

bulletin [ˈbʊlɪtɪn] *n.* Bekanntmachung, *f.*; Bulletin, *n.*

bulletin-board *n.* (Amer.) Anschlagtafel, *f.*; Schwarzes Brett, *n.*

bulletproof *adj.* (Waffe) kugelsicher

bull: ~**fight** *n.* Stierkampf, *m.*; ~**fighter** *n.* Stierkämpfer, *m.*; ~**fighting** *n.* Stierkampf, *m.*

bullock [ˈbʊlək] *n.* (Tierwelt, Rindvieh) Ochse, *m.*

bull: ~**ring** *n.* Stierkampfarena, *f.*; ~**shit** *n.* (Fluch) Scheiße, *f.* (ugs. derogativ)

bully [ˈbʊlɪ] 1. *v. t.* schikanieren; einschüchtern; 2. *n.* (Person, Jugendlicher) Rabauke, *m. (derogativ)*; Tyrann, *m.*

bum [bam] *n.* (Brit. sl.) Hintern, *m. (ugs.)*; Arsch, *m.*

bum *(sl.)* 1. *n.* (Amer.) a) (Mensch, Verhalten, Stil) fauler Kerl, *m.*; *(derogativ)*; Gammler, *m.* (ugs. derogativ); 2. *adj.* mies *(ugs.)*; 3. *v. i.* rumgammeln *(ugs.)*; 4. *v. t.* betteln; schnorren *(ugs.)* (Geld, Zigaretten usw.)

bumble-bee [ˈbamblbiː] *n.* (Tierwelt) Hummel, *f.*

bump [bamp] 1. *v. t.* a) anstoßen; 2. *v. i.* ~ **against sb./sth.** gegen jemdn. oder etw. stoßen

~ **into** *v. t.* a) stoßen an (+ Akk.) oder gegen; (Wagen) fahren gegen (Hindernis, Mauer, Baum); ~ **into sb.** jmdn. anstoßen; (Auto) jmdn. anfahren

bumper [ˈbampər] *n.* a) (Auto) Stoßstange, *f.*; b) Puffer, *m.*

bumpy [ˈbampɪ] *adj.* holperig (Straße, Reise, Fahrt); uneben

bun [ban] *n.* Brötchen, *n.*

bunch [bantʃ] *n.* a) (Pflanzen, Blumen) Strauß, *m.*; (Frucht) Traube, *f.*; (Gemüse) Bund, *m.*; ~ **of flowers** Blumenstrauß, *m.*; ~ **of keys** Schlüsselbund, *m.*; Anzahl, *f.*; **a whole** ~ **of**…: ein ganzer Haufen… *(ugs.)*; c) Haufen, *m. (ugs.)*

bundle [ˈbandl] 1. *v. t.* bündeln; 2. *n.* Bündel, *n.*; Packen, *m.*

~ **'up** *v. t.* (put in ~s) bündeln

bungalow [ˈbaŋgələʊ] *n.* Bungalow, *m.*

bunk [baŋk] *n.* (Schiff) Koje, *f.*

bunker [ˈbaŋkər] *n.* (Militär) Bunker, *m.*

bunny [ˈbanɪ] *n.* Häschen, *n.*

burden [ˈbɜːdn] 1. *v. t.* belasten; *(bildlich)*; 2. *n.* (literarisch oder bildlich) Last, *f.*; **beast of** ~ Lasttier, *n.*; **become a** ~ zur Last werden; **be a** ~ **to sb.** für jmdn. eine Belastung sein

burdensome [ˈbɜːdnsəm] *adj. (bildlich)* lästig (Person, Aufgabe, Verantwortung)

bureau [ˈbjʊərəʊ] *n.*, *pl.* ~**x** [ˈbjʊərəʊz] or ~**s** a) Büro, *n.*; Amt, *n.*; b) Schreibtisch, *m.*

bureaucracy [bjʊəˈrɒkrəsɪ] *n.* Bürokratie, *f.*

bureaucrat [ˈbjʊərəkræt]

bureaucratic

n. Bürokrat, *m.*/Bürokratin, *f.* *(derogativ)*
bureaucratic [bjʊərə'krætɪk] *adj.*, **bureaucratically** [bjʊərə'krætɪkəlɪ] bürokratisch
burglar ['bɜːglər] *n.* Einbrecher, *m.*
burglar alarm *n.* Alarmanlage, *f.*
burglary ['bɜːglərɪ] *n.* Einbruch, *m.*
burgle ['bɜːgl] *v. t.* einbrechen in (+ Akk.)
Burgundy ['bɜːgəndɪ] *pr. n.* (Geografie) Burgund, *n.*
burgundy *n.* (Wein) Burgunderwein, *m.*
burial ['berɪəl] *n.* Bestattung, *f.*; Begräbnis, *n.*
burial-service *n.* Trauerfeier, *f.*
Burma ['bɜːmə] *pr. n.* (Geografie) Birma *n.*
Burmese [bɜː'miːz] 1. *adj.* birmanisch; **sb. is** ~ jmd. ist Birmane/Birmanin; 2. *n., pl.* same *a*) Birmane, *m.*/Birmanin, *f.*; b) (Sprache) Birmanisch, *n.*
burn [bɜːn] 1. *v. t.* **~t** or **~ed** a) verbrennen; brennen; b) (Körper) verbrennen; **one's fingers** sich die Finger verbrennen *(bildlich)*; c) (Küche, Essen) anbrennen lassen (Fleisch); **be ~t** angebrannt sein; d) (Säure, Haut) verätzen. als Brennstoff verwenden; 2. *v. i.* **~t** or **~ed** a) brennen; verbrennen; b) (Verletzung, Haut, Person, Unfall) sich verbrennen; c) ätzen; 3. *v. t.* niederbrennen
~ **'out** 1. *v. t.* a) ausbrennen; b) *(bildlich)* (Mensch, Kraft, Energie) **feel ~ed out** sich erschöpft fühlen; 2. *v. i.* a) (Kerze, Feuer) löschen, ausgehen; ausbrennen; b) (Glühbirne, Licht) durchbrennen
burner ['bɜːnər] *n. (Technik)* Brenner, *m.*

burning ['bɜːnɪŋ] 1. *adj.* a) brennend; b) *(bildlich)* glühend; 2. *n.* Brennen, *n.*
burnt siehe **burn**
burrow ['bʌrəʊ] 1. *v. t.* graben (Loch, Erde); 2. *v. i.* einen Gang graben
burst [bɜːst] 1. *v. t.* burst zum Platzen bringen; platzen lassen (Ballon); platzen (Reifen); 2. *v. i.* **burst** a) platzen; (Militär, Technik, Behälter, Anlagen) explodieren; b) ~ **through sth.** etw. durchbrechen
~ **'in** *v. i.* hereinplatzen
~ **into** *v. t.* a) ~ **into laughter** in Gelächter ausbrechen; ~ **into flames** in Flammen aufgehen; b) eindringen in (+ Akk.)
bury ['berɪ] *v. t.* a) begraben; beisetzen (Toten); **where is Queen Victoria buried?**: wo ist Königin Victoria begraben?; b) vergraben; *(bildlich)* begraben; ~ **one's face in one's hands** das Gesicht in den Händen vergraben;
bus [bʌs] 1. *n.*, *v. i.*, (Amer.) mit dem Bus fahren; 2. *v. t.* -**ss**- (Amer.) mit dem Bus befördern; 3. *n., pl.* **~es** (Amer.: ~ses) bus, *m.*; **go by** ~ mit dem Bus fahren
bus: ~ **company** *n.* Busunternehmen, *n.*; ~**-conductor** *n.* Busschaffner, *m.*; ~ **driver** *n.* Busfahrer, *m.*; ~ **fare** *n.* Fahrpreis, *m.*
bush [bʊʃ] *n.* (Natur) Strauch, *m.*; Busch, *m.*
bushy ['bʊʃɪ] *adj.* buschig
busily ['bɪzɪlɪ] *adv.* eifrig
business ['bɪznɪs] *n.* a) (Wirtschaft) Geschäft, *n.* (Unternehmen) Betrieb, *m.*; b) (Tätigkeit) Geschäfte Pl., Angelegenheiten: **mind your own** ~ kümmere dich um deine eigenen Angelegenheiten!
business: ~ **address** *n.* Geschäftsadresse, *f.*; ~

hours *n. pl.* Geschäftszeiten, *f.*; ~ **letter** *n.* Geschäftsbrief, *m.*; ~ **lunch** *n.* Arbeitsessen, *n.*; ~**man** *n.* Geschäftsmann, *m.*; ~ **trip** *n.* Geschäftsreise, *f.*
bus: ~ **lane** *n.* (Brit.) Busspur, *f.*; ~**-ride** *n.* Busfahrt, *f.*; ~**-route** *n.* Buslinie, *f.*; ~ **service** *n.* Omnibusverkehr, *m.*; ~**-stop** *n.* Bushaltestelle, *f.*
bust [bʌst] *n.* a) (Kunst) Büste, *f.*; b) (Frauenkörper) Busen, *m.*; (Frauenkörper) Oberweite, *f.*
bus-ticket *n.* Busfahrkarte, *f.*
bustle ['bʌsl] *v. i.* ~ **about** hin und her eilen
busy ['bɪzɪ] *adj.* beschäftigt; **she is very ~.**: sie hat sehr viel zu tun.
but [bət, stressed bʌt] 1. *conj.* a) aber;. 2. [bət] *adv.* nur; bloß; **if he could ~ be back in time.**: wenn er doch nur pünktlich zurück sein könnte.
butcher ['bʊtʃər] *n.* Schlachter, *m.*; Metzgermeister, *m.* ~**'s** Fleischerei, *f.*; Metzgerei, *f.*
butchery ['bʊtʃərɪ] *n.* a) ~ Fleischerhandwerk, *n.*; b) *(bildlich)* (sinnlose) Metzelei, *f.*
butler ['bʌtlər] *n.* Diener, *m.*
butter ['bʌtər] 1. *v. t.* buttern; mit Butter bestreichen; 2. *n.* Butter, *f.*
butter: ~**cup** *n.* (Bot.) Butterblume, *f.*; ~**-dish** *n.* Butterdose, *f.*
butterfly ['bʌtəflaɪ] *n.* Schmetterling, *m.*
butterfly stroke *n.* (Schwimmsport) Delfinstil, *m.*
butter: ~**-knife** *n.* Buttermesser, *n.*; ~**-milk** *n.* Buttermilch, *f.*
buttock ['bʌtək] *n.* (Körper) Hinterbacke, *f.*; ~**s** Gesäß, *n.*

button [ˈbʌtn] 1. *v. t.* zuknöpfen; 2. *n.* (Kleidung, Mechanik) Knopf, *m.*
button: ~**hole** *n.* Knopfloch, *n.*; ~ **'mushroom** *n.* Champignon, *m.*
buy [baɪ] 1. *v. t.* bought [bɔːt] a) kaufen; (ein)lösen (Fahrkarte); ~ **sth.** etw. kaufen; b) *(bildlich)* erkaufen (Sieg); c) (Politik) bestechen; kaufen *(ugs.)*; erkaufen (Zustimmung); 2. *n.* (Ein)kauf, *m.*
~ **'off** *v. t.* auszahlen (Forderung); abfinden (Finanzen)
~ **'out** *v. t.* auszahlen (Aktionär); aufkaufen (Firma)
~ **'up** *v. t.* aufkaufen
buyer [ˈbaɪər] *n.* Käufer, *m.*/Käuferin, *f.*
buzz [bʌz] 1. *n.* a) Brummen, *n.*; Schwirren, *n.*; b) Summen, *n.*; c) (Unterhaltung) Gemurmel, *n.*; d) (sl.: Telefonanruf), *m.*; **give sb. a ~:** jmdn. anrufen; e) Nervenkitzel, *m. (ugs.)*. 2. *v. i.* siehe 1 a) (Insekt) summen/brummen/schwirren
~ **a'bout**, ~ **a'round** 1. *v. i.* herumschwirren; *(bildlich)* (Person) herumsausen. 2. *v. t.* ~ **around sth.** um etw. herumschwirren
buzzer [ˈbʌzər] *n.* Summer, *m.*
buzz-word *n.* Schlagwort, *n.*
by [baɪ] 1. *prep.* a) an (+ Dat.); bei; (next to) neben, nahe bei; b) (Position, Perspektive) zu; c) (Zeit) bei; **by day and night** bei Tag und Nacht; d) von; **made by** hergestellt von; e) durch; **the soldier was killed by the bullet of an enemy:** der Soldat wurde durch die Kugel eines Feindes getötet.; **by car** mit dem Auto; f) (eingrenzende Zeitangabe) bis; **by now** bis jetzt; **by the end of the year** bis Jahresende 2. *adv.* a) (Zeit) vorbei; **drive by sb.** an jmdm. vorbeifahren; b) **by and large** im Großen und Ganzen; **by and by** nach und nach
bye [baɪ] *int. (sl.)* tschüss *(ugs.)*
by-election *n.* Nachwahl, *f.*
bypass 1. *n.* (road) Umgehungsstraße, *f.*; *(Medizin)* Bypass, *m.*; ~ **surgery** *(Medizin)* Bypassoperation; 2. *v. t.* a) umgehen; b) (bildlich: ignore) übergehen
by-product *n.* Nebenprodukt, *n.*
by-road *n.* Nebenstraße, *f.*; Seitenstraße, *f.*
bystander [ˈbaɪstændər] *n.* Zuschauer, *m.*/Zuschauerin, *f.*
byte [baɪt] *n.* (Computing) Byte, *n.*

C

C, c [siː] *n., pl.* Cs or C's (letter) C, c, *n.*
C. Abkürzung. a) Celsius C; b) Centigrade C; c) (Politik) Conservative
c. Abk. a) circa, ca.; b) cent
cab [kæb] *n.* a) (taxi) Taxi, *n.*; b) Führerhaus, *n.*
cabaret [ˈkæbəreɪ] *n.* Varieté, *n.*; Kabarett, *n.*
cabbage [ˈkæbɪdʒ] *n.* Kohl, *m.*; **red** ~ Rotkohl, *m.*
cabin [ˈkæbɪn] *n.* a) (Schiff) Passagierkabine, *f.*; Kajüte, *f.*; b) (Naturvolk) Hütte, *f.*
cabinet [ˈkæbɪnɪt] *n.* a) Schrank, *m.*; (Küche, Badezimmer, Anrichte) Schränkchen, *n.*; b) (Regierung, Politik) Kabinett, *n.*
cabinet: ~-**maker** *n.* Möbeltischler, *m.*; **C~ 'Minister** *n.* Minister, *m./*Ministerin, *f.*
cable [ˈkeɪbl] 1. *n.* Kabel, *n.*; Seil, *n.*
cable: ~-**car** *n.* Drahtseilbahn, *f.*; ~ 'television *n.* Kabelfernsehen, *n.*
cactus [ˈkæktəs] *n., pl.* **cacti** [ˈkæktaɪ] or ~**es** Kaktus, *m.*
caddy [ˈkædɪ] *n.* Behälter, *m.*; Büchse, *f.*
cadet [kəˈdet] *n.* Offiziersschüler, *m.*
cafeteria [kæfɪˈtɪərɪə] *n.* Schnellrestaurant, *n.*, Cafeteria, *f.*
cage [keɪdʒ] 1. *v. t.* einsperren; 2. *n.* Käfig, *m.*
cage-bird *n.* Käfigvogel, *m.*
Cairo [ˈkaɪərəʊ] *pr. n.* Kairo *n.*
cake [keɪk] 1. *v. t.* verkrusten; ~**d with dirt** schmutzverkrustet; 2. *v. i.* (Masse) verklumpen; 3. *n.* Kuchen, *m.*; **a piece of** ~ ein Stück Kuchen
cake: ~-**shop** *n.* Konditorei, *f.*

cal. Abk. **calorie**[s] Kalorie, *f.*
calamity [kəˈlæmɪtɪ] *n.* Unheil, *n.*; Unglück, *n.*
calculate [ˈkælkjʊleɪt] *v. t.* rechnen; berechnen; ausrechnen
calculated [ˈkælkjʊleɪtɪd] *adj.* vorsätzlich (Handlung, Straftat); bewusst (Zurückhaltung, Affront); kalkuliert (Risiko)
calculation [kælkjʊˈleɪʃn] *n.* a) Rechnung, *f.*; b) (calculating) Berechnung, *f.*
calculator [ˈkælkjʊleɪtər] *n.* Rechner, *m.*
Calcutta [kælˈkʌtə] *pr. n.* Kalkutta *n.*
calendar [ˈkælɪndər] *n.* Kalender., *m.*
calf [kaf] *n., pl.* **calves** [kavz] Kalb, *n.*; (Kleidung) Kalbsleder, *n.*
calf *n., pl.* **calves** (Körper) Wade, *f.*
calfskin *n.* (Material) Kalbsleder., *n.*
calibrate [ˈkælɪbreɪt] *v. t.* einstellen; kalibrieren
calibration [kælɪˈbreʃɪn] *n.* Einstellung, *f.*; Kalibrierung, *f.*
calibre [ˈkælɪbər] *n.* (Brit.) Kaliber, *n.*
California [kælɪˈfɔːnɪə] *pr. n.* Kalifornien, *n.*
call [kɔːl] 1. *v. i.* a) rufen; ~ **for help** um Hilfe rufen; b) telefonieren; c) vorbeischauen; besuchen; d) ~ **on sb.** jmdn. besuchen; 2. *v. t.* a) rufen; aufrufen (Namen, Nummer); b) rufen (Mensch); c) zusammenrufen; aufrufen; d) (Name, Spitzname) nennen; **he is** ~**ed John.:** er heißt John.; ~ **sb. names** jmdn. beschimpfen; 3. *n.* a) Ruf, *m.*; ~ **for help** Hilferuf, *m.*

~ '**back** 1. *v. t.* zurückrufen. 2. *v. i.* zurückkommen
~ **for** *v. t.* a) kommen lassen, bestellen (Taxi, Essen); b) abholen (Person, Geld), verlangen
~ '**off** *v. t.* absagen (Verabredung); rückgängig machen (Geschäft)
~ '**up** *v. t.* a) wachrufen (Erinnerungen); beschwören (Erinnerungen, Fantasien); b) anrufen; c) (Militär) einberufen
call-box *n.* Telefonzelle, *f.*
caller [ˈkɔːlər] *n.* (Telefon) Anrufer, *m./*Anruferin, *f.*
calling [ˈkɔːlɪŋ] *n.* a) Beruf, *m.*; b) (Religion, Beruf) Berufung, *f.*
calm [kam] 1. *v. t.* besänftigen (Gefühle, Leidenschaften); ~ **sb.** jmdn. beruhigen; 2. *v. i.* sich beruhigen; (Wetter) abflauen; 3. *adj.* a) windstill; ruhig; **keep** ~ bleibe ruhig
calmly [ˈkamlɪ] *adv.* ruhig; gelassen
calmness [ˈkamnɪs] *n., no pl.* Ruhe, *f.*; Stille, *f.*
calorie [ˈkælərɪ] *n.* Kalorie, *f.*
calve [kav] *v. i.* kalben
Cambodia [kæmˈbəʊdɪə] *pr. n.* (Geografie) Kambodscha, *n.*
Cambodian [kæmˈbəʊdɪən] (Geografie) 1. *adj.* kambodschanisch; 2. *n.* Kambodschaner, *m./*Kambodschanerin, *f.*
came siehe **come**
camel [ˈkæml] *n.* (Tierwelt) Kamel, *n.*
camera [ˈkæmərə] *n.* Fotoapparat, *m.*; Kamera, *f.*
cameraman *n.* Kameramann, *m.*
Cameroon [ˈkæməruːn] *pr. n.* (Geogr.) Kamerun, *n.*

camomile [ˈkæməmaɪl] n. (Natur) Kamille, f.
camouflage [ˈkæməflɑʒ] 1. n. (literarisch oder bildlich) (auch Militär) Tarnung; f. 2. v. t. (literarisch oder bildlich) (auch Militär) tarnen
camp [kæmp] 1. v. i. campen; zelten; **go ~ing** Campen/Zelten gehen; 2. n. Lager, n.; Feldlager, n.
campaign [kæmˈpeɪn] n. a) (Militär) Feldzug, m.; b) (Wahlkampf, Politik, Aktion) Kampagne, f.
campaigner [kæmˈpeɪnər] n. Wahlkämpfer, m.; Wahlkämpferin, f.
camper [ˈkæmpər] n. Camper, m./Camperin, f.
camp: ~-fire n. Lagerfeuer, n.
camping [ˈkæmpɪŋ] n. Zelten, n.; Camping, n.
camping: ~ holiday n. Campingurlaub, m.; **~ site** n. Campingplatz, m.
campsite n. Campingplatz, m.
campus [ˈkæmpəs] n. Campus, m.; Hochschulgelände, n.
can [kæn] 1. n. a) Kanne, f.; Kanister, m.; (Amer.) Eimer, m.; Tonne, f.; b) Konservendose, f.; 2. v. t., -nn- eindosen; einmachen
can v. aux., only in pres. **can**, neg. **cannot** [ˈkænɒt], (ugs.) **can't** [kɑnt], past **could** [kʊd], neg. (ugs.) **couldn't** [ˈkʊdnt] können; dürfen
Canada [ˈkænədə] pr. n. (Geografie) Kanada, n.
Canadian [kəˈneɪdɪən] (Geografie) 1. adj. kanadisch; 2. n. Kanadier, m./Kanadierin, f.
canal [kəˈnæl] n. Kanal, m.; **the Suez C~** der Suezkanal
Canaries [kəˈneərɪz] pr. n. pl. Kanarische Inseln, f.
canary [kəˈneərɪ] n. (Tierwelt) Kanarienvogel, m.

canary: ~-yellow adj. kanariengelb
cancel [ˈkænsl] v. t., (Brit.) -ll-: a) absagen (Treffen, Einladung); ausfallen lassen
cancellation [kænsəˈleɪʃn] n. siehe **cancel**: a) Absage, f.; Ausfall, m.; Ausfallen, n.; Stornierung, f.; Kündigung, f.
cancer [ˈkænsər] n. a) (Medizin) Krebs, m.; **lung ~** Lungenkrebs, m.; b) **C~** (Astronomie, Astrologie) Krebs, m.
candelabra [kændɪˈlɑbrə] n. Leuchter, m.
candidate [ˈkændɪdət, ˈkændɪdeɪt] n. (Politik) Kandidat, m./Kandidatin, f.
candle [kændl] n. Kerze, f. **~-light** n. Kerzenlicht, n.; **~stick** n. Kerzenständer, m.
candy [ˈkændɪ] n. (Amer.) Süßigkeiten Pl.; Bonbon, n. oder m.
canine [ˈkeɪnaɪn] 1. adj. Hunde-; 2. n. **~ tooth** Eckzahn, m.
canister [ˈkænɪstər] n. Kanister, m.; Büchse, f.; Dose, f.
cannabis [ˈkænəbɪs] n. (Droge) Haschisch, n.; Marihuana, n.
canned [kænd] adj. a) Dosen-; in Dosen; **~ beer** Dosenbier, n.; **~ food** Konserven Pl.; b) (betrunken)
cannibal [ˈkænɪbl] n. Kannibale, m.
cannibalism [ˈkænɪbəlɪzm] n. Kannibalismus, m.
cannon [ˈkænən] n. Kanone, f.
cannon: ~-ball n. (Militär) Kanonenkugel, f.
cannot siehe **can**
canoe [kəˈnuː] 1. v. i. paddeln; kanufahren; 2. n. Paddelboot, n.; Kanu, n.
canon [ˈkænən] n. a) (Musik) Kanon, m; b) (Moral) Grundregel, f.
can-opener n. Dosenöffner, m.
canopy [ˈkænəpɪ] n. Vordach, n.
cant [kænt] 1. v. t. kippen; 2. v. i. sich neigen. 3. n. Schräglage, f.
can't [kɑnt] (ugs.) = **cannot**; siehe **can**
canteen [kænˈtiːn] n. (Küche) Kantine, f.
canter [ˈkæntər] v. i. galoppieren
canvas [ˈkænvəs] n. a) Leinwand, f.; Segelstoff/tuch, m./n.; b) Kinoleinwand, f.; Gemälde, n.
canyon [ˈkænjən] n. Canyon, m.; Schlucht, f.
cap [kæp] 1. n. a) Kappe, f.; Mütze; b) Verschlusskappe, f.; Deckel, m.; 2. v. t., -pp-: a) verschließen
capability [keɪpəˈbɪlɪtɪ] n. Fähigkeit, f.; Vermögen, n.
capable [ˈkeɪpəbl] adj. fähig, **be ~ of sth.** (Person) fähig sein etw. zu tun
capacity [kəˈpæsɪtɪ] n. (geistige) Aufnahmefähigkeit, f.; Leistungsfähigkeit, f.
cape [keɪp] n. (Kleidung) Umhang, m.
cape n. (Geografie) Kap, n.
caper n. (Gastr.) **~s Kapern** Pl.
capital [ˈkæpɪtl] 1. adj. a) attrib. Hauptstadt-; b) Kapital, n.; 2. n. a) Großbuchstabe, m.
capitalism [ˈkæpɪtəlɪzəm] n. Kapitalismus, m.
capitalist [ˈkæpɪtəlɪst] 1. n. Kapitalist, m./Kapitalistin, f. 2. adj. kapitalistisch
capitulate [kəˈpɪtʃuleɪt] v. i. aufgeben; kapitulieren
capitulation [kəpɪtʃuˈleɪʃn] n. Aufgabe, f., Kapitulation, f.
caprice [kəˈpriːs] n. (Verhalten, Person, Charakter) Laune, f.
capricious [kəˈprɪʃəs] adj. (Person, Verhalten, Laune) unberechenbar; launisch;

kapriziös
capsize [kæpˈsaɪz] 1. v. t. (Schiff) zum Kentern bringen; 2. v. i. kentern
capsule [ˈkæpsjuːl] n. Kapsel, f.
captain [ˈkæptɪn] 1. v. t. befehligen (Team, Armee); 2. n. a) (Militärrang) Hauptmann, m.; Kapitän; b) (Sport) Kapitän, m.; Mannschaftsführer, m./-führerin, f.
caption [ˈkæpʃn] n. a) Überschrift, f.; b) (Zeitung, Buch) Bildunterschrift, f.; (Kino, Fernsehen) Untertitel, m.
captivate [ˈkæptɪveɪt] v. t. fesseln (bildlich); gefangennehmen (bildlich)
captive [ˈkæptɪv] n. Gefangener, m./Gefangene, f.
captivity [kæpˈtɪvɪtɪ] n. Gefangenschaft, f.
captor [ˈkæptər] n. (Militär) Eroberer, m.
capture [ˈkæptʃər] 1. n. a) (Polizei, Jura) Festnahme, f.; (Militär) Einnahme, f.; 2. v. t. festnehmen (Person)
car [kaː] n. a) Auto, n.; **by ~** mit dem Auto; b) Wagen, m.
carafe [kəˈræf] n. Karaffe, f.
caramel [ˈkærəmel] n. a) Karamellbonbon, n.; b) Karamell, m.
carat [ˈkærət] n. Karat, n.
caravan [ˈkærəvæn] n. a) (Brit.) Wohnwagen, m.; Caravan, m.; b) Karawane, f.
caraway [ˈkærəweɪ] n. (Pflanze) Kümmel, m.
car bomb n. Autobombe, f.
carbon [ˈkɑːbən] n. Kohlenstoff, m.
carbon: **~ dioxide** n. (Chemie) Kohlendioxid, n.; **~ paper** n. Kohlepapier, n.
carcass (Brit. also: carcase) [ˈkɑːkəs] n. (Tier, Mensch) Kadaver, m., Leichnam, m.
car: ~ crash n. Autounfall, m.

card [kad] n. Karte, f.
card: ~board n. Pappe, f.; Pappkarton, m.; **~-game** n. Kartenspiel, n.
cardigan [ˈkɑːdɪɡən] n. Strickjacke, f.
cardinal [ˈkɑːdɪnl] 1. adj. grundlegend (Fehler, Ansicht, Idee, Entwicklung, Bedeutung); Kardinal- (fehler, -problem); 2. n. a) (Religion) Kardinal, m.
cardinal: **~ number** n. Grundzahl, f.; **~ sin** n. Todsünde, f.
card index n. Kartei, f.
cardiogram [ˈkɑːdɪəʊɡræm] n. (Medizin) Kardiogramm, n.
cardiology [kɑːdɪˈɒlədʒɪ] n. (Medizin) Kardiologie, f.
care [keər] 1. n. a) Sorge, f.; b) Vorsicht, f.; **take ~ of** aufpassen; c) Sorgfalt, f.; d) Fürsorge; e) Sorgen; 2. v. i. **~ for sb.** sth sich für jmdn. interessieren
career [kəˈrɪər] n. a) Beruf, m.; b) Laufbahn, f.; Karriere, f.
carefree adj. sorgenfrei
careful [ˈkeəfl] adj. aufmerksam (Gefahr, Drohung); sorgfältig
carelessly [ˈkeəlɪslɪ] adv. nachlässig, leichtsinnig
carelessness [ˈkeəlɪsnɪs] n., no pl. Unachtsamkeit, f.; Nachlässigkeit, f.; Leichtsinn, m.
caress [kəˈres] 1. n. (Liebe, Sexualität) Liebkosung, f.; 2. v. t. liebkosen
care: -taker n. Hausmeister, m./-meisterin, f.
car ferry n. Autofähre, f.
cargo [ˈkɑːɡəʊ] n., pl. **-es** or (Amer.) **-s** Fracht, f.; Ladung, f.
Caribbean [kærɪˈbiːən] 1. n. **the ~** die Karibik. 2. adj. karibisch
caricature [ˈkærɪkətjʊər] n. Karrikatur, f.; Parodie., f.
carload n. Wagenladung, f.

carnival [ˈkɑːnɪvl] n. Karneval, m.; Fastnacht, f.; Fasching, m.
carnivorous [kɑːˈnɪvərəs] adj. Fleisch fressend
carol [ˈkærəl] n. Lied; **christmas ~** Weihnachtslied, n.
carp [kɑːp] n., pl. same (Tierwelt) Karpfen, m.
car-park n. Parkplatz, m.; Parkhaus, n.
carpenter [ˈkɑːpəntər] n. Zimmermann, m.; Tischler, m./Tischlerin, f.
carpentry [ˈkɑːpəntrɪ] n. Tischlerhandwerk, n.
carpet [ˈkɑːpɪt] n. Teppich, m.
car: ~ phone n. Autotelefon, n.; **~ pool** n. Fahrzeugpark, m.; **~ ˈradio** n. Autoradio, n.
carriage [ˈkærɪdʒ] n. a) Kutsche, f.; b) Bahnwagen, m.
carrier [ˈkærɪər] n. a) (generell) Träger, m.; b) Gepäckträger, m.
carrier: ~-bag n. Tragetasche, f.; Tragetüte, f.; **~ pigeon** n. Brieftaube, f.
carrion [ˈkærɪən] n. Aas, n.
carrot [ˈkærət] n. Möhre, f.; Karotte, f.
carrousel [karuˈsel] n. (Amer.) Karussell, n.
carry [ˈkærɪ] v. t. a) tragen; (hin)bringen; b) (Elektrizität) leiten

~ aˈway v. t. forttragen; fortreißen

~ ˈback v. t. zurückbringen

~ ˈforward v. t. (Lesen, Bücher) vortragen

~ ˈoff v. t. (Ort, Position) davontragen

~ ˈon 1. v. t. fortsetzen (Tradition, Arbeit); 2. v. i. weitermachen

~ ˈout v. t. durchführen (Plan, Idee, Vorhaben, Versuch); in die Tat umsetzen (Plan, Idee, Vorschlag, Absicht); ausführen (Befehl,

Anweisung, Auftrag)
~ **'through** *v. t.* durchführen
cart [kat] 1. *v. t.* a) karren; b) (bildlich sl.) schleppen; 2. *n.* Karren, *m.*; Wagen, *m.*
~ **'off** *v. t.* (*ugs.*) abtransportieren
cartel [ka'tel] *n.* (Wirtschaft, Kriminalität) Kartell, *n.*
cartography [ka'tɒgrəfɪ] *n.* Kartografie, *f.*
carton ['katn] *n.* Pappkarton, *m.*
cartoon [ka'tu:n] *n.* a) Cartoon, *m.*; Karrikatur, *f.*; b) Zeichentrickfilm, *m.*
cartridge ['katrɪdʒ] *n.* a) Kassette, *f.*; b) (Gewehr) Patrone, *f.*; d) (Stift, Füllfederhalter) Patrone, *f.*
cart: ~-wheel *n.* a) Wagenrad, *n.*; b) (Gymnastik) Rad, *n.*; **turn ~-wheels** Rad schlagen
carve [kav] 1. *v. t.* a) tranchieren; b) (Holz) schnitzen; (Stein) meißeln
~ **up** *v. t.* aufschneiden
carver ['kavər] *n.* Schnitzer, *m.*; (Kunsthandwerk, Stein) Bildhauer, *m.*
carving ['kavɪŋ] *n.* a) (Kunsthandwerk) Schnitzerei, *f.*; b) Skulptur, *f.*; eingeritztes Bild
cascade [kæs'keɪd] 1. *v. i.* herabstürzen; 2. (literarisch der bildlich) Kaskade, *f.*
case [keɪs] *n.* a) Fall, *m.* b) (Gesetz) Fall, *m.*; (Aktion) Verfahren, *n.*; c) (Person) Fall, *m.* (*bildlich*) Grund, *m.*; Argument, *n.*; e) (Sprache) Fall, *m.*; Kasus, *m.*
case 1. *v. t.* verpacken; 2. *n.* a) Koffer, *m.*; Handkoffer, *m.*; b) Hülle, *f.*; Etui, *n.*; c) Kiste, *f.*
cash [kæʃ] 1. *v. t.* einlösen (Scheck); 2. *v. i.* ~ **in on sth.** (literarisch oder bildlich) von etw. profitieren; **~card** *n.* Geldautomatenkarte, *f.*; ~ **desk** *n.* (Brit.) Kasse, *f.*; ~ **dispenser** *n.* Geldautomat,
m.
cashew ['kæʃu:] *n.* Cashewnuss, *f.*
cash-flow *n.* (Wirtschaft) Bargeldfluss, *m.*
cashier [kæ'ʃɪər] *n.* Kassierer, *m.*/Kassiererin, *f.*
cashmere ['kæʃmɪər] *n.* Kaschmir, *m.*
cash: ~ payment *n.* Barzahlung, *f.*; **~point** *n.* Geldautomat, *m.*; ~ **register** *n.*; Registrierkasse, *f.*
casino [kə'si:nəʊ] *n.*, *pl.* **~s** Kasino, *n.*; Spielkasino, *n.*; Spielbank, *f.*
casket ['kaskɪt] *n.* a) Schatulle, *f.*; Schmuckkästchen, *n.*; b) (Amer.) Sarg, *m.*
Caspian Sea [kæspɪən 'si:] *pr.* das Kaspische Meer, *n.*
cassette [kə'set] *n.* Kassette, *f.*
cassette: ~ recorder *n.* Kassettenrecorder, *m.*
cast [kast] 1. *v. t.*, cast a) werfen; ~ **sth. adrift** etw. abtreiben lassen; ~ **an eye over sth.** einen Blick auf etw. (*Akk.*) werfen; ~ **one's vote** seine Stimme abgeben; b) ablegen; verlieren; abwerfen; c) gießen; d) (Rolle) besetzen; ~ **a film** die Rollen besetzen; 2. *n.* a) (Medizin) Gipsverband, *m.*; b) (Film/Theater) Besetzung, *f.*; c) Wurf, *m.*
~ **around** *v. i.* sich umsehen
~ **a'way** *v. t.* wegwerfen
~ **'off** 1. *v. t.* ablegen; 2. *v. i.* (Schiff) ablegen
castaway ['kastəweɪ] *n.* Schiffbrüchiger, *m.*/Schiffbrüchige, *f.*
casting ['kastɪŋ] *n.* Rollenbesetzung, *f.*
cast: ~ 'iron *n.* Gusseisen, *n.*; **~-iron** *adj.* gusseisern; (*bildlich*) eisern
castle ['kasl] *n.* Burg, *f.*; Schloss, *n.*
castrate [kæ'streɪt] *v. t.* (Körper) kastrieren
castration [kæ'streɪʃn] *n.* (Körper) Kastration, *f.*
casual ['kæʒʊəl, 'kæzʊəl] 1. *adj.* ungezwungen; leger (Kleidung); beiläufig (Bemerkung); 2. *n.* in *pl.* Freizeitkleidung, *f.*
casually ['kæʒʊəlɪ, 'kæzjʊəlɪ] *adv.* ungezwungen; flüchtig; (Kleidung) leger
casualty ['kæʒʊəltɪ, 'kæzʊəltɪ] *n.* a) Tote, *m.*/*f.*; Verletzte, *m.*/*f.*; b) (*bildlich*) Opfer, *n.*
cat [kæt] *n.* a) Katze, *f.*; **she-~** Katze; **tom-~** Kater, *m.*; **play ~ and mouse with sb.** Katz und Maus mit jmdm. spielen (*ugs.*); **let the ~ out of the bag** (*bildlich*) die Katze aus dem Sack lassen
catacomb ['kætəku:m, 'kætəkəʊm] *n.* Katakombe, *f.*
catalog (Amer.), **catalogue** ['kætəlɒg] 1. *v. t.* katalogisieren; 2. *n.* Katalog, *m.*
catalytic converter [kætəlɪtɪk kən'vɜ:tər] *n.* (Kraftfahrzeug) Katalysator, *m.*
catapult ['kætəpʌlt] 1. *v. t.* katapultieren; 2. *n.* Katapult, *n.*
catastrophe [kə'tæstrəfɪ] *n.* Katastrophe, *f.*
catastrophic [kætə'strɒfɪk] *adj.* katastrophal
catch [kætʃ] 1. *v. t.*, **caught** [kɔ:t] a) fangen; fassen; packen; b) auffangen; fangen; c) nehmen; sehen (Verkehrsmittel) erreichen; erwischen (*ugs.*) (Person); d) ~ sb.'s **attention** jmds. Aufmerksamkeit erregen; 3. *n.* a) Fang, *m.*
~ **'up** *v. t.* ~ **sb. up** jmdn. einholen
catching ['kætʃɪŋ] *adj.* ansteckend
catch: ~word *n.*; Schlagwort, *n.*
catechism ['kætəkɪzəm] *n.* (Religion) Katechismus, *m.*

categorical [kætə'gɒrɪkl] *adj.*, **categorically** [kætə'gɒrɪkəlɪ] *adv.* kategorisch
category ['kætəgərɪ] *n.* Kategorie, *f.*
cater ['keɪtər] *v. i.* (Speisen und Getränke) liefern
caterer ['keɪtərər] *n.* Lieferant von Speisen und Getränken
caterpillar ['kætəpɪlər] *n.* a) (Natur, Tierwelt) Raupe, *f.*; b) **C~** (P) (Mechanik) Raupenfahrzeug, *n.*
cathedral [kə'θi:drəl] *n.* Dom, *m.*; Kathedrale, *f.*
catholic ['kæθəlɪk, 'kæθlɪk] 1. *adj.* **C~** *(Religion)* katholisch; 2. *n.* **C~** Katholik, *m.*/Katholikin, *f.*
Catholicism [kə'θɒləsɪzəm] *n. (Religion)* Katholizismus, *m.*
cattle ['kætl] *n. pl.* Vieh, *n.*; Rinder; *pl.*
cattle: **~-breeding** *n.* Rinderzucht, *f.*; Viehzucht, *f.*; **~-market** *n.* Viehmarkt, *m.*
catwalk *n.* Laufsteg, *m.*
cauldron ['kɔ:ldrən, 'kɒldrən] *n.* Kessel, *m.*
cauliflower ['kɒlɪflaʊər] *n.* Blumenkohl, *m.*
causal ['kɔ:zl] *adj.* kausal
cause [kɔ:z] 1. *v. t.* a) verursachen; (Aufmerksamkeit, Interesse, Neugierde) erregen; (Stimmung) hervorrufen; b) ~ **sb. pain** etc. jmdm. Schmerzen bereiten; ~ **sb. trouble** jmdm. Ärger machen; c) ~ **sb. to do** sth. jmdn. veranlassen, etw. zu tun; 2. *n.* a) Ursache, *f.* (of für oder Gen.); (Person) Verursacher, *m.*/Verursacherin, *f.*; b) Grund, *m.*; Anlass, *m.*
cautious ['kɔ:ʃəs] *adj.* umsichtig; vorsichtig
cautiously ['kɔ:ʃəslɪ] *adv.* umsichtig; vorsichtig
cavalier [kævə'lɪər] *n.* Kavalier, *m.*
cavalry ['kævəlrɪ] *n.*, *constr. as sing. or pl.* Kavallerie, *f.*
cave [keɪv] 1. *v. i.* Höhlen erforschen; 2. *n.* Höhle, *f.*
cave: **~-man** *n.* Höhlenbewohner, *m.*; *(bildlich)* Wilder, *m.*
cavern ['kævən] *n.* (literarisch oder bildlich) Höhle, *f.*
caviar. ['kævɪar] *n.* Kaviar, *m.*
cease [si:s] 1. *v. i.* aufhören; 2. *v. t.* a) aufhören; **sth. has ~d to exist** etw. hat aufgehört zu existieren; b) (Tätigkeit, Aktion, Vorgang, Handlung) aufhören mit; einstellen
cease-fire *n.* Waffenruhe, *f.*
ceaseless ['si:slɪs] *adj.* endlos; unaufhörlich (Anstrengung) (Lärm, Geräusch) ständig
ceiling ['si:lɪŋ] *n.* (Raum) Decke, *f.*
celebrate ['selɪbreɪt] 1. *v. t.* feiern; *(Religion)* zelebrieren, lesen (Messe); 2. *v. i.* feiern
celebrated ['selɪbreɪtɪd] *adj.* gefeiert, berühmt
celebration [selɪ'breɪʃn] *n.* Feiern, *n.*; Feier, *f.*
celebrity [sɪ'lebrɪtɪ] *n. no pl.* Berühmtheit, *f.*
celery ['selərɪ] *n.* (Natur) Sellerie, *m.*
celestial [sɪ'lestɪəl] *adj.* himmlisch
cell [sel] *n.* (Wissenschaft, Biologie) Zelle, *f.*
cellar ['selər] *n.* Keller, *m.*
cellist ['tʃelɪst] *n.* (Musik) Cellist, *m.*/Cellistin, *f.*
cello ['tʃeləʊ] *n.*, *pl.* ~s (Musik) Cello, *n.*
cellular phone *n.* Mobiltelefon, *n.*
celluloid ['seljʊlɔɪd] *n.* a) Zelluloid, *n.*; b) Kino, *n.*
Celt [kelt, selt] *n.* Kelte/Keltin *m./f.*
Celtic ['keltɪk, 'seltɪk] 1. *adj.* keltisch; 2. *n.* Keltisch, *n.*
cement [sɪ'ment] 1. *v. t.* zementieren; 2. *n.* (Bau) Zement, *m.*
cemetery ['semɪtərɪ] *n.* Friedhof, *m.*
censor ['sensər] 1. *v. t.* zensieren; 2. *n.* Zensor, *m.*
censorship ['sensəʃɪp] *n.* Zensur, *f.*
cent [sent] *n.* Cent, *m.*
centenarian [sentɪ'neərɪən] *n.* Hundertjährige, *m./f.*
centenary [sen'ti:nərɪ, sen'tenərɪ] *n.* Hundertjahrfeier, *f.*
centennial [sen'tenɪəl] 1. *adj.* hundertjährig; Jahrhundert-; 2. *n.* siehe **centenary**
centimetre (Brit.): Amer.: **centimeter**) *n.* Zentimeter, *m.*
central ['sentrl] *adj.* zentral
central: ~ **'heating** *n.* Zentralheizung, *f.*
centralize (**centralise**) ['sentrəlaɪz] *v. t.* zentralisieren
centrally ['sentrəlɪ] *adv.* zentral
central: ~ **'station** *n.* Hauptbahnhof, *m.*
centre ['sentər] (Brit.) 1. *v. i.* ~ **on sth.** sich auf etw. *(Akk.)* konzentrieren; 2. v.t. in der Mitte anbringen (Gegenstand); 3. *n.* a) Mitte, *f.*; Zentrum, *n.*; Mittelpunkt, *m.*; b) **city ~** Innenstadt, *f.*
centre: **~-'forward** *n.*; Mittelstürmer, *m.*/-stürmerin, *f.*; Mittelfeldspieler, *m.*/-spielerin, *f.*
centrifugal [sentrɪ'fju:gl] *adj.* zentrifugal; ~ **force** Zentrifugalkraft, *f.*; Fliehkraft, *f.*
centrifuge ['sentrɪfju:dʒ] *n.* Zentrifuge, *f.*
century ['sentʃərɪ] *n.* Jahrhundert, *n.*
ceramic [sɪ'ræmɪk] 1. *adj.* keramisch; Keramik-; 2. *n.* Keramik, *f.*
cereal ['sɪərɪəl] *n.* a) Getreide, *n.*; b) Getreide-

flocken *pl.*
ceremonial [ˌserɪˈməʊnɪəl] 1. *adj.* zeremoniell; feierlich;. 2. *n.* Zeremoniell, *n.*
ceremony [ˈserɪmənɪ] *n.* a) Feier, *f.*; Zeremonie, *f.*; b) *no pl., no art.* Zeremoniell, *n.*
certain [ˈsɜːtn, ˈsɜːtɪn] *adj.* a) bestimmt; b) sicher; unvermeidlich (Tod); **for ~**: bestimmt; c) sicher; d) gewiss
certainly [ˈsɜːtnlɪ, ˈsɜːtɪnlɪ] a) sicher; b) gewiss
certainty [ˈsɜːtntɪ, ˈsɜːtɪntɪ] *n.* a) Sicherheit, *f.*; b) Gewissheit, *f.*
certificate [səˈtɪfɪkət] *n.* Urkunde, *f.*; Schein, *m.*; **doctor's ~** ärztliches Attest, *n.*
certify [ˈsɜːtɪfaɪ] *v. t.* bescheinigen; bestätigen; **this is to ~ that...**: hiermit wird bescheinigt, dass...
certitude [ˈsɜːtɪtjuːd] *n.* Gewissheit, *f.*
chain [tʃeɪn] 1. *v. t.* (literarisch oder bildlich) ketten, **~ to** ketten an; 2. *n.* a) Kette, *f.*; *(bildlich)* Fessel, *f.*; **door-~** Türkette, *f.*; b) Kette, *f.*; Reihe, *f.*; **~ of events** Kette von Ereignissen
chain: ~ re'action *n.* (Wissenschaft; auch bildlich) Kettenreaktion, *f.*; **~-saw** *n.* Kettensäge, *f.*
chair [tʃeər] 1. *n.* a) Stuhl, *m.*; b) (Universität) Lehrstuhl, *m.*; c) (Versammlung) Vorsitz, *m.*
chairmen [ˈtʃeəmən] Vorsitzende, *m./f.*; Präsident, *m./*Präsidentin, *f.*
chairmanship [ˈtʃeəmənʃɪp] *n.* Vorsitz, *m.*
chalet [ˈʃæleɪ] *n.* Chalet, *n.*
chalk [tʃɔːk] 1. *v. t.* mit Kreide schreiben etc.; 2. *n.* Kreide, *f.*; **as white as ~** kreidebleich
challenge [ˈtʃælɪndʒ] 1. *n.* a) Herausforderung, *f.* (to Ge*n.*); b) Aufforderung, *f.*; Aufruf, *m.*; 2. *v. t.* a) herausfordern (to zu)
challenger [ˈtʃælɪndʒər] *n.* Herausforderer, *m./*Herausforderin, *f.*
challenging [ˈtʃælɪndʒɪŋ] *adj.* herausfordernd; faszinierend (Aufgabe) anspruchsvoll (Arbeit)
chamber [ˈtʃeɪmbər] *n.* a) (Dichtung) Gemach, *n.*; b) **Upper/Lower C~** (Parlament) Ober-/Unterhaus, *n.*
chamber: ~maid *n.* Zimmermädchen, *n.*; **~ music** *n.* Kammermusik, *f.*; **C~ of 'Commerce** *n.* Industrie- und Handelskammer, *f.*
chameleon [kəˈmiːlɪən] *n.* (Tierwelt) Chamäleon, *n.*
champagne [ʃæmˈpeɪn] *n.* Champagner, *m.*
champion [ˈtʃæmpɪən] 1. *n.* (Sport) Meister, *m./*Meisterin, *f.*; Champion, *m.*; **world ~**: Weltmeister, *m./*meisterin, *f.*; c) Sieger, *m.*
championship [ˈtʃæmpɪənʃɪp] *n.* (Sport) Meisterschaft, *f.*
chance [tʃɑːns] 1. *v. t.* riskieren; 2. *n.* a) *no art.* Zufall, *m.*; *attrib.* Zufalls-; zufällig; b) Chance, *f.*; Gelegenheit, *f.*; Möglichkeit, *f.*
chancel [ˈtʃɑːnsl] *n. (Religion)* Altarraum, *m.*; Chor, *m.*
chancellor [ˈtʃɑːnsələr] *n.* (Politik) Kanzler, *m.*; **C~ of the Exchequer** (Brit.) Schatzkanzler, *m.*
change [ˈtʃeɪndʒ] 1. *v. t.* a) wechseln, auswechseln, ändern, **~ one's address** seine Anschrift ändern; **~ one's clothes** sich umziehen; **~ trains** umsteigen; b) verwandeln; ändern; c) tauschen; eintauschen; 2. *v. i.* a) sich ändern. (Person, Land) sich verändern; (Wetter) umschlagen, sich ändern; b) sich verwandeln; 3. *n.* a) Änderung, *f.*; Wechsel, *m.*; **there has been a ~** es hat eine Veränderung gegeben; **a ~ of heart** ein Sinneswandel; b) *no pl., no indef. art.* (Geld) Wechselgeld, *n.*; **small ~** Kleingeld, *n.*
changeable [ˈtʃeɪndʒəbl] *adj.* unbeständig; veränderlich; (Charakter, Wetter) wechselnd
changing [ˈtʃeɪndʒɪŋ] *adj.* sich ändernd; wechselnd
changing-room *n.* (Brit.) a) Umkleidekabine, *f.*
channel [ˈtʃænl] 1. *n.* a) Kanal, *m.*; **the C~** (Brit.) *m.* Ärmelkanal; b) (TV, Radio) Kanal, *m.*
Channel: ~ Islands *pr. n. pl.* Kanalinseln *Pl.*; **~ 'Tunnel** *n.* der Tunnel unter dem Ärmelkanal, *m.*
chant [tʃɑːnt] 1. *v. t.* singen; Sprechchöre anstimmen; 2. *n.* a) (Musik) Gesang, *m.*
chaos [ˈkeɪɒs] *n., no indef. art.* Chaos, *n.*
chaotic [keɪˈɒtɪk] *adj.* chaotisch
chap [tʃæp] *n.* (Brit.) Bursche, *m.*; Kerl, *m.*; **old ~** alter Knabe *(ugs.)*
chapel [ˈtʃæpl] *n.* Kapelle, *f.*
chaplain [ˈtʃæplɪn] *n.* Kaplan, *m.*
chapter [ˈtʃæptər] *n.* (Buch) Kapitel, *n.*
character [ˈkærɪktər] *n.* a) (Verhalten, Charakter, Person) Charakter, *m.*; b) *no pl.* Charakter, *m.*; c) (Literatur, Schauspiel) Charakter, *m.*; Rolle, *f.*
characterisation, characterise siehe **characterize**
characteristic [ˌkærɪktəˈrɪstɪk] 1. *adj.* charakteristisch (of für); 2. *n.* charakteristisches Merkmal, *n.*
characterization [ˌkærɪktəraɪˈzeɪʃn] *n.* Charakterisierung, *f.*
characterize [ˈkærɪktəraɪz] *v. t.* charakterisieren
characterless [ˈkærɪktəlɪs] *adj.* nichtssagend

charade [ʃəˈrɑːd] *n.* Scharade, *f.*; *(bildlich)* Farce, *f.*
charge [tʃɑːdʒ] 1. *v. t.* a) berechnen, ~ **sth. to sb.** jmdm. etw. berechnen; b) (Jura) anklagen; c) (Aufgabe) ~ **sb. with sth.** jmdn. mit etw. betrauen; d) (Elektrizität) laden; **~d with emotion** *(bildlich)* gefühlsgeladen; e) laden (Waffe); f) angreifen; g) befehlen; 2. *v. i.* a) angreifen; **~!** Angriff!; Attacke!; 3. *n.* a) Kosten, *f.*, Preis, *m.*; Gebühr, *f.*; b) Verantwortung, *f.*; **be in ~ of sth.** für etwas verantwortlich sein
chargeable [ˈtʃɑːdʒəbl] *adj.* **be ~ to sb.** auf jmds. Kosten gehen
charisma [kəˈrɪzmə] *n.*, *pl.* ~ta [kəˈrɪzmətə] Charisma, *n.*
charismatic [kærɪzˈmætɪk] *adj.* charismatisch
charitable [ˈtʃærɪtəbl] *adj.* a) großzügig; b) karitativ
charity [ˈtʃærɪtɪ] *n.* a) Nächstenliebe, *f.*; b) Güte, *f.*; c) Wohltätigkeit, *f.*; d) wohltätige Organisation, *f.*
charlatan [ˈʃɑːlətən] *n.* Scharlatan, *m.*
charm [tʃɑːm] 1. *v. t.* a) verzaubern; b) bezaubern; 2. *n.* a) Charme, *m.*; Reiz, *m.*; b) Zauber, *m.*; Zaubermittel, *n.*; Zauberspruch, *m.*; Zauberformel, *f.*; **lucky ~** Glücksbringer, *m.*; c) Talisman, *m.*
charming [ˈtʃɑːmɪŋ] *adj.* bezaubernd
chart [tʃɑːt] 1. *v. t.* grafisch darstellen; 2. *n.* a) Diagramm, *n.*; Schaubild, *n.* b) Karte, *f.*; **weather ~** Wetterkarte, *f.*; c) Tabelle, *f.*; **the ~s** die Hitlisten, *f.*
charter [ˈtʃɑːtər] 1. *v. t.* (Verkehr) chartern (Schiff, Flugzeug); mieten (Bus); 2. *n.* Charta, *f.*; Gründungs- oder Stiftungsurkunde, *f.*; *(bildlich)* Freibrief, *m.*
charter flight *n.* Charterflug, *m.*
chase [tʃeɪs] 1. *v. t.* jagen; **~ a'way** *v. t.* wegjagen; 2. *n.* Jagd, *f.*; Verfolgungsjagd, *f.*
chassis [ˈʃæsɪ] *n.*, *pl.* same [ˈʃæsɪz] (Gefährt) Chassis, *n.*; Fahrgestell, *n.*
chat [tʃæt] 1. *v. i.*, -tt- plaudern, tratschen; ~ **with sb. about sth.** sich mit jmdm. über etw. *(Akk.)* unterhalten; 2. *n.* a) Schwätzchen, *n.*
chatter [ˈtʃætər] 1. *v. i.* a) schwatzen; b) (Zähne) klappern; 2. *n.* a) Schwatzen, *n.*; b) (of teeth) Klappern, *n.*
chatterbox [ˈtʃætəbɒks] *n.* Quasselstrippe, *f.* *(ugs.)*
chauffeur [ˈʃəʊfər] 1. *v. t.* fahren, kutschieren; 2. *n.* Fahrer, *m.*; Chauffeur, *m.*
chauvinism [ˈʃəʊvɪnɪzm] *n.*, *no pl.* Chauvinismus, *m.*
chauvinist [ˈʃəʊvɪnɪst] *n.* Chauvinist, *m.*/Chauvinistin, *f.*
chauvinistic [ʃəʊvɪˈnɪstɪk] *adj.* chauvinistisch
cheap [tʃiːp] 1. *adj.* a) billig; verbilligt; b) billig (Aussehen); gemein; schäbig (Verhalten); 2. *adv.* billig
cheaply [ˈtʃiːplɪ] *adv.* siehe **cheap** : billig; schäbig
cheat [tʃiːt] 1. *v. t.* betrügen; 2. *v. i.* betrügen; täuschen; mogeln; 3. *n.* a) (Verhalten, Charakter, Person) Schwindler, *m.*/Schwindlerin, *f.*; b) Schwindel, *m.*
check [tʃek] 1. *v. t.* nachprüfen; nachsehen; kontrollieren (Pass); 2. *v. i.* ~ **on sth.** etw. überprüfen
~ **in** 1. *v. i.* ~ **in one's luggage** sein Gepäck abfertigen lassen oder einchecken; 2. *v. i.* einchecken; ankommen; sich melden
~ '**up** 1. *v. i.* überprüfen; 2. *n.* Kontrolle, *f.*
checkerboard [ˈtʃekəbɔːd] *n.* (Amer.) Schachbrett, *n.*
check-in *n.* Abfertigung, *f.*; *attrib.* Abfertigungs-
check: ~-**list** *n.* Checkliste, *f.*; ~-**point** *n.* Kontrollpunkt, *m.*; ~-**up** *n. (Medizin)* Untersuchung, *f.*
cheek [tʃiːk] *n.* Backe, *f.*; Wange, *f.*
cheer [tʃɪər] 1. *v. t.* aufheitern, aufmuntern; 2. *v. i.* jubeln
cheerful [ˈtʃɪəfl] *adj.* heiter, fröhlich; gutgelaunt; erfreulich (Aussichten)
cheerfully [ˈtʃɪəfəlɪ] *adv.* vergnügt
cheerily [ˈtʃɪərɪlɪ] *adv.* fröhlich
cheering [ˈtʃɪərɪŋ] 1. *adj.* a) jubelnd; b) fröhlich stimmend; 2. *n.* Jubeln, *n.*
cheerless [ˈtʃɪəlɪs] *adj.* düster; freudlos (Aussichten)
cheese [tʃiːz] *n.* Käse, *m.*
cheetah [ˈtʃiːtə] *n.* (Tierwelt) Gepard, *m.*
chef [ʃef] *n.* Küchenchef, *m.*; Koch, *m.*
chemical [ˈkemɪkl] 1. *adj.* chemisch; 2. *n.* Chemikalie, *f.*
chemist [ˈkemɪst] *n.* a) Chemiker, *m.*/Chemikerin, *f.*; b) Drogist, *m.*/Drogistin, *f.*; ~'s Drogerie, *f.*
chemistry [ˈkemɪstrɪ] *n.*, *no pl. no indef. art.* Chemie, *f.*
cheque [tʃek] *n.* Scheck, *m.*; **pay by ~** mit Scheck bezahlen
cheque: ~-**book** *n.* Scheckbuch, *n.*; ~ **card** *n.* Scheckkarte, *f.*
cherish [ˈtʃerɪʃ] *v. t.* a) hegen (Hoffnung); in Ehren halten; b) ~ **sb.** für jmdn. sorgen
cherry [ˈtʃerɪ] *n.* Kirsche, *f.*
cherub [ˈtʃerəb] *n.*, *pl.* ~s (Kunst) Putte, *f.*; Engelchen, *n.*
chess [tʃes] *n.*, *no pl.*, *no indef. art. n.* Schach, *n.*
chess: ~-**board** *n.* Schach-

brett, *n.*; **~-player** *n.* Schachspieler, *m.*/-spielerin, *f.*
chest [tʃest] *n.* a) Kiste, *f.*; Truhe, *f.*; b) Brust, *f.*
chestnut ['tʃesnʌt] 1. *n.* a) Kastanie, *f.*; b) Kastanienbraun, *n.*; c) (Pferd) Fuchs, *m.*; 2. *adj.* ~ **brown** kastanienbraun
chestnut-tree *n.* Kastanienbaum, *m.*
chest of drawers *n.* Kommode, *f.*
chew [tʃuː] 1. *v. t.* kauen; ~ **one's finger-nails** an den Nägeln kauen; 2. *v. i.* kauen (on auf+ Dat.); 3. *n.* Kauen, *n.*
chewing-gum ['tʃuːɪŋ gʌm] *n.* Kaugummi, *m.* oder *n.*
chewy ['tʃuːɪ] *adj.* zäh
chic [ʃiːk] 1. *adj.* schick; elegant; 2. *n.* Schick, *m.*
chicane [ʃɪ'keɪn] *n.* (Sport) Schikane, *f.*
chick [tʃɪk] *n.* Küken, *n.*
chicken ['tʃɪkɪn] *n.* Huhn, *n.*; Hähnchen, *n.*
chicken: **~-pox** *n.* (Medizin) Windpocken; *Pl.:* ~ **'soup** *n.* Hühnersuppe, *f.*
chief [tʃiːf] 1. *n.* a) Häuptling, *m.*; Oberhaupt, *n.*, b) Chef, *m.*; 2. *adj.*, usu. *attrib.* a) Ober-; b) Haupt-; ~ **reason** Hauptgrund, *m.*
chiefly ['tʃiːflɪ] *adv.* hauptsächlich; vor allem
chiffon ['ʃɪfɒn] 1. *n.* (Stoff) Chiffon, *m.* 2. *adj.* aus Chiffon
child [tʃaɪld] *n.*, *pl.* ~**ren** ['tʃɪldrən] Kind, *n.*
child: ~**birth** *n.* Geburt, *f.*
childhood ['tʃaɪldhʊd] *n.* Kindheit, *f.*
childish ['tʃaɪldɪʃ] *adj.*, **childishly** ['tʃaɪldɪʃlɪ] *adv.* kindlich; (derog.) kindisch
childless ['tʃaɪldlɪs] *adj.* kinderlos
children *pl.* of **child**
Chile ['tʃɪlɪ] *pr. n.* Chile, *n.*

chill [tʃɪl] 1. *v. t.* kühlen; 2. *adj.* (literarisch oder bildlich) kühl; 3. *n.* a) Erkältung, *f.*; **catch a ~** sich erkälten; b) Kühle, *f.*
chilling ['tʃɪlɪŋ] *adj.* (bildlich) frostig
chime [tʃaɪm] 1. *v. i.* läuten; (Uhr) schlagen; *f.*; 2. *v. t.* erklingen lassen (Musik); 3. *n.* a) Geläute, *n.*; b) Glockenspiel, *n.*
chimney ['tʃɪmnɪ] *n.* Schornstein, *m.*; Kamin, *m.*
chimney: **~-sweep** *n.* Schornsteinfeger, *m.*
chin [tʃɪn] *n.* Kinn, *n.*
China ['tʃaɪnə] *pr. n.* China, *n.*
china *n.* Porzellan, *n.*; Geschirr, *n.*
China: ~**man** ['tʃaɪnəmən] *n.*, *pl.* ~**men** ['tʃaɪnəmən] Chinese, *m.*/Chinesin, *f.*
Chinese [tʃɑːˈniːz] 1. *adj.* chinesisch; 2. *n.* a) *pl.* same (Verhalten, Charakter, Person) Chinese, *m.*/Chinesin, *f.*; b) (Sprache) Chinesisch, *n.*
chip [tʃɪp] 1. *n.* a) (Elektronik) Chip, *m.*; b) in *pl.* (Brit.) Pommes frites; **fish and ~s** Fisch und Pommes frites; *Pl.:* (Amer.) Kartoffelchips *Pl.*; c) (Spiel) Chip, *m.*; Jeton, *m.*; e) Splitter, *m.*
chirp [tʃɜːp] 1. *v. i.* tschilpen; zwitschern; (Vogel); zirpen (Grille); 2. Zwitschern, *n.*; Zirpen, *n.*
chisel ['tʃɪzl] 1. *v. t.*, (Brit.) -ll- stemmen; meißeln; 2. *n.* Stemmeisen, *n.*; Meißel, *n.*
chit-chat ['tʃɪttʃæt] *n.* Plauderei, *f.*
chivalry ['ʃɪvlrɪ] *n.*, no *pl.* Ritterlichkeit, *f.*
chives [tʃaɪvz] *n.* *pl.* Schnittlauch, *m.*
chlorinate ['klɔːrɪneɪt] *v. t.* chloren
chlorine ['klɔːriːn] *n.* Chlor, *n.*
chloroform ['klɒrəfɔːm] 1.

v. t. chloroformieren; *n.* Chloroform, *n.*
chocolate ['tʃɒkəlɪt, 'tʃɒklət] 1. *adj.* a) ~**brown** schokoladenbraun; b) Schokoladen- (Geschmack); 2. *n.* Schokolade, *f.*
choice [tʃɔɪs] *n.* a) Wahl, *f.*; **make a ~** eine Wahl treffen; **have no ~** keine Wahl haben; b) Auswahl, *f.*
choir ['kwaɪər] *n.* Chor, *m.*
choke [tʃəʊk] 1. *v. t.* a) ersticken; b)verstopfen; vollstopfen; 2. *v. i.* ersticken (on an); 3. *n.* (Kraftfahrzeug) Choke, *m.*
cholera ['kɒlərə] *n.* (Körper, Medizin) Cholera, *f.*
cholesterol [kə'lestərɒl] *n.* (Körper, Medizin) Cholesterin, *n.*
choose [tʃuːz] *v. t.*, **chose** [tʃəʊz], **chosen** ['tʃəʊzn] wählen; auswählen
chop [tʃɒp] 1. *v. t.*, **-pp-**: hacken, kleinschneiden; ~**ped meat** gehacktes Fleisch; b) (Sport) schneiden; 2. *n.* a) Hieb, *m.*; b) Kotelett, *n.*
~ **'down** *v. t.* fällen; umhauen
~ **'off** *v. t.* abhacken
chopper ['tʃɒpər] *n.* Beil, *f.*
choral society *n.* Gesangverein, *m.*
chord *n.* (Musik) Akkord, *m.*
chord [kɔːd] *n.* (ugs.) Ton,*m.*; Saite, *f.*
chorus ['kɔːrəs] 1. *v. t.* im Chor singen; 2. *n.* a) Chor, *m.*; Ballett, *n.*; b) Chorgesang, *m.*
chose, chosen siehe **choose**
Christ [kraɪst] *n.* Christus, *m.*
christen ['krɪsn] *v. t.* taufen
christening ['krɪsənɪŋ] *n.* Taufe, *f.*
Christian ['krɪstjən] 1. *adj.* christlich; 2. *n.* Christ, *m.*/Christin, *f.*
Christianity [krɪstɪ'ænɪtɪ]

Christian name

n., *no pl.*, *no art. n.* Christentum, *n.*
Christian name *n.* Vorname, *m.*
Christmas ['krɪsməs] *n.* Weihnachten, *n.* oder *Pl.*; **merry ~** frohe Weihnachten
Christmas: ~ card *n.* Weihnachtskarte, *f.*; **~ 'carol** *n.* Weihnachtslied, *n.*; **~ 'Day** *n.* erster Weihnachtsfeiertag; **~ 'Eve** *n.* Heiligabend, *m.*; **~ present** *n.* Weihnachtsgeschenk, *n.*; **~ time** *n.* Weihnachtszeit, *f.*; **~ tree** *n.* Weihnachtsbaum, *m.*
chrome [krəʊm] *n.* Chrom, *n.*
chromosome ['krəʊməsəʊm] *n.* (Biologie) Chromosom, *n.*
chronic ['krɒnɪk] *adj.* chronisch
chronicle ['krɒnɪkl] 1. *v. t.* aufzeichnen; 2. *n.* a) Chronik, *f.*; b) Schilderung, *f.*
chronological [krɒnə'lɒdʒɪkl] *adj.* chronologisch
chronology [krə'nɒlədʒɪ] *n.* Zeittafel, *f.*; Chronologie, *f.*
Chrysantheme, *n.* Chrysantheme, *f.*
chum [tʃʌm] *n.* Kumpel, *m.* (ugs.)
chunk [tʃʌŋk] *n.* Brocken, *m.*; großes Stück, *n.*
church [tʃɜːtʃ] *n.* Kirche, *f.*; **go to ~** in die Kirche gehen
church: ~yard *n.* Friedhof, *m.*
cider ['saɪdər] *n.* Apfelwein, *m.*
cigar [sɪ'gɑːr] *n.* Zigarre, *f.*
cigarette [sɪgə'ret] *n.* Zigarette, *f.*
cinema ['sɪnɪmə] *n.* a) (Ort) Kino, *n.*; **go to the ~** ins Kino gehen; b) *no pl.*, *no art.* Cinematografie, *f.*; c) (Produktion) Film, *m.*
cinematography [sɪnɪmə'tɒgrəfɪ] *n.*, *no pl.* Cinematografie, *f.*
cinnamon ['sɪnəmən] *n.* Zimt, *m.*
circle ['sɜːkl] 1. *n.* a) (Geometrie) Kreis, *m.*; **make a ~** einen Kreis bilden; b) (Theater) Rang, *m.*; 2. *v. i.* kreisen
circular ['sɜːkjʊlər] 1. *adj.* a) kreisförmig; b) Kreisbahn; 2. *n.* Rundschreiben, *n.*; Werbeprospekt, *m.*
circulate ['sɜːkjʊleɪt] 1. *v. i.* zirkulieren; kursieren; sich herumsprechen; 2. *v. t.* in Umlauf setzen (Gerücht); zirkulieren lassen; verbreiten; herumgehen lassen (around in+ Dat.)
circulation [sɜːkjʊ'leɪʃn] *n.* a) (Physiologie) Zirkulation, *f*; b) (Körper, Medizin) Kreislauf, *m.*
circumscribe ['sɜːkəmskraɪb] *v. t.* beschränken; eingrenzen; einschränken
circumstance ['sɜːkəmstəns] *n.* a) *usu. in pl.* Umstand, *m.*; b) *in pl.* (Finanzen) Verhältnisse, *f.*
circus ['sɜːkəs] *n.* Zirkus, *m.*
cistern ['sɪstən] *n.* Zisterne, *f.*; Spülkasten, *m.*; Wasserbehälter, *m.*
citadel ['sɪtədəl] *n.* Zitadelle, *f.*
cite [saɪt] *v. t.* zitieren; Beispiel anführen
citizen ['sɪtɪzən] *n.* Bürger, *m.*/Bürgerin, *f.*
citizenship ['sɪtɪzənʃɪp] *n.* Staatsbürgerschaft, *f.*
citrus ['sɪtrəs] *n.* **~ [fruit]** Zitrusfrucht, *f.*
city ['sɪtɪ] *n.* Stadt, *f.*
civic *adj.* bürgerlich; Bürger-
civilian [sɪ'vɪljən] *n.* Zivilist, *m.*
civilise etc. siehe **civilize**
civilization [sɪvɪlaɪ'zeɪʃn] *n.* Zivilisation, *f.*
civilize ['sɪvɪlaɪz] *v. t.* zivilisieren
civilized ['sɪvɪlaɪzd] *adj.* zivilisiert; kultiviert
civilly ['sɪvɪlɪ, 'sɪvəlɪ] *adv.* höflich
civil: ~ 'rights *n. pl.* Bürgerrechte; **~ 'servant** *n.* Beamte, *m.*/Beamtin, *f.*; **C~ 'Service** *n.* öffentlicher Dienst; **~ 'war** *n.* Bürgerkrieg, *m.*
claim [kleɪm] 1. *v. t.* a) behaupten; b) beanspruchen; beantragen, fordern, Anspruch erheben auf (+ Akk.); für sich beanspruchen, in Anspruch nehmen; 2. *n.* Anspruch, *m.* (to auf+ Akk.)
clamour (Brit.: Amer.: **clamor**) ['klæmər] 1. *v. i.* laut schreien; 2. *n.* a) Protest; b) lautes Geschrei, Lärm, *m.*
clamp [klæmp] 1. *v. t.* einspannen; klemmen; klammern; 2. *n.* Schraubzwinge, *f.*; 3. *n.* Klammer, *f.*
clamp-down *n.* rigoroses Vorgehen (on gegen)
clan [klæn] *n.* Clan, *m.*; Sippe, *f.*
clandestine [klæn'destɪn] *adj.* heimlich
clank [klæŋk] 1. *v. i.* rasseln; klappern; klirren; 2. *v. t.* klirren mit; 3. *n.* Klirren, *n.* Klappern, *n.*
clap [klæp] 1. *v. i.*, **-pp-** klatschen, applaudieren; 2. *v. t.*, **-pp-**: **~ the hands** in die Hände klatschen; 3. *n.* klatschen, *n.*; Beifall klatschen
clapping ['klæpɪŋ] *n.*, *no pl.* Beifall, *m.*; Applaus, *m.*
clarification [klærɪfɪ'keɪʃn] *n.* Klarstellung, *f.*; Klärung, *f.*
clarify ['klærɪfaɪ] *v. t.* klären; erläutern; klarstellen (Situation); sich klarwerden
clarinet [klærɪ'net] *n.* (Musik) Klarinette, *f.*
clarity ['klærɪtɪ] *n.*, *no pl.* Klarheit, *f.*
clash [klæʃ] 1. *v. i.* a) kollidieren (with mit); zusammenstoßen (with mit); aufeinanderprallen; b) scheppern (ugs.), dröhnen; 2. *v. t.*

gegeneinander schlagen; 3. *n.* a) Kollision, *f.*; b) Zusammenstoß, *m.*; c) Auseinanderetzung, *f.*; d) Unvereinbarkeit, *f.*

clasp [kla:sp] 1. *v. t.* a) umklammern; b) drücken (to an + Akk.); 2. *n.* a) Griff, *m.* b) Umarmung, *f.*; c) Verschluss, *m.*, Schnalle, *f.*

class 1.*v. t.* klassifizieren, einordnen; 2. *n.* a) Klasse (Schule); b) Klasse (Gesellschaft)

class: **~-conscious** *adj.* klassenbewusst; **~-consciousness** *n.* Klassenbewusstsein, *n.*

classic ['klæsɪk] 1. *adj.* klassisch; 2. *n.* a) in *pl.* Klassik, *f.*; b) (Werk) Klassiker, *m.*

classification [klæsɪfɪ'keɪʃn] *n.* Klassifikation, *f.*

classify ['klæsɪfaɪ] *v. t.* klassifizieren, bestimmen

classless ['kla:slɪs] *adj.* klassenlos

class: **~-mate** *n.* Klassenkamerad, *m.*/-kameradin, *f.*; **~-room** *n.* (Schule) Klassenzimmer, *n.*; Klasse, *f.*

clause [klɔ:z] *n.* a) Klausel, *f.*; b) Nebensatz, *m.*; Teilsatz, *m.*

claustrophobia [klɒstrə'fəʊbɪə] *n., no pl.* (Psychologie) Klaustrophobie, *f.*; Platzangst, *f.*

claustrophobic [klɒstrə'fəʊbɪk] *adj.* a) beengend; b) an Klaustrophobie leidend

claw [klɔ:] 1. *v. t.* kratzen; 2. *n.* Kralle, *f.*

clay [kleɪ] *n.* Ton, *m.*; Lehm, *m.*

clean [kli:n] 1. *v. t.* putzen, reinigen, saubermachen, fegen, kehren; 2. *adj.* a) sauber; frisch; b) sauber; glatt, c) stubenrein d) fair, sauber
~ 'up *v. t.* a) aufräumen; beseitigen; b) sich waschen

cleaner ['kli:nər] *n.* a) Raumpfleger, *m.*/-pflegerin, *f.*; Putzfrau, *f.*; b) **vacuum ~**-Staubsauger, *m.*; c) (Substanz) Reinigungsmittel, *n.*

cleanly ['klenlɪ] *adj.* sauber

cleanness ['kli:nnɪs] *n., no pl.* Sauberkeit, *f.*

cleanse [klenz] *v. t.* gründlich reinigen

clear [klɪər] *v. t.* a) reinigen; klären reinigen; b) abräumen
~ 'off *v. i.* abhauen (*ugs.*)

clearing ['klɪərɪŋ] *n.* Lichtung, *f.*

clearly ['klɪəlɪ] *adv.* a) klar; deutlich; b) klar; eindeutig

clearness ['klɪənɪs] *n., no pl.* Klarheit, *f.*; Deutlichkeit, *f.*; Reinheit, *f.*; Schärfe, *f.*

clemency ['klemənsɪ] *n., no pl.* Nachsicht, *f.*

clench [klentʃ] *v. t.* a) zusammenpressen; **~ the fist** die Faust ballen; b) umklammern

clergy ['klɜ:dʒɪ] *n. pl.* (*Religion*) Geistlichkeit, *f.*; Klerus, *m.*

clergyman ['klɜ:dʒɪmən] *n., pl.* **~men** ['klɜ:dʒɪmen] Geistliche, *m.*

cleric ['klerɪk] *n.* Kleriker, *m.*

clerical ['klerɪkl] 1. *adj.* klerikal; geistlich; 2. *n.* Büroangestellte, *m./f.*; Bürokraft, *f*

clerk [kla:k] *n.* Büroangestellte, *m./f.*; Angestellte, *m./f.*: Bankangestellte, *m./f.*

clever ['klevər] *adj.*, **~er** ['klevərər] **~est** ['klevərɪst] a) clever; raffiniert; schlau; b) klug; begabt

cleverness ['klevənɪs] *n., no pl.* a) Raffiniertheit, *f.* Schläue, *f.*; Cleverness, *f.*; b) Begabung, *f.* (at für); Klugheit, *f.*; c) Geschicklichkeit, *f.*

cliché ['kli:ʃeɪ] *n.* Klischee, *n.*

click [klɪk] 1. *v. t.* zuschnappen lassen; 2. *v. i.* klappern; klicken; 3. *n.* Klicken, *n.*

client ['klaɪənt] *n.* a) Kunde, *m.*/Kundin, *f.* b) Klient, *m.*/Klientin, *f.*; Auftraggeber, *m.*/-geberin, *f.*

cliff [klɪf] *n.* Kliff, *n.*; Klippe, *f.*; Felswand, *f.*

climate ['klaɪmət] *n.* Klima, *n.*

climax ['klaɪmæks] 1. *v. i.* den Höhepunkt erreichen; 2. *n.* Höhepunkt, *m.*

climb [klaɪm] 1. *v. t.* klettern auf; hinaufsteigen; hinaufklettern; hinaufkommen; 2. *v. i.* klettern (up auf+ Akk.); 3. *n.* Aufstieg, *m.*
~ 'down *v. i.* absteigen; hinunterklettern

climber ['klaɪmər] *n.* a) Kletterer, *m.*; Bergsteiger, *m.*; b) Kletterpflanze, *f.*

cling [klɪŋ] *v. i.*, **clung** [klʌŋ] **~ to sth.** sich an etw. klammern

clinic ['klɪnɪk] *n.* Klinik; Privatklinik, *f.*; Sprechstunde, *f.*

clinical ['klɪnɪkl] *adj.* a) (*Medizin*) klinisch; b) (Verhalten, Charakter, Person) klinisch; kalt; nüchtern; kühl

clip [klɪp] 1. *v. t.*, **-pp-** festklammern; 2. *n.* a) Klammer, *f.*; Büroklammer, *f.*

clip 1. *v. t.*, -pp-: a) schneiden; scheren; stutzen; b) lochen; entwerten; 2. *n.* Schneiden, *n.*; (Schaf-) Schur, *f.*

cloak [kləʊk] 1. *v. t.* a) bemänteln; einhüllen; b) (*bildlich*); 2. *n.* Umhang, *m.*; Mantel, *m.*; **under the ~ of** unter dem Deckmantel von
~room *n.* Garderobe, *f.*; (Brit. euphem.) Toilette, *f.*

clock [klɒk] *n.* Uhr, *f.*; Zeit, *f.*

clock: **~ tower** *n.* Glockenturm, *m.*

clockwise 1. *adj.* im Uhrzeigersinn; 2. *adv.* im Uhrzeigersinn

clockwork *n.* Uhrwerk, *n.*

cloister ['klɔɪstər] *n.* a) Klo-

clone

ster, *n.*; b) Kreuzgang, *m.*
clone [kləʊn] 1. *v. t.* klonen; 2. *n.* (Wissenschaft). Klon, *m.*; *(bildlich)* Kopie, *f.*
close [kləʊs] 1. [kləʊz] *v. t.* a) schließen, zuziehen; (Fabrik) schließen; stilllegen; (Verkehr) sperren; b) beenden; schließen; 2. [kləʊz] *v. i.* sich schließen; zugehen *(ugs.)*; 3. *n.* a) [kləʊz] *no pl.* Schluss, *m.*; Ende, *n.*; b) Sackgasse, *f.*
~ 'down 1. *v. t.* schließen; *(ugs.)* zumachen; stilllegen; (Arbeit) einstellen; 2. *v. i.* geschlossen werden; zugemacht werden; stillgelegt werden *(ugs.)*
close [kləʊs] 1. *adv.* a) nah; b) fest; genau; 2. *adj.* nahe; dicht
closed [kləʊzd] *adj.* a) geschlossen: **we're ~**: wir haben geschlossen; b) gesperrt; nicht frei zugänglich
close-down [ˈkləʊzdaʊn] *n.* Stilllegung, *f.*; Schließung, *f.*; Einstellung, *f.*
closely [ˈkləʊslɪ] *adv.* a) eng; b) dicht
closet [ˈklɒzɪt] *n.* a) (Amer.) Schrank, *m*; b) (**water-~**) Klosett, *n.*
closure [ˈkləʊʒər] *n.* Schließung, *f.*; Stilllegung, *f.*; (Verkehr) Sperrung, *f.*
cloth [klɒθ] *n.*, *pl.* ~s a) Stoff, *m.*; Tuch, *n.*; b) Tuch, *n.*; Staubtuch, *n.*; **table-~** Tischtuch, *n.*
clothe [kləʊð] *v. t.* (literarisch oder bildlich) kleiden
clothes [kləʊðz] *n. pl.* Kleider, *Pl.*: Kleidung, *f.*
clothing [ˈkləʊðɪŋ] *n.*, *no pl.* Kleidung, *f.*
cloud [klaʊd] 1. *n.* Wolke, *f.*; Bewölkung, *f.*; 2. *v. t.* verdunkeln
cloudless [ˈklaʊdlɪs] *adj.* wolkenlos
cloudy [ˈklaʊdɪ] *adj.* bewölkt, wolkig; trübe bedeckt
clover [ˈkləʊvər] *n.* Klee, *m.*
clover-leaf *n.* Kleeblatt, *n.*
clown [klaʊn] 1. *v. i.* den Clown spielen; 2. *n.* Clown, *m.*
club [klʌb] 1. *v. t.*, **-bb-** prügeln; 2. *n.* a) Club, *m.*; b) Keule, *f.*; *m.*
clue [kluː] *n.* Hinweis, *m.*; Anhaltspunkt, *m.*; Spur, *f.*
clumsiness [ˈklʌmzɪnɪs] *n.*, *no pl.* Plumpheit, *f.*; Schwerfälligkeit, *f.*
clumsy [ˈklʌmzɪ] *adj.* a) (Verhalten, Charakter, Person) plump; schwerfällig, unbeholfen; tolpatschig; b) (Sprache) plump, unbeholfen; c) (Verhalten) plump
cluster [ˈklʌstər] 1. *v. i.* Haufen bilden; Gruppen bilden, sich versammeln; 2. *n.* a) Haufen, *m.* b) (Obst; Gemüse) Traube, *f.*; Büschel, *n.*; Gruppe, *f.*
clutch [klʌtʃ] 1. *v. t.* umklammern, packen; 2. (Verkehr) Kupplung, *f.*
coach [kəʊtʃ] 1. *v. t.* trainieren; 2. *n.* a) (Verkehr) Kutsche, *f.*; Karosse, *f.*; b) (Bahn) Wagen, *m.*; c) Reisebus, *m.*; **by ~** mit dem Bus; d) Nachhilfelehrer, *m.*/lehrerin, *f.*; Trainer, *m.*/Trainerin, *f.*
coal [kəʊl] *n.* Kohle, *f.*; Steinkohle, *f.*
coalition [kəʊəˈlɪʃn] *n.* (Politik) Koalition, *f.*
coal: ~-mine *n.* Bergwerk, *n.*; **~-miner** *n.* Grubenarbeiter (im Kohlenbergbau); **~ mining** *n.* Kohlenbergbau, *m.*
coarse [kɔːs] *adj.* a) (Oberfläche) rauh, grob; b) (Gewalt) roh; (Verhalten, Charakter, Person) primitiv; ungehobelt; gemein
coast [kəʊst] *n.* Küste, *f.*
coastal [ˈkəʊstl] *adj.* Küsten-
coat [kəʊt] 1. *v. t.* beschichten, streichen; 2. *n.* a) Mantel, *m.*; b) Schicht, *f.*
coating [ˈkəʊtɪŋ] *n.* Anstrich, *m.*; Beschichtung, *f.*, Mantelstoff, *m.*
cob [kɒb] *n.* a) (Botanik) Haselnuss, *f.*; b) (Tierwelt) männlicher Schwan
cobalt [ˈkəʊbɔːlt] *n.* (Chemie) Kobalt, *n.*
cobble [ˈkɒbl] 1. *v. t.* pflastern (Straße); **~d streets** Straßen mit Kopfsteinpflaster 2. *n.* Kopfstein, *m.*
cobra [ˈkɒbrə] *n.* (Tierwelt) Kobra, *f.*
cobweb [ˈkɒbweb] *n.* (Tierwelt) Spinnengewebe, *n.*; Spinnennetz, *n.*
cocaine [kəˈkeɪn] *n.* (Drogen) Kokain, *n.*
cock [kɒk] *n.* a) (Tierwelt) Männchen, *n.*; b) Hahn, *m.*
cockney [ˈkɒknɪ] 1. *adj.* Cockney-; 2. *n.* (Dialekt) Cockney, *n.*
cockpit *n.* Cockpit, *n.*
cockroach [ˈkɒkrəʊtʃ] *n.* Küchenschabe, *f.*
cocktail [ˈkɒkteɪl] *n.* Cocktail, *m.*
cocoa [ˈkəʊkəʊ] *n.* Kakao, *m.*
coconut [ˈkəʊkənət] *n.* Kokosnuss, *f.*
cocoon [kəˈkuːn] 1. *v. t.* einmummen; 2. *n.* a) (Tierwelt) Kokon, *m.*; b) Hülle, *f.*
cod [kɒd] *n.*, *pl.* same Kabeljau, *m.*; Dorsch, *m.*
code [kəʊd] 1. *v. t.* chiffrieren; verschlüsseln; 2. *n.* a) Gesetzbuch, *n.*; Kodex, *m.*; b) (Signale) Kode, Code, *m.*; Chiffre, *f.*
co-driver [ˈkəʊdraɪvər] *n.* Beifahrer, *m.*/-fahrerin, *f.*
coeducation [kəʊedjʊˈkeɪʃn] *n.* Koedukation, *f.*
coexist [kəʊɪɡˈzɪst] *v. i.* koexistieren; nebeneinander bestehen
coexistence [kəʊɪɡˈzɪstəns] *n.* Koexistenz, *f.*
coffee [ˈkɒfɪ] *n.* Kaffee, *m.*

coffee: ~-pot n. Kaffeekanne, f.
coffin ['kɒfɪn] n. Sarg, m.
cognac ['kɒnjæk] n. Cognac, m.
cohabit [kəʊ'hæbɪt] v. i. zusammenleben
cohere [kəʊ'hɪər] v. i. zusammenhalten
coherence [kəʊ'hɪərəns] n. Kohärenz, f.; Zusammenhalt, m. Geschlossenheit, f.
coherent [kəʊ'hɪərənt] adj. a) zusammenhängend; b) *(bildlich)* kohärent; zusammenhängend; in sich (Dat.) geschlossen
coil [kɔɪl] 1. v. t. a) aufdrehen; b) aufrollen; aufwickeln; 2. v. i. sich winden; 3. n. a) *(Technik)* Windung, f.; b) (Elektrizität.) Spule, f.
coin [kɔɪn] 1. v. t. a) (Geld) prägen; b) (Redewendung) prägen; 2. n. Münze, f.
coincide [kəʊɪn'saɪd] v. i. a) (Zeit) zusammenfallen; b) sich decken; c) übereinstimmen
coincidence [kəʊ'ɪnsɪdəns] n. Zufall, m.
coincidental [kəʊɪnsɪ'dentl] adj. zufällig
coke [kəʊk] n. Koks, m.
colander ['kʌləndər] n. Durchschlag, m.; Sieb, n.
cold [kəʊld] 1. adj. a) kalt; **I am ~ :** mir ist kalt; b) (Verhalten) kühl; kalt; 2. adv. kalt; 3. n. a) Kälte, f.; b) (illness) Erkältung, f.
cold: ~-blooded ['kəʊldblʌdɪd] adj. kaltblütig; **~ war** n. kalter Krieg, m.
colic ['kɒlɪk] n. Kolik, f.
collaborate [kə'læbəreɪt] v. i. zusammenarbeiten
collaboration [kəlæbə'reɪʃn] n. Zusammenarbeit, f.; Kollaboration, f.
collaborator [kə'læbəreɪtər] n. Mitarbeiter, m./-arbeiterin, f.; Kollaborateur, m./Kollaborateurin, f.

collage ['kɒlɑːʒ] n. Collage, f.
collapse [kə'læps] 1. v. i. a) zusammenbrechen; kollabieren; stürzen; b) in sich zusammenfallen; einstürzen; 2. n. a) *(Medizin)* Zusammenbruch, m.; Kollaps, m.; b) Scheitern, n.; Zusammenbruch, m.; c) Einsturz, m.
collar ['kɒlər] n. Kragen, m.
colleague ['kɒliːg] n. Kollege, m./Kollegin, f.
collect [kə'lekt] 1. v. i. a) sich ansammeln; b) sich versammeln; 2. v. t. a) sammeln; aufsammeln; b) abholen; c) (Hobby) sammeln
collection [kə'lekʃn] n. a) Sammlung, f.; Kollektion, f.; b) Sammeln, n.; Kassieren, n.; Eintreiben, n.
collective [kə'lektɪv] adj. kollektiv
collector n. Sammler, m./Sammlerin, f.; f.; Kassierer, m./Kassiererin, f.
college ['kɒlɪdʒ] n. a) College, n.; **go to ~** studieren; b) Akademie, f. Internatsschule, f.
collide [kə'laɪd] v. i. a) kollidieren; zusammenstoßen (with mit); b) (inhaltlich) kollidieren; zusammenprallen
collie ['kɒlɪ] n. Collie, m.
collision [kə'lɪʒn] n. a) Zusammenstoß, m.; Kollision, f.; b) *(bildlich)* Konflikt, m.
colloquial [kə'ləʊkwɪəl] adj. umgangssprachlich; **~ language** Umgangssprache, f.
Cologne [kə'ləʊn] 1. pr. n. Köln (das). 2. attrib. adj. kölner
Colombia [kə'lɒmbɪə] pr. n. Kolumbien, n.
colonel [kɜːnl] n. Oberst, m.
colonial [kə'ləʊnɪəl] adj. Kolonial-; kolonial
colonialism [kə'ləʊnɪəlɪzm] n. Kolonialismus, m.

colonist ['kɒlənɪst] n. Kolonist, m./Kolonistin, f.; Siedler, m./Siedlerin, f.
colonization [kɒlənaɪ'zeɪʃn] n. Kolonisation, f.; Kolonisierung, f.
colonize ['kɒlənaɪz] v. t. besiedeln; kolonisieren; sich ansiedeln
colony ['kɒlənɪ] n. Kolonie, f.
coloration [kʌlə'reɪʃn] n. a) Kolorierung, f.; b) Färbung, f.
colossal [kə'lɒsl] adj. kolossal; gewaltig; riesenhaft
colour ['kʌlər] (Brit.) 1. v. t. a) (Material) färben; 2. n. a) Farbe, f.; b) Fahne, f.
coloured ['kʌləd] (Brit.) 1. adj. a) farbig; b) farbig; nicht weiß; **~ people** Farbige Pl.; 2. n. Farbige, m./f.
colour: ~ film n. Farbfilm, m.
colourful ['kʌləfl] adj. (Brit.) farbenfroh; bunt
colour: ~ television n. Farbfernseher, m.
column ['kɒləm] n. a) (Architektur) Säule, f.; b) (Zeitung) Spalte, f.; Kolumne, f.
columnist ['kɒləmɪst] n. Kolumnist, m./Kolumnistin, f.
coma ['kəʊmə] n. (Medizin) Koma, n.
comb [kəʊm] 1. v. t. (Haare) kämmen; 2. n. Kamm, m.
combat ['kɒmbæt] 1. v. t. bekämpfen; 2. n. Kampf, m.; Gefecht, n.
combed [kəʊmd] adj. (Wolle) gekämmt
combination [kɒmbɪ'neɪʃn] n. Kombination, f.
combine [kəm'baɪn] v. t. verbinden; kombinieren; zusammenfügen
combined [kəm'baɪnd] adj. vereint
come [kʌm] v. i., **came** [keɪm], **come** [kʌm] a) kommen; b) werden; be-

kommen; c) vorkommen; auftreten
~ a'bout v. i. passieren
~ across 1. v. i. a) verstanden werden; ankommen *(ugs.)*; b) wirken; 2. v. t. begegnen
~ a'long v. i. a) ~ along! Komm endlich! *(ugs.)*; b) vorbeikommen
~ 'back 1. v. i. a) wiederkommen; wiederkehren; zurückkommen; b) ~ back wieder in Mode kommen (Star); 2. n. Comeback, n.
~ 'down v. i. a) herunterfallen; runterfallen *(ugs.)*; b) herunterkommen *(ugs.)*; c) (Flugzeug) landen; abstürzen
~ 'in v. i. hereinkommen; reinkommen *(ugs.)*; ~ in! herein!
~ on v. i. kommen; ~ on! Komm schon!
~ 'out v. i. herauskommen; *(ugs.)* rauskommen
~ 'over v. i. herkommen; herüberkommen
~ 'round v. i. vorbeischauen; *(ugs.)*
~ to'gether v. i. (Ereignisse) zusammenfallen; (Personen) zusammenkommen
~ 'up v. i. hochkommen; heraufkommen
come-back n. Comeback, n.
comedian [kəˈmiːdɪən] n. Komiker, m.
comedy [ˈkɒmɪdɪ] n. a) Komödie, f.; Lustspiel, n.
comely [ˈkʌmlɪ] adj. ansehnlich; gutaussehend
comet [ˈkɒmɪt] n. (Astronomie) Komet, m.
comfort [ˈkʌmfət] 1. n. Trost, m.; 2. Behaglichkeit, Gemütlichkeit, f.
comfortable [ˈkʌmfətəbl] adj. a) bequem; komfortabel; *(bildlich)* b) be ~ sich wohlfühlen; **make yourself** ~: machen Sie es sich bequem

comfortably [ˈkʌmfətəblɪ] adv. bequem
comforting [ˈkʌmfətɪŋ] adj. tröstlich; beruhigend
comic [ˈkɒmɪk] 1. adj. (Geschichte) komisch; humoristisch; 2. n. a) (Verhalten, Charakter, Person) Komiker, m./Komikerin, f.; b) Comic-Heft, n.; c) Witzbold, m.
comical [ˈkɒmɪkl] adj. komisch
coming [ˈkʌmɪŋ] 1. siehe **come**; 2. n. (Verhalten, Charakter, Person) Ankunft, f.; (Zeit) Beginn, m.
comma [ˈkɒmə] n. Komma, n.
command [kəˈmɑːnd] 1. v. t. a) befehlen (sb. jmdm.); b) (Militär) **be in ~ of** befehligen; beherrschen; gebieten über (+ Akk.); c) verfügen über (+ Akk.); 2. n. a) Kommando, n.; Befehl, m.; **at or by sb.'s ~** auf jmds. Befehl *(Akk.)*; b) Kommando, n.; Befehlsgewalt, f.
commandant [kɒmənˈdænt] n. Kommandant, m.
commander n. a) Kommandeur, m./Komandeurin, f.; Führer, m./Führerin, f.; Leiter, m./Leiterin, f.; b) **C~-in-Chief** Oberbefehlshaber, m.
commanding [kəˈmɑːndɪŋ] adj. beherrschend; gebieterisch
commandment [kəˈmɑːndmənt] n. Gebot, n.; **the Ten C~s** die Zehn Gebote
commemorate [kəˈmeməreɪt] v. t. gedenken (+ Gen.)
commemoration [kəmeməˈreɪʃn] n. Gedenken, n.; **in ~ of** zum Gedenken an (+ Akk.)
commence [kəˈmens] v. t. & i. beginnen
commencement [kəˈmensmənt] n. Beginn, m.
commend [kəˈmend] v. t. anvertrauen
commendation [kɒmenˈ

deɪʃn] n. Auszeichnung, f.; Lob, n.
comment [ˈkɒment] 1. n. Kommentar, m.; Bemerkung, f. (on über+ Akk.); **no ~!** kein Kommentar! 2. v. i. ~ **on sth.** *(Akk.)* etwas kommentieren
commentary [ˈkɒməntərɪ] n. Kommentar, m. (on zu); Erläuterung, f. (on zu)
commentate [ˈkɒməntert] v. i. ~ **on sth.** etw. kommentieren
commentator n. Kommentator, m./Kommentatorin, f.
commerce [ˈkɒmɜːs] n. Handel, m.; Handelsverkehr m.
commercial [kəˈmɜːʃl] 1. adj. a) kaufmännisch; Handels-; b) kommerziell; 2. n. Werbespot, m.
commercialize [kəˈmɜːʃəlaɪz] v. t. kommerzialisieren
commercial: ~ 'television n. kommerzielles Fernsehen; Werbefernsehen, n.
commission [kəˈmɪʃn] n. a) Kommission, f.; b) Provision, f.; c) Auftrag, m.
commissionaire [kəmɪʃəˈneər] n. (esp. Brit.) Portier, m.
commissioner [kəˈmɪʃənər] n. a) Kommissar, m./Kommissarin, f.; Beauftragte, m./f.; Präsident, m.; b) **C~ for Oaths** Notar, m./Notarin, f.
commit [kəˈmɪt] v. t., -tt-: a) begehen, verüben; ~ **suicide** Selbstmord verüben; (Verbrechen) begehen; b) ~ **oneself** sich verpflichten
commitment [kəˈmɪtmənt] n. Verpflichtung, f.
committed [kəˈmɪtɪd] adj. verpflichtet (on zu)
committee [kəˈmɪtɪ] n. (Parlament) Komitee, n.; Ausschuss, m.
common [ˈkɒmən] 1. adj., ~**er** [ˈkɒmənər], ~**est** [ˈkɒmənɪst] a) gemeinsam;

b) öffentlich; c) gewöhnlich; häufig; normal; allgemein verbreitet; d) (Verhalten) gemein; gewöhnlich *(derogativ)*, ordinär *(ugs.)*; 2. *n.* **have sth. in ~ with sb.** etw. mit jmdm. gemein haben
commoner ['kɒmənər] *n.* Bürgerlicher, *m.*/Bürgerliche, *f.*
commonly ['kɒmənlɪ] *adv.* a) im allgemeinen; b) gewöhnlich *(derogativ)*
Common 'Market *n.* Gemeinsamer Markt, *m.*
commonplace ['kɒmənpleɪs] 1. *adj.* verbreitet; nichtssagend, alltäglich; 2. *n.* Gemeinplatz, *m.*; Alltäglichkeit, *f.*
common: C~ 'Prayer *n.* Liturgie, *f.*; **~-room** *n.* (Brit.) Gemeinschaftsraum, *m.*
Commons ['kɒmənz] *n. pl.* **the ~** das Unterhaus, *n.*
common: ~ 'sense *n.* gesunder Menschenverstand, *m.*
~-sense *adj.* vernünftig; gesund
Commonwealth ['kɒmənwelθ] *n.* **the ~** der Commonwealth, *m.*
commotion [kə'məʊʃn] *n.* Tumult, *m.*
communal ['kɒmjʊnl] *adj.* a) gemeindlich; **~ life** Gemeinschaftsleben, *n.*; b) gemeinsam; Gemeinschafts-
commune ['kɒmju:n] *n.* Kommune, *f.*
communicate [kə'mju:nɪkeɪt] 1. *v. t.* (Wärme) übertragen; übermitteln; vermitteln; 2. *v. i.* **~ with sb.** mit jmdm. kommunizieren
communication [kəmju:nɪ'keɪʃn] *n.* a) Übertragung, *f.*; Vermittlung, *f.*; b) Mitteilung, *f.* (to an + Akk.);c) in *pl.* Kommunikation, *f.*
communicative [kə'mju:nɪkətɪv] *adj.* gesprächig
communion [kə'mju:nɪən] *n.* a) **Holy C~** das Abendmahl, *n.*; die Kommunion, *f.*; b) Gemeinschaft, *f.*
communiqué [kə'mju:nɪkeɪ] *n.* Verlautbarung, *f.*; Kommuniqué, *n.*
communism ['kɒmjʊnɪzm] *n.* Kommunismus, *m.*; **C~** der Kommunismus
Communist, communist ['kɒmjʊnɪst] 1. *n.* Kommunist, *m.*/Kommunistin, *f.* 2. *adj.* kommunistisch
community [kə'mju:nɪtɪ] *n.* a) Gemeinde; *f.*; Gemeinwesen, *n.*; **the Baptist ~** die baptistische Gemeinde; b) *no pl.* Öffentlichkeit, *f.*
community: ~ centre *n.* Gemeindezentrum, *n.*; **~ 'charge** *n.* (Brit.) Gemeindesteuer, *f.*
commute [kə'mju:t] 1. *v. t.* a) umwandeln (to in+ Akk.); b) umwandeln; 2. *v. i.* pendeln
commuter [kə'mju:tər] *n.* Pendler, *m.*/Pendlerin, *f.*
compact [kəm'pækt] 1. *adj.* komprimiert; kompakt; (Stil); 2. *v. t.* zusammenpressen
compact ['kɒmpækt] *n.* Vertrag, *m.*
compact disc Compact Disc, *f.* CD, *f.*
companion [kəm'pænjən] *n.* a) Begleiter, *m.*/Begleiterin, *f.*; b) Kamerad, *m.*/Kameradin, *f.*
companionship [kəm'pænjənʃɪp] *n.* Kameradschaft, *f.*
company ['kʌmpənɪ] *n.* a) Gesellschaft, *f.*; b) Firma, *f.*; Gesellschaft, *f.*; c) Truppe, *f.*; d) (Militär) Kompanie, *f.*
comparable ['kɒmpərəbl] *adj.* vergleichbar (to, with) mit
comparatively [kəm'pærətɪvlɪ] *adv.* a) vergleichend; b) verhältnismäßig; relativ
compare 1. *v. t.* vergleichen (to, with mit); **~d with** vergleichen mit; 2. *v. i.* sich vergleichen lassen
comparison [kəm'pærɪsn] *n.* Vergleich, *m.*
compartment [kəm'pɑ:tmənt] *n.* Abteil, *n.*; (Schrank) Fach, *n.*
compassion [kəm'pæʃn] *n.*, *no pl.* Mitgefühl, *n.*
compassionate [kəm'pæʃənət] *adj.* mitfühlend
compatibility [kəmpætɪ'bɪlɪtɪ] *n.*, *no pl.* Vereinbarkeit, *f.*
compatible [kəm'pætɪbl] *adj.* vergleichbar; zueinander passend; aufeinander abgestimmt
compatriot [kəm'pætrɪət, kəm'peɪtrɪət] *n.* Landsmann, *m.*/-männin, *f.*
compel [kəm'pel] *v. t.*, -ll- zwingen; **~ sb. to do sth.** jmdn. zwingen, etw. zu tun
compensate ['kɒmpenseɪt] 1. *v. i.* kompensieren; ersetzen; Schadenersatz leisten; 2. *v. t.* **~ sb. for sth.** jmdn. für etw. entschädigen
compensation [kɒmpen'seɪʃn] *n.* Entschädigung, *f.*; Ersatz, *m.*
compete [kəm'pi:t] *v. i.* konkurrieren (for um)
competence ['kɒmpɪtəns], **competency** ['kɒmpɪtənsɪ] *n.* a) Fähigkeiten *Pl.*: b) (Gesetz) Zuständigkeit, *f.*
competent ['kɒmpɪtənt] *adj.* kompetent; fähig; befähigt; fachkundig
competition [kɒmpɪ'tɪʃn] *n.* a) Wettbewerb, *m.*; (Wirtschaft) Konkurrenz *f.*; Preisausschreiben, *n.*; b) (Personen) Konkurrenz, *f.*
competitive [kəm'petɪtɪv] *adj.* a) Leistungs-; b) wettbewerbsfähig; leistungsfähig
competitor [kəm'petɪtər] *n.* Konkurrent, *m.*/Konkurrentin, *f.*; Teilnehmer, *m.*/-nehmerin, *f.*; Mitbewerber, *m.*/-bewerberin, *f.*
compilation [kɒmpɪ'leɪʃn]

compile

n. Zusammenstellung, *f.*
compile [kəm'paɪl] *v. t.* verfassen; zusammenstellen
compiler [kəm'paɪlər] *n.* Verfasser, *m.*/Verfasserin, *f.*
complain [kəm'pleɪn] *v. i.* sich beklagen oder beschweren (about, über)
complaint [kəm'pleɪnt] *n.* a) Klage, *f.*; Beschwerde, *f.*; b) Leiden, *n.*
complement 1. ['kɒmplɪmənt] Vervollständigung, *f.*; 2. ['kɒmplɪment] *v. t.* ergänzen
complementary [kɒmplɪ'mentərɪ] *adj.* (einander) ergänzend
complete [kəm'pli:t] 1. *v. t.* abschließen; fertigstellen; 2. *adj.* a) vollständig; vollzählig; komplett; b) völlig; total, komplett; c) abgeschlossen; fertig
completely [kəm'pli:tlɪ] *adv.* völlig; absolut
complex ['kɒmpleks] 1. *adj.* a) kompliziert; b) komplex; 2. *n.* (Psychologie) Komplex, *m.*
complexion [kəm'plekʃn] *n.* Gesichtsfarbe, *f.*; Teint, *m.*
complexity [kəm'pleksɪtɪ] *n.* siehe **complex** : Kompliziertheit, *f.*; Komplexität, *f.*
compliance [kəm'plaɪəns] *n.* a) Unterwürfigkeit, *f.*; b) Zustimmung, *f.* (with zu)
compliant [kəm'plaɪənt] *adj.* unterwürfig
complicate ['kɒmplɪkeɪt] *v. t.* komplizieren
complicated ['kɒmplɪkeɪtɪd] *adj.* kompliziert
complication [kɒmplɪ'keɪʃn] *n.* a) Kompliziertheit, *f.*; b) (Körper, Medizin) Komplikation, *f.*
complicity [kəm'plɪsɪtɪ] *n.* Komplizenschaft, *f.*; Mittäterschaft, *f.* (in bei)
compliment 1. ['kɒmplɪmənt] *n.* a) Kompliment, *n.*; 2. ['kɒmplɪment] *v. t.* ~ **sb. on sth.** jmdm. Komplimente wegen etw. machen
comply [kəm'plaɪ] *v. i.* ~ **with sth.** sich nach etw. richten
component [kəm'pəʊnənt] *n.* Komponente, *f.*; Bestandteil, *m.*
compose [kəm'pəʊz] *v. t.* a) komponieren; bilden; b) (Schrift) verfassen; abfassen, (Brief) aufsetzen
composer [kəm'pəʊzər] *n.* a) (Musik) Komponist, *m.*/Komponistin, *f.*; b) (Dichtung) Verfasser, *m.*/Verfasserin, *f.*
composition [kɒmpə'zɪʃn] *n.* Konstruktion, *f.*; Verfassen, *n.*; (Musik) Komposition, *f.*; b) Zusammensetzung, *f.*; Aufsatz, *m.*
compost ['kɒmpɒst] 1. *n.* Kompost, *m.*; 2. *v. t.* kompostieren
compost: ~ heap *n.* Komposthaufen, *m.*
compote ['kɒmpəʊt] *n.* Kompott, *n.*
compound 1. ['kɒmpaʊnd] *adj.* a) (Zutaten) zusammengesetzt; b) Zusammensetzung, *f.*
comprehend [kɒmprɪ'hend] *v. t.* verstehen; begreifen
comprehensible [kɒmprɪ'hensɪbl] *adj.* verständlich (to Dat.)
comprehension [kɒmprɪ'henʃn] *n.* Verständnis, *n.*
comprehensive [kɒmprɪ'hensɪv] 1. *adj.* a) umfassend; universal; b) ~ **school** Gesamtschule, *f.*; 2. *n.* Gesamtschule, *f.*
comprehensively [kɒmprɪ'hensɪvlɪ] *adv.* umfassend
compression [kəm'preʃn] *n.* Kompression, *f.*
compressor [kəm'presər] *n.* Kompressor, *m.*
comprise [kəm'praɪz] *v. t.* einschließen; bestehen aus; umfassen; bilden
compromise ['kɒmprəmaɪz] 1. *v. i.* Kompromisse schließen; 2. *n.* Kompromiss, *m.*
compulsion [kəm'pʌlʃn] *n.* (Psychologie) Zwang, *m.*
compulsive [kəm'pʌlsɪv] *adj.* a) (Psychologie) zwanghaft; b) zwingend
compulsory [kəm'pʌlsərɪ] *adj.* obligatorisch
computation [kɒmpjʊ'teɪʃn] *n.* Berechnung, *f.*
compute [kəm'pju:t] *v. t.* berechnen
computer [kəm'pju:tər] *n.* Computer, *m.*
computer: ~ program *n.* Programm, *n.*; ~ **programmer** *n.* Programmierer, *m.*/Programmiererin, *f.*
comrade ['kɒmreɪd, 'kɒmrɪd] *n.* Kamerad, *m.*/Kameradin, *f.*
comradeship ['kɒmreɪdʃɪp] *n.*, *no pl.* Kameradschaft, *f.*
conceal [kən'si:l] *v. t.* verbergen (from vor+ Dat)
concealed [kən'si:ld] *adj.* verborgen; verdeckt
concealment [kən'si:lmənt] *n.* siehe **conceal**: Verbergen, *n.*; Verheimlichung, *f.*
concede [kən'si:d] *v. t.* einräumen; zugeben; zugestehen
conceit [kən'si:t] *n.*, *no pl.* Dünkel, *m.*; Einbildung, *f.*
conceited [kən'si:tɪd] *adj.* eingebildet
conceivable [kən'si:vəbl] *adj.* vorstellbar
conceive [kən'si:v] *v. t.* a) glauben; meinen;. b) sich denken; sich vorstellen
concentrate ['kɒnsəntreɪt] 1. *v. t.* konzentrieren; ~ **on sth.** sich auf etw. (Akk.) konzentrieren; 2. *v. i.* sich konzentrieren (on auf+ Akk.); 3. *n.* Konzentrat, *n.*
concentrated ['kɒnsəntreɪ-

concentration [kɒnsən'treɪʃn] n. (Chemie) Konzentration, f.
concept ['kɒnsept] n. Konzept; n.; Begriff, m.; Vorstellung, f.
conception [kən'sepʃn] Vorstellung, f. (of von)
concern [kən'sɜːn] 1. v. t. a) betreffen; **to be concerned** betroffen sein '**to whom it may ~**' : an alle, die es angeht; b) ~ **oneself with sth.** sich mit etwas befassen; 2. n. a) Besorgnis, f.; Interesse; b) Konzern, m.; Unternehmen, n.
concerned [kən'sɜːnd] adj. a) interessiert; betroffen; b) besorgt; beunruhigt
concerning [kən'sɜːnɪŋ] prep. betreffend; bezüglich
concert ['kɒnsət] n. (Musik) Konzert, n.
concerted [kən'sɜːtɪd] adj. gemeinsam; vereint
concession [kən'seʃn] n. Konzession, f.
conciliate [kən'sɪlɪeɪt] v. t. versöhnen; besänftigen
conciliation [kənsɪlɪ'eɪʃn] n. a) Versöhnung, f.; b) Besänftigung, f.
conciliatory [kən'sɪljətərɪ] adj. konziliant, versöhnlich; beschwichtigend
concise [kən'saɪs] adj. knapp; prägnant
conclude [kən'kluːd] 1. v. t. a) folgern; schließen; b) abschließen; beenden; c) beschließen; d) (Vertrag) schließen; 2. v. i. schließen
concluding [kən'kluːdɪŋ] attrib. adj. abschließend
conclusion [kən'kluːʒn] n. a) Abschluss, m.; b) Ergebnis, n.; Ausgang, m.
concord ['kɒŋkɔːd, 'kɒŋkɔːd] n. Eintracht, f.
concrete ['kɒŋkriːt] 1. adj. konkret; 2. n. Beton, m.; attrib. Beton-; aus Beton; 3. v. t. betonieren

concrete-mixer n. Betonmischer, m.
concur [kən'kɜː] v. i., -rr- zustimmen, beipflichten
condemn [kən'dem] v. t. a) verdammen; b) (Gesetz) verurteilen
condemnation [kɒndem'neɪʃn] n. a) Verdammung, f.; b) (Gesetz) Verurteilung, f.
condescend [kɒndɪ'send] v. i. ~ **to do sth.** sich dazu herablassen, etw. zu tun
condescending [kɒndɪ'sendɪŋ] adj. herablassend
condescension [kɒndɪ'senʃn] n. Herablassung, f.
condition [kən'dɪʃn] 1. n. a) Bedingung, f.; Voraussetzung, f.; Vorbedingung, f.; b) Umstände Pl.; 2. v. t. bestimmen
conditional [kən'dɪʃənl] adj. abhängig; bedingt
condolence [kən'dəʊləns] n. Beileid, n.; Anteilnahme, f.; Mitgefühl, n.
condom ['kɒndəm] n. Kondom, n.; Präservativ, n.
conduct 1. [kən'dʌkt] v. t. a) (Musik) dirigieren; b) führen; durchführen; c) (Physik) leiten; d) ~ **oneself** sich verhalten; a) Verhalten, n.; Führung, f.
conductor [kən'dʌktər] n. a) (Musik) Dirigent, m./Dirigentin, f.; b) Schaffner, m.; (Amer.) Zugführer, m.; Schaffner, m.
cone [kəʊn] n. a) Kegel, m.; b) Eistüte, f.
confederate [kən'fedərət] 1. adj. konföderiert, verbündet; 2. n. Verbündete, m./f.; Komplize, m./Komplizin, f.
confederation [kənfedə'reɪʃn] n. a) (Politik) Staatenbund, m.; b) Bund, m.
confer [kən'fɜːr] v. t., -rr-: ~ **a title** on sb. jmdm. einen Titel verleihen
conference ['kɒnfərəns] n. a) Treffen, n.; Konferenz, f.;

confiscate

Tagung, f.; b) Beratung, f.; Besprechung, f.
confess [kən'fes] 1. v. t. a) gestehen; zugeben; b) (Religion) beichten; 2. v. i. a) ~ **to sth.** etw. gestehen; b) (Religion) beichten (to sb. jmdm.)
confession [kən'feʃn] n. a) Geständnis, n.; b) (Religion) Beichte, f.; c) (Religion) Konfession, f.; d) (Religion) Bekenntnis, n.
confetti [kən'fetɪ] n. Konfetti, n.
confidant ['kɒnfɪdænt, kɒnfɪ'dænt] n. Vertraute, m./f.
confide [kən'faɪd] 1. v. i. ~ **in sb.** sich jmdm. anvertrauen; 2. v. t. ~ **sth. to sb.** jmdm. etw. anvertrauen
confidence ['kɒnfɪdəns] n. a) Vertrauen, n.; b) Gewissheit, f.; Sicherheit, f.; c) Selbstvertrauen, n.
confident ['kɒnfɪdənt] adj. a) zuversichtlich (about in bezug auf+ Akk.); b) selbstbewusst
confidential [kɒnfɪ'denʃl] adj. vertraulich
confidentiality [kɒnfɪdenʃɪ'ælɪtɪ] n., no pl. Vertraulichkeit, f.
confidentially [kɒnfɪ'denʃəlɪ] adv. vertraulich
confidently ['kɒnfɪdəntlɪ] adv. zuversichtlich
configuration [kənfɪgjʊ'reɪʃn] n. a) Gestaltung, f.; b) (Computer) Konfiguration, f.
confine [kən'faɪn] v. t. einsperren; **be ~d to bed** ans Bett gefesselt sein
confined [kən'faɪnd] adj. begrenzt
confirm [kən'fɜːm] v. t. bestätigen
confirmation [kɒnfə'meɪʃn] n. Bestätigung, f.
confirmed [kən'fɜːmd] adj. überzeugt
confiscate ['kɒnfɪskeɪt] v.

confiscation

t. konfiszieren; beschlagnahmen
confiscation [kɒnfɪsˈkeɪʃn] *n.* Beschlagnahme, *f.*
conflict 1. [kənˈflɪkt] *v. i.* sich (Dat.) widersprechen; 2. [ˈkɒnflɪkt] *n.* Krieg, *m.*; Kampf, *m.*
confront [kənˈfrʌnt] *v. t.* konfrontieren; gegenüberstellen
confrontation [kɒnfrənˈteɪʃn] *n.* Konfrontation, *f.*
confuse [kənˈfjuːz] *v. t.* a) verwechseln; b) verwirren; durcheinanderbringen; c) konfus machen; verwirren
confused [kənˈfjuːzd] *adj.* konfus; verworren; verlegen
confusing [kənˈfjuːzɪŋ] *adj.* verwirrend
confusion [kənˈfjuːʒn] *n.* a) Verwechslung, *f.*; Verwirrung, *f.*; b) (geistiger Zustand) Verwirrung, *f.*; Verlegenheit, *f.*
congenial [kənˈdʒiːnɪəl] *adj.* angenehm
congest [kənˈdʒest] *v. t.* verstopfen
congested [kənˈdʒestɪd] *adj.* überfüllt, verstopft
conglomeration [kənglɒməˈreɪʃn] *n.* Konglomerat, *n.*; Ansammlung, *f.*
congratulate [kənˈgrætjʊleɪt] *v. t.* gratulieren (+ Dat.)
congratulation [kəngrætjʊˈleɪʃn] 1. *int.* **~s!** Glückwunsch! (on zu); 2. *n.* a) in *pl.* Glückwünsche *Pl.*; b) Gratulation, *f.*
congregate [ˈkɒŋgrɪgeɪt] *v. i.* sich versammeln
congregation [kɒŋgrɪˈgeɪʃn] *n. (Religion)* Gemeinde, *f.*
congress [ˈkɒŋgres] *n.* (Politik) Kongress, *m.*
congruent [ˈkɒŋgruənt] *adj.* (Geometrie) kongruent
conifer [ˈkɒnɪfər] *n.* Nadelbaum, *m.*
conjugate [ˈkɒndʒʊgeɪt] *v. t.* (Sprache) konjugieren

conjugation [ˌkɒndʒʊˈgeɪʃn] *n.* (Sprache) Konjugation, *f.*
conjunction [kənˈdʒʌŋkʃn] *n.* a) Verbindung, *f.*; b) (Sprache) Konjunktion, *f.*
conjure [ˈkʌndʒər] 1. *v. i.* zaubern; 2. *v. t.* beschwören; *(bildlich)* herauf beschwören
conjurer, conjuror [ˈkʌndʒərər] *n.* Zauberer, *m.*/Zauberin, *f.*
conker [ˈkɒŋkər] *n.* Kastanie, *f.*
connect [kəˈnekt] *v. t.* a) verbinden (to, with mit); (Elektrizität) anschließen; b) in Verbindung bringen; verbinden; **be ~ed with sth.** mit etwas in Verbindung stehen
connected [kəˈnektɪd] *adj.* verwandt; zusammenhängend
connection [kəˈnekʃn] *n.* a) Verbindung, *f.*; (Elektrizität) Anschluss, *m.*; b) *(bildlich)* Zusammenhang, *m.*; **in ~ with** im Zusammenhang mit
connotation [kɒnəˈteɪʃn] *n.* Assoziation, *f.*; (Sprache) Konnotation, *f.*
conquer [ˈkɒŋkər] *v. t.* (Land) erobern, besiegen; (Feinde) bezwingen
conqueror [ˈkɒŋkərər] *n.* Eroberer, *m.*; Sieger, *m.*/Siegerin, *f.* (of über+ Akk.)
conquest [ˈkɒŋkwest] *n.* Eroberung, *f.*
conscience [ˈkɒnʃəns] *n.* Gewissen, *n.*
conscious [ˈkɒnʃəs] *adj.* a) *pred.* bei Bewusstsein; b) bewusst
consciously [ˈkɒnʃəslɪ] *adv.* bewusst
consciousness [ˈkɒnʃəsnɪs] *n.*, *no pl.* Bewusstsein, *n.*
consecrate [ˈkɒnsɪkreɪt] *v. t.* (Religion, bildlich) weihen

consecration [kɒnsɪˈkreɪʃn] *n.* (Religion, bildlich) Weihe, *f.*
consecutive [kənˈsekjʊtɪv] *adj.* aufeinanderfolgend
consecutively [kənˈsekjʊtɪvlɪ] *adv.* hintereinander
consent [kənˈsent] 1. *v. i.* zustimmen; 2. *n.* a) Zustimmung, *f.* (to zu); Einwilligung, *f.*
consequence [ˈkɒnsɪkwəns] *n.* a) Folge, *f.*; b) Bedeutung, *f.*; **be of no ~** unerheblich sein; ohne Folgen bleiben
consequent [ˈkɒnsɪkwənt] *adj.* daraus folgend; sich ergebend; darauffolgend
consequently [ˈkɒnsɪkwəntlɪ] *adv.* infolgedessen; folglich
conservation [kɒnsəˈveɪʃn] *n.* a) Konservierung, *f.*; Schutz, *m.*; Erhaltung, *f.*
conservationist [kɒnsəˈveɪʃənɪst] *n.* Naturschützer, *m.*/-schützerin, *f.*
conservatism [kənˈsɜːvətɪzm] *n.* Konservatismus, *m.*
conservative [kənˈsɜːvətɪv] 1. *adj.* a) konservativ; bewahrend; b) (Stil) konservativ c) **C~** (Brit. Politik) konservativ; **the C~ Party** die Konservative Partei: 2. *n.* **C~** (Brit. Politik) Konservative, *m./f.*
conservatively [kənˈsɜːvətɪvlɪ] *adv.* vorsichtig, konservativ
conserve [kənˈsɜːv] 1. *v. t.* erhalten; bewahren; schonen; 2. *n.* often in *pl.* Konserve, *f.*; Eingemachtes, *n.*
consider [kənˈsɪdər] *v. t.* a) denken; betrachten; b) in Betracht ziehen; **he's ~ing a change:** er er zieht eine Veränderung in Betracht; c) halten für; **I ~ her to be arrogant:** ich hielt sie für eingebildet; d) berücksichtigen, Rücksicht nehmen auf

considerable [kənˈsɪdərəbl] *adj.* erheblich; beträchtlich
considerate [kənˈsɪdərət] *adj.* entgegenkommend; rücksichtsvoll
consideration [kənsɪdəˈreɪʃn] *n.* a) Überlegung, *f.*; Betrachtung, *f.*; b) Rücksichtnahme, *f.*
considering [kənˈsɪdərɪŋ] *prep.* ~ sth. wenn man etw. bedenkt
consist [kənˈsɪst] *v. i.* ~ of bestehen aus
consistency [kənˈsɪstənsɪ] *n.* Konsistenz, *f.*
consolation [kɒnsəˈleɪʃn] *n.* Tröstung, *f.*; Trost, *m.*
console [kənˈsəʊl] *v. t.* trösten
consolidate [kənˈsɒlɪdeɪt] *v. t.* a) (Einfluss, Macht) konsolidieren; b) zusammenlegen
consonant [ˈkɒnsənənt] *n.* Konsonant, *m.*; Mitlaut, *m.*
consortium [kənˈsɔːtɪəm] *n., pl.* **consortia** [kənˈsɔːtɪə] Konsortium, *n.*
conspicuous [kənˈspɪkjʊəs] *adj.* unübersehbar; auffallend
conspiracy [kənˈspɪrəsɪ] *n.* Konspiration, *f.*; Verschwörung, *f.*
conspirator [kənˈspɪrətər] *n.* Verschwörer, *m.*/Verschwörerin, *f.*
conspiratorial [kənspɪrəˈtɔːrɪəl] *adj.* verschwörerisch
constancy [ˈkɒnstənsɪ] *n.* a) Beständigkeit, *f.*; b) Treue, *f.*
constant [ˈkɒnstənt] *adj.* a) anhaltend; ständig; b) gleichbleibend; konstant; c) treu
consternation [kɒnstəˈneɪʃn] *n.* Bestürzung, *f.*; Aufregung, *f.*
constituency [kənˈstɪtjʊənsɪ] *n.* Wählerschaft, *f.*; Wahlkreis, *m.*

constituent [kənˈstɪtjʊənt] 1. *adj.* ~ **part** Bestandteil *m.*; 2. *n.* a Bestandteil, *m.*; b) Wähler, *m.*/Wählerin, *f.*
constitute [ˈkɒnstɪtjuːt] *v. t.* a) bilden; begründen; b) gründen
constitution [kɒnstɪˈtjuːʃn] *n.* a) (Körper) Konstitution, *f.*; b) Staatsform, *f.*; c) (Gesetz) Verfassung, *f.*
constitutional [kɒnstɪˈtjuːʃənl] *adj.* a) konstitutionell; b) verfassungsgemäß
constrain [kənˈstreɪn] *v. t.* zwingen
constraint [kənˈstreɪnt] *n.* Zwang, *m.*
construct 1. [kənˈstrʌkt] *v. t.* a) bauen; erstellen (Plan); b) konstruieren; 2. [ˈkɒnstrʌkt] *n.* Konstrukt, *n.*
construction [kənˈstrʌkʃn] *n.* a) Bau, *m.*; Konstruktion, *f.*; b) Bauwerk, *n.*
constructive [kənˈstrʌktɪv] *adj.* konstruktiv
consul [ˈkɒnsl] *n.* Konsul, *m.*
consulate [ˈkɒnsjʊlət] *n.* Konsulat, *n.*
consult *v. t.* konsultieren, um Rat fragen
consultation [kɒnslˈteɪʃn] *n.* Beratung, *f.*
consume [kənˈsjuːm] *v. t.* a) konsumieren; b) verbrauchen
consumer [kənˈsjuːmər] *n.* (Wirtschaft) Verbraucher, *m.*/Verbraucherin, *f.*
consumer: ~ **goods** *n. pl.* Konsumgüter, *f.*
consumption [kənˈsʌmpʃn] *n.* Verbrauch, *m.*; Verzehr, *m.*
contact 1. [ˈkɒntækt, kənˈtækt] *v. t.* a) kontaktieren; sich in Verbindung setzen mit; b) Kontakt aufnehmen mit; 2. [ˈkɒntækt] *n.* a) Kontakt, *m.*; Berührung, *f.*
contact: ~ **lens** *n.* Kontaktlinse, *f.*
contain [kənˈteɪn] *v. t.* a) enthalten; umfassen; b) aufhalten; unterdrücken
container [kənˈteɪnər] *n.* Behälter, *m.*; Container, *m.*
contaminate [kənˈtæmɪneɪt] *v. t.* verunreinigen; verseuchen
contamination [kəntæmɪˈneɪʃn] *n.* Verunreinigung, *f.*; Verseuchung, *f.*
contemplate [ˈkɒntəmpleɪt] *v. t.* betrachten; nachdenken über
contemplation [kɒntəmˈpleɪʃn] *n.* Betrachtung, *f.*; Nachdenken, *n.* Erwägung, *f.*
contemporary [kənˈtempərərɪ] 1. *adj.* zeitgenössisch; gleichzeitig; 2. *n.* Zeitgenosse, *m.*/-genossin, *f.*
contempt [kənˈtempt] *n.* a) Verachtung, *f.* (of, for für); b) Missachtung, *f.*
contemptible [kənˈtemptɪbl] *adj.* verachtenswert
contemptuous [kənˈtemptjʊəs] *adj.* (Person) verächtlich; überheblich
contend [kənˈtend] *v. i.* kämpfen
content [ˈkɒntent] *n.* in *pl.* Inhalt, *m.*; Zusammensetzung, *f.*
content [kənˈtent] 1. *v. t.* zufriedenstellen; befriedigen; 2. *pred. adj.* zufrieden (with mit); 3. *n.* Zufriedenheit, *f.*
contentment [kənˈtentmənt] *n.* Zufriedenheit, *f.*
contest 1. [kənˈtest] *v. t.* a) kämpfen um; b) (Brit.) kandidieren; 2. [ˈkɒntest] *n.* Wettbewerb, *m.*; (Sport) Wettkampf, *m.*
context [ˈkɒntekst] *n.* Kontext, *m.*, Zusammenhang, *m.*
continent [ˈkɒntɪnənt] *n.* Kontinent, *m.*; Erdteil, *m.*; **the C~** das europäische Festland, *n.*

continental [kɒntɪˈnentl] 1. *adj.* kontinental; 2. *n.* **C~** Kontinentaleuropäer, *m.*/-europäerin, *f,*
continual [kənˈtɪnjuəl] *adj.* anhaltend; unaufhörlich
continuance [kənˈtɪnjuəns] *n.* Bestehen, *n.*; Fortbestand, *m.*
continuation [kəntɪnjuˈeɪʃn] *n.* Fortsetzung, *f.*
continue [kənˈtɪnjuː] 1. *v. t.* fortsetzen; **'to be ~d'** Fortsetzung folgt; 2. *v. i.* dauern; andauern; weitermachen *(ugs.)*
continued [kənˈtɪnjuːd] *adj.* fortgesetzt
continuity [kɒntɪˈnjuːɪtɪ] *n.*, *no pl.* Kontinuität, *f.*
continuous [kənˈtɪnjuəs] *adj.* ununterbrochen; ständig; fortlaufend
contour [ˈkɒntuər] *n.* Kontur, *f.*
contraception [kɒntrəˈsepʃn] *n.* Empfängnisverhütung, *f.*
contraceptive [kɒntrəˈseptɪv] 1. *adj.* empfängnisverhütend; 2. *n.* Verhütungsmittel, *n.*
contract 1. [kənˈtrækt] *v. t.* zusammenziehen; 2. [kənˈtrækt] *v. i.* Verträge/einen Vertrag schließen; 3. [ˈkɒntrækt] *n.* Vertrag, *m.*
contraction [kənˈtrækʃn] *n.* Kontraktion, *f.*; Zusammenziehung, *f.*
contradict [kɒntrəˈdɪkt] *v. t.* widersprechen (+ Dat.)
contradiction [kɒntrəˈdɪkʃn] *n.* Widerspruch, *m.* (of gegen); **in ~ to** im Widerspruch zu
contradictory [kɒntrəˈdɪktərɪ] *adj.* widersprüchlich; widersprechend
contrary [ˈkɒntrərɪ] 1. *adj.* entgegengesetzt; 2. *n.* **on the ~** im Gegenteil; 3. *adv.* **~ to sth.** entgegen einer Sache
contrast 1. [kənˈtrɑːst] *v. t.* gegenüberstellen; 2. [kənˈtrɑːst] *v. i.* **~ with sth.** sich von etw. abheben; 3. [ˈkɒntrɑːst] *n.* a) Kontrast, *m.*; Gegensatz, *m.*
contrasting [kənˈtrɑːstɪŋ] *adj.* kontrastierend; gegensätzlich
contribute [kənˈtrɪbjuːt] *v. t.* beitragen; beisteuern; spenden
contribution [kɒntrɪˈbjuːʃn] *n.* a) **make a ~ to** etw. spenden;.; b) (Sache) Beitrag, *m.*; Spende, *f.*
contributor [kənˈtrɪbjutər] *n.* a) Spender, *m.*/Spenderin, *f.*; b) (Werk) Mitarbeiter, *m.*/Mitarbeiterin, *f.*
contrive [kənˈtraɪv] *v. t.* ersinnen; sich (Dat.) ausdenken
contrived [kənˈtraɪvd] *adj.* künstlich
control [kənˈtrəʊl] 1. *n.* a) Kontrolle, *f.* (of über+ Akk.); Leitung, *f.*; 2. *v. t.*, **-ll-:** a) kontrollieren; steuern; b) beherrschen
controversial [kɒntrəˈvɜːʃl] *adj.* umstritten; strittig
controversy [ˈkɒntrəvɜːsɪ, kənˈtrɒvəsɪ] *n.* Kontroverse, *f.*; Auseinandersetzung, *f.*
convalescence [kɒnvəˈlesns] *n.* (Körper, Medizin) Genesung, *f.*; Rekonvaleszens, *f.*
convalescent [kɒnvəˈlesnt] 1. *adj.* rekonvaleszent (Körper, Medizin); genesend; 2. *n.* Rekonvaleszent, *m.*/Rekonvaleszentin, *f.*; Genesende, *m./f.*
convector [kənˈvektər] *n.* Konvektor, *m.*
convene [kənˈviːn] 1. *v. t.* einberufen; 2. *v. i.* zusammenkommen; (Konferenz) zusammentreten
convenience [kənˈviːnɪəns] *n.* a) *no pl.* Annehmlichkeit, *f.*; Bequemlichkeit, *f.*; b) Toilette, *f.*; **public ~** öffentliche Toilette, *f.*
convenient [kənˈviːnɪənt] *adj.* angenehm; günstig
convention [kənˈvenʃn] *n.* a) Brauch, *m* b) *no art.* Konvention, *f.*; **break with ~s** sich über die Konventionen hinwegsetzen; c) Konferenz, *f.*; d) (Völkerrechts-)Konvention, *f.*
conventional [kənˈvenʃənl] *adj.* konventionell; formell
converge [kənˈvɜːdʒ] *v. i.* **~** aufeinander zulaufen; sich annähern
convergence [kənˈvɜːdʒəns] *n.* Konvergenz, *f.*; Annäherung, *f.*; (Ort) Zusammentreffen, *n.*
convergent [kənˈvɜːdʒənt] *adj.* aufeinander zulaufend
conversation [kɒnvəˈseɪʃn] *n.* Konversation, *f.*; Unterhaltung, *f.*; Gespräch, *n.*
converse [kənˈvɜːs] *v. i.* **~** sich unterhalten
conversely [kənˈvɜːslɪ] *adv.* umgekehrt
conversion [kənˈvɜːʃn] *n.* a) Umwandlung, *f.* (into in+ Akk.); b) Umbau, *m.*; c) *(Religion)* Konversion, *f.*; Bekehrung, *f.*
convert 1. [kənˈvɜːt] *v. t.* a) umwandeln (into in+ Akk.); b) **~ sth.** etw. umbauen; 2. *n.* *(Religion)* Konvertit, *m.*/Konvertitin, *f.*
convertible [kənˈvɜːtəbl] 1. *adj.* a) **be ~** wandelbar; b) **be ~** sich zu etw. umbauen lassen; 2. *n.* Kabrio[lett], *n.*
convey [kənˈveɪ] *v. t.* a) übermitteln; befördern; b) vermitteln
conveyance [kənˈveɪəns] *n.* a) Beförderung, *f.*; b) Beförderungsmittel, *n.*; c) (Jura) Übertragung, *f.*; Überschreibung, *f.*
conveyer, conveyor [kənˈveɪər] *n.* Förderer, *m.*; (Industrie) Förderband, *n.*;

Fließband, n.
convict 1. [ˈkɒnvɪkt] n. Strafgefangener, m./Strafgefangene, f.; 2. [kənˈvɪkt] v. t. a) verurteilen; b) ~ **sb. of sth.** jmdm. wegen etw. (Gen.) überführen
conviction [kənˈvɪkʃn] n. a) Verurteilung, f.; b) Überzeugung, f.
convince [kənˈvɪns] v. t. überzeugen
convincing [kənˈvɪnsɪŋ] adj., **convincingly** [kənˈvɪnsɪŋli] adv. überzeugend
cook [kʊk] 1. v. t. kochen; garen; zubereiten; braten; 2. v. i. kochen; garen; 3. n. Koch, m./Köchin, f.
cookery [ˈkʊkərɪ] n. Kochen, n.;ˈ**cookery book** n. (Brit.) Kochbuch, n.
cookie [ˈkʊkɪ] n. Plätzchen, n.; Keks, m.
cooking [ˈkʊkɪŋ] n. Kochen, n.
cool [ku:l] 1. v. i. abkühlen; 2. v. t. kühlen; abkühlen; 3. adj. (Temperatur) kühl; luftig; 4. n. Kühle, f.
~ '**down** 1. v. i. a) abkühlen; sich abkühlen; b) *(bildlich)* sich beruhigen; 2. v. t. abkühlen
cool box n. Kühlbox, f.
cooler [ˈku:lər] n. Kühler, m.
coolly [ˈku:lɪ] adv. a) kühl; b) *(bildlich)* ruhig; c) unverfroren; kaltblütig
coolness [ˈku:lnɪs] n., no pl. Kühle, f.; *(bildlich)* Ruhe, f.; (Charakter) Kühle, f.; Kaltblütigkeit, f.
co-operate [kəʊˈɒpəreɪt] v. i. kooperieren, mitarbeiten (in bei); zusammenarbeiten (in bei); mitmachen *(ugs.)*; ~ **with sb.** mit jmdm. zusammenarbeiten
co-operation [kəʊɒpəˈreɪʃn] n. Kooperation, f.; Mitarbeit, f.; Zusammenarbeit, f.
co-ordinate 1. [kəʊˈɔ:dɪnət] v. t. koordinieren; 2. [kəʊˈɔ:dɪnət] n. a) (Mathematik) Koordinate, f.; b) in pl. (Kleidung) Kombination, f.
co-ordination [kəʊɔ:dɪˈneɪʃn] n. Koordination, f.
cope [kəʊp] v. i. ~ **with sb./sth.** mit jmdm./etw. fertig werden
Copenhagen [kəʊpnˈheɪɡn] pr. n. Kopenhagen
co-pilot [ˈkəʊpaɪlət] n. Kopilot, m./Kopilotin, f.
copper [ˈkɒpər] 1. attrib. adj. a) (made of ~) kupfern; Kupfer-; b) kupferfarben; kupfern; 2. n. a) Kupfer, n.; b) Kupfermünze, f.
copy [ˈkɒpɪ] 1 v. t. a) kopieren; fotokopieren; abschreiben; b) nachahmen; 2. v. i. a) kopieren; b) abschreiben; 3. n. Kopie, f.; Durchschlag, m.; Nachahmung, f.
copyright [ˈkɒpɪraɪt] 1. n. Copyright, n.; Urheberrecht, n.; 2. adj. urheberrechtlich geschützt
coral [ˈkɒrl] 1. attrib. adj. korallen; Korallen-; 2. n. Koralle, f.
cord [kɔ:d] n. a) Kordel, f.; b) (Stoff) Cord, m.
cordial [ˈkɔ:dɪəl] adj. herzlich
corduroy [ˈkɔ:dərɔɪ] n. Cordsamt, m.
core [kɔ:r] 1. v. t. entkernen; 2. n. a) Kerngehäuse, n.; b) *(bildlich)* Kern, m.
coriander [kɒrɪˈændər] n. Koriander, m.
cork [kɔ:k] 1. v. t. verkorken; 2. n. a) Kork, m.; b) Korken, m.
corkscrew n. Korkenzieher, m.
corn [kɔ:n] n. a) Getreide, n.; Korn, n.; **sweet ~** Mais, m.
corned beef [kɔ:nd ˈbi:f] n. Corned beef, n.
corner [ˈkɔ:nər] n. a) Ecke, f.; Kurve, f.; **at the ~** an der Ecke; b) Ecke, f.;Winkel, m.
corn: ~**field** n. Kornfeld, n.; (Amer.) Maisfeld, n.; ~**flakes** n. pl. Corn-flakes Pl.; ~**flower** n. Kornblume, f.
coronation [kɒrəˈneɪʃn] n. Krönung, f.
corporal [ˈkɔ:pərəl] adj. körperlich
corporate [ˈkɔ:pərət] adj. körperschaftlich; **body ~** Körperschaft, f.
corporation [kɔ:pəˈreɪʃn] n. a) (öffentliche) Verwaltung, f.; b) Korporation, f.; Körperschaft, f.
corpse [kɔ:ps] n. Leiche, f.; Leichnam, m.
corpulent [ˈkɔ:pjʊlənt] adj. korpulent
correct [kəˈrekt] 1. v. t. korrigieren; verbessern; 2. adj. richtig; korrekt
correction [kəˈrekʃn] n. Korrektur, f.
corrective [kəˈrektɪv] adj. korrigierend
correctly [kəˈrektlɪ] adv. richtig; korrekt
correlation [kɒrəˈleɪʃn] n. (Wissenschaft) Korrelation, f.; Beziehung, f.; Zusammenhang, m.
correspond [kɒrɪˈspɒnd] v. i. a) ~ **to sth.** etwas entsprechen; zusammenpassen; b) ~ **with sb.** mit jmdm. korrespondieren
correspondence [kɒrɪˈspɒndəns] n. a) Briefwechsel, m.; Korrespondenz, f.; b) Übereinstimmung
correspondent [kɒrɪˈspɒndənt] n. a) Brieffreund, m./-freundin, f.; b) (Medien) Korrespondent, m./Korrespondentin, f.; Berichterstatter, m./-erstatterin, f.
corresponding [kɒrɪˈspɒndɪŋ] adj. entsprechend (to Dat.)
corridor [ˈkɒrɪdɔ:r] n. a) Korridor, m.; Flur, m.; Gang, m.; Galerie, f.; b) Seitengang, m.

corrode [kəˈrəʊd] 1. *v. t.* zerfressen; (Gestein) korrodieren; 2. *v. i.* zerfressen werden; korrodieren

corrosion [kəˈrəʊʒn] *n.* Korrosion, *f.*; Zerfall, *m.*

corrosive [kəˈrəʊsɪv] *adj.* zerstörend; korrosiv; (Chemie) ätzend; *(bildlich)* zerstörerisch

corrupt [kəˈrʌpt] 1. *adj.* korrupt.; 2. *v. t.* bestechen

corruption [kəˈrʌpʃn] *n.* Korruption, *f.*

cortisone [ˈkɔːtɪzəʊn] *n.* Kortison, *n.*

cosily [ˈkəʊzɪlɪ] *adv.* bequem; gemütlich

cosmetic [kɒzˈmetɪk] *adj.* (literarisch oder bildlich) kosmetisch

cosmic [ˈkɒzmɪk] *adj.* (literarisch oder bildlich) kosmisch

cosmonaut [ˈkɒzmənɔːt] *n.* Kosmonaut, *m.*/Kosmonautin, *f.*

cosmos [ˈkɒzmɒs] *n.* Kosmos, *m.*

cost [kɒst] 1. *v. t.* kosten; 2. *n.* Kosten *Pl.*

costly [ˈkɒstlɪ] *adj.* teuer; kostspielig

costume [ˈkɒstjuːm] *n.* Kostüm, *n.*

cosy [ˈkəʊzɪ] *adj.* gemütlich; behaglich

cot [kɒt] *n.* (Brit.) Kinderbett, *n.*

cottage [ˈkɒtɪdʒ] *n.* Cottage, *n.*; Häuschen, *n.*

cotton [ˈkɒtn] *n.* Baumwolle, *f.*

cotton: ~ **'wool** *n.* Watte, *f.*

couch [kaʊtʃ] *n.* Couch, *f.*

cough [kɒf] 1. *v. i.* husten; 2. *n.* Husten, *m.*

could siehe **can**

couldn't [ˈkʊdnt] (*ugs.*) = **could not**; siehe **can**

council [ˈkaʊnsl] *n.* Rat, *m.*; **local** ~ Gemeinderat, *m.*

council: ~ **flat** *n.* Sozialwohnung, *f.*

counsel [ˈkaʊnsl] *v. t.*, (Brit.) -ll- beraten; 2. *n.* a) Beratung, *f.*; b) Ratschlag, *m.*

count [kaʊnt] 1. *v. t.* a) zählen; berechnen; b) mitzählen; 2. *v. i.* zählen; 3. *n.* Zählen, *n.*; Zählung, *f.*

count *n.* Graf, *m.*

countdown *n.* Countdown, *m.*

countenance [ˈkaʊntɪnəns] 1. *v. t.* gutheißen; 2. *n.* Gesichtsausdruck, *m.*

counter [ˈkaʊntər] *n.* Ladentisch, *m.*; Büfett, *n.*; Schalter, *m.*

counter 1. *adj.* entgegengesetzt; Gegen-/gegen-; 2. *v. t.* a) begegnen (+ Dat.); b) kontern

counterfeit [ˈkaʊntəfɪt, ˈkaʊntəfiːt] 1. *v. t.* fälschen; 2. *adj.* falsch, unecht

countess [ˈkaʊntɪs] *n.* Gräfin, *f.*

countless [ˈkaʊntlɪs] *adj.* zahllos

country [ˈkʌntrɪ] *n.* Land, *n.*; Landschaft, *f.*; ~**side** *n.* a) Land, *n.*; b) Landschaft, *f.*

county [ˈkaʊntɪ] *n.* (Brit.) Grafschaft, *f.*

couple [kʌpl] 1. *v. t.* a) verbinden; b) koppeln; 2. *n.* Paar, *n.*; **married** ~ Ehepaar, *m.*

coupon [ˈkuːpɒn] *n.* Coupon, *m.*; (Rationierung) Marke, *f.*; Gutschein, *m.*; (Lotto) Tippschein, *m.*

courage [ˈkʌrɪdʒ] *n.* Mut, *m.*

courageous [kəˈreɪdʒəs] *adj.*, **courageously** [kəˈreɪdʒəslɪ] *adv.* mutig

courgette [kʊəˈʒet] *n.* (Brit.) Zucchino, *m.*

courier [ˈkʊrɪər] *n.* a) (Tourismus) Reiseleiter, *m.*/-leiterin, *f.*; b) Kurier, *m.*, Bote, *m.*

course [kɔːs] *n.* a) Kurs, *m.*; b) **of** ~ natürlich

court [kɔːt] 1. *v. t.* **to** ~ **sb.** jmdn. umwerben; ~**ing** couple Liebespärchen, *n.*; 2. *n.* a) Hof, *m.*; b) (Sport) Spielfeld, *n.*; Platz, *m.*; c) Hof, *m.*; d) (Jura) Gericht, *n.*

courteous [ˈkɜːtɪəs] *adj.* höflich

courtesy [ˈkɜːtəsɪ] *n.* Höflichkeit, *f.*

court-house *n.* (Gericht) Gerichtsgebäude, *n.*

courtroom *n.* (Gericht) Gerichtssaal, *m.*

courtship [ˈkɔːtʃɪp] *n.* Werben, *n.*

courtyard *n.* Hof, *m.*

cousin [ˈkʌzn] Cousin, *m.*/Cousine, *f.*

cover [ˈkʌvər] 1. *v. t.* a) bedecken; b) *(bildlich)* verbergen; abdecken; c) (Strecke) zurücklegen; d) (Thema) abdecken; behandeln; 2. *n.* a) Decke, *f.* Bezug, *m.*; Deckel, *m.*; Abdeckung, *f.*; b) Einband, *m.*; Umschlag, *m.*; Plattenhülle, *f.*; c) (Ort) Schutz, *m.*; **take** Schutz suchen; d) Briefumschlag, *m.*; e) in *pl.* Bettzeug, *n.*

covering [ˈkʌvərɪŋ] *n.* Decke, *f.*; Bezug, *m.*

covert [ˈkʌvət] *adj.* versteckt

cover-up *n.* Verschleierung, *f.*

covet [ˈkʌvɪt] *v. t.* begehren

covetous [ˈkʌvɪtəs] *adj.* begehrlich

cow [kaʊ] *n.* Kuh, *f.*

coward [ˈkaʊəd] *n.* Feigling, *m.*

cowardice [ˈkaʊədɪs] *n.* Feigheit, *f.*

cowardly [ˈkaʊədlɪ] *adj.* feige

cowboy *n.* Cowboy, *m.*

cowherd *n.* Kuhherde, *f.*

co-worker [ˈkəʊwɜːkər] *n.* Kollege, *m.*/Kollegin, *f.*

cow: ~**-shed** *n.* Kuhstall, *m.*

coyote [kəˈjəʊtɪ, ˈkɔɪəʊt] *n.* (Tierwelt) Kojote, *m.*

crab [kræb] *n.* Krabbe, *f.*

crack [kræk] 1. *v. t.* a) (literarisch oder bildlich)

knacken; 2. *v. i.* a) (Material) Risse bekommen; einen Sprung bekommen; (Haut) aufspringen, rissig werden; b) knacken; krachen; 4. *n.* a) Krachen, *n.*; b) Schlag, *m.*; c) (Material) Sprung, *m.*; Spalte, *f.*
cracker [ˈkrækər] *n.* a) Knallkörper, *m.*; b) Knallbonbon, *m.* oder *n.*; c) (Gebäck) Cracker, *m.*
crackle [krækl] 1. *v. i.* (Feuer) knistern; 2. *n.* (Feuer) Knistern, *n.*
cradle [kreɪdl] 1. *v. t.* wiegen; 2. *n.* (literarisch oder bildlich) Wiege, *f.*; **from the ~ to the grave**: von der Wiege bis zur Bahre
craft [kraft] *n.* Handwerk, *n.*
craftsman [ˈkraftsmən] *n.*, *pl.* **craftsmen** [ˈkraftsmən] Handwerker, *m.*
cram [kræm] *v. t.*, **-mm-**: a) vollstopfen *(ugs.)*; stopfen; b) mästen
cramp [kræmp] *v. t.* einengen; zusammenpferchen
cramped [kræmpt] *adj.* (Ort) eng; gedrängt
cranberry [ˈkrænbərɪ] *n.* Preiselbeere, *f.*
crane [kreɪn] *n.* a) (Mechanik) Kran, *m.*; b) Kranich, *m.*
crash [kræʃ] 1. *v. i.* a) (Ton) krachen; b) (Verkehr) einen Unfall haben; 2. *v. t.* a) einen Unfall haben mit; 3. *n.* a) (Ton) Krachen, *n.*; b) (Verkehr) Zusammenstoß, *m.*;
crate [kreɪt] *n.* Kiste, *f.*
crater [ˈkreɪtər] *n.* Krater, *m.*
cravat [krəˈvæt] *n.* Krawatte, *f.*; Halstuch, *n.*
craving [ˈkreɪvɪŋ] *n.* Verlangen, *n.*
crawl [krɔːl] 1. *v. i.* kriechen; krabbeln; 2. *n.* a) Kriechen, *n.*; Krabbeln, *n.*
crayon [ˈkreɪən] *n.* Wachsmalstift, *m.*; Kreidestift, *m.*;
crazy [ˈkreɪzɪ] *adj.* a) verrückt; wahnsinnig; **go ~** verrückt oder wahnsinnig werden; b) **to be crazy ~ about sth.** nach etwas verrückt sein *(ugs.)*
creak [kriːk] 1. *v. i.* quietschen; knarren; 2. *n.* (Ton) Quietschen, *n.*; Knarren, *n.*
cream [kriːm] 1. *v. t.* cremig rühren oder schlagen; 2. *n.* a) Sahne, *f.*; b) (Kosmetik) Creme, *f.*
creamy [ˈkriːmɪ] *adj.* sahnig; cremig
crease [kriːs] 1. *v. t.* zerknittern; 2. *v. i.* Falten bekommen; knittern; 3. *n.* Falte, *f.*
create [kriːˈeɪt] *v. t.* a) schaffen; verursachen; erschaffen; b) (Kunst) schaffen; kreieren; **~ fashion** Mode kreieren
creation [krɪˈeɪʃn] *n.* a) *no pl.* Schaffung, *f.*; Erschaffung, *f.*; (Religion) Schöpfung, *f.*; b) *no pl.* Schöpfung, *f.*; c) (Kunst) Kreation, *f.*
creative [kriːˈeɪtɪv] *adj.* kreativ; schöpferisch
creator [krɪˈeɪtər] *n.* Schöpfer, *m.*/Schöpferin, *f.* (Religion) **the C~** der Schöpfer, *m.*
creature [ˈkriːtʃər] *n.* a) (Wesen) Geschöpf, *n.*; **living ~** Lebewesen, *n.*; b) Geschöpf, *n.*
crèche [kreʃ] *n.* Krippe, *f.*
credibility [kredəˈbɪlətɪ] *n.* Glaubwürdigkeit, *f.*
credible [ˈkredəbl] *adj.* (Person, Sache) glaubwürdig
credit [ˈkredɪt] 1. *v. t.* a) glauben; b) (Wirtschaft) gutschreiben; 2. *n.* a) no *pl.* Anerkennung, *f.*; Ehre, *f.*; b) *no pl.* (Wirtschaft) Kredit, *m.*
credit: ~ card *n.* Kreditkarte, *f.*
creditor [ˈkredɪtər] *n.* (Finanzen) Kreditor, *m.*/Kreditorin, *f.*; Gläubiger, *m.*/Gläubigerin, *f.*
credulity [krɪˈdjuːlɪtɪ] *n.*, *no pl.* Leichtgläubigkeit, *f.*
credulous [ˈkredjʊləs] *adj.* leichtgläubig
creed [kriːd] *n.* (literarisch oder bildlich) Glaubensbekenntnis, *n.*
creek [kriːk] *n.* kurzer Flussarm, *m.*
creep [kriːp] *v. i.*, **crept** kriechen; schleichen; krabbeln
creeper [ˈkriːpər] *n.* (Botanik) Kletterpflanze, *f.*; Kriechpflanze, *f.*
creepy [ˈkriːpɪ] *adj.* gruselig, unheimlich
crepe [kreɪp] *n.* Krepp, *m.*
crescent [ˈkresənt] *n.* a) Mondsichel, *f.*; Halbmond, *m.*; **~-shaped** halbmondförmig; b) (Brit.) halbkreisförmige Straße, *f.*
Crete [kriːt] *pr. n.* Kreta; *n.*
cretin [ˈkretɪn] *n.* a) Kretin, *m.*; b) Trottel, *m. (ugs.)*
crevice [ˈkrevɪs] *n.* Spalt, *m.*
crew [kruː] *n.* Crew, *f.*; Besatzung, *f.*; Mannschaft, *f.*
cricket [ˈkrɪkɪt] *n.* (Sport) Kricket, *n.*
cricket *n.* (Tierwelt) Grille, *f.*
cricket: ~ ball *n.* Kricketball, *m.*; **~ bat** Schlagholz, *n.*
cricketer [ˈkrɪkɪtər] *n.* Kricketspieler, *m.*/-spielerin, *f.*
cricket: ~ match *n.* Kricketspiel, *n.*; **~ pitch** *n.* Kricketfeld, *n.*
crime [kraɪm] *n.* Verbrechen, *n.*
criminal [ˈkrɪmɪnl] 1. *adj.* kriminell; strafbar; Straf-; **~ act** Straftat, *f.*; 2. *n.* Kriminelle, *m./f.*
criminal 'law *n.* Strafrecht, *n.*
crimson [ˈkrɪmzn] 1. *adj.* purpurrot; 2. *n.* Purpurrot, *n.*
cringe [krɪndʒ] *v. i.* zusammenzucken
crinkle [krɪŋkl] 1. *v. t.* knicken; zerknittern; kräu-

seln (Haar); 2. *v. i.* knittern; sich kräuseln; 3. *n.* Knick, *m.*; Knitterfalte, *f.*; Kräusel, *f.*
cripple [krɪpl] 1. *v. t.* zum Krüppel machen; *(bildlich)* lähmen; 2. *n.* (literarisch oder bildlich) Krüppel, *m.*
crippled [krɪpld] *adj.* verkrüppelt
crisis [ˈkraɪsɪs] *n.*, *pl.*
crises [ˈkraɪsiːz] Krise, *f.*
crisp [krɪsp] 1. *adj.* knusprig; knackig: trocken; frisch; 2. *n. usu. in pl.* (Brit.: potato ~s) Chip, *m.*
crispy [ˈkrɪspi] *adj.* knusprig; knackig
criss-cross [ˈkrɪskrɒs] *adv.* kreuz und quer
criterion [kraɪˈtɪərɪən] *n.*, *pl.* **criteria** [kraɪˈtɪərɪə] Kriterium, *n.*
critic [ˈkrɪtɪk] *n.* Kritiker, *m.*/Kritikerin, *f.*
critical [ˈkrɪtɪkl] *adj.* a) kritisch; b) (Zustand) kritisch; entscheidend
criticism [ˈkrɪtɪsɪzm] *n.* Kritik, *f.*
criticize [ˈkrɪtɪsaɪz] *v. t.* kritisieren (for wegen)
critique [krɪˈtiːk] *n.* Kritik, *f.*
croak [krəʊk] 1. *v. i.* quaken; krächzen; 2. *v. t.* krächzen; 3. *n.* (Frosch) Quaken, *n.*; (Rabe) Krächzen, *n.*
crockery [ˈkrɒkəri] *n.* Geschirr, *n.*
crocodile [ˈkrɒkədaɪl] *n.* Krokodil, *n.*
crocus [ˈkrəʊkəs] *n.* Krokus, *m.*
crook [krʊk] *v. t.* biegen
crooked [ˈkrʊkɪd] 1. *adj.* krumm; schief; 2. *n.* a) (Verhalten, Charakter, Person) Gauner, *m.*; b) Haken, *m.*; c) Hirtenstab, *m.*; *(Religion)* Krummstab, *m.*
crop [krɒp] *v. t.*, -pp- abschneiden; stutzen; (Gras) abweiden
croquet [ˈkrəʊkeɪ, ˈkrəʊkɪ] *n.* Krocket[spiel], *n.*
croquette [krəˈket] *n.* (Crooker) Krokette, *f.*
cross [krɒs] 1. *v. t.* a) kreuzen; ~ **one's fingers** *(bildlich)* die Daumen drücken; b) (Ort) kreuzen; überqueren; 2. *v. i.* aneinander vorbeigehen; sich kreuzen; 3. *adj.* a) ärgerlich; verärgern; 4. *n.* a) Kreuz, *n.*; Kreuzzeichen, *n.*; **the C~** das (Religion) Kruzifix, *n.*; Kreuz, *n.*
~ **'off** *v. t.* streichen
~ **'over** *v. t.* überqueren; *abs.* hinübergehen
crossing [ˈkrɒsɪŋ] *n.* a) Überquerung, *f.*; b) (Verkehr) Kreuzung, *f.*
crossly [ˈkrɒsli] *adv.* verärgert
crouch [kraʊtʃ] *v. i.* kauern
crow [krəʊ] 1. *v. i.* a) krähen; 2. *n.* a) Krähe, *f.*
crowbar [ˈkrəʊbɑː] *n.* Brechstange, *f.*
crowd [kraʊd] 1. *v. t.* füllen; vollstopfen; **~ed streets** verkehrsreiche Straßen; 2. *v. i.* sich sammeln; 3. *n.* a) Menschenmenge, *f.*; b) Zuschauermenge, *f.*
crowded [ˈkraʊdɪd] *adj.* voll; ereignisreich; ausgefüllt
crown [kraʊn] 1. *v. t.* a) krönen; b) krönen; **to ~ all** zur Könung des Ganzen; c) (Zahnmedizin) überkronen; 2. *n.* a) Krone, *f.*; **the C~** (Royal) die Krone; b) Scheitel, *m.*; (Baum-) Krone, *f.*; Gipfel, *m.*
crowning [ˈkraʊnɪŋ] 1. *n.* Krönung, *f.*; 2. *adj.* krönend
crown: ~ **'jewels** *n. pl.* Kronjuwelen; **C~ 'prince** *n.* (literarisch oder bildlich) Kronprinz, *m.*
crucial [ˈkruːʃl] *adj.* entscheidend (to für)
crucifix [ˈkruːsɪfɪks] *n.* Kruzifix, *n.*
crucify [ˈkruːsɪfaɪ] *v. t.* kreuzigen
crude [kruːd] *adj.* a) roh; Roh-; b) (Verhalten, Charakter, Person) grob, ordinär; ungehobelt

crudeness [ˈkruːdnɪs] *n.*, *no pl.* a) Primitivität, *f.*; b) Geschmacklosigkeit, *f.*
cruel [ˈkruːəl] *adj.*, (Brit.) -**ll**- grausam
cruelty [ˈkruːəltɪ] *n.* Grausamkeit, *f.*
cruise [kruːz] 1. *v. i.* a) herumfahren; b) eine Kreuzfahrt machen; 2. *n.* Kreuzfahrt, *f.*
cruiser [ˈkruːzər] *n.* Kreuzer, *m.*
crumb [krʌm] *n.* Krümel, *m.*
crumble [ˈkrʌmbl] 1. *v. t.* zerbröckeln; zerkrümeln; 2. *v. i.* krümeln; zerbröckeln; zerfallen
crumple [ˈkrʌmpl] 1. *v. t.* a) zerquetschen; zerdrücken; b) zerknittern; 2. *v. i.* knittern
crunch [krʌntʃ] 1. *v. t.* knabbern; knuspern; 2. *v. i.* knirschen; zersplittern; 3. *n.* Knirschen, *n.*
crunchy [ˈkrʌntʃɪ] *adj.* knusprig; knackig
crusade [kruːˈseɪd] *n.* Kreuzzug, *m.*
crusader [kruːˈseɪdər] *n.* Kreuzfahrer, *m.*; Kreuzritter; *m.*
crush 1. *v. t.* quetschen; zerquetschen; 2. *n.* Gedränge, *n.*
crust [krʌst] *n.* Kruste, *f.*
cry [kraɪ] 1. *n.* a) Schrei, *m.*; Schreien, *n.*; Geschrei, *n.*; 2. *v. t.* a) rufen; schreien; b) weinen; 3. *v. i.* a) rufen; schreien; ~ **out for sth.** nach etw. rufen; b) weinen
~ **'out** *v. i.* aufschreien
crying [ˈkraɪɪŋ] *attrib. adj.* weinend; schreiend
cryptic [ˈkrɪptɪk] *adj.* a) undurchschaubar; b) geheimnisvoll
crystal [ˈkrɪstl] 1. *n.* (Material) Kristall, *m.*; 2. *adj.* kristallen
crystallization [krɪstəlaɪˈzeɪʃn] *n.* Kristallbildung, *f.*; Kristallisation, *f.*

cube [kju:b] *n.* Würfel, *m.*; Kubus, *m.*
cubic [ˈkju:bɪk] *adj.* a) würfelförmig; b) Kubik-; ~ **metre** Kubikmeter; *m.*
cuckoo [ˈkʊku:] *n.* Kuckuck, *m.*
cucumber [ˈkju:kʌmbər] *n.* Gurke, *f.*
cuddle [ˈkʌdl] 1. *v. t.* schmusen mit; hätscheln; 2. *v. i.* schmusen; 3. *n.* Liebkosung, *f.*;
cuddly [ˈkʌdlɪ] *adj.* verschmust
cuisine [kwɪˈzi:n] *n.* Küche, *f.*
cul-de-sac [ˈkʌldəsæk] *n.*, *pl.* **culs-de-sac** Sackgasse, *f.*
culinary [ˈkʌlɪnərɪ] *adj.* kulinarisch
culminate [ˈkʌlmɪneɪt] *v. i.* kulminieren; gipfeln in
culpable [ˈkʌlpəbl] *adj.* schuldig; strafbar
cult [kʌlt] *n.* Kult, *m.*; *attrib.* Kult-
cultivate [ˈkʌltɪveɪt] *v. t.* a) kultivieren; (Land) bestellen, bebauen; b) anbauen, züchten; c) *(bildlich)* kultivieren
cultivation [kʌltɪˈveɪʃn] *n.* (literarisch oder bildlich) Kultivierung, *f.*
cultural [ˈkʌltʃərl] *adj.* kulturell
culture *n.* Kultur, *f.*
cultured [ˈkʌltʃəd] *adj.* kultiviert; gebildet
cunning [ˈkʌnɪŋ] 1. *adj.* schlau; gerissen; 2. *n.* Schläue, *f.*; Gerissenheit, *f.*
cup [kʌp] *n.* Tasse, *f.*
cupboard [ˈkʌbəd] *n.* Schrank, *m.*
curable [ˈkjʊərəbl] *adj.* heilbar
curb [kɜ:b] *v. t.* (literarisch oder bildlich) zügeln
curdle [ˈkɜ:dl] 1. *v. t.* (literarisch oder bildlich) gerinnen lassen; 2. *v. i.* (literarisch oder bildlich) gerinnen

curds [kɜ:dz] *n. pl.* Quark, *m.*
cure [kjʊər] 1. *v. t.* a) heilen; kurieren; b) *(bildlich)* kurieren; 2. *n.* a) *(bildlich)* Mittel, *n.*; Heilmittel, *n.* (for gegen); b) Heilung, *f.*; c) Behandlung, *f.*
curfew [ˈkɜ:fju:] *n.* Ausgangssperre, *f.*
curiosity [kjʊərɪˈɒsɪtɪ] *n.* a) Neugier[de], *f.*; b) Kuriosum; *n.*; Wunderding, *n.*
curious [ˈkjʊərɪəs] *adj.* a) neugierig; wissbegierig; b) merkwürdig; seltsam
curiously [ˈkjʊərɪəslɪ] *adv.* neugierig; seltsam, merkwürdig
curl [kɜ:l] 1. *v. t.* a) locken; kräuseln; b) kräuseln; 2. *v. i.* sich kräuseln; sich locken; 3. *n.* a) Locke, *f.*; b) Kräusel, *n.*
curling [ˈkɜ:lɪŋ] *n.* Curling, *n.*; Eisschießen, *n.*
curly [ˈkɜ:lɪ] *adj.* lockig, kraus
currant [ˈkʌrənt] *n.* a) Johannisbeere, *f.*; b) Korinthe, *f.*
currency [ˈkʌrənsɪ] *n.* a) Währung, *f.*; **foreign currencies** Devisen *Pl.*; b) Zahlungsmittel, *n.*
current [ˈkʌrənt] 1. *adj.* a) verbreitet; gebräuchlich; gängig; b) laufend; **the ~ costs** die laufenden Kosten; c) aktuell; ~ **affairs** Tagespolitik, *f.*; 2. *n.* a) Strömung, *f.*; b) (Elektrizität) Strom, *m.*; Stromstärke, *f.*; c) Tendenz, *f.*; Trend, *m.*
currently [ˈkʌrəntlɪ] *adv.* gegenwärtig; momentan
curriculum [kəˈrɪkjʊləm] *n.*, *pl.* **curricula** [kəˈrɪkjʊlə] Lehrplan, *m.*
curriculum vitae [kərɪkjʊləm ˈvi:taɪ] *n.* Lebenslauf, *m.*
curry [ˈkʌrɪ] *n.* Curry[gericht], *n.*
curry-powder *n.* Currypulver, *n.*
curse [kɜ:s] 1. *v. t.* a)verfluchen; verdammen; b) strafen; 2. *v. i.* fluchen (at über+ Akk.); 3. *n.* a) Fluch, *m.*
cursed [ˈkɜ:sɪd] *adj.* verflucht
cursor [ˈkɜ:sər] *n.* Läufer, *m.*; (Computer) Cursor, *m.*
curt [kɜ:t] *adj.* kurz angebunden
curtail [kɜ:ˈteɪl] *v. t.* kürzen; abkürzen
curtain [ˈkɜ:tən] *n.* Vorhang, *m.*
curve [kɜ:v] 1. *v. t.* krümmen; 2. *v. i.* sich krümmen; 3. *n.* a) Kurve, *f.*; b) Rundung, *f.*
curved [kɜ:vd] *adj.* gekrümmt; krumm; gebogen
cushion [ˈkʊʃn] 1. *v. t.* a) polstern b) (Bewegung) dämpfen; 2. *n.* a) Kissen, *n.*; b) (Schutz) Kissen, *n.*; Polster, *n.*
custody [ˈkʌstədɪ] *n.* Obhut, *f.*
custom [ˈkʌstəm] *n.* a) Sitte, *f.*; Brauch, *m.*; b) in *pl.* Zoll, *m.*; **C~s** der Zoll; c) Kundschaft, *f.*
customary [ˈkʌstəmərɪ] *adj.* üblich
customer [ˈkʌstəmər] *n.* Kunde, *m.*/Kundin, *f.*; Gast, *m.*; (Veranstaltung) Besucher, *m.*/Besucherin, *f.*
cut [kʌt] 1. *v. t.*, -tt-, cut a) (sich selbst) schneiden; b) durchtrennen; durchschneiden; c) stutzen; abschneiden; ~ **one's hair** sich (Dat.) die Haare schneiden; ~ **trees** Bäume fällen; d) schnitzen; e) senken; ~ **the price** den Preis senken; 2. *v. i.*, -tt-, a) schneiden; sich schneiden lassen; b) sich schneiden; 3. *n.* a) Schnitt, *m.*; b) Hieb, *m.*; Schnittwunde, *f.*; c) Kürzung, *f.*; Senkung, *f.*
~ **'off** *v. t.* a) abtrennen; abschneiden; abschlagen; b)

unterbrechen; abstellen
~ out v. t. a) ausschneiden (out of aus); b) aufhören mit
cute [kjuːt] adj. (esp. Amer.) niedlich; süß; entzückend
cut 'glass n. Kristall[glas], n.
cuticle ['kjuːtɪkl] n. Nagelhaut, f.; Epidermis, f. (fachspr.); Oberhaut, f.
cutlery ['kʌtlərɪ] n Besteck, n
cutlet ['kʌtlɪt] n a) Kotelett, n.; b) veal ~: Frikandeau, n.; c) Hacksteak, n
cutter ['kʌtər] n a) Zuschneider, m./-schneiderin, f.; (Film) Cutter, m./Cutterin, f.; b) Schneidmaschine, f.; c) (Seefahrt) Kutter

cutting ['kʌtɪŋ] 1. adj beißend, f. 2. n. a) Zeitungs-Ausschnitt, m.; b) (Botanik) Ableger
cycle ['saɪkl] 1. v. i. radfahren 2. n. a) Zyklus, m.; Turnus, m. b) Rad, n.
cyclic ['saɪklɪk], cyclical adj zyklisch
cyclist ['saɪklɪst] n Radfahrer, m./-fahrerin, f
cyclone ['saɪkləʊn] n Zyklon, f. (fachspr.); Tiefdruckgebiet, n.
cylinder ['sɪlɪndər] n Zylinder, m.; Gasflasche, f.; Sauerstoffflasche, f.
cynic ['sɪnɪk] n Zyniker, m.
cynical ['sɪnɪkl] adj zynisch; bissig
cynicism ['sɪnɪsɪzm] n Zy-

nismus, m.
cypress ['saɪprɪs] n Zypresse, f.
Cypriot ['sɪprɪət] 1. adj zyprisch; zypriotisch. 2. n. Zypriot, m./Zypriotin, f.
Cyprus ['saɪprəs] pr n. Zypern
Czech [tʃek] 1.adj tschechisch. 2. n. a) Tschechisch, n.; b) Tscheche, m./Tschechin, f.
Czechoslovakia [tʃekəʊsləˈvækɪə] n f. Tschechoslowake
Czechoslovakian [tʃekəʊsləˈvækɪən] 1. adj tschechoslowakisch. 2. pr. n. Tschechoslowakei, m./Tschechoslowakien, f

D

D, d [di:] *n., pl.* Ds or D's D, d, *n.*;
dab [dæb] 1*v. t.* -bb- abtupfen; antippen; tupfen; 2.*v. i.* -bb- betupfen; 3. *n.* Tupfer, *m.*
dab (Brit.) 1. *adj.* geschickt; 2. *n.* Könner, *m.*
dabble ['dæbl] 1. *v t* befeuchten 2. *v. i.* ~ in/at sth. sich in etw. (Dat.) versuchen
dad [dæd] *n.* Vater, *m.*
daddy ['dædɪ] *n.* Vati, *m.*; Papa, *m.*
dagger ['dægər] *n* Dolch, *m.*
daily ['deɪlɪ] 1.*adj.* täglich, *f.*; 2. *adv.* täglich; jeden Tag; Tag für Tag. 3. *n.* a) Tageszeitung, *f.*; b) (Brit.) Reinemachefrau, *f*
dainty ['deɪntɪ] 1. *adj.* anmutig; zierlich; zart 2. *n* Delikatesse, *f.*; Leckerbissen, *m*
dairy ['deərɪ] *n.* a) Molkerei, *f.*; b) Milchladen, *m*
dam [dæm] 1. *n* damm, *m.*; (Biber-) Damm, *m.* 2. *v. t.* a) abblocken; b) aufstauen
dam *n.* (Tierwelt) Muttertier, *n*
damage ['dæmɪdʒ] 1. *v. t.* a) beschädigen; b) schädigen; 2. *n.* a) *no pl.* Schaden, *m.*; b) in *pl.* (Recht) Schaden
damaging ['dæmɪdʒɪŋ] *adj* schädlich
dame [deɪm] *n.* a) D~ (Brit.) Dame; (Titel) b) D~ Dame, *f.*
damn [dæm] 1. *v. t.* a) verreißen; b) verdammen; c) verflucht; 2. Fluch, *m.* 3. *adj.* verdammt
damnation [dæm'neɪʃn] 1. *n* Verdammnis, *f.* 2. *int.* verdammt
damned [dæmd] 1. *adj* verdammt *(ugs.)* 2. *adv.* verdammt
damp [dæmp] *1. v. t.* a) befeuchten; b) ~ a lamp eine Lampe ersticken; c) dämpfen 2. *adj.* feucht; 3. *n.* Feuchtigkeit
dance [dɑns] 1. *v. i.* tanzen; herumtanzen 2. *v. t.* a) tanzen; b) schaukeln; 3. *n.* Tanz, *m.*
dancer ['dɑnsər] *n.* Tänzer, *m.*/Tänzerin, *f*
dandelion ['dændɪlaɪən] *n.* Löwenzahn, *m*
dandruff ['dændrɑf] *n.* Kopfschuppen *Pl*
danger ['deɪndʒər] *n* Gefahr, *f.*
dangerous ['deɪndʒərəs] dangerously
dangle ['dæŋgl] 1.*v. i.* baumeln . 2.*v. t.* baumeln lassen
Danish ['deɪnɪʃ] 1. *adj* dänisch 2. *n.* Dänisch, *n*
Danube ['dænjuːb] *pr. n.* Donau, *f*
dark [dak] 1. *adj* a) dunkel; finster; düster; b) (Farbe) dunkel; dunkelhäutig; dunkelhaarig; c) böse; finster; d) traurig; finster; düster
darken ['dakn] 1. *v. t.* a) verdunkeln; b) verdüstern; 2 *v. i.* dunkel werden
darkness ['daknɪs] *n., no pl.* Dunkelheit, *f*
darling ['dalɪŋ] 1. *adj.* geliebt; 2. *n.* Liebling, *m*
darn [dan] 1. *v. t.* stopfen. 2. *n.* gestopfte Stelle
darned [dand] *(sl.)* 1. *adj.* verflixt *(ugs.).* 2. *adv.* verflixt
darning ['danɪŋ] *n.* Stopfen, *n*
dart [dat] 1. *v. i.* sausen; 2. *n.* a) Pfeil, *m.*; b) Wurfpfeil, *m.*; ~s *sing.* Darts, *n*
dash [dæʃ] 1. *v. i.* sausen, sich beeilen 2.*v. t.* a) zerschlagen; b) schleudern; schmettern; c) zerschlagen 3. *n* a) rasen; b) Gedankenstrich, *m.*; c) Strich, *m.*
data ['deɪtə, 'dɑtə] *n pl.*, Daten *Pl*
date [deɪt] *n.* (Botanik) Dattel, *f*
date 1. *n* a) Datum, *n.*; Jahreszahl, *f.* b) Verabredung, *f.*; c) Freund, *m.*/Freundin, *f.* 2. *v. t.* a) datieren; b) alt machen. 3. *v. i.* a) stammen; b) aus der Mode kommen
dative ['deɪtɪv] 1. *adj.* Dativ; dativisch; ~ case Dativ, *m.* 2. *n.* Dativ, *m*
daughter ['dɔːtər] *n.* (literarisch oder bildlich) Tochter, *f*
dawn [dɔːn] 1. *v. i.* a) dämmern; b) anbrechen; aufkommen 2. *n* Dämmerung, *f.*
day [deɪ] *n.* a) Tag, *m.*; the ~ after der Tag danach
-day *adj. in comb.* -tägig; two ~-old zwei Tage alt
daze [deɪz] *v. t.* benommen machen
dazzle ['dæzl] *v. t.* (literarisch oder bildlich) blenden; überwältigen
dead [ded] 1. *adj.* a) tot; b) (Gefühle) tot; erloschen; verbraucht, leer; (Leitung) tot; c) plötzlich; völlig d) taub; e) erschöpft; kaputt. 2. *adv.* a) völlig; b) ~ on time auf die Minute; 3. *n.* a) in the ~ of the night mitten in der Nacht; b) *pl.* the ~: die Toten
deadly ['dedlɪ] 1.*adj* tödlich; 2. *adv.* tot
deaf [def] *adj* a) taub; b) be ~ to sth. kein Ohr für etw. haben
deafen ['defn] *v. t.* zur Taubheit führen
deafness ['defnɪs] *n., no pl.* Taubheit, *f*
deal [diːl] *1. v. t.* dealt a)

austeilen; b) versetzen. 2. *v. i.* dealt a) handeln; b) ~ with sth. sich mit etw. befassen; 3. *n.* a) Geschäft, *n.*; b) eine Vereinbarung treffen; c) (Karten) it's your ~: du gibst ~
dealer ['diːlər] *n* Händler
dean [diːn] *n.* a) (Kirche) Dechant, *m.*; Dekan, *m.*; b) (Universität) Dekan, *m*
dear [dɪər] 1. *adj.* a) lieb; geliebt; b) D~ Sir or Madam Sehr geehrte Damen und Herren; c) teuer. 2. *int.* oh ~! Oh Mann! 3. *n.* a) my ~ mein Liebling; 4. *adv.* teuer
death [deθ] *n.* a) Tod, *m.*; b) Todesfall, *m*
deathly ['deθlɪ] 1. *adj* tödlich, *f.* 2. *adv.* tödlich
debase [dɪ'beɪs] *v. t.* herabsetzen, verschlechtern; entwürdigen
debate [dɪ'beɪt] *1. v. t.* debattieren über; 2. *n.* Debatte, *f*
debility [dɪ'bɪlɪtɪ] *n.* Schwäche, *f.*; Kraftlosigkeit, *f*
debit ['debɪt] 1. *v. t.* belasten; 2. *n.* Soll, *n.*; Lastschrift
debris ['debriː, 'deɪbriː] *n.*, *no pl.* Trümmer *Pl*
debt [det] *n.* Schuld, *f.*
debug [diː'bʌg] *v. t.*, -gg- (Tonanlagen) von Wanzen befreien
debut (Amer.) ['deɪbuː, 'deɪbjuː] *n.* Debüt, *n.*
debutante (Amer.) ['debjuːtant, 'deɪbjuːtant] *n.* Debütantin, *f*
decade ['dekeɪd] *n.* Jahrzehnt, *n.*; Dekade, *f*
decay [dɪ'keɪ] 1. *v. i.* a) verrotten; verfaulen; faul werden; b) verfallen. 2. *n.* a) Verrotten, *n.*; Zerfall b) Verfall, *m*
decease [dɪ'siːs] *n.* (Justiz) Ableben, *n*
deceased [dɪ'siːst] (Justiz) 1. *adj.* verstorben. 2. *n.* Verstorbene, *m./f*

deceit [dɪ'siːt] *n.* Täuschung, *f.*; Betrug, *m.*
deceitful [dɪ'siːtfl] *adj.* (Persönlichkeit) falsch, hinterlistig
deceive [dɪ'siːv] *v. t.* täuschen; betrügen
December [dɪ'sembər] *n.* Dezember, *m*
decency ['diːsənsɪ] *n.* Anstand, *m.*; Schicklichkeit, *f.*; Anständigkeit, *f.*
decent ['diːsənt] *adj.* a) anständig; schicklich; b) annehmbar; anständig
deception [dɪ'sepʃn] *n.* a) Täuschung, *f.*; Betrug, *m.*; b) Betrügerei, *f*
deceptive [dɪ'septɪv] *adj.* trügerisch
decide [dɪ'saɪd] 1. *v. t.* a) entscheiden über b) beschließen; 2. *v. i.* sich entscheiden
decided [dɪ'saɪdɪd] *adj.* a) entschieden; eindeutig; b) bestimmt
decidedly [dɪ'saɪdɪdlɪ] *adv.* a) entschieden; deutlich; b) bestimmt
decimal ['desɪml] 1. *adj.* Dezimal-; 2. *n.* Dezimalbruch, *m*
decipher [dɪ'saɪfər] *v. t.* entziffern
decision [dɪ'sɪʒn] Entscheidung, *f.*
decisive [dɪ'saɪsɪv] *adj* a) entscheidend; b) (Persönlichkeit) entschlussfreudig; bestimmt
deck [dek] 1. *n.* a) Deck, *n.*; b) Deck, *n.*; the upper ~: das Oberdeck; c) Tapedeck, *n.* 2. *v. t.* ~ sth. etw. schmücken
declaration [deklə'reɪʃn] *n.* Erklärung, *f.*; Deklaration, *f.*
declare [dɪ'kleər] *v. t.* erklären; kundtun
decline [dɪ'klaɪn] 1. *v. i.* a) nachlassen; sinken; zurückgehen; b) ablehnen. 2. *v. t.* a) ablehnen; b) (Linguistik) deklinieren. 3. *n.* Nachlas-

sen, *n.*
decontaminate [diːkən'tæmɪneɪt] *v. t.* entseuchen
decontamination [diːkəntæmɪ'neɪʃn] *n.* Entseuchung, *f*
décor ['deɪkɔːr] *n.* Ausstattung, *f*
decorate ['dekəreɪt] *v. t.* a) schmücken; verzieren; dekorieren; b) auszeichnen
decoration [dekə'reɪʃn] *n.* a) Schmücken, *n.*; Verzieren, *n.*; Dekoration, *f.*; b) Schmuck, *m.*; Dekoration, *f.*
decorum [dɪ'kɔːrəm] *n.* Schicklichkeit, *f.*
decoy [dɪ'kɔɪ, 'diːkɔɪ] *n.* Lockvogel, *m*
decrease 1. [dɪ'kriːs] *v. i.* abnehmen; zurückgehen. 2. *v. t.* reduzieren; mindern; schmälern; 3. Rückgang, *m.*; Abnahme, *f.*
decree [dɪ'kriː] *1. v. t.* verfügen; 2. *n.* a) Dekret, *n.*; Erlass, *m.*; b) (Recht) Urteil, *n.*
dedicate ['dedɪkeɪt] *v. t.* a) widmen; b) einer Sache hingeben; c) weihen
dedicated ['dedɪkeɪtɪd] *adj.* a) hingebend; b) hingebungsvoll
dedication [dedɪ'keɪʃn] *n.* a) Hingabe, *f.*; b) Widmung, *f.*
deduce [dɪ'djuːs] *v. t.* folgern, ableiten, schließen auf
deduct [dɪ'dʌkt] *v. t.* abziehen
deductible [dɪ'dʌktɪbl] *adj.* einbehalten werden können
deduction [dɪ'dʌkʃn] *n.* a) Abzug, *m.*; b) Ableitung, *f.*; c) Abzüge *Pl.*
deed [diːd] *n.* a) Tat, *f.*; b) (Recht) Urkunde
deem [diːm] *v. t.* erachten für
deep [diːp] 1. *adj.* a) tief; b) (Denken) tief: gründlich; tiefgründig; c) (Gefühl) tief; aufrichtig; 2. *adv.* tief; still waters run ~ stille Wasser sind

tief
deer [dɪər] *n., pl.* (Tierwelt) Hirsch, *m.*; Reh, *n.*
default [dɪˈfɔːlt, dɪˈfɒlt] 1. *v. i.* versagen; Verpflichtung nicht nachkommen; 2. *n. in* mangels (+ Ge*n.*); in Ermangelung (+ Ge*n.*)
defeat [dɪˈfiːt] 1. *v. t.* a) besiegen; zu Fall bringen; b) überfordert sein; 2. *n.* Niederlage, *f.*
defect 1. [dɪˈfekt] *v. i.* überlaufen; 2. *n.* a) Defekt, *m.*
defence [dɪˈfens] *n.* (Brit.) a) Verteidigung, *f.*; Schutz, *m.* b) Schutz, *m.*; c) Rechtfertigung, *f.* d) (Militär) Verteidigung, *f.*
defend [dɪˈfend] 1. *v. t.* a) schützen; verteidigen; b) verteidigen; rechtfertigen; 2. *v. i.* verteidigen
defer *v. i.*, -rr-: ~ sich beugen; ~ to sb.'s will
defiance [dɪˈfaɪəns] *n.* Aufsässigkeit, *f.*; Missachtung, *f.*
defiant [dɪˈfaɪənt] *adj.*, defiantly *adv.* aufsässig
deficiency [dɪˈfɪʃənsɪ] *n.* a) Mangel, *m.*; b) Unzulänglichkeit, *f*
defile [ˈdiːfaɪl] *n.* Hohlweg, *m*
defile [dɪˈfaɪl] *v. t.* a) verschandeln; (Luft) verpesten; b) (Reinheit) beflecken
define [dɪˈfaɪn] *v. t.* definieren
definite [ˈdefɪnɪt] *adj.* definitiv; bestimmt; eindeutig, klar
definitely [ˈdefɪnɪtlɪ] 1. *adv.* eindeutig; endgültig; 2. *int.* na, klar
definition [defɪˈnɪʃn] *n.* a) Definition, *f.* b) Schärfe, *f.*
deflect [dɪˈflekt] *v. t.* beugen (Licht); ablenken
deform [dɪˈfɔːm] *v. t.* a) verunstalten; deformieren; b) verformen
defraud [dɪˈfrɔːd] *v. t.* ~ sb. betrügen

defrost [diːˈfrɒst] *v. t.* auftauen; abtauen
defy [dɪˈfaɪ] *v. t.* a) jmdm. trotzen oder Trotz bieten; b) widerstehen
degenerate 1. [dɪˈdʒenəreɪt] *v. i.* verkommen, degenerieren. 2.*adj.* degeneriert
degeneration [dɪdʒenəˈreɪʃn] *n.* Degeneration, *f*
degradation [degrəˈdeɪʃn] *n.* Erniedrigung, *f*
degrade [dɪˈgreɪd] *v. t.* herabsetzen; erniedrige
degrading [dɪˈgreɪdɪŋ] *adj.* erniedrigend; herabsetzend; entwürdigend
degree [dɪˈgriː] *n.* a) Grad, *m.*; b) gewisser Grad; c) akademischer Grad
deity [ˈdiːɪtɪ] *n.* Gottheit, *f*
delay [dɪˈleɪ] 1. *v. t.* verschieben; aufhalten; verzögern; 2. *v. i.* warten; trödeln (*ugs.*); 3. *n.* a) Verzögerung, *f.*; without ~: unverzüglich; b) Verspätung, *f.*
delegate 1. [ˈdelɪgeɪt] *v. t.* a) delegieren; abordnen; b) Vollmachten übertragen; delegieren; 2. [ˈdelɪgət] *n.* Delegierte, *m./f*
delegation [delɪˈgeɪʃn] *n.* Delegation, *f.*
delete [dɪˈliːt]*v. t.* streichen, (Comp.) löschen
deliberate 1. [dɪˈlɪbərət] *adj.* a) vorsätzlich; absichtlich; bewusst: b) bedächtig. 2. *v. i.* a) über etw nachdenken; b) beraten
deliberation [dɪlɪbəˈreɪʃn] *n.* a) *no pl.* Bedächtigkeit, *f.*; b) *no pl.* Überlegung, *f.*; c) Beratung, *f*
delicacy [ˈdelɪkəsɪ] *n.* Feingefühl, *n.*; Delikatesse, *f.*; b) Zartheit, *f.*; c) Empfindlichkeit, *f.*; Zartheit, *f.*; d) Delikatheit, *f.*
delicate [ˈdelɪkət] *adj.* a) empfindlich; zart; sensibel; b) heikel; empfindlich; c) zart; delikat; d) subtil; fein;

e) geschickt; zart
delicious [dɪˈlɪʃəs] *adj.* (Nahrung) köstlich, lecker
delight [dɪˈlaɪt] 1. *v. t.* erfreue*n.* 2.*v. i.* Freude machen, etw. zu tun. 3. *n.* a) Freude; b) Vergnügen, *n*
delighted [dɪˈlaɪtɪd] *adj.* freudig
delinquent [dɪˈlɪŋkwənt] 1. *adj.* kriminell; 2. *n.* (Jugendlicher) Randalierer, *m*
delirious [dɪˈlɪrɪəs] *adj.* a) delirant, im Delirium sein; b) außer sich sein
delirium [dɪˈlɪrɪəm] *n.* Delirium, *n*
deliver [dɪˈlɪvər] *v. t.* a) (Post) liefern; zustellen; bringen; b) aushändigen; c) vortragen; halten d) werfen; versetzen; e) liefern; geben
delivery [dɪˈlɪvərɪ] *n.* a) (Post) Lieferung, *f.*; Zustellung, *f.*;b) Vortragsweise, *f.*; Vortrag, *m.*; c) Entbindung, *f.*
demand [dɪˈmɑːnd] 1. *v. t.* a) verlangen; fordern b) nachdrücklich wissen wollen; 2. *n.* a) Forderung; b) Nachfrage, *f.*; c) make ~s on sb. jmdn. beanspruchen
demanding [dɪˈmɑːndɪŋ] *adj.* anspruchsvoll
demeanour [dɪˈmiːnər] *n.* Benehmen, *n*
demo [ˈdeməʊ] *n., pl.* ~s Demo, *f.*
demobilize [diːˈməʊbɪlaɪz] *v. t.* demobilisieren
democracy [dɪˈmɒkrəsɪ] *n.* Demokratie, *f*
democrat [ˈdeməkræt] *n.* Demokrat, *m./*Demokratin, *f.*
democratic [deməˈkrætɪk] *adj.* demokratisch
democraticaliy [deməˈkrɒtɪkəlɪ] *adv.* demokratisch
demolish [dɪˈmɒlɪʃ] *v. t.* a) zerstören; demolieren; abreißen; b) (Prinzip) abschaffen; widerlegen
demon [ˈdiːmən] *n.* a) Dä-

mon, *m.*; b) Teufel, *m*
demonstrate [ˈdemənstreɪt] 1. *v. t.* a) zeigen; vorführen; b) beweisen; c) zeigen; 2. *v. i.* demonstrieren
demonstration [demənˈstreɪʃn] *n.* a) Demonstration, *f.*; b) Vorführung, *f.* c) Beweis, *m*
demonstrative [dɪˈmɒnstrətɪv] *adj.* a) offen b) (Ling.) demonstrativ; hinweisend
demonstrator [ˈdemənstreɪtər] *n.* Demonstrant, *m.*/Demonstrantin, *f*
den [den] *n.* a) Höhle, *f.*; fox's ~: Fuchsbau, *m.*; b) Bude, *f.*
denial [dɪˈnaɪəl] *n.* Verweigerung, *f.*; Ablehnung, *f*
denim [ˈdenɪm] *n.* a) Denim, *m.*; Jeansstoff, *m.*
denomination [dɪnɒmɪˈneɪʃn] *n.* a) Einheit, *f.*; b) Glaubensgemeinschaft, *f.*; Glaubenszugehörigkeit, *f.*
denote [dɪˈnəʊt] *v. t.* a) hindeuten auf; b) bedeuten
denounce [dɪˈnaʊns] *v. t.* denunzieren (to bei); beschuldigen
dense [dens] *adj* a) (Körper) dicht; massiv: b) dichtgedrängt; eng; c) dumm
denseness [ˈdensnɪs] *n.*, *no pl.* a) Begriffsstutzigkeit, *f.*; b) Dichte, *f*
density [ˈdensɪtɪ] *n.* Dichte, *f.*
dent [dent] 1. *v. t.* einbeulen; eindellen; anknacksen; 2. *n.* Beule, *f.*; Loch, *n*
dental [ˈdentəl] *adj.* Zahn-; Zahnpflege, *f.*
dentist [ˈdentɪst] *n.* Zahnarzt, *m.*/-ärztin, *f.*
denture [ˈdentʃər] *n.* ~[s] Zahnprothese, *f.*; Gebiss
deny [dɪˈnaɪ] *v. t.* a) bestreiten; zurückweisen; b) verweigern; c) ablehnen; verleugnen
deodorant [diːˈəʊdərənt] 1. *adj.* Deo-spray, *m.* oder *n.*

2. *n.* Deodorant, *n*
depart [dɪˈpɑːt] 1. *v. t.* a) weggehen; fortgehen; b) abreisen; abfahren; abfliegen; c) abweichen. 2.*v. t.* (literarisch) sterben
department [dɪˈpɑːtmənt] *n.* a) Amt, *n.*; Ministerium, *n.*; Seminar, *n.*; Abteilung, *f.*; b) Ressort, *n*
departure [dɪˈpɑːtʃər] *n.* a) Abreise, *f.*; b) Abweichen; c) (Verkehr) Abfahrt, *f.*; (Flugzeug) Abflug, *m.*; d) point of ~: Ansatzpunkt, *m*
depend [dɪˈpend] *v. i.* a) abhängen von b) sich verlassen auf
dependant [dɪˈpendənt] *n.* Abhängige, *m./f*
dependence [dɪˈpendəns] *n.* Abhängigkeit
dependency [dɪˈpendənsɪ] *n.* Territorium, *n.*; Kolonie, *f.*
dependent [dɪˈpendənt] 1. *adj.* a) abhängig; b) be ~ on abhängig sein von;
deplete [dɪˈpliːt]*v. t.* erheblich verringern
depletion [dɪˈpliːʃn] *n.* Verringerung, *f.*
deplorable [dɪˈplɔːrəbl] *adj.* beklagenswert
depopulate [diːˈpɒpjʊleɪt] *v. t.* entvölkern
deportation [diːpɔːˈteɪʃn] *n.* Deportation, *f.*; (Land) Ausweisung, *f*
depose [dɪˈpəʊz] *v. t.* absetzen
deposit [dɪˈpɒzɪt] 1*v. t.* a) ablegen; abstellen; absetzen; b) ablagern; c) deponieren, einzahlen; 2. *n.* a) Depot, *n.*; Guthaben, *n.*; b) Kaution, *f.*; Anzahlung, *f.*; c) Ablagerung, *f.*; Lagerstätte, *f.*; Bodensatz, *m*
depot [ˈdepəʊ] *n.* a) Depot, *n.*; b) Lager, *n.*
depress [dɪˈpres] *v. t.* a) deprimieren; b) herunterdrücken; c) (Aktivität) unterdrücken

depressing [dɪˈpresɪŋ] *adj.*, **depressingly** *adv.* deprimierend
depression [dɪˈpreʃn] *n.* a) Depression, *f.*; b) Vertiefung, *f.*; c) Tiefdruckgebiet, *n*
depressive [dɪˈpresɪv] *adj.* deprimierend; bedrückend
deprival [dɪˈpraɪvl], **deprivation** *ns.* Entzug, *m.*; (Rang) Aberkennung, *f*
deprive [dɪˈpraɪv] *v. t.* a) nehmen; vorenthalten; b) benachteiligen
depth [depθ] *n.* a) Tiefe, *f.*; b) Gründlichkeit
deputation [depjʊˈteɪʃn] *n.* Abordnung, *f.*; Delegation, *f*
depute [dɪˈpjuːt] *v. t.* a) betrauen; b) beauftragen
deputy [ˈdepjʊtɪ] *n.* Vertreter, *m.*/-vertreterin
deride [dɪˈraɪd] *v. t.* verlachen
derision [dɪˈrɪʒn] *n.* Hohn; *m.*; Spott, *m.*
derivation [derɪˈveɪʃn] *n.* a) Herleitung, *f.*; b) Herkunft, *f.*; Abstammung, *f.*; c) (Linguistik) Ableitung, *f*
derive [dɪˈraɪv] 1. *v. t.* etw. aus etw. gewinnen 2. *v. i.* beruhen auf
descend [dɪˈsend] 1. *v. i.* a) hinuntergehen/-steigen/-fahren; herunterkommen; b) sinken; b) abfallen; c) herabsinken; d) fallen; sinken; e) jmdn. überfallen; f) abstammen; zurückgehen; 2. *t.* hinunter-/herunter-/hinab-/-gehen/-steigen
descent [dɪˈsent] *n.* a) Abstieg, *m.*; Niedergehen, *f.*; b) Abstieg, *m.*; c) Gefälle; *n.*; d) Abstammung, *f.*
describe [dɪˈskraɪb] *v. t.* a) beschreiben; schildern; b) beschreiben
description [dɪˈskrɪpʃn] a) Beschreibung, *f*, Schilderung, *f* b) Sorte, *f* c) Bezeichnung, *f*
descriptive [dɪˈskrɪptɪv]

adj. a) anschaulich; beschreibend; deskriptiv; b) deskriptiv

desert ['dezət] 1. *n.* Wüste, *f.* Einöde, *f.*; 2. *adj.* öde; Wüsten

desert [dɪ'zɜ:t] 1. *v. t.* verlassen; im Stich lassen; 2. *v. i.* (Militär) desertieren

desertion [dɪ'zɜ:ʃn] *n.* Verlassen, *f.*; (Militär) Desertion, *f.*; Fahnenflucht, *f*

deserve [dɪ'zɜ:v]*v. t.* verdienen

design [dɪ'zaɪn] 1. *v. t.* a) entwerfen; konstruieren; b) etw. tun sollen; c) vorsehen; 2. *n.* a) Skizze, *f.*; Entwurf, *m.*; b) Muster, *f.*; c) *no art.* (Kunst) Design, *f.*; Gestaltung, *f.*; d) Entwurf, *m.*; Bauweise, *f.*; e) Konstruktion, *f.*; f) Absicht, *f.*; h) Ziel, *f*

designate 1. ['dezɪgnət] *adj.* designiert *v. t.* bezeichnen

designation [dezɪg'neɪʃn] *n.* a) Bezeichnung, *f.*; b) (Beruf) Designation, k

designer *n.* Designer, *m.*/Designerin, *f.*; Konstrukteur

desirable [dɪ'zaɪərəbl] *adj.* a) wünschenswert; b) attraktiv; begehrenswert

desire [dɪ'zaɪər] 1. *n.* a) Wunsch, *m.*; Sehnsucht, *f.* b) Verlangen, *f.*; 2. *v. t.* a) sich wünschen; sich sehnen nach; b) wünschen

desk [desk] *n.* a) Schreibtisch, *m.*; Tisch, *m.*; Pult, *f.* b) (Bank) Kasse, *f.*; (Hotel) Rezeption, *f.*; information

desolate 1. ['desəleɪt] *v. t.* (Ort) verwüsten; 2. *adj.* a) (Ort) trostlos; b) öde; verlassen; c) (Gefühl) trostlos

desolation [desə'leɪʃn] *n.* a) Verwüstung, *f.*; b) Öde, *f.*; Verwüstung, *f.*; d) Verlassenheit, *f*

despair [dɪ'speər] 1.*v. i.* verzweifeln; 2. *n.* Verzweiflung, *f*

desperate ['despərət] *adj.* a) verzweifelt; dringend; b) extrem; c) (Lage) verzweifelt

desperately ['despərətlɪ] *adv.* a) verzweifelt; b) schrecklich

desperation [despə'reɪʃn] *n.* Verzweiflung, *f.*

despise [dɪ'spaɪz] *v. t.* verachten

despite [dɪ'spaɪt] trotz

dessert [dɪ'zɜ:t] *n.* a) Nachspeise; *f.*; b) (Brit.) Dessert, *f.*; Nachtisch, *m*

destination [destɪ'neɪʃn] *n.* Reiseziel, *f.*; Bestimmungsort, *m.*; Zielort, *m.*

destine ['destɪn]*v. t.* bestimmen

destiny ['destɪnɪ] *n.* a) Schicksal, *n.*; Los, *f.*; b) *no art.* Schicksal; *n*

destroy [dɪ'strɔɪ] *v. t.* a) zerstören; kaputtmachen *(ugs.)*; vernichten; b) töten; vernichten; c) *(bildlich)* zunichte machen

destroyer [dɪ'strɔɪər] *n.* (auch Schiff) Zerstörer, *m*

destruction *n.* a) Zerstörung, *f.*; b) Untergang, k

detach [dɪ'tætʃ] *v. t.* a) abtrennen; abnehmen; entfernen; herausnehmen b) abkommandieren

detachable [dɪ'tætʃəbl] *adj.* abnehmbar; herausnehmbar

detachment [dɪ'tætʃmənt] *n.* a) Abtrennen, *n.*; Abnehmen, *n.*; Entfernen, *n.*; Ablösen, *n.*; b)Abteilung, *f.*; c) Unvoreingenommenheit, *f*

detail ['di:teɪl] 1. *v. t.* a) einzeln aufführen; b) abkommandieren; 2. *n.* a) Einzelheit, *f.*; Detail, *n.*; b) in ~: Punkt für Punkt; c) Detail, *n*

detect [dɪ'tekt] *v. t.* entdecken; bemerken; wahrnehmen

detectable [dɪ'tektəbl] *adj.* feststellbar; wahrnehmbar

detection [dɪ'tekʃn] *n.* a) siehe detect: Entdeckung, *f.*; Bemerken, *n.*; Wahrnehmung, *f.*; Aufdeckung, *f.*; Durchschauen, *n.*; Feststellung, *f.*; b) Ermittlungsarbeit, *f*

detective [dɪ'tektɪv] 1. *n.* Detektiv, *m.*; Kriminalbeamte, *m.*/Kriminalbeamtin, *f.*; 2. *adj.* Kriminal-

detector [dɪ'tektər] *n.* Detektor, *m*

detention [dɪ'tenʃn] *n.* a) Festnahme, *f.*; Haft, *f.*; b) (Schule) Nachsitzen, *n.*

deter [dɪ'tɜ:r] *v. t.*, -rr- abschrecken, abhalten

detergent [dɪ'tɜ:dʒənt] *n.* Reinigungsmittel, *n.*; Waschmittel, *f*

determinate [dɪ'tɜ:mɪnət] *adj.* a) begrenzt; b) bestimmt

determination [dɪtɜ:mɪ'neɪʃn] *n.* a) Bestimmung, *f.*; b) Entschlossenheit, *f*

determine [dɪ'tɜ:mɪn] 1. *v. t.* a) beschließen; b) veranlassen; c) bestimmen; d) feststellen; bestimmen. 2. *v. i.* beschließen

detest [dɪ'test] *v. t.* verabscheuen

detestation [di:te'steɪʃn] *n.*, *no pl.* Abscheu, *m.*

detonate ['detənert] 1. *v. i.* detonieren. 2. *v. t.* zur Explosion bringen

detour ['di:tuər] *n.* Umweg, *m.*; Bogen, *m.*; Schleife, *f.*; Umleitung, *f.*

devastate ['devəsteɪt] *v. t.* verwüsten; verheeren

devastating ['devəstertɪŋ] *adj.* verheerend; *(bildlich)* niederschmetternd; vernichtend

devastation [devə'steɪʃn] *n.*, *no pl.* Verwüstung, *f.*; Verheerung, *f*

develop [dɪ'veləp] 1. *v. t.* a) entwickeln; aufbauen; entfalten; erschließen; leisten; b) weiterentwickeln; aus-

development

bauen; c) annehmen: entwickeln; d) erschließen; sanieren; 2. *v. i.* a) sich entwickeln auftreten; b) sich entwickeln

development [dɪˈveləpmənt] *n.* a) Entwicklung, *f.*; Entfaltung, *f.*; Erschließung, *f.*; b) Ausbau, *m.*; Weiterentwicklung, *f.*; c) Vollendung, *f*

deviate [ˈdiːvɪeɪt] *v. i.* (literarisch oder bildlich) abweichen

deviation [diːvɪˈeɪʃn] *n.* Abweichung, *f*

device [dɪˈvaɪs] *n.* a) Gerät, *f.*; Vorrichtung, *f.*; b) Liste, *f.*

devil [ˈdevl] *n.* a) the D-~: der Teufel; b) you can go to the ~! scher dich zum Teufel! c)As, *f.* she's clever as the ~: sie ist höllisch clever

devilish [ˈdevəlɪʃ] *adj.* (literarisch oder bildlich) teuflisch

devious [ˈdiːvɪəs] *adj.* a) verschlagen; hinterhältig; b) verschlungen

devise [dɪˈvaɪz] *v. t.* entwerfen; schmieden; kreieren

devote [dɪˈvəʊt]*v. t.* widmen; bestimmen

devoted [dɪˈvəʊtɪd] *adj.* treu; ergeben; aufrichtig

devotion [dɪˈvəʊʃn] *n.* a) Hingabe, *f.*; Liebe, Pflichteifer, *m.*; b) *(Religion)* Weihung, *f*

devour [dɪˈvaʊər] *v. t.* verschlingen

diabetes [daɪəˈbiːtiːz] *n.*, *pl. same (Medizin)* Diabetes, *m.*; Zuckerkrankheit, *f*

diabetic [daɪəˈbetɪk, daɪəˈbiːtɪk] *(Medizin)* 1. *adj.* a) diabetisch; b) zuckerkrank; c) Diabetiker-; 2. *n.* Diabetiker, *m.*/Diabetikerin, *f*

diagnose [daɪəgˈnəʊz] *v. t.* diagnostizieren, feststellen

diagnosis [daɪəgˈnəʊsɪs] *n.*, *pl.* diagnoses a) *(Medizin)* Diagnose, *f.* b) (Wissenschaft) Feststellung, *f*

diagonally [daɪˈægənəlɪ] *adv.* diagonal

diagram [ˈdaɪəgræm] *n.* a) schematische Darstellung; Plan, *m.*; b) Diagramm, *n*

dial [ˈdaɪəl] 1. *v. t.*, (Brit.) -ll- wählen; 2. *v. i.* (Brit.) -ll- (Telefon) wählen; 3. *n.* a) Zifferblatt, *n.*; b) Skala, *f.*; c) Wählscheibe, *f*

dialect [ˈdaɪəlekt] *n.* Dialekt, *m.*; Mundart, *f*

dialysis [daɪˈælɪsɪs] *n.*, *pl.* dialyses a) Dialyse, *f.*; b) Blutwäsche, *f*

diameter [daɪˈæmɪtər] *n.* Durchmesser, *m*

diamond [ˈdaɪəmənd] 1. *n.* a) Diamant, *m.*; b) Rhombus, *m.*; Raute, *f.*; c) (Karten) Karo, *f.*; 2. *adj.* diamanten; diamantenbesetzt

diaper [ˈdaɪəpər] *n.* (Amer.) Windel, *f*

diaphragm [ˈdaɪəfræm] *n.* Diaphragma, *f.*; (Körper) Zwerchfell, *f*

diarrhoea [daɪəˈriːə] *n.* Durchfall, *m.*; Diarrhö[e], *f.*

diary [ˈdaɪərɪ] *n.* a) Terminkalender, *m.*; b) Tagebuch, *f.*

dice [daɪs] 1. *v. i.* spielen; 2. *v. t.* würfeln; 3. *n.*, *pl. same* a) Würfel, *m.*; b) *in sing.* (Spiel) Würfelspiel, *n.*; play ~: würfeln

dictate 1. [dɪkˈteɪt] *v. t. & i.* diktieren; vorschreiben

dictation [dɪkˈteɪʃn] *n.* Diktat, *f.*

dictator [dɪkˈteɪtər] *n.* (literarisch oder bildlich) Diktator, *m*

dictatorship [dɪkˈteɪtəʃɪp] *n.* (literarisch oder bildlich) Diktatur, *f*

diction [ˈdɪkʃn] *n.* Diktion, *f*

dictionary [ˈdɪkʃənərɪ] *n.* Wörterbuch, *f*

die [daɪ] 1. *v. i.*, dying a) sterben; eingehen, absterben; b) etw. unbedingt brauchen; c) in Vergessenheit geraten; vergehen; verklingen

~ **'out** *v. i.* aussterben

die *n.*, *pl.* dice [daɪs] Würfel, *m.*

diesel [ˈdiːzl] *n.* Diesel, *m.*; ~ car; Dieselwagen, *m.*; ~ fuel Diesel, *m*

diet [ˈdaɪət] 1. *v.i.* Diät halten; 2. *n.* a) Diät, *f.*; Schlankheitskur, *f.*

differ [ˈdɪfər] *v. i.* a) sich unterscheiden

difference [ˈdɪfərəns] *n.* a) Unterschied, *m.* b) Differenz, *f.*; c) Auseinandersetzung *f.*

different [ˈdɪfərənt] *adj.* verschieden; anders; *(attrib.* also) be ~ from anders sein als...

differently [ˈdɪfərəntlɪ] *adv.* anders; verschieden; unterschiedlich

difficult [ˈdɪfɪkəlt] *adj.* a) schwer; schwierig; b) schwierig

difficulty [ˈdɪfɪkəltɪ] *n.* a) Schwierigkeit, *f.*; b) *usu.* in *pl.* be in ~ in Schwierigkeiten sein

dig [dɪg] 1.*v. i.* -gg-, dug [dʌg] a) graben; b) Ausgrabungen machen; grabe*n.* 2.*v. t.*a) graben; b) umgraben; c) ausgraben; d) stark finden; ~ it? Kapierst du?; schnallen .3. *n.* a) Grabung, *f.*; b) Ausgrabung, *f.* c)Anspielung, *f.*;

digest 1. [dɪˈdʒest, daɪˈʒest] *v. t.* a) verdauen; b) durchdenken

digestible [dɪˈdʒestɪbl, daɪˈdʒestɪbl] *adj.* verdaulich

digestion [dɪˈdʒestʃn, daɪˈdʒestʃn] *n.* Verdauung, *f*

digestive [dɪˈdʒestɪv, daɪˈdʒestɪv] 1. *adj.* Verdauungs-

digit [ˈdɪdʒɪt] *n.* a) Ziffer, *f.*; b) Finger, *m.*; Zehe, *f*

digital [ˈdɪdʒɪtl] *adj.* digital

dignify [ˈdɪgnɪfaɪ] v. t. a) Würde verleihen; b) Glanz verleihen; auszeichnen; c) aufwerten

dignity [ˈdɪgnɪtɪ] n. Würde, f.

digs [dɪgz] n. pl. (Brit.) Bude, f.

dike [daɪk] n. a) Deich, m.; b) Graben, m.; c) Damm, m

dilate [daɪˈleɪt] 1. v. i. sich weiten. 2. v. t. ausdehnen

dilation [daɪˈleɪʃn] n. Dilatation, f.; Ausdehnung, f.; (Medizin) Erweiterung, f

dilemma [dɪˈlemə, daɪˈlemə] n. Dilemma, n

dill [dɪl] n. (Pflanze) Dill, m

dilute 1. [daɪˈljuːt, ˈdaɪljuːt] adj. verdünnt. 2. v. t. a) verdünnen; b) (bildlich) abschwächen

dim [dɪm] 1. adj. a) schwach, trüb; matt, gedeckt; dämmrig, dunkel; undeutlich; b) blass; verschwommen; c) schwach, getrübt; 2. v. i. schwächer werden. 3. v. t. verdunkeln

dime [daɪm] n. (Amer.) Zehncentstück, n.; Groschen, m.

dimension [dɪˈmenʃn, daɪˈmenʃn] n. Dimension, f.; Abmessung, f

diminish [dɪˈmɪnɪʃ] 1. v. i. nachlassen; (Menge); 2. v. t. vermindern; veringern; (bildlich)

dimly [ˈdɪmlɪ] adv. schwach; undeutlich; ungefähr

dimple [ˈdɪmpl] n. Grübchen, n.; kleine Vertiefung

dine [daɪn] v. i. dinieren; essen; speisen v. i. a) auswärts essen; b) zum Essen eingeladen werden

diner [ˈdaɪnər] n. Gast, m.

dinner [ˈdɪnər] n. Essen, n.; Mittagessen.: Abendessen, n.

dinosaur [ˈdaɪnəsɔːr] n. Dinosaurier, m

dip [dɪp] 1. v. t. a) tauchen; b) abblenden; 2. v. i., -pp-: a) sinken; b) abfallen. 3. n. a) Eintauchen; b) Bad; c) Senke, f.

diphtheria [dɪfˈθɪərɪə] n. (Medizin) Diphtherie, f

diphthong [ˈdɪfθɒŋ] n. (Linguistik) Diphthong, m.; Doppellaut, m

diploma [dɪˈpləʊmə] n. (Universität) Diplom, n

diplomacy [dɪˈpləʊməsɪ] n. (Politik, auch bildlich) Diplomatie, f

diplomat [ˈdɪpləmæt] n. (Politik, auch bildlich) Diplomat, m./Diplomatin, f

diplomatic [dɪpləˈmætɪk] adj. diplomatisch

direct [dɪˈrekt, daɪˈrekt] 1. v. t. a) richten; b) leiten; regeln, dirigieren c) anweisen; d) Regie führen; 2. adj. a) direkt; durchgehend; unmittelbar b) genau; direkt c) direkt; offen; glatt; 3. adv. direkt

direction [dɪˈrekʃn, daɪˈrekʃn] n. a) Führung, f.; Leitung, f.; Regie, f.; b) usu. in pl. Anordnung, f.; Gebrauchsanweisung, f.; c) Richtung, f.

directive [dɪˈrektɪv, daɪˈrektɪv] n. Direktive, f.; Weisung, f

directly [dɪˈrektlɪ, daɪˈrektlɪ] 1. adv. a) direkt; unmittelbar b) direkt; wörtlich: c) (Zeit) direkt; umgehend 2. conj. (Brit.) sowie

directness [dɪˈrektnɪs, daɪˈrektnɪs] n., no pl. a) Geradheit, f.; b) (bildlich) Direktheit, f

director [dɪˈrektər, daɪˈrektər] n. a) Direktor, m./Direktorin, f.; Leiter, m./Leiterin, f.; b) Regisseur/in, f

directory [dɪˈrektərɪ, daɪˈrektərɪ] n. Verzeichnis, n.; Telefonbuch, n.; Branchenverzeichnis, n.

dirt [dɜːt] n., no pl. a) Schmutz, m.; Dreck, m. (ugs.); b) Erde, f

dirty [ˈdɜːtɪ] 1. adj. a) schmutzig; dreckig b) giftig; c) schlüpfrig; obszön; schmutzig; d) schmutzig; dreckig, gemein; unfair; 2 v. t. schmutzig machen

disability [dɪsəˈbɪlɪtɪ] n. Behinderung, f.

disablement [dɪsˈeɪblmənt] n., no pl. Behinderung, f

disadvantage [dɪsədˈvɑːntɪdʒ] 1. v. t. benachteiligen; 2. n. Nachteil, m.

disagree [dɪsəˈgriː] v. i. a) anderer Meinung sein; b) eine Auseinandersetzung haben; c) nicht übereinstimmen

disagreement [dɪsəˈgriːmənt] n. a) Uneinigkeit, f.; b) Meinungsverschiedenheit, f.; c) Diskrepanz, f

disallow [dɪsəˈlaʊ] v. t. nicht gestatten; abweisen; nicht anerkennen; nicht gelten lassen

disappear [dɪsəˈpɪər] v. i. verschwinden; aussterben

disappearance [dɪsəˈpɪərəns] n. Verschwinden, n.; Aussterben, n

disappoint [dɪsəˈpɔɪnt] v. t. enttäuschen

disappointing [dɪsəˈpɔɪntɪŋ] adj. enttäuschend

disappointment [dɪsəˈpɔɪntmənt] n. Enttäuschung, f

disapprove [dɪsəˈpruːv] 1. v. i. dagegen sein; 2. v. t. missbilligen

disapproving [dɪsəˈpruːvɪŋ] adj. missbilligen

disarm [dɪsˈɑːm] v. t. (literarisch oder bildlich) entwaffnen

disarmament [dɪsˈɑːməmənt] n. Abrüstung, f.

disarray [dɪsəˈreɪ] n. Unordnung, f.; Wirrwarr, m.

disaster [dɪˈzɑːstər] n. a) Desaster, n.; Katastrophe,

f.; Unglücksort, *m.*; b) Desaster, *n.*; Fiasko, *n.*; Katastrophe, *f*

disastrous [dɪˈzɑːstrəs] *adj.* katastrophal; verhängnisvoll; verheerend

disbelief [dɪsbɪˈliːf] *n.* Unglaube, *m.*

disc [dɪsk] *n.* a) Scheibe *f.* b) Schallplatte, *f.*; c) Magnetplatte, *f.*; Diskette, *f.*; hard ~ Festplatte, *f.*; ~ drive *n.* Diskettenlaufwerk, *n*

discard [dɪˈskɑːd] 1. *v. t.* a) wegwerfen, ablegen, fallenlassen; b) abwerfen. 2. Ausschuss, *m*

discern [dɪˈsɜːn] *v. t.* wahrnehmen

discharge [dɪsˈtʃɑːdʒ] 1. *v. t.* a) entlassen; freisprechen; befreien; b) abschießen, ablassen; absondern; c) abfeuern d) erfüllen; bezahlen (Schulden). 2. *v. i.* entladen werden; gelöscht werden; 3. *n.* a) (Beruf) Entlassung, *f*. Freispruch, *m.*; Befreiung, *f.*; b) Ausfluss, *m.*; (Gas) Austritt, *m.*; Absonderung, *f.*; Entladung, *f.*; Abfeuern, *f.*; c) Begleichung, *f.*; Erfüllung, *f.*

disciple [dɪˈsaɪpl] *n.* a) *(Religion)* Jünger, *m.*; b) Anhänger, *m.*/Anhängerin, *f*

disciplinary [ˈdɪsɪplɪnərɪ, dɪsɪˈplɪnərɪ] *adj.* Disziplinar-; disziplinarisch

discipline [ˈdɪsɪplɪn] 1. *v. t.* a) disziplinieren; b) bestrafen; züchtigen; 2. *n.* Disziplin, *f.*

disclaim [dɪsˈkleɪm] *v. t.* abstreiten

disclaimer [dɪsˈkleɪmər] *n.* Gegenerklärung, *f.*; (Recht) Verzichterklärung, *f*

disclose [dɪsˈkləʊz] *v. t.* enthüllen; bekanntgeben

disclosure [dɪsˈkləʊʒər] *n.* Enthüllung, *f.*; Bekanntgabe, *f*

discolour [dɪsˈkʌlər] (Brit.) 1. *v.t.* verfärben; ausbleichen. 2. *v. i.* sich verfärben

discomfort [dɪsˈkʌmfət] *n.* a) *no pl.* Beschwerden *Pl.* b) *no pl.* Unbehagen, *n.*; c) Unannehmlichkeit, *f*

disconnect [dɪskəˈnekt] *v. t.* a) abtrennen; b) (Strom) abtrennen; Stecker herausziehen

discontent [dɪskənˈtent] *n.* Unzufriedenheit, *f*

discontinue [dɪskənˈtɪnjuː] *v. t.* einstellen; abbestellen (Abonnement); abbrechen

discord [ˈdɪskɔːd] *n.* a) Zwietracht, *f.*; Streit, *m.*; b) (Musik) Dissonanz, *f*

discount [dɪsˈkaʊnt] 1. *v. t.* unberücksichtigt lassen; widerlegen; zu gering einschätzen; 2. *n.* Rabatt

discouragement [dɪsˈkʌrɪdʒmənt] *n.* a) Entmutigung, *f.*; b) Mutlosigkeit, *f.* c) Abschreckung, *f*

discouraging [dɪsˈkʌrɪdʒɪŋ] *adj.* entmutigend

discourtesy [dɪsˈkɜːtəsɪ] *n.* Unhöflichkeit, *f*

discover [dɪsˈkʌvər] *v. t.* entdecken; herausfinden

discovery [dɪsˈkʌvərɪ] *n.* Entdeckung, *f.*

discredit [dɪsˈkredɪt] 1. *v. t.* a) keinen Glauben schenken; unglaubwürdig machen; b) diskreditieren; in Verruf bringen; 2. *n.* a) *no pl.* Misskredit, *m.* b) be a ~ to sb./sth. jmdm./einer Sache keine Ehre machen

discreetly [dɪˈskriːtlɪ] *adv.* diskret; dezent

discrepancy [dɪˈskrepənsɪ] *n.* Diskrepanz, *f*

discretion [dɪsˈkreʃn] *n.* a) Diskretion, *f.*; Umsicht, *f.* b) Ermessen, *n.* at your ~: nach Ihrem Ermessen

discriminate [dɪsˈkrɪmɪneɪt] *v. i.* a) unterscheiden; b) diskriminieren/bevorzugen

discrimination [dɪskrɪmɪˈneɪʃn] *n.* a) Urteilsvermögen; b) Diskriminierung, *f.*

discuss [dɪsˈkʌs] *v. t.* a) besprechen; b) diskutieren über; erörtern; diskutieren

discussion [dɪsˈkʌʃn] *n.* a) Gespräch, *n.*; Unterredung, *f.*; b) Diskussion, *f.*

disdain [dɪsˈdeɪn] 1. *n.* Verachtung, *f.*; with ~: verächtlich; 2. *v. t.* verachten

disdainful [dɪsˈdeɪnfl] *adj* verächtlich, geringschätzig

disease [dɪˈziːz] *n.* (literarisch oder bildlich) Krankheit, *f*

disembark [dɪsɪmˈbɑːk] 1. *v. t.* ausschiffen. 2. *v. i.* von Bord gehen

disembodied [dɪsɪmˈbɒdɪd] *adj.* körperlos; geisterhaft

disenchant [dɪsɪnˈtʃɑːnt] *v. t.* a) entzaubern b) ernüchtern

disengage [dɪsɪnˈgeɪdʒ] *v. t.* lösen (from aus, von), abtrennen

disentangle [dɪsɪnˈtæŋgl] *v. t.* a) befreien; herauslösen (from aus); b) entwirren

disfigure [dɪsˈfɪgər] *v. t.* entstellen

disfigurement [dɪsˈfɪgəmənt] *n.* Entstellung, *f*

disgrace [dɪsˈgreɪs] 1. *v. t.* Schande machen; Schande bringen über; 2. *n.*, *no pl.* a) Schande, *f.*; Schmach, *f.*; Ungnade, *f.*; b) be a ~ to sb./sth. für jmd./etw. eine Schande sein

disgraceful [dɪsˈgreɪsfl] *adj.* erbärmlich; miserabel; skandalös

disgracefully [dɪsˈgreɪsfəlɪ] *adv.* erbärmlich; schändlich (verhalten)

disguise [dɪsˈgaɪz] 1. *v. t.* a) verkleiden, verstellen; tarnen; b) verschleiern; c) verbergen; 2. *n.* Verkleidung, *f.*

disgust [dɪsˈgʌst] 1. *v. t.* anwidern; ekeln; empören; 2. *n.* Ekel, *m.*; Abscheu, *m.*;

Empörung, f. (über)
disgusted [dɪsˈgʌstɪd] *adj.* angewidert; angeekelt; empört
dish [dɪʃ] *n.* a) Schale, f.; Platte, f.; Schüssel, f.; b) *in pl.* Geschirr, n.; wash or do the ~es abwaschen; Geschirr spülen; c) (Speise) Gericht, n.
dishevelled [dɪˈʃevld] *adj.* unordentlich; zerzaust, ungepflegt
dishonest [dɪsˈɒnɪst] *adj.* unehrlich (Person); unaufrichtig; unlauter (Verhalten); unredlich; unreell (Planung)
dishonestly [dɪsˈɒnɪstlɪ] *adv.* unehrlich; unaufrichtig; unlauter; unredlich
dishonesty [dɪsˈɒnɪstɪ] *n.* Unehrlichkeit, f.; Unaufrichtigkeit, f.; Unlauterkeit, f
dishonour [dɪsˈɒnər] 1. *v. t.* beleidigen; 2. *n.* Schande, f.
disillusion [ˌdɪsɪˈljuːʒn, ˌdɪsɪˈluːʒn] 1. *v. t.* ernüchtern; 2. *n., no pl.* Ernüchterung, f.
disillusionment [ˌdɪsɪˈljuːʒnmənt] *n.* Desillusionierung, f
disinclination [ˌdɪsɪnklɪˈneɪʃn] *n.* Abneigung, f. (for, to gegen)
disincline [ˌdɪsɪnˈklaɪn] *v. t.* abgeneigt machen (for, to gegen)
disinfect [ˌdɪsɪnˈfekt] *v. t.* desinfizieren
disinfectant [ˌdɪsɪnˈfektənt] 1. *adj.* desinfizierend. 2. *n.* Desinfektionsmittel, n.
disingenuous [ˌdɪsɪnˈdʒenjʊəs] *adj.* unaufrichtig
disintegrate [dɪsˈɪntɪɡreɪt] 1. *v. i.* zerfallen; zerbersten; sich auflösen. 2. *v. t.* zerstören
disintegration [dɪsɪntɪˈɡreɪʃn] *n.* Zerfall, m.; *(bildlich)* Auflösung, f
disinterested [dɪsˈɪntrəstɪd, dɪsˈɪntrɪstɪd] *adj.* a) desinteressiert; b) unvoreingenommen; unparteiisch

disjointed [dɪsˈdʒɔɪntɪd] *adj.* zusammenhanglos; unzusammenhängend
dislike [dɪsˈlaɪk] 1. *v. t.* nicht mögen; ~ sb./sth. jmdn./etw. nicht leiden können 2. *n. no pl.* Abneigung, f
dislocate [ˈdɪsləkeɪt] *v. t. (Medizin)* ausrenken; auskugeln
dislodge [dɪsˈlɒdʒ] *v. t.* lösen (from von); entfernen (from aus)
disloyal [dɪsˈlɔɪəl] *adj.* illoyal (to gegenüber); treulos (Menschen)
disloyalty [dɪsˈlɔɪəltɪ] *n.* Illoyalität, f. (to gegenüber); (Ehe) Treulosigkeit, f
dismal [ˈdɪzməl] *adj.* trist; düster; trostlos; kläglich
dismantle [dɪsˈmæntl] *v. t.* zerlegen; demontieren; *(bildlich)* abbauen
dismay [dɪsˈmeɪ] 1. *v. t.* bestürzen; 2. *n.* Bestürzung, f.
dismiss [dɪsˈmɪs] *v. t.* a) verwerfen; ablehnen; abtun; b) entlassen; auflösen; aufheben
dismissal [dɪsˈmɪsl] *n.* a) Entlassung, f.; Auflösung, f.; Aufhebung, f.; b) Aufgabe, f
dismissive [dɪsˈmɪsɪv] *adj.* abweisend; abschätzig
dismount [dɪsˈmaʊnt] 1. *v. i.* absteigen. 2. *v. t.* abwerfen (Reiter)
disobedience [ˌdɪsəˈbiːdɪəns] *n.* Ungehorsam, m.; act of ~: ungehorsames Verhalten
disobedient [ˌdɪsəˈbiːdɪənt] *adj.* ungehorsam; be ~ to sb. jmdm. nicht gehorchen
disobey [ˌdɪsəˈbeɪ] *v. t.* nicht gehorchen; nicht befolgen, missachten; übertreten
disorder [dɪsˈɔːdər] *n.* a) Unordnung, f.; Durcheinander, n.; b) Unruhen *Pl*
disorderly [dɪsˈɔːdəlɪ] *adj.* a) unordentlich; ungeord-

net: b) undiszipliniert
disorganization [dɪsɔːɡənaɪˈzeɪʃn] *n no pl.* Desorganisation, f.; Durcheinander, n
disorient [dɪsˈɔːrɪənt] *v. t.* die Orientierung nehmen; *(bildlich)* verwirren
disown [dɪsˈəʊn] *v. t.* verleugnen
disparage [dɪˈspærɪdʒ] *v. t.* herabsetzen
dispassionate [dɪˈspæʃənət] *adj.* unvoreingenommen
dispatch [dɪˈspætʃ] 1 *v. t.* a) schicken b) erledigen; 2. *n* a) Bericht, *m* b) Absenden, f
dispel [dɪˈspel] *v. t.,* -ll- vertreiben; zerstreuen: verdrängen, unterdrücken
dispensable [dɪˈspensəbl] *adj.* entbehrlich
dispensation [ˌdɪspenˈseɪʃn] *n.* a) Verteilung, f. Gewährung, f.; b) Sonderregelung, f
dispense [dɪˈspens] 1. *v. i.* verzichten auf; überflüssig machen. 2. *v. t.* a) verteilen; gewähren; zuteil werden lassen; b) dispensieren
dispenser [dɪˈspensər] *n.* Automat, m.; Spender, m
dispersal [dɪˈspɜːsl] *n.* Ausbreitung, f.; Zerstreuung, f.; (Gas) Auflösung, f
disperse [dɪˈspɜːs] 1. *v. t.* zerstreuen; auflösen: verreiben, f. 2. *v. i.* sich zerstreuen
dispersion [dɪˈspɜːʃn] *n.* Ausbreitung, f., Zerstreuung, f.
dispiriting [dɪˈspɪrɪtɪŋ] *adj.* entmutigen
displace [dɪsˈpleɪs] *v. t.* a) verschieben; b) ersetzen; verdrängen
displacement [dɪsˈpleɪsmənt] *n.* a) Verschiebung, f.; b) Ersetzung, f.; c) Wasserverdrängung, f
display [dɪˈspleɪ] 1 *v. t.* a)

zeigen, tragen; aufstellen; ausstellen; aushängen (Notiz); b) zur Schau stellen; 2. n. a) Aufstellung, f.; Ausstellung, f.; b) Ausstellung, f.; (Laden) Auslage, f.; c) Zurschaustellung, f.; d) *(Comp)* Display, n.; Anzeige, f

displease [dɪsˈpliːz]*v. t.* a) verärgern; be ~d verärgert sein b) ~ sb. jmds. Missfallen erregen

disposable [dɪˈspəʊzəbl] *adj.* a) verfügbar; b) Wegwerf-

disposal [dɪˈspəʊzl] *n.* a) Verfügung, f.; be at sb.'s ~: jmdm. zur Verfügung stehen b) Beseitigung, f.; (Müll) Entsorgung, f.; c) Forträumen, n.; Erledigung, f.; d) Abhandlung, f

dispose [dɪˈspəʊz] *v. t.* a) ~ sb. to do sth. jmdn. dazu veranlassen, etw. zu tun; b) anordnen; aufstellen; b) beseitigen; erlegen, töten: c) wegräumen; d) aufessen; erledigen

disposition [dɪspəˈzɪʃn] *n.* a) Aufstellung, f.; Anordnung, f; b)Veranlagung, f.; Disposition, f.; she is of a weak ~: sie ist schwach; c) Hang, m.; Neigung

disproportion [dɪsprəˈpɔːʃn] *n.* Missverhältnis, n

disprove [dɪsˈpruːv] *v. t.* widerlegen

dispute [dɪˈspjuːt] 1 *v. t.* a) sich streiten über; b) bestreiten; anfechten, angreifen: c) streiten um; 2. *n.* a) *no pl.* Disput, *m.*; Streit, *m.*; b) Streit, *m.*

disqualification [dɪskwɒlɪfɪˈkeɪʃn] *n.* Ausschluss, *m.*; Disqualifikation, f

disqualify [dɪsˈkwɒlɪfaɪ] *v. t.* a) ausschließen; disqualifizieren; b) ungeeignet machen

disregard [dɪsrɪˈgɑːd] 1. *v. t.* ignorieren; nicht berücksichtigen 2. *n.* Missachtung, f. Gleichgültigkeit, f.

disrepair [dɪsrɪˈpeər] *n.* schlechter Zustand

disrepute [dɪsrɪˈpjuːt] *n.* Verruf, *m.*; Verrufenheit, f.

disrespect [dɪsrɪˈspekt] *n.* Missachtung, f

disrespectful [dɪsrɪˈspektfl] *adj.* respektlos

disrupt [dɪsˈrʌpt] *v. t.* unterbrechen; stören

disruption [dɪsˈrʌpʃn] *n.* Unterbrechung, f.; Störung, f

dissatisfaction [dɪsætɪsˈfækʃn] *n.*, *no pl.* Unzufriedenheit, f. (with mit)

dissent [dɪˈsent] 1. *v. i.* a) nicht übereinstimmen; b) 2. *n.* Ablehnung, f.; Abweichung, f

dissenter [dɪˈsentər] *n.* Andersdenkende, *m./f*

dissertation [dɪsəˈteɪʃn] *n.* (Studium) Dissertation, f.; Vortrag, *m.*; Abhandlung, f

dissident [ˈdɪsɪdənt] 1. *adj.* andersdenkend. 2. *n.* Dissident, *m./*Dissidentin, f

dissipate [ˈdɪsɪpeɪt] *v. t.* a) auflösen; zerstreuen; b) vergeuden; durchbringen (Geld)

dissipation [dɪsɪˈpeɪʃn] *n.* Ausschweifung, f

dissociate [dɪˈsəʊʃɪeɪt, dɪˈsəʊsɪeɪt] *v. t.* trennen; ~ oneself from sth./sb. sich von etw./jmdm. distanzieren

dissolute [ˈdɪsəluːt, ˈdɪsəljuːt] *adj.* ausschweifend; zügellos

dissolution [dɪsəˈluːʃn, dɪsəˈljuːʃn] *n.* a) Zersetzung, f.; b) Auflösung, f

dissolve [dɪˈzɒlv] 1. *v. t.* auflösen. 2. *v. i.* sich auflösen

dissonance [ˈdɪsənəns] *n.* (Musik) Dissonanz, f

distance [ˈdɪstəns] *1. v. t.* ~ **oneself from sb./sth.** sich von jmdm./etwas distanzieren; 2. *n.* a) Entfernung, f. b) Abstand, *m.*; **keep in ~ from other people** Abstand zu anderen Leuten wahren; c) Strecke, f.; Weg, *m.*; Abstand, *m.*; d) Ferne, f.; e) Entfernung, f) Abstand, *m.*

distant [ˈdɪstənt] *adj.* a) fern; **be ~** weg sein; b) *(bildlich)* entfernt; c) fern; **in the ~ future** in ferner Zukunft; d) reserviert, distanziert

distaste [dɪsˈteɪst] *n.* Abneigung, f.

distasteful [dɪsˈteɪstfl] *adj.* unangenehm

distend [dɪˈstend] *v. t.* aufblähen, auftreiben, blähen, erweitern

distillation [dɪstɪˈleɪʃn] *n.* Destillation, f.; *(bildlich)* Herausdestillieren, *n.*; Destillat, *n*

distiller [dɪˈstɪlər] *n.* Destillateur, *m.*; Branntweinbrenner, *m*

distinct [dɪˈstɪŋkt] *adj.* a) verschieden; **keep the cases ~:** die Fälle auseinanderhalten; b) deutlich; klar; c) unterschiedlich; **they are ~ players** sie sind unterschiedliche Spieler

distinction [dɪˈstɪŋkʃn] *n.* a) Unterscheidung, f.; b) Differenz, f.; Unterschied, *m.*; c) **gain or get a ~ in one's examination** das Examen mit Auszeichnung bestehen

distinctive [dɪˈstɪŋktɪv] *adj.* unverwechselbar

distinguish [dɪˈstɪŋgwɪʃ]*v. t.* a) unterscheiden; kennzeichnen; b) *v. i.* unterscheiden

distinguished [dɪˈstɪŋgwɪʃt] *adj.* a) angesehen; namhaft; glänzend; b) vornehm, distinguiert

distort [dɪˈstɔːt]*v. t.* a) verzerren; entstellen; b) entstellt oder verzerrt wiedergeben

distortion [dɪˈstɔːʃn] *n.*

Verzerrung, *f*
distracted [dɪ'stræktɪd] *adj*
a) besorgt; beunruhigt; von Sinnen; außer sich; b) abwesend
distraction [dɪ'strækʃn] *n.* a) Störung, *f.*; **be constant ~:** ein ständiger Störfaktor sein; b) Wahnsinn, *m.*; **drive sb. to ~:** jmdn. wahnsinnig machen; c) Ablenkung, *f.*; d) Zerstreuung, *f*
distraught [dɪ'strɔ:t] *adj.* aufgelöst; verstört (Geist)
distress [dɪ'stres] 1. *v. t.* a) bedrücken; bekümmern; ängstigen; nahegehen; mitnehmen; b) erschöpfen; 2. *n.* a) Kummer, *m.*; b) Not, *f.*; Elend, *n.*; c) **an aircraft/a ship in ~:** ein Flugzeug in Not/ein Schiff in Seenot; d) Qualen *Pl.*; Erschöpfung, *f*
distribute [dɪ'strɪbju:t] *v. t.* verteilen (to an + Akk., among unter+ Akk.)
distribution [dɪstrɪ'bju:ʃn] *n.* Verteilung, *f.*; Distribution, *f.*; Vertrieb, *m.*
distributor [dɪ'strɪbjutər] *n.* a) Verteiler/in, Vertreiber, *m.*; Vertrieb, *m.*; Verleih, *m.*; b) Zündverteiler, *m*
district ['dɪstrɪkt] *n.* a) Bezirk, *m.*; b) Distrikt, *m.*; c) Wahlkreis, *m.*; d) Gegend, *f.*
distrust [dɪs'trʌst] 1. *v. t.* misstrauen 2. *n.* Misstrauen, *n.* (of gegen)
disturb [dɪ'stɜ:b] *v. t.* a) stören; **'do not ~!'** „bitte nicht stören!"; aufscheuchen (Tiere); aufhalten, behindern (Entwicklung) b) durcheinanderbringen; c) beunruhigen
disturbance [dɪ'stɜ:bəns] *n.* a) Störung, *f.*; Belästigung, *f.*; b) Unruhe, *f.*
disuse [dɪs'ju:s] *n.* Abschaffung, *f.*; **fall into ~:** außer Gebrauch kommen
disused [dɪs'ju:zd] *adj.* stillgelegt (Mine); leer stehend (Fabrik); ausrangiert (ugs.)
ditch [dɪtʃ] 1. *v. t. (sl.)* sitzenlassen; 2. *n.* Graben, *m.*; Straßengraben, *m*
dither ['dɪðər] 1. *v. i.* schwanken. 2. *n.* **be all of a ~ or in a ~:** am Rotieren sein
dive [daɪv] 1. *v. i.* ~d or (Amer.) dove tauchen; einen Kopfsprung machen; springen; b) einen Sturzflug machen; abtauchen; tauchen; c) sich hinwerfen; d) sich schnell verstecken. 2. *n.* a) Kopfsprung, *m.*; Sturzflug, *m.* Tauchen, *n.*; b) Sprung, *m.*
diver ['daɪvər] *n.* a) Kunstspringer, *m.*/-springerin, *f.*; b) Taucher, *m.*/Taucherin *f*
diverge [daɪ'vɜ:dʒ] *v. i.* a) auseinandergehen; **the arms of the river ~** die Flussarme gehen auseinander; b) sich trennen; abweichen; c) (Haltung) voneinander abweichen
divergence [daɪ'vɜ:dʒəns] *n.* a) Divergenz, *f.*; Auseinandergehen, *n.*
diverse [daɪ'vɜ:s] *adj.* a) verschieden; unterschiedlich; b) vielseitig, breit gefächert
diversify [daɪ'vɜ:sɪfaɪ] 1 *v. t.* abwechslungsreich gestalten. 2 *v. i.* diversifizieren
diversion [daɪ'vɜ:ʃn] *n.* a) Ablenkung, *f.*; b) Ablenkungsmanöver, *n.* c) *no pl.*; Zerstreuung, *f.*; Abwechslung, *f.*; d) Freizeitbeschäftigung; e) Ableitung, *f.*; f) Umleitung, *f*
diversity [daɪ'vɜ:sɪtɪ] *n.* Vielfalt, *f.*; **~ of opinion** Meinungsvielfalt, *f*
divert [daɪ'vɜ:t] *v. t.* a) umleiten; ablenken; lenken; b) ablenken; c) unterhalten
divide [dɪ'vaɪd] 1. *v. t.* a) teilen; aufteilen; einteilen; zerteilen; b) unterteilen; c) trennen; d) **dividing line** Trennungslinie, *f.*; e) unterscheiden; f) entzweien; g) aufteilen; h) dividieren, teilen; 2. *v. i.* a) sich teilen; sich gliedern; **~ into two** sich in zwei Teile teilen; b) **~ from** von etw. abzweigen; c) **~ by two** sich durch zwei dividieren oder teilen lassen
divine [dɪ'vaɪn] *adj.*, ~r ~st a) göttlich; gottgeweiht; b) traumhaft
diving ['daɪvɪŋ] *n.* (Sport) Tauchen, *n.*; Kunstspringen, *n*
divinity [dɪ'vɪnɪtɪ] *n.* a) Gottheit, *f.*; b) *no pl.* Göttlichkeit, *f.*; c) *no pl.* Theologie, *f*
divisible [dɪ'vɪzɪbl] *adj.* a) aufteilbar; b) **be ~ by two** durch zwei teilbar sein
division [dɪ'vɪʒn] *n.* a) siehe divide: Teilung; *f.*; Zerteilung, *f.*, Aufteilung, *f.*; b) Abtrennung, *f.*; Trennung, *f.*; Abgrenzung, *f.*; c) Unterscheidung, *f.*; Abgrenzung, *f.*; d) Verteilung, *f.* e) Unstimmigkeit, *f.*; f) Teilen, *n.*; Dividieren, *n.*; Division, *f.*; **do ~:** dividieren; g) Abstimmung, *f.*; h) Unterteilung, *f.*; Abschnitt, *m.*; i) Abteilung, *f.*; Gruppe, *f.*
divorce [dɪ'vɔ:s] 1. *v. t.* scheiden (Ehepartner); 2. *n.* a) Scheidung, *f.*; **obtain a ~:** sich scheiden lassen, *n.*; b) (bildlich) Trennung, *f.*
Dixie ['dɪksɪ] *n.* a) die Südstaaten b) (Musik) Dixie, *m*
dizzy ['dɪzɪ] *adj.* a) schwindlig; **she feels ~:** sie fühlt sich schwindlig; b) schwindelerregend
DJ [di:'dʒeɪ] Abk. **disc jockey** Diskjockey, *m*
do [də, stressed du:] 1. *v. t* a) machen; tun; verrichten (Arbeit); vollbringen; tun, erfüllen (Auftrag); vorführen; aufführen; spielen (Stück); durchführen (Test); singen (Lied); mit-

machen; **do the cleaning/shopping/washing** einkaufen/abwaschen; **do a lot of sth.** etw. viel machen; b) machen (Kopie); anfertigen (Kunst); herstellen; schaffen (Pensum); c) haben (Service); führen (Ware); d) machen; fertigmachen; saubermachen; putzen (Schuhe); zurechtmachen (Frisur); schminken (Gesicht); schneiden (Fingernägel); streichen (Möbel); sich kümmern um (Finanzen); in Ordnung bringen; **well done** gut durchgebraten; f) lösen (Problem); machen; g) machen; haben (Lehrfach); h) *(sl.)* reinlegen *(ugs.)*; **do sb. out of sth.** jmdn. um etw. bringen; i) *(sl.)* töten; fertigmachen; j) schaffen; k) *(sl.)* absitzen, (salopp) abreißen (Haft); l) besuchen; m) (satisfy) zusagen; reichen; 2. *v. i.,* forms as 1: a) tun; spielen; **you can do just as you like** du kannst machen, was du willst; **do or die** kämpfen oder untergehen; b) **how are you doing?** wie geht's dir?; c) vorankommen; (Prüfungen) abschneiden; **she does well at school** sie ist gut in der Schule; d) **how do you do?** Wie geht's? (formal) guten Tag/Morgen/Abend!; e) **how are we doing?** wie steht es mit uns?; f) es tun; reichen; gehen; **that won't do** geht nicht; g) **that will do for or as sth.** das wird als etw. benutzt werden können; h) **Nothing doing. He's not interested.** Nichts zu machen. 3. *v.* a) **you mustn't behave as he does** du darfst dich nicht so verhalten wie er; b) **as they did when they were young** wie sie es taten, als sie noch jung waren; c) **you went to see him, didn't you? Yes, I did.** Du warst doch bei ihm, oder? Ja, stimmt. d) **I know you from somewhere, don't I?** wir kennen uns doch irgendwoher, nicht?; 4. v. a) **I do love music** Musik gefällt mir wirklich gut; b) **little did he know that…:** er hatte keine Ahnung, dass…; c) in questions **do you know him?** kennst du ihn?; d) **I don't or do not know** ich weiß nicht; e) **don't or do not try to disturb him** versuchen Sie, ihn nicht zu stören; f) **do sit down, won't you?** bitte setzen Sie sich doch!

do [du:] *n.,* a) Schwindel, *m.*; krumme Sache; b) (Brit.) Feier, *f.*; Fete, *f.*; c) in *pl.* **the dos and don'ts** die Ge- und Verbote

dock [dɒk] 1. *n.* a) Dock, *n.*; **the ship came into ~:** das Schiff ging in Dock; b) in *pl.* Hafen, *m.*; **down by the ~** unten im Hafen

docker ['dɒkər] *n.* Hafenarbeiter, *m*

dockyard ['dɒkja:d] *n.* Schiffswerft, *f*

doctor ['dɒktər] 1. *v. t.* verfälschen; frisieren; verwürzen (Speisen); 2. *n.* a) Arzt, (Titel) Doktor, *m.*; (Anrede) Herr/Frau Doktor; **~'s orders** ärztliche Anweisung; b) (Amer.) Zahnarzt, *m.*/-ärztin, *f.*; c) (Amer.) Tierarzt, *m.*/-ärztin, *f.*; d) (Titel) Doktor, *m*

doctorate ['dɒktərət] *n.* Doktorwürde, *f.*; **do a ~:** seinen Doktor machen, promovieren

doctrine ['dɒktrɪn] *n.* a) Lehre, *f.*; b) Doktrin, *f.*; Lehrmeinung, *f*

dodge [dɒdʒ] 1 *v. i.* a) ausweichen; **~ out of the way** zur Seite springen; b) ständig in Bewegung sein; 2. *v. t.* ausweichen; entkommen; sich drücken vor; umgehen (Strafe); aus dem Weg gehen; **~ doing sth.** es umgehen, etw. zu tun. 3. *n.* a) Sprung zur Seite; b) Trick, *m*

dodgy ['dɒdʒɪ] *adj.* (Brit.) unsicher; gewagt; heikel; verzwickt; vertrackt; knifflig

dog [dɒg] 1. *v. t.* -gg- verfolgen; heimsuchen; verfolgen; 2. *n.* a) Hund, *m.*; **not a ~'s chance** nicht die geringste Chance; **the ~s** (Brit.) *n.* Windhundrennen; b) (male ~) Hund, *m.*

dogged ['dɒgɪd] *adj.* (Verhalten) hartnäckig, zäh; beharrlich

doggerel ['dɒgərəl] *n.* Knittelvers, *m*

dogma ['dɒgmə] *n.* Dogma, *n*

dogmatic [dɒgˈmætɪk] *adj.* dogmatisch

dogmatism ['dɒgmətɪzm] *n.* Dogmatismus, *m*

doing ['du:ɪŋ] 1. *pres. p.* of do. 2. *n.* a) *vbl. n.* of do; no *pl.* Tun, *n.*; **be sb.'s ~:** jmds. Werk sein; c) in *pl.* **sb.'s ~s** jmds. Tun und Treiben; **the ~s** *(sl.)* Dinger *(ugs.)*

do-it-yourself [du:ɪtjəˈself] 1. *adj.* Do-it-yourself-. 2. *n.* Heimwerken, *n*

dole [dəʊl] 1. *v. t.* austeilen; 2. *n.* **the ~:** Arbeitslosengeld, *n.*; Stütze, *f.* (ugs.)

doll [dɒl] 1. *n.* a) Puppe, *f.*; b) *(sl.)* Mieze, *f.* (ugs.). 2. *v. t.* **~ up** herausputzen

dollar ['dɒlər] *n.* Dollar, *m*

dolly ['dɒlɪ] *n.* Puppe, *f.*; Püppchen, *n*

dolphin ['dɒlfɪn] *n.* Delfin, *m*

domain [dəˈmeɪn] *n.* a) Gut, *n.*; Ländereien *Pl.*: b) Domäne, *f.*; Aufgabengebiet, *n*

dome [dəʊm] *n.* Kuppel, *f*

domestic [dəˈmestɪk] *adj.*

a) häuslich; familiär; **~ servant** Hausgehilfe, *m./*-gehilfin, *f.*; b) inländisch; einheimisch; innenpolitisch; c) **~ animal** Haustier, *n*
domesticated [dəˈmestɪkeɪtɪd] *adj.* a) domestiziert, gezähmt; b) häuslich
domicile [ˈdɒmɪsaɪl] 1. *v. t.* ansiedeln; 2. *n.* Heimat, *f*
dominance [ˈdɒmɪnəns] *n.*, *no pl.* Dominanz, *f.*; Vorherrschaft, *f.*; Vorherrschen, *n*
dominant [ˈdɒmɪnənt] *adj.* dominierend; beherrschend; hervorstechend, herausragend, vorherrschend
dominate [ˈdɒmɪneɪt] 1 *v. t.* beherrschen. 2. *v. i.* a) beherrschen; b) dominieren
domination [dɒmɪˈneɪʃn] *n no pl.* Herrschaft, *f.*; **under male ~:** unter männlicher Herrschaft
dominion [dəˈmɪnjən] *n.* Herrschaft, *f.* (over über+ Akk.) *usu. in pl.* Reich
donate [dəˈneɪt] *v. t.* spenden; stiften
donation [dəˈneɪʃn] *n.* Spende, *f.* **a ~ of clothes** eine Kleiderspende
done [dʌn] *adj.* a) **be ~ with sth.** mit etw. fertig sein; **is your glass ~ with?** brauchen Sie noch Ihr Glas?; b) **have ~** aufgehört haben, etw. zu tun; c) **it's not ~** das macht man nicht
donkey [ˈdɒŋkɪ] *n.* (literarisch oder bildlich) Esel, *m.*
donor [ˈdəʊnər] *n.* a) Schenker, *m./*Schenkerin, *f.*; Stifter, *m./*Stifterin, *f.*; b) Spender, *m./*Spenderin, *f.*; **blood ~:** Blutspender, *m./*-spenderin, *f*
doom [duːm] 1. *v. t.* verurteilen; verdammen; **~ sb./sth. to sth.** jmdn./eine Sache zu etw. verlorren sein; 2. *n.* Schicksal, *n.*; Verhängnis, *n.*

door [dɔːr] *n.* a) Tür, *f.*; Tor, *n.*; **next ~:** nebenan; **Alice lives next ~ to him** Alice wohnt neben ihm; b) Zugang, *m.*; **today all ~s are open** heute stehen alle Türen offen; c) (~ way) Eingang, *m.*; **walk through the ~** hineingehen/hereinkommen; d) **out of ~s** im Freien; draußen
dope [dəʊp] 1. *n.* a) Aufputschmittel, *n.*; (*sl.*) Stoff, *m.* (salopp); **~ test** Dopingkontrolle, *f.*; b) (*sl.*) Informationen *Pl.*; 2. *v. t.* dopen; Rauschgift verabreichen
dormitory [ˈdɔːmɪtərɪ] *n.* Schlafsaal, *m*
dosage [ˈdəʊsɪdʒ] *n.* a) *(Medizin)* Dosierung, *f.*; b) Dosis, *f*
dose [dəʊs] 1 *v. t.* **~ sb. with sth.** jmdm. etw. verabreichen; 2. *n.* a) Dosis, *f.*; **take a ~ of aspirin** Aspirin nehmen; b) Strahlen-, Bestrahlungsdosis, *f*
dossier [ˈdɒsɪər, ˈdɒsjeɪ] *n.* Dossier, *n.*; Akte, *f*
dot [dɒt] 1. *n.* a) Punkt, *m.*; Pünktchen, *n.*; b) **on the ~:** auf den Punkt genau. 2. *v. t.*, -tt-: a) mit Punkten/einem Punkt markieren; b) sprenkeln; c) verteilen
double [ˈdʌbl] 1. *v. t.* a) verdoppeln; (make ~) doppelt nehmen; b) (Film) doubeln; 2. *v. i.* a) sich verdoppeln; b) doppelt verwendbar sein; 3. *adj.* a) doppelt; zweifach (Naht); b) doppelt (Boden); c) (with *pl.*) zwei; d) doppelt (Sinn; Zweck); e) (Zahl) doppelt; **an animal ~ the size of this** ein doppelt so großes Tier wie dieses; f) doppelt so viele wie; g) doppelt so groß; h) (Menge) doppelt (Drink); i) Doppel-; **~ seat** Doppelsitz, *m.*; j) Doppel (-stecker); k) zweideutig; falsch (Spiel); 4. *adv.* doppelt; siehe ~ doppelt sehen;

5. *n.* a) Doppelte, *n.*; b) Doppelte, *m.*; **to order a ~ (of whiskey)** einen Doppelten (Whiskey) bestellen; c) das Doppelte; doppelt so viel; doppelt so viele; d) (Film) Doppelgänger, *m./*-gängerin, *f.*; Double; *n.* e) **at the ~:** unverzüglich; *f)* Doppelerfolg, *m.*; Double, *n.*; Doppel, *n.*; g) in *pl.* (Tennis) Doppel, *n.*
doubly [ˈdʌblɪ] *adv.* doppelt; **make ~ sure** ganz besonders darauf achten
doubt [daʊt] 1. *v. t.* anzweifeln; zweifeln an; 2. *n.* a) Zweifel, *m.*; **~ about or as to sth., ~ of sth.** Zweifel an etw; b) *no pl.* Ungewissheit, *f.*
doubtful [ˈdaʊtfl] *adj.* a) zweifelnd; **be ~ as to or about sth.** an etw. zweifeln; b) skeptisch; c) ungläubig; d) fraglich; e) ungewiss; zweifelhaft; *f)* bedenklich
doubtless [ˈdaʊtlɪs] *adv.* a) gewiss; b) sicherlich
doughnut *n.* Pfannkuchen, *m*
dour [dʊər] *adj.* hartnäckig
douse [daʊs] *v. t.* a) ausmachen; b) übergießen (Flamme)
dove [dʌv] *n.* Taube, *f*
down *n.* a) (Vogel) Daunen *Pl.*; Flaum, *m.*; b) Flaum, *m*
down 1. *adv.* a) runter; herunter/hinunter; abwärts; nach unten; (Spalte) senkrecht; **right ~ to the bottom** bis ganz unten; b) (Brit.) raus; heraus/hinaus; **go ~ to the countryside** aufs Land raus-/hinausfahren; c) sofort; **cash ~:** bar bezahlen; d) nieder (~ schlagen); **the sun goes ~** die Sonne geht unter; e) **copy sth. ~ from** etw. von etw. abschreiben; *f)* **put a meeting ~ for 5 p.m.** ein Treffen auf 5 Uhr ansetzen; g) **lower ~:** tiefer unten; **~ in the coun-**

dowry

try draußen auf dem Land; i) ~ **on the ground** auf dem Fußboden/der Erde; j) **get it** ~ **on paper** bring das aufs Papier; k) angesetzt; l) zu Boden; **look** ~: zu Boden sehen; m) niedergeschlagen; n) fallen; **the price goes** ~ der Preis geht runter; p) reduziert; **bring fire** ~ das Feuer eindämmen; q) **from six** ~ **to four** von sechs bis auf vier verringert; r) (Sport) **they were one goal** ~ sie lagen ein Tor weit zurück; s) bettlägerig; **she lies** ~ **with an illness** sie liegt mit einer Krankheit darnieder; 2. *prep.* a) runter herunter/hinunter; **run** ~ **the stairs** die Treppe hinunterrennen; b) durch; c) rein in; hinein in **the dog falls** ~ **a ditch** der Hund fällt in einen Graben; d) über e) **it was passed** ~ **the years** es wurde über die Jahre weitergegeben; f) unten; **wait just** ~ **the road** warte ein Stück weiter unten an der Straße; g) an; ~ **the edge of the river** am Ufer des Flusses; h) überall auf i) (Brit.: in, at) ~**town** in der Stadt; 3. *adj.* (directed ~ wards) nach unten führend (Treppe); nach unten; nach unten gerichtet; 4. *v. t.* a) **knock** ~ auf die Bretter schicken (Boxer); b) **drink** ~ leer machen; schlucken; c) **shoot** ~ abschießen, runterholen (Flugzeug)

downward ['daʊnwəd] 1. *adv.* abwärts: nach unten; **face** ~ mit dem Gesicht nach unten; 2. *adj.* nach unten; nach unten gerichtet

dowry ['daʊrɪ] *n.* Mitgift, *f.*; Aussteuer, *f*

doze [dəʊz] 1. *v. i.* dösen *(ugs.);* **lie dozing** im Halbschlaf liegen. 2. *n.* Nickerchen, *n. (ugs.)*

dozen ['dʌzn] *n.* a) *pl. same* Dutzend, *n.*; **bring a** ~ **bottles of wine** bring zwölf Flaschen Wein; b) *pl.* ~s Dutzend, *n.*; **by the** ~ in großen Mengen; c) in *pl.* Dutzende *Pl.*

drab [dræb] *adj.* a) matt; gelblich braun; b) langweilig (Aussehen)

draft [drɑːft] 1. *n.* a) Konzept, *n.*; b) Skizze, *f.*; Bauzeichnung, *f.*; c) Sonderkommando, *n.*; (Brit.) Abkommandieren *Pl.*; d) Einberufung, *f.*; Wehrpflichtige *Pl.*: Einberufene *Pl.*: e) Wechsel, *m.*; 2. *v. t.* a) entwerfen; b) (Militär) abkommandieren; c) einberufen

drag [dræg] 1. *n.* a) Schleppen, *n.*; b) Hemmschuh, *m.;* Hindernis, *n.*; Hemmnis, *n.*; c) *no pl.* Frauenkleider *Pl* 2. *v. t.* a) schleppen; ~ **one's feet or heels** sich Zeit lassen; b) sich schleppen; c) hineinziehen; d) am Boden schleifen; absuchen; 3. *v. i.* a) schleifen; ziehen; b) sich schleppen

dragon ['drægn] *n.* Drache, *m.*; (bildlich: Person) Drachen, *m*

dragon-fly *n.* (Tierwelt) Libelle, *f*

drain [dreɪn] 1 *v. t.* a) trocken legen, entwässern; ableiten; b) abgießen; c) austrinken; d) ~ **sb. of his energy** jmd. auslaugen. 2. *v. i.* a) abtropfen; ablaufen; 3. *n.* a) Abflussrohr, *n.*;

drake [dreɪk] *n.* Enterich, *m*

dram [dræm] *n.* Schlückchen, *n.*

drama ['drɑːmə] *n.* Drama, *n.*; Schauspielkunst, *f.*; *attrib.* ~ **critic** Theaterkritiker, *m*

dramatic [drə'mætɪk] *adj.* (literarisch oder bildlich) dramatisch; ~ **art** Dramatik, *f*

dramatize ['dræmətaɪz] *v. t.* dramatisieren

drape [dreɪp] 1 *v. t.* a) drapieren; legen ;b) 2. *n.* a) Tuch, *n.*; b) *usu. in pl.* Vorhang, *m*

draper ['dreɪpər] *n.* (Brit.) Textilkaufmann, *m.*; **the** ~**'s** das Textilgeschäft

drapery ['dreɪpərɪ] *n.* a) (Brit.) Stoffe, *f.*; b) (Brit.) Textilgewerbe, *n.*; c) Draperie, *f*

drastic ['dræstɪk] *adj.* drastisch; erheblich; rigoros; dringend; einschneidend

draught [drɑːft] *n.* a) Luftzug, *m.*; **there is a** ~ **in here** hier drin zieht es; b) Zug, *m.*; Schluck, *m.*; d) (Seefahrt) Tiefgang, *m*

draw [drɔː] 1. *v. t.* a) ziehen; ~ **the lock** das Schloss zurückschieben; b) anlocken; **he feels** ~**n to her** er fühlt sich von ihr angezogen;c) herausziehen; ziehen; ~ **cash from your bank** Bargeld von der Bank abholen; d) finden; ~ **courage from sth.** Mut aus etw. schöpfen; e) beziehen; erhalten; bekommen; f) ~ **straws** Lose ziehen; g) ziehen; zeichnen; h) herausstellen; herstellen; ziehen i) unentschieden beenden; 2. *v. i.* a) gehen; fahren; ~ **to an end** zu Ende gehen; b) auslosen; ziehen; losen; 3. *n.* a) Tombola, *f.*; Auslosung, *f.*; b) Unentschieden, *n.*

drawing ['drɔːɪŋ] *n.* (sketch) Zeichnung, *f*

drawl [drɔːl] 1. *v. i.* gedehnt sprechen. 2. *v. t.* dehnen; gedehnt aussprechen. 3. *n.* gedehntes Sprechen

dreadful ['dredfl] *adj.* furchtbar; fürchterlich; schrecklich

dreadfully ['dredfəlɪ] *adv.* furchtbar; schrecklich; entsetzlich, grauenhaft

dream [driːm] 1.*v. i.* ~t or ~ed träumen, vor sich hin träumen; 2. *n.* a) Traum, *m.*; **have a** ~ **about sb./sth.**

von jmdm./etw. träumen; b) Traum, *m*.; c) traumhaft; Traum, *m*.
dreamer ['dri:mər] *n*. Träumer, *m*./Träumerin, *f*.
dreary ['drɪərɪ] *adj*. trübselig; trostlos; monoton; langweilig
dress [dres] 1 *v. t.* a) anziehen; **he is always well ~ed** er ist immer gut gekleidet; b) einkleiden; c) schmücken; dekorieren; beflaggen; d) verbinden, versorgen; e) zubereiten; f) gerben; appretieren; 2. *v. i.* sich anziehen; sich kleiden 3. *n.* a) Kleid, *n*.; b) *no pl.* Kleidung
dresser ['dresər] *n*. Anrichte, *f*.; Büfett, *n*
dressing ['dresɪŋ] *n* a) *no pl.* Anziehen, *n*.; b) Dressing, *n* c) Verband, *m*.; d) Dünger, *m*
dribble ['drɪbl] 1. *v. i.* a) tropfen; b) sabbern; c) dribbeln. 2. *v. t.* a) kleckern; b) dribbeln
dried [draɪd] *adj*. getrocknet; **~ fruit** Backobst, *n*.; **~ milk** Trockenmilch, *f*
drier ['draɪər] *n*. Trockner, *m*.; Trockenhaube, *f*.; Fön, *m*.
drift [drɪft] 1. *v. i.* a) treiben; ziehen; **~ into coma** ins Koma versinken; b) **~ in** hereinschneien; c) **~ out** abziehen; d) zusammengeweht werden; **~ing sand** Treibsand, *m*.; 2. *n.* a) Wanderung, *f*.; b) Strömung, *f*.; c) Abdrift, *f*.; d) Verwehung, *f*. Tendenz, *f*.
drifter ['drɪftər] *n*. a) Drifter, *m*.; b) **be a ~:** sich treiben lassen
drill [drɪl] 1. *v. t.* a) bohren; an-, ausbohren; **~ sth.** etw. durchbohren; b) drillen; c) **~ sth. into sb.** jmdm. etw. systematisch einbläuen; 2. *v. i.* bohren 3. *n.* a) Bohrer, *m*.; Bohrinstrument, *n*.; Bohr-

maschine, *f*.; b) Drill, *m*.
drink [drɪŋk] 1. *v.t.* trinken; **~ down or off** austrinken; 2. *v. i.* trinken; **~ from a glas** aus einem Glas trinken; 3. *n.* a) Getränk; *n*.; **have a ~:** trinken; b) Glas, *n*.; Drink, *m*.; c) *no pl.*, *no art.* Alkohol, *m*.
drip [drɪp] 1. *v. i.*, -pp-: a) tropfen; triefen; **be ~ping** triefend nass sein; b) **be ~ping with** triefen von oder vor; überladen sein mit; 2. *v. t.* tropfen lassen. 3. *n.* a) Tropfen, *n*.; b) Tropfinfusion, *f*.; c) Schlappschwanz, *m*.
dripping ['drɪpɪŋ] 1. *adv*. klitschnass. 2. *n.* Schmalz, *n*.; **bread and ~:** Schmalzbrot, *n*
drive [draɪv] 1. *v. t.* a) fahren; **we ~ by car** wir fahren mit dem Auto; lenken; treiben b) **to ~ a bus** Busfahrer sein; c) vertreiben; d) treiben; e) **~ sb. to sth.** jmdn. zu etw. treiben; f) treiben **~n off course** abgetrieben werden; g) antreiben **~n by oil** ölangetrieben sein; i) antreiben **~ oneself** sich schinden; 2. *v. i.* a) fahren; b) mit dem Auto fahren; c) jagen; stürmen; schlagen; 3. *n.* a) Fahrt, *f*.; b) Straße, *f*.; c) Zufahrt; Auffahrt, *f*.; d) Tatkraft, *f*.; e) Kampagne, *f*.; Aktion, *f*.; **sales** ~ Verkaufskampagne, *f*.; f) Trieb, *m*.; g) Antrieb, *m*.; **front-wheel/rear-wheel ~:** Front-/Heckantrieb, *m*.; h) **lefthand/righthand ~:** Links-/Rechtssteuerung
drive-in *adj*. Drive-in-; **~ cinema** Autokino, *n*
driver ['draɪvər] *n*. Fahrer, *m*./Fahrerin, *f*. (Fahrzeug) Führer, *m*./Führerin, *f*
drizzle ['drɪzl] 1. *v. i.* **it's drizzling** es nieselt; 2. *n.* Nieseln, *n*.; Sprühregen, *m*
drone [drəʊn] 1. *v. i.* a) summen; brummen; b) lei-

ern. 2. *v. t.* leiern; 3. *n.* a) Summen, *n*.; Brummen, *n*.; b) Geleier, *n*.; c) (Tierwelt) Drohne, *f*
drool [dru:l] *v. i.* **~ over sb./sth.** über jmdn./etw. in Verzückung geraten
droop [dru:p] *v. i.* a) herunterhängen; den Kopf hängen lassen; **her hands ~ed down** ihre Hände sanken nach unten; b) ermatten
drop [drɒp] 1.*v. i.* a) herunterfallen; sich fallen lassen; b) fallen; **it ~s to the ground** es fällt zu Boden; c) sinken; abbauen, sich legen; sich senken; herunterfallen; d) **~ back** zurückfallen; e) tropfen **~ into one's old routine** in den alten Trott verfallen; g) **the case was ~ped:** man ließ den Fall auf sich beruhen; h) **let ~:** beiläufig erwähnen; fallenlassen; 2. *v.t.* fallen lassen; abwerfen; absetzen; b) umschmeißen; fallen lassen; c) tropfen; d) fallenlassen; e) **~ sb. a note** jmdm. eine Nachricht schreiben; f) absetzen; **just ~ me next corner!** setzen Sie mich einfach an der nächsten Ecke ab!; g) auslassen; nicht aussprechen; h) fallenlassen; einstellen, beiseite lassen; aufgeben, **you better ~ the subject** Sie sollten besser das Thema wechseln; i) **~ sb. from a team** jmdn. aus einer Mannschaft nehmen; j) **~ one's voice** die Stimme senken; 3. *n.* a) Tropfen, *m*.; **~s of rain/blood** Regen-/Blutstropfen, *m*.; **~ by ~, in ~s** tropfenweise; b) Gläschen, *n*.; **he has had a ~ too much** er hat einen über den Durst getrunken; c) in *pl.* Tropfen *Pl.*; d) Falltiefe, *f*. e) plötzlicher Abfall; Absturz, *m*.; f) Rückgang, *m*.; g) Bonbon, *n*

droppings ['drɒpɪŋz] *n. pl.* (Landwirtschaft) Mist, *m.;* Pferdeäpfel *Pl*

drought [draʊt], (Amer., Scot., Ir.) **drouth** *n.* Dürre, *f.;* **a period of ~**: eine Dürreperiode

drown [draʊn] 1. *v. i.* ertrinken. 2 *v. t.* a) ertränken; **she was ~ed** sie ertrank; b) *(bildlich)* **~ one's sorrows** seine Sorgen ertränken; **be ~ed in tears** in Tränen versinken; c) (Klang) übertönen

drowsy ['draʊzɪ] *adj.* a) schläfrig; verschlafen; b) einschläfern

drudge [drʌdʒ] *n.* Schwerarbeiter, *m. (bildlich);* Kuli, *m. (ugs.);* Arbeitstier, *n*

drudgery ['drʌdʒərɪ] *n.* Schufterei, *f.;* Plackerei, *f*

drug [drʌg] 1. *v. t.* betäuben; 2. *n.* a) *(Medizin)* Medikament, *n.;* b) Droge, *f.;* Rauschgift, *n.*

druggist ['drʌgɪst] *n.* Drogist, *m.*/Drogistin, *f*

drum [drʌm] 1. *v. i.*, trommeln; 2. *v. t.* **~ one's fingers on the desk** mit den Fingern auf den Tisch trommeln; 3. *n.* a) Trommel, *f.;* b) in *pl.* Schlagzeug, *n.;* Trommeln *Pl.;* c) Fass, *n*

drummer ['drʌmər] *n.* Schlagzeuger, *m*

drunken ['drʌŋkən] *attrib. adj.* a) betrunken; versoffen (derb); b) **a ~ brawl** eine Schlägerei zwischen Betrunkenen; **~ driving** Trunkenheit am Steuer

drunkenness ['drʌŋkənnɪs] *n., no pl.* a) Betrunkenheit, *f.;* b) Trunksucht, *f*

dry [draɪ] 1. *adj.* a) trocken; (Sherry) trocken, (Wein) herb; ausgetrocknet **as ~ as a bone** völlig trocken; b) trocken (Wetter); c) durstig; **I'm a bit ~**: ich habe einen trockenen Hals; d) ausgetrocknet, versiegt (Brunnen); e) trocken, kühl; *f)* trocken (Stoff). 2. *v. t.* a) trocknen; abtrocknen; **~ oneself** sich abtrocknen; b) trocknen; dörren; 3. *v. i.* trocknen; trocken werden

dryness ['draɪnɪs] *n., no pl.* (literarisch oder bildlich) Trockenheit, *f*

dual [djuəl] *adj.* doppelt; Doppel-

dub [dʌb] *v. t.*, -bb- (Film) synchronisieren

dubious ['djuːbɪəs] *adj.* a) unschlüssig; **I'm ~ about him** ich weiß nicht recht, was ich von ihm halten soll; b) zweifelhaft

dubiously ['djuːbɪəslɪ] *adv.* a) unschlüssig; b) dubios

duchess ['dʌtʃɪs] *n.* Herzogin, *f*

duchy ['dʌtʃɪ] *n.* Herzogtum, *n*

duck [dʌk] 1. *n.* a) *pl.* ~s or same Ente, *f.;* **wild ~**: Wildente, *f.;* **take to sth. like a ~ to water** bei etw. gleich in seinem Element sein; b) (Brit) Schätzchen; 2. *v. i.* a) sich ducken; b) türmen *(ugs.).* 3. *v. t.* **~ sb.** jmdn. untertauchen

ducking ['dʌkɪŋ] *n.* tauchen, untertauchen

duckling ['dʌklɪŋ] *n.* Entenküken, *n.;* (Speise) junge Ente, *f.*

duct [dʌkt] *n.* (Gas) Rohrleitung, *f.;* Rohr, *n.;* (Luft) Ventil, *n*

dud [dʌd] 1. *n.* a) Fälschung, *f.;* Niete, *f.;* (Geldschein) Blüte, *f.;* b) (Rakete) Blindgänger, *m.* 2. *adj.* a) mies; schlecht; gefälscht; b) **a ~ bomb** ein Blindgänger

due [djuː] 1. *adj.* a) geschuldet; zustehend; **the amount ~**: der zu zahlende Betrag; b) fällig; **be more than ~** überfällig sein; c) gebührend; geziemend, angemessen; reiflich **be ~ to sb.** jmdm. gebühren; **with all ~ respect, madam** bei allem gebotenen Respekt, meine Dame; d) **the failure was ~ to negligence** der Fehler wurde durch Nachlässigkeit verursacht; e) **be ~ to do sth.** etw. tun sollen; **the train is ~ to arrive** der Zug müsste planmäßig ankommen; *f)* **be ~ for sth.** etw. verdienen; 2. *adv.* a) **~ north** nach Norden; b) **~ to** auf Grund; aufgrund. 3. *n.* a) in *pl.* Schulden *Pl.;* **pay one's ~s** seine Schulden bezahlen; b) *no pl.* **sb.'s ~:** das, was jmdm. zusteht; c) *usu. in pl.* Gebühr, *f.;* **membership ~s** Mitgliedsbeiträge *Pl*

duel ['djuːəl] 1. *v. i.*, (Brit.) -ll- sich duellieren; 2. *n.* a) Duell, *n.;* b) Kampf, *m*

duet [djuːˈet] *n.* (Musik) Duett, *n.;* Duo, *n*

duke [djuːk] *n.* Herzog, *m*

dukedom ['djuːkdəm] *n.* a) Herzogtum, *n.;* b) Herzogswürde, *f*

dull [dʌl] 1. *v. t.* a) schwächen; trüben; betäuben; b) stumpf werden lassen; verblassen lassen c) stumpf machen; b) dämpfen; abstumpfen; 2. *adj.* a) beschränkt; begriffsstutzig b) langweilig; stumpfsinnig c) trübe d) matt, stumpf; blind; dumpf e) lustlos; *f)* stumpf

dullness ['dʌlnɪs] *n., no pl.* a) Beschränktheit, *f.;* Begriffsstutzigkeit, *f.* b) Langweiligkeit, *f.;* Stumpfsinn, *m.;* c) (Oberfläche) Stumpfheit, *f.;* Mattheit, *f*

dumb [dʌm] 1. *adj* a) stumm; **a ~ person** ein Stummer/eine Stumme; stumme Kreaturen; **strike so. ~** jmdm. die Sprache verschlagen; b) doof; 2. *n. pl.* **the ~:** die Stummen

dummy ['dʌmɪ] 1. *n.* a)

Schneiderpuppe, f.; Modepuppe, f.; Schaufensterpuppe, f.; Puppe, f.; Dummkopf, m.; Doofi, m.; **like a stuffed ~**: wie ein Ölgötze b) Attrappe, f.; Dummy, m.; c) (esp. Brit.) Schnuller, m. 2. unecht; blind; ~ **run** Probelauf, m

dump [dʌmp] 1. v. t. a) werfen; abladen; kippen; lassen; abstellen; **to ~ one's things into a drawer** seine Sachen in eine Schublade kippen; b) abladen 2. n. a) Müllkippe, f.; Müllhaufen, m.; Müllhalde, f.; b) Depot, n.; Lager, n.; c) Loch, n.; Dreckloch, n.

dungeon ['dʌndʒən] n. Verlies, n.; Kerker, m

duodenal [djuːəˈdiːnl] adj. (Anatamoie) duodenal (Zwölffingerdarm)

duodenum [djuːəˈdiːnəm] n. (Körper) Duodenum, n.; Zwölffingerdarm, m

duplex ['djuːpleks] adj. (esp. Amer.) zweistöckig; Zweifamilien-

duplicate ['djuːplɪkeɪt] 1. v. t. a) ~ **sth.** etw. kopieren; eine zweite Ausfertigung von etw. machen; etw. nachmachen; b) genau gleichen; c) vervielfältigen; kopieren; 2. adj. a) Zweit- Doppel, n.; b) doppelt; 3. n. a) Kopie, f.; Duplikat, n

duplication [djuːplɪˈkeɪʃn] n. Wiederholung, f

duplicator ['djuːplɪkeɪtər] n. Vervielfältigungsgerät, n.; Kopierer, m

duplicity [djuːˈplɪsətɪ] n. Falschheit, f

durability n., no pl. a) (Zustand) Dauerhaftigkeit, f.; b) Haltbarkeit, f.; Strapazierfähigkeit, f

durable ['djʊərəbl] 1. adj. a) dauerhaft; b) solide; strapazierfähig, haltbar; widerstandsfähig; ~ **goods** haltbare Waren; 2. n. in pl. **consumer ~s** langlebige Waren

duration [djʊˈreɪʃn] n. Dauer, f.; **be of a certain ~**: von bestimmter Dauer sein

duress [djʊˈres, ˈdʊres] n., no pl. Zwang, m

during ['djʊərɪŋ] prep. während; ~ **the film** während des Films

dusk [dʌsk] n. Abenddämmerung, f.; Einbruch der Dunkelheit, m

dusky ['dʌskɪ] adj. dunkelhäutig

dust [dʌst] 1. v. t. a) abstauben; ~ **a place** Staub wischen; b) ~ **sth. with sth.** etw. mit etw. bestäuben; etw. mit etw. pudern. 2. v. i. Staub wischen; 3. n., no pl. Staub, m

duster ['dʌstər] n. Staubtuch, n

Dutch [dʌtʃ] 1. adj. a) holländisch; niederländisch; b) **go ~** getrennte Kasse machen. 2. n. a) constr. as pl. **the ~**: die Holländer b) Holländisch, n.; Niederländisch, n.

dutiful ['djuːtɪfl] adj. pflichtbewusst

duty ['djuːtɪ] n. a) no pl. Pflicht, f.; Verpflichtung, f.; **do one's ~** seine Pflicht tun; b) Aufgabe, f.; Pflicht, f.; **take up one's duties** seinen Dienst antreten; **the person in ~** diensthabende Person; c) Zoll, m.; **pay ~ on sth.** Zoll für etw. bezahlen

dwarf [dwɔːf] 1. v. t. a) klein erscheinen lassen; b) in den Schatten stellen; 2. n., pl. ~s or **dwarves** a) Zwerg, m./Zwergin, f.; Liliputaner, m./Liliputanerin, f.; b) Zwerg, m./Zwergin, f.

dwell [dwel] v. i., dwelt wohnen; weilen ~ **on** v. t. sich länger befassen mit

dwelling ['dwelɪŋ] n. Wohnung, f

dwindle ['dwɪndl] v. i. abnehmen; nachlassen; schrumpfen; schwinden

dye [daɪ] 1. v. t., **~ing** färben; ~ **hair** Haar färben; 2. n. a) Färbemittel, n.; b) Farbe, f

dying ['daɪɪŋ] 1. adj. a) sterbend; eingehend; absterbend; aussterbend; b) letzt…; **to my ~ day** bis an mein Lebensende. 2. n. pl. **the ~**: die Sterbenden

dynamic [daɪˈnæmɪk] adj., **dynamically** adv. (literarisch oder bildlich) dynamisch

dynamite ['daɪnəmaɪt] 1. n. a) Dynamit, n.; b) Sprengstoff, m.; c) **be ~** eine Wucht sein 2. v. t. mit Dynamit sprengen

dynamo ['daɪnəməʊ] n., pl. ~s Dynamo, m.; Lichtmaschine, f

dynasty ['dɪnəstɪ] n. (literarisch oder bildlich) Dynastie, f

dyslexia [dɪsˈleksɪə] n. (Medizin) Dyslexie, f.; Lesestörung

dyslexic [dɪsˈleksɪk] (Medizin) 1. adj. dyslektisch; **a ~ person** eine Person mit einer Lesestörung. 2. n. Dyslektiker, m./Dyslektikerin, f

E

E, e [iː] *n.*, *pl.* Es or E's a) (Buchstabe) E, e, *n.*; b) (Musik) E, e, *n.*
E. Abk. a) east; b) eastern
each [iːtʃ] 1. *adj.* jeder/jede/jedes; ~ **one of them** jeder/jede/jedes einzelne von ihnen; 2. *pron.* a) jeder/jede/jedes; **have some of** ~: von jedem etwas nehmen/haben usw b) **they are in love with** ~ **other** sie sind ineinander verliebt
eager [ˈiːgər] *adj.* eifrig; **be** ~ **to do sth.** etw. unbedingt tun wollen
eagerly [ˈiːgəlɪ] *adv.* eifrig; gespannt, ungeduldig
eagerness [ˈiːgənɪs] *n.*, *no pl.* Eifer, *m.*; ~ **to learn** Lernbegierde, *f.*
eagle [ˈiːgl] *n.* Adler, *m.*
ear [ɪər] *n.* a) Ohr, *n.*; **from** ~ **to** ~: von einem Ohr zum anderen **have a word in sb.'s** ~: jmdm. ein Wort im Vertrauen sagen; b) *no pl.* Gehör, *n.*; **have a good** ~ **for music** ein gutes Gehör für Musik haben; **an ear** *n.* (Botanik) Ähre, *f.*
early [ˈ3ːlɪ] 1.*adj* früh; **in the** ~ **afternoon** am frühen Nachmittag; **have an** ~ **night in** früh ins Bett gehen; **he is an** ~ **riser** er ist ein Frühaufsteher; *m.*; **at the earliest** frühestens; **in his** ~ **age** als er jung war; 2. *adv.* früh; ~ **in the year** Anfang des Jahres
earn [3ːn]*v. t.* a) verdienen; b) einbringen; c) eintragen; einbringen
earnest [ˈ3ːnɪst] 1. *adj.* a) ernst; ernsthaft; b) innig; leidenschaftlich; 2. *n.* **in** ~: mit vollem Ernst
earnestly [ˈ3ːnɪstlɪ] *adv.* ernsthaft

earnings [ˈ3ːnɪŋz] *n. pl.* Verdienst, *m.*; (Wirtschaft) Ertrag, *m*
earth [3ːð] 1. *n.* a) Erde, *f.*; Boden, *m.*; **come down to** ~ wieder auf den Boden der Tatsachen zurückkommen; b) **E~** Erde, *f.*; c) Erde, *f.*; **nowhere on** ~ nirgends auf der Welt; **nothing on** ~ nichts in der Welt; d) **cost the** ~: ein Vermögen kosten; *f)* Erde, *f.*; Erdung, *f.*
earthly [ˈ3ːθlɪ] *adj.* irdisch
ease [iːz] 1. *n.* a) Ruhe, *f.*; b) Muße, *f.*; Müßiggang, *m.*; c) Entspanntheit, *f.*; **at** ~: entspannt; behaglich; **with** ~ mit Leichtigkeit. 2. *v. t.* a) lindern; erleichtern; entspannen; b) erleichtern; ~ **sb.'s mind** jmdn. beruhigen; c) lockern; verringern; d) behutsam bewegen; 3. *v. i.* a) nachlassen; b) ~ **off** sich entspannen
easily [ˈiːzəlɪ] *adv.* a) leicht; b) zweifelsohne
easiness [ˈiːzɪnɪs] *n.* Leichtigkeit, *f*
east [iːst] 1. *adj.* östlich; Ost-; 2. *adv.* ostwärts; nach Osten; ~ **of** östlich von; östlich (+ Gen.); 3. *n.* a) Osten, *m.*; **the** ~: Ost; **in/to/from the** ~: im/nach/von Osten; b) **E~** Osten, *m*
Easter [ˈiːstər] *n.* Ostern, *n.* oder *Pl.*: **at** ~ Ostern
eastern [ˈiːstən] *adj.* östlich; Ost
easy [ˈiːzɪ] 1. *adj.* a) leicht; **on** ~ **terms** auf Raten; b) sorglos, angenehm; c) ungezwungen; unbefangen;2. *adv.* leicht; **go** ~: vorsichtig sein; **take it** ~! Nimm's leicht!
eat [iːt] 1. *v. t.* a) essen; fressen; **I** ~ **my words** ich nehme meine Worte zurück; b) fressen; ~ **its way into/through sth.** sich in etw. *(Akk.)* hineinfressen/durch etw. hindurchfressen. 2. *v. i.* a) essen; fressen; b) ~ **through** sich durchfressen
eater [ˈiːtər] *n.* Esser, *m.*/Esserin, *f.*
ebb [eb] 1*n* a) Ebbe, *f.*; **the tide is on the** ~: es ist Ebbe; b) Niedergang, *m.*; **their morale was at its lowest** ~: ihre Moral war auf dem Tiefpunkt angelangt; 2 *v. i.* a) zurückgehen; b) schwinden
ebony [ˈebənɪ] 1. *n.* Ebenholz, *n.* 2. *adj.* Ebenholz; ebenholzfarben; ~ **box** etc. Kiste
eccentric [ɪkˈsentrɪk] 1. *adj.* exzentrisch. 2. *n.* Exzentriker, *m.*/Exzentrikerin, *f*
eccentricity [eksənˈtrɪsətɪ] *n.* Exzentrizität, *f*
echo [ˈekəʊ] 1.*v. i.* a) hallen; **it ~es in the mountains** in den Bergen gibt es ein Echo; b) widerhallen; 2. *v. t.* a) zurückwerfen; b) wiederholen; echoen; widerspiegeln; 3. *n.*, *pl.* ~es a) Echo, *n.*; b) Anklang, *m.*
ecological [iːkəˈlɒdʒɪk] *adj.* ökologisch
ecology [iːˈkɒlədʒɪ] *n.* Ökologie, *f*
economic [iːkəˈnɒmɪk, ekəˈnɒmɪk] *adj.* a) Wirtschafts-; ökonomisch, wirtschaftlich b) wirtschaftlich
economical [iːkəˈnɒmɪkl, ekəˈnɒmɪkl] *adj.* wirtschaftlich; ökonomisch
economically [iːkəˈnɒmɪklɪ, ekəˈnɒmɪklɪ] *adv.* a) wirtschaftlich; b) sparsam
economics [iːkəˈnɒmɪks, ekəˈnɒmɪks] *n.*, *no pl.* Wirtschaftswissenschaft, *f.*

(meist *Pl.*); Ökonomie; b) wirtschaftlicher Aspekt
economize [ɪˈkɒnəmaɪz] *v. i.* sparen; ~ **on sth.** etw. sparen
economy [ɪˈkɒnəmɪ] *n.* a) Sparsamkeit, *f.*; Wirtschaftlichkeit, *f.*; b) Einsparung, *f.*; **make economies** zu Sparmaßnahmen greifen; c) (Politik) Wirtschaft, *f*
ecstasy [ˈekstəsɪ] *n.* Ekstase, *f.*; Verzückung, *f*
ecstatic [ɪkˈstætɪk] *adj.*, **ecstatically** *adv.* ekstatisch; verzückt
eddy [ˈedɪ] *n.* a) (Wasser) Strudel, *m.*; b) (Luft) Wirbel, *m*
edge [edʒ] 1. *v. i.* sich schieben; ~ **along sth.** sich an etw. entlangschieben; 2. *v. t.* a) säumen besetzen; einfassen; b)schieben; 3. *n.* a) Schneide, *f.*; 3. *n.* a) Schneide, *f.*; b) Kante, *f.*; Saum, *m.*; ~ **of a table** Tischkante, *f.*; c) Grenze, *f.*; Ufer, *n.*
edgy [ˈedʒɪ] *adj.* nervös
edit [ˈedɪt] *v. t.* a) herausgeben; b) redigieren; c) bearbeiten; d) schneiden, cutten, montieren
edition [ɪˈdɪʃn] *n.* a) Ausgabe, *f.*; **first** ~: Erstausgabe, *f.*; **paperback** ~: Taschenbuchausgabe, *f.*; b) (Zeitschrift) Auflage, *f*
editor [ˈedɪtər] *n.* a) Redakteur, *m.*/Redakteurin, *f.*; Bearbeiter, *m.*/Bearbeiterin, *f.*; Herausgeber, *m.*/-geberin; *f.*; b) Herausgeber, *m.*/-geberin, *f*
editorial [edɪˈtɔːrɪəl] *adj.* redaktionell; Redaktions-
educate [ˈedjukeɪt] *v. t.* a) erziehen; b) **he was ~d at Oxford** er hat seine Ausbildung in Oxford erhalten; c) bilden; d) schulen, bilden
education [edjuˈkeɪʃn] *n.* Erziehung, *f.*; Ausbildung, *f.*; (system) Erziehungswesen,

n.; (science) Erziehungswissenschaften *Pl.*; Pädagogik, *f*
effect [ɪˈfekt] 1. *n.* a) Wirkung, *f.*; b) *no art.* Wirkung, *f.*; Effekt, *m.*; **solely or only for** ~: nur des Effekts wegen; aus reiner Effekthascherei; c) Inhalt, *m.*; Sinn, *m.*; d) Kraft, *f.*; Gültigkeit, *f.*; **be in** ~: gültig oder in Kraft sein; **come to** ~: in Kraft treten; e) in *pl.* Vermögenswerte *Pl.*; Eigentum, *n.*; Privateigentum, *n.*; 2. *v. t.* durchführen; herbeiführen; erzielen; tätigen; abschließen
effective [ɪˈfektɪv] *adj.* a) wirksam, effektiv; **be** ~ wirken; b) gültig; ~ **of** mit Wirkung von; c) überzeugend d) wirkungsvoll; effektvoll; e) wirklich, tatsächlich, effektiv
effeminate [ɪˈfemɪnət] *adj.* unmännlich; (geh.) effeminiert
efficacious [efɪˈkeɪʃəs] *adj.* wirksam (Methode, Mittel, Medizin)
efficiency [ɪˈfɪʃənsɪ] *n.* a) Fähigkeit, *f.*; Tüchtigkeit, *f.*; Leistungsfähigkeit, *f.*; Rationalität, *f.*; Effizienz, *f.*; b) Wirkungsgrad, *m*
efficient [ɪˈfɪʃənt] *adj.* effizient; fähig, tüchtig, leistungsfähig; rationell
efficiently [ɪˈfɪʃəntlɪ] *adv.* einwandfrei; gut; effizient
effort [ˈefət] *n.* a) Anstrengung, *f.*; Mühe, *f.*; **make an/every** ~ sich anstrengen; sich bemühen; b) Versuch, *m.*; **in an** ~ **to do sth.** beim Versuch, etw. zu tun; c) Leistung, *f*
effortless [ˈefətlɪs] *adj.* mühelos; leicht; flüssig, leicht
effrontery [ɪˈfrʌntərɪ] *n.* Dreistigkeit, *f.*;
effusive [ɪˈfjuːsɪv] *adj.* überschwenglich; exaltiert
egg [eg] *n.* Ei, *n.*; **a bad** ~

eine üble Person; **have or put all one's ~s in one basket** alles auf eine Karte setzen
ego [ˈegəʊ, ˈiːgəʊ] *n., pl.* ~s a) Ego, *n.*; Ich, *n.*; b) Selbstbewusstsein, *n*
egocentric [egəʊˈsentrɪk] *adj.* egozentrisch; ichbezogen
egoism [ˈegəʊɪzəm, ˈiːgəʊɪzəm] *n., no pl.* a) Egoismus, *m.*; Selbstsucht, *f.*
Egypt [ˈiːdʒɪpt] *pr. n.* Ägypten
Egyptian [ɪˈdʒɪpʃn] 1. *adj.* ägyptisch; . 2. *n.* (person) Ägypter, *m.*/Ägypterin, *f.*
eh [eɪ] *int.* (ugs.) wie?; wie bitte?; was?; **wasn't that good, eh?** war das nicht gut?
eight [eɪt] 1. *adj.* acht; **at** ~: um acht, **it's** ~ es ist acht; **half past** ~ halb neun; ~ **thirty** acht Uhr dreißig; **Book/Volume/Part/Chapter E~:** Buch/Band/Teil/Kapitel acht; achtes Buch/achter Band/achter Teil/achtes Kapitel; 2. *n.* a) Acht, *f.*; **the first/last** ~: die ersten/letzten Acht; b) Achter, *m.*, Acht, *f.*; c) ~acht, *f.*; d) **a size** ~ Größe 8 tragen
eighteen [eɪˈtiːn] 1. *adj.* achtzehn; 2. *n.* Achtzehn, *f.*
eighth [eɪtθ] 1. *adj.* acht...; **be/come** ~: Achter sein/als Achter ankommen 2. Achte, *m.*/*f.*/*n.*; Achte, *m.*/*f.*/*n.*; (fraction) Achtel, *n.*; **be the** ~ **to do sth.** der/die Achte sein, der/die etw. tut; **the** ~ **of May** der achte Mai
eighty [ˈeɪtɪ] 1. *adj.* achtzig; 2. *n.* Achtzig, *f.*; **be in one's eighties** in den Achtzigern sein
Eire [ˈeərə] *pr. n.* Irland, *n.*; Eire, *n*
either [ˈaɪðər] 1. *adj.* a) **at** ~ **end of the house** an beiden Enden des Hauses; b)

take ~ one nimm einen/eine/eins von beiden. 2. *pron.* a) beide *Pl.*; **I don't like** ~ ich mag beide nicht; b) einer/eine/ein; ~ **of the two** jeder der beiden, beide 3. *adv.* a) auch; **I don't like that ~:** ich mag es auch nicht; b) **~or** entweder... oder

ejaculate [ɪˈdʒækjʊleɪt] 1. *v. t.* ausstoßen. 2. *v. i.* (Physiol.) ejakulieren

ejaculation [ɪdʒækjuˈleɪʃn] *n.* a) Ausruf, *m.*; b) Ejakulation, *f.*; Samenerguss, *m*

eject [ɪˈdʒekt] 1. *v. t.* hinauswerfen, auswerfen. 2. *v. i.* sich hinauskatapultieren

ejection [ɪˈdʒekʃn] *n.* Vertreibung, *f.*; Hinauswurf, *m.*; Auswerfen, *n*

elaborate [ɪˈlæbərət] 1. *adj.* kompliziert; ausgefeilt; durchorganisiert; kunstvoll; üppig (Menü). 2. *v. t.* weiter ausarbeiten; weiter ausführen. 3. *v. i.* mehr ins Detail gehen

elastic [ɪˈlæstɪk] 1. *adj.* a) elastisch; b) flexibel

elasticity [ɪlæsˈtɪsɪtɪ] *n.*, *no pl.* a) Elastizität, *f.*; b) Flexibilität, *f*

elated [ɪˈleɪtɪd] *adj.* freudig erregt; ~ **mood**, ~ **state of mind** Hochstimmung, *f*

elbow [ˈelbəʊ] 1. *n.* Ellbogen, *m.*; **at one's ~:** bei sich; in Reichweite. 2. *v. t.* ~ **one's way** sich mit den Ellenbogen einen Weg bahnen

elder [ˈeldər] 1. *attrib. adj.* älter... 2. *n.* **our ~s and betters** die Älteren mit mehr Lebenserfahrung; **the village ~s** die Dorfältesten

elder *n.* (Bot.) Holunder, *m*

elderly [ˈeldəlɪ] 1. *adj.* älter; **my granduncle is quite ~ now** mein Großonkel ist inzwischen ziemlich alt geworden. 2. *n. pl.* **the ~:** ältere Menschen

elect [ɪˈlekt] 1. *postpos. adj.* gewählt; **the President ~:** der gewählte oder designierte Präsident. 2. *v. t.* a) wählen; **~ sb. chairman/MP** etc. jmdn. zum Vorsitzenden/Abgeordneten usw. wählen; b) **~ to do sth.** sich dafür entscheiden, etw. zu tun

election [ɪˈlekʃn] *n.* Wahl, *f.*; **presidential ~s** (Amer.) Präsidentschaftswahlen *Pl.*; **general/local ~:** allgemeine/kommunale Wahlen; **~ as chairman** Wahl zum Vorsitzenden

elector [ɪˈlektər] *n.* Wähler, *m.*/Wählerin, *f.*; Wahlberechtigte, *m.*/*f*

electric [ɪˈlektrɪk] *adj.* elektrisch; Elektro-; spannungsgeladen; elektrisierend

electrically [ɪˈlektrɪkəlɪ] *adv.* elektrisch; *(bildlich)* elektrisiert

electrician [ɪlekˈtrɪʃn] *n.* Elektriker, *m.*/Elektrikerin, *f*

electricity [ɪlekˈtrɪsɪtɪ] *n.*, *no pl.* a) Elektrizität, *f.*; b) Strom, *m.*; c) Spannung, *f*

electrify [ɪˈlektrɪfaɪ] *v. t.* a) elektrifizieren; b) elektrisieren

electronic [ɪlekˈtrɒnɪk, elekˈtrɒnɪk] *adj.* elektronisch

electronics [ɪlekˈtrɒnɪks, elekˈtrɒnɪks] *n.*, *no pl.* Elektronik, *f*

elegance [ˈelɪgəns] *n.*, *no pl.* Eleganz, *f*

elegant [ˈelɪgənt] *adj.*, **elegantly** *adv.* elegant

element [ˈelɪmənt] *n.* a) Element, *n.*; **an ~ of truth** ein Körnchen Wahrheit; b) Element, *n.*; Grundstoff, *m.*; c) in *pl.* (weather) Elemente *Pl.*; d) **be in one's ~** in seinem Element sein; e) (Electr.) Heizelement, *n.*; f) in *pl.* Grundlagen *Pl.*; Elemente *Pl*

elementary [elɪˈmentərɪ] *adj.* elementar; grundlegend; schlicht; Grundschul-; Grund-; Ausgangs-; Anfangs-; **course in ~ German** Grundkurs in Deutsch

elephant [ˈelɪfənt] *n.* Elefant, *m*

elevate [ˈelɪveɪt] *v. t.* heben (Gerät, Gegenstand); aufrichten (Blick, Geschützrohr)

elevated [ˈelɪveɪtɪd] *adj.* a) gehoben; erhöht; aufgeschüttet; b) Hoch(bahn, -straße); c) (formal, dignified) gehoben

elevation [elɪˈveɪʃn] *n.* a) Erhebung, *f.*; Erhabenheit, *f.*; b) Höhe, *f.*; ~ **of the ground** Bodenerhebung, *f.*; Anhöhe *f.*; c) Aufriss, *m*

elevator [ˈelɪveɪtər] *n.* a) Förderwerk, *n.*; Elevator, *m.*; b) Lift *m.*

eleven [ɪˈlevn] 1. *adj.* elf; 1. 2. *n.* Elf, *f.*

elf [elf] *n.*, *pl.* **elves** [elvz] (Mythol.) Elf, *m.*/Elfe, *f.*; Kobold, *m*

eligible [ˈelɪdʒɪbl] *adj.* **be ~ for sth.** (fit) für etw. qualifiziert oder geeignet sein; zu etw. berechtigt sein; **be ~ to do sth.** etw. tun dürfen

eliminate [ɪˈlɪmɪneɪt] *v. t.* a) beseitigen; ausschließen; b) ausschließen

elimination [ɪlɪmɪˈneɪʃn] *n.* a) Beseitigung, *f.*; **process of ~:** Ausleseverfahren, *n.*; **by a process of ~:** durch Eliminierng; b) (exclusion) Ausschluss, *m.*; (Sport) Ausscheiden, *n*

élite [eɪˈliːt] *n.* Elite, *f*

Elizabethan [ɪlɪzəˈbiːθn] *adj.* elisabethanisch

ellipse [ɪˈlɪps] *n.* Ellipse, *f.*

elliptical [ɪˈlɪptɪkl] *adj.* elliptisch; Ellipsen(bogen, -bahn)

elm [elm] *n.* Ulme, *f*

elope [ɪˈləʊp] *v. i.* durchbrennen *(ugs.)*

elopement [ɪˈləʊpmənt] *n.*

Durchbrennen, *n. (ugs.)*
eloquence ['eləkwəns] *n.* Beredtheit, *f.*; **a man of great ~:** ein sehr beredter Mann
eloquent ['eləkwənt] *adj.* a) gewandt; beredt (Person); b) beredt (Blick, Schweigen)
else [els] *adv.* a) sonst **anybody/anything ~?** sonst noch jemand/etwas?; **everybody/everything ~:** alle anderen/alles andere; **nobody ~:** niemand sonst; sonst niemand; **nothing ~:** sonst oder weiter nichts; **not anywhere ~:** sonst nirgendwo; **somewhere ~:** anderswo; woanders ~: **go somewhere ~:** anderswohin *(ugs.)* oder woandershin gehen; b) ander…; **anyone ~ but Stefan would have noticed me** jeder außer Stefan hätte mich bemerkt; **everywhere ~:** überall anders; überall sonst; **nowhere ~:** nirgendwo sonst; **there's not much ~ we can do but…:** wir können kaum etwas anderes tun, als…; c) sonst; anderenfalls; **or ~:** oder aber; **do it or ~…!** tun Sie es, sonst…!
elsewhere *adv.* woanders
elude [ɪ'luːd] *v. t.* ausweichen; entkommen; **~ the police** sich dem Zugriff der Polizei entziehen; **the name ~s me at the moment** der Name fällt mir im Moment nicht ein
elusive [ɪ'luːsɪv] *adj.* a) schwer zu erreichen; schwer zu fassen; scheu; b) flüchtig (Freude, Glück); c) schwer definierbar
emancipate [ɪ'mænsɪpeɪt] *v. t.* emanzipieren
emancipation [ɪmænsɪ'peɪʃn] *n.* Emanzipation, *f.*; Befreiung, *f*
embargo [ɪm'bɑːgəʊ] 1. *n.*, *pl.* ~es Embargo, *n.* 2. *v. t.* mit einem Embargo belegen
embark [ɪm'bɑːk] 1. *v. t.* einschiffen 2. *v. i.* a) sich einschiffen; b) etw. in Angriff nehmen
embarrass [ɪm'bærəs] *v. t.* in Verlegenheit bringen
embarrassing [ɪm'bærəsɪŋ] *adj.* peinlich (Benehmen, Schweigen, Situation, Augenblick, Frage, Thema); beschämend (Großzügigkeit); verwirrend (Auswahl)
embarrassment [ɪm'bærəsmənt] *n.* Verlegenheit, *f.*; Peinlichkeit, *f*
embassy ['embəsɪ] *n.* Botschaft, *f*
embellish [ɪm'belɪʃ] *v. t.* a) (beautify) schmücken; beschönigen; b) ausschmücken
embellishment [ɪm'belɪʃmənt] *n.* a) Verzierung, *f.*; b) *no pl.* Ausschmückung, *f*
emblem ['embləm] *n.* (symbol) Emblem, *n.*; Wahrzeichen, *n*
embodiment [ɪm'bɒdɪmənt] *n.* Verkörperung, *f*
embody [ɪm'bɒdɪ] *v. t.* verkörpern
emboss [ɪm'bɒs] *v. t.* prägen; **an ~ed design** ein erhabenes Muster
embrace [ɪm'breɪs] 1. *v. t.* a) umarmen; b) umgeben; c) wahrnehmen; annehmen d) annehmen; **~ a cause** eine Sache zu seiner eigenen machen; e) umfassen. 2. *v. i.* sich umarmen. 3. *n.* Umarmung, *f*
embroider [ɪm'brɔɪdər] *v. t.* sticken (Muster); besticken (Tuch, Kleid); *(bildlich)* ausschmücken (Erzählung, Wahrheit)
embroidery [ɪm'brɔɪdərɪ] *n.* a) Stickerei, *f.*; b) *no pl.* (fig.: ornament) Ausschmückungen *Pl*
embroil [ɪm'brɔɪl] *v. t.* **become/be ~ed in a dispute** in einen Streit verwickelt werden/sein
embryo ['embrɪəʊ] *n.*, *pl.* ~s Embryo, *m.*; **in ~** *(bildlich)* im Keim
embryonic [embrɪ'ɒnɪk] *adj.* (Biol., fig.) Embryonal-; unausgereift
emend [ɪ'mend] *v. t.* emendieren (fachspr.); berichtigen
emerald ['emərəld] 1. *n.* a) Smaragd; b) Smaragdgrün2. *adj.* a) smaragdgrün; b) **the E~ Isle:** Irland
emerge [ɪ'mɜːdʒ] *v. i.* a) auftauchen; **the sun ~d from behind the hill** die Sonne trat hinter dem Hügel hervor b) hervorgehen; entstammen; c) an den Tag kommen; **it ~s that** es zeigt sich oder stellt sich heraus, dass
emergence [ɪ'mɜːdʒəns] *n.* a) Auftauchen, *n.*; b) Hervortreten, *n.*; Aufkommen, *n*
emergency [ɪ'mɜːdʒənsɪ] 1 *n.* a) Notfall, *m.*; **in an or in case of ~:** im Notfall; b) Ausnahmezustand, *m.*;2. *adj.* Not(bremse, -ruf, -ausgang, -landung); **~ ward** Unfallstation, *f*
emigrant ['emɪgrənt] *n* Auswanderer, *m.*/Auswanderin, *f.*; Emigrant/in, *f*
emigrate ['emɪgreɪt] *v. i.* auswandern, emigrieren (to nach, from aus)
emigration [emɪ'greɪʃn] *n.* Auswanderung, *f.*, Emigration, *f.* (to nach, from aus)
eminence ['emɪnəns] *n. no pl.* hohes Ansehen
eminently ['emɪnəntlɪ] *adv.* ausnehmend; vorzüglich; überaus (erfolgreich)
emissary ['emɪsərɪ] *n.* Abgesandte, *m./f*
emission [ɪ'mɪʃn] *n.* a) Aussendung, *f.*; Ablassen, *n.*; Ausscheidung, *f.*; **~ of light/heat** Licht-/Wärmeausstrahlung, *f.*; b) Ab-

strahlung, *f*
emit [ɪˈmɪt] *v. t.*, -tt- aussenden; ausstrahlen; ausstoßen; ausscheiden
emotion [ɪˈməʊʃn] *n.* a) Ergriffenheit, *f.*; Bewegtheit, *f* b) Gefühl, *n.*; Emotion, *f*
emotional [ɪˈməʊʃənl] *adj.* a) emotional; Gefühls; Gemüts(zustand, -störung); gefühlsgeladen (Worte, Musik, Geschichte, Film)
emotive [ɪˈməʊtɪv] *adj.* emotional; gefühlsbetont; emotiv (Psych., Sprachw.)
empathy [ˈempəθɪ] *n.* Empathie, *f.* (Psych.); Einfühlung, *f*
emperor [ˈempərər] *n.* Kaiser, *m*
emphasis [ˈemfəsɪs] *n., pl.* emphases *b)* Betonung, *f.*; **lay or put ~ on sth.** etw. betonen; b) Nachdruck, *m.*; c) Gewicht, *n.*; **the ~ has shifted** der Akzent hat sich verlagert
emphasize [ˈemfəsaɪz] *v. t.* betonen; Gewicht auf etw. legen
emphatic [ɪmˈfætɪk] *adj.* nachdrücklich; demonstrativ; eindringlich
emphatically [ɪmˈfætɪkəlɪ] *adv.* nachdrücklich; eindringlich; entschieden
empire [ˈempaɪər] *n.* a) Reich, *n.*; b) (Wirtschaft) Imperium, *n. (bildlich)*
empirical [ɪmˈpɪrɪkl] *adj.* (Wissenschaft) empirisch; wissenschaftlich begründet
employ [ɪmˈplɔɪ] *v. t.* a) einstellen; beschäftigen; b) **~ sb. on sth.** jmdn. für etw. einsetzen; c) einsetzen; anwenden
employee [emplɔɪˈiː, emˈplɔɪiː] *n.* Angestellte, *m./f.*; Arbeitnehmer, *m./-*nehmerin, *f.*; **the company's ~s** die Belegschaft der Firma
employer [ɪmˈplɔɪər] *n.* Arbeitgeber, *m./-*geberin, *f*
employment [ɪmˈplɔɪmənt] *n., no pl.* a) Arbeit, *f.*; b) Beschäftigung, *f*
emptiness [ˈemptɪnɪs] *n., no pl.* (literarisch oder bildlich) Leere, *f*
empty [ˈemptɪ] 1 *v. t.* a) leeren; aufbrauchen; leer essen; b) umfüllen; schütten; 2. *v. i.* a) sich leeren; b) **~ into;** münden in; 3. *adj.* a) leer; frei; **~ of sth.** frei von etw.; ohne etw.; b) **feel ~:** hungrig fühlen; c) hohl; leer; dumm; 4. *n.* leere Flasche; leerer Behälter
emulsion [ɪˈmʌlʃn] *n.* Emulsion, *f.*; Dispersionsfarbe, *f*
enable [ɪˈneɪbl] *v. t.* **~ sb. to do sth.** es jmdn. ermöglichen, etw. zu tun
enact [ɪˈnækt] *v. t.* a) erlassen; b) aufführen; spielen
enamel [ɪˈnæml] 1. *v. t.* (Brit.) -ll- emaillieren; 2. *n.* a) Emaille, *f.*; Email, *n.*; Lack, *m.*; b) Schmelz, *m.*; 3. *attrib. adj.* emailliert
encase [ɪnˈkeɪs] *v. t.* einschließen
enchant [ɪnˈtʃɑːnt] *v. t.* a) entzücken; b) verzaubern
enchantment [ɪnˈtʃɑːntmənt] *n.* Entzücken, *n.* (with über+ Akk.)
encircle [ɪnˈsɜːkl] *v. t.* a) einkreisen; umgeben; b) einkreisen
enclave [ˈenkleɪv] *n.* (literarisch oder bildlich) Enklave, *f*
enclose [ɪnˈkləʊz] *v. t.* a) umgeben; einschließen; **~ land with a fence** Land mit einem Zaun umgeben; b) beilegen; **please find ~d, ~d please find** anbei erhalten Sie
enclosure [ɪnˈkləʊʒər] *n.* a) Einzäunung, *f.*; b) Gehege, *n.*; Koppel, *f.*; c) Umzäunung, *f.*; d) Anlage, *f*
encode [ɪnˈkəʊd] *v. t.* kodieren; verschlüsseln; chiffrieren

encore [ˈɒŋkɔːr] 1. *v. t.* als Zugabe verlangen; 2. *int.* Zugabe, *f*
encounter [ɪnˈkaʊntər] 1. *v. t.* a) treffen auf; b) begegnen; c) stoßen auf 2. *n.* a) Zusammenstoß, *m.*; b) Begegnung, *f.*; **what a lucky ~!** was für eine glückliche Begegnung
encourage [ɪnˈkʌrɪdʒ] *v. t.* a) ermutigen; **I ~ my child to read** ich ermutige mein Kind, zu lesen; b) fördern; **~ a laugh from sb.** jmdn. ein Lachen entlocken; c) **~ sb. to do sth.** jmdn. dazu ermuntern, etw. zu tun; d) **be ~d by sth.** durch etw. neuen Mut schöpfen
encouragement [ɪnˈkʌrɪdʒmənt] *n* a) Ermutigung, *f*; b) Ermunterung, *f.*; c) Ansporn, *m*
encouraging [ɪnˈkʌrɪdʒɪŋ] *adj.* ermutigen
encroach [ɪnˈkrəʊtʃ] *v. i.* eindringen; **work ~s more and more** die Arbeit dringt immer mehr ein
encyclopaedia [ɪnsaɪkləˈpiːdɪə] *n.* Enzyklopädie, *f.*; Lexikon, *n*
end [end] 1. *v. t.* a) beenden; kündigen; b) ein Ende setzen; c) **~ it** Schluss machen; c) **a gentlemen by all ~s** ein Gentleman durch und durch; 2. *v. i.* enden; 3. *n.* a) Ende, *n.*; Spitze, *f.*; **that was the ~** da war Schluss *(ugs.)*; **from ~ to ~:** von einem Ende zum anderen; **no ~** unendlich viel; b) Schmalseite, *f.*; Ober-/Unterseite, *f.*; **on ~** hochkant; c) Rest, *m.*; Stummel, *m.*; d) Seite, *f.*; **be on the receiving ~ of sth.** etw. abbekommen; e) Spielfeldhälfte, *f.*, Ende, *n.*; Schluss, *m.*; Ende, *n.*; **be at an ~:** zu Ende sein; g) (Tod) Ende, *n.*; **meet one's ~:** den Tod finden; h) Ziel, *n.*; Zweck,

m.; **the ~ justifies the means** der Zweck heiligt die Mittel
endanger [ɪnˈdeɪndʒər] *v. t.* gefährden
endear [ɪnˈdɪər] *v. t.* **~ sb./sth./oneself to sb.** jmdn./etw./sich bei jmdm. beliebt machen
endearment [ɪnˈdɪəmənt] *n.* Zärtlichkeit, *f.*; **term of ~:** Kosename, *m*
endeavour [ɪnˈdevər] 1. *v. i.* **~ to do sth.** sich bemühen, etw. zu tun. 2. *n.* Bemühung, *f.*; Versuch, *m.*
endless [ˈendlɪs] *adj.* endlos; unendlich; unzählig
endlessly [ˈendlɪslɪ] *adv.* unaufhörlich
endorse [ɪnˈdɔːs] *v. t.* beipflichten; billigen, gutheißen; unterstützen
endorsement [ɪnˈdɔːsmənt] *n.* a) Billigung, *f.*; Unterstützung, *f.*; b) Indossament, *n.*; c) Strafvermerk, *m*
endow [ɪnˈdau] *v. t.* a) stiften; über Stiftungen/eine Stiftung finanzieren; b) **be ~ed with charisma** Charisma besitzen
endowment [ɪnˈdaumənt] *n.* a) Stiftung, *f.*; b) Begabung, *f.*
endurable [ɪnˈdjuərəbl] *adj.* erträglich
endurance [ɪnˈdjuərəns] *n.* a) Widerstandskraft, *f.*; Ausdauer, *f.*; Geduld, *f.*; **beyond ~:** unerträglich; b) Dauerhaftigkeit, *f.*
endure [ɪnˈdjuər] 1. *v. t.* ertragen; über sich ergehen lassen. 2. *v. i.* fortdauern
enduring [ɪnˈdjuərɪŋ] *adj.* dauerhaft; beständig
enema [ˈenɪmə] *n. (Medizin)* Einlauf, *m.*; Klistier, *n*
enemy [ˈenəmɪ] 1. *adj.* feindlich; 2. *n.* Feind, *m.*
energetic [enəˈdʒetɪk] *adj.* a) energievoll; energiegeladen; tatkräftig; lebhaft; b) schwungvoll; entschieden, energisch; kräftig
energy [ˈenədʒɪ] *n.* a) Energie, *f.*; Kraft, *f* b) in *pl.* Kraft, *f.*; c) (Physik) Energie, *f.*
enforce [ɪnˈfɔːs] *v. t.* a) durchsetzen; b) Nachdruck verleihen
enforceable [ɪnˈfɔːsəbl] *adj.* durchsetzbar
enforcement [ɪnˈfɔːsmənt] *n.* Durchsetzung, *f*
engage [ɪnˈgeɪdʒ] 1. *v. t.* a) einstellen; engagieren; b) beschäftigen; verwickeln c) wecken; auf sich ziehen, gewinnen; fesseln; in Anspruch nehmen; d) angreifen; e) (Mechanik) **~ the gears** einen Gang einlegen. 2. *v. i.* a) **~ in social work** sich sozial engagieren; b) ineinandergreifen
engaged [ɪnˈgeɪdʒd] *adj.* a) verlobt; **be ~** verlobt sein; **become or get ~** sich verloben; b) verabredet; c) beschäftigt; d) besetzt; e) besetzt; **~ signal or tone** (Brit.) Besetztzeichen, *n*
engagement [ɪnˈgeɪdʒmənt] *n.* a) Verlobung, *f.*; b) Verabredung, *f.*; c) Engagement, *n*
engine [ˈendʒɪn] *n.* a) Motor, *m.*; Triebwerk, *n.*; b) Lok, *f.*
engineer [endʒɪˈnɪər] 1. *n.* a) Ingenieur, *m.*/Ingenieurin, *f.*; Techniker/in, *f.*; b) Maschinenbauingenieur, *m.*; 2. *v. t.* a) arrangieren; entwickeln; b) konstruieren
engineering [endʒɪˈnɪərɪŋ] *n. no pl* a) technisch: **~ science** Ingenieurwesen, *n.*; b) Technik, *f.*
England [ˈɪŋglənd] *pr. n.* England
English [ˈɪŋglɪʃ] 1. *adj.* englisch; **he/she is ~:** er ist Engländer/sie ist Engländerin. 2. *n.* a) Englisch, *n.*; **translate into/from ~:** ins Englische/aus dem Englischen übersetzen; **the King's/Queen's ~:** die englische Hochsprache; b) *pl.* **the ~:** die Engländer
engrave [ɪnˈgreɪv] *v. t.* gravieren
engraving [ɪnˈgreɪvɪŋ] *n.* a) Gravur, *f.*; b) (Kunst) Stich, *m.*; Holzschnitt, *m*
engulf [ɪnˈgʌlf] *v. t.* verschlingen; **the picture was ~ed in flames** das Bild stand in hellen Flammen
enhance [ɪnˈhans] *v. t.* (Wert) verbessern; erhöhen; steigern
enhancement [ɪnˈhaːnsmənt] *n.* Verbesserung, *f.*; Erhöhung, *f.*; Steigerung, *f.*
enigma [ɪˈnɪgmə] *n.* Rätsel, *n*
enjoy [ɪnˈdʒɔɪ] 1. *v. t.* a) Vergnügen finden, Gefallen haben; **he ~s peace** er genießt die Ruhe; b) genießen; sich erfreuen; 2.*refl* sich amüsieren; **~ yourself!** Haben Sie viel Vergnügen!
enjoyment [ɪnˈdʒɔɪmənt] *n.* Vergnügen, *n.* (of an + Dat.)
enlarge [ɪnˈlaːdʒ] 1. *v. t.* vergrößern; erweitern; 2. *v. i.* a) sich vergrößern; größer werden; sich verbreitern; b) **~ on sth.** etw. weiter ausführen
enlargement [ɪnˈlaːdʒmənt] *n.* a) Vergrößerung, *f.*; b) weitere Ausführung
enlighten [ɪnˈlaɪtn] *v. t.* aufklären (on, as to über+ Akk.)
enlightenment [ɪnˈlaɪtnmənt] *n.*, *no pl.* Aufklärung, *f.*, (Geschichte) Aufklärung, *f*
enlist [ɪnˈlɪst] 1. *v. t.* a) gewinnen; b) (Militär) anwerben; 2. *v. i.* in die Armee eintreten
enlistment [ɪnˈlɪstmənt] *n.* (Militär) Anwerbung, *f*
enormity [ɪˈnɔːmətɪ] *n.* a) Ungeheuerlichkeit, *f.*; b) siehe enormousness

enormous [ɪˈnɔːməs] *adj.* a) enorm; riesig, gewaltig; ungeheuer; b) ungeheuer dick
enormously [ɪˈnɔːməslɪ] *adv.* ungeheuer; enorm
enormousness [ɪˈnɔːməsnɪs] *n., no pl.* ungeheure Größe; Riesenhaftigkeit, *f.*
enough [ɪˈnʌf] 1. *adj.* genug; genügend; **more than ~:** mehr als genug; 2. *n., no pl., no art.* genug; **be ~ to do sth.** genügen, etw. zu tun; **are there ~ of these?** sind genügend hiervon da?; **~ is ~!** Genug ist genug! Jetzt reicht's! **I've had ~ of it!** jetzt habe ich aber genug davon! **~ about...:** genug über... geredet; 3. *adv.* Genug; **strangely ~** seltamerweise
enrage [ɪnˈreɪdʒ] *v. t.* wütend machen; reizen; **be ~d by sth.** über etw. wütend werden
enrich [ɪnˈrɪtʃ] *v. t.* a) reich machen; b) *(bildlich)* bereichern; anreichern; verbessern
enrol (Amer.: enroll) [ɪnˈrəʊl] 1. *v. i.*, -ll- sich anmelden; sich einschreiben; sich immatrikulieren; 2. *v. t.*, -ll- einschreiben; anwerben; aufnehmen
enrolment (Amer.: enrollment) *n.* Anmeldung, *f.*; Immatrikulation, *f.*; Einschreibung, Eintritt, *m.*
en route [ɒn ˈruːt] *adv.* unterwegs
ensign [ˈensaɪn, ˈensən] *n.* a) Hoheitszeichen, *n.*; b) (Brit.) Flagge der britischen Handelsflotte
enslave [ɪnˈsleɪv] *v. t.* versklaven
ensue [ɪnˈsjuː] *v. i.* a) sich daran anschließen; b) sich daraus ergeben
ensure [ɪnˈʃɔːr, ɪnˈʃʊər] *v. t.* a) sich vergewissern; gewährleisten; b) **~ sth.** etw. gewährleisten; **this will ~ development** das wird die Entwicklung gewährleisten
entangle [ɪnˈtæŋgl] *v. t.* a) sich verstricken lassen; **be ~d in sth.** sich in etw. verfangen haben; b) verwickeln; **become ~d in sth.** in etw. verwickelt werden; c) völlig durcheinanderbringen; **get sth. ~d** durcheinanderbringen
enter [ˈentər] 1. *v. i.* a) hineingehen; hineinfahren; hereinkommen; eintreten; (Bühne) auftreten; **~ Romeo** (Theater) Auftritt Romeo; b) sich zur Teilnahme anmelden 2. *v. t.* a) hineingehen in, fahren in; eintreten in; einlaufen in **~ the harbour** in den Hafen einlaufen; einreisen in; hineinfahren; b) beitreten; eintreten in; ergreifen: **~ university** zur Universität gehen; c) sich beteiligen an; teilnehmen an; d) eintragen
enterprise [ˈentəpraɪz] *n.* a) Unternehmen, *n.*; **commercial ~:** Handelsunternehmen, *n.*; b) *no indef. art.* Unternehmungsgeist, *m.*
enterprising [ˈentəpraɪzɪŋ] *adj.* unternehmungslustig; rührig; (Plan) kühn
entertain [entəˈteɪn] *v. t.* a) unterhalten b) bewirten; **~ sb. to dinner** (Brit.) jmdn. zum Abendessen einladen; c) haben; hegen; in Erwägung ziehen
entertainment [entəˈteɪnmənt] *n.* a) Unterhaltung, *f.* b) Veranstaltung, *f*
enthuse [ɪnˈθjuːz, ɪnˈθuːz] 1. *v. i.* in Begeisterung ausbrechen 2. *v. t.* begeistern
enthusiasm [ɪnˈθjuːzɪæzəm, ɪnˈθuːzɪæzəm] *n.* a) *no pl.* Enthusiasmus, *m.*; Begeisterung, *f.*; b) Leidenschaft, *f*
enthusiast [ɪnˈθjuːzɪæst, ɪnˈθuːzɪæst] *n.* Enthusiast, *m.*; Fan, *m*
entice [ɪnˈtaɪs] *v. t.* locken; **~ sb./sth. from sb./sth.** jmdn./etw. von jmdm./etw. verlocken
enticing [ɪnˈtaɪsɪŋ] *adj.* verlockend
entire [ɪnˈtaɪər] *adj.* a) ganz; b) vollständig: **remain ~:** unversehrt bleiben
entirely [ɪnˈtaɪəlɪ] *adv.* a) völlig; b) ganz für sich behalten; allein, voll
entirety [ɪnˈtaɪərətɪ] *n., no pl.* **in its ~:** in seiner/ihrer Gesamtheit
entitle [ɪnˈtaɪtl] *v. t.* a) **~ a book/film** einem Buch/Film den Titel geben; b) berechtigen
entitlement [ɪnˈtaɪtlmənt] *n.* Anspruch, *m.*
entrails [ˈentreɪlz] *n. pl.* Eingeweide; Gedärm, *n*
entrance [ˈentrəns] *n.* a) Eintritt, *m.*; Einzug, *m.*; Einfahrt, *f.*; b) Auftritt, *m.* c) Eingang, *m.*; Einfahrt, *f.*; d) *no pl., no art.* Aufnahme, *f.*; Zugang, *m.*; e) Eintritt, *m.*
entrance [ˈentrəns] *n.:* **~ examination** *n.* Aufnahmeprüfung, *f.*; **~ fee** *n.* Eintrittsgeld, *n.*; Teilnahmegebühr, *f.*; Aufnahmegebühr, *f.*; **~ hall** *n.* Eingangshalle, *f*
entrant [ˈentrənt] *n.* a) Anfänger, *m.*/Anfängerin, *f.*; b) Teilnehmer, *m.*/Teilnehmerin, *f*
entrap [ɪnˈtræp] *v. t.*, -pp- Falle stellen; **~ sb. into doing sth.** jmdn. verleiten, etw. zu tun
entreaty [ɪnˈtriːtɪ] *n.* flehentliche Bitte
entrench [ɪnˈtrentʃ] *v. t.* **become ~ed** *(bildlich)* (Idee) sich festsetzen; sich verwurzeln
entrepreneur [ɒntrəprəˈnɜːr] *n.* Unternehmer, *m.*/Unternehmerin, *f*
entrust [ɪnˈtrʌst] *v. t.* **~ sb.**

with sth. jmdm. etw. anvertrauen; **~ sb./sth. to sb./sth.** jmdn./etw. jmdm./einer Sache anvertrauen; **~ a mission to sb.** jmdn. mit einer Mission betrauen

entry ['entrɪ] *n.* a) Eintritt, *m.*; Einzug, *m.*; Beitritt, *m.*; Einreise, *f.*; **'no ~'** „Zutritt verboten"; „Einfahrt verboten"; b) Auftritt, *m.*; c) Eingang, *m.*; Einfahrt, *f.*; d) Eintragung, *f.*; Eintrag, *m*; e) Nennung, *f.*; Lösung, *f*

enumerate [ɪ'nju:məreɪt] *v. t.* einzeln aufzählen

enumeration [ɪnju:mə'reɪʃn] *n.* Aufzählung, *f*

enunciate [ɪ'nʌnsɪeɪt] *v. t.* artikulieren

enunciation [ɪnʌnsɪ'eɪʃn] *n.* Artikulation, *f.*; Aussprache, *f*

envelop [ɪn'veləp] *v. t.* hüllen; **be ~ed in flames** ganz von Flammen umgeben sein

envelope ['enveləup, 'ɒnvələup] *n.* Briefumschlag, *m*

enviable ['envɪəbl] *adj.* beneidenswert

envious ['envɪəs] *adj.* neidisch (of auf + Akk.)

environment [ɪn'vaɪərənmənt] *n.* a) Umwelt; **the Department of the E~** (Brit.) das Umweltministerium; b) Milieu, *n.*; Umgebung, *f.*; **social ~** soziales Umfeld

environmental [ɪnvaɪərən'mentl] *adj.* Umwelt-

envisage [ɪn'vɪzɪdʒ] *v. t.* sich vorstellen

envy ['envɪ] 1. *v. t.* beneiden; **~ sb. sth.** jmdn. um etw. beneiden; 2. *n.* Neid, *m.*

enzyme ['enzaɪm] *n.* (Chemie) Enzym, *n*

epic ['epɪk] 1. *adj.* a) episch; b) monumental; ~ **film** Filmepos, *n.* 2. *n.* Epos, *n*

epidemic [epɪ'demɪk] (Medizin; auch bildlich) 1. *adj.* epidemisch. 2. *n.* Epidemie, *f*

epigram ['epɪgræm] *n.* (literarisch) Epigramm, *n.*; Sinngedicht, *n*

epilepsy ['epɪlepsɪ] *n. (Medizin)* Epilepsie, *f*

epileptic [epɪ'leptɪk] *(Medizin)* 1. *adj.* epileptisch 2. *n.* Epileptiker, *m.*/Epileptikerin, *f*

epilogue ['epɪlɒg] *n.* Epilog, *m*

Epiphany [ɪ'pɪfənɪ] *n.* Epiphanias, *n.*; Dreikönigsfest, *n*

epistle [ɪ'pɪsl] *n. (Religion)* Epistel, *f*

epitaph ['epɪta:f] *n.* Epitaph, *n.*; Grabinschrift, *f*

epoch ['i:pɒk, 'epɒk] *n.* Epoche, *f*

equable ['ekwəbl] *adj.* ausgeglichen; ausgewogen

equal ['i:kwəl] 1. *adj.* a) gleich; **divide sth. into ~ parts** etw. in gleich große Stücke aufteilen; **be on ~ terms with a partner** mit einem Partner gleichgestellt sein; b) **be ~ to sth./sb.** einer Sache/jmdm. gewachsen sein; c) ausgeglichen. 2. *n.* Gleichgestellte, *m./f.* 3. *v. t.*, (Brit.) -ll-: a) **to ~ sb./sth.** jmdn./einer Sache entsprechen; b) **~ sb.** es jmdm. gleichtun

equality [ɪ'kwɒlɪtɪ] *n.* Gleichheit, *f.*; Gleichberechtigung, *f*

equalize ['i:kwəlaɪz] 1. *v. t.* ausgleichen; 2. *v. i.* den Ausgleich erzielen

equalizer ['i:kwəlaɪzər] *n.* (Sport) Ausgleich, *m*

equally ['i:kwəlɪ] *adv.* a) ebenso; **the brothers are ~ talented** die Brüder sind gleich talentiert; b) (Menge) in gleiche Teile; gleichmäßig; c) in gleicher Weise; gleich

equate [ɪ'kweɪt] *v. t.* ~ sth. gleichsetzen

equation [ɪ'kweɪʒn] *n.* (Wissenschaft) Gleichung, *f*

equestrian [ɪ'kwestrɪən] *adj.* reiterlich; Reit-

equip [ɪ'kwɪp] *v. t.*, -pp- ausrüsten; ausstatten: **fully ~ped** komplett ausgerüstet

equipment [ɪ'kwɪpmənt] *n.* Ausrüstung, *f.*; Ausstattung, *f.*

equity ['ekwɪtɪ] *n.* a) Gerechtigkeit, *f.*; b) in *pl.* (Wirtschaft) Stammaktien

equivalence [ɪ'kwɪvələns] *n.* a) Äquivalenz, *f.*; Gleichwertigkeit, *f.*; Wertgleichheit, *f.*; b) Bedeutungsgleichheit, *f*

equivalent [ɪ'kwɪvələnt] 1. *adj.* a) gleichwertig; entsprechend; **be ~ to sth.** einer Sache entsprechen; äquivalent; entsprechend; bedeutungsgleich; 2. *n.* a) Pendant, *n.*, Gegenstück, *n*; b) Entsprechung, *f.*; Äquivalent, *n*

equivocal [ɪ'kwɪvəkl] *adj.* a) zweideutig; b) zweifelhaft

erase [ɪ'reɪz] *v. t.* a) auslöschen; ausradieren; b) tilgen (from aus); c) löschen

eraser [ɪ'reɪzər] *n.* Radierer, *m.*; Radiergummi, *m*

erect [ɪ'rekt] 1. *v. t.* errichten; aufbauen; aufstellen; aufschlagen; 2. *adj.* a) aufrecht; gerade (Haltung); b) (Physiologie) erigiert

erection [ɪ'rekʃn] *n.* a) Errichtung, *f.*; Aufbau, *m.*; Aufstellen, *n.*; Aufschlagen, *n.*; b) Bauwerk, *n.*; Konstruktion, *f.*; c) (Physiologie) Erektion, *f*

erode [ɪ'rəud] *v. t.* a) erodieren, angreifen; (Wasser) auswaschen; b) unterminieren

erosion [ɪ'rəuʒn] *n.* a) siehe erode a: (Geologie); Ero-

erotic

sion, *f.*; Angreifen, *n.*; Auswaschung, *f.* b) *(bildlich)* Unterminierung, *f*
erotic [ɪˈrɒtɪk] *adj.*, **erotically** *adv.* erotisch
err [æːr] *v. i.* sich irren; **to ~ is human** (Sprichwort) Irren ist menschlich
errand [ˈerənd] *n.* Botengang, *m.*; Besorgung, *f.*; **go on an ~**: eine Besorgung machen
erratic [ɪˈrætɪk] *adj.* unregelmäßig; sprunghaft; unbeständig; launenhaft; ungleichmäßig
error [ˈerər] *n.* a) Fehler, *m.*; **~ of judgement** Fehleinschätzung, *f.*; b) Irrtum, *m.*; **realize the ~ of one's ways** seine Fehler einsehen
erupt [ɪˈrʌpt] *v. i.* a) ausbrechen; **~ with anger** einen Wutanfall bekommen; b) ausbrechen
eruption [ɪˈrʌpʃn] *n.* (Vulkan) Ausbruch, *m.*; (Geologie) Eruption, *f*
escalate [ˈeskəleɪt] 1. *v. i.* eskalieren; sich ausweiten; ständig steigen. 2 *v. t.* eskalieren
escalator [ˈeskəleɪtər] *n.* Rolltreppe, *f*
escalope [ˈeskæləp] *n.* (Gastronomie) Schnitzel, *n*
escapade [ˈeskəpeɪd] *n.* Eskapade, *f*
escape [ɪˈskeɪp] 1. *v. i.* a) fliehen; entfliehen; entkommen; ausbrechen; entlaufen; entfliegen; b) ausströmen; auslaufen; c) davonkommen; 2. *v. t.* a) entkommen; entgehen; verschont bleiben von b) entfallen sein; c) **~ sb.'s attention** jmds. Aufmerksamkeit entgehen; Ausbruchsversuch, *m.*; 3. *n.* a) Flucht, *f.*; Ausbruch, *m*; b) Austritt, *m.*; Entweichen, *n*
escapism [ɪˈskeɪpɪzəm] *n.* Realitätsflucht, *f.*; (Soziologie) Eskapismus, *m*

escort [ɪˈskɔːt] 1. *v. t.* a) begleiten; eskortieren; b) bringen escort: **~ agency** *n.* Agentur für Begleiter/Begleiterinnen; 2. *n.* a) Eskorte, *f.*; Geleitschutz, *m.*; **police ~**: Polizeieskorte, *f.*; **private ~** persönlicher Begleitschutz; b) Begleitung, *f* c) Hostess, *f.*; Begleiter, *m.*/Begleiterin, *f*
especial [ɪˈspeʃl] *attrib. adj.* besonders
especially [ɪˈspeʃəlɪ] *adv.* besonders; **~ when** besonders wenn; **this is ~ interesting** das ist besonders interessant; **~ as** zumal; **more ~**: ganz besonders
espionage [ˈespɪənɑːʒ] *n.* Spionage, *f*
essay [ˈeseɪ] *n.* Essay, *m.*; Aufsatz, *m*
essence [ˈesns] *n.* a) Essenz, *f.*; Wesen, *n.*; Wesentliche, *n.*; Kern, *m.*; **in ~**: im Wesentlichen; **be of ~**: von entscheidender Bedeutung sein; b) (Speise) Essenz, *f*
essential [ɪˈsenʃl] 1. *adj.* a) essentiell; wesentlich; entscheidend; b) unentbehrlich; lebenswichtig; unabdingbar; unbedingt notwendig; 2. *n.*, esp. in *pl.* a) **the bare ~s** das Allernotwendigste; b) Wesentliche, *n.*
essentially [ɪˈsenʃəlɪ] *adv.* im Grunde
establish [ɪˈstæblɪʃ] 1. *v. t.* a) schaffen; gründen; errichten; einsetzen; bilden; herstellen; **~ one's authority** sich Autorität verschaffen; b) etablieren; **become ~ed** sich einbürgern; c) beweisen; unter Beweis stellen; nachweisen; d) feststellen; ermitteln
established [ɪˈstæblɪʃt] *adj.* a) etabliert; eingeführt; bestehend; b) üblich; etabliert; geltend; fest; feststehend

establishment [ɪˈstæblɪʃmənt] *n.* a) Schaffung, *f.*; Gründung, *f.*; Einsetzung, *f.*; Begründung, *f.*; b) **business ~**: Unternehmen, *n.*; **commercial/industrial ~**: Handels-/Industrieunternehmen, *n.*; c) (Brit.) **the E~**: das Establishment
estate [ɪˈsteɪt] *n.* a) Gut, *n.*; b) (Brit.) Gebiet, *n.*; **housing ~** Wohnsiedlung, *f.*; **trading ~** Gewerbegebiet, *n.*; c) (Jura) Erbmasse, *f.*; Nachlass, *m.*; (Finanzen) Konkursmasse, *f*
esteem [ɪˈstiːm] 1. *v. t.* a) schätzen; b) ansehen als; 2. *n.*, no *pl.* Wertschätzung, *f.*
estimate [ˈestɪmeɪt] 1. *v. t.* schätzen; einschätzen; 2. *n.* a) Schätzung, *f.*; **at a rough ~**: grob geschätzt; b) Einschätzung, *f.*; c) (Finanzen) Kostenvoranschlag, *m*
estimation [estɪˈmeɪʃn] *n.* Schätzung, *f.*; Einschätzung, *f.*; Beurteilung, *f.*
estrange [ɪˈstreɪndʒ] *v. t.* entfremden
etcetera [etˈsetərə, ɪtˈsetərə] und so weiter; et cetera
eternal [ɪˈtɜːnl, iːˈtɜːnl] *adj.* a) ewig (Leben); b) ewig *(ugs.)*
eternity [ɪˈtɜːnətɪ, iːˈtɜːnətɪ] *n.* a) Ewigkeit, *f.*; **for all ~** in alle Ewigkeit; b) Ewigkeit, *f.*
ethical [ˈeθɪkl] *adj.* a) ethisch; **~ philosophy** Ethik, *f.*; b) moralisch einwandfrei
ethics [ˈeθɪks] *n.*, no *pl.* a) Moral, *f.*; Ethik, *f.*; b) *usu. constr. as pl.* Ethik, *f*
Ethiopia [iːθɪˈəʊpɪə] *pr. n.* Äthiopien
ethnic [ˈeθnɪk] *adj.* ethnisch; Volks-
etiquette [ˈetɪket] *n.* Etikette, *f.*; **breach of ~**: Verstoß gegen die Etikette
etymological [etɪməˈlɒdʒɪ

kl] *adj.* (Linguistik) etymologisch
etymology [etɪˈmɒlədʒɪ] *n.* (Linguistik) Etymologie, *f*
eucalyptus [juːkəˈlɪptəs] *n.* (Botanik) Eukalyptus
euphoric [juːˈfɔːrɪk] *adj.* euphorisch
Europe [ˈjʊərəp] *pr. n.* a) Europa *n.*; b) (Brit.: EU) EU, *f.*; **go into ~:** der EU beitreten
European [jʊərəˈpiːən] 1. *adj.* europäisch; 2. *n.* Europäer, *m.*/Europäerin, *f*
evacuate [ɪˈvækjʊeɪt] *v. t.* a) evakuieren (from aus); b) (Militär) räumen
evacuation [ɪvækjʊˈeɪʃn] *n.* a) Evakuierung, *f.*; b) **~ of a territory** Räumung eines Gebietes
evade [ɪˈveɪd] *v. t.* ausweichen; sich entziehen; entkommen; hinterziehen: umgehen; **~ doing sth.** vermeiden, etw. zu tun
evaluate [ɪˈvæljʊeɪt] *v. t.* a) einschätzen; auswerten; b) schätzen
evaluation [ɪvæljʊˈeɪʃn] *n.* a) Einschätzung, *f.*; Auswertung, *f.*; b) Schätzung, *f*
evangelize [ɪˈvændʒəlaɪz] *v. t.* evangelisieren
evaporate [ɪˈvæpəreɪt] *v. i.* a) verdunsten; b) sich in Luft auflösen; verfliegen
evaporation [ɪvæpəˈreɪʃn] *n.* Verdunstung, *f*
evasion [ɪˈveɪʒn] *n.* a) Ausweichen, *n.*; Umgehung, *f.*; Vernachlässigung, *f.*; b) Ausrede, *f.*; **~s** Ausflüchte *Pl*
evasive [ɪˈveɪsɪv] *adj.* ausweichend
Eve [iːv] *pr. n.* (Bibel) Eva *f.*
eve *n.* Vorabend, *m.*; Vortag, *m.*; **the ~ of** der Abend/Tag vor; der Vorabend/Vortag
even [ˈiːvn] 1. *adj.* a) eben; **make sth. ~:** etw. ebnen; b) gleich hoch, gleich lang: c) gerade; d) parallel; e) regelmäßig; gleichmäßig stetig; *f)* gleich, gleichmäßig; **it's an ~ bet** die Chancen stehen fünfzig zu fünfzig; g) im Gleichgewicht; h) **be or get ~ with sb.** es jmdm. heimzahlen; i) (Zahl) gerade; 2. *adv.* a) sogar; selbst; b) **with negative not or never ~:** nicht einmal; c) sogar
evening [ˈiːvnɪŋ] *n.* a) Abend, *m.*; Abend-(Garderobe); **this/tomorrow ~:** heute/morgen abend; **one ~:** eines Abends, b) **~!** *'n* Abend! a) *no pl.* Abendkleidung, *f.*; **in ~ dress** in Abendkleidung, *f.*; Abendkleid, *n.*; **~ gown** *n.* Abendkleid, *n.*; **~ 'paper** *n.* Abendzeitung, *f*
evenly [ˈiːvnlɪ] *adv.* gleichmäßig; **the parts are ~ shared** die Teile sind gleichmäßig verteilt
event [ɪˈvent] *n.* a) Fall, *m.*; **in that ~:** in dem Falle; b) **in any/either ~; at all ~s** auf jeden Fall; **in the ~:** letzten Endes; c) Ereignis, *n.*; d) Wettkampf, *m*
eventual [ɪˈventʃʊəl] *adj.* eventuell, möglich
eventuality [ɪventʃʊˈælətɪ] *n.* Eventualität, *f.*
eventually [ɪˈventʃʊəlɪ] *adv.* schließlich
ever *adv* a) immer; stets; ewig; **for ~ and ~** immer und ewig; b) noch; immer; **~ further** noch immer weiter; c) **~-present** allgegenwärtig; d) jemals **nothing ~ happens** es passiert nie etwas; e) **why ~ not?** warum denn nicht?
every [ˈevrɪ] *adj.* a) jeder/jede/jedes; **~ time/on ~ occasion** jedesmal; **~ one** jeder/jede/jedes; b) **your ~ hope** all Ihre Hoffnungen; c) **~ day** jeden Tag; **~ now and then** or again, **~ so often**, **~ once in a while** hin und wieder; d) unbedingt, uneingeschränkt; voll
everybody *n. pron.* jeder; **~ else** alle anderen; **~ knows each other** jeder kennt sich gegenseitig
everything *n. & pron.* a) alles; **~ else** alles andere; **~ nice** alles Schöne; **there's a time for ~:** alles zu seiner Zeit; b) alles; **looks aren't ~:** das Aussehen ist nicht alles
everywhere *adv.* a) überall; b) **go ~:** überall hingehen/-fahren
evidence [ˈevɪdəns] *n.* a) Beweis, *m.*; **be ~ of sth.** etw. beweisen; **provide ~ of sth.** den Beweis oder Beweise für etw. liefern; b) Beweismaterial, *n.*; Zeugenaussage *f*; c) Erscheinung, *f*
evident [ˈevɪdənt] *adj.* offensichtlich; deutlich
evidently [ˈevɪdəntlɪ] *adv.* offensichtlich
evil [ˈiːvl, ˈiːvɪl] 1. *adj.* a) böse; schlecht; übel, verwerflich; b) verhängnisvoll, unglückselig: c) übel; 2 *n.* a) *no pl* Böse, *n.*; b) Übel, *n*
evocation [evəʊˈkeɪʃn] *n.* Heraufbeschwören, *n*
evocative [ɪˈvɒkətɪv] *adj.* aufrüttelnd
evoke [ɪˈvəʊk] *v. t.* hervorrufen; heraufbeschwören; erregen (Interesse)
evolution [iːvəˈluːʃn, evəˈluːʃn] *n.* a) Entwicklung, *f.*; b) Evolution, *f*
ex- *pref.* Ex-; Alt-; ehemalig
exact [ɪɡˈzækt] 1. *v. t.* fordern, verlangen, erheben; 2. *adj.* genau; exakt; **that was his ~ answer** das war seine genaue Antwort; **on the ~ time when** genau zu der Zeit, als
exacting [ɪɡˈzæktɪŋ] *adj.* anspruchsvoll; streng
exactness [ɪɡˈzæktnɪs] *n.*,

no pl. Genauigkeit, *f*
exaggerate [ɪgˈzædʒəreɪt] *v. t.* übertreiben; **you are exaggerating** du übertreibst
exaggerated [ɪgˈzædʒəreɪtɪd] *adj.* übertrieben
exaggeration [ɪgzædʒəˈreɪʃn] *n.* Übertreibung, *f*
exalt [ɪgˈzɔːlt] *v. t.* preisen
examination [ɪgzæmɪˈneɪʃn] *n.* a) Untersuchung, *f.*; Überprüfung, *f* b) Untersuchung, *f.*; c) Prüfung, *f*; Examen, *n*; d) Verhör, *n.*; Vernehmung, *f.*; Untersuchung, *f.*
examine [ɪgˈzæmɪn] *v. t.* a) untersuchen; prüfen; b) untersuchen; c) prüfen; ~ **sb.** jmd. prüfen; d) verhören; vernehmen
examinee [ɪgzæmɪˈniː] *n.* Prüfungskandidat, *m.*/-kandidatin, *f.*; Prüfling, *m.*; Examenskandidat, *m.*/-kandidatin, *f*
examiner [ɪgˈzæmɪnər] *n.* Prüfer, *m.*/Prüferin, *f*
example [ɪgˈzɑːmpl] *n.* Beispiel, *n.*; **as an ~** als Beispiel; **for ~** zum Beispiel
excavation [ekskəˈveɪʃn] *n.* a) (Bau) Ausschachtung, *f.*; Ausbaggerung, *f.*; Förderung, *f.*; Abbau, *m.*; b) (Archäologie) Ausgrabung, *f.*; Ausgrabungsstätte, *f*
exceed [ɪkˈsiːd] *v. t.* a) übertreffen; übersteigen; b) überschreiten; hinausgehen über
exceedingly [ɪkˈsiːdɪŋli] *adv.* äußerst; ausgesprochen
excel [ɪkˈsel] 1. *v. t.* übertreffen; ~ **oneself** sich selbst übertreffen. 2. *v. i.* sich hervortun
excellence [ˈeksələns] *n.* hervorragende Qualität
excellency [ˈeksələnsi] *n.* Exzellenz, *f*
excellent [ˈeksələnt] *adj.* exzellent; vorzüglich; ausgezeichnet; hervorragend
except [ɪkˈsept] 1. *prep.* außer; ~ **for** bis auf; abgesehen von; ~ **that...**, abgesehen davon, dass...; 2. *v. t.* ausnehmen; **~ed** ausgenommen
exception [ɪkˈsepʃn] *n.* a) Ausnahme, *f.*; b) **take ~ to sth.** an etw. Anstoß nehmen
exceptional [ɪkˈsepʃənl] *adj.* außergewöhnlich
exceptionally [ɪkˈsepʃənəli] *adv* a) ausnahmsweise; b) ungewöhnlich; außergewöhnlich
excerpt [ˈeksɜːpt] *n.* Auszug, *m.*
excess [ɪkˈses] *n.* a) Übermaß, *n.*; **in ~:** im Übermaß; b) *esp. in pl.* Exzess, *m.*; Ausschreitung, *f.*; c) **be in ~ of sth.** etw. übersteigen; d) Überschuss, *m.* e) (esp. Brit.) Selbstbeteiligung, *f*
excessive [ɪkˈsesɪv] *adj.* übermäßig; unmäßig; übertrieben
exchange [ɪksˈtʃeɪndʒ] 1. *v. t.* a) tauschen; umtauschen, wechseln; tauschen, wechseln; ~ **letters** einen Briefwechsel führen b) eintauschen; umtauschen; austauschen 2. *v. i.* tauschen. 3. *n.* a) Tausch, *m.*; Austausch, *m.*; **an ~ of opinions** ein Meinungsaustausch *Pl.*; b) *attrib.* Austausch-(schüler); c) Umtausch, *m.*; ~ **rate of ~:** Wechselkurs, *m.*
exchequer [ɪksˈtʃekər] *n.* (Brit.) Schatzamt, *n.*; Finanzministerium, *n*
excise [ˈeksaɪz] *n.* Verbrauchsteuer, *f*
excise [ɪkˈsaɪz] *v. t.* a) entfernen; herausschneiden; b) entfernen; exzidieren
excite [ɪkˈsaɪt] *v. t.* a) begeistern; **she was/became ~d by the story** die Geschichte begeisterte sie; b) aufregen; c) (sexuell) erregen
excitement [ɪkˈsaɪtmənt] *n.*, *no pl.* Aufregung, *f.*; Begeisterung, *f*
exciting [ɪkˈsaɪtɪŋ] *adj.* aufregend; spannend
exclaim [ɪkˈskleɪm] 1. *v. t.* ausrufen; ~ **that...:** rufen, dass... 2. *v. i.* aufschreien
exclamation [ekskləˈmeɪʃn] *n.* Ausruf, *m*
exclude [ɪkˈskluːd] *v. t.* a) ausschließen; b) nicht berücksichtigen (from bei)
exclusion [ɪkˈskluːʒn] *n.* Ausschluss, *m.*; **to the ~ of everything else** ausschließlich
exclusive [ɪkˈskluːsɪv] *adj.* a) alleinig; Allein-; **have ~ rights** die Alleinrechte/Exklusivrechte haben; b) exklusiv; c) ausschließlich
exclusively [ɪkˈskluːsɪvli] *adv.* ausschließlich; (Medien) exklusiv
excommunication [ekskəmjuːnɪˈkeɪʃn] *n. (Religion)* Exkommunikation, *f*
excrement [ˈekskrɪmənt] *n. in sing. or pl.* Exkremente *Pl.*; Kot, *m.*
excuse [ɪkˈskjuːz] 1. *v. t.* a) entschuldigen; b) befreien 2. *n.* Entschuldigung, *f.*
execute [ˈeksɪkjuːt] *v. t.* a) hinrichten; exekutieren (Militär); b) ausführen; durchführen; c) vollstrecken (Testament); unterzeichnen
execution [eksɪˈkjuːʃn] *n.* a) Hinrichtung, *f.*; Exekution, *f.*; b) Durchführung, *f.*; Ausführung, *f.*; **in the ~ of his duty** in Erfüllung seiner Pflicht
executive [ɪgˈzekjutɪv] 1. *adj.* a) leitend; b) exekutiv; 2.*n* a) leitender Angestellter; b) **the ~** die Exekutive; der Vorstand
executor [ɪgˈzekjutər] *n.* Testamentsvollstrecker, *m*
exemplary [ɪgˈzempləri]

exemplify [ɪgˈzemplɪfaɪ] v. t. veranschaulichen

exempt [ɪgˈzempt] 1. adj. befreit (from von). 2. v. t. befreien (from von)

exemption [ɪgˈzempʃn] n. Befreiung, f

exercise [ˈeksəsaɪz] 1. v. t. a) ausüben; walten lassen; sich üben in; b) ~ **the mind** die geistigen Fähigkeiten herausfordern; c) trainieren; 2. v. i. sich Bewegung verschaffen; 3. n. a) no pl., no indef. art. Bewegung, f.; b) Übung, f.; c) Übung, f.; d) no pl. Ausübung, f.

exert [ɪgˈzɜːt] 1. v. t. aufbieten; ausüben; 2. v. refl. sich anstrengen

exertion [ɪgˈzɜːʃn] n. a) no pl. Aufwendung, f.; Ausübung, f.; b) Anstrengung, f.

exhale [eksˈheɪl] 1. v. t. ausatmen. 2. v. i. ausatmen; exhalieren (Medizin)

exhaust [ɪgˈzɔːst] 1. v. t. a) erschöpfen; erschöpfend behandeln; **to ~ the subject** das Thema erschöpfen; b) erschöpfen; 2. n. (Mechanik) a) ~ Auspuff, m.; b) Auspuffgase Pl

exhaustion [ɪgˈzɔːstʃn] n., no pl. Erschöpfung, f.

exhaustive [ɪgˈzɔːstɪv] adj. umfassend

exhibit [ɪgˈzɪbɪt] 1. v. t. a) vorzeigen; ausstellen; (Kunst) ausstellen; b) (Gefühl) zeigen; 2. n. a) Ausstellungsstück, n.; b) (Recht) Beweisstück, n

exhibition [eksɪˈbɪʃn] n. a) Ausstellung, f.; b) **make an ~ of oneself** sich unmöglich aufführen

exile [ˈeksaɪl, ˈegzaɪl] 1. v. t. verbannen; 2. n. a) Exil, n.; Verbannung, f. **into ~:** ins Exil; b) (Person, literarisch oder bildlich) Verbannte, m./f

exist [ɪgˈzɪst] v. i. a) existieren; bestehen; b) überleben; existieren; ~ **on sth.** von etw. leben; c) **sth. ~s only once in the world** es gibt etw. nur einmal auf der Welt

existence [ɪgˈzɪstəns]n a) Existenz, f.; **come into ~** entstehen; **the only such bird in ~** der einzige Vogel dieser Art, den es gibt; b) Sein, n.; Existenz, f

existential [egzɪˈstenʃl] adj. (Philosophie) existentiell

exit [ˈeksɪt] 1. v. i. a) hinausgehen; (Bühne) abgehen; b) abgehen; 2. n. a) Ausgang, m. Ausfahrt, f.; b) (Bühne) Abgang, m.; **make one's ~:** abgehen, n; Hinausgehen, n

exodus [ˈeksədəs] n. Auszug, m.; Exodus, m.; **general ~:** allgemeiner Aufbruch

exorcism [ˈeksɔːsɪzm] n. Exorzismus, m.; Teufelsaustreibung, f.

exorcize [ˈeksɔːsaɪz] v. t. austreiben; exorzieren

expand [ɪkˈspænd] 1. v. i. a) sich ausdehnen; expandieren; erweitert werden; **the company ~s** die Firma expandiert; b) ~ **on a subject** ein Thema weiter ausführen. 2. v. t. a) ausdehnen; erweitern; dehnen; **it ~s his knowledge** es erweitert sein Wissen b) erweitern

expanse [ɪkˈspæns] n. Fläche; ~ **of desert** Wüstenfläche, f

expansion [ɪkˈspænʃn] n. a) Ausdehnung, f.; Erweiterung, f.; b) Expansion, f

expect [ɪkˈspekt] v. t. a) erwarten; **be ~ing a baby/child** ein Baby/Kind erwarten; ~ **sth. from or of sb.** etw. von jmdm. erwarten; b) glauben; **I ~ so** ich glaube schon

expectant [ɪkˈspektənt] adj. a) erwartungsvoll; b) ~ **mother** werdende Mutter

expectation [ekspekˈteɪʃn] n. a) no pl. Erwartung, f.; b) in pl. Erwartung, f.; **come up to ~/sb.'s ~s** den/jmds. Erwartungen entsprechen

expedite [ˈekspɪdaɪt] v. t. vorantreiben; beschleunigen

expedition [ekspɪˈdɪʃn] n. a) Expedition, f.; b) (Militär) Feldzug, m.; c) Ausflug, m

expel [ɪkˈspel] v. t., -ll-: a) ausweisen; ~ **from university** von der Universität ausschließen; ~ **sb. from a country** jmdn. aus einem Land ausweisen; b) vertreiben (from aus)

expend [ɪkˈspend] v. t. a) aufwenden; b) aufbrauchen

expense [ɪkˈspens] n. a) Kosten Pl.; **at one's own ~:** auf eigene Kosten; b) teure Angelegenheit; c) in pl. Spesen Pl.; **with ~s paid** auf Spesen; d) Preis, m.

expensive [ɪkˈspensɪv] adj. teuer

experience [ɪkˈspɪərɪəns] 1. v. t. erleben; stoßen auf, kennenlernen; empfinden; **she ~s hate** sie empfindet Hass; 2. n. a) no pl., no indef. art. Erfahrung, f. b) Erfahrung, f.; Erlebnis, n

experiment [ɪkˈsperɪmənt] 1. v. i. experimentieren; 2. n. a) Experiment, n., Versuch, m.; **do an ~:** ein Experiment machen; b) Experiment, n.; **as an ~:** versuchsweise

expert [ˈekspɜːt] 1. adj. a) ausgezeichnet; **be ~ in or at sth.** Fachmann oder Experte in etw. sein; b) ~ **knowledge** Fachkenntnis, f. 2. n. Fachmann, m.; Experte, m./Expertin, f

expertise [ekspɜːˈtiːz] n. Fachkenntnisse; Können, n

[ɪkˈspaɪər] v. i. a) (Zeit) ablaufen; auslaufen; b) (literarisch) versterben

explain [ɪkˈspleɪn] 1. *v. t.*, *auch abs.* erklären; erläutern; darlegen 2. *refl.* a) often *abs.*; **he refused to ~**: er wollte mir keine Erklärung dafür geben; b) **please ~ yourself** bitte erklären Sie

explanation [ekspləˈneɪʃn] *n.* Erklärung, *f.*; **need ~**: einer Erklärung bedürfen

explanatory [ɪkˈsplænətərɪ] *adj.* erklärend; erläuternd

explicit [ɪkˈsplɪsɪt] *adj.* explizit; ausdrücklich; ausführlich; offen; unverhüllt; klar

explode [ɪkˈspləud] 1. *v. i.* explodieren; rapide zunehmen. 2. *v. t.* zur Explosion bringen

exploit 1. [ɪkˈsplɔɪt] *v. t.* a) ausbeuten; ausnutzen; b) nutzen; nützen; ausnutzen; ausbeuten

exploitation [eksplɔɪˈteɪʃn] *n.* Ausbeutung, *f.*; Ausnutzung, *f.*; Nutzung, *f.*

exploration [ekspləˈreɪʃn] *n.* a) Erforschung, *f.*; Erkundung, *f.*; b) Untersuchung

explore [ɪkˈsplɔːr] *v. t.* a) (Ort) erforschen; erkunden b) *(bildlich)* untersuchen

explosive [ɪkˈspləusɪv] 1. *adj.* a) explosiv; **~ device** Sprengkörper, *m.*; b) explosiv; brisant; 2. *n.* Sprengstoff, *m.*; **high ~**: hochexplosiver Stoff

exponent [ɪkˈspəunənt] *n.* Verräter, *m.*/Verräterin, *f*

exponential [ekspəˈnenʃl] *adj.* exponentiell; Exponential-

export [ɪkˈspɔːt] 1. *v. t.* exportieren; ausführen; **~ing country** Ausfuhrland, *n.*; **oil-~ing countries** Öl exportierende Länder. 2. *n.* a) Export, *m.*; Ausfuhr, *f.*; Exportgut, *n.*; Ausfuhrgut

expose [ɪkˈspəuz] 1. *v. t.* a) freilegen; entblößen; b) offenbaren; aufdecken; entlarven; c) **~ to sth.** einer Sache aussetzen; d) belichten. 2. *v. refl.* sich entblößen

exposition [ekspəˈzɪʃn] *n.* a) Darstellung, *f.*; b) (Kunst) Ausstellung, *f*

expostulate [ɪkˈspɒstjuleɪt] *v. i.* protestieren

exposure [ɪkˈspəuʒər] *n.* a) Ausgesetztsein, *n.*; Aussetzen, *n.*; **suffer from ~** an Unterkühlung leiden; b) Enthüllung, *f.*; Entlarvung, *f.*; c) Belichtung, *f.*; Aufnahme, *f*

express [ɪkˈspres] 1. *v. t.* a) ausdrücken; b) äußern; zum Ausdruck bringen; **~ oneself** sich ausdrücken; c) ausdrücken; 2. *attrib. adj.* a) Eil(brief); Schnell-(sendung); b) besonder...; bestimmt; ausdrücklich; c) ausdrücklich; 3. *adv.* als Eilsache; 4. *n.* Schnellzug, *m.*; D-Zug, *m*

expression [ɪkˈspreʃn] *n.* Ausdruck, *m.*; **facial ~**: Gesichtsausdruck, *m.*

expressive [ɪkˈspresɪv] *adj.* ausdrucksvoll; vielsagend

expulsion [ɪkˈspʌlʃn] *n.* (Schule) Verweisung, *f.*; Ausweisung, *f.*; Ausschluss, *m.*

exquisite [ˈekskwɪzɪt, ɪkˈskwɪzɪt] *adj.* a) erlesen; exquisit, bezaubernd; b) heftig; unerträglich; **she felt ~ pain** sie fühlte unerträgliche Schmerzen

exquisitely [ˈekskwɪzɪtlɪ, ɪkˈskwɪzɪtlɪ] *adv.* a) vorzüglich; kunstvoll: b) äußerst; außerordentlich

extend [ɪkˈstend] 1. *v. t.* a) ausstrecken; ausziehen; ausbreiten; **~ one's hand to sb.** jmdm. die Hand reichen; b) verlängern; ausdehnen; ausbauen; verlängern lassen; c) ausdehnen; erweitern; ausbauen, vergrößern; d) gewähren, zuteil werden lassen 2. *v. i.* sich erstrecken

extension [ɪkˈstenʃn] *n.* a) Ausstrecken, *n.*; Ausbreiten, *n.*; b) Verlängerung, *f.*; Ausbau, *m.*; **ask for an ~**: um Verlängerung bitten; c) Ausdehnung, *f.*; Erweiterung, *f.*; d) Anbau, *m.*;

extensive [ɪkˈstensɪv] *adj.* ausgedehnt; umfangreich; beträchtlich; weitreichend; ausführlich; **they had ~ costs** sie hatten beträchtliche Koste

extent [ɪkˈstent] *n.* a) Ausdehnung, *f.*; Spannweite, *f.*; b) Umfang, *m.*; Ausmaß, *n.*; **to some or a certain ~**: in gewissem Maße ib; **to a great or large ~**: in hohem Maße

exterior [ɪkˈstɪərɪər] 1. *adj.* a) äußer...; Außen(fläche) b) äußer...; außerhalb gelegen. 2. *n.* a) Äußere, *n.*; (Bau) Außenwände *Pl.*; b) Äußere, *n*

exterminate [ɪkˈstɜːmɪneɪt] *v. t.* ausrotten; vertilgen

extermination [ɪkstɜːmɪˈneɪʃn] *n.* Ausrottung, *f.*; Vertilgung, *f*

external [ɪkˈstɜːnl] *adj.* a) äußer...; Außen; **purely ~**: rein äußerlich; b) äußerlich; c) Außen-

externally [ɪkˈstɜːnəlɪ] *adv* äußerlich

extinct [ɪkˈstɪŋkt] *adj.* erloschen; ausgestorben; **wales become ~**: Wale sterben aus

extinction [ɪkˈstɪŋkʃn] *n no pl.* Aussterben, *n*

extinguish [ɪkˈstɪŋgwɪʃ] *v. t.* löschen; erlöschen lassen; auslöschen

extinguisher [ɪkˈstɪŋgwɪʃər] *n* Feuerlöscher, *m*

extra [ˈekstrə] 1.*adj* a) zusätzlich; Mehr-; Sonder(schule); **~ charge** Aufpreis, *m.*; b) überzählig; **an ~ key** ein zweiter Schlüssel; 2. *adv.* a) besonders; extra; überaus; **an ~ large**

trouser eine extragroße Hose; b) zuzüglich; extra 3. *n.* a) zusätzliche Leistung; Extra, *n.*; b) **be an ~**: zusätzlich berechnet werden; c) (Film) Statist, *m.*/Statistin, *f*

extract [ɪkˈstrækt] 1. *v. t.* a) ziehen, (fachsprachlich) extrahieren; **~ money from sb.** jmd. Geld abnehmen; b) extrahieren; **~ metal from ore** Metall aus Erz gewinnen; c) erfassen; **to ~ the meaning of sth.** den Sinn von etw. entnehmen; 2.*n* a) Extrakt, *m.*; b)Auszug, *m.*; Extrakt

extraction [ɪkˈstrækʃn] *n* a) Extraktion, *f.*; (Erz) Gewinnung, *f.*; b) Abstammung, *f.*

extradite [ˈekstrədaɪt] *v. t.* a) ausliefern; b) **~ sb.** jmds. Auslieferung erwirken

extraordinarily [ekstrəˈɔːdɪnərɪlɪ] *adv* außergewöhnlich; überaus; **it was ~ kind of him** es war außergewöhnlich freundlich von ihm

extraordinary [ekstrəˈɔːdɪnərɪ] *adj* außergewöhnlich; ungewöhnlich; merkwürdig; **he made an ~ impression** er machte einen ungewöhnlichen Eindruck

extravagance [ɪkˈstrævəgəns] *n.* a) *no pl.* Extravaganz, *f.*; Übertriebenheit, *f.*; Verstiegenheit, *f.*; (Geld) Verschwendungssucht, *f.*; b) Luxus, *m*

extravagant [ɪkˈstrævəgənt]*adj* a) extravagant; verschwenderisch; aufwendig; teuer; b) (Verhalten) übertrieben; c) abwegig

extreme [ɪkˈstriːm] 1*adj* a) extrem; äußerst..., krass; **at the ~ level** auf dem krassesten Level; b) extrem; gewaltig; höchst; **with ~ politeness** mit außerordentlicher Höflichkeit; c) extrem; **~ views** extreme Absichten; d) drastisch; 2. *n.* Extrem, *n.*; Gegensatz; **go to the other ~**: ins andere Extrem verfallen; **go from one ~ to another** von einem oder aus einem Extrem ins andere fallen

extremely [ɪkˈstriːmlɪ] *adv* äußerst

extremist [ɪkˈstriːmɪst] *n* a) Extremist/in, *f.*; extremistin, *f.*; b) *attrib.* extremistisch

extremity [ɪkˈstremɪtɪ] *n* a) äußerstes Ende; Rand, *m.*; b) in *pl.* Extremitäten *Pl*

extrovert [ˈekstrəvɜːt] 1. *n* extrovertierter Mensch; 2. *adj.* extrovertiert

exult [ɪgˈzʌlt] *v. i.* (literarisch) frohlocken (in, at, over über + Akk.)

exultant [ɪgˈzʌltənt] *adj.* (literar) jubelnd

exultation [egzʌlˈteɪʃn] *n.* Jubel, *m*

eye [aɪ] 1. *v. t.* **~ing or eying** beäugen; **~ sb. up and down** jmdn. von oben bis unten mustern; 2. *n.* a) Auge, *n.*; **~s** Blick, *m.*; **look sb. in the ~**: jmdm. gerade in die Augen sehen; **keep an ~ on sb./sth.** auf jmdn./etw. aufpassen; **keep an ~ open or out** Ausschau halten; **with one's ~s open** *(bildlich)* mit offenen Augen; **have an ~ to sth./doing sth.** auf etw. bedacht sein/darauf bedacht sein, etw. zu tun; b) Öhr, *n.*; Öse, *f*

eyrie [ˈɪerɪ] *n.* Horst, *m*

F

F, f [ef] *n.*, *pl.* Fs or F's a) (Buchstabe) *F, f, n.*; b) *F* (Musik) *F, f, n.*
F. Abk. a) **Fahrenheit** *F*; b) **franc** *F* *abbr.* a) **female** weibl.; b) **feminine** *f.*; c) **focal length** *f*; **f/8** (Fotografie) Blende 8
fable [ˈfeɪbl] *n* a) Märchen, *n.*; b) Fabel, *f*
fabric [ˈfæbrɪk] *n* a) Gewebe, *n.*; b) bauliche Substanz; c) **the ~ of society** die Struktur
fabricate [ˈfæbrɪkeɪt] *v. t.* a) erfinden; fälschen; b) herstellen
fabrication [fæbrɪˈkeɪʃn] *n.* a) Erfindung, *f.*; b) Herstellung, *f*
fabulous [ˈfæbjuləs] *adj* a) sagenhaft; Fabel-; b) fabelhaft (*ugs.*)
face [feɪs] 1. *v. t.* a) sich wenden zu; **sb. ~s the front** jmd. sieht nach vorne; **facing one another** sich oder einander gegenüber; b) ins Auge sehen; sich stellen; stehen vor **he ~s his ruin** er steht vor seinem Ruin, **~ trial for murder, ~ a charge of murder** sich wegen Mordes vor Gericht verantworten müssen; c) ins Auge sehen; mit Fassung gegenübertreten; **let's ~ it** machen wir uns doch nichts vor; d) **be ~d with sth.** sich einer Sache gegenübersehen; e) verkraften; 2.*v. i.* **~ forwards/backwards** in/entgegen Fahrtrichtung sein 3. *n.* a) Gesicht, *n.*; **~ to ~:** einander gegenüber; **talk to sb. ~ to ~:** jmdn. persönlich sprechen; **in the ~ of sth.** trotz; **show one's ~:** sich sehen oder blicken lassen; b) Vorderseite, *f.*; Wand, *f.*; Stirnseite, *f.*; Zifferblatt, *n.*; Schlagfläche, *f.*; c) Oberfläche, *f.*; **the ~ of the earth** die Oberfläche der Erde; d) (Geometrie) Fläche, *f*
faceless [ˈfeɪslɪs] *adj* anonym (*bildlich*); gesichtlos
facet [ˈfæsɪt] *n* a) Facette, *f.*; b) Seite, *f.*; **every ~:** alle Seiten
facetious [fəˈsiːʃəs] *adj* witzig
facial [ˈfeɪʃl] 1. *adj* Gesichts-. 2. *n.* Gesichtsmassage, *f*
facilitate [fəˈsɪlɪteɪt] *v. t.* erleichtern
facility [fəˈsɪlɪtɪ] *n* a) *esp. in pl.* Einrichtung, *f.*; **cleaning facilities**; b) Möglichkeit, *f.*; c) Leichtigkeit, *f.*; Gewandtheit, *f*
facing [ˈfeɪsɪŋ] *n* a) Aufschlag, *m.*; Besatz, *m.*; b) Verkleidung, *f*
facsimile [fækˈsɪmɪlɪ] *n* a) Faksimile, *n.*; b) (Telekommunikation) siehe fax
fact [fækt] *n* a) Tatsache, *f.*; **~s and figures** Fakten und Zahlen; **and that's a ~:** und daran gibt's nichts zu zweifeln; **the truth lies in the ~ that...:** die Wahrheit besteht darin, dass...; b) Wahrheit, *f.*; Tatsachen *Pl.*; **in ~:** tatsächlich; c) Faktum, *n.*; **deny the ~ that...:** abstreiten, dass
faction [ˈfækʃn]*n* Splittergruppe, *f*
factor [ˈfæktər]*n* Faktor, *m*
factory [ˈfæktərɪ] *n* Fabrik, *f.*; Werk, *n*
factual [ˈfæktʃuəl] *adj* sachlich; auf Tatsachen beruhend; **~ error** Sachfehler, *m*
faculty [ˈfækəltɪ] *n* a) Fähigkeit, *f.*; Vermögen, *n.*; b) **in possession of one's faculties** im Vollbesitz seiner Kräfte; c) Fakultät, *f.*; Fachbereich, *m.*; d) Lehrkörper, *m*
fade [feɪd] 1*v. i.* a) verwelken, welk werden; b) verblassen; verblühen; erlöschen; langsamer werden; c) bleichen; d) **the light ~s into darkness** es dunkelt; e) verblassen; nachlassen; erlöschen; zerrinnen; *f*) verklingen; g) übergehen 2. *v. t.* ausbleichen
faeces [ˈfiːsiːz] *n pl.* Fäkalien *Pl*
fag [fæg] 1. *v. i.* sich schinden 2. *v. t.* **~ sb.** jmdn. schlauchen 3. *n.* a) (Brit.) Schinderei, *f.*; b) Glimmstängel, *m.*
faggot [ˈfægət] *n* a) Reisigbündel, *n.*; b) Leberknödel, *m*
fail [feɪl] 1.*v. i.* a) scheitern (in mit); **~ in one's duty** seine Pflicht versäumen; b) fehlschlagen; scheitern; c) Bankrott machen; d) nicht bestehen; **he ~s his examination** er besteht sein Examen nicht; e) (Stärke) nachlassen; (Mut) sinken; *f*) versagen; zusammenbrechen; aussetzen; ausfallen; g) schlecht ausfallen. 2. *v. t.* a) **~ to achieve one's purpose/aim** seine Absicht/sein Ziel verfehlen; b) (Examen) nicht bestehen; c) (Person) durchfallen lassen (*ugs.*); d) **~ to do sth.** etw. nicht tun; versäumen, etw. zu tun; e) im Stich lassen; **words ~ sb.** jmdm. fehlen die Worte. 3. *n.* **without ~:** auf jeden Fall; garantiert
failing [ˈfeɪlɪŋ] 1*n* Schwäche, *f.* 2. *prep.* **~ that or this** andernfalls; wenn

nicht. 3. *adj.* sich verschlechternd; nachlassend; sinkend; dämmrig
failure *n* a) Versäumnis, *n.*; ~ **to play by rule** Nichtbeachtung der Regel; b) Scheitern, *n.*; **end in ~:** scheitern; c) Versager, *m.*; **our plan was a ~:** unser Plan war fehlgeschlagen; d) Zusammenbruch, *m.*; **power ~:** Stromausfall, *m.*; e) Zusammenbruch, *m*
faint [feɪnt] 1. *v. i.* ohnmächtig werden, in Ohnmacht fallen 2. *n.* Ohnmacht, *f.*; 3. *adj.* a) matt; **a ~ smile** ein mattes Lächeln; schwach; leise; entfernt; undeutlich; **not have the ~est idea** nicht die blasseste Ahnung haben; b) matt; schwach; **she felt ~:** ihr war schwindelig; c) schwach
faintness ['feɪntnɪs] *n no pl.* a) Undeutlichkeit.; Entferntheit.; Mattheit.; b) Schwäche
fair [feər] *n* a) Markt, *m.*; Jahrmarkt, *m.*; b) Messe, *f*
fair 1. *adj* a) gerecht; begründet, berechtigt; fair; typisch, markant; **be ~ with or to sb.** gerecht gegen jmdn. oder zu jmdm. sein; **all's ~ in love and war** in der Liebe und im Krieg ist alles erlaubt; ~ **play** Fairness, *f.*; b) (Zustand) ganz gut; ziemlich; c) schön; günstig; heiter; d) blond; hell; e) **the ~ sex** „das schöne Geschlecht." 2. *adv.* a) fair; gerecht; b) völlig; c) ~ **and square** offen und ehrlich; voll, genau;. 3. *n.* ~**'s ~** Gerechtigkeit muss sein
fairly ['feəlɪ] *adv* a) fair; gerecht; **he was ~ treated** er wurde gerecht behandelt; b) ziemlich; c) völlig; d) richtig; **I ~ cried for joy** ich habe regelrecht geweint vor Freude
fairness ['feənɪs] *n no pl.* Gerechtigkeit, *f.*; **in all ~** um fair zu sein
fairy ['feərɪ] *n.* (Mythologie) Fee, *f.*; Kobold, *m*
faith [feɪθ] *n* a) Vertrauen, *n.*; **lose ~ in sb./sth.** das Vertrauen zu jmdm./etw. verlieren; b) *(Religion)* Glaube, *m.*; **different ~s** verschiedene Glaubensrichtungen; c) **keep ~ with sb.** jmdm. treu bleiben oder die Treue halten; d) **in good ~:** ohne Hintergedanken; in gutem Glauben
faithful ['feɪθfl] 1. *adj* a) treu; b) pflichttreu; c) getreu; originalgetreu; 2. *n. pl.* **the ~:** die Gläubigen
faithfully ['feɪθfəlɪ] *adv* a) treu; hoch und heilig, fest; b) genau; originalgetreu; c) **yours ~** (Brief) hochachtungsvoll; mit freundlichen Grüßen
fake [feɪk] 1. *v. t.* a) fälschen; vortäuschen; erfinden; b) verfälschen. 2. *adj.* unecht; gefälscht; 3. *n.* a) Imitation, *f.*, Fälschung, *f.*; b) (Person) Schwindler, *m.*/Schwindlerin, *f*
falcon ['fɔːlkən, 'fælkən] *n* Falke, *m*
fall [fɔːl] 1*n* a) Fallen, *n.*; Sturz, *m.*; **have a ~:** stürzen; b) Fall, *m.*; Untergang, *m.*; Sturz, *m.*; c) Abfall, *m.*; d) Herbst, *m.* 2. *v. i.* a) fallen; stürzen; ~ **off sth.**, ~ **down from sth.** von etw. fallen; ~ **down sth.** in etw fallen; ~ **into the trap** in die Falle gehen; ~ **from a great height** aus großer Höhe abstürzen; ~ **from power** entmachtet werden; b) hereinbrechen; anbrechen; (Stille) eintreten; c) fallen; ~ **from sb.'s lips** über jmds. Lippen kommen; **let ~ a remark** eine Bemerkung fallenlassen; d) fallen; ~ **out** ausfallen; e) sinken; fallen; zurückgehen; ~ **into sin/temptation** eine Sünde begehen/der Versuchung er- oder unterliegen; f) fallen; (Wind) sich legen; g) **his/her face fell** er/sie machte ein langes Gesicht; h) fallen; (Regierung) gestürzt werden; untergehen; i) fallen; **the ~en** die Gefallenen; j) einstürzen; ~ **to pieces,** ~ **apart** auseinanderfallen; k) fallen; ~ **into decay** (Gebäude) verfallen; ~ **ill** krank werden; ~ **into a swoon or faint** in Ohnmacht fallen; l) fallen; *m*) liegen; ~ **into or under a category** in oder unter eine Kategorie fallen
fallible ['fæləbl]*adj* a) fehlbar: b) nicht unfehlbar
fallow ['fæləʊ] *adj* brach liegend; ~ **ground/land** Brache, *f.*/Brachland, *n.*; **lie ~** brach liegen
false [fɔːls, fɒls] *adj* falsch; gefälscht; künstlich; treulos; Fehl-(Urteil); Falsch-(Aussage); geheuchelt; **under a ~ name** unter falschem Namen
falsehood ['fɔːlshʊd, 'fɒlshʊd] *n* a) *no pl.* Unrichtigkeit, *f.*; b) Unwahrheit, *f*
falsely ['fɔːlslɪ, 'fɒlslɪ] *adv* a) unaufrichtig; falsch; b) falsch; fälschlich **he ~ believes in her faith** er glaubt fälschlicherweise an ihre Treue
falseness ['fɔːlsnɪs, 'fɒlsnɪs] *no pl* a) Unrichtigkeit, *f.*; Falschheit, *f.*; b) Treulosigkeit, *f*
falsetto [fɔːl'setəʊ, fɒl'setəʊ] *n pl.* ~**s** Kopfstimme, *f.*; Falsett, *n*
falsify ['fɔːlsɪfaɪ, 'fɒlsɪfaɪ]*v. t.* fälschen; verfälschen
falsity ['fɔːlsətɪ, 'fɒlsətɪ]*n no pl.* a) Falschheit, *f.*; b) Unwahrheit, *f*
falter ['fɔːltər, 'fɒltər] 1. *v. i.* a) stocken; sinken; b) wanken; **with ~ing steps** mit schwankenden Schritte*n*. 2.

v. t. ~ **sth.** etw. stammeln
fame [feɪm] *n., no pl.* Ruhm, *m.*; **rise to ~:** zu Ruhm kommen oder gelangen
familiar [fəˈmɪlɪər] *adj.* a) bekannt; **be ~ with sb.** jmdn. näher kennen; b) vertraut; **be ~ with the problem** mit dem Problem vertraut sein; c) vertraut; bekannt; geläufig
familiarity [fəmɪlɪˈærətɪ] *n* a) *no pl.* Vertrautheit, *f.*; b) *no pl.* familiäres Verhältnis; c) Vertraulichkeit, *f.*; **~ breeds contempt** zu große Vertraulichkeit erzeugt Verachtung
family [ˈfæməlɪ] *n* a) Familie, *f.*; Familien-; familiär; b) Geschlecht, *n*
famine [ˈfæmɪn] *n.* Hungersnot, *f*
famished [ˈfæmɪʃt] *adj.* ausgehungert; **I'm absolutely ~** ich sterbe vor Hunger (*ugs.*)
famous [ˈfeɪməs] *adj* berühmt; **a ~ day** ein rühmlicher Tag
fan [fæn] 1. *v. t.* fächeln; anfachen; **~ the flame** das Feuer schüren; 2. *n.* a) Fächer, *m.*; b) Ventilator, *m*
fan *n.* Fan, *m*
fanatic [fəˈnætɪk] 1. *adj* fanatisch. 2. *n.* Fanatiker, *m.*/Fanatikerin, *f*
fanaticism [fəˈnætɪsɪzm] *n.* Fanatismus, *m*
fanciful [ˈfænsɪfl] *adj.* versponnen; überspannt; abstrus; fantastisch
fancy [ˈfænsɪ] 1. *v. t.* a) mögen; **what do you ~ for dinner?** was hättest du gern zum Abendessen? b) sich einbilden; c) **~ that!** sieh mal einer an! d) glauben; denken; **I ~** möchte ich meinen; e) etw./jmdn. hoch einschätzen; **~ oneself** von sich eingenommen sein; 2. *n.* a) Gefallen; *m.*; **take sb.'s ~:** jmdm. gefallen; b) Laune, *f.*; **tickle sb.'s ~:** jmdn. reizen; c) merkwürdiges Gefühl; Vorstellung, *f.*; d) Fantasie, *f.*; e) Fantasievorstellung, *f.*; **just a ~:** nur Einbildung. 2. *adj* a) kunstvoll; b) stolz
fanfare [ˈfænfeər] *n* Fanfare, *f*
fang [fæŋ] *n.* a) Reißzahn, *m.*; Hauer, *m.*; b) Giftzahn, *m*
fantastic [fænˈtæstɪk] *adj* a) fantastisch; bizarr; b) fantastisch
fantastically [fænˈtæstɪklɪ] *adv* fantastisch
fantasy [ˈfæntəzɪ] *n* Fantasie, *f.*; Fantasiegebilde, *n*
far [faːr] 1. *adv* farther, further; farthest, furthest a) weit; **~ away** weit entfernt; **it is not ~ away** es ist ganz in der Nähe; b) (Zeit) weit; **~ into the night** bis spät in der Nacht; c) weit; **~ too** viel zu; **~ longer/better** weit länger/besser; d) **as ~ as** so weit; **as ~ as I remember/know** soweit ich mich erinnere/weiß; tun; **in so ~ as** insofern oder inwoweit als; **so ~** bisher; **so ~ so good** so weit, so gut; **by ~:** bei weitem; **go too ~:** zu weit gehen 2. *adj.*, farther, further; farthest, furthest a) fern; weit entfernt; **in the ~ future** in weiter Zukunft; b) weiter entfernt
farce [faːs] *n.* a) Farce, *f.*; b) (Bühne) Posse, *f.*; Farce, *f*
farcical [ˈfaːsɪkl] *adj* a) absurd; farcenhaft; b) (Bühne) possenhaft
fare [feər] 1. *v. i.* **how he ~d last year** wie es ihm im letzten Jahr ergangen ist; 2. *n.* a) Fahrpreis, *m.*; Fahrgeld, *n.*; b) Fahrgast, *m.*; c) Kost, *f*
farewell [feəˈwel] 1. *int* leb wohl 2. *n.* a) **make one's ~s** sich verabschieden
farm [faːm] 1. *v. i.* Landwirtschaft betreiben; 2. *v. t.* bebauen, bewirtschaften; züchten (Tiere); 3. *n.* Hof, *m.*; Farm, *f.*; Gut, *n.*; Gutshof, *m*
farmer [ˈfaːmər] *n* Landwirt, *m.*/-wirtin, *f.*; Bauer, *m.*/Bäuerin, *f*
farming [ˈfaːmɪŋ] *n no pl., no indef. art.* Landwirtschaft, *f.*
fart [faːt] 1. *v. i.* furzen (derb). 2. *n.* Furz, *m.* (derb)
fascinate [ˈfæsɪneɪt] *v. t.* faszinieren; fesseln
fascinating [ˈfæsɪneɪtɪŋ] *adj* faszinierend; bezaubernd; hochinteressant; spannend
fascination [fæsɪˈneɪʃn] *n no pl.* Faszination, *f.*; Zauber, *m.*; Reiz, *m*
fashion [ˈfæʃn] 1. *v. t.* formen, gestalten; 2. *n.* a) Art, *f.*; **in a strange ~:** auf merkwürdige Art; b) Mode, *f.*; **in ~:** in Mode; modern; **the latest ~s** die neusten Modelle; **it is the ~:** es ist Mode oder modern; **be out of ~:** aus der Mode oder nicht mehr modern sein
fashionable [ˈfæʃənəbl] *adj* modisch; vornehm; Mode- (wort)
fashionably [ˈfæʃənəblɪ] *adv* modisch
fast [faːst] 1. *v. i.* fasten; **a day of ~ing** ein Fastentag. 2. *n.* Fasten, *n.*; Hungerstreik, *m*
fast 1. *adj* a) schnell; **~ train** Schnellzug, *m.*; **he is a ~ worker** er arbeitet schnell; **pull a ~ one on sb.** (*sl.*) jmdn. übers Ohr hauen (*ugs.*); b) **be ~ by a few minutes** einige Minuten vorgehen; c) fest; **the rope is ~:** das Seil ist fest; d) farbecht; echt, farbbeständig; 2. *adv.* a) fest; **hold ~ to sth.** sich an etw. festhalten;

an etw. festhalten; b) **be ~ asleep** fest schlafen; fest eingeschlafen
fasten ['fɑːsn] 1. *v. t.* a) festmachen, befestigen; festziehen, anziehen: zumachen; **please ~ your seat belt!** bitte anschnallen! b) heften; **~ one's attention on sb.** jmdm. seine Aufmerksamkeit zuwenden. 2. *v. i.* a) sich schließen lassen; b) **~ on sth.** etw. herausgreifen; etw. aufs Korn nehmen
fat [fæt] 1. *adj* a) dick; fett; **grow or get ~:** dick werden; b) fett: c) dick; üppig, fett; 2. *n.* Fett, *n.*; **low in ~:** fettarm
fatal ['feɪtl]*adj* a) verheerend; fatal; schicksalsschwer; **it would be ~:** es wäre das Ende; b) tödlich
fatalism ['feɪtəlɪzəm] *n no pl.* Fatalismus, *m.*; Schicksalsergebenheit, *f*
fatalist ['feɪtəlɪst] *n.* Fatalist, *m.*/Fatalistin, *f*
fatalistic [feɪtə'lɪstɪk] *adj* fatalistisch; schicksalsergeben
fatality [fə'tælətɪ] *n* Todesfall, *m.*; Opfer, *n*
fatally ['feɪtəlɪ] *adv* tödlich; verhängnisvoll; unwiderstehlich
fate [feɪt] *n* Schicksal, *n.*; **an accident or stroke of ~:** eine Fügung des Schicksals
fateful ['feɪtfl] *adj* a) schicksalsschwer; entscheidend: b) schicksalhaft; c) schicksalverkündend; unheilverkündend
father ['fɑːðər] 1. *v. t.* zeugen. 2. *n.* a) Vater, *m.*; **become a ~:** Vater werden; **F~:** Vater; b) *(Religion)* Pfarrer, *m.*; Pater, *m.*; **F~** Herr Pfarrer; Pater; **F~ 'Christmas** *m.*
fatherhood ['fɑːðəhʊd] *n no pl.* Vaterschaft, *f*
fathom ['fæðəm] 1. *v. t.* a) mit dem Lot messen; b) verstehen; 2. *n.* Faden, *m*
fatigue [fə'tiːg] 1. *v. t.* ermüden; 2. *n.* a) Ermüdung, *f.*; Erschöpfung, *f.*; b) Ermüdung, *f*
fault [fɔːlt, fɒlt] 1. *v. t.* Fehler finden an; etwas auszusetzen haben an; 2. *n.* a) Schuld, *f.*; Verschulden, *n.*; **be at ~:** im Unrecht sein; b) Fehler, *m.*; **to a ~:** allzu übertrieben; übermäßig; **find ~** etwas auszusetzen haben; c) Fehler, *m.*; d) Defekt, *m.*; e) Verwerfung, *f*
faultless ['fɔːltlɪs, 'fɒltlɪs] *adj* einwandfrei; fehlerlos
faulty ['fɔːltɪ, 'fɒltɪ]*adj* fehlerhaft; unzutreffend; defekt
favour ['feɪvər] (Brit.) 1. *v. t.* a) für gut halten, gut heißen; bevorzugen b) beehren (c) bevorzugen; d) begünstigen; **he ~s the elder son** er bevorzugt den älteren Sohn; 2. *n.* a) Gefallen, *m.*; Gefälligkeit, *f.*; **ask a ~ of sb., ask sb. a ~:** jmdn. um einen Gefallen bitten; b) Wohlwollen, *n.*; Gunst, *f.*; **be in ~** beliebt sein; in Mode sein; **be out of ~** unbeliebt sein; nicht mehr in Mode sein; c) **all those in ~:** alle, die dafür sind; **in sb.'s ~:** zu jmds. Gunsten; d) Begünstigung, *f*
favourable ['feɪvərəbl] *adj* (Brit.) a) günstig; gewogen; wohlmeinend; **be ~ to sth.** einer Sache positiv gegenüberstehen; b) freundlich; positiv, günstig; c) vielversprechend; gut; d) günstig; e) **give sb. a ~ answer** jmdm. eine Zusage geben
favourably ['feɪvərəblɪ] *adv* (Brit.) a) wohlwollend; b) lobend; positiv
favourite ['feɪvərɪt] (Brit.) 1. *adj* Lieblings- 2. *n.* a) ~ **film** Lieblingsfilm, *m.*; (Person) Liebling, *m.*; b) (Sport) Favorit, *m.*/Favoritin, *f*
fax [fæks] 1. *v. t.* faxen; fernkopieren; 2. *n* Fax, *n.*; Fernkopie, *f*
fear [fɪər] 1. *v. t.* a) fürchten; **~ to do or doing sth.** Angst haben oder sich fürchten, etw. zu tun; **we ~ the worst** wir befürchten das Schlimmste; b) befürchten; 2. *v. i.* sich fürchten; **~ for sb./sth.** um jmdn./etw. bangen oder fürchten; 3. *n.* a) Furcht, *f.*, Angst, *f.* **~ of death/heights** Todes-/Höhenangst, *f.*; **strike ~ into sb.** jmdn. in Angst versetzen; b) Furcht, *f.*; *in pl.* Sorge, *f.* **be in ~ of one's life** Angst um sein Leben haben; d) Gefahr, *f.*; **no ~!** keine Bange! *(ugs.)*
fearful ['fɪəfl] *adj* a) furchtbar; b) ängstlich
fearless ['fɪəlɪs] *adj* furchtlos
feasibility [fiːzɪ'bɪlɪtɪ] *n no pl.* Durchführbarkeit, *f.*; Anwendbarkeit, *f.*
feasible ['fiːzɪbl] *adj.* durchführbar; anwendbar; möglich
feast [fiːst] 1. *v. i.* schlemmen; schwelgen; 2. *v. t.* festlich bewirten; 3. *n.* a) *(Religion)* Fest, *n.*; **movable/immovable ~:** beweglicher/unbeweglicher Feiertag; b) Festessen, *n.*; **a ~ for the eyes/ears** eine Augenweide/ein Ohrenschmaus
feather ['feðər] 1. *v. t.* **~ one's nest** *(bildlich)* auf seinen finanziellen Vorteil bedacht sein; 2. *n.* a) Feder, *f.*; **as light as a ~:** federleicht
feature ['fiːtʃər] 1. *v. t.* vorrangig vorstellen; (Film) in der Hauptrolle zeigen; (Show) als Stargast präsentieren; 2. *v. i.* a) vorkommen; b) **~ in sth.** eine Rolle bei etw. spielen; 3. *n.* a) *usu. in pl.* Gesichtszug, *m.*; b) Merkmal, *n.*; **be a ~ of sth.**

charakteristisch für etw. sein; c) (Medien) Reportage, *f.*; Feature, *n.*; d) Hauptfilm, *m.*; Spielfilm *m.*; e) (Medien) Feature
February [ˈfebrʊərɪ] *n* Februar, *m*
fed [fed] 1. *adj (sl.)* **be/get ~ up with sb./sth.** jmdn./etw. satt haben; **I am ~ up with you** *(ugs.)* ich hab genug von Dir
federal [ˈfedərl] *adj* Bundes-; föderativ; föderalistisch
federation [fedəˈreɪʃn] *n* Bündnis, *n.*; Föderation, *f.*; Bund, *m*
fee [fiː] *n* a) Gebühr, *f.*; Honorar, *n.*; Gage, *f.*; b) Bearbeitungsgebühr, *f*
feeble [ˈfiːbl] *adj* a) schwach; b) schwächlich; halbherzig; c) schwach; wenig überzeugend zaghaft, kläglich; lahm; **a ~ argument** ein schwaches Argument; d) (Licht) schwach
feed [fiːd] 1. *v. t.* a) füttern; **~ a baby on milk** ein Baby mit Milch füttern; **~ at the breast** stillen; b) ernähren; **~ sb./an animal on or with sth.** jmdn./ein Tier mit etw. füttern; c) verfüttern; d) speisen; versorgen; 2. *v. i.*, fressen; essen; **~ on sth.** etw. nähren. 3. *n.* a) Fressen, *n.*; Mahlzeit, *f.*; **have a ~**: futtern; zulangen; b) **cattle/pig ~**: Vieh-/Schweinefutter, *n*
feel [fiːl] 1. *v. t.* a) fühlen; spüren; bemerken; merken; b) befühlen; **~ one's way** sich seinen Weg ertasten; sich vorsichtig vortasten; c) empfinden; verspüren; **make itself felt** zu spüren sein; sich bemerkbar machen; d) empfinden; zu spüren bekommen; e) **I ~ that…**: ich glaube, dass…; 2. *v. i.* a) **~ in sth.** in etw. suchen; **~ after or with sth.** mit etw. tasten; b) fühlen; c) sich… fühlen; **~ disappointed** sich enttäuscht fühlen; enttäuscht sein; **~ inclined to do sth.** dazu neigen, etw. zu tun; **I felt sorry for him** er tat mir leid; d) **~ passionately/bitterly about sth.** sich für etw. begeistern/über etw verbittert sein; e) sich… anfühlen; **~ like sth.** sich wie etw. anfühlen; 3. *n.* **have a funny ~:** sich komisch anfühlen; **get a ~ for sth.** ein Gespür für etw. bekommen
feeling [ˈfiːlɪŋ] *n* a) **sense of ~:** Tastsinn, *m.*; b) Gefühl, *n.*; **she has a strong ~ for him** sie hat ein starkes Gefühl für ihn; **bad ~** Verstimmung, *f.*; Neid, *m.*) *in pl.* Gefühle; **hurt sb.'s ~s** jmdn. verletzen; d) Gefühl, *n.*; e) Ansicht, *f.*
feint [feɪnt] *n* (Sport) Finte, *f.*; **make a ~:** eine Finte ausführen
fell [fel] *v. t.* a) fällen: b) niederstrecken
fellow [ˈfeləʊ] 1. *n* a) *usu. in pl.* Kamerad, *m.*; **a good ~:** ein guter Kumpel; b) *in pl.* Gleichgestellte, *m./f.*; c) Mitglied, *n.*; Bursche, *m.*; Kerl, *m.* **old ~:** alter Junge 2. *adj.* Mit-; **~ worker** Kollege/gin.; **~ man or human being** Mitmensch, *m.*; **~ sufferer** Leidensgenosse, *m.*/-genossin, *f.*; **~ student** Kommilitone, *m.*/Kommilitonin, *f*
fellowship [ˈfeləʊʃɪp] *n* a) *no pl.* Gesellschaft, *f.*; b) *no pl.* Zusammengehörigkeit, *f.*; c) (Universität) Fellowship, *f*
felt [felt] *n* Filz, *m.*; **~ coat** Filzmantel, *m*
female [ˈfiːmeɪl] 1. *adj* weiblich; Frauen- 2. *n.* a) Frau, *f.*; Mädchen, *n.*; Weibchen, *n.*
feminine [ˈfemɪnɪn] *adj* a) weiblich; Frauen-: b) fraulich; feminin; c) (Linguistik) weiblich; feminin (fachsprachlich)
feminist [ˈfemɪnɪst] 1. *n* Feministin; Frauenrechtlerin 2. *adj.* feministisch
femur [ˈfiːmər] *n pl.* ~s or femora Oberschenkelknochen, *m.*; Femur, *m.*
fence [fens] 1. *v. i.* fechten. 2 *v. t.* einzäunen; absichern; 3. *n.* a) Zaun, *m.*; **sit on the ~** sich nicht einmischen; sich neutral verhalten; b) Hindernis, *n.*; c) *(sl.)* Hehler, *m.*/Hehlerin, *f*
fencing [ˈfensɪŋ] *n., no pl.* a) Einzäunen, *n.*; b) Zäune *Pl.*; c) Fechten, *n.*; *attrib.* Fecht-
fend [fend] *v. i.* **~ for oneself** für sich selbst sorgen; sich allein durchschlagen
fender [ˈfendər] *n* a) Kaminschutz, *m.*; b) Kotflügel, *m.*; Schutzblech, *n*
fennel [ˈfenl] *n* (Botanik) Fenchel, *m*
ferment [fəˈment] 1. *v. i.* gären. 2. *v. t.* zur Gärung bringen; heraufbeschwören; 3. *n.* a) Fermentation, *f.*; Gärung, *f.*; b) Unruhe, *f.*; Aufruhr, *m.*; **in ~:** in Unruhe oder Aufruhr
fermentation [fɜːmenˈteɪʃn] *n* Fermentation, *f.* (fachsprachlich); Gärung, *f*
fern [fɜːn] *n* Farnkraut, *n*
ferocious [fəˈrəʊʃəs] *adj* wild; grimmig; heftig
ferocity [fəˈrɒsɪtɪ] *n no pl.* Wildheit, *f.*; Grimmigkeit, *f.*; Heftigkeit, *f.*; Schärfe, *f*
ferry [ˈferɪ] 1. *v. t.* a) übersetzen; b) befördern, bringen; 2. *n.* a) Fähre, *f.*; b) Fährverbindung, *f.*; Fähre, *f.*
fertile [ˈfɜːtaɪl] *adj* a) fruchtbar; b) befruchtet; c) fortpflanzungsfähig
fertility [fɜːˈtɪlɪtɪ] *n no pl.* a) Fruchtbarkeit, *f.*; b) Fortpflanzungsfähigkeit, *f*
fertilization [fɜːtɪlaɪˈzeɪʃn]

n (Biologie) Befruchtung, *f*
fertilize ['fɜːtɪlaɪz] *v. t.* a) (Biologie) befruchten; b) (Landwirtschaft) düngen
fertilizer ['fɜːtɪlaɪzər] *n.* Dünger, *m*
festival ['festɪvl] *n* a) Festival, *n.*; Festspiele *Pl.*; b) Fest, *n*
festive ['festɪv] *adj* festlich; **in the ~ season** während der Weihnachtszeit
festivity [fe'stɪvɪtɪ] *n* festivities a) Feier, *f.*; Feierlichkeiten *Pl.*; b) *no pl.* Feststimmung, *f*
festoon [fe'stuːn] 1. *v. t.* schmücken; 2. *n.* Girlande, *f*
fetch [fetʃ] 1. *v. t.* a) holen; abholen; **~ sb. sth., ~ sth. for sb.** jmdm. etw. holen; b) erzielen; 2. *v. i.* **~ and carry for sb.** bei jmdm. Mädchen für alles sein
fetid ['fetɪd] *adj.* stinkend.; übel riechend
fetish ['fetɪʃ] *n.* Fetisch, *m.*
fetishism ['fetɪʃɪzm] *n.* Fetischismus, *m*
fetishist ['fetɪʃɪst] *n.* Fetischist, *m.*/Fetischistin, *f*
feud [fjuːd] 1. *n* Zwist, *m.*; Zwistigkeiten *Pl.*; *(bildlich)* Fehde, *f.* 2. *v. i.* im Streit liegen
feudal ['fjuːdl] *adj* Feudal-; feudalistisch
fever ['fiːvər] *n* a) *no pl.* (Medizin) Fieber, *n.*; **have a ~** Fieber haben; b) *(Medizin)* Fieberkrankheit, *f.*; c) Erregung, *f.*; Aufregung, *f*
feverish ['fiːvərɪʃ] *adj (Medizin)* fiebrig; Fieber-; b) fiebrig, fieberhaft
few [fjuː] 1. *adj* wenige; **~ people** wenige; **a ~...:** wenige...; **not a ~...:** eine ganze Reihe...; b) wenige; **every ~ minutes** alle paar Minuten; 2. *n.* a) wenige; **a ~:** wenige; **the ~:** die wenigen; **~ of the people** nur wenige; **not a ~:** nicht we-

nige; b) **there were a ~ of us** es gab einige unter uns
fiancée [fɪ'ɑseɪ] *n* Verlobte, *m./f*
fibre ['faɪbər] *n* a) Faser, *f.*; b) Gewebe, *n.*; c) Ballaststoffe *Pl.*; d) Charakterstärke, *f*
fickle ['fɪkl] *adj* unberechenbar; launisch
fiction ['fɪkʃn] *n* a) erzählende Literatur; b) Erfindung
fictional ['fɪkʃənl] *adj* belletristisch; erfunden; **~ literature** erzählende Literatur
fictitious [fɪk'tɪʃəs] *adj* a) fingiert; unwahr: b) falsch c) erfunden
fiddle ['fɪdl] 1. *n* a) Fidel, *f.*; Geige, *f.*; b) Gaunerei, *f.*; 2. *v. i.* a) **~ about** herumtrödeln; an etw. herumbasteln; b) krumme Dinger drehen. 3.*v. t.* frisieren, ergaunern
fiddler ['fɪdlər] *n* a) Geiger/in, *f.*; b) Gauner, *m.*/Gaunerin, *f*
fiddly ['fɪdlɪ] *adj* a) knifflig; b) umständlich
fidelity [fɪ'delɪtɪ]*n* a) Treue, *f.*; b) Wiedergabetreue, *f.*; Klangtreue, *f.*; Bildtreue, *f*
field [fiːld] 1. *v. i.* als Fänger spielen; 2. *v. t.* a) fangen; auffangen und zurückwerfen; b) (Mannschaft) aufstellen, aufs Feld schicken: c) fertig werden mit; parieren 3. *n.* a) Feld, *n.*; Acker, *m.*; Weide, *f.*; Wiese, *f.*; Lagerstätte, *f.*; **gas-~:** Gasfeld, *n.*; c) (Krieg) Schlachtfeld, *n.*; Feld, *n.*; Sportplatz, *m.*; Platz, *m.*; **send sb. off the ~:** jmdn. vom Platz schicken; e) Teilnehmerkreis, *m.*; Feld, *n.*; f) Fach, *n.*; gebiet, *n.*; g) **magnetic/gravitational ~:** Magnet-/Gravitationsfeld, *n*
fiend [fiːnd]*n* a) Scheusal, *n.*; Unmensch, *m.*; b) böser Geist; c) Plagegeist, *m.*
fiendish ['fiːndɪʃ] *adj* a) teuflisch; b) höllisch
fierce ['fɪəs] *adj* a) wild; erbittert; wuchtig; heftig; b) wütend; grimmig; scharf; wild c) heftig, heiß; leidenschaftlich: d) unerträglich
fiery ['faɪərɪ] *adj* a) glühend; feurig; b) scharf; c)hitzig; feurig
fiesta [fiː'estə] *n.* Fest, *n*
fifteen [fɪf'tiːn] 1. *adj* fünfzehn; 2. *n.* Fünfzehn, *f*
fifteenth [fɪf'tiːnθ] 1. *adj* fünfzehnt...; 2. *n.* (Bruch) Fünfzehntel, *n*
fifth [fɪfθ] 1. *adj* fünft...; 2. *n.* Fünfte, *m./f./n.* (Bruch) Fünftel, *n*
fifty ['fɪftɪ] 1. *adj* fünfzig; 2. *n.* Fünfzig, *f*
fig [fɪg] *n.* Feige, *f.*; **not care or give a ~ about sth.** sich keinen Deut für etw. interessieren
fight [faɪt] 1. *v. i.* a) kämpfen; sich schlagen; b) streiten, zanken . 2. *v. t.* a) (Kampf) **~ sb./sth.** gegen jmdn./etw. kämpfen; **~ sb.** sich mit jmdm. schlagen; gegen jmdn. boxen; b) bekämpfen; c) **~ a battle** einen Kampf austragen; d) führen; kandidieren bei; e) **~ one's way** sich den Weg freikämpfen; sich seinen Weg bahnen; 3. *n.* a) Kampf, *m.* Schlägerei, *f.*; **make a ~ of it, put up a ~:** sich wehren; sich zur Wehr setzen; b) Streit, *m.*; c) Kampffähigkeit, *f.*; Kampfgeist, *m.*
fighter ['faɪtər] *n* a) Kämpfer, *m.*/Kämpferin, *f.*; Krieger, *m.*
fighting ['faɪtɪŋ] 1.*adj* Kampf-; 2. *n.* Kämpfe
figurative ['fɪgjʊrətɪv, 'fɪgərətɪv] *adj* überragen; figurativ
figure ['fɪgər] 1. *v. t.* a) sich vorstellen; b) schätzen. 2. *v. i.* a) vorkommen; erscheinen auftreten; b) **that ~s**

filament

das kann gut sein; 2. *n.* a) Form, *f.*; b) Figur, *f.*; c) Figur, *f.*; **lose one's ~**: dick werden; d) Gestalt, *f.*; Figur, *f.*; Persönlichkeit, *f.*; **a ~ in history** eine Persönlichkeit der Geschichte; e) Redewendung, *f.*; f) Abbildung, *f.*; g) (Sport) Figur, *f.*; h) Ziffer, *f.*; Zahl, *f.*; Betrag, *m.*; **double ~s** zweistellige Zahlen; i) *in pl.* Zahlen *Pl.*
filament ['fɪləmənt] *n.* a) Faden, *m.*; b) Glühfaden, *m*
file [faɪl] 1. *v. t.* feilen, mit der Feile bearbeiten; **to ~ fingernails** Fingernägel feilen; 1. *n.* Feile *f*
file 1. *n* a) Ordner, *m.*; Kassette, *f.*; Schachtel, Datei, *f.*; *f.*; **on ~**: in der Akte/Kartei; b) Ablage, *f.*; Kartei, *f.*; 2. *v. t.* in die Kartei/Akte einordnen aufnehmen; ablegen; b)einreichen: c) einsenden
filing ['faɪlɪŋ] *n* ~s Späne
fill [fɪl] 1. *v. t.* a) **~ sth.** etw. füllen; **~ ed with joy** voller Freude; b) füllen; besetzen: ausfüllen; **~ the bill** angemessen sein; c) erfüllen; d) füllen; **to ~ the gap** die Lücke füllen; e) füllen; belegen; bestreichen; f) (Amt) innehaben: versehen: ausfüllen; besetzen;. 2. *v. i.* sich füllen; sich erfüllen.
fillet ['fɪlɪt] 1. *v. t.* filetieren; entgräten; 2. *n.* (Speise) Filet, *n*.
filling ['fɪlɪŋ] 1. *adj* sättigend; 2. *n.* a) Füllung, *f.*; Plombe, *f.*; b) Füllung, *f.*; Belag, *m*.
filly ['fɪli]*n* junge Stute; Stutfohlen, *n*
film [fɪlm] 1. *v. t.* filmen; drehen; verfilmen; 2. *n.* a) Schicht, *f.*; Film, *m.*; b) Film, *m.*; c) *in pl.* (Industrie) Kino, *n.*; Film, *m.*; **go into ~s** zum Kino oder Film gehen; d) *no pl.*; **~ crew** *n.* Kamerateam, *n.*; **~ director** *n.* Filmregisseur/in.; **~ script** *n.* Drehbuch, *n.*; **~ set**, *n.* Dekoration, *f.*; **~ show** *n.* Filmvorführung, *f.*; **~-strip** *n.* Filmstreifen, *m*
Filofax ['faɪləʊfæks] *n.* Terminplaner, *m*
filter ['fɪltər] 1. *v. t.* filtern; 2. *v. i.* a) sickern; b) **~ through/into sth.** durch etw. hindurch-/in etw. hineinsickern; c) sich einfädeln; 3. *n.* a) Filter, *m.*; b) (Brit.) Abbiegespur, *f.*
filth [fɪlθ] *n.*, *no pl.* a) Dreck, *m.*; b) Schmutz; c) Schund, *m*
filthy ['fɪlθi] 1. *adj* a) dreckig; schmutzig; widerlich; b) gemein; **a ~ trick** ein gemeiner Trick; c) schweinisch (*ugs.*); obszön, unflätig; 2. *adv.* **~ dirty** völlig verdreckt
fin [fɪn] *n.* (Tierwelt) Flosse, *f.*; Schwimmflosse, *f*
final ['faɪnl] 1*adj* a) letzt...; End-: Schluss-; **~ examination** Abschlussprüfung, *f.*; **final fame** Endspiel, *n*. b) endgültig; **that is my ~ decision** das ist mein letztes Wort; **That's ~!** Damit basta! (*ugs.*). 2. *n.* a) (Sport) Finale, *n.*; Endrunde, *f.*; b) in *pl.* Abschlussprüfung, *f.*; Examen, *n*
finale [fɪ'nɑːlɪ] *n.* Finale, *n*.
finalist ['faɪnəlɪst] *n* Teilnehmer/Teilnehmerin in der Endausscheidung; (Sport) Finalist, *m.*/Finalistin, *f*
finality [faɪ'nælɪtɪ] *n no pl.* Endgültigkeit, *f.*; Entschiedenheit, *f*
finalize ['faɪnəlaɪz]*v. t.* beschließen; zum Abschluss bringen
finally ['faɪnəlɪ] *adv.* a) schließlich; endlich; **she ~ stopped it** sie hörte endlich damit auf; b) zum Schluss; ein für allemal
finance [faɪ'næns, fɪ'næns, 'faɪnæns] 1. *v. t.* finanzieren; finanziell unterstützen; 2. *n* a) in *pl.* Finanzen *Pl.*; b) Geldwesen, *n.*; Gelder *Pl.*; Geldmittel *Pl*
financial [faɪ'nænʃl] *adj* finanziell; Finanz-: Geld-; Wirtschafts-
financially [faɪ'nænʃəlɪ] *adv* finanziell
find [faɪnd] 1. *v. t.* a) finden; entdecken; b) finden; **haue found one's feet** laufen können; auf eigenen Füßen stehen; c) sehen; finden; **~ no difficulty in doing sth.** etw. nicht schwierig finden; **~ sb./sth. to be...**: feststellen, dass jmd./etw.... ist/war; d) für... halten; **~ sth. necessary** etw. für nötig befinden; **~ sth./sb. to be...**: herausfinden, dass etw./jmd.... ist/war; e) finden; **want to ~ sth.** etw. suchen; wiederfinden; f) (Mittel) finden; auftreiben; aufbringen; **I don't ~ the energy to do it** ich schaffe es nicht; g) finden; **~ one's way home** nach Hause zurückfinden; 2. *n.* a) Fund, *m.*; **make a ~** fündig; b) Entdeckung, *f.*; **she is a ~** ist eine Entdeckung
finder ['faɪndər] *n.* Finder/in, *f.*; Entdecker/in, *f*
fine [faɪn] 1. *v. t.* mit einer Geldstrafe belegen; **be ~s for speeding** ein Bußgeld wegen überhöhter Geschwindigkeit zahlen müssen; 2. *n.* Geldstrafe, *f.*; Bußgeld, *n*
fine 1. *adv* a) fein; **cut it ~** in kleine Stücke schneiden; b) gut; 2. *adj.* a) (Qualität) gut; hochwertig; fein; edel; b) zart: fein; c) edel; fein; **sb.'s ~r feelings** das Gute in jmdm.; d) fein; e) hauchdünn; fein; f)fein; **~ rain** Nieselregen, *m.*; g) scharf; spitz (Nadel); h) **~ print** small print; (Sinnesorgane) fein; scharf; genau; empfindlich; j) (Nuancen)

fein; klein: **the ~r points of music** die Feinheiten der Musik; k) schön; ausgezeichnet; l) schön; gut; **that's ~ with me** das ist mir recht; m) (Rede) schön; gelungen; n) (Äußeres) schön; stattlich; o) (Zustand) gut; **feel ~:** sich wohl fühlen; p) schön; **~ and sunny** heiter und sonnig; q) prächtig; geziert; schön klingend
finely [ˈfaɪnlɪ] *adv.* a) fein; genau; b) **a ~-drawn line** eine fein gezogene Linie; c) fein
finesse [fɪˈnes] *n.* Finesse, f.; Feinheit, f.; Gewandtheit, f
finger [ˈfɪŋgər] 1. *v. t.* berühren; greifen; befingern; herumfingern an; 2. *n.* Finger, *m.*; **point at or one's ~ at sb./sth.** mit dem Finger/ mit Fingern auf jmdn./etw. zeigen; **sth. slips through sb.'s ~s** etw. geht jmdm. durch die Finger
finish [ˈfɪnɪʃ] 1. *v. t.* a) beenden; erledigen; abschließen; b) aufessen; austrinken; c) umbringen; schaffen; bezwingen; zugrunde richten; d) vervollkommnen; den letzten Schliff geben; e) glätten; appretieren; eine schöne Oberfläche geben 2. *v. i.* a) aufhören; enden; b) das Ziel erreichen; **~ first** als erster durchs Ziel gehen; c) werden; c) **~ by doing sth.** zum Schluss etw. tun. 3. *n.* a) Ende, *n.*; b) Ziel, *n.*; **arrive at the ~:** das Ziel erreichen; c) letzter Schliff
fir [fɜːr] *n.* a) Tanne, f.; b) Tanne, f.; Tannenholz, *n*
fire [ˈfaɪər] 1. *n* a) Feuer, *n.*; **be on ~:** brennen; in Flammen stehen; **set sth. on ~:** etw. anzünden; etw. in Brand stecken; Feuer an etw. legen; b) offenes Feuer; Heizofen, *m.*; Lagerfeu-

er, *n.*; **open ~:** Kaminfeuer, *n.*; **play with ~** mit dem Feuer spielen; **light the ~:** den Ofen anstecken; Feuer anmachen; c) Brand, *m.*; **in case of ~:** bei Feuer; d) Feuer, *n.*; Leidenschaft, *f.*; **the ~ in his eyes** das Feuer in seinen Augen; e) Schießen, *n.*; Schießerei, *f.* 2. *v. t.* a) begeistern, in Begeisterung versetzen; b) befeuern; heizen; c) abschießen; abfeuern; **one's gun at sb.** auf jmdn. schießen; d) Schuss abgeben, abfeuern; e) feuern; f) (Ton) brennen. 3. *v. i.* a) schießen; feuern; **~! Feuer!**; **~ at/on sth./sb.** auf etw./jmdn. schießen; b) zünden
firm [fɜːm]*n* Firma, f.
firm 1. *adj* a) fest; stabil; straff; verbindlich: **be on ~ ground** festen Boden unter den Füßen haben; **it was a ~ agreement** es war eine verbindliche Übereinkunft; b) entschlossen; bestimmt, entschieden; **be a ~ believer in sth.** fest an etw. glauben; c) bestimmt; **be ~ with sb.** jmdm. gegenüber bestimmt auftreten. 2. *adv.* **stand ~!** sei standhaft!; **hold ~ to sth.** an einer Sache festhalten. 3. *v. t.* fest werden lassen; festigen, straffen
firmly [ˈfɜːmlɪ] *adv* a) fest; b) beharrlich; bestimmt, energisch
firmness [ˈfɜːmnɪs] *n no pl.* a) Festigkeit, f.; Stabilität, f.; b) Entschlossenheit, f.; Bestimmtheit, f.; c) Bestimmtheit, f
first [fɜːst] 1. *adj* erst...; Erst-: Erstlingsfilm, -werk; **for the ~ time** zum ersten Mal; (Sport) **come in ~** gewinnen; **~ things ~** eins nach dem anderen; 2. *adv* a) zuerst; als erster/erste;

an erster Stelle; zuerst; als erstes; **ladies ~!** Ladies first! die Damen zuerst!; b) vorher;… **but ~ we must…:** aber erst müssen wir…; c) zum ersten Mal; das erste Mal; erstmals; d) eher; lieber; e) **~ of all** zuerst; vor allem; 3. *n.* a) der/die/das erste ..; b) **at ~:** zuerst; anfangs; **from the ~:** von Anfang an; **from ~ to last** von Anfang bis Ende; c) **the ~ of March** der erste März; **the ~ der Erste**
fiscal [ˈfɪskl] *adj.* fiskalisch; finanzpolitisch
fish [fɪʃ] 1. *v. i.* a) fischen; angeln; b) nach Informationen suchen; 2. *v. t.* fischen; angeln; 3. *n.*, *pl. same* a) Fisch, *m.*; b) **queer ~:** komischer Kauz; **big ~:** großes Tier
fisherman [ˈfɪʃəmən] *n.*, *pl.* fishermen Fischer, *m.*; Angler, *m*
fishery [ˈfɪʃərɪ] *n.* Fischfanggebiet, *n.*; Fischereigewässer, *n*
fishy [ˈfɪʃɪ] *adj.* a) fischartig; **~ taste/smell** Fischgeschmack/-geruch, *m.*; b) verdächtig
fission [ˈfɪʃn] *n.* (Physik) spaltung, *f.*; Fission, *f.* (fachsprachlich)
fissure [ˈfɪʃər] *n.* Riss, *m*
fist [fɪst] *n.* Faust, f
fistful [ˈfɪstfʊl] *n.* Hand voll, f
fit [fɪt] *n* a) Anfall, *m.*; **~ of coughing** Hustenanfall, *m.*; **epileptic ~:** epileptischer Anfall; b) plötzliche Anwandlung; **have or throw a ~:** einen Anfall bekommen
fit 1.*adj* a) geeignet; **~ to eat** essbar/zum Verzehr geeignet; b) würdig; wert; c) richtig; d) **be ~ to drop** zum Umfallen müde sein; e) gesund; fit; in Form; **~ for duty** dienstfähig; 2. *n.* Passform, *f.*; **it is a good ~:** es sitzt

fitful

gut; 3 *v. t.* a) passen; passen in; passen auf; b) anpassen; c) entsprechen; abstimmen; anpassen; d) anbringen, einbauen einsetzen; ausstatten. 4. *v. i.* passen; zusammenpassen; übereinstimmen; ~ **well** (Kleidung) gut sitzen

~ '**in** 1. *v. t.* a) unterbringen; b) einen Termin geben; einschieben; 2. *v. i.* a) hineinpassen; b) ~ in with sth. mit etw. übereinstimmen; c) sich anpassen; ~ in easily sich leicht einfügen

~ '**out** *v. t.* ausstatten; ausrüsten

fitful ['fɪtfl] *adj.* unbeständig; unruhig; launisch

fitment ['fɪtmənt] *n.* Einrichtungsgegenstand, *m.*; (Mechanik) Zubehörteil, *m.*

fitness ['fɪtnɪs] *n.*, *no pl.* a) Fitness, *f.*; b) Eignung, *f.*; Angemessenheit, *f*

fitter ['fɪtər] *n.* Installateur, *m.*; Maschinenschlosser, *m.*; Monteur, *m.*

fitting ['fɪtɪŋ] 1. *adj.* passend; angemessen; geeignet; 2. *n. usu. in pl.* Anschluss, *m*

five [faɪv] 1. *adj.* a) fünf; b) ~ **o'clock shadow** Stoppelbart 2. *n.* Fünf, *f*

fiver ['faɪvər] *n.* Fünfer, *m.*; (Brit.) Fünfpfundschein, *m.*; (Amer.) Fünfdollarschein, *m*

fix [fɪks] 1. *v. t.* a) befestigen; festmachen; ~ **sth. to/on sth.** etw. an/auf etw. befestigen; ~ sth. in one's mind sich etw. fest einprägen; b) richten c) festsetzen, festlegen, ausmachen; **it was ~ed that...**: es wurde beschlossen oder vereinbart, dass...; d) in Ordnung bringen; reparieren; **please ~ it** bitte reparier das; e) arrangieren; ~ a date einen Termin ansetzen; f) manipulieren; g) (Essen) machen; **can I ~ you a drink?** kann ich dir einen Drink anbieten? h) (sl) in Ordnung bringen; regeln; ~ **sb.** es jmdm. heimzahlen; jmdn. kaltmachen (salopp). 2. *n.* a) Klemme, *f.*; **be in a ~:** in der Klemme sein; b) Fixer, *m.*

~ **on** *v. t.* a) anbringen; b) sich entscheiden für

~ '**up** *v. t.* a) arrangieren; festsetzen, ausmachen: **she had nothing ~ed up for Thursday** sie hatte noch nichts vor für Donnerstag; b) versorgen; unterbringen

fixation [fɪk'seɪʃn] *n* Fixierung, *f*

fixed [fɪkst] *adj* a) *pred.* **how are you/is he etc. ~ for money?** wie sieht's bei dir/ihm usw. mit dem Geld aus?; b) (Haltung) fest; starr: ~ **assets** Anlagevermögen, *n*

fixture ['fɪkstʃər] *n* a) eingebautes Teil; festes Zubehörteil; **~s and fittings** Ausstattung und Installationen; b) (Sport) Veranstaltung, *f*

fizz [fɪz] 1. *v. i.* sprudeln. 2. *n.* Sprudeln, *n*

~ '**out** *v. i.* zischend verlöschen; im Sande verlaufen

fizzy ['fɪzɪ] *adj* sprudelnd; ~ **lemonade** Brause *f.*; ~ **drinks** kohlensäurehaltige Getränk

flab [flæb] *n* Fett, *n.*; Speck, *m. (ugs.)*

flabby ['flæbɪ] *adj.* schlaff: wabbelig *(ugs.)*, schwammig

flag [flæg] *n* Flagge, *f.*; Fahne, *f.*; Fähnchen, *n.*; **keep the ~ flying** die Fahne hochhalten

~ '**down** *v. t.* anhalten; ~ down the bus den Bus anhalten

flag *v. i.* abbauen; nachlassen; **business is ~ging** die Geschäfte lassen nach

flagon ['flægən] *n* Kanne, *f*

flagrant ['fleɪgrənt] *adj* flagrant; ungeheuerlich; himmelschreiend; eklatant

flail [fleɪl] *v. i.* um sich schlagen; **with arms ~ing** mit den Armen fuchteln

flair [fleər] *n* Gespür, *n.*; Talent, *n.*; Begabung

flak [flæk] *n* Flakfeuer, *n*; **get a lot of ~ for sth.** wegen etw. unter Beschuss geraten

flake [fleɪk] 1. *n.* Flocke, *f.*; Schuppe, *f.*; Splitter, *m.* 2. *v. i.* abbröckeln; abblättern; sich schuppen

flamboyance [flæm'bɔɪəns] *n* Extravaganz, *f.*; Pracht, *f*

flamboyant [flæm'bɔɪənt] *adj.* extravagant; prächtig

flame [fleɪm] *n.* a) Flamme, *f.*; **be in ~s** in Flammen stehen; **burst into ~:** in Brand geraten; b) (Person) Flamme, *f. (ugs.)*; **old ~:** alte Flamme

flamenco [flə'menkəʊ] *n.*, *pl.* ~s Flamenco, *m*

flaming ['fleɪmɪŋ] *adj.* a) feuerrot; flammend b) glühend heiß; heftig, leidenschaftlich; **we had a ~ dispute** wir hatten eine heftige Auseinandersetzung; c) verdammt

flamingo [flə'mɪŋgəʊ] *n.*, *pl.* ~s or ~es Flamingo, *m*

Flanders ['flɑːndəz] *pr. n.* Flandern

flank [flæŋk] *n* Seite, *f.*; Flanke, *f*

flannel ['flænl] *n* a) Flanell, *m.*; b) (Brit.) Waschlappen, *m.*; c) (Brit. sl.) Geschwafel, *n.*

flap [flæp] 1 *v. t.-* schlagen; ~ **its wings** mit den Flügeln schlagen; 2. *v. i.* a) schlagen; flattern; b) die Nerven verlieren. 3. *n.* a) Klappe, *f.*; Lasche, *f.*; **be in a ~:** furchtbar aufgeregt sein

flare [fleər] 1. *v. i.* a)

flackern; ausbrechen; b) sich erweitern. 2. n. a) Leuchtsignal; Leuchtkugel, f.; b) Lichtschein, m.; c) **clothes with ~s** ausgestellte Kleidung

~ 'up v. i. a) aufflackern; auflodern; b) ausbrechen; c) aufbrausen; aus der Haut fahren (ugs.)

flash [flæʃ] 1. v. t. a) aufleuchten lassen; **~ the headlights** aufblenden; b) **her eyes ~ed fire** ihre Augen sprühten Feuer; c) kurz zeigen; d) (Medien) durchgeben; 2. v. i. a) aufleuchten; **the lightning ~ed** es blitzte; b) **her eyes ~ed in rage** ihre Augen blitzten vor Zorn; c) **~ by or past** vorbeiflitzen; wie im Fluge vergehen; d) **the idea ~ed through her mind** die Idee schoss ihr durch den Kopf; e) (Brit. sl.) sich entblößen; 3. n. a) Aufleuchten, n.; Aufblinken, n.; Lichtsignal, n.; **~ of lightning** Blitz, m.; **~ in the pan** Zufallstreffer, m.; b) (Fotografie) Blitzlicht, n.; c) (bildlich) **~ of inspiration** Geistesblitz, m.; **~ of insight** Eingebung, f.; d) **be over in a ~**: gleich oder im Nu vorbei sein

flash: ~back n. (Kino) Rückblende, f.; **~-gun** n. Blitzlichtgerät, n.; **~light** n. a) Blinklicht, n.; b) Blitzlicht, n.; c) (Amer.) Taschenlampe, f.; **~point** n. Flammpunkt, m.; Siedepunkt, m

flask [flɑːsk] n. Flasche, f.; (Chemie) Kolben, m.

flat [flæt] n. Wohnung, f

flat 1. adj a) flach; eben; platt; b) eintönig; lahm; fade; schal, abgestanden; leer (Batterie); **fall ~:** nicht ankommen (ugs.); seine Wirkung verfehlen; c) glatt; **that's ~** damit basta; d) (Musik) erniedrigt; (Note) a **~ as** 2. adv. a) **~ broke** total pleite; 3. n. a) flache Seite; **~ of the hand** Handfläche, f.; b) Ebene, f.; c) (Musik) um einen Halbton erniedrigter Ton

flat: ~-chested adj flachbrüstig; flachbusig; **~ feet** n. pl. Plattfüße; **~-fish** n. Plattfisch, m.; **~-footed** [flæt'fʊtɪd]adj plattfüßig

flatly ['flætlɪ] adv rundweg; glatt (ugs.)

flatness ['flætnɪs]n no pl. Flachheit, f.; Plattheit, f

flatten ['flætn] 1 v. t. flach oder platt drücken; dem Erdboden gleichmachen 2. v. refl. **~ oneself against sth.** sich flach oder platt gegen etw. drücken

flatter ['flætər] 1v. t. schmeicheln.; 2. v. refl. **~ oneself** sich einbilden

flatterer ['flætərər]n Schmeichler, m./Schmeichlerin, f

flattering ['flætərɪŋ] adj schmeichelhaft; schmeichlerisch; vorteilhaft

flattery ['flætərɪ] n Schmeichelei, f

flat tyre n. Reifenpanne, f.; platter Reifen

flatulence ['flætjʊləns] n. Blähungen, f. (Medizin)

flaunt [flɔːnt] v. t. zur Schau stellen

flautist ['flɔːtɪst] n. Flötist, m./Flötistin, f

flavour ['fleɪvər] (Brit.) 1. v. t. a) abschmecken; würzen; b) Würze verleihen; 2. n. a) Aroma, n.; Geschmack, m.; b) Touch, m.; Anflug, m.

flavouring ['fleɪvərɪŋ] n (Brit.) Aroma, n

flaw [flɔː]n Makel, m.; Fehler, m.; Mangel, m

flawless ['flɔːlɪs] adj a) makellos; einwandfrei, fehlerlos; b) vollendet; c) lupenrein

flax [flæks] n a) (Botanik) Flachs, m.; b) (Stoff) Flachs, m.; Flachsfaser, f

flay [fleɪ]v. t. a) häuten; b) heruntermachen

flea [fliː]n Floh, m

fleck [flek] 1. v. t. sprenkeln; 2. n. a) Tupfen, m.; Punkt, m.; Fleck, m.; b) Flocke, f

flee [fliː] 1v. i. fliehen; 2.v. t. **fled** fliehen aus; **~ the country** aus dem Land fliehen

fleece [fliːs] 1.n Vlies, n.; Fell, n

fleecy ['fliːsɪ]adj flauschig; **~ cloud** Schäfchenwolke, f

fleet [fliːt] n a) (Seefahrt) Flotte, f.; b) Flotte, f.; Geschwader, n.; c) (Reederei) Flotte, f

fleeting ['fliːtɪŋ] adj flüchtig; vergänglich

Flemish ['flemɪʃ] 1. adj flämisch. 2. n. Flämisch, n

flesh [fleʃ]n no pl., no indef. art. a) (Essen) Fleisch, n.; b) (bildlich) Fleisch, n

flex [fleks]n- (Brit. Elektrotechnik) Kabel, n

flex v. t. a) (Körper) beugen; b) **~ one's muscles** seine Muskeln spielen lassen

flexibility [fleksɪ'bɪlɪtɪ]n no pl. Biegsamkeit, f.; Elastizität, f.; b) Flexibilität

flexible ['fleksɪbl] adj a) biegsam; elastisch; b) (bildlich) flexibel; dehnbar; schwach

flexitime ['fleksɪtaɪm] (Brit.), **flextime** (Amer.) Gleitzeit, f

flick [flɪk] 1v. t. schnippen; anknipsen; verspritzen; 2. n. **~ one's fingers** mit den Fingern schnippen; **~ of the switch** Klicken des Schalters

~ through v. t. durchblättern; **he ~s through the book** er blättert das Buch durch

flicker ['flɪkər] 1v. i. flackern; flimmern; 2. n. Flackern, n.; Flimmern, n.

flight [flaɪt] n a) Flug, m.; **in ~:** im Flug; b) Flug, m.; Zug,

flight

m.; c) Treppe, *f.*; d) (Vögel) Schwarm, *m.*; e) Staffel, *f.*; **in the first or top ~** *(bildlich)* in der Spitzengruppe
flight *n.* Flucht, *f.*; **take ~:** die Flucht ergreifen
flight: ~ attendant *n.* Flugbegleiter/in, *f.*; **~deck** *n.* a) Flugdeck, *n.*; b) Cockpit, *n.*;
flimsy ['flɪmzɪ] *adj* a) (Stoff) dünn; fadenscheinig; nicht haltbar b) fadenscheinig
flinch [flɪntʃ] *v. i.* a) zurückschrecken; b) zusammenzucken
fling [flɪŋ] 1 *v. t.* a) werfen; **~ sth. away** etw. fortwerfen; b) **~ sb. into prison** jmdn. ins Gefängnis werfen; 2. *v. refl.*, a) **~ oneself in front of/upon or on to sth.** sich vor/auf etw. werfen; b) **~ oneself into sth.** sich in etw. stürzen; 3. *n.* a) **have a ~ at sth., give sth. a ~:** es mit etw. versuchen; b) **have one's ~:** sich ausleben
flint [flɪnt] *n* Feuerstein, *m.*; Flint, *m.* (veralt.)
flip [flɪp] 1. *n* Schnipsen, *n.*; 2. *v. t.* a) schnipsen; umdrehen. 3. *v. i.* *(sl.)* ausflippen *(ugs.)*
flippant ['flɪpənt] *adj.* unernst; leichtfertig
flipper ['flɪpər] *n.* Flosse, *f.*
flirt [flɜːt] 1. *v. i.* a) flirten; b) **~ with sth.** mit etw. liebäugeln; 2. *n.* **he/she is just a ~:** er/sie will nur flirten
flirtation [flɜːˈteɪʃn] *n.* Flirt, *m*
flirtatious [flɜːˈteɪʃəs] *adj.* kokett
flit [flɪt] *v. i.* huschen
float [fləʊt] 1. *v. i.* a) treiben; **~ away** wegtreiben; b) schweben; c) **~ about** *or* **round** umgehen; im Umlauf sein; d) herumziehen; 2. *v. t.* a) flößen; flott machen; b) in Umlauf bringen; c) (Finanzen) floaten lassen; freigeben; d) ausge-

ben, auf den Markt bringen; gründen; lancieren; 3. *n.* a) Festwagen, *m.*; (Brit.) Wagen, *m.*; b) Bargeld, *n.*; c) Floß, *n.* (fachsprachlich); Schwimmer, *m*
floating ['fləʊtɪŋ] *adj.* treibend; schwimmend
flock [flɒk] 1 *v. i.* strömen; **~ round sb.** sich um jmdn. scharen; **~ in/out/together** hinein-/heraus-/zusammenströmen; 2. *n.* a) Herde, *f.*; (Vögel) Schwarm, *m.*; b) (Menschen) Schar, *f*
floe [fləʊ] *n.* Eisscholle, *f*
flog [flɒg] *v. t.* a) auspeitschen; b) (Brit. sl.) verscheuern
flood [flʌd] 1. *n.* a) Überschwemmung, *f.*; **the F~** (Bibel) die Sintflut; b) Flut, *f.* 2. *v. i.* a) über die Ufer treten; **the river ~s** der Fluss tritt über die Ufer; b) strömen. 3. *v. t.* a) überschwemmen; unter Wasser setzen; b) überschwemmen; **~ed with light** lichtdurchflutet
flood: ~light: 1. *v. t.* **~lit** anstrahlen; beleuchten; 2. *n.* Scheinwerfer, *m.*; Flutlicht, *n.*;
floor [flɔːr] 1. *n.* a) überfordern; besiegen; b) zu Boden schlagen; 2. *n.* a) Boden, *m.*; b) Stockwerk, *n.*; **first ~** (Amer.) Erdgeschoss, *n.*; **first ~** (Brit.); **ground ~:** Erdgeschoss, *n.*; Parterre, *n.*; c) (Politik) Sitzungssaal, *m.*; Plenarsaal, *m.*
flooring ['flɔːrɪŋ] *n* Fußboden, *m*
floozie ['fluːzɪ] *n.* Flittchen, *n.* (ugs. derogativ)
flop [flɒp] 1 *v. i.* a) plumpsen; b) fehlschlagen; ein Reinfall sein; durchfallen. 2. *n.* Reinfall
floppy ['flɒpɪ] *adj.* weich und biegsam
floral ['flɔːrl, 'flɒrl] *adj.* ge-

blümt
florid ['flɒrɪd] *adj.* a) blumig; schwülstig *(derogativ)*; b) (Gesicht) gerötet
florist ['flɒrɪst] *n.* Florist, *m.*/Floristin, *f.*; **~'s** Blumenladen, *m*
flotilla [fləˈtɪlə] *n.* Flottille, *f*
flounce [flaʊns] *v. i.* stolzieren
flounder ['flaʊndər] *v. i.* taumeln; stolpern
flounder *n.* (Tierwelt) Flunder, *f*
flour ['flaʊər] *n.* Mehl, *n*
flourish ['flʌrɪʃ] 1 *v. i.* a) (Laden) gedeihen; florieren; gutgehen; b) seine Blütezeit erleben; 2. *v. t.* schwingen. 3. *n.* a) **do sth. with a ~:** etw. schwungvoll oder mit einer schwungvollen Bewegung tun; b) Schnörkel, *m.*; c) (Musik) Fanfare, *f*
flout [flaʊt] *v. t.* missachten; sich hinwegsetzen über
flow [fləʊ] 1. *v. i.* a) fließen; rinnen, rieseln; strömen; b) fließen; strömen; c) **~ freely or like water** reichlich oder in Strömen fließen; 2. *n.* a) Fließen, *n.*; Fluss *m.*; Flut, *f*

~ a'way *v. i.* abfließen
flower ['flaʊər] *n.* 1. a) Blüte, *f.*; Blume, *f.*; **come into ~:** zu blühen beginnen; *no pl. (bildlich)* Zierde, *f.*; **in the ~ of youth** in der Blüte der Jugend. 2. *v. i.* blühen; erblühen
flower: ~-garden *n* Blumengarten, *m.*; **~pot** *n.* Blumentopf, *m.*; **~-shop** *n.* Blumenladen, *m.*;
flowery ['flaʊərɪ] *adj* geblümt; blumig; *(bildlich)* (Ausdruck) blumig
flowing ['fləʊɪŋ] *adj* fließend; wallend
flu [fluː] *n* Grippe, *f.*; **get or catch a~:** Grippe bekommen
fluctuate ['flʌktjʊeɪt] *v. i.* schwanken

fluctuation [flʌktjuˈeɪʃn] *n* Schwankung, *f*.; Fluktuation, *f*

flue [fluː] *n* a) Rauchabzug, *m*.; b) Luftkanal, *m*

fluency [ˈfluːənsɪ] *n* Gewandtheit, *f*.; Redegewandtheit, *f*

fluent [ˈfluːənt] *adj* gewandt: **speak ~ English** fließend Englisch sprechen

fluff [flʌf] 1. *v. t.* a) aufplustern; b) verpatzen; 2. *n.* Flusen; Fusseln; (Tier) Flaum, *m*

fluid [ˈfluːɪd] 1. *adj* a) flüssig; b) fluid (Technik, Chemie); c) *(bildlich)* ungewiss, unklar; 2. *n.* a) Flüssigkeit, *f*.; b) Fluid, *n.* (Technik, Chemie)

fluke [fluːk] *n* Glücksfall, *m*.; **by pure ~:** durch einen glücklichen Zufall

fluky [ˈfluːkɪ] *adj* glücklich; zufällig; Zufalls-

fluorescent [fluːəˈresənt] *adj* fluoreszierend

fluoride [ˈfluːəraɪd] *n* Fluorid, *n*

flurry [ˈflʌrɪ] 1. *v. t.* durcheinanderbringen; 2. *n.* a) Aufregung, *f.* b) Schauer, *m*

flush [flʌʃ] 1. *v. i.* rot werden, erröten 2. *v. t.* ausspülen; durch-, ausspülen; 3. *n.* a) Erröten, *n*; b) **in the ~ of happiness** im Glücksstaumel

flush *adj* a) bündig; b) *pred.* reichlich vorhanden oder im Umlauf

flush 'out *v. t.* aufscheuchen

fluster [ˈflʌstər] *v. t.* aus der Fassung bringen

flustered [ˈflʌstəd] *adj* **be/become ~:** nervös sein/werden

flute [fluːt] *n* (Musik) Flöte, *f*

flutter [ˈflʌtər] 1. *v. i.* a) flattern; schaukeln; b) (Puls) schneller oder höher schlagen. 2. *v. t.* flattern mit; 3. *n.* a) Flattern, *n.*; b) Unruhe; Aufregung, *f*

flux [flʌks] *n.* **be in a state of ~:** im Fluss sein; sich verändern

fly [flaɪ] *n* (Tierwelt) Fliege, *f*.;

fly 1 *v. i.* a) fliegen; **~ about/away or off** umher-/weg- oder davonfliegen; b) fliegen; c) **she comes ~ing towards him** sie kommt ihm entgegengeflogen; d) wie im Fluge vergehen; **how time flies!**, wie die Zeit vergeht!; e) (Fahne) gehisst sein; f) **~ at sb.** über jmdn. herfallen; **let ~:** zuschlagen; losschimpfen; g) fliehen; eilig aufbrechen; **I really must ~** jetzt muss ich aber schnell los. 2 *v. t.* a) fliegen, fliegen über, überfliegen; überqueren; b) **~ a kite** einen Drachen steigen lassen. 3. *n.* in sing. or pl. Hosenschlitz, *m*

~ 'in 1. *v. i.* mit dem Flugzeug eintreffen; landen. 2. *v. t.* landen; einfliegen

~ off *v. i.* a) abfliegen; b) abgehen; wegfliegen

~ 'out 1. *v. i.* abfliegen (of von). 2. *v. t.* ausfliegen

flyer [ˈflaɪər] *n* a) Flieger, *m./*Fliegerin, *f*.; b) Handzettel

flying [ˈflaɪɪŋ] 1. *adj* Kurz-; **~ visit** Stippvisite, *f. (ugs.)*. 2. *n.* Fliegen, *n.*; Flug-

flying-: ~ fish *n.* fliegender Fisch; **~ 'jump**, **~ 'leap** *ns.* Sprung mit Anlauf; großer Satz *(ugs.)*; **~ machine** *n.* Luftfahrzeug, *n.*; **~ 'saucer** *n.* fliegende Untertasse; **~ 'start** *n.* (Sport) fliegender Start

fly: ~leaf *n.* Vorsatzblatt, *n.*; **~spray** *n.* Insektenspray, *m.* oder *n.*; **~~swatter** *n.* Fliegenklatsche, *f.*; **~weight** *n.* (Boxen) Fliegengewicht, *n.*; Fliegengewichtler, *m.*; **~wheel** *n.* Schwungrad, *n.*

FM Abk. frequency modulation

foal [fəʊl] *n.* Fohlen, *n*

foam [fəʊm] 1. *n.* a) Schaum, *m.*; b) siehe foam rubber. 2. *v. i.* schäumen;

foam: ~ bath *n.* Schaumbad, *n.*; **~ 'rubber** *n.* Schaumgummi, *m*

fob [fɒb] *v. t.* **~ sb. off with sth.** jmdn. mit etw. abspeisen *(ugs.)*

focal [ˈfəʊkl]: **~ 'distance**, **~ 'length** *ns.* Brennweite, *f*

focus [ˈfəʊkəs] 1.*n pl.* ~es or foci a) (Optik) Brennpunkt, *m.*; Brennweite, *f.*; Scharfeinstellung, *f.*; (Film) out of/in ~: unscharf/scharf:; unscharf/scharf eingestellt; **get sth. in ~** *(bildlich)* etw. klarer erkennen; b) Mittelpunkt, *m.*; **be the ~ of the study** im Brennpunkt der Studie stehen. 2.*v. t.* a) (Optik) einstellen; **~ one's eyes on sth./sb.** die Augen auf etw./jmdn. richten; b) (Licht) bündeln; konzentrieren; 3.*v. i.* a) **the camera ~es automatically** die Kamera hat automatische Scharfeinstellung; b) (Licht) sich bündeln; sich konzentrieren

fodder [ˈfɒdər] *n.* futter, *n*

foe [fəʊ] *n.* (Amer.) Feind, *m*

foetal [ˈfiːtl] *adj* fötal; fetal

foetus [ˈfiːtəs] *n.* Fötus, *m.*; Fetus, *m*

fog [fɒɡ] *n.* Nebel, *m*

foggy [ˈfɒɡɪ] *adj* a) neblig; b) nebelhaft

fog: ~~horn *n.* (Seefahrt) Nebelhorn, *n.*; **~~lamp**, **~~light** *ns.* (Mechanik) Nebelscheinwerfer, *m*

foible [ˈfɔɪbl] *n.* Eigenheit, *f*

foil [fɔɪl] *n.* a) Folie, *f.*; b) Folie, *f.* c) Kontrast, *m*

foil *v. t.* (Plan) vereiteln; durchkreuzen

foil *n.* Florett, *n*

foist [fɔɪst]*v. t.* **~ on sb.** jmdm. andrehen; jmdm. zu-

fold

schieben; auf jmdn. abwälzen

fold [fəuld] 1. v. t. a) falten; zusammenfalten; zusammenlegen; b) umarmen; c) ~ **one's arms** die Arme verschränken; d) ~ **sth./sb. in sth.** etw./jmdn. in etw. einhüllen. 2. v. i. a) sich zusammenlegen; sich zusammenfalten; b) zusammenklappen; Konkurs oder Bankrott machen; c) sich falten lassen; **it ~s easily** es ist leicht zu falte*n*. 3. *n*. a) Falte, *f*.; b) Faltung, *f*.; c) Kniff

~ **a'way** 1 v. t. zusammenklappen. 2. v. i. zusammenklappbar sein; sich zusammenklappen lassen

~ **'back** 1. v. t. aufschlagen; zurückklappen: umknicken. 2. v. i. sich zurückschlagen lassen

~ **'down** 1. v. t. zusammenklappen; (~ back) zurückschlagen. 2. v. i. sich zusammenklappen lassen; (~ back) sich zurückschlagen lassen

~ **'out** v. i. sich auseinanderfalten lassen; sich hochklappen lassen

~ **'up** 1. v. t. a) zusammenfalten; zusammenlegen; b) zusammenklappen; 2. v. i. a) sich zusammenfalten lassen; b) sich zusammenklappen lassen

folder ['fəuldər] *n*. Mappe, *f*

foliage ['fəulɪɪdʒ] *n*., *no pl*. Blätter *Pl*.; Laub, *n*

folk [fəuk] *n*., *pl*. same or ~s a) Volk, *n*.; b) in *pl*. ~[s] Leute *Pl*.; **the rich ~** die Reichen; **old ~s** alte Leute; c) in *pl*. ~s Leute *Pl*.; d) in *pl*. ~s Verwandte *Pl*.; Leute *Pl*.; e) Volks-

folk: ~-**dance** *n*. Volkstanz, *m*.; ~**lore** *n*. a) Überlieferung; Folklore, *f*.; b) Volkskunde, *f*.; Folklore, *f*.; ~**music** *n*. Volksmusik, *f*.; Folksong, *m*.; ~-**tale** *n*. Volksmärchen, *n*

follow ['fɒləu] 1 v. t. a) folgen; **you're being ~ed** Sie werden verfolgt; b) folgen entlanggehen/-fahren; c) folgen; folgen auf; d) folgen; e) ~ **sth. with sth.** einer Sache folgen lassen; *f*) die Folge sein von; hervorgehen aus; **the conclusion ~s the abstraction** die Lösung geht aus der Abstraktion hervor; g) folgen; sich orientieren an; anhängen h) folgen; verfolgen; befolgen; handeln nach; sich halten an; i) folgen; **do you ~ me?, are you ~ing me?** verstehst du, was ich meine?; j) (Nachrichten) verfolgen; 2. v. i. a) ~ **after sb./sth.** jmdn./einer Sache folgen; b) folgen; ~ **in the wake of sth.** etw. ablösen; auf etw. folgen; c) folgen; **as ~s** wie folgt; d) ~ **from sth.** die Folge von etw. sein; aus etw. folgen

~ **on** v. i. ~ on from sth. die Fortsetzung von etw. sein

~ **'through** 1. v. t. zu Ende verfolgen; durchziehen *(ugs.)*. 2. v. i. (Sport) durchschwingen

~ **up** v. t. a) ausbauen; b) nachgehen (+ Dat.); c) berücksichtigen

following ['fɒləuɪŋ] 1. *adj*. a) folgend; **in the ~ way** folgendermaßen; **the ~** folgendes; folgende; b) ~ **wind** Rückenwind, *m*. 2. *prep*. nach. 3. *n*. Anhängerschaft, *f*

follow-up *n*. Fortsetzung, *f*.; **as a ~:** im Anschluss (to an + Akk.)

folly ['fɒlɪ] *n*. a) Torheit, *f*.; **that was a ~** das war töricht: b) nutzloser Prunk

foment [fə'ment, fəu'ment] v. t. schüren

fond [fɒnd] *adj* a) zärtlich; liebevoll; lieb; **be ~ of doing sth.** etw. gern tun; b) kühn; gutgläubig; allzu zuversichtlich

fondant ['fɒndənt] *n* Fondant, *m*. oder *n*

fondle ['fɒndl] v. t. streicheln

fondness ['fɒndnɪs] *n no pl*. Zärtlichkeit, *f*.; Liebe, *f*.

fondue ['fɒndjuː, 'fɒnduː] *n* (Speise) Fondue, *n*

font [fɒnt] *n* Taufstein, *m*

food [fuːd] *n* a) *no pl*., *no art*. Nahrung, *f*.; Futter, *n*.; b) *no pl*., *no art*. Lebensmittel *Pl*.; c) *no pl*. Essen, *n*.; d) Nahrungsmittel, *n*.; Kost; Futter, *n*.; e) ~ **for thought** Stoff zum Nachdenke

food: ~ **poisoning** *n*. Lebensmittelvergiftung, *f*.; ~**processor** *n*. Küchenmaschine, *f*

fool [fuːl] 1. v. i. herumalbern; 2. v. t. a) ~ **sb. into doing sth.** jmdn. dazu bringen, etw. zu tun; b) täuschen; hereinlegen 3. *n*. a) Dummkopf, *m*. **be no or nobody's ~:** nicht dumm oder *(ugs.)* nicht auf den Kopf gefallen sein; b) Narr, *m*.; c) **make a ~ of sb.** jmdn. zum Narren halten

~ **a'bout,** ~ **a'round** v. i. herumalbern herumtrödeln; ~ **about or around with sth./sb.** mit etw./jmdm. herumspielen

~ **with** v. t. spielen mit

foolhardy ['fuːlhɑːdɪ] *adj*. tollkühn; draufgängerisch

foolish ['fuːlɪʃ] *adj*. a) töricht; verrückt; you are very ~: du machst ganz schönen Unsinn; b) albern; blöd, dumm; lächerlich

foolishly ['fuːlɪʃlɪ] *adv*., törichterweise

foot [fʊt] 1 v. t. ~ **the bill** die Rechnung bezahlen; 2. *n*., *pl*. feet a) Fuß, *m*.; **on ~:** zu Fuß; **go into sth. feet first**

sich Hals über Kopf in etw. hineinstürzen; **have both feet on the ground** mit beiden Beinen auf der Erde stehen; **put one's ~ down** energisch werden; Gas geben; **set ~ in/on sth.** etw. betreten; **stand on one's own feet** auf eigenen Füßen stehen; **rise or get to one's feet** sich erheben; aufstehen; b) unteres Ende; Fußende, *n.*; Fuß, *m.*; c) **at the ~ of the page** unten auf der Seite; c) Fuß, *m.*; d) *pl.* feet or same (Maß) Fuß, *m.*; 2 ~ or feet 2 Fuß; e) Fuß, *m.*; Sockel, *m*

football [ˈfʊtbɔːl] *n.* (game, ball) Fußball, *m.*

footballer [ˈfʊtbɔːlər] *n.* Fußballspieler, *m.*/-spielerin, *f.*

football: ~ **pitch** *n.* Fußballplatz, *m.*;

foot: ~-**brake** *n.* Fußbremse, *f.*; ~-**bridge** *n.* Steg, *m.*; Fußgängerbrücke, *f.*; ~**hill** *n.*, *usu. pl.* Ausläufer, *m.*; ~**hold** *n.* Halt, *m.*; Stützpunkt, *m.*; **get a ~hold** Fuß fassen

footing [ˈfʊtɪŋ] *n.* a) Stellung, *f.*; **place sth. on a firm ~:** etw. auf eine feste Basis stellen; b) Halt, *m*

foot: ~**lights** *n. pl.* (Bühne) Rampenlicht, *n.*; ~**loose** *adj.* ungebunden; ~**man** *n.*, *pl.* ~**men** Lakai, *m.*; Diener, *m.*; ~**note** *n.* Fußnote, *f.*; ~**path** *n.* Fußweg, *m.*; ~**print** *n.* Fußabdruck, *m.*; ~**prints in the snow** Fußspuren im Schnee; ~**step** *n.* Schritt, *m.*; **follow or tread in sb.'s ~steps** (*bildlich*) in jmds. Fußstapfen treten; ~**wear** *n.*, *no pl.*, *no indef. art.* Schuhe *Pl.*; Schuhwerk, *n.*; Fußbekleidung, *f.*; ~**work** *n.*, *no pl.* (Sport) Beinarbeit, *f*

for [fər, stressed fɔːr] 1. *prep.* a) für; anstelle von; b) für; **be ~ doing sth.** dafür sein, etw. zu tun; c) für; **do sth. ~ sb.** für jmdn. etw. tun; d) für; zu; **what are we having ~ dinner?** was essen wir zu Abend? e) für; zu; **reason ~ living** Grund zu leben; *f*) **work ~ a living** für den Lebensunterhalt arbeiten; **take sb. ~ a ride** jmdn. spazierenfahren; **run ~ it** loslaufen; g) nach; **set out ~ Europe** nach Europa; h) für; **that's Jim ~ you** das sieht Jim mal wieder ähnlich; i) **open ~ business** eröffnet; **that's quite enough ~ me** das reicht mir völlig; **too... ~:** zu... für; **he was too clever ~ them** er war zu clever für sie; j) (Geld) **bill ~ 50 marks** Rechnung über 50 Mark; k) für; **that's not ~ children** das ist nichts für Kinder; **it would be good ~ him to go** es wäre gut für ihn, wenn er ginge; l) für; **you ~ one** du für deinen Teil; m) wegen; **cry ~ joy** vor Freude heulen; **he is famous ~ sth.** er ist berühmt für etw.; *n*) **the first time** zum ersten Mal; **what shall I give Tom ~ his birthday?** was soll ich ihm zum Geburtstag schenken? o) ~ **all...:** trotz...; ~ **all that,...:** trotzdem...; p) vor; ~ **fear of...:** aus Angst vor (+ *Dat.*); **but ~..., except ~...:** wenn nicht..., gewesen wäre; q) ~ **all I know/care...** möglicherweise/was mich betrifft,...; ~ **one thing,...:** zunächst einmal...; r) für; **not bad ~ a first attempt** nicht schlecht für den ersten Versuch; s) seit; **I stayed in Dublin ~ one year** ein Jahr in Dublin; **it lasted ~ hours** es dauerte Stunden; **how long are you here ~?** wie lange bleibst Du hier?; t) **drive ~ a while** eine Weile lang fahren; 2. *conj.* denn; **there was no other chance** denn es gab keine andere Chance

forage [ˈfɒrɪdʒ] 1. *n.* Futter, *n.* 2. *v. i.* auf Nahrungssuche sein; ~ **for sth.** auf der Suche nach etw. sein

foray [ˈfɒreɪ] *n.* Streifzug, *m.*; (Militär) Ausfall, *m*

forbear [ˈfɔːbeər] *n.*, *usu. in pl.* Vorfahr, *m*

forbear [fɔːˈbeər] *v. i.* a) ~ **from doing** sth. davon Abstand nehmen, etw. zu tun; b) sich gedulden

forbearance [fɔːˈbeərəns] *n.*, *no pl.* Nachsicht, *f*

forbid [fəˈbɪd] *v. t* a) ~ **sb. to do sth.** jmdn. verbieten, etw. zu tun; ~ **sth.** etw. verbieten; **it is ~den** es ist verboten oder nicht gestattet; b) nicht zulassen; nicht erlauben

forbidding [fəˈbɪdɪŋ] *adj.* furchteinflößend; unwirtlich; (*bildlich*) düster

force [fɔːs] 1. *v. t.* a) zwingen; ~ **sb./oneself** jmdn./sich zwingen; **be ~d to do sth.** gezwungen sein oder sich gezwungen sehen, etw. zu tun; **I was ~d to obey** ich fühlte mich verpflichtet, zu gehorchen; ~ **sb.'s hand** (*bildlich*) jmdn. zwingen zu handeln; b) ~ **sth. from sb.** jmdm. etw. entreißen; ~ **a confession from sb.** (*bildlich*) jmdn. zu einem Geständnis zwingen; c) ~ **sth. into sth.** etw. in etw. zwängen; d) ~ **sth. on sb.** jmdm. etw. aufzwingen; e) aufbrechen; *f*) sich (*Dat.*) erzwingen; ~ **one's way** sich (*Dat.*) mit Gewalt Zutritt verschaffen; g) sich zwingen zu; ~ **a smile** sich zu einem Lächeln zwingen; ~ **'down** *v. t.* a) drücken (Preis); b) zur Landung zwingen: c) herunterwürgen (*ugs.*); ~ **'up** *v. t.* hochtrei-

forced

ben; 2. *n.* a) *no pl.* Stärke, *f.*; Wucht, *f.*; Kraft, *f.*; **use sheer** ~ reine Gewalt benutzen; b) *no pl.* *(bildlich)* Kraft, *f.*; **in** ~ in Kraft; **come into** ~ in Kraft treten; **by** ~ **of** aufgrund (+ Ge*n.*); **by** ~ **of the law** Kraft Gesetzes; **speak with much** ~: sehr überzeugend reden; **put in** ~: in Kraft setzen; c) Gewalt, *f.*; **use** ~ **against sb.** Gewalt gegen jmdn. anwenden; **by** ~: **gewaltsam**; mit Gewalt; d) Kolonne, *f.*; Trupp, *m.*; Einheit, *f.*; (Militär) Armee, *f.*; **the** ~**s** die Armee; **be in the** ~**s** beim Militär sein; e) Kraft, *f.*; Macht, *f.*; **there are** ~**s in action/at work here…**: hier walten Kräfte/sind Kräfte am Werk…; *f)* Bedeutung, *f.*; g) (Physik) Kraft, *f*

forced [fɔːst] *adj.* a) gezwungen; gewollt; gekünstelt; b) erzwungen; Zwangs-
forced: ~ **'landing** *n.* Notlandung, *f.*; ~ **'march** *n.* (Militär) Gewaltmarsch, *m*
forceful [ˈfɔːsfl] *adj.* stark; energisch; schwungvoll; eindrucksvoll; eindringlich
forceps [ˈfɔːseps] *n., pl.* **same pair of** ~: Zange, *f*
forcible [ˈfɔːsɪbl] *adj.* gewaltsam
forcibly [ˈfɔːsɪblɪ] *adv.* gewaltsam; mit Gewalt
ford [fɔːd] *v. t.* durchqueren; durchwaten
fore [fɔːr] 1. *adj., esp. in comb.* vorder…; Vorder(teil). 2. *n.* **come to the** ~: in den Vordergrund rücken; 3. *adv.* (Seefahrt) vorn; ~ **and aft** längsschiffs
forearm *n.* Unterarm, *m.*
foreboding [fɔːˈbəʊdɪŋ] *n.* Vorahnung, *f.*; ungutes Gefühl
forecast 1. *v. t.*, ~ **or** ~**ed** vorhersagen. 2. *n.* Voraussage, *f.*; Vorhersage, *f*

forecourt *n.* Vorhof, *m.*; ~ **attendant** Tankwart *m*
forefather *n.*, *usu. in pl.* Vorfahr, *m.*; **our** ~**s** unsere Vorväter
forefinger *n.* Zeigefinger, *m*
forefront *n.* **be in the** ~ **of** in vorderster Linie
foregoing [ˈfɔːgəʊɪŋ, fɔːˈgəʊɪŋ] *adj.* vorhergehen
foregone *adj.* so gut wie sicher; **be a** ~ **conclusion** von vornherein feststehen
foreground *n.* Vordergrund, *m*
forehand (Tennis etc.) 1. *adj.* Vorhand-. 2. *n.* Vorhand, *f*
forehead [ˈfɒrɪd, ˈfɔːhed] *n.* Stirn, *f*
foreign [ˈfɒrɪn] *adj.* a) ausländisch; Fremd-; fremdartig; ~ **worker** Gastarbeiter, *m.*/-arbeiterin, *f.*; **he is** ~: er ist Ausländer; b) fremd; Auslands-; ~ **country** Ausland, *n.*; ~ **travel** Reisen ins Ausland; c) außenpolitisch; Außen-; ~ **affairs** auswärtige Angelegenheiten; d) fremd; Fremdkörper, *m.*; e) fremd; **be** ~ **to sb./sb.'s nature** jmdm. fremd sein/nicht jmds. Art sein
foreign: ~ **'aid** *n.* Entwicklungshilfe, *f.*; **F**~ **and 'Commonwealth Office** *n.* (Brit.) Außenministerium, *n.*; ~ **corre'spondent** *n.* Auslandskorrespondent, *m.*/-korrespondentin, *f*
foreigner [ˈfɒrɪnər] *n* Ausländer, *m.*/Ausländerin, *f*
foreign: ~ **ex'change** *n.* Devisenhandel, *m.*; Devisen *Pl.*; ~ **'language** *n.* Fremdsprache, *f.*; **F**~ **Minister** *n.* Außenminister, *m.*
foreleg *n.* Vorderbein, *f*
foreman [ˈfɔːmən] *n.* a) Vorarbeiter, *m.*; b) (Jura) Sprecher der Geschworenen
foremost [ˈfɔːməʊst,

ˈfɔːməst] *adj* a) vorderst…; b) *(bildlich)* führen
forename *n.* Vorname, *m*
forensic [fəˈrensɪk] *adj* gerichtlich; forensisch (fachsprachlich); ~ **medicine** Gerichtsmedizin, *f.*
foreplay *n* Vorspiel, *n*
forerunner *n.* Vorläufer, *m.*/Vorläuferin, *f*
foreseeable [fɔːˈsiːəbl] *adj* vorhersehbar; **in the** ~ **future** in nächster Zukunft
foreshadow *v. t.* vorausahnen lassen; vorausdeuten auf
foreshorten *v. t.* a) (Fotografie) verkürzen; b) verkürzen
foresight *n* *no pl.* Weitblick, *m.*; Voraussicht, *f*
foreskin *n* (Körper) Vorhaut, *f*
forest [ˈfɒrɪst] *n* Wald, *m.*; Forst, *m*
forestall *v. t.* vermeiden; zuvorkommen
forester [ˈfɒrɪstər] *n* Förster, *m*
forestry [ˈfɒrɪstrɪ] *n* Forstwirtschaft, *f*
foretaste *n* Vorgeschmack, *m*
foretell *v. t.* vorhersagen; voraussagen
forethought *n* Vorausdenken, *n.*; Überlegung
forever [fəˈrevər] *adv* a) ständig; b) (Amer.) = for ever; siehe ever
forewarning *n* Vorwarnung, *f*
foreword *n* Vorwort, *n*
forfeit [ˈfɔːfɪt] 1 *v. t.* verlieren; einbüßen; (Jura) verwirken 2. *n.* Strafe, *f*
forge [fɔːdʒ] *1. v. t.* a) schmieden; b) *(bildlich)* (Plan) schmieden; (Bündnis) schließen: c) fälschen; 2. *n.* a) Schmiede, *f.*; Esse, *f.*; Schmiedeofen, *m*
forge *v. i.* ~ **ahead** beschleunigen; vorstoßen; *(bildlich)* vorankommen;

Fortschritte machen
forger [ˈfɔːdʒər] *n.* Fälscher, *m.*/Fälscherin, *f*
forgery [ˈfɔːdʒərɪ] *n.* Fälschung, *f*
forget [fəˈget] 1 *v. t.* vergessen; verlernen; **he ~s talking to me** er vergisst, mit mir zu reden; **and don't you ~ it** vergiss das ja nicht; **~ it!** schon gut!; vergiss es! 2 *v. i.* vergessen; **~ about sth.** etw. vergessen; **~ about it!** schon gut!; 3. *reflx* a) sich vergessen; b) sich selbst vergessen
forgetful [fəˈgetfl] *adj* a) vergesslich; b) **~ of sth.** ohne an etw. zu denken
forgetfulness [fəˈgetflnɪs] *n no pl.* Vergesslichkeit, *f*
forgettable [fəˈgetəbl] *adj.* **easily ~:** leicht zu vergessen
forgive [fəˈgɪv] *v. t.* vergeben; verzeihen; entschuldigen, **~ sb.** jmdm. verzeihen oder vergeben; **God ~ me** möge Gott mir vergeben; **you are ~n** Dir sei verziehen
forgiveness [fəˈgɪvnɪs] *n no pl.* Verzeihung, *f.*; Vergebung, *f.*
fork [fɔːk] 1. *n* a) Gabel, *f.*; **the knives and ~s** das Besteck, *f.*; b) (Weg) Gabelung, *f.*; Abzweigung, *f.*; Astgabel, *f.* 2. *v. i.* a) sich gabeln; b) abbiegen; **~ left** links abbiegen;
~ 'out, ~ 'up *(sl.)* 1. *v. t.* lockermachen *(ugs.)*. 2. *v. i.* **~ out or up** blechen *(ugs.)*
forlorn [fəˈlɔːn] *adj.* a) verzweifelt; b) einsam und verlassen
form [fɔːm] 1. *v. t.* a) bilden; **be ~ed from sth.** aus etw. entstehen; b) formen, gestalten; formen, **he ~s a character** er bekommt Charakter: c) sich bilden; gewinnen fassen; entwickeln: schließen **they ~ a friendship** sie schließen Freundschaft: d) bilden; e) (Regierung) bilden; gründen; 2. *v. i.* sich bilden; sich formen, Gestalt annehmen; 3. *n.* a) Form, *f.*; **in human ~:** in menschlicher Gestalt; in Menschengestalt; b) *no pl.* Form, *f.*; Gestalt, *f.*; **take ~:** Gestalt annehmen oder gewinnen; c) Formular, *n.*; d) (Brit. Schule) Klasse, *f.*; e) Bank, *f.*; f) *no pl., no indef. art.* (Sport) Form, *f.*; **out of ~:** außer Form; nicht in Form; **in ~** in Form; **on/off ~** in/nicht in Form; g) (Sport) bisherige Leistungen; h) **good ~:** gutes Benehmen; i) Gestalt, *f.*; j) (Linguistik) Form, *f*
formal [ˈfɔːml] *adj* a) formell; förmlich; steif; offiziell; b) formell; ordentliche Schulbildung **~ education** ordentliche Schulbildung
formality [fɔːˈmælɪtɪ] *n.* a) Formalität, *f.*; b) *no pl.* Förmlichkeit, *f*
formalize [ˈfɔːməlaɪz] *v. t.* a) formalisieren; b) formell bekräftigen
format [ˈfɔːmæt] *n.* a) Format, *n.*; b) Aufmachung, *f.*; b) (TV, Radio) Aufbau, *m*
formation [fɔːˈmeɪʃn] *n* a) *no pl.* Bildung; Entstehung, *f.*; Gründung, *f.*; b) Formation
formative [ˈfɔːmətɪv] *adj.* formend, prägend
former [ˈfɔːmər] *adj.* a) früher; ehemalig; Ex- b) **in the ~ case** im ersteren Fall
formerly [ˈfɔːməlɪ] *adv.* früher
Formica [fɔːˈmaɪkə] *n.* Resopal, *n*
formidable [ˈfɔːmɪdəbl] *adj.* formidabel; beeindruckend; gewaltig; ungeheuer; bedrohlich, gefährlich
formula [ˈfɔːmjʊlə] *n pl.* **~s** or **~e** a) Formel, *f.*; b) Schema, *n.*; Rezeptur, *f.*; Rezept

formulate [ˈfɔːmjʊleɪt] *v. t.* formulieren; entwickeln
fornicate [ˈfɔːnɪkeɪt] *v. i.* Unzucht treiben; huren *(derogativ)*
forsake [fəˈseɪk] *v. t.* a) verlassen; b) entsagen; verzichten auf
fort [fɔːt] *n.* Fort, *n.*; hold the ~ *(bildlich)* die Stellung halten
forte [ˈfɔːteɪ, fɔːt] *n.* Stärke, *f.*; starke Seite *(ugs.)*
forth [fɔːθ] *adv.* a) **and so ~:** und so weiter; b) **from this day etc. ~:** von diesem Tag usw. an
forthcoming [ˈfɔːθkʌmɪŋ, fɔːθˈkʌmɪŋ] *adj* a) bevorstehend; in Kürze zu erwarten…; in Kürze anlaufend; in Kürze erscheinend; b) **be ~** kommen c) mitteilsam
fortification [fɔːtɪfɪˈkeɪʃn] *n* a) *no pl.* Befestigung, *f.*; b) *in pl.* Befestigung, *f.*; Festungsanlage, *f*
fortify [ˈfɔːtɪfaɪ] *v. t.* a) (Militär) befestigen; b) (literarisch oder bildlich) stärken
fortitude [ˈfɔːtɪtjuːd] *n., no pl.* innere Stärke
fortnight [ˈfɔːtnaɪt] *n* vierzehn Tage; zwei Wochen; **a ~ today** heute in vierzehn Tagen
fortress [ˈfɔːtrɪs] *n.* Festung, *f*
fortuitous [fɔːˈtjuːɪtəs] *adv* zufällig
fortunate [ˈfɔːtʃʊnət, ˈfɔːtʃənət] *adj* glücklich; **it is ~ for sb.** es ist jmds. Glück; **sb. is ~ to be alive** jmd. kann von Glück sagen, dass er noch lebt
fortune [ˈfɔːtʃən, ˈfɔːtʃuːn] *n* a) Vermögen, *n.*; **she makes a ~:** sie macht ein Vermögen; b) Glück, *n.*; Wohl, *n.*; c) Schicksal, *n.*; **that was bad~** das war Pech
fortune: ~-teller *n.* Wahrsager/in.; **~-telling** *n., no pl.* Wahrsagerei, *f*

forty ['fɔːtɪ] 1. *adj.* vierzig; 2. *n.* Vierzig, *f*
forum ['fɔːrəm] *n.* Forum, *n*
forward ['fɔːwəd] 1. *adv.* a) vorwärts; b) nach vorn; vor: c) heran; d) voraus; e) **come ~** sich melde*n*. 2. *adj.* a) vorwärtsgerichtet; nach vorn; b) Vorder-; vorder...; c) frühreif; fortschrittlich d) dreist; e) Termin-; Zukunfts-; 3. *n.* Stürmer/in, *f.* 4 *v. t.* a) nachschicken; abschicken; '**please ~**' „bitte nachsenden"; b) weiterreichen, weiterleiten; c) voranbringen
fossil ['fɒsɪl] *n.* Fossil, *n.*; **~ fuel** fossiler Brennstoff
fossilize ['fɒsɪlaɪz] *v. t.* versteinern lassen; (auch bildlich)
foster ['fɒstər] *1. v. t.* a) fördern; pflegen; hegen; b) in Pflege haben; 2. *adj.* ~-: Pflege
foul [faʊl] 1 *adj* a) abscheulich; übel; b) verschmutzt; faul; c) *(sl.)* scheußlich *(ugs.)*; mies; d) anstößig, unanständig; niederträchtig; e) unerlaubt, unredlich .; 2. *n.* (Sport) Foul, *n.*; 3. *v. t.* a) beschmutzen; verunreinigen; verpesten: b) sich verfangen in; c) (Sport) foulen **~ 'up** *v. t.* vermasseln (salopp)
found [faʊnd] *v. t.* a) gründen; stiften; begründen b) begründen; **~ sth.on sth.** etw. auf etw. gründen; **be ~e on sth.** auf etw. gründen
foundation [faʊn'deɪʃn] *n.* a) Gründung, *f.*; Stiftung, *f.*; Begründung, *f.*; b) Stiftung, *f.*; c) *usu. in pl.* ~ Fundament, *n.*; **be without or have no ~** unbegründet sein; d) Grundierung, *f*
foun'dation-stone *n.* (literarisch oder bildlich) Grundstein, *m*
founder ['faʊndər] *n.* Gründer, *m.*/Gründerin, *f.*; Stifter, *m.*/Stifterin, *f*

founder *v. i.* a) sinken, untergehen; b) *(bildlich)* sich zerschlagen
foundry ['faʊndrɪ]*n* Gießerei, *f*
fount [faʊnt, fɒnt]*n* Schrift, *f*
fountain ['faʊntɪn] *n.* a) Fontäne, *f.*; Springbrunnen, *m.*; b) Quelle, *f.*
four [fɔːr] 1.*adj* vier. 2. *n.* Vier, *f.*; **on all ~s** auf allen Vieren *(ugs.)*
foursome ['fɔːsəm] *n.* a) Quartett, *n.*; **go in or as a ~:** zu viert gehen; b) (Golf) Vierer, *m*
four-stroke *adj.* (Mechanik) Viertakt (Motorverfahren)
fourteen [fɔː'tiːn] 1. *adj.* vierzehn; 2. *n.* Vierzehn, *f*
fourteenth [fɔː'tiːnθ] 1. *adj.* vierzehnt...; Vierzehntel, *n*
fourth [fɔːθ] 1. *adj.* a) vier...; **the ~ finger** der kleine Finger; b) **~ dimension** vierte Dimension *n.* 2. *n.* der/die/das Vierte, *m./f./n.*; (Bruch) Viertel, *n*
fourth gear *n.*, *no pl.* (Mechanik) vierter Gang
fourthly ['fɔːθlɪ] *adv.* viertens
four-wheel 'drive *n.* (Mechanik.) Vier- oder Allradantrieb, *m*
fowl [faʊl] *n.*, *pl.* ~s or same Geflügel, *n.*; Haushuhn, *n*
fox [fɒks] 1. *v. t.* verwirren; 2. *n.* Fuchs, *m*
foyer ['fɔɪeɪ, 'fwɒjeɪ] *n.* Foyer, *n*
fraction ['frækʃn] *n.* a) (Mathematik) Bruch, *m.*; b) Bruchteil, *m*
fractional ['frækʃənl] *adj.*, **fractionally** *adv.* *(bildlich)* geringfügig
fractious ['frækʃəs] *adj.* aufsässig; quengelig
fracture ['fræktʃər] *1. v. t.* brechen; **~ one's jaw etc.** sich den Kiefer usw. brechen; **~ one's skull** sich

(Dat.) einen Schädelbruch zuziehen; 2. *v. i.* brechen; 3. *n.* Bruch, *m*
fragile ['frædʒaɪl] *adj.* a) fragil; zerbrechlich; zart: b) unsicher; zart; zerbrechlich
fragment 1. [fræg'ment] *v. t. & i.* zersplittern; 2. *n.* Bruchstück, *n.*; Fetzen, *m.*; Scherbe, *f.*; Fragment, *n*
fragmentary ['frægmən tərɪ] *adj.* bruchstückhaft; fragmentarisch
fragrance ['freɪgrəns] *n.* Duft, *m*
fragrant ['freɪgrənt] *adj.* duftend
frail [freɪl] *adj.* zerbrechlich; zart: schwächlich; schwach
frailty ['freɪltɪ] *n.* a) *no pl.* Zerbrechlichkeit, *f.*; Zartheit, *f.*; b) *esp. in pl.* Schwäche, *f*
frame [freɪm] 1*v. t.* a) rahmen; b) formulieren; aufbauen: entwerfen: ausarbeiten; c) **~ sb.** jmdm. etwas anhängen *(ugs.)*; 2. *n.* a) Rahmen, *m.*; Gestell, *f.*; Gerüst, *n.*; b) Rahmen, *m.*; **spectacle ~s** Brillengestell, *n.*; c) Körper, *m.*; d) (Fotografie) Einzelbild, *n*
frame: ~-up *n.* abgekartetes Spiel *(ugs.)*; **~work** *n.* Gerüst, *n.*;
franc [fræŋk] *n.* Franc, *m.*; (Schweizer) Franken, *m*
France [frans] *pr. n.* Frankreich
franchise ['fræntʃaɪz] *n.* a) Stimmrecht, *n.*; Wahlrecht, *n.*; b) (Wirtschaft) Lizenz, *f*
frank *adj* offen: freimütig; **to be quite ~** offen gesagt
frank *v. t.* (Post) a) freistempeln; b) frankieren
franking-machine ['fræŋ kɪŋməʃiːn] *n* (Brit.) Frankiermaschine, *f.*; Freistempler, *m*
frankly ['fræŋklɪ] *adv* offen; frank und frei; unverhohlen; offen gesagt; ehrlich gesagt
frankness ['fræŋknɪs] *n no pl.* Offenheit, *f.*; Freimütig-

keit, *f*
frantic ['fræntɪk] *adj* a) verzweifelt; b) hektisch
fraternal [frə'tɜːnl] *adj* brüderlich
fraternity [frə'tɜːnɪtɪ] *n* a) Zunft, *f*.; the legal ~ Juristenzunft; *f*.; b) (Amer. Universität) Verbindung; c) *no pl*. Brüderlichkeit, *f*
fraternize ['frætənaɪz] *v. i.* sich verbrüdern
fraud *n*. a) *no pl*. Betrug, *m*.; Täuschung, *f*.; (Jura) Täuschung; b) Schwindel, *m*.; c) Betrüger, Schwindler
fraudulent ['frɔːdjʊlənt] *adj* betrügerisch
fraught [frɔːt] *adj*. a) **be ~ with danger** voller Gefahren sein; b) stressig *(ugs.)*; gestresst
fray [freɪ] *n* Streit, *m*.; Kampfgetümmel, *n*.; **enter or join the ~** sich in den Kampf stürzen
fray 1 *v. i.* [sich] durchscheuern; ausfransen; 2. *v. t.* durchscheuern; ausfransen
freak [friːk] *n* a) Missgeburt, *f*.; missgebildete Pflanze; ~ of nature Laune der Natur; *attrib*. ungewöhnlich; völlig überraschend; b) *(sl.)* Freak, *m*.; health ~: Gesundheitsfanatiker, *m*
freckle ['frekl] *n*. Sommersprosse, *f*
free [friː] 1 *adj* a) frei; **get ~:** freikommen; sich befreien; **set ~:** freilassen; erlösen; **~ of sth.** frei von etw.; **~ of charge** gebührenfrei/kostenlos; **give ~ rein to sth.** einer Sache freien Lauf lassen; b) **sb. is ~ to do sth.** es steht jmdm. frei, etw. zu tun; **leave sb. ~ to do sth.** es jmdm. ermöglichen, etw. zu tun; **it's a ~ country** das ist immer noch ein freies Land; c) kostenlos; frei; Frei-; Gratis-: **'admission ~'** „Eintritt frei"; d) frei; **~ time** Freizeit, *f*.; **are you ~ after work?** haben Sie nach der Arbeit?; e) **be ~ with sth.** mit etw. großzügig umgehen; f) offen; freimütig; 2. *adv*. gratis; umsonst. 3. *v. t.* freilassen; befreien; **~ sb./oneself from** jmdn./sich befreien von, jmdn./sich befreien aus; **~ sb./oneself of** jmdn./sich befreien oder freimachen von
freebie ['friːbɪ] (Amer.) *n*. Gratisgeschenk, *n*
freedom ['friːdəm] *n* Freiheit, *f*.; **give sb. his ~:** jmdn. freigeben; jmdn. freilassen
free: ~ **'enterprise** *n*. freies Unternehmertum; ~ **'fall** *n*. freier Fall; **~hold** 1. *n*. Besitzrecht, *n*.; 2. *adj*. Eigentums-; **~hold land** freier Grundbesitz; **~lance** 1. *v. i.* freiberuflich arbeiten; 2. *n*. freier Mitarbeiter/freie Mitarbeiterin; 3. *adj*. freiberuflich
freely ['friːlɪ] *adv*. a) großzügig; freimütig: b) frei; c) offen
freesia ['friːzɪə] *n*. (Botanik) Freesie, *f*
free speech *n*. Redefreiheit, *f*
free: ~ **trade** *n*. Freihandel, *m*.; **~way** *n*. (Amer.) Autobahn, *f*.;
freeze [friːz] 1. *v. i.* a) frieren; it will ~ (Wetter) es wird Frost geben; b) zufrieren; vereisen; **the road ~s** die Straße vereist; c) gefrieren; einfrieren; **water ~s** Wasser gefriert; d) steif frieren; *(bildlich)* zu sehr frieren; erstarren gefrieren; **~ to death** erfrieren; bitterlich frieren; f) erstarren; 2. *v. t.* a) zufrieren lassen: gefrieren lassen **she is frozen stiff** sie ist steif gefroren; b) tiefkühlen, tieffrieren; c) (Kosten) einfrieren; d) erstarren lassen. 3. *n*. Einfrieren, *n*.
~ **'up** 1. *v. i.* zufrieren; einfrieren. 2. *v.* t zufrieren/einfrieren lassen
freezer ['friːzər] *n*. Tiefkühltruhe, *f*.; Gefriertruhe, *f*.; Tiefkühlschrank
freezing ['friːzɪŋ] 1. *adj* frostig; ~ **temperatures** Temperaturen unter dem Gefrierpunkt; 2. *n*., *no pl*. (~ -point) above/below ~: über/unter dem/den Gefrierpunkt
freezing-point *n*. Gefrierpunkt, *m*
freight [freɪt] 1. *v. t.* befrachten; 2. *n*. Fracht, *f*
freighter ['freɪtər] *n*. Frachter, *m*.; Frachtschiff, *n*.; Frachtflugzeug, *n*
French [frentʃ] 1. *adj*. französisch; 2. *n*. a) Französisch, *n*.; b) the ~ die Franzosen
French: ~ **'bean** *n*. (Brit.) Gartenbohne, *f*.; grüne Bohne; ~ **Ca'nadian** *n*. Frankokanadier
~ **'dressing** *n*. Vinaigrette, *f*.; ~ **'fries** *n. pl*. Pommes frites *Pl*.; ~ **'window** *n* französisches Fenster; **~woman** *n*. Französin, *f*
frenetic [frɪ'netɪk] *adj*. verzweifelt
frenzied ['frenzɪd] *adj*. rasend; wahnsinnig
frenzy ['frenzɪ] *n*. a) Wahnsinn, *m*.; b) Raserei, *f*
frequency ['friːkwənsɪ] *n*. a) Häufigkeit, *f*.; b) (Physik) Frequenz, *f*
frequent 1. ['friːkwənt] *adj*. a) häufig; **it's ~** es kommt häufig vor; b) eifrig; 2. *v t* frequentieren; häufig besuchen **much ~ed** stark frequentiert
frequently ['friːkwəntlɪ] *adv*. häufig
fresco ['freskəʊ] *n pl*. ~es or ~s a) *no pl*., *no art*. Freskomalerei, *f*.; b) Fresko, *n*
fresh [freʃ] 1. *adj* a) frisch;

freshen

neu; **a ~ beginning** ein neuer Anfang; **make a ~ start** noch einmal von vorn anfangen; neu beginnen; b) keck; **get ~ with sb.** jmdm. frech kommen 2. *adv.* frisch; **we're ~ out of beer** uns ist das Bier ausgegangen

freshen ['freʃn] *v. i.* auffrischen

freshness ['freʃnɪs] *n.*, *no pl.* Frische, *f.*; Neuartigkeit, *f*

fret [fret] *v. i.* besorgt sein; beunruhigt sein; **don't ~!** sei unbesorgt

fret *n.* (Musik) Bund, *m*

fretful ['fretfl] *adj.* verdrießlich; quengelig *(ugs.)*; unruhig

Freudian ['frɔɪdɪən] *adj.* freudianisch; **~ slip** Freudsche Fehlleistung

friar ['fraɪər] *n.* Ordensbruder, *m*

friction ['frɪkʃn] *n.* Reibung, *f*

Friday ['fraɪdeɪ, 'fraɪdɪ] 1.*n* Freitag, *m.*; **on a ~, on ~s** freitags; **last ~'s bread** das Brot vom Freitag; **Good ~:** Karfreitag, *m.*; **man/girl ~:** Mädchen für alles *(ugs.).* 2. *adv.* a) Freitag; b) ~s freitags; Freitag *(ugs.)*

friend [frend] *n* a) Freund/in, *f.*; **make ~s** Freundschaft schließen; **between ~s** unter Freunden; **~s in high places** einflussreiche Freunde; b) **the Society of F~s** die Quäker

friendless ['frendlɪs] *adj* ohne Freund

friendliness *n.*, *no pl.* Freundlichkeit, *f*

friendly ['frendlɪ] 1. *adj.* a) freundlich; freundschaftlich; **be on ~ terms or be ~ with sb.** mit jmdm. auf freundschaftlichem Fuße stehen; b) freundlich; befreundet; zutraulich; c) wohl wollend; 2. *n.* (Sport) Freundschaftsspiel, *n*

friendship ['frendʃɪp] *n.* Freundschaft, *f.*

Friesian ['friːzɪən, 'friːʒən] (Landwirtschaft) 1. *adj.* schwarzbunt. 2. *n.* Schwarzbunte, *f*

frigate ['frɪɡət] *n.* (Seefahrt) Fregatte, *f*

fright [fraɪt] *n.* Schreck, *m.*; Schrecken, *m.*; **give sb. a ~:** jmdm. einen Schreck einjagen

frighten ['fraɪtn] *v. t.* erschrecken; Angst machen; **be ~ed at or by sth.** vor etw. erschrecken; **be ~ed to death** zu Tode erschrocken sein

~ a'way, **~ 'off** *v. t.* vertreiben; abschrecken

frightened ['fraɪtnd] *adj* verängstigt; angsterfüllt; **be ~** Angst haben

frightfully ['fraɪtfəlɪ] *adv* furchtbar; schrecklich

frigid ['frɪdʒɪd] *adj* frostig; *n.* a) Rüsche, *f.*; b) in *pl.* Beiwerk, *n.*; Ausschmückungen

frilly ['frɪlɪ] *adj.* mit Rüschen besetzt; Rüschen-

fringe [frɪndʒ] *n.* a) Fransen; Fransenkante, *f.*; b) fransen; c) Rand, *m.*; Rand: **live on the ~ of the city** in den Randgebieten der Stadt wohnen; **lunatic ~:** Extremisten

frisk [frɪsk] 1*v. i.* springen. 2. *v. t.* filzen

frivolity [frɪ'vɒlɪtɪ] *n.*, *no pl.* Oberflächlichkeit, *f.*; Leichtfertigkeit, *f*

frivolous ['frɪvələs] *adj.* a) frivol; extravagant: b) belanglos

frock [frɒk] *n.* Kleid, *n*

frog [frɒɡ] *n.* Frosch, *m.*; **have a ~ in the or one's throat** einen Frosch im Hals haben *(ugs.)*

frolic ['frɒlɪk] *v. i.*, -ck-: springen

from [frəm, stressed frɒm] *prep.* a) *expr.* star-

ting-point von; aus; **where do you come ~?** woher kommen Sie?; b) *expr.* von; **~ that time we never saw him again** seit damals haben wir ihn nie mehr gesehen; c) von; **~ a child** schon als Kind; d) von; **away ~ home** von zu Hause weg; e) vor; f) von; **~... to...:** von... zu...; von... auf...; **~time to time;** von Zeit zu Zeit g) aus; **where are you ~?** woher kommen Sie?; h) von; i) von; **take it ~ me that...;** lass dir gesagt sein, dass...; j) **painted ~ life/nature** nach dem Leben/nach der Natur gemalt; k) **what I can see/have heard...:** wie ich sehe/wie ich gehört habe,...; l) *with adv.* von: m) *with prep.* **~ behind sth.** hinter etw. hervor

front [frʌnt] 1.*n* a) Vorderseite, *f.*; Außenseite, *f.*; Vorderfront, *f.*; vorderes Ende; Spitze, *f.*; vorderer Deckel; **to the ~:** nach vorn; **in ~:** vorn; **be in ~ of sth./sb.** vor etw./jmdm. sein; **walk in ~ of sb.** vor jmdm. gehen; vor jmdn. gehen; b) Front, *f.*; **on the Western ~:** an der Westfront; c) (at seaside) Strandpromenade, *f.*; Front, *f.*; **cold/warm ~:** Kalt-/Warmluftfront, *f.*; e) Aussehen, *n.*; Fassade, *f.*; Tarnung, *f.*; 2. *adj.* vorder...; Vorder-; **~ row** erste Reihe

frontage ['frʌntɪdʒ] *n.* a) Frontbreite, *f.*; b) Fassade, *f*

frontal ['frʌntl] *adj* a) Frontal-; b) (Kunst) frontal; frontal dargestellt

frontier ['frʌntɪər] *n.* (literarisch oder bildlich) Grenze, *f*

frontispiece ['frʌntɪspiːs] *n.* Frontispiz, *n.*; Titelbild, *n*

front: ~ 'line *n.* Front, *f.*; **'page** *n.* Titelseite, *f.*; **make the ~ page** auf die Titelsei-

te kommen; **~ runner** *n.* (bildlich) Spitzenkandidat, *m.*; **~ 'seat** *n.* (Theater) Platz in den ersten Reihen; (Auto) Vordersitz, *m.*; vorderer Sitzplatz
frost [frɒst] *1. v. t.* a) (Amer.) mit Zucker bestreuen; glasieren; b) **~ed glass** Mattglas, *n.*; *2. n.* Frost, *m.*; Reif, *m.*
~ 'over 1. *v. t.* **be ~ed over** vereist sein. 2. *v. i.* vereisen
frosting ['frɒstɪŋ] *n.* (Amer.) Zucker, *m.*; Glasur, *f*
frosty ['frɒstɪ] *adj.* (literarisch oder bildlich) frostig; bereift
froth [frɒθ] 1. *n.* (foam) Schaum, *m.* 2. *v. i.* schäumen
frown [fraʊn] 1 *v. i.* die Stirn runzeln; **~ at sth./jmdn.** etw./jmdn. stirnrunzelnd ansehen. 2. *n.* Stirnrunzeln, *n.*; **a ~ of disapproval** ein missbilligender Blick
frozen ['frəʊzn] 1.*adj* a) gefroren, zugefroren: erfroren; eingefroren: **my hands are ~** (bildlich) meine Hände sind eiskalt; b) tiefgekühlt; **~ food** Tiefkühlkost, *f*
frugal ['fru:gl] *adj* sparsam, genügsam; frugal
fruit [fru:t] *n.* Frucht, *f.*; Früchte; Obst, *n.*; **bear ~** Früchte tragen
fruitful ['fru:tfl] *adj.* (literarisch oder bildlich) fruchtbar
fruition [fru:'ɪʃn] *n.* **bring to ~:** verwirklichen; **come to ~** Wirklichkeit werden
fruitless ['fru:tlɪs] *adj.* nutzlos; fruchtlos
fruity ['fru:tɪ] *adj.* a) (Geschmack) fruchtig; b) volltönend; herzhaft
frump [frʌmp] *n.* Vogelscheuche, *f.* (ugs.)
frustrate [frʌ'streɪt, 'frʌstreɪt]*v. t.* enttäuschen; vereiteln, durchkreuzen; zunichte machen

frustrating [frʌ'streɪtɪŋ, 'frʌstreɪtɪŋ] *adj.* frustrierend; ärgerlich
frustration [frʌ'streɪʃn] *n.* Frustration, *f.*; Scheitern, *n*
fry [fraɪ] *v. t.* braten; **fried potatoes** Bratkartoffeln
~ up *v. t.* aufbraten
fuchsia ['fju:ʃə] *n.* (Botanik) Fuchsie, *f*
fuck [fʌk] 1. *v. t. & i.* ficken (vulgär); Scheiße! **~ me!** Du meine Güte! **~ you!** Hau ab! 2. *n.* Fick, *m.* (vulgär)
fuddle ['fʌdl] *v. t.* a) verwirren; b) slightly ~d beschwipst (ugs.)
fudge [fʌdʒ] *n.* Karamellbonbon, *m.* oder *n*
fudge 1. *v. t.* frisieren (ugs.); sich (Dat.) aus den Fingern saugen; 2. *n.* Schwindel, *m*
fuel ['fju:əl] *1. v. t.* (Brit.) auftanken; Nahrung geben; anheizen; 2. *n.* Brennstoff, *m.*; Kraftstoff, *m.*; Treibstoff, *m.*
fuel: ~ consumption *n.* Kraftstoffverbrauch, *m.*; **~ pump** *n.* Kraftstoffpumpe, *f.*; **~ tank** *n.*; Kraftstofftank, *m.*; Kraftstoffbehälter, *m*
fugitive ['fju:dʒɪtɪv] 1 *adj* flüchtig. 2. *n.* a) Flüchtige, *m./f.*; b) Flüchtling, *m*
fulfil [fʊl'fɪl]*v. t.* erfüllen; stillen; ausführen; halten; **be fulfilled** sich erfüllen; **be or feel fulfilled** Erfüllung finden
fulfilment [fʊl'fɪlmənt] *n.* Erfüllung, *f.*; Ausführung, *f*
full [fʊl] 1. *adj.* a) voll; **she was ~ of hatred** sie war voller Hass; **be ~ up** voll sein; randvoll sein; völlig ausgebucht sein; b) **~ of; she's been ~ of it ever since** seitdem spricht sie von nichts anderem; c) (Person) voll; satt; **I'm ~** ich bin satt; d) ausführlich, umfassend; erfüllt; ganz; **it takes a ~ year** es braucht ein ganzes Jahr; voll; **~ de-**

tails alle Einzelheiten; **moon is ~:** es ist Vollmond; **~ member** Vollmitglied, *n.*; e) hell, voll; **with ~ voice** mit voller Stimme; *f)* (Aussehen) voll, füllig; (Kleidung) weit geschnitten; 2. *n.* a) **in ~:** vollständig; b) **enjoy sth. to the ~:** etw. in vollen Zügen genießen. 3. *adv.* a) sehr; **know ~ well that…:** ganz genau oder sehr wohl wissen, dass…; b) genau; **look sb. ~ in the face** jmdn. voll ansehen
fullness ['fʊlnɪs]*n* no pl. Fülligkeit, *f.*; Rundheit, *f.*;
full: ~-page *adj.* ganzseitig; **~ 'point** Punkt, *m.*; **~-scale** *adj.* a) in Originalgröße; b) groß angelegt; umfassend; **~ 'stop** *n.* a) Punkt, *m.*; b) **come to a ~ stop** zum Stillstand kommen; **~ 'time** *adv.* ganztags; **~-time** *adj.* ganztägig; Ganztags-
fully ['fʊlɪ] *adv* a) voll und ganz; fest; ausführlich; b) **~ ten hours** volle zehn Stunden
fulsome ['fʊlsəm] *adj.* übertrieben
fumble ['fʌmbl] *v. i.* **~ at or with** fingern an; **~ around in the dark** im Dunkeln herumtasten; **~ in one's pockets for sth.** in seinen Taschen nach etw. fingern oder (ugs.) kramen
fume [fju:m] 1. *v. i.* vor Wut schäumen; **~ at or about sth.** wegen etw. wütend sein; 2. *n.* in *pl.* Dämpfe; **~s of alcohol** Alkoholdunst, *m*
fumigate ['fju:mɪgeɪt] *v. t.* ausräuchern
fun [fʌn] 1. *n* Spaß, *m.*; **have ~!** viel Spaß!; **make ~ of sb./sth.** sich über jmdn./etw. lustig machen; 2. *adj.* lustig; amüsant
function ['fʌŋkʃn] 1. *v. i.* funktionieren; arbeiten; **~ as** fungieren als; dienen als; 2. *n.* a) Aufgabe, *f.*; b) (Mathe-

functional

matik) Funktion, *f.*; c) Funktion, *f.*; d) Empfang, *m.*; Feierlichkeit, *f*

functional [ˈfaŋkʃənl] *adj* a) funktionell; b) funktionsfähig

fund [fand] 1. *v. t.* finanzieren; 2. *n.* a) Fonds, *m.*; b) Fundus, *m.*; c) in *pl.* Mittel *Pl.*; Gelder *Pl.*; **be short of ~s** knapp oder schlecht bei Kasse sein *(ugs.)*

fundamental [fandəˈmentl] *adj.* grundlegend (to für); elementar; Grund-

fundamentally [fandəˈmentəli] *adv.* grundlegend; von Grund auf; **~ convinced of sth.** grundsätzlich von etw. überzeugt

funeral [ˈfjuːnərl] *n* a) Beerdigung, *f.*; b) ~ **director** Bestattungsunternehmer, *m.*; ~ **procession** Leichenzug, *m.*; ~ **service** Trauerfeier, *f*

funereal [fjuːˈnɪərɪəl] *adj.* düster; ~ **expression** Trauermiene, *f.*

fungus [ˈfaŋgəs] *n.*, *pl.* fungi or ~es Pilz, *m*

funnel [ˈfanl] 1. *v. i.*, (Brit.) -ll- strömen; 2. *n.* a) Trichter, *m.*; b) Schornstein, *m*

funny [ˈfanɪ] *adj* a) komisch; lustig; witzig, **he thinks he is ~** er denkt, er ist komisch; b) komisch; seltsam; **she had a ~ feeling about it** das kam ihr komisch vor

fur [fɜːr] 1.*v. i.* Wasserstein bilden; 2. *n.* a) Fell, *n.*; Pelz, *m.*;. ~ **coat** Pelzmantel, *m.*; b) Wasserstein, *m.*; Kesselstein, *m*

furious [ˈfjʊərɪəs] *adj.* wütend; heftig; wild; **he is ~ with her** er ist wütend auf sie

furiously [ˈfjʊərɪəslɪ] *adv* wütend; wild; wie wild *(ugs.)*

furnace [ˈfɜːnɪs] *n* Ofen, *m.*; Hochofen, *m.*; Schmelzofen, *m*

furnish [ˈfɜːnɪf]*v. t.* a) möblieren; ~**ing fabrics** Möbel- und Vorhangstoffe; b) liefern;

furnishings [ˈfɜːnɪʃɪŋz] *n pl.* Einrichtungsgegenstände

furniture [ˈfɜːnɪtʃər] *n.*, *no pl.* Möbel *Pl.*; **piece of ~**: Möbelstück, *n*

furore [fjʊəˈrɔːrɪ] *n.* **create or cause a ~**: Furore machen

furrier [ˈfarɪər] *n.* Kürschner, *m.*/Kürschnerin, *f*

furrow [ˈfarəʊ] 1. *v. t.* ~**ed face** zerfurchtes Gesicht; 2. *n.* Furche, *f*

furry [ˈfɜːrɪ] *adj.* haarig; flauschig

further [ˈfɜːðər] 1. *adj* a) ander…; weiter entfernt; b) weiter…; **till ~ notice** bis auf weiteres; **you will receive ~ details** sie werden nähere Einzelheiten erfahren; 2. *adv.* a) weiter; **not let it go any ~** es nicht weitersagen; b) außerdem. 3.*v. t.* fördern

furtherance [ˈfɜːðərəns] *n.*, *no pl.* Förderung, *f.*; Unterstützung, *f.*

furthermore [fɜːðəˈmɔːr] *adv.* außerdem

furthermost [ˈfɜːðəməʊst] *adj* äußerst…; entlegenst…

furthest [ˈfɜːðɪst] 1. *adj* am weitesten entfernt; 2. *adv* am weitesten; am weitesten

furtive [ˈfɜːtɪv] *adj* verstohlen; **his ~ behaviour** sein zurückhaltendes Verhalten

furtively [ˈfɜːtɪvlɪ] *adv* verstohlen

fury [ˈfjʊərɪ] *n* a) Wut, *f.*; Wüten, *n.*; b) **like ~** wie wild *(ugs.)*

fuse [fjuːz] 1*v. t.* verschmelzen 2.*v. i.* ~ **with sth.** *(bildlich)* sich mit etw. verbinden

fuse *n.* [time]~: Zeitzünder, *m.*; Zündschnur, *f*

fuse 1. *v. t.* ~ **the lights** die Sicherung durchbrennen lassen; 2. *v. i.* **the lights have ~d** die Sicherung ist durchgebrannt; 3. *n.* Sicherung, *f*

fuselage [ˈfjuːzəlaʒ] *n.* (Aeronautik) rumpf, *m*

fusion [ˈfjuːʒn] *n.* a) Verschmelzung, *f.*; *(bildlich)* Verbindung, *f.*; b) (Physik) Fusion, *f*

fuss [fas] 1. *n.* Theater, *n.* *(ugs.)*; **without any ~**: ohne großes Theater *(ugs.)*; **make a ~** Aufhebens oder einen Wirbel machen; **make a ~ of** Wirbel machen um

fussy [ˈfasɪ] *adj* a) penibel; eigen; **I'm not ~** ich bin nicht wählerisch; b) verspielt

futile [ˈfjuːtaɪl] *adj.* vergeblich; zum Scheitern verurteilt

futility [fjuːˈtɪlɪtɪ] *n no pl.* Vergeblichkeit, *f.*; Zwecklosigkeit, *f.*; Sinnlosigkeit, *f*

future [ˈfjuːtʃər] 1*adj* a) künftig; **at some ~ time** zu einer späteren Zeit; b) futurisch; ~ **tense** Futur, *n.*; Zukunft, *f.*; 2. *n.* a) Zukunft, *f.*; **a love with a ~**: eine Liebe mit Zukunft; b) (Linguistik) Futur, *n.*; Zukunft, *f.*

fuzz [faz] *n* a) Flaum, *m.*; b) Kraushaar, *n.*; c) *no pl.* (*sl.*) Polente, *f.* (salopp)

fuzzy [ˈfazɪ] *adj* a) flaumig; b) kraus; c) verschwommen; unscharf

G

G, g [dʒiː] *n., pl.* Gs or G's a) (Buchstabe) G, g, *n.*; b) G (Musik) G, g,

g. Abkürzung. a) **gram** g; b) **gravity** g

gab [gæb] *n* **have the gift of the ~:** reden können

gabble ['gæbl] 1 *v. i.* schnattern, brabbeln 2. *v. t.* herunterschnurren. 3. *n.* Gebrabbel, *n.*

gabled ['geɪbld] a) *adj* gegiebelt b) Giebel, *m.*; Giebel (-haus, dach)

gad [gæd] *v. i.* **~ around or about** herumziehen; sich herumtreiben

gadget ['gædʒɪt] *n* Apparat, *m.*; Gerät, *n.*; ~s Krimskrams

Gaelic ['geɪlɪk, 'gælɪk] 1. *n* Gälisch, *n.*; 2. *adj.* gälisch

gaffe [gæf] *n* Fehler, *m.*; Fauxpas, *m.*; **commit a ~:** einen Fauxpas begehen

gaffer ['gæfər] *n* a) (britisch) Boss, *m. (ugs.)* b) Alte, *m*

gag [gæg] 1. *v. t.* **~ sb.** jmdn. zum Schweigen bringen 2. *n.* a) Knebel, *m.*; b) Gag, *m*

gaga ['gɑgɑ] *adj* verkalkt *(ugs.)*; **go ~:** verkalken *(ugs.)*

gaggle ['gægl] *n* ~ Schwarm *f*

gaiety ['geɪətɪ] *n no pl.* Fröhlichkeit, *f*

gaily ['geɪlɪ] *adv* a) in leuchtenden Farben; **~ coloured** farbenfroh; b) fröhlich

gain [geɪn] 1 *v. t.* a) finden; gewinnen; erwerben; erlangen; erzielen; verdienen; **~ possession of sth.** in den Besitz einer Sache kommen; b) gewinnen (Preis, Kampf); erringen (Sieg); c) gewinnen, erreichen; d) **~ speed** schneller werden; e) **my watch ~s five minutes a day** meine Uhr geht pro Tag fünf Minuten vor. 2 *v. i.* a) **~ by sth.** von etw. profitieren; b) **~ in prestige/influence** an Prestige/Einfluss gewinnen; **~ in wisdom** weiser werden; c) **~ on sb.** jmdn. näher kommen; den Vorsprung zu jmdm. vergrößern 3. *n.* a) Gewinn, *m.*; **be to sb.'s ~:** für jmdn. von Vorteil sein; b) Zunahme, *f. adj.* bezahlt; **~ employment** Erwerbstätigkeit, *f*

gait [geɪt] *n* Gang, *m.*; **with a slow ~:** mit langsamen Schritten

gala ['gɑlə, 'geɪlə] *n* a) Festveranstaltung, *f.*; *attrib.* Gala(abend, -vorstellung, -diner); b) (britisch) Sportfest, *n.*; **swimming ~:** Schwimmfest, *n*

galaxy ['gæləksɪ] *n* a) Galaxie, *f.*; b) **the G~:** die Milchstraße

gale [geɪl] *n* Sturm, *m.*; **~ force** Windstärke, *f*

gall [gɔːl] *v. t.* ärgern; schmerzen; a) Galle, *f.*; b) Unverschämtheit, *f.*; Frechheit, *f*

gallant *adj* a) ['gælənt] ritterlich; tapfer; b) galant

gallantly *adv* a) ['gælənt lɪ] tapfer; b) galant

gallantry ['gæləntrɪ] *n* a) Tapferkeit, *f.*; b) Galanterie, *f*

galleon ['gælɪən] *n* (historisch) Galeone, *f.* (Schiff)

gallery ['gælərɪ] *n* a) dritter Rang; **play to the ~** für die schlechten Plätze spielen; b) (Architektur) Galerie, *f.*; c) (art ~) (building) Ausstellungsraum, *m.* Galerie, *f*

galley ['gælɪ] *n* a) Galeere, *f.*; b) (Schiffs-) Kombüse, *f.*; Bordküche, *f.*; c) Satzschiff, *n*

Gallicism ['gælɪsɪzm] *n* a) französische Eigenart b) Gallizismus, *m*

galling ['gɔːlɪŋ] *adj* a) erniedrigend; b) ärgerlich

gallivant [gælɪ'vænt] *v. i.* herumziehen

gallon ['gælən] *n* Gallone, *f.*; **drink ~s of juice etc.** literweise Saft usw. trinken

gallop ['gæləp] 1. *v. i.* a) galoppieren; b) **~ through** im Galopp durchlesen (Buch); rasch herunterspielen (Musikstück); im Galopp erledigen (Arbeit); **~ing inflation** galoppierende Inflation 2. *n.* Galopp, *m.*; **at a ~:** im Galopp

gallows ['gæləʊz] *n.* singular Galgen, *m*

galvanize ['gælvənaɪz] *v. t.* a) auf/wachrütteln; **~ sb. into action** jmdn. veranlassen, etw. sofort zu tun; b) verzinken

gambit ['gæmbɪt] *n* Gambit, *n.*; Schachzug, *m.*; einleitender Schachzug

gamble ['gæmbl] 1. *v. t.* a) verspielen; b) aufs Spiel setzen 2. *v. i.* a) **~ on sth.** sich auf etw. verlassen. spielen; b) spekulieren; **~ on the Stock Exchange/in oil shares** an der Börse/in Öl spekulieren; 3. *n.* Glücksspiel, *n.*; **take a ~:** ein Risiko auf sich nehmen **~ a'way** *v. t.* verspielen; verspekulieren

gambler ['gæmblər] *n* Glücksspieler, *m*

gambol ['gæmbl] *v. i.* (britisch) -ll- (Lamm, Kind) herumspringen

game [geɪm] *n* a) Spiel, *n.*; **be on/off one's ~:** gut in Form/nicht in Form sein; **beat sb. at his own ~** jmdn. mit seinen eigenen Waffen

schlagen; b)Vorhaben, *n.*; jmds. Spiel mitspielen; **give the ~ away** alles verraten; c) Gewerbe, *n.*; Branche, *f.*; **be new to the ~** neu im Geschäft sein; d) Spiel, *n.*; Scherz, *m.*; Spaß, *m.*; e) in *pl.* Spiele; Schulsport, *m.*; Leichtathletik, *f.*; **good at ~s** gut im Sport; f) Spiel, *n.*; **~, set, and match** Spiel, Satz und Sieg; g) *no pl.* Wild, *n.*; **fair ~** Freiwild, *n.*; **easy ~** leichte Beute; **big ~:** Großwild, *n*
game *adj* mutig; **be ~ to do sth.** bereit sein, etw. zu tun; **be ~ for sth./anything** zu etw./allem bereit sein
gamesmanship [ˈgeɪmzmənʃɪp]*n no pl.* Gewieftheit oder Gerissenheit beim Spiel
gamma [ˈgæmə] *n.* Gamma, *n*
gamma rays *n. pl.* (Physik) Gammastrahlen pl
gammon [ˈgæmən] *n.* Räucherschinken, *m*
gamut [ˈgæmət] *n* Skala, *f.*; **run the whole ~ of...:** die ganze Skala von .. durchgehen
gander [ˈgændər] *n* a) Gänserich, *m.*; b) **have a ~ at/round sth.** sich etw. ansehen
gang [gæŋ] 1.*v. i.* a) **~ up** sich zusammentun (ugs.); b) **~ up against or on** sich zusammenschließen gegen 2. *n.* a) Trupp, *m.*; b) Bande, *f.*; Gang, *f.*; c) Haufen, *m.*; Bande, *f.*
gangling [ˈgæŋglɪŋ] *adj.* schlaksig (ugs.) (Gang, Gestalt)
gangrene [ˈgæŋgriːn] *n.* (Medizin) Gangrän, *f.* oder *n.*; Brand, *m*
gangrenous [ˈgæŋgrɪnəs] *adj.* (Medizin) brandig
gangster [ˈgæŋstər] *n.* Gangster, *m*
gangway *n.* a) Gangway, *f.*;

b) Gang, *m.*; **leave a ~** (bildlich) einen Weg freilassen/-machen
gantry [ˈgæntrɪ] *n.* Portal, *n.*; Schilderbrücke, *f.*; Signalbrücke, *f.*; Startrampe, *f*
gap [gæp] *v. i.* a) den Mund aufsperren; aufgesperrt sein; klaffen; b) Mund und Nase aufsperren; a) Lücke, Spalt *f.*; **a ~ in the rock** ein Spalt im Stein; b) Pause, *f.*; c) Kluft, *f.*; **close or bridge a ~:** eine Kluft überbrücken oder überwinden
gaping [ˈgeɪpɪŋ] *adj* a) gähnend; klaffend (Wunde); b) erstaunt starrend
garage [ˈgæraː, ˈgæraːdʒ] *n.* a) Garage, *f.*; b) Tankstelle, *f.*; Werkstatt, *f.*;
garb [gab] *n* Tracht, *f.*; **strange ~:** seltsame Kleidung, Montur
garbage [ˈgabɪdʒ] *n* a) Abfall, *m.*; Müll, *m.*; b) Schund, *m.*; c) Quatsch, *m.*
garbage: ~ can (amerikanisch); **~ dis'posal unit, ~ disposer** Abfallvernichter, *m*
garble [ˈgabl]*v. t.* a) verstümmeln; b) durcheinanderbringen
garden [gadn] *n* Garen, *m.*; **lead sb. up the ~ path** jmdn. an der Nase herumführen
gardener [ˈgadnər] *n* Gärtner, *m.*/Gärtnerin, *f*
gardening [ˈgadnɪŋ] *n* Gartenarbeit, *f.*; Garten(gerät, -buch, -handschuh)
gargle [ˈgagl] 1. *v. i.* gurgeln. 2. *n.* a) Gurgelmittel, Rachenwasser, *n.*; b) **have a ~:** gurgeln
gargoyle [ˈgagɔɪl] *n.* (Architektur) Wasserspeicher (Dach), *m*
garish [ˈgeərɪʃ] *adj.* grell (Farbe, Licht); knallbunt (Kleidung, Muster)
garishly [ˈgeərɪʃlɪ] *adv.* grell (beleuchten); knallbunt

(kleiden, tapezieren, aussehen)
garland [ˈgalənd] *n.* Girlande, *f.*; **~ of laurel/flowers** Lorbeerkranz/Blumenkranz, *m*
garlic [ˈgalɪk] *n.* Knoblauch, *m*
garment [ˈgamənt] *n.* Kleidungsstück, *n.*; in *pl.* Kleidung, *f.*; Kleider
garnish [ˈganɪʃ] 1. *v. t.* (wörtlich oder bildlich) garnieren. 2. *n.* Garnierung, *f*
garret [ˈgærɪt] *n.* Dachkammer, *f*
garrison [ˈgærɪsn] 1. *v. t.* a) mit einer Garnison belegen; b) in Garnison legen 2. *n.* Garnison, *f*
garrulous [ˈgæruləs] *adj.* gesprächig; geschwätzig
garter [ˈgatər] *n.* Strumpfband, *n*
gas [gæs] 1. *v. t.* mit Gas vergiften 3 *v. i.* schwafeln 2. *n., pl.*; ~es a) Gas, *n.*; **natural ~:** Erdgas, *n.*; **cook with ~:** mit Gas kochen; b) Benzin, *n.*; c) Lachgas, *n.*; Narkotikum *n.*; d) Leuchtgas, *n*
gas: ~bag *n.* (ugs.) Schwafler, *m.*/Schwaflerin, *f.* (ugs. derogativ); **~ cylinder** *n.* Gasflasche, *f.*; **~ 'fire** *n.* Gasofen, *m.*; **~-fired** *adj.* mit Gas betrieben; Gas(boiler, -heizung usw.
gash [gæʃ] 1. *n.* Schnittwunde, *f.*; Spalte; Schlitz, *m.* 2.*v. t.* aufritzen; aufschlitzen (Sack); **~ one's arm/nose** sich in den Arm schneiden/sich die Nase aufschlagen
gasket [ˈgæskɪt] *n.* Dichtung, *f*
lighter *n.* a) Gasanzünder, *m.*; b) Gasfeuerzeug, *n.*; **~ main** *n.* Hauptgasleitung, *f.*; **~man** *n.* Gasinstallateur, *m.*; Gasableser, *m.*; **~ mask** *n.* Gasmaske, *f.*; **~ meter** *n.* Gaszähler, *m*

gas oven n. Gasherd, m
gasp [gasp] 1 v. i. nach Luft schnappen, nach Luft ringen; **leave sb. ~ing with sth.** jmdm. vor etw. den Atem verschlagen oder rauben;. 2. v. t. ~ **out** hervorstoßen (Bitte, Schrei). 3. n. Keuchen, n.; **be at one's last ~:** in den letzten Zügen liegen
gas: ~-pipe n. Gasleitung, f.; ~ **station** n. (amerikanisch) Tankstelle, f.; ~ **stove** n. Gasherd, m ~ **tank** n. a) Gastank, m.; b) (amerikanisch) Benzintank, m.; ~ **tap** n. Gashahn, m
gastronomic [gæstrə'nɒmɪk] adj. gastronomisch; kulinarisch (Hochgenüsse)
gastronomy [gæ'strɒnəmɪ] n. Gastronomie, f.; **Japanese ~:** japanische Küche
gate [geɪt] n a) Tor, n.; Sperre, f.; Gatter, n., f.; Schranke, f.; Flugsteig, m.; b) Besucher, f
gateau ['gætəʊ] n pl. ~s or ~x Tore, f
gather ['gæðər] 1. v. t. a) sammeln; zusammentragen, zusammenbringen (Informationen); pflücken; ~ **sth.** etw. zusammensammeln oder -suchen; ~ **the harvest** die Ernte einbringen; b) schließen; **as far as I can ~:** soweit ich weiß; ~ **from sb. that…:** von jmdm. erfahren, dass…; c) ~ **force/speed** stärker/schneller werden; d) zusammennehmen (Kraft, Mut); ~ **oneself** sich zusammennehmen; ~ **one's breath/strength** zu Atem kommen/Kräfte sammeln; e) **she ~ed her belongings** sie suchte ihre Sachen zusammen; f) (Handarbeit) ankrausen. 2. v. i. a) sich versammeln; (Flusen) sich ansammeln; sich zusammenziehen (Schweißperlen) sich sammeln; **be ~ed** versammelt sein; ~ **round sb./sth.** sich um jmdn./etw. versammeln; b) zunehmen; 3. n. in pl. Knäuel ~ **'up** v. t. a) aufsammeln; zusammenpacken; zusammenraffen; b) hochraffen (Rock); sammeln
gathering ['gæðərɪŋ] n. Versammlung, f
gauche [gəʊʃ] adj. linkisch
gaudy ['gɔːdɪ] adj. protzig (derogativ); grell (Farben)
gauge [geɪdʒ] 1. v. t. a) messen; b) (bildlich) beurteilen (by nach) 2. n. a) Maß, f.; (Bahn) Spurweite, f.; **narrow ~:** Schmalspur, f.; b) Messgerät, n.; Lehre, f.; c) Kriterium, n.; Maßstab
gaunt [gɔːnt] adj. hager; (spindel-) dünn verhärmt; karg (Landschaft)
gauntlet ['gɔːntlɪt] n. Stulpenhandschuh, m.
gauze [gɔːz] n. Gaze, f
gay [geɪ] 1. adj a) fröhlich; fidel; b) schwul; Schwulen (kneipe, -magazin).; c) farbenfroh (Stoff, Ausstattung); fröhlich, lebhaft (Farbe) 2. n. (ugs.) Schwule, m. (ugs.)
gaze [geɪz] v. i. blicken; starren; ~ **at sb./sth.** jmdn./etw. anstarren oder ansehen
gazelle [gə'zel] n. Gazelle, f
gazette [gə'zet] n. a) (britisch) Amtsblatt, n.; b) Zeitung, f
gazetteer [gæzɪ'tɪər] n. alphabetisches Verzeichnis
gear [gɪər] 1. v. t. ausrichten 2. n. a) (Motor) Gang, m.; **first or bottom/top ~** (britisch) m. erste/höchste Gang; **put the car into ~:** einen Gang einlegen; **leave the car in ~:** den Gang eingelegt lassen; b) Getriebe, n.; c) Aufmachung, Bekleidung, f.; d) Gerät, n.; Ausrüstung, f
gear: ~box n. Getriebekasten, m.; **~-stick** ns. Schalthebel, m.; **~wheel** n. Zahnrad, n
gee [dʒiː] int. (ugs.) Mannomann (sl.); Mensch!
geezer ['giːzər] n Opa, m. (ugs. scherzhaft oder derogativ)
gel [dʒel] 1. n. Gel, n.2. v. i., -ll-; a) gelieren; gelatinieren; b) (bildlich) Gestalt annehmen
gelatine ['dʒelətiːn] n Gelatine, f
gelding ['geldɪŋ] n. kastriertes Tier; Wallach, m
gem [dʒem] n. a) Edelstein, m.; Juwel, n. oder m.; b) Perle, f.; Juwel, n.; Glanzstück, n
Gemini ['dʒemɪnaɪ, 'dʒemɪnɪ] n. (Astrologie, Astronomie) Zwillinge pl
gender ['dʒendər] n. a) (Linguistik) Geschlecht; Genus, n.; b) Geschlecht, n
gene [dʒiːn] n. (Biologie) Gen, n.
genealogy [dʒiːnɪ'æləʒɪ] n. Genealogie, f.; Ahnentafel, f
general ['dʒenrl] 1. adj a) allgemein; **the ~ public** weite Kreise der Öffentlichkeit oder Bevölkerung; **he has had a bad ~ education** er hat eine schlechte Allgemeinbildung; **in ~ use** allgemein verbreitet; b) allgemein; weit verbreitet; **it is the ~ custom or rule** es ist allgemein üblich oder ist Brauch oder Sitte; c) allgemein; ungefähr, vage; **the ~ idea or plan is that we…:** wir haben uns das so vorgestellt, dass wir…; d) allgemein; allgemeingültig; generell; **as a ~ rule, in ~:** im Allgemeinen; 2. n. (Militär) General, m
G~ Certificate of Edu'cati-

on *n.* (britisch historisch) mittlere Reife; Abitur

generality [dʒenəˈrælɪtɪ] *n* a) **talk in generalities** verallgemeinern, nichts spezifisches sagen; b) Großteil, *m.*; Mehrheit, *f*

generalization [dʒenrəlaɪˈzeɪʃn]*n* Verallgemeinerung, *f*

generalize [ˈdʒenrəlaɪz] 1. *v. t.* verallgemeinern. 2. *v. i.* verallgemeinern

general ˈknowledge *n* Allgemeinwissen, *n*

generally [ˈdʒenrəlɪ] *adv* a) allgemein; ~ **available** überall erhältlich; b) im Allgemeinen; normalerweise; c) ~ **speaking** im Allgemeinen; d) ganz allgemein

general: ~ ˈ**manager** *n.* Direktor/in; ~ ˈ**practice** *n. (Medizin)* Allgemeinmedizin, *f.*; ~ **practitioner** *n. (Medizin)* Arzt/Ärztin für Allgemeinmedizin; ~ ˈ**staff** *n.* Generalstab, *m*

generate [ˈdʒenəreɪt] *v. t.* erzeugen; führen zu, resultieren in

generation [dʒenəˈreɪʃn] *n* a) Generation, *f.*; **first-/next-~ computers** etc. Computer usw. der ersten/nächsten Generation; ~ **gap** Generationsunterschied, *m.*; b) Erzeugung, *f.*

generator [ˈdʒenəreɪtər] *n.* Generator, *m.*; Lichtmaschine, *f*

generic [dʒɪˈnerɪk] *adj.* a) ~ **term or name** Gattungs- oder Oberbegriff, *m.*; b) (Biologie) Gattungs(name, -bezeichnung)

generosity [dʒenəˈrɔsɪtɪ] *n.* Großzügigkeit, *f.*; Großmut, *f*

generous [ˈdʒenərəs] *adj.* a) großzügig großmütig; b) großzügig; reichhaltig (Speise); reichlich (Nachschub, Vorrat, Portion); üppig (Figur, Formen, Mahl)

generously [ˈdʒenərəslɪ] *adv.* großzügig; großmütig

genesis [ˈdʒenɪsɪs] *n., pl.* geneses [ˈdʒenɪsiːz] a) **G~no pl.** Schöpfungsgeschichte, *f.*; b) Herkunft, *f.*; Entstehung, *f*

genetic [dʒɪˈnetɪk] *adj.*, **genetically** *adv.* genetisch

genetics [dʒɪˈnetɪks] *n., no pl.* Genetik, *f*

Geneva [dʒɪˈniːvə] 1. *pr. n.* Genf; **Lake ~:** *m.* Genfer See. 2. *attrib. adj.* Genfer

genial [ˈdʒiːnɪəl] *adj.* freundlich; jovial, leutselig (Person, Art)

geniality [dʒiːnɪˈælɪtɪ] *n., no pl.* Freundlichkeit, *f*

genital [ˈdʒenɪtl] 1. *n. in pl.* Geschlechtsorgane; Genitalien. 2. *adj.* Geschlechts-

genitive [ˈdʒenɪtɪv] (Linguistik) 1. *adj* Genitiv-; genitivisch; ~ **case** Genitiv, *m.* 2. *n.* Genitiv, *m*

genius [ˈdʒiːnɪəs] *n pl.* ~es or genii *a)* *pl.* ~**es** Genie, *n.*; b) Talent, *n.*; Begabung, *f.*; Genie, *n.*; **so. of ~:** ein genialer Mensch; ein Genie

Genoa [ˈdʒenoʊə] *pr. n.* Genua (*n.*)

genocide [ˈdʒenəsaɪd] *n.* Völkermord, *m*

genre [ʒɑrə] *n.* Genre, *n.*; Gattung, *f*

gent [dʒent] *n.* a) Gent, *m.* b) **~s'** Herren; c) **the G~s** (britisch ugs.) die Herrentoilette

genteel [dʒenˈtiːl] *adj.* vornehm; fein

gentile [ˈdʒentaɪl] 1. *n.* Nichtjude, *m.*/-jüdin, *f.* 2. *adj.* nichtjüdisch

gentility [dʒenˈtɪlɪtɪ] *n., no pl.* Vornehmheit, *f*

gentle [ˈdʒentl] *adj* sanft; sanftmütig; freundlich, liebenswürdig; leicht, schwach (Luftzug); ruhig (Bach, Wesen); mäßig (Temperatur); leise; gemäßigt; gemächlich; mild; sanft (Abhang usw.); wohlig (Temperatur); zahm, lammfromm (Tier); **be ~ with sb./sth.** sanft mit jmdm./etw. umgehen; **a ~ reminder/hint** ein zarter Wink/eine sanfte Andeutung

gentleman [ˈdʒentlmæn] *n* a) Gentleman, *m.*; b) Herr, *m.*; **Gentlemen!** meine Herren!; **Gentlemen,...** Sehr geehrte Herren!

gentlemanly [ˈdʒentlmənlɪ] *adj* **gentlemanlike** *nicht attrib.*; eines Gentleman würdig

gentleness [ˈdʒentlnɪs] *n no pl.* Sanftheit, *f.*; Sanftmütigkeit, *f.*; Milde, *f*

gently [ˈdʒentlɪ] *adv* zart; zärtlich; sanft; vorsichtig; behutsam; leise; sanft; langsam; bei; ~ **does it!** immer sachte! (ugs.); sachte

gentry [ˈdʒentrɪ] *n. pl.* niederer Adel; Gentry, *f*

genuine [ˈdʒenjuɪn] *adj.* a) echt; authentisch (Text); echt; **the ~ article** die echte Ausgabe *(bildlich)*; b) aufrichtig; wahr (Grund, Not); ernsthaft, ernstgemeint (Angebot)

genuinely [ˈdʒenjuɪnlɪ] *adv.* wirklich

genus [ˈdʒiːnəs, ˈdʒenəs] *n* (Biologie) Gattung, *f*

geographer [dʒɪˈɔgrəfər] *n.* Geograf, *m.*/Geografin, *f*

geography [dʒɪˈɔgrəfɪ] *n.* Geografie, *f.*; Erdkunde, *f.* (Schulwesen)

geologically [dʒɪːoˈlɔdʒɪkəlɪ] *adv.* geologisch

geologist [dʒɪˈɔlədʒɪst] *n.* Geologe, *m.*/Geologin, *f*

geology [dʒɪˈɔlədʒɪ] *n.* Geologie, *f*

geometry [dʒɪˈɔmɪtrɪ] *n.* Geometrie, *f*

Georgian [ˈdʒɔːdʒɪən] *adj.* (britisch historisch) georgianisch

geranium [dʒəˈreɪnɪəm] *n.* Geranie, *f.*; Pelargonie, *f*

gerbil [ˈdʒɜːbɪl] *n.* (Tierwelt) Wüstenmaus, *f.*; Rennmaus, *f*

geriatric [dʒerɪˈætrɪk] *adj.* geriatrisch

germ [dʒɜːm] *n* Keim, *m.*; **wheat ~:** Weizenkeim, *m.* **the ~ of truth** der Kern der Wahrheit

German [ˈdʒɜːmən] 1. *adj* deutsch; **the ~ people** die Deutschen; **he is a native ~ speaker** seine Muttersprache ist Deutsch. 2. *n.* a) Deutsche, *m./f.*; **he/she is a ~:** er ist Deutscher/sie ist Deutsche; b) Deutsch, *n.*; **High ~:** Hochdeutsch, *n.*; **Low ~:** Niederdeutsch, *n*

Germanic [dʒɜːˈmænɪk] *adj.* germanisch

Germany [ˈdʒɜːmənɪ] *pr. n.* Deutschland (*m.*); **Federal Republic of ~:** Bundesrepublik Deutschland, *f.*

germinate [ˈdʒɜːmɪneɪt] 1. *v. i.* keimen; entstehen. 2. *v. t.* zum Keimen bringen

germination [dʒɜːmɪˈneɪʃn] *n.* Keimung, *f.*; Keimen, *n*

gerund [ˈdʒerənd] *n.* (Linguistik) Gerundium, *n*

gestation [dʒeˈsteɪʃn] *n.* Trächtigkeit, *f.*; Schwangerschaft, *f*

gesticulate [dʒeˈstɪkjʊleɪt] *v. i.* gestikulieren

gesticulation [dʒestɪkjʊˈleɪʃn] *n.* ~ Gesten

gesture [ˈdʒestʃər] 1. *v. i.* gestikulieren; **~ to sb. to do sth.** jmdm. zu verstehen geben oder jmdm. bedeuten, etw. zu tun. 2. *n.* Geste, *f.*; Gebärde, *f.*; **a ~ of confidence** eine Geste des Vertrauens. 3. *v. t.* **~ sb. to do sth.** jmdm. bedeuten, etw. zu tun

get [get] 1. *v. t.* a) bekommen; kriegen; kaufen; sich anschaffen; sich besorgen; sich beschaffen; einholen; kommen zu; finden; ~ **sb. a job/taxi, ~ a job/taxi for sb.** jmdm. einen Job verschaffen/ein Taxi besorgen oder rufen; **you can't ~ this kind of vegetables in the winter months** dieses Gemüse gibt es im Winter nicht zu kaufen; b) holen; **what can I ~ you?** was kann ich Ihnen anbieten?; c) ~ **the train etc.** den Zug usw. erreichen oder (*ugs.*) kriegen; den Zug nehmen; d) machen, zubereiten (Essen); e) essen; ~ **something to drink** etwas zu trinken holen; etwas zu trinken bekommen; *f)* erreichen; **what do I ~ out of it?** was habe ich davon, was bringt es mir?; g) (Mathematik) herausbekommen; h) bekommen; erhalten, (*ugs.*) kriegen (Wechselgeld); **she got her arm broken** sie hat sich den Arm gebrochen; i) Gefängnis , kriegen **you'll ~ it** (*ugs.*) du kriegst Haue, Prügel (*ugs.*); es setzt was (*ugs.*); du kriegst was zu hören (*ugs.*); j) töten; erlegen (Beute, Fisch); treffen; k) bekommen; finden; sich verschaffen; erzielen; gewinnen; belegen; ~ **permission** die Erlaubnis bekommen; l) finden (Ruhe, Schlaf); gewinnen (Eindruck); bekommen (Krankheit); bekommen ~ **a good idea/a bad habit from sb.** von jmdm. eine gute Idee/schlechte Angewohnheit übernehmen; *m)* **have got** (*ugs.*) haben; **have got to do sth.** etw. tun müssen; **give all you've got** gib dein Bestes; *n)* bringen; kriegen; (Nachricht) o) ~ **things going** die Dinge in Gang bringen, anfangen; ~ **sth. ready/done** etw. fertig machen, beenden; **I didn't ~ much done today** ich habe heute nicht viel erledigt; ~ **a haircut** sich die Haare schneiden lassen; p) ~ **sb. to do sth.** jmdn. dazu bringen, etw. zu tun; q) empfangen; r) ~ **sb. on the phone** jmdn. erreichen; s) **I'll ~ it!** ich geh' es schon holen!; ich gehe ran; t) in Verwirrung bringen; **you've got me there; I don't know** da bin ich überfragt; u) kapieren; bemerken, mitkriegen; ~ **it?** Kapiert?; v) aufregen 2. *v. i.* a) kommen; **when did you get here?** wann bist du angekommen?; b) ~ **started or going** aufbrechen; losgehen; loslegen (*ugs.*); in Schwung/Bewegung kommen; ~ **going on or with** sth. mit etw. anfangen, beginnen; c) ~ **to know sb.** jmdn. kennenlernen; **she got to hate him** mit der Zeit begann sie, ihn zu hassen; ~ **to do sth.** etw. tun können; d) werden; ~ **ready/done** sich fertigmachen/etw. beenden; ~ **excited about sth.** sich auf etw. freuen; ~ **well soon!** gute Besserung!

~ **a'bout** *v. i.* a) sich bewegen; herumkommen; b) (Gerücht) sich verbreiten

~ **across** 1. *v. i.* a) überkommen (*ugs.*); b) ~ **sth. across** überbekommen, etw. vermitteln können; ~ **across to sb.** sich jmdm. verständlich machen; ankommen. 2. *v. t.* a) überqueren; ~ **sb./sth. across** jmdn./etw. hin-/herüberbringen; b) vermitteln, klarmachen (to Dat.)

~ **a'long** *v. i.* a) ~ **along well** Fortschritte machen; b) zurechtkommen; c) auskommen; d) sich auf den Weg machen

~ **at** *v. t.* a) herankommen an; b) rausfinden; c) **what**

going

are you getting at? worauf wollen Sie hinaus?; worauf spielen Sie an?; d) anmachen (salopp)

~ **a'way** 1 *v. i.* a) wegkommen; **I can't ~ away from drinking** ich kann nicht von der Flasche loskommen; b) entkommen; entwischen; c) *in imper.* ~ **away!** ach, geh oder komm! *(ugs.)*; ach, erzähl mir doch keine Geschichten!. 2. *v. t.* wegnehmen; ~ **sth. away from sb.** jmdm. etw. wegnehmen

~ **a'way with** *v. t.* a) entkommen mit, sich davonstehlen; b) ungestraft davonkommen mit

~ **'back** 1. *v. i.* a) zurückkommen; ~ **back home** nach Hause kommen; b) zurücktreten, Platz machen. 2. *v. t.* a) wieder- oder zurückbekommen; ~ **one's strength back** wieder zu Kräften kommen; b) zurücktun; c) ~ **one's 'own back** *(sl.)* sich rächen

~ **'back to** *v. t.* ~ **back to sb.** auf jmdn. zurückkommen

~ **be'hind** *v. i.* zurückbleiben; ins Hintertreffen geraten; in Rückstand geraten ~ **back to work** wieder an die Arbeit gehen

~ **'by** 1. *v. i.* a) vorbeikommen; **let sb.** ~ **by** jmdn. vorbeilassen; b) über die Runden kommen; c) **she should just about ~ by in the exam** sie müsste die Prüfung gerade so schaffen. 2. *v. t.* a) ~ **by sb./sth.** an jmdm./etw. vorbeikommen; b) entgehen (+ Dat.)

~ **down** 1. *v. i.* a) heruntersteigen; b) sich bücken; c) aufstehen; ~ **down on one's knees** niederknien. 2. *v. t.* a); herunterkommen; hinuntergehen; b) ~ **sb./sth. down** jmdn./etw. hin-/herunterbringen; jmdm./etw.

hin-/herunterholen; jmdn./etw. hin-/herunterbekommen; c) hinunterschlucken; d) ~ **sth. down** etw. schriftlich niederlegen oder zu Papier bringen; e) jmdn. fertigmachen, ruinieren; f) senken; herunterhandeln, drücken (Preis)

~ **'down to** *v. t.* ~ **down to sth.** sich an etw. machen; ~ **down to writing a letter** sich hinsetzen und einen Brief schreiben

~ **'in** 1. *v. i.* a) einsteigen; sich hinlegen; eintreten; eindringen; hineinsteigen; b) heimkommen; ankommen c) gewählt werden in; d) angenommen werden; einen Studienplatz bekommen. 2. *v. t.* a) einbringen (Ernte); ins Haus bringen; einlagern; reinholen (Wäsche), holen, kaufen (Getränke); b) einsteigen in; c) abgeben (Hausaufgaben); einreichen (Antrag, Bewerbung); d) erhalten; e) holen, rufen (Feuerwehr, Schutz); hinzuziehen (Spezialist); f) reinkriegen; einschieben (Unterrichtsstunde); **try to ~ in a word about sth.** sich zu etw. äußern wollen

~ **'in on** *v. t.* sich beteiligen an; ~ **in on the act** mitmischen

~ **into** *v. t.* a) fahren in; bringen in; b) gehen/eindringen in; steigen in; treten in; steigen in (Badewanne); c) eingelassen werden in; einen Studienplatz erhalten an; genommen werden von; d) ~ **into one's clothes** sich anziehen, e) kommen in; dringen in; f) geraten in; stürzen in; bringen in (Schwierigkeiten); g) annehmen (Angewohnheit); ~ **into the job/work** sich einarbeiten; h) geraten in; i) **what's got into him?** was ist nur in ihn gefahren?

~ **'in with** *v. t.* ~ **in with sb.** sich mit jmdm. gut stellen

~ **off** 1. *v. i.* a) aussteigen; absteigen; **tell sb. where he ~s off or where to ~ off** jmdn. seine/ihre Grenzen aufweisen; b) runtergehen (Stuhl); aufstehen; herunterkommen; loslassen; c) aufbrechen; ~ **off to work** zur Arbeit losgehen/-fahren; ~ **off to a good start** einen guten Start haben; d) davonkommen; ~ **off lightly** glimpflich davonkommen; e) einschlafen; f) gehen; ~ **off early** früh gehen. 2. *v. t.* a) steigen von (Motorrad); steigen von (Pferd); aussteigen aus; b) herunterkommen von; aufstehen von (Sessel); verschwinden von, verlassen (Gelände); c) losschicken; d) ausziehen; entfernen (Farbe, Fleck); ~ **sth. off sth.** etw. von etw. entfernen/abbekommen; e) abschicken (Päckchen, Brief); f) davonkommen lassen; g) frei haben; **I have got the day off** ich habe den Tag frei

~ **on** 1. *v. i.* a) aufsteigen; aufsitzen; einsteigen; b) vorankommen; ~ **on in life** es zu etwas im Leben bringen; c) **he's ~ting on well** es geht ihm gut; d) vorrücken (Zeit); **time is ~ting on** es wird langsam spät; e) älter werden; **be ~ting on for thirty** auf die Dreißg zugehen; f) **there were ~ting on for a hundred people** es waren an die hundert Leute da; g) zurechtkommen, klarkommen; 2. *v. t.* a) steigen auf (Fahrrad, Pferd); einsteigen in; gehen auf; anziehen; aufsetzen (Mütze, Wassertopf), laden auf; ~ **the cover on** den Deckel draufbekommen; c) ~ **something on sb.** etwas gegen jmdn. in der Hand haben

~ **'on to** v. t. a) sich in Verbindung setzen mit; anrufen; c) ~ **on to sth.** hinter etw. kommen, etw. herausfinden; d) übergehen zu etw. anderem

~ **'on with** v. t. a) weitermachen mit; **let sb.** ~ **on with it** jmdn. machen lassen

~ **'out** 1.v. i. a) rausgehen; aussteigen; rausfahren; rausklettern; ~ **out of my house!** raus aus meinem Haus!; b) austreten; ausbrechen, entkommen; herauskommen; durchsickern. 2.v. t. a) rausbringen; rauswerfen; rausschicken b) herausholen; herausziehen; herausfahren; c) abheben

~ **'out of** v. t. a) verlassen; entfernen aus; herausziehen aus; herausholen; abheben (Geld) von; ~ **sth. out of one's mind or head** sich etw. aus dem Kopf schlagen; b) herauskommen aus; herumkommen um; sich drücken vor; c) herausholen aus; machen oder erzielen bei; ~ **the truth/a confession out of sb.** aus jmdm. die Wahrheit/ein Geständnis herausbringen

~ **'over** 1. v. i. a) ~ **over to the other side of the street** auf die andere Seite der Straße gehen; 2.v. t. a) gehen über; setzen über; klettern über; bringen über; b) hinwegkommen über; überwinden; verwinden (Verlust); sich erholen von (Verletzung)

~ **'over with** v. t. (ugs.) ~ **sth. over with** etw. hinter sich bringen

~ **'round** 1. v. i. a) ~ **round to finishing sth.** dazu kommen, etw. zu Ende zu bringen. 2. v. t. a) umgehen (Regeln); b) ~ **round sb.** jmdn. herumkriegen (ugs.); jmdn. überzeugen; c) lösen (Rätsel usw.); überwinden (Hürde usw.); umgehen

~ **through** 1. v. i. a) durchkommen; Verbindung bekommen; b) durchkommen; durchdringen; c) gewinnen; ~ **through to the finals** in die Endrunde kommen; d) ~ **through** sich verständlich machen; e) (pass) bestehen; durchkommen; f) durchkommen.; angenommen werden 2.v. t. a) kommen durch; b) ~ **sb. through** to jmdn. verbinden mit; c) bringen; übermitteln (Nachricht); ~ **a message through to sb.** jmdm. eine Nachricht zukommen lassen; d) ~ **sth. through to sb.** jmdm. etw. klarmachen; e) durchkommen, bei Bestehen (Examina); f) verqualmen; verbrauchen (Lebensmittel); aufessen (Speise); durchbringen (Vermögen); g) kommen durch; durchstehen; überstehen; h) fertig werden mit, erledigen (Aufgabe); durchkriegen (Lektüre)

~ **to** v. t. a) kommen zu; erreichen; **where has the glas milk got to?** wo ist das Glas Milch hingekommen?; b) ~ **to doing sth.** anfangen, etw. zu tun; c) ~ **to sb.** jmdm. auf die Nerven gehen

~ **to'gether** 1. v. i. zusammenkommen; 2. v. t. a) zusammenbringen; ~ **one's things together** seine Sachen zusammenpacken; b) ~ **it or things together** die Dinge auf die Reihe bekommen, etwas schaffen/ erledigen können

~ **up** 1.v. i. a) aufstehen; **please don't** ~ **up!** bitte bleiben Sie sitzen!; b) aufsitzen, steigen; c) zunehmen an Stärke; 2. v. t. a) wecken; aus dem Bett holen; b) aufhelfen; c) hinaufsteigen; **the motorbike will not** ~ **up that mountain** das Motorrad kommt den Berg nicht hinauf; d) ~ **sb./sth. up** jmdn. etw. her-/hinaufbekommen; jmdn./etw. her-/hinaufbringen; e) auf die Beine stellen; organisieren; f) zurechtmachen; herrichten; ~ **sb./oneself up as sb.** jmdn./sich als jmdn. ausstaffieren

~ **'up to** v. t. a) erreichen (Leistungsniveau); bringen auf; b) aus sein oder etw.; **what have you been ~ting up to?** was hast du getrieben oder angestellt?

get: **~-away** n Flucht, f.; Flucht(plan, -wagen); **~-together** n Zusammenkunft, f.; gemütliches Beisammensein; **have a ~-together** sich treffen; zusammenkommen; **~-up** n. Aufmachung, f.;

Ghana ['gɑːnə] pr. n. Ghana **Ghanaian** [gɑ'neɪən] 1. adj. ghanaisch.: 2. n. Ghanaer, m./Ghanaerin, f

ghastly ['gɑːstlɪ] adj. a) grauenvoll; entsetzlich; grässlich; schrecklich; b) scheußlich (ugs.); grässlich (ugs.); **I feel ~:** ich fühle mich entsetzlich schlecht

ghetto ['getəʊ] n., pl. ~s Getto, n.

ghost [gəʊst] 1v. t. ~ **sb.'s speech** etc. für jmdn. eine Rede als Ghostwriter schreiben 2. n. Gespenst, n.; Geist, m.; **not have the or a ~ of a chance** nicht die geringste Chance haben

ghostly ['gəʊstlɪ] adj. geisterhaft; gespenstisch

ghoulish ['guːlɪʃ] adj. teuflisch (Freude); schaurig (Lachen); makaber

giant ['dʒaɪənt] 1. n. Riese, m.2. attrib. adj. riesig; Riesen-

gibber [ˈdʒɪbər] *v. i.* plappern; (Affe)
gibberish [ˈdʒɪbərɪʃ] *n.* Kauderwelsch, *n*
gibbon [ˈgɪbən] *n.* (Tierwelt) Gibbonaffe, *m*
gibe [dʒaɪb] 1. *v. i.* ~ **at sb./sth.** über jmdn./etw. spötteln 2. *n.* Spöttelei, *f.*
giblets [ˈdʒɪblɪts] *n. pl.* Geflügelklein, *n*
Gibraltar [dʒɪˈbrɔːltər] *pr. n.* Gibraltar
giddiness [ˈgɪdɪnɪs] *n., no pl.* Schwindel, *m*
giddy [ˈgɪdɪ] *adj.* schwindelerregend; schwindlig; **I feel ~:** mir ist schwindlig
gift [gɪft] *n.* a) Geschenk, *n.*; Gabe, *f.*; **a ~ box** eine Geschenkpackung; b) **be a ~:** geschenkt sein, nachgeworfen c) Begabung, *f.*; **have a ~ for music** musikalisch begabt sein
gifted [ˈgɪftɪd] *adj* begabt; **be ~ in or at mathematics** mathematisch begabt sein
gigantic [dʒaɪˈgæntɪk] *adj* gigantisch; riesengroß; enorm, gewaltig
giggle [ˈgɪgl] *v. i.* kichern
gild [gɪld] *v. t.* vergolden; ~ **the lily** des Guten zuviel tun 2. *n.* a) Kichern, *n.*; Gekicher, *n.*; b) Witzbold, *m.*; Spaß, *m.*; **we did it for a ~:** wir wollten unseren Spaß haben
gill [gɪl] *n., usu. in pl.* Kieme, *f*
gilt [gɪlt] 1. *n.* Goldauflage, *f.*; Goldfarbe, *f.* 2. *adj.* vergolden
gimmick [ˈgɪmɪk] *n.* Scherz, *m.*; **a publicity ~:** ein Werbegag
gimmickry [ˈgɪmɪkrɪ] *n* Firlefanz, *m.*; Pipifax; **advertising ~:** Werbegags oder -trick
gin [dʒɪn] *n.* Gin, *m.*; ~ **and tonic** Gin Tonic, *m*
ginger [ˈdʒɪndʒər] 1. *n.* a) Ingwer, *m.*; b) Rötlichgelb, *n.* 2. *adj.* a) rötlichgelb; rotblond (Bart, Haare); b) Ingwer (gebäck, -geschmack)
gingerly [ˈdʒɪndʒəlɪ] *adv.* vorsichtig; behutsam
giraffe [dʒɪˈrɑːf, dʒɪˈræf] *n.* Giraffe, *f*
girder [ˈgɜːdər] *n.* Träger, *m*
girdle [ˈgɜːdl] *n.* Hüfthalter, *m.*; Hüftgürtel, *m*
girl [gɜːl] *n.* a) Mädchen, *n.*; Mädchen, *n.* junges Mädchen; Frau, *f.*; Tochter, *f.*; **baby ~:** kleines Mädchen; **~s' school** Mädchenschule, *f.*; b) Mädchen, *n.*; Freundin, *f*
giro [ˈdʒaɪrəʊ] *n* Giro-; **post office/bank ~:** Postgiro- oder Postscheck-/Giroverkehr, *m*
girth [gɜːθ] *n.* a) Umfang, *m.*; Taillenumfang, *m.*; b) Bauchgurt (Reitsattel), *m*
gist [dʒɪst] *n.* Wesentliche, *n.*; Kern, *m.*; **could you give me the ~ of it?** könntest du mir sagen, worum es hier geht?; **get the ~ of sth.** das Wesentliche einer Sache mitbekommen
give [gɪv] 1. *v. t.* a) geben; übergeben; überbringen; ~ **me...** verbinden Sie mich mit...; b) schenken; geben; vermachen; ~ **sb. sth.,** ~ **sth. to sb.** jmdm. etw. schenken; ~ **towards sth.** zu etw. beisteuern; ~ **blood** Blut spenden; ~ **a donation to charity** für wohltätige Zwecke spenden; c) verkaufen; geben; zahlen; *(ugs.)*; opfern; geben; **I would ~ anything or my right arm/a lot to be there** ich würde alles/viel darum geben, wenn ich dort sein könnte; d) aufgeben; geben; e) geben; verleihen; **be ~n sth.** etw. bekommen; **be ~n the honour/privilege of doing it** die Ehre/das Vorrecht zuteil werden, es zu tun; *f)* übertragen; ~ **sb. the power to do sth.** jmdn. ermächtigen, etw. zu tun; g) geben; überlassen (Sitzplatz); lassen ~ **you/him etc. that** das gebe ich zu; ~ **yourself time to finish the job** lass dir Zeit, die Arbeit zu beenden; ~**n that** da, weil; wenn; ~**n time,** h) (offer to sb.) reichen, geben; **please ~ me your full attention** ich bitte um Ihre ungeteilte Aufmerksamkeit; ~ **sb. in marriage** jmdn. verheiraten; i) geben; verleihen; machen; bereiten, verursachen; leisten (Hilfestellung); bieten gewähren; ~ **hope to sb.** jmdm. Hoffnung machen; j) angeben; nennen; bekanntgeben (Ereignis, Nachricht); machen (Andeutung); geben fällen; sagen; erteilen; enthalten; bringen (Bericht); ~ **details of sth.** Einzelheiten einer Sache (Gen.) darlegen; **don't ~ me that!** erzähl mir nichts!; ~ **sb. a final decision** jmdm. eine endgültige Entscheidung mitteilen; k) ~*n* gegeben; l) geben (Konzert, Darbietung); halten (Vortrag, Unterricht); vorlesen; singen (Lied); spielen; ~ **us a song** sing mal was; *m)* ausbringen; **ladies and gentlemen, I ~ you the Queen** meine Damen, meine Herren, auf die Königin oder das Wohl der Königin; *n)* geben (Milch, Licht); tragen (Beeren, Früchte); ergeben (Resultat, Zahlen); erbringen (Ernte); o) machen; **motorbiking ~s me an appetite** Motorradfahren macht mich hungrig; p) geben; versetzen; geben, verabreichen (Medizin); ~ **as good as one gets** *(ugs.)* ~ jmdm. mit gleicher Münze heimzahlen; q) geben (Stoß, Zeichen, Tritt); ma-

chen (Bewegung, Ruck); ausstoßen; **a little smile** schwach lächeln; ~ **sth./sb. a look** sich etw./jmdn. ansehen; r) widmen; ~ **all one's got** sein Möglichstes tun; s) geben; t) ~ **sb./sth. months/a year** jmdm./einer Sache Monate/ein Jahr geben. 2*v. i.* a) nachgeben (auch bildlich); (Knie) weich werden; federn; zusammenbrechen; (Brücke) einstürzen; *(bildlich)* nachlassen; b) ~ **on to the street/garden** auf die Straße hinausführen/in den Garten führen. 3. *n.* a) Nachgiebigkeit, *f.*; Elastizität, *f.*; b) ~ **and take** Kompromiss, *m.*; Geben und Nehmen, *n*

~ **a'way** *v. t.* a) verschenken; b) dem Bräutigam zuführen; c) vergeben, verteilen; d) verraten

~ **'back** *v. t.* (wörtlich oder bildlich) zurückgeben; wiedergeben

~ **in** 1.*v. t.* abgeben. 2. *v. i.* nachgeben (auch Dat.)

~ **'off** *v. t.* ausströmen (Gestank, Qualm); aussenden (Strahlen)

~ **out** 1. *v. t.* a) verteilen; austeilen; b) vergeben; b) bekanntgebe*n*. 2. *v. i.* ausgehen; versagen

~ **'over** *v. t.* a) **be ~n over to sth.** für etw. beansprucht werden; b) ~ **sth./sb. over to sb.** etw. jmdm. überlassen/jmdn. jmdm. ausliefern; c) ~ **over doing sth.** aufhören, etw. zu tun

~ **'up** 1. *v. i.* aufgebe*n*. 2. *v. t.* a) aufgeben; ablegen (Angewohnheit); widmen; verzichten auf; ~ **sth. up** sich etw. abgewöhnen; b) ~ **sb. up** jmdn. nicht mehr erwarten; jmdn. aufgeben, Hoffnung verlieren; c) übergeben; ~ **oneself up** sich stellen

~ **'way** *v. i.* a) nachgeben; einstürzen; ~ **way to anger** seiner Wut Luft machen; ~ **way to fear** der Angst erliegen; b) **'G~ Way** „Vorfahrt beachten"; c) ~ **way to sth.** einer Sache weichen

'give-away *n.* (ugs.) a) **his voice was the ~:** seine Stimme hat ihn verraten; **it was a dead ~:** es verrät alles; b) *attrib.* ~ **prices** Schleuderpreis

giver ['gɪvər] *n.* Geberin, *f.*; Geber, *m.* (donor) Spenderin, *f.*; Spender, *m*

glacé ['glæseɪ] *adj.* glasiert

glacial ['gleɪsɪəl, 'gleɪʃl] *adj.* a) eisig; eiskalt; b) (Geologie) Gletscher. *m*

glacier ['glæsɪər] *n.* Gletscher, *m*

glad [glæd] *adj. pred.* froh; **be ~ that...:** sich freuen, dass...; ~ **to meet you** es freut mich oder ich freue mich, Sie kennenzulernen; **be ~ to hear sth.** sich freuen, etw. zu hören; froh sein, etw. zu hören;..., **I'd be ~ to** aber gern; **he's ~ to be alive** er ist froh, dass er lebt

gladden ['glædn] *v. t.* erfreuen

glade [gleɪd] *n.* Lichtung, *f*

gladiator ['glædɪeɪtər] *n.* Gladiator, *m*

gladly ['glædlɪ] *adv.* a) freudig; b) gern

glamorize ['glæməraɪz] *v. t.* verherrlichen Glanz verleihen; glorifizieren

glamorous ['glæmərəs] *adj.* glanzvoll; glamourös; mondän

glamour ['glæmər] *n.* Glanz, *m.*; Ausstrahlung, *f*

glance [glɑns] 1.*v. i.* a) schauen; blicken; ~ **round** sich umsehen; ~ **down/up** hinunter-/aufblicken; ~ **at sb./sth.** jmdn./etw. anblicken; ~ **through the magazine etc.** das Magazin usw. durchblättern; b) ~ **off** **sth.** abprallen an etw. abgleiten; 2. *n.* Blick, *m.*; **at a ~:** auf einen Blick; **cast or take or have a ~ at sth./sb.** einen Blick auf etw./jmdn. werfen

gland [glænd] *n.* Drüse, *f*

glandular ['glændjulər] *adj.* Drüse-

glare [gleər] 1.*v. i.* a) ~ **at sb./sth.** jmdn./etw. anstarren; b) grell scheinen 2. *n.* a) grelles Licht; **the ~ of the sun** die grelle Sonne; b) feindseliger Blick; **with a ~:** feindselig

glaring ['gleərɪŋ] *adj.* grell; gleißend hell; krass; grob schreiend; eklatant

glass [glɑs] *n.* a) *no pl.* Glas, *n.*; b) Trinkglas, *n.*; **a ~ of milk** ein Glas Milch; **wine by the ~:** offener Wein; c) Deckel, *n.*; Glasscheibe, *f.*; d) in *pl.* Brille, *f*

glass: ~ **'fibre** *n.* Glasfaser, *f.*; ~-**blower** *n.* Glasbläserin, *f.*/Glasbläser, *m.*;

glassful ['glɑsful] *n.* Glas, *n.* (of von); **a ~ of milk** ein Glas Milch

glass: ~**house** *n.* a) (britisch) Gewächshaus, *n.*; Glashaus, *n.*; b) (britisch) Bunker, *m*

glassy ['glɑsɪ] *adj.* gläsern; *(bildlich)* glasig

glaucoma [glɔː'kəumə] *n.* (*Medizin*) Glaukom, *n.* (Fachsprache); grüner Star

glaze [gleɪz] 1. *v. t.* a) **cover with ~** glasieren; satinieren; lasieren; ~**d tile** Kachel, *f.*; b) verglasen 2. *v. i.* ~ glasig werden 3. *n.* Glasur, *f.*; Lasur, *f.*; Appretur, *f*

gleam [gliːm] 1. *v. i.* (Mond) scheinen; blitzen; glänzen; (Augen) leuchten

gleaming ['gliːmɪŋ] *adj.* glänzend 2. *n.* a) Schein, *m.*; Schimmer, *m.*; ~ **of light** Lichtschein, *m.*; b) Anflug, *m.*; ~ **of hope/truth** Hoffnungsschimmer, *m.*/Funke

Wahrheit

glean [gliːn] *v. t.* a) zusammentragen; herausfinden; **~ sth. from sth.** einer Sache etw. entnehmen; b) (Landwirtschaft) nachlesen (Feldfrucht, Trauben)

glee [gliː] *n.* Freude, *f.*; Schadenfreude, *f*

gleeful [ˈgliːfl] *adj.* freudig; schadenfroh; vergnügt; hämisch

glib [glɪb] *adj* aalglatt; leicht dahingesagt; flink; zungenfertig; flinkzüngig (Antwort)

glide [glaɪd] *v. i.* a) gleiten; schweben; b) gleiten, schweben; (Flugzeug) im Gleitflug fliegen

glider [ˈglaɪdər] *n.* Segelflugzeug, *n*

gliding [ˈglaɪdɪŋ] *n.* Segelfliegen, *n.*; *attrib.* Segelflug-

glimpse [glɪmps] 1. *n.* Blick; **catch or have or get a ~ of sb./sth.** jmdn./etw. zu sehen oder zu Gesicht bekommen. 1. *v. t.* flüchtig sehen. 2. *n.* Schein; Schimmer, *m.*; Glimmen, *n*

glint [glɪnt] 1*v. i.* blinken; glitzer*n*. 2. *n.* Schimmer, *m.*; Glitzern, *n.*; Funkeln, *n.*; Blitzen, *n*

glisten [ˈglɪsn] *v. i.* glitzern; siehe auch glitter

glitter [ˈglɪtər] 1.*v. i.* glitzern; funkeln; **all that ~s is not gold** (Sprichwort) es ist nicht alles Gold, was glänzt (Sprichwort). 2. *n.* Glitzern, *n.*; Funkeln, *n*

gloat [gləʊt] *v. i.* **~ over sth.** sich an etw. ergötzen; sich hämisch über etw. freuen

global [ˈgləʊbl] *adj.* weltweit; global; weltumspannend

globe [gləʊb] *n.* a) Kugel, *f.*; b) Globus, *m.*; c) **the ~:** der Erdball

globule [ˈglɒbjuːl] *n.* Kügelchen, *n.*; Tröpfchen

gloom [gluːm] *n.* a) Dunkel, *n.*; b) düstere Stimmung

gloomy [ˈgluːmɪ] *adj.* a) düster; dämmrig; finster; b) düster, finster; bedrückend; trübsinnig; bedrückt; **feel ~ about the future** der Zukunft pessimistisch entgegensehen

glorification [ˌglɔːrɪfɪˈkeɪʃn] *n.* Verherrlichung, *f*

glorify [ˈglɔːrɪfaɪ] *v. t.* verherrlichen

glorious [ˈglɔːrɪəs] *adj.* a) ruhmreich; b) wunderschön; herrlich

glory [ˈglɔːrɪ] 1. *v. i.* **~ in sth./doing sth.** etw. genießen/es genießen, etw. zu tun; sich einer Sache rühmen/sich rühmen, etw. zu tun; 2. *n.* a) Schönheit, *f.*; Herrlichkeit, *f.*; b) Ruhm, *m.*; c) **~ to God in the highest** Ehre sei Gott in der Höhe

gloss [glɒs] *n.* a) Glanz, *m.*; **~ paint** Lackfarbe, *f.*; b) Anstrich, *m*

~ over *v. t.* beschönigen; bemänteln (Fehler); unter den Teppich kehren

gloss 1. *v. t.* glossieren. 2. *n.* Erklärung, *f*

glossary [ˈglɒsərɪ] *n.* Glossar, *n*

glossy [ˈglɒsɪ] *adj.* glänzend; **~ print** Glanzabzug, *m*

glove [glʌv] *n.* Handschuh, *m.*; **sth. fits sb. like a ~:** etw. passt jmdm. wie angegossen

glow [gləʊ] 1. *v. i.* a) glühen; leuchten; schimmern, b) glühen; strotzen; c) warm leuchten. 2. *n.* a) Schein, *m.*; Glühen, *n.*; Glut, *f.*; b) Glühen, *n.*;

glower [ˈglaʊər] *v. i.* finster dreinblicken; **~ at sb.** jmdn. finster anstarren

glowing [ˈgləʊɪŋ] *adj.* glühend; begeistert; **describe sth. in ~ colours** etw. in glühenden Farben beschreiben

glue [gluː] 1. *v. t.* a) kleben; **~ sth. together/on** etw. an-/zusammenkleben; b) **be ~d to sth./sb.** an etw./jmdm. kleben; 2. *n.* Klebstoff, *m*

glum [glʌm] *adj.* trübsinnig (Person); bedrückt (Gemüt)

glut [glʌt] 1*v. t.* überschwemmen 2. *n.* Überangebot, *n*

glutton [ˈglʌtən]*n* Vielfraß, *m.*; **a ~ for work/punishment** ein Arbeitstier, ein Masochist

gluttony [ˈglʌtənɪ] *n.* Gefräßigkeit, *f*

gnarled [nald] *adj.* knorrig; knotig (Finger, Hand)

gnash [næʃ]*v. t.* Zähneknirschen, *n.*; **~ one's teeth in anger** vor Zorn mit den Zähnen knirschen

gnat [næt] *n.* Mücke, *f*

gnaw [nɔː] 1.*v. i.* **~ at sth.** an etw. nagen; **~ through a rope** ein Seil durchnagen. 2. *v. t.* nagen an; kauen an oder auf; abnagen; **~ a hole in sth.** ein Loch in etw. nagen

gnome [nəʊm] *n.* Gnom, *m.*; Gartenzwerg, *m*

gnu [nuː] *n.* (Tierwelt) Gnu, *n*

go [gəʊ] 1.*v. i.* a) gehen; (Fahrzeug) fahren; laufen; fliegen; kriechen; reiten; laufen; fahren; **go by bicycle/train/car/bus or rail/boat or sea or ship** mit dem Rad/Zug/Auto/Bus Schiff fahren; **go by plane or air** fliegen; **go on foot** zu Fuß gehen; laufen; **as one goes** nach und nach; **there you go** bitte sehr; da!; b) fahren; fliegen; weg-, abfahren; verkehren; **go to a dance** tanzen gehen; **go to the doctor** zum Arzt usw. gehen; **go out of one's way** einen Umweg machen; **go**

go against

towards sth./sb. auf etw./jmdn. zugehen; **go in and out** ein- und ausgehen; **go looking for sb.** jmdn. suchen gehen; **go on a journey** eine Reise usw. machen; **whose turn is it to go?** wer ist an der Reihe?; **you go!** geh du mal ran!; c) losgehen; losfahren; **let's go!** fangen wir an!; **here it goes!** dann mal los!; d) gehen; **go towards** zugute kommen; **go according to** sich richten nach; e) **go round** (Rad) sich drehen; **there he etc. goes again** da, schon wieder!; f) gehen; (Motor) laufen; **make sth. go, get/set sth. going** etw. in Gang bringen; **that'll keep me going** damit komme ich aus; **keep going** weitergehen/-fahren; weitermachen; g) **go to work** zur Arbeit gehen; h) **go to the relevant authority** sich an die zuständige Behörde wenden; **go to the originals** auf die Quellen zurückgreifen; i) (Post) rausgehen; gehen; **time to go!** wir müssen/ihr müsst usw. gehen!; j) sterben; **be dead and gone** tot sein; **after I go** wenn ich einmal nicht mehr bin; k) (Fähigkeiten) nachlassen; (Sicherung) durchbrennen; brechen; (Seil) reißen; einstürzen; (Gerät) ausfallen; ausfransen; l) verschwinden; (Geruch, Qualm) sich verziehen; (Geld, Zeit) draufgehen; aufgegeben werden; (Brauchtum) abgeschafft werden; (Arbeitskräfte) entlassen werden; **be gone from sight** außer Sicht geraten sein; m) (Zeit) vergehen; (Interview) vorüber-, vorbeigehen; **in days gone by** in längst vergangenen Zeiten; n) **have sth. to go** etw. übrig haben; **there's only two more miles to go** nur noch zwei Meilen; **one down, two to go** einer ist bereits erledigt, bleiben noch zwei übrig; o) weggehen; verkauft werden; p) (Grenze, Straße) verlaufen, gehen; führen; reichen; *(bildlich)* gehen; **as or so far as he/it goes** soweit; q) (Projekt, Ereignis) verlaufen; **go against** sb./sth. (Wettkampf) zu jmds./einer Sache Ungunsten ausgehen; (Entscheidung, Urteil) zu jmds./einer Sache Ungunsten ausfallen; **how did your party go?** wie war deine Party?; **how is the book going?** was macht das Buch?; **things have been going badly/well/smoothly etc.** in der letzten Zeit läuft alles schief/gut/glatt usw.; r) sein; (Sprichwort, Gedicht, Titel) lauten; **go against one's principles** gegen seine Prinzipien gehen; **go thirsty** dürsten; durstig bleiben; **go in fear of one's life** in beständiger Angst um sein Leben leben; s) werden; **the phone has gone dead** die Leitung ist tot; t) kommen; gehören; **where do you want this chair to go?** wo soll oder kommt der Stuhl hin?; **where does the box go?** wo kommt oder gehört die Kiste hin?; u) passen; **go in sth.** in etw. gehen oder passen; **go through sth.** durch etw. gehen oder passen; v) passen (with zu); **the two colours don't go** die beiden Farben passen nicht zusammen oder beißen sich; w) dienen; **it just goes to show that...:** daran zeigt sich, dass...; **the qualities that go to make a leader** die Eigenschaften, die einen Führer ausmachen; x) (Glocke) läuten; machen; (Turmuhr, Gong) schlagen; **there goes the bell. School is over.** Es klingelt. Die Schule ist aus; y) **don't go making or go and make him angry** verärgere ihn bloß nicht; **now you've been and gone and done it!** *(sl.)* du hast ja was Schönes angerichtet! *(ugs. ironisch)*; z) erlaubt sein; gehen; **everything/anything goes** es ist alles erlaubt; **what he etc. says, goes** was er usw. sagt, gilt. siehe auch going; gone. 2.*v. t.* forms as 1: a) spielen; b) **go it!** los!; weiter! 3. *n.* (*pl.* goes a) Versuch, *m.*; Gelegenheit, *f.*; **have a go** es versuchen oder probieren; **have a go at doing sth.** versuchen, etw. zu tun; b) **have a go at sb.** sich jmdn. vornehmen oder vorknöpfen; über jmdn. herfallen; c) **in one go** auf einmal; d) Schwung, *m.*; **be full of go** voller Schwung oder Elan sein; e) **it's all go** es ist alles eine einzige Hetzerei; **it's all go at home** es ist ganz schön was los Zuhause; **keep sb. on the go** jmdn. auf Trab halten; f) **it's no go** da ist nichts zu machen; **make a go of sth.** mit etw. Erfolg haben; 4. *adj.* **all systems go** alles klar

go about 1. *v. i.* a) herumgehen/-fahren; **go about doing sth.** etw. immer tun; b) (Gerücht, Geschichte, Grippe) umgehen. 2. *v. t.* a) erledigen; angehen (Problem); **how does one go about it?** wie geht man da vor?; **go after** *v. t.* jagen; zu stellen versuchen; *(bildlich)* anstreben; sich bemühen um

go against *v. t.* zuwiderhandeln; handeln gegen (Gesetz, Regel); **go

against sb. sich jmdm. in den Weg stellen oder widersetzen

go ahead v. i. a) vorausgehen; **you go ahead. I'll meet you there** Geh mal schon vor. Wir treffen uns dann dort; b) weitermachen; (Arbeit) fortschreiten, vorangehen; **go ahead and do it** es einfach machen; **go ahead with a plan** einen Plan durchführen; **go ahead!** nur zu!

go a'long 1 v. i. dahingehen/-fahren; hingehen. 2. v. t. entlanggehen/-fahren

go a'long with v. t. sich einer Sache anschließen; **go along with sth.** einer Sache zustimmen; **go along with sb.** mit jmdm. übereinstimmen

go at v. t. **go at sb.** auf jmdn. losgehen; **go at sth./it** sich an etw. machen/sich dranmachen

go a'way v. i. weggehen; wegfahren; verreisen; **the problem won't go away** das Problem kann man nicht einfach ignorieren

go 'back v. i. a) zurückgehen/-fahren; zurückgehen; **go back to the beginning** noch mal von vorne anfangen; b) zurückgegeben werden; zurückgeben; c) (Uhren) zurückgestellt werden

go by v. t. **go by sth.** sich nach etw. richten; sich an etw. halten; **go by appearances** nach dem Äußeren gehen; **if the report is anything to go by** wenn man nach dem Bericht gehen kann

go 'down v. i. a) hinuntergehen/-fahren; (Taucher) tauchen; sinken, untergehen; (Mond) untergehen; (Flugzeug usw.) abstürzen; **go down to the beach** an den Strand gehen; b) hinuntergeschluckt werden; **go down the wrong way** in die falsche Kehle geraten; c) (Gewinn) zurückgehen; sinken; (Vorräte usw.) abnehmen; (Wert) fallen; nachlassen; d) **go down well/all right** etc gut usw. klarkommen; e) unterliegen; **go down to sb.** gegen jmdn. verlieren

go 'down with v. t. bekommen (Schnupfen); siehe auch go down

go for v. t. a) **go for sb./sth.** jmdn./etw. holen; b) **that goes for me too** das gilt auch für mich; **go for sb./sth.** für jmdn./etw. gelten; ich auch; c) **go for sb./sth.** jmdn./etw. gut finden

go 'forward v. i. a) weitergehen/-fahren; voranschreiten; b) (Uhr) vorgestellt werden

go 'in v. i. a) hineingehen; reingehen; b) weggehen; verschwinden; c) in den Kopf reingehen

go 'in for v. t. **go in for sth.** etw. erlernen wollen; sich auf etw. verlegen; an etw. teilnehmen; für etw. zu haben sein

go into v. t. a) eintreten in; gehen in; gehen zu; beitreten; **go into law/the church** Jurist/Geistlicher werden; **go into publishing** ins Verlagswesen gehen; **go into general practice** sich als allgemeiner Mediziner niederlassen; b) gehen in ziehen in; c) eingehen auf; sich befassen mit; darlegen; d) fahren in; fahren gegen

go 'in with v. t. **go in with sb.** mitmachen

go off 1. v. i. a) abgehen (Bühne); b) **go off with sb./sth.** sich mit jmdn./etw. auf- und davonmachen; c) (Wecker, Waffe) losgehen; (Bombe) hochgehen, detonieren; d) schlecht werden; sauer werden; sich verschlechtern; e) (Energieversorgung) ausfallen; f) einschlafen; g) abgehen; h) **go off well** etc. gut usw. verlaufen. 2. v. t. **go off sth.** von etw. abkommen; **go/have gone off sb.** jmdn. nicht mehr mögen

go on 1. v. i. a) weitergehen/-fahren; die Reise/Fahrt usw. fortsetzen; vorausgehen/-fahren; b) weitergehen; (Kämpfe) anhalten; (Diskussion, Reparatur) dauern; weitermachen; weiterleben; **go on and on** kein Ende nehmen wollen; **I can't go on** ich kann nicht mehr; **go on to say** etc. fortfahren und sagen usw.; **go on at sb** auf jmdn. herumhacken c) (Zeit) vergehen; **as time/the years went on** im Laufe der Zeit/Jahre; d) passieren; vor sich gehen; **what's going on?** was geht vor?; was ist los?; e) **be going on ...** fast... sein; f) sich benehmen; sich aufführen; g) (Bekleidung) passen; **my dress wouldn't go on** ich kam nicht in mein Kleid rein; h) auftreten; i) (Licht) angehen; (Strom, Wasser) kommen; **go on again** wiederkommen; j) **go on!** los, mach schon! (ugs.); fahren Sie fort!; ach, geh oder komm, hör doch auf! (ugs.). 2. v. t. a) fahren mit; **go on the Big Dipper** Achterbahn fahren; b) **go on talking/working** etc. -reden/weiterarbeiten usw.; c) sich stützen auf; d) bekommen, erhalten (Unterstützung, Rente); siehe auch dole 1; e) nehmen (Medikament, Drogen); **go on a diet** eine Abmagerungs- oder Schlankheitskur machen

go 'on to v. t. übergehen

zu; **he went on to become…:** er wurde schließlich

go 'on with *v. t.* **go on with sth.** mit etw. weitermachen; **something/enough to go on with or be going on with** etwas/genug für den Anfang fürs erste

go 'out *v. i.* a) ausgehen; **go out for a meal/to work** essen/arbeiten gehen; **go out with sb.** mit jmdm. gehen; b) (Licht, Flamme usw.) ausgehen; **go out like a light** sofort weg sein *(ugs.)* oder einschlafen; c) (Ebbe, Wasser) ablaufen, zurückgehen; d) verteilt werden; ausgestrahlt werden

go over 1. *v. i.* a) **we're going over to our friends'** wir fahren zu unseren Freunden; b) (Inhalt, Ankündigung, Plan) ankommen; c) **go over to sb./sth./Berlin** zu jmdm./in etw./nach Berlin umschalten. 2. *v. t.* a) durchgehen; **go over sth./the facts in one's head or mind** etw. im Geiste durchgehen/die Fakten überdenken; b) saubermachen; durchsehen (Motor, Aufgabe)

go 'over to *v. t.* hinübergehen zu; übertreten zu (Glauben, Organisation); überwechseln zu (Revolutionären); (Verräter) überlaufen zu (Feind)

go round 1. *v. i.* a) **go round and or to see sb.** jmdn. besuchen; bei jmdm. vorbeigehen b) sich umschauen; c) langen; reichen *(ugs.)*; **enough coffee to go round** genug Kaffee für alle; d) sich drehen; **my head is going round** mir dreht sich alles; e) **the word went round that…:** es ging die Parole um, dass… 2. *v. t.* a) besichtigen; b) (Gürtel)

herumreichen um

go through 1. *v. i.* (Gesetzesvorlage) durchkommen; abgeschlossen werden; durchgehen; **go through to the final** in die Endrunde kommen. 2. *v. t.* a) erledigen (Formalität, Anforderung); b) durchgehen, nochmals üben; c) durchsehen; durchsuchen (Hosentasche); d) durchmachen; erleiden (Pein); e) durchbringen; verbrauchen (Erbschaft); aufbrauchen

go 'through with *v. t.* zu Ende führen; ausführen (Hinrichtung)

go to'gether *v. i.* a) zusammengehen; b) zusammenpassen

go 'under *v. i.* untergehen; (Unternehmen) eingehen

go 'up *v. i.* a) hinaufgehen/-fahren; aufsteigen; (Vorhang) aufgehen, hochgehen; (Lichter) angehen; b) wachsen; (Wert, Preis, Niveau) steigen; (Ware) teurer werden; c) errichtet werden

go without 1. *v. t.* verzichten auf; **have to go without sth.** ohne etw. auskommen müssen. 2. *v. i.* verzichten; **have to go without** leer ausgehen

goad [gəʊd] *v. t.* **~ 'on** *v. t.* **~ sb. on** jmdn. anstiften 1. *adj.* unternehmungslustig; fortschrittlich. 2. *n.* **give sb./sth. the ~:** jmdm./einer Sache grünes Licht geben

goal [gəʊl] *n.* a) Ziel, *n.*; **attain one's ~:** sein Ziel erreichen; b) Tor, *n.*; Mal, *n.*; **play in ~:** im Tor stehen; **score/kick a ~:** einen Treffer erzielen

gobble ['gɒbl] 1. *v. t.* ~ hinunterschlingen. 2. *v. i.* schlingen; ~ **up** *v. t.* verschlingen

go-between *n.* Vermittler, *m.*/Vermittlerin, *f*

goblet ['gɒblɪt] *n.* Kelchglas, *n*

goblin ['gɒblɪn] *n.* Kobold, *m*

god [gɒd] *n.* a) Gott, *m.*; b) *no pl.* (Theologie) Gott; **God help you/him** etc. Gott steht dir/ihm usw. bei; **good God!** großer oder allmächtiger oder guter Gott!; **God knows** weiß Gott; **for God's sake!** um Himmels oder Gottes willen!; c) Gott, *m.*; Götze, *m.*; d

goddess ['gɒdɪs] *n.* Göttin, *f*

godfather *n.* Pate, *m*

godly ['gɒdlɪ] *adj.* gottgefällig; gottergeben

god: ~mother *n.* Patin, *f.*; **~parent** *n.* Pate, *m.*; Patin, *f.*; **~parents** Paten, *pl.*; **~send** *n.* Gottesgabe, *f.*; **be a ~send to sb.** für jmdn. ein Geschenk des Himmels sein; **~son** *n.* Patensohn, *m*

goggle ['gɒgl] 1 *v. i.* glotzen; **~ at sb./sth.** jmdn./etw. anglotzen 2. *n.* in *pl.* **~s** eine Schutzbrille

going ['gəʊɪŋ] 1. *n.* a) **slow ~:** sich ziehen b) Geläuf, *n.* 2. *adj.* a) erhältlich; **there is sth. ~:** es gibt etw.; b) **be ~ to do sth.** etw. tun; **I was ~ to say** ich wollte sagen; **I was not ~ to do sth.** ich hatte nicht die Absicht, etw. zu tun; **Michael's ~ to be a tap-dancer when he grows up** wenn Michael groß ist, wird er Ballettänzer; c) geltend; d) **a ~ concern** eine gesunde Firma; e) **have a lot/nothing etc. ~ for one** viel/nichts usw. haben, was für einen spricht; f) **to be ~ on with** siehe go on with

going-'over *n.* a) Überholung, *f.*; **give sth. a ~:** eine Sache durchgehen oder durchsehen; b) **give sb. a ~:** jmdn. ordentlich verprügeln

goings-on [gəʊɪŋz'ɒn] *n.*

pl. Ereignisse; Vorgänge
gold [gəʊld] 1. *n.* a) *no pl., no indef. art.* Gold, *n.*; **be worth one's weight in ~**: nicht mit Gold aufzuwiegen sein; b) Gold, *n.* 2. *adj.* golden; Gold(münze, -stück, -kette, -krone usw.)
golden ['gəʊldn] *adj.* a) golden; **~ brown** goldbraun; b) golden; einmalig (Gelegenheit)
golden: ~ **'age** *n.* goldenes Zeitalter; ~ **'eagle** *n.* Steinadler, *m.*; ~ **hamster** *n.* Goldhamster, *m.*; ~ **'handshake** *n.* Abfindungssumme, *f.*; ~ **'rule** *n.* goldene Regel; ~ **wedding** *n.* goldene Hochzeit
gold: **~finch** *n.* Distelfink, *m.*; **~fish** *n.* Goldfisch, *m.*; **~fish bowl** *n.* Goldfischglas, *n.*; ~ **'leaf** *n.* Blattgold, *n.*; ~ **'medal** *n.* Goldmedaille, *f.*; ~ **'medallist** *n.* Goldmedaillengewinnerin, *f.*/-gewinner, *m.*; **~-mine** *n.* Goldmine, *f.*; *(bildlich)* Goldgrube, *f.*; ~ **'plate** *n., no pl., no indef. art.* vergoldete Ware; Goldauflage, *f.*; **~smith** *n.* Goldschmied, *m.*/-schmiedin, *f.*
golf [gɒlf] *n., no pl.* Golf, *n.*; *attrib.* Golf(platz, -schlag usw.)
golfer ['gɒlfər] *n.* Golfer, *m.*/Golferin, *f.*; Golfspieler, *m.*/Golfspielerin, *f.*
gondola ['gɒndələ] *n.* Gondel, *f.*
gondolier [gɒndə'lɪər] *n.* Gondoliere, *m.*
gone [gɒn] *pred. adj.* a) weg; **it's time you were ~**: es ist oder wird Zeit, dass du gehst; **he will be ~ a year** er wird ein Jahr lang weg sein; b) nach; **it's ~ one o'clock** es ist ein Uhr vorbei; c) gut; **be ~ on sb./sth.** ganz weg von jmdm./etw. sein
goner ['gɒnər] *n. (sl.)* **he is**

a ~: er hat die längste Zeit gelebt *(ugs.)*
gong [gɒŋ] *n.* Gong, *m*
gonorrhoea [gɒnə'rɪə] *n. (Medizin)* Tripper, *m.*; Gonorrhöe, *f.* (fachsprachlich)
good [gʊd] 1. *adj.* a) gut; zuverlässig; ausgiebig (Mahlzeit); ausreichend (Vorrat); geeignet; **his ~ eye** sein gesundes Auge; **in ~ time** frühzeitig; **all in ~ time** alles zu seiner Zeit; **take ~ care of sb.** gut für jmdn. sorgen; **Late again! It's just not ~ enough!** *(ugs.)* Schon wieder zu spät. So geht es einfach nicht!; b) gut; günstig; **a ~ chance of succeeding** gute Erfolgschancen; **the ~ thing about it is that…**: das Gute daran ist, dass…; **too ~ to be true** zu schön, um wahr zu sein; **be ~ for sb./sth.** gut für jmdn./etw. sein; **drink more than is ~ for one** mehr trinken, als einem gut tut; c) gut; ~ **times** eine schöne Zeit; d) schön (Leben, Urlaub, Feiertag); **the ~ life** das angenehme Leben; **the ~ old days** die gute alte Zeit; **have a ~ time!** viel Spaß oder Vergnügen!; **it's ~ to be home again** es ist schön, wieder zu Hause zu sein; **have a ~ journey!** gute Reise!; **Did you have a ~ day at the company?** Wie war es heute in der Firma?; **the ~ things in life** Annehmlichkeiten des Lebens; e) gut; angenehm (Patient); **humour** oder **spirits** oder **mood** gute Laune; **I'm not feeling too ~** *(ugs.)* mir geht es nicht sehr gut; **feel ~**: sich wohl fühlen; *f)* gut; brav; **be ~!, be a ~ girl/boy!** sei brav oder lieb!; **as gold** ganz artig oder brav; g) nett; rechtschaffen; gut (Absicht, Benehmen, Wün-

sche, Handeln); **the ~ guy** der Gute; **would you be so ~ as to** oder ~ **enough to do that?** wären Sie so freundlich oder nett, das zu tun?; **how ~ of you!** wie nett von Ihnen!; **that/it is ~ of you** das/es ist nett oder lieb von dir; **be ~ to sb.** gut zu jmdm. sein; h) gut; ~ **for 'you** etc. *(ugs.)* bravo! *(ugs.)*; **my ~ man/friend** *(ugs.)* mein lieber Herr/Freund *(ugs.; auch ironisch)*; **that's a ~ one** *(sl.)* der ist gut! *(ugs.)*; (ironisch) **das ist'n ~ Ding!** *(ugs.)*; i) schön; gut (Haltung, Figur); gepflegt (Äußeres, Erscheinung); wohlgeformt (Beine); **look ~**: gut aussehen; j) gut; **take a ~ look round** sich gründlich umsehen; **have a ~ weep/rest/sleep** sich richtig ausweinen/ausruhen *(ugs.)*/ richtig ausschlafen *(ugs.)*; **give sth. a ~ polish** etw. ordentlich polieren; k) ansehnlich (Menge, Qualität); gut, anständig (Preis, Erlös); hoch (Alter); ganz schön, ziemlich *(ugs.)* (Entfernung, Stück Wegs, Strecke, Zeitraum); l) gut (Grund, Rat, Gedanke); berechtigt (Anspruch); sicher (Aktie, Kredit); solide (Kunde); ~ **sense** Vernünftigkeit, *f.*; **have the ~ sense to do sth.** so vernünftig sein, etw. zu tun; *m)* ~ **afternoon/day guten Tag!**; ~ **night gute Nacht!**; ~ **evening/morning** guten Abend/Morgen!; *n)* gut; **very ~: sir** sehr wohl!; ~ **God/Lord** etc. siehe nouns; o) gut (Geschirr, Anzug); gut; angebracht; ratsam; q) **as ~ as** so gut wie; r) **make ~** in die Tat umsetzen; erfüllen (Versprechen); wiedergutmachen (Fehler); ersetzen (Schaden, Ausgaben). erfolgreich sein; ausführen (Plan); Siehe auch best 1; better 1. 2. *adv. as intensifier (ugs.)* ~ **and...**: richtig...; **hit sb. ~ and proper** jmdn. ordentlich verprügeln. Siehe auch best 2; better 2. 3. *n.* a) Nutzen, *m.*; **be some ~ to sb./sth.** jmdm./einer Sache nützen; **be no ~ to sb./sth.** für jmdn./etw. nicht zu gebrauchen sein; **is this text any ~?** taugt dieser Text etwas?; **what's the ~ of...?, what ~ is...?** was nützt...?; **it is no/not much ~ doing sth.** es hat keinen/kaum einen Sinn, etw. zu tun; **he'll never be any ~**: aus dem wird nichts Gutes werden; b) **for your/his etc. own ~**: zu deinem/seinem usw. Besten oder eigenen Vorteil; **for the ~ of mankind/the country** zum Wohl der Menschheit/des Landes; **do sb./sth. ~**: jmdm./einer Sache nützen; **do no/little ~**: nichts/wenig helfen oder nützen; (Erholung, Abstand gewinnen) jmdm./einer Sache guttun; (Medikament) jmdm./einer Sache helfen; **this development was all to the ~**: diese Entwicklung war nur von Vorteil; **come to no ~**: kein gutes Ende nehmen; c) Gute, *n.*; **the difference between ~ and bad or evil** der Unterschied zwischen Gut und Böse; **there's ~ and bad in everyone** in jedem steckt Gutes und Böses; d) Gute, *n.*; **be up to no ~**: nichts Gutes im Sinn haben oder im Schilde führen; **do ~**: Gutes tun; e) **for ~** ein für allemal; für immer; endgültig; f) *constr. as pl.* **the ~**: die Guten; g) in *pl.* Waren; (britisch Eisenbahn) Fracht, *f.*; *attrib.* Güter(-Wagen, Bahnhof, -Zug); **~s and chattels** Sachen; h) in *pl.* **the ~s** das Gewünschte; das Verlangte; **deliver the ~s** *(bildlich)* halten, was man verspricht

good: **~'bye** 1. *int.* auf Wiedersehen!; auf Wiederhören!; 2. *n., pl.* **~byes** (saying '~-bye') Lebewohl, *n.*; Abschied, *m.*; **say ~bye** sich verabschieden; **say ~bye to sb.** jmdm. auf Wiedersehen sagen; **wave ~bye** zum Abschied winken; **say ~bye to sth., kiss sth. ~bye** etw. abschreiben *(ugs.)*

good: **~-for-nothing** *(derogativ)* 1. *adj.* nichtsnutzig; 2. *n.* Taugenichts, *m.*

goodies ['gʊdɪz] *n. pl. (ugs.)* Naschereien; Süßigkeiten; Attraktionen; tolle Sachen

good: **~-'looking** *adj.* gut aussehend

~-natured [gʊd'neɪtʃəd] *adj.* gutwillig; gutmütig

goodness ['gʊdnɪs] 1. *n., no pl.* a) Güte, *f.*; b) Nährgehalt, *m.*; Güte, *f.* 2. *int.* **my ~!** meine Güte! **~ gracious or me!** ach, du lieber Himmel oder liebe Güte!; **~ knows** weiß der Himmel; **for ~' sake** um Himmels Willen

good: **~-tempered** *adj.* gutmütig; verträglich (Mensch); **~'will** *n.* a) guter Wille; *attrib.* Goodwill (Botschaft, -Reise usw.); b) Bereitwilligkeit, *f.*; c) (Wirtschaft) Goodwill, *m*

goody ['gʊdɪ] *n.* Gute, *m.*; siehe auch goodies

goody *(ugs.)* prima

gooey ['guːɪ] *adj* klebrig

goof [guːf] *(sl.) v. i.* Mist bauen oder machen (salopp)

goose [guːs] *n., pl.* geese Gans, *f.*; Schnitzer, *m. (ugs.)*

gooseberry ['gʊzbərɪ] *v. i.* im Stechschritt marschie-

ren 2. *n.* a) Stachelbeere, *f.*; b) **play ~**: das fünfte Rad am Wagen sein *(ugs.)*

gore [gɔːr] *v. t.* **be ~d by a bull** von den Hörnern eines Stieres durchbohrt werden

gore *n* Blut, *n*

gorge [gɔːdʒ] 1. *v. i. & refl. (ugs.)* 2. *n.* Schlucht, *f*

gorgeous ['gɔːdʒəs] *adj* a) hinreißend; prächtig; farbenprächtig; b) sagenhaft

gorilla [gəˈrɪlə] *n* Gorilla, *m*

gormless ['gɔːmlɪs] *adj (britisch ugs.)* dämlich

gorse [gɔːs] *n* Stechginster, *m*

gory ['gɔːrɪ] *adj* a) blutbefleckt (Kleidung); blutig (Kampf); b) blutrünstig

gosling ['gɒzlɪŋ] *n* Gänseküken, *n*

gospel ['gɒspl]*n* Evangelium, *n.*; **take sth. as ~** etw. für bare Münze nehmen

gossamer ['gɒsəmər] *n* Altweibersommer, *m.*; hauchdünn; Spinnfäden

gossip ['gɒsɪp] 1. *v. i.* schwatzen; klatschen 2. *n.* a) Klatschbase, *f.*; b) Schwatz, *m.*; Klatsch

Gothic ['gɒθɪk] *adj* a) gotisch; b) **~ novel** Schauerroman, *m*

gouge [gaʊdʒ] 1 *v. t.* aushöhlen; **~ a channel** (Fluss) eine Rinne auswaschen. 2. *n.* Hohleisen, *n.* **~ out** *v. t.* ausschneiden; **~ sb.'s eye out** jmdm. ein Auge ausstechen

goulash ['guːlæʃ] *n.* (Gastronomie) Gulasch, *n.* oder *m*

gourd [gʊəd] *n.* Kürbis, *m*

gourmet ['gʊəmeɪ]*n* Gourmet, *m.*; **~ restaurant/meal** Feinschmeckerlokal, *n.*/-gericht, *n*

gout [gaʊt] *(Medizin)* Gicht, *f*

govern ['gʌvn] *1. v. t.* a) regieren (Nation, Staat); ver-

governess

walten; b) bestimmen; **be ~ed by sth.** sich von etw. leiten lassen; c) regeln; d) (Linguistik) verlangen, regieren. 2. *v. i.* regieren
governess ['gʌvənɪs] *n* Gouvernante, *f.* (veraltet); Hauslehrerin, *f*
governing ['gʌvənɪŋ] *adj* a) regierend; b) dominierend (Einfluss, Partei)
government ['gʌvənmənt] *n* Regierung, *f.*; Regierungs-; ~ **money** Staatsgelder
government de'partment *n.* Regierungsstelle, *f*
governor ['gʌvənər] *n.* a) Herrscher, *m.*; b) Gouverneur, *m.*; c) US-Gouverneur, *m.*; d) Direktor/in; ~s Vorstand, *m.*; Schulleitung, *f.*; Direktorium, *f.*
gown [gaʊn] *n* a) Kleid; **bridal ~:** Brautkleid, *n.*; b) Talar, *m.*; Robe, *f.*; c) Kittel, *m*
grab [græb] 1 *v. t.* greifen nach; packen; schnappen; **~ a bite to eat or some food** schnell etwas essen; **~ hold of sb./sth.** sich jmdn./etw. schnappen 2. *v. i.* **~ at sth.** nach etw. greifen. 3. *n.* a) **be up for ~s** zu erwerben sein; (Job) frei sein; b) (Mechanik) Greifer, *m*
grace [greɪs] 1. *n* a) Anmut, *f.*; Grazie, *f.*; b) Charme, *m.*; c) **social ~s** Umgangsformen *pl.*; d) Anstand, *m.*; **with good/bad ~:** bereitwillig/widerwillig; e) Gunst, *f.*; Wohlwollen, *n.*; f) Frist, *f.*; (Wirtschaft) Zahlungsfrist, *f.*; g) Tischgebet, *n.*; **say ~:** das Tischgebet sprechen; h) in address **Your G~:** Euer Gnaden. 2. *v. t.* a) zieren; schmücken; b) auszeichnen; ehren
graceful ['greɪsfl] *adj* elegant; graziös (Garderobe, Bewegung); geschmeidig
gracefully ['greɪsfəli] *adv* elegant; graziös; **grow old ~:** mit Würde alt werden
gracious ['greɪʃəs] 1. *adj* a) liebenswürdig; freundlich; b) gnädig. 2. *int.* **~!, good~ me!** du meine oder liebe Güte!
graciously ['greɪʃəsli] *adv* liebenswürdig; freundlich; gnädig
grade [greɪd] 1. *v. t.* a) einstufen; sortieren; b) benoten; zensieren; **'grade school** *n.* (Amerika) Grundschule, *f.* 2. *n.* a) Rang, *m.*; Dienstgrad, *m.*; **salar ~** Gehaltsstufe, *f.*; klasse, *f.*; Qualität, *f.*; Stufe, *f.*; b) Klasse, *f.*; c) Note, *f.*; Zensur, *f.*; d) Steigung, *f.*; Neigung, *f.*
gradient ['greɪdɪənt] *n* Steigung, *f.*; Gefälle, *n.*; Neigung, *f.*
gradual ['grædʒʊəl] *adj* allmählich; sanft
gradually ['grædʒʊli] *adv* allmählich; sanft
graduate 1. ['grædʒʊeɪt] *v. i.* a) einen akademischen Grad/Titel erwerben; b) (amerikanisch) die Abschlussprüfung bestehen 2. *v. t.* mit Gradeinteilung versehen; graduieren 3. *n.* Graduierte, *m.*/die; Akademiker/in, *f.*; **university ~:** Hochschulabsolvent, *m.*/absolventin, *f*
graduation [grædʒʊ'eɪʃn] *n* a) (Universität) Graduierung, *f.*; b) (amerikanisch) Entlassung, *f.*; c) Abschluss-; d) Graduation, *f.*
graffiti [grə'fi:ti:] *n sing.* or *pl.* Graffiti *pl*
graft [grɑːft] 1. *v. t.* a) (Botanik) pfropfen; b) *(Medizin)* transplantieren (Fachsprache); verpflanzen. 2. *v. i.* a) pfropfen; b) (britisch sl.) schuften *(ugs.)*
graft *n* Gaunerei, *f.*; Fischzug, *m.* 3. *n.* a) (Botanik) Pfropfreis, *n.*; b) *(Medizin)* Transplantation, *f.* (Fachsprache); c) (britisch sl.) Plackerei, Arbeit *f.*
grain [greɪn] *n* a) Korn, *n.*; Getreide, *n.*; Korn, *n.*; b) Korn, *n.*; c) Gran, *n.*; d) Korn, *n.* (fachsprachlich); Griff, *m.*; Maserung, *f.* (Holz); Faser, *f.*; Faserverlauf, *m.*; Narbe, *f.*;
grainy ['greɪni] *adj* körnig; gemasert (Holztisch); genarbt (Leder)
grammar ['græmər] *n* Grammatik, *f.*
grammatical [grə'mætɪkl] *adj* a) grammatisch richtig oder korrekt; b) grammatisch
grammatically [grə'mætɪkəli] *adv* grammatisch (korrekt, fehlerhaft); **speak English ~ correct:** grammatisch richtiges oder korrektes Englisch sprechen
gramophone ['græməfəʊn] *n* Plattenspieler, *m*
granary ['grænəri] *n* Getreidesilo, *m.* oder *n.*; Kornspeicher, *m*
grand [grænd] 1. *adj* a) groß; ~ **finale** großes Finale; b) ~ **total** Gesamtsumme, *f.*; c) grandios; glanzvoll; d) vornehm; e) erhaben; groß; ehrwürdig; f) großartig. 2. *n.* Flügel (Musik)
grand: ~child *n.* Enkel/in; Enkelkind, *n.*; **~~dad** *n.* Großpapa, *m.* (familär); Opa, *m*
grandeur ['grændʒər, 'grændjər] *n.* a) Erhabenheit, *f.*; b) Großartigkeit, *f.*; Glanz, *m.*; c) Größe, *f.*; Erhabenheit, *f*
grandiose ['grændɪəʊs] *adj* a) grandios; b) bombastisch *(derogativ)*
grandly ['grændli] *adv* großartig; aufwendig; in großem Stil (leben)
~mother *n.* Großmutter, *f.*; **~pa** *n.* (ugs. Kindersprache) Großpapa, *m.* (familär); Opa, *m.* (Kinderspra-

che/ugs.); **~parent** n. Großvater, m.; Großmutter, f.; **~parents** Großeltern pl.;
granite ['grænɪt] n. Granit, m
granny (grannie) ['grænɪ] n Großmama, f. (familiär) Oma, f. (Kindersprache/ugs.)
grant [grant] 1. v. t. a) erfüllen; stattgeben; b) gewähren; bewilligen (Finanzhilfe); zugestehen; erteilen; c) zugeben; einräumen; **take sb./sth. for ~ed** sich jmds sicher sein/etw. für selbstverständlich halten; 2. n. Zuschuss, m.; Beihilfe, f.; Stipendium, n
granular ['grænjulər] adj körnig; granulös (Medizin)
granule ['grænju:l] n. Körnchen, n
grape [greɪp] n. Weintraube, f.; Weinbeere, f.; **sour ~s** die Trauben hängen zu hoch
grape: ~fruit n., pl. same Grapefruit, f.; **~-juice** n. Traubensaft, m.; **~-vine** n. a) Wein, m.; b) (bildlich) **I hear through the ~vine that...**: es wird geflüstert, dass..., durch den Busch hören
graph [græf, graf] n. grafische Darstellung
graphic ['græfɪk] 1. adj. a) grafisch; **~ art[s]** Grafik, f.; b) plastisch; anschaulich; **in ~ detail** in allen Einzelheiten. 2. n. a) Grafik, f.; b) in pl. siehe graphic
graphically ['græfɪkəlɪ] adv. a) plastisch; anschaulich; b) grafisch
grafics ['græfɪks] n. grafische Gestaltung; grafische Darstellung; **computer ~:** Computergrafik, f
graphite ['græfaɪt] n. Grafit, m
graph paper n. Diagrammpapier, n
grapple ['græpl] v. i. handgreiflich werden; **~ with** sich auseinandersetzen oder herumschlagen mit, handgreiflich werden
grasp [grasp] 1 v. i. **~ at** ergreifen; sich stürzen auf. 2.v. t. a) ergreifen; **manage to ~:** zu fassen bekommen; b) festhalten; **~ the nettle** das Problem beherzt anpacken; c) erfassen; verstehen (Sinn, Bedeutung). 3. n. a) Griff, m.; **sth. is within/beyond sb.'s ~:** etwas ist in/außer jmds. Reichweite; b) **have a good ~ of sth.** etw. gut beherrschen
grass [gras] 1. v. t. mit Rasen bedecken. 2. n. a) Gras, n.; b) no pl. Rasen, m.; c) no pl. Weideland, n.; Weide, f.; d) Gras, n.; e) Spitzel, m. 3.v. i. singen; **~ on sb.** jmdn. verpfeifen
~land n. Grasland, n.; Weideland, n.; **~root** Basis-; **~ roots** n. pl. Wurzeln; (Politik) Basis, f.; **'skirt** n. Baströckchen, n.; **~ snake** n. a) Ringelnatter, f.; b) Grasnatter, f.;
grassy ['grasɪ] adj. mit Gras bewachsen
grate [greɪt] n. Rost, m.; Kamin, m
grate 1. v. t. a) reiben; raspeln; b) **~ one's teeth in anger** vor Wut mit den Zähnen knirschen; c) knirschen. 2. v. i. a) knirschen; b) **~ on sb./sb.'s nerves** jmdm. auf die Nerven gehen
grateful ['greɪtfl] adj dankbar
gratefully ['greɪtfəlɪ] adv dankbar
grater ['greɪtər] n Reibe, f.; Raspel, f
gratify ['grætɪfaɪ] v. t. a) freuen; **be gratified by or with or at sth.** über etw. erfreut sein; b) befriedigen (Interesse, Neugier); stillen
gratifying ['grætɪfaɪɪŋ] adj erfreulich
grating ['greɪtɪŋ] n Gitter, n

gratis ['gratɪs] 1. adv gratis; umsonst 2. adj. gratis; Gratis(Mahlzeit, -Vorstellung usw.
gratitude ['grætɪtjuːd]n no pl. Dankbarkeit, f.; **show one's ~ to sb.** sich jmdm. gegenüber dankbar zeigen
gratuitous [grə'tjuːɪtəs] adj grundlos; unnötig; unbegründet
gratuity [grə'tjuːɪtɪ] n Trinkgeld, n
grave [greɪv] n Grab, n.; **dig one's own ~** sich sein eigenes Grab schaufeln; **it was as quiet or silent as the ~:** es herrschte Grabesstille
grave adj a) ernst; b) schwerwiegend, gravierend; ernst; groß; schlimm (Neuigkeit, Zeichen)
grave-digger n Totengräber, m
gravel ['grævl] n Kies, m.; attrib. **~ path/pit** Kiesweg, m./-grube, f
gravelly ['grævəlɪ] adj rauh, heiser (Stimme)
gravely ['greɪvlɪ] adv ernst
gravitate ['grævɪteɪt] v. i. **sb. ~s towards sb./sth.** es zieht jmdn. zu jmdn./etw
gravity ['grævɪtɪ] n a) Schwere, f. (Situation, Problem); Ernst, m.; b) (Physik, Astronomie) Gravitation, f.; Schwerkraft, f.; **the force of ~:** die Schwerkraft
gravy ['greɪvɪ] n a) Bratensaft, m.; b) Soße, f.
graze [greɪz] v. i. grasen; weiden
graze 1. n Schürfwunde, f. 2.v. t. a) streifen; b) abschürfen (Kruste); zerkratzen (Oberfläche)
grease [griːs] 1. v. t. einfetten; schmieren; 2. n. Fett, n.; Schmierfett, n
greasy ['griːsɪ] adj a) fettig; fett speckig; geschmiert; schmierig; b) (bildlich) schmierig

great [greɪt] 1. *adj* a) groß; **~ big** riesengroß; **a ~ many** sehr viele; b) groß; sehr gut (Freund); **a ~ age** ein hohes Alter; c) groß; groß; großartig; **be ~ at sth.** in etw. ganz groß sein **be a ~ one for sth.** etw. sehr gern tun; d) großartig; e) Ur(großmutter, -großvater, -enkel, -enkelin). Groß(onkel, -tante, -neffe, -nichte); 2. *n.* Größe, *f.*; *as pl.* **the ~**: die Großen; **the ~est** der/die Größte/die Größten

Great 'Britain *pr. n.* Großbritannien *(n.)*

greatly [ˈgreɪtlɪ] *adv* sehr; höchst; stark (beunruhigt); bedeutend (Verbesserung)

greatness [ˈgreɪtnɪs] *n., no pl.* Größe, *f*

Grecian [ˈgriːʃn] *adj.* griechisch

Greece [griːs] *pr. n.* Griechenland

greed [griːd] *n* Gier, *f.*; Gefräßigkeit, *f.*; Fressgier, *f.*; **~ for money/power** Geld-/Machtgier

greedily [ˈgriːdɪlɪ] *adv.* gierig

greedy [ˈgriːdɪ] *adj.* gierig; (gluttonous) gefräßig; **be ~ for sth.** nach etw. gieren

Greek [griːk] 1. *adj* griechisch; **sb. is ~**: jmd. ist Grieche/Griechin. 2. *n.* a) Grieche, *m.*/Griechin, *f.*; b) Griechisch, *n.*; **it's all ~ to me** das sind mir oder für mich böhmische Dörfer

green [griːn] 1 *adj* a) grün; **~ vegetables** Grüngemüse, *n.*; b) (Polit.) grün; **the G~s** die Grünen; c) (environmentally safe) ökologisch; d) (unripe, young) grün (Obst, Zweig); e) **be/turn ~ with envy** vor Neid grün sein/werden; f) (gullible) naiv; einfältig; (inexperienced) grün. 2. *n.* a) (colour, traffic light) Grün, *n.*; b) (piece of land) Grünfläche, *f.*;

greenery [ˈgriːnərɪ] *n., no pl.* Grün, *n*

green: ~fly *n.* (Brit.) grüne Blattlaus; **~gage** *n.* Reineclaude, *f.*; **~grocer** *n.* (Brit.) Obst- und Gemüsehändler, **~house** *n.* Gewächshaus, *n.*

greenish [ˈgriːnɪʃ] *adj.* grünlich

Greenland [ˈgriːnlənd] *pr. n.* Grönland

green: ~'light *n.* a) grünes Licht; (as signal) Grün, *n.*; b) (bildlich coll.) **give sb./get the ~ light** jmdm. grünes Licht geben/grünes Licht erhalten; **G~ 'Paper** *n.* (Brit.) öffentliches Diskussionspapier über die Regierungspolitik

Greenwich [ˈgrenɪdʒ, ˈgrenɪtʃ] *n.* **~ time** Greenwicher Zeit

greet [griːt] *v. t.* a) begrüßen; grüßen; empfangen; **~ sb. with sth.** jmdn. mit etw. begrüßen/grüßen/empfangen; b) empfangen; **~ sb.'s eyes/ears** sich jmds. Augen darbieten/an jmds. Ohr dringen

greeting [ˈgriːtɪŋ] *n.* Begrüßung, *f.*; Gruß, *m.*; Grußformel, *f.*; Empfang, *m.*; **please give my ~s to your parents** grüßen Sie bitte Ihre Eltern von mir

greeting card *n.* Grußkarte, *f.*; (for anniversary, birthday) Glückwunschkarte, *f*

gregarious [grɪˈgeərɪəs] *adj.* a) (Zool.) gesellig; Herden-

gremlin [ˈgremlɪn] *n. (coll. joc.)* Kobold, *m*

grenade [grɪˈneɪd] *n.* Granate, *f*

grey [greɪ] 1.*adj* grau; **~ area** *(bildlich)* Grauzone, *f.* 2. *n.* Grau, *n*

grey: ~ matter *n.* (bildlich: intelligence) graue Zellen; **~ 'squirrel** *n.* Grauhörnchen, *n*

grid [grɪd] *n.* a) Rost, *m.*; b) Gitter, *n.*; c) Netz, *n.*; d) (Motorracing) Starmarkierung, *f*

grief [griːf] *n.* a) Kummer, *m.* (over, at über+ Akk., um); (at loss of sb.) Trauer, *f.* (for um); **come to ~ (fail)** scheitern; b) **good ~!** großer Gott!

grievance [ˈgriːvəns] *n* (complaint) Beschwerde, *f.*; (grudge) Groll, *m*

grieve [griːv] 1. *v. t.* betrüben; bekümmern. 2.*v. i.* trauern; **~ over sb./sth.** jmdm./einer Sache nachtrauern

grievous [ˈgriːvəs] *adj* schwer; groß; **~ bodily harm** (Jura) schwere Körperverletzung

grill [grɪl] 1. *v. t.* a) grillen; b) in die Mangel nehmen 2. *n.* a) (Gastr.) Grillgericht, *n.*; **mixed ~:** Mixed Grill, *m.*; gemischte Grillplatte; b) (on cooker) Grill, *m*

grille *n.* a) Gitter, *n.*; b) (Motor) Grill, *m*

grim [grɪm] *adj* streng; grimmig; erbittert; grauenvoll; trostlos

grimace [grɪˈmeɪs] 1. *n* Grimasse, *f.*, **make a ~:** eine Grimasse machen oder schneiden 2. *v. i.* Grimassen machen oder schneiden; **with pain** vor Schmerz das Gesicht verziehen

grime [graɪm] *n.* Schmutz, *m.*; (soot) Ruß, *m*

grimly [ˈgrɪmlɪ] *adv.* grimmig; eisern; erbittert (kämpfen)

grimy [ˈgraɪmɪ] *adj.* schmutzig; rußgeschwärzt (Gebäude)

grin [grɪn] 1. *n.* Grinsen, *n.* 2. *v. i.,* -nn- grinsen; **~ at sb.** jmdn. angrinsen; **~ and bear it** gute Miene zum bösen Spiel machen

grind [graɪnd] 1. *v. t.*, ground a) ~ zermahlen; pulverisieren (Metall); mahlen (Kaffee, Pfeffer, Getreide); b) (sharpen) schleifen (Schere, Messer); schärfen (Klinge); (smooth, shape) schleifen (Linse, Edelstein); c) zerquetschen; ~ **one's teeth** mit den Zähnen knirschen; d) mahlen (Mehl); e) auspressen; **~ing poverty** erdrückende Armut. 2.*v. i.* ground: ~ **to a halt, come to a ~ing halt** quietschend zum Stehen kommen; zum Erliegen kommen; (Maschine) stehenbleiben; sich festfahren. 3. *n.* Plackerei, *f.*; **the daily ~** der alltägliche Trott

~ a'way *v. t.* abschleifen

~ 'down *v. t. (bildlich)* (Tyrann, Regierung) unterdrücken; (Armut, Verantwortung) erdrücken

grinder [ˈgraɪndər] *n* Schleifmaschine, *f.*; (coffee-~ etc.) Mühle, *f*

grindstone *n.* Schleifstein, *m.*; **get back to the ~:** sich wieder an die Arbeit machen

grip [grɪp] 1.*n* a) Halt, *m.*; Umklammerung, *f.*; **loosen one's ~:** loslassen; **get or take a ~ on oneself** sich zusammenreißen; **come or get to ~s with sth./sb.** *(bildlich)* mit etw. fertig werden/sich jmdn. vorknöpfen oder vornehmen; **lose one's ~** a) nachlassen; b) Griff, *m.*; c) (bag) Reisetasche, *f.* 2.*v.t.* greifen nach; (Reifen) greifen; ergreifen; fesseln. 3.*v. i.* greifen

gripe [graɪp] 1. *n* a) Meckern, *n.*; **have a good ~ about sth./at sb.** sich über etw. ausschimpfen/jmdn. tüchtig ausschimpfen; b) in *pl.* **the ~s** Bauchschmerzen; Bauchweh 2. *v. i.* meckern

gripping [ˈgrɪpɪŋ] *adj. (bildlich)* packen

grisly [ˈgrɪzlɪ] *adj.* grausig

grist [grɪst] *n.* **it's all ~ to the/sb.'s mill** man kann aus allem etwas machen/jmd. versteht es, aus allem etwas zu machen

gristle [ˈgrɪsl] *n.* Knorpel, *m*

grit [grɪt] 1. *n.* a) Sand, *m.*; b) Schneid, *m.* 2 *v. t.* a) streuen; b) ~ **one's teeth** die Zähne zusammenbeißen

gritty [ˈgrɪtɪ] *adj.* sandig

grizzly [ˈgrɪzlɪ] *n.* ~ Grislybär, *m*

groan [grəʊn] 1. *n.* Stöhnen, *n.* Ächzen, *n.* 2.*v. i.* stöhnen; ächzen

grocer [ˈgrəʊsər] *n.* Lebensmittelhändler, *m.*/-händlerin, *f.*; siehe auch bake

grocery [ˈgrəʊsərɪ] *n.* a) in *pl.* Lebensmittel *Pl.*; b) ~ Lebensmittelgeschäft, *n*

grog [grɒg] *n.* Grog, *m*

groggy [ˈgrɒgɪ] *adj.* groggy *(ugs.)* präd

groin [grɔɪn] *n.* Leistengegend, *f*

groom [gruːm] 1. *n.* a) Stallbursche, *m.*; b) (bride-~) Bräutigam, *m.* 2. *v. t.*) striegeln (Pferd); ~ **oneself** sich zurechtmachen; b) ~ **sb. for a career** jmdn. auf oder für eine Laufbahn vorbereiten

groove [gruːv] *n.* a) Nut, Rille; b) **be stuck in a ~:** aus dem Trott nicht mehr herauskommen

grope [grəʊp] 1.*v. i.* tasten (for nach); ~ **for the right word/truth** nach dem richtigen Wort/der Wahrheit suchen. 2. *v. t.* ~ **one's way** sich tasten; lavieren

gross [grəʊs] 1. *adj* a) grob; übel; schreiend; b) (obese) fett; c) ordinär; d) ~ **national product** Bruttosozialprodukt, *n.*; e) grob (Person, Geschmack). 2.*v. t.* einbringen (Geld)

gross *n., pl.* same Gros, *n.*; **by the ~:** en gros

grossly [ˈgrəʊslɪ] *adv* a) äußerst; grob; schwer b) ordinär

grotesque [grəʊˈtesk] *adj.*, **grotesquely** *adv.* grotesk

grotto [ˈgrɒtəʊ] *n., pl.* ~es or ~s Grotte, *f*

grotty [ˈgrɒtɪ] *adj (Brit. sl.)* mies

grouch [graʊtʃ] 1.*v. i.* schimpfen; mosern 2. *n.* a) Miesepeter, *m.*; b) Ärger, *m.*; **have a ~ against sb.** auf jmdn. sauer sein

grouchy [ˈgraʊtʃɪ] *adj (ugs.)* griesgrämig

ground [graʊnd] 1. *n* a) Boden, *m.*; **deep under the ~:** tief unter der Erde; **uneven, hilly ~:** unebenes, hügeliges Gelände; b) **cut the ~ from under sb.'s feet** jmdm. den Wind aus den Segeln nehmen; **get off the ~** konkrete Gestalt annehmen; **get sth. off the ~** etw. in die Tat umsetzen; **run sb./oneself into the ~** jmdn./sich kaputtmachen; **give or lose ~:** an Boden verlieren; **hold or keep or stand one's ~:** nicht nachgeben; c) (special area) Gelände, *n.*; ~: Sportplatz, *m.*; ~: Cricketfeld, *n.*: d) in *pl.* Anlage, *f.*; e) Grund, *m.*; **on the ~ of, on ~s of** auf Grund; **on health/religious etc. ~s** aus gesundheitlichen/religiösen usw. Gründen; **have no ~s for sth./to do sth.** keinen Grund für etw. haben/keinen Grund haben, etw. zu tun; *f)* in *pl* Satz, *m.*; (of coffee) Kaffeesatz, *m.*; g) (Elektr.) Erde, *f.* 2. *v. t.* a) auf Grund setzen; **be ~ed** auf Grund gelaufen sein; b) (base, establish) gründen; **be ~ed on** gründen auf; c) am Boden festhalten; (prevent from flying)

ground

nicht fliegen lassen (Piloten). 3. *v. i.* (Schiff) auf Grund laufe
ground 1. *adj* gemahlen; ~ **meat** (Amer.) Hackfleisch, *n.*:~ **coffee** Kaffeepulver, *n* ground: ~ **control** *n.* (Aeronaut.) Flugsicherungskontrolldienst, *m*
grounding [ˈgraʊndɪŋ] *n.* Grundkenntnisse *Pl.*; Grundwissen, *n.*; **give sb./receive a ~ in sth.** jmdm. die Grundlagen einer Sache vermitteln
groundless [ˈgraʊndlɪs] *adj* unbegründet; **these reports etc. are ~**: diese Berichte usw. entbehren jeder Grundlage
ground: ~ **level** *n.* **above/below ~ level** oberhalb/unterhalb der ebenen Erde; **on or at ~ level** ebenerdig; **~ plan** *n.* Grundriss.; ~ '**rice** *n.* Reismehl.; ~ **rule** *n.* a) Platzregel, *f.*; b) Grundregel, *f*
group [gruːp] 1. *n.* a) Gruppe, *f.*; Gruppen(verhalten, -dynamik, -therapie, -diskussion): ~ **of houses/islands/trees** Häuser-/Insel-/Baumgruppe, *f.*; b) Gruppe, *f.*; 2. *v. t.* gruppieren; ~ **books according to their subjects** Bücher nach ihrer Thematik ordnen
group: ~ **captain** *n.* (Air Force) Oberst der Luftwaffe; ~ **practice** *n.* Gemeinschaftspraxis, *f*
grouse [graʊs] *n.* a) *pl.* same Raufußhuhn, *n.*; ~ (Brit.) Schottisches Moorschneehuhn; b) *no pl.* (as food) Waldhuhn, *n.*; schottisches Moorhuhn
grouse (*ugs.*) 1. *v. i.* meckern (*ugs.*) 2. *n.* Meckerei, *f.*
grout [graʊt] *n.* Mörtelschlamm, *m*
grove [grəʊv] *n.* Wäldchen, *n.*; Hain, *m.* (dichter. veralt.)

grovel [ˈgrɒvl] *v. i.*, (Brit.) -ll-: a) sich auf die Knie werfen; **be ~ling on the floor** auf dem Fußboden kriechen; b) (bildlich: be subservient) katzbuckeln *(derogativ)*
grow [grəʊ] 1. *v. i.* a) wachsen; zunehmen, wachsen; ~ **out of or from sth.** sich aus etw. entwickeln; von etw. herrühren; die Folge von etw. sein; b) werden; ~ **used to sth./sb.** sich an etw./jmdn. gewöhnen; ~ **to be sth.** allmählich etw. werden; **he grew to be a man** er wuchs zum Manne heran ~ **to like sb./sth.** nach und nach Gefallen an jmdm./etw. finden; 2*v. t.* a) ziehen; anpflanzen; züchten; b) ~ **one's hair** sich die Haare wachsen lassen
~ **into** *v. t.* a) werden zu; b) (become big enough for) hineinwachsen in
~ **on** *v. t.* **it ~s on you** man findet mit der Zeit Gefallen daran
~ '**out of** *v. t.* a) herauswachsen aus (Kleidung); b) ablegen; entwachsen; überwinden
~ '**up** *v. i.* a) aufwachsen; erwachsen werden; **what do you want to be or do when you ~ up?** was willst du denn mal werden, wenn du groß bist?; b) erwachsen werden; ~ **up!** werde endlich erwachsen!; c) sich entwickeln; entstehen; (Tradition, Brauch) sich herausbilden
~ '**up into** *v. t.* werden oder sich entwickeln
grower [ˈgrəʊə] *n. usu. in comb.* Produzent/in; **fruit-~:** Obstbauer, *m*
growing [ˈgrəʊɪŋ] *adj* wachsend; immer umfangreicher werdend; sich immer mehr verbreitend
growl [graʊl] 1. *n* Knurren,

n.; Brummen, *n.* 2.*v. i.* knurren; brummen; ~ **at sb.** jmdn. anknurren/anbrummen
grown [grəʊn] *adj* erwachsen; **fully ~:** ausgewachsen
grown-up 1. *n.* Erwachsene, *m./f.* 2. *adj.* erwachsen; ~ **books** Bücher für Erwachsene
growth [grəʊθ] *n* a) Wachstum, *n.*; Zunahme, *f.*; Wachstums(hormon, -rate): b)Wachstum, *n.*; c) Vegetation, *f.*; Pflanzenwuchs, *m.*; d) Geschwulst; Gewächs, *n*
grub [grʌb] 1. *n* a) Larve, *f.*; (maggot) Made, *f.*: b) Fressen, *n.*; Fressalien *Pl.*: ~ **up!** ran an die Futterkrippe!; **lovely ~!** Superessen!. 2.*v. i.* wühlen; ~ **about** wühlen
grubby [ˈgrʌbɪ] *adj* schmuddelig
grudge [grʌdʒ] 1 *v. t.* ~ **sb. sth.** jmdm. etw. missgönnen; ~ **doing sth.** nicht bereit sein, etw. zu tun; etw. ungern tun; 2. *n.* Groll, *m.*; **have or hold a ~ against sb.** einen Groll oder Hass auf jmdn. haben; jmdm. grollen
grudging [ˈgrʌdʒɪŋ] *adj* widerwillig, widerwillig gewährt
grudgingly [ˈgrʌdʒɪŋlɪ] *adv.* widerwillig
gruel [ˈgruːəl] *n.* Schleimsuppe, *f*
gruelling [ˈgruːəlɪŋ] *adj* aufreibend; zermürbend; strapaziös
gruesome [ˈgruːsəm] *adj.* grausig; schaurig
gruff [grʌf] *adj.* barsch; schroff; ruppig (Benehmen, Wesen); rau (Stimme)
grumble [ˈgrʌmbl] 1. *v. i.* murren; ~ **about or over sth.** sich über etw. beklagen. 2. *n.* (act) Murren, *n.*; (complaint) Klage, *f.*: **without a ~:** ohne Murren
grumbler [ˈgrʌmblə] *n.*

Querulant, m./Querulantin, f
grumpily ['grʌmpɪlɪ] adv., **grumpy** ['grʌmpɪ] adj. unleidlich; grantig
grunt [grʌnt] 1. n. Grunzen, n.; **give a ~:** grunzen. 2. v. i. grunzen
G-string n. (garment) Lendenschurz, m.; G-Saite, f
guarantee [gærən'tiː] 1. v. t. a) garantieren für; Garantie geben auf; **~d wage** Garantielohn, m.; **~d genuine** etc. garantiert echt usw.: b) garantieren; bürgen für; garantieren (Erfolg): **be ~d to do sth.** etw. garantiert tun. 2. n. a) Garantie, f.; Garantieschein, m.; **is it still under ~?** ist noch Garantie darauf?; b) Garantie, f.; **give sb. a ~ that...:** jmdm. garantieren, dass
guard [gɑd] 1. n. a) Wachtposten, m.; b) no pl. Wache, f.; Wachmannschaft, f.; **~ of honour** Ehrenwache, f.; Ehrengarde, die: c) **G~s** Garderegiment, n.; Garde, f.; d) Wache, f.; **be on ~:** Wache haben; **be on ~** sich hüten; **be off ~** nicht auf der Hut sein; **put sb. on ~:** jmdn. misstrauisch machen; **under ~:** unter Bewachung; e) Schaffner/in.; f) Wärter/-in, f.; g) Schutz, m.; Schutzvorrichtung, f.; Schutz, m.; h) Deckung, f.; **drop or lower one's ~:** die Deckung fallen lassen; 2. v. t. bewachen; hüten schützen; beschützen; **~ sb. against sth.** jmdn. vor etw. beschützen
~ against v. t. sich hüten vor; verhüten; vorbeugen ~ **against doing sth.** sich hüten, etw. zu tun
guard: ~ **dog** n Wachhund, m.; ~ **duty** n. Wachdienst, m
guarded ['gɑdɪd] adj zurückhaltend; vorsichtig
guardian ['gɑdɪən] n a) Hüter, m.; Wächter, m.: b) (Jura) Vormund, m
guardsman ['gɑdzmən] n pl. guardsmen Wachtposten, m.; Gardist, m
guerrilla [gə'rɪlə] n Guerillakämpfer/in, f.; Guerilla
guess [ges] 1. v. t. a) schätzen; raten; erraten; raten; **can you ~ my weight?** schätz mal, wie viel ich wiege; **I ~ed as much** das habe ich mir schon gedacht; b) **I ~:** ich glaube, ich schätze (ugs.): **I ~ we'll have to** wir müssen wohl; **I ~ so/not** ich glaube schon oder ja/nicht oder kaum. 2. v. i. schätzen; vermuten; es erraten; **~ at sth.** etw. schätzen; über etw. Vermutungen anstellen; **you've ~ed right/wrong** deine Vermutung ist richtig/falsch; **you'll never ~!** darauf kommst du nie! 3. n. Schätzung, f.; **at a ~:** schätzungsweise; **make or have a ~:** schätzen
guest [gest] n Gast, m.; ~ **of honour** Ehrengast, m
guest: ~-**house** n Pension, f.; ~-**room** n. Gästezimmer, n
guffaw [gə'fɔː] 1. n brüllendes Gelächter; **give a ~:** in brüllendes Gelächter ausbrechen. 2. v. i. brüllend lachen
guidance ['gɑɪdəns] n no pl., no indef. art. a) Führung, f.; Leitung, f.; b) Rat, m.; **give sb. ~ on sth.** jmdm. in etw. beraten
guide [gɑɪd] 1. n a) Führer/in; b) **be a ~ to sth.** ein Anhaltspunkt für etw. sein; c) **G~:** Pfadfinderin, f.; **the Girl G~s** die Pfadfinderinnen; d) Handbuch, n.; **a ~ to healthier living** ein Ratgeber für ein gesünderes Leben; e) Führer, m.; **a ~ to Berlin** ein Führer für oder durch Berlin. 2. v. t. a) führen; b) bestimmen; anleiten; **be ~d by sth./sb.** sich von etw./jmdm. leiten lassen
guided tour [gɑɪdɪd 'tʊər] n. Führung, f.
guideline n. (bildlich) Richtlinie, f
guild [gɪld] n. a) Verein, m.; b) Gilde, f.; Zunft, f
guile [gɑɪl] n., no pl. Hinterlist, f
guillotine ['gɪləti:n] 1. n. a) Guillotine, f.; Fallbeil, n.; b) Papierschneidemaschine, f. 2. v. t. a) mit der Guillotine oder dem Fallbeil hinrichten; b) schneiden
guilt [gɪlt] n no pl. a) Schuld, f.; b) Schuldgefühle Pl
guiltily ['gɪltɪlɪ] adv. schuldbewusst
guiltless ['gɪltlɪs] adj unschuldig
guilty ['gɪltɪ] adj a) schuldig; **be ~ of murder** des Mordes schuldig sein; **feel ~ about sth./having done sth.** ein schlechtes Gewissen haben wegen etw./weil man etw. getan hat; b) schuldbewusst; schlecht
guinea ['gɪnɪ] n. (Hist.) Guinee, f
guinea-pig n a) Meerschweinchen b; Versuchskaninchen, n; **act as ~:** Versuchskaninchen spielen
guise [gɑɪz] n. Gestalt, f.; in the ~ of in Gestalt (+ Gen.)
guitar [gɪ'tɑr] n. Gitarre, f.; attrib. Gitarren(musik, -spieler)
guitarist [gɪ'tɑrɪst] n. Gitarrist, der/Gitarristin, f
gulch [gʌltʃ] n. (Amer.) Schlucht, f.; Klamm, f
gulf [gʌlf] n a) Golf, m.; Meerbusen, m; **the G~ of Mexico** der Golf von Mexiko; b) Kluft, f.; c) Abgrund, m
Gulf: ~ **States** pr. n. pl. Golfstaaten Pl.; ~ **Stream** pr. n. Golfstrom, m.; ~ **War** n. Golfkrieg, m

gull [gʌl] *n.* Möwe, *f*
gullet [ˈgʌlɪt] *n.* a) Speiseröhre, *f.*; b) Kehle, *f.*; Gurgel, *f*
gullible [ˈgʌlɪbl] *adj* leichtgläubig; gutgläubig
gully [ˈgʌlɪ] *n* a) Abzugskanal, *m.*; b) (drain) Gully, *m.*; c) Rinne, *f*
gulp [gʌlp] *1. v. t.* hinunterschlingen; hinuntergießen . *2. n.* a)Schlucken, *n.*; **swallow in or at one ~**: mit einem Schluck herunterstürzen b) kräftiger Schluck
gum [gʌm] *n usu. in pl. (Anat.)* ~[s] Zahnfleisch, *n*
gum *n.* a) Gummi, *n.*; Klebstoff, *m.*; b) Gummibonbon, *m.* oder *n.*
gumption [ˈgʌmpʃn] *n no pl., no indef. art.* Grips, *m.* Unternehmungsgeist, *m*
gun [gʌn] *n* a) Schusswaffe, *f.*; Geschütz, *n.*; Gewehr, *n.*; Pistole, *f.*; Revolver, *m.*; **big ~** hohes oder großes Tier; **stick to one's ~s** auf seinem Standpunkt beharren; b) Startpistole, *f.*; **jump the ~** einen Fehlstart verursachen; vorpreschen; vorzeitig etwas bekanntwerden lassen .
~ 'down *v. t.* niederschießen
~ for *v. t. (bildlich)* auf dem Kieker haben *(ugs.)*
gun: **~-battle** *n.* Schießerei, *f.*; **~boat** *n.* Kanonenboot, *n.*; **~-carriage** *n.* Geschützlafette; **~-fight** *n.* Schießerei, *f.*; **~fighter** *n.* Revolverheld, *m.*; **~-fire** *n.* Geschützfeuer, *m.*; Schießerei, *f.*
gunner [ˈgʌnər] *n* Artillerist, *m.*; Kanonier, *m*
~powder *n.* Schießpulver, *n.*; Gunpowder Plot (Hist.) Pulververschwörung, *f.*; **~shot** *n.* a) Schuss, *m.*; b) **within/out of ~shot** in/außer Schussweite; **~smith** *n.* Büchsenmacher, *m*
gurgle [ˈgɜ:gl] *1. n* Gluckern, *n.*; Plätschern, *n. 2. v. i.* gluckern; plätschern; lallen
guru [ˈguru:] *n.* a) Guru, *m.*; b) (mentor) Mentor, *m*
gush [gʌʃ] *1. n.* a) Schwall, *m.*; b) Überschwänglichkeit, *f.*; c) Schwärmerei, *f. 2. v. i.* strömen; schießen; **~ out** herausströmen; herausschießen; b) überschwänglich sein; c) schwärmen. *3. v. t.* **sth. ~es water/oil/blood** Wasser/Öl/Blut schießt aus etw. hervor
gushing [ˈgʌʃɪŋ] *adj.* a) reißend (Strom); b) (effusive) exaltiert
gusset [ˈgʌsɪt] *n.* Zwickel, *m.*; Keil, *m*
gust [gʌst] *1. n.* ~ Windstoß, *m.*; Bö, *f. 2. v. i.* böig wehen
gut [gʌt] *1. n* a) Darm, *m.*; b) in *pl.* Eingeweide *Pl.*; Gedärme *Pl.*; **hate sb.'s ~s** jmdn. auf den Tod nicht ausstehen können; c) in *pl.* Innereien *Pl.*; d) in *pl.* Schneid, *m.*; Mumm, *m.*; e) Darm, *m. 2. v. t.* a) (take out ~s of) ausnehmen; b) (remove or destroy fittings in) ausräumen; **the house was ~ted** das Haus brannte aus. *3. adj.* (instinctive) gefühlsmäßig

gutter [ˈgʌtər] *1. n* Dach- oder Regenrinne, *f.*; Rinnstein, *m.*: Gosse, *f.*: the ~ *(bildlich)* die Gosse. *2. v. i.* tropfen; flackern
guttural [ˈgʌtərl] *adj.* guttural; kehlig
guy [gaɪ] *n.* (rope) Halteseil, *n*
guy *n.* a) *(sl.:* man) Typ, *m. (ugs.)*; b) in *pl.* **you ~s!** Kinder!; c) (Brit.: effigy) Guy-Fawkes-Puppe, *f.*; **Guy Fawkes Day** Festtag (5. November) zum Gedenken an die Pulververschwörung
guzzle [ˈgʌzl] *1. v. t.* hinunterschlingen; (drink) hinuntergießen. *2. v. i.* schlingen
gym [dʒɪm] *n.* a) Turnhalle, *f.*; b) *no pl., no indef. art.* (gymnastics) Turnen, *n*
gymnasium [dʒɪmˈneɪzɪəm] *n.*, *pl.* ~s or gymnasia Turnhalle, *f*
gymnast [ˈdʒɪmnæst] *n.* Turner, *m.*/Turnerin, *f*
gymnastic [dʒɪmˈnæstɪk] *adj.* turnerisch (Können); **~ equipment** Turngeräte
gymnastics [dʒɪmˈnæstɪks] *n., no pl.* Gymnastik, *f.*; Turnen, *n*
gynaecological [gaɪnɪkəˈlɒdʒɪkl] *adj. (Medizin)* gynäkologisch
gynaecologist [gaɪnɪˈkɒlədʒɪst] *n. (Medizin)* Gynäkolog/in, Frauenarzt
gynaecology [gaɪnɪˈkɒlədʒɪ] *n. (Medizin)* Gynäkologie, *f.*; Frauenheilkunde, *f*
gypsy [ˈdʒɪpsɪ] *n.* Zigeuner, *m.*/Zigeunerin, *f*
gyration [dʒaɪəˈreɪʃn] *n.* Drehung, *f.*; kreiselnde Bewegung

H

H, h [eɪtʃ] *n., pl.* Hs or H's [ˈeɪtʃɪz] H, h, *n*
habit [ˈhæbɪt] *n.* a) Gewohnheit, *f.*; **good/strange ~**: gute/seltsame Gewohnheit; **the ~ of smoking** das Rauchen; **old ~s die hard** der Mensch ist ein Gewohnheitstier; **get or fall into or *(ugs.)* pick up bad ~s** schlechte Gewohnheiten annehmen; b) Sucht, *f.*; Abhängigkeit, *f*
habitable [ˈhæbɪtəbl] *adj.* bewohnbar
habitat [ˈhæbɪtæt] *n.* Habitat, *n.*; Standort, *m.*, Lebensraum, *m*
habitation [hæbɪˈteɪʃn] *n.* **fit/unfit or not fit for human ~**: bewohnbar/unbewohnbar
habitual [həˈbɪtʃʊəl] *adj.* a) gewohnt; b) ständig; c) gewohnheitsmäßig
habitually [həˈbɪtʃʊəlɪ] *adv.* a) regelmäßig; b) ständig
habitué [həˈbɪtʃʊeɪ] *n.* regelmäßiger Besucher; Stammgast, *m*
hack [hæk] 1. *v. t.* hacken; **~ one's way through/along/out of sth.** sich einen Weg durch etw./etw. entlang/aus etw. heraus freischlagen.; 2. *v. i.* a) **~ at** herumhacken auf; **~ through the undergrowth** sich einen Weg durchs Unterholz schlagen; b) **~ing cough** Reizhusten, *m.*
~ 'off *v. t.* abhacken; abschlagen
hack 1. *n.* a) **newspaper ~**: Zeitungsschreiber, *m.*; Schreiberling, *m.* **publisher's ~**: Lohnschreiber, *m.*; b) Mietpferd, *n.* 2. *adj.* a) **~ writer** Lohnschreiber, *m.*; b) Nullachtfuffzehn-

hacker [ˈhækər] *n.* Hacker, *m.* (Computer-)
hackle [ˈhækl] *n.* **get sb.'s ~s up, make sb.'s ~s rise** jmdn. wütend machen
hackneyed [ˈhæknɪd] *adj.* abgegriffen; abgedroschen *(ugs.)*
haddock [ˈhædək] *n., pl.* same Schellfisch, *m.*; **smoked ~**: Haddock, *m*
haemorrhoid [ˈhemərɔɪd] *n.* Hämorride, *f*
hag [hæg] *n.* a) alte Hexe; b) Hexe, *f*
haggard [ˈhægəd] *adj.* ausgezehrt; abgehärmt; abgespannt
haggis [ˈhægɪs] *n.* (Gastronomie) Haggis, *m.*; gefüllter Schafsmagen
haggle [ˈhægl] *v. i.* sich zanken; feilschen, handeln
Hague [heɪg] *pr. n.* **The ~**: Den Haag
hail [heɪl] 1. *v. i.* a) *impers.* (Meteorologie) **it ~s or is ~ing** es hagelt; b) *(bildlich)* **~ down** niederprasseln; **~ down on sb.** auf jmdn. einprasseln. 2. *v. t.* niederhageln oder niederprasseln 3. *n.* a) *no pl., no indef. art.* Hagel, *m.*; b) Hagel, *m.*; Schwall, *m.*; Flut.; **a ~ of bullets/arrows** ein Kugel-/Pfeilhagel oder -regen
hail 1. *v. t.* a) anrufen, anpreisen; heranwinken, anhalten; b) zujubeln; bejubeln; **~ sb. emperor** jmdn. als Kaiser zujubeln. 2. *int.* sei gegrüßt
hail: ~stone *n.* (Meteorologie) Hagelkorn, *n.*; **~storm** *n.* (Meteorologie) Hagelschauer, *m*
hair [heər] *n.* a) Haar, *n.*; **not harm a ~ of sb.'s head** *(bildlich)* jmdm. kein Haar krümmen; b) *collective, no*

pl. Haar, *n.*; Haare *pl.*; Haar-; **do one's/sb.'s ~**: sich/jmdm. das Haar machen; **pull sb.'s ~**: jmdn. an den Haaren ziehen; **he's losing his ~**: ihm gehen die Haare aus; **get in sb.'s ~** jmdn. auf die Nerven oder den Wecker gehen oder fallen
hair: ~brush *n.* Haarbürste, *f.*; **~cut** *n.* a) Haareschneiden, *n.*; **go for/need a ~cut** zum Friseur gehen/müssen; b) Haarschnitt, *m.*; **~-do** *n.* a) **give sb. a ~-do** jmdm. das Haar machen; b) Frisur, *f.*; **~dresser** *n.* Friseur, *m.*/Friseuse, *f.*; **~drier** *n.* Haartrockner, *m.*; Fön, *m.*
-haired [heəd] *adj. in combination* **black-/frizzy-~**: schwarz-/kraushaarig
hair: ~grip *n.* (britisch) Haarklammer, *f.*; a) Haaransatz, *m.*; **his ~-line is receding, he has a receding ~-line** er bekommt eine Stirnglatze; b) haarfeine Linie; haarfeiner Strich; c) **~ line** haarfeiner Riss; **~net** *n.* Haarnetz, *n.*; **~piece** *n.* Haarteil, *n.*; **~pin** *n.* Haarnadel, *f.*
~raising [ˈheəreɪzɪŋ] *adj.* furchterregend; mörderisch; haarsträubend; **~'s breadth** *n.* **by a ~'s breadth** um Haaresbreite; nur knapp; **~splitting** 1. *adj.* haarspalterisch; 2. *n.* Haarspalterei, *f.*; **~spray** *n.* Haarspray, *n.*; **~style** *n.* Frisur, *f*
hairy [ˈheərɪ] *adj.* a) behaart; flauschig; b) haarig; schwierig; c) eklig
hake [heɪk] *n., pl.* same (Tierwelt) Seehecht, *m*
hale [heɪl] *adj.* kräftig; rege (intellektuell, geistig); **~ and hearty** gesund und munter

half [haf] 1. *n.*, *pl.* halves a) Hälfte, *f.*; ~ die Hälfte **I've only ~ left** ich habe nur noch die Hälfte; ~ **of Europe** halb Europa; **divide sth. in ~ or into halves** etw. halbieren; **go halves or go ~ and ~** halbe-halbe machen; **cut sth. in ~ or into halves** etw. in zwei Hälften schneiden; **how the other ~ lives** wie andere/die armen Leute leben; b) kleines Glas; kleines Bier; Kleine, *n.*; a ~ **of bitter** etc. ein kleines Bitter usw.; c) Halbzeit, *f.* 2. *adj.* halb; ~ **the garden/books/staff/time** die Hälfte des Gartens/der Bücher/des Personals/der Zeit; 3. *adv.* a) zur Hälfte; halb; fast, nahezu; **only ~ hear what…**: nur zum Teil hören, was…; ~ **listen for/to** mit halbem Ohr horchen auf /zuhören; ~ **cook sth.** etw. halb gar werden lassen; b) halb; ~ **past or two/four** etc. halb zwei/vier usw.

half: ~-and-'~: H~-and-~: Halb und halb; 1. *n.* **does it contain a or b?** Enthält es a oder b? 2. *adj.* **~-and-~ mixture of a and b** Mischung, die je zur Hälfte aus a und b besteht; 3. *adv.* zu gleichen Teilen; **they divide their earnings ~-and-~:** sie teilen ihre Einkünfte gleichmäßig untereinander auf
~-baked [haf'beɪkt] *adj.* unausgegoren *(derogativ)*, unausgereift (Plan, Aufsatz, Person); **~breed** *n.* a) Mischling, *m.*; Halbblut, *n.*; b) **~-brother** *n.* Halbbruder, *m.*; **~-caste** 1. *n.* Mischling, *m.*; Halbblut, *n.*; 2. *adj.* Mischlings-; **~-'crown** *n.* Half-crown, *f.*; **~hearted** *adj.*, **~-heartedly** *adv.* halbherzig; **~life** *n.* Halbwertszeit, *f.*; **~ light** *n.* Halblicht, *n.*; ~ **measure** *n.* a) **a ~ measure of whiskey** ein halber Whiskey; b) *in pl.* halbe Maßnahme; Halbheit, *f.*; ~ **'moon** *n.* Halbmond, *m.*; **be on ~ pay** Ruhegehalt oder Pension beziehen
~penny ['heɪpnɪ], *pl. usu.* **~pennies for separate coins, ~pence for sum of money ~-'price** 1. *n.* halber Preis; **reduce sth. to ~ price** etw. um die Hälfte heruntersetzen; 2. *adj.* zum halben Preis; 3. *adv.* zum halben Preis; **~-sister** *n.* Halbschwester, *f.*; **~-term** *n.* a) **by/at ~-term** bis zur/in der Mitte des Trimesters; b) **before ~-term** in der ersten Trimesterhälfte; **~-term** Ferien in der Mitte des Trimesters; **~-term elections** (amerikanisch) Kongreßwahlen
~-timbered [haf'tɪmbəd] *adj.* Fachwerk(Baustil); **be ~-timbered** ein Fachwerkbau sein; **~-'time** *n.* Halbzeit, *f.*; **at ~-time** bei oder bis zur Halbzeit; in der Halbzeitpause; **-truth** *n.* Halbwahrheit, *f.*; **~-volley** *n.* Halbvolley, *m.*; **~-'way** 1. *adj.* **~-way point** Mitte, *f.*; **~-way house** Kompromiss, *m.*; Mittelweg, *m.*; 2. *adv.* die Hälfte des Weges; **~wit** *n.* Schwachkopf, *m.*; **~-witted** *adj.* dumm, debil; schwachsinnig; **~-yearly** 1. *adj.* halbjährlich; 2. *adv.* halbjährlich

hall [hɔːl] *n.* a) Saal, *m.*; Halle, *f.*; Festsaal, *m.*; Wohnsaal, *m.*; **church/school~:** Gemeindehaus, *n.*/Aula, *f.*; b) Studentenwohnheim, *n.*; c) Diele, *f.*; Flur, *m.*; Eingangsbereich, *m.*

hallo [hə'ləʊ] 1. *int.* a) hallo; b) (britisch) siehe hello 1. 2. *n.*, *pl.* ~s Hallo, *n*

hallow ['hæləʊ] *v. t.* heiligen; **~ed** geheiligt (auch bildlich); heilig (Wasser, Grund

Hallowe'en [hæləʊ'iːn] *n.* Halloween, *n*

hall: ~ 'porter *n.* (britisch) Portier, *m.*; **~-stand** *n.* Garderobe, *f*

hallucinate [hə'luːsɪneɪt] *v. i.* halluzinieren; Halluzinationen haben

hallucination [həluːsɪ'neɪʃn] *n.* Halluzinieren, *n.*; Halluzination, *f.*; Sinnestäuschung, *f.*

hallucinogenic [həluːsɪnə'dʒenɪk] *adj. (Medizin)* halluzinogen

halo ['heɪləʊ] *n.*, *pl.* ~es a) Halo, *m.*; Hof, *m.* (Mond); b) Heiligen-, Glorienschein, *m*

halt [hɒlt, hɔːlt] 1. *v. i.* a) stehenbleiben; anhalten; eine Pause machen; haltmachen; b) eingestellt werden. 2. *v. t.* a) anhalten; haltmachen lassen (Kolonne usw.); b) stoppen; einstellen 3. *n.* a) Pause, *f.*; Rast, *f.*; Halt, *m.*; **make a ~:** Rast/eine Pause machen/haltmachen; b) Unterbrechung, *f.*; c) Haltepunkt, *m*

halter ['hɒltər, 'hɔːltər] *n.* a) Halfter, *n.*; b) Nackenträger, *m*

halve [hɑv] *v. t.* a) halbieren; b) halbieren; auf oder um die Hälfte verringern

ham [hæm] 1. *v. i.* überziehen. 2. *v. t.* überzogen spielen
~ **'up** *v. t.* überzogen spielen 3. *n.* a) Schinken, *m.*; b) *(sl.)* Amateur, *m.*; Schmierenkomödiant,

hamburger ['hæmbɜːɡər] *n.* Hacksteak, *n.*; Hamburger, *m*

hamlet ['hæmlɪt] *n.* Weiler, *m.*; Dorf, *n*

hammer ['hæmər] 1. *v. t.* a) hämmern; hämmern auf; ~ **a nail into sth.** einen Nagel in etw. hämmern oder schlagen oder klopfen; ~

sth. into sb. jmdm. etw. einhämmern, einpauken; b) abservieren; vernichtend schlagen . 2. *v. i.* hämmern; klopfen; **~ at sth.** an etw. hämmern
~ a'way *v. i.* hämmern; **~ away at** herumhämmern auf (+ Dat.)
~ 'out *v. t.* a) ausklopfen (Blechschaden); ausbeulen (Delle, Beule usw.); glatt klopfen (Blech, Kotflügel); b) *(bildlich)* ausarbeiten (Vorgehensweise) 3. *n.* a) Hammer, *m.*; **go or be at it ~ and tongs** sich streiten, dass die Fetzen fliegen; **go or be at sth. ~ and tongs** sich bei etw. schwer ins Zeug legen *(ugs.)* b) Hahn, *m.*; c) Wurfhammer, *m.*; **throwing the ~** das Hammerwerfen
hammock ['hæmək] *n.* Hängematte, *f*
hamper ['hæmpər] *n.* a) Korb, *m.*; b) Präsentkorb, *m*
hamper *v. t.* behindern; hemmen (Veränderung, Wachstum usw.)
hamster ['hæmstər] *n.* Hamster, *m.*
hamstring 1. *n.* (Körper) Kniesehne, *f.* 2. *v. t.*, **hamstrung or ~ed** *(bildlich)* lähmen
hand [hænd] 1. *n.* a) Hand, *f.*; **get one's ~s dirty** sich die Hände schmutzig machen; **give sb. one's ~** jmdm. die Hand geben oder reichen; **~ in ~:** Hand in Hand; **go ~ in ~** Hand in Hand gehen; **hold ~s** Händchen halten; **the problem/matter in ~:** das vorliegende Problem/die vorliegende Angelegenheit; **keep one's ~s off sth.** die Finger von etw. lassen; **~s down** mit links; ganz klar; **have sth. at ~:** etw. zur Hand haben; vorliegen; **go/pass from ~ to ~:** von Hand zu Hand gehen; **fight ~ to ~:** Mann gegen Mann kämpfen; **be ~ in glove** unter einer Decke stecken **get one's ~s on sth./sth.** jmdn. erwischen oder in die Finger kriegen/etw. auftreiben; **have one's ~s full** die Hände voll haben; alle Hände voll zu tun haben; b) **with a(n) iron/firm ~:** mit eiserner Faust/starker Hand; c) *in pl.* **in sb.'s ~s, in the ~s of sb.** in jmds. Besitz; in jmds. Obhut; **may I leave the matter in your ~s?** darf ich die Angelegenheit Ihnen überlassen?; **change ~s** den Besitzer wechseln; **have time on one's ~s** Zeit haben; d) **have sth. in ~:** etw. zur Verfügung haben; etw. haben; e) **take a ~** sich beteiligen; **have a ~ in sth.** bei etw. seine Hände im Spiel haben; f) Wirken, *n.*; **the ~ of an artist has been at work here** hier war ein Künstler am Werk; **the ~ of God** die Hand Gottes; g) **ask for or seek sb.'s ~** um jmds. Hand bitten oder anhalten; h) Arbeitskraft, *f.*; Arbeiter, *m.*; (Nautik) Hand, *f.*; Matrose, *m.*; i) **I'm no ~ at painting** ich kann nicht malen; j) Quelle, *f.*; **at first/second~:** aus erster/zweiter Hand; k) Geschick, *n.*; **keep one's ~ in** in der Übung bleiben; **get one's ~ in** wieder in Übung kommen oder reinkommen; l) Handschrift, *f.*; Unterschrift, *f.*; *m)* Zeiger, *m.* (Uhr); *n)* Seite, *f.*; **on the right/left ~:** rechts/links; rechter/linker Hand; **on sb.'s right/left ~:** rechts/links von jmdm.; zu jmds. Rechten/Linken; **on the one ~..., but on the other ~...:** einerseits..., aber andererseits...; auf der einen Seite..., aber auf der anderen Seite...; **on every ~:** von allen Seiten (umringt sein); ringsum (etw. sehen) o) Handbreit, *f.*; p) *(ugs.)* Beifall, *m.*; Applaus, *m.*; **give him a big ~, let's have a big ~ for him** viel Applaus oder Beifall für ihn!; q) Karte, *f.*; Runde, *f.*; siehe auch throw in d; 2. *v. t.* geben; (Überbringer) übergeben (Paket, Waren); **~ sth. from one to another** etw. von einem zum anderen weitergeben; **~ 'back** *v. t.* zurückgeben
~ down *v. t.* a) überliefern (Brauchtum, Tradition); weitergeben; vererben; b) (Jura) verhängen; verkünden (Urteilsspruch); fällen (Entscheidung)
~ 'in *v. t.* abgeben (Arbeit, Schriftstück) (to, at bei); einreichen (Anfrage, Bewerbung)
~ 'on *v. t.* weitergeben
~ 'out *v. t.* aus-, verteilen; geben (Hinweis, Information, Wink)
~ 'over 1. *v. t.* a) übergeben; freilassen; b) übergeben oder -reichen; herüberoder rübergeben oder -reichen; abgeben. 2. *v. i.* das Wort/die Arbeit übergeben
hand- *in combination* a) Hand-; b) hand; mit der Hand oder von Hand
hand: **~bag** *n.* Handtasche, *f.*; **~-baggage** *n.* Handgepäck, *n.*; **~bill** *n.* Handzettel, *m.*; **~brake** *n.* Handbremse, *f.*; **~cart** *n.* Handwagen, *m.*; klatschen, *n.*; **~ cream** *n.* Handcreme, *f.*; **~cuff;**1 *v. t.* in Handschellen legen; **~cuff sb.** jmdm. Handschellen anlegen; 2. *n.*, in *pl.* Handschelle, *f*
handful ['hændful] *n.* a) Hand voll, *f.*; **a few ~s of beans** ein paar Hand voll Bohnen; b) **these children are/this dog is a real ~:** die Kinder halten/der Hund hält

einen ständig auf Trab
hand: ~grenade n. Handgranate, f.; **~~gun** n. Handfeuerwaffe, f
handicap ['hændɪkæp] 1. n. a) Handikap, n.; Vorgabe, f.; b) Handikaprennen, n.; Ausgleichsrennen, n.; c) Handikap, n.; 2. v. t. a) ein Handikap festlegen für; b) benachteiligen
handicapped ['hændɪkæpt] 1. adj. behindert; **mentally/physically ~:** geistig behindert/körperbehindert. 2. n. pl. **the ~:** die Behinderten
handicraft ['hændɪkrɑːft] n. Kunsthandwerk, n.; Handarbeit, f
handily ['hændɪlɪ] adv. praktisch; günstig (Lage, Ort)
handiwork ['hændɪwɜːk] n., no pl., no indef. art. a) handwerkliche Arbeit; b) **this bracelet is all my own ~:** diese Kette habe ich selbst gemacht
handkerchief ['hæŋkətʃɪf, 'hæŋkətʃiːf] n Taschentuch, n
handle ['hændl] 1. v. t. a) anfassen; behandeln; **'Fragile! H~ with care!'**, „Vorsicht! Zerbrechlich!"; b) umgehen mit; führen; erledigen; fertigwerden oder zurechtkommen mit (Problem, Lebewesen, Situation); c) handhaben; d) umschlagen, abfertigen 2. n. a) Heft, n.; Griff, m.; Stiel, m.; Bügel, m.; Klinke, f.; Henkel, m.; Schwängel, m.; **fly off the ~** an die Decke gehen; b) Titel
handlebar ['hændlbɑː] n. Lenkstange, f.; Lenker, m.; **~ moustache** Schnauzbart
handling ['hændlɪŋ] n., no pl. a) Handhabung, f.; Führung, f.; Umgang, m.; b) Handhabung, f.; Fahrverhalten, n.; Handling, n.; c) Behandlung, f.; d) Beförderung, f.; Abfertigung, f.
hand: ~luggage n. Handgepäck, n.; **~made** adj. handgearbeitet; **~-medown** n. abgelegtes oder gebrauchtes Kleidungsstück; **~-out** n. a) Almosen, n.; Gabe, f.; b) Handout, n.; Presseerklärung, f.; **~-painted** adj. handbemalt, handgemalt; **~rail** n. Handlauf, m. Geländer, n.; Handläufer, m.; **~set** n. (Telefon) Handapparat, m.; **~shake** n. Händedruck, m.; Handschlag, m
handsome ['hænsəm] adj., ~r a) gutaussehend (Person); schön, edel (Tier, Gegenstand); b) großzügig; nobel (Verhalten, Behandlung, Fest); stattlich, ansehnlich (Geldbetrag, Summe
handsomely ['hænsəmlɪ] adv. großzügig; mit großem Vorsprung (siegen)
hand:~towel n. Handtuch, n.; **~writing** n. schrift, f.; **~-'written** adj. handgeschrieben
handy ['hændɪ] 1. adj. a) griffbereit; **keep/have sth. ~:** etw. griffbereit haben; b) praktisch; nützlich; **come in ~:** sich als nützlich erweisen; c) geschickt; **be ~ with sth.** mit etw. umgehen können. 2. n. mobiles/drahtloses Funktelefon
handyman n. Handwerker, m.;~: Heimwerker, m
hang [hæŋ] 1. v. t a) hängen; aufhängen; **~ sth. from sth.** etw. an etw. aufhängen; b) aufhängen; ankleben; d) abhängen lassen; e) p.p. hangen, hängen, (ugs.) aufhängen **~ oneself** sich erhängen oder (ugs.) aufhängen; f) **~ one's head in shame** beschämt den Kopf senken. 2. v. i., hung a) hängen; fallen; **time ~s heavily or heavy on sb.** die Zeit wird jmdm. lang; **~ from the ceiling** an der Decke hängen; b) hängen; c) **his head hung** er hielt den Kopf gesenkt. 3. n pl. **get the ~ of** klarkommen mit
~ about (britisch), **~ around** 1. v. i. herumlungern; **we ~ about or around there all evening** wir hängen da den ganzen Abend rum . 2. v. t. herumlungern an/in/usw.
~ 'back v. i. a) sich zieren; b) zurückbleiben
~ on 1.v. i. a) sich festhalten; **~ on to** sich festhalten an; behalten; b) durchhalten; c) warten; **~ on a second!** Moment oder Sekunde mal, warte mal eben!; d) dranbleiben 2.v. t. **~ on sth.** von etw. abhängen; **~ on sb.'s words** jmdm. gespannt zuhören
~ 'out 1. v. t. a) aufhängen; b) heraushängen lassen 2. v. i. a) heraushängen; **let it all ~ out** die Sau rauslassen; b) wohnen; seine Bude haben; sich herumtreiben
~ to'gether v. i. a) sich zusammenfügen; zusammenstimmen; b) zusammenhalten
~ 'up 1. v. t. a) aufhängen; b) **be hung up about sth.** ein gestörtes Verhältnis zu etw. haben. 2. v. i. einhängen; auflegen; **~ up on sb.** einfach einhängen oder auflegen
hangar ['hæŋər, 'hæŋɡər] n Hangar, m.; Flugzeughalle, f
hanger ['hæŋər] n. a) Bügel, m.; b) Aufhänger, m
hanger-'on n. **the rock group with its usual crowd of hangers-on** die Rockgruppe mit ihrem üblichen Anhang
hanging ['hæŋɪŋ] 1. n. hängen, n.; Ankleben, n.;

Abhängen, n.; b) Hinrichtung; c) in pl. Behang, m. 2. adj. ~ **basket** Hängekorb, m **hang: ~man** ['hæŋmæn] n Henker, m.; **~over** n. a) Kater, m; b) Relikt, n.; **~-up** n. a) Macke, f.; **have a ~-up about sth.** ein gestörtes Verhältnis zu etw. haben; b) Komplex, m.

hanker ['hæŋkər] v. i. ~ **after or for** ein Verlangen haben nach; sich sehnlichst wünschen

hanky-panky [hæŋkɪ'pæŋkɪ] n no pl., no indef. art. Mauschelei, f.

haphazard [hæp'hæzəd] 1. adj willkürlich; unbedacht; 2. adv. willkürlich; wahllos

happen ['hæpn] v. i. a) geschehen; eintreffen; **what can have ~ed to him?** was mag mit ihm los sein?; **don't let it ~ again!** dass mir das nicht wieder vorkommt!; **that's what ~s!** das kommt davon!; **these things do ~** das kommt vor; b) **~ to do sth.** zufällig etw. tun; **how does it ~ that...?** wie kommt es, dass...?

~ **on** v. t. zufällig treffen (Freunde); zufällig finden

happening ['hæpnɪŋ] n. a) usu. in pl. Ereignis, n.; b) Happening, n

happily ['hæpɪlɪ] adv. a) glücklich; fröhlich; vergnügt; b) mit Vergnügen; c) gut; passend; treffend; d) glücklicherweise; zum Glück; **it ended ~:** es ging gut aus

happiness ['hæpɪnɪs] n., no pl. Glück, n.; Zufriedenheit, f.; Heiterkeit, f.

happy ['hæpɪ] adj. a) glücklich; heiter; zufrieden; erfreulich; froh; ~ **event** freudiges Ereignis; **be ~ to do sth.** etw. gern oder mit Vergnügen tun; c) glücklich; **by a ~ chance/coincidence** durch einen glücklichen Zufall

happy: ~ ending n. Happy-End, n.; **~-go-'lucky** adj. sorglos; unbekümmert

harass ['hærəs] v. t. schikanieren; **constantly ~ the enemy** den Feind nicht zur Ruhe kommen lassen

harassment ['hærəsmənt] n. Schikanierung, f.; **sexual ~** Belästigung

harbour 1. v. t. Unterschlupf gewähren; hegen 2. n. Hafen, m.; **in ~:** im Hafen

hard [hɑːd] 1. adj. a) hart; stark, heftig; gesichert; **drive a ~ bargain** hart verhandeln; b) schwer; schwierig; **make it ~ for sb. to do sth.** es jmdm. schwer machen, etw. zu tun; **choose to go about/do sth. the ~ way** es sich bei etw. unnötig schwer machen; **this is ~ to believe** das ist kaum zu glauben; **have a ~ time doing sth.** Schwierigkeiten haben, etw. zu tun; **play ~ to get** so tun, als sei man nicht interessiert; c) hart; beschwerlich; leidenschaftlich; **try one's ~est to do sth.** sich nach Kräften bemühen, etw. zu tun; d) heftig; streng; e) hart; **take a ~ line** eine harte Linie vertreten; **be ~ upon sb.** streng mit jmdm. sein; 2. adv. a) hart; fleißig; scharf (überlegen); gut; genau **try ~: be ~ ' at it** schwer arbeiten; sich sehr bemühen; **concentrate ~/~er** sich sehr/mehr konzentrieren; b) heftig; fest; c) hart; streng; **cut back ~ on sth.** etw. drastisch einschränken; **be ~ up** knapp bei Kasse sein d) **be ~ put to it** große Schwierigkeiten haben; e) fest; **set ~:** fest werden; **in ~ cash** in bar (entlohnen); ~ **core** n. a) harter Kern; Kern, m.; b) (britisch) Packlage, f. (Bauwesen); **~-core** attrib. adj. hart; zum harten Kern gehörend; ~ **'court** n. Hartplatz, m.; ~ **'currency** n. harte Währung; **~drinking** attrib. adj. (Person) der/die viel trinkt; **~-earned** adj. schwer verdient

harden ['hɑdn] 1. v. t. a) härten; b) ~ **sb.'s attitude/conviction** jmdn. in seiner Haltung/Überzeugung bestärken; c) abhärten d) unempfindlich machen; ~ **sb./oneself to sth.** jmdn./sich gegenüber etw. hart machen. 2. v. i. a) hart werden; b) sich verhärten; c) hart werden, einen harten Ausdruck annehmen

hardened ['hɑdnd] adj. a) verhärtet b) abgehärtet, unempfindlich; hartgesotten **be/become ~ to sth.** gegen etw. unempfindlich sein/ werden

hard: ~-featured adj. (Mensch) mit harten Gesichtszügen; ~ **'feelings** n. pl. (ugs.) **no ~ feelings** schon gut; **~-fought** adj. heftig (Kampf); hart (Glücksspiel); **~-headed** adj. sachlich; nüchtern; **~-hearted** adj. hartherzig **~-'hitting** adj. schlagkräftig; aggressiv; ~ **'labour** n. Zwangsarbeit, f.; **~-line** adj. kompromisslos

hardly ['hɑdlɪ] adv. kaum; ~ **anyone or anybody/anything** kaum jemand/etwas; ~ **any wine/beds** kaum Wein/Betten; ~ **at all** fast überhaupt nicht; ~ **ever** so gut wie nie

hardness ['hɑdnɪs] n., no pl. Härte, f.; Heftigkeit, f.; Strenge, f

hard: ~-nosed ['hɑd nəʊzd] adj. abgebrüht; ~ **'pressed** adj. hart bedrängt; **be ~ pressed** große Schwierigkeiten haben; ~ **sell** n. aggressive Verkaufsmethoden; aggressiv

hardship [ˈhadʃɪp] *n.* a) *no pl.* Not, *f.*; Elend, *n.*; b) Notlage, *f.*; ~s Not, *f.*; Entbehrungen; c) Unannehmlichkeit, *f*

hardy [ˈhadɪ] *adj.* a) abgehärtet; zäh, robust (Spezies); b) (Hortikultur) winterhart

hardy: ~ ˈannual *n.* (Hortikultur) winterharte einjährige Pflanze; ~ perˈennial *n.* a) (Hortikultur) winterharte mehrjährige Pflanze; b) *(bildlich)* Dauerbrenner, *m.* *(ugs.)*

hare [heər] 1. *v. i.* sausen; go haring about herumsausen 2. *n.* Hase, *m.*; mad as a March ~ *(bildlich)* völlig verrückt

hare: ~-**brained** [ˈheəbreɪnd] *adj.* unüberlegt; ~ˈlip *n.* Hasenscharte, *f*

harm [ham] *1. v. t.* etwas tun; schaden 2. *n.* Schaden, *m.*; **do ~**: Schaden anrichten; **do ~ to sth.** einer Sache schaden; **there is no ~ done** nichts ist passiert; **it will do no ~ to do sth.** es kann nicht schaden, etw. zu tun; **it won't do you any ~** (ironisch) es würde dir nichts schaden; **keep out of ~'s way** der Gefahr fernbleiben; von der Gefahr fernhalten

harmful [ˈhamfl] *adj.* schädlich (to für); schlecht (Gewohnheit)

harmless [ˈhamlɪs] *adj.* harmlos; make or render ~: unschädlich machen; entschärfen

harmonica [haˈmɒnɪkə] *n.* (Musik) Mundharmonika, *f*

harmonious [haˈməʊnɪəs] *adj., adv.* harmonisch

harmonium [haˈməʊnɪəm] *n.* (Musik) Harmonium, *n*

harmonize [ˈhamənaɪz] 1. *v. t.* a) aufeinander abstimmen; b) (Musik) harmonisieren. 2. *v. i.* harmonieren (with mit); (Ansichten, Interessen) miteinander im oder in Einklang stehen

harmony [ˈhamənɪ] *n.* a) Harmonie, *f.*; **live in perfect ~**: völlig harmonisch oder in vollkommener Harmonie zusammenleben; **be in ~** siehe harmonize 2; **be in ~ with sth.** mit etw. im oder in Einklang stehen; b) (Musik) Harmonie, *f.*; sing in ~: mehrstimmig singen

harness [ˈhanɪs] 1. *v. t.* a) (put ~ on) anschirren; ~ **a horse to a cart** ein Pferd vor einen Wagen spannen; b) *(bildlich)* nutzen 2. *n.* a) Geschirr, *n.*; b) Gurtzeug, *n.*; Laufgeschirr, *n.*; Sicherheitsgürtel, *m.*

harp [hap] 1. *n.* Harfe, *f.* 2. *v. i.*; auf etw. herumreiten; **don't ~ on about it!** hör auf damit

harpoon [haˈpu:n] 1. *v. t.* harpunieren; 2. *n.* Harpune, *f*

harpsichord [ˈhapsɪkɔ:d] *n.* (Musik) Cembalo, *n*

harrow [ˈhærəʊ] *n.* Egge, *f*

harrowing [ˈhærəʊɪŋ] *adj.* entsetzlich; grauenhaft (Anblick, Erzählung, Erlebnis)

harry [ˈhærɪ] *v. t.* a) ~ wiederholt angreifen; plündern, verwüsten; b) **old ~** der Teufel

harsh [haʃ] *adj.* a) rau; schrill (Klang, Stimme); grell (Farbe, Licht); hart (Umstände); b) hart; streng; rücksichtslos (Herrscher, Tyrann); **don't be ~ on him** sei nicht zu streng mit ihm

harvest [ˈhavɪst] 1. *v. t.* ernten; lesen (Weintrauben) 2. *n.* Ernte, *f.*

harvester [ˈhavɪstər] *n.* a) Erntemaschine, *f.*; b) Erntearbeiter, *m.*/-arbeiterin, *f*

harvest: ~ ˈfestival *n.* Erntedankfest, *n.*; ~ ˈhome *n.* Erntefest, *n*

hash [hæʃ] *n.* Haschee, *n.*; **make a ~ of sth.** *(ugs.)* etw. verpfuschen *(ugs.)*
~ ˈup *v. t. (ugs.)* verpfuschen

hash *n. (ugs.)* Haschisch, *n*

hashish [ˈhæʃɪʃ] *n.* Haschisch, *n*

hasp [hasp] *n.* Haspe, *f.*; Schloss, *n*

hassle [ˈhæsl] *(ugs.)* 1. *v. t.* schikanieren 2. *n.* ~ Krach, *m.*; Ärger, *m.*; **it's too much/such a ~**: das macht zu viel/so viel Umstände; **it's a real ~**: das ist ein echtes Problem

haste [heɪst] *n., no pl.* Eile, *f.*; Hast, *f.*; **more ~, less speed** eile mit Weile; **in his ~**: in seiner Hast; **make ~**: sich beeilen

hasten [ˈheɪsn] 1. *v. t.* drängen; beschleunigen. 2. *v. i.* eilen; **I ~ to add/say** ich muss oder möchte gleich hinzufügen/sagen; **~ to do sth.** sich beeilen, etw. zu tun

hastily [ˈheɪstɪlɪ] *adv* eilig; hastig; übereilt; hitzig

hasty [ˈheɪstɪ] *adj.* eilig; flüchtig; hastig; übereilt; hitzig; **beat a ~ retreat** sich schnellstens zurückziehen oder aus dem Staub machen

hat [hæt] *n.* a) Hut, *m.*; Mütze, *f.*; **raise one's ~ to sb.** vor jmdm. den Hut ziehen; b) out of a ~: etw. aus dem Ärmel schütteln; **keep sth. under one's ~**: etw. für sich behalten

hatch [hætʃ]*n.* a) Luke, *f.*; **down the ~!** runter damit!; b) (serving-~) Durchreiche, *f*

hatch 1. *v. t.* ausbrüten. 2. *v. i.* schlüpfen
~ ˈout 1.*v. i.* ausschlüpfen; **the eggs have ~ed out** die Eier sind ausgebrütet. 2. *v. t.* ausbrüten

hatchback *n.* a) Heckklappe, *f.*; b) Schrägheckmousine, *f*

hatchet [ˈhætʃɪt] n. Beil, n.; **bury the ~** (bildlich) das Kriegsbeil begraben
hatchet: ~ job n. **do a ~ job on sb./sth.** jmdn./etw. in der Luft zerreißen (salopp); **~ man** a) Killer, m.; b) Erfüllungsgehilfe, m. (bildlich derogativ)
hate [heɪt] 1 v. t. hassen; **I ~ to say this** ich sage das nicht gern; 2. n a) Hass, m.; **~ for sb.** Hass auf oder gegen jmdn.; b) **my pet ~ is** das hasse ich am meisten; **be sb.'s ~:** jmdm. verhasst sein
hateful [ˈheɪtfl] adj. abscheulich
hatred [ˈheɪtrɪd] n Hass, m.; **feel ~ for or of sb./sth.** Hass auf oder gegen jmdn./etw. empfinden
hatter [ˈhætər] n. Hutmacher, m.; **as mad as a ~** (bildlich) völlig verrückt sein (ugs.)
haul [hɔːl] 1. v. t. a) schleppen; ziehen; **~ down** einholen; b) transportieren; befördern. 2. v. i. ziehen. 3. n. a) Ziehen, n.; Schleppen, n.; b) Fang, m.; (bildlich) Beute, m.
haulage [ˈhɔːlɪdʒ] n., no pl. a) Transport, m.; b) Transportkosten pl
haunch [hɔːntʃ] n. a) **sit on one's/its ~es** auf seinem Hinterteil sitzen; b) Keule, f
haunt [hɔːnt] 1. v. t. a) **~ a house/castle** in einem Haus/Schloss spuken oder umgehen; b) plagen, verfolgen. 2. n. **a favourite ~ of artists** ein beliebter Treffpunkt für Künstler
haunted [ˈhɔːntɪd] adj. a) **a ~ house** ein Haus, in dem es spukt; b) gehetzt
haunting [ˈhɔːntɪŋ] adj. sehnsüchtig (Töne, Musik); lastend (Erinnerung, Bild)
have 1. [hæv] v. t. a) haben, besitzen; **I ~ it!** ich hab's; **and what ~ you** und so weiter; b) bekommen; **let's not ~ any…:** lass uns… vermeiden; c) nehmen; d) behalten; haben; e) **~ breakfast/lunch/dinner** frühstücken/zu Mittag/zu Abend essen; f) haben; g) haben; h) **~ a game of football** Fußball spielen; i) **I won't ~ it** das lasse ich mir nicht bieten; j) bekommen (Kind); k) **ever been had on!** da bist du ganz schön reingefallen l) **I ~ it on good authority that…:** ich weiß es aus zuverlässiger Quelle, dass…; m) **~ sb. to stay** jmdn. zu Besuch haben; n) **he had me into his office** er hat mich in sein Büro beordert; o) **you've had it now** jetzt ist es aus; 2. v. aux., (he has, had a) forming past tenses **having seen him** weil ich ihn gesehen habe/hatte; **I ~/I had gone** ich bin/war gegangen; b) **~ sth. repaired/made** etw. reparieren/machen lassen; c) **~ sb. do sth.** jmdn. etw. tun lassen; c) **she had her purse stolen** man hat ihr das Portemonnaie gestohlen; d) expr. obligation **~ to** müssen; **I ~ only to see him to feel annoyed** ich brauche ihn nur zu sehen, und ich ärgere mich; 3. n. **the ~s and the ~-nots** die Besitzenden und die Besitzlosen **~ off** v. t. a) abmachen; b) **~ it off** schlafen

~ 'on v. t. a) tragen; b) **~ sb. on** jmdn. auf den Arm nehmen

~ 'out v. t. a) **~ a tooth/one's tonsils out** sich einen Zahn ziehen lassen/sich die Mandeln herausnehmen lassen; b) **~ it out with sb.** mit jmdm. offen sprechen
haven [ˈheɪvn] n. geschützte Anlegestelle; (bildlich) Zufluchtsort, m

haversack [ˈhævəsæk] n. Brotbeutel, m
havoc [ˈhævək] n., no pl. a) Verwüstungen; **cause or wreak ~:** Verwüstungen anrichten; b) Chaos; **play ~ with sth.** etw. völlig durcheinanderbringen
Hawaii [həˈwaɪɪ] pr. n. Hawaii
Hawaiian [həˈwaɪən] 1. adj. hawaiisch. 2. n. Hawaiianer, m./Hawaiianerin, f
hawk [hɔːk] n. Falke, m.; **watch sb. like a ~:** jmdn. mit Argusaugen beobachten
hawk v. t. **~ sth. (at door)** mit etw. hausieren, verkaufen
hawker [ˈhɔːkər] n. Hausierer, m./Hausiererin, f
hawthorn [ˈhɔːθɔːn] n. (Botanik) **white ~** Weißdorn, m.; **red ~** Rotdorn, m
hay [heɪ] n., no pl. Heu, n.; **make ~ while the sun shines** (Sprichwort) die Zeit nutzen
hay: ~ fever n., no pl. Heuschnupfen, m.; **~-making** n., no pl. Heuernte, f
hazard [ˈhæzəd] 1. v. t. **~ a guess** mit Raten probieren 2. n. Gefahr, f.; Gefahrenstelle, f
hazardous [ˈhæzədəs] adj. gefährlich; riskant
haze [heɪz] n. Dunstschleier, m
hazel [ˈheɪzl] 1. n. (Botanik) Haselnussstrauch, m. 2. adj. haselnussbraun
hazy [ˈheɪzɪ] adj. dunstig, diesig, neblig; verschwommen, unscharf; vage
he [hɪ, stressed hiː] pron. er **it was he** er war es; siehe auch him; himself
head [hed] 1. n. a) Kopf, m.; Haupt, n.; **mind your ~!** Vorsicht, dein Kopf!; **~ over heels in love** bis über beide Ohren verliebt; **keep one's ~:** einen klaren Kopf behalten; b) Kopf, m.; in

heal

one's ~: im Kopf; **enter sb.'s ~:** jmdm. in den Sinn kommen; **not quite right in the ~** nicht ganz richtig; **get sth. into one's ~:** etw. begreifen; **two ~s are better than one** (Sprichwort) zwei Köpfe sind besser als einer; c) *a or per* ~: pro Kopf; d) *pl. same* Stück *n.*; e) in *pl.* **~s or tails?** Kopf oder Zahl?; *f)* Kopf, *m.*; **playback/erasing ~:** Wiedergabe-/Löschkopf, *m.*; g) Blume (Bier), *f.*; h) Kopf, *m.*; oberes Ende; oberste Reihe; i) Kopf, *m.*; Kopfende, *n.*; j) Leiter, *m.*/Leiterin, *f.*; **~ of government** Regierungschef, *m.*/-chefin, *f.*; 2.*adj.* **~ waiter** Oberkellner, *m.*; **~ office** Hauptverwaltung, *f.*; (Wirtschaft) Hauptbüro, *n.* 3. *v. t.* a) überschreiben; betiteln; **~ed notepaper** Briefpapier mit Kopf; b) anführen (Liste); leiten; führen (Gruppe); c) köpfen; e) ~ **sb./sth.jmdn./etw.** abdrängen. 4. *v. i.* steuern; **~ for Berlin** (Flugzeug, Auto) Kurs auf Berlin nehmen; in Richtung Berlin fahren; **~ towards or hammock** *n.* Hängematte, *f*
heal [hiəl] 1. *v. t.* heilen
healing [ˈhiəlɪŋ] *n.* Heilung, *f*
health [helæ] *n.* Gesundheit, *f*
healthy [ˈhelðɪ] *adj.* gesund
heap [hiəp] 1. *v. t.* aufhäufen, 2. *n.* Haufen, *m.*
hear [hɪər] 1. *v. t.*, heard (an-, ab-, ver-, zu)hören
hearing [ˈhɪərɪŋ] *n.* Gehör, *n*
hearsay [ˈhɪəseɪ] *n.*, Gerücht, *n*
hearse [hɜːs] *n.* Leichenwagen, *m*
heart [hɑt] *n.* Herz, *n*
hearth [hɑð] *n.* Platz vor dem Kamin
heartily [ˈhɑtɪlɪ] *adv.* von Herzen
heartless [ˈhɑtlɪs] *adj.*, heartlessly [ˈhɑtlɪslɪ] *adv.* herzlos
hearty [ˈhɑtɪ] *adj.* a) ungeteilt; herzlich; begeistert; b) herzhaft
heat [hiət] 1. *v. t.* heizen, erhitzen 2. *n.* a) Hitze, *f.*; b) Wärme, *f.*; c) Brunst, *f.*; d) Vorlauf, *m.*
heater [ˈhiətər] *n.* Ofen, *m.*; Boiler, *m*
heath [hiəð] *n.* Heide, *f*
heathen [ˈhiəðn] 1. *adj.* heidnisch. 2. *n.* Heide, *m.*/-in, *f*
heather [ˈheðər] *n.* Heidekraut, *n*
heating [ˈhiətɪŋ] *n.*, *no pl.* Heizung, *f*
heave [hiəv] 1. *v. t.* heben; wuchten; p. t. & p.p. hove [həʊv] werfen; schmeißen; 2. *v. i.* ziehen; 3. *n.* Zug, *m*
heaven [ˈhevn] *n.* a) Himmel, *m.*; heavenly [ˈhevnlɪ] *adj.* a) himmlisch
heavy [ˈhevɪ] *adj.* schwer; dick; fest; hoch; massiv; unmäßig
hebrew [ˈhiəbruə] 1. *adj.* hebräisch. 2. *n.* Hebräer, *m.*/-in, *f.*; Hebräisch, *n*
hectic [ˈhektɪk] *adj.* hektisch
hedge [hedʒ] 1. *v. t.* mit einer Hecke umgeben; *n.* Hecke, *f.*;
hedge: ~hog [ˈhedʒhɒg] *n.* Igel, *m*
heedless [ˈhiədlɪs] *adj.* unachtsam
heel [hiəl] *n.*Ferse, *f.*; Absatz, *m.*
hefty [ˈheftɪ] *adj.* kräftig; schwer; hoch; deutlich; stark
height [haɪt] *n.* a) Höhe, *f.*; Größe, *f.*; heighten [ˈhaɪtn] *v. t.* erhöhen
heir [eər] *n.* Erbe, *m.*/Erbin, *f*
helicopter [ˈhelɪkɒptər] *n.* Hubschrauber

hell [hel] *n.* Hölle, *f*
hellish [ˈhelɪʃ] *adj.* höllisch; scheußlich
hello 1. int. hallo; holla. 2. *n.* Hallo
helmet [ˈhelmɪt] *n.* Helm, *m*
help [help] 1. helfen; sich nehmen; sich bedienen; vermeide*n*. 2. Hilfe, *f.*;
helper [ˈhelpər] *n.* Helfer, *m.*/Helferin, *f.*; Aushilfskraft, *f*
helpful [ˈhelpfl] *adj.* hilfsbereit; hilfreich; nützlich
helpless [ˈhelplɪs] *adj.* hilflos; machtlos
hem [hem] *n.* Saum, *m.*
hemisphere *n.* Halbkugel, *f.*; Hemisphäre, *f*
hemp [hemp] *n.* Hanf, *m.*; Haschisch
hen [hen] *n.* Huhn, *n.*; Henne, *f*
hence [hens] *adv.* daher
henchman [ˈhentʃmæn] *n., pl.* s [ˈhentʃmen] Handlanger, *m*
hepatitis [hepəˈtaɪtɪs] *n.* Leberentzündung, *f.*; Hepatitis, *f.*
her [hər, stressed hɜːr] *pron.* sie
her *poss. pron. attrib.* ihr
herald [ˈherəld] 1. *n.* a) Herold, *m.*; b) Bote, *m.* 2. *v. t.* ankündigen
heraldic [heˈrældɪk] *adj.* heraldisch
herb [hɜːb] *n.* Kraut, *n.*; Gewürzkraut, *n*
herbal [ˈhɜːbl] 1. *attrib. adj.* Kräuter-; . 2. *n.* Pflanzenbuch, *n*
herbivorous [hɜːˈbɪvərəs] *adj.* pflanzenfressen
herd [hɜːd] 1. *n.* a) Herde, *f.*; Rudel, *n.*; b) Masse, *f.* 2. *v.t* treiben
herdsman [ˈhɜːdzmæn] *n., pl.* ~smen [ˈhɜːdzmen] Hirte, *m*
here [hɪər] *adv.* hier; hierher
hereditary [hɪˈredɪtərɪ] *adj.* erblich; ererbt; angeboren
heredity [hɪˈredɪtɪ] *n.* a)

Vererbung, f.; b) Erbgut, n
heresy [ˈherɪsɪ] n. Ketzerei, f.; Häresie, f
heretic [ˈherɪtɪk] n. Ketzer, m./Ketzerin, f
heretical [hɪˈretɪkl] adj. ketzerisch
heritage [ˈherɪtɪdʒ] n. Erbe, n
hermetic [həˈmetɪk] adj. luftdicht; hermetisch
hermit [ˈhəːmɪt] n. Einsiedler, m./Einsiedlerin, f
hernia [ˈhəːnɪə] n., pl. ~s or ~e [ˈhəːnɪɑ] Bruch, m.; Hernie, f.
hero [ˈhɪərəʊ] n., pl. ~es Held, m
heroic [hɪˈrəʊɪk] adj. a) heldenhaft; heroisch; b) Heldenepos, n
heroin [ˈherəʊɪn] n., no pl. Heroin, n
heroine [ˈherəʊɪn] n. Heldin, f
heroism [ˈherəʊɪzm] n., . Heldentum, n
heron [ˈherəːn] n. Reiher, m
herpes [ˈhəːpiːz] n. Herpes, m
herring [ˈherɪŋ] n. Hering, m
hers [həːz] poss. pron. pred. ihrer/ihre/ihres; der/die/das ihre
herself [həːˈself] pron. selbst; refl. sich; allein
hesitant [ˈhezɪtənt] adj. zögernd; stockend; unsicher
hesitate [ˈhezɪteɪt] v. i. zögern; ins Stocken geraten
hesitation [hezɪˈteɪʃn] n. Unentschlossenheit, f.; Unsicherheit, f
heterogeneous [hetərəˈdʒɪənɪəs] adj. ungleichartig; heterogen
heterosexual [hetərəʊˈseksjʊəl] 1. adj. heterosexuell. 2. n. Heterosexuelle, m./
hew [hjuə] 1. v. t., p.p. ~n [hjuən] or ~ed [hjuəd] hacken; fällen; losschlagen

hiatus [haɪˈeɪtəs] n. Bruch, m.; Unterbrechung, f
hibernate [ˈhaɪbəneɪt] v. i. Winterschlaf halten
hibernation [haɪbəˈneɪʃn] n. Winterschlaf, m
hiccup [ˈhɪkəp] 1. v. i. schlucken (ugs.); hick machen (ugs.); einen Schluckauf haben 2. n. Schluckauf, m.;
hide n. Haut, f.; Fell, n.; Leder, n.; Haut, f.; Fell, n.
hide [haɪd] 1. v. t., hid [hɪd], hidden [ˈhɪdn] verstecken; verbergen; verheimlichen; verdecken; etw. verdecken. 2. v. i., hid, hidden sich verstecken oder verbergen. 3. n. Versteck, n
hideous [ˈhɪdɪəs] adj. scheußlich; entsetzlich; grauenhaft; furchtbar
hide-out n. Versteck, n.; Unterschlupf, m
hiding-place n. Versteck
hierarchic [haɪəˈrɑkɪk], hierarchical [haɪəˈrɑkɪkl] adj. hierarchisch
hierarchy [ˈhaɪərɑkɪ] n. Hierarchie, f
hieroglyphics [haɪərəˈglɪfɪks] n. pl. Hieroglyphe, f
hi-fi [ˈhaɪfaɪ] (ugs.) 1. adj. Hi-Fi-. 2. n. Hi-Fi-Anlage, f
high [haɪ] 1. adj. hoch; groß
highly [ˈhaɪlɪ] adv. a) sehr; äußerst; hoch
high-minded [haɪˈmaɪndɪd] adj. hochgesinnt
Highness [ˈhaɪnɪs] n. Hoheit, f
high~ ˈpressure n. Hochdruck, m.; Überdruck, m
hijack [ˈhaɪdʒæk] 1. v. t. entführen. 2. n. Entführung, f.; Überfall, m.
hijacker [ˈhaɪdʒækər] n. Entführer, m.; Flugzeugentführer, m
hike [haɪk] 1. v. i. wandern; 2. n. Wanderung, f
hiker [ˈhaɪkər] n. Wanderer, m./Wanderin, f
hilarious [hɪˈleərɪəs] adj. urkomisch; rasend komisch
hilarity [hɪˈlærɪtɪ] n., no pl. a) Fröhlichkeit, f.; b) Heiterkeit, f
hill [hɪl] n. a) Hügel, m.; Berg, m
hilly [ˈhɪlɪ] adj. hüg[e]lig; bergig
hilt [hɪlt] n. Griff, m.; Heft, n.
him [ɪm, stressed hɪm] pron. ihn; as ihm; ihr/ihm
himself [hɪmˈself] pron. a) selbst; b) refl. sich
hind [haɪnd] n. Hirschkuh, f
hind adj. hinter…; ~ legs Hinterbein
hinder [ˈhɪndər] v. t. behindern; verzögern; aufhalten
hindrance [ˈhɪndrəns] n. a) Behinderung, f.; b) Hindernis, n.
hint [hɪnt] 1. v. t. andeuten 2. v. i. ~ at andeuten 3. n. Hinweis, m
hip [hɪp] n. a) Hüfte, f
hip n. Hagebutte, f
hip: **~-bone** n. (Körper) Hüftknochen, m.; Hüftbein, n.; **~-joint** n. (Körper) Hüftgelenk, n
hire [haɪər] 1. v. t. anwerben; engagieren; mieten; vermieten. 2. n. Mieten, n.; Einstellen, n.; ~ 'out v. t. vermieten
his [hɪz] poss. pron. a) seiner/seine/sein[e]s; der/die/das seine
hiss [hɪs] 1. n. Zischen, n.; Fauchen, n. 2. v. zischen, fauchen; auszischen
historian [hɪˈstɔːrɪən] n. Historiker, m./Historikerin, f
historic [hɪˈstɒrɪk] adj. historisch
historical [hɪˈstɒrɪkl] adj. a) historisch; geschichtlich; b) in früheren Zeiten üblich
history [ˈhɪstərɪ] n. a) Geschichte, f
hit [hɪt] 1. v. t., -tt-, hit schlagen; treffen; 2. n. Schlag, m.; Treffer, m.; Erfolg, m.; Schlager, m.; Hit, m.
hitch [hɪtʃ] 1. rücken; befe-

stigen, spannen. 2. n. Unterbrechung, f.; Schwierigkeit, f.
hive [haɪv] n. Stock, m.; Bienenkorb, m
hoard [hɔad] Vorrat, m.; Sammlung, f. horten
hoarding ['hɔadɪn] n. Bretterzaun, m.; Bauzaun, m
hoarse [hɔas] adj. heiser, rauh; krächzend; belegt; heiser
hobble ['hɒbl] 1. v. i. humpeln 2. n. Hinken, n. Humpeln, n
hobby ['hɒbɪ] n. Hobby, n.; Steckenpferd, n
hockey ['hɒkɪ] n. Hockey, n
hoe [həʊ] 1. v. t. hacken (Gemüsegarten, Feld) 2. n. Hacke, f
hoist [hɔɪst] 1. v. t. hoch-, aufziehen, hissen; hieven . 2. n. Aufzug, m.
hold [həʊld] n. Laderaum, m.; Frachtraum, m
hold 1. v. t., held halten; tragen; festhalten; stützen, tragen; aufnehmen; enthalten; fassen; stichhaltig sein; haben; besitzen; innehaben, bekleiden
holder ['həʊldər] n. Inhaber, m./-in, f; b) Träger, m./-in, f.; Titelhalter, -inhaber, m.; c) (Zigaretten)spitze, f
hole [həʊl] 1. n. Loch, n.; Bau, m.; Kaff, n.; Nest, n.
holiday ['hɒlɪdeɪ,] freier Tag, Feiertag, m.; Urlaub, m.; Schulferien pl.
holiness ['həʊlɪnɪs] n., no pl. Heiligkeit, f
hollow ['hɒləʊ] 1. adj. hohl, Hohl-; eingefallen; tiefliegend; wertlos, inhaltslos; verlogen; leer; . 2. n. Bodensenke, f.; Bodenvertiefung, f.;
holly ['hɒlɪ] n. Stechpalme, f
holocaust ['hɒləkɔast] n. Massenvernichtung, f.; the H~: der Holocaust; die Judenvernichtung

hologram ['hɒləgræm] n. Hologramm, n
holster ['həʊlstər] n. Pistolenhalfter, n
holy ['həʊlɪ] adj. heilig; fromm
homage ['hɒmɪdʒ] n. Huldigung, f.
home [həʊm] 1. n. Heim, n.; Wohnung, f.; Haus, n.; [ӓltern]haus, n.; Heimat, f.; einheimisch; . 3. adv. nach Hause;
home:~ com'puter n. Heimcomputer, m.; **~land** n. Heimat, f.; Heimatland, n.; Homeland, n
homeless ['həʊmlɪs] 1. adj. obdachlos. 2. n. the ~: die Obdachlosen
homely ['həʊmlɪ] adj. einfach, schlicht; warmherzig
homeward ['həʊmwəd] 1. adj. nach Hause, Rück-. 2. adv. nach Hause; heimwärts
homework n. Hausaufgaben pl.;
homicide ['hɒmɪsaɪd] n. Tötung, f.; Totschlag, m
homoeopathic [həʊmɪə'pæaɪk, hɒmɪə'pæaɪk] adj. homöopathisch
homoeopathy [həʊmɪ'ɒpəaɪ, hɒmɪ'ɒpəaɪ] n. Homöopathie, f
homogeneous [hɒmə'dʒɪanɪəs, həʊmə'dʒɪanɪəs] adj. homogen
homogenize (homogenise) [hə'mɒdʒɪnaɪz] v. t. homogenisieren
homo'sexual ['hɒmə'sek[ʊəl] 1. adj. homosexuell. 2. Homosexuell
honest ['ɒnɪst] adj. a) ehrlich; redlich; ehrenhaft; b) einfach
honesty ['ɒnɪstɪ] n. Ehrlichkeit, f.; Redlichkeit, f
honey ['hʌnɪ] n. a) Honig, m.; b) Schatz, m
honorary ['ɒnərərɪ] adj. a) ehrenamtlich; Ehren-;
honour ['ɒnər] (britisch) 1.

n. Ehre, f.; Hochachtung, f.; Auszeichnung, f.; Ehrentitel, m. 2. v. t. ehren; würdigen; beachten; respektieren; sich halten an; honorieren; begleichen
honourable ['ɒnərəbl] adj. (britisch) ehrenwert; achtbar; ehrenvoll; rechtschaffen; redlich
hood [hʊd] n. Kapuze, f.; Verdeck, n.; Motorhaube, f
hoof [huəf] n., pl. ~s or hooves Huf, m
hook [hʊk] 1. mit Haken greifen; (fest)haken; an die Angel bekommen; sich angeln. 2. n.(Angel)haken, m.; Gabel, f.
hooligan ['huəlɪgən] n. Rowdy, m
hoop [huəp] n. Reifen, m.; Springreifen, m
hoot [huət] hupen
hooter ['huətər] n. Sirene, f.; Hupe, f
hop [hɒp] n. Hopfen, m.; in pl. Hopfendolde
hop 1. -pp-:hüpfen; hoppeln; . 2. springen über; aufspringen; 3. Hüpfen
hope [həʊp] 1. v. i. hoffen . 2. n. Hoffnung, f.
hopeful ['həʊpfl] 1. adj. a) zuversichtlich; b) vielversprechend; aussichtsreich;
hopefully ['həʊpfəlɪ] adv. voller Hoffnung; hoffentlich
hopeless ['həʊplɪs] adj. hoffnungslos
horizon [hə'raɪzn] Horizont, horizontal [hɒrɪ'zɒntl] horizontal; waagerecht
hormone ['hɔameʊn] n. Hormon, n
horn [hɔan] n. Horn, n.; Geweih; Hupe, f.; Sirene, f.;
hornet ['hɔanɪt] n. Hornisse, f
horny ['hɔanɪ] adj. hornig; spitz, sexuell erregt, geil
horoscope ['hɒrəskəʊp] n. Horoskop, n
horrendous [hə'rendəs] adj. entsetzlich; schrecklich;

horrend
horrible ['hɒrɪbl] *adj.* a) grausig; grauenhaft; schauerlich; grauenvoll
horrid ['hɒrɪd] *adj.* scheußlich
horrific [hə'rɪfɪk] *adj.* schrecklich; horrend
horrify ['hɒrɪfaɪ] *v. t.* mit Schrecken erfüllen
horror ['hɒrər] 1. Entsetzen, *n.*; Grausen, *n.*; Gräuel, *m.*; 2. Horror
horse [hɔːs] *n.* a) Pferd, *n.*; Hengst, *m.*
hose [həuz] 1. *n.* Schlauch, *m.* 2. *v. t.* sprengen
hospitable ['hɒspɪtəbl] *adj.* gastfreundlich; gastlich
hospital ['hɒspɪtl] *n.* Krankenhaus, *n.*;
hospitality [hɒspɪ'tælɪtɪ] *n.*, *no pl.* Gastfreundschaft, *f*
hospitalize ['hɒspɪtəlaɪz] *v. t.* ins Krankenhaus einweisen
host *n.* Gastgeber, *m.*/-in, *f*
hostage ['hɒstɪdʒ] *n.* Geisel, *f*
hostile ['hɒstaɪl] *adj.* feindlich; feindselig; unwirklich
hostility [hɒ'stɪlɪtɪ] *n.* a) Feindschaft, *f.*; b) Feindseligkeit, *f.*
hot [hɒt] *adj.* heiß; warm; gefährlich; ungemütlich; scharf; hitzig
hotel [hə'tel, həu'tel] *n.* Hotel, *n*
hour ['auər] *n.* a) Stunde, *f.*; b) Zeit, *f.*
house 1. [haus] *n.*, *pl.* ~s Haus, *n*
household ['haushəuld] *n.* Haushalt, *m.*; *attrib.* Haushalts-;
housing ['hauzɪŋ] Wohnungen; Wohnungs-; Unterkunft, *f*
hover ['hɒvər] schweben; sich herumdrücken
how [hau] *adv.* wie
however [hau'evər] *adv.* a) wie... auch; egal, wie *(ugs.)*;

b) jedoch; aber
howl [haul] 1. *v. i.* heulen. 2. *v. t.* schreien.3. *n.* Heulen, *n.*; Schrei, *m.*
huddle ['hadl] 1. *v. i.* sich drängen; sich kuscheln. 2. *v. t.* a) sich hüllen; b) zusammendrängen
hug [hag] 1.Umarmung, *f.*; Umklammerung, 2. umarmen; umklammern
huge [hjuadʒ] *adj.* riesig; gewaltig
hulk [halk] *n.* a) Rumpf, *m.*; b) Wrack, *m.*; c) Klotz, *m.*; Koloss, *m.*
hum [ham] 1. *v. i.*, -mm-: summen; brummen. 2. *v. t.*, summen. 3. *n.* Summen, *n.*; Brummen, *n.*; Gemurmel, *n.*; Gesumme, *n.*
human ['hjuamən] 1. *adj.* menschlich; . 2. *n.* Mensch, *m*
human 'being *n.* Mensch, *m*
humanitarian [hjuamænɪ'teərɪən] 1. *adj.* humanitär. 2. *n.* Menschenfreund
humanity [hjua'mænɪtɪ] Menschheit, Humanität, Menschlichkeit
humanize ['hjuamənaɪz] vermenschlichen; humanisieren
humble ['hambl] 1. demütigen; 2. bescheiden; ergeben; einfach; niedrig
humid ['hjuamɪd] *adj.* feucht
humidity [hjua'mɪdɪtɪ] Feuchtigkeit
humiliate [hjua'mɪlɪeɪt] demütigen
humiliation [hjuamɪlɪ'eɪʃn] Demütigung
humility [hjua'mɪlɪtɪ] Demut; Ergebenheit
humorous ['hjuamərəs] *adj.* lustig, komisch; witzig; humorvoll
humour ['hjuamər]) 1. seinen Willen lassen; 2. Humor, Witzigkeit, Laune
humourless ['hjuamərlɪs]

humorlos
hump [hamp] 1. *n.* a) Buckel, *m.*; Höcker, *m. (ugs.)*; Höcker, *m.*
humus ['hjuaməs] *n.* Humus, *m*
hunch [hantʃ] *v. t.* hochziehen, zucken
hundred ['handrəd] *adj.* hundert
hundredth ['handrədə] 1. *adj.* hundertst . 2. *n.* Hundertstel, *n.*
Hungarian [han'geərɪən] 1. ungarisch; 2. Ungar, *m.*/-in, *f.*; Ungarisch
Hungary ['haŋgərɪ] *pr. n.* Ungarn
hunger ['haŋgər] 1. hungern; 2. *n.* Hunger, *m.*
hungry ['haŋgrɪ] hungrig; hungernd; gierig
hunt [hant] 1. *v. t.* jagen; fahnden nach. 2. jagen. 3. Jagd, *f.*; Suche
hunter ['hantər] *n.* Jäger, *m.*
hunting ['hantɪŋ] *n.*, die Jagd; das Jagen
huntsman ['hantsmən] *n.*, *pl.* huntsmen ['hantsmən] Jäger, *m*
hurdle ['hɜːdl] 1. *n.* Hürde, *f.*
hurdler ['hɜːdlər] *n.* Hürdenläufer, *m.*/-läuferin, *f*
hurl [hɜːl] *v. t.* werfen; schleudern; stürzen
hurricane ['harɪkən] *n.* Hurkan, *m.*; Orkan, *m*
hurry ['harɪ] 1. schnell bringen; antreiben; 2. sich beeilen; zur Eile antreiben; beschleunigen 3. *n.* Eile, *f.*
hurt [hɜːt] 1. hurt a) weh tun; verletzen; schaden; kränken. 2. weh tun; schmerzen; schaden; verletzen;. 3. gekränkt 4. *n.* Schmerz, *m*
husband ['hazbənd] *n.* Ehemann, *m*
hush [haʃ] 1. *n.* a) Schweigen, *n.*; b) Stille, *f.* 2. *v. t.* zum Schweigen bringen;

147

husk

beruhigen; besänftige*n*. 3. *v. i.* still sein; verstummen
husk [hʌsk] *n.* Schale, *f.*; Spelze, *f.*; Hülse, *f*
husky ['hʌskɪ] *adj.* heiser
hussar [hʊ'zɑr] *n.* Husar, *m*
hustle ['hʌsl] 1. drängen. 2. sich drängeln 3. Gedränge, *n.*; Hetze, *f*
hut [hʌt] *n.* Hütte, *f.*; Baracke, *f*
hutch [hʌtʃ] *n.* Stall, *m*
hydrant ['haɪdrənt] *n.* Hydrant, *m*
hydraulic [haɪ'drɔɑlɪk] *adj.* hydraulisch
hydrocarbon [haɪdrə'kɑbən] *n.* Kohlenwasserstoff, *m*
hydrochloric acid [haɪdrəklɔɑrɪk 'æsɪd] *n.* Salzsäure, *f*

hygiene ['haɪdʒiɑn] *n.*, Hygiene, *f.*;
hygienic [haɪ'dʒiɑnɪk] *adj.* hygienisch
hymn [hɪm] *n.* Hymne
hyperactive [haɪpə'ræktɪv] *adj.* überaktiv
hyperbola [haɪ'pɐːbələ] *n.*, Hyperbel, *f*
hypercritical [haɪpə'krɪtɪkl] *adj.* hyperkritisch
hypersensitive [haɪpə'sensɪtɪv] *adj.* hypersensibel; überempfindlich
hyphen ['haɪfn] 1. *n.* Bindestrich, *m.*; Trennungsstrich, *m*
hypnosis [hɪp'nəʊsɪs] *n.*, Hypnose, *f.*; Hypnotisierung, *f*
hypnotic [hɪp'nɒtɪk] *adj.* hypnotisch; hypnotisierend

hypnotize ['hɪpnətaɪz] *v. t.* hypnotisieren; faszinierend
hypocrisy [hɪ'pɒkrɪsɪ] *n.* a) Heuchelei, *f.*; b) Scheinheiligkeit, *f*
hypocrite ['hɪpəkrɪt] *n.* a) Heuchler, *m.*/-in, *f.*; b) Scheinheilige, *m.*/*f*
hypocritical [hɪpə'krɪtɪkl] *adj.* heuchlerisch; scheinheilig
hypothetical [haɪpə'ðetɪkl] *adj.* hypothetisch
hysteria [hɪ'stɪərɪə] *n.* Hysterie, *f*
hysterical [hɪ'sterɪkl] *adj.* hysterisch
hysterics [hɪ'sterɪks] *n. pl.* hysterischer Weinkrampf; Lachanfall

I

I *pron.* ich
ice [aɪs] 1. *n. no pl.* Eis, *n.*;
Iceland [ˈaɪslənd] *pr. n.* Island
Icelander [ˈaɪsləndər] *n.* Isländer, *m.*/Isländerin, *f*
Icelandic [aɪsˈlændɪk] 1. *adj.* isländisch
icicle [ˈaɪsɪkl] *n.* Eiszapfen
icily [ˈaɪsɪlɪ] *adv.* eisig; *(bildlich)* kalt; eisig, frostig
icing [ˈaɪsɪŋ] *n.* Glasur, *f.*; Zuckerguss, *m.*
icon [ˈaɪkən, ˈaɪkɒn] *n.* Ikone, *f*
icy [ˈaɪsɪ] *adj.* vereist; eisreich; eiskalt; eisig; frostig
idea [aɪˈdɪə] *n.* a) Idee, *f.*; Gedanke, *m.*; b) Ahnung, *f.*; Vorstellung, *f.*
ideal [aɪˈdɪəl] 1.) ideal; vollendet; vollkommen; ideell. 2. Ideal, *n*
idealism [aɪˈdɪəlɪzm] *n.*, *no pl.* Idealismus, *m.*
idealist [aɪˈdɪəlɪst] *n.* Idealist, *m.*/Idealistin, *f*
idealistic [aɪdɪəˈlɪstɪk] *adj.* idealistisch
idealize [aɪˈdɪəlaɪz] *v. t.* idealisiert
identical [aɪˈdentɪkl] *adj.* identisch
identifiable [aɪˈdentɪfaɪəbl] *adj.* erkennbar; nachweisbar; bestimmbar
identification [aɪdentɪfɪˈkeɪʃn] *n.* Identifizierung, *f.*; Bestimmung, *f.*
identify [aɪˈdentɪfaɪ] gleichsetzen; identifizieren; ermitteln
identity [aɪˈdentɪtɪ] *n.* a) Übereinstimmung, *f.*; b) Identität, *f*
ideological [aɪdɪəˈlɒdʒɪkl, ɪdɪəˈlɒdʒɪkl] *adj.* ideologisch
ideology [aɪdɪˈɒlədʒɪ, ɪdɪˈɒlədʒɪ] *n.* Weltanschauung, *f.*; Ideologie, *f*

idiom [ˈɪdɪəm] *n.* Redewendung, *f.*; idiomatischer Ausdruck
idiomatic [ɪdɪəˈmætɪk] *adj.* idiomatisch
idiot [ˈɪdɪət] *n.* Idiot, *m.*; Trottel, *m.*
idiotic [ɪdɪˈɒtɪk] *adj.* idiotisch
idle [ˈaɪdl] 1. faul; träge; außer Betrieb; nutzlos; sinnlos; leer
idler [ˈaɪdlər] *n.* Faulenzer, *m.*/-in, *f.*; Faulpelz, *m*
idol [ˈaɪdl] *n.* Götze, *m.*; Götzenbild, *n.*; Idol, *n*
idolize (idolise) [ˈaɪdəlaɪz] *v. t.* a) anbeten; verehren; b) vergöttern;
idyllic [aɪˈdɪlɪk, ɪˈdɪlɪk] *adj.* idyllisch
if [ɪf] 1. *conj.* wenn; falls
igloo [ˈɪɡluə] *n.* Iglu, *m.* oder *n*
ignite [ɪɡˈnaɪt] entzünden, anzünden; sich entzünden
ignition [ɪɡˈnɪʃn] *n.* Zünden, *n.*; Entzünden, *n.*; Zündung
ignorance [ˈɪɡnərəns] *n.* Ignoranz, *f.*; Unwissenheit, *f.*; **ignorant** [ˈɪɡnərənt] *adj.* unwissend; unkultiviert; ignore [ɪɡˈnɔər] **ignorieren**
ill [ɪl] 1. krank; widrig; 2. Schlechte, *n.*; Unglück, *n.*; *in pl.* Missstände pl
illegal [ɪˈliəɡl] *adj.* ungesetzlich; illegal; unerlaubt; regelwidrig
illegality [ɪlɪˈɡælɪtɪ] *n. no pl.* Ungesetzlichkeit, *f*
illegible [ɪˈledʒɪbl] *adj.* unleserlich
illegitimate [ɪlɪˈdʒɪtɪmət] *adj.* unehelich; unrechtmäßig; unzulässig
illiteracy [ɪˈlɪtərəsɪ] *n.*, Analphabetentum, *n*
illiterate [ɪˈlɪtərət] 1. analphabetisch; primitiv. 2. An-

alphabet, *m.*/-in, *f*
illness [ˈɪlnɪs] *n.* Krankheit, *f*
illogical [ɪˈlɒdʒɪkl] *adj.* unlogisch
illuminate [ɪˈljuːmɪneɪt] beleuchten; erleuchten; erhellen; illuminieren; ausmalen **illuminating** [ɪˈljuːmɪneɪtɪŋ] aufschlussreich
illumination [ɪljuːmɪˈneɪʃn, ɪluːmɪˈneɪʃn] Beleuchtung, *f.*; *pl.* Festbeleuchtung, *f.*; Illumination, *f*
illusion [ɪˈljuːʒn, ɪˈluːʒn] *n.* Illusion, *f.*; falsche Vorstellung
illusory [ɪˈljuːəsərɪ, ɪˈluːəsərɪ] *adj.* illusorisch
illustrate [ˈɪləstreɪt] *v. t.* illustrieren; verdeutlichen; erläutern
illustration [ɪləˈstreɪʃn] *n.* Beispiel, *n.*; Abbildung, *f.*; Illustration, *f.*;
illustrative [ˈɪləstrətɪv] *adj.* erläuternd; illustration
illustrator [ˈɪləstreɪtər] *n.* Illustrator, *m.*/Illustratorin, *f*
illustrious [ɪˈlʌstrɪəs] *adj.* berühmt; ruhmreich
image [ˈɪmɪdʒ] *n.* Bildnis, *n.*; Bild, *n.*; Vorstellung, *f.*; Image, *n*
imaginary [ɪˈmædʒɪnərɪ] *adj.* imaginär; konstruiert; eingebildet
imagination [ɪmædʒɪˈneɪʃn] *n.* a) Fantasie, *f.*; b) Einbildung, *f*
imaginative [ɪˈmædʒɪnətɪv] *adj.* fantasievoll; einfallsreich
imagine [ɪˈmædʒɪn] *v. t.* a) sich vorstellen; b) glauben; c) sich einbilden
imbalance [ɪmˈbæləns] *n.* Unausgeglichenheit, *f*
imbecile [ˈɪmbɪsiəl, ˈɪmbɪsaɪl] 1. *adj.* schwachsinnig . 2. *n.* Idiot, *m.*

149

imitate [ˈɪmɪteɪt] nachahmen; kopieren; imitieren
imitation [ɪmɪˈteɪʃn] Nachahmung, f.; Kopie, f.; Imitation, f.
imitator [ˈɪmɪteɪtər] Nachahmer, m./-in, f.; Imitator, m./-in, f
immaterial [ɪməˈtɪərɪəl] adj. unerheblich
immature [ɪməˈtjʊər] unreif
immaturity [ɪməˈtjʊərɪtɪ] Unreife, f
immeasurable [ɪˈmeʒərəbl] adj. unermesslich
immediate [ɪˈmiːdjət] adj. unmittelbar; nächst...; engst...; unmittelbar; prompt; unverzüglich; umgehend
immediately [ɪˈmiːdjətlɪ] 1. adv. unmittelbar, direkt; sofort. 2. sobald
immense [ɪˈmens] adj. ungeheuer; immens; immensely [ɪˈmenslɪ] ungeheuer; unheimlich
immensity [ɪˈmensɪtɪ] Ungeheuerlichkeit, f
immerse [ɪˈmɜːs] [ein]tauchen; immersion [ɪˈmɜːʃn] n. Eintauchen, n
immigrant [ˈɪmɪɡrənt] 1. Einwanderer, m./-in, f.; Immigrant, m./-in, f. 2. adj. Einwanderer-
immigrate [ˈɪmɪɡreɪt] einwandern, immigrieren
immigration [ɪmɪˈɡreɪʃn] n. Einwanderung, f., Immigration, f.
imminent [ˈɪmɪnənt] adj. unmittelbar bevorstehend; drohend
immobile [ɪˈməʊbaɪl] unbeweglich; bewegungslos
immobility [ɪməˈbɪlɪtɪ] Unbeweglichkeit, f.; Bewegungslosigkeit, f
immobilize [ɪˈməʊbɪlaɪz] v. t. verankern; lähmen
immoderate [ɪˈmɒdərət] unmäßig; maßlos
immodest [ɪˈmɒdɪst] adj. unbescheiden; unanständig
immoral [ɪˈmɒrəl] unmoralisch; unsittlich
immorality [ɪməˈrælɪtɪ] Unsittlichkeit, f.; Unmoral, f
immortal [ɪˈmɔːtl] unsterblich; -ity [ɪmɔːˈtælɪtɪ] Unsterblichkeit, f
immovable [ɪˈmuːvəbl] adj. unbeweglich; bewegungslos; fest
immune [ɪˈmjuːn] sicher; geschützt; unempfindlich; immun
immunity [ɪˈmjuːnɪtɪ] n. Immunität; Unempfindlichkeit, f.; Unempfänglichkeit, f.
immunology [ɪmjuˈnɒlədʒɪ] n. Immunologie, f
impact 1. [ˈɪmpækt] Aufprall, m.; Einschlag, m.; Wirkung, f
impair [ɪmˈpeər] beeinträchtigen; schaden
impart [ɪmˈpɑːt] [ab]geben; vermachen; kundtun; vermitteln
impartial [ɪmˈpɑːʃl] adj. unparteiisch; gerecht
impassable [ɪmˈpɑːsəbl] adj. unpassierbar; unbefahrbar
impasse [ˈæmpɑːs, ˈɪmpɑːs] n. Sackgasse, f.;
impassioned [ɪmˈpæʃnd] adj. leidenschaftlich
impassive [ɪmˈpæsɪv] adj. a) ausdruckslos; b) leidenschaftslos
impatience [ɪmˈpeɪʃəns] Ungeduld, f.; Unduldsamkeit, f.
impatient [ɪmˈpeɪʃənt] adj. ungeduldig; unduldsam
impeach [ɪmˈpiːtʃ] in Frage stellen; anklagen
impeachment [ɪmˈpiːtʃmənt] n. Impeachment, n
impeccable [ɪmˈpekəbl] adj. tadellos; makellos
impede [ɪmˈpiːd] v. t. behindert
impediment [ɪmˈpedɪmənt] Hindernis, n.; Sprachfehler, m

impel [ɪmˈpel] v. t., -ll- treiben, antreiben
impend [ɪmˈpend] v. i. bevorstehen; drohen
impenetrable [ɪmˈpenɪtrəbl] undurchdringlich; unbezwingbar
imperative [ɪmˈperətɪv] 1. gebieterisch; dringend erforderlich. 2. Befehl, m.; Imperativ, m
imperceptible [ɪmpəˈseptɪbl] unsichtbar; unmerklich; minimal
imperfect [ɪmˈpɜːfɪkt] 1. unfertig; unvollständig;. 2. Imperfekt, n
imperfection [ɪmpəˈfekʃn] n. Unvollständigkeit, f.; Mangel, m
imperial [ɪmˈpɪərɪəl] adj. a) kaiserlich; Reichs-; b) Kaiser-; c) britisch
imperialism [ɪmˈpɪərɪəlɪzm] n., Imperialismus, m.
imperialist [ɪmˈpɪərɪəlɪst] n. Imperialist, m./-in, f
imperishable [ɪmˈperɪʃəbl] adj. alterungsbeständig; unverderblich
impermeable [ɪmˈpɜːmɪəbl] adj. undurchlässig
impermissible [ɪmpəˈmɪsɪbl] adj. unzulässig
impersonal [ɪmˈpɜːsənl] adj. unpersönlich
impersonate [ɪmˈpɜːsəneɪt] v. t. imitieren; nachahmen; sich ausgeben
impertinence [ɪmˈpɜːtɪnəns] n. Unverschämtheit
impertinent [ɪmˈpɜːtɪnənt] adj. unverschämt
impetus [ˈɪmpɪtəs] n. a) Kraft, f.; Wucht, f.; b) Motivation, f
impish [ˈɪmpɪʃ] adj. lausbübisch; diebisch
implacable [ɪmˈplækəbl] adj. unversöhnlich; erbittert; erbarmungslos
implant 1. [ɪmˈplɑːnt] v. t. implantieren, einpflanzen (in Dat.); 2. [ˈɪmplɑːnt] n. (Medizin) Implantat

inarticulate

implausible [ɪmˈplɔːzɪbl] *adj.* unglaubwürdig
implement 1. [ˈɪmplɪmənt] Gerät, *n.* 2. erfüllen; einhalten; vollziehen
implicate [ˈɪmplɪkeɪt] *v. t.* belasten
implication [ɪmplɪˈkeɪʃn] Implikation; Verwicklung; Betroffenheit, *f.*
implicit [ɪmˈplɪsɪt] *adj.* implizit; unausgesprochen
implode [ɪmˈpləʊd] 1. *v. i.* implodieren. 2. *v. t.* implodieren lassen
imploringly [ɪmˈplɔːrɪŋlɪ] *adv.* flehentlich
imply [ɪmˈplaɪ] implizieren; hindeuten; unterstellen
impolite [ɪmpəˈlaɪt] unhöflich; ungezogen
impoliteness [ɪmpəˈlaɪtnɪs] Unhöflichkeit, *f*
imponderable [ɪmˈpɒndərəbl] *adj.* unwägbar
import 1. [ɪmˈpɔːt] einführen; importieren; bedeuten. 2. Import, *m.*; Einfuhr, *f.*; Importgut, *n.*
importance [ɪmˈpɔːtəns] Bedeutung, *f.*; Wichtigkeit, *f.*; Tragweite, *f*
important [ɪmˈpɔːtənt] bedeutend; wichtig; bedeutsam; erheblich
impose [ɪmˈpəʊz] 1. auferlegen; erheben; verhängen; 2. *v. i.* a) Eindruck machen; imponieren
impossibility [ɪmpɒsɪˈbɪlɪtɪ] Unmöglichkeit, *f*
impossible [ɪmˈpɒsɪbl] unmöglich
impotence [ˈɪmpətəns] *n.*, Machtlosigkeit, *f.*; Impotenz, *f*
impotent [ˈɪmpətənt] *adj.* kraftlos; machtlos; impotent
impoverishment [ɪmˈpɒvərɪʃmənt] Armut, *f.*; Verarmung, *f.*; Auslaugung, *f.*;
impracticable [ɪmˈpræktɪkəbl] *adj.* undurchführbar
imprecise [ɪmprɪˈsaɪs] *adv.* unpräzise; ungenau

imprecision [ɪmprɪˈsɪʒn] *n.* Ungenauigkeit, *f*
impregnable [ɪmˈpregnəbl] uneinnehmbar; einbruchsicher; unanfechtbar
impregnate [ˈɪmpregneɪt] imprägnieren
impresario [ɪmprɪˈsɑːrɪəʊ] Intendant, *m./-in, f.*; Impressario
impress [ɪmˈpres] drücken; beeindrucken; Eindruck machen
impression [ɪmˈpreʃn] Abdruck, *m.*; Auflage, *f.*; Nachdruck, *m.*; Eindruck, *m.*; Wirkung, *f.*
impressionable [ɪmˈpreʃnəbl] beeinflussbar
impressive [ɪmˈpresɪv] *adj.* beeindruckend; imponierend
imprint 1. [ɪmˈprɪnt] aufdrücken; aufdrucken. 2. [ˈɪmprɪnt] Abdruck, *m.*; Stempel, *m.*;
imprison [ɪmˈprɪzn] in Haft nehmen
imprisonment [ɪmˈprɪznmənt] Haft, *f*
improbability [ɪmprɒbəˈbɪlɪtɪ] *n.* Unwahrscheinlichkeit, *f*
improbable [ɪmˈprɒbəbl] *adj.* unwahrscheinlich
improper [ɪmˈprɒpər] unrichtig; ungeeignet; ungehörig; unpassend
impropriety [ɪmprəˈpraɪətɪ] *n.* Unpassende, *n.*; Unanständigkeit, *f*
improve [ɪmˈpruːv] 1. besser werden; sich verbessern; sich bessern; 2. *v. t.* erhöhen, verbessern; steigern; ausbessern; verschönern
improvement [ɪmˈpruːvmənt] Verbesserung, *f.*; Steigerung, *f.*
improvise [ˈɪmprəvaɪz] *v. t.* improvisieren; aus dem Stegreif vortragen
imprudent [ɪmˈpruːdənt] *adj.* unklug; unbesonnen

impudence [ˈɪmpjʊdəns] *n.* Unverschämtheit, *f.*; Dreistigkeit, *f*
impudent [ˈɪmpjʊdənt] *adj.* unverschämt; dreist
impulse [ˈɪmpʌls] Stoß, *m.*; Impuls, *m.*;
impulsive [ɪmˈpʌlsɪv] impulsiv
impulsiveness [ɪmˈpʌlsɪvnɪs] Impulsivität, *f*
impure [ɪmˈpjʊər] *adj.* unsauber; unrein; schmutzig
impurity [ɪmˈpjʊərɪtɪ] Unsauberkeit, *f.*; Unreinheit, *f.*; Schmutz, *m.*; Fremdstoff, *m.* Fremdkörper, *m*
in [ɪn] 1. *prep.* in, an, auf; 2, drinnen, herein, da
inability [ɪnəˈbɪlɪtɪ] *n.*, no *pl.* Unfähigkeit, *f*
inaccessibility [ɪnəksesɪˈbɪlɪtɪ], Unzugänglichkeit, *f*
inaccessible [ɪnəkˈsesɪbl] *adj.* unzugänglich
inaccuracy [ɪnˈækjʊrəsɪ] *n.* Unrichtigkeit, *f.*; Ungenauigkeit, *f*
inaccurate [ɪnˈækjʊrət] *adj.* unrichtig; ungenau
inactive [ɪnˈæktɪv] untätig; träge
inactivity [ɪnækˈtɪvɪtɪ] Untätigkeit, *f.*; Trägheit, *f*
inadequate [ɪnˈædɪkwət] *adj.* unzulänglich; ungeeignet
inadmissible [ɪnədˈmɪsɪbl] *adj.* unzulässig
inadvertent [ɪnədˈvɜːtənt] *adj.* versehentlich, ungewollt
inadvisable [ɪnədˈvaɪzəbl] *adj.* unratsam, nicht ratsam
inane [ɪˈneɪn] *adj.* dümmlich
inanimate [ɪnˈænɪmət] *adj.* unbelebt
inapplicable [ɪnˈæplɪkəbl, ɪnəˈplɪkəbl] *adj.* nicht anwendbar
inappropriate [ɪnəˈprəʊprɪət] *adj.* unpassend
inarticulate [ɪnɑːˈtɪkjʊlət] unverständlich; inartikuliert;

undeutlich
inattention [ınə'tenʃn] Unaufmerksamkeit
inattentive [ınə'tentıv] unaufmerksam
inaudible [ın'ɔadıbl] unhörbar
inaugural [ı'nɔagjʊrl] adj. a) Eröffnungs-
inaugurate [ı'nɔagjʊreıt] v. t. in sein Amt einführen; einführen
inauspicious [ınɔa'spıʃəs] adj. unheilvoll, unheilverkündend
incalculable [ın'kælkjʊləbl] adj. unermesslich; unabsehbar
incapable [ın'keıpəbl] adj. unfähig; außerstande
incapacitate [ınkə'pæsıteıt] v. t. unfähig machen
incapacity [ınkə'pæsıtı] n., Unfähigkeit, f.
incense ['ınsens] n. Weihrauch, m
incense [ın'sens] v. t. erbosen; erzürnen
incentive [ın'sentıv] n. Anreiz, m.; Ansporn
incessant [ın'sesənt] adj., unaufhörlich, unablässig, ständig
incest ['ınsest] n. Inzest, m.; Blutschande, f
inch [ıntʃ] 1. n. Inch, m.; Zoll, m.; 2. zentimeterweise bewegen
incidence ['ınsıdəns] n. Vorkommen, n.; Häufigkeit, f
incident ['ınsıdənt] Vorfall, m.; Begebenheit, f.; Zwischenfall, m.
incidental [ınsı'dentl] 1. adj. beiläufig; Neben-
incinerator [ın'sınəreıtər] n. Verbrennungsofen, m
incision [ın'sıʒn] Einschneiden; Einschnitt
incisor [ın'saızər] Schneidezahn, m
incitement [ın'saıtmənt] n. Anstiftung, f.; Aufstachelung, f

inclination [ınklı'neıʃn] n. Abhang, m.; Neigung
incline 1. [ın'klaın] neigen; veranlassen. 2 sich neigen
inclined [ın'klaınd] adj. geneigt
include [ın'kluad] enthalten; einschließen; including einschließlich
inclusive [ın'kluasıv] adj. inklusive; einschließlich; Pauschal
incognito [ınkɒg'niatəʊ] 1. adj., adv. inkognito. 2. n. Inkognito
income ['ınkəm] n. Einkommen, n
incomparable [ın'kɒmpərəbl] adj. unvergleichlich
incompatibility [ınkəmpætı'bılıtı] Unverträglichkeit, f.; Nichtübereinstimmung, f
incompatible [ınkəm'pætıbl] adj. unverträglich; inkompatibel
incompetence [ın'kɒmpıtəns] n. Unfähigkeit, f.; Unvermögen, n
incompetent [ın'kɒmpıtənt] 1. adj. unfähig; unzulänglich
incomplete [ınkəm'pliat] adj., unvollständig
incomprehensible [ınkɒmprı'hensıbl] adj. unverständlich
inconceivable [ınkən'sıavəbl] adj. unvorstellbar
incongruous [ın'kɒngrʊəs] adj. unpassend; nicht zusammenpassen
inconsiderable [ınkən'sıdərəbl] adj. unerheblich; unbeträchtlich
inconsiderate [ınkən'sıdərət] adj. rücksichtslos; unbedacht; unüberlegt
inconsistency [ınkən'sıstənsı] n. Widersprüchlichkeit, f.; Inkonsistenz, f
inconsistent [ınkən'sıstənt] adj. widersprüchlich; inkonsistent
inconspicuous [ınkən'spıkjʊəs] adj. unauffällig

incontestable [ınkən'testəbl] adj. unbestreitbar; unwiderlegbar
incontinence [ın'kɒntınəns] n. Inkontinenz, f.
inconvenience [ınkən'vıanıəns] n. Unannehmlichkeiten
inconvenient [ınkən'vıanıənt] adj. unbequem; ungünstig
incorporate [ın'kɔapəreıt] v. t. aufnehmen
incorrect [ınkə'rekt] adj. inkorrekt; unrichtig
incorrigible [ın'kɒrıdʒıbl] adj. unverbesserlich
increase [ın'krıas] zunehmen; vergrößern vermehren; verstärken; . 3. ['ınkrıas] n. Zunahme, f.; Steigerung, f.; Zunahme, f.; Zuwachs, m
incredible [ın'kredıbl] unglaublich
incredulous [ın'kredjʊləs] unglaubig, toll
increment ['ınkrımənt] n. Erhöhung, f.; Zuwachs, m
incriminate [ın'krımıneıt] v. t. belasten
incubate ['ınkjʊbeıt] bebrüten; ausbrüten
incubator ['ınkjʊbeıtər] n. Inkubator, m.; Brutkasten, m
incurable [ın'kjʊərəbl] adj. a) unheilbar; b) unstillbar; unüberwindbar
indecency [ın'dıasənsı] n. Unanständigkeit, f
indecent [ın'dıasənt] adj. a) unanständig; b) ungehörig
indecision [ındı'sıʒn] n., no pl. Unentschlossenheit, f
indecisive [ındı'saısıv] adj. a) ergebnislos; b) unentschlossen
indeed [ın'dıad] adv. in der Tat; tatsächlich; zwar
indefensible [ındı'fensıbl] unhaltbar; unvertretbar
indefinable [ındı'faınəbl] undefinierbar
indefinite [ın'defınıt] un-

bestimmt; unbegrenzt
indelicate [ɪnˈdelɪkət] *adj.* geschmacklos; ungehörig
independence [ɪndɪˈpendəns] *n.* Unabhängigkeit, *f*
independent [ɪndɪˈpendənt] 1. unabhängig; selbstständig
indescribable [ɪndɪˈskraɪbəbl] *adj.* unbeschreiblich
indestructible [ɪndɪˈstrʌktɪbl] *adj.* unzerstörbar; unerschütterlich
indeterminate [ɪndɪˈtɜːmɪnət] *adj.* unbestimmt; unklar; offen
index [ˈɪndeks] 1. *n.* Index, *m.*; Register, *n*
Indian [ˈɪndɪən] 1. indisch; indianisch. 2.Inder/-in; Indianer/-in
indicate [ˈɪndɪkeɪt] 1. erkennen lassen; andeuten; anzeigen; zum Ausdruck bringen. 2. blinken
indication [ɪndɪˈkeɪʃn] Anzeichen, *n*
indicator [ˈɪndɪkeɪtər] Anzeiger, *m.*; Anzeigetafel, *f.*; Blinker, *m.*; Indikator, *m.*
indifference [ɪnˈdɪfərəns] Gleichgültigkeit, *f.*; Indifferenz, *f*
indifferent gleichgültig; mittelmäßig
indigenous [ɪnˈdɪdʒɪnəs] *adj.* eingeboren; einheimisch
indigestible [ɪndɪˈdʒestɪbl] *adj.* unverdaulich
indigestion [ɪndɪˈdʒestʃn] *n.* Verdauungsstörungen
indignant [ɪnˈdɪɡnənt] *adj.* entrüstet; indigniert
indignation [ɪndɪɡˈneɪʃn] *n.*, Entrüstung, *f.*
indignity [ɪnˈdɪɡnɪtɪ] *n.* Demütigung, *f*
indirect [ɪndɪˈrekt, ɪndaɪˈrekt] *adj.* indirekt; umständlich
indiscreet [ɪndɪˈskriːt] taktlos; indiskret
indiscretion [ɪndɪˈskreʃn] *n.* Indiskretion, *f.*; Taktlosigkeit, *f.*; Unbedachtheit, *f.*; Unbedachtsamkeit
indiscriminate [ɪndɪˈskrɪmɪnət] *adj.* unkritisch; wahllos; willkürlich
indispensable [ɪndɪˈspensəbl] *adj.* unentbehrlich; unabdingbar
indisposed [ɪndɪˈspəʊzd] *adj.* unpäßlich; indisponiert; abgeneigt
indisputable [ɪndɪˈspjuːtəbl] *adj.* unbestreitbar
indistinct [ɪndɪˈstɪŋkt] *adj.* undeutlich; verschwommen
indistinguishable [ɪndɪˈstɪŋɡwɪʃəbl] nicht unterscheidbar
individual [ɪndɪˈvɪdjuəl] 1. *adj.* einzeln; besonder…; individuell
individualist [ɪndɪˈvɪdjuəlɪst] *n.* Individualist, *m.*/Individualistin, *f*
individuality [ɪndɪvɪdjuˈælɪtɪ] *n.* Individualität, *f*
indivisible [ɪndɪˈvɪzɪbl] *adj.* unteilbar; nicht aufteilbar
indoctrinate [ɪnˈdɒktrɪneɪt] *v. t.* indoktrinieren
indolence [ˈɪndələns] Trägheit
indolent [ˈɪndələnt] träge
Indonesian [ɪndəˈniːzjən]1. *adj.* indonesisch; 2. *n.*Indonesier, *m.*/-in, *f*
indoors [ɪnˈdɔːz] *adv.* drinnen; im Haus
induce [ɪnˈdjuːs] jmdn. dazu bringen; verursachen, hervorrufen; führen zu; einleiten; herbeiführen
inducement Anreiz, *m*
induction [ɪnˈdʌkʃn] Amtseinführung, *f.*; Induktion, *f*
indulge [ɪnˈdʌldʒ] frönen; verwöhnen. nachgeben
indulgence [ɪnˈdʌldʒəns] *n.* Nachsicht, *f.*; Nachgiebigkeit, *f.*; Hang zu etw.; Luxus, *m*
industrial [ɪnˈdʌstrɪəl] *adj.* a) industriell; Arbeits-; b) Industrie
industrialist [ɪnˈdʌstrɪəlɪst] Industrielle, *m.*/*f*
industrialization Industrialisierung, *f.*
industrialize industrialisieren
industrious [ɪnˈdʌstrɪəs] *adj.* fleißig; emsig
industry [ˈɪndəstrɪ] *n.* Industrie, *f.*; Fleiß, *m.*; Emsigkeit, *f*
inedible [ɪnˈedɪbl] *adj.* ungenießbar
ineffective [ɪnɪˈfektɪv] *adj.* unwirksam; ineffektiv; untauglich
inefficiency [ɪnɪˈfɪʃənsɪ] *n.* Ineffizienz, *f.*; Unfähigkeit, *f*
inefficient [ɪnɪˈfɪʃənt] *adj.* ineffizient; unfähig
inequality [ɪnɪˈkwɒlɪtɪ] *n.* Ungleichheit, *f*
inequitable [ɪnˈekwɪtəbl] *adj.* ungerecht
inert [ɪˈnɜːt] *adj.* träge; reglos; untätig; neutral
inevitability [ɪnevɪtəˈbɪlɪtɪ] *n.*, Unvermeidlichkeit, *f*
inevitable [ɪnˈevɪtəbl] *adj.* unvermeidlich; unabwendbar; zwangsläufig
inexact [ɪnɪɡˈzækt] *adj.* ungenau
inexcusable [ɪnɪkˈskjuːzəbl] *adj.* unverzeihlich; unentschuldbar
inexhaustible [ɪnɪɡˈzɔːstɪbl] *adj.* unerschöpflich; unverwüstlich
inexpensive [ɪnɪkˈspensɪv] *adj.* preisgünstig
inexperience [ɪnɪkˈspɪərɪəns] *n.* Unerfahrenheit, *f.*
inexplicable [ɪnekˈsplɪkəbl] *adj.* unerklärlich
inexpressible [ɪnɪkˈspresɪbl] *adj.* unbeschreiblich
infallibility [ɪnfælɪˈbɪlɪtɪ] *n.*, *no pl.* Unfehlbarkeit, *f*
infallible [ɪnˈfælɪbl] *adj.* unfehlbar
infamous [ˈɪnfəməs] *adj.* a) berüchtigt; b) niederträchtig; infam

infancy [ˈɪnfənsɪ] n. a) frühe Kindheit; b) *(bildlich)* Frühzeit, f
infant [ˈɪnfənt] 1. n. kleines Kind. 2. adj. kindlich
infantile [ˈɪnfəntaɪl] adj. a) kindlich; b) kindisch; infantil
infantry [ˈɪnfəntrɪ] n. Infanterie, f
infect [ɪnˈfekt] v. t. a) verseuchen; b) infizieren; c) anstecken
infection [ɪnˈfekʃn] n. Infektion, f
infectious [ɪnˈfekʃəs] adj. a) infektiös, ansteckend
inferior [ɪnˈfɪərɪər] 1. adj. minderwertig; minder…; gering; unterlegen
inferiority [ɪnfɪərɪˈɒrɪtɪ] n., no pl. Unterlegenheit, f.;
infernal [ɪnˈfɜːnl] adj. a) höllisch; Unterwelt-; b) teuflisch; c) verdammt
inferno [ɪnˈfɜːnəʊ] n., pl. ~s Inferno, n
infertile [ɪnˈfɜːtaɪl] adj. unfruchtbar
infertility [ɪnfəˈtɪlɪtɪ] n., no pl. Unfruchtbarkeit, f
infest [ɪnˈfest] v. t. befallen; überwuchern; *(bildlich)* heimsuchen
infidelity [ɪnfɪˈdelɪtɪ] n. Untreue, f.
infiltrate [ˈɪnfɪltreɪt] infiltrieren; unterwandern; einschleusen; -sickern
infiltrator [ˈɪnfɪltreɪtər] n. Eindringling, m.; Unterwanderer, m
infinite [ˈɪnfɪnɪt] adj. unendlich; ungeheuer; unendlich groß
infinitive [ɪnˈfɪnɪtɪv] n. Infinitiv, m
infinity [ɪnˈfɪnɪtɪ] n. Unendlichkeit, f.
infirm [ɪnˈfɜːm] adj. gebrechlich; schwach
infirmary [ɪnˈfɜːmərɪ] n. Krankenhaus, n
inflame [ɪnˈfleɪm] v. t. a) entflammen: b) schüren; c) sich entzünden

inflammable [ɪnˈflæməbl] adj. feuergefährlich; leicht entzündlich
inflammation [ɪnfləˈmeɪʃn] n. Entzündung, f
inflammatory [ɪnˈflæmətərɪ] adj. a) aufrührerisch; b) entzündlich
inflate [ɪnˈfleɪt] v. t. a) aufblasen; aufpumpen; b) in die Höhe treiben
inflated [ɪnˈfleɪtɪd] adj. geschwollen, aufgeblasen
inflation [ɪnˈfleɪʃn] n. a) Aufblasen, n.; Aufpumpen, n.; b) Inflation, f
inflationary [ɪnˈfleɪʃənərɪ] adj. inflationär
inflexible [ɪnˈfleksɪbl] adj. a) unbiegsam; b) unbeweglich
influence [ˈɪnfluəns] n. Einfluss
influential [ɪnfluˈenʃl] adj. einflussreich
influenza [ɪnfluˈenzə] n. Grippe, f
influx [ˈɪnflʌks] n. Zustrom, m
inform [ɪnˈfɔːm] informieren; durchdringen; anzeigen, denunzieren
informal [ɪnˈfɔːml] adj. a) zwanglos; ungezwungen; leger; b) informell
informality [ɪnfɔːˈmælɪtɪ] n. Ungezwungenheit, f. Zwanglosigkeit, f
informant [ɪnˈfɔːmənt] n. Informant, m./Informantin, f
information [ɪnfəˈmeɪʃn] n. Information
infra-red [ɪnfrəˈred] adj. a) infrarot; b) Infrarot
infrastructure [ˈɪnfrəstrʌktʃər] n. Infrastruktur, f
infrequent [ɪnˈfriːkwənt] adj. a) selten; b) vereinzelt
infuriate [ɪnˈfjʊərɪeɪt] v. t. wütend machen; be ~d wütend sein
infusion [ɪnˈfjuːʒn] n. Infusion, f.; Einflößen, n.; Aufgießen, n.; Aufguss
ingenious [ɪnˈdʒiːnɪəs]

adj. a) einfallsreich; geschickt; b) genial
ingenuity [ɪndʒɪˈnjuːɪtɪ] n. a) Einfallsreichtum, m.; b) Genialität, f
ingratitude [ɪnˈɡrætɪtjuːd] n. Undankbarkeit, f.
ingredient [ɪnˈɡriːdɪənt] n. Zutat, f
inhabit [ɪnˈhæbɪt] v. t. bewohnen
inhabitant [ɪnˈhæbɪtənt] n. Bewohner, m./-in, f.; Einwohner, m./-in, f
inhale [ɪnˈheɪl] v. t., v. i. einatmen; inhalieren
inherent [ɪnˈhɪərənt, ɪnˈherənt] adj. innewohnend; natürlich
inherently [ɪnˈhɪərəntlɪ, ɪnˈherəntlɪ] adv. von Natur aus
inherit [ɪnˈherɪt] v. t. erben
inheritance [ɪnˈherɪtəns] n. Erbe, n.; Erbschaft, f
inhibit [ɪnˈhɪbɪt] v. t. hemmen; hindern
inhibition [ɪnhɪˈbɪʃn] n. a) Unterdrückung, f.; b) Hemmung, f
inhospitable [ɪnhɒˈspɪtəbl] adj. a) ungastlich; b) unwirtlich
inhuman [ɪnˈhjuːmən] adj. unmenschlich; inhuman
inhumane [ɪnhjuˈmeɪn] adj. unmenschlich; inhuman
initial [ɪˈnɪʃl] 1. adj. anfänglich; Anfangs-. 2. n. pl. Initiale, f. 3. v. t., (britisch) -ll- abzeichnen; parafieren
initiate 1. [ɪˈnɪʃɪeɪt] v. t. a) aufnehmen; initiieren; einführen; einweihen; b) in die Wege leiten; eröffnen.
initiation [ɪnɪʃɪˈeɪʃn] n. Initiierung, f.; Aufnahme, f.; Einführung, f.
initiative [ɪˈnɪʃətɪv, ɪˈnɪʃɪətɪv] n. Initiative
inject [ɪnˈdʒekt] v. t. a) (ein)spritzen; injizieren
injection [ɪnˈdʒekʃn] n. Einspritzung, f.; Injektion, f.; Injektionslösung, f

injure ['ɪndʒər] v. t. verletzen; kränken; schaden; schädigen
injurious [ɪn'dʒʊərɪəs] adj. a) ungerecht; b) schädlich
injury ['ɪndʒərɪ] n. Verletzung, f.; (bildlich) Kränkung, f
injustice [ɪn'dʒʌstɪs] n. Ungerechtigkeit, f
ink [ɪŋk] n. Tinte, f.; Farbe, f.; Tusche, f.; Druckfarbe, f
inland ['ɪnlənd] 1. adj. Binnen-; inländisch; . 2. adv. landeinwärts
inlet ['ɪnlet, 'ɪnlɪt] n. a) Bucht; b) Einlassöffnung, f
inmate n. Insasse, m./Insassin, f.; Bewohner, m./Bewohnerin, f
inn [ɪn] n. a) Herberge, f. Gasthof, m.; b) Wirtshaus, n
inner ['ɪnər] adj. a) inner…; Innen-
innocence ['ɪnəsəns] n., no pl. a) Unschuld, f
innocent ['ɪnəsənt] 1. adj. unschuldig; harmlos. 2. n. Unschuldige, m./f
innovate ['ɪnə:veɪt] v. i. Innovationen vornehmen, erneuern
innovation [ɪnə'veɪʃn] n. Innovation, f.; Neuerung, f.; Veränderung, f
innumerable [ɪ'njuːmərəbl] adj. zahllos; unzählig; unzählbar
innumerate [ɪ'njuːmərət] adj. (britisch) be ~: nicht rechnen können
inoffensive [ɪnə'fensɪv] adj. harmlos; ungefährlich
inoperative [ɪn'ɒpərətɪv] adj. ungültig; außer Kraft
inopportune [ɪn'ɒpətjuən] adj. inopportun; ungelegen; unpassend
inordinate [ɪ'nɔːdɪnət] adj. unmäßig; ungeheuer; überzogen
inorganic [ɪnɔː'gænɪk] adj. anorganisch
input 1. v. t., -tt-, ~ or ~ted eingeben; zuführen. 2. n.
Input, m. oder n.; Investition, f.; Energiezufuhr, f
inquire [ɪn'kwaɪər, ɪŋ'kwaɪər] 1. v. i. a) Untersuchungen anstellen; b) sich erkundigen. 2. v. t. sich erkundigen nach, fragen nach
inquiring [ɪn'kwaɪərɪŋ, ɪŋ'kwaɪərɪŋ] adj. fragend; forschend
inquiry [ɪn'kwaɪərɪ, ɪŋ'kwaɪərɪ] n. a) Anfrage, f.; b) Untersuchung, f
inquisition [ɪnkwɪ'zɪʃn, ɪŋkwɪ'zɪʃn] n. a) Nachforschung, f.; b) gerichtliche Untersuchung; Verhör, n.; c) Inquisition, f
inquisitive [ɪn'kwɪzɪtɪv, ɪŋ'kwɪzɪtɪv] adj. a) neugierig; b) wissbegierig
insane [ɪn'seɪn] adj. a) geisteskrank; b) irrsinnig; wahnsinnig
insanitary [ɪn'sænɪtərɪ] adj. unhygienisch
insanity [ɪn'sænɪtɪ] n. a) Wahnsinn, m.; b) Irrsinn, m.; Verrücktheit, f
insatiable [ɪn'seɪʃəbl] adj. unersättlich; unstillbar
inscribe [ɪn'skraɪb] v. t. schreiben; einmeißeln; eingravieren
inscription [ɪn'skrɪpʃn] n. Aufschrift, f. Inschrift, f
insect ['ɪnsekt] n. Insekt, n.; Kerbtier, n
insecticide [ɪn'sektɪsaɪd] n. Insektizid, n
insecure [ɪnsɪ'kjʊər] adj. a) unsicher; b) nicht sicher
insecurity [ɪnsɪ'kjʊərɪtɪ] n., Unsicherheit, f
insensibility [ɪnsensɪ'bɪlɪtɪ] n. Gefühllosigkeit, f.; Bewusstlosigkeit, f.; Unempfindlichkeit, f.
insensible gefühllos; unempfindlich; bewusstlos
insensitive [ɪn'sensɪtɪv] adj. gefühllos; unempfänglich
insensitivity [ɪnsensɪ'tɪvɪtɪ] Gefühllosigkeit, f.; Unempfindlichkeit, f.;
inseparable [ɪn'sepərəbl] adj. untrennbar; unzertrennlich
insert 1. [ɪn'sɜːt] v. t. einsetzen; einlegen; einwerfen; einfügen. 2. n. Beilage, f.; Einlage, f.; Inserat, n
inside 1. [ɪn'saɪd] n. Innenseite, f.; Innere, n. 2. adj. inner…; Innen
insider [ɪn'saɪdər] n. Mitglied, n.; Zugehörige, m./f
insight ['ɪnsaɪt] n. Verständnis, n.; Einblick, m
insignificant [ɪnsɪg'nɪfɪkənt] adj. unbedeutend; geringfügig; insincere [ɪnsɪn'sɪər] adj. unaufrichtig; falsch
insincerity [ɪnsɪn'serɪtɪ] n. Unaufrichtigkeit, f.; Falschheit, f
insinuation [ɪnsɪnjʊ'eɪʃn] n. Anspielung, f.
insipid [ɪn'sɪpɪd] adj. fad[e]; schal; geistlos; langweilig
insist [ɪn'sɪst] 1. bestehen 2. darauf bestehen
insistence n. Beharren, n.; Drängen
insistent [ɪn'sɪstənt] beharrlich, hartnäckig;
insolence ['ɪnsələns] Unverschämtheit, f.
insolent unverschämt, frech
insoluble [ɪn'sɒljʊbl] adj. unlösbar; unlöslich
insolvency [ɪn'sɒlvənsɪ] Insolvenz, f.; insolvent zahlungsunfähig
insomnia [ɪn'sɒmnɪə] n. Schlaflosigkeit, f
inspection [ɪn'spekʃn] n. Überprüfung, f.; Kontrolle, f.; Inspektion, f
inspector [ɪn'spektər] n. Kontrolleur, m./-in, f.; Polizeiinspektor, m
inspiration [ɪnspə'reɪʃn] n. Inspiration, f.; Eingebung, f
inspire [ɪn'spaɪər] v. t. inspirieren; anregen; anspor-

instability [ɪnstə'bɪlətɪ] n. Labilität, f.; Instabilität, f

install [ɪn'stɔal] sich installieren; sich einrichten; installieren; anschließen; in ein Amt einsetzen

installation [ɪnstə'leɪʃn] n. Amtseinsetzung, f.; Installation, f.; Einbau, m.; Anlage, f

instance ['ɪnstəns] n. Beispiel, n.; Fall; instant unmittelbar; sofortig

instantaneous [ɪnstən'teɪnɪəs] adj. unmittelbar

instead [ɪn'sted] adv. statt dessen

instinct ['ɪnstɪŋkt] n. Instinkt, m.; Sinn, m.; natürliche Begabung

instinctive [ɪn'stɪŋktɪv] adj. instinktiv

institute ['ɪnstɪtjuət] 1. n. Institut, n. 2. einführen; einleiten; gründen

institution [ɪnstɪ'tjuəʃn] n. Einführung, f.; Institution, f.; Anstalt, f.

institutional [ɪnstɪ'tjuəʃənl] adj. institutionell; Heim-; Anstalts-

instruct [ɪn'strʌkt] v. t. unterrichten; anweisen; beauftragen

instruction [ɪn'strʌkʃn] Unterricht, m.; Anweisung, f.; Instruktion, f

instructive [ɪn'strʌktɪv] adj. aufschlussreich; instruktiv; lehrreich

instructor [ɪn'strʌktər] n. Ausbilder, m./-in, f.; Dozent, m./-in, f

instrument ['ɪnstrumənt] n. Instrument, n.; Werkzeug, n

instrumental [ɪnstrʊ'mentl] adj. dienlich; förderlich

instrumentalist [ɪnstrʊ'mentəlɪst] n. Instrumentalist, m./-in, f

insubordinate [ɪnsə'bɔadɪnət] adj. aufsässig; ungehorsam

insubordination [ɪnsəbɔadɪ'neɪʃn] n. Aufsässigkeit, f.; Ungehorsam

insubstantial [ɪnsəb'stænʃl] adj. wenig substantiell; geringfügig

insufficient [ɪnsə'fɪʃənt] adj. ungenügend; unzulänglich; unzureichend

insular ['ɪnsjʊlər] adj. Inselinsular; provinziell

insulate ['ɪnsjʊleɪt] v. t. isolieren

insulation [ɪnsjʊ'leɪʃn] n. Isolierung, f.

insulator ['ɪnsjʊleɪtər] n. Isolator, m

insult 1. ['ɪnsʌlt] n. Beleidigung, f. 2. [ɪn'sʌlt] v. t. beleidigen

insupportable [ɪnsə'pɔatəbl] adj. unerträglich

insurance [ɪn'ʃɔarəns] n. Versicherung, f.; Sicherheit, f.; Gewähr, f

insure [ɪn'ʃɔar] v. t. versichern, zusichern

insurgent 1. aufständisch. 2. Aufständische, m./f

insurrection [ɪnsə'rekʃn] n. Aufstand, m

intact [ɪn'tækt] adj. unbeschädigt; unversehrt; intakt; unberührt

intake ['ɪnteɪk] n. Aufnahme, f.; Ansaugöffnung, f.; Neuzugänge

intangible [ɪn'tændʒəbl] adj. nicht greifbar; unbestimmbar

integral ['ɪntɪgrəl] adj. wesentlich, integral; vollständig; vollkommen

integrate ['ɪntɪgreɪt] v. t. integrieren

integration [ɪntɪ'greɪʃn] n. Integration, f

integrity [ɪn'tegrətɪ] n. Redlichkeit, f.; Integrität, f

intellect ['ɪntəlekt] n. Intellekt, m.; Verstand, m.; Intelligenz, f

intellectual [ɪntɪ'lektʊəl] adj. intellektuell; geistig

intelligence [ɪn'telɪdʒəns] n. Intelligenz, f.; Informationen Pl.: Nachrichten Pl.; Meldungen Pl.; Nachrichtendienst, m

intelligent [ɪn'telɪdʒent] adj. intelligent; geistreich

intend [ɪn'tend] v. t. beabsichtigen

intense [ɪn'tens] adj., ~r [ɪn'tensər], ~st [ɪn'tensɪst] intensiv; stark; heftig; eifrig, lebhaft; ausgeprägt; glühend; tief

intensely [ɪn'tenslɪ] adv. äußerst, ernsthaft, intensiv

intensify [ɪn'tensɪfaɪ] 1. v. t. intensivieren. 2. v. i. zunehmen; stärker werden; sich verschärfen

intensity [ɪn'tensətɪ] n. Intensität, f.; Heftigkeit, f

intensive [ɪn'tensɪv] adj. intensiv; Intensiv-; verstärkend;

intent [ɪn'tent] erpicht; eifrig beschäftigt; aufmerksam; forschend

intention [ɪn'tenʃn] n. Absicht, f.; Intention, f.

intentional absichtlich; vorsätzlich

intently [ɪn'tentlɪ] adv. aufmerksam

interact [ɪntər'ækt] v. i. sich beeinflussen; interagieren

interaction [ɪntər'ækʃn] n. Wechselwirkung, f.; Interaktion, f

interactive [ɪntər'æktɪv] adj. miteinander reagierend

intercept [ɪntə'sept] v. t. abfangen; abwehren; abhören

interchange 1. ['ɪntətʃeɪndʒ] n. Austausch, m.; Autobahnkreuz, n. 2. v. t. austauschen; vertauschen

interchangeable austauschbar

interconnect [ɪntəkə'nekt] 1. v. t. zusammenschalten, miteinander verbinden. 2. v.

i. miteinander in Zusammenhang stehen
intercontinental [ɪntəkɒntɪ'nentl] interkontinental; Interkontinental
intercourse ['ɪntəkɔːs] *n.*, Umgang, *m.*; Geschlechtsverkehr, *m*
interdependence [ɪntədɪ'pendəns] *n.* gegenseitige Abhängigkeit; Interdependenz, *f.*
interdependent abhängig; interdependent
interest ['ɪntrəst, 'ɪntrɪst] *n.* Interesse, *n.*; Anliegen, *n.*; Angelegenheit, *f.*; Belange *Pl.*; Zinsen *Pl.*; Rechtsanspruch, *m*
interesting ['ɪntrəstɪŋ, 'ɪntrɪstɪŋ] *adj.* interessant
interface ['ɪntəfeɪs] *n.* Grenzfläche, *f.*; Schnittstelle, *f*
interfere [ɪntə'fɪər] sich einmischen; in Konflikt geraten; stören
interference [ɪntə'fɪərəns] *n.* Einmischung, *f.*; Störung, *f*
interim ['ɪntərɪm] 1. *n.* Zwischenzeit. 2. *adj.* dazwischenliegend; vorläufig; Zwischen-; Übergangs-
interior [ɪn'tɪərɪər] 1. *adj.* a) inner...; Innen-; b) im Landesinneren befindlich; c) Inlands-. 2. *n.* Innere, *n.*; Interieur, *n*
interject [ɪntə'dʒekt] einwerfen
interjection Ausruf; Interjektion,
interlock [ɪntə'lɒk] 1. *v. i.* sich ineinanderhaken; sich zusammenfügen. 2. *v. t.* zusammenfügen; verflechten
interlude ['ɪntəluəd, 'ɪntəljuəd] *n.* Zwischenspiel, *n*
intermediary [ɪntə'miːdɪərɪ] *n.* Vermittler, *m.*/Vermittlerin, *f*
intermediate [ɪntə'miːdɪət] 1. Zwischen-. 2. fortgeschritt. Anfänger

intermingle [ɪntə'mɪŋgl] (sich) vermischen; in Kontakt treten
intermission [ɪntə'mɪʃn] *n.* Unterbrechung, *f.*; Pause, *f*
intermittent [ɪntə'mɪtənt] *adj.* in Abständen auftretend;
intern [ɪn'tɜːn] gefangenhalten; internieren
internal [ɪn'tɜːnl] *adj.* inner...; Innen-; Binnen-; intern; innerlich
internally [ɪn'tɜːnəlɪ] *adv.* innerlich; inter-
international [ɪntə'næʃnəl] 1. *adj.* international
internment [ɪn'tɜːnmənt] *n.* Internierung, *f*
interpret [ɪn'tɜːprɪt] 1. *v. t.* interpretieren; deuten; dolmetschen
interpretation [ɪntɜːprɪ'teɪʃn] *n.* Interpretation, *f.*; Übersetzung, *f*
interpreter [ɪn'tʒɑprɪtər] Dolmetscher, *m.*/-in, *f.*; Interpret/-i
interrelated [ɪntərɪ'leɪtɪd] *adj.* zusammenhängend; verwandt
interrogate [ɪn'terəgeɪt] *v. t.* vernehmen; verhören; ausfragen
interrogation [ɪntərə'geɪʃn] Verhör, *n.*
interrupt [ɪntə'rʌpt] unterbrechen; stören
interruption Unterbrechung, *f.*; Störung, *f.*; Ausfall
intersection [ɪntə'sekʃn] *n.* Kreuzung, *f.*;Schnittpunkt, *m*
interval ['ɪntəvl] *n.* Zwischenraum, *m.*; Abstand, *m.*; Pause, *f*
intervene [ɪntə'viːn] *v. i.* eingreifen
intervention [ɪntə'venʃn] *n.* Eingreifen, *n.*; Intervention, *f*
interview ['ɪntəvjuː] 1. *v. t.* interviewen. 2. *n.* Interview, *n.*
interviewer ['ɪntəvjuːər] *n.*

Interviewer, *m.*/-in, *f*
intimacy ['ɪntɪməsɪ] *n.* a) Vertrautheit, *f.*; b) Intimität, *f.*
intimate ['ɪntɪmət] 1. *adj.* vertraulich; intim; persönlich; 2. mitteilen; deutlich machen; andeuten
intimation Andeutung, *f.*; Anzeichen, *n*
intimidate [ɪn'tɪmɪdeɪt] *v. t.* einschüchtern
into ['ɪntuː, 'ɪntə] *prep.* in , in..hinein
intolerable [ɪn'tɒlərəbl] *adj.* unerträglich
intolerance [ɪn'tɒlərəns] *n.*, Intoleranz, *f.*, Unduldsamkeit, *f.*
intolerant [ɪn'tɒlərənt] *adj.* intolerant, unduldsam
intonation [ɪntə'neɪʃn] *n.* Intonation, *f.*; Sprachmelodie, *f*
intoxicate [ɪn'tɒksɪkeɪt] betrunken machen
intoxication Rausch, *m*
intractable [ɪn'træktəbl] *adj.* widerspenstig; hartnäckig
intrigue [ɪn'triːg] 1. faszinieren. 2. intrigieren; Ränke schmieden. 3. *n.* Intrige, *f.*
intriguing [ɪn'triːgɪŋ] *adj.* faszinierend
intrinsic [ɪn'trɪnsɪk, ɪn'trɪnzɪk] *adj.* innewohnend; inner...; essentiell
introduce [ɪntrə'djuːs] *v. t.* einführen; einleiten; einschleppen; stecken; aufbringen vorstellen; ankündigen; einbringen
introduction [ɪntrə'dʌkʃn] *n.* Einführen, *n.*; Aufstellung, *f.*; Einführung, *f.*; Vorstellung, *f.*; Einleitung, *f*
introspective [ɪntrə'spektɪv] *adj.* in sich gerichtet; introspektiv
introvert 1. ['ɪntrəvɜːt] *n.* Introvertierte, *m.*/f. 2. *adj.* introvertiert
introverted [ɪntrə'vɜːtɪd] *adj.* introvertiert
intrude [ɪn'truːd] 1. *v. i.*

stören. 2. *v. t.* aufdrängen
intruder [ɪn'truɑdər] *n.* Eindringling, *m*
intrusion [ɪn'truɑʒn] *n.* Störung, *f.*; Eindringen; Einmarsch, *m.*
intrusive [ɪn'truɑsɪv] *adj.* aufdringlich
intuition [ɪntjuɑ'ɪʃn] *n.* Intuition, *f*
intuitive [ɪn'tjuɑɪtɪv] *adj.* intuitiv; gefühlsmäßig; instinktiv
inundate ['ɪnɑndeɪt] *v. t.* überschwemmen; -fluten;
invade [ɪn'veɪd] eindringen; invader Angreifer, *m.*; Invasor, *m.*
invalid 1. ['ɪnvəlɪd] *n.* Kranke, *m./f.*; Körperbehinderte, *m./f.*; Kriegsinvalide, *m./ f.* 2. *adj.* körperbehindert
invalid [ɪn'vælɪd] *adj.* nicht schlüssig; ungültig
invalidate [ɪn'vælɪdeɪt] *v. t.* aufheben; widerlegen
invaluable [ɪn'væljuəbl] *adj.* unbezahlbar; unersetzlich; unschätzbar
invariable [ɪn'veərɪəbl] unveränderlich; gleichbleibend
invariably *adv.* immer; ausnahmslos
invasion [ɪn'veɪʒn] *n.* Invasion, *f.*; massenweise Ausbreitung; Eindringen, *n.*;Störung, *f*
invective [ɪn'vektɪv] *n.* Beschimpfungen *Pl.*; Schmähung, *f*
invent [ɪn'vent] *v. t.* erfinden
invention [ɪn'venʃn] *n.* Erfindung, *f.*; Idee, *f.*; Erfindungsgabe, *f.*; Erfindung, *f.*; Lüge, *f*
inventive [ɪn'ventɪv] *adj.* schöpferisch; fantasievoll; originell
inventor [ɪn'ventər] *n.* Erfinder, *m./*-in, *f*
inventory ['ɪnvəntərɪ] *n.* a) Bestandsliste, *f.*; b) Lagerbestand, *m*
inverse [ɪn'vɛːs, 'ɪnvɛːs]
1. *adj.* umgekehrt. 2. *n.* Gegenteil, *n*
inversion [ɪn'vɛːʃn] *n.* Umdrehen, *n.*; Umkehrung, *f.*; Inversion, *f*
invert [ɪn'vɛːt] *v. t.* umstülpen; umkehren; vertauschen
invertebrate [ɪn'vɛːtɪbrət] 1. *adj.* wirbellos. 2. *n.* wirbelloses Tier
invest [ɪn'vest] anlegen; investieren; übertragen
investigate [ɪn'vestɪgeɪt] untersuchen; ermitteln; nachforschen
investigation [ɪnvestɪ'geɪʃn] *n.* Untersuchung, *f.*; Ermittlung,*f*
investigative [ɪn'vestɪgətɪv] *adj.* detektivisch; investigativ
investigator [ɪn'vestɪgeɪtər] *n.* Ermittler, *m.*/Ermittlerin, *f*
investment [ɪn'vestmənt] *n.* Investition, *f.*; Anlage, *f.*; Einsatz, *m.*; Aufwand, *m.*; *attrib.* Investitions-; Anlage-; ~ trust Investmenttrust, *m.*
investor [ɪn'vestər] *n.* Investor, *m.* Kapitalanleger, *m./*-anlegerin, *f*
invidious [ɪn'vɪdɪəs] *adj.* undankbar; unpassend, unfair
invigorate [ɪn'vɪgəreɪt] *v. t.* stärken; kräftigen
invincible [ɪn'vɪnsəbl] *adj.* unerschütterlich; unbesiegbar
invisibility [ɪnvɪzə'bɪlətɪ] *n.* Unsichtbarkeit, *f*
invisible [ɪn'vɪzəbl] *adj.* unsichtbar
invitation [ɪnvɪ'teɪʃn] *n.* Einladung, *f*
invite [ɪn'vaɪt] *v. t.* einladen; auffordern; herausfordern
invoice ['ɪnvɔɪs] 1. *v. t.* eine Rechnung ausstellen;2. *n.* Rechnung, *f.*
invoke [ɪn'vəʊk] *v. t.* anrufen; sich berufen auf
involuntary [ɪn'vɒləntrɪ] *adj.* unwillkürlich
involve [ɪn'vɒlv] *v. t.* verwickeln; hineinziehen; enthalten; beinhalten; erfordern; bedeuten
involved *adj.* verwickelt; kompliziert; komplex
inward ['ɪnwəd] 1. *adj.* inner...; innerlich; nach innen; 2. *adv.* einwärts
Iranian [ɪ'reɪnɪən] 1. *adj.* iranisch. 2. *n.* Iraner, *m./*-in, *f.*; Iranisch, *n*
Iraqi [ɪ'rɑkɪ] 1. *adj.* irakisch. 2. *n.* a) Iraker, *m.*/Irakerin, *f.*;
irate [aɪ'reɪt] *adj.* wütend; erbost
Ireland ['aɪələnd] *pr. n.* Irland *n.*
Irish ['aɪərɪʃ] *adj.* irisch
irk [ɛːk] *v. t.* ärgern
irksome ['ɛːksəm] *adj.* lästig
iron ['aɪən] 1. bügeln; glätten. 2. Eisen; Bügeleisen, *n.* 3. eisern; ehern
ironic [aɪ'rɒnɪk], ironical [aɪ'rɒnɪkl] *adj.* ironisch
ironing ['aɪənɪŋ] *n.* Bügeln, *n.*; Bügelwäsche, *f*
irony ['aɪərənɪ] *n.* Ironie, *f*
irradiate [ɪ'reɪdɪeɪt] *v. t.* bestrahlen
irrational [ɪ'ræʃənl] *adj.* irrational; vernunftwidrig
irreconcilable [ɪ'rekənsaɪləbl] *adj.* unversöhnlich; unvereinbar
irregular [ɪ'regjʊlər] *adj.* irregulär; unregelmäßig; sonderbar
irregularity [ɪregjʊ'lærətɪ] *n.* Unkorrektheit, *f.*; Unregelmäßigkeit, *f.*; Sonderbarkeit, *f.*; Eigenartigkeit, *f.*; Unebenheit, *f.*
irrelevant [ɪ'reləvənt] *adj.* belanglos; irrelevant
irreparable [ɪ'repərəbl] *adj.* nicht wiedergutzumachend
irrepressible [ɪrɪ'presəbl] *adj.* unbezähmbar; unerschütterlich
irreproachable [ɪrɪ'prəʊtʃəbl] *adj.* untadelig; unan-

fechtbar; tadellos
irresistible [ɪrɪˈzɪstəbl] *adj.* unwiderstehlich; bestechend
irresolute [ɪˈrezəluɑt, ɪˈrezəljuɑt] *adj.* unentschlossen
irresponsible [ɪrɪˈspɒnsəbl] *adj.* verantwortungslos; unverantwortlich
irreversible [ɪrɪˈvɜːsəbl] *adj.* unumstößlich; irreversibel; unaufhaltsam
irrevocable [ɪˈrevəkəbl] *adj.* unwiderruflich
irrigate [ˈɪrɪgeɪt] *v. t.* bewässern; irrigation *n.* Bewässerung, *f*
irritable [ˈɪrɪtəbl] *adj.* reizbar; gereizt
irritant [ˈɪrɪtənt] *n.* Reizstoff, *m*
irritate [ˈɪrɪteɪt] ärgern; irritieren
irritation Ärger, *m.*; Reizung, *f*

Islamic [ɪzˈlæmɪk] *adj.* islamisch
island [ˈaɪlənd] Insel, *f.*
islander [ˈaɪləndər] Inselbewohner/-i
isle [aɪl] *n.* Insel, *f.*; Eiland, *n.*
isolate [ˈaɪsəleɪt] *v. t.* isolieren; vom Stromkreis trennen
isolated [ˈaɪsəleɪtɪd] *adj.* vereinzelt; einzeln; einsam; abgelegen
isolation [aɪsəˈleɪʃn] *n.* Isolierung, *f.*; Absonderung, *f.*; Isolation, *f.*;
Israeli [ɪzˈreɪlɪ] 1. *adj.* israelisch. 2. *n.* Israeli, *m./f*
issue [ˈɪʃuɑ, ˈɪsjuɑ] 1. (her)ausgeben; ausstellen; erteilen; emittieren; herausströmen; austreten. 2. Frage, *f.*; Ausgabe, *f.*; Emission, *f.*; Auflage, *f*
it [ɪt] *pron.* a) er/sie/es; ihn/sie/es; ihm/ihr/ihm

Italian [ɪˈtæljən] 1. *adj.* italienisch; 2. *n.* Italiener, *m./*-in, *f.*; Italienisch, *n*
italic [ɪˈtælɪk] 1. *adj.* kursiv. 2. *n.* in *pl.* Kursivschrift, *f*
itch [ɪtʃ] 1. *v. i.* jucken; darauf brennen; 2. *n.* Juckreiz, *m.*; Jucken, *n.* itchy [ˈɪtʃɪ] *adj.* kratzig
item [ˈaɪtəm] *n.* Sache, *f.*; Artikel, *m.*; Nachricht, *f.*; Posten, *m.*; Punkt, *m*
itinerary [aɪˈtɪnərərɪ, ɪˈtɪnərərɪ] *n.* Reiseroute, *f.*; Reiseweg
its [ɪts] *poss. pron.* sein/ihr/sein
itself [ɪtˈself] *pron.* selbst; refl. sich
ivory [ˈaɪvərɪ] *n.* Elfenbein, *n.*; *attrib.* elfenbeinern; Elfenbein-;
ivy [ˈaɪvɪ] *n.* Efeu, *m*

J

J, j [dʒeɪ] *n.*, *pl.* Js or J's J, j,
jab [dʒæb] 1. *v. t.*, -bb-: stoßen; stechen. 2. *v. i.*, -bb-: auf jmdn. einhauen; auf jmdn. einstechen. 3. *n.* Schlag, *m.*; Stoß, *m.*; Stich, *m.*
jack [dʒæk] 1. *n.* Wagenheber, *m.*; 2. *v. t.* stecken, bleiben lassen
jacket ['dʒækɪt] *n.* Jacke, *f.*; Mantel, *m.*; Schutzumschlag, *m.*; Schale, *f*
jacuzzi [dʒəˈkuɑzɪ] *n.* Whirlpool, *m*
jade [dʒeɪd] *v. t.*, esp. in p.p. ermüden; abstumpfen
jade *n.* Jade, *m.* oder *f.*; Jadearbeit, *f*
jail [dʒeɪl] 1. *v. t.* ins Gefängnis bringen. 2. *n.* Gefängnis, *n.*; Haft, *f*
jam [dʒæm] 1. *v. t.*, -mm-: a) einklemmen; b) lahmlegen; c) stopfen; . 2. *v. i.* sich verklemmen. 3. *n.* Blockierung, *f.*; Stau, *m.*; Klemme, *f*
jam *n.* Marmelade, *f.*; Konfitüre, *f.*
jangle ['dʒæŋgl] 1. klimpern; bimmeln; rasseln mit. 2. *n.* Geklapper, *n.*
janitor ['dʒænɪtər] *n.* a) Portier, *m.*; b) Hausmeister, *m*
January ['dʒænjʊərɪ] *n.* Januar, *m*
Japanese [dʒæpəˈniːəz] 1. *adj.* japanisch; 2. *n.*, Japaner, *m./-*in, *f.*
jar [dʒɑr] 1. *n.* Quietschen, *n.*; Stoß, *m.*; . 2. *v. i.*, -rr-: quietschen; scheppern; 3. *v. t.*, -rr-: erschüttern
jar *n.* Topf, *m.*; Glas, *n.*; ~ of jam etc. Glas/Topf Marmelade
jargon ['dʒɑgən] *n.* Jargon, *m*
jaundice ['dʒɔandɪs] 1. *n.* Gelbsucht, *f.* 2. *v. t.* verbittert
jaunty ['dʒɔantɪ] *adj.* unbeschwert; keck
javelin ['dʒævəlɪn, 'dʒævlɪn] *n.* Speer, *m.*; Speerwerfen, *n*
jaw [dʒɔa] *n.* Kiefer, *m.*; jawbone ['dʒɔabəʊn] *n.* Kieferknochen, *m*
jay [dʒeɪ] *n.* Eichelhäher, *m*
jazz [dʒæz] 1. *n.* Jazz, *m.*; *attrib.* Jazz-
jealous ['dʒeləs] *adj.* eifersüchtig
jealousy ['dʒeləsɪ] *n.* Eifersucht, *f*
jeer [dʒɪər] 1. *v. i.* höhnen; johlen. 2. *v. t.* verhöhnen. 3. *n.* höhnisches Johlen; höhnische Bemerkung
jell [dʒel] *v. i.* fest werden; gelieren; jelly *n.* Gelee, *n.*; Götterspeise, *f*
jeopardize ['dʒepədaɪz] *v. t.* gefährdet
jeopardy ['dʒepədɪ] *n.*, *no pl.* Gefahr, *f*
jerk [dʒeːk] 1. *n.* Ruck, *m.*; Zuckung, *f.*; *n.* 2. *v. t.* reißen an. 3. *v. i.* ruckeln; zucken
jerky ['dʒeːkɪ] *adj.* abgehackt, holprig; holpernd; ruckartig
jersey ['dʒeːzɪ] *n.* Pullover, *m.*; Trikot, *n.*; Jersey, *n*
jest [dʒest] 1. *n.* a) Witz, *m.*; Scherz, *m.*; b) Spaß *m.* 2. *v. i.* scherzen
jet [dʒet] 1. *n.* Strahl, *m.*; Düse, *f.*;Düsenflugzeug, *n.*; Jet, *m.*; Düsentriebwerk, *n.* 2. *v. i.*, -tt-: herausschießen; ausströmen; jetten
jetty ['dʒetɪ] *n.* Mole, *f.*; Landungsbrücke, *f*
jew [dʒuɑ] *n.* Jude, *m./*Jüdin, *f*
jewel ['dʒuəl] *n.* Schmuckstück; ~s Juwelen *Pl.*: Edelstein; Kleinod, *n*
jeweller ['dʒuələr] *n.* Juwelier, *m*
jewellery ['dʒuəlrɪ] *n.* Schmuck, *m*
jewess ['dʒuaɪs] *n.* Jüdin, *f.*
jewish ['dʒuaɪʃ] *adj.* jüdisch
jiff [dʒɪf] *n.* Augenblick, *m.*; Moment, *m*
jig [dʒɪg] *n.* a) Jig, *f.*; b) Einspannvorrichtung, *f*
jiggle ['dʒɪgl] 1. *v. t.* rütteln an, wackeln an . 2. *v. i.* rütteln; wackeln
jigsaw *n.* ~ [puzzle] Puzzle, *n*
jingle ['dʒɪŋgl] 1. *v. i.* klimpern; klingeln; bimmeln. 2. *v. t.* klingeln mit, bimmeln mit; klimpern mit. 3. *n.* Bimmeln, *n.* Klingeln, *n.*;Klirren, *n.*; Geklimper, *n.*; Wortgeklingel, *n.*; Werbespruch, *m.*; Jingle, *m.*
jinx [dʒɪŋks] 1. *n.* Fluch, *m.* 2. *v. t.* verhexen
jittery ['dʒɪtərɪ] *adj.* nervös; verängstigt
job [dʒɒb] *n.* Arbeit, *f.*; Stelle, *f.*; Anstellung, *f.*; Job, *m.*
jobless ['dʒɒblɪs] *adj.* beschäftigungslos; arbeitslos
jockey ['dʒɒkɪ] 1. *v. i.* rangeln; 2. *n.* Jockei, *m.*; Jockey, *m*
jog [dʒɒg] 1.*v.*, -gg-: rütteln; stoßen; auf die Sprünge helfen; hüpfen; laufen; traben; joggen. 2. *n.* Stoß, *m.*; Trott, *m.*; Dauerlauf, *m*
jogger ['dʒɒgər] *n.* Jogger, *m./*Joggerin, *f*
join [dʒɔɪn] 1. *v. t.* verbinden; sich gesellen zu; sich anschließen; eintreten in; beitreten; sich einreihen; münden in . 2. *v. i.* sich vereinigen, zusammenfließen; . 3. *n.* Verbindung, *f.*; Nahtstelle, *f*
joiner ['dʒɔɪnər] *n.* Tischler, *m./*Tischlerin, *f*
joinery ['dʒɔɪnərɪ] *n.* Tisch-

lerei, f.; Tischlerhandwerk, n
joint [dʒɔɪnt] 1. Verbindung, f.; Fuge, f.; Gelenk, n.; 2. gemeinsam
joke [dʒəʊk] 1. v. i. scherzen, Witze machen. 2. n. Scherz, m.; Witz, m.
joker ['dʒəʊkər] n. Spaßvogel, m.; Witzbold, m.; Joker, m
jolly ['dʒɒlɪ] 1. adj. fröhlich; knallig; bunt. 2. adv. ganz schön; sehr
Jordan ['dʒɔadn] pr. n. Jordan, m.; Jordanien
jostle ['dʒɒsl] 1. v. i. aneinanderstoßen. 2. v. t. stoßen
journal ['dʒɜːnl] n. Zeitung, f.; Zeitschrift, f.; Tagebuch, n
journalism ['dʒɜːnəlɪzəm] n. Journalismus, m
journalist ['dʒɜːnəlɪst] n. Journalist, m./Journalistin, f.
journalistic [dʒɜːnə'lɪstɪk] adj. journalistisch
journey ['dʒɜːnɪ] 1. v. i. fahren; ziehen 2. n. Weg, m.; Reise, f
jovial ['dʒəʊvɪəl] adj. herzlich; fröhlich
jowl [dʒaʊl] n. Unterkiefer, m.; Kinnbacken Pl.; Hängebacke, f
joy [dʒɔɪ] n. Freude, f
joyful ['dʒɔɪfl] adj. froh, freudig; erfreulich
joyous ['dʒɔɪəs] adj. freudig; froh; Freuden
jubilant ['dʒuːbɪlənt] adj. jubelnd; freudestrahlen
jubilation [dʒuːbɪ'leɪʃn] n. Jubel, m
jubilee ['dʒuːbɪlɪə] n. Jubiläum, n
judge [dʒadʒ] 1. richten; verhandeln; beurteilen; entscheiden; urteilen. 3. n. Richter, m./-in, f.; Kampfrichter, m./-in, f.; Schiedsrichter, m./-in, f.

judgement, ['dʒadʒmənt] n. Urteil, n.; Urteilsfähigkeit, f
judicial [dʒuːə'dɪʃl] adj. richterlich; gerichtlich
judiciary [dʒuːə'dɪʃərɪ] n. Richterschaft, f
judicious [dʒuːə'dɪʃəs] adj.klarblickend; besonnen
jug [dʒag] 1. v. t., -ggschmoren. 2. n. a) Krug, m.; Kanne, f.; Kännchen, n.; b) (sl.) Loch, n
juggle ['dʒagl] jonglieren; zaubern
juggler Jongleur, m./ Jongleuse, f
jugular ['dʒagjʊlər] adj. & n. ~ [vein] Jugularvene, f.; Drosselvene, f
juice [dʒuːs] n. Saft, m.; (Elektr.) Saft, m.; Sprit, m.
juicy ['dʒuːsɪ] adj. saftig; schlüpfrig; fett
juke-box ['dʒuːkbɒks] n. Musikbox, f., Jukebox, f
July [dʒuː'laɪ] n. Juli, m
jumble ['dʒambl] 1. v. t. durcheinanderwerfen, durcheinanderbringen; 2. n. Wirrwarr, m.; Durcheinander, n.; Gewirr, n.; gebrauchte Sachen
jumbo ['dʒambəʊ] 1. n. Jumbo, m. 2. adj. riesig; Riesen-
jump [dʒamp] 1. springen; abspringen; voreilig gelangen zu; zusammenzucken; in die Höhe schnellen; (über)springen; überfahren. 2. n.Sprung, m.; sprunghafter Wechsel; Lücke, f.; sprunghafter Anstieg
jumper ['dʒampər] n. Pullover, m.; Pulli, m.; Trägerkleid, n
jumpy ['dʒampɪ] adj. nervös; aufgeregt
junction ['dʒaŋkʃn] n. Ver-

juvenile

bindungspunkt, m.; Verbindungsstelle, f.; Einmündung, f.; Anschlussstelle, f.; Kreuzung, f
June [dʒuːn] n. Juni, m
jungle ['dʒaŋgl] n. Dschungel, m.; Urwald, m
junior ['dʒuːnɪər] 1. jünger; rangniedriger. 2. Jüngere, m./f
juniper ['dʒuːnɪpər] n. (Botanik) Wacholder, m
junk [dʒaŋk] 1. v. t. wegwerfen; ausmisten; 2. n. Gerümpel, n.;
junk n. Dschunke, f
junkie ['dʒaŋkɪ] n. Junkie, m., Drogensüchtige, f./m.
junta ['dʒantə] n. Junta, f.; military ~: Militärjunta, f
jurisdiction [dʒʊərɪs'dɪkʃn] n. Jurisdiktion, f.; Gerichtsbarkeit, f.;
juror ['dʒʊərər] n. Geschworene, m./f.; Schöffe, m./Schöffin, f
jury ['dʒʊərɪ] n. die Geschworenen; die Schöffen; Jury, f.;
just [dʒast] 1. adj. anständig, korrekt; gerecht; rechtmäßig; berechtigt; recht, richtig. 2. adv. genau; gerade noch; nur; eben; gerade; einfach
justice ['dʒastɪs] n. a) Gerechtigkeit, f.; b) Richter, m./-in, f.
justifiable [dʒastɪ'faɪəbl] adj. gerechtfertigt; berechtigt
justification [dʒastɪfɪ'keɪʃn] n. Rechtfertigung, f.; Berechtigung, f. justify ['dʒastɪfaɪ] v. t. belegen, rechtfertigen; beweisen; begründen
juvenile ['dʒuːvənaɪl] 1. jugendlich; kindisch; infantil. 2. Jugendliche

K

K, k [keɪ] *n.*, *pl.* Ks or K's K, k, *n*
kaleidoscope [kə'laɪdəskəʊp] *n.* Kaleidoskop, *n*
kangaroo [kæŋgə'ruː] *n.* Känguru, *n*
karate [kə'rɑːtɪ] *n.*, Karate, *n*
keel [kiːl] 1. *n.* Kiel, *m.* 2. *v. i.* umstürzen; kentern; umkippen
keen [kiːn] *adj.* scharf; schneidend, scharf; begeistert, ausgeprägt, lebhaft; heftig; fein
keep [kiːp] 1. *v. t.*, kept [kept] halten; einhalten; behüten, beschützen; hüten; schützen; verwahren; aufbewahren; behalten; unterhalten, pflegen; betreiben, führen; versorgen; festhalten aufsparen. 2. *v. i.*, kept bleiben; halten; etw. weiter tun; etw. dauernd tun; . 3. *n.* Unterhalt, *m.*; for ~s auf Dauer; zum Behalten; Bergfried, *m*
keeper ['kiːpər] *n.* Torwart; Wärter, *m.*/-in, *f*
keeping ['kiːpɪŋ] *n.* Einhalten,*n.*; Befolgen, *n.*; Führung, *f.*; Haltung, *f.*
kennel ['kenl] *n.* Hundehütte, *f.*; in *pl.* ~s Hundepension, *f.*; Zwinger, *m*
Kenyan ['kenjən, 'kiːənjən] 1. *adj.* kenianisch. 2. *n.* Kenianer, *m.*/-in, *f*
kerb [kɜːb] *n.* (britisch) Bordstein, *m*
kernel ['kɜːnl] *n.* Kern, *m*
ketchup ['ketʃəp] *n.* Ketchup, *m.* oder *n*
kettle ['ketl] *n.* Wasserkessel, *m.*
key [kiː] 1. eintasten; tasten. 2. *n.* Schlüssel, *m.*; Zeichenerklärung, *f.*; Legende, *f.* Taste, *f.*; Klappe, *f.*; Tonart, *f.*;3. entscheidend; Schlüssel-

kick [kɪk] 1. treten; strampeln; ausschlagen; das Bein hochwerfen; sich zur Wehr setzen; kicken, schlagen, schießen; ablegen; aufgeben; 3. *n.* Tritt, *m.*; Schuss, *m.*; Spurt, *m.*; Kitzel, *m.*; Rückstoß, *m*
kid [kɪd] 1. *n.* Kitz, *n.*; Zicklein, *n.*; Kind, *n.*; Jugendliche, *m./f.*
kidnap ['kɪdnæp] *v. t.*, (britisch) -pp- entführen; kidnappen
kidnapper ['kɪdnæpər] *n.* Entführer, *m.*/-in, *f.*; Kidnapper,*m.*/-in, *f*
kidney ['kɪdnɪ] *n.* Niere, *f*
kill [kɪl] 1. töten; umbringen; abtöten; absterben lassen; totschlagen; verderben; zerstören; schlachten; überwältigen. 2. Abschuss, *m.*; Beute, *f*
killer ['kɪlər] *n.* Mörder, *m.*/Mörderin, *f.*; killing ['kɪlɪŋ] 1. *n.* a) Töten, *n.*; Tötung, *f.*; b) Mord, *m.* 2. *adj.* a) tödlich; b) mörderisch; c) umwerfen
killjoy *n.* Spielverderber, *m.*/-verderberin, *f*
kiln [kɪln] *n.* Brennofen, *m*
kilogram *n.* Kilogramm, *n*
kilometre ['kɪləmiːtər] *n.* Kilometer, *m*
kilowatt *n.* Kilowatt, *n*
kilt [kɪlt] *n.* Schottenrock, *m*
kin [kɪn] *n.* Geschlecht, *n.*; Verwandte
kind [kaɪnd] *n.* Art, *f.*; Sorte, *f.*; a ~ of…: eine Art
kind *adj.* liebenswürdig; freundlich; lieb
kindergarten ['kɪndəgɑːtn] *n.* Kindergarten, *m.*; Vorklasse, *f*
kind-hearted [kaɪnd'hɑːtɪd] *adj.* gutherzig; liebenswürdig
kindle ['kɪndl] *v. t.* anzünden, entzünden; entfachen; wecken

kindling ['kɪndlɪŋ] *n.* Anmachholz, *n*
kindly ['kaɪndlɪ] 1. *adv.* freundlich; nett; freundlicherweise. 2. *adj.* freundlich; nett; liebenswürdig; wohlwollend; gütig; gut
kindness ['kaɪndnɪs] *n.* Liebenswürdigkeit, *f.*; Freundlichkeit, *f.*
kindred ['kɪndrɪd] 1. *n.*Blutsverwandtschaft, *f.*; Verwandtschaft, *f.*; Verwandte. 2. *adj.* blutsverwandt; verwandt
kinetic [kɪ'netɪk, kaɪ'netɪk] *adj.* kinetisch
king [kɪŋ] *n.* König, *m.*
kingdom ['kɪŋdəm] *n.* (König)reich, *n.*; animal ~: Tierreich, *n.*
kingly ['kɪŋlɪ] *adj.* königlich
kink [kɪŋk] 1. *v. i.* Knicke bekommen; sich wellen. 2. *v. t.* knicken 3. *n.* Knick, *m.*; Welle, *f.*; Tick, .*m.*; Spleen, *m*
kinky ['kɪŋkɪ] *adj.* spleenig; (sexuell) abartig
kipper ['kɪpər] *n.* Kipper, *m.*; Bückling, *m*
kiss [kɪs] 1. *v. t.* küssen. 2. *v. i.* sich küssen 3. *n.* Kuss, *m*
kit [kɪt] 1. *v. t.* ausrüsten; einkleiden 2. *n.* Sachen; Set, *n.*; Ausrüstung, *f*
kitchen ['kɪtʃɪn] *n.* Küche, *f.*; Küchen
kite [kaɪt] *n.* Drachen, *m.*; Roter Milan
kith [kɪθ] *n.* ~ and kin Freunde und Verwandte
kitten ['kɪtn] *n.* [ʜatzen]junge, *n.*; Kätzchen, *n*
kitty ['kɪtɪ] *n.* Kätzchen, *n.*; Miez[e], *f*
knack [næk] *n.*Talent, *n.*; have a ~ of . es verstehen

(ironisch)
knacker ['nækər] *n.* (britisch) Abdecker, *m*
knackered ['nækəd] *adj.* (britisch) geschlaucht
knapsack ['næpsæk] *n.* Rucksack, *m.*; Tornister, *m*
knead [niad] *v. t.* kneten
knee [niɑ] *n.* Knie, *n.*; kneel [niɑl] *v. i.*, knelt [nelt] or ~ed knien
knell [nel] *n.* Totengeläut, *n.*; Glockengeläut, *n*
knickerbockers ['nɪkəbɔkəz] *n. pl.* Knickerbocker *Pl*
knickers ['nɪkəz] *n. pl.* (britisch) Damenschlüpfer, *m*
knife [naɪf] 1. *v. t.* einstechen; erstechen 2. *n., pl.* knives Messer, *n.*

knight [naɪt] 1. *v. t.* adeln. 2. *n.* Ritter, *m.*; Springer, *m.*
knighthood ['naɪthʊd] *n.* Ritterwürde, *f*
knit [nɪt] 1. *v. t.*, -tt-, knitted or knit stricken; 2. *v. i.* verheilen
knitting ['nɪtɪŋ] *n.*, Stricken, *n.*; Strickarbeit, *f*
knob [nɔb] *n.* Verdickung, *f.*; Knoten, *m.*; Knopf, *m.*; Knauf, *m*
knobbly ['nɔblɪ] *adj.* knotig; knorrig
knock [nɔk] 1. *v. t.* klopfen; schlagen an; schlagen; . 2. *v. i.* klopfen; schlagen. 3. *n.* Klopfen, *n.*; Schlag, *m.*; Stoß, *m.*
knocker ['nɔkər] *n.* Türklopfer, *m.*; Beckmesser, *m*
knoll [nəʊl] *n.* Anhöhe, *f*
knot [nɔt] 1. *v. t.*, -tt-: knoten; binden; verfilzen.2. *n.* Knoten, *m.*
knotty ['nɔtɪ] *adj.* verwickelt
know [nəʊ] 1. *v. t.*, knew [njuɑ], ~*n* [nəʊn] erkennen; unterscheiden; wissen; kennen; können; beherrschen; sich auskennen
knowing ['nəʊɪŋ] *adj.* verschmitzt; wissend; verschlagen
knowledge ['nɔlɪdʒ] *n.*, Kenntnisse; Wissen, *n*
knuckle ['nʌkl] *n.* Knöchel, *m.*; Hackse, *f*
Kremlin ['kremlɪn] *n.* the K~: der Kreml

L

L, l L, l; Buchstabe L
lb Abk. pound Pfund
lab [læb] *n. (ugs.)* Labor, *n*
label ['leɪbl] 1. *v. t.* -ll-: etikettieren; auszeichnen; 2. *n.* Schildchen, *n.*; Etikett, *n.*; Label, *n.*; Plattenfirma, *f*
laboratory [lə'bɒrətrɪ] *n.* Laboratorium, *n*
laborious [lə'bɔːrɪəs] *adj.* mühsam; schwerfällig, umständlich
labour ['leɪbər] (britisch) 1. *n.* Arbeit, *f.*; Mühe, *f.*; Arbeiterschaft, *f.*; immigrant ~: eingewanderte Arbeitskräfte; L~ die Labour Party; *f)* Wehen *Pl.* 2. *v. i.* hart arbeiten; sich einsetzen
laboured ['leɪbəd] *adj.* (britisch) mühsam; schwerfällig; mühsam
labourer ['leɪbərər] *n.* (britisch) Arbeiter, *m.*/Arbeiterin, *f*
lace [leɪs] 1. *v. t.* schnüren; [durch]ziehen; ~ **with alcohol** einen Schuss Alkohol in etw. geben. 2. *n.* Schuhband, *n.*; Schnürsenkel, *m.*; Spitze, *f*
laceration [læsə'reɪʃn] *n.* Risswunde, *f.*; Schnittwunde, *f*
lack [læk] 1. *n.* Mangel, *m.*; . 2. *v. t.* fehlen
lackey ['lækɪ] *n.* Lakai, *m.*; Diener, *m*
laconic [lə'kɒnɪk] *adj.* lakonisch; wortkarg
lacquer ['lækər] 1. *n.* Lack, *m.* 2. *v. t.* lackieren
lacy ['leɪsɪ] *adj.* Spitzen-; spitzenartig; Filigran
lad [læd] *n.* Junge, *m.*; Typ, *m.*;
ladder ['lædər] 1. *v. i.* (britisch) Laufmaschen bekommen. 2. *v. t.* (britisch) Laufmaschen machen in 3. *n.* Leiter, *f.*; Aufstiegsmöglichkeit, *f.*
laden ['leɪdn] beladen mit
ladle ['leɪdl] 1. *n.* Schöpfkelle, *f.*; Schöpflöffel, *m.* 2. *v. t.* schöpfen
lady ['leɪdɪ] *n.* Dame, *f.*; Lady, *f.*
lager ['lɑːgər] *n.* Lagerbier, *n*
lagoon [lə'guːn] *n.* Lagune, *f*
laid-back *adj.* gelassen
lair [leər] *n.* Unterschlupf, *m.*; Versteck, *n.*
laity ['leɪətɪ] *n. pl.* Laie
lake [leɪk] *n.* See, *m.*; ~side *n.* Seeufer, *n.*;
lamb [læm] 1. *v. i.* lammen. 2. *n.* Lamm, *n.*; Lammfleisch, *n*
lame [leɪm] 1. *v. t.* lahmen; lähmen. 2. *adj.* lahm
lameness ['leɪmnɪs] *n.*, Lahmheit, *f*
lament [lə'ment] 1. *v. t.* klagen *um.* 2. *v. i.* klagen. 3. *n.* Klage, *f*
lamentable ['læməntəbl] *adj.* beklagenswert; kläglich
lamentation [læmən'teɪʃn] *n.* Wehklagen, *n.*; Wehklage, *f*
laminated ['læmɪneɪtɪd] *adj.* lamelliert
lamp [læmp] *n.* Lampe, *f.*; Straßenlaterne, *f.*; Licht, *n.*; Scheinwerfer, *m*
lance [lɑːns] 1. *n.* Lanze, *f.* 2. *v. t.* mit der Lanzette öffnen
land [lænd] 1. landen; an Land ziehen; anlegen, landen; an Land gehen; . 2. *n.* Land, *n.*
landing ['lændɪŋ] *n.* Landung, *f.* Anlegestelle, *f.*; Treppenabsatz, *m*
land: ~lady/lord Vermieter/in; Wirt/in; ~owner Grundbesitzer, /-in
landscape ['lændskeɪp, 'lænskeɪp] Landschaft, *f.*; Landschaftsbild, *n*
lane [leɪn] *n.* Landsträßchen, *n.*; Gasse, *f.*; Spur, *f.*; Bahn, *f*
language ['læŋgwɪdʒ] *n.* Sprache, *f.*; Ausdrucksweise, *f.*
languid ['læŋgwɪd] *adj.* träge; matt
languish ['læŋgwɪʃ] *v. i.* ermatten
lank [læŋk] *adj.* hager; glatt herabhängend
lantern ['læntən] *n.* Laterne, *f*
lap [læp] *n.* Schoß, *m.*;
lap 1. *v. t.* -pp-: überrunden; überlappen 2. *n.* Runde, *f.*;
Lapp [læp] 1. *n.* Lappe, *m.*/Lappin, *f.* 2. *adj.* lappisch; lappländisch
lapse [læps] 1. *n.* Pause; Fehler, *m.*; Lücke, *f.*; Verstoß, *m.* 2. *v. i.* versagen; into verfallen in; ungültig werden; verfallen
lapsed [læpst] *adj.* abgefallen; abgelaufen; ungültig
larch [lɑtʃ] *n.* Lärche, *f*
lard [lɑd] *n.* Schweinefett, *n.* Schweineschmalz, *n*
larder ['lɑdər] *n.* Speisekammer, *f.*; Speiseschrank, *m*
large [lɑdʒ] 1. *adj.* groß; umfassend.
largely ['lɑdʒlɪ] *adv.* weitgehend
largish ['lɑdʒɪʃ] *adj.* recht stattlich; ziemlich groß
lark [lɑk] *n.* Lerche, *f*
lark 1. *n.* Jux, *m.*; Blödsinn, *m.*; Geschichte, *f.*; 2. *v. i.* herumalbern
larva ['lɑvə] *n.*, *pl.* ~e ['lɑviə] Larve, *f.*
lascivious [lə'sɪvɪəs] *adj.* lüstern; lasziv
laser ['leɪzər] *n.* Laser, *m*
lash [læʃ] 1. *v. i.* schlagen; zuschlagen; peitschen 2. *n.*

Hieb, *m*.; Peitsche; Wimper, *f*. 3. *v. t.* festbinden; (aus)peitschen; schlagen mit
last [lɑst] 1. *adj*. letzt…; 2. *adv*. zuletzt; als letzter/letzte . 3. *n*. Letzte/r; zuletzt; at ~: endlich; schließlich
last *v. i.*) andauern; es aushalten; reichen
last *n*. Leisten, *m*.
lasting [ˈlɑstɪŋ] *adj*. bleibend; dauerhaft; nachhaltig; nicht nachlassend
latch [lætʃ] *n*. Riegel, *m*.; Schnappschloss, *n*
late [leɪt] 1. *adj*. spät; verspätet; verstorben; vormalig; letzt…; . 2. *adv*. verspätet; spät; lately [ˈleɪtlɪ] *adv*. in letzter Zeit; till ~: bis vor kurzem
lateness [ˈleɪtnɪs] *n*. Verspätung, *f*
later [ˈleɪtər] 1. *adv*. später; 2. *adj*., später; neuer; jünger
lateral [ˈlætərəl] *adj*. seitlich; Seiten-
latest [ˈleɪtɪst] *adj*. neu[e]st…;b) letzt…;
latex [ˈleɪteks] *n*., *pl*. ~es or latices [ˈleɪtɪsɪəz] Latex, *m*
lath [lɑð] *n*., *pl*. ~s [lɑðs] Latte, *f*
latin [ˈlætɪn] 1. *adj*. lateinisch; südländisch. 2. *n*. Latein, *n*.;
Latin:~-A'merican 1. lateinamerikanisch; 2. Lateinamerikaner, /-in
latitude [ˈlætɪtjuɑd] *n*. Freiheit, *f*.; Breite, *f*
latter [ˈlætər] *attrib. adj*. letzte/r/n
laugh [lɑf] 1. *v. i*. lachen; 2. *v. t*. lachen; ~ oneself silly sich krank- oder schieflachen. 3. *n*. Gelächter, *n*.; Lachen, *n*
laughable [ˈlɑfəbl] *adj*. lachhaft; lächerlich
laughter [ˈlɑftər] *n*. Lachen, *n*.; Gelächter, *n*
launch [lɔantʃ] 1. *v. t*. aussetzen; werfen, abschießen; schleudern; lancieren; auf den Markt bringen; vorstellen; auf die Bühne bringen. 2. *v. i*. ~ into a song ein Lied anstimmen
launch *n*. Barkasse, *f*
launder [ˈlɔandər] *v. t*. waschen und bügeln
launderette [lɔandəˈret], laundrette [lɔanˈdret], (amerikanisch) laundromat [ˈlɔandrəmæt] *ns*. Waschsalon, *m*
laundry [ˈlɔandrɪ] *n*. Wäscherei, *f*.; Wäsche, *f*
laurel [ˈlɔrəl] *n*. Lorbeer[kranz], *m*
lavatory [ˈlævətrɪ] *n*. Toilette, *f*
lavender [ˈlævəndər] *n*. Lavendel, *m*
lavish [ˈlævɪʃ] 1. *v. t*. ~ sth. on sb. jmdn. mit etw. überhäufen 2. *adj*. großzügig; überschwänglich; verschwenderisch; üppig;
law [lɔa] *n*. Gesetz, *n*.; Recht, *n*.; Gerichtswesen, *n*.; Rechtswesen, *n*.; Rechtswissenschaft, *f*.; *attrib*. Rechts-;
lawful [ˈlɔafl] *adj*. rechtmäßig, legitim; ehelich; legal; gesetzmäßig
lawless [ˈlɔalɪs] *adj*. gesetzlos
lawn [lɔan] *n*. Rasen, *m*
lawyer [ˈlɔajər, ˈlɔɪər] *n*. Rechtsanwalt, *m*./Rechtsanwältin, *f*
lax [læks] 1. *adj*. lax; 2. *n*.
laxness [ˈlæksnɪs] *ns*. Laxheit, *f*
lay [leɪ] *adj*. laikal; Laien-; laienhaft
lay 1. *v. t*., laid [leɪd] a) legen, legen; legen; anlegen; b) unterbreiten; c) auferlegen
layer [ˈleɪər] *n*. Schicht, *f*.
layer cake *n*. Schichttorte, *f*
laze [leɪz] *v. i*. faulenzen
laziness [ˈleɪzɪnɪs] *n*., Faulheit, *f*.; Trägheit, *f*
lazy [ˈleɪzɪ] *adj*. faul; träge; träge fließend
lead [led] *n*. a) Blei, *n*.; b) Bleistiftmine, *f*
lead [liɑd] 1. *v. t*., led [led] a) führen; b) veranlassen, etw. zu tun; c) führen; d) anführen; e) leiten; 3. *n*. a) Beispiel, *n*.; Anhaltspunkt, *m*.; b) Führung, *f*.; c) Vorsprung, *m*.; d) Leine, *f*.; e) Leitung, *f*.; Kabel, *n*.; ~ 'off 1. *v. t*. a) abführen; b) beginnen. 2. *v. i*. beginnen
~ 'on 1. *v. t*. a) jmdn. reizen; b) auf den Leim führen
leaden [ˈledn] *adj*. bleiern
leader [ˈliɑdər] *n*. Führer, *m*./-in, *f*.; Vorsitzende, *m*./*f*.; Leiter, *m*./-in, *f*.; Anführer, *m*./-in, *f*.; Sprecher, *m*./-in, *f*.; Leitartikel, *m*.;
leadership [ˈliɑdəʃɪp] *n*. a) Führung, *f*.; b) Führungseigenschaften Pl
lead-free [ˈledfriɑ] *adj*. bleifrei
leading [ˈliɑdɪŋ] *adj*. führen
leaf [liɑf] 1. *v. i*. durchblättern; in etw. blättern. 2. *n*., *pl*. leaves [liɑvz] Blatt, *n*
leaflet [ˈliɑflɪt] *n*. Handzettel, *m*.; Reklamezettel, *m*
leafy [ˈliɑfɪ] *adj*. belaubt
league [liɑg] *n*. Bund, *m*.; Bündnis, *n*.; Liga, *f*
leak [liɑk] 1. *v. t*. austreten lassen; durchsickern lassen. 2. *v. i*. austreten; lecken; 3. *n*. Leck, *n*.; durch ein Leck austretende Flüssigkeit
leakage [ˈliɑkɪdʒ] *n*. Auslaufen, *n*.; Ausströmen, *n*.; Durchsickern, *n*.;
leaky [ˈliɑkɪ] *adj*. undicht; leck
lean [liɑn] *adj*. mager; hager
lean 1. ~ed [liɑnd, lent] or ~t [lent] sich beugen; lehnen (an); auf jmdn. bauen; sich neigen (zu). 2. *n*. Neigung, *f*.;
leap [liɑp] 1. *v. i*., ~ed [liɑpt, lept] or ~t [lept] springen;

learn

hüpfen; aufsprinde*n*. 2. *v. t.*, ~ed or ~t überspringen; springen oder setzen über. 3. *n.* Sprung, *m*

learn [lɜːn] 1. *v. t.*, learnt [lɜːnt] or learned [lɜːnd, lɜːnt] a) lernen; erlernen; b) erkennen; hören; merken; 2. *v. i.* a) lernen; b) erfahren von

learned [ˈlɜːnɪd] *adj.* gelehrt; wissenschaftlich

learner [ˈlɜːnər] *n.* Lernende, *m./f.*; Anfänger, *m.*/Anfängerin, *f*

lease [liːs] 1. Pacht-, Mietvertrag. 2. (ver)pachten; (ver)mieten; leasen

least [liːst] 1. *adj.* kleinst…; geringst. 2. *n.* Geringste, *n.* 3. *adv.* am wenigsten

leather [ˈleðər] 1. *n.* Leder, *n.*; Lederwaren *Pl.* 2. *adj.* ledern; Leder-

leave [liːv] *n.*, Erlaubnis, *f.*; Genehmigung, *f.*; Urlaub, *m.*

leave *v. t.*, left [left] hinterlassen; vergessen; übrigbehalten; zurückbleiben mit; stehenlassen; lassen; überlassen; verlassen

leaven [ˈlevn] *n.* Treibmittel, *n.*; Sauerteig, *m*

lecture [ˈlektʃər] 1. *v. i.* eine Vorlesung halten; . 2. *v. t.* ~ sb. jmdm. eine Strafpredigt halten 3. *n.* Vorlesung, *f.*; Strafpredigt, *f.*

lecturer [ˈlektʃərər] *n.* Vortragende, *m./f.*; Lehrbeauftragte, *m./f.*;

ledge [ledʒ] *n.* Vorsprung, *m.*; Sims, *m.* oder *n*

ledger [ˈledʒər] *n.* Hauptbuch, *n*

lee [liː] *n.* a) Schutz, *m.*; Leeseite, *f*

leech [liːtʃ] *n.* Blutegel, *m*

leek [liːk] *n.* Porree, *m.*; Lauch, *m*

left [left] 1. *adj.* links… 2. *adv.* nach links. 3. *n.* linke Seite; die Linke

leg [leg] 1. *n.* Bein, *n.*; Keule

legacy [ˈlegəsɪ] *n.* Erbschaft, *f.*; Erbe, *n.*; Vermächtnis, *n.*

legal [ˈliːgl] *adj.* juristisch; Rechts-; gesetzlich; rechtlich; Gerichts-; gesetzlich vorgeschrieben; gesetzlich verankert; legal; rechtsgültig

legality [lɪˈgælɪtɪ] Legalität, *f.*; Rechtmäßigkeit, *f.*

legalize legalisieren

legation [lɪˈgeɪʃn] *n.* Gesandtschaft, *f.*; Gesandtschaftsgebäude, *n*

legend [ˈledʒənd] *n.* Sage, *f.*; Legende, *f*

legendary [ˈledʒəndrɪ] *adj.* legendenhaft; sagenhaft

leggy [ˈlegɪ] *adj.* hochbeinig; langbeinig

legible [ˈledʒəbl] *adj.* leserlich

legion [ˈliːdʒən] *n.* Legion, *f*

legionnaire [liːdʒəˈneər] *n.* Legionär, *m*

legislate [ˈledʒɪsleɪt] *v. i.* Gesetze verabschieden

legislation [ledʒɪsˈleɪʃn] Gesetzgebung, *f.*; **legislative** [ˈledʒɪslətɪv] *adj.* gesetzgebend; gesetzgeberisch

legislator Gesetzgeber, *m*

legislature [ˈledʒɪsleɪtʃər] *n.* Legislative, *f*

legitimacy [lɪˈdʒɪtɪməsɪ] *n.* Legitimität, *f.*; Rechtmäßigkeit, *f.*

legitimate [lɪˈdʒɪtɪmət] *adj.* ehelich, legitim; rechtmäßig, legal; stichhaltig; berechtigt; ausreichend; triftig

legitimize [lɪˈdʒɪtɪmaɪz] *v. t.* legitimieren; ehelich machen

leisure [ˈleʒər] *n.* Muße, *f.*; Freizeit, *f.*; *attrib.* Freizeit-

leisurely [ˈleʒəlɪ] 1. *adj.* gemächlich. 2. *adv.* langsam

lemon [ˈlemən] *n.* Zitrone, *f.*; Zitronengelb, *n*

lemonade [leməˈneɪd] *n.* Zitronenlimonade, *f*

lend [lend] lent [lent] (ver)leihen; geben; sich hergeben, sich eignen

lender [ˈlendər] *n.* Verleiher, *m.*/Verleiherin, *f*

length [leŋθ, leŋkθ] *n.* a) Länge, *f.*; b) Länge, Dauer, *f.*;

lengthen [ˈleŋθən, ˈleŋkθən] 1. *v. i.* länger werden. 2. *v. t.* länger machen; verlängern

lenience [ˈliːnɪəns], **leniency** [ˈliːnɪənsɪ] ns., Milde, *f.*; Nachsicht, *f.*

lenient [ˈliːnɪənt] *adj.* nachsichtig; mild

lens [lenz] *n.* a) Linse, *f.*; Glas, *n.*; b) Objektiv, *n*

leprosy [ˈleprəsɪ] *n.* Lepra, *f*

lesbian [ˈlezbɪən] 1. *n.* Lesbe, *f.* 2. *adj.* lesbisch

lesion [ˈliːʒn] *n.* Läsion, *f.*; Verletzung, *f*

less [les] 1. *adj.* kleiner; weniger. 2. *adv.* weniger; 3. *n.*, Geringere, *n.* 4. *prep.* abzüglich; weniger

lessen [ˈlesn] 1. *v. t.* verringern; linder*n.* 2. *v. i.* sich verringern; fallen; sinken, nachlassen

lesser [ˈlesər] *attrib. adj.* geringer…; weniger bedeutend…

lesson [ˈlesn] *n.* [unterrichts]stunde, *f.*; Lektion, *f.*

lest [lest] *conj.* damit… nicht;

let [let] *v. t.*, -tt-, let lassen; b) ~ sb. think that…: jmdn. in dem Glauben lassen, dass…; ablassen (Badewasser); lassen; (britisch) vermieten

lethal [ˈliːθl] *adj.* tödlich; vernichten

lethargic [ləˈθɑːdʒɪk] *adj.* träge; lethargisch

lethargy [ˈleθədʒɪ] *n.* Trägheit, *f.*; Lethargie, *f*

letter [letər] *n.* Brief, *m.*; Schreiben, *n.*; Buchstabe

lettering [ˈletərɪŋ] *n.* Auf-

schrift, *f.*; Inschrift, *f*
lettuce [ˈletɪs] *n.* Kopfsalat, *m*
leukaemia, (amerikanisch) leukemia [luɑˈkiɑmɪə] *n.* Leukämie, *f*
level [ˈlevl] 1. *n.* Höhe, *f.*; Etage, *f.*; Ebene, *f.*;Level, Spiegel, Pegel *m.*; Grad, *m.* e) Wasserwaage, *f.* 2. *adj.* waagerecht; flach; eben; gleichauf liegen; gleichziehen; ausgeglichen; ausgewogen. 3. ebnen; richten
lever [ˈliɑvər] 1. *n.* Brechstange, *f.*; Hebel, *m.*; Druckmittel
leverage [ˈliɑvərɪdʒ] *n.* Hebelwirkung, *f.*; Hebelkraft, *f*
lexicography [leksɪˈkɒgrəfɪ] Lexikografie, *f*
lexicon Wörterbuch, *n.*; Lexikon, *n*
liability [laɪəˈbɪlɪtɪ] *n.* Haftung, *f.*; Anfälligkeit, *f.*; Belastung, *f.*
liable [ˈlaɪəbl] *pred. adj.* a) steuerpflichtig; haftbar; zu etw. neigend
liaison [lɪˈeɪzn] *n.* Zusammenarbeit, *f.*; Verhältnis, *n.*; Liaison, *f*
liar [ˈlaɪər] *n.* Lügner, *m.*/Lügnerin, *f*
liberal [ˈlɪbərəl] 1. *adj.* großzügig; liberal; frei; . 2. *n.* Liberale, *m./f*
liberality [lɪbəˈrælɪtɪ] *n.* Großzügigkeit, *f.*
liberally [ˈlɪbərəlɪ] *adv.* großzügig; reichlich
liberate [ˈlɪbəreɪt] *v. t.* befreien
liberation [lɪbəˈreɪʃn] *n.* Befreiung, *f.*
liberator [ˈlɪbəreɪtər] *n.* Befreier, *m./*-in, *f*
liberty [ˈlɪbətɪ] *n.* Freiheit, *f.*
libido [lɪˈbiɑdəʊ] *n.* Libido, *f*
Libra [ˈliɑbrə, ˈlɪbrə] *n.* Waage, *f*
librarian [laɪˈbreərɪən] *n.* Bibliothekar, *m./*Bibliothekarin, *f*

library [ˈlaɪbrərɪ] *n.* Bibliothek, *f.*; Bücherei, *f.*;
libretto [lɪˈbretəʊ] *n., pl.* libretti [lɪˈbretiɑ] or ~s Libretto, *n*
Libya [ˈlɪbɪə] *pr. n.* Libyen; Libyan [ˈlɪbɪən] *adj.* libysch
licence [ˈlaɪsns] 1. *n.* Lizenz, *f.*; Genehmigung; Konzession, *f.*; Handlungsfreiheit, *f.*; Zügellosigkeit, *f.*; Unzüchtigkeit, *f*
license [ˈlaɪsns] 1. *v. t.* ermächtigen; konzessionieren
lichen [ˈlaɪkən, ˈlɪtʃn] *n.* Flechte, *f*
lick [lɪk] 1. *v. t.* lecken; züngeln an; verdreschen; bewältigen, meistern; eine Abfuhr erteilen. 2. *n.* Lecken, *n*
lid [lɪd] *n.* Deckel, *m.*;b) Lid, *n.*, (Mit)glied
lie [laɪ] 1. *n.* Lüge, *f.* 2. *v. i.*, lying [ˈlaɪɪŋ] lügen; anlügen
lie 1. *n.* Lage, *f.*; 2. *v. i.*, lying [ˈlaɪɪŋ], lay [leɪ], lain [leɪn] liegen; sich legen
lie-detector *n.* Lügendetektor, *m*
lieutenant [lefˈtenənt, ləfˈtenənt] *n.* Oberleutnant, *m.*; Kapitänleutnant, *m.*; (amerikanisch) Polizeioberkommissar
life [laɪf] *n., pl.* lives [laɪvz] Leben, *n*
lifeless [ˈlaɪflɪs] *adj.* unbelebt, leblos; farblos
lift [lɪft] 1. *v. t.* anheben; heben; erheben; klauen aufheben. 2. *v. i.* a) sich auflösen; höher schlagen. 3. *n.* Mitfahrgelegenheit, *f.*; Aufzug, *m.*;
ligament [ˈlɪgəmənt] *n.* Band, *n.*; Ligament, *n.*
light [laɪt] 1. *v. t.*, lit [lɪt] or ~ed anzünden; erhellen; 2. v.i. brennen, 3. *n.* Licht, *n.*; Lampe, *f.*; Ampel, *f.*; d) Feuer, *n.*; 4. *adj.* hell
light 1. *adj.* leicht; gering
lighten [ˈlaɪtn] 1. *v. t.* erleichtern; entlasten. 2. *v. i.* leichter werden

limit

lighten 1. *v. t.* heller machen, aufhellen. 2. *v. i.* sich aufhellen
lighter [ˈlaɪtər] *n.* Feuerzeug, *n.*; Zigarettenanzünder
lighting [ˈlaɪtɪŋ] *n.* Beleuchtung, *f*
lightly [ˈlaɪtlɪ] *adv.* leicht; leicht; leichtfertig; leichthin
lightness [ˈlaɪtnɪs] *n.* Leichtigkeit, *f.*; Milde, *f.*; Leichtfertigkeit, *f.*
lightness *n.* Helligkeit, *f*
lightning [ˈlaɪtnɪŋ] 1. *n.*, Blitz, *m.* 2. *adj.* Blitz
lignite [ˈlɪgnaɪt] *n.* Braunkohle, *f*
like [laɪk] 1. *adj.* wie; typisch für; ähnlich. 2. *prep.* wie; . 3. *conj.* wie; etwa; beispielsweise. 4. *n.* **his/her** ~: seines-/ihresgleichen
like 1. *v. t.* mögen; in *pl.* ~s and dislikes Vorlieben und Abneigungen
likeable [ˈlaɪkəbl] *adj.* nett; sympathisch
likelihood [ˈlaɪklɪhʊd] *n.* Wahrscheinlichkeit, *f*
likely [ˈlaɪklɪ] 1. *adj.* wahrscheinlich; glaubhaft; voraussichtlich; geeignet. 2. *adv.* wahrscheinlich
likeness [ˈlaɪknɪs] *n.* Ähnlichkeit, *f.*; Gestalt, *f.*; Aussehen, *n.*; Bild, *n*
likewise [ˈlaɪkwaɪz] *adv.* ebenso
liking [ˈlaɪkɪŋ] *n.* Vorliebe, *f*
lilac [ˈlaɪlək] 1. *n.* Flieder, *m.*; Zartlila, *n.* 2. *adj.* fliederfarben
lily [ˈlɪlɪ] *n.* Lilie, *f.*; ~ of the valley Maiglöckchen, *n*
limb [lɪm] *n.* Glied, *n.*; ~s Glieder; Gliedmaßen
limbo [ˈlɪmbəʊ] *n., pl.* ~s Vergessenheit, *f.*
lime *n.* Limone, *f*
limerick [ˈlɪmərɪk] *n.* Spott-, -Witzvers oder -reim, *m*
lime-tree *n.* Linde, *f*
limit [ˈlɪmɪt] 1. *v. t.* begrenzen; einschränken. 2. *n.*

167

limitation

Grenze, *f.*; Limit, *n.*
limitation [lɪmɪ'teɪʃn] *n.* Einschränkung, *f.*; Begrenzung, *f.*;
limited ['lɪmɪtɪd] *adj.* begrenzt; beschränkt
limitless *adj.* grenzenlos
limousine ['lɪməzian] *n.* Limousine, *f.*
limp [lɪmp] 1. *v. i.* hinken; . 2. *n.* Hinken, *n.*;
limp *adj.* welk, schlaff
line [laɪn] 1. *n.* a) Leine, *f.*; Schnur, *f.*; b) Leitung, *f.*; c) Linie, *f.*; Strich, *m.*; Zeile, *f.*; d) in *pl.* Linien *Pl.*; e) Reihe, *f.*;
line *v. t.* füttern; auskleiden; ausschlagen
lineage ['lɪnɪɪdʒ] *n.* Abstammung, *f*
linear ['lɪnɪər] *adj.* linear
linen ['lɪnɪn] 1. *n.* a) Leinen, *n.*; b) Wäsche, *f.* 2. *adj.* Leinen
liner ['laɪnər] *n.* Linienschiff, *n*
linger ['lɪŋɡər] *v. i.* bleiben; verweilen; fortbestehen
lingerie ['læʒərɪə] *n.* Reizwäsche, *f*
lingering ['lɪŋɡərɪŋ] *adj.* verbleibend; anhaltend; langwierig; langsam
lingo ['lɪŋɡəʊ] *n.*, *pl.* ~es a) Sprache, *f.*; b) Fachjargon, *m*
linguist ['lɪŋɡwɪst] *n.* a) Sprachkundige, *m./f.*; b) Linguist, *m./*-in, *f*
linguistic [lɪŋ'ɡwɪstɪk] *adj.* (of~s) linguistisch; sprachlich; Sprach-
linguistics [lɪŋ'ɡwɪstɪks] *n.*, *no pl.* Linguistik, *f.*; Sprachwissenschaft, *f*
liniment ['lɪnɪmənt] *n.* Liniment, *n.*; Einreib[e]mittel, *n*
lining ['laɪnɪŋ] *n.* Futter, *n.*; Magenschleimhaut, *f.*; Auskleidung, *f*
link [lɪŋk] 1. verbinden; sich anschließen 3. *n.* Glied, *n.*; Verbindung, *f*
linkage ['lɪŋkɪdʒ] *n.* Verbindung, *f.*; Gestänge, *n*
linseed ['lɪnsiad] *n.* Leinsamen, *m.*
linseed 'oil *n.* Leinöl, *n*
lint [lɪnt] *n.* Mull, *m*
lintel ['lɪntl] *n.* (Architektur) Sturz, *m*
lion ['laɪən] *n.* Löwe, *m.*;
lioness ['laɪənɪs] *n.* Löwin, *f*
lip [lɪp] *n.* Lippe, *f.*; Gießrand, *m.*; Schnabel, *m.*; Tülle, *f.*; ·
liquefy ['lɪkwɪfaɪ] 1. *v. t.* verflüssigen. 2. *v. i.* sich verflüssigen
liqueur [lɪ'kjʊər] *n.* Likör, *m*
liquid ['lɪkwɪd] 1. *adj.* flüssig; liquid. 2. *n.* Flüssigkeit, *f*
liquidate ['lɪkwɪdeɪt] *v. t.* liquidieren; beseitigen
liquidation [lɪkwɪ'deɪʃn] *n.* Liquidation, *f*
liquidity [lɪ'kwɪdɪtɪ] *n.*, flüssiger Zustand; Liquidität, *f*
liquidize ['lɪkwɪdaɪz] *v. t.* auflösen; pürieren
liquidizer ['lɪkwɪdaɪzər] *n.* Mixer, *m*
liquor ['lɪkər] *n.* Spirituosen; Alkohol, *m.*;
liquorice ['lɪkərɪs] *n.* Süßholz, *n.*; Lakritze, *f*
Lisbon ['lɪzbən] *pr. n.* Lissabon
lisp [lɪsp] 1. *v. i.* & *t.* lispeln. 2. *n.* Lispeln, *n.*;
list [lɪst] 1. *n.* Liste, *f.*; 2. *v. t.* aufführen; auflisten
list 1. *n.* Schlagseite, *f.*; . 2. *v. i.* Schlagseite haben
listen ['lɪsn] *v. i.* zuhören; horchen
listener ['lɪsnər] *n.* a) Zuhörer, *m./*-in, *f.*; b) Hörer, *m./*-in, *f*
listless ['lɪstlɪs] *adj.* lustlos
litany ['lɪtənɪ] *n.* Litanei, *f*
literacy ['lɪtərəsɪ] *n.* Lese- und Schreibfertigkeit, *f*
literal ['lɪtərəl] *adj.* a) wörtlich;b) buchstäblich; c) wahr
literally ['lɪtərəlɪ] *adv.* a) wörtlich; b) buchstäblich; c) geradezu

literary ['lɪtərərɪ] *adj.* literarisch; gewählt
literate ['lɪtərət] *adj.* des Lesens und Schreibens mächtig; gebildet
literature ['lɪtərətʃər, 'lɪtrətʃər] *n.* Literatur, *f.*; Fachliteratur, *f.*
lithograph ['lɪðəɡrɑːf] 1. *v. t.* lithografieren 2. *n.* Lithografie, *f*
Lithuania [lɪðjuː'eɪnɪə] *pr. n.* Litauen
litigation [lɪtɪ'ɡeɪʃn] *n.* Rechtsstreit, *m*
litmus ['lɪtməs] *n.* Lackmus, *n.* oder *m*
litre ['liːtər] *n.* (britisch) Liter, *m.* oder *n*
litter ['lɪtər] 1. *v. t.* verstreuen; litter: ~-basket *n.* Abfallkorb, *m.* 2. *n.* a) Abfall, *m.*; Abfälle; b) Streu, *f.*; c) Wurf, *m*
little ['lɪtl] 1. *adj.*, ~r ['lɪtlər] ~st ['lɪtlɪst] a) klein; b) wenig; ~ by ~: nach und nach. a ~… etwas…; ein wenig; 2. *adv.*, less [les], least [liːəst] gering; wenig; kaum
liturgy ['lɪtədʒɪ] *n.* Liturgie, *f*
live [laɪv] 1. *adj.* lebend; ~ performance Live-Aufführung, *f.*; ~ broadcast Direktübertragung, *f.*; Live-Sendung, *f.*; aktuell; stromführend; scharf glühend. 2. *adv.* live
live [lɪv] 1. *v. i.* a) leben. 2. *v. t.* leben
livelihood ['laɪvlɪhʊd] *n.* Lebensunterhalt, *m.*;
lively ['laɪvlɪ] *adj.* lebendig; lebhaft; rege
liven up [laɪvn 'ʌp] 1. *v. t.* Leben bringen in. 2. *v. i.* aufleben
liver ['lɪvər] *n.* Leber, *f*
liverish ['lɪvərɪʃ] *adj.* unwohl; mürrisch
livery ['lɪvərɪ] *n.* Livree, *f*
live [laɪv]: ~stock *n. pl.* Vieh, *n.*;
livid ['lɪvɪd] *adj.* bleigrau;

(britisch) fuchsteufelswild
living [ˈlɪvɪŋ] 1. *n.* Leben, *n.*; Lebensunterhalt, *m.*; Lebensstil, *m.*; Lebenswandel; d) the ~: die Lebenden; 2. *adj.* leben
lizard [ˈlɪzəd] *n.* Eidechse, *f*
llama [ˈlɑmə] *n.* Lama, *n*
load [ləʊd] 1. *n.* Ladung, *f.*; Last, *f.*; Belastung, *f.*; Bürde, *f.* 2. *v. t.* laden; beladen; aufhalsen; einlegen;) schwer belasten. 3. *v. i.* laden
loaf [ləʊf] *n.*, *pl.* loaves [ləʊvz] Brot, *n.*; Laib Brot, *m.*;
loam [ləʊm] *n.* Lehmboden, *m*
loan [ləʊn] 1. *v. t.* leihen; verleihen, 2. *n.* Kredit, *m.*; Darlehen, *n*
loathe [ləʊð] *v. t.* verabscheuen; nicht ausstehen können
loathing [ˈləʊðɪŋ] *n.* Abscheu, *m.*
lob [lɒb] *v. t.*, -bb- in hohem Bogen werfen
lobby [ˈlɒbɪ] 1. *v. t.* zu beeinflussen suchen 2. *v. i.* seinen Einfluss geltend machen. 3. *n.* Lobby, *f.*; Interessenvertretung, *f.*; Foyer, *n.*
lobe [ləʊb] *n.* (ear~) Ohrläppchen, *n*
lobster [ˈlɒbstər] *n.* Hummer, *m.*
local [ˈləʊkl] 1. *adj.* lokal; Lokal-; Kommunal-; hiesig; von dort; ortsansässig
locality [ləˈkælətɪ] *n.* Gegend, *f.* Ort, *m*
localize [ˈləʊkəlaɪz] *v. t.* lokalisieren, örtlich begrenzen
locally [ˈləʊkəlɪ] *adv.* in dieser Gegend, örtlich
locate [ləʊˈkeɪt] *v. t.* lokalisieren, plazieren; be ~d gelegen sein
location [ləʊˈkeɪʃn] *n.* Ort, *m.*; Lage, *f.*; Standort, *m.*, Position, *f.*; Lokalisierung, *f.* Positionierung, *f.*; Drehort, *m.*;
loch [lɒx, lɒk] *n.* (Scot.) See, *m.*; Meeresarm, *m*
lock [lɒk] *n.* Locke, *f*
lock 1. *v. t.* einschließen; schließen. 2. *v. i.* abschließbar sein; 3. *n.* Schloss, *n.*; Sperrvorrichtung, *f.*; Sperre, *f.*; Lenkeinschlag, *m.* Schleuse, *f.*; Klammergriff, *m.*, Fesselgriff, *m*
locker [ˈlɒkər] *n.* Schließfach, *n*
locomotive [ˌləʊkəˈməʊtɪv, ˌləʊkəˈməʊtɪv] *n.* Lokomotive, *f*
locust [ˈləʊkəst] *n.* Wanderheuschrecke, *f*
lodge [lɒdʒ] 1. *v. t.* beherbergen, unterbringen; stecken; hinterlegen; einlegen; erheben. 2. *v. i.* wohnen; steckenbleiben . 3. *n.* Pförtnerloge, *f.*; Gärtnerhaus, *n.*; Skihütte, *f.*; Loge, *f*
lodger [ˈlɒdʒər] *n.* Untermieter, *m.*/-in, *f.*
lodging Unterkunft, *f*
loft [lɒft] *n.* a) Dachboden, *m.*; b) Heuboden, *m*
lofty [ˈlɒftɪ] *adj.* hoch; hoch gesteckt; hoch fliegend; hochmütig
log [lɒg] 1. *v. t.*, -gg- aufzeichnen, Buch führen; 2. *n.* Klotz, *m.*; Baumstamm; Scheit, *n*
log, **logarithm** [ˈlɒgərɪðəm] *n.* (Mathematik) Logarithmus, *m*
logging [ˈlɒgɪŋ] *n.*, Holz schlagen, Fällen
logic [ˈlɒdʒɪk] *n.* Logik, *f*
logical [ˈlɒdʒɪkl] *adj.* a) logisch, klar denkend b) logisch, zwingen
logistic [ləˈdʒɪstɪk] *adj.* logistisch
logo [ˈlɒgəʊ, ˈləʊgəʊ] *n.*, *pl.* ~s Logo, *n.*; Signet *n*
loin [lɔɪn] *n.* a) Lende, *f.*
loincloth *n.* Lendenschurz, *m*
loiter [ˈlɔɪtər] *v. i.* trödeln; herumlungern; sich herumtreiben
lollipop [ˈlɒlɪpɒp] *n.* Lutscher, *m*
Londoner [ˈlʌndənər] *pr. n.* Londoner, *m.*/Londonerin, *f*
lone [ləʊn] *attrib. adj.* einsam
loneliness [ˈləʊnlɪnɪs] *n.*, *no pl.* Einsamkeit, *f*
lonely [ˈləʊnlɪ] *adj.* einsam
loner [ˈləʊnər] *n.* Einzelgänger, *m.*/-gängerin, *f*
lonesome [ˈləʊnsəm] *adj.* einsam
long [lɒŋ] 1. *adv.*, ~er, ~est a) lang[e]; 2. *adj.*, ~er [ˈlɒŋər], ~est [ˈlɒŋɪst] lang; weit; lang; auf Dauer; auf lange Sicht; länglich; schmal; ausufernd; langjährig
long *v. i.* sich sehnen nach; longing 1. *adj.* mit großem Verlangen, sehnsüchtig 2. *n.* Verlangen, *n.*; Sehnsucht, *f*
longitude [ˈlɒŋgɪtjuəd] *n.* (Geog.) Länge; *f*
loo [luə] *n.* (Brit.) Klo, *n.*
look [lʊk] 1. *v. i.* sehen; schauen; zugewandt sein; nachsehen; aussehen; 2. *v. t.* nachsehen, sich ansehen; 3. *n.* Aussehen, Ausdruck, *m.*; Blick, *m*
look-alike *n.* Doppelgänger, *m.*/-gängerin, *f*
looking-glass *n.* Spiegel, *m*
look-out *n.*, *pl.* ~s Wache, *f.*; Beobachtungsstand, *m*
loony [ˈluənɪ] *(sl.)* 1. *adj.* verrückt, schräg
loop [luəp] 1. *v. t.* einen Looping fliegen; loopen zusammenbinden; umschlingen 2. *n.* Looping; Schleife, *f.*; Schlaufe, *f.*; Spirale, *f*
loose [luəs] 1. *adj.* ausgebrochen; freilaufend; lose; locker, offen; moralisch verwerflich. 2. *v. t.* a) loslassen; b) lockern
loosely [ˈluəslɪ] *adv.* lose, locker; frei

loosen ['luːsn] 1. v. t. lösen; lockern. 2. v. i. lockerer werden
loot [luːt] 1. v. t. a) ausrauben.; b) plündern. 2. n. Beute, f.; b) Kohle, m.
looter ['luːtər] n. Plünderer, m
lord [lɔːd] n. a) Herr, m.; b) L~ Herr, m.; c) Lord, m.
lordship ['lɔːdʃɪp] n. Lordschaft, f
lore [lɔːr] n. Kunde, f.; Wissen, n.; Überliefertes, n.; Überlieferung, f
lorry ['lɒrɪ] n., m. Lkw, m.; Laster, m. (ugs.), (Brit.) Lastwagen
lose [luːz] lost [lɒst] verlieren; verlieren, geschlagen werden; vertun; verpassen,; nicht bekommen; nicht mitbekommen; um etw. bringen; loswerden; nachgehen
loser n. Verlierer, m./-in, f.; Versager, m./-in, f
loss [lɒs] n. Verlust, m
lost [lɒst] adj. verloren; get ~ sich verirren; get ~! (sl.) hau ab!; versäumt, verschwendet; verpasst; bereits verloren; aussichtslos
lot [lɒt] n. a) Los, n.; zu versteigernde Gegenstände, f; Gruppe von Personen, m.; Gelände, n.; Platz, m.; Parzelle, f. Menge, f
lotion ['ləʊʃn] n. Lotion, f
Lottery ['lɒtərɪ] n. Lotterie, f.; Glücksspiel, n
loud [laʊd] 1. adv. laut; 2. adj. schreiend; laut; aufdringlich; grell
loudly ['laʊdlɪ] adv. laut; aufdringlich
loudness ['laʊdnɪs] n., Lautstärke, f.
loudspeaker n. Lautsprecher, m
lounge [laʊndʒ] 1. v. i. herumhängen/-liegen/-stehen; 2. n. Lounge, f.; Wartesaal, m.; Hotelhalle, f.; Wohnzimmer, n
louse [laʊs] n. a) pl. lice [laɪs] Laus, f.; lousy ['laʊzɪ] adj. a) ekelhaft; widerlich; erbärmlich, lausig; mies; b) verlaust
lovable ['lʌvəbl] adj. liebenswert
love [lʌv] 1. lieben; gern haben. 3. n. Liebe, f.; Hingabe, f.; Geliebte, m./f.; Liebste, m./f.; Liebling; Schatz
lovely ['lʌvlɪ] adj. entzückend; herrlich; liebenswert
lover ['lʌvər] n. Liebhaber, m.; Geliebte, m., f.; Freund, m./-in, f
low [ləʊ] 1. adv. tief; niedrig; leise; 2. adj. tief; niedrig; flach; gering; simpel; gemein; tief liegend; tief stehend; aufgebraucht; 3. n. a) Tiefstand, m.; b) Tief, n
low v. i. (Kuh) muhen
lower ['ləʊər] v. t. herabsenken; niederschlagen; senken; herablassen; hinunterlassen; dämpfen; schwächen
lower 1. komparativ adv. tiefer; 2. komparativ adj. untere/unterer; Nieder-; unter...;
loyal ['lɔɪəl] adj. loyal; treu; loyalty ['lɔɪəltɪ] n. Loyalität, f.; Treue, f
lubricant ['luːbrɪkənt] n. Schmier-, Gleitmittel, n
lubricate ['luːbrɪkeɪt] v. t. ölen, schmieren; einfetten
lubrication [luːbrɪ'keɪʃn] n. Schmieren, n.; attrib. Schmier
lucid ['luːsɪd] adj. gut verständlich; klar, einsichtig; einleuchtend
luck [lʌk] n. a) Schicksal, n.; Zufall, m.; b) Glück, n.;
lucky ['lʌkɪ] adj. a) glücklich; b) Glücks-;
lucrative ['luːkrətɪv] adj. lukrativ; einträglich
ludicrous ['luːdɪkrəs] adj. lächerlich
luggage: ['lʌgɪdʒ] n. Gepäck, n

lukewarm ['luːkwɔːm, luːk'wɔːm] adj. halbherzig; lauwarm
lull [lʌl] 1. v. t. lullen; einlullen; . 2. n. Pause
lullaby ['lʌləbaɪ] n. Wiegenlied, n.; Schlaflied, n
lumbago [lʌm'beɪgəʊ] n. Hexenschuss, m.; Lumbago, f.
lumber ['lʌmbər] v. i. rumpeln; krauchen; schwerfällig gehen
lumber 1. v. t. vollstopfen; überladen. 2. n. Krempel, Gerümpel, n.; Kram, m.; (Amer.) Bauholz, n
luminosity [luːmɪ'nɒsətɪ] n. Helligkeit, f
luminous ['luːmɪnəs] adj. Leucht-; hell; leuchtend
lump [lʌmp] n. Klumpen, m.; Kloß, m.; Klotz, m.; Knoten, m
lump v. t. sich zufrieden geben mit
lumpy ['lʌmpɪ] adj. klumpig
lunacy ['luːnəsɪ] n. Irrsinn, m.; Wahnsinn, m.
lunar ['luːnər] adj. Mond-; lunar
lunatic ['luːnətɪk] 1. adj. wahnsinnig; irre; wahnwitzig; irrsinnig; idiotisch. 2. n. Wahnsinnige, m./f.; Irre, m./f
lunch [lʌntʃ] 1. n. Mittagessen, n. 2. v. i. zu Mittag essen
luncheon ['lʌntʃən] n. Mittagessen, n
lung [lʌŋ] n. Lunge, f.; Lungenflügel, m.;
lunge [lʌndʒ] 1. n. a) Ausfall, m.; b) plötzlicher Sprung nach vorne. 2. v. i. a) einen Ausfall machen; b) angreifen
lurch [lɜːtʃ] n. leave sb. in the ~: jmdn. im Stich lassen
lurch 1. v. i. schlingern; rucken; torkeln. 2. n. Schlingern, n.; Rucken, n
lure [ljʊər, lʊər] 1. v. t. locken. 2. n. Angelköder, m.; Lockvogel, m

lurid [ˈljʊərɪd, ˈlʊərɪd] *adj.* schaurig; grell; grässlich; sensationell
lurk [lɜːk] *v. i.* lauern
lush [lʌʃ] *adj.* üppig; saftig; grün
lust [lʌst] 1. *v. i.* begehren . 2. *n.* sinnliche Begierde; sexuelle Begierde, leidenschaftliches Verlangen; Gier, *f*
lustful [ˈlʌstfl] *adj.* lüstern
lustre [ˈlʌstər] *n.* (Brit.) Glanz, *m.*; Schimmer, *m*
lusty [ˈlʌstɪ] *adj.* a) herzhaft; tüchtig, zupackend; b) gesund; kraftvoll
lute [luɑt, ljuɑt] *n.* (Mus.) Laute, *f*
lutheran [ˈluɑðərən] 1. *adj.* lutherisch. 2. *n.* Lutheraner, *m.*/-in, *f*
luxuriant [lʌgˈʒjʊərɪənt, lʌkˈsjʊərɪənt] *adj.* prächtig; voll
luxurious [lʌgˈʒjʊərɪəs, lʌkˈsjʊərɪəs] *adj.* luxuriös
luxury [ˈlʌkʃərɪ] 1. *attrib. adj.* Luxus-; 2. *n.* a) Luxus, *m.*; b) Luxusgegenstand, *m.*; ~ car Luxusauto, *n*
lying [ˈlaɪɪŋ] 1. *adj.* lügnerisch; erlogen; verlogen; 2. *n.* Lügen, *n.*
lymph [lɪmf] *n.* Lymphe, *f.*; Gewebsflüssigkeit, *f*
lynch [lɪntʃ] *v. t.* lynchen
lynx [lɪŋks] *n.* (Tierwelt) Luchs, *m*
lyric [ˈlɪrɪk] 1. *adj.* lyrisch; Lyrik-, *f.* 2. *n.* lyrisches Gedicht
lyrical [ˈlɪrɪkl] *adj.* a) lyrisch; b) enthusiastisch
lyricism [ˈlɪrɪsɪzəm] *n.* Lyrismus, *m*

M

M, m [em] *n.*, *pl.* Ms or M's M, m, n

ma [mɑ] *n.* Mama, *f.*; Mutti, *f*

macabre [məˈkɑbrə] *adj.* makaber

mace [meɪs] *n.* Keule, *f*

mace *n.* Mazis, *m.*; Muskatblüte, *f*

machete [məˈtʃetɪ, məˈtʃɛtɪ] *n.* Buschmesser, *n.*; Machete, *f*

machiavellian [mækɪəˈvelɪən] *adj.* machiavellistisch

machination [mækɪˈneɪʃn, mæʃɪˈneɪʃn] *n.* Machenschaft, *f*

machine [məˈʃiːn] *n.* Maschine, *f.*; Motorrad, *n.*; Gerät, *n.*

machinery [məˈʃiːnərɪ] *n.* Maschinerie, *f.*; Mechanismus *m*

machinist [məˈʃiːnɪst] *n.* Maschinist, *m.*/-in, *f.*; Maschinenbauer, *m*

machismo [məˈtʃɪzməʊ, məˈkɪzməʊ] *n.*, no *pl.* Männlichkeitswahn, *m.*

macho [ˈmætʃəʊ] 1. *adj.* Macho-; 2. *n.*, *pl.* ~s Macho, *m.*

mackerel [ˈmækrəl] *n.*, Makrele, *f*

mackintosh [ˈmækɪntʃ] *n.* Regenmantel, *m*

macroscopic [mækrəʊˈskɒpɪk] *adj.* makroskopisch

mad [mæd] *adj.* geisteskrank; irre; verrückt; wahnsinnig

madhouse *n.* Irrenhaus, *n.*; (bildlich.) Tollhaus, *n*

madly [ˈmædlɪ] *adv.* leidenschaftlich, wahnsinnig

madman [ˈmædmən] *n.*, *pl.* madmen [ˈmædmən] Wahnsinnige, *m.*

madness [ˈmædnɪs] *n.*, Wahnsinn, *m*

magazine [mægəˈziːn] *n.* Zeitschrift, *f.*; Magazin, *n.*; Waffenkammer, *f.*; Munitionsdepot, *n.*; Gewehr-/Kameramagazin, *n.*

maggot [ˈmægət] *n.* Made, *f*

magic [ˈmædʒɪk] 1. *adj.* magisch; zauberhaft; Zauber-;wunderbar; 2. *n.* Zauber, *m.* Magie, *f.*; **magical** *adj.* magisch; zauberhaft

magician [məˈdʒɪʃn] *n.* Magier, *m.*/Magierin, *f.*; Zauberer, *m.*/-in, *f.*

magistrate [ˈmædʒɪstreɪt] *n.* Friedensrichter, *m.*/-in, *f.*;

magnate [ˈmægneɪt] *n.* Magnat, *m.*/Magnatin, *f*

magnet [ˈmægnɪt] *n.* (literarisch or bildlich.) Magnet, *m*

magnetic [mægˈnetɪk] *adj.* magnetisch; unwiderstehlich

magnetism [ˈmægnɪtɪzəm] *n.* Magnetismus, *m.*; Anziehungskraft, *f*

magnetize [ˈmægnətaɪz] *v. t.* magnetisieren; in seinen Bann schlagen

magnificence [mægˈnɪfɪsəns] *n.* Pracht, *f.*; Stattlichkeit, *f.*; Großartigkeit, *f.*; Herrlichkeit, *f.*; Üppigkeit, *f*

magnificent [mægˈnɪfɪsnt] *adj.* prächtig; prunkvoll; herrlich, großartig

magnify [ˈmægnɪfaɪ] *v. t.* vergrößern; aufbauschen; aufblasen

magnitude [ˈmægnɪtjuːd] *n.* Größe, *f.*; Größenordnung, *f.*; Ausmaß, *n.*; Stärke, *f.*; Wichtigkeit, *f.*; Helligkeit, *f*

maid [meɪd] *n.* Dienstmädchen, *n.*; Jungfrau, *f.*;

mail [meɪl] 1. *v. t.* senden, per Post schicken; 2. *n.* Post

maim [meɪm] *v. t.* verkrüppeln; verstümmeln

main [meɪn] 1. *attrib. adj.* Haupt-; 2. *n.* ~s Versorgungsleitung, *f*

mainly [ˈmeɪnlɪ] *adv.* vornehmlich, hauptsächlich; in erster Linie

maintain [meɪnˈteɪn] *v. t.* warten; unterhalten; Unterhalt zahlen; erhalten; (unter)halten; (be)wahren; vertreten; beteuern; unterstützen

maintenance [ˈmeɪntənəns] *n.* Wartung, *f.*; Instandhaltung, *f.*; Bewahrung, *f.*; Unterhaltung, *f.*; Beibehalten, *n.*; Aufrechterhaltung, *f.*; Unterhalt, *m.*; Unterstützung, *f.* Unterhaltung, *f*

maize [meɪz] *n.* (Brit.) Mais, *m*

majestic [məˈdʒestɪk] *adj.* majestätisch; stattlich; grandios; gemessen

majesty [ˈmædʒəstɪ] *n.* Majestät, *f.*; Your M~: Eure Majestät

major [ˈmeɪdʒər] 1. *adj.* a) *attrib.* bedeutend…; schwer, schlimm; wichtig…; schwer, größer…; b) *attrib.* Haupt-…; c) Dur-.2. *n.* Major, *m*

majority [məˈdʒɒrɪtɪ] *n.* a) Mehrheit, *f.*; b) Majorität, *f*

make [meɪk] 1. *v. t.*, made [meɪd] a) machen, anfertigen; bauen; produzieren; anlegen; schreiben, machen; durchbrechen; erschaffen; zubereiten; aufsetzen; 2. *v. i.*, made zugehen; Anstalten machen. 3. *n.* Art, *f.*; Ausführung, *f.*; Fabrikat, *n.*; Typ, *m.*; Marke, *f.*

maker [ˈmeɪkər] *n.* a) M~ (God) Schöpfer, *m.*; b) Hersteller

making [ˈmeɪkɪŋ] *n.* a) Her-

stellung, *f.;* b) in *pl.* Qualitäten; Voraussetzungen
maladjusted [mæləˈdʒʌstɪd] *adj.* verhaltensgestört
malady [ˈmælədɪ] *n.* Leiden, *n.;* Übel, *n*
malaise [mæˈleɪz] *n.* Unbehagen, *n.;* Unwohlsein, *n*
Malay [məˈleɪ] 1. *adj.* malaiisch; 2. *n.* a) Malaiisch, *n.;* b) Malaie, *m.*/Malaiin, *f.*
Malaya [məˈleɪə] *pr. n.* Malaya
Malayan [məˈleɪən] siehe Malay
Malaysia [məˈleɪzɪə] *pr. n.* Malaysia
Malaysian [məˈleɪzɪən] 1. *adj.* malaysisch. 2. *n.* Malaysier, *m.*/Malaysierin, *f*
male [meɪl] 1. *adj.* männlich; Männer-; 2. *n.* Mann, *m.;* Junge, *m.;* Männchen, *n*
malevolent [məˈlevələnt] *adj.* finster; böse; boshaft; übelwollend
malfunction [mælˈfʌŋkʃn] 1. *v. i.* gestört sein; nicht richtig funktionieren; nicht richtig ablaufen; 2. *n.*Störung, *f.;* Funktionsstörung, *f*
malice [ˈmælɪs] *n.* Böswilligkeit, *f.;* Bosheit, *f.*
malicious [məˈlɪʃəs] *adj.* böswillig; böse; boshaft; hämisch
malign [məˈlaɪn] 1. *adj.* böse; niederträchtig; düstere, böse, schlecht, unheilvoll. 2. *v. t.* schlechtmachen; verleumden
malignant [məˈlɪgnənt] *adj.* böse; schlecht; bösartig
mall [mæl, mɔːl] *n.* (Amer.), Einkaufszentrum, *n*
mallet [ˈmælɪt] *n.* Schlegel, *m.;* Hammer, *m.;* Poloschläger, *m*
malnutrition [mælnjuːˈtrɪʃn] *n.* Unterernährung, *f*
malt [mɔːlt, mɒlt] *n.* Malz, *n*
maltreatment [mælˈtriːtmənt] *n.* Misshandlung, *f*

mammal [ˈmæml] *n.* Säugetier, *n*
mammoth [ˈmæməθ] 1. *adj.* gigantisch; Mammut- . 2. *n.* Mammut, *n*
man [mən] 1. *v. t.*, -nn- besteigen; bemannen; besetzen; bedienen; Stellung beziehen; mit Personal besetzen; 2. *n., pl.* **men** [mən] a) Mann, *m.;* b) Mensch, *m.;* der Mensch; c) (Ehe-)Mann, *m.;* d) Schachfigur, *f.;* e) Mensch!; *f)* Typ, *m*
manacle [ˈmænəkl]1. *v. t.* Handfesseln anlegen; 2. *n.,* Handfessel, *f*
manage [ˈmænɪdʒ] 1. *v. i.* zurechtkommen; 2. *v. t.* a) durchführen; erledigen; verwalten; leiten; führen; b) zustandebringen; c) betreuen, managen,; d) handhaben; bedienen,; *f)* schaffen
management [ˈmænɪdʒmənt] *n.* a) Leitung, *f.;* Management, *n.;* Direktion, *f.;* b) Durchführung, *f.;* Leitung, *f.;* Management, *n.;* Verwaltung, *f*
manager [ˈmænɪdʒər] *n.* Geschäftsführer, *m.*/-in, *f.;* Manager, *m.*/Managerin, *f.;* Filialleiter, *m.*/-in, *f.;* Leiter, *m.*/Leiterin, *f.;* Direktor, *m.*/Direktorin, *f.* Verwalter, *m.*/Verwalterin, *f*
manageress [ˈmænɪdʒəres, mænɪdʒəˈres] *n.* Geschäftsführerin, *f*
managerial [mænəˈdʒɪərɪəl] *adj.* geschäftlich; leitend
managing [ˈmænɪdʒɪŋ] *attrib. adj.* geschäftsführend; ~ director geschäftsführender Direktor, *m*
mandarin [ˈmændərɪn] *n.* Mandarine, *f*
mandarin *n.* M~ Hochchinesisch, *n.;* Bürokrat, *m.*/-in, *f.;* Parteibonze
mandate [ˈmændeɪt] *n.* Mandat, *n.;* politisches Mandat, *n*
mandatory [ˈmændətərɪ] *adj.* Pflicht-; obligatorisch
mandolin, mandoline [mændəˈlɪn] *n.* Mandoline, *f*
mane [meɪn] *n.* Mähne, *f*
manful [ˈmænfl] *adj.* mannhaft
manfully [ˈmænfəlɪ] *adv.* mannhaft
manganese [ˈmæŋgəniəz, mæŋgəˈniəz] *n.* Mangan, *n*
mangle [ˈmæŋgl] *v. t.* verstümmeln; zurichten; demolieren; entstellen
manhood [ˈmænhʊd] *n., no pl.* Mannesalter, *n.;* Mannhaftigkeit, *f*
mania [ˈmeɪnɪə] *n.* a) Enthusiasmus; Manie, *f.;*b) Wahnsinn, *m*
maniac [ˈmeɪnɪæk] 1. *adj.* wahnsinnig; krankhaft. 2. *n.* Fanatiker, *m.*/Fanatikerin, *f.;* Besessene *m.*/*f.;* Wahnsinnige, *m.*/*f*
manicure [ˈmænɪkjʊər] 1. *v. t.* maniküren; 2. *n.* Maniküre, *f.*
manifest [ˈmænɪfest] 1. offenbar; sichtbar. 2. zeigen; bekunden; offenbaren
manifestation Bezeugung, *f.;* Manifestation, *f.;* Ausdruck, *m.;* Anzeichen, *n.*
manifestly [ˈmænɪfestlɪ] *adv.* offenkundig
manifesto [mænɪˈfestəʊ] *n., pl.* ~s Manifest, *n*
manifold [ˈmænɪfəʊld] 1. *adj.* vielfältig. 2. Verteilerrohr, *n.;*
manipulate [məˈnɪpjʊleɪt] *v. t.* a) manipulieren; b) handhaben
manipulation [mənɪpjʊˈleɪʃn] *n.* Manipulation, *f.;* Handhabung, *f*
manipulative [məˈnɪpjʊlətɪv] *adj.* manipulativ
mankind [mænˈkaɪnd] *n.* Menschheit, *f*
manly [ˈmænlɪ] *adj.* männlich; mutig, mannhaft

mannequin ['mænɪkɪn] n. Mannequin, n
manner ['mænər] n. Art, f.; Weise, f.;Stil, m.; Manieren Pl.: Benehmen, n.; Auftreten, n. soziales Verhalten n
mannerism ['mænərɪzəm] n. a) Eigenart, f.; Manierismus, m.
manœuvre [mə'nuavər] (Brit.) 1. v. i. a) manövrieren; b) Manöver durchführen; 2. v. t. a) beeinflussen; b) lenken; dirigieren; 3. n. a) Manöver, n.; b) Bewegung, f
manor ['mænər] n. a) Herrenhaus, n.; b) Landgut, n.;
manpower n. Arbeitskräfte Pl.; Arbeitspotential, n.; Truppenstärke, f
mansion ['mænʃn] n. Villa, f.; Herrenhaus, n
mantel ['mæntl]: ~piece n. a) Kamineinfassung, f.; b) Kaminsims, m
mantle ['mæntl] n. Umhang, m.; Mantel, m
manual ['mænjuəl] 1. adj. a) manuell; b) von Hand . 2. n. Handbuch, n
manufacture [mænju'fækt ʃər] 1. v. t. herstellen; 2. n. Herstellung, f.
manufacturer [mænju'fækt ʃərər] n. Produzent, m.; Hersteller, m.
manure [mə'njuər] 1. v. t. düngen; 2. n. Dung, m.; Dünger, m
manuscript ['mænjus krɪpt] n. a) Manuskript, n; b). Handschrift, f
many ['menɪ] 1. adj. viele; zahlreich; ~ a man manch einer. 2. n. viel
map [mæp] n. Landkarte, f.; Stadtplan, m.
maple ['meɪpl] n. Ahorn, m.
marathon ['mærəðən] n. Marathon[lauf], m.; attrib. Marathon
marble ['mɔabl] n. Marmor, m.; attrib. aus Marmor; Marmor-

March [matʃ] n. März, m
march 1. v. i. marschieren; fortschreiten; 2. n. a) Protestmarsch, m.; b) Gang, m.; c) Marsch, m.; Marschschritt, m.
mare [meər] n. Stute, f
margin ['madʒɪn] n. a) Rand, m.; Marginalien; b) Spielraum, m.
marginal ['madʒɪnl] adj. a) geringfügig; unwesentlich; marginal; kaum rentabel; c) knapp; d) Rand-
marigold ['mærɪgəʊld] n. Studentenblume, f
marijuana [mærɪju'anə] n. Marihuana, n
marina [mə'rianə] n. Jachthafen, m.; Marina, f
marinade [mærɪ'neɪd] 1. v. t. marinieren 2. n. Marinade, f
marine [mə'rian] 1. adj. a) Meeres-; b) See-; c) Schiffs- 2. n. Marineinfanterist, m.; the M-s Marineinfanterie, f
mariner ['mærɪnər] n. Seemann, m
marionette [mærɪə'net] n. Marionette, f
marital ['mærɪtl] adj. ehelich; Ehe-; ~ status Familienstand, m
maritime ['mærɪtaɪm] adj. a) Küsten-; b) See-
marjoram ['madʒərəm] n. Majoran, m
mark [mak] 1. v. t. korrigieren; zensieren; benoten; markieren; kennzeichnen; Flecken machen; schmutzig machen; zerkratzen; hören auf; ~ time auf der Stelle treten; markieren, decken; 2. n. Spur, f.; Fleck, m.; Kratzer, m.; Abdruck, m.; dirty ~ Schmutzfleck, m.; Note, f.; Zensur, f.; Punkt, m.; Markierung, f.; Zeichen, n.; Typ, m.; Marke, f.; Startlinie, f.; Ziel
mark n. Mark, f
marked [makt] adj. deutlich; ausgeprägt, akzentuiert

markedly ['makɪdlɪ] adv. deutlich; eindeutig
marker ['makər] n. Markierung, f.; ~[pen] n. Markierstift, m
market ['makɪt] 1. v. t. vermarkten; auf den Markt bringen; 2. n. Markt, m.; Absatzmarkt, m.; Abnehmer Pl.; Markt, m.; attrib. Markt-
marketing ['makɪtɪŋ] n. Marketing, n
marking ['makɪŋ] n. Identifikationsmerkmal, n.; Markierung, f.; Kennzeichen, n.; Zeichnung, f.; Korrektur, f.; Benotung, f.
marmalade ['maməleɪd] n. Pflaumenmarmelade, f
maroon [mə'ruan] 1. adj. kastanienbraun. 2. n. Kastanienbraun, n.
maroon v. t. von der Außenwelt/dem Rückweg abschneiden
marque [mak] n. Marke, f
marquee [ma'kia] n. großes Festzelt n
marquis ['makwɪs] n. Marquis, m
marriage ['mærɪdʒ] n. a) Hochzeit, f.; Heiraten, n. Trauung, f.; b) Ehe, f
married ['mærɪd] 1. adj. a) ehelich; Ehe-; b) verheiratet
marrow ['mærəʊ] n. a) [ʜnochen]mark, n.; b) Speisekürbis, m.
marry ['mærɪ] 1. v. i. heiraten; 2. v. t. a) trauen; b) heiraten; c) verheiraten; d) eng miteinander verbinden
marsh [maʃ] n. Sumpf, m
marshal ['maʃl] 1. v. t. (Brit.) -ll- ordnen; sich zurechtlegen; aufstellen. 2. n. a) Marschall, m.; b) Hofmarschall, m.; c) Ordner, m
marshy ['maʃɪ] adj. sumpfig; Sumpf-
marsupial [ma'sjuapɪəl, ma'suapɪəl] n. Beuteltier, n.
martial ['maʃl] adj. kriegerisch
martyr ['matər] n. Märtyrer,

m./Märtyrerin, *f*
martyrdom ['mɑtədəm] *n.* Martyrium, *n*
marvel ['mɑvl] 1. *v. i.*, (Brit.) -ll- staunen 2. *n.* Wunder, *n.*;
marvellous ['mɑvələs] *adj.*, **marvellously** ['mɑvələslɪ] *adv.* wunderbar
Marxism ['mɑksɪzəm] *n.* Marxismus, *m*
Marxist ['mɑksɪst] 1. *adj.* marxistisch. 2. *n.* Marxist, *m*./Marxistin, *f*
marzipan ['mɑzɪpæn] *n.* Marzipan
mascot ['mæskət] *n.* Maskottchen
masculine ['mæskjʊlɪn] *adj.* a) männlich; b) maskulin
masculinity [mæskjʊ'lɪnɪtɪ] *n.*, *no pl.* Männlichkeit, *f*
mash [mæʃ] 1. *v. t.*; zerquetschen; zerdrücken; 2. *n.* a) Brei, *m.*;
mask [mɑsk] *n.* 1.Maske, *f.*; Mundschutz, *m.* 2. maskieren; verdecken
masochism ['mæsəkɪzəm] *n.* Masochismus, *m*
masochist ['mæsəkɪst] *n.* Masochist, *m*./Masochistin, *f*
masochistic [mæsə'kɪstɪk] *adj.* masochistisch
mason ['meɪsn] *n.* a) Freimaurer, *m.*; b) Steinmetz, *m.*; Baumeister,
masonry ['meɪsənrɪ] *n.* a) Freimaurertum, *n.*; b) Mauerwerk, *n*
masquerade [mæskə'reɪd, mɑskə'reɪd] *n.* Maskerade, *f*
mass [mæs] *n.* Heilige Messe, *f*
mass 1. *v. i.* sich zusammenziehen; sich ansammeln; sich versammeln; 2. *v. t.* anhäufen; zusammenziehen. 3. *n.* Brocken, *m.*; Masse, *f*
massacre ['mæsəkər] 1. *v. t.* massakrieren. 2. *n.* Massaker, *n.*

massage ['mæsɑʒ] 1. *v. t.* massieren 2. *n.* Massage, *f.*
masseur [mæ'sɜːr] *n.* Masseur, *m*
masseuse [mæ'sɜːz] *n.* Masseurin, *f.*; Masseuse, *f*
massive ['mæsɪv] *adj.* massiv; wuchtig; gewaltig
mast [mɑst] *n.* Mast, *m*
master ['mɑstər] 1. *adj.* Haupt-; ~ plan Gesamtplan, *m.* 2. *v. t.* in den Griff bekommen; meistern; erlernen; beherrschen; besiegen; zurückhalten, kontrollieren. 3. *n.* Herr, *m.*; Halter, *m.*; Hundeherrchen, *n.*; Kapitän, *m.*; Lehrer, *m.*; Meister, *m.*;Magister, *m*
masterful ['mɑstəfl] *adj.* a) meisterhaft; b) gebieterisch
master-key *n.* Generaloder Hauptschlüssel, *m*
masterly ['mɑstəlɪ] *adj.* meisterlich
mastery ['mɑstərɪ] Beherrschung; Kontrolle; Oberhand; Meisterschaft
masturbate ['mæstəbeɪt] *v. i.* & *t.* masturbieren
masturbation [mæstə'beɪʃn] *n.* Masturbation, *f*
mat [mæt] *n.* a) Matte, *f.*; b) Deckchen, *n.* Untersetzer, *m*
match [mætʃ] 1. gegenüberstellen; es mit jmdm. aufnehmen; passen zu. zusammenpassen;. 2. *n.* Ebenbürtige, *m./f.*; Spiel, *n.*; Match, *n.*; Kampf, *m.*; Wettkampf, *m.*; Heirat, *f.*;
match *n.* Streichholz, *n.*; Zündholz, *n*
mate [meɪt] 1. *v. i.* sich paaren. 2. *v. t.* paaren. 3. *n.* Kumpel, *m.*; Freund, *m.*; Kamerad, *m.*; Gehilfe, *m.*
material [mə'tɪərɪəl] 1. materiell; materialistisch; ausschlaggebend; wesentlich; 2. Material, *n.*; Material, *n.*; Bauteile, *f.*; Stoff, *m.*; Material, *n.*
materialism [mə'tɪərɪəlɪzəm] *n.*, *no pl.* Materialismus, *m*
materialistic [mətɪərɪə'lɪstɪk] *adj.* materialistisch
materialize [mə'tɪərɪəlaɪz] *v. i.* in Erfüllung gehen; sich verwirklichen; zustande kommen; erscheinen
maternal [mə'tɜːnl] *adj.* mütterlicherseits; mütterlich; Mutter-
maternity [mə'tɜːnətɪ] *n.* Mutterschaft, *f*
mathematical [mæðə'mætɪkl] *adj.* mathematisch
mathematician [mæðəmə'tɪʃn] *n.* Mathematiker, *m*./Mathematikerin, *f*
mathematics [mæðə'mætɪks] *n.*, *no pl.* Mathematik, *f.*
matriculate [mə'trɪkjʊleɪt] 1. *v. i.* sich immatrikulieren; 2. *v. t.* immatrikulieren
matrimonial [mætrɪ'məʊnɪəl] *adj.* Ehe-
matrimony ['mætrɪmənɪ] *n.* a) Ehestand, *m.*; b) Eheschluss, *m*
matron ['meɪtrən] *n.* Oberschwester, *f.*; Hausmutter, *f*
matted ['mætɪd] *adj.* verfilzt
matter ['mætər] 1. *v. i.* Bedeutung haben, etwas ausmachen; 2. *n.* a) Materie, *f.*; b) Angelegenheit, *f.*; c) Thema, *n.*; Gegenstand, *m.*; d) a ~ of... eine Frage von...; matter-of-fact 1. *adj.* sachlich; 2. *n.* Tatsache, *f*
matting ['mætɪŋ] *n.* Matte, *f*
mattress ['mætrɪs] *n.* Matratze, *f*
mature [mə'tjʊər] 1. *adj.* reif. 2. *v. t.* reifen lassen. 3. *v. i.* reifen
maturity [mə'tjʊərətɪ] *n.* Reife
mausoleum [mɔːsə'lɪəm] *n.* Mausoleum, *n*
maverick ['mævərɪk] *n.* Ausreißer, *m*./ Ausreißerin, *f.*; Abtrünniger, *m*./ Abtrün-

maxim

nige, *f.* Einzelgänger, *m.*/Einzelgängerin, *f*
maxim ['mæksɪm] *n.* Maxime, *f*
maximize (maximise) ['mæksɪmaɪz] *v. t.* maximieren
maximum ['mæksɪməm] 1. *adj.* maximal; Maximal-; 2. *n.*, *pl.* maxima ['mæksɪmə] Maximum, *n*
May [meɪ] *n.* Mai, *m*
may *v. aux.*, may, *neg.* mayn't [meɪnt], *past* might [maɪt], *neg.* mightn't ['maɪtnt] a) können; b) mögen; c) you might at least try du könntest es wenigstens versuchen; d) come whatever ~ happen geschehe was will; was auch geschieht; e) dürfen
maybe ['meɪbiɑ, 'meɪbɪ] *adv.* vielleicht
May day *n.* der Erste Mai
Mayday *n.* Mayday; SOS
mayhem ['meɪhem] *n.* Chaos, *n*
mayonnaise [meɪə'neɪz] *n.* Mayonnaise, (Majonäse)
mayor [meər] *n.* Bürgermeister, *m.*; Lord M~ Oberbürgermeister, *m*
maze [meɪz] *n.* Labyrinth, *n*
me [mɪ, stressed miɑ] *pron.* mich, mir
meadow ['medəʊ] *n.* Wiese, *f*
meagre (Amer.: meager) ['miɑgər] *adj.* dürftig spärlich
meal [miɑl] *n.* Mahlzeit, *f*
meal *n.* Schrot, *n*
mean [miɑn] *n.* Mittelweg, *m.*; Mitte, *f.*
mean *adj.* a) schäbig; b) gemein, c) armselig
mean *v. t.*, ~t [ment] a) beabsichtigen; b) bedeuten; c) meinen
meander [mɪ'ændər] *v. i.* a) sich winden, schlängeln; b) schlendern
meaning ['miɑnɪŋ] *n.* Bedeutung, *f.*; Sinn, *m*
means [miɑnz] *n. pl.* a) sing. Möglichkeit, *f.*; Art und Weise, *f.*; b) by ~ of durch; mit; c) Mittel *Pl.*
meantime 1. *adv.* inzwischen; 2. *n.* in der Zwischenzeit
measles ['miɑzlz] *n.*, Masern *Pl*
measure ['meʒər] 1. *n.* Maß, *n.*; Menge, *f.*; Messbecher, *m.*; Maßstab, *m.*; Takt, *m.*; Maßnahme, *f.*; Gesetzesvorlage, *f.*; . 2. *v. t.* messen; ausmessen; abschätzen. 3. *v. i.* messen; Maß nehmen
measured ['meʒəd] *adj.* rhythmisch, gleichmäßig; gemessen
measurement ['meʒəmənt] *n.* a) Messung, *f.*; b) in *pl.* Maße Pl
measuring ['meʒərɪŋ]: ~ jug *n.* Messbecher, *m.*; ~ tape *n.* Bandmaß, *n*
meat [miɑt] *n.* a) Fleisch, *n.*; b) Substanz, *f*
meaty ['miɑtɪ] *adj.* fleischig; mit viel Fleisch
mechanic [mɪ'kænɪk] *n.* Mechaniker, *m*
mechanical [mɪ'kænɪkl] *adj.* mechanisch
mechanics [mɪ'kænɪks] *n.*, *no pl.* a) Mechanik, *f.*; b) Mechanismus, *m*
mechanism ['mekənɪzəm] *n.* Mechanismus, *m*
mechanize ['mekənaɪz] *v. t.* a) mechanisieren; b) motorisieren
medal ['medl] *n.* Orden, *m.*; Medaille, *f*
medallion [mɪ'dæljən] *n.* Medaillon
medallist ['medəlɪst] *n.* Medaillengewinner, *m.*/-gewinnerin, *f.*
meddle ['medl] *v. i.* sich zu schaffen machen; sich einmischen
media ['miɑdɪə] siehe mass media
mediate ['miɑdɪeɪt] 1. *v. t.* a) vermitteln in 2. *v. i.* vermitteln
mediator ['miɑdɪeɪtər] *n.* Vermittler, *m.*/Vermittlerin, *f*
medical ['medɪkl] 1. *adj.*; ärztlich; medizinisch
medication [medɪ'keɪʃn] Medikament, *n.*; Medikation, *f.*; Behandlung, *f*
medicinal [mə'dɪsɪnl] *adj.* medizinisch; Arznei-
medicine ['medsən, 'medɪsɪn] *n.* Medizin, *f.*; Medikament, *n.*;
medieval [medɪ'iɑvl] *adj.* mittelalterlich
mediocre [miɑdɪ'əʊkər] *adj.* mittelmäßig
mediocrity [miɑdɪ'krɒtɪ] *n.* Mittelmäßigkeit, *f*
meditate ['medɪteɪt] 1. *v. i.* nachdenken, meditieren. 2. *v. t.* denken an; erwägen; planen
meditation [medɪ'teɪʃn] *n.* a) Meditation, *f.* b) Nachdenken, *n*
Mediterranean [medɪtə'reɪnɪən] 1. *adj.* mediterran; südländisch; 2. *pr. n.* the ~: das Mittelmeer
medium ['miɑdɪəm] 1. *adj.* mittler…; 2. *n.*, *pl.* media ['miɑdɪə] or ~s a) Medium, *n.*; Umgebung, *f.*; b) Mittel, *n.*; c) in *pl.* media Massenmedien *Pl.*; d) künstlerisches Medium, *n.*;
medium *präd.*, halb durchgebraten
medley ['medlɪ] *n.* buntes Gemisch; Kunterbunt, *n.*; Sammelsurium, *n.*
meet [miɑt] met sich begegnen; sich treffen; aufeinandertreffen; zusammenfließen; tagen; ~ together sich versammeln; treffen; abholen; entgegenkommen; stoßen auf; treffen auf; kennenlernen; entsprechen
meeting ['miɑtɪŋ] *n.* Versammlung, *f.*; Sitzung, *f.*; Treffen, Begegnung, *f.*
Megalomania [megələ'meɪnɪə] *n.* Größenwahn,

metallurgy

m.; Megalomanie, *f.*
megaphone ['megəfəun] *n.* Megaphon, *n*
megastar *n.* Megastar, *m.*
melancholy ['melənkɒlɪ] 1. *adj.* a) melancholisch; schwermütig; 2. *n.* Schwermut, *f.* Melancholie, *f*
mellow ['meləu] 1. *adj.* reif; ausgereift; abgeklärt; freundlich; weich . 2. *v. i.* reifen; weicher werden 3. *v. t.* reifer machen
melodious [mɪ'ləudɪəs] *adj.*, melodiously [mɪ'ləudɪəslɪ] *adv.* melodisch
melodrama ['melədrɑmə] *n.* (Melodrama, *n)*
melodramatic [melədrə'mætɪk] *adj.* melodramatisch
melody ['melədɪ] *n.* Melodie, *f*
melon ['melən] *n.* Melone, *f*
melt [melt] 1. *v. i.* schmelzen; dahinschmelzen; 2. *v. t.* schmelzen
member ['membər] *n.* a) Mitglied, *n.*; *attrib.* Mitgliedsb) M~ of parliament; (Brit. Politik) Abgeordnete des Unterhauses, *m./f*
membership ['membəʃɪp] *n.* Mitgliedschaft, *f.*; *attrib.* Mitglieds-
memoirs ['memwɑz] *n. pl.* Memoiren Pl
memorable ['memərəbl] *adj.* denkwürdig, andenkenswert; unvergesslich
memorandum [memə'rændəm] *n.*, *pl.* memoranda [memə'rændə] a) Notiz, *f.*; b) Memorandum, *n.*; c) Mitteilung, *f*
memorial [me'mɔːrɪəl] 1. *adj.* Gedenk-. 2. *n.* Denkmal, *n.*
memorize ['memərɑɪz] *v. t.* sich einprägen; auswendig lernen
memory ['memərɪ] *n.* a) Gedächtnis, *n.*; b) Speicher, c) Erinnerung, *f.*
menace ['menəs] 1. *v. t.* bedrohen . 2. *n.* Plage, *f*
mend [mend] 1. heilen; reparieren; flicken; beheben; kleben, kitten. 2. *n.* Klebestelle, *f.*; ausgebesserte Stelle; Ausbesserung, *f*
meningitis [menɪn'dʒɑɪtɪs] *n.* Hirnhautentzündung, *f.*;
menstrual ['menstruəl] *adj.* Menstruation-; menstrual-
menstruate ['menstrueɪt] *v. i.* menstruieren
menstruation [menstru'eɪʃn] *n.* Menstruation, *f*
menswear ['menzweər] *n.*, Herrenbekleidung, *f*
mental ['mentl] *adj.* a) geistig; Geistes-; seelisch
mentality [men'tælətɪ] *n.* Mentalität, *f*
mentally ['mentəlɪ] *adv.* a) innerlich; im Geiste; im Kopf
mention ['menʃn] 1. *v. t.* erwähnen; . 2. *n.* Erwähnung, *f.*;
mentor ['mentɔər] *n.* Mentor, *m./*Mentorin, *f*
menu ['menjuɑ] *n.* a) Nahrung, *f.*; b) [ʃpeɪsə]karte, *f.*; c) Menü, *n.*
mercenary ['mɜːsɪnərɪ] 1. *adj.* gewinnsüchtig; 2. *n.* Söldner, *m*
merchandise ['mɜːtʃəndɑɪz] *n.*, Handelsware, *f*
merchant ['mɛətʃənt] *n.* Kaufmann, *m*
merciful ['mɜːsɪfl] *adj.* gnädig
merciless ['mɜːsɪlɪs] *adj.* unbarmherzig; gnadenlos
mercury ['mɜːkjʊrɪ] 1. *n.* Quecksilber, *n.* 2. *pr. n.* **M~** Merkur, *m*
mercy ['mɜːsɪ] 1. *attrib. adj.* Hilfs-, Rettungs-; 2. *n.* a) glückliche Fügung; b) Gnade, *f.*; Erbarmen, *n.*;
mere [mɪər] *adj.* bloß;
merely ['mɪəlɪ] *adv.* bloß; lediglich
merge [mɜːdʒ] fusionieren; zusammengelegt werden;
zusammenlaufen; zusammenschließen; zusammenlegen; verschmelzen
merger ['mɜːdʒər] *n.* Fusion, *f.*; Zusammenschluss, *m*
meridian [mə'rɪdɪən] *n.* Meridian, *m*
merit ['merɪt] 1. *v. t.* verdienen; 2. *n.* Vorzug, *m.*; *n.* Verdienst, *n.*
mermaid ['mɜːmeɪd] *n.* Meerjungfrau, *f*
merrily ['merɪlɪ] *adv.* munter
merriment ['merɪmənt] *n.*, Ausgelassenheit, *f*
merry ['merɪ] *adj.* fröhlich; beschwipst; ~ ' Christmas! frohe Weihnachten!
merry-go-round *n.* Karussell, *n*
mesh [meʃ] 1. *v. i.* ~ with eingreifen in; ineinandergreifen; harmonisieren; 2. *n.* Geflecht, *n.*; Masche, *f.*; *pl.* Maschen
mesmerize (mesmerise) ['mezmərɑɪz] *v. t.* faszinieren; erstarren lassen
mess [mes] *n.* a) Kantine, *f.*; Offizierskasino, *n.*; Messe, *f.*;. b) Dreck; Durcheinander; Unordnung
message ['mesɪdʒ] *n.* Nachricht, *f.*; Mitteilung, *f.*;
messenger ['mesɪndʒər] *n.* Bote, *m./*Botin, *f*
Messiah [mɪ'sɑɪə] *n.* Messias, *m*
messy ['mesɪ] *adj.* a) vertrackt; b) schmutzig; unordentlich
metabolism [mə'tæbəlɪzəm] *n.* Metabolismus, *m*
metal ['metl] 1. *adj.* Metall-. 2. *n.* Metall, *n*
metallic [mɪ'tælɪk] *adj.* metallisch; Metall-
metallurgist [mɪ'tælədʒɪst, 'metələːdʒɪst] *n.* Metallurgy, *m./*-in, *f*
metallurgy [mɪ'tælədʒɪ, 'metələːdʒɪ] *n., no pl.* Metallurgie, *f*

metamorphic [metə'mɔafɪk] *adj.* (Geol.) metamorph

metamorphose [metə'mɔafəuz] *v. i.* sich verwandeln

metamorphosis [metəmɔa'fəusɪs] *n.* Metamorphose, *f.*

metaphor ['metəfər] *n.* a) Metapher, *f.*

metaphorical [metə'fɒrɪkl] *adj.* metaphorisch

metaphysical [metə'fɪzɪkl] *adj.* (Philos.) metaphysisch

metaphysics [metə'fɪzɪks] *n.*,Metaphysik, *f*

meteoric [miatɪ'ɒrɪk] *adj.* a) Meteor-; meteorisch; b) kometenhaft

meteorite ['miatɪəraɪt] *n.* Meteorit, *m*

meteorological [miatɪə rə'lɒdʒɪkl] *adj.* meteorologisch; Wetter-

meteorologist [miatɪə'rɒlədʒɪst] *n.* Meteorologe, *m.*/Meteorologin, *f*

meteorology [miatɪə'rɒlədʒɪ] *n., no pl.* Meteorologie, *f*

meter ['miatər] 1. *v. t.* messen . 2. *n.* a) Zähler, *m.*; b) Parkuhr, *f*

methane ['miaθeɪn, 'meθeɪn] *n.* Methan, *n*

method ['meθəd] *n.* Methode, *f.*; Verfahren, *n.*; System, *n.*; Systematik, *f*

methodical [mɪ'θɒdɪkl] *adj.* methodisch; systematisch

methodically [mɪ'θɒdɪkəlɪ] *adv.* mit Methode; systematisch

Methodist ['meθədɪst] *n.* Methodist, *m./*-in, *f.*; *attrib.* Methodisten-

methodology [meθə'dɒlədʒɪ] *n.* Methodik, *f.*; Methodologie, *f.*

methylated spirit [meθəleɪt ɪd 'spɪrɪt] *n.* Brennspiritus, *m*

meticulous [mɪ'tɪkjuləs] *adj.* sorgfältig; übergenau

metre ['miatə] *n.* a) Metrum, *n.*; b) Meter, *m.*

metric ['metrɪk] *adj.* metrisch

metronome ['metrənəum] *n.* Metronom *n*

metropolis [mə'trɒpəlɪs] *n.* Metropole, *f.*

metropolitan [metrə'pɒlɪtən] *adj.* ~ New York; der Großraum New York; the M~ Police die Städtische Polizei

mew [mjuə] 1. *v. i.* kreischen; miaue*n*. 2. *n.* Miauen, *n.*; Kreischen, *n*

Mexican ['meksɪkən] 1. *adj.* mexikanisch. 2. *n.* Mexikaner, *m./*-in, *f*

microbe ['maɪkrəub] *n.* (Biologie) Mikrobe, *f.*

microphone ['maɪkrəfəun] *n.* Mikrofon, *n*

microscope ['maɪkrəskəup] *n.* Mikroskop, *n*

microscopic [maɪkrə'skɒpɪk] *adj.* a) winzig; b) mikroskopisch

microwave *n.* Mikrowelle, *f.*;

midday ['mɪdeɪ, mɪd'deɪ] *n.* a) zwölf Uhr; b) Mittag, *m.*; Mittags-

middle ['mɪdl] 1. *attrib. adj.* mittler…; M~ 'Ages *n. pl.* Mittelalter, *n.*; ~ 'class *n.* Mittelstand, *m.*; 2. *adj.* bürgerlich; M~ 'East *pr. n.* der Mittlere Osten

middling ['mɪdlɪŋ] 1. *adj.*mittelmäßig; passabel; 2. *adv.* recht; ganz

midget ['mɪdʒɪt] 1. *n.* Liliputaner, *m./*-in, *f.*; Zwerg, *m./*-in, *f.*; Zwergform, *f.* 2. *adj.* winzig

Midland ['mɪdlənd] 1. *n.* the ~s (Brit.) Mittelengland. 2. *adj.* ~[s] (Brit.) in den Midlands

midnight *n.* Mitternacht, *f.*; *attrib.* Mitternachts-; mitternächtlich

midst [mɪdst] *n.* mitten

midway ['mɪdweɪ, mɪd'weɪ] *adv.* auf halbem Weg

might [maɪt] *n.* a) Macht, *f.*; b) Gewalt, *f.*;

mightily ['maɪtɪlɪ] *adv. (ugs.)* überaus

mighty ['maɪtɪ] 1. *adv.* verdammt; 2. *adj.* a) gewaltig; mächtig; b) riesig

migraine ['miagreɪn, 'maɪgreɪn] *n.* Migräne, *f*

migrant ['maɪgrənt] *n.* a) Zugvogel, *m.*; b) Auswanderer, *m./* Auswanderin, *f.*

migrate [maɪ'greɪt] aus-, abwandern; überwechseln; fortziehen

migration [maɪ'greɪʃn] *n.* Abwandern, *n.*; Auswandern, *n.*; Übersiedeln, *n.*; Vogelzug, *n.*; Wandern, *n*

migratory ['maɪgrətrɪ, maɪ'greɪtərɪ] *adj.* ~ bird/fish Zugvogel, *m.*/Wanderfisch, *m.*; ~ tribe Nomadenstamm, *m*

Milan [mɪ'læn] *pr. n.* Mailand

mild [maɪld] *adj.* a) mild; b) leicht; sanft; gemäßigt

mildly ['maɪldlɪ] *adv.* a) ein bisschen; b) mild

mile [maɪl] *n.* a) Meile, *f.*

mileage ['maɪlɪdʒ] *n.* a) Anzahl der Meilen; a low ~ ein niedriger Meilenstand; b) Benzinverbrauch, *m*

milestone *n.* Meilenstein, *m*

militancy ['mɪlɪtənsɪ] *n., no pl.* Militanz, *f.*; Kampfbereitschaft, *f*

militant ['mɪlɪtənt] 1. *adj.* a) kriegführend. b) kämpferisch; militant

militarism ['mɪlɪtərɪzəm] *n.* Militarismus, *m*

militarize ['mɪlɪtəraɪz] *v. t.* militarisieren

military ['mɪlɪtrɪ] 1. *adj.* militärisch; Militär-; 2. *n.*, Militär, *n*

militia [mɪ'lɪʃə] *n.* Miliz, *f*

milk [mɪlk] 1. *v. t.* melken; 2. *n.* Milch, *f*

milky ['mɪlkɪ] *adj.* milchig
mill [mɪl] 1. *v. t.* a) fräsen; rändeln; b) mahlen; 2. *n.* a) Fabrik, *f.*; Maschine, *f.*; b) Mühle, *f*
miller ['mɪlər] *n.* Müller, *m*
milligram *n.* Milligramm, *n*
millilitre *n.* Milliliter, *m*
millimetre (Brit.; Amer.: millimeter) *n.* Millimeter, *m*
millinery ['mɪlɪnərɪ] *n.*, Hutmacherei, *f*
million ['mɪljən] *adj.* Million
millionaire [mɪljə'neər] *n.* Millionär, *m.*/Millionärin, *f*
millionth ['mɪljənθ] 1. *adj.* millionst…; ein Millionstel. 2. *n.* Millionstel, *n*
mime [maɪm] 1. *v. i.* pantomimisch agieren. 2. *v. t.* pantomimisch darstellen; 3. *n.* Pantomime, *f.*
mimic ['mɪmɪk] 1. *v. t.*, -ck- aussehen wie; nachahmen; imitieren; parodieren; 2. *n.* Imitator, *m*
mimicry ['mɪmɪkrɪ] *n.*, Nachahmen, *n.*; Mimikry, *n*
minaret ['mɪnəret] *n.* Minarett, *n*
mincer ['mɪnsər] *n.* Fleischwolf, *m*
mind [maɪnd] 1. *v. i.* ~! Achtung!;do you ' ~? hätten Sie etwas dagegen?; never ~ macht nichts!; 2. *v. t.* achten auf, etwas geben auf; ausmachen, etwas dagegen haben d) aufpassen auf. 3. *n.* Gedächtnis Denkweise, *f.*; Meinung; Gedanken; Verstand, *m.*; Intellekt, *m.*; Geist, *m.*
minded ['maɪndɪd] *adj.* a) veranlagt; b) geneigt
mindful ['maɪndfl] *adj.* bedenken oder berücksichtigen
mindless ['maɪndlɪs] *adj.* geistlos, hirnlos; sinnlos
mine [maɪn] 1. *v. i.* Bergbau betreiben; 2. *v. t.* schürfen (Gold); abbauen, fördern; verminen. 3. *n.* Bergwerk, *n.*; Mine, *f.*; Mine, *f*

mine meiner/meine/meins; der/die/das meinige b) *attrib.* mein
minefield *n.* Minenfeld, *n*
miner ['maɪnər] *n.* Bergmann, *m.*; Kumpel, *m.*
mineral ['mɪnərəl] 1. mineralisch; Mineral-. 2. *n.* Mineral, *n.*; *pl.* Erfrischungsgetränk, *n*
mineralogy [mɪnə'rælədʒɪ] *n.* Mineralogie, *f*
mingle ['mɪŋgl] 1. *v. i.* sich mischen. 2. *v. t.* vermischen
mini ['mɪnɪ] a) (car) M~, (P) Mini, *m.*; b) Mini, *m.*; Mini-;
miniature ['mɪnətʃər] 1. *adj.* Miniatur-; Mini; Kleinst-; 2. *n.* Miniaturausgabe, *f.*; Miniatur, *f.*
minimal ['mɪnɪməl] *adj.*,
minimally ['mɪnɪməlɪ] *adv.* minimal
minimize (minimise) ['mɪnɪmaɪz] *v. t.* a) minimieren; auf ein Mindestmaß reduzieren; b) verharmlosen, bagatellisieren
minimum ['mɪnɪməm] 1. *attrib. adj.* Mindest-; 2. *n.*, Minimum, *n.*
mining ['maɪnɪŋ] *n.* Bergbau, *m.*; *attrib.* Bergbau-
minister ['mɪnɪstər] 1. jmds. Bedürfnisse befriedigen 2. *n.* Minister, *m.*/-in, *f.*; M~ of State (Brit.) Staatssekretär, *m.*/-sekretärin, *f.*; ~ Geistliche, *m.*/*f.*; Pfarrer, *m.*/-in,
ministerial [mɪnɪ'stɪərɪəl] *adj.* Minister-; ministeriell
ministry ['mɪnɪstrɪ] *n.* a) geistliches Amt; b) Ministerium, *n.*;
mink [mɪŋk] *n.* Nerz, *m*
minor ['maɪnər] 1. kleiner…; geringer; leicht;Moll- 2. Minderjährige, *m.*/*f.*; Nebenfach, *n.*
minority [maɪ'nɒrətɪ, mɪ'nɔːrətɪ] *n.* Minderheit, *f.*; Minorität, *f*
minster ['mɪnstər] *n.* Münster, *n*

miscarriage

mint [mɪnt] 1. *adj.* funkelnagelneu; vorzüglich; tadellos. 2. *v. t.* prägen; 3.*n.* Münzanstalt, *f*
mint *n.* a) Minze, *f.*; b) Pfefferminz, *n*
minuet [mɪnju'et] *n.* Menuett, *n*
minus ['maɪnəs] 1. *adj.* Minus-. 2. *prep.* minus; weniger; . 3. Minus, *n*
minuscule ['mɪnəskjuəl] *adj.* winzig
minute ['mɪnɪt] 1. *v. t.* protokollieren; zu Protokoll nehmen; 2. *n.* Minute, *f.*; Augenblick, *m.*; Moment, *m.*; *pl.* Protokoll, *n.*;
minute [maɪ'njuːt] *adj.* a) minuziös; exakt; b) winzig
minutely [maɪ'njuːtlɪ] *adv.* genauestens; sorgfältigst
miracle ['mɪrəkl] *n.* Wunder, *n.*;
miraculous [mɪ'rækjuləs] *adj.* a) wunderbar; b) unglaublich
miraculously auf wunderbare Weise; erstaunlicherweise
mirage ['mɪrɑːʒ] *n.* Fata Morgana, *f.*; Luftspiegelung, *f.*
mirror ['mɪrər] 1. *v. t.* [wider]spiegeln 2. *n.* Spiegel, *m*
misadventure [mɪsəd'ventʃər] *n.* Missgeschick, *n.*;
misanthropist [mɪ'zænθrəpɪst] *n.* Misanthrop, *m.*; Menschenfeind, *m*
misapprehension [mɪsæprɪ'henʃn] *n.* Missverständnis, *n.*;
misbehave [mɪsbɪ'heɪv] *v. i.* & *refl.* sich schlecht benehmen
misbehaviour [mɪsbɪ'heɪvɪər] *n.* schlechtes Benehmen
miscalculation [mɪskælkjuːˈleɪʃn] *n.* Rechenfehler, *m*
miscarriage [mɪs'kærɪdʒ] *n.* Fehlgeburt, *f.*

miscarry [mɪsˈkærɪ] *v. i.* a) eine Fehlgeburt haben; b) fehlschlagen

miscellaneous [mɪsəˈleɪnɪəs] *adj.* a) verschieden; verschiedenerlei

mischief [ˈmɪstʃɪf] *n.* Schaden, *m.*; Unsinn, *m.*; Unfug, *m.*; Schalk, *m.*

mischievous [ˈmɪstʃɪvəs] *adj.* schelmisch; boshaft; böse; bösartig

misdeed [mɪsˈdiad] *n.* a) Verbrechen, *n.*; b) Missetat, *f*

miserable [ˈmɪzərəbl] *adj.* unglücklich; erbärmlich; trostlos; armselig

miserably [ˈmɪzərəblɪ] *adv.* kläglich, jämmerlich; miserabel; elend

miserly [ˈmaɪzəlɪ] *adj.* geizig; armselig

misery [ˈmɪzərɪ] *n.* Elend, *n.*; Not, *f*

misfire [mɪsˈfaɪər] *v. i.* eine Fehlzündung haben; danebengehen

misfit [ˈmɪsfɪt] *n.* Außenseiter, *m.*/Außenseiterin, *f*

misfortune [mɪsˈfɔatʃən] *n.* Unglück, Missgeschick, *n*

misgiving [mɪsˈgɪvɪŋ] *n.* Bedenken *Pl.*; Zweifel, *m.*;

misguided [mɪsˈgaɪdɪd] *adj.* töricht; unangebracht; unsinnig

mishandle [mɪsˈhændl] *v. t.* a) misshandeln; b) falsch behandeln

mishap [ˈmɪshæp] *n.* Versehen, Missgeschick, *n.*

mishmash [ˈmɪʃmæʃ] *n.* Mischmasch, *m.*

misinterpretation [mɪsɪntəːprɪˈteɪʃn] *n.* Fehlinterpretation, *f*

misjudge [mɪsˈdʒʌdʒ] *v. t.* falsch einschätzen; falsch beurteilen

misjudgment [mɪsˈdʒʌdʒmənt] *n.* Fehleinschätzung, *f.*; falsche Beurteilung; falsche Einschätzung

mislay [mɪsˈleɪ] *v. t.*, mislaid [mɪsˈleɪd] verlegen

mislead [mɪsˈliad] *v. t.*, misled [mɪsˈled] täuschen; irreführen

mismanagement [mɪsˈmænɪdʒmənt] *n.* Misswirtschaft, *f.*; schlechte Verwaltung; schlechte Handhabung

misplace [mɪsˈpleɪs] *v. t.* an die falsche Stelle setzen

mispronounce [mɪsprəˈnauns] *v. t.* falsch aussprechen

misread [mɪsˈriad] *v. t.*, misread [mɪsˈred] falsch lesen; missdeuten

misrepresent [mɪsreprɪˈzent] *v. t.* falsch darstellen; verdrehen

Miss [mɪs] *n.* a) Fräulein; b) ~ Universe Miss Universum

miss 1. *n.* Fehlschlag, *m.*; Fehlwurf, *m.*; Fehlschuss, *m.* 2. verpassen; versäumen; nicht bekommen; verfehlen; übersehen; nicht mitbekommen; vermissen; nicht treffen; danebengreifen; danebengehen; aussetzen

misshapen [mɪsˈʃeɪpn] *adj.* missgestaltet; missgebildet

missile [ˈmɪsaɪl] *n.* Rakete, *f.*; Wurfgeschoss, *n.*; Flugkörper, *m*

missing [ˈmɪsɪŋ] *adj.* vermisst, fehlend

mission [ˈmɪʃn] *n.* Mission, *f.*; Auftrag, *m.*;Einsatz, *m.*; Missionsstatiom

missionary [ˈmɪʃənərɪ] 1. *adj.* missionarisch; Missions(arbeit,). 2. *n.* Missionar, *m.*/Missionarin, *f*

misspell [mɪsˈspel] *v. t.*, falsch schreiben

misspend [mɪsˈspend] *v. t.*, vergeuden; verschwenden

misstatement [mɪsˈsteɪtmənt] *n.* falsche Darstellung

mist [mɪst] *n.* Nebel, *m.*; Beschlag, *m.*; Dunst, *m.*; ~ 'over *v. i.* beschlagen

mistakable [mɪˈsteɪkəbl] *adj.* verwechselbar

mistake [mɪˈsteɪk] 1. *v. t.*,falsch verstehen; missverstehen; verwechseln 2. *n.* Missverständnis, *n.*; Fehler, *m.*

mistaken [mɪˈsteɪkn] *adj.* be ~: sich täuschen

mistakenly [mɪˈsteɪknlɪ] *adv.* irrtümlicherweise

mister [ˈmɪstər] *n.* Herr, *m.* (abbr. Mr.) Meister oder Chef

mistime [mɪsˈtaɪm] *v. t.* einen ungünstigen Zeitpunkt wählen; schlecht timen

mistletoe [ˈmɪsltəʊ] *n.* Mistel, *f.*; Mistelzweig, *m*

mistranslate [mɪstrænsˈleɪt] *v. t.* falsch übersetzen

mistreat [mɪsˈtriat] *v. t.* schlecht behandeln; misshandeln

mistreatment [mɪsˈtriatmənt] *n.* Misshandlung, *f*

mistress [ˈmɪstrɪs] *n.* a) Herrin, *f.*; b) Lehrerin, *f.*; c) Geliebte, *f*

mistrust [mɪsˈtrʌst] 1. *v. t.* misstrauen. 2. *n.*, no pl. Misstrauen, *n.*

mistrustful [mɪsˈtrʌstfl] *adj.* misstrauisch

misty [ˈmɪstɪ] *adj.* neb[e]lig, dunstig

misunderstand [mɪsʌndəˈstænd] *v. t.*, missverstehen; falsch verstehen

misunderstanding [mɪsʌndəˈstændɪŋ] *n.* Missverständnis, *n*

misuse 1. [mɪsˈjuaz] *v. t.* missbrauchen; zweckentfremden. 2. [mɪsˈjuas] *n.* Missbrauch, *m.*; Zweckentfremdung, *f*

mite [maɪt] *n.* a) Milbe, *f.*; b) Würmchen, *n*

mitigation [mɪtɪˈgeɪʃn] *n.* Linderung, *f.*; Milderung, *f*

mix [mɪks] 1. *v. i.* a) sich

vermischen; b) Umgang mit anderen haben; c) zusammenpassen; sich verbinden lassen. 2. v. t. a) mischen; vermengen; verrühren; b) ~ it sich raufen; c) mischen, mixen (Cocktail); anrühren, ansetzen; zubereiten . 3. n. a) Mischung;
mixed [mɪkst] adj. a) unterschiedlich, gemischt; b) beide Geschlechter zusammen; gemischt
mixer ['mɪksər] n. Mixer, m.; Mischmaschine, f
mixture ['mɪkstʃər] n. a) Mischen, n.; Mischung, f.; b) Gemisch, n
moan [məʊn] 1. v. i. stöhnen; jammern. 2. v. t. stöhnen 3. n. Stöhnen, n
moat [məʊt] n. Burg-, Wassergraben, m
mob [mɒb] 1. belagern; stürmen; herfallen. 2. n. Mob, m.; Pöbel, m.;
mobile ['məʊbaɪl] adj. a) beweglich; fahrbar; b) mobil; fahrbar
mobility [məˈbɪlɪtɪ] n. a) Mobilität, f. b) Beweglichkeit, f.; Fahrbarkeit, f
mobilization [ˌməʊbɪlaɪˈzeɪʃn] n. Mobilisierung, f.; Mobilmachung, f
mobilize ['məʊbɪlaɪz] v. t. mobilisieren; mobil machen
moccasin ['mɒkəsɪn] n. Mokassin, m
mock [mɒk] 1. sich über jmdn. mokieren oder lustig machen; sich lustig machen über; verspotten; nachmachen
mockery ['mɒkərɪ] n. a) Farce, f. b) Spott, m
mocking ['mɒkɪŋ] 1. adj. spöttisch. 2. n. Spott, m
mode [məʊd] n. a) Art , f.; Methode, f.; Betriebsart, f.; b) Mode, f.
model ['mɒdl] 1. adj. Modell- vorbildlich; Muster. 2. v. i., (Brit.) -ll-: Modell sitzen/stehen, modellieren

3. v. t., (Brit.) -ll-: vorführen; formen; 4. n. Modell, n.; Muster, n.; Vorbild, n.; Model, n.; Mannequin, n
modelling (Amer.: modeling) ['mɒdəlɪŋ] n. Modellieren, n.
modem ['məʊdem] n. Modem, m
moderate 1. ['mɒdəreɪt] v. i. nachlassen ['mɒdərət]. 2. ['mɒdəreɪt] v. t. mäßigen; zügeln; mildern. 3. adj. a) gemäßigt; maßvoll, mäßig; b) mittler...; angemessen, vernünftig; 4. ['mɒdərət] n. Gemäßigte, m./f
moderately ['mɒdərətlɪ] adv.; mäßig; einigermaßen
moderation [ˌmɒdəˈreɪʃn] n. a) Mäßigung, f.; b) Mäßigkeit, f
modern ['mɒdn] adj. modern; heutig
modernism ['mɒdənɪzm] n. Modernismus, m
modernist ['mɒdənɪst] n. Modernist, m./Modernistin, f
modernity [məˈdɜːnɪtɪ] n. Modernität, f
modernize ['mɒdənaɪz] v. t. modernisieren
modest ['mɒdɪst] adj.; vorsichtig; bescheiden; einfach, unauffällig
modesty ['mɒdɪstɪ] n., no pl. Bescheidenheit, f
modification [ˌmɒdɪfɪˈkeɪʃn] n. Abänderung, f.; Modifizierung, f
modifier ['mɒdɪfaɪər] n. Modifikator, m
modify ['mɒdɪfaɪ] v. t. abändern; umstellen, modifizieren; mäßigen
modular ['mɒdjʊlər] adj. aus Elementen; aus Baueinheiten
module ['mɒdjʊəl] n. Modul, n.; Bauelement, n.;
mohair ['məʊheər] n. Mohair, m
moist [mɔɪst] adj. feucht
moisten ['mɔɪsn] v. t. anfeuchten

monastic

moisture ['mɔɪstʃər] n. Feuchtigkeit, f
moisturizer (moisturiser) ['mɔɪstʃəraɪzər], **moisturizing cream** ['mɔɪstʃəraɪzɪŋ kriːm] ns. Feuchtigkeitscreme, f
molar ['məʊlər] n. Backenzahn, m
molasses [məˈlæsɪz] n. Melasse, f
mole [məʊl] Muttermal, n. Leberfleck, m
mole n. a) Maulwurf, m.; b) Spion, m
molecular [məˈlekjʊlər] adj. molekular
molecule ['mɒlɪkjuːəl, 'məʊlɪkjuːəl] n. Molekül, n
molehill n. Maulwurfshügel, m.;
molest [məˈlest] v. t. belästigen; unsittlich belästigen
mollify ['mɒlɪfaɪ] v. t. besänftigen; beschwichtigen
molten ['məʊltn] adj. flüssig; geschmolzen
mom [mɒm] (Amer.) Mama; Mutti, f
moment ['məʊmənt] n. Moment, n.; Augenblick, m
momentarily ['məʊməntərɪlɪ] adv. a) jeden Augenblick oder Moment; in wenigen Minuten; b) einen Augenblick lang
momentary ['məʊməntərɪ] adj. kurz; kurzzeitig
momentous [məˈmentəs] adj. bedeutsam; von großer Tragweite
momentum [məˈmentəm] pl. momenta [məˈmentə] Impuls, m. Schwung
monarch ['mɒnək] n. Monarch, m./Monarchin, f
monarchist ['mɒnəkɪst] n. Monarchist, m./Monarchistin, f
monarchy ['mɒnəkɪ] n. Monarchie, f
monastery ['mɒnəstrɪ] n. Kloster, n
monastic [məˈnæstɪk] adj.

mönchisch; klösterlich; Kloster-
Monday [ˈmandeɪ, ˈmaŋdɪ] 1. *n.* Montag, *m.* 2. *adv.* montags
monetarism [ˈmanɪtərɪzm] *n.* (Ökonomie) Monetarismus, *m*
monetarist [ˈmanɪtərɪst] 1. *n.* Monetarist, *m.*/Monetaristin, *f.* 2. *adj.* monetaristisch
monetary [ˈmanɪtərɪ] *adj.* a) monetär; Währungs-; b) finanziell
money [ˈmanɪ] *n.* Geld, *n*
Mongol [ˈmɒŋgl] 1. *adj.* mongolisch; mongoloid. 2. *n.* Mongole, *m.*/Mongolin, *f.*; Mongoloide, *m.*/*f*
Mongolian [mɒnˈgəʊlɪən] 1. *adj.* mongolisch. 2. *n.* Mongole, *m.*/-in, *f*
mongrel [ˈmaŋgrəl, ˈmɒŋgrəl] *n.* Promenadenmischung, *f*
monitor [ˈmɒnɪtər] 1. *v. t.* kontrollieren; beobachten; abhören. 2. *n.* Monitor, *m.*; Mithörer, *m.*/Mithörerin, *f*
monk [maŋk] *n.* Mönch, *m*
monkey [ˈmaŋkɪ] *n.* Affe, *m.*; Schlingel, *m.*
mono [ˈm̩nəʊ] *adj.* Mono-
monochrome [ˈmɒnəkrəʊm] *adj.* monochrom; einfarbig; Schwarzweiß-
monocle [ˈmɒnəkl] *n.* Monokel, *n*
monogram [ˈmɒnəgræm] *n.* Monogramm, *n*
monolingual [mɒnəˈlɪŋgwəl] *adj.* einsprachig
monolith [ˈmɒnəlɪð] *n.* Monolith, *m*
monolithic [mɒnəˈlɪðɪk] *adj.* monolithisch
monologue [ˈmɒnəlɡ] Monolog, *m*
monopolize [məˈnɒpəlaɪz] *v. t.* monopolisieren; in Beschlag nehmen
monopoly [məˈnɒpəlɪ] *n.* Monopol, *n.*; alleiniger Besitz
monorail [ˈmɒnəʊreɪl] *n.* a) Einschienengleis, *n.*; b) Einschienenbahn, *f*
monosyllabic [mɒnəsɪˈlæbɪk] *adj.* einsilbig
monosyllable [ˈmɒnəsɪləbl] *n.* Einsilber, *m.*; einsilbiges Wort
monotone [ˈmɒnətəʊn] *n.* gleichbleibender Ton
monotonous [məˈnɒtənəs] *adj.* eintönig; monoton
monotony [məˈnɒtənɪ] *n.* Eintönigkeit, *f.*; Monotonie, *f*
monsoon [mɒnˈsuːan] *n.* a) Monsun, *m.*; b) Regenzeit, *f*
monster [ˈmɒnstər] 1. *attrib. adj.* riesig2. *n.* Ungeheuer, *n.*; Ungetüm, *n.*; Monstrum, *n.*; Unmensch, *m.*; Monster, *n*
monstrosity [mɒnˈstrɒsətɪ] *n.* Ungetüm, *n.*; Ungeheuer, *n.*; Monster, *n*
monstrous [ˈmɒnstrəs] *adj.* monströs; riesig; unnatürlich groß; scheußlich; ungeheuerlich
montage [mɒnˈtɑːʒ] *n.* (Kunst) Montage, *f*
month [maŋθ] *n.* Monat, *m*
monument [ˈmɒnjʊmənt] *n.* a) Denkmal, *n.*; b) Grabmal, *n.*
monumental [mɒnjʊˈmentl] *adj.* gewaltig; monumental; kolossal
monumentally [mɒnjʊˈmentəlɪ] *adv.* enorm
moo [muː] 1. *v. i.* muhen 2. *n.* Muhen, *n.*
mood [muːd] *n.* Stimmung, *f.*; Verstimmung, *f*
moody [ˈmuːdɪ] *adj.* launenhaft; missmutig; verdrossen
moon [muːn] *n.* Mond, *m*
moor [mʊər, mɔːr] *n.* Moor, *n*
moor *v. t. v. i.* festmachen; vertäuen
mooring [ˈmʊərɪŋ, ˈmɔːrɪŋ] *n.* a) Vertäuung, *f.*; b) Anlegestelle, *f*
moorland [ˈmʊələnd, ˈmɔːlænd] *n.* Moorland, *n*
moose [muːs] *n.* Elch
moot [muːt] *adj.* umstritten; strittig; offen
mop [mɒp] 1. *v. t.*, -pp- moppen; wischen 2. *n.* Wuschelkopf, *m.* Mop, *m.*; Spülbürste, *f.*;~ 'up *v. t.* aufwischen
mope [məʊp] *v. i.* Trübsal blasen
moped [ˈməʊped] *n.* Moped, *n*
moral [ˈmɒrəl] 1. *adj.* a) moralisch, sittlich; b) sittlich, moralisch; Moral-; 2. *n.* a) Moral, *f.*
morale [məˈrɑːl] *n.* Moral, *f.*
morality [məˈrælətɪ] *n.* Sittlichkeit, *f.*; Moral, *f.*; Moralität, *f.* Ethik, *f*
moralize [ˈmɒrəlaɪz] *v. i.* moralisieren
morally [ˈmɒrəlɪ] *adv.* moralisch; tugendhaft
morass [məˈræs] *n.* Morast, *m.*
moratorium [mɒrəˈtɔːrɪəm] *n.* Moratorium, *n*
morbid [ˈmɔːbɪd] *adj.* makaber, krankhaft; morbid; trübselig
more [mɔːr] 1. *adj.* mehr; größer; . 2. *n.* ~ than überhoch-; mehr. 3. *adv.* wieder; once ~: noch einmal; eher; ~ or less mehr oder weniger; ~ often häufiger; ~ than anything vor allem
moreover [mɔːˈrəʊvər] *adv.* und außerdem; zudem
morgue [mɔːɡ] siehe mortuar
moribund [ˈmɒrɪbənd] *adj.* dem Untergang geweiht
Mormon [ˈmɔːmən] *n.* Mormone, *m.*/Mormonin, *f*
morning [ˈmɔːnɪŋ] *n.* Morgen, *m.*; Vormittag, *m.*; *attrib.* morgendlich; Morgen-; ~ coat *n.*: Morgenmantel, *m.*; ~ 'service *n.* Frühmesse, *f*
Morocco [məˈrɒkəʊ] *pr. n.* Marokko
moron [ˈmɔːrɒn] *n.* Trottel,

m.; Schwachkopf, *m.*
morose [məˈrəʊs] *adj.* verdrießlich
morphine [ˈmɔːfiːn] *n.* Morphium
Morse [mɔːs] *n.* Morseschrift, *f.*; Morsezeichen Pl
Morse ʼcode *n.* Morseschrift, *f.*; Morsealphabet, *n*
morsel [ˈmɔːsl] *n.* Bissen, *m.*; Happen
mortal [ˈmɔːtl] 1. *adj.* sterblich; tödlich; ~ combat ein Kampf auf Leben und Tod; ~ sin Todsünde, *f.*; 2. *n.* Sterbliche, *m./f*
mortality [mɔːˈtæləti] *n.* a) Sterblichkeit, *f.*; b) Sterberate, *f.*; Todesfälle *Pl.*; c) Sterbeziffer, *f*
mortally [ˈmɔːtəli] *adv.* tödlich
mortar [ˈmɔːtər] *n.* a) Mörtel, *m.*; b) Mörser, *m.*; c) Minenwerfer, *m.*; Mörser, *m*
mortgage [ˈmɔːɡɪdʒ] 1. *v. t.* mit einer Hypothek belasten. 2. *n.* Hypothek, *f.*; *attrib.* Hypotheken
mortician [mɔːˈtɪʃn] *n.* (Amer.) Leichenbestatter, *m./-*bestatterin, *f*
mortification [ˌmɔːtɪfɪˈkeɪʃn] *n.* Beschämung, *f*
mortify [ˈmɔːtɪfaɪ] *v. t.* beschämen
mortise [ˈmɔːtɪs] *n.* a) Zapfenloch, *n.*; b) *attrib.* ~ lock Steckschloss, *n*
mortuary [ˈmɔːtʃəri] *n.* Leichenschauhaus, *n*
mosaic [məʊˈzeɪɪk] *n.* Mosaik, *n.*; *attrib.* Mosaik-
Moscow [ˈmɒskəʊ] 1. *pr. n.* Moskau . 2. *attrib. adj.* Moskauer
Moslem [ˈmɒzləm] siehe Muslim
mosque [mɒsk] *n.* Moschee, *f*
mosquito [mɒsˈkiːtəʊ] *n.* Stechmücke, *f.*; Moskito, *m*
mosʼquito-net *n.* Moskitonetz, *n*
moss [mɒs] *n.* Moos, *n*

mossy [ˈmɒsɪ] *adj.* moosig; bemoost; moosbewachsen
most [məʊst] 1. *adv.* am meisten; überaus; the ~ interesting picture das interessanteste Bild; 2. *adj.* die meisten; meist…; größt…; 3. *n.* make the ~ of sth., das Beste aus etw. machen; das meiste
mostly [ˈməʊstlɪ] *adv.* meistens; größtenteils; hauptsächlich
motel [məʊˈtel] *n.* Motel, *n*
motet [məʊˈtet] *n.* (Mus.) Motette, *f*
moth [mɒθ] *n.* Nachtfalter, *m.*; Motte, *f*
moth: ~ball 1. *n.* Mottenkugel, *f*
mother [ˈmʌðər] 1. *v. t.* bemuttern. 2. *n* Mutter, *f*
motherhood [ˈmʌðəhʊd] *n.*, *no pl.* Mutterschaft, *f*
mother: ~-in-law *n.* Schwiegermutter, *f*
motherly [ˈmʌðəlɪ] *adj.* mütterlich; ~ love Mutterliebe, *f*
mother: ~-of-ʼpearl *n.* Perlmutt, *n*
motif [məʊˈtiːf] *n.* Motiv, *n*
motion [ˈməʊʃn] 1. *v. i.* winken; . 2. *v. t.* ~ sb. to do sth. jmdm. bedeuten. 3. *n.* a) Gang, *m.*; Bewegung, *f.*; b) Antrag, *m.*; c) Bewegung, *f.*; Wink, *m.*; d) Stuhlgang, *m*
motionless [ˈməʊʃnlɪs] *adj.* reg(ungs)los; bewegungslos
motivate [ˈməʊtɪveɪt] *v. t.* motivieren
motivation [məʊtɪˈveɪʃn] *n.* a) Motivierung, *f.*; b) Motivation, *f.*; c) Motiviertheit, *f.*;
motive [ˈməʊtɪv] . *n.* Beweggrund, *m.*; Motiv, *n*
motley [ˈmɒtlɪ] *adj.* a) buntgemischt; bunt; b) gescheckt
motor [ˈməʊtər] 1. *v. i.* (Brit.) mit dem Auto fahren
motor: ~ boat *n.* Motor-

boot, *n.*; ~ **car** *n.* (Brit.) Kraftfahrzeug, *n.*; Automobil, *n.*; ~ **cycle** *n.* Motorrad, *n.*; 2. *adj.* Motor-; . 3. *n.* Motor, *m*
motoring [ˈməʊtərɪŋ] *n.* (Brit.) Autofahren, *n.*;
motorist [ˈməʊtərɪst] *n.* Autofahrer, *m./-*fahrerin, *f*
motorize [ˈməʊtəraɪz] *v. t.* motorisieren
mottled [ˈmɒtld] *adj.* gesprenkelt
motto [ˈmɒtəʊ] *n.*, *pl.* ~es a) Motto, *n.*; Devise, *f.*; b) Spruch, *m*
mould [məʊld] *n.* a) Erde, *f.*; b) Boden, *m*
mould 1. *v. t.* formen. 2. *n.* a) Form, *f.*;Kokille, *f.*; Pressform, *f.*; b) Backform, *f*
mould *n.* Schimmel, *m*
moulder [ˈməʊldər] *v. i.* modern
moulding [ˈməʊldɪŋ] *n.* a) Formteil, *n.*; Formling, *m.*; Zierleiste, *f.*;
moult [məʊlt] 1. *v. i.* sich mausern; sich haaren; 2. *v. t.* a) abwerfen, verlieren; abstreifen; b) verlieren (Gefieder)
mound [maʊnd] *n.* Haufen, *m.* Anhöhe, *f.*; Hügel, *m.*; Steinhaufen, *m*
mount [maʊnt] 1. *v. i.* steigen; 2. *v. t.* steigen auf; aufsitzen; montieren; aufstellen; präparieren; in ein Album einstecken; aufziehen; einfassen; hinaufsteigen; inszenieren; organisieren; durchführen. 3. *n.* Berg; Fassung, *f.*; Passepartout, *n.*; Reittier, *n.*; Pferd, *n.*; Falz, *m*
mountain [ˈmaʊntɪn] *n.* Berg, *m.*; die ~s im Gebirge; *attrib.* Gebirgs-
mountaineer [maʊntɪˈnɪər] *n.* Bergsteiger, *m./*Bergsteigerin, *f*
mountaineering [maʊntɪˈnɪərɪŋ] *n.* Bergsteigen, *n*
mountainous [ˈmaʊn

mounted

tɪnəs] *adj.* a) gebirgig; b) riesig
mountain: ~ **'range** *n.* Gebirgszug, *m.*; ~ **road** *n.* Gebirgsstraße, *f.*; **~side** *n.* Berghang, *m.*; ~ **top** *n.* Berggipfel, *m*
mounted ['maʊntɪd] *adj.* beritten
mourn [mɔan] trauern; nachtrauern; betrauern
mourner ['mɔanər] *n.* Trauernde, *m./f*
mournful ['mɔanfl] *adj.* klagend; trauervoll
mourning ['mɔanɪŋ] *n.* Trauer-, *f.*; *n.*Trauer, *f*
mouse [maʊs] 1. *v. i.* mausen. 2. *n., pl.* mice [maɪs] a) Maus, *f.*; Computermaus, *f.*; Angsthase, *m.*
mouse: **~-hole** *n.* Mauseloch, *n.*; ~ **trap** *n.* Mausefalle, *f*
moustache [məˈstaʃ] *n.* Schnurrbart, *m*
mousy ['maʊsɪ] *adj.* mattbraun
mouth [maʊð] 1. *v. t.* mit Lippenbewegungen sagen. 2. *n., pl.* ~s [maʊðz] a) Mund, *m.*; Maul, *n.*; b) Einfahrt, *f.*; Eingang, *m.*; c) Mündung, *f*
mouthful ['maʊðfʊl] *n.* a) Zungenbrecher, *m.*; b) Mundvoll, *m.*; Schluck, *m.*; Bissen, *m*
mouth: **~-organ** *n.* Mundharmonika, *f.*; **~piece** *n.* a) Mundstück, *n.*; Sprechmuschel, *f.*; b) Sprachrohr, *n.*; **~wash** *n.* Mundwasser, *n*
movable ['maʊvəbl] *adj.* beweglich
move [maʊv] 1. *v. i.* sich bewegen; gehen; fahren; ziehen; 2. *v. t.* bewegen; aus dem Weg räumen; umsetzen, befördern; bewegen; überführen; stellen; absetzen. 3. *n.* Umzug, *m.*; Wechsel, *m.*; Schritt, *m.*; Spielzug, *m.*; Zug, *m.*; be on the ~ unterwegs sein; make a ~ etwas tun oder unternehmen; losziehen .3. *v.i.* in Bewegung setzen; vorankommen; umziehen; wegziehen; ausziehen; verkehren; handeln; aktiv werden; sich bewegen; eine andere Haltung einnehmen; ziehen; Absatz finden, sich absetzen lassen; ~ a'bout 1. *v. i.* zugange sein; unterwegs sein. 2. *v. t.* herumräumen; ~ a'long 1. *v. i.* gehen Platz machen; 2. *v. t.* zum Weitergehen/-fahren auffordern; ~ 'in 1. *v. t.* einrücken lassen; hereinbringen; 2. *v. i.* anrücken; ~ in on vorrücken gegen. einziehen; ~ 'off *v. i.* sich in Bewegung setzen
~ 'on 1. *v. i.* weitergehen/-fahren; . 2. *v. t.* zum Weitergehen/-fahren auffordern; ~ out *v. i.* ausziehen; ~ 'up *v. i.* aufrücken; vorfahren
movement ['maʊvmənt] *n.* Bewegung, *f.*; Abwanderung, *f.*; Tendenz, *f.*; Aktivitäten *Pl.*; (Musik) Satz, *m.*; Räderwerk, *n*
movie ['maʊvɪ] *n.* Film, *m.*; *attrib.* Film-;
moving ['maʊvɪŋ] *adj.* a) ergreifend; b) bewegend, beweglich
mow [məʊ] *v. t.*, p.p. mown [məʊn] or mowed [məʊd] mähen
mower ['məʊər] *n.* Rasenmäher, *m*
Mozambique [məʊzæmˈbiak] *pr. n.* Mosambik
much [matʃ] 1. *adv.*, more, most; viel (besser);b) sehr; oft; viel; besonders; fast; 2. *adj.*, viel; groß; too ~: zu viel; . 3. *n.* Vieles
mucky ['makɪ] *adj.* dreckig
mucus ['mjuakəs] *n.* Schleim, *m*
mud [mad] *n.* a) Schmutz; b) Schlamm, *m*
muddle ['madl] 1. durcheinanderbringen; verwechseln . 2. *n.* Durcheinander, *n*
muddled ['madld] *adj.* benebelt; konfus; verworren
muddy ['madɪ] *adj.* 1. schlammig; trübe. 2. schmutzig machen; trüben
muesli ['mjuazlɪ] *n.* Müsli, *n*
muff [maf] *n.* Muff, *m*
muff verpatzen; verderben
muffin ['mafɪn] *n.* Muffin
muffle ['mafl] *v. t.* a) einhüllen; b) dämpfen
muffler ['maflər] *n.* a) Schal, *m.*; b) (Amer.) Auspuff, *m*
mug [mag] 1. *n.* Becher, *m.*; Krug, *m.*; Fresse, *f.*; Schwachkopf, *m.*; Trottel, *m.*; . 2. *v. t.*, -gg- überfallen und berauben
mugger ['magər] *n.* Straßenräuber, *m.*/Straßenräuberin, *f*
mugging ['magɪŋ] *n.* Straßenraub, *m.*
mulberry ['malbrɪ] *n.* a) Maulbeerbaum, *m.* b) Maulbeere, *f*
mullah ['malə] *n.* Mullah, *m*
multi- ['maltɪ] mehr-/Mehrviel-/Viel-; multi-/Multi-, poly-/Poly-
multicoloured (Brit.; Amer.: **multicolored**) *adj.*, vielfarbig, mehrfarbig; bunt
multi'lateral *adj.* mehrseitig; (Politik) multilateral
multi'national *adj.* 1. multinational. 2. *n.* multinationaler Konzern, *m*
multiple ['maltɪpl] 1. mehrfach; vielerlei; vielfältig. 2. Vielfache, *n*
multiplication [maltəplɪˈkeɪʃn] *n.* Multiplikation, *f*
multiply ['maltɪplaɪ] sich vermehren; multiplizieren; vervielfachen
multitude ['maltɪtjuad] *n.* Vielzahl, *f.* Menge, *f*
mumble ['mambl] 1. *v. i.* nuscheln. 2. *v. t.* nuscheln
mummy ['mamɪ] *n.* Mumie, *f*

mumps [mamps] n. Mumps, m

mundane [man'deɪn] adj. a) weltlich b) simpel; banal

municipal [mjua'nɪsɪpl] gemeindlich; kommunal; Kommunal-

municipality [mjuanɪsɪ'pælətɪ] n. Gemeinde, f

munition [mjua'nɪʃn] n., Kriegsmaterial, n.; Munition, f

mural ['mjuərəl] n. Freske, f

murder ['mɜːdər] 1. v. t. ermorden; fertigmachen; umbringen; 2. n. Mord, m.

murderer ['mɜːdərər] n. Mörder, m./Mörderin, f

murderous ['mɜːdərəs] adj. tödlich; Mord-; mörderisch

murmur ['mɜːmər] 1. v. i. murmeln; murren; 2. v. t. murmeln. 3. n. Murmeln, n.; Rauschen, n.; b) Murren, n.;

muscle ['masl] n. a) Muskel, m

muscular ['maskjulər] adj. muskulös; Muskel-; muskulär

muse [mjuaz] v. i. sinnieren; grübeln

museum [mjua 'zɪəm] n. Museum, n

mush [maʃ] n. a) Mus, n.; Brei, m.; b) Schmalz, m.

mushroom ['maʃrum, 'maʃruam] n. Pilz, m.; Champignon, m

music ['mjuazɪk] n. a) Musik, f.; b) Musikalien Pl.: Noten Pl

musical ['mjuazɪkl] musikalisch; Musik-; Musikfilm; Musical, n

musically ['mjuazɪkəlɪ] adv. melodisch; melodiös; musikalisch

musician [mjua'zɪʃn] n. Musiker, m./Musikerin, f

musk [mask] n. a) Moschus, m.; b) Moschusgeruch, m

musket ['maskɪt] n. Muskete, f

musketeer [maskɪ'tɪər] n. Musketier, m

Muslim ['muslɪm, 'mazləm] 1. adj. moslemisch. 2. n. Moslem, m./-in, f

mussel ['masl] n. Muschel, f

must [məst, stressed mast] v. aux., müssen; dürfen

mustard ['mastəd] n. Senf, m

muster ['mastər] 1. sich sammeln; aufbringen; zusammenziehen; aufstellen; ausheben; versammeln. 2. Appell, m.

mustiness ['mastɪnɪs] n., Muffigkeit, f

mutant ['mjuatənt] 1. adj. mutiert. 2. n. Mutante, f

mutate [mjua'teɪt] 1. v. i. mutieren. 2. v. t. zur Mutation bringen

mutation [mjua'teɪʃn] n. Mutation, f

muted ['mjuatɪd] adj. verhalten, gedämpft

mutilate ['mjuatɪleɪt] v. t. verstümmeln

mutilation [mjuatɪ'leɪʃn] n. Verstümmelung, f

mutinous ['mjuatɪnəs] adj. rebellisch; meuternd

mutiny ['mjuatɪnɪ] 1. v. i.

meutern. 2. n. Meuterei, f

mutter ['matər] 1. v. i. a) murren. 2. v. t. murmeln. 3. n. Gemurmel, n

mutton ['matn] n. Hammelfleisch, n.; Hammel, m

mutual ['mjuatʃuəl] adj. a) beiderseitig; wechselseitig; b) gemeinsam

muzzle ['mazl] a) Maul, n.; b) Mündung, f.; c) Maulkorb, m

muzzy ['mazɪ] adj. a) benebelt; b) verschwommen

my [maɪ] poss. pron. attrib. mein

myopia [maɪ'əupɪə] n. Kurzsichtigkeit, f.; Myopie, f.

myriad ['mɪrɪəd] 1. adj. Myriaden, unzählig; . 2. n. Myriade, f

myself [maɪ'self] pron. a) selbst ich 2) refl. mich/mir

mysterious [mɪ'stɪərɪəs] adj. a) mysteriös; rätselhaft; b) geheimnisvoll

mystery ['mɪstərɪ] n. a) Rätsel, n.; b) Geheimnis, n

mystic ['mɪstɪk] 1. adj. mystisch. 2. n. Mystiker, m./Mystikerin,

mystical ['mɪstɪkl] adj. mystisch

mysticism ['mɪstɪsɪzəm] n. Mystik, f.; Mystizismus, m

mystify ['mɪstɪfaɪ] v. t. verwirren

myth [mɪθ] n. Mythos, m.; Gerücht, n

mythical ['mɪθɪkl] adj. a) fiktiv; b) mythisch

mythological [mɪθə'lɒdʒɪkl] adj. mythologisch

mythology [mɪ'θɒlədʒɪ] n. Mythologie, f

N

N, n [en] *n.*, *pl.* Ns or *N*s N, n, n

nail [neɪl] 1. *v. t.* nageln; anprangern.; an Land ziehen. 2. *n.* Nagel, *m*

naive [nɑ'iɑv, naɪ'iɑv] *adj.*, **naively** [nɑ'iɑvlɪ, naɪ'iɑvlɪ] *adv.* naiv

naivety [nɑ'iɑvtɪ, naɪ'iɑvtɪ] *n.* Naivität, *f*

naked ['neɪkɪd] *adj.* a) nackt; b) offen; c) wehrlos

name [neɪm] 1. nennen; benennen; ernennen;. 2. Name, *m*; Ruf, *m*

nameless ['neɪmlɪs] *adj.* a) namenlos; b) unsäglich; c) unbeschreiblich

namely ['neɪmlɪ] *adv.* nämlich

nanny ['nænɪ] *n.* a) Kindermädchen, *n.*; b) Großmama, *f.*

nap [næp] 1. *v. i.*, -pp- dösen. 2. *n.* Nickerchen, *n.*

nape [neɪp] *n.* ~ of the neck Genick, *n*; Nacken, *m*

napkin ['næpkɪn] *n.* a) Serviette, *f.*; b) Serviertuch, *n.*

Naples ['neɪplz] *pr. n.* Neapel

nappy ['næpɪ] *n.* (Brit.) Windel, *f*

narcotic [nɑ'kɒtɪk] 1. *adj.* narkotisch; *n.* 2. *n.* Betäubungsmittel, *n.*; Rauschgift, *n.*; Narkotikum, *n.*; Betäubungsmittel, *n*

narrate [nə'reɪt] *v. t.* erzählen; schildern

narration [nə'reɪʃn] *n.* Erzählen, *n.*; Erzählung, *f.*; Schilderung, *f*

narrative ['nærətɪv] 1. *adj.* erzählend; Erzähl-. 2. *n.* a) Erzählung, *f*

narrator [nə'reɪtər] *n.* Erzähler, *m.*/Erzählerin, *f*

narrow ['næərəʊ] *adj.* a) knapp; b) eng; c) schmal; d) spießig

nasal ['neɪzl] *adj.* a) näselnd; b) Nasen-

nastily ['nɑstɪlɪ] *adv.* a) eklig; widerlich; b) scheußlich; c) gemein

nasty ['nɑstɪ] scheußlich; hässlich; gemein; eklig; widerlich; übel; böse

nation ['neɪʃn] *n.* Nation, *f.*; Volk, *n*

national ['næʃnəl] 1. *adj.* national; National-; Landes-Staats-; überregional; landesweit . 2. *n.* Staatsbürger, *m.*/-bürgerin, *f.*

nationalism ['næʃnəlɪzəm] *n.* Nationalismus, *m*

nationalist ['næʃnəlɪst] 1. *n.* Nationalist, *m.*/Nationalistin, *f.* 2. *adj.* nationalistisch

nationalistic [næʃnə'lɪstɪk] *adj.* nationalistisch

nationality [næʃə'nælətɪ] *n.* Nationalität, *f.*; Staatsangehörigkeit, *f.*

nationalization [næʃnəlaɪ'zeɪʃn] *n.* Verstaatlichung, *f*

nationalize ['næʃnəlaɪz] *v. t.* verstaatlichen

nation-wide [neɪʃn'waɪd] *adj.*,*adv.* landesweit; im ganzen Land.

native ['neɪtɪv] 1. *adj.* Geburts-, Heimat-; eingeboren; einheimisch; angeboren; Eingeborenen-. 2. *n.* Eingeborene, *m.*/*f.*; Einheimische, *m.*/*f.*

nativity [nə'tɪvətɪ] *n.* the N~ of Christ die Geburt Christi

natural ['nætʃrəl] *adj.* a) natürlich; Natur-; b) leiblich

naturalist ['nætʃrəlɪst] *n.* Naturforscher, *m.*/-forscherin, *f*

naturalization [nætʃrəlaɪ'zeɪʃn] *n.* Einbürgerung, *f*

naturalize ['nætʃrəlaɪz] eingebürgert werden; einbürgern

naturally ['nætʃrəlɪ] *adv.* von Natur aus; naturgetreu; natürlich

nature ['neɪtʃər] *n.* Natur, *f.*; Wesen, *n.*; Art, *f.*; Beschaffenheit, *f*

naturist ['neɪtʃərɪst] *n.* FKK-Anhänger, *m.*/-in, *f.* Naturist, *m.*/-in, *f*

naughty ['nɔːtɪ] *adj.* a) unartig; ungezogen; b) unanständig

nautical ['nɔːtɪkl] *adj.* nautisch; seemännisch; ~ map Seekarte, *f*

naval ['neɪvl] *adj.* Marine-; Flotten-; See-

navel ['neɪvl] *n.* Nabel, *m*

navigate ['nævɪgeɪt] navigieren; befahren

navigation [nævɪ'geɪʃn] *n.* Navigation, *f.*; Dirigieren, *n.*; Lotsen, *f*

navi'gation lights *n. pl.* Positionslichter

navy ['neɪvɪ] *n.* Marine, *f*

Nazi ['nɑːtsɪ] 1. *adj.* nazistisch; Nazi-; Nazi- 2. *n.* Nazi, *m.*;

near [nɪər] 1. *v. t.* sich nähern; 2. *adv.* a) nah[e]; b) fast oder beinah . 3. *adj.* a) nahe; b) eng . 4. *prep.* nahe an/bei; in der Nähe; kurz vor

nearby *adj.* nahe gelegen

nearly ['nɪəlɪ] *adv.* fast

neat [niːt] *adj.* a) sauber, ordentlich; gepflegt; b) pure

nebula ['nebjʊlə] *n.*, *pl.* ~e ['nebjʊliː] or ~s Nebel, *m*

nebulous ['nebjʊləs] *adj.* nebelhaft, nebulös; unbestimmt, vage

necessarily [nesə'serəlɪ] *adv.* notwendigerweise; zwangsläufig

necessary ['nesəsərɪ] 1. *adj.* nötig; notwendig; unbedingt; zwangsläufig

necessitate [nɪ'sesɪteɪt] *v. t.* erforderlich machen

necessity [nɪˈsesətɪ] *n.* Notwendigkeit, *f.*; Not, *f.*; äußerer Zwang

neck [nek] *n.* a) Hals, *m.*; b) (Flaschen)hals, *m.* c) Kragen, *m*

necklace [ˈneklɪs] *n.* Kette, *f.*; Kollier, *n*

nectar [ˈnektər] *n.* Nektar, *m.*; Göttertrank, *m.*

need [niad] 1. *v. t.* müssen; brauchen zu; brauchen;. 2. *n.* Notwendigkeit, *f.*; Bedarf, *m.* Bedürfnis, *n*

needle [ˈniadl] 1. *v. t.* nadeln; nerven; ärgern. 2. Nadel, *f.*

needless [ˈniadlɪs] *adj.* unnötig; sinnlos

needy [ˈniadɪ] *adj.* notleidend; bedürftig

negation [nɪˈgeɪʃn] *n.* Negation, *f.*; Verneinung, *f*

negative [ˈnegətɪv] 1. *adj.* negativ; Negativ-; Minus-; verneint; Negations-. 2. *n.* Negativ, *n.*; negative Aussage; Nein, *n.*

neglect [nɪˈglekt] 1. *v. t.* vernachlässigen; versäumen; unerledigt lassen, liegenlassen . 2. *n.* Vernachlässigung, *f.*; Nachlässigkeit, *f*

negligence [ˈneglɪdʒəns] *n.* Nachlässigkeit, *f.*; Fahrlässigkeit, *f*

negligent [ˈneglɪdʒənt] *adj.* nachlässig

negligible [ˈneglɪdʒəbl] *adj.* unerheblich

negotiable [nɪˈgəʊʃɪəbl] *adj.* a) verhandlungsfähig; b) zu bewältigend

negotiate [nɪˈgəʊʃɪeɪt] 1. *v. i.* verhandeln. 2. *v. t.* bewältigen; überwinden; passieren; aushandeln; einlösen

negotiation [nɪgəʊʃɪˈeɪʃn] *n.* Verhandlung(en)

negotiator [nɪˈgəʊʃɪeɪtər] *n.* Unterhändler, *m.*/-händlerin, *f*

neighbour [ˈneɪbər] *n.* Nachbar, *m.*/Nachbarin, *f.*;

neighbourhood [ˈneɪbəhʊd] *n.* Gegend, *f.*; Nachbarschaft, *f*

neighbouring [ˈneɪbərɪŋ] *adj.* benachbart; Nachbar-; angrenzend

neighbourly [ˈneɪbəlɪ] *adj.* nachbarlich; freundlich

neither [ˈnaɪðər, niaðər] 1. *adv.* auch nicht. 2. *adj.* keiner/keine/keins. 3. *conj.* weder… noch; 4. *pron.* keiner/keine/keins

neolithic [niəˈlɪθɪk] *adj.* neolithisch; jungsteinzeitlich

neon [ˈniɑn] *n.* *(Chem.)* Neon, *n*

nephew [ˈnefjuɑ] *n.* Neffe, *m*

nepotism [ˈnepətɪzəm] *n.* Vetternwirtschaft, *f.*

nerve [nəːv] 1. *v. t.* ermutigen. 2. *n.* Nerv, *m.*; Kaltblütigkeit, *f.*; Mut, *m*

nervous [ˈnəːvəs] *adj.* a) nervös; b) Nerven-;

nervy [ˈnəːvɪ] *adj.* a) nervös; unruhig; b) unverschämt

nest [nest] 1. nisten; ineinandersetzen; einbetten. 3. *n.* Nest, *n.*;

nestle [ˈnesl] *v. i.* a) eingebettet sein b) sich schmiegen; c) sich kuscheln

net [net] *n.* Netz, *n*

net 1. *v. t.*,netto einnehmen; netto einbringen. 2. *adj.* netto; Netto-; End-

Netherlands [ˈneðələndz] Niederlande Pl

netting [ˈnetɪŋ] *n.* Netz, *n.*; wire ~: Drahtgeflecht, *n.*; Maschendraht, *m*

nettle [ˈnetl] 1. *v. t.* reizen; aufbringen. 2. *n.* Nessel, *f*

network [ˈnetwəːk] *n.* a) Sender, *m.*; b) Netz, *n.*; c) Netzwerk, *n*

neuralgia [njʊəˈrældʒə] *n.* Nervenschmerz, *m.* *(Medizin)* Neuralgie, *f.*

neurosis [njʊəˈrəʊsɪs] *n.*, *pl.* neuroses [njʊəˈrəʊsiaz] Neurose, *f*

neurotic [njʊəˈrɒtɪk] 1. *adj.* a) neurotisch; b) nervenkrank; c) neurotisch; . 2. *n.* Neurotiker, *m.*/Neurotikerin, *f*

neutral [ˈnjuatrəl] 1. *adj.* neutral. 2. *n.* a) Neutrale, *m./f.*;

neutrality [njuɑˈtrælətɪ] *n.* Neutralität, *f*

neutralize [ˈnjuɑtrəlaɪz] *v. t.* neutralisieren

never [ˈnevər] *adv.* a) nie; niemals

new [njuɑ] 1. *adv.* vor kurzem; frisch; gerade erst. 2. *adj.* neu; frisch

newly [ˈnjualɪ] *adv.* neu

news [njuaz] *n.* a) Nachricht, *f.*; b) Nachrichten *Pl.*

New: ~ 'year *n.* Neujahr, *n.*; **~ Year's 'Eve** *n.* Silvester, *m.* oder *n.*

next [nekst] 1. *adv.* als nächstes. 2. *adj.* nächst…; 3. *n.* nächste/-

next-door *adj.* gleich nebenan

nice [naɪs] *adj.* nett; angenehm; schön; sauber

nicety [ˈnaɪsətɪ] *n.* a) Genauigkeit; b) Feinheit, *f.*

niche [niɑʃ] *n.* a) geeigneter Platz, *m.*; b) Nische, *f*

nickel [ˈnɪkl] *n.* a) Nickel, *n.*; b) (US) Fünfcentstück, *n*

nickname [ˈnɪkneɪm] *n.* Spitzname, *m.*; Koseform, *f*

nicotine [ˈnɪkətiɑn] *n.* Nikotin

niece [niɑs] *n.* Nichte

Nigerian [naɪˈdʒɪərɪən] 1. *adj.* nigerianisch; 2. *n.* Nigerianer, *m.*/-in

niggle [ˈnɪgl] 1. *v. i.* herumnörgeln . 2. *v. t.* herumnörgeln an

niggling [ˈnɪglɪŋ] *adj.* a) belanglos; b) nichtssagend; oberflächlich

nigh [naɪ] *adv.* nahe

night [naɪt] *n.* Nacht, *f.*; Abend, *m*

nightingale [ˈnaɪtɪŋgeɪl] *n.* Nachtigall, *f*

nightly ['naɪtlɪ] 1. *adv.* jede Nacht; jeden Abend. 2. *adj.* abendlich
nihilism ['naɪɪlɪzəm, 'nɪhɪlɪzəm] *n.* Nihilismus, *m*
nil [nɪl] *n.* nichts; null
Nile [naɪl] *pr. n.* Nil, *m*
nimble ['nɪmbl] *adj.* flink; behende; beweglich; geschickt
nine [naɪn] 1. *adj.* neun; 2. *n.* Neun, *f*
nineteen [naɪn'tiən] 1. *adj.* neunzehn. 2. *n.* Neunzehn, *f*
nineteenth [naɪn'tiənθ] 1. *adj.* neunzehnt... 2. *n.* Neunzehntel, *n*
ninetieth ['naɪntɪəθ] 1. *adj.* neunzigst...; 2. *n.* Neunzigstel, *n*
ninety ['naɪntɪ] 1. *adj.* neunzig; 2. *n.* Neunzig, *f*
nipple ['nɪpl] *n.* Sauger, *m.*; Brustwarze, *f*
nitric acid ['naɪtrɪk æsɪd] *n.* Salpetersäure, *f*
nitrogen ['naɪtrədʒən] *n.* Stickstoff, *m*
no [nəʊ] 1. *adv.* nein; nicht; 2. *adj.* kein; 3. *n.* Nein, *n.*; Neinstimme *f*
nobility [nəʊ'bɪlɪtɪ] *n.* Adel, *m*
noble ['nəʊbl] 1. *adj.* a) adlig; b) edel; c) hochherzig . 2. *n.* Adlige, *m./f*
nobody ['nəʊbədɪ] niemand; keiner; Niemand, *m*
nocturnal [nɒk'tɜːnl] *adj.* nächtlich; nachtaktiv
nod [nɒd] 1. *v. i.*, v.t. -dd-: nicken; 2. *n.* Nicken, *n*
node [nəʊd] *n.* Knoten, *m*
noise [nɔɪz] *n.* a) Geräusch, *n.*; Rauschen, *n.*; b) Lärm, *m.*; Krach. *m.*
noiseless ['nɔɪzlɪs] *adj.* a) lautlos; b) geräuschlos
noisily ['nɔɪzɪlɪ] *adv.* geräuschvoll; laut; lärmend
noisy ['nɔɪzɪ] *adj.* lärmend; laut; lautstark
nomad ['nəʊmæd] *n.* Nomade, *m*

nomadic [nəʊ'mædɪk] *adj.* nomadisch
nomenclature [nə'menklətʃər] *n.* Nomenklatur, *f*
nominal ['nɒmɪnl] *adj.* a) äußerst gering, niedrig b) nominal
nominally ['nɒmɪnəlɪ] *adv.* namentlich
nominate ['nɒmɪneɪt] *v. t.* a) ernennen; b) nominieren
nomination [nɒmɪ'neɪʃn] *n.* a) Nominierung, *f.*; b) Ernennung, *f*
nominative ['nɒmɪnətɪv] 1. *adj.* Nominativ-; nominativisch. 2. *n.* Nominativ, *m*
nominee [nɒmɪ'niː] *n.* Kandidat, *m./*Kandidatin, *f*
non-a'ligned *adj.* blockfrei
nonchalant ['nɒnʃələnt] *adj.* nonchalant; unbekümmert
non-denominational [nɒn dɪnɒmɪ'neɪʃənl] *adj.* konfessionslos
nondescript ['nɒndɪskrɪpt] *adj.* unscheinbar; undefinierbar
none [nʌn] 1. *adv.* keineswegs. 2. *pron.* kein...; ~ the less nichtsdestoweniger
non-fiction *n.* Sachliteratur, *f*
non-inter'ference *n.*, Nichteinmischung, *f*
nonsense ['nɒnsns] *n.* Unsinn, *m*
non-'smoker *n.* a) Nichtraucherabteil, *n.* b) Nichtraucher, *m./*Nichtraucherin, *f*
non-'violence *n.*, Gewaltlosigkeit, *f*
noodle ['nuːdl] *n.*, usu. pl. Nudel, *f*
noon [nuːn] *n.* Mittag, *m.*; zwölf Uhr mittags
noose [nuːs] *n.* Schlinge, *f.*
nor [nər, stressed nɔːr] *conj.* noch; neither... ~..., weder... noch
norm [nɔːm] *n.* Norm
normal ['nɔːml] *adj.* normal

normality [nɔː'mælɪtɪ] *n.*, Normalität, *f*
normalize ['nɔːməlaɪz] 1. *v. t.* normalisieren. 2. *v. i.* sich normalisieren
normally ['nɔːməlɪ] *adv.* normalerweise; normal
north [nɔːθ] 1. *adv.* nordwärts; nach Norden; 2. *adj.* nördlich; Nord-. 3. *n.* a) Norden, *m*
northerly ['nɔːðəlɪ] *adj.* a) aus nördlichen Richtungen b) nördlich
northern ['nɔːðən] *adj.* nördlich; Nord-
northward ['nɔːðwəd] *adj.* nach Norden gerichtet; nördlich
northwards ['nɔːðwədz] *adv.* nordwärts
Norway ['nɔːweɪ] *pr. n.* Norwegen, *n*
Norwegian [nɔː'wiːdʒn] 1. *adj.* norwegisch;. 2. *n.* a) Norwegisch, *n.*; b) Norweger, *m./*Norwegerin, *f*
nose [nəʊz] *n.* a) Nase, *f.*; b) Spitze, *f*
nostalgia [nɒ'stældʒə] *n.* Nostalgie, *f*
nostalgic [nɒ'stældʒɪk] *adj.* nostalgisch
nostril ['nɒstrəl] *n.* Nasenloch, *n.*; Nüster, *f*
nosy ['nəʊzɪ] *adj.* neugierig
not [nɒt] *adv.* nicht; nicht-
notable ['nəʊtəbl] *adj.* bemerkenswert; bedeutend, angesehen
notably ['nəʊtəblɪ] *adv.* besonders
notary ['nəʊtərɪ] *n.* ~ [' pu blic] Notar, *m./*Notarin, *f*
notation [nəʊ'teɪʃn] *n.* Notation; Notierung, *f*
notch [nɒtʃ] 1. *v. t.* kerben; 2. *n.* Scharte, *f.*; Loch, *n.* Kerbe, *f*
note [nəʊt] 1. bemerken; beachten; aufschreiben; notieren; 2. Note, *f.*; Taste, *f.*; Ton, *m.*; Beachtung, *f.*; Notiz, *f.*; Anmerkung, *f.*
noted ['nəʊtɪd] *adj.* be-

kannt, berühmt
nothing ['nʌðɪŋ] 1. keineswegs; 2 Nichts; Nichtigkeit, f.; Niemand, m
notice ['nəʊtɪs] 1. v. t. bemerken; erwähnen. 2. n. Aushang, m.; Anschlag, m.; Anzeige, f.; Kündigung, f.; Ankündigung, f.; Beachtung, f.; Besprechung, f.; Rezension, f
noticeable ['nəʊtɪsəbl] adj. wahrnehmbar; merklich; spürbar
notify ['nəʊtɪfaɪ] v. t. a) benachrichtigen; b) ankündigen
notion ['nəʊʃn] n. Ahnung; Vorstellung, f
notoriety [nəʊtə'raɪətɪ] n., traurige Berühmtheit
notorious [nəʊ'tɔːrɪəs] adj. bekannt; berüchtigt; notorisch
noun [naʊn] n. (Sprachw.) Substantiv, n.; Hauptwort, n.; Nomen, n.
nourish ['nʌrɪʃ] v. t. ernähren; nähren
nourishing ['nʌrɪʃɪŋ] adj. nahrhaft
nourishment ['nʌrɪʃmənt] n. Nahrung, f
novel ['nɒvl] 1. n. Roman, m. 2. adj. neuartig
novelist ['nɒvəlɪst] n. Romanautor, m./-autorin, f
novelty ['nɒvltɪ] n. a) Neuheit, f.; Neuartigkeit, f.; b) Überraschung, f
novice ['nɒvɪs] n. Anfänger, m./Anfängerin, f.; Novize, m./Novizin, f
now [naʊ] adv. jetzt; heutzutage; sofort; eben; nun
nowadays ['naʊədeɪz] adv. heutzutage
nowhere ['nəʊweər] 1. adv. a) nirgendwohin; b) nirgends; nirgendwo
noxious ['nɒkʃəs] adj. giftig
nuclear ['njuːklɪər] adj. a) Kern-; b) Atom-; atomar; nuklear
nucleus ['njuːklɪəs] n., pl. nuclei ['njuːklɪaɪ] Kern, m
nude [njuːd] 1. adj. nackt; . 2. n. Akt, m
nudge [nʌdʒ] 1. v. t. anstoßen. 2. n. Stoß, m
nudist ['njuːdɪst] n. Nudist, m./Nudistin, f
nudity ['njuːdɪtɪ] n. Nacktheit, f
nugget ['nʌgɪt] n. Klumpen, m.; Goldklumpen, m.; Nugget, n
nuisance ['njuːsəns] n. Plage, f.; Ärgernis, n
nullify ['nʌlɪfaɪ] v. t. für null und nichtig erklären
numb [nʌm] 1. v. t. betäuben; 2. adj. benommen. gefühllos, taub
number ['nʌmbər] 1. beziffern; numerieren; zählen; rechnen; begrenzt sein; 2. Nummer, f.; Zahl, f.; Anzahl, f
numberless ['nʌmbəlɪs] adj. unzählig; zahllos
numbness ['nʌmnɪs] n., Gefühllosigkeit, f.; Betäubung, f.; Taubheit, f

numeral ['njuːmərl] n. Ziffer, f.; Zahlwort, n
numerate ['njuːmərət] adj. rechenkundig
numerator ['njuːməreɪtər] n. Zähler, m
numerical [njuː'merɪkl] adj. Zahlen-; numerisch, zahlenmäßig
numerous ['njuːmərəs] adj. zahlreich
nun [nʌn] n. Nonne, f
nunnery ['nʌnərɪ] n. Nonnenkloster, n
nurse [nɜːs] 1. v. i. stillen; 2. v. t. pflegen; wiegen; stillen. 3. n. Krankenschwester, f.; male ~: Krankenpfleger, m
nursemaid n. Kindermädchen, n
nursery ['nɜːsərɪ] n. Kindertagesstätte, f.; Gärtnerei, f.; Baumschule, f.; Kinderzimmer, n.;
nursing ['nɜːsɪŋ] n. Krankenpflege, f
nurture ['nɜːtʃər] v. t. a) nähren; b) aufziehen
nut [nʌt] n. Nuss, f.; Verrückte, m./f. Kürbis, m.; Schraubenmutter, f
nutrient ['njuːtrɪənt] 1. adj. nahrhaft; Nähr- 2. n. Nährstoff, m
nutrition [njuː'trɪʃn] n. Ernährung, f
nutritious [njuː'trɪʃəs] adj. nahrhaft
nuts [nʌts] pred. adj. verrückt
nymph [nɪmf] n. Nymphe, f

O

O, o [əʊ] *n., pl.* Os or O's a) O, o, *n.*; b) Null, *f*
oak [əʊk] *n.* Eiche, *f.*;
oar [ɔar] *n.* Riemen, *m.*; Ruder, *n.*
oasis [əʊˈeɪsɪs] *n., pl.* oases [əʊˈeɪsɪaz] Oase, *f*
oat [əʊt] *n.* ~s Hafer, *m*
oath [əʊð] *n., pl.* ~s [əʊðz] Schwur, *m.*; Eid, *m.*; Fluch, *m*
obedience [əˈbiadɪəns] *n.* Gehorsam, *m*
obedient [əˈbiadɪənt] *adj.* gehorsam; fügsam
obesity [əʊˈbiasɪtɪ] *n.*, Fettheit, *f.*; Fettleibigkeit, *f.*
obey [əʊˈbeɪ] *v. i., v. t.* gehorchen
object [əbˈdʒekt] 1. protestieren; Einwand erheben; etwas dagegen haben; einwenden. 2. *n.* Gegenstand, *m.*; Objekt, *n.*; Ziel, *n.*
objection [əbˈdʒekʃn] *n.* a) Abneigung, *f.*; b) Einwand, *m.*; Einspruch, *m.*
objectionable [əbˈdʒekʃənəbl] *adj.* unausstehlich; anstößig
objective [əbˈdʒektɪv] 1. *adj.* objektiv. 2. *n.* Ziel, *n*; Objektiv, *n*
objectivity [ɒbdʒɪkˈtɪvɪtɪ] *n., no pl.* Objektivität, *f*
obligation [ɒblɪˈgeɪʃn] *n.* Zwang, *m.*; Verpflichtung, *f*
obligatory [əˈblɪgətərɪ] *adj.* obligatorisch; vorgeschrieben
oblige [əˈblaɪdʒ] 1. *v. i.* gefällig sein. 2. *v. t.* vorschreiben; nötigen
obliging [əˈblaɪdʒɪŋ] *adj.* entgegenkommend
oblique [əˈbliak] 1. *adj.* a) indirekt; b) schief; 2. *n.* Schrägstrich, *m*
obliterate [əˈblɪtəreɪt] *v. t.* a) auslöschen; b) verschleiern; zerstreuen

oblivion [əˈblɪvɪən] *n., no pl.* Vergessenheit, *f*
obscene [əbˈsian] *adj.* widerlich; obszön; unanständig
obscure [əbˈskjʊər] 1. *v. t.* verdunkeln; verhüllen; versperren; unverständlich machen. 2. *adj.* unbekannt; unklar; dunkel
obsequious [əbˈsiakwɪəs] *adj.* unterwürfig
observance [əbˈzɜːvəns] *n.* a) Beachtung, *f.*; b) Regel, *f*
observant [əbˈzɜːvənt] *adj.* aufmerksam
observation [ɒbzəˈveɪʃn] *n.* a) Beobachtung, *f.*; b) Bemerkung, *f*
observatory [əbˈzɜːvətərɪ] *n.* Observatorium, *n.*; Sternwarte, *f*
observe [əbˈzɜːv] beobachten; überwachen; aufpassen; bemerken; beachten; einlegen; halten; feiern
observer [əbˈzɜːvər] *n.* Beobachter, *m.*/Beobachterin, *f*
obsess [əbˈses] *v. t.* besessen sein/werden
obsession [əbˈseʃn] *n.* Obsession, *f.*; Besessenheit, *f.*
obsessive [əbˈsesɪv] *adj.* zwanghaft
obsolete [ˈɒbsəliat] *adj.* veraltet
obstacle [ˈɒbstəkl] *n.* Hindernis, *n.*
obstetrics [ɒbˈstetrɪks] *n.* Obstetrik, *f.*; Geburtshilfe, *f*
obstinate [ˈɒbstɪnət] *adj.* starrsinnig; hartnäckig
obstruct [əbˈstrakt] *v. t.* versperren; verstopfen; blockieren
obstruction [əbˈstrakʃn] *n.* Hindernis, *n.*; Verstopfung, *f.*; Blockierung, *f.*; Behinderung, *f*

obstructive [əbˈstraktɪv] *adj.* hinderlich
obtain [əbˈteɪn] *v. t.* bekommen; erreichen, erzielen; erwerben
obtainable [əbˈteɪnəbl] *adj.* erhältlich
obtrusive [əbˈtruːsɪv] *adj.* auffällig; aufdringlich
obvious [ˈɒbvɪəs] *adj.* offenkundig; augenfällig; sichtlich; plump
occasion [əˈkeɪʒn] 1. *v. t.* erregen; verursachen; Anlass geben zu. 2. *n.* a) Grund, *m.*; Anlass, *m.*; b) Gelegenheit, *f*
occasional [əˈkeɪʒənl] *adj.* gelegentlich; vereinzelt
occult [ɒˈkalt, ˈɒkalt] *adj.* okkult
occupant [ˈɒkjʊpənt] *n.* Bewohner, *m.*/-in, *f.*; Insasse, *m.*/-in, *f.*
occupation [ɒkjʊˈpeɪʃn] *n.* Beruf, *m.*; Beschäftigung, *f.*; Besitz, *m.*; Okkupation, *f.*; Besatzungszeit, *f*
occupational [ɒkjʊˈpeɪʃənl] *adj.* Berufs-; betrieblich, Beschäftigungs-
occupy [ˈɒkjʊpaɪ] *v. t.* besetzen; bewohnen; innehaben; beschäftigen; einnehmen; belegen; in Anspruch nehmen
occur [əˈkɜːr] eintreten; ereignen; einfallen; vorkommen; sich ergeben
ocean [ˈəʊʃn] *n.* Ozean, *m.*; Meer, *n*
oceanic [əʊʃɪˈænɪk, əʊsɪˈænɪk] *adj.* ozeanisch; Meeres-; See-
oceanography [əʊʃəˈnɒgrəfɪ] *n.* Meereskunde, *f.* Ozeanografie, *f*
October [ɒkˈtəʊbər] *n.* Oktober, *m*
octopus [ˈɒktəpəs] *n.* Tintenfisch, *m*

odd [ɒd] *adj.* merkwürdig; seltsam; überzählig; restlich, übrig; einzeln; gelegentlich

oddity [ˈɒdɪtɪ] *n.* Kuriosität, *f.*; Sonderling, *m.*; Eigentümlichkeit, *f*

oddly [ˈɒdlɪ] *adv.* seltsam; merkwürdig

oddness [ˈɒdnɪs] *n., no pl.* Seltsamkeit, *f.* Merkwürdigkeit

odds [dz] *n. pl.* a) Möglichkeit, *f.*; Aussicht, *f.*; Chance, *f.*

ode [əʊd] *n.* Ode, *f.*

odious [ˈəʊdɪəs] *adj.* widerwärtig

odour [ˈəʊdər] *n.* a) Duft, *m.*; Geruch, *m.*; b) Note, *f.*;

odourless [ˈəʊdəlɪs] *adj.* geruchlos

of [əv] *prep.* a) *possesiv:* von; b) zeitlich: vor, von c) örtlich: von, aus; d) Ursache: the works of Shakespeare Shakespeares Werke; e) Grund: die ~ hunger sterben vor Hunger; f) Material: ~ wood aus Holz; g) Qualität: ~ no importance bedeutungslos h) Genitiv: many ~ them viele von ihnen, doctor ~ medicine; ~ old einst; von..entfernt

off [ɒf] 1. *adv.* weg, ab, fort, herunter, aus, zu, los; 2. *prep* weg von, von (herab, herunter, ab), abseits von, frei von; 3.*adj.* Seiten-, Neben-, frei

offence [əˈfens] *n.* (Brit.) a) Verstoß, *m.*; Delikt, *n.*; Straftat, *f.*

offend [əˈfend] 1. *v. i.* verstoßen. 2. *v. t.* ~ sb. bei jmdm. Anstoß erregen; jmdn. kränken

offender [əˈfendər] *n.* Straffällige, *m./f.*; Täter, *m./*Täterin, *f*

offensive [əˈfensɪv] 1. *adj.* a) offensiv; Angriffs-; b) ungehörig; anstößig; c) widerlich; 2. *n.* Offensive, *f.*; Angriff, *m*

offer [ˈɒfər] 1. *v. t.* bieten; anbieten; vorbringen; aussprechen; unterbreiten

offering [ˈɒfərɪŋ] *n.* Angebot, *n.*; Opfer, *n.*

off'hand 1. *adv.* a) auf Anhieb, aus der Hand; b) leichthin. 2. *adj.* beiläufig

office [ˈɒfɪs] *n.* a) Amt, *n.*; b) Zweigstelle, *f.*; c) Büro, *n.*; d) Home O~ (Brit.) Innenministerium, *n.*; e) Gottesdienst, *m.*; f) Unterstützung, *f.*

officer [ˈɒfɪsər] *n.* Beamte, *m.*/Beamtin, *f.*

official [əˈfɪʃl] 1. Amts-; offiziell; amtlich; regulär; 2. Funktionär/ -in

officially [əˈfɪʃəlɪ] *adv.* offiziell

often [ˈɒfn] *adv.* oft; more ~: häufiger

oil [ɔɪl] 1. *v. t.* ölen; b) in *pl.* Ölfarben. 2. *n.* Öl, *n*

oily [ˈɔɪlɪ] *adj.* a) ölig; ölverschmiert; fettig; schmierig

ointment [ˈɔɪntmənt] *n.* Salbe, *f*

Ok [əʊˈkeɪ] (*ugs.*) 1. *v. t.* zustimmen; . 2. *adv.* gut; . 3. *adj.* in Ordnung; okay. 4. *n.* Zustimmung, *f.*; Okay, *n.* . 5. okay

old [əʊld] 1. *adj.* alt; . 2. *n.* alte Menschen; of ~: früherer Zeiten

oldish [ˈəʊldɪʃ] *adj.* älter

olive [ˈɒlɪv] 1. *adj.* olivgrün. 2. *n.* Olive, *f.*; Ölbaum, *m*

Olympic [əˈlɪmpɪk] *adj.* olympisch; ~ Games Olympische Spiele

Olympics [əˈlɪmpɪks] *n. pl.* Olympiade, *f*

ombudsman [ˈɒmbʊdzmən] *n., pl.* -men Ombudsmann, *m*

omelette [ˈɒmlɪt] *n.* (Gastronomie) Omelett, *n*

omen [ˈəʊmən] *n.* Omen, *n*

ominous [ˈɒmɪnəs] *adj.* beunruhigend; ominös

ominously [ˈɒmɪnəslɪ] *adv.* bedrohlich; beunruhigend

omission [əˈmɪʃn] *n.* a) Auslassung, *f.*; b) Unterlassung, *f*

omit [əˈmɪt] *v. t.*, -tt-: a) weglassen; b) versäumen

omnibus [ˈɒmnɪbəs] *n.* a) siehe bus 1; b) Sammelband

omnipotent [ɒmˈnɪpətənt] *adj.* allmächtig

on [ɒn] 1. *adv.* auf(haben); on and on immer weiter; face on mit dem Gesicht voran; an (sein); vor(haben); statt(finden); what's ~ was gibt es; ~ service Dienst haben; sth. is on etw. ist möglich;. 2. *prep.* auf; an; be on drugs drogenabhängig sein; an (einem Tag); beim (Betreten); über

once [wʌns] 1. *adv.* einmal; at ~ sofort; sogleich; gleichzeitig; früher einmal; ~ upon a time es war einmal; je;2. *conj.* sobald

one [wʌn] 1. *adj. attrib.* ein; *pred.* eins, einig; ein; at ~ and the same time gleichzeitig; at ~ time einmal; einst; one another einander; einzig; 2. *n.* Eins, *f.*; 3. *pron.* a little ~: etwas; ein…; ~ of…: ein… von; ~… der/die/das eine…; man, eine-

onion [ˈʌnjən] *n.* Zwiebel, *f*

only [ˈəʊnlɪ] 1. *adv.* nur; ~ too ausgesprochen; viel zu; ~ too well nur zu gut; gerne . nur, um; erst; 2. *attrib. adj.* einzig…; the ~: der/die/das einzig wahre. 3. *conj.* nur

onset *n.* Einsetzen, *n.*; Wettereinbruch, *m.*; Ausbruch, *m*

onward[s] [ˈɒnwədz] *adv.* vorwärts; von (da) an

ooze [uəz] 1. *v. i.* sickern; quellen; triefen . 2. *v. t.* triefen von/vor; ausstrahlen. 3. *n.* Schlick, *m*

opalescent [əʊpəˈlesənt] *adj.* schillernd; opalisieren

opaque [əʊˈpeɪk] *adj.* a) dunkel; unverständlich b) opak

open [ˈəʊpn] 1. *v. i.* sich öffnen; aufgehen; auftun; beginnen; eröffnet werden; öffnen; aufmachen; eröffnet werden. 2. *v. t.* öffnen; ~ sb.'s mind to sth. jmdm. etw. nahebringen; eröffnen; beginnen; ~ fire das Feuer eröffnen; ~ sth. etw. öffnen; sth. ~s new horizons etw. eröffnet neue Horizonte; aufschlagen; aufspannen; 3. *adj.* offen; be ~ to ausgesetzt sein; offen sein für; geöffnet sein;offen; öffentlich; frei; freibleibend; geöffnet; aufgeblüht; aufgeschlagen; offen; offensichtlich; 4. *n.* in the ~ unter freiem Himmel

opener [ˈəʊpnər] *n.* Öffner, *m*

opening [ˈəʊpnɪŋ] 1. *adj.* einleitend. 2. *n.* Öffnung, *f*.; Eröffnung, *f*.; Anfang, *m*.; Möglichkeit, *f*.; offene Stelle; Öffnen, *n*.; Entstehen, *n*

openly [ˈəʊ pnlɪ] *adv.* a) in der Öffentlichkeit; öffentlich; b) offen

opera [ˈɒpərə] *n.* Oper, *f*

operate [ˈɒpəreɪt] 1. *v. t.* betreiben; bedienen; unterhalten; fahren. 2. *v. i.* in Betrieb sein; verkehren; sich auswirken; arbeiten, operieren; d) einwirken; e) agieren; *f)* wirken

operation [ɒpəˈreɪʃn] *n.* Bedienung, *f*.; Betrieb, *m*.; Tätigkeit, *f*.; Arbeitsweise, *f*.; Operation, *f*.; Einsatz, *m*

operational [ɒpəˈreɪʃənl] *adj.* einsatzbereit; Einsatz-

operator [ˈɒpəreɪtər] *n.* Telefonist, *m*./-in, *f*

ophthalmic [ɒfˈθælmɪk] *adj.* Augen-

opinion [əˈpɪnjən] *n.* Ansicht, *f*.; Meinung, *f*.;

opponent [əˈpəʊnənt] *n.* Gegner, *m*./Gegnerin, *f*

opportune [ˈɒpətjuən] *adj.* a) zur rechten Zeit; b) günstig

opportunism [ɒpəˈtjuənɪzm] *n.*, Opportunismus, *m*

opportunist [ɒpəˈtjuənɪst] *n.* Opportunist, *m*./Opportunistin, *f*

opportunity [ɒpəˈtjuənɪtɪ] *n.* Gelegenheit, *f*.;

oppose [əˈpəʊz] *v. t.* a); entgegenstellen; b) sich wenden gegen; c) gegenüberstellen

opposite [ˈɒpəzɪt] 1. *adv.* gegenüber. 2. *prep.* gegenüber 3. *adj.* a) gegenüberliegend; entgegengesetzt; b) gegensätzlich. 4. *n.* Gegenteil, *n*.

opposition [ɒpəˈzɪʃn] *n.* Opposition, *f*.; Widerstand, *m*.; Gegensatz, *m*

oppress [əˈpres] *v. t.* a) unterdrücken; b) bedrücken

oppression [əˈpreʃn] *n.* Unterdrückung, *f*

oppressive [əˈpresɪv] *adj.* bedrückend; drückend; repressiv

opt [ɒpt] *v. i.* sich entscheiden

optic [ˈɒptɪk] *adj.* Seh-, Augen-

optical [ˈɒptɪkl] *adj.* optisch

optician [ɒpˈtɪʃn] *n.* Optiker, *m*./-in, *f*.

optics [ˈɒptɪks] *n.* Optik, *f*

optimism [ˈɒptɪmɪzm] *n.*, *no pl.* Optimismus, *m*.; optimist *n.* Optimist, *m*./-in, *f*.

optimistic [ɒptɪˈmɪstɪk] *adj.* optimistisch

optimize [ˈɒptɪmaɪz] *v. t.* optimieren

optimum [ˈɒptɪməm] 1. *n.*,Optimum, *n*. 2. *adj.* optimal

option [ˈɒpʃn] *n.* Wahl, *f*.; Wahlmöglichkeit, *f*.; Wahlfach, *n*

optional [ˈɒpʃənl] *adj.* nicht zwingend; ~ subject Wahlfach, *n*

opulent [ˈɒpjulənt] *adj.* wohlhabend; feudal

opus [ˈəʊpəs, ˈɒpəs] *n.*, *pl.* opera [ˈɒpərə] Opus, *n*

or [ər, stressed ɔːr] *conj.* a) oder; b) ~..~ entweder.. oder

oracle [ˈɒrəkl] *n.* Orakel, *n*

oral [ˈɔːrl] 1. *adj.* a) mündlich; mündlich überliefert; oral sex, Oralverkehr; b) Mund-. 2. *n.* the ~[s] das Mündliche

orally [ˈɔːrəlɪ] *adv.* a) oral; b) mündlich

orange [ˈɒrɪndʒ] *adj.* orange

oratorio [ɒrəˈtɔːrɪəʊ] *n.*, *pl.* ~s Oratorium, *n*

oratory [ˈɒrətərɪ] *n.*, *no pl.* a) Redekunst, *f*.; b) Rhetorik, *f*

orbit [ˈɔːbɪt] 1. *v. i.* kreisen. 2. *v. t.* umkreisen. 3. *n.* Umlaufbahn, *f*.

orchard [ˈɔːtʃəd] *n.* Obstgarten, *m*.; Obstplantage, *f*.;

orchestra [ˈɔːkɪstrə] *n.* (Musik) Orchester, *n*

orchestral [ɔːˈkestrl] *adj.* Orchester-

orchestration [ɔːkɪˈstreɪʃn] *n.* Orchesterbearbeitung, *f*

orchid [ˈɔːkɪd] *n.* Orchidee, *f*

ordain [ɔːˈdeɪn] *v. t.* a) bestimmen; b) ordinieren

ordeal [ɔːˈdiːəl] *n.* Qual, *f*.

order [ˈɔːdər] 1. *v. t.* bestellen; ordern; ordnen; befehlen; anordnen. 2. *n.* Auftrag, *m*.; Bestellung, *f*.; Ordnung, *f*.; Befehl, *m*.; Anordnung, *f*.; Verfügung, *f*.; Orden, *m*.; Klasse, *f*.; Art, *f*

orderly [ˈɔːdəlɪ] 1. *adj.* methodisch; ordentlich; friedlich; diszipliniert

ordinal [ˈɔːdɪnl] (Math.) *n.* Ordnungs-, Ordinalzahl, *f*

ordinance [ˈɔːdɪnəns] *n.* Verfügung, *f*.; Bestimmung, *f*.; Verordnung, *f*

ordinarily [ˈɔːdɪnərɪlɪ] *adv.*

normalerweise; gewöhnlich
ordinary ['ɔːdɪnərɪ] *adj.* normal; üblich; gewöhnlich; durchschnittlich
ore [ɔːr] *n.* Erz, *n*
organ ['ɔːgən] *n.* Sprachrohr, *n.*; Organ, *n.*; Orgel, *f*
organic [ɔːˈgænɪk] *adj.* a) organisch; b) biologisch, biodynamisch
organism ['ɔːgənɪzm] *n.* (Biol.) Organismus, *m*
organist ['ɔːgənɪst] *n.* Organist, *m.*/Organistin, *f*
organization [ɔːgənaɪˈzeɪʃn] *n.* a) Organisation, *f.*; Ordnung, *f.*
organize ['ɔːgənaɪz] *v. t.* ordnen; planen; einteilen; organisieren
organizer ['ɔːgənaɪzər] *n.* Organisator, *m.*/-in, *f.*;
orgasm ['ɔːgæzəm] *n.* Höhepunkt, *m.* Orgasmus, *m*
orgy ['ɔːdʒɪ] *n.* Orgie, *f*
orient 1. ['ɔːrɪənt] *n.* ['ɔːrɪent, 'rɪent] *v. t.* einweisen; ausrichten; ~ oneself sich orientieren; --ed -orientiert . 2. the O~: der Orien
oriental [ɔːrɪˈentl, ɒrɪˈentl] 1. *adj.* orientalisch. 2. *n.* Asiat, *m.*/ -in, *f*
orientate ['ɒrɪənteɪt, 'ɔːrɪənteɪt] siehe orient
orientation [ɒrɪənˈteɪʃn, ɔːrɪənˈteɪʃn] *n.* Orientierung, *f*
orifice ['ɒrɪfɪs] *n.* Öffnung, *f*
origin ['ɒrɪdʒɪn] *n.* Herkunft, *f.*; Entstehung, *f.*; Ursprung, *m.*; Quelle, *f.*
original [əˈrɪdʒɪnl] 1. *adj.* a) ursprünglich; b) original; Original-; Ur-; originell; schöpferisch; eigenständig; . 2. *n.* Original, *n*
originality [ərɪdʒɪˈnælɪtɪ] *n.* Originalität, *f*
originally [əˈrɪdʒɪnəlɪ] *adv.* ursprünglich
originate [əˈrɪdʒɪneɪt] 1. *v. i.* ~ from entstehen aus; ~ in seinen Ursprung haben in . 2. *v. t.* schaffen; hervorbringen; erfinden
originator [əˈrɪdʒɪneɪtər] *n.* Urheber, *m.*/-in, *f.*; Erfinder, *m.*/.in, *f*
ornament ['ɔːnəmənt] *n.* Schmuck-, Ziergegenstand, *m*
ornamental [ɔːnəˈmentl] *adj.* dekorativ; ornamental; Zier-
ornamentation [ɔːnəmenˈteɪʃn] *n.* Verzierung, *f.*; Ausschmückung, *f*
ornate [ɔːˈneɪt] *adj.* blumig; ausgeschmückt; reich verziert; prunkvoll
ornithology [ɔːnɪˈθɒlədʒɪ] *n.* Ornithologie, *f.*; Vogelkunde, *f*
orphan ['ɔːfn] *n.* Waise, *f.*; Waisenkind, *n*
orphanage ['ɔːfənɪdʒ] *n.* Waisenhaus, *n.*
orthodox ['ɔːθədɒks] *adj.* orthodox; konventionell
orthodoxy ['ɔːθədɒksɪ] *n.* Orthodoxie, *f*
orthopaedic [ɔːθəˈpiːdɪk] *adj.* orthopädisch
oscillate ['ɒsɪleɪt] *v. i.* schwingen; oszillieren; schwanken
ostensible [ɒˈstensɪbl] *adj.* vorgeschoben; Schein-
ostentatious [ɒstenˈteɪʃəs] *adj.* auffällig; prunkhaft; prahlerisch
ostrich ['ɒstrɪtʃ] *n.* Strauß
other ['ʌðər] 1. *adv.* anders; 2. *adj.* a) anders...; b) one ~ thing noch eins; c) ~ than anders als; außer; d) irgendein; 3. *n.* anderer/ andere/anderes; any ~: irgendein andere
otherwise ['ʌðəwaɪz] 1. *adv.* sonst; im übrigen 2. *pred. adj.* ander-
ought [ɔːt] *v.* ought, *neg.* oughtn't ['ɔːtnt] dürfte, müsste; sollte
ounce [aʊns] *n.* Unze, *f.*;
our ['aʊər] *poss. pron.* unser/-e
ours ['aʊəz] *poss. pron.* unserer/unsere/unsere
oust [aʊst] *v. t.* a) verdrängen; ablösen; b) ~ sb. jmdn. vertreiben
out [aʊt] 1. *adv.* aus; ~ here/there hier/da draußen; go ~ ausgehen; be ~ for sth. auf etw. aussein; unmodern, passé; ausgegangen, alle 2. *n.* Ausweg, *m.* (*bildlich*) Ausflucht, Alibi, *n*
outer ['aʊtər] *adj.* äußer...; Außen-
outing ['aʊtɪŋ] *n.* Ausflug, *m.*
outrage 1. ['aʊtreɪdʒ, aʊtˈreɪdʒ] *v. t.* empören; empört sein; in grober oder krasser Weise verstoßen gegen (Moral). 2. *n.* Verbrechen, *n.*; grober oder krasser Verstoß; Gräueltat, *f*
outrageous [aʊtˈreɪdʒəs] *adj.* ungeheuerlich; unerhört; ungeheuer; unverschämt; unflätig; unverschämt; fürchterlich
outward ['aʊtwəd] 1. *adj.* äußerlich; äußere; Hin-; 2. *adv.* nach außen
oval ['əʊvl] 1. *adj.* oval. 2. *n.* Oval, *n*
ovary ['əʊvərɪ] *n.* Ovarium, *n.*; Eierstock, *m.*; Ovarium, *n*
ovation [əʊˈveɪʃn] *n.* begeisterter Beifall; Ovation, *f*
oven ['ʌvn] *n.* Backofen, *m*
over ['əʊvər] 1. *adv.* a) hinüber; c) vorüber; d) herum; g) darüber; h) übrig; i) vorbei; vorüber. 2. *prep.* a) über; b) gegenüber c) wegen; d) bei
overjoyed [əʊvəˈdʒɔɪd] *adj.* überglücklich
overnight [!'] *adv.* über Nacht
overture ['əʊvətjʊər] *n.* a) Ouvertüre, *f.*; b) Antrag, Angebot, *n*
overweight *adj.* übergewichtig
overwhelm [əʊvəˈwelm] *v. t.*

überwältigen
overwhelming [əuvə'welmɪŋ] *adj.* überwältigend; unbändig; unermesslich
owe [əu] *v. t.*, owing ['əuɪŋ] a) schulden; b) verdanken
owing ['əuɪŋ] *pred. adj.* ausstehen
owl [əul] *n.* Eule, *f*
own [əun] 1. *adj.* eigen; 2. *v. t.* besitzen
owner ['əunər] *n.* Besitzer, *m*./-in, *f*.; Eigentümer, *m*./-in, *f*
ownership ['əunəʃɪp] *n.*, *no pl.* Besitz, *m*
ox [ɒks] *n.*, *pl.* oxen ['ɒksn] Ochse, *m*
oxidation [ɒksɪ'deɪʃn] *n. (Chem.)* Oxydation, *f*
oxide ['ɒksaɪd] *n. (Chem.)* Oxyd
oxidize (oxidise) ['ɒksɪdaɪz] *v. t.* & *i. (Chem.)* oxydieren
oxygen ['ɒksɪdʒən] *n. (Chem.)* Sauerstoff, *m*
oyster ['ɔɪstər] *n.* Auster, *f*
ozone ['əuzəun] *n.* Ozon, *n*

P

P, p [piɑ] *n., pl.* Ps or P's P, p, *n*
pace [peɪs] 1. *v. i.* schreiten; gehen. 2. *v. t.* a) auf- und abgehen; b) Schrittmacher sein. 3. *n.* a) Tempo, *n*.;b) Schritt, *m*
pacific [pəˈsɪfɪk] 1. *adj.* Pazifik-; 2. *n.* the P~: der Pazifik
pacifism [ˈpæsɪfɪzəm] *n., no pl., no art.* Pazifismus, *m*
pacifist [ˈpæsɪfɪst] *n.* Pazifist, *m*./Pazifistin, *f*
pacify [ˈpæsɪfaɪ] *v. t.* beruhigen, besänftigen
pack [pæk] 1. *v. i.* packen; 2. *v. t.* packen; tragen; einpacken; vollstopfen; füllen. 3. *n.* Meute, *f.*; Bande, *f.*; Bündel, *n.*; Gruppe, *f.*; Packung, *f.*
package [ˈpækɪdʒ] 1. *v. t.* verpacken 2. *n.* a) Paket, *n.*; b) Verpackung
packed [pækt] *adj.* a) voll; b) gepackt
packet [ˈpækɪt] *n.* a) Päckchen, *n.*; Schachtel, *f*
packing [ˈpækɪŋ] *n.* Verpackungsmaterial, *n.*; Verpacken, *n*
pact [pækt] *n.* Pakt, *m*
padding [ˈpædɪŋ] *n.* a) Polsterung, *f.*; b) Füllsel, *n*
paddle [ˈpædl] 1. *v. t.* & *i.* paddeln 2. *n.* Paddel, *n*
paddle *v. i.* planschen
paddock [ˈpædək] *n.* a) Koppel, *f.*; b) Sattelplatz, *m*
paediatric [piɑdɪˈætrɪk] *adj.* pädiatrisch; Kinder-
pagan [ˈpeɪgən] 1. *adj.* heidnisch 2. *n.* Heide, *m*./Heidin, *f*
page [peɪdʒ] 1. *v. t.* & *i.* ausrufen; anpiepen 2. *n.* ~ Page, *m*
page *n.* Seite, *f.*; Blatt, *n*
pageant [ˈpædʒənt] *n.* Schauspiel, *n*
pageantry [ˈpædʒəntrɪ] *n.* Prachtentfaltung, *f.*; Prunk, *m*
pain [peɪn] 1. *v. t.* schmerzen 2. *n.* Schmerzen; Qualen; Mühe, *f*
painful [ˈpeɪnfl] *adj.* a) schmerzhaft; b) schmerzlich; traurig
painfully [ˈpeɪnfəlɪ] *adv.* a) quälend b) unter großen Schmerzen
painless [ˈpeɪnlɪs] *adj.* schmerzlos; unproblematisch
painstaking [ˈpeɪnzteɪkɪŋ] *adj.* gewissenhaft
paint [peɪnt] 1. *v. t.* streichen; malen; schminken; lackieren. 2. *n.* Farbe, *f.*; Lack, *m.*; Schminke, *f*
painter [ˈpeɪntər] *n.* a) Maler, *m*./-in, *f.*; b) Anstreicher, *m*./-in, *f*
painting [ˈpeɪntɪŋ] *n.* a) Gemälde, *n.*; Bild, *n.* b) Malerei, *f*
pair [peər] 1. *v. t.* paaren; zusammenstellen 2. *n.* Paar, *n.*; Pärchen, *n*
Pakistani [pɑkɪˈstɑnɪ] 1. *adj.* pakistanisch; . 2. *n.* Pakistani, *m*./ *f.*;
pal [pæl] *(ugs.) n.* Kumpel, *m*
palace [ˈpælɪs] *n.* Palast, *m*
palatable [ˈpælətəbl] *adj.* trinkbar, genießbar; annehmbar, akzeptabel
palate [ˈpælət] *n.* (Körper) Gaumen, *m*
palatial [pəˈleɪʃl] *adj.* palast-
pale 1. *v. i.* bleich/blass werden; 2. *adj.* blass, fahl, bleich
paleness [ˈpeɪlnɪs] *n., no pl.* Blässe, *f*
Palestine [ˈpælɪstaɪn] *pr. n.* Palästina
Palestinian [pælɪˈstɪnɪən] *adj.* palästinensisch
palisade [pælɪˈseɪd] *n.* Palisade, *f.*; Palisadenzaun
palliative [ˈpælɪətɪv] *n.* Linderungsmittel, *n.* Palliativ, *n*
pallid [ˈpælɪd] *adj.* matt, blass
palm [pɑm] *n.* Palme, *f*
palm Handteller, *m.*; Handfläche, *f*
palmistry [ˈpɑmɪstrɪ] *n., no pl.* Handlesekunst, *f*
palpable [ˈpælpəbl] *adj.* offenkundig
palpitate [ˈpælpɪteɪt] *v. i.* pochen, hämmern; zittern; palpitieren
palpitations [pælpɪˈteɪʃnz] *n. pl.* Palpitation, *f.*; Herzklopfen, *n*
pamphlet [ˈpæmflɪt] *n.* Flugblatt, *n.*; Broschüre, *f.* Prospekt, *m*
pan [pæn] *n.* a) Topf, *m.*; Pfanne, *f.*; b) Schale, *f*
pan 1. -nn- *v. i.* schwenken; 2. -nn- *v. t.* schwenken
Panamanian [pænəˈmeɪnɪən] 1. *adj.* panamaisch
pancake [ˈpænkeɪk] *n.* Pfannkuchen, *m*
pancreas [ˈpænkrɪəs] *n.* Bauchspeicheldrüse, *f*
panel [ˈpænl] *n.* Gremium, *n.*; Kommission, *f.*; Rateteam, *n.*; Podium, *n*
panelling [ˈpænəlɪŋ] *n.* Täfelung, *f*
panic [ˈpænɪk] 1. *v. i.*, -ck- in Panik geraten; 2. *v. t.* in Panik versetzen; 3. *n.* Panik, *f*
panorama [pænəˈrɑmə] *n.* Überblick, *m.* Panorama, *n*
pant [pænt] *v. i.* keuchen; hecheln
panther [ˈpænðər] *n.* Panther, *m*
panties [ˈpæntɪz] *n. pl.* Schlüpfer, *m*
pantomime [ˈpæntə

195

pantry

maɪm] *n* Pantomime, *f*
pantry ['pæntrɪ] *n.* Speisekammer, *f*
pants [pænts] *n. pl.* a) pair of ~: Hose, *f.*; b) (Brit.) Unterhose, *f*
papacy ['peɪpəsɪ] *n.* a) *no pl.* Papsttum, *n.* b) Amtszeit als Papst
papal ['peɪpl] *adj.* päpstlich
paper ['peɪpər] 1. *v. t.* tapezieren. 2. *adj.* a) aus Papier; Papier-; b) nominell . 3. *n.* a) Papier, *n.*; b) in *pl.* Dokumente; Unterlagen *Pl.*: Papiere *Pl.* c) Seminararbeit, *f.*; Klausur, *f.* d) Zeitung, *f.*; e) Tapete, *f.*; f) Papierverpackung, *f.*
paper: ~**back** *n.* Taschenbuch, *n*
paprika ['pæprɪkə] *n.* Paprika, *m*
parable ['pærəbl] *n.* Parabel, *f.* Gleichnis, *n*
parabola [pə'ræbələ] *n.* Parabel, *f*
parachute ['pærəʃuat] 1. *v. i.* Fallschirm springen 2. *v. t.* absetzen. 3. *n.* a) Fallschirm, *m.*; b) Bremsfallschirm
parade [pə'reɪd] 1. *v. i.* paradieren; 2. *v. t.* vorzeigen; zur Schau stellen. 3. *n.* a) Zurschaustellung, *f.*; b) Reihe, *f.* c) Umzug, *m.*; Parade, *f*
paradise ['pærədaɪs] *n.* Paradies
paradox ['pærədɒks] *n.* Paradoxon, *n*
paradoxical [pærə'dɒksɪkl] *adj.* paradox
paraffin ['pærəfɪn] *n.* a)Paraffin, *n.*; b) (Brit.) Petroleum, *n*
paragraph ['pærəgraf] *n.* a) Paragraf, *m.*b) Absatz, *m*
parallel ['pærəlel] 1. *adj.* parallel. 2. *n.* a) Parallele, *f*
parallelogram [pærə'leləgræm] *n.* (Geomtrie) Parallelogramm, *n*
paralyse ['pærəlaɪz] *v. t.* lähmen; lahmlegen
paralysis [pə'rælɪsɪs] *n.*, *pl.* paralyses [pə'ræləsiaz] Lähmung, *f.*
paralytic [pærə'lɪtɪk] *n.* Gelähmte, *m./f*
parameter [pə'ræmɪtər] a) Faktor, *m.*; b) Parameter, *m*
paramilitary [pærə'mɪlɪtərɪ] *adj.* paramilitärisch
paramount ['pærəmaunt] *adj.* höchst...; Haupt-
paranormal [pærə'nɔaml] *adj.* paranormal; übersinnlich
parapet ['pærəpɪt, 'pærępet] *n.* Brüstung, *f*
paraphernalia [pærəfə'neɪlɪə] *n.* a) Instrumentarium, *n.*; Apparat, *m*
paraphrase ['pærəfreɪz] 1. *v. t.* umschreiben 2. *n.* Umschreibung, *f*
paraplegic [pærə'pliadʒɪk]1. *adj.* doppelseitig gelähmt; paraplegisch. 2. *n.* doppelseitig Gelähmter Gelähmte; Paraplegiker, *m./*Paraplegikerin, *f.*
parasite ['pærəsaɪt] *n.* Parasit, *m.* Schmarotzer, *m*
parasitic [pærə'sɪtɪk] *adj.* a) parasitisch; parasitär; b) schmarotzerisch
parasol ['pærəsɒl] *n.* Sonnenschirm, *m*
paratrooper ['pærətruəpər] *n.*Fallschirmjäger, *m*
parboil ['paboɪl] *v. t.* ankochen
parcel ['pasl] *n.* Paket, *n.*
parched [patʃt] *adj.* ausgedörrt; trocken
parchment ['patʃmənt] *n.* Pergament, *n*
pardon ['padn] 1. *v. t.* a) Entschuldigung!; wie bitte?; b) verzeihen; c) begnadigen 2. *n.* a) Vergebung, *f.*; Verzeihung, *f*
pare [peər] *v. t.* a) schälen b) schneiden
parent ['peərənt] *n.* Elternteil, *m.*; ~s Eltern *Pl*

parentage ['peərəntɪdʒ] *n.* Herkunft, *f*
parental [pə'rentl] *adj.* elterlich; Eltern-
parenthesis [pə'renθɪsɪs] *n.* Parenthese, *f.*; Einschub, *m.*
parenthood ['peərənthud] *n.* Elternschaft, *f*
parish ['pærɪʃ] *n.* Gemeinde, *f*
parishioner [pə'rɪʃənər] *n.* Gemeindeglied, *n*
Parisian [pə'rɪzɪən] 1. *n.* Pariser, *m.*/Pariserin, *f.* 2. *adj.* Pariser-
parity ['pærɪtɪ] *n.* a) Parität, *f.*; Gleichheit, *f.*; b) Parität, *f*
park [pak] 1. *v. i.* parken. 2. *v. t.* a) abstellen; parken; b) deponieren. 3. *n.* a) Sportplatz, *m.*; Stadion, *n.*; Spielfeld, *n.*; b) Park, *m.*
parliament ['paləmənt] *n.* Parlament, *n*
parliamentary [palə'mentərɪ] *adj.* parlamentarisch; Parlaments-
parlour ['palər] *n.* Wohnzimmer, *n*
parochial [pə'rəukɪəl] *adj.* a) eng; b) Gemeinde-
parody ['pærədɪ] 1. *v. t.* parodieren; 2. *n.* Parodie, *f.*; Abklatsch, *m.*
parquet ['pakɪ, 'pakeɪ] *n.* Parkett, *n.*; ~ floor Parkettfußboden, *m*
parrot ['pærət] 1. *v. t.* nachplappern. 2. *n.* Papagei, *m*
parry ['pærɪ] *v. t.* abwehren; parieren
parsley ['paslɪ] *n.* Petersilie, *f*
part [pat] 1. *v. i.* eine Gasse bilden; sich öffnen;sich teilen; reißen; sich trennen; 2. *v. t.* trennen; teilen; scheiteln; 3. *adv.* teils. 4. *n.* Teil, *m.*; for the most ~: größtenteils; Aufgabe, *f.*;Gegend, *f.*; Partei, *f.*; Rolle, *f.*; *f)* Part, *m.*; Partie, *f.*; Stimme, *f.*; Anteil, *m.*
partial ['paʃl] *adj.* a); parti-

ell; teilweise b) parteiisch; voreingenommen
partiality [pɑʃɪ'ælɪtɪ] *n.* a) Vorliebe, *f.*; b) Voreingenommenheit, *f*
partially ['pɑʃəlɪ] *adv.* zum Teil; teilweise
participant [pɑ'tɪsɪpənt] *n.* Beteiligte, *m./f.*Teilnehmer, *m./*-in, *f.*
participate [pɑ'tɪsɪpeɪt] *v. i.* teilnehmen; sich beteiligen
participation [pɑtɪsɪ'peɪʃn] *n.* Teilnahme, *f.*; Beteiligung, *f.*
participle ['pɑtɪsɪpl] *n.* Partizip, *n.*; present ~: Partizip Präsens
particle ['pɑtɪkl] *n.* a) Teilchen, *n.*; b) Fünkchen, *n.*; c) Partikel, *f*
particular [pə'tɪkjulər] 1. *adj.* a) genau; eigen; b) besonders...; 2. *n.* a) Einzelheit, *f.*; Detail, *n.* b) Personalien *Pl.* Einzelheiten; Details
particularly [pə'tɪkjulərlɪ] *adv.* a) speziell; insbesondere b) besonders
parting ['pɑtɪŋ] 1. *attrib. adj.* Abschieds-; 2. *n.* Scheitel, *m.*; Trennung, *f.*; Abschied, *m*
partisan ['pɑtɪzæn] *n.* (Militär) Partisan, *m./*Partisanin, *f*
partition [pɑ'tɪʃn] 1. *v. t.* aufteilen; teilen; 2. *n.* Teilung, *f.*; Trennwand, *f.*; Abteilung, *f.*; Bereich, *m*
partly ['pɑtlɪ] *adv.* teilweise, zum Teil
partner ['pɑtnər] *n.* Partner, *m./*Partnerin, *f*
partnership ['pɑtnəʃɪp] *n.* Partnerschaft, *f.*
party ['pɑtɪ] *n.* a) Partei, *f.*; *attrib.* Partei-; b) Party, *f.*; Gesellschaft, *f.*
pass [pɑs] 1. fließen; ziehen; übergehen zu; passieren; bestehen; vorbeifahren an; lassen; überschreiten, übersteigen; verabschieden; annehmen; freigeben; bringen; abgeben; geben; fällen, verkünden . 2. *n.* bestandene Prüfung; Ausweis, *m.*; Passierschein, *m.*; Ballabgabe, *f.*; Pass, *m.*; Notlage, *f*
passable ['pɑsəbl] *adj.* a) passierbar, befahrbar (Straße) b) passabel
passage ['pæsɪdʒ] *n.* a) Überquerung, *f.*; Ab-, Verlauf, *m.*; b) Textpassage, *f.*; c) Überfahrt, *f.*; d) Gang, *m.*; Durchgang, *m.*; Einkaufspassage, *f.*; e) Übergang, *m.*; f) Passage, *f.*; g) Verabschiedung, *f.*; h) Stelle, *f.*; i) Durchreise, *f.*;
passenger ['pæsɪndʒər] *n.* Passagier, *m.*; Fluggast, *m.*; Fahrgast *m./*Fahrgästin, *f.*; Mitfahrer, *m./*Mitfahrerin, *f*
passer-by [pɑsə'baɪ] *n.* Passant, *m./*Passantin, *f*
passing ['pɑsɪŋ] 1. *adj.* a) vorbeifahrend; vorbeikommend; vorbeiziehend; b) vorübergehend; flüchtig; 2. *n.* Ausklang, *m.*; Vorübergehen, *n.*; Lauf, *m.*; Ende, *n.*;
passion ['pæʃn] *n.* a) P~ Passion, *f.* b) Leidenschaft, *f*
passionate ['pæʃənət] *adj.* leidenschaftlich
passive ['pæsɪv] 1. *adj.* a) Passiv-; passivisch. b) passiv; widerspruchslos; 2. *n.* Passiv, *n*
passiveness ['pæsɪvnɪs], passivity [pæ'sɪvɪtɪ] *ns., no pl.* Passivität, *f*
passport *n.* a) Reisepass, *m.*; b) *attrib.* Pass-
password *n.* a) Parole, *f.*; Losung, *f.*; b) Passwort
past [pɑst] 1. *adv.* vorbei; vorüber; 2. *adj. pred.* vorbei; vorüber; *attrib.* früher; vergangen; früher, ehemalig; letzt...; vergangen; ~ tense Vergangenheit, *f.* 3. *prep.* nach; hinter. 4. *n.* Vergangenheit, *f.*; Vergangene, *n.*; Gewesene, *n.*
pasta ['pɑstə] *n.* Nudeln *Pl.*; Teigwaren *Pl*
paste [peɪst] 1. kleben; einkleben 2. Kleister, *m.*; Strass, *m.*; Brei, *m.*; Paste, *f*
pastel ['pæstl] 1. *adj.* pastellfarben; Pastell-. 2. *n.* Pastellzeichnung, *f.*; Pastellstift, *m.*; Pastellkreide, *f*
pasteurize ['pæstʃəraɪz, 'pɑstʃəraɪz] *v. t.* pasteurisieren
pastoral ['pɑstərəl] *adj.* pastoral; seelsorgerisch; Weide-; ländlich
pastry ['peɪstrɪ] *n.* a) Gebäck *n.*; b) Teig, *m*
pasture ['pɑstʃər] *n.* a) Weideland, *n.*; Weide, *f.*; b) Futter, *n.*; Gras, *n.*
pasty ['pæstɪ] *n.* Pastete, *f*
pasty ['peɪstɪ] *adj.* zähflüssig; breiig, teigig
pat [pæt] 1. *v. t.*, -tt-: a) festklopfen, andrücken; b) leicht klopfen auf; einen Klaps geben; tätscheln; 2. *n.* Klaps, *m.*; leichter Schlag
pat 1. *adv.* have sth. off ~: etw. parat haben; 2. *adj.* schlagfertig
patch [pætʃ] 1. *n.* a) Flicken, *m.*; b) Land, *n.*; c) Stelle, *f.*
patchwork *n.* Patchwork, *n.*;
patent ['peɪtənt, 'pætənt] 1. *v. t.* patentieren lassen; 2. *adj.* a) patentiert; b) offensichtlich. offenkundig. 3. *n.* Patent, *n*
paternity [pə'tɜːnɪtɪ] *n.* Vaterschaft, *f*
path [pɑθ] *n.*, *pl.* ~s [pɑðz] a) Bahn, *f.*; Weg, *m.*; b) Pfad, *m.*
pathetic [pə'ðetɪk] *adj.* a) pathetisch; b) herzergreifend mitleiderregend; c) armselig; erbärmlich
pathological [pæðə'lɒdʒɪkl] *adj.* a) krankhaft; patho-

pathologist

logisch b) pathologisch; Pathologie
pathologist [pəˈɒblədʒɪst] n. Pathologe, m./Pathologin, f.
pathology [pəˈɒblədʒɪ] n. Pathologie, f
patience [ˈpeɪʃəns] n. a) Geduld, f. Ausdauer, f.; Beharrlichkeit, f.; Gleichmut, m.; Langmut, m.; b) (Karten) Patience, f
patient [ˈpeɪʃənt] 1. adj. langmütig; beharrlich; geduldig; . 2. n. Patient, m./Patientin, f
patiently [ˈpeɪʃəntlɪ] adv. geduldig; mit Geduld
patio [ˈpætɪəʊ] n., pl. ~s Veranda, f.; Terrasse, f
patriarch [ˈpeɪtrɪɑk] n. Stammesoberhaupt, n. Patriarch, m
patriarchal [peɪtrɪˈɑkl] adj. patriarchalisch
patriot [ˈpætrɪət, ˈpeɪtrɪət] n. Patriot, m./Patriotin, f
patriotic [pætrɪˈɒtɪk, peɪtrɪˈɒtɪk] adj. patriotisch
patriotism [ˈpætrɪətɪzm, ˈpeɪtrɪətɪzm] n. Patriotismus, m
patrol [pəˈtrəʊl] 1. v. i., -ll- patrouillieren; seine Runde machen; Streife laufen; Patrouille fahren 2. v. t., -ll- patrouillieren; patrouillieren durch, Streife laufen in. 3. n. a) Streife, f.; Patrouille, f.;b) Spähtrupp, m.; c) Runde, f
patron [ˈpeɪtrən] n. Schutzheilige, m./f. Kunde, m./-in, f.; Gast, m.; Besucher, m./-in, f. c) Gönner, m./-in, f.; Schirmherr, m./-in, f
patronage [ˈpætrənɪdʒ] n. Unterstützung, f.; Schirmherrschaft, f.
patronize [ˈpætrənaɪz] herablassend behandeln; fördern; unterstützen
patronizing [ˈpætrənaɪzɪŋ] adj. herablassend, gönnerhaft
patter [ˈpætər] 1. v. i. trippeln prasseln; trappeln. 2.; n. Trappeln, n.; Prasseln, n.; Sprüche Pl
pattern [ˈpætən] 1. v. t. gestalten; 2. n. Muster, n.; Schema, n.; Design, n.
paunch [pɔːntʃ] n. Bauch, m.; Wanst, m.
pauper [ˈpɔːpər] n. Arme, m./f
pause [pɔːz] 1. v. i. pausieren; zögern; innehalten. 2. n. Pause, f
pave [peɪv] v. t. pflastern
pavement [ˈpeɪvmənt] n. a) Fahrbahn, f. b) Bürgersteig, m.; Gehsteig, m
pavilion [pəˈvɪljən] n. a)Klubhaus, n. b) Pavillon, m
paw [pɔː] 1. v. i. scharren; 2. v. t. mit der Pfote berühren; tätscheln; befummeln. 3. n. Pfote, f.; Pranke, f
pawn [pɔːn] n. (Schach) Bauer, m
pawn 1. v. t. verpfänden; 2. n. Pfand, n.; ~shop n. Leihhaus, n
pay [peɪ] 1. paid büßen müssen; sich lohnen; rentabel sein; sich auszahlen; zahlen; abbezahlen, zurückzahlen; bezahlen; belohnen; einbringen, abwerfen; sich bezahlt machen. 3. n. Gehalt, n.; Lohn, m
payable [ˈpeɪəbl] adj. zahlbar
payee [peɪˈiː] n. Zahlungsempfänger, m./-empfängerin, f
payment [ˈpeɪmənt] Zahlung, f.; Rückzahlung, Zahlung, f.; Abzahlung, f
pea [piː] n. Erbse, f
peace [piːs] n. a) Ruhe, f.; b) Ruhe und Ordnung; c) Frieden, m
peaceable [ˈpiːsəbl] adj. friedlich, friedfertig; friedliebend
peaceful [ˈpiːsfl] adj.; ruhig, friedfertig, friedlich

peacefully [ˈpiːsfəlɪ] adv. friedlich
peace~-keeping force Friedenstruppe, f
peach [piːtʃ] n. a) Pfirsich, m.; b) Pfirsichton, m.
peach-tree n. Pfirsichbaum, m
peacock n. Pfau, m
peak [piːk] 1. attrib. adj. Höchst-, Spitzen-. 2. v. i. Höhepunkt
peanut [ˈpiːnət] n. Erdnuss, f
pear [peər] n. Birne, f
pearl [pɜːl] n. Perle, f
peasant [ˈpeznt] Landarbeiter, m.; Bauer, m.
pebble [ˈpebl] n. Kiesel adj. steinig
peck [pek] 1. v. i. picken. 2. v. t. a) hacken; picken; b) flüchtig küssen. 3. n. a) Picken, n.; Hacken, n.; b) Küsschen
peckish [ˈpekɪʃ] adj. (ugs.) hungrig
peculiar [pɪˈkjuːlɪər] adj. a) besonder..; b) eigentümlich; c) seltsam; eigenartig; sonderbar
pedagogic [pedəˈɡɒɡɪkl, pedəˈɡɒdʒɪkl] adj. pädagogisch
pedagogy [ˈpedəɡɒdʒɪ] n. Pädagogik, f
pedal [ˈpedl] 1. n. Pedal, n. 2. v. i., (Brit.) -ll-: a) in die Pedale treten; strampeln (ugs.); radeln
pedant [ˈpedənt] n. Pedant, m./Pedantin, f.
pedantic [pɪˈdæntɪk] adj. pedantisch
pedestal [ˈpedɪstl] n. Sockel, m.
pedestrian [pɪˈdestrɪən] 1. adj.; langweilig; trocken. 2. n. Fußgänger, m./-gängerin, f
pedicure [ˈpedɪkjʊər] n. Pediküre, f
pedigree [ˈpedɪɡriː] 1. adj. mit Stammbaum. 2. n. a) Ahnentafel, f. Stammbaum,

m

pedlar ['pedlər] *n.* Straßenhändler, *m./*-in, *f.* Hausierer, *m./* -in, *f*

peek [piːk] 1. *v. i.* gucken 2. *n.* verstohlener Blick

peel [piːl] 1. *v. i.* sich lösen; abblättern; 2. *v. t.* schälen. 3. *n.* Schale, *f*

peeler ['piːlər] *n.* Schäler, *m.*; Schälmesser, *n*

peeling ['piːlɪŋ] *n.* Stück Schale

peep [piːp] 1. *v. i.* piep[s]en; . 2. *n.* Piepsen, *n*

peep *v. i.* ~ out rausgucken, zum Vorschein kommen

peer *v. i.* forschend schauen; angestrengt schauen; angestrengt ansehen; genau ansehen

peevish ['piːvɪʃ] *adj.* gereizt; nörgelig; quengelig

peg [peg] 1. *v. t.*, -gg-: stabilisieren; stützen; einfrieren; mit Pflöcken befestigen; 2. *n.* Stift, *m.*; Pflock, *m.*; Haken, *m.*; Wäscheklammer, *f.*; Hering, *m.*; Wirbel, *m*

pejorative [pɪˈdʒɒrətɪv] 1.pejorativ; abwertend. 2. Pejorativum, *n*

pellet ['pelɪt] *n.* a) Schrot, *m.* oder *n.* b) Kügelchen, *n.*; Pellet, *n.*

pelmet ['pelmɪt] *n.* Blende, *f.*; Schabracke, *f*

pelt [pelt] *n.* Fell, *n*

pelt 1. *v. i.* a) prasseln; b) rasen; 2. *v. t.* mit etw. bewerfen

pelvic ['pelvɪk] *adj.*Beckenpelvis ['pelvɪs] *n.*, *pl.* pelves ['pelviːz] or ~es (Körper) Becken, *n*

pen [pen] 1. *n.* Feder, *f.* Federhalter, *m.*; Füller, *m.*; Kugelschreiber, *m.*; Filzstift, *m.*; Stift, *m.*; 2. *v. t.*, -nn- niederschreiben

pen *n.* Pferch, *m.*

penal ['piːnl] *adj.* Strafpenalize ['piːnəlaɪz] *v. t.* bestrafen

penalty ['penltɪ] *n.* Strafe, *f*

pencil ['pensɪl] 1. *v. t.*, (Brit.) -ll-: a) mit Bleistift. skizzieren; b) mit einem Bleistift/Farbstift schreiben c) mit Bleistift/Farbstift markieren; 2. *n.* a) Bleistift, *m*

pencil: ~-case *n.* Griffelkasten, *m.*; Federmäppchen, *n*

pendant ['pendənt] *n.* Anhänger, *m*

pending ['pendɪŋ] *adj.* schwebend; unentschieden; anhängig; bevorstehend

pendulum ['pendjʊləm] *n.* Pendel, *n*

penetrate ['penɪtreɪt] 1. *v. i.* eindringen; 2. *v. t.* eindringen in; durchdringen; dringen in

penetrating ['penɪtreɪtɪŋ] *adj.* scharfsinnig; scharf; durchdringend

penetration [penɪˈtreɪʃn] *n.* Scharfsinn, *m.*; Durchdringen, *n.*; Infiltration, *f.*; Unterwanderung, *f.*; Eindringen, *n.*; Durchdringen, *n*

pen-friend *n.* Brieffreund, *m./*-freundin, *f*

penguin ['peŋgwɪn] *n.* Pinguin, *m*

penicillin [penɪˈsɪlɪn] *n.* (Medizin) Penizillin, *n*

peninsula [pɪˈnɪnsjʊlə] *n.* Halbinsel

penis ['piːnɪs] *n.*, *pl.* ~es or penes ['piːniːz] Penis, *m*

penitence ['penɪtəns] *n.*, Reue, *f*

penitent ['penɪtənt] 1. *adj.* reuevoll; reuig. 2. *n.* Büßer, *m./*Büßerin, *f*

penniless ['penɪlɪs] *adj.* mittellos sein

penny ['penɪ] *n.*, *pl.* pennies ['penɪz] pence [pens] Penny, *m*.

pension ['penʃn] *n.* Pension, *f.*; Rente, *f.*; in Pension gehen

pensionable ['penʃənəbl] *adj.* reach ~ age das Rentenalter erreichen; das Pensionsalter erreichen

pensioner ['penʃənər] *n.* Rentner, *m./*-in, *f.*; Pensionär, *m./*-in, *f*

pensive ['pensɪv] *adj.* a) schwermütig b) nachdenklich

pent [pent] *adj.* eingedämmt; angestaut

pentagon ['pentəgən] *n.* Fünfeck, *n.*; Pentagon, *n.*

pentathlon [penˈtæθlən] *n.* Fünfkampf, *m*

Pentecost ['pentɪkɒst] *n.* Pfingstfest, *n.* Pfingsten, *n*

pent: ~house *n.* Penthaus, *n.*; Penthouse, *n.*

peony ['piːənɪ] *n.* Pfingstrose, *f.*; Päonie, *f.*

people ['piːpl] 1. *v. t.* bevölkern 2. *n.* Volk, *n.*; *pl.* Menschen; Leute Pl

People's Republic *n.* Volksrepublik, *f*

pep [pep] *(ugs.)* 1. *v. t.*, -pp- aufpeppen 2. *n.* Pep, *m.*; Schwung, *m*

pepper ['pepər] 1. *v. t.* pfeffern; bombardieren . 2. *n.* Pfeffer, *m.*; Paprikaschote, *f.*; ~mint. Pfefferminz, *n.*; Pfefferminze, *f*

per [pər stressed pɜːr] *prep.* pro; angegeben; laut; per; durch

perceive [pəˈsiːv] *v. t.* wahrnehmen; spüren; bemerken

per cent (Brit.: Amer.: percent) [pə ˈsent] Prozent, *n.*

perceptible [pəˈseptəbl] *adj.* wahrnehmbar

perceptibly [pəˈseptɪblɪ] *adv.* sichtlich; sichtbar; merklich

perception [pəˈsepʃn] *n.* Wahrnehmungsvermögen, *n.*; Erfassen, *n.* Gespür, *n.*; Wahrnehmung, *f.*; Erkenntnis, *f*

perceptive [pəˈseptɪv] *adj.* a) scharfsinnig; scharf; fein; b) einfühlsam

perceptively [pəˈseptɪvlɪ]

perceptively

einfühlsam; mit scharfer Wahrnehmung
perch [pɜːtʃ] *n.* Flussbarsch, *m*
perch 1. *v. i.* a) sich niederlassen; b) sitzen. 2. *v. t.* setzen/stellen/legen; 3. *n.* a) Hühnerstange, *f.*; b) Sitzplatz
percolate [ˈpɜːkəleɪt] 1. *v. i.* a) vordringen; b) sickern; c) durchlaufen. 2. *v. t.* a) Kaffee machen b) dringen in; c) sickern durch
percolator [ˈpɜːkəleɪtər] *n.* Kaffeemaschine, *f*
percussion [pəˈkʌʃn] *n.* Schlagzeug, *n*
perennial [pəˈrenjəl] *adj.* a) immerwährend; ewig; ungelöst; b) ausdauernd; c) ganzjährig; 2. *n.* ausdauernde Pflanze
perfect 1. [pəˈfekt] *v. t.*; perfektionieren, vervollkommen 2. [ˈpɜːfɪkt] *adj.* a) vollkommen; umfassend; b) herrlich; wunderbar; c) völlig; d) perfekt; getreu; e) tadellos; gelungen
perfection [pəˈfekʃn] *n.*, Perfektionierung, *f.*; Vervollkommnung *f.*; Perfektion, *f.*; Vollkommenheit, *f*
perfectionism [pəˈfekʃənɪzəm] *n.*, Perfektionismus, *m*
perfectionist [pəˈfekʃənɪst] *n.* Perfektionist, *m.*/Perfektionistin, *f*
perfectly [ˈpɜːfɪktlɪ] *adv.* a) vollkommen; völlig; b) furchtbar; c) vollkommen; exakt, genau; d) perfekt; tadellos
perfidious [pɜːˈfɪdɪəs] *adj.* perfide
perforate [ˈpɜːfəreɪt] *v. t.* a) durchlöchern b) perforieren
perforation [pɜːfəˈreɪʃn] *n.* a) Loch, *n.*; Zähnung, *f.*; b) Perforierung, *f*
perform [pəˈfɔːm] auftreten; laufen, fahren; vorführen; eine Vorführung geben; singen; spielen; ausführen; durchführen; ausfüllen; vollbringen
performance [pəˈfɔːməns] *n.* Leistung, *f.*; Durchführung, *f.*; Erfüllung, *f.*; Ausführung, *f.*;Vorstellung, *f.*; Leistung, *f*
performer [pəˈfɔːmər] *n.* Künstler, *m.*/Künstlerin, *f*
perfume [ˈpɜːfjuːm] *n.* a) Duft, *m.*; b) Parfüm, *n*
perhaps [pəˈhæps, præps] *adv.* vielleicht
peril [ˈperəl] *n.* Gefahr, *f*
perilous [ˈperələs] *adj.* gefahrvoll
perimeter [pəˈrɪmɪtər] *n.* a) Begrenzung; b) Umfang, *m*
period [ˈpɪərɪəd] *n.* a) Punkt, *m.*; b) Zeitraum, *m.*; Zeitspanne, *f.*; c) Periode, *f.*; Zeit, *f*
periodic [pɪərɪˈɒdɪk] *adj.* periodisch, regelmäßig; gelegentlich
periodical [pɪərɪˈɒdɪkl] 1. *adj.* siehe periodic. 2. *n.* Zeitschrift, *f*
periodic 'table *n.* (Chemie) Periodensystem, *n*
peripheral [pəˈrɪfərəl] *adj.* peripher; marginal; Rand-
periphery [pəˈrɪfərɪ] *n.* Begrenzung, *f.*;Peripherie, *f.*; Rand, *m*
perish [ˈperɪʃ] *v. i.* a) untergehen; versiegen; altern; eingehen; umkommen b) verderben; verblassen
perishable [ˈperɪʃəbl] *adj.* verderblich
perjure [ˈpɜːdʒər] *v.* refl.) einen Meineid leisten; falsch aussagen
perjury [ˈpɜːdʒərɪ] *n.* Meineid, *m*
perk [pɜːk] 1. *v. i.* ~ up munter werden. 2. *v. t.* a) ~ up aufstellen; heben; b) ~ up aufmuntern
perky [ˈpɜːkɪ] *adj.* a) keck; selbstbewusst b) lebhaft; munter
perm [pɜːm] 1. *v. t.* sich eine Dauerwelle machen lassen; eine Dauerwelle haben. 2. *n.* Dauerwelle, *f*
permanence [ˈpɜːmənəns] *n.*, Dauerhaftigkeit, *f*
permanency [ˈpɜːmənənsɪ] *n.* Dauer(zustand), *m.*; Dauerstellung, *f*
permanent [ˈpɜːmənənt] *adj.* beständig, ewig; Dauer-; bleibend; ständig
permanently [ˈpɜːmənəntlɪ] *adv.* dauernd; fest; ständig
permeable [ˈpɜːmɪəbl] *adj.* durchlässig
permeate [ˈpɜːmɪeɪt] 1. *v. t.* dringen in; dringen durch; 2. *v. i.* ~ through sth. etw. durchdringen
permissible [pəˈmɪsəbl] *adj.* zulässig
permission [pəˈmɪʃn] *n.* Erlaubnis, *f.*; Genehmigung, *f*
permissive [pəˈmɪsɪv] *adj.*) großzügig; freizügig; tolerant; permissiv
permit 1. [pəˈmɪt] 1. es zulassen; etw. erlauben; gestatten; zulassen; 2. [ˈpɜːmɪt] *n.* Genehmigung, *f.*; Passierschein, *m*
permutation [pɜːmjuˈteɪʃn] *n.* a) Permutation, *f.*; Anordnung, *f.*; Reihenfolge, *f.*; b) Umstellung, *f*
pernicious [pəˈnɪʃəs] *adj.* schlimm, übel;verderblich; bösartig
perpendicular [pɜːpənˈdɪkjələr] 1. *adj.* senkrecht; lotrecht. 2. *n.* Lot, *n.*; Senkrechte, *f*
perpetual [pəˈpetʃʊəl] *adj.* ständig; dauernd; ewig
perpetuate [pəˈpetʃʊeɪt] erhalten; aufrechterhalten; lebendig erhalten; unsterblich machen
perplex [pəˈpleks] *v. t.* verwirren
perplexed [pəˈplekst] *adj.* verwirrt; ratlos

persecute ['pɛːsɪkjuat] *v. t.* a) verfolgen; b) plagen; zusetzen

persecution [pɛːsɪ'kjuaʃn] *n.* a) Verfolgung, *f.*; b) Plagerei, *f*

persevere [pɛːsɪ'vɪər] *v. i.* ausharren

Persian ['pɛːʃn] 1. *adj.* persisch. 2. *n.* a) Perser, *m.*/Perserin, *f.*; b) Persisch

persist [pə'sɪst] *v. i.* a) anhalten b) beharrlich sein Ziel verfolgen

persistence [pə'sɪstəns] *n.* a) Ausdauer, *f.*; Zähigkeit, *f.*; b) Fortbestehen, *n.* c) Hartnäckigkeit, *f.*; Beharrlichkeit, *f*

persistent [pə'sɪstənt] *adj.* dauernd; hartnäckig; hartnäckig; anhaltend

person ['pɛːsn] *n.* a) Mensch, *m.*; Person, *f.*; b) Körper, *m.*; Erscheinung

personage ['pɛːsənɪdʒ] *n.* a) Persönlichkeit, *f.*; b) Person, *f*

personal ['pɛːsənl] *adj.* persönlich; Privat-

personality [pɛːsə'næləti] *n.* Persönlichkeit, *f*

personalize ['pɛːsənəlaɪz] *v. t.* a) personifizieren; b) persönlich gestalten; eine persönliche Note geben

personification [pəsɒnɪfɪ'keɪʃn] Verkörperung, *f*

personify [pə'sɒnɪfaɪ] *v. t.* verkörpern

personnel [pɛːsə'nel] *n.* a) *pl.* Belegschaft, *f.*; Personal, *n*

perspective [pə'spektɪv] *n.* Perspektive, *f.*; Blickwinkel, *m.*; Aussicht, *f.*

perspiration [pɛːspə'reɪʃn] *n.* a) Schweiß, *m.*; b) Schwitzen, *n*

perspire [pə'spaɪər] *v. i.* schwitzen; transpirieren

persuadable [pə'sweɪdəbl] *adj.* leicht zu überreden

persuade [pə'sweɪd] *v. t.* a) überreden; b) überzeugen

persuasion [pə'sweɪʒn] *n.* a) Überzeugung, *f.*; b) Überzeugungskraft, *f.*; c) Glaubensgemeinschaft, *f*

persuasive [pə'sweɪsɪv] *adj.* überzeugend

pert [pɛːt] *adj.* a) keck; hübsch; b) unverschämt; frech

pertain [pə'teɪn] *v. i.* a) gehören zu; b) gelten; c) betreffen

pertinence ['pɛːtɪnəns] *n.*, *no pl.* Relevanz, *f*

pertinent ['pɛːtɪnənt] *adj.* relevant

perturb [pə'tɛːb] *v. t.* beunruhigen

peruse [pə'ruːz] *v. t.* untersuchen, genau durchlesen

Peruvian [pə'ruːvɪən] 1. *adj.* peruanisch. 2. *n.* Peruaner, *m.* /-in, *f*

pervasive [pə'veɪsɪv] *adj.* durchdringend; weit verbreitet

perverse [pə'vɛːs] *adj.* verrückt; uneinsichtig, verstockt; pervers

perversion [pə'vɛːʃn] Pervertierung, *f.*; Missbrauch, *m.*; Verdrehung, *f*

pervert 1. [pə'vɛːt] *v. t.* verfälschen; pervertieren; beugen; untergraben; verderben. 2. ['pɛːvɛːt] *n.* Perverse, *m.*/*f*

pessimism ['pesɪmɪzəm] *n.*, Pessimismus, *m*

pessimist ['pesɪmɪst] *n.* Pessimist, *m.*/Pessimistin, *f.*

pessimistic [pesɪ'mɪstɪk] *adj.* pessimistisch

pest [pest] *n.* Plage, *f.*; Nervensäge, *f.*; Ärgernis, *n.*; Schädling, *m*

pester ['pestər] *v. t.* belästigen; nerven

pesticide ['pestɪsaɪd] *n.* Pestizid, *n*

pet [pet] 1. *v. i.*, -tt- knutschen; zärtlich sein. 2. *v. t.*, -tt-: bevorzugen; verwöhnen; verhätscheln; streicheln; liebkosen. 3. *adj.* zahm; Haustier-; Lieblings-; Kose-. 4. *n.* Haustier, *n.*; Liebling, *m*

petal ['petl] *n.* Blütenblatt, *n*

peter ['piːtər] *v. i.* ~ out zu Ende gehen; versanden; sich totlaufen

petite [pə'tiːt] *adj.* fem. zierlich

petition [pə'tɪʃn] *n.* a) Petition, *f.*; Eingabe, *f.*; b) Antrag; Klage, *f*

petrify ['petrɪfaɪ] versteinern; erstarren

petrochemical [petrəʊ'kemɪkl] *adj.* petrochemisch

petrol ['petrəl] *n.* (Brit.) Benzin, *n*

petroleum [pə'trəʊlɪəm] *n.* Erdöl, *n*

pet shop *n.* Tierhandlung, *f*

petty ['peti] *adj.* kleinlich; kleinkariert; Klein-; klein; belanglos

petulant ['petjʊlənt] *adj.* bockig

pew [pjuː] *n.* a) Sitzplatz, *m.*; b) Kirchenbank, *f*

phallic ['fælɪk] *adj.* phallisch

phantom ['fæntəm] 1. *adj.* Phantom- 2. *n.* Phantom, *n*

pharmaceutical [fɑːmə'sjuːtɪkl] *adj.* pharmazeutisch; Pharma-

pharmacist ['fɑːməsɪst] *n.* Apotheker, *m.*/-in, *f.*; Pharmazeut, *m.*/-in, *f*

pharmacology [fɑːmə'kɒlədʒi] *n.* Pharmakologie, *f*

pharmacy ['fɑːməsi] *n.* a) Apotheke, *f.* b) Pharmazie, *f*

phase [feɪz] 1. *v. t.* stufenweise durchführen 2. Phase, *f.*; Abschnitt, *m*

pheasant ['feznt] *n.* Fasan, *m*

phenomenal [fɪ'nɒmɪnl] *adj.* phänomenal; sagenhaft; unwahrscheinlich

phenomenon [fə'nɒmɪnən] *n.*, *pl.* phenomena

[fə'nɒmɪnə] Phänomen, *n*
phial ['faɪəl] *n.* Medizinfläschchen, *n.*; Phiole, *f*
philately [fɪ'lætəlɪ] *n.* Briefmarkenkunde, *f.* Philatelie, *f*
philharmonic [fɪlhɑ'mɒnɪk] *adj.* philharmonisch
Philippines ['fɪlɪpiɑnz] *pr. n. pl.* Philippinen Pl
philistine ['fɪlɪstaɪn] *n.* [ʜʊltur]banause, *m.*/-banausin, *f*
philology [fɪ'lɒlədʒɪ] *n.* Sprachwissenschaft
philosopher [fɪ'lɒsəfər] *n.* Philosoph, *m.*/Philosophin, *f*
philosophic [fɪlə'sɒfɪk], **philosophical** [fɪlə'sɒfɪkl] *adj.* philosophisch; abgeklärt; gelassen
philosophize [fɪ'lɒsəfaɪz] *v. i.* philosophieren
philosophy [fɪ'lɒsəfɪ] *n.* Philosophie, *f*
phlegm [flem] *n.* a) Gleichmut, *m.*; b)Schleim, *m.*; c) Phlegma, *n*
phlegmatic [fleg'mætɪk] *adj.* a) phlegmatisch; b) gleichmütig
phobia ['fəʊbɪə] *n.* Phobie, *f.*; Angst
phone [fəʊn] *(ugs.)* 1. *v. i.* anrufen;2. *v. t.* anrufen; 3. *n.* Telefon, *n*
phonetic [fə'netɪk] *adj.* phonetisch
phonetics [fə'netɪks] *n.* Phonetik, *f*
phoney ['fəʊnɪ] *(ugs.)* 1. *adj.*, phonier ['fəʊnɪər], phoniest ['fəʊnɪɪst] falsch; gefälscht; falsch; erfunden; 2. *n.* Fälschung, *f.* Blender, *m.*/-in, *f*
phosphorescence [fɒsfə'resns] *n.* Phosphoreszenz, *f*
phosphorus ['fɒsfərəs] *n.* *(Chem.)* Phosphor, *m*
photo ['fəʊtəʊ] *n.*, *pl.* ~s Foto, *n.*
photogenic [fəʊtə'dʒenɪk] *adj.* fotogen
photograph ['fəʊtəgrɑf] 1. fotografieren. 2. *n.* Fotografie, *f.*; Foto, *n*
photographer [fə'tɒgrəfər] *n.* Fotograf, *m.*/Fotografin, *f*
photographic [fəʊtə'græfɪk] *adj.* fotografisch; Foto-
photography [fə'tɒgrəfɪ] *n.*, *no pl.*, Fotografie, *f*
phrase [freɪz] 1. Redewendung, *f.*; kurze Formel. 2. phrasieren
phraseology [freɪzɪ'ɒlədʒɪ] *n.* Terminologie, *f.* Ausdrucksweise, *f*
physical ['fɪzɪkl] 1. *adj.* physikalisch; körperlich; sinnlich; stofflich, dinglich. 2. *n.* ärztliche Untersuchung; Musterung, *f*
physically ['fɪzɪkəlɪ] *adv.* a) physikalisch; b) körperlich; physisch
physician [fɪ'zɪʃn] *n.* Arzt, *m.*/ Ärztin, *f*
physicist ['fɪzɪsɪst] *n.* Physiker, *m.*/Physikerin, *f*
physics ['fɪzɪks] *n.*, Physik, *f*
physiological [fɪzɪə'lɒdʒɪkl] *adj.* physiologisch
physiology [fɪzɪ'ɒlədʒɪ] *n.* Physiologie, *f*
physiotherapist [fɪzɪəʊ'θerəpɪst] *n.* Physiotherapeut, *m.*/-in, *f*
physiotherapy [fɪzɪəʊ'θerəpɪ] *n.* Physiotherapie, *f*
physique [fɪ'ziɑk] *n.* Körperbau, *m*
pianist ['pɪɑənɪst] *n.* Pianist, *m.*/ Pianistin, *f*
piano [pɪ'ænəʊ] *n.*, *pl.* ~s Flügel, *m.*; Klavier, *n.*; *attrib.* Klavier-
piccolo ['pɪkələʊ] *n.*, *pl.* ~s Pikkoloflöte, *f.*; Pikkolo, *n*
pick [pɪk] *n.* a) Plektrum, *n.* b) Spitzhacke, *f*
pick 1. wählerisch sein; auswählen; aufstellen; jmdn. bestehlen; abnagen; ernten, pflücken. 2. Wahl, *f.*; ~ sb. up jmdn. abholen
pickings ['pɪkɪŋz] *n. pl.* Reste Pl.; Ausbeute, *f*
pickle ['pɪkl] 1. *v. t.* marinieren; einlegen; 2. *n.* Salzlake, *f.* Marinade, *f*
picnic ['pɪknɪk] 1. *v. i.*, -ck- picknicken 2. *n.* Picknick, *n*
pictorial [pɪk'tɔːrɪəl] *adj.* bildlich; illustriert
picture ['pɪktʃər] 1. darstellen, abbilden; vorstellen. 2. Vorstellung, *f.*; Bild, *n.*; Porträt, *n.*; Porträtfoto, *n.*; Bild, *n.*; Film, *m.*; in *pl.* Kino, *n.*
picturesque [pɪktʃə'resk] *adj.* malerisch; pittoresk; anschaulich
pie [paɪ] *n.* Pastete, *f.*; Obstkuchen, *m*
piece [piəs] 1. *v. t.* ~ together zusammenfügen. 2. *n.* Figur, *f.*; Stein, *m.*; Stück, *n.*; Scherbe, *f.*; Teil, *m*
pier [pɪər] *n.* Pier, *m.*/ *f*
pierce [piəs] *v. t.* a) durchdringen; b) durchbohren, durchstechen
piercing ['pɪəsɪŋ] *adj.* durchdringend; schneidend
piety ['paɪətɪ] *n.*, *no pl.* Frömmigkeit, *f*
pig [pɪg] *n.* a) Schwein, *n.*; b) Vielfraß, *m.*; Ferkel, *n.* *(ugs.)*
pigeon ['pɪdʒɪn] *n.* Taube, *f*
piglet ['pɪglɪt] *n.* Ferkel, *n*
pigment ['pɪgmənt] 1. *n.* Pigment, *n.* 2. *v. t.* pigmentieren
pigmentation [pɪgmən'teɪʃn] *n.* Pigmentierung, *f*
pike *n.* Pike, *f.*; Spieß, *m*
pilchard ['pɪltʃəd] *n.* Sardine, *f*
pile [paɪl] 1. *v. t.* beladen; aufstapeln; aufhäufen; 2. *n.* Stoß, *m.*; Haufen, *m.*; Stapel, *m.*; Haufen, *m.*; Masse, *f*
pile *n.* Flor, *m*
pile *n.* Pfahl, *m*
piles [paɪlz] *n. pl.* *(Medizin)* Hämorriden Pl
pilfer ['pɪlfər] *v. t.* klauen
pilgrim ['pɪlgrɪm] *n.* Pilger, *m.*/Pilgerin, *f.*; Wallfahrer, *m.*/-fahrerin, *f*

pilgrimage ['pɪlgrɪmɪdʒ] n. Pilgerfahrt, f.; Wallfahrt, f
pill [pɪl] n. Pille, f.; Tablette, f
piliage ['pɪlɪdʒ] 1. v. t. plündern 2. n. Plünderung, f
pillar ['pɪlər] n. a) Stütze, f. b) Säule, f
pillow ['pɪləʊ] n. Kissen, n
pilot ['paɪlət] 1. v. t. fliegen; lotsen 2. adj. Pilot-. 3. n. Pilot, m./-in, f.; Lotse, m
pimp [pɪmp] n. Zuhälter, m
pimple ['pɪmpl] n. Pickel, m.; Pustel, f
pimply ['pɪmplɪ] adj. picklig
pin 1. v. t., -nn-: heften; stecken; pinnen; zusammenstecken; 2. n. Stecknadel, f.; Stift, m.; Kontaktstift, m
pincers ['pɪnsəz] n. pl. a) Kneifzange, f.; b) Schere, f
pinch [pɪntʃ] 1. drücken; knausern. kneifen; klauen; sich schnappen. 2. n. Kniff, m.; Prise, f.
pine [paɪn] n. a) Kiefer, f.; b) Kiefernholz, n
pine v. i. a) sich sehnen oder verzehren nach b) sich verzehren
pineapple ['paɪnæpl] n. Ananas, f
pink [pɪŋk] 1. adj. pinkfarben, rosa; rosig, 2. n. Pink, n.; Rosa, n
pinnacle ['pɪnəkl] n. a) Finale, f.; b) Höhepunkt, m.; c) Gipfel, m
pint [paɪnt] n. a) Pint, n.; halber Liter; b) (Brit.) Pint, n.;
pioneer [paɪə'nɪər] n. Pionier, m.; Wegbereiter, m./-in, f
pious ['paɪəs] adj. a) fromm; b) scheinheilig
pip [pɪp] n. (Würfel) Auge, n.; Punkt, m
pip n. Piepston; Zeitzeichen, n
pipe [paɪp] 1. v. i. pfeifen; schrillen; 2. v. t. durch Rohre leiten; Piepsen. 3. n. Pfeife, f.; Flöte, f.; Orgelpfeife, f.; Rohr, n.; Dudelsack, m
piper ['paɪpər] n. Pfeifer, m./Pfeiferin, f
piping ['paɪpɪŋ] n. Spritzgussverzierung, f.; Rohrmaterial, n.; Rohrleitungssystem, n.;
piracy ['paɪrəsɪ] n. Piraterie, f.; Seeräuberei, f
pirate ['paɪrət] 1. v. t. ausplündern; illegal vervielfältigen; illegal nachdrucken; 2. n. a) Seeräuber, m.; Pirat, m
pirouette [pɪrʊ'et] 1. n. Pirouette, f. 2. v. i. pirouettieren
Pisces ['paɪsɪəz] n., (Astrologie) Fische Pl
piss [pɪs] 1. v. i. pissen; 2. n. Pisse, f.
pistol ['pɪstl] n. Pistole, f
piston ['pɪstn] n. Kolben, m
pit [pɪt] 1. v. t., -tt-: kämpfen lassen; etw. gegen etw. einsetzen. 2. n. Grube, f.; Vertiefung, f.; Fallgrube, f.; Box, f.; Parkett, n
pitch [pɪtʃ] 1. v. t. stürzen; vornüberstürzen. 2. v. t. aufschlagen; anstimmen; stimmen; werfen. 3. n. Neigung, f.; Tonhöhe, f.; Tonlage, f.; Stimmlage, f.; Stand, m.; Feld, n.; Platz, m
pitch n. Pech, m
piteous ['pɪtɪəs] adj. erbärmlich; kläglich; mitleiderregend
pith [pɪθ] n. a) Mark, n.; weiße Haut; b) Kern, m
pithy ['pɪθɪ] adj. a) markhaltig; reich an Mark; b) prägnant
pitiful ['pɪtɪfl] adj. a) jämmerlich b) mitleiderregend
pitiless ['pɪtɪlɪs] adj., gnadenlos
pitilessly ['pɪtɪləslɪ] adv. erbarmungslos, unbarmherzig
pity ['pɪtɪ] 1. v. t. bedauern; bemitleiden. 2. n. Mitleid, n.; Mitgefühl, n.
pivot ['pɪvət] 1. v. i. sich drehen; 2. n. Angelpunkt, m
placate [plə'keɪt] v. t., besänftigen; beschwichtigen
place [pleɪs] 1. v. t. a) unterbringen; e) einordnen; einstufen; c) stellen; legen; d) gelegen; 2. n. a) Ort, m.; Stelle, f.; Platz, m
placenta [plə'sentə] n., pl. ~e [plə'sentɪə] or ~s Mutterkuchen, m. Plazenta, f.
placid ['plæsɪd] adj. ruhig; friedlich; friedfertig; gelassen
plagiarism ['pleɪdʒərɪzəm] n. Plagiat, n
plagiarize ['pleɪdʒəraɪz] v. t. plagiieren
plague [pleɪg] 1. plagen; quälen; auf die Nerven gehen; 2. n. Seuche, f
plaice [pleɪs] n., Scholle, f
plaid [plæd] 1. adj. kariert 2. n. Plaid, n. oder m
plain [pleɪn] 1. adv. deutlich; einfach. 2. n. Ebene, f.; rechte Masche 3. adj. ehrlich; offen; schlicht; unattraktiv; einfach; klar; bescheiden; ohne Muster
plainly ['pleɪnlɪ] deutlich; verständlich; einfach; schlicht offen; offensichtlich; eindeutig
plainness ['pleɪnnɪs] n. Schlichtheit, f.; Offenheit, f.; Klarheit, f.; Unansehnlichkeit, f. Unattraktivität, f
plaintiff ['pleɪntɪf] n. Kläger, m./Klägerin, f
plaintive ['pleɪntɪv] adj. traurig klagend; leidend
plait [plæt] 1. v. t. flechten. 2. n. Zopf, m.; geflochtenes Band
plan [plæn] 1. v. i., -nn- planen; 2. n. Plan, m.; Absicht, f.; Konzept, n.; Entwurf, m. 3. v. t., -nn- planen; entwerfen
plane [pleɪn] n. ~[tree] Platane, f
plane 1. v. t. hobeln 2. n. Hobel, m
plane n. a) Flugzeug, n.;

Maschine, *f.*; b) Niveau, *n.*; c) Ebene, *f.*; Fläche
planet ['plænɪt] *n.* Planet, *m*
planetarium [plænɪ'teərɪəm] *n.* Planetarium, *n*
plank [plæŋk] *n.* Planke, *f.*; Brett, *n.*; Bohle, *f*
planner ['plænər] *n.* Planer, *m.*/Planerin, *f*
planning ['plænɪŋ] *n.* Planen, *n.*; Planung, *f*
plant [plɑnt] 1. *v. t.* setzen; einimpfen, einpflanzen; pflanzen; bepflanzen; anlegen; aussäen; anpflanzen; einschmuggeln; legen (Bombe); 2. *n.* Pflanze, *f.*; Maschinen; Anlage, *f.*; Fabrik, *f*
plantation [plɑn'teɪʃn] *n.* Pflanzung, *f.*; Plantage, *f*
planter ['plɑntər] *n.* a) Pflanzer, *m.*/Pflanzerin, *f.*; b) Pflanzgefäß, *n*
plaque [plak] *n.* a) Gedenktafel, *f.*; Plakette, *f.* b) Plaque, *f.*
plasma ['plæzmə] *n.* Plasma, *n*
plaster ['plɑstər] 1. kleistern; dick auftragen; verputzen; zugipsen; 2. *n.* Gips, *m.*; Verputz, *m*
plastic ['plæstɪk] 1. plastisch; die Plastik; die bildende Kunst; formbar; aus Plastik 2. Plastik, *n.*
plate [pleɪt] 1. *v. t.* plattieren; panzern. 2. *n.* Schild, *n.*; Silber, *n.*; Teller, *m.*; Platte, *f.*; Stich, *m.*; Tafel, *f.*; Gaumenplatte, *f*
plateau ['plætəʊ] *n.*, *pl.* ~x ['plætəʊz] or ~s Hochebene, *f.*; Plateau, *n*
platform ['plætfɔːm] *n.* Podium, *n.*; Wahlplattform, *f.*; Bahnsteig, *m*
platinum ['plætɪnəm] *n.* Platin, *n*
platitude ['plætɪtjuːd] *n.* a) Banalität, *f.* b) Platitüde, *f*
platonic [plə'tɒnɪk] *adj.* platonisch

plausible ['plɔːzəbl] *adj.* glaubwürdig; plausibel; einleuchtend
play [pleɪ] 1. spielen; hereinlegen; einen Streich spielen; abspielen; ausführen; schlagen. 2.Theaterstück, *n.*; Spielen, *n.*; Spiel, *n.*;
player ['pleɪər] *n.* a) Musiker, *m.*/Musikerin, *f.*; b) Spieler, *m.*/Spielerin, *f.*; c) Schauspieler, *m.*/Schauspielerin, *f*
playful ['pleɪfl] *adj.* a) neckisch; scherzhaft; b) spielerisch; verspielt
plea [pliː] *n.* a) Verteidigungsrede, *f.* b) Appell, *m.*
plead [pliːd] 1. *v. i.*, ~ed or pled [pled] a) plädieren; b) sich bekennen c) flehen; inständig bitten. 2. *v. t.*, ~ed or pled a) sich berufen auf; geltend machen; sich entschuldigen mit; b) vor Gericht vertreten
pleasant ['pleznt] *adj.*, ~er ['plezntər], ~est ['plezntɪst] angenehm; schön; nett
please [pliːz] 1. *v. i.* a) gefallen; b) bitte. 2. *v. t.* gefallen; Freude machen
pleased [pliːzd] *adj.* zufrieden; erfreut
pleasing ['pliːzɪŋ] *adj.* nett; gefällig; ansprechend
pleasurable ['pleʒərəbl] *adj.*, pleasurably ['pleʒərəblɪ] *adv.* angenehm
pleasure ['pleʒər] *n.* a) Vergnügen b) Freude, *f*
pleat [pliːt] 1. *v. t.* in Falten legen; fälteln 2. Falte, *f*
pleated ['pliːtɪd] *adj.* gefältelt
plectrum ['plektrəm] *n.*, *pl.* plectra ['plektrə] or ~s (Musik) Plektrum, *n*
pledge [pledʒ] 1. *v. t.* a) verpfänden b) verpflichten; c) versprechen; geloben; 2. *n.* a) Pfand, *n.*; Sicherheit, *f.*...; b) Versprechen, *n.*; Gelöbnis, *n.*

plenary ['pliːnərɪ] *adj.* Plenar-
plentiful ['plentɪfl] *adj.* reichlich; häufig
plenty ['plentɪ] 1. *adv.* ausreichend, reichlich. 2. *adj.* reichlich vorhanden. 3. *n.* ~ of viel; eine Menge; genug
pleurisy ['plʊərɪsɪ] *n.* Brustfellentzündung, *f*
pliable ['plaɪəbl] *adj.* nachgiebig; biegsam; geschmeidig
pliers ['plaɪəz] *n. pl.* pair of ~: Zange, *f*
plight [plaɪt] *n.* Notlage, *f*
plop [plɒp] 1. *v. i.*, -pp- plumpsen; klatschen, platschen. 2. *v. t.*, -pp- plumpsen lassen. 3. *n.* Plumpsen, *n.*;. 4. *adv.* plumpe
plot [plɒt] 1. *v. i.*, -tt-: sich verschwören. 2. *v. t.*, -tt-: a) planen;b) kartieren; zeichnen; c) einzeichnen. 3. *n.* a) Stück Land; b) Komplott, *n.*; Verschwörung, *f.*; c) Handlung, *f.*; *n*
plotter ['plɒtər] *n.* Verschwörer, *m.*/Verschwörerin, *f*
plough [plaʊ] 1. *v. t.* a) pflügen; b) durchpflügen. 2. *n.* Pflug, *m.*
ploughman ['plaʊmən] *n.*, *pl.* ploughmen ['plaʊmən] Pflüger, *m*
ploy [plɔɪ] *n.* Trick
pluck [plʌk] 1. *v. i.* zupfen an. 2. *n.* Mut, *m.*; Schneid, *m.* 3. *v. t.* a) pflücken; auszupfen b) rupfen
plug [plʌg] 1. *n. v. t.*, -gg-: zustopfen, verstopfen. 2. *n.* a) Pfropfen, *m.*; Spund, *m.*; Zapfen, *m.*; Stöpsel, *m.*; b) Stecker, *m*
plum [plʌm] *n.* a) Pflaume, *f.*; b) Leckerbissen, *m.*
plumage ['pluːmɪdʒ] *n.* Gefieder, *n*
plumb [plʌm] 1. ausloten. 2. senkrecht; lotrecht; genau. 3. Lot, *n*
plumb *v. t.* ~ in fest an-

plumber ['plʌmər] n. Klempner, m.; Installateur, m

plumbing ['plʌmɪŋ] n. Klempnerarbeiten Pl.; Installationsarbeiten Pl.: Wasserrohr

plume [pluəm] n. Feder, f.; Federbusch, m.;

plump [plʌmp] adj. mollig; rundlich; stämmig; fleischig

plunder ['plʌndər] 1. v. t. ausplündern; ausplündern; rauben. 2. n. a) Beute, f.; Plünderung, f.; b) Profit, m

plunge [plʌndʒ] 1. v. i. a) stürzen in; sich hineinstürzen; b) steil abfallen. 2. v. t. a) stecken; tauchen. 3. n. Sprung, m

plural ['pluərəl] 1. adj. pluralisch; Plural-. 2. n. Mehrzahl, f.; Plural, m

plurality [pluəˈrælətɪ] n. a) Vielzahl, f. b) Pluralität, f.

plus [plʌs] 1. adj. a) zusätzlich; b) über; c) positiv. 2. n. a) Plus; b) Pluspunkt, m. 3. conj. und außerdem. 4. prep. plus

plush [plʌʃ] 1. adj. Plüsch-; plüschen; feudal 2. n. Plüsch, m

ply [plaɪ] 1. v. t. gebrauchen; führen; nachgehen; versorgen; überhäufen; befahren. 2. v. i. seine Dienste anbieten; ~ between pendeln; zwischen verkehren

ply n. Faden, m.; Lage, f.; Strang, m.; Schicht, f

p.m. [piːˈem] adv. nachmittags

pneumatic [njuːˈmætɪk] adj. pneumatisch

pneumonia [njuːˈməʊnɪə] n. Lungenentzündung, f.; Pneumonie, f.

poach ['pəʊtʃ] 1. v. i. wildern. 2. v. t. a) illegal fangen b) stehlen

poach v. t. pochieren; dünsten

poacher ['pəʊtʃər] n. Wilddieb, m. Wilderer, m

pocket ['pɒkɪt] 1. v. t. a) einstecken; b) klauen, in die eigene Tasche stecken. 2. adj. Taschen-. 3. n. Tasche, f.; Seitentasche, f.; Loch, n

pod [pɒd] n. a) Hülse, f.; Schote, f.; b) Gondel, f.; Außentank, m

podgy ['pɒdʒɪ] adj. pummelig, dicklich; rundlich, pausbäckig

podium ['pəʊdɪəm] n., pl. podia ['pəʊdɪə] or -s Podium, n

poem ['pəʊɪm] n. Gedicht, n

poet ['pəʊɪt] n. Dichter, m.; Poet, m.

poetess ['pəʊɪtes] n. Dichterin, f.; Poetin, f.

poetic [pəʊˈetɪk] adj., poetically [pəʊˈetɪkəlɪ] adv. dichterisch; poetisch

poetry ['pəʊɪtrɪ] n. Dichtung, f.; Lyrik, f.

poignancy ['pɔɪnjənsɪ] n., Intensität; Schärfe, f

poignant ['pɔɪnjənt] adj. tief; überwältigend; ergreifen

point [pɔɪnt] 1. v. i. zeigen, weisen, deuten; hinweisen auf. 2. v. t. richten auf; verfügen. 3. Punkt, m.; Spitze, f.; Thema; Kinnspitze, f.; Kinn, n.; Pointe, f.; Eindringlichkeit, f.; Durchschlagskraft, f.; Zweck, m.; Sinn, m

pointer ['pɔɪntər] n. Zeiger, m.; Zeigestock, m

pointless ['pɔɪntlɪs] adj. sinnlos; belanglos

poise [pɔɪz] 1. v. t. a) balancieren; b) in p.p. be ~d for action einsatzbereit sein. 2. n. Haltung, f.; Selbstsicherheit, f

poison ['pɔɪzn] 1. v. t. a) vergiften; verseuchen; verpesten; b) ruinieren; zerstören. 2. n. Gift, n

poisoning ['pɔɪzənɪŋ] n. Vergiftung, f.; Verseuchung

poisonous ['pɔɪzənəs] adj. verderblich; giftig; tödlich

poke [pəʊk] 1. v. i. schnüffeln; sich schieben; stochern; 2. v. t. stecken (Kopf); bohren. gegen etw. stoßen. 3. n. Stoß, m

poker ['pəʊkər] n. Schüreisen, n

poker n. (Cards) Poker, n. oder m

poky ['pəʊkɪ] adj. winzig

Poland ['pəʊlənd] pr. n. Polen

polar ['pəʊlər] adj. polar; Polar-; entgegengesetzt

polarity [pəˈlærətɪ] n. a) Polarität, f.; Polung, f.; b) Gegensatz, m

polarization [pəʊlərаɪˈzeɪʃn] n. Polarisation, f.; Polarisierung, f

polarize ['pəʊləraɪz] 1. v. i. sich spalten 2. v. t. spalten; polarisieren

Pole [pəʊl] n. Pole, m./Polin, f

pole n. Pol, m

polemic [pəˈlemɪk] 1. adj. polemisch. 2. n. Streitschrift, f. Polemik, f

police [pəˈliːs] Polizei, f.; attrib. Polizei-; Polizeibeamte Pl.; Polizisten

policy ['pɒləsɪ] n. Handlungsweise, f.; Vorgehensweise, f.; Politik, f.;

policy n. Versicherungspolice, m. Police, f

polio ['pəʊlɪəʊ] n. Polio, f.; Kinderlähmung

Polish ['pəʊlɪʃ] 1. adj. polnisch; . 2. n. Polnisch, n

polish ['pɒlɪʃ] 1. v. t. a) ausfeilen; b) polieren; putzen; bohnern, wienern . 2. n. a) Schliff, m.; b) Poliermittel, n.; Politur, f.; c) Glanz, m

polite [pəˈlaɪt] adj., ~r [pəˈlaɪtər], ~st [pəˈlaɪtɪst] höflich

politeness [pəˈlaɪtnɪs] n., no pl. Höflichkeit, f

political [pəˈlɪtɪkl] adj. poli-

tisch
politician [pɒlɪ'tɪʃn] *n.* Politiker, *m.*/Politikerin, *f*
politics ['pɒlɪtɪks] *n.* a) Politik, *f.*b) Politologie, *f*
poll [pəʊl] 1. *v. t.* abstimmen/wählen lassen; befragen; erforschen; 2. Umfrage, Abstimmung, *f.*; Wahl, *f.*;Wahlergebnis, *n.*; Wahlbeteiligung, *f*
pollen ['pɒlən] *n.* Blütenstaub, *m.* Pollen, *m*
pollinate ['pɒləneɪt] *v. t.* bestäuben
pollination [pɒlə'neɪʃn] *n.* Bestäubung, *f*
pollster ['pɒlstər] *n.* Meinungsforscher, *m.*/-forscherin, *f*
pollutant [pɒ'luːtənt] *n.* Umweltschadstoff
pollute [pə'luːt] *v. t.* a) verunreinigen; verschmutzen; verpesten
pollution [pə'luːʃn] *n.* Umweltverschmutzung, *f.*
polo ['pəʊləʊ] *n.*, *no pl.* Polo, *n*
polygamy [pə'lɪgəmɪ] *n.* Mehrehe, *f.*; Vielehe, *f.* Polygamie, *f.*
polyglot ['pɒlɪglɒt] *adj.* mehrsprachig; polyglott
polygon ['pɒlɪgən] *n.* Vieleck, *n.*; Polygon, *n*
polystyrene [pɒlɪ'staɪriən] *n.* Polystyrol, *n*
polytechnic [pɒlɪ'teknɪk] *n.* (Brit.) technische Hochschule
polythene ['pɒlɪθiːn] *n.* Polyäthylen, *n.*; Polyethylen, *n.*; Plastik, *n*
polyunsaturated [pɒlɪʌn'sætʃəreɪtɪd] *adj.* mehrfach ungesättigt
pomegranate ['pɒmɪgrænɪt] *n.* Granatapfel
pomp [pɒmp] *n.* Pomp, *m.* *(derogativ)*; Prunk, *m*
pompous ['pɒmpəs] *adj.* geschwollen; großspurig; aufgeblasen
pond [pɒnd] *n.* Teich, *m*

ponder ['pɒndər] 1. *v. i.* nachdenken. 2. *v. t.* nachdenken über; bedenken; abwägen
ponderous ['pɒndərəs] *adj.* schwerfällig; umständlich
pontificate [pɒn'tɪfɪkeɪt] *v. i.* dozieren
pontoon [pɒn'tuːn] *n.* a) Ponton, *m.*; Prahm, *m.*; b) Ponton
pony ['pəʊnɪ] *n.* Pony, *n*
poodle ['puːdl] *n.* Pudel, *m*
pooh [puː] *int.* pfui
pool [puːl] *n.* Lache, *f.*; Pfütze, *f.*; Tümpel, *m.*; Schwimmbecken, *n*
pool 1. *v. t.* zusammenlegen; bündeln; . 2. *n.* Kasse; Fonds, *m.*; Topf, *m*
poor [pʊər, pɔər] 1. *adj.* arm; Armer/Arme; schwach; schlecht; mies; armselig; karg; dürftig 2. *n. pl.* the ~: die Armen
poorly ['pʊəlɪ] 1. *adv.* schlecht; unzureichend; unbeholfen. 2. *pred. adj.* schlecht (aussehen)
pop [pɒp] 1. *v. i.*, -pp-: mal eben vorbeigehen; knallen; aufplatzen, aufspringen. 2. *v. t.*, -pp-: sich etw. stecken in; platzen lassen. 3. *n.* Sprudel, *m.*; Brause, *f.*; Knall, *m.*; Knallen, *n.*; 4. *adv.* go ~: knallen
pop *(ugs.)* 1. *adj.* Pop-; 2. *n.* Popmusik, *f.*; Pop, *m*
pop *n.* (Amer.) Papa, *m.*
pope [pəʊp] *n.* Papst, *m*
poplar ['pɒplər] *n.* Pappel, *f*
poplin ['pɒplɪn] *n.* Popelin, *m.*; Popeline, *f*
poppy ['pɒpɪ] *n.* Mohn, *m*
popular ['pɒpjʊlər] *adj.* a) landläufig; allgemein; b) beliebt; populär; c) Volks-; verbreitet; allgemein; d) volkstümlich; populär
popularity [pɒpjʊ'lærɪtɪ] *n.*, Popularität, *f.*; Beliebtheit, *f*

popularize ['pɒpjʊləraɪz] *v. t.* a) bekannt machen; b) populär machen
populate ['pɒpjʊleɪt] *v. t.* bevölkern; bewohnen
population [pɒpjʊ'leɪʃn] *n.* Bevölkerung, *f*
populous ['pɒpjʊləs] *adj.* dicht bevölkert
porcelain ['pɔəsəlɪn] *n.* Porzellan, *n*
porch [pɔətʃ] *n.* Vorbau, *m.*; Vordach, *n.*; Vorhalle, *f.* Windfang
porcupine ['pɔəkjʊpaɪn] *n.* Stachelschwein, *n*
pore [pɔər] *n.* Pore, *f*
pork [pɔək] *n.* Schweinefleisch, *n.*; *attrib.* Schweine-Schwein-
pornographic [pɔənə'græfɪk] *adj.* pornografisch; Porno-
pornography [pɔː'nɒgrəfɪ] *n.* Pornografie, *f*
porous ['pɔərəs] *adj.* porös
porridge ['pɒrɪdʒ] *n.*, Porridge, *m*
port [pɔət] 1. *adj.* Backbord-; 2. Hafenstadt, *f.*; Hafen, *m.*; Backbord, *n*
port *n.* Portwein, *m.*; Port, *m*
portable ['pɔətəbl] 1. *adj.* tragbar. 2. *n.* Portable, *m.*; Koffergerät, *n.*
porter ['pɔətər] *n.* Pförtner, *m.*; Portier, *m.*; Gepäckträger, *m*
portfolio [pɔət'fəʊlɪəʊ] Geschäftsbereich, *m.*; Portefeuille, *n.*; Mappe, *f*
porthole ['pɔətəʊl] *n.* Bullauge, *n.* Seitenfenster, *n*
portion ['pɔəʃn] *n.* a) Teil, *m.*; Anteil, *m.*; Abschnitt, *m.*; b) Portion, *f*
portrait ['pɔətreɪt] *n.* Porträt, *n.*; Bildnis, *n.*; *attrib.* Porträt-
portray [pɔə'treɪ] *v. t.* a) porträtieren; darstellen; b) schildern
Portuguese [pɔətjʊ'gɪəz] 1. *adj.* portugiesisch. 2. *n.* a)

powerless

Portugiese, *m.*/Portugiesin, *f.*; b) Portugiesisch, *n*
pose [pəʊz] 1. *v. i.* sich geben als; posieren; sich geziert benehmen. 2. *v. t.* Aufstellung nehmen lassen; posieren lassen; vorbringen; aufstellen; aufwerfen; darstellen; bedeuten; mit sich bringen. 3. *n.* Haltung, *f.*; Pose, *f*
posh [pɒʃ] 1. *adv.* hochgestochen . 2. *adj.* stinkvornehm
position [pəˈzɪʃn] 1. *v. t.* a) stationieren; b) aufstellen, plazieren; posieren. 2. *n.* a) Haltung, *f.*; Stellung, *f.*; Position, *f.*; b) Platz, *m.*; Lage, *f.*; Verlauf, *m.*; c) Standpunkt, *m*
positive [ˈpɒzətɪv] *adj.* a) sicher; c) positiv; d) konstruktiv
positively [ˈpɒzətɪvlɪ] *adv.* eindeutig, entschieden; positiv; konstruktiv
possess [pəˈzes] *v. t.* a) ergreifen, Besitz nehmen; b) haben; c) besitzen
possessed [pəˈzest] *adj.* besessen
possession [pəˈzeʃn] *n.* Besitz, *m*
possessive [pəˈzesɪv] *adj.* a) besitzergreifend; b) possessiv
possibility [pɒsəˈbɪlətɪ] *n.* a) in *pl.* Möglichkeiten Pl
possible [ˈpɒsəbl] *adj.* möglich
possibly [ˈpɒsəblɪ] *adv.* möglich, vielleicht
post [pəʊst] 1. *v. t.* anschlagen, ankleben; bekanntgeben. 2. *n.* Pfahl, *m.*; Pfosten, *m.*; Start-/Zielpfosten, *m*
post 1. *v. t.* abschicken; . 2. *n.* Postamt, *n.*; Briefkasten, *m.*;
post 1. *v. t.* postieren; aufstellen; einsetzen; . 2. *n.* Stelle, *f.*; Posten, *m*
postage [ˈpəʊstɪdʒ] *n.* Porto, *n*
postal [ˈpəʊstl] *adj.* Post-; postalisch; per Post
poster [ˈpəʊstər] *n.* Plakat, *n.*; Poster, *n.*; Anschlag, *m*
posterior [pɒˈstɪərɪər] *n.* Hinterteil, *n.*
posterity [pɒˈsterətɪ] *n.* Nachwelt, *f*
posthumous [ˈpɒstjuməs] *adj.* nachträglich; posthum
postpone [pəʊstˈpəʊn, pəˈspəʊn] *v. t.* verschieben; aufschieben
postscript [ˈpəʊsskrɪpt, ˈpəʊskrɪpt] *n.* Postskript, *n.*; Nachtrag, *m*
postulate 1. [ˈpɒstjʊleɪt] *v. t.* postulieren; ausgehen von; voraussetzen; aufstellen . 2. *n.* Postulat, *n.*; Voraussetzung, *f.*; Postulat, *n*
posture [ˈpɒstʃər] 1. *v. i.* posieren; sich in Positur bringen. 2. *n.* Körperhaltung, *f.*; Haltung, *f*
pot [pɒt] 1. *v. t.*, -tt-: a) ~ [up] eintopfen; in einen Topf füllen; einlochen; abschießen; abknallen. 2. *n.* Topf, *m.*; Kanne, *f*
pot *n.* (sl.: Marihuana) Pot, *n.*
potash [ˈpɒtæʃ] *n.* Pottasche, *f.* Kaliumkarbonat, *n*
potassium [pəˈtæsɪəm] *n.* (Chemie) Kalium, *n.*
potato [pəˈteɪtəʊ] *n.*, *pl.* ~es Kartoffel, *f*
potency [ˈpəʊtɪnsɪ] *n.* a) Potenz; b) Gewichtigkeit, *f.*; Einfluss, *m.*; Wirksamkeit, *f.*; Stärke, *f.*; Schlagkraft, *f*
potent [ˈpəʊtɪnt] *adj.* a) gewichtig, schwer wiegend; stark; wirksam; schlagkräftig; wichtig, entscheidend; b) potent
potential [pəˈtenʃl] 1. *adj.* potentiell; möglich. 2. *n.* Potential, *n*
potter [ˈpɒtər] *n.* Töpfer, *m.*/Töpferin, *f*
potter *v. i.* herumwerkeln
pottery [ˈpɒtərɪ] *n.* a) Töpferei, *f.*; b) Keramik, *f.*; Töpferware, *f*
pouch [paʊtʃ] *n.* Beutel, *m.*; Tasche, *f.*; Täschchen, *n.*
pouffe [puəf] *n.* Sitzpolster, *n.*; Puff, *m*
poultry [ˈpəʊltrɪ] *n.* Geflügel, *n*
pounce [paʊns] 1. herabstoßen auf; sich stürzen auf 2. Sprung, *m.*; Satz
pound [paʊnd] *n.* britisches, irisches Pfund
pound *n.* Abstellplatz; Pferch, *m.*; Zwinger *m*
pound 1. *v. i.* a) stampfen; b) heftig klopfen oder pochen 2. *v. t.* a) zerstoßen; b) einschlagen auf; unter Beschuss nehmen; bombardieren
pounding [ˈpaʊndɪŋ] *v. i.* a) strömen; ~ in hereinströmen; 2. *n.* a) Stampfen, *n.*; c) Klopfen, *n.*; Pochen, *n.*; Dröhnen, *n.*; b) Schlagen, *n.*; Klopfen, *n.*; Beschuss; Klatschen, *n*
pour [pɔər] 1. *v. t.*, schütten, gießen; einschenken; eingießen
pouring [ˈpɔərɪŋ] *adj.* strömend
poverty [ˈpɒvətɪ] *n.* a) Armut, *f*
powder [ˈpaʊdər] 1. *v. t.* a) pulverisieren; zu Pulver verarbeiten; b) pudern; 2. *n.* a) Pulver, *n.*; b) Puder, *m*
power [paʊər] 1. *v. t.* antreiben; mit Energie versehen. 2. *n.* Kraft, *f.*; Autorität, *f.*; Macht, *f.*; Herrschaft, *f.*; Eindringlichkeit, *f.*; Wucht, *f.*; Einfluss; Vollmacht, *f.*; Potenz, *f.*; Strom, *m.*; Leistung, *f.*;. Fähigkeit, *f.*; Vermögen, *n.*; Begabung, *f.*; Talent, *n*
powerful [ˈpaʊəfl] *adj.* mächtig; wesentlich; stark; kräftig; heftig; hell, strahlend; scharf; überzeugend; eindringlich; beeindruckend
powerless [ˈpaʊəlɪs] *adj.*

P

207

machtlos
pox [pɒks] *n.* a) Pocken *Pl.*; Blattern *Pl.*; b) Syphilis, *f*
practicable ['præktɪkəbl] *adj.* durchführbar; praktikabel
practical ['præktɪkl] *adj.* tatsächlich;möglich; praktikabel; praktisch (veranlagt)
practicality [præktɪ'kæ lətɪ] Durchführbarkeit, *f.*; praktische Veranlagung
practically ['præktɪkəlɪ] *adv.* praktisch; so gut wie
practice ['præktɪs] *n.* Gewohnheit, *f.*; Übungen *Pl.*; Praxis, *f.*; Übung, *f*
practise ['præktɪs] 1. *v. t.* üben 2. *v. t.* a) ausüben; praktizieren; b) anwenden; c) trainieren
practising ['præktɪsɪŋ] *adj.* praktizierend
practitioner [præk'tɪʃənər] *n.* Fachmann, *m.*; Praktiker, *m.*/-in, *f*
pragmatic [præg'mætɪk] *adj.* pragmatisch
Prague [prɑg] *pr. n.* Prag
prairie ['preərɪ] *n.* Grasland, *n.*; Grassteppe, *f.*; Prärie, *f*
praise [preɪz] 1. loben; rühmen; preisen. 2. Lobpreisung, *f.*; Lob, *n*
praiseworthy ['preɪzwɜː ðɪ] *adj.* lobenswert; löblich
prance [prɑns] *v. i.* stolzieren; tänzeln
prawn [prɔɑn] *n.* Garnele, *f*
pray [preɪ] 1. *v. i.* beten. 2. *v. t.* anflehen, flehen zu
prayer [preər] *n.* a) Beten, *n.*; b) Gebet, *n*
preach [priɑtʃ] 1. *v. i.* predigen; eine Predigt halten. 2. *v. t.* halten; predigen; verkündigen
preacher ['priɑtʃər] *n.* Prediger, *m.*/Predigerin, *f*
preamble [priɑ 'æmbl] *n.* a) Präambel, *f.* b) Vorbemerkung, *f.*;
precarious [prɪ'keərɪəs] *adj.* riskant, gefährlich; instabil; unsicher; labil
precaution [prɪ'kɔɑʃn] *n.* Schutzmaßnahme, *f*
precautionary [prɪ'kɔɑ ʃənərɪ] *adj.* vorsorglich; vorbeugend
precede [prɪ'siɑd] *v. t.* vorangehen; voranfahren; rangieren vor; wichtiger sein als; Vorrang haben vor
precedence ['presɪdəns] *n.*, Vorrang, *m.*; Priorität, *f.*
precedent ['presɪdənt] *n.* Präzedenzfall, *m*
precept ['priɑsept] *n.* Prinzip, *n.* Grundsatz, *m*
precinct [priɑsɪŋkt] *n.* Bereich, *m.*; Bezirk, *m.*
precious ['preʃəs] 1. *adv.* herzlich. 2. *adj.* wervoll, kostbar; teuer; lieb; affektiert; beträchtlich; erheblich
precipice ['presɪpɪs] *n.* Abgrund, *m*
precipitate 1. [prɪ'sɪpɪteɪt] *v. t.* hinunterschleudern; beschleunigen; auslösen. 2. [prɪ'sɪpɪtət] *adj.* eilig; hastig, überstürzt
precipitation [prɪsɪpɪ't eɪʃn] *n.* Niederschlag, *m*
precipitous [prɪ'sɪpɪtəs] *adj.* sehr steil; schroff
precise [prɪ'saɪs] *adj.* genau; präzise; groß; fein; förmlich
precision [prɪ'sɪʒn] *n.* Genauigkeit, *f*
preclude [prɪ'kluɑd] *v. t.* ausschließen
precocious [prɪ'kəʊʃəs] *adj.* frühreif; altklug
preconceived [priɑkən' siɑvd] *adj.* vorgefasst
preconception [priɑkən' sepʃn] *n.* vorgefasste Meinung
precondition [priɑkən' dɪʃn] *n.* Vorbedingung, *f.*
precursor [priɑ'kɜːsər] *n.* Wegbereiter, *m.*/-in, *f.*; Vorgänger, / -i
predator ['predətər] *n.* Raubtier, *n.*; Raubfisch, *m*
predatory ['predətərɪ] *adj.* räuberisch
predecessor ['priɑdɪ sesər] *n.* a) Vorläufer, *m.* b) Vorgänger, *m.*/-in, *f*
predestination [priɑde stɪ'neɪʃn] *n.*, Vorherbestimmung, *f*
predestine [priɑ'destɪn] *v. t.* von vornherein bestimmen
predetermine [priɑdɪ'tɜː mɪn] im voraus bestimmen; vorherbestimmen
predicament [prɪ'dɪkə mənt] *n.* Zwangslage, *f.* Dilemma, *n*
predicate ['predɪkət] *n.* (Linguistik) Prädikat, *n*
predicative [prɪ'dɪkətɪv] *adj.* (Linguistik) prädikativ
predict [prɪ'dɪkt] *v. t.* vorhersagen; prophezeien; voraussehen
predictable [prɪ'dɪktəbl] *adj.* voraussagbar; vorhersehbar
prediction [prɪ'dɪkʃn] *n.* Voraus-, Vorhersage, *f*
predilection [priɑdɪ'lekʃn] *n.* Vorliebe, *f.*
predisposition [priɑdɪ spə'zɪʃn] *n.* Neigung, *f.*
predominance [prɪ'dɒ mɪnəns] *n.* Überzahl, *f.* Vorherrschaft, *f.*
predominant [prɪ'dɒmɪ nənt] *adj.* a) dominierend; b) vorherrschend
predominantly [prɪ'dɒ mɪnəntlɪ] *adv.* überwiegend
predominate [prɪ'dɒmɪn eɪt] *v. i.* vorherrschen; überwiegen; dominierend sein; in der Überzahl sein
pre-eminent [priɑ'emɪ nənt] *adj.* herausragend
prefabricate [priɑ'fæbrɪ keɪt] *v. t.* vorfertigen
preface ['prefəs] 1. *v. t.* einleiten; 2. *n.* Vorwort, *n.*
prefer [prɪ'fɜːr] *v. t.*, -rr-: a) vorziehen; b) erheben
preferable ['prefərəbl] *adj.* vorzuziehen; vorzuziehend; besser

preferably ['prefrəblɪ] *adv.* am besten; am liebsten
preference ['prefrəns] *n. attrib.* Vorzugs-, Prioritäts-; Vorliebe, *f.*; Präferenzbehandlung, *f*
preferential [prefə'renʃl] *adj.* bevorzugt; bevorrechtigt
prefix (Linguistik) 1. ['priɑ fɪks, priɑ'fɪks] *v. t.* als Präfix setzen. 2. *n.* Präfix, *n.*; Vorsilbe, *f*
pregnancy ['pregnənsɪ] *n.* Schwangerschaft, *f.*; Trächtigkeit, *f*
pregnant ['pregnənt] *adj.* schwanger; trächtig; bedeutungsschwer
pre-heat [priɑ'hiɑt] *v. t.* vorheizen
prehistoric [priɑhɪ'stɒrɪk] *adj.* uralt; vorgeschichtlich; prähistorisch
prehistory [priɑ 'hɪstərɪ] *n.* Vorgeschichte, *f*
prejudge [priɑ 'dʒɑdʒ] *v. t.* vorschnell urteilen; im voraus entscheiden; vorverurteilen
prejudice ['predʒudɪs] 1. *v. t.* beeinflussen; beeinträchtigen. 2. *n.* Vorurteil, *n.*; Schaden, *m.*; Nachteil, *m*
prejudicial [predʒu'dɪʃl] *adj.* abträglich; nachteilig
prelate ['prelət] *n.* Prälat, *m*
preliminary [prɪ'lɪmɪnərɪ] 1. *adj.* Vor-; vorbereitend; einleitend. 2. *n.*, preliminaries Präliminarien *Pl.*: Ausscheidungswettkämpfe
prelude ['preljuɑd] *n.* a) Präludium, *n.*; Vorspiel, *n.* b) Anfang, *m*
pre-marital [priɑ'mærɪtl] *adj.* vorehelich
premature ['premətjuər] *adj.* a) voreilig, übereilt; b) früh-, vorzeitig; verfrüht
premeditated [priɑ 'medɪ teɪtɪd] *adj.* vorsätzlich
premier ['premɪər] *n.* Premierminister, *m.*/Premierministerin, *f*

première ['premjeər] *n.* Uraufführung, *f.*; Premiere, *f*
premise ['premɪs] *n.* in *pl.* Gebäude, *n.*; Gelände, *n.*; Räumlichkeiten *Pl.*; im Lokal
premiss ['premɪs] *n.* Prämisse, *f*
premium ['priɑmɪəm] *n.* a) Preis, *m.*; Prämie, *f.*; b) Agio, *n.*; Aufgeld, *n.*
preoccupation [prɪɒkjuˈ peɪʃn] *n.* Hauptanliegen, Sorge, *f*
preoccupied [prɪ'ɒkju paɪd] *adj.* beschäftigt; gedankenverloren; besorgt
preoccupy [prɪ'ɒkjupaɪ] *v. t.* beschäftigen
preparation [prepə'reɪʃn] *n.* a) *n pl.* Vorbereitungen *Pl.*; b) Vorbereitung, *f.*; c) Präparat, *n*
prepare [prɪ'peər] 1. *v. i.* sich vorbereiten. 2. *v. t.* a) vorbereiten; instruieren, vorbereiten; entwerfen, ausarbeiten; herrichten; b) herstellen; zubereiten
prepay [priɑ'peɪ] *v. t.*, prepaid [priɑ'peɪd] im voraus zahlen; frankieren, freimachen
preponderance [prɪ'pɒn dərəns] *n.* Überlegenheit, *f.*; Übergewicht, *n*
preposition [prepə'zɪʃn] *n.* Präposition, *f.*; Verhältniswort, *n*
prepositional [prepə 'zɪʃənl] *adj.* präpositional; Präpositional-
prepossessing [priɑpə'ze sɪŋ] *adj.*, anziehend, einnehmend
prerogative [prɪ'rɒgətɪv] *n.* Vorrecht, *n.* Privileg, *n*
Presbyterian [prezbɪ 'tɪərɪən] 1. *adj.* presbyterianisch. 2. *n.* Presbyterianer, *m.*/Presbyterianerin, *f*
pre-school ['priɑskuəl] *adj.* Vorschul-
prescribe [prɪ'skraɪb] *v. t.* a) vorschreiben; b) ver-

schreiben
prescription [prɪ'skrɪpʃn] *n.* a) Rezept, *n.*; Verordnung, *f*
presence ['preznz] *n.* a) Anwesenheit, *f.*; Gegenwart, *f.*; Vorhandensein, *n.*; b) Auftreten, *n.*; c) Präsenz, *f*
present ['preznt] 1. *adj.* a) anwesend; b) gegenwärtig; jetzig, derzeitig; c) Präsens, *n.*; d) vorliegend . 2. *n.* die Gegenwart
present 1. [prɪ'zent] *v. t.* schenken; überreichen; präsentieren; zeigen; aufweisen; geben, aufführen; vorstellen 2. *v. refl.* auftreten; sich ergeben; 3. ['preznt] *n.* Geschenk, *n*
presentable [prɪ'zentəbl] *adj.* ansehnlich
presentation [prezn'teɪʃn] *n.* Darbietung, *f.*; Inszenierung, *f.*; Moderation, *f.*; Überreichung, *f.*; Vorlage, *f.*; Schenkung, *f.*; Darstellung, *f.*; Verleihung, *f.*; Vorstellung, *f*
presently ['prezntlɪ] *adv.* zur Zeit; derzeit; bald
preservation [prezə'veɪʃn] *n.* Konservierung, *f.*; Erhaltung, *f*
preservative [prɪ'zeːvətɪv] *n.* Konservierungsmittel, *n.*, Präservativ
preserve [prɪ'zeːv] 1. *v. t.* schützen; hegen; speichern; bewahren; wahren; behalten; konservieren; einmachen
pre-set [priɑ'set] *v. t.*, 1. vorher einstellen. 2. *n.* in sing. or *pl.* Eingemachte, *n.*; Konfitüre, *f.*; Domäne, *f.*; Tierschutzgebiet, *n*
pre-shrunk [priɑ'ʃrɑŋk] *adj.* vorgewaschen; vorgeschrumpft
preside [prɪ'zaɪd] *v. i.* a) leiten; b) den Vorsitz haben; präsidieren
presidency ['prezɪdənsɪ]

president

n. Präsidentschaft, *f.*; Rektorat, *n.*; Vorsitz, *m*
president [ˈprezɪdənt] *n.* Präsident, *m.*/-in, *f.*; c) Vorsitzende, *m./f*
presidential [prezɪˈdenʃl] *adj.* Präsidenten-
press [pres] 1. *v. i.* a) drücken; b) drängen; 2. *v. t.* a) pressen; auspressen; keltern; b) aufdrängen; c) bügeln; d) drücken; pressen. 3. *n.* a) Presse, *f.*; *attrib.* Presse-; b) Druckerei, *f*
press *v. t.* ~ into service in Dienst nehmen
pressing [ˈpresɪŋ] *adj.* a) dringend; b) dringlich; nachdrücklich
pressure [ˈpreʃər] *n.* a) Druck, *m.*; Zwang, *m*
prestige [preˈstiːʒ] 1. *n.* Prestige, *n.* 2. *adj.* renommiert; Nobel-
prestigious [preˈstɪdʒəs] *adj.* angesehen
presumably [prɪˈzjuːməblɪ] *adv.* vermutlich
presume [prɪˈzjuːm] 1. *v. i.* sich anmaßen. 2. *v. t.* a) annehmen. b) sich erlauben, etw. zu tun
presumption [prɪˈzʌmpʃn] *n.* Anmaßung, *f.*; Vermessenheit, *f.*; Annahme, *f.*; Vermutung, *f*
presumptuous [prɪˈzʌmptʃʊəs] *adj.* anmaßend; überheblich; impertinent; aufdringlich
pretence [prɪˈtens] *n.* (Brit.) a) Vorwand, *m.*; Anspruch, *m.*; Affektiertheit, *f.*; Unnatürlichkeit, *f*
pretend [prɪˈtend] 1. *v. i.* sich verstellen; 2. *v. t.* vorgeben; not ~ nicht behaupten wollen; voräuschen; vorgeben
pretension [prɪˈtenʃn] Überheblichkeit, *f.*; Anmaßung, *f.*; Anspruch, *m*
pretentious [prɪˈtenʃəs] hochgestochen; wichtigtuerisch; protzig

pretext [ˈpriːtekst] *n.* Vorwand, *m.*; Ausrede, *f*
pretty [ˈprɪtɪ] 1. *adv.* ziemlich; 2. *adj.* hübsch; nett; niedlich
pretzel [ˈpretsl] *n.* Brezel, *f*
prevail [prɪˈveɪl] *v. i.* a) vorherrschen b) siegen
prevailing [prɪˈveɪlɪŋ] *adj.* a) vorwiegend b) herrschend
prevalence [ˈprevələns] *n.* Vorherrschen, *n.*; Überhandnehmen, *n.*
prevalent [ˈprevələnt] herrschend; weit verbreitet; aktuell
prevent [prɪˈvent] *v. t.* verhindern; verhüten; vorbeugen
prevention [prɪˈvenʃn] *n.* Vorbeugung, *f.*; Verhinderung, *f*
preventive [prɪˈventɪv] *adj.* vorbeugend; präventiv; Präventiv-
preview [ˈpriːvjuː] *n.* Voraufführung, *f.*; Vernissage, *f.*
previous [ˈpriːvɪəs] *adj.* a) früher; vorher; vorig; b) ~ to vor
previously [ˈpriːvɪəslɪ] *adv.* vorher
prey [preɪ] 1. *v. i.* schlagen; ausplündern; ausnutzen; 2. *n., pl.* same Beute, *f.*; Beutetier, *n.*; Opfer, *n*
price [praɪs] 1. *v. t.* auszeichnen. 2. *n.* Preis, *m*
priceless [ˈpraɪslɪs] *adj.* a) unbezahlbar; unschätzbar; b) köstlich
prick [prɪk] 1. *v. i.* stechen. 2. *v. t.* stechen; . 3. *n.* Stich, Volliidiot *(derog)*
prickle [ˈprɪkl] 1. *v. i.* kratzen. 2. *n.* a) Dorn, *m.*; b) Stachel, *m*
pride [praɪd] *n.* a) Rudel, *n.* b) Stolz, *m.*; c) Hochmut, *m*
priest [priːst] *n.* Priester, *m.*; priestess [ˈpriːstes] *n.* Priesterin, *f*
priesthood [ˈpriːsthʊd] *n.* geistliches Amt; Geistlichkeit, *f*

priestly [ˈpriːstlɪ] *adj.* priesterlich; Priester-
primarily [ˈpraɪmərɪlɪ] *adv.* in erster Linie
primary [ˈpraɪmərɪ] 1. *adj.* a) primär; grundlegend; b) Haupt-; . 2. *n.* (Amer.: election) Vorwahl, *f*
primate [ˈpraɪmeɪt] *n.* a) Primat, *m.*; b) Primas, *m*
prime [praɪm] *n.* a) Primzahl, *f.* b) Höhepunkt, *m.*; Krönung, *f.* 2. *adj.* a) best; erstklassig; vortrefflich; b) Haupt-; hauptsächlich
primer [ˈpraɪmər] *n.* Fibel, *f*
primer *n.* a) Grundierlack, *m.* b) Zündvorrichtung, *f*
primitive [ˈprɪmɪtɪv] *adj.* primitiv; urzeitlich; frühzeitlich
primrose [ˈprɪmrəʊz] *n.* gelbe Schlüsselblume
prince [prɪns] *n.* a) Prinz, *m.*; b) Fürst, *m.*; Monarch, *m*
princely [ˈprɪnslɪ] *adj.* fürstlich
princess [ˈprɪnses, prɪnˈses] *n.* a) Prinzessin, *f.*; b) Fürstin, *f*
principal [ˈprɪnsəpl] 1. *adj.* bedeutendst…; wichtigst…; Haupt-; 2. *n.* Kapitalbetrag, *m.*; Kreditsumme, *f.*; Rektor, *m.*/Rektorin, *f*
principality [prɪnsɪˈpælɪtɪ] *n.* Fürstentum, *n.*
principally [ˈprɪnsɪpəlɪ] *adv.* in erster Linie
principle [ˈprɪnsɪpl] *n.* a) Prinzip, *n.*; b) Lehrsatz, *m*
print [prɪnt] 1. *v. t.* in Druckschrift schreiben; veröffentlichen; drucken; bedrucken; abziehen; kopieren. 2. *n.* Druck, *m.*; Gedruckte, *n.*; Abdruck, *m.*; Abzug, *m.*; Kopie, *f*
printer [ˈprɪntər] *n.* Drucker, *m.*/-in, *f.*; Druckerei, *f.*; Drucker, *m*
printing [ˈprɪntɪŋ] *n.* Druckschrift, *f.*; Drucken, *n.*; Auf-

prior ['praɪər] 1. *adv.* vor, bevor. 2. *adj.* vorherig; früher; Vor-. 3. *n. (Religion)* Prior, *m*

priority [praɪ'ɒrətɪ] *n.* Vorrang, *m.*; *attrib.* vorrangig

prism ['prɪzm] *n.* Prisma, *n*

prison ['prɪzn] *n.* a) Gefängnis, *n.*; *attrib.* Gefängnis-; b) Haft, *f*

prisoner ['prɪznər] *n.* Gefangene, *m./f.*; Angeklagte, *m./f*

pristine ['prɪstiɑn, 'prɪstaɪn] *adj.* unberührt; ursprünglich

privacy ['prɪvəsɪ, 'praɪvəsɪ] *n.* a) unter Geheimhaltung; b) Zurückgezogenheit, *f.*; Privatheit, *f*

private ['praɪvət] 1. *adj.* persönlich; privat; nicht öffentlich; Privat-; geheim; still; vertraulich; 2. *n.* Gefreite, *f./m*

privately ['praɪvətlɪ] *adv.* privat; vertraulich; insgeheim

private: ~ **'parts** *n. pl.* Geschlechtsteile Pl

privatization [praɪvətaɪ'zeɪʃn] *n.* Privatisierung, *f*

privatize ['praɪvətaɪz] *v. t.* privatisieren

privilege ['prɪvəlɪdʒ] *n.* Ehre, *f.*; Sonderrecht, *n.*; Privileg, *n.*

prize [praɪz] 1. *v. t.* hoch schätzen. 2. *attrib. adj.* preisgekrönt; 3. *n.* Gewinn, *m.*; Lohn, *m.*; Preis, *m*

prize *v. t.* aufstemmen

probability [prɒbə'bɪlɪtɪ] *n.* Wahrscheinlichkeit, *f*

probable ['prɒbəbl] *adj.* wahrscheinlich

probation [prə'beɪʃn] *n.* a) Bewährung, *f.*; b) Probezeit, *f*

probe [prəʊb] 1. *v. i.* a) forschen; b) vordringen. 2. *v. t.* a) gründlich erforschen; b) erforschen; untersuchen. 3. *n.* a) Untersuchung, *f.*; b) Sonde, *f*

probing ['prəʊbɪŋ] *adj.* gründlich; durchdringend

probity ['prəʊbətɪ] *n.*, *no pl.* Rechtschaffenheit

problem ['prɒbləm] *n.* a) Rätsel, *n.*; b) Problem, *n*

problematic [prɒblə'mætɪk], **problematical** [prɒblə'mætɪkl] *adj.* problematisch; fragwürdig

procedure [prə'siːdjər] *n.* Prozedur, *f.*; Verfahren, *n.*Verfahrensweise, *f.*;

proceed [prə'siːd] *v. i.* gehen; fahren; reiten; verlaufen; fortgesetzt werden; vorgehen; beginnen

proceeding [prə'siːdɪŋ] *n.* in *pl.* Tätigkeitsbericht, *m.*; Protokoll, *n.*; in *pl.* Verfahren, *n.*; Vorgehensweise, *f.*; in *pl.* Vorgänge

process [prə'ses] *v. i.* marschieren

process ['prəʊses] 1. *v. t.* verarbeiten; behandeln. 2. *n.* a) Vorgang, *m.*; Prozess, *m.*; b) Prozedur, *f.*; c) Lauf, *m.*; d) Verfahren, *n.*

procession [prə'seʃn] *n.* Prozession, *f.*; Umzug, *m.*; Zug, *m*

processor ['prəʊsesər] *n.* Prozessor, *m*

proclaim [prə'kleɪm] *v. t.* a) verraten; b) verkünden; erklären; ausrufen

proclamation [prɒklə'meɪʃn] *n.* Bekanntmachung, *f.*; Proklamation, *f*

procure [prə'kjʊər] 1. *v. i.* Kuppelei betreiben; 2. *v. t.* beschaffen; sich beschaffen; herbeiführen

prod [prɒd] 1. *v. i.*, -dd- stochern. 2. *v. t.*, -dd-: stoßen mit; stupsen; antreiben; nachhelfen; 3. *n.* Stupser, *m*

prodigious [prə'dɪdʒəs] *adj.* außerordentlich; wunderbar; gewaltig; unglaublich

produce ['prɒdjuːs] 1. *n.* Erzeugnisse *Pl.* Produkte *Pl.*; 2. [prə'djuːs] *v. t.* fördern; erzeugen; liefern; abwerfen; produzieren; herstellen

producer [prə'djuːsər] *n.* Produzent, *m./*Produzentin, *f.*

product ['prɒdʌkt] *n.* a) Erzeugnis, *n.*; Werk, *n.*; Produkt, *n.*; b) Folge, *f*

production [prə'dʌkʃn] *n.* Herstellung, *f.*; Produktion, *f*

productive [prə'dʌktɪv] *adj.* a) fruchtbar; b) ertragreich; produktiv

productivity [prɒdʌk'tɪvɪtɪ] *n.* Produktivität, *f*

profane [prə'feɪn] 1. *v. t.* entweihen 2. *adj.* respektlos; profan; weltlich

profess [prə'fes] *v. t.* sich bekennen zu; geltend machen; bekunden

profession [prə'feʃn] *n.* a) Bekenntnis, *n.*; b) Berufsstand, *m.*; Beruf, *m.*

professional [prə'feʃənl] 1. *adj.* a) Berufs-; beruflich. 2. *n.* Fachmann, *m./* Fachfrau, *f.*; Profi, *m*

professionalism [prə'feʃənəlɪzm] *n.*, *no pl.* fachmännische Ausführung; professionelle Einstellung

professionally [prə'feʃənəlɪ] *adv.* a) geschäftlich; beruflich; professionell; b) fachmännisch; c) berufsmäßig

professor [prə'fesər] *n.* a) Professor, *m./*-in, *f.*; b) Dozent, *m./*-in, *f.*

proficient [prə'fɪʃnt] *adj.* fähig; gut; geschickt

profile ['prəʊfaɪl] *n.* a) Umriss, *m.*; b) Profil, *n.*; c) Porträt, *n.*

profit ['prɒfɪt] 1. *v. i.* profitieren. 2. *v. t.* von Nutzen sein; 3. *n.* a) Gewinn, *m.*; Profit, *m.*; b) Nutzen, *m*

profitability [prɒfɪtə'bɪlɪtɪ] *n.*, *no pl.* Rentabilität, *f*

profitable ['prɒfɪtəbl] *adj.* a) lohnend; nützlich; b) ren-

tabel; einträglich
profound [prəˈfaʊnd] *adj.*, ~er [prəˈfaʊndər], ~est [prəˈfaʊndɪst] a) tief; profund; tiefschürfend; scharfsinnig; tiefsinnig; b) völlig, tief
profuse [prəˈfjuːəs] *adj.* überschwenglich; verschwenderisch
prognosis [prɒgˈnəʊsɪs] *n.* Prognose, *f.*; Vorhersage, *f*
programme [ˈprəʊgræm] 1. *v. t.* programmieren 2. *n.* a) Programm, *n.*; b) Sendung, *f.*; Sender, *m*
programmer [ˈprəʊgræmər] *n.* Programmierer, *m./*-in, *f*
progress 1. [prəʊˈgres] *v. i.* a) vorankommen; b) Fortschritte machen; 2. *v. t.* vorantreiben. 3. [ˈprəʊgres] *n.* Fortschritt, *m*
progression [prəˈgreʃn] *n.* a) Fortschritt, *m.*; b) Folge, *f.*; c)Reihe, *f*
progressive [prəˈgresɪv] 1. *adj.* a) allmählich; fortschreitend; b) gestaffelt; fortschrittlich; progressiv; 2. *n.* Progressive, *m./f*
prohibit [prəˈhɪbɪt] *v. t.* a) verbieten; b) verhindern
prohibition [prəʊhɪˈbɪʃn, prəʊəˈbɪʃn] *n.* a)Verbot; b) (Amer. Hist.) Alkoholverbot; Prohibition
prohibitive [prəˈhɪbɪtɪv] *adj.* untragbar; unerschwinglich
project 1. *v. i.* [prəˈdʒekt] vorstehen; 2. [prəˈdʒekt] *v. t.* a) planen; b) vermitteln; c) werfen; senden; projizieren; d) übertragen. 3. *v.* refl. sich hineinversetzen. 4. [ˈprɒdʒekt] *n.* a) Projekt, *n.*; b) Plan, *m*
projectile [prəˈdʒektaɪl] *n.* Projektil, *n.* (Militär) Geschoss, *n*
projection [prəˈdʒekʃn] *n.* a) Hochrechnung, *f.*; Voraussage, *f.* b) Plan, *m.*; c) Projektion, *f.*; Vorführung, *f.*; d) Vorsprung, *m*
projectionist [prəˈdʒekʃənɪst] *n.* Filmvorführer, *m./* -vorführerin, *f*
projector [prəˈdʒektər] *n.* Projektor
proletarian [prəʊlɪˈteərɪən] 1. proletarisch. 2. Proletarier, *m./*-in, *f*
proletariat [prəʊlɪˈteərɪət] *n.* Proletariat
proliferate [prəˈlɪfəreɪt] *v. i.* a) sich stark vermehren; proliferieren; wuchern; b) sich ausbreiten
proliferation [prəlɪfəˈreɪʃn] *n.* a) Proliferation, *f.*; Wucherung, *f.*; starke Vermehrung; b) starke Zunahme
prolific [prəˈlɪfɪk] *adj.* a) fruchtbar; b) produktiv
prologue (Amer.: prolog) [ˈprəʊlɒg] *n.* a) Prolog, *m.*; b)Vorspiel, *n*
prolong [prəˈlɒŋ] *v. t.* verlängern
prolongation [prəʊlɒŋˈgeɪʃn] *n.* Verlängerung, *f*
prolonged [prəˈlɒŋd] *adj.* lang; langgezogen, lang anhaltend
promenade [prɒməˈnɑːd] 1. *v. i.* promenieren; *n.* 2. Promenade, *f.*
prominence [ˈprɒmɪnəns] *n.* Bekanntheit, *f.*; Auffälligkeit, *f.*; Vorsprung
prominent [ˈprɒmɪnənt] *adj.* a) herausragend; b) auffallend; vorspringend; vorstehend
prominently [ˈprɒmɪnəntlɪ] *adv.* a) auffallend; b) prominent
promiscuity [prɒmɪˈskjuːətɪ] *n.* Promiskuität, *f.*
promiscuous [prəˈmɪskjʊəs] *adj.* promiskuitiv
promise [ˈprɒmɪs] 1. *v. i.* a) Versprechungen machen; b) ~ well vielversprechend sein; 2. *v. t.* a) versprechen; b) verheißen; c) sich vornehmen. 3. *n.* a) Versprechen, *n.*; b) Zusicherung, *f.*; c) Hoffnung, *f.*
promote [prəˈməʊt] *v. t.* a) Werbung machen; b) fördern; c) befördern
promoter [prəˈməʊtər] *n.* a) Veranstalter, *m./*Veranstalterin, *f*
promotion [prəˈməʊʃn] *n.* a) Werbung, *f.*; Werbekampagne, *f.*; b) Förderung, *f.*; c) Beförderung, *f.*; d) Aufstieg, *m.*; e) Veranstaltung, *f*
promotional [prəˈməʊʃənl] *adj.* Werbe-
prompt [prɒmpt] 1. *v. t.* a) weiterhelfen; vorsagen; b) veranlassen; c) hervorrufen; provozieren. 2. *adv.* pünktlich;. 3. *adj.* a) pünktlich; b) sofortig
prompter [ˈprɒmptər] *n.* Souffleur, *m./*Souffleuse, *f*
promptly [ˈprɒmptlɪ] *adv.* a) prompt; b) pünktlich
pronoun [ˈprəʊnaʊn] *n.* Fürwort, *n.*; Pronomen, *n*
pronounce [prəˈnaʊns] 1. *v. i.* für etw. aussprechen; 2. *v. t.* a) aussprechen; b) erklären für; c) verkünden
pronunciation [prənʌnsɪˈeɪʃn] *n.* Aussprache, *f.*
proof [pruːf] 1. *adj.* a) in comb. (kugel-, diebstahl-)sicher; 2. *n.* Beweis, *m.*
propaganda [prɒpəˈgændə] *n.*, *no pl.*, *no indef. art.* Propaganda, *f.*
propel [prəˈpel] *v. t.*, -ll- antreiben
propeller [prəˈpelər] *n.* Propeller, *m.*
properly [ˈprɒpəlɪ] *adv.* a) förmlich; b) anständig
proper: ~ 'name, Eigenname, *m.*
property [ˈprɒpətɪ] *n.* a) Besitz, *m.*; Immobilie, *f.* (fachsprachlich); b) Eigentum, *n.*
prophecy [ˈprɒfəsɪ] *n.* Prophezeiung, *f.*; Vorhersage, *f*

prophet ['prɒfɪt] *n.* Prophet, *m.*
prophetic [prə'fetɪk] *adj.* prophetisch
proposal [prə'pəʊzl] *n.* Angebot, *n.*; Vorschlag, *m.*
propose [prə'pəʊz] vorschlagen; ~ **sth. to sb.** jmdm. etw. vorschlagen
proposition [prɒpə'zɪʃn] *n.* Vorschlag, *m.*
proprietor [prə'praɪətər] *n.* Besitzer, *m.*/Besitzerin, *f.*
prosecute ['prɒsɪkjuːt] 1. *v. i.* Anzeige erstatten gegen; 2. *v. t.* strafrechtlich verfolgen
prosecution [prɒsɪ'kjuːʃn] *n.* Anklage, *f.*
prospect 1. ['prɒspekt] *n.* a) Erwartung, *f.*; b) in *pl.* Zukunftsaussichten, *f.*
prosperity [prɒ'sperətɪ] *n.*, *no pl.* Wohlstand, *m.*
prosperous ['prɒspərəs] *adj.*; wohlhabend (Unternehmen); erfolgreich
prostitute ['prɒstɪtjuːt] *n.* Prostituierter/Prostituierte, *m./f.*
prostitution [prɒstɪ'tjuːʃn] *n.* (literarisch oder bildlich) Prostitution, *f.*
protect [prə'tekt] *v. t.* a) schützen; b) schützen (from vor+ Dat., against gegen)
protection [prə'tekʃn] *n.* Schutz, *m.* (from vor+ Dat., against gegen)
protein ['prəʊtiːn] *n.* Eiweiß, *n.*; (Chemie) Protein, *n.*
protest 1. [prə'test] *v. i.* protestieren; 2. [prə'test] *v. t.* protestieren gegen; 3. ['prəʊtest] *n.* a) Protest, *m.*; Beschwerde, *f.*
Protestant ['prɒtɪstənt] *(Religion)* 1. *adj.* protestantisch; evangelisch; 2. *n.* Protestant, *m./*Protestantin, *f.*
proud [praʊd] *adj.* a) stolz; b) hochmütig
prove [pruːv] 1. *v. t.*, p.p. **~d** or **~n** ['pruːvn] beweisen; nachweisen; 2. *v. refl.* **~ oneself** sich bewähren; 3. *v. i.* sich erweisen als
Provence [prɒ'vɑs] *pr. n.* die Provence, *f.*
proverb ['prɒvɜːb] *n.* Sprichwort, *n.*
provide [prə'vaɪd] *v. t.* bereitstellen (Dienst); besorgen; liefern
provided [prə'vaɪdɪd] conj. ~ ...: vorausgesetzt, dass
providence ['prɒvɪdəns] *n.* divine~: die göttliche Vorsehung, *f.*
provision [prə'vɪʒn] *n.* a) Vorrat, *m.*; b) in *pl.* Proviant, *m.*
prude [pruːd] *n.* prüder Mensch
prudence ['pruːdəns] *n.*, *no pl.* Überlegtheit, *f.*; Besonnenheit, *f.*; **act with ~** überlegt handeln
prudent ['pruːdnt] *adj.* a) überlegt (Verhalten); besonnen (Person); b) vorsichtig
psychiatrist [saɪ'kaɪətrɪst] *n.* Psychiater, *m./*Psychiaterin, *f.*
psychiatry [saɪ'kaɪətrɪ] *n.* Psychiatrie, *f.*
psychological [saɪkə'lɒdʒɪkl] *adj.* a) psychologisch (Wirkung); psychisch (Problem); b) psychologisch
psychology [saɪ'kɒlədʒɪ] *n.* a) Psychologie, *f.*; b) Psychologie, *f. (ugs.)*
pub [pʌb] *n. (Brit.* ugs.) Pub, *n.*; Kneipe, *f. (ugs.)*
'pub-crawl *n.* (Brit. ugs.) Zechtour, *f.*; **go on a ~** eine Zechtour machen
puberty ['pjuːbətɪ] *n.*, *no pl.*, *no art.* Pubertät, *f.*
public ['pʌblɪk] 1. *adj.* öffentlich; 2. *n.*, *no pl.*; constr. as sing. or *pl.* a) Allgemeinheit, *f.*; Öffentlichkeit, *f.*; b) **in ~** öffentlich; offen
public: ~ **'footpath** *n.* öffentlicher Fußweg; ~ **'holiday** *n.* gesetzlicher Feiertag; ~ **'house** *n.* (Brit.) Gastwirtschaft, *f.*; Gaststätte, *f.*
publish ['pʌblɪʃ] *v. t.* a) verkünden; verlesen (Anwesenheit); b) veröffentlichen
publisher ['pʌblɪʃər] *n.* Verleger, *m./*Verlegerin, *f.*
pudding ['pʊdɪŋ] *n.* a) Pudding, *m.*; b) süße Nachspeise
puddle ['pʌdl] *n.* Pfütze, *f.*
Puerto Rico [pwɜːtəʊ 'riːkəʊ] *pr. n.* Puerto Rico, *n.*
pugnacious [pʌg'neɪʃəs] *adj.* kampflustig
pull [pʊl] 1. *v. i.* a) ~ (Fahrzeug) ziehen; b) ~ **at** ziehen an (+ Dat.); 2. *v. t.* a) ziehen an (+ Dat.); ziehen (Tau); ~ **aside** beiseite ziehen; b) herausziehen
~ **'off** *v. t.* abreißen; abziehen ausziehen
~ **'through** *v. i.* (Verletzter, Kranker) durchkommen
~ **to'gether** *v. refl.* sich zusammennehmen
pullover ['pʊləʊvər] *n.* Pullover, *m.*
pulp [pʌlp] 1. *n.* a) Brei, *m.*; b) Fruchtfleisch, *n.*; 2. *v. t.* zerstampfen, zerdrücken (Knoblauch)
pulpit ['pʊlpɪt] *n. (Religion)* Kanzel, *f.*
pulse [pʌls] 1. *v. i.* siehe pulsate; 2. *n.* a) Impuls, *m.*; b) Puls, *m.*; Pulsschlag, *m.*
puma ['pjuːmə] *n.* (Tierwelt) Puma, *m.*
pump [pʌmp] 1. *n.* Pumpe, *f.*; 2. *v. i.* pumpen; 3. *v. t.* ~ **up** aufpumpen
pumpkin ['pʌmpkɪn] *n.* (Botanik) Kürbis, *m.*
pun [pʌn] *n.* Wortspiel, *n.*
punctual ['pʌŋktʃʊəl] *adj.* pünktlich
punctuality [pʌŋktʃʊ'ælətɪ] *n.*, *no pl.* Pünktlichkeit, *f.*
punish ['pʌnɪʃ] *v. t.* a) bestrafen (Verbrecher); strafen (geh.) (Mensch)
punishment ['pʌnɪʃmənt]

n. a) Strafe, *f.*; b) *no pl.* Bestrafung, *f.*
pupil [ˈpjuːpɪl] *n.* a) (Körper) Pupille, *f.*; b) Schüler, *m.*/Schülerin, *f.*
puppet [ˈpʌpɪt] *n.* Marionette, *f.*; Puppe, *f.*
puppy [ˈpʌpɪ] *n.* Hundejunge, *n.*; Welpe, *m.*
purchase [ˈpɜːtʃəs] 1. *v. t.* a) kaufen; erwerben (geh.); b) erkaufen; 2. *n.* a) Kauf, *m.*; b) Kauf, *m.*
pure [pjʊər] *adj.* (literarisch oder bildlich) rein
purgatory [ˈpɜːgətrɪ] *n.* Fegefeuer, *n.*
puritan, (Hist.) **Puritan** [ˈpjʊərɪtən] 1. *adj.* puritanisch; 2. *n.* Puritaner, *m.*/Puritanerin, *f.*
puritanical [pjʊərɪˈtænɪkl] *adj.* puritanisch
purpose [ˈpɜːpəs] *n.* a) Absicht, *f.* b) Zweck, *m.*; Absicht, *f.*
purse [pɜːs] *n.* Geldbeutel, *m.* Portemonnaie, *n.*
pursue [pəˈsjuː] *v. t.* streben nach; suchen nach
pursuit [pəˈsjuːt, pəˈsuːt] *n.* Streben, *n.*
push [pʊʃ] 1. *v. i.* a) sich in den Vordergrund spielen. b) drängeln; schieben; 2. *v. t.* a) drängen; b) schieben; stoßen; schubsen *(ugs.)*; 3. *n.* a) Stoß, *m.*; Schubs, *m. (ugs.)*
~ **a'side** *v. t.* beiseite schieben
~ **a'way** *v. t.* wegschieben
put [pʊt] *v. t.*, -**tt**-, **put** tun; setzen, stellen; legen
~ **a'side** *v. t.* beiseite legen
puzzle [ˈpʌzl] 1. *v. i.* ~ **over or about sth.** sich (Dat.) über etw. *(Akk.)* den Kopf zerbrechen; 2. *v. t.* rätselhaft sein (+ Dat.); 3. *n.* Rätsel, *n.*
puzzled [ˈpʌzld] *adj.* ratlos
puzzling [ˈpʌzlɪŋ] *adj.* rätselhaft

Q

Q, q [kjuː] *n., pl.* Qs or Q's Q, q, *n.*
quail [kweɪl] *n., pl.* same or **~s** (Ornithologie) Wachtel, *f.*
quaint [kweɪnt] *adj.* kurios, seltsam (Gewohnheit)
Quaker [ˈkweɪkər] *n.* Quäker, *m.*/Quäkerin, *f.*
qualification [ˌkwɒlɪfɪˈkeɪʃn] *n.* a) Vorbehalt, *m.*; b) Qualifikation, *f.*; Voraussetzung, *f.*
qualified [ˈkwɒlɪfaɪd] *adj.* ausgebildet
quality [ˈkwɒlətɪ] *n.* a) Eigenschaft, *f.*; b) Qualität, *f.*
quantity [ˈkwɒntətɪ] *n.* a) (Mathematik) Größe, *f.*; b) Menge, *f.*
quarrel [ˈkwɒrl] 1. *v. i.*, (Brit.) -ll-: a) etwas auszusetzen haben (with an + Dat.); b) sich streiten; 2. *n.* a) Einwand, *m.* (**with** gegen); b) Streit, *m.*
quarrelsome [ˈkwɒrlsəm] *adj.* streitsüchtig
quarry [ˈkwɒrɪ] 1. *v. t.* brechen; 2. *n.* Steinbruch, *m.*
quarter [ˈkwɔːtər] 1. *v. t.* vierteln; durch vier teilen (Menge); 2. *n.* a) (Amer.) Vierteldollar, *m.*; 25-Cent-Stück, *n.*; b) Viertel, *n.*; **divide sth. into ~s** etw. in vier Teile teilen; etw. vierteln; c) **It is a quarter past four now.:** Es ist jetzt viertel nach vier.; **I wanted to leave at a quarter to four.** Ich wollte um viertel vor vier gehen.
quarterly [ˈkwɔːtəlɪ] 1. *adv.* vierteljährlich; 2. *adj.* vierteljährlich
quartz [kwɔːts] *n.* Quarz, *m.*
quasi- [ˈkweɪzaɪ] *pref.* a) Quasi-; quasi; b) Schein-
queen [kwiːn] *n.* a) Königin, *f.*; b) (Schach) Dame, *f.*
queer [ˈkwɪər] komisch; seltsam; sonderbar
quench [kwentʃ] *v. t.* a) ~ **one's thirst** seinen Durst löschen; b) löschen; *(bildlich)* auslöschen (geh.)
querulous [ˈkwerʊləs] *adj.* reizbar; gereizt
query [ˈkwɪərɪ] 1. *v. t.* beanstanden (Abrechnung); in Frage stellen (Anordnung, Darstellung); 2. *n.* Frage, *f.*
quest [kwest] *n.* Suche, *f.* (for nach); Streben, *n.* (for nach)
question [ˈkwestʃən] 1. *v. t.* a) bezweifeln; b) befragen; vernehmen; 2. *n.* Frage, *f.*
queue [kjuː] 1. *v. i.* ~ up anstehen; Schlange stehen; sich anstellen; 2. *n.* Schlange, *f.*
join the ~ sich anstellen; 2. *n.* Schlange, *f.*
quick [kwɪk] 1. *adv.* schnell; 2. *adj.* schnell; wach (Verstand); aufgeweckt (Schüler)
quiet [ˈkwaɪət] 1. *v. t.* siehe **quieten**; 2. *adj.*, **~er** [ˈkwaɪətər], **~est** [ˈkwaɪətɪst] a) still; leise (Unterhaltung, Räuspern, Flugzeug); **be ~!** *(ugs.)* sei still !
quietness [ˈkwaɪətnɪs] *n., no pl.* a) Stille, *f.*; Lautlosigkeit, *f.*; b) Ruhe, *f.*
quite [kwaɪt] *adv.* a) ganz; völlig; vollkommen; gänzlich (uninteressant); b) ziemlich; recht; ganz (sympathisch)
quiz [kwɪz] 1. *v. t.*, -zz- ausfragen; vernehmen (Zeugen), (Staatsanwalt) verhören, 2. *n., pl.* ~zes a) Quiz, *n.*; b) Prüfung, *f.*; Aufgabe, *f.*
quotation [kwəʊˈteɪʃn] *n.* a) Kostenvoranschlag, *m.*; b) Zitat, *n.*; Zitieren, *n.*

R

R, r [ɑr] *n., pl.* Rs or R's R, r, *n.*
rabbit [ˈræbɪt] *n.* Kaninchen, *n.*
rabies [ˈreɪbiːz] *n.* (Medizin) Tollwut, *f.*
race [reɪs] 1. *v. i.* a) um die Wette laufen etc.; 2. *v. t.* um die Wette laufen; 3. *n.* a) Rennen, *n.*
race *n.* (Anthropologie, Biologie) Rasse, *f.*
race: **~course** *n.* Rennbahn, *f.*; **~horse** *n.* Rennpferd, *n*; **~~track** *n.* Rennbahn, *f.*
racing: **~~car** *n.* Rennwagen, *m.*; **~ driver** *n.* Rennfahrer, *m.*/-fahrerin, *f.*
racism [ˈreɪsɪzm] *n.* Rassismus, *m.*
radar [ˈreɪdɑːr] *n.* Radar, *n.* oder *m.*
radiant [ˈreɪdɪənt] *adj.* a), leuchtend; strahlend (Sterne); b) *(bildlich)* strahlend
radiate [ˈreɪdɪeɪt] 1. *v. i.* a) strahlenförmig ausgehen (from von). b) (Wärme) ab-/ausstrahlen; (Himmelskörper) scheinen, strahlen; (Wellen, Strahlen); 2. *v. t.* a), ausstrahlen (Spontanität, Herzlichkeit, Gemütlichkeit); b) ausstrahlen; verbreiten (Wärme, Klang); aussenden (Wellen)
radical [ˈrædɪkl] 1. *adj.* a) radikal; drastisch, durchgreifend; b) grundlegend (Differenz, Problem). c) revolutionär; radikal; (Idee, Stil, Art) 2. *n.* (Politik) Radikale, *m./f.*
radio [ˈreɪdɪəʊ] 1. *v. i.* funken; 2. *v. t.* funken (Neuigkeiten, Information); 3. *attrib. adj.* Rundfunk-; Radio-(sender, -antenne); 4. *n., pl. no pl., no indef. art.* Rundfunk, *m.*
radiology [reɪdɪˈɒlədʒɪ] *n., no pl.* Radiologie, *f.*; Röntgenologie, *f.*
radish [ˈrædɪʃ] *n.* Rettich, *m.*; Radieschen, *n.*
rag [ræg] *n.* a) Lappen, *m.*; Fetzen, *m.*; b) in *pl.* Lumpen *Pl.*
rage [reɪdʒ] 1. *n.* a) Besessenheit, *f.*; b) Wutausbruch, *m.*; Wut, *f.*; 2. *v. i.* toben; wüten
raid [reɪd] *n.* (Militär) Überraschungsangriff *m.*; Überfall, *m.*
raider [ˈreɪdər] *n.*; Einbrecher, *m.*/Einbrecherin, *f.*
rail [reɪl] *n.* a) Geländer, *n.*; Stange, *f.*; Reling, *f.*; (Kleider)stange, *f.*; Latte, *f.*; b) Schiene, *f.*
rail: **~road** siehe **railway**
railway [ˈreɪlweɪ] *n.* a) Eisenbahn, *f.*; b) Bahnstrecke, *f.*; Bahnlinie, *f.*
rain [reɪn] 1. *n.* a) Regen, *m.*; b) Hagel, *m.*; 2. *v. i.* impers. **it is starting to ~**: es fängt an zu regnen; **it is ~ing** es regnet
rainbow [ˈreɪnbəʊ] *n.* Regenbogen, *m.*
rainy [ˈreɪnɪ] *adj.* regnerisch (Klima); regenreich (Saison, Gebiet)
raise [reɪz] *v. t.* hochheben (Stuhl, Arm); heben; erhöhen (Einkommen, Stimme, Kosten); hochziehen (Jalousie)
raisin [ˈreɪzn] *n.* Rosine, *f.*
ramp [ræmp] *n.* a) Rampe, *f.*; b) Gangway, *f.*
rampage 1. [ræmˈpeɪdʒ] *v. i.* randalieren; toben; 2. [ˈræmpeɪdʒ] *n.* Randale, *f. (ugs.)*
ranch [rɑntʃ] *n.* Ranch, *f.*
rancher [ˈrɑntʃər] *n.* Rancher, *m.*/Rancherin, *f.*
random [ˈrændəm] 1. *adj.* a) Zufall b) willkürlich (Wahl); 2. *n.* **at ~**: willkürlich; wahllos
ranger [ˈreɪndʒər] *n.* a) (Amer.) Ranger, *m.*; Angehöriger einer Polizeitruppe b) Förster, *m.*/Försterin, *f.*
rank [ræŋk] 1. *v. i.* **~ among** gehören zu; **~ above** sb. rangmäßig über jmdm. stehen; 2. *v. t.* **~ among** zählen zu; **~ sth.** etw. einstufen; 3. *n.* a) Rang, *m.*; Dienstgrad, *m.*; *(bildlich)* sich
rankings [ˈræŋkɪŋz] *n. pl.* Rangliste, *f.*
ransom [ˈrænsəm] 1. *v. t.* a) als Geisel festhalten b) Lösegeld bezahlen für; 2. *n.* **~ money** Lösegeld, *n.*
rape [reɪp] 1. *n.* Vergewaltigung, *f.* (auch bildlich); 2. *v. t.* vergewaltigen
rare [reər] *adj.* selten
rarely [ˈreəlɪ] *adv.* selten
rarity [ˈreərɪtɪ] *n.* Rarität, *f.*; Seltenheit, *f.*
rascal [ˈrɑskl] *n.* a) Spitzbube, *m.* b) Schuft, *m.*
raspberry [ˈrɑzbərɪ] *n.* Himbeere, *f.*
rat [ræt] *n.* Ratte, *f.*
rate [reɪt] 1. *v. i.* zählen; **~ as** gelten als; 2. *v. t.* a) schätzen (Fertigkeiten); einschätzen; 3. *n.* a) Rate, *f.*; b) Gebühr, *f.*
rather [ˈrɑðər] *adv.* a) lieber; b) ziemlich; c) vielmehr
rationalization [ræʃənəlaɪˈzeɪʃn] *n.* Rationalisierung, *f.*
rationalize [ˈræʃənəlaɪz] *v. i.* rationalisieren
raven [ˈreɪvn] *n.* Rabe, *m.*
raw [rɔː] *adj.* a) blutig, unerfahren; (Neuling); siehe auch recruit; b) roh
razor [ˈreɪzər] *n.* Rasiermesser, *n.*; Rasierer, *m.*;

Rasierapparat, m.
razor: ~-**blade** n. Rasierklinge, f.; ~-**edge** n. Rasierschneide, f. **on the (s edge** auf des Messers Schneide
reach [riːtʃ] 1. v. i. a) ~ **for sth.** nach etw. greifen; b) (Grundstück) reichen (to bis zu); 2. v. t. ankommen; erreichen; eintreffen in (+ Dat.); 3. n. a) Reichweite, f.
react [rɪˈækt] v. i. a) (Chemie, Physik) reagieren; b) reagieren (to auf+ Akk.)
reaction [rɪˈækʃn] n. Reaktion, f.
read [riːd] 1. v. i., read [red] lesen; ~ **sth. to sb.** jmdm. etw.vorlesen; 2. v. t., read [red] lesen
reader [ˈriːdər] n. Leser, m./Leserin, f.
readily [ˈrɛdɪlɪ] adv. a) ohne weiteres; b) bereitwillig
readiness [ˈrɛdɪnɪs] n., no pl. Bereitschaft, f.
ready [ˈrɛdɪ] 1. adv. fertig; 2. adj. a) fertig; b) griffbereit
real [rɪəl] adj. a) wahr; echt; b) real (Sache, Person); wirklich (Macht)
realism [ˈrɪəlɪzm] n. Realismus, m.,
realist [ˈrɪəlɪst] n. Realist, m./Realistin, f.
realistic [rɪəˈlɪstɪk] adj. realistisch
reality [rɪˈælɪtɪ] n. no pl. Realität, f.
realization [rɪəlaɪˈzeɪʃn] n. a) Erkenntnis, f.; b) Verwirklichung, f.; c) Realisierung, f.
realize [ˈrɪəlaɪz] v. t. a) verwirklichen; b) realisieren
real: ~ ʻ**life** n. das wirkliche Leben
really [ˈrɪəlɪ] adv. wirklich
realm [rɛlm] n. Königreich, n.
rear [rɪər] 1. n. a) Rückseite, f.; b) hinterer Teil; c) Hintern, m.; 2. adj. hinter... (Tür, Reifen, Garten); Hinter(tür, -ausgang)
rear: ~-**light** n. Rücklicht, n,

reason [ˈriːzn] 1. v. i. a) schlussfolgern (from aus); b) ~ **with** diskutieren mit; 2. v. t. schlussfolgern; 3. n. a) Grund, m.; b) no pl., no art. gesunder Verstand; Vernunft, f.
reasonable [ˈriːzənəbl] adj. a) angemessen; vernünftig; (Anliegen); b) günstig
reasoned [ˈriːznd] adj. durchdacht
reasoning [ˈriːzənɪŋ] n.; Argumentation, f.; logisches Denken
reassurance [riːəˈʃuərəns] n. a) in pl. Versicherung; Bestätigung, f.; b) **give sb.** ~ jmdn. beruhigen
reassure [riːəˈʃuər] v. t. a) bestätigen b) beruhigen
rebel 1. [rɪˈbɛl] v. i., -**ll-** rebellieren; 2. attrib. adj. a) Rebellen-; b) aufständisch; rebellisch; 3. [ˈrɛbl] n. Rebell, m./Rebellin, f.
rebellion [rɪˈbɛljən] n. Rebellion, f.
recall 1. [rɪˈkɔːl] v. t. sich erinnern an (+ Akk.)
receipt [rɪˈsiːt] n. Quittung, f.; Empfangsbestätigung, f.
receive [rɪˈsiːv] v. t. erhalten
receiver [rɪˈsiːvər] n. a) Empfänger, m./Empfängerin, f.; b) Telefonhörer, m.; c) Empfangsgerät, n.
recent [ˈriːsənt] adj. a) jüngst; b) Neu(erwerb, -anstrich)
recently [ˈriːsəntlɪ] adv. neulich; kürzlich; vor kurzem
recharge [riːˈtʃɑdʒ] v. t. aufladen (Akkumulator); nachladen (Waffe)
rechargeable [riːˈtʃɑdʒəbl] adj. wiederaufladbar
recipe [ˈrɛsɪpɪ] n. Rezept, n.
recite [rɪˈsaɪt] 1. v. i. rezitieren; 2. v. t. a) rezitieren (Gedicht); b) aufzählen
reckless [ˈrɛklɪs] adj.; rück-

sichtslos, unbesonnen (Verhalten); tollkühn (Sprung)
reckon [ˈrɛkn] 1. v. i. rechnen; 2. v. t. schätzen
recognition [rɛkəgˈnɪʃn] n. a) no pl., no art. Wiedererkennen, n.; b) Anerkennung, f.
recognize [ˈrɛkəgnaɪz] v. t. a) erkennen; anerkennen (Leistung, Stellung, Vermächtnis, Autorität); **be ~d as** angesehen werden als; b) wiedererkennen
recollect [rɛkəˈlɛkt] v. t. sich erinnern an
recollection [rɛkəˈlɛkʃn] n. Erinnerung, f.
recommend [rɛkəˈmɛnd] v. t. empfehlen; ~ **sb. to do sth.** jmdm. empfehlen, etw. zu tun
recommendation [rɛkəmɛnˈdeɪʃn] n. Empfehlung, f.
reconcile [ˈrɛkənsaɪl] v. t. versöhnen
reconciliation [rɛkənsɪlɪˈeɪʃn] n. a) Harmonisierung, f. b) Versöhnung, f.
record [rɪˈkɔːd] 1. v. i. aufzeichnen; 2. v. t. a) protokollieren; b) aufzeichnen; 3. [ˈrɛkɔːd] n. Rekord, m.
recount [rɪˈkaʊnt] v. t. erzählen
recover [rɪˈkʌvər] v. i. ~ **from sth.** sich von etw. erholen
recovery [rɪˈkʌvərɪ] n. Genesung, f. Erholung, f.
recreation [rɛkrɪˈeɪʃn] n. Hobby, n.; Freizeitbeschäftigung, f.
rectangular [rɛkˈtæŋɡjulər] adj. rechteckig
recur [rɪˈkɜːr] v. i., -**rr**-: sich wiederholen
recurrent [rɪˈkʌrənt] adj. immer wiederkehrend; wiederholt
recycle [riːˈsaɪkl] v. t. wiederverwerten (Zeitungspapier, Plastik)
recycling [riːˈsaɪklɪŋ] n.

Wiederaufbereitung, f. Recycling, n.
red [red] 1. *adj.* rot; 2. *n.* a) Rot, *n.*; ~ **'carpet** *n.* (literarisch oder bildlich) roter Teppich; **Red 'Cross** *n.* Rotes Kreuz; ~ **'currant** *n.* rote Johannisbeere, *f.*
redemption [rɪ'dempʃn] *n.* a) Tilgung, *f.*; b) Befreiung, *f.*; c) Erlösung, *f.*
rediscover *v. t.* wiederentdecken
reduce [rɪ'dju:s] *v. t.* senken (Miete, Temperatur, Geschwindigkeit); verbilligen (Produkt); reduzieren (Gewicht, Einkommen, Höhe, Preis)
reduction [rɪ'dʌkʃn] *n.* a) Verkleinerung, *f.*; b) Senkung, *f.* (in Ge*n.*); Verringerung, *f.*
redundant [rɪ'dʌndənt] *adj.* überflüssig
red 'wine *n.* Rotwein, *m.*
refer [rɪ'fɜ:r] *v. i.*, -**rr**-: a) ~ **to** sich beziehen auf (+ Akk.) (Textstelle, Gesetz, Brief); sprechen von (Vorfall, Vorgang (Amtspr.)); b) ~ **to** betreffen; (Beschreibung) sich beziehen auf (+ Akk.)
referee [refə'ri:] *n.* (Sport) Schiedsrichter, *m.*/-richterin, *f.*
reference ['refrəns] *n.* a) Verweis, *m.* (to auf+ Akk.); b) Hinweis, *m.* (to auf+ Akk.)
refine [rɪ'faɪn] *v. t.* a) raffinieren; b) verbessern; verfeinern (Ausführung); c) kultivieren
reflect [rɪ'flekt] 1. *v. i.* nachdenken; 2. *v. t.* a) nachdenken über (+ Akk.; b) spiegeln; *(bildlich)* widerspiegeln (Einstellung, Prinzipien); **be ~ed** sich spiegeln; c) reflektieren
reflection [rɪ'flekʃn] *n.* a) Reflexion, *f.* (geh.) Betrachtung, *f.* (on über+ Akk.); b) Nachdenken, *n.* (upon über+ Akk.); c) Reflexion, *f.*;

Spiegelbild, *n.*; d) Spiegelung, *f.*; Reflexion, *f.*
reform [rɪ'fɔ:m] 1. *v. i.* sich bessern; 2. *v. t.* reformieren (Organisation); 3. *n.* Reform, *f.*
reformation [refə'meɪʃn] *n.* Wandlung, *f.* (in+ Ge*n.*); **the R~** die Reformation, *f.*
refresh [rɪ'freʃ] *v. t.* a) auffrischen (Kenntnisse); b) stärken; erfrischen
refreshing [rɪ'freʃɪŋ] *adj.* a) angenehm, wohltuend (Veränderung); erfrischend (Abkühlung, Bad); b) erfrischend
refrigerator [rɪ'frɪdʒəreɪtər] *n.* Kühlschrank, *m.*
refuel [ri:'fju:əl], (Brit.) -ll-: 1. *v. i.* tanken; 2. *v. t.* auftanken
refuge ['refju:dʒ] *n.* Zuflucht, *f.*
refugee [refju'dʒi:] *n.* Flüchtling, *m.*
¹refuse [rɪ'fju:z] 1. *v. t.* ablehnen; sich weigern; 2. *v. t.* a) ~ **to do sth.** sich weigern, etw. zu tun
²refuse ['refju:s] *n.* Abfall, *m.* Müll, *m.*
regard [rɪ'gɑd] 1. *v. t.* a) betrachten; **be ~ed as** gelten als; b) beachten; Rücksicht nehmen auf (+ Akk.); c) berücksichtigen betreffen (Umstände). 2. *n.* a) Achtung, *f.*; b) Beachtung, *f.*; c) in *pl.* Grüße; **send one's ~s** grüßen lassen; **with kind ~s** mit herzlichen Grüßen
region ['ri:dʒn] *n.* (area) Gebiet, *n.*; b) Bezirk, *m.*
registration [redʒɪ'streɪʃn] *n.* Ameldung, *f.*; Registrierung, *f.*
regret [rɪ'gret] 1. *v. t.*, -**tt**-: a) bedauern; b) nachtrauern (+ Dat.). 2. Bedauern, *n.*
regular ['regjulər] *adj.* a) regelmäßig; b) richtig *(ugs.)*. c) regelmäßig; geregelt (Einkommen)
regularity [regju'lærɪtɪ] *n.*

Regelmäßigkeit, *f.*
regularly ['regjuləlɪ] *adv.* a) gleichmäßig; b) regelmäßig (aufstellen) c) ständig; regelmäßig
regulate ['regjuleɪt] *v. t.* regeln; begrenzen; b) regulieren
regulation [regu'leɪʃn] *n.* a) Vorschrift, *f.*; b) Regulierung, *f.*; Regelung, *f.*; c) Einstellen, *n.*; c) *attrib.* vorschriftsmäßig (Verfahren)
rehearsal [rɪ'hɜ:sl] *n.* Probe, *f.*
rehearse [rɪ'hɜ:s] *v. t.* proben
reign [reɪn] 1. *v. i.* a) herrschen (over über+ Akk.); b) (prevail) herrschen *n.*; 2. Herrschaft, *f.*; Regentschaft, *f.*
reinforce [ri:ɪn'fɔ:s] *v. t.* erhöhen (Menge); verstärken (Material, Befestigung)
reinforcement [ri:ɪn'fɔ:smənt] *n.* a) ~[s] Verstärkung, *f.* b) Verstärkung, *f.*; Zunahme, *f.*
reject 1. [rɪ'dʒekt] *v. t.* ablehnen; abweisen (Angebot); zurückweisen
rejection [rɪ'dʒekʃn] *n.* Zurückweisung, *f.*; Ablehnung, *f.*
relate [rɪ'leɪt] 1. *v. i.* a) betreffen (Person); ~ **to** (Problemkreis, Punkt, Frage) in Zusammenhang stehen mit; b) ~ **to** eine Beziehung haben zu; 2. *v. t.* a) einen Zusammenhang herstellen zwischen; b) in Zusammenhang bringen (to, with mit); c) erzählen
related [rɪ'leɪtɪd] *adj.* verwandt (to mit)
relation [rɪ'leɪʃn] *n.* a) Verwandte, *m.*/*f.*; b) Zusammenhang, *m.*; Beziehung, *f.*; c) in *pl.* Verhältnis, *n.*
relationship [rɪ'leɪʃnʃɪp] *n.* a) Verwandtschaftsverhältnis, *n.*; b) Verhältnis, *n.*; c) Beziehung, *f.*; d) Bezie-

hung, f. (with zu)
relative ['relətɪv] 1. n. Verwandte, m./f.; 2. adj. relativ
relax [rɪ'læks] 1. v. i. a) sich beruhigen ausspannen; sich entspannen; b) sich entspannen; 2. v. t. a) lockern (Regeln, Vorschriften); b) entspannen (Muskulatur)
release [rɪ'liːs] 1. v. t. a) entlassen (from aus); entbinden (from von); befreien (from aus); freilassen (Tier, Gefangenen); erlösen (from von); b) lösen, loslassen (Feststellbremse); herausbringen; 2. n. a) Veröffentlichung, f.; b) f.; Entbindung, f.; Freilassung, f.; Befreiung, f.
reliability [rɪlaɪə'bɪlɪtɪ] n., no pl. Zuverlässigkeit, f.
reliable [rɪ'laɪəbl] adj. zuverlässig
relic ['relɪk] n. a) (Religion) Reliquie, f.; b) Überbleibsel, n. (ugs.); Relikt, n.
relief [rɪ'liːf] 1. n. Entlastung, f.; Erleichterung, f.; 2. v. t. lindern; stillen (Schmerzen); verringern (Anspannung, Druck); erleichtern (Gewissen)
religion [rɪ'lɪdʒn] n. Religion, f.
religious [rɪ'lɪdʒəs] adj. religiös
reluctance [rɪ'lʌktəns] n., no pl. Abneigung, f.; Widerwille, m.
reluctant [rɪ'lʌktənt] adj. unwillig
rely [rɪ'laɪ] v. i. a) angewiesen sein (on auf+ Akk.); have to ~ **on sb. to help** darauf angewiesen sein, dass jmd. hilft b) sich verlassen (on auf+ Akk.)
remain [rɪ'meɪn] v. i. a) übrigbleiben; b) bleiben
remark [rɪ'mɑːk] 1. v. i. eine Bemerkung machen (on zu, über+ Akk.); 2. v. t. bemerken (to gegenüber); 3. n. Bemerkung, f. (on über+ Akk.)
remarkable [rɪ'mɑːkəbl] adj. a) außergewöhnlich; b) bemerkenswert
remedy ['remɪdɪ] n. a) Heilmittel, n. (for gegen); b) Gegenmittel, n.
remember [rɪ'membər] v. t. denken an (+ Akk.); sich erinnern an (+ Akk.)
remind [rɪ'maɪnd] v. t. erinnern (of an + Akk.)
remorse [rɪ'mɔːs] n. Reue, f. (for, about über+ Akk.)
remote [rɪ'məʊt] adj., ~**r** [rɪ'məʊtər], ~**st** [rɪ'məʊtɪst] abgelegen, (geh.) entlegen (Region, Dorf, Tal); entfernt
remove [rɪ'muːv] v. t. entfernen
renewal [rɪ'njuːəl] n. Erneuerung, f.; Verlängerung, f.
renovate ['renəveɪt] v. t. renovieren (Wohnung); restaurieren (Antiquität)
renovation [renə'veɪʃn] n. Renovierung, f.; Restaurierung, f.
rent [rent] 1. v. t. a) mieten (Apartment); pachten (Land); mieten (Fernseher, Auto); b) vermieten (Apartment, Auto, Fernseher) (to Dat., an + Akk.); verpachten (Land) (to Dat., an + Akk.); 2. n. Miete, f.; Pacht, f.
rental ['rentl] n. a) Pacht, f.; Miete, f.; b) siehe rent; Pachtung, f.; Mietung, f.; Verpachtung, f.; Vermietung, f.
repair [rɪ'peər] 1. v. t. a) reparieren; ausbessern (Asphalt, Jacke); b) wiedergutmachen (Fehler, Unterlassung); beheben (Schaden); abstellen (Problem); 2. n. Reparatur, f.
repay [riː'peɪ] 1. v. i., **repaid** Rückzahlungen leisten; 2. v. t., **repaid** [riː'peɪd] erstatten (Auslagen); zurückzahlen (Kredit)
repeat [rɪ'piːt] v. t. wiederholen
repel [rɪ'pel] v. t., -ll-: a) abwehren (Angriff, Anmache, Gegner); abstoßen (Magnetpol, elektrische Ladung, Feuchtigkeit); b) abstoßen
repellent [rɪ'pelənt] adj. abstoßend
repent [rɪ'pent] v. i. bereuen
repentance [rɪ'pentəns] n. Reue, f.
repetition [repɪ'tɪʃn] n. Wiederholung, f.
replace [rɪ'pleɪs] v. t. ersetzen; ersetzen (Verlorenes)
replacement [rɪ'pleɪsmənt] n. a) Ersatz, m.; b) Ersetzen, n.
reply [rɪ'plaɪ] 1. v. i. antworten; 2. n. Antwort, f.
report [rɪ'pɔːt] 1. v. i. berichten (on über+ Akk.); Bericht erstatten (on über+ Akk.)
reporter [rɪ'pɔːtər] n. Berichterstatter, m./-erstatterin, f. Reporter, m./Reporterin, f.
reproduce [riːprə'djuːs] 1. v. t. wiedergeben; reproduzieren (Foto.); 2. v. i. sich vermehren; sich fortpflanzen
republic [rɪ'pʌblɪk] n. Republik, f.
republican [rɪ'pʌblɪkən] 1. adj. a) republikanisch; b) (Amer. Politik) **R~ Party** Republikanische Partei; 2. n. **R~** (Amer. Politik) Republikaner, m./Republikanerin, f.
repugnant [rɪ'pʌgnənt] adj.; abstoßend; widerlich
repulse [rɪ'pʌls] v. t. abwehren
repulsion [rɪ'pʌlʃn] n. Widerwille, m. (towards gegen)
reputable ['repjʊtəbl] adj. angesehen
reputation [repjʊ'teɪʃn] n.

request

a) Ruf, *m.*; b) schlechter Ruf; c) Name, *m.*
request [rɪˈkwest] 1. *v. t.* bitten; ~ **sb. to do sth.** jmdn. bitten, etw. zu tun; 2. *n.* Bitte, *f.* (for um)
require [rɪˈkwaɪər] *v. t.* a) verlangen (of von); b) brauchen; benötigen; erfordern (Reaktion, Handlung)
rescue [ˈreskjuː] 1. *v. t.* befreien (from aus); retten (from aus); 2. *n.*; Befreiung, *f.*; Rettung, *f.*
research [rɪˈsɜːtʃ, ˈriːsɜːtʃ] 1. *v. i.* forschen; 2. *v. t.*, untersuchen; recherchieren (Buch usw.) erforschen; 3. *n.* a) Forschung, *f.*
reserve [rɪˈzɜːv] 1. *n.* a) Reserve, *f.*; Zurückhaltung, *f.* b) Rücklage, *f.*; Reserve, *f.*; 2. *v. t.* a) in pass. **be ~d for sb.** (Handlung) jmdm. vorbehalten sein; b) reservieren lassen; **all rights ~d** alle Rechte vorbehalten
reserved [rɪˈzɜːvd] *adj.* a) reserviert b) zurückhaltend
resign [rɪˈzaɪn] 1. *v. i.* (Arbeitnehmer) kündigen; (Regierungsbeamter) zurücktreten (from von); (Vorsitzender) zurücktreten, sein Amt niederlegen; 2. *v. t.* zurücktreten von (Amt); verzichten auf (+ Akk.) (Recht)
resignation [rezɪɡˈneɪʃn] *n.* siehe **resign**: Rücktritt, *m.*; Kündigung, *f.*
resist [rɪˈzɪst] 1. *v. i.*; widerstehen; sich widersetzen; Widerstand leisten; sich wehren; 2. *v. t.* a) standhalten (+ Dat.) (Sturm, Sand, Druck, Hitze); b) widerstehen (+ Dat.) (Angebot) sich widersetzen (+ Dat.) (Festnahme, Zwängen; Versuchung,); sich wehren gegen (Einfluss); Widerstand leisten gegen (Übernahmeversuch)
resistance [rɪˈzɪstəns] *n.* a) (Biologie, Medizin) Widerstandskraft, *f.* (to gegen); b) Widerstand, *m.*
resistant [rɪˈzɪstənt] *adj.* a) (Medizin, Biologie) resistent (to gegen); b) widerstandsfähig (to gegen)
resolution [rezəˈluːʃn] *n.* a) Resolution, *f.*; Entschließung, *f.*; b) Vorsatz, *m.*
resolve [rɪˈzɒlv] 1. *v. i.* ~ **on doing sth.** sich entschließen, etw. zu tun; 2. *v. t.* a) beseitigen, ausräumen (Unklarheit Zweifel); b) lösen *(bildlich)* (Knoten; Rätsel); c) beschließen; d) beilegen (Zwist); klären (Streitpunkt); 3. *n.* Vorsatz, *m.*; **make a ~ to do sth.** den Vorsatz fassen, etw. zu tun
resolved [rɪˈzɒlvd] *pred. adj.* entschlossen
resonance [ˈrezənəns] *n.* *(bildlich)* Widerhall, *m.* Resonanz, *f.*; voller Klang, *m.*
respect [rɪˈspekt] 1. *n.* a) Achtung, *f.* (for vor+ Dat.); Respekt, *m.* (for vor+ Dat.); **show ~ for sb./sth.** Respekt vor jmdm./etw. zeigen; 2. *v. t.* respektieren; achten
respectability [rɪspektəˈbɪlɪti] *n.*, *no pl.* Ehrbarkeit, *f.* Ansehen, *n.*
respectable [rɪˈspektəbl] *adj.* a) ehrbar (Bürger, Älteste) ehrenwert (Motive); angesehen (Menschenrechtler, Nobelpreisträger); b) vornehm, gut (Adresse); anständig, respektabel (Stellung, Anstellung); ordentlich, vorzeigbar *(ugs.)* (Erscheinung, Äußeres); c) (considerable) beachtlich (Summe)
respond [rɪˈspɒnd] 1. *v. i.* a) antworten (to auf+ Akk.); b) reagieren (to auf+ Akk.); 2. *v. t.* antworten; erwidern
response [rɪˈspɒns] *n.* a) Reaktion, *f.*; b) Antwort, *f.*
responsibility [rɪspɒnsɪˈbɪlɪti] *n.* a) Verpflichtung, *f.*; b) *no pl., no indef. art.* Verantwortung, *f.*
responsible [rɪˈspɒnsɪbl] *adj.* a) verantwortungsbewusst, -voll (Person); b) verantwortlich (for für); **hold sb. ~ for sth.** jmdn. für etw. verantwortlich machen; **be ~ to sb.** jmdm. gegenüber verantwortlich sein; **be ~ for sth.** (Person) für etw. verantwortlich sein; c) verantwortlich, verantwortungsvoll (Arbeit, Auftrag, Position)
rest [rest] 1. *v. i.* ruhen; 2. *v. t.* a) ausruhen; 3. *n.* a) Erholung, *f.* Ruhepause, *f.*; b) Pause c) Ruhe, *f.*
rest *n.* **the ~:** der Rest, *m.*
restaurant [ˈrestərɒnt] *n.* Restaurant, *n.*
restless [ˈrestlɪs] *adj.* unruhig (Nacht); ruhelos (Person)
restrain [rɪˈstreɪn] *v. t.* zurückhalten (Emotionen, Mensch, Wut); bändigen (Tier)
restrained [rɪˈstreɪnd] *adj.* beherrscht (Worte); zurückhaltend (Charakter); verhalten
restraint [rɪˈstreɪnt] *n.* a) Zurückhaltung, *f.*; b) Selbstbeherrschung, *f.*; Unaufdringlichkeit, *f.*; c) Einschränkung, *f.*
restrict [rɪˈstrɪkt] *v. t.* beschränken
restricted [rɪˈstrɪktɪd] *adj.* begrenzt; beschränkt; *f.*
result [rɪˈzʌlt] 1. *v. i.* a) ~ **from sth.** aus etw. resultieren; b) ~ **in sth.** in etw. (Dat.) resultieren; 2. *n.* Resultat, *n.*; Ergebnis, *n.*
retail 1. [ˈriːteɪl] *v. i.* im Einzelhandel verkauft werden (at, for für). 2. *v. t.* [ˈriːteɪl] (sell) verkaufen; 3. *adj.* Einzel(handel); Einzelhandels(geschäft, -preis); Verkaufs(preis). 4. *n.* Einzelhandel, *m.*
retailer [ˈriːteɪlər] *n.* Einzel-

händler, *m.*/-Händlerin, *f.*
retain [rɪˈteɪn] *v. t.* behalten, sich (Dat.) merken
retire [rɪˈtaɪər] 1. *v. i.* a) sich zurückziehen; b) ausscheiden (from aus); (Beamter) in Pension gehen; (Selbstständiger) sich zur Ruhe setzen; 2. *v. t.* pensionieren
retired [rɪˈtaɪəd] *adj.* pensioniert
retirement [rɪˈtaɪəmənt] *n.* Ruhestand, *m.*
return [rɪˈtɜːn] 1. *v. i.* zurückkehren; 2. *v. t.* erwidern; entgegnen
reunite [riːjuːˈnaɪt] 1. *v. i.* sich wieder zusammenschließen; 2. *v. t.* wieder zusammenführen; **a ~d** Germany ein wiedervereinigtes Deutschland
revenge [rɪˈvendʒ] 1. *v. t.* rächen (Verbrechen); sich rächen für (Tat); 2. *n.* Rache, *f.*
revenue [ˈrevənjuː] *n.* a) Einnahmen der öffentlichen Hand; Staatseinnahmen; b) ~[s] Einkünfte; Einnahmen
reverence [ˈrevərəns] *n.* Ehrfurcht, *f.* Verehrung, *f.*
reverend [ˈrevərənd] *n.* Pfarrer, *m.*
reverse [rɪˈvɜːs] 1. *v. i.* rückwärts fahren; zurücksetzen; 2. *v. t.* a) rückgängig machen (Maßnahme); aufheben (Urteil); b) zurücksetzen; c) umkehren (Kurs, Abfolge, Wortstellung, Richtung); grundlegend revidieren (Meinung, Plan); 3. *adj.* entgegengesetzt (Kurs, Richtung); umgekehrt (Reihenfolge); Rück(seite); 4. *n.* Gegenteil, *n.*
revolt [rɪˈvəʊlt] 1. *v. i.* a) sich sträuben (at, against, from gegen); b) aufbegehren (geh.) revoltieren; 2. *n.* Rebellion, *f.*; Revolte, *f.* Aufruhr, *m.*; (auch bildlich); Aufstand, *m.*
revolution [revəˈluːʃn] *n.* Revolution, *f.*
revolutionary [revəˈluːʃənərɪ] 1. *adj.* revolutionär; 2. *n.* Revolutionär, *m.*/Revolutionärin, *f.*
revolve [rɪˈvɒlv] 1. *v. i.* sich drehen (round, about, on um); 2. *v. t.* drehen
revolver [rɪˈvɒlvər] *n.* Trommelrevolver, *m.*
revolving [rɪˈvɒlvɪŋ] *attrib. adj.* drehbar; Dreh-(tür)
reward [rɪˈwɔːd] 1. *v. t.* belohnen; 2. *n.* Dank, *m.*; Belohnung, *f.*
rewarding [rɪˈwɔːdɪŋ] *adj.* lohnend (Hobby, Betätigung)
rewind [riːˈwaɪnd] *v. t.*, **rewound** [riːˈwaʊnd] a) wieder aufziehen (Uhr); b) zurückspulen (Kassette)
rhythm [rɪðm] *n.* Rhythmus, *m.*
rhythmic [ˈrɪθmɪk], **rhythmical** [ˈrɪθmɪkl] *adj.* gleichmäßig; rhythmisch
rice [raɪs] *n.* Reis, *m.*
rich [rɪtʃ] 1. *adj.* a) reich (in an + Dat.); fruchtbar (Erde); ~ **in** reich an; b) reich; c) köstlich; 2. *n. pl.* **the ~:** die Reichen
riches [ˈrɪtʃɪz] *n. pl.* Reichtum, *m.*
rid [rɪd] *v. t.*, **-dd-**, rid: ~ **oneself of sth.** sich von etw. befreien
riddle [ˈrɪdl] *n.* Rätsel, *n.*
ride [raɪd] 1. *n.* [æus]Ritt, *m.*; Fahrt, *f.*; 2. *v. i.*, **rode** [rəʊd], **ridden** [ˈrɪdn] reiten; fahren; 3. *v. t.*, **rode, ridden** a) reiten; fahren; b) (~ on) reiten (Pferd, Elefanten); fahren mit (Motorrad)
rider [ˈraɪdər] *n.* Fahrer, *m.*/Fahrerin, *f.*; Reiter, *m.*/Reiterin, *f.*
ridicule [ˈrɪdɪkjuːl] 1. *v. t.* verspotten; spotten über (+ Akk.); 2. *n.* Spott, *m.*
ridiculous [rɪˈdɪkjʊləs] *adj.* lächerlich
riding [ˈraɪdɪŋ] *n.* Reiten, *n.*

right [raɪt] 1. *adv.* a) nach rechts; ~ **of** rechts von; b) ~ **away/off** sofort; gleich; c) ganz; völlig; d) richtig e) genau; direkt; 3. *adj.* a) **R~** (Politik) rechts, b) rechts; c) richtig; recht; d) richtig
right: ~ **angle** *n.* rechter Winkel
righteous [ˈraɪtʃəs] *adj.* a) gerecht (Sache); b) rechtschaffen, gerecht (Mensch); gerecht (Gott)
rightful [ˈraɪtfl] *adj.* a) gerecht (Kritik,); b) berechtigt (Anspruch); b) rechtmäßig (Eigentümer, Erbe, Nachfolger)
rightly [ˈraɪtlɪ] *adv.* a) richtig; b) zu Recht
rigidity [rɪˈdʒɪdɪtɪ] *n.*, *no pl.* siehe **rigid**; a) Festigkeit, *f.*; Steifheit, *f.*; Härte, *f.*; Starrheit, *f.*; b) Strenge, *f.*
rigidly [ˈrɪdʒɪdlɪ] *adv.* streng; peinlich (genau); rigoros (einschränken) b) starr
rim [rɪm] *n.* Rand, *m.*; Felge, *f.*
ring [rɪŋ] 1. *n.* Ring, *m.*; 2. *v. t.* umringen; einkreisen (Annonce, Zitat)
ring 1. *v. i.*, **rang** [ræŋ], **rung** [rʌŋ] a) [er]schallen; (Hammer) [er]dröhnen; b) (Telefon, Wecker) klingeln; c) läuten; d) anrufen; 2. *v. t.*, **rang, rung** a) läuten (Klingel); ~ **the bell** läuten; klingeln; b) anrufen; ~ **'back** *v. t. & i.* (Brit.) a) wieder anrufen; b) zurückrufen; 3. *n.* a) Klingeln, *n.*; Läuten, *n.*; b) Telefonanruf, *m.*
risk [rɪsk] 1. *v. t.* riskieren; wagen (Wette, Unternehmung); 2. *n.* a) Risiko, *n.*; Gefahr, *f.*
risky [ˈrɪskɪ] *adj.* gefährlich; riskant, gewagt
river [ˈrɪvər] *n.* a) Fluss, *m.*; Strom, *m.*; b) *(bildlich)* Strom, *m.*
road [rəʊd] *n.* a) Straße, *f.*;

b) Weg, *m.*; **get in sb.'s ~** *(ugs.)* jmdm. in die Quere kommen *(ugs.)*
roam [rəʊm] 1. *v. i.* wandern; (Katze; Hund) streunen; 2. *v. t.* streifen durch; durchstreifen
roar [rɔːr] 1. *n.* Brüllen, *n.*; Gebrüll, *n.*; Tosen, *n.*; Getose, *n.*; Donner, *m.*; Dröhnen, *n.*; Getöse, *n.*; 2. *v. i.* a) brüllen b) (Motor) dröhnen; (Artillerie) donnern; (Feuer) bullern *(ugs.)*; 3. *v. t.* brüllen
rob [rɒb] *v. t.*, **-bb-** berauben (Privatperson); abs. rauben; ausrauben (Bank, Safe); **~ sb. of sth.** jmdm. etw. rauben oder stehlen
robber [ˈrɒbər] *n.* Räuber, *m.*/ Räuberin, *f.*
robbery [ˈrɒbərɪ] *n.* Raub, *m.*; **robberies** Raubüberfälle
rock [rk] 1. *n.* Fels, *m.*; Gestein, *n.*; b) Felsbrocken, *m.*; (Amer.) Stein, *m.*
rock 1. *v. i.* a) schaukeln; sich wiegen; b) schwanken, wanken, c) ~ and roll Rock and Roll tanzen; 2. *v. t.* a) schaukeln; wiegen; b) erschüttern; *(bildlich)* erschüttern (Person)
role [rəʊl] *n.* Rolle, *f.*
roll [rəʊl] *n.* Rolle, *f.*; Wulst, *m.*
roll 1. *v. i.* a) (Maschine) laufen; rollen; (Presse) sich drehen b) sich wälzen; c) (Donner) rollen; (Trommel) dröhnen; d) rollen; 2. *v. t.* rollen; drehen
romantic [rəʊˈmæntɪk] *adj.* romantisch
roof [ruːf] 1. *v. t.* bedachen; überdachen; 2. *n.* Dach, *n.*; **under one ~**: unter einem Dach
room [ruːm] *n.* a) Zimmer, *n.*; Raum, *m.*; Saal, *m.*; b) *no pl., no indef. art.* Platz, *m.*; **give sb. ~**: jmdm. Platz machen; c) in *pl.* Wohnung, *f.*; **'~s to let'** „Zimmer zu vermieten"
root [ruːt] 1. *v. i.* (Pflanze) wurzeln, anwachsen; 2. *v. t.* **stand ~ed to the spot** wie angewurzelt dastehen; 3. *n.* a) Wurzel, *f.*
rootless [ˈruːtlɪs] *adj.* wurzellos
rope [rəʊp] *n.* a) Seil, *n.*; Tau, *n.*; b) (Amer.) Lasso, *n.*
rose [rəʊz] 1. *n.* a) Rose, *f.*; b) Rosa, *n*; 2. *adj.* rosa
rose siehe **rise**
rose: ~-bud *n.* Rosenknospe, *f.*; **~-hip** *n.* (Botanik) Hagebutte, *f.*
rosemary [ˈrəʊzmərɪ] *n.* (Botanik) Rosmarin, *m.*
rot [rɒt] 1. *v. i.*, **-tt-**: a) verrotten; (Fleisch, Gemüse, Obst) verfaulen; (Leiche) verwesen; (Holz) faulen; (Zähne) schlecht werden; b) *(bildlich)* verrotten; 2. *v. t.*, **-tt-** verrotten lassen; verfaulen lassen (Fleisch, Gemüse, Obst); faulen lassen (Holz); verwesen lassen (Leiche); zerstören (Zähne); 3. *n.* Verrottung, *f.*; Fäulnis, *f.*; Verwesung, *f.*; *(bildlich)* Verfall, *m.*
rotate [rəʊˈteɪt] 1. *v. i.* rotieren; sich drehen; 2. *v. t.* a) in Rotation versetzen; b) abwechselnd erledigen (Aufgaben)
rotation [rəʊˈteɪʃn] *n.* a) Rotation, *f.*, Drehung, *f.*; b) turnusmäßiger Wechsel; (Politik) Rotation, *f.*
rotten [ˈrɒtn] *adj.*, **~er** [ˈrɒtənər], **~est** [ˈrɒtənɪst] a) verrottet; verwest (Leiche); verrottet (Holz); verfault (Obst, Gemüse, Fleisch); faul (Ei, Zähne); verrostet; b) verdorben; verkommen
rough [rʌf] 1. *adv.* rau (spielen); scharf (reiten); 2. *adj.* a) rau; holprig (Straße usw.); uneben (Gelände); aufgewühlt (Wasser); b) rau, roh (Person, Worte, Behandlung, Benehmen); rau (Gegend); c) rau; kratzig (Geschmack, Getränk); sauer (Wein)
roughly [ˈrʌflɪ] *adv.* a) roh; grob; b) leidlich; grob (skizzieren, bearbeiten, bauen); c) ungefähr; grob (geschätzt)
roughness [ˈrʌfnɪs] *n. no pl.* Rauheit, *f.*; Unebenheit, *f.*
round [raʊnd] 1. *v. t.* a) rund machen; runden (Lippen, Rücken); b) runden (to auf+ Akk.); c) umfahren/umgehen usw.; 2. *prep.* a) um herum b) um; rund um (einen Ort); 3 *n.* Runde, *f.*; Tour, *f.*
routine [ruːˈtiːn] 1. *n.* Routine, *f.*; 2. *adj.* routinemäßig; Routine(arbeit, -untersuchung usw.)
row [rəʊ] *n.* a) Reihe, *f.*; b) Zeile, *f.*
row [rəʊ] 1. *v. i.* rudern; 2. *v. t.* rudern
royal R~ 'Air Force *n.* (Brit.) Königliche Luftwaffe; **~ 'blue** *n.* (Brit.) Königsblau, *n.*; **~ family** *n.* königliche Familie
royalist [ˈrɔɪəlɪst] *n.* Royalist, *m.*/Royalistin, *f.*
royalty [ˈrɔɪəltɪ] *n.* a) Tantieme, *f.* (on für); b) Mitglieder des Königshauses; c) *no pl., no art.* ein Mitglied der königlichen Familie
rub [rʌb] 1. *v. i.*, **-bb-**: a) reiben (on, against an + Dat.); b) sich abreiben; 2. *v. t.*, **-bb-**: reiben (on, against an + Dat.); einreiben; abreiben; trockenreiben; schmirgeln; 3. *n.* Reiben, *n.*
rubber [ˈrʌbər] *n.* a) Gummi, *n.* oder *m.*; *attrib.* Gummi-; b) Radiergummi, *m.*
rubbish [ˈrʌbɪʃ] *n.*, *no pl., no indef. art.* a) Abfall, *m.*; Abfälle; Müll, *m.*; b) Plunder, *m.* (ugs. derogativ)
rucksack [ˈrʌksæk, ˈrʊks

æk] *n.* Rucksack, *m.*
rude [ruːd] *adj.* a) unhöflich; rüde; b) unsanft
rug [rʌg] *n.* kleiner, dicker Teppich, *m.*
ruin [ˈruːɪn] 1. *v. t.* ruinieren; verderben (Urlaub, Abend); zunichte machen (Aussichten, Möglichkeiten usw.); 2. *n. no pl., no indef. art.* Verfall, *m.*
rumour (Brit.; Amer.: rumor) [ˈruːmər] *n.* Gerücht, *n.*
run [rʌn] 1. *v. i.*, -nn-, **ran** [ræn], **run** laufen; rennen; ~ **for life** um das Leben laufen; 2. *v. t.*, -nn-, **ran, run** a) laufen lassen; fahren; ~ **one's fingers through sth.** mit den Fingern durch etw. fahren; b) [ein]laufen lassen; c) führen, leiten (Geschäft usw.); durchführen (Experiment); veranstalten (Wettbewerb); führen (Leben); d) bedienen (Maschine); 3. *n.* a) Lauf, *m.*; b) Fahrt, *f.*; Ausflug, *m.*
rural [ˈruərl] *adj.* ländlich; ~ **life** Landleben, *n.*
rush [rʌʃ] 1. *v. i.* a) eilen; (Hund, Pferd) laufen; b) sich zu sehr beeilen; c) stürzen; ~ **past** vorbeistürzen; 2. *n.* Eile, *f.*
Russia [ˈrʌʃə] *n.* Russland *n.*
rye [raɪ] *n.* Roggen, *m.*

S

S, s [es] *n., pl.* Ss or S's [ˈesɪs] S, s, *n.*
sabbath [ˈsæbəθ] *n.* a) Sabbat, *m.;* b) Sonntag, *m.*
sabotage [ˈsæbətɑːʒ] *n.* Sabotage, *f.*
sack [sæk] 1. *v. t.* (ugs.) rausschmeißen *(ugs.)* (for wegen); 2. *n.* a) Sack, *m.*
sacred [ˈseɪkrɪd] *adj.* heilig; geheiligt (Tradition); geistlich (Musik, Dichtung)
sacred 'cow *n.* heilige Kuh
sacrifice [ˈsækrɪfaɪs] 1. *v. t.* opfern; 2. *n.* a) Opferung, *f.;* Preisgabe, *f.;* Aufgabe, *f.;* make ~s Opfer bringen; b) Opfer, *n.;* c) Opfern, *n.*
sacrificial [sækrɪˈfɪʃl] *adj.* Opfer-
sadden [ˈsædn] *v. t.* traurig stimmen; **be deeply ~ed** tieftraurig sein
saddle [ˈsædl] 1. *v. t.* satteln (Pferd usw.); 2. *n.* a) Sattel, *m.*
sadly [ˈsædlɪ] *adv.* a) traurig; b) leider; c) erbärmlich *(derogativ)*
sadness [ˈsædnɪs] *n., no pl.* Traurigkeit, *f.* (at, about über+ Akk.)
safe [seɪf] 1. *adj.* a) sicher (from vor+ Dat.) **make sth. ~ from sth.** etw. gegen etw. sichern; **~ and sound** sicher und wohlbehalten; b) ungefährlich; sicher (Ort, Hafen); **better ~ than sorry** Vorsicht ist besser als Nachsicht *(ugs.);* c) sicher (Methode, Investition, Stelle); naheliegend (Vermutung); 2. *n.* Safe, *m.;* Geldschrank, *m.*
safety [ˈseɪftɪ] *n.* a) Sicherheit, *f.;* b) Ungefährlichkeit, *f.*
safety: ~-belt *n.* Sicherheitsgurt, *m.;* **~ helmet** *n.* Schutzhelm, *m.;* **~ match** *n.* Sicherheitszündholz, *n.;* **~-pin** *n.* Sicherheitsnadel, *f.;* **~ razor** *n.* Rasierapparat, *m.*
sail [seɪl] 1. *v. i.* a) fahren; (in ~ ing boat) segeln; b) auslaufen (for nach); in See stechen; c) segeln; d) segeln *(ugs.);* e) gleiten; 2. *v. t.* a) steuern (Boot, Schiff); segeln mit (Segeljacht, -Schiff); b) durchfahren, befahren (Meer); 3. *n.* a) Segelfahrt, *f.;* b) Segel, *n.*
sail: ~board *n.* Surfbrett, *n.* (zum Windsurfen); **~boat** *n.* (Amer.) Segelboot, *n.*
sailing [ˈseɪlɪŋ] *n.* Segeln, *n.*
sailing: ~ boat *n.* Segelboot, *n.;* **~ ship**, **~ vessel** *ns.* Segelschiff, *n.*
sailor [ˈseɪlər] *n.* Seemann, *m.;* Matrose, *m.*
saint 1. [sənt] *adj.* Sankt; 2. [seɪnt] *n.* Heilige, *m./f.*
saintly [ˈseɪntlɪ] *adj.* heilig
sake [seɪk] *n.* **for the ~ of um...** (Gen.) willen
salad [ˈsæləd] *n.* Salat, *m.*
salad: ~ cream *n.* Majonäse, *f.;* **~-dressing** *n.* Dressing, *n.;* Salatsoße, *f.;* **~ servers** [ˈsælədsɜːvəz] *n. pl.* Salatbesteck, *n.*
salary [ˈsælərɪ] *n.* Gehalt, *n.; attrib.* **~ increase** Gehaltserhöhung, *f.*
sale [seɪl] *n.* a) Verkauf, *m.;* [up] **for ~** zu verkaufen; b) Verkauf, *m.;* c) in *pl., no art.* Verkaufszahlen *Pl.* (of für); Absatz, *m.;* d) Ausverkauf, *m.*
salmon [ˈsæmən] 1. *adj.* lachsfarben; lachsrosa (Farbton); 2. *n., pl.* same Lachs, *m.*
salon [ˈsælɔ] *n.* Salon, *m.*
salt [sɔlt] 1. *v. t.* salzen; *(bildlich)* würzen; 2. *adj.* a) salzig; gepökelt (Fleisch); gesalzen (Butter); b) salzig (Tränen); 3. *n.* Salz, *n.;* **rub ~ in the wound** *(bildlich)* Salz in die Wunde streuen
salt: ~ 'water *n.* Salzwasser, *n.;* **~water** *adj.* Salzwasser
salty [ˈsɔːltɪ] *adj.* salzig
salute [səˈluːt] 1. *v. i.* (Militär) grüßen; 2. *n.* (Militär) Salut, *m.*
salvage [ˈsælvɪdʒ] 1. *v. t.* bergen; retten (auch bildlich) (from von); 2. *n.* a) Bergung, *f.; attrib.* Bergungs(arbeiten, -aktion); b) Bergegut, *n.;* Sammelgut, *n.*
salvation [sælˈveɪʃn] *n.* a) *no art.* (Religion) Erlösung, *f.;* b) Rettung, *f.*
same [seɪm] 1. *adv.* [the] **~ as you** genau wie du; **the ~ as before** genau wie vorher; **just the ~;** 2. *adj.* **the ~** der/die/das gleiche; **the ~** der-/die-/dasselbe; 3. *pron.* **the ~,** *(ugs.)* der-/die-/dasselbe; **they look the ~** sie sehen gleich aus
sameness [ˈseɪmnɪs] *n., no pl.* Gleichheit, *f.*
sanatorium [sænəˈtɔːrɪəm] *n., pl.* **~s** or **sanatoria** [sænəˈtɔːrɪə] Sanatorium, *n.*
sand [sænd] 1. *v. t.* schmirgeln; 2. *n.* a) Sand, *m.;* b) in *pl.* Sandbank, *f.;* Sandstrand, *m.*
sandal [ˈsændl] *n.* Sandale, *f.*
sand: ~bag *n.* Sandsack, *m.;* **~bank** *n.* Sandbank, *f.;* **~-box** *n.* (Amer.) Sandkasten, *m.;* **~-castle** *n.* Sandburg, *f.;* **~-dune** *n.* Düne, *f.*
sand: ~paper 1. *v. t.* mit Sandpapier schmirgeln; 2. *n.* Sandpapier, *n.;* **~-pit** *n.* Sandkasten, *m.;* **~stone** *n.* Sandstein, *m.;* **~storm** *n.*

Sandsturm, *m.*
sandwich ['sændwɪtʃ] *n.* Sandwich, *m.* oder *n.*; belegtes Brot
sandy ['sændɪ] *adj.* sandig
sane [seɪn] *adj.* a) geistig gesund; b) vernünftig
sang siehe **sing**
sanguine ['sæŋgwɪn] *adj.* zuversichtlich
sanitary ['sænɪtərɪ] *adj.* sanitär (Verhältnisse, Anlagen); gesundheitlich (Gesichtspunkt, Problem); hygienisch
sanitation [sænɪ'teɪʃn] *n.*, *no pl.* a) Kanalisation und Abfallbeseitigung; b) Hygiene, *f.*
sanity ['sænɪtɪ] *n.* a) geistige Gesundheit; **lose one's** ~ den Verstand verlieren; b) Vernünftigkeit, *f.*
Santa ['sæntə] (*ugs.*), **Santa Claus** ['sæntə klɔːz] *n.* Weihnachtsmann, *m.*
sardine [śːˈdiːn] *n.* (Tierwelt) Sardine, *f.*
Sardinia [saˈdɪnɪə] *pr. n.* Sardinien *n.*
satellite ['sætəlaɪt] *n.* (Astronautik, Astronomie) Satellit, *m.*; **by** ~ über Satellit
satisfaction [sætɪsˈfækʃn] *n.* a) *no pl.* Befriedigung, *f.*; b) *no pl.* Befriedigung, *f.* (at, with über+ Akk.); Genugtuung, *f.* (at, with über+ Akk.)
satisfactory [sætɪsˈfæktərɪ] *adj.*; angemessen zufriedenstellend
satisfied ['sætɪsfaɪd] *adj.* zufrieden
satisfy ['sætɪsfaɪ] *v. t.* a) befriedigen; zufriedenstellen (Kunden, Publikum); entsprechen (+ Dat.) (Vorliebe, Empfinden, Meinung, Zeitgeist); erfüllen (Hoffnung, Erwartung); b) befriedigen; stillen (Hunger, Durst); sättigen; c) ~ **sb.** jmdn. überzeugen; d) erfüllen (Vertrag, Verpflichtung, Forderung)
satisfying ['sætɪsfaɪɪŋ] *adj.* befriedigend; zufriedenstellend (Antwort, Lösung, Leistung)
Saturday ['sætədeɪ, 'sætədɪ] 1. *adv.* ~**s** sonnabends/ samstags; 2. *n.* Sonnabend, *m.*; Samstag, *m.*
sauce [sɔːs] 1. *v. t.* (*ugs.*) frech sein zu; 2. *n.* a) Soße, *f.*; b) Frechheit, *f.*
sauce: ~**pan** ['sɔːspən] *n.* Kochtopf, *m.*
saucer ['sɔːsər] *n.* Untertasse, *f.*
sausage ['sɒsɪdʒ] *n.* Wurst, *f.*; Würstchen, *n.*
savage ['sævɪdʒ] 1. *adj.* a) primitiv; wild; unzivilisiert (Land); b) brutal; wild (Tier); 2. a) Wilde, *m./f.*; b) Barbar, *m.*/Barbarin, *f.*
save [seɪv] 1. *v. i.* a) sparen; b) sparen (on Akk.); ~ **on sth.** an etw. sparen; 2. *v. t.* a) retten (from vor+ Dat.); b) **God ~ the King/Queen** etc. Gott behüte oder beschütze den König/die Königin etc.; c) aufheben; sparen (Geld); sparsam umgehen mit (Geld); d) sparen (Geld, Zeit, Energie; 3. *prep.* mit Ausnahme (+ Gen.); ~ **for sth.** von etw. abgesehen
saving ['seɪvɪŋ] 1. *adj.* in comb. (kosten-, benzin)sparend; 2. *prep.* bis auf (+ Akk.); 3. *n.* a) in *pl.* Ersparnisse *Pl.*; b) Rettung, *f.*; c) Ersparnis, *f.*
saviour ['seɪvjər] *n.* a) Retter, *m.*/Retterin, *f.*; b) (*Religion*) **our/the S~:** unser/der Heiland, *m.*
savour ['seɪvər] (Brit.) 1. *v. t.* genießen; 2. *n.* Geschmack, *m.*; (*bildlich*)
saw [sɔː] 1. *n.* Säge, *f.*; 2. *v. i.*, sägen
say [seɪ] **said, said** *v. i.* sagen, sprechen
scaffolding ['skæfəldɪŋ] *n.*, *no pl.* Gerüst, *n.*

scale *n.* a) in sing. or *pl.* ~[s] Waage, *f.*; **a pair or set of** ~**s** eine Waage; b) Waagschale, *f.*
scandal ['skændl] *n.* a) Skandal, *m.* (about/of um); b) Empörung, *f.*
scandalize ['skændəlaɪz] *v. t.* schockieren
scandalous ['skændələs] *adj.* skandalös; schockierend (Bemerkung); Skandal(blatt, -bericht)
scanner ['skænər] *n.* a) Geigerzähler, *m.*; b) Radarantenne, *f.*; c) (Computer) Scanner, *m.*
scant [skænt] *adj.* karg (geh.) (Lob, Lohn); wenig (Rücksicht)
scantily ['skæəntɪlɪ] *adv.* kärglich; spärlich (bekleidet)
scapegoat ['skeɪpgəʊt] *n.* Sündenbock, *m.*
scar [skar] 1. *v. t.*, -**rr**-: ~ **sb.** bei jmdm. Narben hinterlassen; 2. *n.* Narbe, *f.*
scarce [skeəs] *adj.* a) knapp; b) selten
scarcely ['skeəslɪ] *adv.* kaum
scarcity ['skeəsɪtɪ] *n.* a) Knappheit, *f.* (of an + Dat.); b) *no pl.* Seltenheit, *f.*
scare [skeər] 1. *v. i.* erschrecken; 2. *v. t.* a) Angst machen (+ Dat.); erschrecken; 3. *n.* a) Schreck[en], *m.*; b) [allgemeine] Hysterie; **bomb** ~ Bombendrohung, *f.*; *attrib.* ~ **story** Schauergeschichte, *f.* ~ '**away,** ~ '**off** *v. t.* verscheuchen
'**scarecrow** *n.* Vogelscheuche, *f.*
scared [skeəd] *adj.* verängstigt (Gesicht, Stimme)
scarf [skaf] *n.*, *pl.* ~**s** or **scarves** [skavz] Schal, *m.*; Halstuch, *n.*; Kopftuch, *n.*; Schultertuch, *n.*
scarlet ['skalɪt] 1. *adj.* scharlachrot; 2. *n.* Scharlach, *m.*; Scharlachrot, *n.*

scarlet 'fever *n. (Medizin)* Scharlach, *m.*
scatter ['skætər] 1. *v. i.* sich auflösen; (Menge) sich zerstreuen; (in fear) auseinanderstieben; 2. *v. t.* a) vertreiben; zerstreuen, auseinandertreiben (Menge); b) verstreuen; ausstreuen (Samen)
scatter: **~-brain** *n.* zerstreuter Mensch; Schussel, *m. (ugs.)*; **~-brained** ['skætəbreɪnd] *adj.* zerstreut; schusselig *(ugs.)*
scattered ['skætəd] *adj.* verstreut; vereinzelt (Fälle, Anzeichen, Regenschauer)
scene [siːn] *n.* a) Schauplatz, *m.*; Ort der Handlung, *f.*; b) Szene, *f.*; Auftritt, *m.*; c) Szene, *f.*; d) Anblick, *m.*; Aussicht, *f.*; **change of ~** Tapetenwechsel, *m. (ugs.)*; e) Bühnenbild, *n.*; **behind the ~s** hinter den Kulissen
scenery ['siːnərɪ] *n., no pl.* a) Bühnenbild, *n.*; b) Landschaft, *f.*; [malerische] Landschaft
scenic ['siːnɪk] *adj.* landschaftlich schön
scent [sent] 1. *v. t.* a) wittern; b) parfümieren; 2. *n.* a) Duft, *m.*; *(bildlich)* Fährte, *f.*; **be on the ~ of sb./sth.** *(bildlich)* jmdm./einer Sache auf der Spur sein; c) (Brit.) Parfüm, *n.*; d) Geruchssinn, *m.*
sceptic ['skeptɪk] *n.* Skeptiker, *m.*/Skeptikerin, *f.*; Zweifler, *m.*/-Zweiflerin, *f.*
sceptical ['skeptɪkl] *adj.* skeptisch; **be ~ about sth.** einer Sache gegenüber skeptisch sein
scepticism ['skeptɪsɪzm] *n.* Skepsis, *f.*; (Philosophie) Skeptizismus, *m.*; Glaubenszweifel *Pl.*
schedule ['skedjuːl] 1. *v. t.* a) zeitlich planen; **be ~d** geplant sein; b) einen Fahrplan aufstellen für; in den

Fahrplan aufnehmen; 2. *n.* a) Tabelle, *f.*; (Programm) *n.*; b) Zeitplan, *m.*; c) Terminplan, *m.*; Programm, *n.*; d) Aufstellung, *f.*; e) **on ~** programmgemäß; pünktlich
scheduled ['skedjuːld] *adj.* planmäßig (Zug, Halt); flugplanmäßig (Zwischenlandung); **~ flight** Linienflug, *m.*
schematic [skɪˈmætɪk] *adj.* schematisch
scheme [skiːm] 1. *v. i.* Pläne schmieden; 2. *n.* a) Anordnung, *f.*; b) Schema, *n.*; c) (plan) Programm, *n.*; Projekt, *n.*
scheming ['skiːmɪŋ] 1. *adj.* intrigant; 2. *n., no pl., no indef. art.* Machenschaften *Pl.*
scholar ['skɒlər] *n.* a) Gelehrte, *m./f.*; b) Schüler, *m.*/Schülerin, *f.*; c) Stipendiat, *m.*/Stipendiatin, *f.*
scholarly ['skɒləlɪ] *adj.* wissenschaftlich; gelehrt
scholarship ['skɒləʃɪp] *n.* a) Stipendium, *n.*; b) *no pl.* Gelehrsamkeit, *f.* (geh.)
school [skuːl] 1. *v. t.* erziehen; dressieren (Pferd); **~ sb. in sth.** jmdn. in etw. *(Akk.)* schulen; 2. *n.* a) Schule, *f.*; (Amer.) Hochschule, *f.*; *attrib.* Schul-; **go to ~** zur Schule gehen; b) *attrib.* Schul(aufsatz, -bus, -jahr, -system); **~ holidays** Schulferien *Pl.*
school: **~ age** *n.* Schulalter, *n.*; **children of ~ age** Kinder im schulpflichtigen Alter; **~boy** *n.* Schüler, *m.*; Schuljunge, *m.*; **~-days** *n. pl.* Schulzeit, *f.*; **~-friend** *n.* Schulfreund, *m./*-freundin, *f.*; **~girl** *n.* Schülerin, *f.*; Schulmädchen, *n.*
schooling ['skuːlɪŋ] *n.* Schulbildung, *f.*
~room *n.* Schulzimmer, *n.*; **~teacher** *n.* Lehrer, *m./*Lehrerin, *f.*; **~work** *n.* Schularbeiten *Pl.*

science ['saɪəns] *n.* a) *pl., no art.* Wissenschaft, *f.*; **applied ~** angewandte Wissenschaft; b) Wissenschaft, *f.*; c) **natural ~**: Naturwissenschaften, *f.*; *attrib.* naturwissenschaftlich (Buch, Labor)
science: **~ 'fiction** *n.* Science Fiction, *f.*; **~ park** *n.* Technologiepark, *m.*
scientific [saɪənˈtɪfɪk] *adj.* a) wissenschaftlich; naturwissenschaftlich; b) technisch gut (Boxer, Schauspieler, Tennis)
scientist ['saɪəntɪst] *n.* Wissenschaftler, *m.*/Wissenschaftlerin, *f.*
scissors ['sɪzəz] *n. pl.* Schere, *f.*
scone [skɒn, skəʊn] *n.* weicher, oft zum Tee gegessener kleiner Kuchen
scooter ['skuːtər] *n.* Roller, *m.*
scorn [skɔːn] 1. *v. t.* a) verachten; b) in den Wind schlagen (Rat); ausschlagen (Angebot); 2. *n., no pl., no indef. art.* Verachtung, *f.*; **with ~** mit oder voll[er] Verachtung; verachtungsvoll
scornful ['skɔːnfl] *adj.* verächtlich (Lächeln, Blick)
scorpion ['skɔːpɪən] *n.* (Tierwelt) Skorpion, *m.*
Scot [skɒt] *n.* Schotte, *m./*Schottin, *f.*
Scotch [skɒtʃ] 1. *adj.* a) siehe **Scottish**; b) (Linguistik) siehe **Scots**; 2. *n.* a) Scotch, *m.*; schottischer Whisky; b) (Linguistik) siehe **Scots** c) *constr. as pl.* **the ~**: die Schotten
scotch *v. t.* a) zunichte machen (Plan); b) den Boden entziehen
Scotch: **~ 'egg** *n.* (Gastronomie) hartgekochtes Ei in Wurstbrät; **~ tape,** (P) *n.* (Amer.) Tesafilm, *m.*; **~ 'whisky** *n.* schottischer Whisky

Scotland [ˈskɒtlənd] *pr. n.* Schottland *n.*
Scots [skɒts] 1. *adj.* a) siehe Scottish; b) (Linguistik) schottisch; 2. *n.* Schotten, *n.*
Scots: ~**man** [ˈskɒtsmən] *n., pl.* ~**men** [ˈskɒtsmən] Schotte, *m.*; ~**woman** *n.* Schottin, *f.*
Scottish [ˈskɒtɪʃ] *adj.* schottisch
scoundrel [ˈskaʊndrl] *n.* Schuft, *m.*; Schurke, *m.*
scout [skaʊt] 1. *v. i.* auf Erkundung gehen; ~ **for sb./sth.** nach jmdm./etw. Ausschau halten; 2. *n.* a) Boy S~ Pfadfinder, *m.*; b) (Militär) Späher, *m.*/ Späherin, *f.*; Kundschafter, *m.*/Kundschafterin, *f.*
scratch [skrætʃ] 1. *v. i.* a) kratzen; b) (Huhn) kratzen, scharren; 2. *v. t.* a) zerkratzen; verkratzen; kratzen; c) kratzen; kratzen an (+ *Dat.*) (Insektenstich etc.); d) kratzen, ritzen; 3. *adj.* bunt zusammengewürfelt; 4. *n.* a) Kratzer, *m. (ugs.)*; Schramme, *f.*; b) Kratzen, *n.* (at an + *Dat.*); Kratzgeräusch, *n.*; c) **have a** ~ sich kratzen
scream [skri:m] 1. *v. i.* a) schreien (with vor+ *Dat.*); ~ **at sb.** jmdn. anschreien; b) (Vogel, Affe) schreien; (Sirene, Triebwerk) heulen; (Reifen) quietschen; (Säge) kreischen; 2. *v. t.* schreien; 3. *n.* a) Schrei, *m.*; Heulen, *n.*
screen [skri:n] 1. *v. t.* a) schützen (from vor+ *Dat.*); verdecken; b) vorführen, zeigen (Dias, Film); c) untersuchen (for auf+ *Akk.*); unter die Lupe nehmen; 2. *n.* a) Trennwand, *f.*; Wandschirm, *m.*; b) Sichtschutz, *m.*; Wand, *f.*; Mauer, *f.*; c) Leinwand, *f.*; Bildschirm, *m.*
screen: ~-**play** *n.* Drehbuch, *n.*
screw [skru:] 1. *v. i.* sich schrauben lassen; sich drehen lassen; 2. *v. t.* a) schrauben (to an + *Akk.*); ~ **down** festschrauben; b) schrauben (Schraubverschluss etc.); 3. *n.* Schraube, *f.*
screw: ~**ball** (Amer. sl.) 1. *n.* Spinner, *m.*/Spinnerin, *f.* (ugs. derogativ); 2. *adj.* spleenig; ~**cap** *n.* Schraubdeckel, *m.*; Schraubverschluss, *m.*; ~**driver** *n.* Schraubenzieher, *m.*
'screwed-up *adj.* (bildlich ugs.) neurotisch
script [skrɪpt] *n.* a) Handschrift, *f.*; b) Regiebuch, *n.*; Drehbuch, *n.*; Skript, *n.* (fachsprachlich); c) Skript, *n.*; Manuskript, *n.*; d) Schrift, *f.*
'script-writer *n.* Drehbuchautor, *m.*/-autorin, *f.*
scruple [ˈskru:pl] *n.*, usu. *pl.* Skrupel, *m.*; Bedenken, *n.*
scrupulous [ˈskru:pjʊləs] *adj.* gewissenhaft (Person)
scrutinize [ˈskru:tɪnaɪz] *v. t.* [genau] untersuchen (Gegenstand, Forschungsgegenstand); prüfen (Rechnung, Pass, Fahrkarte); mustern (Miene, Person)
scrutiny [ˈskru:tɪnɪ] *n.* prüfender Blick; Musterung, *f.*; Überprüfung, *f.*
scullery [ˈskʌlərɪ] *n.* Spülküche, *f.*
sculptor [ˈskʌlptər] *n.* Bildhauer, *m.*/-hauerin, *f.*
sculpture [ˈskʌlptʃər] 1. *v. t.* a) bildhauerisch darstellen; b) formen (into zu) 2. *n.* a) (art) Bildhauerei, *f.*; b) Skulptur, *f.*; Plastik, *f.*; Skulpturen; Plastiken
sea [si:] a) Meer, *n.*; **the** ~ das Meer; die See; **by the** ~ am Meer; **at** ~ auf See (*Dat.*)**;** **go to** ~ in See stechen; zur See gehen (ugs.); **put to** ~ in See (*Akk.*) gehen oder stechen; auslaufen; b) Meer, *n.*; **the seven** ~**s** die sieben Weltmeere; c) See, *m.*
sea: ~ **'air** *n.* Seeluft, *f.*; ~-**'bed** *n.* Meeresboden *m.*; ~-**bird** *n.* Seevogel, *m.*; ~ **breeze** *n.* (Meteorologie) Seewind, *m.*; Seebrise, *f.*; ~**faring** [ˈsiːfeərɪŋ] *adj.* ~**faring man** Seemann, *m.*; ~**food** *n.* Meeresfrüchte *Pl.*; *attrib.* Fisch (restaurant); ~ **front** *n.* unmittelbar am Meer gelegene Straßen einer Seestadt; ~-**gull** *n.* Seemöwe, *f.*; ~-**horse** *n.* (Tierwelt) Seepferdchen, *n.*
seal [si:l] *n.* (Tierwelt) Robbe, *f.*; Seehund, *m.*
seal 1. *v. t.* a) siegeln (Dokument); **fasten sth. with a** ~ etw. verplomben, versiegeln (Tür, Stromzähler); b) abdichten (Behälter, Rohr etc.); zukleben (Umschlag, Paket)
seaman [ˈsiːmən] *n., pl.* **seamen** [ˈsiːmən] a) Matrose, *m.*; b) Seemann, *m.*
search [sɜ:tʃ] 1. *v. i.* suchen; 2. *v. t.* durchsuchen (for nach); absuchen (Gebiet, Fläche) (for nach); prüfend oder musternd blicken in (+ *Akk.*) (Gesicht); *(bildlich)* erforschen (Herz, Gewissen); suchen in (+ *Dat.*), durchstöbern (ugs.); 3. *n.* Suche, *f.* (for nach); Durchsuchung, *f.*; **make a** ~ **for** nach etw. suchen; **in** ~ **of sb./sth.** auf der Suche nach jmdm./etw.
~ **through** *v. t.* durchsuchen; durchsehen (Buch)
searching [ˈsɜːtʃɪŋ] *adj.* prüfend, forschend (Blick); bohrend (Frage); eingehend (Untersuchung)
sea *n.* Meeresküste, *f.*; Strand, *m.*; ~**sick** *adj.* seekrank; ~**sickness** *n., no pl.* Seekrankheit, *f.*; ~**side** *n., no pl.* Küste, *f.*; ~**side town**

Seestadt, *f.*
season ['siːzn] 1. *v. t.* a) würzen (Fleisch, Rede); b) ablagern lassen (Holz); ~**ed** erfahren (Wahlkämpfer, Soldat, Reisender); 2. *n.* a) Jahreszeit, *f.*; b) Tragezeit, *f.*; (for birds) Brutzeit, *f.*; Blüte[zeit], *f.*; Jagdzeit, *f.*; **tourist** ~ Touristensaison, *f.*; Reisezeit, *f.*
seasoning ['siːzənɪŋ] *n.* a) Gewürze *Pl.*; Würze, *f.*; b) *(bildlich)* Würze, *f.*
seat [siːt] 1. *v. t.* a) setzen; unterbringen; (Platzanweiser) einen Platz anweisen (+ Dat.); a) Sitzgelegenheit, *f.*; Sitz, *m.*; Toilettenbrille, *f. (ugs.)*; b) Platz, *m.*; c) Sitzfläche, *f.*; d) Gesäß, *n.*; Sitz, *m.*; Hosenboden, *m.*
seat-belt *n.* (Auto, Aeronautik) Sicherheitsgurt, *m.*; **fasten one's** ~ sich anschnallen; den Gurt anlegen; **wear a** ~ angeschnallt sein; angeschnallt fahren
seated ['siːtɪd] *adj.* sitzend; **remain** ~ sitzen bleiben
seating ['siːtɪŋ] *n., no pl., no indef. art.* a) Sitzplätze; Sitzgelegenheiten; b) *attrib.* Sitz (ordnung, -plan); **the** ~ **arrangements** die Sitzordnung, *f.*
sea: ~-**urchin** *n.* (Tierwelt) Seeigel, *m.*; ~-**wall** *n.* Strandmauer, *f.*; Deich, *m.*
seaward ['siːwəd] 1. *adv.* seewärts; 2. *adj.* seewärtig (Kurs, Wind)
sea: ~-**water** *n.* Meerwasser, *n.*; Seewasser, *n.*; ~**weed** *n.* Seetang, *m.*
secession [sɪˈseʃn] *n.* Abspaltung, *f.*
second ['sekɒnd] 1. *v. t.* unterstützen (Antrag, Nominierung); 2. *adj.* zweit…; 3. *n.* a) Sekunde, *f.*; b) der Zweite
second [sɪˈkɒnd] *v. t.* vorübergehend versetzen
secondary ['sekəndərɪ] *adj.* a) zweitrangig; sekundär (geh.); ~ **literature** Sekundärliteratur, *f.*; b) sekundär (Medizin, Biologie)
secondary: ~ **education** *n.* höhere Schule; höhere Schulbildung; ~ **school** *n.* höhere oder weiterführende Schule
second: ~-**best** 1. *adj.* zweitbest…; 2. *n., no pl.* Zweitbeste, *m./f./n.*; ~ '**class** *n.* a) zweite Kategorie; b) (Transport, Post) zweite Klasse, ~**class** *adv.* zweiter Klasse (fahren)
second: ~ **gear** *n., no pl.* zweiter Gang; ~-**hand** 1. *adv.* aus zweiter Hand (auch bildlich); 2. *adj.* a) gebraucht (Kleidung, Auto etc.) ~-**hand car** Gebrauchtwagen, *m.*; b) Gebrauchtwaren-; Secondhand(laden); c) (Nachrichten, Bericht) aus zweiter Hand
secondly ['sekəndlɪ] *adv.* zweitens
second: ~ **name** *n.* Nachname, *m.*; Zuname, *m.*
secrecy ['siːkrɪsɪ] *n.* a) Geheimhaltung, *f.*; b) Heimlichtuerei, *f. (derogativ)*; c) Heimlichkeit, *f.*; **in** ~ im Geheimen
secret ['siːkrɪt] 1. *adj.* a) geheim; Geheim (fach, -tür, -abkommen, -kode); **keep sth.** ~ etw. geheimhalten (from vor+ Dat.); b) heimlich (Trinker, Liebhaber, Bewunderer); 2. *n.* a) Geheimnis, *n.*; b) **in** ~ im geheimen; heimlich
secret 'agent *n.* Geheimgent, *m.*/-agentin, *f.*
secretary ['sekrətərɪ] *n.* Sekretär, *m.*/Sekretärin, *f.*; Schriftführer, *m.*/-führerin, *f.*
section ['sekʃn] *n.* a) Abschnitt, *m.*; Stück, *n.*; Teil, *m.*; Teilstück, *n.*; b) Abteilung, *f.*; Sektion, *f.*; Gruppe, *f.*
sector ['sektər] *n.* Sektor, *m.*
secular ['sekjulər] *adj.* säkular; weltlich (Angelegenheit, Schule, Musik, Gericht)
secure [sɪˈkjuər] 1. *v. t.* a) sichern (for Dat.); beschaffen (Auftrag) (for Dat.); sich (Dat.) sichern; b) fesseln (Gefangenen); einschließen (Wertsachen); sichern, fest zumachen (Fenster, Tür); festmachen (Boot) (to an + Dat.); c) absichern (Darlehen); 2. *adj.* a) sicher; b) fest
securely [sɪˈkjuəlɪ] *adv.* a) fest (verriegeln, zumachen); sicher (befestigen); b) sicher (untergebracht sein)
security [sɪˈkjuərɪtɪ] *n.* a) Sicherheit, *f.*; b) Sicherheit, *f.*; Gewähr, *f.*; c) *usu. in pl.* Wertpapier, *n.*; **securities** Wertpapiere
security: ~ **check** *n.* Sicherheitskontrolle, *f.*; ~ **guard** *n.* Wächter, *m.*/ Wächterin, *f.*
sedative ['sedətɪv] 1. *adj.* beruhigend (Wirkung); 2. *n. (Medizin)* Beruhigungsmittel, *n.*
seduce [sɪˈdjuːs] *v. t.* a) verführen; b) verführen; ablenken
seducer [sɪˈdjuːsər] *n.* Verführer, *m.*
seduction [sɪˈdʌkʃn] *n.* a) Verführung, *f.*; b) Verführung, *f.* (into zu)
seductive [sɪˈdʌktɪv] *adj.* verführerisch; verlockend (Angebot)
see [siː] 1. *v. i.*, **saw, seen** a) sehen; b) nachsehen; c) überlegen; **let me** ~; lass mich überlegen; warte mal **you** ~: weißt du; **as far as I can** ~; soweit ich das beurteilen kann; 2. *v. t.*, **saw** [sɔː], **seen** [siːn] a) sehen; **let sb.** ~ **sth.** jmdm. etw. zeigen; b) ansehen (Film); c) sehen; treffen; sich treffen mit; d) sprechen (Person) (about wegen); gehen zu,

(geh.) aufsuchen (Arzt, Anwalt usw.); empfangen; e) sehen; **I ~ it all!**; jetzt ist mir alles klar; f) vorhersehen; g) feststellen; nachsehen
~ **about** v. t. sich kümmern um
~ **into** v. t. sehen in (+ Akk.)
~ **'off** v. t. a) verabschieden; b) vertreiben
~ **'out** v. i. hinaussehen; rausgucken *(ugs.)*
~ **through** v. t. a) hindurchsehen durch; durchgucken *(ugs.)* durch; *(bildlich)* durchschauen; b) zu Ende oder zum Abschluss bringen
~ **to** v. t. sich kümmern um; **I'll ~ to that** dafür werde ich sorgen
seed [si:d] 1. v. i. Samen bilden; 2. v. t. besäen; 3. n. a) Samen, m.; Samenkorn, n.; Kern, m.; Korn, n.; b) no pl., no indef. art. Samenkörner Pl.; Saatgut, n.; Saat, f.
seek [si:k] v. t., **sought** [sɔ:t] a) suchen, anstreben (Posten, Amt); sich bemühen um (Anerkennung, Freundschaft, Interview, Einstellung); aufsuchen; b) suchen; versuchen
~ **after** v. t. suchen nach
~ **'out** v. t. ausfindig machen (Sache, Ort); aufsuchen
seem [si:m] v. i. scheinen; wirken; den Anschein haben
seeming [ˈsi:mɪŋ] adj. scheinbar
seemingly [ˈsi:mɪŋlɪ] adv. a) offensichtlich; b) scheinbar
seen siehe **see**
seep [si:p] v. i. ~ away absickern
seer [sɪər] n. Seher, m./Seherin, f.
see-saw n. Wippe, f.
seize [si:z] v. t. a) ergreifen; ~ **power** die Macht ergreifen; b) gefangennehmen (Person); kapern (Schiff); mit Gewalt übernehmen (Flugzeug, Gebäude); einnehmen (Festung, Brücke); c) beschlagnahmen
seldom [ˈseldəm] adv. selten
select [sɪˈlekt] 1. v. t. auswählen; 2. adj. a) ausgewählt; b) exklusiv
selection [sɪˈlekʃn] n. Auswahl, f. (of an + Dat., from aus); Wahl, f.
self [self] n., pl. **selves** [selvz] Selbst, n.; Ich, n.
self- in comb. selbst-/Selbst- self: ~-**adˈhesive** adj. selbstklebend; ~-**apˈpointed** adj. selbsternannt; ~-**asˈsurance** n., no pl. Selbstbewusstsein, n.; Selbstsicherheit, f.; ~-**asˈsured** adj. selbstsicher; selbstbewusst; ~-**ˈcatering** 1. adj. mit Selbstversorgung; 2. n. Selbstversorgung, f.; ~-**ˈconfidence** n., no pl. Selbstvertrauen, n.; ~-**ˈconfident** adj., ~-**ˈconfidently** adv. selbstsicher; ~-**ˈconscious** adj. a) unsicher; b) reflektiert (Prosa, Stil); ~-**ˈconsciousness** n. a) Unsicherheit, f.; b) Reflektiertheit, f.; ~-**conˈtrolled** adj. voller Selbstbeherrschung; ~-**ˈcritical** adj. selbstkritisch; ~-**deˈception** n. Selbsttäuschung, f.; ~-**deˈfeating** adj. unsinnig; zwecklos; ~-**deˈfence** n., no pl., no indef. art. Notwehr, f.; Selbstverteidigung, f.; ~-**deˈstructive** adj. selbstzerstörerisch; ~-**ˈdiscipline** n., no pl. Selbstdisziplin, f.; ~-**eˈsteem** n. Selbstachtung, f.; ~-**ˈevident** adj., ~-**ˈevidently** adv. offenkundig; ~-**exˈplanatory** adj. ohne weiteres verständlich; ~-**exˈpression** n., no pl., no indef. art. Selbstdarstellung, f.; ~-**ˈgoverning** adj. selbstverwaltet; ~-**imˈportance** n., no pl.

self

Selbstgefälligkeit, f.; Selbstherrlichkeit, f.; ~-**imˈportant** adj. selbstgefällig; selbstherrlich; ~-**imˈposed** adj. selbstauferlegt; ~-**inˈdulgence** n. Maßlosigkeit, f.; ~-**inˈdulgent** adj. maßlos; ~-**inˈflicted** adj. selbst beigebracht (Wunde); selbst auferlegt (Strafe); ~-**ˈinterest** n. Eigeninteresse, n.
selfish [ˈselfɪʃ] adj. egoistisch; selbstsüchtig
selfishness [ˈselfɪʃnɪs] n., no pl. Egoismus, m.; Selbstsucht, f.
self: ~-**made** adj. selbstgemacht; ~-**oˈpinionated** adj. a) eingebildet; von sich eingenommen; b) starrköpfig; rechthaberisch; ~-**ˈpity** n., no pl. Selbstmitleid, n.; ~-**ˈportrait** n. Selbstporträt, n.; ~-**posˈsessed** adj. selbstbeherrscht; ~-**preserˈvation** n., no pl., no indef. art. Selbsterhaltung, f.; ~-**ˈraising flour** n. (Brit.) mit Backpulver versetztes Mehl; ~-**reˈliant** adj. selbstbewusst; selbstsicher; ~-**reˈspect** n., no pl. Selbstachtung, f.; ~-**reˈspecting** adj. mit Selbstachtung; ~-**reˈstraint** n., no pl. Selbstbeherrschung, f.; ~-**ˈsacrifice** n. Selbstaufopferung, f.; ~-**ˈsacrificing** adj. sich aufopfernd (Mutter, Vater); aufopfernd (Liebe); ~-**ˈsatisfied** adj. selbstzufrieden; selbstgefällig; ~-**ˈseeking** adj. selbstsüchtig; ~-**ˈservice** n. Selbstbedienung, f.; attrib. Selbstbedienungs-; ~-**sufˈficiency** n. Unabhängigkeit, f.; Autarkie, f.; ~-**sufˈficient** adj. unabhängig; autark (Land); selbstständig (Person); ~-**supˈporting** adj. sich selbst tragend (Unternehmen, Verein); finanziell unabhängig (Person); ~-**ˈtaught** adj. autodidaktisch; selbsterlernt

sell

(Fertigkeiten); **~-taught person** Autodidakt, *m.*/Autodidaktin, *f.*; **~-willed** [self'wɪld] *adj.* eigensinnig

sell [sel] 1. *v. i.*, **sold** a) sich verkaufen [lassen]; (Person) verkaufen; b) ~ **at or for** kosten; 2. *v. t.*, **sold** [səʊld] a) verkaufen; ~ **sth. to sb.**; b) verraten; c) verkaufen; verhökern (ugs. derogativ)

seller ['selər] *n.* Verkäufer, *m.*/Verkäuferin, *f.*

selling ['selɪŋ] *n.* a) Verkaufen, *n.*; b) Verkauf, *m.*

selling: ~ price *n.* Verkaufspreis, *m.*

Sellotape, (P) ['seləʊteɪp] *n.*, *no pl.*, *no indef. art.* Tesafilm, *m.*

semi halb-/Halb-

senate ['senət] *n.* Senat, *m.*

senator ['senətər] *n.* Senator, *m.*/Senatorin, *f.*

send [send] *v. t.*, **sent** [sent] schicken; senden

~ a'way *v. t.* wegschicken

~ 'back *v. t.* a) zurückschicken; b) zurückgehen lassen (Speise, Getränk); zurückschicken (Ware)

~ for *v. t.* a) holen lassen; rufen (Polizei, Arzt, Krankenwagen); b) anfordern

~ 'in *v. t.* einschicken

sensational [sen'seɪʃənl] *adj.* a) aufsehenerregend; sensationell; b) reißerisch *(derogativ)* Sensations-(blatt, -presse); c) phänomenal

sense [sens] 1. *v. t.* spüren; (Tier) wittern; 2. *n.* a) Sinn, *m.*; b) in *pl.* Verstand, *m.*; c) Gefühl, *n.*; d) Verstand, *m.*; e) Sinn, *m.*; Bedeutung, *f.*

senseless ['senslɪs] *adj.* a) bewusstlos; b) unvernünftig; dumm; c) unsinnig (Argument); sinnlos (Diskussion, Vergeudung)

sensible ['sensɪbl] *adj.* a) vernünftig; b) praktisch; zweckmäßig; fest (Schuhe)

sensitive ['sensɪtɪv] *adj.* a) empfindlich (to gegen); b) empfindlich; sensibel; c) heikel (Thema, Diskussion); d) einfühlsam

sensitivity [sensɪ'tɪvɪtɪ] *n.* siehe **sensitive** Empfindlichkeit, *f.*; Sensibilität, *f.*; Heikelkeit, *f.*; Einfühlsamkeit, *f.*

sentence ['sentəns] 1. *n.* a) Strafurteil, *n.*; *(bildlich)* Strafe, *f.*; b) (Linguistik) Satz, *m.*; 2. *v. t.* verurteilen (to zu)

sentiment ['sentɪmənt] *n.* a) Gefühl, *n.*; b) Empfindung, *f.*; c) *no pl.* Sentimentalität, *f.*

sentimental [sentɪ'mentl] *adj.* sentimental; **for ~ reasons** aus Sentimentalität

sentinel ['sentɪnl] *n.* Wache, *f.*

separate 1. ['sepəreɪt] *v. i.* a) sich trennen; b) (Ehepaar) sich trennen; 2. ['sepəreɪt] *v. t.* trennen; 3. ['sepərət] *adj.* verschieden (Fragen, Probleme); getrennt (Konten, Betten); separat (Eingang, Toilette, Blatt Papier, Abteil); **lead ~ lives** getrennt leben; **go ~ ways** getrennte Wege gehen

separately ['sepərətlɪ] *adv.* getrennt

sepulchre (Amer.) ['sepəlkər] *n.* Grab, *n.*

sequel ['si:kwl] *n.* a) Folge, *f.* (to von); b) Fortsetzung, *f.*

sequence ['si:kwəns] *n.* a) Reihenfolge, *f.*; b) Sequenz, *f.*

serenity [sɪ'renɪtɪ] *n.*, *no pl.* a) Gelassenheit, *f.*; b) Klarheit, *f.*

sergeant ['sɑdʒənt] *n.* a) (Militär) Unteroffizier, *m.*; b) (police officer) Polizeimeister, *m.*

series ['sɪəri:z, 'sɪərɪz] *n.*, *pl.* same a) Reihe, *f.*; b) Serie, *f.*; **radio/TV** ~ Hörfunkreihe/Fernsehserie, *f.*; c) Reihe, *f.*; d) Serie, *f.*

serious ['sɪərɪəs] *adj.* a) ernst; b) ernst (Angelegenheit, Lage, Problem, Zustand); ernsthaft (Frage, Einwand, Kandidat); gravierend (Änderung); schwer (Krankheit, Unfall, Fehler, Verstoß, Niederlage); ernstzunehmend (Rivale); ernstlich (Gefahr, Bedrohung); bedenklich (Verschlechterung, Mangel); schwerwiegend (Vorwurf)

seriously ['sɪərɪəslɪ] *adv.* a) ernst; b) ernstlich; schwer (verletzt)

seriousness ['sɪərɪəsnɪs] *n.*, *no pl.* a) Ernst, *m.*; Ernsthaftigkeit, *f.*; b) Schwere, *f.*; Ernst, *m.*

sermon ['sɜ:mən] *n.* (Religion) Predigt, *f.*; **give a ~** eine Predigt halten

serpent ['sɜ:pənt] *n.* a) Schlange, *f.*; b) *(bildlich)* falsche Schlange

serve [sɜ:v] 1. *v. i.* a) dienen; b) **~ to do sth.** dazu dienen, etw. zu tun; c) bedienen; 2. *v. t.* a) dienen (+ Dat.); b) dienlich sein (+ Dat.); c) nutzen (+ Dat.); d) servieren; einschenken (to Dat.); e) dienen (+ Dat.) (Gott, König, Land); *f*) bedienen; **Are you being ~d?**: werden Sie schon bedient?; g) (Tennis) aufschlagen; h) **That ~s yought!** *(ugs.)* Das geschieht dir recht!; 3. *n.* siehe **service**

service ['sɜ:vɪs] 1. *v. t.* etw. warten (Wagen, Waschmaschine, Heizung); 2. *n.* a) Dienst, *m.*; b) Gottesdienst, *m.*; c) Service, *m.*; Bedienung, *f.*; d) Verbindung, *f.*; e) Kundendienst, *m.*; *f*) (Tennis) Aufschlag, *m.*; g) Service, (Geschirr)

servitude ['sɜ:vɪtjuːd] *n.*, *no pl.* Knechtschaft, *f.*

session ['seʃn] *n.* Sitzung, *m.*

set [set] 1. *v. i.*, -**tt**-, set a) fest werden; b) (Sonne, Mond) untergehen; 2. *v. t.*, -**tt**-, set a) legen; stellen; b) setzen; c) einstellen (at auf+ Akk.); aufstellen (Falle); stellen (Uhr); d) festlegen (Bedingungen); festsetzen (Termin, Ort etc.) (for auf+ Akk.); 3. *adj.* a) starr (Linie, Gewohnheit, Blick, Lächeln); fest (Absichten, Zielvorstellungen, Zeitpunkt); b) vorgeschrieben (Buch, Text); c) ~ **meal or menu** Menü, *n.*; 4. *n.* a) Satz, *m.*; ~ Paar, *n.*; b) siehe service; c) Kreis, *m.*

~ **a'side** *v. t.* a) beiseite legen (Buch, Zeitung, Strickzeug); beiseite stellen (Stuhl, Glas etc.); unterbrechen (Arbeit, Tätigkeit); außer acht lassen (Frage); aufschieben (Arbeit); b) aufheben (Urteil, Entscheidung); c) außer acht lassen (Unterschiede, Formalitäten); d) aufheben (Essen, Zutaten); einplanen (Minute, Zeit); beiseite legen (Geld); zurücklegen (Ware)

~ '**in** *v. i.* (Dunkelheit, Regen, Reaktion, Verfall) einsetzen

~ '**off** *v. i.* aufbrechen; loslaufen; (Zug) losfahren

~ '**out** 1. *v. i.* a) aufbrechen; b) ~ **out to do sth.** sich (Dat.) vornehmen, etw. zu tun; 2. *v. t.* a) darlegen (Gedanke, Argument); auslegen (Waren); ausbreiten (Geschenke); aufstellen (Schachfiguren); b) darlegen (Bedingungen, Einwände, Vorschriften)

~ '**up** 1. *v. i.* ~ **up in business** ein Geschäft aufmachen; 2. *v. t.* a) errichten (Straßensperre, Denkmal); aufstellen (Kamera); aufbauen (Zelt, Spieltisch); b) bilden (Regierung etc.); gründen (Gesellschaft, Organisation); aufbauen (Kontrollsystem, Verteidigung); einleiten (Untersuchung); einrichten (Büro)

set: ~-**back** *n.* Rückschlag, *m.*; Niederlage, *f.*; ~ **point** *n.* (Tennis etc.) Satzball, *m.*

settle ['setl] 1. *v. i.* a) sich niederlassen; sich ansiedeln; b) sich einigen; c) abrechnen; d) sich niederlassen; sich konzentrieren (to auf+ Akk.); sich gewöhnen (into an + Akk.); 2. *v. t.* a) legen; stellen; lehnen; b) unterbringen; ansiedeln (Volk); c) aushandeln, sich einigen auf (Preis); beilegen (Streit, Konflikt, Meinungsverschiedenheit); beseitigen, ausräumen (Zweifel, Bedenken); entscheiden (Frage, Spiel); regeln, in Ordnung bringen (Angelegenheit); d) sich absetzen lassen (Bodensatz, Sand, Sediment); e) beruhigen (Nerven, Magen)

~ '**down** 1. *v. i.* a) sich niederlassen (in in+ Dat.); b) sesshaft oder heimisch werden; c) (Person) sich beruhigen; (Lärm, Aufregung) sich legen; 2. *v. t.* a) ~ **oneself down** sich hinsetzen; b) beruhigen

settler ['setlər] *n.* Siedler, *m.*/ Siedlerin, *f.*

seven ['sevn] 1. *adj.* sieben; 2. *n.* Sieben, *f.*

seventeen [sevn'ti:n] 1. *adj.* siebzehn; 2. *n.* Siebzehn, *f.*

several ['sevrl] 1. *adv.* a) mehrere; einige; ~ **times** mehrmals; mehrere oder einige Male; b) verschieden; 2. *pron.* einige

severe [sɪ'vɪər] *adj.*, ~**r** [sɪ'vɪərər] ~**st** [sɪ'vɪərɪst] a) streng; hart (Urteil, Strafe, Kritik); b) streng (Frost, Winter); schwer (Sturm, Dürre, Verlust, Behinderung, Verletzung); rau (Wetter); heftig (Anfall, Schmerz); c) hart (Test, Prüfung, Konkurrenz); d) bedrohlich (Mangel, Knappheit); heftig, stark (Blutung); schwer (Krankeit); e) streng (Stil, Schönheit, Dekor)

sew [səʊ] 1. *v. t.*, p.p. ~**n** [səʊn] or ~**ed** [səʊd] nähen; ~ **together** zusammennähen (Stoff, Leder etc.); 2. *v. i.*, p.p. ~**n** or ~**ed** nähen

sewer ['sju:ər] *n.* Abwasserkanal, *m.*; Abwasserleitung, *f.*

sewing ['səʊɪŋ] *n.* Näharbeit, *f.*

sex [seks] 1. *attrib. adj.* Geschlechts(organ, -trieb); Sexual(verbrechen, -trieb, -instinkt) 2. *n.* a) Geschlecht, *n.*; b) Sex, *m.* (*ugs.*)

shack [ʃæk] *n.* Hütte, *f.*

shading ['ʃeɪdɪŋ] *n.* Schattierung, *f.*; Lichtschutz, *m.*

shadow ['ʃædəʊ] 1. *v. t.* a) überschatten; b) beschatten; 2. *n.* Schatten, *m.*

shadowy ['ʃædəʊɪ] *adj.* a) schattenhaft; schemenhaft (*geh.*); b) schattig

shady ['ʃeɪdɪ] *adj.* a) schattenspendend (*geh.*); schattig; b) zwielichtig

shambles ['ʃæmblz] *n.* sing. (*ugs.*) Chaos, *n.*

shame [ʃeɪm] 1. *v. t.* beschämen; 2. *n.* a) Scham, *f.*

shameful ['ʃeɪmfl] *adj.* beschämend

shameless ['ʃeɪmlɪs] *adj.* schamlos

shampoo [ʃæm'pu:] 1. *v. t.* schamponieren (Haar, Teppich, Polster); 2. *n.* Shampoo, *n.*

shamrock ['ʃæmrɒk] *n.* Klee, *m.*

shape [ʃeɪp] 1. *v. i.* sich entwickeln; 2. *v. t.* a) formen; bearbeiten (Holz, Stein) (into zu); b) prägen, formen

shaped

(Charakter, Person); beeinflussen (Gang der Geschichte, Leben, Zukunft, Gesellschaft); 3. *n.* a) Form, *f.*; b) Gestalt, *f.*

shaped [ʃeɪpt] *adj.* geformt

shapeless [ˈʃeɪplɪs] *adj.* formlos; unförmig (Kleid, Person)

shapely [ˈʃeɪplɪ] *adj.* wohlgeformt (Beine, Busen); gut (Figur)

share [ʃeər] 1. *v. i.* ~ **in** teilnehmen an (+ Dat.); beteiligt sein an (+ Dat.) (Gewinn, Planung); teilen (Freude, Erfahrung); 2. *v. t.* teilen; gemeinsam tragen (Verantwortung); ~ **the same name** den gleichen Namen haben; 3. *n.* a) Teil, *m.* oder *n.*; **fair** ~: Anteil, *m.*

shark [ʃak] *n.* a) Hai[fisch], *m.*; b) *(bildlich)* gerissener Geschäftemacher

sharp [ʃap] 1. *adv.* a) **at one o'clock** ~ Punkt sechs Uhr; b) scharf (bremsen); plötzlich (anhalten); c) **look** ~**!** halt dich ran! *(ugs.)*; d) Musik) zu hoch (singen, spielen); 2. *adj.* a) scharf; spitz (Nadel, Bleistift, Giebel, Gipfel); b) scharf (Umriss, Kontrast, Bild, Gesichtszüge, Linie); deutlich (Unterscheidung); präzise (Eindruck); c) scharf (Kurve, Winkel); steil, schroff (Abhang); stark (Gefälle); d) groß (Appetit, Hungergefühl); scharf (Würze, Geschmack, Sauce, Käse); sauer (Apfel); herb (Wein); schrill (Schrei, Pfiff); scharf (Wind, Frost, Luft); heftig (Schmerz, Anfall, Krampf, Kampf); scharf (Protest, Tadel, Ton, Stimme, Zunge, Worte); **a** ~ **struggle** ein heftiger Kampf; e) scharf (Augen, Verstand, Gehör, Ohr, Beobachtungsgabe, Intelligenz, Geruchssinn); aufgeweckt (Kind); scharfsinnig (Bemerkung); begabt (Schüler, Student)

sharpen [ˈʃapn] *v. t.* schärfen (auch bildlich); spitzen (Bleistift); *(bildlich)* anregen (Appetit)

sharpener [ˈʃapnər] *n.* Bleistiftspitzer, *m.*; Spitzer, *m.* *(ugs.)*; Schleifstein, *m*

sharp-eyed [ˈʃapaɪd] *adj.* scharfäugig

sharply [ˈʃaplɪ] *adv.* a) spitz; ~ **angled** spitzwinklig; b) scharf (voneinander unterschieden, kontrastierend, umrissen); c) scharf (bremsen, abbiegen); steil, schroff (abfallen); d) scharf (gewürzt); in scharfem Ton (antworten); e) schnell, rasch (denken, handeln)

sharp: ~**shooter** *n.* Scharfschütze, *m.*; ~-**witted** [ˈʃapwɪtɪd] *adj.* scharfsinnig

shatter [ˈʃɔtər] 1. *v. i.* zerbrechen; zerspringen; 2. *v. t.* a) zertrümmern; b) zerschlagen (Hoffnungen); c) *(ugs.)* schwer mitnehmen

shattered [ˈʃætəd] *adj.* a) zerbrochen, zersprungen (Scheibe, Glas, Fenster); *(bildlich)* zerstört (Hoffnungen); zerrüttet (Nerven); b) *(ugs.)* erschüttert sein von etw. (Nachricht).

shattering [ˈʃætərɪŋ] *adj.* a) verheerend (Wirkung, Explosion); vernichtend (Schlag, Niederlage); b) *(ugs.)* erschütternd

shave [ʃeɪv] 1. *v. i.* a) sich rasieren; b) ~ **past sth.** etw. streifen; 2. *v. t.* rasieren; abrasieren (Haare); 3. *n.* Rasur, *f.*

~ '**off** *v. t.* abrasieren (Bart, Haare)

shaven [ˈʃeɪvn] *adj.* rasiert; geschoren (Kopf)

shaver [ˈʃeɪvər] *n.* Rasierapparat, *m.*; Rasierer, *m.* *(ugs.)*

she [ʃɪ, stressed ʃiː] *pron.* sie; referring to personified things or animals which correspond to German masculines/neuters er/es; **it was** ~ sie war es

shed [ʃed] *v. t.*, -**dd**-, **shed** a) verlieren; abwerfen, abstreifen (Haut, Hülle, Badehose); ausziehen (Kleidung); b) vergießen (Blut, Tränen); d) *(bildlich)* abschütteln (Sorgen, Bürde)

shed *n.* Schuppen, *m.*

sheep [ʃiːp] *n.*, *pl.* same Schaf, *n.*

sheep-dog *n.* Hütehund, *m.*; Schäferhund, *m.*

sheet [ʃiːt] *n.* a) Laken, *n.*; Bettuch, *n.*; Laken, *n.*; **between the** ~**s** im Bett; b) Folie, *f.*; Blech, *n.*; Platte, *f.*; Bogen, *m.*; Bogen, *m.*; Blatt, *n.*; **a** ~ **of paper** ein Blatt Papier

sheet: ~ **lightning** *n.* (Meteorologie) Flächenblitz, *m.*

shelf [ʃelf] *n.*, *pl.* **shelves** [ʃelvz] Brett, *n.*; Bord, *n.*; Fach, *n.*; Regal, *n.*; **be left on the** ~ *(bildlich)* sitzengeblieben sein *(ugs.)*; **be put on the** ~ *(bildlich)* aufs Abstellgleis geschoben werden *(ugs.)*

shelf *v. t.* (put on ~s) ins Regal stellen

shell [ʃel] 1. *v. t.* a) schälen; knacken; b) (Militär) beschießen; 2. *n.* a) Schale, *f.*; Panzer, *m.*; Haus, *n.*; Schote, *f.*; Hülse, *f.*; **come out of one's** ~ *(bildlich)* aus sich herausgehen; **retire or go into one's** ~ *(bildlich)* sich in sein Schneckenhaus zurückziehen *(ugs.)*; b) Teighülle, *f.*; c) (Militär) Granate, *f.*; d) Rohbau, *m.*; Ruine, *f.*; e) (Motor) Aufbau, *m.*; Karosserie, *f.*

she'll [ʃɪl, stressed ʃiːl] = **she will**

shell: ~**fish** *n.*, *pl.* same a) Schalentier, *n.*; Muschel, *f.*; Krebstier, *n.*; b) in *pl.* (Gastronomie) Meeresfrüchte *Pl.*

~-shock *n.* (Psychologie) Kriegsneurose, *f.*; **~-shocked** *adj.* **be ~-shocked** eine Kriegsneurose haben; *(bildlich)* niedergeschmettert sein

shelter [ˈʃeltər] 1. *v. i.* Schutz oder Zuflucht suchen (from vor+ Dat.); 2. *v. t.* schützen (from vor+ Dat.); Unterschlupf gewähren (+ Dat.) (Flüchtling); ~ **sb. from sth.** jmdn. gegen etw.*m* schützen; 3. *n.* a) Schutz, *m.* (against vor+ Dat., gegen); **get under ~** sich unterstellen; b) *no pl.* Zuflucht, *f.*; **take ~** Schutz suchen; **seek ~** Schutz oder Zuflucht suchen

sheltered [ˈʃeltəd] *adj.* geschützt (Platz, Tal); behütet (Leben)

shepherd [ˈʃepəd] 1. *n.* Schäfer, *m.*; Schafhirt, *m.*; 2. *v. t.* hüten *(bildlich)* führen

shepherdess [ˈʃepədɪs] *n.* Schäferin, *f.*; Schafhirtin, *f.*

shield [ʃiːld] 1. *v. t.* a) schützen (from vor+ Dat.); b) decken (Schuldigen); ~ **sb. from sth.** jmdn. von etw. fernhalten; 2. *n.* a) Schild, *m.*; b) Schutz, *m.*; c) *(bildlich)* Schild, *m.*; d) (Sport) Trophäe, *f.* (in Form eines Schildes)

shier, shiest siehe **shy**

shift [ʃɪft] 1. *v. i.* a) (Wind) drehen (to nach); (Ladung) verrutschen; ~ **uneasily in one's chair** unruhig auf dem Stuhl hin und her rutschen; b) ~ **for oneself** für sich selbst sorgen; c) *(sl.)* rasen; d) (Amer.) schalten (Auto) *(ugs.)*; 2. *v. t.* a) verrücken, umstellen (Möbel); wegnehmen (Arm, Hand, Fuß); wegräumen (Schutt); entfernen (Schmutz, Fleck); verlegen (Büro, Patienten, Schauplatz); b) (Amer.) ~ **gears** schalten. 3. *n.* a) **a ~ in public opinion** ein Umschwung der öffentlichen Meinung; **a ~ towards/away from sth.** eine Hinwendung zu/Abwendung von etw.; b) Schicht, *f.*; **late ~** Spätschicht, *f.*; **work in ~s** Schichtarbeit machen; c) Umschaltung, *f.*; d) (Amer.) Schaltung, *f.*

shifty [ˈʃɪftɪ] *adj.* verschlagen *(derogativ)*

shilling [ˈʃɪlɪŋ] *n.* Schilling, *m.*

shilly-shally [ˈʃɪlɪʃælɪ] *v. i.* zaudern

shine [ʃaɪn] 1. *v. i.*, **shone** [ʃɒn] a) (Lampe, Licht, Stern) leuchten; (Sonne) scheinen; glänzen; (Mond) scheinen; b) *(bildlich)* glänzen; **a shining example** ein leuchtendes Beispiel; 2. *v. t.* a) *p.t. & p.p.* **shone** leuchten lassen; b) *p.t. & p.p.* **~d** putzen; polieren; 3. *n., no pl.* a) Schein, *m.*; Licht, *n.*; Glanz, *m.*; **have a ~** (Oberfläche) glänzen

shiny [ˈʃaɪnɪ] *adj.* glänzend

ship [ʃɪp] 1. *v. t.*, -pp- einschiffen, an Bord bringen (Vorräte, Ladung, Passagiere); verschiffen (Auto, Truppen); verschicken, versenden (Waren); ~ **'out** *v. t.* verschiffen (Ladung, Güter); 2. *n.* Schiff, *n.*

ship: ~**builder** *n.* Schiffsbauer, *m.*; ~**building** *n., no pl., no indef. art.* Schiffbau, *m.*

shipment [ˈʃɪpmənt] *n.* a) Versand, *m.*; Verschiffung, *f.*; b) Sendung, *f.*

shipowner *n.* Schiffseigentümer, *m.*/-eigentümerin, *f.*; Reeder, *m.*/Reederin, *f.*

shipper [ˈʃɪpər] *n.* Spediteur, *m.*/Spediteurin, *f.*; Spedition, *f.*

shipping [ˈʃɪpɪŋ] *n.* a) *no pl., no indef. art.* Schiffe Pl.: Schiffahrt, *f.*; Schiffsverkehr, *m.*; **all ~** alle Schiffe/ der ganze Schiffsverkehr; **closed to ~** für Schiffe/für die Schiffahrt gesperrt; b) Versand, *m.*

shipping forecast *n.* Seewetterbericht, *m.*

ship: ~**shape** *pred. adj.* in bester Ordnung; **get sth. ~shape** etw. in Ordnung bringen; ~**wreck** 1. *v. t.* **be ~wrecked** Schiffbruch erleiden; *(bildlich)* (Hoffnung) sich zerschlagen haben; (Karriere) gescheitert sein; ~**yard** *n.* Schiffswerft, *f.*

shire [ˈʃaɪər] *n.* Grafschaft, *f.*

shirt [ʃɜːt] *n.* Hemd, *n.*; Hemdbluse, *f.*; Trikot, *n.*; **keep your ~ on!** (bildlich sl.) Bleib ruhig! *(ugs.)*

shirt-sleeve *n.* Hemdsärmel, *m.*; **work in one's ~s** in Hemdsärmeln arbeiten

shit [ʃɪt] 1. *v. i.*, -tt-, scheißen (derb); ~ **in one's pants** sich (Dat.) in die Hose machen; 2. *v. refl.*, -tt- shitted or shit in one's pants sich (Dat.) in die Hose machen (derb); 3. *int.* Scheiße (derb)

shiver [ˈʃɪvər] 1. *v. i.* zittern (with vor+ Dat.); 2. *n.* Schauer, *m.*; *m.*; **send ~s up sb.'s back** jmdm. [einen] Schauder über den Rücken jagen; **give sb. the ~s** *(bildlich)* jmdn. schaudern lasseN

shivery [ˈʃɪvərɪ] *adj.* verfroren (Person)

shock [ʃɒk] 1. *v. t.* a) ~ **sb.** ein Schock für jmdn. sein; b) schockieren; **be ~ed by sth.** über etw. *(Akk.)* schockiert sein; 2. *n.* a) Schock, *m.*; **I got the ~ of my life** ich erschrak zu Tode; **give sb. a ~:** jmdm. einen Schock versetzen; b) Erschütterung, *f.*; c) Schlag, *m.*; d) *(Medizin)* Schock, *m.*; **be in ~** unter Schock stehen; **electric ~** Elek-

troschock, *m.*
shock absorber [ˈʃɒk əbzɔːbər] *n.* Stoßdämpfer, *m.*
shocking [ˈʃɒkɪŋ] *adj.* a) schockierend; b) *(ugs.)* fürchterlich *(ugs.)*
shock: ~**proof** *adj.* stoßfest (Uhr, Kiste); erschütterungsfest (Gebäude); ~ **therapy,** ~ **treatment** ns. *(Medizin)* Schocktherapie, *f.;* Schockbehandlung, *f.*
shoe [ʃuː] 1. *v. t.,* ~**ing** [ˈʃuːɪŋ], **shod** [ʃɒd] beschlagen (Pferd); 2. *n.* a) Schuh, *m.;* **I shouldn't like to be in his** ~**s** *(bildlich)* ich möchte nicht in seiner Haut stecken *(ugs.);* **put oneself into sb.'s** ~**s** *(bildlich)* sich in jmds. Lage *(Akk.)* versetzen; **sb. shakes in his** ~**s** jmdm. schlottern die Knie; b) Hufeisen, *n.*
shoe: ~ **bar** *n.* Schnellschusterei, *f.;* ~**horn** *n.* Schuhlöffel, *m.;* ~~**lace** *n.* Schnürsenkel, *m.;* Schuhband, *n.;* ~**maker** *n.* Schuhmacher, *m.;* Schuster, *m.;* ~**making** *n., no pl.* Schuhmacherei, *f.;* ~~**polish** *n.* Schuhcreme, *f.;* ~~**shop** *n.* Schuhgeschäft, *n.;* ~~**string** *n.* a) see ~**lace**; b) *(ugs.)* **on a** ~~**string** mit ganz wenig Geld; *attrib.*
shone siehe **shine**
shoot [ʃuːt] 1. *v. i.,* shot [ʃɒt] a) schießen (at auf+ Akk.); ~ **to kill** (Polizei) scharf schießen; b) schießen *(ugs.);* ~ **past sb.** an jmdm. vorbeischießen *(ugs.);* c) (Botanik) austreiben; d) (Sport) schießen; 2. *v. t.* shot a) anschießen; erschießen; schießen; ~ **dead** jmdn. erschießen oder *(ugs.)* totschießen; **he ought to be shot** *(bildlich)* er gehört aufgehängt *(ugs.);* b) schießen mit (Bogen, Munition, Pistole); abschießen (Pfeil, Kugel) (at auf+ Akk.); c) *(sl.)* schießen (Drogenjargon) (Heroin, Kokain); d) zuwerfen (Lächeln, Blick) (at Dat.); treiben (Knospen); e) (Sport) schießen (Tor, Ball, Puck); (Basketball) werfen (Korb); f) vorschieben (Riegel); g) drehen (Film, Szene); h) durchfahren (Stromschnelle); unterfahren (Brücke); 3. *n.* a) (Botanik) Trieb, *m.;* b) Jagd, *f.*
~ **a'head** *v. i.* vorpreschen
~ **'down** *v. t.* niederschießen (Person); abschießen (Flugzeug); *(bildlich)* entkräften (Argument)
~ **'off** *v. i.* losschießen *(ugs.)*
~ **'out** 1. *v. i.* hervorschießen; 2. *v. t.* herausschleudern
~ **'up** *v. i.* in die Höhe schießen; (Preise, Temperatur, Kosten, Puls) in die Höhe schnellen
shooting [ˈʃuːtɪŋ] *n.* a) Schießerei, *f.;* b) (Sport) Schießen, *n.;* **rifle** ~ Gewehrschießen, *n.;* **go** ~ auf die Jagd gehen; d) Dreharbeiten *Pl.*
shooting: ~~**gallery** *n.* Schießstand, *m.;* Schießbude, *f.;* ~~**match** *n.* Wettschießen, *n.;* ~ **range** *n.* Schießstand, *m.;* ~ **'star** *n.* Sternschnuppe, *f.*
shoot-out *n.* Schießerei, *f.*
shop [ʃɒp] 1. *v. i.,* -pp- einkaufen; **go** ~**ping** einkaufen gehen; ~ **or go** ~**ping sth.** etw. einkaufen gehen; 2. *v. t.,* -pp- (Brit. sl.) verpfeifen
a'round *v. i.* sich umsehen (for nach); 3. *n.* a) Laden, *m.;* Geschäft, *n.;* **go to the** ~**s** einkaufen gehen; **keep a** ~ einen Laden oder ein Geschäft haben; b) **set up** ~ ein Geschäft eröffnen; eine Praxis aufmachen; **shut up** ~ das Geschäft schließen; c) Werkstatt, *f.*
shop: ~ **assistant** *n.* (Brit.) Verkäufer, *m.*/Verkäuferin, *f. (ugs.);* ~**'floor** *n.* a) Produktion, *f. (ugs.);* b) **the** ~~**floor** die Arbeiter; *attrib.* Arbeiter-; ~**keeper** *n.* Ladenbesitzer, *m.*/ -besitzerin, *f.;* ~~**lifter** [ˈʃɒplɪftər] *n.* Ladendieb, *m.*/-diebin, *f.;* ~~**lifting** *n., no pl., no indef. art.* Ladendiebstahl, *m.;* ~**owner** siehe ~**keeper**
shopper [ˈʃɒpər] *n.* a) Käufer, *m.*/Käuferin, *f.;* b) Einkaufsroller, *m.*
shopping [ˈʃɒpɪŋ] *n., no pl., no indef. art.* a) Einkaufen, *n.;* **do one's** ~ einkaufen/Einkäufe machen; b) Einkäufe *Pl.*
shopping: ~~**bag** *n.* Einkaufstasche, *f.;* ~~**basket** *n.* Einkaufskorb, *m.;* ~ **centre** *n.* Einkaufszentrum, *n.;* ~ **list** *n.* Einkaufszettel, *m.;* *(bildlich)* Wunschliste, *f.;* ~ **mall** *n.* Einkaufszentrum, *n.;* ~ **street** *n.* Geschäftsstraße, *f.;* ~ **trolley** *n.* Einkaufswagen, *m.*
shop: ~~**'window** *n.* Schaufenster, *n.*
shore [ʃɔːr] *n.* Ufer, *n.;* Küste, *f.;* Strand, *m.;* **on the** ~ am Ufer/ am Strand; **off** ~ vor der Küste; **be on** ~ (Seemann) an Land sein
shore *v. t.* abstützen (Tunnel)
~ **'up** *v. t.* abstützen (Mauer, Haus); *(bildlich)* stützen (Preis, Währung, Wirtschaft)
short [ʃɔːt] 1. *v. i.* (. ugs.) einen Kurzschluss kriegen *(ugs.);* 2. *v. t. (ugs.)* kurzschließen; 3. *adv.* a) plötzlich; **stop** ~ plötzlich anhalten; (Musik, Gespräch) jäh abbrechen; **stop sb.** ~ jmdm. ins Wort fallen; **pull up** ~ plötzlich anhalten; b) kurz angebunden; barsch; 4. *adj.* a) kurz; **a** ~ **time later** kurze Zeit später; **for a**

~ **time or while** eine kleine Weile; ein Weilchen; **a ~ time before** kurz bevor; a ~ **time or while after** kurz danach (Dat.); **in a ~ time or while** bald; in Kürze; **within a ~ time** innerhalb kurzer Zeit; **in the ~ run or term** kurzfristig; kurzzeitig; b) klein (Person, Wuchs); niedrig (Gebäude, Baum, Schornstein); c) kurz (Wurf, Schuss, Gedächtnis); d) knapp; **to be ~ of sth.** nicht genug ovn etw. haben **be ~** knapp bei Kasse sein (ugs.); **the ~ answer is…:** kurz gesagt…; **~ and sweet** (iron.) kurz und schmerzlos (ugs.); **in ~,…:** kurz,…; *f)* kurz angebunden; barsch; g) mürbe (Teig); h) **sell oneself ~** (bildlich) sein Licht unter den Scheffel stellen; **sell sb./sth. ~** (bildlich) jmdn./etw. unterschätzen; 5. *n.* a) (ugs.) Kurze, *m.* (ugs.); b) (ugs.) Schnaps, *m.* (ugs.

shortage ['ʃɔːtɪdʒ] *n.* Mangel, *m.* (of an + Dat.); **~ of sth.** Knappheit/ Mangel an etw.

short: ~**bread,** ~**cake** *ns.* Shortbread, *n.*; Keks aus Butterteig; ~-'**change** *v. t.* zu wenig Wechselgeld herausgeben (+ Dat.); (bildlich) übers Ohr hauen (ugs.); ~ '**circuit** *n.* Kurzschluss, *m.*; ~-'**circuit** 1. *v. i.* einen Kurzschluss bekommen; 2. *v. t.* kurz schließen; (bildlich) umgehen; ~**coming** *n.*, *usu. in pl.* Unzulänglichkeit, *f.*; ~ '**cut** *n.* Abkürzung, *f.*; **take a ~ cut** (literarisch, bildlich) eine Abkürzung machen; **be a ~ cut to sth.** (bildlich) den Weg zu etw. abkürzen; ~ '**drink** *n.* hochprozentiges Getränk

shorten ['ʃɔːtn] 1. *v. i.* kürzer werden; 2. *v. t.* kürzen; (curtail) verkürzen (Besuch, Wartezeit, Inkubationszeit)

short: ~**fall** *n.* Defizit, *n.*; ~-**haired** *adj.* kurzhaarig; ~**hand** *n.* Kurzschrift, *f.*; Stenografie, *f.*; **write ~hand** stenografieren

shortish ['ʃɔːtɪʃ] *adj.* ziemlich kurz; ziemlich klein (Person)

short: ~-**legged** *adj.* kurzbeinig; ~ **list** *n.* (Brit.) engere Auswahl; ~-**list** *v. t.* in die engere Auswahl nehmen; ~-**lived** ['ʃɔːtlɪvd] *adj.* kurzlebig

shortly ['ʃɔːtlɪ] *adv.* a) in Kürze; gleich (ugs.); **~ before/ after sth.** kurz vor/nach etw.; b) kurz; c) kurz angebunden; in barschem Ton

short: ~ '**pastry** *n.* Mürbeteig, *m.*; ~-**range** *adj.* a) Kurzstrecken(flugzeug, -rakete etc.); b) kurzfristig

shorts [ʃɔːts] *n. pl.* a) kurze Hose, Shorts *Pl.*; Sporthose, *f.*; b) (Amer.) Unterhose, *f.*

short: ~ '**sight** *n.*, *no pl.*, *no art.* Kurzsichtigkeit, *f.*; **have ~ sight** kurzsichtig sein; ~-**sighted** [ʃɔːt'saɪtɪd] *adj.* kurzsichtig; ~-**sleeved** ['ʃɔːtsliːvd] *adj.* kurzärmelig; ~-**staffed** [ʃɔːt'stɑːft] *adj.* **be ~-staffed** zu wenig Personal haben; ~ '**story** *n.* (Literatur) Short story, *f.*; Kurzgeschichte, *f.*; ~ '**temper** *n.* **have a ~ temper** aufbrausend oder cholerisch sein; ~-'**tempered** *adj.* aufbrausend; cholerisch; ~-**term** *adj.* kurzfristig; vorläufig (Lösung, Antwort); ~ '**wave** *n.* Kurzwelle, *f.*

shot [ʃɒt] 1. *adj.* **get ~ of sth.** (sl.) etw. loswerden; 2. *n.* a) Schuss, *m.*; Abschuss, *m.*; Star, *m.*; **fire a ~** einen Schuss abgeben; **like a ~** (bildlich) wie der Blitz (ugs.); b) Kugel, *f.*; **put the ~** kugelstoßen; **the ~** Kugelstoßen, *n.*; c) (Sport) Schuss, *m.*; d) Aufnahme, *f.*; Einstellung, *f.*; e) Spritze, *f.*; Schuss, *m.*; 3. siehe shoot

shot: ~**gun** *n.* Schrotflinte, *f.*; ~**gun wedding/marriage** (bildlich ugs.) Mussheirat/Mussehe, *f.* (ugs.); ~-**put** *n.*, *no pl.*, *no indef. art.* Kugelstoßen, *n.*; ~**putter** ['ʃɒtpʊtər] *n.* Kugelstoßen, *m.*/-stoßerin, *f*

shoulder ['ʃəʊldər] 1. *v. t.* a) rempeln; **~ one's way through the crowd** sich rempelnd einen Weg durch die Menge bahnen; b) schultern; (bildlich) übernehmen (Verantwortung, Aufgabe); 2. *n.* a) Schulter, *f.*; **~ to ~** Schulter an Schulter; **straight from the ~** (bildlich) unverblümt; **cry on sb.'s ~** (bildlich) sich bei jmdm. ausweinen; **give sb. the cold '~** jmdn. schneiden; b) *in pl.* Schultern *Pl.*; Schulterpartie, *f.*; **rest on sb.'s ~s** (bildlich) auf jmds. Schultern (Dat.) lasten; c) Schulter(gelenk), *n.*; d) (Gastronomie) Bug, *m.*; Schulter, *f.*; e) Randstreifen, *m.*; Seitenstreifen, *m.*

shoulder: ~-**bag** *n.* Umhängetasche, *f.*; ~-**blade** *n.* Schulterblatt, *n.*; ~-**strap** *n.* a) Schulterklappe, *f.*; b) Trageriemen, *m.*; Träger, *m.*

shouldn't ['ʃʊdnt] (ugs.) = **should not;** siehe shall

shout [ʃaʊt] 1. *v. i.* schreien; **~ with laughter/pain** vor Lachen/Schmerzen schreien; **~ with or for joy** vor Freude schreien; **~ at sb.** jmdn. anschreien; **~ for sb.** schreien; **~ for help** um Hilfe schreien oder rufen; 2. *v. t.* schreien; **~ abuse** pöbeln; 3. *n.* Ruf, *m.*; Schrei, *m.*; **warning ~**, **~ of alarm** Warnruf, *m.*/-schrei, *m.*; **~ of joy** Freudenschrei, *m.*

shouting ['ʃaʊtɪŋ] *n.* (act)

Schreien, *n.*; Geschrei, *n.*
show [ʃəʊ] 1. *v. i.*, p.p. ~*n* or ~**ed** a) sichtbar oder zu sehen sein; Alter allmählich an; b) (Film) laufen; (Künstler) ausstellen; c) **time will** ~ man wird es sehen; 2. *v. t.*, p.p. ~*n* [ʃəʊn] or ~**ed** a) zeigen; vorzeigen (Pass, Fahrschein); ~ **sth. to sb.** jmdm. etw. zeigen; b) zeigen; beweisen (Mut, Entschlossenheit, Urteilsvermögen); c) ~ **kindness** freundlich sein d) zeigen (Gefühl, Freude etc.); (Thermometer, Uhr etc.) anzeigen; e) zeigen; ~ **sb. that**…; *f)* führen; ~ **sb. round a place** jmdn. irgendwo herumführen; 3. *n.* a) Pracht, *f.*; Ausstellung, *f.*; Schau, *f.*; **dog** ~ Hundeschau, *f.*; c) Show, *f.*; Vorstellung, *f.*; **do sth. just for** ~ etw. nur aus Prestigegründen tun
~ **'round** *v. t.* herumführen
~ **'through** *v. i.* durchscheinen

shower [ˈʃaʊər] 1. *v. i.* a) ~ **down on sb.** (Wasser, Konfetti) auf jmdn. herabregnen; (Steine, Verwünschungen) auf jmdn. niederhageln; b) duschen; 2. *v. t.* ~ **sth. over or on sb.**, ~ **sb. with sth.** jmdn. mit etw. überschütten; 3. *n.* a) Schauer, *m.*; ~ **of rain** Regenschauer, *m.*; b) Dusche, *f.*; *attrib.* Dusch-; **have or take a** ~ duschen; **be under the** ~ unter der Dusche stehen

'shower: ~-**curtain** *n.* Duschvorhang, *m.*; ~ **gel** *n.* Duschgel, *n.*; ~-**proof** *adj.* regendicht

showing [ˈʃəʊɪŋ] *n.* a) Vorführung, *f.*; Sendung, *f.*; b) **on any** ~ wie man es auch dreht und wendet; c) Leistung, *f.*; **make a good/poor etc.** ~ eine gute/ schwache etc. Leistung zeigen; **on this** ~ bei dieser Leistung

show: ~-**jumper** *n.* (Sport) a) Springreiter, *m.*/-reiterin, *f.*; b) Springpferd, *n.*; ~-**jumping** *n.* (Sport) Springreiten, *n.*; ~-**man** [ˈʃəʊmən] *n., pl.* ~-men [ˈʃəʊmən] a) Schausteller, *m.*; b) Showman, *m.*
shown siehe **show**
show: ~-**off** *n.* (ugs.) Angeber, *m.*/Angeberin, *f.* (ugs.); ~-**place** *n.* Attraktion, *f.*; ~-**room** *n.* Ausstellungsraum, *m.*; ~ **trial** *n.* Schauprozess, *m.*

shred [ʃred] *n.* Fetzen, *m.*; **not a** ~ **of** keine Spur von; **tear sth. to** ~**s** etw. in Fetzen reißen

shrewd [ʃruːd] *adj.* scharfsinnig (Person); klug (Entscheidung, Investition, Schritt, Geschäftsmann); genau (Schätzung, Einschätzung); treffsicher (Urteilsvermögen)

shriek [ʃriːk] 1. *v. i.* schreien; ~ **with horror/fear etc.** vor Entsetzen/Angst etc. schreien; 2. *n.* Aufschrei, *m.*; **give a** ~ schreien, einen Schrei ausstoßen

shrift [ʃrɪft] *n.* **give sb. short** ~ jmdn. kurz abfertigen *(ugs.)*; **get short** ~ kurz abgefertigt werden *(ugs.)*

shrill [ʃrɪl] *adj.*, **shrilly** [ˈʃrɪlɪ] *adv.* schrill

shrine [ʃraɪn] *n.* Heiligtum, *n.*; Grab, *n.*; Schrein, *m.* (veralt.); Reliquienschrein, *m.*

shrink [ʃrɪŋk] 1. *v. i.*, **shrank** [ʃræŋk], **shrunk** [ʃrʌŋk] a) schrumpfen; (Person) kleiner werden; (Kleidung, Stoff) einlaufen; (Holz) sich zusammenziehen; (Handel, Einkünfte) zurückgehen; b) sich zusammenkauern; ~ **from doing sth.** sich scheuen, etw. zu tun; 2. *v. t.*, **shrank, shrunk** sich zusammenzie-

hen lassen (Holz); einlaufen lassen (Textilien)
~ **a'way** *v. i.* a) zurückweichen (from vor+ Dat.); b) zusammenschrumpfen
~ **'back** *v. i.* zurückweichen (from vor+ Dat.); ~ **back from sth.** *(bildlich)* vor etw. (Dat.) zurückschrecken

shrinkage [ˈʃrɪŋkɪdʒ] *n.* a) Einlaufen, *n.*; Rückgang, *m.*; b) Schrumpfung, *f.*

shrink: ~-**proof,** ~-**resistant** *adj.* schrumpffrei; ~-**wrap** *v. t.* in einer Schrumpffolie verpacken

shrivel [ˈʃrɪvl] 1. *v. i.*, (Brit.) -**ll**-: ~ **up** verschrumpeln; (Haut, Gesicht) runzlig werden; (Pflanze, Blume) welk werden; (Ballon) zusammenschrumpfen; 2. *v. t.*, (Brit.) -**ll**-: ~ schrumplig machen; runzlig machen (Haut, Gesicht); welk werden lassen (Pflanze, Blume)

shroud [ʃraʊd] 1. *v. t.* einhüllen; ~ **sth. in sth.** etw. in etw. *(Akk.)* hüllen; 2. *n.* a) Leichentuch, *n.*; b) *(bildlich)* Schleier, *m.*

shrug [ʃrʌg] 1. *v. t.* & *i.*, -**gg**-: ~ **one´s shoulders** die oder mit den Achseln zucken; 2. *n.* ~ Achselzucken, *n.*; **give a** ~ die Achseln zucken

~ **'off** *v. t.* in den Wind schlagen; ~ **sth. off as unimportant** etw. als unwichtig abtun

shrunk siehe **shrink**
shrunken [ˈʃrʌŋkn] *adj.* verhutzelt *(ugs.)* (Person); schrumpelig, verschrumpelt (Apfel); ~ **head** Schrumpfkopf, *m.*

shudder [ˈʃʌdər] 1. *v. i.* a) zittern (with vor+ Dat.); **sb.** ~**s to think of sth.** jmdn. schaudert bei dem Gedanken an etw. *(Akk.)*; b) zittern; 2. *n.* a) Zittern, *n.*; Schauder, *m.*; **sb. gets the** ~**s** *(ugs.)* jmdn. schaudert; **it gives**

side

me the ~s to think of it *(ugs.)* mich schaudert, wenn ich daran denke; b) Zittern, *n*.

shun [ʃʌn] *v. t.*, **-nn-** meiden

shut [ʃʌt] 1. *v. i.*, **shut** schließen; (Laden) schließen, zumachen; (Blüte) sich schließen; 2. *v. t.*, **shut** a) zumachen; schließen; **~ sth. to sb.** etw. für jmdn. schließen; **~ a road to traffic** eine Straße für den Verkehr sperren; **~ the door on sb.** jmdm. die Tür vor der Nase zuschlagen *(ugs.)*; **~ the door on sth.** *(bildlich)* die Möglichkeit einer Sache (Gen.) verbauen; **~ one's eyes to sth.** *(bildlich)* seine Augen vor etw. (Dat.) verschließen; über etw. (Akk.) hinwegsehen; **~ one's ears to sth.** *(bildlich)* die Ohren vor etw. (Dat.) verschließen; b) **~ oneself in a room** sich in einem Zimmer einschließen; c) **~ sb. out of sth.** jmdn. aus etw. aussperren; d) schließen, zumachen (Buch, Hand); zusammenklappen (Klappmesser, Fächer); 3. *adj.* zu; geschlossen; **keep sth. ~** etw. geschlossen halten oder zu lassen **~ away** *v. t.* wegschließen

~ down 1. *v. i.* (Laden, Fabrik) geschlossen werden; (Zeitung, Betrieb) eingestellt werden; 2. *v. t.* a) schließen, zumachen (Deckel, Fenster); b) stillegen; abschalten (Kernreaktor); einstellen (Aktivitäten); einstellen (Sendebetrieb)

~ 'in *v. t.* a) einschließen; b) umschließen

~ out *v. t.* aussperren; versperren (Aussicht); verdecken; ausschließen (Gefahr, Möglichkeit)

~ 'up 1. *v. i.* *(ugs.)* den Mund halten *(ugs.)*; **~ up!** halt den Mund! *(ugs.)*; 2. *v. t.* a) abschließen; zuschließen; b) einschließen (Dokumente, Wertsachen etc.); einsperren (Tier, Person); **~ sth. up in sth.** etw. irgendwo einschließen; c) zum Schweigen bringen

shutter [ˈʃʌtər] *n.* a) Laden, *m.*; Fensterladen, *m.*; **put up the ~s** *(bildlich)* zumachen; schließen; b) Verschluss, *m.*

shy [ʃaɪ] 1. *v. i.* scheuen (at vor+ Dat.). 2. *adj.*, **~er** or **shier** [ˈʃaɪər], **~est** or **shiest** [ˈʃaɪɪst] scheu; schüchtern; **don't be ~:** sei nicht so schüchtern!

~ a'way *v. i.* **~ away from sth.** (Pferd) vor etw. (Dat.) scheuen; **~ away from doing sth.** *(bildlich)* etw. scheuen/sich scheuen, etw. zu tun

shyness [ˈʃaɪnɪs] *n.*, *no pl.* Scheuheit, *f.*; Schüchternheit, *f.*

sick [sɪk] 1. *adj.* a) krank; **be off ~** krank gemeldet sein; sb.; b) **be ~** sich erbrechen; **I think I'm going to be ~** ich glaube, ich muss mich übergeben; **a ~ feeling** Übelkeit, *f.*; c) elend (Aussehen); leidend (Blick); d) *(bildlich)* **worried ~:** krank vor Sorgen; **be ~ of sth.** etw. satt haben; **be ~ and tired of sth.** *(ugs.)* von etw. die Nase voll haben *(ugs.)*; **be ~ of doing sth.** es satt haben, etw. zu tun; **make sb. ~:** jmdn. anekeln; e) pervers; krank (Gesellschaft); makaber (Witz, Humor, Fantasie); 2. *n. pl.* **the ~ die Kranken**

sicken [ˈsɪkn] 1. *v. i.* a) krank werden; b) **~ at sth.** sich vor etw. (Dat.) ekeln; **~ of sth./of doing sth.** einer Sache (Gen.) überdrüssig sein/es überdrüssig sein, etw. zu tun; 2. *v. t.* anwidern

sickening [ˈsɪknɪŋ] *adj.* a) ekelerregend; widerlich (Anblick, Geruch); b) unerträglich; **it's really ~** es kann einen krank machen

sickle [ˈsɪkl] *n.* Sichel, *f.*

sick: ~-leave *n.* Urlaub wegen Krankheit, *m.*; **be on ~ leave** krank geschrieben sein; **~-list** *n.* Liste (*f.*) der Kranken; **on the ~ list** krank

sickly [ˈsɪklɪ] *adj.* a) kränklich; b) schwach; matt (Lächeln); kraftlos (Sonne); fahl (Licht); blass (Hautfarbe, Gesicht); c) ekelhaft; widerlich; süßlich

sickness [ˈsɪknɪs] *n.* a) *no art.* Krankheit, *f.*; b) Krankheit, *f.*; c) Übelkeit, *f.*; Erbrechen, *n.*

sick: ~-pay *n.* Entgeltfortzahlung im Krankheitsfalle; Krankengeld, *n.*; **~room** *n.* Krankenzimmer, *n.*

side [saɪd] 1. *v. i.* **~ with sb.** sich auf jmds. Seite (Akk.) stellen; **~ against sb.** sich gegen jmdn. stellen; 2. *adj.* seitlich; Seiten; 3. *n.* a) (auch Geometrie) Seite, *f.*; **this ~ up** oben; **on both ~s** auf beiden Seiten; b) Seite, *f.*; **~ of bacon** Speckseite, *f.*; **split one's ~s** *(bildlich)* vor Lachen platzen; **walk/ stand ~ by ~** nebeneinander gehen/stehen; c) Seite, *f.*; **the ~s of sb.'s mouth** jmds. Mundwinkel; **~ of the road** Straßenseite; **from ~ to ~** von einer Seite auf die andere; d) Seite, *f.*; **at or by sb.'s ~** an jmds. Seite (Dat.); neben jmdm.; **on all ~s** von allen Seiten (umzingelt, kritisiert); e) Seite, *f.*; [on] **either ~ of** beiderseits, auf beiden Seiten (+ Gen.); **this/the other ~ of** diesseits/jenseits (+ Gen.); **there are two ~s to every story** alles hat seine zwei Seiten; **look on the bright**

~ die Dinge von der angenehmen Seite sehen; g) Seite, *f.*; Partei, *f.*; (Sport) Mannschaft, *f.*; **be on the winning ~** auf der Seite der Gewinner stehen; **change ~s** zur anderen Seite überwechseln; **time is on sb.'s ~** die Zeit arbeitet für jmdn.; **take sb.'s ~** sich auf jmds. Seite stellen; **take ~s with/against sb.** [fɚr/gegen jmdn.] Partei ergreifen; h) Seite, *f.*

side: ~**board** *n.* Anrichte, *f.*; ~**boards** *(ugs.)*, ~**burns** ns. pl. a) Backenbart, *m.*; b) Koteletten *Pl.*; ~**car** *n.* Beiwagen, *m.*; ~-**dish** *n.* Beilage, *f.*; ~-**door** *n.* Seitentür, *f.*; ~**effect** *n.* Nebenwirkung, *f.*; ~-**entrance** *n.* Seiteneingang, *m.*; ~-**exit** *n.* Seitenausgang, *m.*; ~-**glance** *n.* (literarisch, bildlich) Seitenblick, *m.* (at auf+ Akk.); ~**kick** *n. (ugs.)* Kumpan, *m.*; ~-**road** *n.* Seitenstraße, *f.*; ~-**saddle** 1. *adv.* **ride ~-saddle** im Damensattel reiten; 2. *n.* Damensattel, *m.*; ~-**salad** *n.* Salat; ~-**show** *n.* Nebenattraktion, *f.*; ~-**step** 1. *v. t.* ausweichen (+ Dat.); 2. *n.* Schritt zur Seite, *m.*; ~-**street** *n.* Seitenstraße, *f.*; ~-**table** *n.* Beistelltisch, *m.*; ~**walk** (Amer.) siehe pavement a; ~**ways** ['saɪdweɪz] 1. *adv.* seitlich; 2. *adj.* seitlich; ~**whiskers** *n. pl.* Backenbart, *m.*; ~ **wind** *n.* Seitenwind, *m.*

sieve [sɪv] 1. *v. t.* sieben; 2. *n.* Sieb, *n.*; **have a memory like a ~** *(ugs.)* ein Gedächtnis wie ein Sieb haben *(ugs.)*

sift [sɪft] 1. *v. i.* **~ through** durchsehen (Briefe, Dokumente); durchsuchen (Trümmer, Asche, Habseligkeiten); 2. *v. t.* sieben; *(bildlich)* unter die Lupe nehmen; **~ sth. from sth.** etw. von etw. trennen

~ 'out *v. t.* (literarisch, bildlich) aussieben; **~ out sth. from sth.** etw. aus etw. heraussieben; *(bildlich)* etw. von etw. trennen

sigh [saɪ] 1. *v. i.* seufzen; **~ with relief** vor Erleichterung seufzen; **~ for sth./sb.** *(bildlich)* sich nach etw./jmdm. sehnen; 2. *v. t.* seufzen; 3. *n.* Seufzer, *m.*; **give a ~** einen Seufzer ausstoßen; **~ of relief** Seufzer der Erleichterung

sight [saɪt] 1. *v. t.* sichten (Land, Schiff Flugzeug, Wrack); sehen (Entflohenen, Vermissten); antreffen (seltenes Tier, seltene Pflanze); 2. *n.* a) Sehvermögen, *n.*; **~ loss of** Verlust des Sehvermögens; **second ~** das . Zweite Gesicht; **know sb. by ~** jmdn. vom Sehen kennen; b) Anblick, *m.*; **at the ~ of sb.** bei jmds. Anblick **catch ~ of sb.** jmdn. erblicken; **lose ~ of sb.** jmdn. aus den Augen verlieren; **at first ~** auf den ersten Blick; **love at first ~** Liebe auf den ersten Blick; c) Anblick, *m.*; **be a sorry ~** einen traurigen Anblick bieten; d) in *pl.* Sehenswürdigkeiten *Pl.*; **see the ~s** sich (Dat.) die Sehenswürdigkeiten ansehen; e) Sichtweite, *f.*; **in ~** in Sicht; **come into ~** in Sicht kommen

sighted ['saɪtɪd] *adj.* sehend; **partially ~** sehbehindert

sight: ~**seeing** *n.* Sightseeing, *n.* (Touristikjargon); **go ~seeing** Besichtigungen machen; ~**seer** ['saɪtsiːər] *n.* Tourist (der die Sehenswürdigkeiten besichtigt)

sign [saɪn] 1. *n.* a) Zeichen, *n.*; b) (Astrologie) **~ of the zodiac,** Zeichen, *n.*; Sternzeichen, *n.*; **birth ~** Tierkreiszeichen, *n.*; c) Schild, *n.*; direction **~:** Wegweiser, *m.*; advertising **~:** Reklameschild, *n.*; Reklame, *f.*; Leuchtreklame, *f.*; **danger ~** Gefahrenzeichen, *n.*; d) siehe signboard; e) Zeichen, *n.*; Anzeichen, *n.* **as a ~ of** als Zeichen (+ Gen.); **at the slightest ~ of sth.** schon beim geringsten Anzeichen von etw.; **there was no ~ of him,** er war nicht zu sehen **there was no ~ of life** keine Menschenseele war zu sehen; **~ of the times** Zeichen der Zeit; 2. *v. t.* a) unterschreiben; (Künstler) signieren (Buch, Werk); b) **~ one's name** unterschreiben; 3. *v. i.* unterzeichnen; unterschreiben; **~ for sth.** den Empfang einer Sendung (Gen.) bestätigen

~ a'way *v. t.* abtreten (Eigentum); verzichten auf (Recht, Freiheit)

~ 'off 1. *v. i.* a) kündigen; b) sich abmelden; c) (Radio) sich verabschieden; 2. *v. t.* zurücktreten von; kündigen

~ 'on 1. *v. t.* einstellen (Tätigkeit, Arbeit); verpflichten (Fußballspieler); anwerben (Söldner, Rekruten); anheuern, anmustern (Seeleute); 2. *v. i.* a) sich verpflichten (with bei); b) **~ on for the dole** sich arbeitslos melden; stempeln gehen *(ugs.)*

~ 'out *v. i.* sich schriftlich abmelden; abreisen

~ 'over *v. t.* überschreiben (Immobilien); übertragen (Rechte)

~ 'up 1. *v. t.* vertraglich verpflichten; einstellen (Angestellt, Mitarbeiter, Arbeiter); aufnehmen (Mitglied); einschreiben (Teilnehmer); 2. *v. i.* sich verpflichten (with bei); sich einschreiben

signal ['sɪgnl] 1. *n.* Signal, *n.*; **hand ~s** Handzeichen, *n.*; **radio ~** Funkspruch, *m.*; 2.

v. i., (Brit.) -ll- signalisieren; Signale geben; (Kraftfahrer) blinken; anzeigen; ~ **to sb.** jmdm. ein Zeichen geben; 3. *v. t.*, (Brit.) -ll-: a) (literarisch oder bildlich) signalisieren; ~ **sb.** jmdm. ein Zeichen geben; b) funken; durchgeben; 4. *adj.* außergewöhnlich

signature ['sɪgnətʃər] *n.* a) Unterschrift, *f.*; Signatur, *f.*; **put one's ~ to sth.** seine Unterschrift unter etw. *(Akk.)* setzen

significance [sɪg'nɪfɪkəns] *n.* Bedeutung, *f.*; **be of ~** von Bedeutung sein; **be of great/little/no ~** [sehr] wichtige/ziemlich unwichtig/völlig unwichtig sein

significant [sɪg'nɪfɪkənt] *adj.* a) bedeutend; signifikant; b) bedeutsam; signifikant

significantly [sɪg'nɪfɪkəntlɪ] *adv.* a) bedeutungsvoll; bedeutsamerweise; b) bedeutend; signifikant

signify ['sɪgnɪfaɪ] *v. t.* a) bedeuten; b) kundtun; zum Ausdruck bringen

sign: ~ **language** *n.* Zeichensprache, *f.*; **~post** 1. *n.* (literarisch oder bildlich) Wegweiser, *m.*; 2. *v. t.* ausschildern (Straße, Weg, Umleitung); mit Wegweisern versehen; **~~writer** *n.* Schildermaler, *m.*

silence ['saɪləns] 1. *n.* Verschwiegenheit, *f.*; Schweigen, *n.*; Schweigsamkeit, *f.*; Stillschweigen, *n.*; Stille, *f.*; ~! Ruhe!; **in ~** schweigend; **call for ~** um Ruhe bitten; **keep ~** (literarisch oder bildlich) schweigen; **break the ~** das Schweigen brechen; **break one's ~** sein Schweigen brechen; 2. *v. t.* zum Schweigen bringen; *(bildlich)* ersticken (Zweifel, Ängste, Proteste); mundtot machen (Feind, Gegner, Zeugen)

silencer ['saɪlənsər] *n.* Schalldämpfer, *m.*

silent ['saɪlənt] *adj.* a) still; ruhig; stumm; unhörbar; **be ~** schweigen; still sein; *(Technik)* stillstehen; (Waffen) schweigen; **fall ~** verstummen; **keep or remain ~** (literarisch oder bildlich) schweigen; (jmd. der verhört wird) beharrlich schweigen; b) schweigsam; c) stumm; d) ~ **movie** Stummfilm, *m.*

silently ['saɪləntlɪ] *adv.* schweigend; stumm; lautlos (weinen, beten)

silk [sɪlk] 1. *n.* a) Seide, *f.*; b) in *pl.* seidene Kleider oder Kleidungsstücke; c) Faden, *m.*; 2. *attrib. adj.* seiden; Seiden-

silken ['sɪlkn] *adj.* seiden; Seide-

silk: **~worm** *n.* (Tierwelt) Seidenraupe, *f.*

silky ['sɪlkɪ] *adj.* seidig

sill [sɪl] *n.* Türschwelle, *f.*; Fensterbank, *f.*

silliness ['sɪlɪnɪs] *n.*, *no pl.* Dummheit, *f.*; Blödheit, *f.* *(ugs.)*

silly ['sɪlɪ] 1. *adj.* dumm; blöd[e] *(ugs.)*; töricht; unklug; albern; **the ~ season** die Sauregurkenzeit; **I was scared ~:** mir rutschte das Herz in die Hose *(ugs.)*; 2. *n.* *(ugs.)* Dummerchen, *n.*; Blödian, *m.*

silo ['saɪləʊ] *n.*, *pl.* **~s** Silo, *m.*

silver ['sɪlvər] 1. *n.* a) *no pl.*, *no indef. art.* Silber, *n.*; b) (Besteck) Silber, *n.*;) Besteck, *n.*; c) *no pl.*, *no indef. art.* Silbermünzen *Pl.*: Silber, *n. (ugs.)*; 2. *attrib. adj.* silbern; Silber(pokal, -münze); 3. *v. t.* versilbern; verspiegeln (Glas)

silver: ~ **'birch** *n.* (Natur) Weißbirke, *f.*; **~~coloured** *adj.* silberfarben; silberfarbig; **~~haired** *adj.* silberhaarig; ~ **'medal** *n.* Silbermedaille, *f.*; ~ **'medallist** *n.* Silbermedaillengewinner, *m.*/gewinnerin, *f.*; ~ **'plate** *n.*, Silberlegierung, *f.*; **~ware** *n.*, *no pl.* Silber, *n.*; ~ **'wedding** *n.* Silberhochzeit, *f.*; silberne Hochzeit

silvery ['sɪlvərɪ] *adj.* silbrig; silbern

similar ['sɪmɪlər] *adj.* ähnlich (to Dat.); **be (** ähnlich sein; **look (** ähnlich aussehen

similarity [sɪmɪ'lærɪtɪ] *n.* Ähnlichkeit, *f.* (to mit)

similarly ['sɪmɪləlɪ] *adv.* ähnlich; ebenso

simple ['sɪmpl] *adj.* a) einfach; schlicht (Einrichtung, Mobiliar Kleidung); **the ~ life** das einfache Leben; b) einfach; simpel; c) einfach; **it's as ~ as that** so einfach ist das [nicht]; d) (Gemüt) schlicht; dumm; einfältig

'simple-minded *adj.* a) einfach; b) schwachsinnig; blöd *(sl.)*

simplify ['sɪmplɪfaɪ] *v. t.* vereinfachen; ~ **matters** die Sache vereinfachen

simply ['sɪmplɪ] *adv.* a) einfach; schlicht; b) nur; einfach **it ~ isn't true** es ist einfach nicht wahr; **quite ~** ganz einfach; ~ **because...** einfach weil

simulate ['sɪmjʊleɪt] *v. t.* a) simulieren, vortäuschen (Krankheit) vortäuschen; heucheln (Verletzung, Entrüstung, Begeisterung); b) nachahmen; c) simulieren (Bedingungen, Wetter, Umwelt)

simulated ['sɪmjʊleɪtɪd] *adj.* a) vorgetäuscht; geheuchelt; b) imitiert (Leder, Pelz); c) simuliert (Bedingungen, Wetter, Umwelt)

simulator ['sɪmjʊleɪtər] *n.* Simulator, *m.*

simultaneous [sɪml'teɪ

simultaneously

nɪəs] *adj.* gleichzeitig (with mit); simultan

simultaneously [sɪmlˈteɪnɪəslɪ] *adv.* gleichzeitig

sin [sɪn] 1. *v. i.*, **-nn-** sündigen; 2. *n.* Sünde, *f.*

since [sɪns] 1. *adv.* seitdem; **long** ~ vor langer Zeit; **not long** ~ vor nicht allzulanger Zeit; 2. *prep.* seit; ~ **when?** seit wann?; 3. *conj.* a) seit; b) da, weil

sincere [sɪnˈsɪər] *adj.*, ~**r** [sɪnˈsɪərər], ~**st** [sɪnˈsɪərɪst] ernsthaft; gründlich; aufrichtig; herzlich; wahr (Freund)

sincerely [sɪnˈsɪəlɪ] *adv.* aufrichtig; **yours** ~ mit freundlichen Grüßen

sincerity [sɪnˈserɪtɪ] *n.*, *no pl.* Aufrichtigkeit, *f.*

sinful [ˈsɪnfl] *adj.* sündig; sündhaft; **it is** ~ **to…:** es ist eine Sünde,… zu..

sing [sɪŋ] 1. *v. i.*, **sang** [sæŋ], **sung** [sʌŋ] singen; *(bildlich)* (Kessel, Wind) singen; 2. *v. t.*, **sang, sung** singen; ~ **sb. a song** jmdm. ein Lied vorsingen; ~ **sb. to sleep** jmdn. in den Schlaf singen

~ **aˈlong** *v. i.* mitsingen

~ ˈ**out** 1. *v. i.* a) (~ **loudly**) singen; b) rufen; 2. *v. t.* rufen; schreien

~ ˈ**up** *v. i.* lauter singen

singer [ˈsɪŋər] *n.* Sänger, *m.*/ Sängerin, *f.*

singing [ˈsɪŋɪŋ] *n., no pl.* (literarisch oder bildlich) Singen, *n.*

single [ˈsɪŋgl] 1. *adj.* a) einfach; einzig Einzel(bett, -zimmer); einfach; allein; einzeln; **speak with a** ~ **voice** *(bildlich)* mit einer Stimme sprechen; ~ **sheet** Bettuch für ein Einzelbett; ~ **ticket** (Brit.) einfache Fahrkarte; ~ **fare** (Brit.) Preis für [die] einfache Fahrt; b) einzig; einzeln; **one** ~…**:** ein einziger/eine einzige/ein einziges…; c) ledig; **a** ~ **man/woman/**~ **people** ein Alleinstehender/eine Alleinstehende/Ledige/r; ~ **parent** alleinerziehender Elternteil; d) einzeln; **every** ~ **one** jeder/jede/jedes einzelne; **every** ~ **time** jedesmal; **not a** ~ **one** kein einziger/keine einzige/kein einziges; **not a** ~ **word** kein einziges Wort; 2. *n.* a) (Brit.) einfache Fahrkarte; [a] b) (Schallplatte) Single, *f.*; c) in *pl.* (Golf) Single, *n.*; (Tennis) Einzel, *n.*

~ **out** *v. t.* aussondern; auszeichnen (from vor+ Dat.)

single: ~ **cream** *n.* Sahne; ~**-decker** *n.* be a ~**decker** (Bus, Straßenbahn) nur ein Deck haben. ~**-handed** 1. *adj.* ~**-handed attempts** hoffnungslose Versuche; 2. *adv.* allein; ~**-line** *adj.* einspurig; ~**-minded** *adj.* zielstrebig

singular [ˈsɪŋgjulər] 1. *adj.* a) (Sprachwissenschaft) singularisch; Singular-; ~ noun Substantiv im Singular; **third person** ~ erste Person Singular; b) einzeln; einzigartig; c) einmalig; einzigartig; 2. *n.* (Sprache) Einzahl, *f.*; Singular, *m.*

singularity [sɪŋgjuˈlærɪtɪ] *n., no pl.* Eigenartigkeit, *f.*; Sonderbarkeit, *f.*

singularly [ˈsɪŋgjuləlɪ] *adv.* außerordentlich; einmalig (schön); seltsam

sinister [ˈsɪnɪstər] *adj.* a) unheilverkündend; b) finster; übel

sink [sɪŋk] 1. *v. i.*, **sank** [sæŋk] or **sunk**[sʌŋk], **sunk** a) sinken; **leave sb. to** ~ **or swim** *(bildlich)* jmdn. seinem Schicksal überlassen; b) ~ **into** sinken in (+ Akk.); versinken in (+ Dat.); (penetrate) eindringen in (+ Akk.); *(bildlich)* dringen in (+ Akk.) (Bewusstsein); c) sinken; niedersinken (Moral, Hoffnung) sinken; ~ **in value** im Wert sinken; 3. *v. t.*, **sank** or **sunk, sunk** a) versenken; zunichte machen; **be sunk** aufgeschmissen sein *(ugs.)*; 4. *n.* Spülbecken, *n.*; Spüle, *f.*; our sth. down the ~ etw. in den Ausguss schütten; ~ one's differences seine Streitigkeiten begraben; b) senken; (Golf) ins Loch schlagen (Ball); c) niederbringen; versenken; stoßen (Schwert, Messer); graben

~ ˈ**in** *v. i.* einsinken, eindringen; b) jmdm. ins Bewusstsein dringen; verstanden werden

sinking [ˈsɪŋkɪŋ] 1. *adj.* a) sinkend; b) untergehend (Himmelskörper); c) sinkend; d) **with a** ~ **heart** *(bildlich)* beklommen; resigniert; 2. *n.* a) (Schiff) Eigenversenkung, *f.*; Untergang, *m.*; b) ˈ**sink unit** *n.* Spüle *f.*

sinner [ˈsɪnər] *n.* Sünder, *m.*/ Sünderin, *f.*

sip [sɪp] 1. *v. t.*, **-pp-:** ~ schlürfen; 2. *v. i.*, **-pp-:** nippen; 3. *n.* Schlückchen, *n.*

sir [sɜːr] *n.* a) *m.* Herr; **yes** ˈ ~**!** allerdings; Sir! jawohl!; b) **Dear Sir** Sehr geehrter Herr; **Dear Sir or Madam** Sehr geehrte Damen und Herren; c) Sir [ˈsər] (engl. Adelstitel) Sir

siren [ˈsaɪrən] *n.* a) Sirene, *f.*; b) Sirene, *f.*

sirloin [ˈsɜːlɔɪn] *n.* a) Roastbeef, *n.*; **steak** Rumpsteak, *n.*; b) (Amer.) Rumpsteak, *n.*

sister [ˈsɪstər] *n.* Schwester, *f.*

ˈ**sister-in-law** *n.*, *pl.* **sisters-in law** Schwägerin, *f.*

sisterly [ˈsɪstəlɪ] *adj.* schwesterlich

sit [sɪt] 1. *v. i.*, **-tt-**, **sat** [sæt] a) sich setzen; ~ **over the-**

re! setz dich dort drüben hin! b) sitzen; **don't just ~ there!** sitz nicht einfach rum! *(ugs.)*; ~ **still!** sitz still!; c) ~ **for one's portrait** Portrait sitzen; d) ~ **for sth.** die Prüfung für etw. machen; e) tagen; *f)* sitzen; 2. *v. t.*, **-tt-, sat** a) setzen; b) (Brit.) ~ **an examination** eine Prüfung machen

~ **'down** 1. *v. t.* ~ **sb. down (invite to ~)** jmdn. Platz nehmen lassen; 2. *v. i.* a) sich setzen (on/in auf/in+ Akk.); b) (be seated) sitzen

~ **up** 1. *v. i.* a) sich aufsetzen; b) sitzen; c) gerade sitzen; ~ **up straight!** sitz gerade!; ~ **up** (bildlich ugs.) aufhorchen; d) aufbleiben; ~ **up for sb.** aufbleiben um auf jmdn. zu warten; ~ **up with sb.** bei jmdm. Nachtwache halten; 2. *v. t.* aufsetzen

site [saɪt] 1. *n.* a) Grundstück, *n.*; b) Sitz, *m.*; Standort, *m.*; 2. *v. t.* stationieren (Militär); **be ~d** gelegen sein
sitting [ˈsɪtɪŋ] *n.* Sitzung, *f.*
sitting: ~ **'duck** *n. (bildlich)* leichtes Ziel; **~-room** *n.* Wohnzimmer, *n.*; ~ **'tenant** *n.* Mieter/ Mieterin, *f./m.*
situate [ˈsɪtjʊeɪt] *v. t.* legen
situated [ˈsɪtjʊeɪtɪd] *adj.* a) gelegen; **be ~** liegen; **a badly ~ house** ein Haus in schlechter Lage oder ungünstiger Lage; b) **be well ~ financially** finanziell gut gestellt sein
situation [sɪtjʊˈeɪʃn] *n.* a) Lage, *f.*; b) Situation, *f.*; **what's the ~?** wie steht's?; c) Stelle, *f.*
six [sɪks] 1. *adj.* sechs; 2. *n.* Sechs, *f.*; **be at ~es and sevens** sich in einem heillosen Durcheinander befinden; heillos zerstritten sein (on über+ Akk.)
six: **~-pack** *n.* Sechserpack, *m.* (Bier)

sixteen [sɪksˈtiːn, ˈsɪkstiːn] *adj.* sechzehn
sixteenth [sɪksˈtiːnθ] 1. *adj.* sechzehnt…; 2. *n.* Sechzehntel, *n.*
sixth [sɪksθ] 1. *adj.* sechst…; 2. *n.* sechste, *m./f./n.*; Sechste, *m./f./n.*; Sechstel, *n.*
'sixth form *n.* (Brit. Sch.) zwölfte/dreizehnte Klasse
sixty [ˈsɪkstɪ] 1. *adj.* sechzig; 2. *n.* Sechzig, *f.*
size [saɪz] *n.* a) Größe, *f.*; Umfang, *m.*; Ausmaß, *n.*; **reach full ~** auswachsen; **be small in ~:** klein sein; **be the ~ of sth.** so groß wie etw. sein; **that's the ~ of it** (bildlich ugs.) so sieht die Sache aus *(ugs.)*; **try sth. for ~** etw. anprobieren; b) Größe, *f.*; Papierformat, *n.*; **collar/waist ~** Kragen-/Taillenweite, *f.*

~ **'up** *v. t.* taxieren (Lage)
skating [ˈskeɪtɪŋ] *n., no pl.* (**ice-~**) Schlittschuhlaufen, *n.*; (**roller~**) Rollschuhlaufen, *n.*
'skating-rink *n.* a) Eisbahn, *f.*; Eisfläche, *f.*; b) Rollschuhbahn, *f.*
skeleton [ˈskelɪtn] *n.* Skelett, *n.*; Gerippe, *n.*
skeleton: ~ **crew** Stammbesatzung, *f.*; ~ **key** *n.* Dietrich, *m.*; ~ **service** *n.* Notbetrieb, *m.*
sketch [sketʃ] 1. *n.* a) Skizze, *f.*; **do or make a ~** eine Skizze anfertigen; b) Sketch, *m.*; c) Skizze, *f.*; 2. *v. t.* skizzieren

~ **in** *v. t.* a) einzeichnen; b) *(bildlich)* skizzieren

~ **out** *v. t.* (literarisch oder bildlich) skizzieren
sketch: **~-book** *n.* Skizzenbuch, *n.*; ~ **map** *n.* Faustskizze, *f.*; **~-pad** *n.* Skizzenblock, *m.*
ski [skiː] 1. *n.* a) Ski, *m.*; b) Skikufe, *f.*; 2. *v. i.* Ski laufen oder fahren

skilful [ˈskɪlfl] *adj.* a) geschickt; gewandt (Redner); gut (Autor, Berufliches); b) meisterhaft; fachgerecht (Beurteilung); kunstvoll (Gemälde, Plastik, Roman, Komposition) kunstgerecht ausgeführt
skilfully [ˈskɪlfəlɪ] *adv.* siehe skilful b: geschickt; kunstvoll; fachgerecht; kunstgerecht
'ski-lift *n.* Skilift, *m.*
skill [skɪl] *n.* a) Fertigkeit, *f.*; Geschick, *n.*, (at, in in+ Dat.); Können, *n.*; b) Technik, *f.*; Kunst, *f.*; Fertigkeit, *f.*; c) in *pl.* Fähigkeiten, *f.*; **language ~s** Sprachkenntnisse, *f.*
skilled [skɪld] *adj.* a) siehe **skilful** a; b) qualifiziert (Beruf, Tätigkeit); ~ **trade** Ausbildungsberuf, *m.*; c) ausgebildet; berufserfahren
skin [skɪn] 1. *n.* a) Haut, *f.*; *(bildlich)* b) Haut, *f.*; c) Fell, *n.*; d) Schale, *f.*; Haut, *f.*; e) Haut, *f.*; *f)* Haut, *f.*; 2. *v. t.*, **-nn-** häuten; schälen (Frucht)
skin: **~-cream** *n.* Hautcreme, *f.*; **~-'deep** *adj. (bildlich)* oberflächlich; siehe auch beauty a; **~-diver** *n.* Taucher, *m.*/Taucherin, *f.*; **~-diving** *n., no pl.* Tauchen, *n.*; **~flint** *n.* Geizhals, *m.* (derogativ)
skip [skɪp] 1. *v. i.*, **-pp-**: a) hüpfen; b) seilspringen; c) springen *(bildlich)*; d) überspringen. 2. *v. t.*, **-pp-**: a) übergehen; ~ springen; b) *(ugs.)* schwänzen *(ugs.)* (Schule usw.); liegenlassen (Hausarbeit); auslassen; 3. *n.* Hüpfer, *m.*; Hopser, *m.* *(ugs.)*

~ **a'bout, ~ a'round** *v. i.* a) herumhüpfen

~ **through** *v. t.* a) siehe skim through; b) schnell etw. durchziehen *(ugs.)*; herunterschnurren *(ugs.)* (Vorle-

skip *n.* Container, *m.*
skirt [skɜːt] 1. *n.* Rock, *m.*; 2. *v. t.* herumgehen um; 3. *v. i.* ~ **along** sth. an etw. (Dat.) entlanggehen/-fahren/-reiten usw.
sky [skaɪ] *n.* 1. *adj.* himmelhoch; astronomisch *(ugs.)* (Preise usw.); 2. *adv.* hoch in die Luft (werfen, steigen usw.); **go ~-high** (Preise usw.) in astronomische Höhen klettern *(ugs.)*; 3. *n.* Himmel, *m.*; **in the ~** am Himmel; 4. *n.* Himmelblau, *n.*; **~-diver** *n.* Fallschirmspringer, *m.*/ -springerin, *f.*; **~-diving** *n.* Fallschirmspringen, *n.*; Fallschirmsport, *m.*; **~lark** 1. *n.* (Natur) Lerche, *f.*; 2. *v. i.* ~**lark** herumalbern *(ugs.)*; **~light** *n.* Dachfenster, *n.*; **~line** *n.* Silhouette, *f.*; Stadt-Skyline, *f.*; **~scraper** *n.* Wolkenkratzer, *m.*
slack [slæk] 1. *adj.* a) nachlässig; schlampig (ugs. derogativ); **be ~ about sth.** in Bezug auf etw. (Akk.) nachlässig sein; b) locker (Verband, Strumpfband); c) schlaff; schwach (Wind, Flut); d) flau; 2. *v. i. (ugs.)* bummeln *(ugs.)*.
slag [slæg] *n.* Schlacke, *f.*
slain siehe **slay**
slake [sleɪk] *v. t.* stillen
slalom [ˈslaːləm] *n.* Ski-Slalom, *m.*
slam [slæm] 1. *v. i.,* **-mm-**: a) zuschlagen; zuknallen *(ugs.)*; b) stürmen; mit voller Wucht gegen etwas stoßen; 2. *v. t.,* **-mm-**: a) zuschlagen; zuknallen *(ugs.)*; **~ the door in sb.'s face** jmdm. die Tür vor der Nase zuschlagen; b) knallen *(ugs.)*; 3. *n.* Knall, *m.*
~ 'on *v. t. (ugs.)* **~ on the brakes** eine Vollbremsung machen
slander [ˈslaːndər] 1. *n.* Verleumdung, *f.* (on Gen.); 2. *v. t.* verleumden; schädigen (Moral, Namen, Ruf)
slanting [ˈslaːntɪŋ] *adj.* schräg
slash [slæʃ] 1. *v. i.* ~ at sb./sth. with a sword aufjmdn./etw. mit einem Schwert losgehen. 2. *v. t.* a) aufschlitzen; b) *(bildlich)* stark reduzieren; stark kürzen (Miete, Preis); ~ price of merchandice by twenty marks die Kosten der Ware um zwanzig Mark senken. 3. *n.* a) Hieb, *m.*; b) Schnittwunde, *f.*
slat [slæt] *n.* Holzleiste, *f.,-*latte, *f.*
slate [sleɪt] 1. *v. t.* in der Luft zerreißen *(ugs.)* (for wegen). 2. *attrib. adj.* Schiefer-. 3. *n.* a) Schiefer, *m.*; b) Schieferplatte, *f.*; c) Schiefertafel, *f.*; **put sth. on the ~** (Brit. ugs.) etw. anschreiben *(ugs.)*
slate: **~-coloured** *adj.* schieferfarben; **~-grey** 1. *n.* Schiefergrau, *n.*; 2. *adj.* schiefergrau
slaughter [ˈslɔːtər] 1. *n.* a) Abschlachterei, *f.*; Schlachtung, *f.*; siehe auch lamb 1 a; b) Abschlachten, *n.*; Gemetzel, *n.* 2. *v. t.* a) schlachten; b) abschlachten; niedermetzeln *(derogativ)*; c) *(ugs.)* fertigmachen
Slav [slav] *n.* Slawe, *m.*/Slawin, *f.*
slave [sleɪv] 1. *n.* Sklave, *m.*/ Sklavin, *f.* 2. *v. i.* schuften *(ugs.)*; sich abplagen; ~ away in the kitchen all day den ganzen Tag in der Küche schuften *(ugs.)*
slave: **~-driver** *n.* a) Sklavenaufseher, *m.*; b) *(bildlich)* Sklaventreiber, *m./-*treiberin, *f. (derogativ)*; ~ **'labour** *n.* Sklavenarbeit, *f.*; *(bildlich)* Ausbeutung, *f.*
slavery [ˈsleɪvərɪ] *n., no pl.* a) Sklaverei, *f.*; b) Sklavenarbeit, *f.*; Sklaverei, *f.*
slavish [ˈsleɪvɪʃ] *adj.* sklavisch
Slavonic [sləˈvɒnɪk] 1. *adj.* slawisch. 2. *n.* Slawisch, *n.*
slay [sleɪ] *v. t.* slew [sluː], slain [sleɪn] ermorden; erschlagen
sleazy [ˈsliːzɪ] *adj.* dreckig; schäbig *(derogativ)*; heruntergekommen
sled [sled] (Amer.), sledge [sledʒ] *ns.* Schlitten, *m.*
sledge-hammer *n.* Vorschlaghammer, *m.*
sleek [sliːk] *adj.* a) gerissen; geschickt *(derogativ)*; aalglatt, ölig; b) seidig (Haut)
sleep [sliːp] 1. *v. i.,* slept [slept] schlafen; ~ **often** oft schlafen; **he can never sleep late** er kann nie ausschlafen; ~ **tight!** *(ugs.)* schlaf gut! 2. *v. t.,* slept schlafen lassen 3. *n.* Schlaf, *m.*; ~ **full of dreams**; **walk in one's ~**: schlafwandeln
~ **a'round** *v. i. (ugs.)* herumschlafen *(ugs.)*
~ **'in** *v. i.* im Bett bleiben
~ **'off** *v. t.* ausschlafen; ~ **off the hangover** den Kater ausschlafen
~ **on** 1. *v. i.* weiterschlafen. 2. *v. t.* überschlafen
~ **through** *v. t.* ~ **through the commotion** trotz der Unruhe schlafen
~ **together** *v. i. (ugs.)* miteinander schlafen
~ **with** *v. t.* ~ **with sb** (Sexualität) mit jmdm. schlafen
sleeping [ˈsliːpɪŋ] *adj.* schlafend
sleeping: **~-bag** *n.* Schlafsack, *m.*; **~-car** *n.* Schlafwagen, *m.*; **~-pill** *n.*; **~-tablet** *n.* Schlaftablette, *f*
sleepless [ˈsliːplɪs] *adj.* schlaflos
sleep: **~-walk** *v. i.* schlafwandeln; **~-walker** *n.* Schlafwandler, *m./-*wandle-

rin, *f.*
sleepy ['sli:pɪ] *adj.* a) schläfrig; b) langsam; umständlich; schwerfällig; (ugs. derogativ); c) verschlafen (Tag)
sleet [sli:t] *n.*, *no indef. art.* Schneeregen, *m.*
sleeve [sli:v] *n.* a) Ärmel, *m.*; **have one more trick up one's ~** *(bildlich)* noch einen Trick in der Hinterhand haben *(ugs.)*; **get to work and roll up one's ~s** arbeiten und die Ärmel hochkrempeln *(ugs.)*; b) Schallplatten,- CDhülle, *f.*
sleeveless ['sli:vlɪs] *adj.* ärmellos
sleigh [sleɪ] *n.* Schlitten, *m.*
sleigh-ride *n.* Schlittenfahrt, *f.*
slender ['slendər] *adj.* a) schlank; schmal (Baum); b) mager (Abendbrot); gering (Möglichkeit, Anwendungszweck); schwach (Leistung, Ausrede)
slice [slaɪs] 1. *v. t.* a) in Scheiben schneiden; in Stücke schneiden (Tomaten, Brot, Torte usw.); b) (Golf) slicen; unterschneiden. 2. *v. i.* schneiden; ~ **through** durchschneiden; durchpflügen. 3. *n. a)* Scheibe, *f.*; Stück *n.*; **a ~ of the pie** ein Anteil von etw.; siehe also cake 1 a; b) Teil, *m.*; Anteil, *m.*; c) (utensil) Bratenwender, *m.*
~ 'off *v. t.* abschneiden
~ 'up *v. t.* aufschneiden; aufteilen
sliced [slaɪst] *adj.* aufgeschnitten; kleingeschnitten (Tomate); ~ **bread** Schnittbrot, *n.*
slick [slɪk] 1. *adj. (ugs.)* a) aalglatt; gerissen; schlau; umgänglich: professionell; b) clever *(ugs.)*. 2. *n.* Ölteppich, *m.*
slide [slaɪd] 1. *v. i.*, slid [slɪd] a) rutschen; (Hand,

Stift) gleiten; ~ **down** sth. etw. hinunterrutschen; b) schlittern; c) darübergleiten; 2. *v. t.*, slid a) schieben; b) gleiten lassen. 3. *n.* a) Diabild, *n.*; b) Rutsche, *f.*; c) siehe hair-slide; d) Objektträger, *m.*
slide: ~ **film** *n.* Diafilm, *m.*; ~ **projector** *n.* Diaprojektor, *m.*
sliding ['slaɪdɪŋ]: ~ **'door** *n.* Schiebetür, *f.*; ~ **'roof** *n.* Schiebedach, *n.*; ~ **seat** Rollsitz, *m.*
slight [slaɪt] 1. *v. t.* herabsetzen; brüskieren; ignorieren. 2. *adj.* a) leicht; schwach (Möglichkeit); gedämpft (Leidenschaft); gering (Chance); **the ~est noise makes her jump** das kleinste Geräusch erschreckt sie; b) oberflächlich; c) zierlich; schmalbrüstig; schmächtig; d) **we don`t stand even the ~est chance of winning** wir haben nicht die geringste Chance zu gewinnen. 3. *n.* (Person, Name, Verhalten, Ruf) Verunglimpfung, *f.* (on Gen.); Herabsetzung, *f.* (on Gen.); Affront, *m.*
slightly ['slaɪtlɪ] *adv.* a) ein bisschen; leicht (beleidigen, bewegen); flüchtig jmdn. kennen; oberflächlich (etw. kennen); b) ~ **built** schmalbrüstig; zierlich; schmächtig
slim [slɪm] 1. *adj.* a) schlank; schmal (Handgelenk); b) mager; schwach (Ausrede, Möglichkeit); gering (Chancen). 2. *v. i.*, -mm- abnehmen. 3. *v. t.*, -mm- schlanker machen (Budget); verschlanken
~ 'down 1. *v. i.* abnehmen; schlanker werden
slime [slaɪm] *n.* Schlick, *m.*; Schleim, *m.*
slimming ['slɪmɪŋ] 1. *v. t.*, slung [slʌŋ] a) schleudern; b) schmeißen *(ugs.)* 2. *adj.*

schlank machend (Diät); **be ~:** schlank machen. 3. *n.* a) Abnehmen, *n.*; *attrib.* Schlankheits-; b) *(bildlich)* Finanzkürzung, *f.*
slimy ['slaɪmɪ] *adj.* schleimig; schlickig (Monster)
sling [slɪŋ] 1. *n.* a) Steinschleuder, *f.*; b) Schlinge, *f.*; c) Tragriemen, *m.*; Tragehöschen, *n.*
slink [slɪŋk] *v. i.*, slunk [slʌŋk] schleichen
slinky ['slɪŋkɪ] *adj.* aufreizend; hauteng (Rock)
slip [slɪp] 1. *v. t.*, -pp-: a) stecken; **he ~ed me a ten dollar note** er gab mir einen zehn Dollar Schein; ~ **sb. sth.** jmdm. etw. zustecken; b) entwischen (+ Dat.); **the thief ~ped his pursuers** der Dieb entkam seinen Verfolgern; **that totally ~ed my mind** das habe ich total vergessen; c) loslassen. 2. *v. i.*, -pp- a) rutschen; abrutschen; ausrutschen; b) schlüpfen; **let time/chance ~ by:** sich (Dat.) Zeiten/Möglichkeiten entgehen lassen; **do not let the truth ~ out** lass die Wahrheit nicht herausrutschen; c) ~ **from the house** aus dem Haus schlüpfen; d) schwächer werden; nachlassen; (Leistung) sinken. 3. *n.* a) **he gave us the ~:** er ist uns entkommen; b) Versehen, *n.*; Ausrutscher, *m.* *(ugs.)*; **a ~ of the tongue** ein Versprecher, *m.*; c) Unterrock, *m.*; d) Kopfkissenbezug, *m.*; e) (Einzahlungs-, Wett)schein, *m.*; ~ **of paper** Zettel, *m.*; g) give sb. the ~ jmdm. entwischen *(ugs.)*; jmdm. ausweichen
~ a'way *v. i.* a) (Person) sich fortschleichen; b) (Zeit) verfliegen
~ 'by *v. i.* vorbeischleichen (Sache) durchrutschen *(ugs.)*

slipper

~ **'down** v. i. herunterrutschen *(ugs.)*; (Flüssigkeit) die Kehle runterlaufen *(ugs.)*
~ **into** v. t. a) schlüpfen in (+ Akk.) (Kleid); b) verfallen in (+ Akk.)
~ **'on** v. t. anziehen (Socke); anlegen (Kette) überstreifen (Laken); schlüpfen in (+ Akk.) (Hemd, Jeans, etc.)
~ **'out** v. i. a) sich hinausschleichen; b) (be revealed) **I let it ~ out** ich ließ es herausrutschen
~ **'up** v. i. *(ugs.)* einen Schnitzer machen *(ugs.)* (on, over bei)
slipper ['slɪpər] n. Hausschuh, m.
slippery ['slɪpərɪ] adj. a) schlüpfrig; glitschig; b) schlüpfrig; glitschig; aalglatt *(derogativ)*; **he`s a ~ fellow** *(bildlich)* den Typ kann man nicht greifen; c) *(bildlich)* heikel (Angelegenheit)
slippy ['slɪpɪ] *(ugs.)* siehe slippery
slip: ~**-road** n. (Brit.) Zufahrtsstraße, f.; Auffahrt, f.; ~**shod** adj. schlampig schludrig (ugs. derogativ); ~**stream** n. a) Fahrtwind, m.; Windschatten, m.; b) Kielwasser, n.; ~**way** Helling, f. oder m.
slit [slɪt] 1. n. Schlitz, m. 2. v. t., -tt-, slit aufschlitzen; ~ **one`s wrists** sich die Pulsadern durchschneiden
slither ['slɪðər] v. i. rutschen; entlangschlittern
sliver ['slɪvər] n. a) Scheibe; b) Holzsplitter, m.
slobber ['slɒbər] v. i. sabbern *(ugs.)*; ~ **over sb./sth.** jmdn./etw. besabbern
slog [slɒg] 1. n. a) (hit) Schlag; b) Schufterei, f.; Plackerei, f. *(ugs.)*
~ **a'way** v. i. sich abplagen (at mit)
~ **'out** v. t. *(ugs.)* ~ **it out** es durchstehen
slogan ['sləʊgən] n. a) Slogan, m.; Werbeslogan, m.; Werbespruch, m.; b) Wahlspruch, m.; Wahlslogan, m.
slop [slɒp] 1. v. i., -pp- schwappen 2. v. t., -pp- schwappen; kippen; klatschen
~ **'over** v. i. überschwappen
slope [sləʊp] 1. n. a) Neigung, f.; Gefälle, n.; b) Hang, m.; Skipiste, f. 2. v. i. sich neigen; (Turm, Gebäude) schief sein; abschüssig sein
~ **down** v. i. sich hinabneigen
sloppy ['slɒpɪ] adj. a) schlud[e]rig (ugs. derogativ); b) unordentlich; schlampig (ugs. derogativ)
sloth [sləʊθ] n. a) no pl. Faulheit, f.; Trägheit, f.
slothful ['sləʊθfl] adj. träge; schwerfällig
slot-machine n. a) Glücksspielautomat, m.
slouch [slaʊtʃ] 1. n. a) schlaffe Haltung; b) Faulpelz, m.; 2. v. i. a) sich schlecht halten; **don't ~!** halte dich gerade!; b) sich herumflegeln *(derogativ)*
slovenly ['slʌvnlɪ] adj. schlampig *(ugs.)*; schludrig *(ugs.)*
slow [sləʊ] 1. adj. a) langsam; b) allmählich; langwierig (Entwickelung) (Kandidat, Vorschlag) zunächst nur wenig Zustimmung finden; c) be ~ nachgehen; d) nur langsam befahrbar (Weg); e) **be ~ to do sth.** zögern, etw. zu tun; f) schwer von Begriff (derogativ, ugs.) schwerfällig; langsam; siehe auch uptake; 2. adv. langsam; '~' "langsam fahren!"; **go ~:** langsam fahren; (Brit. Industr) langsam arbeiten. 3. v. i. langsamer werden; ~ **to a halt** anhalten; (Maschine) zum Stehen kommen. 4. v. t. ~ **a bus/car** die Geschwindigkeit eines Busses/Wagens verringern
~ **'down** 1. v. i. a) langsamer werden; seine Geschwindigkeit verringern; langsamer arbeiten/sprechen; (Konjunktur, Geburten-/Sterbeziffer) sinken; b) langsamer machen *(ugs.)*. 2. v. t. verlangsamen
slow: ~**-coach** n. Trödler, m./Trödlerin, f. (ugs. derogativ); ~~**-down** n. Verlangsamung, f. (in Gen.); Sinken, n. (in Gen.)
slowly ['sləʊlɪ] adv. langsam
slow: ~ **'motion** Zeitlupe, f.; **in ~ motion** in Zeitlupe; *attrib.* ~ **motion replay** Zeitlupenwiederholung, f.; ~**moving** adj. sich langsam fortbewegend
slowness ['sləʊnɪs] n., no pl. a) Langsamkeit, f.; b) Langsamkeit, f.; Langwierigkeit, f.; c) Zögern, n.; d) Schwerfälligkeit, f.; Begriffsstutzigkeit, f.; e) (dullness) Langweiligkeit, f.
slow: ~~**-witted** adj. schwerfällig
slug (Amer.: hit) 1. v. t., -gg- niederschlagen. 2. n. Schlag
sluggish ['slʌgɪʃ] adj. träge; schleppend (Füße); schwerfällig (Bewegungen); flau; schleppend (Produktion)
slum [slʌm] n. Slum, m.; Elendsviertel
slumber ['slʌmbər] 1. v. i. (literarisch oder bildlich) schlummern. 2. n. (literarisch oder bildlich) ~[s] Schlummer, m.; **fall into a light/long ~:** in leichten/tie-

smile

fen Schlummer sinken **slump** [slʌmp] 1. *n.* Sturz, *m.*; starker Rückgang (in Gen.); Depression, *f.* Nachlassen, *n.* (in Gen.). 2. *v. i.* a) stark zurückgehen; (Schul Noten) stürzen *(bildlich)*; (Nachfrage, Zuneigung usw.) nachlassen; c) fallen; **he was found ~ed over the body with a gun in his hand** sie fanden ihn mit einer Pistole über einer Leiche zusammengesunken
slur [slɜːr] 1. *v. t.*, -rr-: **~ one's words/speech** undeutlich sprechen; **~red speech** undeutliche Aussprache. 2. *n.* Beleidigung, *f.*; **cast a ~ on sb./ sth.** jmdn./etw. verunglimpfen
slurp [slɜːp] *(ugs.)* 1. *v. t.* schlürfen. 2. *n.* Schlürfen, *n.*
slush [slʌʃ] *n.* a) Schneematsch, *m.*; b) (bildlich derogativ: sentiment) sentimentaler Kitsch
slushy ['slʌʃɪ] *adj.* a) matschig; b) *(derogativ)* sentimental
sly [slaɪ] 1. *adj.* a) schlau; gerissen *(ugs.)* (Plan, Gedanke); verschlagen *(derogativ)* (Grimasse); b) heimlichtuerisch; verschlagen *(derogativ)* (Feind); c) vielsagend (Augen, Zucken). 2. *n.* **on the ~:** heimlich
small [smɔːl] 1. *adj.* a) klein; gering (Ausschlag, Chance); schmal (Nasenbein, Taille); dünn (Atmung); b) *attrib.* klein; Klein(aktionär, -sparer, -händler, -bauer); c) (Kind) klein; d) **~ letter** Kleinbuchstabe, *m.*; **feel ~** *(bildlich)* sich (Dat.) ganz klein vorkommen; e) unbedeutend; **great and ~:** hoch und niedrig; *f)* kleinlich *(derogativ)*; **have a ~ mind** ein Krämerseele sein; Spießer sein *(derogativ)*. 2. *n.* (Körper) **~ of the back**

Kreuz, *n.* 3. *adv.* klein
small: **~ 'ad** *n.* *(ugs.)* Kleinanzeige, *f.*; **~ 'change** *n.*, *no pl.*, *no indef. art.* Kleingeld, *n.*; **~holder** *n.* Kleinbauer, *m.*/-bäuerin, *f.*; **~holding** *n.* (Brit. Agric.) landwirtschaftlicher Kleinbetrieb
smallish ['smɔːlɪʃ] *adj.* ziemlich klein/gering; ziemlich schmal (Handgelenk)
small: **~-'minded** *adj.* kleinlich; engstirnig, kleingeistig (Gedanken); **~pox** *n.* *(Medizin)* Pocken *Pl.*; **~ 'print** (literarisch oder bildlich) das Kleingedruckte (im Vertrag); **~-scale** *attrib. adj.* in kleinem Maßstab *nachgestellt*; Klein(betrieb, -bauer, -gärtner); **~ 'screen** *n.* Bildschirm, *m.*; **~-size[d]** *adj.* klein; **~ talk** *n.* leichte Unterhaltung; Smalltalk, *m.*; **make ~ talk** Konversation machen; **~-time** *attrib. adj.* *(ugs.)* Schmalspur(ugs. derogativ); **~-time thief** kleiner Ganove (ugs. derogativ)
smart [smɑːt] 1. *adj.* a) gerissen; schlau; raffiniert; herausragend; b) schick; schön (Anzug); c) *attrib.* elegant; smart; die Schickeria; 2. *v. i.* schmerzen; **~ under sth.** *(bildlich)* unter etw. (Dat.) leiden
smart alec[k], **smart alick** [smɑːt ˈælɪk] *(ugs. derog.)* 1. *n.* Besserwisser, *m.* *(derogativ)*. 2. *attrib. adj.* neunmalklug; besserwisserisch *(derogativ)*
smartly ['smɑːtlɪ] *adv.* a) schlau; raffiniert: clever; b) schön; schmuck (gestrichen); smart, flott; c) modisch; elegant; d) sogleich; schnell; sofort; auf der Stelle
smartness ['smɑːtnɪs] *n.*, *no pl.* a) Schläue, *f.*; Cleverness, *f.*; b) Gepflegtheit, *f.*

smash [smæʃ] 1. *v. t.* a) zerschlagen; **~ sth. to pieces** etw. zerschmettern; b) zerschlagen (Opposition, Versuch); zerschmettern (Gegner); vernichtend schlagen; klar verbessern (Resultat); c) **~ sb. in the face/mouth** jmdn. ins Gesicht/auf den Mund schlagen; d) (Tennis) schmettern; 2. *v. i.* a) zerbrechen; b) krachen; **the trains ~ed into each other** die Züge krachten zusammen. 3. *n.* a) Krachen, *n.*; Klirren, *n.*; b) Kollision
smash 'hit *n.* *(ugs.)* Kassenschlager, *m.* *(ugs.)*; Riesenhit, *m.* *(ugs.)*
smashing ['smæʃɪŋ] *adj.* *(ugs.)* prima, toll *(ugs.)*; klasse *(ugs.)*
smear [smɪər] 1. *v. t.* a) beschmieren; **~ oil over one's body/face** sich (Dat.) den Körper/das Gesicht mit Öl einreiben; b) verwischen; verschmieren; c) durch den Dreck ziehen; in den Schmutz ziehen. 2. *n.* a) Schmutzfleck, *m.*; b) *(bildlich)* **a ~ on his reputation** eine Beschmutzung seines Rufs
smell [smel] 1. *v. t.*, smelt [smelt] or ~ed a) rieche; **I could ~ trouble** *(bildlich)* es roch nach Ärger; b) riechen an (+ Dat.). 2. *v. i.* a), smell or ~ed a) riechen; duften; b) **~ of sth.** nach etw. riechen; c) stinken; riechen; 3. *n.* a) *no pl.*, *no art.* **have a good/bad sense of ~:** einen guten/schlechten Geruchssinn haben; b) schlechter/unangenehmer Geruch, *m.* (of nach); Duft, *m.* (of nach); **a ~ of fire/oil** ein Feuer-/Ölgeruch; c) Gestank, *m.*
~ 'out *v. t.* (literarisch oder bildlich) aufspüren
smile [smaɪl] 1. *v. i.* lächeln;

make sb. ~: jmdn. zum Lächeln bringen; **~ when you say that** lächeln, wenn du das sagst. 2. *n.* Lächeln, *n.*; **a ~ of happiness** ein fröhliches Lächeln; **break into a ~:** zu lächeln beginnen; **give me a ~:** lächel mich an; **wipe that ~ off your face!** hör auf so zu grinsen!

smirk [smɜːk] 1. *v. i.* grinsen. 2. *n.* Grinsen, *n.*

smith [smɪð] *n.* Schmied, *m.*

smithy [ˈsmɪðɪ] *n.* Schmiede, *f.*

smock [smɒk] *n.* Kittel, *m.*; Schutzanzug, *m.*

smog [smɒɡ] *n.* Smog, *m.*

smoke [sməʊk] 1. *v. i.* a) rauchen; b) rauchen; kokeln; qualmen; dampfen. 2. *v. t.* a) rauchen; b) verräuchern (Wohnung); c) räuchern (Schinken). 3. *n.* a) Rauch, *m.*; **go up in ~ and ashes** in Rauch und Asche aufgehen; *(bildlich)* in Rauch aufgehen

~ 'out *v. t.* ausräuchern

smoke-detector *n.* Rauchmelder, *m.*

smoker [ˈsməʊkər] *n.* a) Raucher, *m.*/Raucherin, *f.*

smoke: ~-screen *n* (Militär) Nebelwand, *f.*; *(bildlich)* Vernebelung, *f.* (for Gen.); **~-signal** *n.* Rauchzeichen, *n.*; Rauchsignal, *n.*

smoking [ˈsməʊkɪŋ] *n.* a) Rauchen, *n.*; **'no ~'** „Rauchen verboten"; b) *no art.* **~ or non-~?** Für Raucher oder Nichtraucher? (im Restaurant)

smoking-compartment *n.* Raucherabteil, *n.*

smoky [ˈsməʊkɪ] *adj.* rauchend; qualmend; (Raum) verräuchert

smooth [smuːð] 1. *adj.* a) glatt; eben (Plane, Brett, Weg); (Brocken) glattgeschliffen sein; **I can't get a ~ shave** ich kann mich nicht glatt rasieren; b) weich; **as ~ as silk** *(bildlich)* seidenweich; c) flüssig; geschliffen (Aussprache); d) geschmeidig (Manieren); ruhig (Reise, Ankunft); e) aalglatt; (~-tongued) glattzüngig *(derogativ)*; **he is a ~ operator** er ist gewieft; f) *(ugs.)* schick; g) geschickt; souverän. 2. *v. t.* glätten; glattstreichen, glätten (Rock, Zeitung); glattstreichen (Frisur); glattschleifen, *(bildlich)* die Wogen glätten; besänftigen

smoothly [ˈsmuːðlɪ] *adv.* a) glatt; b) geschmeidig (sich bewegen); reibungslos; **a ~ running machine** eine gut laufende Maschine; c) reibungslos; glatt; d) *(derogativ)* aalglatt; glattzüngig; e) elegant; schick; f) gewandt; geschickt; souverän

smoothness [ˈsmuːðnɪs] *n.*, *no pl.* a) Glätte, *f.*; b) Milde, *f.*; Weichheit, *f.*; c) Gewandtheit, *f.*; Geschmeidigkeit, *f.*; Gleichmäßigkeit, *f.*; d) Reibungslosigkeit, *f.*; e) Glattzüngigkeit, *f. (derogativ)*; f) Eleganz, *f.*; Schick, *m.*; g) Geschicklichkeit, *f.*; Souveränität, *f.*

smother [ˈsmʌðər] *v. t.* a) auslöschen; ersticken; b) überschnitten (with, in mit); **~ sb. with gifts** jmdn. mit Geschenke überschütten/ersticken; c) *(bildlich)* unterdrücken (Angst, Gefühle); ersticken (Ausstoß); dämpfen (Vitalität)

smoulder [ˈsməʊldər] *v. i.* a) schwelen; b) *(bildlich)* (Opposition) schwelen; glimmen; **I am ~ing with hate** ich koche vor Hass

smudge [smʌdʒ] 1. *v. t.* a) verwischen; b) verschmieren; c) verschmieren. 2. *v. i.* (Druck, Schminke) schmieren. 3. *n.* a) Schmutz, *m.*; Fleck, *m.*; *(bildlich)* Schandfleck, *m.*

smug [smʌɡ] *adj.* selbstgefällig,- süchtig *(derogativ)*

smuggle [ˈsmʌɡl] *v. t.* schmuggeln

~ 'in *v. t.* einschmuggeln; hinein-/hereinschmuggeln (Mensch)

~ 'out *v. t.* hinaus-/herausschmuggeln

smuggler [ˈsmʌɡlər] *n.* Schmuggler, *m.*/Schmugglerin, *f.*

smuggling [ˈsmʌɡlɪŋ] *n.* Schmuggel, *m.*; Schmuggeln, *n.*

smut [smʌt] *n.* Rußflocke, *f.*; Brand,- Rußfleck, *m.*

smutty [ˈsmʌtɪ] *adj.* a) verschmutzt; b) schmutzig *(derogativ)*

snack [snæk] *n.* Imbiss, *m.*; Snack, *m.*; **have a ~:** einen Imbiss nehmen *(ugs.)*

snack-bar *n.* Imbiss, *m.*

snail [sneɪl] *n.* Schnecke, *f.*; **at ~'s pace** im Schneckentempo *(ugs.)*

snake [sneɪk] *n.* a) Schlange, *f.*; b) (Person) Schlange, *f.*

snake: ~-bite *n.* Schlangenbiss, *m.*; **~-charmer** [ˈsneɪktʃɑːmər] *n.* Schlangenbeschwörer, *m.*; **~-skin** *n.* Schlangenhaut, *n.*

snare [sneər] 1. *v. t.* fangen (Pferd). 2. *n.* a) Falle, *f.* (auch bildlich); b) Schlinge, *f.*; Fallstrick, *m.*

snarl [snɑːl] 1. *v. i.* a) (Tiger) knurren; b) (Mensch) knurren. 2. *n.* Knurren, *n.*

sneak [sniːk] 1. *v. t.* a) stehlen; klauen; stibitzen; b) *(bildlich)* **~ preview** geheime Vorschau; c) **(bring) sth./sb. into a place** etw./jmdn. in einen Ort schmuggeln. 2. *v. i.* a) brühwarm erzählen; petzen; b) schleichen. 3. *attrib. adj.* a) **~ attack/raid** Überraschungsangriff, *m.* 4. *n.* Pet-

ze, *f.*
~ a'way *v. i.* fortschleichen; sich davonmachen
~ 'in 1. *v. i.* a) sich hineinschleichen; sich hineinstehlen *(bildlich)* sich einschleichen; b) knapp siegen. 2. *v. t.* einschmuggeln *(ugs.)*
~ 'out *v. i.* hinausschleichen
~ 'out of doing sth. sich vor etw. (Dat.) drücken *(ugs.)*/sich davor drücken *(ugs.)*, etw. zu tun
sneaking [ˈsniːkɪŋ] *attrib. adj.* heimlich
sneaky [ˈsniːkɪ] a) hinterhältig; hinterfotzig (sl. stark derogativ); b) **have a ~ feeling that…:** eine Vorahnung haben
sneeze [sniːz] 1. *v. i.* niesen; 2. *n.* Niesen, *n.*
snide [snaɪd] *adj.* abfällig
sniff [snɪf] 1. *n.* Schnuppern, *n.*; Schniefen, *n.*; Nasenrümpfen, *n.*; **have a ~ at that** schnupper mal daran. 2. *v. i.* schniefen; die Nase hochziehen; schnuppern; die Nase rümpfen. 3. *v. t.* riechen oder schnuppern an (+ Dat.) (Mensch, Blume, Kühlschrank)
~ at *v. t.* a) schnuppern oder riechen an (+ Dat.) (Wäsche, Rose); b) die Nase rümpfen über (+ Akk.); **not to be ~ed at** (bildlich ugs.) nicht zu verachten *(ugs.)*
snigger [ˈsnɪɡər] 1. *v. i.* hämisch kichern oder glucksen. 2. *n.* hämisches Kichern oder Glucksen
snip [snɪp] 1. *v. t.*, -pp- schnippeln *(ugs.)*, schneiden (Muster); schnippeln *(ugs.)* oder schneiden an (+ Dat.) (Stoff, Baum); abschneiden,- oder schnippeln. 2. *v. i.*, -pp- schnippeln *(ugs.)*; schneiden. 3. *n.* Sonderangebot, *n.*; Schnäppchen, *n. (ugs.)*; b) Schnitt, *m.* *(ugs.)*; Schnipser, *m. (ugs.)*
snipe [snaɪp] *v. i.* (Militär) aus dem Hinterhalt schießen
~ at *v. t.* a) (Militär) aus dem Hinterhalt beschießen; b) *(bildlich)* anschießen *(ugs.)*
sniper [ˈsnaɪpər] *n.* Scharf- oder Heckenschütze, *m.*
snippet [ˈsnɪpɪt] *n.* a) Schnipsel, *m.* oder *n.*; b) Bruchstück, *n.*; Passage, *f.*; Gesprächsfetzen, *m.*
snoop [snuːp] *(ugs.) v. i.* schnüffeln *(ugs.)*; **~ about or around** herumschnüffeln *(ugs.)*
snooper [ˈsnuːpər] *n. (ugs.)* Schnüffler, *m./* Schnüfflern, *f. (ugs.)*
snootily [ˈsnuːtɪlɪ] *adv.*, **snooty** [ˈsnuːtɪ] *adj. (ugs.)* hochnäsig *(ugs.)*
snooze [snuːz] *(ugs.)* 1. *v. i.* dösen *(ugs.)*. 2. *n.* Nickerchen, *n.*; **have a ~:** ein Nickerchen machen
snore [snɔːr] 1. *v. i.* schnarchen. 2. *n.* Schnarcher, *m. (ugs.)*; ~s Schnarchen, *n.*
snorkel [ˈsnɔːkl] 1. *n.* Schnorchel, *m.* 2. *v. i.*, (Brit.) -ll- schnorcheln
snot [snɒt] *n. (sl.)* Schleim, *m.*; Rotz, *m.*
snout [snaʊt] *n.* Rüssel, *m.*
snow [snəʊ] 1. *n.* a) *no indef. art.* Schnee, *m.*; b) in *pl.* Schneefälle *Pl.*; c) (Fernseher) Schnee, *m.* 2. *v. i. impers.* **it ~s or is ~ing** es schneit
~ 'in *v. t.* **they are ~ed in** sie sind eingeschneit
snow: ~ball 1. *n.* Schneeball, *m.*; 2. *v. i.* a) Schneebälle werfen; **~bound** *adj.* eingeschneit; **~-covered** *adj.* schneebedeckt; **~-drift** *n.* Schneeverwehung, *f.*; **~fall** *n.* Schneefall, *m.*; **~flake** *n.* Schneeflocke, *f.*; **~man** *n.* Schneemann, *m.*; **~plough** *n.* Schneepflug, *m.*; **~storm** *n.* Schneesturm, *m.*; **~white** *adj.* schneeweiß
snowy [ˈsnəʊɪ] *adj.* a) schneereich (Alpen); schneebedeckt (Piste); b) schneeweiß
snub [snʌb] 1. *v. t.*, -bb-: a) ablehnen, brüskieren; vor den Kopf stoßen; b) zurechtweisen; beleidigen; c) ablehnen. 2. *n.* Abfuhr, *f.*
snub: ~ 'nose *n.* Stupsnase, *f.*; **~-nosed** [ˈsnʌb nəʊzd] *adj.* stupsnasig
snuff [snʌf] *n.* Schnupftabak, *m.*; **take a pinch of ~:** eine Prise schnupfen
~ 'out *v. t.* a) auslöschen (Feuer); b) zerstören; zunichte machen (Wunsch, Traum)
snug [snʌɡ] *adj.* a) gemütlich, behaglich (Einrichtung); schön warm (Haus, Hemd); b) geschützt; c) **be a ~ fit** genau passen; (Anzug) passt wie angegossen
so [səʊ] 1. *adv.* a) so; **so… as** so… wie; **there is nothing so beautiful as…:** es gibt nichts Schöneres als…; **so far** bis hierher; **so much** so viel; **so little time** so wenig Zeit; b) so; **he was so annoyed** er war so angenervt; c) so; **so be it** einverstanden; d) **so as to** um… zu; e) **so; you are so special** du bist so was ganz Besonderes; f) **and so it goes** so läuft es dann. 2. *pron.* **I say so** ich sage es doch *(ugs.)*; *expr. reluctant agreement* wenn es sein muss; **she told me to go and so I did** sie sagte ich sollte gehen also ging ich; **I'm afraid so** leider ja; ich fürchte schon; **I told you so** ich habe es dir gesagt; 3. *conj.* daher; **so, now you know** also nun weißt du es; **so what do you say?** also was sagst du?; **so, there!** fertig!; basta! *(ugs.)*; **so, what?** na und?
soak [səʊk] 1. *v. i.* a) **put**

soaking

sth. in sth. to ~: etw. in etw. (Dat.) einweichen; **lie ~ing in the tub** (Person) sich im Bad durchweichen lassen; b) (Feuchtigkeit) sickern; ~ **away** wegsickern. 2. v. t. a) einweichen; einstippen, eintauchen; ~ **up some sun** sich in der Sonne aalen *(ugs.)*; b) nassmachen; durchnässen; durchtränken; **~ed in sweat** schweißgebadet. 3. n. **give sth. a ~:** etw. einweichen

~ **'in** v. i. a) einsickern; eindringen; b) *(bildlich)* **soak in the atmosphere** ~ die Atmosphäre auf sich *(Akk.)* einwirken lassen

~ **into** v. t. sickern in (+ Akk.); (Farbe usw.) einziehen in (+ Akk.)

~ **through** 1. v. t. v. i. durchdringen. 2. a) (Wasser) dringen durch; (Regenwasser) sickern durch; b) durchnässen

~ **'up** v. t. a) aufsaugen; ~ **up the sunshine** in der Sonne baden; b) *(bildlich)* aufnehmen; in sich *(Akk.)* aufsaugen (Weisheit usw.)

soaking ['səʊkɪŋ] 1. adv. ~ **wet** völlig durchnässt; klatsch- oder patschnass *(ugs.)*. 2. adj. nass, patschnass *(ugs.)*; **be ~** (Hemd) völlig durchnässt sein; b) *(ugs.)* siehe soap opera

so-and-so n., pl. ~'s a) Soundso; Dings, n.; b) Biest, n. *(ugs.)*

soap [səʊp] 1. v. t. einseifen. 2. n., no indef. art. a) Seife, f.; **a bar or tablet of ~:** ein Stück Seife; b) *(ugs.)* siehe soap opera

soap: ~-**box** n. a) Seifenschachtel, f.; b) Apfelsinenkiste, f.; c) Seifenkiste, f.; ~ **bubble** n. Seifenblase, f.; ~**dish** n. Seifenschale, f.; ~ **flakes** n. pl. Seifenflocken Pl.; ~ **opera** n. TV-Serienkomödie, f.; *(ugs.)*; ~ **pow-**

der n. Seifenpulver, n.; **~suds** n. pl. Seifenschaum, m.

soapy ['səʊpɪ] adj. seifig; ~ **water** Seifenlauge, f.

soar [sɔːr] v. i. a) segeln; b) hineinragen ~ **to the clouds** in die Wolken ragen; c) ansteigen; (Mieten) in die Höhe schießen *(ugs.)*

soaring ['sɔːrɪŋ] attrib. adj. a) segelnd; schwebend; b) *(bildlich)* sprunghaft ansteigend

sob [sɒb] 1. v. i., -bb- schluchzen (with vor+ Dat.). 2. v. t., -bb- schluchzen. 3. n. Schluchzer, m. ~ **out** v. t. schluchzen; ~ **one's heart out** bitterlich weinen

sober ['səʊbər] adj. a) nüchtern (Alkohol); b) solide; c) ernst

~ **'down** v. i. ruhig werden; **the pace of his life ~ed down** sein Leben ist wesentlich ruhiger geworden

~ **'up** 1. v. i. nüchtern werden; ausnüchtern. 2. v. t. ausnüchtern

sobering ['səʊbərɪŋ] adj. ernüchternd

sobriety [sə'braɪətɪ] n., no pl., no indef. art. a) Nüchternheit, f.; b) Bescheidenheit, f.

so-called ['səʊkɔːld] adj. sogenannt; angeblich

soccer ['sɒkər] n. *(ugs.)* Fußball, m.

sociable ['səʊʃəbl] adj. gesellig

social ['səʊʃl] adj. a) sozial; gesellschaftlich; ~ **welfare** Fürsorge, f.; b) (of~ life) gesellschaftlich; gesellig (Stimmung); ~ **behaviour** Benehmen in Gesellschaft

social: ~ **'class** n. Gesellschaftsschicht, f.; Klasse

socialism ['səʊʃəlɪzm] n. Sozialismus, m.

socialist ['səʊʃəlɪst] 1. n. Sozialist, m./Sozialistin, f. 2. adj. sozialistisch

socialize ['səʊʃəlaɪz] v. i. geselligen Umgang pflegen; ~ **with sb.** sich mit jmdm. unterhalten

social life n. gesellschaftliches Leben

socially ['səʊʃəlɪ] adv. **meet ~:** sich privat treffen

social: ~ **'science** n. Sozialwissenschaften Pl.; Gesellschaftswissenschaften Pl.; ~ **security** n. soziale Sicherheit; ~ **Wohlfahrtsstatt**, m.; ~ **studies** n. Sozialkunde, f.; ~ **system** n. Gesellschaftssystem, n.; ~ **work** n. Sozialarbeit, f.; ~ **worker** n. Sozialarbeiter, m./-arbeiterin, f.

society [sə'saɪətɪ] 1. n. a) Gesellschaft, f.; **high ~:** High-Society, f.; b) Organisation, f.; Verein, m.; Gesellschaft, f.; Gemeinschaft, f. 2. attrib. adj. a) (of high ~) Gesellschafts-; High Society-; **she is a ~ hostess** sie gibt Feste für die Gesellschaft; b) Vereins(vorsitzender, -treffen, -ausflug)

sociologist [səʊsɪ'ɒlədʒɪst] n. Soziologe, m./Soziologin, f.

sociology [səʊsɪ'ɒlədʒɪ] n. Soziologie, f.

sock [sɒk] n., pl. ~s or sox [sɒks] Socke, f.; Socken, m.

sock v. t. *(ugs.)* schlagen; hauen

socket ['sɒkɪt] n. a) Augenhöhle, f.; Pfanne, f.; b) Steckdose, f.; Lampenfassung, f.; c) (generell Mechanik) Fassung, f.

soda ['səʊdə] n. a) Soda, f. oder n.; b) Soda[wasser], n.; **whiskey and ~:** Whiskey mit Soda

sodden ['sɒdn] adj. durchnässt (with von)

sofa ['səʊfə] n. Sofa, n.; attrib. ~ **bed** Bettcouch, f.

soft [sɒft] adj. a) weich; zart, weich (Stoff); ~ **icecream** Soft-Eis, n.; ~ **toys**

Stofftiere; b) sanft; mild (Wetter); zart (Geruch); c) sanft (Lächeln); weich (Tönung); d) leise; sanft (Musik); e) sanft; **be ~ on him** *(ugs.)* mit ihm sanft umgehen; f) bequem, *(ugs.)* locker (Zeiten, Atmosphäre); g) nachgiebig; h) zu nachsichtig; zu lasch *(ugs.)*
soft: ~-boiled *adj.* weich gekocht (Ei); **~ currency** *n.* weiche Währung; **~ drink** *n.* alkoholfreies Getränk; **~ drug** *n.* weiche Droge
soften ['sɒfn] 1. *v. i.* weicher werden. 2. *v. t.* weich klopfen (Muskeln); aufweichen (Erde); dämpfen (Licht); mildern (Tönung); enthärten (Wasser); **~ the blow** *(bildlich)* den Schock mildern
softener ['sɒfənər] *n.* a) Wasserenthärter, *m.*; b) Weichspülmittel, *n.*; Weichspüler, *m.*
soft: ~ fruit *n.* Beerenobst, *n.*; **~-hearted** [sɒft'hɑːtɪd] *adj.* weichherzig
softly ['sɒftlɪ] *adv.* a) leise (reden, musizieren, spielen); b) sanft; **talk ~:** mit sanfter Stimme reden
softness ['sɒftnɪs] *n.*, *no pl.* siehe soft 1: a) Weichheit, *f.*; Zartheit, *f.*; b) Sanftheit, *f.*; Milde, *f.*; Zartheit, *f.*; c) Sanftheit, *f.*; Weichheit, *f.*; d) Gedämpftheit, *f.*; e) Sanftheit, *f.*; f) Nachsichtigkeit, *f.*; Laschheit, *f. (ugs.)*
softy ['sɒftɪ] *n.* a) *(ugs.)* Weichling, *m.*; Waschlappen, *m. (ugs.)*; b) **be a ~:** sentimental sein
soggy ['sɒgɪ] *adj.* aufgeweicht (Erde); durchnässt (Schwamm); matschig (Brühe); nicht durchgebacken, glitschig (Brötchen)
soil [sɔɪl] *n.* a) Erde, *f.*; Boden, *m.*; b) Boden, *m.*; **on Indian/foreign ~:** auf indischem Boden/im Ausland oder in der Fremde
soil *v. t.* beschmutzen
soiled [sɔɪld] *adj.* schmutzig (Hände); gebraucht (Lappen)
solace ['sɒləs] *n.* Trost, *m.* **take or find ~ in sth.** Trost in etw. (Dat.) finden; sich mit etw. trösten
solar: ~ cell *n.* Sonnenzelle, *f.*; Solarzelle, *f.*; **~ eclipse** *n.* (Astronomie) Sonnenfinsternis, *f.*; **~ energy** *n.* Solarenergie, *f.*; Sonnenenergie, *f.*
solarium [sə'leərɪəm] *n.*, *pl.* solaria [sə'leərɪə] Solarium, *n*
solar: ~ plexus [səʊlə 'pleksəs] *n.* (Körper) Solarplexus, *m.*; Sonnengeflecht, *n.*; **~ 'power** *n.* Sonnenenergie, *f.*; **~-powered** *adj.* mit Sonnenenergie betrieben; **~ system** *n.* (Astronomie) Sonnensystem, *n.*
soldering-iron *n.* Lötkolben, *m.* 2. *n.* Lot, *n. (Technik)*
soldier ['səʊldʒər] *n.* Soldat, *m.*; **~ of fortune** Glücksritter, *m. (derogativ)*; Söldner, *m.*
~ 'on *v. i. (ugs.)* weitermachen
sole [səʊl] 1. *v. t.* besohlen 2. *n.* (Körper) Sohle, *f.*
sole *n.* Seezunge, *f.*
sole *adj.* einzig; alleinig (Kontrolle); allein; **she is the ~ survivor of the crash** sie allein hat überlebt
solely ['səʊllɪ] *adv.* einzig und allein; ausschließlich; **~ because...:** nur, weil...; einzig und allein, weil...
solemn ['sɒləm] *adj.* feierlich; ernst (Rede)
solemnity [sə'lemnɪtɪ] *n.* a) *no pl.* Feierlichkeit, *f.*; b) Feierlichkeit, *f.*
solid ['sɒlɪd] 1. *adj.* a) fest; **freeze/be frozen ~:** gefrieren/gefroren sein; b) massiv; **~ rock** massiver Fels; **~ attack** massiver Anfall; c) stabil; solide gebaut (Wand etc.); d) verlässlich, zuverlässig (Familie, Kunde, Vater); fest (Unterstützung); e) ganz; **a good ~ day's work** ein guter Arbeitstag; f) (Geometrie) dreidimensional; räumlich. 2. *n.* a) fester Körper; b) in *pl.* feste Nahrung
solidarity [sɒlɪ'dærɪtɪ] *n.*, *no pl.* Solidarität, *f.*
solidify [sə'lɪdɪfaɪ] *v. i.* hart oder fest werden; erstarren; (Wasser) erstarren
solidity [sə'lɪdɪtɪ] *n.*, *no pl.* siehe solid 1: a) Festigkeit, *f.*; b) Massivität, *f.*; c) Stabilität, *f.*; d) Stichhaltigkeit, *f.*
solidly ['sɒlɪdlɪ] *adv.* a) stabil; b) pausenlos
soliloquy [sə'lɪləkwɪ] *n.* Monolog, *m.*; Selbstgespräch, *n.*
solitaire [sɒlɪ'teər] *n.* a) Solitär, *m.*; b) Solitärung, *m.*; c) Solitär, *n.*
solitary ['sɒlɪtərɪ] *adj.* einsam
solitude ['sɒlɪtjuːd] *n.* Einsamkeit, *f.*
solo ['səʊləʊ] 1. *adv.* solo (singen); **go/fly ~** (Aeronautik) einen Alleinflug machen 3. *n.*, *pl.* ~s a) (Musik) Solo, *n.*; b) **~ whist** Solo, *n.* 2. *adj.* a) (Musik) Solo (-part, -tanz, -instrument); b) **~ flight** Alleinflug, *m*
soloist ['səʊləʊɪst] *n.* (Musik) Solist, *m.*/Solistin, *f*
solution [sə'luːʃn, sə'ljuːn] *n.* a) (Chemie) Lösung, *f.*; b) Lösung, *f.* (to Gen.)
solve [sɒlv] *v. t.* lösen
sombre (Amer.) ['sɒmbər] *adj.* dunkel; düster (Stille)
some [səm] 1. *adv.* (ugs. in ~ degree) ein bisschen; etwas; **~ more** noch ein bisschen. 2. *adj.* a) irgendein; **~ guy** irgendein Typ *(ugs.)*; b) ein bisschen; **would you**

like ~ milk? möchten Sie Milch?; get ~ sleep schlafen; d) ~ sense einen Sinn; e) this is ~ problem! *(sl.)* das ist vielleicht ein Problem! *(ugs.)*; f) etwa; ungefähr. 3. *pron.* einig...; **she only saw ~ of us** sie hat nur einige von uns gesehen
somebody ['sʌmbədɪ] *n.* & *pron.* jemand; ~ **or other** irgend jemand; **be ~:** jemand oder etwas sein
somehow *adv.* irgendwie
someone ['sʌmwən, stressed 'sʌmwʌn] *pron.* siehe somebody
someplace (Amer. ugs.) siehe somewhere
somersault ['sʌməsɔːlt] 1. *v. i.* einen Purzelbaum schlagen *(ugs.)*; einen Salto springen (Sport). 2. *n.* Purzelbaum, *m. (ugs.)*; Salto, *m.* (Sport)
something *n.* & *pron.* a) etwas; ~ **funny** etwas Komisches; b) etwas; ~ **or other** irgend etwas; c) etwas; **there is ~ here** da ist etwas hier; **there was ~ about her** sie hatte etwas Besonderes an sich (Dat.); d) **the show was ~ all right!** die Show war echt spitze *(ugs.)*; e) **or ~** siehe or; f) **~ like** etwa wie
sometime 1. *adv.* irgendwann 2. *adj.* ehemalige
sometimes *adv.* manchmal; **~..., at other times...:** manchmal..., manchmal...
somewhat *adv.* irgendwie; ziemlich
somewhere 1. *adv.* a) irgendwo; ~ **around here** irgendwo hier; ~ **between here and Kalamazoo** irgendwo zwischen hier und Kalamazoo; b) (irgendwohin); **get ~** *(ugs.)* es zu etwas bringen; weiterkommen. 2. *n.* **search for ~ to rest** sich nach einem ruhigen Ort umsehen
son [sʌn] *n.* Sohn, *m.*; mein Sohn
sonata [sə'nɑːtə] *n.* (Musik) Sonate, *f.*
song [sɒŋ] *n.* a) Lied, *n.*; Song, *m.*; b) *no pl.* Gesang, *m.*; **on ~** (bildlich ugs.) in Spitzenform; c) Gesang, *m.*; Ruf, *m.*
soon [suːn] a) bald; schnell; b) früh; ~ **we will be together** bald werden wir zusammen sein; **~er or later** früher oder später; **the ~er the better** *(ugs.)* je früher oder eher, desto besser; c) **as ~ as we arrived** sobald wir ankamen; **we left as soon as we heard the news** wir gingen sobald wir es hörten; d) **they would sooner jump overboard than get the Plague** sie würden eher von Bord springen als die Pest zu bekommen
soothe [suːð] *v. t.* a) beruhigen; beschwichtigen (Wut); b) mildern; lindern (Leiden)
soothing ['suːðɪŋ] *adj.* beruhigend; wohltuend (Liebe, Droge)
sophisticated [sə'fɪstɪkeɪtɪd] *adj.* a) kultiviert; gepflegt (Kleidung); b) anspruchsvoll (Buch, Aufsatz, Theater, Stil); b) ausgeklügelt (Autozubehör); differenziert, subtil (Rede, Berechnung, Gedankengang); hoch entwickelt (Maschine, Hardware)
sophistication [səfɪstɪ'keɪʃn] *n.* a) Kultiviertheit, *f.*; Differenziertheit, *f.*; Subtilität, *f.*; b) hoher Entwicklungsstand
soprano [sə'prɑːnəʊ] *n.*, *pl.* ~s or soprani [sə'prɑːniː] (Musik) Sopran, *m.*; Sopranistin, *f.*
sorcerer ['sɔːsərər] *n.* Zauberer, *m.*
sorcery ['sɔːsərɪ] *n.* Zauberei, *f.*
sore [sɔːr] 1. *adj.* a) weh; wund; **sb. has a ~ shoulder** jmdm. tut die Schulter weh; b) verärgert; sauer *(ugs.)*. 2. *n.* wunde Stelle
sorely ['sɔːlɪ] *adv.* sehr; dringend (nötig, benötigt)
soreness ['sɔːnɪs] *n.* Schmerz, *m.*
sorrow ['sɒrəʊ] *n.* a) Kummer, *m.*; Leid, *n.*; **feel ~ that...:** es bedauern, dass...; b) Sorge, *f.*; **his life was full of ~** er hat in seinem Leben vieles durchgemacht; siehe auch drown
sorrowful ['sɒrəʊfl] *adj.* betrübt (Menscdh); traurig (Wimmern)
sorry ['sɒrɪ] *adj.* **I am ~ to say that...** ich muss dir leider sagen, dass...; **I'm ~** tut mir leid; ~ **I'm late** *(ugs.)* Entschuldigung, dass ich zu spät komme; **you'll be ~:** das wirst du noch bereuen; **feel ~ for sb.** *(ugs.)* jmdn. bemitleiden; **~!** Entschuldigung!; **~?** wie bitte?
soul [səʊl] *n.* a) Seele, *f.*; **sell one's ~ for money** *(bildlich)* seine Seele für Geld verkaufen; b) Seele, *f.*; **not a ~ around** keine Menschenseele da
soulful ['səʊlfl] *adj.* gefühlvoll; schwermütig
soul: ~ **mate** *n.* Seelenverwandte, *m./f.*; **~-search** *n.* Gewissenskampf, *m.*
sound [saʊnd] 1. *adv.* fest, tief (meditieren). 2. *adj.* a) gesund; intakt (Wand, Abflussrohr); gut (Apfel, Erde, Dielen); **of ~ mind** im Vollbesitz der geistigen Kräfte; **the bridge was structurally ~:** die Brücke hatte eine gesunde Bausubstanz; b) vernünftig (Spruch); klug (Entscheidung); c) gesund, solide (Grundlage); d) solide; **have a ~ character** charakterfest sein; e) tief, gesund (Schlafen)

sound 1. *v. i.* a) klingen; b) tönen. 2. *v. t.* a) ertönen lassen; ~ **the horn** hupen; b) aussprechen. 3. *n.* a) (Physik) Schall, *m.*; b) Laut, *m.*; Geräusch, *m.*; Klang, *m.*; **do sth. without a ~:** etw. lautlos tun; c) Ton, *m.*; **loss of ~:** Tonausfall, *m.*; d) Klang, *m.*; e) Laut, *m.*

sound: ~ **barrier** *n.* Schallmauer, *f.*; ~ **broadcasting** *n.* Hörfunk, *m.*; ~ **effect** *n.* Geräuscheffekt, *m.*; ~ **engineer** *n.* Toningenieur, *m.*/-ingenieurin, *f.*

soundless ['saʊndlɪs] *adj.* lautlos; stumm, tonlos (Leiden)

soundly ['saʊndlɪ] *adv.* a) stabil, solide (erbauen); b) vernünftig (investieren); c) tief, fest (schlafen)

sound: ~~**proof** 1. *v. t.* schalldicht machen. 2. *adj.* schalldicht; ~ **recorder** *n.* Tonaufnahmegerät, *n.*; ~~**track** *n.* Soundtrack, *m.*; ~~**wave** *n.* (Physik) Schallwelle, *f.*

soup [suːp] *n.* Suppe, *f.*

soup: ~~**plate** *n.* Suppenteller, *m.*; ~~**spoon** *n.* Suppenlöffel, *m.*

sour [saʊər] 1. *v. i.* (Beziehungen) sich trüben 2. *v. t.* a) versauern lassen; sauer machen; b) *(bildlich)* verbauen (Fortschritt); trüben (Beziehung); c) *(bildlich)* verbittern. 3. *adj.* a) sauer; b) griesgrämig *(derogativ)*; säuerlich (Lachen)

source [sɔːs] *n.* Quelle, *f.*; ~ **of income** Einkommensquelle, *f.*; **locate the ~ of a river** feststellen, wo der Ursprung des Flusses ist; **at ~:** an der Quelle

south [saʊθ] 1. *adv.* südwärts; nach Süden; ~ **of** südlich von; südlich (+ Gen.) 2. *adj.* südlich; Süd(küste, -wind, -grenze, -tor). 3. *n.* a) Süden, *m.*; **the ~:** Süd; **in/to/from the ~:** im/nach/von Süden; **to the ~ of** südlich von; südlich (+ Gen.); b) *usu.* **S~** Süden, *m.*

South: ~ **'Africa** *pr. n.* Südafrika; ~ **'African** 1. *adj.* südafrikanisch. 2. *n.* Südafrikaner, *m.*/-afrikanerin, *f.*; ~ **A'merica** *pr. n.* Südamerika (*n.*); ~ **A'merican** 1. *adj.* südamerikanisch; 2. *n.* Südamerikaner, *m.*/-amerikanerin, *f.*

southern ['sʌðən] *adj.* südlich; Süd(grenze, -hälfte, -seite); südländisch (Tanz); ~ **India** Südindien; das südliche Italien; ~ **Africa** das südliche Afrika

southerner [sʌðənər] *n.* Südengländer/-franzose/-italiener etc., *m.*; Südengländerin/-französin/-italienerin etc., *f.*

Southern 'Europe *pr. n.* Südeuropa, (*n.*)

South: ~ **'German** 1. *adj.* süddeutsch; 2. *n.* Süddeutsche, *m./f.*; ~ **'Germany** *pr. n.* Süddeutschland, *n.*; ~ **Ko'rea** *pr. n.* Südkorea, *n.*; ~ **of 'England** *pr. n.* Südengland, *n.*; *attrib.* südenglisch; ~ **'Pole** *pr. n.* Südpol, *m.*; ~ **'Seas** *pr. n. pl.* Südsee, *f.*

south: ~~'**west** 1. *adv.* südwestwärts; nach Südwesten; 2. *adj.* südwestlich; Südwest(wind, -küste); 3. *n.* Südwesten, *m.*; **S~ West 'Africa** *pr. n.* Südwestafrika, (*n.*); ~~'**western** *adj.* südwestlich

souvenir [suːvəˈnɪər] *n.* Andenken, *n.*; Souvenir, *n.* (of aus); Andenken, *n.* (of an + Akk.)

sovereign ['sɒvrɪn] *n.* a) Souverän, *m.*; b) (Brit.) Sovereign, *m.*; 20-Shilling-Münze, *f.*

sovereignty ['sɒvrɪntɪ] *n.* Souveränität, *f.*; Oberhoheit, *f.*

Soviet ['səʊvɪət] 1. *adj.* sowjetisch; Sowjet(bürger, -literatur, -kultur, -ideologie). 2. *n.* Sowjet, *m.*

Soviet 'Union *pr. n.* Sowjetunion, *f.*

sow [səʊ] *v. t.*, *p.p.* sown [səʊn] or ~ed [səʊd] a) säen; b) einsäen, besäen (Feld, Boden); c) spicken *(ugs.)*

sow [saʊ] *n.* Sau, *f.*

space [speɪs] 1. *v. t.* **the notes are ~d at intervals of three beats** die Noten sind im Abstand von drei Takte geschrieben. 2. *n.* a) Raum, *m.*; **gaze into ~:** in die Luft oder ins Leere starren; b) Platz, *m.*; **make some ~:** schaffen etwas Platz; c) Platz, *m.*; d) **the empty ~s** ins leere Räume; e) (Astronomie) Weltraum, *m.*; siehe auch outer space; f) Zwischenraum, *m.* ~ '**out** *v. t.* vereilen

space: ~ **age** *n.* Weltraumzeitalter, *n.*; Zeitalter der Raumfahrt, *n.*; ~~**bar** *n.* Leertaste, *f.*; ~**craft** *n.* Raumfahrzeug, *n.*; Raumsonde, *f.*; ~ **flight** *n.* a) Weltraumflug, *m.*; b) siehe ~ travel; ~~**heater** *n.* Heizgerät, *n.*; ~**man** *n.* Raumfahrer, *m.*/-fahrerin, *f.*; ~**saving** *adj.* platzsparend; ~**ship** *n.* Raumschiff, *n.*; ~ **shuttle** *n.* Raumfähre, *f.*; Raumtransporter, *m.*; ~ **station** *n.* Weltraumstation, *f.*; ~**suit** *n.* Raumanzug, *m.*; ~ **travel** *n.* Raumfahrt, *f.*; ~ **walk** *n.* Spaziergang im All

spacing ['speɪsɪŋ] *n.* Zwischenraum, *m.*; Sperrungen; Spationierung, *f.*; **single/double ~** einfacher/doppelter Zeilenabstand

spade [speɪd] *n.* a) Spaten, *m.*; b) Pik, *n.*; siehe auch club

spaghetti [spəˈgetɪ] *n.*

Spagetti *Pl.*
Spain [speɪn] *pr. n.* Spanien, *n.*
Spaniard ['spænjəd] *n.* Spanier, *m.*/Spanierin, *f.*
Spanish ['spænɪʃ] 1. *adj.* spanisch; 2. *n.* a) Spanisch, *n.*; siehe auch English b) *constr. as pl.* Spanien
spank [spæŋk] 1. *v. t.* ~ **sb.** jmdm. den Hintern versohlen *(ugs.)*; **get ~ed** den Hintern voll kriegen *(ugs.).* 2. *n.* Klaps, *m. (ugs.)*
spanking ['spæŋkɪŋ] *n.* Tracht Prügel, *f. (ugs.)*
spare [speər] 1. *v. t.* a) entbehren; **can you ~ me a little bit of time?** hast du etwas Zeit für mich?; b) ~ **sb. sth.** jmdm. etw. ersparen; c) schonen; 2. *adj.* a) übrig; ~ **time/moment** Freizeit, *f.*/freier Augenblick; b) zusätzlich, Extra(bett, -tasse); ~ **room** Gästezimmer, *n.*; **go ~** (Brit. sl.) durchdrehen (salopp). 3. *n.* Ersatzteil, *n.*/-reifen, *m.*
spare: ~ **'part** *n.* Ersatzteil, *n.*; ~ **'tyre** *n.* a) Reserve-, Ersatzreifen, *m.*; b) (Brit. *bildlich ugs.*) Rettungsring, *m. (ugs.)*; ~ **wheel** *n.* Ersatzrad, *n.*
sparrow ['spærəʊ] *n.* Sperling, *m.*; Spatz, *m.*
spasm ['spæzm] *n.* a) Kampf, *m.*; Spasmus, *m.* (*Medizin*); b) Anfall, *m.*
spastic ['spæstɪk] (*Medizin*) 1. *adj.* spastisch gelähmt. 2. *n.* Spastiker, *m.*/Spastikerin, *f.*
spatial ['speɪʃl] *adj.* räumlich
spatter ['spætər] *v. t.* spritzen; ~ **sb./sth. with sth.** jmdn./etw. mit etw. bespritzen
spatula ['spætjʊlə] *n.* Spachtel, *f.*
spawn [spɔːn] (Tierwelt) 1. *v. i.* laichen. 2. *v. t.* ablegen (Eier); *(bildlich)* hervorbringen. 3. *n., constr. as sing. or pl.* Laich, *m.*
spay [speɪ] *v. t.* sterilisieren (Tier)
speak [spiːk] 1. *v. i.*, spoke [spəʊk], spoken ['spəʊkn] a) sprechen; ~ **on or about sth.** über etwas *(Akk.)* sprechen; ~ **out against crime** sich gegen Kriminalität aussprechen; b) **Is Michael there? - S~ing!** Ist Michael da? - Am Apparat!; **Michael ~ing** Michael hier; hier ist Michael; 2. *v. t.*, spoke, spoken a) sprechen (Dialekt, Text); b) sagen (Wahrheit); ~ **one's opinion/mind** seine Meinung sagen/sagen, was man denkt
~ **'out** *v. i.* seine Meinung sagen; ~ **out against sth.** sich gegen etw. aussprechen
~ **to** *v. t.* a) sprechen mit; reden mit; b) ~ **to sb. about sth.** mit jmdm. wegen einer Sache reden; c) *(ugs.)* ~ **to sb.** sich mit jmdm. unterhalten
~ **'up** *v. i.* a) lauter sprechen; b) siehe ~ out
speaker ['spiːkər] *n.* a) Redner, *m.*/Rednerin, *f.*; b) Sprecher, *m.*/Sprecherin, *f.*; **be a Hindi ~, be a ~ of Hindi** Hindi sprechen; c) **S~** (Politik) Sprecher, *m.*; Parlamentspräsident, *m.*; d) siehe loudspeaker
spear [spɪər] 1. *v. t.* aufspießen 2. *n.* Speer, *m.*
special ['speʃl] *adj.* speziell; besonder…; Sonder(-mission); **nobody ~:** niemand Besonderer; **a ~ occasion** ein besonderer Anlass
specialist ['speʃəlɪst] *n.* a) Spezialist, *m.*/Spezialistin, *f.* (in für); Fachmann, *m.*/Fachfrau, *f.* (in für); ~ **knowledge** Fachwissen, *n.*; b) *(Medizin)* Facharzt, *m.*/-ärztin, *f.*
speciality [speʃɪ'ælɪtɪ] *n.* Spezialität, *f*
specialize ['speʃəlaɪz] *v. i.* sich spezialisieren (in auf+ Akk.)
specially ['speʃəlɪ] *adv.* a) speziell; **make sth. ~:** etw. speziell oder extra anfertigen; **products ~ made/chosen for fools** Produkte für Idioten gemacht/ausgewählt; b) besonders
species ['spiːʃiːz] *n., pl.* same a) (Biologie) Spezies, *f.* (fachsprachlich); Ar, *f.*; b) Ar, *f.*
specific [spɪ'sɪfɪk] *adj.* deutlich, klar (Meinung); bestimmt (Resultat); **mark a ~ occasion** einen besonderen Tag kennzeichnen
specifically [spɪ'sɪfɪkəlɪ] *adv.* ausdrücklich; eigens; extra *(ugs.)*
specification [spesɪfɪ'keɪʃn] *n.* a) often *pl.* technische Daten; Konstruktionsplan, *m.*; Baubeschreibung, *f.*; b) Spezifizierung, *f.*; c) Patentschrift, *f.*
specify ['spesɪfaɪ] *v. t.* ausdrücklich sagen; ausdrücklich nennen (Alter)
specimen ['spesɪmən] *n.* a) Exemplar, *n.*; **a ~ of his skin** eine Hautprobe von ihm; ~ **signature** Unterschriftsprobe, *f.*; b) Probe, *f.*; **a ~ of his blood was needed** es wurde eine Blutprobe von ihm benötigt; c) Marke, *f. (sl.)*
speck [spek] *n.* a) Fleck, *m.*; Spritzer, *m.*; b) Teilchen, *n.*; ~ **of soot/dust** Rußflocke, *f.*/ Staubkörnchen, *n.*
specs [speks] *n. pl.* *(ugs.)* Brille, *f.*
spectacle ['spektəkl] *n.* a) in *pl.* Brille, *f.*; b) Spektakel, *n.*; c) Anblick, *m.*; Schauspiel, *n.*; **make a ~ of oneself** sich schrecklich aufführen

252

spectacular [spek'tækjʊlər] 1. *adj.* spektakulär. 2. *n.* Spektakel, *n.*
spectator [spek'teɪtər] *n.* Zuschauer, *m.*/Zuschauerin, *f.*
speculate ['spekjʊleɪt] *v. i.* spekulieren (about, on über+ Akk.); Vermutungen oder Spekulationen anstellen (about, on über+ Akk.)
speculation [spekjʊ'leɪʃn] *n.* Spekulation, *f.* (over über+ Akk.)
speculative ['spekjʊlətɪv] *adj.* spekulativ
speculator ['spekjʊleɪtər] *n.* Spekulant, *m.*/Spekulantin, *f.*
speech [spiːtʃ] *n.* a) Rede, *f.*; **make or deliver or give a ~**: eine Rede halten; b) Sprache, *f.*; c) Sprechen, *n.*; Sprache, *f.*; d) Sprache, *f.*; Sprechweise, *f.*; **his ~ was perfectly clear** er sprach deutlich
speechless ['spiːtʃlɪs] *adj.* sprachlos (with vor+ Dat.)
speed [spiːd] 1. *v. i.*, sped [sped] or ~e a) schnell fahren; rasen *(ugs.)*; b) p. t. & p.p. zu schnell fahren; rasen *(ugs.)*. 2. *v. t.*, sped or ~ed: **~ sb. on his/her way** jmdn. verabschieden 3. *n.* a) Geschwindigkeit, *f.*; Schnelligkeit, *f.*; **at full or top ~**: mit Höchstgeschwindigkeit; mit Vollgas *(ugs.)*; b) Lichtempfindlichkeit, *f.*; Belichtungszeit, *f*
speeding ['spiːdɪŋ] *n.* zu schnelles Fahren; Rasen, *n.* (ugs. derogativ); Geschwindigkeitsüberschreitung, *f.*
'speed limit *n.* Tempolimit, *n.*; Geschwindigkeitsbeschränkung, *f.*
speedometer [spiː'dɒmɪtər] *n.* Tachometer, *m.* oder *n.*
speedy ['spiːdɪ] *adj.* schnell; umgehend
spell [spel] 1. *v. i.*, ~ed or (Brit.) spelt buchstabieren; richtig schreiben; 2. *v. t.*, ~ed or (Brit.) spelt [spelt] a) schreiben; buchstabieren; b) *(bildlich)* bedeuten; **that ~s trouble** das bedeutet nichts Gutes
~ 'out, ~ 'over *v. t.* a) buchstabieren; b) *(bildlich)* genau erklären; genau darlegen
spell *n.* Weile, *f.*; **a ~ of anger** ein kurzer Wutausbruch; **a cold ~**: eine Kälteperiode; **a ~ of rain** ein kleiner Regenschauer
spell *n.* a) Zauberspruch, *m.*; **cast a ~ over or on sb./sth., put a ~ on sb./sth.** jmdn./etw. verzaubern; b) Zauber, *m.*; **break the ~**: den Bann brechen; **be under a ~**: unter einem Bann stehen
spellbound *adj.* verzaubert; **she keeps her fans ~**: sie hält ihre Anhänger in ihrem Bann
spelling ['spelɪŋ] *n.* a) Rechtschreibung, *f.*; b) Schreibweise, *f.*
spelling: ~-bee *n.* Rechtschreibwettbewerb, *m.*; **~ checker** *n.* Rechtschreibprogramm, *n.*; **~ mistake** *n.* Rechtschreibfehler, *m.*
spend [spend] *v. t.*, spent [spent] a) ausgeben; b) (use) aufwenden (on für)
spending money *n.* a) (Amer.) siehe pocket-money; b) (Brit.) verfügbares Geld
sperm ['spɜːm] *n.*, *pl.* ~s or same (Biologie) Sperma, *m.*
sperm whale *n.* Pottwal, *m.*
sphere [sfɪər] *n.* a) Bereich, *m.*; Sphäre, *f.*; b) (Geometrie) Kugel, *f.*
spherical ['sferɪkl] *adj.* kugelförmig
spice [spaɪs] 1. *v. t.* würzen 2. *n.* a) Gewürz, *n.*; Gewürze *Pl.*; *attrib.* Gewürz-; b) *(bildlich)* Würze, *f.*; **the ~ of life** die Würze des Lebens
spicy ['spaɪsɪ] *adj.* pikant; würzig
spider ['spaɪdər] *n.* Spinne, *f.*
spider's web Spinnennetz, *n.*; *(bildlich)* Netz, *n.*
spidery ['spaɪdərɪ] *adj.* spinnenförmig
spike [spaɪk] 1. *n.* a) Stachel, *m.*; Spike, *m.*; b) in *pl.* Spikes *Pl.*
spiky ['spaɪkɪ] *adj.* a) spitz; stachelig (Haare); b) stachlig
spill [spɪl] 1. *v. i.*, spilt or ~ed überlaufen. 2. *v. t.*, spilt [spɪlt] or ~ed a) verschütten (Milch); **~ sth. on sth.** etw. auf etw. *(Akk.)* schütten; b) ausquatschen *(sl.)*; **~ the beans** aus der Schule plaudern; **not ~ the beans** dichthalten *(ugs.)*. Siehe auch milk. 3. Sturz, *m*
~ 'over *v. i.* überlaufen; *(bildlich)* überquellen
spin [spɪn] 1. *v. i.*, -nn-, spun sich drehen; 2. *v. t.*, -nn-, spun [spʌn] a) spinnen; **~ a yarn** *(bildlich)* ein Garn spinnen (Seemannssprache); fabulieren; b) schleudern *n.*; c) drehen; wirbeln; 3. *n.* a) **give sth. a ~**: etw. in Drehung versetzen; b) (Aeronautik) Trudeln, *n.*; c) (Sport) Spin, *m.*
spinach ['spɪnɪdʒ] *n.* Spinat, *m.*
spinal ['spaɪnl] *adj.* (Körper) Wirbelsäulen-; Rückgrat-
spinal: ~ 'column *n.* Wirbelsäule, *f.*; **~ 'cord** *n.* Rückenmark, *n.*
spin-drier *n.* Wäscheschleuder, *f.*
spin-dry *v. t.* schleudern
spine [spaɪn] *n.* a) Wirbelsäule, *f.*; b) (Botanik, Zoologie) Stachel, *m.*; c) Buchrücken, *m*
spine: ~-chiller *n.* Schocker, *m.* *(ugs.)*; **~-chil-**

ling *adj.* gruselig
spineless ['spaɪnlɪs] *adj. (bildlich)* rückgratlos
spinning: ~-top *n.* Kreisel, *m.*; **~-wheel** *n.* Spinnrad, *n.*
spinster ['spɪnstər] *n.* a) ledige Frau; Junggesellin, *f.*; b) alte Jungfer *(derogativ)*
spiny ['spaɪnɪ] *adj.* dornig; stachelig
spiral ['spaɪrl] 1. *v. i.* (Brit.) -ll- (Weg) sich hochwinden; (Miete) in die Höhe klettern; (Dampf) in einer Spirale aufsteigen 2. Spirale, *f.* 3. *adj.* spiralförmig; spiralig; ~ **spring** Spiralfeder, *f.*
spiral 'staircase *n.* Wendeltreppe, *f.*
spirit ['spɪrɪt] 1. *v. t.* ~ **away**, ~ **off** verschwinden lassen 2. *n.* a) in *pl.* Spirituosen *Pl.*; b) Geisteshaltung, *f.*; c) Mut, *m.*; d) Geist, *m.*; **in** ~: innerlich im Geiste; **be with sb. in** ~: in Gedanken oder im Geist bei jmdm. sein; e) Geist, *m.*; Sinn, *m.*; f) Geist, *m.*; Stimmung, *f.*; **the** ~ **of the times** *m.* Zeitgeist; g) **low ~s** schlechte Stimmung, *f.*; h) Spiritus, *m.*
spirited ['spɪrɪtɪd] *adj.* a) beherzt (Temperament); lebhaft (Liebe); b) **low-/proud-~:** niedergedrückt/ stolz; **high-~:** ausgelassen; temperamentvoll (Kind); **mean-~:** gemein
spirit-level *n.* Wasserwaage, *f.*
spiritual ['spɪrɪtʃuəl] *adj.* spirituell
spiritualism ['spɪrɪtʃuəlɪzm] *n.* Spiritismus, *m.*
spiritualist ['spɪrɪtʃuəlɪst] *n.* Spiritist, *m.*/Spiritistin, *f.*
spit [spɪt] 1. *v. i.*, -tt-, spat [spæt] or spit a) spucken; b) fauchen; ~ **at sb.** jmdn. anfauchen; c) tröpfeln *(ugs.)*. 2. *v. t.*, -tt-, spat or spit spucken; 3. *n.* Spucke, *f.*
spit *n.* a) Halbinsel, *f.*; b) Riff, *n.*; Untiefe, *f.*; Sandbank, *f.*; c) Spieß, *m.*
spite [spaɪt] 1. *t.* ärgern; 2. *n.* a) Boshaftigkeit, *f.*; b) **in** ~ **trotz; in** ~ **of oneself** obwohl man es eigentlich nicht will
spitefully ['spaɪtfəlɪ] *adv.* boshaft; gehässig *(derogativ)*
spittle ['spɪtl] *n.* Spucke, *f.*; Speichel, *m.*
splash [splæʃ] 1. *v. i.* a) spritzen; b) spritzen; c) platschen *(ugs.)*. 2. *v. t.* a) spritzen; ~ **sb./sth. with sth.** jmdn./etw. mit etw. bespritzen; b) als Aufmacher bringen
spleen [spli:n] *n.* Milz, *f.*
splendid ['splendɪd] *adj.* großartig; herrlich; prächtig
splendour ['splendər] *n.* a) Pracht, *f.*; b) Glanz, *m.*
splint [splɪnt] *n.* Schiene, *f.*; **put sb.'s leg in a** ~: jmds. Bein schienen
splinter ['splɪntər] *n.* Splitter, *m.*
split [splɪt] 1. *v. i.*, -tt-, split a) (Glas) splittern; (Band) reißen; b) sich teilen; (Eltern) sich spalten; sich trennen; c) ~ **from** absplittern von; ~ **apart** zersplittern; d) *(sl.)* abhauen *(ugs.)* 2. *v. t.*, -tt-, split a) zerreißen; b) teilen; spalten (Zelle); ~ **persons/things into categories** Personen/Dinge in Kategorien *(Akk.)* aufteilen oder einteilen; c) spalten; d) abbrechen. 3. *adj.* gespalten; **be ~ on a view point** in der Meinung uneins sein. 4. *n.* a) Riss, *m.*; b) Aufteilung, *f.*; c) *(bildlich)* Spaltung, *f.*; **a ~ between you and me** ein Bruch zwischen dir und mir; d) **the ~s:** Spagat, *m.* oder *n.*; **do the ~s** Spagat machen
~ **'up** 1. *v. t.* aufteilen. 2. *v. i. (ugs.)* sich trennen; ~ **up with sb.** sich von jmdm. trennen; mit jmdm. Schluss machen *(ugs.)*
spoil [spɔɪl] 1. *v. i.*, ~t or ~ed verderben; 2. *v. t.*, ~t ['spɔɪlt] or ~ed a) verderben; ruinieren (Tag); **the worm ~t his meal** der Wurm verdarb ihm den Appetit; b) verderben; verziehen (Kind); ~ **sb. for sth.** jmdn. für etw. zu anspruchsvoll machen; c) verwöhnen; **be a ~t child** ein verwöhntes Kind. 3. *n.* ~[s] Beute, *f.*
spoil-sport *n.* Spielverderber, *m.*/-verderberin, *f.*
spoilt 1. siehe spoil 1, 2. 2. *adj.* verzogen (Kind)
spoke [spəʊk] *n.* Speiche, *f.*
spokesman ['spəʊksmən] *n.*, *pl.* spokesmen ['spəʊksmən] Sprecher, *m.*
sponge [spʌndʒ] 1. *v. t.* a) siehe cadge; b) mit einem Schwamm waschen. 2. *n.* a) Schwamm, *m.*; b) siehe spongecake; sponge pudding
spongy ['spʌndʒɪ] *adj.* schwammig
sponsor ['spɒnsər] 1. *n.* Sponsor, *m.* 2. *v. t.* a) sponsern (Kultur, Gruppe, Veranstaltung); b) unterstützen (Politiker); ~ **sb.** jmds. Kandidatur unterstützen
sponsored ['spɒnsəd] *adj.* gesponsert; finanziell gefördert
sponsorship ['spɒnsəʃɪp] *n.* a) Sponsorschaft, *f.*; b) Unterstützung, *f.*
spontaneous [spɒn'teɪnɪəs] *adj.* spontan; **make a ~ trip to France** spontan nach Frankreich reisen
spontaneous com'bustion *n.* Selbstentzündung, *f.*
spook [spu:k] *n.* Geist, *m.*; Gespenst, *n.*
spooky ['spu:kɪ] *adj.* gespenstisch

spoon [spuːn] *n.* Löffel, *m.*
spoonful ['spuːnfʊl] *n.* **a ~ of Nutella** ein Löffel Nutella
sport [spɔːt] 1. *v. t.* stolz tragen. 2. *n.* a) Sport, *m.*; **~s** Sportarten; **team/winter/water/indoor ~:** Mannschafts-/ Winter-/Wasser-/Hallensport, *m.*; b) *no pl., no art.* Sport, *m.*; **go in for ~, do ~:** Sport treiben; c) in *pl.* (Brit.) **~s** Athletik, *f.*; **S~s Day** Sportfest, *n.*
sporting ['spɔːtɪŋ] *adj.* a) sportlich; b) großzügig; fair; anständig; c) Sport
sportsmanship ['spɔːtsmənʃɪp] *n., no pl.* a) Fairness; b) sportliche Leistung
spot [spɒt] 1. *v. t.*, -tt-: a) entdecken; identifizieren (Fehler); erkennen (Wahrheit); b) erkennen (Modell, Menschen); **train ~ting** Zugtypen bestimmen; c) beflecken; beklecksen; beschmutzen. 2. *n.* a) Stelle, *f.*; **on this ~:** an dieser Stelle; b) Ort, *m.*; **a nice little ~:** ein hübscher Fleck(en; c) Platz, *m.*; **picnic ~:** Picknickplatz, *m.*; d) Tupfen, *m.*; Tupfer, *m.*; Flecken, *m.*
spot: **~ 'check** *n.* sofortige Überprüfung (on Gen.); Stichprobe, *f.*; **~-check** *v. t.* stichprobenweise überprüfen; **~ lamp** *n.* Spotlight, *n.*
spotless ['spɒtlɪs] *adj.* a) fleckenlos; **her name is absolutely ~** *(bildlich)* ihr Name ist makellos sauber; b) *(bildlich)* mustergültig; untadelig (Mensch)
spot: **~light** 1. *v. t.*, ~lighted or ~lit a) anstrahlen; b) *(bildlich)* in den Blickpunkt der Öffentlichkeit bringen. 2. *n.* a) Theaterscheinwerfer, *m.*; b) Scheinwerfer, *m.*; c) *(bildlich)* **be in the ~light** im Rampenlicht stehen
spouse [spaʊz] *n.* Ehegatte, *m.* -gattin, *f.*; Angetraute, *m./f.*; Gemahl, *m.*/Gemahlin, *f.*
sprain [spreɪn] 1. *v. t.* verstauchen; **~ one's arm** sich (Dat.) den Arm verstauchen. 2. *n.* Verstauchung, *f.*
spray [spreɪ] *n.* a) Strauß, *m.*; b) Zweig, *m.*; Wedel, *m.*
spray 1. *v. t.* spritzen; sprühen (Deo); **they ~ed water all over me** sie besprühten mich mit Wasser; b) besprühen (Körper); spritzen (Tiere). 3. *n.* a) Sprühnebel, *m.*; b) Spray, *m.* oder *n.*; c) Spraydose, *f.*; Spritze, *f.*; **hair/throat ~:** Haar-/Rachenspray, *m.* oder *n*
~ on *v. t.* mit etw. besprühen
spray can *n.* Spraydose, *f.*
spread [spred] 1. *v. i.*, spread a) sich ausbreiten; **he ~ himself out on the bed** er breitete sich auf dem Bett aus; b) sich verteilen; **the gas ~s through the house** das Gas breitet sich im ganzen Haus aus; c) (Stimmung, Atmosphäre) sich verbreiten. 2. *v. t.*, spread a) ausbreiten (Decke) (on auf+ Dat.); streichen (Nutella); b) **~ toast with butter** einen Toast mit Butter bestreichen; c) *(bildlich)* **the land ~ out before us** vor uns breitete sich das Land aus; d) verbreiten; verteilen; verstreuen, streuen (Erde); verbreiten (Gerücht, Verlegenheit); f) verbreiten; **~ the news** sag es weiter; g) ausbreiten (Beine). 3. *n.* a) Fläche, *f.*; b) Konendurchmesser, *m.*; Spannweite, *f.*; c) Ausbreitung, *f.*; Verbreitung, *f.*; Vermittlung, *f.*; d) Verteilung, *f.*; e) *(ugs.)* Festessen, *n.*
spring [sprɪŋ] 1. *v. i.*, sprang [spræŋ] or (Amer.) sprung [sprʌŋ], sprung a) springen; **~ from sth.** von etw. aufspringen; **~ to one's feet** aufspringen; b) entspringen (from Dat.); (Idee) keimen; c) **~ back into position** zurückschnellen; **~ to or shut** (Fenster) zuschnappen.

~ 'back *v. i.* zurückschnellen

~ from *v. t.* a) herkommen; b) herrühren von; (Person) abstammen von

~ 'up *v. i.* aufkommen; aus dem Boden wachsen; (Baum) aus dem Boden schießen; (Liebe) entstehen
springy ['sprɪŋɪ] *adj.* elastisch; federnd (Haare, Schritt)
sprinkle ['sprɪŋkl] *v. t.* streuen; sprengen (Wasser); **~ sth. over/on sth.** etw. über/auf etw. *(Akk.)* streuen/sprengen; **~ sth. with sth.** etw. mit etw. bestreuen/besprengen
sprinkler ['sprɪŋklər] *n.* Sprinkler, *m.*
sprinkling ['sprɪŋklɪŋ] *n.* **a ~ of snow/sugar/dust** eine dünne Schneedecke/-Zucker-/Staubschicht
sprint [sprɪnt] 1. *v. t. & i.* rennen; sprinten (Sport); spurten (Sport). 2. *n.* Sprint, *m.* (Sport)
sprinter ['sprɪntər] *n.* Sprinter, *m.*/Sprinterin, *f.*
spur [spɜːr] 1. *v. t.*, -rr-: a) *f.* Sporen geben (+ Dat.); b) *(bildlich)* anspornen; **~ sb. to sth./to do sth.** jmdn. zu etw. anspornen/anspornen, etw. zu tun; c) *(bildlich)* hervorrufen; in Gang setzen (Aktivität); erregen (Interesse). 2. *n.* a) Sporn, *m.*; b) *(bildlich)* Ansporn, *m.* (to für)
spurious ['spjʊərɪəs] *adj.* unaufrichtig (Benehmen); gespielt (Gespräch); zweifelhaft (Freude); falsch (Geld)
spurn [spɜːn] *v. t.* zurück-

spy

weisen; abweisen; ausschlagen (Chance)

spy [spaɪ] 1. v. i. spionieren; Spionage treiben; ~ **on sb./a country** jmdm. nachspionieren/gegen ein Land spionieren. 2. v. t. ausmachen. 3. n. a) Spion, m./Spionin, f.; b) Spion, m./Spionin, f.; Schnüffler, m./Schnüfflerin, f. (derogativ)

sq., Sq. Abk. square, Square

squalid [ˈskwɒlɪd] adj. a) schmutzig; b) schäbig; armselig; c) abstoßend

squalor [ˈskwɒlər] n., no pl. Schmutz, m.

squander [ˈskwɒndər] v. t. vergeuden (Energie, Leben, Zeit, Geld); verschleudern (Reichtum); nicht nutzen (Möglichkeit)

square [skweər] 1. v. i. übereinstimmen; **sth. does not ~ with sth.** etw. steht nicht im Einklang mit etw.; 2. v. t. a) rechtwinklig machen; vierkantig zuschneiden (Wand); b) ~ **one's shoulders** seine Schultern straffen; c) in Karos einteilen; **~d paper** kariertes Papier; d) (Mathematik) quadrieren; **4 ~d is 16** 4 Quadrat ist 16; 4 hoch 2 ist 16; e) ~ **sth. with sth.** etw. mit etw. in Einklang bringen; f) ~ **it with sb.** (ugs.) es mit jmdm. klären. 3. adv. breit (sitzen); **put sth. ~ in the middle of sth.** etw. mitten auf etw. (Akk.) stellen; 4. adj. a) quadratisch; b) **a ~ foot/mile/metre etc.** ein Quadratfuß/ eine Quadratmeile/ein Quadratmeter usw.; 5. n. a) (Geometrie) Quadrat, n.; b) Quadrat, n.; **carpet ~:** Teppichfliese, f.; c) Feld, n.; d) Platz, m.; e) Tuch, n.; f) (Militär) Kasernenhof, m.; g) (Mathematik) Quadrat, n.; h) (sl.) Spießer, m./Spießerin, f. (derogativ) ~ **'up** v. i. abrechnen

square: ~ **'brackets** n. pl. eckige Klammern; ~ **'deal** n. faires Geschäft

squarely [ˈskweəlɪ] adv. fest (anstarren); genau (treffen); aufrecht (stehen)

square: ~ **'meal** n. unbalancierte Mahlzeit (ugs.); ~ **'root** n. (Mathematik) Quadratwurzel, f.; **~root sign** Wurzelzeichen, n.

squatter [ˈskwɒtər] n. Besetzer, m./Besetzerin, f.; Hausbesetzer, m./-besetzerin, f

squeeze [skwiːz] 1. v. i. ~ **past sb./sth.** sich an jmdm./etw. vorbeidrängen; 2. v. t. a) drücken; drücken auf (+ Akk.) (Zahnpasta Tube); kneten (Knete); ausdrücken (Lappen); auspressen (Zitrone); ~ **sb.'s hand** jmdm. die Hand drücken; b) drücken; ~ **out sth.** etw. herausdrücken; c) zwängen; ~ **one's way past sth.** sich an etw. (Dat.) vorbeizwängen; 3. n. a) Druck, m.; b) Gedränge, n.

~ **'in** 1. v. i. sich hineinzwängen. 2. v. t. a) reinquetschen; b) (bildlich) einschieben

squid [skwɪd] n. (Tierwelt) Kalmar, m.

squint [skwɪnt] 1. v. i. a) (Medizin) schielen; b) blinzeln; f. Augen zusammenkneifen; 2. n. a) (Medizin) Schielen, n.; **have a ~:** schielen; b) Schielen, n. (ugs.)

squirrel [ˈskwɪrl] n. (Tierwelt) Eichhörnchen, n.

Sri Lanka [sriː ˈlæŋkə] pr. n. Sri Lanka, n.

Sri Lankan [sriː ˈlæŋkən] 1. adj. srilankisch. 2. n. Srilanker, m./Srilankerin, f.

stab [stæb] 1. v. i., -bb-: a) stechen; b) zustechen; ~ **at sb.** nach jmdm. stechen. 2. v. t., -bb- stechen; ~ **sb. in the eye** jmdm. ins Auge stechen. 3. n. a) Stich, m.; b) (ugs.) **make or have a ~** probieren

stability [stəˈbɪlɪtɪ] n., no pl. Stabilität, f.

stabilize [ˈsteɪbɪlaɪz] 1. v. i. sich stabilisieren 2. v. t. stabilisieren

stable [ˈsteɪbl] 1. adj. a) stabil; 2. n. Stall, m. 3. v. t. in den Stall bringen

stack [stæk] 1. v. t. a) stapeln; b) ~ **the cards** beim Mischen betrügen; 2. n. a) Schober, m. (südd., österr.); Feim, m. (nordd., md.); b) Stoß, m.; Stapel, m.; **place sth. in ~s** etw. stapeln; c) (ugs.) Haufen, m. (ugs.); d) Schornstein, m.

stadium [ˈsteɪdɪəm] n. Stadion, n.

staff [staf] 1. v. t. mit Personal ausstatten 2. n. a) Stock, m.; b) constr. as pl. Personal, n.; **editorial ~:** Redaktion, f.; **the ~ of the firm** die Betriebsangehörigen; die Belegschaft; c) constr. as pl. (of school) Lehrerkollegium, n.; Lehrkörper, m. (Amtssprache); Dozentenschaft, f.; d) pl. staves (Musik) Liniensystem, n.

stage [steɪdʒ] 1. v. t. a) inszenieren; b) veranstalten (Party); organisieren (Demonstration); bewerkstelligen (Rückzug). 2. n. a) Bühne, f.; **down/up ~** vorne/hinten auf der Bühne; nach vorn/nach hinten; b) (bildlich) **the ~:** das Theater; **go on the ~:** zur Bühne oder zum Theater gehen; c) Stadium, n.; Phase, f.; d) Gerüst, n.; e) Mikroskoptisch, m.; f) (bildlich) Bühne, f.; g) Etappe, f.

stage: **~~coach** n. Postkutsche, f.; ~ **'door** n. Bühneneingang, m.; ~ **fright** n.

Lampenfieber, *n.*; ~**manage** *v. t.* a) als Inspizient/Inspizientin mitwirken bei (Inszenierung); b) *(bildlich)* veranstalten; inszenieren (Revolte usw.); ~-**manager** *n.* Inspizient, *m.*/Inspizientin, *f.*; ~-**struck** *adj.* theaterbesessen; ~ **whisper** *n.* Beiseitesprechen, *n.*

stain [steɪn] 1. *v. t.* a) verfärben; Flecken hinterlassen auf (+ Dat.); b) *(bildlich)* beflecken; besudeln; c) färben; 2. *n.* a) Fleck, *m.*; b) *(bildlich)* Schandfleck, *m.*

stained 'glass *n.* farbiges Glas; Farbglas, *n.*; ~ ' **window** Fenster mit Glasmalerei

stainless ['steɪnlɪs] *adj.* a) fleckenlos; b) rostfrei

stair [steər] *n.* ~s Treppe, *f.*

stair: ~-**carpet** siehe carpet; ~**case** *n.* Treppenhaus, *n.*; Treppe, *f.*; **on the** ~**case** auf der Treppe; ~**way** *n.* a) Treppenaufgang, *m.*; b) Treppe, *f.*; ~-**well** *n.* Treppenhaus, *n.*

stale [steɪl] *adj.* alt; muffig; abgestanden (Wasser); alt (Kuchen); schal (Alkohol usw.); *(bildlich)* abgedroschen (Witz); überholt *(Technik)*

stalk [stɔːk] *v. t.* sich heranpirschen an (+ Akk.)

stalk *n.* (Botanik) Stängel, *m.*; Stiel, *m.*

stall [stɔːl] 1. *v. i.* (Motor) stehenbleiben 2. *v. t.* abwürgen *(ugs.)* (Motor). 3. *n.* a) Stand, *m.*; b) Box, *f.*; Stand, *m.*; c) Stuhl, *m.*; d) in *pl.* Parkett, *n.*

stall 1. *v. i.* ausweichen. 2. *v. t.* blockieren (Vorschlag); aufhalten (Feind, Armee)

stamina ['stæmɪnə] *n.* a) Ausdauer, *f.*; b) Durchhaltevermögen, *n.*

stammer ['stæmər] 1. *v. i.* stottern. 2. *v. t.* stammeln. 3. *n.* Stottern, *n.*

stamp [stæmp] 1. *v. i.* aufstampfen. 2. *v. t.* a) abstempeln; ~ **sth. on sth.** etw. auf etw. *(Akk.)* stempeln; b) ~ **your feet!** die Füße stampfen; c) frankieren; freimachen ~**ed addressed envelope** frankierter Rückumschlag; d) **become or be** ~**ed on sb.** sich jmdm. fest einprägen. 3. *n.* a) Marke, *f.*; Briefmarke, *f.*; b) Stempel, *m.*

stamp: ~-**album** *n.* Briefmarkenalbum, *n.*; ~-**collecting** *n.* Briefmarkensammeln, *n.*; ~**collection** *n.* Briefmarkensammlung, *f.*; ~-**collector** *n.* Briefmarkensammler, *m.*/-sammlerin, *f.*

stand [stænd] 1. *v. i.*, stood [stʊd] a) stehen; b) **the tower** ~**s 30 meters high** der Turm ist 30 Meter hoch; c) (Aktien) stehen (at auf+ Dat.); (Fonds) sich belaufen (at auf+ Akk.); (Absatz usw.) liegen (at bei); d) bestehenbleiben; **my advice still** ~**s** mein Vorschlag gilt nach wie vor; e) ~ **convicted of murder** wegen Mordes verurteilt sein; f) ~ **proxy for sb.** jmdn. vertreten; g) sich stellen; ~ **in the way of sth.** *(bildlich)* einer Sache (Dat.) im Weg stehen. 2. *v. t.*, stood a) stellen; ~ **sth. upside down** etw. auf den Kopf stellen; b) ertragen; vertragen (Hitze); **I can't ~ the cold** ich halte die Kälte nicht aus; c) ausgesetzt sein (+ Dat.); ~ **trial** vor Gericht stehen; ~ **sb. sth.** jmdm. etw. ausgeben oder spendieren *(ugs.)*. 3. *n.* a) Ständer, *m.*; b) Stand, *m.*; c) Tribüne, *f.*; d) Widerstand, *m.*; **take or make a ~** *(bildlich)* klar Stellung beziehen (for/against für/gegen); e) Stand, *m.*

~ **a'bout,** ~ **a'round** *v. i.* herumstehen

~ **a'side** *v. i.* zur Seite treten; Platz machen

~ '**back** *v. i.* a) entfernt stehen; b) siehe ~ aside; c) *(bildlich)* zurücktreten; d) *(bildlich)* ~ **back from sth.** sich aus einer Sache heraushalten

~ **by** 1. *v. i.* a) abseits stehen; b) daneben stehen; c) sich zur Verfügung halten. 2. *v. t.* a) ~ **by sb./one another** jmdm./sich oder einander beistehen; b) ~ **by sth.** zu etw. stehen

~ **for** *v. t.* a) bedeuten; b) *(ugs.)* sich bieten lassen

~ '**in** *v. i.* aushelfen; ~ **in for sb.** für jmdn. einspringen

~ '**out** *v. i.* a) herausragen; ~ **out in the crowd** sich von der Menge abheben; b) herausragen (from aus)

~ **over** *v. t.* beaufsichtigen

~ **to'gether** *v. i.* zusammenstehen; sich aufstellen; *(bildlich)* zusammenhalten

~ '**up** 1. *v. i.* a) aufstehen; b) stehen; ~ **up** stell dich hin; c) gelten; Gültigkeit haben; d) ~ **up well** gut abschneiden. 2. *v. t.* a) aufstellen; hinstellen (Tisch, Buch usw.); b) *(ugs.)* ~ **sb. up** jmdn. versetzen *(ugs.)*

standard ['stændəd] 1. *n.* a) Maßstab, *m.*; **safety** ~**s** Sicherheitsnormen; **above/below/up to** ~: überdurchschnittlich/unter dem Durchschnitt/der Norm entsprechend; b) Niveau, *n.*; ~ **of living** Lebensstandard, *m.*; **he has high** ~: er hat hohe Ansprüche; c) in *pl.* Prinzipien; d) Standard, *f.* 2. *adj.* a) Standard-; Normal-; b) normal; **be ~ procedure** Vorschrift sein

stand-by 1. *attrib. adj.* Ersatz-; ~ **ticket/passenger** Stand-by-Ticket, *n.*/- Passagier, *m.* 2. *n., pl.* ~s **as a ~:** als Ersatz, **be on ~:** einsatzbereit sein

standing ['stændɪŋ] 1. *adj.* stehend; 2. *n.* Ansehen, *n.*; **be of or have high ~**: ein hohes Ansehen genießen **standing:** ~ **com'mittee** *n.* ständiger Ausschuss; ~ **'order** *n.* Dauerauftrag, *m.*; Abonnement, *n.*; ~ **o'vation** *n.* stürmischer Beifall; stehende Ovation; **~room** *n.*, *no pl.*, *no indef. art.* Stehplätze
stand: **~point** *n.* a) Standort, *m.*; b) *(bildlich)* Standpunkt, *m.*; **~still** *n.* Stillstand, *m.*; **be at a ~still** stillstehen; **come to a ~still** zum Stehen kommen; **~-up** *adj.* **~-up fight** Schlägerei, *f.*
stanza ['stænzə] *n.* Strophe, *f.*
staple ['steɪpl] 1 *v. t.* heften (on to an + Akk.). 2. *n.* Heftklammer, *f.*
staple *attrib. adj.* a) Grund- b) grundlegend
stapler ['steɪplər] *n.* Hefter, *m.*
star [star] 1. *v. i.*, -rr-: ~ **on stage** im Theater die Hauptrolle spielen. 2. *v. t.*, -rr- **~ring Daniel Day Lewis** mit Daniel Day Lewis in der Hauptrolle. 3. *attrib. adj.* Star-; ~ **pupil** bester Schüler/beste Schülerin; ~ **turn or attraction** Hauptattraktion, *f.* 4. *n.* a) Stern, *m.*; b) Star, *m.*; c) Stern, *m.*; Sternchen, *n.*; d) (Astrologie) Stern, *m.*
starboard ['stabəd] 1. *adj.* steuerbord-; steuerbordseitig; **on the ~ bow/quarter** Steuerbord voraus/achteraus. 2. *n.* Steuerbord, *n.*
starch [statʃ] 1. *v. t.* stärken 2. *n.* Stärke, *f.*
starchy ['statʃɪ] *adj.* stärkehaltig (Nahrungsmittel)
stare [steər] 1. *v. i.* a) starren; **~ in wonder** verwundert starren; b) starr blicken. 2. *v. t.* **~ sb. in the eyes** jmdn. fixieren; *(bildlich)* jmdm. ins Auge springen; **poverty was staring him in the face** ihm drohte Armut. 3. *n.* Starren, *n.*; **fix sb. with a ~**: jmdn. anstarren ~ **'down, ~ 'out** *v. t.* ~ **sb. down or out** jmdn. so lange anstarren, bis er/sie die Augen abwendet
starfish *n.* Seestern, *m.*
stark [stak] 1. *adv.* völlig; ~ **naked** splitternackt *(ugs.)*; a) öde; spröde (Text, Bild); b) scharf umrissen; nackt (Wahrheit); scharf (Konturen); krass (Realität); c) schier (Blödsinn); nackt (Wehmut)
starlight *n.*, *no pl.* Sternenlicht, *n.*
start [stat] 1. *v. i.* a) anfangen; ~ **the show** die Show kann anfangen; b) aufbrechen; c) aufschrecken; **he ~ed up in surprise** er sprang überrascht auf d) anlaufen; (Motor) anspringen. 2. *v. t.* a) beginnen; ~ **training** mit der Lehre beginnen (on an + Dat.); b) auslösen; anfangen (Streik); legen (Feuer); verursachen (Leiden); c) ins Leben rufen (Projekt); aufmachen (Markt); gründen (Organisation); d) einschalten; starten, anlassen (Maschine). 3. *n.* a) Anfang, *m.*; Beginn, *m.*; Start, *m.*; **from the ~**: von Anfang an; b) (Sport) Start, *m.*; c) (Sport) Vorsprung, *m.*
~ **'off** 1. *v. i.* a) siehe set off 1; b) *(ugs.)* ~ **off by telling your name** zuerst sag deinen Namen; c) ~ **off with or on sth.** mit etw. beginnen. 2. *v. t.* a) ~ **sb. off on a task** jmdn. in eine Aufgabe einweisen; b) siehe set off
startle ['statl] *v. t.* erschrecken; **be ~d by sth.** über etw. *(Akk.)* erschrecken
startling ['statlɪŋ] *adj.* erstaunlich; überraschend (Ende)
starvation [sta'veɪʃn] *n.* Verhungern, *n.*
starve [stav] 1. *v. i.* a) ~ verhungern; b) hungern; c) **be starving** *(ugs.)* am Verhungern sein *(ugs.)*. 2. *v. t.* a) ~ **sb.** jmdn. verhungern lassen; b) hungern lassen
state [steɪt] 1. *v. t.* a) erklären; darlegen; äußern (Idee); angeben (Gewicht); b) festlegen; **at ~d intervals** in genau festgelegten Abständen. 2. *attrib. adj.* a) staatlich; Staats(bank, -sicherheit, -geheimnis); ~ **education** staatliches Erziehungswesen; b) Staats-. 3. *n.* a) Zustand, *m.*; ~ **of the world** Weltlage, *f.*; b) **what a ~ he is in!** wie sieht er denn aus!; c) Staat, *m.*; d) Land, *n.*; Staat, *m.*; **the S~s** die USA; e) **S~** Staat, *m.*
stateless ['steɪtlɪs] *adj.* staatenlos; ~ **person** Staatenlose, *m./f.*
statement ['steɪtmənt] *n.* a) Aussage, *f.*; Erklärung, *f.*; Behauptung, *f.*; **make a ~** (Angeklagte) eine Aussage machen; (Minister) eine Erklärung abgeben (on zu); b) **bank ~**: Kontoauszug, *m.*
static ['stætɪk] 1. *adj.* a) (Physik) statisch; b) statisch; konstant (Bedingungen). 2. *n.* atmosphärische Störungen
station ['steɪʃn] 1. *v. t.* a) stationieren; abstellen (Fahrrad); aufstellen (Posten); b) stellen; ~ **oneself** sich aufstellen 2. *n.* a) Position, *f.*; b) Station, *f.*; c) siehe railwaystation; d) Rang, *m.*
stationary ['steɪʃənərɪ] *adj.* stehend; **be ~**: stehen
stationer ['steɪʃənər] *n.* Schreibwarenhändler, -händlerin, *f.*; ~**'s** Schreibwarengeschäft, *n.*
stationery ['steɪʃənərɪ] *n.*

a) Schreibwaren *Pl.*: b) Briefpapier, *n.*
statistical [stəˈtɪstɪkl] *attrib. adj.*, **statistically** [stəˈtɪstɪkəlɪ] *adv.* statistisch
statistics [stəˈtɪstɪks] *n.* a) *as pl.* Statistik, *f.*; b) *no pl.* Statistik, *f.*
statue [ˈstætjuː] *n.* Statue, *f.*
stay [steɪ] 1. *v. i.* a) bleiben; **come to ~:** sich fest eingebürgert haben; (Krieg) zum Dauerzustand geworden sein; (Zauberwürfel) in Mode bleiben; **~ for another night** noch eine Nacht bleiben; **~ put** *(ugs.)* (Kind, Herz) liegen bleiben; (Hosen) fest sitzen; (Bild) hängen bleiben; (Person) bleiben; b) wohnen; c) (Sport) durchhalten. 2. *v. t.* aufhalten; 3. *n.* a) Aufenthalt, *m.*; Besuch, *m.*; **during her ~ in Berlin** während ihres Aufenthalts in Berlin; **have a month`s ~ in Berlin** einen Monat in Berlin verbringen; b) **~ of execution** Aussetzung der Vollstreckung; *(bildlich)* Galgenfrist, *f.*
stead [sted] *n., no pl., no art.* a) **in sb.'s ~:** an jmds. Stelle; b) **stand sb. in good ~:** jmdm. zustatten kommen
steadfast [ˈstedfəst] *adj.* standhaft; zuverlässig (Vater); fest (Entscheidung); unverwandt (Ausdruck); unerschütterlich (Freundschaft); unzerbrechlich (Liebe, Trauung)
steadily [ˈstedɪlɪ] *adv.* a) fest, festen Schrittes (gehen); sicher (balancieren); b) fest ([an]blicken); c) stetig; ohne Unterbrechung (meditieren); d) standhaft (sich weigern); fest (glauben); e) zuverlässig
steady [ˈstedɪ] 1. *v. i.* (Währung) sich stabilisieren; (Beschleunigung) sich

mäßigen. 2. *v. t.* festhalten (Stab); beruhigen (Patient, Nerven); ruhig halten (Schiff). 3. *adv.* **go ~ with sth.** mit etw. vorsichtig sein; **go ~ with sb.** *(ugs.)* mit jmdm. gehen *(ugs.)*. 4. *adj.* a) stabil; standfest; **as ~ as a rock** völlig standfest (Leiter, Tisch); völlig stabil (Boot); ganz ruhig (Hand); b) ruhig; **have a ~ rhythm** einen festen Rhythmus haben; c) stetig; gleichmäßig (Takte), stabil (Währung); gleichbleibend (Wetter); beständig (Geräusch); d) unerschütterlich; beständig (Lebensart); standhaft (Verneinung); fest (Beziehung); e) **a ~ job** eine feste Stelle; **a ~ boyfriend/girl-friend** ein fester Freund/eine feste Freundin *(ugs.)*
steal [stiːl] 1. *v. i.*, stole, stolen a) stehlen; **~ from sb.** jmdn. bestehlen; b) sich stehlen; **~ in/out/up** sich hinein-/hinaus-/hinaufstehlen; **~ up** sich heranschleichen. 2. *v. t.*, stole [stəʊl], stolen [ˈstəʊln] a) stehlen (from Dat.); b) rauben; entlocken (Wahrheit); sich (Dat.) genehmigen *(ugs. scherzh.)* (Kuss); **~ a glance** jmdm. einen verstohlenen Blick zuwerfen/einen verstohlenen Blick auf etw. *(Akk.)* werfen; c) *(bildlich)* **she stole my heart** sie eroberte mein Herz.
~ 'away *v. i.* sich fortstehlen
stealth [stelθ] *n.* Heimlichkeit, *f.*; **by ~:** heimlich
stealthy [ˈstelθɪ] *adj.* heimlich; verstohlen (Lächeln)
steam [stiːm] 1. *v. i.* dampfen;. 2. *v. t.* dämpfen, dünsten; **~ed rice** gedämpfter Reis; 3. *n., no pl., no indef. art.* Dampf, *m.*; **the room was filled with ~:** das Zimmer war verraucht
~ 'up 1. *v. i.* beschlagen 2.

v. t. a) beschlagen lassen; **be ~ed up** beschlagen sein; b) (bildlich ugs.) **be/get ~ed up** ausrasten *(ugs.)*
steel [stiːl] 1. *v. t.* **~ oneself for/against sth.** sich für/gegen etw. wappnen (geh.); 2. *attrib. adj.* stählern; Stahl(helm, -block, -platte). 3. *n.* Stahl, *m.*; **as hard as ~:** stahlhart
steep [stiːp] *adj.* steil
steep *v. t.* a) (soak) einweichen; b) baden
steer *n.* (Tierwelt) junger Ochse
steer [stɪər] 1. *v. i.* steuern; **~ clear of sb./sth.** (bildlich ugs.) jmdm./einer Sache aus dem Weg[e] gehen; 2. *v. t.* a) steuern; lenken; **this vehicle is hard to ~:** dieser Wagen ist nicht leicht lenkbar; b) **~ a course for the Atlantic** auf den Atlantik zusteuern; c) führen, lotsen (Person)
steering [ˈstɪərɪŋ] *n.* a) Lenkung, *f.*; b) Ruder, *n.*; Steuerung, *f.*
step [step] 1. *v. i.*, -pp- treten; **~ lightly or softly** leise auftreten; 2. *n.* a) Schritt, *m.*; **at every ~:** mit jedem Schritt; **every ~ you take** jeden Schritt den du gehst; b) Stufe, *f.*; Tritt, *m.*; **a flight of ~s** eine Treppe; Stehleiter, *f.*; Trittleiter, *f.*; c) **be in ~:** im Schritt sein; im Takt sein; f) Schritt, *m.*; **take ~s to do sth.** Schritte unternehmen, um etw. zu tun; g) **~ by ~:** Schritt für Schritt; h) Stufe, *f.*
step: **~brother** *n.* Stiefbruder, *m.*; **~child** *n.* Stiefkind, *n.*; **~daughter** *n.* Stieftochter, *f.*; **~father** *n.* Stiefvater, *m.*; **~ladder** *n.* Stehleiter, *f.*; **~mother** *n.* Stiefmutter, *f.*
step: **~sister** *n.* Stiefschwester, *f.*; **~son** *n.* Stiefsohn, *m.*
stereotype [ˈsterɪətaɪp] 1. *v. t.* in ein Klischee zwän-

sterile

gen; ~d stereotyp (Mensch, Meinung, Bild); klischeehaft (Text, Roman, Film) 2. *n.* Stereotyp, *n.* (Psychologie); Klischee, *n*

sterile ['steraɪl] *adj.* a) steril; b) steril; *(bildlich)* nutzlos (Arbeit); fruchtlos (Umfrage, Gedanke)

sterilize ['sterɪlaɪz] *v. t.* sterilisieren

stern *n.* (Nautik) Heck, *n.*

stern [stɜːn] *adj.* streng; hart (Bestrafung); ernst (Meinung)

sternly ['stɜːnlɪ] *adv.* streng; ernsthaft (reden); in strengem Ton (diskutieren)

stew [stjuː] 1. *v. i.* schmoren; (Reis) gedünstet werden; 2. *v. t.* schmoren; ~ **apples** Apfelkompott koche*n*. 3. *n.* (Gastronomie) Eintopf, *m.*; **Irish ~**: Irish-Stew, *n.*

steward ['stjuːəd] *n.* a) Steward, *m.*; b) Ordner, *m.*/Ordnerin, *f.*; ~s Rennleitung, *f.*; c) Verwalter, *m.*/Verwalterin, *f.*

stewardess ['stjuːədɪs] *n.* Stewardess, *f.*

stick [stɪk] 1. *v. i.*, stuck a) stecken; b) kleben; ~ **to sth.** an etw. (Dat.) kleben; ~ **in the/sb.'s mind** *(bildlich)* im/jmdm. im Gedächtnis haftenbleiben; c) (im Verkehr) steckenbleiben; (Reißverschluss) klemmen; (Nagel, Schraube) feststecken; 2. *v. t.*, stuck [stʌk] a) stecken; ~ **sth. in[to] sth.** mit etw. in etw. *(Akk.)* stechen; b) spießen; ~ **[up]on sth.** etw. auf etw. *(Akk.)* spießen; c) *(ugs.)* stecken; **he stuck a finger in his mouth** er steckte seinen Finger in den Mund; d) kleben; 3. *n.* a) Stock, *m.*; Holzstab, *m.*; Spazierstock, *m.*; Krückstock, *m.*; b) Schläger, *m.*; c) **a ~ of soap** ein Stück Seife

~ **to** *v. t.* a) halten zu (Freund); halten (Versprechen); bleiben bei (Entschluss); treu bleiben (+ Dat.) (Moral, Vorstellungen); b) sich halten an (+ Akk.) (Grundgedanke); bleiben an (+ Dat.) (Tätigkeit); bleiben bei (Realität)

~ **to'gether** 1. *v. i.* a) zusammenkleben; b) *(bildlich)* zusammenhalte*n*. 2. *v. t.* zusammenkleben

sticker ['stɪkər] *n.* Aufkleber, *m.*

stick: **~-on** *adj.* selbstklebend **~-up** *n.* *(sl.)* bewaffneter Raubüberfall

sticky ['stɪkɪ] *adj.* a) klebrig; ~ **label** Aufkleber, *m.*; ~ **tape** Klebestreifen, *m.*; b) schwül (Klima); c) *(sl.)* vertrackt *(ugs.)* heikel

stiff [stɪf] *adj.* a) steif; hart (Rücken); (Finger) steif gefroren sein; b) hartnäckig; schroff (Ablehnung); c) steif; förmlich (Ansage)

stiffen ['stɪfn] 1. *v. i.* a) (Leiche) erstarren; b) (Teig) steifer werden; d) *(bildlich)* sich verstärke*n*. 2. *v. t.* a) steif machen; b) *(bildlich)* verstärken (Opposition); stärken (Ideologie)

stiffness ['stɪfnɪs] *n.*, *no pl.* a) Steifheit, *f.*; Förmlichkeit, *f.*; b) Härte, *f.*; c) Schwierigkeit, *f.*; d) Stärke, *f.*; e) Steifheit, *f.*; geringe Beweglichkeit; f) *(ugs.)* Strenge, *f.*; Überzogenheit, *f.*; g) Zähheit, *f.*

still [stɪl] 1. *adv.* a) noch; *expr. surprise or annoyance* immer noch; **come to me while I ~ want you to** komm zu mir, solange ich es will; b) trotzdem; **~, what can you say about it?** aber was kann man dagegen schon sagen? 2. *adj.* a) *pred.* still; **be ~**: still stehen; (Fahne) nicht sich bewegen; (Person) ruhig sein; **hold or keep sth. ~**: etw.

ruhig halten; b) ruhig; c) still; ruhig; d) still (Mineralwasser); e) leise. 3. *n.* Fotografie, *f.*

still *n.* Destillierapparat, *m.*

stillness ['stɪlnɪs] *n.*, *no pl.* a) Bewegungslosigkeit, *f.*; b) Stille, *f.*

stimulant ['stɪmjʊlənt] 1. *attrib. adj.* (Medizin) stimulierend. 2. *n.* Stimulans, *n.*; Anregungsmittel, *n*

stimulate ['stɪmjʊleɪt] *v. t.* a) anregen; stimulieren (geh.); beleben (Körper); erregen; b) *(bildlich)* anregen (Lust); hervorrufen (Motivation); wecken (Leben, Gefühle); beleben (Kultur)

stimulation [stɪmjʊˈleɪʃn] *n.* a) Anregung, *f.*; Stimulierung, *f.* (geh.); Erregung, *f.*; b) *(bildlich)* Anregung, *f.*; Hervorrufen, *n.*; Wecken, *n.*; Belebung, *f.*

sting [stɪŋ] 1. *v. i.*, stung a) brennen; b) stechen. 2. *v. t.*, stung [stʌŋ] a) stechen; **a bee stung him** eine Biene hat ihn gestochen; b) tief treffen; verletzen; **~-ing** scharf (Argument, Kritik); 3. *n.* a) Stich, *m.*; Verbrennung, *f.*; b) Stechen, *n.*; stechender Schmerz; Brennen, *n.*; a c) (Tierwelt) [gift]stachel, *m.*; d) Ding, *n.* *(ugs.)*; Operation, *f.*

stink [stɪŋk] 1. *v. i.*, stank [stæŋk] or stunk [stʌŋk], stunk a) stinken (of nach); b) *(bildlich)* **sth. ~s** an etw. (+ Dat.) stinkt etwas *(ugs.)*. 2. *n.* a) Gestank, *m.*; b) Stunk, *m.* *(ugs.)*

stir [stɜːr] 1. *v. i.*, sich rühren; sich bewegen; 2. *v. t.*, a) rühren; umrühren (Eintopf); ~ **sth. into sth.** etw. in etw. *(Akk.)* rühren; b) bewegen; c) *(bildlich)* bewegen; wecken (Neugier, Leben, Vorstellungskraft). 3. *n.*, *no pl.* Aufregung, *f.*; Betriebsamkeit, *f.*

260

stirring ['stɜːrɪŋ] *adj.* bewegend (Dichtung); spannend (Film); mitreißend (Rede); bewegt (Tage)
stitch [stɪtʃ] 1. *v. i.* nähen; sticken ~ **on** *v. t.* annähen; aufnähen; 2. *v. t.* nähen; sticke*n*. 3. *n.* a) Stich, *m.*; b) Masche, *f.*; Stich, *m.*; c) *(Medizin)* Stich, *m.*; **~es** Naht, *f.*; **he had his ~es taken** out ihm wurden die Fäden gezogen
stock [stɒk] 1. *v. t.* a) beliefern; ~ **a lake with fish** einen See mit Fischen besetzen; b) auf oder (fachsprachlich) am Lager haben; fähre*n*. 2. *attrib. adj.* a) vorrätig; **a ~ size/model** eine Standardgröße/ ein Standardmodell; b) abgedroschen *(ugs.)*; ~ **character** Standardrolle, *f.*
~ **'up** 1. *v. i.* sich (Dat.) einen Vorrat an etw. (Dat.) anlegen; ~ **up on sth.** seine Vorräte an etw. (Dat.) auffülle*n*. 2. *v. t.* auffüllen; mit Fischen besetzen (See)
stocking ['stɒkɪŋ] *n.* Strumpf, *m.*
stock: **~-market** *n.* Börsengeschäft, *n.*; **~-pot** *n.* Suppentopf, *m.*; **~-room** *n.* Lager, *n.*; **~-'still** *pred. adj.* bewegungslos; **stand ~-still** regungslos stehen; **~-taking** *n.* Inventur, *f.*; **closed, for ~-taking** wegen Inventur geschlossen
stocky ['stɒkɪ] *adj.* stämmig
stolen ['stəʊln] 1. siehe steal. 2. *attrib. adj.* heimlich (Kuss); verstohlen (Lächeln); ~ **goods** Diebesgut, *n.*; **receiver of ~ goods** Hehler, *m.*/Hehlerin, *f.*
stomach ['stʌmək] 1. *v. t.* a) herunterbekommen *(ugs.)*; bei sich behalten; b) *(bildlich)* ausstehen; 2. *n.* a) Magen, *m.*; **on a full ~:** mit vollem Magen (laufen,

schlafen); b) Bauch, *m.*; **have a pain in one's ~:** Bauchschmerzen haben
stomach: **~-ache** *n.* Magenschmerzen *Pl.*: **have a ~-ache** Magenschmerzen haben; ~ **upset** *n.* Magenverstimmung, *f.*
stone [stəʊn] 1. *v. t.* a) mit Steinen bewerfen; b) entsteinen (Trauben) 2. *adj.* steinern; Stein(hütte, -kreuz, -mauer, -brücke). 3. *n.* a) Stein, *m.*; **hard as ~:** steinhart; **throw ~s/a ~ at sb.** jmdn. mit Steinen bewerfen/einen Stein auf jmdn. werfen; b) Edelstein, *m*
stone: S~ Age *n.* Steinzeit, *f.*; *attrib.* Steinzeit-; **~-cold** 1. *adj.* eiskalt; 2. *adv.* **~cold sober** stocknüchtern
stoned [stəʊnd] *adj. (sl.)* stoned (Drogenjargon) voll zu *(sl.)*
stone: **~-'dead** *pred. adj.* mausetot: **kill sth. ~-dead** *(bildlich)* etw. völlig zunichte machen; **~-deaf** *adj.* stocktaub *(ugs.)*; **~-'wall** (Brit.) 1. *v. i.* mauern *(bildlich)*; 2. *v. t.* **~-wall sth.** bei etw. mauern; **~-walling** ['stəʊnwɔːlɪŋ] *n.* (Brit.) Hinhaltetaktik, *f.*; **~-ware** *n., no pl.* Steingut, *n.*; *attrib.* (Becher, Kelch) aus Steingut
stony ['stəʊnɪ] *adj.* a) steinig; b) steinartig; c) steinern (Grimasse); frostig (Begrüßung)
stool [stuːl] *n.* Hocker, *m.*
stoop [stuːp] 1. *v. i.* a) sich bücken; ~ **over sth.** sich über etw. *(Akk.)* beugen; b) gebeugt gehe*n*. 2. *v. t.* beugen; **~ed with a bad back** wegen Rückenleiden gebeugt laufe*n*. 3. *n.* gebeugte Haltung
stop [stɒp] 1. *v. i.*, -pp-: a) aufhören; (Weg) enden; (Geräusch) verstummen; (Wut) verfliegen; (Leiden)

store

abklingen; (Mietzahlung) eingestellt werden; b) (Auto) halten; (Motor) stillstehen; (Atmung) stehenbleiben; 2. *v. t.*, a) anhalten (Auto, Mensch); aufhalten (Entwicklung); b) unterbrechen (Show, Konzert); beenden (Tätigkeit, Text, Arbeit); stillen (Blutung); stoppen (Uhr, Zeit); einstellen (Import, Zahlung); abstellen (Strom, Gas); beseitigen (Leiden); c) verhindern (Entkommen, Gewalt); d) abstellen (Motor usw.); e) zustopfen (Abfluss, Mund, Nase); verschließen (Flasche); *f)* streichen; ~ **a cheque** einen Scheck sperren lassen. 3. *n.* a) Halt, *m.*; **this train is destined to end in Berlin with only two ~s** dieser Zug führt mit nur zwei Zwischenhalten nach Berlin; b) Haltestelle, *f.*; c) (Brit.) Satzzeichen, *n.*; siehe auch full stop
~ **'by** (Amer.) 1. *v. i.* vorbeischauen *(ugs.)*. 2. *v. t.* ~ **by sb.'s house** bei jmdm. vorbeischauen *(ugs.)*
~ **'over** *v. i.* einen Zwischenaufenthalt machen; übernachten (at bei)
stop: **~-press** *n.* letzte Meldung/Meldungen; ~ **sign** *n.* Stoppschild, *n.*; ~ **signal** *n.* Haltesignal, *n.*; ~ **watch** *n.* Stoppuhr, *f.*
storage ['stɔːrɪdʒ] *n., no pl., no indef. art.* Lagerung, *f.*; Einlagerung, *f.*; Aufbewahrung, *f.*; Speicherung, *f.*
storage: ~ **heater** *n.* Speicherofen, *m.*; ~ **space** *n.* Lagerraum, *m.*; Platz; ~ **tank** *n.* Sammelbehälter, *m.*
store [stɔːr] 1. *v. t.* a) einlagern; speichern (Kenntnisse, Strom); einspeichern (Dateien); ablegen (Akten); b) unterbringen; c) aufnehmen; speichern (Kraft, Information). 2. *n.* a) (Amer.) Laden, *m.*; b) *in sing. or pl.*

(Brit.) Kaufhaus, *n.*; c) Lager, *n.*; Depot, *n.*; Magazin, *n.*; **put sth. in ~**: etw. einlagern; d) Vorrat, *m.* (of an + Dat.); e) in *pl.* Vorräte; **the ~s** Lager; f) Wert auf etw. *(Akk.)* legen

~ a'way *v. t.* lagern; ablegen (Akten)

~ 'up *v. t.* speichern; **~ up provisions** sich (Dat.) einen Vorrat an anlegen

storey [ˈstɔːrɪ] *n.* Stockwerk, *n.*; Geschoss, *n.*; **a four-~ house** ein viergeschossiges Haus; **fourth-~ window** Fenster im vierten Stock

stork [stɔːk] *n.* Storch, *m.*

storm [stɔːm] 1. *v. i.* stürmen 2. *v. t.* (Militär) stürmen. 3. *n.* a) Unwetter, *n.*; Gewitter, *n.*; **the night of the ~**: die Sturmnacht; b) *(bildlich)* Sturm der Entrüstung; c) Sturm, *m.*; Flut, *f.*; d) (Militär) Sturm, *m.*

storm-cloud *n.* (Meteorol.) Gewitterwolke, *f.*

stormy [ˈstɔːmɪ] *adj.* a) stürmisch; hitzig (Discussions); b) auf Sturm hindeutend; **be or look ~**: nach Sturm aussehen

story [ˈstɔːrɪ] *n.* a) Geschichte, *f.*; **give the ~ of sth.** etw. schildern oder darstellen; b) Geschichte, *f.*; **my life~** : die Geschichte meines Lebens; c) Bericht, *m.*; Story, *f.* *(ugs.)*; d) Story, *f.*; e) Märchen, *n.*; **tell stories** Märchen erzählen

story (Amer.) siehe storey

story: ~-book 1. *attrib. adj.* Bilderbuch-; **~-book world** Märchenwelt, *f.*; **~-teller** *n.* a) Geschichtenerzähler, *m.*/-erzählerin, *f.*; b) Erzähler, *m.*/Erzählerin, *f.*; c) Anekdotenerzähler, *m.*/-erzählerin, *f.*; **she's a wonderful ~-teller** sie kann wundervoll erzählen. 2. *n.* Geschichtenbuch, *n.*; Märchenbuch, *n.*

stove [stəʊv] *n.* Ofen, *m.*; Herd, *m.*; **electric ~**: Elektroherd, *m.*

straight [streɪt] 1. *adv.* a) gerade; **he came ~ at us** er kam geradewegs auf uns zu; **head ~ for India** auf Indien zusteuern; b) geradewegs; **come ~ home** direkt oder gleich nach hause kommen; **look sb. ~ in the eye** jmdm. direkt in die Augen blicken; c) aufrichtig; **tell me ~ about your feelings**: sei mit deinen Gefühlen ganz offen zu mir!; d) gerade (laufen, warten wachsen); f) klar (sehen). 2. *adj.* a) gerade; aufrecht (Position); glatt (Haare); **in a ~ line** in gerader Linie; b) ausgestreckt (Hals); durchgedrückt (Elbogen); c) gerade (Arm); d) gerade geschnitten; e) geradlinig (Person); ehrlich (Antwort); klar (Verhandlung); unmissverständlich (Ratschlag); 3. *n.* gerade Strecke; (Sport) Gerade, *f.*; **final or home or finishing ~** (Sport) Zielgerade, *f.*

straight a'way *adv.* *(ugs.)* sofort; gleich

straighten [ˈstreɪtn] 1. *v. i.* gerade werden. 2. *v. t.* a) geradeziehen (Laken); geradebiegen (Blech); glätten (Rock, Tischdecke); geradehalten (Körper); strecken (Beine, Arme); gerade hängen (Foto); b) aufräumen; einrichten (neue Wohnung); in Ordnung bringen (Finanzen)

~ 'out 1. *v. i.* gerade werden. 2. *v. t.* a) geradebiegen (Blech); geradeziehen (Laken); glätten (Tischecke, Haare); begradigen (Autobahn); b) klären; aus der Welt schaffen (Vorurteile); in Ordnung bringen (Finanzen)

~ 'forward *adj.* a) freimütig; geradlinig (Character); schlicht (Bericht); klar (Gedanke); **have a ~forward approach to a problem** ein Problem direkt angehen; b) einfach; eindeutig (Situation)

~ 'off *adv.* *(ugs.)* schlankweg

strain [streɪn] 1. *v. i.* sich anstrengen; **~ at sth.** an etw. (Dat.) zerren; 2. *v. t.* a) überanstrengen; zerren (Muskel); überbeanspruchen (Zeit, Nerven usw.); b) spannen; d) verzerren (Realität, Weisheit, Fakten); überbeanspruchen (Geduld, Zeit). 3. *n.* a) Belastung, *f.*; Spannung, *f.*; **put a ~ on sb./sth.** jmdn./etw. belasten; b) Stress, *m.*; **feel the ~**: die Anstrengung spüren; c) Zerrung, *f.*; Überanstrengung, *f.*; e) *in sing. or pl.* Klänge; Vers, *m.*; Zeile, *f.*

strain *n.* a) Rasse, *f.*; Sorte, *f.*; Art, *f.*; b) *no pl.* Neigung, *f.* (of zu); Hang, *m.* (of zu); **a good ~**: ein guter Zug

strained [streɪnd] *adj.* gezwungen (Lachen); künstlich (Freundlichkeit); gewagt (Inszenierung); **~ relations** gespannte Beziehungen

strainer [ˈstreɪnər] *n.* Sieb, *n.*

strait [streɪt] *n.* a) *in sing. or pl.* (Geografie) Wasserstraße, *f.*; Meerenge, *f.*; b) in *pl.* Schwierigkeiten

strait: ~-jacket *n.* Zwangsjacke, *f.*

strand [strænd] *n.* Faden, *m.*; Litze, *f.*; Strang, *m.*; Kette, *f.*; Strähne, *f.*

strand *v. t.* a) trocken setzen; **be ~ed** *(bildlich)* seinem Schicksal überlassen sein; b) an Land spülen (Wal, Muschel); auf Grund setzen (Boot)

strange [streɪndʒ] *adj.* a)

seltsam; sonderbar; merkwürdig; b) fremd; c) **feel ~:** sich nicht zu Hause fühlen
strangely [ˈstreɪndʒlɪ] *adv.* seltsam; merkwürdig; ~ **enough,...:** seltsamerweise...
stranger [ˈstreɪndʒər] *n.* Fremde, *m./f.;* **he is a ~ in a strange land** er ist ein Fremder in einem fremden Land
strangle [ˈstræŋgl] *v. t.* erwürgen, erdrosseln
stranglehold *n.* Würgegriff, *m.;* **have a ~ on sb./sth.** jmdn./etw. im Würgegriff haben
strangulation [stræŋgjuˈleɪʃn] *n.* Erdrosseln, *n.;* Erwürgen, *n.*
strap [stræp] 1. *v. t.,* -pp-: festschnallen; ~ **oneself in** sich anschnallen. 2. *n.* a) Riemen, *m.;* Band, *n.;* (shoulder- ~) Träger, *m.;* Armband, *n.;* b) Halteriemen, *m.*
~ **'up** *v. t.* zuschnallen
straphanger *n.* stehender Fahrgast
strapless [ˈstræplɪs] *adj.* trägerlos
strapping [ˈstræpɪŋ] *adj.* stramm
stratagem [ˈstrætədʒəm] *n.* Kriegslist, *f.*
strategic [strəˈtiːdʒɪk] *adj.* a) strategisch; b) strategisch wichtig; bedeutsam (Neuigkeit, Information)
strategist [ˈstrætɪdʒɪst] *n.* Stratege, *m./*Strategin, *f.*
strategy [ˈstrætɪdʒɪ] *n.* Strategie, *f.;* Taktik, *f.*
stratosphere [ˈstrætəsfɪər] *n.* Stratosphäre, *f.*
stratum [ˈstrɑːtəm] *n., pl.* strata [ˈstrɑːtə] Schicht, *f.*
straw [strɔː] *n.* a) *no pl.* Stroh, *n.;* b) Strohhalm, *m.;* c) Trinkhalm, *m.;* Strohhalm, *m.*
strawberry [ˈstrɔːbərɪ] *n.* Erdbeere, *f.*

straw: ~ **'hat** *n.* Strohhut, *m.*
stray [streɪ] 1. *v. i.* a) streunen; b) abweichen (from von); **have ~ed from the path** vom Weg abkommen; 2. *adj.* a) streunend; herrenlos; verirrt; b) vereinzelt 3. *n.* streunendes Tier; herrenloses Tier
streak [striːk] 1. *v. i.* a) flitzen *(ugs.);* b) *(ugs.)* blitzen *(ugs.);* flitzen *(ugs.)* 2. *v. t.* streifen; ~ **sth. with blue** etw. mit blauen Streifen versehen; 3. *n.* a) Streifen, *m.;* Strähne, *f.;* ~ **of lightning** Blitzstrahl, *m.;* b) *(bildlich)* **have a masochistic ~:** zu Masochismus neigen; c) *(bildlich)* ~ **of good/bad luck, lucky/unlucky ~:** Glücks-/Pechsträhne, *f.*
stream [striːm] 1. *v. i.* a) strömen; (Wasser) fluten; b) **my eyes ~ed** mir tränten die Auge*n.* 2. *v. t.* **his wound was ~ing blood** Blut floss ihm aus der Wunde. 3. *n.* a) Wasserlauf, *m.;* Bach, *m.;* b) Strom, *m.;* Schwall, *m.;* c) Strömung, *f.; (bildlich)* Trend, *m.;* d) (Brit.) Parallelzug, *m.*
~ **'in** *v. i.* hereinströmen/hineinströmen
~ **'out** *v. i.* herausströmen/hinausströmen
~ **'past** *v. i.* vorbeiströmen
~ **'through** *v. i.* hindurchströmen
streamer [ˈstriːmər] *n.* Band, *n.;* Luftschlange, *f.*
street [striːt] *n.* Straße, *f.*
street: ~**car** *n.* (Amer.) Straßenbahn, *f.;* ~~**lamp,** ~**light** *ns.* Straßenlaterne, *f.;* ~~**lighting** *n.* Straßenbeleuchtung, *f.;* ~~**map** *n.* Stadtplan, *m.;* ~~**market** *n.* Markt, *m.;* ~~**plan** siehe ~map; ~~**sweeper** *n.* a) Straßenfeger, *m./*-fegerin, *f.;* b) Kehrmaschine, *f.;* Straßenkehrmaschine, *f.;* ~

stretch

value *n.* Straßenverkaufswert, *m.;* ~ **vendor** *n.* Straßenhändler, *m./*-händlerin, *f.;* ~**wise** *adj.* (*ugs.*) **be ~-wise** wissen, wo es langgeht
strength [streŋθ] *n.* Stärke, *f.;* Kraft, *f.;* Überzeugungskraft, *f.;* Wirksamkeit, *f.;* Beweiskraft, *f.;* Stabilität, *f.;* **know one's ~s** seine Stärken kennen; **give sb. ~:** jmdn. stärken; jmdm. Kraft geben
strengthen [ˈstreŋθən] 1. *v. i.* stärker werde*n.* 2. *v. t.* stärken; verstärken; unterstützen
strenuous [ˈstrenjuəs] *adj.* a) energisch; gewaltig (Anstrengung); b) anstrengend
stress [stres] 1. *v. t.* a) betonen; Wert legen auf (+ Akk.) (gute Haltung, Liebe); b) betonen (Wort, Ton usw.) 2. *n.* a) Stress *m.;* **be under ~:** unter Stress (Dat.) stehen; b) Betonung, *f.;* Nachdruck, *m.;* c) Betonung, *f.;* **put the/a ~ on sth.** etw. betonen
stretch [stretʃ] 1. *v. i.* a) sich dehnen; (Katze) sich strecken; b) sich ausdehnen; ~ **from here to there** sich von hier bis dort erstrecken; 2. *v. t.* a) strecken (Körper); recken (Hals); dehnen (Muskel); ausbreiten (Laken); spannen (Seil); dehnen; ausweiten (Lederstiefel, Handschuhe); 3. *v. refl.* sich strecke*n.* 4. *adj.* dehnbar; Stretch(hose, -gewebe) 5. *n.* a) **have a ~:** sich strecken; **give sth. a ~:** etw. dehnen; b) Abschnitt, *m.;* **a ~ of open highway** ein Stück freie Bahn; d) **for a ~:** eine Zeitlang
~ **'out** 1. *v. i.* a) die Hände ausstrecken (to nach); b) sich ausdehne*n.* 2. *v. t.* a) strecken (Arm, Bein); ausbreiten (Laken); auseinan-

stretcher

derziehen (Kabel); ~ **oneself out** sich ausstrecken; b) ~ **sth. out** mit etw. reichen
stretcher ['stretʃər] *n.* Tragbahre, *f.*
stretcher-bearer *n.* Krankenträger, *m.*
strict [strɪkt] *adj.* a) streng; strenggläubig; b) streng; genau (Überprüfung);
strictly ['strɪktlɪ] *adv.* streng; ~ **no running** Laufen streng verboten; ~ **speaking** strenggenommen
strictness ['strɪktnɪs] *n.*, *no pl.* a) Strenge, *f.*; b) Genauigkeit, *f.*
strike [straɪk] 1. *v. i.*, struck, struck or stricken a) zuschlagen; zusammenstoßen; schlagen (against gegen, on auf+ Akk.); b) zünden; c) schlagen; d) streiken; e) zuschlagen *(bildlich)*; f) fündig werden; ~ **lucky** Glück haben; g) ~ **south** etc. sich nach Süden durchschlagen usw. 2. *v. t.*, struck [strʌk], struck or stricken ['strɪkn] a) schlagen; b) streichen (from, off aus); 3. wenden *n.* a) Streik, *m.*; Ausstand, *m.*; **be on/ go or come out on ~:** in den Streik getreten sein/in den Streik treten; b) Treffer, *m.* (bildlich ugs.); **make a ~:** sein Glück machen; fündig werden; c) **lucky ~:** Glückstreffer, *m.*; d) Schlag, *m.*; e) (Militär) Angriff, *m.* (at auf+ Akk.)
strike: ~ **action** *n.* Streikaktion; ~ **ballot** *n.* Urabstimmung, *f.*; ~ **benefit** siehe ~ **pay**; ~**breaker** *n.* Streikbrecher, *m.*; ~~**force** siehe striking-force
striker ['straɪkər] *n.* a) Streikende, *m./f.*; b) Stürmer, *m.*/Stürmerin, *f.*
striking ['straɪkɪŋ] *adj.* auffallend; erstaunlich (Zufall); bemerkenswert (Gedanke)
striking: ~~**distance** *n.* Reichweite, *f.*
string [strɪŋ] 1. *v. t.*, strung [strʌŋ] a) bespannen (Seil, Instrument); b) auffädeln; aufziehen. 2. *n.* a) Schnur, *f.*; Bindfaden, *m.*; Band, *n.*; b) Sehne, *f.*; Saite, *f.*; c) in *pl.* (Musik) Streichinstrumente; Streicher; ~ **quartet/orchestra** Streichquartett/-orchester, *n.*; d) Kette, *f.*; Zug, *m.*
stringy ['strɪŋɪ] *adj.* faserig
strip [strɪp] 1. *v. i.*, -pp- sich ausziehen; ~ **to the bone** sich völlig freimachen 2. *v. t.*, -pp-: a) ausziehen (Person); leerräumen, ausräumen (Wohnung); abbeizen (Dielen); ausschlachten, auseinandernehmen (Motor); b) (remove) entfernen (from, off von); abziehen (Dielen)
strip *n.* a) Streifen, *m.*; **a ~ of paper** ein schmales Stück oder Streifen Papier
stripe [straɪp] *n.* a) Streifen, *m.*; b) (Militär) Streifen, *m.*
striped [straɪpt] *adj.* gestreift
stripper ['strɪpər] *n.* a) Farbentferner, *m.*; Tapetenlöser, *m.*; Kratzer, *m.*; b) Stripper, *m.*/Stripperin, *f. (ugs.)*
strip: ~~**show** *n.* Strip-Show, *f.*; ~~'**tease** *n.* Striptease, *m.*
strive [straɪv] *v. i.*, strove [strəʊv], striven ['strɪvn] a) sich bemühen; ~ **to do sth.** bestrebt sein (geh.) oder sich, etw. zu tun
stroke [strəʊk] *n.* a) Hieb, *m.*; Schlag, *m.*; **finishing ~** Todesstoß, *m.*; b) *(Medizin)* Schlaganfall, *m.*; **paralytic/apoplectic ~:** paralytischer/apoplektischer Anfall; c) ~ **of luck** Glücksfall, *m.*; d) Streich, *m.*; Schachzug, *m.*; e) Schlag, *m.*; Zug, *m.*; f) Stoß, *m.*; Schlag, *m.*; g) Strich, *m.*; h) Schlag, *m.*
stroke 1. *n.* **give sb./sth. a ~:** jmdn./etw. streicheln. 2. *v. t.* streicheln; ~ **sth. over/across sth.** mit etw. über etw. *(Akk.)* streichen; ~ **sth. back** etw. zurückstreichen
stroll [strəʊl] 1. *v. i.* spazierengehen
strong [strɒŋ] 1. *adv.* stark; 2. *adj.*, ~er ['strɒŋər], ~est ['strɒŋɪst] a) stark; gefestigt (Trauung); stabil (Wand); solide, fest (Grundlage); streng (Regeln); b) stark, kräftig (Mann, Bär); kräftig (Muskeln, Haare); stark (Bewegung, Kraft); gut (Augen); c) stark (Führer); streng (Lehre, Religion); d) gut, handfest (Kritik); e) stark; voll (Einsatz); fest (Meinung); kraftvoll (Characterzüge); f) stark; kräftig, stark (Gefühl, Geräusch); markant (Kennzeichen); kräftig (Gorgonzola); g) kräftig; stark (Ton)
strongly ['strɒŋlɪ] *adv.* a) stark; fest (eingestimmt); ~ **built** solide gebaut; kräftig gebaut; b) stark; c) überzeugend (argumentiert); d) energisch (reagieren); dringend (eingehen); fest (glauben)
structural ['strʌktʃərl] *adj.* baulich; Bau(material); tragend (Fundament); Konstruktions(fehler)
structure ['strʌktʃər] 1. *v. t.* strukturieren; aufbauen (Aufsatz); konstruieren; aufbauen. 2. *n.* a) Struktur, *f.*; (Musik) Kompositionsweise, *f.*; Bauweise, *f.*; Struktur, *f.*; b) Konstruktion, *f.*; Bauwerk, *n.*; Struktur, *f.*
struggle ['strʌgl] 1. *v. i.* a) kämpfen; ~ **to do sth.** sich abmühen, etw. zu tun; ~ **against the government** gegen die Regierung kämpfen; ~ **with sth.** sich mit etw.

quälen; mit etw. kämpfen; b) sich quälen; sich zwängen; **I ~d through** ich kämpfte mich durch; c) kämpfen; sich wehren; **~ free** freikommen; sich befreien; **~ for freedom** 2. *n.* a) **with a ~:** mit Mühe; **~ for freedom** Kampf für die Freiheit; b) Kampf, *m.*; **the ~ against or with sb./sth.** der Kampf gegen oder mit jmdm./etw.

strut [strʌt] 1. *v. i.*, stolzieren. 2. *n.* stolzierender Gang

stub [stʌb] 1. *v. t.*, -bb-: a) **~ one's toe** sich (Dat.) den Zeh stoßen; b) ausdrücken (Zigarette); austreten (Zigarette) 2. *n.* a) Stummel, *m.*; Kippe, *f.*; **cigarette stub** Zigarettenstummel; b) Abschnitt, *m.*; Abriss, *m.*

~ 'out *v. t.* ausdrücken

stubble ['stʌbl] *n.*, *no pl.* Stoppeln *Pl.*

stubborn ['stʌbən] *adj.* a) starrköpfig *(derogativ)*; dickköpfig *(ugs.)*; störrisch (Grimasse); hartnäckig (Meinung); b) hartnäckig; fest (Meinung, Liebe, Treue); c) störrisch *(bildlich)*; vertrackt *(ugs.)* (Konflikt)

stubbornness ['stʌbənnɪs] *n.*, *no pl.* a) Starrköpfigkeit, *f.*; b) Hartnäckigkeit, *f.*

student ['stju:dənt] *n.* Student, *m.*/Studentin, *f.*; Schüler, *m.*/Schülerin, *f.*; **be a ~ of sth.** etw. studieren; *attrib.* **~ days** Studenten-/Schulzeit, *f.*; **~ driver** (Amer.) Fahrschüler, *m.*/-schülerin, *f.*; **~ nurse** Lernschwester, *f.*/Pflegeschüler, *m.*

studied ['stʌdɪd] *adj.* a) [wohl]überlegt; b) gewollt; gesucht (Aussprache)

studio ['stju:dɪəʊ] *n.*, *pl.* ~s a) Atelier, *n.*; Studio, *n.*; b) Studio, *n.*

studio: **~ apartment** (Amer.), **~ flat** (Brit.) *ns.* Einzimmerwohnung, *f.*

studious ['stju:dɪəs] *adj.* lerneifrig; gelehrt (Tätigkeit, Roman, Stimmung)

study ['stʌdɪ] 1. *n.* a) Studium, *n.*; Lernen, *n.*; **the ~ of English literature** das Studium der englischen Literatur, *n.*; **graduate studies** Graduiertenstudium, *n.*; b) **a ~ of or on sth.** eine Studie über etw. *(Akk.)*; c) (Art) Studie., *f.*; (Musik) Etüde, *f.*; Übung, *f.*; Studie., *f.* (in, of über+ Akk.); d) Arbeitszimmer, *n.* 2. *v. i.* lernen; studieren; **~ to teach English** Englisch für das Lehramt studieren. 3. *v. t.* a) studieren; lernen; b) studieren; c) studieren (Fahrplan); sich (Dat.) durchlesen (Text)

stuff [stʌf] 1. *v. i.* sich vollstopfen *(ugs.)* ; **~ sth. with or full of sth.** etw. mit etw. vollstopfen *(ugs.)*; **~ oneself** *(sl.)* sich vollstopfen *(ugs.)*; b) **~ it!** Scheiß drauf! **he can ~ it!** er kann mich mal! 3. *n.* a) *no pl., no indef. art.* Zeug, *n. (ugs.)*; **the ~ that our wishes are made of** Stoff, aus dem unsere Wünsche gemacht sind *(bildlich)* **metal is useful ~:** Metall ist eine nützliche Sache; b) *no pl., no indef. art.* **Go walking or jogging or ~ like that** laufen oder joggen gehen oder so was *(ugs.)*; **do one's ~** *(ugs.)* seine Sache machen

stuffing ['stʌfɪŋ] *n.* a) Füllmaterial, *n.*; **a ~ of bread** eine Füllung aus Brot; b) Füllung, *f.* 2. *v. t.* a) stopfen; zustopfen (Nase); ausstopfen; füllen

stuffy ['stʌfɪ] *adj.* a) stickig (Raum, Stimmung); b) verstopft; c) *(ugs.)* spießig (about gegenüber)

stumble ['stʌmbl] *v. i.* a) stolpern (over über+ Akk.); b) stocken; **~ through the day** durch den Tag stolpern; c) **~ across** (find by chance) auf etw. *(Akk.)* stoßen

stumbling-block ['stʌmblɪŋblɒk] *n.* Stolperstein, *m.*

stump [stʌmp] 1. *v. i.* stapfen; trampeln. 2. *v. t.* verwirren; durcheinanderbringen; **be ~ed** ratlos sein; **be ~ed for an idea** um eine Idee verlegen sein. 3. *n.* a) Stumpf, *m.*; Stummel, *m.*; b) Stab, *m.*

stun [stʌn] *v. t.*, -nn-: a) betäuben; **be ~ned** bewusstlos sein; benommen sein; b) *(bildlich)* **be ~ne at or by sth.** von etw. wie betäubt sein

stunning ['stʌnɪŋ] *adj. (ugs.)* a) hinreißend; umwerfend *(ugs.)*; b) wuchtig (Schlag); c) bestürzend (Meldung); sensationell

stunt [stʌnt] *v. t.* hemmen, beeinträchtigen (Verlauf); **~ed legs** verkümmerte Beine

stunt *n.* Stunt, *m.*

stupendous [stju:'pendəs] *adj.* gewaltig; außergewöhnlich (Stärke); großartig (Talent)

stupid ['stju:pɪd] *adj.*, ~er ['stju:pɪdər], ~est ['stju:pɪdɪst] dumm; einfältig (Mensch); lächerlich; dumm *(ugs.)* (Spruch); blöd *(ugs.)*

stupidity [stju:'pɪdɪtɪ] *n.* Dummheit, *f.*; Torheit, *f.*

stupidly ['stju:pɪdlɪ] *adv.* dumm

sturdy ['stɜ:dɪ] *adj.* stabil (Wand); kräftig (Sportler); kräftig (Mann); stämmig (Frau); stämmig (Oberschenkel); solide; stark (Feind, Opposition)

stutter ['stʌtər] 1. *v. i.* stottern; 2. *n.* Stottern, *n.*

style [staɪl] 1. *v. t.* entwerfen; **elegantly ~d hair** elegant geschnittene Haare. 2. *n.* a) Stil, *m.*; Ton, *m.*; Art, *f.*;

it's not my ~ das ist nicht mein Stil; **dress in the latest ~:** sich nach der neuesten Mode kleiden; b) Stil, *m.*; **in ~:** stilvoll; im großen Stil; f.; **~ of music** Musikrichtung, *f.*; d) Art, *f.*; Machart, *f.*; (hair~) Frisur, *f.*
stylish ['staɪlɪʃ] *adj.* stilvoll; elegant (Restaurant)
stylist ['staɪlɪst] *n.* Designer, *m.*/Designerin, *f.*; (hair-~) Haarstilist, *m.*/-stilistin, *f.*
stylistic [staɪ'lɪstɪk] *adj.* stilistisch; Stil(mittel, -merkmale)
suave [swav] *adj.* gewandt
sub'conscious (Psychologie) 1. *adj.* unterbewusst; **~ mind** Unterbewusstsein, *n.* 2. *n.* Unterbewusstsein, *n.*
sub'consciously *adv.* (Psychologie) unterbewusst
subcontinent *n.* (Geografie) Subkontinent, *m.*
subdivide ['sʌbdɪvaɪd] 1. *v. i.* **~ into sth.** sich in etw. *(Akk.)* teilen. 2. *v. t.* erneut teilen; unterteilen
sub-'editor *n.* a) Mitherausgeber, *m.*/Mitherausgeberin, *f.*; b) (Brit.) Redaktionsassistent, *m.*/-assistentin, *f.*
subheading *n.* a) Unterabschnitt, *m.*; b) Untertitel, *m.*
subject 1. [səb'dʒekt] *v. t.* a) unterwerfen (to Dat.); b) **~ sb./sth. to sth.** jmdn./etw. einer Sache *(Dat.)* aussetzen; 2. *adv.* **~ to sth.** vorbehaltlich einer Sache (Gen.). 3. ['sʌbdʒɪkt] *adj.* a) **be ~ to sth.** von etw. abhängig sein oder abhängen; **sth. is ~ to change** etw. kann verändert werden; b) **be ~ to** anfällig sein für (Grippe); neigen zu (Depression); c) abhängig; ~ to untertan (+ Dat.) (Kaiser usw.); unterworfen (+ Dat.) (Herrscher); untergeben (+ Dat.). 4. ['sʌbdʒɪkt] *n.* a) Staatsbürger, *m.*/-bürgerin, *f.*; Untertan, *m.*/Untertanin, *f.*; b) Thema, *n.*; Fach, *n.*; Fachgebiet, *n.*; Motiv, *n.*; (Musik) Thema, *n.*; **on the ~ of children** über das Thema Kinder (reden); beim Thema Kinder (sein, bleiben); **change the ~:** das Thema wechseln; c) **be a ~ for sth.** zu etw. Anlass geben; d) Subjekt, *n.*
subjective [səb'dʒektɪv] *adj.* subjektiv
subjunctive [səb'dʒʌŋktɪv] 1. *adj.* konjunktivisch; Konjunktiv-; **~ mood** Konjunktiv, *m.* 2. *n.* Konjunktiv, *m.*; **past/present ~:** Konjunktiv II oder Präteritum/Konjunktiv I oder Präsens
sub'let *v. t.*, -tt-, sublet untervermieten
sublime [sə'blaɪm] *adj.* erhaben
subliminal [sʌb'lɪmɪnl] *adj.* **~ advertising** unterschwellige Werbung
submarine ['sʌbməriːn] 1. *adj.* Unterwasser-; unterseeisch (Geologie). 2. *n.* U-Boot, *n.*
submission [səb'mɪʃn] *n.* a) Unterwerfung, *f.* (to unter+ Akk.); b) *no pl., no art.* Unterwerfung, *f.*; c) Einreichung, *f.* (to bei); Einsendung, *f.*; Aussage, *f*
submissive [səb'mɪsɪv] *adj.* gehorsam; unterwürfig *(derogativ)* **be ~ to sb./sth.** sich jmdm./einer Sache unterwerfen
subscribe [səb'skraɪb] 1. *v. i.* a) **~ to sth.** sich einer Sache (Dat.) anschließen; b) **~ to or for sth.** eine Spende für etw. zusichern. 2. *v. t.* **~ sth.** zusichern, etw. zu spenden; **be ~d** als Spende zugesichert worden sein
subscriber [səb'skraɪbər] *n.* a) Befürworter, *m.*/Befürworterin, *f.* (to Gen.); b) Spender, *m.*/ Spenderin, *f.* (of, to für); Abonnent, *m.*/ Abonnentin, *f.* (to Gen.); c) Fernsprechkunde, *m.*/ -kundin, *f.*
subscription [səb'skrɪpʃn] *n.* a) Spendenbeitrag, *m.* (to für); Mitgliedsbeitrag, *m.* (to für); Abonnement, *n.* (to Gen.); **by ~:** im Abonnement b) Spende, *f.*; **by ~:** mit Spenden
substance ['sʌbstəns] *n.* a) Stoff, *m.*; Substanz, *f.*; b) *no pl.* Substanz, *f.*; c) *no pl.* Inhalt, *m.*; d) *no pl.* Kern, *m.*; **in ~:** im Wesentlichen
substitute ['sʌbstɪtjuːt] 1. *v. i.* **~ for sb.** jmdn. vertreten; für jmdn. einspringen; (Sport) für jmdn. ins Spiel kommen. 2. *v. t.* **X for Y** Y durch X ersetzen; 3. *adj.* Ersatz-; **a ~ teacher/secretary etc.** eine Vertretung. 4. *n.* a) ~[s] Ersatz, *m.*; **~s for Oil** Ersatzstoffe für Öl; **sugar ~:** Zucker-Ersatz, *m.*; b) (Sport) Ersatzspieler, *m.*/-spielerin, *f.*
substitution [sʌbstɪ'tjuːʃn] *n.* Ersetzung, *f.*; (Sport) Spielerwechsel, *m.*; **~ of A for B** Verwendung von A statt B
subtenant [sʌb'tenənt] *n.* Untermieter, *m.*/-mieterin, *f.*; Unterpächter, *m.*/-pächterin, *f.*
subtitle [sʌb'taɪtl] 1. *v. t.* untertiteln; **the movie is ~d** der Film ist mit Untertitel. 2. *n.* Untertitel, *m.*
subtle ['sʌtl] *adj.*, ~r ['sʌtlər], ~st ['sʌtlɪst] a) zart (Geruch); fein (Würze); b) subtil (geh.); fein (Diskrepanz); unaufdringlich (Stil); c) fein (Humor); zart (Ratschlag); subtil (Witz); d) feinsinnig (Philosoph); fein (Gedankengang)
subtlety ['sʌtltɪ] *n.*, *no pl.* siehe subtle: Zartheit, *f.*;

Feinheit, *f.*; Subtilität, *f.* (geh.)
subtly [ˈsʌtlɪ] *adv.* auf subtile Weise; zart (hinweisen auf, andeuten); ~ **salted** fein gesalzen
subtract [səbˈtrækt] *v. t.* abziehen (from von); subtrahieren (from von)
subtraction [səbˈtrækʃn] *n.* Subtraktion, *f.*
suburb [ˈsʌbɜːb] *n.* Vorort, *m.*; **live in the ~s** am Stadtrand leben
suburban [səˈbɜːbən] *adj.* a) Vorort-; (Haus) am Stadtrand; b) spießig *(derogativ)*
suburbia [səˈbɜːbɪə] *n.* (*m.*og.) die Vororte
subversive [səbˈvɜːsɪv] 1. *adj.* subversiv. 2. *n.* Subversive, *m./ f.*
subway [ˈsʌbweɪ] *n.* a) Unterführung, *f.*; b) (Amer.) Untergrundbahn, *f.*; U-Bahn, *f. (ugs.)*
succeed [səkˈsiːd] 1. *v. i.* a) Erfolg haben; **sb. ~s in sth.** jmdm. gelingt etw.; jmd. schafft etw.; **sb. ~s in doing sth.** es gelingt jmdm., etw. zu tun; ~ **in showbiz** im Theater erfolgreich sein; b) die Nachfolge antreten; ~ **to the throne** die Thronfolge antreten; ~ **to a title** einen Titel. 2. *v. t.* ablösen (Minister); ~ **sb.** jmds. Nachfolge antreten
success [səkˈses] *n.* Erfolg, *m.*; **meet with ~:** Erfolg haben; erfolgreich sein
successful [səkˈsesfl] *adj.* erfolgreich; **be ~ in sth./doing sth.** Erfolg bei etw. haben/dabei haben, etw. zu tun; **she was ~ at everything she tried** alles was sie versuchte ist ihr gelungen
successfully [səkˈsesfəlɪ] *adv.* erfolgreich
successive [səkˈsesɪv] *adj.* aufeinanderfolgend; **five ~ victories** fünf Siege hintereinander
successively [səkˈsesɪvlɪ] *adv.* hintereinander
successor [səkˈsesər] *n.* Nachfolger, *m.*/Nachfolgerin, *f.*; **sb.'s ~, the ~ to sb.** jmds. Nachfolger
succinct [səkˈsɪŋkt] *adj.* knapp; prägnant
succinctly [səkˈsɪŋktlɪ] *adv.* in knappen Worten; prägnant
succinctness [səkˈsɪŋktnɪs] *n., no pl.* Knappheit, *f.*; Prägnanz, *f.*
succulent [ˈsʌkjʊlənt] 1. *adj.* a) saftig (Fleisch usw.); b) (Botanik) sukkulent; fleischig; ~ **plants** Sukkulenten. 2. *n.* (Botanik) Sukkulente, *f.*; Fettpflanze, *f.*
such [sʌtʃ] 1. *pron.* **as ~:** als solcher/solche/solches; im Grunde genommen; an sich; ~ **is the path** so ist der Weg; ~ **as** wie. 2. *adj.*, a) solch...; ~ **a man** solch oder so ein Mann; ein solcher Mann; ~ **problems** solche Probleme; **at ~ a place** an einem solchen Platz; b) solch...; derartig; **I had ~ a good time** ich hatte eine derartige schöne Zeit; **to ~ an extent** dermaßen; c) with *adj.* so; ~ **a pretty garden** ein so schöner Garten; **she has ~ long blonde hair** sie hat so lange blonde Haare; ~ **a long time ago** so lange her
suck [sʌk] 1. *v. i.* (Baby) saugen; ~ **at sth.** an etw. (Dat.) saugen; ~ **at a candy** an einem Bonbon lutschen 2. *v. t.* saugen; lutschen (Lolli)
sucker [ˈsʌkər] *n.* a) Saugfuß, *m.*; (Tierwelt) Saugnapf, *m.*; b) **be a ~ for sb./sth.** eine Schwäche für jmdn./etw. haben; c) *(sl.)* Dumme, *m./f.*
suckle [ˈsʌkl] 1. *v. i.* an der Brust trinken. 2. *v. t.* säugen

suction [ˈsʌkʃn] *n.* a) Absaugen, *n.*; Saugwirkung, *f.*; b) Sog, *m.*
Sudan [suːˈdɑːn] *pr. n.* Sudan
sudden [ˈsʌdn] 1. *adj.* plötzlich; **I had a ~ heart attack** auf einmal oder plötzlich bekam ich einen Herzanfall; 2. *n.* **all of a ~:** plötzlich
suddenly [ˈsʌdnlɪ] *adv.* plötzlich
suddenness [ˈsʌdnnɪs] *n., no pl.* Plötzlichkeit, *f.*
sue [sjuː] 1. *v. i.* klagen (for auf+ Akk.). 2. *v. t.* verklagen (for auf+ Akk.)
suede [sweɪd] *n.* Wildleder., *n.*
suffer [ˈsʌfər] 1. *v. i.* leiden; ~ **for sth.** für etw. leiden; für etw. büßen ~ **from** *v. t.* leiden unter (+ Dat.); leiden an (+ Dat.) (Krankheit); 2. *v. t.* erleiden (Krankheit, Druck, Stress, Verlust); durchmachen, erleben (Unfall); dulden (Benehmen)
suffering [ˈsʌfərɪŋ] *n.* Leiden, *n.*; **his ~ are just beginning** sein Leiden hat erst begonnen
suffix [ˈsʌfɪks] *n.* Suffix, *n.* (fachsprachlich); Nachsilbe, *f.*
suffocate [ˈsʌfəkeɪt] 1. *v. i.* ersticken. 2. *v. t.* ersticken
suffocation [sʌfəˈkeɪʃn] *n.* Erstickung, *f.*; **a feeling of ~:** das Gefühl, zu ersticken
sugar [ˈʃʊgər] 1. *v. t.* zuckern; *(bildlich)* versüßen. 2. *n.* Zucker, *m.*; **two spoons of ~s, please** zwei Löffel Zucker, bitte
sugar: ~ **basin** siehe ~-bowl; ~-**beet** *n.* Zukkerrübe, *f.*; ~-**bowl** *n.* Zuckerschale, *f.*; Zuckerdose, *f.*; ~-**cane** *n.* Zuckerrohr, *n.*; ~-**coated** *adj.* gezuckert; mit Zucker überzogen; ~-**lump** *n.* Zuckerstück, *n.*; Stück Zucker, *n.*

sugary ['ʃugərɪ] *adj.* süß; *(bildlich)* süßlich (Duft)
suggest [sə'dʒest] 1. *v. t.* a) vorschlagen; **~ sth. to sb.** jmdm. etw. vorschlagen; **he ~ed eating** out er schlug vor, essen zu gehen; b) **he is trying to ~ that we are thieves** er will damit sagen, dass wir Diebe sind; c) suggerieren; schließen lassen auf (+ Akk.). 2. *v. refl.* **~ itself** (Ausweg) sich anbieten; (Gedanke) sich aufdrängen
suggestion [sə'dʒestʃn] *n.* a) Vorschlag, *m.*; **at or on sb.'s ~:** auf jmds. Vorschlag *(Akk.)*; b) Andeutungen *Pl.*: **what kind of a ~ is that?** Was willst du damit sagen?; c) *(bildlich)* Spur, *f.*
suggestive [sə'dʒestɪv] *adj.* a) suggestiv; **be ~ of sth.** auf etw. *(Akk.)* schließen lassen; b) anzüglich; gewagt; zweideutig (Witze)
suicidal [suːɪ'saɪdl, sjuːɪ'saɪdl] *adj.* a) selbstmörderisch (Akt); suizidal (fachsprachlich) (Mensch); b) selbstmörderisch (Fahren, Fehler)
suicide ['sjuːɪsaɪd] *n.* Selbstmord, *m.*
suicide: **~ attempt** *n.* Selbstmordversuch, *m.*; **~ pact** *n.* Selbstmordpakt, *m.*
suit [sjuːt] 1. *v. t.* a) anpassen (to Dat.); b) **be ~ed** passen; **that suit does not ~ you** der Anzug passt nicht zu dir; c) passen (+ Dat.); recht sein (+ Dat.); **does that ~ you?** ist es dir recht?; d) passen zu; **he is not ~ed for you** er passt nicht zu dir. 2. *v. refl.* **do whatever ~s you best!** mach doch was du willst! 3. *n.* a) Anzug, *m.*; Kostüm, *n.*; **a three-piece ~:** ein dreiteiliger Anzug; b) **~ Prozess**, *m.*; Verfahren, *n.*; c) Farbe, *f.*; **follow ~:** Farbe bedienen; *(bildlich)* das Gleiche tun
suitability [sjuːtə'bɪlɪtɪ] *n.*, *no pl.* Eignung, *f.* (for für); Angemessenheit, *f.* (for für); **his ~ as a priest** seine Eignung zum oder als Priester
suitable ['sjuːtəbl] *adj.* geeignet; angemessen (Anzug); angebracht (Reaktion)
suitably ['sjuːtəblɪ] *adv.* angemessen; gehörig (abgebaut); gebührend (eingenommen); entsprechend (bemitleidet)
suitcase *n.* Koffer, *m.*
suite [swiːt] *n.* a) Garnitur, *f.*; **bedroom ~:** Schlafzimmereinrichtung, *f.*; b) Suite, *f.*; c) (Musik) Suite, *f.*
sulk [salk] 1. *v. i.* schmollen
sulky ['salkɪ] *adj.* schmollend; eingeschnappt (*ugs.*). 2. *n.*, *usu. in pl.* **have a ~ or the ~s, be in or have a fit of the ~s** eingeschnappt sein *(ugs.)*; schmollen
sum [sam] 1. *v. t.*, **-mm-** addieren. 2. *n.* a) Summe, *f.* (of aus); **~** Ergebnis, *n.*; b) Summe, *f.*; c) Rechenaufgabe, *f.*; **do ~s** rechnen
summarize ['saməraɪz] *v. t.* zusammenfassen
summary ['samərɪ] 1. *adj.* knapp; 2. *n.* Zusammenfassung, *f.*
summer ['samər] 1. *attrib. adj.* Sommer. 2. *n.* Sommer, *m.*; **in ~:** im Sommer
summer: **~-house** *n.* Gartenlaube, *f.*; **~ school** *n.* Sommerkurs, *m.*; **~ term** *n.* Sommerhalbjahr, *n.*; **S~ Time** *n.* (Brit.) die Sommerzeit; **~ time** *n.* Sommer, *m.*; **in ~time** im Sommer
summit ['samɪt] *n.* a) Gipfel, *m.*; b) Gipfel, *m.*; **~ conference/meeting** Gipfelkonferenz, *f.*/-treffen, *n.*
sumptuous ['samptjʊəs] *adj.* üppig; luxuriös (Mantel, Sessel)
sun [san] 1. *n.* Sonne, *f.*; **lie in the ~** in der Sonne liegen. 2. *v. refl.*, **-nn-** sich sonnen
sun: **~-bathe** *v. i.* sonnenbaden; **~bather** *n.* Sonnenbadende, *m./f.*; **~bathing** *n.* Sonnenbaden, *n.*; **~beam** *n.* Sonnenstrahl, *m.*; **~-bed** *n.* Sonnenbank, *f.*; Gartenliege, *f.*; **~blind** *n.* Markise, *f.*; **~burn** *n.* Sonnenbrand, *m.*; **~burnt** *adj.* a) **be ~burnt** einen Sonnenbrand haben; b) sonnenverbrannt (Nase)
Sunday ['sandeɪ, 'sandɪ] 1. *n.* Sonntag, *m.* 2. *adv.* *(ugs.)* **~s she goes to church** sonntags geht sie in die Kirche
sunflower *n.* Sonnenblume, *f.*; **~ seeds** Sonnenblumenkerne
sun: **~-glasses** *n. pl.* Sonnenbrille, *f.*; **~hat** *n.* Sonnenhut, *m.*
sun: **~light** *n.* Sonnenlicht, *n.*; **~lit** *adj.* sonnenbeschienen (Feld); sonnig (Raum, Veranda); **~ lounge** *n.* Veranda, *f.*
sunny ['sanɪ] a) sonnig; **~ side up** (Spiegelei) mit dem Gelben nach oben; b) fröhlich (Lachen, Singen)
sun: **~ray** *n.* Sonnenstrahl, *m.*; **~rise** *n.* Sonnenaufgang, *m.*; **at ~rise** bei Sonnenaufgang; **~-roof** *n.* Schiebedach, *n.*; **~set** *n.* Sonnenuntergang, *m.*; **at ~set** bei Sonnenuntergang; **~shade** *n.* Sonnenschirm, *m.*; Markise, *f.*; **~shine** *n.* Sonnenschein, *m.*; **~shine roof** siehe sun-roof; **~stroke** *n.* Sonnenstich, *m.*; **suffer from/get ~stroke** einen Sonnenstich haben/bekommen; **~-tan** *n.* Sonnenbräune, *f.*; **get a ~-tan** braun werden; **~-tan lotion** *n.* Sonnencreme, *f.*; **~-tanned** *adj.* braun; sonnengebräunt (geh.); **~-tan oil** *n.* Sonnenöl, *n.*; **~-trap** sonniges

Plätzchen; **~-up** (Amer.) siehe ~rise
superficial [suːpəˈfɪʃl] *adj.* oberflächlich; leicht (Schmerz); äußerlich (Unterschied)
superfluous [sjuːˈpɜːflʊəs] *adj.* überflüssig
superior [sjuːˈpɪərɪər, sʊˈpɪərɪər] 1. *adj.* a) besonders gut (Material, Essen); überlegen (Werk, Wissen); b) höher... (Status, Justiz); be ~ to sb. einen höheren Rang als jmd. haben. 2. *n.* a) Vorgesetzte, *m./f.*; b) (sb. better) Überlegene, *m./f.*
superiority [sjuːpɪərɪˈɒrɪtɪ] *n.* Überlegenheit, *f.* (to über+ Akk.); besondere Qualität
supermarket [ˈsuːpəmɑːkɪt] *n.* Supermarkt, *m.*
supernatural [suːpəˈnætʃərəl] *adj.* übernatürlich
superstition [suːpəˈstɪʃn] *n.* Aberglaube, *m.*; ~s abergläubische Vorstellungen
superstitious [suːpəˈstɪʃəs] *adj.* abergläubisch
superstructure [ˈsuːpəstrʌktʃər] *n.* a) Aufbau, *m.*; b) Überbau, *m.*
supervise [ˈsuːpəvaɪz] *v. t.* beaufsichtigen
supervision [suːpəˈvɪʒn] *n.* Aufsicht, *f.*
supervisor [ˈsuːpəvaɪzər] *n.* Aufseher, *m./*Aufseherin, *f.*; Doktorvater, *m.*; **office ~:** Bürovorsteher, *m./-*vorsteherin, *f.*
supper [ˈsʌpər] *n.* Abendessen, *n.*; Abendbrot, *n.*; **The Last S~:** das Abendmahl
supple [ˈsʌpl] *adj.* geschmeidig
supplement 1 [ˈsʌplɪmənt] *v. t.* ergänze*n.* 2. [ˈsʌplɪmənt] *n.* a) Ergänzung, *f.* (to+ Gen.); Zusatz, *m.*; b) Nachtrag, *m.*; Supplement, *n.*; Nachtragsband, *m.*; Beilage, *f.*; c) Zuschlag, *m*

supplementary [sʌplɪˈmentərɪ] *adj.* zusätzlich; Zusatz(rente, -frage); **~ fare/charge** Zuschlag, *m.*
supplier [səˈplaɪər] *n.* Lieferant, *m./*Lieferantin, *f.*
supply [səˈplaɪ] 1. *v. t.* a) erfüllen (Nachfrage); b) sorgen für (Platz); liefern (Pakete usw.); zur Verfügung stellen (Bücher, Mittel usw.); beliefern (Laden); versorgen (Leitung); **~ sth. to sb.**, **~ sb. with sth.** jmdn. mit etw. versorgen/ beliefer*n.* 2. *n.* a) Vorräte *Pl.*: **a large ~ of nuts** großer Vorrat an Nüssen; b) Versorgung, *f.* (of mit); **their electricity ~ was cut off** ihnen ist der Strom abgestellt worden
support [səˈpɔːt] 1. *v. t.* a) stützen (Wand, Mensch); tragen (Gewicht); b) stärken; c) unterstützen (Politiker); d) unterstützen; spenden für; e) ernähren (Kinder, sich selbst); f) stützen (Agument, These); befürworten (Demnstration). 2. *n.* a) Unterstützung, *f.*; **give ~ to sb./sth.** jmdn./etw. unterstützen; **in ~:** zur Unterstützung; b) **(sb./sth. that ~s)** Stütze, *f.*; **hold on to sb./sth. for ~:** sich an jmdm./etw. festhalten
supporter [səˈpɔːtər] *n.* Anhänger, *m./*Anhängerin, *f.*
supporting [səˈpɔːtɪŋ] *adj.* **~ role** Nebenrolle, *f.*; **~ actor/actress** Schauspieler/-spielerin in einer Nebenrolle; **~ film** Vorfilm, *m.*
suppose [səˈpəʊz] *v. t.* a) annehmen; **~ or supposing he leaves** angenommen er geht; **~ we don't go** angenommen wir gehen nicht; b) vermuten; **I ~ you are right** ich vermute du hast recht; c) **be ~d to do/be sth.** etw. tun/ sein sollen; **I was ~d to go to**

work ich sollte eigentlich zur Arbeit gegangen sein; d) voraussetzen
supposedly [səˈpəʊzɪdlɪ] *adv.* angeblich
supposition [sʌpəˈzɪʃn] *n.* Annahme, *f.*; Vermutung, *f.*; **be based on ~:** auf Annahmen oder Vermutungen beruhen
suppress [səˈpres] *v. t.* unterdrücken
suppression [səˈpreʃn] *n.* Unterdrückung, *f.*
sure [ʃʊər] 1. *adv.* a) **~ enough** tatsächlich; b) (Amer. ugs.) wirklich; echt (*ugs.*). 2. *adj.* a) sicher; **be ~ of sth.** sich (Dat.) einer Sache (Gen.) sicher sein; **~ of oneself** selbstsicher; b) sicher; **find oneself on ~ ground** sich auf festerem Boden befinden; c) sicher; **you're ~ to be tested** Sie werden ganz sicher oder bestimmt geprüft werden; d) sicher; **for ~** (*ugs.*) auf jeden Fall; e) **make ~** sich vergewissern; nachprüfen; **you'd better make ~ he is coming** du solltest sicher stellen, dass er auch kommt; f) zuverlässig (Familie, Medizin). 3. *int.* **~!**, **~ thing!** (Amer.) na klar! (*ugs.*)
surf [sɜːf] *n.* Brandung, *f.*
surface [ˈsɜːfɪs] 1. *v. i.* auftauchen; (bildlich) hochkommen 2. *n.* a) *no pl.* Oberfläche, *f.*; **outer ~** Außenfläche, *f.*; **the earth's ~:** die Erdoberfläche; **the ~ of the lake** die Seeoberfläche; **on the ~:** an der Oberfläche; über Tage; b) Oberfläche, *f.*; **on the ~:** oberflächlich betrachtet; **come to the ~:** an die Oberfläche kommen; (U-Boot) auftauchen
surfboard *n.* Surfbrett, *n.*
surfer [ˈsɜːfər] *n.* Surfer, *m./*Surferin, *f.*
surfing [ˈsɜːfɪŋ] *n.* Surfen,

surge [sɜːdʒ] 1. *v. i.* (elektrischer Strom) ansteigen; (Wellen) branden; (Menschenmassen) sich wälzen; **the demonstrators ~d forward** die Demonstranten drängten sich nach vorn. 2. *n.* a) Branden, *n.*; b) Sichwälzen, *n.*; Anstieg, *m.*
~ 'up *v. i.* aufsteigen; (Gefühl) aufwallen
surgeon ['sɜːdʒən] *n.* Chirurg, *m.*/Chirurgin, *f.*
surgery ['sɜːdʒərɪ] *n.* a) *no pl., no indef. art.* Chirurgie, *f.*; **need ~:** operiert werden müssen; **undergo ~:** sich einer Operation (Dat.) unterziehen; b) (Brit.) Praxis, *f.*; **doctor's/dental ~:** Arzt-/Zahnarztpraxis, *f.*; c) Sprechstunde, *f.*
surgical ['sɜːdʒɪkl] *adj.* chirurgisch; **~ treatment** Operation, *f.*/Operationen
surly ['sɜːlɪ] *adj.* mürrisch; verdrießlich
surmise [sɜːˈmaɪz] 1. *v. t.* mutmaßen *n.* 2. Vermutung, *f.*; Mutmaßung, *f.*
surname ['sɜːneɪm] *n.* Nachname, *m.*; Zuname, *m.*
surpass [səˈpas] *v. t.* übertreffen (in an + Dat.); **~ oneself** sich selbst übertreffen; **sth. ~es comprehension** etw. ist unbegreiflich
surplus ['sɜːpləs] 1. *adj.* überschüssig; **be ~ to sb.'s requirements** von jmdm. nicht benötigt werden; **~ stocks** Überschüsse *Pl.* 2. *n.* Überschuss, *m.* (of an + Dat.); **army ~ store/boots** Laden für Restbestände/Schuhe aus Restbeständen der Armee
surprise [səˈpraɪz] 1. *v. t.* überraschen; überrumpeln (Dieb); 2. *n.* a) Überraschung, *f.*; **take sb. by ~:** jmdn. überrumpeln; **give sb. a ~:** jmdn. erschrecken; b) *attrib.* überraschend, unerwartet (Besuch); **a ~ party** eine Überraschungs-Party
surprising [səˈpraɪzɪŋ] *adj.* überraschend; **it's not ~ that…:** es ist nicht verwunderlich, dass…
surreal [səˈriːəl] *adj.* surrealistisch
surrealism [səˈriːəlɪzm] *n., no pl.* Surrealismus, *m.*
surrealist [səˈriːəlɪst] 1. *adj.* surrealistisch. 2. *n.* Surrealist, *m.*/Surrealistin, *f.*
surrender. [səˈrendə] 1. *v. i.* kapitulieren; **~ to love** sich der Liebe überlassen. 2. *v. t.* aufgeben; niederlegen (Amt); abgeben, aushändigen (Ware). 3 *v.* refl. sich hingeben (to+ Dat.). 4. *n.* a) Kapitulation, *f.*; b) Aufgabe, *f.*; Rückkauf, *m.*; Abgabe, *f.*
surreptitious [sɑrəpˈtɪʃəs] *adj.* heimlich; verstohlen (Lächeln)
surrogate ['sɑrəɡət] *n.* Ersatz, *m.*
surrogate 'mother *n.* Leihmutter, *f.*
surround [səˈraʊnd] *v. t.* a) umringen; (Armee) umzingeln (Person); b) umgeben; **be ~ed by or with sth.** von etw. umgeben sein
surrounding [səˈraʊndɪŋ] *adj.* umliegend (Landschaft); **~ area** Umgebung, *f.*
surroundings [səˈraʊndɪŋz] *n. pl.* Umgebung, *f.*
surtax ['sɜːtæks] *n.* Ergänzungsabgabe oder -steuer, *f.*
surveillance [səˈveɪləns] *n.* Überwachung, *f.*; **keep sb. under ~:** jmdn. überwachen; **be under ~:** überwacht werden
survey 1. [səˈveɪ] *v. t.* a) betrachten; überblicken (Bevölkerung); b) inspizieren (Produktion usw.); c) bewerten (Konflikt usw.). 2. ['sɜːveɪ] *n.* a) Überblick, *m.* (of über+ Akk.); b) Umfrage, *f.*; Untersuchung, *f.*; c) Vermessung, *f.*; d) Inspektion, *f.*
surveying [səˈveɪɪŋ] *n.* a) Landvermessung, *f.*; b) Abstecken, *n.*
surveyor [səˈveɪər] *n.* a) Gutachter, *m.*/Gutachterin, *f.*; b) Landvermesser, *m.*/vermesserin, *f.*
survival [səˈvaɪvl] *n., no pl.* Überleben, *n.*; Fortbestand, *m.*; Erhaltung, *f.*; **fight for ~:** Existenzkampf, *m.*; **the ~ of the fittest** (Biologie) Überleben der Stärkeren
survive [səˈvaɪv] 1. *v. t.* überleben. 2. *v. i.* (Mensch) überleben; (Texte, Kirchen, Kulturen) erhalten bleiben
survivor [səˈvaɪvər] *n.* Überlebende, *m.*/*f.*
suspect 1. [səˈspekt] *v. t.* a) vermuten; **I ~ the worst has already happened** ich befürchte, dass das Schlimmste schon passiert ist; **~ sb. to be sth.**, **~ that sb. is sth.** glauben oder vermuten, dass jmd. etw. ist; b) verdächtigen; **~ sb. of sth./of doing sth.** jmdn. einer Sache verdächtigen/jmdn. verdächtigen, etw. zu tun; c) bezweifeln (Treue). 2. ['sɒspekt] *adj.* fragwürdig; suspekt (geh.); verdächtig (Koffer). 3. ['sʌspekt] *n.* Verdächtige, *m.*/*f.*
suspected [səˈspektɪd] *adj.* verdächtig
suspend [səˈspend] *v. t.* a) hängen; b) einstellen (Straßenverkehr); c) ausschließen (from von); vom Unterricht ausschließen (Schüler); **~ sb. from duty** jmdn. vom Dienst suspendieren
suspender belt [səˈspendə belt] *n.* (Brit.) Strumpfbandgürtel, *m.*
suspenders [səˈspendəz] *n. pl.* a) (Amer.) Hosenträ-

ger b) (Brit.) Strumpfbänder oder -halter
suspense [sə'spens] *n.* Spannung, *f.*
suspension [sə'spenʃn] *n.* a) Ausschluss, *m.*; Suspendierung, *f.*; **be under ~** (Schüler) vom Unterricht ausgeschlossen sein; b) Suspendierung, *f.*; Einstellung; c) Federung, *f.*
suspicion [sə'spɪʃn] *n.* a) Misstrauen, *n.* (of gegenüber); Verdacht, *m.*; Ahnung, *f.*; Verdacht, *m.*; b) Verdacht, *m.* (of auf+ Akk.); **on ~ of murder** etc. wegen Mordverdachts usw.; **be under ~:** verdächtigt werden
suspicious [sə'spɪʃəs] *adj.* a) misstrauisch (of gegenüber); **be ~ of sb./sth.** jmdm./einer Sache misstrauen; b) verdächtig
suspiciously [sə'spɪʃəslɪ] *adv.* a) verdächtig; **act ~:** sich verdächtig benehmen; b) misstrauisch
sustain [sə'steɪn] *v. t.* a) widerstehen (+ Dat.) (Druck); standhalten (+ Dat.) (Offensive); tragen (Last); b) aufrechterhalten; **~ an objection** einem Einwand stattgeben; c) erleiden (Schmerz, Seuche); d) bestreiten (Diskussion); bewahren (Motivation)
sustenance ['sʌstɪnəns] *n.* a) Nahrung, *f.*; b) Nährwert, *m.*
Swabia ['sweɪbɪə] *pr. n.* Schwaben (*n*).
Swahili [swɑ'hiːlɪ] 1. *adj.* Swahili-. 2. *n.* Swahili, *n.*
swallow ['swɒləʊ] 1. *v. i.* schlucken 2. *v. t.* a) schlucken; verschlucken (Flüssigkeit); b) hinunterschlucken (ugs.) (Schmerz, Zorn); schlucken (ugs.), glauben (Ausrede); d) schlucken (ugs.) (Missbilligung)
swallow *n.* (Ornithologie)

Schwalbe, *f.*
swamp [swɒmp] 1. *v. t.* a) überschwemmen; b) **be ~ed with work** bis über den Hals in Arbeit stecken (ugs.). 2. *n.* Sumpf, *m.*
swampy ['swɒmpɪ] *adj.* sumpfig
swan [swɒn] *n.* Schwan, *m.*
swarm [swɔːm] 1. *v. i.* a) schwärmen; b) wimmeln (with von). 2. *n.* a) Schwarm, *m.*; Bienenschwarm, *m.*; b) in *pl.* ~s of people Scharen von Menschen
sway [sweɪ] 1. *v. t.* a) wiegen (Hüften, Ast); hin und her schwanken lassen (Palme, Baum); b) beeinflussen; überreden. 2. *v. i.* schwanken; sich wiegen. 3. *n.* Herrschaft, *f.*; **have sb. under one's ~, hold ~ over sb.** über jmdn. herrschen
swear [sweər] 1. *v. i.*, swore, sworn a) fluchen; b) **~ to sth.** etw. beschwören; einen Eid auf etw. (Akk.) ablegen; c) schwören, einen Eid ablegen (on auf+ Akk.). 2. *v. t.*, swore [swɔːr], sworn [swɔːn] schwören (Eid)
sweat [swet] 1. *v. i.*, ~e or (Amer.) ~: schwitzen; **~ like a horse** (ugs.) schwitzen wie ein Pferd (sl.). 2. *v. t.* ~ **it out** (ugs.) durchhalten; ausharren. 3. *n.* a) Schweiß, *m.*; **I broke out in a ~:** mir brach der Schweiß aus; b) Plagerei, *f.*; Plackerei, *f.* (ugs.)
sweater ['swetər] *n.* Pullover, *m.*
sweat: ~**-shirt** *n.* Sweatshirt, *n.*; ~**-shop** *n.* ausbeuterische Klitsche (ugs.)
sweaty ['swetɪ] *adj.* schweißig; schweißnass
Swede [swiːd] *n.* Schwede, *m.*/Schwedin, *f.*
swede *n.* Kohlrübe, *f.*
Sweden ['swiːdn] *pr. n.*

Schweden (*n*.)
Swedish ['swiːdɪʃ] 1. *adj.* schwedisch; *sb.* is ~: jmd. ist Schwede/Schwedin. 2. *n.* Schwedisch, *n.*; siehe auch English
sweep [swiːp] 1. *v. i.*, swept a) fegen; kehren; b) (Adler) gleiten; (Mensch) rauschen; (Wind) fegen; c) sich erstrecken; **the highway ~s left** die Autobahn macht einen Bogen nach links. 2. *v. t.*, swept [swept] a) fegen; **~ the floor** den Boden fegen; b) fegen; **we were swept along with the crowd** wir wurden von der Menge mitgerissen. 3. *n.* a) **give sth. a ~:** etw. fegen; etw. kehren; **make a clean ~** gründlich aufräumen; b) siehe chimneysweep; c) (ugs.) siehe sweepstake; d) ausholende Bewegung
~ a'way *v. t.* fortreißen; (bildlich) hinwegfegen (Vergangenheit)
sweeper ['swiːpər] *n.* [road] ~ Straßenfeger, *m.*; Straßenkehrmaschine, *f.*
sweepstake *n.* a) Sweepstake[rennen], *n.*; b) Pferdetoto
sweet [swiːt] 1. *adj.* a) süß; ~ **milk** gesüßte Milch; b) süß; reizend (Kind, Nase, Rock); ~ **dreams!** träum/träumt süß!; **how ~ you are!** du bist so nett oder lieb!; c) süß; frisch (Luft); d) süß; lieblich (Ton, Klingen). 2. *n.* a) (Brit.); Bonbon, *n.* oder *m.*; Süßigkeit, *f.*; b) (Brit.) Nachtisch, *m.*; Dessert, *n.*; **for ~:** zum Nachtisch oder Dessert
sweetener ['swiːtnər] *n.* a) Süßstoff, *m.*; b) kleine Aufmerksamkeit
sweetheart *n.* Schatz, *m.*; Liebling, *m.*
sweetness ['swiːtnɪs] *n.*, *no pl.* a) Süße, *f.*; b) süßer Duft; c) Süße, *f.*

swell [swel] 1. *v. i.*, ~ed, swollen or ~ed a) (Finger) anschwellen; (Segel) sich blähen; (Stoff) aufquellen; b) (Menge) zunehmen; c) anschwellen (to zu). 2. *v. t.*, ~ed, swollen [ˈswəʊlən] or ~ed a) anschwellen lassen; aufquellen lassen (Material); b) anschwellen lassen; vergrößern; c) blühen (Segel). 3. *n.* Dünung, *f.*
swelling [ˈswelɪŋ] 1. *adj.* anschwellend 2. *n.* Schwellung, *f. (Medizin)*
swift [swɪft] *adj.* schnell; flink, schnell (Reaktion); ~ **move** rasche Bewegung
swiftly [ˈswɪftlɪ] *adv.* schnell; bald
swim [swɪm] 1. *v. i.*, -mm-, swam [swæm], swum [swʌm] a) schwimmen; b) ~ **with or in sth.** in etw. (Dat.) schwimmen; **the bucket was ~ming with hair** der Eimer war voller Haare. 2. *v. t.*, -mm-, swam, swum schwimmen (Abschnitt); durchschwimmen. 3. *n.* have a/go for a ~: schwimmen/schwimmen gehen
swimmer [ˈswɪmər] *n.* Schwimmer, *m.*/Schwimmerin, *f.*; **be a good/poor** ~: gut/schlecht schwimmen können
swimming [ˈswɪmɪŋ] *n.* Schwimmen, *n.*
swimming: ~-**baths** *n. pl.* Schwimmbad, *n.*; ~-**costume** *n.* Badeanzug, *m.*; ~-**lesson** *n.* Schwimmstunde, *f.*; ~-**lessons** Schwimmunterricht, *m.*; ~-**pool** *n.* Schwimmbecken, *n.*; Swimmingpool, *m.*; Schwimmbad, *n.*; ~-**trunks** *n. pl.* Badehose, *f.*
swim-suit *n.* Badeanzug, *m.*
swindle [ˈswɪndl] 1. *v. t.* betrügen; ~ **sb. out of sth.** jmdn. um etw. betrügen; jmdm. etw. abschwindeln. 2. *n.* Schwindel, *m.*; Betrug, *m.*
swindler [ˈswɪndlər] *n.* Schwindler, *m.*/Schwindlerin, *f.*
swing [swɪŋ] 1. *v. i.*, swung [swʌŋ] a) schwingen; (in wind) schaukeln; ~ **open** (Fenster) aufgehen; b) schwenken; ~ **from a branch** an einem Ast schwingen (geh.) oder baumeln. 2. *v. t.*, swung a) schwingen;) schaukeln; ~ **sth. round and round** etw. kreisen oder im Kreise wirbeln lassen; b) schwenken; **he swung his bicycle off the path** er schwenkte vom Weg ab. 3. *n.* a) Schaukel, *f.*; b) Schaukeln, *n.*; c) Schlag, *m.*; (Boxen) Schwinger, *m.*; (Schläger) Schwung, *m.*; **take a** ~ **at sb./sth.** zum Schlag gegen jmdn./auf etw. *(Akk.)* ausholen; d) (Musik) Swing, *m.*; e) Schwankung, *f.*; Wende, *f.*; Abwanderung, *f.*
~ ʼ**round** *v. i.* sich schnell umdrehen (on nach); herumfahren
swing: ~ **bridge** *n.* Drehbrücke, *f.*; ~-ʼ**door** *n.* Pendeltür, *f.*
swinging [ˈswɪŋɪŋ] *adj.* a) schwingend; b) rhythmisch; c) (*sl.*) wild (*ugs.*); swingend (*ugs.*)
Swiss [swɪs] 1. *adj.* Schweizer; schweizerisch. 2. *n.* Schweizer, *m.*/Schweizerin, *f.*; **the** ~ *pl.* die Schweizer
Swiss: ~ ʼ**German** 1. *adj.* schweizerdeutsch; 2. *n.* Schweizerdeutsch, *n.*
switch [swɪtʃ] 1. *v. i.* wechseln; ~ **to sth.** auf etw. *(Akk.)* umstellen oder umschalten 2. *v. t.* a) ~ **sth. to sth.** etw. auf etw. *(Akk.)* umstellen oder umschalten; b) tauschen. 3. *n.* a) Schalter, *m.*; b) (Amer.) Weiche, *f.*; c) Wechsel, *m.*
switch: ~-**back** *n.* Achterbahn, *f.*; ~-**board** *n.* Zentrale, *f.*; Vermittlung, *f.*; ~-**board operator** Telefonist, *m.*/Telefonistin, *f.*
Switzerland [ˈswɪtsələnd] *pr. n. f.* Schweiz
swivel [ˈswɪvl] 1. *v. i.*, (Brit.) -ll- sich drehen. 2. *v. t.*, (Brit.) drehen
swivel chair *n.* Drehstuhl, *m.* Drehgelenk, *n.*
swollen [ˈswəʊlən] 1. siehe swell. 2. *adj.* geschwollen; angeschwollen (Auge)
swoon [swuːn] 1. *v. i.* a) ohnmächtig werden; b) ~ **over sb./sth.** von jmdm./etw. schwärmen. 2. *n.* Ohnmacht, *f.*
sword [sɔːd] *n.* Schwert, *n.*
swordfish *n.* Schwertfisch, *m.*
sworn [swɔːn] 1. siehe swear; 2. *attrib. adj.* a) verschworen (Partner); b) beeidigt; ~ **evidence** Aussage unter Eid
syllable [ˈsɪləbl] *n.* Silbe, *f.*
syllabus [ˈsɪləbəs] *n.*, *pl.* ~es or syllabi [ˈsɪləbaɪ] Lehrplan, *m.*; Studienplan, *m.*
symbol [ˈsɪmbl] *n.* Symbol, *n.* (of für)
symbolic [sɪmˈbɒlɪk], symbolical [sɪmˈbɒlɪkl] *adj.* symbolisch
symbolism [ˈsɪmbəlɪzm] *n.* Symbolik, *f.*
symbolize [ˈsɪmbəlaɪz] *v. t.* symbolisieren
symmetrical [sɪˈmetrɪkl] *adj.*, **symmetrically** [sɪˈmetrɪklɪ] *adv.* symmetrisch
symmetry [ˈsɪmɪtrɪ] *n.* Symmetrie, *f.*
sympathetic [sɪmpəˈθetɪk] *adj.* a) mitfühlend; verständnisvoll; b) wohlgesinnt
sympathize [ˈsɪmpəθaɪz] *v. i.* a); ~ **with** Verständnis haben für (jmds. Leiden); **sympathisieren** mit (Ideo-

logie) ~ **with sb.** mit jmdm. fühlen oder Mitleid haben; sein Mitgefühl mit jmdm. äußern

sympathy ['sɪmpəθɪ] *n.* a) Mitgefühl, *n.*

symphonic [sɪm'fɒnɪk] *adj.* sinfonisch; symphonisch

symphony ['sɪmfənɪ] *n.* Sinfonie, *f.*

symphony orchestra *n.* Sinfonieorchester, *n.*

symposium [sɪm'pəʊzɪəm] *n., pl.* symposia [sɪm'pəʊzɪə] Symposion, *n.*; Symposium, *n.*

symptom ['sɪmptəm] *n. (Medizin)* Symptom, *n.*

symptomatic [sɪmptə'mætɪk] *adj.* symptomatisch (of für)

synagogue ['sɪnəgɒg] *n.* Synagoge, *f.*

synonym ['sɪnənɪm] *n.* (Sprachw.) Synonym, *n.*

synonymous [sɪ'nɒnɪməs] *adj.* a) synonym (with mit); b) ~ with *(bildlich)* gleichbedeutend mit

synopsis [sɪ'nɒpsɪs] *n., pl.* synopses [sɪ'nɒpsiːz] Inhaltsangabe, *f.*

syntactic [sɪn'tæktɪk] *adj.* syntaktisch

syntax ['sɪntæks] *n.* Syntax, *f.*

synthesis ['sɪnθɪsɪs] *n., pl.* syntheses ['sɪnθɪsiːz] Synthese, *f.*

Syria ['sɪrɪə] *pr. n.* Syrien (*n.*)

Syrian ['sɪrɪən] 1. *adj.* syrisch; sb. is ~: jmd. ist Syrer/Syrerin. 2. *n.* Syrer, *m.*/Syrerin, *f.*

syringe [sɪ'rɪndʒ] 1. *v. t.* spritzen. 2. *n.* Spritze, *f.*; siehe auch hypodermia

syrup ['sɪrəp] *n.* Sirup, *m.*; cough ~: Hustensaft, *m.*

system ['sɪstəm] *n.* a) System, *n.*; Netz, *n.*; root ~ (Botanik) Wurzelgeflecht, *n.*; b) (Anatomie, Zoologie) Körper, *m.*; muscular/nervous ~: Muskulatur, *f.*/Nervensystem, *n.*

systematic [sɪstə'mætɪk] *adj.*, systematically [sɪstə'mætɪkəlɪ] *adv.* systematisch

systematize (systematise) ['sɪstəmətaɪz] *v. t.* systematisieren (into zu)

T

T, t [tiː] *n., pl.* Ts or T's T, t, *n.*; **to a T** ganz genau; haargenau; **T-junction** Einmündung, *f.* (in eine Vorfahrtstraße); **T-bone steak** T-bone-Steak, *n.*; **T-shirt** T-shirt, *n.*

table [ˈteɪbl] 1. *v. t.* a) (Amer.) im Sande verlaufen lassen, auf die lange Bank schieben; b) (Brit.) einbringen; auf den Tisch legen *(ugs.)*. 2. *n.* a) Tisch, *m.*; **at ~**: bei Tisch; **sit down at ~**: sich zu Tisch setzen; b) Tabelle, *f.*; **~ of contents** Inhaltsverzeichnis, *n.*

table: ~-cloth *n.* Tischdecke, *f.*; Tischtuch, *n.*; **~-knife** *n.* Messer, *n.*; **~-lamp** *n.* Tischlampe, *f.*; **~ manners** *n. pl.* Tischmanieren *Pl.*; **~-mat** *n.* Set, *n.*; **~ salt** *n.* Tafelsalz, *n.*; **~spoon** *n.* Servierlöffel, *m.*; **~spoonful** *n.* Servierlöffelvoll

table: ~ tennis *n.* (Sport) Tischtennis, *n.*; **~ tennis bat** Tischtennisschläger, *m.*; **~ware** *n., no pl.* Geschirr, Besteck und Gläser; **~ wine** *n.* Tischwein, *m.*

tabloid [ˈtæblɔɪd] *n.* (kleinformatige, bebilderte) Boulevardzeitung; **the ~s** die Boulevardpresse

taboo, tabu [təˈbuː] 1. *adj.* tabuisiert; Tabu(wort); **be ~**: tabu sein 2. *n.* Tabu, *n.*

tacit [ˈtæsɪt] *adj.*, **tacitly** [ˈtæsɪtlɪ] *adv.* stillschweigend

taciturn [ˈtæsɪtɜːn] *adj.*; wortkarg, schweigsam

tack [tæk] 1. *v. i.* kreuzen 2. *v. t.* a) heften; b) festnageln. 3. *n.* a) kleiner Nagel; b) Heftstich, *m.*; c) Kurs, *m.*

tacky [ˈtækɪ] *adj.* (sticky) klebrig; geschmacklos *(ugs.)*; **what a ~ sweater!** so ein geschmackloser Pulli!

tact [tækt] *n.* Takt, *m.*; **he has no ~**: er hat kein Taktgefühl

tactful [ˈtæktfl] *adj.*, **tactfully** [ˈtæktfəlɪ] *adv.* taktvoll

tactic [ˈtæktɪk] *n.* Taktik, *f.*

tactical [ˈtæktɪkl] *adj.* taktisch (Fehler, Rückzug); **~ voting** taktische Stimmabgabe

tactics [ˈtæktɪks] *n. pl.* Taktik, *f.*

tactless [ˈtæktlɪs] *adj.* taktlos

tactlessly [ˈtæktlɪslɪ] *adv.* taktlos; taktloserweise

tadpole [ˈtædpəʊl] *n.* Kaulquappe, *f.*

tag [tæg] 1. *v. i.*, -gg-: **~ behind** folgen; **~ after sb.** hinter jmdm. hertrotten *(ugs.)* **~ a'long** *v. i.* hinterherlaufen; 2. *v. t.*, -gg- anhängen (to an + Akk.); **~ together** aneinanderhängen; zusammenheften (Papiere). 3. *n.* a) Schild, *n.*; Etikett, *n.*; Ohrmarke, *f.*; b) Schlaufe, *f.*; c) Zitat, *n.*; geflügeltes Wort

tag *n.* (game) Fangen, *n.*

tail [teɪl] 1. *v. t.* a) beschatten (Namen); 2. *n.* a) Schwanz, *m.*; b) in *pl.* Frack, *m.*; c) in *pl.* **~s** Zahl; siehe auch head

tailor [ˈteɪlər] 1. *n. v. t.* a) schneidern; b) *(bildlich)* **~ed to or for sb./sth.** für jmdn./etw. maßgeschneidert.; **~ed to sb.'s needs** auf jmds. Bedürfnisse zugeschnitten. 2. *n.* Schneider, *m.*/Schneiderin, *f.*

taint [teɪnt] 1. *v. t.* verderben; beflecken (Namen); **be ~ed with sth.** mit etw. behaftet sein (geh.). 2. *n.* Makel, *m.*

Taiwan [taɪˈwɑːn] *pr. n.* Taiwan (*n.*)

take [teɪk] 1. *v. i.*, took, taken a) (Herztransplant) vom Körper angenommen werden; (Impfung) anschlagen; (Grass) anwachsen; (Baum) angehen; (Feuer) zu brennen beginnen; (Fisch) beißen; b) **~ from sth.** etw. schmälern. 2. *v. t.*, took [tʊk], taken [ˈteɪkn] a) nehmen; **~ sb.'s arm** jmds. Arm nehmen; **~ sb. by the hand/arm** jmdn. bei der Hand/am Arm nehmen; b) (Geschäft) einbringen; (Musical) einspielen; gewinnen (Lotterie); erzielen (Ziel); c) nehmen; mitnehmen; kaufen, mieten (Haus); nehmen (Trompeten-, Hindi-, Fahrstunden); mitmachen (Schauspielkurs); nehmen; lesen (Zeitschrift); beziehen; erwerben (Magister); sich (Dat.) nehmen (Ehefrau, Geliebten usw.); **he took his degree at the London College of Printing** er hat sein Examen am London College of Printing gemacht; **~ place** stattfinden; sich ereignen; d) **that woman took her life** die Frau nahm sich das Leben; nehmen; machen (Reise); nehmen (Diktat) (from aus); **~ the chance to do/of doing sth.** die Chance dazu benutzen, etw. zu tun; **~ five kilo rice etc.** man nehme fünf Kilo Reis usw. e) bringen; **~ these books with you** bring diese Bücher mit; **~ sb. to work** jmdn. zur Arbeit bringen; **~ sb. to India** mit jmdm. nach Indien reisen; **~ sb./ sth. with one** jmdn./etw. mitnehmen; **~ home** mit nach Hause nehmen; f) nehmen; abziehen; **~ sth./sb. from**

sb. jmdm. etw./jmdn. wegnehmen; **I took her place** ich nahm ihren Platz; g) machen (Bild, Kopie); aufnehmen; h) aufnehmen (Notiz); machen (Wanderung, Examen, Ferien); durchführen (Abfrage,); ablegen (Eid); i) ~ **English at school** in der Schule Englisch haben; j) trinken (Milch, Cola, Wein); nehmen (Drogen, Pillen, Zucker); ~ **sugar in one's coffee** den Kaffee mit Zucker trinken; k) einnehmen (Sitz im Parlament); übernehmen, antreten (Amt); ~ **sb.'s seat** sich auf jmds. Platz setzen; **is that/this seat ~n?** ist da/hier noch frei?; l) brauchen (Raum); haben (Anzug, Hemdgröße usw.); **sth. ~s an hour/a year/all day** etw. dauert eine Stunde/ein Jahr/einen ganzen Tag; m) fassen; tragen; n) notieren (Information, Nummer usw.); fühlen (Puls); messen (Höhe, Größe usw.); ~ **the minutes of a meeting** bei einer Sitzung Protokoll führen; o) ~ **sb.'s meaning/drift** verstehen, was jmd. meint; p) aufnehmen; ~ **sth. well/badly/hard** etw. gut/schlecht/nur schwer verkraften; q) annehmen; ~ **money etc.** Geld usw. nehmen; ~ **sb.'s word for it** sich auf jmdn. oder jmds. Wort verlassen; r) ergreifen (Maßnahmen); unternehmen (Pläne); einschlagen (Richtung); **the road you didn`t** ~: den Weg, den man nicht eingeschlagen hat; s) nehmen (Praktikant); aufnehmen (Gast); 3. *n.* Einstellung, *f.*; Take, *m.* oder *n.* (fachsprachlich)

~ **a'way** *v. t.* a) wegnehmen; mitnehmen; ~ **sth. away from sb**. jmdm. etw. abnehmen; **to** ~ **away** (Essen) zum Mitnehmen; ~ **sb. away** jmdn. wegbringen; (Polizei) jmdn. abführen; b) (Mathematik) abziehen

~ **'back** *v. t.* a) zurücknehmen; wieder einstellen (Arbeiter); wieder aufnehmen (Ehemann); sich (Dat.) wiedergeben lassen; b) zurückbringen; wieder bringen (Person); wieder mitnehmen

~ **'in** *v. t.* a) hinbringen; hineinführen (Kunde); *(ugs.)* wegbringen *(ugs.)* (Ware usw.); b) hereinholen (c) einbeziehen; d) enger machen (Sakko, Hose); e) überblicken, begreifen; erfassen (Umgebung); es aufnehmen; vermieten an (+ Akk.); aufnehmen (Gäste); ~ **in lodgers** (Haus-, Wohnungseigentümer) Zimmer vermieten; g) erfassen; mitbekommen

~ **'off** 1. *v. i.* (Flugzeug) starten. 2. *v. t.* a) ausziehen; ablegen (Ring); abnehmen (Jacke, Zettel); b) ~ **sb. off sth.** jmdn. von etw. holen; jmdm. etw. entziehen; c) ~ **a day off** sich (Dat.) einen Tag usw. frei nehmen (ugs)
~ **'on** *v. t.* a) aufnehmen b) aufnehmen (Praktikant); einstellen; c) übernehmen; annehmen (Verantwortung.); auf sich *(Akk.)* nehmen (Pflicht); sich einlassen auf; 2. (+ Akk.) (Person); sich (Dat.) aufladen oder aufbürden (Angelegenheit); d) sich auf eine Auseinandersetzung einlassen mit; es aufnehmen mit

~ **'over** 1. *v. t.* a) ~ **sb./sth. over to sb./sb.'s flat** etw. zu jmdm./in jmds. Wohnung bringen oder *(ugs.)* rüberbringen b) übernehmen; ~ **sth. over from sb.** etw. von jmdm. übernehmen; ~ **sb./sth. over** *(bildlich)* von jmdm./ etw. Besitz ergreifen. 2. *v. i.* übernehmen

tale [teɪl] *n.* a) Geschichte, *f.* *(ugs.)* b) Erzählung, *f.*; Geschichte, *f.* (of von, about über+ Akk.)

talent [ˈtælənt] *n.* Talent, *n.*

talented [ˈtæləntɪd] *adj.* talentiert

talk [tɔːk] 1. *v. i.* a) sprechen, reden (with, to mit); sich unterhalten; sprechen; Gespräche führen; rede*n*. 2. *v. t.* a) sprechen (Sprache). 3. *n.* a) Vortrag, *m.*; **give a series of ~s** eine Vortragsreihe abhalten; b) *no pl.* Sprache, *f.*; c) *no pl.* Gerede, *n.* *(derogativ)*; **there's too much** ~ es wird zuviel geredet

~ **'over** *v. t.* a) ~ **sth. over** etw. besprechen; b) ~ **sb. over** jmdn. überreden

talkative [ˈtɔːkətɪv] *adj.* gesprächig; geschwätzig *(derogativ)*

tall [tɔːl] *adj.* hoch; groß (Mann, Bär); **grow ~:** wachsen; groß werden

tally [ˈtælɪ] *v. i.* übereinstimmen

tame [teɪm] 1. *v. t.* zähmen 2. *adj.* a) **grow/become ~:** zahm werden; zahm; b) lahm *(ugs.)*, lustlos (Spielen, Herumsitzen); c) wenig aufregend; lasch (Character)

tampon [ˈtæmpɒn] *n.* Tampon, *m.*

tan [tæn] 1. *v. i.*, -nn- braun werde*n*. 2. *v. t.*, -nn-; a) (Sonne) bräunen; (Person;) braun werden lassen (Körper); b) *(sl.)* *n.* Fell gerben (salopp) (+ Dat.).; c) gerben. 3. *n.* a) Gelbbraun, *n.*; b) Bräune, *f.*; **have/get a ~:** braun sein/werde*n*. 4. *adj.* gelbbraun

tandem [ˈtændəm] *n.* Tandem, *n.*; ~ **bicycle** Tandem, *n.*; **coupled/harnessed in ~:** hintereinander gekoppelt/-gespannt

tang [tæŋ] *n.* **sharp ~:** scharfer Geschmack/Geruch
tangent ['tændʒənt] *n.* (Mathematik)Tangente, *f.*; **go or fly off at a ~** *(bildlich)* plötzlich vom Thema abschweifen
tangle ['tæŋgl] 1. *v. t.* verfilzen (Fäden) verheddern *(ugs.)*; 2. *n.* Gewirr, *n.*; Auseinandersetzung, *f.*; Verfilzung, *f.*; (Mensch) verwirrt sein; in Unordnung (Dat.) sein
~ 'up *v. t.* verheddern *(ugs.)*; verfilzen (Fäden)
~ with *v. t.* *(ugs.)* ~ with sb. sich mit jmdm. anlegen
tangled ['tæŋgld] *adj.* verheddert *(ugs.)*; verworren; verwickelt (Situation) verfilzt (Haar)
tango ['tæŋgəʊ] *n.*, *pl.* ~s Tango, *m.*
tank [tæŋk] *n.* a) Auffangbecken, *n.*; Tank, *m.*; Aquarium, *n.*; b) (Militär) Panzer, *m.*; **fill the ~** volltanken; b) (Militär) Panzer, *m.*
~ 'up 1. *v. i.* auftanken. 2. *v. t.* auftanken
tanker ['tæŋkər] *n.* Tanker, *m.*; Tankschiff, *n.*; Tankwagen, *m.*
tanned [tænd] *adj.* braungebrannt
tap [tæp] 1. *n.* a) Spund, *m.* Zapfen, *m.*; b) Hahn, *m.*; Zapfhahn, *m.*; **hot/cold ~:** Warm-/Kaltwasserhahn, *m.*; 2. *v. t.*, -pp-; anzapfen abhören; *(ugs.)*
tap 1. *v. i.*, -pp-; **~ at/on sth.** an etw. *(Akk.)* klopfen; auf etw. *(Akk.)* klopfen. 2. *v. t.*, -pp- klopfen auf (+ Akk.); klopfen an (+ Akk.); 3. *n.* Klopfen, *n.*; Klaps, *m.* *(ugs.)*
tap: ~-dance 1. *n.* Steptanz, *m.*; 2. *v. i.* steppen; Step tanzen; **~-dancer** *n.* Steptänzer, *m./*-tänzerin, *f.*; **~-dancing** *n.* Steptanz, *m.*; Steppen, *n.*
tape [teɪp] 1. *v. t.* a) aufnehmen; b) **have got sb./sth. ~d** *(sl.)* jmdn. durchschaut haben/etw. im Griff oder unter Kontrolle haben c) zukleben (Paket); kleben (Spalte); 2. *n.* a) Band, *n.*; adhesive/*(ugs.)* **sticky ~:** Klebeband, *n.*; Klebstreifen, *m.*; b) (Sport) Zielband, *n.*; c) Band, *n.* (of mit); **put/record sth. on ~, make a ~ of sth.** etw. auf Band *(Akk.)* aufnehmen; **on ~:** auf Band (Dat.); **blank ~:** unbespieltes Band; d) Papierstreifen, *m.*; Lochstreifen, *m.* e) *(Medizin)* a) Klebe-/Tapeverband *m.* b) Tape
tape: ~ cassette *n.* Tonbandkassette, *f.*; **~ deck** *n.* Tapedeck, *n.*; **~-measure** *n.* Bandmaß, *n.*; Zentimetermaß, *n.*; **~-player** *n.* Tonbandgerät, *n.*
tape: ~-record ['teɪprɪkɔːd] *v. t.* aufzeichnen od aufnehmen; **~ recorder** *n.* Tonbandgerät, *n.*; **~ recording** *n.* Tonbandaufnahme, *f.*
tar [tar] 1. *v. t.*, -rr- teeren; 2. *n.* Teer, *m.*
tart [tat] *adj.* sauer; herb; (Obst); *(bildlich)* scharfzüngig
tart *n.* *(sl.)* Nutte, *f.*
task [task] *n.* Aufgabe, *f.*
taste [teɪst] 1. *v. i.* a) schmecken; b) schmecken (of nach). 2. *v. t.* a) probieren; schmecken; kosten; b) schmecken. 3. *n.* a) Geschmack, *m.* (in für); **have a/no ~ for sth.** an etw. (Dat.) Geschmack/keinen Geschmack finden; b) Geschmack, *m.*; c) Kostprobe, *f.*; d) Geschmack, *m.*; **to ~:** nach Geschmack (salzen); e) Geschmack, *m.*; **in good/bad ~:** geschmackvoll/geschmacklos
tasteful ['teɪstfl] *adj.*, tastefully ['teɪstfəlɪ] *adv.* geschmackvoll
tasteless ['teɪstlɪs] *adj.* geschmacklos
tattoo [tə'tuː] 1. *v. t.* tätowieren; **~ sth. on sb.'s arm** jmdm. etw. auf den Arm tätowieren. 2. *n.* Tätowierung, *f.*
tattooed [tə'tuːd] *adj.* tätowiert
Taurus ['tɔːrəs] *n.* (Astrologie, Astronomie.) *m.* Stier
tax [tæks] 1. *v. t.* a) beschuldigen, bezichtigen (with Gen.) b) besteuern versteuern (Lohn). 2. *n.* a) Steuer, *f.*; **pay $ 3000 in ~** 3000 Dollar Steuern zahlen; **before/after ~:** vor Steuern/nach Steuern; (after ~, ~ paid) nach Abzug der Steuern; netto; **free of ~:** steuerfrei; b) *(bildlich)* Belastung, *f.* (on für)
taxable ['tæksəbl] *adj.* steuerpflichtig
taxation [tæk'seɪʃn] *n.* Besteuerung, *f.*; Steuern
taxi ['tæksɪ] 1. *v. i.*, ~ing or taxying ['tæksɪɪŋ]. 2. *n.* Taxi, *n.*
tax: ~man *n.* *(ugs.)* Finanzbeamte, *m./*-beamtin, *f.*; **a letter from the ~man** ein Brief vom Finanzamt; **~ office** *n.* Finanzamt, *n.*; **~-payer** *n.* Steuerzahler, *m./*-zahlerin, *f.*; **~-paying** *attrib. adj.* Steuern zahlend…; **~ return** *n.* Steuererklärung, *f.*
tea [tiː] *n.* a) Tee, *m.*
tea: ~-bag *n.* Teebeutel, *m.*; **~-break** *n.* (Brit.) Teepause, *f.*; **~-caddy** *n.* Teebüchse, *f.*; **~-cake** *n.* a) (Brit.) Rosinenbrötchen, *n.*; b) (Amer.) Keks, *m.*; **~-cakes** Teegebäck, *n.*
teach [tiːtʃ] 1. *v. i.*, taught unterrichten 2. *v. t.*, taught [tɔːt] unterrichten; lehren; **~ English to sb., ~ sb. English** etc. jmdn. in Englisch usw. unterrichten
teacher ['tiːtʃər] *n.* Lehrer,

m./Lehrerin, *f.*
teaching ['tiːtʃɪŋ] *n.* a) *no pl., no art.* Lehrberuf; b) Unterrichten, *n.* (of von); **the ~ of languages, language ~:** der Sprachunterricht; **~ aid** *n.* Lehr- oder Unterrichtsmittel, *n.*; **~ hospital** *n.* Ausbildungskrankenhaus, *n.*
tea: ~-kettle *n.* Teekessel, *m.*
team [tiːm] *n.* a) Gespann, *n.*; b) Team, *n.*; Mannschaft, *f.*
'**team-work** *n.* Teamarbeit, *f.*
tea: ~-party *n.* Teegesellschaft, *f.*; **~pot** *n.* Teekanne, *f.*
tear [teər] 1. *v. i.*, tore, torn a) reißen; **~ in half or in two** entzweireißen; durchreißen; 2. *v. t.*, tore [tɔːr], torn [tɔːn] a) zerreißen; aufreißen; auseinanderreißen; **~ open** aufreißen (Brief); b) reißen; **~ sth. out of or from sb.'s hands** jmdm. etw. aus der Hand reiße*n*. 3. *n.* Riss, *m.*
tear [tɪər] *n.* Träne, *f.*; **I easily burst into ~s** ich breche schnell in Tränen aus
teardrop ['tɪədrɒp] *n.* Träne, *f.*
tearful ['tɪəfl] *adj.*; tränenreich, weinend (Treffen)
tearing ['teərɪŋ] *adj.* rasend
tear-off ['teərɒf] *attrib. adj.* **~ calendar** Abreißkalender, *m.*
tea: ~-room *n.* Teestube, *f.*; Café, *n.*; **~-rose** *n.* Teerose, *f.*
tease [tiːz] 1. *v. i.* seine Späße machen; **I love teasing my sister** ich ärgere meine Schwester sehr gerne. 2. *v. t.* necken; **~ sb** jmdn. aufziehen *(ugs.)*; jmdn. verspotten
tea: ~spoon *n.* Teelöffel, *m.*; **~spoonful** *n.* Teelöffel, *m.*; **a ~spoonful** ein Teelöffel; **~strainer** *n.* Teesieb, *n.*

technical ['teknɪkl] *adj.* technisch (Design, Untersuchung, Konzept); fachlich; Fach(kenntnis, -sprache); technisch (Probleme)
technician [tek'nɪʃn] *n.* Techniker, *m.*/Technikerin, *f.*
technique [tek'niːk] *n.* Technik, *f.*; Methode, *f.*
technological [teknə'lɒdʒɪkl] *adj.* siehe technology: technologisch; technisch
technologist [tek'nɒlədʒɪst] *n.* Technologe, *m.*/Technologin, *f.*
technology [tek'nɒlədʒɪ] *n.* Technik, *f.*; Technologie, *f.*; **science and ~:** Wissenschaft und Technik
teddy ['tedɪ] *n.* **~ bear** Teddybär, *m.*
tedious ['tiːdɪəs] *adj.* langweilig; langwierig (Predigt)
telecommunication [telɪkəmjuːnɪ'keɪʃn] *n.* a) in *pl.* Fernmelde- oder Nachrichtentechnik, *f.*; *attrib.* Fernmelde- oder Nachrichten(satellit, -technik); b) Fernmeldeverkehr, *attrib.* Fernmelder
telegram ['telɪgræm] *n.* Telegramm, *n.*; **by ~:** telegrafisch
telegraph ['telɪgrɑːf] *n.* Telegraf, *m.*; *attrib.* Telegrafen-; **~ pole** Telegrafenmast, *m.*
telepathic [telɪ'pæθɪk] *adj.* telepathisch; **be ~:** telepathische Fähigkeiten haben
telepathy [tɪ'lepəθɪ] *n.* Telepathie, *f.*
telephone ['telɪfəʊn] 1. *v. i.* anrufen; 2. *v. t.* anrufen; telefonisch übermitteln (Liebe) (to Dat.); 3. *n.* Telefon, *n.*; *attrib.* Telefon-; Telefon; Fernsprecher (Amtssprache); **on the ~:** am Telefon; **answer the ~:** Anrufe entgegennehmen; ans Telefon gehen; sich melden; **by ~:** telefonisch; *attrib.* **~ answering machine** Anrufbeantworter, *m.*

telephone: ~ book *n.* Telefonbuch, *n.*; **booth**, (Brit.) **~box** *ns.* Telefonzelle, *f.*; **~ call** *n.* Telefonanruf, *m.*; Telefongespräch, *n.*; **international ~ call** Auslandsgespräch, *n.*; **~ directory** *n.* Telefonverzeichnis, *n.*; Telefonbuch, *n.*; **~ exchange** *n.* Fernmeldeamt, *n.*; **~ kiosk** *n.* Telefonzelle, *f.*; **~ line** *n.* Telefonleitung, *f.*; **~ message** *n.* telefonische Nachricht; **~ number** *n.* Telefonnummer, *f.*; **~ operator** *n.* Telegrafist, *m.*/Telegrafistin, *f.*; **~ receiver** *n.* Telefonhörer, *m.*
teleprinter ['telɪprɪntər] *n.* Fernschreiber, *m.*
telescope ['telɪskəʊp] 1. *n.* Fernrohr, *n.* Teleskop, *n.*
telescopic [telɪ'skɒpɪk] *adj.* ausziehbar; **~ umbrella** *n.* Taschenschirm, *m.*
teletext ['telɪtekst] *n.* Teletext, *m.*
televise ['telɪvaɪz] *v. t.* im Fernsehen senden; übertragen
television ['telɪvɪʒn, telɪ'vɪʒn] *n.* a) *no pl., no art. n.* Fernsehen, *n.*; **on ~** im Fernsehen; **watch ~** fernsehen; b) Fernsehapparat, *m.*; Fernseher, *m. (ugs.)*;
television: ~ advertising *n.* Fernsehwerbung, *f.*; **~ channel** *n.* Kanal, *m.*; 3. *attrib.* **~ programme** *n.* Fernsehsendung, *n.*; Fernsehprogramm, *n.*; **~ screen** *n.* Bildschirm, *m.*; **~ serial** *n.* Fernsehserie, *f.*; **~ set** *n.* Fernsehgerät, *n.*
tell [tel] 1. *v. i.*, told a) erzählen (of, about von); b) etw. verraten; 2. *v. t.*, told [təʊld] a) sagen; **~ sb. what to do** jmdm. sagen, was er tun soll; **~ sb. [not] to do sth.** jmdm. sagen, dass er etw. nicht tun soll; b) **~ sb. sth. or sth. to sb.** jmdm. etw. erzählen; anver-

trauen
~ **a'part** v. t. auseinanderhalten
~ **'off** v. t. ~ **sb. off** jmdn. ausschimpfen
telling-'off n. (ugs.) Standpauke, f. (ugs.)
telly ['telɪ] n. (Brit. ugs.) Glotze, f. (salopp); Fernseher, m. (ugs.)
temper ['tempər] 1. v. t. mildern; mäßigen; (Öde, Kritik); 2. n. a) Naturell, n.; **keep/ lose one's** ~ sich beherrschen/die Beherrschung verlieren; b) **have a** ~ jähzornig sein
temperament ['temprəmənt] n. Temperament, n.; Veranlagung, f.
temperamental [temprə'mentl] adj. launenhaft; launisch (derogativ)
temperance ['tempərəns] n. a) Abstinenz, f. b) Mäßigung, f.
temperate ['tempərət] adj. gemäßigt
temperature ['temprɪtʃər] n. a) (Medizin) Temperatur, f.; **have a** ~ (ugs.) Temperatur oder Fieber haben; b) Temperatur, f.; **what is the ~?**: wie viel Grad haben wir?
1temple ['templ] n. Tempel, m.
2temple n. (Körper) Schläfe, f.
temporarily ['tempərərɪlɪ] adv. vorübergehend
temporary ['tempərərɪ] 1. adj. vorübergehend; provisorisch (Unterbringung); ~ **worker** Aushilfe, f. 2. n. Aushilfe, f.; Aushilfskraft, f.
tempt [tempt] v. t. a) **sb. to do sth.** jmdn. dazu verführen, etw. zu tun; **be ~ed to do sth.** versucht sein, etw. zu tun; b) herausfordern; c) verführen
temptation [temp'teɪʃn] n. a) Verlockung, f. (to zu) b) no pl. Versuchung, f.

tempting ['temptɪŋ] adj.; verführerisch; verlockend
ten [ten] 1. adj. zehn; 2. n. Zehn, f.
tenancy ['tenənsɪ] n. a) Mietdauer, f. b) Mietverhältnis, n.
tenant ['tenənt] n. a) Bewohner, m./Bewohnerin, f.; b) Mieter, m./ Mieterin, f.; Pächter, m./Pächterin, f.
1tend [tend] v. i. ~ **to do sth.** dazu neigen oder tendieren, etw. zu tun; ~ **to sth.** zu etw. neigen
2tend v. t. sich kümmern um; bedienen (Maschine); hüten (Herde)
tendency ['tendənsɪ] n. Tendenz, f.; **have a** ~ **to do sth.** dazu neigen, etw. zu tun
tender ['tendər] adj. a) empfindlich; b) zart; c) zärtlich; liebevoll
tender-hearted ['tendəhɑːtɪd] adj. weichherzig
tenderly ['tendəlɪ] adv. a) behutsam (umgehen mit); b) zärtlich
tenderness ['tendənɪs] n., no pl. a) Empfindlichkeit, f. b) Zärtlichkeit, f.
tendon ['tendən] n. (Körper) Sehne, f.
tenement ['tenɪmənt] n. a) Mietskaserne, f. (derogativ); Mietshaus, n.; b) (Amer.) ~ [house] Mietshaus, n.
Tenerife [tenə'riːf] pr. n. Teneriffa, n.
tenet ['tenɪt] n. Grundsatz, m.
tennis ['tenɪs] n., no pl. Tennis, n.
tennis: ~~**ball** n. Tennisball, m.; ~~**club** n. Tennisverein, m.; ~~**court** n. Tennisplatz, m.; ~~**match** n. Tennisspiel, n.; ~~**player** n. Tennisspieler, m./ -spielerin, f.; ~~**racket** n. Tennisschläger, m.
tenon ['tenən] n. Zapfen, m.
tenor ['tenər] n. a) (Musik)

Tenor, m.; b) Tenor, m.
tense [tens] 1. v. t. anspannen; 2. adj. gespannt
tension ['tenʃn] n. a) Spannung, f.; b) Anspannung, f.
tent [tent] n. Zelt, n.
tentative ['tentətɪv] adj. a) zaghaft; b) vorläufig
tenth [tenθ] 1. adj. zehnt...; 2. n. zehnte, m./f./n.; Zehnte, m./f./n.; Zehntel, n.
tenuous ['tenjʊəs] adj. zart (Spinngewebe); dünn (Faden)
term [tɜːm] 1. v. t. nennen; 2. n. a) Semester, n.; Halbjahr, n.; Trimester, n. Quartal, n.; b) Zeitraum, m.
terminal ['tɜːmɪnl] 1. n. a) Anschluss, m.; b) Bahnhof, m.; Terminal, m. oder n.
terminate ['tɜːmɪneɪt] 1. v. i. enden; (Abmachungen) ablaufen. 2. v. t. a) (Medizin) unterbrechen (Schwangerschaft);. b) beenden
termination [tɜːmɪ'neɪʃn] n. a) (Medizin.) Schwangerschaftsabbruch, m. b) no pl. Beendigung, f.; Auflösung, f.; c) no pl. Ende, n.; Ablauf, m.
terminus ['tɜːmɪnəs] n., pl. ~**es** or **termini** ['tɜːmɪnaɪ] Endstation, f.
terrace ['terəs] n. a) Terrasse, f.; b) Häuserreihe, f.
terraced house ['terəst haʊs], **'terrace-house** ns. Reihenhaus, n.
terrible ['terɪbl] adj. a) furchtbar; b) schlecht; c) fürchterlich (ugs.); schrecklich (ugs.)
terribly ['terɪblɪ] adv. a) auf erschreckende Weise; b) furchtbar (ugs.); c) furchtbar (ugs.); unheimlich (ugs.)
terrific [tə'rɪfɪk] adj. (ugs.) a) Wahnsinns- (ugs.); irrsinnig (ugs.); b) toll (ugs.); c) sagenhaft (ugs.)
terrify ['terɪfaɪ] v. t. Angst einjagen (+ Dat.) b) Angst machen (+ Dat.)

terrifying [ˈterɪfaɪɪŋ] *adj.* a) furchterregend; beängstigend (Intensität); b) erschreckend (Klarheit, Gedanke); entsetzlich (Geschichte, Erzählung, Erfahrung, Bilder)
territory [ˈterɪtərɪ] *n.* a) (Politik) Hoheitsgebiet, *n.*; Staatsgebiet, *n.*; b) Region, *f.*; Gebiet, *n.*; c) Gebiet, *n.*; d) Bezirk, *m.*
terror [ˈterər] *n.* a) Schrecken, *m.*; b) Angst; **in ~** in panischer Angst
terrorise siehe **terrorize**
terrorism [ˈterərɪzm] *n.* Terrorismus, *m.*; Terror, *m.*
terrorist [ˈterərɪst] *n.* Terrorist, *m.*/Terroristin, *f.*; *attrib.* Terror-
terrorize [ˈterəraɪz] *v. t.* a) terrorisieren; b) in Schrecken versetzen
test [test] 1. *v. t.* a) auf die Probe stellen b) testen (Reflexe) untersuchen (Gestein, Struktur, Zusammensetzung); überprüfen (Theorie, Prämissen); prüfen (Schüler); 2. *n.* a) (Cricket) Test; Match, *n.* b) Test, *m.*; c) Klausur, *f.*; Klassenarbeit, *f.*; Test, *m.*
testament [ˈtestəmənt] *n.* a) **Old/ New T~** (Bibl.) Altes/Neues Testament; b) siehe **will** 1
tester [ˈtestər] *n.* Prüfgerät, *n.* Prüfer, *m.*/Prüferin, *f.*
testify [ˈtestɪfaɪ] 1. *v. i.* a) ~ **against sb./before sb.** gegen jmdn./vor etw. (Dat.) aussagen; b) ~ **to sth.** etw. bezeugen; 2. *v. t.* a) bestätigen; b) beweisen
testimonial [testɪˈməʊnɪəl] *n.* Referenz, *f.* Zeugnis, *n.*
testimony [ˈtestɪmənɪ] *n.* a) Aussage, *f.*; b) *no pl.* Angaben
text [tekst] *n.* Text, *m.*
textile [ˈtekstaɪl] *n.* Stoff, *m.*; ~s Textilien, *Pl.*

textual [ˈtekstjʊəl] *adj.* textlich
texture [ˈtekstʃər] *n.* Konsistenz, *f.*; Struktur, *f.*; Beschaffenheit, *f.*
Thailand [ˈtaɪlænd] *pr. n.* Thailand, *n.*
Thames [temz] *pr. n.* Themse, *f.*
than [ðən] *conj.* a) als; b) als; **He looks better ~ his brother.**:Er sieht besser aus als sein Bruder.
thank [θæŋk] *v. t.* ~ **sb.** jmdm. danken; ~ **you** danke; vielen Dank!
thankful [ˈθæŋkfl] *adj.* dankbar
thankless [ˈθæŋklɪs] *adj.* undankbar (Person, Aufgabe)
thanks [θæŋks] *n.pl.* a) danke; b) Dank, *m.*
Thanksgiving [ˈθæŋksgɪvɪŋ] *n.* ~ (ˈðeɪ) (Amer.) amerikanisches Erntedankfest, *n.*
thank-you *n.* (ugs.) Dankeschön, *n.*
that 1. [ðæt] *adv.* (ugs.) so; **she is not ~ stupid that..**sie ist nicht so dumm, dass..; 2. [ðət] *rel. adv.* der/die/das; 3. *adj.*, *pl.* **those** diese/diese/dieses; 4. [ðæt] *pron.*, *pl.* **those** a) der/die/das
thatch [θætʃ] 1. *v. t.* mit Stroh decken; 2. *n.* Reetdach, *n.*; Strohdach, *n.*
thatched [θætʃt] *adj.* strohgedeckt; gedeckt (Dach)
Thatcherism [ˈθætʃərɪzm] *n.* (Politik) Thatcherismus, *m.*
thaw [θɔː] 1. *v. i.* a) tauen; b) auftauen; 2. *v. t.* a) auftauen; b) auftauen; entspannen (Atmosphäre); 3. *n.* Tauwetter, *n.*
the [ðɪ, ðə, ðiː] 1. *adv.* **the sooner the better** je eher, desto besser; 2. *def. art.* der, die, das, 3 je, pro **It costs ten pounds the kilo**: Es kostet zehn Pfund pro Kilo.
theatre (Amer.: **theater**) [ˈθɪətər] *n.* Theater, *n.*; **at the ~** im Theater
theft [θeft] *n.* Diebstahl, *m.*
their [ðeər] *poss. pron. attrib.* sein/ seine
theirs [ðeəz] *poss. pron. pred.* ihrer/ihre/ihres; siehe auch **hers**
them [ðəm] *pron.* a) sie; as indirect object ihnen; b) *(ugs.)* ihn/sie
theme [θiːm] *n.* a) (Musik) Leitmotiv, *n.* Thema, *n.*; b) Gegenstand, *m.*; Thema, *n.*
themselves [ðəmˈselvz] *pron.* a) refl. sich; sich selbst
then [ðen] 1. *adv.* a) dann eben; b) damals; c) dann; d) also. e) dann; außerdem; 2. *adj.* damalig. 3. *n.* **before ~** vorher; **since ~** seitdem;
theologian [θiːəˈləʊdʒɪən] *n.* Theologe, *m.*/Theologin, *f.*
theological [θiːəˈlɒdʒɪkl] *adj.* theologisch
theology [θɪˈɒlədʒɪ] *n.* a) *no pl., no indef. art.* Theologie, *f.*; b) Glaubenslehre, *f.*
theoretical [θɪəˈretɪkl] *adj.* theoretisch
theory [ˈθɪərɪ] *n.* Theorie, *f.*
therapeutic [θerəˈpjuːtɪk] *adj.* therapeutisch; therapeutisch wirksam
therapist [ˈθerəpɪst] *n.* (Medizin) Therapeut, *m.*/Therapeutin, *f.*
therapy [ˈθerəpɪ] *n.* (Medizin, Psychologie) Behandlung, *f.* Therapie, *f.*
there [ðeər] *adv.* a) da; in diesem Fall; b) dahin, dorthin rücken
thermal [ˈθɜːml] *adj.* thermisch (Veränderung, Bedingungen);kälteisolierend
thermometer [θɜːˈmɒmɪtər] *n.* Thermometer, *n.*
these *pl.* of **this** 1
thesis [ˈθɜːsɪs] *n.*, *pl.* theses [ˈθiːsiːz] a) These, *f.*; b)

Doktorarbeit, f.; Dissertation, f. (on über+ Akk.)
they [ðeɪ] *pron.* a) sie; b) man; d) sie; die *(ugs.)*. Siehe auch **their; theirs, them, themselves**
they'd [ðeɪd] a) = **they would**; b) = **they had**
they'll [ðeɪl] = **they will**
they're [ðeər] = **they are**
they've [ðeɪv] = **they have**
thick [θɪk] 1. *adj.* dicht (Nebel, Gestrüpp); 2. *n.*, *no pl.*, *no indef. art.* a) **stick together through ~ and thin** miteinander durch dick und dünn gehe*n.* c) dick; breit, d) dickflüssig; dick (Suppe) steif; e) **~ with** voll von
thicken [θɪkn] 1. *v. t.* eindicken; dicker machen; (Suppe); 2. *v. i.* a) dicker werden; b) (Wolken) dichter werden
thickly [ˈθɪklɪ] *adj.* a) dick; b) dicht
thickness [ˈθɪknɪs] *n.* a) *no pl.* Dicke, f.; Dickflüssigkeit; b) Dicke, f.
thief [θiːf] *n.*, *pl.* **thieves** [θiːvz] Dieb, *m.*/Diebin, f.
thieve [θiːv] *v. i.* stehlen
thigh [θaɪ] *n.* a) (Körper) Oberschenkel, *m.*; b) Schenkel, *m.*
thigh: ~-bone *n.* (Körper) Oberschenkelknochen, *m.*
thimble [ˈθɪmbl] *n.* Fingerhut, *m.*
thin [θɪn] 1. *v. i.*, **-nn-** (Nebel) sich lichten; (Menschenauflauf) sich zerstreuen; 2. *v. t.*, **-nn-**: a) verdünnen; b) dünner machen; 3. *adv.* dünn; 4. *adj.* dünn
thing [θɪŋ] *n.* a) Ding, *n.*; Sache, f.
think [θɪŋk] 1. *v. i.*, thought a) denken; b) glauben, denken, meinen; 2. *v. t.*, thought [θɔːt] a) glauben, meinen; b) **~ to do sth.** daran denken, etw. zu tun; c) sich (Dat.) vorstellen
~ about *v. t.* nachdenken über (+ Akk.)
~ a'head *v. i.* vorausdenken
~ 'back to *v. t.* sich zurückerinnern an (+ Akk.)
~ of *v. t.* denken an (+ Akk.)
~ 'out *v. t.* a) sich (Dat.) ausdenken; b) durchdenken
~ 'over *v. t.* sich (Dat.) überdenken; überlegen; **to ~ it over** sich etwas durch den Kopf gehen lassen
~ 'through *v. t.* [gründlich] durchdenken
~ 'up *v. t.* *(ugs.)* sich (Dat.) ausdenken
thinker [ˈθɪŋkər] *n.* Denker, *m.*
thinking [ˈθɪŋkɪŋ] 1. *attrib. adj.* denkend; 2. *n.* Meinung, *f.*; Ansicht, f.
thinly [ˈθɪnlɪ] a) *adv.* dünn; b) spärlich (genutzt, bebaut); dünn (besiedelt); c) leicht bekleidet; *(bildlich)* dürftig
thinner [ˈθɪnər] 1. *adj.* dünner; 2. *n.* ~[s] Verdünner, *m.*; Verdünnungsmittel, *n.*
'thin-skinned *adj. (bildlich)* dünnhäutig; (geh.) empfindlich
third [θɜːd] 1. *adj.* dritt...; **every ~ year** jedes dritte Jahr; **the ~ finger** der Ringfinger, *m.*; **a ~ part** ein Drittel, *n.*; 2. *n.* dritte, *m.*/f./n.; Dritte, *m.*/f./n.; Drittel, *n.*
T~ 'World *n.* die Dritte Welt, f.
thirst [θɜːst] 1. *v. i.* dürsten; 2. *n.* Durst, *m.*; f.
thirsty [ˈθɜːstɪ] *adj.* a) durstig machend; b) durstig; **be ~** Durst haben
thirteen [θɜːˈtiːn] 1. *adj.* dreizehn; 2. *n.* Dreizehn, f.
thirteenth [θɜːˈtiːnθ] 1. *adj.* dreizehnt...; 2. *n.* a) Dreizehntel, *n.*; b) **Friday the ~** Freitag, der Dreizehnte
thirtieth [ˈθɜːtɪɪθ] 1. *adj.* dreißigst...; 2. *n.* Dreißigstel, *n.*
thirty [ˈθɜːtɪ] 1. *adj.* dreißig; 2. *n.* Dreißig, f.
this [ðɪs] 1. *adv. (ugs.)* so; **~ much** so viel; 2. *adj.*, *pl.* **these** [ðiːz] a) dieser/diese/dieses; der/die/das; before; 3. *pron.*, *pl.* **these** a) **what's ~?** was ist das?;b) **~ is Tom** hier ist Tom/ dies ist Tom
this.le [ˈθɪsl] *n.* Distel, f.
thong [θɒŋ] *n.* [ɣeder]Riemen, *m.*
thorn [θɔːn] *n.* a) Dorn, *m.*; b) Dornenstrauch, *m.*
thorny [ˈθɔːnɪ] *adj.* a) heikel; dornenreich (Pfad); b) dornig
thorough [ˈθʌrə] *adj.* a) gründlich; durchgreifend (Untersuchung); genau (Instruktionen); b) ausgemacht (Angeber)
thorough: ~bred 1. *adj.* a) reinrassig (Hund); vollblütig (Pferd); b) *(bildlich)* rassig (Sportwagen); 2. *n.* reinrassiges Tier
thoroughly [ˈθʌrəlɪ] *adv.* gründlich (reformieren); ausgesprochen (öde)
thoroughness [ˈθʌrənɪs] *n.*, *no pl.* Gründlichkeit, f.
those siehe **that**
thou [ðaʊ] *pron.* du; *(Religion)* Du
though [ðəʊ] (*conj.*) a) obwohl; b) aber; c) [even] **~:** auch wenn; 2. *adv. (ugs.)* trotzdem
thought [θɔːt] siehe **think** *n.* a) *no pl.* Denken, *n.*; **in ~** in Gedanken; b) *no pl.*, *no art.* Überlegung, *f.*; Nachdenken, *n.*; c) Gedanke, *m.*; d) **have no ~ of sth.** überhaupt nicht an etw. denken; e) in *pl.* Gedanken
thoughtful [ˈθɔːtfl] *adj.* a) rücksichtsvoll; aufmerksam; b) nachdenklich; c) [gut] durchdacht; wohlüberlegt
thoughtfully [ˈθɔːtfəlɪ] *adv.* a) gut durchdacht; b) rücksichtsvollerweise; c) nachdenklich
thoughtless [ˈθɔːtlɪs] *adj.*

a) gedankenlos; b) rücksichtslos
thoughtlessly ['θɔːtlɪslɪ] *adv.* a); aus Rücksichtslosigkeit b) gedankenlos
thought: **~-reader** *n.* Gedankenleser, *m./*-leserin, *f.*
thousand ['θaʊznd] 1. *adj.* a) tausend; b) **a ~** *(bildlich)* tausend *(ugs.)*; 2. *n.* a) Tausend; b) **~s** Tausende
thousandth ['θaʊzndθ] 1. *adj.* tausendste…; **a ~ part** ein Tausendstel; 2. *n.* Tausendstel, *n.*; tausendste, *m./f./n.*
thrash [θræʃ] *v. t.* a) vernichtend schlagen; b) prügeln
thrashing ['θræʃɪŋ] *n.* a) Schlappe, *f.*; b) Prügel *Pl.*
thread [θred] 1. *v. t.* einfädeln; auffädeln (Perlen); 2. *n.* a) Faden, *m.*; b) Gewinde, *n.*
'threadbare *adj.* abgetragen abgenutzt; (Hose, Jacke); *(bildlich)* abgedroschen (Begründung) *(ugs.)*
threat [θret] *n.* Drohung, *f.*
threaten ['θretn] *v. t.* a) **~ to do sth.** damit drohen, etw. zu tun; b) mit etw. drohen; c) bedrohen; **~ sb. with sth.** jmdm. etw. androhen
threatening ['θretnɪŋ] *adj.* drohend; **~ letter** Drohbrief, *m.*
three [θriː] 1. *adj.* drei; 2. *n.* a) Dreiergruppe, *f.*; b) Drei, *f.*
three: **~-dimensional** [θriːdaɪˈmenʃənl] *adj.* dreidimensional; **~-fold** *adj., adv.* dreifach; **~-ply** *adj.* dreilagig (Holz); dreifädig (Garn); **~-quarter** *adj.* dreiviertel; 2. *n.* a) drei Viertel *pl.* (of+ Gen.); **~ quarters of an hour** eine Dreiviertelstunde; b) *attrib.* Dreiviertel-; **~-storey** *adj.* dreistöckig; **~-wheeler** [θriːˈwiːlər] *n.* Dreirad, *n.*
thresh [θreʃ] *v. t.* (Agric.) dreschen
threshold ['θreʃəʊld] *n.* Schwelle, *f.*
threw siehe **throw**
thrift [θrɪft] *n. no pl.* Sparsamkeit, *f.*
'thrift account *n.* (Amer.) Sparkonto, *n.*
thrifty ['θrɪftɪ] *adj.* sparsam
thrill [θrɪl] 1. *v. t.*; begeistern; faszinieren; 2. *n.* a) Erregung, *f.*; b) aufregendes Erlebnis
thriller ['θrɪlər] *n.* Thriller, *m.*
thrilling ['θrɪlɪŋ] *adj.* aufregend; spannend (Erzählung, Film, Roman); prickelnd (Gefühl)
thrive [θraɪv] *v. i.*, ~d or throve [θrəʊv], ~d or thriven ['θrɪvn] a) aufblühen; b) reich werden; c) wachsen und gedeihen
throat [θrəʊt] *n.* a) Hals, *m.*; Kehle, *f.*; b) **a ~** Halsschmerzen, *n.*
throaty ['θrəʊtɪ] *adj.* a) kehlig; b) heiser
throb [θrɒb] 1. *v. i.*, -bb-: a) pochen; b) (Maschine, Motor) dröhnen; 2. *n.* Dröhnen, *n.* Pochen, *n.*
thrombosis [θrɒmˈbəʊsɪs] *n., pl.* thromboses [θrɒmˈbəʊsiːz] *(Medizin)* Thrombose, *f.*
throne [θrəʊn] *n.* Thron, *m.*; **access to the ~** den Thron besteigen
throng [θrɒŋ] 1. *v. i.* strömen (into in+ Akk.); sich drängen; 2. *v. t.* sich drängen; 3. *n.* Menge, *f.*
throttle ['θrɒtl] 1. *v. t.* erdrosseln; *(bildlich)* ersticken; 2. *n.* Drosselklappe, *f.*; Gashebel, *m.*
through [θruː] 1. *adv.* **push sth. ~ sth.** etw. durch etwas durchdrücken; **be ~ with sb. or sth.** mit jmdm./etwas fertig sein; 2. *attrib. adj.* durchgehend (Zug); **~ traffic** Durchgangsverkehr, *m.*; 3.

prep. a) durch; *(bildlich)*; b) durch; infolge von
throve siehe **thrive**
throw [θrəʊ] 1. *v. t.*, threw [θruː], thrown [θrəʊn] a) werfen; b) *(ugs.)* (Frage) aus der Fassung bringen; c) niederwerfen (Gegner); abwerfen (Reiter); 2. *n.* Wurf, *m.*
~ a'bout *v. t.* herumwerfen *(ugs.)*
~ a'round *v. t.* siehe **~ about**
~ a'way *v. t.* a) abwerfen (Spielkarte); wegwerfen; b) verschenken (Vorteil)
~ 'back *v. t.* a) zurückschlagen (Laken, Decke, Vorhang); zurückwerfen (Kopf) b) zurückwerfen
~ 'down v. t auf den Boden werfen
~ 'off *v. t.* a) abwerfen (Kleidung); loswerden (Besuch, Grippe)
~-away 1. *adj.* a) beiläufig (Anmerkung); b) Wegwerf-; Einweg-; 2. *n.* Wegwerfartikel, *m.*; Einwegflasche, *f.*
thrower ['θrəʊər] *n.* Werfer, *m.*
thrown siehe **throw**
thru [θruː] (Amer.) siehe **through**
thrust [θrʌst] 1. *v. t.*, thrust a) sich durch etw.durch drängen; b) stoßen durch; 2. *n.* a) Schub, *m.* b) Stoßrichtung, *f.*; c) Stoß, *m.*; d) Vorstoß, *m.*
thumb [θʌm] 1. *v. t.* umblättern (Seiten); durchblättern (Buch); 2. *n.* Daumen, *m.*
~ through *v. t.* durchblättern (Buch)
thumb: **~-nail** *n.* Daumennagel, *m.*
thunder ['θʌndər] 1. *v. i.* donnern; 2. *n. no pl., no indef. art.* Donner, *m.*; **roll of ~** Donnerrollen, *n.*
thunder: **~bolt** *n.* Blitzschlag; Blitzstrahl, *m.*; **~clap**

thunderous

n. Donnerschlag, *m.*; ~-**cloud** *n.* Gewitterwolke, *f.*
thunderous ['θʌndərəs] *adj.* donnernd
thunder: ~storm *n.* Gewitter, *n.*; **~struck** *adj.* be ~struck wie vom Donner gerührt sein
Thursday ['θɜːzdeɪ] 1. *adv.* (*ugs.*) donnerstags; 2. *n.* Donnerstag, *m.*
thus [ðʌs] *adv.* a) so; dadurch; b) deshalb; daher
thyme [taɪm] *n.* (Botanik) Thymian, *m.*
tiara [tɪˈɑːrə] *n.* Diadem, *n.*
Tibet [tɪˈbet] *pr. n.* Tibet, *n.*
tick [tɪk] 1. *v. i.* ticken; 2. *v. t.* a) abhaken, ankreuzen; b) siehe ~ **off**; 3. *n.* a) Sekunde, kleiner Moment; b) Häkchen, *n.*; c) Ticken, *n.*
~ **a'way** *v. i.* [weiter] ticken; **the time ~ed away** die Zeit verstrich
~ **'off** *v. t.* a) abhaken; b) (*ugs.*) rüffeln
ticket ['tɪkɪt] *n.* Karte, *f.*; Fahrschein, *m.*; Fahrkarte, *f.*; Ticket, *n.*; Los, *n.*; Ausweis, *m.*; **price** ~ Preisschild, *n.*; Strafzettel, *m.* (*ugs.*)
ticket: ~-**collector** *n.* Schaffner, *m.*/Schaffnerin, *f.*; Fahrkartenkontrolleur, *m.*/-kontrolleurin, *f.*; ~-**holder** *n.* Besitzer/Besitzerin einer Eintrittskarte; ~-**office** *n.* Kartenhäuschen, Fahrkartenschalter, *m.*
tickle ['tɪkl] 1. *v. i.* kitzeln; 2. *v. t.* a) **be ~d by sth.** sich über etw. (*Akk.*) amüsieren; b) kitzeln
ticklish ['tɪklɪʃ] *adj.* kitzlig
tidal ['taɪdl] *adj.* Gezeiten-
'tidal wave *n.* Flutwelle, *f.*
tide [taɪd] 1. *v. t.* ~ **sb. over sth.** jmdm. über etw. hinweghelfen; 2. *n.* Tide, *f.*; **high** ~ Flut, *f.*; **low** ~ Ebbe, *f.*; **the** ~**s** die Gezeiten
tidily ['taɪdɪlɪ] *adv.* ordentlich; übersichtlich

tidiness ['taɪdɪnɪs] *n.*, *no pl.* Ordentlichkeit, *f.*
tidings ['taɪdɪŋz] *n. pl.* Kunde, *f.*
tidy ['taɪdɪ] 1. *v. t.* aufräumen (Garage); 2. *adj.* a) ordentlich; aufgeräumt (Wohnung, Küche); b) ordentlich (*ugs.*)
~ **a'way** *v. t.* wegräumen
~ **'up** 1. *v. i.* aufräumen; 2. *v. t.* aufräumen; in Ordnung bringen
tie [taɪ] 1. *v. t.*, tying ['taɪɪŋ] a) binden (to an + Akk., into zu); b) (Sport) ~ **the match** unentschieden spielen; ~ binden (to an + Akk.); 2. *n.* a) Krawatte, *f.*; b) Band, *n.*; c) Punktgleichheit, *f.*
~ **'down** *v. t.* a) festbinden; b) (*bildlich*) binden
~ **'in** 1. *v. i.* ~ **in with sth.** zu etw. passen; 2. *v. t.* ~ **sth. in with sth.** etw. mit etw. abstimmen
~ **'up** *v. t.* a) festmachen festbinden; (Boot); b) fest anlegen (Geld)
tie: ~-**break** Tie-Break, *m.* oder *n.*; ~-**clip** *n.* Krawattenhalter, *m.*; ~-**pin** *n.* Krawattennadel, *f.*
tiger ['taɪgər] *n.* (Tierwelt) Tiger, *m.*
tight [taɪt] 1. *adv.* a) fest; **hold ~!** halt dich fest!; b) voll; 2. *adj.* a) eng (Kleidung); b) (*ugs.*) voll (salopp); c) straff (Organisation); streng (Beaufsichtigung, Kontrolle); d) straff; e) fest; fest angezogen (Schraube); festsitzend (Verschluss); 3. *n.* in *pl.* a) (Brit.) ~**s** Strumpfhose, *f.*; b) Trikothose, *f.*
tighten ['taɪtn] 1. *v. t.* anspannen (Muskeln); verstärken (Griff) anziehen (Knoten, Schraube); straffziehen (Seil); 2. *v. i.* sich spannen; (Knoten) sich zusammenziehen
tight: ~-**fisted** [taɪtˈfɪstɪd]

adj. geizig; ~-**fitting** *adj.* enganliegend (T-Shirt); ~-**lipped** ['taɪtlɪpt] *adj.* a) verschwiegen b) mit zusammengepressten Lippen
tightness ['taɪtnɪs] *n.*, *no pl.* a) enger Sitz; b) Straffheit, *f.*
'tightrope *n.* Drahtseil, *n.*; *attrib.* ~ **walker** Seiltänzer, *m.*/ -tänzerin, *f.*
till *n.* Kasse, *f.*
tilt [tɪlt] 1. *v. t.* kippen; 2. *v. t.*; neigen; kippen (Kopf); 3. *n.* a) Schräglage, *f.*
timber ['tɪmbər] *n.* a) Holzart, *f.*; Holz, *n.*; b) Balken, *m.*
time [taɪm] 1. *v. t.* a) stoppen (Zeit); b) zeitlich abstimmen; 2. *n.* a) Zeit, *f.*; ~**'s up!** die Zeit ist abgelaufen; b) Zeit, *f.*; **for a long** ~ für eine lange Zeit; ~ **of the year** Jahreszeit, *f.*; **for the first** ~ zum ersten Mal; **from** ~ **to** ~ von Zeit zu Zeit; **for hours** stundenlang; **at the same** ~ gleichzeitig; ~ **after** ~ immer wieder
time: ~ **bomb** *n.* Zeitbombe, *f.*; ~-**consuming** *adj.* a) zeitaufwendig; b) zeitraubend; ~**lag** *n.* zeitliche Verzögerung
timely ['taɪmlɪ] *adj.* rechtzeitig
'timepiece *n.* Chronometer, *n.*
timer ['taɪmər] *n.* Kurzzeitmesser, *m.*; Schaltuhr, *f.*
time: ~-**scale** *n.* Zeitskala, *f.*; ~**table** *n.* a) Zeitplan, *m.*; Stundenplan, *m.*; b) (Transport) Fahrplan, *m.*; ~**zone** *n.* Zeitzone, *f.*
timid ['tɪmɪd] *adj.* a) schüchtern zaghaft; b) scheu (Tier); c) ängstlich (Geste, Augen, Person)
timing ['taɪmɪŋ] *n.*, *no pl.* Timing, *n.*
tin [tɪn] 1. *v. t.*, -nn- (Brit.) zu Konserven verarbeiten; 2. *n.* a) Zinn, *n.*; Weißblech, *n.*; b) Dose, *f.*; **a ~ of pears**

eine Dose Birnen; c) Dose, f.; **bread ~** Brotkasten, m.; d) **cooking ~s** Back- und Bratformen
tinder ['tɪndər] n. Zunder, m.
tin 'foil n., no pl. Alufolie, f.
tingle ['tɪŋgl] 1. v. i. kribbeln; 2. n. Kribbeln, n.
tinker ['tɪŋkər] 1. v. i. herumbasteln; 2. n. Kesselflicker, m.
tinkle ['tɪŋkl] 1. n. Klingeln, n.; Klimpern, n.; 2. v. i.; (Geldstücke) klimpern (Klingel) klingeln
tin: ~-opener n. (Brit.) Dosenöffner, m.
tinsel ['tɪnsl] n. Lametta, f.
tiny ['taɪnɪ] adj. winzig
1tip [tɪp] 1. n. Spitze, f.; **from ~ to toe** vom Scheitel bis zur Sohle; **on the ~s of one's toes** auf Zehenspitzen; **it is on the ~ of my tongue** es liegt mir auf der Zunge; 2. v. t., **-pp-**: ~ sth. etw. mit einer Spitze versehen
2tip 1. v. i., -pp- kippen; 2. v. t., -pp-: a) kippen; b) umkippen; kippen; c) voraussagen; d) jmdm. einen Tip geben (ugs.); e) ~ **sb.** jmdm. Trinkgeld geben; 3. n. a) Hinweis, m.; Tip, m. (ugs.) Rat, m.; b) Trinkgeld, n.
tipsy ['tɪpsɪ] adj. (ugs.) beschwipst, angeheitert
tip: ~toe 1. v. i. auf Zehenspitzen gehen; 2. adv. auf Zehenspitzen. 3. n. **on ~toe**[s] auf Zehenspitzen
tire 1. v. i. ermüden; müde werden
~ 'out v. t. erschöpfen; 2. v. t. ermüden
tired ['taɪəd] adj. a) müde; b) abgedroschen (ugs.) abgegriffen; c) **be ~ of sth./doing sth.** es müde sein, etw. zu tun
tiredness ['taɪədnɪs] n., no pl. Müdigkeit, f.

tireless ['taɪəlɪs] adj. unermüdlich
tiresome ['taɪəsəm] adj. a) lästig; b) mühsam
tiring ['taɪərɪŋ] adj. anstrengend (Tag, Person); ermüdend
tissue ['tɪsjuː] n. a) Gewebe, n.; b) Papiertaschentuch, n.
1tit [tɪt] n. (Ornithologie) Meise, f.
2tit n. **it's ~ for tat** wie du mir, so ich dir
titch [tɪtʃ] n. (ugs.) Knirps, m. (ugs.)
title ['taɪtl] n. Titel, m.; Name, m.
titled ['taɪtld] adj. adlig
title: ~-page n. Titelseite, f.
titter ['tɪtər] 1. v. i. kichern; 2. n. Kichern, n.
tittle-tattle ['tɪtltætl] n. Klatsch, m. (ugs. derogativ)
to 1. [tʊ, tə, tuː] prep. a) zu; nach; **to London** b) zu; c) bis zu; **from Rome to Berlin** von Rom bis nach Berlin; d) **compared to** verglichen mit; e) **explain sth. to sb.** jmdm. etw. erklären; e) **a quarter to seven** viertel vor sieben; f) **too hard to bear** zu schwer, um es zu ertragen; g) **force sb. to do sth.** jemdn. dazu zwingen, etw. zu tun; 2. [tuː] adv. **to and fro** hin und her
toad [təʊd] n. (Zoologie; bildlich derogativ) Kröte, f.
toady ['təʊdɪ] 1. v. i. ~ kriechen (derogativ); 2. n. Kriecher, m.
toast [təʊst] 1. v. t. a) rösten; toasten (Weißbrot); b) trinken auf (+ Akk.). 2. n. a) no pl., no indef. art. Toast, m.; b) Toast, m.; Trinkspruch, m.
toaster ['təʊstər] n. Toaster, m.
tobacco [təˈbækəʊ] n., pl. ~s Tabak, m.
today [təˈdeɪ] 1. adv. heute;

2. n. heute; **~'s newspaper** die Zeitung von heute
toe [təʊ] 1. n. a) Spitze, f.; b) Zeh, m.; Zehe, f.
toe-: ~-nail n. Zehennagel, m.
toffee ['tɒfɪ] n. a) Sahnebonbon, n.; Toffee, n.; b) Karamel, m.
together [təˈgeðər] adv. a) zusammen; b) gleichzeitig; c) miteinander
toil [tɔɪl] 1. v. i. sich abrackern (ugs.); schwer arbeiten; 2. n. schwere Arbeit, f.
toilet ['tɔɪlɪt] n. Toilette, f.; **go to the ~** auf die Toilette gehen
toilet: ~paper n. Toilettenpapier, n.
token ['təʊkn] 1. attrib. adj. symbolisch (Betrag); 2. n. a) Zeichen, n.; Beweis, m.
Tokyo ['təʊkjəʊ] pr. n. Tokio, n.
told siehe **tell**
tolerable ['tɒlərəbl] adj. a) annehmbar; leidlich; b) auszuhalten (ugs.); erträglich
tolerance ['tɒlərəns] n. Toleranz, f.
tolerant ['tɒlərənt] adj. tolerant
tolerate ['tɒləreɪt] v. t. a) tolerieren; dulden; b) akzeptieren; c) ertragen
toleration [tɒləˈreɪʃn] n. Tolerierung, f.
1toll [təʊl] n. Gebühr, f.
2toll 1. v.i. läuten; 2. v. t. läuten; (Uhr) schlagen (Stunde)
toll: ~call n. (Amer.) gebührenpflichtiges Gespräch; **~-road** n. gebührenpflichtige Straße
tom [tɒm] n. Kater, m.
tomato [təˈmɑːtəʊ] n., pl. ~es Tomate, f.
tomato: ~-juice n. Tomatensaft, m.; ~ **'ketchup** n. Tomatenketchup, m. oder n.; ~ **'purée** n. Tomatenmark, n.; ~ **sauce** n. a) sie-

he ~ **ketchup**; b) Tomatensauce, *f.*; ~ **'soup** *n.* Tomatensuppe, *f.*
tomb [tu:m] *n.* a) Grabmal, *n.*; b) Grab, *n.*
'tombstone ['tu:mstəʊn] *n.* Grabmal, *n.* Grabstein, *m.*
'tom-cat *n.* Kater, *m.*
tomorrow [tə'mɒrəʊ] 1. *n.* a) morgen; b) Morgen, *n.*; 2. *adv.* morgen
ton [tʌn] *n.* Tonne, *f.*
tone [təʊn] 1. *v. i.* siehe ~ in; 2. *n.* a) Klang, *m.*; Ton, *m.*; b) Ton, *m.*; Umgangston, *m.*; c) [ʀarb]Ton, *m.*; Farbton, *m.*; d) Stimmung, *f.*; Ton, *m.*; e) (Musik) Klang, *m*; g) Schattierung, *f.*
~ **'down** *v. t.* a) [ab]dämpfen (Farbe); b) mäßigen (Sprache)
~ **'in** *v. i.* farblich harmonieren
tone: ~-**arm** *n.* Tonarm, *m.*
tongs [tɒŋz] *n. pl.* Zange, *f.*
tongue [tʌŋ] *n.* a) Zunge, *f.*; b) Sprache, *f.*
tongue: ~-**twister** *n.* Zungenbrecher, *m. (ugs.)*
'tonic water *n.* Tonic[wasser], *n.*
tonight [tə'naɪt] *adv.* a) heute abend; b) heute nacht
too [tu:] *adv.* a) auch; ebenfalls he can play as a goal keeper and as a striker, ~: er kann als Torwart und auch als Stürmer spielen; b) besonders; c) zu; ~ **much** zuviel
took siehe **take** 1,
tool [tu:l] *n.* a) Werkzeug *n.*; Gerät, *n.*; b) Mittel, *n.*; Hilfsmittel, *n.*; c) *(bildlich)* Werkzeug, *n.*
tool: ~-**bag** *n.* Werkzeugtasche, *f.*; ~-**kit** *n.* (Brit.) Werkzeugsatz, *m.*; Werkzeug, *n.*; ~-**shed** *n.* Geräteschuppen, *m.*
toot [tu:t] 1. *v. i.* hupen; 2. *v. t.* hupen; 3. *n.* Tuten, *n.*
tooth [tu:θ] *n., pl.* teeth [ti:θ] a) Zahn, *m.*; b) Zinke, *f.*; Zahn, *m.*
tooth: ~-**ache** *n.* Zahnschmerzen *Pl.*: ~-**brush** *n.* Zahnbürste, *f.*
toothless ['tu:θlɪs] *adj.* zahnlos
tooth: ~-**paste** *n.* Zahnpasta, *f.*; ~-**pick** *n.* Zahnstocher, *m.*
1top [tɒp] 1. *adj.* oberst...; höchst... (Ziel, Priorität); 2. *v. t.*, -pp-: a) bedeckt; **to be** ~**ped with** or by sth. von oder mit etwas bedeckt sein; b) stutzen (Pflanze); kappen (Baum); c) überragen; d) übertreffen; 3. *n.* a) Spitze, *f.*; Platte, *f.*; Sitzfläche, *f.*; oberstes Stockwerk; Dach, *n.*; **at the** ~ oben; b) Spitze, *f.*; c) Oberfläche, *f.*; Oberseite, *f.*; d) Verdeck, *n.*; e) oberer Teil; d) Oberteil, *n.*; e) Umschlag, *m.*; f) Kopf, *m.*; oberes Ende; g) Gipfel, *m.*
2top *n.* (toy) Kreisel, *m.*
topic ['tɒpɪk] *n.* Thema, *n.*
topping ['tɒpɪŋ] *n.* Überzug, *m.*
topple ['tɒpl] 1. *v. i.* fallen; 2. *v. t.* stürzen
~ **'down** *v. i.* hinab-/herabfallen
~ **'over** *v. i.* (Fahrzeug, Baum, Gerüst, Mast) umstürzen, umfallen
top: ~-**quality** *attrib. adj.* hochwertig; ~ **'secret** *adj.* streng geheim; ~-**soil** *n.* Mutterboden, *m.*; Krume, *f.*
torch [tɔ:tʃ] *n.* a) Schweißbrenner, *m.*; Lötlampe, *f.*; Schneidbrenner, *m.*; b) [electric] ~ (Brit.) Taschenlampe, *f.*
tore siehe **1tear**
torment 1. [tɔ:'ment] *v. t.* a) quälen; b) peinigen; gequält werden; 2. ['tɔ:ment] *n.* Qual, *f.*
torn siehe **1tear**
torture ['tɔ:tʃər] 1. *v. t.* foltern; *(bildlich)* quälen; 2. *n.* a) Folter, *f.*; b) Qual, *f.*, Tortur, *f.*
tortoise ['tɔ:təs] *n.* Schildkröte, *f.*
tortoiseshell ['tɔ:təsʃel] *n.* Schildpatt, *n.*; *attrib.* Schildpatt-
'torture-chamber *n.* Folterkammer, *f.*
torturer ['tɔ:tʃərər] *n.* Folterknecht, *m.*
Tory ['tɔ:rɪ] (Brit. Politik ugs.) 1. *adj.* Tory 2. *n.* Tory, *m.*
toss [tɒs] 1. *v. i.* a) werfen; b) (Schiff) hin und her geworfen werden; c) sich hin und her werfen; ~ **and turn** sich im Bett wälzen; 2. *v. t.* a) hochwerfen; b) wenden; c) ~ **a coin** eine Münze werfen; d) hin und her werfen; e) schmeißen *(ugs.)*; werfen; 3. *n.* Wurf, *m.*
~ **about, ~ around** *v. i.* sich im Bett wälzen
~ **a'side** *v. t.* a); beiseite schieben b) hinwerfen
~ **a'way** *v. t.* wegwerfen
~ **'back** *v. t.* runterkippen *(ugs.)* (Getränk); zurückwerfen (Scheitel, Locke)
~ **'out** *v. t.* a) ~ **sth. out** etw. wegwerfen; b) [kurzer hand] ablehnen
total e'clipse *n.* (Astronomie) totale Finsternis, *f.*
totalitarian [təʊtælɪ'teərɪən] *adj.* (Politik) totalitär
totality [tə'tælɪtɪ] *n.* Gesamtheit, *f.*
totally ['təʊtəlɪ] *adv.* völlig
total: ~ **recall** *n.* absolutes Erinnerungsvermögen, *n.*: ~ **war** *n.* totaler Krieg
tote [təʊt] *v. t. (ugs.)* schleppen
'tote bag *n.* Reisetasche, *f.*
totter ['tɒtər] *v. i.*; taumeln; wanken
touch [tʌtʃ] 1. *v. i.* sich berühren; 2. *v. t.* a) anrühren; b) betasten; berühren; c) anrühren; 3. *n.*

a) **be soft to the ~** sich weich anfühlen; b) Anschlag, *m.*; Stil, *m.*; c) **a ~ of sth.** eine Spur von etw.; d) **sense of ~** Tastsinn, *m.*
touched [tatʃt] *pred. adj.* a) gerührt; b) *(ugs.)* meschugge (salopp)
touching [ˈtatʃɪŋ] *adj.* rührend; bewegend; ergreifend
touch: **~-line** *n.* (Football, Rugby) Seitenlinie, *f.*; **~stone** *n. (bildlich)* Prüfstein, *m.*
touchy [ˈtatʃɪ] *adj.* empfindlich (Charakter); heikel (Angelegenheit)
tough [taf] 1. *adj.* a) **~ luck** Pech, *n.*; b) zäh (Person); c) schwierig; (Problem); d) fest (Material, Stoff)
toughen [ˈtafn] *v. t.* größere Festigkeit geben; härten; stählen
toughness [ˈtafnɪs] *n., no pl.* siehe tough 1 a; Zäheit, *f.*; Festigkeit, *f.*; Zähheit, *f.* (fachsprachlich); Strapazierfähigkeit, *f.* Widerstandsfähigkeit, *f.*
tour [tʊər] 1. *v. i.* eine Tournee oder (Jargon) Tour machen; touren (Jargon); 2. *v. t.* a) eine Tour machen. b) besichtigen; 3. *n.* a) Tournee, *f.*; Tour, *f.*; Dienstzeit, *f.* c) Reise, *f.*; Tour, *f.*
tourer [ˈtʊərər] *n.* Kabriolimousine, *f.*
tourism [ˈtʊərɪzm] *n., no pl., no indef. art.* a) Tourismus, *m.*; b) Touristik, *f.*
tourist [ˈtʊərɪst] 1. *attrib. adj.* Touristen-; 2. *n.* Tourist, *m.*
tourist: **~ attraction** *n.* Touristenattraktion, *f.*; **~ board** *n.* (Brit.) Amt für Fremdenverkehrswesen; **~ guide** *n.* a) Reiseführer, *m.* (to, of von); b) Touristenführer, *m.*/-führerin, *f.*; **~ industry** *n.* a) Tourismusindustrie, *f.*; Touristik, *f.*; **information** **centre**, **~ office** *ns.* Fremdenverkehrsbüro, *n.*; Touristeninformation, *f. (ugs.)*
tournament [ˈtʊənəmənt] *n.* Turnier, *n.*
'tour operator *n.* Reiseveranstalter, *m.*/-veranstalterin, *f.*
tousle [ˈtaʊzl] *v. t.* zerzausen
tow [təʊ] 1. *v. t.* schleppen; ziehen (Schlitten, Anhänger, Handwagen); 2. *n.* Schleppen, *n.*; **give a boat a ~** ein Boot in Schlepptau nehmen
~ a'way *v. t.* abschleppen
toward [təˈwɔːd], **towards** [təˈwɔːdz] *prep.* a) **~ sb./sth.** auf jmdn./etw. zu; b) gegenüber; **feel angry ~ sb.** böse auf jmdn. sein; c) **suggestions ~ sth.** Vorschläge in Bezug auf etwas machen; d) gegen; **~ the end of the year** gegen Ende des Jahres
towel [ˈtaʊəl] 1. *v. t.*, (Brit.) -ll- abtrocknen; **~ oneself** sich abtrocknen.; 2. *n.* Handtuch, *n.*
'towel-rail *n.* Handtuchhalter, *m.*
tower [ˈtaʊər] 1. *v. i.* in die Höhe ragen; 2. *n.* a) Turm, *m.*; b) Wehrturm, *m.*
towering [ˈtaʊərɪŋ] *attrib. adj.* a) hoch aufragend; b) blind (Zorn); maßlos (Ehrgefühl, Ehrgeiz); c) *(bildlich)* herausragend (Einsatz, Leistung)
town [taʊn] *n.* a) Stadt, *f.*; **in ~** in der Stadt; **go to ~** in die Stadt fahren; b) Stadt, *f.*; **in ~** in der Stadt
town: **~ 'centre** *n.* Stadtmitte, *f.*; Stadtzentrum, *n.*; **~ house** *n.* a) Stadthaus, *n.*; b) Reihenhaus, *n.*; **~ 'planning** *n.* Stadtplanung, *f.*
tow: **~-path** *n.* Leinpfad, *m.*; **~-rope** *n.* Abschleppseil, *m.*
toxic [ˈtɒksɪk] *adj.* toxisch (fachsprachlich); giftig
toy [tɔɪ] 1. *v. i.* **~ with sth.** mit etwas spielen; 2. *adj.* a) Zwerg-; b) Spielzeug-; 3. *n.* Spielzeug, *n.*; **~s** Spielzeug, *n.*; Spielwaren *Pl.*
toy: **~shop** *n.* Spielwarengeschäft, *n.*; **~ 'soldier** *n.* Spielzeugsoldat, *m.*
trace [treɪs] 1. *v. t.* a) folgen (+ Dat.); verfolgen; b) zeichnen (Umriss); malen (Buchstaben); *(bildlich)* entwerfen; c) finden; d) durchpausen; abpausen; 2. *n.* Spur, *f.* **~ 'back** *v. t.* zurückverfolgen
trace *n.* Strang, *m.*; **kick over the ~s** *(bildlich)* über die Stränge schlagen *(ugs.)*
traceable [ˈtreɪsəbl] *adj.* a) auffindbar
'trace element *n.* (Chemie) Spurenelement, *n.*
trachea [trəˈkiːə] *n., pl.* **~e** [trəˈkiːiː] (Körper) Luftröhre, *f.*
track [træk] *v. t.* verfolgen **~ 'down** 1. *v. t.* aufspüren; 2. *n.* a) Spur, *f.*; Fährte, *f.*; b) Weg; Pfad, *m.*; *(bildlich)* Weg, *m.*; c) (Sport) Bahn, *f.*
tracker [ˈtrækər] *n.* a) Fährtensucher, *m.*; b) Spürhund, *m.*
track: **~ shoe** Rennschuh, *m.*
tractor [ˈtræktər] *n.* Traktor, *m.*
trade [treɪd] 1. *v. i.* a) Handel treiben; b) **in sth.** mit etw. (Dat.) handeln; b) tauschen; handeln um; 2. *v. t.* a) **~ sth. for sth.** etw. gegen etw. tauschen; b) tauschen; austauschen (Erkenntnisse, Waren, Mitteilungen); 3. *n.* a) Gewerbe, *n.*; b) *no pl.* Geschäft, *n.*; Handel, *m.*
trade: **~ balance** *n.* Handelsbilanz, *f.*; **~ fair** *n.* Messe, *f.*; **~ mark** *n.*; Warenzeichen, *n.*; **~ name** *n.* a) Markenname, *m.*; b) Firmenname, *m.*; c) Fachbezeichnung, *f.*
trader [ˈtreɪdər] *n.* Händler,

m./Händlerin, *f.*
trade: ~ **route** *n.* Handelsweg, *m.*; Handelsstraße, *f.*; ~ **'secret** *n.* Geschäftsgeheimnis, *n.*; ~**sman** [ˈtreɪdzmən] *n., pl.* ~**smen** [ˈtreɪdzmən] a) Händler, *m.*; Ladeninhaber, *m.*; ~**smens' entrance** Lieferanteneingang, *m.*; b) Handwerker, *m.*; ~**s' 'union** siehe ~ **union;** ~ **'union** *n.* Gewerkschaft, *f.*
trading *n.* Handel, *m.*
trading: ~ **estate** *n.* (Brit.) Gewerbegebiet, *n.*; ~ **hours** *n.pl.* Geschäftszeit, *f.*; ~ **stamp** *n.* Rabattmarke, *f*
tradition [trəˈdɪʃn] *n.* Tradition, *f.*; (story) Überlieferung, *f.*; **family** ~: Familientradition, *f.*; **break with** ~ mit der Tradition brechen
traditional [trəˈdɪʃənl] *adj.* traditionell; herkömmlich; überkommen (Prinzipien, Moral)
traditionally [trəˈdɪʃənəlɪ] *adv.* traditionell
traffic *n.* Verkehr, *m.*
traffic: ~ **circle** *n.* (Amer.) Kreisverkehr, *m.*; ~ **island** *n.* Verkehrsinsel, *f.*; ~ **jam** *n.* [ʋerkehrs]Stau, *m.*
traffic: ~ **lights** *n.pl.* Ampel, *f.*; ~ **police** *n.* Verkehrspolizei, *f.*; ~ **policeman** *n.* Verkehrspolizist, *m.*; ~ **sign** *n.* Verkehrszeichen, *n.*; ~ **signals** siehe ~ **lights;** ~ **warden** *n.* (Brit.) Hilfspolizist, *m.*; Hilfspolizistin, *f.*; Politesse, *f.*
tragedy [ˈtrædʒɪdɪ] *n.* a) Tragödie, *f.*; tragische Geschichte, *f.*; b) schlimmer Vorfall, Tragödie, *f.*; c) Tragödie, *f.*; Trauerspiel, *n.*
tragic [ˈtrædʒɪk] *adj.* a) tragisch; b) *attrib.* tragisch
tragically [ˈtrædʒɪkəlɪ] *adv.* tragisch
trail [treɪl] 1. *v. i.* a) trotten; b) schleifen; c) zurückliegen; hinterhertrotten; d) herabhängen; e) (Pflanze) kriechen; 2. *v. t.* a) beschatten; verfolgen; b) ~ **sth. on the ground** etw. über den Boden schleifen 3. *n.* a) Spur, *f.*; b) Pfad, *m.*
~ **a'way** siehe ~ **off**
~ **be'hind** *v. i.* hinterhertrödeln *(ugs.)*
~ **'off** *v. i.* leiser werden
trailer [ˈtreɪlər] *n.* a) Anhänger, *m.*; Trailer, *m.*; (Amer.) Wohnanhänger, *m.*; b) Nach-/Vorspann, *m.*; Trailer, *m.*
train [treɪn] 1. *v. i.* a) eine Ausbildung machen; b) (Sport) trainieren; 2. *v. t.* a) ausbilden (in in+ Dat.); erziehen (Kind); b) (Sport) trainieren; c) erziehen ziehen; 3. *n.* a) Zug, *m.*, b) ~ **of thought** Gedankengang, *m.*
'train-driver *n.* Lokomotivführer, *m.*/-führerin, *f.*
trained [treɪnd] *adj.* ausgebildet (Ingenieur, Bibliothekar); geschult (Geist, Auge, Ohr) abgerichtet (Hund); dressiert (Tier)
trainee [treɪˈniː] *n.* Auszubildende, *m.*/*f.*; Praktikant, *m.*/Praktikantin, *f.* Trainee, *m.*/*f*
trainer [ˈtreɪnər] *n.* a) in *pl.* Trainingsschuhe; b) Trainer, *m.*/Trainerin, *f.*
'train fare *n.* Fahrpreis, *m.*
training [ˈtreɪnɪŋ] *n., no pl.* a) Training, *n.*; **be in** ~ trainieren; b) Ausbildung, *f.*
training: ~ **college** *n.* berufsbildende Schule; ~~ **course** *n.* Lehrgang, *m.*; ~ **scheme** *n.* Ausbildungsprogramm, *n.*; ~ **shoes** *n. pl.* Trainingsschuhe
train: ~ **journey** *n.* Bahnfahrt, *f.*; Bahnreise, *f.*; ~ **service** *n.* Zugverbindung, *f.*; [ɜisen]Bahnverbindung, *f.*; ~~**spotting** *n., no pl., no* indent. art.: das Aufschreiben von Lokomotivnummern als Hobby; ~ **station** *n.* (Amer.) Bahnhof, *m.*
trait [treɪ] *n.* Eigenschaft, *f.*
traitor [ˈtreɪtər] *n.* Verräter, *m.*/Verräterin, *f.*
tram [træm] *n.* (Brit.) Straßenbahn, *f.*
'tramlines *n.pl.* (Brit.) a) Straßenbahnschienen; b) *(bildlich)* starre Vorschriften
trammel [ˈtræml] *v. t.*, (Brit.) -ll- einengen
tramp [træmp] 1. *v. i.* a) trampeln; b) marschieren; 2. *v. t.* a) durchstreifen; durchwandern; b) ~ **one's way** vor sich hin trotten; 3. *n.* a) Landstreicher, *m.*/-streicherin, *f.*; Stadtstreicher, *m.*/-streicherin, *f.*; b) Trampeln, *n.*; Getrappel, *n.*; Schritte
trample [ˈtræmpl] 1. *v. i.* trampeln; 2. *v. t.* zertrampeln
~ **on** *v. t.* herumtrampeln auf (+ Dat.)
trampoline [ˈtræmpəliːn] 1. *v. i.* Trampolin springen; 2. *n.* Trampolin, *n.*
trance [trans] *n.* Trance, *f.*; tranceartiger Zustand
tranquil [ˈtræŋkwɪl] *adj.* friedlich; ruhig (Atmosphäre, Szene)
tranquillity [træŋˈkwɪlɪtɪ] *n.* Ruhe, *f.*
tranquillizer [ˈtræŋkwɪlaɪzər] *n. (Medizin)* Beruhigungsmittel, *n.* Tranquilizer, *m.*
transact [trænˈsækt] *v. t.* ~ **business** Geschäfte tätigen
transaction [trænˈsækʃn] *n.* Transaktion, *f.*; Geschäft, *n.*
transatlantic [trænsətˈlæntɪk] *adj.* a) (Brit.: American) amerikanisch; transatlantisch; b) europäisch; transatlantisch
transcend [trænˈsend] *v. t.* hinausgehen über (Grenzen); übersteigen; (Philosophie) transzendieren

transcendental [trænsen'dentl] *adj.* (Philosophie) transzendental

transcontinental [trænskɒntɪ'nentl] *adj.* transkontinental

transcribe [træn'skraɪb] *v. t.* aufschreiben (mündliche Überlieferung); mitschreiben (Rede); abschreiben

transcript ['trænskrɪpt] *n.* Abschrift, *f.*; Niederschrift, *f.* Protokoll, *n.*

transfer 1. [træns'fɜːr] *v. t.*, -rr-: a) verlegen (to nach); überweisen (Geld) (to auf+ Akk.); transferieren (Geldbetrag); b) übereignen (Gegenstand, Grundbesitz) (to Dat.); c) versetzen (Arbeiter, Angestellte, Schüler); d) übertragen (Bedeutung, Sinn); 2. [træns'fɜːr] *v. i.*, -rr-: a) umsteigen; b) wechseln; (Firma) übersiedeln; 3. ['trænsfɜːr] *n.* a) Verlegung, *f.*; Übertragung, *f.* (an + Akk.); (Bank, Geld) Überweisung, *f.*; (of large sums) Transfer, *m.* (Wirtschaft); b) Versetzung, *f.*; Transfer, *m.*

transferable [træns'fɜːrəbl, 'trænsfərəbl] *adj.* übertragbar

transference ['trænsfərəns] *n.* Übertragung, *f.*

transform [træns'fɔːm] *v. t.* verwandeln

transformation [trænsfə'meɪʃn] *n.* Verwandlung, *f.*; Umwandlung, *f.*

transformer [træns'fɔːmər] *n.* (Elektrotechnik) Transformator, *m.*

transfusion [træns'fjuːʒn] *n. (Medizin)* Transfusion, *f.*

transient ['trænzɪənt] *adj.* kurzlebig; vergänglich

transistor [træn'sɪstər] *n.* a) Transistor, *m.*; Transistorradio, *n.*; b) (Elektrotechnik) Transistor, *m.*

transition [træn'sɪʒn, træn'zɪʃn] *n.* Übergang(sphase), *m.*; Wechsel, *m.*

transitory ['trænsɪtərɪ] *adj.* vergänglich; flüchtig

transit: ~ **passenger** *n.* Transitpassagier, *m.*; ~ **visa** *n.* Transitvisum, *n.*

translate [træns'leɪt] 1. *v. t.* übersetzen; 2. *v. i.* sich übersetzen lassen

translation [træns'leɪʃn] *n.* Übersetzung, *f.*

translator [træns'leɪtər] *n.* Übersetzer, *m.*/Übersetzerin, *f.*

translucent [træns'luːsənt] *adj.* durchsichtig

transmission [trænz'mɪʃn] *n.* a) siehe **transmit** a; Übersendung, *f.*; Übertragung, *f.*; Überlieferung, *f.*; b) Übertragung, *f.*; c) Antrieb, *m.*; Getriebe, *n.*

transmit [trænz'mɪt] *v. t.*, -tt-: übersenden (Nachricht); übertragen

transmitter [trænz'mɪtər] *n.* Sender, *m.*

transmute [trænz'mjuːt] *v. t.* umwandeln

transparency [træns'pærənsɪ] *n.* Durchsichtigkeit, *f.*; *(bildlich)* Durchschaubarkeit, *f.*

transparent [træns'pærənt] *adj.* durchsichtig; *(bildlich)* offenkundig; einleuchtend; einfach

transpire [træn'spaɪər] *v. i.* a) *(ugs.)* geschehen; passieren; b) sich herausstellen

transplant 1. [træns'plɑːnt] *v. t.* a) *(Medizin)* transplantieren (fachspr.), verpflanzen (Organ, Gewebe); b) umpflanzen; 2. ['trænsplɑːnt] *n. (Medizin)* Transplantation, *f.* (fachspr.); Verpflanzung, *f.*; (thing ~ ed) Transplantat, *n.* (fachspr.)

transport 1. [træn'spɔːt] *v. t.* befördern, transportieren; 2. ['trænspɔːt] *n.* a) Transport, *m.* Beförderung, *f.*; b) Fortbewegungsmittel, *n.*

transportable [træn'spɔːtəbl] *adj.* beförderungsfähig

transportation [trænspə'teɪʃn] *n.* Transport, *m.*; Beförderung, *f.*

transporter [træn'spɔːtər] *n.* Transporter, *m.*

transvestite [trænz've staɪt] *n.* Transvestit, *m.*

trap [træp] 1. *v. t.*, **-pp-**: a) fangen (Tier); *(bildlich)* in eine Falle locken (Person); b) einschließen; einklemmen (Person, Körperteil); c) verstricken; 2. *n.* a) (literarisch oder bildlich) Falle, *f.*; b) Klappe, *f.* (salopp *f.* Mund)

'**trapdoor** *n.* Falltür, *f.*

trapeze [trə'piːz] *n.* Trapez, *f.*

trapper ['træpər] *n.* Fallensteller, *m.*; Trapper, *m.*

trash [træʃ] *n., no pl., no indef. art.* a) Abfall, *m.*; b) Schund, *m.* (ugs. derogativ)

'**trashcan** *n.* (Amer.) Mülltonne, *f.*

trauma ['trɔːmə] *n., pl.* ~**ta** ['trɔːmətə] or ~**s** Trauma, *n.*; Verletzung, *f.*; Schock, *m.*

traumatic [trɔː'mætɪk] *adj.* a) *(Medizin)* traumatisch; b) furchtbar

travel ['trævl] 1. *n.* Reisen, *n.*; *attrib.* Reise-; 2. *v. i.*, (Brit.) **-ll-**: reisen; fahren; 3. *v. t.*, (Brit.) -ll- zurücklegen (Weg, Strecke); bereisen (Bezirk)

~ **a'bout,** ~ **a'round** 1. *v. i.* umherreisen; 2. *v. t.* ~ about or around the country durchs Land reisen oder fahren

travel: ~ **agency** *n.* Reisebüro, *n.*; ~ **agent** *n.* Reisebürokaufmann, *m.*/-kauffrau, *f.*

travel: ~ **brochure** *n.* Reiseprospekt, *m.*; ~ **bureau** *n.* Reisebüro, *n.*

travelled ['trævld] *adj.*

traveller

(Brit.) **be much ~** (Person) weit gereist sein; **traveller** ['trævlər] *n.* (Brit.) Reisende, *m./f.* **'traveller's cheque** *n.* Reisescheck, *m.* **travelling: ~-bag** *n.* Reisetasche, *f.;* **~ clock** *n.* Reisewecker, *m.;* **~ expenses** *n. pl.* Reisekosten *Pl.* **travel: ~-sick** *adj.* reisekrank; **~-sickness** *n., no pl.* Reisekrankheit, *f.* **traverse** ['trævəs, trə'vɜːs] 1. *v. t.* a) überqueren (Gebirge); durchqueren (Region, Landschaft) **travesty** ['trævɪstɪ] 1. *n.* a) Karikatur, *f.;* b) Travestie, *f.;* 2. *v. t.* ins Lächerliche ziehen **tray** [treɪ] *n.* a) Tablett, *n.;* b) Ablagekorb, *m.* **treacherous** ['tretʃərəs] *adj.* treulos (Person); heimtückisch (Intrige, Feind) **treachery** ['tretʃərɪ] *n.* Verrat, *m.;* **act of ~** Verrat, *m.* **tread** [tred] 1. *n.* a) Lauffläche, *f.;* b) Gang, *m.;* Schritt, *m.;* 2. *v. i.,* trod, trodden ['trɒdn] or trod treten (in/on in/auf+ Akk.); gehen; 3. *v. t.,* trod, trodden or trod a) (walk on) treten auf (+ Akk.); stampfen (Weintrauben); *(bildlich)* gehen (Weg) **~ 'down** *v. t.* festtreten (Erde); zertreten (Blume, Beet) **~ 'in** *v. t.* festtreten **treadle** ['tredl] *n.* Tritt, *m.* **'treadmill** *n.* (literarisch oder bildlich) Tretmühle, *f.* **treason** ['triːzn] *n.* Hochverrat, *m.* **treasure** ['treʒə] 1. *n.* a) Schatz, *m.;* Kostbarkeit, *f.;* b) *no pl., no indef. art.* Schätze; c) Schatz, *m.* *(ugs.);* 2. *v. t.* in Ehren halten; die Erinnerung bewahren an (+ Dat.) **treasure: ~-house** *n.* Schatzkammer, *f.; (bildlich)* [wahre] Fundgrube; **~-hunt** *n.* Schatzsuche, *f.* **treasurer** ['treʒərər] *n.* a) Kassenwart, *m.;* Schatzmeister, *m./*-meisterin, *f.;* Leiter/Leiterin der Finanzabteilung; b) Leiter/Leiterin der Finanzverwaltung **treasure trove** ['treʒətruːv] *n.* Schatz, *m.;* Fundgrube **treasury** ['treʒərɪ] *n.* a) Schatzkästchen, *n.;* b) **the T~** das Finanzministerium **treat** [triːt] 1. *v. t.* a) etw.behandeln als; b) *(Medizin)* behandeln; c) behandeln (Material, Stoff, Leder); klären; d) behandeln; 2. *n.* a) Vergnügen; Leckerbissen; b) Einladung, *f.* **treatise** ['triːtɪs, 'triːtɪz] *n.* Abhandlung, *f.* **treatment** ['triːtmənt] *n.* a) Behandlung, *f.;* b) *(Medizin)* Behandlung, *f.;* c) Behandlung, *f.* Abwasserklärung, *f.* **treaty** ['triːtɪ] *n.* [ʃtaats]Vertrag, *m.* **tree** [triː] *n.* Baum, *m.* **'tree-house** *n.* Baumhaus, *n.* **treeless** ['triːlɪs] *adj.* baumlos **tree: ~-top** *n.*[ßaum]wipfel, *m.;* **~-trunk** *n.* Baumstamm, *m.* **tremble** ['trembl] 1. *v. i.* zittern (with vor+ Dat.); **~ for sb./sth.** *(bildlich)* um jmdn./etw. zittern; 2. *n.* Zittern, *n.* **trembling** ['tremblɪŋ] 1. *adj.* zitternd; 2. *n.* Zittern, *n.* **tremendous** [trɪ'mendəs] *adj.* a) unglaublich; gewaltig; enorm (Eindruck, Fähigkeiten); b) großartig **tremor** ['tremər] *n.* a) Zittern, *n.;* b) leichtes Erdbeben, *n.* **tremulous** ['tremjuləs] *adj.* a) zitternd; **be ~** zittern; b) zaghaft (Lächeln); ängstlich (Person) **trench** [trentʃ] *n.* Graben, *m.;* Tiefseegraben, *m.;* (Militär) Schützengraben, *m.* **trenchant** ['trentʃənt] *adj.* deutlich, energisch (Kritik, Sprache); energisch (Verteidiger, Kritiker, Politik); prägnant (Stil) **'trench coat** *n.* (Militär) Wettermantel, *m.;* Trenchcoat, *m.* **trend** [trend] 1. *n.* a) Trend, *m.;*b) Mode, *f.;* Trend, *m.;* 2. *v. i.* a) verlaufen; b) sich entwickeln **'trend-setter** *n.* Trendsetter, *m.* **trendy** ['trendɪ] (Brit. ugs.) 1. *adj.* modisch; Schickimicki(kneipe, -wohngegend) *(ugs.);* fortschrittlichmodern (Geistlicher, Lehrer); 2. *n.* Schickimicki, *m. (ugs.)* **trepidation** [trepɪ'deɪʃn] *n.* Beklommenheit, *f.* **trespass** ['trespəs] 1. *v. i.* **~ on** unerlaubt betreten (Grundstück); eingreifen in (+ Akk.) (jmds. Rechte); **'no ~ing!** "Betreten verboten!"; 2. *n.* (Jura) Hausfriedensbruch, *m.* **trespasser** ['trespəsər] *n.* Unbefugte, *m./f.;* **'No ~!'** "Betreten verboten **trial** ['traɪəl] *n.* a) (Jura) [ɡərichts]Gerichtsverfahren, *n.;* b) Test, *m.;* c) Prüfung, *f.;* Problem, *n.* **trial: ~ pack** *n.* Probepackung, *f.* **triangle** ['traɪæŋgl] *n.* a) Dreieck, *n.;* b) (Mus.) Triangel, *f.* **triangular** [traɪ'æŋgjulər] *adj.* dreieckig; dreiseitig **tribal** ['traɪbl] *adj.* Stammes- **tribe** [traɪb] *n.* Stamm, *m.* **tribesman** ['traɪbzmən] *n., pl.* **tribesmen** ['traɪbzmən] Stammesangehörige, *m.* **tribunal** [traɪ'bjuːnl, trɪ'bjuːnl] *n.* Gericht, *n.;* b)

(bildlich) Tribunal, *n.*; Jury, *f.*
tribune ['trɪbjuːn] *n.* Tribüne, *f.*
tributary ['trɪbjʊtərɪ] *n.* Nebenfluss, *m.*
tribute ['trɪbjuːt] *n.* Tribut, *m.* (to an + Akk.)
trick [trɪk] 1. *v. t.* täuschen; hereinlegen; 2. *adj.* ~ **photograph** Trickaufnahme, *f.*; 3. *n.* a) Trick, *m.*; b) Kunststück, *n.*
trickery ['trɪkərɪ] *n.* List, *f.*; Trick, *m.*
trickle ['trɪkl] 1. *v. i.* rinnen; tröpfeln; *(bildlich)* durchsickern; 2. *n.* Rinnsal, *n.* (of von)
trickster ['trɪkstər] *n.* Schwindler, *m.*/Schwindlerin, *f.*
tricky ['trɪkɪ] *adj.* kompliziert; verzwickt *(ugs.)*
tricycle ['traɪsɪkl] *n.* Dreirad, *n.*
trifle ['traɪfl] *n.* a) (Brit. Gastr.) Trifle, *n.*; b) Nippes, *n.*; Kleinigkeit, *f.*
trifling ['traɪflɪŋ] *adj.* unbedeutend (Angelegenheit, Problem); lächerlich (Verhalten, Gedanke); wenig; gering (Gefahr, Wert); gering (Finanzen)
trigger ['trɪgər] 1. *n.* a) Abzug, *m.*; b) Auslöser, *m*; 2. *v. t.* auslösen
trilateral [traɪ'lætərl] 1. *adj.* dreiseitig; 2. *n.* Dreieck, *n.*
trilogy ['trɪlədʒɪ] *n.* Trilogie, *f.*
trim [trɪm] 1. *v. t.*, **-mm-**: a) schneiden (Hecke); schneiden (Haar); beschneiden (auch bildlich) (Papier, Hecke, Docht, Budget); b) besetzen (with mit); 2. *adj.* proper; gepflegt (Garten); 3. *n.* a) Bereitschaft, *f.*; b) Nachschneiden, *n.*
~ **'off** *v. t.* abschneiden; *(bildlich)* abnehmen
trimmer ['trɪmər] *n.* Schneider, *m.*; **hedge-~:** Heckenschere, *f.*

Trinity ['trɪnɪtɪ] *n.* a) *(Religion)* **the** ~ die Dreifaltigkeit, *f.*
trip [trɪp] 1. *n.* a)Reise, *f.*; Ausflug, *m.*; b) *(ugs.)* (Drogen) Trip, *m.*; 2. *v. i.*, **-pp-**: a) stolpern (on über+ Akk.); b) *(ugs.)* ~ auf einem Trip sein; c) trippeln
~ **over** *v. t.* stolpern über (+ Akk.)
triple ['trɪpl] 1. *adj.* a) dreifach; b) ~ **the…:** der/die/das dreifache…; 2. *n.* Dreifache, *n.*; 3. *v. i.* sich verdreifachen; 4. *v. t.* verdreifachen
triple jump *n.* Dreisprung, *m.*
triplet ['trɪplɪt] *n.* Drilling, *m.*
tripper ['trɪpər] *n.* (Brit.) Ausflügler, *m.*/Ausflüglerin, *f.*
trip-wire *n.* Stolperdraht, *m.*
triumph ['traɪəmf, 'traɪʌmf] 1. *n.* Triumph, *m.* (over über+ Akk.); 2. *v. i.* triumphieren (over über+ Akk.)
triumphant [traɪ'ʌmfənt] *adj.* a) siegreich; b) triumphierend (Verhalten, Blick); ~ **shouts** Triumphgeschrei, *n.*
trivial ['trɪvɪəl] *adj.* belanglos; trivial
triviality [trɪvɪ'ælɪtɪ] *n.* Belanglosigkeit, *f.*; Trivialität, *f.*
trolley ['trɒlɪ] *n.* (Brit.) Servierwagen, *m.*; Einkaufswagen, *m.*
troop [truːp] 1. *n.* a) in *pl.* Truppen; b) (Militär) Schwadron, *f.*; Batterie, *f.*; c) Schar, *f.* 2. *v. i.* strömen; marschieren
trooper ['truːpər] *n.* einfacher Soldat, *m.*
trophy ['trəʊfɪ] *n.* Trophäe, *f.*
tropic ['trɒpɪk] *n.* **the T~s** die Tropen
tropical ['trɒpɪkl] *adj.* tropisch; Tropen(krankheit, -kleidung)
tropical: ~ **'rain forest** *n.*

truly

tropischer Regenwald
trouble ['trʌbl] 1. *n.* a) Ärger, *m.*; Schwierigkeiten *Pl.*; **in** ~ in Schwierigkeiten; b) Problem, *n.*; c) Mühe, *f.*; 2. *v. t.* a) beunruhigen; 3. *v. i.* a) sich (Dat.) Sorgen machen (over um); b) sich bemühen
troubled ['trʌbld] *adj.* a) besorgt; b) unruhig; c) unruhig (Zeit); bewegt (Geschichte)
trouble: ~**-free** *adj.* problemlos; ~**-maker** *n.* Unruhestifter, *m.*/-stifterin, *f.*
troublesome ['trʌblsəm] *adj.* schwierig; lästig (Krankheit)
trouser ['traʊzə]: ~**-leg** *n.* Hosenbein, *n.*; ~ **pocket** *n.* Hosentasche, *f.*
trousers ['traʊzəz] *n. pl.* Hose, *f.*; Hosen *Pl.*
'trouser suit *n.* (Brit.) Hosenanzug, *m.*
trout [traʊt] *n., pl.* same Forelle, *f.*
truce [truːs] *n.* Waffenstillstand, *m.*; **agree to a** ~ einen Waffenstillstand vereinbaren
truck ['trʌk] *n.* Lastwagen, *m.*; Lkw, *m.*
'truck driver *n.* Fernfahrer, *m.*/-fahrerin, *f.*
'truck-load *n.* Wagenladung, *f.*
true [truː] 1. *adj.*, ~**r** ['truːər], ~**st** ['truːɪst] a) wahr; wahrheitsgetreu (Darstellung, Behauptung, Bericht, Beschreibung) **come** ~ (Traum, Wunsch) Wirklichkeit werden, wahr werden; b) richtig (Vorteil, Einschätzung); eigentlich; c) wahr; echt, wahr (Freund, Freundschaft, Christ); d) getreu (Wiedergabe); e) treu; 2. *adv.* ehrlich; aufrichtig
truffle ['trʌfl] *n.* Trüffel, *f.* oder *(ugs.)* *m.*
truly ['truːlɪ] *adv.* echt; wirklich

trumpet [ˈtrʌmpɪt] 1. *n.* (Musikinstrument) Trompete, *f.* 2. *v. t.* & *i.* trompeten
trumpeter [ˈtrʌmpɪtər] *n.* Trompeter, *m.*/Trompeterin, *f.*
truncheon [ˈtrʌntʃn] *n.* Schlagstock, *m.*
trunk [trʌŋk] *n.* a) (Tierwelt) Rüssel, *m.*; b) Schrankkoffer, *m.*; c) (of tree) Stamm, *m.*; d) Rumpf, *m.*; e) (Amer.: of car) Kofferraum, *m.*
trust [trʌst] 1. *v. t.* a) trauen (+ Dat.); vertrauen (+ Dat.) (Person); b) hoffen; 2. *v. i.* a) ~ **to** sich verlassen auf (+ Akk.); b) ~ **in sb./sth.** auf jmdn./etw. vertrauen; 3. *n.* a) Vertrauen, *n.*; b) (Wirtschaft) Treuhandgesellschaft, *f.*; Stiftung, *f.*; c) Treuhänder *Pl.*
trustful [ˈtrʌstfl] *adj.* vertrauensvoll
trust fund *n.* Treuhandvermögen, *n.*
trusting [ˈtrʌstɪŋ] *adj.* vertrauensvoll
trustworthy [ˈtrʌstwɜːðɪ] *adj.* vertrauenswürdig
truth [truːθ] *n.*, *pl.* ~s [truːðz, truːθs] a) *no pl.* Wahrheit, *f.*; b) Wahrheit *f.*; **tell the** ~ die Wahrheit sagen
truthful [ˈtruːθfl] *adj.* ehrlich; wahrheitsgetreu (Darstellung, Schilderung)
try [traɪ] 1. *v. t.* a) versuchen; b) probieren; c) auf die Probe stellen (Ausdauer, Geduld, Fähigkeit, Kraft); 2. *v. i.* es versuchen; 3. *n.* Versuch, *m.*
~ **for** *v. t.* sich bemühen um (Arbeitsstelle, Stipendium); kämpfen um (Sieg im Sport)
~ **'on** *v. t.* a) anprobieren (Kleidungsstück); b) (Brit. ugs.) ~ **it on** provozieren
~ **'out** *v. t.* ~ sth./sb. out etw. ausprobieren/jmdm. eine Chance geben
trying [ˈtraɪɪŋ] *adj.* a) schwierig; b) anstrengend
try-out *n.* Erprobung, *f.*
tsar [zɑːr] *n.* Zar, *m.*
tub [tʌb] *n.* a) Badewanne, *f.*, b) Becher, *m.*
tuba [ˈtjuːbə] *n.* (Musikinstrument) Tuba, *f.*
tube [tjuːb] *n.* a) *(Technik)* Rohr, *n.*; b) Tube, *f.*; c) (Körper) Röhre, *f.*; d) Röhre, *f.*
tuberculosis [tjuːbɜːkjuˈləusɪs] *n., no pl.* (Medizin) Tuberkulose, *f.*
tube: ~ **station** *n.* (Brit. ugs.) U-Bahnhof, *m.*; ~ **train** *n.* (Brit. ugs.) U-Bahn-Zug, *m.*
tubular [ˈtjuːbjulər] *adj.* rohrförmig
Tuesday [ˈtjuːzdeɪ, ˈtjuːzdɪ] 1. *n.* Dienstag, *m.*; 2. *adv. (ugs.)* ~**s** dienstags
tuft [tʌft] *n.* Büschel, *n.*; ~ **of grass** Grasbüschel, *n.*
tuition [tjuːˈɪʃn] *n.* Studiengebühren, *f.*; (Amer.)
tulip [ˈtjuːlɪp] *n.* Tulpe, *f.*
tumble [ˈtʌmbl] *v. i.* stürzen; fallen
~ **'over** *v. i.* hinfallen; (Kartenhaus) umfallen
tumble: ~**down** *adj.* verfallen; ~-**drier** *n.* Wäschetrockner, *m.*
tummy [ˈtʌmɪ] *n.* (Körper, Baby) Bäuchlein, *n.*
tummy-ache *n.* (child lang./ugs.) Bauchweh, *n.*
tumour [ˈtjuːmər] *n.* Tumor, *m.*
tumult [ˈtjuːmʌlt] *n.* Tumult, *m.*
tuna [ˈtjuːnə] *n., pl.* same or ~**s** a) Thunfisch, *m.*; b) (Küche) Thunfisch, *m.*
tune [tjuːn] 1. *v. t.* a) (Mus.: put in ~) stimmen; b) einstellen (to auf+ Akk.); **stay** ~**d!** bleiben Sie auf dieser Welle!; c) einstellen (Motor, Vergaser); frisieren (Motor, Auto)
~ **'in** *v. i.* (Radio) ~ **in to a station** einen Sender einstellen; 2. *n.* Melodie, *f.*
~ **'up** 1. *v. i.* stimmen; 2. *v. t.* einstellen
tuneful [ˈtjuːnfl] *adj.* melodisch
tuneless [ˈtjuːnlɪs] *adj.* unmelodisch
tuner [ˈtjuːnər] *n.* a) (Mus.) Stimmer, *m.*/Stimmerin, *f.*; b) Einstellknopf, *m.*; Tuner, *m.* (Technik, Stereoanlage); c) Tuner, *m.*
tuning [ˈtjuːnɪŋ] *n.* a) Stimmen, *n.*; b) (Radio) Einstellen, *n.*; c) Einstellen, *n.*; Tuning, *n.*
Tunisia [tjuːˈnɪzɪə] *pr. n.* Tunesien, *n.*
tunnel [ˈtʌnl] 1. *n.* Tunnel, *m.*; unterirdischer Gang, *m*; 2. *v. i.*, (Brit.) -**ll**- einen Tunnel graben
turban [ˈtɜːbən] *n.* Turban, *m.*
turbo [ˈtɜːbəu] *n. (ugs.)* Turbo, *m.*
turbulence [ˈtɜːjuləns] *n., no pl.* a) Aufgewühltheit, *f.*; *(bildlich)* Aufruhr, *m.*; Unruhe, *f.*; b) (Phys.) Turbulenz, *f.*
turbulent [ˈtɜːjulənt] *adj.* a) aufgewühlt (Gedanken, Leidenschaften, Wellen); turbulent (Herrschaft, Kindheit); ungestüm (Menge); aufrührerisch (Menge); b) turbulent
turf [tɜːf] *n.*, *pl.* ~**s** or **turves** [tɜːvz] a) *no pl.* Rasen, *m.*; b) Rasenstück, *n.*; **the** ~ **der Turf** (Pferdesport); Rennbahn *f.*; Pferderennsport *m.*
turf accountant *n.* Buchmacher, *m.*
Turk [tɜːk] *n.* Türke, *m.*/Türkin, *f.*
Turkey [ˈtɜːkɪ] *pr. n. f.* Türkei
turkey *n.* (Tierwelt) Truthahn, *m.*/ Truthenne, *f.*; Puter, *m.*/Pute, *f.*
turmoil [ˈtɜːmɔɪl] *n.* Aufruhr, *m.*; Chaos, *n.*; Durcheinander, *n.*

turn [tɜːn] 1. *v. t.* a) drehen; b) umdrehen; wenden (Pfannkuchen, Matratze, Auto, Heu, Teppich); umgraben (Erde); ~ **sth. upside down** etw. auf den Kopf stellen; c) (give new direction to) drehen, wenden (Kopf); d) verwandeln; 2. *v. i.* a) sich drehen; (Wasserhahn) sich drehen lassen; b) sich herumdrehen; c) sich wenden; (~ round) sich umdrehen; 2. *n.* a) **it is sb.'s ~ to do sth.** jmd. ist an der Reihe, etw. zu tun; **take ~s at doing sth.**, etw. abwechselnd tun; b) Drehung, *f.*; c) Wende, *f.*; d) Straßenbiegung, *f.*; e) Kurve, *f.*; Ecke, *f.*

~ a'bout 1. *v. i.* sich umdrehen; (Kompanie) kehrtmachen; *(bildlich)* eine Kehrwendung machen; 2. *v. t.* wenden (Auto)

~ against *v. t.* ~ against sb. sich gegen jmdn. wenden

~ away 1. *v. i.* sich abwenden; 2. *v. t.* abwenden

~ 'back 1. *v. i.* (literarisch oder bildlich) umkehren; kehrtmachen *(ugs.)*. 2. *v. t.* a) zurückweisen; zurückschlagen (Feind); b) zurückschlagen (Bettdecke, Teppich)

~ 'down *v. t.* a) herunterschlagen (Kragen, Hutkrempe); umknicken (Buchseite); [nach unten] umschlagen (Laken); b) dämpfen (Licht); herunterdrehen; leiser stellen (Ton, Radio, Fernseher); c) ablehnen; abweisen (Bewerber, Kandidaten usw.)

~ 'off 1. *v. t.* a) abschalten; abstellen (Wasser, Gas); zudrehen (Wasserhahn); b) *(ugs.)* anwidern; 2. *v. i.* abbiegen

~ on 1. *v. t.* a) anschalten; aufdrehen (Wasserhahn, Gas); b) *(ugs.)* (Sexualität) anmachen *(ugs.)*; c) (be based on) (Argument) beruhen auf (+ Dat.); (Gespräch, Diskussion) sich drehen um *(ugs.)*; d) sich wenden gegen; angreife*n*. 2. *v. i.* einschalten

~ 'out 1. *v. t.* a) jmdn. hinauswerfen *(ugs.)*; b) ausstaffieren; c) produzieren; hervorbringen (Fachkräfte, Spezialisten); 2. *v. i.* **sb./sth. ~s out to be sth.** jmd./etw. stellt sich als jmd./etw. heraus

~ 'over 1. *v. t.* a) umwerfen; b) umdrehen; umgraben (Erde); c) drehen (Motor); d) **~ sth. over** sich (Dat.) etw. hin und her überlegen; 2. *v. i.* a) weiterblättern

~ 'round 1. *v. i.* a) sich umdrehen; b) sich drehen; 2. *v. t.* be- und entladen (Frachtschiff); abfertigen; umdrehen; auf den Kopf stellen *(ugs.)* (Theorie, Argument)

~ 'up 1. *v. i.* a) erscheinen; aufkreuzen *(ugs.)*; b) passieren; geschehen; c) plötzlich auftauchen; (Gelegenheit) sich bieten; something is sure to ~ up irgend etwas wird sich schon finden; d) sich finden; 2. *v. t.* a) (Grab, Schatz) freilegen; *(bildlich)* ans Licht bringen; b) lauter stellen

turning [ˈtɜːnɪŋ] *n.* Abzweigung, *f.*; *(bildlich)* Kreuzweg, *m.*

turning: **~-circle** *n.* Wendekreis, *m.*; **~-point** *n.* Wendepunkt, *m.*

turn: **~-off** *n.* Abzweigung, *f.*; Ausfahrt, *f.*

turn: **~pike** *n.* a) gebührenpflichtige Straße; b) gebührenpflichtige Autobahn; **~stile** *n.* Drehkreuz, *n.*; **~table** *n.* Plattenteller, *m.*

turpentine [ˈtɜːpntaɪn] *n.* a) Terpentin, *n.*; b) ~: Terpentin, *n. (ugs.)*; Terpentinöl, *n.*

turquoise [ˈtɜːkwɔɪz] 1. *n.* a) Türkis, *m.*; b) Türkis, *n.* 2. *adj.* türkis

turquoise: ~ **'blue** *n.* Türkisblau, *n.*; ~ **'green** *n.* Türkisgrün, *n.*

turtle [ˈtɜːtl] *n.* a) Meeresschildkröte, *f.*; b) (Amer.) Wasserschildkröte, *f.*

turtle: **~-dove** *n.* Turteltaube, *f.*; **~-neck** *n.* Stehbundkragen, *m.*

tusk [tʌsk] *n.* Stoßzahn, *m.*; Hauer, *m.*

tussle [ˈtʌsl] 1. *n.* Gerangel, *n. (ugs.)*; 2. *v. i.* sich balgen; *(bildlich)* sich auseinandersetzen (about wegen)

tutorial [tjuːˈtɔːrɪəl] *n.* (Brit. Univ.) Kolloquium, *n.*

tuxedo [tʌkˈsiːdəʊ] *n.*, *pl.* ~s or ~es (Amer.) Smoking, *m.*

TV [tiːˈviː] *n.* a) Fernsehen, *n.*; *attrib.* Fernseh-; b) Fernseher, *m. (ugs.)*

tweed [twiːd] *n.* a) Tweed, *m.*; *attrib.* Tweed-; b) in *pl.* Tweedkleidung, *f.*

tweet [twiːt] 1. *n.* Zwitschern, *n*; 2. *v. i.* zwitschern

twelfth [twelfθ] 1. *adj.* zwölft…; 2. *n.* Zwölftel, *n.*

twelve [twelv] 1. *adj.* zwölf; ~ **noon** Mittag; ~ **midnight** Mitternacht; 2. *n.* Zwölf, *f.*

twentieth [ˈtwentɪɪθ] 1. *adj.* zwanzigst…; 2. *n.* Zwanzigstel, *n.*

twenty [ˈtwentɪ] 1. *adj.* zwanzig; 2. *n.* Zwanzig, *f.*

twice [twaɪs] *adv.* a) zweimal; b) doppelt

twig [twɪɡ] *n.* Zweig, *m.*

twilight [ˈtwaɪlaɪt] *n.* a) Dämmerlicht, *n.*; Zwielicht, *n.*; b) Dämmerung, *f.*

twin [twɪn] 1. *attrib. adj.* a) Zwillings-; ~ **brother/sister** Zwillingsbruder *m.*/-schwester, *f.*; b) (forming a pair) Doppel-; doppelt (Problem, Verantwortung); c) (Bot.) paarig; d) Doppel (vergaser, -propeller, -schraube usw.);

twine

2. *n.* a) Zwilling, *m.*; b) Gegenstück, *n.*

twine [twaɪn] 1. *n.* Bindfaden, *m.*; Kordel, *f.*; Garn, *n.*; 2. *v. t.* a) drehen; b) winden (Kran, Girlande); 3. *v. i.* sich winden

twinkle [ˈtwɪŋkl] 1. *v. i.* (Sterne, Diamanten) funkeln, blitzen (with vor+ Dat.); 2. *n.* a) Funkeln, *n.*

twirl [twɜ:l] 1. *v. t.* a) (spin) drehen; b) zwirbeln (Schnurrbart); drehen (Haar); 2. *v. i.* wirbeln (around über+ Akk.); sb. ~s around jmd. wirbelt herum. 3. *n.* wirbeln, *n.*

twist [twɪst] 1. *v. i.* a) sich winden; ~ **around sth.** sich um etw. winden; b) sich winden; 2. *v. t.* a) verdrehen (Tatsachen, Bedeutung); verbiegen; verrenken; b) flechten (Blumen, Haare) (into zu); c) drehen; hin und her drehen; verweben; d) drehen (into zu); 3. *n.* a) Zwirn, *m.*; b) (~ ing) Drehung, *f.*; d) überraschende Wendung; e) give a ~ to sth. etw. verdrehen

~ **'off** *v. t.* abdrehen.

twisted [ˈtwɪstɪd] *adj.* verbogen; *(bildlich)* verdreht (ugs. derogativ) (Geist); verquer (Humor)

twit [twɪt] *n.* (Brit. sl.) Trottel, *m.* *(ugs.)*

twitter [ˈtwɪtər] 1. *n.* Zwitschern, *n.*; Gezwitscher, *n.*; 2. *v. i.* zwitschern; (Person) schnattern *(ugs.)*

two [tu:] 1. *adj.* zwei; 2. *n.* Zwei, *f.*; **the** ~ die beiden; die zwei

twofold [ˈtu:fəʊld] *adj.* zweifach; doppelt

two: ~**-handed** *adj.* a) (having ~ hands) zweihändig; b) mit beiden Händen; beidhändig

tycoon [taɪˈku:n] *n.* Magnat, *m.*; Großindustrieller, *m.*

type [taɪp] 1. *n.* a) Art, *f.*; Typ, *m.*; b) (ugs.: character) Type, *f. (ugs.)*; c) Drucktype, *f.*; 2. *v. t.* schreiben; tippen *(ugs.)*; 3. *v. i.* maschineschreiben

typewriter *n.* Schreibmaschine, *f.*; ~ **ribbon** Farbband, *n.*

typhoon [taɪˈfu:n] *n.* Taifun, *m.*

typhus [ˈtaɪfəs] *n.* (Medizin) Typhus, *n.*

typical [ˈtɪpɪkl] *adj.* typisch (of für)

typically [ˈtɪpɪklɪ] *adv.* typischerweise

typing [ˈtaɪpɪŋ] *n.* Maschineschreiben, *n.*

typing: ~ **error** *n.* Tippfehler, *m. (ugs.)*

typist [ˈtaɪpɪst] *n.* Schreibkraft, *f.*

tyrannical [tɪˈrænɪkl, taɪˈrænɪkl] *adj.* tyrannisch

tyrannize (tyrannise) [ˈtɪrənaɪz] *v. t.* (Chef, Vater, Ehemann) tyrannisieren; (Herrscher) als Tyrann herrschen über (+ Akk.)

tyranny [ˈtɪrənɪ] *n.* Tyrannei, *f.*

tyrant [ˈtaɪrənt] *n.* (literarisch oder bildlich) Tyrann, *m.*

U

U, u [ju:] *n., pl.* Us or U's U, u, *n.*
udder [ˈʌdər] *n.* Euter, *n.*
UFO [ˈjuːfəʊ] *n., pl.* ~s Ufo, *n.*
ugliness [ˈʌglɪnɪs] *n., no pl.* Hässlichkeit, *f.*
ugly [ˈʌglɪ] *adj.* a) hässlich; b) schlecht; übel
UK Abk. United Kingdom
ulcer [ˈʌlsər] *n.* Geschwür, *n.*
ultimate [ˈʌltɪmət] 1. *attrib. adj.* a) letzt...; beste; endgültig (Sieg); letztendlich (Rettung); größt... (Opfer); ~ result/ goal/decision Endergebnis, *n.*/Endziel, *n.*/endgültige Entscheidung; the ~ deterrent das äußerste Abschreckungsmittel; b) tiefst... (Grundlage, Wahrheit); the ~ origin der eigentliche Ursprung; 2. *n.* **the ~** das absolute Maximum
ultimately [ˈʌltɪmətlɪ] *adv.* a) schließlich; b) letzten Endes; im Grunde
ultimatum [ʌltɪˈmeɪtəm] *n., pl.* ~s or **ultimata** [ʌltɪˈmeɪtə] Ultimatum, *n.*; **give sb. an ~** jmdm. ein Ultimatum stellen
ultraˈsonic *adj.* Ultraschall-
ultrasound *n., no pl.* Ultraschall, *m.*
umbrella [ʌmˈbrelə] *n.* a) Schirm, *m.*; b) *(bildlich)* Schutz, *m.*; c) *attrib.*
unabashed [ʌnəˈbæʃt] *adj.* ungeniert; schamlos; unerschrocken (Mut, Vorgehensweise)
unabated [ʌnəˈbeɪtɪd] *adj.* unvermindert
unable [ʌnˈeɪbl] *pred. adj.* **be ~ to do sth.** nicht in der Lage sein, etw. zu tun; etw. nicht tun können
unabridged [ʌnəˈbrɪdʒd] *adj.* volle Länge; ungekürzt
unaccountable [ʌnəˈkaʊntəbl] *adj.* unerklärlich
unaccounted [ʌnəˈkaʊntɪd] *adj.* **~ for** unauffindbar
unaccustomed [ʌnəˈkʌstəmd] *adj.* ungewohnt
unacquainted [ʌnəˈkweɪntɪd] *adj.* **be ~ with sth.** mit etw. nicht vertraut sein
unadventurous [ʌnədˈventʃərəs] *adj.* langweilig; bieder (Person); ereignislos (Leben); einfallslos (Inszenierung, Buch, usw.)
unaffected [ʌnəˈfektɪd] *adj.* a) unberührt; *(Medizin)* nicht angegriffen (Organ); b) natürlich; unbeeindruckt (von Stil, Mode, Erscheinung)
unalterable [ʌnˈɔːltərəbl, ʌnˈɒltərəbl] *adj.* unabänderlich (Gesetz, Schicksal); unverrückbar (Entschluss)
unaltered [ʌnˈɔːltəd, ʌnˈɒltəd] *adj.* unverändert
unambiguous [ʌnæmˈbɪgjʊəs] *adj.* unzweideutig
unambitious [ʌnæmˈbɪʃəs] *adj.* (Person) ohne Ehrgeiz
unanimity [juːnəˈnɪmətɪ] *n., no pl.* Einmütigkeit, *f.*
unanimous [juːˈnænɪməs] *adj.* einstimmig
unanimously [juːˈnænɪməslɪ] *adv.* einstimmig
unanswerable [ʌnˈɑːnsərəbl] *adj.* unbeantwortbar (Frage); unwiderlegbar (Argument)
unappetizing [ʌnˈæpɪtaɪzɪŋ] *adj.* unappetitlich
unarmed [ʌnˈɑːmd] *adj.* unbewaffnet
unashamed [ʌnəˈʃeɪmd] *adj.* schamlos; ungeniert; unverhohlen (Freude)
unasked [ʌnˈɑːskt] *adj.* a) ungebeten; b) ungefragt
unattached [ʌnəˈtætʃt] *adj.* a) nicht befestigt; b) ungebunden (Person)
unattended [ʌnəˈtendɪd] *adj.* a) **~ to** unerledigt, unbearbeitet (Post, Angelegenheit); nicht bedient (Wirtschaft, Geschäft, Kunde); nicht behandelt (Patient, Wunde); b) unbewacht (Haus, Sicherheitsbereich, Bank, Parkplatz)
unattractive [ʌnəˈtræktɪv] *adj.* unattraktiv; unschön (Ort, Merkmal); wenig verlockend
unauthorized [ʌnˈɔːθəraɪzd] *adj.* unbefugt; nicht autorisiert (Vorgehen); nicht genehmigt (Demonstration)
unavailable [ʌnəˈveɪləbl] *adj.* nicht erhältlich (Ware)
unavoidable [ʌnəˈvɔɪdəbl] *adj.* unvermeidlich
unaware [ʌnəˈweər] *adj.* **be ~ of sth.** sich (Dat.) einer Sache (Gen.) nicht bewusst sein
unbalanced [ʌnˈbælənst] *adj.* a) unausgewogen; b) (Temperament) unausgeglichen
unbearable [ʌnˈbeərəbl] *adj.*, **unbearably** [ʌnˈbeərəblɪ] *adv.* unerträglich
unbeatable [ʌnˈbiːtəbl] *adj.* unschlagbar (ugs.)
unbeaten [ʌnˈbiːtn] *adj.* a) ungeschlagen; b) unerreicht
unbecoming [ʌnbɪˈkʌmɪŋ] *adj.* unschicklich
unbelievable [ʌnbɪˈliːvəbl] *adj.* a) unglaublich; b) unwahrscheinlich (Hunger, Durst)
unbiased [ʌnˈbaɪəst] *adj.* unvoreingenommen
unbolt [ʌnˈbəʊlt] *v. t.* aufriegeln (Tür, Tor)

unborn [ʌnˈbɔːn, attrib. ˈʌnbɔːn] *adj.* ungeboren
unbreakable [ʌnˈbreɪkəbl] *adj.* unzerbrechlich
unbroken [ʌnˈbrəʊkn] *adj.* a) heil; unbeschädigt; b) (not interrupted) ununterbrochen
unbutton [ʌnˈbʌtn] *v. t.* aufknöpfen
uncap [ʌnˈkæp] *v. t.*, **-pp-** öffnen (Flasche)
uncared-for [ʌnˈkeədfɔːr] *adj.* vernachlässigt
uncaring [ʌnˈkeərɪŋ] *adj.* egal; gleichgültig
uncensored [ʌnˈsensəd] *adj.* unzensiert
uncertain [ʌnˈsɜːtn] *adj.* a) **be ~** sich (Dat.) nicht sicher sein; b) ungewiss (Ergebnis, Zukunft, Schicksal); c) unsicher (Schritte); d) unbeständig (Charakter, Wetter)
uncertainly [ʌnˈsɜːtnlɪ] *adv.* a) ziellos; b) unsicher
uncertainty [ʌnˈsɜːtntɪ] *n.* a) *no pl.* Ungewissheit, *f.*; b) Unklarheit, *f.*; c) *no pl.* Unsicherheit, *f.*
unchanged [ʌnˈtʃeɪndʒd] *adj.* gleich (Zustand) unverändert
unchanging [ʌnˈtʃeɪndʒɪŋ] *adj.* unveränderlich
uncharacteristic [ʌnkærɪktəˈrɪstɪk] *adj.* uncharakteristisch (of für); ungewohnt (Grobheit, Schärfe)
uncharitable [ʌnˈtʃærɪtəbl] *adj.*, hartherzig
uncharitably [ʌnˈtʃærɪtəblɪ] *adv.* lieblos
unchecked [ʌnˈtʃekt] *adj.* a) ungeprüft; b) ungehindert; nicht eingedämmt
uncivilized [ʌnˈsɪvɪlaɪzd] *adj.* unzivilisiert
unclaimed [ʌnˈkleɪmd] *adj.* herrenlos; nicht abgeholt (Brief, Preis)
uncle [ˈʌŋkl] *n.* Onkel, *m.*
unclean [ʌnˈkliːn] *adj.* unrein

unclothed [ʌnˈkləʊðd] *adj.* unbekleidet
uncomfortable [ʌnˈkʌmftəbl] *adj.* a) unbequem; b) **be ~** sich unbehaglich fühlen; c) unangenehm; peinlich (Stille)
uncommitted [ʌnkəˈmɪtɪd] *adj.* unbeteiligt
uncommon [ʌnˈkɒmən] *adj.* merkwürdig; außer-, ungewöhnlich
uncompleted [ʌnkəmˈpliːtɪd] *adj.* unvollendet
uncomplicated [ʌnˈkɒmplɪkeɪtɪd] *adj.* unkompliziert
uncompromising [ʌnˈkɒmprəmaɪzɪŋ] *adj.* kompromisslos
unconcealed [ʌnkənˈsiːld] *adj.* unverhohlen
unconcerned [ʌnkənˈsɜːnd] *adj.* gleichgültig; sorglos; unbekümmert
unconfirmed [ʌnkənˈfɜːmd] *adj.* unbestätigt
uncongenial [ʌnkənˈdʒiːnɪəl] *adj.* unsympathisch (Person)
unconnected [ʌnkəˈnektɪd] *adj.* a) nicht verbunden; b) zusammenhanglos
unconscious [ʌnˈkɒnʃəs] 1. *adj.* a) *(Medizin)* bewusstlos; b) **be ~ of sth.** sich einer Sache (Gen.) nicht bewusst sein; c) unbewusst: 2. *n.* Unbewusste, *n.*
unconsciously [ʌnˈkɒnʃəslɪ] *adv.* unbewusst
unconsciousness [ʌnˈkɒnʃəsnɪs] *n., no pl. (Medizin)* Bewusstlosigkeit, *f.*
uncontaminated [ʌnkənˈtæmɪneɪtɪd] *adj.* unverschmutzt, nicht verseucht (with von)
uncontested [ʌnkənˈtestɪd] *adj.* unangefochten
uncontrollable [ʌnkənˈtrəʊləbl] *adj.* unkontrollierbar
uncontrolled [ʌnkənˈtrəʊld] *adj.* unkontrolliert
uncontroversial [ʌnkɒntrəˈvɜːʃl] *adj.* nicht kontrovers; **be ~** keinerlei Widerspruch hervorrufen
unconventional [ʌnkənˈvenʃnl] *adj.*, **unconventionally** [ʌnkənˈvenʃnəlɪ] *adv.* unkonventionell
unconvinced [ʌnkənˈvɪnst] *adj.* nicht überzeugt
unconvincing [ʌnkənˈvɪnsɪŋ] *adj.*, **unconvincingly** [ʌnkənˈvɪnsɪŋlɪ] *adv.* kaum/nicht überzeugend
uncooked [ʌnˈkʊkt] *adj.* roh
uncooperative [ʌnkəʊˈɒpərətɪv] *adj.* unkooperativ; wenig entgegenkommend
uncoordinated [ʌnkəʊˈɔːdɪneɪtɪd] *adj.* unkoordiniert
uncork [ʌnˈkɔːk] *v. t.* entkorken
uncountable [ʌnˈkaʊntəbl] *adj.* unzählbar
uncover [ʌnˈkʌvər] *v. t.* a) ab,- aufdecken; freilegen (Wunde, Begrabenes); b) aufdecken (Skandal)
uncritical [ʌnˈkrɪtɪkl] *adj.* unkritisch
uncut [ʌnˈkʌt] *adj.* nicht geschnitten (Gras, Haare usw.); nicht gemäht (Rasen); ungeschliffen (Edelstein)
undamaged [ʌnˈdæmɪdʒd] *adj.* unbeschädigt
undated [ʌnˈdeɪtɪd] *adj.* undatiert
undecided [ʌndɪˈsaɪdɪd] *adj.* a) nicht entschieden; b) unsicher; unentschlossen
undefeated [ʌndɪˈfiːtɪd] *adj.* ungeschlagen (Mannschaft); unbesiegt (Heer)
undefined [ʌndɪˈfaɪnd] *adj.* unbestimmt
undemanding [ʌndɪˈmɑːndɪŋ] *adj.* anspruchslos
undemocratic [ʌndeməˈkrætɪk] *adj.* undemokratisch
undeniable [ʌndɪˈnaɪəbl] *adj.* unbestreitbar

under ['ʌndər] 1. *prep.* a) (Position, Perspektive) unter (+ Dat.); (Bewegung) unter (+ Akk.); b) unter (+ Dat.); ~ **an assumed name** unter falschem Namen; c) weniger als; unter (+ Dat.); d) bei (Streß, hohen Temperaturen usw.); 2. *adv.* darunter
~cover *adj.* getarnt; (Geheimnis) verdeckt; geheim; **~cover agent** Untergrund-/Geheimagent, *m.*
~dog *n.* a) (Sport, Kampf) Unterlegene, *m./f.*: b) Benachteiligte, *m./f.*; **~em'-ployed** *adj.* unterbeschäftigt; **~em'ployment** *n.* Unterbeschäftigung, *f.*
~estimate 1. [ʌndər'estɪmeɪt] *v. t.* unterschätzen. 2. [ʌndər'estɪmət] *n.* Unterschätzung, *f.*; **~ground** 1. *adv.* a) unter der Erde; (Bergbau) b) *(bildlich)* (Politk) im Untergrund; in den Untergrund; 2. *adj.* unterirdisch (Höhle, See); 3. *n.* a) U-Bahn, *f.*; b) Untergrund, *m.*; Untergrundbewegung, *f.*; **~growth** *n.* Unterholz, *n.*; **~line** 1. *v. t.* (literarisch oder bildlich) unterstreichen. 2. *n.* Unterstreichung, *f.*
under: **~'nourished** *adj.* unterernährt; **~'paid** *adj.* unterbezahlt; **~pants** *n.pl.* Unterhose, *f.*; Unterhosen *Pl.*: **~pass** *n.* Unterführung, *f.*; **~'payment** *n.* Unterbezahlung, *f.*
understand [ʌndə'stænd] 1. *v. t.*, understood [ʌndə'stʊd] a) verstehen; b) gehört haben; c) ~ **sth. from sb.'s words** etw. aus jmds. Worten entnehmen; 2. *v. i.*, understood begreifen; verstehen
understandable [ʌndə'stændəbl] *adj.* verständlich
understandably [ʌndə'stændəblɪ] *adv.* verständlicherweise
understanding [ʌndə'stændɪŋ] 1. *adj.* verständnisvoll; 2. *n.* a) (einigende) Verständigung, *f.*; b) (Geist) Verstand, *m.*; c) Einsicht, *f.*; Verständnis, *n.*
under: **~'state** *v. t.* a) herunterspielen; b) zu gering veranschlagen; **~'statement** *n.* Untertreibung, *f.*; Understatement, *n* **~'take** *v. t.*, unternehmen; **~takers** Bestattungsunternehmen, *n.*; **~taking** *n.* a) *no pl. n.*; Vorhaben, *n.*; Unternehmen, *n.*; b) Aufgabe, *f.*; **~tone** *n.* a) in gedämpftem Ton; b) **~tone of criticism** kritischer Unterton; **~wear** *n.*, *no pl.*, *no indef. art.* Unterwäsche, *f.*; **~weight** *adj.* untergewichtig; **~world** *n.* (literarisch oder bildlich) Unterwelt, *f.*

undeserved [ʌndɪ'zɜːvd] *adj.* unverdient
undeserving [ʌndɪ'zɜːvɪŋ] *adj.* unwürdig (of *Gen.*)
undesirability [ʌndɪzaɪərə'bɪlɪt] *n.*, *no pl.* Unerwünschtheit, *f.*
undesirable [ʌndɪ'zaɪərəbl] *adj.* unerwünscht; **it is ~ that...:** es ist nicht wünschenswert, dass..
undetectable [ʌndɪ'tektəbl] *adj.* nicht nachweisbar
undetected [ʌndɪ'tektɪd] *adj.* unentdeckt
undeveloped [ʌndɪ'veləpt] *adj.* a) unreif; nicht voll ausgebildet; b) nicht entwickelt; c) unbebaut
undignified [ʌn'dɪɡnɪfaɪd] *adj.* würdelos; ohne jede Würde sein
undiplomatic [ʌndɪplə'mætɪk] *adj.* undiplomatisch
undisciplined [ʌn'dɪsɪplɪnd] *adj.* undiszipliniert
undiscoverable [ʌndɪ's kʌvərəbl] *adj.* nicht feststellbar

undiscovered [ʌndɪ'skʌvəd] *adj.* unentdeckt
undiscriminating [ʌndɪ'skrɪmɪneɪtɪŋ] *adj.* anspruchslos
undisguised [ʌndɪs'ɡaɪzd] *adj.* unverhohlen
undisputed [ʌndɪ'spjuːtɪd] *adj.* unbestritten (Fertigkeit, Kompetenz); **unangefochten** (Wissen, Autorität, Führung)
undistinguished [ʌndɪ'stɪŋɡwɪʃt] *adj.* mittelmäßig; gewöhnlich
undisturbed [ʌndɪ'stɜːbd] *adj.* a) unberührt; b) ungestört; c) sorgenlos
undivided [ʌndɪ'vaɪdɪd] *adj.* ungeteilt (Sympathie, Aufmerksamkeit); uneingeschränkt (Zuneigung, Unterstützung, Loyalität)
undo [ʌn'duː] *v. t.*, undoes [ʌn'dʌz], undoing [ʌn'duːɪŋ], undid [ʌn'dɪd], undone [ʌn'dʌn] a) aufmachen; b) ungeschehen machen.
undone [ʌn'dʌn] *adj.* a) unerledigt; b) offen (bleiben)
undoubted [ʌn'daʊtɪd] *adj.* unzweifelhaft
undoubtedly [ʌn'daʊtɪdlɪ] *adv.* zweifellos
undress [ʌn'dres] 1. *v. t.* ausziehen; 2. *v. i.* sich ausziehen
undressed [ʌn'drest] *adj.* a) nackt; unbekleidet; ausgezogen; (noch) nicht angezogen; b) unbearbeitet (Handwerk, Material)
undrinkable [ʌn'drɪŋkəbl] *adj.* nicht trinkbar; ungenießbar
unearned ['ʌnɜːnd] *adj.* unverdient
unearth [ʌn'ɜːθ] *v. t.* a) ausgraben; b) *(bildlich)* (Geheimnis, Skandal) aufdecken; etw. zutage fördern
unease [ʌn'iːz] siehe **uneasiness**

uneasily [ʌnˈiːzɪlɪ] *adv.* a) unbehaglich; mit Unbehagen; b) unruhig (Schlaf, Tätigkeit, Wesen, Verhalten)

uneasiness [ʌnˈiːzɪnɪs] *n., no pl.* a) Unbehagen; b) Angst, *f.*; Unruhe, *f.*

uneasy [ʌnˈiːzɪ] *adj.* a) besorgt; b) unruhig (Schlaf); c) quälend (Vermutung, Idee, Verdacht)

uneatable [ʌnˈiːtəbl] *adj.* ungenießbar

uneaten [ʌnˈiːtn] *adj.* ungegessen

uneducated [ʌnˈedjukeɪtɪd] *adj.* ungebildet

unemotional [ʌnɪˈməʊʃənl] *adj.* emotionslos; nüchtern

unemployable [ʌnɪmˈplɔɪəbl] *adj.* als Arbeitskraft ungeeignet

unemployed [ʌnɪmˈplɔɪd] 1. *adj.* a) arbeitslos. 2. *n.pl.* **the ~** die Arbeitslosen

unemployment [ʌnɪmˈplɔɪmənt] *n., no pl., no indef. art.* Arbeitslosigkeit, *f.*; Arbeitslosenzahl, *f.*

unemployment: ~ benefit *n.* Arbeitslosengeld, *n.*; **~ figures** *n. pl.* Arbeitslosenzahl, *f.*

unenthusiastic [ʌnɪnθjuːzɪˈæstɪk, ʌnɪnθuːzɪˈæstɪk] *adj.* wenig begeistert (about von); distanziert

unenviable [ʌnˈenvɪəbl] *adj.* nicht beneidenswert

unequal [ʌnˈiːkwəl] *adj.* a) unterschiedlich; ungleich (Stellung, Macht, Position, Auseinandersetzung); b) ungleichmäßig

unerring [ʌnˈɜːrɪŋ] *adj.* untrüglich (Instinkt, Geschmack); unbedingt (Treffsicherheit); unfehlbar (Instinkt)

unethical [ʌnˈeθɪkl] *adj.* unmoralisch

uneven [ʌnˈiːvn] *adj.* a) (Oberfläche) uneben; b) ungleichmäßig; unregelmäßig (Pulsschlag); unausgeglichen (Temperament)

unevenly [ʌnˈiːvnlɪ] *adv.* ungleichmäßig

unexceptional [ʌnɪkˈsepʃənl] *adj.* durchschnittlich; alltäglich

unexciting [ʌnɪkˈsaɪtɪŋ] *adj.* langweilig

unexpected [ʌnɪkˈspektɪd] *adj.* unerwartet

unexplained [ʌnɪkˈspleɪnd] *adj.* ungeklärt; unentschuldigt (Abwesenheit)

unexplored [ʌnɪkˈsplɔːd] *adj.* unerforscht

unexposed [ʌnɪkˈspəʊzd] *adj.* a) unaufgeklärt; nicht entlarvt (Verbrecher); b) unbelichtet

unexpressive [ʌnɪkˈspresɪv] *adj.* ausdruckslos

unfailing [ʌnˈfeɪlɪŋ] *adj.* unerschöpflich

unfailingly [ʌnˈfeɪlɪŋlɪ] *adv.* stets

unfair [ʌnˈfeər] *adj.* unfair; ungerecht (Kritik, Urteil); ungerecht(fertigt) (Strafe)

unfaithful [ʌnˈfeɪθfl] *adj.* untreu

unfamiliar [ʌnfəˈmɪljər] *adj.* a) fremd (Stadt); ungewohnt (Menschen, Umgebung, Arbeit, Tätigkeit); b) unvertraut

unfamiliarity [ʌnfəmɪlɪˈærətɪ] *n., no pl.* a) Fremdheit, *f.*; Ungewohntheit, *f.*; b) Unvertrautheit

unfashionable [ʌnˈfæʃənəbl] *adj.* unmodern (Stil, Einrichtung, Kleidung)

unfasten [ʌnˈfɑːsn] *v. t.* a) öffnen; b) lösen

unfavourable [ʌnˈfeɪvərəbl] *adj.* a) ungünstig; unfreundlich (Kommentar, Reaktion); negativ (Kritik, Antwort); b) ungünstig (to, for für)

unfinished [ʌnˈfɪnɪʃt] *adj.* a) unvollendet (Gedicht, Werk); unerledigt (Arbeit); b) (Handwerk, Material) unbearbeitet

unfit [ʌnˈfɪt] 1. *adj.* a) ungeeignet; b) nicht passend; [wehrdienst]untauglich; 2. *v. t.*, **-tt-** untauglich machen

unfitness [ʌnˈfɪtnɪs] *n., no pl.* a) fehlende Eignung; b) **state of ~** schlechte körperliche Verfassung

unfitted [ʌnˈfɪtɪd] *adj.* ungeeignet

unflattering [ʌnˈflætərɪŋ] *adj.* nicht gerade schmeichelhaft

unfold [ʌnˈfəʊld] 1. *v. t.* entfalten; ausbreiten (Zeitung, Landkarte); 2. *v. i.* a) (Blüte, Knospe) sich öffnen; (Flügel) sich entfalten; b) sich entwickeln; (Geheimnis) sich aufklären

unforeseen [ʌnfɔːˈsiːn] *adj.* unvorhergesehen

unforgettable [ʌnfəˈgetəbl] *adj.* unvergesslich

unforgivable [ʌnfəˈgɪvəbl] *adj.* unverzeihlich

unforgiving [ʌnfəˈgɪvɪŋ] *adj.* nachtragend

unformed [ʌnˈfɔːmd] *adj.* unausgereift

unfortunate [ʌnˈfɔːtʃənɪt] *adj.* a) ungünstig (Zeitpunkt, Moment); unglücklich; b) bedauerlich

unfortunately [ʌnˈfɔːtʃənɪtlɪ] *adv.* leider

unfounded [ʌnˈfaʊndɪd] *adj. (bildlich)* unbegründet

unfreeze [ʌnˈfriːz] *v. t.* & *i.*, **unfroze** [ʌnˈfrəʊz], **unfrozen** [ʌnˈfrəʊzn] auftauen

unfriendly [ʌnˈfrendlɪ] *adj.* unfreundlich

unfulfilled [ʌnfʊlˈfɪld] *adj.* a) unerfüllt (Bedürfnisse, Wünsche, Person); b) (Aufgabe, Arbeit) unerledigt

unfurnished [ʌnˈfɜːnɪʃt] *adj.* unmöbliert

ungracious [ʌnˈgreɪʃəs] *adj.* taktlos; unhöflich

ungrammatical [ʌngrəˈmætɪkl] *adj.* ungrammatisch

ungrateful [anˈgreɪtfl] *adj.* undankbar

ungrudging [anˈgrʌdʒɪŋ] *adj.* bereitwillig; großzügig; herzlich (Gastfreundschaft); neidlos (Bewunderung)

unguarded [anˈgɑdɪd] *adj.* a) unbewacht; b) unvorsichtig

unhappily [anˈhæpɪlɪ] *adv.* a) leider; unglücklicherweise; b) unglücklich

unhappiness [anˈhæpɪnɪs] *n., no pl.* Traurigkeit, *f.*; Bekümmertheit, *f.*

unhappy [anˈhæpɪ] *adj.* a) unglücklich; unzufrieden (about mit); b) unglückselig (Zeit, Zufall); unglücklich (Wahl, Zusammenstellung)

unharmed [anˈhɑmd] *adj.* unbeschädigt; unverletzt

unhealthy [anˈhelθɪ] *adj.* a) ungesund; b) krankmachend; schädlich; schlecht (Angewohnheit)

unheard [anˈhɜːd] *adj.* ~**-of** unbekannt; völlig neu; einmalig; beispiellos; unerhört *(derogativ)*

unhelpful [anˈhelpfl] *adj.* wenig hilfsbereit (Person); nicht hilfreich (Bemerkung, Kritik, die einem nicht weiterhilft)

unholy [anˈhəʊlɪ] *adj.* a) unheilig (Mittel, Vereinbarung); b) fürchterlich

unhook [anˈhʊk] *v. t.* vom Haken nehmen; aushaken (Kleid); loshaken (Tor)

unhoped-for [anˈhəʊptfɔːr] *adj.* unverhofft

unhurried [anˈhʌrɪd] *adj.*, **unhurriedly** [anˈhʌrɪdlɪ] *adv.* langsam; gemächlich

unhurt [anˈhɜːt] *adj.* unverletzt

unhygienic [anhaɪˈdʒiːnɪk] *adj.* dreckig

unicorn [ˈjuːnɪkɔːn] *n.* (Legende, Mythologie, Märchen) Einhorn, *n.*

unidentified [anaɪˈdentɪfaɪd] *adj.* nicht identifiziert

unification [juːnɪfɪˈkeɪʃn] *n.* Einigung, *f.*; Vereinheitlichung, *f.*

uniform [ˈjuːnɪfɔːm] 1. *adj.* einheitlich; gleich(bleibend) (Temperatur, Qualität); gleichmäßig (Verteilung, Tempo); 2. *n.* Uniform, *f.*

uniformed [ˈjuːnɪfɔːmd] *adj.* uniformiert

uniformity [juːnɪˈfɔːmɪtɪ] *n.* Einheitlichkeit, *f.*

uniformly [ˈjuːnɪfɔːmlɪ] *adv.* a) einheitlich; b) gleich; gleichmäßig

unify [ˈjuːnɪfaɪ] *v. t.* einigen (Volk, Land); vereinheitlichen (System)

unilateral [juːnɪˈlætərl] *adj.* einseitig (Politik)

unimaginable [anɪˈmædʒɪnəbl] *adj.* unvorstellbar

unimportance [anɪmˈpɔːtəns] *n., no pl.* Unwichtigkeit, *f.*; Bedeutungslosigkeit, *f.*

unimportant [anɪmˈpɔːtənt] *adj.* unwichtig; bedeutungslos

unimpressed [anɪmˈprest] *adj.* nicht beeindruckt

unimpressive [anɪmˈpresɪv] *adj.* nicht eindrucksvoll; unscheinbar (Aussehen)

uninformed [anɪnˈfɔːmd] *adj.* a) uninformiert; b) auf Unkenntnis beruhend (Urteil, Ansicht)

uninhabitable [anɪnˈhæbɪtəbl] *adj.* unbewohnbar

uninhabited [anɪnˈhæbɪtɪd] *adj.* unbewohnt

uninhibited [anɪnˈhɪbɪtɪd] *adj.* ungehemmt; völlig offen sein

uninjured [anˈɪndʒəd] *adj.* unverletzt

uninspired [anɪnˈspaɪəd] *adj.* einfallslos

uninspiring [anɪnˈspaɪərɪŋ] *adj.* langweilig

unintelligent [anɪnˈtelɪdʒənt] *adj.* nicht intelligent

unintelligible [anɪnˈtelɪdʒɪbl] *adj.* unverständlich

unintended [anɪnˈtendɪd] *adj.* unbeabsichtigt

unintentional [anɪnˈtenʃənl] *adj.*, **unintentionally** [anɪnˈtenʃənəlɪ] *adv.* unbeabsichtlicht

uninterested [anˈɪntrestɪd] *adj.* desinteressiert (in an + Dat.)

uninteresting [anˈɪntrestɪŋ] *adj.* uninteressant

uninterrupted [anɪntəˈrʌptɪd] *adj.* a) ununterbrochen; nicht unterbrochen; b) (Arbeit, Tätigkeit) ungestört

uninvited [anɪnˈvaɪtɪd] *adj.* ungeladen

uninviting [anɪnˈvaɪtɪŋ] *adj.* wenig verlockend; wenig einladend (Ort, Wetter)

union [ˈjuːnɪən] *n.* Vereinigung, *f.*; **trade** ~ Gewerkschaft, *f.*

unionist [ˈjuːnɪənɪst] *n.* Gewerkschafter, *m.*/Gewerkschafterin, *f.*

unique [juːˈniːk] *adj.* einzigartig; beispiellos; einmalig (Gelegenheit, Angebot)

uniquely [juːˈniːklɪ] *adv.* a) einzig und allein; b) einzigartig; einmalig (talentiert, begabt)

unison [ˈjuːnɪsən] *n.* a) (Mus.) Unisono, *n.*; **in** ~ unisono; einstimmig; b) Einmütigkeit, *f.*

unit [ˈjuːnɪt] *n.* (Militär, Gruppe, Person) Einheit, *f.*; Element, *n.*

unite [juːˈnaɪt] 1. *v. t.* vereinigen; verbinden (Einzelteile); ein[ig]en (Programm, Idee, Volk, Partei, Mitglieder); 2. *v. i.* sich vereinigen; (Gruppe, Freunde, Elemente) sich verbinden

united [juːˈnaɪtɪd] *adj.* a) einig; b) vereint; gemeinsam

United: ~ **Kingdom** *pr. n.* Vereinigtes Königreich; ~ **'Nations** *pr. n.* Vereinte Nationen *Pl.*

unity [ˈjuːnɪtɪ] *n.* a) Einheit,

f.; *adj.* a) generell; allgemein; allgemeingültig (Regel, Wahrheit); b) universal (Bildung, Wissen); c) universell

universally [juːnɪˈvɜːsəlɪ] *adv.* allgemein

universe [ˈjuːnɪvɜːs] *n.* Universum, *n.*; (world: bildlich: mankind) Welt, *f.*

university [juːnɪˈvɜːsətɪ] *n.* Universität, *f.*; *attrib.* Universitäts-

unjust [anˈdʒast] *adj.* ungerecht (to Dat.+ gegenüber)

unjustifiable [anˈdʒastɪfaɪəbl] *adj.* ungerechtfertigt

unjustifiably [anˈdʒastɪfaɪəblɪ] *adv.* ungerechtfertigterweise

unjustified [anˈdʒastɪfaɪd] *adj.* ungerechtfertigt

unjustly [anˈdʒastlɪ] ungerechterweise; zu Unrecht

unkind [anˈkaɪnd] *adj.* unfreundlich; **be ~ to sb.** jmdn. schlecht behandeln

unkindness [anˈkaɪndnɪs] *n.* Unfreundlichkeit, *f.*

unknown [anˈnəʊn] 1. *adv.* **~ to sb.** ohne dass jmd. davon weiß; 2. *adj.* unbekannt; 3. *n.* **the ~** das Unbekannte, *n.*

unlace [anˈleɪs] *v. t.* aufschnüren

unlawful [anˈlɔːfl] *adj.* ungesetzlich; gesetzwidrig

unleaded [anˈledɪd] *adj.* bleifrei (Benzin)

unless [ənˈles] *conj.* es sei denn; wenn… nicht

unlicensed [anˈlaɪsənst] *adj.* (Wirtschaft, Beruf) ohne Konzession; nicht angemeldet (Auto)

unlike [anˈlaɪk] 1. *adj.* nicht ähnlich; unähnlich; 2. *prep.* **be ~ sb./sth.** jmdm./einer Sache nicht ähnlich sein

unlikelihood [anˈlaɪklɪhʊd] *n., no pl.* Unwahrscheinlichkeit, *f.*

unlikely [anˈlaɪklɪ] *adj.* **be ~ to do sth.** etw. wahrscheinlich nicht tun

unlimited [anˈlɪmɪtɪd] *adj.* unbegrenzt; grenzenlos, unendlich (Weltraum, Himmel, Meer, Geduld)

unload [anˈləʊd] 1. *v. t.* entladen (Lastwagen, Waggon); löschen (Schiff, Schiffsladung); ausladen (Gepäck); 2. *v. i.* (Schiff) gelöscht werden; (Lastwagen) entladen werden

unloaded [anˈləʊdɪd] *adj.* nicht geladen (Waffe)

unlock [anˈlɒk] *v. t.* aufschließen; lösen (Rad, Taste); **~ed** unverschlossen (Tür, Tor);

unlovable [anˈlavəbl] *adj.* kaum/nicht liebenswert

unloved [anˈlavd] *adj.* ungeliebt

unluckily [anˈlakɪlɪ] *adv.* unglücklicherweise

unlucky [anˈlakɪ] *adj.* unglücklich; voller Pech; glücklos

unmade [anˈmeɪd] *adj.* ungemacht (Bett); unbefestigt (Straße)

unmanageable [anˈmænɪdʒəbl] *adj.* a) widerspenstig (Kind, Pferd, Haare); b) (Gegenstand) sperrig

unmanly [anˈmænlɪ] *adj.* unmännlich

unmanned [anˈmænd] *adj.* unbemannt (Schiff, Leuchtturm); nicht besetzt (Schalter, Rezeption); unbewacht (Posten, Eingang)

unmarried [anˈmærɪd] *adj.* unverheiratet; ledig

unmask [anˈmɑːsk] *v. t.* **~ sb.** jmdn. die Maske herunterreißen; *(bildlich)* jmdn. entlarven (as als)

unmatched [anˈmætʃt] *adj.* **be ~** unübertroffen sein

unmentionable [anˈmenʃənəbl] *adj.* unaussprechlich (Moral, Sünde, Verbrechen)

unmerited [anˈmerɪtɪd] *adj.* unverdient

unmethodical [anmɪˈθɒdɪkl] *adj.* unmethodisch

unmistakable [anmɪˈsteɪkəbl] *adj.* deutlich; klar (Beweis); unverwechselbar (Handschrift, Stimme)

unmoved [anˈmuːvd] *adj.* unbewegt; ungerührt

unmusical [anˈmjuːzɪkl] *adj.* unmusikalisch (Person)

unnamed [anˈneɪmd] *adj.* a) nicht genannt (Ort, Person, Medizin); ungenannt (Wohltäter); b) namenlos (Findling)

unnatural [anˈnætʃrəl] *adj.* a) unnatürlich; anormal; widernatürlich; b) unnatürlich (Verhalten, Person)

unnaturally [anˈnætʃrəlɪ] *adv.* unnatürlich; **not** natürlich

unnecessarily [anˈnesɪsərəlɪ] *adv.* a) unnötig (sich ärgern, sich aufregen, sich sorgen); b) unnötig (streng, kompliziert)

unnecessary [anˈnesərɪ] *adj.* unnötig

unnoticed [anˈnəʊtɪst] *adj.* unbemerkt

unobserved [anəbˈzɜːvd] *adj.* unbeobachtet

unobstructed [anəbˈstraktɪd] *adj.* frei (Rohr, Ausgang); ungehindert (Vormarsch, Durchfahrt)

unobtainable [anəbˈteɪnəbl] *adj.* nicht erhältlich

unobtrusive [anəbˈtruːsɪv] *adj.* unaufdringlich (Geste, Bemerkung, Muster, Farbe); unauffällig (Riss, Bewegung)

unoccupied [anˈɒkjʊpaɪd] *adj.* a) unbesetzt; unbewohnt (Haus, Wohnung, Raum); b) unbeschäftigt

unofficial [anəˈfɪʃl] *adj.* inoffiziell

unopened [anˈəʊpnd] *adj.* ungeöffnet; noch nicht aufgegangen (Pflanzen, Blüte)

unopposed [anəˈpəʊzd]

adj. unangefochten (Kandidat, Wahlsieger); ungehindert (Vormarsch)

unorganized [ʌnˈɔːgənaɪzd] *adj.* unsystematisch (Arbeitsweise); konfus (Arbeit, Projekt, Organisation, Idee, Person); ungeordnet (Leben)

unoriginal [ʌnəˈrɪdʒɪnl] *adj.* unoriginell

unpack [ʌnˈpæk] *v. t.* & *i.* auspacken

unpaid [ʌnˈpeɪd] *adj.* a) unbezahlt; nicht bezahlt; b) unbezahlt (Arbeit, Stelle, Tätigkeit); ehrenamtlich

unpardonable [ʌnˈpɑːdənəbl] unverzeihlich

unpatriotic [ʌnpætrɪˈɒtɪk] *adj.* unpatriotisch

unpaved [ʌnˈpeɪvd] *adj.* ungepflastert

unplanned [ʌnˈplænd] *adj.* ungeplant; nicht (ein)geplant

unpleasant [ʌnˈplezənt] *adj.* unangenehm; unfreundlich (Bemerkung)

unpleasantly [ʌnˈplezəntlɪ] *adv.* unangenehm; böse (lächeln); unfreundlich (antworten)

unpleasantness [ʌnˈplezəntnɪs] *n.* a) *no pl.* Unfreundlichkeit, *f.*; b) Verstimmung, *f.*

unplug [ʌnˈplʌg] *v. t.*, -**gg**- (Elektrotechnik) ~ **a radio** den Stecker eines Radiogeräts herausziehen

unpolished [ʌnˈpɒlɪʃt] *adj.* unbearbeitet; unpoliert (Holz, Oberfläche); *(bildlich)* ungeschliffen (Person, Benehmen)

unpolluted [ʌnpəˈluːtɪd] sauber (Umwelt)

unpopular [ʌnˈpɒpjʊlər] *adj.* unbeliebt (Lehrer, Regierung); unpopulär (Maßnahme, Politik)

unpopularity [ʌnpɒpjʊˈlærətɪ] *n., no pl.* siehe unpopular: Unbeliebtheit, *f.* (with bei); Unpopularität, *f.* (with bei)

unprecedented [ʌnˈpresɪdentɪd] *adj.* beispiellos; nie dagewesen

unpredictable [ʌnprɪˈdɪktəbl] *adj.* unberechenbar (Person, Verhalten, Wetter)

unprejudiced [ʌnˈpredʒʊdɪst] *adj.* unvoreingenommen

unprepared [ʌnprɪˈpeəd] *adj.* a) nicht vorbereitet (Zimmer, Mahlzeit); **be** [not] ~ **for sth.** auf etw. *(Akk.)* unvorbereitet sein; b) Stegreif(rede, -erklärung)

unpretentious [ʌnprɪˈtenʃəs] *adj.* uneigennützig; bescheiden; unprätentiös; einfach (Person, Stil, Haus); bescheiden (Person)

unprincipled [ʌnˈprɪnsəpld] *adj.* skrupellos

unprintable [ʌnˈprɪntəbl] *adj.* (literarisch oder bildlich) nicht druckbar

unproductive [ʌnprəˈdʌktɪv] *adj.* unfruchtbar (Boden, Gegend); fruchtlos (Diskussion, Mühe); unproduktiv (Zeit, Arbeit, Kapital)

unprofessional [ʌnprəˈfeʃənl] *adj.* a) unprofessionell; standeswidrig; b) stümperhaft

unprofitable [ʌnˈprɒfɪtəbl] *adj.* unrentabel (Investition, Geschäft); wenig einträglich (Arbeit); *(bildlich)* fruchtlos

unpromising [ʌnˈprɒmɪsɪŋ] *adj.* nicht vielversprechend

unpronounceable [ʌnprəˈnaʊnsəbl] *adj.* unaussprechbar

unprotected [ʌnprəˈtektɪd] *adj.* ungeschützt (against vor+ Dat., gegen); nicht geschützt (Art, Natur, Tierwelt)

unproved [ʌnˈpruːvd], **unproven** [ʌnˈpruːvn] *adj.* a) unbewiesen; b) ungeprüft

unprovoked [ʌnprəˈvəʊkt] *adj.* grundlos

unpublished [ʌnˈpʌblɪʃt] *adj.* unveröffentlicht

unpunished [ʌnˈpʌnɪʃt] *adj.* ungesühnt (Verbrechen); unbestraft (Verbrecher)

unquestionable [ʌnˈkwestʃənəbl] *adj.* untragbar; unbezweifelbar (Tatsache, Beweis); unbestreitbar (Recht, Fähigkeiten, Ehrlichkeit); unanfechtbar (Autorität)

unquestioned [ʌnˈkwestʃənd] *adj.* unangefochten (Fähigkeit, Macht, Autorität, Recht); unbestritten (Talent)

unravel [ʌnˈrævl] *v. t.*, (Brit.) -**ll**- aufziehen; entwirren; enträtseln *(bildlich)*

unread [ʌnˈred] *adj.* ungelesen

unreadable [ʌnˈriːdəbl] *adj.* a) unleserlich; b) (Qualität) unlesbar

unready [ʌnˈredɪ] *adj.* nicht bereit

unreal [ʌnˈrɪəl] *adj.* unwirklich

unrealistic [ʌnrɪəˈlɪstɪk] *adj.* unrealistisch; unwirklich

unreality [ʌnrɪˈælətɪ] *n., no pl.* Unwirklichkeit, *f.*

unreasonable [ʌnˈriːzənəbl] *adj.* unvernünftig; übertrieben (Forderung); übertrieben [hoch] (Preis, Kosten)

unrecognizable [ʌnˈrekəgnaɪzəbl] *adj.* be ~: nicht wiederzuerkennen sein

unrecognized [ʌnˈrekəgnaɪzd] *adj.* a) unerkannt; b) nicht anerkannt; c) nicht gewürdigt (Wissen, Fähigkeiten, Talent); nicht beachtet (Gefahr, Tatsache)

unrecorded [ʌnrɪˈkɔːdɪd] *adj.* a) nicht beweisen/belegt; b) nicht aufgezeichnet;

unbespielt, leer (Tonband, Kassette)
unreel [ʌnˈriːl] 1. *v. t.* abwickeln; abspulen (Film, Tonband); 2. *v. i.* sich abwickeln; sich abspulen
unrefined [ʌnrɪˈfaɪnd] *adj.* a) nicht verarbeitet; b) *(bildlich)* unkultiviert, ungeschliffen (Geschmack, Benehmen, Person)
unrelated [ʌnrɪˈleɪtɪd] *adj.* unzusammenhängend
unrelenting [ʌnrɪˈlentɪŋ] *adj.* unvermindert, nicht nachlassend (Wetter, Klima); unerbittlich (Auseinandersetzung, Kampf, Verfolgung); unnachgiebig (Entschlossenheit, Ehrgeiz)
unreliable [ʌnrɪˈlaɪəbl] *adj.* unzuverlässig
unremitting [ʌnrɪˈmɪtɪŋ] *adj.* nicht nachlassend; unermüdlich (Anstrengung, Versuch, Vorhaben, Durchführung); beharrlich (Kampf)
unreserved [ʌnrɪˈzɜːvd] *adj.* a) nicht vorbestellt; b) uneingeschränkt (Aufnahme, Entschuldigung usw.)
unresponsive [ʌnrɪˈspɒnsɪv] *adj.* be ~ nicht reagieren (to auf+ Akk.)
unrest [ʌnˈrest] *n.* Unruhen *Pl.*
unrestrained [ʌnrɪˈstreɪnd] *adj.* uneingeschränkt (Freude, Begeisterung, Wachstum); unbeherrscht (Gefühle, Wut, Gewalt); unkontrolliert (Entwicklung, Wachstum); ungeniert (Person, Verhalten)
unrestricted [ʌnrɪˈstrɪktɪd] *adj.* unbeschränkt; uneingeschränkt; frei (Sicht)
unrewarded [ʌnrɪˈwɔːdɪd] *adj.* **go** ~ keine Belohnung bekommen; (Tat, Mühe) nicht belohnt werden
unrewarding [ʌnrɪˈwɔːdɪŋ] *adj.*, unbefriedigend; undankbar (Aufgabe)

unripe [ʌnˈraɪp] *adj.* unreif
unrivaled [ʌnˈraɪvld] *adj.* unübertroffen; unvergleichlich; beispiellos (Fähigkeiten, Ruf, Luxus, Erfahrung)
unroll [ʌnˈrəʊl] 1. *v. t.* aufrollen; 2. *v. i.* sich aufrollen
unromantic [ʌnrəˈmæntɪk] *adj.* unromantisch
unsafe [ʌnˈseɪf] *adj.* unsicher (Technik, Mechanik, Konstruktion); baufällig (Bau); nicht verkehrssicher (Fahrzeug); gefährlich (Maschine)
unsaid [ʌnˈsed] *adj.* ungesagt; unausgesprochen
unsaleable [ʌnˈseɪləbl] *adj.* unverkäuflich
unsatisfactory [ʌnsætɪsˈfæktərɪ] *adj.* unbefriedigend; nicht befriedigend; schlecht (Service); mangelhaft (schulische Leistung)
unsatisfied [ʌnˈsætɪsfaɪd] *adj.* unerfüllt (Bedürfnisse, Wunsch); nicht befriedigt (Wunsch, Bedürfnis, Neugier, Nachfrage); nicht gestillt (Hunger, Sexualität, Neugier)
unsatisfying [ʌnˈsætɪsfaɪɪŋ] *adj.* unbefriedigend
unscented [ʌnˈsentɪd] *adj.* geruchlos; unparfümiert (Seife, Shampoo)
unscheduled [ʌnˈʃedjuːld] *adj.* außerplanmäßig
unscientific [ʌnsaɪənˈtɪfɪk] *adj.* unwissenschaftlich (Methode, Vorgehen, Aufsatz, Behauptung, Ansatz)
unscramble [ʌnˈskræmbl] *v. t.* entwirren; *(Technik)*, entschlüsseln
unscrew [ʌnˈskruː] 1. *v. t.* ab- oder losschrauben (Regal, Deckel usw.); herausdrehen (Schraube); 2. *v. i.* (Brett, Verschluss) sich abschrauben lassen; (Schraube) sich lösen oder abschrauben lassen
unscrupulous [ʌnˈskruːpjʊləs] *adj.* (Person, Verhalten, Vorgehen, Tat) skrupellos
unseal [ʌnˈsiːl] *v. t.* öffnen (Brief, Paket, Behälter)
unsealed [ʌnˈsiːld] *adj.* offen; unverschlossen
unseasoned [ʌnˈsiːznd] *adj.* ungewürzt; nicht abgelagert (Wein)
unseemly [ʌnˈsiːmlɪ] *adj.* unschicklich; ungehörig (Benehmen); ungebührlich (Eile, Benehmen)
unselfish [ʌnˈselfɪʃ] *adj.* selbstlos
unsettle [ʌnˈsetl] *v. t.* durcheinanderbringen; verwirren (menschlichen Geist); stören (Ruhe); verstören (Kind, Tier)
unsettled [ʌnˈsetld] *adj.* a) (Wetter) wechselhaft; *(bildlich)* unstet; ruhelos (Leben); unsicher (Zukunft); b) verstimmt (Magen); gestört (Gesundheit); unruhig; ungeklärt (Problem, Detail, Angelegenheit, Frage)
unshaven [ʌnˈʃeɪvn] *adj.* unrasiert
unsigned [ʌnˈsaɪnd] *adj.* nicht unterzeichnet (Brief, Dokument); unsigniert (Buchausgabe, Gemälde)
unskilful [ʌnˈskɪlfl] *adj.* ungeschickt
unskilled [ʌnˈskɪld] *adj.* a) ungeschickt; stümperhaft; b) ungelernt (Arbeiter); c) schlecht; d) keine besonderen Fertigkeiten erfordern (Berufswelt)
unsociable [ʌnˈsəʊʃəbl] *adj.* ungesellig
unsocial [ʌnˈsəʊʃl] *adj.* ungesellig
unsold [ʌnˈsəʊld] *adj.* unverkauft
unsolved [ʌnˈsɒlvd] *adj.* ungelöst; unaufgeklärt (Verbrechen)
unsophisticated [ʌnsəˈfɪstɪkeɪtɪd] *adj.* schlicht, einfach (Person, Geschmack, Stil, Spiel); unkompliziert

(Maschine, Methode); einfach (Nahrung, Genuß)
unsound [ʌnˈsaʊnd] *adj.* a) nicht gesund; krank; b) baufällig (Gebäude); c) (Argumentation) wenig stichhaltig; anfechtbar; d) unzuverlässig; e) of ~ mind unzurechnungsfähig
unspeakable [ʌnˈspiːkəbl] *adj.* unbeschreiblich
unspectacular [ʌnspekˈtækjulər] *adj.* wenig eindrucksvoll
unspoiled [ʌnˈspɔɪld] *adj.* unverdorben; unberührt (Region, Menschen, Landschaft)
unspoken [ʌnˈspəʊkn] *adj.* ungesagt; unausgesprochen; stillschweigend (Vereinbarung, Übereinkunft)
unstable [ʌnˈsteɪbl] *adj.* instabil, labil (Wirtschaft, Beziehungen, Verhältnisse)
unsteady [ʌnˈstedɪ] *adj.* unsicher; wechselhaft (Entwicklung); ungleichmäßig (Flamme, Rhythmus); wackelig (Leiter, Stuhl, Tisch, Konstruktion)
unsuccessful [ʌnsəkˈsesfl] *adj.* erfolglos
unsuccessfully [ʌnsəkˈsesfəlɪ] *adv.* erfolglos; vergebens (versuchen)
unsuitability [ʌnsuːtəˈbɪlətɪ] *n., no pl.* Ungeeignetsein, *n.*; mangelnde Eignung
unsuitable [ʌnˈsuːtəbl] *adj.* ungeeignet; unpassende Kleidung.
unsuitably [ʌnˈsuːtəblɪ] *adv.* unpassend
unsure [ʌnˈʃʊər] *adj.* unsicher
unsurprisingly [ʌnsəˈpraɪzɪŋlɪ] *adv.* wie zu erwarten war
unsuspected [ʌnsəˈspektɪd] *adj.* ungeahnt (Talent, Kräfte, Stärke, Tiefe); unvermutet (Defekt, Ergebnis, Resultat)

unsweetened [ʌnˈswiːtnd] *adj.* ungesüßt
unsympathetic [ʌnsɪmpəˈθetɪk] *adj.* a) nicht mitfühlend; b) unsympathisch
unsystematic [ʌnsɪstəˈmætɪk] *adj.* unsystematisch
untamed [ʌnˈteɪmd] *adj.* ungezähmt; wild
untangle [ʌnˈtæŋgl] *v. t.* entwirren
untested [ʌnˈtestɪd] *adj.* nicht erprobt
unthinkable [ʌnˈθɪŋkəbl] *adj.* unvorstellbar
unthinking [ʌnˈθɪŋkɪŋ] *adj.* gedankenlos
untidiness [ʌnˈtaɪdɪnɪs] *n., no pl.* siehe **untidy**: Ungepflegtheit, *f.*; Unaufgeräumtheit, *f.*
untidy [ʌnˈtaɪdɪ] *adj.* ungepflegt (Äußeres, Person, Garten); unaufgeräumt (Zimmer)
untie [ʌnˈtaɪ] *v. t.*, **untying** [ʌnˈtaɪɪŋ] aufknüpfen, aufknoten (Faden, Seil, Paket); aufbinden (Knoten); losbinden (Pferd, Boot, Seil vom Pfosten)
until [ənˈtɪl] 1. *prep.* bis; bis zu; 2. *conj.* bis
untimely [ʌnˈtaɪmlɪ] *adj.* a) ungelegen; unpassend; b) vorzeitig
untiring [ʌnˈtaɪərɪŋ] *adj.* unermüdlich
untold [ʌnˈtəʊld] *adj.* a) unbeschreiblich; unsagbar (Elend); unermesslich (Reichtümer, Anzahl); b) unzählig
untouchable [ʌnˈtʌtʃəbl] 1. *adj.* unberührbar; 2. *n.* Unberührbare, *m./f.*
untouched [ʌnˈtʌtʃt] *adj.* a) unberührt; b) unverändert.; c) unberührt
untraceable [ʌnˈtreɪsəbl] *adj.* unauffindbar
untrained [ʌnˈtreɪnd] *adj.* unausgebildet; ungelernt (Arbeitskräfte); nicht dressiert (Tier)

untranslatable [ʌntrænsˈleɪtəbl] *adj.* unübersetzbar
untried [ʌnˈtraɪd] *adj.* unerprobt; **leave nothing ~** nichts unversucht lassen
untroubled [ʌnˈtrʌbld] *adj.* ungestört (Ruhe); sorglos (Gesicht, Person, Charakter, Verhalten)
untrue [ʌnˈtruː] *adj.* a) falsch; unwahr; b) **be ~ to sb./sth.** jmdm./etw. untreu sein
untrustworthy [ʌnˈtrʌstwɜːðɪ] *adj.* unzuverlässig
untruth [ʌnˈtruːθ] *n., pl.* ~s [ʌnˈtruːðz] Unwahrheit, *f.*
untruthful [ʌnˈtruːθfl] *adj.* verlogen *(derogativ)*
unusable [ʌnˈjuːzəbl] *adj.* unbrauchbar
unused [ʌnˈjuːzd] *adj.* unbenutzt; ungenutzt (Mechanik, Technik, Instrumente, Material, Geräte)
unused [ʌnˈjuːst] *adj.* **be ~ to sth./to doing sth.** etw. *(Akk.)* nicht gewohnt sein/nicht gewohnt sein, etw. zu tun
unusual [ʌnˈjuːʒʊəl] *adj.* ungewöhnlich; außergewöhnlich
unusually [ʌnˈjuːʒʊəlɪ] *adv.* ungewöhnlich
unutterable [ʌnˈʌtərəbl] *adj.*, **unutterably** [ʌnˈʌtərəblɪ] *adv.* unaussprechlich
unveil [ʌnˈveɪl] *v. t.* entschleiern (Gesicht); enthüllen (Statue, Gedenktafel); *(bildlich)* vorstellen (neues Auto, Produkt, Modell); veröffentlichen, enthüllen (Plan, Projekt)
unversed [ʌnˈvɜːst] *adj.* nicht bewandert (in in+ Dat.)
unvoiced [ʌnˈvɔɪst] *adj.* unausgesprochen (Ansichten, Gefühle, Zweifel)
unwanted [ʌnˈwɒntɪd] *adj.* unerwünscht
unwashed [ʌnˈwɒʃt] *adj.* ungewaschen (Person,

unwavering

Kleidung); ungespült (Geschirr)
unwavering [ʌn'weɪvərɪŋ] *adj.* fest (Blick); *(bildlich)* unerschütterlich
unwelcome [ʌn'welkəm] *adj.* unwillkommen; ungebeten (Besucher)
unwilling [ʌn'wɪlɪŋ] *adj.* widerwillig (Person, Unterstützung, Zustimmung); unfreiwillig (Helfer); **be ~ to do** sth. etw. nicht tun wollen
unwillingly [ʌn'wɪlɪŋlɪ] *adv.* widerwillig
unwillingness [ʌn'wɪlɪŋnɪs] *n., no pl.* Widerwille, *m.*
unwise [ʌn'waɪz] *adj.* unklug
unworldly [ʌn'wɜːldlɪ] *adj.* naiv; weltabgewandt; weltfremd
unworn [ʌn'wɔːn] *adj.* a) ungetragen (Kleidung); b) nicht abgetreten (Einrichtung, Möbel); nicht abgetragen (Kleidungsstück); nicht abgefahren (Reifen)
unworried [ʌn'wʌrɪd] *adj.* unbekümmert
unworthy [ʌn'wɜːθɪ] *adj.* unwürdig
unwrap [ʌn'ræp] *v. t.,* **-pp-** auswickeln; abwickeln (Bandage)
unwritten [ʌn'rɪtn] *adj.* ungeschrieben; nicht schriftlich festgehalten (Märchen, Lied, Vertrag, Verfassung); unbeschrieben (Papier, Seite)
unzip [ʌn'zɪp] *v. t.,* **-pp-** öffnen (Reißverschluss)
up [ʌp] 1. *adv.* a) nach oben; aufwärts; **up to sth.** (literarisch oder bildlich) bis zu etw. hinauf; **up here/there** hier herauf/dort hinauf; b) rauf (bes. ugs.); nach oben; c) be up aufstehen; d) **to go up** steigen (Preise); e) **up to sth.** bis zu etw.; 2. *prep.* a) **come up the hill** den Hügel heraufkommen; b) **further up** weiter oben; 3. *adj.* aufwärts; 4. *n.* in *pl.* **the ups and downs** (literarisch oder bildlich) das Auf und Ab; *(bildlich)* die Höhen und Tiefen; 5. *v. t.,* **-pp-** (ugs.) erhöhen; heben
'up-and-coming *adj.* (ugs.) aufstrebend
upbringing ['ʌpbrɪŋɪŋ] *n.* Erziehung, *f.*
update 1. [ʌp'deɪt] *v. t.* aktualisieren; auf den aktuellen Stand bringen; modernisieren. 2. ['ʌpdeɪt] *n.* Lagebericht, *m.* (on zu); (~d version) Neuausgabe, *f.*
upgrade [ʌp'greɪd] *v. t.* a) befördern: aufwerten (Stellung); b) verbessern
upheaval [ʌp'hiːvl] *n.* Aufruhr, *m.*; Durcheinander., *n.*
upheld siehe **uphold**
up'hold *v. t.,* upheld a) unterstützen; hochhalten, wahren (Tradition, Ehre); schützen (Gesetz, Moral, Verfassung); b) aufrechterhalten; anerkennen (Einwand, Beschwerde)
upholster [ʌp'həʊlstər] *v. t.* polstern
upholstery [ʌp'həʊlstərɪ] *n.* a) (Möbel, Einrichtung, Handwerk) Polstererhandwerk, *n.*; b) Polsterung, *f.*; Bezug, *m.*; *attrib.* Polster-
upon [ə'pɒn] *prep.* a) auf (+ Akk.); auf (+ Dat.); b) siehe **on** 1 a, b
upper ['ʌpər] 1. *compar. adj.* a) ober... (Flusslauf, See); Ober(grenze, -lippe, -arm usw., -schlesien; -kreide, -devon usw.); (Mus.) hoch (Tonlage); b) ober...; ~ **class**[es] Oberschicht, *f.*; 2. *n.* Oberteil, *n.*
upright ['ʌpraɪt] 1. *adj.* aufrecht; steil (Schrift)
'uprising *n.* Aufstand, *m.*
'uproar *n.* Aufruhr, *m.*; Tumult, *m.*
upset 1. [ʌp'set] *v. t.,* **-tt-,** upset a) (aus Unachtsamkeit) umkippen; umstoßen (Gegenstände); b) sth. ~s sb. etw. bekommt jmdm. nicht; d) stören; durcheinander bringen (Plan, Organisation); c) erschüttern; mitnehmen *(ugs.)*; aus der Fassung bringen; aufregen;. 2. *v. i.,* -tt-, upset umkippen; 3. *adj.* a) umgekippt; b) bestürzt; aufgeregt; aufgebracht; verärgert; gekränkt; **be ~** bestürzt sein; sich ärgern; 4. ['ʌpset] *n.* a) Verstimmung, *f.*; b) Zwischenfall, *m.*; (Politik) Aufruhr, *m.*; c) Überraschung, *f.*
upside 'down 1. *adv.* verkehrt herum; **turn sth. ~** (literarisch oder bildlich) etw. auf den Kopf stellen; 2. *adj.* auf dem Kopf stehend (Bild); s.
upstairs 1. *adv.* nach oben (gehen, kommen); oben (sein, wohnen); 2. *adj.* im Obergeschoss; 3. *n.* Obergeschoss, *n.*
upstream 1. *adv.* flussaufwärts; 2. *adj.* flussaufwärts gelegen (Ort)
uptight [ʌp'taɪt] *adj.* (ugs.) zugeknöpft; nervös (about wegen); sauer *(ugs.)* (about wegen)
up to 'date *pred. adj.* **be/keep ~:** auf dem neusten Stand sein
up-to-the-'minute *adj.* hochaktuell
'upturn *n.* Aufschwung, *m.* (in+ Gen.)
upward ['ʌpwəd] *adj.* nach oben: nach oben gerichtet
urban ['ɜːbn] *adj.* städtisch; Stadt-
urge [ɜːdʒ] 1. *v. t.* a) **~ sb. to do sth.** jmdn. drängen, etw. zu tun; 2. *n.* Trieb, *m.* **~ 'on** *v. t.* antreiben; vorantreiben; anfeuern
urgency ['ɜːdʒənsɪ] *n., no pl.* Dringlichkeit, *f.*; eine sehr dringende Angelegenheit
urgent ['ɜːdʒənt] *adj.* dringend; eilig; **be in ~ need of**

sth. etw. dringend brauchen
urgently [ˈɜːdʒəntlɪ] *adv.* dringend; eilig
urinate [ˈjʊərɪneɪt] *v. t.* urinieren
urine [ˈjʊərɪn] *n.* Urin, *m.*; Harn, *m.*
urn [ɜːn] *n.* Urne, *f.*
us [əs, stressed ɑs] *pron.* uns; **it's us** wir sind's *(ugs.)*
usage [ˈjuːzɪdʒ, ˈjuːsɪdʒ] *n.* a) Brauch, *m.*; Gepflogenheit, *f.*; b) Sprachgebrauch, *m.*; ~ [of a word] Verwendung; c) Behandlung, *f.*
use 1. use [juːz] *v. t.* a) benutzen; nutzen (Gelegenheit); anwenden (Kraft); einsetzen (Tränengas, Wasserwerfer); in Anspruch nehmen (Dienstleistung); b) verwenden; c) benutzen; gebrauchen; verwenden; d) Gebrauch machen von (Autorität, Macht); e) ~ **sb.** jmdn. ausnutzen; f) behandeln; g) **~d to** [ˈjuːst tə] **The teacher used to tell the children intersting stories:** Der Lehrer pflegte den Kindern interessante Geschichten zu erzähle*n*.; 2. use [juːs] *n.* a) Verwendung, *f.*; Gebrauch, *m.*; Benutzung, *f.*; Verwendung, *f.*; Führung, *f.*; Konsum, *m.*; b) Nutzen, *m.*; c) Verwendung, *f.*; Verwendungszweck, *m.*
~ 'up *v. t.* aufbrauchen; verwenden; verbrauchen; erschöpfen
used 1. *adj.* a) [juːzd] gebraucht; benutzt (Kleidung, Einrichtung, Gegenstand); gestempelt (Briefmarke); **~ car** Gebrauchtwagen, *m.*; b) [juːst] ~ **to sth.** etw. *(Akk.)* gewohnt sein; etw. gewohnt sein; **get ~ to sb./sth.** sich an jmdn./ etw. gewöhnen
useful [ˈjuːsfl] *adj.* a) nützlich; praktisch (Gerät, Vorrichtung); brauchbar (Rat,

Idee); hilfreich (Gespräch, Rat, Idee)
usefulness [ˈjuːsflnɪs] *n.*, *no pl.* Nützlichkeit, *f.*; Brauchbarkeit, *f.*
useless [ˈjuːslɪs] *adj.* unbrauchbar (Werkzeug, Rat, Vorschlag, Idee); vergeblich (Anstrengung, Maßnahme, Kampf, Klage); zwecklos (Widerstand, Protest, Argumentieren)
uselessly [ˈjuːslɪslɪ] *adv.* sinnlos (verschwenden, aufwenden); vergeblich (arbeiten, sich einsetzen für, protestieren
user [ˈjuːzər] *n.* Benutzer, *m.*/Benutzerin, *f.*; Konsument, *m.*/Konsumentin, *f.*; Verbraucher, *m.*/Verbraucherin, *f.*
usher [ˈʌʃər] 1. *n.* Gerichtsdiener, *m.*; Platzanweiser, *m.*/-anweiserin, *f.*; 2. *v. t.* fahren; geleiten (geh.); ~ **sb. to his seat** jmdn. an seinen Platz führen
~ 'in *v. t.* ~ sb. in jmdn. hineinführen oder -geleiten
~ 'out *v. t.* hinausführen oder (geh.) -geleiten
usual [ˈjuːʒʊəl] *adj.* üblich
usually [ˈjuːʒʊəlɪ] *adv.* üblicherweise, herkömmlich; normalerweise
utensil [juːˈtensɪl] *n.* Utensil, *n.*
uterus [ˈjuːtərəs] *n.*, *pl.* **uteri** [ˈjuːtəraɪ] (Körper) Gebärmutter, *f.*; Uterus, *m.*
utility [juːˈtɪlɪtɪ] *n.* Nutzen, *m.*
utilization [juːtɪlaɪˈzeɪʃn] *n.* Nutzung, *f.*
utilize [ˈjuːtɪlaɪz] *v. t.* nutzen
utmost [ˈʌtməʊst] 1. *adj.* äußerst...; tiefst... (Verachtung); höchst... (Verehrung, Gefahr); größt... (Höflichkeit, Eleganz, Geschwindigkeit); **of ~ importance** von äußerster Wichtigkeit; 2. *n.* Äußerste, *n.*

utter [ˈʌtər] *attrib. adj.* vollkommen, völlig, total (Chaos, Verwirrung, Fehlschlag, Einsamkeit, Unsinn); ungeheuer (Elend, Dummheit, Glück, Schönheit); größt... (Freude, Vergnügen)
utter *v. t.* a) von sich geben (Schrei, Seufzer, Ächzen); b) (say) sagen (Wahrheit, Wort); schwören (Eid); äußern (Drohung); zum Ausdruck bringen (Gefühle)
utterance [ˈʌtərəns] *n.* Äußerung, *f.*; Laute, *f.*; (Sprachw.) Satz, *m.*
utterly [ˈʌtəlɪ] *adv.* völlig; total; vollkommen; restlos (elend, deprimiert); absolut (wunderbar, bezaubernd); hinreißend (wunderbar, hübsch, schön); äußerst (dumm, lächerlich); aus tiefster Seele (verabscheuen, ablehnen, bereuen)

V

V, v [viː] *n.*, *pl.* Vs or V's V, v, *n.*
vacancy ['veɪkənsɪ] *n.* a) (Berufswelt) freie Stelle; b) (Hotel) freies Zimmer; c) *no pl.* Einöde, *f.*; Leere, *f.*
vacant ['veɪkənt] *adj.* a) frei; b) öde; leer
vacation [və'keɪʃn] 1. *n.* a) (Brit.) Ferien *Pl.*; b) (Amer.) siehe **holiday** 1 b; 2. *v. i.* (Amer.) Urlaub machen
vaccinate ['væksɪneɪt] *v. t.* (Medizin) impfen
vaccination [væksɪ'neɪʃn] *n.* (Medizin) Impfung, *f.*; *attrib.* Impf-; **have a ~** geimpft werden
vaccine ['væksiːn, 'væksɪn] *n.* Impfstoff, *m.*
vacuum: ~ cleaner *n.* Staubsauger, *m.*; **~-packed** *adj.* vakuumverpackt. 2. *n.* a) *pl.* vacua ['vækjuə] or ~s (naturw.; auch bildlich) Vakuum, *n.*; b) *pl.* ~s (ugs.: ~ **cleaner**) Sauger, *m.* (ugs.)
vagabond ['vægəbɒnd] *n.* Landstreicher, *m.*/Landstreicherin, *f.* (oft abwertend); Vagabund, *m.*/Vagabundin, *f.*
vagina [və'dʒaɪnə] *n.*, *pl.* ~e [və'dʒaɪniː] or ~s (Körper) Scheide, *f.*; Vagina, *f.*
vague [veɪg] *adj.* vage; verschwommen, undeutlich (Form, Gespräch, Meinung)
vaguely ['veɪglɪ] *adv.* vage; entfernt (bekannt sein, erinnern an); schwach (sich erinnern)
vain [veɪn] *adj.* a) (conceited) eitel; b) leer (Drohung, Versprechen, Worte), eitel (geh.) (Vergnügungen); vergeblich (Hoffnung, Erwartung, Versuch); **in ~** vergeblich; vergebens
vainly ['veɪnlɪ] *adv.* vergebens; vergeblich

valentine ['væləntaɪn] *n.* a) jmd., dem man am Valentinstag einen Gruß schickt; b) ~ [card] Grußkarte zum Valentinstag; c) **St. V~'s Day** Valentinstag, *m.*
valet ['vælɪt, 'væleɪ] *n.* Kammerdiener, *m.*
valid ['vælɪd] *adj.* a) gültig; berechtigt (Anspruch); rechtsgültig; rechtskräftig; bindend (Vertrag); b) stichhaltig (Argument, Einwand, Theorie); triftig (Grund); zuverlässig (Methode); begründet (Entschuldigung, Einwand)
validate ['vælɪdeɪt] *v. t.* rechtskräftig machen (Anspruch, Vertrag, Testament); bestätigen, beweisen (Hypothese, Theorie); für gültig erklären (Wahl)
validity [və'lɪdɪtɪ] *n.*, *no pl.* a) Gültigkeit, *f.*; Rechtsgültigkeit, *f.*; b) Stichhaltigkeit, *f.*; (of reason) Triftigkeit, *f.*; (of method) Zuverlässigkeit, *f.*
valley ['vælɪ] *n.* (literarisch oder bildlich) Tal, *n.*
valuable ['væljʊəbl] 1. *adj.* wertvoll; **be ~ to sb.** für jmdn. wertvoll sein; 2. *n.*, *in pl.* Wertgegenstände; Wertsachen
valuation [væljʊ'eɪʃn] *n.* Schätzung, *f.*
value ['væljuː] 1. *n.* a) Wert, *m.*; b) *in pl.* Wertvorstellungen; 2. *v. t.* a) schätzen; **to ~ sth.** etw.zu schätzen wissen; b) schätzen, taxieren (at auf+ Akk.)
value added 'tax *n.* (Brit.) Mehrwertsteuer, *f.*
valued ['væljuːd] *adj.* geschätzt (Freund, Kunde); wertvoll (Rat, Meinung)
'value-judgement *n.* Wer-

turteil, *n.*
valueless ['væljʊlɪs] *adj.* wertlos
vampire ['væmpaɪər] *n.* Vampir, *m.*
van [væn] *n.* a) LKW, Lieferwagen, *m.*; b) (Brit. Railw.) Wagen, *m.*
vandal ['vændl] *n.* a) Rowdy, *m.*; b) (Hist.) **V~** Wandale, *m.*; Vandale, *m.*
vandalise siehe **vandalize**
vandalism ['vændəlɪzm] *n.* Vandalismus, *m.*
vandalize ['vændəlaɪz] *v. t.* (destroy) zerstören; beschädigen
vanilla [və'nɪlə] 1. *n.* (Küche) Vanille, *f.*; 2. *adj.* Vanill-
vanish ['vænɪʃ] *v. i.* a) verschwinden; b) verschwinden; (Sitte, Tradition) untergehen; (Zweifel, Bedenken) sich auflösen; (Hoffnung, Chancen) schwinden
vanity ['vænɪtɪ] *n.* a) Eitelkeit, *f.*; b) Nichtigkeit, *f.*
vapor (Amer.) siehe **vapour**
vaporize (vaporise) ['veɪpəraɪz] *v. t.* & *i.* verdampfen
vapour ['veɪpər] *n.* (Brit.) a) Dampf, *m.*; Dunst, *m.*; b) (Naturw.) Dampf, *m.*
variable ['veərɪəbl] *adj.* a) veränderbar; b) unbeständig (Wetter, Wind, Strömung); wechselhaft (Wetter, Launen, Schicksal, Erfolg); schwankend (Kosten); c) (Astronomie, Mathematik) variabel
variance ['veərɪəns] *n.* Uneinigkeit, *f.*
variant ['veərɪənt] 1. *attrib. adj.* verschieden; 2. *n.* Variante, *f.*
variation [veərɪ'eɪʃn] *n.* a) Veränderung, *f.*; Abwechs-

lung, f.; Unterschied, m.; b) Variante, f. (of, on Gen.); c) (Art, Weise) Variation, f.
varied ['veərɪd] *adj.* unterschiedlich; abwechslungsreich (Landschaft, Leute, Leben); vielseitig (Interessen, Hobby, Arbeit)
variety [vəˈraɪətɪ] *n.* a) Vielfältigkeit, f.; Abwechslung, f.; b) Auswahl, f. (of an + Dat., von); c) Varieté, n.; d) Art, f.
various ['veərɪəs] *adj.* a) *pred.* verschieden; unterschiedlich; vielfältig; b) *attrib.* verschieden
vary ['veərɪ] 1. *v. t.* verändern; ändern (Programm, Methode, Verhalten); abwandeln: abwechslungsreicher gestalten; 2. *v. i.* sich ändern; (generell) schwanken; unterschiedlich sein; wechseln; abweichen
varying ['veərɪɪŋ] *attrib. adj.* wechselnd; wechselhaft, veränderlich (Klima); unterschiedlich
vase [vaz] *n.* Vase, f.
vast [vɑst] *adj.* a) riesig; weit (Fläche, Meer, Kontinent, Welt[raum]); umfangreich (Sammlung); b) *(ugs.)* enorm; Riesen(menge, -summe, -fehler); unermesslich viel/groß; überwältigend (Mehrheit)
vastness ['vɑstnɪs] *n., no pl.* a) Weite, f.; Größe, f.; Umfang, m.; b) Ausmaß, n.
vault [vɔːlt, vɒlt] *n.* a) (Archit.) Gewölbe, n.; b) Kellergewölbe, m.; c) Tresorraum, m.; d) Gruft, f.
vaulted ['vɔːltɪd, 'vɒltɪd] *adj.* gewölbt
veal [viːl] *n., no pl.* Kalbfleisch, n.; *attrib.* Kalbs-
vegetable ['vedʒɪtəbl] *n.* Gemüse, n.
vegetable: ~ **dish** *n.* a) Gemüsegericht, n.; b) Gemüseschüssel, f.; ~ **dye** *n.* Pflanzenfarbe, f.; ~ **gar-**den *n.* Gemüsegarten, m.; ~ **knife** *n.* Küchenmesser, n.; ~ **oil** *n.* Pflanzenöl. n.
vegetarian [vedʒɪˈteərɪən] 1. *n.* Vegetarier, m./Vegetarierin, f. 2. *adj.* vegetarisch
vegetate ['vedʒɪteɪt] *v. i.* (Körper, Gesundheit) vegetieren
vegetation [vedʒɪˈteɪʃn] *n., no pl.* Pflanzenwelt, f.; Vegetation, f.
vehemence ['viːəməns] *n., no pl.* Heftigkeit, f.; Vehemenz, f.; **with** ~ heftig; vehemen
vehement ['viːəmənt]; *adj.* heftig; vehement; leidenschaftlich (Gefühle); stark (Gefühle); hitzig (Diskussion)
vehemently ['viːəməntlɪ] *adv.* heftig; vehement
vehicle ['viːɪkl] *n.* a) Fahrzeug, n.; b) *(bildlich)* Vehikel, n.
veil [veɪl] 1. *v. t.* a) verschleiern; b) *(bildlich)* verhüllen; verbergen (Geheimnis, Gefühle, Gedanken) (with, in hinter+ Dat.); verschleiern (Fakten, Tatsachen, Bedeutung); 2. *n.* a) (Hochzeit) Schleier, m.; **take the** ~ *(Religion)* den Schleier nehmen, ins Kloster gehen; b) *(bildlich)* Schleier, m.
veiled [veɪld] *adj.* a) verschleiert; b) *(bildlich)* versteckt (Groll, Drohung); verhüllt (Anspielung)
vein [veɪn] *n.* Vene, f.; (Körper) Ader, f.
vellum ['veləm] *n.* Pergament, n.
velocity [vɪˈlɒsɪtɪ] *n.* Geschwindigkeit, f.
velvet ['velvɪt] 1. *n.* Samt, m.; [as] **smooth as** ~ samtweich; 2. *adj.* aus Samt; Samt-; (soft as ~) samten; samtweich
venal ['viːnl] *adj.* käuflich, korrupt (Person); korrupt (Verhalten, Praktiken)
vendetta [venˈdetə] *n.* a) Hetzkampagne, f.; (Geschichte) Fehde, f.; b) Blutrache, f.
vendor ['vendər, 'vendɔːr] *n.* Verkäufer, m./Verkäuferin, f.
venerable ['venərəbl] *adj. (Religion)* ehrwürdig, heilig
venerate ['venəreɪt] *v. t.* verehren; hochachten; in Ehren halten
veneration [venəˈreɪʃn] *n.* a) Respekt, m.; Ehrfurcht, f. (of, for vor+ Dat.); b) Verehrung, f. (of für)
vengeance ['vendʒəns] *n.* Rache, f.; Vergeltung, f.; **take** ~ [up]**on sb.** [for sth.] sich an jmdm. [für etw.] rächen
venison ['venɪsn, 'venɪzn] *n., no pl.* Hirschfleisch, n.; Reh, n.
venom ['venəm] *n.* a) (Tierwelt) Schlangengift, n.; b) *(bildlich)* Boshaftigkeit, f.; Gehässigkeit, f.
ventilate ['ventɪleɪt] *v. t.* a) lüften; belüften; b) kundtun, äußern (Meinung); vorbringen (Protest, Beschwerden)
ventilation [ventɪˈleɪʃn] *n.* a) *no pl.* Belüftung, f.; b) *no pl.* Lüftung, f.
ventilator ['ventɪleɪtər] *n.* a) Lüftungsschacht f.; Ventilator, m.; b) *(Medizin)* Beatmungsgerät, n.
venture ['ventʃər] 1. *n.* a) Unternehmung, f.; 2. *v. i.* a) wagen; **to** ~ **to do sth.** es wagen, etw. zu tun; sich wagen; 3. *v. t.* a) etw. wagen
Venus ['viːnəs] *pr. n.* a) Venus, f.; b) (römische Gottheit) Venus, f.
verb [vɜːb] *n.* (Sprachw.) Verb, m.
verbal ['vɜːbl] *adj.* a) sprachlich; b) mündlich; verbal, mündlich (Vereinbarung, Vertrag, Bekenntnis, Anerkennung); c)

(Sprachw.) verbal
verbally ['vɜːbəlɪ] adv. a) sprachlich; mit Worten, verbal (beschreiben); b) mündlich; verbal
verdict ['vɜːdɪkt] n. a) (Gericht) Urteil, n.; Urteilsspruch, m.; b) Urteil, n. (on über+ Akk.); Entscheidung, f.
verifiable ['verɪfaɪəbl] adj. nachprüfbar
verification [verɪfɪ'keɪʃn] n. a) Nach-, Überprüfung, f.; b) siehe **verify** b: Bestätigung, f.; Bekräftigung, f.; Nachweis, m.; c) Bestätigung, f.
verify ['verɪfaɪ] v. t. a) überprüfen, prüfen (Bücher); b) bestätigen (Behauptung, Bericht, Vermutung, Diagnose); bekräftigen (Forderung); nachweisen (Identität); c) bestätigen; beweisen (Theorie)
veritable ['verɪtəbl] adj. wahr, richtig, wahrhaftig (Geist, Genie); wahr (Wunder)
vermouth ['vɜːməθ, və'muːθ] n. (Alkohol) Wermut[wein], m.
verse [vɜːs] n. a) Vers, m.; b) (Reim)strophe, f.; c) (Bibel, Religion) Vers, m.
version ['vɜːʃn] n. Version, f.; Übersetzung, f.; Ausgabe, f.; Fassung, f.; Art, f.; Modell, n.
versus ['vɜːsəs] prep. gegen
vertical ['vɜːtɪkl] 1. adj. senkrecht; senkrecht aufragend oder abfallend (Klippe); **be ~** senkrecht stehen. 2. n. senkrechte oder vertikale Linie
vertically ['vɜːtɪkəlɪ] adv. senkrecht; vertikal
vertigo ['vɜːtɪɡəʊ] n., pl. **~s** Schwindel, m. (Medizin)
verve [vɜːv] n. Schwung, m.;(Person, Charakter, Verhalten) Temperament, n.
very ['verɪ] 1. adv. a)sehr;

2. attrib. adj. a) genau; **at the ~ moment** genau in dem Augenblick, b) **at the ~ end** ganz am Ende; c) bloß (Gedanke); **at the ~ sight** allein schon beim Anblick; d) direkt; **in the ~ moment** direkt in diesem Moment
vessel ['vesl] n. a) Gefäß, n.; Trinkgefäß, n; b) (Seefahrt) Schiff, n.
vest [vest] n. (Brit.) Unterhemd, n.; Leibchen, n.
vestige ['vestɪdʒ] n. Spur, f.; **not a ~ of honesty** keine Spur von Ehrlichkeit
vet [vet] 1. n. Tierarzt, m./-ärztin, f. 2. v. t., **-tt-** überprüfen, untersuchen
veteran ['vetərən] 1. n. Veteran, m./Veteranin, f.; 2. attrib. adj. altgedient (Profi, Offizier, Politiker)
veterinary ['vetərɪnərɪ] attrib. adj. tiermedizinisch; veterinär; **~ science** Veterinär- oder Tiermedizin, f.
veterinary 'surgeon n. (Brit.) Tierarzt, m./-ärztin, f.
vex [veks] v. t. [ver]ärgern; beunruhigen; bekümmern; **be ~ed with sb.** sich über jmdn. ärgern
vexation [vek'seɪʃn] n. a) Belästigung, n. Verärgerung, f. (with, at über+ Akk.); Beunruhigung, f.; Kummer, m.; c) Ärgernis, n. (to, for für)
vexed [vekst] adj. verärgert (by über+ Akk.); bekümmert (by über+ Akk.)
via ['vaɪə] prep. über (+ Akk.) (Ort, Sender, Telefon); auf (+ Dat.) (Weg); durch (Eingang, Schornstein, Person); per (Post)
viaduct ['vaɪədʌkt] n. Viadukt, n. oder m.
vibrate [vaɪ'breɪt] 1. v. i. a) vibrieren; beben; b) klingen; c) (Naturw.) schwingen; d) (Stimme, Körper) vibrieren (with vor+ Dat.). 2. v. t. vibrieren lassen; zum

Schwingen bringen (Saite)
vibration [vaɪ'breɪʃn] n. a) Vibrationen; Vibrieren, n.; Schwingen, n.; Beben, n.
vicar ['vɪkər] n. Pfarrer, m.
vicarage ['vɪkərɪdʒ] n. (Kirche, Religion) Pfarrhaus, n.
vice [vaɪs] n. a) Laster, n.; b) Fehler, m.
vice- pref. Vize-
vice: ~-'presidency n. Amt des Vizepräsidenten/der Vizepräsidentin; **~-'president** n. Vizepräsident, m./-präsidentin, f.
vicinity [vɪ'sɪnɪtɪ] n. a) Region, f.; Umgebung, f.; b) no pl. Nähe, f.
vicious ['vɪʃəs] adj. a) böse; boshaft (Äußerung), böswillig (Versuch, Kritik); bösartig (Äußerung, Tier); b) skrupellos (Schurke, Politiker, Tyrann); schlecht (Person); c) brutal; unerträglich (Wetter, Schmerz)
vicious 'circle n. Teufelskreis, m.
victim ['vɪktɪm] n. (Kriminalität) Opfer, n.; Zielscheibe, f. (bildlich)
Victorian [vɪk'tɔːrɪən] adj. viktorianisch
victorious [vɪk'tɔːrɪəs]adj. siegreich
victory ['vɪktərɪ] n. Sieg, m. (over über+ Akk.)
Vienna [vɪ'enə] 1. pr. n. Wien; 2. attrib. adj. Wiener
view [vjuː] 1. n. a) Sicht, f.; **have a good ~ of sth.** etw. gut sehen können; b) Aussicht, f.; c) Ansicht, f.; d) Ansicht, f.; d) Meinung, f.; e) (survey) Betrachtung, f.; Besichtigung, f.; 2. v. t. a) (look at) sich (Dat.) ansehen; b) betrachten; beurteilen (Situation, Problem); 3. v. i. (Telev.) fernsehen
viewer ['vjuːər] n. a) Zuschauer, m./Zuschauerin, f.; b) (Fotografie) Filmbetrachter, m.; Diaapparat, m.
vigil ['vɪdʒɪl] n. Wachen, n.

vigilance ['vɪdʒɪləns] *n.*, *no pl.* Aufmerksamkeit, *f.*; Wachsamkeit, *f.*
vigilant ['vɪdʒɪlənt] *adj.* aufmerksam; wachsam
vigorous ['vɪgərəs] *adj.* kraftvoll; kräftig (Person, Tier, Stoß, Pflanze, Wachstum, Trieb); robust (Gesundheit); leidenschaftlich (Verteidigung, Befürworter); heftig (Nicken, Attacke, Kritik, Protest); intensiv (Sport, Arbeit, Tätigkeit); energisch (Vorgehen, Anstrengung, Durchführung); schwungvoll (Rede)
vigour ['vɪgər] *n.* (Brit.) a) (Person, Kraft, Erscheinungsbild, Gesundheit) Vitalität, *f.*; Kraft, *f.*; Heftigkeit, *f.*; (Person, Gestik) Schwung, *m.*; (Worte, Geist) Lebendigkeit, *f.*
viking ['vaɪkɪŋ] *n.* (Hist.) Wikinger, *m.*/Wikingerin, *f.*; *attrib.* Wikinger-
vile [vaɪl] *adj.* a) verwerflich (Person, Charakter, Verhalten, Kriminalität); gemein (Verleumdung); vulgär (Sprache); widerwärtig; b) *(ugs.)* scheußlich
villa ['vɪlə] *n.* a) Ferienhaus, *n.*; b) Landhaus, *n.*
village ['vɪlɪdʒ] *n.* Dorf, *n.*
villager ['vɪlɪdʒər] *n.* Dorfbewohner, *m.*/-bewohnerin, *f.*
villain ['vɪlən] *n.* a) Schurke, *m.*; Verbrecher, *m.*; b) Bösewicht, *m.*; c) *(ugs.)* Halunke, *m.*
vindicate ['vɪndɪkeɪt] *v. t.* a) (Gericht) verteidigen, rechtfertigen (Person, Meinung, Verhalten Politik); beweisen (Behauptung); bestätigen (Darstellung, Recht, Meinung); b) rehabilitieren
vindication [vɪndɪ'keɪʃn] *n.* siehe **vindicate**: a) (Gericht) Verteidigung, *f.*; Rechtfertigung, *f.*; Beweis, *m.* (of für); Bestätigung, *f.*
vindictive [vɪn'dɪktɪv] *adj.* nachtragend (Person); unversöhnlich (Person, Stimmung)
vine [vaɪn] *n.* a) (Natur)Weinrebe, *f.*; b) (Natur) Ranke, *f.*
vinegar ['vɪnɪgər] *n.* Essig, *m.*
vineyard ['vɪnjad, 'vɪnjəd] *n.* Weinberg, *m.*
violate ['vaɪəleɪt] *v. t.* a) verletzen; brechen (Vertrag, Versprechen, Gesetz); verstoßen gegen (Gesetz, Regel, Vorschrift, Bestimmungen); verletzen (Gesetz, Regel, Vorschrift); stören: verschandeln (Landschaft); b) *(Religion)* schänden; entheiligen
violation [vaɪə'leɪʃn] *n.* siehe **violate**: a) Verletzung, *f.*; Bruch, *m.*; Verstoß, *m.* (of gegen); Störung, *f.*; Verschandelung, *f.*; b) Schändung, *f.*; Entheiligung, *f.*; c) Vergewaltigung, *f.*
violence ['vaɪələns] *n.*, *no pl.* a) Heftigkeit, *f.*; Wucht, *f.*; (Person, Charakter) Ungestüm, *n.*; b) Gewalt, *f.*; Gewalttätigkeiten
violent ['vaɪələnt] *adj.* gewalttätig; heftig (Schlag, Attacke, Leidenschaft, Auseinandersetzung, Kampf, Wetter, Schmerzen); wuchtig (Angriff, Schlag, Stoß); schwer (Erlebnis, Schock); krass; grell (Farbe)
violet ['vaɪələt] 1. *n.* a) (Natur) Veilchen, *n.*; b) (Farbe) Violett, *n.* 2. *adj.* violett
violin [vaɪə'lɪn] *n.* (Musikinstrument) Violine, *f.*; Geige, *f.*
viper ['vaɪpər] *n.* a) (Tierwelt) Viper, *f.*; b) *(bildlich)* Schlange, *f. (derogativ)*
virgin ['vɜːdʒɪn] 1. *n.* a) Jungfrau, *f.*; b) **the V~** *(Religion)* die Jungfrau Maria. 2. *adj.* a) jungfräulich; b) unberührt
virginity [vɜː'dʒɪnɪtɪ] *n.* Unschuld, *f.*; Jungfräulichkeit, *f.*
Virgo ['vɜːgəʊ] *n.*, *pl.* **~s** (Astrol., Astron.) *f.* Jungfrau
virile ['vɪraɪl] *adj.* a) männlich; maskulin: b) kraftstrotzend; c) *(bildlich)* kraftvoll
virility [vɪ'rɪlɪtɪ] *n.* a) Männlichkeit, *f.*; b) Potenz, *f.*; Manneskraft, *f.*
virtue ['vɜːtjuː] *n.* a) Tugend, *f.*; Tugendhaftigkeit, *f.*; b) Vorteil, *m.*; Vorzug, *m.*
virtuous ['vɜːtjʊəs] *adj.* rechtschaffen (Person); tugendhaft (Moral, Leben)
virulent ['vɪrʊlənt, 'vɪrjʊlənt] *adj.* a) *(Medizin)* virulent; starkwirkend (Gift); b) *(bildlich)* heftig; scharf (Angriff)
virus ['vaɪərəs] *n.* Virus, *m.*
visa ['viːzə] *n.* Visum, *n.*
viscous ['vɪskəs] *adj.* dickflüssig
visibility [vɪzɪ'bɪlɪtɪ] *n.*, *no pl.* a) Sichtbarkeit, *f.*; b) Sicht, *f*, Sichtweite, *f.*
visible ['vɪzɪbl] *adj.* a) sichtbar; b) offensichtlich; leicht erkennbar
visibly ['vɪzɪblɪ] *adv.* sichtlich
vision ['vɪʒn] *n.* a) Sehkraft, *f.*; Sichtweite, *f.*; Sehfeld, *n.*; b) (Traum, Utopie) Vision, *f.*; Gesicht, *n.*; c) *usu. pl.* Fantasien; Fantasiebilder; have ~s of sth. von etw. fantasieren; sich (Dat.) etw. ausmalen; have ~s of having to do sth. kommen sehen, dass man etw. tun muss; d) Weitblick, *m.*
visionary ['vɪʒənərɪ] 1. *adj.* a) fantasievoll; fantastisch; b) (Traum, Bild) eingebildet; c) visionär; 2. *n.* Visionär, *m.*/Visionärin, *f.*
visit ['vɪzɪt] 1. *v. t.* a) besuchen; aufsuchen: b) heimsuchen; 2. *v. i.* einen Besuch/Besuche machen; 3.

n. Besuch, *m.*
visitor ['vɪzɪtər] *n.* Gast, *m.*
visor ['vaɪzər] *n.* a) Helmvisier, *n.*; c) (Auto) sun ~: Blendschirm, *m.*
vista ['vɪstə] *n.* Blick, *m.* (of auf+ Akk.); Sichtweise, *f.*; Perspektive, *f.*
visual ['vɪzjʊəl, 'vɪʒjʊəl] *adj.* a) Seh(nerv, -organ); ~ **sense** Gesichtssinn, *m.*; b) visuell; optisch (Eindruck, Darstellung); bildlich
visualize ['vɪzjʊəlaɪz, 'vɪʒjʊəlaɪz] *v. t.* a) sich (Dat.) vorstellen; b) vorausschauen
vital ['vaɪtl] *adj.* a) (Gesundheit) lebendig, kraftvoll; vital (Person); b) lebenswichtig; c) unbedingt notwendig; entscheidend; ausschlaggebend (Problem, Frage) (to für)
vitality [vaɪ'tælɪtɪ] *n., no pl.* a) (Person, Gesundheit, Körper) Lebenskraft, *f.*; b) Vitalität, *f.*; (Stil, Aussehen, Verhalten, Kunst); Lebendigkeit, *f.*; c) *(bildlich)* Dauerhaftigkeit, *f.*
vitamin ['vɪtəmɪn, 'vaɪtəmɪn] *n.* Vitamin, *n.*; ~ **C** Vitamin C
vitamin: ~ **deficiency** *n.* Vitaminmangel, *m.*; ~ **pill** *n.* Vitamintablette, *f.*
vitriolic [vɪtrɪ'ɒlɪk] *adj.* ätzend; giftig (Bemerkung); geharnischt (Verhalten, Reaktion, Rede)
vivacious [vɪ'veɪʃəs] *adj.* lebhaft; lebendig (Stil); munter (Person, Erscheinen, Aussehen, Mimik)
vivid ['vɪvɪd] *adj.* a) strahlend (Helligkeit); hell (Blitz); lebhaft (Farbe); b) lebendig (Geschichte, Film, Buch); lebhaft (Fantasie, Erinnerung); c) kraftvoll
vocabulary [və'kæbjʊlərɪ] *n.* a) Vokabelverzeichnis, *n.*; ~ **book** Vokabelheft, *n.*;

~ **test** Vokabeltest, *m.*; b) Vokabular, *n.*; c) Wortschatz, *m.*
vocal ['vəʊkl] *adj.* a) stimmlich; b) gesprächig; lautstark (Gruppe, Protest)
'vocal cords *n.pl.* (Körper) Stimmbänder
vocalist ['vəʊkəlɪst] *n.* Sänger, *m.*/Sängerin, *f.*
vocation [və'keɪʃn] *n.* a) (Religion, Hingabe, Beruf) Berufung, *f.*; b) Talent, *n.*; Begabung, *f.* (for für)
vodka ['vɒdkə] *n.* Wodka, *m.*
vogue [vəʊg] *n.* Mode, *f.*
voice [vɔɪs] 1. *v. t.* a) ausdrücken; zum Ausdruck bringen (Meinung); b) esp. in p.p. (Sprache) stimmhaft aussprechen. 2. *n.* a) (literarisch oder bildlich) Stimme, *f.*; b) **with one** ~ einstimmig; c) (Musik) Stimme, *f.*
voice: ~**-box** *n.* (Körper) Kehlkopf, *m.*
void [vɔɪd] 1. *adj.* a) leer; b) ungültig; 2. *n.* Nichts, *n.*; *(bildlich)*
volcanic [vɒl'kænɪk] *adj.* a) vulkanisch; ~ **eruption** Vulkanausbruch, *m.*; b) *(bildlich)* leidenschaftlich
volcano [vɒl'keɪnəʊ] *n., pl.* ~**es** Vulkan, *m.*
volt [vəʊlt] *n.* (Elektrotechnik) Volt, *n.*
voltage ['vəʊltɪdʒ] *n.* (Elektroitechnik) Spannung, *f.*
volume ['vɒljuːm] *n.* a) Lautstärke, *f.*; (Musik, Ton, Sprache, Stimmen) Volumen, *n.*; b) Rauminhalt, *m.*; Volumen, *n.*; c) (Buch, Zeitschriften) Band, *m.*
voluntarily ['vɒləntərɪlɪ] *adv.* freiwillig
voluntary ['vɒləntərɪ] *adj.* freiwillig
volunteer [vɒlən'tɪər] 1. *v. t.* anbieten (Hilfe, Unterstützung); herausrücken mit *(ugs.)* (Wissen, Geheimnis-

sen, Neuigkeiten); 2. *v. i.* sich melden; 3. *n.* Freiwillige, *m./f.*
vomit ['vɒmɪt] 1. *v. t.* erbrechen; 2. *v. i.* sich übergeben; erbrechen; 3. *n.* Erbrochenes, *n.*
vote [vəʊt] 1. *v. i.* abstimmen; wählen; ~ **for/against** stimmen für/gegen; 2. *v. t.* a) ~ **sb.** jmdn. wählen; 3. *n.* a) Stimme, *f.*; **a majority of** ~**s** eine Stimmenmehrheit; b) Stimmen; Abstimmungsergebnis, *n.*; c) Wahl, *f.*; Abstimmung, *f.*
~ '**down** *v. t.* niederstimmen
voter ['vəʊtər] *n.* Wähler, *m.*/Wählerin, *f.*
voting ['vəʊtɪŋ] *n.* Abstimmen, *n.*; Wählen, *n.*
'**voting system** *n.* Wahlsystem, *n.*
voucher ['vaʊtʃər] *n.* Gutschein, *m.*
vow [vaʊ] 1. *n. (Religion)* Eid, *m.*; Gelöbnis, *n.*; Gelübde, *n.* 2. *v. t.* ~ **sth.** etw. geloben
vowel ['vaʊəl] *n.* Vokal, *m.*; Selbstlaut, *m.*
voyage ['vɔɪɪdʒ] 1. *v. i.* reisen; 2. *n.* Reise, *f.*; (**sea** ~) Seereise, *f.*
vulgar ['vʌlgər] *adj.* ordinär (Person, Benehmen, Witz, Film); geschmacklos (Kleidung)
vulgarity [vʌl'gærɪtɪ] *n., no pl.* (Person, Benehmen, Stil) Vulgarität, *f.*; (Kleidung) Geschmacklosigkeit, *f.*
vulnerability [vʌlnərə'bɪlɪtɪ] *n., no pl.* a) Schutzlosigkeit, *f.*; Verletzlichkeit, *f.*; b) Empfindsamkeit, *f.* (to gegen); c) Angreifbarkeit, *f.*; Anfälligkeit, *f.* (to für)
vulnerable ['vʌlnərəbl] *adj.* a) angreifbar; b) (Person, Gefühl) empfindlich (to gegen); schutzlos

W

W, w [ˈdʌbljuː] *n.*, *pl.* Ws or W's W, w, *n.*

wade [weɪd] *v. i.* waten; (Schnee, Sand, Wasser) stapfen

~ **through** *v. t.* waten durch; stapfen durch (Schnee, Sand, Wasser, Unkraut)

wafer [ˈweɪfə] *n.* (Küche) Waffel, *f.*; b) *(Religion)* Hostie, *f.*

waffle [ˈwɒfl] *n.* (Küche) Waffel, *f.*

wag [wæg] 1. *v. t.*, -**gg**- (Tier) wedeln mit (Schwanz); (Vogel) wippen mit; (Person) schütteln (Kopf); 2. *v. i.*, -**gg**- (Schwanz) wedeln/(of bird) wippen; 3. *n.* (Hund) Schwanzwedeln, *n.* (of mit); (of bird's tail) Wippen, *n.* (of mit)

wage [weɪdʒ] 1 *v. t.* führen (Kampagne, Durchführung); ~ **war** Krieg führen); 2. *n.* in sing. or *pl.* Gehalt, *n.*; Lohn, *m.*

wage: ~-**claim** *n.* Lohnforderung, *f.*; ~-**earner** *n.* Lohnempfänger, *m.*/-empfängerin, *f.*; ~ **increase** *n.* Lohnerhöhung, *f.*

waggle [ˈwægl] *(ugs.)* 1. *v. t.* ~ **its tail** mit dem Schwanz wedeln; 2. *v. i.* hin und her schlagen

waggon (Brit.), **wagon** (Amer.) [ˈwægən] *n.* a) Pferdewagen, *m.*; b) Wagen, *m.*; c) Waggon, *m.*

wail [weɪl] 1. *v. i.* a) klagen; bejammern (for um); (Kind) heulen; b) *(bildlich)* (Alarm, Sirene) heulen; 2. *n.* a) Klagegeschrei, ~**s** Geheul, *n.*; b) (Wind, Sturm) Heulen, *n.*; Geheul, *n.*

waist [weɪst] *n.* a) (Körper) Taille, *f.*; b) Bluse, *f.* (Kleidung)

waistcoat [ˈweɪskəʊt ˈweɪstkət] *n.* (Brit.) Weste, *f.*

wait [weɪt] 1. *v. i.* a) warten; b) ~ **at a table** servieren; kellnern *(ugs.)*; 2. *v. t.* warten auf (+ Akk); 3. *n.* Wartezeit, *f.*; Warten, *n.*

~ **a'bout**, ~ **a'round** *v. i.* herumstehen

~ **for** *v. t.* warten auf (+ Akk)

~ **on** *v. t.* (Restaurant) bedienen

waiter [ˈweɪtə] *n.* Kellner, *m.*; Ober, *m.*

waiting [ˈweɪtɪŋ] *n.* a) Warten, *n.*; b) *no pl.*, *no art.* Servieren, *n.*; Kellnern *(ugs.)*

waiting: ~-**list** *n.* Warteliste, *f.*; ~-**room** *n.* Wartezimmer, *n.*; Warteraum, *m.*; Wartesaal, *m.*

waitress [ˈweɪtrɪs] *n.* Serviererin, *f.*

wake [weɪk] 1. *v. i.*, **woke** [wəʊk] ~**d**, **woken** [ˈwəʊkn] ~**d** aufwachen; 2. *v. t.* woke or ~d, woken or ~d wecken; *(bildlich)* erwecken (Gedächtnis, Gedanken, Natur, Erinnerungen); wecken (Erinnerungen); 3. *n.* Totenwache, *f.*

~ **'up** 1. *v. i.* (literarisch oder bildlich) aufwachen; ~ **up!** wach auf!; 2. *v. t.* a) (aus dem Schlaf) (auf)wecken; b) *(bildlich)* wachrütteln

wakeful [ˈweɪk] *adj.* a) schlaflos (Person); b) wachsam

waken [ˈweɪkn] 1. *v. t.* a) wecken; b) *(bildlich)* wecken (Interesse, Gefühl); erregen (Zorn). 2. *v. i.* siehe **wake**

Wales [weɪlz] *pr. n.* (Geografie) Wales, *n.*

walk [wɔːk] 1. *v. i.* a) gehen; laufen; b) gehen; marschieren *(ugs.)*; 2. *v. t.* entlanggehen; ablaufen (Strecke, Weg); wandern (Landschaft); 3. *n.* a) Spaziergang, *m.*; **go for or take or have a** ~ einen Spaziergang machen; b) Gang, *m.*; c) Spazierweg, *m.*

~ **a'bout** *v. i.* herumlaufen

~ **a'way** *v. i.* a) weggehen; b) **to** ~ **away from sth.** etwas vergessen

~ **'in** *v. i.* a) hereinkommen/hineingehen; reinkommen/-gehen *(ugs.)*; b) (einfach so) hinein-/hereinspazieren

~ **into** *v. t.* a) betreten; treten in (+ Akk.); eindringen in (+ Akk.) (Haus); b) laufen gegen (Gegenstand, Hindernis); ~ **into sb.** mit jmdm. zusammenstoßen

~ **'off** *v. i.* a) (leave) weggehen; verschwinden; b) ~ **off with sth.** *(ugs.)* sich mit etw. davonmachen *(ugs.)*

~ **'out** *v. i.* a) (leave) hinausgehen; rausgehen *(ugs.)*; b) ausgehen

walker [ˈwɔːkə] *n.* Wanderer, *m.*; Wanderin, *f.*; Spaziergänger, *m.*/-gängerin, *f.*

walkie-talkie [wɔːkɪˈtɔːkɪ] *n.* Funksprechgerät, *n.*

walking [ˈwɔːkɪŋ] 1. *attrib. adj.* wandeln; 2. *n.*, *no pl.*, *no art.* Gehen, *n.*; Laufen, *n.*

walking: ~ **holiday** *n.* Wanderurlaub, *m.*; ~ **shoe** *n.* Wanderschuh, *m.*; ~-**stick** *n.* Spazierstock, *m.*; ~-**tour** *n.* Wanderung, *f.*

wall [wɔːl] 1. *v. t.* [be] ~**ed** von einer Mauer/Mauern umgeben [sein]; 2. *n.* a) (Gebäude, Raum, Haus) Wand, *f.*; Mauer, *f.*; b) Wand, *f.*; **be hanging on the** ~ an der Wand hängen; c) (Berg) Wand, *f.*; *(bildlich)* Mauer, *f.*

~ **'in** *v. t.* mit einer Mauer

wallet

umgeben; *(bildlich)* umzingeln
~ 'off *v. t.* abteilen
~ 'up *v. t.* zumauern; einmauern (Person)
wall: **~ bars** *n. pl.* Sprossenwand, *f.*; **~~cupboard** *n.* Hängeschrank, *m.*
wallet [ˈwɒlɪt] *n.* Brieftasche, *f.*
wall: **~flower** *n.* a) (ugs.: Person) Mauerblümchen, *n. (ugs.)*; **~~light** *n.* Wandlampe, *f.*; **~ map** *n.* Wandkarte, *f.*; **~~painting** *n.* Wandgemälde, *n.*; **~paper** 1. *n.* Tapete, *f.*; 2. *v. t.* tapezieren; **~ socket** *n.* (Elektrotechnik) Wandsteckdose, *f.*
walnut [ˈwɔːlnʌt] *n.* a) Walnuss, *f.*; b) Walnussbaum, *m.*
walrus [ˈwɔːlrəs, ˈwɒlrəs] *n.* (Tierwelt) Walross, *n.*
waltz [wɔːlts, wɔːls] 1. *n.* Walzer, *m.*; 2. *v. i.* Walzer tanzen
wand [wɒnd] *n.* Stab, *m.*
wander [ˈwɒndər] 1. *v. i.* a) umherirren; bummeln; b) (Tiere) streunen; sich verlaufen; c) *(bildlich)* abschweifen; 2. *v. t.* wandern durch; 3. *n. (ugs.)* Spaziergang, *m.*
~ a'bout *v. i.* sich herumtreiben
~ a'long *v. i.* dahintrotten
~ 'in *v. i.* hineinspazieren; hereinspaziert kommen
~ off *v. i.* a) (straight) weggehen; b) *(ugs.)* sich davonmachen *(ugs.)*
wanderer [ˈwɒndərər] *n.* Streuner, *m.*/Streunerin, *f.*
wane [weɪn] *v. i.* (Mond) abnehmen; (Statistik, Kraft, Macht) schwinden, abnehmen; (Ruf) verblassen
want [wɒnt] 1. *v. t.* a) wollen; b) brauchen; **to be ~ed on the telephone** am Telefon verlangt werden; c) **~ed** gesucht (for wegen); 2. *n.* a) *no pl.* Mangel, *m.* (of an + Dat.); b) *no pl.* Not, *f.*; c) (desire) Bedürfnis, *n.*
~ for *v. t.* **sb. ~s for nothing** jmdm. fehlt es an nichts
wanting [ˈwɒntɪŋ] *adj.* **be ~ fehlen**
wanton [ˈwɒntən] *adj.* a) lüstern; wollüstig (Verhalten, Person, Gestik); b) mutwillig (Beschädigung, Verschwendung); leichtfertig
war [wɔːr] *n.* a) Krieg, *m.*; b) Kriegführung, *f.*; c) *(bildlich)* Krieg, *m.*; d) *(bildlich)* Kampf, *m.*
war: **~ correspondent** *n.* Kriegsberichterstatter, *m.*/berichterstatterin, *f.*; **~ crime** *n.* Kriegsverbrechen; **~ criminal** *n.* Kriegsverbrecher, *m.*/-verbrecherin, *f.*; **~~cry** *n.* a) Schlachtruf, *m.*
warden [ˈwɔːdn] *n.* a) Direktor, *m.*/Direktorin, *f.*; Rektor, *m.*/Rektorin, *f.*; Heimleiter, *m.*/-leiterin, *f.*; b) Aufseher, *m.*/ Aufseherin, *f.*
wardrobe [ˈwɔːdrəʊb] *n.* a) Kleiderschrank, *m.*; b) Garderobe, *f.*
ware [weər] *n.* a) (Geschirr, Küche) Steinzeug, *n.*; b) in *pl.* (generell) Ware, *f.*
warehouse 1. [ˈweəhaʊs] *n.* Lagerhaus, *n.*; Lager, *n.*; Großmarkt, *m.* 2. [ˈweəhaʊs, ˈweəhaʊz] *v. t.* einlagern
warfare [ˈwɔːfeər] *n.* (literarisch oder bildlich) Krieg, *m.*
war: **~~game** *n.* Kriegsspiel, *n.*; **~~horse** *n. (bildlich)* Schlachtross, *n.*; **~like** *adj.* kriegerisch
warm [wɔːm] 1. *adj.* a) warm; sich wärmen, etw. warm halten; b) herzlich (Person, Verhalten, Gestik); eng (Freundschaft); begeistert (Unterstützung, Zustimmung); lebhaft (Hobbys, Interesse); 2. *v. t.* wärmen; warm machen (Flüssigkeit)

~ 'up 1. *v. i.* a) (get ~) warm werden; (Motor) warmlaufen; b) (Sportler) sich aufwärmen; c) *(bildlich)* warm werden; (Feier, Treffen, Abend) in Schwung kommen; 2. *v. t.* aufwärmen (Speisen); erwärmen (Raum, Zimmer); warmlaufen lassen (Motor); *(bildlich)* in Stimmung bringen (Publikum)
warm-hearted [ˈwɔːmˈhɑːtɪd] *adj.* herzlich; warmherzig (Verhalten, Art, Wesen, Herz, Person)
warmly [ˈwɔːmlɪ] *adv.* a) warm; b) herzlich (willkommen heißen, gratulieren, begrüßen, grüßen, danken); begeistert (sprechen von)
warmth [wɔːmθ] *n.* a) Wärme, *f.*; b) Herzlichkeit, *f.*; Wärme, *f.*
warn [wɔːn] *v. t.* a) warnen (against, of, about vor+ Dat.); **~ sb.** jmdn. warnen; b) (Kinder, Schüler) ermahnen; (Berufswelt) abmahnen
warning [ˈwɔːnɪŋ] 1. *n.* a) Vorwarnung, *f.*; b) Lehre, *f.*; c) (Polizei, Sport) Verwarnung, *f.*; 2. *attrib. adj.* Warn(schild, -zeichen, -signal usw.)
warp [wɔːp] 1. *v. i.* sich verbiegen; (Holz) sich verziehen; 2. *v. t.* a) verbiegen; b) *(bildlich)* verformen; verbiegen; **~ed** getrübt (Einschätzung)
war: **~~paint** *n.* (also bildlich ugs.) Kriegsbemalung, *f.*; **~path** *n.* Kriegspfad, *m.*
warrant [ˈwɒrənt] 1. *v. t.* rechtfertigen; 2. *n.* Haftbefehl, *m.*; Hausdurchsuchungsbefehl, *m.*
warranty [ˈwɒrəntɪ] *n.* (Gesetz) Garantie, *f.*
warren [ˈwɒrən] *n. (bildlich)* Labyrinth, *n.*
warrior [ˈwɒrɪər] *n.* Krieger, *m.*

Warsaw ['wɔːsɔː] 1. *pr. n.* Warschau (*n.*). 2. *attrib. adj.* Warschauer; ~ **Pact** (Geschichte, Politik) Warschauer Pakt

'**warship** *n.* Kriegsschiff, *n.*

wart [wɔːt] *n.* (Körper) Warze, *f.*

'**wartime** *n.* a) Kriegszeit, *f.*; b) *attrib.* Kriegs(rationierung, -evakuierung usw.)

wary ['weərɪ] *adj.* vorsichtig; misstrauisch

was siehe **be**

wash [wɒʃ] 1. *v. t.* a) waschen; feucht wischen; ~ **oneself** sich waschen; ~ **the dishes** abwaschen; spülen; b) waschen (Schmutz, Fleck) (out of aus); abwaschen (Schmutz) (off von); c) putzen; 2. *v. i.* a) sich waschen; b) (Stoffe, Kleidung, Wäsche) waschen; c) sich waschen lassen; 3. *n.* a) **give sb./sth. a** ~ jmdn./etw. waschen; b) Wäsche, *f.*; c) Sog, *m.*; d) Waschlotion, *f.*

~ **a'way** *v. t.* a) wegspülen; b) ~ **a stain away** einen Fleck auswaschen

~ '**down** *v. t.* a) abspritzen (Auto, Hof); ab-, aufwaschen (Fußboden); b) herunterspülen (ugs.

~ '**off** 1. *v. t.* ~ sth. off etw. abwaschen; 2. *v. i.* abgehen; herausgehen

~ '**out** *v. t.* a) auswaschen (Kleidungsstück); ausscheuern (Topf); ausspülen (Mund)

~ '**up** 1. *v. t.* a) (Brit.) ~ the dishes up das Geschirr abwaschen oder spülen; b) anspülen (Strandgut, Wrackteile, Abfall); 2. *v. i.* abwaschen; spülen

washable ['wɒʃəbl] *adj.* waschbar (Stoff); abwaschbar (Farbe)

wash: ~**-and-wear** *adj.* bügelfrei; ~**-basin** *n.* Waschbecken, *n.*;

washer ['wɒʃər] *n.* (Mechanik) Dichtungsring, *m.*; Dichtungsscheibe, *f.*

washing ['wɒʃɪŋ] *n.*, *no pl. no indef. art.* a) Wäsche, *f.*; b) Waschen, *n.*; **do the** ~ Wäsche waschen

washing: ~**-machine** *n.* Waschmaschine, *f.*; ~**-powder** *n.* Waschpulver, *n.*; ~'**up** *n.* (Brit.) Abwasch, *m.*; **do the ~up** den Abwasch machen; abwaschen

~**room** *n.* (Amer.) Toilette, *f.*

wasn't ['wɒznt] (*ugs.*) = **was not**; siehe **be**

wasp [wɒsp] *n.* Wespe, *f.*

waste [weɪst] 1. *n.* a) Abfall, *m.*; *Pl.*: b) Vergeudung, *f.*; Verschwendung, *f.*; 2. *v. t.* a) verschwenden; vergeuden (on auf+ Akk., an + Akk.); b) be ~d abnehmen, schrumpfen; c) aufzehren (Reserven;, Kräfte); auszehren (Gesundheit); 3. *v. i.* dahinschwinden; im Schwinden begriffen sein. 4. *adj.* ~ **material** Abfall, *m.*; ~ **food** Essensreste *Pl.*

~ **a'way** *v. i.* immer mehr abmagern (Gesundheit, Körper)

waste: ~**-basket** siehe **wastepaper basket**; ~ **disposal** *n.* Abfallbeseitigung, *f.*; Entsorgung, *f.*

wasteful ['weɪstfl] *adj.* a) verschwenderisch; b) unwirtschaftlich; **be ~ of sth.** etw. vergeuden

wastefulness ['weɪstflnɪs] *n.*, *no pl.* a) Verschwendung, *f.*; Verschwendungssucht, *f.*; b) (Wirtschaft, Finanzen) Unwirtschaftlichkeit, *f.*

waste: ~**land** *n.* Brach-, Ödland, *n.*; *(bildlich)* Einöde, *f.*; ~ '**paper** *n.* Papierabfall, *m.*; ~'**paper basket** *n.* Papierkorb, *m.*

watch [wɒtʃ] 1. *n.* a) Armbanduhr, *f.*; b) Wache, *f.*; 2. *v. i.* a) ~ **for sb./sth.** auf jmdn./etw. warten; b) (keep ~) Wache stehen; 3. *v. t.* a) sich (Dat.) ansehen (Theater, Kino, Fernsehsendung); ~ television or TV fernsehen; ~ sth. sich (Dat.) etw. ansehen; b) achten auf (+ Akk.); c) warten auf (+ Akk.) ~ '**out** *v. i.* a) sich vorsehen; aufpassen; b) ~ **out for sb./sth.** auf jmdn./etw. achten/achtgeben; auf jmdn./etw. warten

'**watch-dog** *n.* Wachhund, *m.*; *(bildlich)* Wächter, *m.*; Aufpasser, *m.* *(ugs.)*

watchful ['wɒtʃfl] *adj.* wachsam; auf der Hut sein

watch: ~**maker** *n.* Uhrmacher, *m.*/Uhrmacherin, *f.*; ~**strap** *n.* Armband, *n.*; ~**-tower** *n.* Wachturm, *m.*; ~**word** *n.* Parole, *f.*

water ['wɔːtər] 1. *v. t.* a) bewässern (Land); wässern (Pflanzen); ~ **the flowers** die Blumen [be]gießen; b) verwässern (Alkohol); c) bewässern (Landwirtschaft); d) tränken (Vieh). 3. *v. i.* tränen; 2. *n.* a) Wasser, *n.*

water: ~**-bottle** *n.* Wasserflasche, *f.*; ~**-butt** *n.* Regentonne, *f.*; ~**-closet** *n.* Toilette, *f.*; WC, *n.*; ~**-colour** *n.* a) Wasserfarbe, *f.*; b) Aquarell, *n.*; ~**course** *n.* Wasserlauf, *m.*; Flussbett, *n.*; ~**cress** *n.* Brunnenkresse, *f*, ~**fall** *n.* Wasserfall, *m.*; ~**front** *n.* Ufer, *n.*

watering ['wɔːtərɪŋ] *n.* Bewässerung, *f.*; Gießen, *n.*

'**watering-can** *n.* Gießkanne, *f.*

water: ~**-level** *n.* a) Wasserstand, *m.*; b) Grundwasserspiegel, *m.*; ~**-lily** *n.* Seerose, *f.*; ~**mark** 1. *n.* Wasserzeichen, *n.* 2. *v. t.* mit Wasserzeichen versehen; ~**melon** *n.* Wassermelone, *f.*; ~ **meter** *n.* Wasseruhr, *f.*; ~**-mill** *n.* Wassermühle, *f.*; ~**-pipe** *n.* a) Wasserrohr, *n.*;

watery

b) Wasserpfeife, f.; **~-pistol** n. Wasserpistole, f.; **~ polo** n. Wasserball, n.; **~-power** n. Wasserkraft, f.; **~proof** 1. adj. wasserdicht; wasserfest (Dichtung, Farbe); 2. v. t. wasserdicht machen; imprägnieren (Dichtung, Kleidung); wetterfest machen; **~-repellent** adj. wasserabstoßend; **~-resistant** adj. wasserundurchlässig; wasserfest (Dichtung, Farbe); **~ski** 1. n. Wasserski, m.; 2. v. i. Wasserski laufen; **~skiing** n., no pl., no art. Wasserskilaufen, **~ supply** n. a) no pl., no indef. art. Wasserversorgung, f.; b) (stored drinking ~) Trinkwasser, n.; **~ tap** n. Wasserhahn, m.; **~tight** adj. (literarisch oder bildlich) wasserdicht; **~ vapour** n. Wasserdampf, m.; **~way** n. Wasserstraße, f.; **~-wheel** n. Wasserrad, n.; **~works** n. sing., Wasserwerk, n.

watery [ˈwɔːtərɪ] adj. wäßrig, wässerig (Essen); feucht (Augen)

watt [wɒt] n. (Elektrotechnik) Watt, n.

wave [weɪv] 1. n. a) Welle, f.; Woge, f. b) **give sb. a ~** jmdm. zuwinken; 2. v. i. a) (Fahne, Wimpel) wehen, wogen; b) winken; **~ at sb.** jmdm. winken; 3. v. t. schwenken; schwingen

~ a'way v. t. wegwinken

~ 'down v. t. jmd. anhalten

~ 'off v. t. **~ sb. off** jmdm. nachwinken

wave: ~band n. Wellenbereich, m.; **~length** n. (bildlich) Wellenlänge, f.; **~ power** n. Wellenkraft, f.

waver [ˈweɪvər] v. i. a) wanken; ins Wanken geraten; b) schwanken (between zwischen+ Dat.)

wavy [ˈweɪvɪ] adj. a) wellig; wogend (Gras); b) geschlängelt; **~ line** Schlangenlinie, f.

wax [wæks] 1. n. a) Wachs, n.; b) (Körper) Ohrenschmalz, n.; 2. adj. Wachs-; 3. v. t. wachsen

way [weɪ] 1. n. a) Weg, m.; **across the ~** gegenüber; b) (Richtung, Ortsangabe) Weg, m.; **ask the ~** nach dem Weg fragen; c) Vorgehen, n.; Art und Weise, f.; d) Wille, m.; e) Wegstück, n.; f) Weg, m.; **block the ~** den Weg versperren; g) **on the ~ home** auf dem Weg nach Hause; h) Richtung, f.; **Look this ~, please:** Schauen Sie bitte in diese Richtung! i) Weg, m.; **fight one's ~ through** sich durch etwas durchkämpfen; j) Hinsicht, f.; k) Zustand, m.; Verfassung, f.; l) Art, f.; 2. adv. weit entfernt

wayward [ˈweɪwəd] adj. eigenwillig; ungezügelt (Charakter, Verhalten)

we [wiː] pl. pron. wir

weak [wiːk] adj. a) (literarisch oder bildlich) schwach; matt (Aussehen, Verhalten, Merkmale, Erscheinen); schwach ausgeprägt; kümmerlich; labil (Charakter, Person); b) schwach (Küche, Geschmack); wässerig, dünn (Getränke, Nahrungsmittel)

weaken [ˈwiːkən] 1. v. t. schwächen; beeinträchtigen; entkräften (Argument); lockern (Angriff, Griff); 2. v. i. (Energie, Entschluss) nachlassen

weakling [ˈwiːklɪŋ] n. Schwächling, m.

'weak-minded adj. a) entschlusslos; unentschlossen; b) schwachsinnig (Körper, Geist, Person)

weakness [ˈwiːknɪs] n. Schwäche, f.; schwacher Punkt

'weak-willed adj. willensschwach

wealth [welθ] n., no pl. a) Fülle, f.; b) Wohlstand, m.; Reichtum, m.

wealthy [ˈwelθɪ] 1. adj. wohlhabend sein, reich; 2. n. pl. **the ~** die Reichen, Pl.; die Wohlhabenden, Pl.

wean [wiːn] v. t. entwöhnen **~ sb. from sth.** (bildlich) jmdm. etw. abgewöhnen

weapon [ˈwepən] n. (literarisch oder bildlich) Waffe, f.

weaponry [ˈwepənrɪ] n. (Militär) Waffen Pl.

wear [weər] 1. n., no pl., no indef. art. a) **~ and tear** Verschleiß, m.; Abnutzung, f.; abgelaufen; abgenutzt (Einrichtung, Technik, Gebrauchsgegenstände); b) Kleidung, f.; 2. v. t., wore [wɔːr], worn [wɔːn] a) tragen (Kleidung, Schmuck, Brille); b) abtragen (Kleidung); abtreten, abnutzen (Einrichtung, Gebrauchsgegenstände); **be worn** (Gesicht) verhärtet sein; c) scheuern; d) erschöpfen; 3. v. i., wore, worn a) (Kante, Saum, Kleider) sich durchscheuern; (Kleidung) sich ablaufen; (Einrichtung, Gebrauchsgegenstände) sich abnutzen; b) (Material) halten; (bildlich) sich halten

~ a'way 1. v. t. abschleifen (Holz, Stein); verwittern; 2. v. i. sich abnutzen; verwittern; (Schuhe) sich ablaufen; (Kraft, Gesundheit, Person) dahinschwinden

~ 'down 1. v. t. **be worn down** (Stufen) ausgetreten werden; (Schuhabsätze) sich ablaufen; (Reifen) sich abfahren; 2. v. i. (Absätze) sich ablaufen; (Reifen) sich abfahren

~ off v. i. abgehen; (bildlich) sich legen; (Wirkung) nachlassen

~ 'out 1. v. t. a) aufbrauchen; ablaufen (Schuhe); auftragen (Kleidung); b)

(bildlich) (Arbeit, Streß, Anforderungen) kaputtmachen *(ugs.)*; 2. *v. i.* kaputtgehen
~ **'through** 1. *v. i.* sich durchscheuern; 2. *v. t.* durchscheuern
wearisome [ˈwɪərɪsəm] *adj.* (literarisch oder bildlich) ermüdend
weary [ˈwɪərɪ] 1. *adj.* a) müde; b) **be ~ of sth.** einer Sache (Gen.) überdrüssig sein; etw. satt haben *(ugs.)*; c) ermüdend; 2. *v. t.* **be wearied by sth.** durch etw. erschöpft sein
weasel [ˈwiːzl] *n.* (Tierwelt) Wiesel, *n.*
weather [ˈweðər] 1. *attrib. adj.* wetter-; 2. *v. t.* a) wettergegerbt sein; c) verwittern lassen (Gestein); d) durchstehen (Krise, Notstandszeit); 3. *v. i.* a) verblassen (Holz, Farbe) verblassen; ~ [away] (Gestein) verwittern; b) wetterfest sein; 4. *n.* Wetter, *n.*; **what's the ~ like?** wie ist das Wetter?; **~-chart** *n.* Wetterkarte, *f.*; **~cock** *n.* Wetterhahn, *m.*; **~ forecast** *n.* Wettervorhersage, *f.*; **~man** *n.* Meteorologe, *m.*; **~-map** *n.* Wetterkarte, *f.*; **~proof** 1. *adj.* wetterfest; 2. *v. t.* wetterfest machen; **~-report** *n.* Wetterbericht, *m.*; **~ satellite** *n.* Wettersatellit, *m.*
1weave [wiːv] 1. *v. t.*, **wove** [wəʊv], **woven** [ˈwəʊvn] a) weben (Stoff, Garn); b) weben (Textilien); flechten; c) *(bildlich)* einflechten (Beitrag; Thema) (into in+ Akk.); d) *(bildlich)* ausspinnen (Märchen, Bericht, Geschichte); 2. *v. i.*, wove, woven weben; 3. *n.* Bindung, *f.*
2weave *v. i.* a) torkeln; b) sich schlängeln
weaver [ˈwiːvər] *n.* Weber, *m.*/Weberin, *f.*
web [web] *n.* a) Netz, *n.*; **spider's ~** Spinnennetz, *n.*;

b) Gewebe, *n.*; *(bildlich)* Gespinst, *n.*; **a ~ of lies** ein Netz von Lügen
wed [wed] 1. *v. t.*, -dd- heiraten; trauen (Brautpaar); 2. *v. i.* heiraten; sich vermählen
we'd [wiːd] a) = we had; b) = we would
wedded [ˈwedɪd] *adj.* a) verheiratet; angetraut; **a ~ couple** ein verheiratetes Paar; b) ~ **life** Eheleben, *n.*; c) *(bildlich)* **be ~ to sth.** sich einer Sache verschrieben haben; d) *(bildlich)* vereint (to mit)
wedding [ˈwedɪŋ] *n.* Hochzeit, *f.*
wedding: ~ anniversary *n.* Hochzeitstag, *m.*; **~ breakfast** *n.* Hochzeitsessen, *n.*; **~-cake** *n.* Hochzeitskuchen, *m.*; **~-day** *n.* Hochzeitstag, *m.*; **~-dress** *n.* Brautkleid, *n.*; **~-night** *n.* Hochzeitsnacht, *f.*; **~ present** *n.* Hochzeitsgeschenk, *n.*; **~ ring** *n.* Trauring, *m.*
wedge [wedʒ] 1. *v. t.* a) verkeilen; b) einklemmen; 2. *n.* a) Keil, *m.*; b) **a ~ of meat** eine Scheibe Fleisch
'wedge-shaped *adj.* keilförmig
wedlock [ˈwedlɒk] *n.* (literarisch) Ehe, *f.*; Ehebund, *m.* **born in/out of ~** ehelich/unehelich geboren sein
Wednesday [ˈwenzdeɪ, ˈwenzdɪ] 1. *n.* Mittwoch, *m.*; 2. *adv.* *(ugs.)* **~s** mittwochs
wee [wiː] *adj.* a) klein; b) *(ugs.)* **a ~ bit** winzig; ein ganz klein bisschen *(ugs.)*
weed [wiːd] 1. *v. t.* jäten; 2. *v. i.* jäten; 3. *n.* Unkraut, *n.*; **~s** Unkräuter; Unkraut, *n.*
~ **'out** *v. t. (bildlich)* aussieben
weeding [ˈwiːdɪŋ] *n.*, *no pl.*, *no indef. art. adj.* a) von Unkraut überwachsen; b) (ugs. derogativ) schmächtig
week [wiːk] *n.* Woche, *f.*;

worries

what day of the ~ is it today?: was für ein Wochentag ist heute?; **~s ago** vor Wochen
week: ~day *n.* Werktag, *m.*; Wochentag, *m.*; **on ~days** werktags; wochentags; **~end** *n.* Wochenende, *n.*; **at the ~end** am Wochenende; at or (Amer.) **on ~ends** an Wochenenden; **~-long** *adj.* einwöchig
weekly [ˈwiːklɪ] 1. *adj.* wöchentlich; **~ wages** Wochenlohn, *m.*; **at ~ intervals** wöchentlich; einmal pro Woche; 2. *adv.* wöchentlich; einmal die Woche ein in der Woche; 3. *n.* Wochenmagazin,- zeitung, *f.*
'week-night *n.* **on a ~** abends an einem Werktag; **on ~s** werktags abends
weep [wiːp] 1. *v. i.*, wept [wept] a) weinen; heulen; **~for sb./sth.** um jmdn./etw. weinen; b) (Wunde) nässen; 2. *v. t.*, wept a) weinen (Tränen); b) (Trauer) beweinen
weepie [ˈwiːpɪ] *n. (ugs.)* Trivialroman, *m.*
weigh [weɪ] 1. *v. t.* a) wiegen; b) (Gewissen, Meinung, Entscheidung) abwägen; c) abwägen; d) wiegen; e) wiegen; **it ~s very little** es wiegt sehr wenig, 2. *v. i.* a) ~ **heavy/light** viel/wenig wiegen; b) ~ **with sb.** bei jmdm. Gewicht haben
~ **a'gainst** *v. t. (bildlich)* sprechen gegen; ~ **heavily against** sb. sehr oder stark gegen jmdn. sprechen
~ **'down** *v. t.* a) schwer beladen sein; b) niederdrücken; **~ed down with worries** bedrückt von Sorgen
~ **'in** *v. i.* (Sport) sich wiegen lassen
~ **on** *v. t.* lasten auf (+ Dat.); ~ **on sb.'s mind** jmdm. [schwer] auf der Seele lie-

313

gen
~ **'out** v. t. abwiegen
~ **up** v. t. abwägen; sich (Dat.) eine Meinung bilden über (+ Akk.) (Person)
'weighing-machine n. Waage, f.
weight [weɪt] 1. n. a) Gewicht, n.; **what is your ~?**: wie viel wiegen Sie?; b) (Sport) Kugel, f.; c) Qualität, f.; d) (bildlich) (Seele, Herzen) Last, e) Gewicht, n.; f) Übergewicht, n.;. 2. v. t. a) beschweren; b) beschweren; (bildlich) belasten
weightlessness ['weɪtlɪsnɪs] n. Schwerelosigkeit, f.
weight: ~**-lifter** n. Gewichtheber, m./-heberin, f.; ~**-lifting** n. no pl. Gewichtheben, n.; ~**-watcher** n. Schlankheitsbewusste, m./f.
weighty ['weɪtɪ] adj. a) schwer; b) gewichtig
weir [wɪər] n. Wehr, n.
weird [wɪəd] adj. merkwürdig (ugs.)
welcome ['welkəm] 1. int. willkommen; ~ **home** willkommen zu Hause; 2. n. a) Willkommen, n.; b) Willkommen, n.; Empfang, m.; 3. v. t. begrüßen; willkommen heißen; 4. adj. a) willkommen; angenehm (Aussehen, Verhalten, Erscheinung, Person); b) pred. **you're** ~ gern geschehen!; keine Ursache!;
welcoming ['welkəmɪŋ] adj. einladend
weld [weld] v. t. a) ver,- zusammenschweißen, (Mechanik) schweißen ([on]to an + Akk.); b) (bildlich) zusammenschweißen
welder ['weldər] n. a) (Mechanik) Schweißer, m./Schweißerin, f.; b) Schweißgerät, n.
welfare ['welfeər] n. a) Wohl, n.; b) Sozialhilfe, f.
welfare: W~ **'State** n. Wohlfahrtsstaat, m.; ~ **work** n. Sozialarbeit, f.; ~ **worker** n. Sozialarbeiter, m./-arbeiterin, f.
well [wel] n. a) (water ~, mineral spring) Brunnen, m.; b) Schacht, m.; Treppenloch, n.
well 1. int. a) (Ausruf) mein Gott; meine Güte; b) (Ausdruck der Erwartung) ~ ? na? (Eingeständnis, Zugabe); 2. adv., better ['betər], best [best] a) ~ **done!** großartig!; b) gut, anständig (jmdn. behandeln); **think ~ of sb./sth.** eine gute Meinung von jmdm./etw. haben; **wish sb.** ~ jmdm. alles Gute wünschen; c) gründlich (etwas tun, ausführen); ordentlich; tüchtig; genau (beobachten); 3. adj. (Körper) gesund; **get ~ soon!** gute Besserung!
we'll [wi:l] = **we will**
well: ~**-advised** adj. siehe **advised**; ~**-aimed** adj. gezielt (Schuss, Schlag); ~**-behaved** adj. siehe behave 1 a; ~**-being** n. Wohl, n.; ~**-bred** adj. anständig; ~**-built** adj. (Person) mit guter Figur; **be ~-built** eine gute Figur haben; ~**-chosen** adj. wohlgesetzt (Geste, Verhalten, Worte); wohlüberlegt (Verhalten, Bemerkungen); ~**-defined** adj. klar definiert; ~**-deserved** adj. (wohl)verdient; ~**-done** adj. (Küche) durchgebraten; durch nicht attr.: ~**-dressed** adj. gutgekleidet (präd. getrennt geschrieben); ~**-earned** adj. wohlverdient; ~**-educated** adj. gebildet (Person); ~**-equipped** adj. gut ausgestattet (Technik, Einrichtung); gut ausgerüstet (Personen, Institutionen); ~**-established** adj. bewährt; ~**-fed** adj. wohlgenährt; ~**-founded** adj. [wohl] fundiert; ~**-groomed** adj. gepflegt; ~**-heeled** ['welhi:ld] adj. (ugs.) gutbetucht (ugs.
'well-informed adj. gutunterrichtet
well: ~**-intentioned** ['welɪntenʃənd] adj. gutgemeint; ~**-judged** adj. gut gezielt; ~**-kept** adj. gepflegt; in gutem Zustand: wohlgehütet: ~**-known** adj. a) bekannt; b) vertraut; ~**-loved** adj. beliebt; ~ **made** adj. (manufactured) gut; ~ **marked** adj. gut gekennzeichnet (Straße, Strecke); ~**-meaning** adj. wohlmeinend; ~ **off** adj. a) wohlhabend; **sb. is ~ off** jmdm. geht es finanziell gut; b) **be ~ off for sth.** mit etw. gut ausgestattet/versorgt sein; ~**-preserved** adj. gut erhalten (antiker Gegenstand, Mumie); ~**-read** ['welred] adj. belesen; ~**-spent** adj. sinnvoll verbracht (Energie, Zeit); vernünftig ausgegeben (Geld); ~**-thought-out** adj. gut durchdacht; ~**-thumbed** adj. zerlesen (Buch); ~**-timed** adj. zeitlich gut gewählt; ~**-to-do** adj. wohlhabend; ~**-worn** adj. abgetragen (Kleidung); abgenutzt; ausgetreten (Weg, Idee, Pfad); abgedroschen (Ausdruck)
Welsh [welʃ] 1. adj. (Geografie) walisisch; 2. n. a) (Sprache) Walisisch, n.; b) pl. **the** ~ die Waliser
welsh v. i. sich davonmachen, ohne zu bezahlen
~ **on** v. t. (ugs.) ~ **on sb./sth.** jmdn. sitzen lassen/sich um etw. herumdrücken (ugs.)
Welsh: (Geografie) ~**man** ['welʃmən] n., pl. ~**men** ['welʃmən] Waliser m.;~**woman** n. Waliserin, f.
wend [wend] v. t. ~ **one's way homewards** sich auf den Heimweg machen
went siehe **go 1**
wept siehe **weep**

were siehe **be**
we're [wɪər] we are
weren't [wɜːnt] *(ugs.)* = **were not**; siehe **be**
werewolf [ˈwɪəwʊlf, ˈweəwʊlf] *n., pl.* **werewolves** [ˈwɪəwʊlvz, ˈweəwʊlvz], werwolf [ˈwɜːwʊlf] *n., pl.* werwolves [ˈwɜːwʊlvz] Werwolf, *m.*
west [west] 1. *adv.* westwärts; nach Westen; ~ **of** westlich von; westlich (+ Gen.); **go** ~ (bildlich sl.) über die Klinge springen *(sl.)*. 2. *adj.* westlich; West(küste, -wind, -grenze, -tor). 3. *n.* a) (Himmelrichtung) Westen, *m.*; **the** ~ West (Wettervorhersage); b) usu. **W**~ (Politik) Westen, *m.*
West: ~ **'Africa** *pr. n.* Westafrika *(n.)*; ~ **'Bank** *pr. n.* das Westjordanland; **w~bound** *adj.* (Verkehr) in Richtung Westen
westerly [ˈwestəlɪ] *adj.* a) (Geografie, Himmelsrichtung) westlich; **in a** ~ **direction** nach Westen; b) (Wettervorhersage) aus westlichen Richtungen
western [ˈwestən] 1. *adj.* westlich; West(grenze, -hälfte, -seite); ~ **Germany** Westdeutschland, *n.* 2. *n.* Western, *m.*
westerner [ˈwestənər] *n.* West-... *m./f.*
Western 'Europe *pr. n.* (Geografie) Westeuropa; *n.*
westward [ˈwestwəd] 1. *adv.* westwärts; **they are** ~ **bound** sie fahren nach Westen; 2. *adj.* (Richtung, Geografie) nach Westen (gerichtet); westlich; **in a** ~ **direction** nach Westen; [in] Richtung Westen; 3. *n.* Westen, *m.*
westwards [ˈwestwədz] *adv.* westwärts
wet [wet] 1. *adj.* a) nass; b) (Wetter) regnerisch, feucht (Klima); c) frisch (Zustand, Erscheinungsbild); '~ **paint**' "frisch gestrichen"; d) (sl.: feeble) schlapp *(ugs.)*; 2. *v. t.*, **-tt-**, wet or wetted a) befeuchten; b) urinieren; 3. *n.* a) Feuchtigkeit, *f.*; b) Regenwetter, *n.*; (Wetter) Nässe, *f.*
wet: ~-**nurse** 1. *n.* Amme, *f.*; 2. *v. t. (bildlich)* bemuttern; ~ **suit** *n.* Tauchanzug, *m.*
we've [wiːv] we have
whack [wæk] 1. *v. t.* hauen *(ugs.)*. 2. *n.* a) *(ugs.)* Schlag, *m.*; b) Anteil, *m.*
whale [weɪl] *n., pl.* ~**s** or same (Tierwelt) a) (Tierwelt) Wal, *m.*; b) *no pl. (ugs.)* **we had a** ~ **of a good time** wir haben uns köstlich amüsiert *(ugs.)*
wham [wæm] 1. *int.* wum*m*. 2. *v. t.*, **-mm-**: ~ **sb.** jmdm. einen Schlag versetzen
wharf [wɔːf] *n., pl.* **wharves** [wɔːvz] or ~**s** Kai, *m.*
what [wɒt] 1. *interrog. adj.* a) welch/e/s...; b) wie viel; with *pl. n.* wie viele; c) was für; 2. *adj.* was für; ~ **a luck** was für ein Glück!; 3. *rel. adj.* **I will give you** ~ **I can**: Ich werde dir geben so viel ich kann; 4. *adv.* a) (to ~ extent) ~ **do I care?** was kümmert es mich?; ~ **does it matter?** was macht's?; b) ~ **with...** wenn man an... denkt; 5. *interrog. pron.* a) ~ **is your name?** wie heißt du/heißen Sie?; ~ **about...?** Wie wäre es mit? b) was; ~**?** wie?; was? *(ugs.)*; **you did** ~**?** was hast du gemacht?; c) ~ **is the use of ?** Was nützt es?; 6. *rel. pron.* das was
whatever [wɒtˈevər] 1. *adj.* a) *rel. adj.* was ... auch immer; 2. *pron.* a) *rel. pron.* was für...
wheat [wiːt] *n., no pl., no indef. art.* Weizen, *m.*
wheedle [ˈwiːdl] *v. t.* a) ~ **sb. into doing sth.** jmdn. überreden, etw. zu tun; b) sich (Dat.) verschaffen; ~ **sth. out of sb.** jmdm. etw. abschwatzen *(ugs.)*
wheel [wiːl] 1. *v. t.* a) (turn round) wenden; b) schieben; ~ **oneself** (in a ~ chair) fahren; 2. *v. i.* a) kehrtmachen; b) ~ **and deal** sich durchlavieren (Person); 3. *n.* a) (Fahrzeug) Lenk, -oder Steuerrad, *n.*; **at or behind the** ~ am oder hinterm Steuer; b) Rad, *n.*; [potˈter's] ~: (Handwerk) Töpferscheibe, *f.*
~ **'in** *v. t.* hinein-/hereinschieben
~ **'out** *v. t.* hinaus-/herausschieben; ~ **sb. out** *(bildlich)* jmdn. lächerlich machen
wheel: ~**barrow** *n.* Schubkarre, *f.*; ~**base** *n.* (Schiff, Lok) Führer, *m.*; Radstand, *m.*; ~**chair** *n.* Rollstuhl, *m.*; ~**clamp** *n.* Radkralle, *f.*
-wheeled [wiːld] *adj.* in comb. (vier-, sechs-, acht)räderig
wheeler-dealer [wiːləˈdiːlər] *n.* Mauschler, *m.*/Mauschlerin, *f. (ugs.)*; Geschäftemacher, *m.*/-macherin, *f.*
wheeling and 'dealing *n. (ugs.)* undurchsichtige Geschäfte
wheeze [wiːz] 1. *v. i.* schnaufen; keuchen; 2. *n.* Schnaufen, *n.*; Keuchen, *n.*
wheezy [ˈwiːzɪ] *adj. (ugs.)* pfeifend, keuchend (Atem)
when [wen] 1. *adv.* a) (Zeitangabe) wann; 2. *conj.* a) als; wenn; b) wenn doch; c) wenn (obwohl); d) als; 3. *pron.* **by/till** ~**...?**; bis wann...?
whence [wens] 1. *adv.* woher; 2. *conj.* (Ortsangabe) dorthin, woher

whenever [wen'evər] 1. *adv.* a) wann immer; b) *(ugs.)* = siehe **ever;** 2. *conj.* jedesmal wenn

where [weər] 1. *adv.* a) wo; b) woher; c) wohin; d) inwiefern; e) dort wo; 2. *conj.* dort wo; 3. *pron.* **not far from ~ I live:** nicht weit von dort wo ich wohne

whereabouts 1. [weərə'bauts] *adv.* (genaue Ortsangabe) wo; wohin; 2. *pron.* **~ are you from?** woher kommst du?; 3. ['weərəbauts] *n.*, as sing. Verbleib, *m.*; Aufenthaltsort, *m.*

where: **~'as** *conj.* während; wohingegen; **~upon** [weərə'pɒn] *adv.* worauf

wherever [weər'evər] 1. *adv.* a) wo (auch) immer; b) wohin auch immer; 2. *conj.* a) überall [da], wo; b) wohin auch; 3. *pron.* wo... auch

whet [wet] *v. t.*, **-tt-:** a) wetzen; b) *(bildlich)* anregen (Hunger, Lust)

whether ['weðər] *conj.* ob

which [wɪtʃ] 1. *adj.* a) interrog. welch...; **~ one** welcher/welche/ welches; **~ ones;** b) welch...; 2. *pron.* a) interrog. welcher/welche/welches; **~ of you?** wer von euch?; b) rel. der/die/das; welcher/welche/ welches

whichever [wɪtʃ'evər] 1. *adj.* a) (any... that) derjenige, der/die oder diejenige, die/das oder dasjenige, das/die oder diejenigen, *f.*; b) welche/welcher/welches... auch; **~ way you go** welchen Weg du auch nimmst; 2. *pron.* a) der oder derjenige, die/das oder dasjenige, die/das oder dasjenige, das/die oder diejenigen; b) (gleichgültig) welcher/welche/welches...

whiff [wɪf] *n.* a) leichter Geruch; Hauch, *m.*; b) *(bildlich)* Hauch, *m.*

while [waɪl] 1. *n.* Weile, *f.*; **quite a or quite some ~,** eine ganze Weile; ziemlich lange; [for] **a ~** eine Weile; 2. *conj.* a) während; solange; b) obgleich; c) während **~ away** *v. t.* **~ away the time** sich (Dat.) die Zeit vertreiben (by, with mit)

whilst [waɪlst] (Brit.) siehe **while**

whim [wɪm] *n.* Laune, *f.*

whimper ['wɪmpər] 1. *n.* ~[s] Wimmern, *n.*; (Tier) Winseln, *n.*; 2. *v. i.* wimmern; (Tier) winseln

whimsical ['wɪmzɪkl] *adj.* launenhaft; unberechenbar (Gefühle, Verhalten, Charakter, Art einer Person)

whine [waɪn] 1. *v. i.* a) heulen; jaulen; (Tier, Kind, Baby) quengeln *(ugs.);* b) jammern; *(derogativ)* 2. *n.* a) (Ton generell) Heulen, *n.*; Jaulen, *n.* (Tier); b) Gejammer, *n.*

whip [wɪp] 1. *v. t.*, **-pp-:** a) peitschen; b) (Küche) schlagen; c) (weg) reißen (Gegenstand); d) *(sl.)* fertigmachen *(ugs.);* e) klauen *(ugs.);* 2. *v. i.*, **-pp-:** a) flitzen *(ugs.);* b) peitschen; 3. *n.* a) Peitsche, *f.*; b) (Politik) Fraktionsgeschäftsführer einer Partei, *m.*

~ a'way *v. t.* wegreißen (from Dat.)
~ 'out *v. t.* herausziehen
~ 'up *v. t.* a) schnell aufheben; b) (Küche) kräftig schlagen; c) aufpeitschen (Wellen); *(bildlich)* anheizen *(ugs.)*, anfachen (Emotionen, Interesse); schüren (Gefühle)

whip: **~cord** *n.* Peitschenschnur.
~lash *n.* a) Peitschenriemen, *m.*; b) *(Medizin)* Schleudertrauma, *n.*

whipped 'cream *n.* (Küche) Schlagsahne, *f.*

whipping ['wɪpɪŋ] *n.* (Gewalt, körperliche Züchtigung) Schlagen [mit der Peitsche]; Prügelstrafe, *f.*

give sb. a ~ jmdn. auspeitschen; *(sl.)* jmdm. eins überbraten *(derogativ)*

whirl [wɜːl] 1. *v. t.* a) herumwirbeln; b) schleudern; wirbeln (Blätter, Schneeflocken usw.); c) in Windeseile fahren; 2. *v. i.* a) wirbeln; b) (umher)sausen; (herum)wirbeln; 3. *n.* a) Wirbeln, *n.*; *(bildlich)* ihre Gedanken schwirrten nur so; b) (Menschen, Feier) Trubel, *m.*

~ a'bout, ~ a'round *v. t. & i.* herumwirbeln
~ away, ~off 1. *v. t.* in Windeseile wegfahren; 2. *v. i.* lossausen
~ 'round 1. *v. t.* [im Hreis] herumwirbeln; 2. *v. i.* herumwirbeln; (Rad, Strudel) wirbel

whirl: **~pool** *n.* Strudel, *m.*; Düsenbad, *n.*; **~wind** *n.* a) Wirbelwind, *m.*; Wirbelsturm, *m.*; b) *(bildlich)* (Politik, Aufsehen, Skandal) Wirbel, *m.*; Trubel, *m.*

whirr [wɜːr] 1. *v. i.* surren; (Flug) zirpen; (Flügel, Propeller) schwirren; 2. *n.* siehe 1: Surren, *n.*; Zirpen, *n.*; Schwirren, *n.*

whisk [wɪsk] 1. *v. t.* a) (Küche) schlagen; b) in Windeseile bringen; 2. *n.* a) Wedel, *m.*; b) (Küche) Schneebesen, *m.*; Rührbesen, *m.*

~ a'way *v. t.* a) wegscheuchen; b) **~ sth. away from sb.** jmdm. etw. plötzlich wegreißen; c) in Windeseile wegbringen
~ 'off *v. t.* a) siehe away a; b) plötzlich wegreißen

whisker ['wɪskər] *n.* a) in pl. (Körper, Frisur) Seitenbart, *m.*; b) (Tierwelt) Schnurrbart, *m.*

whiskey (Amer., Ir.), **whis-**

ky [ˈwɪskɪ] *n.* Whisky, *m.*; (Irish or American ~) Whiskey, *m.*

whisper [ˈwɪspər] 1. *v. i.* a) flüstern; ~ **to sb.** jmdm. etwas zuflüstern; b) tuscheln; c) rauschen; 2. *v. t.* flüstern; erzählen (Gerüchte, Behauptungen); 3. *n.* a) Flüstern, *n.*; **in a** ~ im Flüsteron; b) **their ~s** ihr Geflüster; c) Gerücht, *n.*

whistle [ˈwɪsl] 1. *v. i.* pfeifen; 2. *v. t.* a) pfeifen; b) herpfeifen; 3. *n.* a) Pfiff, *m.*; Pfeifen, *n.*; b) Pfeife, *f.*

whit [wɪt] *n.* no pl., no de art. **no ~, not a ~** kein bisschen

white [waɪt] 1. *adj.* a) weiß; ~ **as snow** schneeweiß; b) weiß; blass; bleich; [as] ~ **as chalk** kreidebleich; c) weißhäutig; ~ **people** Weiße *Pl.*; 2. *n.* a) Weiß, *n.*; b) Eiweiß, *n.*; c) Weiße; d) **W~** (Mensch) Weiße, *m./f.*; e) ~ **'bread** Weißbrot, *n.*; ~ **'coffee** *n.* (Brit.) Milchkaffee; ~-**'collar** *adj.* ~-**collar worker** Angestellte, *m./f.*; ~ **'elephant** *n.* (bildlich) nutzloser Besitz; ~**faced** [ˈwaɪtfeɪsd] *adj.* bleich; ~ **'horse** *n.* a) Schimmel, *m.*; b) in *pl.* (Meer) Schaumkronen; ~ **'hot** *adj.* (Metall) weißglühend; *(bildlich)* glühend; Weiße, *m.*

whiten [ˈwaɪtn] 1. *v. t.* (ein)weißen (Malen); 2. *v. i.* a) weiß werden; b) kreideweiß werden

whiteness [ˈwaɪtnɪs] *n.*, no pl. a) Weiß, *n.*; b) (Teint, Hauttyp, Gesicht) Blässe, *f.*

white: ~ **'sauce** *n.* weiße oder helle Soße; ~ **'stick** *n.* Blindenstock, *m.*; ~ **'sugar** *n.* weißer Zucker; 1. *v. t.* a) [weiß] tünchen; b) ~ **wedding** *n.* Hochzeit in Weiß; **have a ~ wedding** in Weiß heiraten; ~ **'wine** *n.* Weißwein, *m.*; 2. *n.* a)

weiße Tünche; *(bildlich)* Schönfärberei, *f.*

whither [ˈwɪðər] 1. *adv.* wohin; 2. *conj.* dorthin oder dahin, wohin

whitish [ˈwaɪtɪʃ] *adj.* weißlich

Whitsun [ˈwɪtsn] *n.* Pfingsten, *n.* oder *Pl.*: **at ~** zu oder an Pfingsten

Whit Sunday [wɪt ˈsʌndeɪ, wɪt ˈsʌndɪ] *n.* Pfingstsonntag, *m.*

whittle [ˈwɪtl] 1. *v. i.* schnitzen; 2. *v. t.* schnitzen an (+ Dat.)

~ **away,** ~ **down** *v. t.* *(bildlich)* a) auffressen (Gewinn, Geldmittel usw.); b) allmählich reduzieren (Anzahl, Team, Gewinn, Verlust); verkürzen (Liste)

Whit [wɪt]: ~ **week** *n.* Pfingstwoche, *f.*; ~ **week'end** *n.* Pfingstwochenende, *n.*

whiz, whizz [wɪz] 1. *v. i.* zischen; 2. *n.* Zischen, *n.*

~ **'past** *v. i.* vorbeizischen; (Vogel) vorbeischießen

who [huː] *pron.* a) interrog. wer; (ugs.: whom) wen; (ugs.: to whom) wem; b) rel. der/die/das; pl *f.*; den/die/das; (ugs.: to whom) dem/der/denen

who'd [huːd] a) **who had**; b) = **who would**

whodun[n]it [huːˈdʌnɪt] *n.* (ugs.) Krimi, *m.* (ugs.)

whoever [huːˈevər] *pron.* a) wer (auch) immer; b) (gleich) wer... auch

whole [həʊl] 1. *adj.* a) ganz; **the ~ lot** alle; **a ~ lot of people** eine ganze Menge Leute; b) ganz; im Ganzen; c) ganz; **four ~ days** vier ganze Tage. 2. *n.* a) **the ~** das Ganze; b) Ganze, *n.*

whole: ~**food** *n.* Vollwertkost, *f.*; ~-**hearted** [həʊlˈhɑːtɪd] *adj.* herzlich (Dankbarkeit, Glückwünsche); tiefempfunden (Dankbarkeit,

Reue); rückhaltlos (Hilfe, Hingabe, Ergebenheit); ~**meal** *adj.* Vollkorn-; 1. *adj.* a) (Wirtschaft) Großhandels-; b) (auch bildlich) massenhaft; Massen-; c) *(bildlich)* pauschal; 2. *adv.* a) (Wirtschaft) en gros (einkaufen, verkaufen); im Großhandel einkaufen; b) *(bildlich)* massenweise; c) *(bildlich)* pauschal

wholesaler [ˈhəʊlseɪlər] *n.* (Wirtschaft) Händler, *m./*Händlerin, *f.*; Großhändler, *m./*-händlerin, *f.*

wholesome [ˈhəʊlsəm] *adj.* ganz(heitlich); rund; gesund

whole 'wheat *n.* Vollweizen, *m.*

who'll [huːl] = **who will**

wholly [ˈhəʊllɪ] *adv.* völlig; ganz und gar; durch und durch

whom [huːm] *pron.* a) interrog. wen; wem; b) rel. den/die/das; *pl.f.*; dem/der/dem; *pl.* denen

whoop [wuːp] 1. *v. i.* schreien; jauchzen *(ugs.)*; jauchzen; 2. *v. t.* ~ **it up** *(ugs.)* die Sau rauslassen; (Amer.) Stimmung machen; 3. *n.* Schrei; Jauchzer, *m.* *(ugs.)*; Jauchzer, *m.*

whooping cough [ˈhuːpɪŋ kɒf] *n.* (Medizin) Keuchhusten, *m.*

whoosh [wʊʃ] 1. *v. i.* brausen; (Rakete, Granate, Geschoss) zischen; 2. *n.* Brausen, *n.*; Zischen, *n.*

whopper [ˈwɒpər] *n.* (ugs.) a) Riese, *m.*; b) faustdicke Lüge

whopping [ˈwɒpɪŋ] *(ugs.)* *adj.* riesig; Riesen- *(ugs.)*; faustdick

whore [hɔːr] *(derogativ)* 1. *n.* a) Nutte, *f.* (ugs.) b) Schlampe, *f.*; 2. *v. i.* ~ **around** herummachen (sexuell)

who's [huːz] a) = **who is**; b)

whose

= **who has**
whose [hu:z] *pron.* a) interrog. wessen; b) rel. dessen/deren/dessen; *pl.* deren
whoseever [hu:zˈevər] *pron.* wessen... auch; ~ **it is,**...: wem er/sie/es auch gehört
who've [hʊv] = **who have**
why [waɪ] 1. *adv.* a) warum; weshalb; wozu; b) warum, aus welchem Grund; 2. *int.* **~, certainly!** aber sicher!
wicked [ˈwɪkɪt] 1. *adj.* a) böse; verschlagen; schlecht (Verhalten, Charakter, Person, Welt); niederträchtig (Charakter, Gedanken, Verhalten); schändlich (Verhalten, Akt); b) boshaft (Gerede); c) skandalös; himmelschreiend; sündhaft (*ugs.*); 2. *n.pl.* **the ~** die Bösen
wickedly [ˈwɪkɪdlɪ] *adv.* a) niederträchtig; niederträchtigerweise; b) himmelschreiend; sündhaft (*ugs.*)
wickedness [ˈwɪkɪdnɪs] *n.* a) *no pl.* siehe wicked a: Niederträchtigkeit, *f.*; Bosheit, *f.*; Schlechtigkeit, *f.*; Schändlichkeit, *f.*; b) Niederträchtigkeit, *f.*; c) *no pl.* Boshaftigkeit, *f.*; d) *no pl.* (*ugs.*) Schändlichkeit, *f.*
wicker [ˈwɪkər] *n.* (Kunsthandwerk, Küche, Haushalt) Korbgeflecht, *n.*; *attrib.* Korb(waren, -möbel, -stuhl); geflochten (Korb)
ˈ**wickerwork** *n.* a) (Kunsthandwerk) Korbgeflecht, *n.*; b) (Haushalt) Korbwaren
wicket [ˈwɪkɪt] *n.* (Sport) Tor, *n.*
ˈ**wicket-keeper** *n.* (Sport) Torwart, *m.*
wide [waɪd] 1. *adv.* a) weit; ~ **awake** hellwach; (bildlich ugs.) gewitzt; b) **shoot ~** danebenschießen; 2. *adj.* a) weit; breit; groß (Vergleich, Unterschied, Abstand); weit (b); weit; vielseitig (Interessen, Hobbies); groß (Vielfalt, Popularität); umfassend (Wissen, Kenntnisse); weitreichend (Verbreitung, Macht); reichhaltig (Auswahl, Sortiment); breit **have ~ appeal** weite Kreise ansprechen; **the ~ world** die (große) weite Welt; c) **be ~ of sth.** etw. verfehlen; **be ~ off the mark** *(bildlich)* (Vermutung, Behauptung) nicht zutreffen; d) (Verhalten, Charakter) großzügig; e) weit geöffnet
wide: ~-angle ˈlens *n.* (Fotografie) Weitwinkelobjektiv, *n.*; **~eyed** [ˈwaɪdaɪd] *adj.* (Überraschung, Angst) mit großen Augen
widely [ˈwaɪdlɪ] *adv.* a) weit (verbreitet); locker, in großen Abständen; b) (Menschen) weithin (bekannt, geglaubt); **a ~held view** eine weitverbreitete Ansicht; **it is ~ known that...** es ist allgemein bekannt, dass....; c) im weiten Sinne (gebraucht); weit (Interpretation); d) sehr; stark, erheblich (Unterschiede, Vergleich); sehr (verschieden, unterschiedlich)
widen [ˈwaɪdn] 1. *v. t.* verbreitern; *(bildlich)* erweitern; 2. *v. i.* sich verbreitern; breiter werden; vielfältiger werden; ~ ˈ**out** *v. i.* sich verbreitern; breiter werden; *(bildlich)* sich erweitern
wide: ~-open *attrib. adj.,* ~ ˈ**open** *pred. adj.* weit aufstehend oder geöffnet (Tor, Fenster, Tür); weit aufgerissen; **~spread** *adj.* weitverbreitet präd. (Art, Ansicht); groß (Nachfrage, Beliebtheit); von vielen geteilt (Sympathie); **become ~spread** sich [weit] ausbreiten;
widow [ˈwɪdəʊ] 1. *n.* Witwe, *f.*; 2. *v. t.* zur Witwe machen (Frau); zum Witwer machen (Mann)

widowed [ˈwɪdəʊd] *adj.* verwitwet
widower [ˈwɪdəʊər] *n.* Witwer, *m.*
width [wɪdθ] *n.* a) (Maß) Breite, *f.*; (Kleidung) Weite, *f.*; **what is the ~ of...?** wie breit/weit ist...?; b) großer Umfang; Weite, *f.*, (Mensch, Fähigkeiten, Interessen, Hobbies) Vielseitigkeit, *f.*; c) Spurbreite, *f.*
widthways [ˈwɪdθweɪz], **widthwise** [ˈwɪdθwaɪz] *adv.* in der Breite
wield [wi:ld] *v. t.* (literarisch) führen; *(bildlich)* ausüben (in der Politik; Macht, Einfluss)
wife [waɪf] *n., pl.* **wives** [waɪvz] Ehefrau, *f.*; **make sb. one's ~** jmdn. zur (Ehe)frau nehmen; **lawful wedded ~** (Kirche, Trauung) rechtmäßig angetraute (Ehe)frau
wig [wɪg] *n.* Perücke, *f.*
wiggle [ˈwɪgl] (*ugs.*) 1. *v. t.* hin und her bewegen; 2. *v. i.* wackeln; (Person) sich durchschlängeln; 3. *n.* Wackeln, *n.*
wigwam [ˈwɪgwæm] *n.* Wigwam, *m.*
wild [waɪld] 1. *adj.* a) wildlebend (Natur,- und Tierwelt); wildwachsend **grow ~** wild wachsen; **~ beast** wildes Tier; b) barbarisch; unzivilisiert; wild (Landschaft, Gegend); c) tobend (Wellen); (Wetter) stürmisch; d) wüst (Mensch, Mann, Bursche); ungezügelt; wild, ungestüm; frei herumlaufen; (Kinder) herumtoben; e) wuchern (Pflanzenwelt); *f)* rasend (vor Wut, Gefühle im allgemeinen); unbändig (Freude, Wut, Zorn, Schmerz); wild (Gefühle); panisch (Angst); **drive sb. ~** jmdn. rasend vor Erregung machen; g) (*ugs.*) **be ~ about sb./sth.** wild auf

jmdn./etw. sein; h) *(ugs.)* wütend sein/werden; i) ungezielt (Aggression, Schuss, Schlag); unbedacht; maßlos (Anspruch, Übertreibung); irrwitzig (Idee, Versuch, Hoffnung, Verhalten, Gerede); aus der Luft gegriffen (Lüge, Beschuldigung, Behauptungen); 2. *n.* the ~ Wildnis, *f.* **the call of the** ~ der Ruf der Wildnis

wild 'cat *n.* (Tierwelt) Wildkatze, *f.*; *attrib. adj.* ~ **strike** nicht genehmigter Streik

wilderness ['wɪldənɪs] *n.* (Tierwelt) Wildnis, *f.*; Wüste, *f.*

wild: ~-eyed ['waɪldaɪd] *adj.* mit irrem Blick; **~ 'horse** *n.* Wildpferd, *n.*; **~life** *n.*, *no pl.*, *no indef. art.* die Tier- und Pflanzenwelt; die Natur; *attrib.* **~life park** Naturpark, *m.*

wildly ['waɪldlɪ] *adv.* a) wild; ausgelassen; unbändig; wild im ganzen Haus herumtoben; b) (Klima) wild; c) (Gefühle, Eifersucht) rasend; unbändig (verliebt, sich freuen, sich verlieben); wild (Schrei, Applaus); erregt; d) auf gut Glück; maßlos (übertreiben); wirr (daherreden, denken)

wildness ['waɪldnɪs] *n.*, *no pl.* a) Wildheit, *f.*; b) Ungestümtheit, *f.*; Wildheit, *f.* (Mensch, Verhalten) c) Unbedachtheit, *f.*; Aberwitzigkeit, *f.*

Wild 'West *pr. n.* Wilder Westen, *m.*

wile [waɪl] *n.* List, *f.*

wilful ['wɪlfl] *adj.* a) vorsätzlich; bewusst (Lüge, Tat); b) starrsinnig

will [wɪl] 1. *v. t.*, will, neg. *(ugs.)* **won't** [wəʊnt], past **would** [wəd], neg. *(ugs.)* **wouldn't** [wʊdnt] a) wollen; b) (Gewohnheit, Verhalten) pflegen; c) (Wunsch, Anliegen) wollen, möchten; 2. forms as 1: a) Futur werden; b) expr. intention beabsichtigen; c) in Konditionalsätzen d) (Wunsch) ~ **you please** ..würdest du bitte ..

will 1. *v. t.* durch Willenskraft erzwingen; 2. *n.* a) (Geist, Wunsch, Person) Wille, *m.*; **freedom of the** ~ Willensfreiheit, *f.*; b) (Letzter Weille) Testament, *n.*; c) (wünschen) ~ **to live** Lebenswille, *m.*; d) **with the best** ~ beim besten Willen

willing ['wɪlɪŋ] 1. *adj.* a) willig; bereit sein, etw. zu tun; b) *attrib.* willig; 2. *n.* **show** ~ guten Willen zeigen

willingly ['wɪlɪŋlɪ] *adv.* a) gern[e]; b) freiwillig

willingness ['wɪlɪŋnɪs] *n.*, *no pl.* Bereitschaft, *f.*

willow ['wɪləʊ] *n.* (Baum) Weide, *f.*

willow-pattern *n.* Weidenmuster, *n.*

will-power *n.* Willenskraft, *f.*

willy-nilly [wɪlɪ'nɪlɪ] *adv.* wohl oder übel (tun müssen)

wilt [wɪlt] *v. i.* a) (Bot.: wither) welk werden; welken; b) *(bildlich)* (Person, Kraft) schlapp werden, *(ugs.)* abschlaffen; (Interesse, Begeisterung) abflauen; (Menge, Kraft) dahinschwinden

wily ['waɪlɪ] *adj.* listig; raffiniert (Person, Verhalten, Strategie, Plan, Verhalten)

wimp [wɪmp] *n.* (ugs.derog.) Verlierer, *m.*; Angsthase, *m.*; Schlappschwanz, *m. (ugs.)*

win [wɪn] 1. *v. t.*, **-nn-**, won [wʌn] a) gewinnen; bekommen (Standpunkt, Auftrag, Jura); ernten (Dank, Zustimmung); ~ **sb. sth.** jmdm. etw. einbringen; b) ~ **one's way into sb.'s heart** jmds. Herz gewinnen; c) stehlen; organisieren *(ugs.)*. 2. *v. i.*, **-nn-**, won gewinnen; siegen; 3. *n.* Sieg, *m.*; **have a** ~ gewinnen

~ 'back *v. t.* zurückgewinnen

~ 'out *v. i. (ugs.)* ~ **out** sich durchsetzen

~ 'over, ~ 'round *v. t.* bekehren; (to one's side) auf seine Seite bringen; überzeugen

~ 'through *v. i.* Erfolg haben

wince [wɪns] *v. i.* zusammenzucken (at bei)

winch [wɪntʃ] 1. *n.* Winde, *f.*; 2. *v. t.* winden; mit einer Winde ziehen; ~ **up** hochwinden

wind [waɪnd] 1. *v. i.*, wound [waʊnd] a) sich winden; sich schlängeln; b) sich wickeln; 2. *v. t.*, wound a) wickeln; spulen; ~ **sb. round one's finger** jmdn. um den Finger wickeln *(ugs.)*; b) aufziehen (Uhr); c) sich durchlavieren (Verhalten, Person) d) winden; e) zu einem Knäuel/zu Knäueln aufwickeln; f) wickeln; 3. *n.* a) Windung, *f.* (Fluss, Straße); b) Umdrehung, *f.*; **give sth. a** ~ etw. aufziehen

~ 'back *v. t. & i.* zurückspulen

~ 'down 1. *v. t.* a) mit einer Winde herunter-/hinunterlassen; herunterkurbeln (Autofenster); b) *(bildlich)* einschränken; drosseln (Geschwindigkeit, Produktion); langsam einstellen; 2. *v. i.* (Aktion, Tätigkeit) ablaufen; *(bildlich)* (Aktion, Tätigkeit, Produktion) zurückgehen; (Modell) auslaufen

~ on *v. t. & i.* weiterspulen

~ 'up 1. *v. t.* a) hochwinden; (Technik, Industrie) hochziehen; hochdrehen; b) aufwickeln; c) aufziehen (Uhr); d) (Person, Gefühl) aufregen; erregen; **get wound**

up sich aufregen; sich erregen; e) (ugs.) auf die Palme bringen (ugs.); f) beschließen (Diskussion, Ansprache); g) einstellen (Aktivität); 2. v. i. schließenb) (ugs.)

wind [wɪnd]: **~bag** n. (derogativ) Schwätzer, m./Schwätzerin, f.; **~-blown** adj. vom Wind zerzaust (Haar); **~-break** n. Windschutz, m.; **~breaker** (Amer.), n. Windjacke, f.

wind [wɪnd] 1. v. t. außer Atem bringen; 2. n. a) Wind, m.; b) no pl. (Musik) Bläser, m.; c) **get ~ of sth.** (bildlich) Wind von etw. bekommen

winder ['waɪndər] n. Aufziehschraube, f.; (Mechanik) Schlüssel, m.

wind [wɪnd] **~fall** n. Stück Fallobst; Fallapfel, m.

winding ['waɪndɪŋ] 1. attrib. gewunden; 2. n. a) in pl. (Fluss, Straße) Windungen

wind instrument ['wɪnd ɪn strəmənt] n. (Musik) Blasinstrument, n.

windlass ['wɪndləs] n. Winde, f.

windmill ['wɪndmɪl] n. a) Windmühle, f. (modern) Windrad, n.; b) (Spielzeug) Windrädchen, n.

window ['wɪndəʊ] n. a) Fenster, n.; **break a ~** eine Fensterscheibe zerbrechen; (Einbrecher) eine Fensterscheibe einschlagen; b) (bildlich) **a ~ on the world** ein Fenster zur Welt; c) Schaufenster, n.; d) (Kasse) Schalter, m.

window: ~-box n. Blumenkasten, m.; **~-cleaner** n. Fensterputzer, m./-putzerin, f.; **~-cleaning** n. Fensterputzen, n.; **~-frame** n. Fensterrahmen, m.; **~-ledge** n. Fensterbank, f.; (Haus) Fenstersims, m. oder n.; **~-plane** n. Fensterscheibe, f.

wind [wɪnd]: **~-pipe** n. (Körper) Luftröhre, f.; **~ power** n. Windkraft, f.; **~ pump** n. Windpumpe, f.; **~ screen**, (Amer.) **~shield** ns. (Auto) Windschutzscheibe, f.; **~screen-/~shield-wiper** Scheibenwischer, m.; **~surfer** n. Windsurfer, m.; **~surfing** n. (Sport) Windsurfen, n.; **~swept** adj. windgepeitscht; vom Wind zerzaust (Person, Haare)

windward ['wɪndwəd] 1. adj. (Seemannsprache) **~ side** Windseite, f.; **in a ~ direction** gegen den Wind; 2. adv. gegen den Wind; 3. n. Windseite, f.

windy ['wɪndɪ] adj. windig (Wetter)

wine [waɪn] n. Wein, m.

wine: ~-bar n. Weinstube, f.; **~-bottle** n. Weinflasche, f.; **~-cellar** n. Weinkeller, m.; **~-glass** n. Weinglas, n.; **~-list** n. Weinkarte, f.; **~-tasting** ['waɪnteɪstɪŋ] n. Weinprobe, f.

wing [wɪŋ] n. a) Flügel, m.; **spread or stretch one's ~s** (bildlich) sich auf eigene Füße stellen; **take sb. under one's ~** jmdn. unter seine Fittiche nehmen; b) (Flugzeug) [ðrag]Flügel, m.; Tragfläche, f.; c) in pl. Kulissen; d) (Auto) Kotflügel, m.

winged [wɪŋd] adj. geflügelt; mit Flügeln (versehen, ausgestattet)

wing: ~-mirror n. (Auto, Motorrad) Außenspiegel, m.; **~-tip** n. Flügelspitze, f.

wink [wɪŋk] 1. v. t. **~ one's eye/eyes** blinzeln; (as signal) zwinkern; **~ one's eye at sb.** jmdm. zuzwinkern. 2. v. i. a) (Auge) blinzeln; zublinzeln; zwinkern; **~ at sb.** jmdm. zuzwinkern; b) blinken. 3. n. a) Blinzeln, n.; Zwinkern, n.

winker ['wɪŋkər] n. (Auto) Blinker, m.

winkle ['wɪŋkl] v. t. **~ out** herausholen, (ugs.) (Gegenstand); herausholen (Person, Tier); **~ sth. out of sb.** (bildlich) etw. aus jmdm. rauskriegen (ugs.)

winner ['wɪnər] n. a) (Wettbewerb, Lotto, Preisausschreiben, Wettkampf jeder Art, Wirtschaft) Sieger, m./Siegerin, f.; Gewinner, m./Gewinnerin, f.; Siegestreffer, m.; Siegestor, n.; b) Erfolg, m.; (Verkaufs)schlager, m.; Renner, m. (ugs.); Hit, m. (ugs.)

winning ['wɪnɪŋ] adj. a) attrib. siegreich; **~ team** siegreiche Mannschaft; Siegermannschaft, f.; b) attrib. den Sieg bringend; **~ number** Gewinnzahl, f.; c) charmant; einnehmend; gewinnend (Person, Art, Stil, Verhalten, Wesen)

winnings ['wɪnɪŋz] n. pl. Gewinn, m.

winter ['wɪntər] 1. n. Winter, m.; **in ~** im Winter; 2. attrib. adj. Winter-; 3. v. i. den Winter verbringen; (Armee, Tier) überwintern

winter: ~ 'sport n. a) usu. in pl. Wintersport, m.; b) Wintersportart, f.; **~-time** n. Winter[s]zeit, f.; **in [the] ~-time** im Winter

wintry ['wɪntrɪ] adj. a) winterlich; rauh (Klima); kalt (Wetter); **~ shower** Schneegestöber, n.; **cold and ~** winterlich kalt; b) frostig; kalt; kühl (Gestik, Verhalten, Aussehen)

wipe [waɪp] v. t. a) ab-, aufwischen (Boden); **~ one's shoes** die Nase abwischen[sich ðat.]; b) löschen; wegwischen (Aufnahme)

~ a'way v. t. wegwischen; **~ away a tear** sich (Dat.) eine Träne abwischen

~ 'down v. t. abwischen; ab-

trocknen
~ **'off** *v. t.* a) wegwischen; (aus) löschen (Aufnahme); b) zurückzahlen (Schulden); ablösen (Kredit)
~ **'out** *v. t.* a) auswischen; b) wegwischen; auslöschen,- radieren; c) tilgen; zunichte machen (Vorteil, Gewinn usw.); d) ausrotten (Menschheit, Tierart, Feinde); ausmerzen (Krankheit); e) *(ugs.)* umbringen; aus dem Weg räumen; Attentat verüben (sl. ugs.)
~ **'over** *v. t.* wischen über (+ Akk.)
~ **'up** *v. t.* a) aufwischen; b) abtrocknen
wiper ['waɪpər] *n.* (Auto) Scheibenwischer, *m.*
wire [waɪər] 1. *v. t.* a) **fasten with ~** mit Draht zusammenbinden; **~ sth. together** etw. mit Draht verbinden; b) *(ugs.)* **~ sb.** jmdm. oder an jmdn. telegrafieren; **~ money** Geld telegrafisch anweisen; c) (Elektrotechnik) **~ sth. to sth.** etw. an etw. *(Akk.)* anschließen; **~ a house** in einem Haus (Strom)leitungen legen **~ 'up** *v. t.* (Elektrotechnik) anschließen (to an + Akk.). 2. *n.* a) Draht, *m.*; b) Drahtzaun, *m.*; c) (Elektrotechnik, Telefon) Leitung, *f.*; d) *(ugs.)* Telegramm, *n.*
wire: ~ **'brush** *n.* Drahtbürste, *f.*; ~-**cutters** *n. pl.* Drahtschneider, *m.*
wireless ['waɪəlɪs] 1. *adj.* (Brit.) kabellos; 2. *n.* a) (Brit.) Radio, *n.*; b) Funk, *m.*
wire ~ 'rope *n.* Drahtseil, *n.*
wiring ['waɪərɪŋ] *n., no pl., no indef. art.* (Elektrotechnik) elektrische Kabel/Leitungen
wisdom ['wɪzdəm] *n., no pl.* a) Weisheit, *f.*; *f.*; b) Klugheit, *f.*
'wisdom tooth *n.* Weisheitszahn, *m.*
wise [waɪz] *adj.* a) klug; weise; vernünftig (Meinung); **be ~ after the event** so tun, als hätte man es immer schon gewusst; b) (wohl) überlegt; klug (Verhalten, Idee, Plan, Vorgehensweise); vernünftig (Lebensstil, Verhalten); c) **be none the ~r** kein bisschen klüger als vorher sein
~ **'up** (Amer. sl.) 1. *v. t.* ~ sb. up jmdn. aufkläre*n.* 2. *v. i.* ~ **up to sth.** sich (Dat.) über etw. klarwerden
-**wise** *adv.* in comb. a) (Maß) **length~** der Länge nach; **clock~** im Uhrzeigersinn; b) *(ugs.)* -mäßig; was... betrifft
wisely ['waɪzlɪ] *adv.* weise; klugerweise
wish [wɪʃ] 1. *v. t.* a) (sich etw.) wünschen; b) (jmnd. etw.) wünschen; c) wollen; wünschen: 2. *v. i.* wünschen; ~ **for sth;** sich (Dat.) etw. wünschen; **what more could one ~ for?** was will man mehr?; 3. *n.* Wunsch, *m.*
~ **a'way** *v. t.* wegwünschen
wishful ['wɪʃfl] *adj.* sehnsuchtsvoll (Geste, Blick); ~ **thinking** Wunschdenken, *n.*
wishy-washy ['wɪʃɪwɒʃɪ] *adj.* labberig *(ugs.)*; *(bildlich)* lasch (Person, Verhalten)
wisp [wɪsp] *n.* (Heu-, Stroh-)büschel, *n.*
wistful ['wɪstfl] *adj.* wehmütig; traurig; melancholisch (Aussehen Person)
wit [wɪt] *n.* a) Witz, *m*; b) geistreicher Mensch, c) Geist, *m.*
witch [wɪtʃ] *n.* (literarisch oder bildlich) Hexe, *f.*
witch: ~**craft** *n., no pl.* Hexerei, *f.*; ~-**doctor** *n.* Medizinmann, *m.*; ~-**hunt** *n.* (literarisch oder bildlich) Hexenjagd, *f.* (for auf+ Akk.)
with [wɪθ] *prep.* a) mit; b)bei; etw. bei sich tragen; bei sich haben c) vor (+ Dat.); **cry ~ joy** vor Freude weinen; d) bei; ~ **the eyes shut** mit geschlossenen Augen; e) mit; *f)* trotz
with'draw 1. *v. t.,* a) zurückziehen; b) nehmen *(bildlich)* (from aus); abziehen (Militär) (from aus). 2. *v. i.,* forms as draw 1 sich zurückziehen
withdrawal [wɪð'drɔəl] *n.* a) Zurücknahme, *f.*; b) Ab,- Entzug, *m.*; Abhebung, *f.*
with'drawal slip *n.* Auszahlungsschein, *m.*
with'drawn *adj.* (Mensch, Verhalten) verschlossen
wither ['wɪðər] 1. *v. t.* verdorren lassen. 2. *v. i.* [ver]welken
~ **a'way** *v. i.* (literarisch oder bildlich) dahinwelken
~ **'up** *v. i.* [ver]welken
withered ['wɪðəd] *adj.* verwelkt (Pflanze); verkrüppelt (Körper)
withering ['wɪðərɪŋ] *adj.* vernichtend (Blick, Bemerkung); sengend (Wetter, Klima)
with'hold *v. t.,* forms as hold: a) verweigern; versagen; b) verschweigen (Tatsachen, Fakten, Wahrheit); ~ **sth. from sb.** jmdm. etw. vorenthalten
within [wɪ'ðɪn] *prep.* a) innerhalb; b) im Rahmen (+ Gen.); c) innerhalb (zeitl. und räuml.)
without [wɪ'ðaʊt] *prep.* ohne; ~ **doing sth.** ohne etw. zu tun
with'stand *v. t.,* **withstood** [wɪθ'stʊd] standhalten (+ Dat.); aushalten (Beanspruchung)
witless ['wɪtlɪs] *adj.* a) dämlich; töricht; b) geistesgestört; c) *(ugs.)* blöde; beschränkt

witness ['wɪtnɪs] 1. v. t. a) ~ sth. Zeuge/Zeugin einer Sache (Gen.) sein; etw. erleben, b) (Jura) bestätigen (Unterschrift, Urkunde); 2. n. a) (Gericht) Zeuge, m./Zeugin, f. (of, to Gen.); b) no pl. Zeugnis, n.; **bear ~ to or of sth.** (Person) etw. bezeugen; (bildlich) von etw. zeugen
witness: **~-box** (Brit.), **~stand** (Amer.) Zeugenstand, m.
witticism ['wɪtɪsɪzm] n. Witzelei, f.
wittingly ['wɪtɪŋlɪ] adv. wissentlich
witty ['wɪtɪ] adj. a) witzig; b) geistreich (Person)
wives pl. of **wife**
wizard ['wɪzəd] n. a) Zauberer, m.; b) Genie, n. (at in+ Dat.)
wizened ['wɪzənd] adj. runzelig
wobble ['wɒbl] v. i. a) zittern; wackeln (Anzeigenadeln) b) wackeln (ugs.)
wobbly ['wɒblɪ] adj. wackelig; zitterig (Schrift, Hand, Stimme)
woe [wəʊ] n. a) Jammer, m.; b) in pl. Jammer, m.
woebegone ['wəʊbɪɡɒn] adj. jammervoll
woeful ['wəʊfl] adj. bedauerlich; beklagenswert
woke, woken siehe **wake** 1
wolf [wʊlf] 1. n., pl. **wolves** [wʊlvz] (Tierwelt) Wolf, m.; **be a ~ in sheep's clothing** (bildlich) ein Wolf im Schafspelz sein; 2. v. t. ~ [down] verschlingen
'wolf-whistle 1. n. anerkennender Pfiff; 2. v. i. anerkennend pfeifen
wolves pl. of **wolf**
woman ['wʊmən] n., pl. **women** ['wɪmɪn] a) Frau, f.; b) attrib. feminin, weiblich; ~ **doctor** Ärztin, f.; c) no pl. ~ (an average ~) eine (Durchschnitts)frau

womanhood ['wʊmənhʊd] n., no pl. Weiblichkeit, f.
womanizer ['wʊmənaɪzər] n. Playboy, m.; Schürzenjäger, m.
womanliness ['wʊmənlɪnɪs] n., no pl. Weiblichkeit, f.
womanly ['wʊmənlɪ] adj. weiblich
womb [wuːm] n. (Körper) Gebärmutter, f.; **in the ~** im Leib
women pl. of **woman**
Women: **~'s Liberation** Frauenbewegung; Emanzipation, f.; **~'s libber** [wɪmɪnz 'lɪbər] n. (ugs.) Emanze, f. (ugs. derogativ); Frauenrechtlerin, f.; **w~'s 'rights** n. pl. die Rechte der Frau
won siehe **win** 1
wonder ['wʌndər] 1. v. i. sich wundern; staunen (at über+ Akk.); 2. v. t. a) sich fragen; b) (Überraschung) ...: sich wundern, dass...;3. n. a) Wunder, n.; **do or work ~s** Wunder tun oder wirken; b) (Genie) Wunderkind, n. **boy/girl ~** Wunderkind, n.; **the seven ~s of the world** die Sieben Weltwunder; c) no pl. Staunen, n.; 4. adj. Wunder-
wonderful ['wʌndəfl] adj. wunderbar; wundervoll
wonderfully ['wʌndəfəlɪ] adv. wunderbar
wondering ['wʌndərɪŋ] adj. staunend
wonderland n. Paradies, n.
wonky ['wɒŋkɪ] adj. (Brit. sl.) wackelig; schief
won't [wəʊnt] (ugs.) = **will not**; siehe **will**
woo [wuː] v. t. a) (literararisch) (Sexualität, Liebe) ~ **sb.** um jmdn. werben; b) umwerben (Kunden); ~ **away** abwerben (Führungskräfte, Experten)
wood [wʊd] n. a) in sing. or pl. Wald, m.; **sb. cannot see the ~ for the trees** (bildlich) jmd. sieht den Wald vor Bäumen nicht; **be out of the ~** (Brit.) or (Amer.) **~s** (bildlich) über den Berg sein (ugs.); b) Holz, n.; **touch ~** (Brit.), **knock ~** (Amer.) auf Holz klopfen
wooded ['wʊdɪd] adj. bewaldet
wooden ['wʊdn] adj. a) hölzern (Brücke); Holz(haus, -brücke, -handgriff, -spielzeug); b) (bildlich) (Person, Verhalten, Charakter) hölzern
wood: **~land** ['wʊdlənd] n. Waldland, n.; Wald, m.; **~louse** n. Kellerassel, f.; **~pecker** n. Specht, m.; **~screw** n. Holzschraube, f.; **~shed** n. Holzschuppen, m.; **~wind** n. (Musik) Holzblasinstrument, n.; **~work** n., no pl. a) Arbeiten mit Holz; b) Holzarbeit[en]; **~worm** n., no pl., no art. Holzwurm, m.
woody ['wʊdɪ] adj. a) waldreich; b) holzig (Natur, Möbel, Ausstattung)
woof [wʊf] n. (Hund) Bellen
wool [wʊl] n. a) Wolle, f.; attrib. Woll-; b) Wolle, f.
woolly ['wʊlɪ] 1. adj. a) wollig; Wollpullover, - jacke, -mütze; b) verschwommen
word [wɜːd] 1. n. Wort, n; 2 a; b) Wort, n.; **hard ~s** harte Worte; c) (Versprechen, Vereinbarung, Gelöbnis) Wort n.; **doubt sb.'s ~** jmds. Wort anzweifeln; **give one's ~** jmdm. sein Wort geben; **keep/break one's ~** sein Wort halten/brechen; d) in pl.(Theater, Film) Text, m.; e) no pl., no indef. art. Neuigkeit, f.; Nachricht, f.; f) no pl. Wort, n.; **by ~ of mouth** durch Mundpropaganda; g) Befehl, m.; 2. v. t. formulieren

'word-game n. Buchstabenspiel, n.
wording ['wɜːdɪŋ] n. Formulierung, f.; Wortwahl, f.; **the exact ~** der genaue Wortlaut
word: ~ order n. Wortstellung, f.(Computer, Informatik) **~ processing** n. Textverarbeitung, f.; **~ processor** n. Textverarbeitungssystem, n.
wordy ['wɜːdɪ] adj. (Person, Sprache, Text) aus,-weitschweifig
wore siehe **wear** 2
work [wɜːk] 1. v. i., ~ed a) arbeiten; b) (Technik, Mechanismus, Ablauf) funktionieren; laufen; c) ~ **in a material** mit einem Material arbeiten; d) (Faktoren) wirken (on auf+ Akk.); f) **~ loose** sich lockern; 2. v. t. a) bedienen (Technik, Maschine); fahren; betätigen (Vorrichtung, Mechanismus, Maschine, Auto); **~ed by** angetrieben durch; b) ausbeuten (Arbeit, Industrie, Fabrik, Berwerk); c) (Handelsvertreter) bereisen; d) kontrollieren; steuern; arbeiten lassen; e) **~ sth. into sth.** etw. zu etw. verarbeiten; f) wirken (Wunder);g) führen; **~ one's way up**. sich hocharbeiten; 3. n. a) no pl., no indef art. Arbeit, f.; **be at ~** arbeiten; (bildlich) b) Werk; c) (Kunst) Werk, n.
~ a'way v. i. arbeiten
~ 'in v. t. dazu,- hineinbringen; (Küche, Essen) hineinrühren; (Haut, Lotion) einreiben
~ 'off v. t. loswerden; abreagieren (Wut)
~ on 1. v. t. a) **~ on sth.** an etw. (Dat.) arbeiten; b) **~ on sth.** von etw. ausgehen; c) (Überzeugungsarbeit) **~ on sb.** jmdn. bearbeiten (ugs.); 2. v. i. weiterarbeiten
~ 'out v. t. a) ausrechnen; b) lösen (Problem, Mathematik); c) herausfinden; (Problem, Aufgabe, Herausforderung) verstehen
~ through v. t. durcharbeiten
~ towards v. t. (literarisch oder bildlich) hinarbeiten auf (+ Akk.)
~ 'up v. t. a) verarbeiten (into zu); (er)schaffen; b) aufpeitschen (Gefühle, Ressentiments, Volk)
workable ['wɜːkəbl] adj. a) bebaubar (Landschaft, Grundstück, Basis); anbauwürdig (Edelmetalle, Rohstoffe); **be ~** (Zement) sich verarbeiten lassen; (Stahl) sich bearbeiten lassen; b) (Vorhaben, Idee, Plan, Projekt) durchführbar
workaholic [wɜːkə'hɒlɪk] n. (ugs.) (Karriere) arbeitswütiger Mensch
work: ~-bench n. Werkbank, f.; (Handwerk) Arbeitstisch, m.; **~-box** n. Nähkästchen, m.; **~day** n. Werktag, m.
worker ['wɜːkər] n. a) Arbeiter, m./Arbeiterin, f. (Industrie, Firma, Wirtschaft, Gesellschaft, Politik)
work: ~force n. Belegschaft, f.; **~-horse** n. (bildlich) Arbeitspferd, n.
working ['wɜːkɪŋ] 1. n. a) Arbeiten, n.; b) Arbeitsweise, f.; 2. attrib. a) handlungsfähig (Politik, Gesellschaft); (Entwurf, Idee, Vertrag) als Ausgangspunkt; b) arbeitend; **~ man** Arbeiter, m.
working: ~ 'class n. Arbeiterklasse, f.; **~-class** adj. m. Arbeiterklasse: **sb. is ~-class** jmd. gehört zur Arbeiterklasse; **~ clothes** n. pl. Arbeitskleidung, f.; **~ 'day** n. (Industrie, Berufsleben) Arbeitstag, m.; f.; **~ knowledge** n. ausreichende Kenntnisse (of in+ Dat);
~ 'lunch n. Arbeitsessen, n.; **~ 'week** n. Arbeitswoche, f.; **~ 'woman** n. berufstätige Frau
work: ~-load n. Arbeitslast, f.; **~-man** ['wɜːkmən] n., pl. **~-men** ['wɜːkmən] Arbeiter, m.
workmanlike ['wɜːkmənlaɪk] adj. fachmännisch
workmanship ['wɜːkmənʃɪp] n., no pl. a) handwerkliches Geschick/Fähigkeit f.; b) Kunstfertigkeit, f.
work: ~mate n. (Brit.) Arbeitskollege, m./-kollegin, f.; **~out** n. Fitnesstraining, n.; **~shop** n. a) Werkstatt, f.; Werk, n.; b) Arbeitstreffen, n.; **~-station** n. (Computer, Informatik) Computerarbeitsplatz; Terminal, n.; **~-surface** Arbeitsplatte, f.; **~-to-'rule** n. Dienst nach Vorschrift
world [wɜːld] n. a) Welt, f.; b) **the end of the ~** das Ende der Welt; **money makes the ~ go round** Geld regiert die Welt; c) **a ~ of difference** ein weltweiter Unterschied; **a ~ away from sth.** Welten von etw. entfernt
world: W~ Bank n. Weltbank, f.; **~ 'champion** n. Weltmeister, m./-meisterin, f.; **W~ 'Cup** n. (Sport) Worldcup, m.; **~famous** adj. weltberühmt
worldly ['wɜːldlɪ] adj. weltmännisch; welterfahren
world: ~ 'power n. Weltmacht, f.; **~ 'record** n. Weltrekord, m.; attrib. **~record holder** Weltrekordhalter, m./-halterin, f.; **~-shaking** adj. welterschütternd; **'war** n. Weltkrieg, m.; **~wide** 1. ['!] adj. weltweit nicht präd. 2. [ˈ] adv. weltweit
worm [wɜːm] 1. v. t. a) **~ oneself into sth.** sich einschleichen; b) **~ sth. out of**

sb. etw. aus jmdm. herausbringen *(ugs.).* 2. *v. i.* worm sich winde*n.* 3. *n.* a) (Tierwelt) Wurm, *m.*; b) ~**-eaten** in *pl.* Würmer (Essen) *adj.* wurmstichig; *(bildlich)*
worn siehe **wear 2**
'worn-out *attrib. adj.* abgetragen (Kleidungsstück); abgenutzt (Einrichtung); abgedroschen (Sprache); erledigt (Person)
worried ['wɒrɪd] *adj.* besorgt; **be ~** sich (Dat.) Sorgen machen
worry ['wʌrɪ] 1. *v. i.* sich (Dat.) Sorgen machen; sich sorgen; **~ about sth.** sich (Dat.) um etw. Sorgen machen; 2. *v. t.* a) beunruhigen; b) stören. 3. *n.* Sorge, *f.*
worrying ['wʌrɪɪŋ] *adj.* sorgenvoll (Gemütszustand)
worse [wɜːs] 1. *adj.* komp. zu bad 1. schlechter; schlimmer (Schmerz, Krankheit, Benehmen), 2. *adv.* komp. zu badly schlechter; schlimmer, schlechter (sich benehmen); **~ and ~** immer schlimmer; 3. *n.* Schlimmeres
worsen ['wɜːsn] 1. *v. t.* verschlechtern; verschlimmern (Knappheit). 2. *v. i.* sich verschlechtern; (Hungersnot, Sturm, Problem) sich verschlimmern
worship ['wɜːʃɪp] 1. *v. t.*, (Brit.) -**pp**-: a) verehren, anbeten (Gott, Götter); b) (idolize) abgöttisch verehre*n.* 2. *v. i.*, (Brit.) -**pp**- am Gottesdienst teilnehme*n.* 3. *n.* a) Anbetung, *f.*; (service) Gottesdienst, *m.*
worshipper (Amer.: worshiper) ['wɜːʃɪpər] *n.* a) (Religion, in der Kirche) Gottesdienstbesucher, *m.*/-besucherin, *f.*; b) (Sekte, Götzenbild, Star) Anbeter, *m.*/Anbeterin, *f.*

worst [wɜːst] 1. *adj.* superl. of bad 1, see **worse** 1: schlechtest.../ schlimmst...; 2. *adv.* superl. of badly am schlimmsten; am schlechtesten (gekleidet). 3. *n.* a) [the] ~: der/die/das Schlimmste; b) (Qualität, Zustand) Schlechteste, *m./f.*
worth [wɜːθ] 1. *adj.* a) wert; b) wert sein 2. *n.* a) Wert, *m.*
worthless ['wɜːθlɪs] *adj.* a) wertlos; b) unwürdig
worthwhile *attrib. adj.* lohnend sein
worthy ['wɜːðɪ] 1. *adj.* a) würdig sein; verdienstvoll (Handlung,Tat); b) angemessen (Person, Verhalten) würdig; verdienstvoll (Sache)
would siehe **will**
would-be ['wʊdbɪː] *attrib. adj.* **a ~ writer** ein Pseudoschriftsteller; **a ~ president** ein möglicher Präsident
wouldn't ['wʊdnt] *(ugs.)* = **would not**; siehe **will**
wound [wuːnd] 1. *v. t.* verwunden; *(bildlich)* verletzen; 2. *n.* (Körper) (auch bildlich) Wunde, *f.*; **a war ~** Kriegsverletzung, *f.*
wound siehe **wind 1**
wove, woven siehe **weave 2**
wow [waʊ] 1. *v. t. (sl.)* umhauen *(ugs.)* 2. *n. (sl.)* **be a ~** eine Wucht sein
wraith [reɪθ] *n.* Gespenst, *n.*
wrangle ['ræŋgl] 1. *v. i.* [sich] streiten; 2. *n.* Streit, *m.*
wrap [ræp] 1. *v. t.*, -pp-: a) (Papier, Geschenk) einwickeln; *(bildlich)* hüllen; **~ped** abgepackt (Produkte) **~ sth. in paper** etw. in Papier wickeln; b) schlingen (Kleidung, Stoff, (about, round um); 2. *n.* Umschlag, *m.*; Tuch, *n.*
wrapped up [ræpt 'ʌp] *adj.* **be ~ in sth.** in etw. völlig vertieft sein
wrapping ['ræpɪŋ] *n.* Verpackung, *f.*; **~s** Verpackung, *f.*; *(bildlich)* Hülle, *f.*
'wrapping-paper *n.* (strong paper) Packpapier, *n.*; Geschenkpapier, *n.*
wrath [rɒθ] *n.* (Dichtersprache) Zorn, *m.*
wreath [riːθ] *n.*, *pl.* **wreaths** [riːðz] Kranz, *m.*
wreck [rek] 1. *v. t.* a) ruinieren; zu Schrott fahren (Fahrzeug); **be ~ed**: (Schiff) Schiffbruch erleiden; b) *(bildlich)* (Mensch, Zustand) zerstören; ruinieren (Gesundheit). 2. *n.* a) Zerstörung, *f.*; b) (Flugzeug, Auto, Schiff) Wrack, *n.*; c) *(bildlich)* Wrack, *n.*
wreckage ['rekɪdʒ] *n.* Wrackteile; *(bildlich)* Trümmer *Pl.*
wrestle ['resl] 1 *v. i.* a) ringen; b) sich ab,- bemühen; **~ with one's conscience** mit seinem Gewissen ringen; 2. *n.* Ringen, *n.*
wrestler ['reslər] *n.* (Sport) Ringer, *m.*/Ringerin, *f.*
wrestling ['reslɪŋ] *n.*, *no pl.*, *no indef. art.* (Sport) Ringen, *n.*
wretched ['retʃɪd] *adj.* a) (Person, Seele, Gemüt) unglücklich; **feel ~ about sb./sth.** über jmdn./etw. (tod)unglücklich sein; **feel ~** sich elend fühlen; b) *(ugs.)* verdammt sein; elend *(derogativ)*; c) furchtbar schlecht; erbärmlich; miserabel (Zustand,Wetter); d) schrecklich (Zustände, Zeit, Erfahrung)
wretchedness ['retʃɪdnɪs] *n.*, *no pl.* a) (soziales) Elend, *n.*; b) (Verhalten, Moral, Charakter) Erbärmlichkeit, *f.*
wring [rɪŋ] *v. t.*, **wrung** [rʌŋ] a) wringen; **~ out** auswringen; b) **~ sb.'s hand** jmdm. fest die Hand drücken; c)

wringen; ~ sth. from or out of sb. *(bildlich)* jmdm. etw. abpressen
wringing 'wet *adj.* tropfnass
wrinkle ['rɪŋkl] *n.* Falte, *f.*; Knick, *m.*
wrinkled ['rɪŋkld] *adj.* (Haut, Oberfläche) runzelig
wrinkly ['rɪŋklɪ] 1. *adj.* runzelig
wrist [rɪst] *n.* Handgelenk, *n.*
'wrist-watch *n.* Armbanduhr, *f.*
1writ [rɪt] *n.* Verfügung, *f.*
2writ siehe **write 2**
write [raɪt] 1. *v. i.*, **wrote** [rəʊt], **written** ['rɪtn] schreiben; 2. *v. t.*, wrote, written a) schreiben; ausschreiben (Scheck); b) ugs.: ~ **letter to** (an) schreiben; c) *(bildlich)* (Aussehen) **sb. has sth. written in his face** jmdm. steht etw. im Gesicht geschrieben
~ **'back** *v. i.* zurückschreiben
~ **'down** *v. t.* aufschreiben
~ **'in** *v. i.* hinschreiben *(ugs.)*; hineinschreiben
~ **out** *v. t.* a) ausschreiben (Scheck); schreiben (Küche, Rezept); b) (~ in final form) ausarbeiten; (~ in full) ausschreiben
~ **'up** *v. t.* a) eine gute Rezension/Kritik schreiben über (+ Akk.); b) (~ account of) einen Bericht/eine Darstellung schreiben über (+ Akk.); (~ in full) aufarbeiten
writer ['raɪtər] *n.* a) Schriftsteller, *m.*/Schriftstellerin, *f.*; (of) Schreiber, *m.*/Schreiberin, *f.*; Journalist, *m.*; Journalistin, *f.*; Texter, *m.*/Texterin, *f.*; Komponist, *m.*/Komponistin, *f.*; **be a ~** Schriftsteller/Schriftstellerin sein
writing ['raɪtɪŋ] *n.* a) Schreiben, *n.*; **put sth. in ~** etw. schriftlich machen *(ugs.)*; b) Handschrift, *f.*; c) (allgemein) Schrift, *f.*
writing: ~-**case** *n.* Schreibmappe, *f.*; ~-**pad** *n.* Schreibblock, *m.*; ~-**paper** *n.* Schreibpapier, *n.*; Briefpapier, *n.*
written siehe **write**
wrong [rɒŋ] 1. *adj.* a) unrecht; ungerecht; b) (Fehler, Tatsache) falsch; c) falsch; **give the ~ answer** eine falsche Antwort geben; d) nicht in Ordnung; 2. *adv.* falsch; **get it ~** es falsch oder verkehrt machen; sich irren; 3. *n.* Unrecht, *n.*
wrong: ~**doer** *n.* Missetäter, *m.*/-täterin, *f.*; ~**doing** *n.* a) *no pl., no indef. art.* Missetaten: b) (Einzelfall) Missetat, *f.*; ~-**'foot** *v. t.* a) (Verhalten) ~**foot sb.** jmdn. auf dem falschen Fuß erwischen; b) (bildlich ugs.) unvorbereitet sein
wrongful ['rɒŋfl] *adj.* a) unrecht: b) (Jura, Person) gesetzes-/rechtswidrig
wrongfully ['rɒŋfəlɪ] *adv.* a) unrecht (Person, Verhalten, Handeln); zu Unrecht (Beschuldigung); b) (Jura) rechtswidrig
wrongly ['rɒŋlɪ] *adv.* a) fälschlich(erweise); b) aus Versehen; zu Unrecht; **he believed, ~, that...:** er hat fälschlicherweise geglaubt, dass...; c) siehe wrongfully
wrote siehe write
wrought 'iron *n.* Schmiedeeisen, *n.*; *attrib.* schmiedeeisern (Kunstwerk;, Tor, Zaun)
wrung siehe **wring**

X

X, x [eks] *n.*, *pl.* Xs or X's ['eksɪz] a) (letter) X, x, *n.*; b) (Mathematik) x; c) (unbekannte Person) Mr X Herr X
Xerox, (P), **xerox** ['zɪərɒks] 1. xerox *v. t.* fotokopieren. 2. *n.* a) Fotokopiervorgang, *f.*; b) (Kopiervorgang) Xerokopie, *f.*
Xmas ['krɪsməs, 'eksməs] *n. (ugs.)* Weihnachten, *n.*
'X-ray 1. *v. t.* röntgen; durchleuchten (Körper, Flughafensicherheitskontrolle, Körper, Medizin). 2. *n.* a) in *pl.* Röntgenstrahlen *Pl.*; b) Röntgenaufnahme, *f.*; c) *attrib.* Röntgen
xylophone ['zaɪləfəʊn] *n.* (Musik) Xylophon, *n.*

Y

Y, y [waɪ] *n., pl.* Ys or Y's (letter) Y, y, *n.*
yacht [jt] 1. *v. i.* segeln. 2. *n.* a) Segelboot, -jacht, *f.*; b) Jacht, *f.*
yachting [ˈjɒtɪŋ] *n., no pl., no art.* Segeln, *n.*
yachtsman [ˈjɒtsmən] *n* Segler, *m.*
yachtsmen [ˈjɒtsmən] *n. pl.* Segler
yank [jæŋk] *n.* (Brit. ugs.: American) Yankee, *m.*; (ugs. derogativ) Ami, *m.* *(ugs.)* yank (ugs) kläffen (+ Dat.)
Yankee [ˈjæŋkɪ] siehe Yank
yap [ˈjæp] *v. i.*, **-pp-** kläffen
yard [jad] *n.* Yard, *n.*
yard *n.* a) (Gebäude, Haus) Hof, *m.*; b) Garten, *m.*
yarn [ˈjan] *n.* a) Garn, *n.*; b) Seemannsgarn, *n.*
yawn [jɔːn] 1. *v. i.* a) gähnen; b) *(bildlich)* (Schlucht, Abgrund, Kluft) gähnen. 2. *n.* (Körper, Verhalten) Gähnen, *n.*
yawning [ˈjɔːnɪŋ] *adj.* gähnend (auch bildlich)
year [jɪər] *n.* Jahr, *n.*
year: ~-book *n.* Jahrbuch, *n.*; **~-long** *adj.* einjährig; das ganze Jahr (über); ganzjährig
yearly [ˈjɪəlɪ] 1. *adj.* a) jährlich; b) Einjahres(vertrag, -abonnement); 2. *adv.* jährlich
yearn [jɜːn] *v. i.* ~ **for or after sth./for sb./to do sth.** sich sehnen/jmdm. sehnen/sich danach sehnen, etw. zu tun
yearning [ˈjɜːnɪŋ] *n.* Sehnsucht, *f.*
yeast [jiːst] *n.* (Küche) Hefe, *f.*
yell [jel] 1. *n.* gellender Schrei; let; 2. *v. t.* & *i.* schreien
yellow [ˈjeləʊ] 1. *adj.* a) gelb; flachsblond (Haar); golden (Getreide); b) (bildlich ugs.) feige. 2. *n.* Gelb, *n.*
yellowish [ˈjeləʊɪʃ] *adj.* gelblich
yen [jen] *n., pl.* same (jap. Währungseinheit) Yen, *m.*
yes [jes] 1. *adv.* ja; 2. *n., pl.* **~es** Ja, *n.*
yesterday [ˈjestədeɪ] 1. *n.* (Zeitangabe) gestern; **the day before ~** vorgestern; 2. *adv.* gestern
yet [jet] 1. *adv.* a) noch; **have ~ to do sth.** etw. erst noch tun müssen; b) bisher; c) doch noch; e) (Frage und Verneinung) not ~: noch nicht; *f)* (im Sinne von nichtsdestotrotz) doch; g) (wieder) nochmals; 2. *conj.* doch
yield [jiːld] 1. *v. t.* a) bringen; ergeben (Ergebnis, Bericht, Aussage); hervorbringen (Ernte); tragen; abwerfen (Wirtschaft); b) kapitulieren, übergeben (Militär, Politik); lassen (Vortritt); abtreten (Eigentum); 2. *v. i.* nachgeben; sich unterwerfen;
yoghurt, yogurt [ˈjɒgət] *n.* Joghurt, *m.*
yoke [jəʊk] 1. *n.* a) (Körper, Tier) Joch, *n.*; b) (Mensch) Joch, *n.*; c) (Pferd) Sattel, *m.* 2. *v. t.* a) ins Joch spannen (Tier); b) *(bildlich)* verbinden
yolk [jəʊk] *n.* (Küche) Dotter, *m.*; Eigelb, *n.*
yonder [ˈjɒndər] *adv.* dort drüben
you [jʊ, stressed ˈjuː] *pron. a) sing./pl.* du/ihr; (höfliche Anrede) sing. or *pl.* Sie; as direct object dich/euch/Sie; as indirect object dir/euch/Ihnen; refl. dich/dir/euch; in polite address sich
you'd [jʊd, stressed juːd] a) = **you had**; b) = **you would**
you'll [jʊl, stressed juːl] a) = **you will**; b) = **you shall**
young [jʌŋ] 1. *adj.*, **~er** [ˈjʌŋgər], **~est** [ˈjʌŋgɪst] a) (literarisch oder bildlich) jung; b) (Person, Verhalten Charakter) jugendlich; 2. *n. pl.* (Tiere) Junge; (Mensch) Kinder
your [jər, stressed jʊər, jɔːr] *poss. pron. attrib.* (of you, sing./ pl.) dein/euer; (höfliche Anrede) Ihr
you're [jʊər] = **you are**
yours [jʊəz, jɔːz] *poss. pron. pred.* a) deiner/deine/dein[e]s; (to or of you, *pl.*) eurer/eure/eures; (höfliche Anrede) Ihrer/Ihre/Ihr; b) (Briefgruß) **~ sincerely** Hochachtungsvoll, Ihr...
yourself [jəˈself, stressed jʊəˈself] *pron.* a) selbst; **for ~** für dich; b) refl. dich/dir; (höfliche Anrede) sich
youth [juːθ] *n.* a) *no pl., no art.* Jugend, *f.*; b) *pl.* **~s** [juːðz] Jugendliche, *m.*; c) only *pl.* (Allgemeinheit der) Jugend, *f.*
youthful [ˈjuːθfl] *adj.* jugendlich
ʼyouth hostel *n.* Jugendherberge, *f.*
you've [jʊv] = **you have**
yuppie [ˈjʌpɪ] *n.* (ugs.) Aufsteiger, *m.*; Yuppie, *m.*

Z

Z, z [zed] *n.*, *pl.* Zs or Z's (letter) Z, z, *n.*
zeal [ziːl] *n.*, *no pl.* a) Eifer, *m.*; b) Hingabe, *f.*
zealous [ˈzeləs] *adj.* a) fiebernd (vor Hingabe oder Begeisterung) glühend (Leidenschaften) begeistert (Anhänger, Hingabe); b) eifrig
zebra [ˈzebrə] *n.* Zebra, *n.*
zebra ʻcrossing *n.* (Brit.) (Verkehr) Zebrastreifen, *m.*
zero [ˈzɪərəʊ] *n.*, *pl.* ~s Null, *f.*
zinc [zɪŋk] *n.* Zink, *n.*
Zionism [ˈzaɪənɪzm] *n.*, *no pl. (Religion)* Zionismus, *m.*
Zionist [ˈzaɪənɪst] *n. (Religion)* Zionist, *m.*/Zionistin, *f.*
zip [zɪp] Reißverschluss, *m.*
zipper [ˈzɪpər] siehe **zip 1**
zodiac [ˈzəʊdɪæk] *n.* (Astronomie, Astrologie) Tierkreis, *m.*; **sign of the ~** (Astrologie) Tierkreiszeichen, *n.*; Sternzeichen, *n.*
zone [zəʊn] *n.* Zone, *f.*
zoo [zuː] *n.* Zoo, *m.*
zoo-keeper *n.* Zoowärter, *m.*/-wärterin, *f.*
zoological [zəʊəˈlɒdʒɪkl] *adj.* (Wissenschaft) zoologisch
zoology [zəʊˈɒlədʒɪ] *n.* (Wissenschaft) Zoologie, *f.*
zucchini [zʊˈkiːnɪ] *n.*, (Natur) *pl.* same or ~s (Amer.) Zucchino, *m.*

ZWEITER TEIL
SECOND PART

DEUTSCH - ENGLISCH
GERMAN - ENGLISH

A

a, A [aː] *n.*; ~, ~ a) (Buchstabe) a/A; **kleines a** small a; **großes A** capital A

Aal [aːl] *m.*; ~[e]s, ~e eel

Aas [aːs] *n.*; ~es, ~e oder Äser [ˈæːzər] a) *o. Pl.* carrion *no art.*; b) *Pl.* ~e carcass

ab [ap] 1. *Präp. mit Dat.* a) *(zeitlich)* from; **ab heute;** as from today b) *(räumlich)* ex; **ab Berlin fliegen** fly from Berlin; c) from … on; **ab dann** from then on. 2. *Adv.* a) off; away; b) *(ugs.)* off; away; **ab in den Wald** get off into the woods; *(bildlich)* **ab geht´s** *(bildlich)* off we go; c) **ab und zu** now and then

ab·ändern *tr. V.* alter; change; amend

ab·arbeiten 1. *tr. V.* a) work off; work for; b) wear out

Ab·art *f.* variety

ab·artig *Adj.* abnormal; deviant

Ab·artigkeit *f.* abnormality; deviance

ab·asten *refl. V. (ugs.)* slave away

Abb. Abk. Abbildung f

ab·bauen 1. *tr. V.* a) dismantle; strike; dismantle, take down; b) reduce; c) cut back; d) (beseitigen) remove; break down (prejudices, inhibitions); e) *(Technik)* break down 2. *itr. V.* fade; slow down

ab·beißen 1. *unr. tr. V.* bite off

ab·bekommen *unr. tr. V.* a) get b) **einen Schuss** ~ take a shot; **etwas** ~ get hit; get hurt

Ab·berufung *f.* recall

ab·bestellen *tr. V.* cancel

Ab·bestellung *f.* cancellation

ab·biegen 1. *unr. itr. V.*; mit sein turn off; **rechts** ~ turn right. 2. *unr. tr. V.* a) bend (rod, metal sheet, etc.); b) get out of *(ugs.)* (obligation); head off *(ugs.)*

Ab·bild *n.* likeness; duplication; portrayal

ab·bilden *tr. V.* duplicate; reproduce (likeness); portray (person); depict (nature)

Ab·bildung *f.* a) (Bild) illustration, (Schaubild) diagram; b) *o. Pl.* (das Abbilden) reproduction; *(bildlich)* portrayal

ab·brechen 1. *unr. tr. V.* a) break off; break (twig, ice pick); **sich (*Dat.*) einen Ast~** break a branch; b) strike (camp); c) break off (negotiations, peace talks, discussion, connection); cut short (telephone line, breath); c) (abreißen) demolish, pull down (structure). 2. *unr. itr. V.* a) mit sein (entzweigehen) break off; b) (aufhören) break off; c) *mit sein* (beendet werden) **die Affäre brach ab** the affair was cut off. 3. *unr. refl. V.* put/not put oneself out

ab·bremsen 1. *tr. V.* a) brake b) retard (movement); break. 2. *itr. V.* brake; step on the brake

ab·brennen 1. *unr. itr. V.*; *mit sein* a) be burned down; **der Wald ist abgebrannt** the forest has burned down b) (fuse) burn out; (house) burn down 2. *unr. tr. V.* a) burn down (building); b) let off (cannons)

ab·bringen *unr. tr. V.* jmdn. von etw. ~: make sb. abandon sth., **jmdn. davon ~, etw. zu tun** prevent sb. from doing sth.

ab·bröckeln *itr. V.*; mit sein crumble away; (confidence) decline gradually

Ab·bruch *m.* a) *o. Pl.* demolition; b) breaking-off; stopping; c) einer Sache *(Dat.)*

ab·buchen *tr. V.* (bank) debit (von to); (creditor) claim by direct debit (von to)

ab·danken *tr. V.* (emperor) abdicate; (employee, politician) resign

ab·decken 1. *tr. V.* a) open up; uncover (container); (gale) take the top off the lid; b) take off; remove; c) clear; clear away; d) (schützen) cover; (Schach) defend; f) cover; meet (payment)

ab·dichten *tr. V.* seal; plug; draughtproof

ab·drängen *tr. V.* force away; push away

ab·drehen 1. *tr. V.* a) turn off; turn or switch off (light, electricity) b) twist off c) unscrew 2. *itr. V.*; *meist mit sein* turn off

Ab·druck *m.*; *Pl.* Abdrücke; mark; imprint; (Finger~) fingerprint; (Fuß~) footprint; footmark; (Wachs~) impression; (Gips~) cast

ab·drücken 1. *itr. V.* pull the trigger; shoot 2. *tr. V.* a) fire (rifle); b) constrict; c) **die Luft** ~ prevent from breathing. 3. *refl. V.* **sich ~**: make marks; (track) be imprinted

abend [ˈaːbnt] *Adv.* **heute/morgen/gestern ~**: this/tomorrow/yesterday evening; tonight/tomorrow night/last night *(ugs.)*; **Montag ~**: Monday evening or *(ugs.)* night; **heute ~ kommt der Nikolaus;** this evening Santa Claus is coming

Abend *m.* ~s, ~e a) evening; **guten ~!** good evening; **eines ~s** one evening; b) (Geselligkeit) evening; (Kultur~) soirée

abend-, Abend-: ~**an·zug** *m.* dinner dress; evening suit; ~**blatt** *n.* evening paper; ~**brot** *n.* supper; ~**dämmerung** *f.* twilight; ~**essen** *n.* dinner; ~**kasse** *f.* box-office; ~**kleid** *n.* night gown; ~**kurs** *m.* night course or class; ~**land** *n. o. Pl.* West; Occident (literary); ~**mahlzeit** *f.* evening meal; ~**nachrichten** *Pl.* evening news *sing.*; ~**programm** *n.* evening programmes *pl.*; ~**rot** *n.* red glow of the setting sun

abends *Adv.* in the evenings

Abend-: ~**schule** *f.* night school; evening classes *pl.*; ~**sonne** *f.* evening sun; ~**stern** *m.* evening star; ~**vorstellung** *f.* evening show; ~**zeitung** *f.* siehe ~blatt

Abenteuer ['aːbəntɔyər] *n.*; ~s, ~ a) (auch bildlich) adventure; b) venture; c) affair

abenteuerlich *Adj.* a) risky; reckless; b) bizarre

Abenteuer-: ~**roman** *m.* adventure novel; ~**spielplatz** *m.* adventure playground

Abenteurer ['aːbəntɔyrər] *m.*; ~s, ~: adventure

aber ['aːbər] 1. *Konj.* but; ~ **trotzdem** but despite that; **oder ~:** or else; ~ **warum denn nicht?** but why not?; **das kann der ~ nicht** but he can't do that. 2. *Adv.* (veraltet: wieder); ~ **und abermals** time and again. 3. Partikel **das ist ~ blöd!** why, isn't that stupid!; ~ **ja/nein!** why, yes/no! ~ **natürlich!** but of course!; **das ist ~ auch zu schade** it's just too unfortunate; **du bist ~ süß!** aren't you cute!

Aber·glauben *m.* superstition

ab·ernten *tr. V.* complete harvesting or picking (berries)

Abf. *Abk.* Abfahrt dep.

ab·fahren 1. *unr. itr. V.; mit sein* a) (wegfahren) leave, depart b) drive down; (ski) or go down; c) *(sl.)* **auf jmdn./etw. ~:** be crazy about sb./sth. 2. *unr. tr. V.* a) take away; b) wear out c) *auch mit sein* drive along the length of (street); drive through (city)

Ab·fahrt *f.* a) departure; b) (Autobahn~) exit; c) (Skisport) descent; run

Abfahrts·zeit *f.* departure time

Ab·fall *m.* a) rubbish, (Amer.) garbage or trash *no indef. art., no pl.*; (Fleisch~) offal (Industrie~) waste *no indef. art.*; litter *no indef. art., no pl.*; b) *o. Pl.* drop (Gen., in + *Dat.*

Abfall·eimer *m.* rubbish or waste bin; trash or garbage can (Amer.); litter bin; trash or litter basket or can (Amer.)

Abfall·produkt *n.* (auch bildlich) by-product

ab·fangen *unr. tr. V.* a) intercept (message, missile); b) repel (force, assailant); ward off (punches, attacker); prevent (movement) gain control of (airplane); c) catch

ab·färben *itr. V.* (colour, clothing, etc.) run

ab·fertigen *tr. V.* a) dispatch, handle; deal with (fools); serve (client); deal with, handle (situation); clear (ship) for sailing; clear (airplane) for take-off; clear (lorry) for departure; check; b) *(ugs.)* **jmdn. ~:** turn sb. away rudely

Ab·fertigung *f.* siehe **abfertigen** a) dispatching; handling; serving; clearing for sailing/take-off/departure; (Kontrolle) clearance; checking

ab·fliegen 1. *unr. itr. V.; mit sein* (person) leave (aircraft) take off; (eagle) fly away 2. *unr. tr. V.* fly over (city); fly along (landscape)

ab·fließen *unr. itr. V.; mit sein* a) flow away; b) empty

Ab·flug *m.* departure

Ab·fluss *m.* a) drain; outlet; drain-pipe; waste-pipe; b) *o. Pl.* draining away

Ab·folge *f.* sequence

ab·fragen *tr. V.* a) test; b) retrieve, read out (information); interrogate

ab·frieren 1. *unr. itr. V.; mit sein* **die Ohren froren ihm ab** he lost his ears through frostbite. 2. *unr. refl. V.* **sich** (*Dat.*) **einen ~** *(ugs.)* freeze to death

ab·führen 1. *tr. V.* a) (nach Festnahme) take away; b) (zahlen) pay out; pay (fees); c) *auch itr.* (abbringen) take away. 2. *itr. V.* (für Stuhlgang sorgen) have a laxative effect

ab·füllen *tr. V.* fill (barrel, bottle, sack)

Ab·gabe *f.* a) handing in; delivery; submission; b) tax; duty; rate; contribution; c) release; emission; d) pass; e) making; vote casting; f) *o. Pl.* firing

Ab·gang *m.* a) parting; departure; exit; **mit Freude den ~ antreten** (bildlich) make an exit with pleasure; b) departure; c) death; d) dismount; e) *o. Pl.* passing; discharge

abgearbeitet *Adj.* work-worn (hands)

ab·geben 1. *unr. tr. V.* a) hand over (key, authority); submit (application); hand in (exam); b) *auch itr.* let have of sth. c) fire; d) emit (fumes); radiate (love); give

off (stench); transmit (morse code); e) make (statement); f) make; **eine schlechte Show ~:** make a bad appearance; g) sell; sell off cheap; **gebrauchte Badewanne billig abzugeben** second-hand bathtub for sale cheap
ab·gegriffen *Adj.* a) battered; b) *(bildlich)* hackneyed; well-worn; commonplace; trite
abgehärtet *Adj.* (körperlich) tough; (seelisch) callous
ab·gehen *unr. itr. V.*; *mit sein* a) leave; go away, exit; go off; b) leave; **von der Universität ~:** leave college; c) (train, airplane, bus) leave, depart; d) (telegram, parcel) be sent off; e) come off; (mark, blood) come out; come down; f) branch off; turn off; g) dismount
abgehetzt *Adj.* exhausted; breathless
abgekämpft *Adj.* exhausted; worn out
ab·gelegen *Adj.* remote; secluded; (einsam) isolated; out-of-the-way (road)
ab·gelten *unr. tr. V.* satisfy, settle (conflict)
abgemagert *Adj.* emaciated; wasted
ab·geneigt *Adj.* **einer Sache (***Dat.***) ~ sein** be averse to sth.
abgenutzt *Adj.* worn (knife, shoes, shirt)
Abgeordnete *m./f.; adj. Dekl.* member of parliament
ab·gerissen *Adj.* ragged
ab·geschieden *Adj.* secluded; (abgelegen) isolated
ab·geschlossen *Adj.* a) secluded; solitary; b) enclosed; self-contained
ab·geschnitten *Adj.* isolated; cut off
ab·gespannt *Adj.* exhausted; weary
ab·gestanden *Adj.* a) flat; b) stale

ab·gestorben *Adj.* dead (branch. tree); numb (fingers, legs, etc.)
abgestumpft *Adj.* insensitive (person); deadened (feelings, perception)
ab·getragen *Adj.* well-worn
ab·getreten *Adj.* worn down
abgewetzt *Adj.* battered; well-worn
ab·gewöhnen 1. *tr. V.* give up or stop sth. 2. *refl. V.* **sich (***Dat.***) etw. ~:** give up or stop sth.
Ab·glanz *m.* distant echo; pale reflection
Ab·gott *m.* idol
ab·grenzen *tr. V.* a) bound; b) differentiate; distinguish
Abgrenzung *f.*; ~, ~en a) boundary; b) (Unterscheidung) differentiation
Ab·grund *m.* a) abyss; precipice; b) dark abyss; **die Abgründe der Gesellschaft** the dark depths of society
abgründig ['apgrʏndɪç] *(geh.) Adj.* inscrutable (eyes); hidden (meaning); dark (motivation)
ab·halten *unr. tr. V.* a) keep sb./sth. off; b) prevent sb. from doing sth.; c) hold (elections, speech)
ab·handeln *tr. V.* a) make a deal; b) (darstellen) treat; deal with
abhanden [ap'handn] *Adv.* **~ kommen** get lost; go astray
Ab·handlung *f.* treatise
Ab·hang *m.* slope; incline
ab·hängen *unr. itr. V.* depend on sb./ sth.; **alles hängt von mir ab** everything depends on me
abhängig ['aphɛŋɪç] *Adj.* a) depend on sb./sth.; (angewiesen) be dependent on sb./sth.; b) (süchtig) addicted (von to)
Abhängigkeit *f.*; ~, ~en a) dependence b) (Sucht) ad-

diction (von to)
ab·hauen 1. *unr. tr. V.* a) (abtrennen) chop off; b) *Prät. nur* haute ab (abschlagen) knock off 2. *unr. itr. V.*; *mit sein*; *Prät. nur* haute ab (*sl.:* verschwinden) beat it *(sl.)*; **hau schon ab!** get lost!
ab·heben 1. *unr. tr., auch itr. V.* a) lift off; b) (Kartenspiel) (teilen) cut; c) (von einem Konto) withdraw (cash). 2. *unr. itr. V.* (aircraft) take off; (rocket) lift off. 3. *unr. refl. V.* contrast; stand out; **sich von den anderen ~:** stand out from the crowd
ab·heften *tr. V.* file
ab·hetzen *refl. V.* rush or dash around
Ab·hilfe *f.*; *o. Pl.* action to improve things
ab·holen *tr. V.* collect, pick up, fetch; **ich hole ihn ab** I will pick him up
ab·holzen *tr. V.* fell (trees); clear (rain forest)
ab·hören *tr. V.* a) (abfragen) **jmdn. ~:** test sb.; b) (heimlich anhören) listen to; c) (überwachen) tap (telephone line); bug
abhör·sicher *Adj.* tap-proof (telephone)
ab·kaufen *tr. V.* **jmdm. etw. ~:** buy sth. from sb.; b) (*ugs.:* glauben) **das kauft dir sowieso keiner ab** nobody will believe you
ab·klingen *unr. itr. V.*; *mit sein* a) (leiser werden) become fainter; b) (nachlassen) subside; die away
ab·klopfen *tr. V.* a) knock or tap off b) (säubern) knock/tap the crumbs/dirt/snow etc. off
ab·knicken 1. *itr. V.*; *mit sein* a) (abbrechen) snap; break; b) (einknicken) bend over 2. *tr. V.* a) (abbrechen) snap or break off; b) (knicken) bend
ab·kommen *unr. itr. V.*; *mit*

Abkommen

sein a) **vom Weg ~:** lose one's way; **vom Kurs ~:** go off course; (abschweifen) digress; **vom Thema ~:** diverge from the topic; digress; c) **von etw. ~** give sth. up; **von einem Gedanken ~:** give up a thought; d) (aus der Mode, außer Gebrauch kommen) (fads, clothes) go out of fashion; (tradition) dies out

Ab·kommen *n*.; ~s, ~: agreement; **ein ~ erreichen** come to an agreement

ab·können *unr. tr. V.* (mögen) tolerate; (vertragen) take

ab·kürzen *tr., itr. V.* a) (räumlich) shorten; **den Weg ~:** take a short cut; c) (kürzer schreiben) abbreviate

Ab·kürzung *f.* a) (Weg) shortcut; b) (das Abkürzen) cutting short c) (Wort) abbreviation

ab·laden *unr. tr., itr. V.* a) unload, off-load (truck, goods, boxes); dump, unload (sand, cement)

Ab·lage *f.* a) (Büro) filing (Vorrichtung) b) storage area

ab·lagern 1. *tr. V.* a) (absetzen) deposit; b) (deponieren) dump. 2. *refl. V.* be deposited

Ab·lagerung *f.* a) deposit; b) (das Absetzen) deposition; c) (das Deponieren) dumping

ab·lassen 1. *unr. tr. V.* a) (ablaufen lassen) let out (aus of); b) (ausströmen lassen) let out (Gas); let off (anger); c) (leeren) empty

Ab·lauf *m.* (Verlauf) course; **der ~ der Zeit** the course of time

ab·laufen 1. *unr. itr. V.; mit sein* a) (abfließen) flow away; flow out; b) (herabfließen) run down.; c) (verlaufen) go off; d) (clock) run down; (membership) expire; 2. *unr. tr. V.* a) *auch mit sein* (entlanglaufen) walk all along; go over (place) on foot; b) (abnutzen) wear down

Ab·leben *n.*; *o. Pl.* decease; death

ab·lecken *tr. V.* a) lick off; b) (säubern) lick clean; **sich** (*Dat.*) **die Finger ~:** lick one's fingers

ab·legen 1. *tr., itr. V.* a) (ausziehen) take off b) (Kartenspiel) discard

ab·lehnen 1. *tr. V.* a) (zurückweisen) reject (idea, applicant); decline (invitation); b) (nicht genehmigen) reject, turn down; c) (verweigern) **es ~, etw. zu sagen** refuse to say sth.; d) (missbilligen) disapprove of; reject. 2. *itr. V.* decline; **er wurde von allen Banken abgelehnt** he was rejected by every bank

ablehnend 1. *Adj.* negative (attitude, response); **ein ~er Bescheid** a rejection

Ablehnung *f.*; ~, ~en a) (Missbilligung) disapproval; **auf ~ stoßen** meet with disapproval; b) (Zurückweisung) rejection

ab·leiten 1. *tr. V.* a) (herleiten) **etw. aus/von etw. ~:** derive sth. from sth.; b) divert; c) (Mathematik: differenzieren) differentiate 2. *refl. V.* (sich herleiten) **sich aus/ von etw. ~:** derive or be derived from sth.

ab·lenken 1. *itr. V.* a) (abbringen) **jmdn. von etw. ~:** distract sb. from sth. b) (zerstreuen) divert; **das lenkt dich davon ab** that'll take your mind off it. c) *auch tr. ~:* change the subject

Ab·lenkung *f.* a) (Richtungsänderung) deflection; b) (Störung) distraction

ab·lesen 1. *unr. tr., itr. V.* a) read (speech) b) (feststellen, prüfen) check (time, system, weather) 2. *unr. tr. V.* see

ab·leugnen *tr. V.* deny

ab·lösen 1. *tr. V.* a) relieve; take over from; (ersetzen) replace; **sich oder einander ~:** take turns; b) (entlassen) dismiss from office. c) (lösen) **etw. ~:** get sth. off; remove sth. 2. *refl. V.* become detached; come off sth.

ab·machen *tr. V.* a) (ugs.) take off; take down (grimace, sign); **etw. von etw. ~:** take sth. off sth.; b) (vereinbaren) arrange; agree c) (klären) sort out; **das müssen wir unter uns ~:** we'll have to sort that out on our own

ab·mähen *tr. V.* mow

ab·messen *unr. tr. V.* measure; (*bildlich*) measure; gauge

Ab·messung *f. meist Pl.* (Dimension) dimension; measurement

ab·mildern *tr. V.* a) break, cushion (impact); b) (fig.: abschwächen) tone down

ab·nehmen 1. *unr. tr. V.* a) (entfernen) take off; remove; take down (sign, picture, curtain); b) (beim Telefon) answer (telephone);. 2. *unr. itr. V.* a) (ans Telefon gehen) answer the telephone; **keiner nimmt ab** no one is answering the phone; b) (Gewicht verlieren) lose weight; c) (sich verringern) decrease; (interest, attention) flag; (brightness) diminish; (moon) wane; **heute ~der Mond** today the moon is waning

abonnieren [abɔˈniːrən] 1. *tr. V.* subscribe to; (Theater) obtain a season-ticket. 2. *itr. V.* (bes. schweiz.) **abonniert sein auf** (+ Akk.) have a subscription to (season of

concerts); (Theater) have a season-ticket for
Ab·ordnung *f.* delegation
Abort [a'bɔrt] *m.;* ~[e]s, ~e *(veralt., noch fachspr.)* lavatory
ab·pausen *tr. V.* trace
ab·pflücken *tr. V.* pick off
ab·pumpen *tr. V.* pump out
ab·putzen *tr. V. (ugs.)* a) brush off b) (entfernen) **etw.** ~: wipe sth. away.
ab·rasieren *tr. V.* shave off
ab·räumen *tr. V.* a) clear away; b) (leer machen) clear (shelves)
ab·reagieren 1. *tr. V.* work off; 2. *refl. V.* work off one's feelings
ab·rechnen 1. *itr. V.* a) cash up; b) call sb. to account. 2. *tr. V.* a) **seine Spesen** ~: claim one's expenses b) (abziehen) deduce
Ab·rechnung *f.* a) (Schlussrechnung) cashing up *no art.;* b) (Aufstellung) statement; balance; (Dokument) balance-sheet; c) (Abzug) deduction; d) (Vergeltung) reckoning
ab·regen *refl. V. (ugs.)* calm down
Ab·reise *f.* departure (nach for)
ab·reisen *itr. V.: mit sein* leave (nach for)
ab·reißen 1. *unr. tr. V.* a) (entfernen) tear off; tear down (wall, house); pull off (sticker); break off (rope); siehe auch Kopf a); b) (niederreißen) pull down, demolish (building). 2. *unr. itr. V.; mit sein* a) (aufhören) come to an end; (connection, contact) be broken off; b) (sich lösen) fly off
ab·riegeln *tr., itr. V.* a) (zusperren) bolt; b) (absperren) cordon off or seal off (road)
ab·ringen *unr. tr. V.* **jmdm. etw.** ~: extract sth. from sb.
Ab·riss *m.* a) *o. Pl.:* demolition; pulling down; b) (knappe Darstellung) outline
ab·rollen 1. *tr. V.* unwind; **sich** ~: unwind 2. *itr. V.; mit sein* a) unwind; b) (vonstatten gehen) go off; (story) unfolds
ab·rücken 1. *tr. V.* (wegschieben) move away. 2. *itr. V.; mit sein* a) move away b) (Militär) move out; c) *(ugs.:* sich entfernen) clear off
ab·rufen *unr. tr. V.* a) call, summon (person) b) (Handel) **etw.** ~: ask for sth. to be delivered; c) (Bankwesen) withdraw
ab·runden *tr. V.* a) round off b) (vervollkommnen) round off; complete c) (auf eine runde Zahl bringen) round up/down (auf + Akk. to); **etw. nach oben/unten** ~: round sth. up/down
abrupt [ap'rʊpt] 1. *Adj.* abrupt. 2. *adv.* abruptly
ab·rüsten *itr., tr. V.* disarm
Ab·rüstung *f.;* disarmament
ab·rutschen *itr. V.; mit sein* a) (abgleiten) slip b) (nach unten rutschen) slide down; (rain) subside; *(bildlich)* (competitor, student) slip (auf + Akk. to)
ab·sacken *itr. V.; mit sein (ugs.)* fall; (ground) subside; (helicopter) lose altitude
Ab·sage *f.* (auf eine Einladung) refusal; (auf eine Bewerbung) rejection
ab·sagen 1. *tr. V.* cancel; withdraw (participation). 2. *itr. V.* **jmdm.** ~: tell sb. one is unable to come; put sb. off *(ugs.)*
Ab·satz *m.* a) (am Schuh) heel; b) (Abschnitt) paragraph; c) (Textunterbrechung) break d) (Handel) sales *pl.;* e) (Mauer~) ledge; f) landing; (zwischen Geschossen) half-landing. 2. *itr. V.* make a killing *(ugs.)*
ab·saugen *tr. V.* a) suck away b) vacuum (Brit.), hoover
ab·schaffen *tr. V.* a) (beseitigen) put an end to (child abuse); abolish (government, institution); repeal (amendment); **er möchte die freie Marktwirtschafft** ~: he'd like to do away with the free market altogether; b) (sich trennen von) get rid of
Ab·schaffung *f.* abolition; (von Gesetzen) repeal; (von Unrecht, Missstand) ending
ab·schälen 1. *tr. V.* (lösen) peel off 2. *refl. V.* (sich lösen) peel off
ab·schalten 1. *tr., itr. V.* (ausschalten) turn off; switch off; close down (factory). 2. *itr. V. (bildlich ugs.)* switch off
ab·schätzen *tr. V.* estimate; gauge; size up (situation, opponent)
ab·scheiden *unr. tr. V.* (Technik) precipitate; *(Tierwelt)* secrete
Abscheu *m.;* ~s, (selten:) *f.;* detestation; abhorrence
abscheulich [ap'ʃɔylɪç] 1. *Adj.* a) (verwerflich, schändlich) disgraceful (manners); abominable (behaviour). b) (widerwärtig) disgusting, awful (stench, taste); repulsive, awful (spectacle) 2. *adv.* a) disgracefully; abominably; b) *(ugs.:* sehr) ~ **frieren** freeze to death
ab·schicken *tr. V.* send off, post (letter, parcel); dispatch
Ab·schiebung *f.* (Recht) deportation
Abschied ['apʃiːt] *m.;* ~[e]s, ~e a) farewell (von to); parting (von from); b) (Entlassung) resignation; (officer) resign one's commission
ab·schießen *unr. tr. V.* a) fire (rifle, pistol, cannon); launch (spacecraft); fire; b) (töten) take; c) *(ugs.:* entfer-

ab·schinden

nen) kick or throw (person) out; d) (zerstören) shoot down (helicopter); put (tank) out of action; e) (wegreißen) shoot off (hand, leg) f) (von sich geben) shoot (glance); fire off (question)
ab·schinden *unr. refl. V.* **sich ~:** work oneself to death
ab·schirmen *tr. V.* a) (schützen) shield; screen; b) (abhalten) screen off (flash, force)
ab·schlachten *tr. V.* slaughter
ab·schlaffen ['apʃlafn] *itr. V.; mit sein (ugs.)* sag; wilt
ab·schleifen 1. *unr. tr. V.* a) (glätten) sand down (boards); grind down (diamond, salt, etc.); smooth down (edges). b) (entfernen) (von Holz) sand off 2. *unr. refl. V.* (sich abnutzen) wear away
ab·schleppen 1. *tr. V.* a) tow away; (schleppen) tow; b) (mitnehmen) drag 2. *refl. V.* (*ugs.*: schwer tragen) **sich mit etw. ~:** wear oneself out carrying sth. (*bildlich*)
ab·schließen 1. *unr. tr. V.* a) *auch itr.* (zuschließen) lock (safe, door, box); lock up (house, park); b) (verschließen) seal; c) (begrenzen) border; d) (zum Abschluss bringen) conclude; bring to an end; e) (vereinbaren) strike (deal); make (agreement); b; Wette. 2. *unr. itr. V.* (begrenzt sein) be bordered (mit by)
Ab·schluss *m.* a) (Verschluss) seal; b) (abschließender Teil) edge; c) (Beendigung) end; conclusion; d) (*ugs.*: ~zeugnis) **einen/keinen ~ haben** have a/have no degree or (Amer.) diploma; Lehre) have/not have finished one's apprenticeship; e) (Handel.: geschäftliche Vereinbarung) business deal; f) (Handel: Schlussrechnung) balancing; g) (eines Geschäfts, Vertrags) conclusion
ab·schmecken *tr. V.* a) (kosten) try; taste; b) (würzen) season
ab·schminken *tr. V.* a) **sich ~:** remove one's makeup; b) **sich** (*Dat.*) **etw. ~** get an idea out of one's head
ab·schnallen *tr. V.* unfasten; undo
ab·schneiden 1. *unr. tr. V.* a) cut off; cut down; **sich** (*Dat.*) **eine Scheibe Brot ~:** cut oneself a slice of bread; b) (kürzer schneiden) cut c) **jmdm. den Weg ~:** cut ahead of sb. 2. *unr. itr. V.* **bei etw. gut/schlecht ~:** perform well/badly in sth.
Ab·schnitt *m.* a) (Kapitel) section; b) (Militär: Gebiet, Gelände) sector; c) (eines Formulars) portion d) (Zeitspanne) period of time; phase
ab·schnüren *tr. V.* constrict; (als medizinische Maßnahme) apply a tourniquet to
ab·schöpfen *tr. V.* skim off; (*bildlich*) siphon off
ab·schrauben *tr. V.* unscrew
ab·schrecken 1. *tr. V.* a) (abhalten) deter; b) (fernhalten) scare off; c) (Küche) pour cold water over; 2. *itr. V.* act as a deterrent
Abschreckung *f.*; ~: deterrence
ab·schreiben 1. *unr. tr. V.* a) (kopieren) copy out b) **etw. von oder bei jmdm. ~** (in der Schule) copy sth. from or of sb.; plagiarize sth. from sb.; c) (*ugs.*: verlorengeben) write off d) (Wirtschaft) amortize, write down (mit by). 2. *unr. itr. V.* **bei oder von jmdm. ~** (in der Schule) copy off sb.; copy from sb.
Ab·schrift *f.* copy
ab·schürfen *tr. V.* **sich** (*Dat.*) **die Hand/das Knie ~:** graze one's hand/one's knee
Ab·schuss *m.* a) (eines Flugzeugs) shooting down; (eines Panzers) putting out of action; b) (von Wild) shooting; c) (das Abfeuern von Geschossen) firing; (in den Weltraum) launching
abschüssig ['apʃʏsɪç] *Adj.* sloping downward
abseits ['apzaɪts] 1. *Präp.* mit *Gen.* away from. 2. *Adv.* a) (entfernt) far away; **etwas ~:** a little distance away; b) (Fußball) ~ **sein oder stehen** be offside
Abseits *n.*; ~, ~ a) (Fußball usw.) **der Spieler stand im ~:** the player was offside; b) (*bildlich*) **ins ~ geraten** be pushed out into the cold;
ab·senden *unr. oder regelm. tr. V.* dispatch
Ab·sender *m.* sender; (Anschrift) sender's address
ab·senken 1. *refl. V.* **sich ~:** slope 2. *tr. V.* lower
ab·servieren *itr. V.* clear away
absetzbar *Adj.* a) (verkäuflich) saleable; b) **steuerlich ~:** deductible
ab·setzen 1. *tr. V.* a) (abnehmen) take off; b) (hinstellen) put down (box, cup); c) (aussteigen lassen) **jmdn. ~** let sb. out; drop sb. off; d) (entlassen) dismiss; depose e) (ablagern) deposit; f) (nicht mehr benutzen) abandon; stop taking; g) (absagen) drop; call off; h) (von den Lippen nehmen) take from one's lips; i) (verkaufen) sell; j) **etw. von der Steuer ~:** deduct sth. from tax 2. *refl. V.* a) (sich ablagern) be deposited; (dust) settle; b) **sich von etw. ~:** distance oneself from sth.; c) (*ugs.*: sich davonma-

chen) make an escape

Absetzung *f.*; ~, ~en siehe absetzen 1d: dismissal; deposition; removal

ab·sichern 1. *tr. V.* a) make safe; b) *(bildlich)* validate (paper); substantiate (plea, statement). 2. *refl. V.* safeguard oneself

Ab·sicht *f.*; ~, ~en intention; **die ~ haben, etw. zu tun** intend to do sth.

ab·sichtlich 1. *Adj.* deliberate; intentional. 2. *adv.* deliberately; intentionally

ab·singen *unr. tr. V.* a) **etw. vom Blatt ~:** sightreading; b) **unter Absingen** *(Dat.)* **der Arie** while singing the aria

ab·sinken *unr. itr. V.*; *mit sein* sink; *(bildlich)* decline; (motivation) drop

ab·sitzen 1. *unr. tr. V.* (hinter sich bringen) sit through; sit out; (im Gefängnis) serve 2. *unr. itr. V. mit sein* dismount

Absolution *f.*; ~, ~en (Religion) absolution

Absolvent [apzɔl'vænt] *m.*; ~en, ~en, **Absolventin** *f.*; ~, ~nen (einer Schule) one who has taken the leaving or final exam; (einer Akademie. Universität) graduate

absolvieren *tr. V.* a) complete; **die Schule ~:** complete an education; b) (erledigen, verrichten) pay (respects); put in (time); do (chore, task)

ab·sonderlich *Adj.* peculiar; odd

ab·sondern 1. *tr. V.* a) isolate (strangers); separate (enemies); b) *(Tierwelt)* secrete. 2. *refl. V.* isolate oneself

Absonderung *f.*; ~, ~en a) isolation; b) *(Tierwelt)* secretion

absorbieren *tr. V.* absorb

Absorption [apzɔrp't sio:n] *f.*; ~ absorption

ab·spalten secede, split away

ab·spannen *tr. V.* unyoke; unharness; unhitch

Abspannung *f.*; ~, ~en (Ermüdung) weariness; exhaustion; fatigue

ab·sperren *tr. V.* a) seal off; close off; b) **Gas/Wasser/Strom ~:** cut off sb.'s gas/water/electricity; c) lock (door, gate)

Ab·sperrung *f.* a) closing off; sealing off b) (Sperre) barrier

ab·spielen 1. *tr. V.* a) play (tape, CD); b) **vom Blatt ~:** play at sight 2. *refl. V.* take place

ab·splittern *itr. V.*; *mit sein* (laquer) flake off; (board) splinter off

Ab·sprache *f.* agreement; arrangement; **eine ~ treffen** arrive at an agreement or make an arrangement; **nach ~ mit den Kollegen** by arrangement with the colleagues

ab·sprechen 1. *unr. tr. V.* a) (ableugnen) **jmdm. das Recht ~, etw. zu tun** deny sb. the right to do sth.; b) **jmdm. etw. ~:** deprive sb. of sth.; c) (vereinbaren) arrange. 2. *unr. refl. V.* arrive at or reach an agreement

ab·springen *unr. itr. V. mit sein* a) jump off; b) (herunterspringen) jump down; c) (abplatzen) come off; (paint) flake off

Ab·sprung *m.* a) take-off; b) (Herunterspringen) jump; c) *(bildlich)* break; **den ~ machen** making the break

ab·spülen 1. *tr. V.* a) **die Tassen ~:** wash the cups. b) wash off (dirt, blood); c) (reinigen) rinse off

Ab·stand *m.* a) (Zwischenraum) distance; **~ halten** (auch bildlich) keep one's distance; b) (Unterschied) difference; **mit ~:** by far; c) (Zeitspanne) interval d) **von etw. ~ nehmen** refrain from sth.; e) (Entschädigung) compensation; (bei Übernahme einer Wohnung) payment for fittings installed

ab·stehen *unr. itr. V.* a) (nicht anliegen) stick out; **~de Ohren** protruding ears; b) (entfernt stehen)

ab·steigen *unr. itr. V.*; *mit sein* a) get off b) (abwärts gehen) go down; descend; **gesellschaftlich ~** *(bildlich)* decline in social status; c) (sich einquartieren) put up in a room d) (Sport) be relegated

ab·stellen *tr. V.* a) (absetzen) put down; b) (unterbringen, hinstellen) put; (parken) park; c) (ausschalten, abdrehen) turn or switch off; turn off (water, gas); **Strom/Gas ~:** cut sb.'s electricity/gas off; d) (sein lassen) stop; e) (unterbinden) put a stop to

ab·sterben *unr. itr. V. mit sein* a) (eingehen) die; b) (gefühllos werden) go numb

Ab·stieg *m.*; ~[e]s, ~e a) descent; b) (Niedergang) (sozial) decline

ab·stillen 1. *tr. V.* wean. 2. *itr. V.* stop breast-feeding

Ab·stimmung *f.* a) vote; ballot; b) agreement; c) (Harmonisierung) coordination

ab·stoppen *tr. V.* halt; (person) stop

abstoßend *Adj.* repulsive; repellant

abstrakt [ap'strakt] 1. *Adj.* abstract. 2. *adv.* abstractly

Abstraktion [apstrak tsio:n] *f.*; ~, ~en abstraction

ab·streiten *unr. tr. V.* deny

ab·stufen *tr. V.* a) (staffeln) grade; b) (nuancieren) differentiate

Ab·sturz *m.* fall; (eines

abstürzen

Flugzeugs, Computers) crash
ab·stürzen *itr. V. mit sein* a) fall; crash; b) (abfallen) plunge
ab·stützen 1. *refl. V.* support oneself (mit on, an + *Dat.* against). 2. *tr. V.* support
ab·suchen *tr. V.* search (nach for); (durchkämmen) scour (nach for); **den Horizont ~:** scan the horizon (nach for)
absurd *Adj.* absurd
Absurdität *f.*; ~, ~en absurdity
ab·tasten *tr. V.* search sth. for sth.
Abteil *n.*; ~[e]s, ~e compartment
ab·teilen *tr. V.* a) (aufteilen) divide up; b) (abtrennen) partition off
Ab·teilung *f.* a) department; section; b) (Militär) unit
ab·töten *tr. V.* destroy (virus); deaden (nerve, feeling); macerate (flesh)
ab·treiben 1. *unr. tr. V.* a) (wegtreiben) carry away; b) abort (foetus) 2. *unr. itr. V.* a) *mit sein* (weggetrieben werden) be carried away; b) have an abortion
Abtreibung *f.*; ~, ~en abortion
ab·treten 1. *unr. tr. V.* a) **sich** (*Dat.*) **die Füße ~:** wipe one's shoes; b) **jmdm. etw. ~:** surrender sth. to sb.; c) (Recht) transfer; cede (property); d) (abnutzen) wear down 2. *unr. itr. V.*; *mit sein* (Militär) dismiss; b) (Theater, auch bildlich) exit; make one's exit; c) (zurücktreten) step down 3. *unr. refl. V.* (sich abnutzen) become worn
Ab·tritt *m.* a) (Theater) exit; b) (Rücktritt) resignation
ab·trocknen 1. *tr. V.* dry; **sich** (*Dat.*) **~:** dry oneself. 2. *itr. V.*; *mit sein* dry off

ab·tun *unr. tr. V.* dismiss
ab·verlangen *tr. V.* demand sth. of sb
ab·wägen *unr. tr. V.* weigh up; balance
ab·wählen *tr. V.* vote out of office; impeach
ab·wälzen *tr. V.* pass on (auf + *Akk.* to); shift (auf + *Akk.* on to)
ab·wandeln *tr. V.* modify, change, adapt
ab·wandern *itr. V.*; *mit sein* a) migrate; b) *(bildlich)* move over
Ab·wanderung *f.* migration (aus from, in + *Akk.* to); (in ein anderes Land) emigration (aus from, in + *Akk.* to)
Ab·wandlung *f.* modification; adaptation
ab·warten 1. *itr. V.* wait; **lass uns abwarten** let's wait and see 2. *tr. V.* wait for; **etw. ~** wait for sth. to begin
abwärts [ˈapvɛrts] *Adv.* downwards; (bergab) downhill; **den Fluss ~:** downstream
Abwasch [ˈapvaʃ] *m.*; ~[e]s washing-up (Brit.); washing dishes (Amer.)
abwaschbar *Adj.* washable
ab·waschen 1. *unr. tr. V.* a) wash off b) wash down (floor); (reinigen) wash (plates). 2. *unr. itr. V.* wash up, do the washing-up (Brit.); wash the dishes
Ab·wasser *n.*; *Pl.* ~wässer; waste water; sewage
ab·wechseln *refl., itr. V.* alternate; **wir wechselten uns ab** we took turns
abwechselnd *Adv.* alternately
Abwechslung *f.*; ~, ~en (Wechsel) change; variety; **zur ~:** for a change
abwechslungs·reich 1. *Adj.* diversified; varied, 2. *Adv.* **sich ~reich ernähren** have a varied diet
Ab·weg *m.*: **auf ~e geraten**

go astray; go wrong
abwegig *Adj.* erroneous; inapt; (falsch) mistaken; wrong
Ab·wehr *f.*; ~ a) hostility; b) (Zurückweisung) repulsion; fending off; c) (Militär: Geheimdienst) counter-intelligence; d) (Widerstand) resistance
ab·wehren 1. *tr. V.* a) repulse; fend off, parry; (Sport) clear; save; b) (abwenden) avert; stave off; c) (von sich weisen) avert; deny; decline; d) (fernhalten) deter. 2. *itr. V.* a) (ablehnend reagieren) demur
ab·weichen *unr. itr. V.*; *sein* a) deviate; b) (sich unterscheiden) diverge (from)
Abweichung *f.*; ~, ~en a) deviation; b) (Unterschied) divergence
abweisend 1. *Adj.* unfriendly (tone of voice; look) 2. *Adv.* coldly
Ab·weisung *f.*; ~, ~en turning away; turning down; rejection; dismissal; disallowance
ab·wenden 1. *unr. tr. V.* a) (wegdrehen) turn away; b) avert. 2. *unr. refl. V.* a) turn away; b) *(bildlich)* **sich von jmdm. ~:** to break with sb.
ab·werfen *unr. tr. V.* a) drop; shed; throw off (clothes); shed (snakes); discard; jettison (ballast); *(bildlich)* cast or throw off; b) (heruntersroßen) knock down; c) throw out; d) (einbringen) bring in
ab·werten 1. *tr., itr. V.* devalue. 2. *tr. V.* (herabwürdigen) run down; belittle
abwertend 1. *Adj.* derogatory. 2. *adv.* derogatorily
Ab·wertung *f.* a) devaluation; depreciation b) *(fig.)* reduction in status
abwesend 1. *Adj.* a) absent; b) (zerstreut) distracted; absent-minded. 2. *adv.*

absent-mindedly
Abwesenheit *f.*; ~ a) absence; **durch ~ glänzen** be noticed by one's absence; b) absentmindedness
ab·wetzen *tr., refl. V.* wear away
ab·wickeln *tr. V.* a) unwind; b) (erledigen) deal with (person); do (project); (im Auftrag) handle; conduct
Abwicklung *f.*; ~, ~en; dealing (*Gen.* with); settling; handling; conducting
ab·wiegeln 1. *tr. V.* calm down (crowd). 2. *itr. V.* (derogativ) appease
ab·wiegen *unr. tr. V.* weigh out; weigh
ab·wimmeln *tr. V.* (ugs.) get rid of (person); get out of (responsibility)
ab·wischen *tr. V.* a) wipe away; **ich wischte meine Tränen ab** I wiped my tears away b) (säubern) wipe; **ich wisch schon den Teller ab** I`m wiping the plate clean already
ab·würgen *tr. V.* (ugs.) stifle; choke off
ab·zahlen *tr. V.* pay off (debt)
ab·zählen 1. *tr. V.* count
Ab·zahlung *f.*; ~, ~en; paying off; repayment
Ab·zeichen *n.* a) (Kennzeichen) emblem; *(bildlich)* badge; b) (Anstecknadel) badge
ab·zeichnen 1. *tr. V.* a) (nachzeichnen, kopieren) copy; b) (signieren) initial. 2. *refl. V.* stand out; *(bildlich)* begin to emerge
ab·ziehen 1. *unr. tr. V.* a) pull off; take off; peel off (skin); strip (clothes); b) (Fotografie) make a print/ prints of; c) (Druck) run off; d) (Militär, auch bildlich) withdraw; e) (subtrahieren) subtract; take away; (abrechnen) deduct; f) (schälen) peel (fruit); string (runner bean); g) (häuten) skin
Ab·zug *m.* a) (Fotografie) print; b) (an einer Schusswaffe) trigger; c) (Druckw.) proof; d) (Verminderung) deduction; e) *o. Pl.* (Abmarsch) withdrawal; f) (Öffnung) vent
abzüglich [ˈaptsyːklɪç] *Präp. mit Gen.* (Handel) less; **~ 15% Rabatt** 15% discount
ach *Interj.* a) (betroffen, mitleidig) oh (dear); **~ Gott!** My God!; b) (bedauernd, unwirsch) oh; c) (klagend) ah; alas (dated); d) (erstaunt) oh; **~, wirklich?** no, really?; e) **~ so!** ah, I see; **~ nein** no, no
Achse [ˈaksə] *f.*; ~, ~n a) (Rad~) axle b) (Mathematik) axis; **sich um eine ~ drehen** turn on an axis
Achsel [ˈaksl̩] *f.*; ~, ~n (Schulter) shoulder; (~höhle) armpit; **mit den ~n zucken** shrug one's shoulders
acht [axt] *Kardinalz.* eight; **sie ist ~ Jahre alt** she is eight years old; **um ~ Uhr** at eight o´clock
Acht etw. außer ~ lassen ignore or disregard sth.; **sich in ~ nehmen** take care; be careful
acht... *Ordinalz.* eighth; **der 8. April** the eighth of April; (im Brief auch) 8 April; **am 8. April** on the eighth of April; (im Brief auch) 8. April; **Berlin, 8. April 1998** Berlin, 8 April 1998
Acht *f.*; ~, ~en a) (Zahl) eight; **eine arabische/römische ~:** an Arabic/Roman eight; b) (Figur) figure eight; c) (ugs.: Verbiegung) buckle; **das Rad hat eine ~:** the wheel is buckled; d) (Spielkarte) eight
achtbar *Adj.* reputable; upright (principles); **eine ~e Leistung** a creditable performance
Achte *m./f.; adj. Dekl.* eighth. **er war der ~:** he came eighth; **der ~ des Monats** the eighth of the month
achtel [ˈaxtl̩] eighth
Achtel *n.*; ~n, ~ a) eighth; b) (ugs., veraltl.: ~pfund) eighth of a pound; two ounces; c) (ugs.: ~liter) eighth of a litre (of milk)
Achtel-: **~liter** *m.*, eighth of a litre; **~note** *f.* (Musik) quaver; **~pause** *f.* (Musik) quaver rest
achten 1. *tr. V.* respect. 2. *itr. V.* (auf etw. aufpassen) mind or look after sth.; **auf jmdn. ~:** (aufpassen) look after sb.; keep an eye on sb.; (von etw. Notiz nehmen) pay heed to sth.
Achter·bahn *f.* roller-coaster
acht·fach *Vervielfältigungsz.* eightfold; **die ~e Menge** eight times the amount
Acht·fache *n.; adj. Dekl.* eightfold; **acht mal 5 ist 40** eight times five is 40
acht-, Acht-: **~hundert** eight hundred; **~jährig** *Adj.* (acht Jahre alt) eight-year-old *attrib.*; eight years old *pred.*; eight-year *attrib.*; **~kampf** *m.* (Turnen) eight-exercise competition in gymnastics; **~kantig** 1. *Adj. (Technik)* eight-sided
acht·los 1. *Adj.; nicht präd.* negligent. 2. *Adv.* negligently
Achtung *f.*; ~ a) (Wertschätzung) respect (*Gen.*, vor + *Dat.* for) b) (Aufmerksamkeit) attention; **~!** look out!; **~! Still gestanden!** (Militär) attention!
Achtung *f.*; ~, ~en a) proscription; b) (gesellschaftliche ~) ostracism; c) (Verdammung) banning
acht·zehn *Kardinalz.* eighteen; **mit ~ Jahren darf**

man autofahren at eighteen one is allowed to drive; **18 Uhr** 6 p.m.; (auf der 24-Stunden-Uhr) eighteen hundred hours

achtzehn, Achtzehn-: ~hundert Kardinalz. eighteen hundred; **~jährig** Adj. eighteen-year-old attrib.; eighteen years old pred.

achtzehnt... Ordinalz. eighteenth; siehe auch acht

achtzig ['axtsɪç] Kardinalz. eighty; **auf ~ sein** (ugs.) be hopping mad (ugs.)

achtziger indekl. Adj.; nicht präd. **ein ~ Oldie** an '80 oldie; **die ~ Jahre** the eighties

Achtzigstel n.; ~s, ~: eightieth

Acker ['akɐ] m.; ~s, Äcker ['ɛkɐ] field

ackern itr. V. (sl.) slog one's guts out (ugs.)

addieren [a'diːrən] 1. tr. V. add up 2. itr. V. add; sum up

Addition [adɪ'tsi̯oːn] f.; ~, ~en addition; summing up

Ader ['aːdɐ] f.; ~, ~n a) (Tierwelt) blood-vessel; vein; b) o. Pl. (Anlage, Begabung) streak; c) (Naturwissenschaften) vein

Adjektiv ['atjɛktiːf] n.; ~s, ~e (Grammatik) adjective

Adjutant [atjuˈtant] m.; ~en, ~en adjutant; aide-de-camp

Adler ['aːdlɐ] m.; ~s, ~: eagle

adlig ['aːdlɪç] Adj. noble; **~ sein** be a member of the nobility

Administration [atmɪnɪstra'tsi̯oːn] f.; ~, ~en administration

administrativ [atmɪnɪstra'tiːf] 1. Adj. administrative. 2. adv. administratively

adoptieren [adɔp'tiːrən] tr. V. adopt

Adoption [adɔp'tsi̯oːn] f.; ~, ~en adoption

Adresse [a'drɛsə] f.; ~, ~n a) address; b) (Botschaft) message

adressieren tr. V. address

Adverb [atˈvɛrp] n.; ~s, ~ien (Grammatik) adverb

Affäre f.; ~, ~n affair, liaison

Affe ['afə] m.; ~n, ~n a) monkey; (Menschen~) ape; b) (dummer Kerl) oaf; fool (Brit. sl.); c) (Geck) dandy

Affekt [aˈfɛkt] m.; ~[e]s, ~e feeling; emotion; affect (Psych.)

affektiert [afɛk'tiːɐ̯t] (derogativ) 1. Adj. affected. 2. adv. affectedly

affig (derogativ) 1. Adj. foolish (lächerlich) ludicrous; (affektiert) affected. 2. adv. in a dandyish/an affected way

Afghanistan [afˈgaːnɪstaːn] (n.); ~s Afghanistan

Afrika ['aːfrika] (n.); ~s Afrika

Afrikaner [afrɪ'kaːnɐ] m.; ~s, ~, **Afrikanerin** f.; ~, ~nen African

afrikanisch Adj. African

Afro-amerikaner m. Afro-American

After ['aftɐ] m.; ~s, ~; anus

Agent [a'gɛnt] m.; ~en, ~en agent

Agentin f.; ~, ~nen female agent

Agentur [agɛn'tuːɐ̯] f.; ~, ~en agency

Aggression [agrɛ'si̯oːn] f.; ~, ~en aggression

Aggressions·trieb m. aggressive drive

aggressiv [agrɛ'siːf] 1. Adj. aggressive. 2. adv. aggressively

Aggressivität f.; ~: aggressiveness

agieren [a'giːrən] itr. V. act

agil [a'giːl] Adj. (beweglich) agile; (geistig rege) alert

Agitation [agɪta'tsi̯oːn] f.; ~ (Politik) agitation; **~ betreiben** agitate

Agitator [agɪ'taːtɔr] m.; ~s, ~en; agitator

agitieren 1. itr. V. agitate. 2. tr. V. stir up

agrarisch Adj. agricultural; agrarian

Ägypten [ɛ'gʏptn̩] (n.); ~s Egypt

Ägypter m.; ~s, ~: Egyptian

ägyptisch Adj. Egyptian

Ahndung f.; ~: retribution, punishment

ähneln ['ɛːnl̩n] itr. V. **jmdm. ~:** resemble or be like sb.; bear a resemblance to sb

ahnen ['aːnən] 1. tr. V. a) suspect; guess; **er konnte das ja nicht ~:** he couldn`t possibly suspect that b) have a presentiment or premonition of; c) (erkennen) just make out; **die Geister waren in dem Schloss mehr zu ~ als zu sehen** one couldn`t see the ghosts in the castle, but one could sense them

ähnlich ['ɛːnlɪç] 1. Adj. similar 2. adv. similarly 3. Präp. mit Dat. like

Ähnlichkeit f.; ~, ~en similarity; (ähnliches Aussehen) similarity; resemblance; bear a resemblance to or be like sb.

Ahnung f.; ~, ~en a) presentiment; **keine ~ haben, dass ...:** have no idea that …; b) (Befürchtung) foreboding; premonition c) (ugs.: Kenntnisse) knowledge

ahnungs·los 1. Adj. unsuspecting; (naiv, unwissend) naive 2. Adv. (naiv, unwissend) naively; unsuspectingly

Aids [eːts] n.; ~: AIDS (Acquired Immune Deficiency Syndrome)

akademisch 1. Adj. academic 2. adv. academically

akklimatisieren refl. V. become acclimatized

Akkord [a'kɔrt] m.; ~[e]s, ~e a) (Musik) chord; b) (Wirtschaft) (~arbeit) piecework; (~lohn) piecework pay

no indef. art., no *pl.*; (~satz) piece-rate
Akrobat [akro'baːt] *m.*; ~en, ~en acrobat
Akt [akt] *m.*; ~[e]s, ~e a) (Theater) act; b) (Zeremonie) ceremony
Akte *f.*; ~, ~n file; *pl.* ~ **X** the X files
Akteur [ak'tœːɐ̯] *m.*; ~s, ~ participant; (Theater) member of the cast; (Varieté) performer
Aktion [ak'tsi̯oːn] *f.*; ~, ~en a) action *no indef. art.*; **soziale ~en** social action *sing.*; (militärisch) operation; b) (Kampagne) campaign c) *o. Pl.* (das Handeln) action; **in ~ treten** go into action
aktiv [ak'tiːf] 1. *Adj.* a) active; b) (Militär) serving *attrib.* (soldier) 2. *adv.* actively
Aktiv ['aktiːf] *n.*; ~s, ~e (Grammatik) active
aktivieren *tr. V.* mobilize (force field, defense)
Aktivierung *f.*; ~, ~en, mobilization
Aktivist *m.*; ~en, ~en, Aktivistin *f.*; ~, ~nen activist
Aktivität [aktɪvi'tɛːt] *f.*; ~, ~en activity
aktualisieren [aktualiˈziːrən] *tr. V.* update
Aktualisierung *f.*; ~, ~en updating
Aktualität [aktualɪ'tɛːt] *f.*; ~, ~en a) topicality b) (Gegenwartsbezug) relevance
aktuell [ak'tu̯ɛl] *Adj.* a) (neu) up-to-the-minute; **das Aktuellste aus dem Irak** the latest from Iraque; **eine ~e Nachricht** up-to-date news b) topical; (gegenwärtig) current; (Mode: modisch) trendy
Akupunktur [akupʊŋkˈtuːɐ̯] *f.*; ~, ~en (Medizin) acupuncture
Akustik [a'kʊstɪk] *f.*; ~ a) (Schallverhältnisse) acoustics *pl.*; b) (Lehre vom Schall) acoustics *sing., no art.*
akut [a'kuːt] *Adj.* a) (vordringlich) acute; pressing; urgent (exigency, situation); b) (Medizin) acute.
Akzent [ak'tsɛnt] *m.*; ~[e]s, ~e a) (Betonung) accent; stress; b) (Aussprache) accent; **mit hörbarem irischen ~**: with a noticeable Irish accent; c) (Nachdruck) emphasis; stress; **den ~ auf etw. legen** put stress on sth.
aktzentuieren [aktsɛntuˈiːrən] *tr. V.* (deutlich aussprechen) enunciate; articulate; (betonen) accentuate; stress
akzeptieren *tr. V.* accept
albern *Adj.* a) silly; childish; foolish; **rumalbern** behave foolishly b) *(ugs.)* silly; stupid
Album ['albʊm] *n.*; ~s, Alben album
Algerien [alˈgeːri̯ən] (*n.*); ~s Algeria
Algerien *m.*; ~s, ~, Algerierin *f.*; ~, ~nen Algerian
algerisch *Adj.* Algerian
Alibi ['aːlɪbi] *n.*; ~s, ~s a) (Recht) alibi; b) (Ausrede) alibi *(ugs.)*; excuse
Alkohol ['alkohoːl] *m.*; ~s, ~e alcohol; **unter ~ stehen** *(ugs.)* be under the influence of alcohol
Alkoholiker *m.*; ~s, ~, **Alkoholikerin** *f.*; ~, ~nen alcoholic
Alkoholismus *m.*; ~: alcoholism *no art.*
all [al] *Indefinit pron. u. unbest. Zahlw.* 1. *attr.* (ganz, gesamt…) all; **~e Länder Europas** all the countries of Europe; 2. *allein stehend* a) **~e** all; **~e zusammen/auf einmal** all together/at once; b) **~es** (auf Sachen bezogen) everything; (auf Personen bezogen) everybody
All *n.*; ~s space *no art.*; (Universum) universe
all·abendlich 1. *Adj.*; *nicht präd.* typical evening. 2. *adv.* every evening
Allee [a'leː] *f.*; ~, ~n avenue, alley
Allegorie [alegoˈriː] *f.*; ~, ~n allegory
allein [a'laɪn] 1. *Adj.*; *nicht attr.* a) (ohne andere) alone; on one's/its own; by oneself/itself; **ganz ~**: all on one's/its own; b) (einsam) alone. 2. *adv.* (ohne Hilfe) by oneself/itself; on one's own; 3. *Adv.* a) **nicht ~ …, sondern auch …**: not only …, but also …; (ausschließlich) alone; **er ~ kann ihr helfen** he alone can help her
alleine *(ugs.)* siehe allein
allein-, Allein-: **~sein** *n.* a) (das Verlassensein) loneliness; b) (das Ungestörtsein) privacy; **~verdiener** *m.* sole earner
alle·mal *Adv. (ugs.)* any time *(ugs.)*; **was ich kann, das kann sie doch ~**: anything I can do, she can do, too
aller-: **~äußerst…** *Adj.*; *nicht präd.* a) farthest; b) (schlimmst…) worst; **im ~äußersten Fall** if worst comes to worst; **~best…** 1. *Adj.* very best; **der/die/das Allerbeste sein** be the best of all 2. *adv.* **am ~besten** best of all; **~dings** 1. *Adv.* a) (einschränkend) though; **es bedeutet ~dings, dass …**: though it means that …; b) (zustimmend) certainly; **ich habe allerdings viel zu tun** I certainly do have a lot to do! 2. *Partikel* (anteilnehmend) to be sure; **der hat ~dings recht** he,however, is right, to be sure; **~erst…** *Adj.*; *nicht präd.* a) very first; **der ~erste** the very first; b) (allerbest…) very best; **~frühestens** *Adv.* at the

very earliest
Allergie [alær'giː] *f.*; ~, ~n (Medizin) allergy; **eine ~ gegen etw. haben** have an allergy to sth.
allergisch 1. *Adj.* (Medizin, bildlich) allergic (gegen to). 2. *adv.* **auf etw. ~ reagieren** (Medizin) have an allergic reaction to sth.
aller-, Aller-: ~**größt...** *Adj.* utmost (need, ability); largest of all; tallest of all; **am ~größten sein** be the tallest/biggest of all; ~**hand** *indekl. unbest. Gattungsz. (ugs.)* a) *attr.* all kinds or sorts of; b) all kinds or sorts of things; ~**herzlichst** *Adj.* warmest (regards, salutations); most cordial (invitation); ~**höchst** 1. *Adj.* highest ... of all; **der ~höchste Turm** the highest tower of all; 2. *adv.* **am ~höchsten** (jump, fly) the highest of all; ~**höchstens** *Adv.* at the very most
Allerlei *n.*; ~s, ~s (Durcheinander) jumble; (Gemisch) pot-pourri
aller-, Aller-: ~**letzt...** *Adj.*; *nicht präd.* a) very last; der/die/das ~letzte the very last; b) (*ugs.:*~schlechtest...) most awful or dreadful *(ugs.)*; c) very latest; ~**liebst** 1. *Adj.* a) most favourite; **ihr Allerliebster/seine Allerliebste** her/his beloved; b) (reizend) delightful; enchanting; 2. *adv.* a) **am ~liebsten** most of all b) (reizend) delightfully; ~**schönst...** 1. *Adj.* most beautiful *attrib.*; loveliest *attrib.*; (angenehmst...) very nicest *attrib.*; 2. *adv.* **am ~schönsten** the most beautiful of all; ~**spätestens** *Adv.* at the very latest; ~**wenigst...** 1. *Adj.* least ... of all; *Pl.* fewest ... of all; **die ~wenigsten kennen das** hardly anyone knows that 2. *adv.* **am ~wenigsten sehen** see the least of all!; ~**wenigstens** *Adv.* at the very least
all·gemein 1. *Adj.* general; universal (truth, application); universally applicable (axiom, rule); **das ~e Gesetz** the common regulation; **im A~en** in general. 2. *adv.* a) generally; ~ **zugänglich** open to everybody; b) (*oft derogativ:* unverbindlich) in general terms
Allgemeinheit *f.*; ~ a) generality; b) (Öffentlichkeit) general public
allgemein-, Allgemein-: ~**medizin** *f.*; *o. Pl.* general medicine; ~**verbindlich** 1. *Adj.* universally binding; 2. *adv.* in universally binding terms; ~**verständlich** 1. *Adj.* intelligible or comprehensible to everyone *postpos.*; 2. *adv.* in a manner intelligible or comprehensible to all; ~**wissen** *n.* general knowledge; ~**wohl** *n.* public welfare, common good
Alligator [alɪ'gaːtor] *m.*; ~s, ~en alligator
all-, All-: ~**jährlich** 1. *Adj.* annual; yearly. 2. *adv.* annually; every year; ~**mächtig** *Adj.* all-powerful; omnipotent
all·mählich 1. *Adj.*, *nicht präd.* gradual. 2. *adv.* gradually; by degrees
all-: ~**seitig** 1. *Adj.* a) general; all-round, (Amer.) all-around *attrib.* 2. *adv.* generally
all·täglich *Adj.* ordinary; everyday (problem, life)
all·tags *Adv.* on weekdays
all-, All-: ~**wissend** *Adj.* omniscient; ~**wöchentlich** 1. *Adj.* weekly. 2. *adv.* every week; weekly; ~**zeit** *Adv.* (*veralt.*) always
all·zu *Adv.* all too; ~ **wenig** far too few
Alpen *Pl.* **die ~:** the Alps

Alphabet [alfa'beːt] *n.*; ~[e]s, ~e alphabet
alphabetisch 1. *Adj.* alphabetical. 2. *adv.* alphabetically
Alp·traum *m.*; ~s; Alpträume nightmare
als [als] *Konj.* a) *Temporalsatz einleitend* when; (während, indem) as; **gerade ~:** just as; **damals, ~:** when; b) *Kausalsatz einleitend* **um so mehr, ~:** all the more since or in that c) *Vergleichspartikel* **kleiner/weiter/mehr usw. ~ ...** smaller/further/more etc. than ...; **sie ist alles andere ~ dumm** she is anything but stupid; **anders ~ ...** different from ...d) **~ da sind ...** namely; to wit; e) **~ Paar/Vater** as a couple/father etc.; **du ~ Vater ...** you as a father ...
also ['alzoː] 1. *Adv.* (folglich) so; therefore 2. *Partikel* a) (das heißt) that is; b) (nach Unterbrechung) well then; c) (verstärkend) ~**, jetzt oder nie** well, it's now or never; **na ~!** so there you are; so there, you see; ~ **schön** all right then; ~**, bis dann** till soon then
alt [alt]; älter ['ɛltɐ], ältest... ['ɛltəst] *Adj.* a) old; ~ **und jung** old and young; **sein älterer/ältester Bruder** his elder/eldest brother; **wie ~ ist er?** how old is he?; b) (nicht mehr frisch) old; c) (vom letzten Jahr) old; ~**e Freunde** old friends; d) (seit langem bestehend) old; ancient; longstanding; longserving (husband); e) (vertraut) old familiar; f) (antik, klassisch) ancient; g) *(ugs.)* (vertraulich) ~**es Haus!** old pal!; **ein ~er Hund** an old dog; (verstärkend) **die ~e Schrulle/der ~e Idiot** the old hag/idiot
Alt *m.*; ~s, ~e (Musik) alto; (Frauenstimme) contralto;

alto; (im Chor) altos *pl*.; contraltos *pl*.
Altar [al'taːɐ̯] *m*.; ~[e]s, Altäre [al'tɛːrə] altar
Alt-: **~bau** *m*.; *Pl.* **~bauten** old building; **~ bekannt** *Adj*. well-known; **~bewährt** *Adj*. well-tested
Alte *m./f.*; *adj. Dekl.* a) (alter Mensch) old man/woman; *Pl.* (alte Menschen) old people; b) *Pl.* (Tiereltern) parents; d) *Pl.* **die ~n** (*geh*.: Menschen der Antike) the Ancient
alt: **~ehrwürdig** *Adj*. (*geh*.) cherished; time-honoured (traditions); **~eingeführt** *Adj*. long established; **~englisch** *Adj*. Old English
Alter *n*.; ~s, ~: age; (hohes ~) old age
älter ['ɛltə] 1. siehe alt. 2. *Adj*. (nicht mehr jung) elderly; Ältere (ältere Menschen) the elders
alternativ [altɛrnaˈtiːf] 1. *Adj*. alternative. 2. *adv*. alternatively; (government, music) using alternative methods
Alternative *f*.; ~, ~n alternative
altertümlich 1. *Adj*. old-fashioned. 2. in an old-fashioned way
Alterung *f*.; ~, ~en a) (das Altwerden) ageing; b) (von Menschen usw.) ageing; maturing c) (von Materialien) ageing
Älteste ['ɛltəstə] *m./f.*; *adj. Dekl*. a) (Familien~, Stamm~, usw.) elder; b) (Kinder) eldest
Aluminium [aluˈmiːnɪum] *n*.; ~s aluminiun
Aluminium·folie *f*. aluminium foil, tin foil
am [am] *Präp. + Art*. a) = an dem; b) (räumlich) **am Weg** on the way; c) on the; d) (*zeitlich*) on; **am Mittwoch** on Wednesday; e) **am schwächsten/stärksten**

sein be the weakest/ the strongest; f) (Verlaufsform) **am Gehen/Spielen sein** be going/playing
Amateur [amaˈtøːɐ̯] *m*.; ~s, ~e amateur
ambulant [ambuˈlant] 1. *Adj*. a) (umherziehend) itinerant. b) (Medizin) out-patient *attrib*.
Ameise ['aːmaɪzə] *f*.; ~, ~n ant
Ameisenbär *m*. anteater
Amerika [aˈmeːrɪka] (*n*.); ~s America
Amerikaner [amɛrɪˈkaːnɐ] *m*.; ~s, ~ a) American; b) (Gebäck) small, round iced cake
Amerikanerin *f*.; ~, ~nen American
amerikanisch *Adj*. American
amerikanisieren *tr. V*. Americanize
Amnestie [amnɛsˈtiː] *f*.; ~, ~n amnesty
amnestieren *tr. V*. grant an amnesty to
Ampel ['ampl̩] *f*.; ~, ~n a) (Verkehrs~) traffic lights *pl*.; **die ~ war rot** the traffic lights stood on red; b) (Hängelampe) hanging lamp; c) (für Pflanzen) hanging flowerpot
Ampere [amˈpɛːɐ̯] *n*.; ~[s], ~: ampere; amp (*ugs*.)
Amphibie [amˈfiːbɪə] *f*.; ~, ~n (*Tierwelt*) amphibian
Amphi·theater *n*. amphitheatre
Amputation [amputaˈtsi̯oːn] *f*.; ~, ~en (Medizin) amputation
Amsel ['amzl̩] *f*.; ~, ~n blackbird
Amt [amt] *n*.; ~[e]s, Ämter ['ɛmtə] a) (hohes politisches oder kirchliches ~) office; (Stellung) post; position; b) (Aufgabe) task; job
amtlich 1. *Adj*. a) *nicht attr*. (*ugs*.: sicher) definite; certain b) *nichtpräd*. official;

Anarchismus

~es Kennzeichen registration number. 2. *adv*. officially
amts-, Amts-: **~arzt** *m*. medical officer; **~blatt** *n*. official gazette; **~deutsch** *n*. (*derogativ*) bureaucratic jargon; **~eid** *m*. oath of office; **~enthebung** *f*. removal or impeachment from office; **~leitung** *f*. exchange line; **~nachfolger** *m*. successor in office
Amulett [amuˈlɛt] *n*.; ~[e]s, ~e amulet; charm
amüsant [amyˈzant] 1. *Adj*. amusing; entertaining. 2. *adv*. in an amusing or entertaining manner
amüsieren 1. *refl. V*. a) (sich vergnügen) enjoy oneself; **wir amüsieren uns** we are enjoying ourselves b) (belustigt sein) be amused; 2. *tr. V*. amuse; **amüsiert zusehen** watch in amusement
an [an] 1. *Präp. mit Dat*. a) (räumlich) at; (aus) on; **eine Stelle** at one spot; b) (*zeitlich*) on; **an jedem Montag** every Monday; **an dem Abend, als er ...:** the evening he ...; c) **an und für sich** actually. 2. *Präp. mit Akk*. a) to; (auf, gegen) on; b) (*bestimmte Substantive, Adjektive und Verben*) **an etw. zweifeln** doubt sth.; **sich an etw. erinnern** recall or remember sth.
An·alphabet *m*.; ~en, ~en illiterate; **~ sein** be illiterate
Analyse [anaˈlyːzə] *f*.; ~, ~n (auch: Psycho~) analysis
analysieren *tr. V*. analyse
analytisch 1. *Adj*. analytical. 2. *adv*. analytically
Ananas ['ananas] *f*.; ~, ~ oder ~se pineapple
Anarchie [anarˈçiː] *f*.; ~, ~n anarchy
anarchisch *Adj*. anarchic
Anarchismus *m*.; ~: anar-

chism
Anarchist *m.*; ~en, ~en anarchist
anarchistisch *Adj.* anarchistic
Anatomie [anatoˈmiː] *f.*; ~, ~n a) anatomy; b) (Institut) anatomical institute
anatomisch [anaˈtoːmɪʃ] 1. *Adj.* anatomical. 2. *adv.* anatomically
An·bau *m.*; *Pl.* ~ten a) *o. Pl.* building; extension b) *o. Pl.* (das Anpflanzen) growing; cultivation
an·bauen 1. *tr. V.* a) build on; add; b) (anpflanzen) cultivate; grow. 2. *itr. V.* build an extension
an·bellen *tr. V.* bark at
an·beten *tr. V. (auch bildlich)* worship
an·betteln *tr. V.* jmdn. ~: beg from sb.
Anbetung *f.*; ~, ~en *(auch bildlich)* worship; *(fig.:* Verehrung) adoration
an·biedern *refl. V. (derogativ)* to worm oneself into sb.'s favour (bei with)
an·bieten 1. *unr. tr. V.* offer 2. *unr. refl. V.* a) offer one's services (als as); b) (geeignet sein) **sich für etw. ~:** be fit for a purpose
an·binden *unr. tr. V.* tie up (an + *Dat.* oder Akk. to); tether (animal) (an + *Dat.* oder Akk. to); tie up, moor (raft) (an + *Dat.* oder Akk. to); b) (verbinden, anschließen) link (an + Akk. to)
an·bleiben *unr. itr. V.*; *mit sein* (ugs.) stay on
an·blicken *tr. V.* look at
an·blinken *tr. V.* flash at·*tr. V.* a) blink at; b) (zuzwinkern) wink at
an·bohren *tr. V.* a) bore into; (mit der Bohrmaschine) drill or bore into; b) (erschließen) tap
an·brechen 1. *unr. tr. V.* a) crack; b) (öffnen) open; start c) **einen Fünfzigmark-**

schein ~: break into or (Amer.) break a fifty mark note. 2. *unr. itr. V.*; *mit sein (geh.:* beginnen) break; (day) break; (shadows, night) come down, fall; (era, epoch) dawn
an·brennen 1. *unr. tr. V.* (anzünden) light. 2. *unr. itr. V.*; *mit sein* a) burn b) (zu brennen beginnen) catch fire
an·bringen *unr. tr. V.* a) (befestigen) put up (picture, sign, etc.) (an + *Dat.* on); fix (light, spot) (an + *Dat.* on to); **an etw.** *(Dat.)* **angebracht sein** be fixed on to sth.; b) (äußern) make (demand, statement); c) (zeigen) display, demonstrate (competence, ability); d) (ugs.: herbeibringen) bring; e) (ugs.: verkaufen) sell
an·brüllen *tr. V.* (lion, etc.) roar at; (cow, etc.) bellow at; b) (ugs.: anschreien) bellow or bawl at
Andacht [ˈandaxt] *f.*; ~, ~en a) *o. Pl.* (Sammlung im Gebet) silent prayer or worship; b) *o. Pl.* (innere Sammlung) rapt attention; c) (Gottesdienst) prayers *pl.*
andächtig [ˈandɛçtɪç] 1. *Adj.* a) (ins Gebet versunken) devout; pious; reverent; b) (innerlich gesammelt) rapt; c) *nicht präd.* (feierlich) reverent. 2. *adv.* a) (ins Gebet versunken) devoutly; piously; reverently; b) (innerlich entschlossen) raptly
an·dauern *itr. V.* (discussions) continue, go on; (duty, situation) continue, last
andauernd 1. *Adj.*; *nicht präd.* constant; continual. 2. *adv.* continually; constantly; **warum bist du ~ so schlecht gelaunt?** why are you always in such a bad mood?

An·denken *n.*; ~s, ~ a) *o. Pl.* memory b) (Erinnerungsstück) memento, souvenir; (Reise~) souvenir
ander... [ˈandɐ-] *Indefinitpron.* 1. *attr.* a) other; **ein ~er Mann/ eine ~e Frau/ein ~es Stück** another man/woman/piece; **der/die/das eine oder ~e ...** one or two ...; b) (nächst...) next; **am/bis zum ~en Morgen** the/by the next or following morning; c) (verschieden) different; d) (neu) **eine ~e Wohnung finden** find another appartment; 2. *allein stehend* a) (Person) **jemand ~er or ~es** someone else; (in Fragen) anyone else; b) (Sache) **etwas ~es** something else
ändern [ˈɛndɐn] 1. *tr. V.* change; alter; alter (pair of slacks); change (personality); amend (constitution) 2. *refl. V.* change; alter; (behaviour, topic) change
anders [ˈandɐs] *Adv.* a) differently (als from or esp. Brit. to); different (als from or *esp. Brit.* to); **es sieht alles ~ aus** it all seems completely different b) (sonst) else; **irgendwo/ nirgendwo ~:** somewhere/nowhere else; **niemand ~:** nobody else; **jemand ~:** someone else; *(verneint, in Fragen)* anyone else; c) (ugs.: andernfalls) otherwise; or else
anders·artig *Adj.* different
anderthalb [ˈandɐtˈhalp] one and a half
Änderung *f.*; ~, ~en siehe ändern 1: change (*Gen.* in); alteration (*Gen.* to); amendment (*Gen.* to)
an·deuten 1. *tr. V.* a) (zu verstehen geben) intimate; hint; jmdm. **etw. ~:** intimate or hint sth. to sb.; b) (nicht ausführen) outline; (kurz erwöhnen) indicate. 2. *refl. V.*

(sich abzeichnen) be indicated
An·deutung f. a) (Anspielung) hint; **eine ~ machen** drop a hint (über + Akk. about); b) (schwaches Anzeichen) suggestion; hint
andeutungs·weise Adv. by way of innuendo/allusion
an·dichten tr. V. jmdm. **etw. ~:** impute sth. to sb
An·drang m.; o. Pl. crowd; throng (Gedränge) crush
an·drängen itr. V.; mit sein surge (gegen against); (crowd) surge forward; (army) push forward
an·drehen tr. V. a) (einschalten) turn on b) (anziehen) screw on c) (ugs.: verkaufen) **jmdm. etw. ~:** palm sb. off with sth.; palm sth. off on sb
an·drohen tr. V. jmdm. **etw. ~:** threaten sb. with sth
An·drohung f. threat
Android [andro'iːt] m.; ~en, ~en, **Androide** [an dro'iːdə] m.; ~n, ~n android
an·drücken tr. V. press down
an·eignen refl. V. a) appropriate; sich (Dat.) **etw. widerrechtlich ~:** misappropriate sth.; b) (lernen) acquire; learn
An·eignung f. a) appropriation; **widerrechtliche ~:** misappropriation; b) (Lernen) acquisition; learning
an·einander Adv.: **~ denken** think of each other or one another; **~ vorbeigehen** pass each other or one another; go past each other or one another; **~ vorbeireden** talk at cross purposes; **sich ~ gewöhnen** get used to each other or one another; **sich ~ festhalten** hold each other or one another
Anekdote [anɛk'doːtə] f.; ~, ~n anecdote
an·ekeln tr. V. nauseate; disgust

anerkannt Adj. recognized; acknowledged (hero, writer)
an·erkennen unr. tr. V. a) acknowledge (defeat); accept (foolishness, conditions, regulations); b) (nicht leugnen) acknowledge; c) respect (tradition, opinion); (würdigen) acknowledge, appreciate (talents, efforts); appreciate (person)
anerkennens·wert Adj. commendable
Anerkennung f.; ~, ~en a) recognition; acknowledgement; acceptance; allowance; b) acknowledgement; c) appreciation; respect (Gen. for
an·fachen tr. V. fan; (bildlich) arouse (pleasure, motivation); inspire, stir up (conflict); inspire (love); inflame (passion)
an·fahren 1. unr. tr. V. a) run into; hit; b) (herbeifahren) deliver; c) (ansteuern) stop or call at (gas station, etc.); put in at (port); d) (zurechtweisen) shout at. 2. unr. itr. V.; mit sein a) (starten) start off; b) **angefahren kommen** come driving/riding along
An·fahrt f. a) (das Anfahren) journey; b) (Weg) approach; arrival
An·fall m. a) (Attacke) attack; (epileptischer ~, bildlich) fit; **einen ~ bekommen** have an attack /a fit; b) o. Pl. (Anfallendes) amount (an + Dat. of); (Ertrag) yield (an + Dat. of)
an·fallen 1. unr. tr. V. a) (angreifen) attack; b) (befallen) assailed by (fear, punches) 2. unr. itr. V.; mit sein (problems) arise, be incurred; (interest) accrue; (beggars) come up; (bills) accumulate
An·fang m. beginning; start; **am oder zu ~:** to begin with; at first; **von ~ an** from

the beginning or outset; **von ~ bis Ende** from beginning to end or start to finish
an·fangen 1. unr. itr. V. a) begin; start; **er fing als Schauspieler an** he started off as an actor; b) (zu sprechen ~) begin; **von etw. ~:** start on about sth.; c) (eine Stelle antreten) start; take up. 2. unr. tr. V. a) begin; start; (anbrechen) take up; **das Schreiben ~:** take up writing; b) (machen) do; **damit kann keiner was ~:** that's of no use to anyone
An·fänger m.; ~s, ~, **An·fängerin** f.; ~, ~nen beginner; (derogativ: Stümper) amateur
anfänglich ['anfɛŋlɪç] Adj. initial
anfangs Adv. at first; initially
an·fassen 1. tr. V. a) (fassen, halten) take hold of; b) (berühren) touch; c) (angehen) approach, tackle (work, task, etc.); e) (behandeln) treat (person). 2. itr. V. (mithelfen) lend assistance
an·fauchen tr. V. a) (cat) spit at; b) (bildlich) snap at
an·fechten unr. tr. V. a) (bes. Rechtsw.) challenge, dispute (argument, statement); contest (idea); challenge (thesis); dispute (contract); challenge (team, opponent); b) (beunruhigen) trouble; bother
Anfechtung f.; ~, ~en (bes. Recht) siehe anfechten a: challenging; disputing; contesting
an·feinden tr. V. fell ill-will to sb.
an·fertigen tr. V. make; cut, make (tuxedo); do (transposition, notation); prepare, draw up (presentation)
An·fertigung f. making; doing; making up; preparing; drawing up; cutting

an·feuchten tr. V. moisten (envelope, face); dampen, wet (towel, floor, etc.)
an·feuern tr. V. spur on
An·feuerung f. incitement
an·flehen tr. V. beseech; implore; **jmdn. um etw. ~:** beg sb. for sth.
an·fliegen 1. unr. itr. V.; mit sein (aircraft) fly in; (beim Landen) approach; (bird) fly in; **angeflogen kommen** come flying in; (auf einen zu) (bird) come flying up; 2. unr. tr. V. a) fly to (city, country, elsewhere); (beim Landen) approach (airport); b) (ansteuern) (aircraft) approach; (bird) fly towards, approach
An·flug m. a) approach; b) (Hauch) hint; suspicion; c) (Anwandlung) fit
an·flunkern tr. V. (ugs.) tell fibs to
An·forderung f. a) o. Pl. (das Anfordern) request (Gen. for); b) (Anspruch) demand
An·frage f. inquiry; (Parlament) question; **große/ kleine ~** (Parl.) oral/written question
an·fragen itr. V. inquire; ask
an·fressen 1. unr. tr. V. a) nibble; (bird) peck; b) (zersetzen) corrode; eat away. 2. unr. refl. V. **sich** (Dat.) **einen Bauch ~** (sl.) develop a paunch
an·freunden refl. V. make or become friends (mit with)
an·frieren unr. itr. V.; mit sein **an etw.** (Dat.) **~:** freeze to sth.
an·fügen tr. V. add
an·fühlen refl. V. feel
an·führen tr. V. a) lead; head (parade); b) (zitieren) quote; c) (nennen) quote, give, offer (possibilities); give, offer (help, assistance)
An·führer m. a) (Führer) leader; b) (Rädelsführer) ringleader

An·führung f. a) leadership; b) (das Zitieren, Zitat) citation; c) (Nennung) quotation; giving; offering
an·füllen tr. V. fill; **mit etw. angefüllt sein** be filled or full with sth.
an·geben 1. unr. tr. V. a) give (example); declare (goods); name, cite (person); **wie dort angegeben** as mentioned there; b) (bestimmen) set (course, example); **den Takt ~:** keep time; 2. unr. itr. V. a) (prahlen) brag; boast; (sich angeberisch benehmen) show off
Angeber m.; ~s, ~: braggart; boasted
angeberisch (ugs.) 1. Adj. boastful (egomaniac); pretentious, showy (person, earrings). 2. adv. boastfully
angeblich 1. Adj. alleged. 2. adv. supposedly; allegedly
an·geboren Adj. innate (characteristic); congenital (disease)
An·gebot n. a) offer; b) (Wirtschaft) (angebotene Menge) supply; (Sortiment) range
an·gebracht Adj. appropriate
an·gebunden Adj. a) tied down; b) **kurz ~** (ugs.) short; abrupt
an·gegossen Adj. **wie ~ sitzen/passen** (ugs.) fit like a glove
angegraut ['angəgraut] Adj. greying
an·gegriffen Adj. weakened (arms); strained (nerves, eyes); (erschöpft) exhausted; (nervlich) strained
an·geheiratet Adj. by marriage postpos.; **~ sein** be related by marriage
angeheitert ['angəhaɪtɐt] Adj. tipsy; merry (ugs.)
an·gehen 1. unr. itr. V.; mit sein a) (sich einschalten, entzünden) (television, gas, machine) come on; (fire) catch, start burning; b) (entzünden lassen) go on; (fire) light, catch; c) (ugs.: beginnen) start; d) (anwachsen, wachsen) take root; e) **gegen etw./jmdn. ~:** fight sth./sb. 2. unr. tr. V. a) (angreifen) attack; (Sport) tackle; challenge; b) (in Angriff nehmen) tackle; take; c) (bitten) ask; d) (betreffen) concern; **das geht dich nichts an** that`s of no concern to you
Angeklagte ['angəklaːtə] m./f.; adj. Dekl. accused; defendant
Angel ['aŋl] f.; ~, ~n a) fishingrod; rod and line; **die ~ auswerfen** cast the line; b) (Tür~, Fenster~ usw.) hinge
An·gelegenheit f. matter; affair; concern
angeln 1. tr. V. (zu fangen suchen) fish for; (fangen) catch 2. itr. V. angle; fish; **nach etw. ~** (bildlich) fish for sth.
Angel-: ~rute f. fishing-rod; ~sachse m. Anglo-Saxon; ~schein m. fishing licence; ~schnur f. fishing line
an·gemessen 1. Adj. appropriate; reasonable, fair; adequate 2. adv. (act) properly; (compensate) adequately; reasonably, fairly
an·genehm 1. Adj. agreeable; pleasant; **die Massage ist ~** the massage feels great 2. adv. pleasantly; agreeably
angepasst Adj. well adjusted
angeregt 1. Adj. lively; animated. 2. adv. **sich ~ unterhalten/~ diskutieren** have a lively or an animated discussion/chat
an·geschlagen Adj. groggy; poor, weakened (health)
An·gesicht n.; ~[e]s, ~er

(Gesicht) face; **von ~ zu ~:** face to face
an·gespannt 1. *Adj.* a) (angestrengt) close; taut; b) (kritisch) tight; tense 2. *adv.* (work) concentratedly; with concentrated attention
angestellt *Adj.* **bei jmd. ~ sein** be employed by sb.; work for sb.; **fest ~ sein** have a permanent position
Angestellte *m./f.; adj. Dekl.* salaried employee
angestrengt 1. *Adj.* close (attention); concentrated (juice, attention, thought). 2. *adv.* (focus, pray, think) concentratedly
an·getrunken *Adj.* tipsy
an·gewandt *Adj.*; *nicht präd.* applied
an·gewöhnen 1. *tr. V.* get used to sth.; accustom to sth. 2. *refl. V.* **sich** (*Dat.*) **etw. ~:** get into the habit of sth.
Angina [anˈgiːna] *f.*; ~, Anginen angina
an·gleichen 1. *unr. tr. V.* **etw. einer Sache** (*Dat.*) **oder an etw.** (*Akk.*) **~:** bring sth. into line with sth. 2. *unr. ref. V.* **sich jmdm./einer Sache oder an jmdn./etw. ~:** become like sb./sth
Angler *m.*; ~s, ~: angler
Anglikaner [aŋgliˈkaːnɐ] *m.*; ~s, ~: Anglican
anglikanisch *Adj.* Anglican
Anglikanismus *m.*; ~: Anglicanism *no art.*
anglisieren *tr. V.* Anglicize
Anglist *m.*; ~en, ~en English specialist or scholar; Anglicist; (Student) student of English
Anglistik *f.*; ~: Anglistics *sing.*; English language and literature studies *pl., no art.*
an·glotzen *tr. V.* (*ugs.*) goggle at
Angora- [aŋˈɡoːra]: **~kaninchen** *n.* angora rabbit; **~katze** *f.* angora cat; **~wolle** *f.* angora

angreifbar *Adj.* assailable; contestably
an·greifen 1. *unr. tr. V.* a) attack; b) (schwächen) weaken, affect c) (schädigen) attack; corrode; harm; d) (anbrechen) break into 2. *unr. itr. V.* (auch bildlich) attack
An·greifer *m.*, **Angreiferin** *f.*; ~, ~nen (*auch bildlich*) attacker
an·grenzen *itr. V.* **an etw.** (*Akk.*) **~:** border on or adjoin sth.
An·griff *m.* assault; attack; **auf ~ gehen** go to attack
an·grinsen *tr. V.* grin at
Angst [aŋst] *Adj.* **jmdm. ist/wird ~ und Bange** sb. is/becomes afraid or frightened
Angst *f.*; ~, Ängste [ˈɛŋstə] a) (Furcht) fear (vor + *Dat.* of; anxiety; **~ haben** be afraid or frightened; **~ bekommen oder** (*ugs.*) **kriegen**, become or get frightened or scared b) (Sorge) worry; anxiety; **~ um jmd. haben** be worried or anxious; **er hat ~, sich zu verletzen** he is worried about hurting himself; **keine ~, sei froh!** don't worry, be happy!
ängstigen [ˈɛŋstɪɡn̩] 1. *tr. V.* frighten; scare; (beunruhigen) worry. 2. *refl. V.* be frightened or afraid; (sich sorgen) worry; **sich vor etw.** (*Dat.*) **/ um jmdn. ~:** be frightened or afraid of sth./worried about sb.
ängstlich [ˈɛŋstlɪç] 1. *Adj.* a) (verängstigt) anxious; apprehensive; b) (besorgt) worried; anxious; c) (furchtsam, schüchtern) timorous; timid. 2. *adv.* a) (verängstigt) anxiously; apprehensively; b) (besorgt) anxiously; c) (übermäßig genau) fastidiously
Ängstlichkeit *f.*; ~ a)

(Furchtsamkeit) timorousness; timidity; b) (Schüchternheit) timidity; c) (Besorgnis) anxiety
an·gucken *tr. V.* (*ugs.*) look at; **sich** (*Dat.*) **etw./jmdn. ~:** look or have a look at sth./sb.; **guck dir den Typen an!** look at that guy!
an·haben *unr. tr. V.* a) (*ugs.*: am Körper tragen) have on; b) **jmdm./einer Sache etwas ~ können** be able to harm sb./harm or damage sth.
an·halten 1. *unr. tr. V.* a) stop; **den Atem ~:** hold one's breath; b) (auffordern) induce; encourage 2. *unr. itr. V.* a) stop; b) (andauern) go on; last; c) **um jmdn. oder jmds. Hand ~** ask for sb.'s hand
anhaltend 1. *Adj.* constant; continuous. 2. *adv.* constantly; continuously
An·halter *m.* hitch-hiker; **per ~ fahren** hitchhike
An·halterin *f.* hitch-hiker
Anhalts·punkt *m.* indication; clue (für to); (für eine Vermutung) grounds *pl.* (für to
An·hang *m.* a) (eines Buches) appendix; b) (Verwandtschaft) family c) (Anhängerschaft) adherents; following
an·hängen *unr. itr. V.* a) (verbunden sein mit) be attached (*Dat.* to); b) (glauben an) subscribe (*Dat.* to) (belief); 1. *tr. V.* a) hang up (an + *Akk.* on); b) couple on (an + *Akk.* to); c) (anfügen) add (an + *Akk.* to); d) (*ugs.*: zuschreiben, anlasten) **jmdm. etw. ~:** blame etw. on sb.; e) (*ugs.*: geben) **jmdm. etw. ~:** give sb. sth... 2. *refl. V.* a) hang on (an + *Akk.* to); b) (*ugs.*: sich anschließen) **sich ~:** tag along (*ugs.*)
An·hänger *m.* a) (Mensch)

adherent; supporter; (einer Religion) adherent; follower; b) (Wagen) trailer; c) (Schmuckstück) pendant; d) (Schildchen) label; tag
Anhängerschaft f.; ~, ~en supporters pl.; (einer Religion) followers pl.; adherents pl.
anhängig Adj. (Recht) pending (action); **etw. ~ machen** start legal proceedings over sth.
anhänglich Adj. trusty; devoted
Anhänglichkeit f.; ~: devotion (an + Akk. to)
an·hauchen tr. V. breathe on (glass); blow on
an·häufen 1. tr. V. amass; accumulate. 2. refl. V. accumulate; pile up
An·häufung f. a) amassing; accumulation; b) (Haufen) accumulation
an·heben unr. tr. V. a) lift up; b) (erhöhen) raise
An·hebung f. (Erhöhung) increase (Gen. in); raising (Gen. of)
an·heften tr. V. tack (sleeve); attach; put up
an·heimelnd Adj. homely; cosy
an·heizen 1. tr. V. a) fire up; b) (bildlich ugs.) stimulate; rouse 2. itr. V. turn the heating on
an·heuern ['anhɔyɐn] tr. V. a) sign on; b) (bildlich ugs.: einstellen) sign on or up
An·hieb m. **auf ~** (ugs.) straight of; first go
an·himmeln tr. V. (ugs.) a) (ansehen) gaze adoringly at; b) (verehren) idolize; worship
An·höhe f. rise; elevation
an·hören 1. tr. V. listen to 2. refl. V. sound
Anhörung f.; ~, ~en hearing
Animateur [anima'tœːɐ̯] m.; ~s, ~e host
Animier·dame f. hostess

animieren [ani'miːrən] tr. (auch itr.) V. encourage
Ank. Abk. Ankunft arr.
an·karren tr. V. (ugs.) cart along; bring along
An·kauf m. purchase
an·kaufen tr. V. purchase; buy
Anker ['aŋkɐ] m.; ~s, ~ a) anchor; b) armature
ankern itr. V. a) (vor Anker gehen) anchor; drop anchor; b) (vor Anker liegen) be anchored; lie at anchor
an·ketten tr. V. chain up (an + Akk. oder Dat. to)
An·klage f. a) charge b) (~vertretung) prosecution
An·kläger m. prosecutor
an·kleben 1. tr. (auch itr.) V. stick up (picture, etc.) (an + Akk. on). 2. itr. V.; mit sein stick (an + Dat. to)
Ankleide·kabine f. changing cubicle
an·kleiden tr. V. dress; attire; **sich ~:** get dressed
Ankleide·raum m. dressing-room
an·klingen unr. itr. V.; auch mit sein be discernible
an·klopfen itr. V. knock (an + Akk. oder Dat. at or on)
an·knabbern tr. V. (ugs.) nibble
an·knipsen tr. V. (ugs.) switch or turn on
an·knüpfen tr. V. a) tie on (an + Akk. to); b) (beginnen) start up (discussion); form (friendship); strike up; establish;. 2. itr. V. **an etw.** (Akk.) **~:** take sth. up
an·kommen unr. itr. V.; mit sein a) (eintreffen) arrive; come; (car, train, plane) arrive, get in; **er ist nicht angekommen** he didn`t arrive; b) (herankommen) come along; c) (ugs.: Anklang finden) go down well; **der Gedanke kommt bei uns gut an** that thought goes down well with us; d) **gegen jmdn./etw. ~:** be

able to cope or deal with sb./fight sth.; e) **es auf etw.** (Akk.) **~ lassen** (etw. riskieren) risk sth.
Ankömmling ['ankœmlɪŋ] m.; ~s, ~e newcomer; stranger
an·koppeln 1. tr. V. couple (trains) up (an + Akk. to); hitch (horse) up (an + Akk. to); dock (ship) (an + Akk. with). 2. itr. V. (ship) dock (an + Akk. with)
an·kreuzen tr. V. mark with a cross; put a cross beside
an·kündigen 1. tr. V. announce; **das Konzert ~:** announce the concert; 2. refl. V. announce itself; (truth) show itself
An·kündigung f. announcement
Ankunft ['ankʊnft] f.; ~, Ankünfte arrival
Ankunfts·halle f. arrival hall
Anl. Abk. Anlage encl.
an·lächeln tr. V. smile at
an·langen 1. itr. V.; mit sein arrive; **bei/auf/an etw.** (Dat.) **~:** arrive at or reach sth. 2. tr. V. touch
Anlass ['anlas] m.; Anlasses, Anlässe ['anlɛsə] a) (Ausgangspunkt, Grund) cause (zu for); b) (Gelegenheit) occasion
an·lassen 1. unr. tr. V. a) leave on; leave (light) burning; b) keep on (clothes); c) (in Gang setzen) start up 2. unr. refl. V. **sich gut/schlecht ~:** make a or get off to a good/bad or poor start
Anlasser m.; ~s, ~ starter
an·lässlich Präp. mit Gen. on the occasion of
An·lauf m. a) run-up; b) (Versuch) attempt; **nach dem ersten ~:** after the first attempt
an·laufen 1. unr. itr. V.; mit sein a) **angelaufen kommen** come running along; (auf einen zu) come running

Annehmlichkeit

up; b) **gegen jmdn./etw. ~:** rush at sb./sth.; c) (Anlauf nehmen) take a run-up; d) (zu laufen beginnen) (machine) start up; *(bildlich)* (festival) open; (show) start; e) (sich färben) turn; go; f) (beschlagen) steam or mist up. 2. *unr. tr. V.* put in at (quay)
an·legen 1. *tr. V.* a) (an etw. legen) put or lay (paper) (an + Akk. next to); place, position (ship) (an + Akk. on); put (board) up (an + Akk. against); b) (an den Körper legen) **die Arme ~:** put one's arms down to one's sides; c) (geh.: anziehen, umlegen) put on; d) (schaffen) lay out; start (work); compile; e) (gestalten, entwerfen) structure; f) (investieren) invest; g) (ausgeben) spend (für on); 2. *itr. V.* a) (landen) moor; b) (Kartenspiel) lay a card/cards; c) (zielen) aim (auf + Akk. at). 3. *refl. V.* **sich mit jmdm. ~:** pick an fight or quarrel with sb.
an·lehnen 1. *tr. V.* a) (an etw. lehnen) lean (an + Akk. oder *Dat.* against); b) leave (door) ajar; leave (clothes) slightly open; 2. *refl. V.* **sich ~:** lean
Anlehnung *f.*; ~, ~en: **in ~ an** in imitation/ emulation of sb./sth.
an·leinen *tr. V.* put on the leash
an·leiten *tr. V.* instruct; teach
An·leitung *f.* instructions *pl.*
an·lernen *tr. V.* train; **ein angelernter Schauspieler** a semi-skilled actor
an·lesen 1. *unr. tr. V.* begin or start reading or to read. 2. *unr. refl. V.* **sich** (*Dat.*) **etw. ~:** learn sth. by reading or from the book
an·liegen *unr. itr. V.* a) (an etw. liegen) fit tightly or closely; **die eng ~de Jeans** tight- or close-fitting jeans; b) (*ugs.:* vorliegen) be on
An·liegen *n.*; ~s, ~ (Angelegenheit) matter; (Bitte) request
anliegend *Adj.* a) *nicht präd.* (angrenzend) adjacent; b) (beiliegend) enclosed
Anlieger *m.*; ~s, ~ resident
an·locken *tr. V.* attract; decoy
an·löten *tr. V.* solder on (an + Akk. oder *Dat.* to)
an·lügen *tr. V.* lie to
an·machen *tr. V.* a) (anschalten, -zünden usw.) put or turn on; light (matches); b) (bereiten) dress; mix (colours) c) (*ugs.:* begeistern, erregen) get (audience etc.) going; **das macht mich an** that turns me on
an·mahnen *tr. V.* send a reminder about
an·malen *tr. V.* a) (*ugs.:*bemalen) paint; b) (*ugs.:* schminken) paint;
an·maßend 1. *Adj.* presumptuous; (arrogant) arrogant; overweening. 2. *adv.* presumptuously; (arrogant) arrogantly
Anmaßung *f.*; ~, ~en presumptuousness; presumption; (Arroganz) arrogance; haughtiness
an·melden *tr. V.* a) (als Teilnehmer) enrol; b) (melden, anzeigen) obtain a licence; apply for; register (car) (ankündigen) announce; d) (geltend machen) express, make known (feelings) put forward (request); e) (Kartenspiele: ansagen) bid
An·meldung *f.* a) (zur Teilnahme) enrolment; b) licensing; registration; c) (Ankündigung) announcement; arranging an appointment
an·merken *tr. V.* a) notice b) (bemerken) note

An·merkung *f.*; ~, ~en a) (Fußnote) note; b) (Bemerkung) comment; observation
An·mut *f.*; ~ *(geh.)* grace; **mit ~:** gracefully
an·mutig *(geh.)* 1. *Adj.* graceful; charming, delightful 2. *adv.* gracefully; charmingly
an·nähen *tr. V.* sew on (an + Akk. to)
an·nähern 1. *refl. V.* a) approach; converge b) become or get closer to sb.; c) (sich angleichen) come or get closer to sth. 2. *tr. V.* (angleichen) bring closer (*Dat.* to)
Annäherung *f.*; ~, ~en a) approach (an + Akk. to); b) (Angleichung) **eine ~ der Gegensätze** bringing the differences closer together
Annäherungs·versuch *m.* approach; advance
Annahme ['anna:mə] *f.*; ~, ~n a) acceptance; b) (Vermutung) assumption; **er nimmt an, dass ...:** he assumes that ...
Annalen [a'na:lən] *Pl.* annals
annehmbar 1. *Adj.* a) acceptable; b) (recht gut) reasonable. 2. *adv.* reasonably
an·nehmen 1. *unr. tr. V.* a) accept; take; take up (leadership); b) (Sport) take; c) (billigen) approve; adopt (life style); d) (aufnehmen) take on (intern, student); e) (adoptieren) adopt; f) (bekommen) take on (look); i) (vermuten) assume; presume; g) (sich aneignen) adopt (belief); assume (position); h) (voraussetzen) **etw. als gegeben oder Tatsache ~:** take sth. for granted or as read; 2. *unr. refl. V. (geh.)* **sich jmds./einer Sache ~:** attend to sb./sth.
Annehmlichkeit *f.*; ~, ~en

comfort; (Vorteil) advantage
annektieren [anɛk'tiːrən] *tr. V.* annex
Annonce [a'nõːsə] *f.*; ~, ~n advertisement; ad *(ugs.)*; advert *(Brit. ugs.)*
annoncieren *tr., itr. V.* advertise
annullieren [anʊ'liːrən] *tr. V.* annul
Annullierung *f.*; ~, ~en annulment
anomal ['anomaːl] 1. *Adj.* anomalous; abnormal. 2. *adv.* anomalously; abnormally
Anomalie *f.*; ~, ~n anomaly; abnormality
anonym [ano'nyːm] 1. *Adj.* anonymous. 2. *adv.* anonymously
Anonymität [anonymɪ'tɛːt] *f.*; ~: anonymity
an·ordnen *tr. V.* a) (arrangieren) arrange; b) (befehlen) order
An·ordnung *f.* a) (Ordnung) arrangement; b) (Befehl) order
an·organisch *Adj.* inorganic
anormal 1. *Adj.* abnormal. 2. *adv.* abnormally
an·packen 1. *tr. V.* a) (*ugs.*: anfassen) seize hold of; b) (angehen) tackle; 2. *itr. V.* (*ugs.*: mithelfen) **mit ~:** lend a hand
an·passen 1. *tr. V.* a) (passend machen) fit; b) (abstimmen) suit (*Dat.* to). 2. *refl. V.* adapt (*Dat.* to); (animal) adapt; (gesellschaftlich) conform
Anpassung *f.*; ~, ~en adaptation (an + Akk. to); (an die Gesellschaft) conformity; (der Unterschiede, Umstände usw.) adjustment (an + Akk. to)
anpassungs·fähig *Adj.* adaptive
Anpassungs·fähigkeit *f.*; *o. Pl.* adaptability (an + Akk. to)

an·pflanzen *tr. V.* a) plant; b) (anbauen) grow; cultivate
an·pflocken *tr. V.* tether (animal)
an·pöbeln *tr. V.* (*ugs.*) abuse
An·prall *m.*; ~[e]s impact (auf, an + Akk. with, gegen against)
an·prallen *itr. V.*; *mit sein* crash
an·prangern *tr. V.* pillory; denounce
an·preisen *unr. tr. V.* praise
Anprobe *f.* fitting
an·probieren *tr. V.* try on
an·pumpen *tr. V.* (*ugs.*) borrow money from
an·raten *unr. tr. V.* **jmdm. etw. ~:** recommend sth. to sb.
An·recht *n.* right; **ein ~ auf etw.** (Akk.) **haben** have a right or entitlement to
An·rede *f.* form of address
an·reden *tr. V.* address; **jmdn. mit dem Vornamen ~:** address or call sb. by his/her first name
an·regen 1. *tr. V.* a) (ermuntern) prompt b) (vorschlagen) suggest; propose; **~, etw. zu tun** suggest or propose doing sth. 2. *tr. (auch itr.) V.* stimulate; sharpen, whet, stimulate (vision)
an·regend *Adj.* stimulating; **~ wirken** act as a stimulant
An·regung *f.* a) siehe a) anregen 2: stimulation; sharpening; whetting; b) (Denkanstoß) impulse; stimulus; c) (Vorschlag) proposal; suggestion
Anregungs·mittel *n.* energizer; stimulant
an·reichern 1. *tr. V.* a) enrich; b) accumulate. 2. *refl. V.* accumulate
Anreicherung *f.*; ~, ~en a) enrichment; b) (Akkumulation) accumulation
An·reise *f.* journey

an·reisen *itr. V.*: *mit sein* travel there/here
an·reißen *unr. tr. V.* a) tear partly; b) (in Gang setzen) start; c) (anzünden) strike; d) *(Technik)* mark
An·reiz *m.* incentive
an·reizen *tr. (auch itr.) V.* a) (anspornen) incite; encourage; instigate; **eine Komödie soll zum Lachen ~:** comedy is supposed to encourage or act as an incentive to laugh; b) (anregen, erregen) stimulate
an·rempeln *tr. V.* barge into; (absichtlich) jostle
an·richten *tr. V.* a) (*auch itr.*) arrange (chairs); (servieren) serve; b) cause (distraction, anxiety)
an·ritzen *tr. V.* scratch
an·rücken *itr. V.*; *mit sein* (tanks) advance; move forward; (aggressors, sharks) move in
An·ruf *m.* a) (telefonischer ~) telephone call; b) (Zuruf) call; challenge
Anruf·beantworter *m.*; ~s, ~: answering machine
an·rufen 1. *unr. tr. V.* a) call or shout to; call; hail (airplane); b) (geh.: angehen, bitten) appeal to (people, population) (um for); call upon (assistance); c) (telefonisch ~) ring (Brit.); call. 2. *unr. itr. V.* ring (Brit.); call
Anrufer *m.*; ~s, ~: caller
Anrufung *f.*; ~, ~en a) (einer Gottheit, eines Geistes) invocation; b) (eines Gerichts) appeal (*Gen.* to)
an·rühren *tr. V.* a) touch; b) (bereiten) mix
An·sage *f.* a) announcement; b) (Kartenspiel) bid
an·sagen 1. *tr. V.* (ankündigen) announce; b) (Kartenspiel) bid. 2. *refl. V.* **einen Gast ~:** announce a guest to sb.
an·sägen *tr. V.* start to saw through

anschwimmen

Ansager *m.*; ~s, ~, **Ansagerin** *f.*; ~, ~nen a) (Fernsehen, Radio) announcer; b) (in Fernsehshows usw.) master of ceremonies
an·sammeln 1. *tr. V.* accumulate; amass 2. *refl. V.* a) (zusammenströmen) gather; b) (sich anhäufen) accumulate; *(bildlich)* build up
An·sammlung *f.* a) (von Menschen) crowd b) (von Gegenständen) collection; (Haufen) pile
an·sässig [ˈanzæsɪç] *Adj.* resident
an·saugen *tr. V.* (auch *unr.*) suck in or up
an·schaffen *tr. V. etw. ~ (auch bildlich ugs.)* acquire sth.
An·schaffung *f.* aquisition; purchase
an·schalten *tr. V.* switch on
an·schauen *tr. V.* siehe ansehen
anschaulich 1. *Adj.* (deutlich) clear; (bildhaft, lebendig); graphic, vivid; **etw. ~ machen** make sth. vivid; bring sth. to life. 2. *adv.* (deutlich) clearly; (bildhaft, lebendig) graphically, vividly
Anschaulichkeit *f.*; ~ siehe anschaulich 1: clarity; graphicness, vividness
Anschauung *f.*; ~, ~en a) (Auffassung) view; (Meinung) opinion; b) (Wahrnehmung) experience
An·schein *m.* appearance; **allem oder dem ~ nach** to all appearances
an·scheinend *Adv.* apparently; seemingly
an·scheißen (derb) *unr. tr. V.* (betrügen) con *(sl.)*; diddle *(sl.)*
an·schicken *refl. V.* **sich ~, etw. zu tun** (sich bereit machen) set out to or prepare to do sth.
an·schieben *unr. tr. V.* push
an·schießen 1. *unr. tr. V.* a) (durch Schuss verletzen) shoot and wound; angeschossen wounded; b) (bes. Fußball) kick the ball against (defender)
An·schlag *m.* a) (Attentat) assassination attempt; (auf einen Club, ein Auto) attack; **einen ~ auf jmdn. verüben** make an attempt on sb.'s life; b) (Bekanntmachung) notice; (Plakat) poster; c) (Texterfassung) keystroke; d) (Musik) touch; e) *(Technik)* stop
Anschlag·brett *n.* noticeboard
an·schlagen 1. *unr. tr. V.* a) (aushängen) put up, post (an + Akk. on); b) (beschädigen) chip. 2. *unr. itr. V.* a) *mit sein* **an etw.** (Akk.) **~:** strike against sth.
an·schleichen 1. *unr. refl. V.* creep up (an + Akk. on). 2. *unr. itr. V.*; *mit sein* **angeschlichen kommen** come creeping along; (auf einen zu) come creeping up
an·schleppen *tr. V.* a) (herbeibringen) drag along; b) (zum Starten) tow-start (truck, etc.)
an·schließen 1. *unr. tr. V.* a) (verbinden) connect (an + Akk. oder Dat. to); connect up (engine); (mit Stecker) plug in; b) (anfügen) add. c) (mit Schloss) lock, secure (an + Akk. oder Dat. to); 2. *unr. refl. V.* **sich jmdm. ~:** join sb.; b) *auch itr.* **an etw.** (Akk.) **~** *(zeitlich)* follow sth.; (räumlich) adjoin sth.
anschließend 1. *Adv.* subsequently
An·schluss *m.* a) (Kabel) cable; b) (telefonische Verbindung) connection; c) (Verkehr) connection; **von hier haben Sie ~ nach …:** from here you have a connection to …; d) *o. Pl.* (Kontakt) ~ **finden** make friends; **~ su-**

chen seek acquaintances; e) **im ~ an etw.** (Akk.) subsequent to sth.
Anschluss·zug *m.* connecting train
an·schmiegen 1. *tr. V.* nestle (an + Akk. against). 2. *refl. V.* nestle up, snuggle up (an + Akk. to, against)
an·schmiegsam *Adj.* affectionate (boy); soft and smooth (sweater)
an·schnallen *tr. V.* strap on (bag); put on (boots); **sich ~** put on one's seat-belt; fasten one's seat-belt
an·schnauzen *tr. V. (ugs.)* shout at
an·schneiden *unr. tr. V.* a) cut the first slice off; b) (ansprechen) raise; broach
an·schrauben *tr. V.* screw on (an + Akk. oder Dat. to)
an·schreiben 1. *unr. tr. V.* a) (hinschreiben) write up (an + Akk. on); b) *(ugs.:* stunden); c) (brieflich ansprechen) write to. 2. *unr. itr. V.* *(ugs.:* Kredit geben) give credit
an·schreien *unr. tr. V.* shout at
An·schrift *f.* address
an·schuldigen *tr. V.* accuse (Gen., wegen of)
An·schuldigung *f.*; ~, ~en accusation
an·schwärzen *tr. V. (ugs.)* **jmdn. ~** (in Misskredit bringen) to cast aspersions on sb.; (schlechtmachen) run sb. down (bei to); (denunzieren) inform or (Brit. sl.) grass on sb. (bei to)
an·schwellen *unr. itr. V.*; *mit sein* a) (dicker werden) swell up b) (lauter werden) grow louder; (din) rise; c) (zunehmen, auch bildlich) swell, grow; rise
an·schwemmen *tr. V.* wash up or ashore
an·schwimmen *unr. itr. V.*; *mit sein* **angeschwommen kommen** come swimming

anschwindeln

along; (auf einen zu) come swimming up to

an·schwindeln *tr. V.* (*ugs.*) **jmdn. ~:** cheat, swindle sb.

an·sehen *unr. tr. V.* a) look at; **jmdn. freundlich ~:** look at sb. with pleasure b) a loving look; **sich** (*Dat.*) **etw. ~:** look at sth.; **sich** (*Dat.*) **eine Ausstellung ~:** view an exhibit; b) (anmerken) **man sieht ihm seine Angst nicht an** he does not show his fear; c) (zusehen bei) **etw. ~:** watch sth.; **das kann sich keiner ~:** no one can stand by and watch that; d) (einschätzen) see; e) (halten für) regard; consider

An·sehen *n.*; ~s a) (Wertschätzung) repute, prestige; standing; b) (Aussehen) appearance

an·sehnlich *Adj.* a) (beträchtlich) considerable; b) (gut aussehend, stattlich) good-looking

an·sein *unr. itr. V.*; *mit sein; nur im Inf. u. Part. zusammengeschrieben* (*ugs.*) be on

an·setzen 1. *tr. V.* a) position; put (pencil) to paper; put (cup, clarinet) to one's lips; (anfügen) attach, put on (an + Akk. oder Dat. to); fit (an + Akk. oder Dat. on to); c) (festlegen) fix, set (appointment, rehearsal, etc.); d) (veranschlagen) estimate; e) (anrühren) mix; prepare; f) **Fett ~:** put on weight; **Blüten ~:** form buds. 2. *itr. V.* **zum Sprechen/ Gehen ~:** get ready or prepare to speak/go; b) **sie sollten die Diskussion wieder hier ~:** they ought to start the discussion here again

An·sicht *f.* a) opinion; view; **seiner ~ nach** in his opinion or view; b) (Bild) view; c) **zur ~** (Handel) on approval

Ansichts-: **~karte** *f.* picture postcard; **~sache** *f. in* **~sache sein** be a matter of opinion

an·siedeln 1. *refl. V.* settle; (bacteria) become established. 2. *tr. V.* settle (asylum seeker, immigrant, etc.); establish (culture)

An·siedlung *f.* a) siehe ansiedeln 2. settlement; establishment; b) (Siedlung) settlement; colony

An·sinnen *n.*; ~s, ~: request; **ein merkwürdiges ~:** a peculiar request

ansonsten *Adv.* (*ugs.*) a) (davon abgesehen) apart from that; otherwise; b) (andernfalls) otherwise

an·spannen 1. *tr. V.* a) harness, hitch up (cattle, etc.) (an + Akk. to); yoke up (oxen) (an + Akk. to); hitch up (wagon, cart, etc.) (an + Akk. to); b) (anstrengen) strain

An·spannung *f.* strain

an·spielen 1. *itr. V.* a) **auf jmdn./ etw. ~:** allude to sb./sth.; b) (Spiel beginnen) start; (Handball) (Kartenspiele) lead; kick off 2. *tr. V.* a) (Kartenspiele: ins Spiel bringen) lead b) (Sport) **jmdn. ~:** pass to sb.

An·spielung *f.*; ~, ~en allusion (auf + Akk. to); (verächtlich, böse) insinuation (auf + Akk. about)

An·sporn *m.* incentive; stimulus

an·spornen *tr. V.* (*bildlich*) spur on; encourage

An·sprache *f.* speech; address; **eine ~ halten** make a speech

an·sprechbar *Adj.* **er ist ~:** you can speak to him

an·sprechen 1. *unr. tr. V.* a) speak to; (zudringlich) accost; **jmdn. mit „Fräulein" ~:** address sb. as misses b) (gefallen) appeal to; c) (zur Sprache bringen) mention; (kurz, oberflächlich) touch upon 2. *unr. itr. V.* a) (reagieren) (person, engine, door, etc.) respond (auf + Akk. to); b) (wirken) work

ansprechend 1. *Adj.* attractive; pleasing; appealing (features). 2. *adv.* attractively

Ansprech·partner *m.* contact person

an·springen 1. *unr. itr. V.; mit sein* a) (heater) start; b) **angesprungen kommen** come bounding along; (auf einen zu) come bounding up; 2. *unr. tr. V.* jump up at

An·spruch *m.* a) claim; (Forderung) demand; **hohe Ansprüche haben oder stellen** demand a lot; **~ auf etw.** (Akk.) **erheben** lay claim to sth.; b) (Recht: Anrecht) claim; **auf etw.** (Akk.) **~ erheben** assert one's entitlement to sth.

an·spruchs-: **~los** 1. *Adj.* a) undemanding; b) (schlicht) unassuming; simple; 2. *adv.* a) undemandingly; (speak) modestly, simply; b) (schlicht) unpretentiously; simply; **~voll** *Adj.* (wählerisch) demanding, discriminating; exacting; ambitious (plan)

an·spucken *tr. V.* spit on

an·spülen *tr. V.* wash up or ashore

an·stacheln *tr. V.* spur on (zu to)

Anstalt ['anʃtalt] *f.*; ~, ~en a) institution; b) *Pl.* arrangements; **~ machen/keine ~ machen, etw. zu sagen** make a move/make no move to say sth.

An·stand *m. o. Pl.* a) decency; **wenig ~ haben** have a terrible sense of decency; b) (veralt.: Benehmen) good manners *pl.*

an·ständig 1. *Adj.* a) (sittlich einwandfrei, rücksichtsvoll) decent; gentlemanlike, ladylike; clean (appearance); (ehrbar) respectable; b) (ugs.: zufriedenstellend) decent; respectable; c) (ugs.: beträchtlich) sizeable (collection, amount,); **eine ~e soziale Lage** a respectable social situation 2. *adv.* a) (sittlich einwandfrei) decently; (ordentlich) properly; b) (ugs.: zufriedenstellend) **jmdn. ~ anmeckern** shout at sb. fairly much; **ganz ~ verdienen** earn quite well; c) (ugs.: ziemlich) **~ arbeiten** work quite a lot

an·starren *tr. V.* stare at

an·stauen 1. *tr. V.* dam up; *(bildlich)* bottle up (repression). 2. *refl. V.* (waste) accumulate; *(bildlich)* (aggressions) build up

an·staunen *tr. V.* gaze or stare in amazement at; **jmdn./etw. mit großen Augen ~:** gape at sb./sth. in amazement

an·stechen *unr. tr. V.* a) prick; puncture (ear drum); b) (anzapfen) tap (bank account)

an·stecken *tr. V.* a) pin on (ornament); b) (infizieren, auch bildlich) infect c) siehe anzünden

an·steckend *Adj.* infectious; (durch Berührung) contagious

An·steckung *f.;* ~, ~en infection; (durch Berührung) contagion

an·stehen *unr. itr. V.* (warten) queue, (Amer.) stand in line (nach for)

an·steigen *unr. itr. V.;* *mit sein* a) (mountain) rise; (street, avenue) climb, ascend; (landscape) slope up, rise; b) (höher werden) rise; (price, etc.) rise, increase, go up

an·stelle 1. *Präp. mit Gen.* instead of. 2. *Adv.* **~ von** instead of; siehe auch Stelle a)

an·stellen 1. *refl. V.* a) (warten) queue, (Amer.) stand in line (nach for); b) (ugs.: sich verhalten) act; behave; **sich gut ~:** behave well; **sich gut bei etw. ~:** go about sth. well; 2. *tr. V.* a) (aufdrehen) turn on; b) (einschalten) switch on; turn on; c) (einstellen) employ (als as); **bei jmdm. angestellt sein** be employed by sb.; d) (ugs.: beschäftigen) **jmdn. zum Schreiben usw. ~:** get sb. to write etc.; e) (anlehnen) **etw. an etw.** (Akk.) **~:** put or place sth. against sth.; f) (anrichten) **Blödsinn ~:** get up to no good; g) (vornehmen) do (work); make (adjustment, presumption) h) (bewerkstelligen) manage

An·stellung *f.* a) *o. Pl.* employment; b) (Stellung) job; **ohne ~:** unemployed; jobless

Anstieg *m.;* ~[e]s rise, increase *(Gen.* in)

an·stiften *tr. V.* a) (ins Werk setzen) instigate; b) (verleiten)

An·stifter *m.*, **An·stifterin** *f.* instigator

An·stiftung *f.* incitement (zu to)

an·stimmen *tr. V.* start singing (aria); start playing (song)

An·stoß *m.* a) (Impuls) impulse; stimulus (zu for); **den ~ zu etw. geben** initiate sth.; b) **~ erregen** cause offence (bei to)

an·stoßen 1. *unr. itr. V.* a) *mit sein* **an etw.** (Akk.) **~:** bump into sth.; **mit der Hand ~:** knock or bump one's hand; b) (auf etw. trinken) clink or touche glasses; **auf jmdn./etw. ~:** drink to sb./sth.; c) (Fußball) kick off 2. *unr. tr. V.* **jmdn./etw. ~:** give sb./sth. a push

an·strahlen *tr. V.* a) illuminate; (mit Spot) floodlight; (im Theater) spotlight; b) (anblicken) beam at

an·streben *tr. V. (geh.)* aspire to; (mit großer Anstrengung) strive for

an·streichen *unr. tr. V.* a) (mit Farbe) paint; (mit Tünche) whitewash; b) (markieren) mark

An·streicher *m.* (ugs.) housepainter; white-washer

an·strengen 1. *refl. V.* (sich einsetzen) make an effort; (körperlich) exert oneself; **sich ~, etw. zu sagen** make an effort to say sth.; **sich ~:** make a great effort. 2. *tr. V.* a) (anspannen) strain (eyes); (körperlich) use all one's strength; **seine Geisteskraft ~:** exercise one's spirit; b) (strapazieren) strain, put a strain on (voice)

anstrengend *Adj.* (körperlich) strenuous; (geistig) demanding; **~ für die Stimme sein** be a strain on the voice; **es war ~, der Diskussion zu folgen** following the discussion was a real strain

Anstrengung *f.;* ~, ~en a) (Einsatz) effort; **~en machen** make an effort; b) (Strapaze) strain

An·strich *m.* (Farbe) paint; (Tünche) whitewash

An·sturm *m.* a) (Andrang) (auf Straßenfesten) rush (auf + Akk. to); (auf Läden, Waren) run (auf + Akk. on) b) (das Anstürmen) onslaught

an·stürmen *itr. V.;* *mit sein* a) **gegen etw. ~** (blast) pound sth.; (Milit.) storm sth.; b) **angestürmt kommen** come charging or rushing along; (auf einen zu) come charging or rushing up to

an·tanzen *itr. V.;* *mit sein* (ugs.) show up (ugs.); **an-**

Antarktika

getanzt kommen show up
Antarktika [ant'arktɪka] (n.); ~s Antarctica
Antarktis [ant'arktɪs] f.; ~ the Antarctis
antarktisch Adj. Antarctic
an·tasten tr. V. a) (beeinträchtigen) infringe, encroach upon (right); encroach on (love life, private life) b) (verbrauchen) break into (pension, storage)
An·teil m. a) (jmdm. zustehender Teil) share (an + Dat. of); **~ an etw.** (Dat.) **haben** share in sth.; (zu etw. beitragen) play or have a part in sth.; b) (Wirtschaft) share; c) o. Pl. (Interesse) interest (an + Dat. in)
an·teilig 1. Adj. proportionate; proportional. 2. adv. proportionately; proportionally
An·teilnahme f. a) (Beteiligung) participation; **ohne ~ der Anderen** without the active participation of the others; b) (Interesse) interest (an + Dat. in); c) (Mitgefühl) concern; sympathy (an + Dat. with); **mit ~ zuschauen** watch sympathetically
an·telefonieren tr. V. (ugs.) phone (ugs.); call; ring (Brit.)
Antenne f.; ~, ~n (Technik) aerial; antenna (Amer.); **eine/keine ~ für etw. haben** (bildlich) have a/no feeling for sth.
Anthroposoph [antropo'zo:f] m.; ~en, ~en anthroposophist
Anthroposophie f.; ~: anthroposophy no art.
anthroposophisch Adj. anthroposophical
anti-, Anti- [antɪ]: **~alkoholiker** m. (Abstinenzler) teetotaller **~autoritär** 1. Adj. antiauthoritarian 2. adv. in an antiauthoritarian manner
Antibiotikum [antɪ'bio:tɪkʊm] n.; ~s, Antibiotika (Medizin) antibiotic
antik [an'tiːk] Adj. a) classical; b) (aus vergangenen Zeiten) antique (chair, closet, etc.
Antike [an'tiːkə] f.; ~, ~n classical antiquity no art.
Antilope [antɪ'loːpə] f.; ~, ~n antelope
Antipathie [antɪpa'tiː] f.; ~, ~n antipathy (gegen to)
Antiquität [antɪkvɪ'tæːt] f.; ~, ~en antique
Antiquitäten-: **~laden** m. antique shop; **~sammler** m. collector of antiques; **~sammlung** f. antiques collection
anti, Anti: **~semit** m. anti-Semite; **~semitisch** Adj. anti-Semitic; anti-Semite; **~semitismus** m. anti-Semitism; **~statisch** Adj. (Technik) antistatic; **~these** n. antithesis
antizipieren [antɪtsɪ'piːrən] tr. V. anticipate
Antlitz ['antlɪts] n.; ~es, ~e (dichter) countenance (literary); face
Antrag ['antraːk] m.; ~[e]s, Anträge a) proposal; application, request (auf + Akk. for); (Recht: schriftlich) petition (auf + Akk. for); **einen ~ erfragen** ask for an application; (Recht: schriftlich) enter a petition; (Formular) application form; c) (Heirats~) marriage proposal; **jmdm. einen ~ machen** propose to sb.
Antrags·formular n. application form
an·treffen unr. tr. V. find; (zufällig) come across
an·treiben unr. tr. V. a) (vorwärtstreiben) drive (soldiers, workers, etc.) on or along; (bildlich) urge; **jmdn. ~** (bildlich) urge sb.; b) (in Bewegung setzen) drive; (mit Energie versorgen) power; c) (veranlassen) drive
an·treten 1. unr. itr. V.; mit sein a) (sich aufstellen) form up; (in Linie) line up; (Milit.) fall in; b) (sich stellen) meet one's opponent; (als Mannschaft) line up; **~ gegen** meet; (als Mannschaft) line up against; c) (sich einfinden) report (bei to). 2. unr. tr. V. start (internship, studies); take up (position); set out on (walk); begin (studies)
An·trieb m. a) drive; b) (Anreiz) impulse; (Psychologie) drive; **jmdm. einen ~ geben** give sb. an impetus
Antriebs-: **~kraft** f. (Technik) motive or driving power; **~rad** n. (Technik) drive wheel; **~welle** f. (Technik) drive shaft
an·trinken unr. refl. V. **sich** (Dat.) **einen ~**: become a bit tipsy/drunk
An·tritt m. beginning; **vor ~ des Spaziergangs** before starting out on the walk
an·tun unr. tr. V. a) do (Dat. to); **sich** (Dat.) **etw. Nettes ~**: treat oneself; **jmdm. ein Leid ~**: injure sb.
Antwerpen [ant'vɛrpn] (n.); ~s Antwerp
Antwort ['antvɔrt] f.; ~, ~en a) answer; reply; **er gab mir die ~**: he gave me the answer or reply; b) (Reaktion) response; **als ~ auf etw.** (Akk.) in response to sth.
antworten 1. itr. V. a) answer; reply; **auf etw.** (Akk.) **~**: answer sth.; reply to sth. **jmdm. ~**: answer sb.; reply to sb.; b) (reagieren) respond (auf + Akk. to). 2. tr. V. answer; **was hat der Typ geantwortet?** what was that fellow's answer?
Antwort·schreiben n. reply
an·vertrauen 1. tr. V. a) **jmdm. etw. ~**: entrust sth. to sb.; entrust sb. with sth.; b) (bildlich) **jmdm./seine Sorgen ~**: confide sth. to sb./one's worries. 2. refl. V. a) **sich jmdm./einer Sache**

~: put one's trust in sb./sth.; b) **sich jmdm.** ~ (bildlich: sich jmdm. mitteilen) confide in sb.

an·visieren tr. V. align the sights on; aim at

an·wachsen unr. itr. V.; mit sein a) (festwachsen) grow on; **wieder** ~ (arm, ear) grow back on; b) (Wurzeln schlagen) take root; c) (zunehmen) increase; grow

an·wählen tr. V. dial; **jmdm.** ~: dial sb.'s number

Anwalt ['anvalt] m.; ~[e]s, **Anwälte** ['anvɛltə], **Anwältin** f.; ~, ~nen a) (Juras~) lawyer; solicitor (Brit.); attorney (Amer.); (vor Gericht) barrister (Brit.); advocate (Scot.); attorney (Amer.); **einen** ~ **nehmen** get a lawyer or (Amer.) an attorney; b) (Fürsprecher) advocate

Anwalts·büro n. a) (Räume) lawyer's office; solicitor's office (Brit.); b) (Sozietät) firm of solicitors (Brit.); law firm (Amer.)

An·wandlung f. mood

an·wärmen tr. V. warm up; warm (body, nose)

An·wärter m. a) candidate (auf + Akk. for); (Sport) contender (auf + Akk. for); b) (auf den Thron) claimant to the throne (Thronerbe) heir (auf + Akk. to)

An·wärterin f. a) siehe Anwärter a; b) (auf den Thron) claimant to the throne; (Thronerbin) heiress (auf + Akk. to)

an·weisen unr. tr. V. a) (beauftragen) **jmdn.** ~: give sb. instructions; **jmdn.** ~, **etw. zu tun** instruct or order sb. to do sth.; b) (zuweisen) **jmdm. etw.** ~: allocate sth. to sb.

An·weisung f. instruction; ~ **geben, etw. zu tun** give instructions or orders to do sth.

an·wendbar Adj. applicable (auf + Akk. to); **schwer** ~: difficult to apply

an·wenden unr. (auch regelm.) tr. V. use, employ (violence); use (time); apply (theory, law, etc.) (auf + Akk. to)

An·wendung f. siehe anwenden: use; employment; application

an·werben unr. tr. V. recruit (für to); (Militär) enlist, recruit

An·werbung f. recruitment (für to)

An·wesen n. estate, premises, property

anwesend Adj. present (bei at)

Anwesende m./f.; adj. Dekl. **die** ~**n** those present

Anwesenheit f.; ~: presence; **in** ~ **von** in the presence of

Anwesenheits·liste f. attendance list

an·widern tr. V. nauseate

an·winseln tr. V. whimper at

An·wohner ['anvo:nɐ] m.; ~s, ~: resident

An·wurf m. reproach; (Beschuldigung) aspersion

an·wurzeln itr. V.; mit sein take root

An·zahl f.; oder Pl. number; **eine kleine** ~: a small lot

an·zahlen tr. V. put down (payment) as a deposit (auf + Akk. on); pay a deposit on (merchandise); (bei Ratenzahlung) make a down payment on (merchandise)

An·zahlung f. deposit; (bei Ratenzahlung) down payment; **eine** ~ **auf etw.** (Akk.) **machen oder leisten** put down or pay a deposit on sth./make a down payment on sth.

An·zeichen n. sign; indication; (Medizin) symptom

Anzeige ['antsaɪɡə] f.; ~, ~n a) (Straf~) report; **gegen jmdn.** ~ **erstatten** report sb. to the police/file a complaint about sb. to the authorities; b) (Inserat) advertisement; **in der Zeitung eine** ~ **aufgeben** place an advertisement in the newspaper; c) (eines Instruments) display

an·zeigen tr. V. a) (Strafanzeige erstatten) **jmdn./etw.** ~: report sb./sth. to the police b) (zeigen) show; indicate

An·zeiger m. indicator

Anzeige·tafel f. (Sport) scoreboard

an·ziehen 1. unr. tr. V. a) (an sich ziehen) draw up (knees, etc.); b) (anlocken) attract; draw; **sich von jmdm. angezogen fühlen** feel attracted to sb.; c) (anspannen) tighten, pull tight (string, cable); d) (festziehen) tighten (muscle, bond, etc.); put on, pull on (handbrake); e) (ankleiden) dress; **sich** ~: get dressed; f) put on (pants); 2. unr. itr. V. a) (salary, taxes) go up; b) unpers. **es zieht an** (ugs.) it's getting colder

anziehend Adj. attractive; engaging (discussion, narration, etc.)

Anziehungs·kraft f. attractive force; (bildlich) attraction

an·zischen tr. V. hiss at

An·zug m. a) suit; b) in im ~ **sein** (clouds) be gathering; (temperature, flu) be coming on; (troops) be advancing

anzüglich ['antsy:klɪç] 1. Adj. a) insinuating (statement, querry); b) (anstößig) offensive (picture, magazine). 2. adv. a) in an insinuating way; b) (anstößig) offensively

Anzüglichkeit f.; ~, ~en siehe anzüglich 1: a) oder Pl. insinuating nature; offensiveness; b) (Bemerkung) innuendo; insinuating remark; offensive remark

an·zünden *tr. V.* light; **ein Auto usw. ~:** set fire to a car etc.; set a car etc. on fire

An·zünder *m.* (Gas~) gaslighter; (Feuer~) fire-lighter (Brit.)

an·zweifeln *tr. V.* doubt; question

an·zwinkern *tr. V.* wink at

Aorta [aˈɔrta] *f.;* ~, Aorten (Medizin) aorta

Apartheid [aˈpaːɐ̯thaɪt] *f.;* ~: apartheid *no art.*

Apartment [aˈpartmənt] *n.;* ~s, ~s studio flat (Brit.); flatlet (Brit.); small flat (Brit.); studio apartment (Amer.)

Apathie [apaˈtiː] *f.;* ~, ~n apathy

apathisch [aˈpaːtɪʃ] 1. *Adj.* apathetic. 2. *adv.* apathetically

Aperitif [aperiˈtɪːf] *m.;* ~s, ~s aperitif

Apfel [ˈapfl̩] *m.;* ~s, Äpfel [ˈɛpfl̩] apple

Apfelsine [apfl̩ˈziːnə] *f.;* ~, ~n orange

Apfel-: ~strudel *m.* apfelstrudel; ~wein *m.* cider

apolitisch 1. *Adj.* apolitical. 2. *adv.* apolitically

Apostel [aˈpɔstl̩] *m.;* ~s, ~: apostle; **die zwölf ~:** the twelve Apostles

App. *Abk.* (Fernspr.) Apparat ext.

Apparat [apaˈraːt] *m.;* ~[e]s, ~e a) *(Technik)* apparatus *no pl.;* (Haushaltsgerät) appliance; (kleiner) gadget; b) (Telefon) telephone; (Nebenstellen~) extension; c) (Radio~) radio; (Fernseh~) television; (Rasier~) razor; (elektrisch) shaver; (Foto~) camera; d) (Personen und Hilfsmittel) organization; (Verwaltungs~) system; e) (ugs.: etwas Ausgefallenes, Riesiges) whopper *(sl.)*

Apparatur [apaRaˈtuːɐ̯] *f.;* ~, ~en apparatus *no pl.;* **komplizierte ~en** complex equipment

Appell [aˈpɛl] *m.;* ~s, ~e a) appeal (zu for, an + Akk. to); b) (Militär) muster; (Anwesenheits~) roll-call; (Besichtigung) inspection

appellieren *itr. V.* appeal (an + Akk. to)

Appetit [apeˈtiːt] *m.;* ~s, ~e (auch bildlich) appetite (auf + Akk. for); **~ auf etw. haben/bekommen** fancy sth.; **guten ~!** enjoy your meal; **jmdm. den ~ verderben** ruin sb.'s appetite

appetit·anregend *Adj.* a) (appetitlich) appetizing; mouth-watering b) (den Appetit fördernd) (medicine etc.) that stimulates the appetite

appetitlich 1. *Adj.* a) appetizing; b) (sauber, ansprechend) attractive and hygienic. 2. *adv.* a) appetizingly; b) (sauber, ansprechend) attractively

appetit·los 1. *Adj.* lacking any appetite; **~los sein** have lost one's appetite. 2. *adv.* lacking any appetite

Appetit·losigkeit *f.;* ~: lack of appetite

applaudieren [aplaʊˈdiːrən] *itr. V.* applaud; **jmdm./einer Sache ~:** applaud sb./sth.

Applaus [aˈplaʊs] *m.;* ~es, ~e applause

Apposition *f.* (Grammatik) apposition

Appretur [apreˈtuːɐ̯] *f.;* ~, ~en (Textilherstellung) finishing

Aprikose [aprɪˈkoːzə] *f.;* ~, ~n apricot

April [aˈprɪl] *m.;* ~[s], ~e **April; der ~: April; ~, ~!** April fool!; **der 1. ~:** the first of April; (in bezug auf Aprilscherze) April Fool's or All Fools' Day

April-: ~scherz *m.* April fool trick; ~wetter *n.; o. Pl.* April weather

apropos [apʀoˈpoː] *Adv.* apropos; by the way; incidentally

Aquädukt [akvɛˈdʊkt] *m.* oder *n.* ~[e]s, ~e aqueduct

Aquarium [aˈkvaːri̯ʊm] *n.;* ~s, Aquarien aquarium

Äquator [ɛˈkvaːtɔr] *m.;* ~s, ~en equator

äquivalent [ɛkvɪvaˈlɛnt] *Adj.* equivalent

Äquivalent *n.;* ~[e]s, ~e equivalent

Äquivalenz [ɛkvɪvaˈlɛnts] *f.;* ~, ~en equivalence

Araber [ˈaːrabɐ] *m.;* ~s, ~; Araberin *f.;* ~, ~nen Arab

Arabien [aˈraːbi̯ən] (n); ~s Arabia

arabisch *Adj.* Arabian; Arab; Arabic

Arabisch *n.;* ~[s] Arabic

Arbeit [ˈarbaɪt] *f.;* ~, ~en a) work *no indef. art.* b) *oder Pl.* (Mühe) trouble; **~ machen/bekommen** cause inconvenience; c) *oder Pl.* (Arbeitsplatz) work *no indef. art.;* (Stellung) job; **eine ~ suchen** look for work or a job; d) (Aufgabe) job; e) (Produkt) work; (handwerkliche ~) piece of work; (kurze schriftliche ~) article; f) (Schule: Klassen~) test; **eine ~ schreiben lassen** take a test

arbeiten 1. *itr. V.* a) work; **Stefan arbeitet nicht viel** Stefan does not work a lot b) (funktionieren) (liver, legs, etc.) work, function; (engine) work, operate; c) (sich verändern) (wood) warp; (must) ferment. 2. *tr. V.* a) (herstellen) make; (in Gold, usw.) work; make; fashion; b) (tun) do; **was tut er da?** what is he doing there?

Arbeiter *m.;* ~s, ~: worker; (Bau~, Land~) labourer; (beim Straßenbau) workman

Arbeiter-: ~bewegung *f.*

(Politik) labour movement; ~**familie** f. working-class family; ~**führer** m. workers' leader
Arbeiterin f.; ~, ~nen (auch Bienen) worker
Arbeiter-: ~**kind** n. working class child; ~**klasse** f.; oder Pl. working class; ~**partei** f. labour party
Arbeiterschaft f.; ~: workers pl.
Arbeiter-: ~**unruhen** Pl. labour unrest; ~**viertel** n. working-class area; ~**wohl-fahrt** f.; oder Pl. workers' welfare organisation
Arbeit·geber m. employer
Arbeitgeberin f.; ~, ~nen employer
Arbeitnehmer m.; ~s, ~: employee
Arbeitnehmerin f.; ~, ~nen (female) employee
arbeits-, Arbeits-: ~**amt** n. job centre (Brit.); employment exchange; ~**anfang** m. starting time; ~**anzug** m. a) (Overall) overalls pl.; b) (Uniform) fatigue uniform; ~**aufwand** m.: **mit großem** ~**aufwand** with much work; ~**auf·wendig** 1. Adj. requiring much work postpos., not pred.; ~**aufwendig sein** require much work. 2. adv. in a way that requires/required much; ~**ausfall** m. loss of working hours; ~**bedingungen** Pl. working conditions; ~**beginn** m. siehe ~anfang; ~**belastung** f. work-load; ~**bereich** m. field of work; ~**beschaffung** f. job creation; ~**beschaffungsmaßnahme** f. job creation measure; ~**biene** f. a) (Zoologie) worker bee; b) (ugs.: emsige Frau) busy bee; ~**dienst** m. a) (Arbeit) (low-paid) community service work; b) (Organisation) community service agency; ~**eifer** m. enthusiasm for one's work; ~**ende** n. finishing-time; ~**erlaubnis** f. work permit; ~**fähig** Adj. capable of work postpos.; (grundsätzlich) able to work postpos.: viable (government); ~**fähigkeit** f.; oder Pl. (grundsätzlich) ability to work; ~**gang** m. a) (einzelne Operation) operation; b) (Ablauf) process; ~**gebiet** n. field of work; ~**gemeinschaft** f. team; (Universität) study group; ~**gerät** n. a) (Gegenstand) tool; b) oder Pl. (Gesamtheit) tools pl.; equipment no indef. art., no pl.; ~**gruppe** f. study group; ~**intensiv** 1. Adj. labour-intensive; 2. adv. labour-intensively; ~**kampf** m. industrial dispute; ~**kleidung** f. work clothes pl.: ~**kraft** f. a) capacity for work; b) (Mensch) worker; ~**kreis** m. study group; ~**lager** n. labour camp; ~**leben** n.; o. Pl. a) (Berufstätigkeit) working life; b) (Arbeitswelt) world of work; working life no art.; ~**leistung** f. labour efficiency; ~**los** Adj. unemployed; out of work postpos.
Arbeitslose m./f.; adj. Dekl. unemployed man/woman/person etc.; **die** ~**n** the jobless or unemployed
Arbeitslosen-: ~**geld** n.; o. Pl. earnings-related unemployment payment; ~**hilfe** f.; oder Pl. (reduced-rate) unemployment benefit; ~**unterstützung** f. unemployment benefit or pay; dole (ugs.) ~**versicherung** f.; oder Pl. unemployment insurance
arbeits-, Arbeits-: ~**losigkeit** f.; ~: unemployment no indef. Art.; ~**markt** m. job market; ~**material** n. materials pl.; (einschließlich Werkzeug); (für den Unterricht) teaching aids pl.; ~**mittel** n. tool; ~**moral** f. moral

Archäologe

Arbeits-: ~**pause** f. break; ~**pensum** n. work quota; ~**pferd** n. (auch bildlich) workhorse; ~**platz** m. a) work-place; b) (Stelle) job; ~**prozess** m. work process; ~**raum** m. a) workroom; b) siehe Arbeitszimmer; ~**reich** Adj. (year, day, etc.) laborious; ~**scheu** Adj. work-shy; ~**schluss** m. siehe ~ende; ~**sklave** m. slave labourer; ~**stelle** f. siehe Stelle g; ~**stil** m. style of working; ~**tag** m. working day; ~**team** n. team; ~**teilung** f. division of labour; ~**tempo** n. rate of work; work rate; ~**tier** n. a) work animal; b) (Arbeitssüchtiger) demon for work; workaholic (ugs.); ~**tisch** m. work-table; (für Schreibarbeiten) desk; (für technische Arbeiten) bench; ~**überlastung** f. overwork
Arbeit·suchende m./f.; adj. Dekl. man/woman/person looking for work
arbeits-, Arbeits-: ~**unfähig** Adj. unable to work postpos.; (krankheitsbedingt) unfit for work postpos.; ~**un·willig** Adj. unwilling to work postpos.; ~**verhältnis** n. (contractual relationship between employer and employee); ~**vertrag** m. contract of employment; ~**vor·gang** m. process of manufacture; ~**weise** f. a) method of working; b) (Funktionsweise) mode of operation; ~**welt** f. world of work; ~**wille** m. will to work postpos.; ~**wut** f. mania for work; ~**zeit** f. working time; c) (als Ware) labour time; ~**zeitverlängerung** f. increase in working hours; ~**zeug** n.; o. Pl. a) work things pl.; b) (Kleidung) work things pl. or clothes pl.; ~**zimmer** n. study
Archäologe [arçæoˈloːgə]

Archäologie

m.; ~n, ~n archaeologist
Archäologie *f.*; ~: archaeology *no art.*
Archäologin *f.*; ~, ~nen archaeologist
archäologisch 1. *Adj.* archaeological. 2. *adv.* archaeologically
Architekt [arçı'tækt] *m.*; ~en, ~en, Architektin *f.*; ~, ~nen architect
Architektur [arçıtæk'tu:ɐ̯] *f.*; ~: architecture
Archiv [ar'çi:f] *n.*; ~s, ~e archives *pl.*; archive
Arena [a're:na] *f.*; ~, Arenen a) (hist., Sport. bildlich) arena; b) (für Stierkämpfe, Manege) rink
arg [ark], ärger ['ærgɐ], argst... ['ærgst] 1. *Adj.* a) (schlimm) bad (health. influence); hard; serious; b) (böse) evil; wicked; c) (unangenehm groß, stark) severe, bitter (disappointment); serious; extreme, *(ugs.)* terrible; gross; 2. *adv.* extremely, *(ugs.)* awfully, *(ugs.)* terribly, bitterly (disappointed)
ärger siehe arg
Ärger ['ærgɐ] *m.*; ~s a) annoyance; (Zorn) anger; irritation **jmds. ~ erregen** annoy sb.; b) (Unannehmlichkeiten) trouble; **privater/beruflicher ~**: personal problems *pl.*/problems *pl.* at work; **~ machen** cause trouble; make trouble
ärgerlich 1. *Adj.* annoyed; (zornig) angry; **~ über etw.** (Akk.) **sein** be annoyed/irritated about sth.; **~ werden** get angry/irritated; b) (Ärger erregend) annoying; irritating; 2. *adv.* a) with annoyance; (zornig) angrily; b) (Ärger erregend) annoyingly; irritatingly
ärgern 1. *tr. V.* a).**jmdn. ~**: annoy sb.; (zornig machen) make sb. angry; b) (necken, reizen) tease. 2. *refl. V.* be

annoyed; (zornig sein) be angry; (ärgerlich/zornig werden) get annoyed/irritated; **sich über jmdn./etw. ~**: get annoyed/irritated at sb./about sth.
Ärgernis *n.*; ~ses, ~se a) oder *Pl.* offence; **Erregung öffentlichen ~ses** (Jura) creating a public nuisance; b) annoyance; irritation c) (etw. Anstößiges) nuisance
arg-, Arg-: ~list *f.* oder *Pl.* *(geh.)* (Hinterlist) guile; deceit; (Heimtücke, Jura) cunning, malice; **~listig** 1. *Adj.* (hinterlistig) cunning, guileful; deceitful (character); (heimtückisch) malicious; **~listige Täuschung** malicious deception. 2. *adv.* (hinterlistig) guilefully, deceitfully; (heimtückisch) maliciously; **~listigkeit** *f.*; ~ siehe ~listig 1: guilefulness; deceitfulness; malice; **~los** 1. *Adj.* a) guileless (man); artless, guideless, innocent (action, plea); b) (ohne Argwohn) unsuspecting; 2. *adv.* a) artlessly, guilelessly; innocently; b) (ohne Argwohn) unsuspectingly; **~losigkeit** *f.*; ~ a) (eines Menschen) guilelessness; (einer Äußerung, Absicht) innocence; b) (Vertrauensseligkeit) unsuspecting nature
Argument [argu'mænt] *n.*; ~[e]s, ~e argument
Argumentation [argumænta'tsɪo:n] *f.*; ~, ~en argumentation
argumentieren *itr. V.* argue
Argwohn ['arkwo:n] *m.*; ~s suspicion; **~ gegen jmdn. hegen** mistrust sb.
argwöhnen ['arkvœ:nən] *tr. V.* suspect
argwöhnisch 1. *Adj.* suspicious; 2. *adv.* suspiciously
Arie ['a:riə] *f.*; ~, ~n aria
Aristokrat [arısto'kra:t] *m.*; ~en, ~en aristocrat
Aristokratie [arıstokra'ti:]

f.; ~, ~n aristocracy
Aristokratin *f.*; ~, ~nen aristocrat
aristokratisch 1. *Adj.* aristocratic. 2. *adv.* aristocratically
Aristoteles [arıs'to:teləs] Aristotle
Arithmetik [arıt'me:tık] *f.*; ~: arithmetic *no art.*
arithmetisch 1. *Adj.* arithmetical. 2. *adv.* arithmetically
Arkade [ar'ka:də] *f.*; ~, ~n arcade
Arktis ['arktıs] *f.*; ~: **die ~**: the Arctic, the Arctic circle
arktisch 1. *Adj.* arctic. 2. *adv.* **das Klima ist ~ beeinflusst** the climate is influenced by the arctic
arm [arm], ärmer ['ærmɐ], ärmst... ['ærmst] *Adj.* *(auch bildlich)* poor; **armer Kerl** poor guy
Arm *m.*; ~[e]s, ~e a) arm; b) (armartiger Teil) arm; c) arm; sleeve; **ein Hemd mit halbem ~**: a shortsleeved shirt
Arm-: ~band *n.* bangle, bracelet, wristband; (Uhr~) strap; **~banduhr** *f.* wristwatch; **~binde** *f.* armband; **~brust** *f.* crossbow
Ärmchen ['ærmçən] *n.*; ~s, ~: little arm
Arme *m./f.*; *adj. Dekl.* poor man/woman; pauper; **die ~n** the poor *pl.*; siehe auch arm
Armee [ar'me:] *f.*; ~, ~n a) *(auch bildlich)* army; b) **die ~** (die Streitkräfte) the armed forces *pl.*
Ärmel ['ærməl] *m.*; ~s, ~: sleeve
Armeleute·essen *n.* poor man's diet
Ärmel·kanal *m.*: **m. ~**: the English Channel
Armen haus *n.* poorhouse
Armenien [ar'me:nɪən] *n.*; ~s Armenia
Armenier *m.*; ~s, ~, Ar-

menierin, *f.;* ~, ~nen Armenian
armenisch *Adj.* Armenian
ärmer siehe arm
-armig *adj.* -arme
Arm-: ~länge *f.* arm length; (als Maß) arm's length; **~lehne** *f.* armrest; **~leuchter** *m.* a) chandelier; b) (ugs.) shit (Brit. sl.); jerk (sl.)
ärmlich ['ærmlɪç] 1. *Adj.* cheap (dress); shabby (outfit); meagre (diet); **aus ~en Verhältnissen** from a poor background, 2. *adv.* cheaply (situated, refurbished); ~ **leben/wohnen** live in poverty
Arm·reif *m.* armlet
arm·selig 1. *Adj.* a) (sehr arm, dürftig, unbefriedigend) miserable; miserable, wretched (housing); pathetic; meagre; b) pathetic, miserable, wretched (idiot); (*derogativ*: erbärmlich) miserable, wretched 2. *adv.* ~ **leben** live a wretched life; ~ **eingerichtet** miserably or wretchedly furnished
Armseligkeit *f.;* ~ siehe armselig 1: miserableness; wretchedness; dinginess; patheticness; meagreness; paltriness
Arm·sessel *m.* armchair
Arm·stuhl *m.* armchair
Armut ['armuːt] *f.;* ~ (auch bildlich) poverty
Aroma *n.;* -s, Aromen (Duft) aroma; (Geschmack) flavour; taste
aromatisch [aroˈmaːtɪʃ] *Adj.* a) (duftend) aromatic; ~ **duften** give off an aromatic fragrance; b) (wohl schmeckend) distinctive (taste)
Arrangement [arãʒəˈmãː] *n.;* -s, -s (geh., Mus.) arrangement
Arrest [aˈrɛst] *m.;* ~[e]s, -e (Militär, Jura, Schule) detention
arretieren [areˈtiːrən] *tr. V.* a) *auch itr.* lock; b) (fest-

nehmen) detain; arrest
arrivieren [ariˈviːrən] *itr. V.*; *mit sein* arrive
arrogant [aroˈɡant] (*derogativ*) 1. *Adj.* arrogant. 2. *adv.* arrogantly
Arroganz [aroˈɡants] *f.;* ~ (*derogativ*) arrogance
Arsenal [arzeˈnaːl] *n.;* ~s, -e arsenal
Art [aːɐt] *f.;* ~, ~en a) (Sorte) kind; sort; (Biologie: Spezies) species; **jede ~ von Gewalt macht mich fertig** all forms of violence make me sick; (in einer Familie) differ from all other members of the family; *oder Pl.* (Wesen) nature; (Verhaltensweise) manner; way; **das ist nicht seine ~:** it is not his nature; that's not his way; c) *oder Pl.* (gutes Benehmen) behaviour; **was ist denn das für eine ~ sich zu verhalten!** What kind of a way to behave is that!; **die feine englische ~** (*ugs.*) the correct way to behave; d) (Weise) way; **auf diese ~:** in this way; **auf menschliche ~:** in a humanitärian way; **auf diese ~ und Weise:** in this way
arten·reich *Adj.* (Biologie) species rich
Arterie [arˈteːriə] *f.;* ~, ~n artery
Arterien·verkalkung *f.* hardening of the arteries; arteriosclerosis (Medizin)
artig 1. *Adj.* a) good; well-behaved; b) (höflich) courteous. 2. *adv.* a) **sich ~ benehmen** be good; behave well; b) (*geh. veralt.*: höflich) courteously
Artikel [arˈtiːkl̩] *m.;* ~s, ~ a) article; b) (Ware) article; item
Artikulation [artɪkulaˈtsioːn] *f.;* ~, ~en articulation
artikulieren 1. *tr.,* *itr. V.* articulate. 2. *refl. V.* a) (zum Ausdruck kommen) express

itself; b) express oneself; be expressed
Artillerie [artɪləˈriː] *f.;* ~, ~n artillery
Artischocke [artɪˈʃɔkə] *f.;* ~, ~n artichoke
Artist [arˈtɪst] *m.;* ~en, ~en acrobat; artiste or performer
Artistik *f.;* ~ a) circus/variety performance *no art.*; b) (Geschicklichkeit) skill
Artistin *f.;* ~, ~nen siehe Artist
artistisch 1. *Adj.* (geschickt) masterly. 2. *adv.* (geschickt) in a masterly way or fashion
Arzt [aːɐtst] *m.;* ~es, Ärzte [ˈæːɐtstə] doctor; physician; **zum ~ gehen** go to the doctor's; **er mag nicht zum ~ gehen** he doesn't like to see a/the doctor; **Haus ~:** general practitioner; GP
Arzt·helferin *f.* doctor's receptionist
Ärztin [ˈæːɐtstɪn] *f.;* ~, ~nen doctor; physician (formal)
as, As [as] *n.;* ~, ~ (Musik) A flat
As *n.;* ~ses, ~se ace
Asbest [asˈbɛst] *m.;* ~[e]s, -e asbestos
Asche [ˈaʃə] *f.;* ~, ~n ash; (sterbliche Reste) ashes *pl.*
Aschen-: ~bahn (Sport) cinder-track; **~becher** *m.* ashtray; **~platz** *m.* (Tennis) cinder-court
Ascher *m.;* ~s, ~ (*ugs.*) ashtray
asexuell *Adj.* asexual
Asiat [aˈziaːt] *m.;* ~en, ~en, Asiatin *f.;* ~, ~nen Asian
Asien [ˈaːzi̯ən] *n.;* ~s Asia
Askese [asˈkeːzə] *f.;* ~: asceticist
Asket [asˈkeːt] *m.;* ~en, ~en ascetic
asketisch 1. *Adj.* ascetic. 2. *adv.* ascetically
asozial 1. *Adj.* asocial; unsocial (gegen die Gesell-

Asoziale

schaft gerichtet) antisocial; 2. *adv.* asocially; antisocially
Asoziale *m./f.*; *adj. Dekl.* social misfit
Aspekt [asˈpækt] *m.*; ~[e]s, ~e aspect
Asphalt [asˈfalt] *m.*; ~[e]s, ~e asphalt
asphaltieren *tr. V.* asphalt
Asphalt·straße *f.* asphalt road
Aspirant [aspɪˈrant] *m.*; ~en, ~en, Aspirantin *f.*; ~, ~nen aspirant; candidate
Assel [ˈasl] *f.*; ~, ~n woodlouse
Assistent [asɪsˈtɛnt] *m.*, ~en, ~en, Assistentin *f.*; ~, ~nen assistant; siehe auch wissenschaftlich
Assistenz·arzt *m.* junior doctor
assistieren *itr. V.* assist (bei at)
Assoziation [asotsɪaˈtsioːn] *f.*; ~, ~en association
assoziieren 1. *tr. V.* associate; **bei einem Namen usw. etw. ~:** associate sth. with a name etc. 2. *itr. V.* make associations; **frei ~:** free-associate
Ast [ast] *m.*; ~[e]s, Äste [ˈæstə] a) branch; bough; b) knot; c) **sich** (*Dat.*) **einen ~ ablachen** *(ugs.)* split one's sides
Aster [ˈastɐ] *f.*; ~, ~n aster;
Ästhetik [æsˈteːtɪk] *f.*; ~, ~en a) aesthetics *sing.*; b) (das Ästhetische) aesthetics *pl*
ästhetisch 1. *Adj.* aesthetic. 2. *adv.* aesthetically
ästhetisieren *tr. (auch itr.) V.* (*geh.*) aestheticize
Asthma [ˈastma] *n.*; ~s asthma
Asthmatiker [astˈmaːtɪkɐ] *m.*; ~s, ~: asthmatic
asthmatisch 1. *Adj.* asthmatic. 2. *adv.* asthmatically
ast·rein 1. *Adj.* b) (sl.: prima) brilliant; fantastic; great.

2. *adv. (sl.)* fantastically
Astrologe [astroˈloːgə] *m.*; ~n, ~n astrologer; forecaster; pundit
Astrologie *f.*; ~: astrology *no art.*
Astrologin *f.*; ~, ~nen siehe Astrologe
astrologisch 1. *Adj.* astrological. 2. *adv.* astrologically
Astronaut [astroˈnaʊt] *m.*; ~en, ~en, **Astronautin** *f.*; ~, ~nen astronaut
Astronom [astroˈnoːm] *m.*; ~en, ~en astronomer
Astronomie *f.*; ~: astronomy *no art.*
astronomisch *Adj.* astronomical
Asyl [aˈzyːl] *n.*; ~s, ~e a) asylum; **jmdm. ~ gewähren** grant sb. asylum; b) (Obdachlosen~) hostel
Asylant [azyˈlant] *m.*; ~en, ~en, Asylantin *f.*; ~, ~nen person seeking/granted asylum; political refugee
asymmetrisch 1. *Adj.* asymmetrical. 2. *adv.* asymmetrically
asynchron 1. *Adj.* asynchronous. 2. *adv.* asynchronously
Atelier [atəˈlieː] *n.*; ~s, ~s studio
Atem [ˈaːtəm] *m.*; ~s breath; breathing; respiration; **er hielt seinen ~ an** he held his breath
atem-, Atem-: **~beraubend** 1. *Adj.* breath-taking. 2. *adv.* breath-takingly; **~beschwerden** *Pl.* shortness of breath; **~los** 1. *Adj.* breathless. 2. *adv.* breathlessly; **~losigkeit** *f.*; ~: breathlessness; **~not** *f.*; oder *Pl.* difficulty in breathing; **~pause** *f.* breathing space; **~übung** *f.* breathing exercise; **~wege** *Pl.* respiratory tract *sing.* or passages; **~zug** *m.* breath; **in einem ~zug** in one breath

Atheismus [ateˈɪsmʊs] *m.*; ~: atheism *no art.*
Atheist *m.*; ~en, ~en atheist
atheistisch 1. *Adj.* atheistic. 2. *adv.* atheistically
Athen [aˈteːn] *n.*; ~s Athens
Athener 1. *indekl. Adj.*; *nicht präd.* Athens *attrib.*: of Athens *postpos.* 2. *m.*; ~s, ~: Athenian
Äther [ˈɛːtɐ] *m.*; ~s, ~ *(Technik)* ether
ätherisch [ɛˈteːrɪʃ] *Adj.* (Technik, dichter.) ethereal
Äthiopien [ɛˈtioːpiən] Ethiopia
Athlet [atˈleːt] *m.*; ~en, ~en a) (Sportler) athlete; b) (*ugs.*: kräftiger Mann) muscleman
Athletik [atˈleːtɪk] *f.*; ~: athletics *sing.*, *no art.*
athletisch *Adj.* athletic
Atlanten siehe Atlas
Atlantik [atˈlantɪk] *m.*; Atlantic
atlantisch *Adj.* Atlantic; **der Atlantische Ozean** the Atlantic Ocean
Atlas [ˈatlas] *m.*; ~ Atlanten atlas
atmen [ˈaːtmən] *itr.*, *tr. V.* breathe
Atmosphäre [atmoˈsfɛːrə] *f.*; ~, ~n (auch bildlich) atmosphere
atmosphärisch 1. *Adj.* atmospheric. 2. *adv.* atmospherically
Atmung *f.*; ~: breathing; respiration (as tech. Term)
Atom [aˈtoːm] *n.*; ~s, ~e atom
Atom-: **~bombe** *f.* nuclear bomb; atom bomb; **~bombenversuch** *m.* atomic test; **~bunker** *m.* fall-out shelter; **~energie** *f.*; oder *Pl.* nuclear or atomic energy *no indef. art.*; **~explosion** *f.* nuclear or atomic explosion
atom-, Atom-: **~kern** *m.* atomic nucleus; **~kraft** *f.*;

oder *Pl.* atomic or nuclear power *no indef. art.*; **~kraftwerk** *n.* atomic or nuclear power-station or plant; **~krieg** *m.* nuclear war; **~macht** *f.* nuclear power; **~müll** *m.* nuclear or atomic waste; **~physik** *f.* nuclear or atomic physics *sing., no art.*; **~physiker** *m.* nuclear or atomic physicist; **~rakete** *f.* nuclear or atomic missile; **~reaktor** *m.* nuclear reactor; **~sprengkopf** *m.* nuclear warhead; **~waffe** *f.* nuclear or atomic weapon; **~zeitalter** *n.; o. Pl.* nuclear age
atonal *Adj.* atonal
Attacke [a'takə] *f.*; ~, ~n a) (auch Medizin) attack (auf + Akk. on); b) (Reiter~) charge; **attackieren** *tr. V.* a) attack; b) (Militär: zu Pferde) charge
Attentat ['atnta:t] *n.*; ~[e]s, ~e attempted assassination; assassination
Attentäter ['atntɜ:tɐ] *m.*; ~s, ~, **Attentäterin** *f.*; ~, ~nen would-be assassin; (bei Gelingen des Attentats) assassin
Attest [a'tɪst] *n.*; ~[e]s, ~e medical certificate; doctor's certificate
attestieren *tr. V.* certify
Attitüde [atɪ'ty:də] *f.*; ~, ~n posture
Attraktion [atrak'tsɪo:n] *f.*; ~, ~en attraction
attraktiv [atrak'ti:f] 1. *Adj.* attractive. 2. *adv.* attractively
Attraktivität [atraktɪvɪ'tɜ:t] *f.*; ~: attractiveness
Attrappe [a'trapə] *f.*; ~, ~n dummy; fake
Attribut [atrɪ'bu:t] *n.*; ~[e]s, ~e attribute
attributiv [atrɪbu'ti:f] (Grammatik) 1. *Adj.* attributive. 2. *adv.* attributively
atypisch 1. *Adj.* atypical. 2. *adv.* atypically
ätzen ['ætsn] 1. *tr. V.* a) etch; b) (Medizin) cauterize (wound). 2. *itr. V.* corrode
Ätzung *f.*; ~, ~en a) etching; b) (Medizin) cauterization
Aubergine [obær'ʒi:nə] *f.*; ~, ~n aubergine (Brit.); eggplant
auch [aux] 1. *Adv.* a) (ebenso, ebenfalls) as well; too; also; **wir waren ~ da** we were there as well or too; we were also there; **was er kann, das kann ich ~** what he can do I can do as well; **Kennst du sie auch?** Do you also know her? b) (sogar, selbst) even; **~ wenn** even if; **wenn ~:** even if or though; c) (außerdem, im übrigen) besides
Audienz [au'diɛnts] *f.*; ~, ~en audience
Auditorium [audi'to:rɪʊm] *n.*; ~s, Auditorien a) (Hörsaal) auditorium; b) (Zuhörerschaft) audience
auf [auf] 1. *Präp. mit Dat.* a) on; **der Deckel auf dem Tisch** the top on the table; **auf der Titanic starben so viele** so many people died on the Titanic; **setze dich auf den Tisch** sit on the table; b) (in) at (home, school, station); c) (bei) at (church, ceremony); on (travels, journey, walk, drugs); 2. *Präp. mit Akk.* a) on; to; **sich ~ eine Banane setzen** sit down on a banana; **~ einen Hügel steigen** climb up a hill; b) (zu) to; **die Schule gehen** go to school; c) (bei Entfernungen) **~ 10 km** for 10 km; d) *(zeitlich)* for; also **festlegen ~ morgen** arrange sth. for tomorrow
auf·arbeiten *tr. V.* a) (erledigen) catch up with (friends); b) (studieren, analysieren) review (text, notes); look back on and reappraise (childhood); c) (restaurieren, überholen) refurbish
auf·atmen *itr. V.* heave a sigh of relief
auf·backen *regelm.* (auch *unr.*) *tr. V.* crisp up (toast, muffins)
Auf·bau *m.*; *Pl.* ~ten a) oder *Pl.* construction; building; b) oder *Pl.* (Biologie) synthesis; c) oder *Pl.* (Struktur) structure; d) *Pl.* (Schiffbau) superstructure *sing.*
auf·bauen 1. *tr. V.* a) *auch itr.* (aufstellen, errichten) erect (monument, tower); set up (lights, stage); build (hut, tunnel); b) (hinstellen, arrangieren) lay or set out (table, presents, etc.); c) *(bildlich:* schaffen) build (friendship, nation, etc.); d) *(bildlich:* strukturieren) structure; e) *(bildlich:* fördern) **jmdn. als etw. ~:** build sb. up as sth.; **jmdn./etw. zu etw. ~:** build sb./sth. up into sth.; f) (gründen) **etw. auf etw.** *(Dat.)* **~:** base sth. upon sth.; g) (Biologie) synthesize. 2. *itr. V.* **auf etw.** *(Dat.)* **~:** be based on sth. 3. *refl. V.* a) *(ugs.:* sich hinstellen) plant oneself; b) (sich zusammensetzen) be composed (aus of)
auf·bauschen *tr. V.* a) billow; belly (sail); b) *(bildlich)* blow up; exaggerate; overstate
auf·begehren *itr. V.* flare up; rebel
auf·behalten *unr. tr. V.* **etw. ~:** keep sth. on
auf·bekommen *unr. tr. V.* a) (öffnen können) **etw. ~:** get sth. open; b) (aufessen können) manage to eat; c) (aufgegeben bekommen) be given (homework)
auf·bewahren *tr. V.* keep; store, keep (medicines, food, provisions); **etw. trocken/kühl ~:** keep sth. in a dry place
Auf·bewahrung *f.* keeping;

aufbiegen

storage
auf·biegen 1. *unr. tr. V.* **etw. ~:** bend sth. open. 2. *unr. refl. V.* bend open
auf·blasen 1. *unr. tr. V.* blow up; inflate
auf·bleiben *unr. itr. V.*; *mit sein* a) (nicht zu Bett gehen) stay up; b) (geöffnet bleiben) stay open
auf·blicken *itr. V.* a) look up; (kurz) glance up; **von etw. ~:** look/glance up from sth.; b) (verehrend) **zu jmdm. ~:** look up to sb.
auf·blühen *itr. V.*; *mit sein* a) bloom; come into bloom; (bud) open; b) (bildlich: aufleben) blossom; c) (bildlich: einen Aufschwung nehmen) (trade, business, town, industry) expand and flourish; (cultural life, science) blossom
auf·brauchen *tr. V.* use up
auf·brechen 1. *unr. tr. V.* (öffnen) break into (house); force open; break open (padlock, jar, etc.). 2. *unr. itr. V.*; *mit sein* a) (sich öffnen) open up, burst b) (losgehen, -fahren) set off; start out
auf·bringen *unr. tr. V.* a) (beschaffen) find; afford, raise, find (means); b) (kreieren) introduce, start (fad, tradition); introduce (concept, thesis)
Auf·bruch *m.* departure
auf·decken 1. *tr. V.* a) uncover; b) (enthüllen) expose; (erkennen und bewusst machen) reveal, uncover 2. *itr. V.* set the table
Auf·deckung *f.* exposure; revelation; uncovering
auf·drängen 1. *tr. V.* force sth. on sb. 2. *refl. V.* impose on sb.
auf·drehen 1. *tr. V.* a) (öffnen) unscrew; undo; turn on; open (can, box); b) (ugs.: laut stellen) turn up (TV); c) (ugs.: aufziehen) wind up; b) (in Schwung kommen) get into the mood; get going
auf·dringlich 1. *Adj.* importunate, pushy; insistent (noise, remarks); pungent; gaudy, loud (curtains, paint); 2. *adv.* (behave) importunately, pushily; insistently
Aufdringlichkeit *f.*; ~, ~en a) oder *Pl.* siehe aufdringlich: insistent manner; intrusion; insistence; importunity; pushiness (coll.); pungency; b) **die ~en der Männer** the overfamiliarity *sing.* of men
Auf·druck *m.*; ~[e], ~e imprint
auf·drucken *tr. V.* print sth. on sth.
aufeinander·: **~·beißen** *tr. V.* press together; **~·folgen** *itr. V.*; *mit sein* succeed one another; **~·folgend** successive; **~·legen** 1. *tr. V.* lay one on top of the other. 2. *refl. V.* lie on top of each other or one another; **~·liegen** *unr. itr. V.* lie on top of each other or one another; **~·prallen** *itr. V.*; *mit sein* collide; clash; (bildlich) (cultures) clash; **~·pressen** *tr. V.* press together; **~·schichten** *tr. V.* stack up; **~·schlagen** 1. *unr. tr. V.* knock or strike together; bang together. 2. *unr. itr. V.*; *mit sein* knock or strike against each other or one another; **~·sitzen** *unr. itr. V.* sit on top of each other or one another; **~·stoßen** *unr. itr. V.*; *mit sein* bump into each other
Aufenthalt ['aufæntha lt] *m.*; ~[e], ~e a) stay; b) (Fahrtunterbrechung) stop; (beim Umsteigen) wait
Aufenthalts·: **~·dauer** *f.* duration of stay; **~·erlaubnis** *f.*, **~·genehmigung** *f.* residence permit; **~·ort** *m.* place of residence; **~·raum** *m.* (einer Schule oder ä.) common-room (Brit.); (eines Betriebs oder ä.) recreation-room; (einer Jugendherberge) day-room
auf·essen *unr. tr. (auch itr.) V.* eat up
auf·fahren 1. *unr. itr. V.*; *mit sein* a) (aufprallen) **auf ein anderes Auto ~:** drive or run into the back of another car b) (gen Himmel fahren) ascend; c) (aufbrausen) flare up. 2. *unr. tr. V.* a) (in Stellung bringen) bring or move up; b) (ugs.: auftischen) serve up
Auf·fahrt *f.* a) (das Hinauffahren) climb; drive up; b) (eines Gebäudes) drive; c) (zur Autobahn) slip-road (Brit.); access road (Amer.)
auf·fallen *unr. itr. V.*; *mit sein* a) stand out; **unsichtbare Menschen fallen kaum auf** invisible people are hardly noticeable; b) (auftreffen) fall (auf + Akk. on to); strike (auf + Akk. sth.
auffallend 1. *Adj.* (auffällig) conspicuous; (eindrucksvoll, bemerkenswert) striking (features) 2. *adv.* (auffällig) conspicuously
auf·fällig 1. *Adj.* conspicuous; garish, loud, ostentatious (curtains); 2. *adv.* conspicuously; **sich ~ kleiden** dress ostentatiously
auf·falten *tr. V.* fold open; unfold
auf·fangen *unr. tr. V.* a) catch; b) (aufnehmen, sammeln) collect; catch (water)
auf·finden *unr. tr. V.* find
auf·fischen *tr. V.* (ugs.) fish out
auf·flackern *itr. V.*; *mit sein* flicker up; (bildlich) flare up; (eyes) flicker up
auf·flammen *itr. V.*; *mit sein* (auch bildlich) flare up
auf·fordernd *adv.* encouragingly
Aufforderung *f.* a) request; (nachdrücklicher) demand; b) (Einladung; Ermunte-

rung) invitation
auf·fressen 1. *unr. tr. V.* a) eat up (electricity, savings, etc.); 2. *unr. itr. V.* (animal) eat its food up; *(sl.)* (person) eat everything up

auf·frischen *tr. V.* freshen up; brighten up (make-up, walls); (restaurieren) restore; *(bildlich)* revive images of the past); renew (relationship)

auf·führen 1. *tr. V.* a) stage, put on (show, concert); screen, put on (film); perform (stage piece); b) (nennen) cite; quote; adduce; (in Liste) list. 2. *refl. V.* behave

Auf·führung *f.* a) performance; b) citation; quotation; listing

auf·füllen *tr. V.* a) fill up; b) (*bildlich:* ergänzen) replenish (supplies)

Auf·gabe *f.* a) (zu Bewältigendes) task; b) (Schule) (Übung) exercise; (Prüfungs~) question; e) (Schule: Haus~) ~n homework sing; c) (Pflicht) task; duty; responsibility; d) (*bildlich:* Zweck) function; e) (Mathematik~) problem; f) (Beendigung) abandonment; g) (Kapitulation) retirement; (im Schach) resignation h) giving up; abandonment; dropping; mailing

auf·gabeln *tr. V. (sl.)* pick up
Aufgaben·bereich *m.* sphere of responsibility

Auf·gang *m.* a) (Sonnen-Mond~, usw.) rising; b) (Treppe) stairs *pl.*; staircase; stairway; steps *pl.*

auf·geben 1. *unr. tr. V.* a) give up; stop (loving, eating); b) (sich trennen von) give up (friends); abandon, drop (complaint); c) (verloren geben) give up (student); d) (nicht länger zu gewinnen versuchen) give up (fight); e) (Hausaufgabe) set (Brit.); assign (Amer.); f) (übergeben, übermitteln) post (Brit.), mail; hand in, (telefonisch) phone in; check (luggage, items) in; 2. *unr. itr. V.* give up; (im Sport) retire; (Schach) resign

auf·geblasen *Adj.* puffed up

Auf·gebot *n.* a) (aufgebotene Menge) contingent; (an Arbeitern) squad; b) (zur Heirat) (Religion) banns *pl.*

auf·gehen *unr. itr. V.; mit sein* a) (sun, moon, etc.) rise; b) (sich öffnen) (window, hand) open; (curtain) go up, rise; (hair, zipper) come undone; (flower) open c) (keimen) come up; d) (aufgetrieben werden) (bread, yeast) rise; e) (Mathematik) work out

auf·gelöst *Adj.* distressed; distraught

auf·geräumt *Adj.* jovial
auf·geregt 1. *Adj. adv.* excitedly; (beunruhigt) agitatedly. 2. excited; (beunruhigt) flurried, agitated

Auf·geschlossenheit *f.* openmindedness; openness; communicativeness

auf·geschmissen *Adj.* (*ugs.*) *in ~ sein* be done for *(sl.)*; be in a fit

auf·geweckt *Adj.* bright; sharp

Auf·gewecktheit *f.; ~:* brightness; sharpnes

auf·gießen *unr. tr. V.* make, brew (beer, tea)

auf·greifen *unr. tr. V.* a) (festnehmen) pick up; b) (sich befassen mit) take or pick up (remark, discussion)

auf·haben (*ugs.*) 1. *unr. tr. V.* a) (aufgesetzt haben) have on; wear, b) (geöffnet haben) *die Ohren ~:* have one's ears open; c) (aufbekommen haben) have got open; d) (aufgegessen haben) have eaten up or finished; e) (für die Schule) *etw. ~:* have sth. as homework. 2. *unr. itr. V.* be open

auf·halten 1. *unr. tr. V.* a) (anhalten) halt; halt, check; b) (stören) hold up; c) (geöffnet halten) hold open; 2. *unr. refl. V.* a) (sich befassen) spend time on sb./sth.; b) (sich befinden) be; (verweilen) stay

auf·hängen 1. *tr. V.* a) hang up; hang (photo, drapes); b) (erhängen) hang (an + *Dat.* from). 2. *refl. V.* hang oneself

auf·heben *unr. tr. V.* a) pick up; b) (aufbewahren) keep; preserve; c) (abschaffen) abolish; repeal law; revoke d) (ausgleichen) cancel out; neutralize, cancel

Auf·hebung *f.* a) siehe aufheben c); abolition; cancellation; repeal; revocation; lifting

auf·heitern 1. *tr. V.* cheer up. 2. *refl. V.* a) (day) brighten; b) (weather) clear or brighten up

Aufheiterung *f.;* ~, ~en a) cheering up; b) (des Wetters) bright period

auf·holen 1. *tr. V.* make up (delay). 2. *itr. V.* catch up; (bus, friends)

auf·hören *itr. V.* stop; (relationship) end

auf·kaufen *tr. V.* buy up
auf·keimen *itr. V.: mit sein* germinate, sprout

auf·klären 1. *tr. V.* a) (klären) clarify; elucidate, explain; solve; resolve; b) enlighten; c) (sexualkundlich) *ein Kind ~:* explain the facts of life to a child; 2. *refl. V.* a) (sich klären) be cleared up; b) (sich aufhellen) clear, brighten

Auf·klärung *f. o. Pl.* a) siehe aufklären 1a); clearing up; solution; elucidation; explanation; resolution; b) enlightenment; c) *die ~ der Kinder* (über Sexualität); explaining the facts of life to

Aufkleber

the children; d) **die** ~ (Geschichte) the enlightenment
Auf·kleber m. sticker
auf·knacken tr. V. crack
auf·knöpfen tr. V. unbutton; undo
auf·knoten tr. V. undo, untie
auf·knüpfen (ugs.) 1. tr. V. string up (ugs.). 2. refl. V. hang oneself
auf·kochen 1. tr. V. a) bring to the boil. 2. itr. V. mit sein come to the boil
auf·kratzen tr. V. a) (öffnen) scratch open (wound, sore); b) (verletzen) scratch
auf·krempeln tr. V. roll or turn up (sleeves)
auf·kreuzen itr. V.; mit sein (ugs.: erscheinen) show up
auf·kündigen tr. V. terminate; cancel; foreclose (deal)
Aufl. Abk. Auflage ed.
auf·lachen itr. V. laugh; give a laugh; (schallend) burst out laughing
auf·laden 1. unr. tr. (auch itr.) V. a) load (auf + Akk. on); b) charge; put on charge; 2. unr. refl. V. charge, become charged
Auf·lage f. a) (Verlagswesen) edition; print run; (verkaufte ~ einer Zeitung) circulation
Auflagen·höhe f. (Verlagswesen) number of copies printed; circulation
auf·lassen unr. tr. V. (ugs.) a) (offen lassen) leave open; b) (aufbehalten) keep on
auf·laufen unr. itr. V.; mit sein a) (Seefahrt) run aground (auf + Akk. on); b) (Sport) **auf jmdn.** ~: run into sb.; (bildlich ugs.) put paid to sb.'s plans; c) (sich ansammeln) accumulate
Auflauf·form f. baking dish; soufflé dish
auf·leben itr. V.; mit sein recover, revive; (bildlich: wieder munter werden) come to life; liven up; **etw.** ~ **lassen** revive sth.
auf·lecken tr. V. lick up
auf·legen 1. tr. V. a) put on; **eine Platte** ~: put record on; b) (Verlagswesen) publish; **ein Wörterbuch neu** ~: bring out another edition of a dictionary; (nachdrucken) reprint a book. 2. itr. V. (den Hörer ~) hang up; ring off (Brit.)
auf·lehnen refl. V. **sich gegen jmdn./etw.** ~: rebel or revolt against sb./sth.
Auflehnung f.; ~, ~en rebellion; revolt
auf·leuchten itr. V.; auch mit sein light up; (für kurze Zeit) flash; (signal) come on; (bildlich) (smile, features) light up
auf·liegen unr. itr. V. lie; rest
auf·listen tr. V. list
auf·lockern 1. tr. V. break up, loosen (knot); loosen (earth); (bildlich) introduce some variety into; break up, relieve, make more relaxed. 2. refl. V. (cloud) break
Auf·lockerung f. siehe auflockern 1: breaking up; loosening; relieving; breaking up
auf·lodern itr. V.; mit sein blaze or flare up; leap up; (bildlich) flare up
auf·lösen 1. tr. V. dissolve; resolve; solve (problem); break off; terminate, cancel; dissolve, disband; break up (family). 2. refl. V. a) dissolve (in + Akk. into); (government) dissolve itself; disperse; b) (conflict) be resolved; be solved
Auf·lösung f. a) siehe auflösen 1: dissolving; resolution; solution; breaking off; cancellation; dissolution; termination; disbandment; removal; b) siehe auflösen 2a): dissolving; dispersing; lifting; breaking up; disintegration

auf·machen 1. tr. V. a) (öffnen) open; undo b) (ugs.: eröffnen) open (cinema); c) (gestalten) get up; present. 2. itr. V. a) (ugs.: die Tür öffnen) open up; open the door; b) (geöffnet werden) open; c) (ugs.: eröffnet werden) open up 3. refl. V. (aufbrechen) set out; start out
Auf·machung f.; ~, ~en presentation; (Entscheidung) get-up
auf·malen tr. V. **etw.** ~: paint sth. on
auf·marschieren itr. V.; mit sein draw up; assemble; march up
auf·merksam 1. Adj. a) attentive (listener); keen, sharp; **der gute Student ist immer** ~ the good student is always attentive; **Ich wurde nicht darauf** ~ **gemacht** I was not made aware of that; b) (höflich) attentive; **wirklich, sehr** ~: really, that's extrememly attentive of you. 2. adv. attentively
Aufmerksamkeit f.; ~, ~en a) oder Pl. attention; b) (Höflichkeit) attentiveness; c) (Geschenk) **eine kleine** ~: a small present
auf·möbeln tr. V. (ugs.) a) (verbessern) do up; b) (beleben) pep or buck up (ugs.); (aufmuntern) buck (ugs.) or liven up
auf·muntern tr. V. cheer up; (beleben) liven up; rally; pep up (ugs.)
Auf·munterung f.; ~, ~en siehe aufmuntern: cheering up; livening up, rallying; pepping up (ugs.)
auf·müpfig ['aufmʏpfɪç] (ugs.) 1. Adj. rebellious. 2. adv. rebelliously
Auf·müpfigkeit f.; ~: rebelliousness
Auf·nahme f.; ~, ~n a) siehe aufnehmen; b) opening;

starting; establishment; taking up; b) (Empfang) reception; (ins Krankenhaus) admission; (Beherbergung) accommodation; c) (Finanzen: von Geld) raising; d) (Aufzeichnung) taking down; (von Notizen) taking; f) (auf Tonträger) recording; g) (das Fotografieren) photographing; (eines Bildes) taking; (das Filmen) shooting; filming; h) (Bild) picture; shot; photograph; **eine ~ machen** take a picture or shot or photo; i) (Anklang) reception; response (*Gen.* to); j) oder *Pl.* (Absorption) absorption; k) (das Einschließen) inclusion
aufnahme-, Aufnahme-: **~fähig** *Adj.* receptive (für to); **~fähigkeit** *f.*; oder *Pl.* receptivity (für to); **~gebühr** *f.* enrolment fee; **~prüfung** *f.* entrance examination; **~studio** *n.* (Filmstudio) film studio, (Tonstudio) recording studio
auf·nehmen *unr. tr. V.* a) (hochheben) pick up; lift up; (aufsammeln) pick up; b) (beginnen mit) open, start (discussion); establish (bonds); take up (activity, collection, thought); start (studies); c) (empfangen) receive; (beherbergen) take in; f) (einschließen) include; g) (fassen) take; hold; h) (erfassen) take in, absorb; i) (absorbieren) absorb; j) (Finanzen) raise; k) (reagieren auf) receive; **etw. gut ~:** give a good reception; l) (aufschreiben) take down; take (notes); m) (fotografieren) take a photograph of; photograph; take (picture); n) (auf Tonträger) record
auf·nötigen *tr. V.* force sth. on sb.
auf·opfern *refl. V.* devote oneself sacrificingly (für to)
auf·opfernd 1. *Adj.* self-sacrificing. 2. *adv.* self-sacrificingly
Auf·opferung *f.* self-sacrifice
auf·passen *itr. V.* a) look or watch out; mind; (konzentriert sein) pay attention; b) **auf jmdn./etw. ~** mind or keep an eye on sb./sth.
auf·peitschen *tr. V.* whip up; inflame; stir up
auf·polieren *tr. V. (auch bildlich)* polish up
Auf·prall *m.*; ~[e]s, ~e clash; impact
auf·prallen *itr. V.; mit sein* **auf etw.** (Akk.) **~:** strike or hit sth.; (auffahren) collide with or run into sth.
auf·pumpen *tr. V.* inflate; pump up
auf·putschen *tr. V.* stimulate; arouse (feelings, senses); **~de Mittel** pep pills; stimulants; **sich mit Drogen ~:** pep oneself up with drugs
Aufputsch·mittel *n.* pep pill, stimulant
auf·quellen *unr. itr. V.; mit sein* swell up
auf·raffen *refl. V.* a) pull oneself up; b) (sich überwinden) pull oneself together
auf·rappeln *refl. V. (ugs.)* a) struggle to one's/its feet; b) *(bildlich)* recover
auf·rauhen *tr. V.* roughen
auf·räumen 1. *tr. V.* a) tidy or clear up; *(bildlich)* sort out; b) (wegräumen) clear or put away. 2. *itr. V.* a) clear or tidy up; *(bildlich)* sort things out; b) **mit jmdm./etw. ~** dispose of sb./sth.
auf·recht 1. *Adj.* upright, erect (posture); **kannst du dich nicht ~ hinstellen?** can't you stand in an upright position? b) (redlich) upright. 2. *adv.* (stand, be) straight, erect
aufrecht·erhalten *unr. tr. V.* maintain; keep up

aufrunden

auf·regen 1. *tr. V.* excite; (ärgerlich machen) annoy; irritate; (beunruhigen) agitate; **er regt mich auf** he gets on my nerves. 2. *refl. V.* fret; get worked up (über + Akk. about)
Auf·regung *f.* excitement *no pl.*; (Beunruhigung) agitation *no pl.*
auf·reiben 1. *unr. tr. V.* a) (zermürben) wear down; b) (wund reiben) **sich** (Dat.) **die Finger, usw. ~:** rub one's fingers, etc. sore; c) (vernichten) wipe out. 2. *unr. refl. V.* wear oneself out
aufreibend 1. *Adj.* trying; wearing; (discussion, class); (stärker) gruelling. 2. *adv.* exasperatingly, tryingly
auf·reißen 1. *unr. tr. V.* a) (öffnen) rip or tear open; tear open; fling open; wrench open; b) (beschädigen) rip or tear open; rip, tear; break up; **sich** (Dat.) **die Hände ~:** gash one's hands. 2. *itr. V.; mit sein* (shirt) rip tear
auf·reizen *tr. V.* excite; rouse; (provozieren) provoke
auf·reizend 1. *Adj.* provocative. 2. *adv.* provocatively
auf·richten 1. *tr. V.* a) erect; b) (trösten) **jmdn. ~:** console sb. 2. *refl. V.* a) stand up straight; straighten up; (nach einem Sturz) get to one's feet; b) (Mut schöpfen) take heart
auf richtig 1. *Adj.* sincere; frank, honest 2. *adv.* sincerely
Auf·richtigkeit *f.* sincerity
auf·rollen *tr. V.* a) roll up; b) (auseinanderrollen) unroll; unfurl (poster)
auf·rücken *itr. V.; mit sein* (auch bildlich: befördert werden) move up
auf·rühren *tr. V.* stir up
auf·runden *tr. V.* round off (auf + Akk. to)

auf·rütteln tr. V. (bildlich) jmdn. ~: shake sb. up
auf·sagen tr. V. recite
auf·sammeln tr. V. a) (aufheben) pick or gather up; b) (ugs.: aufgreifen) pick up
auf·sässig ['aufzɛsɪç] 1. Adj. a) obstinate; b) rebellious 2. adv. a) obstinately; b) rebelliously
Auf·satz m. a) essay; article; composition b) (aufgesetzter Teil) top or upper part
auf·saugen unr. tr. V. soak up; (bildlich) absorb
auf·schießen unr. itr. V.; shoot up
Auf·schlag m. a) (Aufprall) impact; b) (Preis~) extra charge; surcharge; c) (Revers) lapel; (Ärmel~) cuff; (Hosen~) turn up; d) (Tennis usw.) serve; service
auf·schlagen 1. unr. itr. V. a) mit sein hit or strike sth. b) (interest) go up; c) (Tennis usw.) serve; 2. unr. tr. V. a) (öffnen) crack; knock a hole in b) (aufblättern) open; (zurückschlagen) turn back; c) die Augen ~: open one's eyes; d) (hoch-, umschlagen) turn up (pants-leg, sleeve); e) (aufbauen) set up; pitch, put up
auf·schlecken tr. V. lap up
auf·schließen 1. unr. tr. V. unlock; 2. unr. itr. V. a) unlock the door; b) (aufrücken) close up; (Militär) close ranks
auf·schlitzen tr. V. slash open; slit open (wrists, shirt)
auf·schluchzen tr. V. give a sob
Auf·schluss m. information
auf·schlüsseln tr. V. break down (nach according to)
aufschluss·reich Adj. informative; (enthüllend) revealing
auf·schnappen tr. V. (ugs.) pick up
auf·schneiden 1. unr. tr. V. a) cut open; cut; b) (zerteilen) cut; slice. 2. unr. itr. V. boast, brag, swagger
Auf·schneider m. boaster; braggart, swaggerer
auf·schnellen itr. V.; mit sein leap up
auf·schnüren tr. V. undo, untie; unlace
auf·schrauben tr. V. a) unscrew; b) (auf etw. schrauben) screw on (auf + Akk. to)
auf·schrecken 1. tr. V. startle; make jump; 2. start; **aus einem Traum ~**: start from one's dream
Auf·schrei m. cry; (stärker) yell; (gellender) scream, shriek
auf·schreiben unr. tr. V. a) write down; **sich** (Dat.) **etw. ~** make a note of sth.; b) (ugs.: verordnen) prescribe
auf·schreien unr. itr. V. cry out; (stärker) yell out; (gellender) scream, shriek
Auf·schrift f. inscription
Auf·schub m. delay; (Verschiebung) postponement
auf·schürfen tr. V. graze oneself
Auf·schwung m. a) (Auftrieb) uplift; **er gab mir neuen ~: he gave me a real uplift**; b) (gute Entwicklung) upturn; upswing (Gen. in)
auf·sehen unr. itr. V. siehe aufblicken
Aufsehen n.; ~s stir; sensation; **~ erregen** cause or create a sensation
aufsehen·erregend Adj. sensational
Auf·seher m., **Auf·seherin** f. (im Gefängnis) warder (Brit.); guard (Amer.); attendant; (im Park) park-keeper; invigilator (Brit.); proctor (Amer.); overseer
auf·setzen 1. tr. V. a) put on; b) (verfassen) draft, draw up; c) jmdn. ~: sit sb. up; d) (auf eine Unterlage) set down; put down; 2. itr. V. (plane) land, touch down. 3. refl. V. sit up
Auf·sicht f. a) oder Pl. supervision; (bei Prüfungen) invigilation (Brit.); proctoring (Amer.); b) (Person) person in charge; attendant; (im Museum) attendant; (Lehrer) teacher in charge or on duty
Aufsichts·rat m. a) (Gremium) board of directors; supervisory board; b) (Mitglied) member of the board of directors or supesisory board
auf·spalten 1. unr. tr. V. split; (bildlich) split up 2. unr. refl. V. split
auf·sparen tr. V. (auch bildlich) save up; keep
auf·spielen 1. itr. V. (musizieren) play
auf·spießen tr. V. a) run (person) through; (auf die Hörner nehmen) gore; b) pin
auf·splittern 1. tr. V. split up 2. refl. V. split up refl. V. (ugs., derogativ) give oneself airs; unr. itr. V.; mit sein a) (hochspringen) jump or leap up; b) (auf ein Fahrzeug) jump on; c) (rissig werden) crack; (lips) crack, chap
auf·sprühen tr. V. spray on
auf·spulen tr. V. wind on to a spool or reel
auf·spüren tr. V. (auch bildlich) track down
Auf·stand m. rebellion; revolt
auf·ständisch Adj. rebellious
Auf·ständische m./f.; adj. rebel
auf·stapeln tr. V. stack up
auf·stehen unr. itr. V. a) (offen stehen) be open; b) mit sein stand up, get up
auf·steigen unr. itr. V.; mit sein a) (auf ein Fahrzeug) climb or get on; b) (Bergsteigen) climb; c) (hochfliegen) go up; soar up; d) **in**

jmdm. ~ (anger, passion, etc.) rise up in sb.; come into sb.'s mind; arise in sb.'s mind; e) (hochsteigen) rise; f) (beruflich, gesellschaftlich) rise (zu to); g) (Sport) be promoted, (in + Akk. to)
auf·stellen 1. *tr. V.* a) (hinstellen) put up (auf + Akk. on); set up; (aufrecht stellen) stand up; b) (postieren) post; station; c) (nominieren) nominate; put up; (Sport: auswählen) select, pick; d) (bilden) raise; put together; e) (ausarbeiten) work out; draw up; make, postulate; establish; prepare; devise; f) (errichten) put up; erect; put in, install; g) (hochstellen) erect; (erzielen) set up, establish; h) (formulieren) put forward 2. *refl. V.* position or place oneself; take up position; (in einer Reihe, zum Tanz) line up
Auf·stellung *f.* a) siehe aufstellen 1a) putting up; setting up; standing up; b) siehe aufstellen 1e) putting up; erection; installation; c) nomination; putting up; selection; d) putting together; raising; selection; picking; e) (Militär) **~ nehmen oder beziehen** line up; f) working out; drawing up; making out; setting up; establishment; preparation; g) (das Erzielen) setting up; establishment; h) (das Formulieren) putting forward; i) (Liste) list; (Tabelle) table
Auf·stieg *m.*; ~[e]s, ~e a) ascent; climb; b) *(bildlich)* rise
Auf·stiegs·aussicht *f.* prospect of promotion
auf·stöbern *tr. V.* (entdecken) track down
auf·stöhnen *itr. V.* groan
auf·stoßen 1. *unr. tr. V.* a) (öffnen) push open; (mit einem Fußtritt) kick open; b) (heftig aufsetzen) bang sth. 2. *unr. itr. V.* belch; burp *(ugs.)*; bring up wind, *(ugs.)* burp
aufstrebend *Adj.* rising; striving for progress
auf·suchen *tr. V.* call on, visit; go to, consult
Auf·takt *m.* a) (Beginn) start; b) (Musik) upbeat
auf·tanken 1. *tr. V.* fill up; refuel 2. *itr. V.* fill up; refuel
auf·tauchen *itr. V.*; *mit sein* a) (aus dem Wasser) surface; come up; b) (sichtbar werden) appear; emerge c) (kommen, gefunden werden) turn up; d) (sich ergeben) arise, crop up
auf·tauen 1. *tr. V.* thaw
Auf·teilung *f.*; partition; sharing out (unter + Akk. oder *Dat.* among); dividing (in + Akk. into)
Auf·trag *m.*; ~[e]s, Aufträge a) (Anweisung) instructions *pl.*; (Aufgabe) job; task; b) (Bestellung) order; (bei Musikern, Autoren, usw.) commission; c) (Mission) task; mission
auf·tragen 1. *unr. tr. V.* a) **jmdm. ~, etw. zu tun** instruct sb. to do sth.; **er hat mir aufgetragen, dich zu umarmen** he asked me to hug you; b) (aufstreichen) apply, put on; **etw. auf etw.** (Akk.) **~:** apply sth. to sth.; put sth. on sth.; c) (verschleißen) wear out 2. *unr. itr. V.* a) be too bulky; b) *(ugs.: übertreiben)* **dick ~:** lay it on thick *(sl.)*
Auftrag·geber *m.* client; customer
auf·treiben *unr. tr. V.* a) (aufblähen) bloat; swell; make (bread) rise; b) *(ugs.: ausfindig machen)* get hold of; **ein Hotel ~:** find a hotel
auf·trennen *tr. V.* unpick; undo
auf·treten 1. *unr. itr. V.*; *mit sein* a) tread; **tritt nicht auf dünnes Eis** don't tread on thin ice b) (sich benehmen) behave; **wie kannst du nur so auftreten** how can you behave that way c) (fungieren) appear; **als Ersatz ~** appear as a substituted (auftauchen) arise, crop up (difference of view point) arise; e) (als Musiker, Band, usw.) appear; f) (die Bühne betreten) enter; 2. *unr. tr. V.* kick open (portal)
Auf·treten *n.*; ~s a) (Benehmen) manner; b) (occurrence; appearance
Auf·trieb *m. o. Pl.* a) *(Technik)* buoyancy; (in der Luft) lift; b) (Aufschwung, Elan) impetus
Auf·tritt *m.* a) siehe auftreten 1 d) appearance; b) siehe auftreten 1 e) entrance; c) (Szene) scene
auf·trumpfen *itr. V.* assert oneself; show oneself to be superior
auf·wachen *itr. V.*; *mit sein* (auch bildlich) wake up, awaken (aus from)
auf·wachsen *unr. itr. V.*; *mit sein* grow up
Auf·wand *m.*; ~[e]s a) expenditure (an + *Dat.* of); cost; expense; **mit einem großen ~** at a high expense; b) (Luxus) extravagance, luxury
auf·wärmen 1. *tr. V.* heat or warm up (body); *(bildlich ugs.:* wieder erwähnen) drag or rake up 2. *refl. V.* warm oneself up
auf·wärts *Adv.* upwards; uphill
Auf·wärts·entwicklung *f.* upward trend
Auf·wartung *f.*: **jmdm. seine ~ machen** pay a courtesy call on sb.
auf·wecken *tr. V.* wake up; waken
auf·weichen *tr. V.* soften
auf·weisen *unr. tr. V.* exhibit; show

auf·wenden *unr. tr. V.* use (talent); expend (vitality); spend (allowance, time)
auf·wendig 1. *Adj.* lavish; (kostspielig) costly; expensive. 2. *adv.* lavishly; (kostspielig) expensively
auf·wickeln *tr. V.* wind up; roll or coil up
auf·wiegeln [ˈaufviːgln] *tr. V.* incite; stir up (gegen against); **jmdn. zum Streik/Aufstand ~:** incite sb. to strike/rebel
auf·wirbeln 1. *tr. V.* swirl up; raise, swirl up; 2. *itr. V.*; *mit sein* swirl up
auf·wischen *tr. V.* a) mop or wipe up; b) *auch itr.* (säubern) wipe, (mit Wasser) wash poor
auf·wühlen *tr. V.* churn up; agitate, stir deeply
auf·zählen *tr. V.* enumerate; list
Auf·zählung *f.* a) enumeration; listing; b) (Liste) list
auf·zeichnen *tr. V.* a) (notieren) record; b) (zeichnen) draw
Auf·zeichnung *f.* record; recording; **~en** (Notizen) notes
auf·zeigen *tr. V.* (nachweisen) demonstrate; show; (darlegen) expound; (hinweisen auf) highlight, point out
auf·ziehen 1. *unr. tr. V.* a) (öffnen) pull open (closet); open, draw; undo; b) wind up; c) (befestigen) mount (auf + Akk. on); stretch; d) (großziehen) bring up, raise (children); raise, rear; grow; e) (gründen) set up; f) (*ugs.*: durchführen) organize, stage; g) (*ugs.*: necken) rib (*ugs.*), tease (mit, wegen about). 2. *unr. itr. V.*; *mit sein* (cloud) gather, come up
Auf·zucht *f.* raising; rearing
Auge [ˈaugə] *n.*; ~s, ~n a) eye; **schöne ~n haben** have beautiful eyes; b) (auf Würfeln) pip; **drei ~n werfen** throw a three; **wie viele ~n hat er geworfen?** how many has he thrown?
äugen [ˈɔygn] *itr. V.* peek
Augen-: **~braue** *f.* eyebrow; **~deckel** *m.* eyelid; **~farbe** *f.* colour of the eyes; **~höhe** *f.* eye-level; **in/auf ~höhe** at/to eye-level; **~klappe** *f.* eye-patch; **~lid** *n.* eyelid; **~maß** oder *Pl.* **ein gutes/ schlechtes ~maß haben** have a good eye/no eye for distances; **ihm fehlt jegliches ~maß** (*bildlich*) he lacks all sense of proportion; **~merk** *n.*; **sein ~merk auf jmdn./etw. richten oder lenken** give one's attention to sb./sth.
augen-, Augen-: **~weide** *f.*; *oder Pl.* feast for the eyes; **~wimper** *f.* eyelash; **~winkel** *m.* corner of one's eye; **~wischerei** *f.* eyewash; **~zeuge** *m.* eyewitness; **~zwinkern** *n.*; ~s wink; **~zwinkernd** 1. *Adj.*; *nicht präd.* tacit (declamation). 2. *adv.* with a wink
August [auˈgʊst] *m.*; ~s *oder* ~, ~e August
Auktion [aukˈtsi̯oːn] *f.*; ~, ~en auction
Aula [ˈaula] *f.*; ~, Aulen assembly hall
aus·arten *itr. V.*; *mit sein* degenerate (in + Akk., zu into)
aus·atmen *itr., tr. V.* breathe out, exhale
aus·balancieren 1. *tr. V.* (auch bildlich) balance. 2. *refl. V.* balance; (*bildlich*) balance out
aus·beulen 1. *tr. V.* a) make baggy; **ausgebeulte Knie** baggy knees; b) (von Beulen befreien) remove a dent/ the dent/the dents in. 2. *refl. V.* (eyes) go baggy; (bag) bulge
aus·beuten *tr. V.* exploit
Aus·beuter *m.*; ~s, ~, **Ausbeuterin** *f.*; ~, ~nen (*derogativ*) exploiter
Aus·beutung *f.*; ~, ~en exploitation
aus·bilden 1. *tr. V.* a) train; b) (fördern) cultivate, develop; c) (entwickeln) develop. 2. *refl. V.* develop
Aus·bildung *f.* a) training; **in der ~ sein** be training; (an einer Lehranstalt) be at college; b) (Entwicklung) development
aus·blasen *unr. tr. V.* blow out
aus·blenden *tr. V.* fade out
Aus·blick *m.* a) view (auf + Akk. of); b) (Vorausschau) preview (auf + Akk. of)
aus·bomben *tr. V.* bomb out
aus·brechen 1. *unr. itr. V.*; *mit sein* a) (entkommen, auch Militär) break out (aus of); (*bildlich*) break free (aus from); b) erupt; c) (beginnen) break out; break; set in; d) **in Gelächter/Weinen ~:** burst out laughing/into tears; **in Beifall/Tränen ~:** burst into applause/tears; **in Wut/Zorn ~:** explode with rage/anger; e) (sich lösen) come out. 2. *unr. tr. V.* **sich** (*Dat.*) **einen Zahn ~:** break a toot
aus·breiten 1. *tr. V.* a) (entfalten) spread out b) (ausstrecken) **die Arme/Flügel ~:** spread one's arms/wings. 2. *refl. V.* a) spread; b) (*ugs.*: sich breitmachen) spread oneself out
Aus·bruch *m.* a) (Flucht) escape; break out (aus from); b) (Beginn) outbreak; c) (Gefühls~) outburst; (stärker) explosion; (von Wut, Zorn) eruption; explosion; d) (eines Vulkans) eruption
aus·dehnen 1. *tr. V.* stretch (rubber band); (*bildlich*) extend; expand, increase (width); 2. *refl. V.* a) (räumlich, *bildlich*) expand;

Auslassung

spread; b) *(zeitlich)* go on (bis until)
aus·denken *unr. tr. V.* **sich** *(Dat.)* **etw. ~:** think of sth.; (erfinden) conceive of sth.; think sth. up; (sich vorstellen) imagine sth.
aus·drehen *tr. V.* turn off
Aus·druck *m.;* ~[e]s, a) expression; b) (Wort) expression; (Terminus) term
aus·drücken 1. *tr. V.* a) stub out; pinch out; b) squeeze out (aus of, from); squeeze; c) (sagen, zum Ausdruck bringen) express; 2. *refl. V.* a) (sich äußern) express oneself; b) (offenbar werden) be expressed
Aus·dünstung *f.* vapour; (Geruch) odour
aus·einander *Adv.* a) (voneinander getrennt) apart; b) (eins aus dem anderen) **Behauptungen / Formeln usw. ~ ableiten** deduce propositions / formulae etc. one from another
auseinander-, Auseinander-: **~·bekommen** *unr. tr. V.* **etw. ~bekommen** be able to get sth. apart; **~·brechen** 1. *unr. itr. V.; mit sein* (auch bildlich) break up. 2. *unr. tr. V.* **etw. ~brechen** break sth. up; **~·fallen** *unr. itr. V.; mit sein* fall apart; **~·falten** *tr. V.* unfold; open
Aus·fahrt *f.* a) (Weg, Straße) exit; (Autobahn~) slip road; b) (Hinausfahren) departure
aus·fallen *unr. itr. V.; mit sein* a) (herausfallen) fall out; b) (ausscheiden) drop out; (während eines Wettbewerbs) retire; drop out; (fehlen) be absent; c) (nicht stattfinden) be cancelled
ausfallend *Adj.* **~ sein/werden** be/become rude
Ausfall·straße *f.* (Verkehr) main road out of a city
Aus·flug *m.* outing; excursion; ramble; stroll; walk

aus·formulieren *tr. V.* formulate
aus·führen *tr. V.* a) (exportieren) export; b) (ausgehen mit) **jmdn. ~:** take sb. out; c) (spazierenführen) take (dog) for a walk; d) (durchführen) put (concept) into practice; carry out (idea); e) (ausarbeiten) **etw. ~:** work sth. out in detail or fully
Aus·führung *f.* a) *oder Pl.:*s. ausführen d) carrying out; execution; performing
aus·füllen *tr. V.* a) (füllen) fill in (valley); (zustopfen) fill (hole); b) fill in; c) (verbringen) fill (pause)
Aus·gang *m. oder Pl.* a) (Ende) end; (eines Films, Romans, usw.) ending
aus·geben *unr. tr. V.* a) (austeilen) distribute; give out; serve;b) (aushändigen, bekanntgeben) Banken, Post: herausgeben) issue
aus·gebucht *Adj.* booked up
aus·gefallen *Adj.* uncommon
aus·geglichen *Adj.* a) (harmonisch) balanced, harmonious (person, etc.); level headed
aus·gehen *unr. itr. V.; mit sein* go out
aus·gehungert *Adj.* staging; (abgezehrt) emaciated
aus·geprägt *Adj.* distinctive; marked; pronounced
aus·gesprochen 1. *adv.* decidedly; downright (foolish). 2. *Adj.* definite, marked (distinction); pronounced (hatred)
aus·gestalten *tr. V.* arrange; formulate
aus·gewogen *Adj.* balanced; wellbalanced
Aus·gewogenheit *f.;* ~: balance
aus·gießen *unr. tr, V.* a) pour out (aus of); b) (leeren) empty
aus·graben *unr. tr. V.* dig up; (Archäologie) excavate; dig out (relicts, fossils, etc.)
Aus·grabung *f.* excavation
aus·halten 1. *unr. tr. V.* a) stand, bear, endure (temperature, insecurity); withstand (oppression); stand up to (fear); 2. *unr. itr. V.* (durchhalten) hold out
aus·handeln *tr. V.* negotiate
aus·heilen *itr. V.; mit sein* (pain) heal; (sickness) be cured
aus·helfen *unr. itr. V.* help out; **jmdm. ~:** help sb. out
aus·horchen *unr. tr. V.* **jmdm. ~:** sound sb. out
aus·kennen *unr. refl. V.* know one's way around; (in einer Sache) know what's what
aus·kippen *tr. V.* a) tip out; b) (leeren) empty
aus·klammern *tr. V.* (beiseite lassen) leave aside; (ausschließen) exclude
Auskommen *n.;* ~s livelihood
aus·kugeln *tr. V.* **sich** *(Dat.)* **den Arm usw. ~:** dislocate one's arm etc.
aus·kühlen 1. *tr. V.* chill (body) through. 2. *itr. V.; mit sein* cool down
aus·kurieren *tr. V.* **etw. ~:** heal completely
aus·lachen *tr. V.* laugh at
aus·laden *unr. tr. V.* unload
Aus·land *n.;* oder *Pl.* foreign countries *pl.*
ausländer·feindlich *Adj.* hostile to foreigners
ausländisch *Adj.; nicht präd.* foreign
aus·lassen 1. *unr. tr. V.* a) (weglassen) leave out; omit (person, ingredient, etc.); b) (versäumen) miss (train, etc.); c) (abreagieren) vent (an + *Dat.* on); d) (*ugs.* nicht einschalten) **etw. ~:** leave sth. off. 2. *unr. refl. V.* speak, talk; (schriftlich) write; (sich verbreiten) expatiate
Auslassung *f.;* ~, ~en a)

(Weglassung) omission; b) *meist Pl.* (Außerung) remark
aus·latschen *tr. V. (ugs.)* wear (footwear) out of shape
aus·leben *tr. V.* give full expression to
aus·lecken *tr. V.* lick out
aus·leeren *tr. V.* empty out; empty (trash)
Auslegung *f.;* ~, ~en interpretation
aus·leihen *unr. tr. V.* jmdm. oder an jmdn. etw. ~: lend sb. sth.; lend sth. to sb.
aus·liefern *tr. V.* a) (übergeben) **jmdm. etw. oder etw. an jmdn. ~:** hand sth. over to sb.; b) (Handel) deliver
aus·löschen *tr. V.* a) extinguish, put out (candle); *(bildlich)* extinguish (life); b) (beseitigen) rub out, erase (remarks); (snow) obliterate (footprints); *(bildlich)* obliterate, wipe out (past); wipe out (humanity)
Aus·löser *m.;* ~s, ~ a) (Fotografie) shutter release; b) *(bildlich)* trigger
Aus·losung *f.* draw
aus·machen *tr. V.* a) *(ugs.)* put out (match); turn or switch off (stove, etc); b) (auszeichnen, kennzeichnen) make up; constitute; c) (vereinbaren) agree; d) (ins Gewicht fallen) make a difference; e) (klären) settle; f) (erkennen) make out; g) (betragen) come to
Aus·maß *n.* size; dimensions *pl.*
aus·messen *unr. tr. V.* measure up
aus·misten *tr. V.* clear of dunk
Aus·nahme *f.;* ~, ~n exception
Ausnahme·fall *m.* exceptional case
aus·nüchtern *tr., itr., refl. V.* sober up

Aus·nüchterung *f.;* ~, ~en sobering up
aus·nutzen *tr. V.* a) (nutzen) **etw. ~:** take advantage of sth.; make use of sth.; b) (Vorteil ziehen aus) take advantage of; (ausbeuten) exploit
aus·packen 1. tr., *itr. V.* unpack (aus from); unwrap (gift). 2. *itr. V. (ugs.)* talk *(ugs.)*; squeal *(sl.)*
aus·peitschen *tr. V.* whip; (von einem Gericht angeordnet) flog
aus·prägen *refl. V.* develop; (peculiarity) become more pronounced
aus·probieren *tr. V.* try out
Aus·puff *m.* exhaust
aus·radieren *tr. V.* erase; rub out; *(bildlich)* liquidate (person) annihilate, wipe out (humanity)
aus·rasieren *tr. V.* shave
aus·rauben *tr. V.* rob
aus·räumen 1. *tr. V.* a) clear out; b) *(bildlich)* clear up; dispel (doubts). 2. *itr. V.* clear everything out
aus·rechnen *tr. V.* work out; (errechnen) work out; calculate
Aus·rede *n.* excuse
Aus·reise *f.:* **vor/bei der ~:** before/when leaving the country
aus·reisen *itr. V.;* mit sein leave
aus·richten 1. *tr. V.* a) (übermitteln) **jmdm. etw. ~:** tell sb. sth.; b) (einheitlich anordnen) line up; c) (bildlich) **etw. auf jmdn./etw. ~:** orientate sth. towards sb./sth.; 2. *refl. V.* (Militär) dress ranks; **sich nach jmdm. ~:** line up with sb.
Aus·ruf *m.* cry
aus·rufen *unr. tr. V.* a) call out, exclaim; b) (offiziell verkünden) proclaim; declare (war)
aus·ruhen *refl., itr. V.* have a rest

aus·rutschen *itr. V.;* mit sein slip; *(bildlich)* put one's foot in it
Aus·rutscher *m.;* ~s, ~ *(ugs., auch bildlich)* slip
Aus·sage *f.* a) statement; stated view; b) (bei der Polizei, vor Gericht) statement; testimony; c) message
aussage·kräftig *Adj.* meaningful; substantial
aus·sagen 1. *tr. V.* a) say; b) (vor Gericht, vor der Polizei) **~, dass ...:** state that ...; (unter Eid) testify that ... c) *(bildlich)* (painting) express. 2. *itr. V.* make a statement; (unter Eid) testify
aus·schalten *tr. V.* a) (abstellen) switch or turn off; b) (ausschließen) eliminate; exclude (feeling); dismiss (remark)
Aus·scheidung *f.* a) excretion; elimination; expulsion; exudation; b) *Pl.* (Physiologie) excreta; c) (Sport) qualifying match
aus·schenken *tr. V.* serve
aus·schildern *tr. V.* signpost
aus·schimpfen *tr. V.* jmdn. ~: scold sb.; tell sb. off
aus·schlafen 1. *unr. itr., refl. V.* have a good or proper sleep; 2. *unr. tr. V.* **seinen Rausch ~:** sleep off the effects of drinking
Aus·schlag *m.* a) (Haut~) rash
aus·schlagen 1. *unr. tr. V.* a) knock out; b) (ablehnen) turn down; refuse, reject; (proposal)
ausschlag·gebend *Adj.* decisive
aus·schlüpfen *itr. V.;* mit sein hatch; (truth) emerge
aus·schlürfen *tr. V.* sip (drink) noisily; slurp; suck (mango)
aus·schmücken *tr. V.* decorate; deck out; *(bildlich)* embellish (narration)
aus·schneiden *unr. tr. V.*

cut out
Aus·schnitt *m.* a) (Zeitungs~) clipping; cutting, b) (Teil, Auszug) part; (eines Textes) excerpt; (eines Films) clip; c) (Hals~) neck; excerpt; (Bild~) detail; d) (Kreis~) sector; e) (Loch) opening
aus·schreiben *unr. tr. V.* a) write (title, etc.) out in full; write (equation) out in words; b) (ausstellen) write or make out (notice); c) (bekanntgeben) advertise (house, appointment); organize, (marriage) announce, call (auction)
aus·schütteln *tr. V.* shake (body, ears, etc.) out
aus·schweigen *unr. refl. V.* remain silent
aus·schwenken *tr. V.* a) swing out; b) (ausspülen) rinse out
aus·schwitzen *tr. V.* sweat out
aus·sehen *unr. itr. V.* look; **gut ~:** look attractive; (woman) be goodlooking
Aus·sehen *n.*; ~s appearance
aus·sein *unr. itr. V.*; *mit sein*; *nur im Inf. und Part. zusammengeschrieben* a) (zu Ende sein) (life) be over, have ended; b) (nicht an sein) (fire) be out; (television) be off; c) (außer Haus sein, Sport: im Aus sein) be out
außen ['ausn] *Adv.* outside
aus·senden *unr. tr. V.* send out
Außen·seiter *m.*; ~s, ~, **Außenseiterin** *f.*; ~, ~nen (Sport, bildlich) outsider
Außen-: ~spiegel *m.* side mirror; **~stände** *Pl.* outstanding accounts or debts
Außen·stehende *m./f.*; *adj. Dekl.* outsider
Äußerlichkeit *f.*; ~, ~en a) (Unwesentliches) minor point b) (Umgangsform) formality
äußern 1. *tr. V.* express, voice (anger, love, etc.) 2. *refl. V.* a) (Stellung nehmen) **sich über etw.** (Akk.) ~: state one's view on sth.; b) (in Erscheinung treten) (cancer) manifest itself; (feelings) show itself, be expressed
äußerst *Adv.* extremely; exceedingly (pathetic)
Äußerung *f.*; ~, ~en comment; remark; statement
aus·setzen 1. *tr. V.* a) expose (*Dat.* to); **Belastungen ausgesetzt sein** be subject to strains; b) (sich selbst überlassen) abandon (child); (auf einer einsamen Insel) maroon; c) (hinaussetzen) release (bird) into the sky; launch, lower (ship)
Aus·sicht *f.* view (auf + Akk. of)
aussichts-, Aussichts-: ~los 1. *adv.* hopelessly. 2. *Adj.* hopeless; **~losigkeit** *f.*; ~: hopelessness; **~reich** *Adj.* promising; **~turm** *m.* observation or look-out tower
Aus·siedler *m.*; **Aus·siedlerin** *f.* emigrant
aus·sondern *tr. V.* a) (auswählen) sort or pick out; select b) (ausscheiden) weed out
aus·sortieren *tr. V.* sort out
Aus·sprache *f.* a) (Artikulation) articulation; pronunciation; (Akzent) accent; b) (Gespräch) discussion; (entspanntes) talk
aus·sprechen 1. *unr. tr. V.* a) pronounce b) (ausdrücken) express; voice (doubt); grant (request); 2. *unr. refl. V.* a) (ausgesprochen werden) be pronounced; b) (sich äußern) speak; c) (offen sprechen) say what's on one's mind; 3. *unr. itr. V.* finish

Aus·spruch *m.* remark; (Sinnspruch) saying
aus·spucken 1. *itr. V.* spit. 2. *tr. V.* a) spit out; cough up (*sl.*) (words) (*bildlich ugs.*) spew out (information); b) (*ugs.*: erbrechen) throw up
aus·spülen *tr. V.* a) flush or rinse out; b) (reinigen) rinse out; (Medizin) irrigate; wash out
Aus·stand *m.* strike; **in den ~ treten** go on strike **im ~ sein** be on strike
aus·stehen 1. *unr. itr. V.* **noch ~** (payment) be outstanding; (position) be still open, have not yet been taken; (answer) be still to be found; 2. *unr. tr. V.* endure (hatred); suffer (time)
aus·steigen *unr. itr. V.*; *mit sein*; a) (aus einem Auto) get out of; (aus einem Flugzeug, Zug) get off; alight (formal); (Luftfahrt: abspringen) bale out; b) give up (motivation); leave (team)
Aus·steiger *m.*; ~s, ~ (*ugs.*) drop-out
aus·stellen *tr. V.* a) *auch itr.* display; put on display; (im Museum, auf einer Messe) exhibit; **ausgestellt sein** (pictures) be on display/be exhibited; b) (ausfertigen) make out, write (form); issue (liscence); c) (*ugs.*: ausschalten) switch or turn off
Aus·stellung *f.* a) exhibiting; b) (das Ausfertigen) making out; writing; issuing; c) (Veranstaltung) exhibition
aus·sterben *unr. itr. V.*; *mit sein* (auch bildlich) die out; (race) die out, become extinct
aus·stopfen *tr. V.* stuff
aus·strahlen 1. *tr. V.* a) (auch bildlich) radiate; give off (energy); (bulb) give out (light); b) (Radio, Fernsehen) broadcast; transmit. 2. *itr. V.* radiate; (energy) radiate, be given off; (light) be

Ausstrahlung

given out; *(bildlich)* (pain) extend; spread
Aus·strahlung *f.* a) radiation; (eines Menschen) charisma; b) (Radio, Fernsehen) transmission
aus·strecken *tr. V.* extend, stretch out (arm); put or stick out (finger)
Aus·tausch *m.* a) exchange; b) (das Ersetzen) replacement (gegen with); (Sport) substitution (gegen by)
austauschbar *Adj.* (ersetzbar) replaceable
aus·tauschen *tr. V.* a) exchange (gegen for); b) (ersetzen) replace (gegen with); (Sport) substitute (gegen by)
aus·teilen *tr. V.* (verteilen) distribute (an + Akk. to); deal (cards); give out (points, numbers)
aus·tragen *unr. tr. V.* a) (zustellen) deliver (mail); b) (ausfechten) settle; resolve (disagreement); fight out (war)
aus·trinken 1. *tr. V.* finish, drink up (milk); drain (water). 2. *itr. V.* drink up
aus·trocknen 1. *tr. V.* dry out; dry up (face); 2. *itr. V.; mit sein* dry out; (supply) dry up; (skin, face) become dry; (throat) become parched
Aus·verkauf *m.* sale
Aus·wahl *f.* a) (Auswählen) choice; selection
aus·wählen *tr. V.* choose, select (aus from)
Aus·wanderer *m.* emigrant
aus·wandern *itr. V.; mit sein* emigrate
Aus·wanderung *f.* emigration
auswechselbar *Adj.* changeable; exchangeable; (ersetzbar) replaceable
Aus·weg *m.* way out (aus of); **es gibt keinen ~** there is no way out
aus·weg·los 1. *adv.* hopelessly. 2. *Adj.* hopeless
Aus·weglosigkeit *f.;* ~: hopelessness
aus·weinen *refl. V.* have a long cry
Ausweis ['auswais] *m.;* ~es, ~e card; (Personal~) identity card; (Mitglieds~) membership card
aus·weisen 1. *unr. tr. V.* a) (aus dem Land) expel (aus from); b) (erkennen lassen) **jmdn. als etw. ~:** show that sb. is/was sth.
aus·wendig *Adv.* **etw. ~ können/lernen** know/learn sth. by rote; **er konnte alles ~** he knew eveything by rote
Aus·wertung *f.* a) analysis and evaluation; (Nutzung) utilization; b) (Ergebnis) analysis
Aus·wirkung *f.* effect (auf + Akk. on); (Folge) consequence (auf + Akk. for)
aus·wringen *unr. tr. V.* wring out
aus·zählen *tr. V.* a) count up (bank notes); b) (Boxen) count out
Aus·zahlung *f.* paying; paying off; buying out
Aus·zählung *f.* count
aus·zeichnen *tr. V.* (ehren) honour
Aus·zeichnung *f.* a) (Ehrung) honouring; (mit Orden) decoration; b) decoration
aus·ziehen 1. *unr. tr. V.* a) (vergrößern) pull out (bench); extend (bed); b) (ablegen) take off, remove (shirt); c) (entkleiden) undress; **sich ~:** undress; get undressed; d) (auszupfen) pull out (eyelashes). 2. *unr. itr. V.; mit sein* move out
Auszubildende *m./f.; adj. Dekl.* trainee; *(Handwerk)* apprentice

Aus·zug *m.* a) (aus Wohnung) move
authentisch [auˈtɛntɪʃ] 1. *adv.* authentically 2. *Adj.* authentic
Auto [ˈauto] *n.;* ~s, ~s car; automobile (Amer.)
Auto-: ~**atlas** *m.* road atlas; ~**bahn** *f.* motorway (Brit.); expressway (Amer.)
Auto·biografie *f.* autobiography
auto·biografisch 1. *adv.* autobiographically. 2. *Adj.* autobiographical
Auto·gramm *n.;* ~s, ~e autograph
Auto·mat *m.;* ~en, ~en a) (Verkaufs~) machine; vending-machine; automat (Amer.); b) (in der Poduktion, bildlich: Mensch) robot; automaton
Auto·matik *f.;* ~, ~en automatic control mechanism; (Getriebe~) automatic transmission
auto·matisch 1. *adv.* automatically. 2. *Adj.* automatic
Automatismus *m.;* ~, Automatismen (Medizin, Biologie, Psychologie) automatism *no ar*
Auto·mechaniker *m.* motor mechanic *f.*
Auto·mobil *n.;* ~s, ~e motor car; automobile (Amer.)
Automobil-: ~**ausstellung** *f.* motor show (Brit.); automobile show (Amer.); ~**klub** *m.* motoring club
Autor *m.;* ~en, -en author
Autorin *f.;* ~, ~nen authoress; author
autoritär [autorɪˈtɛːɐ̯] 1. *adv.* in an authoritarian fashion. 2. *Adj.* authoritarian
Autorität [autorɪˈtɛːt] *f.;* ~, ~en authority
Aversion [avərˈzi̯oːn] *f.;* ~, ~en aversion
Axt [akst] *f.;* ~, Äxte [ˈɛkstə] axe

B

b, B [beː] *n.*; ~, ~ a) (Buchstabe) b/B; b) (Musik) B flat
Baby ['beːbɪ] *n.*; ~s, ~s oder Babies baby
Bach [bax] *m.*; ~s, Bäche ['bæçə] brook; stream; *(bildlich)* stream
Bach·stelze *f.* wagtail
Back·bord *n.* (Seefahrt) port side
Backe ['bakə] *f.*; ~, ~n a) (Wange) cheek b) *(ugs.:* Gesäß~) buttock; cheek *(sl.)*
backen ['bakn] 1. *unr. itr. V.* a) bake; b) (bread, etc.) bake
Bäcker ['bækɐ] *m.*; ~s, ~ a) baker
Bäckerei *f.*; ~, ~en baker's or bread shop
Background ['bækgraunt] *m.*; ~s, ~s background
Bad [baːt] *n.*; ~[e]s, Bäder ['bɛːdɐ] a) (Wasser) bath; b) (Baden) bath
baden 1. *itr. V.* a) (in der Wanne) have or take a bath; bath; b) (schwimmen) bathe
Bagger ['bagɐ] *m.*; ~s, ~: excavator; digger
baggern *tr., itr. V.* excavate
Baguette [baˈgɛt] *f.*; ~, ~n baguette
Bahn [baːn] *f.*; ~, ~en a) (Weg) path; way; (von Wasser) channel; course; b) (Strecke) path; c) (Sport) track; (für Pferderennen) course (Brit.); track (Amer.); (für einzelne Teilnehmer) lane; (Kegel~) alley; (Schlitten~, Bob~) run; (Bowling~) lane; d) (Fahrspur) lane; e) (Eisen~) railways *pl.*; railroad (Amer.); (Zug) train; f) (Schienenweg) railway; g) (Straßen~) tram; streetcar (Amer.); h) (Streifen) (Stoff~) length; (Tapeten~) strip

Bahn·hof *m.* train station
bakteriell *Adj.* bacteria
Balance [baˈlɑ̃ːsə] *f.*; ~, ~n balance; **er konnte die Balance nicht mehr halten** he couldn't keep his balance
balancieren [balãˈsiːrən] 1. *itr. V.*; *mit sein (auch bildlich)* balance. 2. *tr. V.* balance
bald [balt] *Adv.* a) soon; **bis bald** see you soon; **bald ist es vorbei** soon it will be over; b) *(ugs.:* fast); almost; nearly
balgen *refl. V. (ugs.)* scuffle (um over); *(bildlich)* fight (um over)
Balgerei *f.*; ~, ~en *(ugs.)* scuffle
Balken ['balkn] *m.*; ~s, ~ a) beam; b) (Schwebe~) beam; c) (Musik) crossstroke
Balkon [balˈkoːn] *m.*; ~s, ~s [balˈkɔŋs] oder ~e [balˈkoːnə] a) balcony; b) (in Theater) circle
Ball [bal] *m.*; ~[e]s, Bälle ['bɛlə] *(auch bildlich:* Kugel) ball
Ballade [baˈlaːdə] *f.*; ~, ~n ballad
ballen 1. *tr. V.* clench (teeth); crumple (article) into a ball; form (clay) into a ball. 2. *refl. V.* (storm) build up; gather; (crowd) gather; *(bildlich)* (conflicts) accumulate, mount up
Ballett [baˈlɛt] *n.*; ~[e]s, ~e ballet; **beim ~ sein** *(ugs.)* be a ballet dancer
Ballistik *f.*; ~: ballistics *sing., no art.*
Ballon [baˈlɔŋ] *m.*; ~s, ~s balloon
Balsam ['balzaːm] *m.*; ~s, ~e balsam; balm; *(bildlich)* balm

Balz [balts] *f.*; ~, ~en a) courtship display; b) (Zeit) mating season
balzen *itr. V.* pair; display
Bambus ['bambus] *m.*; ~ oder ~ses, ~se bamboo
banal [baˈnaːl] 1. *adv. (derogativ:* platt) banally; tritely; 2. *Adj.* a) banal; trite, banal (question); b) (gewöhnlich) commonplace; ordinary
Banalität *f.*; ~, ~en a) *ohne Pl.* siehe banal 1: banality; triteness; ordinariness; b) (Äußerung) banality; commonplace; platitude
Banane [baˈnaːnə] *f.*; ~, ~n banana
Band [bænt] *f.*; ~, ~s band
Band *m.*; ~[e]s, Bände ['bɛndə] volume; **der dritte ~** the third volume
bandagieren [bandaˈʒiːrən] *tr. V.* bandage
Bande ['bandə] *f.*; ~, ~n band; gang; *(ugs.:* Gruppe) mob
Bänder-: **~riss** *m. (Medizin)* torn ligament; **~zerrung** *f. (Medizin)* pulled ligament
Bandit [banˈdiːt] *m.*; ~en, ~en bandit; brigand; rogue
bange, banger, bangst... oder **banger** ['bɛŋɐ], **bängst...** ['bɛŋst...] 1. *adv.* anxiously. 2. *Adj.* afraid; scared; (besorgt) anxious; worried
Bange *f.*; ~ fear; **keine ~!** don't be afraid
Bank [baŋk] *f.*; ~, Bänke ['bɛŋkə] bench; (mit Lehne) bench seat
Bank *f.*; ~, ~en bank; **Geld von der ~ abheben** take money from the bank; **ein ~konto haben** have a bank account
Bankier [baŋˈkiːɐ] *m.*; ~s, ~s banker
Bankrott *m.*; ~[e]s, ~e

bankruptcy
Bann [ban] *m.*; ~[e]s *(bildlich)* sway; **im ~ halten** hold in sway
bannen *tr. V.* a) (festhalten) entrance; captivate; **gebannt** *(watch, listen, etc.)* spellbound; b) (vertreiben) exorcize (demon); avert, ward off (spirits)
bar [baːɐ̯] *adv.* in cash; **in ~ zahlen** pay in cash
Bar *f.*; ~, ~s a) (Nachtlokal) night-club; bar; b) (Theke) bar
Bär [bæːɐ̯] *m.*; ~en, ~en bear
Barde [ˈbardə] *m.*; ~n, ~n bard
Bärin [ˈbæːrɪn] *f.*; ~, ~nen shebear
Bariton [ˈbarɪtɔn] *m.*; ~s, ~e baritone; (im Chor) baritones *pl.*
Barke [ˈbarkə] *f.*; ~, ~n rowing-boat
barmherzig [barmˈhɛrtsɪç] 1. *adv.* mercifully; compassionately. 2. *Adj.* compassionate; merciful; **~er Gott!** merciful God!
Barmherzigkeit *f.*; ~ compassion, mercy
Bar·mixer *m.* barman; barkeeper (Amer.)
barock [baˈrɔk] *Adj.* baroque
Barock *n. od. m.*; ~[s] baroque; (Zeit) baroque age or era
Barren [ˈbarən] *m.*; ~s, ~ a) bar; b) (Turngerät) parallel bars *pl.*
Barriere [baˈri̯eːrə] *f.*; ~, ~n (auch bildlich) barrier
barsch [barʃ] 1. *adv.* bluntly, curtly; 2. *Adj.* blunt, curt
Bart [baːɐ̯t] *m.*; ~[e]s, Bärte [ˈbæːɐ̯tə] beard; (Oberlippen~, Schnurr~) moustache; *(ugs.* Schnurrhaare) whiskers *pl.*
bärtig [ˈbæːɐ̯tɪç] *Adj.* bearded
Bar·zahlung *f.* cash payment
Basar [baˈzaːɐ̯] *m.*; ~s, ~e bazaar
Basis [ˈbaːzɪs] *f.*; ~, Basen a) (Grundlage) basis; **auf einer schwachen ~ ruhen** have a weak basis; b) (Politik) grass roots *pl.*
Basket·ball [ˈbaskət] *m.* basketball
Bass *m.*; Basses, Bässe [ˈbɛsə] a) bass; (im Chor) basses *pl.*: b) (Instrument) double-bass; bass *(ugs.)*
Bassist *m.*; ~en, ~en (Musik) a) (Sänger) bass; b) (Instrumentalist) bassist; double-bass player; (Gitarrist) bass guitarist
Bass-: ~schlüssel *m.* (Musik) bass clef; **~stimme** *f.* bass voice
Bastelei *f.*; ~, ~en a) handicraft work no *pl.*; b) (Gegenstand) piece of handicraft work
basteln [ˈbastln] 1. *tr. V.* make; make, build, rig up (set)
Batterie [batəˈriː] *f.*; ~, ~n battery
Bau-: ~arbeiten *Pl.* construction work *sing.*; (Straßenarbeiten) roadworks
Bauch [baux] *m.*; ~[e]s, Bäuche [ˈbɔyçə] a) stomach; belly; abdomen (Anatomie) tummy *(ugs.)*; (bildlich: von Schiffen, Flugzeugen) belly; **mein ~ tut weh** my stomach is upset; b) (Wölbung des ~s) paunch; corporation *(ugs.)*; c) (Küche) (vom Kalb) flank (vom Schwein) belly
Bauchklatscher *m.*; ~s, ~ *(ugs.)* belly-flop
bauen *tr. V.* a) build; build, construct (highway, pool); make (organ)
Bauer [ˈbaʊɐ] *m.*; ~n, ~n a) farmer; (mit niedrigem sozialem Status, *ugs.*) peasant; b) (Spielkarte) knave
c) (Schachfigur) pawn
bäuerlich [ˈbɔyɐlɪç] 1. *adv.* rurally. 2. *Adj.* farming *attrib.*; (ländlich) rural
bau-, Bau-: ~fällig *Adj.* ramshackle; run-down; unsafe (construction); **~gerüst** *n.* scaffolding; **~hütte** *f.* association of builders; **~ingenieur** *m.* building engineer; **~jahr** *n.* construction year; (bei Autos) year of manufacture; **~kasten** *m.* construction set or kit; (mit Holzklötzen) box of bricks; **~land** *n.*; oder *Pl.* building land
Baum [baʊm] *m.*; ~[e]s, Bäume [ˈbɔymə] tree
baumeln [ˈbaʊmln] *itr. V.* a) *(ugs.)* dangle, swing (an + *Dat.* from); **die Arme ~ lassen** swing one's arms; b) (derb: gehängt werden) swing *(sl.)*
Bau·satz *m.* kit
Bausch [baʊʃ] *m.*; ~[e]s, oder Bäusche [ˈbɔyʃə] puff; wad; **ein ~ Ohrwachs** a wad of earwax; 1. *tr. V.* billow, fill (jacket); 2. *refl. V.* (clothing) puff out; (ungewollt) bunch up; become bunched up; (im Wind) (drapes) billow
bauschig *Adj.* puffed (dress); baggy (pants)
Bau·zaun *m.* site fence
beabsichtigen [bəˈʔapsɪçtɪgn] *tr. V.* intend; **~, etw. zu sagen** intend or mean to say sth.
beachten *tr. V.* a) follow, observe (customs); follow (directions); obey (policy); observe (traditions); b) (berücksichtigen) take account of; (Aufmerksamkeit schenken) pay attention to sth.
beachtens·wert *Adj.* remarkable
beachtlich 1. *adv.* considerably; (proceed, lessen) markedly. 2. *Adj.* marked, considerable (slacking-off);

notable, considerable (failure)
Beamte [bəˈamtə] *m.*; *adj. Dekl.* Official
beängstigend 1. *adv.* alarmingly; ~ **schrill** with an alarming noise. 2. *Adj.* worrying (situation); unsettling (omen); disquieting (comment)
beanspruchen *tr. V.* a) claim; **etw. ~ können** be entitled to expect sth.; b) (ausnutzen) make use of (place, tools); take advantage of (friendship); c) (erfordern) demand (care, attention); take up (time)
beanstanden *tr. V.* take exception to, object to; (sich beklagen über) complain about
beantragen *tr. V.* a) (fordern) call for; demand; request b) (vorschlagen) propose c) apply for (a visa)
beantworten *tr. V.* answer; reply to, answer (message); respond to (remark); return (welcome)
bearbeiten *tr. V.* a) deal with; work on, handle (situation); treat (patient); edit (magazine); b) (behandeln) treat; work (finishing); c) (adaptieren) adapt; d) (*ugs.*: traktieren) beat; hammer away on (keyboard)
beargwöhnen *tr. V.* **jmdn./etw. ~:** be suspicious of sb./sth.; **beargwöhnt werden** be regarded with suspicion
Beat [biːt] *m.*; ~ beat
beatmen *tr. V.* (Medizin) **jmdn. künstlich ~:** administer artificial respiration to sb.; (während einer Operation) ventilate sb.
beaufsichtigen *tr. V.* look after, mind (child); supervise
Beaufsichtigung *f.*; ~, ~en supervision
Beauftragte *m./f.*; *adj. Dekl.* representative

beäugen *tr. V.* eye (people); inspect (objects)
bebauen *tr. V.* a) build on; develop; b) (für den Anbau nutzen) cultivate
Bebauung *f.*; ~, ~en a) (mit Gebäuden) development; b) (Gebäude) buildings *pl.*; c) (Landwirtschaft) cultivation (land)
beben [ˈbeːbn] *itr. V.* shake; tremble
Beben *n.*; ~s, ~ a) shaking; trembling; b) (Erd~) earthquake; quake (*ugs.*)
bebildern *tr. V.* illustrate
Becher [ˈbɛçɐ] *m.*; ~s, ~ (Glas~, Porzellan~) glass; tumbler; (Plastik~) beaker; cup; (Eis~) (aus Glas, Metall) ice-bowl; (aus Pappe) tub; (Jogurt~) carton
Bedacht *m. in* **ohne ~:** rashly; without thinking or forethought
bedächtig [bəˈdɛçtɪç] 1. *adv.* a) deliberately; ~ **kommentieren** comment in measured tones; b) (besonnen) thoughtfully; (vorsichtig) discreetly. 2. *Adj.* a) deliberate; measured (pace); b) (besonnen) thoughtful; well-considered (sentence)
bedanken *refl. V.* say thank you; express one's thanks
Bedarf [bəˈdarf] *m.*; ~s a) (Nachfrage) demand (an + *Dat.* for) b) need (an + *Dat.* of); requirement (an + *Dat.* for); (Bedarfsmenge) needs *pl.*; requirements *pl.*
bedauerlich *Adj.* regrettable; unfortunate
bedauerlicher·weise *Adv.* regrettably; unfortunately
bedauern *tr., itr. V.* a) (schade finden) regret; **das ist zu ~** that is something to regret; b) feel sorry for; **keiner will mich ~:** no one feels sorry for me
Bedauern *n.*; ~s a) (Betrübnis) regret; **zu unserem ~:** to our regret; b) sympathy; **jmdm. sein ~ ausdrücken** express sympathy to sb.
bedauerns·wert *Adj.* unfortunate
bedecken 1. *tr. V.* cover; **von Sand bedeckt sein** be covered in sand. 2. *refl. V.* cover oneself up
bedeckt *Adj.* a) covered; **sich ~ halten** (bildlich) keep a low profile b) overcast; **der Himmel ist heute ~** today the sky is overcast
Bedeckung *f.*; ~, ~en a) covering; b) (Schutz) guard
bedenken *unr. tr. V.* a) consider; think about b) (beachten) bear in mind, take into account; c) (beschenken) **jmdn. reich ~:** shower sb. with gifts; d) (im Testament berücksichtigen) bequeath; remember
Bedenken *n.*; ~s, ~: doubt, reservation (gegen about)
bedenken·los 1. *adv.* without hesitation; (skrupellos) unscrupulously. 2. *Adj.* unhesitating; (skrupellos) unscrupulous
bedenklich 1. *adv.* a) (besorgt) apprehensively; b) alarmingly; disturbingly. 2. *Adj.* a) (besorgt) apprehensive; anxious; concerned; b) (besorgniserregend) alarming; disturbing; ~ **sein/werden** be giving/be starting to give cause for alarm c) (fragwürdig) dubious, questionable (character, reaction, etc.)
bedeuten *tr. V.* a) mean; **was ~ diese Worte?** what do these words mean?; b) (darstellen) represent; **einen Eingriff in die Menschenrechte ~** to represent an attack on Civil Rights; c) **das hat wirklich nichts zu ~:** there is really no significance in such action: d) (wert sein) mean; **Ruhm bedeutet ihr viel** fame

means a lot to her; e) **jmdm. ~, etw. zu tun** intimate to sb. that he/she should do sth.
bedeutend 1. *adv.* considerably. 2. *Adj.* a) significant, important (day, change, etc.); important (location, place); b) (groß) considerable
Bedeutung *f.*; ~, ~en a) oder *Pl.* importance; meaning; significance; b) (Wort~) meaning; c) oder *Pl.* (Wichtigkeit) importance; (Tragweite) significance, importance
bedeutungs-, Bedeutungs-: **~los** *Adj.* insignificant; unimportant; **~losigkeit** *f.*; ~: insignificance; unimportance; **~voll** 1. *adv.* meaningfully. 2. *Adj.* a) significant; b) (vielsagend) meaningful (gaze)
bedienen 1. *tr. V.* a) wait on; (waitress, waiter) wait on, serve; (vendor) serve; b) operate (computer); c) (Kartenspiel) play; 2. *itr. V.* a) serve; **warum bedient uns keiner?** why is no one serving us here?; b) (Kartenspiel) follow suit. 3. *refl. V.* a) help oneself; serve oneself; b) **sich einer Sache** (*Gen.*) ~ make use of sth.; use sth.
bedingen [bəˈdɪŋən] *tr. V.* cause; **einander ~:** be interdependent
Bedingung *f.*; ~, ~en condition; **unter solcher ~** under such condition
bedingungs·los 1. *adv.* (surrender) unconditionally; (subordinate oneself unquestioningly). 2. *Adj.* unconditional (love); absolute, unquestioning (acceptance)
bedrohen *tr. V.* a) threaten; b) (gefährden) threaten; endanger
bedrohlich 1. *adv.* threateningly; menacingly; (gefährlich) dangerously; (unheilverkündend) ominously. 2. *Adj.* threatening, menacing (expression); (unheilverkündend) ominous; (gefährlich) dangerous
Bedrohung *f.* threat (*Gen.*, für to)
bedrücken *tr. V.* depress; **das Wetter bedrückt mich** the weather depresses me
bedrückend *Adj.* depressing; oppressive
bedrückt *Adj.* depressed; in low spirits
Bedrückung *f.*; ~, ~en depression
Bedürfnis *n.*; ~ses, ~se need (nach for); **ich habe ein ~ nach Schokolade** I have a need for chocolate
bedürftig *Adj.* destitute, needy; **die Bedürftigen** the destitute, the needy
beeilen *refl. V.* hurry; **na los, beeil dich!** come on, hurry up!
beeindrucken *tr. V.* impress; **sich von niemand ~ lassen** be impressed by nobody; **~d** impressive
beeinflussen [bəˈaɪnflusn] *tr. V.* influence, affect (decision)
beeinträchtigen [bəˈaɪntrɛçtɪgn] *tr. V.* restrict (movement); detract from, spoil (fun); detract from, diminish (amount); diminish, impair (character); impair (condition); damage, harm (success)
Beeinträchtigung *f.*; ~en: restriction (*Gen.* on); detraction (*Gen.* from); damage; diminution; impairment; spoiling; (*Gen.* to); harm (*Gen.* to)
beenden *tr. V.* end; finish (work); end, conclude (talk, discussion); complete, finish (school); end, bring to an end (affair)
beengen *tr. V.* hinder; restrict; *(bildlich)* restrict
beerdigen [bəˈeːɐdɪgn] *tr. V.* bury
Beerdigung *f.*; ~, ~en burial; (Trauerfeier) funeral
Beere [ˈbeːrə] *f.*; ~, ~n berry
Beet [beːt] *n.*; ~[e]s, ~e (Gemüse~) plot (Blumen~) bed
befähigt *Adj.* a) able; capable (zu of); b) (qualifiziert) qualified
Befähigung *f.*; ~ a) ability; competence b) (Qualifikation) qualification
befahren *unr. tr. V.* drive on, use (highway)
befallen *unr. tr. V.* a) overcome; (misfortune) befall; b) (pests) attack
befangen 1. *adv.* self-consciously; awkwardly 2. *Adj.* self-conscious, awkward
Befangenheit *f.* a) self-consciousness; awkwardness; b) (Jura: Voreingenommenheit) bias
befassen 1. *refl. V.* **sich mit etw. ~:** occupy oneself with sth.; 2. *tr. V.* (bes. Behörden) **jmdn. mit etw. ~:** instruct sb. to deal with sth.
Befehl [bəˈfeːl] *m.*; ~[e]s, ~e command; order
befehlen 1. *unr. tr. V.* a) (beordern) order; (zu sich) summon; b) *auch itr.* (Militär) order; command; 2. *unr. itr. V.* **über jmdn./ etw. ~:** be in command of sb./sth. or have command of
befestigen *tr. V.* a) (haltbar machen) stabilize (table); make up (street); b) (sichern) fortify (castle); strengthen (bridge)
befeuchten [bəˈfɔʏçtn] *tr. V.* moisten; damp (lips, towel)
befinden 1. *unr. tr. V.* **etw. für gut/richtig ~:** consider or deem sth. good/right; **jmdn. für schuldig ~:** find sb. guilty
Befinden *n.*; ~s health; (eines Patienten) condition

beflecken *tr. V.* stain; **sich das Hemd mit Wein ~** stain one's shirt with wine
befolgen *tr. V.* follow, obey (rules); follow (path, sign); follow, take (guide)
Befolgung *f.*; ~: siehe befolgen: following; obedience (*Gen.* to); compliance (*Gen.* with)
befragen *tr. V.* a) question (über + Akk. about); **kannst du den Mann mal ~?** Can you try asking that man?; b) (konsultieren) ask; consult
Befragung *f.*; ~, ~en a) questioning; (vor Gericht) questioning; examination; b) (Konsultation) consultation; c) (Umfrage) opinion poll
befreien 1. *tr. V.* a) free (hostage); set (bird) free; liberate (nation); b) (freistellen) exempt; c) (erlösen) **jmdn. von Leiden ~:** relieve sb. from their sorrows; 2. *refl. V.* free oneself (von from); **sich von Leiden ~:** rid oneself of sorrows *sing.*
Befreier *m.*, **Befreierin** *f.*; ~, ~nen liberator
befreit *Adj.* (erleichtert) relieved
Befreiung *f.*; ~ a) siehe befreien 1 a: freeing; liberation; **die ~ der Emotionen** the liberation of emotions; b) (Erlösung) **die ~ von Leiden** release from sorrow; c) (Erleichterung) relief; d) (Freistellung) exemption
Befremden *n.*; ~s surprise, displeasure, dismay
befrieden *tr. V.* bring peace to
befriedigen [bə'friːdɪɡn] *tr. V.* a) *auch itr.* satisfy; meet (desire); fulfil (dream); gratify (lust); b) (ausfüllen) (position) fulfil; c) (sexuell) satisfy; **sich selbst ~:** masturbate
befriedigend 1. *adv.* satisfactorily; (respond) adequately. 2. *Adj.* a) satisfactory; adequate
befriedigt 1. *adv.* with satisfaction. 2. *Adj.* satisfied
befruchten *tr. V.* fertilize (bud); impregnate (woman)
Befruchtung *f.*; ~, ~en: fertilization; impregnation; **künstliche ~:** artificial insemination/pollination
befürchten *tr. V.* fear; **das habe ich befürchtet** that is what I feared
Befürchtung *f.*; ~, ~en fear, apprehension
befürworten *tr. V.* support
Befürworter *m.*; ~s, ~: advocate, supporter
Befürwortung *f.*; ~, ~en advocacy, support
begabt [bə'ɡaːpt] *Adj.* gifted; talented
begeben *unr. refl. V.* proceed; make one's way; go; **sich ins Zuchthaus ~ :** proceed into jail
begegnen [bə'ɡeːɡnən] *itr. V.*; *mit sein* a) **jmdm. ~:** meet sb.; **sich** (*Dat.*) ~: meet each other; **sie ~ sich eines Tages in Berlin** they meet one day in Berlin
Begegnung *f.*; ~, ~en meeting
begehen *unr. tr. V.* a) commit (homicide); make (mistake); b) (feiern) celebrate; c) (abgehen) inspect; d) (betreten) walk on
begehren *tr. V.* desire
Begehren *n.*; ~s desire, wish (nach for); (Bitte) request
begeistert 1. *adv.* enthusiastically 2. *Adj.* enthusiastic
Begeisterung *f.*; ~: enthusiasm; **in ~ geraten** become enthusiastic
Begierde [bə'ɡiːɐ̯də] *f.*; ~, ~n desire (nach for)
begierig 1. *adv.* eagerly; (gierig) greedily; hungrily. 2. *Adj.* eager; (gierig) covetous; greedy; hungry

begießen *unr. tr. V.* water (cactus); baste meat
Beginn [bəˈɡɪn] *m.*; ~s beginning
beginnen 1. *unr. itr. V.* start; begin; **mit dem Essen ~:** start eating; 2. *unr. tr. V.* start; begin; start (discussion)
beglaubigen *tr. V.* certify
Beglaubigung *f.*; ~, ~en certification
begleiten *tr. V.* (auch Musik, bildlich) accompany; **jmdn. zum Tor ~:** see or show sb. to the gate
Begleiter *m.*; ~s, ~, **Begleiterin** *f.*; ~, ~nen companion; (zum Schutz) escort
beglückt 1. *adv.* happily; delightedly 1. *Adj.* eager; (gierig) greedy; hungry; 2. *Adj.* happy; delighted
beglück·wünschen *tr. V.* congratulate (zu on)
begnadet *Adj.* divinely gifted
begnadigen *tr. V.* pardon; reprieve
Begnadigung *f.*; ~, ~en pardonning; reprieving; (Straferlass) pardon; reprieve
begnügen [bəˈɡnyːɡn] *refl. V.* be satisfied (with sth.)
begraben *unr. tr. V.* a) (bildlich) abandon (dream) b) bury
Begräbnis [bəˈɡrɛːpnɪs] *n.*; ~ses, ~se burial; (~feier) funeral
begreifen 1. *unr. tr. V.* a) understand; grasp, comprehend (situation); **er wollte nichts ~** he did not want to grasp anything; b) (betrachten) regard, see (als as). 2. *itr. V.* understand; **alles ~:** to grasp everything
begrenzen *tr. V.* a) limit, restrict (auf + Akk. to); b) (die Grenze bilden von) mark the boundary of
begrenzt *Adj.* limited; restricted

Begrenzung *f.*; ~, ~en a) (Grenze) boundary; b) (Begrenzung) limiting; restriction; (der Geschwindigkeit) limiting, restriction
Begriff *m.* a) term; b) (Auffassung) idea
begrifflich 1. *adv.* conceptually. 2. *Adj.* conceptual
begründen *tr. V.* a) give reasons for (behavior); substantiate (thesis); b) found; establish (fortune)
Begründer *m.* founder
begründet *Adj.* well-founded; (berechtigt) reasonable
Begründung *f.*; ~, ~en a) reasons; b) (Gründung) foundation; establishment; (eines Hausstands) setting up
begrüßen *tr. V.* a) greet; b) (gutheißen) welcome (idea); **wir begrüßen den Vorschlag ...**: we welcome that idea
begütigen [bə'gyːtɪgn] *tr. V.* mollify; pacify; placate
behaglich 1. *adv.* cosily, comfortably. 2. *Adj.* cosy, comfortable (home, etc.)
Behaglichkeit *f.*; ~: siehe behaglich 1: cosiness; comfortableness
behalten *unr. tr. V.* a) keep; keep on (employees); keep, retain (rights); b) remember
Behälter [bə'hɛltɐ] *m.*; ~s, ~: container; (für Abfälle) receptacle
behandeln *tr. V.* a) (bearbeiten) treat (silver, etc.); b) treat (patient); handle (situation); c) (ärztlich) treat (auf + Akk., wegen for) d) (sich befassen mit) deal with, treat (person, response, etc.)
Behandlung *f.*; ~, ~en treatment
beharren *itr. V.* persevere
beharrlich 1. *adv.* doggedly; persistently. 2. *Adj.* dogged; persistent

Beharrlichkeit *f.*; ~: doggedness; perseverance; persistence
behaupten [bə'haʊptn] 1. *tr. V.* a) assert; maintain; b) (verteidigen) maintain (standing). 2. *refl. V.* a) hold one's ground; (sich durchsetzen) assert oneself; (fortbestehen) survive
Behauptung *f.*; ~, ~en a) assertion; claim; b) (das Sichdurchsetzen) assertion
Behausung *f.*; ~, ~en dwelling
beheben *unr. tr. V.* remove; repair
beheizen *tr. V.* heat
behelligen [bə'hɛlɪgn] *tr. V.* annoy, bother, molest
beherbergen *tr. V.* accommodate, put up (visitor); *(bildlich)* contain
Beherbergung *f.*; ~: accommodation
beherrschen 1. *tr. V.* a) rule (kingdom); b) (meistern) control (horse, car); c) (bestimmen) dominate (conversation); d) (zügeln) control (emotions); control, curb (anger); e) (gut können) have mastered (trumpet, violin); have a good command of (German, Hindi)
Beherrschtheit *f.*; ~: self control
behindern *tr. V.* a) hinder; hamper, impede (motion); impede, obstruct (sight); hold up (passengers); b) (Sport, Verkehr) obstruct
behindert *Adj.* handicapped
Behinderte *m./f.*; *adj. Dekl.* handicapped person
Behinderung *f.*; ~, ~en a) hindrance; b) (Sport, Verkehrsw.) obstruction; c) (Gebrechen) handicap
behüten *tr. V.* (beschützen, bewahren) protect, preserve (vor + *Dat.* from); (bewachen) guard
behütet *Adj.* sheltered (life, etc.)

Behutsamkeit *f.*; ~: care; carefulness; caution; (Zartgefühl) gentleness
bei [baɪ] *Präp. mit Dat.* a) (nahe) near; (dicht an, neben) by; b) (unter) among
bei·behalten *unr. tr. V.* keep; retain; keep up (ability); continue, keep to; maintain; retain
bei·bringen *unr. tr. V.* a) **jmdm. etw. ~**: teach sb. sth.; **jmdm. Deutsch ~**: teach sb. German; b) (beschaffen) produce, provide, supply, furnish (supplies, ideas, motive, etc.)
Beichte ['baɪçtə] *f.*; ~, ~n confession *no def. art.*
beichten 1. *itr. V.* confess; 2. *tr. V.* (auch bildlich) confess
bei·einander *Adv.* together; **alle waren ~** everyone was close together
Bei·fahrer *m.*, **Bei fahrerin** *f.* a) passenger; (auf dem Motorrad) pillion passenger; (im Beiwagen) sidecar passenger; b) (berufsmäßig) co-driver
Beifall *m.*; oder *Pl.* a) (Zustimmung) approval; approbation; b) applause; cheers *pl.*; cheering; **~ klatschen/spenden** applaude
Bei·gabe *f.* a) oder *Pl.* **unter ~** (*Dat.*) **von etw.** adding sth.; b) (Hinzugefügtes) addition
bei·geben 1. *unr. tr. V.* add (*Dat.* to). 2. *unr. itr. V.* **klein ~** (*ugs.*) give in; submit
Bei·hilfe *f.* a) (financial) aid or assistance; (Zuschuss) allowance; (Subvention) subsidy; b) oder *Pl.* (Jura: Mithilfe) aiding and abetting
Bei·lage *f.* a) (zu Speisen) sidedish; b) (Zeitungs-) supplement
bei·läufig 1. *adv.* casually; 2. *Adj.* casual; incidental, passing (comment)

bei·legen *tr. V.* a) (schlichten) settle (conflict, etc.); b) (dazulegen) enclose; (einer Zeitschrift, einem Buch) insert (*Dat.* in)
Bei·leid *n.* sympathy
bei·liegend (Behörde) *Adj.* enclosed
Bein [baɪn] *n.*; ~[e], ~e a) leg; b) (Hosen~, Stuhl~ Tisch~, usw.) leg
Bei·rat *m.* advisory committee or board
beisammen [baɪˈzamən] *Adv.* together
beieinanderhaben *unr. tr. V.* keep together; hold on to (love)
Bei·schlaf *m.* (Jura) sexual intercourse
bei·seite *Adv.* aside; **jmdn. ~ nehmen** take sb. aside; (sparen) put sth. by or aside
bei·setzen *tr. V.* bury; inter; lay to rest
Bei·setzung *f.*; ~, ~en funeral; burial
Bei·spiel *n.* a) example (für of); **gutes ~!**: great example! b) (Vorbild) example; **ein gutes ~ für die Kinder** set a good example for the children
beispielhaft *Adj.* exemplary
beißen [ˈbaɪsn̩] 1. *unr. tr., itr. V.* a) bite; (kauen) chew; b) (ätzen) sting; 2. *unr. refl. V.* (*ugs.*) (colours) clash (mit with)
beißend *Adj.*; *nicht präd.* biting; acrid (gas); sharp pungent, sharp; *(bildlich)* biting (joke); cutting (words)
Beitrag [ˈbaɪtraːk] *m.*; ~s, Beiträge [ˈbaɪtræːɡə] contribution; (Mitglieds~) subscription; (Versicherungs~) premium; **keinen ~ leisten** make no contribution
bei·tragen *unr. tr., itr. V.* contribute (zu to)
bei·treten *unr. itr. V.*; *mit sein* join; **einem Chor, usw. ~**: join a choir etc.
Bei·tritt *m.* accession

bei·wohnen *itr. V.* **einer Sache** (*Dat.*) **~**: be present at or attend sth.
bejammern *tr. V.* bewail; lament
bejubeln *tr. V.* cheer; acclaim
bekämpfen *tr. V.* a) fight against; **sich ~**: fight; b) *(bildlich)* combat, fight (illness, etc.); combat (society)
Bekämpfung *f.*; ~ a) fight (*Gen.* against); b) combating; fighting; curbing
bekannt [bəˈkant] *Adj.* a) well known; **er war sehr ~** he was well known; b) **davon ist uns vieles ~**: we know a lot about that; **Darf ich meine Freundin ~ machen?** May I introduce my girl friend?
Bekannte *m./f.* acquaintance
Bekannten·kreis *m.* circle of acquaintances
bekannt·geben *unr. tr. V.* announce
bekanntlich *Adv.* as is well known; **die Maus ist ~ von Katzen bedroht** it is well known that the mouse is threatened by cats
bekannt·machen *tr. V.* announce; (der Öffentlichkeit) make public
Bekannt·machung *f.*; ~, ~en a) oder *Pl.* announcement; (Veröffentlichung) publication; b) (Mitteilung) announcement; notice
bekehren 1. *tr. V.* convert (zu to). 2. *refl. V.* become converted (zu to)
Bekehrte *m./f.*; *adj. Dekl.* convert
Bekehrung *f.*; ~, ~en conversion (zu to)
bekennen 1. *unr. tr. V.* a) admit (mistake); confess (sin); admit, confess (shame) b) (Glauben) profess
Bekenntnis *n.*; ~ses, ~se a) confession; b) **ein ~ zum**

Frieden a declaration for peace; c) (Konfession) religious denomination
bekifft [bəˈkɪft] *Adj.* (*ugs.*) stoned (*sl.*)
beklagen 1. *refl. V.* complain (bei to); 2. a) (bedauern) lament; b) (betrauern) mourn
beklagens·wert *Adj.* pitiful (state); pitiable (idiot); lamentable, deplorable; wretched (situation)
beklatschen *tr. V.* applaud, clap
beklauen *tr. V.* (salopp) rob
bekleiden *tr. V.* a) clothe; b) **ein Amt ~** hold office
Bekleidung *f.* clothing; clothes *pl.*; garments *pl.*
beklemmend 1. *adv.* oppressively. 2. *Adj.* oppressive
Beklemmung *f.*; ~, ~en oppressive feeling; unease; apprehension
Beklommenheit *f.*; ~: uneasiness; apprehensiveness
bekommen 1. *unr. tr. V.* a) get; receive, obtain; (erreichen) catch (bus, etc.); **eine Büchse, usw. auf die Nase~**: get hit on the nose with a can, etc.;**eine Erkältung ~**: catch a cold; **er bekommt nichts mit** he doesn`t understand anything; **wo bekommen wir Milch?** where can we get some milk?; b) **etw. ins Loch ~**: get sth. into the hole; **jmdn. nicht aus dem Haus ~**: be unable to get sb. out of house; 2. *unr. V.*; *in der Funktion eines Hilfsverbs zur Umschreibung des Passivs* get; **etw. zum Geburtstag ~**: receive sth. to one`s birthday; 3. *unr. itr. V.*; **mit sein jmdm. ~**: do sb. good; be good for sb.; (drink, pills) agree with sb.
bekräftigen *tr. V.* reinforce; reaffirm

bekriegen *tr. V.* wage war on; *(bildlich)* fight; **sich ~:** be at war; *(bildlich)* fight
bekritzeln *tr. V.* scribble on
bekümmert [bə'kʏmɐt] *Adj.* worried; troubled; distressed
belächeln *tr. V.* smile at
beladen *unr. tr. V.* load (boat); load (car)
beladen *Adj.* loaded, laden (mit with); **sie war schwer mit Problemen ~:** she was loaded or laden down with problems
belangen *tr. V.* (Jura) sue; (strafrechtlich) prosecute
belang·los *Adj.* of no importance (für for); trivial
Belang·losigkeit *f.*; ~, ~en insignificance; (Trivialität) triviality
belastbar *Adj.* a) tough, resilient; capable of withstanding pressure; b) (beanspruchbar) tough, resilient
Belastbarkeit *f.*; ~, ~en a) (von Material) ability to withstand stress; (von Konstruktionen) loadbearing capacity; b) (von Menschen) toughness; resilience
belästigen [bə'lɛstɪgn] *tr. V.* bother; harass; (sehr aufdringlich) pester; (sexuell) molest; sich von etw. belästigt fühlen regard sth. as inconvenient
Belastung [bə'lastʊŋ] *f.*; ~, ~en a) strain; **straining**; (Gewicht) loading; load; b) **die ~ der Luft durch Schadstoffe** the pollution of the air by harmful substances; c) (Bürde, Sorge) burden; d) (Jura) incrimination
belauern *tr. V.* **jmdn. ~:** eye sb. carefully; keep a watchful eye on sb.; lie in wait for sb.
beleben 1. *tr. V.* a) enliven; liven up *(ugs.)*; revive; b) (lebendig gestalten) enliven; brighten up. 2. *refl. V.* a) (face) light up; (smile) brighten; revive, pick up; b) (lebendig, bevölkert werden) come to life
belecken *tr. V.* lick
Beleg [bə'leːk] *m.*; ~s, ~e a) (Beweisstück) piece of documentary evidence; (Quittung) receipt; **als ~ für etw.** as evidence of sth.; b) (Linguistik: Zitat) quotation
Belegschaft *f.*; ~, ~en staff; employees *pl.*
belehren *tr. V.* a) teach; instruct; (aufklären) enlighten; (informieren) advise; inform; b) (von einer irrigen Meinung abbringen) **sich ~ lassen** listen to reason
Belehrung *f.*; ~, ~en a) instruction; b) (Zurechtweisung) lecture
beleibt [bə'laɪpt] *Adj.* corpulent; stout; portly
Beleibtheit *f.*; ~ corpulence stoutness; portliness
beleidigen [bə'laɪdɪgn] *tr. V.* insult; offend; *(bildlich)* **~d** insulting, offensive
beleidigt *Adj.* insulted; (gekränkt) offended
Beleidigung *f.*; ~, ~en insult; (Jura) (mündlich) slander; (schriftlich) libel
belesen *Adj.* well-read
beleuchten *tr. V.* a) illuminate; light up; festlich beleuchtet festively lit; b) *bildlich.*: (untersuchen) investigate, examine
Beleuchtung *f.*; ~, ~en a) (Licht) light; b) lighting; (Anstrahlung) illumination; c) (bildlich: Untersuchung) investigation; examination
belichten 1. *tr. V.* (Fot.) expose; 2. *itr. V.* (Fotografie) **richtig/ falsch ~:** use the right/wrong exposure time
Belichtung *f.*; ~, ~en (Fotografie) exposure
beliebig 1. *adv.* as you like/he likes etc.; 2. *Adj.* any; **du kannst eine ~e Person nennen** you can name any person you like
beliebt *Adj.* popular; **sich ~ machen** make oneself popular
Beliebtheit *f.*; ~: popularity
bellen ['bɛlən] *itr. V.* bark
belohnen *tr. V.* reward
Belohnung *f.*; ~, ~en (Lohn) reward
belüften *tr. V.* ventilate
Belüftung *f.*; ~: ventilation
belügen *unr. tr. V.* **jmdn. ~:** lie to sb; tell lies to sb.; **sich selbst ~:** deceive oneself
belustigen *tr. V.* amuse
belustigt 1. *adv.* in amusement. 2. *Adj.* amused
Belustigung *f.*; ~: amusement; diversion; entertainment
bemalen 1. *tr. V.* paint; (verzieren) decorate; **sich** (*Dat.*) **das Bein ~** *(ugs.)* paint one's leg. 2. *ref. V.* *(ugs.)* paint one's leg
Bemalung *f.*; ~, ~en a) *o. Pl.* painting; (Verzierung) decorating; b) (Farbschicht) painting
bemängeln [bə'mɛŋln] *tr. V.* find fault with; censure
bemerkbar *Adj.* noticeable; perceptible; **sich immer ~ machen** always attract attention; (spürbar werden) become apparent
bemerken *tr. V.* a) (wahrnehmen) notice; **ich werde nie bemerkt** nobody ever notices me; b) (äußern) remark; **nebenbei bemerkt** by the way; incidentally
bemerkenswert 1. *adv.* notably; remarkably. 2. *Adj.* remarkable; notable; noteworthy
Bemerkung *f.*; ~, ~en a) remark; comment; b) note
bemitleiden *tr. V.* pity; feel compassion for; **das ist zu ~:** that is to be pitied
bemühen 1. *refl. V.* a) (sich anstrengen) try; make an effort; take pains; 2. *tr. V.* trouble; call in, call upon the

services of
Bemühung *f.*; ~, ~en effort; endeavour
benachrichtigen *tr. V.* inform, notify (von of, about)
Benachrichtigung *f.*; ~, ~en notification; **sofortige ~**: immediate notification
benachteiligen *tr. V.* put at a disadvantage; handicap; (diskriminieren) discriminate against
Benachteiligung *f.*; ~, ~en (Vorgang) discrimination (*Gen.* against); (Zustand) disadvantage (*Gen.* to)
benehmen *unr. refl. V.* behave; (in bezug auf Umgangsformen) behave; **sich schlecht ~**: behave badly; misbehave
Benehmen *n.*; ~s behaviour
beneiden *tr. V.* envy; be envious of
beneidens·wert 1. *adv.* enviably. 2. *Adj.* enviable
benommen [bəˈnɔmən] *Adj.* bemused; dazed; giddy; (durch Fieber, Alkohol) muzzy (von from)
Benommenheit *f.*; ~: bemused or dazed state; giddiness; (durch Fieber, Alkohol) muzziness
benoten *tr. V.* mark (Brit.); grade (Amer.); **einen Test mit „gut" ~**: mark a test good (Brit.); assign a grade of good to a test (Amer.)
Benotung *f.*; ~, ~en a) *o. Pl.* marking (Brit.); grading (Amer.); b) (Note) mark (Brit.); grade (Amer.)
benutzbar *Adj.* usable
benutzen *tr. V.* use; take, (bus, etc); consult (index)
Benutzer *m.*; ~s, ~: user
Benzin [bɛnˈtsiːn] *n.*; ~s petrol (Brit.); gasoline (Amer.); gas
beobachten [bæˈoːbaxtn] *tr. V.* a) observe; watch; (als Zeuge) see; **er hat beobachtet, wie der Mörder entkam** he watched the murderer escape; b) (bemerken) notice; observe
Beobachter *m.*; ~s, ~: observer
Beobachtung *f.*; ~, ~en observation; **zur ~**: for observation; **unter ~ stehen** be kept under surveillance
bequem [bəˈkveːm] 1. *adv.* a) comfortably; b) (mühelos) easily; comfortably. 2. *Adj.* a) comfortable; **es sich** (*Dat.*) **~ machen** make oneself comfortable; c) (abwertend: träge) lazy; idle
Bequemlichkeit *f.*; ~, ~en a) comfort; b) *o. Pl.* (Trägheit) laziness; idleness
beraten 1. *unr. tr. V.* a) advise; b) (besprechen) discuss; **wir werden uns ~ lassen** we will get advised
beratend *Adj.* advisory, consultative
Berater *m.*; ~s, ~, Beraterin *f.*; ~, ~nen adviser
beratschlagen [bəˈraːtʃlaːgn] 1. *tr. V.* discuss. 2. *itr. V.* **über etw.** (Akk.) **~**: discuss sth
Beratung *f.*; ~, ~en a) advice *no indef art.*; (durch Rechtsanwalt, Arzt) consultation; **ohne eine ~**: without advice; b) (Besprechung) deliberation; discussion; **um zu entscheiden brauchten sie eine lange ~**: in order to find a sollution they needed a long discussion
berauben *tr. V.* (*auch bildlich*) rob; **jmdn. seiner Freude ~** - (*bildlich*) deprive sb. of his/her happiness
berauschen (*geh.*) 1. *tr. V.* (*auch bildlich*) intoxicate; (alcohol) inebriate, intoxicate; (drug) make euphoric; exhilarate; **das Glück berauschte ihn** he was drunk with joy. 2. *refl. V.* become intoxicated; **sich an etw.** (*Dat.*) **~**: become intoxicated with sth.

berauschend 1. *adv.* **~ süß** captivatingly sweet; **~ wirken** have an intoxicating effect. 2. *Adj.* intoxicating; heady, intoxicating (effect)
berechenbar [bəˈrɛçn̩baːɐ̯] *Adj.* calculable; predictable (answer)
berechnen *tr. V.* a) calculate; predict (future, outcome); b) (anrechnen) charge; c) (kalkulieren) calculate; (vorsehen) intend
Berechnung *f.* a) calculation; b) *o. Pl.* (Überlegung) deliberation; calculation; **er tötete mit ~** he killed with calculation; c) *o. Pl.* (Eigennutz) self-interest
berechtigen [bəˈrɛçtɪgn̩] 1. *tr. V.* entitle; 2. *itr. V.* **der Pass berechtigt zur Einreise** the passport entitles the bearer to enter
berechtigt *Adj.* a) (gerechtfertigt) justified, legitimate; b) (befugt) authorizes
Berechtigung *f.*; ~, ~en a) (Befugnis) entitlement; b) (Rechtmäßigkeit) legitimacy
bereden 1. *tr. V.* a) (besprechen) talk over; discuss; b) (überreden) **jmdn. ~, etw. zu unterlassen** talk sb. into not doing sth.; 2. *ref. V.* **sich über etw.** (Akk.) **~**: discuss sth. or talk sth. over
Beredsamkeit *f.*; ~: eloquence
beredt [bəˈreːt] *Adj.* (auch bildlich) eloquent
Bereich *m.*; ~[e]s, ~e a) area; **im ~ des Hauses** within the house; b) (*bildlich*) sphere; area; (Fachgebiet) field; area; **in jmds. ~** (Akk.) **fallen** be sb.'s field; **im ~ des Verständlichen liegen** be within the bounds *pl.* of understanding
bereit [bəˈraɪt] *Adj.* a) (fertig, gerüstet) **~ sein** be ready; **sich ~ stellen** stand ready; **etw. ~ haben** have sth. ready; b) (gewillt) **~**

bereiten

sein, etw. zu tun be willing or prepared or ready to do sth.; **sich ~ zeigen/finden, etw. zu tun** show oneself/be willing or ready or prepared to do sth.
bereiten tr. V. a) prepare (Dat. for); make (tea) (Dat. for); b) **Schmerz/Probleme/Kummer ~:** cause pain/problems/despair; **jmdm. Freude/Glück ~:** give or afford sb. pleasure/luck; **einer Sache** (Dat.) **ein Ende ~:** put an end to sth
Bereitschaft f.; ~ willingness; preparedness; readiness
bereit·willig 1. adv. readily. 2. Adj. willing
Bereitwilligkeit f.; ~: willingness
bereuen 1. tr. V. regret; **seine Fehler ~:** regret one's mistakes. 2. itr. V. be sorry; (Religion) repent
Berg [bærk] m.; ~[e]s, ~e a) hill; (im Hochgebirge) mountain
berg·ab Adv. downhill
berg·auf Adv. uphill
bergen unr. tr. V. a) (retten) rescue, save (baby); salvage (trash); salvage, recover (loot); b) (enthalten) hold; **Gefahren ~** (bildlich) hold danger
bergig Adj. hilly; mountainous
Bergleute miner; mineworker; **~spitze** f. peak; **~station** f. top station; **~steigen** unr. itr. V.; mit haben oder sein; nur im Inf. und Part. go mountain-climbing or mountaneering; **~steigen** n.; ~s mountain-climbing no art.; mountaineering no art.; **~steiger** m., (Wanderung) hike in the mountains; **~und-Tal-Bahn** f. roller-coaster
Bergung f.; ~, ~en rescue; saving; salvaging; salvage

Bericht [bə'rɪçt] m.; ~[e]s, ~e report
berichten tr., itr. V. report (von, über + Akk. on); **dieser Mann hat alles schon ~:** this man has reported everything already
berichtigen tr. V. correct
Berichtigung f.; ~, ~en correction
berieseln tr. V. (bewässern) irrigate
Berieselung f.; ~ (Bewässerung) irrigation
bersten ['bærstn] unr. itr. V.; mit sein (ice) break or crack up; shatter;crack up; **zum Bersten voll sein** be full to bursting-point
berüchtigt [bə'rʏçtɪçt] Adj. notorious (wegen for); (verrufen) disreputable; discredited
berücksichtigen tr. V. a) take into account or consideration, take account of (fact); b) consider (result)
Berücksichtigung f.; ~ a) **bei ~ aller Menschen** taking all the people into account; b) (Beachtung) consideration
Beruf m.; ~es, ~e occupation; (akademischer, wissenschaftlicher, medizinischer) profession; (handwerklicher) trade; (Stellung) job; (Laufbahn) career
berufen 1. unr. tr. V. a) (einsetzen) appoint; b) **berufe es nicht!** (ugs.) don't speak too soon! 2. unr. refl. V. **sich auf etw.** (Akk.) **~:** refer to sth.; **sich auf jmdn. ~:** quote or mention sb.
berufen Adj. a) competent; b) (prädestiniert) **sich nicht ~ fühlen, etw. zu tun** feel no call to do sth.
beruflich 1. adv. **~ Efolg haben** be successful in one's career; 2. Adj.; nicht präd. occupational, vocational (practice); (bei akademischen Berufen) profes-

sional (training)
Berufung f.; ~, ~en a) (für ein Amt) offer of an appointment (+ Akk. to); b) (innerer Auftrag) vocation; **die ~ zur Kunst in sich** (Dat.) **verspüren** feel one has a vocation as an artist; c) (das Sichberufen) **unter ~** (Dat.) **auf jmdn./etw.** referring or with reference to sb./sth.; d) (Rechts: Einspruch) appeal; **~ einlegen** lodge an appeal; appeal; **in die ~ gehen** appeal
Berufungs·verfahren n. (Jura) appeal proceedings pl.
beruhigen [bə'ruːɪgn] 1. tr. V. calm; quieten, pacify (infant); salve, soothe (pain); (trösten) soothe; (Befürchtung nehmen) reassure; **die Ängste ~:** calm one's fears; **beruhigt alleine gehen können** be able to go alone with peace of mind. 2. ref. V. (person) calm down; (lake) become calm; (traffic) lessen (market) settle down
Beruhigung f.; ~ a) calming; quietening; pacifying; salving; soothing; reassurance; b) (Ruhigwerden) **eine ~ des Meeres ist nicht vorauszusehen** there are no signs that the sea will become more settled
berühmt [bə'ryːmt] Adj. famous; **wegen seiner Stimme ~ sein** be famous for his voice
berühmt-berüchtigt Adj. infamous; notorious
Berühmtheit f.; ~, ~en a) o. Pl. fame; b) (Mensch) celebrity
berühren tr. V. a) touch; (bildlich) touch on (problem, topic); b) (beeindrucken) affect; **die Musik hat mich tief berührt** the music made a pleasant impression on me

Berührung f.; ~, ~en a) (das Berühren) touch; **bei der kleinsten ~:** at the slightest touch; b) (Kontakt) contact; **mit jmdm./etw. in ~ (Akk.) kommen** come into contact with sb./sth.
besagt Adj.; nicht präd. (Behördensprache) aforementioned
besamen [bə'zaːmən] tr. V. fertilize; (künstlich) inseminate
besänftigen [bə'zɛnftɪɡn̩] tr. V. calm; assauge; mollify; pacify; calm, soothe (anger)
Besänftigung f.; ~: calming; mollification; pacifying; (von jmds. Zorn) calming; soothing
besaufen unr. ref. V. get drunk
beschädigen tr. V. damage
Beschädigung f. a) o. Pl. (das Beschädigen) damaging; b) (Schaden) damage; **zahlreiche ~en** a lot of damage sing.
beschaffen tr. V. obtain; get; get (letter); **sich** (Dat.) **die Erlaubnis ~:** obtain the permit
Beschaffenheit f.; ~: properties pl.; (Konsistenz) consistence
Beschaffung f. siehe beschaffen: obtaining; getting; findings
beschäftigen [bə'ʃɛftɪɡn̩] 1. refl. V. occupy or busy oneself; **sich viel mit Theater/den Tieren ~:** devote a great deal of one's time to theatre/the animals; 2. tr. V. a) occupy; b) (angestellt haben) employ (helpers, people); c) **jmdn. ~** (jmdn. geistig in Anspruch nehmen) be on sb.'s mind; preoccupy sb.
Beschäftigung f.; ~, ~en a) activity; occupation; b) (Stelle) job; **ohne ~ sein** not be working; (unfreiwillig) be unemployed; c) o. Pl. (geistige Auseinandersetzung) consideration (mit of); (Studium) study (mit of); d) o. Pl. (von Arbeitskräften) employment
beschämen tr. V. shame
beschämend 1. adv. shamefully. 2. Adj. a) (schändlich) shameful; b) (demütigend) humiliating
beschämt Adj. ashamed; abashed
Beschämung f.; ~: shame, humiliation
bescha·tten tr. V. a) shade; b) (überwachen) shadow
beschaulich [bə'ʃaʊlɪç] 1. adv. peacefully; reflectively; tranquilly. 2. Adj. peaceful, tranquil (landscape, etc.); meditative, reflective
Beschaulichkeit f.; ~: peacefulness; tranquillity; thoughtfulness
Bescheid [bə'ʃaɪt] m.; ~[e]s, ~e a) (Auskunft) information; (Antwort) answer; reply; b) (Entscheidung) decision; **ein schneller ~:** a quick reply/a refusal
bescheiden 1. unr. tr. V. a) inform, notify (family); b) **es ist uns nicht beschieden, ... zu ...** it is not granted to us to ... 2. unr. ref. V. be contented
bescheiden 1. adv. modestly. 2. Adj. a) modest; unassuming; b) (einfach) modest; **in ~en Verhältnissen aufwachsen** grow up in modest circumstances; c) (dürftig) modest (life, allowance); d) (ugs.) lousy (sl.); bloody awful (Brit. ugs.)
Bescheidenheit f.; ~: modesty
bescheinen unr. tr. V. shine on; **von der Sonne/vom Mond beschienen** sunlit / moonlit
bescheinigen [bə'ʃaɪnɪɡn̩] tr. V. etw. ~: confirm sth. in writing; **sich** (Dat.) **~ lassen, dass man verrückt ist** get oneself certified as insane
Bescheinigung f.; ~, ~en written confirmation no indef. art.; (Schein, Attest) certificate
beschenken tr. V. **jmdn. ~:** give sb. a present/presents; **jmdn. reich ~:** shower sb. with presents
bescheren 1. tr. V. **jmdn. ~** (Weihnachten) give sb. a Christmas present/Christmas presents
Bescherung f.; ~, ~en (zu Weihnachten) giving out of the Christmas presents
beschimpfen tr. V. abuse; insult; revile; swear at
Beschimpfung f.; ~, ~en insult; ~en abuse sing.; insult
Beschlag m. a) fitting; b) **jmdn./ etw. in ~ nehmen** monopolize sb./sth.
beschlagen 1. unr. tr. V. shoe (horse); **mit Nägeln ~:** stud. 2. unr. itr. V.; mit sein (glasses) mist up; (durch Dampf) steam up; **~e Brille** misted-up/steamed-up glasses
beschlagen Adj. knowledgeable; well versed; **in etw.** (Dat.) **~ sein** be knowledgeable about/well versed in sth.
Beschlagenheit f.; ~: thorough or sound knowledge
Beschlag·nahme f.; ~, ~n confiscation; seizure
beschlagnahmen tr. V. confiscate; seize
beschleichen unr. tr. V. a) creep up on or to; steal up to; (murderer) stalk (victim); b) (überkommen) creep over
beschleunigen 1. tr. V. accelerate; quicken speed up, expedite. 2. refl. V. increase (velocity) 3. itr. V. (vehicle, coach, etc.) accelerat
Beschleunigung f.; ~, ~en a) siehe beschleunigen 1:

beschließen

speeding up; quickening; acceleration; expedition; hastening; b) (*ugs.*: ~svermögen) acceleration
beschließen 1. *unr. tr. V.* a) ~, etw. zu decide or resolve to do sth.; b) (beenden) end; conclude; end, close (lecture). 2. *unr. itr. V.* **über etw.** (Akk.) ~: decide concerning sth
Beschluss *m.* decision; (gemeinsam gefasst) resolution; **ein guter ~ wurde gefasst** a good decision was made
beschmutzen *tr. V.* etw. ~: make sth. dirty; **die Seele kann man nicht ~** : you can not make the soul dirty
beschneiden *unr. tr. V.* a) clip, trim, (hair); prune (bush); cut back (branches); clip (wings); b) (*bildlich*) cut (allowance, interest); restrict (freedom) c) (Medizin, Religion) circumcise
Beschneidung *f.*; ~, ~en a) siehe beschneiden a: trimming; clipping; pruning; cutting back; b) siehe beschneiden c: cutting; restriction; c) (Medizin, Religion) circumcision
beschönigen [bə'ʃœːnɪgn] *tr. V.* gloss over
Beschönigung *f.*; ~, ~en glossing over
beschränken [bə'ʃrɛŋkn] 1. *tr. V.* restrict; limit; **etw. auf etw.** (Akk.) ~: restrict or limit sth. to sth. 2. *refl. V.* tighten one's belt (*bildlich*); **sich auf etw.** (Akk.) ~: limit or confine oneself to sth.
beschränkt 1. *adv.* narrowmindedly; in a narrow-minded way. 2. *Adj.* a) (engstirnig) narrow-minded (fool); narrow (opinion, character); b) (*derogativ*: dumm) dullwitted
Beschränktheit *f.*; ~: a) narrowmindedness b) (Dummheit) lack of intelligence; narrowness c) (das Begrenztsein) limitedness; restrictedness
Beschränkung *f.*; ~, ~en restriction
beschreiben *unr. tr. V.* a) write on; (vollschreiben) write (book, note); **eng beschriebene Seiten** closely written pages; b) **einen Kreis/Bogen usw.** ~: describe a circle/curve etc. c) (darstellen) describe; **keiner konnte das** ~ no one could tell you that
Beschreibung *f.*; ~, ~en description
beschreiten *unr. tr. V.* walk along (street etc.)
beschriften [bə'ʃrɪftn] *tr. V.* label; letter; (mit Adresse) address; inscribe
Beschriftung *f.*; ~, ~en a) o. *Pl.* labelling; (Etikett) lettering; (mit Adresse) addressing; (Stein) inscribing; b) (Aufschrift) label; (Etikett) lettering; (Stein) inscription
beschuldigen [bə'ʃʊldɪgn] *tr. V.* accuse (*Gen.* of); **jmdn. des Mordes** ~ accuse sb. of murder
Beschuldigte *m./f.*; *adj. Dekl.* accused; (Jura) defendant
Beschuldigung *f.*; ~, ~en accusation
beschummeln *tr. V.* (*ugs.*) cheat; diddle (Brit. *ugs.*); burn (Amer. sl.)
beschützen *tr. V.* protect (vor + *Dat.* from)
Beschützer *m.*; ~s, ~, Beschützerin *f.*; ~, ~nen protector (vor from)
Beschwerde [bə'ʃveːɐ̯də] *f.*; ~, ~n a) complaint (gegen, über + Akk. about); ~ **führen** (Behördensprache) **oder einlegen** (Jura) lodge a complaint; (gegen einen Entscheid) lodge an appeal; b) *Pl.* (Schmerz) pain *sing.*; (Leiden) trouble *sing.*; **Herz** ~ heart trouble
beschweren [bə'ʃveːrən] 1. *refl. V.* complain (über + Akk. wegen about); 2. *tr. V.* weight; (durch Auflegen eines schweren Gegenstands) weight down
beschwerlich *Adj.* arduous; (ermüdend) exhausting
beschwichtigen [bə'ʃvɪçtɪgn] *tr. V.* pacify; assuage, mollify, placate (anger etc.)
Beschwichtigung *f.*; ~, ~en pacification; (Zorn) mollification, **~spolitik** appeasement
beschwindeln *tr. V.* (*ugs.*) jmdn. ~: tell sb. a fib/fibs; (betrügen) hoodwink sb.
beschwingt [bə'ʃvɪŋt] *Adj.* elated, lively (atmosphere); lively, lilting (song); ~ **sein/sich ~ fühlen** (person) be/feel elated
beschwipst [bə'ʃvɪpst] *Adj.* (*ugs.*) tipsy
beschwören *unr. tr. V.* swear to; **die Aussage nicht ~**: not swear a statement on or under oath; b) (bitten) beg; implore; **mit ~dem Blick** with a beseeching or imploring look; c) (erscheinen lassen) invoke, conjure up (ghost); (*bildlich*) evoke, conjure up (dreams, ideas, etc.); d) charm (cobra)
Beschwörung *f.*; ~, ~en a) (Bitte) entreaty b) charming; invoking; conjuring up; evoking; c) (Zauberformel) spell; incantation
beseitigen [bə'zaɪtɪgn] *tr. V.* a) remove; eliminate; dispose of; eradicate (stress) b) dispose of; eliminate
Beseitigung *f.*; ~ a) removal; elimination; disposal; eradication; b) (verhüll.: Ermordung) elimination
Besen ['beːzn] *m.*; ~s, ~ a) broom; (Reisig~) besom; (Hand~) brush
besessen [bə'zæsn] *Adj.*

a) possessed; **von einem Dämonen ~ sein** be possessed by a demon; b) *(bildlich)* obsessive (lover); **von einem Gefühl usw. ~ sein** be obsessed with a feeling etc
Besessenheit *f*.; ~ a) possession; b) *(bildlich)* obsessiveness
besetzen *tr. V.* a) (mit Pelz, Spitzen) edge; trim; **mit Diamanten/Perlen besetzt** set with diamonds/pearls; b) (belegen; auch Militär: erobern) occupy fill (mit with); c) (vergeben) fill (space, etc.)
besetzt *Adj.* occupied; (place) taken pred.; (gefüllt) full; filled to capacity; **der Platz ist ~:** this seat is taken
Besetzung *f*.; ~, ~en a) (einer Stellung) filling; b) (Mitwirkende) (Film, Theater usw.) cast; c) (Eroberung) occupation
besichtigen [bə'zıçtıgn] *tr. V.* look round, tour; see (the sights of a city); (prospective buyer or tenant) view (appartment, flat)
besiedeln *tr. V.* settle (mit with); **Indien ist ein dicht besiedeltes Land** India is a densely populated area
Besiedlung *f.* settlement
besiegeln *tr. V.* set the seal
besiegen *tr. V.* a) defeat; b) *(bildlich)* overcome (fear, anxiety)
Besiegte *m./f.; adj. Dekl.* loser
besingen *unr. tr. V.* celebrate in verse; (durch ein Lied) celebrate in song
Besinnung *f*.; ~ a) consciousness; **bei ~ sein** be conscious; **zur ~ kommen** come to; recover consciousness; b) (Nachdenken) reflection; **keiner konnte sie zur ~ bringen** no one could bring her back to consciousness

besinnungs·los 1. *adv.* mindlessly. 2. *Adj.* a) unconscious; b) *(bildlich)* mindless
Besitz *m.* a) possession; b) (Landgut) estate
besitzen *unr. tr. V.* own; have; (nachdrücklicher) possess
Besitzer *m.*; ~s, ~: owner; proprietor (formal)
besitz·los *Adj.* propertyless destitute
Besitz·stand *m.* standard of living
Besitztum *n.*; ~s, Besitztümer [ty:mə] possession
besonder... [bə'zɔndɐ] *Adj.; nicht präd.* special; (größer als gewohnt) particular; (hervorragend) exceptional; **im ~en** in particular; **ein ~er Fall** a special case; **~e Kennzeichen** (im Gesicht usw.) distinguishing features
Besondere *n.; adj. Dekl.* **etwas ~s** something special
Besonderheit *f*.; ~, ~en special or distinguishing feature; peculiarity
besonders 1. *Adv.* a) particularly; **~ du solltest ruhig sein** you of all people should keep quiet; b) (*ugs.:* besonders gut) particularly well; **es geht uns heute ~ gut:** we feel particularly well today. 2. *Adj.; nicht attr.; nur verneint (ugs.)* **nichts ~ sein** be nothing special
Besonnenheit *f*.; ~: composure; prudence; (Umsichtigkeit) circumspection
besorgen *tr. V.* a) get; (kaufen) buy; **gehe du das Brot ~:** you buy the bread; b) (erledigen) take care of; deal with
besorgt 1. *adv.* with concern; (ängstlich) anxiously. 2. *Adj.* alarmed; worried (über + Akk., um about); concerned *usu. pred.* (über + Akk., um about); **er war**

sehr um die Mutter ~: he was concerned about the mother
Bespannung *f*.; ~, ~en covering; (eines Schlägers, einer Geige) stringing
bespielen *tr. V.* record on (video cassette); **eine Kassette mit Musik ~:** record music on a cassette
besprechen 1. *unr. tr. V.* a) discuss; talk over; b) (rezensieren) review; c) **ein Band ~:** make a recording on a tape; 2. *unr. ref. V.* confer (über + Akk. about); **sich mit jmdm. ~:** have a talk with sb.
Besprechung *f*.; ~, ~en a) discussion; (Konferenz) meeting; b) (Rezension) review (*Gen.*, von of)
bespritzen *tr. V.* a) splash; spray; b) (beschmutzen) bespatter
besprühen *tr. V.* spray
besser ['bæsɐ] 1. *adv.* better; **er hat es ~** he is better off; (es leichter haben) have an easier time of it; **es wird noch ~** it will get better; 2. *Adv.* (lieber) **das sagen Sie ~ nicht** you'd better not say that. 3. *Adj.* a) better; **~ werden** get better; (work) improve; b) (sozial höher gestellt) superior; upper-class; **~e oder die ~en Kreise** high society; **eine ~e Adresse /Gegend** a better address/a respectable area
besser·gehen *unr. itr. V.*; *mit sein* **jmdm. geht es besser** sb. feels better
bessern 1. *ref. V.* improve; (person) mend one's ways. 2. *tr. V.* improve; reform (gangster)
Besserung *f*.; ~: a) (Genesung) recovery; **das war aber eine schnelle ~:** that was a quick recovery; b) (Verbesserung) improvement (*Gen.* in); (eines Kriminellen) reform; **~ geloben**

best... [ˈbæst] 1. *adv.* a) **am ~en** the best; b) **am ~en gehst du zu Fuß** you'd best go by foot 2. *Adj.* a) *attr.* best; **im ~en Falle** at best; (als Briefschluss) yours sincerely; **~en Dank** many thanks *pl.*; **sein Bestes tun** do one's best; **das Beste aus etw. machen** make the best of sth.; b) **es ist oder wäre das ~e oder am ~en, wenn ...**: it would be best if ...; **es wäre das ~e**, it would be best to ...

Bestand *m.* a) *o. Pl.* existence; (Fort~) continued existence; survival; b) (Vorrat) stock (an + *Dat.* of)

beständig 1. *adv.* a) (dauernd) constantly; b) (gleichbleibend) consistently. 2. *Adj.* a) *nicht präd.* (dauernd) constant; b) (gleichbleibend) constant; steadfast (person); settled (weather); *(Technik)* stable (zuverlässig) reliable; c) (widerstandsfähig) resistant (gegen, gegenüber to)

Bestand·teil *m.* component

bestärken *tr. V.* confirm; **jmdn. in seinem Glauben ~** strengthen sb.'s beliefs

bestätigen [bəˈʃtɛːtɪɡn] 1. *tr. V.* confirm

Bestätigung *f.*; ~, ~en confirmation; (des Empfangs) acknowledgement; (schriftlich) letter of confirmation; **die ~ in ihrem Amt** the confirmation of her appointment

bestatten [bəˈʃtatn] *tr. V.* inter; bury; **bestattet werden** be laid to rest

Bestattung *f.*; ~, ~en interment; burial; (Feierlichkeit) funeral

bestechen 1. *unr., tr. V.* bribe. 2. *unr. itr. V.* take a bribe

bestechend *Adj.* attractive; captivating, winning (style, attitude); persuasive; tempting (offer)

Bestechlichkeit *f.*; ~: corruptibility

Besteck [bəˈʃtɛk] *n.*; ~[e]s, ~e a) cutlery b) (Medizin) instruments *pl.*

bestehen 1. *unr. itr. V.* a) exist; **der Verein besteht schon sehr lange** the club has been in existence or has been open for very long; **es besteht eine Chance, dass ...**: there is a chance that ...; **es besteht kein Grund für Aufregung** there is no reason to worry; b) (fortdauern) survive; last; (standhalten) hold one's own; **in einer Gefahr usw. ~**: prove oneself in a dangerous situation etc.; c) **aus etw. ~**: consist of sth.; (Material) be made of sth.; d) **seine Aufgabe besteht in der Beaufsichtigung der Kinder** his task is to watch the children; e) **auf etw.** (*Dat.*) **~**: insist on sth.; **er bestand darauf, dass ich gehe** he insisted on me leaving; f) (Prüfung ~) pass the examination. 2. *unr. tr. V.* pass (test, examination); **nach bestandener Prüfung** after passing one's exams

bestehend *Adj.* existing; current (situation)

bestehlen *unr. tr. V.* rob

besteigen *unr. tr. V.* a) climb; mount (mule); ascend (throne); b) (betreten) board, get on (raft)

Besteigung *f.* ascent

bestellen 1. *tr. V.* a) order (bei from); **sich** (*Dat.*) **etw. ~**: order sth.; **könntest du mir ein Glas Milch ~?** could you order me a glass of milk? b) (reservieren lassen) reserve (seat); c) (kommen lassen) **jmdn. zu sich ~**: ask sb. to go/come to see one; c) (ernennen) appoint; d) (bearbeiten) cultivate, till (land). 2. *itr. V.* order

Bestellung *f.* a) order (über + *Akk.* for); (Bestellen) ordering *no indef. art.*; **auf ~**: to order; b) (Reservierung) reservation; c) (Ernennung) appointment; d) (Bearbeitung) cultivation

besten·falls *Adv.* at best

bestens *Adv.* excellently; extremely well

besteuern *tr. V.* tax

Besteuerung *f.* taxation

besticken *tr. V.* embroider

Bestie [ˈbɛstɪə] *f.*; ~, ~n *(auch bildlich derogativ)* beast

bestimmen 1. *tr. V.* a) (festsetzen) decide on; fix (deadline, etc.); **jmdn. zum oder als Führer ~**: decide to appoint sb. as leader; b) (vorsehen) destine; intend; set aside (time); c) (ermitteln, definieren) identify; d) (prägen) determine the character of; give (sth.) its character. 2. *itr. V.* a) make the decisions; **hier bestimmt er** he's in charge or the boss here b) (verfügen) **über jmdn. ~**: tell sb. what to do

bestimmend 1. *adv.* decisively *Adj.* 2. decisive; determining

bestimmt 1. *adv.* (entschieden) firmly. 2. *Adv.* for certain; **ich habe es ~ gesehen** I'm sure I saw it; 3. *Adj.* a) *nicht präd.* (speziell) particular; (gewiss) certain; (genau) definite; b) (festgelegt) fixed; given (measure); c) (Grammatik) definite (article etc.); d) (entschieden) firm

bestrafen *tr. V.* punish (für, wegen for); **er wurde für seine Tat bestraft** he was punished for his crime

Bestrafung *f.*; ~, ~en punishment; (Jura) penalty

bestrahlen *tr. V.* a) illuminate; floodlight (stadium);

(scheinen auf) (sun) shine on; b) (Medizin) treat (tumour) using radiotherapy; (mit Höhensonne) use sunlamp treatment on (part of body)
Bestreben *n.* endeavours
bestrebt *Adj.* ~ **sein, etw. zu tun** endeavour to do sth.
Bestrebung *f.*; ~, ~en effort; exertion; (Versuch) attempt
bestreitbar *Adj.* disputable; **die Aussage ist nicht ~:** that remark is indisputable or undeniable
bestreiten *unr. tr. V.* a) dispute; contest; (leugnen) deny; b) (finanzieren) finance; meet (expenses); c) (gestalten) carry (discussion, event, etc.)
bestürmen *tr. V.* a) storm; b) (bedrängen) besiege (mit with)
bestürzen *tr. V.* dismay; perplex; stagger
bestürzend *Adj.* disturbing, perplexing
besuchen *tr. V.* a) visit; (weniger formell) go to see, call on (family, etc.); b) visit (city); go to (theatre, cinema, etc.); **die Schule/ Hochschule ~:** go to or attend school/university
Besucher *m.*; ~s, ~, **Besucherin** *f.*; ~, ~nen visitor (Gen to); **die Besucher der Ausstellung** those attending the exhibition
besucht *Adj.* **gut/schlecht ~:** well/poorly attended (show, class, etc.); much/little frequented (shop, etc.)
betasten *tr. V.* feel
betätigen 1. *refl. V.* busy or occupy oneself; **sich politisch ~:** engage in political activity; 2. *tr. V.* operate (dial); apply (break)
Betätigung *f.*; ~, ~en a) activity; b) *o. Pl.* (Bedienen) operation; application
betäuben [bə'tɔybn] *tr. V.* a) (Medizin) anaesthetize; deaden; make numb, (nerve); b) (unterdrücken) ease, deaden; quell, still (nausea, terror); **seine Sorgen mit Drogen ~** *(bildlich)* drown one's sorrows in drugs; c) (benommen machen) daze; (mit einem Schlag) stun; **ein ~ der Eindruck** an intoxicating or heady impression
Betäubung *f.*; ~, ~en a) (Medizin) anaesthetization; (Narkose) anaesthesia; b) (Benommenheit) daze
Betäubungs mittel *n.* narcotic; (Medizin) anaesthetic
Beteiligung *f.*; ~, ~en a) participation (an + *Dat.* in); (an einem Verbrechen) complicity (an + *Dat.* in); **unter ~ von** with the participation of; b) (Anteil) share (an + *Dat.* in)
beten ['be:tn] 1. *itr. V.* pray (für, um for). 2. *tr. V.* say (prayer)
beteuern [bə'tɔyɐn] *tr. V.* affirm; assert, avow, protest
Beteuerung *f.*; ~, ~en siehe beteuern: affirmation; assertion; avowal; protestation
Beton [be'tɔŋ] *m.*; ~s, ~s [be'tɔŋs] oder ~e concrete
betonen [bə'to:nən] *tr. V.* a) stress (note, word); accent (syllable); **ein Wort falsch ~:** put the wrong stress on a word; b) (hervorheben) emphasize; **das Gesicht ~:** accentuate the face
betont [bə'to:nt] 1. *adv.* emphatically; pointedly; deliberately; **sich ~ elegant kleiden** wear clothes with an elegant character; 2. *Adj.* a) stressed; accented; b) (bewusst) pointed, emphatic; deliberate, studied (complexity, manner)
betrachten *tr. V.* a) look at; **sich** (*Dat.*) **etw. ~:** take a look at sth.; b) **jmdn./etw.** **als etw. ~:** regard sb./sth. as sth.
Betrachtung *f.*; ~, ~en *o. Pl.* contemplation; (Untersuchung) examination; **bei genauer ~:** upon close examination; *(bildlich)* upon close consideration
Betrag [bə'tra:k] *m.*; ~[e]s, Beträge [bə'træ:gə] sum; amount
Betragen *n.*; ~s behaviour; conduct
betrauen *tr. V.* **jmdn. mit etw. ~:** entrust sb. with sth.
betrauern *tr. V.* mourn (death); mourn for (mother, father, etc.)
betreffen *unr. tr. V.* concern; affect; **das betrifft mich nicht** it does not concern me
betreiben *unr. tr. V.* a) tackle (assignment); proceed with, (energisch) press ahead with (assignment); b) (führen) run (agency); c) (in Betrieb halten) operate (mit by)
betreten *unr. tr. V.* (eintreten in) enter; (treten auf) walk or step on to; (begehen) walk on; **sie will die Kirche nie wieder ~:** she never wants to set foot in church again
betreten 1. *adv.* with embarrassment. 2. *Adj.* embarrassed
betreuen [bə'trɔyən] *tr. V.* look after; care for (old person); supervise (group); see to the needs of (passengers)
Betreuer *m.*; ~s, ~, **Betreuerin** *f.*; ~, ~nen: person who looks after/cares for/etc. others; (einer Jugendgruppe) supervisor
betrinken *unr. ref. V.* get drunk
betrüben *tr. V.* sadden
betrüblich *Adj.* gloomy; (deprimierend) depressing
betrübt [bə'try:pt] 1. *adv.*

sadly; (schwermütig) gloomily. 2. *Adj.* sad (über + Akk. about); (deprimiert) depressed, dismayed, distressed; (über + Akk. about) gloomy (expression, etc.)
Betrug *m.*; ~[e]s deception; (Mogelei) cheating *no indef. art.*; (Jura) fraud
betrügen 1. *unr. tr. V.* deceive; be unfaithful to (spouse); (Jura) defraud; (beim Spielen) cheat; 2. *unr. itr. V.* cheat; (bei Geschäften) swindle people
Betrüger *m.*; ~s, ~: swindler; (Hochstapler) con man, impostor; (beim Spielen) cheat
Betrügerei *f.*; ~, ~en deception; (beim Spielen usw.) cheating; (bei Geschäften) swindling
Betrügerin *f.*; ~, ~nen swindler; (beim Spielen) cheat
betrügerisch *Adj.* deceitful; (Jura) fraudulent
betrunken [bəˈtrʊŋkn̩] *Adj.* drunken *attrib.*; drunk *pred.*
Bett [bɛt] *n.*; ~[e]s, ~en a) bed; b) (Feder~) duvet; c) (Fluss~) bed
betteln [ˈbɛtl̩n] *itr. V.* beg (um for)
Bettler [ˈbɛtlɐ] *m.*; ~s, ~: beggar
beugen 1. *tr. V.* a) bend; bow (head); **den Kopf beim Beten ~** : bow one`s head in prayer; b) (brechen) **jmdn. ~**: break sb.'s resistance; c) bend (law); **das Recht ~**: pervert justice. 2. *ref. V.* a) bend over; (sich bücken) stoop; **sich nach unten ~**: bend down; b) (sich fügen) give way; give in; **sich der Allgemeinheit ~**: bow to the will of the public
Beule [ˈbɔylə] *f.*; ~, ~n bump; (Vertiefung) dent; (eiternd) boil

beunruhigen [bəˈʊnruːɪɡn̩] 1. *tr. V.* worry; **die Situation ist sehr ~d** the situation is very worrying; 2. *ref. V.* worry (um, wegen about)
Beunruhigung *f.*; ~, ~en worry; concern
Beurlaubung *f.*; ~, ~en a) leave of absence *no indef. art.*; b) (Suspendierung) suspension
beurteilen *tr. V.* assess, judge (appliant, etc.)
Beurteilung *f.*; ~, ~en a) judgement; (einer Lage usw.) assessment; b) (Gutachten) assessment
Beute [ˈbɔytə] *f.*; ~, ~n a) (Gestohlenes) loot; haul *no indef. art.*; (Kriegs~) booty; spoils *pl.*; b) (eines Jägers) bag; (eines Tiers) prey; c) (Opfer) prey (+ *Gen.* to)
Beutel [ˈbɔytl̩] *m.*; ~s, ~ a) bag; (kleiner, für Tabak usw.) pouch; b) (*ugs.*: Geld~) purse; c) *(Tierwelt)* pouch
bevölkern [bəˈfœlkɐn] 1. *tr. V.* populate; inhabit; *(bildlich)* fill; invade; 2. *ref. V.* become populated; (room) fill up
Bevölkerung *f.*; ~, ~en population; (Volk) people
bevor [bəˈfoːɐ̯] *Konj.* before; **~ du gehst** before you go
bevor·stehen *unr. itr. V.* be near; be about to happen; (unmittelbar) be imminent; **ihm steht etwas Herrliches bevor** there's something wonderful in store for him
bevorstehend *Adj.* forthcoming; (unmittelbar) imminent
bevorzugen] *tr. V.* a) prefer (vor + *Dat.* to); b) (begünstigen) favour; give preference or preferential treatment to (vor + *Dat.* over)
bevorzugt 1. *adv.* **jmdn. ~**

behandeln give sb. preferential treatment; **jmdn. ~ abfertigen** give sb. precedence or priority. 2. *Adj.* favoured; preferential (treatment); (privilegiert) privileged
bewachen *tr. V.* guard; (Ballspiele) mark; **bewachter Park** park with an attendant
Bewacher *m.*; ~s, ~: guard; (Ballspiele) marker
bewaffnet *Adj.* *(auch bildlich)* armed
Bewaffnete *m./f.*; *adj. Dekl.* armed man/woman/person
Bewaffnung *f.*; ~, ~en a) arming; b) (Waffen) weapons *pl.*
bewahren *tr. V.* a) **jmdn. vor etw.** (*Dat.*) **~**: protect or preserve sb. from sth.
Bewährung *f.*; ~, ~en probation; **ein Jahr Gefängnis mit ~**: one year suspended sentence
bewältigen [bəˈvɛltɪɡn̩] *tr. V.* deal with; cope with; accomplish; overcome (situation, conflict); (innerlich verarbeiten) get over (suffering)
bewegbar *Adj.* movable
bewegen [bəˈveːɡn̩] 1. *tr. V.* a) move; **etw. ~:** move or shift sth.; b) (ergreifen) move; **eine ~de Aussage** a moving or stirring remark; c) (innerlich beschäftigen) preoccupy; **der Text bewegt viele Menschen** this text has moved many people. 2. *ref. V.* a) move; b) (*ugs.:* sich Bewegung verschaffen) **wir sollten uns öfter ~** we ought to get more exercise; c) (sich verhalten) behave
Beweg·grund *m.* motive
beweglich *Adj.* a) movable; moving; **der Stein ist schwer ~:** the stone is difficult to move; b) (rege) agile, active (life); **geistig ~ sein**

be nimbleminded
Beweglichkeit *f.*; ~ a) mobility; b) agility; nimbleness
bewegt [bə'veːkt] *Adj.* a) eventful; (unruhig) turbulent; **~e Zeiten** eventful/turbulent times; b) (gerührt) moved pred.; emotional (expression); c) (unruhig) **leicht/stark ~** (sea) slightly choppy/very rough
Bewegung *f.*; ~, ~en a) movement; (bes. Technik) motion (thing) be in motion; **ein Auto in ~ setzen** start a car; b) (körperliche ~) exercise; c) (Ergriffenheit) emotion; d) (Bestreben, Gruppe) movement
Beweis [bə'vaɪs] *m.*; ~es, ~e proof (*Gen.*, für of); (Zeugnis) evidence
beweisen 1. *unr. tr. V.* a) prove; b) (zeigen) show; demonstrate. 2. *unr. ref. V.* prove oneself or one's worth (vor + *Dat.* to)
bewerben *unr. ref. V.* apply (um for); **sich bei einer Firma usw. ~:** apply to a firm etc.; **sich als Praktikant usw. ~:** apply for a post as an intern etc
Bewerber *m.*; ~s, ~, Bewe·rberin *f.*; ~, ~nen applicant
Bewerbung *f.* application (um for)
bewerfen *unr. tr. V.* **jmdn./etw. mit etw. ~:** throw sth. at sb./sth.
bewerten *tr. V.* assess; estimate; rate; (dem Geldwert nach) value (mit at); (Schule, Sport) mark; grade (Amer.)
Bewertung *f.* a) siehe bewerten: assessment; estimate; rating valuation; marking; grading (Amer.); b) (Note) mark; grade (Amer.)
bewirken *tr. V.* bring about; effect; cause
bewohnen *tr. V.* inhabit, live or reside in; live on (third floor); (species) be found in
Bewohner *m.*; ~s, ~, Bewohnerin *f.*; ~, ~nen (eines Hauses, einer Wohnung) occupant; (einer Stadt, einer Region) inhabitant
bewölkt *Adj.* cloudy; overcast; **stark ~:** heavily overcast; **im Winter ist der Himmel immer ~:** in winter the sky is always overcast
Bewunderer *m.*; ~s, ~, Bewunderin *f.*; ~, ~nen admirer
bewundern *tr. V.* admire (wegen, für for)
Bewunderung *f.*; ~: admiration. 2. *Adj.* admirable; worthy of admiration
bewusst [bə'vʊst] 1. *adv.* consciously; (absichtlich) deliberately; **~er leben** live with greater consciousness
bewusst·los *Adj.* unconscious
Bewusstsein *n.* a) (deutliches Wissen) awareness; **etw. mit ~ erleben** experience with full consciousness; b) (geistige Klarheit) consciousness; **ohne ~ leben** live without consciousness
bezahlbar *Adj.* affordable
bezahlen 1. *tr. V.* pay (amount); pay for (item); 2. *itr. V.* pay; **keiner wollte ~:** no one wanted to pay
Bezahlung *f.* payment; (Lohn, Gehalt) pay
bezähmen 1. *tr. V.* contain, control curb (violence); restrain (lust). 2. *ref. V.* control or restrain oneself
bezaubern *tr. V.* enchant; **von etwas bezaubert** enchanted with or by sth.
bezaubernd 1. *adv.* enchantingly 2. *Adj.* enchanting
bezeichnen *tr. V.* a) **jmdn./sich/etw. als etw. ~:** call sb./oneself/sth. sth.; describe sb./oneself/sth. as sth.; b) (Name sein für) denote; c) (markieren) mark; (durch Zeichen angeben) indicate
bezeichnend *Adj.* characteristic, typical (für of); (bedeutsam) significant
Bezeichnung *f.* a) *o. Pl.* marking; indication; b) (Name) name
beziehen *unr. tr. V.* a) cover, put a cover/covers on (bed); b) (einziehen in) move into (flat); c) (Militär) take up (position); d) (erhalten) receive, obtain (items); draw (pension); e) (in Beziehung setzen) apply (auf + *Akk.* to); **etw. auf sich** (*Akk.*) **~:** take sth. personally; **bezogen auf jmdn./etw.** in respect to sb./sth.
Beziehung *f.* a) relation; (Zusammenhang) connection (zu with); b) (Freundschaft, Liebes~) relationship; c) (Hinsicht) respect; **in dieser ~:** in this respect
Bezirk [bə'tsɪrk] *m.*; ~[e]s, ~e a) district; b) (Verwaltungs~) district, borough
Bezug [bə'tsuːk] *m.* a) (für Kissen usw.) cover; (für Polstermöbel) loose cover; slip-cover (Amer.); (für Betten) duvet cover; (für Kopfkissen) pillowcase; b) *o. Pl.* (Erwerb) obtaining; (Kauf purchase); c) (Verbindung) connection; line
bezüglich [bə'tsyːklɪç] 1. *Präp.* mit *Gen.* concerning; regarding. 2. *Adj.* **auf etw.** (*Akk.*) **~:** relating to sth.
bezweifeln *tr. V.* doubt; question; **sie ~ alles:** they doubt everything
Bibel ['biːbl̩] *f.*; ~, ~n (auch bildlich.) Bible
Biber ['biːbɐ] *m.*; ~s, ~: beaver
Bibliografie *f.*; ~, ~n bibliography
Bibliothek [bɪblio'teːk] *f.*; ~, ~en library
Bibliothekar [bɪblioteˈkaːɐ̯] *m.*; ~s, ~e, Bibliothe-

biegsam

karin f.; ~, ~nen librarian
biegsam Adj. flexible; malleable; pliable (wood); (gelenkig) supple
Biegsamkeit f.; ~ siehe biegsam: flexibility; pliability; malleability; suppleness
Biene ['biːnə] f.; ~, ~n a) bee; b) (ugs. veralt.: Mädchen) bird (Brit. sl.); dame (Amer. sl.)
Bier [biːɐ̯] n.; ~[e]s, ~e beer
Biest [biːst] n.; ~[e]s, ~er (ugs. derogativ) a) (Tier, Gegenstand) wretched thing; b) (Mensch) beast, brute, wretch
bieten ['biːtn̩] unr. tr. V. a) offer; provide (housing); (bei Auktionen, Kartenspielen) bid (für, auf + Akk. for); **jmdm. Hilfe ~:** offer sb. help; b) **der Film bietet interessante Unterhaltung** the film offers interesting entertainment; c) (zumuten) **das lässt sich keiner ~:** no one will put up with or tolerate that
Bild [bɪlt] n.; ~[e]s, ~er a) picture; (in einem Buch usw.) illustration; (Spielkarte) picture or court card; **ein ~ machen** take a picture; b) (Aussehen) appearance; (Anblick) sight; c) (Metapher) image; metaphor; d) (Abbild) image; (Spiegel~) reflection; e) (Vorstellung) image
bilden 1. tr. V. a) form (aus from); (modellieren) mould (aus from); b) (ansammeln) build up (capital); c) (darstellen) be, represent (rule, etc.); constitute (law, etc.); d) (erziehen) educate; itr. **Lesen bildet** reading broadens the mind. 2. ref. V. a) (entstehen) form; b) (lernen) educate oneself
bildlich 1. adv. a) pictorially; b) (übertragen) figuratively; **~ gesehen** metaphorically seen

Bildnis ['bɪltnɪs] n.; ~ses, ~se likeness; portrait; (Plastik) sculpture
Bildung f.; ~, ~en a) (Erziehung) education; (Kultur) culture; b) (Schaffung) formation
Billiarde [bɪ'liardə] f.; ~, ~n thousand million millions; quadrillion (Amer.)
billig ['bɪlɪç] 1. adv. cheaply. 2. Adj. a) cheap; b) (derogativ: primitiv) shabby, cheap (clothes)
billigen tr. V. approve; 3. Adj. (gerecht) equitable, fair
Billion [bɪ'lioːn] f.; ~, ~en one million millions; trillion (Amer.)
Binde ['bɪndə] f.; ~, ~n a) (Verband) bandage; (Augen~) blindfold; b) (Arm~) armband; c) (veralt.: Krawatte) tie
binden 1. unr. tr. V. a) (bündeln) tie; **etw. zu etw. ~:** tie sth. into sth.; b) (fesseln) bind; c) (verpflichten) bind; d) (befestigen, auch bildlich.) tie (an + Dat. to); **nicht an einen Ort gebunden sein** (bildlich.) not be tied to one place; e) (knüpfen) tie (shoelace, etc.); knot (rope); f) (herstellen) twist g) (Bücher) bind. 2. unr. itr. V. (als Bindemittel wirken) bind. 3. unr. refl. V. tie oneself down; **er lässt sich von keinem ~:** no one can tie him down
bio-, Bio-: **~chemie** f. biochemistry; **~gas** n. biogas; **~graf** m.; ~en, ~en biographer; **~grafie** f.; ~, ~n biography; **~loge** m.; ~n, ~n biologist; **~logie** f.; ~: biology no art.; **~logisch** Adj. a) biological; b) (natürlich) natural (food, etc.); **~masse** f. biomass
Birke ['bɪrkə] f.; ~, ~n a) birchtree; b) o. Pl. (Holz) birch
Birne ['bɪrnə] f.; ~, ~n a)

pear; b) (Glüh~) lightbulb; c) (sl.: Kopf) nut (sl.)
bis 1. Präp. mit Akk. a) (zeitlich) till; until; (die ganze Zeit über und bis zu einem bestimmten Zeitpunkt) up to; up till; up until; (nicht später als) by; **er muss bis sieben Uhr im Zimmer sitzen** he has to sit in the room till seven o'clock; **von Montag ~ Mittwoch** from Monday to Wednesday; Monday through Wednesday (Amer.); **von eins ~ drei** from one until or till three; **~ Ende des Jahres ist er** hier he'll be here until the end of the year; **~dann/gleich/später/nachher/morgen!** see you then/in a while/later/later/tomorrow!; b) (räumlich, bildlich.) to; **dieser Bus fährt nur ~ Oslo** this bus only goes to or as far as Oslo; **~ wohin fährt der Zug?** how far does the train go?; 2. Adv. a) **Länder mit ~ zu 100000 Einwohnern** countries of up to 100,000 inhabitants; **~ zu 10 Gäste** up to ten guests; b) **~ auf** (einschließlich) down to; (mit Ausnahme von) except for. 3. Konj. a) (nebenordnend) to; **eins ~ zwei** one to two; b) (unterordnend) until; till; when
bis·her Adv. up to now; (aber jetzt nicht mehr) until now; till now
bisschen indekl. Indefinitpron. 1. adj. **ein ~ Zeit/Liebe/Milch** a bit of or a little time/love/milk; **man sollte uns kein ~ Geld geben** one shouldn't give us any money; 2. adv. **ein/kein ~:** a bit or a little/not a bit; 3. subst. **ein ~:** a bit; a little; (bei Flüssigkeiten) a drop; a little
Biss·wunde f. bite
Bitt·brief m. letter of request; (Bittgesuch) petition

bitte ['bɪtə] 1. *Adv.* please; **können Sie mir ~ sagen wie spät es ist?** could you please tell me the time?; **~ lassen Sie das!** no, please don't do that!; **~ nach dir** after you 2. *Interj.* a) (Bitte, Aufforderung) please; **~, essen Sie doch!** do begin eating; **~!** come on in!; **zwei Tee, ~:** two cups of tea, please; b) (Aufforderung, etw. entgegenzunehmen) **~ !** there you are!; **na ~!** there you are!; c) (Ausdruck des Einverständnisses) **aber ~!** yes, go ahead; d) (Aufforderung, sich zu äußern) **~!** (im Laden, Lokal) yes, please?; **ja, ~?** (am Telefon) hello?; yes?; e) (Erwiderung einer Dankesformel) not at all; you're welcome f) (Nachfrage) **wie ~?** sorry; (überrascht, empört) what?

Bitte *f.*; ~, ~n request; (inständig) plea; **eine ~ haben** have a favour to ask

bitten 1. *unr. itr. V.* a) **um etw. ~:** ask for or request sth.; (inständig) beg for sth.; **jmdn um Verständnis ~** beg sb.'s understanding; b) (einladen) ask; **ich lasse ~:** ask him/her/them to come in. 2. *unr. tr. V.* a) **jmdn. um etw. ~:** ask sb. for sth.; **darf ich Sie um/ein Glas Wein ~?** could I ask you for a glass of wine, please? b) (einladen) ask, invite; **jmdn. zum Essen ~:** ask or invite sb. for dinner

bitter 1. *adv.* a) (verbittert) bitterly; b) (sehr stark) desperately. 2. *Adj.* a) bitter; plain (chocolate); b) (schmerzlich) bitter, hard, painful (lesson); **eine ~e Zeit** hard times; c) (beißend) bitter (irony); d) (verbittert) bitter; **eine ~e Erinerung** a bitter memory

Bitterkeit *f.*; ~ (auch bild-lich) bitterness

bitterlich 1. *adv.* (heftig) (scoff, etc.) bitterly. 2. *Adj.* slightly bitter (taste)

bitter·süß *Adj. (auch bildlich)* bittersweet

blamabel [blaˈmaːbl̩] 1. *adv.* shamefully; disgracefully. 2. *Adj.* shameful, disgraceful (manners, etc.)

Blamage [blaˈmaːʒə] *f.*; ~, ~n disgrace

blamieren [blaˈmiːrən] 1. *tr. V.* disgrace. 2. *ref. V.* disgrace oneself; (sich lächerlich machen) make a fool of oneself

blank [blaŋk] *Adj.* a) (glänzend) shiny; b) (unbekleidet) bare; naked; c) (bloß) bare; d) (ugs.: mittellos) **~ sein** be broke (coll.); e) (rein) pure; sheer

Blase ['blaːzə] *f.*; ~, ~n a) bubble; (in einem Anstrich) blister; (wallpaper) bubble; b) (in der Haut) blister; **sich (Dat.) ~n laufen** get blisters; c) (Harn~) bladder; d) (sl.: Leute) mob *(sl.)*

blasen 1. *unr. itr. V.* blow; 2. *unr. tr. V.* a) blow; b) (spielen) play (musical) instrument, tune, melody, etc.); c) (wehen) (wind) blow

Bläser ['blɛːzɐ] *m.*; ~s, ~ (Musik) wind player

blass [blas] 1. *adv.* palely. 2. *Adj.* a) pale; pallid; *(bildlich)* colourless; **~ werden** turn or go pale; b) (schwach) faint (memory)

Blässe ['blɛsə] *f.*; ~: paleness

Blatt [blat] *n.*; ~[e]s, Blätter ['blɛtə] a) (Papier) sheet; b) (Buchseite usw.) page; leaf; etw. **vom ~ spielen** sight-read sth.; c) (Zeitung) paper; d) (Spielkarten) hand; e) (am Werkzeug) blade; f) (von Pflanzen) leaf; g) (Grafik) print

blättern ['blɛtən] 1. *itr. V.* **in einem Buch ~:** leaf through a book. 2. *tr. V.* put down

blau [blau] *Adj.* blue; **ein ~es Auge** *(ugs.)* a black eye; **ein ~er Fleck** a bruise

Blau *n.*; ~s, ~ blue

Bläue ['blɔyə] *f.*; ~ blue; blueness; (des Himmels) blue

Blech [blɛç] *n.*; ~[e]s, ~e a) sheet metal; (Stück Blech) metal sheet; b) (Back~) tray; c) *o. Pl.* (ugs.: Unsinn) nonsense; rubbish; tripe *(sl.)*

blechen *tr., itr. V. (ugs.)* pay up; cough up *(sl.)*; shell out *(sl.)*

Blei [blaɪ] *n.*; ~[e]s, ~e lead
Blei *m. oder n.*; ~[e]s, ~e *(ugs.: ~stift)* pencil

bleiben ['blaɪbn̩] *unr. itr. V.*; *mit sein* a) stay; remain; b) (übrigbleiben) be left; remain; **uns (Dat.) bleiben noch viele Tage** we still have many days

bleibend *Adj.* lasting; permanent (effects)

bleich [blaɪç] *Adj.* pale
bleichen *tr. V.* bleach
Bleistift *m.* pencil; **mit ~:** in pencil

Blende *f.*; ~, ~n a) (Lichtschutz) shade; (im Auto) sun-visor; b) (Optik, Film, Fotografie) diaphragm; c) (Film, Fotografie: Blendenzahl) aperture setting; f-number

blenden 1. *tr. V.* a) *(auch bildlich)* dazzle; b) (blind machen) blind. 2. *itr. V.* (light) be dazzling

Blendung *f.*; ~, ~en a) dazzling; b) (das Blindmachen) blinding

Blick [blɪk] *m.*; ~[e]s, ~e a) look; (flüchtig) glance; b) *o. Pl.* (Ausdruck) look in one's eyes; **mit liebendem ~:** with a loving look in one's eye; c) (Aussicht) view; **eine Brücke mit ~ auf den See** a bridge with a view of the

sea; d) *o. Pl.* (Urteil) (trained) eye
blicken 1. *itr. V.* look; (flüchtig) glance; **jmdm. gerade in die Augen ~:** look sb. straight in the eye. 2. *tr. V.:* **in sich ~ lassen** put in an appearance
blind [blɪnt] 1. *adv.* a) (ohne hinzusehen) without looking; (wahllos) blindly; wildly; b) (unkritisch) (follow) blindly. 2. *Adj.* a) blind; **~ werden** go blind; b) (maßlos) blind (envy, love, etc.); indiscriminate (murder); c) (kritiklos) blind (acceptance, etc.); d) (trübe) clouded (window) e) (verdeckt) concealed; f) **~er Alarm** a false alarm
Blinddarm *m.* a) (Anatomie) caecum; b) (volkst.: Wurmfortsatz) appendix
Blinde *m./f.; adj. Dekl.* blind person; blind man/woman
Blindheit *f.;* **~** *(auch bildlich)* blindness
blindwütig 1. *adv.* in a blind rage 2. *Adj.* raging
blinken ['blɪŋkn] 1. *itr. V.* a) flash; gleam; (light) twinkle; b) (Verkehr) indicate. 2. *tr. V.* flash
Blinker *m.;* ~s, ~ a) (am Auto) indicator; b) (Angeln) spoon-bait
blinzeln ['blɪntsl̩n] *itr. V.* blink; twinkle; (mit einem Auge, um ein Zeichen zu geben) wink
Blitz [blɪts] *m.;* ~es, ~e a) lightning *no indef. art.;* b) (Fotografie) flash
blitzen 1. *itr. V.* a) *unpers.* **es blitzte (einmal)** there was a flash of lightning; (mehrmals) there was lightning; b) (glänzen) flash; (metal) gleam; c) (ugs.: mit Blitzlicht) use a flash. 2. *tr. V.* (ugs.) take a flash photo of
Block [blɔk] *m.;* ~[e]s, Blöcke ['blœkə] oder ~s a) *Pl.* Blöcke (Brocken) block; (Fels~) boulder; b) (Wohn~) block; c) *Pl.* Blöcke (Gruppierung von Staaten) bloc; d) (Schreib~) pad
Blockade [blɔˈkaːdə] *f.;* ~, ~n blockade
blockieren 1. *tr. V.* block; jam (connection); stop, halt (motion); lock (steering wheel, etc.). 2. *itr. V.* (winders) lock; (levers) jam
blond [blɔnt] *Adj.* fairhaired, blond (man, race); blonde, fairhaired (woman); blond/blonde, fair (hair)
bloß [bloːs] 1. *Adv.* (ugs.: nur) only. 2. *Adj.* a) (nackt) bare; naked; uncovered; **mit ~en Beinen** stripped from the legs; **mit einem ~en Körper** with a naked body; b) (nichts als) mere; **mit einer ~ en Faust** with a mere fist
Blöße ['blœːsə] *f.;* ~, ~n a) (Nacktheit) nakedness
blubbern ['bluben] *itr. V. (ugs.)* bubble
blühen ['blyːən] *itr. V.* a) (plant) flower, bloom, be in flower or bloom; be in blossom; **gelb ~:** have yellow flowers; **~de Wiese** meadow full of flowers; b) (florieren) flourish; thrive; c) (ugs.: bevorstehen) **jmdm. ~:** be in store for sb.
blühend *Adj.* a) (frisch, gesund) glowing (appearance, skin, etc.); radiant (enthusiasm); b) (übertrieben) vivid, lively
Blume ['bluːmə] *f.;* ~, ~n a) flower; b) (Weines) bouquet
Bluse ['bluːzə] *f.;* ~, ~n blouse
Blut [bluːt] *n.;* ~[e]s blood; **es wurde kein ~ vergossen** there was no bloodshed; **sich das ~ von den Händen waschen** wash the blood off one's hands
Blüte ['blyːtə] *f.;* ~, ~n a) flower; bloom; (eines Baums) blossom; **~n treiben** flower, bloom; blossom; b) (das Blühen) flowering; blooming; blossoming; **in voller ~ stehen** be in full flower/bloom/blossom; c) *(bildlich)* **seine ~ erreichen** (culture) reach its full flowering; **die Aufklärung war für die Philosophen eine Zeit der ~:** philosophy flourished during the Enlightenment
Blut·egel *m.* leech
bluten *itr. V.* a) bleed (aus from)
Bluterguss *m.* haematoma; (blauer Fleck) bruise
blutig a) bloody; b) *nicht präd. (bildlich ugs.)* absolute, complete (novice)
Bock [bɔk] *m.;* ~[e]s, Böcke ['bœkə] a) (Ziegen~) billygoat; he-goat; (Schafs~) ram; (Reh~, Kaninchen~) buck; (Turnen) buck; (Gestell) trestle
bockig *Adj.* stubborn and awkward; contrary *(ugs.)*
Boden ['boːdn̩] *m.;* ~s, Böden ['bœːdn̩] a) (Fuß~) floor; b) (Erde) ground; soil; c) *o. Pl.* (Terrain) **heiliger ~:** holy ground; **feindlicher ~:** enemy territory; **auf deutschem ~:** on German soil; d) (Dach~) attic; e) (unterste Fläche) bottom; (Torten~) base
Bogen ['boːgn̩] *m.;* ~s, ~, (südd.) Bögen ['bœːgn̩] a) (gebogene Linie) curve; (Skifahren) turn; (Schlittschuhlaufen) curve; **die Straße macht einen großen ~:** the street takes a big bends; (Mathematik) arc; b) (Waffe) bow c) (Archit.) arch; d) (Musik: Geigen~ usw.) bow; e) (Papier~) sheet; f) (Musik: Zeichen) slur
Böhme ['bœːmə] *m.;* ~n, ~n Bohemian
Böhmen ['bœːmən] (*n.*); ~s Bohemia
böhmisch *Adj.* Bohemian

Bohne ['boːnə] *f.*; ~, ~n bean; **weiße ~n** haricot beans **grüne ~n** green beans; French beans (Brit.); **blaue ~n** bullets
bohnern *tr., itr. V.* polish; **der Boden ist frisch gebohnert** the floor is freshly polished **Bohnerwachs** *n.* floor-polish
bohren ['boːrən] 1. *tr. V.* a) bore; sink (well, gutter); bore, drive (passage); sink (mast, stick etc.) (in + Akk. into); (mit Bohrer, Bohrmaschine) drill, bore (hole); b) (drücken in) poke (in + Akk. in); c) (bearbeiten) drill (wall, etc.). 2. *itr. V.* a) (*ugs.*: drängen) persist; **er hörte nicht auf zu ~**: he wouldn't stop persisting. b) (eine Bohrung vornehmen) drill; **nach Öl usw. ~**: drill for oil etc.
bohrend *Adj.* a) (hartnäckig) piercing (eyes) b) gnawing (pain)
Bohrer *m.*; ~s, ~: drill
Boiler ['bɔylɐ] *m.*; ~s, ~: waterheater
Boje ['boːjə] *f.*; ~, ~n buoy
Bolivianer [boli'viaːnɐ] *m.*; ~s, ~, **Bolivianerin** *f.*; ~, ~nen Bolivian
bolivianisch *Adj.* Bolivian
Bolivien [bo'liːviən] (*n.*); ~s Bolivia
Bolschewismus [bɔlʃe'vɪsmʊs] *m.*; ~: Bolshevism *no art.*
Bolschewist *m.*; ~en, ~en Bolshevist
bolschewistisch *Adj.* Bolshevic
bolzen ['bɔltsn̩] (*ugs.*) *itr. V.* kick the ball about
Bolzen *m.*; ~s, ~ a) (Geschoss) bolt; b) pin; bolt
Bolzerei *f.*; ~, ~en (*ugs.*) kick-about
Bolz·platz *m.* football ground
bombardieren [bɔmbar'diːrən] *tr. V.* (Militär) bomb; (*auch bildlich*) bombard
Bombardierung *f.*; ~, ~en a) (Militär) bombing; b) (*bildlich ugs.*) bombardment
bombastisch (*derogativ*) 1. *adv.* bombastically; ostentatiously. 2. *Adj.* bombastic (dress, etc.); ostentatious (look)
Bombe ['bɔmbə] *f.*; ~, ~n a) bomb; b) (Sportjargon: Schuss) thunderbolt; terrific shot (*ugs.*)
Bomber *m.*; ~s, ~ (*ugs.*) bomber
bombig (*ugs.*) *Adj.* super (*ugs.*); smashing (*ugs.*); terrific (*ugs.*); fantastic
Bommel ['bɔml] *f.*; ~, ~n oder *m.*; ~s, ~ bobble; pompom
Bon [bɔŋ] *m.*; ~s, ~s a) coupon; voucher; b) (Kassen~) sales receipt
Bonbon [bɔŋ'bɔŋ] *m.*; ~s, ~s sweet; candy (Amer.); (*bildlich*) treat
bongen ['bɔŋən] (*ugs.*) *tr. V.* ring up; (*ugs.*) **gebongt sein** (*bildlich*) be in order
Bongo ['bɔŋgo] *n.*; ~[s], ~s oder *f.*; ~, ~s bongo
Bonsai *m.*; ~s, ~s bonsai
Bonus [bo:nʊs] *m.*; ~ oder Bonusses, (Handel) (Rabatt) discount; (Versicherungs) bonus; (Dividende) extra dividend
Bonze ['bɔntsə] *m.*; ~n, ~n (*derogativ*: Funktionär) bigwig (*ugs.*); big wheel (Amer. sl.)
Boot [boːt] *n.*; ~s, ~e boat
Bord *m.*; ~s, ~e: **an ~**: on board; **Mann über ~!** man overboard; **Passagiere können nun von ~ gehen** passengers can leave the aircraft/ship
Bordell [bɔr'dɛl] *n.*; ~s, ~e brothel
borgen ['bɔrgn̩] *tr. V.*: siehe leihen
borniert [bɔr'niːɐ̯t] (*derogativ*) 1. *adv.* in a narrow-minded fashion. 2. *Adj.* narrow-minded
Borniertheit *f.*; ~: narrow-mindedness; obtuseness
Börse ['bœrzə] *f.*; ~, ~n a) (Gebäude) stock exchange; (Aktien~) stock market; **an der ~**: on the stock market; c) (Geld ~) purse
Borste ['bɔrstə] *f.*; ~, ~n bristle
borstig *Adj.* bristly
Borwasser *n.* boric acid lotion
bösartig 1. *adv.* virulently 2. *Adj.* a) virulent, vicious (animal); b) (Medizin) malignant
Bösartigkeit *f.* a) virulence, viciousness; b) (Medizin) malignance
Böschung ['bœʃʊŋ] *f.*; ~, ~en bank; embankment
böse ['bœːzə] 1. *adv.* a) (schlimm, übel) (end) badly; b) (*ugs.*) angrily; 2. *Adj.* a) evil; wicked; b) *nicht präd.* (schlimm, übel) bad; nasty; c) (fa*m.*: ungezogen) naughty; d) (*ugs.*) (wütend) mad (*ugs.*); (verärgert) cross (*ugs.*); **~ auf jmdn. oder mit jmdm. sein** be mad at/cross with sb. (*ugs.*); **~ über etw. (Akk.) sein** be mad at/cross about sth. (*ugs.*)
Bösewicht *m.*; ~[e]s, ~e a) (*ugs. scherzh.*: Schlingel) rogue; b) (*veralt., bildlich*: Schuft) villain
boshaft ['boːshaft] 1. *adv.* virulently. 2. *Adj.* virulent
Boshaftigkeit *f.*; ~, ~en a) *o. Pl.* virulence; b) (Bemerkung) spiteful remark; (Handlung) piece of spite
Bosheit *f.*; ~, ~en a) *o. Pl.* (Art) malice; b) (Bemerkung) spiteful remark; (Handlung) piece of spite
Boss [bɔs] *m.*; Bosses, Bosse (*ugs.*) boss (*ugs.*)
bosseln ['bɔsln̩] *tr., itr. V.* (*ugs.*) etw./an etw. (*Dat.*) ~: slave away making sth.

bös·willig 1. *adv.* malevolently; wilfully 2. *Adj.* malevolent; wilfull
Böswilligkeit *f.*; ~: malice; malevolence
Botanik [bo'taːnɪk] *f.*; ~: botany *no art.*
Botaniker *m.*; ~s, ~: botanist
botanisch 1. *adv.* botanically. 2. *Adj.* botanical
Bote ['boːtə] *m.*; ~n, ~n messenger; *(bildlich)* herald
Botschaft *f.*; ~, ~en a) (diplomatische Vertretung) embassy b) message
Botschafter *m.*; ~s, ~, Botschafterin *f.*; ~, ~nen ambassador
Bouillon [bul'jɔŋ] *f.*; ~, ~s consommé; bouillon
Bouillonwürfel *m.* stock cube
Boulevard [bulə'vaːɐ̯] *m.*; ~s, ~s boulevard
bourgeois [bur'ʒoa] *Adj.* (*derogativ,* Soziologie) bourgeois
Bourgeois *m.*; ~, ~ (*derogativ,* Soziologie) bourgeois
Bourgeoisie [burʒoa'ziː] *f.*; ~, ~n (*derogativ,* Soziologie) bourgeoisie
Boutique [bu'tiːk] *f.*; ~, ~s oder ~n boutique
Bowling ['boulɪŋ] *n.*; ~s, ~s bowling
Bowlingbahn *f.* bowling-alley
Box [bɔks] *f.*; ~, ~en a) box; b) (Lautsprecher~) speaker; c) (Motorsport) pit
boxen *itr. V.* box; **gegen jmdn.** ~: fight or box against sb.
Boxer *m.*; ~s, ~ (Sportler, Hund) boxer
Box·hand·schuh *m.* boxing glove
Box·kampf *m.* boxing match
Boy [bɔy] *m.*; ~s, ~s pageboy; servant
Boykott [bɔy'kɔt] *m.*; ~[e]s, ~s boycott

boykottieren *tr. V.* boycott
brabbeln ['brabl̩n] *tr.*, *itr. V.* (*ugs.*) mumble
brachial [bra'xaːl] *Adj.* violent; ~e Gewalt brute force
Brachial·gewalt *f.*; *o. Pl.* brute force
Brach·land *n.* fallow land; (auf Dauer) waste land
Brahmane [bra'maːnə] *m.*; ~n, ~n Brahmin
Branche ['brɑ̃ːʃə] *f.*; ~, ~n branch of industry
Brand [brant] *m.*; ~[e]s, Brände ['brɛndə] a) fire **etw. in ~ setzen** set fire to sth.; **in ~ geraten** catch fire
Brandung *f.*; ~, ~en surf; breakers *pl.*
Brandungs·welle *f.* breaker
Brand·wunde *f.* burn
Brasilianer [brazɪ'liaːnə] *m.*; ~s, ~, Brasilianerin *f.*; ~, ~nen Brazilian
brasilianisch *Adj.* Brazilian
Brasilien [bra'ziːliən] (*n.*); ~s Brazil
Brat·apfel *m.* baked apple
braten ['braːtn̩] *unr. tr.*, *itr. V.* fry; (im Backofen) roast
Braten *m.*; ~s, ~ joint; roast *no indef. art.*; **kalter ~:** cold meat
Braten-: **~saft** *m.* meat juices; **~soße** *f.* gravy
Bratsche ['braːtʃə] *f.*; ~, ~n (Musik) viola
Bratschist *m.*; ~en, ~en viola-player
Brauch [braux] *m.*; ~[e]s, Bräuche ['brɔyçə] custom
brauchbar *Adj.* useful; (benutzbar) usable; wearable (shoes)
brauchen 1. *tr. V.* a) (benötigen) need; **alles, alles was ich brauche** everything I need; b) (benutzen, gebrauchen) use; **Hilfe ist immer gut zu ~:** help can always be of use; c) (aufwenden müssen) **mit dem Bus braucht man fünf Minuten** it only takes five mi-

nutes by bus
Braue ['brauə] *f.*; ~, ~n eyebrow
brauen *tr. V.* brew
Brauerei *f.*; ~, ~en a) (Betrieb) brewery; b) *o. Pl.* brewing
braun [braun] *Adj.* a) brown; **~ werden** (sonnengebräunt) get a tan; b) (*derogativ*: nationalsozialistisch) Nazi; **~ sein** (person) be a Nazi
Braun *n.*; ~s, ~, (*ugs.*) ~s brown
Braun·bär *m.* brown bear
Bräune ['brɔynə] *f.*; ~: suntan
bräunen 1. *tr. V.* a) tan (skin, etc.); **sich ~:** get a tan; b) (Küche) brown. 2. *refl. V.* go brown; (skin) tan
braun·gebrannt *Adj.* suntanned
bräunlich *Adj.* brownish
Brause ['brauzə] *f.*; ~, ~n a) (*veralt.*: Dusche) shower b) fizzy drink
brausen 1. *itr. V.* a) *ref.*: take a shower b) (rapids, etc.) roar; *(bildlich)* (clapping, etc.) thunder; c) (sich schnell bewegen) race
Braut [braut] *f.*; ~, Bräute ['brɔytə] bride; fiancée; bride-to-be
Braut·eltern *Pl.* bride's parents
Bräutigam ['brɔytɪgam] *m.*; ~s, ~e bridegroom; husband-to-be
brav [braːf] *Adj.* (artig) good; **er ist ein ~er Junge:** he is a good boy; (redlich) honest; aboveboard; b) (hausbacken) plain and conservative (style)
Bravo·ruf *m.* cheer
Bravour [bra'vuːɐ̯] *f.*; ~: stylishness
Bravour·leistung *f.* brilliant performance
bravourös [bravu'røːs] 1. *adv.* brilliantly. 2. *Adj.* brilliant
Bravour·stück *n.* piece of

bravura; brilliant performance
brechen ['brɛæçn] 1. *unr. tr. V.* a) break; **sich** (*Dat.*) **den Arm ~:** break one's arm; b) (nicht einhalten) break (contract, etc.); c) (bezwingen) overcome (enemy); break (wall, will, etc.); d) (abbauen) cut (stone, etc.); e) (ablenken) break the force of; refract (ray). 2. *unr. itr. V.* a) *mit sein* **durch etw. ~:** break through sth.; b) (*ugs.*) sich erbrechen) throw up; c) *mit sein* break; **brechend voll sein** be full to bursting; d) **mit jmdm. ~:** break with sb.
Brecher *m.*; ~s, ~: breaker
Brechung *f.*; ~, ~en (*Technik*) refraction
Brechungs·winkel *m.* (*Technik*) angle of refraction
Brei [braɪ] *m.*; ~[e]s, ~e (Hafer~) porridge (Brit.), oatmeal (Amer.) *no indef. art.*; (Reis~) rice pudding; (Grieß~) semolina *no indef. art.*
breiig *Adj.* mushy
breit [braɪt] 1. *adv.* **~ gebaut** sturdily or well built; **~ lachen** guffaw 2. *Adj.* wide; broad; **etw. ~er machen** widen sth.
Breite *f.*; ~, ~n a) breadth; b) (Geografie) latitude; **auf/unter 50° südlicher ~:** at/below latitude 50° south
breiten *tr., ref. V.* spread
Breitengrad *m.* degree of latitude; **der 60. ~grad** the 60th parallel
Bremsbacke *f.* brakeshoe
Bremse ['brɛmzə] *f.*; ~, ~n brake; **er tritt auf die ~:** he steps on the brake
bremsen 1. *itr. V.* brake. 2. *tr. V.* a) brake; (um zu halten) stop; b) (*bildlich*) restrict (exports etc.) slow down (progress); 3. *ref. V.* (*ugs.*) restrain oneself
Bremsung *f.*; ~, ~en braking
Brems·weg *m.* braking distance
brenn·bar *Adj.* combustible; inflammable; **nicht ~:** not combustible or inflammable
brennen ['brɛnən] 1. *unr. itr. V.* a) burn; (house) burn, be on fire; b) (leuchten) be light on; **in dem Haus brennt noch Licht** the light is still on in the house; c) (glühen) be alight; d) (schmerzen) (legs, etc.) hurt, be sore; **mir brennt die Haut** my skin is stinging or smarting; (gash, etc.) burn, sting; e) **darauf ~, etw. zu tun** be itching to do sth. 2. *unr. tr. V.* a) burn (shape, gap, etc.); **einer Ziege ein Zeichen ins Fell ~:** brand a goat; b) (rösten) roast (beef, nuts etc. c) (mit Hitze behandeln) fire (clay etc.); distil (alcohol)
Brennerei *f.*; ~, ~en a) (Betrieb) distillery; b) *o. Pl.* distilling
Brennessel ['brɛnnɛsl̩] *f.*; ~, ~n stinging nettle
Bretagne [breˈtanjə] *f.*; ~: Brittany
Brett [brɛt] *n.*; ~[e]s, ~er a) board; (lang und dick) plank; **Schwarzes ~:** notice-board; b) (für Spiele) board; c) *Pl.* (Bühne) stage *sing.*; boards; d) *Pl.* (Ski) skis
Brett·spiel *n.* board game
Brezel ['breːtsl̩] *f.*; ~, ~n, (österr.) Brezen ['breːtsn̩] *f.*; ~, ~: pretzel
Brief [briːf] *m.*; ~[e]s, ~e letter
Briefchen *n.*; ~s, ~ (kurzer Brief) note
Brief·marke *f.* stamp
Brikett [brɪˈkɛt] *n.*; ~s, ~s briquette
brillant [brɪlˈjant] 1. *adv.* brilliantly. 2. *Adj.* brilliant
Brillant [brɪlˈjant] *m.*; ~en, ~en brilliant, diamond
Brillant-: ~ring *m.* diamond ring; **~schmuck** *m.*; *o. Pl.* diamond jewellery
Brillanz [brɪlˈjants] *f.*; ~: brilliance
Brille ['brɪlə] *f.*; ~, ~n a) (*ugs.*: Klosett~) seat b) spectacles *pl.*; glasses *pl.*; specs (*ugs.*) *pl.*; **eine ~:** a pair of spectacles or glasses
bringen ['brɪŋən] *unr. tr. V.* a) (her~) bring; (hin ~) take; **ich brachte ihr das Buch** I brought her the book; b) (begleiten) take; **jmdn. zum Bus~:** take sb. to the bus; **den Sohn zu Bett ~:** put the son to bed
brisant [brɪˈzant] *Adj.* explosive
Brisanz [brɪˈzants] *f.*; ~explosiveness; explosive nature
Brise ['briːzə] *f.*; ~, ~n breeze
Britannien [brɪˈtanɪən] (*n.*); ~s Britain; (Geschichte) Britannia
Brite ['brɪtə] *m.*; ~n, ~n Briton; **die ~n** the British; **der Junge ist ~:** the boy is British
Britin *f.*; ~, ~nen Briton; British girl/woman; **die ~nen** the British women
britisch *Adj.* British; **die Britischen Inseln** the British Isles
bröckelig *Adj.* crumbling
bröckeln ['brœkln̩] 1. *itr. V.* crumble
Brocken ['brɔkn̩] *m.*; ~s, ~ a) hunk, lump, chunk
brocken·weise *Adv.* (auch bildlich) bit by bit
brodeln ['broːdln̩] *itr. V.* bubble
Brokkoli ['brɔkoli] *Pl.* broccoli *sing.*
Brom·beere ['brɔm] *f.* blackberry
Bronchitis ['brɔnçiːtɪs] *f.*; ~, Bronchitiden (Medizin)

bronchitis
Bronze [broːsə] *f.*; ~: bronze
Bronze·medaille *f.* bronze medal
Bronze·zeit *f.* Bronze Age
Brosche [ˈbrɔʃə] *f.*; ~, ~n brooch
broschiert [brɔˈʃiːrt] *Adj.* paperback
Broschüre [brɔˈʃyːrə] *f.*; ~, ~n booklet; pamphlet
Brösel [ˈbrœːzl̩] *m.*; ~s, ~: breadcrumb
bröselig *Adj.* crumbly
bröseln *itr., tr. V.* crumble
Brot [broːt] *n.*; ~[e]s, ~e a) (Lebensunterhalt) daily bread *(bildlich)*; b) bread no *pl., no indef. art.*; (Laib ~) loaf; (Scheibe ~) slice
Brötchen [ˈbrœːtçən] *n.*; ~s, ~: roll
Bruch [brʊx] *m.*; ~s, Brüche [ˈbrʏçə] a) (~stelle) break; **die Brüche in der Mauer** the breaches in the wall b) break; (eines Versprechens) breaking; (enden) break up; **zu ~ gehen** break; get broken; c) (Medizin: Eingeweide~) hernia; rupture; d) (Medizin: Knochen~) fracture; break; e) (Mathematik) fraction
Bruch·bude *f. (derogativ)* hovel; dump
brüchig [ˈbrʏçɪç] *Adj.* a) brittle, crumbly; **das alte Papier ist ziemlich ~:** the old paper is quite brittle; b) *(bildlich)* crumbling (friendship, confidence, etc.)
Brücke [ˈbrʏkə] *f.*; ~, ~n a) *(auch:* Schiffs~, Zahnmedizin, Turnen) bridge; b) (Teppich) rug
Bruder [ˈbruːdɐ] *m.*; ~s, Brüder [ˈbryːdɐ] a) *(auch bildlich)* brother; **die Brüder Grimm** the Grimm brothers **unter Brüdern** *(bildlich ugs. scherzh.)* in the family; between friends; **der große ~** *(bildlich)* Big Brother; b)

(ugs. derogativ: Mann) guy *(sl.)*
Brüderchen [ˈbryːdɐçən] *n.*; ~s, ~: little brother
brüderlich 1. *adv.* in a brotherly way; fraternally; 2. *Adj.* brotherly; (im politischen Bereich) fraternal
Brüderlichkeit *f.*; ~: brotherliness; fraternity
Brühe [ˈbryːə] *f.*; ~, ~n a) stock; (als Suppe) clear soup; broth; b) *(ugs. derogativ)* (Getränk) muck; (verschmutztes Wasser) dirty water
brühen *tr. V.* (auf~) brew, make (tea); make (coffee)
brüllen [ˈbrʏlən] 1. *itr. V.* a) (cow) bellow; (elephant) trumpet; (tiger) roar; b) *(ugs.:* schreien) roar; shout; c) *(ugs.:* weinen) howl; bawl; **er brüllte den ganzen Tag** he bawled all day. 2. *tr. V.* yell; shout
brummen [ˈbrʊmən] *tr., itr. V.* a) (mürrisch sprechen) mutter b) (fly) buzz; (stomach) growl; (machine, etc.) drone; c) (unmelodisch singen) drone
brünett [brʏˈnɛt] *Adj.* darkhaired (person); dark (hair)
Brunnen [ˈbrʊnən] *m.*; ~s, ~ a) (Spring~) fountain b) (Heilwasser) spring water; c) well
Brunst·zeit *f.* (bei männlichen Tieren) rut; rutting season; (bei weiblichen Tieren) heat
brüsk [brʏsk] 1. *adv.* brusquely; abruptly. 2. *Adj.* brusque; abrupt
brüskieren *tr. V.* offend; (stärker) insult; (schneiden) snub
Brust [brʊst] *f.*; ~, Brüste [ˈbrʏstə] a) (der Frau) breast; **ein Kind stillen** breast-feed a baby; b) (Enten~) breast; (Rinder~) brisket; c) chest; (bildlich geh.)

breast; heart
Brut [bruːt] *f.*; ~, ~en a) (Jungtiere, *auch bildlich*: Kinder) brood b) (das Brüten) brooding
brutal [bruˈtaːl] 1. *adv.* brutally. 2. *Adj.* brutal; violent (murder, etc.); brute (strength)
Brutalität [brutaliˈtɛːt] *f.*; ~, ~en a) (Handlung) act of brutality or violence; b) *o. Pl.* brutality
brüten [ˈbryːtn̩] *itr. V.* a) brood; b) (grübeln) ponder (über + *Dat.* over)
brütend·heiß *Adj.*; *nicht präd. (ugs.)* stifling hot
brutto [ˈbrʊto] *Adv.* gross; **10 000 DM ~:** 10,000 marks gross
brutzeln [ˈbrʊtsl̩n] 1. *itr. V.* sizzle. 2. *tr. V. (ugs.)* fry
Buch [buːx] *n.*; ~s, Bücher [ˈbyːçɐ] a) book; b) (Geschäfts~) book; c) (Dreh~) script
Buche *f.*; ~, ~n a) beech-tree; b) *o. Pl.* (Holz) beechwood
buchen *tr. V.* a) (vorbestellen) book b) enter
Bücherei *f.*; ~, ~en library
Büchse [ˈbʏksə] *f.*; ~, ~n a) can; tin (Brit.); b) *(ugs.:* Sammel~) box
Buchstabe [ˈbuːxʃtaːbə] *m.*; ~ns, ~n letter; character; **ein großer/kleiner ~:** a capital/small letter
buchstaben·getreu 1. *adv.* to the letter 2. *Adv.* literal
buchstabieren *tr. V.* a) spell; b) (mühsam lesen) spell out
buchstäblich [ˈbuːxʃtɛːplɪç] *Adv.* literally
Bucht [bʊxt] *f.*; ~, ~en bay
bucklig *Adj.* a) *(ugs.:* uneben) bumpy; b) hunchbacked
buddeln *itr., tr. V. (ugs.)* dig
Budget [bʏˈdʒeː] *n.*; ~s, ~s budget
Büfett [bʏˈfɛt] *n.*; ~[e]s, ~s

Butter

oder ~e a) sideboard; b) **kaltes ~:** cold buffet
Büffel ['bʏfl̩] *m.*; ~s, ~: buffalo
Bügel ['by:gl̩] *m.*; ~s, ~ a) (Kleider ~) hanger; b) (an einer Tasche) frame; c) (Brillen~) earpiece
bügeln *tr.*, *itr. V.* iron
Buh·mann *m.*; *Pl.* Buhmänner *(ugs.)* a) (Schreckgestalt) bogyman b) scapegoat
Bühne ['by:nə] *f.*; ~, ~n a) stage; **auf der ~:** on stage; b) (Theater) theatre; **die öffentliche ~:** the public theatre
Bulgare [bʊlˈgaːrə] *m.*; ~n, ~n Bulgarian
Bulgarien [bʊlˈgaːrɪən] (*n.*); ~s Bulgaria
bulgarisch *Adj.* Bulgarian
Bulle ['bʊlə] *m.*; ~n, ~n a) bull; b) (salopp *derogativ*: Polizist) cop *(sl.)*
Bumerang ['bu:məraŋ] *m.*; ~s, ~e oder ~s boomerang
Bummel ['bʊml̩] *m.*; ~s, ~: stroll
bummelig (*ugs. derogativ*) 1. *adv.* slowly. 2. *Adj.* slow
bummeln *itr. V.* a) *mit sein (ugs.)* stroll (durch around); **~ gehen** go for a stroll; b) (*ugs.*: faulenzen) laze about; c) (*ugs.*: trödeln) dawdle
Bund [bʊnt] *m.*; ~[e]s, Bünde ['bʏndə] a) (föderativer Staat) federation; b) (*ugs.*: Bundeswehr) forces pl; **beim ~:** in the forces *pl.*; c) (Verband, Vereinigung) association; society; (Bündnis, Pakt) alliance; **den ~ eines Versprechens schließen** (*geh.*) enter into the bond of a promise; d) (Rücken oder Hosen) waistband
Bund *n.*; ~[e]s, ~e bunch; **ein ~ Blumen** a bunch of flowers
Bündel ['bʏndl̩] *n.*; ~s, ~: bundle
bündeln *tr. V.* bundle up (clothes); tie (roses, etc.) into bunches/a bunch; tie into bundles/a bundle
bundes-, Bundes-: ~bürger *m.* German citizen; **~genosse** *m.* confederate; **~grenzschutz** *m.* Federal Border Police; **~kabinett** *n.* Federal Cabinet; **~kanzler** *m.* Federal Chancellor; **~land** *n.* federal state; **~liga** *f.* federal division; **~präsident** *m.* President; **~rat** *m.* Bundesrat (upper chamber of German parliamnet); **~republik** *f.* federal republic; **~republik Deutschland** Federal Republic of Germany; **~staat** *m.* a) federal state; b) state; **~straße** *f.* federal highway; A road (Brit.); **~tag** *m.* Bundestag (lower chamber of German parliament)
Bundestags-: ~abgeordnete *m./f.* member of parliament; member of the Bundestag; **~wahl** *f.* parliamentary election
bundes-, Bundes-: ~wehr *f.* Armed Forces *pl.*; **~weit** 1. *adv.* nation-wide. 2. *Adj.*; *nicht präd.* nation-wide
Bündnis ['bʏntnɪs] *n.*; ~ses, ~se alliance
bunt [bʊnt] 1. *adv.* colourfully; **alles war ~ bemalt** everything was colourfully painted; 2. *Adj.* a) colourful; (farbig) coloured; **~e Farben** bright colours; b) *(bildlich)* colourful (sight); diverse (programme); **ein ~er Tag** a lively day
Burg *f.*; ~, ~en castle
bürgen *itr. V.* **für jmdn. ~:** act as guarantor for sb./vouch for sb.
Bürger *m.*; ~s, ~, Bürgerin *f.*; ~, ~nen citizen
bürgerlich 1. *adv.* a) (act, etc.) in a middle-class way; b) (*derogativ*: spießerhaft) in a bourgeois way. 2. *Adj.* (Bürgertum) middle-class
Bürgerschaft *f.*; ~, ~en a) citizens *pl.*; b) (Stadtparlament) city parliament
Bürger·steig *m.* pavement (Brit.); sidewalk (Amer.)
Burgunder *m.*; ~s, ~ (Wein) burgundy
burlesk [bʊrˈlɛsk] *Adj.* burlesque
Büro [byˈro] *n.*; ~s, ~s office
Bürokrat [byroˈkraːt] *m.*; ~en, ~en *(derogativ)* bureaucrat
Bürokratie [byrokraˈtiː] *f.*; ~, ~n bureaucracy
bürokratisch 1. *adv.* bureaucratically. 2. *Adj.* bureaucratic
Bürste ['bʏrstə] *f.*; ~, ~n a) brush; b) (Haarschnitt) crew cut
bürsten *tr. V.* brush
Bus [bʊs] *m.*; ~ses, ~se bus; (Privat- und Reisebus) coach; bus
Bus·bahn·hof *m.* bus station; (für Reisebusse) coach station; bus station
Busch [bʊʃ] *m.*; ~[e]s, Büsche ['bʏʃə] a) bush; b) (Geografie) bush; (*ugs.*: Urwald) jungle
Busen ['bu:zn̩] *m.*; ~s, ~: bust
Buße ['bu:sə] *f.*; ~, ~n a) (Jura) damages *pl.*; b) (Religion) penance *no art.*
büßen ['by:sn̩] 1. *tr. V.* a) (bestraft werden für) atone for; b) (Religion: sühnen) atone for; do penance. 2. *itr. V.* a) (bestraft werden) suffer; b) (Religion) **für etw. ~:** atone for or expiate sth.
Büßer *m.*; ~s, ~ (Religion) penitent
Büsten·halter *m.* bra
Butter ['bʊtɐ] *f.*; ~: butter

C

c, C [tse:] *n.*; ~, ~: a) (Buchstabe) c/C; b) (Musik) C; siehe auch a, A
Café [ka'fe:] *n.*; ~s, ~s cafe
cafeteria [kafetə'ri:a] *f.*; ~, ~s cafeteria
Campus ['kampʊs] *m.*; ~ (Universität) campus
Cäsar ['tsɛ:zar] (*m.*) Caesar
Cellist [tʃɛ'lɪst] *m.*; ~en, ~en cellist
cello ['tʃɛlo] *n.*; ~s, ~s oder Celli cello
Celsius ['tsɛlzɪʊs] *o. Art.* **1 Grad/ 14 Grad ~:** 1 degree/14 degrees Celsius or centigrade
Cembalo ['tʃɛmbalo] *n.*; ~s, ~s oder Cembali harpsichord
Ceylon ['tsaɪlɔn] (*n.*); ~s Ceylon
Chamäleon [ka'mɛ:leɔn] *n.*; ~s, ~s *(auch bildlich)* chameleon
Champagner [ʃam'panjɐ] *m.*; ~s, ~: champagne
Champignon ['ʃampɪnjɔn] *m.*; ~s, ~s mushroom
Champion ['tʃæmpɪən] *m.*; ~s, ~s (Sport) champion
Chance ['ʃ:sə] *f.*; ~, ~n a) (Gelegenheit) chance; b) *Pl.* (Aussichten) prospects
Chancen-gleichheit *f.*; *o. Pl.* equal opportunity *no art.*
Chaos ['ka:ɔs] *n.*; ~: chaos *no art.*
Charakter [ka'raktɐ] *m.*; ~s, ~e a) (eines Menschen) character; personality; b) *o. Pl.* (~stärke) character; **starken ~ haben** have a strong character
charakterisieren *tr. V.* characterize
charakteristisch *Adj.* characteristic, typical (für of)
charmant [ʃar'mant] 1. *adv.* charmingly; with great charm 2. *Adj.* charming
Charme [ʃarm] *m.*; ~s charm; **er hat keinen ~** he has no charm
chartern *tr. V.* charter (aircraft, boat); hire (services)
Chauffeur [ʃɔ'fœ:ɐ] *m.*; ~s, ~e driver; (privat angestellt) chauffeur
chauffieren (veralt.) *tr.*, *itr. V.* drive
Chaussee [ʃo'se:] *f.*; ~, ~n (veralt.) (surfaced) road; highway (Amer.)
Chauvinismus [ʃovɪ'nɪsmʊs] *m.*; ~ *(auch bildlich derogativ)* chauvinism
Chauvinist *m.*; ~en, ~en (auch bildlich *derogativ*) chauvinist
chauvinistisch *(auch bildlich derogativ)* *Adj.* chauvinistic
Chef [ʃɛf] *m.*; ~s, ~s (Leiter) (einer Regierung, Firma) head; (der Polizei) chief; (Vorgesetzter) superior; boss *(ugs.)*; (einer politischen Partei) leader
Chemie [çe'mi:] *f.*; ~ a) chemistry *no art.*; b) (ugs.: Chemikalien) chemicals *pl.*
Chemikalie [çemɪ'ka:li̯ə] *f.*; ~, ~n chemical
Chemiker ['çe:mikɐ] *m.*; ~s, ~, Chemikerin *f.*; ~, ~nen chemist
Chile ['tʃi:le, 'çi:lə] (*n.*); ~s Chile
Chilene [tʃɪ'le:nə, çɪ'le:nə] *m.*; ~n, ~n, Chilenin *f.*; ~, ~nen Chilean
chilenisch *Adj.* Chilean
Chili ['tʃi:lɪ] *m.*; ~s, ~es a) *Pl.* (Schoten) chillies; b) *o. Pl.* (Gewürz) chilli powder
China ['çi:na] (*n.*); ~s China
Chinese [çɪ'ne:zə] *m.*; ~n, ~n, Chinesin *f.*; ~, ~nen Chinese

chinesisch *Adj.* Chinese
Chip [tʃɪp] *m.*; ~s, ~s a) (Elektronik) chip; b) (Spielmarke) chip; c) (Kartoffel~) crisp (Brit.) or (Amer.) chip
Chirurg [çɪ'rʊrk] *m.*; ~en, ~en surgeon
Chirurgie [çɪrʊr'gi:] *f.*; ~, ~n a) b) *o. Pl.* (Disziplin) surgery *no art.*; (Abteilung) surgical department;(Station) surgical ward; b) *o. Pl.* (Disziplin) surgery *no art.*
chirurgisch 1. *adv.* (operativ) surgically; by surgery 2. *Adj.*; nicht präd. surgical
Chlor [klo:ɐ] *n.*; ~s chlorine
chloren *tr. V.* chlorinate
Cholera ['ko:lera] *f.*; ~ (Medizin) cholera
Choleriker [ko'le:rikɐ] *m.*; ~s, ~ a) choleric type; b) (ugs.: jähzornige Person) grouchy or testy person; 1. *adv.* testily 2. *Adj.* testy, grouchy, irascible; choleric
Cholesterin [çolɛste'ri:n] *n.*; ~s (Medizin) cholesterol
Chor [ko:ɐ] *m.*; ~[e]s, Chöre ['kœ:rə] (in Kirchen) choir; (in der Oper) chorus
Choreograf [koreo'gra:f] *m.*; ~en, ~en choreographer
Choreografie *f.*; ~, ~n choreography
Christ [krɪst] *m.*; ~en, ~en Christian
christ-, Christ-: **~baum** *m.* Christmas tree; **~demokrat** *m.* (Politik) Christian Democrat; **~demokratisch** (Politik) *Adj.* Christian-Democrat
Christenheit *f.*; ~: Christendom *no art.*
Christentum *n.*; ~s Christianity *no art.*
christlich 1. *adv.* in a Christian spirit; **sich ~ kleiden** dress like a Christian. 2. *Adj.*

Christian
Christus [ˈkrɪstʊs] (m.); ~ oder Christi Christ
chromatisch Adj. chromatic
Chromosom [kromoˈzoːm] n.; ~s, ~en (Biologie) chromosome
Chronik [ˈkroːnɪk] f.; ~, ~en chronicle
chronisch Adj. chronic
Chronist [kroˈnɪst] m.; ~en, ~en chronicler
Chronologie f.; ~: chronology
chronologisch 1. adv. chronologically; in chronological order. 2. Adj. chronological
Cockpit [ˈkɔkpɪt] n.; ~s, ~s cockpit
Cocktail [ˈkɔkteɪl] m.; ~s, ~s cocktail
Collage [kɔˈlaːʒə] f.; ~, ~n collage
Comic [ˈkɔmɪk] m.; ~s, ~s comic strip; (Heft) comic
Computer [kɔmˈpjuːtɐ] m.; ~s, ~: computer
Container [kɔnˈteːnɐ] m.; ~s, ~: container
Copyright [ˈkɔpɪraɪt] n.; ~s, ~s copyright
Couch [kaʊtʃ] f., ~, ~es sofa
Courage [kuˈraːʒə] f.; ~ (ugs.) courage
couragiert [kuraˈʒiːɐ̯t] 1. adv. siehe 1: courageously; vivaciously. 2. Adj. (mutig) courageous; (beherzt) vivacious
Cousin [kuˈzã:] m.; ~s, ~s (male) cousin
Cousine [kuˈziːnə] f.; ~, ~n (female) cousin
Cover [ˈkavɐ] n.; ~s, ~s a) (von Schallplatten) sleeve; b) (von Illustrierten) cover
Creme [kreːm] f.; ~, ~s, (schweiz.) ~n a) cream; b) o. Pl. (oft iron.: Oberschicht) cream; high society
Curry [ˈkœrɪ] n.; ~s, ~s currypowder
Cutter [ˈkatɐ] m.; ~s, ~, Cutterin f.; ~, ~nen (Film, Fernsehen) editor

D

d, D [de:] *n.*; ~, ~ a) (Buchstabe) d, D; b) (Musik) D
da [da:] 1. *Adv.* a) *(zeitlich)* then; (in dem Augenblick) at that moment; **früher da war alles anders** everything was different then; b) (dort) there; **da draußen** out there; **guck mal da** look over there; c) (hier) here; **da hast du dein Geld** here take your money; d) (ugs.: in diesem Fall) **da kann man nichts zu sagen** there's nothing to say about it; e) (deshalb) **ich wollte nicht weg, da bin ich geblieben** I did not want to leave, so I stayed; 2. *Konj.* (weil) as; since
da·bei *Adv.* a) (währenddessen) at the same time; (bei diesem Anlass) then; on that occasion; **er ist ~ gesehen worden, wie er ihn ermordete** he was seen killing him; b) (with it/him/her/them; **nahe ~:** near it; close by
da·bleiben *unr. itr. V.*; *mit sein* stay there
Dach [dax] *n.*; ~[e]s, Dächer ['dæçɐ] roof
Dachs [daks] *m.*; ~es, ~e badger
Dackel ['dakl] *m.*; ~s, ~: dachshund
dagegen-: **~·halten** *unr. tr. V.* a) (entgegnen) counter; (einwenden) object; b) (ugs.: vergleichen) hold it/them against; compare it/them with; **~·stellen** *refl. V.* oppose it
da·heim *Adv.* a) (zu Hause) at home; **bei uns ~:** at our place; b) (in der Heimat) home; **bei uns ~:** back home where we come from
da·her *Adv.* a) (deshalb) therefore; so b) (durch diesen Umstand) hence; **~ kommt sein Glasauge** hence his glass eye; **~ ahnte er alles** that's how he suspected everything; c) from there; **~ hast du die Hosen** that's where you got your new pants
da·hin *Adv.* a) there; b) **bis ~:** to there; *(zeitlich)* until then; **bis ~ ist es 1 km** it's 1 km from here; c) (verloren, vorbei) **~ sein** be or have gone
da-: **~hinab** *Adv.* down there; down that way; **~hinauf** *Adv.* up there; up that way; **~hinaus** *Adv.* out there; (in die Richtung) out that way
dahin-: **~·dämmern** *itr. V.*; *mit sein* be semi-conscious; **~·eilen** *itr. V.*; *mit sein* hurry along
da·hinein *Adv.* in there; (hier hinein) in here
dahin-: **~·gehen** *unr. itr. V.*; *mit sein* (vergehen) pass; (time) go by; **~·jagen** *itr. V.*; *mit sein* tear or race along; **~·sagen** *tr. V.* say without reflecting
da·hinten *Adv.* over there
da·hinter *Adv.* behind it/them; (folgend) after it/them
dahinter-: **~·klemmen** *refl. V.*(ugs.) buckle down to it; **~·kommen** *unr. itr. V.*; *mit sein* *(ugs.)* find out; (Sinn haben) **es steckt kaum was ~:** there isn't much sense to it; b) (als Grund, Urheber) be behind it; **~·stehen** *unr. itr. V. (bildlich)* be behind it
dahin·ziehen 1. *unr. itr. V.*; *mit sein* go or move on one's/its way; (clouds) drift by; 2. *unr. refl. V.* (path) pass along
da-: **~·lassen** *unr. tr. V.* *(ugs.)* leave there; (hierlassen) have; **~·liegen** *unr. itr. V.* lie there
damals ['daːmaːls] *Adv.* then; at that time; **~, als wir noch laufen konnten** in the days when we could still walk; (aus dieser Zeit) from that time or those days; **seit ~:** since then
Dame ['daːmə] *f.*; ~, ~n a) lady; **sehr verehrte oder meine ~n und Herren!** ladies and gentlemen; b) (Schach, Kartenspiele) queen
da·mit 1. *Adv.* a) (gleichzeitig) with that; thereupon; b) (mit dieser Sache) with it/them; **~ kann keiner was anfangen** no one kann do anything with that; c) (daher) thus; as a result. 2. *Konj.* so that
Damm [dam] *m.*; ~s, Dämme ['dæmə] embankment; levee (Amer.); (Deich) dike; (Stau~) dam; *(bildlich)* bulwark; b) (Straßen ~, Bahn~) embankment
Dämmer·licht *n.*; *o. Pl.* twilight; (trübes Licht) dim light
dämmern ['dæmɐn] *itr. V.* **es dämmert** (morgens) it is getting light; (abends) it is getting dark
Dämmerung *f.*; ~, ~en (Abend~) twilight; dusk; (Morgen~) dawn; daybreak
Dämon ['dɛːmɔn] *m.*; ~s, ~en [dɛˈmoːnən] demon
dämonisch 1. *adv.* daemonically. 2. *Adj.* daemonic
Dampf [dampf] *der*; ~[e]s, Dämpfe ['dæmpfə] steam no *pl.*, *no indef. art.*; *(Technik)* vapour as tech. term, no *pl.*, *no indef. art.*
dampfen *itr. V.* steam

dämpfen ['dɛmpfn] *tr. V.* a) (mit Dampf garen) steam (carrots, etc); b) (mildern) muffle, deaden (noise); lower (tone); dim, turn down (lamp); cushion, absorb (power); (Bildlich) temper (passion)

da·nach *Adv.* a) (räumlich: dahinter) after it/them; **erst kamen wir ~ kamen die anderen Jungs** we went in front, the other guys following behind; c) *(zeitlich)* after it/that; then; **noch lange ~:** for a long time after

Dänemark ['dɛ:nəmark] *n.;* ~s Denmark

dänisch ['dɛ:nɪʃ] *Adj.* Danish

Dank *m.;* ~[e]s a) thanks *pl.;* b) (in Dankesformeln) **besten/herzlichen/vielen ~!** thank you very much; many thanks

dankbar 1. *adv.* gratefully; 2. *Adj.* a) grateful; (anerkennend) appreciative; b) (lohnend) rewarding (work)

Dankbarkeit *f.;* ~: gratitude

danke ['daŋkə] *Interj.* thank you; (ablehnend) no, thank you; **ja ~** yes, please; **nein ~:** no, thank you; **~ schön/sehr** thank you very much

danken 1. *tr. V.* **nichts zu ~:** don't mention it; not at all; 2. *itr. V.* thank; **wir danken Ihnen** we thank you

dankens·wert *Adj.* commendable (effort); **es ist ~, dass er gekommen ist** it is kind or very good of him to have come

Danke·schön ~s thank you; **ein ~ sagen** express one's thanks

dann [dan] *Adv.* a) then; **und was ~?** and what happens then?; **bis ~:** see you then; b) (außerdem) **~ noch ...:** then ... as well; **~ kam noch der Freund mit** to top it all her boy friend came; c) (unter diesen Umständen) then; in that case; **~ kommst du eben nicht!** in that case, you don`t bother coming!

darauf [daˈrauf] *Adv.* a) on it/them; (oben ~) on top of it/them; b) **er kam einfach nicht mehr ~** he just could not remember; c) (daraufhin) because of that; as a result; e) (danach) after that; **drei Tage ~ kam er doch** three days later he came anyway

darauf-: ~**folgend** *Adj.;* nicht präd. following; **im ~folgenden Jahr** the following year; ~**hin** *Adv.* a) (infolgedessen) as a result; consequently; (danach) thereupon; b) (unter diesem Gesichtspunkt) with a view to this/that; **etw. ~hin prüfen, ob es geeignet ist** test sth. to see whether it is appropriate

daraus [daˈraus] *Adv.* a) from it/them; out of it/ them; b) **~ wird mal eine große Sache** a lot is going to come of that

dar·bieten 1. *unr. tr. V.* perform

Darbietung *f.;* ~, ~en a) (Aufführung) performance; (beim Varieté usw.) act b) presentation

darin [daˈrɪn] *Adv.* a) in it/them; (drinnen) inside b) (in dieser Hinsicht) in that respect

dar·legen *tr. V.* explain (*Dat.* to); expound; set forth

Darlegung *f.;* ~, ~en explanation

Darlehen ['da:ɐ̯lɛ:ən] *n.;* ~s, ~: loan; **ein ~ aufnehmen** raise a loan

Darm [darm] *m.;* ~[e]s, Därme ['dɛrmə] a) intestines *pl.;* bowels *pl.;* b) o. Pl. (Material) gut c) (Wursthaut) skin

dar·stellen 1. *tr. V.* a) depict; portray; b) (schildern) describe; present; c) (verkörpern) play; act; d) (sein, bedeuten) represent; constitute. 2. *ref. V.* a) (sich erweisen, sich zeigen) turn out to be; b) (sich selbst schildern) portray oneself

Darsteller *m.;* ~s, ~ actor

Darstellerin *f.;* ~, ~nen actress

darstellerisch *Adj.;* nicht präd. acting attrib.; **seine ~en Ängste** his fears as an actor

Darstellung *f.* a) representation; (Schilderung) portrayal; (Bild) picture; **grafische/schematische ~:** diagram; (Graf) graph; b) (Beschreibung, Bericht) description; account; c) (Theater) interpretation; performance

darüber [daˈry:bɐ] *Adv.* a) (über diesem/diesen) over or above it/them; (über dies/diese) over it/them; **da war dieser Laden im Erdgeschoss und sie wohnte ~:** there was this shop on the ground floor and she lived above it; b) (über dieser/diese Angelegenheit) about it/them; **~ wollen wir nicht streiten** we will not fight about it; c) **~ hinaus** in addition; (noch obendrein) what is more; d) (über diese Grenze, dieses Maß hinaus) above; over; e) (währenddessen) meanwhile; (währenddessen und deshalb) as a result

darum [daˈrum] *Adv.* a) round it/them; b) because of that; for that reason; **ah, ~ geht es ihm so gut!** so that's why he's feeling so good!

darunter [daˈrʊntɐ] *Adv.* a) under or beneath it/them; **da war dieser Laden im 4. Stock und er wohnte ~:** there was this shop on the

Dasein

fourth floor and he lived under it; b) ~ **verstehe ich nichts** I don't understand anything by that; c) **23° oder etwas ~:** 23° or a bit less; **Hosen mit der Größe 32 und ~:** pants of the size of 32 and under; d) (dabei, dazwischen) amongst them; **in vielen Städten, ~ Berlin** in many cities, including Berlin

das [das] 1. *best. Art. Nom. u. Akk.* the; **das Herz der Welt** the heart of the world; 2. *Demonstrativpron.* a) *attr.* **das Lied meinte ich** it was that song that I meant; b) *alleinstehend* **das da** that one; **das hier** this one; 3. *Relativpron.* (Mensch) who; that; (Sache) which; that; **das Kind, das immer weinte** the child that always cried

da·sein *unr. itr. V.; mit sein; Zusschr. nur im Inf. u. Part.* a) be there; (hiersein) be here; **noch ~** (übrig sein) be left; **ist ein Arzt da?** is a doctor about?; b) *(bildlich)* (case) occur; (moment) have arrived; (situation) have arisen; c) *(ugs.: klar bei Bewusstsein sein)* **ganz oder voll ~:** be completely with it *(ugs.)*; d) be left; be still alive

Da·sein *n.* existence

Daseins·berechtigung *f.* right to exist

dass [das] *Konj.* a) that; **ich hoffe, ~ ich hier richtig bin** I hope that I am in the right place; **es tut mir gut, ~ du da bist** it helps me that you are here; b) so that; d) if only; **~ wir das nie vergessen!** so that we never forget!; **~ jemand so gut sein kann!** how anybody can be that good! e) **das kommt daher, ~ ich falsch gelaufen bin** that's due to the fact that I walked the wrong way

da·stehen *unr. itr. V.* a) (stehen) stand there; **krumm ~:** slouch; b) (in einer bestimmten Lage sein) find oneself; **gut ~:** be in a favourable position; **allein ~:** be alone

datieren [da'ti:rən] *tr. V.* date; **vom 3. April datiert** dated 3 of April

Dattel ['datl] *f.;* ~, ~n date

Datum ['da:tʊm] *n.;* ~s, Daten ['da:tn] date; **welches ~ ist heute?** what is the date today?

Dauer ['daʊɐ] *f.;* ~: a) length; duration; **die ~ einer Beziehung** the length of a relationship; **für die ~ eines Monats** for a period of one month; b) **von ~ sein** last; **auf ~:** permanently; for good; **die Situation ist nun auf ~:** the situation is now permanent

dauern *itr. V.* last; (job) take; **die Predigt dauert viel zu lange** the sermon is taking too long; **das dauert eine Ewigkeit** it will last forever

dauernd 1. *adv.* constantly; (immer) always; the whole time; **er steckt ~ seinen Finger in den Mund** he is always sticking his finger in his mouth. 2. *Adj.; nicht präd.* constant, perpetual; permanent

Daumen ['daʊmən] *m.;* ~s, ~: thumb; **am ~ knabbern** gnaw at one's thumb

Daumen·nagel *m.* thumbnail

Daunen·bett *n.* down-filled quilt

da·von *Adv.* a) from it/them; (von dort) from there; (mit Entfernungsangabe) away; **bald kommen wir ~ weg** *(bildlich)* soon we will get away from that; b) **~ zweigen zwei Wege ab** two path branch off it; c) (dadurch) by it/ them; thereby; **~ wirst du nicht schlauer** it won't make you any smarter; **~ kriegt er bessere Noten** he always gets better grades; **das hast du ~!** *(ugs.)* that's what you get!

da·vor *Adv.* a) in front of it/them; b) *(zeitlich)* before; c) **sie hat keinen Respekt ~** she has no respect of it

da·zu *Adv.* a) with it/them; (gleichzeitig) at the same time; (außerdem) what is more; **~ geht man gleich zum Arzt** it's best to go straight to the doctor; b) **~ konnte er nicht viel sagen** he couldn't say very much about that c) (darüber) about or on it/them; d) (zu diesem Zweck) for it; (es zu tun) to do it; **~ langt die Zeit nicht** there isn't enough time for that

da·zwischen *Adv.* in between; between them; (darunter) among them

Debatte [de'batə] *f.;* ~, ~n debate (über + Akk. on)

debattieren *tr., itr. V.* debate; **über etw. ~:** discuss

Debüt [de'by:] *n.;* ~s, ~s debut; **sein ~ geben** make one's debut

Decke ['dɛkə] *f.;* ~, ~n a) (Zimmer~) ceiling; b) (Tisch~) tablecloth; b) (Woll~, Pferde~, *auch bildlich*) blanket; (Deckbett, Stepp~) quilt; c) (Reise~) rug

Deckel ['dɛkl] *m.;* ~s, ~ a) lid; (von Flaschen, Gläsern usw.) top; (Schacht~, Uhr~ Buch~ usw.) cover; b) (Bier~) beer-mat

decken 1. *itr. V.* a) (Fußball) mark; (Boxen) keep up one's guard; b) (den Tisch ~) set the table; c) (colour) cover. 2. *ref. V.* coincide; tally 3. *tr. V.* a) **etw. über etw.** (Akk.) **~:** spread sth. over sth.; b) roof (home); cover (trash); **eine Wand mit Kacheln ~:** tile wall; c) (befrie-

digen) satisfy, meet (desire); d) (Versicherungen) cover; e) (schützen) cover; (bes. Fußball) mark (opponent); (vor Gericht usw.) cover up for (crime ,etc.)

Deckung *f.*; ~, ~en a) (Schutz; auch bildlich) cover (esp. Militär); (Schach) defence; (Boxen) guard; (bes. Fußball: die deckenden Spieler) defence; **~ nehmen, in ~ gehen** take cover; b) (Befriedigung) satisfaction; c) (Banken: das Begleichen) *o. Pl.* (von Schulden) meeting; (von Schecks) cover

defekt [de'fækt] *Adj.* defective; faulty

Defekt *m.*; ~[e]s, ~e defect, fault (an + *Dat.* in)

defensiv [defæn'zi:f] 1. *adv.* defensively. 2. *Adj.* defensive

definieren [defi'ni:rən] *tr. V.* define

Definition [definɪ'tsɪo:n] *f.*; ~, ~en definition

definitiv [definɪ'ti:f] 1. *adv.* finally. 2. *Adj.* definitive; final

Defizit ['de:fɪtsɪt] *n.*; ~s, ~e a) deficit; b) (Mangel) deficience

Deformation *f.* deformation; (Missbildung) deformity

deformieren *tr. V.* a) distort; put out of shape; b) (entstellen) deform (*auch bildlich*); (verunstalten) disfigure (verstümmeln) mutilate

degenerieren [degenə'ri:rən] *itr. V.*; *mit sein* degenerate (zu into)

degeneriert *Adj.* degenerate

Dehnbarkeit *f.*; ~ (*auch bildlich*) elasticity

dehnen ['de:nən] 1. *ref. V.* stretch. 2. *tr. V.* a) stretch; b) lengthen, draw out (time, sound)

Deich [daɪç] *m.*; ~[e]s, ~e dike

dein *Possessivpron.* your; **wo ist dein Freund?** Where is your friend?

deinet·wegen *Adv.* on your account; because of you; (für dich) on your behalf; (dir zuliebe) for your sake

dekadent [deka'dɛnt] *Adj.* decadent

Dekadenz [deka'dɛnts] *f.*; ~: decadence

deklamieren [dekla'mi:rən] *tr., itr. V.* recite

Deklaration [deklara'tsɪo:n] *f.*; ~, ~en declaration

deklarieren [dekla'ri:rən] *tr. V.* declare

Dekor [de'ko:ɐ̯] *n.*; ~s, ~s oder ~e decoration; (Muster) pattern

Dekorateur [dekora'tø:ɐ̯] *m.*; ~s, ~e, **Dekorateurin** *f.*; ~, ~nen (Schaufenster~) windowdresser; (von Innenräumen) interior decorator

Dekoration *f.*; ~, ~en a) (Schmuck, Ausstattung) decorations *pl.*; (Schaufenster~) window display; (Theater, Film) set; scenery *no pl.*; b) *o. Pl.* decoration; (von Schaufenstern) window-dressing

dekorativ [dekora'ti:f] 1. *Adj. adv.* decoratively. 2. decorative

dekorieren [deko'ri:rən] *tr. V.* a) decorate (room, etc.); dress (shopwindow); b) (jmdn. auszeichnen) decorate sb. (with)

Delegation [delega'tsɪo:n] *f.*; ~, ~en delegation

delegieren [dele'gi:rən] *tr. V.* a) delegate (work, etc.) (an + Akk. to); b) send as a delegate/as delegates (zu to); **jmdn. in den Ausschuss/das Komitee ~:** select sb. as one's representative on the committee

Delegierte *m./f.*; *adj. Dekl.* delegate

Delegierten·konferenz *f.* delegate conference

Delfin [dæl'fi:n] *m.*; ~s, ~e dolphin

delikat [delɪ'ka:t] *Adj.* a) (heikel) delicate; b) (wohlschmeckend) delicious; (fein) subtle, delicate (taste)

Delikatesse [delɪka'tæsə] *f.*; ~, ~n delicacy

Delikt [de'lɪkt] *n.*; ~[e]s, ~e offence

Delinquent *m.*; ~en, ~en offender

dem [de:m] 1. *best. Art., Dat.* Sg. v. der u. das 1: the; **ich gab dem Koch den Löffel** I gave the cook the spoon; I gave the spoon to the cook. 2. *Demonstrativpron., Dat.* Sg. v. der u. das 2: a) *attr.* that; **sag es dem Jungen** say it to that boy; b) *alleinstehend* **du darfst nicht mit dem Jungen spielen, aber doch mit dem** you can not play with that boy, but rather with that one. 3. *Relativpron., Dat. Sg.* v. der u. das (die Person) that/whom; (Sache) that/which; **der Junge, mit dem ich spielte** the boy with whom I played

demaskieren 1. *tr. V. (bildlich)* unmask; expose. 2. *ref. V. (bildlich)* reveal oneself

dementieren 1. *tr. V.* deny. 2. *itr. V.* deny

dementsprechend 1. *adv.* accordingly; (vor Adjektiven) correspondingly. 2. *Adj.* appropriate; **es regnete und mir ging es ~ entsprechend** it was raining and my mood went accordingly; **~gegenüber** *Adv.* in contrast; (jedoch) on the other hand; **~gemäß** *Adv.* a) (infolgedessen) consequently; b) (entsprechend) accordingly; **~jenigen** siehe derjenige; **~nach** *Adv.* therefore; **~nächst** *Adv.* shortly; in the near future

Demo·grafie *f.* demography *no art.*

Demografie

demo·grafisch 1. *adv.* demographically. 2. *Adj.* demographic

Demokrat [demo'kraːt] *m.*; ~en, ~en democrat

Demokratie [demokra'tiː] *f.*; ~, ~n a) *o. Pl.* (Prinzip) democracy *no art.*; b) (Staat) democracy

demokratisch 1. *adv.* democratically; 2. *Adj.* democratic

demolieren [demo'liːrən] *tr. V.* a) wreck; smash up (room); b) (abreißen) demolish

Demonstrant [demɔn'strant] *m.*; ~en, ~en, Demonstrantin *f.*; ~, ~nen demonstrator

Demonstration *f.*; ~, ~en demonstration (für in support of, gegen against)

demonstrativ [demɔnstra'tiːf] 1. *adv.* pointedly; **ich verließ ~ den Raum** I stomped out of the room. 2. *Adj.* a) demonstrative; pointed; **ein ~er Ausruf** an emphatic shout; b) (Grammatik) demonstrative

Demonstrativ·pronomen *n.* (Grammatik) demonstrative pronoun

demonstrieren [demɔn'striːrən] 1. *itr. V.* demonstrate (für in support of, gegen against). 2. *tr. V.* demonstrate

demontieren *tr. V.* a) dismantle; break up (engine, etc); b) (abmontieren) take off

demoralisieren *tr. V.* demoralize

Demoralisierung *f.*; ~, ~en demoralization

Demut ['deːmuːt] *f.*; ~: humility

demütig ['deːmyːtɪç] 1. *adv.* humbly. 2. *Adj.* humble

demütigen 1. *tr. V.* humiliate; humble. 2. *ref. V.* humble oneself

Demütigung *f.*; ~, ~en humiliation

dem·zufolge *Adv.* therefore; consequently

den [deːn] 1. *best. Art., Akk. Sg. v. der* 1: the; **ja, ich kenne den Weg** yes, I do know the way; **den Kapitalismus ablehnen** reject capitalism. 2. *Demonstrativpron., Akk. Sg. v. der* 2: a) *attr.* that; **er kennt den Jungen** he knows that boy; b) *alleinstehend* **ich kenne den** I know that one. 3. *Relativpron., Akk. Sg. v. der* 3: (Person) that/whom; (Sache) that/which; **der Junge, den ich gesehen habe** the boy I saw

den *best. Art., Dat. Pl.*: the; **ich gab es den Jungen** I gave it to the boys

denen 1. *Demonsrativpron, Dat. Pl.* them; **sag es ~, nicht den anderen** tell it to them, not to the others. 2. *Relativpron., Dat. Pl. v. der, die, das* 3: (Person) that/whom; (Sache) that/which; **die Jungen, ~ wir das gesagt haben** the boys to whom we said that

Den Haag [deːn 'haːk] (*n.*); ~ ~s The Hague

denken ['dɛŋkn̩] 1. *unr. itr. V.* think (an oder auf + Akk. of, über + Akk. about); **liberal ~:** be liberal-minded; **was denkst du?** what do you think?; (stutzig machen) make sb. suspicious; 2. *unr. tr. V.* think; **sie schrieb den gleichen Satz wie ich** she wrote the same sentence as me. 3. *unr. ref. V.* (sich vorstellen) imagine; **kannst du dir das ~?** Can you imagine that?

Denken *n.*; ~s thinking; (Denkweise) thought

Denker *m.*; ~s, ~: thinker

denn [dɛn] 1. *Konj.* a) for; because; b) (als) than; 2. *Partikel* **was sagst du ~ dazu?** what do say to that?; **was soll ich ~ sagen?** what am I to say, then?; **wann ~?** well, when then?; 3. *Adv.*: *in* **es sei ~,** unless

dennoch ['dɛnɔx] *Adv.* nevertheless; even so; **sie war froh und ~ kamen ihr die Tränen** she was happy, but nevertheless she couldn't stop the tears

Denunziation [denʊntsia'tsioːn] *f.*; ~, ~en *(derogativ)* denunciation

denunzieren [denʊn'tsiːrən] *tr. V. (derogativ)* (anzeigen) denounce; (bei der Polizei) inform against; grass on *(sl.)* (bei to)

Deportation [depɔrta'tsioːn] *f.*; ~, ~en (ins Ausland) deportation (in + Akk., nach to)

deportieren [depɔr'tiːrən] deport (in + Akk., nach to)

Depot [de'poː] *n.*; ~s, ~s a) (in einer Bank) strong-room; depot; (Lagerhaus) warehouse; (für Möbel usw.) depository; (im Freien, für Munition o. ä.) dump; b) (hinterlegte Wertgegenstände) deposits *pl.*

Depression [deprɛ'sioːn] *f.*; ~, ~en depression

depressiv [deprɛ'siːf] 1. *adv.* **~ veranlagt sein** tend towards depression. 2. *Adj.* depressive

deprimieren [depri'miːrən] *tr. V.* depress

deprimierend *Adj.* depressing

der [deːɐ̯] 1. *best. Art. Nom.* the; **der Alte** the old man; **der Micha** *(ugs.)* Mike; **der Kapitalismus** capitalism; 2. *Demonstrativpron.* a) *attr.* that; **der Junge hat es gesagt** that boy there said it; b) *alleinstehend* he; **der sagte es** he said it; 3. *Relativpron.* (Mensch) who/that; (Sache) which/that; **der Junge, der nicht viel sagte** the boy who didn't say very much. 4. *Relativ- u. Demonstrativpron.* the one who

der 1. *best. Art.* a) *Gen. Sg. v.* **die** 1: **der Mantel der Frau** the woman's coat; b) *Dat. Sg. v.* **die** 1: to the; *(nach Präp.)* the; **in der Bretagne** in Britanny; c) *Gen. Pl. von der, die das:* **das Miauen der Katzen** the miowing of the cats. 2. *Demonstrativpron.* a) *Gen. Sg. v.* **die** 2 a: of the; of that; b) *Dat. Sg. v.* **die** 2 *attr.* **der Frau da kannst du es sagen** you can say it to that woman there; *alleinstehend* **sag es der da!** *(ugs.)* tell it to her; c) *Gen. Pl. v.* **der** 2a, **die** 2 a, **das** 2 a: of those. 3. *Relativpron.*; *Dat. Sg. v.* **die** 3 (Person) whom; **die Frau, der ich es gesagt habe** the woman to whom I said it

derb [dærp] 1. *adv.* a) (unverblümt) crudely; coarsely b) (kraftvoll, deftig) earthily. 2. *Adj.* a) (unverblümt) crude, coarse (manners); b) (kraftvoll, deftig) earthy (character); c) strong, tough (cloth); stout, strong, sturdy (shoes)

deren ['deːrən] 1. *Relativpron.* a) *Gen. Sg. v.* **die** 3 (Menschen) whose; (Sachen) of which; b) *Gen., Pl. v. der* 3, **die** 3, **das** 3 (Menschen) whose; (Sachen) 2. *Demonstrativpron.* a) *Gen. Sg. v.* **der Koch, der Dieb, seine Freundin und ~ Vereinbarung** the cook, the thief, his friend and their agreement; b) *Gen. Pl. v. der* 2, **die** 2, **das** 2b: **meine Kinder und ~ Freunde** my children and their friends

derjenige, diejenige, dasjenige *Demonstrativpron.* a) *attr.* that; *Pl.* those; **diejenige Idee, die ...:** the or that idea that ...; b) *alleinstehend* that one; *Pl.* those;

derjenige, der .../diejenige, die ...: the person who ...; **diejenigen, die ...:** the people who ...; **dasjenige, was ...:** that which

derselbe [deːˈɐ̯zælbə], **dieselbe, dasselbe** *Pl.* dieselben *Demonstrativpron.* a) *attr.* the same; b) *alleinstehend* the same one; **wie immer sagst du nur dasselbe wie ich** as usual you just say the same as I do

derweilen *Konj.* while

derzeit *Adv.* at present; at the moment

derzeitig *Adj.*; *nicht präd.* present; current

des [dɛs] 1. *best. Art.*; *Gen. Sg. v.* **der** 1, **das** 1,: **die Kleidung des Mädchens** the girl's clothes; **das Buch des Jungen** the boy's book. 2. *Demonstrativpron.*; *Gen. Sg. v.* **der** 2a, **das** 2a: **es ist das Buch des Jungen, der...** it's the book of the boy who

deshalb *Adv.* for that reason; because of that; **~ liebe ich dich** that is why I love you; **aber ~ muss ich dich doch nicht gleich heiraten** but I don't have to marry you because of that

desillusionieren [dæsɪluˌzi̯oˈniːrən] *tr. V.* disillusion

Desinfektion *f.* disinfection

Desinfektions-mittel *n.* disinfectant

desinfizieren *tr. V.* disinfect

Desinformation *f.* disinformation *no indef. art.*

Desinteresse *n.* lack of interest (an + *Dat.* in)

desinteressiert 1. *adv.* uninterestedly. 2. *Adj.* uninterested

deskriptiv [dɛskrɪpˈtiːf] 1. *adv.* descriptively 2. *Adj.* descriptive

desolat [dezoˈlaːt] *Adj.* wretched

dessen 1. *Relativpron.*; *Gen. Sg. v.* **der** 3, **das** 3

(Mensch) whose; (Sache) of which; **unser Vater, ~ Leben die Hölle war** our father, whose life was hell. 2. *Demonstrativpron.*; *Gen. Sg. v. der* 2b, *das* 2b: **mein Vater, sein Freund und ~ Frau** my father, his friend, and his wife

Dessin [dæˈsɛ̃ː] *n.*; ~s, ~s design; pattern

destillieren *tr. V. (Technik)* distil; **destilliertes Wasser** distilled water

Destruktion [dɛstrʊkˈt̯si̯oːn] *f.*; ~, ~en destruction

destruktiv [dɛstrʊkˈtiːf] 1. *adv.* destructively. 2. *Adj.* destructive

Detail [deˈtaɪ] *n.*; ~s, ~s detail; **ins ~ gehen** go into detail

detailliert [detaˈjiːɐt] 1. *adv.* in detail; **sehr ~:** in great detail. 2. *Adj.* detailed

Detektiv [detɛkˈtiːf] *m.*; ~s, ~e, **Detektivin** *f.*; ~, ~nen detective

detonieren [detoˈniːrən] *itr. V.*; *mit sein* detonate; explode

deuten ['dɔʏtn̩] 1. *tr. V.* interpret. 2. *itr. V.* point

deutlich 1. *adv.* a) clearly; b) (eindeutig) clearly; plainly; **jmdm. etw. ~ erklären** explain sth. clearly to sb. 2. *Adj.* a) clear; **es ist ~, dass ...:** it is clear that ...; b) (eindeutig) clear, distinct (idea)

Deutlichkeit *f.*; ~: clarity; clearness; distinctness

Deutsch *n.* ~[s] German; **fließend ~ sprechen** speak fluent German

Deutschamerikaner *m.* German-American

Deutsche ['dɔʏtʃə] *m./f.*; *adj. Dekl.* German; **~(r) sein** be German

Deutsche *n.*; *adj. Dekl.* **das ~:** German; **aus dem ~n/ins ~ übersetzen** translate from/into German

Deutschland *n.*; ~s Ger-

many
Deutung f.; ~, ~en interpretation
Devisen Pl. foreign exchange sing; foreign currency sing.
Dezember [de'tsɛmbɐ] m.; ~s, ~: December
dezent [de'tsɛnt] 1. adv. discreetly; (speak) unostentatiously. 2. Adj. quiet (mood); discreet (manner)
Dezi-: deci (litre, etc.)
dezimal [detsɪ'maːl] Adj. decimal
Dia ['diːa] n.; ~s, ~s slide
Diabetes [dɪa'beːtæs] m.; ~: diabetes
Diabetiker [dɪa'beːtɪkɐ] m.; ~s, ~, Diabetikerin, f.; ~, ~nen diabetic
diabolisch 1. adv. diabolically. 2. Adj. diabolical
Diagnose [dɪa'gnoːzə] f.; ~, ~n diagnosis; **eine ~ stellen** make a diagnosis
diagnostisch 1. adv. diagnostically. 2. Adj. diagnostic
diagnostizieren tr. V. diagnose
diagonal [dɪago'naːl] 1. adv. diagonally. 2. Adj. diagonal
Diagonale f.; ~, ~n diagonal
Diagramm n. graph; (schematische Darstellung) diagram
Dialekt [dɪa'lækt] m.; ~[e]s, ~e dialect
Dialog [dɪa'loːk] m.; ~[e]s, ~e dialogue
Diamant [dɪa'mant] m.; ~en, ~en diamond
Dia-: **~positiv** n. slide; **~projektor** m. slide projector
Diät f.; ~, ~en diet
Diäten Pl. allowance sing.
dich [dɪç] 1. Akk. von du you. 2. Akk. des Reflexivpron. der 2. Pers. Sg. yourself; **magst du dich?** do you like yourself?; **setz dich!** sit down!

dicht [dɪçt] 1. adv. a) densely; thickly; b) (zeitlich: unmittelbar) **keiner kam so ~ daran, es zu schaffen** no one came so close to success; c) (undurchlässig) tightly; d) mit Präp. (nahe) ~ **neben** right next to; ~ **beieinander** close together; 2. Adj. a) thick; heavy, dense full, packed; b) (ugs.: geschlossen) shut; closed
Dichte ['dɪçtə] f.; ~ (Technik, bildlich) density
dichten ['dɪçtn] itr. V. **gut ~:** make a good seal
dichten 1. tr. V. write; compose. 2. itr. V. write poetry
Dichter m.; ~s, ~: poet; writer; author
dichterisch 1. adv.; siehe 1: poetically; literarily. 2. Adj. poetic; literary
Dichtung f.; ~, ~en a) o. Pl. sealing; b) (dichtendes Teil) seal; (am Hahn) washer; (am Vergaser, Zylinder) gasket
Dichtung f.; ~, ~en a) literary work; work of literature; (bildlich) fiction; (in Versform) poem; b) o. Pl. (Dichtkunst) literature; (in Versform) poetry
dick [dɪk] 1. adv. a) thickly; **etw. ~ unterstreichen** underline sth. heavily; ~ **auftragen** (ugs. derogativ) exaggerate; lay it on; b) ~ **befreundet sein** (ugs.) be close friends; c) ~ **geschwollen** (ugs.) badly swollen. 2. Adj. a) thick; chunky; fat ~ **machen** (food) be fattening; b) (ugs.: eng) close (companions, etc.); c) (ugs.: angeschwollen) swollen (nose, etc.); d) (ugs.:groß) big (package); fat (pay check)
Dicke f.; ~: thickness; (von Menschen) fatness
Dicke m./f.; adj. Dekl. (ugs.) fatty (ugs.); fat man/woman

Dickicht ['dɪkɪçt] n.; ~[e]s, ~e thicket; (bildlich) jungle
dickköpfig (ugs.) 1. adv. stubbornly; obstinately; pigheadedly. 2. Adj. stubborn; pigheaded
dicklich Adj. plumpish; chubby
Didaktik [dɪ'daktɪk] f.; ~, ~en a) o. Pl. didactics sing., no art.; b) (Unterrichtsmethode) teaching method
didaktisch 1. adv. didactically. 2. Adj. didactic
die 1. best. Art. fem. Nom. the; **die Frau** the woman; **die Wut/ die Kerze** anger/the candle **die Berliner Straße** Berlin Street; **die Schweiz** Switzerland; **die Musik** music. 2. Demonstrativpron. a) attr. **die Frau sagte es** that woman said it; b) alleinstehend she; **die sagte es** she said it; 3. Relativpron. Nom. (Mensch) who; that; (Sache, Tier) which; that; 4. Relativ- u. Demonstrativpron. the one who; ~ **Frau, die mich liebt** the woman who loves me
die 1. best. Art. a) Akk. Sg. v. die 1: the; **ich habe gerade die Gisela kennengelernt** (ugs.) I have just met Gisela; b) Nom. u. Akk. Pl. v. der 1, die 1, das 1: the. 2. Demonstrativpron. Nom. u. Akk. Pl. v. der 2, die 2, das 2: attr. **ich erzähle die Geschichte, die du mir erzählt hast** I just told the story which you told me; alleinstehend **ich sehe die da** I see them. 3. Relativpron. a) Akk. Sg. v. die 3: (bei Menschen) who; that; (bei Sachen, Tieren) which; that; b) Nom. u. Akk. Pl. v. der 3, die 3, das 3: (bei Menschen) whom; **die Menschen, die ich geliebt habe** the people I have loved; (bei Sachen, Tieren)

which; **die Kekse, die ich gegessen habe** the cookies I ate

Dieb [diːp] *m.*; ~[e], ~e thief

Diebstahl ['diːpʃtaːl] *m.*; ~[e]s, Diebstähle ['diːpʃtɛːlə] theft

Diele ['diːlə] *f.*; ~, ~n a) (Fußbodenbrett) floor-board b) hall

dienen ['diːnən] *itr. V.* a) (veralt.: Militärdienst tun) do military service; **beim Heer ~:** serve in the army; b) (helfen) help (in + *Dat.* in); **kann ich Ihnen ~?** can I help you?; c) (dienlich sein) serve; d) (verwendet werden) serve; **als Krankenhaus ~:** serve or be used as a hospital

Dienerschaft *f.*; ~: servants *pl.*; domestic staff

Dienst [diːnst] *m.*; ~[e]s, ~e a) (Arbeitsverhältnis) post; **den ~ beenden** resign one's post; (Militär) leave the service; (officer) resign one's commission; **General usw. außer ~:** retired general etc.; b) (Hilfe) service; c) *o. Pl.* (Tätigkeitsbereich) service; d) (Hilfs~) service; (Nachrichten~, Spionage~) service e) *o. Pl.* (Tätigkeit) work; (von Soldaten, Polizeibeamten, usw.) duty; **ich trinke nicht wenn ich ~ habe** I don`t drink on duty

Dienstag [diːnstak] *m.*; **am ~:** on Tuesday; **~, der 2. April** Tuesday the second of April

Dienstagabend Tuesday evening or *(ugs.)* night

diens·tags *Adv.* on Tuesdays

dienstlich 1. *adv.* on business; (im Staatsdienst) on official business. 2. *Adj.* a) business (lunch); (im Staatsdienst) official (statement); b) (offiziell) official

dieser ['diːzɐ], **diese, dieses, dies** *Demonstrativpron.* a) *attr.* this; *Pl.* these; **dieses Haus/diese Platten** that house/those records; **in dieser Nacht sterbe ich** I will die tonight; b) **diese(r)** this one/that one; **diese** *Pl.* these/those

dieserart *indekl.* Demonstrativpron. of this/that kind postpos.

diesig *Adj.* haze

Differential [dɪfəræn'tsiaːl] *n.*; ~s, ~e a) differential; b) *(Technik)* differential gear

Differenz [dɪfə'rɛnts] *f.*; ~, ~en difference; (Meinungsverschiedenheit) difference

Differenzbetrag *m.* difference

differenzieren 1. *tr. V.* (Mathematik) differentiate. 2. *itr. V.* differentiate; make a distinction/distinctions (zwischen between); (bei einem Urteil, einer Behauptung) be discriminating

differenziert 1. *Adj.* subtly differentiated (features); complex (ideas, system, attitude); sophisticated (manners);. 2. *adv.* **~ urteilen** be discriminating in one's judgement

digital [dɪgɪ'taːl] (fachspr.) 1. *Adj.* digital. 2. *adv.* digitally

digitalisieren *tr. V.* digitalize

Diktat [dɪk'taːt] *n.*; ~[e]s, ~e a) dictation; b) (geh.: Befehl) dictate

Diktator [dɪkta'toːɐ] *m.*; ~s, ~en (auch fig.) dictator

diktatorisch 1. *Adj.* dictatorial. 2. *adv.* dictatorially

Diktatur [dɪkta'tuːɐ] *f.*; ~, ~en (auch fig.) dictatorship

diktieren [dɪk'tiːrən] *tr. V.* dictate

Diktiergerät *n.* dictating machine

Dilemma [dɪ'lɛma] *n.*; ~s, ~s dilemma

Ding *n.*; [e]s, ~er *(ugs.)* a) thing; **schau dir das ~ an!** look at that thing there; **sag nicht solche ~e!** stop saying such things; b) (Mädchen) thing; creature

Dinosaurier [dɪno'zaʊrɪɐ] dinosaur

Diplom [dɪ'ploːm] *n.*; ~s, ~e a) degree (in a scientific or technical subject); (für einen Handwerksberuf) diploma; b) (Urkunde) degree certificate (in a scientific or technical subject); (für einen Handwerksberuf) diploma

Diplom·arbeit *f.* degree dissertation (for a first degree in a scientific or technical subject); (für einen Handwerksberuf) dissertation

Diplomat [dɪplo'maːt] *m.*; ~en, ~en diplomat

Diplomatie [dɪploma'tiː] *f.*; diplomacy

diplomatisch 1. *Adj.* diplomatic. 2. *adv.* diplomatically

Diplom·prüfung *f.* degree examination (in a scientific or technical subject); (für einen Handwerksberuf) diploma examination

dir [diːɐ] 1. *Dat. von du* to you; (nach *Präp.*) you; **ich hab ~ nicht geschrieben** I didn`t write you; **Eltern von ~:** parents of yours; **ist es bei ~ auch so schön?** is it nice at your place, too? 2. *Dat. des Refexivpron. der 2. Pers. Sg.* yourself; **was hast du ~ dabei denn gedacht** what were you thinking

direkt [dɪ'rɛkt] 1. *Adj.* direct. 2. *adv.* a) (geradewegs, sofort) straight; directly; (record sth.) live; b) (nahe) directly; **~ am Hafen** right by the dock; c) (unmittelbar) direct; **~ in die Stadt fahren** drive direct to the city; d) (unverblümt) directly; e) *(ugs.:* geradezu) really, positively (ridiculous, stupid)

Direktheit *f.*; ~: directness

Direktion [dɪræk'tsɪoːn] *f.*; ~, ~en a) *o. Pl.* management; (von gemeinnützigen, staatlichen Einrichtungen) administration; b) (die Geschäftsleiter) management; c) (Büroräume) managers' offices *pl.*

Direktor [dɪ'rɛktɔr] *m.*; ~s, ~en ['toːrən], Direktorin [dɪr ɛk'toːrɪn] *f.*; ~, ~nen director; (einer Schule) headmaster/headmistress; (einer Fachschule) principal; (einer Strafanstalt) governor; (einer Abteilung) manager

Dirigent [dɪrɪ'gɛnt] *m.*; ~en, ~en conductor

dirigieren [dɪrɪ'giːrən] *tr. V.* a) (Musik) *auch itr.* conduct; b) (fahren) steer (tank, car)

Diskette [dɪs'kɛtə] *f.*; ~, ~n floppy disc

Disketten·lauf werk *n.* floppy disc drive

diskret [dɪs'kreːt] 1. *Adj.* a) (vertraulich) confidential (task, work, letter); (unauffällig) discreet (movement); b) (taktvoll) discreet; tactful (strategy). 2. *adv.* a) (vertraulich) confidentially; b) (taktvoll) discreetly; tactfully

Diskretion [dɪskre'tsɪoːn] *f.*; ~ a) (Verschwiegenheit, Takt) discretion; b) (Unaufdringlichkeit) discreetness

diskriminieren [dɪskrɪmɪ'niːrən] *tr. V.* a) discriminate against; b) (herabwürdigen) disparage

diskriminierend *Adj.* disparaging

Diskriminierung *f.*; ~, ~en discrimination (*Gen.* against)

Diskussion [dɪsku'sɪoːn] *f.*; ~, ~en discussion

diskutieren [dɪsku'tiːrən] 1. *itr. V.* a) **über etw.** (Akk.) ~: discuss sth.; **wir haben gar nichts diskutiert** we did not even discuss anything. 2. *tr. V.* discuss

Disput [dɪs'puːt] *m.*; ~[e]s, ~e *(geh.)* dispute, argument

Disqualifikation *f.* (auch Sport) disqualification

disqualifizieren *tr. V.* (auch Sport) disqualify

Dissertation [dɪsɛrta'tsɪoːn] *f.*; ~, ~en dissertation or thesis

Dissonanz [dɪso'nants] *f.*; ~, ~en (Musik, fig.) dissonance

Distanz [dɪs'tants] *f.*; ~, ~en (auch Sport, fig.) distance; **auf ~** (Akk.) **gehen, ~ wahren oder halten** keep one's distance

distanzieren *ref. V.* dissociate (von from) oneself

distanziert 1. *Adj.* distant; reserved. 2. *adv.* in a distant or reserved manner; with reserve

Distel ['dɪstl̩] *f.*; ~, ~n thistle

distinguiert [dɪstɪŋ'giːɐ̯t] *(geh.)* 1. *Adj.* distinguished. 2. *adv.* in a distinguished manner

Disziplin [dɪstsɪ'pliːn] *f.*; ~, ~en a) *o. Pl.* discipline; (Selbstbeherrschung) (self)-discipline; **~ halten** keep discipline; (sich diszipliniert verhalten) behave in a disciplined way; b) (Wissenschaftszweig, Sportart) discipline

disziplinarisch 1. *Adj.* disciplinary. 2. *adv.* **gegen jmdn. ~ vorgehen** take disciplinary action against sb.

disziplinieren 1. *tr. V.* discipline. 2. *ref. V.* discipline oneself

dividieren [dɪvɪ'diːrən] *tr. V.* (Mathematik) divide

Division [dɪvɪ'zɪoːn] *f.*; ~, ~en (Math., Milit.) division

doch [dɔx] 1. *Konj.* but. 2. *Adv.* a) (jedoch) but; b) (dennoch) all the same; still; (wider Erwarten) after all; **und ~**: and yet; c) (als Antwort) yes; **Hast du keine Angst? — Doch!** Aren't you scared? — Yes, I am!; d) (ohnehin) in any case; **du kannst uns ~ nichts sagen** you can`t tell us anything in any case. 3. *Interj.* (widersprechende Antwort auf eine verneinte Aussage) **Du bist nicht gut. — Doch!** you are not good. yes I am!; 4. *Partikel* a) (auffordernd, Ungeduld, Empörung ausdrückend) **du hättest ~ was sagen können** you could have said something; b) (Zweifel ausdrückend) **er hat es mir ~ versprochen, oder?** He promised me, didn't he?; c) (Überraschung ausdrückend) **das ist ~ unglaublich!** that is unbelievable! d) (verstärkt Bejahung/ Verneinung ausdrückend) **gewiss/sicher ~**: certainly, of course; **ja ~**: all right or *(ugs.)* OK; **nicht ~!** (abwehrend) don't!

Dock [dɔk] *n.*; ~s, ~s dock

docken 1. *itr. V.* dock. 2. *tr. V.* dock (ship); put (ship) in dock

Dogge ['dɔgə] *f.*; ~, ~n **deutsche ~**: Great Dane

Dogma ['dɔgma] *n.*; ~s, Dogmen (auch *bildl.*) dogma

dogmatisch 1. *Adj.* dogmatic. 2. *adv.* dogmatically

Doktor ['dɔktɔr] *m.*; ~s, ~en ['toːrən] a) *o. Pl.* (Titel) doctorate; doctor's degree; **den/seinen ~ machen** do a/one's doctorate; b) (Träger) doctor; c) (*ugs.*: Arzt) doctor

Doktorarbeit *f.* doctoral thesis or dissertation

Doktrin [dɔk'triːn] *f.*; ~, ~en doctrine

Dokument [doku'mɛnt] *n.*; ~[e]s, ~e document

Dokumentar·film *m.* documentary

dokumentarisch *Adj.* documentary

Dokumentation [dɔkumɛnta'tsɪoːn] f.; ~, ~en a) o. Pl. documentation; (fig.) demonstration; b) (Material) documentary account; (Bericht) documentary report
dokumentieren tr. V. a) (belegen) document; demonstrate; b) record
Dolch [dɔlç] m.; ~[e]s, ~e dagger
doll [dɔl] 1. Adj. a) (ungewöhnlich) incredible; amazing; b) (großartig) fantastic (ugs.); great (ugs.). 2. adv. a) (großartig) fantastically (ugs.); b) (sehr) (bleed) dreadfully (ugs.); (snow) good and hard (ugs.)
Dollar ['dɔlaːɐ̯] m.; ~[s], ~s dollar
Dollar·kurs m. dollar rate
dolmetschen itr. V. act as interpreter (bei at)
Dolmetscher m.; ~s, ~, **Dolmetscherin** f.; ~, ~nen interpreter
Dom [doːm] m.; ~[e]s, ~e cathedral; dome
domestizieren [dɔmæstiˈtsiːrən] tr. V. domesticate
dominant [dɔmɪ'nant] Adj. (auch Biol.) dominant
Dominante f.; ~, ~n (Musik) (Ouint) dominant; (Akkord) dominant chord
Dominanz [dɔmɪ'nants] f.; ~, ~en (auch Biol.) dominance
dominieren [dɔmɪ'niːrən] itr. V. dominate; ~d dominant
Donau ['doːnau] f.; ~: Danube
Donner ['dɔnɐ] m.; ~s, ~ (auch fig.) thunder
donnern 1. itr. V. a) (unpers.) thunder; b) (hig.) (cannon) thunder, boom; (machine) roar; (applause) thunder; c) mit sein (sich laut fortbewegen) (truck, wave, etc.) thunder; d) (ugs.: schlagen) thump, hammer (an + Akk., gegen on); e) mit sein (ugs.: prallen) **gegen etw. ~:** smash into sth. 2. tr. V. a) (ugs.: schleudern) sling (ugs.); hurl
Donnerstag m. Thursday; siehe auch Dienstag
Donnerwetter n. (ugs.) a) (Krach) row; b) **zum ~ nochmal!** (Ausruf der Verärgerung) damn it!; ~! (Ausruf der Bewunderung) my word; wow
Doppel ['dɔpl̩] n., ~s, ~ a) (Kopie) duplicate; copy; b) (Sport) doubles sing. or pl.; **ein ~:** a game of doubles; (im Turnier) a doubles match
Dorf [dɔrf] n.; ~s, Dörfer ['dœrfə] village
Dorn [dɔrn] m.; ~[e]s, ~en thorn
dornig Adj. thorny
dorren ['dɔrən] itr. V.; mit sein dry up
dörren ['dœrən] 1. tr. V. dry. 2. itr. V.; mit sein dry
dort [dɔrt] Adv. there
Dose ['doːzə] f.; ~, ~n a) (Blech~) tin; (Pillen~) box; (Zucker~) bowl; b) (Konserven~) can; tin (Brit.); (Bier~) can
dösen ['dœːzn̩] itr. V. (ugs.) doze
Dosis ['doːzɪs] f.; ~, Dosen dose
Dotter ['dɔtɐ] m. oder n.; ~s, ~: yolk
Dozent [do'tsænt] m.; ~en, ~en, **Dozentin** f.; ~, ~nen lecturer (für in)
dozieren itr. V. lecture
Drache ['draxə] m.; ~n, ~n dragon
Drachen m.; ~s, ~ (Papier~) kite
Drachenfliegen n.; ~s (Sport) hang-gliding
Draht [draːt] m.; ~[e]s, Drähte ['drɛːtə] a) wire; b) (Leitung) wire; cable; (Telefonleitung) line; wire; **heißer ~:** hot line.
drahtig Adj. wiry (arms, body)
drall [dral] Adj. strapping (boy); full, rounded (face, bosom)
Drama ['draːma] n.; ~s, Dramen drama; disaster
Dramatik [dra'maːtɔk] f.; ~: drama
Dramatiker m.; ~s, ~: dramatist
dramatisch 1. Adj. dramatic. 2. adv. dramatically
dramatisieren tr. V. dramatize
Dramaturg [drama'tʊrk] m.; ~en, ~en (Theater) literary and artistic director; (Medien) script editor
Dramaturgie [dramatʊr'giː] f.; ~, ~n a) dramaturgy; b) (Abteilung) (Theater) literary and artistic director's department; script department
Drang m.; ~[e]s, Dränge ['drɛŋə] urge; **ein ~ nach Liebe** an urge to love
Drängelei f.; ~, ~en (derogativ) a) pushing; b) (mit Wünschen, Bitten) pestering
drängeln ['drɛŋln̩] (ugs.) 1. itr. V. push; 2. tr. V. a) push; shove; b) (einreden auf) pester; go on at (ugs.). 3. ref. V. **sich weiter ~:** push one's way forward
drängen ['drɛŋən] 1. itr. V. a) (schieben) push; **wir drängten zur Kasse** we pressed towards the checkout counter; b) **auf etw.** (Akk.) **~:** press for sth.; 2. tr. V. a) push; b) (antreiben) press; urge. 3. ref. V. (masses) crowd, throng; (audience) throng
drangsalieren tr. V. (derogativ) (quälen) torment; (plagen) plague
drastisch 1. Adj. a) crudely explicit (words); graphic (description); b) (empfind-

lich spürbar) drastic (manner). 2. *adv.* a) (grob) with crude explicitness; (deutlich) graphically; b) (einschneidend) drastically
draußen ['drausn] *Adv.* outside; ~ **beim Briefkasten** at the mailbox
Dreck [drɛk] *m.*; ~[e]s a) *(ugs.)* dirt; (ekelerregend) filth; (Schlamm) mud; ~ **machen** make a mess; b) (Zeug) rubbish *no indef. art.*; junk *no indef. art.*
dreckig 1. *adv.* a) **es geht mir** ~ *(ugs.)* I`m in a bad state; b) (salopp *derogativ*: unverschämt) cheekily; ~ **gucken** have a brazen look on one's face. 2. *Adj.* a) *(ugs.*: schmutzig, ungepflegt, auch bildlich) dirty; (sehr ekelerregend schmutzig, auch bildlich) filthy; ~ **Worte**: dirty words; b) *nicht präd.* (salopp *derogativ*: gemein) dirty, filthy (pig etc.). c) (salopp *derogativ*: unverschämt) brazen
drehbar 1. *adv.* ~ **gelagert** pivoted. 2. *Adj.* revolving *attrib.*; swivel *attrib.* (chair); ~ **sein** revolve/swivel
drehen 1. *tr. V.* a) turn; b) *(ugs.*: einstellen) **die Lautstärke laut/leise ~:** turn the volume up/down; c) (Film) shoot; film (story); d) (formen) twist (arm, etc.); roll (joint). 2. *ref. V.* turn; (attitude) change, shift; (um eine Achse) turn; rotate; revolve; (um einen Mittelpunkt) revolve (um around); 3. *itr. V.* a) (pilot, bicycle) turn; (current) change, shift; b) **an etw.** *(Dat.)* ~: turn sth.; c) (Film) shoot; film
Drehung *f.*; ~, ~en a) (um eine Achse) revolution; rotation; (sehr schnell) spin; b) (das Drehen) turning; (sehr schnell) spinning
Drei *f.*; ~, ~en three

drein-: ~·**blicken,** ~·**schauen** *itr. V.* look
dreißig ['draɪsɪç] thirty
Dreißigstel *n.*; ~s, ~: thirtieth
dreist [draɪst] 1. *adv.* brazenly. 2. *Adj.* brazen; shameless (joke)
Dreistigkeit *f.*; ~, ~en a) *o. Pl.* (Art) brazenness; shamelessness b) brazen act; brazen remark
dressieren *tr. V.* train (dog)
Drill [drɪl] *m.*; ~[e]s drilling; (Militär) drill
drillen *tr. V.* (auch Militär) drill
dringen ['drɪŋən] *unr. itr. V.* a) *mit sein* (gelangen) (odour, etc.) penetrate, come through; (news) get through; b) *mit sein in* **jmdn.** ~ urge sb.
dringend 1. *Adj.* a) (sofort) urgently; b) (zwingend) (motivate) strongly. 2. *adv.* a) (eilig) urgent; b) strong (motive); (eindringlich) urgent (question); compelling ~ **erforderlich sein** be imperative or essential
Dringlichkeit *f.*; ~: urgency
Drink [drɪŋk] *m.*; ~[s], ~s drink
drinnen ['drɪnən] *Adv.* inside; (im Gebäude) indoors; inside
drittens *Adv.* thirdly
Drive [draɪf] *m.*; ~s, ~s (auch Jazz, Golf, Tennis) drive
Droge ['droːɡə] *f.*; ~, ~n drug; **unter ~n stehen** be on drugs
Drogerie [droɡəˈriː] *f.*; ~, ~n chemist's (Brit.); drugstore (Amer.)
Drogist *m.*; ~en, ~en, Drogistin *f.*; ~, ~nen chemist (Brit.); druggist (Amer.)
drohen ['droːən] 1. *itr. V.* a) threaten; b) (bevorstehen) be threatening; 2. *mod. V.* **etw. zu tun ~:** threaten to do sth

drohend *Adj.* a) threatening; b) (bevorstehend) imminent (trouble)
Drohung *f.*; ~, ~en threat
drollig ['drɔlɪç] 1. *adv.* a) (seltsam) oddly; peculiarly b) (spaßig) comically; (niedlich) sweetly. 2. *Adj.* a) (seltsam) odd; peculiar; b) (spaßig) funny; comical; (niedlich) sweet
drosseln *tr. V.* a) turn down (cooling system); throttle back (motor); restrict the flow of (air, etc.); b) (herabsetzen) reduce; cut back or down
Druck [drʊk] *m.*; ~[e]s, Drücke a) *(Technik)* pressure; **einen ~ im Ohr haben** *(bildlich)* feel pressure in one's ear; b) *o. Pl.* (Zwang) pressure; **wir stehen unter ~:** we are under pressure; **ich kann auch mehr ~ ausüben** I can put on more pressure; c) *o. Pl.* (das Drücken) **ein ~ auf den Bauch** a touch on the belly
Druck *m.*; ~[e]s, ~e a) *o. Pl.* (das Drucken) printing; (Art des Drucks) print; **in ~ gehen** go to press; b) (Bild, Grafik) print
druck·empfindlich *Adj.* pressure-sensitive (button)
drucken *tr., itr. V.* print
drücken ['drʏkn] 1. *itr. V.* a) press; **die Nase ~:** press the nose; **das drückte mich** *(bildlich)* it dampened my spirits; b) (Druck verursachen) (corset, etc.) pinch; **mein Schuh drückt** my shoe is digging into my foot; 2. *tr. V.* a) press; push (door); squeeze (lemon, etc.); b) (liebkosen) **jmdn.** ~: hug sb.; c) (Druck verursachen, quetschen) pinch (boot, seat, etc.); d) (herabsetzen) push or force down (cost); depress (market); bring down (energy)
drückend *Adj.* a) burden-

some (duty); grinding (hunger); heavy (costs); b) (schwül) oppressive
Drucker *m.*; ~s, ~: printer
Drücker *m.*; ~s, ~ a) (Knopf) button; b) (Tür~) handle
Druckerei *f.*; ~, ~en printingworks; (Firma) printinghouse; printer's
drunter ['drʊntə] *Adv.* *(ugs.)* underneath
Drüse ['dry:zə] *f.*; ~, ~n gland
Dschungel ['dʒʊŋl] *m.*; ~s, ~ **(auch bildlich)** jungle
du [du:] *Personalpron.*; 2. *Pers. Sg. Nom.* you; thou (arch.)
ducken ['dʊkn̩] 1. *ref. V.* duck; (vor Angst) cower. 2. *tr. V. (derogativ)* intimidate; humiliate. 3. *itr. V.* humble oneself
dudeln ['du:dl̩n] 1. *tr. V.* (auf Blasinstrument) tootle; (singen) sing unmusically. 2. *itr. V.* (noise, etc.) drone on
Dudel·sack *m.* bagpipes *pl.*
Duell *n.* [du'æl] ~s, ~e a) duel; b) (Sport) contest
duellieren *ref. V.* fight a duel
Duft [dʊft] *m.*; ~s, Düfte ['dyftə] pleasant smell; scent; (von Parfüm, etc) scent; fragrance; *(Tierwelt)* scent; (von Kaffee) aroma
duften ['dʊftn̩] *itr. V.* smell (nach of); **die Rosen ~ gut** the roses smell lovely
dulden ['dʊldn̩] 1. *tr. V.* a) tolerate; put up with; b) (Aufenthalt gestatten) **jmdn. ~:** tolerate or put up with sb.'s presence. 2. *itr. V.* suffer
duldsam ['dʊltza:m] 1. *adv.* indulgently; tolerantly. 2. *Adj.* indulgent; tolerant (gegen towards)
Duldsamkeit *f.*; ~: indulgence; tolerance
dumm [dʊm]**, dümmer, dümmst...** ['dʏmst] 1. *adv.* *(ugs.:* töricht) foolishly; stupidly; 2. *Adj.* a) stupid; thick, dense (man); b) *(ugs.:* töricht, albern) idiotic; silly; stupid; c) (unvernünftig) foolish; stupid; daft; d) *(ugs.:* unangenehm)
dummer·weise *Adv.* a) (leider) unfortunately; (ärgerlicherweise) annoyingly; irritatingly; b) (törichterweise) foolishly; stupidly
Dummheit *f.*; ~, ~en a) o. *Pl.* stupidity; foolishness; b) stupid or foolish thing
Dumm·kopf *m. (ugs.)* fool or idiot
dumpf [dʊmpf] 1. *adv.* a) (ring) hollowly; **~ auf den Boden aufschlagen** land on the floor with a dull thud; b) (stumpfsinnig) apathetically; numbly. 2. *Adj.* a) dull (thump); muffled (noise); b) (stumpfsinnig) dull; numb (mind); c) (undeutlich) dull (throbing)
Dumpfheit *f.*; ~ (Stumpfsinn) torpor; inertia; apathy
Dünge·mittel *n.* fertilizer
düngen ['dʏŋən] 1. *tr. V.* fertilize (earth, etc.); scatter fertilizer around (flowers)
Dünger *m.*; ~s, ~: fertilizer
dunkel ['dʊŋkl]1. *adv.* a) (draw sth., etc.) in a dark colour/in dark colours; b) (unbestimmt) vaguely. 2. *Adj.* a) dark; **die Gasse ist sehr ~:** the alley is very dark; **im ~n gehalten** *(bildlich)* be kept in the dark; b) (fast schwarz) dark; **dunkle Haut** brown skin; c) (unerfreulich) dark (humour); black (week); d) (tief) deep (note, sound); e) *(derogativ:* zweifelhaft) dubious; shady. f) (unbestimmt) vague; dim, faint, vague (idea); dark (image, feeling)
Dunkelheit *f.*; ~: darkness; **der Einbruch der ~:** nightfall
dünn [dʏn] 1. *adv.* a) thinly b) (spärlich) thinly, sparsely (arranged); c) (leicht) lightly (clothed). 2. *Adj.* a) thin (arm, etc.); slim; b) (spärlich) thin (existence); sparse (landscape); c) (leicht) thin, light (material, cloth); fine (silk); fine (drops); d) (mager) thin (body); e) (wenig gehaltvoll) thin (broth); weak (coffee); watery (wine); f) (schwach) thin (sound); weak, faint (glow); faint (odour)
Dunst [dʊnst] *m.*; ~[e]s, Dünste ['dʏnstə] a) o. *Pl.* haze; (Nebel) mist; b) (Geruch) smell; (Ausdünstung) fumes *pl.*; (stickige, dumpfe Luft) fug *(ugs.)*
dunstig *Adj.* a) hazy; (neblig) misty; b) (verräuchert) smoky
Dunstschleier *m.* veil of haze or mist
durch [dʊrç] 1. *Präp. mit Akk.* a) through; **~ die Welt reisen** travel all over the world or throughout; b) by; **ich kann es nur ~ ständiges Üben** I can only do it by constantly rehearsing
durch·atmen *itr. V.* breathe deeply
durch·aus *Adv.* a) (ganz und gar) absolutely; perfectly, quite (right, interesting); **das ist ~ möglich** that is quite possible; b) **~ dabeisein wollen** insist on being there as well
Durchblick *m. (ugs.)* **den ~ haben** know what's going on; **den ~ verlieren** no longer know what's going on
durch·blicken *itr. V.* a) look through; **ich kann da nicht mehr ~:** I can`t make sense of it anymore
Durchblutung *f.*; o. *Pl.* flow or supply of blood *(Gen.* to); circulation
durch·braten *unr. tr. V.* well done; **das Fleisch ist jetzt durchgebraten** the meat is now well done

durch·brechen *unr. tr. V.* break through (wall); (tank) crash through (building)

durch·brennen *unr. itr. V.; mit sein* a) (bulb) burn out; (fuse) blow, b) (*ugs.*: weglaufen) (mit der Kasse) abscond; (von zu Hause) run away

Durch·bruch *m. (bildlich)* breakthrough; **den ~ schaffen** make the break

durch·drehen 1. *tr. V.* put (beef, etc.) through the mincer; grind (peanuts, etc.) in the blender. 2. *itr. V.* a) (tires) spin b) *auch mit sein* (*ugs.*) crack up (*ugs.*); go to pieces

durch·dringen *unr. itr. V.; mit sein* (light) come through; **durch etw. ~:** penetrate sth.; come through sth.; **sie drangen durch alle Grenzen** they penetrated all the frontiers

durch·dringend 1. *adv.* penetratingly; piercingly. 2. *Adj.* a) (intensiv) piercing, penetrating (glance, noise, shout); b) (penetrant) pungent, penetrating (odour)

durch·einander *Adv.* ~ sein (mind, files, etc.) be in a muddle; (aufgeregt sein) be flustered or (*ugs.*) in a state; (verwirrt sein) be confused

Durch·einander *n.;* ~s a) muddle; mess; b) (Wirrwarr) confusion

Durch·fall *m.* diarrhoea *no art.*

durch·fallen *unr. itr. V.; mit sein* a) fall through; b) (*ugs.*: die Wahl verlieren) lose the election; c) (*ugs.*: nicht bestehen) fail; flunk; d) (*ugs.*: erfolglos sein) (event) flop (*sl.*); be a flop (*sl.*) or failure

durch·fluten *tr. V.* (sunlight) flood (porch)

durch·frieren *unr. itr. V.; mit sein* a) durchgefroren sein (hands) be frozen stiff; b) (pond, river) freeze solid

durch·führbar *Adj.* practicable; feasible; **ein ~er Plan** a workable task

Durch·führbarkeit *f.;* ~: practicability; feasibility

durch·führen 1. *itr. V.* **durch etw./unter etw.** (*Dat.*) ~ (highway) go or run or pass through/under sth. 2. *tr. V.* carry out, implement (method); perform, (task)

durch·füttern *tr. V.* (*ugs.*) feed; support

durch·gängig 1. *adv.* generally, universally (believed). 2. *Adj.* general; (universell) universal; constant (attribute)

durch·geben *unr. tr. V.* announce

durch·gehen 1. *unr. itr. V.; mit sein* a) go or walk through; b) (road, etc.) go or run through (bis zu to); (line) go or run right through; c) (bus) go through (bis to); go direct; d) (angenommen werden) (thesis) be accepted; (bill) be passed e) (*ugs.*: davonlaufen) run off; 2. *unr. tr. V.; mit sein* go through (letters, books etc.)

durch·gehend 1. *adv.* ~ **dabei sein** be there all the time 2. *Adj.* a) continuous (path, design, etc.); recurring (motive); b) (direkt) through *attrib.* (bus, tracks)

durch·halten 1. *unr. tr. V.* stand 2. *unr. itr. V.* (bei einem Kampf) hold out; (bei einer schwierigen Aufgabe) see it through

durch·hängen *unr. itr. V.* sag

durch·kämmen *tr. V.* comb

durch·kämpfen 1. *tr. V.* a) fight (policy) to the end; fight one's way through (problem); b) (durchsetzen) force through. 2. *ref. V.* **sich ~:** fight or battle one's way through

durch·kneten *unr. tr. V.* knead thoroughly

durch·kommen *unr. itr. V.; mit sein* a) come through; (mit Mühe hindurchgelangen) get through; b) (*ugs.*: beim Telefonieren) get through; c) (sich zeigen) (truth) come out d) (*ugs.*: überleben) pull through; e) (auskommen) get by

durch·kreuzen *tr. V.* thwart, foil. frustrate (scheme)

Durch·lass *m.;* Durchlasses, Durchlässe (Öffnung) opening; gap

durch·lässig *Adj.* permeable; **der Stoff ist durchlässig** the material is permeable

Durch·lässigkeit *f.;* ~ permeability

Durch·lauf *m.* a) (Sport) run; b) (von Wasser) flow

durch·laufen 1. *unr. tr. V.* go through (boots). 2. *unr. itr. V.; mit sein* a) run through; b) (durchrinnen)

durch·laufen *unr. tr. V.* go or pass through (mood, feeling)

durch·laufend 1. *adv.* (numbered) in sequence. 2. *Adj.* continuous

durch·leben *tr. V.* live through; experience

Durch·leuchtung *f.;* ~, ~en a) x-ray examination; b) (*bildlich:* Analyse) investigation

durch·löchern *tr. V.* a) make holes in; **der Käse ist völlig durchlöchert** the cheese is full of holes; b) (*bildlich:* schwächen) undermine (authority) completely

durch·lüften 1. *tr. V.* air (building) thoroughly. 2. *itr. V.* air the place

Durch·messer *m.;* ~s, ~: diameter

durch·nässen *tr. V.* drench; soak; **durchnässt sein** be wet through and through

durch·nehmen *unr. tr. V.* (Schule) deal with

durch·nummerieren *tr. V.* number (slides, items) consecutively from start to finish

durch·probieren *tr. V.* taste or test (drinks, etc.) one after another; try on (hats, shoes) one after another

durch·queren *tr. V.* cross; travel across (town)

durch·rechnen *tr. V.* calculate

durch·reichen *tr. V.* **etw. ~:** pass or hand sth. through

Durch·reise *f.* journey through; **nur auf der ~ sein** only be passing through

durch·reisen *itr. V.*; *mit sein* pass through

durch·reißen 1. *unr. tr. V.* **etw. ~:** tear sth. in two or in half. 2. *unr. itr. V.*; *mit sein* (material, shirt) rip, tear (tape)

durch·rühren *tr. V.* **etw. ~:** stir sth.

Durch·sage *f.* announcement

durch·sagen *tr. V.* announce

durchschaubar *Adj.* transparent, **leicht ~** easy to see through

durch·schauen *tr. V.* see through (story, friend, etc.); see (problem) clearly; **ich habe dich doch schon längst ~:** I have seen through your ways a long time ago

durch·scheinen *unr. itr. V.* (moon) shine through

durch·scheinend *Adj.* translucent

durch·schimmern *itr. V.* (light) shimmer through; *(bildlich)* (feelings, love) show through

durch·schlagen *unr. tr. V.* smash

Durch·schlag·papier *n.* copy paper

Durch·schlags·kraft *f.* (bildlich: Wirkung) force; power

durch·schlängeln *ref. V.* **sich ~** (auch bildlich) thread one's way through

durch·schneiden *unr. tr. V.* cut through (wire, line); cut (picture) in two

Durch·schnitt *m.* average; **im ~:** on average; **im ~ 2 Packungen am Tag rauchen** smoke an average of 2 packs a day; **über dem ~ liegen** be above average

durch·schnittlich 1. *adv.* (make, pay, etc.) on average; **~ schwer sein** be of average weight; **~ stark sein** be of average strength. 2. *Adj.* a) *nicht präd.* average (show, result); b) *(ugs.:* nicht außer Gewöhnlichen) ordinary (man, etc.); c) (mittelmäßig) modest, moderate (intellect, accomplishment)

durch·schreiten *unr. tr. V.* stride across (platform)

Durch·schrift *f.* copy

durch·sehen 1. *unr. itr. V.* a) ~: check through; b) *unr. tr. V.* check through (text)

durch·seihen *tr. V.* (Küche) strain; pass (sth.) through a sieve

durch·sein *unr. itr. V.*, *mit sein*; *nur im Inf. u. Part. zusammengeschrieben (ugs.)* a) be through or have gotten through; b) (fertig sein) have finished; **mit dem Buch ~:** have gotten through the book; c) (vorbeigefahren sein) (car etc.) have gone through; (abgefahren sein) (underground train, etc.) have gone; d) (durchgebraten) (steak) be well done; e) (reif sein) (cheese) be mature; g) (angenommen sein) (bill) have gone through/have been adopted; h) (gerettet sein) (critically ill person) be out of danger

durch·setzen 1. *ref. V.* assert oneself (gegen against); (concept) gain acceptance, become established; (fad) catch on *(ugs.)*, gain acceptance. 2. *tr. V.* put through (agenda); carry through (idea); enforce (law)

Durch·setzungskraft *f.*, **~vermögen** *n.* assertiveness; ability to assert oneself

Durch·sicht *f.*: **nach ~ der Klausuren** after checking through the exams

durch·sichtig *Adj.* (auch bildlich) transparent; see-through

durch·sickern *itr. V.*; *mit sein* a) seep through; b) (bekannt werden) (gossip) leak out

durch·sieben *tr. V.* strain (noodles); sift, sieve (sand, etc.)

durch·spielen *tr. V.* a) act (play) through; play (symphony) through; b) *(bildlich)* go through (possibilities)

durch·sprechen *unr. tr. V.* talk over; discuss (options) thoroughly

durch·stechen *unr. tr. V.* pierce

durch·stehen *unr. tr. V.* stand (tempo); come through (difficulty); get over (sickness) pass (exam)

durch·stellen *tr. V.* put (call) through

durch·stöbern *tr. V. (ugs.)* scour (place); search all through (flat); rummage through (drawers)

durch·streichen *unr. tr. V.* cross through or out; (in Formularen) delete

durchstreifen *tr. V.* roam, wander through (streets)

durch·suchen *tr. V.* search through

Durch·suchung *f.*; **~, ~en** search

Durch·suchungs·befehl *m.* search warrant

durch·trainieren *tr. V.* get

(athlete) into condition; **richtig durchtrainiert** be in top condition

durch·trennen *tr. V.* cut (line, string); sever (finger)

durch·trieben *(derogativ)* 1. *adv.* craftily; slyly. 2. *Adj.* crafty; sl.

Durch·triebenheit *f.*; ~: craftiness; slyness

durch·wachen *tr. V.* stay awake all night

durch·wandern *itr. V.*; *mit sein* hike or walk without pausing

durch·waten *itr. V.*; *mit sein* ~: wade through

durch·weg ['dʊrçvæk] *Adv.* without exception

durch·weichen *itr. V.*; *mit sein* (paper) go soggy

durch·wühlen 1. *tr. V.* rummage through, ransack (appartment, closet) (nach in search of); turn (flat, scene of the crime) upside down (nach in search of). 2. *ref. V.* **sich durch die Arbeit ~** *(bildlich)* plough through work

durch·zählen *tr. V.* count; count up

durch·ziehen 1. *unr. itr. V.*; *mit sein* a) pass through; b) (Küche.) (beans, rice, etc.) soak

Durch·zug *m.* a) (das Durchziehen) passage through; (von Truppen) march through; b) *o. Pl.* draught; ~ **machen** create a draught

dürfen ['dʏrfn] a) **etw. tun ~:** be permitted or allowed do sth.; **darf ich?** may I?; (sollte man nicht) one shouldn't do that; **das darf ich nicht tun** I am not allowed or permitted to do that; **nein, das darf keiner** no, no one is permitted to do that; **in der Kirche darf man nicht reden** speaking is prohibited in church; **das darf nicht geschehen** that must not happen; b) **ich darf davon ausgehen, dass ...:** I am able to assume that ...; c) **darf ich?** may I?; **darf ich Micha ins Zimmer bitten?** could I ask Mike to come into the room?; **darf oder dürfte ich mal deinen Ausweis sehen?** may I see your passport?; d) *Konjunktiv II + Inf* **das dürfte die Wahrheit sein** that is probably the truth; **das dürfte stimmen** that ought to be correct. 2. *unr. tr.*, *itr. V.* **darf ich gehen?** may I go?

dürftig ['dʏrftɪç] 1. *adv.* a) (exist) poorly; scantily (clothed); b) *(derogativ:* unzulänglich) skimpily, scantily (decorated); poorly (cared for); (explain) sketchily; thinly (covered). 2. *Adj.* a) (ärmlich) scanty (winter clothes); poor, meagre (supper); b) *(derogativ:* unzulänglich) poor (attempt, vision); feeble, poor (excuse); scanty (interest); paltry, meagre (payment)

dürr *Adj.* a) withered (tree); dry, dried up, withered (field); arid, barren (land); b) (unergiebig) lean (days); bare (statements); c) (mager) skinny, scrawny (arms, body)

Dürre *f.*; ~, ~n drought

Dürre·periode *f.* period of drought

Durst [dʊrst] *m.*; ~[e]s thirst; **~ haben** be thirsty; **ich habe Durst auf ein Glas Milch** I could use a cup of milk right now

dursten *itr. V.* thirst; **~ müssen** have to go thirsty

durstig *Adj.* thirsty

Dusch·bad *n.* shower

Dusche ['duʃə] *f.*; ~, ~n shower; **unter die ~ gehen** take a shower

duschen 1. *tr. V.* **jmdn. ~:** give sb. a shower. 2. *itr.*, *ref. V.* take a shower; **heiß ~:** take a hot shower

düsen *itr. V.*; *mit sein (ugs.)* dash

düster ['dy:stɐ] 1. *Adj. adv. (bildlich)* gloomily. 2. a) dark; gloomy; b) *(bildlich)* gloomy; sombre (atmosphere)

Düsterheit, Düsterkeit *f.*; ~a) siehe düster a: darkness; gloom; dimness; b) gloominess; sombreness; darkness

Dutzend ['dʊtsnt] *n.*; ~s, ~e dozen; **ein halbes ~ Tomaten** half a dozen tomatoes

Dynamik [dy'na:mɪk] *f.*; ~ a) (Musik) dynamics *pl.*; b) *(Technik)* dynamics *sing.*, *no art.*; c) (Triebkraft) dynamism

dynamisch [dy'na:mɪʃ] 1. *adv.* dynamically. 2. *Adj.* dynamic

Dynamit [dyna'mi:t] *n.*; ~s dynamite

Dynamo [dy'na:mo] *m.*; ~s, ~s dynamo

Dynastie *f.*; ~, ~n dynasty

E

e, E [eː] *n.*; ~, ~ (Buchstabe) e/E

Ebbe [ˈæbə] *f.*; ~, ~n a) (Bewegung) ebb tide; **~ und Flut** ebb and high tide; b) (Zustand) low tide; **es ist ~:** it is low tide

eben [ˈeːbn̩] 1. *Adv.* a) (gerade jetzt) just; b) (gerade noch) just; c) (kurz) a moment; d) (genau) precisely; **na, ~, genau das meinte ich** well, exactly or precisely that is what I meant; **ja, ~ den kann ich nicht leiden** that's just the guy I can't stand. 2. *Adj.* a) (glatt) level (road, floor, land); b) (flach) flat. 3. *Partikel* a) **nicht ~:** not exactly; b) (nun einmal) simply; **das musst du ~ begreifen** you simply must understand

Ebene *f.*, ~, ~n a) (flaches Land) plain; **in dieser ~:** on this plain; b) *(bildlich)* level; c) (Geometrie, Technik) plane

Eben·holz *n.* ebony

Eber [ˈeːbɐ] *m.*; ~s, ~: boar

Echo [ˈæço] *n.*; ~s, ~s echo; *(bildlich)* response (auf + Akk. to)

Echse [ˈæksə] *f.*; ~, ~n *(Tierwelt)* a) saurian; b) (Eid~) lizard

echt [æçt] 1. *adv.* a) **~ silber/russisch usw.** real silver/real or genuine Russian etc.; b) (typisch) typically

Ecke [ˈækə] *f.*; ~, ~n a) corner; **Dornweg ~ Berliner Straße** on the corner of Dornway and Berliner Straße; b) (ugs.: Gegend) corner; **eine nette kleine ~:** a nice little spot

eckig 1. *adv.* jerkily. 2. *Adj.* a) (ruckartig) jerky (motion); b) square; angular (face)

Economy·klasse [ɪˈkɔnæmiː] *f.* economy class; tourist class

edel [ˈeːdl̩] 1. *adv.* nobly 2. *Adj.* a) *nicht präd.* thoroughbred (dog); b) (großmütig) noble, highminded (man); noble (speech); honourable (mention, leave); c) *nicht präd.* (veralt.: adlig) noble; d) (vortrefflich) fine (taste).; high-grade (leather, eggs)

Eden [ˈeːdn] *in* **der Garten ~** (Bibel) the Garden of Eden

Edition [edɪˈtsi̯oːn] *f.*; ~, ~en edition

Effekt [æˈfækt] *m.*; ~s, ~e effect

effektiv [æfækˈtiːf] 1. *adv.* effectively. 2. *Adj.* effective

Effektivität [æfæktɪveːˈtɛːt] *f.*; ~: effectiveness

Effektiv·einkommen *m.* real income

effekt·voll 1. *adv.* effectively. 2. *Adj.* effective

effizient [æfɪˈtsi̯ænt] 1. *adv.* efficiently. 2. *Adj.* (geh.) efficient

egal [eˈgaːl] *Adj.* a) *nicht attr.* (ugs.: einerlei) **es ist jmdm. ~: das ist ~:** that makes no difference/it's all the same to sb.; b) (ugs.: gleich) identical

Egoismus [egoˈɪsmʊs] *m.*; ~: egoism

Egoist [egoˈɪst] *m.*; ~en, ~en, Egoistin *f.*; ~, ~nen egoist

egoistisch 1. *adv.* egoistically. 2. *Adj.* egoistic

Egozentriker *m.*; ~s, ~, Egozentrikerin *f.*; ~, ~nen egocentric

egozentrisch *Adj.* egocentric

Ehe [ˈeːə] *f.*; ~, ~n marriage; **eine lange ~** an long marriage; **~bruch** adultery

ehedem *Adv.* formerly

ehelich *Adj.* matrimonial; marital; conjugal; legitimate (baby)

ehemalig [ˈeːəmalɪç] *Adj.*; previous; former

eher [ˈeːɐ] *Adv.* a) (früher) earlier; sooner; **je ~ du kommst, desto besser** the sooner you come the better; b) (wahrscheinlicher) more likely; (leichter) more easily; c) (lieber) rather; sooner; **~ sterbe ich!** I would rather die. d) (mehr) **das ist ~ möglich** that is more likely

ehrbar 1. *adv.* respectably. 2. *Adj.* respectable, worthy (judge); honourable (deed)

Ehre [ˈeːrə] *f.*; ~, ~n a) honour; **die ~ haben, sich dazu zu setzen** have the hnour of joining the group; **zu ~n des Gastes,** in honour of the guest; b) *o. Pl.* (Ehrgefühl) sense of honour; **man braucht ~, um zu lehren** teaching takes a lot of integrity

ehren *tr. V.* a) (Ehre erweisen) honour; **jmdn. mit einer Urkunde ~:** award sb. an award; b) (Ehre machen) **dein Gedächnis ehrt dich** your memory does you credit

ehrenhaft 1. *adv.* (act) honourably. 2. *Adj.* honourable (deed, motive)

ehrerbietig [ˈeːɐæɐbiːtɪç] 1. *adv.* (greet) respectfully. 2. *Adj.* respectful

Ehrerbietung *f.*; ~ respect

Ehr·furcht *f.* awe (vor + *Dat.* for); **~ vor jmdm./ etw. haben** be in awe of sb./sth.

ehrfürchtig 1. *adv.* reverently. 2. *Adj.* reverent

ehrlich 1. *adv.* honestly; 2. *Adj.* honest; upright; honourable; genuine (feeling)

Ehrlichkeit *f.*; ~ honesty; genuineness; uprightness; honourableness; truthfulness

ehr·los 1. *adv.* dishonourably. 2. *Adj.* dishonourable

Ehr·losigkeit *f.*; ~: dishonourableness

ehr·würdig *Adj.* a) venerable (candidate, monument); b) (Katholische Kirche) **~er/~e Mutter/Vater** Reverend Mother; Father

Ei [aɪ] *n.*; ~[e]s, ~er a) egg; (Physiologie, Zoologie) ovum; **aus dem ~ schlüpfen** hatch; b) (derb: Hoden) *meist Pl.* ~er balls (coarse); nuts (Amer. Coarse)

Eiche [ˈaɪçə] *f.*; ~, ~n oak

Eichel [ˈaɪçl̩] *f.*; ~, ~n a) (Frucht) acorn; b) (Anatomie) gland

Eich·hörnchen *n.*, **Eichkätzchen** *n.* squirrel

Eid [aɪt] *m.*; ~[e]s, ~e oath; **einen ~ leisten oder ablegen** swear or take an oath

Eidechse *f.*; ~, ~n lizard

Ei·dotter *m.* oder *n.* egg yolk

Eifer [ˈaɪfɐ] *m.*; ~s eagerness; zeal; **im ~ des Geschehens** in all the excitement

Eiferer *m.*; ~s, ~ zealot

eifern *itr. V.* **für/gegen etw. ~**: campaign for/against sth.

Eifer·sucht *f.* jealousy (auf + Akk. of)

eifer·süchtig 1. *adv.* jealously. 2. *Adj.* jealous (auf + Akk. of)

eifrig 1. *adv.* eagerly. 2. *Adj.* eager; enthusiastic (helper); (fleißig) assiduous

eigen [ˈaɪgn̩] *Adj.* a) *nicht präd.* own; **eine ~e Idee entwickeln** develope one's own idea; **sich** (*Dat.*) **etw. zu ~ machen** adopt sth.); b) characteristic

Eigenheit *f.*; ~, ~en peculiarity

eigens *Adv.* specially; **~ für diesen Zweck** specifically for this purpose

Eigenschaft *f.*; ~, ~en characteristic; (von Sachen) property; (von Lebewesen) quality

Eigenschafts·wort *n.* adjective

eigentlich [ˈaɪgn̩tlɪç] 1. *Adv.* (tatsächlich, genaugenommen) actually; really; **~ weiß ich es nicht** I actually don`t know **~ sollten wir nicht gehen** we really ought not to go; 2. *Adj.*; *nicht präd.* (wirklich) actual; real; (ursprünglich) original; 3. *Partikel* **was bedeutet das ~?** what exactly does that mean?

Eigentum *n.*; ~s a) property; (einschließlich Geld usw.) assets *pl.*; b) (Recht des Eigentümers) ownership (an + *Dat.* of)

Eigentümer [ˈaɪgn̩ty:mɐ] *m.*; ~s, ~: owner; (Hotel~, Geschäfts~) proprietor; owner

eigentümlich [ˈaɪgn̩ty:mlɪç] 1. *adv.* peculiarly; strangely; oddly. 2. *Adj.* a) (typisch) peculiar; characteristic; b) (eigenartig) peculiar; strange; odd

Eigentümlichkeit *f.*; ~, ~en a) *o. Pl.* (Eigenartigkeit) peculiarity; strangeness; b) (typischer Zug) peculiarity

eignen *ref. V.* be suitable; **das Brett eignet sich gut als Tisch** the board makes a good table

Eigner *m.*; ~s, ~: owner

Eignung *f.*; ~: suitability; aptness; aptitude

Eile [ˈaɪlə] *f.*; ~: hurry; **warum hast du ~?** what's your hurry?

Ei·leiter *m.* (Anatomie) fallopian tube

eilen 1. *itr. V.* a) *mit sein* hurry; hasten; (besonders schnell) rush; b) (dringend sein) (matter) be urgent; **„es eilt!"** 'it is urgent'; 2. *refl. V.* hurry; make haste

eilends *Adv.* hastily

eilig 1. *adv.* hurriedly. 2. *Adj.* a) (schnell) hurried; **ich habe es ~** I am in a hurry; b) urgent; **ist es ~?** is it urgent?

Eimer [ˈaɪmɐ] *m.*; ~s, ~ bucket; (Abfall~) bin

ein [aɪn] 1. *unbest. Art.* a/an; ~ **Eimer/Ei** a bin/an egg; 2. **~er von uns muss gehen** one of us must go ein ~ **aus** on — off; **~ und aus schalten** turn on and off

Einakter [ˈaɪnaktɐ] *m.*; ~s, ~: one-act play

einander [aɪˈnandɐ] *reziprokes Pron.; Dat. u. Akk.* each other; one another

ein·arbeiten *tr. V.* a) (ausbilden) train (employee); **sich in etw.** (*Akk.*) **~**: become familiar or familiarize oneself with sth.; b) (einfügen) incorporate (in + Akk. into)

Einarbeitung *f.*; ~, ~en training

ein·äschern [ˈaɪnɛʃɐn] *tr. V.* a) reduce (site, etc.) to ashes (body); b) cremate (body)

Einäscherung *f.*; ~, ~en a) burning down; **die ~ des Waldes** the destruction of the forest by fire; b) cremation

ein·atmen *tr. V., itr. V.* breathe in

Ein·bahn·straße *f.* one-way street

ein·bauen *tr. V.* a) (einfügen) insert, incorporate (person); b) build in, fit (furniture); install (programme)

ein·behalten *unr. tr. V.* withhold

ein·beziehen *unr. tr. V.* include (in + Akk. in)

Ein·beziehung *f. o. Pl.* inclusion (in + Akk. in)

ein·bilden *ref. V.* a) **sich** (*Dat.*) **etw. ~**: imagine sth.;

b) *(ugs.)* **sich etwas ~:** be conceited (auf + Akk. about)
Ein·bildung *f.*; ~, ~en a) *o. Pl.* (Fantasie) imagination; b) (falsche Vorstellung) fantasy; c) *o. Pl.* (Hochmut) conceitedness; haughtiness
Ein·blendung *f.* (Rundf., Ferns., Film) insertion
Ein·blick *m.* a) view (in + Akk. into); **~ in etw.** (Akk.) **haben** be able to see into sth.; b) (bildlich: Kenntnis) insight (in + Akk. into)
ein·brechen *unr. itr. V.* a) *mit haben oder sein* break in; **in ein Haus ~:** break into a house; b) *mit sein* (einstürzen) (structure) fall in, cave in; c) *mit sein* (geh.: beginnen) (night) fall
Einbrecher *m.*; ~s, ~: burglar
Ein·bruch *m.* a) burglary; break-in (in + Akk. at); b) collapse; c) (Beginn) **der ~ der Dunkelheit** nightfall; d) invasion (in + Akk. of)
einbürgern 1. *tr. V.* naturalize (foreigner); introduce (procedure). 2. *ref. V.* (procedure) become established; (foreigner) become naturalized
Einbürgerung *f.*; ~, ~en naturalization
ein·decken 1. *ref. V.* stock up. 2. *tr. V.* *(ugs.:* überhäufen) swamp
Eindeutigkeit *f.*; ~: siehe eindeutig: clarity; unambiguity
ein·dimensional *Adj.* one dimensional
ein·dringen *unr. itr. V.*; *mit sein* a) (einbrechen) **in ein Haus ~:** force an entry or one's way into a house; b) **in etw.** (Akk.) **~:** penetrate into sth.; (spear) pierce sth.; (allmählich) seep into sth.; c) **~ auf** (+ Akk.) set upon, assault
ein·dringlich 1. *adv.* (question) strongly; (argue) insistently. 2. *Adj.* urgent (call); forceful, (speech)
Ein·dringlichkeit *f.*; urgency; impressiveness; forcefulness
Eindringling [ˈaɪndrɪŋlɪŋ] *m.*; ~s, ~e intruder
Ein·druck *m.*; ~[e]s, Eindrücke (Druckstelle, bildlich) impression; **einen ~ hinterlassen** make an impression
eineiig [ˈaɪnaɪɪç] *Adj.* identical (twins)
ein·engen *tr. V.* a) **jmdn. ~:** restrict sb.'s movement; **sich eingeengt fühlen** feel constrained; b) (bildlich: einschränken) curb; restrict; **jmdn. in seinen Gedanken ~:** restrict sb.'s thoughts
einer, eine, eines, eins *Indefinit pron.* (man) one; (jemand) somebody; someone; anybody; anyone; **das mach mal einem** vor try showing that to somebody; **eine/ einer/eines der schönsten** one of the prettiest; **ein[e]s ist mir klar** one thing I am sure of
Einerlei *n.*; ~s monoton
einerseits [ˈaɪnəˈzaɪts] *Adv.* on the one hand
ein·fach 1. *adv.* a) simply; b) (nicht mehrfach) once; 2. *Adj.* a) simple; simple, easy (work); plain, simple (dinner); b) (nicht mehrfach) single (room). 3. *Partikel* simply; just
Einfachheit *f.*; simplicity; plainness
ein·fädeln 1. *tr. V.* a) thread (needle) (in + Akk. into); thread up (machine); b) *(ugs.:* geschickt einleiten) engineer (plan); 2. *ref. V.* (Verkehr) filter in; **sich in die Schlange ~:** filter into the line
Ein·fahrt *f.* a) (Weg, Straße, Stelle zum Hineinfahren) entrance; (Autobahn~) slip road; b) (das Hineinfahren) entry
Ein·fall *m.* a) (Idee) idea; b) *o. Pl.* (Licht~) incidence (Optics); c) (in ein Land usw.) invasion (in + Akk. of)
ein·fallen *unr. itr. V.*; *mit sein* a) **jmdm. fällt etw. ein** sth. occurs to sb.; b) (in Erinnerung kommen) **sein Name fällt mir nicht ein** I can't remember his name; c) (gewaltsam eindringen) **in eine Stadt ~:** attack a city; d) (von Licht) come in
Einfalt [ˈaɪnfalt] *f.*; ~: simpleness; simple-mindedness
einfältig [ˈaɪnfɛltɪç] *Adj.* a) (arglos) simple; naive; artless; naive (response); b) (beschränkt) simple; simpleminded
Einfältigkeit *f.*; ~ a) (Arglosigkeit) simplicity; naivety; b) (Beschränktheit) simpleness; simplemindedness
ein·fangen 1. *unr. tr. V.* a) catch, capture (thief); b) *(bildlich)* capture (mood). 2. *unr. ref. V.* *(ugs.:* bekommen) **sich** *(Dat.)* **eine Grippe usw. ~:** catch a flu etc
ein·finden *unr. refl. V.* arrive; (group) assemble
Ein·fluss *m.* influence (auf - + Akk. on); **unter dem ~ von Drogen stehen** be under the influence of drugs
einfluss·reich *Adj.* influential
ein·förmig 1. *adv.* monotonously. 2. *Adj.* monotonous
Ein·förmigkeit *f.*; ~, ~en monotony
ein·frieren 1. *unr. tr. V.* a) deep-freeze (meat); b) *(bildlich)* freeze. 2. *unr. itr. V.*; *mit sein* (liquid) freeze, turn to ice; (boat) be frozen in; (pond) freeze over
ein·fügen 1. *ref. V.* adapt; **sich in etw. ~:** conform to sth.; **ich kann mich nicht gut ~:** I don't fit in well. 2. *tr. V.* fit in; **etw. in etw.** (Akk.) **~:** fit sth. into sth.
ein·fühlen *ref. V.* **sich in**

einfühlsam

jmdn. ~: sympathize with sb.
einfühlsam *Adj.* understanding; sensitive
Einfühlungs·vermögen *n.* capacity to sympathize
Ein·fuhr *f.;* ~, ~en import
ein·führen *tr. V.* a) (importieren) import; b) (hineinschieben) introduce, insert; c) (als Neuerung) introduce (practice); d) (ein-, unterweisen) introduce (in + Akk. to)
Ein·führung *f.* a) (Einarbeitung) introduction; initiation; induction; b) introduction; c) introduction
Ein·gang *m.* a) entrance; b) *o. Pl.* (von Geld, Post) receipt
ein·gebildet *Adj.* a) (arrogant) conceited; b) (imaginär) imaginary
ein·geboren *Adj.* native (people)
Eingeborene *m./f.; adj. Dekl.* native
Eingebung *f.;* ~, ~en inspiration
ein·gefallen *Adj.* gaunt (expression); sunken, hollow (eyes)
ein·gehen 1. *unr. itr. V.; mit sein* a) (eintreffen) arrive; be received; b) **auf ein Problem ~:** discuss a problem; c) (schrumpfen) shrink; d) (bankrott gehen) close down; e) (sterben) die. 2. *unr. tr. V.* enter into (agreement); take (oppurtunity); accept (duty)
eingehend 1. *adv.* in detail. 2. *Adj.* detailed
ein·gekeilt *Adj.* (von beiden Seiten) wedged in (in, zwischen + *Dat.* between); (von allen Seiten) hemmed in (between)
ein·geschnappt *Adj.* (*ugs.:* beleidigt) offended
ein·geschränkt *Adj.* reduced
Ein·geständnis *n.* confession
ein·gestehen *unr. tr. V.* confess (sin); admit, confess to (offense)
Eingeweide [ˈaɪŋɡəvaɪdə] *n.;* ~s, ~; *meist Pl.* entrails *pl.;* innards *pl.*
ein·gießen *unr. tr. (auch itr.) V.* pour in
Ein·gliederung *f.* siehe eingliedern 2. integration; inclusion; incorporation
ein·graben *unr. tr. V.* bury (in + Akk. in); sink (coffin) (in + Akk. into)
ein·gravieren *tr. V.* engrave (in + Akk. on)
ein·greifen *unr. itr. V.* intervene (in + Akk. in)
ein·grenzen *tr. V.* a) enclose; b) (bildlich: beschränken) limit; restrict (auf + Akk. to
Ein·griff *m.* a) intervention (in + Akk. in); b) (Medizin) operation
ein·haken 1. *tr. V.* fasten 2. *ref. V.* link arms (bei with). 3. *itr. V.* (*bildlich ugs.*) butt in
ein·halten *unr. tr. V.* keep (date); meet (requirements); keep to (word); obey, observe (rules)
Ein·haltung *f.; o. Pl.* (einer Verabredung) keeping (einer Vorschrift) observance
ein·hängen 1. *tr. V.* hang (gate); fit (glass); put down (receiver). 2. *itr. V.* hang up. 3. *ref. V.* **sich bei jmdm. ~:** take sb.'s arm
ein·heften *tr. V.* file
ein·heimisch *Adj.* native; indigenous (flora, people)
Einheimische *m./f.; adj. Dekl.* local
Einheit *f.;* ~, ~en a) unity; b) (Militär) unit
einheitlich 1. *adv.* ~ **gelehrt sein** be taught the same. 2. *Adj.* a) (in sich geschlossen) unified; integrated; b) (unterschiedslos) uniform (style); standardized, standard (practice)

ein·heizen *tr. V.* put on (oven); heat (house)
ein·hundert a or one hundred
einig [ˈaɪnɪç] *Adj.* **sich** (*Dat.*) **~ sein** be in agreement; **sich** (*Dat.*) **~ werden** come to an agreement
einigen 1. *tr. V.* unite. 2. *ref. V.* come to an agreement (mit with, über + Akk. about); **sich auf jmdn./etw. ~:** agree on sb./sth.
Einigkeit *f.;* ~ a) unity; b) (Übereinstimmung) agreement
Einigung *f.;* ~, ~en a) (Übereinkunft) agreement; b) (Vereinigung) unification
ein·kassieren *tr. V.* a) collect; b) (*ugs.:* entwenden) pinch (*sl.*); nick (*Brit. sl.*)
Ein·kauf *m.* a) buying; (für eine Firma) buying; purchasing; **den ~ machen** do the shopping; b) (eingekaufte Ware) purchase; c) *o. Pl.* (Handel) buying or purchasing department
ein·kaufen 1. *itr. V.* shop; **~ gehen** go shopping; 2. *tr. V.* buy; purchase; buy in (food)
Ein·klang *m.* harmony
ein·kochen 1. *tr. V.* preserve (fruit, vegetables). 2. *itr. V.* thicken
Einkommen *n.;* ~s, ~: income
Einkommen·steuer *f.* income tax
Einkünfte [ˈaɪŋkʏnftə] *Pl.* income *sing.*
ein·laden *unr. tr. V.* a) invite; **jmdn. zum Geburtstag ~:** invite sb. for a birthday party; b) (freihalten) treat (zu to); **heute lade ich dich ein** today it is my treat
ein·laden *unr. tr. V.* load (in + Akk. into) (boxes)
einladend 1. *adv.* invitingly. 2. *Adj.* inviting; tempting, appetizing (dinner)
Ein·ladung *f.* invitation
Ein·lage *f.* a) (Schuh~)

archsupport; b) (Küche) vegetables, dumplings, etc. added to a consommé; c) (Guthaben) deposit; (Beteiligung) investment
ein·lagern 1. *tr. V.* store; lay in (boxes). 2. *ref. V.* **sich ~:** be deposited
Ein·lagerung *f.* storage
Einlass ['aɪnlas] *m.*; Einlasses, Einlässe ['aɪnlæsə] admission, admittance (in + Akk. to)
ein·leben *ref. V.* settle down; (in einem Haus) settle in
ein·leiten *tr. V.* introduce; institute, start (investigation); open (debate, etc.); launch (album)
Ein·leitung *f.* introduction; institution; opening; launching
ein·leuchtend 1. *adv.* plausibly. 2. *Adj.* plausible
ein·liefern *tr. V.* a) post (Brit.), mail (package); b) **jmdn. ins Gefängnis ~:** take sb. to jail
Ein·lieferung *f.* a) posting (Brit.); mailing; b) **die ~ eines Mörders** taking a murderer to jail
ein·lösen *tr. V.* a) cash (cheque); cash (coupon, etc.); b) (: erfüllen) redeem (promise)
ein·machen *tr. V.* preserve (apples, carrots); (in Gläser) bottle
einmal 1. *Adv.* a) (ein Mal) once; b) (später) some day; one day; (früher) once; **es war ~:** once upon a time; 2. *Partikel* a) **nicht ~ ich kann das verhindern** not even I can put a stop to that; b) **alle ~ lachen!** ok, everybody laugh!
einmalig 1. *adv.* (*ugs.*) superb (*ugs.*). 2. *Adj.* a) unique (offer); one-off, single (job); b) (hervorragend) superb (film, etc.); fantastic (*ugs.*) (guy)

ein·mauern *tr. V.* a) immure (criminal); wall in (body); b) (ins Mauerwerk einfügen)
ein·mischen *ref. V.* interfere (in + Akk. in)
Ein·mischung *f.* interference (in + Akk. in)
ein·monatlich 1. *adv.* monthly; once a month. 2. *Adj.* monthly
Ein·mündung *f.* (von Straßen) junction; **die ~ der A1 in die B233** the junction of the A1 and B233
Einnahme *f.*; ~, ~en a) meist *Pl.* income; (Staats~) revenue; (Kassen~) takings *pl.*; b) *o. Pl.* (einer Mahlzeit) taking; c) *o. Pl.* (einer Stadt) capture
ein·nehmen *unr. tr. V.* a) (kassieren) take; b) (zu sich nehmen) take (supper, medicine); c) (besetzen) capture, take (village, hostage); d) **viel Platz ~:** take up a lot of space
ein·ordnen 1. *tr. V.* a) arrange; put in order; b) (klassifizieren) classify; categorize, classify; 2. *ref. V.* (Verkehr) get into the correct lane
ein·packen 1. *tr. V.* a) pack (in + Akk. in); (einwickeln) wrap; b) (*ugs.*: warm anziehen) wrap up
ein·parken *tr. V., itr. V.* park
ein·pflanzen *tr. V.* a) plant (b) (Medizin) implant
ein·prägen 1. *tr. V.* a) (bildlich) **sich** (*Dat.*) **etw. ~:** memorize sth.; commit sth. to memory; b) stamp (in + Akk. into, on). 2. *ref. V.* **das prägte sich bei mir ein** it made an impression on me
ein·pudern *tr. V.* powder
ein·quartieren 1. *tr. V.* quarter; 2. *ref. V.* **sich bei jmdn. ~** (Militär) be quartered with or billeted on sb.
ein·rahmen *tr. V.* frame
ein·räumen *tr. V.* a) (zugestehen) admit; concede; b)

put away; **etw. in etw.** (Akk.) **~:** put sth. away in sth.; **Bücher wieder~:** put books back
ein·reden 1. *tr. V.* **jmdm. etw. ~:** talk sb. into believing sth.; **sich** (*Dat.*) **~, dass …:** persuade oneself that … 2. *itr. V.* **auf jmdn. ~:** talk insistently to sb.
ein·reichen *tr. V.* a) submit (petition); hand in, submit (exam); tender (resignation); b) file (lawsuit, complaint)
ein·reisen *itr. V.*; *mit sein* enter; **nach Berlin ~:** enter Berlin
ein·reißen 1. *unr. tr. V.* tear; rip. 2. *unr. itr. V.*; *mit sein* a) tear; rip; b) (*ugs.*: zur Gewohnheit werden) become a habit
ein·renken 1. *tr. V.* a) (Medizin) set; reduce (Medizin); **jmdm. den Finger ~:** set sb.'s finger; b) (*ugs.*: bereinigen) **etw. ~:** sort sth. out. 2. *ref. V.* **das wird sich schon wieder einrenken** that will soon sort itself out
ein·richten 1. *tr. V.* a) furnish (room); fit out (store); b) (ermöglichen) arrange; c) open, start, set up (trade)
Ein·richtung *f.* a) *o. Pl.* (das Einrichten) furnishing; b) (Mobiliar) furnishings *pl.*; c) (Geräte) ~en (Geschäfts~) fitting
eins [aɪns] one; **nun ist ~:** now it's one o'clock; **du bist meine Nummer ~** (bildlich) you are my number one
Eins *f.*; ~, ~en one; **wie eine ~ aussehen** (*ugs.*) look fabulous
einsam *Adj.* a) (verlassen) lonely (life, old man); **~ herumlaufen** take a lonely walk; b) (abgelegen) isolated (village); c) (einzeln) solitary (hill, post, man); d) (menschenleer) deserted
Einsamkeit *f.*; ~, ~en a)

einsammeln

(Verlassenheit) loneliness; b) (Abgeschiedenheit) isolation c) (Alleinsein) solitude
ein·sammeln *tr. V.* a) pick up; gather up; b) (sich aushändigen lassen) collect (money)
Ein·satz *m.* a) (Maschinen, usw.) use; b) (Engagement) commitment; dedication; c) (Militär) **im ~ gefallen sein** fallen in action; d) (eingesetztes Teil) (in Tischdecke, Kopfkissen) inset; (in Kochtopf, usw.) compartment
ein·schalten 1. *ref. V.* a) switch on; come on; b) (eingreifen) intervene (in + Akk. in). 2. *tr. V.* a) switch on; turn on; **einen anderen Kanal ~:** switch to another channel; b) (bildlich: beteiligen) call in (doctor, priest, etc.)
ein·schätzen *tr. V.* judge (price); assess (job); (schätzen) estimate
Ein·schätzung *f.* siehe einschätzen: assessment; estimation
ein·schäumen *tr. V.* lather
ein·schiffen 1. *tr. V.* embark; load (goods). 2. *ref. V.* embark (nach for)
Einschiffung *f.;* ~, ~en embarkation; loading
ein·schlafen *unr. itr. V.;* mit *sein* a) fall asleep; go to sleep; **neben dir kann ich gut ~:** next to you I can easily get to sleep; b) (aufhören) peter out; c) (verhüll.: sterben) pass away; d) (gefühllos werden) (finger, foot) go to sleep
ein·schläfern *tr. V.* a) (in Schlaf versetzen) **jmdn. ~:** send sb. to sleep; b) (beruhigen) soothe, salve; c) (betäuben) **jmdn. ~:** put sb. to sleep; d) (schmerzlos töten) put to sleep
einschläfernd 1. *adv.* ~ **wirken** have a soporific effect. 2. *Adj.* soporific

ein·schlagen 1. *unr. tr. V.* a) (hineinschlagen) knock in; hammer in; **etw. in etw.** (Akk.) **~:** knock or hammer sth. into sth.; b) (zertrümmern) smash; c) (wählen) take (sides); adopt (style); 2. *unr. itr. V.* a) (lightning) strike; b) (einprügeln) **auf jmdn./etw. ~:** rain blows on/sth.
ein·schleichen *unr. ref. V.* steal or creep in; *(bildlich)* creep in; **sich in etw.** (Akk.) **~:** steal or creep into sth.
ein·schleppen *tr. V.* bring in, introduce (sickness)
ein·schließen *unr. tr. V.* a) (einbeziehen) **etw. in etw.** (Akk.) **~:** include sth. in sth.; b) **etw. in etw.** (*Dat.*) **~:** lock sth. up; **jmdn./sich ~:** lock sb./oneself in; b) (umgeben) (group) surround, encircle; (fence) enclose
ein·schmeicheln *ref. V.* ingratiate oneself (bei with)
ein·schmelzen *unr. tr. V.* melt down
ein·schmieren *tr. V.* (*ugs.*) (mit Creme) cream (face); (mit Fett) grease; (mit Öl) oil
ein·schmuggeln *tr. V.* smuggle in; b) **sich in etw.** (Akk.) **~** (*ugs.*) sneak into sth.
ein·schneiden *unr. tr. V.* make a cut in; cut
Ein·schnitt *m.* a) cut; (Medizin) incision; (im Gebirge) cleft; b) (Zäsur) break; c) (einschneidendes Ereignis) decisive or momentous event
ein·schränken 1. *refl. V.* economize; 2. *tr. V.* a) reduce, curb (intake, energy); **Trinken ~:** cut down on drinking b) (einengen) limit; restrict; c) (relativieren) qualify, modify (opinion)
Einschränkung *f.;* ~, ~en a) restriction; limitation; b) (Vorbehalt) reservation
ein·schreiben *unr. tr. V.* a)

(hineinschreiben) write up; b) (Post) register (package)
Ein·schreiben *n.* (Post) registered letter
Ein·schreibung *f.* (Universität) registration; (für einen Abendkurs) enrollment
Ein·schub *m.* insertion
ein·schüchtern *tr. V.* intimidate
ein·schütten *tr. V.* pour in
ein·schweißen *tr. V.* weld in; seal in
ein·sehen *unr. tr. V.* a) see into; b) (prüfend lesen) look at, see (document); c) (begreifen) understand; see d) (erkennen) see; realize
ein·seitig 1. *adv.* a) **etw. ~ bedrucken** print sth. on one side; b) one-sidedly. 2. *Adj.* one-sided, biased (judgement); one-sided (character)
Einseitigkeit *f.;* ~, ~en onesidedness; bias
ein·setzen 1. *tr. V.* a) (hineinsetzen) put in; insert; **etw. in etw.** (Akk.) **~:** put/fit/insert sth. into sth.; b) (Verkehr) put on (extra train etc.); c) (ernennen, in eine Position setzen) appoint; d) stake (money); e) (riskieren) risk (livelyhood). 2. *itr. V.* start; begin; (rain) break; 3. *ref. V.* (sich engagieren) **ich werde mich für dich ~** I will do for you what I can
Ein·sicht *f.* a) view (in + Akk. into); b) *o. Pl.* (Einblick) **jmdm. ~ in etw.** (Akk.) gewähren allow sb. to look at sth.; c) (Erkenntnis) insight; d) *o. Pl.* (Vernunft) sense; reason; (Verständnis) understanding
Einsiedelei [aɪnzi:dəˈlaɪ] *f.;* ~, ~en hermitage
Ein·siedler *m.* hermit; *(bildlich)* recluse
ein·sortieren *tr. V.* sort (letters etc.) and put them away
ein·sparen *tr. V.* save, cut

down on (expenses); save (money); save, economize on (heat); **Arbeitsplätze ~:** cut down on staff
ein·sperren *tr. V.* lock (sb.) up
ein·spielen 1. *tr. V.* a) (einbringen) make; bring in; b) play in (violin); c) (aufnehmen) record. 2. *ref. V.* a) (actor, musician, etc.) warm up; b) *(bildlich)* get going
ein·springen *unr. itr. V.*; *mit sein* (als Stellvertreter) stand in; (*bildlich*: aushelfen) step in and help out
ein·spritzen *tr. V.* inject; **jmdm. etw. ~:** inject sb. with sth.
Ein·spruch *m.* objection; (gegen Urteil, Entscheidung) appeal; (gegen Urteil, Entscheidung) lodge or make an appeal
einst [aɪnst] *Adv.* a) (früher) once; b) (der~) some or one day
ein·stampfen *tr. V.* pulp (grapes)
ein·stauben *itr. V.*; *mit sein* get dusty; get covered in dust
ein·stecken *tr. V.* a) put in; **die Schlüssel ~:** put the keys in; b) (mitnehmen) **etw. ~:** take sth. with one; c) pocket (cash, loot); d) (hinnehmen) take (loss, etc.); swallow (pain) e) mail (package)
ein·steigen *unr. itr. V.*; *mit sein* a) (in ein Fahrzeug) get in; **in einen Bus ~:** get into a bus; b) (eindringen) **durch die offene Tür ~:** get in through the open door; c) (*ugs.*: sich engagieren) **in böse Geschäfte ~:** enter into dirty business
einstellbar *Adj.* adjustable
ein·stellen 1. *ref. V.* a) (ankommen, *auch bildlich*) arrive; b) (eintreten) (fame) come; (results) appear; c) **sich auf jmdn./etw. ~:** ad-apt to sb./prepare oneself for sth. 2. *tr. V.* a) (einordnen) put away; b) (unterstellen) put in (morocycle); c) (regulieren) adjust; set; focus (lens); adjust (heat); d) (*auch itr.*) (beschäftigen) take on, employ (staff); e) (beenden) stop; **das Rauchen ~:** stop smoking; call off (event)
Ein·stieg *m.*; ~[e]s, ~e a) (Eingang) entrance; (Tür) door/ doors; b) *o. Pl.* (das Einsteigen) entry
einstig *Adj.*; *nicht präd.* former
einstimmig 1. *adv.* a) (Musik) **~ singen** sing in unison; b) (einmütig) unanimously
ein·strömen *itr. V.* (sea) pour or flood or stream in; (sun) stream in; (*bildlich*) (people, fans) stream or pour in
ein·stufen *tr. V.* classify; categorize
Einstufung [ˈaɪnʃtuːfʊŋ] *f.*, ~, ~en classification; categorization
Ein·sturz *m.* collapse
ein·stürzen *itr. V.*; *mit sein* collapse
ein·tauchen 1. *tr. V.* dip; (untertauchen) immerse. 2. *itr. V.*; *mit sein* dive in
ein·tauschen *tr. V.* exchange (gegen for)
ein·tausend *Kardinalz.* a or one thousand
ein·teilen *tr. V.* a) divide up; classify (group); b) (disponieren, verplanen) organize; plan (life)
Ein·teilung *f.* a) (Gliederung) division; dividing up; (Biologie) classification; b) (planvolles Disponieren) organization; planning; c) (Delegierung) assignment
eintönig [ˈaɪntœːnɪç] 1. *adv.* monotonously. 2. *Adj.* monotonous
Eintönigkeit *f.*; ~: monotony

Ein·tracht *f.*; *o. Pl.* harmony; concord
ein·trächtig 1. *adv.* harmoniously; 2. *Adj.* harmonious
ein·tragen *unr. V.* a) (einschreiben) enter; copy out (words); (einzeichnen) mark in; enter; b) (Behördensprache) register; **sich ~ lassen** register; c) (einbringen) bring in (cash)
ein·treffen *unr. itr. V.*; *mit sein* a) arrive; b) (prediction) come true
Ein·treffen *n.*; *o. Pl.* arrival
ein·treiben *unr. tr. V.* collect (money); (durch Gerichtsverfahren) recover (money)
Eintreibung *f.*; ~, ~en collection; (durch Gerichtsverfahren) recovery
ein·treten 1. *unr. tr. V.* kick in (window, etc.). 2. *unr. itr. V.*; *mit sein* a) (auch bildlich) enter; **~, bitte!** come in, please! b) (Mitglied werden) **in ein Institut ~:** join an institute; c) (sich einsetzen) **für jmdn./etw. ~:** stand up for sb./sth.; (vor Gericht) speak in sb.'s defence. d) (sich ereignen) occur
Ein·tritt *m.* a) entry; entrance; b) (Beitritt) **der ~ in einem Institut** joining an institute; c) (Zugang, Eintrittsgeld) admission; d) (Beginn) onset; e) (eines Ereignisses) occurrence
ein·trocknen *itr. V.*; *mit sein* a) (river) dry up; (plant) dry; b) (verdorren) (apples) shrivel
ein·tüten *tr. V.* bag
ein·üben *tr. V.* practice
ein·verleiben 1. *tr. V.* annex (country). 2. *ref. V.* assimilate, absorb (wisdom)
einverstanden *Adj.*; *nicht attr.* **~ sein** agree; **mit jmdm./etw. ~ sein** approve of sb./sth.; **~!** (*ugs.*) okay!
Ein·verständnis *n.* a) (Billigung) approval, consent, (zu of); b) (Übereinstim-

mung) agreement
Einwand *m.*; ~[e]s, Einwände [ˈaɪnvændə] objection (gegen to)
Ein-wanderer *m.* immigrant
ein-wandern *itr. V.*; *mit sein* immigrate (in + Akk. into)
Ein-wanderung *f.* immigration
einwand-frei 1. *adv.* perfectly; flawlessly; (perform) impeccably; 2. *Adj.* flawless; impeccable; perfect (performance); definite, indisputable (testimony)
einwärts [ˈaɪnvɛrts] *Adv.* inwards
ein-wechseln *tr. V.* a) change (cash); b) substitute (person)
ein-weichen *tr. V.* soak
ein-weihen *tr. V.* a) consecrate (priest); open officially (store); dedicate (building); b) (*ugs.* scherzh.: zum erstenmal benutzen) christen (coll.)
Einweihung *f.*; ~, ~en opening
ein-weisen *unr. tr. V.* a) be admitted (to hospital); c) (in ein Amt) install
Ein-weisung *f.* a) introduction; b) ~ **in ein Krankenhaus** admission to a hospital
Ein-wendung *f.* objection
ein-wickeln tr. V, a) wrap; b) jmdn. ~ (*ugs.*) take sb. in
ein-willigen *itr. V.* agree, consent (in + Akk. to)
Einwilligung *f.*; ~, ~en agreement; consent
ein-wirken a) **auf jmdn. ~**: influence sb.; **schrecklich auf jmdn. ~**: exert a horrible influence on sb.; b) (eine Wirkung ausüben) have an effect (auf + Akk. on); **die Tablette ~ lassen** let the tablet work
Ein-wirkung *f.* (Einfluss) influence; (Wirkung) effect; **unter ~ von Alkohol stehen** be under the influence of alcohol
Einwohner *m.*; ~s, ~, Einwohnerin *f.*; ~, ~nen inhabitant
Einwohnerschaft *f.*; ~: inhabitants *pl.*; population
Ein-wurf *m.* a) (Einwerfen) insertion; (von Briefen) mailing; b) (Öffnung) (einer Tür) letter-box; (eines Briefkastens) slit; c) (Zwischenbemerkung) interjection; (kritisch) objection
ein-zahlen *tr. V.* deposit; pay in
Einzahlung *f.* payment; deposit; (Überweisung) payment
Einzelgänger [gɛŋɐ] *m.*; ~s, ~ a) solitary person; loner; b) (Tier) lone animal
Einzel-haft *f.* solitary confinement
Einzel-händler *m.* retailer
Einzelheit *f.*; ~, ~en a) detail; b) (einzelner Umstand) particular
Einzel-kind *n.* only child
einzeln *Adj.* a) individual; b) solitary; single; c) ~e (wenige) a few; (einige) some; d) substantivisch (Mensch) der/jeder ~e the/ each individual; e) *substantivisch* ~es some things *pl.*; ~**teil** *n.* part; **etw. in ~teile zerlegen** dismantle sth. or take sth. to pieces
ein-ziehen 1. *unr. tr. V.* a) (einbauen) put in (wall closet); b) put in (blanket); thread in (band); c) (einholen) haul in, pull in (loot); **den Kopf ~**: duck; d) inhale (gas); (einatmen) breathe in (odour); e) (einberufen) call up, conscript; draft; f) (beschlagnahmen) confiscate; seize; **Informationen/ Erkundigungen ~**: make enquiries. 2. *unr. itr. V.*; *mit sein* a) (water) soak in; b) (einkehren) enter; **der Winter zieht ein** winter comes or arrives; c) (in eine Wohnung) move in
einzig·artig 1. *adv.* uniquely; ~ **aussehen** extraordinarily beautiful. 2. *Adj.* unique
Einzigartigkeit *f.* uniqueness
ein-zwängen *tr. V.* hem in or squeeze
Eis [aɪs] *n.*; ~es a) ice; b) (Speise~) ice-cream
Ei-schnee *m.* stiffly beaten egg white
Eisen [ˈaɪzn] *n.*; ~s, ~: a) *o. Pl.* iron; b) (Werkzeug, Golf~) iron
Eisen-bahn *f.* a) railway; railroad (Amer.); b) (Bahnstrecke) railway line; railroad track (Amer.); c) (Spielbahn) train or railway set
Eisenbahn·abteil *n.* railway or (Amer.) railroad compartment
eisern [ˈaɪzɐn] 1. *adv.* a) (unerschütterlich) resolutely; **sich ~ an Prinzipien halten** hold resolutely to one's principals; b) (unerbittlich) ~ **durchgreifen** take radical measures or action. 2. *Adj.* a) *nicht präd.* (aus Eisen) iron; **der Eiserne Vorhang** (Geschichte) the Iron Curtain; b) (unerschütterlich) iron (will); c) (unerbittlich) iron; unyielding
Ei-sprung *m.* (Physiologie) ovulation
eitel [ˈaɪtl] *Adj.* a) (*derogativ*) vain; b) (veralt.: nichtig) vain (lie), futile, vain (attempt)
Eitelkeit *f.*; ~, ~en vanity
Eiter-: ~**beule** *f.* boil; abscess; ~**pickel** *m.* spot; pimple
Ei-weiß *n.* a) egg-white; b) (Biologie) proteine
Ejakulation *f.*; ~, ~en ejaculation
Ekel *m.*; ~s disgust; loathing; repugnance; revulsion ~ **vor etw.** (*Dat.*) **haben**

have a loathing or revulsion for sth.
ekel·erregend *Adj.* disgusting; nauseating; repugnant; revolting
Eklat *m.*; ~s, ~s (Aufsehen, Skandal) sensation; stir; (Konfrontation) altercation; row
eklig [ˈeːklɪç] 1. *adv.* a) in a disgusting or nauseating way; b) (*ugs.*: sehr) terribly (*ugs.*), dreadfully (*ugs.*) (dirty). 2. *Adj.* a) disgusting, nauseating, repugnant (smell); nasty (*ugs.*), ghastly (performer); b) (*ugs.*: gemein) mean; nasty
Ekstase [ɛkˈstaːzə] *f.*; ~, ~n ecstasy
ekstatisch 1. *adv.* ecstatically. 2. *Adj.* ecstatic
Elan [eˈlaːn] *m.*; ~s zest; vigour
elastisch *Adj.* a) elastic; (Gummifäden o. ä. enthaltend) elasticated (material); (federnd) springy, resilient; b) (geschmeidig) lithe, supple, (skin)
Elastizität [elastɪtsiˈtɛːt] *f.*; ~: a) elasticity; (Federkraft) springiness; b) (Geschmeidigkeit) suppleness
Elch [ɛlç] *m.*; ~[e]s, ~e elk; (in Nordamerika) moose
Elefant [eleˈfant] *m.*; ~en, ~en elephant
elegant [eleˈɡant] 1. *adv.* elegantly, stylishly (clothed). 2. *Adj.* elegant, stylish (walk); elegant (restaurant); neat (idea)
Eleganz [eleˈɡants] *f.*; ~ elegance
Elegie [eleˈɡiː] *f.*; ~, ~n elegy
elektrifizieren [elɛktrifiˈtsiːrən] *tr. V.* electrify
Elektrifizierung *f.*; ~, ~en electrification
Elektrik [eˈlɛktrɪk] *f.*; ~, ~en electrics *pl.*
Elektriker *m.*; ~s, ~: electrician

elektrisch *Adj.* electric (chair, heat); electrical (cable)
elektrisieren 1. *tr. V. (bildlich)* electrify. 2. *refl. V.* give oneself or get an electric shock
Elektrizität [elɛktritsiˈtɛːt] *f.*; ~ *(Technik)* electricity; (elektrische Energie) electricity; power
Elektronik [elɛkˈtroːnɪk] *f.*; ~ a) o. *Pl.* electronics *sing.*, *no art.*; b) electronics *pl.*
Elektroniker *m.*; ~s, ~: electronics engineer
elektronisch *adv.* electronically. 2. *Adj.* electronic
Element [eleˈmɛnt] *n.*; ~[e]s, ~e a) element; b) (einer Schrankwand) unit; (Bauteil) element
elementar [elemɛnˈtaːɐ̯] 1. *adv.* with elemental force. 2. *Adj.* a) (grundlegend) fundamental (idea, etc.); b) (einfach) basic, elementary, (application); c) (naturhaft) elemental (power)
elend [ˈeːlɛnt] 1. *adv.* a) (jämmerlich) woefully, wretchedly; b) (*ugs.*: intensivierend) dreadfully (*ugs.*) 2. *Adj.* a) woeful; wretched, (situation); b) (krank) **sich ~ fühlen** feel wretched or (*ugs.*) awful; c) (gemein) despicable, vile (action); d) *nicht präd.* (*ugs.*: besonders groß) dreadful (*ugs.*) (thirst)
Elend *n.*; ~s a) (Leid) misery; wretchedness; b) (Armut) indigence; misery; destitution
elendig *Adv.* woefully; wretchedly
elf eleven
Elf *f.*; ~, ~en eleven
Elf *m.*; ~en, ~en elf
Elfe [ˈɛlfə] *f.*; ~, ~n fairy
Elfen·bein *n.* ivory
elf·tausend *Kardinalz.* eleven thousand

Elftel [ˈɛlftl̩] *n.*; ~s, ~: eleventh
elftens *Adv.* eleventh
eliminieren [elimiˈniːrən] *tr. V.* eliminate
Eliminierung *f.*; ~, ~en elimination
Elite [eˈliːtə] *f.*; ~, ~n élite
Ell·bogen *m.*; ~s, ~: elbow
elliptisch *Adj.* elliptical
Elster [ˈɛlstɐ] *f.*; ~, ~n *(Tierwelt)* magpie
Elter [ˈɛltɐ] *n.* oder *m.*; ~s, ~n (Biologie) parent
elterlich *Adj.*; *nicht präd.* parental
Eltern *Pl.* parents
Emanzipation [emantsipaˈtsi̯oːn] *f.*; ~, ~en emancipation
emanzipieren [emantsiˈpiːrən] *ref. V.* emancipate oneself (von from)
emanzipiert *Adj.* emancipated, liberated
Embargo [ɛmˈbargo] *n.*; ~s, ~s embargo
Emblem [ɛmˈbleːm] *n.*; ~s, ~e emblem
Embryo [ˈɛmbryo] *m.*; ~s, ~nen [ˈr̩ioːnən] oder ~s embryo
embryonal *Adj.*; *nicht präd.* (auch bildlich) embryonic
Emigrant [emiˈɡrant] *m.*; ~en, ~en emigrant
emigrieren [emiˈɡriːrən] *itr. V.*; *mit sein* emigrate
Eminenz [emiˈnɛnts] *f.*; ~, ~en (Kirche) eminence
Emission [emiˈsi̯oːn] *f.* emission
emittieren *tr. V.* (fachspr.) emit
Emotion [emoˈtsi̯oːn] *f.*; ~, ~en emotion
emotional 1. *adv.* emotionally 2. *Adj.* emotional
Emotionalität *f.*; ~: emotionalise
Empfang [ɛmˈpfaŋ] *m.*; ~[e]s, Empfänge a) (auch Radio, Fernsehen) reception; b) (Entgegennahme)

receipt
empfangen *unr. tr. V.* a) (auch Radio, Fernsehen) receive; receive, welcome (guest); b) (geh.: erhalten) conceive (plan); c) *auch itr.* conceive
Empfänger [æmˈpfæŋɐ] *m.*; ~s, ~ a) recipient; (eines Briefes) addressee; b) (Empfangsgerät) receiver
empfänglich *Adj.* receptive (für to)
Empfängnis *f.*; ~: conception
empfängnis·verhütend *Adj.* ein ~es Mittel a contraceptive
Empfängnis·verhütung *f.* contraception
empfehlen [æmˈpfeːlən] 1. *unr. ref. V.* a) (sich verabschieden und gehen) take one's leave; b) (ratsam sein) be expedient; 2. *unr. tr. V.* **jmdm. etw./jmdn. ~:** recommend sth./sb. to sb.
empfehlens·wert *Adj.* a) to be recommendable; recommendable; b) (ratsam) advisable
Empfehlung *f.*; ~, ~en a) recommendation; b) (Empfehlungsschreiben) letter of recommendation
Empfehlungs·schreiben *n.* letter of recommendation
empfinden [æmˈpfɪndn] *unr. tr. V.* feel (sick)
Empfinden *n.*; ~s feeling
empfindlich 1. *Adj. adv.* **auf etw. (Akk.) reagieren** (beleidigt) react oversensitively to sth.;. 2. a) (sensibel, feinfühlig) sensitive; **eine ~e Bewegung** a sensitive move; b) (leicht beleidigt) sensitive, touchy (child); c) (anfällig) delicate
Empfindlichkeit *f.*; ~, ~en siehe empfindlich: sensitivity; touchiness; severity; harshness
empfindsam 1. *adv.* sensitively; (gefühlvoll) sentimentally. 2. *Adj.* sensitive (character); (gefühlvoll) sentimental
Empfindsamkeit *f.*; ~: sensitivity
Empfindung *f.*; ~, ~en a) (sinnliche Wahrnehmung) sensory perception; b) (Gefühl) emotion
empirisch [æmˈpiːrɪʃ] 1. *adv.* empirically. 2. *Adj.* empirical
empört 1. *adv.* jmdn. ~ **anschauen** look at sb. indignantly. 2. *Adj.* outraged (eyes); **über jmdn./etw. ~ sein** be outraged at sth./about sb.
Empörung *f.*; ~ outrage
Ende [ˈɛndə] *n.*; ~s, ~n a) end; **endlich ist ~:** finally the end; (schließlich) in the end; **bis/gegen/am ~ des Tages/Jahres** by/towards/at the end of the day/year; **~ März** at the end of March; **zu ~ sein** be at an end; (supplies, savings) run out; **einen Film zu ~ sehen** finish a film; b) (ugs.: kleines Stück) bit; piece
enden *itr. V.* a) (end); (show) end, finish; **der Flug endet hier** this flight terminates here; b) (sterben) *mit sein* **im Exil ~:** end one's days in exile
end·gültig 1. *adv.* **das ist ~ vorbei** that's all over and done with. 2. *Adj.* final (attempt, game); conclusive (proof); **sich ~ trennen** separate for good
endlich *Adv.* a) (nach langer Zeit) at last; b) (schließlich) in the end; eventually
end·los 1. *adv.* ~ **lange laufen** walk interminably long. 2. *Adj.* a) (ohne Ende) infinite; (rinförmig) endless, continuous (line); b) (nicht enden wollend) endless (highway, field, space, etc.); interminable (sermon)
Endung *f.*; ~, ~en (Grammatik) ending
Energie [enærˈgiː] *f.*; ~, ~n a) *(Technik)* energy; b) *o. Pl.* (Tatkraft) energy; vigour
energisch [eˈnærgɪʃ] 1. *adv.* (entschlossen) (talk) forcefully, firmly; (mark) emphatically; (complain) strenuously *Adj.* 2. *Adj.* a) (tatkräftig) energetic, dynamic (director); firm (decision); b) (von starkem Willen zeugend) determined; vigorous; c) (entschlossen) forceful, firm (action)
Enge [ˈɛŋə] *f.*; ~, ~n *o. Pl.* confinement; restriction
Engel [ˈɛŋl] *m.*; ~s, ~: angel
England *n.*; ~s a) England; b) (ugs.: Großbritannien) Britain
Engländer [ˈɛŋlɛndɐ] *m.*; ~s, ~ a) Englishman/English boy; b) (ugs.: Brite) British person/man; Britischer (Amer.); **die ~:** the British
englisch 1. *adv.* ~ rare; underdone; 2. *Adj.* English; English (translation)
Englisch *n.*; ~[s] English; ~ **sprechen** speak English
Enkel *m.*; ~s, ~ a) grandson; grandchild
Enkelin *f.*; ~, ~nen granddaughter
entarten *itr. V.*; *mit sein* degenerate; **entartet** degenerate; **zu oder in (Akk.) etw. ~:** degenerate into sth.
Entartung *f.*; ~, ~en degeneration
entbehren [æntˈbeːrən] 1. *itr. V.* (geh.: ermangeln) **einer Sache (Gen.) ~:** lack or be without sth. 2. *tr. V.* a) (vermissen) miss (friend); b) (verzichten) do without
entbehrlich *Adj.* dispensable
entbinden 1. *unr. itr. V.* (gebären) give birth; 2. *unr. tr. V.* (Geburtshilfe leisten) **jmdn. ~:** deliver sb.; deliver sb.'s baby

Entbindung *f.* birth; delivery
entblößen 1. *tr. V.* a) uncover; b) *(bildlich)* reveal (truth). 2. *ref. V.* take one's clothes off
entblößt bare
entdecken *tr. V.* a) (hinden) discover; b) (ausfindig machen) find or discover sth.
Entdeckung *f.*; ~, ~en discovery
Ente ['æntə] *f.*; ~, ~n a) duck; b) (*ugs.*: Falschmeldung) canard; spoof (*ugs.*); c) (*ugs.*: Uringefäß) bottle
enterben *tr. V.* disinherit
entfalten 1. *ref. V.* a) open; b) *(bildlich)* (character, mind) develop; 2. *tr. V.* a) open; unfold, spread out (sheet); b) *(bildlich)* show, display (capability)
Entfaltung *f.*; ~ *(bildlich)* a) (Entwicklung) development b) display c) exposition
entfernen 1. *refl. V.* go away; 2. *tr. V.* remove (dirt, etc.); take out (heart etc.)
entfernt 1. *adv.* a) (fern) remotely; b) (schwach) slightly, vaguely. 2. *Adj.* a) away (von from); **voneinander ~:** apart; b) (fern, entlegen) remote; c) (schwach) slight, vague
Entfernung *f.*; ~, ~en a) distance; range; b) removal
entfliehen *unr. itr. V.*; *mit sein* **jmdm./einer Sache ~:** escape sb,/ sth.
entfrosten *tr. V.* defrost
Entfroster *m.*; ~s, ~: defrosted
entführen *tr. V.* a) kidnap, abduct (girl, etc.); hijack (bus, train, etc.); b) (mitnehmen) steal; make off with
Entführer *m.* siehe entführen a: kidnapper; abducter; hijacker
Entführung *f.*: kidnap; kidnapping; abduction; hijack; hijacking
entgegen 1. *Adv.* towards; dem Tag ~! on towards the day! 2. *Päp. mit Dat.* ~ **seinem Willen** against his will
entgegnen [ɛntˈgeːgnən] *tr. V.* retort; reply; riposte
Entgegnung *f.*; ~, ~en retort; reply
entgehen *unr. itr. V.*; *mit sein* a) **einem Problem / einer Gefahr** (*Dat.*) ~: escape or avoid a problem/danger; b) **jmdm. entgeht etw.** sb. misses sth.
enthalten 1. *unr. tr. V.* contain. 2. *unr. ref. V.* **sich einer Sache** (*Gen.*) ~: abstain from sth.
Enthaltsamkeit *f.*; ~: abstinence
enthäuten *tr. V.* skin
enthüllen 1. *ref. V.* **sich ~:** be revealed 2. *tr. V.* a) (offenbaren) reveal (answer); disclose (truth); (Medien) expose (personality) b) unveil (sculture)
Enthüllung *f.*; ~, ~en siehe enthüllen 1: unveiling; revelation; disclosure; expose
Enthusiasmus [ɛntuˈziːasmʊs] *m.*; ~: enthusiasm
Enthusiast *m.*; ~en, ~en enthusiast
enthusiastisch 1. *adv.* enthusiastically. 2. *Adj.* enthusiastic
entjungfern *tr. V.* deflower
entkoffeiniert [ɛntkɔfɛiˈniːɐt] *Adj.* decaffeinated
entkommen *unr. itr. V.*; *mit sein* escape; **jmdm./einer Sache ~:** escape or get away from sb./sth.
entlang 1. *Päp. mit Akk. u. Dat.* along; **den Weg ~** along the path. 2. *Adv.* along; **da ~, bitte!** that way please
entlarven *tr. V.* expose
Entlarvung *f.*; ~, ~en exposure
entlassen *unr. tr. V.* a) (aus der Armee, dem Krankenhaus) discharge; (aus dem Gefängnis) release; b) (aus einem Arbeitsverhältnis) dismiss; (wegen Arbeitsmangels) make redundant (Brit.); lay off; c) (gehen lassen) release
Entlassung *f.*; ~, ~en a) (aus der Armee, dem Krankenhaus) discharge; (aus dem Gefängnis) release; b) (aus einem Arbeitsverhältnis) dismissal; (wegen Arbeitsmangels) redundancy (Brit.); laying off
entlasten *tr. V.* a) relieve; **jmdn. ~:** relieve sb.; **sein Gewissen ~:** relieve one's conscience; b) (Jura) exonerate
Entlastung *f.*; ~, ~en a) (Jura) exoneration; defenc; b) relief
entleeren 1. *tr. V.* empty (trash, etc.); evacuate (building, etc.). 2. *ref. V.* empty; become empty
Entleerung *f.* emptying
entlegen *Adj.* (entfernt) remote, out-of-the-way (village)
entmachten *tr. V.* deprive of or remove from power
Entmachtung *f.*; ~, ~en deprivation of or removal from power
entmutigen *tr. V.* discourage; dishearten
Entmutigung *f.*; ~, ~en discouragement
entnehmen *unr. tr. V.* a) (ersehen aus) gather (*Dat.* from) b) **etw. ~:** take sth; **dem Buch Sinn ~:** take meaning from the book
entreißen *unr. tr. V.* **jmdm. etw. ~:** snatch sth. from sb.
entrinnen *unr. itr. V.*; *mit sein* **einer Sache** (*Dat.*) ~: escape sth.
entschädigen *tr. V.* compensate (für for); **jmdn. für etw. ~** *(bildlich)* make up for sth.
Entschädigung *f.* compensation *no indef. art.*
Entscheid [ɛntˈʃait] *m.*;

entscheiden

~[e]s, ~e decision
entscheiden 1. *unr. refl. V.* a) decide; **sich dagegen ~:** decide against it; b) (entschieden werden) be decided; **morgen entscheidet es sich** tomorrow we will know; 2. *unr. tr. V.* a) (bestimmen) decide on (policy); b) (den Ausschlag geben für) decide; determine (source, origin) 3. *unr. itr. V.* **über etw.** (Akk.) **~:** decide on or settle sth.
entscheidend 1. *adv.* **jmdn./etw. ~ beinflussen** have a decisive influence on sb./sth. 2. *Adj.* crucial (event, time, exigency); decisive (moment)
Entscheidung *f.* decision; (Gerichts) ruling; (Schwurgerichts~) verdict
entschieden 1. *adv.* resolutely; 2. *Adj.* a) (entschlossen) determined; resolute; b) (eindeutig) definite
Entschiedenheit *f.*; ~: decisiveness; **etw. mit ~ sagen** say sth. categorically
entschließen *unr. ref. V.* decide; make up one's mind; **sich ~, etw. zu sagen** decide or resolve to say sth.
Entschließung *f.* resolve; resolution
Entschlossenheit *f.*; ~: determination; resolution
Entschluss *m.* decision
entschlüsseln *tr. V.* decode; decipher
Entschlüsselung *f.*; ~, ~en decoding; deciphering
entschuldigen 1. *tr., auch itr. V.* excuse sb.; **~ Sie!** (bei Bitten, Fragen) excuse me; (bedauernd) excuse me; I'm sorry. 2. *ref. V.* apologize; **sich bei jmdm. wegen oder für etw. ~:** apologize to sb. for sth.
Entschuldigung *f.*; ~, ~en a) (Rechtfertigung) excuse; b) (schriftliche Mitteilung) letter of excuse; c) (entschuldigende Äußerung) apology
entsetzen 1. *tr. V.* a) (erschrecken) horrify; **über etw.** (Akk.) **entsetzt sein** be horrified by sth.; b) (Militär) relieve. 2. *ref. V.* be horrified; **sich vor oder bei einem Geräusch ~:** be horrified at the sound of sth
Entsetzen *n.*; ~s horror; **ich musste mit ~ begreifen, dass ...:** to my horror I had to realize that
entsetzlich 1. *adv.* terribly *(ugs.);* awfully. 2. *Adj.* a) horrible, dreadful (moment, murder); b) *(ugs.:* stark) terribly
entsorgen *tr. V.* (Wirtschaft) dispose of (chemicals)
Entsorgung *f.*; ~, ~en (Wirtschaft) waste disposal
entspannen 1. *ref. V.* a) (person) relax; b) *(bildlich)* (strain, pressure) ease. 2. *tr. V.* relax (mind); relax, loosen (body)
Entspannung *f.; o. Pl.* a) relaxation; b) (politisch) easing of tension; détente
entsprechen *unr. itr. V.* **einer Sache** *(Dat.)* **~:** correspond to sth.; **es entspricht unseren Anforderungen nicht** it doesn't meet with us
entsprechend 1. *adv.* a) (angemessen) appropriately; b) (dem ~) accordingly. 2. *Adj.* a) corresponding; (angemessen) appropriate (behaviour, etc.); b) *nicht attr.* (dem ~) in accordance; **der Tag war regnerisch und meine Laune ~:** the day was rainy and my mood was equally down; c) *nicht präd.* (betreffend, zuständig) relevant (term etc.); (child) concerned
Entsprechung *f.*; ~, ~en a) correspondence; b) (Analogie) parallel

entspringen *unr. itr. V.; mit sein* a) (stream) rise, have its source; b) (entstehen aus) **einer Sache** (*Gen.*) **~:** arise from sth.
entstehen *unr. itr. V.; mit sein* a) originate; (idea, romance, etc.) arise; (village, city, etc.) be built; (era) emerge; b) (sich ergeben) occur; (als Folge) result c) (gebildet werden) be formed (aus from, durch by)
enttäuschen 1. *tr. V.* disappoint; **wir wurden alle enttäuscht** we were all disappointed. 2. *itr. V.* be a disappointment
enttäuscht *Adj.* disappointed
Enttäuschung *f.* disappointment (für to)
entwässern *tr. V.* drain
Entwässerung *f.*; ~, ~en drainage
entweder *Konj.:* **~ ... oder ...:** either ... or
entwerfen *unr. tr. V.* draft (design, etc.); draw up (outline etc.) design (fashion, programme, set, image)
entwerten *tr. V.* a) devalue (money) b) cancel (stamp)
entwickeln 1. *tr. V.* a) (auch Fotografie) develop; b) (hervorbringen) give off, produce (gas); show, display (feature, trait). 2. *ref. V.* develop (aus from, zu into)
Entwicklung *f.*; ~, ~en a) (auch Fotografie) development; b) (einer Theorie usw.) elaboration
Entwurf *m.* a) (Konzept) draft; **der ~ zu einem Bühnenbild** the draft of a set design b) design
entziffern *tr. V.* decipher
entzücken *tr. V.* delight
entzückend 1. *adv.* delightfully. 2. *Adj.* delightful; **ach, wie entzückend!** oh, how charming!
entzückt *Adj.* delighted; **von/ über etw.** (Akk.) **~**

sein be delighted by/at sth.
Entzug *m.*; ~[e]s withdrawal; (das Herausziehen) extraction
entzünden 1. *ref. V.* a) catch fire; ignite; b) (anschwellen) become inflamed; c) (geh.: entstehen) **sich an etw.** (*Dat.*) **~:** (fight, discussion) be sparked off by sth. 2. *tr. V.* a) (anzünden) light (candle); strike, light (match); b) (erregen) arouse (feelings)
Entzündung *f.*; ~, ~en inflammation
Enzyklopädie [ɛntsyklopɛˈdiː] *f.*; ~, ~n encyclopaedia
enzyklopädisch *Adj.* encyclopaedic
Epik [ˈeːpɪk] *f.*; ~ (Literatur) epic poetry
Epiker *m.*; ~s, ~: epic poet
Epilepsie [epɪlɛˈpsiː] *f.*; ~, ~n (Medizin) epilepsy *no art.*
Epileptiker [epɪˈlɛptɪkɐ] *m.*; ~s, ~: epileptic
epileptisch *Adj.* epileptic
er [eːɐ̯] *Personalpron.*; 3. *Pers. Sg. Nom. Mask.* he; (betont) him; (bei Dingen/Tieren) it; (bei männlichen Tieren) he/him; it
erahnen *tr. V.* imagine; guess
erarbeiten *tr. V.* a) (erwerben) work for
erbarmen [ɛɐ̯ˈbarmən] 1. *tr. V,* **jmdn. ~:** move sb. to pity. 2. *ref. V.* **sich jmds./einer Sache ~:** take pity on sb./sth.
Erbarmen *n.*; ~s pity
erbärmlich [ɛɐ̯ˈbɛrmlɪç] 1. *adv.* (intensivierend) terribly (sick, tired, etc.). 2. *Adj.* a) (elend) wretched; b) (unzulänglich) pathetic; c) (*derogativ*: gemein) mean; wretched
Erbärmlichkeit *f.*; ~: a) (Elend) wretchedness; b) (*derogativ*: Gemeinheit) meanness

erbarmungs·los *Adj.* merciless
erbauen 1. *ref. V.* **sich an etw.** (*Dat.*) **~** be uplifted or inspired by sth. 2. *tr. V.* a) build; b) (erheben) uplift; inspire
erbaulich *Adj.* edifying; inspiring
Erbauung *f.*; ~ (*bildlich*) edification; inspiration
Erbe [ˈɛrbə] *n.*; ~s a) (Vermögen) inheritance; b) (Vermächtnis) legacy; heritage
erben *tr., V.* inherit
erbitten *unr. tr. V.* requestt
erbittert 1. *adv.* **~ kämpfen** wage a bitter struggle. 2. *Adj.* bitter (feelings)
Erbitterung *f.*; ~: Bitterness
erbrechen 1. *unr. itr., ref. V.* vomit; be sick 2. *unr. tr. V.* bring up (dinner)
Erbrechen *n.*; ~s vomiting
Erbschaft *f.*; ~, ~en inheritance; **eine ~ machen** enter upon an inheritance
Erbse *f.*; ~, ~n pea
Erd·beere *f.* strawberry
Erde *f.*; ~, ~n a) (Erdreich) earth; soil; b) *o. Pl.* (fester Boden) ground; c) *o. Pl.* (Planet) earth; d) *o. Pl.* (Welt) earth; world; **auf ~n, auf der ~:** on earth; **auf der ganzen ~:** throughout the world
erdrosseln *tr. V.* strangle
erdrücken *tr. V.* a) crush; b) (*bildlich*) overwhelm
erdulden *tr. V.* tolerate (mistakes); (über sich ergehen lassen) undergo; endure (suffering)
ereignen *refl. V.* happen; (festival) occur
Ereignis *n.*; ~ses, ~se event; occurrence
erfahren *unr. tr. V.* a) find out; discover; learn; (hören) hear; b) (mitmachen) undergo (operation etc.); c) (erleben) experience
erfahren *Adj.* experience
Erfahrung *f.*; ~, ~en a) experience; **ich reise um ~en zu sammeln** I travel to gain experience *sing.*; **dort habe ich aber schlechte ~en gemacht** I did not have good experiences there, though; b) **etw. in ~ bringen** discover sth.
erfassen *tr. V.* a) (mitreißen) catch; b) (packen) seize; **Wut erfasste sie** she was seized by anger; c) (registrieren) register; d) (begreifen) grasp (concept)
Erfassung *f.* registration
erfinden *unr. tr. V.* a) invent; b) (ausdenken) make up (tale); fabricate, invent (apology); **eine erfundene Ausrede** a fabricated excuse
Erfinder *m.*; ~s, ~a) inventor; b) (Urheber) creator
Erfindung *f.*; ~, ~en a) invention; b) (Ausgedachtes) invention; fabrication
Erfolg [ɛɐ̯ˈfɔlk] *m.*; ~[e]s, ~e success; **ich habe immer ~:** I am always successful
erfolgen *itr. V.*; *mit sein* take place; occur
erforderlich *Adj.* necessary; required
erfordern *tr. V.* require; demand
Erfordernis *n.*; ~ses, ~se requirement
erfrischen 1. *tr., auch itr. V.* refresh; **ein großes Glas Milch erfrischt sehr** a cup of milk is very refreshing. 2. *ref. V.* freshen oneself up
erfrischend (auch bildlich) 1. *adv.* refreshingly. 2. refreshing
Erfrischung *f.*; ~, ~en (auch bildlich) refreshment
erfüllen 1. *ref. V.* come true 2. *tr. V.* a) grant (wish); fulfil (dream); discharge (duty); meet (requirements); b) (füllen) fill; *(bildlich)* **mit Liebe ~:** fill with love
Erfüllung *f.* (einer Pflicht) discharge (eines Wun-

ergeben

sches) fulfilment; **in ~ gehen** come true
ergeben 1. *unr. tr. V.* result in; 2. *unr. ref. V.* a) (sich fügen) **sich in etw.** (Akk.) **~:** submit to sth.; b) (kapitulieren) give in; surrender (*Dat.* to); c) (entstehen) (problem, situation) arise (aus from)
ergeben 1. *adv.* devotedly. 2. *Adj.* devoted
Ergebenheit *f.*; ~: devotion
Ergebnis *n.*; ~ses, ~se result; (von Verhandlungen, Beratungen usw.) conclusion
ergebnis·los 1. *adv.* fruitlessly 2. *Adj.* fruitless; futile (debate)
ergehen 1. *unr. itr. V.*; *mit sein* a) (erlassen werden) be enacted; **die Warnungen ergingen an alle Menschen** the warnings went to all people; b) *unpers.* **jmdm. ist es gut/schlecht usw. ergangen** things went well/badly etc. for someone; c) **etw. über sich** (Akk.) **~ lassen** let sth. wash over one. 2. *unr. ref. V.* **sich in etw.** (*Dat.*) **~:** indulge in sth.
ergreifen *unr. tr. V.* a) grab; **jmds. Arm ~:** seize sb.'s arm b) (festnehmen) apprehend (thief); c) (bildlich: erfassen) seize; **von Angst ergriffen** gripped by fear; d) **den Tag ~:** seize the day; e) (bildlich: bewegen) move
ergreifend 1. *adv.* movingly. 2. *Adj.* moving
Ergreifung *f.*; ~ a) (Festnahme) capture; b) seizure
ergriffen *Adj.* moved
erhaben *Adj.* a) awe-inspiring (vision); sublime (architecture, sound, glance); solemn (day); b) **über etw.** (Akk.) **~ sein** be above sth.
Erhabenheit *f.*; ~: grandeur
erhalten 1. *unr. ref. V.* survive; prevail. 2. *unr. tr. V.* a) (bekommen) receive (invitation, etc.); be given; b)

(bewahren) preserve (monument)
erhältlich [ɛɐ̯ˈhɛltlɪç] *Adj.* obtainable
Erhaltung *f.*; ~ (der Arten, von Kunstschätzen) preservation; (der Energie) conservation; (des Friedens) maintenance
erheben 1. *unr. ref. V.* a) rise; b) (rebellieren) rise up; rebel (gegen against). 2. *unr. tr. V.* a) (emporheben) raise (one's eyebrow); b) charge (payment); levy (tax); c) gather, collect (information); d) **Anklage ~:** press charges
erhebend *Adj.* uplifting
erheblich [ɛɐ̯ˈheːplɪç] 1. *adv.* considerably. 2. *Adj.* considerable
Erhebung *f.*; ~, ~en a) (Anhöhe) elevation; b) (Aufstand) rebellion; uprising; c) (von Steuern) levying; (von Gebühren) charging d) (Umfrage) survey
erheitern *tr. V.* **jmdn. ~:** cheer sb. u
Erheiterung *f.*; ~, ~en amusement
erhitzen 1. *tr. V.* heat (food); 2. *ref. V.* heat up
Erhitzung *f.*; ~, ~en heating; (Hitze) heat
erhoffen *tr. V.* **sich** (*Dat.*) **viel/ wenig von etw. ~:** expect a lot/ little from sth.
erhöhen 1. *tr. V.* increase, raise (salary, hopes, etc.); increase (intake); 2. *ref. V.* (density, pressure, price) rise
Erhöhung *f.*; ~, ~en increase, rise
erholen *ref. V.* a) recover (von from); (nach Krankheit) recuperate; (sich ausruhen) rest; have a rest; (sich entspannen, ausspannen) relax; b) (bildlich) recover
erholsam *Adj.* restful (days); **schlafen ist sehr ~:** sleeping is very refreshing

Erholung *f.*; ~ siehe erholen: recuperation; recovery; relaxation; **der Mann hat ~ nötig** that man really needs a break
erinnern [ɛɐ̯ˈʔɪnɐn] 1. *tr. V.* a) **jmdn. an etw./jmdn. ~:** remind sb. of sth./sb.; **jmdn. daran ~, etw. zu tun** remind sb. to do sth.; b) (sich erinnern an) remember. 2. *ref. V.* **sich an jmdn./etw. ~:** remember sb./sth.; 3. *itr. V.* a) **jmd./etw. erinnert an jmdn./ etw.** sb./sth. reminds one of sb./ sth.; b) (zu bedenken geben) **an etw.** (Akk.) **~:** remind sb. of sth.
Erinnerung *f.*; ~, ~en a) memory (an + Akk. of); **mich täuscht meine ~ nie** my memory never fails me; b) *Pl.* (Memoiren) memoirs c) (Erinnerungsstück) souvenir
erkälten *ref. V.* catch cold
Erkältung *f.*; ~, ~en cold
erkaufen *tr. V.* a) buy; b) (bildlich) win
erkennbar *Adj.* recognizable; (sichtbar) visible; (schwach sichtbar) perceptible; discernible
erkennen 1. *unr. itr. V.* (Jura) **auf Freispruch ~:** grant an acquittal; 2. *unr. tr. V.* a) (deutlich sehen) make out; **deutlich zu ~ sein** be clearly visible; b) (identifizieren) recognize (an + *Dat.* by); c) (bildlich) recognize; realize
erklärbar *Adj.* explicable; **etw. ist ~:** sth. can be explained
erklären 1. *ref. V.* a) **sich nicht einverstanden ~:** declare oneself in opposition; b) (seine Begründung finden) be explained; **das lässt sich nicht so leicht ~:** that is not so easily explained. 2. *tr. V.* a) explain (*Dat.* to, durch by); b) (mitteilen) state; declare; c) (be-

Ernährung

zeichnen) **jmdn. für tot ~:** pronounce someone dead
Erklärung *f.*; ~, ~en a) explanation; b) (Mitteilung) statement
erklingen *unr. itr. V.*; *mit sein* ring out
erkranken *itr. V.*; *mit sein* become ill (an + *Dat.* with); **sie ist an AIDS erkrankt** she's got AIDS **schwer erkrankt sein** be seriously ill
Erkrankung *f.*; ~, ~en (eines Menschen, Tieres) illness; (eines Körperteiles) disease
Erkundigung *f.*; ~, ~en enquiry
erlangen *tr. V.* gain, obtain; reach (top)
Erlass [ɛɐ̯ˈlas] *m.*; Erlasses, Erlasse a) (Anordnung) decree (*Gen.* by); b) *o. Pl.* (eines Gesetzes, einer Bestimmung) enactment; (eines Dekretes) issue; (eines Verbots) imposition c) (Schulden-~, Straf~ usw.) remission
erlauben 1. *ref. V.* a) (sich die Freiheit nehmen) **sich** (*Dat.*) **etw. ~:** allow oneself sth.; **sich** (*Dat.*) **keine Freude ~:** allow oneself no happiness; b) (sich leisten) **sich** (*Dat.*) **etw. ~:** treat oneself to sth. 2. *tr. V.* a) allow; permit; **jmdm. ~, etw. zu tun** permit sb. to do sth.; b) (ermöglichen) permit; **es ist nicht erlaubt** it is not permitted
Erlaubnis *f.*; ~, ~se permission; (Schriftstück) permit
erläutern *tr. V.* explain; comment on (feature etc.); annotate (essay); **näher ~:** clarify; **~de Geste** explanatory gesture
Erläuterung *f.* explanation; (zu einem Text) note
erleben *tr. V.* experience; **nichts ~:** have no experience; **so eine schöne Nacht habe ich noch nie erlebt** I have never experienced a night like that; **etw. bewusst/ intensiv ~:** be fully aware of sth./experience sth. to the full
Erlebnis *n.*; ~ses, ~se experience
erledigen 1. *ref. V.* (problem) resolve itself; 2. *tr. V.* a) **ich muss noch einiges erledigen** I have to run a few errands; b) (erschöpfen) finish *(ugs.)* (person); *(ugs.:* töten) knock off *(sl.)*; (bildlich: zerstören) destroy
erledigt *Adj.* a) closed (proceeding); b) *(ugs.)* worn out (body)
erleichtern 1. *ref. V.* relieve oneself. 2. *tr. V.* a) (einfacher machen) make easier; b) (befreien) relieve; **danach war er sehr erleichtert** afterwards he was very relieved; c) (Gewicht verringern, bildlich) lighten
Erleichterung *f.*; ~, ~en a) *o. Pl.* (Vereinfachung) **zu meiner ~ kam sie doch** to my great relief she came after all; b) *o. Pl.* (Befreiung) relief; c) (Verbesserung, Milderung) alleviation; respite
erleiden *unr. tr. V.* suffer
erlernen *tr. V.* learn
erlöschen *unr. itr. V.*; *mit sein* a) (light) go out; **der Vesuv soll erloschen sein, aber man weiß ja nie!** Mount Vesuvius is supposedly extinct, but you neve know; b) *(bildlich)* (wishes, passions) wane; (duty, responsibility) cease
erlösen *tr. V.* save, rescue (von from); **jmdn. von seinen Leiden ~:** release sb. from suffering
ermächtigen *tr. V.* authorize
Ermächtigung *f.*; ~, ~en authorization
ermahnen *tr. V.* admonish; tell *(ugs.)*; (warnen) warn
Ermahnung *f.* admonition; (Warnung) warning
ermäßigen 1. *tr. V.* reduce. 2. *ref. V.* be reduced
Ermäßigung *f.* reduction
ermessen *unr. tr. V.* estimate, gauge (result)
Ermessen *n.*; ~s estimation
ermitteln 1. *itr. V.* investigate; **das sollte man ~:** one ought to investigate that; 2. *tr. V.* a) ascertain, establish (criteria); discover (loot, booty); establish (status); decide (victor); b) (errechnen) calculate (compensation)
Ermittlung *f.*; ~, ~en a) siehe ermitteln: ascertainment; determination; discovery; establishment; **nach der ~ standen die Polizisten immer noch hilflos da** after the investigation the police still stood around helplessly; b) meist *Pl.* (der Polizei, Staatsanwaltschaft) investigation
ermöglichen *tr. V.* enable; **jmdm. etw. ~:** make sth. possible for sb.
ermorden *tr. V.* murder; (aus politischen Gründen) assassinate
Ermordung *f.*; ~, ~en murder; assassination
ermuntern *tr. V.* encourage; **jmdn. zu etw. ~, jmdn. ~, etw. zu tun** encourage sb. to do sth.
ermunternd *Adj.* encouraging
Ermunterung *f.*; ~, ~en a) encouragement; b) (ermunternde Worte) words *pl.* of encouragement
ermutigen *tr. V.* encourage
ermutigend *Adj.* encouraging
ernähren 1. *ref. V.* feed oneself; **sich nur von Pasta ~:** live only on pasta. 2. *tr. V.* a) feed (baby, pet, fish); b) (unterhalten) feed (child)
Ernährung *f.*; ~: a) feeding; b) (Ernährungsweise) diet

ernennen *unr. tr. V.* appoint (leader, etc.)
Ernennung *f.* appointment (zu as)
erniedrigen *tr. V.* humiliate; **sich ~:** lower oneself
erniedrigend *Adj.* humiliating
Erniedrigung *f.*; ~, ~en humiliation
ernst [ærnst] 1. *adv.* seriously; **jmdn./etw. ~ nehmen** take sb./sth. seriously. 2. *Adj.* a) serious (problem, story, etc.); b) (aufrichtig) genuine (advise); c) grave (inrusion, mistake)
Ernst *m.*; ~s a) seriousness; **im ~:** seriously; b) (gemessene Haltung) gravity
ernst·gemeint *Adj. (präd. getrennt geschrieben)* serious (proposal, sincere (hope)
ernsthaft 1. *adv.* seriously. 2. *Adj.* serious
Ernsthaftigkeit *f.*; ~: seriousness
eröffnen 1. *tr. V.* a) open (store); start (trade); b) (beginnen) open (debate); 2. *ref. V.* (sich bieten) **sich jmdm. ~** (chance) present itself
Eröffnung *f.* a) opening; (einer Sitzung) start; (einer Party) opening; b) (Mitteilung) revelation
erpressen *tr. V.* a) extort (information) (von from); b) blackmail (victim)
erpresserisch *Adj.* extortionate; blackmailing *attrib.*
Erpressung *f.* (von Geld, Geständnis) extortion; blackmail *no indef. art.*
erraten *unr. tr. V.* guess
errechnen *tr., auch itr. V.* calculate
erröten *itr. V.*; *mit sein* blush (vor with)
Ersatz *m.*; ~es a) replacement; (nicht gleichartig) substitute; b) (Entschädigung) compensation

erschaffen *unr. tr. V.* create
Erschaffung *f.* creation
erscheinen *unr. itr. V.*; *mit sein* a) appear; **jmdm. ~:** appear to sb.; **er wird noch bald ~:** he will appear any moment now; b) (periodical) appear; (pamplet) be published; c) (zu sein scheinen) seem (*Dat.* to)
Erscheinung *f.*; ~, ~en a) (Phänomen) phenomenon; **in ~ treten** become apparent; b) (äußere Gestalt) appearance; c) (Vision) apparition
erschießen *unr. tr. V.* shoot dead
erschließen 1. *unr. ref. V.* **sich jmdm. ~:** become accessible to sb. 2. *unr. tr. V.* a) (zugänglich machen) open up (economy); develop (country); b) (nutzbar machen) tap (source); c) (ermitteln) deduce (meaning)
Erschließung *f.* a) (von Märkten) opening up; (eines Gebiets) development; b) (von Rohstoffen) tapping
erschrecken *unr. itr. V.*; *mit sein* be startled; vor etw. (*Dat.*) oder über etw. (*Akk.*) ~: be startled by sth.
erschreckend *Adj.* 1. *adv.* alarmingly. 2. alarming
erschrocken *Adj.* frightened; **ich sprang ~ zur Seite** I jumped aside in fright
erschwinglich *Adj.* reasonable; affordable
ersehnen *tr. V.* long for
ersetzbar *Adj.* replaceable
ersetzen *tr. V.* a) replace; **etw./jmdn. durch etw./jmdn. ~:** replace sth./sb. by sth./sb.; b) (erstatten) reimburse
ersparen *tr. V.* a) save (taxes); b) **jmdm./sich etw. ~:** spare sb./oneself sth.
Ersparnis *f.*; ~, ~se a) (ersparte Summe) savings *pl.*; b) (Einsparung) saving

erst [e:ɐst] 1. *Adv.* a) (zu~) first; **das sollte ~ jemand mal versuchen** someone should first try that; b) ~ **nach der Trauerfeier** not until after the funeral; c) only; ~ **danach kam er zu mir** he only came to me afterwards. 2. *Partikel* **so etwas mache ich ~ gar nicht mit** I don`t even start to do something like that
erst... a) first; **die ~e Liebe** the first love; **etw. das ~e Mal machen** do sth. for the first time; **sie war als ~e bereit** she was the first to be ready; b) (best...) **der ~e Apfel** the best apple
erstaunen *tr. V.* astonish; amaze; **mein Ruhm erstaunte mich** my fame astonished me
Erstaunen *n.*; ~s amazement; astonishment
erstaunlich 1. *adv.* amazingly; astonishingly; 2. *Adj.* amazing, astonishing, (story)
erstaunt *Adj.* amazed; astonished
erstens ['e:ɐstns] *Adv.* firstly; in the first place
ersticken 1. *itr. V.*; *mit sein* suffocate; (sich verschlucken) choke; **in einem heißen Raum ~:** suffocate in a hot room. 2. *tr. V.* (löschen) smother (fire)
erstreben *tr. V.* strive for
erstrebens·wert *Adj.* (goal) worth striving for; desirable (result)
ersuchen *tr. V.* ask; **dafür sollten wir jemanden ~:** we should consult someone for that
Ersuchen *n.*; ~s, ~: request (an + *Akk.* to)
ertönen *itr. V.*; *mit sein* sound
Ertrag [æɐˈtra:k] *m.*; ~[e]s, Erträge [æɐˈtræ:gə] yield
ertragen *unr. tr. V.* bear (suffering, oppression); **das ist einfach nicht zu ~:** that

is simply unbearable
erträglich [æɐˈtrɛːklɪç] 1. *adv.* (*ugs.*: annehmbar) tolerably. 2. *Adj.* a) bearable (situation); tolerable (environment); b) (*ugs.*: annehmbar) tolerable
ertrinken *unr. itr. V.*; *mit sein* be drowned; drown; *(bildlich)* be inundated
Eruption [erʊpˈtsɪoːn] *f.*; ~, ~en (Geologie, Medizin) eruption
erwachen *itr. V.*; *mit sein* awake; wake up; *(bildlich)* awake; **aus einem schönen Traum ~:** awake from a lovely sleep
Erwachen *n.*; ~s *(auch bildlich)* awakening
erwachsen *unr. itr. V.*; *mit sein* a) grow (aus out of); b) (sich ergeben) (problems, questions) arise
erwachsen 1. *adv.* (behave) in an adult way *adv.* (behave) in an adult way. 2. *Adj.* grown-up attrib.; ~ **sein** be grown up
Erwachsene *m./f.*; *adj. Dekl.* adult; grown-up
erwähnen *tr. V.* mention; **mich hat keiner erwähnt** nobody mentioned me
Erwähnung *f.*; ~, ~en mention; ~ **verdienen** be worthy of mention
erwärmen 1. *tr. V.* heat; 2. *refl. V.* warm up
erwarten *tr. V.* a) expect; **ich erwarte dich** I am expecting you; b) (rechnen mit) **etw. von jmdm. ~:** expect sth. of sb.
Erwartung *f.*; ~, ~en expectation; **ich hoffe ich erfülle deine ~en** I hope I meet your expectations
erweisen 1. *unr. ref. V.* **sich als etw. ~:** prove to be sth.; **sich als schlau ~:** prove smart. 2. *unr. tr. V.* a) prove; b) **jmdm. Respekt ~:** show respect to sb.
erweitern 1. *ref. V.* (street)

widen; (pupil) dilate; 2. *tr. V.* widen (highway); expand (trade); dilate (pupil); broaden (views); **erweiterte Horizonte** broadened horizons
Erweiterung *f.*; ~, ~en siehe erweitern: widening; expansion; enlargement; dilation; extension; broadening
erwidern *tr. V.* a) reply; b) (reagieren) auf return (love); reciprocate (sb. 's feelings)
Erwiderung *f.*; ~, ~en a) (Antwort) reply (auf + Akk. to); b) siehe erwidern b: return; reciprocation
erwischen *tr. V. (ugs.)* a) (fassen, ertappen, erreichen) catch (thief, plane); **jmdn. beim Abschreiben ~:** catch sb. cheating; b) (greifen) grab; **jmdn. am Arm ~:** grab sb. by the arm; c) (bekommen) manage to catch or get
erwünscht [æɐ̯ˈvʏnʃt] *Adj.* wanted; desired (experience)
erwürgen *tr. V.* strangle
erzählen *tr., auch itr. V.* tell (fairy tale); recount (past); **erzähl mir was** tell me something
Erzähler *m.* a) story-teller; **der** ~ the narrator; b) (Autor) writer; narrative writer
erzählerisch *Adj.* narrative *attrib.*
Erzählung *f.*; ~, ~en a) narration; (Bericht) account; b) (Literatur) story; (Märchen) tale
erziehbar *Adj.* educable; **jeder ist gut ~** anybody can be taught
erziehen *unr. tr. V.* a) bring up; raise; (in der Schule) educate; **ich wurde gut ~, auch wenn es keiner glaubt** I was raised well, though no one believe that; b) **ich wurde zur Ehrlichkeit ~:** I was raised to be honest

erzwingen *unr. tr. V.* force
es [æs] *Personalpron.*; 3. *Pers. Sg. Nom. u. Akk. Neutr.* a) (s. auch *Gen.* seiner; *Dat.* ihm) (bei Dingen) it; b) **es ist Micha** it is Mike; **ich halt es nicht aus** I can't stand it **es hätte anders kommen können** it could have been so different; **es war einmal** once upon a time; **es geht einfach nicht** it simply won't work; **es wunderte uns, dass ...,** it surprised us that...; **es schneit** it snows /it is snowing
Esel [ˈeːzl̩] *m.*; ~s, ~ a) ass;donkey
Eskimo [ˈɛskɪmo] *m.*; ~[s], ~[s] Eskimo
essen [ˈɛsn̩] *unr. tr., itr. V.* eat; **etw. gern ~:** like sth.; **muss ich jetzt ~?** Do I have to eat now?; **machst du mir was zu ~?** will you cook something for me?; ~ **gehen** go out for dinner; **sie isst nur Brot** she just eats bread
Essen *n.*; ~s, ~ a) *o. Pl.* **beim** ~ **sein** be having lunch/dinner/supper; **jmdn. zum** ~ **rufen** call sb. for a meal; b) (Mahlzeit) meal; (Fest~) banquet; c) (Speise) food; d) (Verpflegung) *o. Pl.* food; ~ **und Trinken** food and drink
essentiell [æsænˈtsɪæl] *Adj.* essential
Essenz [æˈsænts] *f.*; ~, ~en essence
Essig [ˈɛsɪç] *m.*; ~s, ~e vinegar; ~ **und Öl** oil and vinegar
etablieren 1. *ref. V.* a) (sich niederlassen) (store) open up b) (sich einrichten) settle in; c) (gesellschaftlich) become established. 2. *tr. V.* establish; set up
etabliert *Adj.* established
Etage [eˈtaːʒə] *f.*; ~, ~n floor; storey; **in oder auf**

der fünften ~ wohnen live on the fifth or (Amer.) sixth floor

etwa ['ætva] 1. *Adv.* (ungefähr) about; approximately; **wann ~ kannst du kommen?** About when can you come? 2. *Part.* (womöglich) **hast du das ~ vergessen?** you haven't forgotten that, have you?

Etwas *n.*; ~, ~: something

euch 1. *Dat. u. Akk. von ihr*, you; **ich sage ~ mal was** I will tell you something. 2. *Dat. u. Akk. Pl. des Refexivpron. der 2. Pers. Pl.* a) ref. yourselves; b) *reziprok* one another

euer *Possessivpron. der 2. Pers. Pl.* your; **Grüße von Eurer Wilhelmina/ Eurem Franz** Best wishes, Yours, Wilhelmina/Franz; **Eure oder Euer Exzellenz** Your Excellency

Eule ['ɔylæ] *f.*; ~, ~n owl

Europa (*n.*); ~s Europe

Europäer *m.*; ~s, ~, Europäerin *f.*; ~, ~nen European

europäisch [ɔyro'pæ:ɪʃ] *Adj.* European; **die Europäische Union** the European Union, **Europäische Wirtschaftsgemeinschaft** European Economic Community

evakuieren [evaku'i:ræn] *tr. V.* evacuate

Evakuierung *f.*; ~, ~en evacuation

evangelisch [evaŋ'ge:lɪʃ] *Adj.* Protestant; **die ~e Kirche** the Protestant Church

Evangelist *m.*; ~en, ~en evangelist

Evangelium [evaŋ'ge:lɪ um] *n.*; ~s, Evangelien a) *o. Pl.* (auch bildlich) gospel; b) (christl. Rel.) Gospel

eventuell [evæn'tuæl] 1. *adv.* possibly; perhaps. 2. *Adj.*; *nicht präd.* possible; which might occur; **bei ~en Fehlern** in the case of mistakes

Evolution [evolu'tsɪo:n] *f.*; ~, ~en evolution

evolutionär [evolutsɪo'næ:ɐ] 1. *adv.* by evolution. 2. *Adj.* evolutionary

Evolutions·theorie *f.* theory of evolution

ewig ['e:vɪç] 1. *adv.* eternally; for ever; **~ hoffen** hope for ever; 2. *Adj.* eternal, everlasting (love); undying (passion); *(derogativ)* neverending

Ewigkeit *f.* ~, ~en a) eternity; **in ~:** for ever and ever

Examen [æ'ksa:mæn] *n.*; ~s, ~ oder Examina [æ'ksa:mɪna] examination; exam *(ugs.)*

examinieren *tr. V.* examine

Exil [æ'ksi:l] *n.*; ~s, ~e exile

Existenz [æksɪs'tænts] *f.*; ~, ~en a) existence; b) (Lebensgrundlage) livelihood

existieren [æksɪs'ti:rən] *itr. V.* exist

exklusiv [æksklu'zi:f] 1. *adv.* exclusively. 2. *Adj.* exclusive

Exkurs [æks'kurs] *m.*; ~es, ~e digression; (in einem Buch) excursus

Exkursion [ækskur'zɪo:n] *f.*; ~, ~en study trip

Exorzismus [æksɔr'tsɪ mus] *m.*; ~, Exorzismen exorcise

exotisch 1. *adv.* exotically. 2. *Adj.* exotic

Expansion [ækspan 'zɪo:n] *f.*; ~, ~en expansion

Expedition [ækspedɪ't sɪo:n] *f.*; ~, ~en expedition

Experiment [æksperɪ'm ænt] *n.*; ~[e]s, ~e experiment

experimentell [æksperɪm æn'tæl] 1. *adv.* experimentally. 2. *Adj.*; *nicht präd.* experimenta

experimentieren *itr. V.* experiment

Experte [æks'pærtə] *m.*; ~n, ~n, Expertin *f.*; ~, ~nen expert (für in)

explizit [æksplɪ'tsi:t] 1. *adv.* explicitly. 2. *Adj.* explicit

explodieren [æksplo'di:rən] *itr. V.*; *mit sein* (auch bildlich) explode

Explosion f [æksplo' zɪo:n].; ~, ~en explosion

Export [æks'pɔrt] *m.*; ~[e]s, ~e *o. Pl.* (das Exportieren) export; exporting

exportieren *tr., itr. V.* export

exquisit [ækskvɪ'zi:t] 1. *adv.* exquisitely. 2. *Adj.* exquisite

extra ['ækstra] *Adv.* a) (gesondert) (stand) separately; **Batterien werden ~ berechnet** batteries not included; b) (zusätzlich, besonders) extra; **ich brauche noch ~ eine Stunde** I need another another hour for that; c) (eigens) especially; **~ für dich gehe ich noch** Just for you I will go; d) *(ugs.:* absichtlich) **etw. ~ tun** do sth. on purpose

Extra *n.*; ~s, ~s; meist *Pl.* extra

Extremismus *m.*; ~, Extremismen extremism

Extremist *m.*; ~en, ~en, Extremistin *f.*; ~, ~nen extremist

extremistisch *Adj.* extremist

extrovertiert [ækstro vær'ti:ɐt] *Adj., adv.* extrovert

exzellent [ækstsæ'lænt] 1. *adv.* excellently. 2. *Adj.* excellent

Exzentriker [æks'tsæntrɪ kɐ] *m.*; ~s, ~: eccentric

exzentrisch 1. *adv.* eccentrically; 1. *Adj.* eccentric

Exzess [æks'tsæs] *m.*; Exzesses, Exzess excess

exzessiv [ækstsæ'si:f] *Adj.* excessive

F

f, F [æf] *n.*; ~, ~ a) (Buchstabe) f/F; b) (Musik) key of F; siehe auch a/A
Fabel ['fa:bl̩] *f.*; ~, ~n a) (Literatur) fable; b) (Erfundenes) story; tale
fabelhaft fabulous; marvellous
Fabrik [fa'bri:k] *f.*; ~, ~en factory; (Papier~,) paper mill
Fabrik-: **~arbeiter** *m.* factory worker; **~gelände** *n.* factory site
Fabrikat [fabrɪ'ka:t] *n.*; ~[e]s, ~e product; (Marke) brand
Fabrikation [fabrɪka'tsɪo:n] *f.*; ~: production
fabrizieren [fabrɪ'tsi:rən] *tr. V.* produce; manufacture
fabulieren [fabu'li:rən] *itr. V.* make up stories
Fach [fax] *n.*; ~[e]s, Fächer ['fæçɐ] a) (Schrank) shelf; b) (Schule) subject; (Wissensgebiet) field
Fach-: **~arbeiter** *m.* skilled worker; specialist; **~arzt** *m.* specialist (für in); **~ausdruck** *m.* technical term
fächeln ['fæçl̩n] *tr. V.* fan
Fächer ['fæçɐ] *m.*; ~s, ~: fan
fach-, Fach-: **~frau** *f.* expert; **~gebiet** *n.* field; **~gemäß**, **~gerecht** professional; correct; **~geschäft** *n.* specialized shop; **~hochschule** *f.* college; **~kenntnis** *f.* specialized knowledge; **~kundig** competent; **~lich** specialist; technical; **~literatur** *f.* specialist literature; **~mann** *m.* expert; **~presse** trade press ; **~schule** *f.* technical college; **~sprache** *f.* terminology; **~übergreifend** *Adj.* interdisciplinary; **~welt** *f.*; *o. Pl.* experts *pl.*; **in der ~welt** among experts; **~wort** *n.* technical term; **~zeitschrift** *f.* siehe a. ~presse: specialist magazine
Fach·werk *n. o. Pl.* (Bauweise) half-timbered construction
Fachwerk·haus *n.* half-timbered house
Fackel ['fakl̩] *f.*; ~, ~n torch
fackeln *itr. V.* (ugs.) shilly-shally *(ugs.)*; dither; don't dither about; **sie fackelte nicht lange** she lost no time; (Feuer) *(ugs.)* be on fire
Fackel-: **~zug** *m.* torchlight procession
fade ['fa:də] *Adj.* a) (langweilig) dull; dreary *(ugs.)*; **~r Typ** wet blanket *(ugs.)*; b) (schal) insipid
Faden ['fa:dn] *m.*; ~s, Fäden ['fæ:dn] (Nähfaden) thread; **ein ~**: a piece of thread; (Marionette, Bohnen) string; **der rote ~** *(bildlich)* the red thread; **den ~ verlieren** *(bildlich)* lose the thread; **es hängt am seidenen ~** *(bildlich)* sth. is touch and go; (Medizin) **die Fäden ziehen** remove the stitches
faden-, Faden-: **~scheinig** [ʃaɪnɪç] *Adj.* threadbare; flimsy; **fadenscheinige Ausrede** a thin excuse; **~wurm** *m.* (Tier) threadworm, nematode
Fagott [fa'gɔt] *n.*; ~[e]s, ~e bassoon
Fagottist *m.*; ~en, ~en, bassoonist
fähig ['fɛ:ɪç] *Adj.* a) (begabt) capable; able; b) **zu etw. ~ sein** be capable of sth.; **zu allem ~** be capable of anything
Fähigkeit *f.*; ~, ~en (Kompetenz) capability; ability; competence; **geistige ~en** intellectual abilities; **praktische ~en** practical skills
fahl [fa:l] *Adj.* pale; sallow; (a. Himmel) livid
fahnden ['fa:ndn] *itr. V.* search (nach for)
Fahndung *f.*; ~, ~en search
Fahne ['fa:nə] *f.*; ~, ~n a) flag; b) *(bildlich)* **die Fahne hochhalten für** keep the flag flying for; c) *o. Pl.* (ugs.: Alkohol) **eine ~ haben** reek of alcohol
Fahnen-: **~eid** *m.* ~oath of allegiance; **~flucht** *f.* desertion; *Adj.* **~flüchtig werden/sein** desert/be a deserter; **~mast** *m.* flagpole
Fahr·bahn *f.* carriage way; (Spur) lane
Fähre ['fæ:rə] *f.*; ~, ~n ferry
fahren ['fa:rən] (Fahrzeug) go, travel (mit by); **mit dem Bus fahren** go by bus; (selbst am Steuer) drive; (Auto, Fahrrad) ride; a) **50 km/h ~**: do 50 km/h; **ein Auto zu Schrott ~**: smash up a car; **links ~**: drive on the left; (abbiegen) turn left/right; **langsam ~**: drive slowly; **gegen etw. ~**: go into sth.; **mit Diesel ~**: run on diesel; b) (reisen) travel; go; (trampen) hitch-hike; **Peter fährt mit uns** Peter is coming with us; c) (befördern) drive, take; carry (goods); d) (verkehren) run; operate; e) (Schreck) jump; **was ist in dich ge~?** *(bildl.)* what's come over you?; f) **gut mit etw. ~**: get on well with sth.; g) **der Wagen ist gut zu ~** this car is easy to drive
fahrend *Adj.* moving; **~es Volk** travelling people *pl.*
fahren·lassen *unr. tr. V.* a) (loslassen) let go; b) (auf-

geben) abandon
Fahrer *m.*; ~s, ~: driver
Fahrer·flucht *f.*: hit-and-run offence
Fahrerin *f.*; driver
Fahr-: ~**erlaubnis** *f.* (Führerschein) driving licence; driver's permit; ~**gast** *m.* passenger; ~**geld** *n.* fare; ~**gemeinschaft** *f.* car pool;
fahrig ['faːrɪç] *Adj.* nervous, fidgety
Fahr·karte *f.* ticket
Fahrkarten-: ~**ausgabe** *f.* ticket office; ~**automat** *m.* ticket machine
fahr-, Fahr-: ~**lässig** negligent; ~**e Tötung** manslaughter ~**lässigkeit** *f.* negligence
Fähr·mann *m.* ferryman
Fahr·plan *m.* timetable; schedule (Amer.)
fahrplan·mäßig according to schedule, on time
Fahr-: ~**praxis** *f.* driving experience; ~**preis** *m.* fare; ~**prüfung** *f.* driving test
Fahr·rad *n.* bicycle; bike; pushbike (ugs.); **mit dem ~ fahren** cycle; ride a bicycle
Fahrrad-: ~**fahrer** *m.* cyclist; ~**geschäft** *n.* bicycle shop; ~**händler** *m.* bicycle dealer; ~**ständer** *m.* bicycle rack
Fahr·schein *m.* ticket
Fahrschein-: ~**automat** *m.* ticket machine
Fahr-: ~**schule** *f.* driving school; ~**schüler** *m.* learner (-driver); ~**spur** *f.* lane
Fahr-: ~**stuhl** *m.* lift; elevator (Amer.); **mit dem ~ fahren** take the lift/elevator (Amer.); ~**strecke** *f.* itinerary; route
Fahrt [faːɐ̯t] *f.*; ~, ~en a) (Ausflaug) trip; **auf ~ gehen** take a trip; (Auto) go for a spin (ugs.); b) (Reise) journey; (See~) voyage; c) o. *Pl.* (Tempo) **in voller ~**: at full speed; **in ~ kommen** (ugs.) get going; (Wut) be in a rage

Fährte ['fɛːɐ̯tə] *f.* tracks *pl.*; **auf der falschen Fährte sein** (bildlich) be on the wrong track
Fahrt·richtung *f.* direction; **in ~ sitzen** sit in direction of traffic
fahr·tüchtig *Adj.* (Fahrer) fit to drive; (Fahrzeug) roadworthy
Fahrt-: ~**wind** *m.* air flow; ~**ziel** *n.* destination
fahr-, Fahr-: ~**verbot** *n.* driving ban; ~**wasser** *n.* shipping channel; **in einem politischen ~wasser sein** *(bildl.)* take a political turn; ~**werk** *n.* (Flugzeug) undercarriage; (Auto) chassis
Fahr·zeug *n.* vehicle; (Luft~) aircraft; (Wasser~) vessel
Fahrzeug-: ~**führer** *m.* driver; ~**halter** *m.* (registered) car-owner; ~**papiere** *Pl.* regristation documents *pl.*
Faible ['fɛːbl] *n.*; ~s, ~s liking; (Schwäche) soft spot (für for)
fair [fɛːɐ̯] (gegen to); ~**es Spiel** fair play
Fairneß ['fɛːɐ̯nɛs] *f.*; ~: fairness
faktisch a) real; actual; b) (ugs.: praktisch, eigentlich) more or less; virtually
Faktor ['faktɔr] *m.*; ~s, ~en factor
Falke ['falkə] *m.*; ~n, ~n (auch Politik bildlich) hawk, falcon
Fall [fal] *m.*; ~[e]s, Fälle ['fɛlə] a) fall; drop; (Person, Regierung) downfall; collapse; **freier Fall** free fall; b) (Ereignis) case; **im schlimmsten ~**: at the worst c) (Recht, Medizin, Grammatik) case
Falle ['falə] *f.*; ~, ~n a) (auch bildlich) trap; b) (Bett)
in die ~ gehen turn in (ugs.)
fallen *unr. itr. V.*; a) fall; ~ **lassen** drop; b) (sinken) fall, drop; (Fieber) go down; c)

(stürzen) fall d) **die Wahl fiel auf ihn** the choice fell on him; e) (Äußerung) **es fiel eine Äußerung** a remark was made; f) (Krieg) die; fall; g) (Datum) **Weihnachten fällt auf einen Mittwoch** Christmas falls on a Wednesday; h) (Kategorie) fall into a category; i) **in die Hände ~**: fall into the hands of sb
fällen ['fɛlən] *tr. V.* a) (Holz) fell; cut; b) **ein Urteil ~** pass a sentence
fallen·lassen *unr. tr. V. (bildlich)* drop; abandon
fällig ['fɛlɪç] *Adj.* a) due; b) (Geld) payable, due
Fall·obst *n.* windfall
Fall·rückzieher *m.* (Sport) bicycle kick
falls [fals] *Konj.* if; (im Falle, dass) in case
Fall·schirm *m.* parachute
Fallschirm-: ~**springen** *n.* parachuting
Fall-: ~**strick** *m.* trap; ~**studie** *f.* case study; ~**tür** *f.* trapdoo
falsch [falʃ] etw. a) (fehlerhaft) wrong; (Antwort) incorrect; b) (unecht) false; bogus; c) (gefälscht) counterfeit, forged; d) (hinterhältig) false; e) ~ **verstehen** misunderstand
fälschen ['fɛlʃn] *tr. V.* forge, fake; (Banknoten) forge, counterfeit
Fälscher *m.*; ~s, forger
Falsch·geld *n.* counterfeit money
fälschlich false; wrong; (Irrtum) mistaken
fälschlicherweise *Adv.* by mistake
Falsch-: ~**meldung** *f.* false report; hoax
Fälschung *f.*; ~, ~en fake; counterfeit
Falt-: ~**blatt** *n.* leaflet; ~**boot** *n.* collapsible boat
Falte ['faltə] *f.*; ~, ~n a) crease; b) (Stoff) pleat; fold;

c) (Haut~) wrinkle; line
falten 1. *tr. V.* fold. 2. *ref. V.* (Haut) wrinkle
falten-, Falten-: **~bildung** *f.* folding; (der Haut) wrinkling; **~los** *Adj.* uncreased; **~rock** *m.* pleated skirt
Falter *m.*; ~s, ~ (Nacht~) moth; (Tag~) butterfly
faltig a) *Adj.* (Haut) wrinkled; b) (zerknittert) creased
Falz [falts] *m.*; ~es, ~e (Papier) fold
familiär [famɪˈlɪæːɐ̯] informal; familiar; **aus ~en Gründen** for family reasons
Familie [faˈmiːlɪə] *f.*; ~, ~n family; **~ Schulz** the Schulz family; **meine ~** my folks *(ugs.)*
familien-, Familien-: **~angelegenheit** *f.* family affair; **~betrieb** *m.* family business; **~kreis** *m.* family circle; **~mit·glied** *n.* member of the family; **~name** *m.* surname; last name; family name; **~planung** *f.*; *o. Pl.* family planning; **~stand** *m.* marital status; **~zulage** *f.* family allowance
famos [faˈmoːs] splendid; brilliant
Fanatiker *m.*; ~s, ~: fanatic
fanatisch fanatical
Fanatismus *m.*; ~: fanaticism
Fang [faŋ] *m.*; ~[e]s, Fänge [ˈfɛŋə] a) *o. Pl.* (Fisch~) catching; b) *o. Pl.* (Jagd) bag; (Fisch) catch; haul
fangen 1. *unr. refl. V.* a) (Falle) get or be caught; b) (normalisieren) **sie hat sich wieder ge~**: she has recovered. 2. *unr. tr. V.* a) (Fisch) catch; **Feuer fangen** *(a. bildlich)* catch fire; b) (Dieb) catch, capture; (fesseln) *(bildlich)* be fascinated by sth.; c) *auch itr.* (Ball auffangen) catch
Fang-: **~frage** *f.* trick question; **~netz** *n.* (Fisch) fishing net

Farb-: **~band** *n.* ribbon; **~bild** *n.* colour photo; **~dia** *n.* colour slide
Farbe [ˈfarbə] *f.*; ~, ~n a) colour; **~ bekommen** (Sonne) get tanned; b) (Lack) paint; (Haare färben) dye; c) (Karten) suit; **~ bekennen** (bildlich *ugs.*) put one's cards on the table *(ugs.)*
färben 1. *refl. V.* **sich gelb ~**: turn yellow. 2. *tr. V.* a) dye; **Haare schwarz ~**: dye one's hair black; b) **politisch gefärbter Artikel** coloured article
Farb-: **~fernseher** *m. (ugs.)* colour tv; **~film** *m.* colour film; **~foto** *n.* colour photo
farbig 1. *adv.* colourfully. 2. *Adj.* a) coloured; b) (bildlich: bunt) colourful
Farbige *m./f.*; *adj. Dekl.* coloured man/woman; coloured; **die ~n** the coloured people; Afro-Americans
farblich *Adj.* in colour
farb-, Farb-: **~los** *Adj.* (a. bildlich) colourless; neutral; **~stift** *m.* a) (Buntstift) coloured pencil; b) (Filzstift) coloured felt-tip; **~stoff** *m.* pigment; (für Lebensmittel) colouring; **~ton** *m.* shade
Färbung *f.*; ~, ~en a) (Tönung) tint, tinge; colouring; b) (das Färben) dyeing
Farce [ˈfarsə] *f.*; ~, ~n farce
Farm [farm] *f.*; ~, ~en farm
Farn [farn] *m.*; ~[e]s, ~e fern
Fasan [faˈzaːn] *m.*; ~[e]s, ~e[n] pheasant
Fasching [ˈfaʃɪŋ] *m.*; ~s, ~e oder ~s carnival
Faschismus *m.*; ~: fascist
Faschist *m.*; ~en, ~en fascist
faschistisch *Adj.* fascist
Faser [ˈfaːzɐ] *f.*; ~, ~n fibre
Fass [fas] *n.*; barrel; Bier vom ~: draught beer
Fassade [faˈsaːdə] *f.*; ~, ~n façade

fassbar *Adj.* a) (konkret) tangible; b) (begreifbar) comprehensible
Fass·bier *n.* draught beer
fassen [ˈfasn] a) (greifen) reach for sth.; grasp (nach for); take hold of; b) (zusammenreißen) pull together; b) Vertrauen ~: trust c) (Fassungsvermögen) hold; d) (begreifen) **ich kann's nicht ~**: I don't believe it; e) (Dieb) catch; f) **in Worte ~**: put into words
Fassung *f.*; ~, ~en a) (Text) version; b) (geistig) composure; self-control c) (Juwel) setting; (Brillen~) frame
fassungs-, Fassungs-: **~los** *Adj.* stunned; **~losigkeit** *f.* bewilderment; **~vermögen** *n.*; *o. Pl.* capacity
fast *Adv.* nearly; almost; **~ nie** hardly ever; **~ nirgends** hardly anywhere
Faszination [fastsɪnaˈtsɪoːn] *f.*; ~: fascination
faszinieren [fastsɪˈniːrən] *tr. V.* fascinate
fatal [faˈtaːl] *Adj.* a) fatal; b) (unangenehm) embarrassing; awkward
fauchen [ˈfauxn] *itr. V.* (auch *bildl.*) hiss; snarl
faul [faul] 1. (träge) lazy; idle. 2. (verdorben) rotten, bad; (Luft) stale
faulen *itr. V.*; *meist mit be oder go* rot; foul; (Fleisch) go off
faulenzen [ˈfaulɛntsn] *itr. V.* laze about
Faulenzer *m.*; ~s, ~: idler; layabout *(ugs.)*
Faulheit *f.*; ~: laziness; idleness
Fauna [ˈfauna] *f. (Tierwelt)* fauna
Faust [faust] *f.*; ~, Fäuste [ˈfɔystə] fist; **auf eigene ~ unterwegs** off one's own bat *(ugs.)*
Favorit [favoˈriːt] *m.*; ~en, ~en favourite
Fax [faks] *n.*; ~, ~[e] fax

faxen tr. V. fax
Faxen Pl. (ugs.) silly tricks, to fool around
Fazit [ˈfaːtsɪt] n.; ~s, ~s oder ~e result
Februar [ˈfeːbruaɐ̯] m.; ~[s], ~e February
fechten [ˈfɛçtn̩] unr. itr., tr. V. fence
Fechter m.; ~s, ~, **Fechterin** f.; ~, ~nen fencer
Feder [ˈfeːdɐ] f.; ~, ~n a) (Vogel~) feather; (Gänsekiel) quill; b) (zum Schreiben) nib; c) (Technik) spring
federn 1. tr. V. spring. 2. itr. V. be springy
Federung f.; ~, ~en (in Möbeln) springs pl.; (Auto) suspension
Fee f.; ~, ~n fairy
Fege·feuer n. purgatory
fegen [ˈfeːgn̩] itr. V. sweep; do the sweeping
Fehde [ˈfeːdə] f.; ~, ~n feud
fehl [feːl] Adv. ~ **am Platz fühlen** feel out of place
Fehl·anzeige f. a) ~! (ugs.) no way! (ugs.)
fehlbar Adj. fallible
Fehl-: ~**diagnose** f. incorrect diagnosis; ~**einschätzung** f. misjudgement
fehlen itr. V. a) (nicht vorhanden sein) be lacking b) (vermisst werden) be missing; **du wirst mir fehlen** I will miss you; c) (vermisst, abhanden) be missing; **ihm fehlen zwei Finger** he has two fingers missing; d) (fernbleiben) be missing; be absent; **er darf dem Unterricht nicht** ~: he mustn't miss classes; e) (erforderlich) be needed; f) **was fehlt Ihnen?** What's wrong with you?
Fehler m.; ~s, ~ a) mistake; error; (Schuld) fault; b) (Sport) fault; c) (Materialschaden) flaw
fehler·frei Adj. perfect, faultless, correct
fehlerhaft Adj. faulty; defective; incorrect
fehler-, Fehler-: ~**quelle** f. source of error; ~**quote** f. (Statistik, Schulw.) error rate
Feier [ˈfaɪɐ] f.; ~, ~n a) party; celebration; **zur ~ des Tages** in honour of the occasion
Feier·abend m. (Arbeitsschluss) finishing time; **nach ~**: after work; **ich mache ~** I'll call it a day
feierlich solemn; (festlich) ceremonious; ~**e Handlung** a ceremonial act
Feierlichkeit f.; ~, ~en a) o. Pl. solemnity; b) meist Pl. (Veranstaltung) celebration; festivity c) (a. negat.) pomp
feiern a) celebrate; b) (bejubeln) acclaim; **lasst uns feiern** let's have a party
Feier-: ~**tag** m. holiday; **ein gesetzlicher ~tag** a public holiday
feig, feige 1. adv. like a coward; in a cowardly way; 2. Adj. cowardly, white-livered (ugs.)
Feige f.; ~, ~n fig
Feigheit f.; ~: cowardice
Feigling m.; ~s, ~e coward
feil·bieten unr. tr. V. offer for sale
Feile f.; ~, ~n file
feilen tr., itr. V. file
feilschen [ˈfaɪlʃn̩] itr. V. bargain (um about)
fein [faɪn] (zart) fine; delicate; (Qualität) high-quality; fine; (ausgewählt) exquisite, first choice; (Speisen) fancy; (ugs.: erfreulich) marvellous; **sich ~ machen** dress up
Feinarbeit f. detailed work; precision work
Feind m.; ~[e]s, ~e; **Feindin** f. enemy
feindlich hostile; ~**e Truppen** enemy forces
Feindschaft f.; ~, ~en enmity; animosity
feindselig hostile
Feindseligkeit f.; ~, ~en hostility
Feld [fɛlt] n.; ~[e]s, ~er a) (bewirtschaftet) field; b) (Sport) pitch; field; c) (Formular) box; (Schach) square; d) (Beruf) field; quit (ugs.)
Felge [ˈfɛlgə] f.; ~, ~n a) rim
Fell [fɛl] n.; ~[e]s, ~e a) fur; (Pferde~, Hunde~, Katzen~) coat; (Schaf~) fleece; skin; b) o. Pl. (Material) fur; furskin; c) (Leder) skin; hide
Fels [fɛls] m.; ~en, ~en a) o. Pl. rock; (an der Steilküste) cliff
feminin [femiˈniːn] Adj. feminine
Feminismus m.; ~, feminism
Feministin f.; ~, ~nen feminist
feministisch Adj. feminist
Fenchel [ˈfɛnçl̩] m.; ~s fennel
Fenster [ˈfɛnstɐ] n.; ~s, ~ window; **Geld zum ~ hinauswerfen** throw money down the drain; **weg vom ~** (ugs.) be out of the game
Fenster-: ~**bank** f., ~**brett** n. window-sill; ~**glas** n. o. Pl. window glass; plain glass; ~**kreuz** n. cross-bar; ~**laden** m. shutter; ~**putzer** m. window-cleaner; ~**rahmen** m. window-frame; ~**scheibe** f. window-pane
Ferien [ˈfeːriən] Pl. a) holiday; vacation
Ferkel [ˈfɛrkl̩] n.; ~s, ~ a) piglet; b) (abwertend) pig
Ferkelei f.; ~, ~en dirty behaviour; (Bemerkung) dirty remark
fern [fɛrn] 1. (räumlich) distant, far-off, faraway; 2. (zeitlich) distant; **in nicht allzu ~er** Zukunft in a not too distant future; before long; 3. Präp. far from; a long way from
fern-, Fern-: ~**ab** far away; ~**bedienung** f. remote con-

trol; ~**bleiben** *unr. itr. V.*; *mit sein* stay away (*Dat.* from)
Ferne *f.*; ~, ~n distance
ferner *Adv.* a) furthermore; in addition; **unter "~ liefen"** *(bildlich)* among the also-rans; b) (künftig) in the future
fern-, Fern-: ~**fahrer** *m.* lorry-driver; trucker; ~**gelenkt** *Adj.* remote-controlled; ~**gespräch** *n.* long-distance call; ~**glas** *n.* binoculars *pl.*; ~**halten** keep sb./sth. away from sb./sth.; ~**licht** *n.* (Auto) full beam; ~**ost** *o. Art.* Far East; ~**rohr** *n.* telescope; ~**schreiben** *n.* telex
fernsehen *unr. itr. V.* watch television
Fernsehen *n.*; ~s television; **im ~**: on television
Fernseher *m.*; ~s, ~ *(ugs.)* (Gerät) TV; television
Fernseh-: ~**film** *m.* television film; ~**gebühren** *Pl.* television licence fee; ~**programm** *n.* a) (Kanal) channel; b) (Sendung) television programme; ~**sendung** *f.* television programme; ~**studio** *n.* television studio; ~**turm** *m.* television tower; ~**übertragung** *f.* broadcast; ~**zuschauer** *m.* television viewer
Fernsicht *f.* (Sicht) visibility; (Aussicht) view
fern-, Fern-: ~**steuerung** *f.* remote control; *(bildlich)* control; ~**studium** *n.* correspondence course; ~**verkehr** *m.* long-distance traffic; ~**wärme** *f.* district heating; ~**weh** *n.* wanderlust; ~**ziel** *n.* a) (räumlich) distant destination; b) *(zeitlich)* long-term goal
Ferse ['fɛrzə] *f.*; ~, ~n heel
fertig ['fɛrtɪç] *Adj.* a) (komplettiert) finished b) *(bildlich)* finished; c) (bereit) ready (zu, für for) d) *(ugs.*: erschöpft) shattered *(ugs.)*

fertigen *tr. V.* make; produce
Fertig-: ~**gericht** *n.* instant meal; ~**haus** *n.* prefabricated house; prefab *(ugs.)*
Fertigkeit *f.*; ~, ~en skill
fertig-, Fertig-: ~**machen** *tr. V.* a) *(ugs.*: beenden) finish; b) (bereitmachen) get ready for sth.; c) wear sb. down; (zusammenschlagen) do sb. in; ~**stellen** *tr. V.* complete
Fertigung *f.*; ~: production; manufactur
Fessel ['fɛsl] *f.*; ~, ~n 1. (festbinden) fetter; shackle; (Kette) chain; 2. (Körperteil) ankle; (bei Tieren) pastern
fesseln *tr. V.* a) tie up; (anketten) chain up; b) (faszinieren) grip; fascinate; **der Film hat mich gefesselt** I was gripped by the film
fest [fɛst] 1. *Adj.* a) (kräftig) firm; solid; c) (haltbar) sturdy; tough, strong; solid; d) (energisch) firm; steady; e) (unbeirrbar) h) (konstant) fixed, permanent. 2. a) (auf Dauer) permanently; ~**e Freundin** close friend; ~ **angestellt sein** be permanently employed; (Paar) be going steady; b) **er schläft ~**: he is fast asleep; c) (straff) tight; d) (endgültig) firmly; definitely; e) (unbeirrbar) firmly; **fest abgemacht** definitely agreed
Fest *n.*; ~[e]s, ~e a) party; celebration; b) (Feiertag) festival; (kirchl.) feast; **frohes ~** (Weihnachten)! happy Christmas!
fest-, Fest-: ~**akt** *m.* ceremony; ~**beleuchtung** *f.* festive illumination; ~**binden** *unr. tr. V.* tie; tie up; ~**essen** *n.* banquet; ~**fahren** *unr. itr, refl v. (itr. mit sein)* get stuck; ~**halten** 1. *unr. itr. V.* stand by sb. 2. *unr. ref. V.* (anklammern) hold on to sb./sth.; **halt dich** **~!** hold tight!; b) (aufzeichnen) record; (Kamera) capture; d) (packen) hold on to; **jmdn. an der Schulter** ~**halten** hold on to sb.'s shoulder; e) (nicht weiterleiten) withhold
Festigkeit *f.*; ~ (Standhaftigkeit) steadfastness; (Entschlossenheit) firmness, solidity
Festigung *f.*; ~: consolidation; strengthening; (Haare) conditioning
Festival ['fɛstɪvəl] *n.*; ~s, ~s festival
Fest-, fest-: ~**klammern** *ref. V.* cling to sb./sth.; ~**kleben** 1. *tr. V.* stick. 2. *itr. V.*; *mit sein* stick (an + *Dat.* to); (mit Kleber) glue; ~**klemmen** 1. *tr. V.* wedge 2. *itr. V.*; ~**geklemmt sein** be stuck or jammed; ~**land** *n.*; *o. Pl.* mainland; ~**legen** *tr. V.* (verbindlich) fix; arrange; etw. **gesetzlich** ~**legen** prescribe sth. by law
festlich festive; **etw. ~ begehen** celebrate sth.
Festlichkeit *f.*; ~, ~en a) (Feier) celebration; b) (der Stimmung) festiveness; (Würde) solemnity
fest-, Fest-: ~**machen** 1. *itr. V.* (Boot) moor; ~**nageln** *tr. V.* a) (befestigen) nail (an + *Dat.* to); b) *(ugs.*: festlegen) tie sb. down to sth.; 2. *tr. V.* a) (befestigen) fix; ~**nahme** *f.*; ~, ~n arrest; ~**nehmen** *unr. tr. V.* arrest; ~**platte** *f.* (Computer) hard disc; ~**platz** *m.* fairground; ~**rede** *f.* speech; ~**saal** *m.* banqueting hall; ballroom; ~**schrauben** *tr. V.* screw tight; ~**setzen** 1. *ref. V.* collect, settle; *(bildl.)* take root. 2. *tr. V.* a) (~legen) lay down; b) (inhaftieren) detain; ~**sitzen** *unr. itr. V.* be stuck; ~**spiel** *n. Pl.* festival; ~**stehen** *unr. itr. V.* a) (unumstößlich) be definite; be

Feststellung

certain; **~ steht, dass ...:** it is certain that ...; b) (~gelegt sein) be fixed; **~stellbar** *Adj.* detectable; **~stellen** *tr. V.* a) (wahrnehmen) detect; diagnose; b) (erkennen) realize; c) (aussprechen) state

Feststellung *f.* a) (Ermittlung) establishment; b) (Wahrnehmung) realization; c) (Erklärung) statement

Festtag *m.* holiday; (Ehrentag) special day

Festung *f.;* ~, ~en fortress

fest-, Fest-: ~verzinslich *Adj.* fixed-interest; **~zelt** *n.* marquee; **~ziehen** *unr. tr. V.* pull tight; **~zug** *m.* procession

Fete ['fe:tə] *f.;* ~, ~n *(ugs.)* party

fett [fæt] a) fat; **~es Fleisch** fat meat; **~ kochen** use a lot of fat b) (Druck) bold

Fett *n.;* ~[e]s, ~e a) fat; grease; (Schmalz) lard; (Schmiermittel) grease; b) (~gewebe) fat

fett-, Fett-: ~arm low-fat; low-calory; **~auge** *n.* speck of fat; **~druck** *m.* bold type

fetten 1. *itr. V.* (Fett absondern) be greasy. 2. *tr. V.* (schmieren) grease

fett-, Fett-: ~frei *Adj.* fat-free; **~gedruckt** *Adj.* bold; **~haltig** *Adj.* fatty

fettig *Adj.* greasy; oily

fett-, Fett-: ~kloß *m.* (dicke Person) fatty; fatso; **~leibig** *Adj.* obese; **~leibigkeit** *f.;* ~: obesity; **~löslich** fat-soluble; **~näpfchen** *n.:* **ins ~näpfchen treten** *(ugs.)* drop a brick; **~salbe** greasy ointment; **~sucht** *f.* obesity

Fetzen *m.;* ~s, ~ scrap; **etw. in ~ reißen** tear sth. to pieces

feucht [fɔyçt] *Adj.* damp; tacky; (Klima) humid

feucht-, Feucht-: ~fröhlich *Adj. (ugs.)* merry; boozy *(ugs.);* **~gebiet** *n.* wet area

Feuchtigkeit *f.* a) (Nässe) moisture; b) (Feuchtsein) dampness; (Luft~) humidity

Feuchtigkeitscreme *f.* moisturizing cream; moisturizer

feucht-: ~kalt *Adj.* cold and damp; **~warm** *Adj.* muggy; humid

feudal [fɔy'da:l] a) (aristokratisch) aristocratic, feudal; b) *(ugs.:* vornehm) posh

Feudalismus *m.;* ~: feudalism

Feuer ['fɔyɐ] *n.;* ~s, ~ fire; blaze; **~!** fire!

feuer-, Feuer-: ~alarm *m.* fire alarm; **~beständig** *Adj.* fire-resistant; heat-resistant; **~bestattung** *f.* cremation; **~eifer** *m.* enthusiasm; **~gefahr** *f.* fire hazard; **~gefährlich** *Adj.* (in)flammable; **~leiter** *f.* fire escape; **~löscher** *m.;* ~s, ~: fire extinguisher

feuern (milit.) fire (auf at); (entlassen) fire; sack *(ugs.);* b) (werfen) fling; c) (heizen) fire

feuer-, Feuer-: ~rot *Adj.* fiery red; flaming red

Feuersbrunst *f.* great fire; conflagration

Feuer-: ~schiff *n.* lightship; **~schlucker** *m.* fire-eater; **~stein** *m.* flint; **~treppe** *f.* fire escape; **~versicherung** *f.* fire insurance; **~wache** *f.* fire station

Feuerwehr *f.;* ~, ~en *(auch bildlich)* fire brigade

Feuerwehr-: ~auto *n.* fire engine; **~mann** *m.* fireman

Feuer-: ~werk *n.* firework; (~werkskörper) fireworks; **~zangenbowle** *f.* burnt rum and red wine punch; **~zeug** *n.* lighter

Feuilleton [fœjə'toː] *n.;* ~s, ~s arts section

feurig *Adj.* fiery; passionate

Fiasko ['fɪasko] *n.;* ~s, ~s fiasco; desaster *(bildl.)*

Fibel ['fiːbl] *f.;* ~, ~n a) (Lesebuch) reader; primer; handbook; guide

Fiber ['fiːbɐ] *f.;* ~, ~n fibre

Fichte *f.;* ~, ~n spruce

ficken *tr., itr. V.* (vulgär) fuck, shag; **mit jmdm. ~:** fuck sb.

Fidschiinseln ['fɪdʒɪ] *Pl. f.* ~: Fiji; the Fiji Islands

Fieber ['fiːbɐ] *n.;* ~s a) (Besessenheit) fever; b) (med.) fever; temperature

fiebern *itr. V.* a) *(bildl.)* vor Aufregung (*Dat.*): be in a fever of excitement; b) have or run a temperature

fieber-, Fieber-: ~senkend *Adj.* antipyretic; **~thermometer** *n.* thermometer

fiebrig *Adj.* (auch *bildl.*) feverish

fiepen *itr. V.* (Hund) whimper; (Vogel) cheep

fies [fiːs] *Adj. (ugs.)* a) (charakterlos) nasty; awful

Figur [fɪ'guːɐ] *f.;* ~, ~en a) (Persönlichkeit) figure; b) (Spielstein) piece; c) (Literatur) character; d) (Sport) figure; e) (Proportion) figure

Fiktion [fɪk'tsɪoːn] *f.;* ~, ~en fiction

fiktiv [fɪk'tiːf] *Adj.* fictitious

Filet *n.;* ~s, ~s fillet

Filiale [fɪ'lɪaːlə] *f.;* ~, ~n branch

Film [fɪlm] *m.;* ~[e]s, ~e a) (Foto) film; b) (Kino) film; movie; c) (~branche) **beim ~ sein** be in films; d) (Schicht) film; **~riss** mental blackout

filmen film; make a film

Film-: ~kamera *f.* film camera; **~kritik** *f.* film review; (~kritiker) film critics *pl.;* **~musik** *f.* soundtrack; **~produzent** *m.* producer; **~regisseur** *m.* director; **~star** *m.* film star; **~verleih** *m.* film distributor

Filter ['fɪltɐ] *m.;* ~s, ~: filter

Filterkaffee *m.* filter coffee

filtern *tr. V.* filter

Filter-: ~tüte *f.* filter; **~zigarette** *f.* tipped cigarette

Filz [fɪlts] *m.*; ~es, ~e felt; mass; mat; **~stift** *m.* felttip pen

filzen 1. *tr. V.* (*ugs.*: durchsuchen) search; frisk. 2. *itr. V.* felt

filzig *Adj.* a) (Wolle) felted; b) (Haare) matted

Finale [fiˈnaːlə] *n.*; ~s, ~ a) (Sport) final; b) (Musik, *bildlich*) finale

Finanz-: **~amt** *n.* a) (Amt) Revenue; b) (Gebäude) tax office; **~beamte** *m.* tax officer

Finanzen *Pl.* a) finance; b) (*ugs.*: finanzielle Verhältnisse) finances; c) (Staats~) finances

finanziell [fɪnanˈtsi̯ɛl] financial

finanzieren *tr. V.* finance; pay for

Finanzierung *f.*; ~, ~en financing

finanz-, Finanz-: **~kräftig** *Adj.* financially powerful; **~minister** *m.* minister of finance; **~ministerium** *n.* Ministry of Finance; Treasury; **~politik** *f.* politics of finance

Findelkind [ˈfɪndl̩kɪnt] *n.* foundling

finden [ˈfɪndn̩] a) find; b) (einschätzen) *etw. gut ~*: think sth. is good; c) (heraus~) find out

Finder *m.*; ~s, ~, **Finderin** *f.*; ~, ~nen finder

Finderlohn *m.* reward

findig *Adj.* clever; resourceful

Finger [ˈfɪŋɐ] *m.*; ~s, ~ finger; *mit dem ~ auf jmdn./etw. zeigen* (auch *bildl.*) point one's finger at sb./sth.

finger-, Finger-: **~abdruck** *m.* fingerprint; **~fertigkeit** *f.*; *o. Pl.* dexterity; **~hut** *m.* thimble; (Pflanze) foxglove; **~knöchel** *m.* knuckle; **~nagel** *m.* fingernail; **~spitze** *f.* fingertip; **~spitzengefühl** *n.*; *o. Pl.* feeling; **~zeig** *m.*; ~s, ~e hint; tip

fingieren [fɪnˈgiːrən] *tr. V.* fake

Fink [fɪŋk] *m.*; ~en, ~en finch

Finne [ˈfɪnə] *m.*; ~n, ~n, **Finnin** *f.*; ~, ~nen Finn

finnisch *Adj.* Finnish

Finnland [ˈfɪnlant] (*n.*); ~s Finland

finster [ˈfɪnstɐ] dark; *im Finstern* in the dark; (düster) dark; dimly-lit; (dubios) murky; shady

Finsternis *f.*; ~, ~se dark; darkness; (Mond~) eclipse

Firlefanz [ˈfɪrləfants] *m.*; ~es (*ugs.*) (Tand, Kram) frippery; gew-gaws; (Unsinn) nonsense

Firma [ˈfɪrma] *f.*; ~, Firmen firm; company

Firmament [fɪrmaˈmɛnt] *n.*; ~[e]s (Poesie) firmament

Firmen-: **~inhaber** *m.* owner of a company; **~wagen** *m.* company car; **~zeichen** *n.* trademark

Fisch [fɪʃ] *m.*; ~[e]s, ~e a) fish; **~e fangen** catch fish; (*bildlich*) *kleine ~e* (*ugs.*) peanuts; b) (Astrologie) *die ~e* Pisces

fischen 1. *itr. V.* fish (nach for)

Fischer *m.*; ~s, ~ fisherman

Fisch-: **~filet** *n.* fish fillet; **~geschäft** *n.* fishmonger's; fish store; **~gräte** *f.* fishbone; **~kutter** *m.* fishing trawler; **~otter** *m.* otter; **~stäbchen** *n.* fish finger; **~zucht** *f.* fish farming

Fistel [ˈfɪstl̩] *f.*; ~, ~n (Medizin) fistule

Fistelstimme *f.* falsetto

Fittich [ˈfɪtɪç] *m.*; ~[e]s, ~e wing

fix [fɪks] quick; fast

fixieren [fɪkˈsiːrən] *tr. V.* a) (ansehen) fix one's gaze on; b) (niederlegen) take down; c) *auf jmd. fixiert sein* be fixed on sb.

Fixierung *f.*; ~, ~en determination

Fixstern *m.* (Astronomie) fixed star

flach [flax] *Adj.* a) plain, even; flat; b) (untief) shallow; c) (*bildl.*) shallow

Fläche [ˈflɛçə] *f.*; ~, ~n a) (Gebiet) area; b) (Seite) surface; c) (Mathematik) area, side

flach-, Flach-: **~fallen** (*ugs.*) be cancelled; **~land** *n.*; *o. Pl.* lowland; **~liegen** *unr. itr. V.* (*ugs.*) be flat on one's back; **~mann** *m.*; (*ugs.*) hip-flask

flackern [ˈflakɐn] *itr. V.* flicker

Fladen [ˈflaːdn̩] *m.*; ~s, ~ a) (Kuh~) cowpat; **~brot** *n.* unleavened bread

Flagge [ˈflagə] *f.*; ~, ~n flag

flaggen *itr. V.* put out the flag

Flaggen-: **~mast** *m.* flagstaff

Flair [flɛːɐ̯] *n.* oder *m.*; ~s flair, atmosphere; (Aura) air

flambieren [flamˈbiːrən] *tr. V.* flame

Flamme [ˈflamə] *f.*; ~, ~n a) flame; b) (*ugs.*: Freundin) flame

flammen [ˈflamən] *itr. V.* blaze

flammend *Adj.* flaming; (*bildl.*) fiery

Flanell [flaˈnɛl] *m.*; ~s, ~e flannel

flapsig [ˈflapsɪç] (*ugs.*) rude

Flasche [ˈflaʃə] *f.*; ~, ~n a) bottle; b) (*ugs.* Schwächling) flop, bum

Flaschen-: **~bier** *n.* bottled beer; **~hals** *m.* (auch *bildl.*) bottleneck; **~öffner** *m.* bottle-opener; **~pfand** *n.* deposit; **~post** *f.* message in a bottle; **~zug** *m.* block and tackle

Flattermann *m.*; (Unruhe) jitters *pl.*

flattern *itr. V.* a) (fliegen) flutter; b) (zittern) shake;

flau

flutter
flau *Adj.* (matt) slack; flat; **mir ist ~:** I feel queasy
Flaum *m.*; ~[e]s a) fuzz; b) (~federn) down
flaumig *Adj.* downy
Flausch [flauʃ] *m.*; ~[e]s, ~e fleece, brushed wool
flauschig *Adj.* fluffy
Flause ['flauzə] *f.*; ~, ~n; *meist Pl. (ugs.)* nonsense
Flaute ['flautə] *f.*; ~, ~n a) slack time, lull; b) (Seefahrt) calm
Flechte ['flɛçtə] *f.*; ~, ~n a) (Pflanze) lichen; b) (Medizin) eczema
flechten *unr. tr. V.* (Haare) plait; (Korb) weave
Fleck [flɛk] *m.*; ~[e]s, ~e a) (Schmutz) stain; b) (andersfarbige Stelle) patch; c) (Stelle) spot; **rühr' dich nicht vom ~** don't move
fleckig ['flɛkɪç] stained
fleddern ['flɛdɐn] *tr. V.* plunder, rob
Fledermaus ['fle:dɐ] *f.* bat
Flegel ['fle:gl] *m.*; ~s, ~ *(derogativ)* lout
flegelhaft *Adj.* (derogativ) loutish; boorish
Flegeljahre *Pl.* uncouth adolescence
flehen ['fle:ən] *itr. V.* plead (bei jmd. um etw. with sb. for sth.); **zu Gott ~:** beg God
Fleisch [flaɪʃ] *n.*; ~[e]s a) meat; b) (Medizin) flesh; c) (Obst) pulp; flesh
fleisch-, Fleisch-: ~**beschau** *f.* meat inspection; ~**brühe** *f.* bouillon; meat-broth
Fleischer ['flaɪʃɐ] *m.*; ~s, ~: butcher; ~**ei** *f.*; ~, ~en butcher's shop
fleisch-, Fleisch-: ~**farben**, ~**farbig** *Adj.* flesh-coloured; ~**fressend** *Adj.*; carnivorous; ~**fresser** *m.*; ~s, ~ carnivore; ~**gericht** *n.* meat dish
fleischig *Adj.* plump; fleshy
fleisch-, Fleisch-: ~**kloß** *m.*

(Speise) meat ball; ~**konserve** *f.* tin of meat; ~**los** *Adj.* a) without meat; vegetarian; b) (mager) bony; ~**pastete** *f.* meat-pie; ~**vergiftung** *f.* food poisoning; ~**wolf** *m.* mincer; ~**wunde** *f.* flesh-wound; ~**wurst** *f.* pork sausage
Fleiß [flaɪs] *m.*; ~es hard work; (Eigenschaft) diligence
fleißig ['flaɪsɪç] 1. *Adj.* hard-working; diligent; (unermüdlich) indefatigable
flennen ['flɛnən] *itr. V.* (ugs. abwertend) blubber
fletschen ['flɛtʃn] *tr. V.* **die Zähne ~:** bare one's/its teeth
Fleurop ['flɔyrɔp] *f.* Interflora
flexibel [flɛˈksiːbl] flexible
Flexibilität [flɛksibiliˈtɛːt] *f.*; ~: flexibility
flicken ['flɪkn] *tr. V.* mend; repair
Flicken *m.*; ~s, ~: patch
Flick-: ~**werk** *n.*; *o. Pl. (derogativ)* botched-up job; ~**zeug** *n.* repair kit
Flieder ['fliːdɐ] *m.*; ~s, ~: lilac
fliederfarben *Adj.* lilac
Fliege ['fliːgə] *f.*; ~, ~n a) fly; **er könnte keiner ~ etwas zu Leide tun** he couldn't hurt a fly; b) (Schleife) bow-tie
fliegen 1. *unr. itr. V.* a) *mit sein* fly; (Explosion) blow up; b) *mit sein* (ugs.) entlassen werden) be sacked (coll.); c) *mit sein* (ugs.: geworfen werden) **aus der Kurve ~:** skid of the bend; d) *mit sein* (ugs.: hinfallen, stürzen) fall; über etw. over sth.; 2. *unr. tr. V.* a) (Pilot) fly
fliegend *Adj.*; *nicht präd.* flying
Fliegen-: ~**gewicht** *n.* (Athletik) flyweight; ~**klatsche** *f.* fly swat; ~**pilz** *m.* fly agaric
fliehen ['fliːən]*unr. itr. V.*;

mit sein (flüchten) flee (vor + *Dat.* from); (entkommen) escape (aus from)
Fliehkraft *f.* centrifugal force
Fliese ['fliːzə] *f.*; ~, ~n tile
Fliesenleger *m.*; ~s, ~: tiler
Fließ-: ~**band** *n.* conveyor belt
fließen ['fliːsn] *unr. itr. V.*; *mit sein* flow
fließend running; moving; fluid; fluent; **in ~em Englisch** in fluent English
flimmern *itr. V.* shimmer; flicker
flink [flɪŋk]nimble; sharp; quick
Flinte ['flɪntə] *f.*; ~, ~n shotgun; **die ~ ins Korn werfen** throw in the towel
Flirt [flɪrt] *m.*; ~s, ~s flirtation
Flittchen ['flɪtçən] *n.*; ~s, ~ (ugs. abwertend) floozie, tart
Flitter ['flɪtɐ] *m.*; ~s, ~ a) *o. Pl.* (Paillette) frippery; trumpery; b) (Paillette) sequin
Flitterwochen *Pl.* honeymoon *sing.*
Flitzebogen ['flɪtsəˌ] *m.* bow; **gespannt sein wie ein ~:** be on tenterhooks
flitzen ['flɪtsn] *itr. V.*; (ugs.) shoot; dart
Flocke ['flɔkə] *f.*; ~, ~n flake
flockig *Adj.* fluffy
Floh [floː] *m.*; ~[e]s, Flöhe ['flœːə] flea; **du hast mir einen ~ ins Ohr gesetzt** there you put an idea into my head
Floh-: ~**biß** *m.* flea-bite; ~**markt** *m.* flea market
Flora ['floːra] *f.*; ~, Floren flora
Florenz [floˈrɛnts] (*n.*); Florence
Florett [floˈrɛt] *n.*; ~[e]s, ~e foil; ~**fechten** foil fencing
florieren [floˈriːrən] *itr. V.* (Handel) flourish
Florist [floˈrɪst] *m.*; ~en, ~en, Floristin *f.*; ~, ~nen flo-

rist
Floskel ['flɔskl] *f.*; ~, ~n flower of words; empty phrase
floskelhaft *Adj.* flowery; cliche-ridden
Floß [floːs] *n.*; ~es, Flöße ['flœːsə] raft
Flosse ['flɔsə] *f.*; ~, ~n a) (Tier) fin; b) (zum Tauchen) flipper
Flöte ['flœːtə] *f.*; ~, ~n (Musik) flute; (Block~) recorder
flöten ['flœːtn] *itr. V.* a) play the flute; (Blockflöte) play the recorder; flute; b) (*ugs.*: pfeifen) whistle
flöten-, Flöten-: **~gehen** *unr. itr. V.*; *mit sein* (*ugs.*) go down the drain; **~konzert** *n.* a) (Musikstück) flute concerto; b) (Veranstaltung) flute concert
Flötist [flœˈtɪst] *m.*; ~en, ~en, Flötistin *f.*; ~, ~nen flute-player; flutist
flott [flɔt] 1. *adv.* quickly. 2. *Adj.* a) (*ugs.*: modisch) smart; groovy; b) (schwungvoll) lively; snappy; c) (frisch, hübsch) stylish; smart
Flotte ['flɔtə] *f.*; ~, ~n fleet
flott-: **~machen** *tr. V.* (Boot) refloat; (Auto) get back on the road
Flöz [flœːts] *n.*; ~es, ~e (Bergbau) seam
Fluch [fluːx] *m.*; ~[e]s, Flüche ['flyːçə] (Kraftwort) curse; oath; (Verwünschung) curse;
fluchen *itr. V.* curse; swear; über at; ver~ curse sb./sth
Flucht [flʊxt] 1. *f.*; ~ flight; (Gefangene) on the run; 2. Flucht *f.*; ~, ~en (Häuser~) row; **Treppen~** flight of stairs
fluchtartig hurried; hasty
flüchten ['flʏçtn] *itr. V.*; *mit sein* **vor jmdm./etw. ~:** flee from sb./sth.; run away from; (mit Erfolg) escape from. 2. *refl. V.* **sich in ein Haus ~:** take refuge in a house
Flucht-: **~gefahr** *f.* risk of an escape attempt
flüchtig ['flʏçtɪç] 1. *adv.* a) (oberflächlich) cursorily; b) (eilig) hurriedly. 2. *Adj.* a) (entkommen) fugitive; b) (oberfächlich) cursory; superficial; c) (eilig, schnell) quick; short; fleeting; d) (vergänglich) fleeting
Flüchtigkeit *f.*; ~, ~en a) (Oberflächlichkeit) cursoriness; b) (Vergänglichkeit) fleetingness
Flüchtigkeitsfehler *m.* slip
Flüchtling ['flʏçtlɪŋ] *m.*; ~s, ~e refugee
Flüchtlings-: **~lager** *n.* refugee camp
Flucht-: **~plan** *m.* escape plan; **~versuch** *m.* escape attempt; **~weg** *m.* escape route
Flug [fluːk] *m.*; ~[e]s, Flüge ['flyːgə] a) *o. Pl.* flight
Flug-: **~angst** *f.* fear of flying; **~begleiter** *m.* , **~begleiterin** *f.* steward, stewardess; **~blatt** *n.* pamphlet; leaflet
Flügel ['flyːgl̩] *m.*; ~s, ~ a) wing; b) (Altar~) wing; (Nasen~) nostril; c) (Klavier) grand piano
flügel-, Flügel-: **~spannweite** *f.* wing span; **~tür** *f.* double door
flügge ['flʏɡə] *Adj.* fully-fledged; independent
Flug-: **~gesellschaft** *f.* airline; **~hafen** *m.* airport; **~höhe** altitude; **~kapitän** *m.* captain; **~linie**; a) (Strecke) air route; b) (Gesellschaft) airline; **~lotse** *m.* air traffic controller; **~objekt** *n.* flying object; **unbekanntes ~objekt** UFO; **~personal** *n.* flight personnel; **~platz** *m.* airfield; **~schein** *m.* air ticket; **~schreiber** *m.* flightrecorder; **~steig** *m.* pier; **~steig 9** gate 9; **~ticket** *n.* flight ticket; **~verkehr** *m.* air traffic; **~zeit** *f.* flight time
Flugzeug *n.*; ~[e]s, ~e aeroplane; plane; aircraft
Flugzeug-: **~absturz** *m.* plane crash; **~besatzung** *f.* crew; **~entführer** *m.* hijacker; **~entführung** *f.* hijack(ing); **~träger** *m.* aircraft carrier
Fluktuation [flʊktuaˈtsi̯oːn] *f.*; ~, ~en (Handel, Wissenschaft) fluctuation
fluktuieren [flʊktuˈiːrən] *itr. V.* (Handel, Wirtschaft) fluctuate
Flunder ['flʊndɐ] *f.*; ~, ~n flounder
flunkern ['flʊŋkɐn] *itr. V.* tell stories
Flunsch [flʊnʃ] *m.*; ~[e]s, ~e oder *f.*; ~, ~en (*ugs.*) pout
Fluoreszenz [fluoræsˈtsɛnts] *f.*; ~: fluorescence
fluoreszieren *itr. V.* fluoresce; be fluorescent
Flur [fluːɐ̯] *m.*; ~[e]s, ~e 1. corridor; hall; **Treppen ~** landing. 2. Flur *f.*; ~, ~en a) (Fläche) farmland; b) (Fläche) fields *pl.*
Flur-: **~schaden** *m.* damage *no pl., no indef. art.* to farmland; **~tür** *f.* front door
Fluss [flʊs] *m.*; Flusses, Flüsse ['flʏsɐ] river; (Bewegung) flow
fluss-, Fluss-: **~ab(wärts)** downstream; **~auf(wärts)** upstream; **~bett** *n.* river bed
flüssig ['flʏsɪç] a) (Flüssigkeit) liquid; fluid; runny; molten; melted; b) (Geläufigkeit) fluent; c) (verfügbar, solvent) ready; liquid
Flüssigkeit *f.*; ~, ~en liquid; (Körper~, Brems~ usw.) fluid
flüssigmachen *tr. V.* make available
Fluß-: **~mündung** *f.* river mouth; **~ufer** *n.* river bank
flüstern ['flʏstɐn] whisper
Flüster-: **~ton** *m.* whisper;

~tüte f. (ugs.) megaphone
Flut [fluːt] f.; ~, ~en a) o. Pl. tide; **es ist ~:** the tide is coming in; b) meist Pl. (Wassermasse) flood
Flutlicht n.; o. Pl. floodlight
flutschen ['flʊtʃn] itr. V. (ugs.) a) mit sein (gleiten) slip; b) (problemlos) go smoothly
Flutwelle f. tidal wave
Föderalismus m.; ~: federalism no art.
föderalistisch Adj. federalist
Föderation [fœdera'tsi̯oːn] f.; ~, ~en federation
föderativ [fœdera'tiːf] Adj. federal
Fohlen n.; ~s, ~: foal
Fokus ['foːkʊs] m.; ~, ~se focus
Folge ['fɔlɡə] f., ~, ~n a) (Ergebnis) consequence, result; **etw. zur ~ haben** result in sth.; lead to sth.; b) (Fortsetzung, z.B. TV) episode; c) **einem Befehl ~ leisten** follow an order
folgen ['fɔlɡn] itr. V. a) mit sein follow; auf etw. (Akk.) ~: follow sth.; come after sth.; **ich folgte ihr nach Hause** I followed her home
folgend Adj. **der/die/das ~e** the next; the next in order
Folgendes, das Folgende the following; **im ~en, in ~em** in the following
folgendermaßen Adv. as follows; in the following way
folgen-: ~**los** Adj. without consequences; ~**reich** Adj. fraught with consequences; ~**schwer** Adj. with serious consequences
folgerichtig logical; consistent
folgern ['fɔlɡɐn] tr. V. deduce (aus from); **~, dass ...:** conclude that
Folgerung f., ~, ~en conclusion
folglich ['fɔlklɪç] Adv. consequently; as a result; (ugs.: deshalb) consequently; therefore
folgsam obedient
Folie ['foːli̯ə] f.; ~, ~n (Metall~) foil; (Plastik~) film
Folklore [fɔlk'loːrə] f.; ~ a) folklore; b) (Musik) folk-music
Folter f.; ~, ~n torture
Folterkammer f. torture chamber
foltern torture
Fön [føːn] m.; ~[e]s, ~e hairdrier
Fonds [foː] m.; ~[foːs̃], ~ [foːs] fund
Fondue [fo'dyː] f.; ~, ~s fondue
fönen ['føːnən] tr. V. blow-dry
Fontäne [fɔn'tɛːnə] f.; ~, ~n jet; fountain
forcieren [fɔr'siːrən] tr. V. step up; speed up, push forward; redouble, intensify
Förder-: ~**anlage** f. (Technik) conveyor; ~**band** n. (Technik) conveyor belt
Förderer ['fœrdərə] m.; ~s, ~ (Gönner) patron
förderlich Adj. beneficial (Dat. to)
fordern ['fɔrdən] tr. V. a) demand; b) (bildl. kosten) claim; tr. V. a) support; further; promote; patronize, foster; improve; aid; b) (Bergbau) mine; extract
Forderung f.; ~, ~en a) (Anspruch) demand; (in bestimmter Höhe) claim
Forelle [fo'rɛlə] f.; ~, ~n trout
Form [fɔrm] f.; ~, ~en a) shape; b) (Verfassung) form c) (Guss~) mould; (Back~) baking tin; d) (Erscheinungs~) form; e) (Umgangs~) form
formal [fɔr'maːl] 1. Adj. formal; **ein ~er Fehler** (Jura) procedural error
formalisieren tr. V. formalize
Formalisierung f.; ~, ~en formalization
Formalismus m. formalism
Formalist m.; ~en, ~en formalist
Formalität [fɔrmalɪ'tɛːt] f.; ~, ~en formality
Format [fɔr'maːt] n.; ~[e]s, ~e a) size; (Papier~, Bild~) format; b) o. Pl. (Persönlichkeit) stature
Formation [fɔrma'tsi̯oːn] f.; ~, ~en formation; (einer Generation) development
Formationsflug m. formation flying
formbar Adj. malleable; (bildl.) malleable, pliable
Formbarkeit f.; ~: malleability; (bildl.) pliability
Formel ['fɔrml] f.; ~, ~n formula; **~ 1** (Sport) Formula One
formelhaft Adj. stereotyped
formell [fɔr'mɛl] Adj. formal; **sie sind nur ~ im Recht** they're only technically in the right
formen 1. tr. V. form; shape; mould. 2. ref. V. take on a shape; (bildl.) form; take shape
form-, Form-: ~**fehler** m. (in e. Dokument) irregularity; ~**gebung** f.; ~, ~en design; ~**gerecht** correct; proper
formieren 1. tr. V. form. 2. ref. V. a) form; b) (sich zusammenschließen) be formed
Formierung f.; ~, ~en formation; (von Truppen) drawing up
förmig [fœrmɪç] -shaped
förmlich ['fœrmlɪç] a) (steif, offiziell) formal; b) (geradezu) positively; b) (regelrecht) positive
Förmlichkeit f.; ~, ~en formality
form-, Form-: ~**los** informal; **einen ~losen Antrag stellen** apply informally; (gestaltlos) shapeless; ~**sa-**

che f. formality; **~schön** Adj. elegant

Formular [fɔrmu'laːɐ̯] n.; ~s, ~e form

formulieren [fɔrmu'liːrən] tr. V. formulate

Formulierung f.; ~, ~en formulation; (Text) formulation; (Gesetzentwurfs) drafting

formvollendet perfectly executed; perfect in form

forsch [fɔrʃ] selfassertive; forceful

forschen itr. V. **nach etw. ~:** search or look for sth.; (Wissenschaft) research; do research

Forscher m.; ~s, ~, **Forscherin** f.; ~, ~nen a) researcher; research scientist

Forschung f.; ~, ~en research

Forschungs-: **~auftrag** m. research assignment; **~bericht** m. research report; **~reise** f. expedition; **~reisende** m./f. explorer

Forst [fɔrst] m.; ~s, ~en forest

Förster ['fœrstɐ] m.; ~s, ~: forest warden; forester; ranger (Amer.)

Forst-: **~haus** n. forester's house; **~wirtschaft** f. forestry

fort [fɔrt] Adv. a) (weiter) **und so weiter und so ~:** and so on and so forth; **in einem ~:** continuously

Fort [foːɐ̯] n.; ~s, ~s fort

fort-, Fort-: **~an** Adv. from now on; **~bestehen** unr. itr. V. remain; continue; **~bewegen** move (along); shift; **~bewegung** f.; locomotion; **~bildung** f.; further education; (beruflich) further training; (beruflich) training course; **~dauer** f. continuation; **~dauern** itr. V. continue; **~eilen** itr. V.; mit sein hurry off; **~fahren** 1. unr. itr. V. a) mit sein (weitermachen) continue (doing sth.), go on (mit with); b) mit sein s. wegfahren; **~führen** tr. V. a) lead away; b) (fortsetzen) continue, keep up; carry on; **~gang** m.; a) (Entwicklung) progress; b) s. Weggang; **~·geben** unr. tr. V. siehe weggeben; **~geschritten** Adj. advanced; **~geschrittene** m./f.; adj. Dekl. advanced learner; **~gesetzt** continual; constant; **~laufend** continuous; ongoing; consecutive; **~nehmen** unr. tr. V. take away; **~pflanzen** ref. V. reproduce; **~pflanzung** f. reproduction; **~rennen** unr. itr. V.; mit sein (ugs.) run off; run away; **~schreiten** unr. itr. V.; mit sein progress, continue; move on; **~schreitend** Adj. progressive; advancing; **~schritt** m. progress; **~schrittlich** progressive; **~setzung** f.; ~, ~en (nächster Teil) instalment; **~setzung folgt** to be continued; **~stehlen** unr. refl V. steal away; sneak away; **~treiben** 1. itr. V.; mit sein float away. 2. unr. tr. V. drive off or away

Fortuna [fɔr'tuːna] (f.) Fortuna

fort-: ~während continual; incessant

fossil [fɔ'siːl] Adj. fossilized; fossil

Fossil n.; ~s, ~ien fossil

Foto ['foːto] n.; ~s, ~s photo; **~s machen** take photos

Foto-: **~album** n. photo album; **~apparat** m. camera

fotogen [fotoˈgeːn] Adj. photogenic

Fotogeschäft n. photographic shop

Fotograf m., **Fotografin** f.; ~en, ~en photographer

fotografieren 1. itr. V. take photographs. 2. tr. V. photograph; take a photograph

foto-, Foto-: **~kopie** f. photocopy; **~kopieren** tr., itr. V. photocopy; **~kopierer** m. photocopier

Foto-: **~labor** n. photographic laboratory; photo lab (ugs.); **~modell** n. photo model; **~montage** f. photomontage; **~reporter** m. press photographer

Foxterrier m. fox-terrier

Foxtrott [ˈfɔksˌtrɔt] m.; ~s, ~e oder ~s foxtrott

Foyer [foa'jeː] n.; ~s, ~s foyer

Fracht [fraxt] f.; ~, ~en a) (Bahn~, LKW~) goods; freight; (Schiffs~, Luft~) cargo; freight; b) (~kosten) (Schiffs~, Luft~) freight; freightage; (Bahn ~, LKW~) carriage

Frachter m.; ~s, ~: freighter

Fracht-: **~raum** m., hold; (cargo)space; **~schiff** n. cargo ship

Frack [frak] m.; ~s, Fräcke ['frɛkə] tails pl.; evening dress

Frack-: **~hemd** n. dress shirt; **~schoß** m.; coat-tail; **~weste** f. waistcoat

Frage ['fraːgə] f.; ~, ~n a) question; b) **etw. in ~ stellen** question sth., c) (Thema) issue

Fragebogen m. questionnaire; (Formular) form

fragen ask; **ich frage mich, ob...** I wonder if...; **jmdn. nach/wegen etw. ~:** ask sb. about sth.

Frage-: **~stellung** f. (Problem) problem; (Formulierung) formulation of a question; **~stunde** f. (Politik) question time; **~wort** m. interrogative; **~zeichen** n. question mark

fragil [fra'giːl] Adj. fragile

fraglich ['fraːklɪç] Adj. a) (betreffend) in question; relevant; b) doubtful

fraglos Adv. without question; unquestionable

Fragment [fra'gmɛnt] n.; ~[e]s; ~e fragment

fragmentarisch [frag mæn'taːrɪʃ] *Adj.* fragmentary

fragwürdig *Adj.* a) (zwielichtig) dubious; b) questionable

Fraktion [frak'tsjoːn] *f.*; ~, ~en fraction; parliamentary coalition;

fraktions-, Fraktions- (Politik): **~beschluss** *m.* party/coalition decision; **~los** *Adj.* independent; **~vorsitzende** *m./f.* leader of the parliamentary party/coalition

Fraktur [frak'tuːɐ̯] *f.*; ~, ~en a) (Medizin) fracture; b) (Schrift) Gothic Type, fracture

frankieren [fraŋ'kiːrən] *tr. V.* frank

fränkisch ['fræŋkɪʃ] *Adj.* Franconian

Frankreich (s.); ~s France

Franziskaner [frantsɪs'kaːnɐ] *m.*; ~s, ~: Franciscan

Franzose [fran'tsoːzə] *m.*; ~n, ~n Frenchman; **die ~n** the French

Französin [fran'tsœːzɪn] *f.*; ~, ~nen Frenchwoman

Französisch *n.*; ~[s] French

frappieren [fra'piːrən] *tr. V.* astound; astonish

frappierend *Adj.* astonishing; remarkable

Fraß [fraːs] *m.*; ~es food; grub *(ugs.)*

Fratz [frats] *m.*; ~es, ~e, ~en, ~en *(ugs.*: niedliches) rascal; (ungezogen) brat

Fratze ['fratsə] *f.*; ~, ~n a) (unschönes Gesicht) ugly features; *(derogativ)* mug *(sl.)*; b) *(ugs.*: Grimasse) grimace

Frau *f.*; ~, ~en woman; (Ehe~) wife; **~ Schmidt** Mrs Schmidt; (in Briefen) **Sehr geehrte ~ Schmidt** Dear Madam; (wenn persönliche Bekanntschaft) **Dear Mrs/Miss/Ms Schmidt**; (Herrin) lady; mistress; **gnädige ~** Madam

Frauchen ['frauçən] *n.*; ~s (Hund) mistress

frauen-, Frauen-: **~arzt** *m.*, **~ärztin** *f.* gynaecologist; **~bewegung** *f.*; women's lib; women's movement; **~emanzipation** *f.* female emancipation; **~feindlich** *Adj.* anti-women; **~haus** *n.* battered wives' refuge; **~held** *m.* lady-killer; **~rechtlerin** [rɛçtlərɪn] *f.*; ~, ~nen feminist; Women's Libber *(ugs.)*; **~station** *f.* women's ward; **~wahlrecht** *n.* women's suffrage

Fräulein ['frɔylaɪn] *n.*; ~s, ~ *(ugs.* ~s) young woman, unmarried woman; (veraltet) **~ Schmidt** Miss Schmidt; **das ~ Tochter** your daughter; b) (junges ~) young lady; c) (Kellnerin) waitress

fraulich feminine; womanly
Fraulichkeit *f.*; ~: femininity; womanliness

frech [frɛç] *Adj.* impertinent; impudent; cheeky; barefaced; (keck) saucy

Frechheit *f.*; ~, ~en impertinence; impudence; cheek

Fregatte [fre'gatə] *f.*; ~, ~n frigate

frei [fraɪ] a) allg. free; b) (offen) open; **unter ~em Himmel** in the open; outdoors; c) (ungezwungen) free and easy; lax; d) **etw. ~ heraus sagen** say sth. frankly; e) (kostenlos) free; f) (unbesetzt) vacant; unoccupied; **ein ~er Stuhl** vacant seat; g) (nicht angestellt) freelance; **ein ~er Autor** a freelance writer; h) **jmdm. ~e Hand lassen** give sb. a free hand; **aus ~en Stücken** *(ugs.)* of one's own accord; i) spare; free j) (unbekleidet) bare; **~ machen** strip

frei-, Frei-: **~bad** *n.* outdoor swimming-pool; **~bekommen** 1. *unr. tr. V.* get sb./sth. released. 2. *unr. itr. V. (ugs.)* get time off; **~betrag** *m.* (Steuer) (tax) allowance; **~beuter** [bɔytɐ] *m.*; ~s, ~ freebooter; **~bier** *n.* free beer

frei-, Frei-: **~exemplar** *n.* (Buch) free copy; (Zeitung) free issue; **~gabe** *f.* a) release; (Geld) floating; b) (einer Straße, Brücke usw.) opening (für to); **~geben** 1. *unr. tr., itr. V.* **jmdm. ~geben** give sb. time off. 2. *unr. tr. V.* a) release; float; b) open (für to); pass; **~gebig** *Adj.* generous; open-handed; **~gebigkeit** *f.* generosity; open-handedness; **~haben** *unr. tr., itr. V. (ugs.)* **ich habe (am) Montag ~**: I've got Monday off; **~hafen** *m.* free port; **~halten** *unr. tr. V.* (reservieren) **jmdm. oder für jmdn. einen Platz ~halten** keep a place for sb.; (offenhalten) keep clear; **~händig** free-hand

Freiheit *f.*; ~, ~en a) freedom; b) (Vorrecht) freedom; privilege; **sich (***Dat.***) ~en herausnehmen** take liberties (gegen with)

freiheitlich liberal

Freiheits-: **~beraubung** *f.* (Jura) wrongful detention; **~bewegung** *f.* liberation movement; **~kämpfer** *m.* freedom fighter; **~statue** *f.* Statue of Liberty; **~strafe** *f.* prison sentence

freiheraus *Adv.* frankly; openly

frei-, Frei-: **~kämpfen** *tr. V.* liberate; **~karte** *f.* complimentary ticket; **~kaufen** *tr. V.* ransom; buy the freedom of; **~körperkultur** *f.*; *o. Pl.* nudism; naturism; **~lassen** *unr. tr. V.* set free; release; **~lassung** *f.* release; **~legen** *tr. V.* uncover

freilich *Adv.* a) (selbstver-

Freundschaft

ständlich) of course; **ja ~:** yes; of course; b) (zugebend, einschränkend) admittedly
Freilicht-: **~bühne** *f.*, **~theater** *n.* open-air theatre
frei-, Frei-: **~machen** 1. *tr. V.* (Post) frank. 2. *ref. V.* (*ugs.*: frei nehmen) take time off; **~maurer** *m.* Freemason; **~mütig** candid; frank; **~schaffend** *Adj.* freelance; **~schwimmen** *unr. ref. V.* pass the 15-minute swimming test; **~setzen** *tr. V.* release; emit; release, give off; **~spiel** *n.* free turn; **~sprechen** *unr. tr. V.* a) (Jura) acquit; b) (*bildlich*) exonerate (von from); **~spruch** *m.* (Jura) acquittal; **~stehend** *Adj.* (Haus) detached; **~stellen** *tr. V.* a) jmdm. etw. ~stellen leave sth. up to sb.; let sb. decide sth.; b) (befreien) release; (Militär) exempt
Freistil *m.; o. Pl.* (Sport) free-style; **~schwimmen** *n.* free-style swimming
Frei-: **~stoß** *m.* (Sport) free kick; **~stunde** *f.* (Schule) free period
Freitag *m.* Friday; s. a. Dienstag, Dienstag
freitags *Adv.* on Friday(s); s. a. dienstags
frei-, Frei-: **~tod** *m.* suicide; **~tragend** *Adj.* (Architektur) suspended; cantilever; **~umschlag** *m.* stamped addressed envelope; **~willig** voluntarily; of one's own accord; optional; **sich ~willig melden** volunteer; **~willige** *m./ f.; adj. Dekl.* volunteer; **~zeichen** *n.* ringing tone
Freizeit *f.*; spare time; leisure time
Freizeit-: **~anzug** *m.* leisure suit; **~beschäftigung** *f.* leisure activity
frei-, Frei-: **~zügig** (großzügig) generous, liberal; liberal, flexible; **er ist ~zügig mit seinem Geld** he's generous with his money; b) (gewagt, unmoralisch) permissive, daring; **~zügigkeit** (Gesinnung) liberalness; (Geld) generosity; (von Interpretation) flexibility
fremd [frɛmt] *Adj.* a) strange; foreign; b) (unbekannt) strange; unknown; c) (anderen gehörend) other people's; of others
fremdartig *Adj.* strange
Fremde [ˈfrɛmdə] *m./f.;* 1. *adj. Dekl.* stranger; (Tourist) visitor; (Ausländer) foreigner; alien. 2. **Fremde** *f.;* ~ foreign parts; **in der ~** abroad
fremden-, Fremden-: **~feindlich** *Adj.* hostile to foreigners; **~feindlichkeit** *f.;* -: xenophobia; **~legion** *f.;* foreign legion; **~verkehr** *m.* tourism; **~zimmer** *n.* room; **Haben Sie noch ~zimmer frei?** Do you have vacancies?
fremdgehen *unr. itr. V.; mit sein* (*ugs.*) be unfaithful
fremd-, Fremd-: **~körper** *m.* (Medizin) foreign body; **ich fühlte mich wie ein ~körper** (*bildl.*) I felt very much out of place; **~ländisch** *Adj.* foreign; (exotisch) exotic
Fremdsprache *f.* foreign language
Fremdsprachen-: **~korrespondentin** *f.* bilingual/multilingual secretary
fremd-, Fremd-: **~sprachig** *Adj.* foreign language; **~sprachlich** *Adj.*; *nicht präd.* foreign-language; foreign; **~wort** *n.;.~wörter** foreign word
frenetisch [freˈneːtɪʃ] *Adj.* frenetic
Frequenz [freˈkvɛnts] *f.;* ~, ~en (Technik) frequency; (Medizin: Puls~) rate
Fressalien [frɛˈsaːliən] *Pl.* (*ugs.*) grub (*sl.*)
Fresse [ˈfrɛsə] *f.;* ~, ~n a) (*ugs.*: Mund) gob; trap (*sl.*); **ach du meine ~!** bloody hell!; b) (Gesicht) mug (*sl.*)
fressen *unr. itr. V.* (Tiere) feed; b) stuff one's face (*sl.*). 2. *unr. tr. V.* a) eat; feed on; b) (*ugs.*: verschlingen) swallow up; drink; c) (*bildl.*) **er wird dich nicht ~** he won't eat you (*ugs.*)
Fressen *n.;* ~s a) (Haustieren) food; (Vieh) feed
Freß-: **~korb** *m.* (*ugs.*) a) picnic basket; b) (Geschenkkorb) hamper
Freude [ˈfrɔydə] *f.;* ~, ~n joy; delight; (Vergnügen) pleasure
Freuden-: **~fest** *n.* celebration; **~haus** *n.* house of pleasure; **~mädchen** *n.* woman of easy virtue; **~tanz** *m.* dance for joy; **~tränen** *Pl.* tears of joy
freudig a) joyful, happy; joyous; **in ~er Erwartung** in joyful anticipation; b) (erfreulich) delightful; **ein ~es Ereignis** a happy event
freudlos joyless; cheerless
freuen [ˈfrɔyən] be pleased or glad (über + Akk. about); (froh sein) be happy
Freund *m.;* ~es, ~e friend; (Geliebter) boy-friend; (Liebhaber) lover; (Anhänger) lover; **er ist ein wahrer Tierfreund** he is really fond of animals
Freundeskreis *m.* circle of friends
Freundin *f.;* ~, ~nen friend; (Geliebte) girl-friend; s. Freund
freundlich kind; friendly; fond
freundlicherweise *Adv.* kindly
Freundlichkeit *f.;* ~, ~en kindness; (angenehme Art) friendliness
Freundschaft *f.;* ~, ~en friendship; **~ schließen**

freundschaftlich

make friends with sb.
freundschaftlich friendly; amicably
Freundschaftsspiel n. (Sport) friendly match
Frevel m.; ~s, ~ crime; outrage
frevelhaft wicked
Frieden m.; ~s, ~ peace; **mit jmdm. ~ schließen** make one's peace with sb.
friedens-, Friedens-: **~bewegung** f. peace movement; **~bruch** m. violation of the peace; **~konferenz** f. peace conference; **~nobelpreis** m. Nobel Peace Prize; **~pfeife** f. pipe of peace; **~politik** f. policy of peace; **~sicherung** f. peace-keeping; **~taube** f. dove of peace; **~verhandlungen** Pl. peace negotiations; peace talks; **~zeiten** Pl. peacetime sing
Friedhof m. cemetery; (Kirchhof) graveyard; churchyard
friedlich ['friːtlɪç] peaceful; (ruhig, verträglich) peaceable; tranquil; **sei ~!** (ugs.) be quiet!
friedliebend Adj. peace-loving
frieren be or feel cold; **sie fror an den Händen** she had cold hands
frigide [frɪˈgiːdə] Adj. frigid
frisch [frɪʃ] fresh; newlaid; clean; **sich ~ machen** freshen oneself up
Frische f.; ~: freshness; (geistig) ~: mental alertness; (körperlich) ~: physical fitness; vigour
frisch-, Frisch-: **~fisch** m. fresh fish; **~fleisch** n. fresh meat; **~haltebeutel** m. airtight bag
Frischling m.; ~s, ~e a) (Tier) young boar; b) (ugs. Anfänger) new boy or girl
Frisch-: **~luft** f. fresh air **~milch** f. fresh milk; **~zelle** f. (Medizin) living cell

Friseur [friˈzøːr] m.; **Friseurin** [friˈzøːrɪn] f ~s, ~e hairdresser
Friseursalon m. hairdressing or hairdresser's salon; beauty salon; (Herren) barber shop
Friseuse [friˈzøːzə] f.; ~, ~n hairdresser
Frisiercreme f. hair cream
frisieren [friˈziːrən] do sb.'s/one's hair; **sich ~ lassen** have one's hair done; (Auto) soup up (ugs.); (fälschen) doctor; fiddle (ugs.)
Frist [frɪst] f.; ~, ~en time; deadline; period; **sich eine ~ setzen** set (oneself) a time limit
frist-: **~gemäß**, **~gerecht** before the closing date; **~los** without notice; instantly
Frisur [friˈzuːr] f.; ~, ~en hairstyle; hair-do (ugs.)
Friteuse [friˈtøːzə] f.; ~, ~n deep fryer
fritieren [friˈtiːrən] tr. V. deep-fry
Fritte [ˈfrɪtə] f.; ~, ~n (ugs.) chip
frivol [friˈvoːl] frivolous; irresponsible; (schamlos) suggestive; earthy
Frivolität [frivoliˈtɛːt] f.; ~, ~en suggestiveness; risqué nature; flightiness
froh [froː] pleased, glad (über + Akk. about); happy; (ugs.: erleichtert)
froh-: **~gelaunt** cheerful; **~gemut** happy; in good spirits
fröhlich [ˈfrøːlɪç] cheerful; happy; (unbekümmert) blithely; cheerfully
Fröhlichkeit f.; ~: cheerfulness; gaiety
frohlocken itr. V. rejoice; exult
Froh-: **~natur** f. (Person) cheerful person; **~sinn** m.; cheerfulness; gaiety
fromm [frɔm] pious, devout; **eine ~e Lüge** a white

lie; **ein ~er Wunsch** a pious wish
Front [frɔnt] f.; a) (Militär) front; (vorderste Linie) front line; **die ~en haben sich verhärtet** (bildl.) attitudes have hardened; **~ machen gegen** turn against, resist; b) (Gebäude~) front; facade; c) (Wetter~) front
frontal frontal; head-on; from the front
Front-: **~antrieb** m. (Auto) front-wheel drive; **~scheibe** f. windscreen; windshield
Frosch [frɔʃ] m.; ~[e]s, Frösche frog; **Knall~** cracker
Frosch-: **~mann** m.; frogman; **~perspektive** f. worm's-eye view; **~schenkel** m. frog's leg
Frost [frɔst] m.; frost
frostbeständig Adj. frost resistant
Frostbeule f. chillblain
frösteln [ˈfrœstl̩n] feel chilly
frostig [ˈfrɔstɪç] (auch bildl.) frosty
Frost-: **~schutz** m. frost protection; **~schutzmittel** n. frost protection agent; antifreeze
Frottee [frɔˈteː] n. u. m.; ~s, ~s terry cloth; **~handtuch** n. terry towel
frottieren [frɔˈtiːrən] rub; towel
Frotzelei f.; ~, ~en (ugs.) teasing
Frucht [fruxt] f.; ~, Früchte [ˈfrʏçtə] fruit; (Landwirtschaft: Getreide) corn; crops
fruchtbar fertile; fruitful, prolific
Fruchtbarkeit f.; fertility; prolificness; fruitfulness
fruchten itr. V. **nichts ~**: be (of) no use
Fruchtfleisch n. flesh; pulp
fruchtig Adj. fruity
frucht-, Frucht-: **~jogurt** m. oder n. fruit yoghurt; **~los** Adj. fruitless; vain;

~**saft** *m.* fruit juice; ~**wasser** *n.* (Medizin) waters *pl.* (*ugs.*); ~**zucker** *m.* fruit sugar; fructose

früh [fry:] early; (morgens) in the morning

früh-, Früh-: ~**aufsteher** *m.*; ~s, ~: early riser; early bird (*ugs.*)

Frühe *f.*; ~: **in der ~**: in the early morning; **in aller Herrgotts~**: at the crack of dawn

früher formerly; **~ war alles anders** things used to be quite different

früher ... (ehemalig) earlier; former

frühestens [ˈfry:əstns] *Adv.* at the earliest

Früh-: ~**geburt** *f.* (Kind) premature baby; premature birth

Frühjahr *n.*; **Frühling** [ˈfry:lɪŋ] *m.*; ~s, ~e spring; **im ~**: in (the) spring

frühlings-, Frühlings-: ~**anfang** *m.* first day of spring; ~**haft** *Adj.* springlike

früh-, Früh-: ~**morgens** *Adv.* early in the morning; ~**reif** *Adj.* precocious; ~**schicht** *f.* early shift; ~**schoppen** *m.* morning drink; ~**sport** *m.* morning exercise; ~**start** *m.* (Sport) false start

Frühstück *n.*; ~s, ~e breakfast

frühstücken 1. *tr. V.* **etw. ~**: have sth. for breakfast

Frühstücks-: ~**fernsehen** *n.* breakfast television; ~**pause** *f.* coffe break; morning break

früh-, Früh-: ~**werk** *n.* early works *pl.*; ~**zeitig** early; premature; ~**zug** *m.* early train

Frust [frʊst] *m.*; ~[e]s (*ugs.*) frustration

Frustration [frʊstraˈtsi̯oːn] *f.*; ~, ~en frustration

frustrieren [frʊsˈtriːrən] *tr. V.* frustrate

Fuchs [fʊks] *m.*; ~es, Füch-se [ˈfʏksə] a) (a. Pelz) fox; b) (*ugs.* Mensch) **schlauer ~**: a sly fox

fuchs-, Fuchs-: ~**jagd** *f.* foxhunt; ~**rot** *Adj.* ginger; ~**teufelswild** livid (*ugs.*); furious

Fuge [ˈfuːgə] *f.*; ~, ~n joint; (Zwischenraum) gap 2. (Musik) fugue

fügen [ˈfyːgn] a) (sich in etw. ein~) fit into sth.; b) **er musste sich in sein Schicksal ~**: he had to submit to his fate; c) (zusammen~) put together; d) (bewirken) ordain, decree; dispose

fügsam obedient

Fügsamkeit *f.*; ~: obedience

Fügung *f.*; ~, ~en **glückliche ~** a stroke of luck; **göttliche ~** an act of providence

fühlbar noticeable; (wahrnehmbar) perceptible

fühlen [ˈfyːlən] feel; sense; **nach etw. ~**: feel for sth.

Fühler *m.*; ~s, ~ feeler; antenna

Fuhre [ˈfuːrə] *f.*; ~, ~n (Ladung) load; (Transport) trip; journey

führen [ˈfyːrən] a) (leiten) manage; lead; run; b) lead c) **sich gut/schlecht ~**: conduct oneself or behave well/badly d) (an der Spitze liegen) lead; be ahead; **nach Punkten ~**: be ahead on points; **in der Tabelle ~**: be the league leaders; be at the top of the league; e) **zu etw. ~** (etw. bewirken) lead to sth.; **das führt zu nichts** (*ugs.*) that won't get you/us etc. anywhere (*ugs.*) f) **~ Sie Kerzen?** Do you sell candles? g) show sb. around town; h) **Gespräche ~**: hold o. have conversations

führend *Adj.* leading; prominent; **auf diesem Gebiet ~** be leading in this field

Führer *m.*; **Führerin** *f.* a) (Handbuch, a. Reise~) guide, guidebook (durch to); b) (Person) guide, leader

führerlos a) leaderless; b) (ohne Lenker) driverless

Führerschein *m.* driving licence

Führung *f.*; ~, ~en a) management; leadership; command; chairmanship; (eines Unternehmens) directors *pl.*; b) (Führungsposition) lead; **in ~ liegen** (Sport) be in the lead; c) (Erziehung) guidance; d) (Verhalten) conduct

Führungs-: ~**kraft** *f.* manager; ~**spitze** *f.* top leadership; top management

Fülle [ˈfʏlə] *f.*; ~ a) abundance; **in ~**: in abundance; plenty of; b) (Körper~) corpulence

füllen fill; fill up with sth.; **etw. in Flaschen ~**: pour sth. into bottles

Füller *m.*; ~s, ~, **Füllfederhalter** *m.*; ~s, ~ fountain pen

füllig *Adj.* corpulent, plump; full; portly; ample

Füllung *f.*; ~, ~en (Pasteten, Kuchen) filling; (Daunendecke, gefüllte Gans) stuffing; (Schokolade, Pralinen) centre

fummeln *itr. V.* a) (*ugs.*: fingern) fiddle (an around with); b) (*ugs.*: knutschen) pet

Fund [fʊnt] *m.*; ~[e]s, ~e find

Fundament [fʊndaˈmɛnt] *n.*; ~[e]s, ~e (Architektur) foundations *pl.*; (Basis) base; basis

fundamental [fʊndamɛnˈtaːl] *Adj.* fundamental

Fund-: ~**büro** *n.* lost property office

fundieren [fʊnˈdiːrən] substantiate; **gut fundiertes Wissen** well-founded knowledge

fünf [fʏnf] five; **~ gerade**

fünft

sein lassen *(ugs.)* stretch a point; ~ **Minuten vor zwölf** *(bildl.)* at the eleventh hour
fünf-, Fünf-: **~eck** *n.*; ~s, ~e pentagon; **~fach** fivefold; quintuple; **~fache** *n.*; *adj. Dekl.* five times as much; **~hundert** five hundred; **~jährig** *Adj.* (~ Jahre alt) five-year-old; **~kampf** *m.* (Sport) pentathlon; **~köpfig** *Adj.* five-headed; **~mal** *Adv.* five times; **~stellig** *Adj.* five-figure
fünft [fʏnft] **sie waren zu ~**: there were five of them
fünf-, Fünf-: **~tagewoche** *f.* five-day week; **~tägig** *Adj.* five-day; **~tausend** five thousand
Fünftel *n.* ~s, ~: fifth
fünf-: **~tens** [ˈfʏnftns] *Adv.* fifthly; in the fifth place; **~zehn** fifteen
fünfzig [ˈfʏnftsɪç] fifty; s. a. achtzig
fünfziger indekl. *Adj.*; *nichtpräd.* **die ~ Jahre** the Fifties; s. a. achtziger
fünfzigjährig *Adj.* (50 J. alt) fifty-year-old attrib.
fünfzigst... [ˈfʏnftsɪçst] fiftieth
Funk [fʊŋk] *m.*; ~s a) (Radio) radio; über ~: by radio; b) (Rund~) radio
Funke [ˈfʊŋkə] *m.*; ~ns, ~n spark; ~n sprühen spark
funkeln [ˈfʊŋkl̥n] glitter; sparkle; twinkle
funkelnagelneu *Adj. (ugs.)* brand new
funken [ˈfʊŋkn̩] radio; broadcast; *(ugs.: verlieben)* be smitten
Funktion [fʊŋkˈtsi̯oːn] *f.*; ~, ~en function; (Tätigkeit) office; duty; **außer ~** out of order
funktional [fʊŋktsi̯oˈnaːl] functional
funktionieren *itr. V.* work; function
funktions-, Funktions-: **~störung** *f.* (Medizin) functional disorder; dysfunction;
für [fyːɐ̯] *Präp.* mit Akk. for; (stellvertretend) for; on behalf of; **ich bin hier für Frau Schmidt** I'm here on behalf of Mrs Schmidt
furchtbar awful; dreadful; terrible *(ugs.)*
furchteinflößend *Adj.* frightening
fürchten [ˈfʏrçtən] fear; be afraid of
furchtlos fearless
Furchtlosigkeit *f.*; ~: fearlessness
furchtsam [ˈfʊrçtsaːm] fearful; timid
Furchtsamkeit *f.*; ~, ~en timidity; fearfulness
füreinander *Adv.* for each other; for one another
Furore [fuˈroːrə] *f.*; ~ **machen** cause a stir; make a splash *(ugs.)*
Fürsorge *f.*; care; (Sozial~) welfare; *(ugs.)* Geld) social welfare
fürsorgend caring; thoughtful
fürsorglich thoughtful; considerate
Fürsorglichkeit *f.*; ~: thoughtfulness; considerateness
Fürsprache *f.* support
Fürst [fʏrst] *m.*; ~en, ~en prince; **~in** *f.*; ~, ~nen princess
Fürstentum *n.*; ~s, dynasty; principality
fürstlich a) royal; b) (bildlich: luxuriös) splendid; magnificent
Furz [fʊrts] *m.*; ~es, Fürze [ˈfʏrtsə] fart (vulg.); **~en** *itr. V.* fart
Fusion [fuˈzi̯oːn] *f.*; ~, ~en a) (Wissenschaft) fusion; consolidation; b) (Konzernen) merger
fusionieren *itr. V.* merge
Fuß [fuːs] *m.*; ~es, Füße [ˈfyːsə] foot; *Pl.* feet; (tragender Teil) base; **bar~** barefoot; **am ~ des Berges** at the foot of the mountain
fuß-, Fuß-: **~abdruck** *m.* footprint; **~abtreter** *m.* door mat
Fußball *m.* a) *o. Pl.* (Sport) football; soccer *(ugs.)*; b) (Ball) football; soccer ball *(ugs.)*
Fußballer *m.*; ~s, ~, **Fußballerin** *f.*; ~, ~nen: footballer; soccer player
Fußball-: **~mannschaft** *f.* football team; **~meisterschaft** *f.* football championship; cup; **~platz** *m.* football ground; (Spielfeld) pitch; **~spiel** *n.* football match; **~verein** *m.* football club
Fuß-: **~bank** *f.* foot-stool; **~boden** *m.* floor
Fußboden-: **~belag** *m.* floor covering; **~heizung** *f.* underdoor heating
Fußgänger [ˈɡɛŋɐ] *m.*; ~s, ~, **Fußgängerin**, *f.*; ~, ~nen: pedestrian
Fußgänger-: **~brücke** *f.* footbridge; **~überweg** *m.* pedestrian crossing; **~unterführung** *f.* pedestrian subway; **~zone** *f.* traffic-free zone
fuß-, Fuß-: **~gelenk** *n.* ankle; **~matte** *f.* doormat; **~nagel** *m.* toe-nail; **~pilz** *m.* athlete's foot; **~sohle** *f.* sole (of the foot); **~weg** *m.* footpath; **einstündiger ~weg** one hour's walk
Futter [ˈfʊtɐ] *n.*; ~s (Tiere allg.) feed; (Vieh) fodder; (Kleidung) lining
füttern [ˈfʏtən] *tr. V.* feed
Futter-: **~napf** *m.* bowl; **~pflanze** *f.* forage plant; **~trog** *m.* feeding trough; manger
Fütterung *f.*; ~, ~en feeding
Futur *f.* future
futuristisch futurist

G

g, G [ge:] *n*.; ~, ~ a) (Buchstabe) g/G; b) (Musik) key of G; s.

Gabe ['ga:bə] *f*.; ~, ~n a) (Geschenk) gift; present; **eine ~ Gottes** a gift of God; b) (Begabung) gift; c) (Spende) donation; contribution

Gabel ['ga:bl] *f*.; ~, ~n (Speise~, Fahrrad~, Ast~) fork; (Mist, Heu~) pitchfork

Gabelstapler [ˌʃta:plɐ] *m*.; ~s, ~: fork-lift truck

Gabelung *f*.; ~, ~en forking

Gabentisch *m*. gift table

gackern ['gakɐn] *itr. V.* a) cluck; b) (*ugs.:*) kichern) cackle

Gage ['ga:ʒə] *f*.; ~, ~n salary

gähnen ['gɛ:nən] *itr. V.* a) yawn; b) (Abrund) yawn; gape

Gala ['ga:la, *auch* 'gala] *f*.; ~ a) (Fest) gala; b) (Kleidung) gala dress

galaktisch [ga'laktɪʃ] *Adj.* galactic

galant [ga'lant] gallant; (amourös) amorous

Galaxie [galaˈksi:] *f*.; ~, ~n galaxy

Galerie [galəˈri:] *f*.; ~, ~n gallery

Galgen ['galgn] *m*. gallows *sing*.; gibbet

Galgen-: **~frist** *f*. reprieve; **~humor** *m*. gallows humour; **~vogel** *m*. (*ugs.*) gallows-bird, rogue

Galionsfigur [gaˈli̯o:nsˌ] *f*. figurehead

Galle ['galə] *f*.; ~, ~n a) (Gallenblase) gall-bladder; (Sekret) bile; *(bildlich)* **mir kommt die ~ hoch** I see red

Gallen-: **~kolik** *f*. biliary colic; **~stein** *m*. gallstone

Galopp [gaˈlɔp] *m*.; ~s, ~s oder ~e gallop

galoppieren *itr. V.*; *meist mit sein* gallop

Gammastrahlen *Pl.* (Wissenschaft) gamma rays

gammelig ['gaməlɪç] *Adj.* (*ugs.*) a) bad; rotten; b) (verlottert) scruffy, seedy

gammeln ['gamln] *itr. V.* (*ugs.*) a) go bad; go off; b) (faulenzen) hang around; loaf

Gammler ['gamlɐ] *m*.; ~s, ~, **Gammlerin** *f*.; ~, ~nen (*ugs.*) loafer; lie-about; drop-out (*ugs.*)

Gang [gaŋ] *m*.; ~[e]s, Gänge ['gɛŋə] a) (Flur) corridor; (Kino, Flugzeug etc.) aisle (Verbindungs~) passage; b) (Auto) gear; **den ~ wechseln** shift gears; c) (unterirdischer) tunnel; passage; d) (bewegen) running; **in ~ sein** be going; **in ~ kommen** get going; get moving; **etw. in ~ bringen** get sth. going; e) (Verlauf) course; **der ~ der Dinge** the course of events; **einen ~ zulegen** (*bildlich ugs.*) get a move on (*ugs.*); f) (Essen) course; g) (Gehweise) walk; gait; (Pferd) pace

gängig ['gɛŋɪç] *Adj.* popular; (üblich) common

Ganove [gaˈno:və] *m*.; ~s, ~n (*ugs.*) crook (*ugs.*)

Gans [gans] *f*.; ~, Gänse ['gɛnzə] goose (*pl.* geese)

Gänse-: **~blümchen** *n*. daisy; **~braten** *m*. roast goose; **~haut** *f*. *(bildl.)* goose pimples *pl.*; **~leberpastete** *f*. pate de foie gras; **~marsch** in single file; in Indian file

ganz [gants] 1. *Adj.* a) (gesamt) entire; whole; complete; total; b) all (of); **die ~en Menschen** all the people; c) (vollständig) whole; d) (ziemlich) **eine ~e Menge** quite a lot; e) (heil) intact. 2. *adv.* a) (vollkommen) quite; b) (ziemlich) quite; **es ist mir ~ lieb** it's quite fine with me

Ganze *n*.; *adj. Dekl.* a) (Einheit) whole; b) **das ~:** the whole thing; **im Großen und ~n** on the whole; all in all

Gänze ['gɛntsə] *in* **in seiner/ihrer ~** (*geh.*) in its/their entiret

ganzjährig ~ geöffnet open all year

gänzlich ['gɛntslɪç] entirely; completely

ganztägig all day; **~ arbeiten** work full-time

Ganztags-: **~beschäftigung** *f*.; *o. Pl.* full-time job; **~schule** *f*. all-day school

gar [ga:ɐ̯] a) *Adj.* cooked; done; **es ist ~!** It's done; b) (sogar) even; **~ zu** only too; c) (überhaupt) at all; **~ nich**t not at all; **~ nichts** nothing at all; **~ niemand** nobody at all

Garage [gaˈra:ʒə] *f*.; ~, ~n garage

Garantie [garanˈti:] *f*.; ~, ~n a) (Sicherheit) guarantee; b) (Handel) guarantee; warranty; **drei Monate ~** a three months' guarantee on sth.; **~schein** *m*. guarantee certificate

garantieren 1. *itr. V.* für etw. ~: guarantee sth.

Garderobe [gardəˈro:bə] *f*.; ~, ~n a) (Theater) cloakroom; b) (Flur~) coatrack; c) (Kleidung) clothes; **für ~ wird nicht gehaftet!** clothes are left at the owner's risk

Gardine [garˈdi:nə] *f*.; ~, ~n curtain

garen ['ga:rən] tr., itr. V.

cook
gären ['gɛːrən] *regelm.* (*auch unr.*) *itr. V.* ferment; (*bildl.*) seethe
Garn [garn] *n.*; ~[e]s, ~e thread; (Näh~) cotton
Garnele [gar'neːlə] *f.*; ~, ~n shrimp
garnieren [gar'niːrən] *tr. V.* a) (schmücken) decorate (mit with); b) (Speisen ~) garnish
Garnitur [garni'tuːɐ] *f.*; ~, ~en set; (Wäsche) (set of) underwear; (Möbel~) suite
garstig ['garstɪç] *Adj.* (gemein) nasty (zu to); naughty; horrid; (abscheulich) horrible; nasty
Garten ['gartn] *m.*; ~s, Gärten ['gɛrtn] garden
Garten-: **~arbeit** *f.* gardening; **~fest** *n.* garden party; **~gerät** *n.* garden tool; **~haus** *n.*, **~laube** *f.* summer-house; garden house; **~lokal** *n.* beer garden; **~schlauch** *m.* garden hose; **~stuhl** *m.* garden chair; **~zaun** *m.* garden fence; **~zwerg** *m.* garden gnome
Gärtner ['gɛrtnɐ] *m.*; ~s, ~; **Gärtnerin** *f.*; ~, ~nen: gardener
Gärtnerei *f.*; ~, ~en nursery
Gas [gaːs] *n.*; ~es, ~e a) gas; b) (Autofahren) ~ **wegnehmen** decelerate; ~ **geben** accelerate
gas-, **Gas**-: **~anzünder** *m.* gas lighter; **~flasche** *f.* (für Herd) gas bottle; **~förmig** *Adj.* gaseous; **~heizung** *f.* gas heating; **~herd** *m.* gas cooker; **~kocher** *m.* camping stove; **~leitung** *f.* gas pipe; (Haupt~) gas main; **~maske** *f.* gas mask; **~pedal** *n.* accelerator; gas pedal; **~rechnung** *f.* gas bill; **~vergiftung** *f.* gas poisoning; **~werk** *n.* gasworks *sing.*; **~zähler** *m.* gas meter
Gasse ['gasə] *f.*; ~, ~n lane; **eine ~ bilden** make way for sth./sb.
Gast [gast] *m.*; ~[e]s, Gäste ['gɛstə] guest; **zu ~ sein** be sb.'s guest; ungebetene Gäste uninvited guests; (Besucher) visitor; (Lokal) patron; **Stammgäste** locals *pl.*
Gastarbeiter *m.* immigrant; foreign worker
Gäste-: **~buch** *n.* guest book; **~zimmer** *n.* (privat) guest room; spare room; (Hotel) room
gast-, **Gast**-: **~freundlich** *Adj.* hospitable; **~freundschaft** *f.* hospitality; **~geber** *m.* host; **~geberin** *f.*; ~, ~nen hostess; **~haus** *n.* inn
Gastritis [gas'triːtɪs] *f.*; ~, Gastritiden (Medizin) gastritis
Gastronomie [gastroːno'miː] *f.*; ~ (Gewerbe) restaurant trade; (Service) catering
Gast-: **~stätte** *f.* restaurant; (*ugs.* Kneipe) pub; bar; **~wirt** *m.* publican
Gatte ['gatə] *m.*; ~n, ~n husband
Gattin ['gatɪn] *f.*; ~, ~nen wife
Gattung ['gatʊŋ] *f.*; ~, ~en genus; (Art und Weise) kind; sort; (Kunst~) genre; form
Gaukler *m.*; ~s, ~ a) juggler; illusionist; b) (Scharlatan) charlatan; trickster
Gaul [gaul] *m.*; ~[e]s, Gäule ['gɔylə] nag; hack; **einem geschenkten ~ schaut man nicht ins Maul** never look a gift horse in the mouth
Gaumen ['gaumən] *m.*; ~s, ~: palate
Gauner ['gaunɐ] *m.*; ~s, ~ crook; scoundrel; (*ugs.*: schlauer Mensch) sly devil (*ugs.*)
Gaunerei *f.*; ~, ~en swindle
Gaze ['gaːzə] *f.*; ~, ~n gauze
Gazelle [ga'tsɛlə] *f.*; ~, ~n gazelle
geachtet *Adj.* respected
Geächtete *f.*; **Geächteter** *m.* outlaw
Gebäck [gə'bɛk] *n.*; ~[e]s, ~e (Kekse) biscuits *pl.*; cakes and pastries *pl.*
Gebälk [gə'bɛlk] *n.*; ~[e]s, ~e beams *pl.*; (Dach~) rafters *pl.*
Gebärde [gə'bɛːɐ̯də] *f.*; ~, ~n gesture
gebärden *ref. V.* (*ugs.* sich aufführen) behave like; act like
Gebärdensprache *f.* sign language; (f. Taubstumme) deaf-and-dumb language
gebären [gə'bɛːrən] give birth; bear; **wo ist er geboren?** where was he born?
Gebärmutter *f.*; ~, -mütter womb
Gebäude [gə'bɔydə] *n.*; ~s, ~ building
Gebell *n.*; ~[e]s barking; (Jagdhunde) baying
geben [geːbn] 1. *unr. tr. V.* a) give; (reichen) hand; pass; **jmdm. Geld ~**: give sb. money; b) (Telefon) **Sie mir bitte Frau Meier** would you please put me through to Mrs Meier; c) (erteilen) give; **Unterricht ~**: teach; d) (veranstalten, aufführen) give; e) **viel auf etw.** (Akk.) **~**: set great store by sth.; f) **etw. von sich ~**: utter sth.; **er gibt keinen Ton von sich ~**: he doesn't make a sound; g) (dazu~) add; put in. 2. *unr. tr. V.*; *unpers.* a) (Angebot) **was gibt es zu essen?** what is there to eat? b) (vorhanden) **es gibt** there is/are; **das gibt's ja gar nicht I** don't believe it!; You must be joking (*ugs.*); (Neuigkeiten) **Was gibt es?** What's the matter? c) (Ankündigung) **morgen gibt es Schnee** it'll snow tomorrow; d) **gleich gibt's**

Ärger *(ugs.)* there'll be trouble in a minute *(ugs.)*. 3. *unr. itr. V.* (Karten ~) deal; (Sport: aufschlagen) serve. 4. *unr. ref. V.* sich ~ act; behave; **sich geschlagen ~** admit defeat; give in

Geber *m.*; ~s, ~, **Geberin** *f.*; ~, ~nen a) giver; donor

Gebet [gəˈbeːt] *n.*; ~[e]s, ~e prayer

Gebetbuch *n.* prayer-book

Gebiet [gəˈbiːt] *n.*; ~[e]s, ~e region; area; (Staats~) territory; (Bereich, Fach) field

gebieten *unr. tr. V.* a) command; order; **jmdm. ~, etw. zu tun** command sb. to do sth.; **eine Respekt ~de Frau** a woman who commands respect; b) (erfordern) demand; bid

gebieterisch imperious; (herrisch) domineering

Gebilde [gəˈbɪldə] *n.*; ~s, ~ object; (Konstrukt) construction; structure

gebildet *Adj.* educated

Gebirge [gəˈbɪrgə] *n.*; ~s, ~ allg. mountains *pl.*; (bestimmtes) mountain range

gebirgig *Adj.* mountainous

Gebirgs-: ~**ausläufer** *m.* foothill; ~**bach** *m.* mountain stream; ~**kette** *f.* mountain range

Gebiss *n.*; set of teeth; teeth *pl.*; (Zahnersatz) dentures *pl.*; false teeth *pl.*

geblümt [gɜˈblyːmt] *Adj.* flowered

geboren [gɜˈboːrən] 1. 2. *Part. v.* gebären. 2. *Adj.* **Frau Schmidt ~e Müller** Mrs Schmidt née Müller; **sie ist eine ~e Geigerin** she's a born violinist

Geborgenheit *f.*; ~: security

Gebot *n.*; ~[e]s, ~e a) (Handel) bid; b) (Befehl) command; order; c) (Vorschrift) regulation; **Zehn ~e** the Ten Commandments; d) (Erlass) decree; **~ des Herzens** the dictates of the heart

geboten 1. 2. *Part. v.* bieten, gebiete*n.* 2. *Adj.* (ratsam) advisable; (notwendig) necessary; (unbedingt ~) imperative; **mit der ~en Sorgfalt/mit dem ~en Respekt** with all due care/respect

Gebrauch *m.* a) *o. Pl.* use; **von etw. ~ machen** make use of sth.; **von seinem Recht ~ machen** avail oneself of one's rights; **im (in) ~ sein** be in use; b) *meist Pl.* (Brauch) custom

gebrauchen *tr. V.* use; **das kann er gut ~:** he can make good use of that; it's just what he needed; **ich könnte einen Gin ~** I could do with a gin *(ugs.)*; **er ist zu nichts zu ~** *(ugs.)* he's good for nothing *(ugs.)*; **du wirst gebraucht** you are needed

gebräuchlich [gəˈbrɔyçlɪç] *Adj.* a) (häufig) common; b) (üblich) normal; usual

gebrauchs-, Gebrauchs-: ~**anleitung** *f.*, ~**anweisung** *f.* instructions *pl.* or directions *pl.*; ~**fertig** *Adj.* ready for use; ~**gegenstand** *m.* item of practical use

gebraucht *Adj.* used; second-hand; **ein gebrauchtes Auto** a second-hand car

Gebraucht-: ~**wagenhändler** *m.* second-hand car dealer; ~**waren** second-hand goods

Gebrechen *n.*; ~s, ~ affliction

gebrechlich *Adj.* frail

Gebrechlichkeit *f.*; ~: frailty; infirmity

Gebrüll *n.*; ~[e]s roaring; yelling; (Vieh) bellowing

Gebühr [gəˈbyːɐ] *f.*; ~, ~en a) charge; fee; (Straßen~) toll; (Vermittlungs~) commission; (Tarif) rate; (Post~) postage no *pl.*; b) **über ~** (Akk.) excessively; unduly

gebührend *Adj.* fitting; proper; suitable; **wie es sich gebührt** as is proper

gebühren-, Gebühren-: ~**einheit** *f.* (Telefon) unit; ~**ermäßigung** *f.* reduction of charges

Geburt [gəˈbuːɐt] *f.*; ~, ~en birth; delivery; **schwere ~** *(ugs.)* a hard job *(ugs.)*

Geburtenkontrolle *f.*; *o. Pl.* birth control

gebürtig [gəˈbʏrtɪç] *Adj.* **eine ~e Irin** she's Irish by birth

Geburts-: ~**datum** *n.* date of birth; ~**helfer** *m.* obstetrician; (Hebamme) midwife; ~**jahr** *n.* year of birth; ~**ort** *m.* place of birth; birthplace; ~**tag** *m.* birthday; **zum ~ gratulieren** wish sb. a happy birthday; **sie hat morgen ~:** it's her birthday tomorrow; ~**urkunde** *f.* birth certificate

Geburtstags-: ~**feier** *f.* birthday party; ~**geschenk** *n.* birthday present

Gebüsch [gəˈbʏʃ] *n.*; ~[e]s, ~e bushes *pl.*

gedacht [gəˈdaxt] 1. 2. *Part. v.* denken, gedenken. 2. *Adj.* **so hatte ich mir das nicht ~:** that wasn't what I intended

Gedächtnis [gəˈdɛçtnɪs] *n.*; ~ses, ~se memory; **sich etw. ins ~ (zurück) rufen** recall sth.; **ein ~ wie ein Sieb** *(ugs.)* a memory like a sieve *(ugs.)*

Gedächtnis-: ~**lücke** *f.* gap in one's memory; blank; ~**schwund** *m.* amnesia

gedämpft *Adj.* subdued; muted; muffled; low

Gedanke *m.*; ~ns, ~n a) thought; **in ~n verloren sein** be deep in thought; **das wird dich auf andere ~n bringen** this will take your mind off things; b) *Pl.*

(Meinung, Einfall) idea
gedanken-, Gedanken-:
~austausch *m.* exchange of ideas; **~freiheit** *f.*; *o. Pl.* freedom of thought; **~gut** *n.* thought; **~los** unconsidered; thoughtless; **~losigkeit** *f.* lack of thought; thoughtlessness; **~strich** *m.* dash; **~verloren** *Adv.* lost in thought; **~voll** pensive; thoughtful

Gedärm [gəˈdærm] *n.*; ~[e]s, ~e intestines *pl.*; bowels *pl.*, (Tier) entrails *pl.*

Gedeck *n.*; ~[e]s, ~e a) (am Tisch) place setting; cover; b) (Speisen) set meal

gedeihen [gəˈdaɪən] *unr. itr. V.; mit sein* prosper; thrive; flourish; (fortschreiten) progress

gedenken [gəˈdɛŋkən] *unr. itr. V.* a) remember sb./sth.; (in einer Feier) commemorate sb./sth.; b) intend to do or doing sth.

Gedenken *n.*; ~s remembrance; memory

Gedenk-: ~feier *f.* commemoration; **~minute** *f.* minute's silence; **~stätte** *f.* memorial

Gedicht [gəˈdɪçt] *n.*; ~[e]s, ~e poem; (allg.) poetry

Gedränge [gəˈdrɛŋə] *n.*; ~s a) crowd; b) ins ~ geraten *(bildl.)* get into trouble

gedrängt *Adj.* condensed; crowded; terse; compressed

gedrückt *Adj.* depressed; dejected

gedrungen [gəˈdrʊŋən] 1. 2. *Part. v.* dringen. 2. *Adj.* stocky; squat; thickset

Gedudel *n.*; ~s *(ugs.* abwertend*)* tootling; noise

Geduld [gəˈdʊlt] *f.*; ~: patience; ~ haben mit be patient with; **keine ~ haben** have no patience

gedulden *ref. V.* be patient

geduldig patient

Gedulds-: ~faden *m.* mir reißt der ~faden *(ugs.)* I'm losing my patience; **~probe** *f.* trial of patience; ordeal; **~spiel** *n.* puzzle

geeignet *Adj.* suitable; right

Gefahr [gəˈfaːɐ] *f.*; ~, ~en danger; (Risiko) risk; (Bedrohung) threat

gefährden [gəˈfɛːɐdn] *tr. V.* endanger; put at risk; jeopardize

Gefährdung *f.*; ~, ~en a) *o. Pl.* endangering; jeopardizing; b) (Gefahr) threat *(Gen.* to); hazard

gefahren 2. *Part. v.* fahren

Gefahren-: ~bereich *m.* danger zone; **~zulage** *f.* danger money

gefährlich [gəˈfɛːɐlɪç] dangerous; (gewagt) risky

Gefährlichkeit *f.*; ~: dangerousness; (Wagnis) riskiness

gefahrlos safe

Gefährt *n.*; ~[e]s, ~e vehicle

Gefährte *m.*; ~n, ~n, **Gefährtin** *f.*; ~, ~en companion

Gefälle [gəˈfɛlə] *n.*; ~s, ~ slope; incline; (Straße) gradient; (Fluss) drop

gefallen [gəˈfalən] *unr. itr. V.* a) **mit gefiel die Vorstellung sehr** I enjoyed the show very much; **mir gefällt es hier** I like it here; **das gefällt mir gar nicht** I don't like it at all; **die Sache gefällt mir nicht** *(ugs.)* I don't like it *(ugs.)*; b) *(derogativ)* **sich *(Dat.)* ~ in einer Rolle ~:** fancy oneself in a role *(ugs.)*. 2. *Part. v.* fallen, gefallen.

Gefallen *m.*; ~s, ~: favour; **jmdn. um einen ~ bitten** ask sb. a favour; **jmdm. einen ~ tun** do sb. a favour. 2. Gefallen *n.*; ~s: **an etw. *(Dat.)* ~ finden** enjoy sth.; get pleasure from sth.

Gefallene *m./f.*; *adj. Dekl.* die ~n the fallen

gefällig pleasing; agreeable; pleasant; b) (hilfsbereit) obliging; helpful; c) **noch einen Tee ~?** would you like another tea?

Gefälligkeit *f.*; ~, ~en *o. Pl.* obligingness; helpfulness; favour

gefälligst [gəˈfɛlɪçst] *Adv. (ugs.)* kindly; **hör ~ auf damit!** kindly stop that!

Gefangene *m./f.*; *adj. Dekl.* prisoner; captive; (Kriegs~) prisoner of war

gefangen-, Gefangen-: ~halten *unr. tr. V.* jmdn. ~halten hold sb. prisoner; **~nehmen** *unr. tr. V.* jmdn. ~nehmen capture sb.; take sb. prisoner

Gefangenschaft *f.*; ~, ~en captivity; in ~ sein be a prisoner/be taken prisoner

Gefängnis [gəˈfɛŋnɪs] *n.*; ~ses, ~se a) prison; **im ~ sitzen** be in prison; **ins ~ kommen** be sent to prison; b) (Strafe) imprisonment

Gefängnis-: ~direktor *m.* prison governor; **~kleidung** *f.* prison uniform; **~strafe** *f.* prison sentence; **~wärter** *m.* prison officer; **~zelle** *f.* prison cell

Gefäß [gəˈfɛːs] *n.*; ~es, ~e vessel; container

gefasst [gəˈfast] calm; composed; mit ~er Haltung with composure; **sich auf etw. ~ machen** prepare oneself for sth.; **der kann sich auf was ~ machen** *(ugs.)* he'll be in for it now *(ugs.)*

Gefecht *n.*; ~[e]s, ~e a) battle; engagement; jmdn. **außer ~ setzen** put sb. out of action

gefestigt *Adj.* assured; established; secure

Gefieder [gəˈfiːdɐ] *n.*; ~s, ~: plumage; feathers *pl.*

gefiedert *Adj.* feathered

Gefilde [gəˈfɪldə] *n.*; ~s, ~ regions *pl.*; **wieder in heimischen ~n** be back under native skies

Geflecht *n.*; ~[e]s, ~e *(a. bildl.)* tangle; network; (Weiden~) wickerwork
gefleckt *Adj.* spotted; spotty; blotchy
Geflügel *n.*; ~s poultry
Gefolge *n.*; ~s, ~ entourage; retinue
Gefolgschaft *f.*; ~: allegiance
gefragt *Adj.* in great demand; sought-after
gefräßig [gəˈfrɛːsɪç] *Adj.* gluttonous; greedy; voracious
Gefräßigkeit *f.*; ~ greediness; gluttony; (Tiere) voracity
gefrieren 1. *unr. itr. V.*; *mit sein* freeze. 2. *unr. tr. V.* (in Speisen einfrieren) (deep) freeze
Gefrier-: **~fach** *n.* freezing compartment; **~punkt** *m.* freezing-point; **~schrank** *m.*, **~truhe** *f.* freezer
Gefüge *n.*; ~s, ~: structure
gefügig *Adj.* submissive; compliant; docile
Gefühl [gəˈfyːl] *n.*; ~s, ~e a) feeling; sensation; **das ~ der Liebe** the feeling of love; **ein ~ des Schmerzes** a sensation of pain; **das ist das höchste der ~e** *(ugs.)* that's the absolute limit; b) (Ahnung) feeling; **etw. im ~ haben** have a feeling; c) (Gespür, Fähigkeit) sense
gefühllos *Adj.* a) (herzlos) unfeeling; callous; (taub) numb
Gefühllosigkeit *f.*; ~ a) (Herzlosigkeit) unfeelingness; callousness b) numbness
gefühls-, Gefühls-: **~arm** *Adj.* lacking in feeling; **~ausbruch** *m.* outburst of emotion; **~betont** emotional; **~leben** *n.* emotional life; **~mäßig** emotional; based on emotion
gefühlvoll a) (empfindsam) sensitive; b) (ausdrucksvoll) expressive
gefüllt *Adj.* stuffed; full; double
gefürchtet *Adj.* feared; dreaded
gegebenenfalls *Adv.* should the occasion arise; if necessary
Gegebenheit *f.*; ~, ~en; meist *Pl.* fact; condition
gegen [ˈgeːgn̩] 1. *Präp.* mit Akk. a) towards; (an) against; **~ etw. treten** kick into or against sth.; **~ dein Versprechen** against your promise; **~ die Vernunft** against all reason; b) (verglichen mit) compared with; in comparison with; c) (im Austausch) for; **etw. ~ Quittung erhalten** receive sth. against a receipt; d) (gegenüber) to; towards; against. 2. *Adv.* (ungefähr) about; **gegen zwei Uhr** at around two o'clock
Gegen-: **~angriff** *m.* counter-attack; **~argument** *n.* counter-argument; **~beweis** *m.* evidence to the contrary, counter-evidence
Gegend [ˈgeːgn̩t] *f.*; ~, ~en a) (Landschaft) landscape; (Gebiet) region; **durch die ~ fahren** drive around; b) (Umgebung) area; neighbourhood; **in der ~ von London** in the London area
gegeneinander a) against each other; **~ austauschen** exchanged; b) (zueinander) towards each other
gegeneinander-: **~halten** *unr. tr. V.* (vergleichen) compare; *(a. bildl.)* put side by side; **~prallen** *itr. V.*; *mit sein* collide
gegen-, Gegen-: **~fahrbahn** *f.* opposite carriageway; opposite lane; **~gewicht** *n.* counterweight; **~gift** *n.* antidote; **~kandidat** *m.* opposing candidate; **~leistung** *f.* service in return; consideration

Gegenlicht *n.*; *o. Pl.* (Foto) back-lighting
gegen-, Gegen-: **~mittel** *n.* (Gift) antidote; **~pol** *m.* (auch *bildl.*) opposite pole; **~probe** *f.* cross-check; **~rede** *f.* reply; rejoinder; (Widerrede) contradiction; (Einspruch) objection; **~richtung** *f.* opposite direction; **~satz** *m.* a) opposite; im ~satz zu in contrast to or with; unlike; b) (Widerspruch) conflict; **~sätzlich** opposing; conflicting; **~seite** *f.* other side; far side; **~seitig** sich ~seitig helfen help each other; *Adj.* mutual; reciprocal; in ~seitigem Einvernehmen by mutual agreement; **~seitigkeit** (*Dat.*) auf ~ beruhen be mutual; **~sprechanlage** *f.* intercom
Gegenstand *m.* a) object; thing; b) *o. Pl.* (Thema) subject; topic; dieser Text hat Politik zum ~ this text deals with politics; c) (Ziel) target; butt; (von Zu- o. Abneigung) object
gegenstandslos *Adj.* a) (nicht relevant) invalid; b) (ohne Grund) baseless; unfounded
gegen-, Gegen-: **~stück** *n.* companion piece; *(bildl.)* counterpart; **~teil** *n.* opposite; im ~teil on the contrary; **~teilig** *Adj.* opposite; contrary
gegenüber 1. *Präp.* mit *Dat.* a) opposite; ~ dem/vom Laden opposite the shop; b) (bezüglich) einer Sache ~ skeptisch sein be sceptical about sth.; c) (vergleichend) in comparison with; compared with. 2. *Adv.* opposite
Gegenüber *n.*; ~s, ~ person opposite
gegenüber-, Gegenüber-: **~liegen** *unr. itr. V.* sich (*Dat.*) ~liegen face each other; auf der ~liegenden

Gegen

Seite on the opposite side; ~**stehen** *unr. itr. V.* a) jmd. ~stehen face sbd.; etw. ~stehen be faced with; be confronted with; Schwierigkeiten ~stehen *(bildl.)* be faced or confronted with difficulties; b) jmdm./einer Sache wohl wollend ~stehen *(bildl.)* be well disposed towards sb./sth.; c) (Sport) sich ~stehen face each other; meet; ~**stellen** *tr. V.* a) confront; (Zeugen) confront sb. with a witness; b) (vergleichen) compare; ~**stellung** *f.* a) confrontation; b) (Vergleich) comparison; ~**treten** *unr. itr. V.; mit sein* (auch *bildl.*) face
Gegen-: ~**verkehr** *m.* oncoming traffic; ~**vorschlag** *m.* counter-proposal
Gegenwart [vart] *f.*; ~ a) present; (heutige Zeit) present time; b) (Anwesenheit) presence; in ~ anderer in the presence of others; c) (Grammatik) present tense
gegenwärtig [vɛrtɪç] 1. *Adj.* a) *nicht präd.* present; current; b) (anwesend) present. 2. *adv.* at present; at the moment; currently
Gegen-: ~**wehr** *f.; o. Pl.* resistance; ~**wert** *m.* equivalent; ~**wind** *m.* head wind; ~**zug** *m.* reciprocal gesture; (Schach etc.) countermove
Gegner ['gɛgnɐ] *m.*; ~s, ~;
Gegnerin *f.*; ~, ~nen a) opponent; adversary; (Rivale) rival; (Feind) enemy; ein ~ von etw. sein be an opponent of sth.; b) (Sport) opponent; (Mannschaft) opposing team
gegnerisch *Adj.*; *nicht präd.* Opposing
Gehabe *n.*; ~s affected behaviour; fuss
Gehackte [gəˈhaktə] *n.*; *adj. Dekl.* mince ; (Rind) minced beef
Gehalt *m.*; ~[e]s, ~e 1. a) (Inhalt) meaning; content; b) (Anteil) content. 2. **Gehalt** *n.*, ~[e]s, Gehälter salary; festes ~ **beziehen** draw a fixed salary
gehalten 1. 2. Part. v. halten. 2. *Adj.* ~ sein, etw. zu tun be obliged to do sth.
gehaltlos *Adj.* (Nahrung) unnutritious; unnourishing; lacking in body; lacking in substance
Gehalts-: ~**anspruch** *m.* salary claim; pay claim; ~**besserung** *f.* increase in salary; ~**erhöhung** *f.* rise; salary increase; ~**vorschuss** *m.* advance (on one's salary)
gehaltvoll *Adj.* nutritious, nourishing
Gehässigkeit *f.*; ~, ~en spitefulness; (Äußerung) spiteful words
Gehäuse [gəˈhɔyzə] *n.*; ~s, ~ a) (Maschine) casing; housing; (kleinere Geräte) case; b) (Schnecken~) shell; c) (Kern ~) core
gehbehindert *Adj.* disabled
Gehege *n.*; ~s, ~ enclosure; (Revier) preserve; (Pferde) paddock; jmdm. ins ~ kommen *(bildl.)* poach on sb.'s preserve
geheim *Adj.* a) secret; streng ~: top secret
geheimhalten *unr. tr. V.* keep secret; etw. ~halten keep sth. secret
Geheimnis *n.*; ~ses, ~se a) secret; keine ~se vor jmdm. haben have nosecrets from sb.; das ist das ganze ~: that's all there is to it; **das ~ der Liebe** the secret of love
geheimnis-, **Geheimnis**-: ~**krämer** *m. (ugs.)* mysterymonger; ~**tuerei** *f.*; secretiveness; mysterymongering; ~**voll** mysterious; ~**voll tun** act mysteriously
Geheim-: ~**tür** *f.* secret door; ~**waffe** *f.* (Militär) secret weapon
gehemmt *Adj.* inhibitet
gehen ['geːən] 1. *unr. itr. V.*; *mit sein* a) (zu Fuß) go; walk; **auf und ab** ~ go up and down; b) (verlassen) leave; c) (funktionieren) work; **die Uhr geht falsch** the watch is wrong; **schlafen** ~: go to bed; **tanzen** ~ go dancing; **zum Arzt** ~: go to the doctor; d) (möglich sein) **das geht nicht** that's impossible; **Nächste Woche geht auch** next week is fine too; **es geht nicht anders** there's nothing else for it unfortunately; e) (angehen) **es geht so** things could be worse; f) (gesundheitlich) **es geht ihr gut** she's well; **wie geht es dir?** how are you?; g) (sich um etw. handeln) **es geht um die Papiere** it's about the papers; **worum geht es denn hier?** what is this all about?; h) **wie geht das Lied?** how does the tune go?; i) (Geschehen) **was geht denn hier vor sich** what's going on here; what's happening here?; j) (reichen) **das Wasser geht ihr bis an die Hüften** the water comes up to her hip k) (*ugs.*: sich kleiden) **kann ich in dieser Jacke ~**: can I wear this jacket?; m) (Freund, Freundin) **mit jmdm. ~**: go out with sb.; n) (Verlauf) go; **wohin geht diese Straße?** where does this road lead to?; o) **das geht gegen meinen Willen** that goes against my will/my opinion; p) (Bestimmung) **dieses Paket geht an dich** this parcel goes to you; q) (Handel) **gut ~**: sell well. 2. *unr. tr. V.* (Strecke zurücklegen) do a distance; **einen Umweg ~**: make a detour
Gehen *n.*; ~s a) walking;

(Sport) walking
gehenlassen 1. *unr. ref. V.* lose one's temper; (sich vernachlässigen) let oneself go
geheuer [gəˈhɔyɐ] *Adj.* a) das ist mir nicht ~: I feel uneasy about this; there's something fishy about it *(ugs.)*; b) in diesem Haus ist es nicht ~: this house is eerie
Gehilfe [gəˈhɪlfə] *m.*; ~n, ~n, **Gehilfin** *f.*; ~, ~nen assistant
Gehirn *n.*; ~[e]s, ~e a) brain; b) (Verstand) mind
Gehirn-: ~**erschütterung** *f.* concussion; ~**schlag** *m.* stroke; ~**wäsche** *f.* brainwashing
Gehöft [gəˈhœft] *n.*; ~[e]s, ~e farm(staed)
Gehör [gəˈhœːɐ̯] *n.*; ~(e)s (sense of) hearing; ein gutes.~ haben have good hearing; **nach dem ~ singe**n sing by ear
gehorchen [gəˈhɔrçn] *itr. V.* obey; jmdm. ~: obey sb.
gehören 1. *itr. V.* a) (Eigentum) jmdm. ~: belong to sb.; **wem gehört das Auto**? whose car is it?; b) (Teil eines Ganzen) **zu meinen Pflichten... ~:** it is part of my duties...; c) (passend) **ein Hund gehört nicht ins Haus** a dog doesn't belong in the house!; d) (sein sollen) **du gehörst nach Hause** you should be at home; e) (nötig sein) **dazu gehört eine Menge** that takes a lot. 2. *ref. V.* (sich schicken) **wie es sich gehört** properly; as it should be; **es gehört sich nicht...** it is not good manners to
gehörig *Adj.* a) (gebührend) proper; due, fit; **vor jmdm. ~en Respekt haben** have healthy respect for; b) (beträchtlich) ~e Menge a good deal *(ugs.)*
gehörlos *Adj.* deaf
gehorsam [gəˈhoːɐ̯zaːm]
Adj. obedient
Gehorsam *m.*; ~s obedience
Geh-: ~**steig** *m.* pavement (Brit.); sidewalk (Amer.); ~**versuch** *m.*; m. *Pl.* attempt at walking
Geier [ˈgaiɐ] *m.*; ~s, ~: vulture
Geifer [ˈgaifə] *m.*; ~s a) slobber; slaver; b) (Äußerung) venom
geifern *itr. V.* a) slaver; slobber
Geige [ˈgaigə] *f.*; ~, ~n violin
geigen *itr. V.* a) *(ugs.:* Geige spielen) play the violin
Geigen-: ~**bauer** *m.* violinmaker; ~**bogen** *m.* violin bow; ~**kasten** *m.* violin case
Geiger *m.*; ~s, ~, **Geigerin** *f.*; ~, ~nen: violin-player; violinist
Geigerzähler *m.* (Wissenschaft) Geiger counter
geil [gail] *Adj.* (sexuell erregt) randy; horny *(sl.)*; (lüstern) lecherous
Geisel [ˈgaizl̩] *f.*; ~, ~n hostage; **jmdn. als ~ nehmen** take sb. hostage
Geißel [ˈgaisl̩] *f.*; ~, ~n lash; whip; (auch *bildl.*) scourge
geißeln *tr. V.* scourge
Geist [gaist] *m.*; ~[e]s, ~er a) (Gespenst) ghost; b) (überirdisches Wesen) spirit; **der Heilige ~** (Religion) the Holy Ghost or Spirit; c) *o. Pl.* (Verstand) mind; den ~ aufgeben *(bildl.)* give up the ghost; **auf den ~ gehen** *(bildl.)* get on sb.'s nerves; d) (Scharfsinn) wit; e) (kluger Mensch) mind; intellect
Geister-: ~**bahn** *f.* ghost train; ~**fahrer** *m.*; person driving on the wrong side of the road; ghost driver; ~**geschichte** *f.* ghost story
geisterhaft *Adj.* ghostly; spectral
geistern [ˈgaistən] *itr. V.*; *mit sein* wander; (Idee) have an idea in one's head
Geister-: ~**stadt** *f.* ghost town; ~**stunde** *f.* witching hour
geistes-, **Geistes**-: ~**abwesend** absent-minded; ~**blitz** *m.* brain wave *(ugs.)*; ~**gegenwart** *f.* presence of mind; ~**gegenwärtig** quickwitted; with great presence of mind; ~**haltung** *f.* attitude; ~**krank** *Adj.* mentally ill; mentally deranged; ~**kranke** *m./f.* mentally ill person; ~**krankheit** *f.* mental illness; ~**wissenschaften** *Pl.* the Arts; humanities; ~**wissenschaftlich** *Adj.* ~wissenschaftliche Fächer arts subjects; ~**zustand** *m.* state of mind; mental state
geistig intellectual; mental; spiritual; ~e Arbeit brain work; b) (alkoholisch) alcoholic; ~**e Getränke** spirits; alcoholic beverages
geistlich *Adj.* sacred; religious; spiritual
Geistliche *m.*; *adj. Dekl.* clergyman; priest
geist-, **Geist**-: ~**los** *Adj.* witless; insipid; dull; ~**losigkeit** *f.*; ~: witlessness; stupidity; ~**reich** witty; (klug) clever
Geiz [gaits] *m.*; ~es miserliness; stinginess
geizen *itr. V.* be mean; be stingy; **mit etw. ~:** be mean/stingy with sth.
Geizhals *m.* skinflint; niggard
geizig *Adj.* mean; miserly
Gekreische *n.*; ~s (Menschen) shrieking; squealing; (Vögel) screeching; (Auto) squealing
gekünstelt [gəˈkʏnstl̩t] artificial; forced; affected; (Lächeln) forced
Gel [geːl] *n.*; ~s, ~e gel
Gelächter [gəˈlɛçtɐ] *n.*; ~s, ~: laughter; **in ~ ausbrechen** burst out laughing
geladen 1. 2. Part. v. laden. 2. (elektrisch) charged

Gelage *n.*; ~s, ~: feast; banquet; binge
Gelähmte *m./f.*; *adj. Dekl.* paralytic
Gelände [gəˈlɛndə] *n.*; ~s, ~ a) ground; terrain; b) (Grundstück) site;
gelände-, Gelände-: ~**fahrt** *f.* cross-country drive; ~**fahrzeug** *n.* cross-country vehicle; ~**gängig** *Adj.* cross-country
Geländer [gəˈlɛndə] *n.*; ~s, ~: (Treppe) banisters *pl.*; (Balkon, Brücke) railing
Gelassenheit *f.*; ~: calmness; tranquility; (Gefasstheit) composure
Gelatine [ʒelaˈtiːnə] *f.*; ~: gelatine
gelaufen 2. Part. v. laufen
geläufig *Adj.* (bekannt) familiar, common
gelaunt [gəˈlaunt] gut ~ good-humoured; be in a good mood; schlechte ~ bad mood; cross
gelb [gɛlp] *Adj.* yellow
gelblich *Adj.* yellowish
Gelbsucht *f.*; *o. Pl.* jaundice; (medizin.) icterus
Geld [gɛlt] *n.*; ~es, ~er money; (Währung) currency; Bar~: cash; **das ist hinausgeworfenes** ~: that's money down the pipe
geld-, Geld-: ~**angelegenheit** *f.* money matter; ~**anlage** *f.* investment; ~**automat** *m.* cash dispenser; cash machine; ~**gier** *f.* greed; avarice; ~**gierig** *Adj.* greedy; avaricious; ~**schein** *m.* banknote; bill (Amer.); ~**strafe** *f.* fine; ~**stück** *n.* coin; ~**verschwendung** *f.* waste of money
Gelee [ʒeˈleː] *m.* oder *n.*; ~s, ~s jelly
Gelegenheit *f.*; ~, ~en a) opportunity; bei ~: some time; **die** ~ **wahrnehmen** seize the oppportunity; b) (Anlass) occasion
Gelegenheits-: ~**arbeit** *f.* casual work; ~**arbeiter** *m.* casual worker; ~**kauf** *m.* bargain
gelegentlich a) (manchmal) occasionally; b) (bei Gelegenheit) some time
gelehrig [gəˈleːrɪç] *Adj.* clever; docile
gelehrt *Adj.* scholarly; learned; erudite
Gelehrte *m./f.*; *adj. Dekl.* scholar
geleiten *tr. V.* escort; (begleiten) accompany; zur Tür etc. ~: see sb. to the door
Geleitschutz *m.* escort
gelenkig agile; flexible
Gelenkigkeit *f.*; ~: agility; flexibility
gelernt *Adj.*; *nicht präd.* qualified
Geliebte [gəˈliːptə] *m./f.*; *adj. Dekl.* lover; sweetheart; beloved
gelinde *Adj.* mild; light; slight
Gelingen *n.*; ~s success; gutes ~! the best of luck!
gellen [ˈgɛlən] *itr. V.* ring out; ~d shrill; piercing
Gelöbnis [gəˈløːpnɪs] *n.*; ~ses, ~se vow; promise; ein ~ ablegen take a vow
gelockt [gəˈlɔkt] *Adj.* curly
gelöst [gəˈlœst] *Adj.* relaxed
gelten [gɛltn] 1. *unr. itr. V.* a) (Ansehen) be regarded as sth.; be considered sth.; **er gilt nicht viel bei seinem Chef** he doesn't count for much with his boss; b) (gültig) be valid; be effective; das gilt auch für dich! (*ugs.*) that goes for you too!; c) (+ *Dat.*) (bestimmt sein für) be directed at; be for sb.; 2. *unr. tr. V.* a) (wert sein) **seine Worte** ~ **immer viel** his words always carry a lot of weight; b) **jetzt gilt es, schnell zu handeln** now we need quick action
geltend valid; accepted; in etw. ~ **machen** assert sth.; Einwand ~ machen raise an objection
Geltung *f.*; ~ a) (Wichtigkeit) importance; recognition; **an** ~ **verlieren** lose its importance; **etw. zur** ~ **bringen** show sth.; emphasize; **zur** ~ **kommen** show to advantage; b) (Gültigkeit) validity; ~ **haben** be valid; (Geld) be legal tender
Geltungs-: ~**bedürfnis** *n.* need for recognition; ~**bereich** *m.* scope; ~**dauer** *f.* period of validity
Gelüst *n.*; ~[e]s, ~e, Gelüste *n.*; ~s, ~ longing; strong desire; craving (nach for)
gemächlich leisurely; easily
Gemahl *m.*; ~s, ~e husband
Gemahlin *f.*; ~, ~nen wife
Gemälde [gəˈmɛːldə] *n.*; ~s, ~: painting
Gemälde-: ~**ausstellung** *f.* exhibition of paintings; ~**galerie** *f.* picture gallery
gemäß [gəˈmɛːs] 1. *Präp.* + *Dat.* in accordance with. 2. *Adj.* ~ **sein** be appropriate for
gemäßigt *Adj.* moderate; temperate
Gemäuer [gəˈmɔøɐ] *n.*; ~s, ~: walls *pl.*; (Ruine) ruin
gemein *Adj.* a) (niederträchtig) mean; dirty; **das ist ein gemeiner Trick** that's a dirty trick; b) *nicht präd.* (gewöhnlich) common; **etw.** ~ **haben** have sth. in common (with sb.)
Gemeinde [gəˈmaɪndə] *f.*; ~, ~n a) (Verwaltung) municipality; (Amt) local authority; b) (Kirche) parish; community; d) (Gottesdienst) congregation; e) (Anhänger) followers
Gemeinde-: ~**haus** *n.* community hall; ~**rat** *m.* local council; ~**schwester** *f.* district nurse; ~**verwaltung** *f.* local administration

gemeingefährlich *Adj.* be dangerous to the public
Gemeinheit *f.*; ~, ~en meanness; nastiness
gemein-, Gemein-: ~**hin** *Adv.* commonly; generally; ~**nützig** *Adj.* serving the public good; (wohltätig) charitable
gemeinsam 1. *Adj.* a) common; mutual; shared; joint; ~**e Interessen haben** have interests in common. 2. *adv.* together; jointly
Gemeinsamkeit *f.*; ~, ~en common feature; **viele ~en haben** to have a lot in common
Gemeinschaft *f.*; ~, ~en community; **die Europäische ~**: the European Community
gemeinschaftlich together; ~**es Sparkonto** joint savings-account; (*Adj.*) *nicht präd.* common; concerted
Gemeinschafts-: ~**antenne** *f.* community aerial; ~**arbeit** *f. o. Pl.* joint work; (Ergebnis) joint product; ~**gefühl** *n.*; *o. Pl.* community spirit; ~**kunde** *f.*; *o. Pl.* social studies *sing.*
gemein-, Gemein-: ~**sinn** *m.*; *o. Pl.* public spirit; ~**verständlich** generally comprehensible; popular; ~**wesen** *n.* community; polity; ~**wohl** *n.* public good
Gemetzel *n.*; ~s, ~ massacre; blood-bath
gemieden [gə'miːdn] 2. Part. v. meiden
Gemisch *n.*; ~[e]s, ~e mixture (aus, von of); mix
gemischt *Adj.* mixed; ~**e Gefühle** mixed feelings
Gemüse [gə'myːzə] *n.*; ~s, ~: vegetables *pl.*; einzeln: vegetable; **junges ~** youngsters *pl.*
Gemüse-: ~**beet** *n.* vegetable patch; ~**eintopf** *m.* vegetable stew; ~**garten** *m.* kitchen garden; ~**händler** *m.* greengrocer; ~**laden** *m.* greengrocer's; ~**suppe** *f.* vegetable soup
Gemüt [gə'myːt] *n.*; ~[e]s, ~er) a) (~sart) nature; disposition; b) (Mensch) soul; c) (Herz) heart
gemütlich a) (bequem) comfortable; **es sich ~ machen** make ones. comfortable; (behaglich) snug; cosy; b) (ungezwungen) informal; c) (gemächlich) leisurely; comfortably; d) (ungezwungen) **sich ~ unterhalten** have a pleasant chat
Gemütlichkeit *f.*; ~ a) (Behaglichkeit) snugness; b) (Ungezwungenheit) informality
gemüts-, Gemüts-: ~**bewegung** *f.* emotion; ~**mensch** *m.* (*ugs.*) even-tempered person; ~**regung** *f.* emotion; ~**ruhe** *f.* peace of mind
gen [gən] *Präp.* + *Akk.* towards
Gen [geːn] *n.*; ~s, ~e (Biol.) gene
genau [gə'nau] *Adj.* a) exact; precise; accurate; ~ **um 2 Uhr** at exactly 2 o'clock; b) (gerade, eben) just; c) (Verstärkung) just; exactly; precisely; d) (Zustimmung) exactly; precisely; quite; (gründlich) meticulous; careful; precise; thorough; **etw. sehr ~ nehmen** be very particular about sth.
genaugenommen *Adv.* strictly speaking
Genauigkeit *f.*; ~ exactness; precision; (Sorgfalt) meticulousness
genehmigen *tr. V.* agree to; approve; grant; authorize; **sich einen ~** (*ugs.*) have a drink
Genehmigung *f.*; ~, ~en (amtl.) authorization; permission (*Gen.* for); licence; approval
geneigt [gə'naikt] *Adj.* ~ **sein, etw. zu tun** be inclined to do sth.
General [genə'raːl] *m.*; ~s, ~e oder Generäle [genə'rɛːlə] general
general-, General-: ~**amnestie** *f.* general amnesty; ~**direktor** *m.* chairman; president; ~**probe** *f.* (a. *bildl.*) dress rehearsal; ~**sekretär** *m.* Secretary General; (Partei) general secretary; ~**streik** *m.* general strike; ~**überholen** *tr. V.*; (*Technik*) give sth. a general overhaul; ~**versammlung** *f.* general meeting; ~**vertreter** *m.* general representative
Generation [genəra'tsioːn] *f.*; ~, ~en generation
Generations-: ~**konflikt** *m.* generation gap; ~**wechsel** *m.* new generation
Generator [genə'raːtœr] *m.*; ~s, ~en generator
generell [genə'rɛl] *Adj.* general; **man kann ganz ~ sagen …**: generally speaking …
genesen [gə'neːzn] *unr. itr. V.*; *mit sein* (auch bildlich) recover
Genesende *m./f.*; *adj. Dekl.* convalescent
Genesung *f.*; ~, ~en (*geh.*) recovery
Genetik [ge'neːtɪk] *f.*; ~ (Wissenschaft) genetics *sing., no art.*
genetisch *Adj.* genetic
Genf [gɛnf] (*n.*); ~s Geneva
Genfer, Genferin *m.*; ~s, *f.*; ~, ~nen: Genevan; **der ~ See** Lake Geneva
genial [ge'niaːl] ingenious; brilliant; (Künstler) inspired
Genialität [geniali'tɛːt] *f.*; ~: genius
Genick [gə'nɪk] *n.*; ~[e]s, ~e back of the neck; **sich das ~ brechen** (a. *bildl.*) break one's neck
Genie [ʒe'niː] *n.*; ~s, ~s genius; **er ist ein ~ am Klavier**

he is a brilliant piano player **genieren** [ʒe'niːrən] *refl. V.* be embarrassed (wegen about)

genießbar *Adj.* (essbar) edible; (trinkbar) drinkable; (Person, *bildl. ugs.*) be unbearable

genießen [gə'niːsn] *unr. tr. V.* a) enjoy; b) (essen/trinken) eat/drink

Genießer *m.;* ~s, ~: connoisseur; epicure; (Speise) gourmet

genießerisch *Adj.* appreciative

Genitale [geni'taːlə] *n.;* ~s, Genitalien [geni'taːliən] genital organ

Genitiv ['geːnitiːf] *m.;* ~s, ~e (Grammatik) genitive case

Genossenschaft *f.;* ~, ~en co-operative

genossenschaftlich *Adj.* co-operative; collective; jointly owned

Genre ['ʒãːrə] *n.;* ~s, ~s genre

Gen-: ~**technik** *f.,* ~**technologie** *f.* genetic engineering (*no art.*)

genug [gə'nuːk] *Adv.* enough; **das ist ~:** that's enough; that's sufficient; **ich habe ~ davon** I'm fed up with it (*ugs.*)

Genüge [gə'nyːgə] **zur ~** enough; sufficiently; **jmdm. ~ tun** satisfy sb.; (Überfluss) quite enough; **etw. zur ~ kennen** know sth. only too well

genügen *itr. V.* a) be enough; be sufficient; **das genügt mir** that will do (*ugs.*); b) (erfüllen) satisfy; (Anforderungen) comply with

genügend *Adj.* a) enough; sufficient; b) (befriedigend) satisfactory; (Note) fair

genügsam [gə'nyːkzaːm] *Adj.* moderate; modest; easily satisfied; frugal

Genügsamkeit *f.;* ~: modesty; frugality

Genugtuung [tuːʊŋ] *f.;* ~, ~en satisfaction

Genus ['geːnʊs] *n.;* ~, Genera ['geːnera] (Grammatik) gender

Genuss [gə'nʊs] *m.;* a) *o. Pl.* (Nahrung) consumption; b) (Freude) pleasure; c) (Wohlbehagen) **in den ~ von etw. kommen** enjoy sth.; **mit ~** with pleasure; with relish

genüsslich [gə'nʏslɪç] *Adj.* appreciative; comfortable; (a. schadenfroh) gleeful

Geografie *f.;* ~: geography (*no art.*)

geografisch *Adj.* geographic(al)

Geologe ['loːgə] *m.;* ~n, ~n geologist

Geologie *f.;* ~: geology (*no art.*)

geologisch *Adj.* geological

Geometrie *f.;* ~: geometry (*no art.*)

geometrisch *Adj.* geometric(al)

Gepäck [gə'pɛk] *n.;* ~[e]s luggage (Brit.); baggage (Amer.)

Gepäck-: ~**abfertigung** *f.* a) (am Bahnhof) luggage/baggage office; (Flughafen) baggage check-in; b) ~**aufbewahrung** *f.* left-luggage office (Brit.); checkroom; ~**ausgabe** *f.* luggage office (Brit.) checkroom; (Flughafen) baggage reclaim area; ~**kontrolle** *f.* baggage check; ~**stück** *n.* item of luggage/baggage; ~**träger** *m.* (Person) porter; (Fahrrad) carrier; rack **Gepard** ['geːpart] *m.;* ~s, ~e cheetah; hunting leopard

gepflegt *Adj.* a) well-groomed, neat; b) sophisticated; well-kept, well cared-for

Gepflogenheit *f.;* ~, ~en custom; tradition; habit; (formal) practice

gequält *Adj.* forced; pained **gerade** [gə'raːdə] 1. *Adj.* a) (Richtung) upright; straight; b) (aufrichtig) forthright; direct; c) (genau) **das ~ Gegenteil** the direct opposite; d) (Mathematik) even. 2. *Adv.* a) (temp.) just; **hast du ~ Zeit?** do you have time just now?; **~ erst** only just; b) (direkt) right; c) (knapp) just; **~ noch** only just; **~ noch rechtzeitig** only just in time; d) (genau) **~ das** precisely this; e) (ausgerechnet) **warum ~ er?** why him, of all people? 3. *Partikel* a) (besonders) particularly; **nicht ~:** not exactly; b) (*ugs.*: erst recht) **jetzt ~!** now more than ever!

geradeaus *Adv.* straight on; straight ahead

gerade-: ~**biegen** *unr. tr. V.* a) straighten; b) (*ugs.*: ins Reine bringen) straighten out; put right; ~**halten** 1. *unr. tr. V.* etw. ~**halten** hold sth. straight. 2. *unr. refl. V.* hold oneself straight; ~**heraus** (*ugs.*) straightforward; direct; **etw. ~heraus sagen** say sth. straight out

gerädert *Adj.* (*ugs.*) whacked (*ugs.*); tired out

gerade-: ~**sitzen** *unr. itr. V.* sit up straight; ~**so** *Adv.* **~ groß wie …:** just as tall as …; ~**stehen** *unr. itr. V.* a) stand up straight; b) (einstehen) **für etw. ~stehen** accept responsibility for sth.; ~**wegs** *Adv.* straight; (ohne Umschweife) straight away; directly; ~**zu** *Adv.* really; perfectly

geradlinig a) straight; direct, lineal; b) (*bildlich*) straightforward; **~ handeln** be straightforward

Gerangel [gə'raŋl] *n.;* ~s (*ugs.*) a) scrapping; wrangling (*ugs.*)

Gerät [gə'rɛːt] *n.;* ~[e]s, ~e a) (Werkzeug) tool; (Küche)

utensil; piece of equipment; (elektr.) electrical appliance; (Radio etc.) set; b) o. Pl. (Ausrüstung) equipment no pl.
geraten unr. itr. V.; mit sein a) get; **an den Falschen ~:** come to the wrong person; **in Panik ~:** panic; b) (gelingen) turn out; **es ist zu lang ~** it turned out too long
Geräte-: **~schuppen** m. tool shed; **~turnen** n. apparatus gymnastics sing.
Geratewohl n. at random
geräumig [gə'rœymɪç] Adj. spacious; roomy
Geräusch [gə'rœyʃ] n.; ~[e]s, ~e sound; (unerwünscht) noise
geräusch-, Geräusch-: **~empfindlich** Adj. sensitive to noise pred.; **~los** a) noiselessly; silently; without a sound; b) (bildl. ugs.: ohne Aufsehen) without fuss; **~pegel** m. noise level;
gerecht Adj. just; fair; impartial; righteous; **einer Aufgabe ~ werden** cope with a task
gerechtfertigt Adj. justified
Gerechtigkeit f.; ~ justice; **~ üben** be just
gerechtigkeits-, Gerechtigkeits-: **~gefühl** n. sense of justice; **~liebend** Adj. **~liebend sein** have a love of justice
Gerede n.; ~s (ugs.) talk; (Klatsch) gossip; **im ~ sein** be the talk of the town
geregelt Adj.; regular; well-conducted; orderly; steady
gereift Adj.; mature
gereizt Adj. irritable; edgy; (a. mediz.) irritated
Gericht [gə'rɪçt] n.; ~[e]s, ~e 1. a) (Institution) court; **vor ~ stehen** be on trial; **jmdn. vor ~ laden** summon sb. to appear in court; b) (Gebäude) court house. 2. n.; ~[e]s, ~e (Speise) dish
gerichtlich 1. adv. jmdn. ~ verfolgen take sb. to court; prosecute **sb.; ~ vorgehen** gegen take legal action against; 2. Adj.; nicht präd. judicial; forensic; legal
gerichts-, Gerichts-: **~beschluss** m. decision of the court; **~hof** m. Court of Justice; **~kosten** Pl. legal costs; **~saal** m. court room; **~urteil** n. judgement; **~verfahren** n. legal proceedings pl.; **~verhandlung** f. hearing; trial; **~vollzieher** m.; ~s, ~: bailiff
gering [gə'rɪŋ] Adj. a) small; little; short; low; **in ~er Höhe** low down; b) (unbedeutend) slight; minor; **nicht im ~sten** not in the least; c) (schlecht) poor, low, inferior
geringfügig [fy:gɪç] Adj. slight; trifling; minor; little; trivial
Geringfügigkeit f.; ~, ~en triviality; insignificance
geringschätzen tr. V. have a low opinion of; think very little of; (verachten) despise
geringschätzig [ʃtsɪç] Adj. disdainful; contemptuous; disparaging
Geringschätzung f.; disdain; disregard; contempt
gerinnen unr. itr. V.; mit sein curdle; clot; coagulate; (durch Kälte) congeal
Gerinsel [gə'rɪnzl] n.; ~s, ~ (Blut) clot
Gerinnung f.; ~, ~en coagulating; (Blut) clotting; curdling
Gerippe n.; ~s, ~ a) skeleton (a. bildl.); **bis aufs ~ abgemagert** (bildl. ugs.) be skin and bones
gerissen [gə'rɪsn] 1. 2. Part. v. reißen. 2. Adj. (ugs.) crafty; shrewd; smart
Germane [gɜr'ma:nə] m.; ~n, ~n, **Germanin** f.; ~, ~nen (hist.) ancient German; Teuton
germanisch Adj. Germa-
nic; Teutonic
Germanist m.; ~en, ~en; **Germanistin** f.; ~, ~nen Germanist; student of German
Germanistik f.; ~: German studies pl., no art.
gerne ['gɜrnə]a) (Wunsch) **ich hätte ~ ...** I would like...; **ich bleibe heute lieber zuhause** I'd rather stay at home today; b) **etw. ~ tun** like doing sth.; (Angebot) **ja, ~:** yes, please; I'd love to; **~ geschehen** you're welcome; **du kannst mich mal ~ haben!** (ugs.) get stuffed (sl.); c) (durchaus) **das glaube ich ~:** I quite believe it
Geröll [gə'rl] n.; ~s, ~e (klein) pebbles; (größer) boulders pl.; debris; scree
Gerste ['gɜrstə] f.; ~: barley
Gerstenkorn n. barleycorn; (Augenentzündung) sty(e)
Geruch [gə'rʊx] m.; ~[e]s, Gerüche [gə'rʏçə] smell; odour; (angenehm) scent; fragrance; (von Speisen) smell; aroma
geruchslos Adj. odourless; scentless; unscented
Geruchs-: **~organ** n. olfactory organ; **~sinn** m.; o. Pl. sense of smell; olfactory sense
Gerücht [gə'rʏçt] n.; ~[e]s, ~e rumour; **ein ~ in die Welt setzen** start a rumour; **es gibt das ~, dass...** rumour has it that...
gerührt Adj. touched; moved
geruhsam Adj. peaceful; quiet; leisurely
Gerümpel [gə'rʏmpl] n.; ~s junk; lumber
Gerüst [gə'rʏst] n.; ~[e]s, ~e scaffolding; (bildl.) framework
gesamt Adj.; entire; whole
gesamt-, Gesamt-: **~auflage** f. (Buch) total edition; (Zeitung) total circulation;

~ausgabe f. complete edition; **~betrag** m. total amount; **~eindruck** m. general impression; **~ergebnis** n. overall result; **~gewicht** n. total weight

Gesamtheit f.; **die ~ der Bevölkerung** the entire population

gesamt-, Gesamt-: **~note** f. overall mark; **~schule** f. comprehensive school; **~sieger** m., **~siegerin** f. (Sport) overall winner; **~werk** n. complete works pl.; **~zahl** f. total number

Gesandte m./f.; adj. Dekl. envoy

Gesandtschaft f.; ~, ~en legation

Gesang [gə'zaŋ] m.; ~[e]s, singing; (Lied) song

Gesang-: **~buch** n. songbook; hymn-book; **~verein** m. choral society

Gesäß [gə'zɛːs] n.; ~es, ~e backside; buttocks pl.

gesättigt Adj. saturated

Geschädigte [gə'ʃɛːdɪçtə] m./f.; sufferer; injured person

Geschäft [gə'ʃɛft] n.; ~[e]s, ~e a) (Laden) shop; store (Amer.); b) (Firma) business; **im ~** at work; **ein ~ führen** run a business; c) business; (Abmachung) deal; transaction; **mit jmdm. ~e machen** do business with sb.; **ein gutes ~ machen** make a good profit on sth.; d) (Aufgabe) task; duty; **seinen ~en nachgehen** go about one's business; **~ verrichten** (ugs.) relieve nature

Geschäftemacher m. profiteer; wheeler-dealer (sl.)

geschäftig be busy; bustle around

Geschäftigkeit f.; ~: bustle

geschäftlich 1. adv. a) (on) business; **sie hat ~ zu tun** she has some business to do; b) (sachlich) in a business-like manner

geschäfts-, Geschäfts-: **~abschluss** m. conclusion of a deal; **~aufgabe** f. closure of the business; **~bedingungen** Pl. terms and conditions of trade; **~bericht** m. company report; (jährl.) annual report; **~beziehungen** Pl. business dealings; **~brief** m. business letter; **~bücher** Pl. books; accounts; **~eröffnung** f. opening of a shop; **~frau** f. businesswoman; **~führend** Adj.; managing; executive; **~führer** m. manager; **~kosten** Pl.: auf ~kosten on expenses; **~mann** m.; Pl. **~leute** businessman; **~ordnung** f. standing orders pl.; procedure; **~partner** m. business partner; **~räume** Pl. business premises; (Büro) offices; **~reise** f. business trip; **~schädigend** Adj. bad for business; **~schluss** m. closing-hours; **~straße** f. shopping-street; **~stunden** Pl. business hours; (Büro) office hours; **~tüchtig** Adj. able, capable, efficient

gescheckt [gə'ʃɛkt] Adj. spotted; piebald

geschehen [gə'ʃeːən] unr. itr. V.; mit sein a) (passieren) happen; occur; **~ lassen** let it happen; b) (widerfahren) **ist ihr etwas geschehen?** Did anything happen to her?; **das geschieht ihm recht** it serves him right; **es war um seine Ruhe ~** his peace was shattered; c) (ausgeführen) be done; **es muss etwas ~**: something must be done

Geschehen n.; ~s, ~ (Ereignisse) events; happenings; (Vorgang) action

gescheit [gə'ʃaɪt] (intelligent) clever; (ugs.: vernünftig) sensible; **du bist wohl nicht ganz ~** you can't be quite right in the head

Geschenk [gə'ʃɛŋk] n.; ~[e]s, ~e present; gift; **jmdm. ein ~ machen** give sb. a present

Geschenk-: **~artikel** m. gift; **~papier** n. gift wrapping-paper

Geschichte [gə'ʃɪçtə] f.; ~, ~n a) history; **in die ~ eingehen** go down in history; b) story (Erzählung) narrative; (Märchen) story; tale; c) (ugs.: Sache) **das ist die alte ~** that's the same old story; **erzähl' mir keine ~** don't tell me stories

geschichtlich Adj. historical

Geschichts-: **~buch** n. history book; **~lehrer** m. history teacher; **~schreibung** f. historiography; **~unterricht** m. history (teaching); **~wissenschaftler** m. historian

Geschick n.; ~[e] skill

Geschicklichkeit f.; ~: skilfulness; skill

geschickt Adj. a) skilful; dexterous; to have a knack for sth. (ugs.); b) (klug) clever; adroit

Geschiedene m./f.; adj. Dekl. divorcee; **ihr ~r** her ex-husband

Geschirr [gə'ʃɪr] n.; ~[e]s, ~e a) crockery; pots and pans pl.; kitchenware; (benutzt) dishes pl.; (Sonntags~) china; **das ~ abwaschen** do the dishes; b) (Pferd) harness

Geschirr-: **~schrank** m. cupboard; **~spüler** m., dishwasher; **~tuch** n.; tea-towel; dish towel

Geschlecht n.; ~[e]s, ~er a) sex; b) (Grammatik) gender; c) (Geschlechtsorgan) sex; d) (Familie) family

geschlechtlich Adj. sexual; **~ verkehren mit** have sexual intercourse with

geschlechts-, Ge-

schlechts-: **~akt** *m.* sexual act; **~krankheit** *f.* venereal disease; **~leben** *n.* sex life; **~los** *Adj.* (med.) asexual; *(bildl.)* sexless; **~organ** *n.* genital organ; sex organ; **~reif** *Adj.* sexually mature; **~teil** *n.*: genitals *pl.*; **~trieb** *m.* sex drive; **~verkehr** *m.* sexual intercourse
Geschlossenheit *f.*; ~ unity; uniformity
Geschmack [gə'ʃmak] *m.*; **~[e]s**, taste; (Aroma) flavour; (persönl. ~) liking; fancy; **guten ~ haben** have good taste; **über ~ lässt sich nicht streiten** tastes differ; there's no accounting for taste; **auf den ~ kommen** get to like it; taste blood *(ugs.)*
geschmacklos *Adj.* tasteless; insipid; *(bildl.)* tasteless
Geschmacklosigkeit *f.*; ~, **~en** (a. *bildl.*) bad taste; tastelessness; (Äußerung) tasteless remark
geschmacks-, **Geschmacks-**: **~frage** *f.* matter of taste; **~neutral** *Adj.* tasteless; flavourless; **~richtung** *f.* flavour
Geschmacks-: **~sinn** *m.*; sense of taste; **~verirrung** *f.* *(derogativ)* lapse of taste; **du leidest unter ~verirrung** *(ugs.)* you must be suffering from a lapse of taste
geschmackvoll *Adj.* tasteful; good taste
Geschmeide [gɜ'ʃmaidə] *n.*; **~s**, **~** jewellery
geschmeidig *Adj.* soft; supple; smooth; (gelenkig) agile; supple; (anpassungsfähig) adaptable
geschniegelt *Adj.* smartened up; dressed up; spruce; **~ und gestriegelt** all dressed up
Geschöpf *n.*; **~[e]**, **~e** creature; (erfundenen) creation
Geschoss *n.*; 1. bullet; (Rakete) missile; rocket; (Granate) shell. 2. (Etage) floor; storey
-geschossig *Adj.* -storey; **ein~** single-storey; **drei~** three storey; **mehr~** multi-storey
geschraubt *Adj.* a) screwed; b) (Stil) stilted; affected
Geschrei *n.*; **~s** a) shouting; shouts *pl.*; yelling; yells *pl.*; screaming; screams *pl.*; b) *(bildl.)* fuss; **viel ~ um nichts** much ado about nothing
Geschütz *n.*; **~es**, **~e** cannon; gun; piece of artillery; **schweres ~ auffahren** *(bildl. ugs.)* bring up the big guns
geschützt *Adj.* sheltered; (Naturschutz) protected
Geschwafel *n.*; **~s** *(ugs.)* waffle
Geschwätz *n.*; **~es** *(ugs.)* a) talk; babble; prattle; (Klatsch) gossip
geschwätzig *Adj.* talkative
geschweige *Konj.* let alone
geschwind [gə'ʃvɪnt] *Adj.* swift; quick
Geschwindigkeit *f.*; ~, **~en** speed; **mit großer ~:** at high speed
Geschwindigkeits-: **~beschränkung** *f.* speed limit; **~kontrolle** *f.* speed check
Geschwister [gə'ʃvɪstɐ] *n.*; **~s**, **~** *Pl.* brothers and sisters; (wiss.) sibling
geschwisterlich *Adj.* brotherly/ sisterly
geschwollen 1. 2. Part. v. schwellen. 2. *Adj.* pompous; bombastic
Geschworene *m./f.*; *adj. Dekl.* juror; **die ~n** the jury
Geschwulst [gə'ʃvʊlst] *f.*; ~, tumour
geschwungen 1. 2. Part. v. schwingen; 2. *Adj.* curved
Geschwür [gə'ʃvy:ɐ] *n.*; **~s**, **~e** ulcer; *(bildl.)* running sore
Geselle [gə'zɛlə] *m.*; **~n**, **~n** journeyman; fellow
gesellen *refl. V.* **sich zu jmdm. ~:** join sb.
Gesellenbrief *m.* journeyman's diploma; journeyman's certificate
gesellig *Adj.* sociable; gregarious
Geselligkeit *f.* company
Gesellschaft *f.*; ~, **~en** society; (Veranstaltung) party; **geschlossene ~:** private party; (Gruppe von Menschen) crowd; lot *(ugs.)*; **jmdm. ~ leisten** keep sb. company; (Handel) company
Gesellschafter *m.*; **~s**, **~** companion (Handel) partner; (Teilhaber) shareholder
gesellschaftlich *Adj.* a) social; b) **~es Eigentum** *(Dat.)* social ownership of sth.
gesellschafts-, **Gesellschafts-**: **~fähig** *Adj.* (a. *bildl.*) socially acceptable; **~kritik** *f.* social criticism; **~kritisch** *Adj.* critical of society *postpos.*; **~reise** *f.* group tour; **~spiel** *n.* party game; **~system** *n.* social system; **~tanz** *m.* ballroom dance; **~wissenschaft** social sciences *Pl.*
Gesetz [gə'zɛts] *n.*; **~es**, **~e** law; statute; (Regel) rule
Gesetz-: **~buch** *n.* statutebook; **das Bürgerliche ~buch** the Civil Code; **~entwurf** *m.* bill
gesetzes-, **Gesetzes-**: **~brecher** *m.* law-breaker; **~hüter** *m.* guardian of the law; **~treu** law-abiding; in accordance with the law; **~übertretung** *f.* violation of the law
gesetz-, **Gesetz-**: **~gebend** *Adj.* legislative; **~geber** *m.* legislator; law-maker; **~gebung** *f.*; ~: legislation; **~lich** *Adj.* legal; statutory; lawful, legitimate; **~ geschützt** registered; **~los** *Adj.* lawless;

~mäßig in accordance with a law; (gesetzlich) legal; (rechtmäßig) lawful; legitimate
gesetzt *Adj.* staid
gesetzwidrig *Adj.* illegal; unlawful
Gesicht [gə'zɪçt] *n.*; ~[e]s, ~er a) face; **ein fröhliches ~ machen** look happy; **ein langes ~ machen** make a long face; **den Tatsachen ins ~ sehen** face the facts; b) (*bildl.*: Erscheinung) appearance
Gesichts-: **~ausdruck** *m.* expression; look; **~creme** *f.* face-cream; **~farbe** *f.* complexion; **~punkt** *m.* point of view
gesinnt [gə'zɪnt] freundlich ~ well-disposed; well-minded towards sb.
Gesinnung *f.*; ~, ~en belief; conviction; way of thinking
gesinnungs-, **Gesinnungs-**: **~los** (*der.*) *Adj.* unprincipled; **~wandel** *m.* shift of attitude
gesittet [gə'zɪtət] well-behaved; well-mannered; (zivilisiert) civilized
gesondert [gə'zɔndɐt] *Adj.* separate
Gespann [gə'ʃpan] *n.*; ~[e]s, ~e team; span; (Kutsche) horse and carriage; (für Güter) horse and cart; c) (Menschen) couple; pair; **gutes ~** a perfect team
gespannt *Adj.* a) stretched, tense, tight; b) (erwartungsvoll) eager; expectant; rapt; **sie war ~, ob ...:** she was anxious to see whether ...; **~ zuhören** listen intently
Gespenst [gə'ʃpɛnst] *n.*; ~[e]s, ~er ghost; spectre
Gespenster-: **~geschichte** *f.* ghost story; **~stunde** *f.* witching hour
gespenstisch *Adj.* ghostly, eerie; spooky (*ugs.*)
Gespinst [gə'ʃpɪnst] *n.*; ~[e]s, ~e (Gewebe; a. *bildl.*) web, tissue
Gespött [gə'ʃpœt] *n.*; ~[e]s mockery; ridicule; **sich zum ~ machen** make oneself a laughing-stock
Gespräch [gə'ʃprɛːç] *n.*; ~[e]s, ~e conversation; talk; (Diskussion) discussion; **mit jmdm. ein ~ führen** have a talk with sb.; **mit jmdm. ins ~ kommen** get into conversation with sb.; **im ~ sein** be under discussion
gesprächig *Adj.* talkative; ~ machen loosen sb.'s tongue
gesprächs-, **Gesprächs-**: **~bereit** *Adj.* ready to talk; **~fetzen** *m.* fragment of conversation; **~gegenstand** *m.* topic of conversation; **~stoff** *m.* subjects *pl.* or topics *pl.* of conversation; **~thema** *n.* topic of conversation
gespreizt *Adj.* affected; stilted
gesprenkelt *Adj.* mottled; speckled
Gespür [gə'ʃpyːɐ̯] *n.*; ~s feel
Gestalt [gə'ʃtalt] *f.*; ~, ~en a) (Mensch) figure; **eine zwielichtige ~:** a shady character; b) (Form) form; **~ annehmen** take shape; **in ~ von etw.** in the form of sth.
gestalten 1. *tr. V.* shape, form; design; arrange. 2. *refl. V.* turn out; prove to be
gestaltlos *Adj.* shapeless; formless
Gestaltung *f.*; ~, ~en shaping; forming; designing
Gestammel *n.*; ~s stammering; stuttering
geständig *Adj.* ~ sein pleading guilty; having confessed one's guilt
Geständnis [gə'ʃtɛntnɪs] *n.*; ~ses, ~se confession; testimony
Gestänge [gə'ʃtɛŋə] *n.*; ~s, ~ a) (Stangen) bars *pl.*; struts *pl.*; b) (*mechan.*) linkage
Gestank [gə'ʃtaŋk] *m.*; ~[e] stink; stench
gestatten [gə'ʃtatn] 1. *tr.*, *itr. V.* permit; allow; **~ Sie, dass ich ...:** may I ...?; 2. *refl. V.* **sich (*Dat.*) etw. ~:** allow oneself sth.
Geste ['geːstə] *f.*; ~, ~n (a. *bildl.*) gesture
Gesteck [gə'ʃtɛk] *n.*; ~[e]s, ~e (Blumen) flower arrangement
gestehen *tr.*, *itr. V.* (Taten, Gefühle) confess; **offen gestanden ...:** frankly ...; to be honest ...
Gestein *n.*; ~[e], ~e rock
Gestell [gə'ʃtɛl] *n.*; ~[e]s, ~e (Brille, Fahrrad) frame; (Auto) chassis; (Bock) support; horse; trestle; (Regal) stand, rack
gestelzt *Adj.* stilted; affected
gestern ['gɛstɐn] *Adv.* a) yesterday; **~ morgen** yesterday morning; **~ vor zwei Wochen** two weeks ago yesterday; yesterday fortnight; **er ist nicht von ~** (*ugs.*) he's nobody's fool
gestiefelt *Adj.* booted; in boots; **der ~e Kater** Puss in Boots; **~ und gespornt** (*ugs.*) ready and waiting; booted and spurred
Gestik ['gɛstɪk] *f.*; ~: gestures *pl.*
gestikulieren [gɛstikuˈliːrən] *itr. V.* gesticulate
gestimmt *Adj.* heiter ~: in a cheerful mood; (Musikinstrument) tuned
Gestirn *n.*; ~[e]s, ~e stars; (Sternenbild) constellation
gestochen [gə'ʃtɔxn] 1. 2. *Part. v.* stechen. 2. *adv.* ~ scharfe Bilder crystal-clear photos
gestört [gə'ʃtœːɐ̯t] *Adj.* disturbed
gestreift *Adj.* striped
gestrichen 1. 2. *Part. v.* streichen. 2. *Adj.* level; **ein ~er Esslöffel** a level tablespoon

gestrig ['gǝstrɪç] *Adj.*; yesterday's; **der ~e Abend** yesterday night

Gestrüpp [gǝ'ʃtrʏp] *n.*; ~[e]s, ~e undergrowth

Gestühl [gǝ'ʃtyːl] *n.*; ~[e]s, ~e seats *pl.*; chairs *pl.*; (Kirchen~) pews *pl.*

Gestüt [gǝ'ʃtyːt] *n.*; ~[e]s, ~e stud-farm; stud *(ugs.)*

Gesuch [gǝ'zuːx] *n.*; ~[e]s, ~e request; (Antrag, Bewerbung) application; petition (um for);

gesucht *Adj.* sought-after; (polizeilich) wanted

gesund *Adj.* a) healthy; sound; **~ werden** get better; recover; **~ und munter** sound as a bell; alive and kicking *(ugs.)*; **bleib ~!** look after yourself!; **~er Menschenverstand** common sense

gesunden *itr. V.*; *mit sein* get well, (*a. bildl.*) recover; regain one's health

Gesundheit *f.*; ~: health; **~!** (beim Niesen) bless you!

gesundheitlich *Adj.*; physical; hygienic; **aus ~en Gründen** for reasons of health

gesundheits-, Gesundheits-: ~**amt** *n.* public health department; ~**attest** *n.* health certificate; ~**gefährdung** *f.* health hazard; ~**schaden** *m.* damage to health; ~**schädlich** *Adj.* injurious to health; unhealthy; ~**zustand** *m.* state of health

Gesundung *f.*; ~ (*a. bildl.*) recovery

Getöse *n.*; ~s roar

Getrampel *n.*; ~s *(ugs.)* stamping; trampling

Getränk [gǝ'træŋk] *n.*; ~[e]s, ~e drink; beverage

Getränke-: ~**automat** *m.* drink dispenser; ~**karte** *f.* list of beverages; (alkoh.) wine list

Getreide [gǝ'traidǝ] *n.*; ~s grain; corn

Getreide-: ~**ernte** *f.* grain harvest; ~**feld** *n.* cornfield; ~**handel** *m.* corn-trade; ~**speicher** *m.* granary; silo

getrennt *Adj.* separate

getreu *Adj.* a) (treu) faithful, loyal; b) (genau) exact; true

Getriebe *n.*; ~s, ~ a) gears; gear system; (~kasten) gearbox; b) (Trubel) hustle and bustle

Getriebeschaden *m.* gearbox damage

getrost *Adj.* (zuversichtlich) confident

Getue [gǝ'tuːǝ] *n.*; ~s *(ugs. derog.)* fuss (um about)

Getümmel [gǝ'tʏml] *n.*; ~s tumult; turmoil

Getuschel *n.*; ~s *(ugs.)* whisperin´g

geübt [gǝ'yːpt] *Adj.* experienced; practised; trained; proficient in etw. at sth.

Gewächs [gǝ'vɛks] *n.*; ~es ~e plant; growth; (Wein) wine; vintage

gewachsen 1. 2. *Part. v.* wachsen. 2. *Adj.* **sich der Lage ~ zeigen** rise to the occasion

Gewächshaus *n.* greenhouse; hothouse

gewagt *Adj.* (kühn) daring; (gefährlich) risky

gewählt *Adj.* refined, elegant

gewahr [gǝ'vaːɐ̯] (erkennen) become aware of sth.; **einer Sache ~ werden** catch sight of sth.

Gewähr [gǝ'vɛːɐ̯] *f.*; ~ guarantee; warranty

gewähren 1. *tr. V.* give; grant; 2. *itr. V.* **jmdn. ~ lassen** let sb. have his/her way

gewährleisten *tr. V.* guarantee

Gewährleistung *f.* guarantee; warranty

Gewahrsam *m.*; ~s (Haft) custody; (Obhut) safekeeping

Gewalt [gǝ'valt] *f.*; ~, ~en a) *o. Pl.* (körperlich) violence; force; ~ **anwenden** use violence; b) (Macht) power; **jmdn. in seine ~ bringen** bring sth. under one's control; **die ~ über etw. verlieren** lose control of sth.; c) **höhere ~** an act of God; majeure

Gewalt-: ~**akt** *m.* act of violence; ~**anwendung** *f.* use of violence

Gewaltenteilung *f.* separation of powers

gewaltig *Adj.* a) (mächtig; *a. bildl.*) powerful; mighty; vehement; b) (riesig) enormous; gigantic; tremendous; huge; **~er Unterschied** vast difference

gewalt-, Gewalt-: ~**los** *Adj.* non-violent; ~**marsch** *m.* forced march

gewaltsam *Adj.* forcible; enforced; violent

gewalt-, Gewalt-: ~**tätig** *Adj.* violent; ~**tätigkeit** *f.* a) *o. Pl.* violence; ~**verbrechen** *n.* crime of violence; ~**verbrecher** *m.* violent criminal

Gewand *n.*; ~[e]s, Gewänder [gǝ'vɛndǝ] gown; robe

Gewässer [gǝ'vɛsǝ] *n.*; ~s, ~: water(s) *pl.*; stretch of water

Gewebe *n.*; ~s, ~ a) (Stoff) fabric; b) (Medizin) tissue

Gewehr [gǝ'veːɐ̯] *n.*; ~[e], ~e rifle; (Schrot~) shotgun; **mit dem ~ auf** aim at sb./sth.

Gewehr-: ~**feuer** *n.*; *o. Pl.* fire; ~**kugel** *f.* rifle bullet; ~**lauf** *m.* barrel; ~**schuss** *m.* rifle shot

Geweih [gǝ'vei] *n.*; ~[e]s, ~e antlers *pl.*; horns *pl.*

Gewerbe *n.*; ~s, ~ a) business; (Handel) trade

Gewerbe-: ~**schein** *m.* licence to carry on a trade; ~**steuer** *f.* trade tax

gewerblich 1. *Adj.*; commercial; trade; **etw. ~ nutzen** use sth. for commercial purposes

Gewerkschaft [gə'vɛrkʃaft] f.; ~, ~en trade union
Gewerkschaftler m.; ~s, ~, **Gewerkschaftlerin** f.; ~, ~nen trade unionist
gewerkschaftlich Adj. union...; as a union member
Gewerkschafts-: **~bund** m. federation of trade unions; **~mitglied** n. member of a union; **~tag** m. union conference
Gewicht [gə'vɪçt] n.; ~[e]s, ~e (a. bildl.) weight
Gewicht-: **~heben** n.; ~s weight-lifting; **~heber** m.; ~s, ~: weight-lifter
gewichtig Adj. (schwer) heavy; weighty; (wichtig) weighty, important
Gewichts-: **~klasse** f. (Sport) weight; (Handel) weight class; **~verlagerung** f. shift of weight; (bildl.) shift in emphasis; **~verlust** m. loss of weight
gewieft [gə'viːft] Adj. (ugs.) cunning; smart
gewillt [gə'vɪlt] Adj. ~ sein, etw. zu tun be willing to do sth.
Gewimmel n.; ~s (Menge) throng; milling crowd
Gewinde n.; ~s, ~ (Technik) thread; (Schneckenhaus) spire
Gewinn [gə'vɪn] m.; ~[e]s, ~e a) gain; profit; b) (Preis) prize; (b. Wetten) winnings
gewinn-, **Gewinn-**: **~beteiligung** f. (Handel) profit-sharing; (Betrag) profit-sharing bonus; **~bringend** Adj. profitable; lucrative
gewinnen [gə'vɪnən] 1. unr. tr. V. a) (siegen) win; b) (erhalten) gain; win; c) (abbauen) mine, extract; d) (erzeugen) produce (aus from); e) (bildl.) jmdn. für etw. ~: win sb. over
gewinnend Adj. winning, engaging, winsome
Gewinner m.; ~s, ~ , **Gewinnerin** f.; ~, ~nen winner

gewinn-, **Gewinn-**: **~spanne** f. profit margin; **~streben** n. pursuit of profit; **~sucht** f.; o. Pl. greed for profit; **~trächtig** Adj. profitable; lucrative
Gewinnung f.; ~ (Rohstoffe) extraction; mining; (Öl) recovery
Gewirr n.; ~[e]s tangle
gewiss [gə'vɪs]Adj. certain; (in gewisser Hinsicht) in asense; in some respect; **ja aber ~!** Certainly! But of course!
Gewissen n.; ~s, ~: conscience; **mit reinem ~:** with a clear conscience
gewissenhaft Adj. conscientious
Gewissenhaftigkeit f.; ~: conscientiousness
gewissenlos Adj. conscienceless; unscrupulous
Gewissenlosigkeit f.; ~ lack of conscience
Gewissens-: **~bisse** Pl. pangs of conscience; **~frage** f. matter of conscience; **~gründe** Pl. reasons of conscience; **~konflikt** m. moral conflict
gewissermaßen Adv. to some extent; so to speak; as it were
Gewissheit f.; ~, ~en certainty
Gewitter [gə'vɪtɐ] n.; ~s, ~: thunderstorm; (bildl.) storm
Gewitter-: **~neigung** f.; o. Pl. likelihood of thunderstorms; **~regen** m. thundery shower; **~wolke** f. thunder-cloud
gewitzt [gə'vɪtst] Adj. shrewd; smart; clever
gewöhnen [gə'vøːnən] 1. tr. V. **sich an etw. ~:** get used to sth.; get accustomed to sth.; accustom oneself to sth.
Gewohnheit [gə'voːnhaɪt] f.; ~, ~en habit
gewohnheits-, **Gewohn-**

heits-: **~mäßig** Adj. habitual; automatic; **~trinker** m. habitual drinker
gewöhnlich [gə'vøːnlɪç] 1. adv. a) ~: Adj. (gewohnt, üblich) usual; normal; customary; (alltäglich) normal; ordinary; (abwertend: ordinär) common
Gewölbe [gə'vœlbə] n.; ~s, ~: vault
Gewühl n.; ~[e]s milling crowd
gewürfelt Adj. (kariert) check; checked
Gewürz n.; ~es, ~e spice; (Kräuter) herb
Gewürz-: **~gurke** f. pickled gherkin; **~mischung** f. mixed spices; mixed herbs
Gezänk [gə'tsɛŋk] n.; ~[e]s, Gezanke [gə'tsaŋkə] n.; ~s (derog.) quarrelling
Gezappel n.; ~s (ugs., a. derog.) wriggling
Gezeiten Pl. tides
gezielt Adj. specific; deliberate; well-directed
geziert Adj. affected
Gezwitscher n.; ~s twittering; chirruping; chirping
gezwungen [gə'tsvʊŋən] 1. 2. Part. v. zwingen. 2. Adj. forced; stiff
gezwungenermaßen Adv. of necessity; **ich muss ~ zur Arbeit** I'm forced to go to work
Gicht f.; ~: gout
Giebel ['giːbl] m.; ~s, ~ gable
Giebel-: **~dach** n. gable roof; **~fenster** n. gable-window
Gier [giːɐ] f.; ~ greed (nach for)
gierig Adj. greedy; avid; ~ **auf etw. sein** be greedy for sth.
gießen ['giːsn] 1. unr. tr. V. (schütten) pour (in + Akk. into, über + Akk. over); (verschütten) spill (über + Akk. over); (Pflanze) water. 2. unr. itr. V. (unpers., ugs.)

(Regen) pour with rain; **es gießt in Strömen** it's pouring down; it's raining cats and dogs *(ugs.)*
Gießerei *f.*; ~, ~en casting; (Betrieb) foundry
Gift [gɪft] *n.*; ~[e]s, ~e poison; (Schlangen~) venom; *(bildl.)* ~ **und Galle spucken** fume with rage
gift-, Gift-: ~**frei** *Adj.* nontoxic; ~**gas** *n.* poison gas; ~**grün** *Adj.* garish green
giftig *Adj.* a) toxic; poisonous; venomous; b) *(ugs.:)* böse) venomous, spiteful
Gift-: ~**müll** *m.* toxic waste; ~**mülldeponie** *f.* toxic waste dump; ~**pfeil** *m.* poisoned arrow; ~**pilz** *m.* poisonous mushroom; toadstool; ~**schlange** *f.* poisonous snake; ~**stachel** *m.* poisonous sting; ~**zahn** *m.* poison fang; ~**zwerg** *m.* (ugs. derog.) venomous little man
gigantisch *Adj.* gigantic; huge
Ginster ['gɪnstɐ] *m.*; ~s, ~: broom; gorse
Gipfel *m.*; ~s, ~ summit; peak; top; (von Freude etc.) peak; **das ist der ~!** *(ugs.)* that's the limit!; (~ konferenz) summit
gipfeln *itr. V.* in etw. (*Dat.*) ~: culminate in sth.
Gips [gɪps] *m.*; ~es, ~e plaster; gypsum; (Künstlerbed.) plaster of Paris
Gips-: ~**abdruck** *m.*, ~**abguss** *m.* plaster cast
gipsen *tr. V.* plaster; put in plaster
Gipser *m.*; ~s, ~: plasterer
Gips-: ~**figur** *f.* plaster figure; ~**verband** *m.* plaster cast
Giraffe [gi'rafə] *f.*; ~, ~n giraffe
Girlande [gɪr'landə] *f.*; ~, ~n festoon
Girokonto *n.* current account

Gischt [gɪʃt] *m.*; ~[e]s, ~e oder *f.*; ~, ~en foam; spray
Gitarre [gi'tarə] *f.*; ~, ~n guitar
Gitarrist *m.*; ~en, ~en guitarist
Gitter ['gɪtɐ] *n.*; ~s, ~ bars; grille; (Fußboden~) grating; (Geländer) railing(s) *(pl.)*; (Draht~) mesh
Gladiator [gla'dia:tɔr] *m.*; ~s, ~en ['to:rən] gladiator
Gladiole [gla'dio:lə] *f.*; ~, ~n gladiolus
Glanz [glants] *m.*; ~es brightness; brilliance; (Haar, Metall usw.) shine; sheen; lustre; (Augen) shine
glänzen ['glɛntsn̩] *itr. V.* shine; gleam; be shiny; (funkeln) glitter; flash; glisten; (Sterne) twinkle; (durch Leistungen) shine; excel
glänzend *(ugs.) Adj.* shining; gleaming; shiny; (bewundernswert) brilliant; outstanding; splendid, excellent; **mir geht es ~**: I'm very well; ~**e Zukunft** bright future
glanz-, Glanz-: ~**leistung** *f.* brilliant performance; ~**licht** *n.* highlight; ~**los** *Adj.* dull; lacklustre; ~**stück** *n.* a) (Meisterwerk) piece de resistance; b) (Sammlung) show-piece; gem; ~**voll** *Adj.* brilliant; sparkling; magnificent; ~**zeit** *f.* heyday; glorious days
Glas ['gla:s] *n.*; ~es, Gläser ['glɛ:zu] b) (zum Trinken) glass; **zu tief ins ~ geschaut** *(ugs.)* have had one too many; b) glass; **unter ~**: behind glass
Glas-: ~**auge** *n.* glass eye; ~**bläser** *m.* glass-blower
Glaser *m.*; ~s, ~: glazier
Glaserei *f.*; ~, ~en glazing business
gläsern ['glɛ:zɐn] *Adj.* of glass; glazed
glas-, Glas-: ~**fabrik** *f.* glassworks *sing.* or *pl.*; ~**fa-**

Glaube

ser *f.*; glass fibre; ~**flasche** *f.* glass bottle; ~**haus** *n.* greenhouse; glasshouse
glasieren *tr. V.* a) (Speise ~) ice; glaze; (glätten, konservieren) glaze
glasig *Adj.* a) (durchsichtig) transparent; b) (starr) glassy
Glas-: ~**kasten** *m.* glass case; ~**kugel** *f.* (Murmel) marble; (Wahrsagerin) crystal ball; ~**malerei** *f.* stained glass plate; (Tisch) glass top; ~**scheibe** *f.* pane of glass; ~**scherbe** *f.* piece of broken glass; ~**schneider** *m.* glass-cutter; ~**splitter** *m.* splinter of glass; ~**tür** *f.* glass door
Glasur [gla'zu:ɐ] *f.*; ~, ~en a) (Schmelz~) glaze; b) (Kuchen) icing; (Fleisch) glaze
glatt [glat] *Adj.* a) smooth; straight; b) (rutschig) slippery; c) smooth; straightforward; d) *(ugs.:* offenbar) downright; outright; complete; ~**e Lüge** outright lie
Glätte ['glɛtə] *f.*; ~ smoothness; b) slipperiness
Glatteis *n.* glaze; glazed frost; ice; blank ice; **jmd. aufs ~ führen** *(bildl.)* trip up sb.
glätten 1. *tr. V.* smooth out; plane; (Haar) sleek. 2. *refl. V.* subside (a. *bildl.*); become calm
glatt-: ~**gehen** *unr. itr. V.*; *mit sein (ugs.)* go smoothly; ~**rasiert** *Adj.* clean-shaven; ~**weg** *Adv.* *(ugs.)* etw. ~**weg ablehnen** turn sth. down flat; ~**ziehen** *unr. tr. V.* pull straight
Glatze ['glatsə] *f.*; ~, ~n bald head; **eine ~ bekommen** go bald
Glatzkopf *m.* bald head; bald-headed person
glatzköpfig *Adj.* bald; bald headed
Glaube ['glaubə] *m.*; ~ns faith (an + *Akk.* in); (Mei-

glauben

nung) belief (an + Akk. in); **fester ~** firm belief; **jmd. im ~ lassen** let sb, keep her/his illusions

glauben 1. *tr. V.* a) believe; kaum zu ~ *(ugs.)* it's unbelievable; **ob du es glaubst oder nicht …:** believe it or not …; b) (annehmen, meinen) think; believe; **ich glaube, ja** I think so. 2. *itr. V.* a) (relig.) believe; b) (vertrauen) **an sich selbst ~:** have faith in oneself; c) (überzeugt sein) believe (an + Akk. in); d) **dran ~ müssen** *(ugs.)* go up in smoke; (salopp: sterben) kick the bucket *(sl.)*

Glaubens-: ~**bekenntnis** *n. o. Pl.* profession of faith; (allg.) creed; ~**frage** *f.* question of faith; ~**freiheit** *f.; o. Pl.* religious freedom; freedom of worship; ~**gemeinschaft** *f.* denomination; ~**streit** *m.* religious dispute

glaubhaft *Adj.* credible; believable

Glaubhaftigkeit *f.;* ~: credibility

gläubig ['glɔybɪç] *Adj.* a) (religiös) devout; be religious; b) (vertrauensvoll) trusting

Gläubige *m./f.; adj. Dekl.* believer; die ~n the faithful

Gläubiger *m.;* ~s, ~, **Gläubigerin** *f.;* ~, ~nen creditor

Gläubigkeit *f.;* ~ a) (relig.) religious faith; b) (Vertrauen) trustfulness

glaubwürdig *Adj.* credible; believable

Glaubwürdigkeit *f.* credibility

gleich [glaɪç] 1. *Adj.* a) (identisch) same; (~ wertig) equal; **das kommt auf das ~e heraus** it amounts to the same thing; **~ und ~ gesellt sich gern** birds of a feather flock together; b) (*ugs.*: einerlei); **ganz ~, was…:** no matter what …; **es ist mir ~** it's all the same to me; **das bleibt sich ~** it doesn't make any difference. 2. *adv.* a) (in derselben Weise) identical; **alle Menschen ~ behandeln** treat all people alike; b) (sofort) at once; right away; (bald) in a minute; **ich komme ~:** I'm coming; **es ist ~ Mittagszeit** it is almost lunch time; **bis ~!** see you later!; c) (Übereinstimmung) **~ gut** equally good; **~ alt sein** be the same age. 3. *Präp. + Dat.* (vergl.) like. 4. *Partikel* a) **nun sei nicht ~ böse** don't get cross; b) **wo war es ~?** where was it again?

gleich-, Gleich-: ~**artig** *adv.* in the same way; *Adj.* of the same kind *postpos.* (*Dat.* as); (ähnlich) very similar (*Dat.* to); ~**bedeutend** *Adj.* synonymous (mit with); tantamount to; ~**berechtigt** *Adj.* having equal rights; ~**berechtigte Mitglieder** equal members; ~**berechtigt sein** have equal rights; ~**berechtigung** *f.* equal rights *pl.;* ~**bleiben** *unr. itr. V.;* mit sein stay the same; remain constant; ~**bleibend** *Adj.* constant, steady

gleichen *unr. itr. V.* be equal; be like; (ähnlich aussehen) (closely) resemble sb./sth./each other

gleichermaßen *Adv.* equally

gleich-, Gleich-: ~**falls** *Adv.* (auch) also; (ebenfalls) likewise; ~**falls!** (the) same to you; ~**förmig** *Adj.* (einheitlich) uniform; steady; (monoton) monotonous; ~**geschlechtlich** *Adj.* homosexual; ~**gesinnt** *Adj.*; nicht präd. likeminded

Gleichgewicht *n.;* balance; ~ **der Kräfte** the balance of power;

Gleichgewichts-: ~**sinn** *m.* sense of balance; ~**störung** *f.* disturbance of one's sense of balance

gleichgültig *Adj.* indifferent (gegenüber towards); **das ist mir ~:** I don't care; it's a matter of indifference to me

Gleichgültigkeit *f.* indifference (gegenüber towards)

Gleichheit *f.;* ~, ~en (Rechte) equality; (Ähnlichkeit) similarity; (Übereinstimmung) identity

gleich-, Gleich-: ~**klang** *m.* harmony; ~**kommen** *unr. itr. V.; mit sein* amount to; ~**lautend** *Adj.* identical; ~**machen** *tr. V.* make equal; ~**mäßig** *Adj.* regular; even; uniform; **etw. ~mäßig verteilen** distribute sth. equally; ~**mäßigkeit** *f.* regularity; uniformity; evenness; ~**mut** *m.* calmness; composure; ~**mütig** *Adj.* calm; composed

Gleichnis *n.;* ~ses, ~se simile; (Allegorie) allegory; (Parabel) parable

gleichrangig *Adj.* of equal status; of equal rank; equally important

gleichsam *Adv.* as it were; virtually; so to speak

gleich-, Gleich-: ~**schenk(e)lig** *Adj.* (Geometrie) isosceles; ~**schritt** *m.;* marching in step; ~**seitig** *Adj.* (Geometrie) equilateral; ~**setzen** *tr. V.* equate; ~**stand** *m.; o. Pl.* (Sport) tie; (Tennis) deuce; ~**stellung** *f.* equality; equal rights; soziale ~stellung social equality; ~**strom** *m.* direct current; ~**tun** *unr. tr. V.* es jmdm. ~tun match sb.; equal sb.; (nachahmen) copy sb.; ~**ung** *f.;* ~, ~en equation; ~**viel** *Adv.* no matter; ~**wertig** *Adj.* equivalent (mit to); of equal value to *postpos.;* ~**winkelig** *Adj.* equiangular; ~**wohl** *Adv.* nevertheless; ~**zeitig** *adv.* simultaneously; at the same

time; **~zeitigkeit** f. simultaneity; concurrence; **~ziehen** unr. itr. V. catch up; draw level (mit with)
Gleis [glaɪs] n.; ~es, ~e (Bahnsteig) platform; track; rails; (einzelne Schiene) rail
Gleis-: **~an**·lage f. tracks pl.; lines pl; **~anschluss** m. rail connection; siding
gleiten [ˈglaɪtn] unr. itr. V.; mit sein glide; slide; skid; **aus den Händen ~**: slip from sb.'s hands; **~de Arbeitszeit** flexitime; flexible working hours
Gleit-: **~flug** m. glide; **~zeit** f. flexible working hours pl.
Gletscher [ˈglɛtʃɐ] m.; ~s, ~: glacier
Gletscher-: **~bach** m. glacial stream; **~eis** n. glacial ice; **~spalte** f. crevasse
Glied [gliːt] n.; ~(e)s, ~er a) (Körperteil) limb; (männliches ~) penis; (Gelenk) joint b) (Ketten~, a. bildl.) link; c) (Satz~) part; (Gleichung) term
gliedern [ˈgliːdən] 1. tr. V. arrange; put in(to) order; organize; (gruppieren) classify. 2. refl. V. **sich in Gruppen ~**: divide into groups
Gliederung f.; ~, ~en a) (Aufbau) structure; (Gedanken) organization; (gruppieren) classification; b) (das Gliedern) structuring
Glied-: **~maße** f.; ~, ~n limb
glimmen [ˈglɪmən] unr. oder regelm. itr. V. glow; smolder
Glimmer m.; ~s, ~: glimmer
glimmern itr. V. glisten; glimmer
Glimmstengel m. (ugs.) fag (sl.)
glimpflich Adj. mild; lenient; **alles nahm ein ~es Ende** everything turned out not to be too serious; **~ davonkommen** get off lightly
glitschen [ˈglɪtʃn] itr. V.; mit sein (ugs.) slip; slither

glitschig [ˈglɪtʃɪç] Adj. (ugs.) slippery
glitzern [ˈglɪtsən] itr. V. sparkle; glitter; glisten; (Sterne) twinkle
global [gloˈbaːl] 2. Adj. a) (weltweit) global; worldwide; b) (allumfassend) general, all-round; overall; c) (allgemein) general
Globus [ˈgloːbʊs] m.; ~ oder ~ses, Globen [ˈgloːbn] globe
Glöckchen [ˈglœkçən] n.; ~s, ~: little bell
Glocke [ˈglɔkə] f.; ~, ~n a) bell; b) (Käse~) cover; **etw. an die große ~ hängen** (ugs.) shout sth. from the rooftops
glocken-, **Glocken-**: **~blume** f. campanula; bell-flower; **~förmig** Adj. bell-shaped; flared; **~hell** Adj. bell-like; **~helle Stimme** a voice as clear as a bell; **~läuten** n. ringing of bells; **~schlag** m. stroke; **auf den ~schlag** (ugs.) on the dot (ugs.); **~spiel** n. carillon; (in e. Uhr) chimes pl.; **~turm** m. bell tower; belfry
Glöckner [ˈglœknɐ] m.; ~s, ~ bellringer; **der ~ von Notre Dame** the Hunchback of Notre Dame
glorifizieren [glorifiˈtsiːrən] tr. V. glorify
Glorifizierung f.; ~, ~en glorification
glorreich [ˈgloːraɪç] Adj. glorious
Glossar [glɔˈsaːɐ] n.; ~s, ~e glossary
Glosse [ˈglɔsə] f.; ~, ~n (Medien) commentary; (Bemerkung) sneering comment
Glotzaugen Pl. goggle eyes; **~ machen** go goggle-eyed; go pop-eyed
Glotze [ˈglɔtsə] f.; ~, ~n telly
glotzen itr. V. goggle; gawp; gawk (ugs.)

Glück [glʏk] n.; ~(e)s a) luck; **jmdm. ~ wünschen** wish sb. luck; **viel ~!** the best of luck!; good luck!; b) (Gefühl) happiness; **junges ~** young bliss
Glucke [ˈglʊkə] f.; ~, ~n brood-hen
glucken itr. V. a) (brüten) brood; b) (ugs.: herumsitzen) sit around; c) (Laut) cluck
glücken tr. V.; mit sein succeed; be successful
gluckern [ˈglʊkən] itr. V. gurgle
glücklich 1. Adj. a) happy (über about); b) (erfolgreich) lucky; successful; safe; happy; c) (vorteilhaft) fortunate; **~er Zufall** a lucky chance; 2. adv. a) (endlich) at last; eventually.
glücklicherweise Adv. fortunately; luckily
glücklos Adj. unhappy; luckless
Glücksbringer m. lucky charm; mascot; talisman
glückselig Adj. blissfully happy; blissful
Glückseligkeit f.; ~: bliss; blissful happiness
Glücks-: **~fall** m. stroke of luck; **~kind** n. lucky person; **~klee** m. four-leaved clover; **~pfennig** m. lucky penny; **~pilz** m. (ugs.) lucky devil (ugs.); lucky fellow (ugs.); **~sache** f.: a matter of luck; **~spiel** n. a) game of chance; gambling; (bildl.) matter of luck; lottery; **~spieler** m. gambler; **~stern** m. lucky star; **~strähne** f. lucky streak; **~tag** m. lucky day
glückstrahlend Adj. radiant; radiantly happy
Glücks-: **~treffer** m. lucky hit; (a bildl.) stroke of luck; **~zahl** f. lucky number
Glückwunsch m. congratulations pl.
Glückwunsch-: **~karte** f.

Glühbirne

congratulations card; (v.a. Geburtstag) greetings card
Glühbirne f. light-bulb
glühen ['gly:ən] itr. V. a) (leuchten) glow; (bildl.) glow; be aglow; b) (Aufregung) burn
glühend Adj. a) (heiß) red-hot; (bildl.) blazing; burning; b) (begeistert) ardent; passionate
glühend-: ~**heiß** Adj. blazing hot; ~**rot** Adj. red-hot
Glüh-: ~**faden** m. filament; ~**lampe** f. light bulb; ~**wein** m. mulled wine; mulled claret; ~**würmchen** n. (ugs.) glow-worm; firefly
Glut [glu:t] f.; ~, ~en a) embers pl.; heat; b) (Leidenschaft) passion
Glutamat [gluta'ma:t] n.; ~[e]s, ~e (Wissenschaft) glutamate
Glycerin [glytse'ri:n] n.; ~s glycerine
Gnade ['gna:də] f.; ~, ~n; a) (Güte) mercy; ~ **vor Recht ergehen lassen** temper justice with mercy; b) (Gunst) favour; **in ~n wieder aufgenommen sein** be restored to favour
gnaden-, Gnaden-: ~**akt** m. act of mercy; ~**brot** n.: charity; (Pferde etc.) das ~brot geben keep a horse in its old age; ~**frist** f. reprieve; ~**gesuch** n. plea for clemency; ~**los** (auch bildl.) Adj. merciless; ~**schuss** m. coup de grace; ~**tod** m. mercy killing; euthanasia
gnädig ['gnɛ:dɪç] Adj. gracious; (glimpfich) lenient, light; (Religion) gracious; **Gott sei uns ~**: Lord have mercy on us
Gnom [gno:m] m.; ~en, ~en gnome
Gnu [gnu:] n.; ~s, ~s gnu
Gobelin [gobə'lɛ̃:] m.; ~s, ~s Gobelin; tapestry
Gockel ['gɔkl] m.; ~s, ~ (ugs. scherzh.) cock

Gold n.; ~[e]s gold
gold-, Gold-: ~**ader** f. vein of gold; ~**barren** m. gold bar
golden Adj. a) gold; b) (goldfarben) golden; c) (herrlich) golden; blissful; **das Goldene Vlies** (mythol.) the Golden Fleece; **die ~e Mitte finden** find a happy medium
gold-, Gold-: ~**farben**, ~**farbig** Adj. golden; gold-coloured; ~**gehalt** m. gold content; ~**gelb** Adj. golden yellow; ~**gräber** m. golddigger; ~**grube** f. (a. bildl.) gold-mine; ~**hamster** m. golden hamster
goldig Adj. (niedlich) sweet
Gold-: ~**kette** f. gold chain; ~**klumpen** m. gold nugget
Goldmedaille f. gold medal
Goldmedaillen-: ~**gewinner** m., ~**gewinnerin** f. gold medallist; gold-medal winner
gold-, Gold-: ~**mine** f. gold mine; ~**münze** f. gold coin; ~**rausch** m. gold fever; ~**regen** m. a) (finanz.) wealth; b) (Pflanze) laburnum; ~**richtig** (ugs.) Adj. absolutely right; dead right
Goldschmied m. goldsmith
Gold-: ~**schmuck** m. gold jewellery; ~**staub** m. gold dust; ~**stück** n. a) gold piece; b) (bildl.) a darling; a treasure; ~**vorkommen** n. gold deposit; ~**waage** f. gold balance; alles auf die ~waage legen (ugs.) weigh every word; ~**zahn** m. gold tooth
Golf [gɔlf] m.; ~(e)s, ~e a) gulf; b) (Sport) golf
Golf-: ~**platz** m. golf-course; ~**schläger** m. golf club; ~**spieler** m., ~**spielerin** f. golfer; ~**staat** m. Gulf State; ~**turnier** n. golf tournament
Gondel ['gɔndl] f.; ~, ~n gondola
Gong [gɔŋ] m.; ~s, ~s gong

gönnen ['gœnən] tr. V. a) **sich etw. ~**: allow oneself sth.; **sie gönnte ihm keinen Blick** she did not so much as look at him; b) **jmdm. etw. ~**: begrudge sb. sth
Gönner m.; ~s, ~: patron
gönnerhaft (der.) Adj. patronizing
Gönnerin f.; ~, ~nen patroness
Göre ['gœ:rə] f.; ~, ~n kid (ugs.); brat (ugs. derog.)
Gorilla [go'rɪla] m.; ~s, ~s gorilla
Gosse ['gɔsə] f.; ~, ~n gutter
Gote ['go:tə] m.; ~n, ~n Goth
Gotik ['go:tɪk] f.; ~ (Epoche) Gothic period; (Architektur) Gothic style
gotisch Adj. Gothic; **die ~e Schrift** Gothic (type)
Gott [gɔt] m.; ~es, Götter ['gœtɐ] o. Pl.; God; **~ der Herr** our Lord God
göttähnlich Adj. godlike
Gotterbarmen n. zum ~ aussehen look pitiful; (schlecht) look pathetic
gottergeben Adj. meek
Götterspeise f. jelly
gottes-, Gottes-: ~**dienst** m. service; ~**furcht** f. fear of God; ~**haus** n. house of God; ~**lästerer** m. blasphemer; ~**lästerlich** Adj. blasphemous; ~**lästerung** f. blasphemy; ~**mutter** f.; Mother of God; ~**urteil** n. (hist.) trial by ordeal
gott-: ~**gefällig** Adj. pleasing to God; ~**gewollt** Adj. ordained by God; God-given
Gottheit f.; ~, ~en a) deity; b) (Gottsein) divinity
Göttin ['gœtɪn] f.; ~, ~nen goddess
göttlich ['gœtlɪç] Adj. a) (Eigenschaft Gottes) divine; b) (gottesähnlich) godlike

468

gott-: ~**lob** adv. thank goodness; ~**los** Adj. a) (Gott leugnend) godless; (sündhaft) ungodly, irreverent; wicked; impious
gott-, Gott-: ~**vater** m.; o. Pl. God the Father; ~**verdammt** Adj.; (salopp) Adj.; nicht präd. goddamn(ed) (sl.); ~**verlassen** Adj. a) (von Gott verlassen) forsaken by God; (ugs.: weitab) godforsaken; b) ~**vertrauen** n. trust in God
Götze ['gœtsə] m.; ~n, ~n (a. bildl.) idol
Gouvernante [guvɐr'nantə] f.; ~, ~n governess
Gouverneur [guvɐr'nœːɐ̯] m.; ~s, ~e governor
Grab [gra:p] n.; ~[e]s, Gräber ['grɛːbɐ] grave; **sich** (Dat.) **das eigene ~ schaufeln** (bildl.) dig one's own grave (bildl.)
graben 1. unr. tr. V. dig. 2. unr. itr. V. dig (nach for). 3. unr. refl. V. **sich in etw.** (Akk.) ~: dig into sth.
Graben m.; ~s, Gräben ['grɛːbn̩] (Straßen~ etc.) ditch; (Burg) moat
Grabes-: ~**stille** f. silence of the grave; ~**stimme** f. (ugs.) sepulchral voice
Grab-: ~**inschrift** f. epitaph; ~**kammer** f. burial chamber; ~**mal** n.; Pl. ~mäler, monument; (~stein) gravestone; ~**rede** f. funeral speech; ~**schändung** f. desecration of graves
grabschen ['grapʃn̩] tr. V. grab (at for)
Grab-: ~**stätte** f. tomb; grave; ~**stein** m. gravestone; tombstone; ~**stelle** f. burial place
Grabung f.; ~, ~en excavation
Gracht [graxt] f.; ~, ~en canal
Grad [gra:t] m.; ~(e)s, ~e 1. a) (Maßeinheit) degree; **es ist 20 ~ warm** it's 20 degrees (above zero); **2 ~ minus** minus 2 degrees; 2. (akademischer ~) degree; (Militär) rank; **in hohem ~e** to a great extent
Grad-: ~**einteilung** f. graduation; ~**messer** m. yardstick (für of); indicator
graduell [gra'duɛl] Adj. gradual; slight
graduiert Adj. graduate
Graf [gra:f] m.; ~en, ~en count; (britischer ~) earl
Grafik ['gra:fɪk] f.; ~, ~en graphic arts (pl.); (Kunst) graphic; (Darstellung) diagram
Grafiker m.; ~s, ~, **Grafikerin** f.; ~, ~nen [graphic] designer; graphic artist
grafisch Adj. graphic; ~**e Darstellung** a diagram; a chart; **das ~e Gewerbe** the printing trade
Grafit [gra'fi:t] m.; ~s, ~e graphite
Grafologe [grafo'lo:gə] m.; ~n, ~n graphologist
Grafologie f.; ~: graphology no art.
grafologisch Adj. graphological
Grafschaft f.; ~, ~en (Verwaltungsbezirk) county; (Großbritannien) earldom
gram [gra:m] in jmdm. ~ sein be aggrieved at sb.
Gram m.; ~(e)s grief; sorrow; **aus ~ um/ über etw.** out of grief/ sorrow at sth.
grämen ['grɛːmən] 1. tr. V. grieve. 2. refl. V. grieve (über + Akk., um over)
gramgebeugt Adj. bowed down with grief
grämlich ['grɛːmlɪç] Adj. morose; sullen
Gramm [gram] n.; ~s, ~e gram
Grammatik [gra'matɪk] f.; ~, ~en grammar; (Lehrbuch) grammar
grammatikalisch [gramati'kɑːlɪʃ] Adj. grammatical
Grammofon [gramo'fo:n] n.; ~s, ~e gramophone
Granat [gra'na:t] m.; ~[e]s, ~e (Schmuckstein) garnet; ~**apfel** m. pomegranate
Granate [gra'na:tə] f.; ~, ~n shell; (Hand~) grenade
Granat-: ~**feuer** n. shell-fire no pl., no indef. art.; ~**splitter** m. shell splinter; ~**werfer** m. (Militär) mortar
grandios [gran'di̯o:s] Adj. magnificent
Granit [gra'ni:t] m.; ~s, ~e granite; **auf ~ beißen** (bildl.) get nowhere
grantig ['grantɪç] (ugs.) Adj. bad-tempered; grumpy
Granulat [granu'la:t] n.; ~(e)s, ~e granules pl.
Gras [gra:s] n.; ~es, Gräser ['grɛːzɐ] grass; **ins ~ beißen** (ugs.) bite the dust (ugs.); go west (ugs.); **über etw. ~ wachsen lassen** (ugs.) let the grass grow over sth.
gras-: ~**bedeckt**, ~**bewachsen** Adj. grass-covered; grassy
grasen itr. V. graze
gras-, Gras-: ~**fläche** f. area of grass; (Rasen) lawn; ~**grün** Adj. grass-green; ~**halm** m. blade of grass; ~**hüpfer** m. (ugs.) grasshopper; ~**narbe** f. turf; sod
grassieren [gra'si:rən] itr. V. rage, be rampant
gräßlich ['grɛːslɪç] Adj. horrible; terrible; awful
Gräßlichkeit f.; ~, ~en o. Pl. horribleness; terribleness; dreadfulness; awfulness
Gras-: ~**steppe** f. steppe; prairie; ~**streifen** m. strip of grass
Grat [gra:t] m.; ~(e)s, ~e a) (Gebirge) ridge; crest; (Architektur) hip rafter
Gräte ['grɛːtə] f.; ~, ~n (fish) bone
grätenlos Adj. boneless
Gratifikation [gratɪfika'tsi̯o:n] f.; ~, ~en bonus
gratis ['gra:tɪs] Adv. free of

charge; (for) free; gratis
Grätsche ['græːtʃə] *f.*; ~, ~n straddle; (Sprung) straddle-vault
grätschen 1. *tr. V.* **die Beine ~:** straddle one's legs. 2. *itr. V.*; *mit sein* straddle; **über etw. ~:** do a straddle-vault over sth.
Gratulant [gratuˈlant] *m.*; ~en, ~en, **Gratulantin** *f.*; ~, ~nen well-wisher
Gratulation [gratulaˈtsi̯oːn] *f.*; ~, ~en congratulations *pl.*
gratulieren *itr. V.* jmdm. ~: congratulate sb.; **zum Geburtstag ~:** wish sb. many happy returns
Gratwanderung *f.* ridge walk; *(bildl.)* balancing act
grau [grau] *Adj.* a) grey b) (trostlos) dreary; depressing
Graubrot *n.* rye-bread
grauen *itr. V.* a) *in:* der Morgen graut day is dawning; b) (unpers.) horror; shudder at sth.
Grauen *n.*; ~s, ~ horror; dread (vor + *Dat.* of)
grauenhaft *Adj.* horrifying; terrible *(ugs.)*; dreadful *(ugs.)*
grau-, Grau-: **~gans** *f.* grey goose; greylag; **~grün** *Adj.* grey-green; **~haarig** *Adj.* grey-haired
gräulich ['grɔɪlɪç] *Adj.* greyish
Graupe ['graupə] *f.*; ~, ~n pearl barley *sing.*; pot barley
Graupel ['graupl] *f.*; ~, ~n soft hail; sleet; **~schauer** *m.* shower of soft hail
Graus [graus] *m.*; ~es **was für ein ~!** what a horror!
grausam *Adj.* a) cruel; terrible; dreadful (gegen to)
Grausamkeit *f.*; ~, ~en *o. Pl.* cruelty; act of cruelty; (Greueltat) atrocity
Grauschimmel *m.* a) (Pferd) grey horse; b) (Pilz) grey mould
grau-, Grau-: **~weiß** *Adj.*
greyish white; **~zone** *f.* grey area *(bildl.)*
gravieren [graˈviːrən] *tr. V.* engrave
Gravitation [gravitaˈtsi̯oːn] *f.*; ~ gravitation
Grazie ['graːtsi̯ə] *f.*; ~, ~n a) *o. Pl.* grace; gracefulness; b) *Pl.* **die drei ~n** the three Graces
grazil [graˈtsiːl], **graziös** [graˈtsi̯øːs] *Adj.* (a. *bildl.*) delicate; graceful; elegant
Gregorianisch [gregoˈri̯aːnɪʃ] *Adj.* Gregorian; **~er Gesang** Gregorian chant
greifbar *Adj.* a) tangible; concrete; b) (verfügbar) available; c) **~ sein** be within reach
greifen 1. *unr. itr. V.* a) **nach etw. ~:** reach for sth.; (schnell) grab for sth.; **nach etw. ~** *(bildl.)* seize sth.; 2. *unr. tr. V.* a) (er~) take hold of; grasp; seize; b) **die Zahl ist zu hoch gegriffen** the figure is put too high; c) **Akkord ~** play a chord
Greif-: ~vogel *m.* bird of prey
Greis *m.*; ~es, ~e old man
greisen·haft *Adj.* old man's/woman's attrib.; aged
Greisin *f.*; ~, ~nen old lady
grell [grɛl] *Adj.* a) (Licht) glaring, dazzling; b) (Farben etc.) garish; flashy; c) (Ton) shrill, piercing
Gremium ['greːmi̯ʊm] *n.*; ~s, Gremien committee
Grenadier [grenaˈdiːɐ̯] *m.*; ~s, ~e infantryman; (hist.) grenadier
Grenz-: ~abfertigung *f.* passport control and customs clearance; **~beamte** *m.* border official; **~bereich** *m. o. Pl.* border area; **~bezirk** *m.* border district
Grenze ['grɛntsə] *f.*; ~, ~n a) (zwischen Staaten) border; frontier (zu with); **an der ~** on the border or frontier; b) (zwischen Gebieten)
boundary; c) (a. unsichtbare Linie) borderline; dividing line; d) *(bildl.)* limit; bound
grenzen *itr. V.* **an etw.** (Akk.) ~: border sth.; *(bildl.)* verge on sth.; be next door to sth.
grenzenlos *Adj.* boundless; endless; *(bildl.)* boundless; unlimited; limitless; extreme
Grenzenlosigkeit *f.*; ~: boundlessness; immensity; *(bildl.)* excessiveness
grenz-, Grenz-: **~formalitäten** *Pl.* passport and customs formalities; **~gebiet** *n.* a) border area; b) (Disziplinen) adjacent field; **~konflikt** *m.* border conflict; **~kontrolle** *f.* border check; **~nah** *Adj.*; close to the border *postpos.*; **~posten** *m.* border guard; **~stein** *m.* boundary stone; **~streitigkeit** *f.* boundary dispute; **~übergang** *m.* a) checkpoint; border crossing-point; b) (das Passieren) crossing of the border; **~wall** *m.* border rampart; **~wert** *m.* (Mathematik) limit
Greuel ['grɔʏəl] *m.*; ~s, ~ horror
Grieche ['griːçə] *m.*; ~n, ~n, **Griechin** *f.*; ~, ~nen Greek
Griechenland (*n.*); ~s Greece
griechisch *Adj.* Greek; Grecian; **die ~e Mythologie** Greek mythology
Griesgram ['griːsɡraːm] *m.*; ~[e]s, ~e grumbler; grouch *(ugs.)*
griesgrämig ['griːsɡrɛːmɪç] *Adj.* grouchy *(ugs.)*; grumpy *(ugs.)*
Grieß [griːs] *m.*; ~es, ~e semolina
Griff *m.*; ~[e]s, ~e a) handle; grip; grasp; (Waffe) butt; **~ nach etw.** reaching for sth.; taking hold of sth.; grasping sth.; **etw. im ~ haben** have sth. under control;

eiserner ~ a firm grip; b) (Bergsteigen etc.) hold
griffbereit *Adj.* ready to hand; handy
griffig *Adj.* handy; that is easy to handle; b) (rutschfest) that grips well; nonskidding
Grill [grɪl] *m.*; ~s, ~s grill; (f. Speisen) barbecue
Grille [ˈgrɪlə] *f.*; ~, ~n (Insekt) cricket
grillen 1. *tr. V.* grill. 2. *itr. V.* (Speisen ~) have a barbecue
Grimasse [grɪˈmasə] *f.*; ~, ~n grimace; **eine ~ schneiden** pull a face
grimmig *Adj.* furious; grim; fierce, ferocious
grinsen [ˈgrɪnzn̩] *itr. V.* grin; (höhnisch) smirk, sneer
Grinsen *n.*; ~s: **ein fröhliches ~** a happy grin
Grippe [ˈgrɪpə] *f.*; ~, ~n influenza; flu *(ugs.)*; cold *(ugs.)*
Grips [grɪps] *m.*; ~es brains *pl.*
grob [groːp] *Adj.* a) coarse; thick; rough; b) (ungefähr) rough; **in ~en Umrissen** in rough outline; c) (schwerwiegend) gross; flagrant; d) (barsch) rude; coarse; uncouth; unpolished
grobgemahlen *Adj.* coarsely ground; coarse-ground
Grobheit *f.*; ~, ~en a) rudeness; coarseness; b) (Bemerkung) rude remark
Grobian [ˈgroːbiaːn] *m.*; ~[e]s, ~e boor; ruffian
grob-: ~körnig *Adj.* coarse; (Foto) coarsegrained; **~schlächtig** *Adj.* heavily built
grölen [ˈgrœːlən] *tr. V.* bawl (out); howl; roar
Groll [grɔl] *m.*; ~[e]s resentment; rancour; grudge (gegen against)
grollen *itr. V.* a) (Lärm) rumble; roll; b) (verstimmt sein) be sullen; **jmdm. ~:** bear a grudge against sb.

Groschen [ˈgrɔʃn̩] *m.*; ~s, ~ a) *(ugs.:* Zehnpfennigstück) ten-pfennig piece; **der ~ ist gefallen** *(bildlich)* the penny has dropped; b) (österreichische Münze) groschen

groß [groːs] 1. *Adj.* a) big, large; great; tall; b) (erwachsen) grown-up; adult; **die Großen** (Erwachsene) the grown-ups; c) (älter) big; **sein größerer Bruder** his elder brother; d) **doppelt so ~ wie** twice the size of; e) (außerordentlich) great; intense; high; f) (beträchtlich) **~e Summen** large sums; considerable sums; g) (bedeutend) great; major; great; **der ~e Tag** the great day; h) (wesentlich) **in ~en Zügen** in broad outline; i) (temporär) long, lengthy; j) (selbstlos) noble; **ein ~es Herz haben** be great-hearted. 1. *adv.* a) *(ugs.:* aufwendig) **etw. ~ feiern** celebrate sth. in a big way; b) *(ugs.:* besonders) greatly; particularly; c) **jmdn. ~ ansehen** stare (hard) at sb.

groß-, Groß-: ~abnehmer *m.* bulk buyer; **~angelegt** *Adj.*; nicht präd. fullscale; largescale; **~artig** *Adj.* magnificent; wonderful; splendid

Großbritannien *n.* the United Kingdom; Great Britain
Großbuchstabe *m.* capital (letter)
Größe [ˈgrœːsə] *f.*; ~, ~n a) (Höhe, Körper~) height; b) (Kleider~) size; in ~ 40 in size 40; c) (Bedeutsamkeit) greatness; d) (wissensch.) quantity

Groß-: ~eltern *Pl.* grandparents; **~enkel** *m.* great-grandchild; (Junge) great-grandson; **~enkelin** *f.* great-granddaughter

größen-, Größen-: ~ordnung *f.* order (of magnitude); **~verhältnis** *n.* (Proportion) proportions *pl.*; (Maßstab) scale; **~wahn** *m. (derog.)* megalomania

groß-, Groß-: ~fahndung *f.* large-scale search; **~handel** *m.* wholesale trade; **~händler** *m.* wholesaler; **~herzig** *Adj.* magnanimous; **~hirn** *n.* cerebrum; **~konzern** *m.* large combine; **~kotzig** *Adj.* pretentious; show-offish *(ugs.)*; **~macht** *f.* super power; **~mama** *f. (ugs.)* grandma; granny *(ugs.)*; **~markt** *m.* central market; **~maul** *n. (ugs.)* bigmouth *(ugs.)*; **~mut** *f.*; magnanimity; generosity; **~mütig** [myːtɪç] *Adj.* magnanimous; generous; **~mutter** *f.* a) grandmother; **~neffe** *m.* great-nephew; grandnephew; **~nichte** *f.* great-niece , grandniece; **~onkel** *m.* great-uncle; granduncle; **~papa** *m. (ugs.)* grandpa; granddad *(ugs.)*; **~raum** *m.* area; ~raum London Greater London (area); **~raumbüro** *n.* open-plan office

großräumig *Adj.* extensive; over a large area *postpos., not pred.;* (großzügig) spacious, roomy

groß-, Groß-: ~spurig *(derog.) Adj.* boastful; (hochtrabend) pretentious; **~stadt** *f.* city; large town; **~städtisch** *Adj.* (big) city; **~tante** *f.* great-aunt; grandaunt; **~teil** *m.* large part; (größerer Teil) major part; zum ~teil mostly; for the most part

größtenteils *Adv.* for the most

groß-, Groß-: ~unternehmen *n.* large-scale enterprise; big concern; **~vater** *m.* grandfather; **~verdiener** *m.* big earner; **~wild** *n.* big game; **~ziehen** *unr. tr. V.*

Grotte

raise; bring up; rear; **~zügig 1.** *Adj.* generous; open-handed; b) (in großem Stil) generous, liberal; large-scale; **~zügigkeit** *f.* a) generosity; b) (Ausmaß) grand scale

Grotte ['grɔtə] *f.*; ~, ~n grotto

Grübchen ['gry:pçən] *n.*; ~s, ~: dimple

Grube *f.*; ~, ~n a) *(Bergbau)* mine; pit; b) pit; hole; **wer andern eine ~ gräbt, fällt selbst hinein** take care that you are not hoist with your own petard; c) (offenes Grab) grav

Grübelei *f.*; ~, ~en pondering

grübeln ['gry:bln] *itr. V.* ponder (über + *Dat.* on, over)

Gruben-: **~arbeiter** *m.* miner; **~unglück** *n.* pit disaster; mine disaster

Gruft [grʊft] *f.*; ~, Grüfte ['grʏftə] vault; (Kirche) crypt

grün [gry:n] *Adj.* a) green; **~er Salat** lettuce; **die Ampel ist ~** *(ugs.)* the lights are green; (Irland) **die Grüne Insel** the Green Isle; b) (unreif) green; raw; immature; c) (Politik) Green; **die Grünen** The Green Party

Grund [grʊnt] *m.*; ~[e]s, Gründe ['grʏndə] a) reason; cause; (Beweg~) grounds *pl.*; b) (Boden) bottom; c) (Erdoberfäche) ground; **~ und Boden** property; land

grund-, Grund-: **~ausstattung** *f.* basic equipment; **~besitz** *m.* land; ownership of land; **~besitzer** *m.* landowner; **~bestandteil** *m.* basic element; **~buch** *n.* land register

gründen ['grʏndn] 1. *tr. V.* a) (schaffen) found; establish; start (up); **eine Familie ~** start a family; b) (aufbauen) base (auf + Akk. on). 2. *refl. V.* **sich auf etw.** (Akk.) **~**: be based on sth.

Gründer *m.*; ~s, ~, **Gründerin** *f.*; ~, ~nen: founder

grund-, Grund-: **~falsch** *Adj.* utterly wrong; **~fläche** *f.* (floor) area; (mathem.) base; **~form** *f.* basic/original form; (Grammatik) infinitive; **~gedanke** *m.* basic idea; **~gesetz** *n.* Basic Law

grundieren [grʊn'di:rən] *tr. V.* prime; (Malerei) ground

Grundierung *f.*; ~, ~en (Anstrich) priming coat; (Malerei) ground coat

Grund-: **~kapital** *n.* equity capital; **~kenntnis(se)** *f.*; basic knowledge no *pl.* (in + *Dat.* of)

Grundlage *f.* basis; foundation; **jeder ~ entbehren** be without any foundation

grundlegend *Adj.* fundamental, basic (für to)

gründlich ['grʏntlɪç] *Adj.* thoroug; careful; (*ugs.*: gehörig) **da hast du dich ~ getäuscht** there you're greatly mistaken

Gründlichkeit *f.*; ~: thoroughness

grund-, Grund-: **~los** *Adj.* a) (unbegründet) groundless; unfounded; b) (ohne Boden) bottomles; **~los weinen** cry for no reason; **~mauer** *f.* foundation wall; **bis auf die ~mauern abbrennen** burn (down) to the ground; **~prinzip** *n.* basic principle; **~regel** *f.* fundamental rule; **~riß** *m.* plan; outline; **~satz** *m.* principle; aus ~satz on principle

grundsätzlich 1. *Adj.* fundamental; (aus Pinzip) on principle; (allgemein) in principle. 2. *adv.* a) (aus Prinzip) as a matter of principle; on principle; b) fundamentally

Grund-: **~schule** *f.* primary school; **~stein** *m.* foundation-stone; **~stock** *m.* basis; foundation; **~stoff** *m.* raw material

Grundstück *n.* piece of land; (Bau~) plot of land; (Anwesen) site; (bebaut) property

Gründung *f.*; ~, ~en (Geschäfts~) establishing; setting up; (Vereins~, etc.) foundation; establishment; setting up; (inoffiziell) starting (up)

grund-, Grund-: **~verkehrt** *Adj.* completely wrong; **~verschieden** *Adj.* completely different; **~wasser** *n.* ground water; **~wasserspiegel** *m.* ground-water level

Grüne *n.*; *adj. Dekl.* green; **im ~n** out in the country; out in the green; s. a. grün

grünlich *Adj.* greenish

Grün-: **~schnabel** *m.* *(derog.)* greenhorn; whippersnapper; **~span** *m.* verdigris

grunzen ['grʊntsn] *tr.*, *itr. V.* grunt

Gruppe ['grʊpə] *f.*; ~, ~n group; (Kategorie) category; (Klasse) class

Gruppen-: **~arbeit** *f.*; o. Pl. group work; **~sex** *m.* group sex; **~therapie** *f.* group therapy

gruppieren 1. *tr. V.* arrange. 2. *refl. V.* group; form a group

Gruppierung *f.*; ~, ~en a) (Personen) grouping; group; (Politik) fraction; b) (Arrangement) arrangement; grouping

Gruselgeschichte *f.* horror story

gruselig ['gru:zəlɪç] *Adj.* eerie; creepy; spine-chilling; spooky

gruseln 1. *refl. V.* be frightened; get the creeps *(ugs.)*. 2. *tr.*, *itr. V.* **es gruselt jmdn. o. jmdm bei dem Gedanken** sb.'s flesh creeps at the thought

Gruß [gru:s] *m.*; ~es,

Grüße ['gry:sə] a) greeting; (Militär) salute; **schönen ~ an jmdn./von jmdm.** best regards pl. to/from sb.; b) (Brief) **mit herzlichen Grüßen** with best wishes
grüßen ['gry:sn] 1. tr. V. a) greet; (Militär) salute; b) (Grüße senden) give regards to 2. itr. V. say hello; (Militär) salute
Grütze ['grʏtsə] f.; ~, ~n a) (v.a. Hafer~) groats pl.; b) o. Pl. (ugs.: Verstand) brains pl.
gucken ['gʊkn] 1. itr. V. a) look; (heimlich) peep; b) (ugs.: aussehen) look; **finster ~**: look grim; c) (herausschauen) stick out. 2. tr. V. (ugs.) **einen Film ~** watch a film
Guillotine [gɪjoˈtiːnə] f.; ~, ~n guillotine
Gulasch ['gulaʃ] n. oder m.; ~[e]s, ~e oder ~s goulash
Gully ['gʊlɪ] m.; ~s, ~s drain
gültig ['gʏltɪç] Adj. valid; current; **diese Münze ist nicht mehr ~:** this coin is no longer valid
Gültigkeit f.; ~: validity; **~ haben** be valid
Gummi ['gʊmɪ] m. oder n.; ~s, ~(s) a) (Radier~) rubber; eraser; c) (ugs.: Präservativ) rubber (sl.); French letter; d) (~band) elastic (band)
gummieren tr. V. gum
Gunst [gʊnst] f.; ~: favour
günstig ['gʏnstɪç] Adj. a) (vorteilhaft) favourable; propitious; beneficial; reasonable; **bei ~em Wind** wind permitting; b) (wohlwollend) well-disposed; favourably disposed
Gurgel ['gʊrgl] f.; ~, ~n throat; **jmdm. die ~ zudrücken** strangle sb.; choke sb.
gurgeln itr. V. a) (blubbern) gurgle; b) (spülen) gargle

Gurke ['gʊrkə] f.; ~, ~n a) cucumber; (saure ~) gherkin
gurren ['gʊrən] itr. V. coo
Gurt [gʊrt] m.; ~[e]s, ~e (Auto~) seat belt; (Trage~) strap
Gürtel ['gʏrtl] m.; ~s, ~: belt; **den ~ enger schnallen** (bildl. ugs.) tighten one's belt
Guss [gʊs] m.; Güsse ['gʏsə] a) (das Gießen) casting; founding; b) (Erzeugnis) casting; cast; c) (Regenschauer) downpour
guss-, Guss-: ~eisen n. cast iron; **~eisern** Adj. cast-iron; **~form** f. casting mould
gut [guːt]; besser ['bɛsə], best... ['bɛst] 1. Adj. good; fine; **~en Morgen!** good morning! **in Englisch ~ sein** be good at English; **alles Gute!** all the best! 2. adv. well; **~ gemacht!** well done!; **etw. ~ können** be good at sth.
Gut n.; ~[e]s, Güter ['gyːtə] a) (Besitz, a. bildl.) possession; (Eigentum) property; b) (landwirtschaftl. Besitz) estate; c) (Ware) item; Güter goods; d) (das Gute) good; **~ und Böse** good and evil
Güter-: ~abfertigung f. a) dispatch of goods; b) (Annahmebüro) goods office; **~bahnhof** m. goods station; **~trennung** f. separation of property; **~wagen** m. goods wagon; **~zug** m. goods train
gut-, Gut-: ~gehen unr. itr. V.; mit sein a) **es geht jmdm. ~** (gesundheitl.) sb. is well; sb. is fine; (berufl.) sb. is doing well; b) **es ist noch einmal ~gegangen** it worked out all right this time; **~gehend** Adj.; nicht präd. thriving; flourishing; **~gelaunt** Adj. cheerful; good-humoured; **~gemeint** Adj. well-meant; **~gläubig** Adj. innocently trusting; **~haben** n.; ~s, ~: credit balance **~heißen** unr. tr. V. approve of; **~herzig** Adj. good-hearted; **~herzig** Adj. good-hearted; kindhearted
gütig ['gyːtɪç] Adj. kind
gütlich ['gyːtlɪç] Adj.; amicable; ~e Einigung amicable agreement
gut-, Gut-: ~machen tr. V. a) (wieder ~) make good; compensate; b) (gewinnen) make a profit of (bei on); **~mütig** Adj. good-natured; **~mütigkeit** f.; ~: good nature; goodnaturedness
gut-, Gut-: ~schein m. voucher, coupon (für, auf + Akk. for); **~schreiben** unr. tr. V. credit; **~schrift** f. credit
Guts-: ~herr m. lord of the manor; **~hof** m. estate; manor
gut-, Gut-: ~tun unr. itr. V. do good; **~willig** Adj. willing; (entgegenkommend) obliging; **~willigkeit** f. willingness; (Entgegenkommen) obligingness
Gymnasium [gʏmˈnaːzɪum] n.; ~s, Gymnasien grammar school
Gymnastik [gʏmˈnastɪk] f.; ~: physical exercises pl.; p.e. (ugs.); (Sport) gymnastics
Gynäkologe [gʏnɛkoˈloːgə] m.; ~n, ~n; Gynäkologin f.; ~, ~nen gynaecologist
Gynäkologie f.; ~: gynaecology

H

h, H [ha:] *n.*; ~, ~ (Buchstabe) h/H

Haar [ha:] *n.*; ~[e]s, ~e a) hair b) *(bildl.)* **ihm stehen die ~e zu Berge** *(ugs.)* his hair stands on end

Haar-: **~ausfall** *m.* hair loss; **~bürste** *f.* hairbrush; **~büschel** *n.* tuft of hair

haaren *itr. V.* lose (ist) hair; shed (its) hair

haar-, Haar-: **~farbe** *f.* hair colour; **~fein** *Adj.* fine as a hair *postpos.*; **~genau** *(ugs.) Adj.* exact; **das stimmt ~genau!** exactly!; that is absolutely right!

haarig *Adj.* a) (behaart) hairy; b) *(ugs.:* schwierig) tricky

haar-, Haar-: **~klammer** *f.* hair-clip; **~klein** *Adj.* minute; **~kranz** *m.* fringe of hair; **~los** *Adj.* hairless; **~mode** *f.* hairstyle; **~nadel** *f.* hairpin; **~nadelkurve** *f.* hairpin bend; **~scharf** *Adv.* a) (knapp) by a hair's breadth; by an inch; b) (genau) with great precision; **~schleife** *f.* bow; hair ribbon; **~schnitt** *m.* haircut; hair-style; **~spalterei** *f.*; ~ hair-splitting; **~spange** *f.* hair-slide; **~spray** *m.* oder *n.* hair spray; **~sträubend** *Adj.* a) (empörend) outrageous; shocking; b) (grauenhaft) hair-raising; horrifying; **~waschmittel** *n.* shampoo; **~wasser** *n.* hair lotion; **~wuchs** *m.* hair growth; **~wuchsmittel** *n.* hair-restorer

Habe [ˈhaːbə] *f.*; ~ possessions; belongings

haben 1. *unr. tr. V.* a) have; have got; **ich habe keine Zeit** I have (got) no time; b) (fühlen) **was hast du?** *(ugs.)* what's the matter?; what's wrong?; **Hunger ~:** be hungry; c) (gefunden ~) **ich hab's!** *(ugs.)* I've got it!; d) *mit Adj. u. es* **es gut ~:** have it good *(ugs.)*; e) (bestehen aus) **eine Minute hat 60 Sekunden** there are 60 seconds in a minute; e) (müssen) **du hast das zu tun** you must obey; f) (dürfen) **du hast mir nichts zu befehlen** you have no right to order me about; g) *(ugs.:* gefasst ~) have; **jetzt habe ich dich** now I've got you; h) (bekommen ~) **welche Note hast du in Englisch?** what did you get in English?; i) **etwas mit jmdm. ~** *(ugs.)* have a thing going with sb. *(ugs.)* 2. *refl. V.* a) (sich erledigt ~) **damit hat es sich** then that's that; b) *(ugs.)* **hab dich nicht so!** stop making such a fuss! 3. *Hilfsverb* have; **sie hat das gehört** she heard it

Habenichts *m.*; ~, ~e have-not; pauper

Habgier *f.* greed

habgierig *Adj.* greedy

Habicht [ˈhaːbɪçt] *m.*; ~s, ~e hawk

Habilitation [habɪlitaˈtsi̯oːn] *f.*; ~, ~en habilitation

habilitieren [habɪliˈtiːrən] *refl. V.* habilitate

hab-, Hab-: **~seligkeiten** *Pl.* possessions; traps *(ugs.)*; **~sucht** *f.*; ~ *(derog.)* greed; avarice; **~süchtig** *(derog.) Adj.* greedy; avaricious

Hack [hak] *n.*; ~s; **Hack-:** **~fleisch** *n.* mince; minced meat

Hack-: **~beil** *n.* chopper; cleaver; **~braten** *m.* meat loaf

Hacke *f.*; ~, ~n a) (Werkzeug) hoe; pickaxe; b) (Ferse) heel; sich *(Dat.)* jmdm. dicht auf den ~n sein be hard on sb.'s heels

hacken 1. *itr. V.* a) (mit der Hacke arbeiten) hack; hoe; b) **sich *(Dat.)* in den Arm ~:** cut one's arm. 2. *tr. V.* a) (mit der Hacke bearbeiten) hoe; b) (zerkleinern) chop; chop up; c) **ein Loch in etw. ~:** chop a hole in sth.

Hader [ˈhaːdɐ] *m.*; ~s discord; feud (mit with)

hadern *itr. V.* mit etw. ~: be at odds with sth.; **mit dem Schicksal ~** rail against one's fate

Hafen [ˈhaːfn] *m.*; ~s, Häfen harbour; (Handels~) port

Hafen-: **~anlagen** *Pl.* docks; **~arbeiter** *m.* docker; dock-worker; **~polizei** *f.* port police; **~rundfahrt** *f.* trip round the harbour; **~stadt** *f.* port; **~viertel** *n.* dock area

Hafer [ˈhaːfɐ] *m.*; ~s oats *pl.*; **ihn sticht der ~** *(ugs.)* he is feeling his oats

Hafer-: **~brei** *m.* porridge; **~flocken** *Pl.* rolled oats; **~schleim** *m.* gruel

Haff [haf] *n.*; ~[e]s, ~s lagoon; haff

Haft [haft] *f.*; ~: custody; (polit.) detention

-haft *Adj., adv.* -like

Haftanstalt *f.* prison

haftbar *Adj.* liable; jmdn. für etw. ~ machen hold sb. legally liable for sth.

Haft-: **~befehl** *m.* warrant (of arrest); **~creme** *f.* fixative cream

haften 1. *itr. V.* a) (kleben) stick; **an/auf etw. ~:** stick to sth.; b) (festsetzen) cling (an + *Dat.* to); 2. *itr. V.* (jurist.) be liable

Häftling [ˈhɛftlɪŋ] *m.*; ~s, ~e prisoner

Haftpflicht f. liability (für for)
haft-, Haft-: ~**strafe** f. (Jura) prison sentence; ~**unfähig** Adj. unfit to be kept in prison
Haftung f.; ~: a) adhesion; b) (Verantwortlichkeit) liability; responsibility
Hagebutte ['haːɡəbʊtə] f.; ~, ~n a) (Frucht) rose-hip; b) (Pflanze) dog-rose
Hagel ['haːɡl] m.; ~s, ~ a. bildl.) hail
Hagelkorn n. hailstone
hageln itr., tr. V. hail
Hagel-: ~**schauer** m. hailstorm; ~**schlag** m. hail
hager ['haːɡɐ] Adj. thin; gaunt
Hahn [haːn] m.; ~(e)s, Hähne ['hɛːnə] 1. cock; 2. a) tap; (Ventil) valve; b) (Waffe) hammer
Hähnchen ['hɛːnçən] n.; ~s, ~: chicken
Hahnen-: ~**fuß** m. buttercup; ~**schrei** m. cock-crow
Hai [haɪ] m.; ~s, ~e shark
Hain [haɪn] m.; ~[e]s, ~e grove
häkeln ['hɛːkln] tr., itr. V. crochet
Häkelnadel f. crochet-hook
haken ['haːkn] 1. tr. V. hook (an + Akk. on to). 2. itr. V. (ver~) be stuck
Haken m.; ~s, ~ a) hook; b) (zum abhaken) tick; c) (ugs.: Schwierigkeit) catch; **der ~ an etw.** (Dat.) the catch in sth.; d) (Boxen) hook
haken-, Haken-: ~**förmig** Adj. hooked; ~**kreuz** n. swastika; ~**nase** f. hooked nose; hook-nose
halb [halp] 1. adv. a) half; semi; **~ voll** half-full; b) (unvollständig, fast) **~ fertig** half-finished; c) **~ und ~** (ugs.) more or less. 2. Adj. u. Bruchz. a) half; **es ist ~ vier** it's half past three; b) (unvollständig) **die ~e Wahrheit** half (of) the truth

halb-, Halb-: ~**bruder** m. half-brother; ~**dunkel** n. semidarkness
Halbe f. oder n.; adj. Dekl. (Bier) half litre; pint; **halbe-halbe ~ machen** (ugs.) do fifty-fifty with sb. (ugs.)
halber ['halbɐ] Präp. mit Gen. (wegen) on account of; for the sake of
halb-, Halb-: ~**fett** Adj. bold; (schmaler, kleiner) semibold; ~**finale** n. (Sport) semifinal; ~**gar** Adj. half-cooked; half-done; ~**gott** m. (Mythologie) demigod; ~**herzig** Adj. halfhearted
halbieren tr. V. halve; cut in half; divide into halves; (Mathematik) bisect
halb-, Halb-: ~**insel** f. peninsula; ~**jährlich** Adj. half-yearly; six-monthly; ~**kreis** m. semicircle; ~**kugel** f. hemisphere; ~**laut** Adj. low; quiet; in an undertone; ~**leiter** m. (Technik) semiconductor; ~**mast** Adv. at half-mast; ~**mast flaggen** fly a flag at half-mast; ~**monatlich** Adj. fortnightly; twice-monthly; ~**mond** m. a) (Mond) halfmoon; b) (Figur) crescent; ~**pension** f.; demi-pension; halfboard; ~**roh** Adj. half-cooked; half-done; ~**schatten** m. half shadow; ~**schlaf** m. light sleep; ~**schuh** m. shoe; ~**schwergewicht** n. lightheavyweight; ~**schwester** f. half-sister; ~**seiden** Adj. a) fifty-per-cent silk; b) (ugs.) dubios) dubious; fast; ~**seitig** adv. ~ gelähmt paralysed down one side; ~**stiefel** m. ankle boot; halfboot; ~**stündig** Adj.; half-hour; lasting half an hour; ~**stündlich** Adj. half-hourly
halbtags Adv. part-time
Halbtags-: ~**arbeit** f.; o. Pl. part-time job; ~**kraft** f. part-timer; part-time worker
halb-, Halb-: ~**ton** m.; Pl.

~töne (Musik) semitone; halftone; ~**wegs** Adv. reasonably; to some extent; ~**welt** f.; o. Pl. demi-monde; ~**wüchsige** m./f.; adj. Dekl. teenager; adolescent; ~**zeit** f. (Sport) a) half; **die erste ~zeit** the first half; b) (Pause) halftime
Halde ['haldə] f.; ~, ~n a) (Bergbau) slag-heap; (Vorräten) pile; (bildl.) pile; b) (Hang) slope
Hälfte ['hɛlftə] f.; ~, ~n a) half; **um die ~ kleiner** half as small as; **bis zur ~** to the middle; **zur ~ fertig** half-finished; b) (Teil) part
Hall [hal] m.; ~[e]s, ~e a) reverberation; (Echo) echo
Halle ['halə] f.; ~, ~n (Saal) hall; (Hotel~, Theater~) lobby; foyer
hallen itr. V. a) reverberate; ring; ring out; b) (widerhallen) echo
hallo Interj. (Telefon) hello; hi; hi there
Halluzination [halutsinaˈtsi̯oːn] f.; ~, ~en hallucination
Halm [halm] m.; ~[e]s, ~e (Gras~) blade; stalk
Halogen [haloˈɡeːn] n.; ~s, ~e (Wissenschaft) halogen
Hals [hals] m.; ~es, Hälse ['hɛlzə] a) (Kehle; Schlund) throat; b) (allgem. u. bildl.) neck; **aus vollem ~ lachen** roar with laughter; **jmdm. um den ~ fallen** throw one's arms around sb.'s neck; **jmdm. den ~ umdrehen** wring sb's neck; **~ über Kopf** (ugs.) in a rush; in a hurry; head over heels; **jmdm. steht das Wasser bis zum ~** sb. is up to his/her neck in it; **er hat es in den falschen ~ bekommen** he took it the wrong way; (sich verschlucken) it went down the wrong way; **sie kann den ~ nicht voll kriegen** (ugs.) she just can't

halt

get enough; c) (Musik) (Noten~) stem; (Instrument) neck
hals-, Hals-: **~abschneider** m. (ugs.) shark; **~ausschnitt** m. neckline; **~band** n.; Pl. ~bänder a) (Hund) collar; b) (Schmuck) choker; neck-band; **~brecherisch** [ˈbrɛçərɪʃ] Adj. dangerous, risky; hazardous; **~kette** f. necklace; **~-Nasen-Ohren-Arzt** m. ear, nose, and throat specialist; **~schlagader** f. carotid artery; **~schmerzen** sore throat; ~schmerzen haben have a sore throat; **~starrig** [ˈʃtarɪç] Adj. stubborn; obstinate; **~wirbel** m. cervical vertebra
halt ~! stop!
Halt m.; ~[e]s, ~e a) (das Halten) stop; ohne ~: non-stop; without stopping; b) (Stütze) hold; den ~ verlieren lose one's hold
haltbar Adj. a) durable; hard-wearing; b) ~ machen preserve sth.; ~ bis ... use by ...; best before ...
Haltbarkeit f.; ~ b) durability; stability; b) (Waren) perishable nature
Halte-: **~griff** m. handle; (Riemen) strap; **~linie** f. (Verkehr) stop line
halten 1. unr. tr. V. a) hold; jmdn. an der Hand ~ hold sb.'s hand; hold sb. by the hand; b) (Halt geben) hold (up), support; hold back; fasten; c) (er~) keep; (beibehalten) maintain; keep up; sustain; **den Takt ~**: keep time; d) (erfüllen) keep; **ein Versprechen ~** keep a promise; e) (vortragen) **eine Rede ~** hold/deliver a speech; f) (einschätzen) **wenig von jmdm ~** think little of sb.; g) (zurück~) keep; **hier hält uns nichts** there's nothing to keep us here; h) (veranstalten) make; hold; give; **ein Schläfchen ~** have a nap; i) (besitzen, beschäftigen) keep; take; j) (verfahren) **es mit einer Sache so ~** deal with sth. like this; k) (Torwart) save; l) (nicht aufgeben) **einen Laden ~** keep a shop going; m) (vorziehen) **es eher mit etw. ~** prefer sth.; n) (gestalten) **das Thema war sehr allgemein ge~** the topic was very general 2. unr. itr. V. a) (an~) stop; b) (am Platz bleiben) last; **das Gummiband hält nicht mehr lange** the elastic won't hold much longer; c) (beistehen) **zu jmdm. ~**: stand by sb.; d) (Seefahrt) head; **Kurs ~ auf** head for; e) (beherrschen) **an sich ~**: control oneself; 3. unr. refl. V. a) (sich bewähren) **sich gut ~**: do well; b) (unverändert bleiben) last; keep; c) (sich behaupten) **die Firma wird sich nicht ~ können** the firm won't keep going for long; d) (bleiben) **sich auf den Beinen ~** stay on one's feet; e) (jung bleiben) **er hat sich gut ge~** (ugs.) he is well preserved for his age (ugs.); f) (Richtung) **sich links ~** keep (to the) left; g) (befolgen) **sich an einen Rat ~** follow an advice
Halter m.; ~s, ~; **Halterin** f.; ~, ~nen a) (Vorrichtung) holder; b) (Tier~) owner; c) (Fahrzeug~) keeper
Halterung f.; ~, ~en support
Halte-: **~signal** n. stop signal; **~stelle** f. stop; **~verbot** n. a) absolutes ~verbot no stopping; eingeschr. ~verbot no waiting; b) (Stelle) no-stopping zone
-haltig containing ...; eisenhaltig containing iron
halt-, Halt-: **~los** Adj. a) (unbegründet) unfounded; b) ein ~loser Mensch a weak character
Haltung f.; ~, ~en a) (Körper~) posture; b) (Einstellung) attitude; c) (Pose) manner; d) (Fassung) composure; e) (Tier~) keeping
Halunke [haˈlʊŋkə] m.; ~n, ~n scoundrel; villain
hämisch [ˈhɛːmɪʃ] Adj. malicious
Hammel [ˈhaml] m.; ~s, ~ a) wether; b) (Speise) mutton
Hammer [ˈhamɐ] m.; ~s, Hämmer [ˈhɛmɐ] a) hammer; (Holz~) mallet; b) (techn.) tup; ram; c) (Sport) hammer; d) (ugs.: Verkauf) **unter den ~ kommen** come under the hammer
hämmern [ˈhɛmɐn] 1. itr. V. a) hammer; (Faust) hammer; pound; b) (klopfen) pound; race. 2. tr. V. a) hammer; beat; b) (Herz) throb
Hammer-: **~werfen** n. throwng the hammer; **~werfer** m.; ~s, ~ hammer-thrower
Hämorriden [hɛmɔroˈiːdn] Pl. haemorrhoids; piles
Hampelmann [ˈhampl̩] m.; ~[e]s, Hampelmänner a) jumping jack; b) (ugs. Mensch) fidget
Hamster [ˈhamstɐ] m.; ~s, ~: hamster
Hamster-: **~fahrt** f. foraging trip; **~kauf** m. panic-buying no pl.
hamstern tr., itr. V. (ugs. horten) hoard; panic-buy
Hand [hant] f.; ~, Hände [ˈhɛndə] a) hand; **von ~:** by hand
Handarbeit f. a) o. Pl. handicraft; craft work b) (Gegenstand) handmade article; c) (Stricken, Nähen etc.) knitting/needlework
handarbeiten itr. V. do needlework
hand-, Hand-: **~ball** m. handball; **~besen** m. brush; **~betrieb** m.; o. Pl. manual operation; **~bewegung** f. movement of the hand; (Ge-

ste) gesture; **~bibliothek** f. reference library; **~bohrer** m. hand-drill; (elektrisch) drill; **~brause** f. shower handset; **~breit** Adj. a few inches wide; **~bremse** f. handbrake; **~buch** n. handbook; (techn.) manual

Handcreme f. hand cream

Hände-: **~druck** m.; Pl. ~drücke handshake; **~klatschen** n.; ~s clapping; applause

Handel ['handl] m.; ~s a) trade; commerce; business; b) (Vereinbarung) deal

handeln 1. itr. V. a) trade; deal; **mit Holz ~** deal in wood; b) (feilschen) bargain; haggle; **mit ihm lässt sich ~** he is open to negotiation; c) (tätig werden) act; **in Notwehr ~** act in selfdefence; d) (verfahren) act; **fahrlässig ~** act carelessly; e) (verhalten) behave. 2. refl. V. (unpers.) **es handelt sich um die Anzeige** it's about your ad 3. tr. V. sell (für at, for); **an der Börse ge~ werden** be traded on the stock

Handeln n.; ~s a) (Verhalten) actions; b) (Feilschen) haggling; bargaining

handels-, Handels-: **~abkommen** n. trade agreement; **~beziehungen** Pl. trade relations; **~bilanz** f. a) (Staat) balance of trade; b) (Betrieb) balance-sheet; **~boykott** m. trade boycott; **~flagge** f. merchant flag; **~flotte** f. merchant fleet; **~gesellschaft** f. company; **~klasse** f. grade; **~marke** f. trade mark; **~minister** m. minister of trade; Secretary of State for Trade; **~ministerium** n.; **~name** m. trade name; **~niederlassung** f. branch; **~organisation** f. trading organization; **~partner** m. trading partner;

~recht n.; o. Pl. commercial law; **~register** n. register of companies; **~üblich** Adj. ~übliche Größen standard sizes; **~verbindung** f.; trade link; **~vertreter** m. travelling salesman/saleswoman; **~ware** f. commodity; **~zentrum** n. trading centre; commercial centre

hände-, Hände-: **~schütteln** n.; ~s hand-shaking no pl.; shake-hands (ugs.)

hand-, Hand-: **~feger** m. brush; **~fest** Adj. robust; sturdy; hefty; **~fläche** f. palm (of the hand); flat of the hand; **~gearbeitet** Adj. hand-made; **~gelenk** n. wrist; **~gemenge** n. fight; **~gepäck** n. hand-baggage; **~geschrieben** Adj. handwritten; **~granate** f. handgrenade; **~greiflich** Adj. a) ~greiflich werden start using one's fists; (konkret) tangible; palpable; obvious; **~griff** m. a) ein falscher ~griff a false move; b) (Griff) handle; **~habe** f.; ~, ~n: (rechtl.) a legal handle against sb.; **~haben** tr. V. a) handle; operate; b) (anwenden) use; apply; implement **~habung** f.; ~, ~en a) handling; (Geräte) operation; b) (Ausführung) implementation

hand-, Hand-: **~kuss** m. kiss on sb.'s hand; **~langer** m.; ~s, ~ a) handy man; dogsbody

Händler ['hɛndlə] m.; ~s, ~, **Händlerin** f.; ~, ~nen trader; merchant; dealer

handlich ['hantlɪç] Adj. handy; easy-to-use

Handlichkeit f.; ~: handiness; (kleiner Gegenstand) handy size

Handlung f.; ~, ~en (Tat) act; (Vorgehen) action; (Geschichte) plot

Handlungs-: **~fähig** Adj. working; functioning; **~freiheit** f.; freedom to act; **~spielraum** m. scope for action; **~unfähig** Adj. unable to act; (jurist.) unable to act on one's own account; **~unfähigkeit** f. inability to act; **~weise** f. behaviour; conduct

hand-, Hand-: **~puppe** f. glove puppet; **~rücken** m. the back of the hand; **~schelle** f. handcuff; **~schlag** m. handshake; **~schrift** f. handwriting; (Text) manuscript; **~schriftlich** Adj. hand-written; **~schuh** m. glove; **~schuhfach** n. glove compartment; **~stand** m. handstand; **~streich** m. surprise attack; **~tasche** f. handbag; **~teller** m. palm (of the hand); **~tuch** n.; Pl. -tücher towel; das ~tuch werfen (bildl.) throw in the towel; **~umdrehen**: im ~umdrehen in no time at all; **~voll** f.; ~ (a. bildl.) handful; **~warm** Adj. lukewarm; handhot

Handwerk n. a) craft; (Beruf) trade; b) (Beruf) **er versteht sein ~** he knows his job

Handwerker m.; ~s, ~: craftsman; tradesman

handwerklich Adj.; as a craftsman; ~er Beruf skilled trade; (bildl.) technical

Handwerks-: **~betrieb** m. workshop; **~kammer** f. Chamber of Crafts; **~zeug** n. tools pl. **Hand-**: **~zeichen** n. sign; (Straßenverkehr) (hand) signal; **~zettel** m. leaflet; handbill

Hanf [hanf] m.; ~[e]s a) hemp

Hang [haŋ] m.; ~[e]s, Hänge ['hɛŋə] a) (Berg~) slope; hillside; mountainside; (Ski~) slope; b) (Neigung) tendency

Hangar ['haŋgaːɐ̯] m.; ~s, ~s hangar

Hänge-: **~backe** f. flabby

cheek; **~bauch** *m.* pot-belly; paunch; **~brücke** *f.* suspension bridge; **~brust** *f.*, **~busen** *m.* sagging breasts; **~lampe** *f.* droplight; pendant light
Hängematte *f.* hammock
hängen ['hæŋən] I. *unr. itr. V.*; a) hang; (an on; lose: by; von from); **an einem Faden ~** be hanging by a thread; b) (hinrichten) hang; be hanged; c) (sich festhalten) hang, dangle (an + *Dat.* from); **jmdm. am Hals ~:** hang round sb.'s neck; d) (*ugs.* sitzen) **im Stuhl ~** (erschöpft) be slumped in the chair; (faul) lounge in the chair; e) (*ugs.*: sich aufhalten) hang around (*ugs.*); f) (in der Luft ~) hang (über + *Dat.* over); g) (haften) cling, stick (an + *Dat.* to); h) (lieben) **an jmdm./etw. ~** be very attached to sb./sth. II. 1. *tr. V.* a) (befestigen) hitch up (an + Akk. to); b) (~ lassen) hang; c) (er~) hang; d) **an etw. (Akk.) ~:** put into sth.; e) (anschließen) **etw. an~** put sth. on sth. 2. *refl. V.* a) (anschließen) **sich an jmdn. ~** attach oneself to sb.; b) **sich ans Telefon ~** (*bildl.*) get on the phone; c) (verfolgen) **sich an jmdn. ~** tail sb.; d) (sich festsetzen) cling (an + Akk. to); stick; cling (an + Akk. to)
hängenbleiben *unr. itr. V.*; *mit sein* (*ugs.*) a) (erinnern) **vom Unterricht blieb nicht viel hängen** (*bildl.*) not much of the lessom stuck (*ugs.*); (fest~) stick to sth.; b) (bleiben) get stuck (*ugs.*); d) (*ugs.*: sitzenbleiben) have to repeat a year; stay down
hängend *Adj.* hanging
hängenlassen 1. *unr. tr. V.* (*ugs.*: nicht helfen) **jmdn. ~:** let sb. down. 2. *unr. refl. V.* (sich ~) let oneself go
Hänselei *f.*; ~: teasing

hänseln ['hɛnzln] *tr. V.* tease
Hantel ['hantl] *f.*; ~, ~n dumb-bell
hantieren [han'tiːrən] *itr. V.* be busy; (gemütlich) potter about
hapern ['haːpɐn] *itr. V.* (unpers.) (fehlen) **es hapert an etw.** sth. is short of sth.
Häppchen ['hɛpçən] *n.*; ~s, ~ morsel
Happen ['hapn] *m.*; ~s, ~: morsel
happig ['hapɪç] *Adj.* (*ugs.*) ~e Preise fancy prices (*ugs.*)
Harem ['haːrəm] *m.*; ~s, ~s harem
Harfe ['harfə] *f.*; ~, ~n harp
Harke ['harkə] *f.*; ~, ~n rake; jmdm. zeigen, was eine ~ ist (*bildl.*) tell sb. what is what (*ugs.*)
harken *tr. V.* rake
Harlekin ['harlekiːn] *m.*; ~s, ~e harlequin
harmlos *Adj.* harmless; mild; safe; slight; (arglos) innocent
Harmlosigkeit *f.*; ~ harmlessness; (Krankheit) mildness; (Arglosigkeit) innocence
Harmonie [harmo'niː] *f.*; ~, ~n harmony
Harmonielehre *f.*; *o. Pl.* theory of harmony
harmonieren *itr. V.* harmonize; match; go together
Harmonika [har'moːnɪka] *f.*; ~, ~s oder Harmoniken harmonica
harmonisch *Adj.* a) harmonic; b) (wohlklingend) harmonious
harmonisieren *tr. V.* a) (Musik) harmonize; b) (in Einklang bringen) co-ordinate
Harmonium [har'moːnɪum] *n.*; ~s, Harmonien harmonium
Harn [harn] *m.*; ~[e]s, ~e (Medizin) urine; **~ lassen**

(*ugs.*) pass water; urinate
Harnisch ['harnɪʃ] *m.*; ~s, ~e armour; harness
harntreibend *Adj.* diuretic
Harpune [har'puːnə] *f.*; ~, ~n harpoon
harpunieren *tr. V./ itr. V.* harpoon
harren ['harən] *itr. V.* einer Sache ~ wait for sth.
harsch [harʃ]*Adj.* (barsch) harsh; (vereist) crusted
hart [hart]; härter ['hɛrtɐ], härtest ... ['hɛrtəst] 1. *Adj.* a) hard; (fest) firm; solid; (Brot) stale; b) (abgehärtet) tough; c) (schwer erträglich) hard; tough; harsh d) (heftig) hard, violent; heavy; e) (streng) tough; severe; harsh; hard; 2. *adv.* a) **durchgreifen** take tough measures; b) **es geht ~ auf ~** it was do or die
Härte ['hɛrtə] *f.*; ~, ~n a) hardness; b) (Widerstand) toughness; c) (Strenge) severity; d) (Belastung) hardship; e) (Heftigkeit) force; (Streit) violence
Härte-: **~fall** *m.* case of hardship; (*ugs.*: Person) hardship case; **~grad** *m.* degree of hardness
härten 1. *tr. V.* harden; temper. 2. *itr. V.* harden
hart-, **Hart**-: **~gekocht** *Adj.* hard-boiled; **~geld** *n.* coins *pl.*; small change; **~gesotten** *Adj.* a) (gefühllos) hard-boiled; hard-bitten; b) (unbelehrbar) hardened; **~herzig** *Adj.* hard-hearted; **~herzigkeit** *f.*; ~: hard-heartedness; **~näckig** *Adj.* stubborn; obstinate; (ausdauernd) persistent; dogged; **~näckigkeit** *f.*; ~ stubbornness; obstinacy; (Ausdauer) persistence; doggedness
Harz [haːɐts] *n.*; ~es, ~e resin
harzig *Adj.* resinous
Hasch [haʃ] *n.*; ~s (*ugs.*)

hash *(ugs.)*; Cannabis
haschen l. 1. *tr. V.* catch. 2. *itr. V.* **nach etw.** ~ make a grab for sth., smoke (hash)
Haschisch [ˈhaʃɪʃ] *n.* od. *m.*; ~(s) hashish
Hase [ˈhaːzə] *m.*; ~n, ~n hare; ein alter ~ sein *(ugs.)* be an old hand
Hasel-: ~**kätzchen** *n.* hazel catkin; ~**nuss** *f.* hazel-nut; (Baum) hazel tree;
hasen-, **Hasen**-: ~**fuß** *m.* coward; chicken *(sl.)*; ~**scharte** *f.* (Medizin) hare-lip
Haspel [ˈhaspl] *f.*; ~, ~n a) reel; drum; b) (Seilwinde) windlass
Hass [has] *m.*; Hasses hate; hatred (auf + Akk., gegen of, for)
hassen tr., *itr. V.* hate
hasserfüllt *Adj.* filled with hate or hatred
hässlich [ˈhɛslɪç] *Adj.* a) ugly; ~ **wie die Nacht** as ugly as sin *(ugs.)*; b) (fies) nasty; hateful
Hässlichkeit *f.*; ~, ~en (Aussehen) ugliness; (Gesinnung) meanness; hatefulness
Hassliebe *f.* love-hate relationship
Hast *f.*; ~: haste; **ohne** ~ unhurriedly; **in größter** ~ be in great haste
hasten *itr. V.*; *mit sein* hurry; hasten
hastig *Adj.* hasty; hurried
hätscheln [ˈhɛːtʃln] *tr. V.* b) (derog.) pamper; coddle; b) (liebkosen) fondle; cuddle; caress
Haube [ˈhaubə] *f.*; ~, ~n a) (Auto u. allg.) bonnet; hood (Amer.); b) (Kopfbedeckung) cap; c) (Bedeckung) cover; (Teekanne, Ei) cosy; **unter die** ~ **kommen** get married
Hauch [haux] *m.*; ~[e]s, ~e a) (Luftzug) breeze; breath of wind; b) (Atem) breath

hauchdünn 1. *Adj.* wafer-thin; paper-thin; gossamer-thin. 2. *adv.* **etw.** ~ **schneiden** cut sth. into wafer-thin slices
hauchen 1. *itr. V.* breathe (gegen, auf + Akk. on). 2. *tr. V.* (a. *bildl.*: flüstern) breathe; **jmdm. ein Geheimnis ins Ohr** ~ breathe a secret in sb.'s ear
hauen 1. *tr. V.* a) *(ugs.:* schlagen) beat; belt; clobber *(ugs.)*; **jmdn. grün und blau** ~ beat sb. black and blue; b) (ein Körperteil ~) hit; punch; belt *(ugs.)*; (mit offener Hand) slap; smack; (Faust) smash *(ugs.)*; c) *(ugs.* schleudern) sling *(ugs.)*; fling; d) (hineinschlagen) knock. 2. *refl. V.* a) *(ugs.:* sich prügeln) have a fight; have a punch-up *(ugs.)*; b) *(ugs.* sich setzen) fling oneself; 3. *itr. V.* a) **jmdn. auf die Schulter** ~ clap sb. on the shoulder; *mit sein (ugs.:* stoßen) bump; **mit dem Kopf gegen etw.** ~ hit one's head against sth.
Häufchen [ˈhɔyfçən] *n.*; ~s, ~: small pile; little heap; **nur noch ein** ~ **Elend sein** *(ugs.)* be nothing but the picture of misery
Haufen [ˈhaufn] *m.*; ~s, ~ a) *(ugs.:* Menge) load *(ugs.)*; heap *(ugs.)*; pile *(ugs.)*
häufen [ˈhɔyfn] 1. *tr. V.* heap, pile (auf + Akk. on to). 2. *refl. V.* (sich mehren) pile up
haufenweise *Adv. (ugs.)* lots of; heaps of; ~ **Obst essen** eat loads of fruit *(ugs.)*
häufig [ˈhɔyfɪç] 1. *Adj.* frequent; 2. *adv.* frequently; often
Häufigkeit *f.*; ~, ~en frequency
Häufung *f.*; ~, ~en increase; increasing frequence; (Verbreitung) spreading

Haupt [haupt] *n.*; ~[e]s, Häupter [ˈhɔyptɐ] a) (Kopf) head; **erhobenen ~es** with one's head held high; with head erect; b) (wichtige Person) head
haupt-, **Haupt**-: ~**bahnhof** *m.* main station; ~**beruflich** *Adj.* ~berufliche Beschäftigung main occupation; ~**darsteller** *m.*; ~**darstellerin** *f.* lead; leading actor/actress; ~**eingang** *m.* main entrance; ~**fach** *n.* main subject; major; ~**figur** *f.* main character; principal character; ~**gebäude** *n.* main building; ~**gericht** *n.* main course; ~**gewinn** *m.* first prize; top prize; ~**hahn** *m.* main tap; ~**interesse** *n.* main interest; ~**leitung** *f.* main; (Strom) mains (*pl.*)
Häuptling [ˈhɔyptlɪŋ] *m.*; ~s, ~e chief; chieftain
haupt-, **Haupt**-: ~**mahlzeit** *f.* main meal; ~**person** *f.* central figure; ~**postamt** *n.* main post office; GPO; ~**quartier** *n.* headquarters; ~**reisezeit** *f.* high season; peak season; ~**rolle** *f.* main role; lead; ~**sache** *f.* main thing; most important thing; **in der ~sache** in the main; mainly; ~**sächlich** 1. *Adj.* main; principal; 2. *Adv.* mainly; principally; chiefly; ~**satz** *m.* main clause; ~**schalter** *m.* (techn.) mains switch; ~**schlagader** *f.* aorta; ~**schlüssel** *m.* pass key; master key; ~**schuld** *f.* main share of the blame; ~**schuldige** *m./f.* person mainly to blame; (Verbrechen) main offender; ~**schule** *f.* secondary modern school; ~**sicherung** *f.* (techn.) mains fuse; ~**sitz** *m.* head office; ~**stadt** *f.* capital; ~**städtisch** *Adj.* metropolitan; ~**straße** *f.* high street; main street; (Durchgangsstraße) main road; ~**ursache** *f.* main

cause
Hauptverkehrs-: ~**straße** f. main road; ~**zeit** f. rush hour
Haupt-: ~**verwaltung** f. head office; ~**wohnsitz** m. main place of residence; ~**wort** n. noun
Haus [haus] n.; ~es, Häuser ['hɔyzɐ] a) house; (Gebäude) building; (Wohnsitz) residence; b) (Heim) home; **nach** ~**e** home; **zu** ~**e** at home; c) (Familie) household; **aus gutem** ~**e kommen** come from a good family; d) (Restaurant) **eine Spezialität des** ~**es** a speciality of the house; e) (Theater) theatre; (Publikum) house; **vor vollem Haus spielen** play to full houses; f) (Schnecken~) shell
haus-, **Haus**-: ~**angestellte** m./f. domestic servant; ~**apotheke** f. medicine cabinet; ~**arbeit** f. housework; (Schule) homework; assignment; ~**arrest** m. house arrest; ~**arzt** m. family doctor; ~**backen** Adj. (Person) plain; boring; homely; ~**besetzer** m. squatter; ~**besitzer** m.; ~**besitzerin** f. houseowner; (Vermieter) landlord/landlady; ~**besuch** m. house-call; ~**boot** n. houseboat
Häuschen ['hɔysçən] n.; ~s, ~: little house; small house; **aus dem** ~ **sein** (ugs.) be beside ones.; c) (Toilette) loo; the john's
haus-, **Haus**-: ~**eigen** Adj. own; ~**eingang** m. entrance
hausen itr. V. (ugs.) a) (wohnen) live; b) (Verwüstungen anrichten) cause/play havoc
Häuserblock m. block
Haus-: ~**flur** m. hall; hallway; entrance-hall; (obere Stockwerke) landing; ~**frau** f. housewife **Hausfriedensbruch** m. violation of sb.'s privacy; (Jura) trespass
haus-, **Haus**-: ~**gebrauch** m. domestic use; ~**gehilfin** f. home help; ~**gemacht** Adj. home-made; ~**gemeinschaft** f. (gemeinsamer ~halt) household; (ugs. WG) shared house
Haushalt m. a) household; **den** ~ **führen** run the household; b) (Hausarbeit) housekeeping; c) (Politik) budget
haushalten unr. itr. V. be economical (mit with)
Haushälterin f.; ~, ~nen housekeeper
Haushalts-: ~**artikel** m. household article; ~**auflösung** f. house clearance; ~**debatte** f. (Politik) budget debate; ~**geld** n.; housekeeping money; ~**gerät** n. household appliance; ~**hilfe** f. home help; ~**kasse** f. housekeeping money; ~**plan** m. budget; ~**waren** Pl. household goods
haus-, **Haus**-: ~**herr** m. a) (Familienoberhaupt) head of the household; b) (Eigentümer) owner; c) (Gastgeber) host; ~**herrin** f. a); b) s.o.; (Gastgeberin) hostess; ~**hoch** 1. Adj. as high as a house; (bildl.) overwhelming. 2. adv. ~**hoch überlegen sein** be vastly superior to sb.
häuslich ['hɔyslɪx] 1. Adj. a) domestic; b) (das Heim liebend) home-loving
Hausmann m. man who stays at home; (Ehemann) house-husband
Hausmannskost f. plain cooking
Haus-: ~**meister** m., ~**meisterin** f. caretaker; ~**mittel** n. household remedy; ~**nummer** f. house number; ~**ordnung** f. house rules pl.; ~**putz** m. clean-out; springclean; ~**rat** m. household goods pl.; ~**schlüssel** m. house-key; front-door key; ~**schuh** m. slipper; ~**stand** m. household; einen ~stand gründen set up home; ~**suchung** f.; ~, ~en house search; ~**suchungsbefehl** m. search warrant; ~**tier** n. pet; (Nutztier) domestic animal; ~**tür** f. front door; ~**verbot** n. ban on entering the house; jmdm. ~verbot erteilen ban sb.; ~**verwalter** m. janitor; caretaker; ~**verwaltung** f. house management
Hauswirtschaft f. housekeeping; (Lehrfach) domestic science
hauswirtschaftlich Adj.; domestic
Haut [haut] f.; ~, Häute ['hɔytə] skin; (Leder) hide; (Pelz) skin; (von Obst) peel; skin
häuten ['hɔytn] 1. tr. V. skin, flay; 2. refl. V. shed its skin; (Schlange) cast ist slough
Hebamme f. midwife
Hebe-: ~**bühne** f. hydraulic lift
Hebel ['heːbl] m.; ~s, ~ (a. Griff) lever
Hebel-: ~**gesetz** n. principle of the lever; ~**wirkung** f. leverage
heben ['heːbn] 1. unr. tr. V. a) (nach oben bewegen) lift; raise b) (ausgraben) raise; lift; dig up; c) (verbessern) improve; boost; d) **jmdn. auf die Schultern** ~ hoist sb. up on to one's shoulders. 2. unr. refl. V. a) (sich er~, hochgehen) rise; go up; lift
hebräisch [heˈbrɛɪʃ] Hebrew
Hebung f.; ~, ~en a) lifting; raising; **die** ~ **eines Wracks** the raising of a ship; b) (Verbesserung) raising; improvement; c) (Vers) stressed syllable
hecheln itr. V. pant for

breath
Hecht [hɛçt] *m.*; ~[e]s, ~e a) pike; b) *(ugs.:* Bursche) **ein toller** ~ a devil of a fellow

hechten *itr. V.*; *mit sein* dive headlong; *(Sprungturm)* do a pike-dive

Heck [hɛk] *n.*; ~[e]s, ~e oder ~s a) (Schiffs~) stern; b) (Auto~) rear; back; c) (Flugzeug~) tail

Heckantrieb *m.* rearwheel drive

Hecke *f.*; ~, ~n hedge

Hecken-: **~rose** *f.* dogrose; **~schere** *f.* hedge shears *pl.*; **~schütze** *m.* sniper

Heck-: **fenster** *n.*; **~scheibe** *f.* rear window; back window

Heer [heːɐ̯] *n.*; ~[e]s, ~e army; (gesämte Streitkräfte) armed forces *pl.*

Hefe [ˈheːfə] *f.*; ~, ~n yeast

Hefe-: **~gebäck** *n.* yeast pastries *pl.*; **~kuchen** *m.* yeast cake; **~teig** *m.* yeast dough

Heft *n.*; ~[e]s, ~e a) exercise book; copy book; b) (Ausgabe einer Zeitschrift) issue

heften 1. *tr. V.* a) (Nadel) pin; fix; (Klammer) staple; clip; fix; **etw. an etw. ~**: pin/clip sth. to sth.; b) (richten) **den Blick auf etw. ~** fasten one's gaze on sth.; c) (Schneiderei) tack; baste. 2. *refl. V.* **sich an jmds. Fersen ~** dog sb.'s footsteps

heftig *Adj.* vehement; violent; fierce; intense; (Regen heavy); (leidenschaftl.) passionate

Heftigkeit *f.*; ~ vehemence; violence; fierceness; intensity; severity; passion

Heft-: **~klammer** *f.* staple; **~pflaster** *n.* (sticking) plaster

hegen *tr. V.* a) (umsorgen) look after; take care of; **jmdn. ~ und pflegen** lavish care upon sb.; take loving care of sb.; b) (in sich tragen) feel; harbour, **Abneigung ~** have a dislike for

Hehl [heːl] *in* **keinen ~ aus etw. machen** make no secret of sth.

Hehler *m.*; ~s, ~: receiver of stolen godds; fence *(ugs.)*

Hehlerei *f.*; ~, ~en receiving stolen goods

Heide [ˈhaɪdə] 1. *m.*; ~n, ~n heathen; pagan; 2. *f.*; ~, ~n (geogr.) a) moor; heath; (~landschaft) moorland heathland; (~kraut) *n.*; heather

Heidelbeere [ˈhaɪdl̩] *f.* bilberry; blueberry

heidnisch *Adj.* heathen; pagan

heikel [ˈhaɪkl̩] *Adj.* a) (wählerisch) fussy; finicky; picky; (in bezug auf + Akk. about); b) (schwierig) delicate; tricky; awkward

heil [haɪl] *Adj.* a) (nicht kaputt) intact; in one piece; **eine ~e Welt** *(bildl.)* an ideal world; b) (unverletzt) unhurt, unharmed; **~ ankommen** arrive safely

Heil *n.*; ~s a) (Wohlergehen) benefit; b) (Religion) salvation

Heiland [ˈhaɪlant] *m.*; ~[e]s, ~e Redeemer; Saviour

heilbar *Adj.* curable

Heilbutt *m.* halibut

heilen 1. *tr. V.* (a. *bildl.*) cure; heal; **jmdn. ~ cure** sb.; restore sb.s health. 2. *itr. V.*; *mit sein* heal up; mend; clear up

heilfroh *Adj.*; very glad; jolly glad

heilig *Adj.* a) (geweiht) holy; sacred; **das Heilige Land** the Holy Land; **der Heilige Vater** the Holy Father; b) (unantastbar) sacred; solemn; awed; **das ist mir ~** that is sacred to me

Heiligabend *m.* Christmas Eve

Heilige *m./f. adj. Dekl.* saint

Heiligen-: **~bild** *n.* picture of a saint; **~schein** *m.* halo; aureole

Heiligkeit *f.*; ~ holiness; (der Ehe etc.) sanctity

Heiligsprechung *f.*; ~, ~en (Religion) canonization

Heiligtum *n.*; ~s Heiligtümer shrine; **ihr Zimmer ist ihr ~** *(bildl.)* her room is her sanctuary

heil-, **Heil-**: **~kraft** *f.* healing power; **~kraut** *n.* medicinal herb; **~kunde** *f.* medicine; **~los** *Adj.* hopeless, awful; utter; **~mittel** *n.* (a. *bildl.*) remedy (gegen for); medicament; **~pflanze** *f.* medicinal herb; **~praktiker** *m.* non-medical practitioner; **~quelle** *f.* mineral spring

heilsam *Adj.* salutary

Heilung *f.*; ~, ~en healing; (Krankheit) curing; **~ suchen** seek a cure

heim [haɪm] *Adv.* home

Heim *n.*; ~[e]s, ~e a) (Zuhause) home; b) (Anstalt, Alters~) home

Heimat [ˈhaɪmaːt] *f.*, ~, ~en homeland, home

heimatlich *Adj.* native

heim-: **~begleiten** *tr. V.* jmdn. ~begleiten see sb. home

heimelig [ˈhaɪməlɪç] *Adj.* cosy

heim-, **Heim-**: **~fahrt** *f.* (~reise) journey home; **~finden** *unr. itr. V.* find one's way home

heimisch *Adj.* a) (einheimisch) native; indigenous (in + *Dat.* to); b) sich ~ fühlen feel at home

heim-, **Heim-**: **~kehr** *f.*; ~ homecoming; return home; **~kind** *n.* child brought up in a home; **~kommen** *unr. itr. V.*; *mit sein* come home; return home (aus from)

heimlich 1. *Adj.* secret. 2. *adv.* secretly; in secret
Heimlichkeit *f.*; ~, ~en; secret; in aller ~ in secret; secretly
heim-, Heim-: ~**mannschaft** *f.* (Sport) home team; ~**niederlage** *f.* (Sport) home defeat; ~**schicken** *tr. V.* send home; ~**sieg** *m.* (Sport) home win; ~**spiel** *n.* (Sport) home match; ~**suchen** *tr. V.* strike; afflict; plague; ~**suchung** *f.*; ~, ~en affliction; visitation
Heimtücke *f.*; ~ (Bösartigkeit) malice; foul play; (Hinterlistigkeit) insidiousness
heimtückisch *Adj.* (bösartig) malicious; (*a. bildl.*) insidious
heim-, Heim-: ~**vorteil** *m.* home advantage; ~**wärts** home; (in Richtung Heimat) homeward(s); ~**weg** *m.* way home
Heimweh *n.* homesickness (nach for); ~ **haben** be homesick
heimzahlen *tr. V.* jmdm. etw. ~ get even with sb. for sth.
Heirat ['haɪraːt] *f.*; ~, ~en marriage
heiraten 1. *itr. V.* marry; get married; 2. *tr. V.* marry
heirats-, Heirats-: ~**absichten** *Pl.* marriage plans; ~**antrag** *m.* proposal; einen ~antrag machen propose to sb.; ~**fähig** *Adj.* of marriageable age; ~**urkunde** *f.* marriage certificate
heischen ['haɪʃn] *tr. V.* demand
heiser ['haɪzɐ] *Adj.* hoarse
Heiserkeit *f.* hoarseness
heiß [haɪs] 2. *Adj.* a) hot; torrid; **mir ist so** ~ I feels so hot; b) (heftig) heated; impassioned; burning; c) (innig) ardent; passionate; d) (*ugs.*: gefährlich) hot (*ugs.*); e) (*ugs.* aussichtsreich) hot; **auf einer ~en Spur sein** be hot on the scent; f) (aufreizend) hot; sexy; g) (*ugs.* sexuell erregt) **jmdn. ~ machen** turn sb. on (*ugs.*). 1. *adv.* a) (heftig) fiercely; **es ging ~ her** sparks flew (*ugs.*); b) jmdn. ~ **und innig lieben** love sb. dearly
heißblütig *Adj.* hot-blooded; ardent; (leicht erregbar) hot-tempered
heißen 1. *unr. itr. V.* a) (Namen tragen) be called; **ich heiße ...** I am called ...; my name is ...; b) (bedeuten) mean; **was soll denn das ~?** what's that supposed to mean?; **das heißt** that is; c) (lauten) go; **der Titel heißt ...** the title is ...; d) **es heißt, dass ...** it is said that ...; 2. *unr. tr. V.* a) (bezeichnen als) call; **jmdn. willkommen ~** bid sb. welcome b) (auffordern) tell; bid sb. to do sth.
heiß-, Heiß-: ~**ersehnt** *Adj.* das ~ersehnte Buch the book he/she had longed for so fervently; ~**geliebt** *Adj.* dearly; beloved; ~**hunger** *m.*: ~hunger auf etw. haben have a craving for sth.; ~**hungrig** *Adj.* ravenous; voracious; ~**laufen** 1. *unr. itr. V.*; *refl. V.*; mit sein run hot; overheat
Heißluftballon *m.* hot-air balloon
heiß-, Heiß-: ~**mangel** *f.* rotary ironer; ~**umstritten** *Adj.* highly controversial; hotly debated
heiter ['haɪtɐ] *Adj.* (fröhlich) cheerful; merry; (amüsant) funny; amusing; c) (sonnig) fine
Heiterkeit *f.*; ~ a) (Frohsinn) cheerfulness; b) (Belustigung) merriment; zur allgemeinen ~ to the general amusement
heizen ['haɪtsn] 1. *itr. V.* have the heating on 2. *tr. V.* heat; stoke

Heizer *m.*; s, ~ (Lokomotive) fireman; stoker; (Schiffes) stoker
Heiz-: ~**gerät** *n.* heater; ~**kessel** *m.* boiler; ~**kissen** *n.* heating pad; ~**körper** *m.* radiator; ~**kosten** *Pl.* heating costs; ~**lüfter** *m.* fan heater; ~**ofen** *m.* stove; heater; ~**strahler** *m.* radiant heater
Heizung *f.*; ~, ~en (central) heating; (Heizkörper) radiator
Hektar ['hɛktaːɐ] *n.* oder *m.*; ~s, ~e hectare
Hektik ['hɛktɪk] *f.*; ~: hectic rush; hectic pace; **keine ~!** (*ugs.*) take it easy!
hektisch *Adj.* hectic
Hektoliter *m.* oder *n.* hectolitre
Held [hɛlt] *m.*; ~en, ~en hero; ~ **des Tages** hero of the day
Helden-: ~**dichtung** *f.* epic poetry; ~**epos** *n.* heroic epic
heldenhaft *Adj.* heroic
helden-, Helden-: ~**mut** *m.* heroism; ~**mütig** *Adj.* heroic; ~**tat** *f.* heroic deed
Heldin *f.*; ~, ~nen heroine
helfen ['hɛlfn] *unr. itr. V.* a) help; assist; aid; **jmdm. ~** help sb.; assist sb.; lend/give sb. a hand; b) (nützen) help; **das hilft bei Kopfschmerzen** it is good for headaches
Helfer *m.*; ~s, ~, **Helferin** *f.*; ~, ~nen helper; (Mitarbeiter) assistant; (Komplize) accomplice
Helikopter [hɛli'kɔptɐ] *m.*; ~s, ~: helicopter
Helium ['heːliʊm] *n.*; ~s helium
hell [hɛl] 1. *Adj.* a) (Licht) light; bright; well-lit; **es wird ~** it's getting light; **am ~en Tag** (*ugs.*) in broad daylight; b) (akustisch) clear; high; **eine ~e Stimme** a high, clear voice; c) (blass) fair; light; pale; d) **ein ~er Kopf** be

bright; e) (*ugs.*: absolut) sheer; utter; **in ~er Wut** be in a blind rage. 1. *adv.* a) brightly; b) (akustisch) **~ lachen** give a ringing laugh; **~ singen** sing (out) high and clear

hell-: **~blau** *Adj.* light blue; **~blond** *Adj.* light blonde; very fair

Heller *m.*; ~s, ~: heller; **bis auf den letzten ~** down to the last penny

hell-: **~erleuchtet** *Adj.* brightly-lit; **~häutig** *Adj.* fair-skinned; pale-skinned; **~hörig** *Adj.* a) (schalldurchlässig) badly soundproofed; b) (aufmerksam) **~hörig werden** sit up and take notice (*ugs.*)

hellicht [ˈhɛlˈlɪçt] *Adj.* **am ~en Tag** in broad daylight; **es ist ~er Tag** it's broad daylight

Helligkeit *f.*; ~, ~en brightness

hell-, **Hell**-: **~sehen** *unr. itr. V.; nur im Inf.* **~sehen können** be clairvoyant; have second sight; **~seher** *m.*, **~seherin** *f.* clairvoyant; **~sichtig** *Adj.* a) (weitblickend) far-sighted; b) (durchschauend) perceptive; **~wach** *Adj.* a) wide awake; b) (*ugs.*: klug) bright

Helm [hɛlm] *m.*; ~[e]s, ~e helmet

Hemd [hɛmt] *n.*; ~[e]s, ~en a) shirt; b) (Unterhemd) vest; undershirt; c) **mach dir nicht ins ~** (*ugs.*) don't get uptight (*ugs.*); **das ~ ist mir näher als der Rock** for me charity begins at home

Hemisphäre [hemiˈsfɛːrə] *f.*; ~, ~n hemisphere

hemmen [ˈhɛmən] *tr. V.* a) (beeinträchtigen) hinder; hamper; b) (verlangsamen) slow down; retard

Hemmnis *n.*; ~ses, ~se obstacle; obstruction; hindrance (für to)

Hemmung *f.*; ~, ~en inhibition; **~en haben** have inhibitions; be inhibited; (Skrupel) scruple

hemmungslos *Adj.* unrestrained; unbridled; (skrupellos) unscrupulous

Hemmungslosigkeit *f.* lack of restraint; (Skrupellosigkeit) unscrupulousness

Hengst [hɛŋst] *m.*; ~[e]s, ~e (Pferd) stallion; (Esel) jackass

Henkel [ˈhɛŋkl] *m.*; ~s, ~: handle

Henker *m.*; ~s, ~ hangman; (a. *bildl.*) executioner; **hol's der ~!** damn it! (*ugs.*)

Henkers-: **~mahlzeit** *f.* last meal (before execution)

Henna [ˈhɛna] *f.*; ~ oder *n.*; ~[s] henna

Henne [ˈhɛnə] *f.*; ~, ~n hen

her [heːɐ] *Adv.* a) here; (von wo) from; **von weit ~** from far away; **~ damit** give it to me; b) (zeitl.) ago; **wie lang ist es ~?** how long ago was it?; c) **vom Medizinischen ~** from the medical point of view; medically

herab [hɛˈrap] *Adv.* down; downwards; **die Treppe ~** down the stairs

herab-, **Herab**-: **~fließen** *unr. itr. V.; mit sein* flow down; **~hängen** *unr. itr. V.* (nach unten hängen) hang down (von from); **~lassen** 1. *unr. tr. V.* let down; lower; 2. *unr. refl. V.* **sich ~lassen, etw. zu tun** condescend to do sth.; **~lassend** *Adj.* condescending; patronizing (zu towards); **~regnen** *itr. V.; mit sein* rain down; fall; **~sehen** *unr. itr. V.* look down (auf jmnd./etw. + Akk. on sb./sth.); **~setzen** *tr. V.* a) (reduzieren) reduce; cut; **zu ~gesetzten Preisen** at reduced prices; b) (abwerten) belittle; disparage; **~setzung** *f.*; ~: reduction, cut (Gen: in); (abwertend) belittling; disparagement; **~sinken** *unr. itr. V.; mit sein* sink down; (*bildl.*) fall; settle (auf + Akk. on, over); **~steigen** *unr. itr. V.; mit sein* descend; climb down; **~stürzen** 1. *itr. V.; mit sein* fall down; plummet down; **er stürzte vom Balkon ~**: he fell from the balcony. 2. *refl. V.* throw oneself (von from or off); **~würdigen** *tr. V.* belittle; degrade; abase

heran [hɛˈran] *Adv.* near; close; hinner ~! come closer!; come on!

heran-, **Heran**-: **~führen** 1. *tr. V.* a) (in die Nähe) bring up; lead up; b) (nahe bringen) bring up (an Akk. to); introduce sb. to sth.; 2. *itr. V.* **an etw. ~führen** lead to sth.; **~gehen** *unr. itr. V.; mit sein* a) go up (an + Akk. to); approach; näher **~gehen** go up closer; b) (anpacken) **an ein Problem ~gehen** tackle a problem; **~kommen** *unr. itr. V.; mit sein* a) **an etw. ~kommen** come near to sth.; approach sth.; b) (*zeitl.*) **der große Tag war ~gekommen** the big day had arrived; c) (erreichen) reach sth.; (erwerben) get hold of sth.; **~machen** *refl. V.* (*ugs.*) a) (nähern) **sich an jmdn. ~machen** chat sb. up (*ugs.*); b) (beginnen) **sich an ein Problem ~machen** get down to a problem (*ugs.*); **~nahen** *itr. V.; mit sein* approach; draw near; **~reichen** *itr. V.* a) **an etw. ~reichen** reach sth.; b) **an jmdn. ~reichen** (*bildl.*) come up to the standard of sb.; **~rücken** 1. *tr. V.* pull up; bring up; draw up. 2. *itr. V.; mit sein* come closer; come nearer; advance (an + Akk. towards); **einen Stuhl ~rücken** draw a chair up closer; **~schaffen** *tr. V.* bring; (anliefern) supply; **~tasten**

refl. V. sich an etw. ~tasten gropingly; ~**tragen** *unr. tr. V.* a) bring over; b) (jmdm. eine Bitte vortragen) go to sb. with a request; ~**treten** *unr. itr. V.*; *mit sein* a) (an eine Stelle treten) go up (an + Akk. to); b) (sich wenden an) approach sb.; ~**wachsen** *unr. itr. V.*; *mit sein* grow up; *(bildl.)* develop; ~**wachsende** *m./f.; adj. Dekl.* young person; adolescent; ~**wagen** *refl. V.* dare to go near; venture near; *(bildl.)* dare to tackle sth.; ~**ziehen** 1. *unr. tr. V.* a) pull over; draw up; (zu towards) ; b) *(bildl.* beauftragen) call in; c) *(bildl.)* (in Betracht ziehen) refer to. 2. *unr. itr. V.*; *mit sein* (a. *bildl.*) approach; advance

herauf [hæˈrauf] *Adv.* up; (aus from)

herauf-: ~**arbeiten** *refl. V.* work one's way up; ~**beschwören** *tr. V.* a) (verursachen) provoke; bring about; give rise to; b) (erinnern) evoke; ~**kommen** *unr. itr. V.*; *mit sein* a) (nach oben kommen) come up; b) (bevorstehen) be approaching; be brewing; ~**setzen** *tr. V.* increase; put up; ~**ziehen** 1. *unr. tr. V.* pull up; 2. *unr. itr. V.*; *mit sein* be approaching; be gathering

heraus [hæˈraus] *Adv.* out; out of; zum Fenster ~ out of the window; ~ mit der Sprache! out with it!

heraus-, Heraus-: ~**arbeiten** 1. *tr. V.* (handwerklich) fashion, carve (aus out of); b) (betonen) bring out; develop; ~**bekommen** 1. *unr. tr. V.* a) (*ugs.*: lösen) solve; work out; b) (entfernen) get out (aus of); c) (Wechselgeld) get back; d) (ermitteln) find out; etw. aus jmdm. ~bekommen get sth. out of sb.; e) (äußern) say; utter. 2. *unr. itr. V.* (Wechselgeld) falsch ~bekommen *(ugs.)* get the wrong change; ~**bilden** *refl. V.* develop; ~**brechen** 1. *unr. tr. V.* knock out; (mit Gewalt) wrench out. 2. *unr. itr. V.*; *mit sein* burst forth, erupt; ~**bringen** *unr. tr. V.* a) (nach außen) bring out (aus of); b) (veröffentlichen) publish; bring out; (aufführen) put on; screen; b) (begleiten) show out; d) (auf den Markt) launch; bring out; f) (äußern) utter; say; ~**drücken** *tr. V.* etw. ~drücken squeeze sth. out (aus of); press out (aus of); ~**fahren** 1. *unr. itr. V.*; *mit sein* a) (nach außen fahren) aus etw. ~fahren drive out of sth. b) (fahrend ~kommen) come out. 2. *unr. tr. V.* a) den Wagen aus der Garage ~fahren drive the car out of the garage; ~**finden** 1. *unr. tr. V.* a) (entdecken) find out; trace; b) (aus einer Menge) pick out (aus from); find (aus among); 2. *unr. tr. V.* find one's way out (aus of); ~**fliegen** 1. *unr. itr. V.*; *mit sein* a) fly out (aus of); b) *(ugs.*: entlassen werden) be fired; be sacked (bei from) *(ugs.)*. 2. *unr. tr. V.* fly out (aus of); ~**forderer** *m.*; ~s, ~ challenger; ~**fordern** 1. *tr. V.*; *itr. V.* a) challenge; b) (provozieren) provoke; invite; sein Schickal ~fordern tempt fate; ~**fordernd** *Adj.* provocative; (Streit suchend) challengingy, defiantly

Herausforderung *f.* challenge; (Provokation) provocation

heraus-, Heraus- ~**geben** 1. *unr. tr. V.* a) (austeilen) hand out; b) (aushändigen) hand over; c) (veröffentlichen) publish; d) (Wechselgeld) zu viel ~geben give too much change. 2. *itr. V.* give change; ~**geber** *m.*; ~**geberin** *f.* publisher; ~**gehen** *unr. itr. V.*; mit sein (nach außen) go out; aus sich ~gehen come out of one's shell; ~**greifen** *unr. tr. V.* select; pick out; ~**halten** 1. *unr. tr. V.* a) (nach außen halten) put out (aus of); b) keep out (aus of). 2. *unr. ref. v.* keep out; stay out; ~**hängen** *unr. itr. V.*; *tr. V.* hang out (aus of); ~**holen** *tr. V.* a) (erwirken) gain; get, achieve; b) (abgewinnen) get out; gain; win; c) (auslösen) bring out; ~**hören** *tr. V.* a) hear; b) (erkennen) sense; detect (aus in); ~**kehren** *tr. V.* parade; ~**kommen** *unr. itr. V.*; *mit sein* a) (ugs.: Ausweg finden) get out (aus of); b) ich kam aus dem Lachen nicht ~ *(bildl.)* I couldn't stop laughing; c) (nach außen kommen) come out (aus of); d) (veröffentlicht werden) come out; be published; (Produkt) be launched; e) (zur Sprache kommen) mit etw. ~kommen come out with sth.; f) auf dasselbe ~kommen amount to the same thing; bei etw. ~kommen come out of from sth.; ~**kristallisieren** 1. *tr., v.*; *refl. V.* a) (Chemie etc.) crystallize (aus out); b) (zusammenfassen) extract; ~**lesen** *unr. tr. V.* a) (interpretieren) etw. aus etw. ~lesen read sth. into sth.; b) (entnehmen) tell (aus from); c) (auswählen) pick out (aus from); ~**müssen** *unr. itr. V.* *(ugs.)* a) aus etw. ~müssen have to leave sth.; b) (aufstehen müssen) have to get up; ~**nehmbar** *Adj.* removable, detachable; ~**nehmen** *unr.* tr. 1. a) take out (aus of); b) (entfernen) remove; take out, c) er hat sich einfach zu viel ~genommen he has just gone too far; ~**putzen** *tr. V.* a) (schmücken) deck out; b) (kleiden) dress up; ~**ragen** *itr. V.* a) project; jut out (aus from); (höher als) aus etw. ~ragen rise above sth.; b) (hervortreten) stand out (aus from); ~**reden** *refl. V.* (ugs.) talk one's way out (aus of); ~**rücken** 1. *tr. V.* a) (nach außen rücken) move out (aus of); b) (ugs.: hergeben) hand over; cough up *(ugs.)*. 2. *itr. V.*; *mit sein* mit der Sprache ~rücken come out with it; ~**schlagen** 1. *unr. tr. V.* a) knock out; b) (gewinnen) make; get. 2. *unr. itr. V.*; *mit sein* leap out (aus of); ~**schreien** *unr. tr. V.* burst out; shout, ~**sein** *unr. itr. V. mit sein (ugs.)* a) (allgem.) be out; b) aus dem Gröbsten ~sein be over the worst; c) *(ugs.)* fein ~sein be sitting pretty *(ugs.)*; ~**springen** *unr. itr. V.*; *mit sein* a) jump out; leap out (aus of); b) (ablösen) come out; c) dabei springt nichts ~ there's not much in it; ~**stellen** 1. *tr. V.* a) put out(side); b) (hervorheben) emphasize; bring out. 2. *refl. V.* turn out; es stellte sich ~, dass … it turned out that …; ~**streichen** *unr. tr. V.* a) (ausstreichen) cross out; delete (aus from); b) (betonen) point out; ~**suchen** *tr. V.* pick out; ~**treten** *unr. itr. V.*; *mit sein* come out (aus of); in den Garten ~treten step out into the balcony; ~**werfen** *unr. tr. V.* throw out (aus of); ~**ziehen** 1. *unr. tr. V.* a) pull out (aus of); withdraw. 2. *unr. itr. V.*; *mit sein* move out (aus from)

herb [hærp] *Adj.* a) (unfreundlich) harsh; dry; tart; b) bitter; severe; austere; (Wein) dry

herbei [hæɐ̯ˈbaɪ] *Adv.* here; komm ~! come over here!

herbei-: ~**bringen** *unr. tr. V.* bring (over); ~**eilen** *itr. V.*; *mit sein* hurry over; ~**führen** *tr. V.* produce; cause; ~**reden** *tr. V.* talk into existence; ~**rufen** *unr. tr. V.* call; call over; ~**schaffen** *tr. V.* bring; get; ~**sehnen** *tr. V.* long for

Herberge [ˈhærbærgɜ] *f.*; ~, ~n a) (Jugend~) (youth) hostel; b) (Gasthaus) inn

her-: ~**bestellen** *tr. V.* jmdn.; ~**bitten** *unr. tr. V.* ~bestellen ask sb. to come; (befehlen) summon sb.; ~**bringen** *unr. tr. V.* etw. ~bringen bring sth.

Herbst [hɜrpst] *m.*; ~[e]s, ~e autumn; fall (Amer.)

Herbst-: ~**anfang** *m.* beginning of autumn; ~**blume** *f.* autumn flower

herbstlich 1. *Adj.* autumn; autumnal

Herd [heːɐ̯t] *m.*; ~[e]s, ~e a) cooker; stove; b) (Medizin) focus; c) (Ausgangspunkt) centre

Herde [ˈheːɐ̯dɜ] *f.*; ~, ~n herd; (Kleinvieh) flock

herein [hɪ̯ˈraɪn] *Adv.* ~! come in!

herein-: ~**bekommen** *unr. tr. V.* (Ware) get in fresh; ~**bitten** *unr. tr. V.* jmdn. ~bitten ask sb. in; ~**brechen** *unr. itr. V.*; *mit sein* a) über jmdn. ~brechen overtake sb.; ~**bringen** *unr. tr. V.* bring in; ~**fallen** *unr. itr. V.*; *mit sein* a) (betrogen werden) mit etw. ~fallen be taken for a ride with sth.; auf jmdn. ~fallen be taken in by sb.; b) (Licht etc.) shine in; ~**kommen** *unr. itr. V.*; *mit sein* come in; ~**lassen** *unr. tr. V.* let in; allow in; ~**legen** *tr. V. (ugs.)* jmdn. ~legen take sb. for a ride *(ugs.)* (mit, bei with); ~**platzen** *itr. V.*; *mit sein (ugs.)* burst in; ~**spazieren** *itr. V.*; *mit sein (ugs.)* walk in; stroll in; ~**stürmen** *itr. V.*; *mit sein* rush in; dash in; (wütend) storm in

her-, Her-: ~**fahren** 1. *unr. itr. V.*; *mit sein* come here; hinter jmdn. ~fahren drive behind sb. 2. *unr. tr. V.* jmdn. ~fahren drive sb. here; ~**fallen** *unr. itr. V.*; *mit sein* a) über jmdn. ~fallen attack sb.; b) (essen) über etw. ~fallen fall upon sth.; ~**finden** *unr. itr. V.* find one's way (here); ~**geben** *unr. tr. V.* a) hand over; (weggeben) give away; b) (reichen) give; gib es ~! hand it over!; give it to me!; ~**gehen** *unr. itr. V.*; *mit sein* a) (begleiten) neben jmdm. ~gehen walk along beside sb.; b) *(ugs.)* bei der Diskussion ging es heiß ~ in the discussion the sparks really flew; ~**haben** *unr. tr. V. (ugs.)* wo hat sie denn nur ~? but where did she get that from?; ~**halten** 1. *unr. tr. V.* ~halten müssen be the one to suffer. 2. *unr. tr. V.* hold out; ~**holen** *tr. V.* fetch; weit ~geholt far-fetched; ~**hören** *itr. V.* listen; alle mal ~hören! listen everybody!

Hering [ˈheːrɪŋ] *m.*; ~s, ~e a) herring; b) (Zeltpflock) peg

her-: ~**kommen** *unr. itr. V.*; *mit sein* a) come here; komm mal ~! come here!; b) (stammen) come (von from); ~**kömmlich** *Adj.* traditional; (derog.) conventional

Herkunft [ˈheːɐ̯kʊnft] *f.*; ~, Herkünfte [ˈheːɐ̯kʏnftə] origin(s *pl.*)

her-: ~**laufen** *unr. tr. V.*; *mit sein* a) (nachlaufen) hinter jmdm. ~laufen run after sb.; *(bildl.)* chase sb. up; b) neben jmdm. ~laufen run alongside sb.; ~**leiten** 1. *tr. V.*; *refl. V.* derive (aus, von from); ~**machen** *(ugs.)* 1.

refl. V. sich über das Essen ~machen fall upon the food. 2. *tr. V.* nicht viel ~machen not look much *(ugs.)*
hermetisch [hɛɐ̯ˈmeːtɪʃ] *Adj.* hermetic
hernehmen *unr. tr. V.* take; get (von from); find
Heroin [heroˈiːn] *n.;* ~s heroin
heroinsüchtig *Adj.* addicted to heroin
heroisch *Adj.* heroic
Herr [hɛr] *m.;* ~n, ~en a) (Titel, Anrede) Mr; ~ Schulz Mr Schulz; mein ~ sir; meine ~en gentlemen; b) (Mann) man; gentleman; mein Alter ~ (Vater) my old man *(ugs.);* c) (Gebieter) master; ~ der Lage sein be master of the situation; d) (Besitzer) master (über + Akk. of)
Herrchen *n.;* ~s, ~: master
herren-, Herren-: ~**ausstatter** *m.* (gentle)men's outfitter; ~**los** *Adj.* abandoned; stray; ~**toilette** *f.* (gentle)men's toilet; the gent's *(ugs.)*
Herrgott *m.;* ~s *(ugs.:* Gott) der liebe ~ the Lord; God;
herrichten 1. *tr. V.* a) (bereitmachen) get ready; dress; arrange; b) (in Ordnung bringen) do up *(ugs.).* 2. *ref. V.* get ready
Herrin *f.;* ~, ~en mistress; (Anrede) my lady
herrisch *Adj.* peremptory; imperious; domineering; overbearing
herrlich *Adj.* marvellous; magnificent; splendid; gorgeous
Herrlichkeit *f.;* ~, ~en a) *o. Pl.* (Schönheit) magnificence; splendour; b) (herrliche Sache) marvellous thing; wonderful thing
Herrschaft *f.;* ~, ~en a) *o. Pl.* power; rule; die ~ über das Auto verlieren lose control of the car; b) (Damen u. Herren) ladies and gentlemen; meine ~en! ladies and gentlemen!
herrschen [ˈhɛrʃn] *itr. V.* a) (regieren) rule; rule; reign; b) (sein) draußen ~ 10 Grad it's 10 degrees outside; jetzt herrscht hier wieder Ordnung order has been restored here
herrschend *Adj.,* ruling; reigning
Herrscher *m.;* ~s, ~; **Herrscherin** *f.;* ~, ~nen ruler
Herrschsucht *f.* thirst for power; (Wesen) domineering nature
herrschsüchtig *Adj.* domineering
her-: ~**rufen** *unr. tr. V.* call; jmdn. ~rufen call sb. over; ~**sein** *unr. itr. V.; mit sein* lange ~sein be a long time ago; ~**stellen** 1. *tr. V.* a) (anfertigen) produce; manufacture; make. 2. *ref. V.* stell dich ~ zu mir stand over here
Hersteller *m.;* ~s, ~ producer; manufacturer
Herstellung *f.* production; manufacture
herüber [hɛˈryːbɐ] *Adv.* over
herüber-: ~**bringen** *unr. tr. V.* etw. ~bringen bring sth. over. 2. *unr. tr. V.* jmdn. ~bringen (mit dem Auto) drive sb. over; ~**kommen** *unr. itr. V.; mit sein* come over; kommst du noch kurz ~? Would you like to come over for a minute?; ~**schicken** *tr. V.* etw. ~schicken send sth. over
herum [hɛˈrʊm] *Adv.* a) (Richtung) round; verkehrt ~ the wrong way round; b) (in der Umgebung) um jmdn. ~ around sb.; um London ~ around London; c) *(ugs.:* ungefähr) das muss um Februar ~ gewesen sein that must have been around February
herum-, Herum-: ~**albern** *itr. V. (ugs.)* fool around; ~**ärgern** *refl. V. (ugs.)* sich mit etw. ~ärgern keep getting annoyed with sth.; ~**drehen** 1. *tr. V. (ugs.)* turn; turn over; den Kopf ~drehen turn one's head. 2. *ref. V.* turn (a)round. 3. *itr. V. (ugs.)* am Radio ~drehen fiddle around with the radio; ~**drücken** *ref. V.* a) (vermeiden) sich um etw. ~drücken get out of sth.; b) (sich aufhalten) hang around; ~**drucksen** *itr. V. (ugs.)* hum and haw (coll.); shuffle; ~**fahren** *(ugs.)* 1. *unr. itr. V.; mit sein* a) (umdrehen) spin round; b) um etw. ~fahren go round sth.; c) (ins Blaue fahren) drive around. 2. *unr. tr. V.* jmdn. in London ~fahren drive sb. around London; ~**führen** 1. *tr. V.* a) jmdn. in London ~führen show sb. around London; b) (um etw. ~) lead sb. round sth.; c) (Straße) die Straße um den Ort ~führen take the road round the town. 2. *itr. V.* um etw. ~führen go round sth.; ~**gehen** *unr. itr. V.; mit sein* a) um etw. ~gehen go round sth.; b) *(ugs.* Runde machen) go around; (~gereicht werden) be passed around; etw. ~gehen lassen circulate sth.; c) (ohne Ziel gehen) walk around; ~**kommen** *unr. itr. V.; mit sein (ugs.)* a) (vermeiden können) um etw. ~kommen be able to get out of sth.; b) (vorbeikommen können) get round; c) (herumbewegen) come round; d) (reisen) get around; get about; in der Welt ~kommen see a lot of the world; ~**kriegen** *tr. V. (ugs.)* jmdn. ~kriegen talk sb. into sth.; ~**laufen** *unr. itr. V.; mit sein* a) walk around; b) (umrunden) um etw. ~laufen walk round sth.; c)

(Kleidung) wie läufst du denn ~! what do you look like again!; ~**lungern** *itr. V. (ugs.)* loaf around; ~**reden** *itr. V. (ugs.)* um etw. ~reden talk round sth.; ~**reichen** *(ugs.) tr. V.* Kekse ~reichen pass round some biscuits; ~**schlagen** *unr. ref. V. (ugs.)* (auseinandersetzen) sich mit Problemen ~schlagen grapple with problems; ~**schleppen** *tr. V. (ugs.)* ein Problem mit sich ~schleppen *(bildl.)* be worried by a problem; ~**schnüffeln** *itr. V. (ugs.)* sniff around; snoop around *(ugs.)*; ~**sein** *unr. itr. V.; mit sein; (ugs.)* a) have gone by; have passed; b) (in der Nähe sein) be always around sb; ~**sitzen** *unr. itr. V. (ugs.)* sit around; ~**sprechen** *unr. refl. V.* get around; es hatte sich schnell ~gesprochen, dass … it had quickly got around that …; ~**stehen** *unr. itr. V.* stand around; ~**stochern** *itr. V.* poke around; (Essen) pick at one's food; ~**stoßen** *unr. tr. V. (ugs.)* push sb. around; ~**treiben** *unr. ref. V.* sich auf der Straße ~treiben hang around the streets; ~**treiber** *m. (ugs.)* layabout; vagabond; ~**zeigen** *tr. V. (ugs.)* etw. ~zeigen show sth. round; ~**ziehen** 1. *unr. itr. V.* move around; in Europa ~ziehen move around Europe. 2. *unr. tr. V. (ugs.:* mit sich ziehen) jmdn. ~ziehen drag sb. round *(ugs.)*

herunter [hæˈrʊntɐ] *Adv.* a) (nach unten) down; b) (fort) off; ~ vom Tisch! get off the table!

herunter-: ~**bekommen** *unr. tr. V. (ugs.)* a) (essen) be able to eat; (~schlucken) swallow; b) (entfernen) etw. ~bekommen be able to get sth. off (sth.); ~**beten** *tr. V. (derog.)* etw. ~beten recite sth. mechanically; ~**drücken** *tr. V.* a) (nach unten drücken) press sth. down; b) (verringern) reduce; force down; bring down; ~**fallen** *unr. itr. V.; mit sein* fall down; die Treppe ~fallen fall down the stairs; ~**gehen** *unr. itr. V.; mit sein* a) (niedriger werden) go down, drop, fall; come down, fall; b) (nach unten gehen) come down; c) (Preise) reduce prices; d) *(ugs.:* sich lösen) come off; ~**gekommen** 1. 2. Part. v. ~kommen; 2. *Adj.* rundown; dilapidated, ~**holen** *tr. V.; mit sein* etw. ~holen fetch sth. down; ~**kommen** *unr. itr. V.; mit sein* a) (kommen) come down; (kommen können) manage to come down; b) (verfallen) go to the dogs; go to ruins; (Person) sink low; ~**lassen** *unr. tr. V.* etw. an etw. ~lassen lower sth. by sth.; (schließen) let down, lower; shut; ~**leiern** *tr. V. (ugs.)* a) (derog.) drone out *(ugs.)*; b) wind down; ~**machen** *tr. V. (ugs.)* a) (zurechtweisen) jmdn. ~machen pull to pieces *(ugs.)*; b) (herabsetzen) run down (coll.); ~**nehmen** *unr. tr. V.* take down; (Brille etc.) take sth. off; ~**schrauben** *tr. V.* turn down; seine Erwartungen ~schrauben *(bildl.)* lower sb's expectations; ~**sein** *unr. itr. V.; mit sein; (ugs.)* a) (unten sein) be down; b) (körperlich) be in poor health; ~**spielen** *tr. V. (ugs.)* (als unbedeutend darstellen) play down (coll.); ~**werfen** *unr. tr. V.* a) (nach unten werfen) etw. ~werfen throw sth. down; b) *(ugs.:* fallen lassen) drop; ~**ziehen** 1. *unr. tr. V. (a. bildl.)* pull down; 2. *unr. itr. V.; mit sein* go down; move down

hervor *Adv.* out; out of sth.; forth, forward

hervor-, **Hervor**-: ~**bringen** *unr. tr. V.* a) bring out (aus of); produce (aus from); b) (entstehen lassen; a. *bildl.*) produce; c) (äußern) say; produce; ~**heben** *unr. tr. V.* stress; emphasize; ~**holen** *tr. V.* take out (aus of); ~**kommen** *unr. itr. V.; mit sein* come out (aus of, unter + *Dat.* from under); ~**ragen** *itr. V.* a) (aus etw. ragen) stand out; project; b) (ausgezeichnet) stand out; ~**ragend** *Adj.* outstanding; ~**rufen** *unr. tr. V.* a) (nach vorn rufen) jmdn. ~rufen call for sb. to come out; b) (verursachen) cause; provoke; arouse; ~**stechen** *unr. itr. V.* stick out (aus of); ~**stechend** *Adj.* striking; outstanding; ~**stehen** *unr. itr. V.* protrude; stick out; ~**treten** *unr. itr. V.; mit sein* emerge, step out (hinter + *Dat.* from behind); stand out; (Körperteile etc.) bulge, protrude; ~**tun** *unr. ref. V.* a) (Besonderes leisten) distinguish oneself; b) *(ugs.* angeben.) show off

Herz [hæɐ̯ts] *n.*; ~ens, ~en a) heart; jmdm. das ~ brechen break sb.'s heart; b) (Gemüt) heart; mind; von ~en kommen come from the heart; (aus voller Überzeugung) whole heartedly; c) (Kartenspiel) hearts *pl.*

herz-, **Herz**-: ~an·fall *m.* heart attack; ~**beschwerden** heart trouble, (Kartenspiel) hearts

her·zeigen *tr. V. (ugs.)* show; zeig (mal) her! let me see!

Herzfehler *m.* heart defect

herzhaft 1. *Adj./adv.* hearty/heartily; (Geschmack) tasty, substantial

her·ziehen 1. *unr. itr. V.* a) über jmdn./etw. ~ (abfällig reden): run sb./sth. down; b) hinter jmdm./etw. ~: march along behind sb./sth. 2. *unr. tr. V.* a) etw. ~: pull sth. over here

herzlich 1. *adv.* warmly; heartily; ~ **wenig** precious little. 2. *Adj.* warm; kind; **~e Grüße/~en Dank** kind regards/many thanks; **sein ~es Beileid ausdrücken** express one's sincere condolences *Pl.*; siehe auch Glückwunsch

Herzlichkeit *f.* warmth; kindness

Herzog ['hɛrtso:k] *m.*; ~s, Herzöge ['hɛrtsœ:gə] duke

Herzogin *f.*; ~, ~nen duchess

Hesse ['hɛsə] *m.*; ~n, ~n Hessian

Hessen *n.*; Hesse

hessisch *Adj.* Hessian

heterogen ['geːn] *Adj.* heterogeneous

hetero·sexuell *Adj.* heterosexual

Hetze ['hɛtsə] *f.*; ~ a) (Eile) (mad) rush; in großer ~: in a mad rush or hurry; b) (Aufhetzung) agitation

hetzen 1. *tr. V.* a) hunt; (Hunde usw.) auf jmdn. ~: set (the dogs) on sb.; b) (antreiben) hurry. 2. *itr. V.* a) (hasten) hurry; hurry; (rennen) dash; race; c) (Hass schüren) stir up hatred; gegen jmdn./etw. ~: smear sb./agitate against sth

Hetzer *m.*; ~s, ~, **Hetzerin** *f.*; ~, ~nen (malicious) agitator

Hetzkampagne *f.* smear campaign

Heu [hɔy] *n.*; ~[e]s hay

Heuchelei *f.* hypocrisy

heucheln ['hɔyçəln] 1. *itr. V.* (s. verstellen) be a hypocrite. 2. *tr. V.* (etw. vor~) feign

Heuchler *m.*; ~s, ~, **Heuchlerin** *f.*; ~, ~nen hypocrite

heuchlerisch *Adj./adv.* hypocritical(-ly); (geheuchelt) feigned

heulen ['hɔylən] *itr. V.* howl; wail; vor Schmerz ~: weep with pain; das ist zum Heulen *(ugs.)* it's a shame

heute ['hɔytə] *Adv.* today; seit ~, ab~: from today (on); bis ~: until today; ~ früh early this morning; ~ morgen/nachmittag this morning/afternoon; ~ mittag (today) at noon

heutig *Adj.*; a) today's; der ~e Tag today; bis zum ~en Tag up to this day , until today; b) (gegenwärtig) today's; of today; das ~e Amerika present-day America

heut·zu·tage *Adv.* nowadays

Hexe ['hɛksə] *f.*; ~, ~n witch

Hexer *m.*; ~s, ~: sorcerer

Hieb *m.*; ~[e]s, ~e a) (Schlag) blow; (Fechten) cut; jmdm. einen Faust~ versetzen punch sb.; b) *Pl.* *(ugs.*: Prügel) ~e bekommen get a hiding or beating

hieb·fest *Adj.* in hieb- und stichfest unassailable, watertight, cast-iron

hier [hiːɐ] *Adv.* here; ~ draußen/drinnen out/in here; von ~ (aus) from here; ich bin nicht von ~: I'm not from this area or around here; (von) ~ oben/unten (from) up/down here; ~ und da here and there

hieran ['hiːˈran] *Adv.* ~ kann man sehen you can see from this

Hierarchie [hierarçiː] *f.*; ~ ~n hierarchy

hierarchisch *Adj./adv.* hierarchical(-ly)

hierauf ['hiːˈrauf] *Adv.* (danach) after that; then; (infolgedessen) whereupon; ~hin hereupon

hieraus ['hiːˈraus] *Adv.* out of or from here/this; ~ folgt, dass ... from this it follows that ...

hier·behalten *unr. tr. V.* jmdn./etw. ~: keep sb./sth. here

hier·bei *Adv.* a) (bei dieser Gelegenheit) on this occasion; b) (in diesem Zusammenhang) here

hier·bleiben *unr. itr. V.*; *mit sein* stay here

hier·durch *Adv.* a) (deshalb) because of or as a result of this; b) (hier hindurch) through here

hier·her *Adv.* here; bis ~ und nicht weiter so far and no further

hier·hin *Adv.* here; bis ~: up to this point

hier·mit *Adv.* with this hiermit erkläre ich herewith I declare

hier·nach *Adv.* a) (zeitlich) after this or that; b) (demzufolge) according to this

hier·sein *unr. itr. V.* be here

hierüber ['hiːˈryːbə] *Adv.* a) (über diese Sache) about this; b) (Richtung) over here; c) (Ort) above her

hierum ['hiːˈrʊm] *Adv.* about this; es geht darum, dass the point is that

hierunter ['hiːˈrʊntə] *Adv.* a) under here; b) etw. ~ verstehen understand sth. by this

hier·von *Adv.* a) (dadurch) because of this; b) (davon) of this; c) (von diesem/-n) of this/these

hier·vor *Adv.* at (räumlich) in front of this; b) jmd. ~ warnen warn sb. of this

hier·zu *Adv.* with this; ~ gehört ...: this includes; jmd. ~ raten to advise sb. to do sth.

Hilfe ['hɪlfə] *f.*; ~, ~n a) help; (im Notfall) aid; relief; finanzielle ~: financial assistance; jmdn. um ~ bitten ask sb. for help; jmdm. ~ leisten help sb.; Erste ~: first

aid; b) (Hilfskraft) assistant
Him·beere [ˈhɪm] *f.* raspberry
Himmel [ˈhɪml] *m.*; ~s, ~ a) sky; unter freiem ~: in the open air; outdoors; am ~: in the sky; b) (geistlich) heaven; in den ~ kommen go to heaven; im ~ sein be in heaven c) (Schicksal, Gott) Heaven; dem ~ sei Dank thank Heaven(s); um ~s willen! good Heavens!; for Heaven's sake
himmelblau *Adj.* sky-blue; azure; clear blue
Himmel·fahrt *f.* (Festtag) (Christi) ~: Ascension Day; Mariä ~: the (feast of the) Assumption
himmel-, Himmel-: ~hoch *Adj.* soaring; towering; ~reich *n.* (Religion) kingdom of heaven
himmlisch 1. *Adj./adv.* (auch bildlich) divine(-ly); wonderful(-ly), glorious(-ly)
hin [hɪn] *Adv.* a) *(zeitlich)* **zum Abend ~:** towards evening; b) (räumlich) **nach Süden ~:** in Southern direction; **zur Stadt ~ liegen** face the city; c) (feste Wendungen) **auf ihre Bitte ~:** at her request; **auf meinen Rat ~:** on my advice; d) **~ und zurück** there and back; (Fahrkarte) return (ticket); ~ **und her** to and fro; back and forth; e) **nichts wie ~!** let's go!
hin·arbeiten *itr. V.* auf etw. (Akk.) ~: work towards sth
hinauf [hɪˈnaʊf] *Adv.* up; den Berg ~ up the hill; die Treppe ~ upstairs
hinauf-: ~·**arbeiten** *ref. V.* siehe hocharbeiten; ~·**gehen** *unr. itr. V.*; *mit sein* a) go up; b) (nach oben führen) lead up; es geht steil ~: the road climbs steeply; c) (*ugs.*: ansteigen) go up; rise; d) mit dem Preis ~gehen (*ugs.*) put the price up;
to raise the price
hinaus [hɪˈnaʊs] *Adv.* a) *(zeitlich)* **auf Jahre ~:** for years to come; b) (räumlich) out; **nach hinten/vorne ~ wohnen** live at the back/front; **zum Fenster ~:** out of the window; **~ (mit dir)!** out you go!; **hier/dort ~:** this/ that way out; (nach draußen) outside; c) **über etw. (Akk.) ~:** beyond or in addition to sth.; siehe auch darüber
hin·denken *unr. itr. V.* wo denkst du hin? (*ugs.*) whatever are you thinking of?
hinderlich *Adj.* ~ sein get in the way; einer Sache (*Dat.*) sein be an obstacle to sth.
hindern [ˈhɪndən] *tr. V.* jmdn. ~ (etw. zu tun): stop or prevent sb. (from doing sth)
Hindernis *n.*; ~ses, ~se obstacle
Hindernis-: ~lauf *m.*, ~laufen *n.* ~rennen *n.* (Pferdesport) steeplechase
hin·deuten *itr. V.* auf etw. (Akk.) ~ *(bildlich)* suggest sth.; point to sth.
hin·durch *Adv.* a) *(zeitlich)* das ganze Jahr ~: throughout the year; b) (räumlich) (mitten) durch die Innenstadt ~: (straight) through the city centre
hindurch-: through; durch etw. ~laufen run through sth.; unter etw. (*Dat.*) ~ under sth.
hinein [hɪˈnaɪn] *Adv.* a) (räumlich) in; ~ mit dir! in you go!; in etw. (Akk.) ~: into sth.; b) *(zeitlich)* bis tief in die Nacht ~: till far into the night
Hin·gabe *f.*; ~ devotion; (Begeisterung) dedication
hin·geben 1. *unr. tr. V.* give; (opfern) sacrifice; 2. *unr. refl. V.* sich jmdm./etw. ~: give oneself to sth./sb.
hin·gegen *Adv.* however; (andererseits) on the other hand
hinken [ˈhɪŋkn] *itr. V.* limp; hobble
hinten [ˈhɪntn] *Adv.* at the back; in or at the rear; sich ~ anstellen join the end of the queue; (ganz) weit ~ a long way back; weiter ~: further back; nach ~ backwards; von ~ nach vorne from back to front; von ~ from behind
hinter [ˈhɪntɐ] 1. *Präp.* mit *Dat.* a) behind; ~ jmdm./etw. stehen *(bildlich)* support sb./sth.; ~ den Erwartungen zurückbleiben fall short of expectations; b) etw. ~ sich haben be through with sth.; 2. *Präp.* mit Akk. a) behind; ~ die Tür stellen put behind the door; b) etw. ~ sich bringen get sth. over with
hinter·einander *Adv.* a) *(zeitlich)* one after another; zwölf Stunden ~ twelve hours on end; b) (räumlich) one behind the other; wir bleiben dicht ~: we are keeping close behind one another
Hinter·grund *m. (auch bildlich)* background
hinter·her *Adv.* a) *(zeitlich)* afterwards; es ~ besser wissen be wise after the event; b) (räumlich) behind
hinterm [ˈhɪntɐm] (*ugs.*) *Präp.* + Art. = hinter dem
Hintern [ˈhɪntɐn] *m.*; ~s, ~ (*ugs.*) behind; backside; bottom
hin·tun *unr. tr. V.* (*ugs.*) put; wo soll ich das ~? where shall I put it?
hinüber [hɪˈnyːbɐ] *Adv.* over; across
hinunter [hɪˈnʊntɐ] *Adv.* down; die Treppe ~: downstairs
hin·weg *Adv.* a) ~ damit! away with this!; über etw. ~: over sth.; über jmds. Kopf ~ (ohne jmds.Wissen) over sb.'s head; über eine lange

Zeit ~: over or for a long time
Hin·weg m. way there
Hinweis ['hɪnvaɪs] m.; ~es, ~e a) (Andeutung) hint; tip; jmdm. einen ~ geben give sb. a hint; b) mit ~ auf (+ Akk.) with reference to
Hirn [hɪrn] n.; ~[e]s, ~e a) brain; b) (ugs.: Verstand) brains
Hirsch [hɪrʃ] m.; ~[e]s, ~e a) deer; (männlicher ~) stag; b) (Speise) venison
Hirse- Hirse- ['hɪrzə] f.; ~, ~n millet; **~brei** m. millet gruel
Hirte m.; ~n, ~n herdsman; (Schaf~) shepherd
hissen ['hɪsn] tr. V. (Fahne) hoist, run up (flag)
Historiker [hɪs'toːrɪkɐ] m.; ~s, ~: historian
historisch Adj./adv. historical(-)ly; (geschichtlich bedeutungsvoll) historic
Hit-: ~liste f. top ten/twenty etc.; ~parade f. hit parade
Hitze ['hɪtsə] f.; ~heat; bei geringer/großer ~ kochen: cook sth. at low/high flame
hitzig Adj. (Temperament) hot-tempered; quick-tempered
Hobby ['hɔbi] n.; ~s, ~s hobby
Hobby- amateur
Hobby·raum m. hobby room
Hobel ['hoːbl] m.; ~s, ~ a) plane
hobeln tr., itr. V. a) plane
hoch [hoːx] 1. Adj. a) high; tall; long; **1 m ~**: 1 m high; **eine hohe Stirn** a high forehead; **von hoher Gestalt** of tall stature; b) (mengenmäßig groß) high; heavy; great; large; big; severe, extensive; c) (oben in einer Rangordnung) high; high-ranking; high-level; **auf der höchsten Stufe** top-level; on/at the highest level; **höchste Gefahr** extreme

danger; d) (Ton) high; **das hohe C** top C; e) (Mathematik) **zwei ~ vier** two (raised) to fourth; f) (zeitlich) **es ist höchste Zeit** it is high time; g) **das ist mir zu ~** (ugs.) that's beyond me. 2. adv. a) high; **~ über uns** high above us; **die Sonne steht ~**: the sun is high in the sky; b) (nach oben) up; **Kopf ~!** chin up!; c) (zahlenmäßig viel) highly; **~ gewinnen/verlieren** (Sport) win/lose by a large margin; **wenn es ~ kommt** at (the most); d) (sehr) highly; most; greatly; e) (in Wendungen) **etw. ~ und heilig versprechen** promise sth. faithfully; **es ging ~ her** things were pretty lively; **~ soll er leben!** Three cheers for him!
Hoch n.; ~s, ~s (Wetter) high
hochachten tr. V. jmdn. ~achten respect sb. greatly; have a high regard for sb.
Hoch·achtung f. great respect; high esteem; ~ vor jmdm. haben have a great respect for sb.; hold sb. in high esteem
Hoch·druck m. a) (Technik, Wissenschaft) high pressure; b) Blut~ high blood pressure
Hoch·glanz m.: ~ -Foto a high-gloss print; etw. auf ~ (Akk.) polieren polish sth. until it shines or gleams
Hoch·leistung f. outstanding performance
Hochleistungs·sport m. high-performance sport(s)
Hochschul-: ~lehrer m. college/university lecturer or teacher; ~studium n. college/university education
Hoch·see f.; o. Pl. open sea
Hochsommer m. high summer; midsummer
Hochspannungsleitung f. high tension (transmission) line; power line

höchst [hœːçst] Adv. extremely; most
hoch·stellen tr. V. a) put up; b) (aufrichten) turn up
höchstens Adv. at most; (bestenfalls) at best
Hoch·stimmung f. high spirits Pl.; in ~ sein be in a festive mood
Hoch·wasser n. (Flut) high tide; (Überschwemmung) flood; der Flussat ~: the river is in flood
Hochzeit ['hɔxtsaɪt] f.; ~, ~en wedding; silberne/goldene ~: silver/golden wedding (anniversary)
hocken 1. itr. V. a) mit haben oder sein squat; crouch; b) (ängstlich in der Ecke ~) cower; 2. ref. V. a) crouch down; squat (down)
Hocker m. ~s, ~: stool
Hockey ['hɔkɪ] n.; ~s hockey
Hockey-: ~schläger m. hockey stick; ~spieler m. hockey player
Hoden ['hoːdn] m.; ~s, ~: testicle
Hoden·sack m. scrotum
Hof [hoːf] m.; ~[e]s, Höfe ['hœːfə] a) courtyard; (Gefängnis~) (prison) yard; (Schul~) schoolyard; b) (Bauern~) farm; c) (Königsusw.-) court; jmdm. den ~ machen court sb.
hoffen ['hɔfn] 1. tr. V. hope; **es bleibt od. steht od. ist zu ~, dass …**: it is to be hoped that; **~ wir das Beste** let's hope for the best. 2. itr. V. a) hope; auf etw. (Akk.) ~: hope for sth.; b) **auf jmdn./etw. ~**: put one's trust or faith in sb./sth.
hoffentlich ['hɔfntlɪç] Adv. hopefully; **~ ist ihr nichts passiert** I hope nothing has happened to her; **~!** (als Antort) I hope so
Hoffnung ['hɔfnʊŋ] f.; ~, ~en hope; **jmdm. ~en machen** raise sb.'s hopes; sei-

ne ~ **auf jmdn./etw. setzen** pin one's hopes *Pl.* on sb./sth.
höflich ['hœːflɪç] *Adj./ adv.* polite(-ly); courteous(-ly)
Höflichkeit *f.*; ~, ~en, *o. Pl.* politeness; courteousness
Höflichkeitsfloskel *f.* polite phrase
Höhe ['hœːə] *f.*; ~, ~n a) height; altitude; **in der ~ von 5000 m** at a height or altitude of 5,000 *m.*; **auf halber ~**: at mid-altitude; b) (Spitze) height; **sie ist auf der ~ ihres Ruhmes /Erfolges** she is at the height of her fame /success; **auf der ~ sein** (bildlich *ugs.*) (gesund sein) be fit; **das ist ja die ~!** that's the limit; c) (messbare Größe) level; (Einkommen usw.) size; level; (Kosten) **in ~ von** to the amount of; d) (geografisch) **auf der ~ von Berlin** in the latitude of Berlin; e) **auf gleicher ~** abreast; level; f) **die ~n und Tiefen des Lebens** *(bildlich)* the ups and downs of life
Hoheit ['hoːhaɪt] *f.*; ~, ~en a) (Souveränität) sovereignty (über + *Akk.* over); b) Seine/Ihre ~: His/Your Highness
Höhepunkt *m.* high point; (Erfolg usw.) peak; (einer Krise) turning-point; (der Macht, des Ruhms usw.) summit; pinnacle; (eines Festes, Films usw.) climax; highlight
hohl [hoːl] *Adj.* (auch bildlich) hollow, (leer) empty
Höhle ['hœːlə] *f.*; ~, ~n a) cave; b) (eines Tiers) den; lair; sich in die ~ des Löwen begeben enter the lion's den
Hohn [hoːn] *m.*; ~[e]s scorn; derision
höhnisch ['hœːnɪʃ] 1. *adv.* scornfully; derisively. 2. *Adj.* scornful; derisive

holen ['hoːlən] 1. *tr. V.* a) fetch; get; **sich (*Dat.*) Hilfe/Rat usw. ~**: get (some) help/advice etc.; b) (Titel usw.) get, win; carry off; score; (Preis usw.) ~: win or take prize etc.; c) (ab~) fetch; pick up; collect. 2. *ref. V.* (*ugs.*: sich zuziehen) catch; **sich (*Dat.*) eine Erkältung ~**: catch a cold
Holland ['hɔlant] *n.*; ~s Holland
Holländer ['hɔlændɐ] *m.*; ~s, ~ a) Dutchman; die ~: the Dutch
Holländerin *f.*; ~, ~nen Dutchwoman
holländisch *Adj.* Dutch
Hölle ['hœlə] *f.*; ~, ~n a) hell; **zur ~ fahren** descend into hell; **in die ~ kommen** go to hell; **zur ~ mit ihm/damit!** to hell with him/it; b) *(bildlich)* **die ~ auf Erden haben** suffer hell on earth; jmdm. **das Leben zur ~ machen** make life a perfect hell to sb.; **jmdm. die ~ heiß machen** give sb. hell; **da ist die ~ los** *(ugs.)* all hell has broken loose
höllisch ['hœlɪʃ] 1. *adv.* (*ugs.*: sehr) terribly, hellishly; **es tut ~ weh** it hurts like hell; **~ aufpassen** watch out like a hawk. 2. *Adj.* a) infernal; of hell; b) (bildlich) terrible; diabolical; **~e Schmerzen** terrible agony *sing.*; **~e Angst vor etw. (*Dat.*) haben** be scared stiff of sth.
holprig ['hɔlprɪç] 1. *adv.* haltingly; (beim Vorlesen usw.) clumsy. 2. *Adj.* a) (uneben) bumpy; uneven; rough; b) (stockend) stumbling; clumsy
Holunderbeere *f.* elderberry
Holz [hɔlts] *n.*; ~es, Hölzer ['hœltsə] a) wood; (Bau~, Tischler~) timber; wood; bearbeitetes ~: timber

Holz·haus *n.* timber or wooden house
homo-, Homo-: ~gen ['geːn] *Adj.* homogeneous; ~genisieren *tr. V.* homogenize; ~genität [geniˈtɛːt] *f.*; ~ homogeneity
homöo-, Homöo- [homœo]: ~path ['paːt] *m.*; ~en, ~en homoeopath; ~pathie *f.*, ~: homoeopathy *no art.*; ~pathisch *Adj.* homoeopathic
homo-, Homo-: ~sexualität *f.*; ~: homosexuality; ~sexuell *Adj./adv.* homosexual(-ly); ~sexuelle *m./f.*, *adj. Dekl.* homosexual
Honig ['hoːnɪç] *m.*; ~s, ~e honey
Honorar [honoˈraːɐ] *n.*; ~s, ~e fee; (Autoren~) royalty
honorieren *tr. V.* (würdigen) appreciate; (belohnen) reward
Hopfen *m.*; ~s, ~: hop; (Blüten) hops *Pl.*
hopsen *itr. V.*; **mit sein** (*ugs.*) siehe hüpfen
hörbar *Adj./ adv.* audibly/bly; (geräuschvoll) noisy/-ily
horchen ['hɔrçən] *itr. V.* listen (auf + *Akk.* to); (heimlich zuhören) eavesdrop
Horde ['hɔrdə] *f.*; ~, ~n, horde; (bildlich, abwertend) wilde ~mob; gang
hören ['hœːrən] 1. *tr. V.* a) hear; **ich höre nichts** I can't hear anything; siehe auch Gras; b) (erfahren) hear; learn; etw. **über jmdn** ~: hear or learn sth. of or about sb.; **schön zu ~**: that's good news; **sie lässt nichts von sich ~**: I/we etc. haven't heard from her; **wie ich höre, geht es ihm gut** I hear he is well; c) (an- od. zuhören) listen to, hear; **Musik ~**: listen to music. 2. *itr. V.* a) (aufmerksam verfolgen) auf etw. (*Akk.*) ~: listen to sth.; b) hear; **sie hört schwer** her hearing is bad; c) (zuhören) listen; **hör mal**

her! listen!; hörst du zu? are you listening?; d) **auf den Namen Andreas ~:** answer to the name of Andreas; **auf jmdn./jmds. Rat ~:** listen to or heed sb./sb.'s advice; e) **von jmdm. ~** (Nachricht bekommen) hear of or about sb.

Hören·sagen *n.*; ~s in vom ~: by or from hearsay

Hörer *m.*; ~s, ~ a) listener; b) (Telefon~) receiver

Hörerin *f.*; ~, ~nen listener

hörig *Adj.* in jmdm. ~ sein be submissively dependent on sb.; (sexuell) be sexually dependent on or enslaved to sb.;

Hörigkeit *f.*; enslavement; (sexuell) sexual dependence

Horizont [hɔrɪˈtsɔnt] *m.*; ~[e]s, ~e (auch bildlich) horizon; am ~: on the horizon; seinen ~ erweitern *(bildlich)* widen or expand one's horizons *Pl.*; jmds. ~ übersteigen (bildlich) be beyond sb.

horizontal [hɔrɪtsɔnˈtaːl] *Adj./adv.* horizontal(-ly)

Hormon [hɔrˈmoːn] *n.*; ~s, ~e hormone

hormonal [hɔrmoˈnaːl] *Adj./adv.* hormonal(-ly)

Horn [hɔrn] *n.*; ~[e]s, Hörner [ˈhœrnɐ] a) horn; b) (Musik) horn; (Militär) bugle; c) (Hupe) horn

Horn·brille *f.* horn-rimmed spectacles

Hörnchen [ˈhœrnçən] *n.*; ~s, ~ (Gebäck) croissant

Horn·haut *f.* a) callus; hard or callused skin; b) (des Auges) cornea

Hornisse [hɔrˈnɪsə] *f.*; ~, ~n hornet

Horoskop [horoˈskoːp] *n.*; ~s, ~e horoscope

Horror [ˈhɔrɔr] *m.*; ~s horror; (Angst, Ekel) einen ~ vor jmdm./etw. haben loathe sb./sth.; be horrified by so./sth.

Horror·film *m.* horror film

Hör·saal *m.* lecture theatre or hall or room

Hör·spiel *n.* radio play

Hort [hɔrt] *m.*; ~[e]s, ~e a) siehe Kinderhort; b) (Zuflucht) refuge; c) (bildlich: Festung) ein ~ der Tradition a stronghold of tradition; c) (Schatz) hoard

Hose [ˈhoːzə] *f.*; ~, ~n a) (a pair of) trousers *Pl.* or pants *Pl.* (Amer.); (Unter~) pants *Pl.*; (Freizeit~) slacks *Pl.*; b) sich (vor Angst) n die ~(n) machen (salopp) be scared stiff

Hospital [hɔspɪˈtaːl] *n.*; ~s, ~e oder Hospitäler [hɔspɪˈtɛːlɐ] hospital

hospitieren *itr. V.* bei jmdm. ~: sit in on sb.'s lectures etc.

Hostess [hɔsˈtɛs] *f.*; ~, Hostessen hostess

Hostie [ˈhɔstiə] *f.*; ~, ~n (Religion) host

Hotel [hoˈtɛl] *n.*; ~s, ~s hotel

hübsch [hʏpʃ] 1. *adv.* a) prettily; nicely; b) (*ugs.*: ordentlich) **immer ~ der Reihe nach** everybody must take his turn; c) (*ugs.*: ziemlich) **ganz ~ schwer** pretty heavy. 2. *Adj.* a) pretty; nice-looking; nice; **sich ~ machen** dress up; b) (*ugs.*: ziemlich groß) **ein ~es Sümmchen** a tidy sum *(ugs.)*; **ein ~es Stück Arbeit** a fair amount or quite a lot of work; c) (ironisch) **das sieht ja hübsch aus** this is a nice look; **das ist eine ~e Geschichte** this is a pretty kettle of fish

Hub·schrauber *m.*; ~s, ~: helicopter

huckepack [ˈhʊkəpak] *Adv. (ugs.)* in jmdn./etw. ~ tragen carry sb./sth. piggyback

Huf [huːf] *m.*; ~[e]s, ~e hoof

Hüfte [ˈhʏftə] *f.*; ~, ~n hip

Hügel [ˈhyːgl̩] *m.*; ~s, ~: hill

hügelig *Adj.* hilly

Hügel·kette *f.* chain or range of hills

Huhn [huːn] *n.*; ~[e]s, Hühner [ˈhyːnɐ] chicken; (domestic) fowl; (Henne) chicken; hen; gebratenes ~: roast chicken; da lachen ja die Hühner (*ugs.*) that's a laugh

Hühnchen [ˈhyːnçən] *n.*; ~s, ~: little or small chicken; mit jmdm. noch ein ~ zu rupfen haben *(ugs.)* (still) have a bone to pick with sb.

Huldigung *f.*; ~, ~en tribute; homage

Hülle [ˈhʏlə] *f.*; ~, ~n a) cover; (für Dokumente) cover; holder; (Schallplatten~) cover; sleeve; b) in ~ und Fülle in abundance

hüllen *tr. V.* wrap; sich in etw. (Akk.) ~: wrap oneself in sth.

Hülse [ˈhʏlzə] *f.*; ~, ~n a) (für Patronen usw.) case

Hülsen·frucht *f.*; a) legume(n); b) *Pl.* (Speise) pulse

human *Adj./adv.* a) (menschenfreundlich) humane(-ly); b) (Medizin) human(-ly)

Humanismus *m.*; ~: humanism; (Epoche) Humanism no art

Humanist *m.*; ~en, ~en humanist; (Geschichte) Humanist

humanistisch *Adj.* humanist(ic); (Geschichte) Humanist; ~es Gymnasium classical secondary school

humanitär [humanɪˈtɛːɐ] *Adj.* humanitarian

Humanität [humanɪˈtɛːt] *f.*; ~: humanity, humaneness

Humbug [ˈhʊmbʊk] *m.*; ~s *(ugs. derogativ)* humbug

Hummel [ˈhʊml̩] *f.*; ~, ~n bumble-bee

Hummer [ˈhʊmɐ] *m.*; ~s, ~: lobster

Humor [hu'mo:ɐ] *m.*; ~s humour; **(keinen) Sinn für ~ haben** have a (no) sense of humour; **den ~ verlieren** lose one's sense of humour; **etw. mit ~ nehmen** take sth. good-humouredly
Humorist *m.*; ~en, ~en a) humorist; b) (Komiker) comedian
humoristisch 1. *adv.* with humour. 2. *Adj.* humorous
humpeln ['hʊmpl̩n] *itr. V.* a) mit haben (walk with or have a) limp; b) *mit sein* (sich ~d fortbewegen) hobble; limp
Hund [hʊnt] *m.*; ~es, ~e a) dog; (Jagd~) hound; dog; b) in ein dicker ~ *(ugs.: grober Fehler)* a real howler; **bekannt sein wie ein bunter ~** *(ugs.)* be known all over the place; **auf den ~ kommen** *(ugs.)* come down in the world; **vor die ~e gehen** *(ugs.)* go to the dogs *(ugs.)*; *(derogativ)* bastard; **bei dem Wetter jagt man ja keinen ~ auf die Straße** you wouldn't turn a dog out in such weather
hundert ['hʊndɐt] a or one hundred; mehrere/einige ~ several/a few hundred
Hundert *n.*; ~s, ~e, zehn von ~: ten per cent; ~e von Malen hundreds of times
Hunderter *m.*; ~s, ~ a) *(ugs.)* hundred-mark/-dollar etc. note; b) (Mathematik) hundred
hundert·fach hundredfold; die ~e Menge/der ~e Preis od. das ~e a hundred times the amount/price
hundert·jährig *Adj.* (100 Jahre alt) one-hundred-year-old
hundert·mal *Adv.* a hundred times; ich habe dir ~ gesagt I told you a hundred times
hundertst... ['hʊndɐtst] hundredth; zum ~en Mal for the hundredth time
hundertstel ['hʊndɐtstl̩] Bruchz. hundredth
Hundertstel *n.*; ~s, ~: hundredth
Hundertstel·sekunde *f.* hundredth of a second
hundert·tausend a or one hundred thousand
Hündin ['hʏndɪn] *f.*; ~, ~nen bitch
Hüne ['hy:nə] *m.*; ~n, ~n giant
Hunger ['hʊŋɐ] *m.*; ~s a) ~ auf etw. (Akk.) haben fancy sth.; feel like sth. *(ugs.)*; ~ leiden siehe hungern; ~ bekommen/haben get/be hungry; ich falle um vor ~ I'm starving; b) (Verlangen) hunger; (nach Erfolg usw.) craving; thirst
hungern ['hʊŋɐn] 1. *itr. V.* a) go hungry; starve; b) (verlangen) nach etw. ~: be hungry for sth.; (nach Macht, Ruhm) crave sth.; thirst for sth. 2. *ref. V.* sich zu Tode ~: starve oneself to death
hungrig *Adj.* hungry; ~ nach etw. sein fancy sth.; feel like sth. *(ugs.)*
Hupe ['hu:pə] *f.*; ~, ~n horn
hupen *itr. V.* sound the or one's horn; hoot
hüpfen *itr. V.; mit sein* hop; skip; bounce; Hüpfen spielen play (at) hopscotch; sein Herz hüpfte vor Freude his heart leapt for joy
Hürde ['hʏrdə] *f.*; ~, ~n a) (Sport, bildlich) hurdle; eine ~ nehmen take a hurdle
Hure ['hu:rə] *f.*; ~, ~n *(derogativ)* whore
Hurra *n.*; ~s, ~s cheer; jmdn. mit ~ begrüßen greet sb. with cheering or cheers *Pl.*
Hurrikan ['hʊrɪkən] *m.*; ~s, ~s hurricane
hurtig ['hʊrtɪç] 1. *adv.* quickly; fast. 2. *Adj.* rapid
husten ['hu:stn̩] 1. *itr. V.* a) cough; b) (Husten haben) have a cough
Husten *m.*; ~s, ~: cough; ~ haben have a cough
Hut [hu:t] *m.*; ~es, Hüte ['hy:tə] a) hat; den ~ ziehen raise one's hat; b) *(bildlich)* unter einen ~ bringen; ~ ab (vor ihm)! *(ugs.)* hats off (to him); ein alter ~ *(ugs.)* be old hat; seinen ~ nehmen *(ugs.)* pack one's bags and go
hüten ['hy:tn̩] 1. *tr. V.* look after; take care of; tend; ein Geheimnis ~ *(bildlich)* keep or guard a secret. 2. *ref. V.* (aufpassen) be on one's guard; sich vor jmdm./etw. ~: be on one's guard against sb./sth.; du solltest dich ~, das zu tun you'd better be careful not to do that; ich werde mich ~! *(ugs.)*; not likely! *(ugs.)*; not on your life! *(ugs.)*
Hütte ['hʏtə] *f.*; ~, ~n a) hut; (Holz~) cabin; hut; (Berg~) mountain lodge; b) (Eisen~) iron (and steel) works *sing.* or *Pl.*; (Glas~) glassworks
hydro-, Hydro- [hydro]: ~kultur *f.*; ~, ~en (Gartenbau) hydroponics *sing.*
Hygiene [hy'gie:nə] *f.*; ~: hygiene
hygienisch *Adj./adv.* hygienic(-ally)
Hymne ['hʏmnə] *f.*; ~, ~n hymn; (Nationalhymne) national anthem
Hypothek *f.*; ~, ~en mortgage; eine ~ aufnehmen take out a mortgage; etw. mit einer ~ belasten encumber sth. with a mortgage; mortgage sth.
Hysterie [hʏste'ri:] *f.*; ~, ~n hysteric
Hysteriker [hʏs'te:rɪkɐ] *m.*; ~s, ~, Hysterikerin *f.*; ~, ~nen hysterical person; hysteric
hysterisch *Adj./adv.* hysterical(-ly)

I

i, I [iː] *n.*; ~, ~: i/I
iberisch [iˈbeːrɪʃ] *Adj.* Iberian; **Iberische Halbinsel** Iberian Peninsula
ich [ɪç] *Personalpron.*; *1. Pers. Sg. Nom.* I; **~ selbst** I myself; **~ nicht** not me; **Menschen wie du und ~**: people like you and I or me; siehe auch (*Gen.*) meiner, (*Dat.*) mir, (*Akk.*) mic
Ich *n.*; ~[s], ~[s] a) self; b) (Psychologie) ego
ideal [ideˈaːl] *Adj./adv.* ideal(-ly)
Ideal *n.*, ~s, ~e ideal
Idealismus *m.*; ~: idealism
Idealist *m.*; ~en, ~en idealist
idealistisch *Adj./adv.* idealistic(-ally)
Ideal·vorstellung *f.* ideal
Idee [ɪˈdeː] *f.*; ~, ~n a) idea; **auf eine ~ kommen** hit (up)on an idea; **jmdn. auf eine ~ bringen** give sb. an idea
ideell [ideˈæl] *Adj.adv.* non-material/in a non-material way; (geistig) spiritual(-ly)
ideen·reich *Adj.* full of ideas; inventive
Identifikation [ɪdɛntɪfɪkaˈtsɪoːn] *f.*; ~, ~en identification
identifizieren [ɪdɛntɪfɪˈsiːrən] 1. *tr. V.* identify. 2. *refl. V.* sich mit jmdm./etw. ~: identify with sb./sth
Identifizierung *f.*; ~, ~en identification
identisch [ɪˈdɛntɪʃ] *Adj.* identical
Identität [ɪdɛntɪˈtɛːt] *f.*; ~: identity
Ideologie *f.*; ~, ~n [iːən] ideology
ideologisch *Adj./adv.* ideological(-ly)
Idiot [ɪˈdɪoːt] *m.*; ~en, ~en , **Idiotin** *f.*; ~, ~nen (auch abwertend) idiot
idiotisch *Adj./adv.* idiotic(-ally); stupid(-ly)
Idol [ɪˈdoːl] *n.*; ~s, ~e idol
Idyll [ɪˈdʏl] *n.*; ~s, ~e, **Idylle** *f.*; ~, ~n idyl(l)
idyllisch 1. *adv.* ~ gelegen in an idyllic spot. 2. *Adj.* idyllic
Igel [ˈiːgl] *m.*; ~s, ~: hedgehog
Iglu [ˈiːglu] *m. oder n.*; ~s, ~s igloo
ignorieren *tr. V.* ignore
ihm [iːm] *Dat. von er, (bei Personen)* him; *(bei Dingen, Tieren)* its; **~ etwas geben** give sth. to him/him sth.; **ein Onkel von ~**: an uncle of his
ihn [iːn] *Akk. von er (bei Personen)* him; *(bei Dingen, Tieren)* it
ihnen [ˈiːnən] *Dat. von sie, Pl.* them; **~ etwas geben** give sth. to them/them sth.; **eine Schwester von ~**: a sister of theirs
Ihnen *Dat. von Sie (Anrede)* you; **ich habe es ~ gegeben** I gave it to you; I gave you it; **geht es ~ gut?** are you well?; **Freunde von ~**: friends of yours
ihr [iːɐ] *Dat. von sie, Sg. (bei Personen)* her; *(bei Dingen, Tieren)* it; *(bei weiblichen Tieren)* her; it; **~ etwas geben** give sth. to her/her sth.; **ein Freund von ~** a friend of hers
ihr (in Briefen) *Ihr Personalpron.*; *2. Pers. Pl. Nom.* (Anrede an vertraute Personen) you; **Ihr Lieben** (im Brief) dear all; siehe auch (*Gen.*) euer/Euer, (*Dat.*, *Akk.*) euch/Euch
ihr *Possessivpron.* a) (einer Person) her; **das Haus dort ist nicht ~(e)s** that house over there is not hers; **nicht meiner, sondern ~er** not mine but hers; **der/die/das ~e** hers; **die ~en** hers; **die Ihren** her family; b) (eines Tieres, einer Sache) its; c) (*Pl.*) their; **der/die/das ~e** theirs; **die ~en** theirs; their (own); d) Ihr (Anrede) your; **~ Klaus Schmitz** (Briefschluss) yours, Klaus Schmitz; **~e Wohung gefällt mir** I like your flat; **der/die/das ~e** yours; **die ~en** yours; siehe auch ihr
ihrer [ˈiːrə] a) *Gen. von sie, Sg.* **wir erinnerten uns ~**: we remembered her; b) *Gen. von sie, Pl.* **wir werden ~ immer gedenken** we will always remember them
ihrerseits *Adv.* a) *Sg.* (von ihr aus) on/for her part; **Ihrerseits** (Anrede) (von Ihnen aus) on your part; b) *Pl.* on their part
ihres·gleichen *indekl. Pron.* a) *Sg.* people like her; *(derogativ)* the likes of her; her sort or kind; **sie möchte unter ~ sein** she wants to be among people like herself or her own kind; b) *Pl.* people like them; *(derogativ)* the likes of them; Ihresgleichen people *Pl.* like you
ihret·halben, ihretwegen *Adv.* a) *Sg.* (wegen ihr) because of her; on her account; (für sie) on her behalf; (ihr zuliebe) for her sake; b) *Pl.* (wegen ihnen) because of them; on their account; (für sie) on their behalf; for their sake(s); c) **Ihrethalben, Ihretwegen** (wegen Ihnen) because of you; on your account; (für Sie) on your behalf; (Ihnen zuliebe)

for your sake **ihret·willen** *Adv.* in um ~ (Sg.) for her sake; (*Pl.*) for their sake(s); **Ihretwillen** for your sake; for your sake(s) **ihrige** ['iːrɪgə] *Possessivpron.* a) *Sg.* **der/die/das ~:** hers; b) *Pl.* **der/die/das ~:** theirs; c) Ihrige (Anrede) **der/die/das ~:** yours
illegal ['ɪlegaːl] *Adj./adv.* illegal(-ly)
Illusion [ɪluˈzi̯oːn] *f.*; ~, ~en illusion; sich (*Dat.*) (keine)~en machen have (no) illusions
illusorisch [ɪluˈzoːrɪʃ] *Adj.* illusory
Illustration [ɪlustraˈtsi̯oːn] *f.*; ~, ~en illustration
illustrieren *tr. V.* (auch bildlich) illustrate
Illustrierte *f.*; *adj. Dekl.* magazine
im [ɪm] *Präp.* a) = in dem; b) *(zeitlich)* **im Dezember** in December; **im Jahre 1930** in (the year) 1930; **im letzten Monat** last month; **im Alter von 20 Jahren** at the age of 20; c) (räumlich) in the; **im Keller** the cellar; **im Fernsehen** on television; **im Bett** in bed; d) (Vorgang) ~ Fallen falling
Image ['ɪmɪtʃ] *n.*; ~[s], ~s image
imaginär [ɪmagiˈnɛːɐ̯] *Adj.* (Mathematik) imaginary
Imagination [ɪmaginaˈtsi̯oːn] *f.*; ~, ~en imagination
Imbiss ['ɪmbɪs] *m.*; Imbisse snack
Imbissbude *f.* (*ugs.*) snack bar
Imitation [ɪmitaˈtsi̯oːn] *f.*; ~, ~en imitation
imitieren *tr. V.* imitate
Imker ['ɪmkɐ] *m.*; ~s, ~: beekeeper
immanent [ɪmaˈnɛnt] *Adj.* inherent; einer Sache (*Dat.*) ~ sein be inherent in sth.
Immatrikulation [ɪmatrikulaˈtsi̯oːn] *f.*; ~, ~en (Universität) registration
immatrikulieren *ref. V.* (Universität) register
immens [ɪˈmɛns] immense(-ly)
immer ['ɪmɐ] *Adv.* a) always; **schon ~:** always; für ~ for ever; **wie ~:** as always; as ever; **~ wieder** again and again; **~ wenn** every time that; whenever; b) **~ mehr** more and more; **~ schneller/öfter** faster and faster/ more and more often; c) (verstärkend) **~ noch:** still; d) (*ugs.*; bei Aufforderung) ~ **mit der Ruhe!** take it easy!; **~ weiter so** keep going on
Immigrant [ɪmiˈgrant] *m.*; ~en, ~en, **Immigrantin**, *f.* immigrant
Immigration [ɪmigraˈtsi̯oːn] *f.*; ~, ~en immigration
immigrieren *itr. V.*; *mit sein* immigrate
Immobilien [ɪmoˈbiːli̯ən] *f.*; ~, ~n property; real estate
immun [ɪˈmuːn] (Medizin, bildlich) immune (gegen to)
Imperativ ['ɪmperatiːf] *m.*; ~s, ~e imperative
Imperialismus [ɪmperi̯aˈlɪsmus] *m.*; ~: imperialism
imperialistisch *Adj.* imperialistic
Impf·ausweis *m.* vaccination certificate
impfen *tr. V.* vaccinate; sich ~ lassen be vaccinated
Impfung *f.*; ~, ~en vaccination
implantieren *tr. V.* (Medizin) implant; jmdm. etw. implantieren implant sth. in sb.
imponieren [ɪmpoˈniːrən] *itr. V.* impress; jmdm. durch etw/mit etw. ~: impress sb. by sth.
imponierend *Adj./adv.* impressive(-ly)
Import [ɪmˈpɔrt] *m.*; ~[e]s, ~e import
Importeur [ɪmpɔrˈtøːɐ̯] *m.*; ~s, ~e importer
importieren *tr., itr. V.* import
imposant [ɪmpoˈzant] *Adj./adv.* imposing(-ly); impressive(-ly)
impotent ['ɪmpotɛnt] *Adj.* impotent
Impotenz ['ɪmpotɛnts] *f.*; ~: impotence/-cy
Impressum [ɪmˈprɛsum] *n.*; ~s, Impressen imprint
Improvisation [ɪmproviza'tsi̯oːn] *f.*; ~, ~en improvisation
improvisieren *tr., itr. V.* (auch Musik) improvise; über ein Thema ~ improvise on a theme
Impuls [ɪmˈpuls] *m.*; ~es, ~e a) (Motivation) impulse; einem ~ folgen act on (an) impulse; b) (Anstoß) stimulus; einer Sache (*Dat.*) einen neuen ~ geben give sth. fresh stimulus *sing.* or impetus *sing*
impulsiv [ɪmpulˈziːf] *Adv./adv.* impulsive(-ly)
im Stande [ɪmˈʃtandə] *Adv.* ~ sein, etw. zu tun (fähig sein) be able to do or capable of doing sth.
in [ɪn] 1. *Präp. mit Dat.* a) (*zeitlich*) in; ~ **einem Jahr** in a year; ~ **diesen Tagen** these days; (gerade) ~ **dem Moment** that (very) moment; b) (räumlich, bildlich) in; **er hat ~ Berlin studiert** he studied at Berlin; **ich war noch nie ~ Australien** I've never been to Australia; ~ der Schule/Kirche at school/church; c) (modal) in; ~ **englisch** in English. 2. *Präp. mit Akk.* a) (räumlich, bildlich) into; ~ **die Stadt/ das Dorf** into town/the village; b) (*zeitlich*) into
in·akzeptabel *Adj.* unacceptable
In·anspruchnahme *f.*; ~, ~n (auch von Maschinen, Material) use; (von Einrichtungen) utilization; b) (starke Belastung) (heavy) de-

mands *Pl.*
In·begriff *m.* quintessence
inbegriffen *Adj.* included
In·betriebnahme *f.;* ~, ~n,
In·betriebsetzung *f.;* ~en a) (einer Fabrik usw.) opening; (von Maschinen) bringing into service; (eines Kraftwerks) commissioning
in·dem *Konj.* a) (dadurch, dass) ~ man etw. tut by doing sth.; b) (während) while; as
Inder [ˈɪndɐ] *m.,* ~s, ~, **Inderin** *f.;* ~, ~nen Indian
in·des, in·dessen *Adv.* a) (jedoch) however; b) (inzwischen) meanwhile, in the meantime
Index [ˈɪndæks] *m.;* ~ oder ~es, ~e oder Indizes [ˈɪndɪtseːs] index
Indianer [ɪnˈdiːaːnɐ] *m.;* ~s, ~, **Indianerin** *f.;* ~, ~nen: (American) Indian
indianisch *Adj.* Indian
Indien [ˈɪndiən] *n.;* ~s India
in·direkt *Adj.* indirect
indisch [ˈɪndɪʃ] *Adj.* Indian
in·diskret *Adj.* indiscreet
Individualismus [ɪndividuaˈlɪsmʊs] *m.;* individualism
Individualist *m.;* ~en, ~en individualist
individualistisch *Adj.* individualistic
Individualität [ɪndividualiˈtɛːt] *f.;* ~ individuality
individuell [ɪndiviˈduæl] *Adj./adv.* individual(-ly)
Individuum [ɪndiˈviːduʊm] *n.;* ~s, Individuen individual
Indiz *n.;* ~es, ~ien a) indication, sign; b) (Jura) (*sing.* und *Pl.*) circumstantial evidence
indoktrinieren *tr. V.* indoctrinate
Indonesien [ɪndoˈneːziən] *n.;* ~s Indonesia
Indonesier *m.;* ~s, ~, **Indonesierin** *f.;* ~, ~nen, **indonesisch** *Adj.* Indonesian
Industrie [ɪndʊsˈtriː] *f.;* ~, ~n industry
industriell [ɪndʊstriˈæl] *Adj./adv.* industrial(-ly); die ~e Revolution (Geschichte) the Industrial Revolution
in·einander *Adv.* one another; ~ verliebt in love with each other
ineinander-: ~·fügen *tr. u. ref. V.* fit into each other or one another; fit together; ~·passen *itr. V.* s. ~fügen
Infarkt [ɪnˈfarkt] *m.;* ~[e]s, ~e (Medizin) infarct(ion)
Infekt [ɪnˈfɛkt] *m.;* ~[e]s, ~e, **Infektion** [ɪnfækˈtsioːn] *f.;* ~, ~en (Medizin) infection
Infinitiv [ˈɪnfinitiːf] *m.;* ~s, ~e [tiːvə] (Grammatik) infinitive
infizieren [ɪnfiˈtsiːrən] 1. *tr. V.* (auch bildlich) infect. 2. *ref. V.* become or get infected; sich bei jmdm. ~: be infected by sb.; catch an infection from sb.
Inflation [ɪnflaˈtsioːn] *f.;* ~, ~en (Wirtschaft) inflation
Info *f.;* ~, ~s (*ugs.*) s. information
in·folge 1. *Präp.* + *Gen.* as a result of; 2. *Adv.* ~ von etw. (*Dat.*) as a result of sth.
infolge·dessen *Adv.* consequently; as a result
Informatik [ɪnfɔrˈmaːtɪk] *f.;* ~: computer science *no art.*
Informatiker *m.;* ~s, ~: computer scientist
Information [ɪnfɔrmaˈtsioːn] *f.;* ~, ~en (*sing.* u. *Pl.*) information (über + Akk. about, on)
informieren 1. *tr. V.* inform (über + Akk. about); falsch/gut informiert misinformed/well-informed. 2. *ref. V.* obtain information; sich über etw. (Akk.) ~: inform oneself on or about sth.
infra·rot [ˈɪnfraˌ] *Adj.* (*Technik*) infra-red
Infra·rot *n.;* ~s (*Technik*) infrared radiation

Infusion [ɪnfuˈzioːn] *f.;* ~, ~en (Medizin) infusion
Ingenieur [ɪnʒeˈniœːɐ̯] *m.;* ~s, ~e, **Ingenieurin** *f.;* ~, ~nen engineer
Ingwer [ˈɪŋvɐ] *m.;* ~s, ~: ginger
Inhaber [ˈɪnhaːbɐ] *m.;* ~s, ~, **Inhaberin** *f.;* ~, ~nen holder; (Besitzer) owner
inhaftieren [ɪnhafˈtiːrən] *tr. V.* take into custody; detain
Inhaftierung *f.;* ~, ~en detention
In·halt *m.;* ~[e]s, ~e a) contents *Pl.;* b) (Bedeutung, Gedankengehalt) content
in·human *Adj.* a) inhuman; b) (rücksichtslos) inhumane
Initiale *f.;* ~, ~n initial (letter)
Initiative *f.;* ~, ~n a) initiative; die ~ ergreifen take the initiative; auf jmds. ~ (Akk.) (hin) on sb.'s initiative; ~ entwickeln develop initiative
Injektion [ɪnjækˈtsioːn] *f.,* ~, ~en (Medizin) injection
Injektions-: ~spritze *f.* hypodermic syringe
injizieren [ɪnjiˈtsiːrən] *tr. V.* (Medizin) inject; jmdm. etw. ~: inject sb. with sth.
inklusive [ɪnkluˈziːvə] 1. *Präp.* + *Gen.* (bes. Handel) including; die Tour kostet 60 DM ~ Mittagessen the tour costs 60 DM including lunch. 2. *Adv.* inclusive
in·kompetent *Adj.* incompetent
In·kompetenz *f.* incompetence
in·konsequent *Adj./adv.* inconsistent(-ly)
In·konsequenz *f.* inconsistency/-cy
In·land *n.;* ~[e]s a) im ~: at home; im In- und Ausland at home and abroad
Inlands-: ~markt *m.* home or domestic market
in·mitten 1. *Präp.* + *Gen.* in the midst of; surrounded by. 2. *Adv.* ~ von in the midst of; surrounded by

innen ['ɪnən] *Adv.* inside; (auf/an der Innenseite) on the inside; ~ und außen inside and out(side); nach ~ inwards; von ~ from within
inner... ['ɪnɐ] *Adj.* a) inner; internal; inside; b) (inländisch) internal
Innere ['ɪnərə] *n.; adj. Dekl.*; a) (Gefühl) inner being; b) inside; (eines Gebäudes, Landes usw.) interior
inner·halb 1. *Präp. + Gen.* a) (räumlich; bildlich) within, inside; ~ der Familie/Partei *(bildlich)* within the family/party; b) *(zeitlich)* within; ~ eines Jahres within one year. 2. *Adv.* a) (räumlich; bildlich) ~ von within; inside; b) *(zeitlich)* ~ von within
innerlich 1. *Adv.* a) inwardly; b) (im Körper) internally. 2. *Adj.* a) inner; inward; b) (im Körper) internal
innerst... *Adj.*; inmost
Innerste *n.; adj. Dekl.*; innermost being; im ~n in the heart
inne·wohnen *itr. V.* einer Sache ~: be inherent in sth.
innig ['ɪnɪç] *Adj/adv.* deep(-ly), fervent(-ly)
Innovation [ɪnɔvaˈtsi̯oːn] *f.;* ~, -en innovation
innovativ *Adj.* innovative
in·offiziell *Adj/adv.* unofficial(-ly)
ins [ɪns] *Präp. + Art.* a) = in das; b) ~ Bett/Konzert gehen go to bed/a concert; ~ Schleudern kommen go into a skid
Insasse ['ɪnzasə] *m.;* ~n, ~n, Insassin *f.;* ~, -nen passenger
ins·besondere *Adv.* siehe besonders
Insekt [ɪnˈzækt] *n.;* ~s, -en insect
Insel ['ɪnzl̩] *f.;* ~, ~n (auch bildlich) island
Inserat [ɪnzeˈraːt] *n.;* ~[e]s, ~e advertisement; ein ~ aufgeben put in an advertisement
inserieren *itr., tr. V.* advertise
ins·geheim *Adv.* secretly
ins·gesamt *Adv.* in all; altogether; (alles in allem) all in all
Insider ['ɪnsaɪdɐ] *m.;* ~s, ~: insider
insofern *Adv.* [ɪnˈzoːfɛrn] (in dieser Hinsicht) in this respect
Inspektion [ɪnspɛkˈtsi̯oːn] *f.;* ~, -en (Auto) service; das Auto zur ~ bringen take the car in for a service
Inspektor [ɪnsˈpæktɔr] *m.;* ~s, -en [ˈtoːrən], Inspektorin *f.;* ~, -nen inspector
inspirieren *tr. V.* inspire; jmd. zu etw. ~ inspire sb. to do sth.
in·stabil *Adj.* unstable
Installateur [ɪnstalaˈtœːɐ] *m.;* ~s, ~e a) (Klempner) plumber; b) (Heizungs~) heating engineer; d) (Elektro~) electrician
Installation [ɪnstalaˈtsi̯oːn] *f.;* ~, -en installation; ~en (installierte Rohre) plumbing no *Pl.*
installieren *tr. V.* a) install; b) (einrichten) set up
in·stand *Adv.* in etw. ist gut/schlecht ~: sth. is in good/poor condition; etw. ~ setzen repair or (renovieren) renovate sth.
in·ständig in jmdn. ~ bitten implore or beseech sb.; ~ hoffen hope fervently
Instandsetzung *f.;* ~, -en repair
Instanz [ɪnˈstants] *f.;* ~, ~en authority; (Jura) court; in die nächste ~ gehen appeal to the next higher court
Instinkt [ɪnˈstɪŋkt] *m.;* ~[e]s, ~e instinct
instinktiv [ɪnstɪŋkˈtiːf] 1. *Adj./adv.* instinctive(-ly)
Institut [ɪnstɪˈtuːt] *n.;* ~[e]s, ~e institute
Institution [ɪnstɪtuˈtsi̯oːn] *f.,* ~, -en (auch bildlich) institution
Instruktion [ɪnstrukˈtsi̯oːn] *f.* ~, -en instruction
Instrument [ɪnstruˈmɛnt] *n.;* ~[e]s, ~e instrument
instrumental [ɪnstrumɛnˈtaːl] (Musik) *Adj./adv.* instrumental(-ly)
Insulin [ɪnzuˈliːn] *n.;* ~s insulin
inszenieren [ɪnstseˈniːrən] *tr. V.* a) stage, put on; (Theater) direct; (TV) direct, produce
Inszenierung *f.;* ~, -en a) staging; (Regie) direction; b) (Produktion) production
intakt [ɪnˈtakt] *Adj.* intact
integral [ɪnteˈɡraːl] *Adj.* integral
Integral *n.;* ~s, ~s (Mathematik) integral
Integration [ɪntegraˈtsi̯oːn] *f.;* ~, -en integration
integrieren *tr. V.* integrate
Intellekt [ɪntæˈlɛkt] *m.;* ~[e]s intellect
intellektuell [ɪntælɛkˈtu̯ɛl] *Adj.* intellectual
Intellektuelle *m./f.; Adj. Dekl.* intellectual
intelligent [ɪntælɪˈɡɛnt] 1. *Adj./adv.* intelligent(-ly)
Intelligenz [ɪntælɪˈɡɛnts] *f.;* ~ intelligence
Intensität [ɪntɛnzɪˈtɛːt] *f.;* ~: intensity
intensiv [ɪntɛnˈziːf] 1. *Adj./adv.* intensive(-ly); intense(-ly); strong(-ly)
interessant [ɪntɛrɛˈsant] 1. *Adv.* in an interesting way. 2. *Adj.* interesting
Interesse [ɪntɛˈrɛsə] *n.;* ~s, ~n interest; im eigenen ~ handeln act in one's own interest; ~ an etw. haben be interested in sth.; ~ für etw. zeigen show an interest in sth.
interessieren *ref. V.* sich für etw. ~: be interested in sth.
interessiert *Adj.* interested;

italienisch

an etw. ~ sein be interested in sth.
intern [ɪn'tærn] 1. *Adj./adv.* internal(-ly)
Internat [ɪntɐ'naːt] *n.*; boarding-school
international *Adj./adv.* international(-ly)
Internist *m.*; ~en, ~en (Medizin) internist
Interpretation [ɪntɐpreta'tsioːn] *f.*; ~, ~en interpretation
interpretieren *tr. V.* interpret; etw. falsch ~: misinterpret sth.
Intervall [ɪntɐ'val] *n.*, ~s, ~e interval
intervenieren [ɪntɐve'niːrən] *itr. V.* (Politik) intervene
Intervention [ɪntɐvæn'tsioːn] *f.*; ~, ~en (Politik) intervention
intim [ɪn'tiːm] 1. *Adv.* mit jmdm. ~ verkehren have intimate relations with sb. 2. *Adj.* intimate
Intimität [ɪntɪmɪ'tæːt] *f.*; ~, ~en intimacy
in·tolerant 1. *Adj./adv.* intolerant(-ly) (gegenüber of)
In·toleranz *f.*; ~, ~en intolerance (gegenüber of)
Intrige [ɪn'triːgə] *f.*; ~, ~n intrigue
introvertiert [ɪntrovær'tiːɐt] *Adj.* introverted
Intuition [ɪntuɪ'tsioːn] *f.*; ~, ~en intuition
intuitiv [ɪntuɪ'tiːf] 1. *Adj./adv.* intuitive(-ly)
Invalide *m.*; *adj. Dekl.* invalid
Invasion [ɪnva'zioːn] *f.*; ~, ~en (auch bildlich scherzh.) invasion
Inventar [ɪnvæn'taːɐ] *n.*; ~s, ~e (einer Firma) fittings and equipment *Pl.*; (eines Hauses, Büros) furnishings and fittings *Pl.*
Inventur [ɪnvæn'tuːɐ] *f.*; ~, ~en stock-taking; ~ machen take stock
investieren *tr.*, *itr. V.* (auch bildlich) invest (in + Akk. in)
Investition [ɪnvæstɪ'tsioːn] *f.*; ~, ~en investment
in·wie·fern *Adv.* to what extent; how far; in what way
in·wie·weit *Adv.* to what extent; how far
in·zwischen *Adv.* meanwhile; in the meantime; since
Irak [ɪ'raːk] *m.*; ~[s] Iraq
Iraker *m.*; ~s, ~, **Irakerin** *f.*; ~, ~nen Iraqi
irakisch Iraqi
Iran [ɪ'raːn] *m.*; ~[s] Iran
Iraner *m.*; ~s, ~, **Iranerin** *f.*; ~, ~nen Iranian
iranisch *Adj.* Iranian
Ire [ˈiːrə] *m.*; ~n, ~n Irishman; die ~n the Irish; er ist ~: he is Irish
irgend ['ɪrgnt] *Adv.* ~ jemand someone; somebody; (in Fragen und Verneinungen) anyone; anybody; ~ etwas something; (in Fragen und Verneinungen) anything
irgendein *Indefinitpron. attr.* some.; (in Fragen und Verneinungen) any; ~ein Typ some guy; ~eines oder *(ugs.)* ~eins (just) any one
Irin *f.*; ~, ~nen Irishwoman; sie ist ~: she is Irish
irisch *Adj.* Irish; Irisch/das Irische Irish
Irland ['ɪrlant] *n.*; ~s Ireland; (die Republik) (the Republic of) Ireland
Ironie [ɪro'niː] *f.*; ~, ~n irony
ironisch 1. *Adj./adv.* ironical(-ly)
irrational ['ɪratsɪona:l] 1. *Adj./adv.* irrational(-ly)
irre ['ɪrə] 1. *Adj.* a) (verrückt) mad, insane; b) (toll) terrific *(ugs.)*
irreal ['ɪreaːl] *Adj.* unreal
irre-, **Irre-**: ~·führen *tr. V.* mislead; (täuschen) deceive; ~führend *Adj.* misleading
irren ['ɪrən] 1. *ref. V.* be mistaken; sich in etw. ~ mistake sth.. 2. *itr. V.* (sich irren) da kann ich mich auch ~ I may well be wrong there
irritieren, *tr.*, *itr. V.* a) (durcheinanderbringen) put off; b) (stören) disturb
Irrtum *m.*; ~s **Irrtümer** ['ɪrtyːmɐ] mistake; error
Ischias *f.* sciatica
Islam [ɪs'laːm oder ɪslam] *m.*, ~[s]: *m.* Islam
islamisch *Adj.* Islamic
Is·land [ˈiːs] *n.*; ~s Iceland
Isländer ['iːslændɐ] *m.*; ~s, ~, **Isländerin** *f.*; ~, ~nen Icelander
isländisch ['iːslændɪʃ] *Adj.* Icelandic; Isländisch/das Isländische Icelandic
isolieren *tr. V.* a) *(Technik)* insulate; lag; b) *(politisch, geographisch)* isolate
Isolierung *f.*; ~, ~en a) *(Technik)* insulation; insulating; (gegen Lärm) soundproofing; b) (auch bildlich) isolation
Israel ['ɪsraeːl] *n.*; ~s Israel
Israeli *m.*; ~[s], ~[s]/*f.*; ~[s] Israeli
israelisch *Adj.* Israeli
ist [ɪst] *3. Pers. Sg. Präsens* v. sein
Italien [ɪ'taːliən] *n.*; ~s Italy
Italiener [ɪta'liːenɐ] *m.*; ~s, ~, **Italienerin** *f.*; ~, ~nen Italian
italienisch *Adj.* Italian; Italienisch/das Italienische Italian

J

j, J *n.*; ~, ~: j/J
ja [jaː] 1. *Interj.* a) (Antwort auf Anrede, Anruf usw.) yes; (auf Fragen mit: Haben Sie/Hast du...?) Yes, I have; (auf Fragen mit anderen Verben: Yes, I do); (stärker) (yes,) indeed. 2. Partikel a) (Überraschung ausdrückend) **das ist ja großartig!** Isn't that great!; b) (Selbstverständlichkeit ausdrückend) **du weißt ja, dass es nicht geht** you surely know that there is no way
Ja *n.*; ~[s], ~[s] yes; **mit ~ stimmen** vote yes
Jacke [ˈjakə] *f.*; ~, ~n jacket
Jackett [jaˈkɛt] *n.*; ~s, ~s jacket
Jagd [jaːkt] *f.*; ~, ~en a) (mit Gewehr) shoot(ing); (Hetzjagd) hunt; Fuchs~ fox-hunting; (Verfolgungsjagd) chase; (bildlich) pursuit
jagen [ˈjaːgn̩] 1. *itr. V.* a) go shooting or hunting; b) *mit sein* (sich beeilen) race; rush. 2. *tr. V.* a) hunt; shoot; (hetzen) chase; b) (treiben) drive; jmdn. aus dem Haus ~: turn sb. out of the house
Jäger [ˈjɛːgɐ] *m.*; ~s, ~ a) (Militär) fighter; b) hunter
Jägerin *f.*; ~, ~nen huntress; huntswoman
jäh [jɛː] 1. *adv.* (steil) steeply, abruptly. 2. *Adj.* (plötzlich) sudden; abrupt
Jahr [jaːɐ̯] *n.*; ~[e]s ~e a) year; sie ist achtzig ~e (alt) she is eighty years old or of age; Kinder bis zu 6 ~en children up to the age of six or; b) im ~(e) 1750 in (the year) 1750; ein halbes ~: six months; anderthalb ~e a year and a half; jedes ~: every year
Jahr·buch *n.* year-book

jahre·lang 1. *adv.* for (many) years. 2. *Adj.*; *nicht präd.* year-long of; long-standing
Jahr·gang *m.* (Altersklasse) age-group; **der ~ 1925** those born in 1925; **er ist ~ 1960** he was born in 1960; c) (Wein) vintage
Jahr·hundert *n.* century
Jahrhundert·wende *f.* turn of the century
-jährig [ˈjɛːrɪç] a) (... Jahre lang) ...years'; -year; b) (... Jahre alt) ...-year-old
jährlich [ˈjɛːɐ̯lɪç] *Adj./adv.* yearly; annually; dreimal ~: three times a year
Jahr·tausend *n.* thousand years; millennium
Jahr·zehnt *n.* decade
Jamaika [jaˈmaɪka] *n.*; ~s Jamaica
Jamaikaner *m.*; ~s, ~, **Jamaikanerin** *f.*; ~, ~nen, **jamaikanisch** *Adj.* Jamaican
jämmerlich [ˈjɛmɐlɪç] *Adj./adv.* (kläglich) miserable/-ly; hopeless/-ly; pitiful(-ly); (ugs: miserabel) pathetical(-ly); hopeless(-ly)
jammern *itr. V.* moan; wail
Japan [ˈjaːpan] *n.*; ~s Japan
Japaner *m.*; ~s, ~, **Japanerin** *f.*; ~, ~nen, **japanisch** *Adj.* Japanese; Japanisch/das Japanische Japanese
Jargon [jarˈgoː] *m.*; ~s, ~s a) jargon b) (derogativ) übler ~ vulgar
jaulen [ˈjaʊlən] *itr. V.* howl; yowl
ja·wohl *Interj.* yes; certainly; (Gehorsam ausdrückend) yes, Sir
Ja·wort *n.* consent; jmdm. das ~ geben consent to marry sb.
je [jeː] 1. *Konj.* a) **je ..., de-**

sto ... the ... the ...; b) **je nachdem** (als Antwort) it all depends; (als *Konj.*) depending on
je *Interj.* **oh je** oh dear or dear me. 2. *Präp. mit Akk.* per; for each; **je angebrochene Stunde** for each or per hour. 3. *Adv.* a) (jeweils) **je 5 Stück** five pieces at a time; **Sie bekommen je fünfzig Mark** you'll get fifty marks each; b) (jemals) ever; **mehr denn je** more than ever
Jeans [dʒiːnz] *Pl.* oder *f.*; ~, ~ jeans *Pl.*; denims *Pl.*
jeden·falls *Adv.* a) at any rate; anyway; in any case
jeder [ˈjeːdɐ], jede, jedes *Indefinitpron.* u. unbest. Zahlwort 1. alleinstehend a) (alle einzeln) **jeder von uns kann helfen** each or every one of us can help; **jeder nach seinen Möglichkeiten** each according to his opportunities; b) (alle zusammen) everyone; everybody. 2. a) (alle) every; **jeder einzelne ...** every single ...; **ohne jeden Zweifel** without any doubt; b) (jeglicher) all; **jede Hilfe kam zu spät** all help came too late
jedes·mal *Adv.* every time; ~, wenn es passiert every time it happens
je·doch *Konj., Adv.* however
je·her *Adv.* seit oder von ~: always; at all times
jemals [ˈjeːmaːls] *Adv.* ever
jemand [ˈjeːmant] *Indefinitpron.* someone; somebody; (in Fragen und Verneinungen) anyone; anybody
Jemen [ˈjeːmən] *n.*; ~s oder *m.*; ~[s] Yemen
jener [ˈjeːnɐ], jene, jenes

499

Demonstrativpron. 1. (alleinstehend) that one; *Pl.* those; **jene, die ...:** those who ... 2. *Attr.* that; those; **zu jener Zeit** in that or those time(s)
jenseits [ˈjeːn̩] 1. *Adv.* beyond; on the other side; ~ **von** on the other side of; beyond. 2. *Präp. mit Gen.* (gegenüber) on the other side or far end of; (bildlich) beyond
Jesus [ˈjeːzʊs] *n.*; Jesu [ˈjeːzu] Jesus; ~ **Christus** Jesus Christ
jetzig [ˈjɛtsɪç] *Adj.*; present; current
jetzt [jɛtst] *Adv.* a) just now; at the moment; **von ~ an oder ab** from now on; **bis ~:** up to now; bis ~ noch nicht not yet; b) (heutzutage) these days; now; nowadays
jeweilig [ˈjeːvaɪlɪç] *Adj.*; respective
jeweils [ˈjeːvaɪls] *Adv.* respectively; at the time
Job [dʒɔp] *m.*; ~s, ~s job
jobben *itr. V.* (*ugs.*) do a job/ jobs
Jod [joːt] *n.*; ~es iodine
jodeln [ˈjoːdl̩n] itr., *tr. V.* yodel
joggen [ˈdʒɔgn] *itr. V.*; mit sein jog
Jogging [ˈdʒɔgɪŋ] *n.*; ~s jogging
Jogurt [ˈjoːgʊrt] *m.* oder *n.*; ~[s], ~[s] yoghurt
Johannis·beere *f.* currant
Joint [dʒɔɪnt] *m.*; ~s, ~s (*ugs.*) joint (*sl.*)
Joker [ˈjoːkɐ oder dʒoːkɐ] *m.*; ~s, ~ (Kartensp.) joker
jonglieren tr., *itr. V.* juggle
Joule [dʒuːl oder dʒaʊl] *n.*; ~[s], ~ (Wissenschaft) joule
Journal [ʒʊrˈnaːl] *n.*; ~s, ~e journal; periodical
Journalismus *m.*; ~: journalism
Journalist *m.*; ~en, ~en,

Journalistin *f.*; ~, ~nen journalist
journalistisch 1. *Adj./adv.* journalistical(-ly); ~ tätig sein work as or be a journalist
Jubel [ˈjuːbl̩] *m.*; ~s rejoicing; jubilation
jubeln *itr. V.* cheer; rejoice over sth.
Jubiläum [jubɪˈlɛːʊm] *n.*; ~s, Jubiläen anniversary
jucken [ˈjʊkn] 1. tr., *itr. V.* itch; mir juckt der Kopf my head itches. 2. *ref. V.* (*ugs.*: sich kratzen) scratch
Jucken *n.*; ~s itching
Jude [ˈjuːdə] *m.*; ~n, ~n Jew; er ist ~: he is Jewish
Judentum *n.*; ~s a) (Volk) Jewry; Jews *Pl.*; (Kultur u. Religion) Judaism
jüdisch *Adj.* Jewish
Judo [ˈjuːdo] *n.*; ~[s] judo
Jugend [ˈjuːgnt] *f.*; ~ a) youth; in meiner ~: in my youth; when I was young; von ~ auf from an early age; from his/her etc. youth; b) (Jugendliche) young people
jugendlich [ˈjuːgntlɪç] *Adj./adv.* a) young; sich ~ kleiden dress; b) (für Jugendliche typisch) youthful; er wirkt noch sehr ~: he still looks very young
Jugendliche [ˈjuːgntlɪçə] *m./ f.*; *adj. Dekl.* a) young person; für ~: for young people; b) (Jura) juvenile; young person
Jugo·slawe [jugoˈ] *m.* Yugoslav(ian)
Jugo·slawien *n.*; ~s Yugoslavia; das frühere ~ former Yugoslavia
Jugo·slawin *f.*, **jugo·slawisch** *Adj.* Yugoslav(ian)
Juli [ˈjuːlɪ] *m.*; ~[s], ~s July
jung [jʊŋ] *Adj.*; jünger [ˈjʏŋɐ], jüngst... [ˈjʏŋst] young; new; (aus der letzten Zeit) recent; in jüngster Zeit recently; lately; sie ist ~ gestorben she died young; 6 Jahre ~ 6 years young

Junge [ˈjʊŋə] *m.*; ~n, ~n oder (*ugs.*) Jungs boy; Tag, alter ~! (*ugs.*) hello, old pal! (*ugs.*)
Junge *n.*; *adj. Dekl.* ~ bekommen give birth to young (ones); ein ~s one of the young
jungenhaft *Adj.* boyish
jünger [ˈjʏŋɐ] *Adj.* youngish; **die Jüngeren unter ihnen** the younger ones amongst them; **sie sind beide noch ~:** they are both still quite young; Jüngere (jüngere Menschen) (the) younger people
Jung·frau *f.* a) virgin; die ~ Maria the Virgin Mary; b) (Astrologie) Virgo
Jung·geselle *m.* bachelor
Jüngste *m./f.*; *adj. Dekl.* (Kind) youngest
Juni [ˈjuːnɪ] *m.*; ~[s], ~s June
junior [ˈjuːnɪɔr] indekl. *Adj.*; nach Personennamen junior
Junior *m.*; ~s, ~en junior (*joc.*); (Handel) junior partner
Jupiter [ˈjuːpɪtɐ] *m.*; ~s Jupiter
Jura [ˈjuːra] *o. Art., o. Pl.* law; ~ studieren read or study Law
Jurist *m.*; ~en, ~en, **Juristin** *f.*; ~, ~nen lawyer; jurist
juristisch 1. *Adv.* in legal terms. 2. *Adj.* legal; law; die Juristische Fakultät the Law Faculty
just [jʊst] *Adv.* just; ~ zur rechten Zeit just in time
Justiz [jʊsˈtiːts] *f.*, ~: justice; (Behörden) judiciary; ein Vertreter der ~: a representative of justice or of the law
Juwel [juˈveːl] *n.* oder *m.*; ~s, ~en piece or item of jewellery; (Edelstein) jewel; (auch bildlich) gem

K

k, K [kaː] *n.*; ~, ~: k/K
Kabarett [kabaˈræt] *n.*; ~s, ~s oder ~e satirical cabaret (show); satirical revue; **ein politisches ~**: a satirical political revue
Kabarettist *m.*; ~en, ~en
Kabarettistin *f.*; ~, ~nen revue artiste
kabarettistisch *Adj.* revue, cabaret-type
Kabel [ˈkaːbl] *n.*; ~s, ~ cable
Kabel·fernsehen *n.* cable television
Kabeljau [ˈkaːbljau] *m.*; ~s, ~e oder ~s cod
Kabine [kaˈbiːnə] *f.*; ~, ~n cabin; (Umkleideraum usw.) cubicle
Kabinett [kabɪˈnæt] *n.*; ~s, ~e (Politik) cabinet
Kachel [ˈkaxl] *f.*; ~, ~n (glazed) tile; etw. mit ~n auslegen tile sth.
kacheln *tr. V.* tile; weiß gekachelt covered with white tile
Kachel·ofen *m.* tiled stove
Kacke [ˈkakə] *f.*; ~ (vulgär; auch bildlich) shit (coarse); crap (coarse)
kacken [ˈkakn] *itr. V.* (vulgär) shit (coarse); crap (coarse)
Kadaver [kaˈdaːvɐ] *m.*; ~s, ~ (auch bildlich, *derogativ*) carcass
Käfer [ˈkɛːfɐ] *m.*; ~s, ~: beetle
Kaffee *m.*; ~s, ~s coffee; ~ mit Milch white coffee (Brit.); coffee with milk; ~ kochen make coffee; ~ trinken have afternoon coffee
Käfig [ˈkɛːfɪç] *m.*; ~s, ~e cage
kahl [kaːl] *Adj.* a) (ohne Grün, ungeschmückt) bare; b) (ohne Haare, Federn) bald; ~ werden go bald

Kahn [kaːn] *m.*; ~[e]s, Kähne [ˈkɛːnə] a) (Ruder~) rowing-boat; ~ fahren go rowing/punting; b) (ugs.: Schiff) tub
Kai [kaɪ] *m.*; ~s, ~s quay, wharf
Kaiser [ˈkaɪzɐ] *m.*; ~s, ~: emperor
Kaiserin *f.*; ~, ~nen empress
kaiserlich *Adj.* imperial
Kakao [kaˈkau] *m.*; ~s, ~s cocoa; ~pulver *n.* cocoa powder
Kakerlake [ˈkaːkɛlak] *m.*; ~s oder ~en, ~en cockroach
Kaktus [ˈkaktus] *m.*; ~, Kakteen cactus
Kalb [kalp] *n.*; ~[e]s, Kälber [ˈkɛlbɐ] a) calf; b) (~fleisch) veal
kalben *itr. V.* calve
Kalbs-: ~braten *m.* roast veal; roast of veal; ~leder *n.* calfskin; calf-leather
Kalender [kaˈlɛndɐ] *m.*; ~s, ~: calendar; (Taschen~) diary
Kalifornien [kalɪˈfɔrnɪən] *n.*; ~s California
kalifornisch *Adj.* Californian
Kalk [kalk] *m.*; ~[e]s, ~e lime
Kalkül [kalˈkyːl] *n.*; ~s, ~e calculation
Kalkulation [kalkulaˈtsi̯oːn] *f.*; ~, ~en (auch Handel) calculation
kalkulieren *itr. u. tr. V.* calculate; falsch ~: miscalculate
Kalorie [kaloˈriː] *f.*; ~, ~n calorie
kalt [kalt] 1. *Adj.* cold; chilly; mir ist/ wird ~: I am/am getting cold; das Essen wird ~: the food is getting cold. 2. *adv.* a) ~ duschen have or take a cold shower; Geträn-

ke ~ stellen cool drinks; b) (abweisend, distanziert) coldly; frostily
kaltblütig *Adj./adv.* (*derogativ*: skrupellos) coldblooded(-ly)
Kälte [ˈkɛltə] *f.*; a) cold; 5 Grad ~: 5 degrees below freezing; vor ~ zittern shiver with cold; bei dieser ~: in this cold; b) *(bildlich)* coldness
Kalzium [ˈkaltsɪʊm] *n.*; ~s calcium
Kambodscha [kamˈbɔdʒa] *n.*; ~s Cambodia
Kambodschaner [kambɔˈdʒaːnɐ] *m.*; ~s, ~: Cambodian
Kamel [kaˈmeːl] *n.*; ~s, ~e camel
Kamera [ˈkaməra] *f.*; ~, ~s camera
Kamerad [kaməˈraːt] *m.*; ~en, ~en (Freund) friend; (Mitschüler) mate; friend; (Soldat) comrade; (Gefährte) companion
Kameradschaft *f.*; ~: comradeship; (Gefühl) sense of comradeship
kameradschaftlich 1. *adv.* like a comrade; companionable. 2. *Adj.* comradely
Kamille [kaˈmɪlə] *f.*; ~, ~n camomile
Kamillen·tee *m.*; camomile tea
Kamin [kaˈmiːn] *m.*, schweiz. *n.*; ~s, ~e fireplace; am ~ by the fireside
Kaminfeuer *m.* (open) fire
Kamm [kam] *m.*; ~[e]s Kämme [ˈkɛmə] a) comb; b) (bei Tieren) comb; (Schweine~) spare rib; c) (Gebirgs~) ridge
kämmen [ˈkɛmən] *tr. V.* comb; sich (die Haare) ~: comb one's hair
Kammer [ˈkamɐ] *f.*; ~, ~n a)

Kammer

store-room; chamber; b) (Politik) chamber; c) (Jura) court;
Kammer-: ~jäger *m.* pest controller; ~musik *f.; o. Pl.* chamber music; ~orchester *n.* chamber orchestra
Kampagne [kam'panjə] *f.;* ~, ~n campaign (für for, on behalf of; gegen against)
Kampf [kampf] *m.;* ~[e]s, Kämpfe a) (allg.) fight; battle; (bildlich) struggle; ein ~ auf Leben und Tod a fight to the death; jmdm. den ~ ansagen challenge sb.; b) (Wett~) contest; (Boxen) fight, bout; c) (Militär) battle (um for); er ist im ~ gefallen he fell or was killed in action or combat
kämpfen 1. *tr. V.* einen Kampf ~ (auch bildlich) fight a battle. 2. *itr. V.* a) fight (um, für for); gegen jmdn./mit jmdm. ~: fight (against)/with sb.
Kämpfer *m.;* ~s, ~, **Kämpferin** *f.;* ~, ~nen fighter
kämpferisch *Adj.* fighting; combative; (Charakter) aggressive
Kanada ['kanada] *n.;* ~s Canada
Kanadier [ka'na:dɪɐ] *m.;* ~s, ~; **kanadisch** [ka'na:dɪʃ] *Adj.* Canadian
Kanal [ka'na:l] *m.;* ~s, Kanäle [ka'nɛ:lə] channel; (künstlicher) canal; der ~: the (English) Channel
Kanalisation [kanaliza'tsio:n] *f.;* ~, ~en a) (System der Abwasserkanäle) sewerage or drainage system
Kanal·tunnel *m.* Channel Tunnel
Kanaren [ka'na:rən] *Pl.* die ~: the Canaries
Kanarien·vogel [ka'na:rɪən] *m.* canary (bird)
Kanarische Inseln *Pl. f.* ~n, ~: the Canary Islands
Kandidat [kandɪ'da:t] *m.;* ~en, ~en, Kandidatin *f.;* ~,

~nen a) candidate; b) (beim Quiz usw.) contestant
Kandidatur [kandida'tu:ɐ] *f.;* ~, ~en candidature (auf + Akk. for)
kandidieren *itr. V.* stand (as a candidate) (für for)
Kandis ['kandɪs] *m.;* ~, **Kandis·zucker** *m.* rock candy
Känguru ['kɛŋguru] *n.;* ~s, ~s kangaroo
Kaninchen [ka'ni:nçən] *n.;* ~s, ~: rabbit
Kaninchenstall *m.* rabbit-hutch
Kanister [ka'nɪstɐ] *m.;* ~s, ~: can; (metal/plastic) container
Kännchen ['kɛnçən] *n.;* ~s, ~: (small) pot (Kaffee of coffee)
Kanne ['kanə] *f.;* ~, ~n (Tee~ , Kaffee~) pot; (Milch~ , Wasser~) jug
Kanon ['ka:nɔn] *m.;* ~s, ~s (Literatur usw.) canon; (Musik) round; canon
Kanone [ka'no:nə] *f.;* ~, ~n a) cannon; big gun
Kanonenkugel *f.* cannonball
Kante ['kantə] *f.;* ~, ~n edge; Stoff~ border
kantig *Adj.* square(-cut); rough-edged
Kantine [kan'ti:nə] *f.;* ~, ~n canteen
Kanton [kan'to:n] *m.;* ~s, ~e (Schweiz) canton
Kantor ['kantɔr] *m.;* ~s, ~en ['to:rən] choirmaster and organist
Kanu ['ka:nu] *n.;* ~s, ~s cano
Kanzel ['kantsl̩] *f.;* ~, ~n pulpit; auf der ~: in the pulpit
Kanzlei [kants'laɪ] *f.;* ~, ~en office
Kanzler ['kantslɐ] *m.;* ~s, ~ chancellor
Kap [kap] *n.;* ~s, ~s cape; das ~ der Guten Hoffnung Cape of Good Hope; ~ Horn

Cape Horn
Kapazität [kapatsɪ'tɛ:t] *f.;* ~, ~en (auch Handel) capacity
Kapelle [ka'pɛlə] *f.;* ~, ~n a) (Architektur) chapel; b) (Musik) band
Kaper ['ka:pɐ] *f.;* ~, ~n caper usu. in *Pl.*
kapieren [ka'pi:rən] *(ugs) tr. V. (ugs.)* get *(ugs.)*; understand
Kapital *n.;* ~s, ~e oder ~ien capital; *(bildlich)* asset
Kapitalanlage *f.* (Handel) capital investment
Kapitalismus *m.;* ~ capitalism
Kapitalist *m.;* ~en, ~en capitalist
kapitalistisch 1. *Adj./adv.* capitalist(-ically)
Kapitän [kapɪ'tɛ:n] *m.* , ~s, ~e captain
Kapitel [ka'pɪtl̩] *n.;* ~s, ~ (auch bildlich) chapter; das ist ein ~ für sich *(bildlich)* that's another story
Kapitulation [kapɪtula'tsio:n] *f.;* ~, ~en (Militär) surrender; capitulation
kapitulieren *itr. V.* a) (Militär) surrender; capitulate; vor dem Feind ~: surrender to the enemy; b) (bildlich) give up
Kappe ['kapə] *f.;* ~, ~n cap; etw. auf seine ~ nehmen *(ugs.)* take the responsibility for sth.
kaputt [ka'pʊt] *Adj.* a) (zerbrochen) broken (down); smashed; irgend etwas ist daran ~: there's something wrong with it; (defekt) not working or out of order; *(ugs.: erschöpft)* done in; whacked (Brit. *ugs.*)
Kapuze [ka'pu:tsə] *f.;* ~, ~n hood
Karambolage [karambo'la:ʒə] *f.;* ~, ~n *(ugs.)* crash; collision
Karamel [kara'mɛl] *m.;* ~s caramel

Karamelbonbon m. oder n. caramel (toffee)
Karat [kaˈraːt] n.; ~(e)s, ~e carat; Gold von 24 ~: 24-carat gold
Karate [kaˈraːtə] n.; ~(s) karate
Karawane [karaˈvaːnə] f.; ~, ~n caravan
Kardinal [kardɪˈnaːl] m.; ~s, Kardinäle [kardɪˈnɛːlə] cardinal
Karenz [kaˈrɛnts] f.; ~, ~en, Karenz·zeit f. waiting time
Kar·freitag [kaːȩ̯] m. Good Friday
karg [kark] Adj./adv. a) (sparsam) frugal(-ly), sparing(-ly); b) (Ausstattung usw.) meagre(-ly), scanty/-ily, poor
Karibik [kaˈriːbɪk] f.; the Caribbean
karibisch Adj. Caribbean
kariert [kaˈriːɐ̯t] Adj. check(ed), chequered
Karies [ˈkaːri̯ɛs] f.; ~ (Medizin) caries
Karikatur [karɪkaˈtuːɐ̯] f.; ~, ~en (auch bildlich) caricature; cartoon
Karikaturist m.; ~en, ~en cartoonist; (Porträtist) caricaturist
karikieren [karɪˈkiːrən] tr. V. caricature
Karneval [ˈkarnəval] m.; ~s, ~e oder ~s carnival
Karo [ˈkaːro] das; ~s, ~s a) square; (Muster) check; b) (Kartenspiel) diamonds Pl.
Karosserie [karɔsəˈriː] f.; ~, ~n car body; coachwork
Karotte [kaˈrɔtə] f.; ~, ~n carrot
Karpfen m.; ~s, ~: carp
Karre [ˈkarə] f.; ~, ~n a) siehe Karre; b) (abwertend: Auto) pile (coll.)
Karree [kaˈreː] n.; ~s, ~s a) (Quadrat; auch Militär: Formation) square; b) (Häuserblock) block
Karren m., ~, ~ cart;

(Schubkarren)(wheel)barrow; (Gepäck~ usw.) trolley; ein ~ voll Schutt a cartload/barrowload of rubble
Karriere [kaˈri̯ɛːrə] f.; ~, ~n career; ~ machen make a (successful) career for oneself
Karte [ˈkartə] f.; ~, ~n a) card; (Speise~) menu; (Wein~) wine-list; (Fahr~, Flug~, Eintritts~) ticket; b) (Land~) map; c) (Sport) die gelbe/rote ~ the yellow/red card; d) (Spiel~) card; alles auf eine ~ setzen stake everything on one chance
Kartei [karˈtaɪ] f.; ~, ~en card file or index
Kartoffel [karˈtɔfl̩] f.; ~, ~n potato
Karton [karˈtɔŋ] m.; ~s, ~s a) (Behälter) cardboard box; (kleiner und dünner) carton; b) (Pappe) card(board)
Karussell [karʊˈsɛl] n.; ~s, ~s oder ~e merry-go-round; roundabout; ~ fahren have a ride or go on the merry-go-round/roundabout
Kar·woche [ˈkaːɐ̯vɔxə] f. Holy Week; Passion Week
kaschieren [kaˈʃiːrən] tr. V. conceal; hide; disguise
Käse [ˈkɛːzə] m., ~s, ~ a) cheese
Kaserne [kaˈzɛrnə] f.; ~, ~n barracks sing. or Pl.
Kasernen·hof m. barrack square
Käsestange f. cheese straw
käsig Adj. a) (wie Käse) cheesy; cheeselike; b) (ugs.: blass) pasty; pale
Kasino [kaˈziːno] n.; ~s, ~ casino
Kaskade [kasˈkaːdə] f.; ~n (auch bildlich) cascade
Kasse [ˈkasə] f.; ~, ~n a) (Laden~, Registrier~) till; cash register; (Theater~ usw.) box-office; b) (Stelle zum Bezahlen) cash or pay desk; (im Supermarkt)

check-out; (in einer Bank) counter; c) (Geld) cash; knapp bei ~: be short of cash or money
Kassette [kaˈsɛtə] f.; ~, ~n a) (mit Büchern, Schallplatten) cassette; box; b) (für Schmuck usw.) casket; box
Kassetten·recorder m. cassette recorder
kassieren 1. itr. V. a) bei jmdm. ~ give sb. their bill or (Amer.) check; (ohne Rechnung) settle up with sb.; b) (ugs.: Geld einnehmen) collect the money. 2. tr. V. a) (ugs.: einnehmen) collect; (bildlich) receive, get
Kassierer m.; ~s, ~, Kassiererin f.; ~, ~nen cashier; (Bank) teller
Kastanie [kasˈtaːni̯ə] f.; ~, ~n chestnut
Kastanien·baum m. chestnut (tree)
Kästchen [ˈkɛstçən] n.; ~, ~ small box; (vorgedrucktes Feld) square
Kasten [ˈkastn̩] m.; ~s Kästen [ˈkɛstn̩] a) box; b) (ugs.: Briefkasten) postbox
Kastration [kastraˈtsi̯oːn] f.; ~, ~en castration
kastrieren tr. V. castrat
Kasus [ˈkaːzʊs] m.; ~, ~ [ˈkaːzuːs] (Grammatik) case
Katakombe [kataˈkɔmbə] f.; ~, ~n; catacomb
Katalog [kataˈloːk] m.; ~[e]s, ~e (auch bildlich) catalogue
Katalysator [katalyˈzaːtɔr] m.; ~s, ~en [zaˈtoːrən] (Auto) catalytic converter
Katarrh [kaˈtar] m.; ~s, ~e (Medizin) catarrh
Kataster·amt n. land-registry (office)
katastrophal [katastroˈfaːl] Adj./adv. disastrous(-ly); catastrophic(-ally)
Katastrophe [katasˈtroːfə] f.; ~, ~n disaster; (stärker) catastrophe

Kategorie

Kategorie [kategoˈriː] *f.*; ~, ~n [iːən] categor
kategorisch *Adj./adv.* categorical(-ly)
Kater [ˈkaːtɐ] *m.*; ~s, ~ a) tomcat; b) (*ugs.*: Kopfschmerzen) hangover
Kathedrale [kateˈdraːlə] *f.*; ~, ~n cathedral
Katheter [kaˈteːtɐ] *m.*; ~s, ~ (Medizin) catheter
Katholik [katoˈliːk] *m.*; ~en, ~en, **Katholikin** *f.*; ~, ~nen, **katholisch** *Adj.* (Roman) Catholic
Katholizismus [katolɪˈtsɪsmʊs] *m.*; ~: (Roman) Catholicism *no art.*
Kätzchen [ˈkɛtsçən] *n.*; ~s, ~ little cat; (liebkosend) pussy; (junge Katze) kitten
Katze [ˈkatsə] *f.*; ~, ~n a) cat; die ~ aus dem Sack lassen (*ugs.*) let the cat out of the bag
Kauderwelsch [ˈkaʊdɐvɛlʃ] *n.*; ~[s] gibberish *no indef. art.*; double Dutch *no indef. art.*; (Fachsprache) jargon
kauen [ˈkaʊən] 1. *itr. u. tr. V.* chew; an etw. (*Dat.*) ~: chew (on or bildlich) at) sth.
Kauf [kaʊf] *m.*; ~[e]s, Käufe [ˈkɔʏfə] (das Kaufen) buying; purchasing (formal); (Gekauftes) purchase; etw. zum ~ anbieten offer sth. for sale; einen ~ abschließen complete a purchase; etw. in ~ nehmen (*bildlich*) accept sth.
kaufen 1. *itr. V.* (einkaufen) shop. 2. *tr. V.* a) buy; purchase; siehe auch Raten; etw. billig/zu teuer ~: buy sth. cheaply/pay too much for sth.
Käufer [ˈkɔʏfɐ] *m.*; ~s, ~, **Käuferin** *f.*; ~, ~nen buyer; purchaser; (Kunde/Kundin) customer
käuflich [ˈkɔʏflɪç] *Adj.* (bestechlich) venal; ~ sein be easily bought

Kauf·mann *m.*; *Pl.* Kaufleute (Händler) trader; merchant; (Geschäftsmann) businessman
kaufmännisch *Adj.* commercial; business attrib.
Kau·gummi *m.*; ~s, ~s chewing gum
Kaukasus [ˈkaʊkazʊs] *m.*; ~: der ~: the Caucasus
kaum [kaʊm] *Adv.* a) hardly; scarcely; ich glaube ~: I hardly or scarcely think so; ~ jemand/etwas hardly anybody or anyone/anything; b) ~ dass almost as soon as; ~ dass sie das Haus verkauft hatten, ...: hardly had they sold the house when ...
kausal [kaʊˈzaːl] *Adj.* (Grammatik) causal
Kaution [kaʊˈtsi̯oːn] *f.*; ~, ~en a) (für Wohnung) deposit; b) (für einen Häftling) bail; gegen ~: on bail; jmdn. gegen ~ freibekommen bail sb. out
Kauz [kaʊts] *m.*; ~es, Käuze [ˈkɔʏtsə] a) owl; (Stein~) little owl; b) (Sonder~) odd or strange fellow
kauzig *Adj.* odd; queer; funny (coll.)
Kavalier [kavaˈliːɐ] *m.*; ~s, ~e gentleman
Kavaliers·delikt *n.* petty offence; peccadillo
Kaviar [ˈkaːvi̯ar] *m.*; ~s, ~e caviar(e)
keck [kɛk] *Adj./adv.* a) impertinent(-ly); cheeky/-ily; saucy/-ily (Brit.)
Kegel [ˈkeːɡl̩] *m.*; ~s, ~ a) cone; skittle; (beim Bowling) pin
kegel-, Kegel-: ~bahn *f.* skittle alley; ~förmig *Adj.* conical; cone-shaped
kegeln *itr. V.* play (at) skittles or ninepins
Kehle [ˈkeːlə] *f.*; ~, ~n throat
Kehre [ˈkeːrə] *f.*; ~, ~n sharp bend or turn
kehren 1. *ref. V.* sich an

etw. (*Dat.*) nicht ~: pay no attention to or ignore sth. 2. *tr. V.* turn; etw. von innen nach außen ~: turn sth. inside out; jmdm. den Rücken ~: turn one's back on sb. 3. *itr. V.* in sich (Akk.) gekehrt lost in thought; introverted
Kehr-: ~schaufel *f.* dustpan; ~seite *f.* back; (einer Münze, Medaille) reverse; die ~seite der Medaille (*bildlich*) the other side of the coin; (Nachteil) drawback; disadvantage
kehrt·machen *itr. V.* (*ugs.*) turn back; auf dem Absatz ~: turn on one's heel
Keil [kaɪl] *m.*; ~[e]s, ~e wedge; einen ~ zwischen etw./jmdn. (*bildlich*) treiben drive a wedge between sth./sb.
Keim [kaɪm] *m.*; ~[e]s, ~e a) (Biologie) embryo; (erster Trieb) shoot; b) (bildlich: Ursache) seed (*s Pl.*); c) (Medizin: Krankheitserreger) germ
keimen *itr. V.* germinate; sprout; (*bildlich*) stir; form; awaken
keimfrei *Adj.* germ-free; sterile; etw. ~frei machen sterilize sth.
Keim·zelle *f.* a) (bildlich) nucleus; b) (Wissenschaft) germ-cell
kein [kaɪn] *Indefinitpron.*; a) no; **unter ~en Umständen** under no circumstances; no way; ~ **Mensch/~ einziger** nobody or no one/not a single one; **ich habe ~ Geld/~e Zeit** I have no money/time; b) (*ugs.*: weniger als) less than; **es ist ~e zwei Wochen her, dass wir uns gesehen haben** it's not or it's less than two weeks since we last met; **es dauert ~e zehn Minuten** it

won't take ten minutes
keine, keiner, keine(s), *Indefinitpron.* (niemand, nichts) nobody; no one; ~**es von beiden** neither of them; ~**er von ihnen** not one of them; none of them; **ich weiß ~en, der dir helfen könnte** I don't know anyone who could help you
keinerlei *indekl. unbest. Gattungsz.* no ... at all; no ... what(so)ever
keines·falls *Adv.* on no account; by no means
keines·wegs *Adv.* by no means; not by any means; not at all
kein·mal *Adv.* not (even) once
Keks [ke:ks] *m.*; ~e biscuit (Brit.); cookie (Amer.)
Kelle [ˈkɛlə] *f.*; ~, ~n a) (Bahn, Polizei usw.) (signal) disc; b) (Schöpf~) scoop; c) (Maurer~) trowel
Keller [ˈkɛlɐ] *m.*; ~s, ~ a) cellar; (~geschoß) basement
Kellner [ˈkɛlnɐ] *m.*; ~s, ~: waiter
Kellnerin *f.*; ~, ~nen waitress
kellnern *itr. V. (ugs.)* work as a waiter/waitress
kennen [ˈkɛnən] *unr. tr. V.* know; be acquainted with
kennen·lernen *tr. V.* get to know; jmdn./etw. (näher) ~: get to know sb./sth. (better); become (better) acquainted with sb./sth.; (es) freut mich, Sie kennenzulernen (I'm) pleased to meet you or to make your acquaintance (formal)
Kenner *m.*; ~s, ~ expert, authority (+ *Gen.* on); (Wein, Speisen) connoisseur
Kennnummer *f.* siehe Kennummer
kenntlich [ˈkɛntlɪç] *Adj.* identifiable; recognizable; distinguishable (an by)

Kenntnis [ˈkɛntnɪs] *f.*; ~, ~se a) *o. Pl.* knowledge *sing.*; **gründliche ~se in etw. (Dat.) haben** have a thorough knowledge of sth.; b) (Notiz) knowledge; **etw. zur ~ nehmen** take note of sth.; **von etw. ~ haben/erhalten** be informed on sth.; **jmdn. von etw. in ~ setzen** inform sb. of sth.; **jmdn. zur ~ nehmen** take notice of sb.
Kenntnisnahme *f.*; in jmdm. **etw. zur ~ vorlegen** submit sth. to sb. for his/her attention
Kennummer *f.*; ~, ~n reference number; code number
Keramik [keˈraːmɪk] *f.*; ~en ceramics *Pl.*; pottery
Kerl [kɛrl] *m.*; ~s, ~e a) (ugs.: männliche Person) bloke (Brit. sl.); fellow *(ugs.)*; chap *(ugs.)*;
Kern [kɛrn] *m.*; ~[e]s, ~e a) (einer Frucht) pip; (von Nüssen, Mandeln usw.) kernel; (von Steinobst) stone; *(bildlich)* heart; der ~ einer Sache *(bildlich)* the heart/crux/gist of a matter; b) (Atom~) nucleus; c) (wesentlicher Teil) core; nucleus; der harte ~: the hard core
Kern·kraft *f.* nuclear power
Kerze [ˈkɛrtsə] *f.*; ~, ~n a) candle; elektrische ~: candle bulb
Kessel [ˈkɛsl] *m.*; ~s, ~ (zum Kochen) pot; (Tee~) kettle; (Dampf~, Heiz~) boiler
Ketchup [ˈkɛtʃap] *m. oder n.*; ~[s], ~s ketchup
Kette [ˈkɛtə] *f.*; ~, ~n a) (auch bildlich) chain; (von Ereignissen) string; series; ~ **rauchen** *(ugs.)* chain-smoke; b) chain; (von Kettenfahrzeugen) track; c) (Halsschmuck) necklace
keuchen [ˈkɔyçn] *itr. V.* a) pant; gasp for breath; b) *mit sein*(sich keuchend fortbewegen) puff or pant one's way; come/go puffing or panting along
Keule [ˈkɔylə] *f.*; ~, ~n (Speise) leg; (Hasen~) haunch; (Hühner~) drumstick
keusch [kɔyʃ] 1. *adv. Adj./adv.* a) chaste; (sittlich rein) pure
kichern [ˈkɪçɐn] *itr. V.* giggle
kicken *(ugs.) itr. V.* play football
kidnappen [ˈkɪtnɛpn] *tr. V.* kidnap
Kidnapper *m.*; ~s, ~: kidnapper
Kidnapping [ˈkɪtnɛpɪŋ] *n.*; ~s, ~s kidnapping
Kiefer [ˈkiːfɐ] *m.*; ~s, ~: jaw
Kiefer *f.*; ~, ~n pine(tree); (Holz) pine(wood)
Kiefern- ~nadel *f.* pine-needle; ~zapfen *m.* pine-cone
Kiefer·orthopädie *f.* orthodontics
Kiel [kiːl] *m.*; ~[e]s, ~e keel
Kielwasser *n.* wake; in jmds. ~wasser sb.'s wake
Kies [kiːs] *m.*; ~es, ~e gravel; (am Strand) shingle
Kiesel [ˈkiːzl] *m.*; ~s, ~, **Kieselstein** pebble
Kiez [kiːts] *m.*; ~es, ~e (Berlin) neighbourhood
kiffen [ˈkɪfn] *itr. V. (ugs.)* smoke pot *(sl.)* or grass *(sl.)*
Kiffer *m.*; ~s, ~ *(ugs.)* pothead *(sl.)*
Kilo [ˈkiːlo] *n.*; ~s, ~[s] kilo
Kind [kɪnt] *n.*; ~[e]s, ~er (auch Kleinkind) child; infant; (Baby) baby; **ein ~ zur Welt bringen** give birth to a child; **ein ~ erwarten/bekommen oder *(ugs.)* kriegen** be expecting/ have a baby; **das weiß doch jedes ~**: any child or five-year old knows that; **von ~ an oder auf** from childhood
Kindheit *f.*; ~: childhood;

von ~ an: from childhood or infancy
Kindheits·erinnerung *f.* childhood memory
kindisch *Adj./adv.* childish(-ly)
kindlich 1. *adv.* in a childlike way or manner; 2. *Adj.* childlike
Kinn [kɪn] *n.*; ~[e]s, ~e chin
Kino [ˈkiːno] *n.*; ~s, ~s a) cinema (Brit.); movie theatre or house (Amer.); ins ~ gehen go to the cinema (Brit.) or pictures (Brit.) or (Amer.) movies *Pl.*
Kiosk [kɪɔsk] *m.*; ~[e]s, ~e kiosk
Kippe [ˈkɪpə] *f.*; ~, ~n *(ugs.)* stub; (Amer.) butt; dogend *(sl.)*
Kippe *f.*; ~, ~n a) in etw. steht auf der ~ *(bildlich)* it's touch and go with sth.; sth. hangs in the balance; b) (Müll~) dump
kippen 1. *itr. V.*; *mit sein* tip over; overturn; roll over. 2. *tr. V.* (neigen) tip (up); tilt
Kirche [ˈkɪrçə] *f.*; ~, ~n Church; aus der ~ austreten secede from or leave the Church; in die ~ gehen go to Church
Kirchhof *m.* churchyard; (Friedhof) graveyard
kirchlich 1. *adv.* ~ getraut/begraben werden have a church wedding or be married in church/have a church funeral. 2. *Adj.* ecclesiastical; Church attrib.
Kirchturm *m.* (church) steeple; spire
Kirchturm-: ~spitze *f.* church spire; ~uhr *f.* church clock
Kirmes [ˈkɪrməs] *f*; ~, Kirmesse kermis
Kirsche [ˈkɪrʃə] *f.*; ~, ~n cherry
Kissen [ˈkɪsn] *n.*; ~s, ~: cushion; (Kopf~) pillow
Kiste [ˈkɪstə] *f.*; ~, ~n a) box; case; (Truhe) chest; b) (salopp) (Fernseher) box *(ugs.)*
Kitsch [kɪtʃ] *m.*; ~[e]s kitsch
kitschig *Adj.* trashy; (rührselig) sloppy
Kitt [kɪt] *m.*; ~[e], ~e (Fenster~) putty; (für Porzellan, Kacheln usw.) cement; (Füllmasse) filling compound
kitten *tr. V.* cement (together); stick (together) with cement; *(bildlich)* mend
kitzeln 1. *itr. V.* tickle. 2. *tr. V.* tickle; es kitzelt mich am Fuß my foot tickles
kitzlig *Adj.* a) (auch bildlich für heikel) ticklish
kläffen [ˈklæfn] *itr. V.* yap
klaffend *Adj.* gaping; yawning
Klage [ˈklaːgə] *f.*; ~, ~n a) complaint; lamentation; lament; b) (Beschwerde) complaint; c) (Jura) (im Strafrecht) charge; (im Zivilrecht) action; suit; ~ gegen jmdn. erheben bring an action against sb.
klagen 1. *tr. V.* jmdm. sein Leid ~: pour out one's sorrows *Pl.* to sb. 2. *itr. V.* a) (sich beschweren) complain; über etw. (Akk.) ~: complain about sth.; über etw. ~: lament or bewail sth.; b) (jammern) wail; (stöhnen) moan; c) (Jura) take legal action (gegen jmdn. against sb.); sue (gegen jmdn. sb.)
Kläger [ˈklæːgɐ] *m.*; ~s, ~,
Klägerin *f.*; ~, ~nen (im Strafrecht) prosecutor; (im Zivilrecht) plaintiff
kläglich [ˈklæːklɪç] *Adj.* pathetic; pitiful
Klammer *f.*; ~, ~n (Haar~) (hair) grip; (Wäsche~) peg; (Büro~) paperclip; (beim Schreiben) bracket; ~ auf/zu open/close brackets
klammern 1. *tr. V.* (mit einer Büroklammer) clip; (mit einer Wäscheklammer) peg. 2. *refl. V.* sich an jmdn./etw. ~ (auch bildlich) cling to sb./sth.
Klamotte [klaˈmɔtə] *f.*; ~, ~n a) *Pl.* (salopp: Kleidung) things *Pl.*; rags *Pl.*
Klang *m.*; ~[e]s, Klänge [ˈklæŋə] sound
Klappe *f.*; ~, ~n a) (am LKW, hinten) tailboard; (seitlich) folding sideboard; (am Kombiwagen) back; b) (hinged) lid; (am Briefkasten) flap; c) (Ventil) flap valve; d) (Holzblasinstrument) key; (Herz~) valve
klappen 1. *itr. V.* (ugs.: gelingen) work out all right. 2. *tr. V.* nach oben/unten ~: turn up/down; lift up/put down or lower; nach vorne/hinten ~: tilt forward/back
klappern *itr. V.* clatter; rattle
Klappmesser *n.* claspknife
klapprig *Adj.* a) (instabil) rickety; wobbly
Klaps [klaps] *m.*; ~es, ~e (ugs.: leichter Schlag) smack; slap
klar [klaːɐ̯] 1. *Adj./adv.* clear(-ly)
Klare *m.*; ~n, ~n schnapps
klären [ˈklæːrən] *tr. V.* a) (aufklären) resolve; clarify; clear up; b) (reinigen) treat; clean
Klarheit *f.*; ~, ~en a) *o. Pl.* (Gewißheit) sich (*Dat.*) über etw. (*Akk.*) ~ verschaffen clarify sth.; b) *o. Pl.* clarity; (von Ausführungen, Rede usw.) clarity; lucidity
Klarinette [klariˈnɛtə] *f.*; ~, ~n clarinet
Klarinettist *m.*; ~en, ~en,
Klarinettistin *f.*; ~, ~nen clarinettist
klar·kommen *unr. itr. V.*; *mit sein (ugs.)* manage; cope; mit jmdm. ~kommen get on with sb.

klar·werden *unr. V.*; *mit sein*; nur im Inf. und Part. zusammengeschrieben 1. *itr. V.* jmdm. ~: become clear to sb. 2. *refl. V.* sich (*Dat.*) über etw. (Akk.) ~: realize or grasp sth.

Klär·werk *n.* sewage works *sing.* or *pl.*

klasse ['klasə] (*ugs.*) *indekl.* a) *Adj.* great (coll.); terrific; b) *Interj.* super! great!

Klasse *f.*; ~, ~n a) (Gesellschaftsschicht) class; die ~ der Werktätigen the working class; b) (Schul~) class; form (esp. Brit.); (Raum) class-room; (Stufe) year; grade (Amer.); c) (Sport) league; d) (Kategorie) class

klassen-, Klassen-: ~arbeit *f.* (written) class test; ~fahrt *f.* class outing; ~gesellschaft *f.* class society; ~kamerad *m.*, ~kameradin *f.* classfellow; class-mate; ~lehrer *m.*, ~lehrerin *f.* class teacher

Klassik ['klasɪk] *f.*; classical period; (Antike) classical antiquity; (klassische Musik) classical music

Klassiker *m.*; ~s, ~ classic; (Schriftsteller) classic; classical writer; (Komponist) classic; classical composer

klassisch *Adj.* a) (vollendet) classic; b) (klassisch)

Klatsch [klatʃ] *m.*; ~[e]s, ~e *o. Pl.* (*ugs.* abwertend: Geschwätz) gossip

klatschen *itr. V.* a) (mit den Händen) ~ clap; lautes Klatschen loud applause; b) (*ugs.* abwertend: abfällig reden) gossip (über + Akk. about)

klatschnass *Adj.* (*ugs.*) soaking wet; dripping wet; ~naß werden get soaked (to the skin) or drenched

klauen (*ugs.*) *itr. u. tr. V.* pinch (*sl.*) or nick (Brit. sl.) things

Klausur [klau'zuːɐ̯] *f.*; ~, ~en (Klausurarbeit) (examination) paper; eine ~ schreiben take a(n examination) paper

Klavier [kla'viːɐ̯] *n.*; ~s, ~e piano

kleben 1. *tr. V.* a) (mit Klebstoff reparieren) stick or glue back together; b) (befestigen) stick; (mit Klebstoff) stick; glue. 2. *itr. V.* a) (*ugs.*: klebrig sein) be sticky (von, vor + Dat. with); b) stick (an + Dat. to)

Kleber *m.*; ~s, ~: adhesive; glue

klebrig *Adj.* sticky; tacky

Klecks [klɛks] *m.*; ~es, ~e stain; (nicht aufgesogen) blob; (Tintenklecks) (ink)blot

Klee [kleː] *m.*; ~s clover

Klee·blatt *n.* clover-leaf; ein vierblättriges ~: a four-leaf or four-leaved clover

Kleid [klaɪt] *n.*; ~es, ~er dress

kleiden 1. *tr. V.* a) dress; b) suit; look well on. 2. *refl. V.* dress

Kleidung *f.*; ~: clothes *pl.*; clothing

Kleidungs·stück *n.* garment; article of clothing; ~e clothes

klein [klaɪn] 1. *Adj.* little; (Person) small; short; ein ~ wenig a little bit; (von geringer Menge) small; low; (Alter) von ~ auf oder from an early age; (Geld) small; siehe auch Kleingeld; 2. *adv.* ~ schreiben write with a small initial letter

Kleinigkeit *f.*; ~, ~en a) (kleine Sache) small or little thing; trifle; b) (Einzelheit) (small) detail

kleinlich *Adj./adv.* mean(-ly); small-minded(-ly); petty

Kleinlichkeit *f.*; meanness; small-mindedness; pettiness

klein·machen *tr. V.* (*ugs.*: wechseln) change; b) (zerkleinern) cut up small; chop up

kleinst·möglich *Adj.*; smallest possible

Klein·tier *n.* pet; (Nutztier) small domestic animal

Klein·wagen *m.* small car

Kleister ['klaɪstɐ] *m.*; ~s, ~: paste

klemmen 1. *itr. V.* (steckenbleiben) be stuck. 2. *tr. V.* (befestigen) tuck; stick (coll.)

Klempner ['klɛmpnɐ] *m.*; ~s, ~: tinsmith; (Installateur) plumber; fitter

Kleriker ['kleːrɪkɐ] *m.*; ~s, ~: cleric

Klerus ['kleːrʊs] *m.*; ~: clergy

klettern ['klɛtɐn] *itr. V.*; *mit sein* (auch bildlich) climb; (mit Mühe) clamber; auf einen Baum ~: climb a tree

klick [klɪk] *Interj.* click; ~ machen click; go click

klicken *itr. V.* click; es hat geklickt there was a click

Klient [kli'ɛnt] *m.*; ~en, ~en, **Klientin** *f.*; ~, ~nen client

Klima ['kliːma] *n.*; ~s, ~s climate; (*bildlich a.*) atmosphere

Klima·anlage *f.* air-conditioning (system)

Klinge *f.*; ~, ~n blade

Klingel ['klɪŋl̩] *f.*; ~, ~n bell

klingeln *itr. V.* a) (an der Tür) ring (the bell); (Wecker) go off; ring

klingen *unr. itr. V.* a) ring; clink; b) (einen bestimmten Klang haben) sound

Klinik ['kliːnɪk] *f.*; ~, ~en hospital; (spezialisiert) clinic

Klinikum ['kliːnɪkʊm] *n.*; ~s, Klinika oder Kliniken clinical centre

klinisch *Adj./adv.* (Medizin) clinical(-ly); ~ tot clinically dead

Klinke ['klɪŋkə] *f.*; ~, ~n door-handle

Klinker *m.*; ~s, ~: clinker

Klippe *f.*; ~, ~n

klirren ['klɪrən] *itr. V.* clink;

clash; jingle
Klischee [klɪˈʃeː] *n.*; ~s, ~s cliché
Klitoris [ˈkliːtɔrɪs] *f.*; ~, ~ (Medizin) clitoris
klitze·klein [ˈklɪtsə] *Adj.* (ugs.) teeny-weeny (coll.)
Klo [kloː] *n.*; ~s, ~s (ugs.) loo (Brit. coll.); john (Amer. coll.)
klopfen 1. *tr. V.* beat. 2. *itr. V.* a) (pulsieren) beat; throb; mit ~dem Herzen with pounding or beating heart; b) (schlagen) knock; es hat geklopft there's somebody knocking at the door; jmdm. oder jmdn. auf die Schulter ~: slap sb. on the shoulder
Klops [klɔps] *m.*; ~es, ~e meat ball
Klosett [kloˈzæt] *n.*; ~s, ~s oder ~e lavatory
Kloß [kloːs] *m.*; ~es, Klöße [ˈkløːsə] lump; (Speise) dumpling; (Fleisch~) meat ball
Kloster [ˈkloːstɐ] *n.*; ~s, Klöster [ˈkløːstɐ] monastery; (Nonnen~) convent
Klotz [klɔts] *m.*; ~es, Klötze [ˈklœtsə] block (of wood); (Stück eines Baumstamms) log
Klub-: ~haus *n.* club-house; ~mitglied *n.* club-member
Kluft *f.*; ~, Klüfte [ˈklʏftə] gap; (Abgrund) chasm; (bildlich) gulf
klug [kluːk] *Adj./adv.* a) clever(-ly); intelligent(-ly); ein ~er Kopf clever or bright person; b) (vernünftig) wise(-ly); prudent(-ly); c) (gelehrt, weise) wise
Klugheit *f.*; ~, cleverness; intelligence; prudence; shrewdness; (Scharfsinn) astuteness
Klumpen *m.*; ~s, ~ lump; ein ~ Erde a lump or clod of earth; ein Gold~ a gold nugget
klumpig *Adj.* lumpy
knabbern [ˈknabən] 1. *tr. u. itr. V.* nibble; gnaw; an etw. (*Dat.*) ~: nibble or gnaw (at) sth.
Knabe [ˈknaːbə] *m.*; ~n, ~n boy; alter ~ (ugs.) chap (ugs.)
knabenhaft *Adj./adv.* boyish(-ly)
Knäcke·brot [ˈknækə] *n.* crispbread; (Scheibe) slice of crispbread
knacken *itr. V.* creak
knackig *Adj.* a) (knusprig) crisp; crisp; b) (ugs.: attraktiv) luscious, delectable
Knall [knal] *m.*; ~[e]s, ~e bang; (bildlich) big row
knallen 1. *itr. V.* a) (make a) bang; pop; slam; crack; b) (ugs.: schießen) shoot, fire (auf + Akk. at); c) *mit sein* (ugs.: prallen) der Ball knallte gegen die Latte the ball slammed against the crossbar. 2. *tr. V.* a) (ugs.) (hart aufsetzen) slam or bang down; b) (Ballspiele ugs.) belt
knallrot *Adj.* bright or vivid red
knapp [knap] 1. *Adj.* a) (spärlich) meagre, scanty; ~ werden run short; ~ an etw. sein be short of sth.; b) (Sieg, Niederlage usw.) narrow, bare, close; c) (eng) tight; d) (kurz) concise. 2. *adv.* a) (nahe) just; ~ über dem Knie enden come to just above the knee; c) ~ verlieren lose by a narrow margin; ~davonkommen have a narrow escape; f) (eng) tightly; f) (kurz) concisely.
Knappheit *f.*; ~ a) (Mangel) shortage, scarcity (an + *Dat.* of); b) (Kürze) conciseness, briefness
knarren *itr. V.* creak
Knast [knast] *m.*; ~[e]s, oder ~e (ugs.) (ugs. Gefängnis) clink (*sl.*); jug; prison; im ~ sitzen: do time
knattern [ˈknatən] *itr. V.* a) *mit sein* (~d fahren) clatter; b) rattle, clatter
knauserig *Adj.* (ugs. geizig) stingy; niggard; mean
knausern [ˈknauzən] *itr. V.* (ugs. derogativ) be stingy; scrimp
kneifen [ˈknaɪfn] 1. *unr. itr. V.* (drücken) be too tight. 2. *unr. tr., itr. V.* pinch; jmdm. oder jmdn. ins Ohr ~: pinch sb.'s arm
Kneif·zange *f.* pincers *pl.*
Kneipe [ˈknaɪpə] *f.*; ~, ~n (ugs.) pub (Brit. *ugs.*); bar (Amer.)
Knete *f.*; ~ (salopp: Geld) dough (*sl.*)
kneten [ˈkneːtn] *tr. V.* a) knead; work; b) (formen) mo(u)ld
Knet·masse *f.* plasticine; modelling-material
Knick [knɪk] *m.*; ~[e]s, ~e a) (Biegung) sharp bend; b) (Falte) crease
knicken 1. *itr. V.*; *mit sein* snap. 2. *tr. V.* a) (falten) crease; b) (brechen) snap
Knicks [knɪks] *m.*; ~es, ~e curtsy; einen ~ machen make or drop a curtsy (vor + *Dat.* to)
Knie [kniː] *n.*; ~s, ~ [ˈkniːə] knee; vor jmdm. auf die ~ fallen go down on one's knees before sb.
knien [ˈkniːən] 1. *refl. V.* kneel (down); get down on one's knees. 2. *itr. V.* kneel; ~d, im Knien kneeling; on one's knees
Kniff [knɪf] *m.*; ~[e]s, ~e (Trick) trick; dodge
knipsen [ˈknɪpsn] *itr. u. tr. V.* (fotografieren) take snapshots; snap
Knirps [knɪrps] *m.*; ~es, ~e (ugs.: kleiner Junge) nipper (ugs.)
knirschen [ˈknɪrʃn] itr *V.* crunch; mit den Zähnen ~: grind one's teeth
knistern [ˈknɪstən] *itr. V.* rustle; crackle

knittern tr., itr. V. crease; crumple
Knoblauch [ˈknoːp] m. garlic
Knoblauch-: ~butter f. garlic butter; ~zehe f. clove of garlic
Knöchel [ˈknœçl̩] m.; ~s, ~ (Fuß) ankle; (Finger) knuckle
Knochen [ˈknɔxn] m.; ~s, ~ bone; mit/ohne ~: meat on/off the bone; nass bis auf die ~ soaked to the skin
Knödel [ˈknœːdl̩] m.; ~s, ~ dumpling
Knopf [knɔpf] m.; ~[e]s, Knöpfe a) button; b) (Tür~) knot
Knopf·loch n. buttonhole
Knorpel [ˈknɔrpl̩] m.; ~s, ~ a) (im Steak o. ä.) gristle; b) (Medizin) cartilage
knorpelig Adj. a) (Speise) gristly
Knospe [ˈknɔspə] f.; ~, ~n
knospen itr. V. bud
knoten [ˈknoːtn̩] tr. V. (make a) knot; tie (together)
Knoten m.; ~s, ~ a) knot; b) (Haartracht) bun
Knuff [knʊf] m.; ~[e], Knüffe [ˈknʏfə]
knuffen [ˈknʊfn̩] tr. V. poke
knüllen tr. V. crumple
Knüller m.; ~s, ~ (ugs.) sensation
knüpfen tr. V. a) tie (an + Akk. to); (Teppich) knot; b) (bildlich) (große) Hoffnung an etw. (Akk.) ~: have (great) hopes for sth.; Bedingungen an etw. (Akk.) ~: make sth.subject to a condition
Knüppel [ˈknʏpl̩] m.; ~s, ~ a) cudgel; club; (Polizei~) truncheon
knurren [ˈknʊrən] itr. V. a) growl; (wütend) snarl
knusprig Adj. a) crisp; crusty; crunchy
knutschen [ˈknuːtʃn̩] (ugs.) 1. itr. V. smooch (ugs.), neck (sl.) (mit with). 2. tr. V. hug and kiss; smooch with (ugs.); neck with (sl.)
Koalition [koʔaliˈtsi̯oːn] f.; ~, ~en coalition
Koch [kɔx] m.; ~[e]s, Köche [ˈkœçə] cook; (Küchenchef) chef
Koch·buch n. cookery book; cookbook
kochen 1. itr. V. a) (Speisen zubereiten) cook; b) (sieden, auch bildlich) boil; etw. zum Kochen bringen bring sth. to the boil. 2. tr. V. a) boil; (zubereiten) cook; make
kochend·heiß Adj.; boiling hot; piping hot
Koch·gelegenheit f. cooking facilities pl.
Köchin [ˈkœçɪn] f.; ~, ~nen cook
Koffein [kɔfeˈiːn] n.; ~s caffeine
koffein·frei Adj. decaffeinated; caffeine-free
Koffer [ˈkɔfɐ] m.; ~s, ~ (suit)case; die ~ packen pack one's bags
Kofferraum m. boot (Brit.); trunk (Amer.)
Kognak [ˈkɔnjak] m.; ~s, ~s brandy
Kohl [koːl] m.; ~[e]s cabbage
Kohl·dampf m.: ~ haben (salopp) be starving; go hungry
Kohle [ˈkoːlə] f.; ~, ~n a) coal; b) (salopp: Geld) dough (sl.)
Kohlekraft·werk n. coalfired power station
Koitus [ˈkoːitʊs] m.; ~, Koitus sexual intercourse; coitus (formal)
Kokain [kokaˈiːn] n.; ~s cocaine
kokainsüchtig Adj. addicted to cocaine
kokett [koˈkɛt] Adj./adv. coquettish(-ly)
Koketterie [kokɛtəˈriː] f.; ~: coquetry; coquettishness
kokettieren itr. V. play the coquette; flirt; mit etw. ~: make much play with sth.
Kokos- [ˈkoːkɔs]: ~flocken Pl. coconut ice sing.; ~milch f. coconut milk; ~nuss f. coconut; ~palme f. coconut palm; coconut tree
Koks [koːks] m.; ~es coke
Koks m.; ~es (Drogenjargon: Kokain) coke (sl.); snow (sl.)
Kolibri [ˈkoːlibri] m.; ~s, ~s humming-bird
Kolik [ˈkoːlɪk] f.; ~, ~en colic
Kollaboration [kɔlaboraˈtsi̯oːn] f.; ~: collaboration
kollaborieren itr. V. collaborate (mit with)
Kollaps [ˈkɔlaps] m.; ~es, ~e (Medizin, bildlich) collapse; einen ~ erleiden collapse
Kollege [kɔˈleːgə] m.; ~n, ~n colleague; (Arbeiter) workmate
Kollegium [kɔˈleːgi̯ʊm] n.; ~s, Kollegien (Lehrkörper) (teaching) staff
Kollekte [kɔˈlɛktə] f.; ~, ~n collection
Kollektion [kɔlɛkˈtsi̯oːn] f.; ~, ~en (auch Mode) collection; (Sortiment) range
Kollision [kɔliˈzi̯oːn] f.; ~, ~en collision; (bildlich) conflict, clash (Gen. between)
Köln [kœln] n.; ~s Cologne
Kölner 1. m.; ~s, ~: inhabitant (people pl.) of Cologne. 2. indekl. Adj.; nicht präd. Cologne attrib.; der ~ Dom/Karneval Cologne Cathedral/the Cologne carnival
Kolonialismus m.; ~: colonialism
Kolonie [koloˈniː] f.; ~, ~n a) (auch Wissenschaft) colony; b) (Siedlung) settlement
Kolonne [koˈlɔnə] f.; ~, ~n a) (Fahrzeuge) column; (Konvoi) convoy; ~ fahren drive in a line of traffic; b) (Truppe, Gruppe von Men-

schen, Zahlenreihe) column
kolossal [kolɔˈsaːl] 1. *adv.* *(ugs.)* tremendously *(ugs.)*;. 2. *Adj.* a) (riesenhaft) colossal; gigantic; enormous; b) *(ugs.:* sehr groß) tremendous *(ugs.)*
Kolumbianer [kolʊmˈbi̯aːnɐ] *m.*; ~s, ~, **Kolumbianerin** *f.*; ~, ~nen, **kolumbianisch** *Adj.* Colombian
Kolumbien [koˈlʊmbi̯ən] *(n.)*; ~s Colombia
Koma [ˈkoːma] *n.*; ~s, ~s oder ~ta (Medizin) coma
Kombi [ˈkɔmbɪ] *m.*; ~]s], ~s siehe Kombiwagen
Kombination [kɔmbɪnaˈt̯si̯oːn] *f.*; ~, ~en a) (Folgerung, Vermutung) deduction; (auch Schach) combination b) (Kleidungsstücke) ensemble; (auch Herren~) suit; c) (Sport) combined move
kombinieren [kɔmbiˈniːrən] 1. *itr. u. tr. V.* combine (zu into)
Komet [koˈmeːt] *m.*; ~en, ~en comet
Komfort [kɔmˈfoːɐ̯] *m.*; ~s comfort
komfortabel [kɔmfɔrˈtaːbl̩] *Adj./adv.* comfortable/-ly
Komik [ˈkoːmɪk] *f.*; ~: (das Komische) the comic
Komiker *m.*; ~s, ~ comedian; comic *(ugs.)*
komisch [ˈkoːmɪʃ] *Adj.* a) (lustig) comical; funny; b) (seltsam) funny; strange; odd
komischer·weise *Adv.* *(ugs.)* strangely enough
Komma [ˈkɔma] *n.*; ~s, ~s, ~ta comma; fünf ~ zwei five point three
Kommandant [kɔmanˈdant] *m.*; ~en, ~en, **Kommandeur** [kɔmanˈdœːɐ̯] *m.*; ~s, ~e (Militär) commander; commanding officer
kommandieren 1. *itr. V.* *(ugs.)* (herum~) order or *(sl.)* boss people about. 2. *tr. V.* a) (befehligen) command; be in command of; b) *(ugs.:* herumkommandieren) jmdn. ~: order or *(sl.)* boss sb. about
Kommando [kɔˈmando] *n.*; ~s, ~s, a) (Befehl) command; wie auf ~: as if by command; b) *o. Pl.* (Befehlsgewalt) command; das ~ haben (be in) command
kommen [ˈkɔmən] *unr. itr. V.*; *mit sein* a) come; (eintreffen) come; arrive; (gelangen) get **zu spät ~**: be late; b) (geschehen) come about; happen; **daher kommt es, dass ...**: that's why ...; **wie kommt es, dass ...**: why is it that ...; c) *(bildlich)* **wie bist du darauf gekommen?** what gave you the idea?; **(nicht) dazu ~, etw. zu tun** (not) get round to doing sth.; **mir ist ein Gedanke gekommen** I've just had an idea; d) (aufgenommen werden) **in die Schule ~**: go to or start school; f) (geraten) get; **in Gefahr/Verlegenheit ~**: get into danger/ get or become embarrassed; g) (an der Reihe sein) **als erster/letzter ~**: come first/last; **was kommt jetzt?** what's next?; h) (gehören) go; belong; **das kommt in den Keller** that goes to the cellar
kommend *Adj.*; *nicht präd.* a) (nächst...) next; (in der) ~e(n) Woche next week; b) (zukünftig) future; forthcoming; c) (vielversprechend) der ~e Manager the coming businessman
Kommentar [kɔmɛnˈtaːɐ̯] *m.*; comment(ary)
Kommentator [kɔmɛnˈtaːtɔr] *m.*; ~s, ~en [taˈtoːrən], **Kommentatorin** *f.*; ~, ~nen commentator
kommentieren *tr. V.* comment on
kommerziell [kɔmɛrˈt̯si̯ɛl] *Adj./adv.* commercial(-ly)
Kommissar [kɔmɪˈsaːɐ̯] *m.*; ~s, ~e a) (Polizist) (police) superintendent; b) commissioner
Kommission [kɔmɪˈsi̯oːn] *f.*; ~, ~en a) (Gremium) committee; b) etw. in ~ nehmen (Wirtsch.) take sth. on commission
Kommode [kɔˈmoːdə] *f.*; ~, ~n chest of drawers
kommunal [kɔmuˈnaːl] 1. *adv.* under local government. 2. *Adj.* local; (städtisch auch) municipal
Kommunikation [kɔmunikaˈt̯si̯oːn] *f.*; ~, ~en communication
Kommunion [kɔmuˈni̯oːn] *f.*; ~, ~en (Religion) (Holy) Communion
Kommunismus *m.*; ~: communism
Kommunist *m.*; ~en, ~en, **Kommunistin** *f.*; ~, ~nen communist
kommunistisch 1. *adv.* Communist. 2. *Adj.* communist
Komödie [koˈmøːdi̯ə] *f.*; ~, ~n a) (Theater) comedy theatre; b) *(bildlich)* antic; farce
Kompagnon [kɔmpanˈjoː] *m.*; ~s, ~s (Handel) partner; associate
kompakt [kɔmˈpakt] *Adj.* a) (massiv) solid
Kompanie [kɔmpaˈniː] *f.*; ~, ~n (Militär) company
Komparativ [ˈkɔmparatiːf] *m.*; ~s, ~e (Grammatik) comparative
Kompass [ˈkɔmpas] *m.*, Kompasse compass
Kompensation [kɔmpɛnzaˈt̯si̯oːn] *f.*; ~, ~en compensation
kompensieren *tr. V.* etw. durch etw. ~: compensate for or make up for sth. by

sth.
kompetent [kɔmpeˈtænt] *Adj.* competent
Kompetenz [kɔmpeˈtɛnts] *f.*; ~, ~en a) (Zuständigkeit) authority; in jmds. ~ (*Dat.*) liegen/in jmds. ~ (Akk.) fallen be/come within sb.'s authority; b) competence
komplett [kɔmˈplɛt] *Adj./adv.* a) complete(-ly); total(-ly)
komplex [kɔmˈplɛks] *Adj.* complex
Komplex *m.*; ~es, ~e (auch Wissenschaft) complex
Komplexität [kɔmplɛksɪˈtɛːt] *f.*; ~: complexity
Komplikation [kɔmplikaˈtsioːn] *f.*; ~, ~en complication
Kompliment [kɔmpliˈmænt] *n.*; ~[e]s, ~e compliment; jmdm. ein ~ machen pay sb. a compliment (über + Akk. on)
Komplize [kɔmˈpliːtsə] *m.*; ~n, ~n (*derogativ*) accomplice
kompliziert 1. *adv.* in a complicated way or manner. 2. *Adj.* complicated; intricate
Komplizin *f.*; ~, ~nen (*derogativ*) accomplice
Komponente [kɔmpoˈnɛntə] *f.*; ~, ~n component
komponieren *tr., itr. V.* (auch bildlich) compose
Komponist *m.*; ~en, ~en, **Komponistin** *f.*; ~, ~nen composer
Komposition [kɔmpozɪˈtsioːn] *f.*; ~, ~en (auch bildlich) composition
Kompost [kɔmˈpɔst] *m.*; ~[e]s, ~e compost
Kompost·haufen *m.* compost heap
Kompott [kɔmˈpɔt] *n.*; ~[e]s, ~e stewed fruit; compot(e)
Kompresse [kɔmˈprɛsə] *f.*; ~, ~n (Medizin) (Umschlag) (wet) compress; pad
Kompromiss [kɔmproˈmɪs] *m.*; Kompromisse compromise
kondensieren *tr., itr. V.* (itr. auch *mit sein*) (Wissenschaft) condense
Kondition [kɔndɪˈtsioːn] *f.*; ~, ~en a) *o. Pl.* (körperliche Verfassung) condition; eine gute/schlechte ~ haben be/not be in good condition or shape; keine ~ haben be out of condition; b) meist *Pl.* (bes. Handel) condition; zu günstigen ~en on favourable terms or conditions
Konditionstraining *n.* fitness training
Konditor [kɔnˈdiːtɔr] *m.*; ~s, ~en [diˈtoːrən] confectioner; pastrycook
Konditorei *f.*; ~, ~en cakeshop
kondolieren [kɔndoˈliːrən] *itr. V.* (jmdm.) offer one's condolences to sb.
Kondom [kɔnˈdoːm] *n.*; ~s, ~e condom
Konfekt [kɔnˈfɛkt] *n.*; ~[e]s confectionery; sweets *pl.* (Brit.); candies *pl.* (Amer.)
Konferenz [kɔnfeˈrɛnts] *f.*; ~, ~en conference; (Besprechung) meeting
Konfession [kɔnfɛˈsioːn] *f.*; ~, ~en denomination; religion
Konfetti [kɔnˈfɛtɪ] *n.*; ~[s] confetti
Konfirmation [kɔnfɪrmaˈtsioːn] *f.*; ~, ~en (Religion) confirmation
Konfitüre [kɔnfɪˈtyːrə] *f.*; ~, ~n jam
Konflikt [kɔnˈflɪkt] *m.*; ~[e]s, ~e conflict; in ~ geraten (mit) come into conflict (with)
Konformist *m.*; ~en, ~en, **Konformistin** *f.*; ~, ~nen conformist
konformistisch 1. *adv.* in a conformist way. 2. *Adj.* conformist
Konfrontation [kɔnfrɔntaˈtsioːn] *f.*; ~, ~en confrontation
konfrontieren *tr. V.* confront
konfus [kɔnˈfuːs] *Adj./adv.* confused(-ly); jmdn. ~ machen confuse or muddle sb.
Kongress [kɔnˈgrɛs] *m.*, Kongresses, Kongresse a) congress; conference; b) der ~ (USA) Congress
König [ˈkœːnɪç] *m.*; ~s, ~e (auch Schach, Kartenspiele, bildlich) king; der Kunde ist ~: the customer is always right
Königin *f.*; ~, ~nen (auch Schach, Kartenspiele, bildlich) queen
königlich 1. *Adj.* a) royal; b) (reichlich) princely; lavish. 2. *adv.* a) (*ugs.*: außerordentlich) immensely (*ugs.*); b) (reichlich) lavishly; handsomely
König·reich *n.* kingdom
Konjunktur [kɔnjʊŋkˈtuːɐ̯] *f.*; ~, ~en (Handel) (Hoch~) boom; (Aufschwung) upturn (in the economy); (wirtschaftliche Lage) economic situation; ~ haben (*bildlich*) be in great demand
Konjunkturschwankung *f.* (Handel); fluctuation in the level of economic activity
konkret [kɔnˈkreːt] 1. *adv.* in concrete terms. 2. *Adj.* concrete
konkretisieren *tr. V.* etw. ~: put sth. in concrete terms
Konkurrent [kɔnkʊˈrɛnt] *m.*; ~en, ~en, Konkurrentin *f.*; ~, ~nen rival; (Sport, Handel) competitor
Konkurrenz [kɔnkʊˈrɛnts] *f.*; ~, ~en *o. Pl.* (Rivalität) rivalry *no indef art.*; (Sport, Handel) competition *no indef. art.*; jmdm. ~ machen compete with sb.
Konkurrenzkampf *m.* competition; (zwischen zwei Menschen) rivalry

konkurrieren *itr. V.*

Konkurs [kɔnˈkurs] *m.*; ~es, ~e a) bankruptcy; ~ machen oder in ~ gehen go bankrupt

Konkursmasse *f.* bankrupt's assets *pl.*

können [ˈkœnən] 1. *unr. itr. V.* a) (fähig sein) be able (to); be capable (of); ich kann nicht anders I can't help it; b) (*ugs.*: Kraft haben) kannst du noch? can you go on (any longer)?. 2. *unr. tr. V.* a) ~ **für** etw. (verantwortlich sein) be responsible for sth.; b) (beherrschen) know; **kannst du Schach?** can you play chess? 3. Part. ~ a) (Grund haben) **das kann man wohl sagen!** you could well say that; b) (möglich sein) **das kann nicht sein** that's not possible; **es kann sein, dass ...**: it could or might be that ...; **kann sein** (*ugs.*) could be (*ugs.*); c) (vermögen) **können Sie mir sagen, ...?** can you tell me ...; **ich kann das nicht mehr sehen** I can't stand or bear the sight of it any longer; c) (dürfen) ~ **wir mit(kommen)**?

Können *n.*; ~s ability; (Kunstfertigkeit) skill

Könner *m.*; ~s, ~ expert

konsequent [kɔnzeˈkvænt] *Adj./adv.* a) (folgerichtig) logical(-ly); b) (beharrlich) consistent(-ly); sein Ziel ~ verfolgen pursue one's goal

Konsequenz [kɔnzeˈkvænts] *f.*; ~, ~en a) (Folge) consequence; (aus etw.) die ~en ziehen draw one's conclusions (from sth.); die ~en tragen take the consequences; b) *o. Pl.* (Beharrlichkeit) resolution; determination

konservativ [kɔnzærvaˈtiːf] *Adj./adv.* conservative(-ly)

Konservative *m./f.*; *adj. Dekl.* conservative

Konserve [kɔnˈzærvə] *f.*; ~, ~n preserved food; (in Dosen) canned or (Brit.) tinned food; (*ugs.*: Dose) can; tin (Brit.)

Konserven-: ~büchse *f.*, ~dose *f.* can; tin (Brit.)

konservieren *tr. V.* preserve; conserve

Konservierungs·mittel *n.* preservative

Konsistenz [kɔnzɪsˈtænts] *f.*; ~, ~en consistency

Konsonant [kɔnzoˈnant] *m.*; ~en, ~en consonant

Konspiration [kɔnspɪraˈtsioːn] *f.*; ~, ~en conspiracy

konspirativ [kɔnspɪraˈtiːf] *Adj.* conspiratorial

konstant [kɔnˈstant] *Adj./adv.* a) constant(-ly); consistent(-ly); persistent(-ly)

Konstellation [kɔnstælaˈtsioːn] *f.*; ~, ~en a) (von Umständen) combination; (von Parteien usw.) grouping; b) (Wissenschaft) constellation

konsterniert *Adj.* consternated; dismayed

konstituieren [kɔnstɪtuˈiːrən] 1. *refl. V.* be constituted. 2. *tr. V.* constitute; set up

Konstitution [kɔnstɪtuˈtsioːn] *f.*; ~, ~en constitution

konstitutionell [kɔnstɪtutsioˈnɛl] *Adj.* constitutional

konstruieren [kɔnstruˈiːrən] *tr. V.* a) (aufbauen) construct; b) (gestalten) design; c) (künstlich aufbauen) fabricate

Konstrukteur [kɔnstrukˈtøːɐ̯] *m.*; ~s, ~e, Konstrukteurin *f.*; ~, ~nen designer; design engineer

Konstruktion [kɔnstrukˈtsioːn] *f.*; ~, ~en construction; b) (Entwurf) design; (Bau) construction; structure

konstruktiv [kɔnstrukˈtiːf] *Adj./adv.* a) constructive(-ly); b) (*Technik*) constructional(-ly)

Konsul [ˈkɔnzʊl] *m.*; ~s, ~n (Politik) consul

Konsulat [kɔnzuˈlaːt] *n.*; ~[e]s, ~e (Politik) consulate

konsultieren *tr. V.* (auch bildlich) consult

Konsum [kɔnˈzuːm] *m.*; ~s consumption (an + *Dat.* of)

Konsum·artikel *m.* (Handel) consumer item or article; ~ *Pl.* consumer goods

Konsument [kɔnzuˈmɛnt] *m.*; ~en, ~en, Konsumentin *f.*; ~, ~nen consumer

konsumieren *tr. V.* consume

Kontakt [kɔnˈtakt] *m.*; ~[e]s, ~e contact

kontern *tr., itr. V.* (Sport) counter; counterattack; (*bildlich*) counter (mit with)

Kontext [kɔnˈtɛkst] *m.*; ~[e]s, ~e context

Kontinent [kɔntɪˈnɛnt] *m.*; ~[e]s, ~e continent

kontinental [kɔntɪnænˈtaːl] *Adj.* continental

Kontingent [kɔntɪŋˈgɛnt] *n.*; ~[e]s, ~e contingent; (begrenzte Menge) quota

kontinuierlich [kɔntɪnuˈiːɐ̯lɪç] *Adj./adv.* steadily; continuous(-ly)

Kontinuität [kɔntɪnuiˈtɛːt] *f.*; ~: continuity

Konto [ˈkɔnto] *n.*; ~s, Konten account; etw. geht auf jmds. ~ (*ugs.*: jmd. ist schuld an etw.) sb. is to blame or is responsible for sth.

Konto·stand *m.* state of (one's) account

kontra [ˈkɔntra] 1. *Präp.* mit Akk. (Jura, auch bildlich) versus. 2. *Adv.* against

Kontra *n.*; ~s, ~s (Kartenspiele) double; ~ sagen oder geben double; (bildlich *ugs.*)stand up (jmdm. to sb.)

Kontra·bass *m.* double-bass

Kontrahent [kɔntraˈhɛnt] *m.*; ~en, ~en adversary; op-

ponent
konträr [kɔn'trɛːɐ̯] contrary; opposite
Kontrast [kɔn'trast] *m.*; ~[e]s, ~e contrast; im/in ~ zu in contrast with
kontrast·reich *Adj.* rich in or full of contrasts pred.
Kontrolle [kɔn'trɔlə] *f.*; ~, ~n a) (Überprüfung) check; (bei Lebensmitteln) inspection; etw. einer ~ unterziehen check sth.; in eine ~ kommen be stopped at a police check; zur ~: as a check; b) (Überwachung) surveillance; unter ~ stehen be under surveillance; c) (Herrschaft) control; außer ~ geraten get out of control; etw. unter ~ (Akk.) halten keep sth. under control
Kontrollleuchte *f.* pilotlight; indicator light; (Warnleuchte) warning light
Kontrolleur [kɔtrɔ'lœːɐ̯] *m.*; ~s, ~e inspector
kontrollieren 1. *tr. V.* a) (beherrschen) control. 2. *itr. V.* carry out a check/checks; b) (überprüfen) check; inspect (auf etw. (Akk.) (hin) for sth.); c) (überwachen) check; monitor
kontrovers [kɔntro'vɛrs] *Adj.* conflicting; (umstritten) controversial
Kontroverse *f.*; ~, ~n controversy (um, über + Akk. about)
Konvention [kɔnvɛn'tsɪoːn] *f.*; ~, ~en convention
konventionell *Adj./adv.* a) conventional(-ly); b) (förmlich) formal(-ly)
Konversation [kɔnvɛrza'tsɪoːn] *f.*; ~, ~en conversation; ~ machen make conversation
konvertieren *itr. V.*; auch *mit sein* (Religion) be converted
Konvoi [kɔn'vɔy] *m.*; ~s, ~s (bes. Militär) convoy; im ~ fahren travel in convoy

Konzentration [kɔntsɛntra'tsɪoːn] *f.*; ~, ~en concentration
konzentrieren 1. *tr. V.* concentrate. 2. *refl. V.* concentrate; sich auf etw. (Akk.) ~: concentrate on sth.
konzentriert *Adj./adv.* concentrated(-ly)
Konzept [kɔn'tsɛpt] *n.*; ~[e]s, ~e a) conception; plan; (Entwurf) outline
Konzeption [kɔntsɛp'tsɪoːn] *f.*; ~, ~en conception
Konzern [kɔn'tsɛrn] *m.*; ~[e]s, ~e (Handel) group (of companies)
Konzert [kɔn'tsɛrt] *n.*; ~[e]s, ~e (Veranstaltung) concert , ins ~ gehen go to a concert; (Musikstück) concerto
Konzil [kɔn'tsiːl] *n.*; ~s, ~e oder ~ien (Religion) council
konzipieren [kɔntsɪ'piːrən] *tr. V.* draft; draw up, draft; design
Kooperation *f.*; ~, ~en cooperation *no indef. art.*
kooperativ *Adj./adv.* cooperative(-ly)
Koordination *f.*; ~, ~en coordination
koordinieren *tr. V.* coordinate
Kopf [kɔpf] *m.*; ~[e]s, Köpfe a) head; **einen ganzen/halben ~ größer** a good head/a few inches taller; **den ~ schütteln** shake one's head; **den ~ hängen lassen** hang one's head; **nur nicht den ~ hängen lassen** never say die!; **sein Geld auf den ~ hauen** *(ugs.)* blow one's money *(sl.)*; **einen dicken ~ haben** (vom Alkohol) have a hangover; **~ hoch!** chin up!; **von ~ bis Fuß** from head to toe or foot; b) (Verstand) mind; head; **er hat alles im ~** *(ugs.)* he has everything in mind; **einen klaren/kühlen ~ bewahren**

keep a cool head; keep one's head; **den ~ verlieren** lose one's head; **sich (Dat.) den ~ zerbrechen** *(ugs.)* rack one's brains (über + Akk. over); **aus dem ~** (auswendig) from memory; **sich etw. in den ~ setzen** get sth. into one's head; c) (Person) person; **pro ~:** per head or person; d) (Münzen) ~ (oder Zahl?) heads (or tails?)
Köpfchen *n.*; ~s, ~ (Schlauheit) brains *pl.*
köpfen *tr. V.* a) decapitate; (hinrichten) behead; b) (Fußball) head
Kopie [ko'piː] *f.*; ~, ~n a) copy; (Fotokopie) photocopy
kopieren *tr. V.* copy; (fotokopieren) photocopy
Kopierer *m.*; ~s, ~ *(ugs.)*, **Kopiergerät** *n.* photocopier; photocopying machine
Kopilot *m.*; ~en, ~en, **Kopilotin** *f.*; ~, ~nen (Flugzeug) copilot; (Motorsport) co-driver
Koproduktion *f.*; ~, ~en coproduction; joint production
Koproduzent *m.*; ~en, ~en coproducer
Kopulation [kopula'tsɪoːn] *f.*; ~, ~en copulation
kopulieren 1. *itr. V.* copulate
Koran [ko'raːn] *m.*; ~s, ~e Koran
Korb [kɔrp] *m.*; ~es, Körbe ['kœrbə] a) (auch Basketball) basket; (Treffer) goal; b) *o. Pl.* (geflochtenes Material) wicker(work)
Kord [kɔrt] *m.*; ~[e]s corduroy, cord
Kordel ['kɔrdl̩] *f.*; ~, ~n a) cord; b) *(ugs.: Bindfaden)* string
Kord·hose *f.* corduroy or cord trousers *pl.*
Korea [ko're:a] *n.*; ~s Korea

Koreaner [koreˈaːnɐ] m.; ~s, ~, **Koreanerin** f.; ~, ~nen, **koreanisch** Adj. Korean

Kork [kɔrk] m.; ~s, ~e cork

Korken m.; ~s, ~: cork

Korken·zieher m. corkscrew

Korn [kɔrn] n.; ~[e]s, Körner [ˈkœrnɐ] a) (Getreide~)grain; (Frucht) seed; (Pfeffer~) corn; b) o. Pl. (Getreide) corn; grain

Korn m.; ~[e]s, ~ (ugs.) corn schnapps; corn liquor (Amer.)

körnig [ˈkœrnɪç] Adj. grainy

Körper [ˈkœrpɐ] m.; ~s, ~ a) body; am ganzen ~ all over; ~ und Geist body and mind

körperlich Adj./adv. physical(-ly)

korpulent [kɔrpuˈlænt] Adj. corpulent

korrekt [kɔˈrækt] Adj./adv. correct(-ly)

Korrektheit f.; ~: correctness

Korrektur [kɔrækˈtuːɐ̯] f.; ~, ~en a) correction; b) (von Meinungen usw.) revision; b) (Druck) proof-reading, (Verbesserung) proof-correction; ~ lesen read/correct the proof

Korrespondent [kɔræspɔnˈdænt] m.; ~en, ~en, Korrespondentin f.; ~, ~nen a) (Medien) correspondent; b) (Handel) correspondence clerk

korrespondieren itr. V. a) correspond (mit with); b) (bildlich) correspond (mit to, with

Korridor [ˈkɔridoːɐ̯] m.; ~s, ~e corridor

korrigieren [kɔrɪˈgiːrən] tr. V. correct; revise

korrupt [kɔˈrʊpt] Adj. corrupt

Korruption [kɔrʊpˈtsɪoːn] f.; ~, ~en corruption

Korsett [kɔrˈzæt] n.; ~s, ~s oder ~e corset; (bildlich) strait-jacket

Kortison [kɔrtɪˈzoːn] n.; ~s (Medizin) cortisone

Kose·name m. pet name

Kosmetik [kɔsˈmeːtɪk] f.; ~ beauty culture no art.

Kosmetiksalon m. beauty salon

kosmetisch Adj. (auch bildlich) cosmetic

kosmisch [ˈkɔsmɪʃ] Adj. cosmic

Kosmologie [kɔsmoloˈgiː] f.; ~, ~n cosmology

Kosmonaut [kɔsmoˈnaʊt] m.; ~en, ~en, Kosmonautin f.; ~, ~nen cosmonaut

kosmopolitisch Adj. cosmopolitan

Kosmos [ˈkɔsmɔs] m.; ~ cosmos

Kost [kɔst] f.; ~ food; leichte/schwere ~ (bildlich) easy/heavy going; ~ und Logis board and lodging

kostbar 1. adv. luxuriously. 2. Adj. valuable; precious

kosten 1. itr. V. (probieren) (von etw. ~) taste (sth.) 2. tr. V. a) (probieren) taste; try

kosten tr. V. a) (einen Preis haben) cost; b) viel Arbeit ~: take a great deal of work

Kosten Pl. cost sing.; costs; (Aufwand) expenses; (Jura) costs; auf seine ~ kommen (bildlich) get one's money's worth; auf jmds. ~: at sb.'s expense; auf ~ einer Sache (Gen.) at the expense of sth.

köstlich [ˈkœstlɪç] Adj./adv. delicious; (entzückend) delightful; sich ~ amüsieren enjoy oneself enormously (ugs.)

Kost·probe f.; ~, ~n taste; (bildlich) sampl

Kostüm [kɔsˈtyːm] n.; ~s, ~e a) costume; b) (Mode) suit

Kostümverleih m. (theatrical) costume agency

Kot [koːt] m.; ~[e]s, ~e excrement

Kotelett [kɔtˈlæt] n.; ~s, ~s chop; (vom Nacken) cutlet

Koteletten Pl. side-whiskers

Kotze [ˈkɔtsə] f.; ~ (grob) vomit; puke (coarse)

kotzen itr. V. (grob) puke (coarse); throw up (ugs.); das ist zum Kotzen it makes me sick

Krabbe [ˈkrabə] f.; ~, ~n (Tier) crab; (Garnele) shrimp

krabbeln [ˈkrabl̩n] itr. V.; mit sein crawl

Krach [krax] m.; ~[e]s, Kräche [ˈkræçə] a) (Knall) crash; bang; b) o. Pl. (Lärm) noise; row; ~ machen make a noise or (ugs.) a row

krachen itr. V. a) crash; ring out; creak; b) mit sein (ugs.: auseinanderbrechen) crack; collapse; split; c) mit sein (ugs.: knallend aufschlagen) crash; die Tür krachte ins Schloss the door slammed shut

Kräcker [ˈkrækɐ] m.; ~s, ~: siehe Cracker

kraft [kraft] Präp. + Gen. by/in virtue of ~ ihres Amtes by virtue of her office

Kraft f.; ~, Kräfte [ˈkræftə] power; strength; alles, was in meinen Kräften steht everything (with)in my power; b) (Arbeits~) employee; worker (Angestellte auch) staff pl.; die treibende ~ (bildlich) the driving force; c) (Militär) Pl. forces Pl.; d) (Jura) außer ~ setzen repeal; countermand; außer ~ treten no longer be/cease to be in force; in ~ treten come into force

Kraft·fahrer m. driver; motorist

Kraft·fahrzeug n.; ~[e]s, ~e motor vehicle

Kraftfahrzeug-: ~brief m. vehicle registration document; log-book (Brit.); ~me-

chaniker *m.* motor mechanic; ~schein *m.* vehicle registration document; ~steuer *f.* vehicle or road tax
kräftig [ˈkræftɪç] 1. *adv.* a) strongly, powerfully; hard; b) (tüchtig) heavily; heartily; lustily; etw. ~ schütteln shake sth. vigorously; give sth. a good shake. 2. *Adj.* a) strong; powerful; vigorous; b) (fest) powerful, hefty, hard; firm; c) (gehaltvoll) nourishing
kräftigen *tr. V.* invigorate; fortify; sich ~: build up one's strength
Kragen [ˈkraːgn] *m.*; ~s, ~ collar; *(bildlich)* jetzt geht es ihm an den ~ *(ugs.)* he's in for it now; jmdm. an den ~ wollen *(ugs.)* get at or be after sb.
Krähe [ˈkræːə] *f.*; ~, ~n crow
krähen *itr. V.* (auch bildlich) crow
Kralle [ˈkralə] *f.*; ~, ~n claw
Kram [kraːm] *m.*; ~[e]s *(ugs.)* a) stuff; siehe auch Klein~; b) (Sache) business
kramen *itr. V.* *(ugs.*: herumwühlen) in etw. *(Dat.)* ~: rummage about in or rummage through sth.
Krampf [krampf] *m.*; ~[e]s, Krämpfe a) cramp; (Zuckung) spasm; (bei Anfällen) convulsion; einen ~ bekommen oder *(ugs.)* kriegen get cramp; b) *(ugs.)* o. *Pl.* (sinnloses Tun) rubbish
Krampf·ader *f.* varicose vein
krampf·artig *Adj./adv.* convulsive(-ly)
krampfhaft *Adj./adv.* a) convulsive(-ly); b) (verbissen) desperate(-ly); forced(-ly)
Kran [kraːn] *m.*; ~[e]s, Kräne [ˈkræːnə] a) crane; b) (Wasserhahn) tap; faucet (Amer.)
Kranich [ˈkraːnɪç] *m.*; ~s, ~e crane
krank [kraŋk]; *Adj.* ill usu. pred.; sick; bad; *(bildlich)* sick, ailing; ~ werden be taken or fall ill; jmdn. ~ schreiben give sb. a medical certificate
Kranke [ˈkraŋkə] *m./f.*; *adj. Dekl.* sick man/woman; (Patient) patient
kränken [ˈkræŋkn] *tr. V.* jmdn. ~: hurt sb.'s feelings; offend sb.; (schwer) gekränkt sein feel (deeply) hurt
krankhaft *Adj./adv.* (auch bildlich) pathological(-ly); morbid(-ly)
Krankheit *f.*; ~, ~en (allgemein) illness; (bestimmte ~) disease; an einer ~ leiden/sterben suffer from/die of an illness/a disease; sich *(Dat.)* eine ~ zuziehen contract or catch a disease
kränklich [ˈkræŋklɪç] *Adj.* sickly; ailing
Kränkung *f.*; ~, ~en: insult; offence; etw. als ~ empfinden feel hurt by sth.; take offence at sth.
Kranz [krants] *m.*; ~es, Kränze [ˈkræntsə] wreath (auch am Grab/Denkmal); garland
Krapfen *m.*; ~s, ~ doughnut
krass [kras] 1. *adv.* bluntly. 2. *Adj.* gross, flagrant; glaring, stark; (Gegensatz usw.) huge
Krater [ˈkraːtɐ] *m.*; ~s, ~: crater
Krätze [ˈkrætsə] *f.*; ~: scabies
kratzen [ˈkratsn] 1. *refl. V.* scratch (oneself); sich am Kopf ~: scratch one's head. 2. *itr. V.* a) scratch; b) (jucken) itch; be scratchy or itchy; c) (brennen) im Hals ~ be rough on the throat; taste rough. 3. *tr. V.* a) etw. aus/von etw. ~: scrape sth. out of/off sth.; b) scratch
Kratzer *m.*; ~s, ~ a) *(ugs.)* scratch
Kraul [kraul] *n.*; ~s (Sport) crawl (stroke)
kraulen *itr. V.*; *mit sein* (do the) crawl
kraulen *tr. V.* jmdm. am Nacken ~: tickle sb.'s neck
kräuseln [ˈkrɔyzln] 1. *refl. u. tr. V.* ripple; frizz
Kraut [kraut] *n.*; ~[e]s, Kräuter [ˈkrɔytɐ] a) o. *Pl.* (Blätter) herbage; stems and leaves *pl.*; wie ~ und Rüben *(ugs.)* in a complete muddle
Kräuter-: ~butter *f.* herb butter; ~essig *m.* herb vinegar; ~likör *m.* herb liqueur; ~tee *m.* herb tea
Kraut·salat *m.* coleslaw
Krawall [kraˈval] *m.*; ~s, ~e a) o. *Pl.* *(ugs.:* Lärm) row *(ugs.)*; racket; ~ machen kick up a row *(ugs.)*; b) (Tumult) riot
Krawatte [kraˈvatə] *f.*; ~, ~n tie
Krawatten-: ~nadel *f.* tiepin
kreativ [kreaˈtiːf] *Adj./adv.* creative(-ly)
Kreativität [kreativiˈtæːt] *f.*; ~: creativity
Kreatur [kreaˈtuːɐ̯] *f.*; ~, ~en creature
Krebs [kreːps] *m.*; ~es, ~e a) (Krankheit) cancer; b) crustacean; (Fluss~) crayfish; c) (Astrologie) Cancer
krebsen *itr. V.* *(ugs.:* sich abmühen) struggle
Kredit [kreˈdiːt] *m.*; ~[e]s, ~e a) o. *Pl.* credit; loan; auf ~: on credit; jmdm. einen ~ gewähren give or grant sb. a loan or a credit
Kreide [ˈkraɪdə] *f.*; ~, ~n crayon; chalk
Kreis [kraɪs] *m.*; ~es, ~e a) circle; sich im ~ drehen go or turn round in a circle; b) *(Technik)* circuit; b) (Verwaltungsbezirk) district; c) (Gemeinschaft) circle; im ~e der Familie within the fami-

kreischen

ly; im kleinen oder engsten ~: with a few close friends (and relatives)
kreischen [ˈkraɪʃn] *itr. V.* screech, shriek; squeal
Kreisel [ˈkraɪzl̩] *m.*; ~s, ~ (Spielzeug) top
kreisen *itr. V.* revolve (um around); circle
Kreiß·saal *m.* (Medizin) delivery room
Kreis-: ~stadt *f.* chief town of a/the district; ~verkehr *m.* roundabout
Krematorium [kremaˈtoːri̯ʊm] *n.*; ~s, Krematorien crematorium
Kreml [ˈkrɛml̩] *m.*; ~s Kremlin
Krempe [ˈkrɛmpə] *f.*; ~, ~n brim
krepieren [kreˈpiːrən] *itr. V.*; *mit sein* (salopp: sterben) *f.*; snuff it *(sl.)*
Kresse [ˈkrɛsə] *f.*; ~, ~n (Pflanze) cress
Kreuz [krɔyts] *n.*; ~es, ~e a) cross; (Religion) cross; crucifix; b) (Teil des Rückens) (small of the) back; c) (Kartenspiel) clubs *pl.*; (Karte) club
kreuzen 1. *itr. V.* cruise; (Seefahrt). 2. *refl. V.* a) cross; intersect. 3. *tr. V.* (auch Wissenschaft) cross; die Arme/Beine ~: cross one's arms/ legs
Kreuzer *m.*; ~s, ~ cruiser
kreuzigen [ˈkrɔytsɪgn] *tr. V.* crucify
Kreuzigung *f.*; ~, ~en crucifixion
Kreuzung *f.*; ~, ~en a) junction; crossroads *sing.*; b) (Wissenschaft) crossing; cross-breeding
kribbeln [ˈkrɪbl̩n] *itr. V.* tickle
Kricket [ˈkrɪkət] *n.*; ~s cricket
kriechen [ˈkriːçn̩] *unr. itr. V.* a) *mit sein* crawl; creep; b) auch *mit sein* (*derogativ*: sich einschmeicheln) crawl, grovel (vor + *Dat.* to)
Kriecher *m.*; ~s, ~ *(derogativ)* crawler; groveller
kriecherisch *Adj.* *(derogativ)* crawling; grovelling
Krieg [kriːk] *m.*; ~[e]s, ~e war; (~sführung) warfare; (jmdm. den ~ erklären declare war (*Dat.* on); in den ~ ziehen go to war
kriegen *(ugs.) tr. V.* a) (bekommen) get; b) (fangen, festnehmen) catch
Krieger *m.*; ~s, ~: warrior
kriegerisch *Adj.* a) *nicht präd.* (militärisch) military; eine ~e Auseinandersetzung an armed conflict; b) (aggressiv) warlike; belligerent
Krimi [ˈkriːmi] *m.*; ~[s], ~[s] *(ugs.)* (crime) thriller; whodunit *(ugs.)*; (Detektivroman) detective story
Kriminal-: ~beamte *m.* (plainclothes) detective; ~fall *m.* criminal case
kriminalistisch *Adj.* of criminalistics; crime investigation
Kriminalität [krɪminaliˈtɛːt] *f.*; ~ criminality; delinquency
kriminell [krɪmiˈnɛl] *Adj./adv.* (auch *ugs.*: rücksichtslos) criminal(-ly)
Kriminelle *m.f.*; *adj. Dekl.* criminal
Krimskrams [ˈkrɪmskrams] *m.*; ~[es] *(ugs.)* stuff; odds and ends
Krippe [ˈkrɪpə] *f.*; ~, ~n a) (Weihnachts~) (Christmas) crib; b) (Futtertrog) manger; crib
Krise [ˈkriːzə] *f.*; ~, ~n crisis; eine ~ durchmachen pass through a crisis
Kristall [krɪsˈtal] *m.*; ~s, ~e crystal
Kriterium [kriˈteːri̯ʊm] *n.*; ~s, Kriterien criterion
Kritik [krɪˈtiːk] *f.*; ~, ~en a) (in der Zeitung) review; notice; b) criticism *no indef. art.* (an + *Dat.* of); an jmdm./etw. ~ üben criticize sb./sth.
Kritiker [ˈkriːtɪkɐ] *m.*; ~s, ~, Kritikerin *f.*; ~, ~nen critic
kritik·los *Adj./adv.* uncritical(-ly)
kritisch [ˈkriːtɪʃ] *Adj./adv.* critical(-ly)
kritisieren [krɪtiˈziːrən] *tr. V.* criticize; (Theaterstück etc.) review
kritzeln [ˈkrɪtsl̩n] 1. *tr. V.* scribble. 2. *itr. V.* scribble
Krokant [kroˈkant] *m.*; ~s brittle
Krokette [kroˈkɛtə] *f.*; ~, ~n (Speise) croquette
Krokodil [krokoˈdiːl] *n.*; ~s, ~e crocodile
Krokus [ˈkroːkʊs] *m.*; ~, ~ oder ~se crocus
Krone [ˈkroːnə] *f.*; ~, ~n a) crown; (kleine ~) coronet; die ~ (bildlich: Königshaus) the Crown; b) (das Höchste) die ~ der Schöpfung *(bildlich)* the pride of creation; c) (Baum~) top; crown; d) (Zahnmedizin) crown
Krönung *f.*; ~, ~en a) coronation; b) (Höhepunkt) culmination
Kröte [ˈkrœtə] *f.*; ~, ~n a) toad
Krücke [ˈkrʏkə] *f.*; ~, ~n a) (Stock) crutch; an oder auf ~n (*Dat.*) gehen walk on crutches
Krug [kruːk] *m.*; [e]s, Krüge [ˈkryːgə] (Bier~) mug; (Gefäß für Flüssigkeiten) jug
Krümel [ˈkryːml̩] *m.*; ~s, ~ crumb
krumm [krʊm] 1. *adv.* crookedly; ~ gehen walk with a stoop. 2. *Adj.* a) bent; crooked; bandy
krümmen [ˈkrʏmən] 1. *refl. V.* writhe. 2. *tr. V.* bend; gekrümmt curved
Krümmung *f.*; ~, ~en bend; curve; (der Wirbelsäule) curvature
Krüppel [ˈkrʏpl̩] *m.*; ~s, ~: cripple; zum ~ werden be

crippled

Kruste ['krʊstə] *f.*; ~, ~n crust

Kruzifix ['kru:tsɪfɪks] *n.*; ~es, ~e crucifix

Kübel ['ky:bl̩] *m.*; ~s, ~ pail; (Pflanzen~) tub

Kubik- [ku'bi:k] cubic

Kubismus *m.*; ~ (Kunst) cubism

Küche ['kyçə] *f.*; ~, ~n a) kitchen; b) (Kochkunst) cooking; cuisine

Kuchen ['ku:xn] *m.*; ~s, ~: cake; (Obst~) tart; pie

Küchen·chef *m.* chef

kuckuck ['kʊkʊk] *Interj.* cuckoo!

Kuckuck *m.*; ~s, ~e a) cuckoo; zum ~ noch mal! (salopp) damn it! *(sl.)*; wo zum ~ ist ... (salopp) where the hell is ...

Kufe ['ku:fə] *f.*; ~, ~n (Flugzeug, Hubschrauber) skid; (Schlitten, Schlittschuh) runner

Kugel ['ku:gl̩] *f.*; ~, ~n a) ball; (Kegeln) bowl; b) (Mathematik) sphere; c) (*ugs.*: Patrone) bullet; (Luftgewehr~) pellet

kugeln 1. *itr. V.*; *mit sein* roll. 2. *refl. V.* roll (about); sich (vor Lachen) ~ *(ugs.)* double or roll up (laughing)

Kuh [ku:] *f.*; ~, Kühe ['ky:ə] cow

Kuh-: ~fladen *m.* cow-pat; ~glocke *f.* cow-bell

kühl [ky:l] *Adj./adv.* a) cool(-ly); etw. ~ lagern store sth. in a cool place; mir ist/ wird ~: I feel/I'm getting chilly; b) (abweisend, nüchtern) cool(-ly)

Kühle ['ky:lə] *f.*; ~ (auch bildlich) coolness

kühlen 1. *itr. V.* have a cooling effect. 2. *tr. V.* cool; chill; refrigerate

Kühler *m.*; ~s, ~ (am Auto) radiator

Kühler-: ~haube *f.* bonnet; hood

Kühl-: ~schrank *m.* refrigerator; fridge (Brit. *ugs.*); icebox (Amer.); ~tasche *f.* cool bag; ~truhe *f.* (chest) freezer; deep-freeze; ~turm *m.* *(Technik)* cooling tower

Kühlung *f.*; ~, ~en (Anlage) cooling system

kühn [ky:n] *Adj./adv.* a) bold(-ly); (gefährlich) daring(-ly); brave(-ly); (dreist) audacious(-ly); impudent(-ly)

Kühnheit *f.*; ~; boldness; (Verwegenheit) daringness; (Dreistigkeit) audacity; impudence

Küken ['ky:kn] *n.*; ~s, ~: chick(en)

kulant [ku'lant] *Adj.* obliging; fair

Kulanz [ku'lants] *f.*; ~: readiness or willingness to oblige; aus ~: out of good will

kulinarisch [kulɪ'na:rɪʃ] *Adj.* culinary

Kulisse [ku'lɪsə] *f.*; ~, ~n scenery; wings; hinter den ~n *(bildlich)* behind the scenes

Kult [kʊlt] *m.*; ~[e]s, ~e (auch bildlich) cult; mit etw. einen ~ treiben make a cult out of sth.

kultivieren [kʊltɪ'vi:rən] *tr. V.* (auch bildlich) cultivate

kultiviert 1. *adv.* in a cultivated manner. 2. *Adj.* cultivated; (fein) refined

Kultur [kʊl'tu:ɐ̯] *f.*; ~, ~en a) (Zivilisation) civilization; b) *o. Pl.* (geistige Ausdrucksformen) culture; c) *o. Pl.* (Kultiviertheit) ein Mensch von ~: a cultured person; d) (Landw., Gartenbau) young crop; e) (Wissenschaft) culture

kulturell [kʊltu'ræl] *Adj./adv.* cultural(-ly)

Kümmel ['kʏml̩] *m.*; ~s, ~: caraway (seeds)

Kummer ['kʊmɐ] *m.*; ~s sorrow; grief; jmdm. ~ machen grieve sb.; ~ um oder über jmdn. grief for or over sb.

kümmerlich *Adj.* a) puny; stunted; b) (*derogativ*: dürftig) miserable; meagre; scanty; c) (ärmlich) wretched; miserable

kümmern ['kʏmɐn] 1. *tr. V.* concern; das kümmert mich nicht I don't care. 2. *refl. V.* a) (sich befassen mit) kümmere dich um deine eigenen Angelegenheiten mind your own business; b) sich um jmdn./etw. ~: take care of or look after sb./sth.; sich darum ~, dass ...: see to it that ...

Kumpan [kʊm'pa:n] *m.*; ~s, ~e, Kumpanin *f.*; ~, ~nen *(ugs.)*; buddy *(ugs.)*; pal *(ugs.)*

Kumpel ['kʊmpl̩] *m.*; ~s, ~, *ugs.* auch: ~s a) (salopp: Kamerad) pal; mate; buddy *(ugs.)*; b) *(Bergbau)* miner; collier

Kunde ['kʊndə] *m.*; ~n, ~n customer; client

Kundgebung *f.*; ~, ~en rally; demonstration

kündigen ['kʏndɪgn̩] 1. *unr. itr. V.* a) (Wohnung) give notice (that one is leaving); jmdm. ~ give sb. notice to quit; zum 31. Dezember ~: give notice for 31 December; b) (Arbeit) give in or hand in one's notice (bei to); jmdm. ~ give sb. his/ her notice. 2. *tr. V.* call in; cancel; terminate; ihm ist gekündigt worden *(ugs.)* he has been given his notice; seine Stellung ~: give in or hand in one's notice (bei to)

Kündigung *f.*; ~, ~en (Mitgliedschaft, Abonnement) cancellation; (Vertrag) termination; (Arbeitsverhältnis) jmdm. die ~ aussprechen give sb. his/her notice; dismiss sb.; fristlose ~: dismissal without notice

Kundin *f.*; ~, ~nen customer; client

Kundschaft *f.*; ~, ~en *o. Pl.*; customers *pl.*; clientele; ~! service!

künftig [ˈkʏnftɪç] 1. *adv.* in future. 2. *Adj.* future

Kunst [kʊnst] *f.*; ~, Künste [ˈkʏnstə] art; bildende ~ visual art; (das Können) skill; das ist keine ~! (*ugs.*) there's nothing to it

Künstler [ˈkʏnstlɐ] *m.*; ~s, ~, Künstlerin *f.*; ~, ~nen artist; (Zirkus~ , Varieté~) artiste; ein bildender ~: a visual artist

künstlerisch *Adj./adv.* artistic(-ally)

künstlich [ˈkʏnstlɪç] *Adj.* a) artificial; false; b) (unnatürlich) forced; enforced

kunter·bunt [ˈkʊntɐ] *Adj.* a) (abwechslungsreich) varied; motley; b) (vielfarbig) multi-coloured

Kupfer [ˈkʊpfɐ] *n.*; ~s copper

Kuppe [ˈkʊpə] *f.*; ~, ~n a) (Finger~) tip; b) hilltop

Kuppel [ˈkʊpl̩] *f.*; ~, ~n dome

kuppeln 1. *tr. V.* (koppeln) couple (an + Akk.). 2. *itr. V.* (Auto) operate the clutch

Kupplung *f.*; ~, ~en (Auto) clutch

Kur [kuːɐ̯] *f.*; ~, ~en (health) cure

Kür [kyːɐ̯] *f.*; ~, ~en (Eiskunstlauf) free programme

Kurbel [ˈkʊrbl̩] *f.*; ~, ~n crank (handle)

kurbeln 1. *itr. V.* turn or wind a/the handle. 2. *tr. V.* etw. nach oben/ unten ~: wind sth. up/down

Kürbis [ˈkʏrbɪs] *m.*; ~ses, ~se pumpkin

Kurier [kuˈriːɐ̯] *m.*; ~s, ~e courier; messenger

Kurier·dienst *m.* courier or messenger service

kurieren *tr. V.* (auch bildlich) cure (von of)

kurios [kuˈrioːs] *Adj./adv.* curious(-ly); strange(-ly); odd(-ly)

Kuriosität [kurɪozɪˈtæːt] *f.*; ~, ~en a) (Gegenstand) curiosity; b) *o. Pl.* strangeness; oddity; peculiarity

Kurs [kʊrs] *m.*; ~es, ~e a) (Richtung) course; *(bildlich)* ein harter/weicher ~ a hard/soft line; ~ auf Amerika (Akk.) nehmen set course for or head for America; b) (Lehrgang) course; class; c) (von Devisen) exchange rate; zum ~ von …: at a rate of …

kursiv [kʊrˈziːf] 1. *adv.* etw. ~ drucken print sth. in italics

Kurve [ˈkʊrvə] *f.*; ~, ~n a) bend; curve; b) (Mathematik) curve; (Statistik) graph; curve

kurven *itr. V.*; *mit sein* (*ugs.*) (fahren) durch die Gegend ~: drive/ ride around

kurz [kʊrts] 1. *adv.* a) sich ~ fassen be brief; b) *(zeitlich)* briefly; for a short time or while; vor ~em a short time or while ago; recently; c) (rasch) kann ich ~ mit Ihnen sprechen? can I speak to you for a moment?; d) (zeitlich, räumlich) just; ~ vor/hinter der Ampel just before/behind the traffic-lights; ~ vor/nach Ostern just or shortly before/after Easter. 2. *Adj.* a) (knapp) short, brief; ~ und bündig brief and succinct; b) *(zeitlich)* short, brief; quick; es ~ machen make it short; be brief; c) (räumlich) short

Kürze [ˈkʏrtsə] *f.*; ~, ~n a) *(zeitlich)* shortness; short duration; brevity; in ~: shortly; soon; b) (*Knappheit*) brevity

Kürzel [ˈkʏrtsl̩] *n.*; ~s, ~ a) shorthand symbol; short form

kürzen *tr. V.* a) shorten; abridge; cut

kürzer siehe kurz

kürzest… siehe kurz

kürzlich *Adv.* recently; not long ago; erst ~: just or only recently; only a short time ago

kurzum *Adv.* in short; in a word

Kürzung *f.*; ~, ~en cut; reduction; Gehalts~ salary cut

kuschelig *Adj.* cosy

kuscheln [ˈkʊʃl̩n] *refl. V.* sich an jmdn. ~: snuggle up or cuddle up to sb.

Kusine [kuˈziːnə] *f.*; ~, ~n siehe Cousine

Kuss [kʊs] *m.*; Kusses, Küsse [ˈkʏsə] kiss

Küsschen [ˈkʏsçən] *n.*; ~s, ~: (quick) kiss

küssen [ˈkʏsn̩] *tr.*, *itr. V.* kiss; sich ~: kiss (each other)

Küste [ˈkʏstə] *f.*; ~, ~n coast

Küster [ˈkʏstɐ] *m.*; ~s, ~: sexton

Kutsche [ˈkʊtʃə] *f.*; ~, ~n coach; carriage

Kutscher *m.*; ~s, ~: coachman; coach-driver

Kutte [ˈkʊtə] *f.*; ~, ~n (monk's/nun's) habit

Kuvert [kuˈveːɐ̯] *n.*; ~s, ~s envelope

Kuvertüre [kuvæɐ̯ˈtyːrə] *f.*; ~, ~n chocolate coating

kyrillisch [kyˈrɪlɪʃ] *Adj.* Cyrillic

L

I, L [æl] *n.*; ~, ~: l/L
labil [la'biːl] *Adj.* delicate, frail; unstable
Labor [la'boːɐ̯] *n.*; ~s, ~s, auch: ~e, **Laboratorium** [labora'toːri̯ʊm] *n.*; ~s, Laboratorien laboratory
Labyrinth [laby'rɪnt] *n.*; ~[e]s, ~e maze; labyrinth
Lach·anfall *m.* laughing-fit; fit of laughing
Lache ['laːxə] *f.*; ~, ~n puddle; (von Blut, Öl) pool
lächeln ['lɛçl̩n] *itr. V.* smile (über + Akk. at)
Lächeln *n.*; ~s smile
lachen *itr. V.* laugh (über + Akk. at); jmdn. zum Lachen bringen make sb. laugh; da kann man doch nur ~: that's a laugh; dass ich nicht lache! *(ugs.)* don't make me laugh *(ugs.)*; was gibt es denn da zu ~? what's so funny about that?
Lachen *n.*; ~s laughter; a loud laugh
lächerlich ['lɛçɐlɪç] *(derogativ) Adj./adv.* ridiculous(-ly); ludicrous(-ly); jmdn./sich (vor jmdm.) ~ machen make a fool of sb./oneself (in front of sb.); etw. ins Lächerliche ziehen make a joke out of sth.
Lächerlichkeit *f.*; ~, ~en *(derogativ)* ridiculousness; ludicrousness; jmdn. der ~ preisgeben make a laughing-stock of sb.
Lachs *m.*; ~es, ~e salmon
Lack [lak] *m.*; ~[e]s, ~e varnish; (Auto~) paint; (für Metall, Lackarbeiten) lacquer
lackieren *tr. V.* varnish; paint; einen Wagen ~: spray a car
Lackierung *f.*; ~, ~en (auf Holz) varnish; (auf Autos) paintwork
Lack·leder *n.* patent leather

laden 1. *unr. itr. V.* load (up). 2. *unr. tr. V.* a) load; etw. aus etw. ~: unload sth. from sth.; b) (Munition einlegen) load
Laden *m.*; ~s, Läden ['lɛːdn̩] a) shop; store (Amer.); b) *Pl.* ~ (Fenster~) shutter
Ladung *f.*; ~, ~en a) (Schiffs~, Flugzeug~) cargo; load; b) (beim Sprengen, Schießen) charge; c) (Wissenschaft) charge
Lage ['laːgə] *f.*; ~, ~n a) location; in höheren/tieferen ~n (Met.) on high/ low ground; in ruhiger ~: in a quiet location; b) (Situation) situation; sich in jmds. ~ versetzen: put oneself in sb.'s position or place; nicht in der ~ sein, etw. zu tun be not in a position to do sth.; c) (liegen) position; jetzt habe ich eine bequeme ~: now I'm lying comfortably; d) (Stimm~) register
Lager ['laːgɐ] *n.*; ~s, ~ a) camp; ein ~ aufschlagen set up or pitch camp; b) (Raum) store-room; (in Geschäften, Betrieben) stock-room; c) (politisch) camp; ins andere ~ überwechseln change camps or sides; join the other side
lagern 1. *itr. V.* a) (liegen) lie; be stored or kept; b) camp. 2. *tr. V.* a) (hinlegen) lay down; die Beine hoch ~: rest one's legs in a raised position; b) store
Lager-: ~raum a) store-room; (im Geschäft, Betrieb) stock-room; b) *o. Pl.* (Kapazität) storage space
Lagerung *f.*; ~, ~en a) storage; bei ~ im Kühlschrank if or when stored in a fridge; b) bei richtiger ~ if placed in the correct position
lahm [laːm] *Adj.* a) lame; crippled, useless; stiff; ein ~es Bein haben be lame in one leg; b) *(ugs. derogativ:* schwach) lame, feeble
Lahme *m./f.*; *adj. Dekl.* lame or paralysed person
lähmen ['lɛːmən] *tr. V.* a) *(bildlich)* cripple, paralyse; numb; b) paralyse; vor Schreck wie gelähmt sein be paralysed with fear
lahm·legen *tr. V.* bring sth. to a standstill; paralyse
Lähmung *f.*; ~, ~en a) paralysis
Laib [laɪp] *m.*; ~[e]s, ~e loaf
Laie ['laɪə] *m.*; ~n, ~n (auch Kirche) layman/ laywoman
Lakai [la'kaɪ] *m.*; ~en, ~en a) lackey (auch bildlich); liveried footman
Laken ['laːkn̩] *n.*; ~s, ~ sheet
lakonisch [la'koːnɪʃ] *Adj./adv.* laconic(-ally)
Lakritz [la'krɪts] *m. oder n.*; ~es, ~e, liquorice
Lama ['laːma] *n.*; ~s, ~s llama
Lamelle [la'mɛlə] *f.*; ~, ~n lamella; (eines Pilzes) gill
lamentieren [lamɛn'tiːrən] *itr. V. (ugs.)* moan, complain (über + Akk. about)
Lametta [la'mɛta] *n.*; ~s lametta
Lamm [lam] *n.*; ~[e]s, Lämmer ['lɛmɐ] lamb
Lampe ['lampə] *f.*; ~, ~n light; (Straßen~, Tisch ~) lamp
Land [lant] *n.*; ~es, Länder ['lɛndɐ] oder (veralt.) ~e a) *Pl.* Länder (Staat) country; außer ~es out of the country; wieder im ~e sein *(ugs.)* be back again; b) *o. Pl.* land no *indef. art.*; an ~: ashore;

K
L

Landebahn

~ in Sicht! (Seefahrt) land (ahead)!; c) *o. Pl.* (dörfliche Gegend) country *no indef. art.*; auf dem ~ wohnen live in the country; d) *o. Pl.* (Grund und Boden) land; ein Stück ~: a plot or piece of land or ground; das ~ bebauen/bestellen farm/till the land; e) (Bundesland, Deutschland) land; state; (Österreich) province

Landebahn *f.* (landing) runway

landen *itr. V.*; *mit sein* a) land; (ankommen) arrive; b) (*ugs.*: gelangen) land or end up; im Papierkorb ~: end up in the waste-paper basket

Lande·platz *m.* landing field or ground

ländlich ['lɛntlıç] *Adj.* rural; country

Land-: ~luft *f.* country air; ~maschine *f.* agricultural machine; farm machine

Landschaft *f.*; ~, ~en a) landscape; (ländliche Gegend) countryside; b) (Gegend) region

landschaftlich *Adj.* scenic

Lands·mann *m.*; *Pl.* ~leute fellow-countryman; compatriot

Landung *f.*; ~, ~en landing; zur ~ ansetzen begin the landing approach

Land·wirtschaft *f.* a) *o. Pl.* agriculture *no art.*; farming *no art.*

land·wirtschaftlich *Adj./adv.* agricultural(-ly)

Land·zunge *f.* tongue of land

lang [laŋ] 1. *adv.* a) (*zeitlich*) (for) a long time; ~ und breit at great length; in great detail; b) einen Tag ~: for a day; den ganzen Sommer ~: all through the summer. 2. *Adj.* a) long; eine fünf Kilometer ~e Strecke a distance of five kilometres; b) (*ugs.*: groß) tall; c) (ausführlich) long; in great detail

lange *Adv.* a) (bei weitem) das ist (noch) ~ nicht alles that's not all by any means; b) a long time; ~ arbeiten work late; bist du schon ~ hier? have you been here long?

Länge ['lɛŋə] *f.*; ~, ~n a) length; eine ~ von 25 Metern haben be 25 metres in length; ein Stück von 30 Minuten Stunden ~: a piece thirty minutes in length; b) (Geographie) longitude

länger ['lɛŋɐ] 1. *adv.* for some time. 2. *Adj.* fairly long

Lange·weile *f.*; ~ boredom

länglich ['lɛŋlıç] *Adj.* oblong; longish

längs [lɛŋs] 1. *Adv.* lengthways. 2. *Präp.* + *Gen.* oder (selten) *Dat.* along

langsam 1. *adv.* slowly; (allmählich) gradually; es wird ~ Zeit it's about time. 2. *Adj.* a) slow; b) (allmählich) gradual

Langsamkeit *f.*; ~: slowness

Langspiel·platte *f.* long-playing record

längst [lɛŋst] *Adv.* (schon lange) long since; (vor langer Zeit) a long time ag

längstens ['lɛŋstns] *Adv.* (*ugs.*) at (the) most

Lang·strecke *f.* (Sport) long distance

Lappen *m.*; ~s, ~ cloth; (Wasch~) flannel; (Fetzen) rag

läppisch ['lɛpıʃ] *Adj.* silly, ridiculous

Lärche ['lɛrçə] *f.*; ~, ~n larch

Lärm [lɛrm] *m.*; ~[e]s noise

lärmen *itr. V.* make a noise; ~d noisy

Larve ['larfə] *f.*; ~, ~n grub; larva

lasch [laʃ] *Adj./adv.* limp(-ly); feeble/-ly; listless(-ly)

Lasche *f.*; ~, ~n (Gürtel~) loop; (Schuh~) tongue

Laser ['leɪzɐ] *m.*; ~s, ~ (Wissenschaft) laser

Laser·strahl *m.* (Wissenschaft) laser beam

lassen ['lasn] 1. *unr. itr. V.* a) (*ugs.*) (in Ruhe ~) leave; b) (2. Part. ~) ich habe mir sagen ~, dass ...: I've been told that .... 2. *unr. ref. V.* (2. Part. ~) das lässt sich machen that can be done. 3. *unr. tr. V.* a) (allgemein, auch: erlauben) let; allow; jmd. (ins Haus) hinein~ let or allow sb.in(to the house); b) mit *Inf.* (2. Part. ~) (erlauben) jmdn. etw. tun ~: let sb. do sth.; allow sb. to do sth.; c) mit *Inf.* (2. Part. ~) (veranlassen) etw. tun ~: have or get sth. done; jmdn. grüßen ~: send one's regards to sb.; jmdn. warten ~: keep sb. waiting; d) (zurück~, allein~ usw.) leave; jmdn. in Ruhe ~: leave sb. alone; e) (unterlassen, aufhören) stop

lässig ['lɛsıç] *Adj./adv.* casual(-ly); lazy/-ily

Lässigkeit *f.*; ~ a) casualness; b) (*ugs.*: Mühelosigkeit) effortlessness

Last [last] *f.*; ~, ~en a) (Gewicht) weight; b) load; (Trag~, auch bildlich) load; burden; c) *Pl.* (Kosten) costs; (Abgaben) charges; die steuerlichen ~en the tax burden *sing.*

lasten *itr. V.* be a burden; auf jmdm./etw. ~: weigh heavily (up)on sb./sth.

Laster *m.*; ~s, ~ truck

Laster *n.*; ~s, ~: vice

lästern ['lɛstɐn] *itr. V.* (derogativ) make malicious remarks (über + *Akk.* about)

lästig ['lɛstıç] *Adj.* troublesome; irksome; jmdm. ~ sein/werden be/become a nuisance to sb.

Latein [la'taɪn] *n.*; ~s Latin

Latein·amerika (*n.*) Latin

lebhaft

America
latein·amerikanisch Adj. Latin-American
lateinisch Adj. Latin
latent [laˈtɛnt] 1. adv. ~ vorhanden sein be latent. 2. Adj. latent
Laterne [laˈtɛrnə] f.; ~, ~n lamp; (Straßen~) street light/lamp
Laternen·pfahl m. lamppost
latschen [ˈlaːtʃn] itr. V.; mit sein (salopp) trudge
Latte [ˈlatə] f.; ~, ~n a) lath; slat; (Zaun~) pale; b) (Sport) (cross)bar; (Leichtathletik) bar
Latz·hose f. bib and brace; (für Kinder) dungarees pl.
lau [lau] Adj. a) tepid, lukewarm; b) (mild) mild
Laub [laup] n.; ~[e]s leaves pl., foliage
Laub·baum m. broadleaved tree
Lauch [laux] m.; ~[e]s, ~e (Pflanze) allium; (Porree) leek
lauern itr. V. (auch bildlich) lurk
Lauf [lauf] m.; ~[e]s, Läufe [ˈlɔyfə] a) o. Pl. running; b) (von Schusswaffen) barrel; c) o. Pl. (Fortgang) course; im ~(e) der Zeit in the course of time; im ~(e) des Tages during the day
Lauf-: ~**bahn** f. a) (Werdegang) career; b) (Sport) running-track; ~**bursche** m. errand boy; messenger bo
laufen 1. unr. tr. u. itr. V. a) mit sein run; (zu Fuß gehen) walk; b) mit haben oder sein Ski/Schlittschuh/Rollschuh ~: ski/skate/roller-skate. 2. unr. itr. V.; mit sein a) run; b) (gehen) go; (zu Fuß) walk; c) (funktionieren) run; work; auf Hochtouren ~: be running at full speed; d) (in einem Wettkampf) run; (beim Eislauf) skate; (beim Ski~) ski; e) (Film) be on; run; f) (vonstatten gehen) wie geplant/nach Wunsch ~: go as planned or according to plan; die Geschäfte ~ gut/schlecht (ugs.) business is good/bad
laufend 1. adv. constantly; continually; steadily 2. Adj.; nicht präd. a) (gegenwärtig) current; b) (ständig) regular; recurring; die ~en Arbeiten the day-to-day or routine work sing.; c) auf dem ~en sein/bleiben be/keep or stay up to date; jmdn. auf dem ~en halten keep sb. up to date
Läufer [ˈlɔyfɐ] m.; ~s, ~ a) (Sport) runner; b) (Teppich) carpet; c) (Schach) bishop
Läuferin f.; ~, ~nen runner
Lauf·zeit f. term; ein Kredit mit befristeter ~: a limited-term loan
Laune [ˈlaunə] f.; ~, ~n a) mood; temper
launenhaft, launisch Adj. temperamental; (unberechenbar) capricious
Laus [laus] f.; ~, Läuse [ˈlɔyzə] louse
lauschen [ˈlauʃn] itr. V. a) listen (attentively) (Dat. to)
lausig (ugs.) 1. adv. terribly (ugs.); awfully; ~ kalt perishing cold (Brit. sl.). 2. Adj. (derogativ) lousy (sl.); rotten (ugs.)
laut [laut] Adj./adv. loud(-ly); noisy/-ily
laut Präp. + Gen. oder Dat. (Behörde) according
Laut m.; ~[e]s, ~e sound
lauten itr. V. be, run; read, go; state
läuten [ˈlɔytn] tr. u. itr. V. ring; es läutet the bell is ringing
lauter indekl. Adj. nothing but; sheer, pure; aus ~ Langeweile for sheer boredom
laut·los Adj./adv. silent(-ly); soundless(-ly)
Laut·schrift f. (Grammatik) phonetic alphabet
Laut·sprecher m. loudspeaker; (einer Stereoanlage usw.) speaker
Lautsprecher-: ~**anlage** f. PA system; loudspeaker system; ~**box** f. speaker cabinet
Laut·stärke f. volume; in voller ~: at full volume
lau·warm Adj. lukewarm; tepid
Lava [ˈlaːva] f.; ~, (Geologie) lava
Lawine [laˈviːnə] f.; ~, ~n avalanche; (bildlich) storm
leben [ˈleːbn] 1. tr. V. live; ein glückliches Leben ~: live a happy life. 2. itr. V. live; (lebendig sein) be alive; leb(e) wohl! farewell!; von etw. ~: live on sth.
Leben n.; ~s, ~ life; so ist das ~: such is life; sich (Dat.) das ~ nehmen take one's (own) life; ein/ sein (ganzes) ~ lang one's whole life (long); zum erstenmal im ~: for the first time in one's life; nie im ~, im ~ nicht! (ugs.) not on your life! never in your life! ums ~ kommen lose one's life
lebend Adj. living; live; tot oder ~: dead or alive
lebendig [leˈbɛndɪç] 1. adv. (lebhaft) in a lively fashion or way; vividly. 2. Adj. a) (lebhaft) lively; gay; b) (auch bildlich) living; jmdn. ~ oder bei ~em Leibe verbrennen burn sb. alive; ~ begraben buried alive
Lebendigkeit f.; ~: liveliness
Lebens·mittel n.; meist Pl. food sing.
Lebensmittel-: ~**abteilung** f. food department; ~**geschäft** n. food shop
Leber [ˈleːbɐ] f.; ~, ~n liver
lebhaft 1. adv. a) in a lively way or fashion; vividly; sich (Dat.) etw. ~ vorstellen können have a vivid picture of sth.; sich ~ unterhalten have

a lively conversation; b) (kräftig) brightly, gaily. 2. *Adj.* a) lively; animated; vivid; b) (kräftig) lively; gay; bright

Leb·kuchen *m.* gingerbread

leblos *Adj.* lifeless

lecken *tr. V.* lick

lecker *Adj.* tasty; delicious; good

Leder ['leːdɐ] *n.*; ~s, ~ (auch Fenster~) leather; in ~ (gebunden) leatherbound

ledig ['leːdɪç] *Adj.* single; unmarried

Ledige *m./f.*; *adj. Dekl.* single person

lediglich *Adj.* only; merely; simply

leer [leːɐ] *Adj.* a) empty; blank, clean; sein Glas ~ trinken empty or drain one's glass; ~ ausgehen come away empty-handed

Leere *f.*; ~ (auch bildlich) emptiness; eine gähnende ~: a gaping void

leeren *tr. V.* empty; clear

Leerung *f.*; ~, ~en emptying; nächste ~ um 16.45 Uhr next collection at 16.45

legal [leˈgaːl] *Adj./adv.* legal(-ly)

legalisieren *tr. V.* legalize

Legalität [legaliˈtɛːt] *f.*; ~: legality; außerhalb der ~: outside the law

Legasthenie [legasteˈniː] *f.*; ~, ~n (Medizin) dyslexia

Legastheniker [legasˈteːnɪkɐ] *m.*; ~s, ~ (Medizin) dyslexic

legen ['leːgn̩] 1. tr., *itr. V.* lay. 2. *refl. V.* a) lie down; b) (nachlassen) die down, abate, subside; calm down. 3. *tr. V.* a) lay (down); etw. beiseite ~: put sth. aside or down

Legende [leˈgɛndə] *f.*; ~, ~n a) legend; zur ~ werden *(bildlich)* become a legend; b) (auf der Landkarte) legend; key

Legislative [legɪslaˈtiːvə] *f.*; ~, ~n (Politik) legislature

Legislatur·periode [legɪslaˈtuːɐ̯] *f.* (Politik) parliamentary term; legislative period

legitim [legiˈtiːm] *Adj./adv.* legitimate(-ly)

Legitimation [legɪtimaˈt̯sioːn] *f.*; ~, ~en (Bevollmächtigung) authorization

legitimieren *tr. V.* a) (Jura) (rechtfertigen) justify; b) (bevollmächtigen) authorize; c) (für legitim erklären) legitimize

Legitimität [legɪtimiˈtɛːt] *f.*; ~: legitimacy

Lehm [leːm] *m.*; ~s loam; (Ton) clay

Lehne ['leːnə] *f.*; ~, ~n (Arm~) arm; (Rücken~) back

lehnen *tr. u. refl. V.* lean (an + Akk., gegen against; über + Akk. over)

Lehre ['leːrə] *f.*; ~, ~n apprenticeship; eine ~ machen serve an apprenticeship (als as)

lehren *tr., itr. V.* (auch bildlich) teach; jmdn. das Lesen ~: teach sb. (how) to read

Lehrer *m.*; ~s, ~ a) (auch bildlich) teacher; b) (Ausbilder) instructor

Lehrerin *f.*; ~, ~nen teacher

Lehrling ['leːɐ̯lɪŋ] *m.*; ~s, ~e apprentice; (in kaufmännischen Berufen) trainee

Leib [laɪp] *m.*; ~[e]s, ~er a) body; etw. am eigenen ~ erfahren experience sth. (for oneself)

leiblich *Adj.* a) physical; b) (blutsverwandt) full, own

Leiche ['laɪçə] *f.*; ~, ~n (dead) body; corpse

Leichnam ['laɪçnaːm] *m.*; ~s, ~e body; jmds. ~: sb.'s body or mortal remains *pl.*

leicht [laɪçt] 1. *adv.* a) light-ly; ~ bekleidet lightly dressed; b) (geringfügig) slightly; ~ angetrunken slightly drunk; c) (einfach) easily; das ist ~ gesagt it's easy for you to say that; ~ verständlich easy to understand; das ist ~ möglich that is quite possible. 2. *Adj.* a) light; lightweight; ~e Kleidung thin clothes; b) (schwach) slight; light; c) (einfach) easy; (nicht anstrengend) light; d) (unterhaltend) light

Leichtigkeit ['laɪçtɪçkaɪt] *f.*; ~ a) lightness; b) (Mühelosigkeit) ease; mit ~: with ease; easily

leid [laɪt] *Adj.*; nicht attr. etw. ~ (überdrüssig) etw. ~ sein *(ugs.)* be fed up with sth.; b) sie tut mir ~ I feel sorry for her; es tut mir ~ I'm sorry

Leid *n.*; ~[e]s a) (Kummer) grief; sorrow; (Schmerz) suffering; jmdm. sein ~ klagen tell sb. all one's sorrows; b) jmdm. ein ~ zufügen wrong/harm sb.; do sb. wrong/harm

leiden 1. *unr. tr. V.* a) (ertragen müssen) suffer; b) ich kann das nicht ~: I can't stand it; jmdn. (gut) ~ können like sb. 2. *unr. itr. V.* a) suffer (an, unter + *Dat.* from)

Leiden *n.*; ~s, ~ a) (Qual) suffering; b) (Krankheit) illness

Leidenschaft *f.*; ~, ~en passion

leidenschaftlich *Adj./adv.* passionate(-ly)

leider *Adv.* unfortunately; ich habe ~ keine Zeit I'm afraid I have no time; ~ ja/nein I'm afraid so/afraid not; (förmlich) wir müssen Ihnen ~ mitteilen …: we regret to inform you

Leier·kasten *m. (ugs.)* barrel organ; hurdy-gurdy

leihen ['laɪən] *unr. V.* a) (entleihen) borrow; (sich *Dat.*) etw. (von jmdm.) ~: borrow sth. (from sb.); b) (verleihen) jmdm. etw. ~:

Leutnant

lend sb. sth.; lend sth. to sb.
Leim [laɪm] *m.*; ~(e)s glue
leimen *tr. V.* a) glue (an + Akk. to)
Leine ['laɪnə] *f.*; ~, ~n rope; (Zelt~) guy-rope; (Wäsche~, Angel~) line; (Hunde~) lead; den Hund an die ~ nehmen put the dog on the lead
Leinen *n.*; ~s a) (Gewebe) linen; b) cloth; ~ausgabe cloth edition
Leinentuch *n.* linen cloth
leise ['laɪzə] *Adj./adv.* a) quiet(-ly); soft(-ly); faint(-ly); die Musik ~(r) stellen turn the music down; b) *nicht präd.* (leicht; kaum merklich) slight(-ly); gentle/-ly); nicht die ~ste Ahnung haben not have the faintest idea
Leiste ['laɪstə] *f.*; ~, ~n a) strip; (am Auto) trim; (Holz~) batten; b) (Medizin) groin
leisten 1. *refl. V. (ugs.)* sich (*Dat.*) etw. ~ (können) be able to afford sth.. 2. *tr. V.* a) do; (schaffen) achieve; b) jmdm. Hilfe ~: help sb.; einen Eid ~: swear an oath
Leistung *f.*; ~, ~en a) *o. Pl.* (Energie) power; b) *o. Pl.* (Arbeits~) performance; Bezahlung nach ~: payment by results; c) (Versicherung) benefit; e) (Erfolg) achievement
leiten ['laɪtn] *tr. V.* a) (anführen) be head of; (den Vorsitz führen bei) chair; (Musik: dirigieren) conduct; (verantwortlich sein für) be in charge of; ~der Angestellter executive; manager
Leiter *m.*; ~s, ~ (einer Abteilung) head; manager; (eines Instituts) director; (einer Gruppe) leader; head; (einer Schule) headmaster (Vorsitzender) chairman; (Verkaufs~) sales manager
Leiter *f.*; ~, ~n ladder; (Steh~) step-ladder

Leiterin *f.*; ~, ~nen siehe 1Leiter; (einer Schule) headmistress
Leitung *f.*; ~, ~en a) *o. Pl.* (Verantwortung) responsibility (*Gen.* for); (einer Firma) management; (einer Organisation) chairmanship; b) leading; heading; management;
Leitung *f.*; (Draht, Kabel) cable; die ~en (im Haus usw.) the wiring *sing.*; (Telefon~) line; (Wasserhahn) tap
Lektion [lɛkˈtsioːn] *f.*; ~, ~en (auch bildlich) lesson
Lektüre [lɛkˈtyːrə] *f.*; ~, ~n reading
Lende ['lɛndə] *f.*; ~, ~n loin
lenken ['lɛŋkn] *tr. V.* a) *auch itr.* steer; be at the controls of; guide; (fahren) drive; b) (Politik) rule, govern; c) direct, guide (auf + Akk. to); turn (auf + Akk. to); steer; das Gespräch auf etw./jmdn. ~: steer or bring the conversation round to sth./sb.; den Verdacht auf jmdn. ~: throw suspicion on sb.
Lenker *m.*; ~s, ~ handlebar
Lenkung *f.*; ~, ~en a) *o. Pl.* (eines Staates) ruling *no indef. art.*; governing *no indef. art.*; (Leitung) control; b) (Auto) steering
Lerche ['lɛrçə] *f.*; ~, ~n lark
lernen ['lɛrnən] 1. *tr. V.* a) learn; sprechen ~: learn to speak; b) einen Beruf ~: learn a trade. 2. *itr. V.* a) study; leicht ~: find it easy to learn; b) (Lehrling sein) train
lesbar *Adj.* a) legible; b) (verständlich) comprehensible
Lesbe ['lɛsbə] *f.*; ~, ~n (*ugs.*) Lesbian; dike (*sl.*)
Lesbierin ['lɛsbiərɪn] *f.*; ~, ~nen Lesbian
lesbisch *Adj.* Lesbian
lesen *unr. ref., tr. u. itr.V.* read

lesens·wert *Adj.* worth reading
Leser *m.*; ~s, ~: reader
Leser·brief *m.* reader's letter
Leserin *f.*; ~, ~nen siehe Leser
leserlich *Adj./adv.* legible/-ly
Lethargie [letarˈgiː] *f.*; ~: lethargy
lethargisch *Adj./adv.* lethargic(-ally)
Lette ['lɛtə] *m.*; ~n, ~n,
Lettin *f.*; ~, ~nen Latvian; Lett
lettisch *Adj.* Latvian; (Sprache) Lettish
Lett·land (*n.*); ~s Latvia
letzt... *Adj.*; *nicht präd.* last; (äußerst) ultimate; bis zum ~en to the utmost; am Ende des ~en in the end; die ~e Reihe the back row; in der ~en Zeit recently
letzte·mal: das ~ (the) last time
letzten·mal: beim ~: last time; zum ~: for the last time
letzter... *Adj.* ~er/der ~e/~es/ das ~e usw. the last
letztlich *Adv.* ultimately; in the end
leuchten *itr. V.* a) shine a/the light; jmdm. ~: light the way for sb.; b) be shining; glow; grell ~: give a glaring light; glare; in der Sonne ~: gleam in the sun
leuchtend *Adj.*; *nicht präd.* a) shining; luminous; bright; glowing
Leuchter *m.*; ~s, ~ candelabrum; (für eine Kerze) candlestick
leugnen ['lɔygnən] *tr. V.* deny
Leukämie [lɔykɛˈmiː] *f.*; ~, ~n (Medizin) leukaemia
Leute ['lɔytə] *Pl.* a) people; die kleinen ~: the ordinary people; alten ~: the old; vor allen ~n in front of everybody
Leutnant ['lɔytnant] *m.*; ~s,

leutselig

~s oder selten: ~e second lieutenant (Militär)

leut·se·lig Adj./adv. affable/-ly

Leut·seligkeit f.; o. Pl. affability

Lexikon [ˈlæksɪkɔn] n.; ~s, Lexika a) (Wörterbuch) dictionary; b) encyclopaedia

Libanese [lɪbaˈneːzə] m.; ~n, ~n, **Libanesin** f.; ~, ~nen Lebanese

Libanon [ˈliːbanɔn] m.; ~s Lebanon

Libelle [lɪˈbælə] f.; ~, ~n dragonfly

liberal [lɪbeˈraːl] Adj./adv. liberal(-ly)

Liberale m./f.; adj. Dekl. liberal

Liberalismus [lɪberaˈlɪsmʊs] m.; ~: liberalism

Libero [ˈliːbero] m.; ~s, ~s free back

Libretto [lɪˈbrɛto] n.; ~s, ~s oder Libretti libretto

Libyen [ˈliːbyən] (das); ~s Libya

libysch [ˈliːbyʃ] Adj. Libyan

Licht n.; ~[e]s, ~er a) (elektrisches ~) light; das ~ anmachen/ausmachen switch or turn the light on/off; b) o. Pl. light; bei Tages~ in the light of day; jmdm. im ~ stehen stand in sb.'s light; etw. gegen das ~ halten hold sth. up to the light; (bildlich) ein ungünstiges ~ auf jmdn. werfen throw a unfavourable light on sb.; ans ~ kommen come to light; be revealed

Lichtung f.; ~, ~en clearing; auf einer ~: in a clearing

Licht-: ~verhältnisse Pl. light conditions

Lid [liːt] n.; ~[e]s, ~er eyelid

Lid·schatten m. eye-shadow

lieb [liːp] 1. adv. (artig) nicely; (liebenswert) kindly. 2. Adj. a) (artig) good, nice; b) (liebenswert) likeable; nice; c) (liebevoll) kind; viele ~e Grüße much love (ugs.); d) (angenehm) welcome; es wäre mir lieb I should like it/I would be pleased; e) ~e(r) ...! (am Briefanfang) dear ...

Liebe [ˈliːbə] f.; ~, ~n a) o. Pl. love; ~ auf den ersten Blick love at first sight; aus ~ (zu jmdm.) for love (of sb.); (Briefschluss) in ~. Dein ... (with) all my love, yours; mit ~ (liebevoll) lovingly; with loving care; b) (ugs.: geliebter Mensch) love; meine große ~: my great love; the (great) love of my life

lieben 1. itr. V. be in love; (sexuell) make love. 2. tr. V. a) etw. ~: be fond of sth.; like sth.; (stärker) love sth.; es ~, etw. zu tun like or enjoy doing sth.; (stärker) love doing sth.; b) jmdn. ~: love sb.; (verliebt sein) be in love with or love sb.; (sexuell) make love to sb.

liebe·voll Adj./Adv. loving(-ly); affectionate(-ly)

lieb·haben unr. tr. V. love; (gern haben) be fond of

Liebhaber [ˈliːphaːbɐ] m.; ~s, ~ a) (Sammler) collector; (Interessierter) enthusiast (Gen. for); Musik~ lover of music; b) lover

Liebhaberin f.; ~, ~nen siehe Liebhaber

lieb·kosen tr. V. caress

Liebkosung f.; ~, ~en caress

lieblich Adj./Adv. charming(-ly); sweet(-ly)

Liebling m.; ~s, ~e a) (bevorzugte Person) favourite; (des Publikums) darling; b) (geliebte Person; bes. als Anrede) darling

Lieblings- favourite

Liebschaft f.; ~, ~en (casual) affair; (Flirt) flirtation

liebst... [ˈliːpst] 1. Adv. am ~en siehe gern. 2. Adj.: siehe lieb

Liebste m./f.; adj. Dekl. sweetheart; meine ~: my dearest

Lied [liːt] n.; ~[e]s, ~er song; (Kirchen~) hymn

Lieferant [lɪfeˈrant] m.; ~en, ~en supplier

lieferbar Adj. available; sofort ~: available for immediate delivery

liefern [ˈliːfɐn] 1. itr. V. deliver. 2. tr. V. a) (zur Verfügung stellen) supply; deliver (an + Akk. to)

Lieferung f.; ~, ~en (auch Ware) delivery

Liege [ˈliːɡə] f.; ~, ~n daybed; (zum Ausklappen) bed-settee; sofa bed; lounge

liegen unr. itr. V. a) lie; be lying down; im Krankenhaus ~: be in hospital; b) (recht sein) es liegt mir nicht it doesn't suit me; c) (sich befinden) be (situated); das liegt auf dem Weg it is on the way; d) (bildlich) es liegt daran, dass the reason is that

liegen·bleiben unr. itr. V.; mit sein a) stay (lying); (im Bett) ~: stay in bed; b) (nicht erledigt werden) be left undone; d) (mit dem Auto ~) break down

liegen·lassen unr. tr. V. leave; (vergessen) leave (behind); (unerledigt lassen) leave undone

Lift [lɪft] m.; ~[e]s, ~e oder ~s (auch Ski~) lift (Brit.); elevator (Amer.)

liften tr. V. sich ~ lassen (ugs.) have a face-lift

Likör [lɪˈkœːɐ̯] m.; ~s, ~e liqueur

lila [ˈliːla] indekl. Adj., **Lila** n.; ~s oder (ugs.) ~ purple

Lilie [ˈliːli̯ə] f.; ~, ~n lily

Liliputaner [lilipuˈtaːnɐ] m.; ~s, ~: midget

Limit [ˈlɪmɪt] n.; ~s, ~s limit

limitieren tr. V. limit; restrict

Limonade [limoˈnaːdə] f.; ~, ~n lemonade, fizzy drink

Limousine [lɪmuˈziːnə] *f.*; ~, ~n limousine; sedan- (Amer.)
Linde [ˈlɪndə] *f.*; ~, ~n a) (Baum) lime(tree); b) *o. Pl.* (Holz) limewood
lindern [ˈlɪndən] *tr. V.* relieve, ease (pain, illness)
Lineal [lineˈaːl] *n.*; ~s, ~e ruler
Linguistik *f.*; ~: linguistics *sing.*, no art
Linie [ˈliːnɪə] *f.*; ~, ~n a) line; b) (Eisenbahn~, Straßenbahn~) line; route; c) (bildlich) line; policy; eine klare ~ clear policy; d) in erster ~ geht es um ... the first priority is to ...
liniert [lɪˈniːʊ̯t] *Adj.* ruled; lined
link [lɪŋk] *Adv./Adj.* underhand; (gemein) dirty
link... *Adj.* a) left; left(!hand); auf der ~e n Seite on the left-hand side; b) (auf der Innenseite) wrong, reverse (side); c) (in der Politik) left-wing; leftist (derog.); der ~e Flügel the left wing
Linke *m. o. f. adj. Dekl.* leftwinger; leftist (derog.); die ~n the left *sing.*
links [lɪŋks] 1. *Adv.* a) (auf der linken Seite) on the left; ~ von jmdm/etw. on sb.'s left or to the left of sb.; nach ~: (to the) left; von ~: from the left; sich ~ halten keep to the left; sich ~ einordnen move or get into the lefthand lane; jmdn./etw. ~ liegenlassen *(bildlich)* ignore sb./sth.; b) (Politik) on the left wing; left-wing
Linoleum [lɪˈnoːleʊm] *m.*; ~s linoleum
Linse [ˈlɪnzə] *f.*; ~, ~n a) (Optik) lens b) (Gemüse) lentil
Linsen·suppe *f.* lentil soup
Lippe [ˈlɪpæ] *f.*; ~, ~n lip
liquidieren [lɪkvɪˈdiːræn] *tr. V.* (auch Wirtschaft) liquidate

lispeln [ˈlɪspln] *itr. V.* lisp; er lispelt he has a lisp
List [lɪst] *f.*; ~, ~en a) (cunning) trick
Liste *f.*; ~, ~n list
listig *Adj./Adv.* cunning(-ly); crafty/-ily
Litauen [ˈliːtauæn] *n.*; ~s Lithuania
Litauer *m.*; ~s, ~, **Litauerin** *f.*; ~, ~nen, **litauisch** *Adj.* Lithuanian
Liter [ˈliːtɐ] *m.*; ~s, ~: litre
literarisch [lɪtæˈraːrɪʃ] *Adj.* literary
Literat [lɪtæˈraːt] *m.*; ~en, ~en writer
Literatur [lɪtæraˈtuːɐ̯] *f.*; ~, ~en literature; schöne ~: belles-lettres *pl.*
Literatur-: ~an·gabe *f.* (bibliographical) reference; ~geschichte *f.* literary history; ~kritik *f.* literary criticism; ~kritiker *f.* literary critic; ~verzeichnis *n.* list of references; ~wissenschaft *f.* literary studies *pl.*, *no art.*
Litfass·säule [ˈlɪtfas̩] *f.* advertising pillar
Lithografie [lɪtograˈfiː] *f.*; ~, ~n a) *o. Pl.* lithography *no art.*; b) (Druck) lithograph
Liturgie [lɪturˈgiː] *f.*; ~, ~n (Religion) liturgy
Livesendung *f.* live programme; (Übertragung) live broadcast
Lizenz [lɪˈtsænts] *f.*; ~, ~en licence
Lob [loːp] *n.*; ~[e]s, ~e praise *no indef. art.*; ein ~ bekommen receive praise
Lobby [ˈlɔbɪ] *f.*; ~, ~s lobby
loben *tr. V.* praise
lobens·wert *Adj.* praiseworthy; commendable
Lobes·hymne *f.*; hymn of praise
Loch [lɔx] *n.*; ~[e]s, Löcher [ˈlœçɐ] hole
lochen *tr. V.* punch holes in; punch
Locher *m.*; ~s, ~ punc
löcherig *Adj.* full of holes

Locke [ˈlɔkə] *f.*; ~, ~n curl; ~n haben have curly hair
locken *tr. V.* lure; *(bildlich)* entice (aus out of)
locker *Adj./Adv.* a) loose(-ly); siehe auch Schraube; b) (entspannt) relaxed; loose (connection, relationship, etc.); die Zügel ~ lassen slacken the reins
lockern 1. *tr. V.* loosen (tie, collar, screw, etc.); slacken of (rope, dog-leash, etc.); *(bildlich)* relax (regulation, law, etc.). 2. *refl. V.* a) (brick, tooth, etc.) work itself loose; b) (entspannen) loosen up
lockig *Adj.* curly
Löffel [ˈlœfl] *m.*; ~s, ~ spoon; (als Maßangabe) spoonful
Loge *f.* box
Logik [ˈloːgɪk] *f.*; ~: logic
logisch [ˈloːgɪʃ] *Adj./Adv.* logical(-ly)
logischerweise *Adv.* logically; (*ugs.*: selbstverständlich) naturally
Lohn [loːn] *m.*; ~[e]s, Löhne [ˈlœːnə] wage(s *pl.*) , (Belohnung) reward
lohnen *refl.*, *itr. V.* be worth it; be worthwhile
lohnend *Adj.* rewarding (task); worthwhile
Lohn·steuer *f.* wage(s) tax
Lok [lɔk] *f.*; ~, ~s engine; locomotive
Lokal *n.*; ~s, ~e pub (Brit.); bar (Amer.); (Speise~) restaurant
Lokalblatt *n.* (Zeitungsw.) local paper
Lok·führer *m.* siehe Lokomotivführer
Lokomotive [lokomoˈtiːvə] *f.*; ~, ~n locomotive; (railway) engine
Lokomotiv·führer *m.* engine driver (Brit.); engineer (Amer.)
Lorbeer [ˈlɔrbeːɐ̯] *m.*; ~s, ~en a) (Gewürz) bay-leaf; b) laurel; c) (~ kranz) laurel wreath

los [loːs] 1. *Adv.* a) (als Aufforderung) come on!; auf die Plätze oder Achtung, fertig, ~! on your marks, get set, go. 2. *Adj.*; nicht attr. a) der Knopf ist ~: the button has come off; b) jmdn./etw. ~ werden get rid of sb./ sth.; c) es ist viel los/nicht viel los hier there is a lot/not much on here

Los *n.*; ~es, ~e a) lot; ein ~ ziehen (Lotterie~) draw a ticket; b) (Schicksal) ein hartes ~ a hard lot

löschen [ˈlœʃn] *tr. V.* a) put out, extinguish (fire, candle, flames, etc.); b) quench (thirst)

lose *Adj./Adv.* (nicht fest, auch bildlich) loose(-ly)

losen *itr. V.* draws lots (um for)

lösen [ˈlœːzn] 1. *refl. V.* a) come off; (avalanche) start; (wallpaper, plaster) come off or away; (packing, screw) come loose or undone; b) (sich klären) (puzzle, problem) be solved; sich von selbst ~ (problem) solve or resolve itself; c) (sich auf~) sich in etw. (*Dat.*) ~: dissolve in sth. 2. *tr. V.* a) remove, take or get off (wallpaper); etw. von etw. ~: remove sth. from sth.; b) (lockern) take or let (handbrake) off; release (handbrake); undo (screw, belt, tie); remove, untie (string, rope, knot, bonds); c) (klären) solve; resolve (difficulty)

Los·nummer *f.* ticket number

Losung *f.*; ~, ~en a) slogan; b) (Milit.: Kennwort) password

Lösung *f.*; ~, ~en (auch Flüssigkeit) solution (*Gen.* to); (eines Problems) resolution

Lösungs-: ~mittel *n.* (Physik, Chemie) solvent; ~vorschlag *m.* proposed solution (für to)

Lotion [loˈtsioːn] *f.*; ~, ~en oder ~s lotion

Lotterie [lotəˈriː] *f.*; ~, ~n lottery

Lotto [ˈlɔto] *n.*; ~s, ~s a) national lottery; b) (Gesellschaftsspiel) lotto

Löwe [ˈlœːvə] *m.*; ~n, ~n a) lion; b) (Astrologie) Leo; Lion

Löwen-: ~anteil *m.* lion's share; ~zahn *m. o. Pl.* (Botanik) dandelion

Löwin [ˈlœːvɪn] *f.*; ~, ~nen lioness

loyal [loˈjaːl] *Adj./Adv.* loyal(-ly) (gegenüber to)

Luchs [luks] *m.*; ~es, ~e lynx; wie ein ~ aufpassen watch like a hawk

Lücke [ˈlʏkə] *f.*; ~, ~n a) break gap; b) (Park~ , auf einem Formular) space

Luft [luft] *f.*; ~, Lüfte [ˈlʏftə] a) *o. Pl.* air; frische ~ schnappen (ugs.) get some fresh air; tief ~ holen take a deep breath; die ~ anhalten hold one's breath; sich in ~ auflösen (ugs.) go up in smoke (bildlich); in die ~ fliegen explode; in die ~ gehen (bildlich ugs.) blow one's top (ugs.)

lüften 1. *tr. V.* a) air. 2. *itr. V.* air the room

Luftkissen-: ~boot *n.*, ~fahrzeug *n.* hovercraft

Luftschutz-: ~keller *m.* air-raid shelter

Lufttemperatur *f.* (Klima) air temperatur

Lüftung *f.*; ~, ~en ventilation

Lüge [ˈlyːgə] *f.*; ~, ~n lie

lügen 1. *itr. V.* lie

Lügner *m.*; ~s, ~, **Lügnerin** *f.*; ~, ~nen liar

Luke [ˈluːkə] die; ~, ~n a) (Schiffe) hatch; b) (Dach~) skylight

lukrativ [lukraˈtiːf] *Adj./Adv.* lucrative(-ly)

Lumpen *m.*; ~s, ~: rag

Lunge [ˈlʊŋə] *f.*; ~, ~n lungs *pl.*; auf ~ rauchen inhale

Lupe [ˈluːpə] *f.*; ~, ~n magnifying glass; jmdn./etw. unter die ~ nehmen (ugs.) examine sb./sth. closely; take a close look at sb./ sth.

Lust [lʊst] *f.*; ~ a) (Bedürfnis) ~ haben etw. zu tun feel like doing sth.; b) (Vergnügen) pleasure; joy; c) (sexuell) lust; (sexual) desire

lüstern *Adj./Adv.* lecherous(-ly); lascivious(-ly)

lustig *Adj./Adv.* a) (komisch) funny/-ily; amusing(-ly). b) (vergnügt) merry/-ily; happy/-ily; sich über jmdn./etw. ~ machen make fun of sb./sth.

lutschen [ˈlʊtʃn] 1. *tr. V.* suck. 2. *itr. V.* suck; an etw. (*Dat.*) ~: suck sth.

Lutscher *m.*; ~s, ~ lollipop

Luxemburg [ˈlʊksɪmburk] *n.*; ~s Luxembourg

luxuriös [luksuˈrɪœːs] *Adj./Adv.* luxurious(-ly)

Luxus [ˈlʊksʊs] *m.*; ~ (auch bildlich) luxury

Luxus-: ~ luxury

Lyrik [ˈlyːrɪk] *f.*; ~: lyric poetry

lyrisch *Adj./Adv.* (auch bildlich) lyric(-ally)

M

m, M [ɛm] *n.*; ~, ~: m/M
machbar *Adj.* feasible
machen [ˈmaxn] 1. *tr. V.* a) (herstellen) make; **etw. (***Dat.***) aus Metall usw.** ~ make sth. out of metal etc.; **etw. aus jmdm.** ~: make or turn sb. into sth.; **einen Star usw. aus jmdm.** ~: make a star etc.; b) (zubereiten) get, prepare (meal); **jmdm./sich Tee** ~: make (some) tea for sb./oneself; c) (verursachen) **jmdm. Sorgen** ~: cause sb. anxiety; worry sb.; d) (ausführen, tun) do; take; **was macht er beruflich?** what does he do (for a living)?; **seine Hausaufgaben** ~: do one's homework; **ein Foto** ~: take a photograph; **ein Examen** ~: take an exam; e) **etw. größer usw.** ~: make sth. bigger etc.; f) **was macht (eigentlich) …?** (wie geht es ihm?) how is … (getting on)?; g) (ergeben) be; (bei Geldbeträgen) come to (hinauslaufen aus); be; **zwei mal zwei macht vier** two times two is four; h) **macht nichts!** *(ugs.)* never mind!; it doesn't matter; i) **das Bett** ~: make the bed; **sich (***Dat.***) die Haare** ~: do one's hair. 2. *refl. V.* a) mit *Adj.* **sich schön** ~: smarten (oneself) up; b) (beginnen) **sich an die Arbeit** ~: get down to work; c) *(ugs.:* sich entwickeln) do well; get on; d) **sich (***Dat.***) nichts aus jmdm./etw.** ~ *(ugs.)* not care for sb./sth.. 3. *itr. V.* a) *(ugs.:* sich beeilen) **mach schon!** get a move on! *(ugs.)*; **mach schnell!** hurry up!; b) **das macht hungrig** *(ugs.)* (child, pet) do sth.;

ins Bett/in die Hose ~: wet one's bed/pants; d) *(ugs.)* (heucheln) **auf dumm usw.** ~: pretend to be dumb
Macht [maxt] *f.*; ~, Mächte [ˈmɛxtə] a) *o. Pl.* power; (Stärke) strength; (Berechtigung) authority; b) *o. Pl.* (Herrschaft) power *no art.*; **die ~ ergreifen oder an sich reißen** seize power; **an der ~ sein** be in power; c) (Staat) power
mächtig [ˈmɛçtɪç] 1. *Adv. (ugs.)* terribly *(ugs.)*; tremendously; **er ist ~ gewachsen** he has grown a lot. 2. *Adj.* a) powerful; b) (enorm) mighty; tremendous; powerful (effect); *(ugs.)* terrific *(ugs.)*
Mädchen [ˈmɛːtçən] *n.*; ~s, ~ a) girl; b) (Haus~) maid
Mädchen-: ~**name** *m.* a) (Vorname) girl's name; b) (Geburtsname) maiden name
Made [ˈmaːdə] *f.*; ~, ~n maggot
Madonna [maˈdɔna] *f.*; ~, Madonnen Madonna
Magazin [magaˈtsiːn] *f.*; ~s, ~e a) (Zeitschrift) magazine; b) (Lager) store; c) (für Patronen, Dias, Film) magazine
Magen [ˈmaːgn] *f.*; ~s, Mägen [ˈmɛːgn] stomach; **mir knurrt der ~** *(ugs.)* my stomach is rumbling *(ugs.)*; **sich (***Dat.***) den ~ verderben** spoil one's stomach; **auf nüchternen ~** on an empty stomach
mager [ˈmaːgɐ] *Adj.* lean; skinny; (Speise) low-fat
Magie [maˈgiː] *f.*; ~: magi
magisch *Adv./Adj.* magic(-ally)
Magnet [maˈgneːt] *m.*; ~en

oder ~[e]s, ~e (auch bildlich) magnet; ~**feld** *n.* (Physik) magnetic field
magnetisch *Adj./Adv.* (auch bildlich) magnetic(-ally)
Mahagoni [mahaˈgoːnɪ] *n.*; ~s mahagony
mähen [ˈmɛːən] 1. *tr. V.* mow (grass, lawn); cut, reap (corn)
Mahl [maːl] *n.*; ~[e]s, Mähler [ˈmɛːlɐ] *(geh.)* meal
mahlen *unr. tr., itr. V.* grind; etw. fein/grob ~: grind sth. fine/ coarsely
Mahl·zeit meal; ~ ! *(ugs.)* have a good lunch; bon appetit
Mähne [ˈmɛːnə] *f.*; ~, ~n mane (auch scherz.: Haarschopf)
mahnen [ˈmaːnən] tr., *itr. V.* a) urge; zur Eile ~: urge haste; jmdn. zur Vorsicht~: urge sb. to be careful; b) (erinnern) remind
Mahnung *f.*; ~, ~en a) (Warnung) admonition; b) (Zahlungsaufforderung) reminder
Mai [mai] *m.*; ~[e]s May
Mais [mais] *m.*; ~es maize
Majestät [majɛsˈtɛːt] *f.*; ~, ~en (Titel) Majesty; Seine/Ihre/ Eure ~: His/Her/Your Majesty
majestätisch *Adj./Adv.* majestic(-ally)
Major [maˈjoːɐ̯] *m.*; ~s, ~e (Milit.) major
Majoran [ˈmaːjoran] *m.*; ~s, ~e marjora
makaber [maˈkaːbɐ] *Adj.* macabre
Makel [ˈmaːkl] *m.*; ~s, ~ *(geh.)* blemish; flaw
makel·los 1. *Adv.* immaculately; spotlessly (clean); (fehlerfrei) flawlessly 2. *Adj.* flawless, perfect (skin, teeth,

figure, stone); spotless, immaculate (white, cleanness, clothes)
Makler [ˈmaːklɐ] *m.*; ~s, ~ a) estate agent (Brit.); realtor (Amer.); b) (Börsen~) broker
Makrele [maˈkreːlə] *f.*; ~, ~n mackerel
mal [maːl] 1. *Adv.* times (auch Mathematik); (bei Flächen) by. 2. *Partikel (ugs.)* das ist nun ~ so that's how it is; hör ~ zu! just listen; komm (doch) mal her! come here!
Mal *n.*; ~[e]s, ~e time; **beim ersten/letzten** ~: the first/last time; zum zweiten ~: for the second time; **von** ~ **zu** ~ from time to time; **mit einem** ~(e) (plötzlich) all at once; all of a sudden
Malaria [maˈlaːrɪa] *f.*; ~: malaria
malen *tr., itr. V.* paint (portrait, picture, etc.); (zeichnen) draw; (ausmalen) colour
Maler [ˈmaːlɐ] *m.*; ~s, ~ painter
Malerei *f.*; ~, ~en *o. Pl.* painting *no art.*
Malerin *f.*; ~, ~nen)woman) painter
malerisch *Adj./Adv.* picturesque(-ly) (situated)
Maler·meister *m.* master painter (and decorator)
Mal·kasten *m.* paintbox
Mama [ˈmama, maˈmaː] *f.*; ~, ~s, **Mami** [ˈmamɪ] *f.*; ~, ~s *(ugs.)* mum(my)
man [man] *Indefinitpron.* im *Nom.* a) one; you; ~ **kann nie wissen** you never know; ~ **nehme ...** (Rezept) take ...; b) (die Menschen im allgemeinen) people *pl.*; **das macht** ~ **heute so** that's how people do it nowadays; **so etwas tut** ~ **nicht** that's not done; c) (irgend jemand) somebody; (die Leute dort) they; **hat** ~ **dir das nicht mitgeteilt?** didn't anybody/ they tell you that?; ~ **vermutet, dass ...:** it is thought that
Management [ˈmænɪdʒmənt] *n.*; ~s, ~s management
managen [ˈmænɪdʒn] *tr. V.* a) *(ugs.)* get sth. in order; organize; b) (betreuen) manage
Manager [ˈmænɪdʒɐ] *m.*; ~s, ~, Managerin *f.*; ~, ~nen manager
manch [manç] Indefinitpron. a) *attr.* many a; ~e/er oder ~ eine(r) many a person/man/woman; in ~er Hinsicht in many respects; b) (alleinstehend) ~e (~e Leute) some; (so) ~es all kinds of things
mancherlei *indekl. unbest. Gattungsz.*: (alleinstehend) various things; a number of things; *attr.* various; a number of
manch·mal *Adv.* sometimes
Mandant [manˈdant] *m.*; ~en, ~en, **Mandantin** *f.*; ~, ~nen (Rechtsw.) client
Mandarine [mandaˈriːnə] *f.*; ~, ~n mandarin; tangerine
Mandat [manˈdaːt] *n.*; ~[e]s, ~e a) mandate; b) (Parlamentssitz) (parliamentary) seat
Mandel [ˈmandl̩] *f.*; ~, ~n a) almond; b) (Körperteil) tonsil
Manege [maˈneːʒə] *f.*; ~, ~n (im Zirkus) ring; (in der Reitschule) arena
Mangel [ˈmaŋl̩] *m.*; ~s, Mängel [ˈmɛŋl̩] a) *o. Pl.* (Fehlen) lack (an + *Dat.* of); (Knappheit) shortage, deficiency; wegen ~s an Beweisen for lack of evidence; b) (Fehler) defect; flaw
mangelhaft *Adj./Adv.* (fehlerhaft) defective(-ly); (schlecht) poor(-ly); (unzulänglich) inadequate(-ly)
mangels [ˈmaŋls] *Präp.* mit *Gen.* in the absence of
Manie [maˈniː] *f.*; ~, ~n mania; zur ~ werden become an obsession
Manier [maˈniːɐ] *f.*; ~, ~en a) manner(s Manieren, Sitten)
Manifest *n.*; ~[e]s, ~e manifesto
Manipulation [manɪpulaˈtsi̯oːn] *f.*; ~, ~en manipulation
manipulieren [manɪpuˈliːrən] *tr. V.* manipulate
Manko [ˈmaŋko] *n.*; ~s, ~s (Nachteil) handicap
Mann [man] *m.*; ~[e]s, Männer [ˈmɛnɐ]; a) man; ein ~ der Tat a man of action; ein ~ des Volkes a man of the people; der geeignete ~ the right man; der ~ auf der Straße the man in the street; b) (Ehemann) husband; c) (Mannschafts-, Truppenmitglied) man
Mannequin [ˈmanəkɛ̃] *n.*; ~s, ~s mannequin
männlich 1. *Adv.* in a masculine way 2. *Adj.* a) male (sex); b) masculine (behaviour etc.)
Männlichkeit *f.*; ~masculinity
Mannschaft *f.*; ~, ~en a) (Sport, auch bildlich) team; b) (Besatzung) crew
Mannschafts-: ~spiel *n.* (Sport) team game
Manöver [maˈnœːvɐ] *n.*; ~s, ~ a) manoevre (auch: Trick); (Milit.auch) exercise
Manschette [manˈʃɛtə] *f.*; ~, ~n a) cuff
Manschetten·knopf *m.* cuff link
Mantel [ˈmantl̩] *m.*; ~s, Mäntel [ˈmɛntl̩] a) coat
Manuskript [manuˈskrɪpt] *n.*; ~[e]s, ~e (auch hist.) manuscript; (Film usw.) script
Mappe [ˈmapə] *f.*; ~, ~n folder; (Aktentasche) briefcase

Märchen [mæːɐ̯çən] *n.*; ~s, ~ a) fairy-tale; b) (salopp: Lüge) tallstory *(ugs.)*
märchenhaft 1. *Adv.* siehe *Adj.*; a) as in a fairy-tale; ~ schön bewitchingly beautiful; c) *(ugs.)* fantastically *(ugs.)*; incredibly *(ugs.)* 2. *Adj.* a) fairy-story attrib.; (wie ein Märchen) fairy-story-like; b) (zauberhaft) magical; c) (fabelhaft) fabulous; fantastic
Margarine [margaˈriːnə] *f.*; ~: margarine
Margerite [margəˈriːtə] *f.*; ~, ~n ox-eye daisy; (als Zierpflanze) marguerite
Marienkäfer *m.* ladybird
Marihuana [mariˈhʊaːna] *n.*; ~s marijuana
Marine [maˈriːnə] *f.*; ~, ~n a) (Flotte) fleet; b) (Kriegs~) navy
marinieren *tr. V.* marinate
Marionette [marioˈnɛtə] *f.*; ~, ~n (string) puppet; marionette
Mark [mark] *f.*; ~, ~ mark; Deutsche ~: Deutschmark; drei ~ zwanzig three marks twenty
Mark *n.*; ~[e]s a) (Knochen~) marrow; medulla (Anat.)
Marke *f.*; ~, ~n a) (Waren~) brand b) (Brief~) stamp; c) (Dienst~) (police) identification badge
markieren *tr. V.* (auch bildlich) mark (out)
Markierung *f.*; ~, ~en (Zeichen) marking
Markt [markt] *m.*; ~[e]s, Märkte [ˈmɛrktə] a) market (auch Wirtschaft); ~tag market-day
Marmelade [marməˈlaːdə] *f.*; ~, ~n jam; (Orangen~) marmalade
Marmor [ˈmarmɔr] *m.*; ~s marble
Marokko [maˈrɔko] *n.*; ~s Morocco
Mars [mars] *m.*; ~ (Astron.) Mars no def. art.
Marsch *m.*; ~[e]s, Märsche [ˈmɛrʃə] a) (Militär, auch: Musik) march
marschieren *itr. V.*; *mit sein* march
Marsch-: ~musik *f.* march music; ~route *f.* (Militär) route
Märtyrer [ˈmɛrtyrə] *m.*; ~s, ~, Märtyrerin *f.*; ~, ~nen martyr
Marxismus [marˈksɪsmʊs] *m.*; ~: Marxism no art
Marxist *m.*; ~en, ~en, Marxistin *f.*; ~, ~nen Marxist
marxistisch 1. *Adv.* (view) from a Marxist point of view; 2. *Adj.* Marxist
März [mɛrts] *m.*; ~(es), March; siehe auch April
Marzipan [martsɪˈpaːn] *n.*; ~s marzipan
Masche [ˈmaʃə] *f.*; ~, ~n a) stitch; (beim Netz) mesh;) b) (salopp: Kunstgriff) trick
Maschine [maˈʃiːnə] *f.*; ~, ~n a) machine; b) (Automotor) engine; c) (Schreib~) typewriter; ~ schreiben type
maschinell [maʃɪˈnɛl] 1. *Adv.* by machine; ~ hergestellt machine-made 2. *Adj.* machine attrib.; by machine postpos.
Masern *Pl.* measles *sing.* or *pl.*
Maske [ˈmaskə] *f.*; ~, ~n (auch bildlich) mask
Masken·ball *m.* masquerade
maskieren 1. *tr. V.* a) mask; b) (verkleiden) dress up. 2. *refl. V.* a) put on a mask/masks; b) (sich verkleiden) dress up
maskulin [maskuˈliːn, auch ˈ!] 1. *Adv.* in a masculine way. 2. *Adj.* (auch Sprachw.) masculine
Masochismus [mazoˈxɪsmʊs] *m.*; ~ masochism *no art.*
Masochist [mazoˈxɪst] *m.*; ~en, ~en masochist

masochistisch (psychologisch) *Adj./Adv.* masochistic(-ally)
maß 1. u. 3. Pers. Sg. Prät. v. messen
Maß [maːs] *n.*; ~es, ~e a) measure (für of); b) (Ausmaß) dimension; measurement; (bei) jmdm. ~ nehmen take sb.'s measurements; c) (Grad) measure, degree (an + *Dat.* of)
Massage [maˈsaːʒə] *f.*; ~, ~n massage
Massaker [maˈsaːkɐ] *n.*; ~s, ~: massacre
Masse [ˈmasə] *f.*; ~, ~n a) mass; substance; b) (Menge) mass; ~n von masses of; c) (Menschen~) die breite ~: the masses; d) (Physik) mass
Maß·einheit *f.* unit of measurement
massenhaft 1. *Adv.* big scale; *(ugs.)* 2. *Adj.*; *nicht präd.* in huge numbers *postpos.*
Masseur [maˈsøːɐ̯] *m.*; ~s, ~e masseur
Masseurin *f.*; ~, ~nen oder
Masseuse [maˈsøːzə] *f.*; ~, ~n masseuse
maß·gebend, maß·geblich 1. *Adv.* considerably; (entscheidend) substantially; (entscheidend) decisively; ~ an etw. (*Dat.*) beteiligt sein play a leading role in sth. 2. *Adj.* authoritative; substantial; (einflussreich) influential; (entscheidend) crucial
massieren *tr. V.* massage
massig *Adj.* massive; bulky
mäßig [ˈmɛːsɪç] *Adj./Adv.* moderate(-ly); modest(-ly)
massiv [maˈsiːf] 1. *Adv.* strongly. 2. *Adj.* a) solid; b) (heftig) massive; heavy
maß·los *Adj./Adv.* (äußerst) extreme(-ly); (~ übertreiben) gross(-ly); excessive(-ly)
Maßlosigkeit *f.*; ~ extremeness; grossness; excessiveness

Maßnahme *f.*; ~, ~n measure; ~n ergreifen take measures
Maßstab *m.*; a) (Geogr.) scale; im ~ 1: 6000 to a scale of 1: 6000; b) standard; einen hohen ~ anlegen apply high standards
maß·voll siehe mäßig
Mast [mast] *m.*; ~[e]s, ~en, auch: ~e (Schiffs~, Antennen~) mast; (Fahnen~) pole; (Hochspannungs~) pylon
Masturbation [masturbaˈtsi̯oːn] *f.*; ~, ~en masturbation
masturbieren [masturˈbiːrən] *itr., tr. V.* masturbate
Material [mateˈri̯aːl] *n.*; ~s, ~ien material; (Bau~) materials *pl.*
Materialismus *m.*; ~ materialism
Materialist *m.*; ~en, ~en, **Materialistin** *f.*; ~, ~en (auch *derogativ*) materialist
materialistisch (auch *derogativ*) *Adj./Adv.* materialistic(-ally)
Materie [maˈteːri̯ə] *f.*; ~, ~n a) matter; b) (bildlich: Thematik) subject
materiell [mateˈri̯ɛl] *Adj./Adv.* (stofflich) material(-ly); physical(-ly)
Mathematik [matemaˈtiːk] *f.*; ~: mathematics *sing.*, no art.; Mathe *(ugs.)* maths *(ugs.)*
Mathematiker *m.*; ~s, ~, **Mathematikerin** *f.*; ~, ~nen mathematician
Mathematik·unterricht *m.* mathematics class/lesson
mathematisch *Adj./Adv.* mathematical(-ly)
Matjes [ˈmatjəs] *m.*; ~, ~: matie (herring)
Matratze [maˈtratsə] *f.*; ~, ~n mattress
Matrize [maˈtriːtsə] *f.*; ~, ~n (Druckw.) a) (Folie) stencil b) matrix
Matrose [maˈtroːzə] *m.*; ~n, ~n a) sailor; seaman; b) (Dienstgrad) ordinary seaman
Matsch *m.*; ~[e]s *(ugs.)* a) mud; sludge; (Schnee~) slush; b) (Brei) mush
matschig *Adj. (ugs.)* a) muddy; slushy (snow); b) (weich) mushy
matt [mat] 1. *Adv.* (kraftlos) weakly; faintly; *Adj.* a) (Foto usw.) matt; (Oberfläche) dull; (Glas) frosted; b) weak; weary; faint; c) (beim Schach) checkmate
Matte [ˈmatə] *f.*; ~, ~n mat
Mauer [ˈmau̯ɐ] *f.*; ~, ~n (auch bildlich, Sport) wall
mauern 1. *tr. V.* build; gemauert (aus Ziegeln) brick. 2. *itr. V.* lay bricks
Maul [mau̯l] *n.*; ~[e]s, Mäuler [ˈmɔy̑lɐ] a) (von Tieren) mouth; b) (grob: Mund) gob *(sl.)*; halt's ~: shut up *(ugs.)*
Maul·wurf *m.* mole
Maulwurfshügel *m.* molehill
Maurer [ˈmau̯rɐ] *m.*; ~s, ~: bricklayer
Maus [mau̯s] *f.*; ~, Mäuse [ˈmɔy̑zə] mouse; graue ~ (bildlich *derogativ*) a colourless person
Mausoleum [mau̯zoˈleːum] *n.*; ~s, Mausoleen mausoleum
Maut [mau̯t] *f.*; ~, ~en toll
maximal [maksiˈmaːl] *Adj./Adv.*, **Maximum** [ˈmaksimum] *n.*; ~s, Maxima maximum
Mayonnaise [majoˈnɛːzə] *f.*; ~, ~n mayonnaise
Mäzen [mɛˈtseːn] *m.*; ~s, ~e patron
Mechanik [meˈçaːnɪk] *f.*; ~ a) (Physik) mechanics *sing.*, no art.; b) (Mechanismus) mechanism
Mechaniker *m.*; ~s, ~, **Mechanikerin** *f.*; ~, ~nen mechanic
mechanisch *Adj./Adv.* mechanical(-ly)
Mechanismus *m.*; ~, **Mechanismen** (auch bildlich) mechanism
meckern [ˈmɛkɐn] *itr. V.* a) (auch bildlich) bleat; b) (salopp *derogativ*: nörgeln) grumble
Medaille [meˈdaljə] *f.*; ~, ~n medal
Medaillon [medalˈjoː] *n.*; ~s, ~s a) locket; b) (Küche, bild. Kunst) medallion
Medien *Pl.* die ~ the media
Medikament [medikaˈmɛnt] *n.*; ~[e]s, ~e medicine (gegen + Akk. for); (Droge) drug
Meditation [meditaˈtsi̯oːn] *f.*; ~, ~en meditation
meditieren [mediˈtiːrən] *itr. V.* meditate (über + Akk. (up)on)
Medium [ˈmeːdi̯um] *n.*; ~s, Medien medium
Medizin [mediˈtsiːn] *f.*; ~, ~en *o. Pl.* medicine no art.
Mediziner [mediˈtsiːnɐ] *m.*; ~s, ~, **Medizinerin** *f.*; ~, ~nen doctor
medizinisch *Adj./Adv.* medical(-ly); (heilend) medicinal
Meer [meːɐ̯] *n.*; ~[e]s, ~e (auch bildlich) sea; (Welt~) ocean; am ~: by the sea; ans ~ fahren go to the seaside
Megaphon *n.*; ~s, ~e megaphone
Mehl [meːl] *n.*; ~[e]s flour
mehlig *Adj.* floury
mehr [meːɐ̯] 1. *Indefinitpron.* more; ~ als more than; ~ oder weniger more or less. 2. *Adv.* a) (in größerem Maße) more; b) nicht ~: not … any more; no longer; es ist nichts ~ da there is nothing left
mehren *refl. V.* increase
mehrer... *Indefinitpron. attr.* several; a number of; (verschieden) various; ~e hundert Meter several hundred metres

mehr·fach 1. *Adv.* several times; (wiederholt) repeatedly. 2. *Adj.*; *nicht präd.* multiple; (wiederholt) repeated; **ein ~er Millionär** a multimillionaire

Mehrheit *f.*; ~, ~en majority; **in der ~ sein** be in the majority; **er wurde mit großer ~ gewählt** he was elected by a large majority; **einfache/relative/absolute ~** simple/relative/absolute majority

Mehr·zweck-: multi-purpose

meiden ['maɪdn] *unr. tr. V.* (geh.) avoid

Meile ['maɪlə] *f.*; ~, ~n mile

meilen·weit 1. *Adv.* for miles; **~ entfernt** (auch bildlich) miles away (von from) 2. *Adj.* (distance) of many miles

mein [maɪn] *Possessivpron.* my; **~e Damen und Herren** ladies and gentlemen; (alleinstehend) mine

meinen 1. *itr. V.* think. 2. *tr. V.* a) (denken, glauben) think; **wie meinst du das?** how do you mean?; b) (beabsichtigen) mean; intend; **es gut mit jmdm. ~:** mean well for sb.; d) (sagen) say

meiner *Gen.* von ich **gedenke ~:** remember me; **erbarme dich ~:** have mercy upon me

meinerseits *Adv.* (von meiner Seite) for my part

meinesgleichen indekl. *Pron.* people *pl.* like me; (derogativ) the likes *pl.* of me; (of) my own kind

meinetwegen *Adv.* a) I don't care; b) (für mich) on my behalf; (mir zuliebe) for my sake

Meinung *f.*; ~, ~en opinion (zu on, über .+ Akk. about); view(s *pl.*); **meiner ~ nach** in my opinion; **die öffentliche ~:** public opinion

Meise ['maɪzə] *f.*; ~, ~n titmouse; **eine ~ haben** (salopp) be nuts

Meißel ['maɪsl̩] *m.*; ~s, ~: chisel

meißeln 1. *tr. V.* chisel. 2. *itr. V.* chisel; work with a chisel; carve

meist [maɪst] *Adv.* mostly; usually

meist... 1. *Indefinitpron. u. unbest. Zahlw.* most; **die ~en Leute** most people. 2. *Adv.* **am ~:** most

meistens ['maɪstns] *Adv.* siehe meist

Meister ['maɪstɐ] *m.*; ~s, ~ a) master craftsman; **seinen ~ machen** (ugs.) get one's master certificate; b) (Vorgesetzter) (in der Fabrik, auf der Baustelle) foreman; c) (Sport) champion; (Mannschaft) champions *pl.*

meisterhaft 1. *Adv.* masterly; masterfully. 2. *Adj.* masterly; accomplished

Meisterin *f.*; ~, ~nen a) master craftswoman; b) (formal: Könnerin) master; c) (Sport) (women's) champion

Meister·leistung *f.* masterly performance; (Meisterstück) masterpiece

Meisterschaft *f.*; ~, ~en a o. *Pl.* mastery; b) (Sport) championship

Meisterschafts·spiel *n.* (Sport) league match

Meisterwerk *n.* masterpiece

Melancholie [melaŋkoˈliː] *f.*; ~, ~n melancholy; (Psych.) melancholia

Melancholiker [melaŋˈkoːlɪkɐ] *m.*; ~s, ~, **Melancholikerin** *f.*; ~, ~nen melancholic

melancholisch *Adj.* melancholy

melden ['mɛldn̩] 1. *tr. V.* a) report; (amtlich) register; **jmdn. als vermisst ~:** report sb. missing; b) (ankündigen) announce. 2. *refl. V.* a) report; **sich freiwillig ~:** volunteer (zu for); **sich zu einer Prüfung ~:** enter for an examination; **sich auf eine Anzeige ~:** answer an advertisement; b) (am Telefon) answer; **es meldet sich niemand** there is no answer; c) (von sich hören lassen) get in touch (bei with)

Meldung *f.*; ~, ~en a) report; (Nachricht) news item; (Ankündigung) announcement

melken ['mɛlkn̩] *regelm., unr. tr. V.* milk

Melodie [meloˈdiː] *f.*; ~, ~n melody; tune

melodisch *Adj./Adv.* melodic(-ally); (bildlich) melodious(-ly)

melodramatisch *Adj.* melodramatic

Melone [meˈloːnə] *f.*; ~, ~n a) melon; b) (Hut) bowler (hat)

Memoiren [meˈmoaːrən] *Pl.* memoirs

Menge ['mɛŋə] *f.*; ~, ~n a) quantity; amount; **die doppelte ~:** the double amount; b) (große Anzahl) large number; lot (ugs.); **eine ~ Leute** a lot or lots *pl.* of people (ugs.); **er weiß eine (ganze) ~** (ugs.) he knows (quite) a lot (ugs.) or a great deal; c) (Menschen~) crowd; throng; d) (Mathematik) set

Mensa ['mɛnza] *f.*; ~, ~s oder Mensen refectory, canteen (of university, college)

Mensch [mɛnʃ] *m.*; ~en, ~en a) (Gattung) **der ~:** man; **die ~en** human beings; mankind *sing. no art.*; b) (Person) person; man/woman; **~en** people; **kein ~:** no one; c) *Interj.* (erstaunt) wow; good gracious; (vorwurfsvoll) for heaven's sake

Menschheit *f.*; ~: mankind

menschlich

no art.; humanity *no art.*
menschlich *Adj.* a) human; b) (human) humane
Menschlichkeit *f.* humanity *no art.*; etw. aus reiner ~ tun do sth. out of pure humanity
Menstruation [mænstrua'tsio:n] *f.*; ~, ~en menstruation; (Periode) (menstrual) period
Mentalität [mæntalɪ'tæ:t] *f.*; ~, ~en mentality
Menthol [mæn'to:l] *n.*; ~s menthol
Menü [me'ny:] *n.*; ~s, ~s menu; (im Restaurant) set meal or menu
merken ['mærkn] 1. *tr. V.* notice. 2. *refl., auch tr. V.* sich (*Dat.*) etw. ~: remember sth.; (sich einprägen) memorize
merklich *Adj./Adv.* perceptible/-ly; noticeable/-ly
Merkmal *n.*; ~s, ~e feature; characteristic
merkwürdig. *Adj./Adv.* strange(-ly); odd(-ly); peculiar(-ly)
Messe ['mæsə] *f.*; ~, ~n (Gottesdienst, Musik) mass; die ~ halten say or celebrate mass; für jmdn. eine ~ lesen say a mass for sb.
Messe *f.*; ~, ~n (Ausstellung) (trade) fair; auf der ~: at the (trade) fair
Messe-: ~halle *f.* exhibition hall
messen 1. *unr. tr. V.* measure; take (temperature etc.). 2. *unr. itr. V.* measure; genau ~: make an exact measurement. 3. *unr. refl. V.* (*geh.*) compete (mit with); darin kann ich mich mit ihr nicht ~ – I cannot match her for that
Messer *n.*; ~s, ~ knife; (Hack~) chopper; auf des ~s Schneide stehen (*bildlich*) hang in the balance
Messing ['mæsɪŋ] *n.*; ~s brass
Messung *f.*; ~, ~en measurement
Metall [me'tal] *n.*; ~s, ~e metal
metallic [me'talɪk] *indekl. Adj.* metallic
metallisch *Adj.* metallic; metal attrib.
Metapher [me'tafɐ] die; ~, ~n (Stilk.) metaphor
metaphorisch (Stilk.) *Adj.* metaphorical
meta·physisch *Adj./Adv.* metaphysical(-ly)
Meteor [mete'o:ɐ̯] *m.*; ~s, ~e meteor
Meteorit [meteo'ri:t] *m.*; ~en oder ~s, ~e(n) (Astron.) meteorite
Meteorologe [meteoro'lo:gə] *m.*; ~n, ~n meteorologist
Meteorologie *f.*; ~: meteorology *no art.*
meteorologisch *Adj./Adv.* meteorological(-ly)
Meter ['me:tɐ] *m./n.*; ~s, ~ metre; **drei ~ lang** three metres long; **in 10 ~ Höhe** at a height of 10 metres
Methode [me'to:də] *f.*; ~, ~n method
methodisch *Adj./Adv.* methodical(-ly)
Metropole [metro'po:lə] *f.*; ~, ~n metropolis
Metzger ['mætsgɐ] *m.*; ~s, ~ (bes. westmd., südd., schweiz.) butcher
Metzgerei *f.*; ~, ~en (bes. westmd., südd., schweiz.) butcher's (shop)
Meute ['mɔytə] *f.*; ~, ~n a) (Jägerspr.) pack; b) (*ugs. derogativ*: Menschengruppe) mob
Meuterei [mɔytə'raɪ] *f.*; ~, ~en mutiny; (*bildlich auch*) revolt
Mexikaner [mæksɪ'ka:nɐ] *m.*; ~s, ~, **Mexikanerin** *f.*; ~, ~nen, **mexikanisch** *Adj.* Mexican
Mexiko ['mæksɪko] (*n.*); ~s Mexico

miauen *itr. V.* miaow
mich [mɪç] 1. *Akk. des Personalpron.* ich me. 2. *Akk. des Reflexivpron.* der 1. Pers. myself
Mieder ['mi:dɐ] *n.*; ~s, ~ (Leibchen) bodice
Mieder·waren *Pl.* corsetry *sing.*
Miene ['mi:nə] *f.*; ~, ~n expression; face
mies [mi:s] (*ugs.*) *Adj./Adv.* (*derogativ*) terrible(-ly) (*ugs.*); lousy/-ily (*sl.*); rotten(-ly)
Miese ['mi:zə] *Pl.*; *adj. Dekl.* (salopp) in den ~n sein be in the red
Miete ['mi:tə] *f.*; ~, ~n a) rent; (für Geräte) rental; (für ein Auto, Boot) hire charge; b) *o. Pl.* (das Mieten) renting; zur ~ wohnen live in rented rooms; bei jmdm. zur ~ wohnen lodge with sb.
mieten *tr. V.* rent; (für kürzere Zeit) hire
Mieter ['mi:tɐ] *m.*; ~s, ~: tenant
Miet·erhöhung *f.* rent increase
Mieterin *f.*; ~, ~nen tenant
Migräne [mɪ'græ:nə] *f.*; ~, ~n migraine
Mikro ['mi:kro] *n.*; ~s, ~s (*ugs.*) mike (*ugs.*)
Milch [mɪlç] *f.*; ~: milk; ~ geben give or yield milk
mild [mɪlt], milde 1. *Adv.* a) (nachsichtig) gently; b) (gelinde) mildly; ~ ausgedrückt to put it mildly. 2. *Adj.* a) mild (auch Speise, Seife usw.); gentle, soft; (Strafe) light; b) (Klima usw.) mild
mildern 1. *tr. V.* ease, soothe, relieve (pain); mitigate (punishment). 2. *refl. V.* (anger, rage, agitation) abate
Milderung *f.*; ~ alleviation; mitigation; (von Schmerz) easing; soothing; relief
Milieu [mɪ'liɶ:] *n.*; ~s, ~s milieu; environment

militant [mɪlɪˈtant] *Adj.* militant
Militär [mɪlɪˈtɛːɐ̯] *n.*; ~s a) army b) armed forces *pl.*; military; beim ~ sein be in the armed forces; zum ~ gehen join the army
militärisch *Adj.* military
Milliardär [mɪli̯arˈdɛːɐ̯] *m.*; ~s, ~e, **Milliardärin** *f.*; ~, ~nen billionaire
Milliarde [mɪˈli̯ardə] *f.*; ~, ~n thousand million; billion; siehe auch Million
Milli·gramm *n.* milligram
Milli·meter *m.* oder *n.* millimetre
Million [mɪˈli̯oːn] *f.*; ~, ~en million; eine/zwei ~(en) a/two million; ~en millions (von of)
Millionär [mɪli̯oˈnɛːɐ̯] *m.*; ~s, ~e, Millionärin *f.*; ~, ~nen millionaire
millionst... Ordinalz. millionth
Milz [mɪlts] *f.*; ~ spleen
Mimik [ˈmiːmɪk] *f.*; ~: gestures and facial expressions *pl.*
Mimose [mɪˈmoːzə] *f.*; ~, ~n a) mimosa; b) *(bildlich)* over-sensitive person
mimosenhaft *Adj./Adv.* over-sensitive(-ly)
mindern *(geh.) tr. V.* reduce; diminish
Minderung *f.*; ~, ~en reduction *(Gen.* in); diminishing *(Gen.* of)
minder·wertig *Adj.* *(derogativ)* inferior, low-quality
Minder·wertigkeit *f.*; *o. Pl.*: inferiority; low quality
Minderwertigkeits-: ~komplex *m.* inferiority complex
mindest... [ˈmɪndəst] *Adj.*; *nicht präd.* slightest; least
Mindest-: minimum
mindestens [ˈmɪndəstns] *Adv.* at least
Mine [ˈmiːnə] *f.*; ~, ~n a) (Bergwerk; Sprengkörper) mine; b) (Kugelschreiber~) refill

Mineral [mɪneˈraːl] *n.*; ~s, ~e oder Mineralien mineral
Mineral·öl *n.* mineral oil
Mini- mini
Miniatur [mɪnia̯ˈtuːɐ̯] *f.*; ~, ~en miniature
minimal [mɪniˈmaːl] *Adj./Adv.* minimal(-ly)
Minimum [ˈmiːnɪmʊm] *n.*; ~s, Minima minimum (an + *Dat.* of)
Mini·rock *m.* miniskirt
Minister [mɪˈnɪstɐ] *m.*; ~s, ~: minister (für for); (eines britischen Hauptministeriums) Secretary of State (für for); (eines amerikanischen Hauptministeriums) Secretary (für of)
Ministerium [mɪnɪsˈteːrɪʊm] *n.*; ~s, Ministerien Ministry; Department (Amer.)
Minister·präsident *m.* a) minister-president; prime minister (Brit.); governor (Amer.); b) (Pemierminister) Prime Ministe
minus [ˈmiːnʊs] 1. *Konj.* minus. 2. *Adv.* a) minus; ~ zehn Grad, zehn Grad ~: minus ten degrees; ten degrees below (zero); b) (Elektrik) negative. 3. *Präp.* mit *Gen.*; minus
Minus *n.*; ~ (Fehlbetrag) deficit; (auf einem Konto) overdraft; im ~ sein be in debit
Minute [mɪˈnuːtə] *f.*; ~, ~n minute; zehn ~n nach sieben ten minutes past seven; in letzter ~: at the last moment; (pünktlich) auf die ~ punctual to the minute
Minuten·zeiger *m.* minute-hand
mir [miːɐ̯] 1. *Dat. Sg. des Personalpron. ich* to me; (nach Präpositionen) me; gib es ~: give it to me; eine Freundin von ~: a friend of mine; von ~ aus as far as I'm concerned. 2. *Dat. des Reflexivpron. der 1. Pers. Sg.* myself; ich habe ~ ge-

dacht, dass ...: I thought that ...; ich habe ~ eine Erkältung geholt I have caught a cold
mischen [ˈmɪʃn] 1. *tr. V.* mix; 2. *refl. V.* a) (sich ver~) mix (mit with); (Geruch usw.) blend
Mischling [ˈmɪʃlɪŋ] *m.*; ~e half-caste; half-breed
Mischung *f.*; ~, ~en (auch fig.) mixture; (Tee~, Kaffee~, Tabak~) blend
miserabel [mɪzəˈraːbl] *(ugs.)* 1. *Adv.* a) (schlecht) dreadfully *(ugs.)*; b) (elend) ihm geht es ~: he's in a bad condition. 2. *Adj.* a) (elend) miserable; wretched; ich fühle mich ~: I feel dreadful; b) (schlecht) dreadful *(ugs.)*, atrocious (film, food); miserable (weather)
missachten *tr. V.* disregard; ignore
Miss·achtung *f.* disregard, (Verachtung) contempt
missbilligen *tr. V.* disapprove of
Miss·brauch *m.* abuse; misuse; (falsche Anwendung) misuse
missbrauchen *tr. V.* abuse; misuse
Miss·erfolg *m.* failure
Miss·geschick *n.* mishap; (Pech) bad luck; (Unglück) misfortune
misshandeln *tr. V.* maltreat; illtreat; (Jura: Kind usw.) batter
Miss·handlung *f.* , ~en *sing. u. pl.* maltreatment *sing.*; ill-treatment *sing*
Mission [mɪˈsi̯oːn] *f.*; ~, ~en a) (Auftrag) mission; b) *o. Pl.* (Rel.) mission
Missionar [mɪsi̯oˈnaːɐ̯] *m.*; ~s, ~e, **Missionarin** *f.*; ~, ~nen missionary
missionarisch *Adj.* missionary
missionieren 1. *itr. V.* do missionary work. 2. *tr. V.* missionize

misslingen [mɪsˈlɪŋən] *unr. itr. V.*; *mit sein* fail; be unsuccessful; be a failure; ein misslungener Versuch a failed or unsuccessful attempt

Miss·stand *m.* bad state of affairs *no. pl.*; (üble Praktiken) abuse

misstrauen *itr. V.* jmdm./einer Sache ~: mistrust or distrust sb./ sth.

Misstrauen *n.*; ~s mistrust, distrust (gegen of)

misstrauisch [ˈmɪstrauɪʃ] *Adj./Adv.* mistrustful(-ly); (argwöhnisch) suspicious(-ly)

Miss·verständnis *n.* misunderstanding

miss·verstehen *unr. tr. V.* misunderstand

Mist [mɪst] *m.*; ~[e]s a) dung; (Dünger) manure; (~haufen) dung/manure/muck heap; b) (*ugs. derogativ*) (Schund) rubbish, trash, junk all *no indef. art.*; c) (so ein) ~! damn (it)!

mit [mɪt] 1. *Prep.* (+ *Dat.*) with; b) (Inhalt) **ein Sack ~ Äpfeln** a sack of apples; c) (inklusive) with; including; **ein Zimmer ~ Frühstück** a room with breakfast included; d) **~ 12 (Jahren)** at (the age of) twelve; **~ der Zeit** in (the course of) time; e) **~ etw. anfangen/aufhören** take up/give up sth. 2. *Adv.* a) (auch) too; as well; also

Mit·arbeit *f.*; *o. Pl.* a) (Mithilfe) assistance (bei, an + *Dat.* in); (im Betrieb) sevice; b) (Beteiligung) participation (in + *Dat.* in)

mit·arbeiten *itr. V.* a) bei etw. ~: collaborate on sth.; b) (sich beteiligen) participate (in + *Dat.* in)

Mit·arbeiter *m.* a) (Betriebsangehörige(r)) employee; b) (bei einem Projekt) collaborator; ein freier ~: a freelance; a freelance worker

mit·bestimmen 1. *itr. V.* have a say (in + *Dat.* in). 2. *tr. V.* have an influence of

Mit·bestimmung *f.*; *o. Pl.* participation (bei in); (der Arbeitnehmer) (~srecht right of) co-determination

Mit·bewohner *m.* fellow resident; (in einer Wohnung) flatmate

mit bringen *unr. tr. V.* etw. ~: bring sth. with one or along; jmdm. etw. ~: bring sb. sth.

Mit·bürger *m.* fellow citizen; ältere ~ (Amtsspr.) senior citizens

mit·einander *Adv.* a) (gemeinsam) together; b) (with each other or one another

mit·erleben *tr. V.* witness (events etc.)

mit·fahren *unr. itr. V.*; *mit sein* bei jmdm. (im Auto) ~: go with sb. (in his/her car)

Mit·fahrer *m.* fellow passenger

Mitfahr·gelegenheit *f.* lift

Mit·gefühl *n.*; *o. Pl.* sympathy

mit·gehen *unr. itr. V.*; *mit sein* go too; mit jmdm. ~: go with sb.

Mit·gift *f.*; ~, ~en dowry

Mit·glied *n.* member (*Gen.*, in + *Dat.* of)

Mitglieds-: ~ausweis *m.* membership card; ~beitrag *m.* membership subscription

mit·haben *unr. tr. V.* (*ugs.*) etw. ~: have got sth. with one

mit·halten *unr. itr. V.* keep up (bei in, mit with)

mit·helfen *unr. itr. V.* help (bei + *Dat.* with)

mit·kommen *unr. itr. V.*; *mit sein* come too; ich kann nicht ~: I can't come (with you)

Mit·leid *n.* pity, compassion (mit for); mit jmdm. ~ haben feel pity for sb.

mit·machen 1. *tr. V.* a) join in; etw. ~ do sth. at the same time; take part in sth.;b) (*ugs.*: erleiden) suffer. 2. *itr. V.* a) (sich beteiligen) take part (bei in) ; join in

mit·nehmen *unr. tr. V.* jmdn./etw. ~: take sb./sth. along with one; jmdn. im Auto ~: give sb. a lift

mit·samt *Präp.* mit *Dat.* together with

Mit·schuld *f.* partial responsibility (an + *Dat.* for); (an Verbrechen) complicity (an + *Dat.* in)

mit·schuldig *Adj.* an etw. (*Dat.*) partly responsible for sth.; (an Verbrechen) guilty of complicity in sth.

Mit·schüler *m.*, **Mit·schülerin** *f.* schoolfellow

mit·spielen *itr. V.* a) join in the game; b) (mitwirken) in einem Film ~: be in a film

Mit·spieler *m.*, **Mit·spielerin** *f.* player; (in derselben Mannschaft) team-mate

mittag [ˈmɪtaːk] *Adv.* heute/morgen/Sonntag ~: today/tomorrow/Sunday at noon

Mittag *m.*; ~s, ~e midday *no art.*; lunch-time; gegen ~: around midday or noon

mittags [ˈmɪtaːks] *Adv.* at midday or lunch-time; 12 Uhr ~: at 12 noon

Mitte [ˈmɪtə] *f.*; ~, ~n middle (auch zeitlich); middle; centre (auch politisch); ~ März in mid-March; sie ist ~ Dreißig she's in his mid-thirties

mit·teilen *tr. V.* jmdm. etw. ~: tell sb. sth.; (informieren) inform sb. of or about sth.

Mit·teilung *f.* (Bekanntgabe) announcement; information; eine traurige ~ sad news

Mittel [ˈmɪtl̩] *n.*; ~s, ~ a) means *sing.*; (Methode) way; method; (Hilfs~) device (+ *Gen.* for); mit allen

~n by all means; b) (Medikament) ein ~ gegen Fieber usw. a remedy for fever *sing.* etc.; c) *Pl.* (Geld~) funds; (financial) ressources; (Privat~) means

mitten *Adv.* ~ in/an/auf etw. (Akk./ Dat.) in the middle of sth. ~ durch die Stadt right through the town; ~ in England in mid-England; ~drin *Adv.* (right) in the middle; ~durch *Adv.* (right) through the middle

Mitter·nacht ['mɪtɐ̯] *f.; o. Pl.* midnight *no art.*

mittler... ['mɪtlɐr] *Adj.; nicht präd.* a) middle; der/die/das ~e middle one; b) (durchschnittlich) average; medium (quality, size)

mittler·weile ['mɪtlɐ'vaɪlə] *Adv.* a) (seitdem) since then; (bis jetzt) by now; b) (inzwischen) in the mean time

Mittwoch ['mɪtvɔx] *m.;* ~[e]s, ~e Wednesday

mittwochs *Adv.* on Wednesday(s)

mit·zählen 1. *itr. V.* count; das zählt nicht mit that doesn't count. 2. *tr. V.* count in; include

mixen ['mɪksn] *tr. V.* mix

Mixer *m.;* ~s, ~ a) (Bar~) barman; bartender (Amer.); b) (Gerät) mixer

Möbel ['mœbl] *n.;* ~s, ~ a) *Pl.* furniture *sing.*, no indef. art.; b) siehe ~stück

Möbel-: ~stück *n.* piece of furniture; ~wagen *m.* furniture van; removal van

möblieren *tr. V.* furnish

Möchte·gern- would-be (president etc.)

Mode ['moːdə] *f.;* ~, ~n fashion; die neueste ~: the latest style; in ~/aus der ~ kommen come into/go out of fashion

Modell [mo'dɛl] *n.;* ~s, ~e (auch bildlich) model

Moden·schau *f.* fashion show or parade

Moderation [modera'tsɪoːn] *f.;* ~, ~en (Rundf., Ferns.) presentation

Moderator [mode'raːtɔr] *m.;* ~s, ~en ['toːrən], Moderatorin *f.;* ~, ~nen presenter

moderieren [mode'riːrən] 1. *tr. V.* (Rundf., Ferns.) present (programme). 2. *itr. V.* be the presenter

moderig *Adj.* rotten, musty

modern ['moːdɐn] *itr. V.;* auch *mit sein* go mouldy; (verwesen) decay

modern [mo'dɛrn] 1. *Adv.* in a modern way or style; (modisch) fashionably. 2. *Adj.* modern; (modisch) fashionable

modernisieren *tr. V.* modernize

Modernisierung *f.;* ~, ~en modernization

modisch ['moːdɪʃ] *Adj./Adv.* fashionable/-ly

mogeln *(ugs.) itr. V.* cheat

mögen ['mœːgn] 1. *unr. tr. V.* a) (gern) ~: like; **ich mag kein Fleisch** I don't like meat; b) *Konjunktiv II* (haben wollen) **möchten Sie ein Glas Wein?** would you like a glass of wine?; **ich möchte lieber ein Glas Wasser** I would prefer a glass of water. 2. *unr. itr. V.* (es wollen) like to; **ich mag nicht** I don't want to; **magst du?** do you want to?; (bei einem Angebot) would you like one/some?

möglich ['mœːklɪç] *Adj.* possible; alles ~e all sorts of things there; das ist gut ~: that is very well possible

möglicherweise *Adv.* possibly

Möglichkeit *f.;* ~, ~en possibility; (Gelegenheit) opportunity; chance; (möglicher Weg) way; nach ~: if possible; es besteht die ~, dass ...: there is a chance or possibility that ...; hast du die ~, dorthin zu kommen? do you have the opportunity of getting there?

möglichst *Adv.* a) (so weit wie möglich) as far as possible; (wenn es geht) if possible; b) so klein usw. wie möglich, ~ klein usw. as small etc. as possible

Mohammed ['moːhamæt] *m.;* Muhammad

Mohammedaner *m.;* ~s, ~,
Mohammedanerin, *f.;* ~, ~nen, **mohammedanisch** *Adj.* Muslim

Mohn [moːn] *m.;* ~s poppy; (auf Brot, Kuchen) poppy seeds *pl.*

Möhre ['mœːrə] *f.;* ~, ~n carrot

Mokka ['mɔka] *m.;* ~s mocca (coffee)

Molekül [mole'kyːl] *n.;* ~s, ~e (Chemie) molecule

Molkerei *f.;* ~, ~en dairy

Moll [mɔl] *n.;* ~ (Musik) minor (key); c-Moll C minor

Moment [mo'mænt] *m.;* ~(e)s, ~e moment; einen ~ bitte! just a moment, please!; im nächsten ~: the next same moment; jeden ~ (at) any moment; im ~: at the moment

momentan [momæn'taːn] *Adj./Adv.* a) (vorübergehend) temporary/-ily; (flüchtig) momentary/-ily; for a moment b) at the moment; at present

Monarchie *f.;* ~, ~n monarchy

Monat ['moːnat] *m.;* ~s, ~e month; im ~ Mai in the month of Mai

monatlich *Adj./Adv.* monthly

Mönch [mœnç] *m.;* ~[e]s, ~e monk

Mond [moːnt] *m.;* ~[e]s, ~e moon

Moneten [mo'neːtn] *Pl.* (salopp) cash *sing.*; dough

sing. (sl.)

Monitor ['moːnɪtɐr] *m*.; ~s, ~en ['toːrən] monitor

mono ['moːno] *Adv. (ugs.)* (hear, play, etc.) in mono *(ugs.)*

Monolog [mono'loːk] *m*.; ~s, ~e monologue

Monopol [mono'poːl] *n*.; ~s, ~e monopoly (auf + Akk., für in, of)

monoton [mono'toːn] *Adj./Adv.* monotonous(-ly)

Monster ['mɔnstɐ] *n*; ~s, ~: monster

Monstrum ['mɔnstrʊm] *n*.; ~s, Monstren (auch bildlich: Mensch) monster

Montag ['moːntaːk] *m.* Monday

montags *Adv.* on Monday(s)

Monteur [mɔn'tœːɐ̯] *m*.; ~s, ~e mechanic; (Installateur) fitter; (Elektro~) electrician

montieren [mɔn'tiːrən] *tr. V.* (zusammenbauen) assemble (aus from); (anbringen) fit (an + Akk. oder *Dat.* to; auf + Akk. oder *Dat.* on); (einbauen) install (in + Akk. in); (befestigen) fix (an + Akk. oder *Dat.* to)

Monument [monu'mɛnt] *n*.; ~[e]s, ~e (auch bildlich) monument

monumental *Adj.* (auch bildlich) monumental

Moor [moːɐ̯] *n*.; ~[e]s, ~e bog; (Bruch) marsh; (Flach~) fen

Moos [moːs] *n*; ~es, ~e moss; ~ ansetzen gather moss

Moped ['moːpæt] *n*.; ~s, ~s moped

Moral [mo'raːl] *f*.; ~ a) (Norm) morality; die herrschende~: (currently) accepted standards *pl*.; b) (Sittlichkeit) morals *pl*.; keine ~ haben have no sense of morals

moralisch [mo'raːlɪʃ] *Adj./Adv.* moral(-ly); (tugendhaft) virtuous(-ly)

Mord [mɔrt] *m*.; ~(e)s, ~e murder (an + *Dat.* of); (durch ein Attentat) assassination; einen ~ begehen commit murder; versuchter ~: attempted murder

Mörder ['mœrdɐ] *m*.; ~s, ~: murderer (esp. Law); killer; (politischer ~) assassin

Mörderin *f*.; ~, ~nen murderer; murderess; (politische ~) assassin

mörderisch 1. *Adv.* dreadfully *(ugs.)*; frightfully *(ugs.)* 2. *Adj.* a) murderous; dreadful *(ugs.)*

morgen ['mɔrgn] *Adv.* a) tomorrow; ~ früh tomorrow morning; ~ **in einer Woche/in vierzehn Tagen** tomorrow week/fortnight; a week/fortnight from tomorrow; **bis ~!** until tomorrow!; see you tomorrow!; b) (am Morgen) **heute ~:** this morning; **(am) Dienstag ~:** on Tuesday morning

Morgen *m*.; ~s, ~ morning; **am ~** in the morning; **am frühen ~:** early in the morning; **guten ~!** good morning!; ~! (salopp) morning!

morgens *Adv.* in the morning; (jeden Morgen) every morning; von ~ bis abends all day long

morgig *Adj.*; *nicht präd.* tomorrow's; der ~e Tag tomorrow

Morphium ['mɔrfiʊm] *n*.; ~s morphine

morsch [mɔrʃ] *Adj.* (auch bildlich) rotten; brittle (bones)

Mosaik [moza'iːk] *n*.; ~s, ~en oder ~e (auch bildlich) mosaic

Mosambik [mozam'biːk] (*n*.); ~s Mozambique

Moschee [mɔ'ʃeː] *f*.; ~, ~n mosque

Moskito [mɔs'kiːto] *m*.; ~s, ~s mosquito

Moslem ['mɔslæm] *m*.; ~s, ~s Muslim

Motel ['moːtl̩] *n*.; ~s, ~s motel

Motiv [mo'tiːf] *n.s*; ~s, ~e a) (Beweggrund) motive; b) (Literatur, Musik:) motif; theme; c) (bildende Kunst: Gegenstand) subject

Motivation [motiva'tsioːn] *f*.; ~, ~en motivation

motivieren *tr. V.* motivate

Motor ['moːtɔr] *m*.; ~s, ~en (Verbrennungs~) engine; (Elektro~) motor

Motor·boot *n.* motor boat; (Rennboot) power boat

Motor·haube *f.* bonnet (Brit.); hood (Amer.)

Motte ['mɔtə] *f*.; ~, ~n moth

Motto ['mɔto] *n*.; ~s, ~s motto; (Schlagwort) slogan; nach dem ~ according to the maxim

Möwe ['mœːvə] *f*.; ~, ~n gull

Mücke ['mʏkə] *f*.; ~, ~n midge; gnat; (größer) mosquito

Mücken·stich *m.* midge/mosquito bite

müde ['myːdə] 1. *Adv.* wearily; (schläfrig) sleepily 2. *Adj.* tired; (ermattet) weary; (schläfrig) sleepy; einer Sache (*Gen.*) ~ werden *(geh.)* grow tired of sth.

Müdigkeit *f*.; ~: tiredness

muffig *Adj.* (stickig; auch bildlich) stuffy

Mühe ['myːə] *f*.; ~, ~n trouble; mit jmdm./etw. seine ~ haben have a lot of trouble or a hard time with sb./sth.; sich (*Dat.*) viel ~ machen take a lot of trouble (mit over); machen Sie sich (bitte) keine ~! (please) don't bother!; sich (*Dat.*) ~ geben make an effort or take pains

mühelos *Adj./Adv.* effortless(-ly)

Mühelosigkeit *f*.; ~: effortlessness

muhen itr. V. moo
Mühle ['myːlə] f.; ~, ~n a) mill; b) (Kaffee~) (coffee) grinder; c) (Spiel) o. Art., o. Pl. (nine men's) morris
mühsam Adj./Adv. laborious(-ly)
Mull [mul] m.; ~[e]s (Verbands~) gauze; mull
Müll [mYl] m.; ~s rubbish; garbage (Amer.); trash (Amer.); (Industrie~) (industrial) waste; etw. in den ~ werfen throw sth. in the dustbin (Brit.) or (Amer.) garbage can
Multiplikation [multɪplɪkaˈtsɪoːn] f.; ~, ~en multiplication
multiplizieren [multɪpliˈsiːrən] tr., itr. V. (auch bildlich) multiply (mit by)
Mund [munt] m.; ~[e]s, Münder ['mYndɐ] mouth; ... ist in aller ~e (bildlich) everybody's talking about sth. ...
münden ['mYndn] itr. V.; mit sein (river) flow (in + Akk. into); (corridor, street, road) lead (in + Akk. oder Dat., auf + Akk. oder Dat. into)
mündig Adj. a) of age; major; ~ werden; ~ werden come of age
mündlich Adj./Adv. oral(-ly); verbal(-ly)
Mündung f.; ~, ~en a) mouth; b) (bei Waffen) muzzle
munter ['muntɐ] Adv/Adv. a) cheerful(-ly); merry/-ily; (lebhaft) lively (eyes, game); b) (wach) awake; ~ werden wake up; come round
Münze ['mYntsə] f.; ~, ~n coin
Mürbe-teig m. short pastry or dough
murmeln tr., itr. V. mumble; mutter; (sehr leise) murmur
murren ['murən] itr. V. grumble (über + Akk. about); ohne zu ~: without a murmur

mürrisch ['mYrɪʃ] 1. Adv. grumpily. 2. Adj. grumpy; surly, sullen
Mus [muːs] n. oder m.; ~es, ~e purée; pulp
Muschel ['muʃl] f.; ~, ~n a) mussel; b) (Schale) (mussel)shell
Museum [muˈzeːum] n.; ~s, Museen museum
Musik [muˈziːk] f.; ~, ~en a) o. Pl. music; b) (Werk) piece (of music)
musikalisch [muzɪˈkaːlɪʃ] Adj./Adv. musical(-ly)
Musikalität [muzɪkalɪˈtɛːt] f.; ~: musicality
Musik·box f. juke-box
Musiker m.; ~s, ~, **Musikerin** f.; ~, ~nen musician
Musik: ~instrument n. musical instrument; ~lehrer m., ~lehrerin f. music-teacher; ~schule f. school of music; ~stück n. piece of music; ~unterricht m. o. Pl. music-lesson
musizieren [muzɪˈtsiːrən] itr. V. play music; (bes. unter Laien) make music
Muskat [musˈkaːt] m.; ~[e]s, ~e, **Muskat·nuss** f. nutmeg
Muskel ['muskl̩] m.; ~s, ~n muscle
Muskulatur [muskulaˈtuːɐ̯] f.; ~, ~en musculature; muscular system
muskulös [muskuˈløːs] Adj. muscular
Müsli ['mYsliː] n.; ~s, ~s muesli
Muslim ['muslɪm] m.; ~s, ~e, **muslimisch** Adj. Muslim
Muss n.; ~: necessity; must (ugs.)
müssen ['mYsn] 1. unr. Modalverb; 2. Part. ~ a) (gezwungen, verpflichtet sein) have (got) to; (stärker) must; **ich muss es nicht tun** I do not have to do it; **ich musste es tun ~:** I had to do it; **sie wird da sein ~:** she

shall have to be there; b) **Konjunktiv II es müsste doch möglich sein** it ought to be possible. 2. unr. itr. V. a) (gehen usw. müssen) have to go; (gezwungen, verpflichtet sein) you must!
Muster ['mustɐ] n.; ~s, ~ a) (Vorlage) pattern; b) (Vorbild) model or perfect example (an + Dat. of); er ist ein ~ von einem Freund he is a perfect friend; c) (Probe) specimen; (Warenprobe) sample
musterhaft 1. Adv. in an exemplary fashion 2. Adj. exemplary; perfect
mustern tr. V. a) (neugierig) eye; (gründlich) scrutinize; b) (Militär) call up; examine
Mut [muːt] m.; ~(e)s courage
Mutation [mutaˈtsɪoːn] f.; ~, ~en (Biologie) mutation
mutig Adj./Adv. brave(-ly); courageous(-ly)
mutmaßlich Adj.; nicht präd. supposed; presumed; suspected (assassin etc.)
Mutmaßung f.; ~, ~en conjecture
Mut·probe f. test of courage
Mutter ['mutɐ] f.; ~, Mütter ['mYtɐ] mother; sie wird ~ (ist schwanger) she is expecting a baby
Mutter f.; ~, ~n (Schrauben~) nut
mütterlich Adj./Adv. (fürsorglich) motherly (care); (häuslich) homely
mütterlicher·seits Adv. on the/his/her etc. mother's side; Adj. a) nicht präd. the/his/her etc. mother's; maternal
Mütze ['mYtsə] f.; ~, ~n cap
mysteriös [mysteˈrɪøːs] Adj./Adv. mysterious(-ly)
mystisch Adj./Adv mystical(-ly)
Myhologie [mytoloˈgiː] f.; ~, ~n mythology

N

n, N [æn] *n.*; ~, ~: n/N
Nabel ['naːbl̩] *m.*; ~s, ~: navel
nach [naːx] 1. *Präp. mit Dat.* a) *(zeitlich)* ~ **einer Stunde** one hour later; b) after; **zehn (Minuten)** ~ **drei** ten (minutes) past three; c) (Richtung) to; **ist das der Zug** ~ **Berlin?** is that the train for Berlin?; ~ **Hause** home; ~ **vorne/hinten** forwards/backwards; **~links/rechts** to the left/right; ~ draußen out; d) (gemäß, laut) according to; **meiner Meinung** ~ **in** my opinion; e) ~ **etw. schmecken/riechen** taste/smell of sth.
nach·ahmen *tr. V.* imitate
Nachahmung *f.*; ~, ~en imitation
Nachbar ['naxbaːɐ̯] *m.*; ~n oder selten ~s, ~n neighbour
Nachbarin *f.*; ~, ~nen neighbour
Nachbarschaft *f.*; ~ neighbourhood; (Nähe) vicinity
Nach·behandlung *f.* further treatment; after-care
nach·bestellen *tr. V.* etw. ~: order more of sth.
Nach·bildung *f. o. Pl.* copy; replica
nach·dem 1. *Konj.* after. 2. *Adv.*: siehe 1 je 3
nach·denken *unr. itr. V.* think (über + Akk. about); (grübeln) reflect (über + Akk. on)
Nach·denken *n.* thought; Zeit zum ~: time to think; nach kurzem ~: after a moment's thought
nachdenklich *Adj./Adv.* thoughtful(-ly); pensive(-ly)
Nach·druck *m.*; *Pl.* ~e *o. Pl.* auf etw. (Akk.) (besonderen) ~ legen place (particular) emphasis on sth.; stress sth.
nachdrücklich *Adj./Adv. nicht präd.* emphatic(-ally)
nach·einander *Adv.* one after the other; direkt ~: one following the next
Nach·folge *f.* succession; jmds. ~ antreten succeed sb.
nach·folgend *Adj.*; *nicht präd.* following; subsequent
Nachfolger *m.*~s, ~, **Nachfolgerin** *f.*; ~, ~nen successor
nach·fragen *itr. V.* ask; inquire; bei jmdm. ~: ask sb.
nach·fühlen *tr. V.* jmdm. etw. ~ können understand sb.'s feelings
nach·füllen *tr. V.* refill (glass, vessel, etc.); (auffüllen) fill up
nach·geben *unr. itr. V.* a) give way; (aus Schwäche) give in; b) (Material) yield
nach·gehen *unr. itr. V.*; *mit sein* a) (folgen) jmdm. ~ follow sb.; einem Problem ~ (bildlich) investigate a problem; b) seinen Geschäften ~ pursue; d) (Uhr) be slow; (um) eine Stunde ~: be an hour slow
nach·gemacht *Adj.* imitation (leather, gold)
Nach·geschmack *m.* aftertaste
nach·gucken tr., itr, v. siehe nachsehen
Nach·hause·weg *m.* way home
nach·helfen *unr. itr. V.* help, assist; jmds. Gedächtnis ~ refresh sb.'s memory
nach·her *Adv.* a) (danach) afterwards; (später) later (on); bis ~! see you later
Nach·hilfe *f.* coaching
Nachhilfe-: ~lehrer *m.* tutor; ~stunde *f.* private lesson
nach·hinein: im ~ (nachträglich) afterwards; later; (im Rückblick) with hindsight
Nach·hol·bedarf *m.* need to catch up
nach·holen *tr. V.* make up for (working hours missed); catch up on (work, sleep)
Nachkomme *m.*; ~n, ~n descendant; (bei Tieren) offspring
nach·kommen *unr. itr. V.*; *mit sein* a) come or follow (later); sie werden (später) ~: they will come later; b) seinen Pflichten ~: fulfil one's duties; einer Bitte ~: grant a request
Nach·lass *m.*; a) (Rabatt) discount; reduction; b) (Hinterlassenschaft) personal effects *pl.* (left by the deceased)
nach·lassen *unr. itr. V.* let up; (Ärger) subside, die down; (Schmerz) ease; (Wirkung) weaken; (sich verschlechtern) get worse, deteriorate
nach·lässig *Adj./Adv.* careless(-ly)
Nach·lässigkeit *f.*; ~, ~en carelessness
nach·lesen *unr. tr. V.* read or look up
nach·lösen 1. *tr. V.* eine Fahrkarte ~: buy a ticket after departure of the train. 2. *itr. V.* buy a supplementary ticket
nach·machen *tr. V.* a) copy; (imitieren) imitate
nach·mittag *Adv.* am ~: in the afternoon; heute/gestern ~: this/yesterday afternoon; am frühen/späten ~: early/late in the afternoon; (am) Sonntag ~: on Sunday afternoon
Nach·mittag *m.* afternoon
nach·mittags *Adv.* in the af-

ternoon; (heute) this afternoon; um vier Uhr ~: at four in the afternoon; at 4 p.m
Nachnahme *f.*; ~, ~n per ~: cash on delivery
Nach·name *m.* surname
Nach·porto *n.* excess postage
nach·prüfen *tr. V.* check (up); verify
nach·rechnen *itr., tr. V.* check (the figures)
Nach·rede *f.* auch üble ~ defamation; vile gossip
nach·reichen *tr. V.* hand in subsequently
Nachricht ['naːxrɪçt] *f.*; ~, ~en a) *Pl.* (Ferns., Rundf.) news *sing.*; ~en hören listen to the news; b) message; news no *pl.*; ich habe eine gute ~: I have good news; eine ~ hinterlassen leave a message
Nach·ruf *m.*; ~[e]s, ~e obituary (auf + Akk. of)
nach·sagen *tr. V.* a) (wiederholen) repeat; b) jmdm. etw. ~: say sth. of sb.; talk sth. about sb.; man kann ihm nur Gutes ~ one cannot but speak well of sb.
Nach·saison *m.* late season
nach·schicken *tr. V.* (Briefe usw.) forward; send on
Nach·schlag *m.* (salopp: zusätzliche Portion) second helping; seconds *pl.*
nach·schlagen *unr. tr. V.* look up
Nachschlage·werk *n.* reference book
Nach·schub *m.* further or fresh supplies *pl.* (an + *Dat.* of)
nach·sehen *unr. tr. V.* a) gaze after; b) (prüfen) ~ ob ... see if ...; c) (nicht verübeln) overlook; excuse
Nach·sehen *n.*: das ~ haben to have the worst part, to carry the consequences
nachsenden *unr. oder regelm. tr. V.*: siehe nach-

schicken
Nach·sicht *f.* leniency; indulgence; mit jmdm. ~ haben make allowances for sb.
nachsichtig 1. *Adv.* with indulgence. 2. *Adj.* lenient, forbearing (gegen, mit towards)
Nach·speise *f.* dessert; sweet
nach·sprechen *unr. tr. V.* (jmdm.) etw. ~: repeat sth. (after sb.)
nächst... 1. *Adv.* am ~en nearest; siehe auch best... 2. *Adj.* a) nearest Attrib.; (zeitlich) next Attrib.; **am ~en Tag** (on) the next day; **beim ~en Mal, das ~e Mal** (the) next time; **der ~e bitte!** next, please!; b) (räumlich) next; (dichtest...) closest
nächst·beste *Adj.* siehe erstbeste
Nächst·beste *m./f./n.*; *adj. Dekl.* the first one (to turn up)
nach·stehend *Adj.* following
nach·stellen *tr. V.* a) (genauer einstellen) (re)adjust
Nächsten·liebe *f.* charity
nächstens ['nɛːçstns] *Adv.* a) (demnächst) in the near future; (das nächste mal) next time
nächst-: nearest ...; ~liegend *Adj.*; *nicht präd.* first, immediate; (most) obvious; ~möglich *Adj.*; *nicht präd.* (Gelegenheit usw.) earliest possible
nacht [naxt] *Adv.* heute/morgen/Samstag ~: this /tomorrow night/on Saturday night
Nacht *f.*; ~, Nächte ['nɛçtə] night; bei ~, in der ~ at night(time); bis spät in die ~: until late at night; letzte ~: last night; über ~ overnight; gute ~! good night!
Nach·teil *m.* disadvantage;

sich zu seinem ~ verändern change for the worse
nächte·lang 1. *Adv.* night after night; 2. *Adj.*; *nicht präd.* lasting several nights *postpos.*; (ganze Nächte dauernd) all night
Nachtigall ['naxtɪɡal] *f.*; ~, ~en nightingale
Nach·tisch *m.*; *o. Pl.* dessert; zum oder als ~: for dessert
Nacht·leben *n.* night-life
nächtlich ['nɛçtlɪç] *Adj.*; *nicht präd.* nocturnal; night; (Dunkelheit; Stille) of the night
nach·tragen *unr. tr. V.* a) (ergänzen) add; b) jmdm. etw. ~ *(bildlich)* bear sb. a grudge
nach·tragend *Adj.* unforgiving; resentful
nachträglich [trɛːklɪç] 1. *Adv.* afterwards; subsequently; (verspätet) belatedly. 2. *Adj.*; *nicht präd.* later; subsequent; (verspätet) belated
nach·trauern *itr. V.* etw. ~: lament sth.
Nacht·ruhe *f.* night's rest or sleep
nachts *Adv.* at night; dienstags ~: on Tuesday nights; um 2 Uhr ~, ~ um 2 (Uhr) at 2 (o'clock) in the morning
Nach·untersuchung *f.* follow-up examination; check-up
nach·vollziehen *unr. tr. V.* (begreifen) understand
nach·weinen *itr. V.* jmdm./einer Sache ~: bemoan the loss of sb./ sth.; siehe auch Träne
Nachweis *m.*; ~es, ~e proof *no indef. art.* (*Gen.*, über + Akk. of); (Zeugnis) certificate (über + Akk. of)
nachweisbar 1. *Adv.* demonstrably, 2. *Adj.* (Kriminalistik) demonstrable; provable
nach·weisen *unr. tr. V.*

prove; man kann ihm nichts ~: they cannot prove anything against him
nachweislich siehe nachweisbar
Nach·welt f.; o. Pl. posterity no art.; future generations pl., no art.
Nach·wirkung f. after-effect; (bildlich: Einfluß) influence
Nach·wuchs m.; o. Pl. a) (fam.: Kinder) offspring; b) (bildlich) fresh blood
nach·zählen tr., itr. V. check
Nacken ['nakn] m.; ~s, ~: back or nape of the neck; (Hals) neck
nackt [nakt] Adj. a) (unbekleidet) naked; (Arme usw.) bare; sich ~ ausziehen strip naked; strip off completely; ~ baden swim in the nude; b) (kahl) bald; (bildlich: bloß); c) (unverhohlen) naked (greed); plain, blunt (truth); ~e Angst sheer or stark terror
Nackt·foto n. nude photo
Nadel ['naːdl̩] f.; ~, ~n needle; (Steck~, Hut~, Haar~) pin; (Häkel~) hook
Nagel ['naːgl̩] m.; ~s, Nägel ['nɛːgl̩] a) nail (auch Finger-/Zehen~); b) (bildlich) Nägel mit Köpfen machen make a real job of it; etw. an den ~ hängen (salopp) give up (ugs.); chuck in
nageln tr. V. nail (an + Akk. to, auf + Akk. on)
nagelneu Adj. (bildlich) brand-new
nagen ['naːgn] itr. V. gnaw (an + Dat. (at) sth.)
Nah·aufnahme f. close-up (photograph)
nahe ['naːə] 1. Adv. näher, am nächsten a) (räumlich) close; ~ an (+ Dat./ Akk.), ~ bei close to; ~ gelegen nearby; b) (zeitlich) ~ daran sein, etw. zu tun be on the point of doing sth. 2. Adj. näher ['nɛːɐ], nächst...

[nɛːçst] a) (zeitlich) imminent; near pred.; **in ~r Zukunft** in the near future; b) (räumlich) near pred.; close pred.; nearby Attrib.; **in der näheren Umgebung** in the neighbourhood; siehe auch Osten; c) (eng) close (friend etc.). 3. Präp. mit Dat. (geh.) near; close to; **den Tränen ~ sein** be on the brink of tears
Nähe ['nɛːə] f.; ~: a) closeness; proximity; (Nachbarschaft) vicinity; **er wohnt (ganz) in der ~**: he lives in the vicinity or nearby (very near); **in der ~ unserer Straße** near our street
nähen 1. itr. V. sew. 2. tr. V. a) sew; (auch Wunde) stitch
näher 1. Komp. zu nahe. 2. Adv. a) (genauer) more closely; jmdn. ~ kennenlernen get to know sb. closer. 3. Adj.; nicht präd. a) (kürzer) closer (distance etc.); b) (genauer) more particular; closer
Näherin f.; ~, ~nen seamstress; sewer
nähern refl. V. approach; sich jmdm. ~: approach sb.; draw nearer to sb.
nahrhaft Adj. nourishing; nutritious; ein ~es Essen a square meal
Nahrung ['naːrʊŋ] f.; ~: food
Nähr·wert m. food value
Naht [naːt] f.; ~, Nähte ['nɛːtə] seam; aus den oder allen Nähten platzen (bildlich) be bursting at the seams
Nah-: ~verkehr m. local traffic; ~verkehrsmittel n. manner of local transportation; ~verkehrszug m. local train
naiv [naˈiːf] Adj./Adv. naive(-ly)
Naivität [naɪviˈtɛːt] f.; ~: naiveté
Name ['naːmə] m.; ~ns, ~n name; unter jmds. ~n (Dat.)

under sb.'s name; ein Hund mit ~n Bello a dog by the name of Bello; in jmds. ~n, im ~n von jmdm. on behalf of sb.
namens Adv. by the name of; called
nämlich ['nɛːmlɪç] Adv. (und zwar) namely; (als Füllwort) actually
Narbe ['narbə] f.; ~, ~n scar
narbig Adj. scarred; (von Pocken o. ä.) pitted; pockmarked
Narkose [narˈkoːzə] f.; ~, ~n (Medizin) narcosis; aus der ~ aufwachen come round from the anaesthesia
Narr [nar] m.; ~en, ~en fool; (Hof~) jester; fool
Närrin ['nɛrɪn] f.; ~, ~nen fool
Narzisse [narˈtsɪsə] f.; ~, ~n narcissus; gelbe ~: daffodil
narzisstisch Adj. narcissistic
nasal [naˈzaːl] Adj./Adv. nasal(-ly)
naschen ['naʃn] 1. tr. V. eat (sweets, chocolate, etc.); er hat Schokolade genascht he has been at the chocolate. 2. itr. V. a) eat sweet things; (Bonbons essen) eat sweets (Brit.) or (Amer.) candy
Nase ['naːzə] f.; ~, ~n a) nose (auch bildlich: Intuition); sich die ~ putzen blow one's nose; meine ~ läuft my nose is running; meine ~ blutet: my nose is bleeding; I've got a nosebleed; b) (bildlich) der Bus ist mir vor der ~ weggefahren (salopp) I missed the bus by a whisker; immer der ~ nach (salopp) just follow your nose; auf die ~ fallen (salopp) come a cropper (sl.); jmdn. mit der ~ auf etw. (Akk.) stoßen (bildlich) spell sth. out to sb.; jmdm. etw. auf die ~ binden (bildlich) let sb.

in on sth.; jmdn. an der ~ herumführen *(bildlich)* pull the wool over sb.'s eyes
Nas·horn *n.* rhinoceros
nass [nas] 1. *Adv.* sich ~ rasieren have a wet shave; (immer) use a razor and shaving cream. 2. *Adj.* wet; ~ spritzen sprinkle; ~ bis auf die Haut: soaked to the skin
Nässe ['næsə] *f.*; ~: wetness; (an Wänden usw.) dampness; bei ~: in wet weather
nasskalt *Adj.* cold and wet; raw
Nation [na'tsɪoːn] *f.*; ~, ~en nation
national [natsɪo'naːl] *Adj./Adv.* national(-ly)
Nationalismus *m.*; ~: nationalism *usu. no art.*
nationalistisch 1. *Adv.* nationalistically 2. *Adj.* nationalist; nationalistic
Nationalität [natsɪonalɪ'tæːt] *f.*; ~, ~en nationality
Natur [na'tuːɐ̯] *f.*; ~, ~en a) *o. Pl.* nature *no art.*; die freie ~: the open countryside; zurück zur ~: back to nature; b) (Wesen) nature; in der ~ der Sache in the nature of things; c) (Charakter) he is a friendly nature; sort *(ugs.)*; type *(ugs.)*; d) *o. Pl.* (ursprünglicher Zustand) Kiefer ~: natural pine furniture; von ~ aus naturally
Naturalismus *m.*; ~: naturalism
natürlich [na'tyːɐ̯lɪç] 1. *Adv.* a) (selbstverständlich) naturally; of course. 2. *Adj./Adv.* natural(-ly)
Natürlichkeit *f.*; ~: naturalness
Nazi ['naːtsɪ] *m.*; ~s, ~s Nazi
Nazismus *m.*; .~: Nazi(i)sm *no art.*
nazistisch *Adj.* Nazi
Neandertaler [ne'andeːtaːlɐ] *m.*; ~s, ~ (Anthropology) Neanderthal man

Nebel ['neːbl] *m.*; ~s, ~ fog; (weniger dicht) mist; bei ~: in fog/mist
neben ['neːbn] 1. *Präp.* mit Akk. a) (Richtung) next to; beside; b) (verglichen mit) beside; compared with. 2. *Präp.* mit *Dat.* a) (Lage) next to; beside; dicht ~ jmdm. close or right beside sb.; b) (außer) apart from; aside from (Amer.)
neben·an *Adv.* next door
neben·bei *Adv.* a) (beiläufig) incidentally, by the way; in passing; (übrigens) by the way; ~ gesagt incidentally; b) (work) on the side, as a sideline; (zusätzlich) as well; in addition
neben·einander *Adv.* next to one another or each other; side by side; ~ wohnen live next door to one another or each other
nebeneinander·her *Adv.* alongside each other; ~ gehen walk side by side
neben·her *Adv.* siehe nebenbei
neblig *Adj.* foggy; (weniger dicht) misty
Neffe ['nɛfə] *m.*; ~n, ~n nephew
negativ ['neːgatiːf] *Adj./Adv.* negative(-ly)
Negativ *n.*; ~s, ~e (Fot.) negative
nehmen ['neːmən] *unr. tr. V.* a) take; etw. in die Hand ~: take sth. in one's hand; zu sich ~ (Nahrung) eat; auf sich (Akk.) ~: take on (responsibility, blame); b) (aussuchen) take; ich nehme ein Bier I'll have a beer; c) (benutzen) use; man nehme … (in Rezepten) take …; den Bus/ein Taxi usw. ~: take the bus/a taxi etc.; d) (einnehmen) take (tablets, drugs etc.); sie nimmt die Pille she's taking or she's on the pill *(ugs.)*; g) (auffassen) take (als as); jmdm. nicht für

voll ~ *(ugs.)* not take sb. seriously; h) (verlangen) charge
Neid [naɪt] *m.*; ~(e)s envy; jealousy
neidisch *Adj./Adv.* envious(-ly); auf jmdn.. ~ sein be envious of sb.
neigen 1. *refl. V.* a) (schräg abfallen) slope; (Kopf usw.) incline; b) tip. 2. *tr. V.* tip; (Oberkörper etc.) incline. 3. *itr. V.* a) (tendieren) tend; zu der Ansicht ~, dass …: tend towards the view that … b) zu Übertreibungen ~: have a propensity for exaggeration
Neigung *f.*; ~, ~en (Vorliebe) inclination (zu towards); (Anfälligsein) tendency
nein [naɪn] *Intension.* no; ~ danke no, thanks
Nein *n.*; ~[s], ~[s] no; mit ~ stimmen vote no
Nein·stimme *f.* no vote; vote against
Nektarine [nɛkta'riːnə] *f.*; ~, ~n nectarine
Nelke ['nɛlkə] *f.*; ~, ~n a) pink; b) (Gewürz) clove
nennen ['nɛnən] *unr. tr. V.* a) call; jmdn. nach jmdm. ~: call or name sb. after sb.; jmdn. beim Nachnamen ~: call sb. by his/her family name; b) (Adresse usw.) give
nennens·wert *Adj.* (beträchtlich) considerable
Neon ['neːɔn] *n.*; ~s neon
Neon-: ~licht *n.* neon light; ~reklame *f.* neon sign; ~röhre *f.* neon tube
Nerv [nærf] *m.*; ~s, ~en a) nerve; b) *Pl.* (nervliche Konstitution) nerves; schwache ~en haben have bad nerves; die ~en bewahren keep calm; die ~en verlieren lose control; jmdm. auf die ~en gehen get on sb.'s nerves
nerven (salopp) 1. *tr. V.* jmdn. ~: get on sb.'s nerves.

2. *itr. V.* be wearing on the nerves
nervös [nær'vœːs] *Adj./Adv.* nervous(-ly); ~ sein be fidgety *(ugs.)* or on edge; das macht mich ganz ~: it really gets on my nerves
Nervosität [nærvozi'tæːt] *f.*; ~: nervousness
Nest [næst] *n.*; ~[e]s, ~er nest a) nest; b) (bildlich, auch *derogativ*: kleiner Ort) little place
Nest·beschmutzer *m.*; ~s, ~ *(derogativ)* person who fouls his/her own nest
nett [næt] *Adj./Adv.* nice(-ly); kind(-ly); (gefällig) pleasant(-ly); (hübsch) pretty(-ily)
Nettigkeit *f.*; ~, ~en *o. Pl.* kindness; goodness
netto ['næto] *Adv.* net; 5000 DM ~ 5000 marks net
Netz [næts] *n.*; ~es, ~e a) net; (Einkaufs~) string bag; b) (technisch) network
neu [nɔy] 1. *Adv.* a) re-; ~ eingerichtet refurnished; ein Geschäft ~ eröffnen reopen a shop; b) (gerade erst) just; newly; ein ~ erschienenes Buch a newly published book. 2. *Adj.* new; (ganz ~; brand~) brand new; ~est... (Mode, Nachricht usw.) latest; was gibt es Neues?
neuerdings ['nɔyɐ'dɪŋs] *Adv.* recently; lately; of late
Neuerung *f.*; ~, ~en innovation
Neu·gier, Neugierde [~giːɐdə] *f.*; ~: curiosity; (Wissbegierde) inquisitiveness
neu·gierig *Adj./Adv.* curious(-ly); inquisitive(-ly); auf etw. (Akk.) ~ sein be curious about sth.; ich bin ~, was er dazu sagt I'm curious to know what he'll say about it
Neuheit *f.*; ~, ~en a) *o. Pl.* novelty; b) (Neues) new product/article etc.

Neuigkeit *f.*; ~, ~en piece of news; ~en news *sing.*
Neu·jahr *n.* New Year's Day; ~ feiern celebrate New Year
neulich *Adv.* recently; the other day
Neuling ['nɔylɪŋ] *m.*; ~s, ~e newcomer (in + *Dat.* to)
Neu·mond *m.* new moon; gestern war ~: there was a new moon yesterday
neun [nɔyn] Kardinalz. nine
Neun *f.*; ~, ~en nine
neunt [nɔynt] in sie waren zu ~: there were nine of them
neun·tausend *Kardinalz.* nine thousand
neun·zehn *Kardinalz.* nineteen
neunzig ['nɔyntsɪç] *Kardinalz.* ninety
neunziger indekl. *Adj.*; *nicht präd.* die ~ Jahre the nineties
Neurologe *m.*; ~n, ~n neurologist
Neurologie *f.*; ~ neurology
Neurologin *f.*; ~, ~nen neurologist
Neurose [nɔy'roːzə] *f.*; ~, ~n neurosis
Neurotiker [nɔy'roːtɪkɐ] *m.*; ~s, ~, **Neurotikerin** *f.*; ~, ~nen neurotic
neurotisch *Adj.* neurotic
Neu·see·land ~s New Zealand
Neuseeländer *m.*; ~s, ~: New Zealander
neuseeländisch *Adj.* New Zealand
neu·sprachlich *Adj.* modern languages attrib.
neutral [nɔy'traːl] *Adj.* neutral
Neutralität [nɔytrali'tæːt] *f.*; ~, ~en neutrality
Neutronen·bombe *f.* neutron bomb
nicht [nɪçt] *Adv.* a) not; er trinkt kein Bier ~ (im Moment) he is not drinking beer; (gewöhnlich) he does not or

doesn't drink beer; **Wer war das? Ich ~!** Who did that? It wasn't me!; **Schläfst du? Nein, ich schlafe ~!** Are you sleeping? No, I'm not; **ich auch ~** neither do I; b) (Bitte, Verbot *o. ä.* ausdrückend) **(bitte) ~!** (please) don't!;c) (Zustimmung erwartend) **er mag es, ~?** he likes it, doesn't he?
Nichte *f.*; ~, ~n niece
nichtig *Adj.* a) (förmlich: wertlos, belanglos) vain; trivial (reason); petty; b) (Recht: ungültig) invalid
nichts [nɪçts] Indefinitpron. nothing; (in Fragen und Verneinungen) not ... anything; ~ zu machen!/~ da! (Redewendung) nothing doing *(ugs.)*; no way *(ugs.)* ~ als nothing but; ~ dagegen I don't mind
Nichts *n.*; ~, ~e *o. Pl.* aus dem ~ from nothing; vor dem ~ stehen be left with nothing; be faced with ruin
nichts·desto·weniger *Adv.* nevertheless; none the less
nicken ['nɪkn] *itr. V.* nod
Nickerchen *n.*; ~s, ~ nap; ein ~ halten take a nap
nie [niː] *Adv.* never; ~ mehr! never again!; ~ im Leben! not on your life!; fast ~ hardly ever
Nieder·lande *Pl.*: *f.* ~: the Netherlands
Niederländer *m.*; ~s, *f.* Dutchman
Niederländerin *f.*; ~, ~nen Dutchwoman
niederländisch *Adj.* Dutch; Netherlands attrib. (government, embassy, etc.)
Nieder·sachsen *n.* Lower Saxony
niedlich ['niːtlɪç] *Adj./Adv.* sweet(-ly); cute(-ly) (Amer. *ugs.*)
niedrig 1. *Adv.* (hang, fly) low 2. *Adj.* a) low; short (grass); b) (von geringem Rang) low (rank, status, in-

tellectual level)
niemals ['niːmaːls] *Adv.* never
niemand ['niːmant] *Indefinitpron.* nobody; no one; (in Fragen und Verneinungen) not ... anybody
Niere ['niːrə] *f.*; ~, ~n kidney
nieseln ['niːzln̩] *unpers. V.* drizzle
Niesel·regen *m.* drizzle
niesen ['niːzn̩] *itr. V.* sneeze
Niete ['niːtə] *f.*; ~, ~n a) (Los) blank; b) (bildlich (*derogativ*): Mensch) dead loss (*ugs.*) (in + *Dat.* at)
Nikolaus ['nɪkolaus] *m.*; ~, ~e St Nicholas; Santa Claus
Nikolaus·tag *m.* St Nicholas' Day
Nikotin [nɪko'tiːn] *n.*; ~s nicotine
Nil [niːl] *m.*; ~[s] Nile
Nil·pferd *n.* hippopotamus
Nimmerwieder·sehen, in auf ~wiedersehen verschwinden (bildlich, oft scherzh.) vanish never to be seen again
nippen ['nɪpn̩] *itr. V.* (trinken) sip; take a sip/sips (an, von + *Dat.* from)
nirgends ['nɪrɡn̩ts], **nirgendwo** ['nɪrɡn̩tvoː] *Adv.* nowhere; (in Fragen und Verneinungen) not ... anywhere
Nitro·glyzerin [niːtro̯] *n.*; *o. Pl.* nitro-glycerine
Niveau [nɪ'voː] *n.*; ~s, ~s a) level; b) (Qualitäts~) standard
niveau·voll *Adj.* (Person) cultured and intelligent; (Sache) of quality *postpos.*, not *pred.*
nobel ['noːbl̩] 1. *Adv.* a) (geh.: edel) nobly; b) (oft spött.: luxuriös) in the grand style. 2. *Adj.* a) (geh.: edel) noble; noble(minded) (person); b) (oft spött.: luxuriös) elegant, (*ugs.*) posh
Nobel- [no'bɛl]: ~preis *m.* Nobel prize; ~preisträger *m.* Nobel prize-winner

noch [nɔx] 1. *Adv.* a) (als Rest einer Menge) **wir haben (nur) ~ eine Stunde Zeit** we've (only) one hour left; **ich brauche ~ zwei Mark** I need another two marks; b) (immer noch) still; **~ nicht** not yet; **kaum ~** hardly anymore; c) (irgendwann einmal) some time; one day; d) **das geht ~:** that's (still) all right or (*ugs.*) OK; **das ist ~ lange kein Grund** that still isn't any sort of reason; **gerade ~** just about; e) (außerdem, zusätzlich) else; **was ~?** what else; **es ist noch eins da** there is one left; **möchtest du ~ etwas?** would you like some more?; **~ ein/zwei Bier, bitte!** another beer/two more beers, please!; f) (bei Vergleichen) even; **~ besser** even better (als than). 2. *Partikel* **~ nicht einmal** not even. 3. *Konj.* (und auch nicht) nor; **weder ... noch** neither ... nor
noch·mals *Adv.* again
nominieren [nomɪ'niːrən] *tr. V.* nominate
Nonkonformismus [nɔnkɔnfɔr'mɪsmus] *m.*; ~: nonconformism
nonkonformistisch 1. *Adv.* in an unconventional way. 2. *Adj.* nonconformist; unconventional
Nonne ['nɔnə] *f.*; ~, ~n nun
Nonsens ['nɔnzɛns] *m.*; ~(es) nonsense
nonstop [nɔn'stɔp] *Adv.* non-stop
Norden *m.*; ~s a) (Richtung) north; **nach ~:** northwards; to the north; **die Grenze nach ~:** the northern border; **im/aus dem oder von oder vom ~:** in/from the north; b) (Gegend) northern part; c) (Geographie., Politik) North; **der hohe ~:** the far North
nordisch *Adj.* Nordic

nördlich ['nœrtlɪç] 1. *Adv.* northwards; **~ von ...:** (to the) north of .... 2. *Adj.* a) (im Norden) northern; b) (nach, aus dem Norden) northerly. 3. *Präp. mit Gen.* (to the) north of
Nord·rhein-Westfalen *n.* North Rhine-Westphalia
Nord·see *f.*; *o. Pl.* North Sea
nörgeln ['nœrɡln̩] *itr. V.* (*derogativ*) moan, grumble (an + *Dat.* about)
Norm [nɔrm] *f.*; ~, ~en a) norm; b) (geforderte Arbeitsleistung) quota; target; **die ~ erfüllen** fulfil one's/its quota; c) d) (technische ~) standard
normal [nɔr'maːl] *Adj./Adv.* a) normal(-ly); b) (salopp: gewöhnlich) ordinary/-ily
Normal·benzin *n.* two-star petrol (Brit.); regular (Amer.)
normalerweise *Adv.* normally; usually
Normandie [nɔrman'diː] *f.*; ~: Normandy
Norwegen ['nɔrveːɡn̩] (*n.*); ~s Norway
Norweger *m.*; ~s, ~, **Norwegerin** *f.*; ~, ~nen Norwegian
norwegisch *Adj.* Norwegian
Nostalgie [nɔstal'ɡiː] *f.*; ~: nostalgia
Not *f.*; ~, **Nöte** ['nœːtə] a) *o. Pl.* (Armut) need; poverty (and hardship); ~leiden suffer poverty or want (and hardship); b) (Bedrohung, Gefahr) **in ~ sein** be in danger; c) (Schwierigkeiten) trouble; **in Nöten sein** have many troubles; **mit knapper ~:** by the skin of one's teeth
Notar [no'taːɐ̯] *m.*; ~s, ~e notary
Notariat [notar'iːaːt] *n.*; ~[e]s, ~e a) (Amt) notaryship; b) (Kanzlei) notary's office
notariell [nota'riɛl] *Adv.* ~

not·dürftig beglaubigt attested by a notary

not·dürftig 1. *Adv.* scantily 2. *Adj.* meagre (payment, pension); rough and ready, makeshift

Note ['no:tə] *f.*; ~, ~n a) (Musik) note; eine ganze/halbe ~: a semibreve/minim (Brit.); a whole note/half note (Amer.); b) *Pl.* (Partitur) music *sing.*; nach/ohne ~ spielen play from/without music; c) (Schul~) mark; d) (Dipl.) note

notieren [no'ti:rən] *tr. V.* (sich (*Dat.*)) etw. ~: write sth. down; make a note of sth.

nötig ['nœ:tɪç] 1. *Adv.* etw. ~ brauchen need sth. urgently. 2. *Adj.* necessary; etw./jmdn. ~ haben need sth./sb.

Nötigung *f.*; ~, ~en (bes. Rechtsspr.) intimidation; coercion

Notiz [no'ti:ts] *f.*; ~, ~en a) note; sich (*Dat.*) eine ~ machen take a note; b) (Zeitungs~) eine (kurze) ~: a brief report; c) in von jmdm./ etw. (keine) ~ nehmen take (no) notice of sb./sth.

not·wendig *Adj./Adv.* necessary/-ily

notwendiger·weise *Adv.* necessarily

Notwendigkeit *f.*; ~, ~en necessity

November [no'vɛmbɐ] *m.*; ~(s), ~: November; siehe auch April

Nuance ['nỹ:sə] *f.*; ~, ~n shade; nuance

nüchtern ['nʏçtɐn] *Adj./Adv.* a) (nicht betrunken) sober(-ly); wieder ~ werden sober up; b) auf ~en Magen with an empty stomach; c) (realistisch) sober; matter-of-fact

nuckeln (salopp) *itr., tr. V.* suck (an + *Dat.* at)

Nudel ['nu:dl̩] *f.*; ~, ~n *Pl.* (Teigwaren) pasta *sing.*

Nudel-: **~salat** *m.* pasta salad

nuklear [nukle'a:ɐ̯] 1. *Adv.* ~ angetrieben nuclear-powered 2. *Adj.* nuclear

null [nʊl] 1. Kardinalz. nought; ~ Komma fünf (nought) point five; ~ Grad Celsius nought or zero degrees Celsius; eins zu ~: one nil; ~ Uhr dreißig twelvethirty *a.m.*

Null *f.*; ~, ~en a) (Ziffer) nought; zero; zehn Grad unter/über ~: ten degrees below/above zero or freezing

numerieren [numə'ri:rən] *tr. V.* number

Numerus clausus ['klaʊzʊs] *m.*; ~ ~ restricted admission (to university etc.)

Nummer ['nʊmɐ] *f.*; ~, ~n a) number; **unter der ~ 4932626** on 4932626; **ein Auto mit Berliner ~**: a car with a Berlin registration; b) (Auftritt) turn; c) (Ausgabe) number; issue

Nummern·schild *n.* number plate; license plate (Amer.)

nun [nu:n] 1. *Adv.* now; von ~ an from now on. 2. *Partikel* now; **so schlimm ist es ~ auch wieder nicht** it's not all that serious; **~ gib schon!** now hand it over!

nur [nu:ɐ̯] 1. *Adv.* a) only; **nicht ~ ..., sondern auch ...**: not only ..., but also ...; **nicht ~, dass ...**: it's not just that ...; ~ **so** for no particular reason. 2. *Partikel a)* (ermunternd, tadelnd) ~ **zu!** go on or ahead; b) (warnend) **lass dich ~ nicht erwischen** just don't let them catch you; c) (verwundert) **was hat sie ~?** whatever's the matter with her?

Nuss [nʊs] *f.*; ~, Nüsse ['nʏsə] nut

Nutte ['nʊtə] *f.*; ~, ~n (derb *derogativ*) tart (*sl.*); pro (Brit. *ugs.*); hooker (Amer. sl.)

nütze ['nʏtsə] zu etw./nichts ~ sein be good/no good for sth.

nutzen ['nʊtsn̩] 1. *tr. V. a)* use; exploit, utilize (natural resources); cultivate (land, soil); b) (be~, aus~) use; make use of; seine Chance ~: use one's chance. 2. *itr. V.* siehe nützen

Nutzen *m.*; ~s a) (Profit) profit b) benefit; den ~ (von etw. haben benefit or gain (from sth.); (jmdm.) von ~ sein be of use or useful to sb.)

nützen ['nʏtsn̩] *itr. V.* be of use (*Dat.* to); or useful; nichts ~: be useless or no use; es würde nichts/ wenig ~: it wouldn't be any/ much use

nützlich ['nʏtslɪç] *Adj.* useful; sich ~ machen make oneself useful

nutzlos 1. *Adv.* uselessly. 2. *Adj.* useless; (vergeblich) futile

Nutzung *f.*; ~, ~en use; (von Bodenschätzen) exploitation

Nylon ['naɪlɔn] *n.*; ~s nylon

Nylon·strumpf *m.* nylon stocking

O

o, O [oː] *n.*; ~, (Ausruf) ~s, ~s o/O

Oase [oˈaːzə] *f.*; ~, ~n (auch bildlich) oasis

ob [ɔp] *Konj.* a) whether; b) in und ob! of course!; you bet! *(ugs.)*

obdach·los *Adj.* homeless

Obdachlose *m./f.*; *adj. Dekl.* homeless person/-man/woman; die ~n the homeless

Obdachlosen·asyl *n.* hostel for the homeless

oben [ˈoːbn̩] *Adv.* a) (im Haus) upstairs; **nach ~:** upstairs; b) (an hoch/höher gelegenem Ort) **hier/dort ~:** up here/there; **weiter ~:** further up; **nach ~:** upwards; **der Weg nach ~:** the way up; **von ~:** from above; **von ~ herab** *(bildlich)* condescendingly; c) (am oberen Ende, zum oberen Ende hin) at the top; **~ im/auf dem Schrank** at the/up on top of the cupboard; **von ~:** from the top; **~ links/rechts** at the top on the left/right; **~** (links/rechts) (in Bildunterschriften) above (left/right); **von ~ bis unten** from top to bottom; **~ ohne** topless; d) (an der Oberseite) on top; e) (in einer Hierarchie, Rangfolge) at the top; f) (im Norden) up north

ober... [ˈoːbɐ] *Adj.* upper attrib.; (ganz oben liegend) top attrib.; **am ~en Ende** at the top (end) of the street; **das ~ste Stockwerk** the top(most) story

Ober *m.*; ~s, ~ waiter

Ober·fläche *f.* (auch bildlich) surface

oberflächlich *Adj./Adv.* superficial(-ly)

Oberflächlichkeit *f.*; ~: superficiality

ober·halb 1. *Adv.* above; **weiter ~:** further up; **~ von** above. 2. *Präp.* mit *Gen.* above

Objekt [ɔpˈjɛkt] *n.*; ~s, ~e a) (auch Linguistik, Kunst) object; b) (Kaufmannsspr.: Immobilie) property

objektiv [ɔpjɛkˈtiːf] *Adj./Adv.* objective(-ly)

Objektiv *n.*; ~s, ~e a) (Optik) objective; b) (Fotografie) lens

Objektivität [ɔpjɛktiviˈtɛːt] *f.*; ~: objectivity

obligatorisch [ɔbliɡaˈtoːrɪʃ] *Adj./Adv.* a) obligatory/-ily; compulsory/-ily

obskur [ɔpsˈkuːɐ̯] *Adj. (geh.)* a) (unbekannt, unklar) obscure; b) (dubios) dubious

Obst [oːpst] *n.*, ~(e)s fruit

ob·wohl *Konj.* (al)though

Ochse [ˈɔksə] *m.*; ~n, ~n ox; bullock

öde [ˈœːdə] *Adj.* a) (langweilig) boring; dreary; b) (verlassen) deserted

oder [ˈoːdɐ] *Konj.* a) or; ~ aber or else; siehe auch entweder; b) (in Fragen) er ist doch dein Bruder, ~? he is your brother, isn't he?

Ofen [ˈoːfn̩] *m.*; ~s, Öfen a) heater; (Kohle~) stove; (Öl~, Petroleum~) stove; heater; (elektrischer) heater; fire; b) (Back~) oven; c) (Brenn~, Trocken~) kiln

offen [ˈɔfn̩] 1. *Adv.* a) openly; b) (aufrichtig) openly; frankly; ~ gesagt to be honest; ~ gestanden to tell you the truth. 2. *Adj.* a) open; unsealed (envelope); (Haar) loose; b) (frei) vacant (job, post); ~e Stellen vacancies; (als Rubrik) 'Situations vacant; c) (ungewiß, ungeklärt) open, unsettled (question); uncertain (result); d) (Rechnung, Betrag usw.) outstanding (bill); e) (aufrichtig) frank (and open); honest (character)

offen·bar 1. *Adv.* a) (offensichtlich) obviously; clearly; b) (anscheinend) evidently *Adj.* obvious

Offen·heit *f.*; ~: frankness; candidness; honesty

offensiv [ɔfɛnˈziːf] *Adj./Adv.* (auch Sport) offensive(-ly)

Offensive *f.*; ~, ~n offensive; die ~ ergreifen, in die ~ gehen go on to the offensive

offen·stehen *unr. itr. V.* a) be open; b) (unbezahlt sein) be unpayed

öffentlich [ˈœfntlɪç] 1. *Adv.* a) in public; b) (vom Staat usw.) publicly. 2. *Adj.* public; state Attrib., (state-)maintained; die ~e Meinung public opinion; Erregung ~en Ärgernisses (Justiz) creating a public nuisance; der ~e Dienst the civil service

Öffentlichkeit *f.*; ~: public; unter Ausschluss der ~: in private or secret; etw. an die ~ bringen make sth. public; in aller ~: in open public

öffentlich-rechtlich *Adj.* ~es Fernsehen state-owned television

offiziell [ɔfiˈtsɪɛl] *Adj./Adv.* official(-ly)

Offizier [ɔfiˈtsiːɐ̯] *f.*; ~s, ~e officer

öffnen [ˈœfnən] 1. tr. *(auch itr.)* V. open; undo. 2. *itr. V.* a) (jmdm.) ~: open the door (to sb.). 3. *refl. V.* open; die Erde öffnete sich the ground opened up

Öffnung *f.*; ~, ~en opening; aperture

oft [ɔft] *Adv.* öfter [ˈœftɐ];

öfter

(selten) am öftesten ['œftəst] often; wie oft soll ich dir noch sagen, dass ... how often do I have to tell you that ...
öfter ['œftɐ] *Adv.* now and then; (every) once in a while; des ~en (förmlich) on many occasions
oftmals *Adv.* often; frequently
ohne ['o:nə] 1. *Präp.* mit Akk. a) without; ~ mich! (you can) count me out!; ~ Erfolg unsuccessful; b) (mit Auslassung des Akkusativs) er ist nicht ~ (salopp) he's quite something; c) ~ weiteres (leicht, einfach) easily; (ohne Einwand) readily; d) excluding. 2. *Konj.* er ging ~ sich zu verabschieden he left without saying goodbye
ohnehin *Adv.* anyway; already
Ohnmacht ['o:nmaxt] *f.*; ~, ~en faint; swoon; in ~ fallen faint or pass out/swoon
ohnmächtig *Adj./Adv.* unconscious(-ly); ~ werden faint; pass out; ~ sein have fainted or passed out
Ohr [o:ɐ̯] *n.*; ~[e]s, ~en a) ear; auf dem linken ~ taub sein be deaf in one's left ear; gute/ schlechte ~en haben have good/ poor hearing *sing.*; er hört nur auf einem ~: he only has one good ear; b) *(bildlich)* die ~en spitzen prick up one's ears; sich aufs ~ legen oder (salopp) hauen have a nap; jmdn. übers ~ hauen *(bildlich)* take advantage of, take sb. for a ride *(sl.)*; viel oder eine Menge um die ~en haben *(bildlich)* have a lot on one's plate *(ugs.)*
öko-, Öko- [œko] eco
Ökologie *f.*; ~: ecology
ökologisch *Adj./Adv.* ecological(-ly)
Ökonomie *f.*; ~, ~n economics *sing.*; politische ~: political economy
ökonomisch 1. *Adv.* economically 2. *Adj.* a) economic; b) (sparsam) economical
Oktober [ɔk'to:bɐ] *m.*; ~(s), ~: October
Öl [œ:l] *n.*; ~[e]s, ~e oil; in ~ malen paint in oils
Olive [o'li:və] *f.*; ~, ~n olive
Olympiade [olʏm'pɪa:də] *f.*; ~, ~n Olympic Games *pl.*; Olympics *pl.*
Oma ['o:ma] *f.*; ~, ~s granny; grandma
Omelett *n.*; ~[e]s, ~e oder ~s, (Speise) omelette
Omen ['o:mən] *n.*; ~s, omen
ominös [omɪ'nø:s] *Adj./Adv.* ominous(-ly)
Omnibus ['ɔmnɪbʊs] *m.*; ~ses, ~se omnibus (formal); coach
Onanie [ona'ni:] *f.*; ~: onanism *no art.*; masturbation *no art.*
onanieren *itr. V.* masturbate
Onkel ['ɔŋkl] *m.*; ~s, ~ oder (salopp) ~s uncle
Opa ['o:pa] *m.*; ~s, ~s *(fam.)* grandad; grandpa
Oper ['o:pɐ] *f.*; ~, ~n opera
Operation [opəra'tsɪo:n] *f.*; ~, ~en operation
Operations-: ~saal *m.* operating theatre
Operette [opə'rɛtə] *f.*; ~, ~n operette
operieren 1. *tr. V.* operate on; sich ~ lassen have an operation. 2. *itr. V.* (vorgehen) proceed
Opfer ['ɔpfɐ] *n.*; ~s, ~ a) (Geschädigter) victim; einer Sache zum ~ fallen be the victim of sth.; b) (Verzicht) sacrifice; c) (~gabe) sacrifice
opfern 1. *tr. V.* (darbringen) sacrifice; offer up (fruit, produce, etc.); b) (fig.: hingeben) sacrifice, give up (time, holiday, money, life)
Opium ['o:pɪʊm] *n.*; ~s opium
Opportunismus *m.*; ~: opportunism
Opportunist *m.*; ~en, ~en opportunist
opportunistisch *Adj./Adv.* opportunistic(-ally)
Optik *f.*; ~, ~en *o. Pl.* (Wissenschaft) optics *sing.*, *no art.*; b) (Fotografie) (Linse) lens; (Linsen) optics *pl.*;
Optiker *m.*; ~s, ~, **Optikerin** *f.*; ~, ~nen optician
optimal [ɔptɪ'ma:l] *Adj.* optimal; optimum Attrib.
Optimismus *m.*; ~: optimism
Optimist *m.*; ~en, ~en, **Optimistin** *f.*; ~, ~nen optimist
optimistisch *Adj./Adv* optimistic(-ally)
optisch *Adj./Adv.* optical(-ly); visual(-ly)
oral [o'ra:l] *Adj./Adv.* oral(-ly)
orange [o'rã:ʒə] indekl. *Adj.* orange
Orange *f.*; ~, ~n orange
orange-farben, orange-farbig *Adj.* orange(-coloured)
Orang-Utan ['o:raŋˈu:tan] *m.*; ~s, ~s orang-utan
Orchester [ɔr'kɛstɐ] *n.*; ~s, ~: orchestra
Orchidee [ɔrçi'de:ə] *f.*; ~, ~n orchid
Orden ['ɔrdn] *m.*; ~s, ~ decoration
ordentlich ['ɔrdntlɪç] 1. *Adv.* a) (geordnet) tidily; neatly; b) (anständig) properly; c) (salopp: recht gut) fine; d) (bildlich: gehörig) decent. 2. *Adj.* a) (geordnet) (neat and) tidy; neat; b) (anständig) respectable; proper; c) *(ugs.:* tüchtig) ~e Arbeit leisten do a good job; d) *(ugs.:* richtig) proper; real; eine ~e Tracht Prügel a real good hiding *(ugs.)*; e) *(ugs.:* recht gut) decent (wine, fat,

marks, etc.)
Ordentlichkeit *f.*; ~: tidiness; neatness
ordinär [ɔrdɪˈnæːɐ̯] *Adj./Adv. (derogativ)* vulgar(-ly); common(-ly)
ordnen [ˈɔrdnən] *tr. V.* a) (regeln) regulate (traffic); (Angelegenheiten) settle ; b) arrange
Ordner *m.*; ~s, ~ a) (Aufsichtsperson) steward; b) (Hefter) file
Ordnung *f.*; ~, ~en *o. Pl.* (ordentlicher Zustand) order (auch: Disziplin); tidiness, ~ halten keep order; hier herrscht ~: everything is neat and tidy here; ~ schaffen, etw. in ~ bringen sort sth. out; in ~ sein be in order
Organ [ɔrˈgaːn] *n.*; ~s, ~e a) (Biologie) organ; b) (Institution) organ
Organisation [ɔrganizaˈt͜sioːn] *f.*; ~, ~en organization
organisch *Adj./Adv.* a) (Anatomie) organic(-ally); b) (Medizin) organic(-ally); physical(-ly)
organisieren *tr. V.* a) (vorbereiten) organize; b) (Redewendung: beschaffen) get (hold of)
Organismus *m.*; Organismen organism
Organist *m.*; ~en, ~en, Organistin *f.*; ~, ~nen organist
Organ·verpflanzung *f.* organ transplantation
Orgasmus [ɔrˈgasmʊs] *m.*; ~, Orgasmen orgasm
Orgel [ˈɔrgl̩] *f.*; ~, ~n organ
Orgie [ˈɔrgiə] *f.*; ~, ~n (auch bildlich) orgy; eine ~ feiern have an orgy
Orient [ˈoːrɪɛnt] *m.*; ~s a) (Vorder- u. Mittelasien) Middle East and south-western Asia; der Vordere ~: the Middle East; b) (veraltet: Osten) orient
orientalisch *Adj.* oriental

orientieren 1. *refl. V.* a) (sich zurechtfinden) take one's bearings (an + Dat. by); b) (sich informieren) sich über etw. (Akk.) ~: inform oneself about sth.; c) (sich ausrichten) sich an etw. (Dat.) ~: be oriented towards sth.
Orientierung *f.*; ~ a) bearings; die ~ verlieren lose one's bearings; b) (Bescheid) zu Ihrer ~: for your information; c) (sich ausrichten) orientation (auf + Akk. towards), nach + Dat. according to)
original [ɔrigiˈnaːl] *Adj./Adv.* original(-ly); (echt) genuine(-ly); authentic(-ally)
Original *n.*; ~s, ~e a) (Urschrift *o. ä.*) original; b) (eigenwilliger Mensch) character
Original·fassung *f.* original version
Originalität [ɔriginaliˈtæːt] *f.*; ~ a) (Echtheit) genuineness; authenticity; b) (Einmaligkeit) originality
originell [ɔrigiˈnæl] 1. *Adv.* (einfallsreich) with originality; *(ugs.:* gewitzt) wittily 2. *Adj.* (ursprünglich) original; (neu) novel; *(ugs.:* witzig) witty, funny
Orkan [ɔrˈkaːn] *m.*; ~[e]s, ~e hurricane; *(bildlich)* thunderous storm
Ornament [ɔrnaˈmænt] *n.*; ~[e]s, ~e ornament
Ort [ɔrt] *f.*; ~[e]s, ~e a) (Platz, Gegend) place; b) (~schaft) (Dorf) village
Orthografie *f.*; ~; ~n orthography
orthografisch *Adj.* orthographic; ~e Fehler spelling mistakes
örtlich [ˈœrtlɪç] *Adj./Adv.* local(-ly)
Ortsangabe *f.* indication of place
Öse [ˈœːzə] *m.*; ~, ~n eye; (an Schuh, Stiefel) eyelet

ost-, Ost-: ~asien (*n.*) East or Eastern Asia; ~block *m.*; (hist.) *o. Pl.* Eastern Bloc; ~deutsch *Adj.* Eastern German; ~deutsche *m./f.* Eastern German; ~deutschland *n.* Eastern Germany
Osten *m.*; ~s a) (Geografie) der Ferne ~: the Far East; der Mittlere ~: South-western Asia (including Afghanistan and Nepal); der Nahe ~: the Middle East; b) (Richtung) east; nach ~: eastwards; im/aus dem oder von ~: in/from the east; c) (Gegend) eastern part
Ostern [ˈoːstən] *n.*; ~, ~: Easter; Frohe oder Fröhliche ~! Happy Easter!
Österreich [ˈøːstəraɪç] *n.*; ~s Austria
Österreicher *m.*; ~s, ~, **Österreicherin** *f.*; ~, ~nen, **österreichisch** *Adj.* Austrian
Ost·friesland *n.*; ~s East Friesland
Ost·küste *f.* east(ern) coast
östlich [ˈœstlɪç] 1. *Adv.* eastwards; ~ von …: (to the) east of …; sehr (weit) ~ sein be a long way east. 2. *Adj.* a) (nach, aus dem Osten) easterly; (im Osten) eastern; b) (im Osten) eastern; c) (des Ostens) Eastern. 3. *Präp.* mit *Gen.* (to the) east of
Ost·see *f.*; *o. Pl.* Baltic (Sea)
Ost·wind *m.* east(erly) wind
Otter [ˈɔtɐ] *m.*; ~s, ~ (Fisch~) otter
Ouvertüre [uvær'tyːrə] *f.*; ~, ~n (auch bildlich) overture (*Gen.* to)
oval [oˈvaːl] *Adj.* oval
Oval *n.*; ~s, ~e oval
Overall [ˈouvərɔːl] *m.*; ~s, ~s overalls *pl.*
Ozean [ˈoːtseaːn] *m.*; ~s, ~e (auch bildlich) ocean
Ozon [oˈtsoːn] *m.* oder *n.*; ~s ozone

P

p, P [pe] *n.*; ~, ~: p/P
paar [paːɐ̯] *indek pron.* **ein ~ ...**: a few ...; (zwei oder drei) a couple of ...; a few ...; **alle ~ Minuten** every couple of/few minutes
Paar *n.*; ~(e)s, ~e pair; (Ehe~) couple; **ein ~ Socken** a pair of socks
paaren *refl. V.* a) (sich begatten) (animals) mate; (people) couple, copulate
paarmal *Adv.* **ein ~mal** a few times; (zwei oder dreimal) a couple of or a few times
Paarung *f.*; ~, ~en (Zool.) mating
paar·weise *Adj./Adv.* in pairs
pachten *tr. V.* lease; take a lease on
Pächter ['pæçtɐ] *m.*; ~s, ~, Pächterin *f.*; ~, ~nen leaseholder
Päckchen ['pækçən] *n.*; ~s, ~ a) (kleines Paket) package; small parcel; (Postw.) small parcel
packen *itr., tr. V.* pack
Packung *f.*; ~, ~en packet; pack (esp. Amer.); **eine ~ Zigaretten** a packet or (Amer.) pack of cigarettes
Pädagoge [pæda'goːgə] *m.*; ~n, ~n a) (Erzieher, Lehrer) teacher; b) (Wissenschaftler) educationalist; educational theorist
Pädagogik *f.*; ~: (theory of) education
Pädagogin *f.*; ~, ~nen siehe Pädagoge
pädagogisch *Adj./Adv.* educational(-ly); pedagogical(-ly)
Paddel ['padl̩] *n.*; ~s, ~: paddle
paddeln *itr. V.*; *mit sein*; ohne Richtungsangabe auch mit haben (Paddelboot fahren) paddle; canoe; (als Sport) canoe
Paket [pa'keːt] *n.*; ~(e)s, ~e a) (eingepacktes, Post~, Schachtel) parcel; (Packung) packet; pack (esp. Amer.)
Pakt [pakt] *m.* ~(e)s, ~e pact
Palast [pa'last] *m.*; ~(e)s, Paläste [pa'lɛstə] palace
Palästina [palɛː'stiːna] (*n.*); ~s Palestine
Palästinenser *m.*; ~s, ~, Palästinenserin *f.*; ~, ~nen Palestinian
Palme ['palmə] *f.*; ~, ~n palm(tree)
Pampelmuse ['pamplmuːzə] *f.*; ~, ~n grapefruit
Pamphlet [pam'fleːt] *n.*; ~(e)s, ~e pamphlet
Panama·kanal *m.*; *o. Pl.* Panama Canal
panieren *tr. V.* (Küchk) etw. ~: bread sth.; coat sth. with breadcrumbs
Panik ['paːnɪk] *f.*; ~, ~en panic; jmdn. in ~ (Akk.) versetzen throw sb. into a state of panic
panisch *Adj.* panic *attrib.*
Panne ['panə] *f.*; ~, ~n a) (Auto~) breakdown; (Reifen~) puncture; flat (tyre); **ich hatte eine ~** my car broke down; b) (Betriebsstörung) breakdown; c) (Missgeschick) slip-up; mishap
Pannen·dienst *m.* breakdown service
Panther *m.*; ~s, ~: panther
Pantoffel [pan'tɔfl̩] *m.*; ~s, ~n backless slipper
Pantomime [panto'miːmə] *f.*; ~, ~n (panto)mime
Panzer ['pantsɐ] *m.*; ~s, ~ a) (Militär) tank; b) *(Tierwelt)* armor *no indef. art.*; (von Schildkröten, Krebsen) shell

Papa ['papa, förmlich, veraltet pa'paː] *m.*; ~s, ~ *(ugs.)* dad(dy) *(ugs.)*
Papagei [papa'gaɪ] *m.* ~en oder ~s, ~e(n) parrot
Papi ['papi] *m.*; ~s, ~s (fa*m.*) siehe Papa
Papier [pa'piːɐ̯] *n.*; ~s, ~e a) paper; **ein Blatt ~**: a sheet of paper; b) *Pl.* (Dokumente) papers
Pappe ['papə] *f.*; ~, ~n a) (Karton) cardboard
Pappel ['papl̩] *f.*; ~, ~n poplar
papperlapapp [papɐla'pap] *Interj.* rubbish
Paprika ['paprɪka] *m.*; ~s, ~(s) a) pepper; b) *o. Pl.* (Gewürz) paprika
Papst [paːpst] *m.*; ~(e)s, Päpste ['pɛːpstə] pope
päpstlich ['pɛːpstlɪç] *Adj.* papal; pontifical
Parade [pa'raːdə] *f.*; ~, ~n parade
Paradies [para'diːs] *n.*; ~es, ~e (auch bildlich) paradise
paradox [para'dɔks] *Adj.* paradoxical
Paradox *n.*; ~es, ~e paradox
Paragraf [para'graːf] *m.*; ~en, ~en paragraph; section; (im Vertrag) clause
parallel [para'leːl] parallel (mit, zu to)
paranoid [parano'iːt] *Adj.* (Medizin.) paranoid
Parasit [para'ziːt] *m.*; ~en, ~en (Biologie, bildlich *derogativ*) parasite
parat [pa'raːt] *Adj.* ready; **~ haben** be ready with sth.
Pärchen ['pɛːɐ̯çən] *n.*; ~s, ~: (Liebespaar) couple
Parcours [par'kuːɐ̯] *m.*; ~ [ɛʃ], [ɛs] course
Parfum [par'fœː], Parfüm [par'fyːm] *n.*; ~s, ~s per-

fume; scent
Pariser [paˈriːzɐ] *indekl. Adj.* Parisian; Paris *attrib.*
Pariserin *f.*; ~, ~nen Parisian
paritätisch *Adj.* equal(-ly)
Park [park] *m.*; ~s, ~s park; (Schloß~ usw.) grounds *pl.*
Parka *m.*; ~s, ~s parka
Parkett [parˈkæt] *n.*; ~(e)s, ~e a) (Bodenbelag) parquet floor; ~ legen lay parquet flooring; b) (Theater) (front) stalls *pl.*; parquet (Amer.)
Parlament [parlaˈmænt] *n.*; ~[e]s, ~e parliament; (ein bestimmtes) Parliament no *def. art.*
parlamentarisch *Adj.*; *nicht präd.* parliamentary
Parodie [paroˈdiː] *f.*; ~, ~n parody (auf + Akk. of)
parodieren *tr. V.* parody (literary work, manner); send up
Partei [parˈtaɪ] *f.*; ~, ~en a) (Politik) party; in oder bei der ~ sein be a party member; b) (Gruppe, Mannschaft) side; jmds. oder für jmdn./für etw. ~ ergreifen side with sb.
parteiisch 1. *Adv.* in a biased manner 2. *Adj.* biased
Parterre *n.*; ~s, ~s a) (Erdgeschoß) ground floor; first floor (Amer.); im ~: on the ground or (Amer.) first floor
Partie [parˈtiː] *m.*; ~, ~n a) (Teil) part; b) (Spiel, Sport) game; (Golf) round; eine ~ Schach spielen play a game of chess
Partitur [partɪˈtuːɐ̯] *f.*; ~, ~en (Musik) score
Partizip [partɪˈtsiːp] *n.*; ~s, ~ien [ˈtsiːpɪən] participle
Partner [ˈpartnɐ] *m.*; ~s, ~, Partnerin *f.*; ~, ~nen partner; (Bündnis~) ally
Partnerschaft *f.*; ~, ~en partnership
Party [ˈpaːɐ̯ti] *f.*; Parties party; eine ~ (zu + Dat.) ge-

ben give a party (for); auf seiner ~ at his party
Pass [pas] *m.*; Pässe [ˈpæsə] passport
passabel [paˈsaːbl̩] 1. *Adv.* reasonably or tolerably well 2. *Adj.* reasonable; tolerable; fair
Passage [paˈsaːʒə] *f.*; ~, ~n a) (Ladenstraße) (shopping) arcade; b) (Abschnitt) (im Text) passage; (im Film) sequence; (Musik)
Passagier [pasaˈʒiːɐ̯] *m.*; ~s, ~e passenger; blinder ~: stowaway
Passagier-: ~dampfer *m.* passenger steamer
Pass-amt *n.* passport office
Passant [paˈsant] *m.*; ~en, ~en, **Passantin** *f.*; ~, ~nen passerby
Pass·bild *n.* passport photograph
passen *itr. V.* a) (Kleidung) fit; etw. paßt (jmdm.) gut/nicht sth. fits (sb.) well/does not fit (sb.); b) (geeignet sein) suit; be suitable, be appropriate (zu for); (harmonieren, jmdm. stehen) zu etw./jmdm. ~: go well with sth./ be well suited to sb.; zueinander ~: go well together; fit to each other; c) (Termin usw.) jmdm. (nicht) ~ be convenient (inconvenient) for sb., suit sb.; d) (Kartenspiel) pass; bei dieser Frage muss ich ~ I'll have to pass on that question
passend *Adj.* a) (harmonierend) matching (shoes etc.); b) (geeignet) suitable; appropriate
passieren 1. *tr. V.* pass; die Grenze ~: cross the border. 2. *itr. V.*; *mit sein* happen; jmdm. ist etwas/nichts passiert something/nothing happened to sb.
passiv [ˈpasiːf] *Adj./Adv.* passive(-ly); non-active(-ly)
Passiv *n.*; ~s, ~e (Sprachw.) passive

Passivität [pasɪviˈtæːt] *f.*; ~: passivity
Paste [ˈpastə] *f.*; ~, ~n paste
Pastell [pasˈtæl] *n.*; ~[e]s, ~e a) (Farbton) pastel shade; b) *o. Pl.* (Maltechnik) pastel *no art.*
Pastete [pasˈteːtə] *f.*; ~, ~n a) (Blätterteig~) vol-au-vent; b) (in einer Schüssel o.ä. gegart) paté; (in einer Hülle aus Teig gebacken) pie
Pastille [pasˈtɪlə] *f.*; ~, ~n pastille
Pastor [ˈpastɔr] *m.*; ~s, ~en, **Pastorin** *f.*; ~, ~nen pastor
Pate [ˈpaːtə] *m.*; ~n, ~n (Taufzeuge) godparent; (Patenonkel) godfather; (Patin) godmother
Paten-: ~kind *n.* godchild; ~onkel *m.* sieh Pate
Patenschaft *f.*; ~, ~en godparenthood; (finanziell) sponsorship
patent [paˈtænt] *(bildlich) Adj./Adv.* ingenious(-ly); clever(-ly)
Patent *n.*; ~[e], ~e a) (Schutz) patent; b) (Erfindung) (patented) invention
patentieren *tr. V.* patent; sich (*Dat.*) eine Erfindung ~ lassen have an invention patented
Pater [ˈpaːtɐ] *m.*; ~s, ~ oder Patres [ˈpaːtreːs] (kath. Kirche) Father
pathetisch [paˈteːtɪʃ] *Adj./Adv.* emotional(-ly); melodramatic(-ally)
pathologisch *Adj./Adv.* pathological(-ly)
Pathos [ˈpaːtɔs] *n.*; ~ (passionate) emotional; ein unechtes ~: false pathos
Patient [paˈtsɪænt] *m.*; ~en, ~en, Patientin *f.*; ~, ~nen patient
Patin *f.*; ~, ~nen siehe Pate
Patriarch [patriˈarç] *m.*; ~en, ~en patriarch
patriarchalisch 1. *Adv.* in a

patriarchal or (fig.) authoritarian manner 2. *Adj.* patriarchal; (bildlich: autoritär) authoritarian
Patriot [patrɪ'oːt] *m.*; ~en, ~en, Patriotin *f.*; ~, ~nen patriot
patriotisch *Adj./Adv.* patriotic(-ally)
Patriotismus *m.*; ~: patriotism usu. no def. art.
Patrone [pa'troːnə] *f.*; ~, ~n cartridge
Patrouille [pa'truljə] *f.*; ~, ~n patrol
Patsche ['patʃə] *f.*; ~, ~n (Bedrängnis) scrape; jam; in der ~ sitzen be in a tight corner; jmdm. aus der ~ helfen help sb. out of a scrape
Patt *n.*; ~s, ~s stalemate
Pauke ['paukə] *f.*; ~, ~n kettledrum; auf die ~ hauen *(bildlich)* (feiern) paint the town red
pauken 1. *tr. V. (bildlich)* swot up (Brit. sl.), bone up on (Amer. *ugs.*). 2. *itr. V. (ugs.)* (fürs Examen) cram *(ugs.)*; grind
pauschal [pau'ʃaːl] 1. *Adv.* a) overall, all in all; in a lump sum; b) (verallgemeinernd) general 2. *Adj.* a) all inclusive; b) (verallgemeinernd) sweeping; indiscriminate
Pauschale *f.*; ~, ~n Pauschalien ['ʃaːlɪən] lump sum
Pause ['pauzə] *f.*; ~, ~n a) (Unterbrechung) break; (Ruhe~) rest; (Theater) interval (Brit.); intermission (Amer.); (Kino) intermission; (Sport) half-time interval; b) (Musik) rest
pausen·los *Adj./Adv.*; *nicht präd.*; incessant(-ly); continuous(-ly)
Pavillon ['pavɪljɔn] *m.*; ~s, ~s pavilion
Pazifik [pa'tsiːfɪk] *m.*; ~s pacific
pazifisch *Adj.* pacific; der Pazifische Ozean the Pacific Ocean

Pazifismus *m.*; ~: pacifism no art.
Pazifist *m.*; ~en, ~en, **Pazifistin** *f.*; ~, ~nen, **pazifistisch** *Adj.* pacifist
Pech [pɫç] *n.*; ~[e]s, ~e a) pitch; b) *o. Pl.* (Unglück) bad luck
Pedal [pe'daːl] *n.*; ~s, ~e pedal
pedantisch *Adj./Adv.* pedantic(-ally)
peinlich 1. *Adv.* a) (von etw.) ~ berührt sein be embarrassed (by sth.); b) ~ genau scrupulously; meticulously. 2. *Adj.* a) embarrassing; awkward; es ist mir sehr ~: I feel embarrassed about it; b) (übertrieben, pedantisch) meticulous; scrupulous
Peinlichkeit *f.*; ~ embarrassment
Peitsche ['paɪtʃə] *f.*; ~, ~n whip; mit der ~ knallen crack the whip
Pekinese [peki'neːzə] *m.*; ~n, ~n pekinese
Pelikan ['peːlɪkaːn] *m.*; ~s, ~e pelican
Pelz [pɛlts] *m.*; ~es, ~e a) fur; coat; (des toten Tieres) skin; pelt; b) fur; (~mantel) fur coat;
pelzig *Adj.* a) furry; downy
Pendel ['pɛndl̩] *n.*; ~s, ~: pendulum
pendeln *itr. V.* a) (hin u. her schwingen) swing (to and fro); b) *mit sein* (hin- u. herfahren) commute
penetrant [pene'trant] *(derogativ) Adj./Adv.* a) (durchdringend) pungent(-ly); b) (aufdringlich) overbearing(-ly); obtrusive(-ly)
penibel [pe'niːbl̩] *Adj./Adv.* painstaking(-ly); over meticulous(-ly); pedantic(-ally)
Penis ['peːnɪs] *m.*; ~, ~se penis
Penizillin [penɪtsɪ'liːn] *n.*; ~s, ~e penicillin
pennen *itr. V.* (salopp) a)

(schlafen) kip *(sl.)*; b) (hig.: nicht aufpassen) be half asleep
Penner *m.*; ~s, ~, **Pennerin** *f.*; ~, ~nen (salopp *derogativ*) (Stadtstreicher) tramp (Brit.) hobo (Amer.)
Pension [p'zioːn] *f.*; ~, ~en a) *o. Pl.* (Ruhestand) (vorzeitig) in ~ gehen retire (early); in ~ sein be retired; b) (Ruhegehalt) (retirement) pension; c) (Unterkunft, Gästehaus) guesthouse; (auf dem Kontinent) pension
Pensionär [pɑ̃zio'nɛːɐ̯] *m.*; ~s, ~e, Pensionärin *f.*; ~, ~nen Rentner pensioner
Pensionat [pzio'naːt] *n.*; ~[e]s, ~e (veralt.) boarding-school (esp. for girls)
pensionieren *tr. V.* pension of; retire
Pensionierung *f.*; ~, ~en retirement
Pensum ['pɛnzʊm] *n.*; ~s, Pensen (Arbeit) amount of work; work quota
per [pɛr] *Präp. mit Akk.* (pro) per
perfekt [pɛr'fɛkt] 1. *Adv.* a) (hervorragend) outstandingly well; (vollkommen) perfectly; b) *(ugs.:* vollständig) good and proper *(ugs.)* 2. *Adj.* a) (hervorragend) excellent; first rate; (vollkommen) perfect; (Sprache usw.) faultless; b) *nicht attr.* (salopp: vollendet) finished; concluded
Perfekt ['pɛrfɛkt] *n.*; ~s, ~e perfect (tense)
Perfektionismus *m.*; ~, **perfektionistisch** *Adj.* perfectionist
perforieren *tr. V.* (Technik) perforate
Pergament [pɛrga'mɛnt] *n.*; ~(e)s, ~e parchment
Periode [pe'rioːdə] *f.*; ~, ~n a) period; (Menstruation) (menstrual) period; menstruation
periodisch *Adj./Adv.* regu-

lar(-ly); at regular intervals
Perle ['pærlə] *f.*; ~, ~n a) pearl; b) (aus Holz, Glas o.ä.) bead
Perlen-: ~kette *f.* string of pearls; pearl necklace; (mit Holzperlen usw.) string of beads; bead necklace
permanent [pærma'nænt] *Adj./Adv.* permanent(-ly); constant(-ly)
Perser ['pærzɐ] *m.*; ~s, ~ a) Persian; b) siehe Perserteppich
Perserin *f.*; ~, ~nen Persian
Perser·teppich *m.* Persian carpet; (kleiner) Persian rug
Persien ['pærziən] (*n.*); ~s Persia
Persiflage [pærzɪ'flɑ:ʒə] *f.*; ~, ~n persiflage; satire (auf jmdn./etw. of sb./sth.)
persisch *Adj.* persian; siehe auch deutsch; Deutsch
Person [pær'zo:n] *f.*; ~, ~en a) person; ~en (als Gruppe) people; in (eigener) ~: the minister in person; sie ist die Geduld in ~: she is patience personified or itself; Angaben zur ~ machen give one's personal details; b) (im Film usw.) character
Personal [pærzo'nɑ:l] *n.*; ~s (in einem Betrieb o.ä.) staff
Personalien [pærzo'nɑ:liən] *Pl.* personal details or particulars
persönlich [pær'zœ:nlɪç] 1. *Adv.* personally; etw. ~ nehmen take sth. personally. 2. *Adj.* personal; ~ werden get personal
Persönlichkeit *f.*; ~, ~en personality
Perspektive [pærspæk'ti:və] *f.*; ~, ~n perspective; (Standpunkt) angle; viewpoint; (Zukunftsaussicht) prospect; aus ihrer ~ from her point of view
Peru [pe'ru:] *n.*; ~s Peru
Peruaner [pe'ruɑ:nɐ] *m.*; ~s, ~ Peruvian
Perücke [pæ'rʏkə] *f.*; ~, ~n wig
pervers [pær'værs] (*derogativ*) 1. *Adv.* ~ veranlagt sein be of a perverted disposition. 2. *Adj.* perverted; (fig.: gegen jede Vernunft) perverse
Pessimismus [pæsɪ'mɪsmʊs] *m.*; ~: pessimism
Pessimist *m.*; ~en, ~en,
Pessimistin *f.*; ~, ~nen,
pessimistisch *Adj./Adv.* pessimistic(-ally)
Pest [pæst] *f.*; ~: plague
Petersilie [pete'zi:liə] *f.*; ~: parsley
Petroleum [pe'tro:leum] *n.*; ~s parafin (Brit.); kerosene (Amer.)
Pfad [pfɑ:t] *m.*; ~(e), ~e path
Pfahl [pfɑ:l] *m.*; ~(e)s, Pfähle ['pfæ:lə] post; stake; (Bauw.: Stütze für Gebäude) pile
Pfand [pfant] *n.*; ~(e)s, Pfänder ['pfændɐ] a) security; pledge; b) deposit (auf + *Dat.* on)
pfänden ['pfændn] *tr. V.* distrain (upon) sth.; take sth. in execution
Pfändung *f.*; ~, ~en seizure; distraint (Law)
Pfanne ['pfanə] *f.*; ~, ~n (frying) pan; sich (*Dat.*) ein paar Eier in die ~ hauen (salopp) fry (up) some eggs
Pfann·kuchen *m.* a) pancake; b) (Berliner ~) doughnut
Pfarr·amt *n.* a) parish office; b) (Stellung) pastorate
Pfarrer ['pfarɐ] *m.*; ~s, ~ (katholisch) parish priest; (evangelisch) pastor; (anglikanisch) vicar; (von Freikirchen) minister
Pfarr·haus *n.* vicarage; (katholisch) presbytery
Pfau [pfau] *m.*; ~(e)s, ~en (österr. auch) ~en, ~e peacock
Pfeffer ['pfæfɐ] *m.*; ~s, ~ pepper
Pfefferminz ['pfæfɐmɪnts] *o. Art.*, indekl. peppermint
Pfefferminz·tee *m.* peppermint tea
Pfeife ['pfeɪfə] *f.*; ~, ~n a) (Tabak~) pipe; ~ rauchen (einmal) smoke a pipe; (oft) be a pipe-smoker; b) (Musikinstrument) pipe; (Triller~, an einer Maschine usw.) whistle
pfeifen 1. *unr. itr. V.* a) whistle; (bird) sing; pipe; b) (auf einer Trillerpfeife) blow one's whistle; (Sport: als Schiedsrichter fungieren) act as referee
Pfeil [pfaɪl] *m.*; ~[e]s, ~e arrow
Pfeiler *m.*; ~s, ~: pillar; (Brücken~) pier
Pfennig ['pfænɪç] *m.*; ~s, ~e pfennig
Pferd [pfæɐ̯t] *n.*; ~[e]s, ~e a) horse; aufs/vom ~ steigen mount/ dismount; b) (Schachfigur) knight
Pfifferling ['pfɪfɐlɪŋ] *m.*; ~s, ~e chanterelle; keinen ~ für etw. geben not give a tuppence for sth.
pfiffig *Adj./Adv.* smart(-ly); bright(-ly), clever(-ly)
Pfingsten ['pfɪŋstn] *n.*; ~, ~: Whitsunday
Pfirsich ['pfɪrzɪç] *m.*; ~s, ~e peach
Pflanze ['pflantsə] *f.*; ~, ~n plant
pflanzen *tr. V.* plant (in + *Akk.* in)
pflanzlich *Adj.* plant attrib.; (Fett u.a.) vegetable; (vegetarisch) vegetarian
Pflaster ['pflastɐ] *n.*; ~s, ~ a) (Straßen~) road surface; (auf dem Gehsteig) pavement; b) (Wund~) sticking-plaster
Pflaster·stein *m.* paving-stone; (Kopfstein) cobblestone
Pflaume ['pflaumə] *f.*; ~,

Pflege

~n a) plum; b) (bildlich *derogativ*: Versager) dead loss (*ugs.*)
Pflege ['pfle:gə] *f.*; ~: care; (von Geräten) maintenance; (bildlich: von Interessen u.a.) cultivation; ein Kind in ~ (Akk.) nehmen (als Pflegeeltern) foster a child; ein Kind bei jmdm. in ~ (Akk.) geben (bei Pflegeeltern) have a child fostered by sb.
pflegen 1. *tr. V.* look after; care for; take care of; look after, maintain; cultivate. 2. *itr. V.*; mit *Inf.* + zu etw. zu tun ~: be in the habit of doing sth.; usually do sth.; ...,wie er zu sagen pflegt/pflegte ..., as he is wont to say/as he used to say. 3. *refl. V.* take care of oneself; (gesundheitlich) look after oneself; siehe auch gepflegt
Pfleger *m.*; ~s, ~, **Pflegerin** *f.*; ~, ~nen a) (Kranken~) nurse; b) (Tier~) keeper
Pflicht [pflɪçt] *f.*; ~, ~en duty
pflücken ['pflʏkn] *tr. V.* pick
Pflug [pflu:k] *m.*; ~[e]s, Pflüge ['pfly:gə], **pflügen** ['pfly:gn] tr., *itr. V.* plough
Pforte ['pfɔrtə] *f.*; ~, ~n (Tor) gate; (Tür) door; (Eingang) entrance
Pförtner ['pfœrtnɐ] *m.*; ~s, ~ porter; (eines Wohnblocks, Büros) door-keeper
Pfosten ['pfɔstn] *m.*; ~s, ~ a) post; b) (Sport: Tor~) (goal)]post
Pfote ['pfo:tə] *f.*; ~, ~n paw (auch bildlich: Hand)
pfropfen *tr. V.* (salopp) cram; stuff
Pfropfen *m.* (für Flaschen) stopper; (Korken) cork; (Stöpsel) plug
Pfund [pfʊnt] *n.*; ~[e]s, ~e (bei Maßangaben ungebeugt) a) (Gewicht) pound; b) (Währungseinheit) pound

pfuschen *itr. V.* (salopp *derogativ*) botch things
Pfütze ['pfʏtsə] *f.*; ~, ~n puddle
Phänomen [fæno'me:n] *n.*; ~s, ~e phenomenon
phänomenal [fænome'na:l] *Adj./Adv.* phenomenal(-ly)
Phantom [fan'to:m] *n.*; ~s, ~e phantom; illusion
pharmazeutisch *Adj./Adv.* pharmaceutical(-ly)
Pharmazie [farma'tsi:] *f.*; ~: pharmaceutics *sing.*, *no art.*; pharmaceutical chemistry *no art.*
Phase ['fa:zə] *f.*; ~, ~n phase
Philharmonie [fɪlharmo'ni:] *f.*; ~, ~n a) (Orchester) philharmonic (orchestra); b) (Gebäude, Saal) concert hall
Philharmoniker [fɪlhar'mo:nɪkɐ] *m.*; ~s, ~: member of the philharmonic orchestra
Philippinen *f.* [fɪlɪ'pi:nən] *Pl.* Philippines
Philologie *f.*; ~, ~n study of language and literature; philology *no art.* (Amer.)
Philosoph [fɪlo'zo:f] *m.*; ~en, ~en philosopher
Philosophie *f.*; ~, ~n philosophy
Philosophin *f.*; ~, ~nen philosopher
philosophisch *Adj./Adv.* philosophical(-ly)
phlegmatisch [flæg'ma:tɪʃ] *Adj./Adv.* phlegmatic(-ally)
Phosphat [fɔs'fa:t] *n.*; ~[e]s, ~e (Chemie) phosphate
Phosphor ['fɔsfɔr] *m.*; ~s phosphorus
Photo ['fo:to] *n.*; ~s, ~s siehe Foto
Phrase ['fra:zə] *f.*; ~, ~n (*derogativ*) (empty) phrase; cliche
Physik [fy'zi:k] *f.*; ~: physics *sing.*, *no art.*

physikalisch [fyzɪ'ka:lɪʃ] 1. *Adv.* in terms of physics, with physical rules. 2. *Adj.* physics attrib.; physical
Physiker *m.*; ~s, ~, Physikerin *f.*; ~, ~nen physicist
physisch *Adj./Adv.* physical(-ly)
Pianist [pɪa'nɪst] *m.*; ~en, ~en, Pianistin *f.*; ~, ~nen pianist
Piano ['pɪa:no] *n.*; ~s, ~s piano
Pickel ['pɪkl] *m.*; ~s, ~ pimple
Picknick ['pɪknɪk] *n.*; ~s, ~e oder ~s picnic; ~ machen have a picnic
picknicken *itr. V.* picnic
pietät·los *Adj./Adv.* irreverent(-ly)
Pik *n.*; ~[s], ~[s] (Kartenspiel) a) (Farbe) spades *pl.*
pikiert [pɪ'ki:ɐ̯t] *Adj.* piqued; nettled
Pikkolo·flöte *f.* piccolo
pilgern *itr. V.* (auch bildlich) go on or make a pilgrimage
Pille ['pɪlə] *f.*; ~, ~n pill (auch: Antibabypille)
Pilot [pɪ'lo:t] *m.*; ~en, ~en pilot
Pils [pɪls] *n.*; ~, ~: Pils
Pilz [pɪlts] *m.*; ~es, ~e fungus; (Speise~, auch bildlich) mushroom
Pimmel ['pɪml] *m.*; ~s, ~ (salopp) willy (*sl.*); dick
Pinguin ['pɪŋguiːn] *m.*; ~s, ~e penguin
Pinie ['pi:nɪə] *f.*; ~, ~n pine
pinkeln *itr.* (auch tr.) V. (salopp) pee (*ugs.*)
Pinn·wand *f.* pin-board
Pinsel ['pɪnzl] *m.*; ~s, ~ brush; (Mal~) paintbrush
Pinzette [pɪn'tsætə] *f.*; ~, ~n tweezers *pl.*
Pionier [pɪo'ni:ɐ̯] *m.*; ~s, ~e (bildlich: Wegbereiter) pioneer
Pipi [pɪ'pi:] *n.*; ~s (Kindersprache) ~ machen do wee-wees (*sl.*)
Pirat [pɪ'ra:t] *m.*; ~en, ~en

pirate
Pisse ['pɪsə] *f.;* ~ (grob) piss
pissen *itr.* (auch *tr.*) *V.* (grob) piss
Pistazie [pɪs'taːtsɪə] *f.;* ~, ~n pistachio
Piste ['pɪstə] *f.;* ~, ~n (Skisport) piste; ski-run
Pistole [pɪs'toːlə] *f.;* ~, ~n pistol; gun
Pizza ['pɪtsa] *f.;* ~, ~s oder Pizzen pizza
Pizzeria [pɪtseˈriːa] *f.;* ~, ~s oder Pizzerien pizzeria
plädieren [plɛˈdiːrən] *itr. V.* (Justiz) plead (auf + Akk., für for); (fig.) argue (für for)
Plage ['plaːgə] *f.;* ~, ~n (salopp: Mühe) bother; trouble
plagen 1. *refl. V.* (sich abmühen) slave away. 2. *tr. V.* a) torment; plague
Plagiat [plaˈgɪaːt] *n.;* ~[e]s, ~e plagiarism *no art.*
Plakat [plaˈkaːt] *n.;* ~[e]s, ~e poster
Plan *m.;* ~[e]s, Pläne ['plɛːnə] a) (Karte) map; (Stadt~) (street) plan b) plan; nach ~ verlaufen go according to plan
planen *tr., itr. V.* plan
Planet [plaˈneːt] *m.;* ~en, ~en planet
Planung *f.;* ~, ~en a) planning; bei der ~: at the planning stage; b) (Plan) plan
plärren ['plɛːrən] *itr. V.* bawl; yell; (salopp: weinen) wail
Plasma ['plasma] *n.;* ~s, Plasmen (Medizin., Physik) plasma
Plastik ['plastɪk] *f.;* ~, ~en (Kunst) sculpture
Plastik *n.;* ~s plastic
plastisch *Adv.* (bildlich) sich (*Dat.*) etw. ~ vorstellen können have a clear picture of sth. (in one's imagination). 2. *Adj.* a) (dreidimensional) three-dimensional; b) (fig.: anschaulich) vivid; c) (Medizin.) plastic

platsch [platʃ] *Interj.* splash
plätschern ['plɛtʃən] *itr. V.* splash; (rain) patter; (stream) burble
platt [plat] *Adj.* a) (flach) (auch Reifen) flat; b) (banal) dull
Platt *n.;* ~[s] (local) Low German dialect; (allgemein: Niederdeutsch) Low German
Platte *f.;* ~, ~n a) (Stein~) slab; (Metall~) plate; sheet; (Glas~) slide; (Tisch~) tabletop; (Span~, Hartfaser- usw.) board; (Styropor- usw.) sheet; slab; b) (Schall~) record
Platz [plats] *m.;* ~es, Plätze ['plɛtsə] a) (freie Fläche) space; area; (Veranstaltungs~; Bau- usw.) site; b) (Stelle) place; spot;c) (Sitz~, auch Theater usw.) seat; (Teilnahmemöglichkeit) place; ~ nehmen sit down; nehmen Sie ~! take a seat; (Sport: Plazierung) place; den zweiten ~ belegen come second; d) (Ort) place; locality; e) (Sport~) ground; (Tennis~ usw.) court; f) *o. Pl.* (Raum) space; room; es ist kein Platz mehr there is no room left; (jmdm.) ~ machen make room (for sb.)
Plätzchen ['plɛtsçən] *n.;* ~s, ~ (Keks) biscuit (Brit.); cookie (Amer.)
platzen *itr. V.;* *mit sein* burst; (explodieren) explode
plaudern ['plaudən] *itr. V.* chat (über + Akk., von about)
plausibel [plauˈziːbl] *Adj./Adv.* plausible/-ly
Playback ['pleɪbæk] *n.;* ~s, ~s playback
pleite ['plaɪtə] (salopp) in ~ sein/gehen be/go broke (*ugs.*)
Pleite *f.;* ~, ~n (salopp) a) (Mißerfolg) flop (*sl.*); washout (*sl.*); b) bankruptcy no

def. art.; vor der ~ stehen be faced with bankruptcy; ~ machen go broke (*ugs.*)
Plexi·glas ['plɛksɪglaːs] *n.;* *o. Pl.* Perspex (P)
Plombe ['plɔmbə] *f.;* ~, ~n filling
plötzlich ['plœtslɪç] *Adj./Adv.* sudden(-ly)
plump [plʊmp] 1. *Adv.* a) (schwerfällig) clumsily; awkwardly; b) (*derogativ*: dreist) in an obvious manner 2. *Adj.* a) (dick) plump; massive; (rundlich) bulbous; b) (schwerfällig) awkward, clumsy; c) (*derogativ*: dreist) crude, blatant; (leicht durchschaubar) blatantly obvious; (unbeholfen) clumsy; crude
plumps *Interj.,* **Plumps** *m.;* ~es, ~e , **plumpsen** *itr. V.* bump; thud; (ins Wasser) splash
Plunder *m.;* ~s (salopp *derogativ*) junk; rubbish
plündern ['plʏndən] *itr., tr. V.* loot; plunder
Plünderung *f.;* ~, ~en looting; plundering
Plural ['pluːraːl] *m.;* ~s, ~e a) *o. Pl.* plural; b) (Wort) word in the plural; plural form

plus [plʊs] 1. *Konj.* (Mathematik) plus. 2. *Adv.* a) (Mathematik) plus; b) (Elektrotechnik) positive. 3. *Präp. mit Dat.* (Kaufmannsspr.) plus
Plus *n.;* ~ ~ (Überschuss) surplus; (Gewinn) profit; im ~ sein be in credit
Po *m.;* ~s, ~s (*ugs.*) bottom
pochen ['pɔxn] *itr. V.* a) (meist förmlich: klopfen) knock (gegen at, on); (kräftig) rap; thump; b) (auf etw. bestehen) auf etw. (Akk.) ~: to rely upon one's claims, insist on sth.
Pocken ['pɔkən] *Pl.* smallpox *sing.*
Podium ['poːdɪʊm] *n.;* ~s, Podien podium; (raised)

platform
Poesie [poeˈziː] f.; ~, ~n o. Pl. poetry
poetisch Adj./Adv. poetic(-ally)
Pogrom [poˈgroːm] n. oder m.; ~s, ~e pogrom
Pointe [ˈpoã:tə] f.; ~, ~n (Witz) punch line; (Geschichte) point
Pokal [poˈkaːl] m.; ~s, ~e (Trophäe) cup
Poker [ˈpoːkɐ] n. oder m.; ~s poker
pokern itr. V. play poker; (bildlich) um etw. ~: bid for sth.
Pol [poːl] m.; ~s, ~e pole
Pole m.; ~n, ~n Pole
Polemik [poˈleːmɪk] f.; ~, ~en polemic
polemisch Adj./Adv. polemical(-ly)
Polen n.; ~s Poland
polieren tr. V. polish
Polin f.; ~, ~nen Pole
Politesse [poliˈtɛsə] f.; ~, ~n (woman) traffic warden
Politik [poliˈtiːk] f.; ~, ~en a) o. Pl. politics sing., no art.; b) (eine spezielle ~) policy
Politiker [poˈliːtɪkɐ] m.; ~s, ~, **Politikerin** f.; ~, ~nen politician
politisch Adj./Adv. political(-ly)
Politur [poliˈtuːɐ̯] f.; ~, ~en polish
Polizei [poliˈtsaɪ] f.; ~, ~en a) police pl.; b) o. Pl. (Dienststelle) police station
Polizist [poliˈtsɪst] m.; ~en, ~en, **Polizistin** f.; ~, ~nen policeman/policewoman
polnisch [ˈpɔlnɪʃ] Adj. polish; siehe auch deutsch; Deutsch
Polster [ˈpɔlstɐ] n.; ~s, ~: upholstery no pl., no indef. art.
Polster-möbel Pl. upholstered furniture sing.
Polyester [ˈlˈlæstɐ] m.; ~s, ~ (Chemie) polyester

Pommes frites [pɔmˈfrɪt] Pl. chips pl. (Brit.); french fries pl. (Amer.)
pompös [pɔmˈpœːs] Adj./Adv. pompous(-ly); ostentatious(-ly)
Pony [ˈpɔnɪ] n.; ~s, ~s pony
Pony m.; ~s, ~s (Frisur) fringe
Pop [pɔp] m.; ~[s] pop
Popcorn [ˈpɔpkɔrn] n.; ~s popcorn
populär [popuˈlɛːɐ̯] Adj./Adv. popular(-ly)
Popularität f.; ~: popularity
Pore [ˈpoːrə] f.; ~, ~n pore
Porno [ˈpɔrno] m.; ~s, ~s (salopp) porn(o) (ugs.)
Porno·grafie [graˈfiː] f.; ~, ~n pornography
porno·grafisch Adj./Adv. pornographic(-ally)
Porree [ˈpɔre] m.; ~s, ~s leek
Portemonnaie [pɔrtmɔˈneː] n.; ~s, ~s purse
Portier [pɔrˈtieː] m.; ~s, ~s porter
Portion [pɔrˈtsioːn] f.; ~, ~en portion; (beim Essen) helping
Porto [ˈpɔrto] n.; ~s, ~s postage (für on, for)
Porträt [pɔrˈtrɛː] n. portrait
Portugal [ˈpɔrtugal] (n.); ~s Portugal
Portugiese [pɔrtuˈgiːzə] m.; ~n, ~n, **Portugiesin** f.; ~, ~nen, **portugiesisch** Adj Portuguese
Portwein [ˈpɔrtvaɪn] m. port
Porzellan [pɔrtsɛˈlaːn] n.; ~s porcelain; china
Posaune [poˈzaʊnə] f.; ~, ~n trombone
Pose [ˈpoːzə] f.; ~, ~n pose
Position [poziˈtsioːn] f.; ~, ~en position
positiv [ˈpoːzitiːf] Adj./Adv. positive(-ly)
Posse [ˈpɔsə] f.; ~, ~n farce
Possessiv·pronomen n. (Linguistik) possessive pronoun

Post [pɔst] f.; ~, ~en a) post (Brit.); mail; sie ist oder arbeitet bei der ~: she works for the Post Office; etw. mit der oder per ~ schicken send sth. by post or mail; b) (~amt) post office
Posten [ˈpɔstn] m.; ~s, ~ a) (Wach~) post; sentry; guard; b) (Job, Stellung) post; position; job
Poster [ˈpoːstɐ] n. oder m.; ~s, ~[s] poster
potentiell [pɔtɛnˈtsiɛl] Adj./Adv. potential(-ly)
Potenz [poˈtɛnts] f.; ~, ~en a) o. Pl. potency; b) (Stärke) power
Pracht [praxt] f.; ~: splendour; magnificence
Pracht·exemplar n. (salopp) splendid specimen
prächtig [ˈprɛçtɪç] Adj./Adv. a) (prunkvoll) splendid(-ly); magnificent(-ly); b) (großartig) splendid(-ly); marvellous(-ly)
Prädikat [prɛdiˈkaːt] n.; ~[e]s, ~e a) (Auszeichnung) rating; b) (Linguistik) predicate
Prag [praːk] n.; ~s Prague
prägen [ˈprɛːgn] tr. V. a) emboss; mint, stamp; b) (bildlich: beeinflussen) shape; mould
pragmatisch Adj./Adv. pragmatic(-ally)
prägnant [prɛˈgnant] Adj./Adv. concise(-ly); succinct(-ly)
prahlen [ˈpraːlən] itr. V. boast, brag (mit about)
Praktikant [praktiˈkant] m.; ~en, ~en, **Praktikantin** f.; ~, ~nen a) (in einem Betrieb) student trainee; trainee student; b) (an der Hochschule) physics/chemistry student
Praktikum [ˈpraktikum] n.; ~s, Praktika period of practical instruction or training
praktisch [ˈpraktɪʃ] 1. Adv. a) (auf die Praxis bezogen)

in practice; ~ arbeiten do practical work; b) (wirklich) in practice; c) (geschickt, realistisch) practically; d) (bildlich: so gut wie, quasi) practically; virtually. 2. *Adj.* a) (auf die Paxis bezogen) practical; ~er Arzt general practitioner; b) (wirklich) practical; concrete (example); c) (geschickt, realistisch) practical; d) (nützlich) practical; useful

Praline [pra'liːnə] *f.*; ~, ~n (filled) chocolate

Prämie ['prɛːmiə] *f.*; ~, ~n (Versicherungs~, Leistungs~ usw.) bonus; (Belohnung) reward

präparieren *tr. V.* a) (biologisch, medizinisch: konservieren) preserve; b) (biologisch, anatomisch: zerlegen) dissect

Präsens ['prɛːzæns] *n.*; ~, Präsentia [prɛ'zæntsɪa] present (tense)

präsent [prɛ'zænt] *Adj.* present

präsentieren *tr. V.* a) (anbieten; überreichen) offer; b) (vorlegen) present

Präsident [prɛzɪ'dænt] *m.*; ~en, ~en, **Präsidentin** *f.*; ~, ~nen president

Präsidentschaft *f.*; ~, ~en presidency

Präsidium [prɛ'ziːdɪʊm] *n.*; ~s, Präsidien a) (Vorsitz) chairmanship; b)) (Polizei~) police headquarters *sing.* or *pl.*

Praxis ['praksɪs] *f.*; ~, Praxen a) *o. Pl.* (im Unterschied zur Theorie) practice *no art.*; in der ~: in practice; etw. in die ~ umsetzen put sth. into practice; b) *o. Pl.* (Erfahrung) (practical) experience; c) (Arzt~) practice; d) (Anwalts~) office

präzise [prɛ'tsiːzə] *Adj./Adv.* precise(-ly)

predigen ['preːdɪgn̩] 1. *tr. V.* a) (verkündigen) preach; b) (*ugs.*: auffordern zu) preach. 2. *itr. V.* (Predigt halten) deliver or give a/the sermon

Prediger *m.*; ~s, ~, **Predigerin** *f.*; ~, ~nen preacher

Predigt ['preːdɪçt] *f.*; ~, ~en a) sermon; b) (bildlich: Ermahnung) lecture; jmdm. eine ~ halten lecture sb.

Preis [praɪs] *m.*; ~es, ~e a) (Kauf~) price; zum halben ~ at half-price; um jeden ~ (*bildlich*) at all costs; b) (Gewinn) prize

Preisel·beere ['praɪzl̩beːrə] *f.* cowberry; cranberry (Gastr.)

prekär [pre'kɛːɐ̯] *Adj.* precarious

Prellung *f.*; ~, ~en bruise

Premiere [prə'mɪeːrə] *f.*; ~, ~n (Uraufführung) premiere

Premier- [prə'mɪeː]: ~minister *m.*, ~ministerin *f.* prime minister

Presse ['prɛsə] *f.*; ~, ~n a) press; (für Zitronen) squeezer; b) *o. Pl.* (Zeitungen) press

pressen *tr. V.* a) (drücken) press; b) (auspressen) press; squeeze

Press·luft-: ~hammer *m.* pneumatic or air hammer

Prestige [prɛs'tiːʒə] *n.*; ~s prestige

preußisch ['prɔysɪʃ] *Adj.* Prussian

Priester ['priːstɐ] *m.*; ~s, ~: priest

Priesterin *f.*; ~, ~nen priestess

prima ['priːma] 1. *Adv.* (*ugs.*) great (*ugs.*), fantastic (*ugs.*); es geht mir ~: I feel great (*ugs.*). 2. indekl. *Adj.* (*bildlich*) great (*ugs.*); fantastic

Primel ['priːml̩] *f.*; ~, ~n primula; primrose

primitiv [prɪmi'tiːf] *Adj./Adv.* a) primitive(-ly); b) (schlicht) simple/-ly

Prinz [prɪnts] *m.*; ~en, ~en prince

Prinzessin *f.*; ~, ~nen princess

Prinzip [prɪn'tsiːp] *n.*; ~s, ~ien ['tsiːpɪən] principle; aus/im ~: on/in principle

prinzipiell [prɪntsɪ'pɪɛl] 1. *Adv.* a) (im Prinzip) in principle; b) (aus Prinzip) on principle; as a matter of principle. 2. *Adj.*; *nicht präd.* in principle *postpos.*, not pred.; on principle

Prise ['priːzə] *f.*; ~, ~n pinch

privat [pri'vaːt] 1. *Adv.* privately; in private. 2. *Adj.* private; personal

privatisieren *tr. V.* transfer into private ownership

Privatisierung *f.* privatization

Privileg [privi'leːk] *n.*; ~[e]s, ~ien ['leːgɪən] privilege

pro [proː] *präp.* mit Akk. per; ~ Kopf per head; ~ Stück each; apiece

Probe ['proːbə] *f.*; ~, ~n a) (Prüfung) test; jmdn./etw. auf die ~ stellen put sb./sth. to the test; b) (Muster) sample; c) (Theater~, Orchester~) rehearsal

probe·weise *Adv.* on a trial basis

Probe·zeit *f.* probationary or trial period

probieren *itr.u. tr. V.* a) (versuchen; auch: kosten) try; (have a) go or try

Problem [pro'bleːm] *n.*; ~s, ~e problem

problem·los 1. *Adv.* without any problems 2. *Adj.* problem free

Produkt [pro'dʊkt] *n.*; ~[e]s, ~e product

Produktion [prodʊk'tsioːn] *f.*; ~, ~en production

Produktivität [prodʊktivi'tɛːt] *f.*; ~: productivity

Produzent [produ'tsɛnt] *m.*; ~en, ~en, Produzentin *f.*; ~, ~nen producer

produzieren 1. *tr. V.* a)

professionell

auch itr. (herstellen) produce

professionell [professio:'nɛl] *Adj./Adv.* professional(-ly)

Professor [pro'fɛsɔr] *m.;* ~s, ~en ['so:rən] a) professor

Profil [pro'fi:l] *n.;* ~s, ~e a) (Seitenansicht) profile; im ~: in profile; b) (von Reifen, Sohlen) tread

Profit [pro'fi:t] *m.;* ~[e]s, ~e profit

profitieren *itr. V.* profit (von, bei by)

Prognose [pro'gno:zə] *f.;* ~, ~n (auch Medizi*n.*) prognosis; (Wetter~, Wirtschafts~) forecast

Programm [pro'gram] *n.;* ~s, ~e programme; program (Amer., Computer~); (Sender) channel

progressiv [prɔgrɛ'si:f] *Adj./Adv.* progressive(-ly)

Projekt [pro'jɛkt] *n.;* ~[e]s, ~e project

projizieren [proji'tsi:rən] *tr. V.* (Optik) project

Prolet [pro'le:t] *m.;* ~en, ~en worker; peasant

Proletariat [proleta'ria:t] *n.;* ~[e]s proletariat

Proletarier [prole'ta:riɐ] *m.;* ~s, ~, **proletarisch** *Adj.* proletarian

Promille [pro'milə] *n.;* ~s, ~ (Blutalkoholgehalt) blood alcohol level

Promille·grenze *f.* legal (alcohol) limit

prominent [promi'nɛnt] *Adj.* prominent

Prominente *m./f.; adj. Dekl.* prominent figure

Prominenz [promi'nɛnts] *f.;* ~: prominent figures *pl.*; prominence

Promotion [promo'tsio:n] *f.;* ~, ~en gaining of a/one's doctorate

promovieren [promo'vi:rən] *itr. V.* a) (die Doktorwürde erlangen) gain or obtain a/one's doctorate; b) (eine Dissertation schreiben) do a doctorate (über + Akk. on)

Propaganda [propa'ganda] *f.;* ~: (auch bildlich) propaganda

Propeller [pro'pɛlɐ] *m.;* ~s, ~: propeller; airscrew; prop *(ugs.)*

Prophet [pro'fe:t] *m.;* ~en, ~en prophet

prophetisch *Adj./Adv.* prophetic(-ally)

Proportion [propor'tsio:n] *f.;* ~, ~en proportion

proportional [proportsio'na:l] *Adj./Adv.* proportional(-ly)

Prosa ['pro:za] *f.;* ~: prose

prosit ['pro:zɪt] *Interj.* cheers! your (very good) health!; ~ Neujahr! happy New Year!

Prospekt [pro'spɛkt] *m.* oder (bes. österr.) *n.* ~[e]s, ~e brochure

prost [pro:st] *Interj.* (salopp) cheers (Brit. *ugs.*)

Prostituierte *f./m.; adj. Dekl.* prostitute

Prostitution [prostitu'tsio:n] *f.;* ~: prostitution

Protest [pro'tɛst] *m.;* ~[e]s, ~e protest; ~ gegen etw. einlegen make a protest against sth.; etw. aus ~ tun do sth. as a or in protest

Protestant [protɛs'tant] *m.;* ~en, ~en, **Protestantin** *f.;* ~, ~nen, **protestantisch** *Adj.* Protestant

protestieren *itr. V.* protest (gegen against, about)

Prothese [pro'te:zə] *f.;* ~, ~n a) artificial limb; prosthesis (Medizin); b) (Zahn~) set of dentures; dentures *pl.*

Protokoll [proto'kɔl] *n.;* ~s, ~e transcript; (Ergebnis~) minutes *pl.*

Proto-typ ['pro:toty:p] *m.* (Urbild, Muster) prototype

Provinz [pro'vɪnts] *f.;* ~, ~en a) (Verwaltungsbezirk) province; b) *o. Pl.* (*derogativ:* kulturell rückständige Gegend) provinces *pl.*

provinziell [provɪn'tsiɛl] (meist *derogativ*) *Adj./Adv.* provincial(-ly)

provisorisch [provi'zo:rɪʃ] *Adj./Adv.* provisional(-ly)

Provokation [provoka'tsio:n] *f.;* ~, ~en provocation

provozieren [provo'tsi:rən] *tr. V.* a) (herausfordern) provoke; b) (auslösen) provoke; cause

Prozent [pro'tsɛnt] *n.;* ~[e]s, ~e a) nach Zahlenangaben *Pl.* ungebeugt (Hundertstel) per cent *sing.*; zu 90 ~ 90 per cent; b) *Pl.* (salopp: Gewinnanteil) share of the profits; (Rabatt) discount *sing.*; auf etw. (Akk.) ~e bekommen get a discount on sth.

Prozess [pro'tsɛs] *m.;* Prozesses, Prozesse a) (Entwicklung, Ablauf) process; b) (Jura) trial; jmdm. den ~ machen take sb. to court; einen ~ gewinnen win a case or lawsuit

prüde ['pry:də] *(derogativ) Adj./Adv.* prudish(-ly)

prüfen ['pry:fn] *tr. V.* a) *auch itr.* test (in + Dat. in); (beim Examen) examine (in + Dat. in); b) (untersuchen) examine (auf + Akk. for); check, examine (auf + Akk. for); c) (kontrollieren) check

Prüfer *m.;* ~s, ~, **Prüferin** *f.;* ~, ~nen a) tester; inspector; (Buch~) auditor; b) (im Examen) examine

Prüfung *f.;* ~, ~en a) examination; investigation; (Kontrolle) check; (Test) test; b) (Examen) examination; exam *(ugs.)*

Prügel ['pry:gl] *m.;* ~s, ~ *Pl.* (Schläge) beating *sing.*; (als Strafe für Kinder) hiding *(ugs.)*

prügeln *refl. V.* sich ~: fight (mit jmdm. sb.)

Psalm [psalm] *m.*; ~s, ~en psalm
Pseudonym [psɔydo'nyːm] *n.*; ~s, ~e pseudonym
Psyche ['psyːçə] *f.*; ~, ~n psyche
Psychiater [psy'çiaːtɐ] *m.*; ~s, ~: psychiatrist
Psychiatrie [psyçia'triː] *f.*; ~ a) psychiatry *no art.*; b) (Abteilung) psychiatric ward
psychiatrisch 1. *Adv.* jmdn. ~ behandeln give sb. a psychiatric treatment 2. *Adj.*; *nicht präd.* psychiatric
psychisch *Adj./Adv.* psychological(-ly); mental(-ly)
pubertär [pubɐr'tɪːɐ̯] *Adj.* pubertal
Pubertät [pubær'tæːt] *f.*; ~: puberty
Publikum ['puːblɪkʊm] *n.*; ~s a) (Zuschauer, Zuhörer) audience; (beim Sport) crowd
publikums-, **Publikums-**: **~liebling** *m.* idol of the public; **~wirksam** *Adj.* with public appeal *postpos.*, not-pred.; with a strong appeal; effective
Publizist *m.*; ~en, ~en, **Publizistin** *f.*; ~, ~nen commentator on politics and current affairs; publicist
Pudding ['pʊdɪŋ] *m.*; ~s, ~e oder ~s blancmange
Pudding·pulver *n.* blancmange powder
Pudel ['puːdl̩] *m.*; ~s, ~ poodle
Pudel·mütze *f.* bobble hat

Puder ['puːdɐ] *n.*; ~s, ~: powder
Puder-: **~zucker** *m.* icing sugar (Brit.); confectioners' sugar (Amer.)
Puff *m.* oder *n.*; ~s, ~s (salopp: Bordell) knocking-shop *(sl.)*; brothel
Pullover [pʊ'loːvɐ] *m.*; ~s, ~: pullover; sweater
Puls [pʊls] *m.*; ~es, ~e pulse; jmds. ~ fühlen/messen feel/take sb.'s pulse
Puls·ader *f.* artery
Pulver ['pʊlfɐ] *n.*; ~s, ~powder
pummelig ['pʊməlɪç] *Adj.* (bildlich) podgy; tubby
Pump [pʊmp] *m.*; ~s (salopp) auf ~: on tick *(ugs.)*
Pumpe ['pʊmpə] *f.*; ~, ~n pump
Punkt [pʊŋkt] *m.*; ~[e]s, ~e a) (Tupfen) dot; (größer) spot; b) (Stelle) point; c) (Satzzeichen) full stop; e) (beim Sport) point; (bei einer Prüfung) mark; nach ~en siegen win on points; f) (Element, Aspekt) point; das ist nicht der ~ that is not the point; g) ~ 5 Uhr at 5 o'clock sharp
pünktlich ['pʏŋktlɪç] *Adj./Adv.* punctual(-ly)
Punsch [pʊnʃ] *m.* punch
Pupille [pu'pɪlə] *f.*; ~, ~n pupil
Puppe ['pʊpə] *f.* ~, ~n doll(y); b) (Marionette) puppet (auch bildlich); marionette;
pur [puːɐ̯] *Adj.* a) (rein)

pure; b) (bloß) sheer; pure; c) (unvermischt) neat; straight
Püree [py're:] *n.*; ~s, ~s purée
Puritaner [pʊrɪ'taːnɐ] *m.*; ~s, ~ a) Puritan; b) *(bildlich)* puritan
puritanisch *Adj.* a) Puritan; b) *(bildlich)* puritanical
Purpur ['pʊrpʊr] *m.*; ~s crimson
Purzel·baum *f. (bildlich)* somersault; einen ~ machen oder schlagen do or turn a somersault
pusten *(bildlich) itr. V.* a) blow; b) (keuchen) puff; pant
Pute ['puːtə] *f.*; ~, ~n turkey hen; (als Braten) turkey
Putsch [pʊtʃ] *m.*; ~[e]s, ~e coup (d'État)
Putsch·versuch *m.* attempted putsch or coup
Putz [pʊts] *m.*; ~es plaster; (Rauh~) roughcast; (für Außenmauern) rendering
putzen *tr. V.* (säubern) clean; (sich) die Zähne, die Nase ~: clean one's teeth/blow one's nose
Puzzle ['pazl̩] *n.*; ~s, ~s,
Puzzlespiel *n.* jigsaw (puzzle)
Pyjama [py'dʒaːma] *m.* (österr., schweiz. auch: das); ~s, ~s pyjamas *pl.*
Pyramide [pyra'miːdə] *f.*; ~, ~n pyramid
Pyrenäen [pyre'næːən] *Pl. f.* ~: the Pyrenees

Q

q, Q [kuː] *n.;* ~, ~: q/Q
Quadrat [kvaˈdraːt] *n.;* ~[e]s, ~e (Geometrie, Mathematik) square; 5 im oder zum ~: 5 squared
quadratisch *Adj.* a) square; b) (Mathematik) quadratic
Quadrat·meter *m.* square metre
quaken [ˈkvaːkn̩] *itr. V.* (Ente) quack; (Frosch) croak
Qual [kvaːl] *f.;* ~, ~en a) *o. Pl.* torment; agony *no indef. art.;* ~en pain *sing.*
quälen [ˈkvæːlən] 1. *tr. V.* a) (körperlich, seelisch) torment; maltreat, (foltern) torture; ~d (Gedanke usw.) tormenting. 2. *refl. V.* a) (leiden) suffer; b) (sich abmühen) struggle
Quälerei *f.;* ~, ~en a) torment; (Folter) torture; (Grausamkeit) cruelty; b) *o. Pl.* (bildlich: große Mühe) struggle
Qualifikation [kvalɪfɪkaˈtsi̯oːn] *f.;* ~, ~en a) (Tauglichkeit) capability; b) (Sport) qualification; c) (Ausbildung) qualifications *pl.*
qualifizieren [kvalɪfiˈtsiːrən] *refl. V.* a) gain qualifications, b) (Sport) qualify
Qualität [kvalɪˈtæːt] *f.;* ~, ~en quality
Qualle [ˈkvalə] *f.;* ~, ~n jellyfish
Qualm [kvalm] *m.;* ~[e]s thick smoke
qualmen 1. *itr. V.* give of clouds of (thick) smoke
Quantität [kvantɪˈtæːt] *f.;* ~, ~en quantity; (Zahl) number
quantitativ [kvantɪtaˈtiːf] *Adj./Adv.* quantitative(-ly)
Quark [kvark] *m.;* ~s curd(s *Pl.*)
Quartal [kvarˈtaːl] *n.;* ~s, ~e quarter [of the year]
Quartett [kvarˈtɛt] *n.;* ~[e]s, ~e a) *o. Pl.* (Spiel) card-game in which one tries to get sets of four; Happy Families; b) (Musik) quartet
Quartier [kvarˈtiːɐ̯] *n.;* ~s, ~e accommodation *no indef. art.;* place to stay
quasi [ˈkvaːzi] *Adv.* ~: more or less; (so gut wie) as good as
Quatsch [kvatʃ] *m.;* ~[e]s a) (*ugs.:* Jux) lark *(ugs.);* ~ machen fool around; b) (bildlich *derogativ*) rubbish; nonsense
Quelle [ˈkvælə] *f.;* ~, ~n a) spring; (eines Baches, eines Flusses) source; b) *(bildlich)* source
quengeln [ˈkvæŋln̩] *itr. V.* *(ugs.)* a) whine; grumble; b) (nörgeln) crab
quer (schräg) diagonally; at an angle (zu etw. at an angle to sth.); (der Breite nach) across; ~ durch/ über (+ Akk.) straight through/across
Quere *f.* jmdm. in die ~ kommen oder geraten *(bildlich)* get in sb.'s way *(ugs.)*
quer-, Quer-: ~flöte *f.* transverse flute; ~format *n.* landscape format; ~schnitt *m.* (auch bildlich) crossection; ~schnitts·gelähmt *Adj.* (Medizin) paraplegic; ~straße *f.* intersecting road
quetschen 1. *tr. V.* (drücken, pressen) squeeze, squash (gegen, an + Akk. against, in + Akk. into)
Quetschung *f.;* ~, ~en bruise; contusion (Medizin)
quieksen [ˈkviːksn̩] squeak; squeal
quietschen [ˈkviːtʃn̩] *itr. V.* squeak; screech; *(bildlich)* squeal; shriek
quirlig *Adj.* lively
quitt [kvɪt] *Adj.;* nicht attr. *(ugs.)* quits; mit jmdm. ~ sein be quits or finished with sb.
Quittung *f.;* ~, ~en receipt (für, über + Akk. for)
Quiz [kvɪs] *n.;* ~, ~: quiz
Quote [ˈkvoːtə] *f.;* ~, ~n (Anteil) proportion; (Zahl) number
Quoten·regelung *f.* requirement that women are equally represented

R

r, R, [ær] *n.*; ~, ~: r/
Rabatt [ra'bat] *m.*; ~[e]s, ~e discount
Rabbi ['rabɪ] *m.*; ~[s], ~nen [ra'biːnən] oder ~s, **Rabbiner** [ra'biːnɐ] *m.*; ~s, ~: rabbi
Rabe ['raːbə] *m.*; ~n, ~n raven
raben·schwarz *Adj.* jet-black; raven-black; pitch-black
rabiat [ra'biaːt] *Adj./Adv.* violent(-ly); brutal(-ly); savage(-ly)
Rache ['raxə] *f.*; ~: revenge; (an jmdm.) ~ nehmen take revenge (on sb.); aus ~: in revenge
Rachen ['raxn] *m.*; ~s, ~: throat; pharynx (Anatomie); (bildlich) mouth; maw
rächen ['rɛçn] 1. *refl. V.* a) take one's revenge (an jmdm. on sb.) (für etw. for sth.). 2. *tr. V.* avenge; take revenge on
Rad [raːt] *n.*; ~es, Räder ['rɛːdɐ] a) wheel; b) (Fahr~) bicycle; bike *(ugs.)*; mit dem ~ fahren go by bicycle or *(ugs.)* bike
Radar [ra'daːɐ̯] *m. oder n.*; ~s *(Technik)* radar
radebrechen 1. *tr. V.* Französisch/Deutsch usw. ~: speak broken French/German etc.
radeln ['raːdln] *itr. V.*; mit sein (bildlich, bes. südd.) cycle
radieren [ra'diːrən] *tr. V.* erase
Radier·gummi *m.* rubber
Radieschen [ra'diːsçən] *n.*; ~s, ~: (red) radish
radikal [radɪ'kaːl] 1. *Adv.* radically; (völlig) totally, completely. 2. *Adj.* radical
Radikale *m./f.; adj. Dekl.* radical
Radikalität [radɪkali'tɛːt] *f.*; ~: radicalness; radical nature
Radio ['raːdio] *n.*; ~s, ~s radio; im ~: on the radio; ~ hören listen to the radio
radio-, Radio-: ~aktiv *Adj./Adv.* radioactive(-ly); ~aktiv verseucht contaminated by radioactivity *postpos.*; ~aktivität *f.; o. Pl.* radioactivity; ~sender *m.* radio station; ~wecker *m.* radio alarm clock
Raffinerie [rafinə'riː] *f.*; ~, ~n refinery
raffiniert *Adj./Adv.* a) (gewitzt) cunning, artful; b) (ingenious; sophisticated
ragen ['raːgn] *itr. V.* a) (horizontal) project, stick out (in + Akk. into; über + Akk. over); b) (vertikal) rise (up)
Ragout [ra'guː] *n.*; ~s, ~s ragout
Rahm [raːm] *m.*; ~[e]s cream
Rahmen *m.*; ~s, ~ a) frame; (Zusammenhang) context; im ~ einer Sache (*Gen.*) within the context of sth.; (Grenzen) bounds *pl.*; limits *pl.*; (Kfz-W.: Fahrgestell) chassis; b) (bildlich: Umgebung; Schauplatz) setting
Rakete [ra'keːtə] *f.*; ~, ~n rocket; (Flugkörper) missile
Rampe ['rampə] *f.*; ~, ~n a) (Lade~) platform; b) (schiefe Fläche) ramp; (Auffahrt) drive
Ramsch [ramʃ] *m.*; ~[e]s, ~e (bildlich *derogativ*) trash; junk
ran [ran] *Adv. (bildlich)* a) siehe heran; b) ~ an die Arbeit! come on, get down to work
Rand [rant] *m.*; ~[e]s, Ränder ['rɛndɐ] edge; (Einfassung) border; (Hut~) brim; (Brillen~, Gefäß~) rim; (auf einem Schriftstück) margin; *(bildlich)* etw. am ~e erwähnen mention sth. in passing
randalieren *itr. V.* riot, rampage; (Krach machen) create an uproar
Rang *m.*; ~[e]s, Ränge ['rɛŋə] a) rank; (gesellschaftlicher ~) status; b) (im Theater) circle; erster ~: dress circle; zweiter ~: upper circle; dritter ~: gallery
rangieren [raŋ'ʒiːrən] *itr. V.* be placed; an letzter Stelle/auf Platz zwei ~: be placed last/second
Rang-: ~liste *f.* (Sport) ranking list; ~ordnung *f.* order of precedence; pecking order
ran·halten *unr. ref. V. (ugs.)* get a move on *(ugs.)*; (bei der Arbeit) get stuck in *(ugs.)*
Ranken·gewächs *n.* creeper
ran-: ~lassen *unr. tr. V. (bildlich)*; etw. an sich (Akk.) nicht ~ not let sth. near oneself; lass mich mal ~! let me have a go!
ranzig *Adj.* rancid
rapid [ra'piːt], **rapide** [ra'piːdə] *Adj./Adv.* rapid(-ly)
Raps [raps] *m.*; ~es rape
rar [raːɐ̯] *Adj.* (knapp) scarce; (selten) rare
Rarität [rarɪ'tɛːt] *f.*; ~, ~en rarity
rasant [ra'zant] 1. *Adv.* a) *(bildlich)* (schnell) at terrific speed *(ugs.)*; b) *(bildlich)* (dynamisch) dashingly. 2. *Adj.* a) *(bildlich)* (schnell) tremendously fast *(ugs.)*; racy; b) *(bildlich)* (dynamisch) dynamic, lively; exciting
rasch [raʃ] *Adj./Adv.* quick(-ly); rapid(-ly); swift(-ly); fast

rascheln ['raʃln] *itr. V.* rustle
rasen ['raːzn] *itr. V. mit sein* (bildlich: eilen) dash off; rush; (fahren) race; gegen einen Baum ~: crash into a tree
Rasen *m.;* ~s, ~: grass *no indef. art.*; lawn; grass
Rasen-: ~mäher [mæːɐ] *m.;* ~s, ~: lawn-mower
Rasier·apparat *m.* safety razor; (elektrisch) electric shaver
rasieren [raˈziːrən] *refl. V.* shave
Rasier-: ~klinge *f.* razor-blade; ~wasser *n.* aftershave; ~zeug *n.* shaving things *pl.*
Rasse ['rasə] *f.;* ~, ~n breed; (Menschen~) race
Rassel ['rasl] *f.;* ~, ~n rattle
Rassismus *m.;* ~: racism; racialism
Rassist *m.;* ~en, ~en, **Rassistin** *f.;* ~, ~nen racist; racialist
rassistisch 1. *Adv.* racialistically 2. *Adj.* racist; racialist
Rast [rast] *f.;* ~, ~en rest; ~ machen stop for a break
Rasur [raˈzuːɐ̯] *f.;* ~, ~en shave
Rat [raːt] *m.;* ~[e]s, Räte ['rɛːtə] *o. Pl.* a) (~schlag) advice; b) (Gremium) council
Rate ['raːtə] *f.,* ~, ~n (Teilbetrag) installment; auf ~n on hire purchase
raten *itr., tr. V.* a) (Ratschläge erteilen) advise; jmdm. ~, etw. zu tun advise sb. to do sth.; b) (er~) guess
Rat-: ~geber *m.* guide; ~haus *n.* town hall
Ration [raˈtsi̯oːn] *f.;* ~, ~en ration
rational [ratsi̯oˈnaːl] *Adj./Adv.* rational(-ly)
rationell [ratsi̯oˈnɛl] *Adj./Adv.* efficient(-ly); (wirtschaftlich) economical(-ly)
rat·los 1. *Adj./Adv.* helpless(-ly); ich bin ~ I am at a loss
Ratlosigkeit *f.;* ~: perplexity
Rat·schlag *m.* advice; (Hinweis) tip; ~schläge advice *sing./*tips
Rätsel ['rɛːtsl] *n.;* ~s, ~ a) riddle; (Bilder~, Kreuzwort~ usw.) puzzle; b) (Geheimnis) mystery
rätselhaft *Adj./Adv.* mysterious(-ly)
Ratte ['ratə] *f.;* ~, ~n (auch fig.) rat
Raub [raup] *m.;* ~[e]s a) robbery; b) (Beute) (robber's) loot; stolen goods *pl.*
rauben *tr. V.* steal; jmdm. etw. ~: rob sb. of sth.
Räuber ['rɔybɐ] *m.;* ~s, ~ robber
Raub-: ~mord *m.* murder (an + *Dat.* of) (attended) with robbery; ~tier *n.* predator; ~über·fall *m.* robbery (auf + *Akk.* of)
Rauch [raux] *m.;* ~[e]s smoke
rauchen 1. *itr., tr. V.* smoke; eine ~ *(bildlich)* have a smoke; viel ~: be a heavy smoker; „Rauchen verboten" 'No smoking'
Raucher *m.;* ~s, ~: smoker
Raucher·abteil *n.* smoking compartment
Raucher·husten *m.* smoker's cough
Rauch-: ~verbot *n.* ban on smoking
rauf [rauf] *Adv. (sl.)* up; ~ mit dir! up you go!; siehe auch herauf; hinauf
rauh [rau] 1. *Adv.* a) (Stimme) hoarsely; b) (grob) roughly. 2. *Adj.* a) (bei Oberflächen) rough; b) (Stimme) husky, hoarse; c) (Wetter) harsh, raw
Raum *m.;* ~[e]s, Räume ['rɔymə] a) room; b) *o. Pl.* (Platz) room; space; c) (Mathematik, Philosophie, Astronomie) space
räumen ['rɔymən] *tr. V.* a) clear (away); (Schnee) clear; etw. aus dem Weg ~: clear sth. out of the way; b) (verlassen) leave
Raum~: ~fahrt *f. o. Pl.* space flight; space travel
räumlich *Adj./Adv.* a) spatial(-ly); b) (dreidimensional) threedimensional(-ly)
raum-, Raum-: ~pflegerin *f.* cleaning lady; cleaner; ~schiff *n.* spaceship; ~station *f.* space station
Räumung *f.;* ~, ~en clearing; clearance
Raupe ['raupə] *f.;* ~, ~n caterpillar
raus [raus] *Adv. (bildlich)* out; ~ mit euch! out you go!
Rausch [rauʃ] *m.;* ~[e]s, Räusche ['rɔyʃə] a) (Alkohol~) state of drunkenness; im ~ (while) drunk; b) (Drogen~) drugged state; einen ~ haben be high *(ugs.)*
rauschen *itr. V.* rustle; swish; rush
Rausch·gift *n.* drug; narcotic; ~ nehmen take drugs; be on drugs
raus-: ~kriegen *tr. V. (herausfinden)* get/find out (aus of)
räuspern ['rɔyspɐn] *refl. V.* clear one's throat
raus-: ~schmeißen *unr. tr. V. (bildlich)* chuck *(ugs.)* or sling *(ugs.)* out or away
Reagenz·glas *n.* test-tube
reagieren *itr. V.* (auch Chemie) react (auf + *Akk.* to)
Reaktion [reakˈtsi̯oːn] *f.;* ~, ~en reaction (auf + *Akk.* to)
reaktionär [reaktsi̯oˈnɛːɐ̯] *Adj.* (Politik *derogativ*) reactionary
reaktions-, Reaktions-: ~fähigkeit *f.; o. Pl.* ability to react; jmds. ~fähigkeit überprüfen test sb.'s reactions; ~schnell with quick reactions; ~schnell sein have quick reactions; ~vermögen *n.* siehe ~fähigkeit

Reaktor [re'aktɔr] *m.*; ~s, ~en ['to:rən] reactor
real [re'a:l] *Adj.* real
realisieren [realɪ'zi:rən] *tr. V. (geh.)* realize; put into practice
Realismus *m.*; ~ realism
Realist *m.*; ~en, ~en realist
realistisch *Adj./Adv.* realistic(-ally)
Realität *f.*; ~, ~en reality
Real-: ~schule *f.* secondary modern school (Brit. Hist.); ~schüler *m.* student of a secondary modern school (British)
Rebe ['re:bə] *f.*; ~, ~n a) vine shoot; b) (Weinstock) grape vine
Rebell [re'bɛl] *m.*; ~en, ~en rebel
rebellieren *itr. V.* rebel (gegen against)
Rebellin *f.*; ~, ~nen siehe Rebell
Rebellion [rɛbæ'lɪo:n] *f.*; ~, ~en rebellion
Rechen-: ~aufgabe *f.* arithmetical problem
recherchieren *itr., tr. V.* investigate
rechnen ['rɛçnən] *itr. V.* a) do or make a calculation/-calculations; b) (zählen) reckon; c) auf jmdn./etw. count on sb./sth.; e) mit etw. ~ (etw. einplanen) reckon with sth.
Rechnen *n.*; ~s arithmetic
Rechner *m.*; ~s, ~ (Taschen~) calculator; (Computer) computer
Rechnung *f.*; ~, ~en a) calculation; nach unserer ~ (auch bildlich) according to our calculations; b) (Zahlungsaufforderung) bill; invoice
recht [rɛçt] 1. *Adv.* a) (richtig) correctly; wenn ich es (mir) ~ überlege now that I think of it; b) (geeignet) du kommst gerade ~ you are just in time to ...; c) (wunschgemäß) es allen ~ machen wollen want to please everybody; d) (ziemlich) quite; rather. 2. *Adj.* a) (geeignet) right; b) (richtig) right; das geschieht ihm ~ that serves him right; c) (anständig) right; proper; d) (echt) real; keine ~e Lust haben, etw. zu tun not feel like doing sth.; e) (wunschgemäß) das ist mir ~ that is all right with me
recht... *Adj.* a) right; right(-hand); die ~e Spur the right-hand lane; ~er Hand, auf der ~en Seite on the right-hand side; b) c) (in der Politik) rightwing; d) (Geometrie) ein ~er Winkel a right angle
Recht *n.*; ~[e]s, ~e a) law; das ~ brechen break the law; von ~s wegen by law; b) (Berechtigung) right; have a right to; c) recht haben oder im Recht sein be right
Recht·eck *n.* rectangle
recht·eckig *Adj.* rectangular
rechtfertigen *refl. u. tr.V.* justify (sich oneself) (vor + *Dat.* to)
Recht·fertigung *f.* justification
rechtlich *Adj.* legal(-ly)
rechtmäßig *Adj./Adv.* lawful(-ly); rightful(-ly); (Anspruch usw.) legitimate(-ly)
rechts *Adv.* a) on the right; ~ von jmdm./etw. on or to sb.'s right/on or to the right of sth.; von ~: from the right; nach ~: to the right; sich ~ halten keep to the right; b) (Politik) on the right wing; ~ stehen oder sein be right-wing or on the right
Rechtsprechung *f.*; ~, ~en administration of justice; (Gericht) jurisdiction
recken 1. *refl. V.* stretch oneself. 2. *tr. V.* stretch; den Hals/ Kopf ~: crane one's neck
Recorder [re'kɔrdɐ] *m.*; ~s, ~: recorder
Redakteur [rɛdak'tœ:ɐ] *m.*; ~s, ~e, **Redakteurin** *f.*; ~, ~nen editor
Redaktion [rɛdak'tsɪo:n] *f.*; ~, ~en a) (Redakteure) editorial staff; b) *o. Pl.* (das Redigieren) editing; c) (Büro) editorial department or office/offices *pl.*
Redaktions·schluss *m.* deadline to the press
Rede ['re:də] *f.*; ~, ~n speech; (Ansprache) address; speech; eine ~ halten give or make a speech
Redefreiheit *f.*; *o. Pl.* freedom of speech
reden *itr. V.* a) (sprechen) talk; speak; b) (sich unterhalten) talk; mit jmdn./über jmdn. ~: talk to/ about sb.; wir ~ nicht mehr miteinander we are no longer on speaking terms; mit sich ~ lassen (bei Geschäften) be open to offers; be willing to discuss the
Redens·art *f.* expression; (Sprichwort) saying
Redewendung *f.* idiom; idiomatic expression
redlich 1. *Adv.* a) honestly; du hast es (dir) ~ verdient you thoroughly deserve it; sich ~ bemühen take great pains. 2. *Adj.* honest; upright
red·selig *Adj.* talkative; (geschwätzig) chatty
Red·seligkeit *f.* talkativeness
Reduktion [rɛduk'tsɪo:n] *f.*; ~, ~en reduction
reduzieren [rɛdu'tsi:rən] 2. *tr. V.* reduce (auf + *Akk.* to)
reell [re'ɛl] 1. *Adv.* honestly. 2. *Adj.* honest, straight (person); sound; realistic
Referat [rɛfɛ'ra:t] *n.*; ~[e]s, ~e paper; ein ~ halten give or present a paper
Referendar [rɛfɛræn'da:ɐ]

reflektieren

m.; ~s, ~e, **Referendarin** *f.*; ~, ~nen candidate for a higher civil service

reflektieren [reflæk'tiːrən] 1. *itr. V.* (förmlich: nachdenken) reflect, ponder (über + Akk. (up)on). 2. *tr. V.* a) *auch itr.* (zurückstrahlen) reflect; b) (förmlich: nachdenken über) reflect or ponder (up)on

Reflex [re'flæks] *m.*; ~es, ~e a) (physiologisch) reflex; bedingter ~: conditioned reflex; b) (Licht~) reflection

Reflexion [reflæ'ksi̯oːn] *f.*; ~, ~en reflection

Reformation *f.*; ~ (hist.) Reformation

Reformer *m.*; ~s, ~: reformer

Reform·haus *n.* health-food shop

reformieren *tr. V.* reform

Refrain [rə'frɛ̃ː] *m.*; ~s, ~s chorus; refrain

Regal [re'gaːl] *n.*; ~s, ~e shelf; shelves *pl.*

Regatta [re'gata] *f.*; ~, Regatten (Sport) regatt

rege ['reːɡə] 1. *Adv.* actively. 2. *Adj.* a) (lebhaft) lively; animated; geistig ~: mentally alert or active

Regel ['reːɡl] *f.*; ~, ~n a) rule; b) (Menstruation) (menstrual) period

regeln *tr. V.* a) settle; put in order; etw. durch Gesetz ~: regulate sth. by law; (vereinbaren) arrange

regel·recht *(bildlich)* 1. *Adv.* really; das war ~ chaotisch that was downright chaotic. 2. *Adj.*; *nicht präd.* proper *(ugs.)*; real, absolute; complete, utter; downright

Regelung *f.*; ~, ~en *o. Pl.* settlement;;agreement; arrangement; (Vorschriften) regulation

regel·widrig 1. *Adv.* sich ~ verhalten break the rules. 2. *Adj.* against the rules *postpos.*

regen ['reːɡn̩] *refl. V.* (sich bewegen) move; stir

Regen *m.*; ~s, ~ a) rain; bei strömendem ~: in pouring rain; es wird ~ geben it is going to rain

Regen·bogen *m.* rainbow

Regen·bogen-: ~haut *f.* iris

regenerieren [regenəˈriːrən] *refl. V.* regenerate; (sich erholen) recover

Regie [re'ʒiː] *f.*; ~ direction; bei etw. ~ führen direct sth.; unter der ~ von ...: directed by ...

regieren [re'giːrən] 1. *tr. V.* a) rule; govern; reign over, rule. 2. *itr. V.* rule, reign (über + Akk. over); govern

Regierung *f.*; ~, ~en a) *o. Pl.* a) (Kabinett) government; b) (Herrschaft) rule; an die ~ kommen take office; come into power

Regime [re'ʒiːm] *n.*; ~s, ~ [re'ʒiːmə] *(derogativ)* regime

Region [re'gi̯oːn] *f.*; ~, ~en region

regional [regi̯o'naːl] *Adj./Adv.* regional(-ly); ~ verschieden sein differ from region to region

Regisseur [reʒɪ'sœːɐ̯] *m.*; ~s, ~e, **Regisseurin** *f.*; ~, ~nen director

Register [re'ɡɪstɐ] *n.*; ~s, ~ a) (in Büchern) index; b) (amtliche Liste) register; c) (Orgel~) stop; alle ~ ziehen *(bildlich)* pull out all the stops

registrieren [regɪsˈtriːrən] *tr. V.* a) register; b) (bewusst wahrnehmen) note; register

Reglementierung *f.*; ~, ~en regulation

Regler *m.*; ~s, ~ *(Technik)* regulator

regnen ['reːɡnən] *itr.*, *tr. V.* (unpers.) rain; es regnet it is raining

regnerisch *Adj.* rainy

regulär [regu'lɛːɐ̯] *Adj.* proper; regular; normal, regular

regulieren [reɡuˈliːrən] *tr. V.* regulate

regungs·los *Adj.* motionless

Regungslosigkeit *f.*; ~: motionlessness

Reh [reː] *n.*; ~[e]s, ~e (roe) deer; roe (deer)

Reibe ['raɪbə] *f.*; ~, ~n grater; rasp

reiben *unr. tr. V.* a) rub; sich die Augen ~ rub one's eyes; etw. blank ~: rub sth. until it shines; b) (Käse usw.) grate

reibungs·los *Adj./Adv.* smooth(-ly)

reich [raɪç] *Adj./Adv.* a) (vermögend) rich(-ly); wealthy/-ily; b) (reichlich) rich; abundant; c) (kostbar) costly; rich

-reich rich in ...

Reich *n.*; ~[e]s, ~e a) empire; (König~) kingdom; realm; das Deutsche ~ (historisch) the German Reich or Empire; das Dritte ~ (historisch) the Third Reich; b) *(bildlich)* realm; ins ~ der Vorstellung gehören belong to the realm of fantasy

reichen *itr. V.* a) (aus~) be enough; suffice; jetzt reicht's! that's enough!; danke, das reicht that's enough, thank you; b) (sich erstrecken) reach; extend; bis zu etw. ~: extend as far as sth.

reich·haltig *Adj.* extensive; varied; substantial

reichlich 1. *Adv.* a) amply; plenty of; *(ugs.:* ziemlich, sehr) ~ spät a bit late. 2. *Adj.* large; substantial; ample; good

Reichs·tag *m. o. Pl.* (historisch) Reichstag

Reichtum *m.*; ~s, Reichtümer ['raɪçtyːmɐ] a) *o. Pl.* (auch bildlich) wealth; abundance (an + *Dat.* of); b) *Pl.* (auch bildlich) riches

Reich·weite *f.* reach; range;

in ~ sein be within reach/range

reif [raɪf] *Adj.* ripe; mature (auch: erwachsen); **~ für etw. sein** *(bildlich)* be ready for sth.

-reif ready for …

Reife *f.*; **~** ripeness; (von Menschen, Gedanken) maturity; ~zeugnis: Abitur certificate

reifen *itr. V.; mit sein* ripen

Reifen *m.*; ~s, ~ a) (Sportgerät) hoop; b) (Gummi~) tyre

reiflich *Adj.* careful; **nach ~er Überlegung** after careful consideration

Reihe ['raɪə] *f.*; ~, ~n a) o. Pl. (Reihenfolge) series; **der ~ nach, nach der ~**: in turn; one after the other; **die ~ ist an ihm/ ihr usw., er/sie usw. ist an der ~**: it's his/her etc. turn; b) row; **sich in einer ~ aufstellen** line

reih·um *Adv.* **etw. ~ gehen lassen** pass sth. round

Reim [raɪm] *m.*; ~[e]s, ~e, **reimen** *itr., tr. V.* rhyme

rein [raɪn] *Adv.* siehe herein/hinein

rein 1. *Adv.* purely; **~ zufällig** purely by chance. 2. *Adj.* a) (unvermischt) pure; b) (bloß) pure; sheer; **die ~e Wahrheit** the plain truth; c) (sauber) clean; fresh; pure, clean

rein·hauen 1. *unr. itr. V.* (essen) tuck in *(ugs.)*. 2. *unr. tr. V.* **jmdm. eine ~** *(sl.)* thump sb. *(ugs.)*; slap sb.'s face

Reinheit *f.*; **~** a) purity; b) (Sauberkeit) cleanness; (des Wassers, der Luft)

reinigen ['raɪnɪɡn] *tr. V.* clean; cleanse

Reinigung *f.*; ~, ~en a) cleaning; cleansing; b) (Betrieb) (dry-)cleaner's

Reis [raɪs] *m.*; ~es rice

Reise ['raɪzə] *f.*; ~, ~n journey; (kürzere Fahrt, Geschäfts~) trip; (Ausflug) outing; excursion; trip; (Schiffs~) voyage; **auf ~n sein/gehen** be/go travelling

reisen *itr. V.; mit sein* travel

Reise-: ~pass *m.* passport; ~scheck *m.* traveller's cheque; ~tasche *f.* hold-all; ~verkehr *m.* holiday traffic; ~wecker *m.* travel alarm; ~ziel *n.* destination

reißen ['raɪsn] 1. *unr. itr. V.* a) *mit sein* tear, rip; break, snap; break; b) (ziehen) an etw. (*Dat.*) ~: pull at sth. 2. *unr. tr. V.* a) (ziehen an) pull; b) tear; **jmdm. etw. aus den Händen ~**: snatch or tear sth. from sb.'s hands; c) **etw. an sich ~** *(bildlich)* seize sth.

reißerisch *(derogativ) Adj./Adv.* sensational(-ly)

Reiß-: ~verschluss *m.* zip (fastener); ~wolf *m.* shredder; ~zwecke *f.* drawing-pin (Brit.); thumbtack (Amer.)

reiten ['raɪtn] *unr. itr., tr. V.; meist mit sein* ride

Reiten *n.*; ~s riding *no art.*

Reiter *m.*; ~s, ~, **Reiterin** *f.*; ~, ~nen rider

Reiz [raɪts] *m.*; ~es, ~e a) (Attraktion) attraction; appeal no pl.; (Zauber) charm; b) (physiologisch) stimulus

reizen 1. *itr. V.* a) **das reizt zum Lachen** it makes people laugh; b) (Kartenspiele) bid; **hoch ~** *(bildlich)* play for high stakes. 2. *tr. V.* a) annoy; tease; (stärker) anger; provoke; b) (Interesse erregen bei) **jmdn. ~**: attract sb.; appeal to sb.

reizend *Adj./Adv.* charming(-ly); delightful(-ly); lovely

reiz·voll *Adj.* a) (interessant) attractive; b) (hübsch) charming; delightful

rekapitulieren *tr. V.* recapitulate

rekeln ['reːkln] *refl. V. (sl.)* lounge around; (seine Glieder dehnen) stretch (out)

Reklamation [reklama'tsi̯oːn] *f.*; ~, ~en complaint (wegen about); **spätere ~ ausgeschlossen** money cannot be refunded after purchase

Reklame [re'klaːmə] *f.*; ~, ~n a) (ugs.: Werbung) advertising (Brit. ugs.); publicity; b) (Werbeanzeige) advertisement; ad *(ugs.)*; (Werbespot) commercial

reklamieren 1. *tr. V.* (beanstanden) complain about, make a complaint about (bei to, wegen on account of)

rekonstruieren *tr. V.* reconstruct

Rekonstruktion *f.* reconstruction

Rekord [re'kɔrt] *m.*; ~[e]s, ~e record; **einen ~ aufstellen** set up a record

Rekord- record

Rekord-: ~leistung *f.* record

Rektor ['rɛktɔ] *m.*; ~s, ~en ['toːrən] (Universitäts~) rector; Vice-Chancellor (Brit.); (einer Schule) head(master)

Rektorin *f.*; ~, ~nen a) (einer Schule) head(mistress); b) siehe Rektor

relativ [rela'tiːf] *Adj./Adv.* relative(-ly)

Relativitäts·theorie *f.*; *o. Pl.* (Physik) theory of relativity

Relativ-: ~pronomen *n.* (Sprachw.) relative pronoun; ~satz *m.* (Sprachw.) relative clause

relevant [rele'vant] *Adj.* relevant (für to)

Relief [re'li̯ɛf] *n.*; ~s, ~s oder ~e (bild. Kunst) relief

Religion [reli'ɡi̯oːn] *f.*; ~, ~en a) (auch bildlich) religion; b) *o. Pl.*; *o. Art.* (Unterrichtsfach) religious education

religiös [reli'ɡi̯øːs] 1. *Adv.* in a religious manner; **~ erzogen werden** have a religious upbringing. 2. *Adj.* re-

ligious
Religiosität [relɪgɪoziˈtɛː t] f.; ~: religiousness
Relikt [reˈlɪkt] n.; ~[e], ~e relic
Reling [ˈreːlɪŋ] f.; ~, ~s oder ~e (Seew.) rail
Reliquie [reˈliːkvɪə] f.; ~, ~n (Rel., bes. kath. Kirche) relic
Remis n.; ~ [reˈmiːs̰], ~ [reˈmiːs] oder ~en (Schach) draw
rempeln [ˈrɛmpln] (sl.) push; shove; jostle
Renaissance [rənɛːˈsãːs] f.; ~, ~n a) o. Pl. Renaissance; b) (bildlich) revival; eine ~ erleben enjoy a renaissance
Rendezvous [rdeˈvuː] n.; ~ [ˈvuːs̰], ~ [ˈrdeˈvuːs] rendezvous
rennen [ˈrɛnən] unr. itr. V.; mit sein run; gegen jmdn./etw. ~: run or bang into sb./sth.
Rennen n.; ~s, ~ race; zum ~ gehen (Pferde~) go to the races; (Auto~) go to the racing
renommiert Adj. renowned (wegen for)
renovieren [renoˈviːrən] tr. V. renovate; redecorate
Renovierung f.; ~, ~en renovation; (eines Zimmers, einer Wohnung) redecoration
Rente [ˈrɛntə] f.; ~, ~n pension; auf oder in ~ gehen (bildlich) retire
Renten·alter n. pension age no art.
rentieren [rɛnˈtiːrən] refl. V. be profitable; be worth while
Rentner [ˈrɛntnɐ] m.,~s, ~, **Rentnerin** f.; ~, ~nen pensioner
Reparatur [repa raˈtuːɐ̯] f.; ~, ~en repair (an + Dat. to); in ~ sein being repaired
reparatur-, Reparatur-: ~bedürftig Adj. in need of repair; ~werkstatt f. repair (work)shop; (für Autos) garage
reparieren [repaˈriːrən] tr. V. repair; mend
Repertoire [repɛːˈtvaːɐ̯] n.; ~s, ~s (auch bildlich) repertoire
Report [reˈpɔrt] m.; ~[e]s, ~e, **Reportage** [repɔrˈtaːʒə] f.; ~, ~n report
Reporter [reˈpɔrtɐ] m.; ~s, ~, **Reporterin** f.; ~, ~nen reporter
repräsentativ [reprɛːzɛnta tiːf] Adj. (auch Politik) representative (für of)
repräsentieren [reprɛːzɛnˈtiːrən] tr. V. represent
repressiv [reprɛˈsiːf] Adj./Adv. repressive(-ly)
Reproduktion f. reproduction
reproduzieren tr. V. reproduce
Reptil [rɛpˈtiːl] n.; ~s, ~ien [rɛpˈtiːlɪən] reptile
Republik [repuˈbliːk] f.; ~, ~en republic
Republikaner [republiˈkaːnɐ] m.; ~s, ~ a) republican; b) (Parteimitglied) Republican
republikanisch Adj. republican
Requiem [ˈreːkvɪɛm] n.; ~, ~s requiem
Requisit [rekvɪˈziːt] n.; ~[e]s, ~en a) (Theater) prop (ugs.); property; b) (bildlich) requisite
Reserve [reˈzɛrvə] f.; ~, ~n a) reserve (an + Dat. of); b) (Militär, Sport) reserves pl.
reservieren tr. V. reserve
Reservierung f.; ~, ~en reservation
Reservoir [rezɛrˈvaːɐ̯] n.; ~s, ~e reservoir (an + Dat. of)
Resignation [rezɪgnaˈtsɪoːn] f.; ~, ~en resignation
resignieren [rezɪˈgniːrən] itr. V. give up
resigniert Adj./Adv. resigned(-ly)
resistent [rezɪsˈtɛnt] Adj. (Biologie, Med.) resistant (gegen to)
Resonanz [rezoˈnants] f.; ~, ~en a) (Physik, Musik) resonance; b) (Reaktion) response (auf + Akk. to); ~/keine ~ finden meet with a/no response
Respekt [reˈspɛkt] m.; ~[e]s respect; ~ vor jmdm./etw. haben have respect for sb./sth.
respektieren tr. V. respect
respektlos Adj./Adv. disrespectful(-ly)
Respektlosigkeit f.; ~, ~en a) o. Pl. disrespectfulness; lack of respect; b) (Äußerung) disrespectful remark
respekt·voll Adj./Adv. respectful
Rest [rɛst] m.; ~[e]s, ~e a) rest; b) (Endstück, Stoff~ usw.) remnant
Restaurant [rɛstoˈrãː] n.; ~s, ~s restaurant
restaurieren [rɛstauˈriːrən] tr. V. restore
restlich Adj.; nicht präd. remaining; das ~e Geld the rest of the money
rest·los Adj.; nicht präd. complete(-ly); total(-ly)
Resultat [rezʊlˈtaːt] n.; ~[e]s, ~e result
resultieren [rezʊlˈtiːrən] itr. V. result (aus from)
Retrospektive [retrospɛkˈtiːvə] f.; ~, ~n a) (förmlich) retrospective view; in der ~: in retrospect; b) (Ausstellung) retrospective
retten [ˈrɛtn] 1. refl. V. (fliehen) escape (aus from); sich vor etw. (Dat.) ~: escape (from) sth.. 2. tr. V. save; (vor Gefahr) save; rescue; jmdm. das Leben ~: save sb.'s life
Retter m.; ~s, ~, **Retterin** f.;

~, ~nen rescuer; saviour
Rettich ['rɛtɪç] *m.*; ~s, ~e radish
Rettung *f.* a) rescue; (Rel., eines Landes usw.) salvation; (vor Zerstörung) saving
Reue ['rɔyə] *f.*; ~: remorse (über + Akk. for); (Rel.) repentance
Revanche [reˈvãːʃə] *f.*; ~, ~n revenge
revanchieren *refl. V.* a) get one's revenge, *(ugs.)* get one's own back (bei on); b) (bildlich: sich erkenntlich zeigen) sich bei jmdm. für seine Gastfreundschaft ~: repay sb.'s hospitality
revidieren [reviˈdiːrən] *tr. V.* revise; amend
Revier [reˈviːɐ] *n.*; ~s, ~e a) (Polizei~)(police) station; (Bereich) district; (des einzelnen Polizisten) beat; b) (Jagd~) preserve; shoot; c) *(bei Tieren)* territory
Revolution [revoluˈtsi̯oːn] *f.*; ~, ~en (auch bildlich) revolution
revolutionär [revolutsi̯oˈnɛːɐ̯] 1. *Adv.* in a revolutionary way 2. *Adj.* revolutionary
Revolutionär *m.*; ~s, ~e, **Revolutionärin** *f.*; ~, ~nen revolutionary
revolutionieren *tr. V.* revolutionize
Revolver [reˈvɔlvɐ] *m.*; ~s, ~ revolver
rezensieren *tr. V.* review
Rezension *f.*; ~, ~en review
Rezept [reˈtsɛpt] *n.*; ~[e]s, ~e a) (Medizin) prescription; b) (Koch~) recipe
Rezeption [retsɛpˈtsi̯oːn] *f.*; ~, ~en reception *no art.*
rezeptpflichtig *Adj.* obtainable only on prescription
rezitieren [retsiˈtiːrən] *tr., itr. V.* recite
Rhabarber [raˈbarbɐ] *m.*; ~s rhubarb
Rhapsodie [rapsoˈdiː] *f.*; ~, ~n (Musik) rhapsody

Rhein [raɪn] *m.*; ~[e]s Rhine
rheinisch *Adj.* rhenish
Rhein·land *n.*; ~[e]s Rhineland
rhetorisch *Adj./Adv.* rhetorical(-ly)
Rheuma ['rɔyma] *n.*; ~s *(bildlich)* rheumatism; rheumatics *pl. (ugs.)*
rhythmisch *Adj./Adv.* rhythmic(-ally)
Rhythmus ['rʏtmʊs] *m.*; ~, Rhythmen ['rʏtmən] rhythm
richten ['rɪçtn̩] 1. *itr. V.* (urteilen) judge (über jmdn. ~ sb.). 2. *refl. V.* a) sich gegen jmdn./etw. ~ be aimed or directed at sb./sth.; b) (sich orientieren) sich nach jmdm. ~ conform with the rules/fit in with sb.; sich nach den Vorschriften ~: keep to the rules. 3. *tr. V.* a) direct (auch: einstellen), aim, point (auf + Akk. at, towards)
Richter *m.*; ~s, ~, **Richterin** *f.*; ~, ~nen judge
richtig 1. *Adv.* right; correctly; (ordentlich) properly. 2. *Adj.* a) (zutreffend) right; correct; accurate; das ist genau das ~e für mich that's just right for me; ja ~! yes, that's right; b) (wirklich, echt) real; c) (ordentlich) proper
Richtige *m.*; *adj. Dekl.* sechs ~ im Lotto six right in the lottery
richtig·stellen *tr. V.* correct; ~stellung *f.* correction
Richtlinie *f.* guideline
Richtung *f.*; ~, ~en direction; die ~ ändern change course
riechen ['riːçn̩] 1. *unr. itr. V.* a) smell (nach of); b) smell; an jmdm. ~: smell sth. 2. *unr. tr. V.* a) smell; b) (wittern) scent, pick up the scent of
Riegel ['riːgl̩] *m.*; ~s, ~: a) bolt; b) (Schokoladen~) a bar of chocolate

Riemen ['riːmən] *m.*; ~s, ~ strap; (Gürtel) belt; sich am ~ reißen *(ugs.)* pull oneself together
Riese ['riːzə] *m.*; ~n, ~n giant
riesen- giant; tremendous, terrific
riesen-, **Riesen-**: ~groß *Adj.* enormous; huge; gigantic; ~rad *n.* big wheel
riesig 1. *Adv. (bildlich)* tremendously *(ugs.)*; terribly *(ugs.)*. 2. *Adj.* a) enormous; huge; gigantic; vast; tremendous; terrific *(ugs.)*; b) *(ugs.: großartig)* fabulous *(ugs.)*, tremendous *(ugs.)*
rigoros [rigoˈroːs] *Adj./Adv.* rigorous(-ly)
Rille ['rɪlə] *f.*; ~, ~n groove
Rind [rɪnt] *n.*; ~[e]s, ~er a) (Kuh) cow; (Bulle) bull; ~er cattle *pl.*; vom ~: minced or (Amer.) beef; b) (~fleisch) beef
Rinde *f.*; ~, ~n a) (Baum~) bark; b) (Brot~) crust; (Käse~) rind
Rinder-: ~braten *m.* roast beef *no indef. art.*; ~zucht *f.* cattle-breeding or -rearing *no art.*
Rind·fleisch *n.* beef
Ring [rɪŋ] *m.*; ~[e]s, ~e a) ring; b) (Box~) ring
Ring·buch *n.* ring binder
ringen *unr. tr. V.* wrestle; (bildlich: kämpfen) struggle, fight (um for)
Ringen *n.*; ~s (Sport) wrestling *no art.*
Ringer *m.*; ~s, ~: wrestler
ring-, **Ring-**: ~finger *m.* ring-finger; ~kampf *m.* a) (Sport) wrestling bout
rings·herum *Adv.*, **ringsum**, **-her** *Adv.* all (a)round; everywhere
Rinne ['rɪnə] *f.*; ~, ~n channel; (Dach~, Rinnstein) gutter
Rinn·stein *m.* gutter (auch bildlich)
Rippe ['rɪpə] *f.*; ~, ~n (auch

Rippe

Risiko

Botanik, Technik) rib
Risiko [ˈriːzɪko] *n.*; ~s, Risiken risk; ein/kein ~ eingehen take a risk/not take any risks; auf dein (eigenes) ~: at your own risk
risiko-: ~freudig *Adj.* venturesome
riskant [rɪsˈkant] *Adj./Adv.* risky/-ily
riskieren [rɪsˈkiːrən] *tr. V.* risk; venture; run the risk of
Riss [rɪs] *m.*; Risses, Risse a) (in Stoff, Papier usw.) tear; b) (Spalt, Sprung) crack; (bildlich: Kluft) rift; split
Ritter *m.*; ~s, ~ knight; jmdn. zum ~ schlagen (historisch) knight sb.
Ritual [rɪˈtuaːl] *n.*; ~s, ~e oder Ritualien [lɪən] ritual
rituell [rɪˈtuɛl] (Religion, bildlich) *Adj./Adv.* ritual(-ly)
Ritus [ˈriːtʊs] *m.*; ~, Riten rite
Rivale [rɪˈvaːlə] *m.*; ~n, ~n,
Rivalin *f.*; ~, ~nen rival
Rivalität [rɪvaliˈtɛːt] *f.*; ~, ~en rivalry *no indef. art.*
Roastbeef [ˈroːstbiːf] *n.*; ~s, ~s roast sirloin beef
Robbe [ˈrɔbə] *f.*; ~, ~n seal
Robe [ˈroːbə] *f.*; ~, ~n robe; (schwarz) gown
Roboter [ˈrɔbɔtɐ] *m.*; ~s, ~: robot
robust [roˈbʊst] *Adj.* robust
röcheln [ˈrœçln] *itr. V.* rattle (in one's throat); wheeze
Rock [rɔk] *m.*; ~[e]s, Röcke [ˈrœkə] skirt
Rock *m.*; ~[s] rock (music)
Rocker *m.*; ~s, ~: rocker
Rock·musik *f.* rock music
Rodel·bahn *f.* toboggan-run
rodeln [ˈroːdl̩n] *itr. V.*; *mit sein* sledge; toboggan
Rodeln *n.*; ~s sledging *no art.*; tobogganing *no art.*
roden [ˈroːdn] 1. *itr. V.* clear the land 2. *tr. V.* a) clear
Rogen [ˈroːgn] *m.*; ~s, ~: roe

Roggen [ˈrɔgn] *m.*; ~s rye
Roggen-: ~brot *n.* rye bread; ein ~brot a loaf of rye bread; ~brötchen *n.* rye-bread roll
roh 1. *Adv.* (brutal) brutishly; (grausam) callously; (grob) coarsely; in an uncouth manner 2. *Adj.* a) raw (food); b) (nicht bearbeitet) rough, unfinished; rough, uncut; rough-hewn, undressed; crude; untreated; c) (brutal) brutish; (grob)-coarse, uncouth; brute attrib
Roheit *f.*; ~, ~ a) (Handlung) brutish/callous deed b) *o. Pl.* (Brutalität) brutishness; (Grausamkeit) callousness; (Grobheit) corseness; uncouthness
Roh·kost *f.* raw fruit and vegetables pl
Rohr *n.*; s, ~e a) (Leitungs~) pipe; (als Bauteil) tube; (Geschütz~) barrel
Röhre *f.*; ~, ~n a) (Leitungs~) pipe; c) (eines Ofens) oven; b) (auch Neon~, Bild~. Tabletten~) tube; (Elektronen~) valve (Brit.); tube (Amer.)
röhren *itr. V.* bell
Roh·stoff *m.* raw material
Rolladen *m.*; ~s, Rolläden shutter
Rolle *f.*; ~, ~n a) (Spule) reel; spool; b) (Walze) roller; (Teig~) rollingpin; c) (Rad) wheel; (an Möbeln usw.) castor; d) (Turnen, Kunstflug) roll; e) (zylindrischer Körper; Zusammengerolltes) roll; (Schrift~) scroll; f) (Theater, Film usw., bildlich) role; part; (Soziologie) role
rollen 1. *itr. V.* a) *mit sein* roll; move; taxi; etw. ins Rollen bringen set sth. in motion; get sth. going; (unbeabsichtigt) set sth. moving; b) mit Richtungsangabe *mit sein* rumble. 2. *refl. V.* a) roll; b) curl 3. *tr. V.* roll
Rollen·spiel *n.* (Theater)

role-playing no *pl.*, *no art.*; roleplay no *pl.*, no art
Roman *m.*; ~s, ~e novel;Roman·figur *f.* character from or in a novel
romanisch *Adj.* a) Romance; Latin; b) (der Romanik) Romanesque
Romanistik *f.*; ~: Romance studies *pl.*, *no art.*
Romantik *f.*; ~ a) Romanticism *no art.*; (Epoche) Romantic period b) romanticism
romantisch 1. *Adv.* romantically 2. *Adj.* a) romantic (Literatur, Musik usw.) Romantic
Römer *m.*; ~s, ~, **Römerin** *f.*; ~, ~nen Roman
römisch *Adj.* Roman
Röntgen- x-ray
rosa *indekl. Adj.*, *Adv.* pink
Rose *f.*; ~, ~n rose
Rosine *f.*; ~, ~n raisin; (Korinthe) currant
Rosmarin *m.*; ~s rosemary
Ross *n.*; Rosses, Rosse oder Rösser horse; steed
Rost *m.*; s, ~e a) (Gitter) grating; grid; grate; (Brat~) grill; b) (Bett~) base; frame
Rost *m.*; s rust
rot 1. *Adv.* etw. ~ anstreichen mark sth. in red; ~ anlaufen go red in the face; blush 2. *Adj.* red; a red (Rothaariger) a redhead
Rot *n.*; ~s, ~ red; (Schminke) rouge
Rotation *f.*; ~, ~en rotation
rotieren *itr. V.* a) rotate; b) *(ugs.:* hektisch sein) flap *(ugs.);* get into a flap *(ugs.*
Rötung *f.*; ~, ~en reddening
Rotwein *m.* red wine
Routine *f.*; ~ a) (gewohnheitsmäßiger Ablauf) routine no *def.* art. b) (Erfahrung) experience; (Übung) practice; (Fertigkeit) proficiency; expertise
routine·mäßig 1. *Adv.* as a matter of routine 2. *Adj.* routing

routiniert 1. *Adv.* expertly; skilfully. 2. *Adj.* (gewandt) expert; skilled

Rübe *f.*; ~, ~n a) turnip; rote ~: beetroot; gelbe ~ (südd.) carrot

rüber *Adv. (bildlich)* over

Rubrik *f.*; ~, ~en (Spalte) column; (Zeitungs~) column; section; (Kategorie) category; unter der ~ …: under the heading

Ruck *m.*; s, ~e jerk; sich (*Dat.*) einen ~ geben *(bildlich)* pull oneself together

rücken 1. *itr. V.*; *mit sein* move;2. *tr. V.* move; es ~: move or push it

Rücken *m.*;~s, ~: a) back; ein Stück vom ~ (Rindfleisch) a piece of chine; (Hammel, Reh) a piece of saddle; hinter jmds. ~ (*Dat.*) (fig.) behind sb.'s back; b) (Rückseite) back; rücken-,

Ruck·sack *m.* rucksack; (Touren~) back-pack

rücksichts-, Rücksichts-: ~los 1. *Adv.* a) (schonungslos) ruthlessly; b) inconsiderately; thoughtlessly; (verantwortungslos) recklessly; 2. *Adj.* a) inconsiderate; thoughtless; b) (schonungslos) ruthless **~losigkeit** *f.*; ~, ~en a) lack of consideration; thoughtlessness; (Verantwortungslosigkeit) recklessness; b) (Schonungslosigkeit) ruthlessness; **~voll** 1. *Adv.* considerately; thoughtfully 2. *Adj.* considerate; thoughtful

rüde 1. *Adv.* in an uncouth manner. 2. *Adj.* uncouth; coarse

Ruder *n.*; ~s, ~ a) (Riemen) oar; b) (Steuer~) rudder; (Steuerrad) helm

Ruder·boot *n.* row-boat; rowingboat (Brit.

rudern 1. *tr. V.* row. 2. *itr. V.*; *mit sein* row; mit den Armen ~ *(bildlich)* swing one's arms

rudimentär (Biologie,) 1. *Adv.* in a rudimentary form 2. *Adj.* rudimentary

Ruf *m.*; s, ~e a) (Leumund) reputation; b) call; (Schrei) shout; cry; (Tierlaut) call; c) *o. Pl.* call (nach for

rufen 1. *unr. tr. V.* a) call; (schreien) shout; b) (herbei-) call; jmdn. zu Hilfe ~: call to sb. to help; jmdm./sich (*Dat.*) etw. ins Gedächtnis ~: remind sb. of sth./recall sth. c) (nennen) jmdn. etw. ~: call sb. sth. 2. *unr. itr. V.* call (nach for); (schreien) shout (nach for); call; rügen *tr. V.* reprimand (wegen for); censure

Ruhe *f.*; ~ a) (Ungestörtheit) peace; in ~ in peace ; jmdn. in ~ lassen leave sb. in peace; (weiter protestieren) go on protesting; b) (Unbewegtheit) rest; zur ~ kommen come to rest; c) (Stille) silence; ~ quiet or silence d) (Gelassenheit) calmcomposure; e) (Erholung, das Sichausruhen) rest *no def. art.*

ruhen *itr. V.* a) (aus~) rest; b) (stillstehen) have c) (förmlich: schlafen) sleep; d) im Grabe ~: lie in one's grave; e) (liegen) rest

Ruhm *m.*; s fame; des ~es voll sein be full of praise

rühmen 1. *tr. V.* praise. 2. *refl. V.* sich einer Sache ~ (angeben) boast about something

ruhm·reich 1. *adv.* ~ sein be glorious 2. *Adj.* glorious; celebrated

Rühr·ei *n.* scrambled egg

rühren 1. *tr. V.* a) (um~) stir; (ein~) stir; b) *(bildlich)* move; touch; c) (bewegen) move;2. *itr. V.* a) (um~) stir; in etw. (*Dat.*) ~: stir sth. b) das rührt daher, dass …: that comes from the fact that … 3. *refl. V.* a) (sich bewegen) move

rührig 1. *adv.* actively; (fleißig) busily; industriously 2. *Adj.* active; go ahead; (fleißig) busy; industrious

Rührung *f.*; ~: emotion

Ruin *m.*; ~s ruin

Ruine *f.*; ~, ~n ruin

Rülpser *m.*; ~s, ~ *(ugs.)* belch

Rumänien (*n.*); ~s Romania

Rummel·platz *m.* fairground

Rumpf *m.*; Rümpfe a) trunk; b) (Schiff) hull; c) (Flugzeug) fuselage

rümpfen *tr. V.* wrinkle

Runde *f.*; ~, ~n a) (Sport: Bahnen) lap; eine ~ Skat a round of skat b) (Sport: Durchlauf, Partie; Boxen) round; eine ~ c) (Lage) round d) (Freundeskreis) circle of friends; (in Gesellschaft) in company; e) (Rundgang) round; rund-

Rund·funk *m.* radio

Rundung *f.*; ~, ~en curve; (hervorstehend) curve;

runzeln *tr. V.* knit; (die Stirn verziehen) frown

rupfen *tr. V.* a) (abpflücken) pull up b) (Huhn, Gans) pluck; siehe auch Hühnchen

Ruß *m.*; ~e soot

rußig *Adj.* soot

Russ·land *n.*; ~s Russia

Rüstung *f.*; ~, ~en a) (hist.) suit of armour; b) (Ausrüstung) armament *no art.*; (Waffen) arms *pl.*; weapons *pl.*; in voller ~: in full armour

Rüst·zeug *n.* a) (Ausrüstung) equipment b) (Kenntnisse) requisite, know-how

Rute *f.*;~, ~n (Ast) switch; (Angel~) rod; (zum Schlagen) cane

Rutsch·bahn *f.* slide

rutschen *itr. V.*; *mit sein* slide; slip; (aus~) slip; skid; (nach unten) slip rutschig *Adj.*slippery

rütteln 1. *itr. V.* shake 2. *tr. V.* shake

S

s, S *n.*; ~, ~: s/
Saal *m.*; Säle hall; (Tanz~) ballroom
Saat *f.*; ~, ~en a) (Samenkörner) seed b) (der Weizen) crops *pl.*; c) *o. Pl.* (das Säen) sowing
Sabotage *f.*; ~, ~n sabotage *no art*
sabotieren *tr. V.* sabotage
Sache *f.*; ~, ~n a) (Vorfall) matter; business (esp.) b) *Pl.* things
sachlich 1. *adv.* a) (sachbezogen) factually b) (neutral) objectively; as a matter of fact; (einfach) in a functional style; in a matter-of-fact way; 2. *Adj.* a) *nicht präd.* (sachbezogen) factual; material; b) (neutral) objective; (funktional) functional; matter-of-fact
Sachlichkeit *f.*; ~: objectivity; functionalist
Sach·schaden *m.* damage *no indef. art*
Sachsen *n.*; ~s Saxon
sacht 1. *adv.* gently 2. *Adj.* gentle
Sack *m.*; s, Säcke a) (Hautfalte) bags; b) sack; (Plastik) bag
Sadismus *m.*; ~: sadism *no art*
Sadist *m.*; ~en, ~en, **Sadistin** *f.*; ~, ~nen sadist
säen *tr.* (*auch itr.*) *V.* (auch bildlich) sow
Safe *m.* oder *n.*; ~s, ~s a) safe; b) (Gepäck) safe-deposit box
Saft *m.*; s, Säfte a) juice; b) (sl.: Strom) juice *(sl.)*; c) (in Wanzen) sap
saftig *Adj.* a) *(ugs.)* hefty; steep *(ugs.)*; terrific, big; crude, coarse; strongly-worded; strong, juicy b) juicy; sappy; lush; (bildlich: lebensvoll) lust

saft·los *Adj.* (bildlich) feeble, anodyne
Sage *f.*; ~, ~n legend; (bes. nordische) saga
Säge *f.*; ~, ~n saw
sagen 1. *tr. V.* a) (informieren) jmdm. etw. ~: say sth. to sb.; (zur Mitteilung) tell sb. sth.; die Wahrheit ~: tell the truth; b) (bezeichnen) zu jmdm./etw.: call sb./sth c) say; unter uns gesagt between you and me d) (ausdrücken) say; so kann man es auch ~: you could put it like that e) (der Ansicht sein) say; f) (bedeuten) mean; hat das etwas zu ~? does that mean anything?; g) (befehlen) tell; 2. *itr. V.* wie heißt das? what does one say?; 3. *refl. V.* sich (*Dat.*) etw. ~: say sth. to oneself
sägen 1. *itr. V.* a) (ugs.: schnarchen) snore loudly. 2. *tr. V.* saw; (zersägen) saw up **sagenhaft** *(ugs.)* 1. *adv.* incredibly *(ugs.)* 2. *Adj.* fabulous *(ugs.)*; incredible *(ugs.*
Sahne *f.*; ~: cream
Saison *f.*; ~, ~s season; während/außerhalb der ~: during the season/out of season saison
Sakrament *n.*; s, ~e sacrament
Salbe *f.*; ~, ~n ointment
salben *tr. V.* a) (rel.) anoint b) put ointment on
Salmiakgeist *m.* ammonia; ammonia water
Salon *m.*; ~s, ~s a) (Unternehmen) salon; b) (Gebäude) drawing-room; salon
Salto *m.*; ~s, ~s oder Salti somersault; (Akrobatik) salt
Salz *n.*; ~es, ~e salt
salzen *unr.*, *tr. V.* salt
Samen *m.*; ~s, ~ a) *o. Pl.*

(Sperma) sperm; seme; b) *o. Pl.* (Biologie) seed
sammeln 1. *tr.* (*auch itr.*) *V.* collect; gather, pick; assemble 2. *refl. V.* a) (Konzentration) collect oneself; gather oneself together b) gather
Sammlung *f.*; ~, ~en a) collection; b) ~: composure
Samstag *m.*; s, ~e Saturday
samt 1. *Adv.* without exception. 2. *Präp. mit Dat.* together with
Samt *m.*; s, ~e velvet
Sand *m.*; *nur Sg.* sand
Sänfte *f.*; ~, ~n litter; sedan-chair
Sanftheit *f.*; ~: gentleness; (von Tönen, Lichtstrahlen) softness
Sänger *m.*; ~s, ~: singer
Sanierung *f.*; ~, ~en siehe sanieren; a) restoration to profitability; b) redevelopment
Sanitäter *m.*; ~s, ~ first-aid man; (Notdienst) ambulance man
Sanitäts·wagen *m.* ambulance
sanktionieren *tr. V.* sanction
Sarg *m.*; Särge coffin
Satellit *m.*; ~en, ~en (auch bildlich) satellite
Satiriker *m.*; ~s, ~: satirist
satirisch 1. *adv.* satirically; with a satirical touch 2. *Adj.* satirical
satt 1. *Adj.* a) (eitel) smug, self-satisfied; b) full *pred.*; well-fed; ~ sein be full c) (stark) rich, deep d) jmdn./etw. ~ haben/bekommen *(ugs.)* be/get fed up with sb./sth. *(ugs.)*.
Sattel *m.*; ~s, Sättel saddle
sättigen 1. *itr. V.* be filling. 2. *tr. V.* a) (bildlich) saturate *(geh.)* fill

Saturn *m.*; ~s Saturn *no def. art*
Satz *m.*; ~es, Sätze a) (Sprung) leap; jump; b) (sprachliche Einheit) sentence; (Teil~) clause; briefly; c) (Set) set; g) (Boden~) sediment; (Kaffee~) grounds *pl.*; d) (Musik) movement; e) (Sport) set; game; f) (Gebühren) rate
Satzung *f.*; ~, ~en articles of association *pl.*; statutes pl
Satz·zeichen *n.* (Sprachw.) punctuation mark
sauber 1. *adv.* a) (angemessen) conscientiously; (richtig) fairly; b) (sorgsam) neatly; c) (iron.) nicely b) (ohne Fehler):perfectly or faultlessly. 2. *Adj.* a) clean; b) (angemessen) upstanding; fair; unsullied; ~ bleiben *(ugs.)* keep one's hands clean *(ugs.)*; c) *nicht präd.* (unangemessen) nice, fine (iron.); d) (sorgsam) neat
Sauberkeit *f.*; ~: cleanness; (Körper, Kleidung) cleanliness
sauber·machen 1. *tr. V.* clean. 2. *itr. V.* clean; do the cleaning
Säuberung *f.*; ~, ~en a) *(bildlich)* purging b) cleaning
Saudi-Arabien *n.*; ~s Saudi Arabia
sour:a) nicht attr. *(ugs.)* (ärgerlich) cross, annoyed (auf + Akk. with); b) (anstrengend) hard; difficult; c) sour; tart; pickled; acid(ic)
säuerlich 1. *adv.* (missvergnügt) somewhat sourly. 2. *Adj.* sour
Sauerstoff oxygen
saugen 1. *tr. V.* a) *auch unr.* suck; siehe auch Finger b; b) *auch itr.* (staub~) vacuum; hoover *(ugs.).* 2. *regelm.* (auch *unr.*) *itr. V.* an etw. (*Dat.*) ~: suck sth. 3. *unr. (auch regelm.) refl. V.* sich voll etw. ~: become soaked with sth
säugen *tr. V.* suckle
Säuger *m.*; ~s, ~, Säuge·tier *n.* (Zool.) mammal
saug·fähig *Adj.* absorbent
Säugling *m.*; ~s, ~e baby; infant
Säule *f.*; ~, ~n column; (Architektur) pillar
säumen *tr. V.* hem; (bildlich geh.) line
Säure *f.*; ~, ~n a) acid b) o. Pl. acidity; sharpness
sausen *itr. V.* a) whistle; roar; buzz; b) *mit sein* (fortbewegen) rush; roar; whistle
S-Bahn *f.* city and suburban railway
schaben 1. *tr. V.* a) (säubern) scrape b) (abschälen) scrape; (glatt machen) shave; plane; 2. *itr. V.* scrape; an/auf etw. (*Dat.*) ~: scrape against sth./ scrape sth
schäbig 1. *adv.* b) (schlecht) miserably; ~ entlohnen pay poorly; b) (böse) meanly
Schäbigkeit *f.*; ~ shabbiness; (des Lohns) paltriness c) (alt) shabbily;2. *Adj.* b) (schlecht) pathetic; miserable; b) (böse) shabby; mean c) (alt) shabby
Schablone *f.*; ~, ~n a) in ~n denken (bildlich degoratiy) think in stereotypes; b) pattern
Schach *n.*; ~s, ~s a) (Position) check; b) *o. Pl.* (Spiel) chess
Schachtel *f.*; ~, ~n a) alte ~ (sl. dejoratiy) old bag *(sl.)* b) box; eine ~ Zigaretten a packet or (Amer.) pack of cigarette
schade *Adj.*; *nicht attr.* es ist ~! that's a pity or shame;
Schädel *m.*; ~s, ~ a) (bildlich: Intelligenz) brains b) skull (Kopf)
schaden *itr. V.* jmdm./einer Sache ~: damage or harm sb./sth.
Schaden, -s, Schäden a) disadvantage; ~ erleiden suffer; be adversely affected; b) damage *no pl.*, *no indef. art.*
Schädigung *f.*; ~: damage *no pl., no indef. art. (Gen.* to
Schädlichkeit *f.*; ~: harmfulness
schaffen 1. *unr. tr. V.* a) *auch regelm.* (erzeugen) create; make b) (er~) create; für jmdn./etw. wie geschaffen sein be made or perfect for sb./sth./sth.; 2. *tr. V.* a) *(ugs.)* wear out
Schaffens·kraft *f. o. Pl.* energy for work; (Künstler) creativity; creative power
Schaffner *m.*; ~s ~conductor
Schaffung *f.*; ~: creation
Schal *m.*; ~s, ~s oder ~e scarf
Schalef.; ~, ~n a) shell, skin; b) (Gefäß) bowl; pan
schälen 1. *tr. V.* peel; shell; skin
Schall *m.*; ~s, ~e oder Schälle a) der ~ sound b) sound
schallen *unr. itr. V.* ring out; (nachklingen) resound; echo
schalten 1. *tr. V.* a) connect; b) switch; c) place. 2. *itr. V.* a) switch (auf + Akk. to); change (auf + Akk. to); b) (Fahrzeug) change; c) (ein- bzw. ausschalten) switch, turn (auf + Akk. to)
Schalter *m.*; ~s, ~ a) counter b) (Elektrizität) switch
Schaltung *f.*; ~, ~en a) (Strom) circuit; wiring system b) (Verbindung) link-up; c) (Fahrzeug) manual gear change
Scham *f.*; ~ shame
schämen *refl. V.* be ashamed
schamhaft 1. *adv.* bashfully 2. *Adj.* bashful

scham·los 1. *adv.* a) (gewissenlos) shamelessly; b) (flegelhaft) indecently 2. *Adj.* a) (gewissenlos) shameless; barefaced; b) (flegelhaft) indecent
Scham·losigkeit *f.*; ~, ~en: shamelessness; indecency
Schande *f.*; ~: disgrace; shame
schänden *tr. V.* defile; desecrate, violate
schändlich 1. *adv.* shamefully; disgracefully 2. *Adj.* shameful; disgraceful
Schändlichkeit *f.*; ~, ~en a) (Handlung) shameful action b) *o. Pl.* shamefulness
Schand·tat *f.* disgraceful/abominable deed
scharen 1. *refl. V.* gather. 2. *tr. V.* gather s.o.
scharen·weise *Adv.* in swarms or hordes
scharf 1. *adv.* a) (eilig) fast, sharply; b) shrilly; harshly; bitingly; c) (klar unterscheidend) closely, intently; hard; d) ~ würzen/abschmecken season/flavour highly; e) (hervorstechend) sharply; f) (hart) sharply, strongly; fiercely; closely. 2. *Adj.* a) (klar unterscheidend) harsh; sharp; b) (Essen) hot; strong; acrid; c) sharp; d) (grell) shrill; e) (klar sich abzeichnend) keen; sharp; f) sharp; g) (eilig) fast; hard; ~e Munition live bullets; h) das ~e S (bes. österr.) the German letter; i) (*ugs.*: lustvoll) sexy; randy
Schärfe *f.*; ~, ~n a) *o. Pl.* (Essen) hotness; (Naturw.) causticity; (Geruch) pungency; b) *o. Pl.* (Tiefe) shrillness; harshness; sharpness; c) *o. Pl.* siehe scharf 1d: sharpness; keenness; d) *o. Pl.* (Deutlichkeit) clarity; sharpness; e) *o. Pl.* toughness; ferocity; sharpness; strength; f) *o. Pl.* sharpness

schärfen 1. *tr. V.* (auch bildlich) sharpen. 2. *refl. V.* become sharper or keener
scharfzüngig 1. *adv.* sharply 2. *Adj.* sharp-tongued
Scharnier *n.*; ~s, ~e hinge
Schatten *m.*; ~s, ~ a) *o. Pl.* (kühler Ort) shade; b) shadow
Schatz *m.*; ~es, Schätze a) (Kosename) darling; b) treasure *no indef. art*
schätzen 1. *tr. V.* a) (respektieren) jmdn. ~: hold sb. in high regard or esteem; appreciate sth. b) estimate; 2. *itr. V.* guess
Schätzung *f.*; ~, ~en estimation
Schau *f.*; ~, ~en a) (Veranstaltung) show; b) (Ausstellung) exhibition
Schau·bild *n.* chart
Schauder *m.*; ~s, ~ shiver; (Angst) shudder
schauderhaft 1. *adv.* terribly; dreadfully 2. *Adj.* terrible; dreadful; awful
schaudern *itr. V.* (frieren) shiver; (vor Angst) shudder; *unpers.*
schauen 1. *itr. V.* a) (nachmachen) nach jmdm./etw. ~: take or have a look at sb./sth.; b) (wichtig nehmen) auf etw. (Akk.) ~: set store by sth.; c) look; auf jmdn./etw. ~: look at sb./sth.; (*bildlich*) look to sb./sth. d) (überprüfen) have a look. 2. *tr. V.* Fernsehen ~: watch television
Schauer·geschichte *f.* horror story
Schaufel *f.*; ~, ~n shovel; (für Mehl usw.) scoop; (Kehr~) dustpan
schaufeln *tr. V.* shovel; (graben) dig
Schaufenster window display
Schaukel *f.*; ~, ~n a) seesaw b) swing

schaukeln 1. *itr. V.* a) (Bewegung seitwärts) sway; (Bewegung aufwärts) pitch and toss; bump *unpers.* swing; rock; 2. *tr. V.* a) (*ugs.*: schaffen) manage; b) rock
Schaum *m.*; ~s, Schäume a) (Tiere) foam; froth; b) foam; (Lebensmittel) froth; lather
Schaum·bad *n.* bubble bat
schäumen *itr. V.* foam; froth; lather; froth
Schaum·gummi *m.* foam rubbe
schaurig 1. *Adj.* a) (*ugs.*) greulich) hideous; dreadful (*ugs.*).b) dreadful; frightful; (erschreckend) eerie; 2. *adv.* a) (*ugs.*) hässlich) hideously; horribly (*ugs.*); b) (*ugs.*:sehr) dreadfully (*ugs.*) c) (schrecklich) dreadfully; (erschreckend) eerily
Scheck *m.*; ~s, ~s cheque
scheel (*ugs.*) 1. *adv.* disapprovingly; suspiciously; enviously; jealously. 2. *Adj.* disapproving; suspicious; envious; jealous
Scheibe *f.*; ~, ~n a) (Brot) slice b) disc; (Schieß~) target; c) (aus Glas) pane; (Auto) windscreen (Brit.); windshield (Amer.)
Scheide *f.*; ~, ~n a) vagina b) (Schwert) sheath
scheiden 1. *unr. tr. V.* a) (unterteilen) divide; separate; b) dissolve, divorce; sich ~ lassen get divorced; 2. *unr. itr. V.*; mit sein (*geh.*) a) (gehen) depart; leave; b) (sich trennen) part
Scheidung *f.*; ~, ~en divorce; *f.* ~ einreichen file for divorce
Schein *m.*; 1. a) apparently; b) shine. 2. *unr. mod. V.* seem; appear
Scheitel *m.*; ~s, ~ a) (Zenit) vertex; (Geometrie) apex; vertex b) parting
scheitern *itr. V.*; *mit sein* fail; break down; fall through

Schelm *m.*; s, ~e rascal; rogue
Schelte *f.*; ~, ~n scolding
schelten 1. *unr. itr. V.* moan, scold 2. *unr. tr. V.* a) (tadeln) scold; b) (nennen) call
Schema *n.*; ~s, ~s oder ~ta oder Schemen a) (Muster) pattern; b) (Skizze) diagram
schematisch 1. *adv.* a) mechanically; b) in diagram form. 2. *Adj.* a) (mechanisch) mechanical; b) diagrammatic
Schenkel *m.*; ~s, ~ a) (Mathematik) side; b) thigh
schenken 1. *tr. V.* a) (ugs.: nicht fordern) jmdm. etw. ~: spare. b) give; jmdm. etw. ~: give sb. sth.
Schere *f.*; ~, ~n a) claw; b) scissors *pl.*; eine ~: a pair of scissors
scheren *unr. tr. V.* (kürzen) crop; (Haare entfernen) shear, clip
scheren *tr.*, *refl. V.* not care about sb./sth
Scherz *m.*; ~es, ~e joke
scherzen *itr. V.* joke; über etw. (Akk.) ~: joke about sth.
scheu 1. *Adj.* shy; timid; (ehrfürchtig) awed. 2. *adv.* shyly; (Zool.) timidly
Scheu *f.*; ~ shyness; timidity; (Respekt) awe
scheuen 1. *tr. V.* shrink from; shun;. 2. *refl. V.* sich ~, etw. zu tun shrink from doing sth. 3. *itr. V.* shy (vor + Dat. at
scheuern 1. *tr.*, *itr. V.* a) (rubbeln) rub, chafe. b) (säubern) scour; scrub; 2. *tr. V.* (rubbeln an) rub. 3. *refl. V.* sich (Akk.) wund ~: rub oneself raw
Schicht *f.*; ~, ~en a) (sozial) stratum b) layer; stratum; (Farbe) coat; film; c) (Arbeitseinteilung) shift
schicht·weise a) (in Gruppen) in shifts b) *Adv.* layers; layer by layer

schick 1. *adv.* stylishly; smartly 1. *Adj.* a) (ugs.: beeindruckendl) great (ugs.); fantastic (ugs.). b) stylish; chic; smart
schicken 1. *tr. V.* send; send sb. sth.. 2. *itr. V.* nach jmdm. ~: send for sb.
schicklich (veralt.) 1. *adv.* fittingly 2. *Adj.* proper; fitting; seemly
Schicksal *n.*; ~s, ~e fate; destiny
schicksalhaft 1. *adv.* ~ verbunden linked by fate. 2. *Adj.* fatefull
schieben 1. *unr. tr. V.* a) put; (gleiten lassen) slip; b) push; wheel; shove; c) (sl.: handeln mit) traffic in d) etw. auf jmdn./etw. ~: blame sb./sth. for sth. 2. *unr. refl. V.* a) (fortbewegen) move b) (sich drängen) push 3. *unr. itr. V.* a) (ugs.: handeln) mit etw. ~: traffic in sth.; b) (stark) push; shove; c) (Kartenspiel) shove
schief 1. *adv.* a) (bildlich: unrichtig) distorted b) (schräg) crooked, unlevel. 2. *Adj.* a) (bildlich: unrichtig) distorted; false; b) (schräg) leaning; crooked; not straight
schielen *itr. V.* a) (ugs.: schauen) look out for; b) (ugs.: erblicken) peer
Schiene *f.*; ~, ~n a) (Gleit~) runner; b) rail
schießen 1. *unr. itr. V.* a) (Ballsport) shoot; b) *mit sein* (ugs.: aufspringen) shoot; a) shoot; fire; c) *mit sein* (fließen, heraus~) gush; (fließen) spur; d) *mit sein* (steigen) shoot up;. 2. *unr. tr. V.* a) (Sport) score; b) shoot; fire
Schiff *n.*; ~e a) (Architektur) (Mittel~) nave; (Quer~) transept; (Seiten~) aisle b) ship; mit dem ~: by ship or sea
Schiffer *m.*; ~s, ~: boat-

man; bargee; (Führer) skipper
Schifffahrt *f.*; *o. Pl.* (Seefahrt) shipping *no indef. art.*; navigation
Schikane *f.*; ~, ~n a) mit allen ~n (ugs.) with all mod cons (Brit. coll.); b) harassment *no indef. art.*
Schild *m.*; s, ~e a) shield; escutcheon; b) siehe Schirm c
Schild *n.*; s, ~er (Verkehrs~) sign; (Nummern~) number-plate; badge; (an Gebäuden) plaque; ` b) shield
schildern *tr. V.* describe
Schilderung *f.*; ~, ~en description; (von Vorkommnissen) account; description
schillern *itr. V.* shimmer
schimmelig *Adj.* mouldy; mildewy *o. Pl.* mould; (Gegenstände) milder
Schimmer *m.*; ~s (Schein) gleam; lustre; shimmer; (von Haar) sheen;.
schimmern *itr. V.* a) (durch~) show b) gleam; glisten, shimmer; glint
schimpfen 1. *itr. V.* a) mit jmdm. ~: tell sb. of; scold sb. b) carry on (ugs.) (auf, über + Akk. about); (meckern) grumble, moan (auf, über + Akk. at); 2. *tr. V.* jmdn. faul ~: call sb. lazy
Schimpf·wort *n.* insult; (grob) swear-word
Schinken *m.*; ~s, ~ a) (ugs.) (Werk) great tome; b) ham
Schirm *m.*; s, ~e a) (Lichtquelle) shade; b) (Kopfbedeckung) peak c) umbrella
Schlacht *f.*; ~, ~en battle
schlachten *tr. (auch itr.) V.* slaughter
Schlaf *m.*; s sleep
Schläfe *f.*; ~, ~n temple
schlafen *unr. itr. V.* a) be asleep; b) (auch bildlich) sleep
schlaff 1. *adv.* a) (hängend)

schlagen

slackly, limply; b) (ermüdet) limply 2. *Adj.* a) (ohne Druck) limp; shaky, feeble; b) (hängend) slack; flaccid, limp; loose, sagging; flabby; c) (dejorativ: faul) lethargic
Schlag *m.*; Schläge a) *o. Pl.* (Klänge) striking; ringing; beating; clanging; b) (Aufprall) bang; (dumpf) thud; (Klopfen) knock; c) (Hieb) blow; (Klaps) slap; (Ohrfeige) smack; (Peitschenhieb) lash;. d) *o. Pl.* (Körper) beating; (Pendel) swinging; e) (Klopfen zu Musik) beat; swing; stroke; f) *o. Pl.* (Vogel) song; g) (durch Elektrizität) shock; h) (Lebensumstände) blow; i) (Krankheit) stroke; j) (beim Essen) helping; k) *o. Pl.* (~sahne) whipped cream
schlagen 1. *unr. tr. V.* a) hit; beat; strike; (mit der flachen Hand) slap; (Faustschlag) punch; hit; (mit der Peitsche) lash; b) hit; (treten) kick; c) strike; ring d) (mixen) beat; whip; (Schneebesen) whisk; e) (gewinnen) beat; jmdn. in etw. (*Dat.*) ~: beat sb. at sth.; ein Team ~: beat a team f) *auch itr.* (Spiel) take; g) (einpacken) wrap (in + Akk. in); h) (Musik) beat; *(geh.)* play 2. *unr. itr. V.* a) Flügel ~ beat or flap wings; b) *mit sein* jmdm. auf den Magen ~: affect sb.'s stomach; c) (klopfen) beat; (stark) pound; throb; d) (hauen); e) *mit sein* (knallen) bang f) (tönen)strike; ring; toll; g) meist *mit sein* (treffen) in etw. (Akk.) ~ strike or hit sth. 3. *unr. refl. V.* a) (durchsetzen) hold one's own b) (schädigen) affect c) (Schlägerei) fight
schlagend 1. *adv.* conclusively; cogently. 2. *Adj.* cogent, compelling; conclusive
Schläger *m.*; ~s, ~ a) (de-

gorativ: Rüpel) tough; thug; b) (Sport) racket; bat; stick
Schlamm *m.*; ~e oder Schlämme a) mud; b) (Schlick) sludge
schlammig *Adj.* a) muddy; b) (schlickig) sludgy; mudd
schlampig (*ugs. derogativ*) 1. *adv.* a) (unordentlich) sloppily; in a sloppy or slipshot way b) (nachlässig) in a slovenly way; 1. *Adj.* a) (unordentlich) sloppy, slipshot b) (nachlässig) slovenly
Schlange *f.*; ~, ~n a) (Personen) queue; line (Amer.); ~ stehen queue; stand in line (Amer.); b) (Auto~) tailback (Brit.); backup (Amer.) c) snake
schlängeln *refl. V.* a) (sich bewegen) wind one's way; b) wind
schlank *Adj.* slim; slender
Schlankheit *f.*; ~ siehe schlank: slimness; slenderness
schlapp *Adj.* a) (*ugs.*:) wet (*sl.*); feeble; b) slack; loose, flabby c) worn out; listless; (nach Erkrankung) rundow
schlau 1. *adv.* shrewdly; astutely; craftily; cunningly. 2. *Adj.* a) (*ugs.*: klug) clever; bright; smart; b) shrewd; astute; wily; crafty; cunning
Schlauch *m.*; s, Schläuche a) hose b) (Reifen) tube
schlecht 1. *Adj.* a) (gemein) bad; wicked; b) bad; poor; poor quality; weak; c) *nicht attr.* (verdorben) off; 2. *adv.* a) (schwierig) difficult; b) badly; c) mehr ~ als recht after a fashion
Schlechtigkeit *f.*; ~badness; wickedness
schleichen 1. *unr. itr. V.*; *mit sein* creep; steal; sneak; slink; (nicht schnell) crawl along; 2. *unr. refl. V.* creep; steal; sneak
schleichend *Adj.* insidious; slowinsidious; creeping;

gradual
Schleier *m.*; ~s, ~ a) (Nebel) veil of mist b) veil
schleifen *unr. tr. V.* a) (schärfen) sharpen; grind; b) (glätten) grind; cut; (mit Sandpapier) sand
schleifen 1. *tr. V.* a) (abreißen) etw. ~: raze sth.b) (auch bildlich) drag; 2. *itr. V.*; auch *mit sein* drag
Schleim *m.*; s, ~e a) (Nahrung) gruel b) mucus; (Medizin) phlegm; (von Tieren) slime
schlemmen 1. *tr. V.* (essen) feast on 2. *itr. V.* (genießen) have a feast
schleppen 1. *tr. V.* a) (transportieren) carry; lug; b) (ziehen) tow
schleppend 1. *adv.* a) (langatmig) in a dragging voice; slowly; b) (unbeweglich) ~ gehen shuffle along; c) (langsam) slowly. 2. *Adj.* a) (langatmig) dragging; slow; b) (langsam) slow; c) (unbeweglich) shuffling, dragging
schleudern 1. *tr. V.* 1. *itr. V. mit sein* (ausgleiten) skid; (bildlich *ugs.*) run into trouble a) (drehen) centrifuge, spin b) (werfen) hurl; fling
schlicht 1. *adv.* simply; plainly 2. *Adj.* a) (einfach) simple, unsophisticated; plain
schlichten 1. *tr. V.* settle;. 2. *itr. V.* mediate between
schließen 1. *unr. tr. V.* a) (zusperren) close, shut; (außer Betrieb setzen) close b) (verschließen) close; shut; put the top on; turn of; do up; close of; *(bildlich)* close; c) lock sth./sb./ oneself in sth.; d) (eingehen, abschließen) conclude; reach; enter into; e) (zu Ende bringen) close, conclude; f) (umarmen) embrace sb.; g) etw. aus etw.

572

~: conclude sth. from sth. 2. *unr. itr. V.* a) close, shut; (Geschäft) close b) close; shut; c) (folgern) ~: infer or conclude sth.; d) (beenden) end; conclude; 3. *unr. refl. V.* close, shut

schließlich *Adv.* a) after all; b) finally; in the end; at last

Schließung *f.*; ~, ~en a) (zu Ende bringen) conclusion; b) (Handel) closing; shutting; (Stilllegung) closure

schlimm *Adj.* a) (schlecht) bad; nasty, b) (gemein) wicked; naughty; c) grave, serious; bad

Schlinge *f.*; ~, ~n a) snare b) (Schleife) loop

schlingen 1. *unr. tr. V.* a) (binden) loop; (zusammenknoten) tie sth. b) (binden) tie. 2. *unr. refl. V.* (kriechen) wind, coil

Schlitten *m.* bob-sleigh, toboggan

schlittern *itr. V.* a) *mit sein* (ausgleiten) slip; slide; skid; b) *mit sein (bildlich)* slide into bankruptcy c) *auch mit sein* (rutschen) slide

Schlitz *m.*; ~es, ~e a) (Unterwäsche) 'flies *pl.*; fly b) slit; (bei Geräten) slot

Schloss *n.*; Schlösser a) (Tür) clasp; b) (mobiles c;) (bei Gegenständen) lock d) (Hist.) castle; palace; mansion

Schlosser *m.*; ~s, ~: metalworker; (Schmied) locksmith; (Auto~) mechanic

Schlucht *f.*; ~, ~en ravine; gorge

schluchzen *itr. V.* sob

Schluchzer *m.*; ~s, ~: sob

Schluck *m.*; s, ~e swallow; mouthful; gulp; sip

Schluck·auf *m.*; ~s hiccups *pl.*; hiccoughs *pl.*

schlucken 1. *tr. V.* a) (*ugs.*: aufnehmen) swallow; breathe in; b) (auch bildlich) swallow 2. *itr. V.* (auch bildlich) swallow

Schluck·impfung *f.* oral vaccination

Schlummer *m.*; ~s slumber

schlüpfen *itr. V.*; *mit sein* slip

Schlüpfer *m.*; ~s, ~ (Frauen) knickers *pl.* (Brit.); panties *pl.*; (Männer) pants *pl.*

schlüpfrig *Adj.* a) (*derogativ*: anstößig) lewd b) (feucht u. glatt) slippery

Schlupf·winkel *m.* hiding place; hide-out

Schluss *m.*; Schlüsse a) (letzter Teil) end; (Eisenbahn) back; ending; b) *o. Pl.* (Beendigung) end; conclusion; c) (Konsequenz) conclusion (auf + Akk. regarding); (logisch) deduction

Schlüssel *m.*; ~s, ~a) (Werkzeug) spanner; b) key; code; cipher

schlüssig 1. *adv.* conclusively 2. *Adj.* a) sich (*Dat.*) ~ werden make up one's mind. b) conclusive; convincing, logical

Schmach *f.*; ~ (*geh.*) ignominy; shame; (Erniedrigung) humiliation

schmach·voll (*geh.*) *Adj.* ignominious; (demütigend) humiliating

schmackhaft 1. *adv.* tasty 2. *Adj.* tasty

schmähen *tr. V.* (*geh.*) revile

schmählich 1. *adv.* shamefully; (verachtend) despicably. 2. *Adj.* shameful; (verachtend) despicable

schmal *Adj.* narrow; slim, slender; thin

schmälern *tr. V.* diminish; reduce; restrict, curtail; (kleiner machen) belittle

Schmalz *n.*; ~es (Schweine~) lard

schmecken 1. *itr. V.* taste (nach of; ~: taste good; 2. *tr. V.* taste; (probieren)

Schmeichelei *f.*; ~, ~en flattering remark; blandishment

schmeicheln *itr. V.* jmdm. ~: flatter sb

schmelzen 1. *unr. itr. V.*; *mit sein* melt; dissolve, fade away. 2. *unr. tr. V.* melt; render

Schmerz *m.*; ~es, ~en a) (körperlich) pain; (Trauer) grief b) (körperlich) pain; (nagend) ache

schmerzen 1. *tr. V.* jmdn. ~: hurt sb.; grieve sb.; cause sb. sorrow; 2. *itr. V.* hurt

Schmetterling *m.*; ~s, ~e butterfly; (Zool.) moth

schmiegen 1. *refl. V.* snuggle, nestle (in + Akk. in); 2. *tr. V.* press (an + Akk. against

schmiegsam *Adj.* supple

Schmiere *f.*; ~: in ~ stehen (*ugs.*) act as look-out

schmieren 1. *tr. V.* a) spread on) b) lubricate; (Öl) grease; c) (bei Aufstrich) Brote ~: spread slices of bread; d) (*derogativ*: unleserlich schreiben) scrawl

Schmiererei *f.*; ~, ~en (*ugs. derogativ*) *o. Pl.* (unleserlich) scrawling; scribbling

schmierig *Adj.* a) (*derogativ*: widerlich) b) greasy; slimy; (*ugs.*) smarm

Schminke *f.*; ~, ~n make-up

schminken 1. *tr. V.* make up. 2. *refl. V.* make oneself up; put on make-u

schmoren 1. *tr. V.* braise; 2. *itr. V.* a) (*ugs.*: schwitzen) swelter b) (kochen) braise

Schmuck *m.*; a) piece of jewelry; b) (Verschönerung) decoration

schmücken *tr. V.* decorate; embellish a) (Kette, Ring usw.) jewelry

Schmuggel *m.*; ~s smuggling *no art.*

schmuggeln tr., *itr. V.* smuggle

schmusen *itr. V.* (*ugs.*) cuddle; kiss and cuddle

Schmutz *m.*; ~es a) (*dero-*

schmutzig

gativ: Kunst) filth b) dirt; (Dreck) mud

schmutzig 1. *adv. (derogativ)* ~ grinsen smirk. 2. *Adj.* a) *(derogativ)* cocky; smutty; dirty; crooked, shady; b) (unordentlich) dirty; slovenly

Schmutzigkeit *f.*; ~: dirtiness

Schnabel *m.*; ~s, Schnäbel a) (*ugs.*: Körperteil) gob *(sl.)*; b) beak

Schnabel·tier *n.* duck-billed platypu

Schnalle *f.*; ~, ~n b) (dialektal: Türgriff) door-handle b) (Kleidungsstück) buckle

schnallen *tr. V.* a) (festmachen) strap (auf + Akk. on to); b) (beim Gürtel usw.) buckle; fasten; c) etw. von etw. ~: unstrap sth. from sth.; d) (salopp: verstehen) twig (coll.)

Schnaps *m.*; ~es, Schnäpse *o. Pl.* (Spirituosen) spirits *pl*

schnarchen *itr. V.* snore

schnauben *(unr.) itr. V.* snort (vor with); *(bildlich)* puff, chuff

schnaufen *itr. V.* puff, pant (vor with); chuff

Schnecke *f.* a) (*ugs.*: Kaffeestückchen) Belgian bun b) (Tier) snail; slug

Schnee *m.*; ~s a) (Küche) beaten eggwhite; b) snow

schneiden 1. *unr. itr. V.* a) (Medizin *ugs.*) operate; b) cut (in + Akk. into); c) ~d biting. 2. *unr. tr. V.* a) cut; reap; mow; (Brot) slice; (zerkleinern) cut up, chop; (zu~) cut out b) (TV und Kino) cut, edit; c) (im Auto) cut a corner; d) (treffen) cross; e) (Medizin *ugs.*) auf~ operate on; cut f) (Sport) slice, put spin on; (Ballspiel) curve; g) grimace; 3. *refl. V.* cut sth.

Schneider *m.*; ~s, ~ a) cutter; (Glas) slicer; b) tailor; dressmaker

schneidern 1. *tr. V.* make; tailor. 2. *itr. V.* make clothes/dresses

schneien *itr. V.* a) *mit sein (bildlich)* fall like snow b) (unpers.) it is snowing

schnell 1. *adv.* quickly; fast, rapidly; 2. *Adj.* quick; fast; rapid, swift

schnellen 1. *itr. V.*; *mit sein* shoot (aus + Dat. out of; in + Akk. into) 2. *tr. V.* send flying

Schnelligkeit *f.*; ~, ~en speed

schnippeln *(ugs.)* 1. *itr. V.* (mit der Schere) snip (an + Dat. at) 2. *tr. V.* (klein schneiden) shred; chop

Schnitt *m.*; ~e a) (Wiesen, Felder) mowing; cut; harvest b) cut; c) (Sendung) editing; cutting; d) (Geometrie) section; (*ugs.*: Durch~) average; im ~: on average; e) (Geometrie) intersection; f) (Ballbewegung) spin

Schnupfen *m.*; ~s, ~: cold; ~ haben have a cold

schnuppern 1. *itr. V.* sniff; an etw. (*Dat.*) ~: sniff sth. 2. *tr. V.* sniff

Schnur *f.*; ~, Schnüre oder Schnuren a) lead; b) (zum Nähen) piece of string

schnüren *tr. V.* tie/lace up

schnur·gerade *Adj.*, *adv.* dead straigh

Schnurr·bart *m.* moustache

schnurr·bärtig *Adj.* with a moustache *postpos.*

Schock *m.*; ~s (Körper) shock; einen ~ erleiden suffer a shock

schockieren *tr. V.* shock

Schokolade *f.*; ~, ~n a) (heiß) chocolate b) (zum Naschen) chocolate

schon 1. *Adv.* a) (sogar) even; only b) there and then c) (im Augenblick) ~ now; (mittlerweile) meanwhile; d) (zu früher Zeit) already; yet 2. *Partikel* a) (*ugs.* ohne Geduld) und wenn ~! so what;

b) (mit Sicherheit) all right; c) (unterstützend) really; (sicherlich) certainly

schön 1. *Adj.* a) (freundlich, positiv) pleasant, nice; fine; b) (gute Qualität) good; c) (attraktiv) beautiful; handsome; d) (Grußworte) ~e Grüße best wishes; ~en Dank für ...: thank you very much for ...; e) (*derogativ:* nichtssagend) fine words; f) (*ugs.*) hohes Maß) handsome, (*ugs.*) tidy; pretty good; g) (negativ) nice (*coll. iron.*) 2. *adv.* a) (hohe Qualität) well; b) (attraktiv) beautifully c) (freundlich) nicely

schonen 1. *tr. V.* treat with care; (sorgsam aufpassen) protect; (nicht beanspruchen) spare; conserve; go easy on, spare 2. *refl. V.* take care of oneself

schön·geistig *Adj.* aesthetic; *f.* ~e Literatur belletristic literature

Schönheit *f.*, ~en beauty

Schonung~, ~en a) (Wald) plantation b) *o. Pl.* (Vorsicht) consideration; careful treatment

schonungs·los 1. *adv.* unsparingly; without mincing one's words. 2. *Adj.* unsparing, ruthless; blunt

schöpfen *tr. V.* a) (in sich aufnehmen) draw, take; b) scoop, ladle; c) (geh: erhalten) draw (aus from)

schöpferisch 1. *adv.* creatively 2. *Adj.* creative

Schöpferkraft *f.* creative powers *pl.*; creativity

Schöpfung *f.*, ~, ~en a) (geh.: Kunst) creation; (Literatur usw.) work b) *o. Pl.* (geh.: ins Leben rufen) creation; invention; c) *f.* ~: the Creation

Schorn·stein *m.* chimney

Schoß *m.*; ~es, Schöße a) womb b) lap

Schotter *m.*; ~s, ~ a) gravel; b) (Straßenbau) road

metal; gravel
Schottland *n.;* ~s Scotland
schraffieren *tr. V.* hatch; shade
schräg 1. *adv.* at an angle; diagonally 2. *Adj.* diagonal; sloping
Schräge *f., ~, ~n* a) (Verlauf) slope b) (schiefe Ebene) sloping surface
Schramme *f., ~n* scratch
Schrank *m.;* s, Schränke cupboard; closet (Amer.); cabinet
Schranke ~n a) (bildlich: Begrenzung) limit b) (auch bildlich) barrier
schrankenlos 1. *adv.* boundlessly 2. *Adj.* boundless, unbounded; unlimited
Schraube ~n a) propeller; screw; b) (Akrobatik) twist; twist dive; c) (Werkzeug) screw; bolt
schrauben 1. *tr. V.* a) screw; (öffnen) unscrew (von from); b) (festmachen) screw; (Werkzeug) bolt; (öffnen) unscrew (von from); c) push hope 2. *refl. V.* sich ~: spiral upward
Schreck *m.;* s, ~e fright; scare; shock
schrecken 1. *tr. V.* a) (auf~) startle (aus out of); make jump; b) *(geh.)* frighten; scare; 2. *regelm.* (auch *unr.*) *itr. V.* start
Schrecken *m.;* ~s, ~; a) (Entsetzen) horror; b) (Angst) fright; scare; horror; (große Furcht) terror c) (bildlich: gefürchtete Sache, Person) terror
Schrei *m.;* ~s, ~e cry; shout; (grell) yell; (laut) scream
schreiben 1. *unr. itr. V.* write; type; 2. *unr. tr. V.* a) (bescheinigen) certify; b) write; etw. mit der Hand/ Maschine ~: write sth. by hand / type sth.
Schreiben *n.;* ~s, ~ a) (Brief) letter; b) *o. Pl.* writing

no def. art
Schreiber *m.;* ~s, ~ a.:(Beamter) secretary; clerk; b) writer; (Verfasser) author
Schreibung *f., ~, ~en* spelling
schreien 1. *unr. itr. V.* cry, shout; (grell) yell; (laut) scream; bawl; screech; crow; bray; 2. *unr. tr. V.* shout
schreiten *unr. itr. V.; mit sein (geh.)* a) proceed to sth. b) walk; (schnell) stride
Schrift ~en a) writing; b) (Druck) face; c) (Computer) script d) text; (Dissertation) paper
schriftlich 1. *Adj.* written; (ugs.) die ~e Prüfung) the written exam;. 2. *adv.* in writing
schrill 1. *adv.* shrilly. 2. *Adj.* shrill; *(bildlich)* strident
Schritt *m.;* s, ~e a) (gleichzeitig) in step, move in step; b); ~ für ~ (auch bildlich) step by step; c) *Pl.* (Schall) footsteps; d) (Distanz) pace; e) (Kleidung) crotche *o. Pl.* (Pferd) walk; f) slow/quicken one's pace
schritt weise 1. *Adv.* step by step; gradually; 2. *Adj.; nicht präd.* step by step
schroff 1. *adv.* a) (unerwartet) suddenly; abruptly; b) sheer; precipitously; c) (forsch) curtly; abruptly; brusquely 1. *Adj.* a) (unerwartet) abrupt, sudden; b) precipitous, sheer; c) (forsch) abrupt, curt; brusque
Schroffheit *f. ~, ~en* a) *o. Pl.* (Unerwartetheit) suddenness; abruptness; (Erkrankung) starkness; b) *o. Pl.* precipitousness; c) *o. Pl.* (Forschheit) curtness; aprutpness; brusqueness
Schrott *m.;* s, ~e a) *o. Pl.* (sl. bildlich) rubbish; junk; b) scrap
schrubben tr. *(auch itr.)* V.

scrub
schrumpelig *Adj. (ugs.)* wrinkly; wrinkle
schrumpfen *itr. V.; mit sein* shrink; contract; shrivel; go wrinkled; (weniger werden) decrease; dwindle
Schub *m.;* a) (Medizin) phase; stage; b) (Naturw.) thrust
schubsen tr. (auch itr.) V. (ugs.) push; shove
schüchtern 1. *adv.* a) (bildlich: vorsichtig) tentatively; cautiously a) shyly; timidly; 2. *Adj.* a) (bildlich: vorsichtig) tentative, cautious; b) shy , timid
Schuh *m.;* s, ~e shoe; boot
Schuld ~en a) *o. Pl.* blame b) *o. Pl.* (Schuldgefühle) guilt; c) in jmds. ~ stehen be indebted to sb. d) (Geld) debts; (Darlehen) mortgage
schulden *tr. V.* owe
Schuld·gefühl feeling of guilt; guilty feeling
schuldig *Adj.* a) jmdm. etw. ~ sein/bleiben owe sb. sth. b) guilty c) *nicht präd.* (angemessen) due; proper
Schuldige *m./f.; adj. Dekl.* guilty person; (vor Gericht) guilty party
Schuldigkeit ~, ~en *f.* duty
schuld·los *Adj.* innocent (an + *Dat.* of)
Schule ~n a) *o. Pl.* (Unterricht) training; b) school; zur oder in die ~ gehen go to school
schulen *tr. V.* train
Schüler *m.;* ~s, ~ a) pupil; (Anhänger) disciple b) pupil
Schülerin *f., ~, ~nen f.* pupil; schoolgirl
Schulter *f., ~n* shoulder.
Schulung *f., ~, ~en* training; (Unterricht) training course
Schuppe ~n a) *Pl.* (Kopfhaut) dandruff *sing.*; (Kopfhaut) flaking skin *sing.*
schüren *tr. V. (bildlich)* stir up

575

schürfen 1. *itr. V.* a) dig (nach for), prospect etc. b) scrape; 2. *tr. V.* a) mine, opencut b) (aufschürfen) graze 3. *refl. V.* graze oneself

Schur·wolle *f.*: ~: pure new wool

Schürze ~n apron; pinafore

schürzen *tr. V.* a) gather up; b) purse

Schuss *m.*; Schüsse a) round; c) (Verletzung) gunshot wound; d) shot (auf + Akk. at); d) (Zusatz) drinks etc. with something strong; e) shot; fix *(sl.)*; f) shot (auf + Akk. at)

Schüssel ~n bowl; (flacher) disk

Schuster *m.*; ~s, ~ *(ugs.)* shoemaker; shoerepairer; cobbler

Schutt *m.*; s a) debris; detritus a) rubble

schütteln 1. tr. (*auch itr.*) V. a) (unpersönlich) es schüttelte mich I was shaking b) shake 2. *refl. V.* shake oneself/itself. 3. *itr. V.* mit dem Kopf ~: shake one's head

schütten 1. *tr. V.* pour; (unabsichtlich) spill; tip; 2. *itr. V.* (unpersönlich) *(ugs.*: Niederschlag) pour

schütter *Adj.* sparse; thin

Schutz *m.*; ~es protection (vor + *Dat.*, gegen against); cover; (Unterschlupf) refuge

Schütze *m.*; ~n, ~n a) scorer; b) marksman; c) private; d) (Astrologie) Sagittarius

schützen 1. *tr. V.* protect (vor + *Dat.* from, gegen against); safeguard (vor + *Dat.* from) 2. *itr. V.* provide give protection (vor + *Dat.* from, gegen against)

Schwaben (*n.*); ~s Swabia

schwach 1. *adv.*; a) (schlecht) poorly; b) (wenig) poorly; sparsely; slightly; faintly; lightly; weakly; c) (ohne Kraft) weakly; d) (Sprache) weak. 2. *Adj.* a) (schlecht) poor; weak; b) weak; delicate; frail; lowpowered c) (wenig) poor, low; sparse; slight; light; faint; weak, lukewarm; dim; pale; d) (Sprache) weak

Schwäche ~n *f.* weakness

schwächen *tr. V.* weaken

schwächlich *Adj.* weakly, delicate; frail; delicate

Schwamm *m.*; s , Schwämme a) mushroom b) sponge

schwammig 1. *adv.* (unklar) vaguely. 2. *Adj.* a) (aufgebläht) flabby, bloated b) spongy; c) (unklar) woolly

Schwan *m.*; s, Schwäne swan; mein lieber ~! *(ugs.)* good heavens!

schwanger *Adj.* pregnant (von by)

Schwangerschaft *f.* ~, ~en pregnancy

schwanken *itr. V. mit sein*) a) (veränderlich) vary; b) sway; rock; roll; shake; c) (bildlich) waver; (abwarten) hesitate

Schwankung *f.* ~, ~en variation; (die Löhne usw.) fluctuation

Schwanz *m.*; ~es, Schwänze a) (sl.: Penis) prick; cock; b) tail

schwärmerisch 1. *adv.* rapturously; effusively. 2. *Adj.* rapturous; effusive

schwarz 1. *adv.* a) illegally; illicitly b) black 2. *Adj.* a) *(bildlich)* der ~e Kontinent the Dark Continent; b) black; Black c) (unerlaubt) illicit, shady

Schwarze *m.*; *adj. Dekl.* a) dark-haired man/boy; b) (*ugs.* Kaffee) black coffee; c) (Afrikaner) Black

schwarz·weiß *Adj.* black and white

schwatzen 1. *itr. V.* a) chat; b) (unwichtige Themen) chatter; natter (coll.); c) (im Unterricht) talk. 2. *tr. V.* say; talk

Schwebe *f. in* in der ~ *(bildlich)* in the balance

schweben *itr. V.* a) *mit sein* float; b) hover; hang; glide c) (nicht sicher sein) be in the balance

Schweden *n.*; ~s Sweden

Schwefel *m.*; ~s sulphur

schweigen *unr. itr. V.* a) (ausklingen) stop b) (nicht reden) remain silent

Schweigen *n.*; ~s silence

schweigsam *Adj.* silent; quiet; (still) discreet

Schweigsamkeit *f.* ~: silence; quietness; (Stille) discretion

Schwein *n.*; s, ~e a) *o. Pl.* pork; b) (*sl. derogativ*) (gemeiner Mensch) swine; c) pig

Schweiß *m.*; ~es sweat; perspiration

Schweiz *f.*, Switzerland

Schweizer *m.*; ~s, ~ Swiss

schwelen (auch bildlich) smoulder

schwelgen *itr. V.*a) wallow (memories) b) (essen) feast

Schwelle *f.* ~, ~n b) (Eisenbahn) sleeper (Brit.); tie (Amer.); b) (Naturw.) threshold

schwellen *unr. itr. V.*; *mit sein* swell; become swollen; rise

schwenken a) (Drehung) swing; 1. *tr. V.*; a) (von Wasser) rinse; b) (in Bewegung versetzen) swing; wave c) (bewegen) swing round; swivel; pan; swing, traverse. 2. *itr. V.*; *mit sein* swing, wheel; pan

schwer 1. *adv.* a) (ermüdend) hard; heavily; b) heavily; c) (sehr) seriously; greatly, deeply; severely, heavily 2. *Adj.* a) (ermüdend) heavy; hard, tough; hard; difficult; b) heavy; solid; c) (schrecklich) severe; serious, grave

Schwere *f.* ~: a) (Naturw.) gravity; b) weight; c) (Maß an Schwierigkeit) difficulty

d) severity; seriousness; gravity; heaviness

schwere·los 1. *adv.* weightlessly 2. *Adj.* weightless

Schwert *n.*; ~es, ~er sword;~ ziehen draw one's sword

schwer·tun *unr. refl. V. (ugs.)* have trouble, not get along

Schwester *f.* ~, ~n a) (Religion) nun; (Ansprache) Sister; ~ Mary Clarence Sister Mary Clarence; a) sister; c) (im Krankenhaus) nurse; (Ansprache) Nurse

schwierig *Adj.* difficult

Schwierigkeit *f.* ~, ~en difficulty

Schwierigkeits·grad *m.* degree of difficulty; (Unterricht usw.) level of difficulty

schwimmen 1. *unr. itr. V.* a) *meist mit sein* (nicht untergehen) float; b) flounder; c) *meist mit sein* swim; d) (überflutet sein) be awash; e) *mit sein* be swimming in sth

Schwimmen *n.*; ~: swimming *no art*

Schwimmer *m.*; ~s, ~: a) (*m.* Angel, Technik) float b) swimmer

Schwindel *m.*; ~s a) dizziness; giddiness; vertigo; b) *(derogativ)* swindle; fraud; (Unwahrheit) lie; c) dizziness

schwindeln *itr. V.* tell fibs

schwinden *unr. itr. V.*; *mit sein* fade; dwindle; wear off; wane, fall off; lessen, diminish; decline; fail

Schwindler *m.*; ~s, ~ liar; (Angeber) confidence trickster; conman

schwindlig *Adj.* dizzy; giddy

schwingen 1. *unr. itr. V.* a) oscillate. b) *mit sein* swing; c) vibrate. 2. *unr. tr. V.* swing; wave; brandish; 3. *unr. refl. V.* (aufsteigen) sich aufs Motorrad ~: swing oneself/fleap on to one's motor bike

Schwingung *f.* ~, ~en a) swinging; vibration; b) (Naturw.) oscillation

schwitzen 1. *itr. V.* a) (beschlagen) steam up. b) (auch bildlich) sweat;. 2. *refl. V.* get soaked

schwören 1. *unr. tr.*, *itr. V.* swear; take 2. *unr. itr. V.* swear an/the oath

schwül *Adj.* a) oppressive b) sultry; close

Schwund *m.*; a) decrease, drop (*Gen.* in); (an Aufmerksamkeit) waning; falling

Schwung *m.*; Schwünge a) (Figur) sweep; b) *o. Pl.* momentum; c) swing; d) *o. Pl.* (Sog) sparkle; vitality; e) (Menschenmenge) crowd; bunch *(sl.)*

schwung·haft *Adj.* thriving; brisk, flourishing

Schwur *m.*; Schwüre a) (Eid) oath b) (Versprechen) promise

sechs *Kardinalz.* six; siehe auch acht

Sechs~, ~en six

sechzig *Kardinalz.* sixty

See *m.*; ~s, ~n lake

See~, ~n *f.* a) *o. Pl.* (Seegang) calm or stormy sea; b) *o. Pl.* (Geol.) sea

Seele *f.* ~, ~n (auch Rel., bildlich) soul; (psychologisch) mind

seelisch 1. *adv.* psychological causes; 2. *Adj.* psychological; mental

Segel *n.*; ~s, ~: sail

segeln *itr. V. mit sein* sail; ~ gehen go sailing; go for a sail

Segen *m.*; ~s, ~ a) *o. Pl.* blessing; b) blessing; (Religion) benediction

sehen 1. *unr. itr. V.* a) (Blick richten auf) look; b) see c) (nach~) have a look; see; e) (betreuen) keep an eye on sb. 2. *unr. tr. V.* a) (erkennen) see; b) (verabreden) see; c) (mit Aufmerksamkeit) watch; look; d) (klarmachen) see

Sehens·würdigkeit *f.* sight

Sehne ~n a) (Musik) string; b) (Medizin) tendon; sinew

Seh·nerv *m.* (Medizin) optic nerve

sehnig *Adj.* a) (stark) sinewy b) stringy

Sehn·sucht *f.* longing; yearning

sehr *Adv.* a) *mit Verben* very much; greatly b) *mit Adj. u. Adv.* very

sei *1. u. 3. Pers. Sg. Präsens Konjunktiv u. Imperativ Sg.* v. sei

seicht 1. *adv. (bildlich)* shallowly; 2. *Adj.* shallow; *(bildlich)* superficial

seid *2. Pers. Präsens u. Imperativ Pl.* v. sei

Seide *f.* ~, ~n silk

seiden 1. *adv.* silkily. 2. *Adj.* a) *nicht präd.* silk; b) (wie Seide) silk

Seife ~n soap

Seil *n.*; ~s, ~e rope; cable

sein 1. *unr. itr. V.* a) *(unpersönlich)* mir ist warm I feel warm; mir ist übel I feel sick b) be; wie ist das Wetter? c) (ergeben) be; make; d) (Ort) be; e) (abstammen) be; come; f) (eintreffen) be; (abgehalten werden) be; happen; g) (unpersönlich) (Uhrzeit, Zeit) be h) (Existenz) be; exist 2. Hilfsverb a) (Zustandspassiv) be;sein *Possessivpron.* b) (Erfordernis) to be; c) have; Vater ist gestorben father has died

sein *(Possessivpronom)* a) *(vor Substantiven)* (männl.) his; (weibl.) her; (bei Gegenständen und Tieren) its; one's; his (Amer.); b) *o. Subst.* his

Sein *n.*; ~s being; (Existenz) existence

seit 1. *Präp.* (Zeitpunkt)

since; (Zeitspanne) for 2. since

seit·dem 1. *Adv.* since then 2. siehe seit 2

Seite *f.* ~, ~n a) side; zur ~ gehen move aside to one side; b) (Druck) page; c) (Charakter) side; auf der einen ~, ... auf der anderen ~ ...: on the one hand ... on the other hand ... d) (Geometrie) side; von allen ~n (auch bildlich) from all sides; e) (politisch) side

seit·her *Adv.* since then

seitlich 1. *adv.* (an der Seite) at the side; (von der Seite) from the side; (nach der Seite) to the side

Sekret *n.*; s, ~e secretio

Sekretär *m.*; ~s, ~e a) (Angestellter) middle-ranking civil servant; b) (Möbelstück) secretaire; secretary; bureau

Sekretärin *f.* ~, ~nen secretary

Sekt *m.*; s, ~e sparkling wine

Sektion *f.* ~, ~en (Einteilung) section; (Verwaltung) department

Sektor *m.*; ~s, ~en a) (Geometrie) sector b) (Spezialgebiet) field; sphere

sekundär 1. *adv.* secondarily 2. *Adj.* secondary

Sekunde *f.* ~, ~n (*ugs.*: einen Moment) second; moment

selbst 1. *adv.* even 2. *indekl. Demonstrativpron.* ich/ du/ er ~: I myself/you yourself/he himself

Selbst·achtung *f.* selfrespect; self-esteem

Selbständigkeit *f.* ~: independence

Selbstmord·versuch *m.* suicide attempt

Seligkeit *f.* ~, ~en a) (Hochgefühl) bliss no *pl.*; happiness no *pl.* b) *o. Pl.* (Religion) blessedness; beatitude

selten 1.(*adv.*) rarelyb) exceptionally; uncommonly. 2. *Adj.* rare; infrequent

seltsam 1. *adv.* strangely; peculiarly. 2. *Adj.* strange; peculiar; od

Semantik *f.* ~ (Linguistik) semantics *sing.*, *no art*

Seminar *n.*; ~s, ~e (Unterrichtseinheit) seminar (über + Akk. on);

Semit *m.*; ~en, ~en, Semitin~, ~nen Semite

Senat *m.*; s, ~e (administrativ) senate

senden *unr.* (*auch regelm.*) *tr. V.* (*geh.*) send

senden *regelm. tr.*, *itr. V.* broadcast; transmit

Sender, *m.*; ~s, ~: station; (Gerät) transmitter

Sendung *f.* ~, ~en a) (TV und Radio) programme; broadcast; b) consignment; c) *o. Pl.* (geh.: Auftrag) mission; d) (TV und Radio) transmission; broadcast

Senf *m.*; s, ~e mustard

senken 1. *tr. V.*a) (weniger werden) reduce b) lower; (Industrie) sink; drop

Senkung *f.* ~, ~en a) *o. Pl.* reduction; lowering b) *o. Pl.* lowering

Sensation *f.* ~, ~en sensation

sensationell 1. *adv.* in a sensational manner; sensationally; 2. *Adj.* sensational

sensibel 1. *Adv.* sensitively. 2. *Adj.* sensitive

Sensibilität *f.* ~: sensitivity

sentimental 1. *adv.* sentimentally 2. *Adj.* sentimental

separat 1. *adv.* separately;. 2. *Adj.* separate

September *m.*; ~: September

Seriosität *f.* ~ (*geh.*) respectability; (Zuverlässigkeit) reliability;

servieren 1. *tr. V.* a) (Sport) serve the ball b) (bedienen) serve; (*bildlich*) serve up; deliver 2. *itr. V.* a) serve b) (Fußball) pass; make a pass; (Tennis) serve

Serviererin *f.* ~, ~nen waitress

Sessel *m.*; ~s, ~ a) (Stuhl) chair b) easy chair; (mit Armlehne) armchair

setzen 1. *refl. V.* a) (Platz nehmen) sit setz dich/setzt euch/ setzen Sie sich sit down; take a seat; b) (sinken) settle; sink to the bottom; c) (eindringen) get into d) (Verbalgefüge) sich mit jmdm. in Kontakt ~: come into contact with sb. 2. *tr. V.* a) (Pflanzen) plant; b) hoist set; c) put, (Verlagsw.) set; d) put; sign f) (Verbalgefüge) in/außer Funktion ~: put into operation/take out of service; 3. *itr. V.* a) (Glücksspiel) bet; b) *meist mit sein* (rasch) leap, jump (über + Akk. over)

Seuche *f.* ~, ~n epidemic

seufzen *itr.*, *tr. V.* sigh

Sex *m.*; sex *no art*

Sexualität *f.* ~: sexuality *no art*

sexuell 1. *adv.* sexually 2. *Adj.* sexual

sich *Refexivpron. m.* 3. Pers. Sg. und Pl. Akk. und Dat. a) *reziprok* one another; each other; b) himself / herself / itself / themselves; (man) oneself

sicher 1. *adv.* a) (ohne Gefahr) safely; b) (voller Selbstvertrauen) confidently; ~ c) (vertrauenswürdig) reliably; 3. *Adv.* certainly; surely; 1. *Adj.* a) (solide) reliable; secure; certain, undeniable; (vertrauensvoll) reliable, sure; b) (ohne Gefahr) safe; secure; c) (Selbstvertrauen) assured, confident

Sicherheit *f.* ~, ~en a) *o. Pl.* safety; (der Gesellschaft) security

sichern *tr. V.* a) (sicherstellen) secure b) make; se-

cure; (bürgen) safeguard; (schützen) protect
sicher·stellen tr. V. a) (garantieren) guarantee b) (einbehalten) impound; seize
Sicherung f. ~, ~en a) (Alarm) safety-catch b) o. Pl. (kontrollieren) safeguarding (vor + Dat., gegen from, against); (n. Schützen) protection (vor + Dat., gegen from, against); c) (Elektro.) fuse
Sicht f. ~, ~en a) o. Pl. sight; b) o. Pl. (~ fähigkeit) visibility no art.
sichtbar 1. adv. visibly 2. Adj. visible; (bildlich) apparent
sichten tr. V. a) (erblicken) sight; b) (durchschauen) sift (überprüfen) examine
sichtlich 1. adv. obviously; evidently; visibly 2. Adj. obvious; evident
sie 1. Personalpron.; 3. Pers. Sg. Nom. Fem. (bei weiblichen Personen und Tieren) she; (bei Gegenständen, Tieren) it; (bei Einrichtungen) they pl. 2. Personalpron.; 3. Pers. Pl. Nom. a) they; siehe auch ihnen; ihrer 3. Akk. des Personalpron. sie 1 (bei weiblichen Personen und Tieren) her; (bei Gegenständen und Tieren) it; (bei Einrichtungen) them pl. 4. Akk. des Personalpron. sie
Sieb n.; s, ~e sieve
sieben 1. tr. V. a) (auswählen) screen b) (durch~) sieve; riddle; 2. itr. V. a) (auswählen) pick and choose b) use a sieve
sieben Kardinalz. seven
siebzig Kardinalz. seventy
siedeln itr. V. settle
sieden unr. oder regelm. itr. V. boil
Sieg m.; ~[e]s, ~e victory, win
Siegel n.; ~s, ~: seal; (Verwaltung) stamp

siegen itr. V. win
Sieger m.; ~s, ~: winner; (Team) winners pl.; (Krieg) victor
Sieger·ehrung f. presentation ceremony; awards ceremony
sieges·sicher 1. adv.; confidently 2. Adj. certain/confident of victory
sieg·reich Adj. victorious; winning; successful
Signal n.; ~s, ~e signal
signalisieren tr. V. indicate; (fig.: überbringen) signal (+ Dat. to
Signatur f. ~, ~en a) initials pl.; (Initialen) abbreviated signature; (des Malers) autograph; b) (Kartografie) symbol c) (in einer Bibliothek) shelfmark
signieren tr. V. sign; autograph
Silbe ~n syllable
Silber n.; ~s (Schmuck usw.) silver
silbern 1. adv. with silver; with a silvery lustre 2. Adj. silver; silvery
Silhouette f. ~, ~n a) (Mode) line b) silhouette
Silvester m. oder n.; ~s, ~: New Year's Eve
simpel 1. adv. a) (derogativ: beschränkt) simple-minded manner b) simply; 2. Adj. a) (derogativ) simple-minded; simple; b) (oft derogativ: einfach) basic
simulieren 1. tr. V. feign, sham, simulate. 2. itr. V. (Erkrankung vorgeben) feign
simultan 1. adv. simultaneously 2. Adj. simultaneous
Singular m.; ~s singular
sinken unr. itr. V.; mit sein d) (an Wert abnehmen) fall, go down; b) sink, go down; descend, go down; (geh.) fall; c) fall; d) (nachlassen, abnehmen) fall; go down; diminish, decline e) (niedriger werden) fall, drop
Sinn m.; s, ~e a) Pl. (geh.: Wahrnehmung) sense; mind sing.; b) o. Pl. (Einstellung) feeling c) sense d) o. Pl. (geh.: Vorstellung) mind
Sinn·bild n. symbol
sinnen unr. itr. V. think; ponder
sinn·entstellend 1. adv. so that the/its meaning is distorted 2. Adj. which distorts/distorted the meaning postpos., not pred
sinnlich Adj. sensory; sensual; sensuous
Sinnlichkeit f. ~ sensuality
sinn·los 1. adv. a) (ohne Zweck) pointlessly; b) (sinnlos) senselessly; c) (derogativ: sehr) like mad 2. Adj. a) (zwecklos) pointless; b) (sinnlos) senseless; c) (derogativ: sehr) mad; wild
Sinnlosigkeit f. a) (Zwecklosigkeit) pointlessness b) senselessness
Sint·flut f. the Flood; Deluge
Sitte f. ~, ~n a) common decency; b) (Überlieferung) custom; tradition; c) Pl. (Verhalten) manner
sittlich 1. adv. morally 2. Adj. moral
Sittlichkeit f. o. Pl. morality; morals pl.
Situation f. ~, ~en situation
Sitz m.; ~es, ~e a) (im Parlament) seat; b) (politisch) seat; (Niederlassung) headquarters sing.; c) (Stuhl) seat; d) (Kleidung) fit
sitzen unr. itr. V.; mit sein a) (sein) be; der Betrieb sitzt in Berlin the firm is based in Berlin; b) sit c) (achtsam sein) fit
Sitzung f. ~, ~en meeting; (politisch) sitting; session
Sizilien n.; ~s Sicile
Skala f. ~, Skalen a) (Reihe) range b) scale
Skandal m.; ~s, ~e scandal

skandalös *Adj.* scandalous
Skelett *n.*; s, ~e skeleton
Skeptiker *m.*; ~s, ~: sceptic
skeptisch 1. *adv.* sceptically 2. *Adj.* sceptical
Ski *m.*; ~s, ~er oder ~: ski; ~ laufen oder fahren ski
Skizze *f.* ~, ~n a) (Vorstellung) outline; b) (Entwurf) sketch; c) (Notiz) account
Skizzen·block *m.* sketchpad; sketchblock
skizzieren *tr. V.* a) (schnell zeichnen) sketch; b) (vorzeichnen) draft c) (entwerfen) outline
Sklave *m.*; ~n, ~n slave
Sklaverei *f.* ~: slavery *no art*
Skrupel *m.*; ~s, ~: scruple
Slip *m.*; ~s, ~s briefs *pl*
sobald as soon as
Socke *f.* ~, ~n sock
Sockel *m.*; ~s, ~ a) (Stütze bei Gebäuden) base; b) (Architektur) plinth
so·**dann** *Adv.* a) (zusätzlich) furthermore b) (im Anschluss) then; thereupon
so·**eben** *Adv.* just
Sofa *n.*; ~s, ~s sofa; settee
so·**fort** *Adv.* immediately; at once
sofortig *Adj.* (unmittelbar) immediate
so·**gar** *Adv.* even
Sohle *f.* ~, ~n (Körper) sole *m.*; ~es,
Söhne a) *o. Pl.* son; boy b) (männl. Nachfolger) son; der ~ Gottes the Son of God
solch *attr.* such
Solidarität *f.* ~: solidarity
solide 1. *adv.* a) (gesund) soundly; b) solidly; sturdily c) (gut) respectably, steadily 2. *Adj.* a) sound; solid; b) solid; sturdy; quality; c) (gut) respectable
Soll *n.*; ~[s], ~[s] a) (Buchhaltung) debit side; b) (Wirtschaft) quota; target c) (Wirtschaft) quota; d) (Handel, Bank) debit
sollen 1. *unr. Modal V.*; 2. Part. ~ a) (zum Ausdruck einer Absicht) shall; b) *oft als Konjunktiv II verwendet* you ought to; c) (fragend); d) (notwendig) it's not to be... e) (zum Ausdruck einer Aufforderung) g) (zum Ausdruck einer Möglichkeit) if you should...
Sommer *m.*; ~s, ~: summer
sonderbar 1. *adv.* strangely; oddly 2. *Adj.* strange; odd
Sonderbarkeit *f.* ~: strangeness; oddness
sonder·**lich** 1. *adv.* a) strangely b) particularly; especially; 2. *Adj.* a) strange; peculiar; odd b) particular; special
sondern *tr. V.* (geh.) separate (von from)
sondern but; ~ …: not only … but also
Sonn·**abend** *m.* (dialektal) Saturday
Sonne *f.* ~, ~n sun
Sonn·**tag** *m.* Sunday
sonst *Adv.* a) otherwise; b) usually; *Adj.*; *nichtpräd.* other; further
Sorge ~n a) (bedrückende Last) worry b) *o. Pl.* (Kummer) worry
sorgen 1. *refl. V.* worry, be worried (um about). 2. *itr. V.* a) (Effekt) für etw. ~: cause sth. b) take care
Sorg·**falt** *f.* ~: care
sorg·**fältig** 1. *adv.* carefully 2. *Adj.* careful
Sorgfältigkeit~: carefulness
sorg·**los** 1. *adv.* carelessly 2. *Adj.* a) (ohne Mühe) careless; b) (ohne Sorgen) carefree
Sorglosigkeit *f.* ~ a) (Unbekümmertheit) carefreeness b) (Mangel an Sorgfalt) carelessness
sorgsam 1. *adv.* carefully 2. *Adj.* careful
Sorte *f.* ~, ~n a) *Pl.* (Währung) foreign currency *sing.* b) sort; type; kind; brand

sortieren *tr. V.* sort grade; *(bildlich)* arrange
Sortiment *n.*; s, ~e range (an + *Dat.* of)
Soße *f.* ~, ~n sauce; (Braten~) gravy; sauce; (Salat~) dressing
Souvenir *n.*; ~s, ~s souvenir
so ·**viel** 1.a) however much b) (temporal) as or so far as; 2. *Indefinitpron.* as much as
so ·**wie** *Konj.* a) (sobald) as soon as b) (und auch) as well as
so·**wie**·**so** *Adv.* anyway
sozial 1. *adv.* socially; 2. *Adj.* social
Sozialismus *m.*; ~: socialism *no art*
Soziologie *f.* ~: sociology
soziologisch 1. *adv.* sociologically 2. *Adj.* sociological
Spachtel *m.*; ~s, ~ oder~, ~n a) filler b) (Werkzeug) puttyknife
Spalt *m.*; s, ~e opening; (Gebirge) fissure; crevice
Spalte *f.* ~, ~n a) (Zeitung) column; b) crack; (Gebirge) crevice; clef
spalten 1. *unr. tr. V.* (auch Physik, bildlich) split 2. *unr. (auch regelm.) refl. V.* a) (Naturw.) split; break down
Spanien (*n.*); ~s Spain
Spanier *m.*; ~s, ~: Spaniard
spannen 1. *tr. V.* a) put up; stretch; b) tighten, tauten; tension; stretch; drawpull tighttaut; c) (dialektal) notice. 2. *refl. V.* a) bend b) go taut; tense 3. *itr. V.* be tight; be taut
spannend 1. *adv.* excitingly; (mehr) thrillingly 2. *Adj.* exciting; (mehr) thrilling
Spannkraft,*o. Pl.* vigour
Spannung~, ~en a) *o. Pl.* (Literatur, Kunst usw.) suspense; b) (Streit) tension
sparen 1. *tr. V.* save; 2. *itr. V.* a) economize; b) für etw. ~: save up for sth
spärlich 1. *adv.* sparsely,

thinly; poorly; scantily, skimpily 2. *Adj.* sparse; thin
sparsam 1. *adv.* a) economically b) sparingly; sparsely 2. *Adj.* a) sparse; economical b) thrifty
Sparsamkeit *f.* ~ a) economicalness; b) (bildlich: wenig) economy
Sparte *f.* ~, ~n a) (Zeitung) section b) (Bereich) area; branch; (Handel) line (Wissen) branch; field; speciality
Spaß *m.*; ~es, Späße a) joke; prank; antic; b) *o. Pl.* (Scherz) fun
spaßen *itr. V.* joke; kid
spaßig *Adj.* funny; comical; amusing
spät 1. *adv.* late; ~ 2. *Adj.* late; belated
speichern *tr. V.* store
Speise *f.* ~, ~n a) *o. Pl.* (Lebensmittel) food b) (Restaurant) dish
speisen 1. *itr. V.* (*geh.*) eat; (dinieren) dine. 2. *tr. V.* a) feed; b) etw. mit Elektrizität ~: supply sth. with electricity b) (geh.: essen) eat
spektakulär 1. *adv.* spectacularly 2. *Adj.* spectacular
spekulieren *itr. V.* (annehmen) speculate
Spende *f.* ~, ~n donation; contribution
spenden 1. *tr.*, *itr. V.* a) (bildlich geh.) give; afford, give off , provide; administer, bestow; confer b) donate; give; contribute
Sperma *n.*; ~s, Spermien oder Spermata sperm; semen
Sperre *f.*; ~, ~n a) obstacle; b) barrier; roadblock; c) barrier; d) ban; (Wirtschaft) embargo; (Presse) black-out; e) locking device f) (Psychologie) block
sperren 1. *tr. V.* a) block b) lock c) close; close off; d) cut off; e) (Wirtschaft) stop; freeze; f) print with spaced letters g) (Sport) ban; 2. *refl. V.* balk
Sperrung *f.*; ~, ~en closing; closing off
spezialisieren *refl. V.* specialize
Spezialist *m.*; ~en, ~en, Spezialistin *f.*; ~, ~nen specialist
speziell 1. *Adj.* special; specific; specialized (book) 2. *Adv.* especially; (eigens) specially
spezifizieren *tr. V.* specify
Sphäre *f.* ~, ~n (auch bildlich) sphere
sphärisch *Adj.* a) heavenly b) spherical
Spiegel *m.*; ~s, ~; a) (Körper) level; (Gewässer) surface b) mirror
spiegeln 1. *itr. V.* a) reflect the light b) shine; gleam; 2. *tr. V.* reflect; mirror. 3. *refl. V.* be mirrored/reflected
Spiegelung *f.*; ~, ~en a) (Medizin) speculum examination b) reflection
Spiel *n.*; s, ~e a) game; match; b) play; c) game; d) performance; playing; e) (Sport) game; f) (Theater) play
spielen *itr. V.* a) (Theater) act; perform; play
Spieß *m.*; ~es, ~e a) spit; skewer b) spear
spinnen 1. *unr. tr. V.* spin (*bildlich*); plot; think up; hatch 2. *unr. itr. V.* (*ugs.:* verrückt) be crazy (*sl.*); nuts (*sl.*)
Spion *m.*; ~s, ~e a) spy b) (Türspion) spy-hole
Spionage *f.*; ~: spying; espionage
spionieren *itr. V.* a) (bildlich *derogativ*) spy; snoop (*ugs.*) b) spy (gegen against
Spirale *f.* ~, ~n a) (Verhütungsmittel) coil b) (Geometrie, bildlich) spiral
spitz 1. *adv.* a) cuttingly b) taper to a point 2. *Adj.* a) shrill; b) pointed; sharp; fine; (Geometrie) acute
Spitze *f.*; ~, ~n a) (oberster Teil) top; apex; vertex (Mathematik); summit; top; b) (Gegenstand) point; tip; c) end, tip; d) (führen) top; e) (Wirtschaft) head; top; (Firma) management; f) (höchster Wert) maximum; peak; g) (Attacke) dig
spitzen *tr. V.* sharpen; purse
Splitter *m.*; ~s, ~: splinter; fragment
splittern *itr. V.* a) *mit sein* (zersplittern) shatter b) (Splitterbilden) splinter
spontan 1. *adv.* spontaneously 2. *Adj.* spontaneous
Sport *m.*; s a) (einzelne ~art) sport; b) sport; (in der Schule) sport; physical education; PE
sportlich 1. *adv.* a) (gerecht) sportingly; b) (bildlich: schnell) in a sporty manner c) active; 2. *Adj.* a) (gerecht) sportsmanlike; b) sporty; c) sporty, athletic d) sporting *attrib.*
Spott *m.*; s mockery; (ironisch) ridicule; derision
spotten *itr. V.* a) (*bildlich*) be contemptuous of; scorn; mock
spöttisch 1. *adv.* mockingly 2. *Adj.* mocking; (ironisch) derisive, ridiculing
Sprache *f.* ~, ~n a) way of speaking; speech; style b) language
sprachlich 1. *adv.* linguistically 2. *Adj.* linguistic
Spray *n.* ~s, ~s spray
sprechen 1. *unr. itr. V.* speak; talk; 2. *unr. tr. V.* a) say, recite; pronounce b) speak; say; c) (Aussprache) pronounce
Sprecher *m.*; ~s, ~ a) announcer; news-caster; news-reader; b) (TV, Literatur) narrator; c) (Linguistik) speaker d) spokesman

spreizen 1. *tr. V.* spread
sprengen *tr. V.* a) force; break open; burst, break b) blow up; blast
sprießen *unr. itr. V.*; *mit sein* shoot, sprout
springen 1. *unr. itr. V.*; *meist mit sein* (Sport) jump; vault; dive; c) *mit sein* jump; leap; spring d) *mit sein* jump; change; leap; bounce e) *mit sein* break; crack; 2. *unr. tr. V.*; *auch mit sein* (Sport) perform
Sprint *m.*; ~s, ~s (auch Sport) sprint
Spritze *f.* ~, ~n (Medizin) injection; jab *(ugs.)*
spritzen 1. *tr V.* a) water; spray; pump; b) spray; slash; spatter; c) inject; d) give an injection. 2. *itr. V. mit sein* spit; spatter, splash
spritzig 1. *adv.* sparklingly; racily; 2. *Adj.* a) lively; sparkling; racy; b) sparkling; tangy, c) (schnell) agile, nimble; d) (lebendig) nippy *(ugs.)*
Spruch *m.*; s, Sprüche a) *Pl.* (*ugs. derogativ*: ohne Inhalt) empty words *pl.*; b) (vor Wahlen) motto; saying; aphorism; quotation; quote
sprudeln *itr. V.* a) (Wasser) bubble; b) *mit sein* bubble (aus out of
Sprung *m.*; s, Sprünge a) (*ugs.*: kurze Distanz) stone 's throw; b) crack; c) help sb. on his/her way; d) leap
sprunghaft 1. *adv.*; disjointedly; suddenly; abruptly; rapidly; sharply. 2. *Adj.* a) erratic; disjointed; b) (unerwartet) rapid; sharp; c) (plötzlich) sudden; abrupt
Spucke *f.* ~: spit
spucken 1. *itr. V.* a) (*ugs.*: sich übergeben) throw up *(ugs.)*; be sick (Brit.). b) spit;
Spuk *m.*; s, ~e a) horrific episode b) manifestation
Spüle *f.* ~, ~n sink unit; (Küche) sink

spülen 1. *tr. V.* a) rinse; bathe; b) (anschwemmen) wash; c) (Geschirr waschen) wash up. 2. *itr. V.* a) rinse out b) flush
Spur *f.* ~, ~en c) trace; clue; b) track; trail; c) lane; d) (wenig) trace; e) trace
spürbar 1. *adv.* noticeably; perceptibly; clearly 2. *Adj.* noticeable; perceptible; distinct, perceptible
spüren *tr. V.* feel, sense; (wahrnehmen) notice
Staat *m.*; s, ~ state; die ~en (die USA) the States
staatlich 1. *adv.* by the state 2. *Adj.* state *attrib.*; of the state; state-owned
Stab *m.*; s, Stäbe a) staff; b) team b) rod; pole; bar; baton; (Religion) crosier
stabil 1. *adv.* ~ solidly 2. *Adj.* sturdy; robust
Stachel *m.*; ~s, ~n a) (giftig) sting; b) spine; thorn
Stadion *n.*; ~s, Stadien stadium
Stadium *n.*; ~s, Stadien stage
Stadt *f.* ~, Städte a) a) town; (groß) city
staffeln *tr. V.* grade; stagger
Staffelung *f.* ~, ~en a) gradation; b) staggered arrangement
Stahl *m.*; s, Stähle steel
Stall *m.*; s, Ställe (Tiere) stable; cowshed; coop
Stamm *m.*; s Stämme a) (ethnologisch) tribe b) (Pflanze) trunk; c) (Linguistik) stem d) *o. Pl.* (Kern) core
stampfen 1. *itr. V.* a) *mit sein* (sich bewegen) tramp; (schweren Schrittes) trudge; b) (laut) stamp; c) (bei Maschinen) pound. 2. *tr. V.* a) tap; b) (kleiner machen) mash; pulp; crush; pound; c) compress; drive
Stand *m.*; s, Stände a) position; b) (für Handel) stall; stand; kiosk; c) *o. Pl.* (stehen) standing position
ständig 1. *adv.* constantly; 2. *Adj.*; *nicht prädikativ* a) (permanent) permanent; standing; regular b) (dauerhaft) constant
Stange *f.* ~, ~n (Holz) pole; (Metall) pole; (Kleider) rail
Stängel *m.*; ~s, ~: stem; stall
stanzen *tr. V.* press; (prägen) stamp; (ausstanzen) punch
Stapel *m.*; ~s, ~ a) (Schifffahrt) stocks *pl* b) pile
stark 1. *adv.* a) (unter Jugendlichen) fantastically *(ugs.)*; b) (hohe Intensität) (mit Verb) heavily; greatly; consumably; strongly; very much; c) (Linguistik) strong 2. *Adj.* a) (große Anzahl) sizeable, large; big; b) strong; potent; powerful; excellent; thick, stout; c) (intensiv) heavy; severe; strong
Stärke *f.* ~, ~n a) (Umfang) thickness; (Naturw.) gauge; b) *o. Pl.* strength; power; (Glühbirne) wattage; c) *o. Pl.* (Anzahl) strength; size; d) (Wahrnehmung, Wetter usw.) strength; intensity
stärken 1. *tr. V.* strengthen; boost; fortify
Stärkung *f.* ~, ~en a) (Getränk) refreshment b) *o. Pl.* strengthening
starr 1. *adv.* a) obdurately b) rigidly; stiffly 2. *Adj.* a) (nicht wandlungsfähig) inflexible, rigid b) (nicht nachgebend) inflexible, obdurate b) rigid; stiff (vor + *Dat.* with)
Start *m.*; s, ~s a) (Teilnahme an Sportveranstaltung) participation; b) (Sport; auch bildlich) start;; c) (Fliegen) take off; (Rakete) launch
starten 1. *itr. V.*; *mit sein* a) start; take off; blast off; be launched; b) (Motor) start the engine; c) (Wettkampf) compete; (Rennen) start

(bei, in + *Dat.* in); c) (anfangen) start; begin. 2. *tr. V.* start; launch; start
Station *f.* ~, ~en a) station; b) stop; c) (Krankenhaus) ward; d) (Entwicklungsstufe) stage
statisch *Adj.* static; of statics
Statistik ~en *a) o. Pl.* (Wissenschaft) statistics *sing.*, *no art.*; b) (rechnerische Darstellung) statistics *pl.*
statistisch 1. *adv.* statistically 2. *Adj.* statistical
Stätte ~n *(geh.)* place
stattlich 1. *adv.* impressively; splendidly. 2. *Adj.* a) considerable; sizeable; appreciable; b) well-built; strapping; imposing
Statue ~n statue
Status *m.*; ~, ~ a) (Stellung) status b) (Stand) state
Stau *m.*; s, ~s oder ~e a) (Verkehr) jam (Brit.); backup (Amer.) b) (Flüssigkeit) build-up
Staub *m.*; s dust
stauben *itr. V.* cause dust; raise dust
staubig *Adj.* dusty
stauen 1. *tr. V.* dam 2. *refl. V.* accumulate, build up
staunen *itr. V.* be amazed, astonished (über + Akk. at);
Staunen *n.*; ~s amazement, astonishment (über + Akk. at);
Stauung ~, ~en a) (Verkehr) jam (Brit.); backup (Amer.) b) (Gewässer) damming
stechen 1. *unr. itr. V.* a) stick sth. into sth.; b) clock on; (bei Arbeitsende) clock off; c) prick; sting; bite; d) (Sport) jump-off. 2. *unr. tr. V.* a) stab, prick; sting; bite; spear; c) engrave; d) cut; pick; e) take
stechend *Adj.* penetrating, pungent
stecken 1. *tr. V.* a) (picksen) pin, pin up; b) put; 2. regelm. (auch unr.) itr. V. be
Stecker *m.*; ~s, ~: plug
Steg *m.*; s, ~e (schmale Brücke) bridge; (für Fußgänger) foot-bridge; (ins Wasser)
stehen 1. *unr. itr. V.*; dialektal *mit sein* a) (Position) be; stand; b) stand c) (Wertangabe) stand (bei at); d) etw. (*Dat.*) ~ point to sth.; 2. *unr. refl. V.*; dialektal *mit sein* (*ugs.*) a) (Verhältnis) sich gut mit jmdm. ~: be on friendly terms b) (soziale Umstände) sich gut/ schlecht ~: be comfortably/badly off
stehlen 1. *unr. tr., itr. V.* steal
steif 1. *adv.* a) stiff b) stiffly 2. *Adj.* a) stiff, formal
steigen 1. *unr. itr. V.*; *mit sein* a) rise, increase, mount; b) climb; rise; c) (*ugs.*:) be on 2. *unr. tr. V.*; *mit sein* climb
steigern 1. *tr. V.* increase; step up; raise, increase; become more intense; mount; grow; escalate
Steigerung ~, ~en increase; heightening; (verstärkend) intensification; improvement (*Gen.* in)
Steigung ~, ~en gradient
steil 1. *adv.* steeply. 2. *Adj.*steep; upright, straight; meteoric; rapid
Stein *m.*; s, ~e a) o. Pl. stone; (größeres Stück) rock; b) brick; block; stone; pebble; stone; piece
steinigen *tr. V.* stone
Stelle ~, ~n a) job; position; post; b) (begrenzter Bereich) patch; (am Körper) spot; c) place; d) point; e) (Reihenfolge) place f) (Behörde) authority
stellen 1. *refl. V.* a) give oneself up; b) feign; c) place oneself; d) (nicht ausweichen) face; e) take a view of 2. *tr. V.* a) (ein~ , regulieren) set; b) put; place; (aufrecht hin~) stand
Stellung ~, ~en a) job; position; (bes. als Beamter) post; b) position c) *o. Pl.* (Einstellung) attitude
Stelze ~, ~n meist *Pl.* stilt
stemmen 1. *refl. V.* brace oneself against; *(bildlich)* resist sth. 2. *tr. V.* a) brace (gegen against b) lift
Stempel *m.*; ~s, ~ a) pistil; b) stamp
stempeln *tr. V.* stamp; postmark
sterben 1. *unr. tr. V.*; *mit sein* die of starvation; starve to death. 2. *unr. itr. V.*; *mit sein* lie dying
Sterbliche *m./f.*; *adj. Dekl.* mortal
Sterblichkeit *f.* ~: mortality
Stereo *n.*; ~s stereo
steril 1. *adv.* a) (bildlich abwertend: unschöpferisch) sterilely; b) sterile 2. *Adj.* sterile
sterilisieren *tr. V.* sterilize
Stern *m.*; s, ~e a) (Orden, Auszeichnung) star b) star
stetig 1. *adv.* eadily; constantly, continuously 2. *Adj.* steady; constant, continuous
stets *Adv.* always
Steuer *n.*; ~s, ~ (von Fahrzeugen) wheel; (von Schiffen) helm
Steuer ~, ~n *o. Pl.* (*ugs.*: Behörde) tax authorities
steuerlich 1. *adv.* ~ absetzbar tax-deductible. 2. *Adj.*; tax
steuern 1. *itr. V.* a) be at the wheel; b) *mit sein* head. 2. *tr. V.* a) control, regulate; steer; influence; b) control; c) steer; (fliegen) pilot, fly
Steuerung ~, ~en a) (System) controls *pl.*; b) *o. Pl.* steering, piloting; flying; control, regulation; influencing
Stich *m.*; s, ~e a) (bildlich: böse Bemerkung) dig; gibe;

b) (mit einer Waffe) stab; c) prick; d) sting; (Mücken~ usw.) bite; e) stabbing, shooting, sharp pain h) *o. Pl.* tinge; i) (Kartenspiel) trick
sticken 1. *tr. V.* embroider. 2. *itr. V.* do embroidery
Stiefel *m.*; ~s, ~ boot
Stiel *m.*; s, ~e a) (bei Gläsern) stem; b) handle; stick; c) stem; stalk
stier 1. *adv.* vacantly. 2. *Adj.* vacant
Stier *m.*; s, ~e a) bull; b) (Sternzeichen) taurus; the Bull
Stift *m.*; s, ~e a) pencil; (Mal~) crayon; b) (aus Metall) pin
Stift *n.*; s, ~e (Kloster) monastery; foundation
stiften *tr. V.* a) found, establish; endow; (als Spende) donate, give (für to); b) (herbeiführen) cause, create
Stifter *m.*; ~s, ~: founder; (Spender) donor
Stiftung ~, ~en a) foundation; b) foundation; endowment
Stil *m.*; s, ~e style
still 1. *adv.* a) (geräuschlos) silently; quietly; b) quietly; c) in silence. 2. *Adj.* a) (wortlos) silent; b) (reglos) still; c) (ruhig, leise) quiet; (ganz ohne Geräusche) silent; still f) (heimlich) secret
Stille ~ a) (Geräuschlosigkeit) silence; stillness; (Ruhe) quiet; b) (Regungslosigkeit) calm
Stimme ~, ~n a) voice; b) (bei Wahlen, auch Stimmrecht) vote; c) (Meinung) voice
stimmen 1. *tr. V.* a) (Musik) tune b) make 2. *itr. V.* a) be right/correct b) be right/correct c) vote
Stimmung ~, ~en a) atmosphere; b) opinion; c) mood; liven up
Stipendium *n.*; ~s, Stipendien grant; scholarship
Stirn ~, ~en forehead; brow
Stock *m.*; s, Stöcke a) (Ast, Spazier~) stick; baton; pointer; stick; b) (Pflanze) bush; (Reb~) vine; d) stick
Stock *m.*; s, ~ (Etage) floor; storey
stocken *itr. V.* a) (innehalten) falter; b) be held up
Stoff *m.*; s, ~e a) (Materie) substance; b) (für Textilien) material; fabric; c) (Thema) material; d) *o. Pl.* (Alkohol) booze (coll.); (salopp: Rauschgift) stuff *(sl.)*; dope
stöhnen *itr. V.* moan; (vor Schmerz) groan
Stollen *m.*; ~s, ~ a) *(Bergbau)* gallery; b) (Kuchen) Stollen; c) (unterirdischer Gang) gallery; tunnel
stolpern *itr. V.*; *mit sein* a) stumble; trip; b) (bildlich: straucheln) come to grief, come unstuck (über + Akk. over)
stolz 1. *adv.* proudly. 2. *Adj.* a) proud c) (*ugs.*: beträchtlich) steep (coll.), hefty
Stolz *m.*; ~es pride (auf + Akk. in)
stolzieren *itr. V.*; *mit sein* strut
stopfen 1. *itr. V.* a) (*ugs.*: sehr sättigen) be very filling; b) (den Stuhlgang hemmen) cause constipation. 2. *tr. V.* a) darn; b) (füllen) stuff; fill; c) (hineintun) stuff; d) (ausfüllen, verschließen) plug
stören 1. *refl. V.* take exception 2. *itr. V.* a) (Unruhe stiften) make trouble); b) spoil the effect; c) bitte nicht ~! do not disturb 3. *tr. V.* a) bother; b) disturb; interfere with; (absichtlich) jam; interference c) (behindern) disturb; disrupt
störrisch 1. *adv.* stubbornly; obstinately. 2. *Adj.* stubborn; obstinate; refractory
Störung ~, ~en a) disturbance; disruption; b) disturbance, disruption
Stoß *m.*; ~es, Stöße a) (Schlag) blow; (Stich) thrust; b) punch; kick; butt; c) (Stapel) pile; stack; d) thrust e) tremor
stoßen 1. *unr refl. V.* hurt oneself, bang 2. *unr. itr. V.* a) *mit sein* bump; b) *mit sein* bump (gegen into); c) *mit sein* (entdecken) come across; d) *mit sein* zu jmdm. ~ meet up with sb.; e) (grenzen) be next to 3. *unr. tr. V.* a) *auch itr. V.* kick; punch; dig; b) knock, bang; c) (schleudern) push; e) pound
stottern 1. *tr. V.* stutter, stammer 2. *itr. V.* stutter; stammer
Strafe ~, ~n punishment; (Jura) penalty; fine; sentence
strafen *tr. V.* punish
straffen 1. *refl. V.* straighten oneself, draw oneself up; tighten; stiffen. 2. *tr. V.* a) tighten; b) (raffen) tighten up
Sträfling *m.*; ~s, ~e prisoner
Strahl *m.*; s, ~en a) jet; b) (Licht) ray; beam
strahlen *itr. V.* a) sparkle; b) shine; c) beam (vor + *Dat.* with)
Strahlung ~, ~en radiation
Strähne ~, ~n (Haare) strand; (bildlich: Zeit) streak
strähnig 1. *adv.* in strands. 2. *Adj.* straggle
stramm 1. *adv.* a) (straff) tightly; b) (kräftig) sturdily; c) (*ugs.*: zügig) hard; briskly; fast 2. *Adj.* a) (gerade) upright, erect; b) strapping; sturdy; c) (straff) tight, taut
strampeln *itr. V.* a) *mit sein* pedal; b) kick
Strand *m.*; s, Strände beach
stranden *itr. V.*; *mit sein* (festsitzen) run aground; *(bildlich)* be stranded
Strang *m.*; s, Stränge a) cord; b) (Seil) rope; c) (Li-

nie) trace
Strapaze ~n strain
strapazieren 1. *refl. V.* strain 2. *tr. V.* be a strain on
Straße ~, ~n road; street
Strategie ~n strategy
strategisch 1. *adv.* strategically. 2. *Adj.* strategic
sträuben 1. *refl. V.* a) bristle, stand on end; become rued; b) resist; 2. *tr. V.* rue bristle
Strauch *m*.; s, Sträucher shrub
straucheln *itr. V.*; mit sein a) (scheitern) fail; b) (stolpern) stumble
Strauß *m*.; ~es, Sträuße bunch of flowers; bouquet
Strauß *m*.; ~es, ~e (Vogel) ostrich
streben *itr. V.* a) *mit sein* strive (nach for); b) make one's way briskly
Strebsamkeit ~: ambition and industriousness
Strecke ~, ~n a) route; line; b) distance
Streich *m*.; s, ~e a) (Schabernack) trick; prank b) (Hieb) blow
streicheln tr. (*auch itr.*) V. stroke; (liebkosen) stroke; caress
streichen 1. *unr. itr. V.* a) *mit sein* (umhergehen) wander; b) *mit haben* stroke; c) (an~) paint. 2. *unr. tr. V.* a) stroke; b) spread; c) sweep
Streichung ~, ~en a) deletion; cutting *no indef. art.*; b) deletion; cut
streifen 1. *itr. V. mit sein* roam 2. *tr. V.* a) touch; brush, graze
Streifen *m*.; ~s, ~ a) (*ugs.*: Film) film; b) strip; c) line; (Linie) stripe
streifig *Adj.* streak
Streik *m*.; s, ~s strike
streiken *itr. V.* a) strike; be on strike; come out/go on strike; strike; b) (*ugs.*: nicht funktionieren) pack up
Streit *m*.; s; dispute; argument; squabble;quarrel
streiten *unr. itr.*, *refl. V.* quarrel; argue; quarrel
streng 1. *adv.* a) (hart) strictly, severely; sternly; b) strongly; c) strictly 2. *Adj.* a) *nicht präd.* strict; absolute; complete; b) (hart) strict; severe; stringent; c) severe; d) pungent, sharp
Strenge ~ a) severity; stringency; strictness; rigour; sternness; b) (Striktheit) strictness
Streu ~en straw
streuen *tr. V.* a) spread; sprinkle; strew, scatter; b) (*auch itr.*) salt the roads; c) (*bildlich*) spread
streunen *itr. V.*; meist mit sein wander/roam about/around
Strich *m*.; s, ~e a) *o. Pl.* (Pinsel) strokes *pl.*; b) (Markierung) mark; (Linie) line; (Schräg~) diagonal; slash; dash; (Binde~) hyphen c) stroke; d) *o. Pl.* (Prostitution) prostitution
stricheln *tr. V.* (zeichnen) sketch in (schraffieren) hatch
Strick *m*.; s, ~e cord; (Seil) rope
stricken tr., *itr. V.* knit
Strickerei ~, ~en (Tätigkeit) knitting; (Produkt) piece of knitting
strikt 1. *adv.* strictly 2. *Adj.* strict; exact
Stripperin ~, ~nen (*ugs.*) stripper
Striptease *m*.; ~: striptease
Stroh *n*.; s straw
Strom *m*.; s, Ströme a) electricity (Elektrizität) b) (Strömung) current c) river
strömen *itr. V.*; *mit sein* stream; pour
Strömung ~, ~en a) (*bildlich*) (Bewegung) movement; (Tendenz) trend; b) current; (Wetter) airstream
Strophe ~n verse
Strudel *m*.; ~s, ~ a) (Gebäck) strudel; b) whirlpool; (kleiner) eddy
strudeln *itr. V.* eddy, swirl
Struktur ~en structure
strukturell 1. *adv.* structurally. 2. *Adj.* structural
strukturieren *tr. V.* structure
Strumpf *m*.; s, Strümpfe stocking; (Socke, Knie~) sock
Stube ~, ~n (Wohnraum) room; parlour (dated)
Stück *n*.; s, Stücke a) piece; part; (kleines) bit b) (*bildlich*) das ist ein starkes oder tolles ~ (*ugs.*) that's a bit much (coll.); c) item; article d) ein faules/freches ~ a lazy/cheeky thing devil; e) (Bühnen~) play; f) (Musik~) piece
stückeln 1. *itr. V.* sew on patches. 2. *tr. V.* put together with patches
Student *m*.; ~en, ~en student
Studie ~, ~n study
studieren 1. *tr. V.* study. 2. *itr. V.* study
Studio *n*.; ~s, ~s studio
Studium *n*.; ~s, Studien a) (Erforschung) study; b) *o. Pl.* study; (Studiengang) course of study
Stufe ~, ~n a) (Niveau) level; degree; stage; grade b) step; stair
Stuhl *m*.; s, Stühle a) chair; b) (Religion) seat
stumm *Adj.* dumb; (wortlos) wordless; mute; (schweigsam) silent
Stumme *m./f.*; *adj. Dekl.* mute
Stummel *m*.; ~s, ~: stump; (Bleistift~) stub; (Zigaretten~) butt
stumpf 1. *adv.* impassively. 2. *Adj.* a) blunt; snub; flat-topped; b) (rau) rough; c) impassive, lifeless; apathetic; dulled; d) dull

Stumpf *m.*; s, Stümpfe stump

Stunde ~, ~n a) hour; b) (Unterrichts~) lesson; c) (Zeit) time; (Augenblick) moment

stündlich 1. *adv.* a) hourly; once an hour 2. *Adj.* hourly

stur *(ugs.)* 1. *adv.* a) (unbeirrbar) doggedly; regardless; b) obstinately. 2. *Adj.* a) obstinate; pig-headed; dogged; b) (unbeirrbar) dogged; persistent

Sturm *m.*; s, Stürme a) storm; (heftiger Wind) gale; b) (Militär: Angriff) assault (auf + Akk. on) c) (Sport: Stürmer) forward line

stürmen 1. *tr. V.* (Militär) storm; *(bildlich)* besiege. 2. *itr. V.* a) *mit sein* (rennen) rush; (verärgert) storm; b) (Sport: Stürmer) play up front/as a striker; d) (Sport, Militär: angreifen) attack

Sturz *m.*; -es, Stürze a) fall (aus, von from); (Unfall) accident; b) fall; (Absetzung) overthrow; removal from office; c) fall, drop *(Gen.* in)

stürzen 1. *tr. V.* a) throw; (mit Wucht) hurl; b) (des Amtes entheben) oust, overthrow, topple 2. *refl. V.* sich in etw. (Akk.) ~: throw oneself/plunge into sth. 3. *itr. V.*; *mit sein* a) (bildlich) drop tumble; fall, collapse; b) fall; (in die Tiefe) plunge; c) (laufen) rush

Stütze ~, ~n support; prop

stützen 1. *refl. V.* lean, support 2. *tr. V.* support; (aufstützen) rest

Subjekt *n.*; s, ~e a) (auch Grammatik) subject; b) (Mensch) creature; type

subjektiv 1. *adv.* subjectively. 2. *Adj.* subjectiv

Subjektivität ~: subjectivity

subtil 1. *adv.* subtly. 2. *Adj.* subtle

subtrahieren *tr., itr. V.* (Mathematik) subtract

Subtraktion *f.*; ~, ~en (Mathematik) subtraction

Suche ~, ~n search (nach for)

suchen 1. *itr. V.* search; look 2. *tr. V.* a) look for; search for; b) seek; look for c) (trachten) seek, endeavour

Sucht ~, Süchte a) craving, obsessive desire (nach for); b) addiction (nach to)

süchtig *Adj.* a) addicted b) (versessen, begierig) obsessive

Süden *m.*; ~s a) (Richtung) south a; b) (Geografie) South

südlich 1. *adv.* southwards. 2. *Adj.* a) (im Süden) southern; b) southerly; Southern. 3. *Präp. mit Gen.* south of

suggerieren *tr. V.* suggest

Suggestion ~, ~en; suggestive effect/power; (Psychologie) suggestion

suggestiv (Psychologie) 1. *adv.* suggestively. 2. *Adj.* suggestive

Sühne ~, ~n expiation; atonement

sühnen *tr., itr. V.* etw. ~: at/one for/pay the penalty for sth

summarisch 1. *adv.* summarily; briefly. 2. *Adj.* summary; brief

Summe *f.*; ~, ~n sum

summen 1. *tr., auch itr. V.* hum. 2. *itr. V.* hum; (lauter, heller) buzz

summieren *refl. V.* add up

Sumpf *m.*; s, Sümpfe marsh; swamp; *(bildlich)* morass

sumpfig *Adj.* marsh

Sünde ~, ~n sin; *(bildlich)* misdeed; transgression

Sünder *m.*; ~s, ~, Sünderin *f.*; ~, ~nen sinner

sündhaft 1. *adv.* a) sinfully; b) (*ugs.*: sehr) outrageously 2. *Adj.* a) sinful

sündig 1. *adv.* sinfully. 2. *Adj.* sinful; (lasterhaft) wicked

sündigen *itr. V.* sin

Suppe *f.*; ~; ~n soup

surren *itr. V.* a) *mit sein* (schwirren) whirr; b) hum; whir

süß 1. *adv.* sweetly 2. *Adj.* sweet

süßen 1. *itr. V.* sweeten things 2. *tr. V.* sweeter

Süßigkeit *f.*; ~, ~en *meist Pl.* sweet (Brit.); candy (Amer.); ~en sweets (Brit.); candy *sing.* (Amer.)

Symbol *n.*; ~s, ~e symbol

symbolisch 1. *adv.* symbolically. 2. *Adj.* symbolic

symbolisieren *tr. V.* symbolize

symmetrisch 1. *adv.* symmetrically. 2. *Adj.* symmetrical

Sympathie ~, ~n sympathy

Sympathisant *m.*; ~s, ~en, Sympathisantin *f.*; ~, ~nen sympathizer *(Gen.* with)

sympathisch 1. *adv.* in a likeable/appealing way; agreeably. 2. *Adj.* likeable; congenial, appealing

Symptom *n.*; ~s, ~e (Medizin) symptom *(Gen.*, für, von of)

symptomatisch (Medizin) 1. *adv.* symptomatically. 2. *Adj.* symptomatic (für of

synchronisieren *tr. V.* (Technik, bildlich) synchronize; (Film) dub

synonym (Grammatik) 1. *adv.* synonymously. 2. *Adj.* synonymous

Synonym *n.*; ~s, ~e (Grammatik) synonym

System *n.*; ~, ~e system

Systematik *f.*; ~, ~en systematics *sing*

systematisch 1. *adv.* systematically. 2. *Adj.* systematic

Szene ~, ~n a) (Milieu) scene *(ugs.)*; b) scene; make a scene c) scene; limelight

T

t, T *n.*; ~, ~, *(ugs.)* ~s, ~s t/
Tabak *m.*; ~s, ~e tobacco
tabellarisch 1. *adv.* in tabular form 2. *Adj.* tabular
Tabelle ~n table
Tablett *n.*; s, ~s oder ~e tray
Tablette~, ~n tablet
Tabu *n.*; ~s, ~s taboo
tadel·los 1. *adv.* a) (*ugs.*: sehr gut) excellent b) impeccably, immaculately; perfectly; irreproachably. 2. *Adj.* a) (*ugs.*: sehr gut) excellent; b) impeccable; immaculate; perfect
tadeln *tr. V.* rebuke, criticize
Tafel ~n a) table; b) plaque; c) blackboard
tafeln *itr. V.* feast
Tag *m.*; s, ~e a) day; am ~e vorher on the previous day; ~ für ~: every day; von ~ zu ~: day by day; guten ~! hello!; über/unter *(Bergbau)* above ground/underground; welchen ~ haben wir heute? what day is it today? b) *Pl.* days c) *Pl.* (*ugs.*: Menstruation) period *sing*
tagen *itr. V.* (konferieren) meet
täglich 1. *adv.* every day 2. *Adj.*; *nicht präd.* daily
Tagung~, ~en conference
Taille ~n waist; in der ~: at the waist
Takt *m.*; s, ~e a) *o. Pl.* tact; b) *o. Pl.* (rhythmischer Bewegungsablauf) rhythm; c) bar; measure
Taktik ~en: ~: tactics *pl*
taktisch 1. *Adv.* tactically 2. *Adj.* tactical
Tal *n.*; s, Täler valley
Talent *n.*; s, ~e talent (zu, für for)
talentiert *Adj.* talented
Talg *m.*; s, ~e a) (Haut~) sebum; b) (Speisefett) suet
Tang *m.*; s, ~e seaweed
tanken *tr., itr. V.* fill up

Tanker *m.*; ~s, ~: tanker
Tanne ~, ~n fir-tree; (Holz) fir
Tante ~n aunt
Tanz *m.*; ~es, Tänze dance
tänzeln *itr. V.* prance
tanzen 1. *tr. V.* Walzer ~: dance a waltz 2. *itr. V.* a) dance; b) *mit sein* dance
Tänzer *m.*; ~s, ~, Tänzerin~, ~nen a) dancer; b) (Partnerin) dancing-partner
Tapete ~n wallpaper
tapezieren *tr. V.* paper
tapfer 1. *Adv.* bravely; courageously. 2. *Adj.* brave; courageous
tappen *itr. V.* a) *mit sein* (tastend greifen) grope (nach for); b) patter
Tarif *m.*; ~s, ~e a) (Lohn~) group; (Lohngruppe) wage group
tariflich 1. *Adv.* fixed rates 2. *Adj.*; *nicht präd.* wage
tarnen 1. *refl. V.* camouflage oneself. 2. *tr.*, *itr. V.* camouflage
Tarnung~, ~en (auch bildlich) camouflage
Tasche ~n bag; pocket
Tasse ~n cup; mug
Taste ~n key; button
tasten 1. *refl. V.* grope/feel one's way. 2. *itr. V.* grope, feel
Tat~, ~en a) action; act b) in der ~ (verstärkend) actually; (zustimmend) indeed
Täter *m.*; ~s, ~: culprit
tätig *Adj.* a) ~ sein work; b) (rührig, aktiv) active
tätigen *tr. V.* (Handel) transact
Tätigkeit~, ~en a) *o. Pl.* operation; b) activity; (Arbeit) job
tätlich 1. *Adv.* physically. 2. *Adj.* physical
tätowieren *tr. V.* tattoo
Tätowierung~, ~en tat-

tooing; einzelne Tätowierung tattoos
Tat·sache *f.* fact
tatsächlich 1. *Adv.* actually; really 2. *Adj.* actual; real
Tatze ~n paw
Tau *m.*; s dew
Tau *n.*; s, ~e (Seil) rope
taub *Adj.* a) deaf; b) (leer) empty; unfruitful; dead; c) (wie abgestorben) numb
Taube~, ~n pigeon; dove
Taubheit~: deafness
taub·stumm *Adj.* deaf and dumb
Taub·stumme *m./f.*; *adj. Dekl.* deaf mute
Tauchen 1. *tr. V.* a) (ein~) dip; b) (unter~) duck. 2. *itr. V.* dive
Taucher *m.*; ~s, ~: diver; (mit Ausrüstung) skindiver
tauen 1. *tr. V.* melt; thaw; 2. *itr. V.* a) es taut it's thawing; b) *mit sein* melt
Taufe~, ~n (Religion) baptism; christening
taufen *tr. V.* a) baptize; b) (Namensgebung) christen
taugen *itr. V.* für etw. ~ (person) be suited to sth.; (thing) be suitable for sth.
tauglich *Adj.* (für Militärdienst) fit
Taumel *m.*; ~s a) frenzy; fever b) (Schwindel, Benommenheit) dizziness/giddiness
taumeln *itr. V.* a) *auch mit sein* reel, sway; b) *mit sein* stagger
Tausch *m.*; s, ~e exchange
tauschen 1. *itr. V.* change, swap 2. *tr. V.* exchange
täuschen 1. *refl. V.* be wrong/mistaken. 2. *itr. V.* (irreführen) be deceptive. 3. *tr. V.* deceive
täuschend 1. *Adv.* remarkably. 2. *Adj.* remarkable, iking
Täuschung~, ~en a) de-

ception; b) delusion; illusion
tausend *Kardinalz.* a/one thousand
Tausend *n.*; ~s, ~e oder ~ a) *Pl.* thousands; ~e Zuschauer thousands of spectators; b) *Pl.*: ~ thousand
Tausender *m.*; ~s, ~ (Betrag) thousand marks/dollars etc
tausendst... *Ordinalz.* thousandth
tausendstel *Bruchzahl* thousandt
Taxi *n.*; ~s, ~s taxi
Technik ~en a) *o. Pl.* technology; (Studienfach) engineering *no art.*; b) (Arbeitsweise, Verfahren) technique; c) *o. Pl.* workings pl
Techniker *m.*; ~s, ~, **Technikerin**~, ~nen technical expert; (im Sport) technician
technisch 1. *Adv.* technically; technologically 2. *Adj.* technical; technological
Technologie ~n technology
technologisch 1. *Adv.* technologically. 2. *Adj.* technological
Tee *m.*; ~s, ~s tea
Teer *m.*; s, (Arten) ~e tar
teeren *tr. V.* tar
Teich *m.*; s, ~e pond
Teig *m.*; s, ~e dough; batter; pastry
Teil a) *m.*; s, ~e share; b) *m.*; s, ~e part c) *m.* oder *n.*; s, ~e share d) *n.*; s, ~e (Einzel~) part
Teilchen *n.*; ~s, ~ (Partikel) particle; part
teilen 1. *itr. V.* share. 2. *refl. V.* a) (auseinandergehen) der Weg teilt sich the road forks; b) sich (*Dat.*) etw. ~: share sth. 3. *tr. V.* a) divide b) (dividieren) divide c) share
Teilnahme ~n a) (Interesse) interest (an + *Dat.* in); b) participation (an + *Dat.* in) c) sympathy
Teilnehmer *m.*; ~s, ~ a) participant (*Gen.*, an + *Dat.* in); competitor, contestant (an + *Dat.* in); b) subscribe
teils *Adv.* partly
Teilung~, ~en division
teilweise 1. *Adj.* partial. 2. *Adv.* partly
Teint *m.*; ~s, ~s complexion
Telefon *n.*; ~s, ~e telephone; phone *(ugs.)*
Telefonat *n.*; s, ~e telephone call
telefonieren *itr. V.* make a phone call
telefonisch 1. *Adv.* by telephone 2. *Adj.* telephone
Telegramm *n.* telegram
Telepathie telepathy *no art*
Teller *m.*; ~s, ~ plate
Tempel *m.*; ~s, ~: temple
Temperament *n.*; s, ~e temperament
Temperatur ~en temperature
Tempo *n.*; ~s, ~s a) *Pl.* ~s speed b) (Musik) tempo; time
Tendenz ~en a) slant; bias; b) trend
tendieren *itr. V.* tend (zu towards)
Tennis *n.*; ~: tennis
Tenor *m.*; ~s, Tenöre (Musik) a) (Stimmlage, Sänger) tenor
Teppich *m.*; ~s, ~e carpet; (kleiner) rug;
Termin *m.*; ~s, ~e engagement; hearing; date; appointment
Termite ~n termite
Terrasse ~n terrace
Territorium *n.*; ~s, Territorien a) territory; b) land; territory
Terror *m.*; ~s terrorism *no art.*
terrorisieren *tr. V.* terrorize
Terrorismus *m.*; ~: terrorism
Terrorist *m.*; ~en, ~en, Terroristin~, ~nen terrorist
Test *m.*; s, ~s oder ~e test
Testament *n.*; s, ~e a) will; b) Testament
testen *tr. V.* test (auf + Akk. for
teuer 1. *Adv.* expensively 2. *Adj.* a) expensive; b) (geschätzt) dear
Teuerung~, ~en rise in price
Teufel *m.*; ~s, ~: devil
Text *m.*; s, ~e text; script; words *pl.*; lyrics *pl*
texten *tr. V.* write
Textilien *Pl.* a) textiles; b) (Fertigwaren) textile goods
Theater *n.*; ~s, ~) *o. Pl.* (bildlich *ugs.*) fuss; b) theatre; act
theatralisch (auch bildlich) 1. *Adv.* theatrically. 2. *Adj.* theatrical
Theke ~n (Ladentisch) counter; (Schanktisch) bar
Thema *m.*; ~s, Themen subject; theme
Thematik ~en theme; (Themenkreis) themes *pl.*
thematisch 1. *Adv.* thematically 2. *Adj.* thematic
Theologe *m.*; ~n, ~n theologian
Theologie ~n theology
theologisch 1. *Adv.* theologically. 2. *Adj.* theological
Theoretiker *m.*; ~s, ~: theoretician; theorist
theoretisch 1. *Adv.* theoretically. 2. *Adj.* theoretical
Theorie ~n theory
Therapeut *m.*; ~en, ~en, Therapeutin~, ~nen therapist; therapeutist
therapeutisch 1. *Adv.* therapeutically. 2. *Adj.* therapeutic
Therapie ~n therapy (gegen for)
These ~ thesis
Thron *m.*; s, ~e throne
thronen *itr. V.* sit enthroned; tower
Thymian *m.*; ~s, ~e thyme
tibetisch *Adj.* Tibetan
Ticket *n.*; ~s, ~s ticket
tief 1. *Adv.* a) (weit nach unten) deep; a long way; low b) (weit unten) deep; c) low; d) deep; e) deeply, soundly.

2. *Adj.* a) low; b) deep; low; long; c) deep; intense; utter; great
Tief *n.*; ~s, ~s (Wetter) low; depression; *(bildlich)* low
Tiefe~, ~n a) depths *pl.* b) depth
Tiegel *m.*; ~s, ~ (Schmelz~) crucible; pan; (Behälter) pot
Tier *n.*; ~[e]s, ~e animal; pet
tierisch 1. *Adv.* a) like an animal; savagely; b) *(ugs.:* unerträglich) terribly *(ugs.)*; deadly; baking; perishing *(ugs.)*. 2. *Adj.* animal; bestial, savage
Tiger *m.*; ~s, ~: tiger
tilgen *tr. V.* a) (Handel) repay; pay off; b) delete; erase
Tilgung ~, ~en a) deletion; erasure; wiping out; b) (Handel) repayment
Tinte ~n ink
Tip *m.*; ~s, ~s a) (bei Lotto usw.) numbers; b) *(ugs.:* Fingerzeig) tip
tippen 1. *tr. V.* a) type; b) tap c) (setzen auf) choose 2. *itr. V.* a) an/gegen etw. (Akk.) ~: tap sth. b) type
Tisch *m.*; s, ~e table; (Schreib~) desk
Tischler *m.*; ~s, ~: joiner; (bes. Kunst~) cabinet-maker
Titel *m.*; ~s, ~ title
Toast *m.*; ~s, ~e oder ~s a) (Trinkspruch) toast; b) toast; (Scheibe ~) piece of toast
toasten *tr. V.* toast
Toaster *m.*; ~s, ~: toaster
toben *itr. V.* a) (tollen) romp/charge about; b) go wild (vor + *Dat.* with)
Tochter Töchter daughter
Tod *m.*, s, ~e (auch bildlich) death
todkrank *Adj.* critically ill
tödlich 1. *Adv.* a) fatally; b) (sehr) terribly *(ugs.)*. 2. *Adj.* a) fatal; lethal, deadly , mortal; b) (sehr groß, ausgeprägt) deadly
Toilette ~n toilet; lavatory

tolerant 1. *Adv.* tolerantly. 2. Adj tolerance
tolerieren *tr. V.* tolerate
toll 1. *Adv.* a) (wild, übermütig) wild b) *(ugs.:* großartig) terrifically well *(ugs.)*; c) *(ugs.:* schlimm, übel) mad. 2. *Adj.* a) wild; mad; b) *(ugs.)* (großartig) great *(ugs.)*; fantastic *(ugs.)*; amazing; enormous; terrific *(ugs.)*; c) *(ugs.:* schlimm, übel) terrible *(ugs.)*
Tölpel *m.*; ~s, ~ (abwertend; einfältiger Mensch) fool
tölpelhaft *(derogativ)* 1. *Adv.* foolishly. 2. *Adj.* foolish
Tomate ~n tomato
Ton *m.*; s, ~e clay
Ton *m.*; s, Töne a) (Sprechweise, Umgangs~) tone b) (Film) sound; (Wissenschaft, Musik, Telefon) tone; (Klang) note; c) *(ugs.:* Äußerung) word d) (Farb~) shade; tone
tönen 1. *tr. V.* (färben) tint. 2. *itr. V.* a) *(ugs.* abwertend) boast; b) sound; ring
Tonne ~n a) (Gewicht) tonne; metric ton; b) (Müll~) bin; (Regen~) water-butt;
Tönung~, ~en a) (Farbton) tint; shade; b) tintint
Topf *m.*; ~es, Töpfe a) pot; (mit Stiel) saucepan; casserole; b) (Nacht~) chamber pot c) (Krug) jug; d) (Blumen~) pot
Töpfer *m.*; ~s, ~: potter
Töpferei ~, ~en a) (Werkstatt) pottery; potter's workshop; b) pottery
töpfern 1. *tr. V.* make; getöpferte Teller handmade pottery plates. 2. *itr. V.* do pottery
Tor *n.*; s, ~e a) (Sport) goal; b) gate; (einer Garage, Scheune) door
Torheit~, ~en a) *o. Pl.* foolishness; b) (Handlung) foolish act
töricht 1. *Adv.* foolishly; stu-

pidly. 2. *Adj.* foolish; stupid
Tornado *m.*; ~s, ~s tornado
torpedieren *tr. V.* (Militär, bildlich) torpedo
Torpedo *m.*; ~s, ~s torpedo
Törtchen *n.*; ~s, ~: tartle
Torte ~n gateau; (Obst~) flan
Tortur ~en a) (Folter) torture; b) ordeal
tot *Adj.* a) dead; b) dead; drop dead c) *(bildlich)* dull; bleak
total 1. *Adj.* total. 2. *Adv.* totally
totalitär (Politik) 1. *Adv.* in a totalitarian way. 2. *Adj.* totalitarian
Tote *m./f.*; *adj. Dekl.* dead man/woman; dead person
töten tr., *itr. V.* kill
Tötung~, ~en killing; fahrlässige ~ (Jura) manslaughter by culpable negligence
Tour ~en a) route; b) tour (durch of); trip; drive; ride; (Kletter~) trip; c) (Tournee) tour; auf ~ gehen go on tour
Tourismus *m.*; ~: tourism no art
Tourist *m.*; ~en, ~en tourist
Touristik *f.*~: tourism *no art.*; tourist industry/business
Trab *m.*; s trot
traben *itr. V.*; *mit sein* (auch *ugs.:* laufen) trot
Tracht ~en a) uniform; traditional/national costume; b) a hiding
trachten *itr. V.* strive (nach for, after)
Tradition ~en tradition
traditionell 1. *adv.* traditionally. 2. *Adj.* traditional
tragbar *Adj.* a) (Kleidung) wearable; b) (Gegenstände) portable; c) (erträglich) bearable; tolerable
träge 1. *adv.* sluggishly; (geistig) lethargically. 2. *Adj.* sluggish; (geistig) lethargic
tragen 1. *unr refl. V.* a) (sich kleiden) dress; b) *in* contemplating; c) carry. 2. *unr.*

itr. V. a) eine ~de Katze a pregnant cat 3. *unr. tr. V.* a) bear; endure; b) (am Körper) wear; have; c) carry; d) (halten) hold; e) (von unten stützen) support; f) (belastbar sein durch) be able to carry/take; g) (unterhalten, finanzieren) support; h) (bringen) take i) (bildlich: haben) have; bear; carry; j) (schwanger sein mit) be carrying

Träger *m.*; ~s, ~ a) porter; bearer; b) (an Kleidung) strap; braces *pl.*; c) (Bau) girder; beam; d) moving force

Trägheit ~, ~en a) sluggishness; lethargy; b) (Wissenschaft) inertia

tragisch 1. *adv.* tragically 2. *Adj.* tragic

Tragödie ~n tragedy

Trainer *m.*; ~s, ~,.Trainerin ~, ~nen coach; trainer

trainieren 1. *itr. V.* train; practise 2. *tr. V.* a) train; coach; manage; exercise; b) (üben, einüben) practise

Training *n.*; ~s, ~s (auch bildlich: Ausbildung) training *no indef. art.*;

Trakt *m.*; ~s, ~e section; (Flügel) wing

Traktor *m.*; ~s, ~en tractor

trällern *tr., itr. V.* warble

trampeln 1. *tr. V.* trample. 2. *itr. V.* a) *mit sein* (abwertend: treten) trample; b) ~: stamp

Tramper *m.*; ~s, ~, Tramperin *f.*, ~, ~nen hitch-hike

Tran *m.*; s train-oil; im ~ (*ugs.*) befuddled; in a daze; (im Rausch) stoned *(sl.)*

Trance *f.*, ~, ~n trance

Träne *f.*, ~, ~n tear

tränen *itr. V.* water

tranig *Adj.* a) (*ugs.*: langsam) sluggish; slow; b) full of train-oil

Tränke ~n watering-place

tränken *tr. V.* a) (auch bildlich) water; b) (sich vollsaugen lassen) soak

Transfer *m.*; ~s, ~s (bes. Handel, Sport) transfer

transparent *Adj.* a) (bildlich: verständlich) intelligible; b) transparent; (Licht durchlassend) translucent, diaphanous

Transparent *n.*; s, ~e (Bild) transparency; (Spruchband) banner

Transparenz *f.*; a) intelligibility; b) transparency

transpirieren *itr. V.* (bes. Medizin) perspire

Transplantation *f.*, ~, ~en (Medizin) transplant

Transport *m.*; ~e a) (Beförderte) train-load; convoy; (Fracht) consignment; shipment; b) (Beförderung) transportation

transportabel *Adj.* transportable; (tragbar) portable

Transporter *m.*; ~s, ~ (Schiff) cargo ship; (Flugzeug) transport aircraft

Transporteur *m.*; ~s, ~e carrier

transportieren *tr. V.* transport; move

Transvestit *m.*; ~en, ~en transvestite

Trapez *n.*; ~es, ~e a) trapeze; b) trapezium (Brit.); trapezoid (Amer.

Trasse *f.*, ~, ~n a) routeline; b) (Damm) embankment

Tratsch *m.*; s (*ugs.* abwertend) gossip; tittle-tattle

tratschen *itr. V.* gossip; (schwatzen) chatter

Traube ~n a) (Wein~) grape; (Beeren) bunch; b) (Menschenmenge) bunch; cluster

trauen 1. *tr. V.* (verheiraten) marry. 2. *refl. V.* dare 3. *itr. V.* jmdm./ einer Sache ~: trust sb./sth

Trauer grief (über + Akk. over); (um einen Toten) mourning (um + Akk. for)

trauern *itr. V.* a) (Trauer tragen) be in mourning; b) mourn; um jmdn. ~: mourn

for sb.; die ~den Hinterbliebenen the bereaved

träufeln *tr. V.* trickle (in + Akk. into); drip

Traum *m.*; s, Träume dream

Trauma *n.*; ~s, Traumen oder ~ta (Medizin) trauma

träumen 1. *tr. V.* dream 2. *itr. V.* dream (von of, about)

Träumer *m.*; ~s, ~, Träumerin *f.*, ~, ~nen dreamer

träumerisch 1. *adv.* dreamily; (sehnsüchtig) wistfully. 2. *Adj.* dreamy;

traumhaft 1. *adv.* a) as if in a dream; b) (*ugs.*: schön) fabulously (*ugs.*). 2. *Adj.* a) dreamlike; b) (*ugs.*: schön) marvellous; fabulous (*ugs.*

traurig 1. *adv.* sadly. 2. *Adj.* a) sad; sorrowful; unhappy; painful; b) (kümmerlich) sorry, pathetic

Traurigkeit ~: sadness; sorrow

Trauung ~, ~en wedding

Travestie *f.*, ~, ~n travesty

Treck *m.*; ~s, ~s train, column

treffen 1. *unr refl. V.* a) (unpersönlich) be convenient/ inconvenient; b) meet sb. 2. *unr. itr. V.* a) *mit sein* come upon sth.; (Sport) come up against sb./a team; b) hit the target. 3. *unr. tr. V.* a) meet; b) hurt; d) hit; damage e) hit on; hit f) make

Treffen *n.*; ~s, ~ meeting; (Sport) encounter

treffend 1. *adv.* aptly. 2. *Adj.* apt

Treffer *m.*; ~s, ~ a) blow; goal; hit; b) (Gewinn) win; (Los) winner

treiben 1. *unr. itr. V.* a) *mit sein* drift; b) (*ugs.*) (harntreibend sein) get the bladder going; (schweißtreibend sein) make you sweat; c) sprout. 2. *unr. tr. V.* a) drive; b) (sich beschäftigen mit) go in for; study; carry on, pursue; c) (einschlagen) drive

(in + Akk. into); d) (durch Bohrung schaffen) drive, cut (in + Akk. into; bore through); sink (in + Akk. into); e) (an~) drive f) (*ugs.* abwertend: es ~) es wüst/toll ~: lead a dissolute/live it up g) es ~ (*ugs.*: sexuell) have it off *(sl.)*; h) (formen) beat; chase
Treiben *n.*; ~s, ~ a) *o. Pl.* bustle; b) *o. Pl.* (Tun) activities *pl.*; doings *pl.*
Trend *m.*; ~s, ~s trend (zu + *Dat.* towards); (Mode) vogue
trennen 1. *refl. V.* a) (eine Partnerschaft auflösen) split up; b) part *(bildlich).* 2. *tr. V.* a) (teilen) divide; b) (auf~) unpick; c) separate; cut off; sever; d) separate; e) (auseinanderhalten) differentiate/distinguish between
Trennung *f.*, ~, ~en a) parting (von with); b) (von Menschen) separation (von from); c) (von Wärtern) division
Treppe *f.*, ~, ~n staircase; stairs *pl.*, steps *pl.*; ~n
Tresen *m.*; ~s, ~ (Ladentisch) counter; (Theke) bar
Tresor *m.*; ~s, ~e safe
treten 1. *unr. tr. V.* a) kick; b) (trampeln) trample, tread. 2. *unr. itr. V.* a) *mit sein* step (in + Akk. into, auf + Akk. on to) b) *mit sein* in jmds. Dienste ~: enter sb.'s service; c) auf etw. (Akk.) ~ (absichtlich) tread on sth
treu 1. *adv.* a) faithfully; loyally; b) (*ugs.*: ~herzig) trustingly. 2. *Adj.* a) faithful, loyal; staunch; c) (*ugs.*: ~herzig) ingenuous, trusting
Treue~ a) loyalty; fidelity; b) (Genauigkeit) accuracy
Triangel *m.*; *n.*; ~s, ~ (Musik) triangle
Tribunal *n.*; ~s, ~e tribunal
Tribüne ~n stand
Tribut *m.*; s, ~e a) (Geschichte) tribute *no indef. art.*; b) *(bildlich)* due
Trichter *m.*; ~s, ~ (Bomben~) crater; funnel
Trick *m.*; ~s, ~s trick; ploy
Trieb *m.*; s, ~e a) (Drang) urge; (Verlangen) desire; (innerer Antrieb) impulse; b) shoot
triefen *unr. oder regelm. itr. V.* a) be dripping wet; (Nase) run; b) *mit sein* (fließen) trickle
trillern 1. *tr. V.* warble. 2. *itr. V.* (Musik) trill
Trillion *f.*, ~, ~en trillion (Brit.); quadrillion (Amer.)
Trilogie *f.*, ~, ~n trilogy
trimmen *tr. V.* a) do sth. up; b) get into shape
trinken 1. *unr. tr. V.* drink 2. *unr. itr. V.* drink; auf jmdn./etw. ~: drink to sb./sth. 3. *refl. V.* sich satt ~: drink one's fill
Trinker *m.*; ~s, ~, Trinkerin *f.*, ~, ~nen alcoholic
Trio *n.*; ~s, ~s (Musik, bildlich) trio
trist *Adj.* dreary; dismal
Tritt *m.*; s, ~e a) kick; kick sb.; b) fall in step, recover oneself; c) step; d) (Bergsteigen) foothold; (im Eis) step
Triumph *m.*; s, ~e triumph
triumphieren *itr. V.* a) (siegen) be triumphant/victorious; triumph (lit.bildlich) (über + Akk. over); b) exult
trivial 1. *adv.* (platt) banally; tritely; in a banal style. 2. *Adj.* a) (unbedeutend) trivial; (platt) banal; trite; b) (alltäglich) humdrum
Trivialität *f.*, ~, ~en a) *o. Pl.* (Banalität) banality; triteness; b) (platte Äußerung) banality
trocken 1. *adv.* a) (sachlich-langweilig) drily; b) (unverblümt) drily. 2. *Adj.* a) (sachlich-langweilig) dry, factual; bare; dull; b) dry; c) dry; sharp
Trockenheit~, ~en a) *o. Pl.* dryness; b) (Dürreperiode) drought
trocknen 1. *tr. V.* dry. 2. *itr. V.*; *meist mit sein* dry
trödeln *itr. V.* a) *mit sein* saunter
Trödler *m.*; ~s, ~, Trödlerin *f.*, ~, ~nen (*ugs.* abwertend) dawdler; slowcoach; slowpoke (Amer.)
Trompete ~n trumpet
trompeten 1. *tr. V.* play on the trumpet. 2. *itr. V.* play on the trumpet
Tropen *Pl.* tropics
Tropf *m.*; s, ~e (Medizin) drip
Tropf *m.*; s, Tröpfe twit (Brit. sl.); moron (*ugs.*)
tröpfeln 1. *tr. V.* let (sth.) drip 2. *itr. V.* a) *mit sein* drip (auf + Akk. on to, aus, von from); b) (*ugs.*) es tröpfelt it's spitting
tropfen 1. *tr. V.* let (sth.) drip. 2. *itr. V.*; *mit sein* drip; fall
Tropfen *m.*; ~s, ~ drop
tropisch *Adj.* tropical
Trost *m.*; s consolation; comfort
trösten 1. *refl. V.* console 2. *tr. V.* comfort, console (mit with)
tröstlich *Adj.* comforting
Trott *m.*; s, e a) (Gangart) trot; b) (leicht abwertend: Ablauf) routine
trotz *Präp.* mit *Gen.*, mit *Dat.* in spite of; despite
Trotz *m.*; ~es defiance; cussedness (*ugs.*); contrariness
trotz·dem *Adv.* nevertheless
trotzen *itr. V.* (trotzig sein) be contrary
trotzig 1. *adv.* defiantly. 2. *Adj.* defiant; (widerspenstig) contrary;difficult
trübe 1. *adv.* a) (unerfreulich) go badly; b) gloomily; c) dimly. 2. *Adj.* a) (nicht hell) dim; dull, dismal; grey, overcast; b) murky; cloudy, dirty;

dull; c) (gedrückt) gloomy; dreary d) (unerfreulich) unfortunate, bad
Trubel *m.*; ~s bustle
trüben 1. *refl. V.* a) become cloudy; become dull; darken; b) (sich verschlechtern) deteriorate 2. *tr. V.* a) make cloudy; b) dampen
Trübsal *f.*, ~, ~e; (Kummer) grief; (Leiden) affliction
trüb·selig 1. *adv.* (traurig) gloomily; 2. *Adj.* a) (öde) dreary, depressing; b) gloomy, melancholy
trügen 1. *unr. itr. V.* be deceptive; be a delusion. 2. *unr. tr. V.* deceive
trügerisch 1. *adv.* a) (Betrug) deceitfully; b) deceptively. 2. *Adj.* a) (Betrug) deceitful; b) deceptive; false; treacherous
Truhe *f.*, ~, ~n chest
Trümmer *Pl.* (Ruinen) ruins; wreckage *sing.*; rubble *sing.*; debris *sing.*
Trumpf *m.*; s, Trümpfe (auch bildlich) trump (Farbe) trumps *pl.*
Trunkenheit *f.*, ~ a) (Begeisterung) intoxication; b) drunkenness
Trupp *m.*; ~s, ~s troop; (von Soldaten, Polizisten) detachment; squad
Truppe *f.*, ~n troops; unit; (Streitkräfte) forces *pl.*; (Artisten) troupe
Truthahn *m.* turkey
Tube *f.*, ~, ~n tube
Tuch *n.*; Tücher a) *Pl.* cloth; scarf; towel; b) *Pl.* ~e (Gewebe) cloth
tüchtig 1. *adv.* a) efficiently; competently; b) (*ugs.*: sehr) really 2. *Adj.* a) *nicht präd.* (*ugs.*) sizeable; big; hearty; b) excellent; c) efficient
Tüchtigkeit *f.* efficiency; industry; ability; competence
Tücke *f.*, ~, ~n a) *meist Pl.* wile; ruse; b) *o. Pl.* (Hinterhältigkeit) deceit (List) guile; scheming *no indef. art.*

tückisch 1. *adv.* a) craftily; b) menacingly. 2. *Adj.* a) (hinterhältig) wily; deceitful; b) (gefährlich) treacherous; menacing
Tugend *f.*, ~, ~en virtue
tugendhaft 1. *Adj.* virtuous. 2. *adv.* virtuously
Tüll *m*; ~s, ~e tull
Tulpe *f.*, ~, ~n a) (Pflanze) tulip; b) (Glas) tulip glas
tummeln *refl. V.* a) (umhertollen) romp (im Wasser) splash about
Tumor *m.*; ~s, ~en *ugs.* auch ~e (Medizin) tumour
Tümpel *m.*; ~s, ~: pond
Tumult *m.*; s, ~e tumult; commotion; (Protest) uproar
tun 1. *unr. tr. V.* a) (machen) do; b) (erledigen) do; nach getaner Arbeit when the work is/was done; c) zu ~ haben have something to do; d) make (remark, catch, etc.); take (step, jump); do (deed); e) (bewirken) work, perform; f) (an~) jmdm. etw. ~: do sth. to sb. g) es ~ (*ugs.*: genügen) be good enough; i) (*ugs.*: irgendwohin bringen) put. 2. *unr. itr. V.* a) (*ugs.*: funktionieren) work; b) freundlich/geheimnisvoll ~: pretend to be*(ugs.)* act friendly/act mysteriously 3. unr *refl. V.* (unpers.) (geschehen) es hat sich einiges getan quite a bit has happened 4. *Hilfsverb zur Umschreibung des Konjunktivs (ugs.)*
Tun *n.*; ~s action; activity
tunlichst *Adv.* (geh.) a) as far as possible; b) at all cost
Tunnel *m.*; ~s, ~ oder ~s tunnel
Tunte ~n a) (*ugs. derogativ.*: Frau) female; b) (*derogativ.*:) drag queen (*sl.*)
Tüpfelchen *n.*; ~s, ~: do
tupfen *tr. V.* a) dab; b) (mit Tupfen versehen) dot
Tupfen *m.*; ~s, ~: dot; (größer) spot

Tür *f.*, ~, ~en door; (Garten~) gate
Turbine *f.*, ~, ~n *(Technik)* turbine
Turbulenz ~en turbulence
Türke *m.*; ~n, ~n Turk
Türkei~: Turkey no ar
türkis *indekl. Adj.* turquoise
türkisch *Adj.* Turkish
Turm *m.*; s, Türme a) tower; spire; steeple; b) (Schach) rook; castle
türmen 1. *tr. V.* (stapeln) stack up; (häufen) pile up. 2. *refl. V.* be piled up; (clouds) gather
turnen 1. *itr. V.* a) (Sport) do gymnastics; (Schulw.) do gym/PE; b) *mit sein* (*ugs.*: klettern) clamber; c) (*ugs.*) clamber about. 2. *tr. V.* (Sport) do, perform
Turnen *n.*; ~s gymnastics *sing.*, *no art.*; (Schulw.) gym *no art.*; PE *no art*
Turnier *n.*; ~s, ~e (auch hist.) tournament; (Reit~) show; (Tanz~) competition
Turnus *m.*; ~, ~se regular cycle
Tusch *m.*; s, ~e fanfare
Tusche *f.*, ~, ~n Indian (Brit.)/(Amer.) India
tuscheln *itr., tr. V.* whisper
tuschen *tr. V.* sich (*Dat.*) die Wimpern ~: put one's mascara on
Tüte *f.*, ~, ~n a) bag; b) (Eis~) cone; cornet; c) (*ugs.*: beim Alkoholtest) bag
tuten *itr. V.* hoot; (siren, horn) sound
Typ *m.*; ~s, ~en a) type; b) (*ugs.*: Mann) bloke (Brit. sl.); guy (*sl.*); c) (Technik: Modell) (Auto) model; (Flugzeug) type
typisch 1. *Adj.* typical (für of). 2. *adv.* typically
Tyrann *m.*; ~en, (auch bildlich) tyran
tyrannisieren *tr. V.* tyrannize

U

u, U *n*.; ~, ~: u/
ü, ~Ü *n*.; ~, ~: u umlaut
U-Bahn *f.* underground (Brit.); subway (Amer.); (bes. in London) tube
übel 1. *Adj.* a) foul, nasty; bad, sorry (state, affair); b) (unwohl) feel sick; c) (verwerflich) bad; wicked; nasty, dirty (trick) 2. *adv.* a) be in a bad mood; b) (nachteilig) badly
Übel *n*.; ~s, ~ a) evil; b) illness; malady; c) evil *no art.*
Übelkeit~, ~en nausea
üben 1. *tr. V.* a) (*auch itr.*) practise; rehearse (scene, play); practise on (musical instrument); b) exercise; train (memory) c) (geh.: bekunden, tun) exercise, etc.); commit (treason); take 2. *refl. V.* sich in etw. (*Dat.*) ~: practise sth
über 1. *Präp. mit Dat.* a) over; above; b) (während) during c) (infolge) because of; as a result of 2. *Präp. mit Akk.* a) (Richtung) over; across; b) (während) over; ~ Mittag over lunchtime; c) (betreffend) about; ~ etw. reden talk about sth.; d) (in Höhe von) for e) (von mehr als) over f) Gewalt ~ jmdn. haben have power over sb g) das geht ~ meine Kraft that's too much for me; h) er macht Fehler ~ Fehler he makes mistake after mistake; i) (mittels, durch) through (person); by; over (radio, loudspeaker) 3. *Adv.* a) (mehr als) over; b) ~ und ~: all over. 4. *Adj*.; *nicht attr.* (*ugs.*) jmdm. ~ sein have the edge on sb. (*ugs.*)
über·all *Adv.* a) everywhere; b) (bei jeder Gelegenheit) always
über·aus *Adv.* extremely

über·backen *unr. tr. V.* etw. mit Käse usw. ~: top sth. with cheese etc. and brown it
überbewerten *tr. V.* overvalue; (überschätzen) overrate; mark too high
über·bieten *unr. tr. V.* a) outbid (um by); b) (übertreffen) surpass; outdo (rival); break (record) (um by); exceed (um by)
Über·blick *m.* a) view; b) (Abriss) survey; c) *o. Pl.* overall view/perspective
über·bringen *unr. tr. V.* deliver; convey (greetings, congratulations)
über·decken *tr. V.* a) (bedecken) cover; b) (verdecken) cover up
über·denken *unr. tr. V.* think sth. over
über·dies *Adv.* moreover; what is more
über·drehen *tr. V.* a) overwind (watch); over-tighten; b) (*Technik*) over-rev (*ugs.*) (engine)
Überdruss *m*.; Überdrusses surfeit (an + *Dat.* of)
überdrüssig *Adj.* jmds. / einer Sache ~ sein/werden be/ grow tired of sb./sth
über·einander *Adv.* a) (räumlich) one on top of the other; b) (bildlich:voneinander) about each other
überein·kommen *unr. itr. V*.; *mit sein* agree; come to an agreement
Überein·kommen *n*.; ~s, ~, Übereinkunft *f.* Übereinkünfte agreement
über·empfindlich *Adj.* oversensitive (gegen to); hypersensitive (gegen to)
über·fahren *unr. tr. V.* a) run over; b) go through (red light, stopsignal, etc.); c) (hinwegfahren über) cross;

go over; d) (*ugs.*: überrumpeln) jmdn. ~: catch by surprise
Über·fahrt *f.* crossing (über + Akk. of)
Über·fall *m.* attack (auf + Akk. on); ambush (auf + Akk. on), hold-up; (auf eine Bank o. ä.) raid (auf + Akk. on); (bildlich *ugs.*) surprise visit
über·fallen *unr. tr. V.* a) attack; raid; (hinterrücks) ambush; (bildlich: besuchen) descend on; b) (überkommen) (tiredness) come over
über·fällig *Adj.* overdue
über·fliegen *unr. tr. V.* a) (hinwegfliegen über) fly over; overfly (formal); b) (flüchtig lesen) skim
Über·fluss *m*.; *o. Pl.* abundance (an + *Dat.* of); (Wohlstand) affluence
über·flüssig *Adj.* superfluous; unnecessary; (zwecklos) pointless
über·führen *tr. V.* jmdn. ~: find sb. guilty convict sb.
Über·führung *f.* a) transfer; b) (Brücke) bridge; overpass; (Fußgänger~) bridge
über·füllt *Adj.* crammed full, chock-full (von with); overcrowded, packed (von with); over-subscribed (course)
Über·gabe *f.* a) handing over (an + Akk. to); (einer Straße, eines Gebäudes) opening; handing over; transfer; b) surrender (an + Akk. to)
Über·gang *m.* a) crossing; (Bahn~) level crossing; b) (Wechsel, Überleitung) transition (zu, auf + Akk. to)
über·geben 1. *unr. tr. V.* a) hand over; pass (baton); b) (übereignen) transfer, make over (*Dat.* to); c) surrender

übergehen

(*Dat.*, an + Akk. to); d) open; e) hand over 2. unr *refl. V.* (sich erbrechen) vomit

über·gehen *unr. tr. V.* a) (nicht beachten) ignore; b) (auslassen, überspringen) skip c) (nicht berücksichtigen) pass over

über·geordnet *Adj.* higher; greater (significance); superordinate (concept)

Über·gewicht *n.* a) excess-weight; (von Person) overweight; b) (*bildlich*) predominance; c) das ~ bekommen oder kriegen (*ugs.*) (person) overbalance

über·gießen *unr. tr. V.* pour over

über·haben *unr. tr. V.* (*ugs.*) be fed up with (*ugs.*)

über·häufen *tr. V.* heap/shower sth. on sb.

überhaupt *Adv.* a) in general; soweit es ~ Zweck hat as far as there's any point in it at all; b) das ist ~ nicht wahr that's not true at all; c) (überdies, außerdem) besides. 2. *Partikel* anyway; was willst du dort~? what are you doing there anyway?

überheblich 1. *Adj.* arrogant; superciliuous (grin). 2. *adv.* arrogantly; (grin) superciliously

Überheblichkeit ~: arrogance

über·holen 1. *tr. V.* a) overtake (Brit.); pass; b) (übertreffen) outstrip; c) (wieder instandsetzen) overhaul. 2. itr.

über·hören *unr. tr. V.* not hear

über·kochen *itr. V.; mit sein* boil over

über·kommen *unr. tr. V.* overcome

über·laden *unr. tr. V.* (auch bildlich) overload

überladen *Adj.* over-ornate; overcrowded

über·lagern *tr. V.* a) overlie; (*bildlich*) combine with; b) (Physik) (wave) interfere with

über·lassen 1. *unr. tr. V.* a) (geben) jmdm. etw. ~: let sb. have sth.; b) jmdn. jmds. Fürsorge ~: leave sb. in sb.'s care; c) etw. jmdm. ~ leave sth. to sb. 2. *unr. refl. V.* sich Träumen. ~: abandon oneself to one's dreams etc

über·lasten *tr. V.* overload; overburden, overstretch

über·laufen *unr. itr. V.; mit sein* a) (liquid, container) overflow; b) defect; (partisan) go over to the other side

überlaufen *Adj.* overcrowded; over-subscribed

über·leben 1. *tr., auch itr. V.* survive 2. *refl. V.* become outdated/outmoded; sich überlebt haben

Über·lebende *m. /f.; adj. Dekl.* survivor

über·legen 1. *tr. V.* consider; think about it 2. *itr. V.* think; reflect

Überlegung *f., ~, ~en* a) *o. Pl.* thought; reflection; b) (Gedanke) idea; ~en (Gedankengang) thoughts; reflection

über·liefern *tr. V.* hand down

Überlieferung *f.* a) (Brauch) tradition; custom; b) (etw. Überliefertes) tradition; schriftliche ~ written record

überlisten *tr. V.* outwit

Über·maß *n.; o. Pl.* excessive amount, excess (an + *Dat.* of)

über·mäßig 1. *adv.* excessively 2. *Adj.* excessive

über·morgen *Adv.* the day after tomorrow

Über·mut *m.* high spirits *pl.*

übermütig 1. *adv.* high-spiritedly. 2. *Adj.* high-spirited; in high spirits prep

Übernachtung *f., ~, ~en* overnight stay

Übernahme *f., ~, ~n* a) *o. Pl.* adoption, taking over *no indef. art.*; taking delivery *no art.*; (von Wörtern, Ausdrücken) borrowing (von from); b) (etw. Übernommenes) borrowing

über·natürlich *Adj.* supernatural

über·nehmen 1. *unr. tr. V.* a) receive; take over; take delivery of; take on; undertake to pay; b) (sich zu eigen machen) adopt, take over (von from); borrow (von from); c) take on. 2. *unr refl. V.* overdo thing

über·prüfen *tr. V.* a) check, inspect, examine; review; b) check (auf + Akk. for); inspect, examing

Über·prüfung *f.* a) (Kontrolle) check; inspection; review; b) (auf + Akk. for); checking, inspection; examination

über·queren *tr. V.* cross

überragend 1. *adv.* outstandingly. 2. *Adj.* outstanding

überraschen *tr. V.* surprise; take by surprise; catch unawares

überraschend 1. *adv.* surprisingly; (unerwartet) unexpectedly. 2. *Adj.* surprising; surprise *attrib.*; (unerwartet) unexpected

Überraschung, ~en surprise

über·reden *tr. V.* persuade

Überredung ~: persuasion

über·reichen *tr. V.* present sth.

Über·rest *m.; meist Pl.* remnant; ~e (einer Mahlzeit) left-overs; (eines Gebäudes) remains; ruins

über·schätzen *tr. V.* overestimate; overrate

über·schlafen *unr. tr. V.* sleep on

Über·schlag *m.* a) rough calculation/estimate; b) (Sport) handspring

über·schlagen 1. *unr. itr. V.*; *mit sein* break; jump. 2. *unr. tr. V.* cross one's leg

über·schlagen 1. *unr. refl. V.* a) go head over heels; turn over; b) crack. 2. *unr. tr. V.* a) (auslassen) skip; b) calculate/estimate roughly

über·schreiten *unr. itr. V.* a) (hinausgehen über) exceed; b) cross; *(bildlich)* pass

Über·schrift *f.* heading; (in einer Zeitung) headline

über·schütten *tr. V.* cover

Überschwang *m.*; *s* exuberance

übersehbar *Adj.* assessable

über·sehen *unr. tr. V.* a) (abschätzen) assess; b) look out over; *(bildlich)* survey; c) (ignorieren) ignore

über·senden *unr. (auch regelm.) tr. V.* send; remit

über·setzen *tr. V., itr. V.* (auch bildlich) translate

Über·setzer *m.*, **Übersetzerin** ~, ~nen translator

Übersetzung ~, ~en translation; *(Technik)* transmission ratio

Über·sicht *f.* a) (Darstellung) survey; (Tabelle) summary; b) *o. Pl.* overall view, overview (über + Akk. of)

über·sichtlich 1. *adv.* clearly. 2. *Adj.* clear; which allows a clear view

über·siedeln *itr. V.*; *mit sein* move (nach to)

über·sinnlich *Adj.* supersensory; (übernatürlich) supernatural

über·springen *unr. itr. V.*; *mit sein* a) (unvermittelt übergehen zu) auf etw. (Akk.) ~: switch abruptly to sth.; b) jump across

über·stehen *unr. tr. V.* get over; come through; withstand; weather; (überleben) survive

über·steigen *unr. tr. V.* a) climb over; b) (bildlich: hinausgehen über) exceed

über·streichen *unr. tr. V.* paint over

über·streifen *tr. V.* sich (Dat.) etw. ~: slip sth. on

über·strömen *tr. V.* flood

über·stülpen *tr. V.* pull on

Über·stunde *f.*: overtime

über·stürzen 1. *refl. V.* rush; come thick and fast. 2. *tr. V.* rush

überstürzt 1. *adv.* overhastily; hurriedly. 2. *Adj.* hurried; over-haste

Übertrag *m.*; Überträge (bes. Buch*f.*) carry-over

über·tragbar *Adj.* transferable (auf + Akk. to); translatable

über·tragen 1. *unr. tr. V.* a) jmdm. Pflichten usw. ~: hand over duties etc. to sb; (anvertrauen) entrust sb. with tasks/duties etc. sb.; b) (senden) broadcast; (im Fernsehen) televise; c) transfer; transmit; communicate (auf + Akk. to); carry over; (übersetzen) translate

Übertragung ~, ~en a) entrusting; conferral; b) broadcasting; c) transmission; transference; communication

über·treffen *unr. tr. V.* a) exceed; b) surpass, outdo

über·treiben *unr. tr. V.* *auch itr. V.* exaggerate; b) (zu weit treiben) overdo

Übertreibung ~, ~en exaggeration

über·treten *unr. itr. V.*; *mit sein* a) (überwechseln) change sides b) *auch mit haben* (Sport) step over the line/step out of the circle

über·treten *unr. tr. V.* break, contravene; infringe; violate

Übertretung ~, ~en a) siehe übertreten: breaking; contravention; infringement; violation; b) (Vergehen) misdemeanour

übertrieben 1. *adv.* excessively. 2. *Adj.* exaggerated

Über·tritt *m.* change of allegiance, switch (zu to); conversion

über·wachen *tr. V.* supervise; control; watch

überwältigen *tr. V.* a) overpower; b) *(bildlich)* overcome; overwhelm

überwältigend 1. *adv.* stunningly. 2. *Adj.* overwhelming; overpowering; stunning

über·wechseln *itr. V.*; *mit sein* a) (mit etw. anderem beginnen) turn to; b) (übertreten) change sides c) cross over

über·weisen *unr. tr. V.* a) transfer (an, auf + Akk. to); b) refer (an + Akk. to)

Über·weisung *f.* a) (Summe) remittance; b) *o. Pl.* transfer (an, auf + Akk. to); c) referral (an + Akk. to)

über·wiegen 1. *unr. tr. V.* outweigh; prevail over. 2. *unr. itr. V.* predominate

überwiegend 1. *adv.* mainly. 2. *Adj.* overwhelming

über·winden 1. *unr. refl. V.* overcome one's reluctance 2. *unr. tr. V.* a) (aufgeben) overcome; give up; b) (besiegen) overcome; vanquish (literary); c) overcome; surmount; conquer; get past

Über·windung *f.* a) (Besiegung) overcoming; vanquishing; b) overcoming; surmounting; conquest; getting over/past

Über·zahl *o. Pl.* majority

überzählig *Adj.* surplus; spare

überzeugen 1. *itr. V.* be convincing. 2. *tr. V.* convince 3. *refl. V.* convince/satisfy oneself

überzeugend 1. *adv.* convincingly; persuasively. 2. *Adj.* convincing; persuasive

überzeugt *Adj.* convinced

Über·zeugung *f.* a) (feste Meinung) conviction b) *o. Pl.* persuasion

über·ziehen 1. unr *refl. V.* cloud over, become overcast. 2. unr. *itr. V.* a) overdraw one's account; go overdrawn; b) overrun. 3. *unr. tr. V.* a) overdraw (um by); b) etw. mit etw. ~: cover sth. with sth.
Überzug *m.* a) (Beschichtung) coating; b) (Bezug) cover
üblich *Adj.* usual; (gebräuchlich) customary; (normal) normal
übrig *Adj.* remaining
übrigens *Adv.* by the way; incidentally
Übung ~en a) *o. Pl.* practice
Ufer *n.*; ~s, ~: bank; shore
Uganda *n.*; ~s Uganda
Uhr ~en a) clock; (Wasser~, Gas~) meter; gauge; (Armband) watch; b) (Uhrzeit) ein~: one o'clock
Ukraine (*f.*) ~: Ukraine
Ukrainer *m.*; ~s, ~, Ukrainerin *f.*, ~, ~nen Ukrainian
Ulk *m.*; ~s, ~e lark (*ugs.*); (Streich) trick; joke
ulkig (*ugs.*) 1. *adv.* in a funny way. 2. *Adj.* funny
ultimativ 1. *adv.* etw. ~ fordern demand sth. in an ultimatum. 2. *Adj.* made as an ultimatum
Ultimatum *n.*; ~s, Ultimaten ultimatum
um 1. a) (final) um so mehr, als ... (zumal, da ...) all the more so, as/since ... 2. *Adv.* around; about; 3. *Präp. mit Akk.* a) (zeitlich) (genau) at b) (räumlich) round c) Schritt um Schritt step by step; d) (bei Maß- u. Mengenangaben) by; um nichts/einiges/vieles besser sein be no/somewhat/a lot better
umarmen *tr. V.* embrace; put one's arms around; (an sich drücken) hug
Um·bau *m.*; s, ~ten reconstruction; rebuilding; (zu

etw. anderem) conversion; alteration; reorganization
um·bauen tr., *auch itr. V.* rebuild; reconstruct; alter
um·bauen *tr. V.* surround
um·blättern 1. *itr. V.* turn the page/ pages. 2. *tr. V.* turn um·blicken *refl. V.* a) (zurückblicken) look back (nach at); b) look around
um·bringen *unr. tr. V.* kill
Um·bruch *m.* a) radical change; b) (Umwälzung) upheaval; c) *o. Pl.* (Druck) make-up
um·denken *unr. itr. V.* revise one's thinking; rethink
um·drehen 1. *itr. V.*; *auch mit sein* (*ugs.*: umkehren) turn back; (*ugs.*: wenden) turn round. 2. *refl. V.* turn round; 3. *tr. V.* turn round; turn over; turn
Um·drehung *f.* turn; (eines Planeten) rotation
um·einander *Adv.* about each other/one another, around each other
um·fahren *unr. tr. V.* go round; make a detour round; (im Auto) drive round
um·fallen *unr. itr. V.*; *mit sein* a) (umstürzen) fall over; b) (zusammenbrechen) collapse; c) (*ugs.* abwertend: seine Meinung ändern) do an about-face
Um·fang *m.* a) (Größe) size; b) circumference; girth; circumference; c) extent; (Wissen) range; extent; range
umfang·reich *Adj.* extensive; substantial
um·fassen *tr. V.* a) (umgeben) enclose; surround; b) (enthalten) contain; (einschließen) include; take in; span, cover; c) (umarmen) embrace
umfassend 1. *adv.* fully. 2. *Adj.* full; extensive, comprehensive; broad
Um·frage *f.* survey; (Politik) opinion poll

Um·gang *m.* a) *o. Pl.* dealing; b) *o. Pl.* (gesellschaftlicher Verkehr) contact; dealings
umgänglich *Adj.* (verträglich) affable; friendly; sociable
um·geben *unr. tr. V.* a) surround, (einfrieden) enclose sth. with sth. b) surround; enclose; envelope
Umgebung ~, ~en a) surroundings *pl.*; (Ort) surrounding area; (Nachbarschaft) neighbourhood b) (*bildlich*) milieu
um·gehen *unr. itr. V.*; *mit sein* a) (behandeln) mit etw. sorgfältig usw. ~: treat sth. carefully etc. b) (im Umlauf sein) go round, circulate; go round
um·gehen *unr. tr. V.* a) (nicht befolgen) get round, circumvent; b) avoid; get to und; evade; c) go round; make a detour round; (auf einer Umgehungsstraße) bypass
um·gehend 1. *adv.* immediately. 2. *Adj.*; *nicht präd.* immediate
umgekehrt 1. *adv.* inversely 2. *Adj.* inverse; reverse; opposite
Umhang *m.* cape
um·hängen *tr. V.* a) jmdm./ sich einen Mantel ~: drape a coat round sb.'s/one's shoulders; b) etw. ~: hang sth. somewhere else
um·her *Adv.* around
um·hören *refl. V.* keep one's ears open; (direkt fragen) ask around
Umkehr (auch bildlich) turning back
um·kehren 1. *tr. V.* a) turn upside down; turn over; turn right side out; turn inside out; b) (ins Gegenteil verkehren) reverse; invert 2. *itr. V.*; *mit sein* turn back; (bildlich: sich wandeln) change one's ways

um·kippen 1. *tr. V.* tip over; knock over; capsize; turn over 2. *itr. V.; mit sein* a) (*ugs.* abwertend) siehe **umfallen**; b) (*ugs.*: ohnmächtig werden) kneel over; c) fall over; capsize; turn over; overturn

um·knicken 1. *tr. V.* a) (falten) fold over; b) (abknicken) bend over; break. 2. *itr. V.; mit sein* a) ~: go over on one's ankle; b) bend; bend and snap

um·kommen *unr. itr. V.; mit sein* die; get killed

Um·kreis *m. o. Pl.* surrounding area

um·kreisen *tr. V.* circle; orbit; revolve round

um·laden *unr. tr. V.* transfer

Um·lage *f.*: share of the cost

um·lagern *tr. V.* besiege

Um·land *n.; o. Pl.* surrounding area

Um·lauf *m.* a) *o. Pl.* circulation b) rotation; ein ~ dauert ein Jahr one revolution takes a year

um·legen *tr. V.* a) (*ugs.*: zu Boden werfen) floor, knock down; b) lay down; flatten; c) (fällen) fell; c) (umklappen) fold down; turn down; d) put on; e) (salopp: ermorden) bump sb. of (*sl.*); f) (anteilmäßig verteilen) split, share (auf + Akk. between)

um·leiten *tr. V.* divert; re-route

Um·leitung *f.* diversion; re-routing

umliegend *Adj.* surrounding; (nahe) nearby

um·rechnen *tr. V.* convert (in + Akk. into)

Um·rechnung *f.* conversion (in + Akk. into)

um·reißen *unr. tr. V.* knock down; pull down; tear down

um·reißen *unr. tr. V.* outline; summarize

umrissen clearly defined; clear-cut

um·rennen *unr. tr. V.* knock down

um·ringen *tr. V.* surround; (in großer Zahl) crowd round

um·rühren *tr. V. (auch itr.) V.* stir

Um·satz *m.* turnover; (Verkauf) sales *pl.*

um·säumen *tr. V. (bildlich)* surround

um·schalten 1. *itr. V.* a) (auch bildlich) switch/change over b) (umgeschaltet werden) die Ampel schaltet um the traffic lights are changing 2. *tr. V.* (auch bildlich) switch move

Um·schlag *m.* a) cover; (Schutz~) jacket; cover; (Brief~) envelope; b) (Medizin: Wickel) compress; (warm) poultice; c) (Veränderung) change (*Gen.* in); f) (Handel: Güter~) transfer; trans-shipment

um·schlagen 1. *unr. itr. V.; mit sein* change (in + Akk. into); veer break 2. *unr. tr. V.* a) (umklappen) turn up; turn over; b) (umladen, verladen) turn round, trans-ship

um·schließen *unr. tr. V.* a) (einschließen, umzingeln) surround, encircle; b) (umschließen) surround; enclose; clasp, hold

um·schreiben *unr. tr. V.* a) rewrite; b) (übertragen) transfer

um·schreiben *unr. tr. V.* a) outline; indicate; b) (in Worte fassen) describe; define; paraphrase

Um·schreibung *f.* description; (Definition) definition; (Verhüllung) circumlocution (*Gen.* for)

um·schulen 1. *itr. V.* retrain (auf + Akk. as). 2. *tr. V.* a) ein Kind ~: transfer a child b) (beruflich) retrain

Umschulung *f.* (beruflich) retraining *no pl.* (auf.+ Akk. as)

Um·schwung *m.* complete change; (in der Politik usw.) U-turn; volte-face

um·sehen *unr. refl. V.* a) look round/back; b) look (nach for)

umseitig 1. *adv.* overleaf. 2. *Adj.* overleap

um·setzen 1. *refl. V.* (den Tisch wechseln) move to another table; change tables; (den Sitzplatz wechseln) move to another seat/other seats; change seats. 2. *tr. V.* a) move; move, transfer (in + Akk. to); b) (verwirklichen) implement; translate into action/reality; realize; c) (Handel) turn over, have a turnover of

Um·sicht *o. Pl.* circumspection; prudence

um·sichtig 1. *adv.* circumspectly; prudently. 2. *Adj.* circumspect; prudent

um·sonst *Adv.* a) (vergebens) in vain; b) (unentgeltlich) free; for nothing; c) nicht ~ hat er davor gestanden not for nothing did he stand in front of that

Um·stand *m.* a) (Tatsache) fact; (Einzelheiten) the details; (Gegebenheit) circumstance; in anderen Umständen sein (*ugs.*) be expecting b) (Aufwand) business; hassle (*ugs.*)

umständlich 1. *Adj.* involved; awkward, elaborate; (kompliziert) involved; complicated; (weitschweifig) long-winded; (Umstände machend) awkward 2. *Adj.* involved, elaborate; awkward, difficult; (kompliziert) involved; complicated; (weitschweifig) long-winded; (Umstände machend) awkward

umstehend *Adj.*; nicht präd. standing round postpos

um·steigen *unr. itr. V.* a) change (in.+ Akk. to); b) (bildlich *ugs.*) change over,

umstellen

switch
um·stellen 1. *refl. V.* adjust. 2. *tr. V.* a) (anders stellen) rearrange, change round; reshuffle; b) (anders einstellen) reset; c) (ändern) change/switch over
um·stellen *tr. V.* surround
um·stimmen *tr. V.* win round
um·stoßen *unr. tr. V.* a) *(bildlich)* reverse; change; b) knock over
Um·tausch *m.* exchange
um·tauschen *tr. V.* exchange (gegen for); change (in + Akk. into)
um·tun *unr. refl. V. (ugs.)* look round
um·wandeln *tr. V.* convert (in + Akk. into); commute (in + Akk. to); (ändern) change; alter
Um·wandlung *f.* conversion (in + Akk. into); (einer Strafe) commutation (in + Akk. to); (der Gesellschaft usw.) transformation
um·wechseln *tr. V.* change (in + Akk. into)
Um·weg *m.* detour; auf ~en by a circuitous/roundabout route; *(bildlich)* in a roundabout way
Um·welt *f.* a) environment; b) (Menschen) people *pl.* around sb
umwerfend *(ugs.)* 1. *adv.* fantastically *(ugs.)*; brilliantly; ~ komisch hilariously funny. 2. *Adj.* fantastic *(ugs.)*; stunning *(ugs.)*
um·ziehen 1. *unr. tr. V.* jmdn. ~: change sb.; get sb. changed; sich ~: change; get changed. 2. *unr. itr. V.*; *mit sein* move (an + Akk., in + Akk., nach to)
um·zingeln *tr. V.* surround; encircle
Um·zug *m.* move; (von Möbeln) removal
unabänderlich 1. *adv.* irrevocably 2. *Adj.* unalterable; irrevocable

unabhängig 1. *adv*, independently (von of); ~ davon, ob … usw. irrespective/regardless of whether … etc. 2. *Adj.* independent (von of
Unabhängigkeit *f.* independence
unablässig 1. *adv.*incessantly; constantly 2. *Adj.* incessant; constant; unremitting
unabsichtlich 1. *adv.* unintentionally. 2. *Adj.* unintentional
unabwendbar *Adj.* inevitable
unachtsam *Adj.* inattentive
Unachtsamkeit~ a) (mangelnde Sorgfalt) carelessness; b) inattentiveness
unangebracht *Adj.* inappropriate; misplaced
unangefochten *Adj.* unchallenged; (unbestritten) undisputed, unchallenged
unangemeldet *Adj.* unexpected; unauthorized
unangemessen 1. *adv.* unsuitably; inappropriately; disproportionately. 2. *Adj.* unsuitable; inappropriate; unreasonable, disproportionate
unangenehm 1. *adv.* unpleasantly 2. *Adj.* unpleasant (*Dat.* for); (peinlich) embarrassing, awkward
unangetastet *Adj.* untouched
unangreifbar *Adj.* (auch bildlich) unassailable; impregnable; (unanfechtbar) irrefutable; incontestable
unannehmbar *Adj.* unacceptable
Unannehmlichkeit *f.* trouble
unansehnlich *Adj.* unprepossessing; plain
unanständig 1. *adv.* a) (verwerflich) immorally; b) improperly; indecently. 2. *Adj.* a) (verwerflich) immoral; b) improper
Unanständigkeit *f. o. Pl.*

impropriety; indecency; (Obszönität) obscenity
unantastbar *Adj.* inviolable
unappetitlich 1. *adv.* unappetizingly. 2. *Adj.* unappetizing; *(bildlich)* unsavoury; unsavoury-looking; disgusting
Unart *f.* bad habit
unartig *Adj.* naughty
unauffällig 1. *adv.* inconspicuously; unobtrusively; discreetly. 2. *Adj.* inconspicuous; unobtrusive; discreet
unauffindbar *Adj.* untraceable
unaufgefordert *Adv.* without being asked; unsolicited
unaufhaltsam 1. *adv.* inexorably. 2. *Adj.* inexorable
unaufhörlich 1. *adv.* constantly; continuously. 2. *Adj.*; *nicht präd.* constant; incessant
unaufmerksam *Adj.* inattentive
Unaufmerksamkeit *f.* inattentiveness
unaufrichtig *Adj.* insincere
Unaufrichtigkeit *f. o. Pl.* insincerity
unausbleiblich *Adj.* inevitable; unavoidable
unausgeglichen *Adj.* a) (Handel) not in balance; unsettled; b) unstable
unausstehlich 1. *adv.* unbearably; intolerably. 2. *Adj.* unbearable; insufferable; intolerable
unbändig 1. *adv.* a) wildly; b) (sehr) unrestrainedly; tremendously *(ugs.)* 2. *Adj.* a) boisterous; b) unbridled; unrestrained; uncontrollable
unbarmherzig 1. *adv.* mercilessly; without mercy. 2. *Adj.* (auch bildlich) merciless; remorseless, unsparing; *(bildlich)* very severe
unbeabsichtigt 1. *adv.* unintentionally. 2. *Adj.* unintentional
unbeachtet *Adj.* unnoticed; obscure 2. *Adj.* unintentio-

nal
unbeanstandet 1. *adv.* without objectio*n*. 2. *Adj.* etw. ~ lassen let sth. pass
unbebaut *Adj.* a) (unbestellt) uncultivated; b) undeveloped
unbedacht 1. *adv.* rashly; thoughtlessly. 2. *Adj.* rash; thoughtless
unbedarft *Adj. (ugs.)* a) inexpert; lay; b) (naiv) naive; (dümmlich) gormless (*ugs.*)
unbedenklich *Adj.* harmless, safe; unobjectionable
unbedeutend 1. *adv.* slightly. 2. *Adj.* insignificant; minor; slight, minor
unbedingt 1. *Adv.* absolutely 2. *Adj.* absolute; complete
unbefangen 1. *adv.* a) (unvoreingenommen) jmdm./ einer Sache ~ gegenübertreten approach sb./ sth. with an open mind; b) freely; without inhibition; naturally. 2. *Adj.* a) (ungehemmt) uninhibited; natural, uninhibited; b) (unvoreingenommen) impartial
Unbefangenheit *f.* naturalness; uninhibitedness; impartiality
unbefriedigend *Adj.* unsatisfactory
unbefriedigt *Adj.* dissatisfied (von with); unsatisfied; (unausgefüllt) unfulfilled (von by); (sexuell) frustrated
unbefristet 1. *adv.* for an indefinite/unlimited period. 2. *Adj.* for an indefinite/unlimited period *postpos.*; indefinite; unlimited
unbefugt *adv.* without authorization
unbegabt 1. *Adj.* ungifted; untalented. 2. *Adj.* unauthorized
unbegrenzt 1. *adv.* indefinitely 2. *Adj.* unlimite
unbegründet *Adj.* unfounded; groundless
Unbehagen uneasiness, disquiet
unbehaglich 1. *adv.* uneasily; 2. *Adj.* uneasy, uncomfortable
unbehelligt *Adj.* unmolested
unbeherrscht 1. *adv.* without any self-control. 2. *Adj.* uncontrolled; intemperate,
Unbeherrschtheit ~: lack of self-control
unbeholfen 1. *adv.* clumsily; awkwardly. 2. *Adj.* clumsy; awkward
unbekannt 1. *adv.* „Empfänger ~ verzogen" 'address unknown'. 2. *Adj.* a) (nicht vielen bekannt) little known; obscure; b) unknown; unidentified; (nicht vertraut) unfamiliar; ~e Täter unknown/unidentified culprits
Unbekannte *m./f.*; *adj. Dekl.* unknown/unidentified person; (Fremder) stranger
unbeleuchtet *Adj.* unlit; without light
unbeliebt *Adj.* unpopular (bei with)
Unbeliebtheit *f.* unpopularity
unbenutzt *Adj.* unused
unbeobachtet *Adj.* unobserved; in einem ~en Augenblick when no one is/was watching
unbequem 1. *adv.* uncomfortably. 2. *Adj.* a) uncomfortable; b) (lästig) awkward, embarrassing; awkward, troublesome; unpleasant
Unbequemlichkeit~ a) lack of comfort; b) (Lästigkeit) awkwardness
unberechenbar 1. *adv.* unpredictable. 2. *Adj.* unpredictable
Unberührtheit~ a) unspoiled state; b) lack of emotion
unbeschadet *Präp.* mit *Gen.* regardless of; notwithstanding
unbeschädigt *Adj.* undamaged
unbescheiden *Adj.* presumptuous
unbeschränkt 1. *adv.* für etw. ~ haften have unlimited liability for sth. 2. *Adj.* unlimited; limitless
unbeschreiblich 1. *adv.* indescribably; unbelievably. 2. *Adj.* indescribable; unimaginable; beyond description
unbeschwert 1. *adv.* free from care; with a light heart. 2. *Adj.* carefree
unbesehen 1. *adv.* without hesitation. 2. *Adj.* unquestioning
unbesiegbar *Adj.* invincible
unbesiegt *Adj.* undefeated; unbeaten
unbesonnen 1. *adv.* without thinking; (übereilt) rashly. 2. *Adj.* impulsive; unthinking; (übereilt) ill-considered, rash
unbesorgt *Adj.* unconcerned
unbespielt *Adj.* blank
unbeständig *Adj.* unsettled; changeable, erratic
unbestätigt *Adj.* unconfirmed
unbestechlich *Adj.* a) *(bildlich)* uncompromising; incorruptible; unerring; b) incorruptible
unbestimmt 1. *adv.* (ungenau) vaguely. 2. *Adj.* a) indefinite; indeterminate; uncertain; b) (ungenau) vague; c) (Grammatik) indefinite
unbestritten 1. *adv.* indisputably. 2. *Adj.* undisputed
unbeteiligt 1. *adv.* with a detached/indifferent air. 2. *Adj.* a) (gleichgültig) indifferent; detached; b) uninvolved
unbetont *Adj.* unstressed
unbeugsam *Adj.* uncompromising; indomitable, tenacious; unshakeable; unwavering
unbewacht *Adj.* unsuper-

unbewaffnet

vised; unattended
unbewaffnet *Adj.* unarmed
unbewältigt *Adj.* unmastered, unresolved
unbeweglich *Adj.* a) (starr) immovable, fixed; b) (bewegungslos) motionless; still; fixed; c) (nicht mobil) immobile
unbewiesen *Adj.* unproved
unbewohnt *Adj.* uninhabited; unoccupied
unbewusst 1. *adv.* unconsciously. 2. *Adj.* unconscious
unbezahlbar *Adj.* prohibitively expensive; priceless
unbezahlt *Adj.* unpaid; not paid for
unblutig 1. adv. without bloodshed. 2. *Adj.* bloodless
unbrauchbar *Adj.* unusable; (untauglich) useless
unbürokratisch 1. *adv.* unbureaucratically; 2. *Adj.* unbureaucratic;
und a) (konsekutiv) sei so gut ~ mach die Tür auf be so good as to open the door b) and; ~du? what about you?
Undank *m.* ingratitude; ~ ist der Welt Lohn (Spr.) that's all the thanks you get
undankbar 1. *adv.* ungratefully. 2. *Adj.* a) ungrateful; b) thankless; unrewarding
undefinierbar *Adj.* a) (nicht bestimmbar) unidentifiable; indeterminable; indeterminate; b) indefinable
undenkbar *Adj.* unthinkable; inconceivable
undeutlich 1. *adv.* indistinctly; (ungenau) vaguely. 2. *Adj.* unclear; indistinct; (ungenau) vague
undicht *Adj.* leaky; leaking; eine ~e Stelle (auch bildlich) a leak
undurchlässig *Adj.* impermeable; (luftdicht) airtight; (wasserdicht) waterproof
uneben *Adj.* uneven; (holprig) bumpy

unecht *Adj.* artificial; imitation; (gefälscht) counterfeit; fake; insincere
unehelich *Adj.* illegitimate; ~ geboren sein be born out of wedlock
unehrenhaft 1. *adv.* dishonourably. 2. *Adj.* dishonourable
unehrlich 1. *adv.* dishonestly; by dishonest means. 2. *Adj.* dishonest
Unehrlichkeit *f.* dishonest
uneigennützig 1. *adv.* unselfishly; selflessly. 2. *Adj.* unselfish; selfless
unempfindlich *Adj.* a) (nicht anfällig, immun) immune (gegen to, against); b) insensitive (gegen to)
unendlich 1. *adv.* infinitely; immeasurably. 2. *Adj.* infinite, boundless; (zeitlich) endless; never-ending; das Unendliche the infinite; infinity (Mathematik)
Unendlichkeit ~ a) infinity *no def. art.*; b) (Ewigkeit) eternity *no def. art*
unentbehrlich *Adj.* indispensable (*Dat.*, für to)
unentgeltlich 1. *adv.* free of charge; for nothing, without pay. 2. *Adj.* free
unentschieden 1. *adv.* (Sport) ~ enden end in a draw; ~ spielen draw. 2. *Adj.* a) (Sport, Schach) drawn; b) unsettled; undecided; c) (unentschlossen) indecisive
unentschlossen *Adj.* a) (entschlussunfähig) indecisive; b) undecided
unentschuldigt 1. *adv.* without giving any reason. 2. *Adj.* without giving any reason *postpos.*
unentwegt 1. *adv.* a) (unaufhörlich) constantly; incessantly; b) persistently. 2. *Adj.* a) (unaufhörlich) constant; incessant; b) persistent;
unerbittlich (auch bildlich) 1. *adv.* inexorably; relent-

lessly; 2. *Adj.* inexorable; unsparing, unrelenting; relentless; implacable
unerfahren *Adj.* inexperienced
unerfindlich *Adj.* unfathomable; inexplicable
unerfreulich 1. *adv.* unpleasantly. 2. *Adj.* unpleasant; bad
unergiebig *Adj.* (auch bildlich) unproductive; (bildlich: nicht lohnend) unrewarding
unergründlich *Adj.* unfathomable, inscrutable; inscrutable
unerheblich 1. *adv.* insignificantly; slightly. 2. *Adj.* insignificant
unerhört 1. *adv.* a) (empörend) outrageously; b) (überaus) incredibly (ugs.). 2. *Adj.* a) (empörend) outrageous; scandalous; b) enormous, tremendous; incredible (ugs.), phenomenal; fantastic (ugs.)
unerkannt *Adj.* unrecognized; (nicht identifiziert) unidentified
unerklärlich *Adj.* inexplicable
unerlaubt 1. *adv.* without authorization/permission; (illegal) illegally. 2. *Adj.* without permission; unauthorized; (illegal) illegal
unerschrocken 1. *adv.* intrepidly; fearlessly. 2. *Adj.* intrepid; fearless
unerschütterlich 1. *adv.* unshakeable
unerschwinglich *Adj.* prohibitively expensive. 2. *Adj.* unshakeable; imperturbabl
unersetzlich *Adj.* irretrievable, irrecoverable; irreplaceable; irreparable
unerträglich 1. *adv.* unbearably. 2. *Adj.* unbearable; intolerable
unerwartet 1. *adv.* unexpectedly. 2. *Adj.* unexpected
unerwünscht *Adj.* unwelcome; unwanted; undesi-

rable
unfähig *Adj.* a) *(derogativ)* incompetent; b) ~ sein, etw. zu tun (ständig) be incapable of doing sth.; (momentan) be unable to do sth
Unfähigkeit *f.* a) inability; b) *(derogativ)* incompetence
unfair 1. *adv.* unfairly. 2. *Adj.* unfair (gegen to)
Unfall *m.* accident
unfehlbar *Adj.* infallible
Unfehlbarkeit~: infallibility
unfein 1. *adv.* badly, in an ill-mannered way. 2. *Adj.* ill-mannered, unrefined; coarse; bad
unflätig 1. *adv.* coarsely; obscenely. 2. *Adj.* coarse; obscene; dirty
unfrei *Adj.* not fee pred.; subject, dependenm
Unfreiheit *o. Pl.* slavery *no art.*; bondage (Geschichte)
unfreiwillig 1. *adv.* involuntarily; without wanting to; (unbeabsichtigt) unintentionally. 2. *Adj.* involuntary; (erzwungen) enforced; (nicht beabsichtigt) unintended
unfreundlich 1. *adv.* in an unfriendly way. 2. *Adj.* a) unfriendly (zu, gegen to); unkind; b) *(bildlich)* unpleasant; cheerless
Unfreundlichkeit *f.* a) *o. Pl.* unfriendliness; b) (Handlung) unfriendly act; (Äußerung) unkind remark
Unfriede *m.* discord; in ~ leben/auseinandergehen live in a state of strife/part in hostility
unfruchtbar *Adj.* a) infertile; b) (Wissenschaft) infertile; sterile
Unfruchtbarkeit *f.* a) infertility; b) (Wissenschaft) infertility; sterility
Unfug *m.*; ~es a) (Unsinn) nonsense; b) mischief
ungastlich 1. *adv.* inhospitably. 2. *Adj.* inhospitable
ungeahnt 1. *adv.* unexpectedly. 2. *Adj.* unsuspected; (stärker) undreamt-of attrib
ungeboren *Adj.* unborn
ungebräuchlich *Adj.* uncommon; rarely used; rare
ungebührlich 1. *adv.* improperly; unreasonably. 2. *Adj.* improper, unseemly; unreasonable
ungedeckt *Adj.* unlaid; uncovered; (ungeschützt) unprotected
Ungeduld *f.* impatience
ungeduldig 1. *adv.* impatiently. 2. *Adj.* impatient
ungeeignet *Adj.* unsuitable; (für eine Aufgabe, Stellung) unsuited
ungefähr 1. *Adv.* approximately; roughly
ungefährlich 1. *adv.* safely. 2. *Adj.* safe; harmless; nicht ~ sein be not without danger
ungehalten 1. *adv.* indignantly; in an aggrieved tone. 2. *Adj.* annoyed (über + Akk., wegen about); (entrüstet) indignant
ungeheizt *Adj.* unheated
ungeheuer 1. *adv.* tremendously; terribly *(ugs.)*. 2. *Adj.* enormous; immense; tremendous; vast; terrible *(ugs.)*, terrific *(ugs.)*
Ungeheuer *n.*; ~s, ~ (auch bildlich) monster
ungeheuerlich 1. *adv.* *(ugs.)* terribly *(ugs.)*. 2. *Adj.* monstrous; outrageous
ungehindert *Adj.* unimpeded
ungehorsam *Adj.* disobedient
Ungehorsam *m.* disobedience
ungeklärt *Adj.* unsolved; unknown
ungekündigt *Adj.* in ~er Stellung not under notice postpos
ungekünstelt 1. *adv.* naturally; unaffectedly. 2. *Adj.* natural; unaffected
ungekürzt *Adj.* unabridged; uncut
ungelegen *Adj.* inconvenient, awkward
ungemein 1. *adv.* exceptionally 2. *Adj.*; *nicht präd.* exceptional; tremendous
ungemütlich 1. *adv.* uncomfortably. 2. *Adj.* a) (unangenehm) unpleasant; b) cheerless; uninviting, uncomfortable, unfriendly
ungenau 1. *adv.* a) (nicht sorgfältig) carelessly; b) inaccurately; imprecisely, inexactly; vaguely. 2. *Adj.* inaccurate; imprecise, inexact; (undeutlich) vague
Ungenauigkeit *f.* inaccuracy; (einer Definition) imprecision; inexactnes
ungeniert 1. *adv.* openly; unconcernedly; (ohne Scham) without any embarrassment. 2. *Adj.* free and easy; uninhibited
ungenießbar *Adj.* a) (nicht trinkbar) undrinkable; (nicht essbar) inedible; b) (bildlich *ugs.*) unbearable
ungenügend 1. *adv.* inadequately. 2. *Adj.* inadequate; die Note "~" (Schule) the 'unsatisfactory'
ungerade *Adj.* odd
ungerecht 1. *adv.* unjustly; unfairly. 2. *Adj.* unjust, unfair
ungerechtfertigt *Adj.* unjustified; unwarranted
Ungerechtigkeit~, ~en injustice
ungeregelt *Adj.* irregular; disorganized
ungereimt *Adj.* *(bildlich)* inconsistent; illogical; *(ugs. derogativ,* verworren) muddled
ungern *Adv.* reluctantly
Ungeschicklichkeit *f.* clumsiness; ineptitude
ungeschickt 1. *adv.* clumsily; awkwardly 2. *Adj.* clumsy; awkward
ungeschützt *Adj.* unprotected; (Wind und Wetter ausgesetzt) exposed
ungesehen *Adj.*; *nicht attr.*

unseen
ungesetzlich 1. *adv.* unlawfully; illegally. 2. *Adj.* unlawful; illegal
ungestört *Adj.* undisturbed; uninterrupted
ungestraft 1. *adv.* with impunity. 2. *Adj.*; *nicht attr.* unpunished
ungestüm 1. *adv.* impetuously. 2. *Adj.* impetuous, tempestuous
ungesund 1. *adv.* unhealthily 2. *Adj.* (auch bildlich) unhealthy; (bildlich: übermäßig) excessive
ungetrübt *Adj.* unalloyed; unclouded, perfect
Ungetüm *n.*; ~s, ~e monster
ungeübt *Adj.* unpractised
ungewiss *Adj.* uncertain
Ungewissheit *f.* uncertainty
ungewöhnlich 1. *adv.* a) (unüblich) abnormally, strangely; b) (enorm) exceptionally. 2. *Adj.* a) unusual; b) (enorm) exceptional; outstanding
ungewohnt 1. *adv.* unusually. 2. *Adj.* unaccustomed; unfamiliar
ungewollt 1. *adv.* unintentionally; inadvertently. 2. *Adj.* unwanted; (unbeabsichtigt) unintentional; inadvertent
ungläubig 1. *adv.* incredulously; in disbelief. 2. *Adj.* a) (Religion) unbelieving; b) disbelieving; incredulous
Ungläubige *m./f.* (Religion) unbeliever
unglaublich 1. *adv.* (*ugs.*: äußerst) incredibly (*ugs.*). 2. *Adj.* incredible (*ugs.*: sehr groß) incredible (*ugs.*), fantastic (*ugs.*)
unglaubwürdig *Adj.* untrustworthy, implausible; unreliable
ungleich 1. *adv.* a) unequally; b) (ungleichmäßig) unevenly. 2. *Adj.* unequal; odd, unmatching
ungleichmäßig 1. *adv.* unevenly. 2. *Adj.* uneven
Unglück *n.*; s, ~e a) *o. Pl.* (Not) misfortune; (Leid) suffering; distress; b) (Unfall) accident; (Missgeschick) mishap; crash; accident; c) (Pech) bad luck; misfortune
unglücklich 1. *adv.* a) (ungünstig) unfortunately; (ungeschickt) unhappily, clumsily; b) unhappily. 2. *Adj.* a) (nicht vom Glück begünstigt) unfortunate; hapless; b) unhappy; c) (ungünstig, ungeschickt) unfortunate; unhappy
unglücklicherweise *Adv.* unfortunately
Ungnade *f.* in in ~ (Akk.) fallen/in ~ (Dat.) sein
ungnädig 1. *adv.* in a bad-tempered way; grumpily. 2. *Adj.* bad-tempered; grumpy
ungültig *Adj.* invalid
ungünstig 1. *adv.* a) (unpassend, ungeeignet) inconveniently; b) unfavourably; badly; (unvorteilhaft) unflatteringly. 2. *Adj.* a) (unpassend) inconvenient; (ungeeignet) inappropriate; unsuitable; b) unfavourable; poor; (unglücklich) unfortunate; (unvorteilhaft) unfavourable, unflattering; (schädlich) harmful
ungut *Adj.* a) uneasy; unpleasant; b) nichts für ~! no offence (*ugs.*)
Unheil *n.* disaster
unheilbar 1. *adv.* incurably. 2. *Adj.* incurable
unheimlich 1. *adv.* a) eerily; uncannily; b) (*ugs.*) terribly (*ugs.*); incredibly (*ugs.*). 2. *Adj.* a) eerie; uncanny b) (*ugs.*) (schrecklich) terrible (*ugs.*); terrific (*ugs.*)
unhöflich 1. *adv.* impolitely. 2. *Adj.* impolite
Unhöflichkeit *f.* impoliteness
Unhold *m.*; monster; fiend; demon
unhygienisch 1. *adv.* unhygienically. 2. *Adj.* unhygienic
Uni *f.*, ~, ~s (*ugs.*) university
Uniform *f.*, ~, ~en uniform
uninteressant *Adj.* a) (nicht lohnend, nicht attraktiv) untempting, unattractive; b) uninteresting; (nicht von Belang) of no interest *postpos.*; unimportant; nicht ~: quite interesting
uninteressiert *Adj.* uninterested; not interested (an + *Dat.* in
universell 1. *adv.* universally. 2. *Adj.* universal
Universität ~en university
Universum *n.*; ~s universe
unkenntlich *Adj.* unrecognizable; indecipherable
Unkenntnis *f. o. Pl.* ignorance
unklar *Adj.* a) (nicht klar verständlich) unclear; b) (undeutlich) unclear; indistinct; (bildlich: unbestimmt) vague; c) (nicht durchschaubar) unclear; uncertain
Unklarheit *f.* a) (unklarer Punkt) unclear point; b) *o. Pl.* (Undeutlichkeit) lack of clarity; inistinctness; (Unverständlichkeit) lack of clarity (*Gen.* in); uncertainty
unkontrollierbar *Adj.* impossible to check/supervise *postpos.*; (nicht zu beherrschen) uncontrollable
unkontrolliert *Adj.* unsupervised; (unbeherrscht) uncontrolled
unkonzentriert *Adj.* lacking in concentration *postpos*
Unkosten *Pl.* a) (Kosten) costs; expenditure *sing.* b) expense *sing.*; expenses
Unkraut *o. Pl.* weeds *pl.*; ~ vergeht nicht (*ugs.* scherzh.) it would take a great deal to finish of his/her/our sort (*ugs.*)

unkündbar *Adj.* permanent
unleserlich 1. *adv.* illegibly. 2. *Adj.* illegible
Unlust *f.* (Lustlosigkeit) lack of enthusiasm; (Widerwille) reluctance
unmaßgeblich *Adj.* of no consequence *postpos.*; inconsequential
unmäßig 1. *adv.* a) excessively; to excess; b) (überaus, sehr) tremendously *(ugs.)*. 2. *Adj.* a) immoderate; excessive; b) (enorm) tremendous
Unmenge *f.* mass; enormous number/amount
Unmensch *m.* brute
unmerklich 1. *adv.* imperceptibly. 2. *Adj.* imperceptible
unmissverständlich 1. *adv.* a) (eindeutig) unambiguously; b) (offen, direkt) bluntly; unequivocally. 2. *Adj.* a) (eindeutig) unambiguous; b) blunt; unequivocal
unmittelbar 1. *adv.* a) (direkt) directly; b) immediately; right; ~ bevorstehen be imminent; be almost upon us etc. 2. *Adj.* a) (direkt) direct; b) *nicht präd.* immediate
unmöglich 1. *Adv.* (*ugs.*: unter keinen Umständen): ich/es usw. kann ~ …: I/it etc. can't possibly …. 2. *adv.* (*ugs.*) impossibly; ridiculously. 3. *Adj.* a) (*ugs.*: nicht akzeptabel, unangebracht) impossible; b) impossible
unmoralisch 1. *adv.* immorally. 2. *Adj.* immoral
unmotiviert 1. *adv.* without reason; for no reason. 2. *Adj.* unmotivated
unmündig *Adj.* under-age; *(bildlich)* dependent
unnatürlich 1. *adv.* unnaturally; in a forced way; affectedly. 2. *Adj.* unnatural; forced
unnormal 1. *adv.* abnormally. 2. *Adj.* abnormal
unnötig 1. *adv.* unnecessarily. 2. *Adj.* unnecessary; needless, pointless
unnütz 1. *adv.* needlessly. 2. *Adj.* useless; pointless; wasted; vain
unordentlich 1. *adv.* untidily; carelessly. 2. *Adj.* untidy
Unordnung *f.* disorder; mess
unparteiisch 1. *adv.* impartially. 2. *Adj.* impartial
Unparteiische *m./f.*; *adj. Dekl.* (Sport) siehe Schiedsrichter
unpassend 1. *adv.* inappropriately; unsuitably. 2. *Adj.* inappropriate; unsuitable
unpersönlich 1. *adv.* impersonally; in impersonal terms. 2. *Adj.* impersonal; distant, aloof
unpraktisch 1. *adv.* in an unpractical way. 2. *Adj.* unpractical
unpünktlich 1. *adv.* late. 2. *Adj.* a) unpunctual; b) (verspätet) late, unpunctual
Unpünktlichkeit *f.* lack of punctuality
unrasiert *Adj.* unshaved
Unrecht *n.*; *o. Pl.* a) wrong; b) unrecht haben be wrong
unrechtmäßig 1. *adv.* unlawfully; illegally. 2. *Adj.* unlawful; illegal
unredlich 1. *adv.* dishonestly. 2. *Adj.* dishonest
unregelmäßig 1. *adv.* irregularly. 2. *Adj.* irregular
Unregelmäßigkeit *f.* irregularity
unreif *Adj.* a) (nicht erwachsen) immature; b) unripe
unrentabel 1. *adv.* unprofitably. 2. *Adj.* unprofitable
unrichtig 1. *adv.* incorrectly. 2. *Adj.* incorrect; inaccurate
Unruhe *f.* a) (Unfrieden) unrest; ~ stiften stir up trouble; b) (auch bildlich) unrest; (Lärm) noise; commotion; (Unrast) restlessness; agitation; (Besorgnis) anxiety; disquiet
unruhig 1. *adv.* a) restlessly; (besorgt) anxiously; b) (ungleichmäßig) unevenly; fitfully. 2. *Adj.* a) (bildlich) choppy; busy; eventful; unsettled, troubled; b) restless; (besorgt) anxious; (nervös) agitated; jittery; c) (ungleichmäßig) uneven; fitful; disturbed; unsettled
uns 1. *Dat. u. Akk. des Reflexivpron. der 1. Pers. Pl.* a) von ~ aus (aus eigenem Antrieb) on our own initiative; b) *reziprok* one another; wir haben ~ gestritten we had an argument/quarrel. 2. *Dat. u. Akk. von wir* us; bei ~: at our home *(ugs.)* place; bei ~ gegenüber opposite us/our house
unsachlich 1. *adv.* without objectivity. 2. *Adj.* unobjective; ~ werden lose one's objectivity
unsanft 1. *adv.* roughly; ~ geweckt werden be rudely awoken. 2. *Adj.* rough; hard
unsauber 1. *adv.* a) (unklar) inaccurately; b) (nachlässig) untidily; carelessly. 2. *Adj.* a) (nachlässig) untidy, sloppy; b) (schmutzig) dirty; c) (unsauter) shady; underhand, dishonest
unschädlich *Adj.* harmless; ~ machen render harmless, neutralize; put out of action; render safe
unscharf *Adj.* blurred, fuzzy
unschätzbar *Adj.* invaluable; inestimable; priceless
unscheinbar *Adj.* nondescript; inconspicuous; unspectacular
unschlagbar *Adj.* unbeatable
unschlüssig *Adj.* undecided *pred.*; undecisive
Unschuld *o. Pl.* a) (Jungfräulichkeit) virginity; b) in-

unschuldig

nocence; seine Hände in ~ waschen (bildich) wash one's hands in innocence
unschuldig 1. *adv.* innocently. 2. *Adj.* a) innocent; b) er/sie ist noch ~: he/ she is still a virgin
unselbständig *Adj.* dependent
unser *Possessivpron. Pl.* our; das ist ~s,~es das ~e that is ours
unser *Gen. von* wir of us; in ~ aller Interesse in the interest of all of us
unserer·seits *Adv.* for our part
unsicher 1. *adv.* a) (nicht selbstsicher) diffidently; b) unsteadily; without confidence. 2. *Adj.* a) (unzuverlässig) uncertain, unreliable; b) (gefährlich) dangerous; unsafe; insecure; c) (zögernd) hesitant; uncertain, (nicht selbstsicher) insecure; (zitternd) unsteady, shaky; unsure of oneself; d) (keine Gewissheit habend) unsure; uncertain
Unsicherheit *f.* a) (Gefahren) dangers *pl.*; (Gefährlichkeit) dangerousness; b) *o. Pl.* (Zaghaftigkeit) unsureness; (der Schritte *o. ä.*) unsteadiness; c) *o. Pl.* (Unzuverlässigkeit) uncertainty; unreliability; d) *o. Pl.* uncertainty; e) *o. Pl.* instability
unsichtbar *Adj.* invisible (für to)
Unsinn *m.*; *o. Pl.* nonsense; (Unfug) tomfoolery; fooling about *no art.*
unsinnig *Adj.* nonsensical; ridiculous, absurd
Unsitte *f.* bad habit; (allgemein verbreitet) bad practict
unsittlich 1. *adv.* indecently. 2. *Adj.* indecent
unsozial 1. *adv.* unsocially; antisocially. 2. *Adj.* unsocial; antisocial
unsportlich 1. *adv.* (unfair) in an unsporting way. 2. *Adj.* a) unathletic; b) (unfair) unsporting; unsportsmanlike
unsterblich 1. *adv.* (*ugs.*: außerordentlich) incredibly (*ugs.*). 2. *Adj.* immortal; (bildich) undying
unstet 1. *adv.* (ruhelos) restlessly. 2. *Adj.* a) (ruhelos) restless; unsettled; b) (unbeständig) vacillating; (labil) unstable
Unsumme *f.* vast/huge sum
unsympathisch *Adj.* uncongenial, disagreeable; unpleasant
Untat *f.* misdeed; evil deed
untätig *Adj.* idle
untauglich *Adj.* a) (für Militärdienst) unfit *postpos.*; b) unsuitable
unteilbar *Adj.* indivisible
unten *Adv.* a) downstairs b) down; von ~: from below; ~ liegen be down below; (darunter) lie underneath; nach ~ (auch bildich) downward; hier/ da ~: down here/there; c) (am unteren Ende, zum unteren Ende hin) at the bottom; (als Bildunterschrift) ~ links below left; d) hinten im Text) below; siehe ~: see further on; below; e) at the bottom; f) (an der Unterseite) underneath
unter 1. *Adv.* less than unter ... *Adj.* a) (in der Folge) lower; lesser; b) lower; bottom; 2. *Präp. mit Akk.* a) (Richtung, Ziel, Abhängigkeit) under; b) (niedriger als) ~ Null below zero; c) (zwischen) among 3. *Präp. mit Dat.* a) (weniger, niedriger) Mengen under b) (Abhängigkeit,Standort) under; ~ jmdm. wohnen live below sb.; c) (aus einer Gruppe) among; d) (zeitlich); (modal); e) (Zustand) under; ~ Strom stehen be live
unter·durchschnittlich 1. *adv.* below the average. 2. *Adj.* below average

unter·einander *Adv.* a) (räumlich) one below the other; b) (miteinander) among ourselves/ themselves etc
Unter·fangen *n.*; ~s venture; undertaking
Unter·führung *f.* underpass; (für Fußgänger) subway; underpass (Amer.)
Untergang *m.* a) decline; (plötzlich) destruction; (Personen) downfall; (der Welt) end; b) (von Schiffen) sinking; c) (Sonnen) setting
unter·geben *Adj.* subordinate
Untergebene *m./f.*; *adj. Dekl.* subordinate
unterhaltsam *Adj.* entertaining
Unterhaltung *f.* a) (Zeitvertreib) entertainment; ich wünsche gute ~: enjoy yourself/yourselves; b) *o. Pl.* (Versorgung) support; c) *o. Pl.* (Aufrechterhaltung) maintenance; d) (Gespräch) conversation
unter·höhlen *tr. V.* hollow out; erode
unterkühlt *Adj.* a) (bildich) factual; dry, cool; icy; b) ~ sein be suffering from hypothermia
Unter·kühlung *f.* reduction of body temperature
Unterkunft *f.*, ~, Unterkünfte accommodation *no indef. art.*; lodging *no indef. art.*; und Verpflegung board and lodging
Unter·lage *f.* a) *Pl.* (Papiere) documents; papers; b) mat; (unter einer Matratze) underlay; (Schreib~) pad; (zum Schlafen usw.) base
Unter·lass *m.*: ohne ~ incessantly
unter·lassen *unr. tr. V.* refrain from (versäumen) omit, fail to
Unterlassung ~, ~en omission; failure
unter·laufen 1. *unr. tr. V.*

evade; get round. 2. *unr. tr. V.*; *mit sein* occur; jmdm. ist ein Fehler/ Irrtum ~: sb. made a mistake
unter·legen *tr. V.* put under
unter·legen *Adj.* be inferior
Unter·leib *m.* lower abdomen
unter·liegen *unr. itr. V.* a) einer Sache (*Dat.*) ~: be subject to sth.; b) *mit sein* lose; be beaten/defeated
Unter·lippe *f.* lower lip
Unter·malung ~, ~en accompaniment (*Gen.* to
unter·nehmen *unr. tr. V.* make; undertake; take
Unter·nehmen *n.*; ~s, ~ a) (Firma) enterprise; concern; b) enterprise; undertaking
unternehmend *Adj.* enterprising; active
Unternehmer *m.*; ~s, ~: employer; — (in der Industrie) industrialist
unternehmerisch 1. *adv.* in an entrepreneurial/business-like way. 2. *Adj.* entrepreneurial
Unterredung *f.*, ~, ~en discussion
Unterricht *m.*; s, ~e instruction; (Schul~) teaching; (Schulstunden) classes *pl.*; lessons pl
unterrichten 1. *ref. V.* (sich informieren) inform oneself 2. *itr. V.* (Unterricht geben) teach. 3. *tr. V.* a) (informieren) inform; b) (lehren) teach
unter·rühren *tr. V.* stir in
unter·sagen *tr. V.* forbid; prohibit
Unter·schied *m.*; s, ~e difference; im ~ zu in contrast;
unter·schieden *Adj.* different
unterschiedlich 1. *adv.* in different ways. 2. *adj.* different; (uneinheitlich) variable; varying
unter·schlagen 1. *unr. itr. V.* Geld ~: embezzle money. 2. *unr. tr. V.* embezzle, misappropriate; (unterdrücken) intercept; withhold, suppress
Unterschlagung *f.*, ~, ~en embezzlement; misappropriation; withholding; suppression
Unter·schlupf *m.*; s, ~e shelter; (Versteck) hiding-place; hide-out
unter·schreiben 1. *unr. tr. V.* sign; (bildlich) approve; subscribe to. 2. *unr. itr. V.* sign
unter·schreiten *unr. tr. V.* fall below
Unter·schrift *f.* signature; (Bild~) caption
unterschwellig 1. *adv.* subliminally. 2. *Adj.* subliminal
Unter·stand *m.* shelter; (Bunker) dug-out
unter·stehen 1. *unr. refl. V.* dare; untersteh dich! you dare! 2. *unr. itr. V.* jmdm. ~: be subordinate/answerable to sb.
unter·stellen 1. *refl. V.* take shelter. 2. *tr. V.* a) (unter etw.) put underneath; b) (zur Aufbewahrung) keep; store
unter·stellen *tr. V.* a) (unterschieben) jmdm. böse Absichten ~: insinuate/imply that sb.'s intentions are bad; b) (jmdm. unterordnen, übertragen) put sb. in charge
Unter·stellung *f.* a) (falsche Behauptung) insinuation; b) subordination (unter + Akk. to
unter·streichen *unr. tr. V.* underline; (bildlich: hervorheben) emphasize
Unter·streichung *f.*, ~, ~en underlining; (bildlich) emphasizing
unter·stützen *tr. V.* support
Unter·stützung *f.* support; (für Arbeitslose) benefit *no art.*; (finanzielle Hilfe) allowance
unter·suchen *tr. V.* a) (aufzuklären suchen) investigate; b) examine
Untersuchung *f.*, ~, ~en a) (wissenschaftliche Arbeit) study; b) examination; test; investigation
untertan *Adj.* sich (*Dat.*) jmdn./etw. ~ machen subjugate sb./dominate sth
Untertan *m.*; ~s oder ~en, ~en subject
unter·teilen *tr. V.* subdivide; (aufteilen) divide
Unter·teilung *f.*, ~, ~en division
unter·treiben *unr. itr. V.* play things down
Untertreibung *f.*, ~, ~en understatement
Unter·wäsche *f. o. Pl.* underwear
unterwegs *Adv.* on the way
Unter·welt *f. o. Pl.* underworld
unter·werfen 1. *unr. refl. V.* sich ~: submit 2. *unr. tr. V.* a) (unterziehen) subject (*Dat.* to); b) subjugate
unterwürfig *(derogativ)* 1. *adv.* obsequiously. 2. *Adj.* obsequious
Unterwürfigkeit *f.*, ~ *(derogativ)* obsequiousness
unter·zeichnen *tr. V.* sign
Unterzeichnung *f.* signing
unter·ziehen *unr. tr. V.* etw. ~: put sth. on underneat
unter·ziehen 1. *unr. tr. V.* (prüfen) examine 2. *unr. refl. V.* sich einer Sache ~: undertake sth
untragbar *Adj.* unbearable; intolerable
untrennbar *Adj.* inseparable
untreu *Adj.* a) (in der Partnerschaft) unfaithful; b) disloyal; jmdm. ~ werden be disloyal to sb
Untreue *f.* a) (in der Ehe, Liebe) unfaithfulness; b) disloyalty
untröstlich *Adj.* inconsolable
untrüglich *Adj.* unmistakable

unüberlegt 1. *adv.* rashly. 2. *Adj.* rash
unübersichtlich 1. *adv.* unclearly; confusingly. 2. *Adj.* unclear; confusing; blind
unüblich *Adj.* unusual; not usual/customary pred
umgänglich *Adj.* necessary
unumwunden 1. *adv.* frankly; openly. 2. *Adj.* frank
ununterbrochen 1. *adv.* incessantly. 2. *Adj.* incessant
unveränderlich *Adj.* constant; permanent; unchangeable, unchanging
Unveränderlichkeit *f.*, ~: siehe unveränderlich: unchangeableness; unchangingness; constancy
unverändert *Adj.* unaltered, unchanged; unrevised
unverantwortlich 1. *adv.* irresponsibly. 2. *Adj.* irresponsible
unveräußerlich *Adj.* inalienablee
unverbesserlich *Adj.* incorrigible
unverbindlich 1. *adv.* without obligation. 2. *Adj.* without obligation; not binding; non-committal; detached, impersonal
Unverbindlichkeit *f.*, ~, ~en a) (Äußerung) non-committal remark; b) *o. Pl.* freedom from obligation
unverblümt 1. *adv.* bluntly. 2. *Adj.* blunt
unverdächtig 1. *adv.* in a way that does/did not arouse suspicion. 2. *Adj.* free from suspicion *postpos*
unverdaulich *Adj.* indigestible
unverdorben *Adj.* unspoilt
unverdrossen *Adj.* undeterred; (unverzagt) undaunted
unverdünnt *Adj.* undiluted
unverfänglich *Adj.* harmless
unverfroren 1. *adv.* insolently; impudently. 2. *Adj.* insolent; impudent
Unverfrorenheit *f.*, ~, ~en a) (Äußerung) insolent remark; impertinence; b) *o. Pl.* insolence; impudence
unvergänglich *Adj.* immortal; unchanging; abiding
Unvergänglichkeit *f.* siehe unvergänglich: immortality; unchangingness; abidingness
unvergesslich *Adj.* unforgettable
unvergleichlich 1. *adv.* incomparably. 2. *Adj.* incomparable
unverhältnismäßig *Adv.* unusually
unverheiratet *Adj.* unmarried
unverkennbar 1. *adv.* unmistakably. 2. *Adj.* unmistakably
unvermeidlich *Adj.* a) (sich als Folge ergebend) inevitable; b) (nicht vermeidbar) unavoidably
unvermindert *Adj.*, *adv.* undiminished
unvermittelt 1. *adv.* suddenly; abruptly. 2. *Adj.* sudden; abrupt
Unvermögen lack of ability; inability
unvermutet 1. *adv.* unexpectedly. 2. *Adj.* unexpected
Unvernunft *f.* stupidityd
unvernünftig 1. *adv.* sie raucht ~ viel she smokes more than is good for her. 2. *Adj.* stupid; foolish
unverschämt 1. *adv.* impudently; impertinently; barefacedly; blatantly; (ugs.: sehr) outrageously. 2. *Adj.* impudent; impertinent
Unverschämtheit *f.*, ~, ~en *o. Pl.* impudence; impertinence; (einer Lüge) barefacedness
unverständlich *Adj.* incomprehensible; (undeutlich) unclear
Unverständnis *n.* lack of understandin

unverträglich *Adj.* a) (nicht harmonierend) incompatible; b) (streitsüchtig) quarrelsome; c) (unbekömmlich) indigestible; unsuitabl
Unverträglichkeit *f.* siehe unverträglich: indigestibility; unsuitability; quarrelsomeness
unvertretbar *Adj.* unjustifiable
unverwechselbar *Adj.* unmistakable; distinctive
unverwundbar *Adj.* invulnerable
unverwüstlich *Adj.* indestructible; *(bildlich)* irrepressible; robust
unverzeihlich *Adj.* unforgivable; inexcusable
unverzüglich 1. *adv.* promptly; immediately. 2. *Adj.* prompt; immediate
unvollkommen 1. *adv.* imperfectly; (unvollständig) incompletely. 2. *Adj.* imperfect; (unvollständig) incomplete
unvollständig *Adj.* incomplete
unvorbereitet *Adj.* unprepared
unvorhergesehen 1. *adv.* unexpectedly. 2. *Adj.* unforeseen; unexpected
unvorhersehbar *Adj.* unforeseeable
unvorsichtig 1. *adv.* carelessly; (unüberlegt) rashly. 2. *Adj.* careless; (unüberlegt)
Unvorsichtigkeit *f. o. Pl.* (Art) carelessness
unvorstellbar 1. *adv.* unimaginably 2. *Adj.* inconceivable; unimaginable
unvorteilhaft *Adj.* a) (ohne Vorteil) unfavourable, poor; unprofitable; b) (nicht attraktiv) unattractive
unwahr *Adj.* untrue
Unwahrheit *f. o. Pl.* untruthfulness; (Äußerung) untruth
unwahrscheinlich 1. *adv.* (ugs.: sehr) incredibly

(ugs.). 2. *Adj.* able; unlikely; b) *(ugs.:* sehr viel) incredible *(ugs.)*
Unwahrscheinlichkeit *f.* improbability
unweigerlich 1. *adv.* inevitably. 2. *Adj.* inevitable
unweit 1. *Adv.* not far (von from). 2. *Präp.* mit *Gen.* not far from
Unwesen *n.*; *o. Pl.* dreadful state of affairs; sein ~ treiben *(derogativ)* be up to one's mischief
unwesentlich 1. *adv.* slightly; marginally. 2. *Adj.* unimportant; insignificant
Unwetter *n.* thunderstorm
unwichtig *Adj.* unimportant
unwiderruflich 1. *adv.* irrevocably. 2. *Adj.* irrevocable
unwidersprochen *Adj.* unchallenged
unwiderstehlich *Adj.* irresistible
Unwiderstehlichkeit *f.*; ~: irresibilite
unwiederbringlich 1. *adv.* irretrievably. 2. *Adj.* irretrievable
Unwille *m.*; *o. Pl.* displeasure; indignation
unwillig 1. *adv.* angrily; indignantly; (widerwillig) unwillingly; reluctantly. 2. *Adj.* angry; indignant; (widerwillig) unwilling; reluctant
unwillkommen *Adj.* unwelcome
unwillkürlich 1. *adv.* spontaneously; instinctively. 2. *Adj.* spontaneous; instinctive
unwirklich *Adj.* unreal
unwirksam *Adj.* ineffective
Unwirksamkeit *f.* ineffectiveness
Unwissen *n.* ignorance
Unwissenheit *f.*; ~ ignorance
unwohl *Adv.* unwell; (unbehaglich) uneasy
Unwohlsein *n.*; ~: indisposition
unwürdig *Adj.* a) (unangemessen) unworthy; b) undignified; degrading
Unzahl *f.*; *o. Pl.* huge or enormous number
unzählig *Adj.* innumerable; countless
unzähmbar *Adj.* untameable
Unze *f.*; ~, ~n ounce
unzensiert *Adj.* a) uncensored; b) (unbenotet) unmarked; ungraded
unzivilisiert *Adj. (derogativ)* uncivilized
unzufrieden *Adj.* dissatisfied; (stärker) unhappy
Unzufriedenheit *f.* dissatisfaction; (stärker) unhappiness
unzugänglich *Adj.* inaccessible; *(bildlich)* unapproachable
unzulänglich 1. *adv.* insufficiently; inadequately. 2. *Adj.* insufficient; inadequate
Unzulänglichkeit *f.*; ~, ~en a) (etw. Unzulängliches) inadequacy; shortcoming; b) *o. Pl.* insufficiency; inadequacy
unzulässig *Adj.* inadmissible; undue; improper
unzumutbar *Adj.* unreasonable
Unzumutbarkeit *f.*; ~ unreasonableness
unzurechnungsfähig *Adj.* (geistesgestört) of unsound mind *postpos*; not responsible for one's actions *pred*
unzureichend *Adj.* insufficient; inadequate
unzustellbar *Adj.* (Post) undeliverably
unzutreffend *Adj.* inapplicable; inappropriate; (falsch) incorrect
unzuverlässig *Adj.* unreliably
Unzuverlässigkeit *f.* unreliability
unzweckmäßig 1. *adv.* unsuitably; (unpraktisch) impractically. 2. *Adj.* unsuitable; (unpraktisch) impractical
unzweifelhaft 1. *adv.* unquestionably; undoubtedly. 2. *Adj.* unquestionable; undoubted
üppig 1. *adv.* luxuriantly; sumptuously. 2. *Adj.* lush, luxuriant; thick; sumptuous, opulent
Üppigkeit *f.*; ~ luxuriance; lushness; thickness; sumptuousness; opulence
ur·alt *Adj.* very old; ancient
Uran *n.*; ~s (Rohstoff) uranius
urbar *Adj.* ~ machen cultivate; reclaim
Ur-einwohner *m.* native
Ur·enkel *m.* great-grandson
ur·gemütlich *(ugs.)* 1. *adv.* extremely cosily/comfortably. 2. *Adj.* extremely cosy;
Ur·heber *m.*; ~s, ~ a) (bes. Recht: Verfasser, Autor) author; b) originator; initiator
Urin *m.*; ~s urine
urinieren *itr. V.* urinate
Ur·kunde *f.*; ~, ~n document; (Bescheinigung) certificate
Urlaub *m.*; (Brit.); vacation
Urne *f.*; ~, ~n urn; (Verlosungs~) box; (Wahl~) box; (Lostrommel) drum
Ur·sache *f.* cause (für of); keine ~! don't mention it; you're welcome
Ur·schrei *m.* (Wissenschaft) primal scream
Ur·sprung *m.* origin
ur·sprünglich 1. *adv.* a) originally; initially; b) (natürlich) naturally. 2. *Adj.* a) original; initial; b) (natürlich) natural
Urteil *n.*; ~s, ~e judgement; (Strafe) sentence; (Gerichts~) verdict; (Meinung) opinion
urteilen *itr. V.* form an opinion; judge
urtümlich *Adj.* natural; primitive
Utopie *f.*; ~, ~ utopia

V

v, V *n.*; ~, ~: v/
Vagabund *m.*; ~en, ~en vagabond
vagabundieren *itr. V.* a) live as a vagabond/as vagabonds; b) *mit sein* (umherziehen) wander or travel around
vage 1. *adv.* vaguely. 2. *Adj.* vague
Vagina *f.*; ~, Vaginen (Körperteil) vagina
vakant *Adj.* vacant
Vakanz *f.*; ~, ~en vacancy
Vakuum *n.*; ~s, Vakuen (auch bildlich) vacuum
Vamp *m.*; ~s, ~s vamp
Vampir *m.*; ~s, ~e vampire
Vanille *f.*; ~: vanilla
variabel 1. *adv.* variably. 2. *Adj.* variable
Variable *f.*; *adj. Dekl.* (Mathematik) variable
Variante *f.*; ~, ~n variant; variation
Variation *f.*; ~, ~en (auch Musik) variation (*Gen.*, über, zu on
Varieté *n.*; ~s, ~s variety theatre; (Aufführung) variety shop
variieren tr., *itr. V.* vary
Vase *f.*; ~, ~n vase
Vater *m.*; ~s, Väter a) father; Heiliger ~ (kath. Kirche) Holy Father; b) *o. Pl.* (Religion) Father; Gott ~: God the Father
väterlich 1. *adv.* in a fatherly way. 2. *Adj.* a) *nicht präd.* the/one's father's; paternal; b) (fürsorglich) fatherly
Vatikan *m.*; ~s Vatican
vatikanisch *Adj.*; *nicht präd.* Vatican
Vegetarier *m.*; ~s, ~: vegetarian
vegetarisch 1. *adv.* sie lebt ~: she is a vegetarian. 2. *Adj.* vegetarian
Vegetation *f.*; ~, ~en vegetation *no indef. art*
vegetieren *itr. V.* vegetate
vehement 1. *adv.* vehemently. 2. *Adj.* vehement
Vehemenz *f.*; ~ vehemence
Vehikel *n.*; ~s, ~ (oft *derogativ,* auch bildlich) vehicle
Veilchen *n.*; ~s, ~: violet
Vektor *m.*; ~s, ~en (Mathematik) vector
Vene *f.*; ~, ~n (Medizin) vein
Venedig (*n.*); ~s Venice
Venezianer *m.*; ~s, ~: Venetian
venezianisch *Adj.* Venetian
Ventil *n.*; ~s, ~e valve; *(bildlich)* outlet
Ventilation *f.*; ~, ~en ventilation
Ventilator *m.*; ~s, ~en ventilaton
Venus *f.*; ~: Venus *no def. art*
verabreden 1. *refl. V.* arrange to meet 2. *tr. V.* arrange
Verabredung *f.*; ~, ~en a) (verabredete Zusammenkunft) appointment; b) (Absprache) arrangement; eine ~ treffen arrange to meet or a meeting
verabreichen *tr. V.* administer; give
verabscheuen *tr. V.* detest; loath
verabschieden 1. *refl. V.* sich ~: say goodbye (formell) take one's leave 2. *tr. V.* a) say goodbye to; b) (beschließen) adopt; past
Verabschiedung *f.*; ~, ~en a) (aus dem Dienst) retirement; b) (eines Gesetzes) passing; (eines Plans, Etats) adoption
verachten *tr. V.* despise
verächtlich 1. *adv.* contemptuously. 2. *Adj.* (verachtenswürdig) contemptible; (abschätzig) contemptuous; despicable
Verachtung *f.*; ~: contempt; jmdn. mit ~ strafen treat sb. with contempt
veralbern *tr. V.* make fun of
verallgemeinern tr., *itr. V.* generalize
Verallgemeinerung *f.*; ~, ~en generalization
veralten *itr. V.*; *mit sein* become obsolete
Veranda *f.*; ~, Veranden veranda; porch
veränderlich *Adj.* variable; changeable
Veränderlichkeit *f.*; ~, ~en changeability; variability
verändern 1. *refl. V.* a) (die Stellung wechseln) sich ~: change one's job; b) change; 2. *tr. V.* change; das blonde Haar verändert sie stark the blond hair makes her look very different
Veränderung *f.* change
verängstigen *tr. V.* frighten; scare
veranlagen *tr. V.* (Steuer) assess (mit at)
veranlagt *Adj* have a disposition
Veranlagung *f.*; ~, ~en a) (Steuer) assessment; b) disposition; bent
veranlassen *tr. V.* a) (erledigen lassen) etw. ~: see to it that sth. is done or carried out; b) cause; induce
Veranlassung *f.*; ~, ~en a) reason, cause (zu for); b) auf jmds. ~ on sb.'s order
veranschaulichen *tr. V.* illustrate
Veranschaulichung *f.*; ~, ~en illustration
veranschlagen *tr. V.* estimate (mit at)
Veranschlagung *f.*; ~, ~en estimate
veranstalten *tr. V.* a) *(ugs.)*

make; b) organize; hold, give
Veranstalter *m.*; ~s, ~, Veranstalterin *f.*; ~, ~nen organizer
Veranstaltung *f.*; ~, ~en a) (das Veranstalten) organizing; organization; b) (Ereignis) event
verantworten 1. *refl. V.* sich vor jmdm. ~: answer to sb.; sich für etw. ~: answer for sth. 2. *tr. V.* take responsibility for
verantwortlich *Adj.* responsible; jmdn. für etw. ~ machen hold sb. responsible for sth
Verantwortlichkeit *f.*; ~, ~en responsibility
Verantwortung *f.*; ~, ~en responsibility (für for); jmdn. zur ~ ziehen call sb. to account die ~ für etw. übernehmen take or accept responsibility for sth
verarbeiten *tr. V.* a) (geistig bewältigen) digest, assimilate; come to terms with; b) use
verarbeitet *Adj.* gut/ schlecht usw. ~: well/badly etc. finished
Verarbeitung *f.*; ~, ~en use; (Art der Fertigung) finish
verärgern *tr. V.* annoy
Verärgerung *f.*; ~, ~en annoyance
verausgaben 1. *refl. V.* wear oneself out. 2. *tr. V.* (Geld ausgeben) spend
veräußern *tr. V.* dispose of, sell
Verb *n.*; ~s, ~en verb
verbal 1. *adv.* verbally. 2. *Adj.* (auch Grammatik) verbal
Verband *m.* a) (Vereinigung) association; b) (Binde) bandage; dressing
verbannen *tr. V.* (auch bildlich) banish
Verbannung *f.*; ~, ~en banishment; exile
verbarrikadieren 1. *refl. V.* barricade oneself. 2. *tr. V.* barricade
verbeißen *unr. tr. V.* suppress; hold back
verbergen *unr. tr. V.* a) (verheimlichen) hide; b) (auch bildlich) hide; conceal; sich ~: hide
verbessern 1. *refl. V.* improve; (beruflich aufsteigen) better oneself. 2. *tr. V.* improve; improve on, better; beat; reform; (korrigieren) correct
Verbesserung *f.* a) (Korrektur) correction; b) improvement
verbeugen *refl. V.* bow (vor + *Dat.* to
Verbeugung *f.*; ~, ~en bow; eine ~ vor jmdm. machen bow to sb
verbiegen 1. *unr. refl. V.* bend; buckle. 2. *unr. tr. V.* bend
verbieten 1. *unr. refl. V.* sich ~: be out of the question. 2. *unr. tr. V.* a) (für unzulässig erklären) ban; b) forbid; jmdm. etw.~: forbid sb. sth.
verbilligen 1. *refl. V.* come down in price, become or get cheaper; become or get cheaper. 2. *tr. V.* bring down or reduce the cost of, reduce
verbinden 1. *unr. refl. V.* a) (sich zusammentun) join forces; b) (auch Naturwissenschaft) combine (mit with). 2. *unr. tr. V.* a) (zusammenfügen) join; join up; b) (in Beziehung bringen) connect (durch by); link (durch by); c) (bandagieren) bandage; dress; d) (zubinden) bind; mit verbundenen Augen blindfolded; (zusammenhalten) hold together; f) (verknüpfen) combine; g) *auch itr.* (telefonisch) jmdn. ~: put sb. through; h) (assoziieren) associate (mit with)
verbindlich 1. *adv.* a) (freundlich) in a friendly manner; (entgegenkommend) in a forthcoming manner; b) jmdm. etw. ~ anbieten make sb. a firm offer of sth. 2. *Adj.* a) (freundlich) friendly; (entgegenkommend) forthcoming; b) (bindend) obligatory; compulsory; binding
Verbindlichkeit *f.*; ~, ~en a) friendliness; forthcomingness; b) obligatory or compulsory nature; c) *Pl.* (Handel: Schulden) liabilities (gegen to
Verbindung *f.* a) (Bündnis) association; b) (Zusammenhalt) join; connection; c) (Kontakt) contact d) (durch Telefon, Funk) connection; e) (Verkehrs~) connection (nach to); f) (das Verknüpfen) linking; g) (verknüpfende Strecke) link; h) (Zusammenhang) connection; i) (Naturwissenschaft) compound
verbitten *unr. refl. V.* sich (*Dat.*) etw. ~: refuse to tolerate sth
verbittern *tr. V.* embitter; make bitter
Verbitterung *f.*; ~, ~en bitterness; embitterment
Verbleib *m.*; s a) staying; b) (Ort) whereabouts *pl*
verbleiben *unr. itr. V.*; mit *sein* a) (übrigbleiben) remain b) (im Briefschluss) remain c) (sich einigen) wie ist er mit ihnen verblieben? what did he arrange with them?
verblüffen *tr., auch itr. V.* astonish; amaze; astound; (verwirren) baffled
verblüffend 1. *adv.* amazingly; astonishingly; astoundingly. 2. *Adj.* amazing; astonishing; astounding
Verblüffung *f.*; ~, ~en astonishment; amazement
verborgen *Adj.* hidden, escape
Verbot *n.*; s, ~e ban (*Gen.*,

Verbrauch

von on); order
Verbrauch *m.*; s consumption (von, an + *Dat.* of)
verbrauchen *tr. V.* a) (verschleißen) wear out; stale; b) use; consume
Verbraucher *m.*; ~s, ~, Verbraucherin *f.*; ~, ~nen consumer
Verbrechen *n.*; ~s, ~ crime
Verbrecher *m.*; ~s, ~: criminal
verbrecherisch *Adj.* criminal
verbreiten 1. *refl. V.* a) (sich ausbreiten) spread; b) (bekannt werden) spread. 2. *tr. V.* a) (bekannt machen) spread; b) (erwecken) radiate; spread
Verbreitung *f.*; ~, ~en a) spreading; radiation; b) (Ausbreitung) spread
verbrennen 1. *tr. V.* cremate; (auch verletzen) burn 2. *unr. itr. V.*; *mit sein* a) burn; burn to death
Verbrennung *f.*; ~, ~en a) burning; cremation; b) (Auto) combustion
verbringen *unr. tr. V.* spend
verbrüdern *refl. V.* avow friendship and brotherhood
Verbrüderung *f.*; ~, ~en a vowal of friendship and brotherhood
verbrühen *tr. V.* scald
verbünden *refl. V.* form an alliance
verbündet *Adj.* ~: in alliance *postpos*
verbüßen *tr. V.* serve
Verdacht *m.*; s, ~e oder Verdächte suspicion
verdächtig 1. *adv.* suspiciously. 2. *Adj.* suspicious;
Verdächtige *m./f.*; *adj. Dekl.* suspect
verdächtigen *tr. V.* suspect (*Gen.* of)
Verdächtigung *f.*; ~, ~en suspicion
verdammen *tr. V.* condemn; (Religion) damn; b) dazu verdammt sein, etw.

zu tun *(bildlich)* be condemned to do sth
Verdammung *f.*; ~, ~en damnation; condemnation
verdampfen 1. *tr. V.* evaporate; vaporize. 2. *itr. V.*; *mit sein* evaporate; vaporize
verdanken *tr. V.* jmdm./einer Sache etw. ~: owe sth. to sb./sth
verdauen *tr., itr. V.* (auch bildlich) digest; *(bildlich)* get over
verdaulich *Adj.* digestible
Verdauung *f.*; ~: digestion
Verdeck *n.*; s, ~e top
verdecken *tr. V.* a) (verbergen) cover; conceal; *(bildlich)* conceal; b) (nicht sichtbar sein lassen) hide; cover
verderblich *Adj.* a) (moralisch schädlich) corrupting; pernicious; (unheilvoll) pernicious; b) perishable; leicht ~: highly perishable
Verderblichkeit *f.*; ~ perishableness; perniciousness; corrupting effect
verdeutlichen *tr. V.* etw. ~: make sth. clear; (erklären) explain sth
Verdickung *f.*; ~, ~en thickened section; (Schwellung) swelling
verdienen 1. *itr. V.* gut ~: have a good income. 2. *tr. V.* a) earn; b) (wert sein) deserve
Verdiener *m.*; ~s, ~: wage-earned
Verdienst *m.* income; earnings *pl*
Verdienst *n.*; s, ~e merit
verdienstvoll 1. *adv.* commendably. 2. *Adj.* commendably
verdient 1. *adv.* deservedly. 2. *Adj.* a) of outstanding merit; b) (gerecht, zustehend) well-deserved
verdoppeln 1. *refl. V.* double. 2. *tr. V.* (auch bildlich) double, redouble
Verdoppelung *f.*; ~, ~en doubling

Verdorbenheit *f.*; ~: depravite
verdorren *itr. V.*; *mit sein* wither, scorce
verdrängen *tr. V.* drive out; (bildlich: ersetzen) displace
Verdrängung *f.*; ~, ~en driving out; displacement; ousting
verdrehen *tr. V.* a) twist; roll; b) (*ugs. derogativ*: entstellen) twist; distort
verdreifachen *ref., tr. V.* treble; triple
verdrücken (*ugs.*) 1. *refl. V.* slip away. 2. *tr. V.* a) (essen) polish off (*ugs.*); b) (verknautschen) crumple
Verdruss *m.*; Verdrusses, Verdrusse annoyance; (Unzufriedenheit) dissatisfaction; discontentment
verduften *itr. V.*; *mit sein* (sl.: sich entfernen) hop it (Brit. sl.); clear of (*ugs.*)
verdunkeln 1. *refl. V.* darken; grow darker; (bildlich) darken. 2. *tr. V.* a) darken; (vollständig) black out; b) (verdecken) darken; *(bildlich)* cast a shadow of
Verdunklung *f.*; ~, ~en darkening
verdünnen *tr. V.* dilute; (mit Wasser) water down; thin
Verdünnung *f.*; ~, ~en dilution
verdunsten 1. *tr. V.* evaporate; transpire. 2. *itr. V.*; *mit sein* evaporate
Verdunstung *f.*; ~: evaporation
verdursten *itr. V.*; *mit sein* die of thirst
verdutzt *Adj.* taken aback *pred.*; nonplussed; (verwirrt) baffled
verehren *tr. V.* a) (bewundern) admire; (ehrerbietig lieben) worship; adore; b) (vergöttern) revere; venerate
Verehrer *m.*; ~s, ~, Verehrerin *f.*; ~, ~en admire
Verehrung *f.*; *o. Pl.* a) (Be-

verführen

wunderung) admiration; b) veneration; reverence
Verein organization; (Sport~) club; association; society
vereinbaren *tr. V.* a) (in Einklang bringen) reconcile; be compatible; b) (festlegen) agree; arrange
Vereinbarung *f.*; ~, ~en agreement; eine ~ treffen come to an agreement
vereinfachen *tr. V.* simplify
Vereinfachung *f.*; ~, ~en simplification
vereinheitlichen *tr. V.* standardize
vereinigen 1. *refl. V.* unite; merge; *(bildlich)* be combined. 2. *tr. V.* unite; merge; (zusammenfassen) bring together
vereinigt *Adj.* united; Vereinigtes Königreich (Großbritannien und Nordirland) United Kingdom Vereinigte Staaten United States *sing.*
Vereinigung *f.* a) (Zusammenschluss) uniting; (von Unternehmen) merging; b) (Jura) organization
vereinzelt 1. *adv. (zeitlich)* occasionally; now and then; (örtlich) here and there. 2. *Adj.*; *nicht präd.* isolated, occasionan
verenden *itr. V.*; *mit sein* perish; die
verengen 1. *tr. V.* make narrower; narrow; restrict; make smaller. 2. *refl. V.* narrow; become narrow; contract; constrict, become constricted
vererben 1. *refl. V.* (Wissenschaft) be passed on or transmitted (auf + Akk. to). 2. *tr. V.* a) leave, bequeath; b) (Wissenschaft) transmit, pass on; pass on
Vererbung *f.*; ~, ~en (Wissenschaft) heredity *no art.*; das ist ~: it runs in the family
verfahren 1. *unr. tr. V.* use up. 2. *unr. refl. V.* lose one's way. 3. *unr. itr. V.*; *mit sein* proceed
verfahren *Adj.* dead-end
Verfahren *n.*; ~s, ~ a) procedure; *(Technik)* process; (Methode) method; b) (Jura) proceedings *pl*
Verfall *m.*; *o. Pl.* a) (das Ungültigwerden) expiry; (Auflösung) decline; b) decay; dilapidation
verfallen *unr. itr. V.*; *mit sein* a) (körperlich) decline; b) (untergehen) decline; deteriorate; c) (baufällig werden) fall into disrepair; become dilapidated; d) (ungültig werden) expire; e) Drogen ~: become addicted; f) auf jmdn./etw. ~: think of sb./ sth.
verfälschen *tr. V.* distort, misrepresent; falsify; adulterate
verfänglich *Adj.* awkward, embarassing; incriminating
verfärben 1. *tr. V.* discolour. 2. *refl. V.* change colour; become discoloured; turn
Verfärbung *f.* change of colour; (verfärbte Stelle) discoloration
verfassen *tr. V.* write, compose; draw up
Verfasser *m.*; ~s, ~, Verfasserin *f.*; ~, ~nen author; writer
Verfassung *f.* a) *o. Pl.* (Zustand) state in guter/ schlechter ~ sein be in good/poor shape; b) (Politik) constitution
verfehlen *tr. V.* miss
Verfehlung *f.*; ~, ~en misdemeanour; (Religion) transgression
verfeinern 1. *refl. V.* improve; be refined. 2. *tr. V.* improve; refine
Verfeinerung *f.*; ~, ~en improvement; refinement
verfilmen *tr. V.* make a film of
Verfilmung *f.*; ~, ~en a) (Film) film b) filming
verfliegen 1. *unr. itr. V.*; *mit sein* vanish; fade, disperse, disappear; b) fly by; pass. 2. *unr. refl. V.* lose one's way; get off course
verflixt *(ugs.)* 1. *adv.* (sehr) damned *(ugs.).* 2. *Adj.* a) (ärgerlich) awkward, unpleasant; b) *(derogativ.* verdammt) blasted (Brit.)
verfluchen *tr. V.* curse
verflucht 1. *adv.* (sehr) damned *(ugs.).* 2. *Adj. (sl.)* a) bloody (Brit. sl.); damned *(ugs.)*; ~ damn *(ugs.)*
verflüchtigen *refl. V.* disperse; evaporate; disappear; *(bildlich)* subside; vanish
verfolgen *tr. V.* a) (bedrängen) plague; b) pursue; hunt, track; c) (zu verwirklichen suchen) pursue; d) etw. ~: prosecute sth
Verfolger *m.*; ~s, ~, Verfolgerin *f.*; ~, ~nen pursuer; (eines Kriminellen) persecutor Verfolgte *m./f.*; *adj. Dekl.* victim of persecution
Verfolgung *f.*; ~, ~en a) (Bedrohung) persecution; b) pursuit; die ~ aufnehmen take up the chase; c) ~: prosecution
verfügen 1. *itr. V.* a) (haben) über etw. (Akk.) ~: have sth. at one's disposal; have; b) (bestimmen) über etw. (Akk.) über jmdn. ~: tell sb. what to do 2. *tr. V.* (anordnen) order; (dekretieren) decret
Verfügung *f.*; ~, ~en a) *o. Pl.* jmdm. etw. zur ~ stellen put sth. at sb.'s disposal; etw. zur ~ haben have sth. at one's disposal, b) order; (Dekret) decret
verführen 1. *itr. V.* zu etw. ~: be a temptation to sth. 2. *tr. V.* a) tempt; jmdn. zum Rauchen ~: encourage sb. to take up smoking; b) (sexuell) seduce

Verführer *m.* seducer
verführerisch 1. *adv.* a) temptingly; b) (aufreizend) seductively. 2. *Adj.* a) tempting; b) (aufreizend) seductive
Verführung *f.* temptation; (sexuell) seduction
vergammeln *(ugs.)* 1. *tr. V.* waste. 2. *itr. V.*; *mit sein* go bad
vergammelt *Adj.* (*ugs. derogativ*) scruffy *(ugs.)*; tatty *(ugs.)*; tatty *(ugs.)*
vergangen *Adj.*; *nicht präd.* a) (vorüber, vorbei) bygone, former; b) (letzt…) last
Vergangenheit *f.*; ~, ~en a) (Grammatik) past tense; b) past; etw. gehört der ~ an sth. is a thing of the past
vergänglich *Adj.* transitory; transient; ephemeral
Vergänglichkeit *f.*; ~: transience; transitoriness
Vergaser *m.*; ~s, ~ (Auto) carburetto
vergeben *unr. tr. V.* a) throw away, waste b) *auch itr.* (verzeihen) forgive; jmdm. etw. ~: forgive sb. sth.; c) sich (*Dat.*) etwas/nichts ~: lose/not lose face
vergeblich 1. *adv.* in vain; vainly. 2. *Adj.* futile; vain, futile
Vergeblichkeit *f.*; ~: futility
Vergebung *f.*; ~, ~en forgiveness
vergehen 1. *unr. refl. V.* sich an jmdm. ~: commit indecent assault on sb.; indecently assault sb. 2. *unr. itr. V.*; *mit sein* a) pass, go by; b) wear off, pass; fade; c) disappear; life
Vergehen *n.*; ~s, ~: crime; (Jura) offence
vergelten *unr. tr. V.* repay (durch with); jmdm. etw. ~: repay sb. for sth
Vergeltung *f.* a) (Rache) revenge; ~ an jmdm. üben take revenge on sb.; b) repayment

vergessen 1. *refl. V.* forget oneself. 2. *unr. tr. (auch itr.) V.* forget; (liegenlassen) forget; leave behind; das kannst du ~! *(ugs.)* forget it!
Vergessenheit *f.*; ~: oblivion; in ~ geraten fall into oblivion
vergesslich *Adj.* forgetful
Vergesslichkeit *f.*; ~: forgetfulness
vergeuden *tr. V.* waste; squander, waste
Vergeudung *f.*; ~, ~en waste; squandering
vergewaltigen *tr. V.* a) rape; b) *(bildlich)* oppress; violate
Vergewaltigung *f.*; ~, ~en a) rape; b) oppression; violation
vergewissern *refl. V.* make sure (Gen of)
vergiften *tr. V.* (auch bildlich) poison
Vergiftung *f.*; ~, ~en poisoning
Vergleich *m.*; s, ~e a) comparison; im ~ mit etw. in comparison with sth.; compared with; dieser ~ hinkt this is a poor comparison; b) (Jura) settlement
vergleichbar *Adj.* comparable
vergleichen 1. *refl. V.* a) (Jura) reach a settlement; settle; b) sich mit jmdm. ~: compete with sb. 2. *tr. V.* compare (mit with, to)
vergnügen *refl. V.* have a good time; enjoy oneself
Vergnügen *n.*; ~s, ~: pleasure; (Spaß) fun; etw. macht jmdm. ~: sth. gives sb. pleasure; viel ~! (auch iro*n.*) have fun!
vergnüglich 1. *adv.* amusingly; entertainingly. 2. *Adj.* amusing, entertaining
vergnügt 1. *adv.* cheerfully; happily. 2. *Adj.* a) happy; cheerful; merry; b) (unterhaltsam) enjoyable
Vergnügung *f.*; ~, ~en pleasure

vergraben 1. *unr. refl. V.* bury itself (in + Akk. oder *Dat.* in); *(bildlich)* withdraw from the world; hide oneself away. 2. *unr. tr. V.* (auch bildlich) bury
vergreifen *unr. refl. V.* a) sich an etw. (*Dat.*) ~ (an fremdem Eigentum) misappropriate sth.; b) sich im Ton/Ausdruck ~: adopt the wrong tone/use the wrong expression
vergrößern 1. *itr. V.* magnify. 2. *refl. V.* a) expand; eine krankhaft vergrößerte Niere a pathologically enlarged kidney; b) (zunehmen) increase. 3. *tr. V.* extend; increase
Vergrößerung *f.*; ~, ~en a) increase; extension; enlargement; expansion; b) (Foto) enlargement
Vergünstigung *f.*; ~, ~en privilege
vergüten *tr. V.* a) jmdm. etw. ~: reimburse sb. for sth.; b) (bezahlen) remunerate, pay for
Vergütung *f.*; ~, ~en a) (Rückerstattung) reimbursement; b) (Geldsumme) remuneration
verhaften *tr. V.* arrest
Verhaftung *f.*; ~, ~en arrest
verhalten *unr. refl. V.* a) (beschaffen sein) be, stand; b) behave; (reagieren) react; sich still oder ruhig ~: keep quiet
verhalten 1. *adv.* a) (zurückhaltend) in a reserved manner; cautiously; b) (unterdrückt) in a restrained manner. 2. *Adj.* a) (zurückhaltend) reserved; b) (unterdrückt) restrained
Verhalten *n.*; ~s behaviour; (Vorgehen) conduct
Verhältnis *n.*; ~ses, ~se a) (persönliche Beziehung) relationship (zu with); *(ugs.:* intime Beziehung) affair; re-

lationship; b) im ~ zu früher in comparison with or compared to earlier times; c) *Pl.* (Umstände) conditions
verhandeln 1. *tr. V.* a) etw. ~: negotiate over sth.; b) (zivilrechtlich) hear; (strafrechtlich) try a. 2. *itr. V.* a) negotiate (über + Akk. about); b) (zivilrechtlich) hear a case; (strafrechtlich) try a case
Verhandlung *f.* a) (strafrechtlich) trial (gegen of; (zivilrechtlich) hearing; b) ~en negotiations
verhängen *tr. V.* a) cover (mit with); b) impose (über + Akk. on); declare; (Sport) award, give
Verhängnis *n.*; ~ses, ~se undoing; jmdm. zum ~ werden be sb.'s undoing
verharmlosen *tr. V.* play down
verhärten 1. *refl. V.* a) (gefühllos werden) harden one's heart (gegen against); b) (hart werden) become hardened; become scirrhous. 2. *tr. V.* a) harden; b) (unbarmherzig machen) harden; make hard
verhauen *(ugs.)* 1. *unr. refl. V.* make a mistake or slip. 2. *unr. tr. V.* a) beat up; (als Strafe) beat; b) (falsch machen) make a mess of; muck up
verheben *unr. refl. V.* do oneself an injury verheddern *refl. V.* sich in etw. *(Dat.)* ~: get tangled up in sth
verheilen *itr. V.*; *mit sein* heal
verheimlichen *tr. V.* etw. ~: keep sth. secret conceal or hide sth.
verheiraten *refl. V.* get married (mit to)
Verheiratete *m./f.*; *adj. Dekl.* married person; married man/ woman; *Pl.* married people; married

men/women
verhelfen *unr. itr. V.* jmdm. zu etw. ~: help sb. to get/achieve sth
verherrlichen *tr. V.* extol; glorify; celebrate
verhetzen *tr. V.* incite; stir up
verhindern *tr. V.* prevent; avert;
Verhinderung *f.*; ~, ~en siehe verhindern: prevention; averting
Verhör *n.*; s, ~e questioning; interrogation; (bei Gericht) examination; jmdn. ins Kreuz~ nehmen interrogate or question sb.; *(bildlich)* grill or quiz sb
verhören 1. *refl. V.* mishear; hear wrongly. 2. *tr. V.* interrogate; question; (bei Gericht) examine
verhüllen *tr. V.* cover; *(bildlich)* disguise; mask; eine verhüllte Drohung *(bildlich)* a veiled threat
verhungern *itr. V.*; *mit sein* die of starvation; starve ich bin am Verhungern *(ugs.)* I'm starving *(ugs.)*
verhüten *tr. V.* prevent; avert
Verhütung *f.*; ~, ~en prevention (Empfängnis~) contraception
verirren *refl. V.* a) lose one's way; get lost; b) (gelangen) stray (in, an + Akk. into
Verirrung *f.*; ~, ~en aberration
verkabeln *tr. V.* connect up
verkalkulieren *refl. V.* miscalculate
Verkalkung *f.*; ~, ~en a) calcification; hardening; thickening; furring-up; b) *(ugs.:* Senilität) senility
verkatert *Adj. (ugs.)* hungover *(ugs.)*
Verkauf *m.* a) sale; *o. Pl.* (Abteilung) sales *sing.* or *pl.*, *no art.*; b) (das Verkaufen) sale; selling

verkaufen 1. *refl. V.* a) sell; b) *(ugs.:* falsch kaufen) make a bad buy. 2. *tr. V.* (auch bildlich) sell *(Dat.,* an + Akk. to); "zu verkaufen" 'for sale
Verkäufer *m.,* **Verkäuferin** *f.* a) seller; vendor (formal); b) (Beruf) sales or shop assistant; salesperson
verkäuflich *Adj.* saleable;
Verkehr *m.*; s a) (Umgang) contact; communication; b) traffic; jmdn. aus dem ~ ziehen put sb. out of circulation; c) (Sexual~) intercourse
verkehren 1. *refl. V.* turn (in + Akk. into); sich ins Gegenteil ~: change to the opposite. 2. *tr. V.* turn (in + Akk. into); twist the meaning of a statement 3. *itr. V.* a) mit jmdm. ~: associate with sb.; b) *mit sein* (fahren) run; fly; die Fähre verkehrt zwischen Dover und Calais the ferry operates between Dover and Calais
verkehrt 1. *adv.* wrongly; alles ~ machen do everything wrong. 2. *Adj.* wrong; das ist gar nicht so ~: that's not such a bad idea
verkennen *unr. tr. V.* fail to recognize; misjudge; fail to appreciate
verklagen *tr. V.* sue (auf + Akk. for); take proceedings against; take to court
verklären 1. *refl. V.* (auch bildlich) be transfigured; shine blissfully. 2. *tr. V.* (auch Rel.) transfigure
verkleiden *tr. V.* a) disguise; (kostümieren) dress up; sich ~: disguise oneself/ dress up; b) (verdecken) cover; (auskleiden) line; face
Verkleidung *f.* a) *o. Pl.* disguising; b) (Kostüm) (als Tarnung) disguise; (bei einer Party usw.) fancy dress; c) covering; lining; facing
verkleinern 1. *itr. V.* make things look or appear smal-

Verkleinerung

ler. 2. *refl. V.* become smaller; decrease, grow smaller. 3. *tr. V.* a) reduce the size of; reduce; make smaller; b) (kleiner reproduzieren) reduce

Verkleinerung *f.*; ~, ~en reduction in size; making smaller; (der Anzahl, durch eine Linse) reduction

verklemmt (bildlich *ugs.*) 1. *adv.* in an inhibited manner. 2. *Adj.* inhibited

verklingen *unr. itr. V.*; *mit sein* fade away; (*bildlich*) wear off

verknüpfen *tr. V.* a) (in Beziehung setzen) link; (unwillkürlich) associate; b) (knoten) tie; knot; die beiden Fäden miteinander ~: tie or knot the two threads together

Verknüpfung *f.*; ~, ~en a) knotting; combination; tying; b) (Knoten) knots pl

verkommen *unr. itr. V.*; *mit sein* a) (herabsinken) degenerate (zu into); b) (verfallen) go to rack and ruin; c) (verwahrlosen) go to the dogs; (moralisch, sittlich) go to the bad; go wild

verkommen *Adj.* depraved; ein ~es Subjekt a dissolute character

verkonsumieren *tr. V.* (*ugs.*) get through; consume

verkörpern *tr. V.* (Schauspieler) play

Verkörperung *f.*; ~, ~en embodiment; personification

verkraften *tr. V.* cope with

verkrampfen *refl. V.* go tense, tense up; become cramped

verkriechen *unr, refl. V.* creep hide verkrümeln *refl. V.* (*ugs.*: sich entfernen) slip off or away

verkrümmt *Adj.* bent; crooked; curved

Verkrümmung *f.* crookedness

verkrüppeln 1. *tr. V.* cripple 2. *itr. V.*; *mit sein* become stunted

Verkrüppelung *f.*; ~, ~en deformity

verkümmern *itr. V.*; *mit sein* wither away; dwindle; go into a decline; waste away

Verkümmerung *f.*; ~, ~en withering away; declining; fading; dwindling

verkünden *tr. V.* announce; pronounce; promulgate; presage

Verkündung *f.*; ~, ~en announcement; (von Urteilen) pronouncement; (von Gesetzen, Verordnungen) promulgation

verkuppeln *tr. V.* pair off

verkürzen 1. *itr. V.* (Ballspiele) close the gap (auf + Akk. to). 2. *refl. V.* (kürzer werden) become shorter; shorten; become foreshortened. 3. *tr. V.* a) (abbrechen) cut short; put an end to, end; b) (verringern) reduce; (abkürzen) shorten; verkürzte Arbeitszeit reduced or shorter working hours *pl.*; c) sich (*Dat.*) die Zeit ~: while away the time

Verkürzung *f.* reduction; shortening; ending

verladen *unr. tr. V.* a) (*ugs.*: betrügen) jmdn. ~: take sb. for a ride (*sl.*); con sb. (*sl.*); (Sport) out-trick sb.; b) (laden) load

Verladung *f.* loading

Verlag *m.*; s, ~e publishing house or firm; publisher's

verlagern 1. *refl. V.* (auch bildlich) shift; move. 2. *tr. V.* shift; (an einen anderen Ort) move; (*bildlich*) transfer; shift

Verlagerung *f.* moving

verlangen 1. *itr. V.* a) (bitten) nach einem Geschäftsleiter/Arzt usw. ~: ask for a shop manager/doctor etc.; b) (sich sehnen) nach jmdm./etw. ~: long for sb./sth. 2. *tr. V.* a) (fordern) demand; (wollen) want; das ist zuviel verlangt that's asking too much; b) (nötig haben) require, call for; c) (berechnen) charge; d) ask to speak to; du wirst am Telefon verlangt you're wanted on the phone (*ugs.*)

Verlangen *n.*; ~s, ~ a) (Bedürfnis) desire (nach for); b) (Forderung) demand; auf ~: on request

verlängern 1. *refl. V.* (länger gültig bleiben) be extended; (länger werden) become longer; be prolonged (um by). 2. *tr. V.* a) (länger gültig sein lassen) renew; extend; b) make longer; lengthen, extend; c) (länger dauern lassen) extend, prolong (um by)

Verlängerung *f.*; ~, ~en a) renewal; extension; lengthening; b) (Sport) extra time *no indef. art.*; c) (Teilstück) extension

verlangsamen 1. *refl. V.* slow down; slacken. 2. *tr. V.* die Fahrt ~: reduce speed; slow down

Verlass *m.* auf jmdn./etw. ist ~: sb./sth. can be relied or depended on

verlassen 1. *unr. tr. V.* leave; James hat uns für immer ~ James has been taken from us. 2. *unr. refl. V.* (vertrauen) rely, depend (auf + Akk. on)

verlassen *Adj.* deserted; empty; (öd) desolate

verlässlich 1. *adv.* reliably. 2. *Adj.* reliable, dependable

Verlässlichkeit *f.*; ~: reliability

Verlauf *m.*; s, Verläufe course

verlaufen 1. *unr. refl. V.* a) (sich verirren) get lost; lose one's way; b) (auseinandergehen) disperse. 2. *unr. itr. V.*; disappear (in + *Dat.* in). 3. *unr. itr. V.*; *mit sein* a) (ab-

laufen) go; go off; b) (sich erstrecken) run; c) melt; run **verlauten** 1. itr.; *mit sein* be reported. 2. *tr. V.* announce
verleben *tr. V.* a) (verbringen) spend; b) (*ugs.*: verbrauchen) spend on everyday need
verlebt *Adj.* dissipate
verlegen 1. *refl. V.* (sich ausrichten) take up; resort to 2. *tr. V.* a) (umlegen) move; transfer; b) (nicht wiederfinden) mislay; c) (verschieben) postpone (auf + Akk. until); d) (veröffentlichen) publish
verlegen 1. *adv.* in embarrassment. 2. *Adj.* a) embarrassed; b) um etw. ~ sein (etw. nicht zur Verfügung haben) be short of sth.; (etw. benötigen) be in need of sth
Verlegenheit *f.*; ~, ~en a) *o. Pl.* (Befangenheit) embarrassment; jmdn. in ~ bringen embarrass sb.; b) (Unannehmlichkeit) embarrassing situation
Verleger *m.*; ~s, ~, **Verlegerin** *f.*; ~, ~nen publisher
Verlegung *f.*; ~, ~en a) moving; transfer; b) (Verschiebung) postponement; (Vorverlegung) bringing forward *no art.*; c) (von Kabeln, Rohren, Teppichen usw.) laying
verleiden *tr. V.* jmdm. etw. ~: spoil sth. for sb
Verleih *m.*; s, ~e a) (Unternehmen) hire firm or company; b) *o. Pl.* (das Verleihen) hiring out; (von Autos) renting or hiring out
verleihen *unr. tr. V.* a) rent or hire out; (umsonst) lend b) (überreichen) award; bestow, confer
Verleiher *m.*; ~s, ~: hirer; (Film-) distributor
Verleihung *f.*; ~, ~en a) renting out; hiring out; lending b) awarding; bestowing; (Zeremonie) award; bestowal
verleiten *tr. V.* jmdn. dazu ~, etw. zu tun lead or induce sb. to do sth.; (verlocken) tempt or entice sb. to do sth
verlernen *tr. V.* forget; das Fahren ~: forget how to drive
verlesen 1. *unr. refl. V.* (falsch lesen) make a mistake/mistakes in reading 2. *unr. tr. V.* read out
verletzen *tr. V.* a) (verstoßen gegen) violate; infringe; break; b) (kränken) hurt, wound; c) (beschädigen) injure; (durch Schuss, Stich) wound
verletzlich *Adj.* vulnerable
Verletzlichkeit *f.*; ~: vulnerability
Verletzte *m./f.*; *adj. Dekl.* injured person; casualty; (durch Schuss, Stich) wounded person
Verletzung *f.*; ~, ~en a) (Kränkung) hurting; wounding; b) (Wunde) injury c) (Grenz~, Vertrags~ usw.) violation
verleugnen *tr. V.* disown; deny; sich selbst ~: go against or betray one's principle
Verleugnung *f.* denial; (einer Person) disownment
verleumden *tr. V.* slander
Verleumder *m.*; ~, ~: slanderer; (schriftlich) libeller
verleumderisch *Adj.* slanderous; (in Schriftform) libellous
Verleumdung *f.*; ~, ~en a) *o. Pl.* slander; (in Schriftform) libelling
verlieben *refl. V.* fall in love (in + Akk. with); ein verliebtes Pärchen a pair of lovers
verlieren [fæe̯ˈliːrən] 1. *unr. refl. V.* a) subside; disappear; b) vanish 2. *unr. itr. V.* lose 3. *unr. tr. V.* lose
Verlierer *m.*; ~s, ~: loser
Verlies [fæe̯ˈliːs] *n.*; ~es, ~e dungeon
verloben *refl. V.* become or get engaged, become betrothed (mit to)
Verlobte *f.*; *adj. Dekl.* fiancée
Verlobung *f.*; ~, ~en engagement; betrothal
verlocken *tr. V.* tempt; entice
Verlockung *f.*; ~, ~en temptation; enticement
verlöschen *unr. itr. V.*; go out (Kerze)
verlosen *tr. V.* raffle
Verlosung *f.*; ~, ~en raffle; draw
Verlust *m.*; ~[e]s, ~e loss (an + Dat. of)
vermachen *tr. V.* jmdm. etw. ~: leave sth. to sb.
vermählen *refl. V.* sich ~: marry sb.
Vermählung *f.*; ~, ~en marriage; wedding
vermehren 1. *refl. V.* a) increase; b) (fortpflanzen) reproduce. 2. *tr. V.* increase
Vermehrung *f.*; ~, ~en a) increase (*Gen.* in); b) (Fortpflanzung) reproduction
vermeiden *unr. tr. V.* avoid
Vermeidung *f.*; ~, ~en avoidance
vermeintlich [fæe̯ˈmaɪntlɪç] *adv.* supposedly
Vermerk *m.*; ~[e]s, ~e note, remark
vermerken *tr. V.* a) note; b) make a note of
vermessen *unr. tr. V.* measure
Vermessenheit *f.*; ~, ~en presumption
Vermessung *f.* measurement
vermieten *tr. V.* rent out, let
Vermieter *m.* landlord
Vermieterin *f.* landlady
vermindern 1. *refl. V.* decrease; diminish. 2. *tr. V.* reduce; decrease
vermischen 1. *refl. V.* mix; mingle. 2. *tr. V.* mix; blend
vermissen *tr. V.* a) missing;

vermitteln

b) (sich sehnen) miss
vermitteln 1. *tr. V.* a) arrange; negotiate 2. *itr. V.* mediate
Vermittler *m.*; ~s, ~ mediator
Vermittlung *f.*; ~, ~en mediation
vermodern *itr. V.*; *mit sein* decay; ro
vermögen *unr. tr. V.* be able to do sth.
Vermögen *n.*; ~s, ~ a) fortune b) *o. Pl.* (Fähigkeit) ability
vermögend *Adj.* wealthy
vermuten *tr. V.* suspect
vermutlich 1. *Adv.* presumably; probably. 2. *Adj.* probable, likely
Vermutung *f.*; ~, ~en supposition; suspicion
vernachlässigen *tr. V.* neglect
Vernachlässigung *f.*; ~, ~en neglect; disregard
vernehmbar *Adj.* audibly
vernehmen *unr. tr. V.* a) question; examine; b) hear
Vernehmung *f.*; ~, ~en questioning; examination
verneinen *tr. V.* say no to
Verneinung *f.*; ~, ~en negation
vernichten *tr. V.* destroy
Vernichtung *f.*; ~, ~en destruction
Vernunft [fæɐ̯ˈnʊnft] *f.*; ~: reason, ratio
vernünftig [fæɐ̯ˈnʏnftɪg] 1. *adv.* a) sensibly; b) (*ugs.*: ordentlich, richtig) properly; sensibly. 2. *Adj.* a) sensible; b) (*ugs.*: ordentlich, richtig) decen
veröffentlichen *tr. V.* publish
Veröffentlichung *f.*; ~, ~en publication
verordnen *tr. V.* prescribe
Verordnung *f.* prescribing; prescription
verpacken *tr. V.* pack; wrap up
Verpackung *f.* a) *o.Pl.* packing; b) (Umhüllung) packaging
verpassen *tr. V.* a) miss; b) (*ugs.*) jmdm. eins ~: clout sb. one
verpfänden *tr. V.* pawn; mortgage; (*bildlich*) pledge
verpfeifen *unr. tr. V.* (*ugs.* abwertend) grass or split on (*sl.*)
verpflanzen *tr. V.* (auch Medizin) transplant
Verpflanzung *f.*; ~, ~en (auch Medizin) transplant
verpflegen *tr. V.* cater for; fee
Verpflegung *f.*; ~, ~en a) (Nahrung) food; b) *o.Pl.* catering *no indef. art.* (*Gen.* for
verpflichten 1. *refl. V.* promise; undertake 2. *tr. V.* a) commit; oblige; (festlegen, binden) bind; jmdm. verpflichtet sein be indebted to sb.; b) (einstellen, engagieren) engage
Verpflichtung *f.*; ~, ~en a) obligation; commitment; b) (Engagement) engaging; engagement
verprügeln *tr. V.* beat up; (zur Strafe) thrash
verpuppen *refl. V.* (Tiere) pupate
Verputz *m.* plaster; (auf Außenwänden) rendering
verputzen *tr. V.* a) (mit Putz versehen) plaster; render; b) (*ugs.*: aufessen) polish off
verquirlen *tr. V.* mix; whisk
verrammeln *tr. V.* barricade
Verrat *m.*; ~[e]s betrayal (an + *Dat.* of; ~ begehen (Politik) commit treason
verraten 1. *unr. refl. V.* a) give oneself away; b) (sich zeigen) show itself; be revealed. 2. *unr. tr. V.* a) (*ugs.*: mitteilen) tell; b) betray; give away (an + Akk. to); c) (zu erkennen geben) give away
Verräter [fɛˈrɛːtɐ] *m.*; ~s, ~: traitor
verräterisch *Adj.* a) treacherous; b) (erkennen lassend) tell-tale, giveaway
verrechnen 1. *refl. V.* (auch bildlich) miscalculate; make a mistake/mistakes. 2. *tr. V.* include, take into account
Verrechnung *f.* settlement (mit by means of)
verrecken *itr. V.*; *mit sein* (*sl.*) die
verrenken [fæɐ̯ˈrɛŋkn̩] *tr. V.* (verletzen) dislocate
Verrenkung *f.*; ~, ~en a) (Verletzung) dislocation; b) (Biegung des Körpers) contortion
verrichten *tr. V.* perform
verringern [fæɐ̯ˈrɪŋɐn] 1. *refl. V.* decrease. 2. *tr. V.* reduce
Verriss *m.* (*ugs.*) damning review or criticism
verrosten *itr. V.*; *mit sein* rust
verrückt (*ugs.*) 1. *adv.* crazily; like a madman; in a mad or crazy way. 2. *Adj.* a) crazy; b) mad; jmdn. ~ machen drive sb. mad; c) (begierig) crazy; auf jmdn. oder nach jmdm/auf etw. (Akk.) ~ sein be crazy (*ugs.*) or mad about sb./sth
Verrückte *m./f.*; *adj. Dekl.* (*ugs.*) madman/madwoman; lunatic
Verrücktheit *f.*; ~, ~en *o.Pl.* madness; insanity; (Überspanntheit) craziness
Verruf *m. in* in ~ kommen oder geraten fall into disrepute
Vers [fɜrs] *m.*; ~es, ~e verse; (Zeile) line
versagen 1. *refl. V.* sich jmdm. ~: refuse to give oneself or surrender to sb. 2. *tr. V.* (nicht gewähren) jmdm. etw. ~: deny or refuse sb. sth. 3. *itr. V.* fail; stop, break down
Versager *m.*; ~s, ~: failure
versammeln 1. *refl. V.* assemble; (weniger formell) gather. 2. *tr. V.* assemble; gather

Versammlung f. a) meeting; rally; (Partei~) assembly; b) (Gremium) assembly
Versand m.; ~[e]s dispatch
versaufen unr. tr. V. (sl.) drink one's way throug
versäumen 1. tr. V. a) (vernachlässigen, unterlassen) neglect; b) (verpassen) miss; lose
verschaffen tr. V. jmdm. Nahrung /Geld usw. ~: provide sb. with food/money etc.
verschätzen refl. V. misjudge
verschenken tr. V. a) (ungewollt vergeben) waste; give away; b) give away
verschieben 1. unr. refl. V. a) (erst später stattfinden) be postponed (um for); b) get out of place; (rutschen) slip. 2. unr. tr. V. a) (shift; move; b) (aufschieben) put off, postpone (auf + Akk. till)
Verschiebung f. a) movement; (bildlich) Änderung) alteration, shift (Gen. in); b) (zeitlich) postponement
verschieden 1. adv. differently. 2. Adj. a) (nicht gleich) different (von from); b) nicht präd. (vielfältig) various
Verschiedenheit f.; ~, ~en difference; dissimilarity
verschimmeln itr. V.; mit sein go mould
verschlafen 1. unr. tr. V. a) (versäumen) not wake up in time to catch; b) (ugs.: vergessen) forget about. 2. unr. itr. (auch refl.) V. oversleep
verschlafen Adj. a) half-asleep; b) (bildlich: ruhig, langweilig) sleepy
verschlagen 1. adv. (derogativ: gerissen) slyly; shiftily. 2. Adj. (derogativ: gerissen) sly; shifty
Verschlagenheit f.; ~ (derogativ) slyness
verschlechtern 1. refl. V. deteriorate; get worse 2. tr. V. make worse
Verschlechterung f.; ~, ~en worsening, deterioration
Verschleiß [fæɐ̯ˈʃlaɪs] m.; ~es, ~e a) (Verbrauch) consumption (an + Dat.) of; b) (Abnutzung) wear no indef. art.; wear and tear
verschleißen 1. unr. tr. V. wear out; (bildlich) run down, ruin; use up; verschlissen worn; worn out. 2. unr. itr. V.; mit sein wear out
verschließen 1. unr. refl. V. sich einer Sache (Dat.) ~: close one's mind to sth.; (ignorieren) ignore sth. 2. unr. tr. V. a) (abschließen) lock; lock up; b) close; close up; stop; c) (wegschließen) lock away
verschlossen Adj. (zurückhaltend) reserved; (wortkarg) taciturn, tight-lipped
Verschlossenheit f.; ~ (Wortkargheit) taciturnity; (Zurückhaltung) reserve
Verschluss m. (Kleidung) fastener; fastening; clasp; (am Schrank, Fenster, usw.) catch; (Stöpsel) stopper
verschmerzen tr. V. get over
verschmutzen 1. tr. V. dirty, soil; pollute. 2. itr. V.; mit sein get dirty; become polluted
Verschmutzung f.; ~, ~en (der Umwelt) pollution; (von Stoffen usw.) soiling
verschnüren tr. V. tie up
verschonen tr. V. spare; von etw. verschont bleiben be spared by sth.
Verschreibung f.; ~, ~en prescription
verschulden 1. refl. V. get into debt. 2. tr. V. be to blame for
Verschulden n.; ~s guilt
verschuldet Adj. a) in debt postpos. (bei to); b) (belastet) mortgaged
Verschuldung f.; ~, ~en indebtedness
verschütten tr. V. spill; (bildlich) submerge
verschweigen unr. tr. V. conceal
verschwenden tr. V. waste
verschwenderisch 1. adv. a) wastefully, extravagantly; b) (üppig) lavishly; sumptuously. 2. Adj. a) wasteful, extravagant; of extravagance; b) (üppig) lavish; sumptuous
Verschwendung f.; ~, ~en wastefulness; extravagance
verschwiegen 1. Adj. a) (diskret) discreet; b) (still, einsam) secluded; quiet. 2. Part. v. verschweigen
Verschwiegenheit f.; ~: secrecy; (Diskretion) discretion
verschwinden unr. itr. V.; mit sein vanish; disappear
verschwören unr. refl. V. conspire, plot
Verschwörer m.; ~s, ~, Verschwörerin f.; ~, ~nen conspirator
Verschwörung f.; ~, ~en conspiracy; plot
versehen 1. unr. refl. V. (einen Fehler machen) make a slip; slip up 2. unr. tr. V. a) (ausstatten) provide; equip; b) (ausüben, besorgen) perform
Versehen n.; ~s, ~: oversight; slip
versehentlich 1. Adj.; nicht präd. inadvertent. 2. Adv. by mistake; inadvertently
versenden unr. (auch regelm.) tr. V. send; send out; dispatch
versenken tr. V. lower; sink
Versenkung f. lowering; sinking
versessen [fæɐ̯ˈzɛsn̩] Adj. darauf ~ sein, etw. zu tun be dying to do sth
versetzen 1. refl. V. sich in jmds. Lage ~: put oneself in sb.'s position. 2. tr. V. a) (nicht geradlinig anordnen)

stagger; b) move; transfer; *(bildlich)* transport (in + Akk. to); c) (verkaufen) sell; d) *(ugs.*: vergeblich warten lassen) stand up *(ugs.)*; e) (erwidern) retort; f) jmdn. in Angst ~: frighten sb.
Versetzung *f.*; ~, ~en a) moving; (eines Schülers) moving up, (in + Akk. to); (eines Angestellten) transfer; move; b) (Verkauf) selling
verseuchen *tr. V.* (auch bildlich) contaminate
Versicherer *m.*; ~s, ~: insurer
versichern 1. *refl. V.* sich einer Sache (*Gen.*) ~: make sure or certain of sth. 2. *tr. V.* a) (vertraglich schützen) insure (bei with); b) assert, affirm (sth.)
Versicherte *m./f.*; *adj. Dekl.* insured
Versicherung *f.* a) (Gesellschaft) insurance; b) (Schutz durch Vertrag) insurance (über + Akk. for); c) (Beteuerung) assurance
versiegen *itr. V.*; *mit sein* dry up; run dry
versinken *unr. itr. V.*; *mit sein* a) sink; b) *(bildlich)* ~ in (+ Akk.) become immersed in or wrapped up in
Version [vɜrˈzioːn] *f.*; ~, ~en version
versöhnen [fæɐ̯ˈzøːnən] 1. *tr. V.* reconcile 2. *refl. V.* sich ~: become reconciled
versöhnlich 1. *adv.* a) in a conciliatory way; in a conciliatory tone; b) (erfreulich) positively, optimistically. 2. *Adj.* a) conciliatory; b) (erfreulich) positive; optimistic
Versöhnung *f.*; ~, ~en reconciliation
versorgen *tr. V.* a) supply; b) (sorgen für) look after; attend to, see to; jmdn. ärztlich ~: give sb. medical care; c) (unterhalten, ernähren) provide for

Versorgung *f.*; ~, ~en a) (Bedienung, Pflege) care; ärztliche ~: medical care or treatment; d) (Bezüge) maintenance; b) (Unterhaltung, Ernährung) support; c) *o. Pl.* supply
verspäten *refl. V.* be late
verspätet *Adj.* late; belated
Verspätung *f.*; ~, ~en lateness; late arrival
verspeisen *tr. V.* consume
verspielen 1. *refl. V.* play a wrong note/wrong notes. 2. *itr. V.* verspielt haben *(ugs.)* have had it *(ugs.)*. 3. *tr. V.* gamble away (bildlich: verwirken) squander, throw away
verspielt 1. *adv.* playfully; fancifully, fantastically. 2. *Adj.* (auch bildlich) playful; fanciful, fantastic
verspotten *tr. V.* mock; ridicule
Verspottung *f.*; ~, ~en mocking; ridiculing
versprechen 1. *unr. refl. V.* make a slip/slips of the tongue. 2. *unr. tr. V.* a) sich *(Dat.)* etw. von etw./jmdm. ~: hope for sth. or to get sth. from sth./sb.; b) promise
Versprechen *n.*; ~s, ~: promise
Versprecher *m.*; ~s, ~: slip of the tongue
Versprechung *f.*; ~, ~en promise
verspüren *tr. V.* feel
Verstand *m.*; ~[e]s (Vernunft) sense *no art.*; mind; (Fähigkeit zu denken) reason *no art.*
verständigen [fæɐ̯ˈʃtɛndɪgn̩] 1. *refl. V.* a) (sich einigen) sich über/auf etw. (Akk.) ~: come to an understanding; b) make oneself understood 2. *tr. V.* notify, inform
Verständigung *f.*; ~, ~en a) (Kommunikation) communication *no art.*; b) (Einigung) understanding

verständlich 1. *adv.* comprehensibly; in a comprehensible way; (deutlich) clearly. 2. *Adj.* a) comprehensible; (deutlich) clear; b) (begreiflich, verzeihlich) understandably
Verständnis *n.*; ~ses, ~se understanding
verstärken 1. *refl. V.* increase. 2. *tr. V.* a) strengthen; b) (intensiver machen) intensify, increase
Verstärker *m.*; ~s, ~: amplifier
verstärkt 1. *adv.* to an increased extent. 2. *Adj.*; *nicht präd.* a) increased; (größer) greater; in ~em Maße to a greater or increased extent; b) (zahlenmäßig) enlarged, augmented
Verstärkung *f.*; ~, ~en a) strengthening; b) (Intensivierung, Zunahme) increase (*Gen.* in); (der Lautstärke) amplification; c) (zahlenmäßig) reinforcement
verstauchen *tr. V.* sprain
Verstauchung *f.*; ~, ~en sprain
verstauen *tr. V.* pack (in + *Dat.* oder *Akk.* in); stow
Versteck *n.*; ~[e]s, ~e hiding place; hide-out
verstecken 1. *refl. V.* sich versteckt halten be hiding; remain in hiding; sich ~: hide; 2. *tr. V.* hide
versteckt *Adj.* hidden; concealed; veiled; (heimlich) secret; disguised
verstehen 1. *unr. refl. V.* a) (selbstverständlich sein) das versteht sich von selbst it goes without saying; b) sie ~ sich they get on well together; c) sich auf etw. ~: know what one is doing with.. 2. *unr. tr. V.* a) *auch itr.* (begreifen, interpretieren) understand; b) (wahrnehmen) understand; make out
verstellen 1. *refl. V.* a)

(falsch eingestellt) get out of adjustment; b) (sich anders geben) play-act; pretend 2. *tr. V.* a) (anders einstellen) adjust; alter; b) (falsch plazieren) misplace; put in the wrong place; c) (versperren) block, obstruct; d) (zur Täuschung verändern) disguise, alter
Verstellung *f.* play-acting; pretence; (der Stimme, Schrift) disguising; alteration
versterben *unr. itr. V.; mit sein* die; pass away
verstimmen *tr. V.* a) put in a bad mood; (verärgern) annoy; b) (Musik) put out of tune
verstimmt *Adj.* a) (verärgert) put out, peeved, disgruntled; b) (Musik) out of tune
Verstimmung *f.* disgruntled or bad mood; (Verärgerung) annoyance
verstopfen 1. *itr. V.; mit sein* become blocked. 2. *tr. V.* block
Verstopfung *f.*; ~, ~en (Medizin) constipation
Verstorbene [fæɐˈʃtɔrbənə] *m./f.; adj. Dekl.* deceased
verstört *Adj.* distraught
Verstoß *m.* violation, infringement
verstoßen 1. *unr. itr. V.* gegen etw. ~: infringe or contravene sth. 2. *unr. tr. V.* disown
verstreichen 1. *unr. itr. V.; mit sein* pass by 2. *unr. tr. V.* (verteilen) apply, put on; spread
verstricken 1. *refl. V.* sich in etw. (Akk.) ~: become entangled or caught up in sth. 2. *tr. V.* jmdn. in etw. (Akk.) ~: involve sb. in sth.
Verstrickung *f.*; ~, ~en involvement
verströmen *tr. V.* exude
verstümmeln *tr. V.* mutilate; *(bildlich)* chop, garble

Verstümmelung *f.*; ~, ~en mutilation
verstummen *itr. V.; mit sein* fall silent; cease; (allmählich) die or fade away; *(bildlich)* go away
Versuch *m.*; ~e a) experiment; (Probe) test; b) attempt
versuchen 1. *refl. V.* sich in/an etw. (*Dat.*) ~: try one's hand at sth. 2. *tr., itr. V.* (probieren) try 3. *tr. V.* a) (Versuchung) tempt; b) attempt; try
Versuchung *f.*; ~, ~en temptation
Versunkenheit *f.*; ~ deep meditation
versüßen *tr. V.* jmdm./sich etw. ~ *(bildlich)* make sth. more pleasant
vertagen 1. *refl. V.* adjourn; be adjourned. 2. *tr. V.* adjourn (auf + Akk. until)
vertauschen *tr. V.* a) (verwechseln) mix up; b) switch; exchange; reverse
Vertauschung *f.*; ~, ~en a) exchange; (von Rollen) reversal; switching; b) (Verwechslung) mixing up
verteidigen [fæɐˈtaidɪɡn] 1. *itr. V.* (Sport) defend. 2. *tr. V.* defend
Verteidiger *m.*; ~s, ~, **Verteidigerin** *f.*; ~, ~nen a) (auch Sport) defender; b) (Jura) defence counsel
Verteidigung *f.*, ~, ~en (auch Sport, Recht) defence
verteilen 1. *refl. V.* a) be distributed (auf + Akk. over); b) spread out. 2. *tr. V.* a) (an verschiedene Orte bringen) spread; b) (austeilen) distribute, hand out (an + Akk. to, unter + Akk. among); share; c) distribute, spread
Verteilung *f.* distribution; allocation
vertiefen 1. *refl. V.* a) deepen; become deeper; b) (intensiver werden) deepen; become closer. 2. *tr. V.* a)

deepen (um by); make deeper; b) deepen; strengthen
Vertiefung *f.*; ~, ~en a) deepening; (von Wissen) consolidation; reinforcement; strengthening; b) (Mulde) depression; hollow
vertikal [vɛrtiˈkaːl] 1. *adv.* vertically. 2. *Adj.* vertical
Vertikale *f.*; ~; ~n a) (Linie) vertical line; b) *o. Pl.* die ~: the vertical or perpendicular
vertippen 1. *tr. V.* mistype; type wrongly. 2. *refl. V.* a) make a typing mistake/typing mistakes; b) get it wrong
vertonen *tr. V.* set to music; set, write the music to sth
Vertonung *f.*; ~, ~en setting
Vertrag *m.*; ~[e]s, Verträge [fɛɐˈtrɛːɡə] contract
vertragen 1. *unr. refl. V.* a) sich mit etw. ~: go with sth.; b) sich mit jmdm. ~: get on with sb. 2. *unr. tr. V.* a) endure; tolerate (bes. Medizin); stand; bear
vertraglich 1. *adv.* contractually; by contract 2. *Adj.* contractual
verträglich [fɛɐˈtrɛːklɪç] *Adj.* a) good-natured; easy to get on with; b) digestible
Verträglichkeit *f.*; ~, ~en digestibility
vertrauen *itr. V.* jmdm. ~: trust sb.
Vertrauen *n.*; ~s trust
vertraulich 1. *adv.* a) confidentially; in confidence; b) (freundschaftlich, intim) familiarly. 2. *Adj.* a) confidential; b) (freundschaftlich, intim) familiar
Vertraulichkeit *f.*; ~, ~en a) *o. Pl.* confidentiality; b) (vertrauliche Information) confidence; c) (Intimität) intimacy
Vertraute *m./f.; adj. Dekl.* close friend
Vertrautheit *f.*; ~ familiarity; intimacy; closeness
vertreiben *unr. tr. V.* a) (verkaufen) sell; b) drive out

Vertreibung

(aus of); drive away (aus from)
Vertreibung *f.*; ~, ~en driving out; (das Wegjagen) driving away; expulsion
vertreten 1. *unr. refl. V.* sich die Füße ~ stretch one's legs. 2. *unr. tr. V.* a) (repräsentieren) represent; (Jura) act for; b) (verfechten) support; advocate
Vertreter *m.*; ~s, ~, **Vertreterin** *f.*; ~, ~nen a) (Verfechter, Anhänger) supporter; advocate; b) (Interessen ~, Repräsentant) representative; c) (Handels~) sales representative; commercial traveller; d) (Stell~) deputy
Vertretung *f.*; ~, ~en a) deputizing; b) (Person) deputy; stand-in; c) (Delegation) delegation; d) (Handels~) agency; (Niederlassung) branch
Vertriebene *m./f.*; *adj. Dekl.* expellee
vertrinken *unr. tr. V.* spend on drink
vertrödeln *tr. V.* (*ugs. derogativ*) dawdle away
vertrösten *tr. V.* put off
verübeln *tr. V.* jmdm. etws. ~: take sb.'s sth. amiss
verüben *tr. V.* commit
verunglücken *itr. V.*; *mit sein* a) be involved in an accident; have an accident b) (scherzh.: mißlingen) go wrong; fail
Verunglückte *m./f.*; *adj. Dekl.* accident victim; casualty
verunsichern *tr. V.* jmdn. ~: make sb. feel unsure or uncertain
Verunsicherung *f.* (Unsicherheit) insecurity
verursachen *tr. V.* cause
Verursacher *m.*; ~s, ~: causer
verurteilen *tr. V.* a) sentence; pass sentence; b) (bildlich: negativ bewerten) condemn

Verurteilte *m./f.*; *adj. Dekl.* convicted man/woman
Verurteilung *f.*; ~, ~en a) sentencing; b) *(bildlich)* condemnation
vervielfachen 1. *refl. V.* multiply 2. *tr. V.* greatly increase
vervielfältigen *tr. V.* duplicate
Vervielfältigung *f.*; ~, ~en duplicating
verwackeln (*ugs.*) 1. *itr. V.*; *mit sein* turn out blurred. 2. *tr. V.* make blurred
verwackelt blurred
verwählen *refl. V.* dial the wrong number; misdial
verwahren 1. *refl. V.* protest. 2. *tr. V.* keep; (verstauen) put away
Verwahrung *f.* keeping; etw. in ~ nehmen/ haben take sth. into safe keeping
verwalten *tr. V.* (leiten) run, manage; (regieren) administer; govern
Verwalter *m.*; ~s, ~, **Verwalterin** *f.*; ~, ~nen administrator; (eines Nachlasses) trustee
Verwaltung *f.*; ~, ~en a) (eines Staates) government; (eines Gebiets) administration; b) (Leitung) administration; management
verwandeln 1. *itr. V.* (Sport) score 2. *refl. V.* sich in etw. (Akk.) oder zu etw. ~: turn or change into sth. 3. *tr. V.* a) convert (in + Akk., zu into); (völlig verändern) transform (in + Akk., zu into); b) (Sport) score from; convert
Verwandlung *f.*; ~, ~en (das Verwandeln) conversion (in + Akk., zu into); transformation
verwandt *Adj.* a) related (mit to); b) (bildlich: ähnlich) similar
Verwandte *m./f.*; *adj. Dekl.* relative; relation
Verwandtschaft *f.*; ~, ~en a) o. Pl. (Verwandte) rela-

tives *pl.*; relations *pl.*; b) relationship (mit to); (bildlich: Ähnlichkeit) affinity
verwarnen *tr. V.* warn, caution
Verwarnung *f.*; ~, ~en warning; caution
verwechseln *tr. V.* a) (vertauschen) mix up; b) confuse; etw. mit etw./jmdn. mit jmdm. ~: mistake sth. for sth./sb. for sb.
Verwechslung *f.*; ~, ~en confusion; mistake; mixing up
verweichlichen 1. *tr. V.* make soft 2. *itr. V.*; *mit sein* grow soft
Verweichlichung *f.*; ~, ~en softness
verweigern 1. *itr. V.* (*ugs.*: den Kriegsdienst ~) refuse. 2. *refl. V.* object; refuse to co-operate 3. *tr. V.* refuse; den Kriegsdienst ~: refuse to do military service
Verweigerung *f.*; ~, ~en refusal; (Protest) protest
Verweis *m.*; ~es, ~e a) (Tadel) reprimand; rebuke; b) reference (auf + Akk. to); (Quer~) crossreference
verweisen *unr. tr. V.* a) *auch itr.* (hinweisen) auf etw. (Akk.) ~: refer to sth.; b) (wegschicken) jmdn. von der Universität ~: expel sb. from the university c) jmdn. an jmdn. ~ (auch Recht) refer sb. to sb.
verwenden 1. *unr. refl. V.* sich für jmdn./etw. ~: intercede for sb./use one's influence 2. *unr. oder regelm. tr. V.* a) use (zu, für for); b) (aufwenden) spend (auf + Akk. on)
Verwendung *f.*; ~, ~en use
verwerfen *unr. tr. V.* a) reject; dismiss; b) (Jura) dismiss
verwerflich 1. *adv.* reprehensibly. 2. *Adj.* reprehensible
Verwerflichkeit *f.*; ~ repre-

hensibility
verwerten *tr. V.* utilize, use (zu for); exploit
Verwertung *f.* utilization; use; exploitation
verwickeln 1. *tr. V.* involve 2. *refl. V.* a) (sich verfangen) sich in etw.~: get caught in sth.; sich in Widersprüche ~ *(bildlich)* tie oneself up in contradictions; b) get tangled up
Verwicklung *f.*; ~, ~en complication
verwirren 1. *tr.* (*auch itr.*) *V.* confuse; bewilder. 2. *tr. V.* tangle up; entangle, ruffle. 3. *refl. V.* become entangled
Verwirrung *f.*; ~, ~en confusion
verwittern *itr. V.*; *mit sein* weather
verwöhnen [fæe̯'vœ:nən] *tr. V.* spoil
verwöhnt *Adj.* spoilt
verworren [fæe̯'vɔrən] *Adj.* confused, muddled
verwundbar *Adj.* open to injury *pred.*; *(bildlich)* vulnerable
Verwundbarkeit *f.* vulnerability
verwunden *tr. V.* wound; injure
verwundern 1. *refl. V.* be surprised (über + Akk. at); be astonished (über + Akk. at). 2. *tr. V.* surprise; astonish
Verwunderung *f.*; ~: surprise; (Staunen) astonishment
Verwundete *m./f.*; *adj. Dekl.* wounded person; casualty
Verwundung *f.*; ~, ~en a) wounding; b) (Wunde, Verletzung) wound
verzählen *refl. V.* miscount
verzaubern *tr. V.* a) *(bildlich)* enchant; b) bewitch
Verzauberung *f.*; ~, ~en a) *(bildlich)* enchantment; b) casting of a/the spell
Verzehr [fæe̯'tse:ɐ] *m.*; ~[e]s consumption
verzehren *tr. V.* consume
verzeichnen *tr. V.* a) (eintragen) enter; (registrieren) record; b) (falsch zeichnen) draw wrongly
Verzeichnis [fæe̯'tsaiçnɪs] *n.*; ~ses, ~se list; (Register) index
verzeihen *unr. tr.*, *itr. V.* forgive; (entschuldigen) excuse
verzeihlich *Adj.* forgivable; excusable
Verzeihung *f.*; ~: forgiveness; ~! sorry!; jmdn. um ~ bitten apologize to sb.
verzerren 1. *itr. V.* distort. 2. *tr. V.* a) contort (zu into); b) (akustisch, optisch) distort. 3. *refl. V.* become contorted
Verzerrung *f.*; ~, ~en a) *(bildlich)* distortion; b) contortion
Verzicht [fæe̯'tsɪçt] *m.*; ~[e]s, ~e a) (auf Geld usw.) relinquishment; b) renunciation (auf + Akk. of)
verzichten *itr. V.* do without, give up; renounce
verziehen 1. *unr. itr. V.*; *mit sein* move 2. *unr. refl. V.* a) be contorted; twist; b) (wegziehen) move away, pass over: disperse; c) go out of shape; d) take oneself off 3. *unr. tr. V.* a) screw up; b) (schlecht erziehen) spoil
verzieren *tr. V.* decorate
Verzierung *f.*; ~, ~en decoration
verzögern 1. *refl. V.* be delayed (um by). 2. *tr. V.* a) delay (um by); b) (verlangsamen) slow down
Verzögerung *f.*; ~, ~en a) (Verspätung) delay; hold-up; b) (Verlangsamung) slowing down; *(Technik)* decceleration
Verzug *m.*; ~[e]s delay; im ~ sein be behind
verzweifeln *itr. V.*; *meist mit sein* despair
verzweifelt 1. *adv.* a) (entmutigt) despairingly; b) (sehr angestrengt) desperately. 2. *Adj.* a) despairing; b) desperate
Verzweiflung *f.*; ~: despair
Veto ['ve:to] *n.*; ~s, ~s veto
Vetter ['fɛtɐ] *m.*; ~s, ~n cousin
via ['vi:a] *Präp.* via
Vibration [vɪbra'tsio:n] *f.*; ~, ~en vibration
vibrieren [vɪ'bri:rən] *itr. V.* vibrate; tremble
Video *n.*; ~s, ~s *(ugs.)* video
Vieh [fi:] *n.*; ~[e]s (Nutztiere) livestock *sing.* or *pl.*; cattle *pl.*
viehisch 1. *adv.(ugs.)* like hell *(ugs.)*. 2. *Adj.* terrible
viel [fi:l] 1. *Adv.* a) (oft, lange) a lot *(ugs.)*; a great deal; b) (wesentlich) much 2. *Indefinitpron. u. unbest. Zahlw.* a) *Pl.* many; ~e Millionen many millions; gleich ~ the same number of; b) *Sg.* a great deal of; a lot of *(ugs.)*
vielleicht [fi'laɪçt] 1. *Partikel* a) kannst du mir ~ sagen, …? could you possibly tell me …? b) (wirklich) really 2. *Adv.* a) perhaps; maybe; b) (ungefähr) perhaps; about
vier [fi:ɐ] *Kardinalz.* four; auf allen ~en *(ugs.)* on all fours
Vier *f.*; ~, ~en four
vier·fach· *Vervielfältigungsz.* fourfold; quadruple
Vier·fache *n.*; ~n; *adj. Dekl.* um das ~: fourfold
Vierling *m.*; ~s, ~e quadruple
viert [fi:ɐt] *in* wir waren zu ~: there were four of us
viert… *Ordinalz.* fourth
viertel ['fɪrtl] *Bruchz.* quarter
Viertel ['fɪrtl] *n.*; ~s, ~ a) (Stadtteil) quarter; district; b) quarter
viertens ['fi:ɐtns] *Adv.* fourthly

viertürig [ty:rɪç] *Adj.* four-door
vierzig ['fɪrtsɪç] *Kardinalz.* forty
vierziger ['fɪrtsɪgɐ] *indekl. Adj.; nicht präd.* die ~ Jahre the forties
Vierziger ['fɪrtsɪgɐ] *m.*; ~s, ~ forty-year-old
vierzig·jährig *Adj.* (40 Jahre alt) forty-year-old *attrib.*; forty years old *pred.*
vierzigst... *Ordinalz.* fortieth
Vietnam [vɪət'nam] *n.*; ~s Vietnam
Villa ['vɪla] *f.*; ~, Villen villa
violett [vɪo'lət] purple; violet
Violett *n.*; ~s, ~e oder *ugs.* ~s purple; violet
Violine [vɪo'li:nə] *f.*; ~, ~n (Musik) violin
virtuos [vɪr'tuo:s] 1. *adv.* in a virtuoso manner. 2. *Adj.* virtuoso
Virtuose [vɪr'tuo:zə] *m.*; ~n, ~n virtuoso
Virtuosität *f.*; ~: virtuosity
Virus ['vi:rʊs] *n.*; ~, Viren ['vi:rən] virus
Visier [vɪ'zi:ɐ] *n.*; ~s, ~e (an der Waffe) backsight; (am Helm) visor
Vision [vɪ'zɪo:n] *f.*; ~, ~en vision
Visite [vɪ'zi:tə] *f.*; ~, ~n round
visuell [vɪ'zu̯ɛl] 1. *adv.* visually. 2. *Adj.* visual
Visum ['vi:zʊm] *n.*; ~s, Visa ['vi:za] visa
vital [vɪ'ta:l] 1. *adv.* energetically. 2. *Adj.* a) vital; energetic; b) (wichtig) vital
Vitalität *f.*; ~: vitality
Vitamin [vɪta'mi:n] *n.*; ~s, ~e vitamin
Vitrine [vɪ'tri:nə] *f.*; ~, ~n display case; show-case
Vogel ['fo:gel] *m.*; ~s, Vögel ['fœ:gl] a) bird; b) character
vögeln ['fœ:gln] *tr., itr. V.* (derb) screw, fuck

Vogesen [vo'ge:zn] *Pl.* Vosges
Vokabel [vo'ka:bl] *n.*; vocabulary item
Vokabular *n.*; ~s, ~e vocabulary
Vokal [vo'ka:l] *m.*; ~s, ~e vowel
Volk [fɔlk] *n.*; ~[e]s, Völker ['fœlkɐ] a) people; b) o. *Pl.* (einfache Lute) people *pl.*; ein Mann aus dem ~: a man of the people; c) *o. Pl.* (Bevölkerung) people *pl.*; (Nation) people *pl.*; nation
volkstümlich ['fɔlksty:mlɪç] 1. *adv.* sich ~ ausdrücken express oneself in terms readily comprehensible 2. *Adj.* popular
voll [fɔl] 1. *adv.* fully 2. *Adj.* a) full; ~ von oder mit etw. sein be full of sth. b) (sl.: betrunken) plastered *(sl.)*; canned *(Brit. sl.)*; c) full; complete; in ~em Gange sein be in full swing
voll·auf *Adv.* completely; fully
voll·enden *tr. V.* finish; complete
vollendet 1. *adv.* in an accomplished manner; perfectly. 2. *Adj.* accomplished; perfect
vollends ['fɔlənts] *Adv.* completely
Voll·endung *f.* completion
voller *indekl. Adj.* full of; filled with
Volley·ball *m.* volleybal
voll·kommen 1. *adv.* completely; totally. 2. *Adj.* a) (vollendet) perfect; b) (vollständig) complete
Vollkommenheit *f.*; ~: perfection
voll·ziehen 1. *unr. refl. V.* take place. 2. *unr. tr. V.* carry out; perform
Volontärin *f.*; ~, ~nen siehe Volontär
volontieren *itr. V.* work as a trainee
Volt [vɔlt] *n.*; ~ oder ~[e]s, ~

(Technik) volt
Volumen [vo'lu:mən] *n.*; ~s, ~: volume
vom [fɔm] *Präp. + Art.* a) (zur Angabe der Ursache) das kommt ~ Trinken that comes from drinking; b) (räumlich, zeitlich) from the
von [fɔn] *Präp. mit Dat.* a) *(zeitlich)* from; ~ heute/morgen an from today/tomorrow b) (räumlich) from; westlich/östlich ~ Berlin to the west/east of Berlin; c) (zur Angabe von Eigenschaften) of; ein Flug ~ einer Stunde a one-hour flight d) (anstelle Gen.) of; ein Stück ~ der Wurst a slice of the sausage; e) (bestehend aus) of; f) (als Adelsprädikat) von; g) (über) about; ~ diesen Dingen spricht man besser nicht it's better not to speak of such things
von·einander *Adv.* from each other or one another
vor [fo:ɐ] 1. *Adv.* forward; ~ und zurück backwards and forwards. 2. *Präp. mit Akk.* in front of 3. *Präp. mit Dat.* a) *(zeitlich)* before; b) (räumlich) in front of; (nicht ganz so weit wie) before; (außerhalb) outside; (weiter vorn als) ahead of; in front of; c) ~ ein paar Minuten minutes ago d) (auf Grund von) with; e) (bei Reihenfolge, Rangordnung) before
vor·ab *Adv.* beforehand
vor·an [fo'ran] *Adv.* forward ahead
Vor·ankündigung *f.* advance announcement
Vor·arbeit *f.* preliminary work
vor·arbeiten *refl. V.* work one's way forward
vor·aus 1. *Adv.* im ~ in advance. 2. *Präp. mit Dat.*, in front
Vor·bau *m.*; *Pl.* ~ten porch
vor·bauen *itr. V.* make provision

Vorbehalt [ˈfoːɐbəhalt] *m.*; ~[e]s, ~e reservation; ohne ~: unreservedly; without reservation

vorbehaltlich *Präp.* mit *Gen.* (Papierdt.) subject to

Vor·bemerkung *f.* preliminary remark

vor·bereiten *tr. V.* a) prepare (auf + Akk., für for); b) prepare for

Vor·bereitung *f.*; ~, ~en preparation

vorbestellen *tr. V.* order in advance

Vor·bestellung *f.* advance order

vorbestraft *Adj.* with a previous conviction

vor·beugen 1. *itr. V.* einer Sache (*Dat.*) oder gegen etw. ~: prevent sth 2. *refl. V.* lean or bend forward. 3. *tr. V.* bend forward

Vor·beugung *f.* prevention (gegen of)

Vor·bild *n.* model

vor·bildlich 1. *adv.* in an exemplary way or manner. 2. *Adj.* exemplary

vorder... [ˈfɔrdɐ] *Adj.*; *nicht präd.* front

vorderst... siehe vorder

vor·dringen *unr. itr. V.*; *mit sein* push forward; advance

vor·ehelich *Adj.* pre-marital

vor·eilig 1. *adv.* rashly 2. *Adj.* rash

vor·einander *Adv.* one in front of the other

vor·erst *Adv.*; for the time being

Vorfahr *m.*; ~en oder selten ~s, ~en forefather; ancestor

Vor·fall *m.* incident; occurrence

vor·fallen *unr. itr. V.*; *mit sein* a) (nach vorn fallen) fall forward; b) (geschehen) occur; happen

Vor·freude *f.* anticipation

vor·fühlen *itr. V.* bei jmdm. ~: sound sb. out

vor·führen *tr. V.* a) (zeigen) show; b) bring forward; c) (darbieten) present; show

Vor·führung *f.* a) showing; exhibiting; b) bringing forward; c) (das Darbieten) showing; presentation; performance; e) presentation; show

Vor·gang *m.* a) occurrence; event; process; b) (Behörde) file

Vorgänger *m.*; ~s, ~, **Vorgängerin** *f.*; ~, ~nen (auch bildlich) predecessor

vor·geben *unr. tr. V.* a) (im voraus festlegen) set in advance; b) (Sport) jmdm. etw. ~: give sb. sth.

vor·gehen *unr. itr. V.*; *mit sein* a) (vorausgehen) go on ahead; b) (ugs.: nach vorn gehen) go forward; c) (Uhr) be too fast; d) (einschreiten) gegen jmdn./etw. ~: take action against sb./sth.; e) (verfahren) proceed; f) (sich abspielen) happen; go on

Vor·geschmack *m.*; *o. Pl.* foretaste

Vor·gesetzte *m./f.*; *adj. Dekl.* superior

vor·gestern *Adv.* the day before yesterday

vor·haben *unr. tr. V.* intend; plan

Vor·haben *n.*; ~s, ~ (Plan) plan; (Projekt) project

vor·halten 1. *unr. itr. V.* (ugs., auch bildlich) last. 2. *unr. tr. V.* a) jmdm. etw. ~ (bildlich) reproach sb. for sth.; b) hold up

vorhanden *Adj.* existing; (verfügbar) available

Vor·hang *m.* curtain

vor·her beforehand; (davor) before

vorherig *Adj.*; *nicht präd.* prior; previous

vor·hin *Adv.* a short time or while ago

Vor·hut *f.*; ~, ~en advance guard

vorig... *Adj.*; *nicht präd.* last

Vor·jahr *n.* the previous year

Vorkehrungen *Pl.* precautions

vor·kommen *unr. itr. V.*; *mit sein* a) (erscheinen) seem; b) (vorhanden sein) occur; c) (geschehen) happen; d) (hervorkommen) come out

Vor·kommen *n.*; ~s, ~ a) *o. Pl.* occurrence; b) (Bodenschätze) deposit

Vor·lage *f.* a) *o. Pl.*; showing; presentation; production; introduction b) (Muster) pattern; (Modell) model c) (Gesetzentwurf) bill; d) (Sport) forward pass

vor·lassen *unr. tr. V.* a) jmdn. ~ (*ugs.*) let sb. go first or in front; b) (empfangen) admit; let in

vor·legen *tr. V.* a) (präsentieren) present; show, submit; introduce; b) (aufgeben) serve

Vorleger *m.*; ~s, ~ mat; (Bett~) ru

vor·lesen *unr. tr., itr. V.* read aloud

vor·letzt... *Adj.*; *nicht präd.* next to last; last but one

Vor·liebe *f.* preference; fondness or liking

vorm [foːɐm] *Präp.* + *Art.* a) (zeitlich, bei Reihenfolge, Rangordnung) before the; b) (räumlich) in front of the

vor·machen *tr. V.* (*ugs.*) a) (vortäuschen) kid, (*ugs.*) fool; b) jmdm. etw. ~: show sb. sth.

vor·merken *tr. V.* make a note of

vor·mittag *Adv.* heute ~: this morning

vor·mittags *Adv.* in the morning

vorn [ˈfɔrn] *Adv.* at the front; nach ~ sehen look in front

Vor·name *m.* first or Christian name

vornehm [ˈfoɐneːm] 1. *adv.* a) nobly; b) (elegant) elegantly. 2. *Adj.* a) (elegant) exclusive, (*ugs.*) posh;

elegant, *(ugs.)* posh; b) (kultiviert) distinguished; c) (adlig) noble
vor·nehmen 1. *unr. tr. V.* a) carry out, make; perform; b) sich (*Dat.*) jmdn. ~ *(ugs.)* give sb. a talking to *(ugs.)*. 2. *unr. refl. V.* sich (*Dat.*) etw. ~: plan sth.
vornehmlich *Adv.* above all; primarily
Vor·ort *m.* suburb
Vor·rang *m.; o. Pl.* jmdm./einer Sache den ~ geben give sb./sth. priority
Vorrat *m.* supply, stock (an + *Dat.* of)
vorrätig [ræːtɪç] *Adj.* in stoc
Vor·raum *m.* anteroom
Vor·recht *n.* privilege
Vor·ruhestand *m.* early retirement
vors *Präp.* + *Art.* a) vor das; b) in front of the
Vor·satz *m.* intention; den ~ haben, etw. zu tun intend to do sth.
vorsätzlich 1. *adv.* intentionally; deliberately. 2. *Adj.* intentional; deliberate
Vor·schein *m.*: zum ~ kommen appear; (entdeckt werden) come to light
Vorschlag *m.* suggestion; proposal
vor·schlagen *unr. tr. V.* suggest, propose
vor·schreiben *unr. tr. V.* stipulate, lay down, set; prescribe
Vor·schrift *f.* instruction; order
Vor·schule *f.* nursery school
Vor·schuss *m.* advance
vor·sehen 1. *unr. refl. V.* sich ~: be careful 2. *unr. tr. V.* plan
Vorsehung *f.*; ~: Providence
Vor·sicht *f.; o. Pl.* care; circumspection; caution
vorsichtig [zɪçtɪç] 1. *adv.* carefully; with care. 2. *Adj.* careful; (umsichtig) circumspect; cautious; guarded
Vor·sitz *m.* chairmanship
Vor·sorge *f.; o. Pl.* precautions *pl.*; (Vorbeugung) prevention
vor·sorgen *itr. V.* make provisions
Vor·speise *f.* starter; hors d'œuvre
Vor·spiel *n.* (Theater) prologue; prelude; (sexuell) foreplay
vor·spielen 1. *itr. V.* a) play (*Dat.* to, for); b) audition 2. *tr. V.* a) play (*Dat.* to, for); act out; b) (vorspiegeln) feign
vor·sprechen 1. *unr. itr. V.* a) (bei Bewerbungen) audition; b) (einen Besuch machen) bei jmdm. ~: call on sb. about a matter. 2. *unr. tr. V.* jmdm. etw. ~: pronounce or say sth. first for sb
Vor·stadt *f.* suburb
Vor·stand *m.* (eines Vereins) executive committee; (einer Partei) executive; (einer Firma) board of directors
vor·stehen *unr. itr. V.* a) project, jut out; stick out; b) einer Partei ~: be the head of a party
vor·stellen 1. *refl. V.* a) sich (*Dat.*) unter etw. (*Dat.*) etw. ~: understand sb. by sth.; b) sich (*Dat.*) etw. ~: imagine sth. 2. *tr. V.* a) put out or forward; b) (bekannt machen) introduce
Vor·stellung *f.* a) *o. Pl.* (Fantasie) imagination; b) (Begriff) idea; c) (Aufführung) performance; (im Kino) showing; d) (das Bekanntmachen) introduction
Vor·stoß *m.* advance
Vor·strafe *f.* (Jura) previous conviction
Vor·tag *m.* day before; previous day
vor·täuschen *tr. V.* feign; fake; simulate
Vor·täuschung *f.* feigning; simulation; faking
Vor·teil *m.* advantage
Vortrag *m.*; ~[e]s, Vorträge a) (Rede) talk; (wissenschaftlich) lecture; (eines Gedichts) recitation
vor·treiben *unr. tr. V.* drive
Vor·tritt *m.*: jmdm. den ~ lassen (auch bildlich) let sb. go first
vorüber *Adv.* a) (räumlich) past; b) *(zeitlich)* over
Vor·urteil *n.* bias; (voreilige Schlussfolgerung) prejudice (gegen against, towards)
Vorwahl *f.* a) (Telefon) dialling code
Vorwand *m.*; ~[e]s, Vorwände pretext; (Ausrede) excuse
vor·wärts *Adv.* forwards; (weiter) onwards
vor·weg *Adv.* a) (voraus) in front; ahead; b) (vorher) beforehand
vor·weisen *unr. tr. V.* produce
vor·werfen *unr. tr. V.* a) throw; b) jmdm. etw. ~: reproach sb. with sth.
Vor·wort *n.*; *Pl.* ~e preface
Vor·wurf *m.* reproach; (Beschuldigung) accusation
vorwurfs·voll 1. *adv.* reproachfully. 2. *Adj.* reproachful
vor·ziehen *unr. tr. V.* a) (bevorzugen) favour, give preference to; (lieber mögen) prefer (*Dat.* to); b) (vorverlegen) bring forward (um by)
Vor·zug *m.* a) (gute Eigenschaft) good quality; merit; (Vorteil) advantage; b) *o. Pl.* preference (gegenüber over)
vorzüglich [foːɛˈtsyːklɪç] 1. *adv.* excellently. 2. *Adj.* excellent; first-rate
vulgär [vʊlˈɡɛːɐ̯] 1. *adv.* in a vulgar way. 2. *Adj.* vulgar
Vulkan [vʊlˈkaːn] *m.*; ~s, ~e volcano
vulkanisch *Adj.* volcanic

W

w, W [ve:] *n.*; ~s, ~: w/
Waage ['va:gə] *f.*; ~, ~n a) (Sternzeichen) Libra; b) *(bildlich)* sich *(Dat.)* die ~ halten balance out; balance one another; c) scales *pl.*
Wabe ['va:bə] *f.*; ~, ~n honeycomb
wach [vax] 1. *adv.* alertly; attentively. 2. *Adj.* a) awake b) (aufmerksam, rege) alert; attentive
Wache ['vaxə] *f.*; ~, ~n a) (Wachdienst) watch; (Militär) guard; (Seefahrt) be on watch; b) (Wächter) guard; (Militär: Posten) sentry
wachen *itr. V.* a) be awake; b) über etw. (Akk.) ~: watch over or keep an eye on sth.
Wacholder [va'xɔldɐ] *m.*; ~s, ~ a) juniper; b) (Gin) spirit from juniper berries
Wachs [vaks] *n.*; ~es, ~e wax
wachsam ['vaxza:m] 1. *adv.* vigilantly. 2. *Adj.* watchful; vigilant
Wachsamkeit *f.*; ~: vigilance
wachsen ['vaksn̩] *unr. itr. V.*; *mit sein* a) evolve; b) (auch bildlich) grow; rise
Wachstum ['vakstu:m] *n.*; ~s growth
wackelig 1. *adv.* wobbly. 2. *Adj.* a) (bildlich *ugs.*: gefährdet, bedroht) dodgy (Brit. *ugs.*); insecure; shaky b) (*ugs.*: kraftlos, schwach) frail; c) (nicht stabil) wobbly; loose; shaky
wackeln ['vakln̩] *itr. V.* a) be insecure; be in a dodgy (Brit. *ugs.*) or shaky state; b) wobble; move about; be loose
wacker ['vakɐ] 1. *adv.* a) (tapfer) valiantly; b) (tüchtig) heartily. 2. *Adj.* a) (rechtschaffen) upright; decent; worthy; b) (tüchtig) hearty
Waffe ['vafə] *f.*; ~, ~n (auch bildlich) weapon; (Feuer~) firearm
Waffel ['vafl̩] *f.*; ~, ~n waffle
Wage·mut *m.* daring
wagen ['va:gn̩] 1. *refl. V.* venture somewhere 2. *tr. V.* risk; dare
Wagen *m.*; ~s, ~: (PKW) car; (Sport~) push-chair; bus; caravan (Brit.); trailer (Amer.); (LKW) truck; lorry (Brit.); van; coach; carriage
Waggon [va'gɔŋ] *m.*; ~s, ~s, wagon; truck
waghalsig 1. *adv.* daringly; riskily; (leichtsinnig) recklessly. 2. *Adj.* daring; risky; (leichtsinnig) reckless
Wagnis ['va:knɪs] *n.*; ~ses, ~se daring exploit or feat
Wahl [va:l] *f.*; ~, ~en a) (in ein Amt) election; b) *o. Pl.* choice; c) (Güteklasse) quality
wählen ['vɛ:lən] 1. *itr. V.* a) (stimmen) vote; b) (Telefon) dial; c) choose (zwischen + *Dat.* between) 2. *tr. V.* a) (stimmen für) vote for; b) (Telefon) dial; c) elect; d) choose; select
wählerisch *Adj.* choosy; particular
wähnen ['vɛ:nən] *tr. V.* think; imagine
wahr [va:ɐ̯] *Adj.* a) *nicht präd.* (wirklich) real; actual; true; b) true
wahren *tr. V.* preserve; maintain; keep
währen ['vɛ:rən] *itr. V.* last
während ['vɛ:rənt] 1. *Präp. mit Gen.* during; (über einen Zeitraum von) for 2. *Konj.* a) (adversativ) whereas; b) (zeitlich) while
während·dessen *Adv.* in the meantime; meanwhile
wahrhaftig 1. *adv.* really; genuinely 2. *Adj.* truthful
Wahrheit *f.*; ~, ~en trut
wahr·nehmen *unr. tr. V.* a) (nutzen) take advantage of; exploit; exercise; b) perceive; discern; (bemerken) notice; be aware of; make out; discern; detect; c) (erfüllen, ausführen) carry out, perform
Wahrnehmung *f.*; ~, ~en a) (Nutzung) (eines Rechts) exercise; (einer Gelegenheit, eines Vorteils) exploitation; b) perception; detection; awareness; c) (einer Funktion) performance; execution
wahrscheinlich 1. *adv.* probably. 2. *Adj.* probable; likely
Wahrscheinlichkeit *f.*; ~, ~en probability; likelihood
Wahrung *f.*; ~: preservation; maintenance
Währung *f.*; ~, ~en currency
Wahr·zeichen *n.* symbol
Waise ['vaɪzə] *f.*; ~, ~n orphan
Wal [va:l] *m.*; ~[e]s, ~e whale
Wald [valt] *m.*; ~[e]s, Wälder ['vɛldɐ] wood; (größer) forest
Wall [val] *m.*; ~[e]s, Wälle ['vɛlə] earthwork; embankment
Wallach ['valax] *m.*; ~[e]s, ~e gelding
Wal·nuss ['valnʊs] *f.* walnut
Wal·ross ['valrɔs] *n.*; *Pl.* ~rosse walrus
walten ['valtn̩] *itr. V.* prevail; reign
Walze ['valtsə] *f.*; ~, ~n a) roller; (Schreib~) platen; b) barrel
walzen *tr. V.* roll
wälzen ['vɛltsn̩] 1. *refl. V.* roll; writhe around 2. *tr. V.* a)

roll; heave; (drehen) roll over b) (bildlich ugs.) Probleme ~: mull over problems
Walzer m.; ~s, ~: waltz
Wampe ['vampə] f.; ~, ~n (ugs. derogativ) pot belly
Wand [vant] f.; ~, Wände ['vɛndə] a) wall; (Trenn~) partition; b) (eines Zeltes) wall; side; (eines Schiffs) side
Wandel ['vandl̩] m.; ~s change
wandeln 1. itr. V.; mit sein stroll. 2. tr. V. change. 3. refl. V. change
wandern ['vandɐn] itr. V.; mit sein a) (ziehen, reisen) travel; (ziellos) roam; tour, travel; migrate; (bildlich) drift; b) (ugs.:gehen) wander; (bildlich) roam; c) hike; ramble; d) (ugs.: befördert werden) land
Wanderschaft f.; ~: travels pl
Wanderung f.; ~, ~en hike; walking tour; (sehr lang) trek
Wandlung f.; ~, ~en change
Wange ['vaŋə] f.; ~, ~n cheek
wanken ['vaŋkn̩] itr. V. a) sway; totter; (unter einer Last) stagger; b) (bedroht sein) totter; c) mit sein (unsicher gehen) stagger
wann [van] Adv. when
Wanne f.; ~, ~n bathtub
Wanze ['vantsə] f.; ~, ~n bug; (ugs.: Abhör~) bug
Wappen ['vapn̩] n.; ~s, ~: coat of arms
wappnen refl. V. forearm oneself
Ware ['va:rə] f.; ~, ~n ~[n] goods pl.; wares pl.; (einzelne ~) article; commodity
warm [varm] 1. adv. warmly; ~ essen have a hot meal. 2. Adj. a) warm; hot; die Milch ~ machen heat up the milk; b) (herzlich) warm

wärmstens ['vɛrmstn̩s] Adv. warmly
warnen ['varnən] tr. (auch itr.) V. warn (vor + Dat. of, about)
Warnung f.; ~, ~en warning (vor + Dat. of, about)
Warschau ['varʃau] (n.); ~s Warsaw
Warschauer 1. indekl. Adj. Warsaw. 2. m.; ~s, ~: citizen of Warsaw
Warte ['vartə] f.; ~, ~n vantage-point
warten ['vartn̩] 1. tr. V. service. 2. itr. V. wait (auf + Akk. for); "bitte warten!" 'wait'
Wärter ['vɛrtɐ] m.; ~s, ~: attendant; (Kranken~) orderly; (Gefängnis~) warder; (Tier~,) keeper
Wartung f.; ~, ~en service; (das Warten) servicing; (Instandhaltung) maintenance
warum [va'rʊm] Adv. why; ~ denn nicht? why not?
Warze ['vartsə] f.; ~, ~n a) wart; b) (Brust~) nipple
was [vas] 1. Adv. (ugs.) a) (wie) how; ~ hast du getan! what did you do? b) (warum, wozu) why; what … for; 2. Relativpron. Nom. u. Akk. u. (nach Präp.) Dat. Neutr.; a) weiterführend which b) what; das Klügste, was du tun kannst the most intelligent thing you can do 3. Indefinitpron. Nom. u. Akk. u. (nach Präp.) Dat. Neutr. (ugs.) (etwas) something; some; ist ~? is anything wrong? 4. Interrogativpron. Nom. u. Akk. u. (nach Präp.) Dat. Neutr.; what; ~ ist er von Beruf? what's his job?
Wäsche ['vɛʃə] f.; ~, ~n a) (das Waschen) washing no pl. b) o. Pl. (Unter~) underwear; c) o. Pl. (zu waschende Textilien) washing; (für die Wäscherei) laundry
waschen 1. unr. itr. V. do

the washing. 2. unr. tr. V. wash; sich ~: wash oneself
Wäscherei f.; ~, ~en laundry
Wasser ['vasɐ] n.; ~s, ~/Wässer ['vɛsɐ] a) Pl. Wässer (Mineral~, Tafel~) mineral water; (Heil~) water; b) Pl. ~ (bildlich) mit allen ~n gewaschen sein know all the tricks o) o. Pl. water; direkt am ~: right by the water; d) o. Pl. (Gewässer) ein fließendes/stehendes ~: a moving/stagnant stretch of water; e) Pl. Wässer lotion; (Duft~) scent
wässrig ['vɛsrɪç] Adj. watery
waten ['va:tn̩] itr. V.; mit sein wade
watscheln ['vatʃl̩n] itr. V.; mit sein waddle
Watt n.; ~s, ~ (Technik, Physik) watt
Watt [vat] n.; ~[e]s, ~en mudflats pl
Watte ['vatə] f.; ~, ~n cotton wool
weben ['ve:bn̩] regelm., (bildlich) auch unr. tr., itr. V. weave
Weberei f.; ~, ~en a) o. Pl. weaving no art.; b) (Betrieb) weaving-mill
Wechsel ['vɛksl̩] m.; ~s, ~ a) (das Sichabwechseln) alternation; b) change; (Geld~) exchange; (Spieler~) substitution; c) (das Überwechseln) move; (Sport) transfer; d) (Handel) bill of exchange
wechseln 1. itr. V. a) mit sein (über~) move; b) (sich ändern) change. 2. tr. V. a) change; move, b) (tauschen) exchange; c) (um~) change (in + Akk. into)
wecken ['vɛkn̩] tr. V. a) jmdn. ~: wake sb. up; b) (bildlich) arouse, awaken
Wecker m.; ~s, ~ alarm clock
Wedel m.; ~s, ~ frond;

(Staub~) feather-duster
wedeln *itr. V.* wag; wave
weder ['ve:dɐ] *Konj.*: ~ ... noch ...: neither ... nor
weg [vɛk] *Adv.* a) away; (verschwunden) gone; ~ da! get away from there!; Hände ~! hands off! b) von ... ~ *(ugs.:* unmittelbar von) straight of or from; c) über etw. ~ sein *(ugs.)* have got over sth.
Weg [ve:k] *m.;* ~es,~e a) (Passage, Durchgang) passage; (Zugang) way; geh aus dem ~: get out of the way b) (Fuß~) path; (Feld~) track; am ~ by the wayside; c) (Route, Verbindung) route; way d) (Mittel) means; (Methode) way; auf schriftlichem ~ by letter e) *(ugs.:* Besorgung) errand; einen ~ machen do an errand; f) (Gang) walk; (Reise) journey; (Strecke, Entfernung) distance; sich auf den ~ machen set off
Wegelagerer *m.;* ~s, ~: highwayman
wegen 1. *(ugs.)* von ~! you must be joking! 2. *Präp. mit Gen.* a) for; b) (zur Angabe einer Ursache, eines Grundes) because of; owing to; von Berufs ~: for professional reasons; c) (bezüglich) about; regarding
Weg·strecke *f.* stretch; (Entfernung) distance
Wegweiser *m.;* ~s, ~ signpost
Weh *n.;* ~[e]s sorrow; grief
wehe *Interj.* woe betide
Wehe *f.;* ~, ~n drift
Wehe ['ve:ə] *f.;* ~, contraction
wehen 1. *tr. V.* blow. 2. *itr. V.* a) blow; b) (flattern) flutter
Wehr *f.;* ~, ~en: sich zur ~ setzen make a stand
Wehr·dienst *m.; o. Pl.* military service
wehren 1. *itr. V.* jmdm./einer Sache ~: fight sb./fight sth. 2. *refl. V.* a) sich ~, etw. zu tun resist having to do sth.; b) defend oneself; sich gegen etw. ~: fight against sth
Wehwehchen *n.;* ~s, ~: little complaint
Weib [vaip] *n.;* ~[e]s, ~er *(ugs.:* Frau) woman; female *(derog.);* (ugs.: Ehefrau) wife; sie ist ein tolles ~: she's a bit of all right
Weibchen *n.;* ~s, ~: female
weibisch *(derogativ)* 1. *adv.* womanishly; effeminately. 2. *Adj.* womanish; efeminat
weiblich 1. *adv.* femininely. 2. *Adj.* a) female; b) (für die Frau typisch) feminine; c) (Grammatik) feminine
Weiblichkeit *f.;* ~: femininity
weich [vaiç] 1. *adv.* softly; gently; (Flugzeug) ~ landen make a soft landing 2. *Adj.* (auch bildlich) soft; mellow; gentle
Weiche *f.;* ~, ~n points *pl.* (Brit.); switch (Amer.)
weichen *unr. itr. V.; mit sein* move
weichlich 1. *adv.* softly. 2. *Adj.* soft
Weichling *m.;* ~s, ~e *(derogativ)* weakling
Weide *f.;* ~, ~n (Baum) willow
Weide ['vaidə] *f.;* ~, ~n (Wiese) pasture
weiden 1. *refl. V.* sich an jmds. Schmerz *(Dat.)* ~: gloat over sb.'s pain 2. *itr., tr. V.* graze
weidlich *Adv.* etw. ~ ausnutzen make full use of sth
weigern ['vaigɐn] *refl. V.* refuse
Weigerung *f.;* ~, ~en refusal
Weihe *f.;* ~, ~n (Religion: Einweihung) consecration; dedication; (Priester~, Bischofs~) ordination
weihen *tr. V.* a) (Religion) consecrate; b) (Kirche: ordinieren) ordain; c) (Religion: durch Weihe zueignen) dedicate
Weiher *m.;* ~s, ~ (bes. südd.) pond
Weihnachten *n.;* ~, ~: Christmas; frohe oder fröhliche ~! Merry or Happy Christmas!
weihnachtlich 1. *adv.* ~ geschmückt decorated for Christmas. 2. *Adj.* Christmassy
weil [vail] *Konj.* because
Weile *f.;* ~: while
weilen *itr. V.* stay; (sein) be
Wein [vain] *m.;* ~[e]s, ~e a) *o. Pl.* (Reben) vines *pl.;* (Trauben) grapes *pl.;* b) wine
weinen 1. *refl. V.* cry to oneself. 2. *tr. V.* shed. 3. *itr. V.* cry; über etw. ~: cry over sth.
weinerlich 1. *adv.* tearfully. 2. *Adj.* tearful
weise ['vaizə] 1. *adv.* wisely. 2. *Adj.* wise
Weise *f.;* ~, ~n a) (Melodie) tune; melody; b) (Art und ~) way
weisen 1. *unr. itr. V.* point. 2. *unr. tr. V.* show
Weisheit *f.;* ~, ~en a) (Erkenntnis) wise insight; (Spruch) wise saying; b) *o. Pl.* wisdom
weiß *Adj.* white
Weiß *n.;* ~[e]s, ~: white
Weiße *m./f.; adj. Dekl.* white person
weißlich *Adj.* whitish
Weisung *f.;* ~, ~en (Behörde) instruction; (Direktive) directive
weit [vait] 1. *adv.* a) (lange) ~ zurückliegen be a long way back; b) (eine große Strecke) far; es würde zu ~ führen.. it would be too much to... c) ~ verbreitet widespread; ~ geöffnet wide open; d) (in der Entwicklung) far; e) (weitaus) far; 2. *Adj.* a) (locker sitzend) wide;

b) wide; long; *(bildlich)* broad; im ~eren Sinn *(bildlich)* in the broader sense
weiten 1. *refl. V.* widen; dilate. 2. *tr. V.* wide
weiter *Adv.* a) (außerdem, sonst) ~ nichts, nichts ~: nothing more or else b) farther; und so ~: and so on; nur immer ~ so! keep it up!
weiter... *Adj.; nicht präd.* further; bis auf ~es for the time being
Weizen ['vaɪtsn̩] *m.*; ~s wheat
welch [vɛlç] 1. *Interrogativpron.* a) what; ~e Farbe? which colour?; b) *attr.* which; alleinstehend which one; c) what a 2. *Relativpronomen* who (person); (things) which. 3. *Indefinitpron.* some; (questions) and
welk [vɛlk] *Adj.* withered (skin, hands, etc.); wilted (leaves, flower); limp
welken *itr. V.; mit sein* wilt
Welle ['vɛlə] *f.*; ~, ~n a) wave (also media)
wellen 1. *tr. V.* wave, corrugate. 2. *refl. V.* (hair) be wavy; (ground, cloth) undulate
wellig *Adj.* wavy (hair); undulating (countryside, hills, surface); uneven
Welpe ['vɛlpə] *m.*; ~n, ~n (Hund) whelp; puppy
Wels [vɛls] *m.*; ~es, ~e catfish
Welt [vɛlt] *f.*; ~, ~en a) *o. Pl.* world; auf der ~: in the world; in der ganzen ~ world-wide; in aller ~: all over the world; um nichts in der ~: not for anything in the world b) (~all) universe
Welten·bummler *m.*; ~s, ~: globe-trotte
Welt·erfolg *m.* world-wide succes
weltlich *Adj.* worldly
wem [ve:m] *Dat. von wer* 1. *Interrogativpronomen* to whom; who ... to; *(nach Präp.)* whom; who ... 2. *Relativpronomen* (derjenige, dem/diejenige) the person to whom ...; the person who ... to 3. *Indefinitpronomen (ugs.)* to somebody or someone
wen [ve:n] *Akk. von wer* 1. *Interrogativpron.* whom; who *(ugs.)*; an/ für ~: to/for whom ... 2. *Relativpron.* (derjenige, den/diejenige) the person whom; (jeder, den) anyone whom. 3. *Indefinitpron. (ugs.)* somebody; someone; (fragend, verneint) anybody; anyone
Wende *f.*; ~, ~n a) change; b) um die Jahrhundert~ at the turn of the century
wenden 1. *itr. V.* turn 3. *refl. V.* sich zum Besseren/ Schlechteren ~: take a turn for the better/ worse. 2. *tr., auch itr. V.* (auf die andere Seite) turn; toss
wenden 1. *unr., auch regelm. tr. V.* turn; den Kopf ~: turn one's head 2. *unr., auch regelm. refl. V.* a) (person) turn; b) (sich richten) sich an jmdn. ~: turn to sb.
wendig 1. *Adj.* a) elegant; sleezy; agile; nimble; b) (astute. 2. *adv.* a) agilely; nimbly; b) sleezily
Wendigkeit *f.*; ~: sleeziness; agility; nimbleness
Wendung *f.*; ~, ~en a) turn; b) change; eine ~ zum Besseren/Schlechteren a turn for the better/worse; c) (Rede~) expression
wenig ['ve:nɪç] 1. *Adv.* little; ~ mehr not much more; ein ~: a little. 2. *weniger Indefinitpron. u. unbest. Zahlw.* a) *Sing.* little; dazu kann ich ~ sagen I can't say much about that; b) *Pl.* a few; nur ~e haben teilgenommen only a few took part
weniger 1. *Komp. von we-* nig 1: a) *Sing.* less; b) *Pl.* fewer. 2. *Komp. von* wenig 2. less. 3. *Konj.* less
wenigstens *Adv.* at least
wenn [vɛn] *Konj.* a) (konditional) if; und ~: even if; ~ es sein muss, komme ich mit if I have to, I'll come along, b) when; immer, ~: whenever; c) wenn ... auch even though d) if only
Wenn *n.*; ~s, ~ oder *(ugs.)* ~s: das ~ und Aber the ifs and buts
wer [ve:ɐ̯] 1. *Relativpron.* the person who; anyone or anybody who 2. *Interrogativpron.* who; ~ von ...: which of 3. *Indefinitpron. (ugs.)* someone; somebody; (fragend, verneint) anyone; anybody
werben ['vɛrbn̩] 1. *unr. itr. V.* attract (customers etc.); recruit (soldiers,). 2. *unr. itr. V.* a) advertise; b) um Wählerstimmen ~: seek to attract votes
Werbung *f.*; ~, ~en *o. Pl.* advertising; für etw. ~ machen advertise sth.
werden 1. *unr. itr. V.; mit sein;* 2. Part. geworden a) become; get; älter ~: get or grow old; verrückt ~: go mad; wach ~: wake up; erster/letzter ~: be or come first/last; b) zu etw. ~: become sth.; c) *unpers.* es wird Zeit it is time; d) born; come into existence; e) *(ugs.)* sind die Fotos gut geworden? have the photos turned out well? 2. *Hilfsverb;* 2. Part. worden a) dir werd' ich helfen! *(ugs.)* I'll give you what for *(ugs.)* (b) (zur Bildung des Passivs) be, er wurde gerufen he was called for; c) *(zur Umschreibung des Konjunktivs)* was würdest du tun? what would you do?
werfen ['vɛrfn̩] 1. *unr. itr. V.* a) throw; b) (Junge krie-

gen) give birth; (dog, cat) litter. 2. *unr. refl. V.* a) (auch bildlich) throw oneself on sth.; b) (sich verziehen) buckle; (wood) warp 3. *tr. V.* a) throw; drop (bombs); b) den Kopf in den Nacken ~: throw or toss one's head back; c) (würfeln) throw; ein Tor ~: shoot or throw a goal; d) (bilden) Falten ~: wrinkle e) give birth

Werft [værft] *f.;* ~, ~en shipyard; dockyard

Werk [værk] *n.;* ~[e]s, ~e a) *o. Pl.* (Arbeit) work; b) (Tat) work; das ist dein ~! that is your doing; c) work; d) (Betrieb, Fabrik) factory; plant; e) mechanism

Wermut ['ve:ɐmu:t] *m.;* ~[e]s, ~s (Wein) vermouth

wert [ve:ɐt] *Adj.* a) esteemed; wie ist Ihr ~er Name, bitte? may I have your name, please?; b) etw. ~ sein be worth sth.

Wert *m.;* ~[e]s, ~e a) value; unter ~ verkaufen sell sth. for less than its value; b) *Pl.* objects of value

werten *tr., itr. V.* a) judge; assess; b) etw. hoch/niedrig ~: award high/low points to sth

Wertung *f.;* ~, ~en judgement

wert·voll *Adj.* valuable; estimably

Wesen ['ve:zn] *n.;* ~s, ~ a) *o. Pl.* nature; character; b) (Lebe~) being; creature; ein weibliches/männliches ~: a woman/a man; c) (Lebe~) being; creature

wesentlich 1. *Adj.* fundamental (für to); von ~er Bedeutung of considerable importance; im W~en essentially. 2. *adv.* considerably; much

Wespe ['væspə] *f.;* ~, ~n wasp

wessen *Interrogativpron.* (*Gen.* von wer, was) whose

West [væst] *o. Art.; o. Pl.* a) (direction) west; b) (region, country) West; c) (politics) West; d) *einem Subst. nachgestellt* (westlicher Teil, westliche Lage) West

Weste ['væstə] *f.;* ~, ~n waistcoat (Brit.); vest (Amer.)

Westen *m.;* ~s a) (direction, geography) west; b) (region) West

westlich 1. *Adv.* westwards; 2. *Präp. mit Gen.* west of

wes·wegen *Adv.* siehe warum

Wette ['vætə] *f.;* ~, ~n bet; jede ~, dass …: I bet; eine ~ abschließen make a bet

wetten *itr. V.* bet; mit jmdm. ~: have a bet with sb. 2. *tr. V.* Geld ~: bet money

Wetter *n.;* ~, ~ a) *o. Pl.* weather; es ist schönes ~: the weather is good or fine b) (Un~) storm

wettern *itr. V.* (*ugs.*: schimpfen) curse

wetzen ['vætsn] 1. *tr. V.* sharpen; whet. 2. *itr. V.; mit sein (ugs.)* dash

Whiskey ['vɪskɪ] *m.;* ~s ~s whiskey; (irischer und Bourbon) whiskey

Wicht [vɪçt] *m.;* ~[e]s, ~e a) little rascal or imp; b) (*derogativ*: Mensch) creature

Wichtel *m.;* ~s, ~, gnome; goblin

wichtig ['vɪçtɪç] *Adj.* important

Wichtigkeit *f.;* ~ importance; es ist mir ~ zu wissen, ob …: it is important to me to know if

Wickel *m.;* ~s, ~: compress

wickeln *tr. V.* a) (auf~) wind; (ab~) unwind; b) bandage; c) sich die Haare ~: put one's hair in curlers; d) (Windeln) ein Kind ~: change a baby's nappy

Widder ['vɪdɐ] *m.;* ~s, ~ a) ram; b) (Astron., Astrol.) Aries

wider ['vi:dɐ] 1. *Präp. mit Akk.* a) (veralt.) against; b) (geh.: entgegen) contrary to; ~ besseres Wissen/alle Vernunft against one's better knowledge/all reason

widerlich (*derogativ*) 1. *Adj.* a) revolting; repulsive; b) repugnant, repulsive; awful (headache etc.). 2. *adv.* revoltingly; awfully

Wider·stand *m.* a) resistance (gegen to); allen Widerständen zum Trotz despite all opposition

widerstehen *unr. itr. V.* a) (nicht nachgeben) resist; b) jmdm./einer Sache ~stehen withstand sb./sth.

widmen ['vɪtmən] 1. *tr. V.* a) dedicate; b) etw. jmdm./einer Sache ~: devote sth. to sb./sth. 2. *refl. V.* sich jmdm./ einer Sache ~: attend to sb./sth.; devote oneself to sb./sth

Widmung *f.;* ~, ~en dedication

widrig ['vɪdrɪç] *Adj.* unfavourable; adverse

Widrigkeit *f.;* ~, ~en adversity

wie 1. *Adv.* a) how; ~ war das? (*ugs.*) what was that?; ~ kommt es, dass …? how is it that …?; b) ~ geht es ihm? how is he? c) und ~! and how! (*ugs.*); how; ~ lange/groß/hoch/oft?; how long/big/high/often?; ~ spät ist es? what time is it? d) das hat dir Spaß gemacht, ~? you enjoyed that, didn't you? 2. *way or manner.* 3. *Konj.* a) *Vergleichspartikel* as; … ~ …: as … as … ich fühlte mich ~ …: I felt as if I were …; b) (und, sowie) as well as; both c) (*temporal:* als) as; d) (*ugs.:* außer) nichts ~ Ärger nothing but trouble

wieder·gut·machen *tr. V.* make good; put right

wieder·haben *untr. tr. V.* (auch bildlich) have back
wieder·holen *tr. V.* fetch or get back
Wiederholung *f.*; ~, ~en a) repetition; replay; repeat; b) repeating; c) (learning, reading) revision
Wiege ['viːɡə] *f.*; ~, ~n (auch bildlich) cradle; von der ~ bis zum Tode from the cradle to the grave
wiegen *unr. tr., itr. V.* weigh; was oder wie viel wiegst du? how much do you weigh?
wiegen 1. *refl. V.* (boat, cradle, etc.) rock; (person, branch, etc.) sway. 2. *tr. V.* (head) (in doubt); rock; shake
wiehern ['viːɐn] *itr. V.* a) whinny; neigh; b) roar with laughter
Wien ['viːn] (*n.*); ~s Vienna
Wiener 1. *m.*; ~s, ~: Viennese. 2. indekl. *Adj.* Viennese; ~ Würstchen wiener; frankfurter
Wienerin *f.*; ~, ~nen Viennese
wienerisch *Adj.* Viennese
Wiese ['viːzə] *f.*; ~, ~n meadow; lawn
Wiesel ['viːzl̩] *n.*; ~s, ~: weasel; wie ein ~ laufen run like a hare
wieso *Adv.* why
wie·weit *Adv.* to what extent
Wikinger ['viːkɪŋɐ] *m.*; ~s, ~: Viking
wild [vɪlt] 1. *Adj.* a) wild; rugged, unruly; b) unauthorized; illegal; c) wild, unruly (child); d) wild; vile; halb so ~ sein *(ugs.)* not be as bad as all that *(ugs.)*; e) *nicht präd.* (primitiv) savage; f) (heftig, gewaltig) wild; fierce; g) (wütend) furious (cursing); ~ werden get furious; 2. *adv.* a) wildly; ~ entschlossen sein *(ugs.)* be absolutely determined
Wild *n.*; ~[e]s game; (einzelnes Tier) animal
Wilde *m./f.*; *adj. Dekl.* savage
Wilderei *f.*; ~, ~en poaching *no pl., no art*
Wilderer *m.*; ~s, ~: poacher
wildern 1. *itr. V.* a) poach; go poaching; b) (cat, dog) kill game. 2. *tr. V.* poach
Wild·gans *f.* wild goose
Wildheit *f.*; ~: wildness; savageness
Wildnis *f.*; ~, ~se wilderness
Wille *m.*; ~ns will; wish; (Absicht) intention; seinen ~n durchsetzen get one's own way; Letzter ~: will; last will and testament
willen *Präp. mit Gen.* um jmds./ einer Sache ~: for sb.'s/sth.'s sak
willen·los 1. *Adj.* will-less; völlig ~ sein have no will of one's own. 2. *adv.* will-lessly
willens *Adj.* ~ sein, etw. zu tun be willing to do sth
willentlich ['vɪləntlɪç] 1. *Adj.*; *nicht präd.* deliberate. 2. *adv.* deliberately; on purpose
willig 1. *Adj.* willing. 2. *adv.* willingly
will·kommen *Adj.* welcome; jmdm. ~ sein be welcome to sb.
Will·kommen *n.*; ~s, ~: welcome
Will·kür *f.*; ~: arbitrary use of power
willkürlich 1. *Adj.* arbitrary. 2. *adv.* arbitrarily
wimmeln ['vɪml̩n] *itr. V.* von Menschen ~: be teeming or swarming with people
wimmern ['vɪmɐn] *itr. V.* whimper
Wimpel ['vɪmpl̩] *m.*; ~s, ~: pennant
Wimper ['vɪmpɐ] *f.*; ~, ~n lash
Wind [vɪnt] *m.*; ~[e], ~e a) wie der ~: like the wind b) ~ von etw. bekommen *(ugs.)* get wind of sth.
Winde *f.*; ~, ~n a) winch; b) (Bot.) bindweed; convulvulus
Windel ['vɪndl̩] *f.* diaper
winden 1. *unr. refl. V.* a) (plant, tendrils) wind (um around); (snake) coil, wind itself (um around); b) writhe; c) (street, path, river) wind 2. *unr. tr. V.* make; etw. um etw. ~: wind sth. around sth.
winden *itr. V.*; *unpers.* es windet it's wind
windig *Adj.* a) windy; b) *(ugs. derogativ)* shady; dubious (excuse)
Windung *f.*; ~, ~en a) bend; meander; b) spiral; winding
Wink [vɪŋk] *m.*; ~[e]s, ~e a) sign; b) (Hinweis) hint; (Ratschlag) tip; hint
Winkel ['vɪŋkl̩] *m.*; ~s, ~ a) angle; toter ~: blind spot; b) (Ecke; auch bildlich) corner; c) (Ort) corner; spot
winken 1. *tr. V.* a) (heran~) beckon; jmdn. zu sich ~: beckon sb. over; b) (signalisieren) semaphore (message). 2. *itr. V.* a) wave; mit etw. ~: wave sth.; b) *(bildlich)* etw. winkt jmdm. sth. is in prospect for sb.
winseln ['vɪnzl̩n] *itr. V.* (dog) whimper
Winter ['vɪntɐ] *m.*; ~s, ~: winter
winterlich 1. *Adj.* wintry; winter *attrib.* (clothing, break). 2. *adv.* ~ kalt cold and wintry
Winzer ['vɪntsɐ] *m.*; ~s, ~: Winzerin *f.*; ~, ~nen winegrower
winzig ['vɪntsɪç] 1. *Adj.* tiny 2. *adv.* ~ klein tiny
Winzigkeit *f.*; ~tininess; minuteness
Wipfel ['vɪpfl̩] *m.*; ~s, ~: tree-top
wippen *itr. V.* bob up and down; (hin und her) bob about; (auf einer Wippe) seesaw
wir [viːɐ] *Personalpron.*; 1. *Pers. Pl. Nom.* we; ~ beiden

we two; wer ist es? wir sind's!
Wirbel ['vɪrbl] *m.*; ~s, ~ a) (in water) whirlpool; vortex; (Luft) whirlwind; (kleiner) eddy; (smoke) whirl; b) hurly-burly; c) (Aufsehen) fuss; d) (body) vertebra; e) (Haar~) crown; f) (Trommel~) roll
wirbeln 1. *tr. V.* swirl (leaves, dust); whirl (dancer). 2. *itr. V.*; *mit sein* whirl; (water, snowflakes) swirl
wird [vɪrt] *3. Pers. Sg. Präsens v.* werde
wirken ['vɪrkn] 1. *itr. V.* a) schmerzstillend ~: have a pain-killing effect; gegen etw. ~: be effective against sth.; b) seem; appear; c) (beeindrucken) (person) make an impression (auf + Akk. on); (picture, design, etc.) be effective; d) (tätig sein) work. 2. *tr. V.* bring about
wirklich 1. *Adv.* really; (in der Tat) actually; really. 2. *Adj.* real; actual, real; real, true
Wirklichkeit *f.*; ~, ~en reality; ~ werden become a reality; (dream) come true
wirksam ['vɪrkza:m] 1. *Adj.* effective. 2. *adv.* effectively
Wirksamkeit *f.*; ~: effectiveness
Wirkung *f.*; ~, ~en effect (auf + Akk. on); ohne ~ bleiben have no effect; seine ~ verfehlen fail to have the desired effect
wirr [vɪr] 1. a) tousled; tangled ein ~es Durcheinander a chaotic muddle; b) confused. 2. *adv.* tousled
Wirren *Pl.* turmoil *sing*
Wirrwarr ['vɪrvar] *m.*; ~s chaos; (von Stimmen) clamour; (von Meinungen) welter; (von Haaren, Vorschriften) tangle
Wirt [vɪrt] *m.*; ~[e]s, ~e a) landlord; b) (Biologie) host

Wirtin *f.*; ~, ~nen landlady
Wirtschaft *f.*; ~, ~en a) economy; commerce and industry b) (Gast~) public house; pub (Brit. *ugs.*); bar (Amer.); c) *o. Pl.* (*ugs. derogativ.*) mess; shambles
wirtschaften 1. *tr. V.* in den Ruin ~: ruin sth 2. *itr. V.* a) manage one's money; b) (sich zu schaffen machen) busy oneself
wirtschaftlich 1. *Adj.* a) *nicht präd.* economic; b) *nicht präd.* (finanziell) financial; c) (sparsam, rentabel) economical. 2. *adv.*; siehe *Adj.*: economically; financially
Wirtschaftlichkeit *f.*; ~: economic viabilit
Wirtshaus *n.* pub (Brit. *ugs.*); inn
Wisch ['vɪʃ] *m.*; ~[e]s, ~e piece or bit of paper
wischen *itr., tr. V.* wipe
Wischer *m.*; ~s, ~: wipe
wispern ['vɪspɐn] *itr., tr. V.* whispe
wiss-, Wiss-: ~begier, ~begierde *f.*; *o. Pl.* thirst for knowledge; ~begierig *Adj.* eager for knowledge; (Kind) eager to learn
wissen ['vɪsn] 1. *unr. itr. V.* von etw. ~: know about sth. 2. *itr. V.* know; weißt du was I'll tell you what; you know what (salopp); nicht, dass ich wüsste not that I know of; woher soll ich das ~? how can I know?; soweit ich weiß as far as I know; man kann nie ~ (*ugs.*) you never know; weißt du noch ...? do you remember ...?
Wissen *N.*; ~s knowledge; meines ~s: to my knowledge
Wissenschaft *f.*; ~, ~en science; die ~: science
Wissenschaftler *m.*; ~s ~,
Wissenschaftlerin *f.*; ~, ~nen academic; (Natur~) scientist

wissenschaftlich 1. *Adj.* scholarly; (natur~) scientific. 2. *adv.* in a scholarly manner; (natur~) scientifically
wissens-, Wissens-: ~wert *Adj.* ~wert sein be worth knowing
Witterung *f.*; ~, ~en weather *no indef. art.*
Witwe ['vɪtvə] *f.*; ~, ~n widow; ~ werden be widowed
Witwer *m.*; ~s, ~: widower; ~ werden be widowed
Witz [vɪts] *m.*; ~es, ~e a) joke; das ist doch wohl ein ~ you must be joking; das soll wohl ein ~ sein you/he etc. must be joking; b) *o. Pl.* (Geist, Humor) wit; mit ~: wittily
Witz·bold [bɔlt] *m.*; ~es, ~e joker; (der jmdm. einen Streich spielt) joker
witzig *Adj/Adv.* amusing(-ly); funny/-ily
wo [vo:] 1. *Konj.* a) (da, weil) as; since; seeing that; b) (obwohl) although; when. 2. *Adv.* a) (interrogativ) where; b) (relativisch) where; (temporal) when; überall, wo wherever; wo immer wherever
wo-anders *Adv.* somewhere else; elsewhere
wo-bei *Adv.* a) ~ ist das geschehen? how did it happen?; b) ~ ich nicht weiß, ob I don't know, however
Woche ['vɔxə] *f.*; ~, ~n week; in dieser/der nächsten/der letzten ~: this/next/last week; heute in/vor einer ~: a week today/a week ago today; zweimal die ~: twice a week
wochen-, Wochen-: *n.*: ~ende *n.* weekend; schönes ~ende! have a nice weekend!; ~karte *f.* weekly season ticket; ~lang 1. *Adj.*; *nicht präd.* lasting weeks *postpos.*; 2. *adv.* for weeks (on end); ~tag *m.*: welcher ~tag ist heute? what day of

the week is it?; ~tags *Adv.* on weekdays (and Saturdays)
wöchentlich ['vœçntlıç] *Adj./Adv.* weekly
Wochen·zeitung *f.* weekly newspaper
-wöchig [vœçıç] a) (… Wochen alt) … -week-old; b) (… Wochen dauernd) … -week; … week's/weeks'
wo·durch *Adv.* (interrogativ) how; in what way
wo·für *Adv.* for what; ~ ist das gut? what is that good for?
wo·gegen 1. *Adv.* a) against what; what … against; b) against which; which … against. 2. *Konj.* whereas
wo·her *Adv.* a) where … from; ~ weißt du das? how do you know that?; b) (relativisch) where … from
wohin *Adv.* a) where (to)
wo·hingegen *Konj.* whereas
wohl [vo:l] 1. *Adv.* a) sich (nicht) ~ fühlen (not) feel or be well; b) leb ~! /leben Sie ~! farewell!; ~ oder übel willy-nilly; c) (etwa) about. 2. Partikel a) probably; ~ kaum hardly; das mag ~ stimmen that's probably true; that may well be (true); das kann man ~ sagen you can say that again
Wohl *n.;* ~(e)s welfare; wellbeing; das allgemeine ~: the public good; auf jmds. ~ trinken drink sb.'s health; (auf) dein ~! your health!; zum ~! cheers!
Wohltätigkeits- charity (event, concert)
wohnen *itr. V.* live; (vorübergehend) stay
wohn-, Wohn-: ~gebiet *n.,* ~gegend *f.* residential area; ~gemeinschaft *f.* group sharing a flat (Brit.) or (Amer.) apartment/house; ~haft *Adj.* resident

wohnlich 1. *Adj.* homely. 2. *adv.* in a homely way
Wohnung *f.;* ~, ~en a) flat (Brit.); apartment (Amer.); b) *o. Pl.* lodging
Wohn-: ~verhältnisse *Pl.* living conditions; ~viertel *n.* residential district; ~wagen *m.* caravan; trailer (Amer.); ~zimmer *n.* living-room
Wolf [vɔlf] *m.;* ~(e)s, Wölfe ['vœlfə] wolf
Wölfin ['vœlfın] *f.;* ~, ~nen (wolf) bitch
Wolke ['vɔlkə] *f.;* ~, ~n cloud
Woll·decke *f.* woollen blanket
Wolle ['vɔlə] *f.;* ~, ~n wool
wollen 1. *Part.* ~ a) etw. tun ~ want to do sth.; be going to do sth.; ich wollte gerade gehen I was just about to go; b) willst du so nett sein und mir helfen? could you be so nice and help me?; c) das will nichts heißen that doesn't mean anything/much. 2. *unr. tr. V.* want; das wollte ich nicht I didn't mean to do that; ~, dass jmd. etw. tut want sb. to do sth.; ich wollte, es wäre vorbei I wish it were over. 3. *unr. itr. V.* a) ob du willst oder nicht whether you want to or not; wann du willst whenever you like; (na) dann ~ wir mal! (ugs.) (right,) let's get started!; b) (ugs.) sie will zum Fernsehen she wants to go into television; verneint (ugs.) meine Beine ~ (einfach) nicht mehr my legs won't carry me any further
Woll-: ~jacke *f.* woollen cardigan; ~sachen *Pl.* woollen things; woollies (ugs.); ~socke *f.* woollen sock; ~strumpf *m.* woollen stocking; (Kniestrumpf) woollen sock
wo·mit *Adv.* what … with
wo·möglich *Adv.* possibly
wo·nach *Adv.* after what;

what … after; ~ suchst du? what are you looking for?
woran [vo'ran] *Adv.* ~ ist er gestorben? what did he die of?; ~ denkst du? what are you thinking of?
worauf [vo'rauf] a) ~ wartest du? what are you waiting for?; b) ~ ich hinaus will what I am getting at
woraus [vo'raus] *Adv.* ~ ist das gemacht? what is it made of?
worin [vo'rın] *Adv.* a) in what; what … in; ~ liegt der Unterschied? what is the difference?; b) in which; which … in
Wort [vɔrt] *n.;* ~(e)s, ~e oder Wörter ['vœrtɐ] a) word; ~ für ~: word for word; b) *Pl.* ~e ich verstehe kein ~ (davon): I don't understand a (single) word (of it); mit einem ~: in a word; mit anderen ~en in other words; jmdn. (nicht) zu ~ kommen lassen (not) let sb. get a word in; etw. mit keinem ~ erwähnen not say a word about sth.; not mention sth. at all; für jmdn. ein (gutes) ~ einlegen put in a (good) word for sb.; keine ~ über etw. (Akk.) verlieren not say another word about sth.; c) *Pl.* ~e word; (sein) ~ halten keep one's word; jmdm. sein ~ (auf etw. (Akk.)) geben give sb. one's word (on sth.) break one's word
Wörter·buch *n.* dictionary
wörtlich ['vœrtlıç] *Adj./Adv.* literal(-ly)
wort-, Wort-: ~los 1. *Adj.* silent; wordless. 2. *adv.* without saying a word; ~schatz *m.* vocabulary; ~spiel *n.* pun; play on words
worüber *Adv.* a) over what …; what … over; ~ ist sie gefallen? what did she fall about?; ~ weinst du? what are you crying about?; b) over which; which … over

worum *Adv.* a) around what; what ... around; ~ geht es? what is it about?; b) around which; which ... around

wo·von *Adv.* from where; where ... from; ~ lebt sie? what does she live on?; ~ redet er? what is he talking about?

wo·zu *Adv.* for what; what ... for; ~ brauchst du das? what do you need it for?; ~ denn? what for?; why should I/you etc.?

Wrack [vrak] *n.*; ~(e)s, ~s oder ~ e (auch Person) wreck

Wuchs [vuks] *m.*; ~e stature; von kleinem/großem ~ sein be small/tall in stature

wuchtig *Adj.* massive

wühlen ['vy:lən] 1. *itr. V.* a) dig; root (nach for); b) *(ugs.)* rummage (around) (nach for). 2. *tr. V.* burrow; tunnel out (burrow). 3. *refl. V.* sich in etw. (Akk.)/durch etw. ~: burrow into/through sth.

wund [vunt] *Adj.* sore

Wunde *f.*; ~, ~n wound

Wunder *n.*; ~s, ~ a) miracle; ~ wirken (bildlich *ugs.*) work wonders; ein/kein ~ sein *(ugs.)* be a/no wonder; b) wonder; ein ~ an ... (*Dat.*) a miracle of ...; ein technisches ~: a technological marvel

wunderbar *Adj./Adv.* a) (Religion) miraculous(-ly); b) wonderful(-ly); marvellous(-ly)

Wunder·mittel *n.* miracle cure

wundern 1. *tr. V.* surprise; mich wundert, dass ...: I'm surprised that ...; es würde mich nicht ~, wenn ...: I should be surprised if ... 2. *refl. V.* be surprised (über + Akk. at); du wirst dich (noch) ~ *(ugs.)* you're in for a shock; you'll be surprised

wunder-, Wunder-: ~schön 1. *Adj.* wonderful; lovely. 2. *adv.* quite beautifully; perfectly; ~voll *Adj./Adv.* wonderful(-ly); marvellous(-ly)

Wunsch [vunʃ] *m.*; ~(e)s, **Wünsche** ['vʏnʃə] a) wish (nach to have); desire (nach for); haben Sie noch einen ~? will there be anything else?; auf jmds. ~: at sb.'s wish; einen ~ erfüllen comply with a wish; b) *Pl.* mit den besten Wünschen with best wishes

wünschen ['vʏnʃn] *tr. V.* a) sich (*Dat.*) etw. ~: want sth.; wish for sth.; jmdm. Glück ~: wish sb. happiness; was wünschst du dir? what would you like?; ich wünschte, du wärest hier (I) wish you were here; b) ich wünsche Dir gute Besserung I hope you will soon get better; jmdm. alles Gute/frohe Weihnachten ~: wish sb. all the best/a happy Christmas; c) *auch itr.* want; was ~ Sie?, Sie ~? yes, ma'm/sir; what would you like?; can I help you?

wunsch-, Wunsch-: ~gemäß *Adv.* as desired/requested

Würde *f.*; ~, ~n *o. Pl.* dignity; sich in seiner ~ verletzt fühlen feel that one's dignity has been affronted

würde·voll 1. *Adj.* dignified. 2. *adv.* with dignity

würdig 1. *adv.* a) with dignity; (dressed) in a dignified manner; b) (angemessen) worthily; (celebrate) in a/the appropriate manner. 2. *Adj.* a) dignified; b) worthy; suitable (occasion); jmds./einer Sache (nicht) ~ sein (not) be worthy of sb./sth.

würdigen *tr. V.* a) appreciate; acknowledge; etw. zu ~ wissen appreciate sth.; b) jmdn. keines Blickes ~: not deign to look at sb.

Würdigung *f.*; ~, ~en appreciation; acknowledgement

Würfel ['vʏrfl] *m.*; ~s, ~ a) cube; in ~ schneiden dice; b) (Spiel~) dice

würfeln 1. *tr. V.* a) throw; b) (Lebensmittel) dice. 2. *itr. V.* dice

Würfel-: ~spiel *n.* a) dice; b) dice game; ~zucker *m.*; *o. Pl.* cube sugar; lump sugar

würgen ['vʏrgn] 1. *tr. V.* strangle. 2. *itr. V.* choke; retch

Wurm [vurm] *m.*; ~(e)s, **Würmer** ['vʏrmə] worm; (Made) maggot

Wurst [vurst] *f.*; ~, **Würste** ['vʏrstə] sausage; (Streich~) meat spread

Würstchen ['vʏrstçən] *n.*; ~s, ~ a) (small) sausage; heiße ~: hot sausages; b) (*ugs.*, oft *derogativ*) looser; nobody; c) ein armes ~ *(ugs.)* a poor soul

Wurst-: ~waren *Pl.* sausages

Würze ['vʏrtsə] *f.*; ~, ~n a) spice; seasoning; b) (taste) aroma; *(bildlich)* spice

Wurzel ['vurtsl] *f.*; ~, ~n a) root; ~n schlagen take root; *(bildlich)* put down roots

würzen ['vʏrtsn] *tr. V.* season; *(bildlich)* spice

würzig *Adj.* tasty; (Duft usw.) aromatic (scharf) spicy

wüst [vy:st] 1. *Adj.* a) (unordentlich) chaotic; tangled; wild (appearance); c) (*derogativ*) rude; coarse. 2. *adv.* a) chaotically; b) (*derogativ*) wildly; c) terribly

Wüste *f.*; ~, ~n desert; *(bildlich)* wasteland

Wut [vu:t] *f.*; ~: rage; fury; in ~ geraten get furious

Wut-: ~anfall *m.* fit of rage; ~ausbruch *m.* outburst of rage or fury

wütend *Adj./Adv.* furious(-ly); angry/-ily

X

x, X [ɪks] *n*.; ~, ~: x/X; siehe auch a/A
X-Beine *Pl.* knock-knees; ~ haben be knockkneed
x-beliebig *Adj. (ugs.)* irgendein ~er/irgendeine ~e/irgendein ~es any old *(ugs.* attrib.); jeder ~e Ort any old place *(ugs.)*
x-mal *Adv. (ugs.)* scores of times *(ugs.)*
Xylophon [ksylo'foːn] *n*.; (musical instrument) ~s, ~e xylophone

Y

y, Y ['ʏpsɪlɔn] *n*.; ~, ~: y/Y; siehe auch a/A

Z

z, Z [tsæt] *n*.; ~, ~: z/Z; siehe auch a/A
zackig 1. *adv.* a) jaggedly; b) (schneidig) smartly. 2. *Adj.* a) jagged; b) smart; brisk (orders)
zaghaft *Adj./Adv.* timid(-ly); (zögernd) hesitant(-ly); tentative(-ly)
zäh [tsæː] 1. *Adj.* a) (fest) tough; (Teig usw.) heavy; glutinous; b) (schleppend) sluggish, dragging (conversation); c) (abgehärtet) tough (person); d) (beharrlich) tenacious; tough; (verbissen) dogged. 2. *adv.* a) (schleppend) sluggishly; b) (beharrlich) tenaciously; (resist) doggedly
zäh-flüssig *Adj.* glutinous; viscous (oil); heavy (dough); (Verkehr) slow-moving
Zahl ['tsaːl] *f*.; ~, ~en number; numeral; figure; in großer ~: in great numbers
zahlbar *Adj.* payable
zählbar *Adj.* countable
zahlen 1. *itr. V.* pay; ~ bitte! (im Lokal) (can I/we have) the bill, please!; sie zahlen gut they pay well. 2. *tr. V.* a) (Preis, Miete usw.) pay (an + Akk. to); b) *(ugs.:* bezahlen) pay for (taxi etc.)
zählen ['tsæːlən] 1. *tr. V.* a) count; b) jmdn. zu seinen Freunden ~: count sb. among one's friends. 2. *itr. V.* a) count; b) belong (zu to); c) (einen Wert haben) count; d) auf jmdn./etw. ~: count on sb./sth.
zahl-, Zahl-: ~reich 1. *Adj.* numerous. 2. *adv.* in large numbers
Zahlung *f*.; ~, ~en payment
zahlungs-, Zahlungs-: ~kräftig *Adj. (ugs.)* affluent; ~unfähig *Adj.* insolvent; ~unfähigkeit *f.* insolvency; ~weise *f.* method of payment
Zahl-: ~wort *n*.; *Pl.* ~wörter (Sprachw.) numeral; ~zeichen *n.* numeral
zahm [tsaːm] (auch bildlich) *Adj./Adv.* tame(-ly)
Zahn [tsaːn] *m*.; ~(e)s, Zähne ['tsæːnə] tooth (*Pl.* teeth); sich (*Dat.*) einen ~ ziehen lassen have a tooth out
zahn-, Zahn-: ~arzt *m.* dentist; ~bürste *f.* toothbrush
zahn-, Zahn-: ~fleisch *n.* gum; gums *pl.*; ~lücke *f.* gap in one's teeth; ~medizin *f.* dentistry *no art.*; ~pasta *f.*; ~, ~pasten toothpaste; ~rad *n.* gearwheel; (kleines) cog; ~rad·bahn *f.* rack-railway; ~schmerzen *Pl.* toothache *sing.*; ~stocher *m.*; ~s, ~: toothpick
Zaire [zaˈiːr] (*n.*); ~s Zaire
Zange ['tsaŋə] *f*.; ~, ~n a) pliers *pl.*; tongs *pl.*; (Kneif~) pincers *pl.*; eine ~: a pair of pliers/ tongs/ pincers/a punch
zanken refl., *itr. V.* quarrel
Zäpfchen ['tsɛpfçən] *n*.; ~s, ~ (Medizin) suppository
zappeln ['tsapln] *itr. V.* wriggle; (child) fidget; mit den Beinen/Armen ~: wave one's legs/arms about; jmdn. ~ lassen (bildlich *ugs.*) keep sb. dangling or on tenterhooks
Zar [tsaːɐ̯] *m*.; ~en, ~en (hist.) Tsar
Zaren·reich *n.* (Geschichte) tsardom
Zarin *f*.; ~, ~nen (Geschichte) Tsarina
zaristisch *Adj.* (Geschichte) tsarist
zart [tsaːɐ̯t] *Adj./Adv.* a) delicate(-ly); soft(-ly); tender(-ly); gentle/-ly (voice

etc.)
zart-, Zart-: ~bitter *Adj.* bittersweet (chocolate)
zärtlich ['tsɛːɐ̯tlɪç] *Adj./Adv.* tender(-ly); loving(-ly)
Zärtlichkeit *f.*; ~, ~en *o. Pl.* (person) tenderness; affection; b) meist *Pl.* caress
Zauber ['tsaʊbɐ] *m.*; ~s, ~,
Zauberei *f.*; ~: magic, witchcraft
Zauberer, *m.* magician, sorcerer
zauber·haft *Adj./Adv.* enchanting(-ly); delightful(-ly)
Zauberin *f.*; ~, ~nen sorceress; witch, enchantress
Zauber-: ~künstler *m.* magician
zaubern *itr. V.* do magic (tricks)
Zauber-: ~stab *m.* magic wand; ~trick *m.* conjuring trick
Zaun [tsaʊn] *m.*; ~(e)s, Zäune ['tsɔʏnə] fence
Zaun-: ~pfahl *m.* fence-post
Zebra ['tseːbra] *n.*; ~s, ~s zebra
Zebra·streifen *m.* street crossing
Zeche *f.*; ~, ~n bill (Brit.); check (Amer.)
Zeder ['tseːdɐ] *f.*; ~, ~n cedar
Zeh [tseː] *m.*; ~s, ~en, **Zehe** *f.*; ~, ~n a) toe; b) (Knoblauch~) clove (of garlic)
Zehen-: ~nagel *m.* toe-nail; ~spitze *f.*: auf ~spitzen (*Dat./Akk.*) on tiptoe
zehn [tseːn] *Kardinalz.* ten
zehn·fach *Vervielfältigungsz.* tenfold; die ~e Menge ten times the quantity
zehn-, Zehn-: ~jährig *Adj.* (10 Jahre alt) ten-year-old *attrib.*; ten years old *postpos.*; (10 Jahre dauernd) ten-year *attrib.*; ~kampf *m.* (Sport) decathlon; ~kämpfer *m.* decathlete; ~mal *Adv.* ten times; ~markschein *m.* ten-mark note
zehn-: ~tausend *Kardinalz.* ten thousand
zehntel ['tseːntl] *Bruchz.* tenth
Zehntel *n.*; ~s, ~: a/the tenth
Zeichen ['tsaɪçn̩] *n.*; ~s, ~ a) signal; jmdm. ein ~ geben signal to sb.; b) brand; mark; (ein) ~ setzen (*bildlich*) set an example; c) symbol; sign; mark; d) (An~)sign; indication; symptom
Zeichen-: ~block *m.*; *Pl.* ~s oder ~blöcke sketch-pad; ~erklärung *f.* legend; ~setzung *f.* punctuation; ~sprache *f.* sign language; ~trickfilm *m.* animated cartoon
zeichnen 1. *itr. V.* a) draw; b) sign. 2. *tr. V.* draw
Zeichner *m.*; ~s, ~, **Zeichnerin** *f.*; ~, ~nen graphic artist; draughtsman/-woman
Zeichnung *f.*; ~, ~en drawing
Zeige·finger *m.* index finger; forefinger
zeigen ['tsaɪɡn̩] 1. *tr. V.* show; point; auf jmdn./etw. ~: point at sb./sth. 2. *tr. V.* show; jmdm. etw. ~: show sb. sth.; show sth. to sb. 3. *refl. V.* es wird sich ~ time will tell
Zeile ['tsaɪlə] *f.*; ~, ~n line; zwischen den ~n (*bildlich*) between the lines
Zeit *f.*; ~, ~en a) *o. Pl.* time *no art.*; keine ~ verlieren dürfen have no time to lose; die ~ drängt time is pressing; sich ~ lassen take one's time; sich (*Dat.*) für jmdn./etw. ~ nehmen make time for sb./sth.; sich (*Dat.*) die ~ (mit etw.) vertreiben pass the time (with/doing sth.); im Laufe der ~: in the course of time; b) (~punkt) time; um diese ~: at this/that time; von ~ zu ~: from time to time; c) (~abschnitt) time; period; age; period; auf ~: temporarily; ein Beruf auf ~: a preliminary job
zeit-, Zeit-: ~alter *n.* age; era; ~ansage *f.* time check; ~geist *m.*; *o. Pl.* spirit of the age; ~gemäß *Adj.* contemporary; up-to-date; ~genosse *m.*, ~genossin *f.* contemporary; ~genössisch [ɡənœsɪʃ] *Adj.* contemporary; ~gleich *Adj./Adv.* simultaneous(-ly)
zeitig *Adj., adv.* early
zeit-, Zeit-: ~karte *f.* season ticket; ~lang *f.* eine ~lang for a while or a time
zeitlich 1. *adv.* a) with regard to time. 2. *Adj.* (length, interval) in time; chronological (order, sequence)
zeit-, Zeit-: ~los *Adj./Adv.* timeless(-ly); ~lupe *f.*; *o. Pl.* (Film) slow motion; ~plan *m.* schedule; ~punkt *m.* moment; zum jetzigen ~punkt at the present moment; ~raum *m.* period; ~schrift *f.* magazine
Zeitung *f.*; ~, ~en newspaper; ~ lesen read the paper
Zeitungs-: ~annonce *f.*, ~anzeige *f.* newspaper advertisement; ~artikel *m.* newspaper article; ~inserat *n.* newspaper advertisement; ~notiz *f.* newspaper item; ~papier *n.* a) newspaper; b) newsprint
Zelle ['tsɛlə] *f.*; ~, ~n cell (auch: Gefängnis~); (Telefon~) (tele)phone booth or (Brit.) box
Zelt [tsɛlt] *n.*; ~(e)s, ~e tent; (Fest~) marquee
zelten *itr. V.* camp; wir waren ~: we went camping
Zelt-: ~lager *n.* camp; ~platz *m.* camping site; campsite
Zement [tseˈmɛnt] *m.*; ~(e)s, ~e cement
Zensur [tsɛnˈzuːɐ̯] *f.*; ~, ~en a) mark; grade (Amer.); b) censorship; c) censors *pl.*
Zenti·meter *m.*, centimetre
Zentner ['tsɛntnɐ] *m.*; ~s,

~ a) centner
zentral [tsæn'traːl] *Adj./-Adv.* central(-ly)
Zentrale *f.*; ~, ~n a) head or central office; (der Polizei, einer Partei) headquarters *sing.* or *pl.*; b) (Telefon~) (telephone) switchboard
Zentral·heizung *f.* central heating
Zentrum ['tsæntrʊm] *n.*; ~s, Zentren centre; im ~: at the centre
Zeppelin ['tsæpəliːn] *m.*; ~s, ~e Zeppelin
zerbrechen 1. *unr. tr. V.* break; smash, shatter. 2. *unr. itr. V.*; *mit sein* break (into pieces); smash (to pieces); (Glas) shatter; *(bildlich)* (Beziehung) break up
zerbrechlich *Adj.* fragile; "Vorsicht, ~!" 'fragile; handle with care'
zerdrücken *tr. V.* mash; squash
Zeremonie [tseremo'niː] *f.*; ~, ~n ceremony; *(bildlich)* ritual
zerfetzen *tr. V.* rip or tear up or to pieces (in + Akk. into)
zerfurcht *Adj.* ~es Gesicht furrowed face
zerkleinern *tr. V.* cut or chop up
zerklüftet *Adj.* (Landschaft) fissured; (Gebirge) craggy
zerknüllen *tr. V.* crumple up
zerkratzen *tr. V.* scratch
zerlegen *tr. V.* a) dismantle; take to pieces; strip; b) (Fleisch) cut up
zermalmen [tsæɐ̯'malmən] *tr. V.* crush
zerquetschen *tr. V.* crush; squash
zerreißen *unr. tr. V.* tear up or apart or to pieces
zerren ['tsærən] 1. *tr. V.* a) drag; haul; b) sich (*Dat.*) einen Muskel ~: pull a muscle. 2. *itr. V.* an etw. (*Dat.*) ~: tug or pull at sth.
Zerrung *f.*; ~en strain
zerschlagen 1. *unr. tr. V.* smash (up); crush; (Drogenring usw.) break up (cartel). 2. *unr. refl. V.* (Plan) fall through
zerschmettern *tr. V.* smash; shatter; crush
zerschneiden *unr. tr. V.* cut (up)
zersetzen 1. *tr. V.* a) corrode b) *(bildlich)* undermine. 2. *refl. V.* decompose; (Holz usw.) rot
zerspalten *unr. tr. V.* split (up)
zersplittern *itr. V.*; *mit sein* shatter
zerstören *tr. V.* destroy (auch bildlich); ruin (health etc.)
zerstörerisch *Adj.* destructive
Zerstörung *f.* destruction; ruin; wrecking
zerstreuen 1. *tr. V.* a) scatter; disperse (Menschenmenge); b) sich ~: entertain oneself. 2. *refl. V.* disperse; scatter
zerstreut *Adj./Adv.* absent-minded(-ly); distracted(-ly)
Zerstreutheit *f.*; ~: absent-mindedness
Zertifikat [tsærtɪfɪ'kaːt] *n.*; ~(e)s, ~e certificate
zertreten *unr. tr. V.* stamp on; crush
zertrümmern *tr. V.* smash; shatter; wreck (car, boat)
zetern ['tseːtɐn] *itr. V.* *(derogativ)* scold (shrilly)
Zettel ['tsætl] *m.*; ~s, ~: slip or piece of paper; (mit einer Notiz) note
Zeug [tsɔyk] *n.*; ~(e)s, ~e a o. *Pl.* (*ugs.*, oft *derogativ*: Sachen) stuff; b) *(ugs.)* dummes ~ nonsense; rubbish; c) (Kleidung) things *pl.*
Zeuge ['tsɔygə] *m.*; ~n, ~n witness; ~ einer Sache (*Gen.*) werden be a witness to sth.; witness sth
zeugen *tr. V.* (Kinder) beget; engender
Zeugen·aussage *f.* testimony; statement (made) by a witness
Zeugen-: ~vernehmung *f.* examination of the witness(es Pl.)
Zeugin *f.*; ~, ~nen witness
Zeugnis *n.*; ~ses, ~se a) report; b) (Arbeits~) reference; testimonial; c) (Gutachten) certificate
Zeugung *f.*; ~, ~en fathering; begettal; (Biologie) procreation
Zickzack *m.*; ~(e)s, ~e zigzag; im ~: in a zigzag
Ziege ['tsiːgə] *f.*; ~, ~n goat
Ziegel ['tsiːgl] *m.*; ~s, ~ a) (~stein) brick; b) (Dach~) tile
Ziegel·stein *m.* brick
Ziegen-: ~bart *m.* (*ugs.*: Spitzbart) goatee beard; ~bock *m.* he- or billy-goat; ~käse *m.* goat's cheese; ~milch *f.* goat's milk
ziehen ['tsiːən] 1. *unr. itr. V.* a) pull; an etw. (*Dat.*) ~: pull on sth.; der Hund zieht an der Leine the dog is straining at the leash; an einem oder am selben Strang ~ *(bildlich)* be pulling in the same direction; b) (Tee, Kaffee) draw; c) *mit sein* (um~) move (nach, in + Akk. to); zu jmdm. ~: move in with sb.; d) *mit sein* (gehen) go; in den Krieg ~: go off to war; die Vögel ~ nach Süden the birds are flying southwards; e) (Luftzug) es zieht there is a draught; f) draw; an einer Zigarette/einem Strohhalm ~: draw on a cigarette/at a straw. 2. *unr. refl. V.* (Weg) stretch. 3. *unr. tr. V.* a) draw; (stärker) pull; (zerren) tug; jmdn. am Ärmel ~: pull sb. by the sleeve; b) etw. aus der Tasche ~: take sth. out of one's pocket; Zigaretten. ~ (*ugs.*: aus dem Automaten) get cigarettes from a slot-machine; (zur Folge haben) etw. nach sich ~: result in sth.; entail sth.; c) (her-

aus~) (Korken usw.) pull out; d) (Stoff usw.) stretch; e) (Spielfigur) move; f) einen Schluss ~ draw a conclusion

Ziehung f.; ~, ~en (Lotterie) draw

Ziel [tsi:l] n.; ~(e)s, ~e a) (Reise~) destination; b) (Sport) finish; c) (~scheibe; auch Milit.) target; d) (Zweck; Absicht) purpose; aim; goal; sein ~ erreichen achieve one's objective or aim; sich (Dat.) ein ~ setzen oder stecken set oneself a goal

zielen itr. V. a) aim (auf + Akk. at); b) auf jmdn./etw. ~ (bildlich) be aimed at sb./sth.

ziel-, Ziel-: ~los Adj. aimless; random. 2. adv. aimlessly; at random; ~losigkeit f.; ~: aimlessness; ~scheibe f. (auch bildlich) target (Gen. for); ~strebig Adj. determined; single-minded; ~strebigkeit f.; single-mindedness; determination

ziemlich 1. adv. a) quite; pretty; ~ viele quite a few; das ist ~ komisch that's rather strange. 2. Adj. (ugs.) fair; considerable

Zierde f.; ~, ~n ornament; zur ~: as a decoration

zierlich Adj./Adv. dainty/-ily; delicate(-ly)

Zierlichkeit f. daintiness

Ziffer ['tsɪfɐ] f.; ~, ~n numeral; digit; figure

Zigarette [tsɪgaˈrɛtə] f.; ~, ~n cigarett

Zigarre [tsɪˈgarə] f.; ~, ~n cigar

Zigeuner [tsɪˈgɔynɐ] m.; ~s, ~, **Zigeunerin** f.; ~, ~nen gypsy

Zimmer ['tsɪmɐ] n.; ~s, ~: room

Zimmer-: ~mädchen n. chambermaid; ~mann m.; Pl. ~leute carpenter

Zimmer-: ~temperatur f. room temperature; ~vermittlung f. accommodation office

zimperlich ['tsɪmpɐlɪç] Adj./Adv. (derogativ) prissy/-ily; oversensitive(-ly)

Zimt [tsɪmt] m.; ~(e), ~e cinnamon

Zink [tsɪŋk] n.; ~(e)s zinc

Zinn [tsɪn] n.; ~(e) tin; b) (von Hausgegenständen) pewter

Zinn·soldat m. tin soldier

Zins [tsɪns] m.; ~es, ~en interest; (~satz) interest rate; ~en bringen earn interest

Zinses·zins m. compound interest

zins-, Zins-: ~los 1. Adj. interest-free; 2. adv. free of interest; ~rechnung f. calculation of interest; ~satz m. interest rate

zirka ['tsɪrka] Adv. about; approximately

Zirkel ['tsɪrkl] m.; ~s, ~ (pair sing. of) compasses pl.

Zirkus ['tsɪrkʊs] m.; ~, ~se circus

Zirkus·zelt n. big top

zischen ['tsɪʃn] itr. V. a) hiss; (Bratfett usw.) sizzle

Zitat [tsɪˈta:t] n.; ~(e)s, ~e quotation (aus from)

zitieren [tsɪˈti:rən] tr. V. auch itr. quote (aus, nach from); cite

Zitrone [tsɪˈtro:nə] f.; ~, ~n lemon

zitronen-, Zitronen-: ~falter m. brimstone butterfly; ~presse f. lemon-squeezer; ~saft m. lemon-juice; ~säure f. citric acid; ~schale f. lemon-peel

zittern ['tsɪtɐn] itr. V. tremble (vor + Dat. with); (vor Kälte) shiver; (Gebäude usw.) shake

Zitze ['tsɪtsə] f.; ~, ~n teat; nipple

zivil [tsɪˈvi:l] Adj. a) (Bevölkerung usw.) civilian; (Jura) civil; b) (Maßnahmen usw.) reasonable

Zivil n.; ~s civilian clothes pl.; Polizist in ~: plain-clothes policeman

Zivil-: ~bevölkerung f. civilian population; ~courage f. courage of one's convictions; ~dienst m.; o. Pl. alternative national service

Zivilisation [tsɪvɪlizaˈtsio:n] f.; ~, ~en civilization

Zivilisations·krankheit f. disease of modern civilization or society

zivilisiert 1. Adj. civilized. 2. adv. in a civilized way

Zivilist m.; ~en, ~en civilian

zögern itr. V. hesitate; ohne zu ~: without hesitation; nach einigem Zögern after a moment's hesitation

Zölibat [tsølɪˈba:t] n. oder m.; ~(e)s,~e celibacy no art.

Zoll [tsɔl] f.; ~(e)s, Zölle ['tsœlə] a) customs; duty; b) o. Pl. customs pl.

Zoll m.; ~(e)s, ~: (= 2,54 cm) inch

Zoll-: ~amt n. customs house or office; ~beamter m., ~beamtin f. customs officer

zoll-, Zoll-: ~erklärung f. customs declaration; ~frei 1. Adj. duty-free; free of duty pred.; 2. adv. free of duty; ~kontrolle f. customs examination or check

Zoll·stock m. folding rule

Zone ['tso:nə] f.; ~, ~n zone

Zoo [tso:] m.; ~s, ~s zoo; im/in den ~: at/to the zoo

zoologisch Adj./Adv. zoological(-ly); ~er Garten zoological gardens pl.

Zoom [zu:m] n.; ~s, ~s (Film, Fot.) zoom (lens)

Zopf [tsɔpf] m.; Zöpfe ['tsœpfə] plait; (hinten) pigtail

Zorn [tsɔrn] m.; ~(e) anger; (stärker) wrath; fury; im ~: in a rage

Zorn·ausbruch m. angry outburst; fit of rage

zornig *Adj./Adv.* furious(-ly) (über + Akk. about, with)
zottelig *Adj.* shaggy (dog)
zu [tsu:] 1. *Adv.* a) (allzu) too; zu sehr too much; b) *(ugs.)* Augen/Tür zu! shut your eyes/the door!; c) nur zu! (fang/fangt an) get going! 2. *Konj.* a) (mit Infinitiv) to; zu verkaufen/vermieten for sale/to let; etw. zu tun haben have to do sth.; b) (mit 1. Part.) das zu erreichende Ziel the goal to be achieved. 3. *Präp.* mit *Dat.* a) to; zu ... hin towards ...; b) with; zu dem Essen gab es Weißwein we had white wine to the meal/dinner/lunch
Zubehör [ˈtsuːbəhœ:ɐ̯] *n.*; ~(e)s, ~e accessories *pl.*; (eines Gerätes) attachments *pl.*; (Ausstattung) equipment
zu·bereiten *tr. V.* prepare; cook
Zu·bereitung *f.*; ~, ~en preparation; cooking
zu·binden *unr. tr. V.* tie (up)
zu·bringen *unr. tr. V.* (Zeit) spend
Zucht [tsʊxt] *f.*; ~, ~en *o. Pl.* (Tier~) breeding; (Pflanzen~) cultivation; culture
züchten [ˈtsʏçtn̩] *tr. V.* (auch bildlich) breed; cultivate (plants)
Zucht·haus *n.* a) prison; penitentiary (Amer.); b) *o. Pl.* (Strafe) imprisonment (Amer.)
züchtigen [ˈtsʏçtɪɡn̩] *tr. V.* flog; punish
zucken *itr. V.*; *mit sein* twitch; (body, arm, etc.) jerk; (Blitz) flicker, flash
Zucker *m.*; ~s, ~ a) sugar; b) *o. Pl.* (*ugs.*: ~krankheit) diabetes; ~ haben be a diabetis
zuckern *tr. V.* sweeten
Zuckung *f.*; ~, ~en twitch; (Krampf) convulsion
zu·decken *tr. V.* cover up;

gut zugedeckt well tucked up
zu·dem *Adv.* besides; moreover; furthermore
zu·drehen *tr. V.* turn off
zu·drücken *tr. V.* press shut; (Tür) push shut; siehe auch Auge
zu·einander *Adv.* to one another; ~ passen match
zueinander-: ~·gehören *unr. itr. V.* belong together
zu·erst *Adv.* a) first; er war ~ da he was there first; b) at first; to start with
Zu·fahrt *f.* a) *o. Pl.* access (for vehicles); b) (Straße, Weg) access road
Zufahrts·straße *f.* access road
Zu·fall *m.* chance; coincidence; reiner ~: pure chance; durch ~: by chance or accident
zufällig 1. *adv.* by chance; weißt du ~, ob ...? do you happen to know if ...?. 2. *Adj.* accidental; chance attrib.; (Auswahl) random
zufälliger·weise *Adv.* siehe zufällig
Zu·flucht *f.* refuge (vor + *Dat.* from); (Schutz) shelter (vor + *Dat.* from)
Zufluchts·ort *m.* (place of) refuge
zu·folge *Präp.* mit *Dat.*; according to
zu·frieden 1. *Adj.* content(ed); (befriedigt) satisfied (mit + *Dat.* with). 2. *adv.* contentedly
Zufriedenheit *f.*; ~: contentment; (Befriedigung) satisfaction; zu meiner vollen ~: to my complete satisfaction
zufrieden·stellen *tr. V.* satisfy
zufriedenstellend *Adj./Adv.* satisfactory/-ily
zu·fügen *tr. V.* jmdm. etw. ~: inflict sth. on sb.; jmdm. Schaden ~: do sb. harm
Zufuhr [ˈtsuːfuːɐ̯] *f.*; ~: sup-

ply; (Material) supplies *pl.*
zu·führen 1. *itr. V.* auf etw. (Akk.) ~: lead towards sth. 2. *tr. V.* einer Sache (*Dat.*) etw. ~: supply sth. with sth.
Zug [tsuːk] *m.*; ~(e)s, Züge [ˈtsyːɡə] a) train; mit dem ~: by train; jmdn. vom ~ abholen/zum ~ bringen meet sb. off/take sb. to the train; b) (von Menschen) procession; column
Zu·gabe *f.* encore
Zug·abteil *n.* compartment
Zu·gang *m.* access (auch *bildlich*)
zugänglich [ˈtsuːɡɛŋlɪç] *Adj.* a) accessible; open; leicht/schwer ~ easy/hard to get at; b) available (*Dat.*, für to)
zu·geben *unr. tr. V.* admit, confess
zu·gegebener·maßen *Adv.* admittedly
zu·gegen *Adj.*: ~ sein be present
zu·gehen *unr. itr. V.*; *mit sein* a) auf jmdn./etw. ~: approach sb./ sth.; b) es geht nicht mit rechten Dingen zu there is something funny about that; c) (*ugs.*) close; shut
zu·gehören *itr. V.* jmdm./einer Sache ~: belong to sb./sth.
zu·gehörig *Adj.* belonging to it/them postpos., not pred.; einer Sache (*Dat.*) ~: belonging to sth.
Zügel [tsyːɡl̩] *m.*; ~s, ~ a) rein; ein Pferd am ~ führen lead a horse by the reins; b) (*bildlich*) die ~ schleifen lassen oder lockern slacken the reins
zügel·los (*bildlich*) 1. *adv.* without restraint. 2. *Adj.* unrestrained; unbridled
zügeln *tr. V.* (*bildlich*) curb, restrain; sich ~: restrain oneself
zu·gesellen *refl. V.* sich jmdm./einer Sache ~: join

sb./sth.
Zu·geständnis *n.* concession (an + Akk. to)
zu·gestehen *unr. tr. V.* a) grant (right etc.); allow (discount, time); b) (einräumen) admit; concede
Zu·gewinn *m.* gain (an + Dat. in)
zugig *Adj.* draughty, windy (corner)
zügig ['tsy:gɪç] *Adj./Adv.* speedy/-ily; rapid/-ily
zug·kräftig *Adj.* effective powerful (argument); influential (name); catchy (idea)
zu·gleich *Adv.* at the same time; ~ unterhaltsam und anspruchsvoll both entertaining and demanding
zu·greifen *unr. itr. V.* a) take hold; b) (sich bedienen) help oneself
Zu·griff *m.* a) grasp sich dem ~ (der Polizei usw.) evade; b) access (auf + Akk. to)
zu·gucken *itr. V. (ugs.)* siehe zusehen
zu·gunsten 1. *Präp.* mit Gen. in favour of. 2. *Adv.* ~ von in favour of
Zu·hause *n.*; ~s hom)
zu·hören *itr. V.* listen (Dat. to); jetzt hör mal zu now listen (to me)
Zukunft ['tsu:kʊnft] *f.*; ~, o. Pl. a) future; für alle ~: for all time; in naher ~: in the near future; in ~: in future
zu·künftig 1. *Adj.* future. 2. *Adv.* in future
zu·lassen *unr. tr. V.* a) allow; permit; b) jmdn. als Anwalt~: register sb. as a lawyer; zu einer Prüfung zugelassen werden be allowed to take an examination; c) (Kfz-W.) register (vehicle)
Zulassung *f.*; ~, ~en a) ~ als registration as a doctor; ~ zur Prüfung beantragen apply for permission to take an examination; b) authorization, c) (Fahrzeuge) registration
zu·letzt *Adv.* a) last; b) (bildlich: am wenigsten) least of all; nicht ~: not least; c) (zum letzten Mal) last
zum [tsʊm] *Präp. + Art.* a) (zu dem) to the; b) etw. ~ Fenster hinauswerfen throw sth. out of the window; c) with; Sahne ~ Kuchen nehmen have cream with one's cake; d) (zeitlich) at the; ~ Schluss at the end
zu·muten *tr. V.* a) jmdm. etw. ~: expect sb. to put up with sth.; expect or ask sth. of sb.
zu·nächst 1. *Adv.* a) first; at first; ~ einmal first; b) for the moment; for the time being
Zunahme ['tsu'na:mə] *f.*; ~, ~n increase (Gen., an + Dat. in)
zünden ['tsʏndn] 1. *itr. V.* (Rakete) fire; (Sprengstoff) ignite. 2. *tr. V.* ignite, detonate (bomb)
Zünder *m.*; ~s, ~ igniter; (für Bombe, Mine) detonator
Zündung *f.*; ~, ~en ignition (auch beim Fahrzeug); detonation
zunehmend *Adv.* increasingly
Zu·neigung *f.*; ~, ~en affection (zu for, towards)
Zunge ['tsʊŋə] *f.*; ~, ~n a) tongue
zur [tsu:ɐ̯] *Präp. + Art.* a) (zu der) to the; b) siehe zum
zu·raten *unr. itr. V.* jmdm. ~ advise sb.; give sb. advice
zurechnungs·fähig *Adj.* a) sound of mind pred.; b) (Rechtsw.: schuldfähig) responsible (for one's actions)
zu·reden *itr. V.* jmdm. ~: encourage sb.; jmdm. gut ~: encourage sb.
zu·richten *tr. V.* (verletzen) injure; jmdn. übel ~beat sb. up
zu·rück *Adv.* back; ich bin gleich (wieder) ~: I'll be right back *(ugs.)*; ein Schritt ~: a step backwards; ~! get or go back!
Zurück *n.* in es gibt kein ~ (mehr) there is no going back
zu·rufen *unr. tr. V.* jmdm. etw. ~: shout sth. to sb.
Zu·sage *f.* a) acceptance; offer; b) promise
zusammen [tsu'zamən] *Adv.* together
Zu·satz *m.* a) addition; ohne ~ von …: without the addition of …; without adding
zusätzlich ['tsu:zætslɪç] 1. *Adj.* additional; 2. *adv.* in addition
zu·schauen *itr. V.* siehe zusehen
Zu·schauer *m.*, **Zu·schauerin** *f.*; ~, ~nen spectator; (im Theater, Kino) Pl. audience; (an einer Unfallstelle) onlooker
Zu·schlag *m.* a) supplement; additional or extra charge; additional or extra payment; b) supplement ticket
zu·schlagen 1. *unr. itr. V.* a) mit sein (Tür) slam or bang shut; b) throw a blow; (losschlagen) hit or strike out; (bildlich) (Polizei usw.) strike. 2. *tr. V.* bang or slam (Fenster usw.) shut; close; slam shut
zu·schließen 1. *unr. tr. V.* lock. 2. *V.* lock up
zu·schrauben *tr. V.* etw. ~: screw the lid or top on sth.; screw (lid, top) on
Zu·schuss *m.* contribution (zu towards); (regelmäßiger ~) allowance; (staatlicher) ~: state subsidy (für, zu towards)
zu·sehen *unr. itr. V.* a) watch
zu·sein *unr. itr. V. mit sein*; Zus.-schr. nur im Inf. u. Partizip (Tür usw.) be shut; (Geschäft usw.) have shut
Zu·sendung *f.* sending
zu·sichern *tr. V.* jmndn. etw.

~: promise sb. sth.; assure sb. of sth.
Zu·sicherung *f.* promise; assurance
zu·sprechen *unr. tr. V.* jmdm. Trost ~ comfort or console sb.
Zu·stand *m.* a) condition; state; in gutem ~: in good condition; in betrunkenem ~: while under the influence of alcohol; geistiger/gesundheitlicher ~: state of mind/health; b) state of affairs; situation
zu·stande *Adv.* etw. ~ bringen (manage to) bring about sth.; ~ kommen come into being; (geschehen) take place
zu·ständig *Adj.* responsible; competent
Zuständigkeit *f.*; ~, -en responsibility; competence
zu·stehen *unr. itr. V.* etw. steht jmdm.zu sb. is entitled to or has a claim to sth
zu·steigen *unr. itr. V.*; *mit sein* get on; ist noch jemand zugestiegen? (im Zug) any more fares, please?; tickets, please!
zu·stellen *tr. V.* (Brief usw.) deliver
Zu·stellung *f.* delivery
zu·stimmen *itr. V.* agree; jmdm. ~: agree with sb.; dem kann ich nur ~: I quite agree
Zu·stimmung *f.*; approval (zu of); ~ finden meet with approval; jmdm. seine ~ zu etw. geben give sb. one's consent to or for sth.
Zu·strom *m.* a) flow; b) stream (people)
Zu·tat *f.* ingredient
Zutrauen *n.*; ~s confidence, trust (zu in)
zu·treffen *unr. itr. V.* a) be correct; b) auf etw. ~: apply to sth.
zutreffend 1. *Adj.* a) accurate; es ist ~, dass ...: it is correct that ...; b) Zutreffendes bitte ankreuzen please mark with a cross where applicable. 2. *adv.* correctly; (treffend) accurately
Zu·tritt *m.* entry; admittance; "~ verboten" 'no entry'; 'no admittance'; ~ (zu etw.) haben have access (to sth.)
zuverlässig ['tsuːfɛɐ̯lɛsɪç] 1. *Adj.* dependable (person). 2. *adv.* a) reliably
Zuverlässigkeit *f.*; ~: reliability; dependability
Zuversicht [tsuːˈfɛɐ̯zɪçt] *f.*; ~: confidence
zuversichtlich *Adj./Adv.* confident(-ly)
zu viel 1. *adv.* too much. 2. *indekl. Indefinitpron.* a) too much
zu·vor *Adv.* before; tags/im Jahr ~: the day/year before
zuvor·kommen *unr. itr. V.*; *mit sein* a) jmdm. ~: beat sb. to it; get there first; b) einer Sache (*Dat.*) ~: anticipate or forestall sth.
Zu·wachs *m.*; ~es, Zuwächse [ˈvɛksə] (economy) increase
Zwang *m.*; ~[e]s, Zwänge [ˈtsvɛŋə] compulsion
zwar [tsvaːɐ̯] *Adv.* a) admittedly; b) **und ~**: namely; to be precise
Zweck *m.*, -es -e purpose
zwei [tsvaɪ] *Kardinalz.* two; **wir ~**: the two of us
Zwei *f.*; ~, -en a) (Zahl) two; b) (Schulnote) B
Zweifel [ˈtsvaɪfl̩] *m.*; ~s, ~: doubt (an + *Dat.* about)
zweifelhaft *Adj.* a) doubtful; b) questionable; dubious
zweifeln *itr. V.* doubt; have doubts (an + *Dat.* about)
Zweig [tsvaɪk] *m.*; ~(e)s, -e branch; twig b) (*Filiale*) branch
zweitens *Adv.* secondly; in the second place
Zwerch·fell [ˈtsvɛrç] *n.* (Körper) diaphragm
Zwerg [tsvɛrk] *m.*; ~(e), ~e a) dwarf; (Garten~) gnome; midget
Zwergin *f.*; ~, -nen dwarf
Zwetsch(g)e [ˈtsvɛtʃə] *f.*; ~, -n plum
zwicken [ˈtsvɪkn̩] *tr., auch itr. V.* pinch; **jmdm. oder jmdn. in den Arm ~**: pinch sb.'s arm
Zwie·back [ˈtsviːbak] *m.*; ~(e), ~e rusk
Zwiebel [ˈtsviːbl̩] *f.*; ~, ~n a) (Küche, Nahrung) onion; b) (Blumen~) bulb
Zwilling [ˈtsvɪlɪŋ] *m.*; ~s, -e a) twin; b) (Astrologie) Gemini
zwingen [ˈtsvɪŋən] 1. *unr. refl. V.* force oneself. 2. *unr. tr. V.* force
zwinkern [ˈtsvɪŋkɐn] *itr. V.* ~: blink; (als Zeichen) wink
zwischen [ˈtsvɪʃn̩] *Präp.* mit *Dat./* Akk. a) between; b) (inmitten) among(st)
zwitschern [ˈtsvɪtʃɐn] *itr., auch tr. V.* chirp
Zwitter [ˈtsvɪtɐ] *m.*; ~s, ~ hermaphrodite
zwölf [tsvœlf] *Kardinalz.* twelve; **~ Uhr mittags/-nachts** at (twelve o'clock) midday/midnight; **es ist fünf (Minuten) vor ~** *(bildlich)* we are on the brink; siehe auch acht
Zyklen siehe Zyklus
zyklisch [ˈtsyːklɪʃ] *Adj./Adv.* cyclic(-ally)
Zyklus [ˈtsyːklʊs] *m.*; ~, Zyklen cycle
Zylinder [tsɪˈlɪndɐ] *m.*; ~s, ~ a) cylinder; b) (hut) top hat
zylindrisch *Adj./Adv.* cylindrical(-ly)
Zyniker *m.*; ~s, ~, Zynikerin *f.*; ~, -nen cynic
zynisch [ˈtsyːnɪʃ] *Adj./Adv.* cynical(-ly)
Zynismus *m.*; ~: cynicism
Zypern [ˈtsyːpɐn] (*n.*); ~s Cyprus
Zypresse [tsyˈprɛsə] *f.*; ~, -n cypress
Zyste [ˈtsystə] *f.*; ~, -n cyst